Minidicionário
Inglês-Português Português-Inglês

Silveira Bueno

edição revista, ampliada e atualizada pelo Departamento de Inglês da Editora FTD

 FTD

Todos os direitos de edição reservados à
EDITORA FTD S.A.
Matriz: Rua Rui Barbosa, 156 (Bela Vista) São Paulo - SP
CEP 01326-010 - Tel. (0-XX-11) 3253-5011- Fax (0-XX-11) 3284-8500 r. 337
Caixa Postal 65149 - CEP da Caixa Postal 01390-970
Internet: http://www.ftd.com.br
E-mail: ciencias.sociais@ftd.com.br

Editor
Lafayette Megale

Responsabilidade editorial
Alexandre Gomes Camarú
Ana Cláudia Davoglio Goes

Assistência editorial
Carlos José Felix
Gisela Eckschmidt
Poliana Fenerich Asturiano

Preparação e revisão
Alexandre Feldman
Francisca Maria Lourenço
Geuid Dib Jardim
Lucila Vrublevicius Segóvia
Oswaldo Cogo Filho

Fonética
Alexandre Gomes Camarú

Colaboração
Eliane Gurjão Silveira Alambert (*letras C, I, K, M, U e V*)
Miriam Freire (*letras L, Q, T e Y*)
Suzana Lopes de Alexandria (*letras D, E, F e G*)

Compilação do português-inglês
Ativ. em Assessoria e Serviços Ltda.
Letras e Idéias Assessoria em Textos Ltda.

Capa
Estúdio Figuras/Marcos Guilherme

Projeto gráfico
Carlos Augusto Asanuma
Tania Ferreira de Abreu

Editoração eletrônica e diagramação
Setup Bureau Editoração Eletrônica

Dados Internacionais de Catalogação na Publicação (CIP)
(Câmara Brasileira do Livro, SP, Brasil)

Bueno, Silveira, 1898-1989.

Minidicionário : inglês-português,
português-inglês / Silveira Bueno. — São Paulo :
FTD, 2000.

Ed. rev., ampl. e atual. pelo Departamento de
Inglês da Editora FTD.

1. Inglês - Dicionários - Português
2. Português - Dicionários - Inglês I. Título.

	CDD-423.69
00-4529	-469.32

Índices para catálogo sistemático:
1. Inglês : Dicionários : Português   423.69
2. Português : Dicionários : Inglês   469.32

ISBN - 85-322-4540-4

Código 15680401

APRESENTAÇÃO

A crescente globalização consagrou o inglês como língua universal. Além disso, a velocidade com que surgem novas informações e novos termos torna essencial a constante atualização por parte das pessoas que aprendem esse idioma. Foi pensando nisso que a Editora FTD tomou a iniciativa de reeditar o *Minidicionário Inglês-Português Português-Inglês Silveira Bueno*.

Esta nova edição do *Minidicionário Inglês-Português Português-Inglês Silveira Bueno* foi cuidadosamente revista, atualizada e ampliada, visando atender às necessidades cada vez mais complexas dos estudantes do idioma inglês.

Com mais de 30 000 verbetes, esta edição traz os novos termos das áreas de informática, medicina, negócios, esportes, religião, entre outros tópicos de igual importância. O dicionário apresenta, também, abreviaturas, gírias, termos de uso informal, expressões comuns e *phrasal verbs*. Os apêndices trazem tabelas de pesos e medidas, lista de numerais e de verbos irregulares, relação de países e de gentílicos, além de símbolos e convenções internacionais.

Esta nova edição traz, ainda, acepções numeradas por significados diferentes, divisão silábica e fonética dos verbetes, flexões verbais, formas variantes, plurais irregulares dos substantivos e graus irregulares dos adjetivos.

Nosso intuito foi oferecer uma obra que servisse como ferramenta de referência e de consulta para todos os estudantes do idioma inglês. Assim, esperamos ter atingido nossa meta: auxiliá-lo na sua busca por novos conhecimentos.

Departamento de Inglês da Editora FTD

ÍNDICE

Abreviações e convenções usadas neste dicionário

abrev	abreviação		*Farm*	farmácia
adj	adjetivo		*fem*	feminino
adv	advérbio		*fig*	sentido figurado
Aer	aeronáutica		*Fil*	filosofia
afirm	afirmativa		*Fin*	finanças
Anat	anatomia		*Fís*	física
Arq	arquitetura		*Fisiol*	fisiologia
Art	artes		*Fon*	fonética
art def	artigo definido		*form contr*	forma contracta
art indef	artigo indefinido		*form red*	forma reduzida
Astrol	astrologia		*formal*	uso formal
Astron	astronomia		*Geog*	geografia
Bíbl	bíblia		*Geol*	geologia
Biol	biologia		*Geom*	geometria
Bot	botânica		*ger*	gerúndio
Comer	comercial		*geralm*	geralmente
Comp	computação		*gír*	gíria
conf	conforme		*gr comp*	grau comparativo
conj	conjunção		*gr super*	grau superlativo
Cont	contabilidade		*Gram*	gramática
deriv	derivado de		*inform*	informal
Ecles	esclesiástico		*IngAm*	inglês americano
Econ	economia		*IngBrit*	inglês britânico
Eletr	eletricidade		*interj*	interjeição
Eletrôn	eletrônica		*interrog*	interrogativa
Esp	esportes		*Jur*	jurídico
expr	expressão		*lat*	latim

Ling	lingüística
Lit	literatura
maiús	maiúscula
masc	masculino
Mat	matemática
Mec	mecânica
Med	medicina
Mil	militar
Min	mineralogia
minús	minúscula
Mit	mitologia
Morf	morfologia
Mús	música
Náut	náutica
neg	negativa
num	numeral
ofens	ofensivo
Ópt	óptica
part pass	particípio passado
pass	passado
pess	pessoa
pl	plural
Poét	poética
pref	prefixo
prep	preposição
pres ind	presente do indicativo
pron	pronome
Psic	psicologia

Psiq	psiquiatria
Quím	química
relat	relativo
Relig	religião
Ret	retórica
rom	romano
s	substantivo
símb	símbolo
sin	sinônimo
sing	singular
Soc	sociologia
tb	também
Tel	telecomunicações
Teol	teologia
Tip	tipografia
us	usado com/no
us v pl	usado com verbo no plural
us v sing	usado com verbo no singular
v	verbo
v aux	verbo auxiliar
var	variante
Zool	zoologia

.	separação silábica
II	mudança de classe gramatical
♦	uso em expressões
→	consulte

Como consultar o dicionário

A seguir, daremos uma breve explicação de todos os aspectos de padronização que facilitará o seu entendimento na hora de consultar uma palavra. Abordaremos todas as convenções adotadas neste dicionário e seus significados e usos.

Consultas do inglês para o português

Quando você tiver dúvida a respeito da tradução de uma palavra em inglês, simplesmente consulte o verbete em ordem alfabética na seção "Dicionário Inglês-Português". Observe que a ordem alfabética usada trata as entradas formadas por duas palavras como se fossem uma única, ou seja, *upper class*, por exemplo, vem após *uppercase*, e não logo após o verbete *upper*.

As entradas na seção "Dicionário Inglês-Português" são apresentadas da seguinte maneira:

hab·i·tant /ˈhæbɪtənt/ s habitante.

entrada   fonética   acepção

- A *entrada* traz a divisão silábica das palavras. A divisão silábica só não será dada nos casos das entradas compostas de duas palavras. Nesse caso, para saber a divisão silábica de cada palavra, consulte o verbete correspondente a cada palavra. Em alguns casos de verbetes compostos, nos quais não há uma entrada separada para cada palavra (como ocorre, por exemplo, com alguns nomes de países), a separação silábica é dada na própria entrada. Um critério semelhante é adotado com relação à fonética. Veja os exemplos a seguir:

face value s valor nominal.

Trin·i·dad and To·ba·go /ˈtrɪnɪdæd ən touˈbeɪgou/ s Trinidad e Tobago.

- Para obter mais informações sobre a *fonética*, consulte a seção "Notas sobre a fonética" nesta abertura.
- Todas as observações referentes às *acepções* são dadas a seguir.

As acepções são sempre precedidas da classe gramatical à qual pertencem. No caso dos verbos, após a classificação gramatical, há as formas do presente, do gerúndio, do passado e do particípio passado, até mesmo dos regulares.

ha·bil·i·tate /həˈbɪlɪteɪt/ v (**habilitates**, **habilitating**, **habilitated**, **habilitated**) habilitar.

As acepções com significados diferentes são numeradas de acordo com cada significado. Se um significado se referir a alguma área específica de conhecimento, a abreviação correspondente é dada após a classe gramatical ou logo após a numeração de cada significado. Veja o exemplo:

fas·ci·at·e /ˈfæʃieɪt/ *adj* **1** *Bot* fasciculado. **2** *Zool* listrado.

As entradas que pertencem a mais de uma classe gramatical trazem as diversas classes gramaticais separadas por duas barras verticais:

tri·ple /ˈtrɪpəl/ *adj* triplicado. ‖ *s* triplo. ‖ *v* (**triples**, **tripling**, **tripled**, **tripled**) triplicar.

Plurais

Os plurais dos substantivos que não são formados pelo simples acréscimo de *-s* são dados entre parênteses no final de todas as acepções referentes ao substantivo.

u·ni·ver·si·ty /juːnəˈvɜːrsəti/ s universidade. (*pl* **universities**).

Para os plurais irregulares que possuem alguma diferença significativa na fonética, a transcrição fonética correspondente também é apresentada. Exemplo:

ver·te·bra /vɜ:rtəbrə/ s vértebra. (pl **vertebrae** /vɜ:rtəbri:, vɜ:rtəbraɪ, vɜ:rtəbreɪ/ ou **vertebras**).

Graus dos adjetivos

Os graus comparativo e superlativo dos adjetivos que não são formados pelo simples acréscimo de -er e -est, respectivamente, são dados entre parênteses no final de todas as acepções referentes ao adjetivo. Exemplo:

hap·py /hæpi/ adj feliz; alegre; venturoso. (gr comp **happier**. gr super **happiest**).

Variantes

Quando uma palavra apresenta uma variante na escrita, essa variante é dada no final da acepção correspondente e terá uma outra entrada em separado no dicionário, que remeterá à entrada principal. Exemplo:

jamb /dʒæm/ s umbral de porta e janela. (var **jambe**).
jambe /dʒæm/ → **jamb**.

Expressões e phrasal verbs

Todas as expressões e os *phrasal verbs* referentes a um verbete são dados no final de todas as acepções, mesmo quando um verbete traz mais de uma classe gramatical. Essas expressões são identificadas pelo símbolo ♦. As expressões estão destacadas em negrito e são seguidas da tradução. Exemplo:

take /teɪk/ v (takes, taking, took, taken) **1** pegar; agarrar; tomar. **2** usar; tomar (ônibus, trem, etc.). **3** levar; conduzir. **4** ser preciso; requerer. **5** tirar; subtrair. **6** assumir; aproveitar. **7** supor; concluir. **8** *Esp* ganhar (jogo, competição). **9** tomar; beber; engolir. ll s **1** tomada; cap-

tura. **2** tomada (cena de filme). **3** receita; lucro. **4** ato de tomar, pegar. **5** *Esp* renda arrecadada em um jogo. **6** caça; presa. ♦ **take a bath** tomar banho. **take a drink** tomar um drinque. **take a photo** fotografar. **take a seat** sentar. **take a train** pegar um trem. **take a walk** dar um passeio; passear. **take it easy** ir com calma. **take into account** levar em conta. **take after 1** parecer-se com. **2** seguir um exemplo. **take away** afastar; remover. **take back** retratar-se. **take down** desmanchar; desmontar. **take from** tirar; subtrair. **take for** considerar como; tomar por. **take in** receber, levar ou conduzir para dentro. **take off** tirar; despir; remover. **take on** empregar; empreender; assumir. **take out** extrair; arrancar; tirar. **take over** assumir o comando; tomar conta. **take to** afeiçoar-se; gostar de. **take up** erguer; levantar.

Observe que termos como *air bag, tape recorder, happy hour*, etc. (ou seja, termos compostos que formam uma unidade de significado) são tratados como entradas separadas e não como expressões.

Consultas do português para o inglês

Na seção "Dicionário Português-Inglês", você poderá consultar, em ordem alfabética, um verbete em português quando desejar saber sua respectiva tradução em inglês. Os verbetes são seguidos da classe gramatical à qual pertencem e das diversas acepções numeradas por significado e classificadas por áreas quando aplicáveis. Veja o exemplo:

abastecer v **1** supply. **2** fuel (de combustível). **3** cater. **4** stock; store. **5** load.

café s **1** coffee (bebida e fruto). **2** coffeehouse (estabelecimento).

economia s **1** *Econ* economics. **2** economy; husbandry; thrift. **3** saving. **4** parsimony.

Notas sobre a fonética

Na elaboração deste dicionário foram utilizados os símbolos fonéticos do **International Phonetic Alphabet** (IPA, Alfabeto Fonético Internacional). A escolha desse alfabeto internacional visa estabelecer uma padronização da fonética do inglês.

Vale ressaltar ainda alguns pontos em relação à fonética usada neste dicionário:

• A fonética utilizada refere-se sempre ao inglês americano.

• No caso de palavras que apresentem duas ou mais pronúncias diferentes, são dadas as transcrições fonéticas das pronúncias mais comuns.

• Os plurais irregulares também são seguidos da transcrição fonética correspondente.

• A sílaba tônica é identificada por um sublinhado abaixo do som vocálico mais forte da palavra. As palavras monossilábicas não apresentam o destaque da sílaba tônica na transcrição fonética, uma vez que elas sempre terão um único som vocálico.

Todos os símbolos fonéticos utilizados neste dicionário e seus respectivos sons no inglês, com os equivalentes em português, quando possível, são dados na tabela a seguir:

Sons consonantais

Símbolo do IPA	Som no inglês	Equivalente no português	Símbolo do IPA	Som no inglês	Equivalente no português
b	bad	bola	z	rose	zebra
d	mend	dado	ʃ	she	chá
f	fit	figo	t	tip	tapa
g	get	gato	tʃ	rich	tchau
dʒ	gin	idade	v	vet	vaso
ŋ	sing	cinco	w	water	água
h	home	(h aspirado)	ʒ	vision	já
j	yes	iogurte	θ	think	(sem equivalente em português, som entre o s e o t pronunciado com a língua entre os dentes)
k	cat	cama			
l	lamb	lama			
m	man	mato			
n	nut	nó	ð	this	(sem equivalente em português, som entre o s e o d pronunciado com a língua entre os dentes)
p	pad	pai			
r	red	para (pronunciado no céu da boca)			
s	sand	sala			

Sons vocálicos

Símbolo do IPA	Som no inglês	Equivalente no português
ɑ:	father	fada (a longo e aberto)
ʌ	but	(semelhante ao primeiro a de cama)
æ	cat	(entre o a de lá e o e de pé)
ə	about	(som parecido com o e átono no final das palavras)
e	get	pé
ɪ	pin	(i curto e forte como em si)
i	happy	(i intermediário)
i:	seen	(i longo como em fino)
ɔ:	ball	pó
u:	boot	(u aberto como em juro)

Símbolo do IPA	Som no inglês	Equivalente no português
ʊ	book	(u breve e mais fechado como em burro)
aɪ	fly	baile
aʊ	house	pausa
eɪ	day	lei
ɔɪ	boy	bóia
oʊ	boat	outro
ɚ	lover	(e átono e com o leve som de um r final, próximo ao er em versão)
ɜ:r	bird	(som entre o e aberto e o o fechado, seguido de um leve r, próximo ao er em verde)

A

a ou A /eɪ/ s 1 1ª letra do alfabeto inglês. 2 *Mús* lá (*pl* a's ou A's). || *art indef* um; uma (usa-se antes de palavras iniciadas por um som consonantal). (→ an.) || *prep* por. ♦ twice a day duas vezes por dia. three days a week três dias por semana.

a·back /əbæk/ *adv* atrás; para trás; ao contrário. ♦ be taken aback ser tomado de surpresa; ficar surpreendido, embaraçado.

ab·a·cus /æbəkəs/ s ábaco. (*pl* abacuses /æbəkəsɪz/ ou abaci /æbəsaɪ/).

ab·a·lo·ne /æbəlouni/ s *Zool* abalone, haliote (molusco da família dos Haliotídeos; de sua concha se extrai a madrepérola).

a·ban·don /əbændən/ v (abandons, abandoning, abandoned, abandoned) abandonar. || s abandono; renúncia; despreocupação ♦ abandon oneself to entregar-se a.

a·ban·doned /əbændənd/ *adj* abandonado; deixado para trás; desertado.

a·ban·don·ment /əbændənmənt/ s abandono; deserção; renúncia.

a·base /əbeɪs/ v (abases, abasing, abased, abased) rebaixar; humilhar; inferiorizar; aviltar.

a·base·ment /əbeɪsmənt/ s rebaixamento; humilhação; aviltamento.

a·bash /əbæʃ/ v (abashes, abashing, abashed, abashed) envergonhar; embaraçar; confundir; desconsertar.

a·bash·ment /əbæʃmənt/ s vergonha; vexame; humilhação.

a·bate /əbeɪt/ v (abates, abating, abated, abated) 1 abater; diminuir; reduzir; rebaixar; deduzir; suprimir; descontar; abaixar (preço). 2 declinar; decrescer. 3 enfraquecer; minguar; mitigar. 4 *Jur* reprimir; suprimir (abuso); suspender; extinguir; desistir (ação); invalidar; anular (mandato); não surtir efeito; falhar; ser proibido.

a·bate·ment /əbeɪtmənt/ s 1 abatimento; diminuição; redução. 2 declínio; enfraquecimento. 3 *Jur* anulação; suspensão.

ab·at·toir /æbətwɑːr/ s matadouro.

ab·bess /æbəs/ s abadessa.

ab·bey /æbi/ s abadia.

ab·bot /æbət/ s abade.

ab·bre·vi·ate /əbriːvieɪt/ v (abbreviates, abbreviating, abbreviated, abbreviated) abreviar; reduzir; encurtar.

ab·bre·vi·a·tion /əbriːvieɪʃən/ s abreviação; abreviatura; resumo.

ABC /eɪbiːsiː/ s 1 abecedário; alfabeto. 2 *fig* rudimentos; princípios (de ler e escrever).

ab·di·cate /æbdɪkeɪt/ v (abdicates, abdicating, abdicated, abdicated) abdicar; renunciar.

ab·di·ca·tion /æbdɪkeɪʃən/ s abdicação; renúncia.

ab·di·ca·tor /æbdɪkeɪtər/ s abdicador.

ab·do·men /æbdəmən/ s abdome; abdômen; ventre.

ab·dom·i·nal /æbdɑːmənəl/ *adj* abdominal.

ab·duct /əbdʌkt/ v (abducts, abducting, abducted, abducted) 1 raptar; seqüestrar. 2 *Fisiol* abduzir.

ab·duc·tion /əbdʌkʃən/ s 1 *Jur* rapto (com violência). 2 *Med* abdução.

ab·duc·tor /əbdʌktər/ s 1 *Jur* raptor. 2 *Anat* abdutor.

ab·er·ra·tion /æbəreɪʃən/ s 1 aberração; anormalidade. 2 *Med* anomalia; deformidade. 3 *Astron* desvio. 4 *Ópt* refração.

a·bet /əbet/ v (abets, abetting, abetted, abetted) incitar; instigar; fomentar; encorajar; apoiar.

a·bet·ment /əbetmənt/ s estímulo; incitação; instigação; fomento; apoio.

a·bet·ter /əbetə/ → abettor.

a·bet·tor /əbetə/ s cúmplice. (*var* abetter)

a·bey·ance /əbeɪəns/ s pendência; suspensão; estado jacente. ♦ in abeyance 1 pendente; suspenso. 2 *Jur* jacente; vacante.

A

ab·hor /æbhɔːr/ v (**abhors, abhorring, abhorred, abhorred**) abominar; detestar; odiar; repugnar.

ab·hor·rence /æbhɔːrəns/ s aversão; ódio; repugnância.

ab·hor·rent /æbhɔːrənt/ adj detestável; odioso; repugnante.

a·bid·ance /əbaɪdns/ s 1 permanência; residência; duração; continuidade. 2 fidelidade; conformidade; adesão; sujeição.

a·bide /əbaɪd/ v (**abides, abiding, abided/abode, abided/abode**) 1 habitar; residir; permanecer. 2 agüentar; tolerar; aturar; suportar. 3 conformar-se; esperar. 4 manter, sustentar (palavra); defender; fazer questão de. ♦ **abide by** 1 aceitar; cumprir (tarefa, lei). 2 ficar fiel a; persistir em.

a·bid·ing /əbaɪdɪŋ/ adj duradouro; permanente.

a·bil·i·ty /əbɪləti/ s 1 habilidade; capacidade; competência. 2 aptidão; talento; faculdade. (pl **abilities**).

ab·ject /æbdʒekt/ adj abjeto; vil; desprezível.

ab·ju·ra·tion /æbdʒəreɪʃən/ s abjuração; renúncia.

ab·jure /æbdʒʊr/ v (**abjures, abjuring, abjured, abjured**) 1 abjurar; renunciar. 2 repudiar.

ab·la·tion /æbleɪʃən/ s amputação; ablação; remoção; separação.

ab·la·tive /æblətɪv/ adj e s Gram ablativo. ‖ /æbleɪtɪv/ adj ablativo (relativo ou capaz de ablação).

a·blaze /əbleɪz/ adj 1 chamejante; flamejante. 2 brilhante. 3 fig entusiasmado; empolgado. ‖ adv inflamadamente; entusiasmadamente.

a·ble /eɪbəl/ adj 1 apto; capaz. 2 hábil; ágil. 3 competente; qualificado. ♦ **be able** ser capaz; estar apto; poder.

a·ble-bod·ied /eɪbəlbɑːdɪd/ adj forte e saudável (fisicamente); robusto.

a·bloom /əbluːm/ adj florido; florescente.

ab·lu·tion /əbluːʃən/ s ablução; lavagem.

a·bly /eɪbli/ adv habilmente; competentemente.

ab·ne·gate /æbnɪgeɪt/ v (**abnegates, abnegating, abnegated, abnegated**) 1 abnegar; renunciar. 2 abjurar; recusar.

ab·ne·ga·tion /æbnɪgeɪʃən/ s abnegação; renúncia; sacrifício.

ab·nor·mal /æbnɔːrməl/ adj anormal; incomum; irregular.

ab·nor·mal·i·ty /æbnɔːrmæləti/ s anormalidade; irregularidade; anomalia; deformidade. (pl **abnormalities**).

ab·nor·mal·ly /æbnɔːrməli/ adv anormalmente; excepcionalmente.

a·board /əbɔːrd/ adv a bordo; no trem; no avião.

a·bode /əboud/ pass e part pass de **abide**. ‖ s 1 residência; domicílio. 2 permanência; estada.

a·bol·ish /əbɑːlɪʃ/ v (**abolishes, abolishing, abolished, abolished**) abolir; suprimir; anular; revogar.

a·bol·ish·a·ble /əbɑːlɪʃəbəl/ adj anulável; cancelável; revogável.

ab·o·li·tion /æbəlɪʃən/ s 1 abolição (da escravatura); anulação. 2 extinção; aniquilamento; supressão.

ab·o·li·tion·ism /æbəlɪʃənɪzəm/ s abolicionismo.

ab·o·li·tion·ist /æbəlɪʃənɪst/ s abolicionista.

A-bomb /eɪbɑːm/ s bomba A (bomba atômica).

a·bom·i·na·ble /əbɑːmənəbəl/ adj abominável; odioso; desagradável; repugnante.

a·bom·i·na·bly /əbɑːmənəbli/ adv abominavelmente.

a·bom·i·nate /əbɑːməneɪt/ v (**abominates, abominating, abominated, abominated**) abominar; detestar; odiar.

a·bom·i·na·tion /əbɑːməneɪʃən/ s 1 abominação; acontecimento horrendo; repulsão. 2 desdém; repugnância.

ab·o·rig·i·nal /æbərɪdʒənəl/ adj 1 aborígine; primitivo. 2 nativo; indígena. ‖ s aborígine.

ab·o·rig·i·ne /æbərɪdʒəni/ s 1 aborígine; índio. 2 primitivo. ♦ **aborigines** a fauna e a flora nativas de uma região.

a·bort /əbɔːrt/ v (**aborts, aborting, aborted, aborted**) 1 abortar. 2 parar o desenvolvimento. 3 Comp abortar; interromper e cancelar uma operação. 4 fig malograr.

a·bor·tion /əbɔːrʃən/ s 1 aborto. 2 *fig* malogro; fracasso.

a·bor·tive /əbɔːrtɪv/ *adj* 1 abortivo; estéril. 2 imperfeito.

a·bound /əbaʊnd/ v (abounds, abounding, abounded, abounded) abundar. ♦ **abound in/with** ter abundância de; ser cheio de; ser rico em.

a·bout /əbaʊt/ *prep* 1 em volta de; em redor de. 2 perto de; junto a; nas imediações de. 3 a respeito de; sobre. 4 cerca de; por volta de. 5 em poder de; munido de. 6 ocupado com; envolvido em. 7 aqui e ali; de um lado para o outro. II *adv* 1 quase; aproximadamente. 2 ao redor; por todos os lados. 3 perto. 4 em direção contrária; em sentido oposto. ♦ **be about to** estar prestes a ou ao ponto de. **that's about it** ou **that's about all** isso é tudo (sobre um assunto). **about-face** 1 reviravolta (súbita mudança de atitude ou ação). 2 *Mil* meia-volta; volver.

a·bove /əbʌv/ *prep* 1 sobre; por cima de. 2 em posição superior (no espaço, autoridade, etc.). II *adv* 1 acima; no alto; em cima. 2 na parte de cima; além. 3 no céu. 4 mais eminente (cargo). 5 supra; anteriormente (citado). II *s* o acima citado ou escrito. II *adj* acima ou supra (citado, mencionado). ♦ **above all** antes de mais nada. **above fifty dollars** acima de, superior a 50 dólares. **get above oneself** agir de modo presunçoso.

a·bove·board /əbʌvbɔːrd/ *adj fig* limpo; franco; honesto. II *adv* francamente; honestamente; às claras.

a·brade /əbreɪd/ v (abrades, abrading, abraded, abraded) desgastar; esmerilhar; esfolar.

ab·ra·sion /əbreɪʒən/ s 1 abrasão; desgaste; erosão. 2 *Med* esfoladura; escoriação.

ab·ra·sive /əbreɪsɪv/ *adj* 1 abrasivo. 2 áspero; ríspido (referente a pessoas). II *s* abrasivo.

a·breast /əbrest/ *adv* lado a lado. ♦ **keep abreast of/with** manter o mesmo passo com; ficar a par de; ficar em condições de igualdade com.

a·bridge /əbrɪdʒ/ v (abridges, abridging, abridged, abridged) abreviar; resumir; reduzir.

a·bridge·ment /əbrɪdʒmənt/ → **abridgment**.

a·bridg·ment /əbrɪdʒmənt/ s resumo; redução; diminuição. (*var* **abridgement**).

a·broach /əbroʊtʃ/ *adj* perfurado; aberto.

a·broad /əbrɔːd/ *adv* 1 no estrangeiro; rumo ao estrangeiro; no exterior. 2 largamente. II *s* (o) estrangeiro (terras ou países estrangeiros).

ab·ro·gate /æbrəgeɪt/ v (abrogates, abrogating, abrogated, abrogated) ab-rogar; anular; abolir.

a·brupt /əbrʌpt/ *adj* 1 abrupto; repentino; brusco. 2 íngreme. 3 desconexo; confuso.

a·brupt·ly /əbrʌpt/ *adv* bruscamente; repentinamente.

a·brup·tion /əbrʌpʃən/ s 1 interrupção brusca; ruptura. 2 desmembramento.

ab·scess /æbses/ s *Med* abscesso; apostema.

ab·scis·sa /æbsɪsə/ s *Mat* abscissa. (*pl* **abscissas** ou **abscissae** /æbsɪsi/).

ab·scis·sion /æbsɪʒən/ s abscisão; amputação.

ab·scond /əbskɑːnd/ v (absconds, absconding, absconded, absconded) esconder-se; fugir à justiça.

ab·sence /æbsəns/ s 1 ausência; afastamento. 2 carência; falta. 3 distração. ♦ **in the absence of** na falta de. **absence of mind** distração.

ab·sent /æbsənt/ *adj* 1 distraído; desatento. 2 ausente. II /æbsent/ v (absents, absenting, absented, absented) ausentar-se; retirar-se.

ab·sen·tee /æbsənti:/ s absenteísta; pessoa ausente. II *adj* ausente.

ab·sen·tee·ism /æbsənti:ɪzəm/ s absenteísmo.

ab·sent-mind·ed /æbsəntmaɪndɪd/ *adj* distraído; absorto.

ab·sinth /æbsɪnθ/ → **absinthe**.

ab·sinthe /æbsɪnθ/ s 1 absinto. 2 a bebida preparada com as folhas do absinto. (*var* **absinth**).

ab·so·lute /ˈæbsəluːt/ adj **1** absoluto; completo; inteiro. **2** puro; perfeito. **3** real. **4** ilimitado; déspota. ‖ s absoluto.

ab·so·lute·ly /ˈæbsəluːtli/ adv absolutamente; completamente; positivamente. ♦ **absolutely not** definitivamente não; de forma alguma.

ab·so·lute·ness /ˈæbsəluːtnəs/ s **1** arbitrariedade; independência. **2** integridade.

ab·so·lu·tion /ˌæbsəluːʃən/ s absolvição; remissão.

ab·so·lut·ism /ˈæbsəluːtɪzəm/ s absolutismo; despotismo.

ab·so·lut·ist /ˈæbsəluːtɪst/ s absolutista.

ab·solv·a·ble /əbˈzɑːlvəl, əbˈsɑːlvəl/ adj perdoável; remissível.

ab·solve /əbˈzɑːlv, əbˈsɑːlv/ v (**absolves, absolving, absolved, absolved**) absolver; perdoar; isentar.

ab·sorb /əbˈsɔːrb, əbˈzɔːrb/ v (**absorbs, absorbing, absorbed, absorbed**) **1** absorver; embeber; sugar; assimilar. **2** tomar todo o interesse, a atenção, o tempo.

ab·sorbed /əbˈsɔːrbd, əbˈzɔːrbd/ adj absorto; absorvido.

ab·sorb·ent /əbˈsɔːrbənt, əbˈzɔːrbənt/ adj e s absorvente.

ab·sorp·tion /əbˈsɔːrpʃən, əbˈzɔːrpʃən/ s **1** absorção; assimilação. **2** concentração mental.

ab·stain /əbˈsteɪn/ v (**abstains, abstaining, abstained, abstained**) abster-se; privar-se. (geralmente seguido de **from**).

ab·ste·mi·ous /æbˈstiːmiəs/ adj abstêmio; sóbrio; moderado.

ab·sten·tion /əbˈstenʃən/ s abstenção; abstinência.

ab·sti·nence /ˈæbstɪnəns/ s abstinência; sobriedade; temperança.

ab·sti·nent /ˈæbstɪnənt/ adj abstinente; sóbrio; moderado.

ab·stract /ˈæbstrækt/ adj abstrato; complexo; transcendental. ‖ s extrato; resumo; sumário. ‖ /æbˈstrækt/ v (**abstracts, abstracting, abstracted, abstracted**) **1** abstrair; separar; subtrair. **2** resumir; sumariar. **3** surripiar; furtar.

ab·stract·ed /æbˈstræktɪd/ adj **1** distraído; pensativo; preocupado. **2** separado.

ab·strac·tion /æbˈstrækʃən/ s **1** abstração. **2** subtração; separação. **3** distração; preocupação. **4** abstração (uma obra de arte abstrata).

ab·strac·tion·ism /æbˈstrækʃənɪzəm/ s abstracionismo (a arte abstrata).

ab·struse /æbˈstruːs/ adj **1** obscuro; complexo. **2** recôndito; escondido; secreto.

ab·surd /əbˈsɜːrd, əbˈzɜːrd/ adj absurdo; sem razão; ridículo. ‖ s absurdo; disparate.

ab·surd·i·ty /əbˈsɜːrdəti, əbˈzɜːrdəti/ s absurdidade; disparate; insensatez. (pl **absurdities**).

a·bun·dance /əˈbʌndəns/ s abundância; fartura.

a·bun·dant /əˈbʌndənt/ adj abundante; copioso.

a·bun·dant·ly /əˈbʌndəntli/ adv abundantemente; copiosamente.

a·buse /əˈbjuːz/ v (**abuses, abusing, abused, abused**) **1** abusar. **2** prejudicar. **3** injuriar; insultar. ‖ /əˈbjuːs/ s **1** abuso. **2** insulto; injúria.

a·bu·sive /əˈbjuːsɪv, əˈbjuːzɪv/ adj abusivo; insultante; injurioso.

a·but /əˈbʌt/ v (**abuts, abutting, abutted, abutted**) estar contíguo; localizar-se ao lado de; fazer fronteira com.

a·bysm /əˈbɪzəm/ → **abyss**.

a·bys·mal /əˈbɪzməl/ adj **1** abismal. **2** inescrutável. **3** terrível.

a·byss /əˈbɪs/ s abisso; abismo. (pl **abysses**. var **abysm**).

a·bys·sal /əˈbɪsəl/ adj abissal; insondável.

ac /eɪsiː/ abrev **1** de **alternating current**; ca; corrente alternada. **2** de **air conditioning**; ar condicionado.

a·ca·cia /əˈkeɪʃə/ s acácia.

ac·a·deme /ˈækədiːm/ → **academy**.

ac·a·de·mi·a /ˌækəˈdiːmiə/ → **academy**.

ac·a·dem·ic /ˌækəˈdemɪk/ adj e s acadêmico (var s **academician**).

ac·a·de·mi·cian /ˌækədəˈmɪʃən/ → **academic**.

ac·a·dem·ics /ˌækəˈdemɪks/ s us v pl cursos e estudos superiores.

a·cad·e·my /əˈkædəmi/ s academia. (pl **academies**. var **academe** e **academia**).

a·can·thus /əˈkænθəs/ s Bot e Arq acanto. (pl **acanthuses** ou **acanthi** /əˈkænθaɪ/).

ac·a·rus /ˈækə-əs/ s ácaro. (pl **acari** /ˈækəraɪ/).

ac·cede /æksiːd/ v (**accedes, acceding, acceded, acceded**) 1 aceder; condescender; concordar; anuir. 2 aderir; tomar parte em. 3 ter acesso.

ac·ced·ence /æksiːdəns/ s 1 acessão; consentimento. 2 adesão. 3 acesso.

ac·cel·er·ate /əkseləreɪt/ v (**accelerates, accelerating, accelerated, accelerated**) 1 acelerar; apressar. 2 precipitar; adiantar.

ac·cel·er·a·tion /əkseləreɪʃən/ s aceleração.

ac·cel·er·a·tor /əkseləreɪtə/ s acelerador.

ac·cent /əksent/ v (**accents, accenting, accented, accented**) acentuar; dar ênfase a; frisar. ‖ /ˈæksent/ s 1 sotaque. 2 acento.

ac·cen·tu·ate /əksentʃueɪt/ v (**accentuates, accentuating, accentuated, accentuated**) acentuar.

ac·cen·tu·a·tion /əksentʃueɪʃən/ s acentuação.

ac·cept /əksept/ v (**accepts, accepting, accepted, accepted**) 1 aceitar; admitir. 2 reconhecer. 3 favorecer.

ac·cept·a·ble /əkseptəbəl/ adj aceitável.

ac·cep·tance /əkseptəns/ s 1 aceitação; aprovação.

ac·cep·ta·tion /əkseptɛɪʃən/ s 1 acepção. 2 aceitação.

ac·cept·ed /əkseptɪd/ adj aceito; admitido.

ac·cess /ækses/ s 1 acesso; admissão. 2 entrada; passagem. 3 acesso (de raiva, de doença). ‖ v Comp (**accesses, accessing, accessed, accessed**) acessar (informações, dados).

ac·ces·si·ble /əksesəbəl/ adj 1 acessível. 2 influenciável, suscetível.

ac·ces·sion /əkseʃən/ s 1 ascensão (promoção a um cargo). 2 aquisição; aumento; acréscimo. 3 acordo; consentimento. 4 acesso; ataque (de doença).

ac·ces·sion·al /əkseʃənəl/ adj acessional; adicional.

ac·ces·so·ry /əksesəri/ s 1 acessório; suplemento. 2 Jur cúmplice; encobridor; receptador. (pl **accessories**). ♦ **accessory before the fact** Jur instigador do crime.

accessory after the fact Jur encobridor do crime; cúmplice posterior. ‖ adj 1 acessório; secundário; suplementar. 2 Jur acumpliciado.

access rights s Comp direitos de acesso.

access road s via de acesso.

access speed s Comp velocidade de acesso.

access time s Comp tempo de acesso.

ac·ci·dence /æksɪdəns/ s Gram Morf flexão; inflexão.

ac·ci·dent /æksɪdənt/ s 1 acidente; desastre. 2 acaso; incidente; contingência. ♦ **by accident** por acaso; sem querer.

ac·ci·den·tal /æksɪdentəl/ adj acidental; casual.

ac·ci·den·tal·ly /æksɪdentəli/ adv acidentalmente; casualmente.

accident insurance s seguro contra acidentes.

ac·claim /əkleɪm/ v (**acclaims, acclaiming, acclaimed, acclaimed**) 1 aclamar; aplaudir; ovacionar. 2 proclamar; promulgar. ‖ s aclamação; aplauso; ovação.

ac·cla·ma·tion /ækləmeɪʃən/ s aclamação; proclamação.

ac·cli·mate /əklaɪmət, ˈækləmeɪt/ v (**acclimates, acclimating, acclimated, acclimated**) 1 aclimatar; aclimatar-se. 2 adaptar-se. (IngBrit e var do IngAm **acclimatize**).

ac·cli·ma·tion /æklɪmeɪʃən/ s aclimação; aclimatação. (IngBrit e var do IngAm **acclimatization**).

ac·cli·ma·ti·za·tion /əklaɪmətəzeɪʃən/ → **acclimation**.

ac·cli·ma·tize /əklaɪmətaɪz/ → **acclimate**.

ac·cliv·i·ty /əklɪvəti/ s aclive; rampa; ladeira. (pl **acclivities**).

ac·co·lade /ækəleɪd/ s 1 abraço; honra; louvor. 2 condecoração.

ac·com·mo·date /əkɑːmədeɪt/ v (**accommodates, accommodating, accommodated, accommodated**) 1 acomodar; hospedar. 2 ajustar; adaptar. 3 obsequiar; fazer um favor. 4 prover; aprovisionar. 5 conciliar; permitir; considerar.

ac·com·mo·dat·ing /əkɑːmədeɪtɪŋ/ adj prestativo; obsequioso; complacente.

ac·com·mo·da·tion /əkɑːmədeɪʃən/ s 1 acomodação; adaptação; ajuste. 2 auxílio; favor. 3 empréstimo; adiantamento. ♦ **accommodations** acomodações; alojamento.

ac·com·pa·ni·ment /əkʌmpənɪmənt/ s 1 tb Mús acompanhamento. 2 complemento; algo concomitante.

ac·com·pa·nist /əkʌmpənɪst/ s Mús acompanhante.

ac·com·pa·ny /əkʌmpəni/ v (accompanies, accompanying, accompanied, accompanied) 1 acompanhar; escoltar. 2 acrescentar; suplementar. 3 Mús fazer o acompanhamento.

ac·com·plice /əkɑːmplɪs/ s cúmplice.

ac·com·plish /əkɑːmplɪʃ/ v (accomplishes, accomplishing, accomplished, accomplished) 1 executar; efetuar; realizar. 2 concluir; finalizar.

ac·com·plished /əkɑːmplɪʃt/ adj 1 talentoso; excelente. 2 inquestionável.

ac·com·plish·ment /əkɑːmplɪʃmənt/ s 1 realização; consumação; cumprimento.

ac·cord /əkɔːrd/ v (accords, according, accorded, accorded) 1 concordar; consentir. 2 conceder; dar. 3 harmonizar. II s 1 acordo; concordância; consentimento. 2 harmonia. 3 tratado; pacto.

ac·cor·dance /əkɔːrdəns/ s acordo; conformidade; concordância. ♦ **in accordance with** de acordo com; conforme.

ac·cor·dant /əkɔːrdənt/ adj concordante; concorde; conforme; adequado (geralm usado com with ou to).

according to prep de acordo com; em conformidade com; segundo a.

ac·cord·ing·ly /əkɔːrdɪŋli/ adv 1 conformemente. 2 conseqüentemente; por conseguinte; portanto.

ac·cor·di·on /əkɔːrdiən/ s acordeão; sanfona; harmônica.

ac·cost /əkɑːst/ v (accosts, accosting, accosted, accosted) abordar; confrontar; aproximar-se de; dirigir a palavra a (de forma hostil, agressiva ou ofensiva).

ac·count /əkaʊnt/ s 1 conta; cálculo. 2 relato; descrição. 3 avaliação. 4 consideração; estima. 5 conta corrente. 6 impor-

tância; lucro. II v (accounts, accounting, accounted, accounted) considerar; ter em conta. ♦ **account for** explicar; prestar contas de; responder por. **on account of** por causa de. **on no account** de forma alguma; em hipótese alguma. **take into account** levar em consideração.

ac·count·a·ble /əkaʊntəbəl/ adj responsável.

ac·count·an·cy /əkaʊntənsi/ → accounting.

ac·count·ant /əkaʊntənt/ s contador; contabilista.

ac·count·ing /əkaʊntɪŋ/ s contabilidade. (var e IngBrit accountancy).

ac·cou·ter·ments /əkuːtə·mənts/ s 1 acessórios; penduricalhos; atavios. 2 Mil equipamento completo de um soldado, exceto armas e uniformes. (var accoutrements).

ac·cou·tre·ments /əkuːtə·mənts/ → accouterments.

ac·cred·it /əkrɛdɪt/ v (accredits, accrediting, accredited, accredited) 1 creditar; abonar. 2 dar crédito a; autorizar; conferir poderes. 3 reconhecer; endossar.

ac·cres·cent /əkrɛsənt/ adj Bot acrescente.

ac·cre·tion /əkriːʃən/ s Geol acresção; acessão; aluvião.

ac·cru·al /əkruːəl/ s aumento; acúmulo; provisão.

ac·crue /əkruː/ v (accrues, accruing, accrued, accrued) 1 aumentar; crescer; acumular-se. 2 advir; resultar; provir.

ac·cul·tur·a·tion /əkʌltʃəreɪʃən/ s Soc aculturação.

ac·cu·mu·late /əkjuːmjəleɪt/ v (accumulates, accumulating, accumulated, accumulated) acumular(-se); ajuntar(-se); amontoar(-se).

ac·cu·mu·la·tion /əkjuːmjələreɪʃən/ s acumulação; acúmulo; amontoado; acervo.

ac·cu·mu·la·tive /əkjuːmjələtɪv/ adj acumulativo.

ac·cu·mu·la·tor /əkjuːmjəleɪtə·/ s acumulador.

ac·cu·ra·cy /ækjə·əsi/ s exatidão; precisão; retidão.

ac·cu·rate /ækjə·ət/ adj exato; preciso; correto.

ac·curs·ed /əkɜ̱ːrst, əkɜ̱ːrsəd/ *adj* **1** amaldiçoado; maldito. **2** detestável; execrável; abominável. (*var* **accurst**).

ac·curst /əkɜ̱ːrst/ → **accursed**.

ac·cu·sa·tion /ækjʊzeɪ̱ʃən/ *s* acusação; denúncia.

ac·cu·sa·tive /əkju̱ːzətɪv/ *adj* acusativo. ‖ *s Gram* acusativo.

ac·cuse /əkju̱ːz/ *v* (**accuses, accusing, accused, accused**) **1** acusar; denunciar. **2** repreender; censurar. ♦ **accuse of** acusar de.

ac·cused /əkju̱ːzd/ *s Jur* réu; acusado.

ac·cus·tom /əkʌ̱stəm/ *v* (**accustoms, accustoming, accustomed, accustomed**) acostumar; familiarizar; habituar (*geralmus* **to**).

ac·cus·tomed /əkʌ̱stəmd/ *adj* **1** acostumado; habituado. **2** usual; habitual. ♦ **get accustomed to** acostumar-se a. **be accustomed to** estar acostumado a.

ac/dc /eɪsi̱ːdi̱ːsi̱ː/ *abrev* de **alternating current/direct current**; ca/cc; corrente alternada/corrente contínua.

ace /eɪs/ *s* **1** ás (carta de baralho) **2** *Esp* ponto ganho com um único lance (tênis, golfe, etc.). ‖ *adj* craque; ás; campeão. ‖ *v* (**aces, acing, aced, aced**) **1** *Esp* marcar um ponto com um único lance (tênis, golfe, etc.). **2** *gír* tirar nota A. ♦ **have an ace in the hole** ter um trunfo guardado. **within an ace of** por um triz.

a·ceph·a·lous /eɪse̱fələs/ *adj* **1** *Biol* acéfalo. **2** *fig* sem chefe, liderança ou orientação; descabeçado.

a·cerb /əsɜ̱ːrb/ → **acerbic**.

ac·er·bate /æsəbeɪt/ *v* (**acerbates, acerbating, acerbated, acerbated**) **1** acerbar; azedar. **2** exacerbar; exasperar.

a·cer·bic /əsɜ̱ːrbɪk/ *adj* **1** acerbo; amargo; acre. **2** áspero; severo. **3** duro; árduo. (*var* **acerb**).

a·cer·bi·ty /əsɜ̱ːrbəti/ *s* **1** acerbidade; amargura. **2** severidade; aspereza (de trato). (*pl* **acerbities**).

ac·e·tate /æsɪteɪt/ *s* acetato.

a·ce·tic /əsi̱ːtɪk/ *adj* acético. ♦ **acetic acid** ácido acético.

ac·e·tone /æsɪtoʊn/ *s* acetona.

ache /eɪk/ *v* (**aches, aching, ached, ached**) **1** doer; sentir dores. **2** desejar muito. ‖ *s* **1** dor. **2** saudade profunda; falta.

a·chiev·a·ble /ətʃi̱ːvəbəl/ *adj* executável; realizável.

a·chieve /ətʃi̱ːv/ *v* (**achieves, achieving, achieved, achieved**) **1** executar; realizar. **2** alcançar; atingir. **3** concluir ou completar com êxito.

a·chieve·ment /ətʃi̱ːvmənt/ *s* **1** execução; realização; empreendimento. **2** feito; façanha.

A·chil·les' heel /əki̱liːz hi̱ːl/ *s fig* calcanhar-de-aquiles.

ach·ro·mat·ic /ækrəmæ̱tɪk/ *adj tb Ópt, Biol* e *Mús* acromático.

a·chro·ma·tize /əkroʊ̱mətaɪz/ *v* (**achromatizes, achromatizing, achromatized, achromatized**) acromatizar; tirar a cor.

a·chro·mic /əkroʊ̱mɪk/ *adj* acrômico; acromo, sem cor.

ac·id /æ̱sɪd/ *s* **1** ácido. **2** *gír* ácido lisérgico. → **LSD**. ‖ *adj* **1** ácido. **2** azedo; acre.

a·cid·i·ty /əsɪ̱dəti/ *s* acidez.

acid rain *s* chuva ácida.

a·cid·u·late /əsɪ̱djʊleɪt/ *v* (**acidulates, acidulating, acidulated, acidulated**) acidular.

a·cid·u·lous /əsɪ̱djələs/ *adj* **1** acídulo. **2** *fig* acidulado; enervado; irritado.

ac·knowl·edge /ækna̱ːlɪdʒ/ *v* (**acknowledges, acknowledging, acknowledged, acknowledged**) **1** confessar; admitir. **2** reconhecer; validar. **3** agradecer. **4** acusar o recebimento de.

ac·knowl·edge·ment /ækna̱ːlɪdʒmənt/ → **acknowledgment**.

ac·knowl·edg·ment /ækna̱ːlɪdʒmənt/ *s* **1** confissão. **2** reconhecimento; validação. **3** gratidão. **4** notificação de recebimento. (*var* **acknowledgement**).

ac·me /æ̱kmi/ *s* acme; apogeu; culminância.

ac·ne /æ̱kni/ *s* acne.

a·corn /eɪ̱kɔːrn/ *s Bot* bolota; glande (fruto do carvalho).

a·cous·tic /əku̱ːstɪk/ *adj* acústico. (*var* **acoustical**).

a·cous·ti·cal /əku̱ːstɪkəl/ → **acoustic**.

a·cous·tics /əku:stɪks/ s **1** Fís acústica (usado com v sing). **2** acústica (de um ambiente) (usado com v pl).

ac·quaint /əkweɪnt/ v (**acquaints, acquainting, acquainted, acquainted**) **1** avisar; informar; comunicar. **2** instruir; familiarizar. ✦ **be acquainted with** conhecer pessoalmente. **acquaint oneself with** familiarizar-se com; inteirar-se de; travar relações com.

ac·quain·tance /əkweɪntəns/ s **1** conhecido; pessoa conhecida. **2** conhecimento; entendimento; habilidade.

ac·quaint·ed /əkweɪntɪd/ adj conhecido; familiarizado; informado.

ac·qui·esce /ækwieṣ/ v (**acquiesces, acquiescing, acquiesced, acquiesced**) aquiescer; assentir; anuir; consentir.

ac·quire /əkwaɪə/ v (**acquires, acquiring, acquired, acquired**) adquirir; ganhar; obter.

ac·quire·ment /əkwaɪəmənt/ s **1** aquisição. **2** talento; aptidão.

ac·qui·si·tion /ækwɪzɪʃən/ s aquisição; ganho; conquista.

ac·quis·i·tive /əkwɪzətɪv/ adj **1** aquisitivo. **2** ganancioso; ávido.

ac·quit /əkwɪt/ v (**acquits, acquitting, acquitted, acquitted**) **1** Jur absolver; inocentar (um réu). **2** desculpar; isentar; desobrigar. **3** portar-se; desempenhar(-se).

ac·quit·tal /əkwɪtəl/ s Jur absolvição.

ac·quit·tance /əkwɪtəns/ s quitação; recibo de pagamento integral.

a·cre /ɑːkrə/ s acre (medida agrária igual a 4.046,84m²).

a·cre·age /eɪkrɪdʒ/ s área medida em acres.

ac·rid /ækrɪd/ adj **1** acre; ácido; amargo; pungente. **2** fig áspero; mordaz; irritante; cáustico.

a·crid·i·ty /əkrɪdəti/ s acridez; acrimônia; aspereza. (var **acridness**).

a·crid·ness /əkrɪdnəs/ → **acridity**.

ac·ri·mo·ni·ous /ækrəmounɪəs/ adj acrimonioso; sarcástico; cáustico.

ac·ri·mo·ny /ækrəmouni/ s acrimônia; rudez.

ac·ro·bat /ækrəbæt/ s **1** acrobata; funâmbulo. **2** fig malabarista.

ac·ro·bat·ic /ækrəbætɪk/ adj acrobático.

ac·ro·bat·ics /ækrəbætɪks/ s acrobacia; funambulismo. (us v pl ou sing).

ac·ro·nym /ækrənɪm/ s acrônimo.

ac·ro·pho·bi·a /ækrəfoubɪə/ s Med acrofobia.

a·crop·o·lis /əkrɑːpəlɪs/ s acrópole.

a·cross /əkrɑːs/ prep **1** através de; de lado a lado. **2** no outro lado de. **3** sobre; por toda a extensão. ‖ adv transversalmente; obliquamente. ‖ adj cruzado. ✦ **across the street** do outro lado da rua. **with arms across** com os braços cruzados. **across Europe** por toda a Europa.

a·cross-the-board /əkrɑːsðəbɔːrd/ adj abrangente; geral.

a·cros·tic /əkrɑːstɪk/ s acróstico.

act /ækt/ s **1** ato; ação. **2** procedimento; feito. **3** lei; decreto. **4** ato (em teatro). **5** auto; documento. **6** manifestação. ‖ v (**acts, acting, acted, acted**) **1** atuar; agir. **2** representar; encenar. **3** fingir; simular; comportar-se. **4** produzir; fazer; executar. ✦ **act of God** força maior. **in the act** ou **in the very act** em flagrante. **act as/for** desempenhar o papel de; substituir. **act out** expressar; representar; dramatizar.

ACTH /eɪsi:ti:eɪtʃ, ækθ/ s hormônio adrenocorticotrópico.

act·ing /æktɪŋ/ adj **1** interino; em exercício. **2** representável; encenável. ‖ s **1** representação; encenação teatral; atuação. **2** fingimento.

ac·tion /ækʃən/ s **1** ação; feito. **2** operação; combate. **3** mecanismo. **4** enredo; seqüência; evento. **5** gesto; movimento. **6** Jur processo; ação judicial. **7** procedimento; conduta (geralm pl **actions**). ✦ **in/into action 1** em combate. **2** em movimento; em funcionamento. **out of action 1** fora de combate. **2** fora de ação; fora de operação. **bring/put/call into action** implementar. **take action** Jur entrar com ação; processar; apresentar queixa.

ac·ti·vate /æktəveɪt/ v (**activates, activating, activated, activated**) **1** ativar. **2** Fís tornar radioativo. **3** Quím catalisar.

ac·ti·va·tion /ˌæktəveɪʃən/ s 1 ativação. 2 Quím catalisação.

ac·tive /ˈæktɪv/ adj 1 ativo; efetivo. 2 vivo; esperto; ligeiro; movimentado; vigoroso. 3 produtivo; progressivo. 4 Gram ativo; (verbo) de ação. 5 Cont do ativo. 6 Mil na ativa. || s 1 Gram ativa (voz). 2 Comer ativo (membro de uma empresa).

ac·tive·ly /ˈæktɪvli/ adv. ativamente.

ac·tiv·ism /ˈæktɪvɪzəm/ s ativismo.

ac·tiv·ist /ˈæktɪvɪst/ s e adj ativista; militante.

ac·tiv·i·ty /ækˈtɪvəti/ s 1 atividade. 2 diligência; presteza. 3 energia. 4 afazeres. 5 Quím atividade; grau de radioatividade. (pl **activities**).

ac·tor /ˈæktə/ s masc 1 ator. 2 participante. 3 Jur autor; agente principal.

ac·tress /ˈæktrəs/ s fem atriz.

ac·tu·al /ˈæktʃuəl/ adj 1 verdadeiro; real; efetivo. 2 baseado nos fatos.

ac·tu·al·i·ty /ˌæktʃuˈæləti/ s realidade; fato. (pl **actualities**).

ac·tu·al·ly /ˈæktʃuəli/ adv 1 realmente; efetivamente. 2 na verdade; de fato.

ac·tu·ar·y /ˈæktʃueri/ s atuário.

ac·tu·ate /ˈæktʃueɪt/ v (**actuates, actuating, actuated, actuated**) 1 acionar; impulsionar; impelir. 2 incitar; instigar.

a·cu·i·ty /əkjuˈəti/ s acuidade; agudeza.

a·cu·men /əˈkjuːmən/ s perspicácia; sagacidade.

a·cu·mi·nate /əˈkjuːməneɪt/ adj acuminado pontiagudo. || v (**acuminates, acuminating, acuminated, acuminated**) acuminar; aguçar.

ac·u·punc·ture /ˈækjupʌŋktʃə/ s acupuntura. || v (**acupunctures, acupuncturing, acupunctured, acupunctured**) acupunturar.

a·cute /əkjuːt/ adj 1 agudo. 2 pontiagudo; afiado. 3 severo; crítico. 4 repentino; crucial. 5 vivo; penetrante; perspicaz. 6 forte, pungente (dor). 7 estridente (som).

acute accent s Gram acento agudo.

ad /æd/ s anúncio. (form red de **advertisement**).

A.D. /eɪˈdiː/ abrev lat de **Anno Domini**; d.C.; depois de Cristo.

ad·age /ˈædɪdʒ/ s adágio; provérbio; ditado.

a·da·gio /əˈdɑːdʒoʊ/ s e adj Mús adágio. (pl **adagios**).

Ad·am /ˈædəm/ s Bibl Adão; o primeiro homem. ♦ **Adam's apple** pomo-de-adão.

ad·a·mant /ˈædəmənt/ adj inflexível; duro; teimoso. (geralm relat a pessoas). || s pedra muito dura.

a·dapt /əˈdæpt/ v (**adapts, adapting, adapted, adapted**) adaptar; acomodar; ajustar.

a·dapt·a·bil·i·ty /əˌdæptəbɪləti/ s adaptabilidade. (var **adaptableness**).

a·dapt·a·ble /əˈdæptəbəl/ adj adaptável; aplicável.

a·dapt·a·ble·ness /əˈdæptəbəlnəs/ → **adaptability**.

ad·ap·ta·tion /ˌædæpteɪʃən/ s adaptação; ajuste; acomodação. (var **adaption**).

a·dapt·er /əˈdæptə/ s adaptador. (var **adaptor**).

a·dap·tion /əˈdæpʃən/ → **adaptation**.

a·dap·tor /əˈdæptə/ → **adapter**.

add /æd/ v (**adds, adding, added, added**) 1 adicionar; acrescentar; somar; juntar. 2 continuar; acrescentar (comentário escrito ou falado). ♦ **add up to** constituir; significar; resultar.

ad·den·dum /əˈdɛndəm/ s adendo; adenda; suplemento. (pl **addenda**).

ad·der /ˈædə/ s víbora.

ad·dict /ˈædɪkt/ s 1 viciado (em drogas). 2 devoto; sectário. || /əˈdɪkt/ v (**addicts, addicting, addicted, addicted**) 1 viciar(-se). 2 dedicar(-se); entregar(-se).

ad·dic·tion /əˈdɪkʃən/ s 1 inclinação; propensão; apego. 2 vício; dependência.

ad·dic·tive /əˈdɪktɪv/ adj que causa vício ou dependência.

ad·di·tion /əˈdɪʃən/ s 1 adição; soma; aditamento; acréscimo. 2 anexo de um edifício. ♦ **in addition (to)** além do que; além do mais; em aditamento.

ad·di·tion·al /əˈdɪʃənəl/ adj adicional; suplementar.

ad·di·tive /ˈædətɪv/ s aditivo. || adj aditivo; cumulativo.

ad·dle /ˈædl/ v (**addles, addling, addled, addled**) 1 confundir; aturdir; misturar. 2 estragar; apodrecer. ♦ **addled egg** ovo podre.

ad·dress /ədrés/ v (addresses, addressing, addressed, addressed) 1 dirigir-se a (oralmente ou por escrito). 2 endereçar. 3 dedicar-se; dispor-se. ‖ s 1 discurso. 2 /ǽdres, ədrés/ endereço.

address book s agenda de endereços.

ad·dress·ee /ædresíː/ s destinatário.

ad·dress·er /ədrésɚ/ s 1 remetente. 2 assinante; subscritor. 3 orador. (var **addressor**).

ad·dres·sor /ədrésɚ/ → **addresser**.

ad·duce /ədúːs/ v (adduces, adducing, adduced, adduced) aduzir; citar; exemplificar; alegar.

ad·e·noid /ǽdnɔɪd/ adj Med adenóide; glandular. ‖ s Med tecido adenóide. (geralm pl **adenoids**).

a·dept /ədépt/ adj habilitado; competente; perito; versado. ‖ /ǽdept/ s perito; conhecedor; prático; entendido.

a·dept·ness /ədéptnəs/ s proficiência; competência.

ad·e·qua·cy /ǽdɪkwəsi/ s adequação; suficiência; proporcionalidade. (var **adequateness**).

ad·e·quate /ǽdɪkwət/ adj adequado; suficiente; apropriado.

ad·e·quate·ly /ǽdɪkwətli/ adv adequadamente.

ad·e·quate·ness /ǽdɪkwətnəs/ → **adequacy**.

ad·here /ədhɪ́r/ v (adheres, adhering, adhered, adhered) 1 aderir. 2 grudar; colar. 3 seguir; dedicar-se.

ad·her·ence /ədhɪ́rəns/ s 1 aderência; adesão. 2 fidelidade; devoção; apego.

ad·her·ent /ədhɪ́rənt/ adj aderente; ligado; pegado. ‖ s aderente; partidário.

ad·he·sion /ədhíːʒən/ s adesão; aderência.

ad·he·sive /ədhíːsɪv/ adj adesivo; aderente. ‖ s adesivo; cola.

adhesive tape s esparadrapo; fita adesiva.

ad·i·pose /ǽdəpous/ adj adiposo; gorduroso.

ad·i·pos·i·ty /ædəpɑ́ːsəti/ s adiposidade; gordura.

ad·it /ǽdɪt/ s ádito; acesso; entrada; passagem (subterrânea).

ad·ja·cen·cy /ədʒéɪsənsi/ s adjacência; proximidade; vizinhança. (pl **adjacencies**).

ad·ja·cent /ədʒéɪsənt/ adj adjacente; próximo; confinante; vizinho.

ad·jec·ti·val /ædʒɪktáɪvəl/ adj Gram adjetivo.

ad·jec·tive /ǽdʒɪktɪv/ s e adj Gram adjetivo. (var adj **adjectival**).

ad·join /ədʒɔ́ɪn/ v (adjoins, adjoining, adjoined, adjoined) unir; ligar; juntar.

ad·journ /ədʒɜ́ːrn/ v (adjourns, adjourning, adjourned, adjourned) 1 adiar; diferir. 2 pospor; transferir. 3 interromper; suspender (transações). 4 deslocar-se; ir para outro lugar.

ad·journ·ment /ədʒɜ́ːrnmənt/ s 1 adiamento; prorrogação. 2 suspensão; interrupção. 3 Jur intervalo entre sessões; recesso.

ad·judge /ədʒʌ́dʒ/ v (adjudges, adjudging, adjudged, adjudged) Jur 1 julgar; sentenciar; condenar. 2 decretar; ordenar. 3 adjudicar.

ad·judged /ədʒʌ́dʒd/ adj 1 Jur adjudicado; sentenciado. 2 julgado; considerado.

ad·ju·di·cate /ədʒúːdɪkeɪt/ v (adjudicates, adjudicating, adjudicated, adjudicated) Jur adjudicar; julgar; sentenciar.

ad·ju·di·ca·tion /ədʒuːdɪkéɪʃən/ s Jur adjudicação; sentença; julgamento.

ad·ju·di·ca·tor /ədʒúːdɪkeɪtɚ/ s Jur juiz; árbitro.

ad·junct /ǽdʒʌŋkt/ s e adj 1 adjunto; complemento; acessório; auxiliar. 2 Gram adjunto adverbial ou circunstancial.

ad·junc·tion /ədʒʌ́ŋkʃən/ s adjunção.

ad·jure /ədʒʊ́r/ v (adjures, adjuring, adjured, adjured) adjurar; invocar; suplicar; intimar.

ad·just /ədʒʌ́st/ v (adjusts, adjusting, adjusted, adjusted) ajustar; regularizar; acomodar; adaptar; harmonizar.

ad·just·a·ble /ədʒʌ́stəbəl/ adj ajustável; adaptável; regulável.

ad·just·ment /ədʒʌ́stmənt/ s 1 ajustamento; ajuste. 2 regularização; normalização. 3 reajuste (de preços).

ad·ju·tant /ǽdʒʊtənt/ s ajudante; auxiliar; assistente.

ad-lib /ǽdlɪb/ v (ad-libs, ad-libbing, ad-libbed, ad-libbed) falar ou fazer algo de improviso; interpolar. ‖ s improviso (diálogo, música, etc.) ‖ adj de improviso.

ad·meas·ure /ædmɛʒɚ/ v (admeasures, admeasuring, admeasured, admeasured) partilhar; repartir; aquinhoar.

ad·meas·ure·ment /ædmɛʒɚmənt/ s partilha; medida; dimensão aquinhoamento.

ad·min·is·ter /ədmɪnɪstɚ/ v (administers, administering, administered, administered) 1 administrar; dirigir; ministrar. 2 fornecer; prover. 3 ajudar; socorrer. 4 prestar juramento. (var administrate).

ad·min·is·tra·ble /ədmɪnɪstrəbəl/ adj administrável.

ad·min·is·trant /ədmɪnɪstrənt/ s administrante; administrador. II adj administrante.

ad·min·is·trate /ədmɪnɪstreɪt/ → administer.

ad·min·is·tra·tion /ədmɪnɪstreɪʃən/ s 1 administração; gerência; direção. 2 governo; ministério. 3 maiús o presidente e o seu gabinete de ministros (EUA). 4 aplicação; distribuição. 5 Med tratamento. 6 Jur curadoria.

ad·min·is·tra·tive /ədmɪnɪstrətɪv/ adj administrativo; executivo.

ad·min·is·tra·tor /ədmɪnɪstreɪtɚ/ s 1 administrador. 2 curador.

ad·mi·ra·ble /ædmərəbəl/ adj admirável; maravilhoso.

ad·mi·ra·bly /ædmərəbli/ adv admiravelmente.

ad·mi·ral /ædmərəl/ s almirante; comandante de esquadra armada ou frota mercante.

ad·mi·ral·ty /ædmərəlti/ s 1 almirantado. 2 tribunal superior da Marinha. (pl admiralties).

ad·mi·ra·tion /ædməreɪʃən/ s 1 admiração. 2 objeto de admiração.

ad·mire /ədmaɪɚ/ v (admires, admiring, admired, admired) 1 admirar; apreciar; prezar. 2 reverenciar; adorar.

ad·mir·er /ədmaɪɚɚ/ s 1 admirador. 2 pretendente.

ad·mis·si·ble /ədmɪsəbəl/ adj 1 admissível; permissível. 2 Jur lícito; aceitável (como prova).

ad·mis·sion /ədmɪʃən/ s 1 admissão. 2 acesso; entrada; ingresso. 3 preço do ingresso. 4 consentimento. 5 confissão; revelação.

ad·mit /ədmɪt/ v (admits, admitting, admitted, admitted) 1 admitir; aceitar; permitir; consentir. 2 reconhecer (a verdade); confessar. 3 deixar entrar ou usar; dar direito de ingresso a. 4 acomodar.

ad·mit·tance /ədmɪtəns/ s 1 admissão; recepção; aceitação. 2 entrada; acesso. 3 permissão ou direito de ingresso. ♦ no admittance entrada proibida.

ad·mit·ted·ly /ədmɪtɪdli/ adv evidentemente; reconhecidamente.

ad·mon·ish /ædmɑːnɪʃ/ v (admonishes, admonishing, admonished, admonished) 1 admoestar; repreender; exortar. 2 advertir; prevenir. 3 avisar; lembrar.

a·do /əduː/ s 1 pressa; bulha; afã; alvoroço; algazarra. 2 dificuldade. ♦ much ado about nothing muito barulho por nada. without more ado sem muitas cerimônias; sem delongas.

a·do·be /ədoʊbi/ s adobe; tijolo cru; barro seco ao sol.

ad·o·les·cence /ædəlɛsəns/ s adolescência.

ad·o·les·cent /ædəlɛsənt/ adj e s adolescente.

a·dopt /ədɑːpt/ v (adopts, adopting, adopted, adopted) 1 adotar; perfilhar. 2 aceitar; admitir; reconhecer.

a·dop·tion /ədɑːpʃən/ s 1 adoção. 2 reconhecimento.

a·dop·tive /ədɑːptɪv/ adj adotivo; adotado.

a·dor·a·ble /ədɔːrəbəl/ adj 1 adorável; admirável. 2 gracioso; belo.

ad·o·ra·tion /ædəreɪʃən/ s adoração; culto; reverência.

a·dore /ədɔːr/ v (adores, adoring, adored, adored) 1 adorar; reverenciar; venerar. 2 gostar; estimar.

a·dorn /ədɔːrn/ v (adorns, adorning, adorned, adorned) adornar; embelezar; enfeitar; decorar.

a·dorn·ment /ədɔːrnmənt/ s adorno; ornamento; enfeite; decoração.

a·dren·a·line /ədrɛnəlɪn/ s adrenalina.

a·drift /ədrɪft/ adj desgovernado; sem rumo. II adv à toa; a esmo.

a·droit /ədrɔɪt/ adj hábil; destro; astuto.

ad·u·late /ǽdʒəleɪt/ v (adulates, adulating, adulated, adulated) adular; bajular; lisonjear.

a·dult /ədΔlt, ǽdΔlt/ s adulto. || adj 1 adulto. 2 desenvolvido (planta ou animal).

a·dul·ter·ant /ədΔltərənt/ adj adulterante. || s agente ou substância adulterante.

a·dul·ter·ate /ədΔltəreɪt/ v (adulterates, adulterating, adulterated, adulterated) adulterar; falsificar; corromper. || /ədΔltərɪt/ adj adulterado; falsificado.

a·dul·ter·a·tion /ədΔltəreɪʃən/ s adulteração; falsificação.

a·dul·ter·er /ədΔltərə/ s adúltero.

a·dul·ter·ess /ədΔltə·es, ədΔltrɪs/ s adúltera.

a·dul·ter·ous /ədΔltə·əs, ədΔltrəs/ adj adúltero; adulteroso.

a·dul·ter·y /ədΔltə·i, ədΔltri/ s adultério. (pl adulteries).

a·dult·hood /ədΔlthʊd/ s idade adulta; maioridade.

a·dust /ədΔst/ adj queimado; adusto; tostado.

ad·vance /ədvǽns/ v (advances, advancing, advanced, advanced) 1 avançar; adiantar; progredir. 2 promover. 3 subir (em dignidade, posto, posição ou preço). 4 propor; oferecer (argumentos). || s 1 avanço; progresso. 2 adiantamento; empréstimo. 3 aumento; elevação. ♦ in advance com antecedência, adiantado.

ad·vanced /ədvǽnst/ adj adiantado; desenvolvido; superior aos demais.

ad·vance·ment /ədvǽnsmənt/ s avanço; progresso; melhoria.

ad·van·tage /ədvǽntɪdʒ/ s vantagem; lucro; benefício. || v (advantages, advantaging, advantaged, advantaged) favorecer; beneficiar. ♦ take advantage of aproveitar-se de; tirar proveito de.

ad·van·ta·geous /ǽdvǽntɪdʒəs/ adj vantajoso; lucrativo; favorável.

ad·van·ta·geous·ness /ǽdvǽntɪdʒəsnəs/ s vantagem; proveito.

ad·vent /ǽdvent/ s advento; vinda; chegada.

Ad·vent·ism /ǽdvəntɪzəm/ s adventismo.

Ad·vent·ist /ǽdvəntɪst, ədvéntɪst/ s adventista.

ad·ven·ture /ədvéntʃə/ s 1 aventura. 2 façanha; proeza. 3 ousadia; coragem. 4 Fin especulação. || v (adventures, adventuring, adventured, adventured) aventurar-(se); arriscar.

ad·ven·tur·er /ədvéntʃə·ə/ s 1 aventureiro. 2 Fin especulador.

ad·ven·tur·ess /ədvéntʃəres/ s aventureira.

ad·ven·tur·ous /ədvéntʃərəs/ adj aventureiro; ousado; audaz; arriscado; temerário.

ad·verb /ǽdvɜrb/ s Gram advérbio.

ad·ver·bi·al /ədvɜrbiəl/ adj Gram adverbial.

ad·ver·sar·y /ǽdvə·seri/ s adversário. (pl adversaries).

ad·ver·sa·tive /ədvɜrsatɪv/ adj adversativo.

ad·verse /ǽdvɜrs, ǽdvɜrs/ adj adverso; oposto; antagônico.

ad·ver·si·ty /ədvɜrsəti/ s adversidade; desgraça; infortúnio. (pl adversities).

ad·vert /ədvɜrt/ v (adverts, adverting, adverted, adverted) 1 advertir; chamar a atenção a. 2 referir-se; aludir-se.

ad·ver·tise /ǽdvə·taɪz/ v (advertises, advertising, advertised, advertised) 1 informar; notificar; avisar. 2 publicar; anunciar.

ad·ver·tise·ment /ǽdvə·taɪzmənt, ədvɜrtɪsmənt/ s 1 anúncio; propaganda. 2 aviso; notificação.

ad·ver·tis·er /ǽdvə·taɪzə/ s anunciante.

ad·ver·tis·ing /ǽdvə·taɪzɪŋ/ s 1 publicidade; propaganda. 2 anúncio.

ad·vice /ədvaɪs/ s conselho; recomendação. ♦ advices informação; notícia; novidade.

ad·vis·a·ble /ədvaɪzəbəl/ adj aconselhável; recomendável; prudente.

ad·vise /ədvaɪz/ v (advises, advising, advised, advised) 1 aconselhar; recomendar. 2 avisar; informar. 3 aconselhar-se; consultar.

ad·vis·ed·ly /ədvaɪzɪdli/ adv prudentemente; deliberadamente.

ad·vise·ment /ədvaɪzmənt/ s prudência; cautela; ponderação; deliberação.

ad·vis·er /ədvaɪzə/ s 1 conselheiro; consultor. 2 educador; mentor. (var advisor).

ad·vi·sor /ədvaɪzə/ → adviser.

ad·vi·so·ry /ədvaɪzəri/ adj consultivo; prudente.

ad·vo·ca·cy /ǽdvəkəsɪ/ s advocacia; defesa.

ad·vo·cate /ǽdvəkeɪt/ v (advocates, advocating, advocated) advogar; defender. ‖ /ǽdvəkeɪt, ǽdvəkɪt/ s advogado; defensor; protetor; medianeiro.

adz /ǽdz/ s enxó. (var e IngBrit adze).

ae·gis /íːdʒɪs/ s égide; proteção; amparo.

aer·ate /ereɪt/ v (aerates, aerating, aerated, aerated) 1 arejar; ventilar. 2 gaseificar. 3 oxigenar (o sangue).

aer·a·tion /ereɪʃən/ s aeração; aeragem; ventilação.

aer·i·al /eriəl/ adj 1 aéreo; atmosférico; etéreo. 2 leve. 3 irreal; imaginário. 4 alto; elevado. ‖ s antena (de rádio). (var antenna).

aer·o·bics /eroʊbɪks/ s ginástica aeróbica.

aer·o·dy·nam·ic /eroʊdaɪnǽmɪk/ adj aerodinâmico. (var aerodynamical).

aer·o·dy·nam·i·cal /eroʊdaɪnǽmɪkəl/ → aerodynamic.

aer·o·dy·nam·ics /eroʊdaɪnǽmɪks/ s us v sing aerodinâmica.

aer·o·gram /erəgræm/ s aerograma. (var aerogramme).

aer·o·gramme /erəgræm/ → aerogram.

aer·ol·o·gy /erɑːlədʒɪ/ s aerologia.

aer·om·e·ter /erɑːmɪtə/ s aerômetro.

aer·o·naut /erənɑːt/ s aeronauta.

aer·o·nau·tic /erənɑːtɪk/ adj aeronáutico. (var aeronautical).

aer·o·nau·ti·cal /erənɑːtɪkəl/ → aeronautic.

aer·o·nau·tics /erənɑːtɪks/ s us v sing aeronáutica.

aer·o·sol /erəsɑːl/ s aerossol.

aer·o·stat /eroʊstæt/ s aeróstato; aerostato.

aer·o·stat·ics /eroʊstǽtɪks/ s aerostática.

aes·thete /esθiːt/ s esteta. (var esthete).

aes·thet·ic /esθétɪk/ adj estético. (var esthetic).

aes·the·ti·cian /esθétɪks/ s 1 esteta. 2 esteticista. (var esthetician).

aes·thet·ics /esθétɪks/ s us v sing estética. (var esthetics).

a·far /əfɑːr/ adv ao longe; à distância.

af·fa·bil·i·ty /æfəbɪlətɪ/ s afabilidade; amabilidade.

af·fa·ble /ǽfəbəl/ adj afável; amável; cortês.

af·fair /əfer/ s 1 negócio; assunto; questão. 2 acontecimento; incidente. 3 assunto pessoal. 4 caso amoroso. ♦ foreign affairs negócios ou relações exteriores (de um país).

af·fect /əfékt/ v (affects, affecting, affected, affected) 1 afetar; ter influência (sobre). 2 comover; impressionar. 3 Med atacar; contaminar. 4 formal ter afeição ou predileção por; ser dado a. 5 formal fingir; simular. ‖ /ǽfekt/ s 1 sentimento; inclinação. 2 Psic afeto.

af·fec·ta·tion /æfektérʃən/ s afetação; fingimento.

af·fect·ed /əféktɪd/ adj 1 afetado; atacado. 2 fingido; presunçoso; simulado. 3 apegado; inclinado.

af·fect·ed·ly /əféktɪdlɪ/ adv afetadamente; presunçosamente.

af·fect·ing /əféktɪŋ/ adj comovente; terno.

af·fect·ing·ly /əféktɪŋlɪ/ adv comovidamente; ternamente.

af·fec·tion /əfékʃən/ s afeição; afeto.

af·fec·tion·al /əfékʃənəl/ adj afetivo; emocional.

af·fec·tion·ate /əfékʃənət/ adj afetuoso; carinhoso; afável.

af·fec·tion·ate·ly /əfékʃənətlɪ/ adv afetuosamente; carinhosamente.

af·fec·tive /əféktɪv/ adj afetivo; terno; amorável. Psic afetivo; emocional.

af·fi·da·vit /æfɪdeɪvɪt/ s Jur declaração.

af·fil·i·ate /əfɪlieɪt/ v (affiliates, affiliating, affiliated, affiliated) afiliar; filiar; associar-se; agregar-se. ‖ /əfɪliət/ s afiliado.

af·fil·i·a·tion /əfɪliérʃən/ s afiliação.

af·fin·i·ty /əfɪnətɪ/ s afinidade; parentesco; semelhança; conformidade (usado com with). (pl affinities).

af·firm /əfɜːrm/ v (affirms, affirming, affirmed, affirmed) afirmar; confirmar; assegurar; garantir; certificar; ratificar; declarar solenemente.

af·fir·ma·tion /æfəmérʃən/ s afirmação solene; confirmação; ratificação.

af·fir·ma·tive /əfɜːrmətɪv/ adj afirmativo; confirmatório. ‖ s afirmativa; consentimento.

af·fix /əfɪks/ v (affixes, affixing, affixed; affixed) 1 afixar; anexar. 2 atribuir; imputar. 3 apor (assinatura). || /ǽfɪks/ s 1 anexo; apêndice. 2 Ling afixo.

af·fla·tus /əflέɪtəs/ s inspiração (poética ou divina).

af·flict /əflɪkt/ v (afflicts, afflicting, afflicted; afflicted) afligir; atormentar; angustiar.

af·flic·tion /əflɪkʃən/ s aflição; desespero; angústia; mágoa; ansiedade.

af·flu·ence /ǽfluəns/ s 1 afluência; afluxo. 2 abundância; riqueza. (var affluency).

af·flu·en·cy /ǽfluənsi/ → affluence.

af·flu·ent /ǽfluənt/ adj afluente; abundante; copioso; opulento. || s afluente.

af·flux /ǽflʌks/ s afluxo.

af·ford /əfɔ́ːrd/ v (affords, affording, afforded; afforded) 1 dar; conceder; fornecer. 2 ter dinheiro ou recursos para.

af·for·est /əfɔ́ːrəst/ v (afforests, afforesting, afforested; afforested) florestar.

af·for·es·ta·tion /əfɔːrəstέɪʃən/ s florestamento.

af·fray /əfrέɪ/ s desordem; tumulto; rixa.

af·front /əfrʌnt/ v (affronts, affronting, affronted; affronted) afrontar; confrontar; enfrentar. || s afronta; confronto; insulto.

a·field /əfíːld/ adv 1 no campo ou para o campo. 2 longe (de casa, do lar). 3 fora (do caminho); desviado.

a·fire /əfáɪr/ adj e adv 1 incendiado; em chamas. 2 profundamente interessado, entusiasmado.

a·flame /əflέɪm/ adj e adv 1 chamejante; em chamas. 2 profundamente interessado.

a·float /əflóʊt/ adj 1 flutuante. 2 embarcado. 3 desgovernado. 4 em circulação; em curso. 5 livre de dificuldades financeiras (negócios). ♦ **keep business afloat** manter os negócios financeiros equilibrados.

a·foot /əfʊ́t/ adv e adj 1 a pé; andando. 2 em movimento; em marcha; em ação.

a·fore·men·tioned /əfɔ́ːrmenʃənd/ adj acima mencionado.

a·fore·said /əfɔ́ːrsed/ adj supracitado; referido anteriormente.

a·fore·thought /əfɔ́ːrθɑːt/ adj premeditado; planejado anteriormente.

a·fraid /əfrέɪd/ adj amedrontado; assustado; receoso. ♦ **I am afraid that** receio que; lamento que. **be afraid of** ter medo de.

a·fresh /əfrέʃ/ adv de novo; novamente.

Af·ri·can /ǽfrɪkən/ adj e s africano.

Af·ri·kaans /ǽfrɪkɑ́ːns/ s africâner (língua falada na África do Sul).

Af·ri·ka·ner /ǽfrɪkɑ́ːnə/ s africâner (branco natural ou habitante da África do Sul).

Af·ro-A·mer·i·can /ǽfroʊəmérɪkən/ adj e s americano de ascendência africana; afro-americano.

aft /ǽft/ adv e adj Náut de ou à ré; de ou à popa.

af·ter /ǽftə/ prep 1 depois de; após; em seguida a. 2 à moda de; de acordo com; em homenagem a. || adv 1 atrás; detrás. 2 mais tarde; depois. || adj 1 subsequente; posterior; seguinte. 2 Náut próximo à popa. || conj depois que. ♦ **after all** afinal de contas; afinal. **day after day** dia após dia. **the day after tomorrow** depois de amanhã. **time after time** repetidas vezes.

af·ter·birth /ǽftəbɜːrθ/ s placenta; secundinas.

af·ter·burn·er /ǽftəbɜːrnə/ s Aer motor a jato acoplado ao exaustor do motor principal para empuxo adicional.

af·ter·care /ǽftəker/ s cuidados a convalescentes; assistência pós-operatória.

af·ter·deck /ǽftədek/ s Náut convés de ré.

af·ter·ef·fect /ǽftərɪfekt/ s efeito secundário, posterior.

af·ter·glow /ǽftəgloʊ/ s arrebol da tarde; luz, brilho após o pôr-do-sol.

af·ter·hours /ǽftəraʊəz/ adj aberto após o horário de fechamento legal ou habitual.

af·ter·life /ǽftəlaɪf/ s vida após a morte.

af·ter·math /ǽftəmæθ/ s consequências (de um desastre ou algo desagradável).

af·ter·most /ǽftəmoʊst/ adj superl 1 o último. 2 Náut o mais perto da popa.

af·ter·noon /ǽftənuːn/ s tarde (parte do dia entre o meio-dia e o pôr-do-sol). ♦ **good afternoon!** boa tarde! **this afternoon** hoje à tarde. **late afternoon** à noitinha.

af·ter·thought /ˈæftəθɑːt/ s 1 reflexão tardia. 2 explicação posterior.

af·ter·ward /ˈæftəwəd/ adv posteriormente; em seguida; mais tarde; depois. (var **afterwards**).

af·ter·wards /ˈæftəwədz/ → **afterward**.

a·gain /əˈɡen/ adv 1 outra vez; de novo; novamente. 2 além disso; demais; porém. 3 por outro lado. ♦ **again and again** repetidas vezes. **never again** nunca mais. **now and again** de vez em quando. **over again** outra vez.

a·gainst /əˈɡentst/ prep contra; em oposição a; contrário a; defronte; oposto a.

ag·ate /ˈæɡət/ s Min ágata.

age /eɪdʒ/ s 1 idade; velhice. 2 época; era. 3 geração; período de vida. ‖ v (**ages, aging, aged, aged**) 1 envelhecer. 2 amadurecer; maturar; sazonar. ♦ **at the age of 33** aos 33 anos de idade. **for ages** há muito tempo. **of age** maioridade. **under age** menoridade. **what is your age?** qual é a sua idade?

ag·ed /ˈeɪdʒɪd/ adj 1 envelhecido; velho; idoso. 2 amadurecido; sazonado.

age group s faixa etária.

age·less /ˈeɪdʒləs/ adj 1 eterno; perene. 2 sempre jovem.

a·gen·cy /ˈeɪdʒənsi/ s 1 agência; filial (de casa comercial, banco, etc.). (pl **agencies**). ♦ **by the agency of** por meio de; por intervenção de.

a·gen·da /əˈdʒendə/ s ordem do dia; pauta de reunião. (pl **agendas**).

a·gent /ˈeɪdʒənt/ s 1 agente. 2 representante; mediador. 3 instrumento. 4 Quím reagente.

ag·glom·er·ate /əˈɡlɑːməreɪt/ v (**agglomerates, agglomerating, agglomerated, agglomerated**) aglomerar(-se); amontoar(-se). ‖ /əˈɡlɑːmərɪt/ adj e s aglomerado.

ag·glom·er·a·tion /əˌɡlɑːməˈreɪʃən/ s aglomeração; acumulação.

ag·glu·ti·nant /əˈɡluːtnənt/ adj e s aglutinante.

ag·glu·ti·nate /əˈɡluːtneɪt/ v (**agglutinates, agglutinating, agglutinated, agglutinated**) aglutinar (tb Ling); ligar; unir; colar. Gram aglutinar.

ag·glu·ti·na·tion /əˌɡluːtˈneɪʃən/ s aglutinação (tb Ling).

ag·gra·vate /ˈæɡrəveɪt/ v (**aggravates, aggravating, aggravated, aggravated**) 1 agravar; intensificar. 2 irritar; exasperar; provocar.

ag·gra·va·tion /ˌæɡrəˈveɪʃən/ s 1 agravação; circunstância agravante. 2 exasperação.

ag·gre·gate /ˈæɡrɪɡeɪt/ v (**aggregates, aggregating, aggregated, aggregated**) 1 agregar; incorporar; reunir. 2 perfazer o total de. ‖ /ˈæɡrɪɡət/ adj agregado. ‖ /ˈæɡrɪɡət/ s 1 agregado; coleção; conjunto. 2 total; soma.

ag·gre·ga·tion /ˌæɡrɪˈɡeɪʃən/ s agregação; coleção; conjunto; reunião; acúmulo.

ag·gress /əˈɡres/ v (**aggresses, aggressing, aggressed, aggressed**) agredir; importunar; atacar.

ag·gres·sion /əˈɡreʃən/ s agressão; ataque; provocação; injúria.

ag·gres·sive /əˈɡresɪv/ adj agressivo; ofensivo; belicoso.

ag·gres·sive·ness /əˈɡresɪvnəs/ s agressividade.

ag·gres·sor /əˈɡresə/ s agressor; ofensor.

ag·grieve /əˈɡriːv/ v (**aggrieves, aggrieving, aggrieved, aggrieved**) 1 afligir; oprimir; prejudicar. 2 lesar; molestar.

ag·grieved /əˈɡriːvd/ adj 1 aflito. 2 magoado; ofendido; prejudicado; lesado. 3 tratado injustamente.

a·ghast /əˈɡæst/ adj horrorizado; espantado; consternado. ♦ **stand aghast** ficar horrorizado.

ag·ile /ˈædʒəl, ˈædʒaɪl/ adj ágil; vivo; ligeiro.

ag·ile·ness /ˈædʒəlnəs, ˈædʒaɪlnəs/ → **agility**.

a·gil·i·ty /əˈdʒɪləti/ s agilidade; vivacidade; presteza. (var **agileness**).

ag·i·tate /ˈædʒɪteɪt/ v (**agitates, agitating, agitated, agitated**) 1 agitar; abalar; sacudir. 2 perturbar. 3 discutir; debater (uma questão); agitar a opinião pública.

ag·i·ta·tion /ˌædʒɪˈteɪʃən/ s 1 agitação. 2 perturbação. 3 discussão; debate; campanha pública.

ag·i·ta·tor /ˈædʒɪteɪtə/ s 1 agitador; fomentador. 2 perturbador.

a·gleam /əgli:m/ *adj* brilhante; fulgurante. ‖ *adv* de modo brilhante ou fulgurante.

ag·let /ǽglɪt/ *s* agulheta; adorno metálico (nos uniformes).

a·glit·ter /əglɪtə/ *adj* brilhante. ‖ *adv* de modo brilhante.

a·glow /əglou/ *adj* abrasado; incandescente. ‖ *adv* abrasadamente.

ag·nail /ǽgneɪl/ *s* panarício; paroníquia; unheiro.

ag·nate /ǽgneɪt/ *s* e *adj* agnato; agnado.

ag·nos·tic /ægnɑ:stɪk/ *adj* e *s* agnóstico.

a·go /əgou/ *adv* anteriormente; há tempo; desde. ‖ *adj* passado. ◆ **long ago** há muito tempo.

a·gog /əgɑ:g/ *adj* impaciente; ansioso; esperançoso; excitado. ‖ *adv* ansiosamente; impacientemente.

ag·o·nize /ǽgənaɪz/ *v* (**agonizes**, **agonizing**, **agonized**, **agonized**) **1** agonizar; agoniar. **2** fazer sofrer muito; torturar.

ag·o·ny /ǽgəni/ *s* agonia; angústia; dor intensa; martírio (*pl* **agonies**).

a·gou·ti /əgu:ti/ *s* cutia. (*pl* **agotis** ou **agouties**).

a·grar·i·an /əgreriən/ *adj* e *s* agrário.

a·grar·i·an·ism /əgreriənɪzəm/ *s* agrarianismo.

a·gree /əgri:/ *v* (**agrees**, **agreeing**, **agreed**, **agreed**) **1** concordar; assentir; estar de acordo. **2** aprovar; ceder. **3** coincidir. **4** *Gram* concordar (em número, caso, pessoa, gênero). **5** assentar bem; dar-se bem; tornar agradável.

a·gree·a·ble /əgri:əbəl/ *adj* agradável; compatível; adequado.

a·gree·ment /əgri:mənt/ *s* **1** acordo; concordância. **2** convenção. **3** contrato. **4** *Gram* concordância (em número, caso, pessoa, gênero).

ag·ri·cul·tur·al /ægrɪkʌ̀ltʃərəl/ *adj* agrícola; agropecuário.

ag·ri·cul·tur·al·ist /ægrɪkʌ̀ltʃərəlɪst/ → **agriculturist**.

ag·ri·cul·ture /ægrɪkʌ̀ltʃə/ *s* agricultura.

ag·ri·cul·tur·ist /ægrɪkʌ̀ltʃərɪst/ *s* agricultor. (*var* **agriculturalist**).

a·gron·o·mist /əgrɑ:nəmɪst/ *s* agrônomo.

a·gron·o·my /əgrɑ:nəmi/ *s* agronomia.

a·ground /əgraund/ *adj* encalhado (embarcação); imobilizado. ‖ *adv* imobilizadamente. ◆ **run aground** encalhar.

a·gua·ca·te /ɑ:gwəkɑ:ti/ *s* abacate.

a·head /əhed/ *adv* **1** avante; em frente. **2** pela frente; à frente; adiante; na dianteira. **3** adiantado; antes. **4** no futuro. ◆ **go ahead** prossiga; pode falar. **go straight ahead** continue sempre em frente.

aid /eɪd/ *v* (**aids**, **aiding**, **aided**, **aided**) ajudar; auxiliar; socorrer. ‖ *s* **1** socorro; amparo; auxílio; apoio. **2** ajudante; auxiliar (militar). ◆ **first aids** primeiros socorros.

AIDS /eɪdz/ *abrev* de **Acquired Immune Deficiency Syndrome**; AIDS; Síndrome da Imunodeficiência Adquirida.

ail /eɪl/ *v* (**ails**, **ailing**, **ailed**, **ailed**) sentir dor; sentir-se indisposto.

ail·ment /eɪlmənt/ *s* indisposição física ou mental; incômodo.

aim /eɪm/ *v* (**aims**, **aiming**, **aimed**, **aimed**) **1** mirar; apontar; fazer pontaria. **2** almejar; pretender; objetivar. ‖ *s* **1** mira; alvo (de arma). **2** objetivo; finalidade; fim; desígnio; aspiração.

aim·less /eɪmləs/ *adj* **1** incerto; vago; sem objetivo. **2** sem destino; sem pontaria.

ain't /eɪnt/ *form contr inform* de **am not** e, mais raramente, de **are not**, **is not**, **has not**, e **have not**.

air /er/ *s* **1** ar; atmosfera. **2** firmamento; céu. **3** brisa; vento. **4** semblante; aparência; modo (de uma pessoa). **5** *Mús* ária; solo; melodia. ‖ *v* (**airs**, **airing**, **aired**, **aired**) **1** arejar; ventilar. **2** publicar ou divulgar através da mídia. ◆ **on the air** no ar (mídia). **up in the air** incerto. **in the open air** ao ar livre.

air bag *s* saco inflável usado em veículos para proteção dos ocupantes em caso de colisão.

air base *s* base aérea; aeroporto militar.

air·borne /erbɔ:rn/ *adj* carregado ou transportado pelo ar.

air brake *s* freio a ar.

air·brush /erbrʌʃ/ *s* aerógrafo. ‖ *v* (**airbrushes**, **airbrushing**, **airbrushed**, **airbrushed**) pintar com aerógrafo.

air·con·di·tion /ɛrkəndɪʃən/ v (air-conditions, air-conditioning, air-conditioned, air-conditioned) fornecer ar condicionado a um ambiente.

air conditioner s ar-condicionado.

air·craft /ɛrkræft/ s aeronave (qualquer tipo de máquina aérea).

aircraft carrier s porta-aviões.

air·field /ɛrfiːld/ s campo de aviação.

air·foil /ɛrfɔɪl/ s aerofólio.

air force s força aérea.

air·freight /ɛrfreɪt/ s frete aéreo.

air gun s arma de ar comprimido.

air lane s rota aérea. (tb airway).

air·less /ɛrləs/ adj sem ar; abafado.

air·line /ɛr laɪn/ s linha aérea.

air·lin·er /ɛrlaɪnə/ s avião de passageiros.

air·mail /ɛrmeɪl/ v (airmails, airmailing, airmailed, airmailed) remeter (cartas, pacotes e encomendas) por via aérea. ‖ s correspondência via aérea. ♦ by airmail por via aérea.

air·man /ɛrmən/ s aviador.

air·plane /ɛrpleɪn/ s avião; aeroplano.

air·port /ɛrpɔːrt/ s aeroporto.

air raid s ataque aéreo; bombardeio feito por aviões.

air·ship /ɛrʃɪp/ s dirigível; aeróstato.

air·tight /ɛrtaɪt/ adj 1 hermético; impermeável ao ar. 2 incontestável; irrefutável.

air·wave /ɛrweɪv/ s geralm us pl onda de rádio e televisão.

air·way /ɛrweɪ/ s 1 canal de ventilação. 2 passagem entre o portão de embarque e o avião por onde embarcam e desembarcam os passageiros. 3 linha; rota aérea (tb air lane).

air·y /ɛri/ adj 1 aéreo. 2 arejado. 3 leve; tênue. 4 animado. 5 ilusório. (gr comp airier. gr super airiest).

aisle /aɪl/ s 1 nave (de igreja). 2 passagem; corredor (entre os assentos de uma igreja, de um auditório, de um avião, etc.).

a·jar /ədʒɑːr/ adj entreaberto (portão, porta).

a·kim·bo /əkɪmbou/ adv com as mãos nos quadris.

a·kin /əkɪn/ adj consangüíneo; semelhante. ♦ akin to parecido com.

al·a·bas·ter /æləbæstə/ s Min alabastro.

a·lar /eɪlə/ adj alar; alado.

a·larm /əlɑːrm/ s 1 alarme (aviso, som e aparelho). 2 sobressalto; susto. ‖ v (alarms, alarming, alarmed, alarmed) 1 alarmar; assustar; inquietar. 2 avisar.

alarm clock s despertador.

a·larm·ing /əlɑːrmɪŋ/ adj alarmante; inquietante.

a·larm·ist /əlɑːrmɪst/ s alarmista; boateiro.

al·ba·tross /ælbətrɑːs/ s albatroz. (pl albatross ou albatrosses).

al·be·it /ɔːlbiːɪt/ conj não obstante; embora.

al·bi·nism /ælbənɪzəm/ s albinismo.

al·bi·no /ælbaɪnou/ s Biol Bot Zool albino. (pl albinos).

al·bum /ælbəm/ s álbum (de fotos, selos; um disco ou CD).

al·bu·men /ælbjuːmən/ s albume; albúmen; clara de ovo.

al·bu·min /ælbjuːmɪn/ s Quím albumina.

al·che·mist /ælkəmɪst/ s alquimista.

al·che·my /ælkəmi/ s alquimia.

al·co·hol /ælkəhɑːl/ s álcool; bebida alcoólica.

al·co·hol·ic /ælkəhɑːlɪk/ adj alcoólico. ‖ s alcoólico; alcoólatra.

al·co·hol·ism /ælkəhɑːlɪzəm/ s alcoolismo.

al·cove /ælkouv/ s alcova.

al·der·man /ɔːldəmən/ s vereador.

al·der·man·cy /ɔːldəmənsi/ s vereação.

ale /eɪl/ s cerveja forte de origem inglesa.

a·le·a·to·ry /eɪliətɔri/ adj aleatório.

a·lem·bic /əlembɪk/ s alambique.

a·lert /əlɜːrt/ adj alerta; vigilante; atento; perspicaz. ‖ s alerta; alarma; sinal de prontidão. ‖ v (alerts, alerting, alerted, alerted) alarmar; alertar. ♦ on the alert de sobreaviso.

al·ga /ælgə/ s alga. (pl algae /ældʒiː, ældʒaɪ, ælgiː, ælgaɪ/).

al·ge·bra /ældʒɪbrə/ s álgebra.

al·ge·bra·ic /ældʒɪbreɪɪk/ adj algébrico.

al·gid /ældʒɪd/ adj álgido; muito frio.

a·li·as /eɪliəs/ adv também conhecido como. ‖ s pseudônimo. (pl aliases).

al·i·bi /ælɪbaɪ/ s álibi. (pl alibis).

a·li·en /ˈeɪliən/ adj e s **1** estrangeiro; forasteiro. **2** alienígena. ‖ v (aliens, aliening, aliened, aliened) Jur alienar; transferir o direito de.

al·ien·a·ble /ˈeɪliənəbəl/ adj Jur alienável.

al·ien·ate /ˈeɪliəneɪt/ v (alienates, alienating, alienated, alienated) **1** alienar; afastar; desviar; indispor; desafeiçoar-se. **2** Jur alienar; transferir (propriedade).

al·ien·a·tion /eɪliəˈneɪʃən/ s **1** Psic alienação; demência. **2** Jur alienação; cessão; transferência de bens ou direitos.

al·ien·ist /ˈeɪliənɪst/ s alienista; médico psiquiatra.

a·li·form /ˈæləfɔːrm/ adj aliforme; que tem forma de asa.

a·light /əˈlaɪt/ adj aceso; iluminado; ardente. ‖ adv em chamas. ‖ v (alights, alighting, alighted/alit, alighted/alit) **1** apear-se; desmontar. **2** descer; pousar (aeroplano, pássaro).

a·lign /əˈlaɪn/ v (aligns, aligning, aligned, aligned) **1** alinhar; enfileirar. **2** ajustar (partes de um mecanismo). **3** aderir; associar-se a; tomar posição. (var aline)

a·lign·ment /əˈlaɪnmənt/ s alinhamento; enfileiramento. (var alinement).

a·like /əˈlaɪk/ adj igual; semelhante; análogo. ‖ adv da mesma forma; igualmente; do mesmo grau.

al·i·ment /ˈæləmənt/ s alimento; comida. ‖ v (aliments, alimenting, alimented, alimented) alimentar; nutrir.

al·i·mo·ny /ˈæləmoʊni/ s Jur pensão alimentícia. (pl alimonies).

a·line /əˈlaɪn/ → align.

a·line·ment /əˈlaɪnmənt/ → alignment.

a·lit /əˈlɪt/ pass e part pass de alight.

a·live /əˈlaɪv/ adj vivo; ativo; animado; vivaz. ♦ alive to suscetível a; sensível a.

al·ka·li /ˈælkəlaɪ/ s Quím álcali. (pl alkalis ou alkalies).

al·ka·line /ˈælkəlaɪn/ adj Quím alcalino.

al·ka·loid /ˈælkəlɔɪd/ s Quím alcalóide.

all /ɔːl/ adj todo; toda; todos; todas; inteiro; máximo. ‖ adv inteiramente; completamente; excessivamente; muito. ‖ pron tudo; todos; todas. ‖ s tudo; totalidade. ♦ after all apesar de tudo; afinal de contas. all at once de repente. all in all ao todo. all over em toda parte. all right tudo bem; está certo. by all means custe o que custar; sem dúvida. it's all the same dá no mesmo. not at all de forma alguma; não há de quê. once for all de uma vez por todas; definitivamente.

all-a·round /ɔːləˈraʊnd/ adj **1** abrangente. **2** versátil. (var all-round).

al·lay /əˈleɪ/ v (allays, allaying, allayed, allayed) acalmar; aliviar; apaziguar; atenuar; moderar.

al·le·ga·tion /æləˈɡeɪʃən/ s alegação; declaração.

al·lege /əˈledʒ/ v (alleges, alleging, alleged, alleged) alegar; declarar; afirmar.

al·le·giance /əˈliːdʒəns/ s lealdade; fidelidade; vassalagem; submissão.

al·le·gor·ic /æləˈɡɔːrɪk/ → allegorical.

al·le·gor·i·cal /æləˈɡɔːrɪkəl/ adj alegórico. (var allegoric).

al·le·go·ry /ˈæləɡɔːri/ s alegoria; parábola. (pl allegories).

al·ler·gic /əˈlɜːrdʒɪk/ adj alérgico.

al·ler·gy /ˈælərdʒi/ s alergia.

al·le·vi·ate /əˈliːvieɪt/ v (alleviates, alleviating, alleviated, alleviated) aliviar; abrandar; mitigar.

al·le·vi·a·tion /əˌliːviˈeɪʃən/ s alívio; mitigação.

al·ley /ˈæli/ s **1** aléia; alameda. **2** beco; ruela.

All Fools' Day /ɔːlˈfuːlzdeɪ/ → April Fools' Day.

All·hal·lows /ɔːlˈhæloʊz/ → All Saints' Day.

al·li·ance /əˈlaɪəns/ s **1** aliança; união; confederação. **2** união por casamento. **3** parentesco.

al·lied /ˈælaɪd/ adj aliado; confederado.

al·li·ga·tor /ˈælɪɡeɪtər/ s aligátor.

alligator pear s abacate.

al·lit·er·a·tion /əˌlɪtəˈreɪʃən/ s aliteração.

al·lo·cate /ˈæləkeɪt/ v (allocates, allocating, allocated, allocated) **1** designar; fixar. **2** distribuir; repartir.

al·lo·ca·tion /æləˈkeɪʃən/ s **1** partilha; divisão proporcional; distribuição. **2** fixação.

al·lo·cu·tion /æləˈkjuːʃən/ s alocução.

al·lo·path /ˈæləpæθ/ s alopata. (var allopathist).

al·lop·a·thist /əˈlɑːpəθɪst/ → allopath.

al·lop·a·thy /əl<u>a</u>:pəθi/ *s* alopatia.

al·lot /əl<u>a</u>:t/ *v* (allots, allotting, allotted, allotted) 1 distribuir; repartir. 2 designar.

al·lot·ment /əl<u>a</u>:tmənt/ *s* partilha; divisão; distribuição.

al·low /əl<u>au</u>/ *v* (allows, allowing, allowed, allowed) 1 permitir; admitir. 2 ceder; conceder; aprovar. 3 tomar em consideração.

al·low·ance /əl<u>au</u>əns/ *s* 1 concessão; permissão. 2 abatimento; desconto. 3 aprovação. 4 mesada; pensão; quota. ‖ *v* (allowances, allowancing, allowanced, allowanced) 1 dar pensão ou mesada a. 2 racionar; distribuir por parcelas.

al·loy /ǽlɔɪ/ *s* 1 liga de metais. 2 adulteração. ‖ *v* (alloys, alloying, alloyed, alloyed) 1 combinar, ligar (metais). 2 adulterar; falsificar.

all-round /ɔ:lr<u>au</u>nd/ → all-around.

All Saints' Day /ɔ:ls<u>ei</u>ntsdeɪ/ *s* Dia de Todos os Santos. (*var* **Allhallows**).

All Souls' Day /ɔ:ls<u>ou</u>lzdeɪ/ *s* Dia de Finados.

al·lude /əl<u>u</u>:d/ *v* (alludes, alluding, alluded, alluded) aludir; fazer referência.

al·lure /əl<u>u</u>r/ *v* (allures, alluring, allured, allured) atrair; seduzir; dissuadir. ‖ *s* encantamento; fascinação.

al·lur·ing /əl<u>u</u>rɪŋ/ *adj* atraente; fascinante; sedutor.

al·lu·sion /əl<u>u</u>:ʒən/ *s* alusão; insinuação; referência.

al·lu·sive /əl<u>u</u>:sɪv/ *adj* alusivo; sugestivo; figurativo.

al·lu·vi·on /əl<u>u</u>:viən/ *s* aluvião.

al·ly /əl<u>ai</u>/ *v* (allies, allying, allied, allied) aliar(-se); formar aliança; confederar-se; unir-se. ‖ /ǽlaɪ/ *s* aliado; confederado; associado. (*pl* allies).

al·ma·nac /ɔ:lmənæk/ *s* almanaque.

al·might·y /ɔ:lm<u>ai</u>ti/ *adj* onipotente; todo-poderoso. ◆ **Almighty God** ou **The Almighty** Deus Todo-Poderoso.

al·mond /<u>a</u>:mənd/ *s* 1 amêndoa. 2 amendoeira.

al·most /ɔ:lm<u>ou</u>st/ *adv* quase; aproximadamente; perto de; por pouco. ◆ **almost never** quase nunca.

alms /<u>a</u>:mz/ *s* esmola; caridade.

alms·man /<u>a</u>:mzmən/ *s* mendigo; pedinte.

a·loft /əl<u>a</u>:ft/ *adv* em cima; no alto.

a·lone /əl<u>ou</u>n/ *adj* 1 sozinho; desacompanhado; solitário; isolado; só. 2 exclusivo; único; sem igual. ‖ *adv* 1 unicamente; apenas. 2 exclusivamente.

a·long /əl<u>a</u>:ŋ/ *prep* 1 ao longo de. 2 ao lado de; junto a. 3 de acordo com. ‖ *adv* 1 ao longo. 2 juntamente; acompanhadamente.

a·long·side /əl<u>a</u>:ŋsaɪd/ *adv* ao lado de; junto a. ‖ *prep* ao lado de; ao longo de; lado a lado com.

a·loof /əl<u>u</u>:f/ *adv* 1 à distância; ao longe. 2 com altivez. ‖ *adj* 1 indiferente; desinteressado; afastado. 2 altivo.

a·loof·ness /əl<u>u</u>:fnəs/ *s* indiferença; desinteresse; altivez.

a·loud /əl<u>au</u>d/ *adv* alto; em voz alta.

al·pha /ǽlfə/ *s* alfa.

al·pha·bet /ǽlfəbet/ *s* alfabeto.

al·pha·bet·ic /ǽlfəbetɪk/ → alphabetical.

al·pha·bet·i·cal /ǽlfəbetɪkəl/ *adj* alfabético. (*var* **alphabetic**).

al·pha·bet·ize /ǽlfəbətaɪz/ *v* (alphabetizes, alphabetizing, alphabetized, alphabetized) pôr em ordem alfabética.

al·read·y /ɔ:lr<u>e</u>di/ *adv* já; presentemente.

al·so /ɔ:ls<u>ou</u>/ *adv* também; além disso.

al·tar /ɔ:ltɚ/ *s* altar.

al·ter /ɔ:ltɚ/ *v* (alters, altering, altered, altered) 1 alterar; variar; mudar. 2 castrar (animais).

al·ter·a·tion /ɔ:ltərerʃən/ *s* alteração; modificação.

al·ter·a·tive /ɔ:ltəreɪtɪv/ *adj e s tb Med* alterativo.

al·ter·cate /ɔ:ltɚkeɪt/ *v* (altercates, altercating, altercated, altercated) altercar; discutir; disputar.

al·ter·ca·tion /ɔ:ltɚkeɪʃən/ *s* altercação; discussão; disputa.

al·ter·nate /ɔ:ltɚneɪt/ *v* (alternates, alternating, alternated, alternated) alternar(-se). ‖ /ɔ:lt<u>ɜ</u>:rnət/ *adj* alternado; revezado; recíproco. ‖ /ɔ:lt<u>ɜ</u>:rnət/ *s* alternativo; substituto.

alternating current *s Eletr* corrente alternada. (→ *abrev* **ac**).

al·ter·na·tive /ɔ:ltɜ:rnətɪv/ adj alternativo. ‖ s alternativa.

al·ter·na·tor /ɔ:ltə·neɪtə/ s Mec alternador.

al·though /ɔ:lðoʊ/ conj embora; todavia; não obstante.

al·tim·e·ter /æltɪmətə·/ s altímetro.

al·ti·tude /æltətu:d/ s altitude.

al·ti·tu·di·nal /ælˈtætu:dnəl/ adj altitudinal.

al·to·geth·er /ɔ:ltəgeðə·/ adv inteiramente; completamente; conjuntamente; ao todo; sem exceção. ♦ **in the altogether** nu; despido; pelado (nesta acepção é s).

al·tru·ism /æltruɪzəm/ s altruísmo.

al·tru·ist /æltruɪst/ s altruísta.

a·lu·mi·num /əlu:mɪnəm/ s alumínio.

a·lum·nus /əlʌmnəs/ s aluno graduado; bacharelando de colégio ou universidade (pl **alumni** /əlʌmnaɪ/).

al·ve·o·lar /ælvi:ələ·/ adj alveolar.

al·ve·o·lus /ælvi:ələs/ s Anat alvéolo (pl **alveoli** /ælvi:əlaɪ/).

al·ways /ɔ:lweɪz/ adv sempre; constantemente; invariavelmente.

am /æm/ v sou; estou (1ª pess sing do pres ind do v **be**).

AM /eɪem/ s abrev Eletrôn de **Amplitude Modulation**; AM; amplitude modulada.

a.m. /eɪem/ adv e adj abrev de **Ante Meridiem**; antes do meio-dia.

a·mal·gam /əmælgəm/ s amálgama.

a·mal·ga·mate /əmælgəmeɪt/ v (amalgamates, amalgamating, amalgamated, amalgamated) amalgamar(-se); misturar-se; fundir-se.

a·mass /əmæs/ v (amasses, amassing, amassed, amassed) acumular; empilhar; juntar.

am·a·teur /æmətʃə·/ adj e s amador.

a·maze /əmeɪz/ v (amazes, amazing, amazed, amazed) espantar; assombrar; pasmar.

a·maze·ment /əmeɪzmənt/ s espanto; assombro; admiração.

am·a·zon /æməzɑ:n/ s Mit amazona; mulher guerreira.

Am·a·zo·ni·an /æməzoʊniən/ adj amazônico; amazonense.

am·bas·sa·dor /æmbæsədə·/ s embaixador.

am·bas·sa·dress /æmbæsədrəs/ s embaixatriz.

am·ber /æmbə·/ s Min âmbar (tb cor). ‖ adj ambárico; amarelo-âmbar.

am·bi·dex·trous /æmbɪdekstrəs/ adj 1 ambidestro. 2 ardiloso; hipócrita.

am·bi·ent /æmbiənt/ adj ambiente; circundante.

am·bi·gu·i·ty /æmbəgju:əti/ s ambigüidade. (pl **ambiguities**).

am·big·u·ous /æmbɪgju:əs/ adj ambíguo; vago; incerto; dúbio.

am·bit /æmbɪt/ s âmbito.

am·bi·tion /æmbɪʃən/ s ambição; pretensão; aspiração.

am·bi·tious /æmbɪʃəs/ adj ambicioso.

am·biv·a·lence /æmbɪvələns/ s ambivalência.

am·biv·a·lent /æmbɪvələnt/ adj ambivalente.

am·bu·lance /æmbjələns/ s ambulância.

ambulance chaser s gír advogado que procura vítimas de acidentes estimulandoas a abrir processo, de forma pouco escrupulosa.

am·bu·lant /æmbjələnt/ adj ambulante.

am·bu·la·to·ry /æmbjələtɔ:ri/ adj ambulatório; móvel; ambulante. ‖ s corredor; galeria.

am·bush /æmbʊʃ/ s emboscada; cilada. (pl **ambushes**). ‖ v (ambushes, ambushing, ambushed, ambushed) emboscar; tocaiar.

a·me·ba /əmi:bə/→ amoeba.

a·men /eɪmen, ɑ:men/ interj amém.

a·me·na·ble /əmi:nəbəl/ adj 1 responsável. 2 receptivo.

a·mend /əmend/ v (amends, amending, amended, amended) 1 emendar. 2 corrigir.

a·mend·ment /əmendmənt/ s 1 emenda. 2 correção. 3 melhoria.

a·mends /əmendz/ s pl compensação; reparação. ♦ **to make amends** reparar seus erros.

a·men·i·ty /əmenəti/ s 1 amenidade; brandura. 2 comodidades; atrações. (pl **amenities**).

A·mer·i·can /əmerɪkən/ adj e s 1 americano (diz-se especialmente do cidadão dos EUA); língua americana (diz-se nos EUA). **2** habitante das Américas ou relativo a elas.

A·mer·i·can·ism /əm<u>e</u>rɪkənɪzəm/ *s* americanismo.

A·mer·i·can·ize /əm<u>e</u>rɪkənaɪz/ *v* (**americanizes, americanizing, americanized, americanized**) americanizar; americanizar-se.

am·e·thyst /<u>æ</u>məθɪst/ *s Min* ametista.

a·mi·a·bil·i·ty /eɪmiəb<u>ɪ</u>ləti/ *s* amabilidade (*pl* **amiabilities**).

a·mid /əm<u>ɪ</u>d/ *prep* em meio a; no meio de; entre; cercado de. (*var* **amidst**).

amidst /əm<u>ɪ</u>dst/ → **a·mid**.

a·mi·no ac·id /əmi:no<u>ʊ</u> <u>æ</u>sɪd/ *s* aminoácido.

amiss /əm<u>ɪ</u>s/ *adj* **1** defeituoso; importuno; impróprio; mal. **2** extraviado. ‖ *adv* erradamente; defeituosamente.

am·i·ty /<u>æ</u>mɪti/ *s* relação amistosa (entre países). (*geralm pl* **amities**).

am·mo·nia /əm<u>oʊ</u>njə/ *s Quím* amônia.

am·mo·ni·ac /əm<u>oʊ</u>niæk/ *adj* amoníaco. (*var* **ammoniacal**).

am·mo·ni·a·cal /æmən<u>aɪ</u>əkəl/ → **ammoniac**.

am·mo·ni·um /əm<u>oʊ</u>niəm/ *s Quím* amônio.

am·mu·ni·tion /æmjən<u>ɪ</u>ʃən/ *s* **1** munição. **2** meios de ataque ou defesa.

am·ne·sia /æmni:ʒə/ *s* amnésia.

am·nes·ty /<u>æ</u>mnəsti/ *s* anistia. (*pl* **amnesties**). ‖ *v* (**amnesties, amnestying, amnestied, amnestied**) anistiar.

a·moe·ba /əmi:bə/ *s Zool* ameba. (*pl* **amoebas** /əmi:bəz/ ou **amoebae** /əmi:bi:/) (*var* **ameba**).

a·mok /əm<u>ʌ</u>k/ → **amuck**.

a·mong /əm<u>ʌ</u>ŋ/ *prep* entre (vários); no meio de. (*var* **amongst**).

a·mongst /əm<u>ʌ</u>ŋst/ → **among**.

a·mor·al /eɪm<u>ɔ:</u>rəl/ *adj* amoral.

am·o·rous /<u>æ</u>mrəs/ *adj* **1** amoroso; erótico; sensual. **2** apaixonado; enamorado.

a·mor·phism /əm<u>ɔ:</u>rfɪzəm/ *s* amorfismo; amorfia.

a·mor·phous /əm<u>ɔ:</u>rfəs/ *adj* amorfo.

am·or·ti·za·tion /əm<u>ɔ:</u>rtəz<u>eɪ</u>ʃən/ *s* amortização.

am·or·tize /<u>æ</u>m<u>ɔ:</u>rtaɪz/ *v* (**amortizes, amortizing, amortized, amortized**) amortizar.

a·mount /əm<u>aʊ</u>nt/ *s* **1** importância; quantia; montante. **2** soma. **3** quantidade. ‖ *v* (**amounts, amounting, amounted, amounted**) **1** importar; eqüivaler. **2** atingir (soma).

am·per·age /<u>æ</u>mprɪdʒ/ *s Eletr* amperagem.

am·pere /<u>æ</u>mpɪr/ *s Eletr* ampère.

am·per·sand /<u>æ</u>mpɚsænd/ *s* "e" comercial (o símbolo &).

am·phet·a·mine /æmf<u>e</u>təmi:n/ *s* anfetamina.

am·phib·i·an /æmf<u>ɪ</u>biən/ *s* **1** *Biol* anfíbio. **2** *Mil* veículo usado em terra ou água.

am·phib·i·ous /æmf<u>ɪ</u>biəs/ *adj Biol* anfíbio.

am·phi·the·a·ter /<u>æ</u>mfəθi:ətɚ/ *s* anfiteatro. (*var IngBrit* **amphitheatre**).

am·phi·the·a·tre /<u>æ</u>mfəθi:ətə/ *s IngBrit* → **amphitheater**.

am·ple /<u>æ</u>mpəl/ *adj* amplo; vasto; abundante.

am·pli·fi·ca·tion /æmplɪfɪk<u>eɪ</u>ʃən/ *s* amplificação; aumento.

am·pli·fi·er /<u>æ</u>mplɪfaɪɚ/ *s* amplificador; ampliador.

am·pli·fy /<u>æ</u>mplɪfaɪ/ *v* (**amplifies, amplifying, amplified, amplified**) amplificar; aumentar; expandir; exagerar.

am·pli·tude /<u>æ</u>mplɪtu:d/ *s* amplitude; grandeza; magnitude.

am·poule /<u>æ</u>mpu:l/ *s* ampola. (*var* **ampule** ou **ampul**).

am·pul /<u>æ</u>mpju:l/ → **ampoule**.

am·pule /<u>æ</u>mpju:l/ → **ampoule**.

am·pu·tate /<u>æ</u>mpjəteɪt/ *v* (**amputates, amputating, amputated, amputated**) amputar.

am·pu·ta·tion /æmpjət<u>eɪ</u>ʃən/ *s* amputação.

am·pu·tee /æmpjət<u>i:</u>/ *s* amputado; mutilado.

a·muck /əm<u>ʌ</u>k/ *adv* furiosamente; enlouquecidamente. ‖ *adj* tomado de fúria homicida. ♦ **run amuck** correr enlouquecidamente, tomado de fúria homicida. (*var* **amok**).

am·u·let /<u>æ</u>mjʊlət/ *s* amuleto; talismã.

a·muse /əmj<u>u:</u>z/ *v* (**amuses, amusing, amused, amused**) divertir; entreter; distrair.

a·muse·ment /əmj<u>u:</u>zmənt/ *s* diversão; entretenimento; distração.

amusement park s parque de diversões.

a·mus·ing /əmju:zɪŋ/ adj divertido; engraçado.

a·myg·da·la /əmɪgdələ/ s Anat amígdala.

an /æn/ art indef um; uma (usa-se antes de palavras iniciadas por um som vocálico). → **a**.

a·nab·o·lism /ənæbəlɪzəm/ s anabolismo.

a·nach·ro·nism /ənækrənɪzəm/ s anacronismo.

an·a·co·lu·thon /ænəkəlu:θən/ s Gram anacoluto. (pl anacoluthons ou anacolutha /ænəkəlu:θə/).

an·a·con·da /ænəkɑ:ndə/ s Zool anaconda; sucuri; jibóia.

a·nae·mi·a /əni:miə/ → **anemia**.

a·nae·mic /əni:mɪk/ → **anemic**.

an·aes·the·sia /ænəsθi:ʒə/ → **anesthesia**.

an·aes·thet·ic /ænəsθetɪk/ → **anesthetic**.

a·naes·the·tist /ənesθətɪst/ → **anesthetist**.

a·naes·the·tize /ənesθətaɪz/ → **anesthetize**.

an·a·gram /ænəgræm/ s anagrama.

a·nal /eɪnəl/ adj anal.

an·al·ge·sic /ænəldʒi:zɪk/ s e adj analgésico.

an·a·log /ænələːg/ → **analogue**.

an·a·log·i·cal /ænələːdʒɪkəl/ adj analógico.

an·a·logue /ænələːg/ s e adj análogo. (var **analog**).

a·nal·o·gy /ənælədʒi/ s analogia; semelhança. (pl **analogies**).

a·nal·y·sis /ənæləsɪs/ s 1 análise; exame. 2 Quím decomposição. (pl **analyses** /ənæləsi:z/).

an·a·lyst /ænəlɪst/ s 1 analista; psicanalista. 2 analista de sistemas.

an·a·lyt·ic /ænəlɪtɪk/ adj analítico. (var **analytical**).

an·a·lyt·i·cal /ænəlɪtɪkəl/ → **analytic**.

an·a·lyt·ics /ænəlɪtɪks/ s analítica. (usado com v no sing ou pl).

an·a·lyze /ænəlaɪz/ v (**analyzes**, **analyzing**, **analyzed**, **analyzed**) 1 analisar; examinar. 2 Quím decompor.

a·naph·o·ra /ənæfərə/ s Ret Gram anáfora.

an·arch /ænɑ:rk/ s anarquista (quem pratica anarquia).

an·ar·chic /ænɑ:rkɪk/ adj anárquico; desordenado; caótico. (var **anarchical**).

an·ar·chi·cal /ænɑ:rkɪkəl/ → **anarchic**.

an·ar·chism /ænə·kɪzəm/ s anarquismo (doutrina política).

an·ar·chist /ænə·kɪst/ s anarquista (partidário do anarquismo).

an·ar·chy /ænə·ki/ s anarquia; confusão; indisciplina; desorganização.

a·nath·e·ma /ənæθəmə/ s 1 anátema; condenação; execração. 2 pessoa anatematizada, excomungada, amaldiçoada.

an·a·tom·ic /ænətɑ:mɪk/ → **anatomical**.

an·a·tom·i·cal /ænətɑ:mɪkəl/ adj anatômico. (var **anatomic**).

a·nat·o·mist /ənætəmɪst/ s anatomista.

a·nat·o·mize /ənætəmaɪz/ v (**anatomizes**, **anatomizing**, **anatomized**, **anatomized**) 1 anatomizar. 2 dissecar.

a·nat·o·my /ənætəmi/ s 1 anatomia. 2 dissecação. 3 análise minuciosa. (pl **anatomies**).

an·ces·tor /ænsestə·/ s antepassado; ascendente; ancestre.

an·ces·tral /ænsestrəl/ adj ancestral.

an·ces·try /ænsestri/ s ascendência; linhagem; estirpe. ♦ **ancestries** ancestrais.

an·chor /æŋkə·/ s 1 âncora. 2 último atleta numa corrida de revezamento (var **anchorman**). ‖ v (**anchors**, **anchoring**, **anchored**, **anchored**) ancorar.

an·chor·age /æŋkərɪdʒ/ s 1 ancoradouro. 2 ancoragem.

an·chor·man /æŋkə·mæn/ s 1 principal apresentador de um noticiário de televisão ou rádio (fem **anchorwoman**). 2 → **anchor** ².

an·cho·vy /æntʃoʊvi/ s Zool enchova. (pl **anchovy** ou **anchovies**).

an·cient /eɪnʃənt/ adj 1 antigo; remoto; velho; vetusto. 2 antiquado. 3 relativo à antiguidade. ‖ s ancião. ♦ **ancients** povos da antiguidade.

an·cient·ness /eɪnʃəntnəs/ s antiguidade.

an·cil·lar·y /ænsəleri/ adj ancilar; auxiliar.

and /ænd/ conj e. ♦ **and so on** e assim por diante.

an·drog·y·nous /ændrɑ:dʒənəs/ adj andrógino; hermafrodita.

an·droid /ændrɔɪd/ s andróide.

an·ec·dote /ænɪkdoʊt/ s anedota. (pl **anecdotes** ou **anecdota**).

a·ne·mi·a /əni̱miə/ s anemia. (var **anaemia**).

a·ne·mic /əni̱mik/ adj 1 anêmico. 2 débil; fraco. (var **anaemic**).

a·nem·o·ne /ənem̱əni/ s Bot anêmona.

an·es·the·sia /ænəsθi̱ːʒə/ s anestesia. (var **anaesthesia**).

an·es·thet·ic /ænəsθetɪk / s anestético; anestésico. (var **anaesthetic**).

a·nes·the·tist /ənes̱θətɪst/ s anestesista. (var **anaesthetist**).

a·nes·the·tize /ənes̱θətaɪz/ v (**anesthetizes, anesthetizing, anesthetized, anesthetized**) anestesiar. (var **anaesthetize**).

an·eu·rism /ænjə·ɪzəm/ → **aneurysm**.

an·eu·rysm /ænjə·ɪzəm/ s Med aneurisma. (var **aneurism**).

a·new /ənuː/ adv de novo; novamente; outra vez.

an·gel /eɪndʒəl/ s 1 anjo. 2 fig anjo (pessoa muito bondosa). 3 inform patrocinador; financiador de empreendimentos.

an·gel·ic /ændʒelɪk/ adj 1 angélico; angelical. 2 puro; inocente. (var **angelical**).

an·gel·i·cal /ændʒelɪkəl/ → **angelic**.

an·ge·lus /ændʒələs/ s ângelus.

an·ger /æŋgə·/ s cólera; ira; furor; raiva; ódio. || v (**angers, angering, angered, angered**) irritar(-se); enraivecer; enfurecer-se.

an·gi·ol·o·gy /ændʒiɑ̱ːlədʒi/ s angiologia.

an·gi·o·ma /ændʒiou̱mə/ s angioma. (pl **angiomas** ou **angiomata** /ændʒiou̱mətə/).

an·gle /æŋgəl/ s 1 Mat ângulo. 2 ponto de vista. || v (**angles, angling, angled, angled**) 1 angular; enviesar. 2 pescar (com anzol). 3 tentar obter algo de modo ardiloso.

an·gler /æŋglə·/ s 1 pescador (a linha e anzol). 2 embusteiro; impostor; mentiroso.

an·gle·worm /æŋgəlwɜːrm/ s minhoca usada como isca no anzol.

An·gli·can /æŋglɪkən/ adj e s anglicano.

An·gli·can·ism /æŋglɪkənɪzəm/ s anglicanismo.

An·gli·cism /æŋglɪsɪzəm/ s anglicismo.

an·gli·cize /æŋglɪsaɪz/ v (**anglicizes, anglicizing, anglicized, anglicized**) anglicizar(-se); anglizar(-se).

an·gling /æŋglɪŋ/ s pesca (com linha e anzol).

an·gry /æŋgri/ adj irado; colérico; zangado; furioso; indignado. ♦ **get angry** zangar-se; aborrecer-se. (gr comp **angrier**. gr super **angriest**).

an·guish /æŋwɪʃ/ s angústia; agonia; tortura; aflição; tormento. || v (**anguishes, anguishing, anguished, anguished**) angustiar(-se).

an·guished /æŋgwɪʃt/ adj angustiado; atormentado; aflito.

an·gu·lar /æŋgjʊlə·/ adj 1 angular; anguloso. 2 magro; ossudo. 3 desajeitado. 4 rígido; rude.

an·gu·lar·i·ty /æŋgjʊleṟəti/ s angularidade. (pl **angularities**).

an·gu·late /æŋgjʊleɪt/ adj anguloso; angular.

an·il /ænɪl/ s anil.

an·i·lin /ænɪlɪn/ → **aniline**.

an·i·line /ænɪlɪn/ s Quím anilina. (var **anilin**).

an·i·ma /ænɪmə/ s 1 eu interior; alma. 2 Psic lado feminino presente no inconsciente masculino (conf Jung).

an·i·mal /ænɪməl/ s 1 animal; bicho. 2 fig pessoa bruta. || adj animal. ♦ **animal kingdom** reino animal.

an·i·mal·ism /ænɪmǝlɪzǝm/ s animalismo.

an·i·mate /ænɪmeɪt/ v (**animates, animating, animated, animated**) 1 animar. 2 encorajar; estimular; impulsionar; acionar. 3 avivar; vivificar; vitalizar. || /ænɪmət/ adj animado; vivo; alegre; vivaz; vigoroso (var **animated**).

an·i·mat·ed /ænɪmeɪtɪd/ adj → **animate**. ♦ **animated cartoon** desenho animado.

an·i·ma·tion /ænɪmeɪʃǝn/ s 1 animação; vivacidade; entusiasmo. 2 animação (produção de desenhos animados).

an·i·ma·tor /ænɪmeɪtǝ·/ s 1 animador; estimulador. 2 profissional que trabalha na produção de desenhos animados.

an·i·mos·i·ty /ænɪmɑ̱ːsəti/ s animosidade; má vontade. (pl **animosities**).

an·i·mus /ænɪməs/ s 1 ânimo; disposição ativa. 2 hostilidade; malquerença; inimizade. 3 Psic lado masculino presente no inconsciente feminino (conf Jung).

an·ise /ǽnɪs/ s Bot anis; erva-doce.

an·kle /ǽŋkəl/ s Anat tornozelo.

an·kle·bone /ǽŋkəlboʊn/ s Anat astrágalo.

an·klet /ǽŋklət/ s 1 tornozeleira. 2 meia soquete.

an·nal·ist /ǽnəlɪst/ s analista (pessoa que escreve anais); cronista; historiador.

an·nals /ǽnəlz/ s pl anais.

an·neal /əníːl/ v (anneals, annealing, annealed) 1 temperar (vidro ou metal); fundir. 2 fortalecer; endurecer.

an·nex /ənéks/ v (annexes, annexing, annexed, annexed) anexar; juntar; afixar. ‖ /ǽneks/ s 1 anexo (prédio). 2 apêndice.

an·nex·a·tion /ænekséɪʃən/ s anexação; incorporação.

An·nie Oak·ley /ǽni óʊkli/ s entrada gratuita (ingresso gratuito para espetáculos, etc.).

an·ni·hi·late /ənáɪəleɪt/ v (annihilates, annihilating, annihilated, annihilated) 1 aniquilar; exterminar. 2 anular; abolir.

an·ni·hi·la·tion /ənaɪəléɪʃən/ s aniquilação; extermínio; destruição.

an·ni·ver·sa·ry /ænɪvɝ́ːsəri/ s aniversário. (pl anniversaries).

an·no·tate /ǽnəteɪt/ v (annotates, annotating, annotated, annotated) anotar; acrescentar comentários ou notas explicativas (a uma obra literária).

an·no·ta·tion /ænətéɪʃən/ s anotação; comentário; nota explicativa.

an·nounce /ənáʊns/ v (announces, announcing, announced, announced) 1 anunciar; proclamar. 2 publicar; noticiar. 3 apresentar (um orador; hóspede).

an·nounce·ment /ənáʊnsmənt/ s 1 anúncio; proclamação; aviso. 2 publicação. 3 apresentação.

an·nounc·er /ənáʊnsɚ/ s anunciador; locutor (de rádio ou televisão).

an·noy /ənɔ́ɪ/ v (annoys, annoying, annoyed, annoyed) incomodar; importunar; aborrecer; molestar; perturbar.

an·noy·ance /ənɔ́ɪəns/ s aborrecimento; contrariedade; incômodo; desgosto; importunação.

an·noy·ing /ənɔ́ɪɪŋ/ adj perturbador; incômodo; importuno; irritante.

an·nu·al /ǽnjuəl/ adj anual. ‖ s 1 anuário. 2 Bot planta anual.

an·nu·al·ly /ǽnjuəli/ adv anualmente.

an·nu·i·ty /ənúːeti/ s anuidade; anualidade. (pl annuities).

an·nul /ənʌ́l/ v (annuls, annulling, annulled, annulled) anular; invalidar.

an·nu·lar /ǽnjələ/ adj anular; anelar.

an·nul·ment /ənʌ́lmənt/ s anulação; invalidação; rescisão.

an·nun·ci·ate /ənʌ́nsieɪt/ v (annunciates, annunciating, annunciated, annunciated) anunciar; proclamar.

an·nun·ci·a·tion /ənʌnsieɪʃən/ s anunciação; proclamação. ◆ Annunciation Anunciação (festa religiosa para comemorar o dia da mensagem do anjo Gabriel à Virgem Maria, para lhe anunciar o mistério da encarnação - 25 de março).

an·o·dyne /ǽnoʊdaɪn/ adj e s anódino; analgésico.

a·noint /ənɔ́ɪnt/ v (anoints, anointing, anointed, anointed) 1 untar. 2 ungir.

a·noint·ment /ənɔ́ɪntmənt/ s unção.

a·nom·a·lous /ənɑ́mələs/ adj anômalo; anormal; irregular.

a·nom·a·ly /ənɑ́məli/ s anomalia; irregularidade. (pl anomalies).

an·o·nym /ǽnənɪm/ s 1 anônimo. 2 pseudônimo.

an·o·nym·i·ty /ænənɪmeti/ s anonimato; anonímia. (pl anonymities).

a·non·y·mous /ənɑ́nəməs/ adj anônimo; desconhecido.

an·o·rak /ǽnəræk/ s anoraque, casaco espesso com capuz.

an·o·rex·i·a /ænəréksiə/ s anorexia.

an·oth·er /ənʌ́ðɚ/ adj 1 mais um; mais outro. 2 diferente; outro. 3 qualquer outro. ‖ pron 1 um outro; uma outra. 2 qualquer um; qualquer uma.

ANSI abrev de American National Standards Institute; instituto nacional americano de padronização.

an·swer /ǽnsɚ/ s 1 resposta; réplica. 2 solução (de um problema). 3 Jur contestação. ‖ v (answers, answering, answered, answered) 1 responder; retrucar; replicar. 2 atender. 3 corresponder a. 4 corresponder; satisfazer ♦ **answer the door** atender à porta. **answer to my needs** satisfazer minhas necessidades.

an·swer·a·ble /ǽnsrəbəl/ *adj* **1** responsável. **2** refutável.

an·swer·ing machine /ǽnsrɪŋ məʃiːn/ *s* secretária eletrônica.

ant /ænt/ *s Zool* formiga. ♦ **have ants in one's pants** *gír* estar inquieto, apreensivo, excitado.

an·tag·o·nism /æntǽgənɪzəm/ *s* antagonismo; oposição; rivalidade.

an·tag·o·nist /æntǽgənɪst/ *s* antagonista; oponente; rival.

an·tag·o·nist·ic /æntægənɪstɪk/ *adj* antagônico; contrário; hostil.

an·tag·o·nize /æntǽgənaɪz/ *v* (**antagonizes, antagonizing, antagonized, antagonized**) antagonizar-se; agir em oposição; contender; hostilizar.

Ant·arc·tic /æntɑːrktɪk/ *adj* antártico. II *s* região antártica.

Ant·arc·ti·ca /æntɑːrktɪkə/ *s* Antártica.

ant·eat·er /ǽntiːtə/ *s* tamanduá; papa-formigas.

an·te·cede /æntɪsiːd/ *v* (**antecedes, anteceding, anteceded, anteceded**) anteceder; preceder.

an·te·ce·dence /æntəsiːdəns/ *s* antecedência.

an·te·ce·dent /æntɪsiːdənt/ *adj* antecedente; anterior; precedente. II *s* **1** antecedente; anterior; precedente. **2** *Gram* e *Mat* antecedente.

an·te·cham·ber /ǽntɪtʃeɪmbə/ *s* antecâmara.

an·te·date /ǽntɪdeɪt/ *v* (**antedates, antedating, antedated, antedated**) antedatar; pré-datar. II *s* antedata.

an·te·lope /ǽntloup/ *s* antílope. (*pl* **antelope** ou **antelopes**).

an·te me·rid·i·em /æntɪmərɪdiən/ *adv* e *adj* antes do meio-dia e após a meia-noite. (→ *abrev* **a.m.**).

an·te·na·tal /æntɪneɪtəl/ *adj* pré-natal.

antenatal clinic *s* clínica pré-natal.

an·ten·na /æntǽnə/ *s* **1** *Zool* antena (*pl* **antennae** /æntǽniː/). **2** antena (de rádio, TV, etc). (*pl* **antennas**) (→ **aerial**).

an·te·pe·nul·ti·mate /æntɪpɪnʌltəmət/ *adj* antepenúltimo.

an·te·ri·or /æntɪriə/ *adj* **1** anterior; precedente; antecedente. **2** prévio; mais cedo.

an·te·room /ǽntɪruːm/ *s* ante-sala; antecâmara.

an·them /ǽnθəm/ *s* **1** hino. **2** antífona. ♦ **national anthem** hino nacional.

ant·hill /ǽnthɪl/ *s* formigueiro; cupinzeiro.

an·thol·o·gist /ænθɑːlədʒɪst/ *s* antologista.

an·thol·o·gy /ænθɑːlədʒi/ *s* antologia (*pl* **anthologies**).

an·thrax /ǽnθræks/ *s Med* antraz (infecção em animais causada pelo *Bacillus anthracis*).

an·thro·po·cen·tric /ænθrəpəsentrɪk/ *adj* antropocêntrico.

an·thro·pol·o·gist /ænθrəpɑːlədʒɪst/ *s* antropólogo; antropologista.

an·thro·pol·o·gy /ænθrəpɑːlədʒi/ *s* antropologia.

an·thro·po·phag·ic /ænθrəpəfædʒɪk/ *adj* antropofágico.

an·thro·poph·a·gus /ænθrəpɑːfəgəs/ *s* antropófago; andrófago. (*pl* **anthropophagi** /ænθrəpɑːfədʒaɪ/).

an·thro·poph·a·gy /ænθrəpɑːfədʒi/ *s* antropofagia.

an·ti·air·craft /æntɪerkræft/ *adj* antiaéreo.

an·ti·bi·ot·ic /æntɪbaɪɑːtɪk/ *s* e *adj* antibiótico.

an·ti·bod·y /ǽntɪbɑːdi/ *s* anticorpo.

an·ti·christ /ǽntɪkraɪst/ *s* anticristo.

an·tic·i·pate /æntɪsəpeɪt/ *v* (**anticipates, anticipating, anticipated, anticipated**) **1** antecipar(-se). **2** adiantar(-se); acelerar; apressar. **3** antecipar (pagamento).

an·tic·i·pa·tion /æntɪsəpeɪʃən/ *s* **1** antecipação; adiantamento. **2** intuição; previsão; pressentimento.

an·tic·i·pa·tive /æntɪsəpeɪtɪv/ *adj* esperançoso.

an·ti·clock·wise /æntɪklɑːkwaɪz/ *adv* em sentido anti-horário. II *adj* anti-horário. (*sin* **counterclockwise**).

an·ti·co·ag·u·lant /æntɪkouægjələnt/ *adj* anticoagulante.

an·ti·de·pres·sant /æntɪdɪpresənt/ *s Med* antidepressivo.

an·ti·dote /ǽntɪdout/ s antídoto.

an·ti·freeze /ǽntɪfriːz/ s anticongelante.

an·ti·in·flam·ma·to·ry /ˌæntiɪnflǽmətɔːri/ adj e s antiinflamatório.

an·ti·mo·ny /ǽntəmouni/ s Quím antimônio. (símb Sb).

an·tin·o·my /æntɪ́nəmi/ s antinomia. (pl antinomies).

an·tip·a·thy /æntɪ́pəθi/ s antipatia; aversão. (pl antipathies).

an·ti·pode /ǽntɪpoud/ s antípoda; oposto.

an·ti·pope /ǽntɪpoup/ s antipapa.

an·ti·quar·i·an /ˌæntəkwériən/ s antiquário; sebo. (var antiquary).

an·ti·quar·y /ǽntəkweri/ → antiquarian. (pl antiquaries).

an·ti·quate /ǽntəkweɪt/ v (antiquates, antiquating, antiquated, antiquated) antiquar; tornar velho, obsoleto.

an·ti·quat·ed /ǽntəkweɪtɪd/ adj antiquado; obsoleto; velho.

an·tique /æntíːk/ s antiguidade; objeto de arte antiga. || adj antigo; clássico.

an·tiq·ui·ty /æntɪ́kwəti/ s antiguidade (época). ♦ antiquities antiguidades; objetos antigos.

an·ti-Sem·i·tism /ˌæntɪsémətɪzəm/ s anti-semitismo.

an·ti·sep·tic /ˌæntəséptɪk/ adj anti-séptico.

an·ti·slav·er·y /ˌæntəsléɪvəri/ adj antiescravista; contrário à escravidão.

an·ti·so·cial /ˌæntɪsóuʃəl/ adj anti-social.

an·ti·ter·ror·ist /ˌæntɪtérəist/ adj antiterrorista.

an·tith·e·sis /æntɪ́θəsɪs/ s antítese. (pl antitheses /æntɪ́θəsiːz/).

an·ti·tox·in /ˌæntɪtɑ́ksɪn/ s antitoxina.

an·ti·trust /ˌæntɪtrʌ́st/ adj antitruste.

ant·ler /ǽntlə/ s galhada; corno.

an·to·nym /ǽntənɪm/ s antônimo.

an·trum /ǽntrəm/ s Anat antro. (pl antra /ǽntrə/).

a·nus /éɪnəs/ s Anat ânus. (pl anuses).

an·vil /ǽnvəl/ s bigorna.

anx·i·e·ty /æŋzáɪəti/ s 1 ansiedade; apreensão; inquietude. 2 desejo veemente. (pl anxieties).

anx·ious /ǽŋkʃəs/ adj ansioso; impaciente; inquieto; aflito.

anx·ious·ly /ǽŋkʃəsli/ adv ansiosamente; impacientemente.

anx·ious·ness /ǽŋkʃəsnəs/ s ansiedade; desejo veemente.

an·y /éni/ adj 1 algum(a). 2 nenhum(a). 3 qualquer; quaisquer. 4 todo(a); cada. || pron 1 qualquer um(a). 2 algum(a). 3 nenhum(a) (em orações neg). || adv 1 de qualquer modo; em qualquer grau. 2 nada.

an·y·bod·y /énibɑːdi/ pron 1 qualquer um; qualquer pessoa. 2 ninguém. || s (um) alguém (no sentido de pessoa importante).

an·y·how /énihau/ adv 1 de qualquer maneira. 2 casualmente; descuidadamente.

an·y·more /enimɔ́ːr/ adv nunca mais.

an·y·one /éniwʌn/ pron qualquer um; qualquer pessoa; alguém.

an·y·place /énipleɪs/ adv em qualquer lugar.

an·y·thing /éniθɪŋ/ pron 1 qualquer coisa; nada. 2 alguma coisa; algo (sentido interrog). 3 nada (sentido neg). || adv de qualquer forma; de todo jeito. || s qualquer coisa. ♦ anything else? (deseja) mais alguma coisa?

an·y·time /énitaɪm/ adv a qualquer momento.

an·y·way /éniweɪ/ adv de qualquer modo; de qualquer forma.

an·y·where /éniwer/ adv 1 em qualquer parte ou lugar. 2 em nenhuma parte; em nenhum lugar (sentido neg). 3 em ou para qualquer lugar.

a·pace /əpéɪs/ adv rapidamente; aceleradamente; a passos largos.

a·part /əpɑ́ːrt/ adv 1 à parte; separadamente. 2 em fragmentos; em pedaços. || adj isolado (usado após o substantivo). ♦ apart from além de; à parte de.

a·part·heid /əpɑ́ːrteɪt, əpɑ́ːrtaɪt/ s apartheid (sistema de segregação racial que era praticado na África do Sul).

a·part·ment /əpɑ́ːrtmənt/ s apartamento.

ap·a·thet·ic /ˌæpəθétɪk/ adj apático; insensível; indiferente. (var apathetical).

ap·a·thet·i·cal /ˌæpəθétɪkəl/ → apathetic.

ap·a·thy /ǽpəθi/ s apatia; indiferença; insensibilidade.

ape /eɪp/ *s* **1** macaco; mono. **2** macaqueador. ‖ *v* (**apes, aping, aped, aped**) macaquear; arremedar; imitar.

a·peak /əpiːk/ *adv Náut* a pique. ‖ *adj* perpendicular.

a·pé·ri·tif /ɑːperɪtiːf/ *s* aperitivo.

ap·er·ture /æpətʃʊr/ *s* abertura; fenda; orifício; fresta.

a·pex /eɪpeks/ *s* ápice. (*pl* apexes /eɪpeksɪz/ ou apices /eɪpɪsiːz/).

a·phaer·e·sis /əferəsɪs/ *s Gram* aférese. (*var* apheresis).

a·pher·e·sis /əferəsɪs/ → **aphaeresis**.

aph·o·rism /æfərɪzəm/ *s* aforismo; máxima.

aph·ro·dis·i·ac /æfrədɪziæk/ *s* e *adj* afrodisíaco.

a·pi·ar·i·an /eɪpɪerɪən/ *adj* apiário; apícola.

a·pi·a·rist /eɪpɪərɪst/ *s* apicultor. (*tb* apiculturist).

a·pi·ar·y /eɪpieri/ *s* apiário; colméia (*pl* apiaries).

a·pi·cul·ture /eɪpɪkʌltʃər/ *s* apicultura.

a·pi·cul·tur·ist /eɪpɪkʌltʃərɪst/ *s* apicultor. (*tb* apiarist).

a·piece /əpiːs/ *adv* cada; cada um(a); por peça; por cabeça.

ap·ne·a /æpniːə, æpniə/ *s* apnéia; asfixia.

a·poc·a·lypse /əpɑːkəlɪps/ *s* **1** apocalipse. **2** profecia; revelação.

a·poc·a·lyp·tic /əpɑːkəlɪptɪk/ *adj* **1** apocalíptico. **2** profético. (*var* apocalyptical).

a·poc·a·lyp·ti·cal /əpɑːkəlɪptɪkəl/ → **apocalyptic**.

a·poc·o·pe /əpɑːkəpi/ *s Gram* apócope.

a·poc·ry·phal /əpɑːkrəfəl/ *adj* apócrifo; falso; espúrio.

ap·o·gee /æpədʒiː/ *s* apogeu.

a·pol·o·get·ic /əpɑːlədʒetɪk/ *adj* apologético. (*var* apologetical).

a·pol·o·get·i·cal /əpɑːlədʒetɪkəl/ → **apologetic**.

a·pol·o·gist /əpɑːlədʒɪst/ *s* apologista.

a·pol·o·gize /əpɑːlədʒaɪz/ *v* (**apologizes, apologizing, apologized, apologized**) desculpar-se; pedir ou apresentar desculpas.

ap·o·logue /æpəlɑːg/ *s* apólogo.

a·pol·o·gy /əpɑːlədʒi/ *s* apologia; defesa; desculpa. (*pl* apologies).

a·pos·ta·sy /əpɑːstəsi/ *s* apostasia. (*pl* apostasies).

a·pos·tate /əpɑːsteɪt/ *adj* e *s* apóstata.

a·pos·tle /əpɑːsəl/ *s* apóstolo.

a·pos·to·late /əpɑːstəlɪt/ *s* apostolado.

ap·os·tol·ic /æpəstɑːlɪk/ *adj* apostólico.

a·pos·tro·phe /əpɑːstrəfi/ *s* **1** *Gram* apóstrofo. **2** *Ret* apóstrofe; invocação.

a·pos·tro·phize /əpɑːstrəfaɪz/ *v* (**apostrophizes, apostrophizing, apostrophized, apostrophized**) apostrofar.

a·poth·e·car·y /əpɑːθəkəri/ *s* boticário; farmacêutico (*pl* apothecaries).

ap·o·them /æpəθem/ *s Mat* apótema.

a·poth·e·o·sis /əpɑːθiousɪs/ *s* apoteose. (*pl* apotheoses /əpɑːθiousiːz/).

ap·pall /əpɔːl/ *v* (**appalls, appalling, appalled, appalled**) espantar; horrorizar; assustar.

ap·pall·ing /əpɔːlɪŋ/ *adj* espantoso; pavoroso; horroroso; assustador.

ap·pa·ra·tus /æpərætəs/ *s* aparelho; instrumento; aparelhamento (*pl* apparatus ou apparatuses /æpərætəsɪz/).

ap·par·el /əperəl/ *s* **1** vestuário; traje. **2** adorno. ‖ *v* (**apparels, appareling/apparelling, appareled/apparelled, appareled/apparelled**) **1** vestir. **2** ornar; enfeitar.

ap·par·ent /əperənt/ *adj* aparente; evidente; claro.

ap·pa·ri·tion /æpərɪʃən/ *s* aparição; espectro (fantasma).

ap·peal /əpiːl/ *v* (**appeals, appealing, appealed, appealed**) **1** *tb Jur* apelar; recorrer. **2** interessar; atrair; agradar. ‖ *s* **1** apelo; súplica. **2** *Jur* apelação. **3** encanto; atração.

ap·peal·ing /əpiːlɪŋ/ *adj* **1** atraente; simpático. **2** apelante; suplicante.

ap·pear /əpɪr/ *v* (**appears, appearing, appeared, appeared**) **1** aparecer; surgir. **2** parecer; dar a impressão. **3** *Jur* apresentar-se; comparecer.

ap·pear·ance /əpɪrəns/ *s* **1** aparecimento. **2** comparecimento. **3** aparência; aspecto.

ap·pease /əpiːz/ *v* (**appeases, appeasing, appeased, appeased**) **1** apaziguar; pacificar; acalmar; aplacar. **2** satisfazer; aliviar.

ap·pease·ment /əpiːzmənt/ s apaziguamento; pacificação; conciliação.

ap·pel·lant /əpelənt/ adj apelante; suplicante. ‖ s Jur apelante; recorrente.

ap·pel·late /əpelɪt/ adj apelatório.

ap·pel·la·tion /æpəleɪʃən/ s nome; denominação; designação; título.

ap·pend /əpend/ v (appends, appending, appended, appended) 1 anexar; juntar; suplementar. 2 fixar; atar.

ap·pend·age /əpendɪdʒ/ s apêndice; suplemento; acessório.

ap·pen·di·ci·tis /əpendɪsaɪtɪs/ s apendicite.

ap·pen·dix /əpendɪks/ s 1 apêndice; anexo. 2 Anat apêndice; parte acessória de um órgão (pl appendixes /əpendɪksɪz/ ou appendices /əpendɪsiːz/).

ap·per·cep·tion /æpəsepʃən/ s Psic percepção.

ap·pe·tite /æpətaɪt/ s apetite.

ap·pe·tiz·er /æpətaɪzə/ s 1 tira-gosto. 2 aperitivo.

ap·pe·tiz·ing /æpətaɪzɪŋ/ adj apetitoso.

ap·plaud /əplɔːd/ v (applauds, applauding, applauded, applauded) aplaudir; aclamar; aprovar.

ap·plause /əplɔːz/ s aplauso; aclamação; aprovação.

ap·ple /æpəl/ s maçã; macieira (tb apple tree). ♦ apple of discord pomo de discórdia. apple of one's eyes menina dos olhos; pessoa muito querida.

ap·ple-pie /æpəlpaɪ/ adj inform quase ou praticamente perfeito. ♦ apple-pie order perfeita ordem.

ap·pli·ance /əplaɪəns/ s instrumento; utensílio. ♦ household appliances utensílios domésticos; eletrodomésticos.

ap·pli·ca·bil·i·ty /æplɪkəbɪləti/ s aplicabilidade.

ap·pli·ca·ble /əplɪkəbəl, æplɪkəbəl/ adj aplicável; apropriado.

ap·pli·cant /æplɪkənt/ s 1 candidato; pretendente (emprego, cargo). 2 requerente.

ap·pli·ca·tion /æplɪkeɪʃən/ s aplicação; emprego; utilização. ♦ on application a pedido. application form (formulário de) requerimento. applications Comp aplicativos.

ap·pli·ca·tive /æplɪkeɪtɪv, əplɪkətɪv/ adj aplicável; prático.

ap·plied /əplaɪd/ adj aplicado; utilizado; empregado. ♦ applied physics Física Aplicada.

ap·ply /əplaɪ/ v (applies, applying, applied, applied) 1 aplicar. 2 ser aplicável ou pertinente. 3 solicitar; requerer; candidatar-se (emprego).

ap·point /əpɔɪnt/ v (appoints, appointing, appointed, appointed) 1 designar; nomear. 2 fixar; marcar. 3 equipar; suprir. 4 Jur autorizar; dispor de autorização.

ap·point·ee /əpɔɪntiː/ s pessoa nomeada para um cargo.

ap·point·ment /əpɔɪntmənt/ s 1 nomeação; decreto. 2 encontro; compromisso (com hora marcada). ♦ make an appointment with marcar um encontro com.

ap·por·tion /əpɔːʃən/ v (apportions, apportioning, apportioned, apportioned) partilhar; ratear; dividir eqüitativamente.

ap·por·tion·ment /əpɔːʃənmənt/ s partilha; distribuição; divisão; rateio.

ap·pose /əpouz/ v (apposes, apposing, apposed, apposed) apor; justapor.

ap·po·site /æpəzɪt/ adj apropriado; adequado; conveniente.

ap·po·si·tion /æpəzɪʃən/ s Gram aposição; justaposição.

ap·pos·i·tive /əpɑzɪtɪv/ s Gram aposto. ‖ adj apositivo; aposto.

ap·prais·al /əpreɪzəl/ s apreciação; avaliação; estimativa; cálculo de valor.

ap·praise /əpreɪz/ v (appraises, appraising, appraised, appraised) avaliar; apreciar; estimar; fixar o preço ou valor.

ap·praise·ment /əpreɪzmənt/ s apreciação; avaliação.

ap·prais·er /əpreɪzə/ s avaliador.

ap·pre·cia·ble /əpriːʃəbəl/ adj apreciável; apreciativo.

ap·pre·ci·ate /əpriːʃieɪt/ v (appreciates, appreciating, appreciated, appreciated) 1 apreciar; estimar. 2 compreender; perceber. 3 agradecer. 4 valorizar.

ap·pre·ci·a·tion /əpriːʃieɪʃən/ s 1 apreciação; avaliação. 2 valorização. 3 gratidão; reconhecimento.

ap·pre·cia·tive /əpriːʃɪtɪv/ *adj* **1** apreciativo. **2** agradecido; reconhecedor. **3** elogioso.

ap·pre·hend /æprɪhend/ *v* (**apprehends, apprehending, apprehended, apprehended**) **1** apreender. **2** prender; deter. **3** perceber; entender; notar.

ap·pre·hen·si·ble /æprɪhensɪbl/ *adj* apreensível; compreensível; concebível; perceptível.

ap·pre·hen·sion /æprɪhenʃən/ *s* **1** apreensão; temor; receio; medo. **2** prisão; detenção. **3** compreensão; percepção.

ap·pre·hen·sive /æprɪhensɪv/ *adj* **1** apreensivo; receoso. **2** perspicaz; inteligente; sagaz.

ap·pre·hen·sive·ness /æprɪhensɪvnəs/ *s* **1** apreensão; medo; receio; temor. **2** sagacidade; inteligência.

ap·pren·tice /əprentɪs/ *s* aprendiz.

ap·pren·tice·ship /əprentəsʃɪp/ *s* aprendizado; aprendizagem; estágio; noviciado.

ap·proach /əproʊtʃ/ *v* (**approaches, approaching, approached, approached**) **1** aproximar(-se); acercar-se. **2** dirigir-se. **3** abordar. **4** assemelhar-se. ‖ *s* **1** aproximação; abordagem. **2** acesso. **3** proposta. (*pl* **approaches**).

ap·proach·a·ble /əproʊtʃəbəl/ *adj* **1** acessível. **2** tratável; afável; comunicativo.

ap·pro·bate /æprəbeɪt/ *v* (**approbates, approbating, approbated, approbated**) aprovar; sancionar.

ap·pro·ba·tion /æprəbeɪʃən/ *s* aprovação; sanção; consentimento.

ap·pro·pri·ate /əproʊprɪət/ *adj* apropriado; adequado; conveniente; próprio. ‖ /əproʊprɪeɪt/ *v* (**appropriates, appropriating, appropriated, appropriated**) **1** destinar; atribuir. **2** apropriar-se; apoderar-se.

ap·pro·pri·a·tion /əproʊprɪeɪʃən/ *s* **1** apropriação. **2** dotação (de fundos, verba).

ap·prov·a·ble /əpruːvəbəl/ *adj* aprovável.

ap·prov·al /əpruːvəl/ *s* **1** aprovação; consentimento. **2** sanção.

ap·prove /əpruːv/ *v* (**approves, approving, approved, approved**) **1** aprovar. **2** sancionar.

ap·prox·i·mate /əprɑːksɪmət/ *adj* **1** aproximado; quase correto. **2** semelhante; similar. ‖ /əprɑːksɪmeɪt/ *v* (**approximates, approximating, approximated, approximated**) **1** aproximar[-se]. **2** tornar próximo ou parecido.

ap·prox·i·mate·ly /əprɑːksɪmətli/ *adv* aproximadamente.

ap·prox·i·ma·tion /əprɑːksɪmeɪʃən/ *s tb Mat* aproximação.

a·pri·cot /eɪprɪkɑːt, æprɪkɑːt/ *s* damasco.

A·pril /eɪprəl/ *s* abril.

April Fools' Day /eɪprəlfuːlzdeɪ/ dia da mentira (1º de abril). (*var* **All Fools' Day**).

a pri·o·ri /ɑːpriːɔːraɪ/ *adj lat* a priori.

a·pron /eɪprən/ *s* **1** avental. **2** *Aer* pátio de estacionamento.

ap·ro·pos /æprəpoʊ/ *adj* oportuno; apropriado. ‖ *adv* **1** a propósito. **2** oportunamente.

apt /æpt/ *adj* **1** adequado; próprio. **2** inclinado; tendente.

ap·ti·tude /æptɪtuːd/ *s* **1** aptidão; capacidade; habilidade; inclinação; talento. **2** adequação. ♦ **aptitude test** teste de aptidão.

apt·ness /æptnəs/ *s* **1** adequação. **2** competência; capacidade; inclinação.

aq·ua·relle /ɑːkwərel/ *s* aquarela.

a·quar·i·um /əkweriəm/ *s* aquário (*pl* **aquariums** /əkweriəmz/ ou **aquaria** /əkweriə/).

A·quar·i·us /əkweriəs/ *s* **1** Aquário (constelação). **2** Aquário (11º signo do zodíaco) (*tb* **Water Bearer**).

a·quat·ic /əkwætɪk/ *adj* aquático. ‖ *s* (organismo) aquático. ♦ **aquatics** *Esp* esportes aquáticos.

aq·ue·duct /ækwɪdʌkt/ *s* aqueduto.

a·que·ous /eɪkwiəs/ *adj* aquoso; áqueo.

aq·ui·line /ækwɪlən/ *adj* **1** aquilino. **2** adunco; recurvo.

ar /ɑːr/ → **are**.

Ar·ab /erəb/ *s* **1** árabe. **2** cavalo árabe. ‖ *adj* árabe.

ar·a·besque /erəbesk/ *s* arabesco.

A·ra·bi·an /əreɪbiən/ *s* **1** árabe. **2** cavalo árabe. ‖ *adj* árabe; arábico.

Ar·a·bic /erəbɪk/ *adj* arábico. ‖ *s* árabe (língua). ♦ **Arabic numeral** algarismo arábico.

ar·a·ble /ˈerəbəl/ *adj* arável; cultivável.

a·rach·nid /əˈræknɪd/ *s* aracnídeo.

Ar·a·ma·ic /erəˈmeɪɪk/ *adj* aramaico. ‖ *s* aramaico (língua).

ar·bi·ter /ˈɑ:rbɪtə/ *s* árbitro; juiz.

ar·bi·tra·ble /ˈɑ:rbɪtrəbəl/ *adj* arbitrável.

ar·bi·trage /ˈɑ:rbɪtrɪdʒ/ *s* arbitragem.

ar·bit·ra·ment /ˈɑ:rbɪtrəmənt/ *s* **1** arbitramento; arbitragem; arbítrio. **2** *Jur* julgamento; sentença.

ar·bi·trar·y /ˈɑ:rbətreri/ *adj* **1** arbitrário; despótico; absoluto.

ar·bi·trate /ˈɑ:rbətreɪt/ *v* (**arbitrates, arbitrating, arbitrated, arbitrated**) arbitrar; servir como árbitro.

ar·bi·tra·tion /ɑ:rbətreɪʃən/ *s* *Jur* arbitragem; arbitramento.

ar·bi·tra·tor /ˈɑ:rbətreɪtə/ *s* árbitro; arbitrador.

ar·bo·re·al /ɑ:rbɔ:riəl/ *adj* arbóreo. (*var* **arboreous**).

ar·bo·re·ous /ɑ:rbɔ:riəs/ *adj* **1** arborizado. **2** → **arboreal**.

ar·bo·res·cence /ɑ:rbəresəns/ *s* arborescência.

ar·bo·res·cent /ɑ:rbəresənt/ *adj* arborescente.

ar·bo·ri·cul·ture /ˈɑ:rbəɪkʌltʃə/ *s* arboricultura.

ar·bo·ri·za·tion /ɑ:rbəɪzeɪʃən/ *s* arborização.

arc /ɑ:rk/ *s* *tb Astron, Mat* e *Eletr* arco. ‖ *v* (**arcs, arcing, arced, arced** ou **arcs, arcking, arcked, arcked**) formar um arco.

ar·cade /ɑ:rkeɪd/ *s* arcada. ‖ *v* (**arcades, arcading, arcaded, arcaded**) construir ou formar arcadas.

arch /ɑ:rtʃ/ *s* arco; abóbada (*pl* **arches**). ‖ *v* (**arches, arching, arched, arched**) arquear(-se); curvar(-se). ‖ *adj* **1** principal. **2** malicioso.

ar·chae·o·log·ic /ɑ:rkiəlɑ:dʒɪk/ → **archaeological**.

ar·chae·o·log·i·cal /ɑ:rkiəlɑ:dʒɪkəl/ *adj* arqueológico. (*var* **archaeologic**).

ar·chae·ol·o·gist /ɑ:rkiɑ:lədʒɪst/ *s* arqueólogo.

ar·chae·ol·o·gy /ɑ:rkiɑ:lədʒi/ *s* arqueologia. (*var* **archeology**).

ar·cha·ic /ɑ:rkeɪɪk/ *adj* arcaico; antigo; velho.

ar·cha·ism /ˈɑ:rkiɪzəm/ *s* arcaísmo.

arch·an·gel /ˈɑ:rkeɪndʒəl/ *s* arcanjo.

arch·bish·op /ɑ:rtʃbɪʃəp/ *s* arcebispo.

arch·di·o·cese /ɑ:rtʃdaɪəsɪs/ *s* arquidiocese.

arch·duch·y /ɑ:rtʃdʌtʃi/ *s* arquiducado (*pl* **archduchies**).

arch·duke /ɑ:rtʃdu:k/ *s* arquiduque.

arch·en·e·my /ɑ:rtʃenɪmi/ *s* arquiinimigo.

ar·che·ol·o·gy /ɑ:rkiɑ:lədʒi/ → **archaeology**.

arch·er /ˈɑ:rtʃə/ *s* **1** arqueiro. **2** *maiús Astrol* e *Astron* Sagitário.

arch·er·y /ˈɑ:rtʃəri/ *s* **1** arte de manobrar arco e flecha. **2** arco-e-flecha.

ar·che·type /ˈɑ:rkɪtaɪp/ *s* arquétipo; protótipo.

ar·chi·pel·a·go /ɑ:rkəpeləgou/ *s* arquipélago. (*pl* **archipelagos** ou **archipelagoes**).

ar·chi·tect /ˈɑ:rkətekt/ *s* arquiteto.

ar·chi·tec·ton·ic /ɑ:rkətektɑ:nɪk/ *adj* arquitetônico.

ar·chi·tec·ture /ˈɑ:rkətektʃə/ *s* arquitetura.

ar·chive /ˈɑ:rkaɪv/ *s* (*geralm pl* **archives**) arquivo.

ar·chi·vist /ˈɑ:rkaɪvɪst/ *s* arquivista.

arch·way /ˈɑ:rtʃweɪ/ *s* arcada.

Arc·tic /ˈɑ:rktɪk/ *s* região ártica. ‖ *adj* ártico.

ar·cu·ate /ˈɑ:rkjuət/ *adj* arqueado.

ar·den·cy /ˈɑ:rdənsi/ *s* **1** ardência. **2** ardor; veemência.

ar·dent /ˈɑ:rdənt/ *adj* **1** ardente; chamejante. **2** ardoroso; veemente; apaixonado; entusiasmado.

ar·dor /ˈɑ:rdə/ *s* **1** ardor; fervor; grande entusiasmo. **2** calor intenso. (*var* **ardour**).

ar·dour /ˈɑ:rdə/ → **ardor**.

ar·du·ous /ˈɑ:rdʒuəs/ *adj* **1** árduo; trabalhoso; difícil. **2** íngreme; elevado; escarpado.

ar·du·ous·ness /ˈɑ:rdʒuəsnəs/ *s* arduidade; dificuldade.

are /ɑ:r/ *v* 2ª *pess sing* e 1ª, 2ª e 3ª *pess pl do pres ind* do *v* **be**. ‖ *s* (medida agrária equivalente a 100m²) (*var* **ar**).

ar·e·a /ˈeriə/ *s* **1** área; extensão; âmbito. **2** zona; região.

ar·e·a code /eriə koʊd/ s Tel código de área (DDD, no Brasil).

a·re·na /əriːnə/ s arena.

ar·e·na·ceous /ærəneɪʃəs/ adj arenáceo; arenoso.

aren't /arnt/ form contr de are not.

a·re·o·la /əriːələ/ s Biol Anat aréola. (pl areolae /əriːəli:/ou areolas /əriːələz/).

Ar·gen·tine /ɑ:rdʒəntaɪn, ɑ:rdʒənti:n/ adj e s argentino (natural da Argentina). (var Argentinean).

Ar·gen·tin·e·an /ɑ:rdʒəntɪniən/ → Argentine.

ar·gil /ɑ:rdʒɪl/ s argila.

ar·gon /ɑ:rgɑːn/ s Quím argônio. (símb Ar).

ar·go·naut /ɑ:rgənɔ:t/ s argonauta.

ar·gu·a·ble /ɑ:rgjuəbəl/ adj contestável; discutível.

ar·gue /ɑ:rgju:/ v (argues, arguing, argued, argued) 1 argüir; argumentar; discutir. 2 demonstrar; provar. 3 persuadir; convencer.

ar·gu·ment /ɑ:rgjəmənt/ s 1 debate; discussão. 2 argumento. 3 sumário de uma obra.

ar·gu·men·ta·tion /ɑ:rgjəmenteɪʃən/ s argumentação; discussão.

ar·gu·men·ta·tive /ɑ:rgjəmentətɪv/ adj 1 argumentativo. 2 discutidor.

a·ri·a /ɑ:riə/ s Mús 1 ária. 2 melodia; cantiga.

ar·id /erɪd/ adj 1 árido; seco. 2 desinteressante.

a·rid·i·ty /erɪdəti/ s 1 aridez; secura. 2 insipidez. (var aridness).

ar·id·ness /erɪdnəs/ → aridity.

Ar·ies /eri:z/ s áries (1º signo do zodíaco).

a·right /əraɪt/ adv corretamente; adequadamente.

a·rise /əraɪz/ v (arises, arising, arose, arisen) 1 surgir; aparecer. 2 elevar-se; levantar-se. 3 originar; provir. 4 resultar.

a·ris·en /ərɪzən/ part pass de arise.

ar·is·toc·ra·cy /erəstɑ:krəsi/ s aristocracia. (pl aristocracies).

a·ris·to·crat /erɪstəkræt/ s aristocrata.

a·ris·to·crat·ic /ərɪstəkrætɪk/ adj aristocrático. (var aristocratical).

a·ris·to·crat·i·cal /ərɪstəkrætɪkəl/ → aristocratic.

a·rith·me·tic /ərɪθmətɪk/ s Mat aritmética. || /erɪθmetɪk/ adj Mat aritmético.

ar·ith·met·i·cal /ærɪθmetɪkəl/ adj aritmético.

a·rith·me·ti·cian /ərɪθmətɪʃən/ s aritmético; calculista.

ark /ɑ:rk/ s Bíbl arca. ♦ Noah's Ark Arca de Noé.

arm /ɑ:rm/ s 1 braço (tb de mar, rio, instrumento, cadeira, âncora). 2 membro dianteiro (dos animais); tentáculo (dos pólipos). 3 ramo; ramificação. 4 fig poder; força; autoridade. 5 arma; armamento; instrumento de ataque ou defesa. 6 unidade de exército. || v (arms, arming, armed, armed) armar(-se); munir-se ou prover-se de armas. ♦ arms 1 armas. 2 brasão. arms control controle de armas. arms race corrida armamentista. arm in arm de braços dados. cost an arm and a leg gír custar o olho da cara.

ar·ma·da /ɑ:rmɑ:də/ s armada; frota de guerra.

ar·ma·dil·lo /ɑ:rmədɪloʊ/ s Zool tatu.

ar·ma·ment /ɑ:rməmənt/ s 1 armamento. 2 força militar de uma nação (geralm pl armaments).

ar·ma·ture /ɑ:rmətʃɚ/ s 1 Eletr armadura. 2 estrutura; suporte.

arm·chair /ɑ:rmtʃer/ s poltrona; cadeira de braços.

armed forces /ɑ:rmd fɔ:rsɪz/ s pl forças armadas.

Ar·me·ni·an /ɑ:rmiːniən/ adj e s armênio.

arm·ful /ɑ:rmfʊl/ s braçada; aquilo que se pode tomar nos braços de uma só vez.

ar·mi·stice /ɑ:rməstɪs/ s armistício; trégua.

ar·mor /ɑ:rmɚ/ s 1 armadura; couraça. 2 blindagem. || v (armors, armoring, armored, armored) couraçar; blindar.

ar·mored /ɑ:rmɚd/ adj blindado; encouraçado. ♦ armored car carro blindado.

ar·mor·y /ɑ:rməri/ s arsenal; fábrica de armas (pl armories).

arm·pit /ɑ:rmpɪt/ s axila; sovaco.

arm·rest /ɑ:rmrest/ s braço ou apoio de cadeira.

arm·wres·tle /ɑːrmresəl/ v (arm-wrestles, arm-wrestling, arm-wrestled, arm-wrestled) *Esp* disputar queda-de-braço.

arm wres·tling /ɑːrm reslɪŋ/ s *Esp* queda-de-braço.

ar·my /ɑːrmi/ s exército (*geralm* Army). (*pl* armies).

a·ro·ma /əroumə/ s aroma; perfume; fragrância.

ar·o·mat·ic /erəmætɪk/ *adj* aromático. ‖ s substância aromática.

a·ro·ma·tize /əroumətaɪz/ v (aromatizes, aromatizing, aromatized, aromatized) aromatizar.

a·rose /ərouz/ *pass* de arise.

a·round /əraund/ *adv* 1 em volta; em torno; circularmente. 2 aqui e ali; para lá e para cá. 3 do início ao fim. 4 por toda parte. 5 perto; por aí. ‖ *prep* 1 em torno de; em redor de; em volta de. 2 por todos os lados. 3 perto de. ‖ *adj* existente; presente.

a·rouse /ərauz/ v (arouses, arousing, aroused, aroused) 1 despertar; acordar; levantar. 2 excitar; animar; estimular.

ar·rack /erək/ s áraque.

ar·range /əreɪndʒ/ v (arranges, arranging, arranged, arranged) 1 arranjar. 2 dispor; arrumar; organizar. 3 adaptar; ajustar. 4 combinar; planejar.

ar·range·ment /əreɪndʒmənt/ s 1 arranjo. 2 arrumação; disposição; classificação. 3 acordo. 4 *Mús* arranjo.

ar·ray /əreɪ/ v (arrays, arraying, arrayed, arrayed) 1 dispor em ordem; ordenar; classificar. 2 enfeitar; adornar. ‖ s 1 formação; disposição. 2 *Mat* e *Comp* tabela.

ar·rear·age /ərɪrɪdʒ/ s atraso; pagamento atrasado.

ar·rest /ərest/ v (arrests, arresting, arrested, arrested) 1 deter; interromper; suspender; impedir. 2 prender; capturar. 3 prender ou chamar (atenção). ‖ s 1 captura; prisão; detenção. 2 embargo; apreensão.

ar·rest·ing /ərestɪŋ/ *adj* cativante; impressionante.

ar·rest·ment /ərestmənt/ s captura; prisão; detenção.

ar·ri·val /əraɪvəl/ s 1 chegada; vinda. 2 aquele que chega ou acaba de chegar. ♦ new arrival recém-chegado.

ar·rive /əraɪv/ v (arrives, arriving, arrived, arrived) 1 chegar; vir. 2 alcançar sucesso ou reconhecimento. ♦ arrive at chegar a; atingir; conseguir.

ar·ro·gance /erəgəns/ s arrogância; presunção; altivez.

ar·ro·gant /erəgənt/ *adj* arrogante; soberbo; presunçoso.

ar·ro·gate /erəgeɪt/ v (arrogates, arrogating, arrogated, arrogated) arrogar(-se); apropriar-se de; usurpar.

ar·ro·ga·tion /erəgeɪʃən/ s usurpação; apropriação.

ar·row /erou/ s flecha; seta.

ar·row·root /erouruːt/ s araruta.

ar·se·nal /ɑːrsənəl/ s arsenal; depósito de armas.

ar·se·nic /ɑːrsənɪk/ s *Quím* 1 arsênico. 2 arsênio (*símb* As).

ar·son /ɑːrsən/ s incêndio culposo, proposital.

ar·son·ist /ɑːrsənɪst/ s incendiário; quem pratica incêndio culposo.

art /ɑːrt/ s 1 arte. 2 habilidade; destreza; sabedoria. ♦ work of art obra de arte.

ar·te·fact /ɑːrtəfækt/ → artifact.

ar·te·ri·al /ɑːrtɪriəl/ *adj* 1 *Anat* arterial. 2 principal (rodovia, canal).

ar·ter·y /ɑːrtəri/ s 1 *Anat* artéria. 2 via principal. (*pl* arteries).

ar·te·sian well /ɑːrtiːʒən wel/ poço artesiano.

art·ful /ɑːrtfəl/ *adj* 1 astuto; ladino; ardiloso. 2 habilidoso; engenhoso. 3 artificial.

art·ful·ness /ɑːrtfəlnəs/ s 1 experiência; habilidade. 2 destreza; astúcia.

ar·thri·tis /ɑːrθraɪtəs/ s *Med* artrite.

ar·ti·choke /ɑːrtətʃouk/ s alcachofra.

ar·ti·cle /ɑːrtɪkəl/ s 1 artigo (de jornal, etc.). 2 cláusula; parágrafo. 3 mercadoria; peça. 4 *Gram* artigo (definido ou indefinido). ‖ v (articles, articling, articled, articled) articular; expor por artigos.

ar·tic·u·lar /ɑːrtɪkjələ/ *adj* *Anat* articular.

ar·tic·u·late /ɑːrtɪkjələt/ *adj* 1 articulado; bem pronunciado; claro. 2 *Anat* articulado. || /ɑːrtɪkjəleɪt/ v (**articulates, articulating, articulated, articulated**) 1 articular; pronunciar claramente. 2 *Anat* articular-se.

ar·tic·u·la·tion /ɑːrtɪkjəleɪʃən/ s 1 articulação; enunciação; pronunciação distinta. 2 *Anat, Bot* e *Zool* articulação; junta.

ar·tic·u·la·tor /ɑːrtɪkjəleɪtɚ/ s articulador.

ar·ti·fact /ɑːrtəfækt/ s artefato. (*var* **artefact**).

ar·ti·fice /ɑːrtəfɪs/ s 1 artifício; estratagema; artimanha. 2 habilidade; engenho.

ar·tif·i·cer /ɑːrtɪfɪsɚ/ s artífice.

ar·ti·fi·cial /ɑːrtəfɪʃəl/ adj 1 artificial. 2 disfarçado; postiço.

artificial insemination s inseminação artificial.

ar·ti·fi·ci·al·i·ty /ɑːrtəfɪʃiælətɪ/ s artificialidade; artificialismo (*pl* **artificialities**).

ar·til·ler·ist /ɑːrtɪlərɪst/ s soldado artilheiro.

ar·til·ler·y /ɑːrtɪlərɪ/ s artilharia. (*pl* **artilleries**).

ar·ti·san /ɑːrtəzən/ s artesão; artífice.

art·ist /ɑːrtəst/ s artista (pintor, literato, músico, escultor, ator, cantor, etc.).

ar·tis·tic /ɑːrtɪstɪk/ adj artístico.

art·ist·ry /ɑːrtəstri/ s arte; talento; carreira ou vocação artística; mestria.

art·less /ɑːrtləs/ adj 1 sem arte. 2 natural; sem artifício. 3 inábil; inculto.

art·work /ɑːrtwɜːrk/ s 1 obra de arte; objeto artístico. 2 elemento decorativo usado em uma obra impressa.

as /æz/ conj 1 como; já que. 2 quando; enquanto. 3 assim como. || adv 1 tão; igualmente; tanto quanto. 2 como; conforme; em conformidade. || prep como; na qualidade, no papel de. || pron que; quem; qual. ♦ **as ... as** tanto ... como. **as many ... as** tantos ... como. **as far as** até. **as long as** enquanto. **as well as** assim como. **as yet** ainda. **as you please** como quiser.

ASAP /eɪeseɪpiː, eɪsæp/ abrev de **as soon as possible**; o mais breve possível.

as·bes·tos /æsbestəs/ s asbestos; amianto. || adj feito de asbestos. (*var* **asbestus**).

as·bes·tus /æsbestəs/ → **asbestos**.

as·cend /əsend/ v (**ascends, ascending, ascended, ascended**) 1 ascender; elevar-se; erguer-se; subir. 2 suceder (cargo, posição).

as·cen·dance /əsendəns/ → **ascendancy**.

as·cen·dan·cy /əsendənsi/ s ascendência; ascensão; domínio; preponderância. (*var* **ascendency, ascendance** e **ascendence**)

as·cen·dant /əsendənt/ adj 1 ascendente. 2 superior; dominante; predominante. || s *Astrol* ascendente. (*var* **ascendent**).

as·cen·dence /əsendəns/ → **ascendancy**.

as·cen·den·cy /əsendənsi/ → **ascendancy**.

as·cen·dent /əsendənt/ → **ascendant**.

as·cen·sion /əsenʃən/ s ascensão; elevação; subida. ♦ the **Ascension** Ascenção (festa religiosa que comemora a glorificação de Cristo e sua subida aos céus).

as·cent /əsent/ s 1 ascensão. 2 aclive; rampa.

as·cer·tain /æsɚteɪn/ v (**ascertains, ascertaining, ascertained, ascertained**) averiguar; determinar; apurar; verificar; certificar-se de.

as·cet·ic /əsetɪk/ s asceta. || adj ascético.

as·cet·i·cism /əsetəsɪzəm/ s ascetismo.

ASCII /æski/ abrev de **American Standard Code for Information Interchange**; código padrão americano para intercâmbio de informações.

as·cribe /əskraɪb/ v (**ascribes, ascribing, ascribed, ascribed**) atribuir (a uma causa ou origem).

as·crip·tion /əskrɪpʃən/ s atribuição (de uma causa).

a·sex·u·al /eɪsekʃuəl/ adj 1 assexual. 2 assexuado.

ash /æʃ/ s 1 cinza. 2 *Bot* freixo. ♦ **ashes** 1 ruínas. 2 cinzas; restos mortais. **Ash Wednesday** quarta-feira de cinzas.

a·shamed /əʃeɪmd/ adj envergonhado; vexado. ♦ **be ashamed of** ter vergonha de.

ash·en /æʃən/ adj 1 cinzento; da cor cinza. 2 feito de freixo.

a·shore /əʃɔːr/ adv em terra. ♦ **go ashore** desembarcar.

ash·tray /æʃtreɪ/ s cinzeiro.

ash·y /ˈæʃi/ *adj* **1** de cinzas; coberto de cinzas. **2** cinzento. (*gr comp* **ashier**. *gr super* **ashiest**).

A·sian /ˈeɪʒən/ *adj* asiático (*var* **Asiatic**). II *s* asiático.

A·si·at·ic /ˌeɪʒiˈætɪk/ → *adj* **Asian**.

a·side /əˈsaɪd/ *adv* à parte; de lado; para o lado. II *s* aparte.

ask /æsk/ *v* (**asks**, **asking**, **asked**, **asked**) **1** perguntar; inquirir; indagar; interrogar. **2** pedir; requerer; solicitar. **3** convidar. ♦ **ask for trouble** ou **ask for it** procurar encrenca. **ask after** perguntar por.

a·skance /əˈskæns/ *adv* de soslaio. (*var* **askant**).

a·skant /əˈskænt/ → **askance**.

a·skew /əˈskjuː/ *adv* de esguelha, obliquamente. II *adj* torto; oblíquo; enviesado.

ask·ing price /ˈæskɪŋ praɪs/ *s* preço pedido.

a·sleep /əˈsliːp/ *adj* **1** adormecido. **2** dormente. **3** apático; inerte. **4** morto.II *adv* **1** adormecidamente. **2** apaticamente. ♦ **be asleep** ter ou estar com sono. **fall asleep** adormecer.

a·so·cial /eɪˈsoʊʃəl/ *adj* anti-social.

as·par·a·gus /əˈspærəgəs/ *s* aspargo; espargo.

as·pect /ˈæspekt/ *s* **1** aspecto; aparência; semblante. **2** ponto de vista; perspectiva; orientação.

as·pen /ˈæspən/ *s Bot* faia. II *adj* **1** de faia; semelhante a faia. **2** *fig* tremulante.

as·per·i·ty /æˈsperəti/ *s* **1** aspereza; rudeza. **2** severidade; acrimônia. (*pl* **asperities**).

as·perse /əˈspɜːrs/ *v* (**asperses**, **aspersing**, **aspersed**, **aspersed**) **1** difamar; caluniar. **2** aspergir; borrifar; respingar.

as·per·sion /əˈspɜːrʒən/ *s* **1** difamação; calúnia. **2** aspersão; borrifo; respingo.

as·phalt /ˈæsfɑːlt/ *s* asfalto. II *v* (**asphalts**, **asphalting**, **asphalted**, **asphalted**) asfaltar.

as·phyx·i·a /əsˈfɪksiə/ *s* asfixia.

as·phyx·i·ate /əsˈfɪksieɪt/ *v* (**asphyxiates**, **asphyxiating**, **asphyxiated**, **asphyxiated**) asfixiar; sufocar.

as·phyx·i·a·tion /əsˌfɪksiˈeɪʃən/ *s* asfixia; sufocação.

as·pi·rant /ˈæspəənt/ *s* aspirante; pretendente. II *adj* aspirante.

as·pi·rate /ˈæspəreɪt/ *v* (**aspirates**, **aspirating**, **aspirated**, **aspirated**) **1** *tb Ling* aspirar. **2** sorver; inalar. II /ˈæspərət/ *adj* aspirado; som aspirado (diz-se especialmente do h).

as·pi·ra·tion /ˌæspəˈreɪʃən/ *s* **1** *tb Ling* aspiração. **2** desejo; anseio; ambição.

as·pire /əˈspaɪər/ *v* (**aspires**, **aspiring**, **aspired**, **aspired**) aspirar; almejar.

as·pi·rin /ˈæspərɪn/ *s* aspirina.

ass /æs/ *s* **1** asno; burro. **2** imbecil; ignorante. **3** *gír* nádegas; ânus. (*pl* **asses**).

as·sail /əˈseɪl/ *v* (**assails**, **assailing**, **assailed**, **assailed**) assaltar; atacar; acometer; agredir; criticar; vituperar.

as·sas·sin /əˈsæsən/ *s* assassino. ♦ **assassin bug** bicho-barbeiro; chupão (inseto transmissor da doença de Chagas).

as·sas·si·nate /əˈsæsɪneɪt/ *v* (**assassinates**, **assassinating**, **assassinated**, **assassinated**) **1** assassinar. **2** *fig* injuriar gravemente; difamar.

as·sas·si·na·tion /əˌsæsɪˈneɪʃən/ *s* assassinato.

as·sault /əˈsɔːlt/ *v* (**assaults**, **assaulting**, **assaulted**, **assaulted**) **1** assaltar. **2** atacar violentamente; agredir; violar (sexualmente). II *s* **1** assalto. **2** agressão; ataque violento; violação; estupro.

as·say /əˈseɪ/ *v* (**assays**, **assaying**, **assayed**, **assayed**) ensaiar; analisar (metais); submeter à análise. II /ˈæseɪ/ *s* ensaio; análise (de metais); teste.

as·sem·ble /əˈsembəl/ *v* (**assembles**, **assembling**, **assembled**, **assembled**) **1** reunir(-se). **2** montar (máquinas, etc.).

as·sem·bly /əˈsembli/ *s* **1** assembléia; reunião; ajuntamento. **2** montagem (de máquinas). **3** congresso (nos EUA). (*pl* **assemblies**).

assembly line *s* linha de montagem.

as·sem·bly·man /əˈsemblimæn/ *s masc* congressista. (*pl* **assemblymen** /əˈsemblimen/).

as·sem·bly·wom·an /əˈsembliwʊmən/ *s fem* congressista. (*pl* **assemblywomen** /əˈsembliwɪmɪn/).

as·sent /əˈsent/ *v* (**assents**, **assenting**, **assented**, **assented**) assentir; consentir; aquiescer. II *s* **1** acordo. **2** consentimento; anuência; aprovação; aceitação.

as·sert /əsɜːrt/ v (**asserts**, **asserting**, **asserted**, **asserted**) 1 afirmar; assegurar; declarar. 2 reivindicar. 3 impor(-se).

as·ser·tion /əsɜːrʃən/ s asserção; afirmação; declaração; asseveração; defesa.

as·ser·tive /əsɜːrtɪv/ adj 1 assertivo; afirmativo. 2 agressivo.

as·sess /əses/ v (**assesses**, **assessing**, **assessed**, **assessed**) tributar; taxar; estimar ou avaliar (propriedades, rendas, etc.) para fins de tributação.

as·sess·a·ble /əsesəbəl/ adj sujeito a taxas.

as·sess·ment /əsesmənt/ s tributação; taxa; quota.

as·ses·sor /əsesə/ s assessor; avaliador; lançador de impostos.

as·set /æset/ s 1 propriedade; posse; bem. 2 qualidade; predicado; tino. ♦ **assets** Cont ativo (de uma firma).

as·sev·er·ate /əsevəreɪt/ v (**asseverates**, **asseverating**, **asseverated**, **asseverated**) asseverar; assegurar; afirmar; declarar solenemente.

as·sev·er·a·tion /əsevəreɪʃən/ s afirmação; declaração solene.

as·si·du·i·ty /æsɪduːəti/ s assiduidade; aplicação; diligência. ♦ **assiduities** solicitude; cuidado constante.

as·sid·u·ous /əsɪdʒuəs/ adj 1 assíduo; aplicado; diligente. 2 perseverante; persistente.

as·sign /əsaɪn/ v (**assigns**, **assigning**, **assigned**, **assigned**) 1 nomear; designar; atribuir. 2 Jur adjudicar; transferir (bens imóveis). ‖ s Jur cessionário.

as·sig·na·tion /æsɪgneɪʃən/ s 1 adjudicação; designação; transferência (de títulos, etc.); transmissão (de bens). 2 partilha. 3 encontro amoroso.

as·sign·ee /əsaɪniː, æsəniː/ s Jur 1 concessionário. 2 delegado; representante.

as·sign·ment /əsaɪnmənt/ s 1 designação; atribuição; tarefa. 2 Jur transmissão (de bens); transferência (de títulos); título de transmissão.

as·sim·i·late /əsɪmələɪt/ v (**assimilates**, **assimilating**, **assimilated**, **assimilated**) assimilar; absorver.

as·sim·i·la·tion /əsɪmələɪʃən/ s assimilação.

as·sist /əsɪst/ v (**assists**, **assisting**, **assisted**, **assisted**) 1 assistir; ajudar; auxiliar; socorrer. 2 comparecer; tomar parte.

as·sis·tance /əsɪstəns/ s assistência; auxílio; ajuda; socorro; amparo.

as·sis·tant /əsɪstənt/ adj e s assistente; auxiliar; ajudante.

as·so·ci·a·ble /əsoʊʃiəbəl/ adj associável.

as·so·ci·ate /əsoʊʃieɪt/ v (**associates**, **associating**, **associated**, **associated**) associar(-se); unir(-se); ligar(-se). ‖ /əsoʊʃiɪt/ adj associado; confederado; aliado. ‖ /əsoʊʃiɪt/ s sócio; parceiro.

as·so·ci·a·tion /əsoʊsieɪʃən/ s associação; sociedade; união; confederação.

as·so·ci·a·tive /əsoʊʃiətɪv/ adj associativo.

as·so·nance /æsənəns/ s assonância.

as·so·nant /æsənənt/ adj e s assonante; assoante.

as·sort /əsɔːrt/ v (**assorts**, **assorting**, **assorted**, **assorted**) 1 classificar; ordenar; arranjar. 2 aprovisionar. 3 associar-se.

as·sort·ment /əsɔːrtmənt/ s 1 classificação. 2 sortimento.

as·suage /əsweɪdʒ/ v (**assuages**, **assuaging**, **assuaged**, **assuaged**) 1 abrandar; aliviar; mitigar. 2 saciar (sede, fome).

as·suage·ment /əsweɪdʒmənt/ s alívio; mitigação; abrandamento.

as·sua·sive /əsweɪsɪv/ adj calmante; sedativo.

as·sume /əsuːm/ v (**assumes**, **assuming**, **assumed**, **assumed**) 1 assumir. 2 tomar; adotar. 3 presumir; supor.

as·sumed /əsuːmd/ adj 1 assumido. 2 suposto; adotado. 3 hipotético; fictício.

as·sum·ing /əsuːmɪŋ/ adj presunçoso; arrogante. ‖ conj. assumindo que; considerando que.

as·sump·tion /əsʌmpʃən/ s 1 suposição. 2 presunção; arrogância. 3 assunção. ♦ **Assumption** Assunção (festa religiosa comemorando a subida do corpo e alma da Virgem Maria aos céus).

as·sur·ance /əʃʊrəns/ s 1 segurança; garantia. 2 confiança; certeza.

as·sure /əʃʊr/ v (**assures**, **assuring**, **assured**, **assured**) assegurar; afirmar; garantir.

as·sured /əʃʊrd/ adj assegurado.

as·sur·ed·ness /əʃʊrdnəs/ s segurança; confiança; certeza.

As·syr·i·an /əsɪriən/ adj e s assírio.

a·stat·ic /eɪstætɪk/ adj 1 instável; inconstante. 2 Fís astático.

as·ter·isk /æstərɪsk/ s asterisco.

a·stern /əstɜːrn/ adv e adj Náut à popa; à ré.

as·ter·oid /æstərɔɪd/ s 1 asteróide. 2 Zool estrela-do-mar.

as·the·ni·a /æsθiːniə/ s Med astenia.

asth·ma /æzmə/ s asma.

asth·mat·ic /æzmætɪk/ adj asmático.

a·stig·ma·tism /əstɪgmətɪzəm/ s astigmatismo.

a·ston·ish /əstɑːnɪʃ/ v (astonishes, astonishing, astonished) 1 espantar; assombrar. 2 surpreender; pasmar.

as·ton·ish·ing /əstɑːnɪʃɪŋ/ adj espantoso; surpreendente.

a·ston·ish·ment /əstɑːnɪʃmənt/ s 1 assombro; espanto. 2 pasmo; surpresa.

a·stound /əstaʊnd/ v (astounds, astounding, astounded) pasmar; estarrecer; surpreender.

as·tral /æstrəl/ adj astral; sideral.

a·stray /əstreɪ/ adv desviado; fora do caminho; no caminho errado.

as·trin·gen·cy /əstrɪndʒənsi/ s 1 adstringência. 2 austeridade; severidade.

as·trin·gent /əstrɪndʒənt/ adj 1 adstringente. 2 severo; austero. || s adstringente.

as·trol·o·ger /əstrɑːlədʒər/ s astrólogo.

as·tro·log·ic /æstrəlɑːdʒɪk/ → astrological.

as·tro·log·i·cal /æstrəlɑːdʒɪkəl/ adj astrológico. (var astrologic).

as·trol·o·gy /əstrɑːlədʒi/ s astrologia.

as·tro·naut /æstrənɔːt/ s astronauta; cosmonauta.

as·tro·nau·tics /æstrənɔːtɪks/ s astronáutica.

as·tron·o·mer /əstrɑːnəmər/ s astrônomo.

as·tro·nom·ic /æstrənɑːmɪk/ → astronomical.

as·tro·nom·i·cal /æstrənɑːmɪkəl/ adj astronômico. (var astronomic).

as·tron·o·my /əstrɑːnəmi/ s astronomia.

as·tro·phys·ics /æstroʊfɪzɪks/ s astrofísica.

as·tute /əstuːt/ adj astuto; ladino; sagaz.

a·sun·der /əsʌndər/ adv separadamente; à parte.

a·sy·lum /əsaɪləm/ s 1 asilo. 2 manicômio.

a·sym·met·ric /eɪsɪmetrɪk/ → asymmetrical.

a·sym·met·ri·cal /eɪsɪmetrɪkəl/ adj assimétrico. (var asymmetric).

a·sym·me·try /eɪsɪmətri/ s assimetria.

a·symp·to·mat·ic /eɪsɪmptəmætɪk/ adj assintomático.

as·ymp·tote /æsɪmtoʊt/ s Mat assíntota.

a·syn·de·ton /əsɪndətɑːn/ s Gram assindeto.

at /æt/ prep em; a; perto de; por. ♦ at all de qualquer modo; de todo jeito. at first a princípio. at last por fim. at least pelo menos. at once de repente. at ten o'clock às dez horas. at times às vezes.

at·a·vism /ætəvɪzəm/ s atavismo.

ate /eɪt/ pass de eat.

a·the·ism /eɪθiɪzəm/ s ateísmo.

a·the·ist /eɪθiɪst/ s ateísta; ateu; descrente.

Ath·ens /æθɪnz/ s Atenas.

ath·lete /æθliːt/ s atleta.

ath·let·ic /æθletɪk/ adj atlético.

ath·let·ics /æθletɪks/ s atlética; atletismo.

a·thwart /əθwɔːrt/ adv de través; transversalmente; em cruz; de lado a lado. || prep 1 em cruz com; através de. 2 defronte de; contra.

at·las /ætləs/ s atlas.

at·mos·phere /ætməsfɪr/ s atmosfera; ambiente.

at·mos·pher·ic /ætməsferɪk/ adj atmosférico. (var atmospherical).

at·mos·pher·i·cal /ætməsferɪkəl/ → atmospheric.

a·toll /ætɑːl/ s atol; recife de coral.

at·om /ætəm/ s átomo.

atom bomb s bomba atômica. (var atomic bomb).

a·tom·ic /ətɑːmɪk/ adj atômico.

atomic bomb → atom bomb.

atomic energy → nuclear energy.

at·o·mic·i·ty /ætəmɪsɪti/ s atomicidade.

at·om·ism /ætəmɪzəm/ s atomismo.

at·om·ize /ǽtəmaɪz/ v (**atomizes, atomizing, atomized, atomized**) atomizar; pulverizar.
at·om·iz·er /ǽtəmaɪzɚ/ s atomizador; pulverizador.
a·to·nal·i·ty /eɪtoʊnǽləti/ s Mús atonalidade.
a·tone /ətoʊn/ v (**atones, atoning, atoned, atoned**) 1 reparar; compensar. 2 expiar.
a·tone·ment /ətoʊnmənt/ s 1 reparação; compensação. 2 expiação; redenção.
a·ton·ic /eɪtɑ:nɪk/ adj 1 Gram átono; não acentuado. 2 Med fraco; débil. II s Gram átona (palavra ou sílaba).
a·top /ətɑ:p/ adv em cima; no alto. II prep sobre; em cima de. II adj alto; superior.
a·troc·i·ty /ətrɑ:səti/ s atrocidade; crueldade; barbaridade. (pl **atrocities**).
at·ro·phy /ǽtrəfi/ s atrofia; definhamento. (pl **atrophies**). II v (**atrophies, atrophying, atrophied, atrophied**) atrofiar(-se).
at sign s Comp arroba (@).
at·tach /ətǽtʃ/ v (**attaches, attaching, attached, attached**) 1 ligar; prender; atar; unir. 2 adicionar; anexar. 3 Jur embargar; apreender. 4 afeiçoar-se; apegar-se.
at·tach·ment /ətǽtʃmənt/ s 1 ligação; conexão. 2 acessório. 3 afeição; simpatia.
at·tack /ətǽk/ v (**attacks, attacking, attacked, attacked**) 1 atacar; assaltar; agredir; ferir. 2 ofender; criticar. 3 afetar; lesar. II s 1 ataque; agressão; assalto. 2 doença repentina; acesso.
at·tain /əteɪn/ v (**attains, attaining, attained, attained**) atingir; alcançar; conseguir; obter; chegar; realizar.
at·tain·a·ble /əteɪnəbəl/ adj realizável; atingível; acessível.
at·tain·ment /əteɪnmənt/ s 1 aquisição; obtenção. 2 realização; feito.
at·taint /əteɪnt/ v (**attaints, attainting, attainted, attainted**) infamar; degradar.
at·tar /ǽtɚ/ s essência aromática obtida de flores.
at·tempt /ətempt/ v (**attempts, attempting, attempted, attempted**) tentar; ensaiar; experimentar; esforçar-se por. II s 1 tentativa; ensaio; esforço; empreendimento. 2 ataque; atentado.

at·tend /ətend/ v (**attends, attending, attended, attended**) 1 assistir a; atender a; presenciar; freqüentar. 2 acompanhar (resultado). 3 prestar assistência; cuidar de; servir.
at·ten·dance /ətendəns/ s assistência; comparecimento; presença.
at·ten·dant /ətendənt/ s 1 atendente; servente; servidor. 2 presente; comparecente. II adj 1 presente. 2 concomitante.
at·ten·tion /ətenʃən/ s 1 atenção; observação; cuidado. 2 consideração; cortesia. II interj Mil sentido. ♦ **pay attention** preste atenção.
at·ten·tive /ətentɪv/ adj 1 atento; atencioso. 2 cortês; polido; delicado.
at·ten·tive·ness /ətentɪvnəs/ s 1 atenção. 2 fineza; polidez; cordialidade.
at·ten·u·ate /ətenjueɪt/ v (**attenuates, attenuating, attenuated, attenuated**) 1 atenuar(-se); minorar. 2 debilitar. 3 rarefazer-se II /ətenjuɪt/ adj 1 atenuado. 2 debilitado.
at·ten·u·a·tion /ətenjueɪʃən/ s 1 atenuação. 2 debilitação. 3 rarefação.
at·test /ətest/ v (**attests, attesting, attested, attested**) 1 atestar; testificar; certificar. 2 ajuramentar.
at·tic /ǽtɪk/ s sótão.
at·tire /ətaɪɚ/ v (**attires, attiring, attired, attired**) vestir; trajar; adornar. II s 1 traje; vestimenta; vestes; adorno. 2 armação da galhada do veado.
at·ti·tude /ǽtətu:d/ s atitude; posição; postura; comportamento.
at·tor·ney /ətɜ:rn/ s Jur 1 advogado. 2 procurador; representante.
attorney general s procurador geral da Justiça. (pl **attorneys general** ou **attorney generals**).
at·tract /ətrǽkt/ v (**attracts, attracting, attracted, attracted**) 1 atrair. 2 seduzir; conquistar.
at·tract·a·ble /ətrǽktəbəl/ adj que pode ser atraído.
at·trac·tion /ətrǽkʃən/ s 1 atração. 2 sedução; encanto.
at·trac·tive /ətrǽktɪv/ adj 1 atrativo. 2 atraente; sedutor.

at·trib·ute /ətrɪbju:t/ v (attributes, attrib-uting, attributed, attributed) atribuir; im-putar. || /ǽtrɪbju:t/ s 1 atributo; qualida-de; característica. 2 *Gram* atributo.

at·tri·bu·tion /ætrɪbju:ʃən/ s atribuição.

at·trib·u·tive /ətrɪbjətɪv/ adj tb *Gram* atri-butivo. || s palavra ou locução atributiva.

at·tri·tion /ətrɪʃən/ s 1 atrito; fricção. 2 desgaste.

at·tune /ətu:n/ v (attunes, attuning, attuned, attuned) 1 afinar; harmonizar; sintonizar. 2 *Mús* entoar; afinar.

au·ber·gine /oubəˈʒi:n/ s berinjela.

au·burn /ɑːbən/ s cor castanho-averme-lhado.

auc·tion /ɑːkʃən/ v (auctions, auctioning, auctioned, auctioned) leiloar. || s leilão.

auc·tion·eer /ɑːkʃənɪr/ s leiloeiro. || v (auctioneers, auctioneering, auction-eered, auctioneered) vender em leilão.

au·da·cious /ɑːdeɪʃəs/ adj 1 audacioso; in-trépido; arrojado. 2 atrevido; insolente.

au·dac·i·ty /ɑːdǽsəti/ s 1 audácia; cora-gem. 2 atrevimento; insolência.

au·di·ble /ɑːdəbəl/ adj audível.

au·di·ence /ɑːdiəns/ s 1 audiência; audi-tório; público; platéia. 2 os leitores de uma publicação.

audio /ɑːdiou/ s áudio. (*pl* audios).

audio card s *Comp* placa de áudio.

au·di·o·vis·u·al /ɑːdiouvɪʒjuəl/ adj e s audiovisual. (*tb* audiovisual).

au·dit /ɑːdɪt/ s *Cont* auditoria; exame ofi-cial de contas. || v (audits, auditing, audited, audited) 1 *Cont* fazer auditoria; verificar contas; proceder a exame de contas. 2 freqüentar (colégio) como ou-vinte.

au·di·tion /ɑːdɪʃən/ s audição.

au·di·tive /ɑːdɪtɪv/ adj auditivo.

au·di·tor /ɑːdətər/ s 1 *Cont* auditor; peri-to-contador. 2 ouvinte de aula ou prele-ção.

au·di·to·ri·um /ɑːdətɔːriəm/ s auditório.

au·di·to·ry /ɑːdətɔːri/ adj auditivo.

aug·ment /ɑːgment/ v (augments, aug-menting, augmented, augmented) au-mentar; ampliar; crescer; estender. || /ɑːgmənt/ s aumento; acréscimo.

aug·ment·a·ble /ɑːgmentəbəl/ adj aumen-tável.

aug·men·ta·tive /ɑːgmentətɪv/ adj tb *Gram* aumentativo. || s *Gram* aumentativo.

au·gur /ɑːgə/ s áugure; adivinho; profeta. || v (augurs, auguring, augured, augured) augurar; pressagiar; vaticinar; adivinhar.

au·gu·ry /ɑːgjəi/ s augúrio; presságio; vaticínio; adivinhação. (*pl* auguries).

Au·gust /ɑːgəst/ s agosto.

au·gust /ɑːgʌst/ adj augusto; grande; ma-jestoso.

aunt /ænt, ɑːnt/ s tia.

au·re·ate /ɔːriet/ adj 1 áureo; dourado. 2 esplendoroso.

au·re·o·la /ɔːrioulə/ → aureole.

au·re·ole /ɔːrioul/ s auréola. (*var* aureola).

au·ri·cle /ɔːrɪkəl/ s *Anat Biol* aurícula.

au·ric·u·lar /ɔːrɪkjələ/ adj auricular.

au·ro·ra /ɔːrɔːrə/ s aurora.

aus·pice /ɑːspɪs/ s 1 auspício. 2 predi-ção; augúrio. 3 proteção; patrocínio. (*geralm us pl* auspices).

aus·pi·cious /ɑːspɪʃəs/ adj 1 auspicioso; prometedor. 2 próspero; afortunado.

aus·tere /ɑːstɪr/ adj 1 austero; severo; rigoroso. 2 sóbrio; sério; grave; ascético.

aus·ter·i·ty /ɑːsterəti/ s austeridade; se-veridade; aspereza; rudeza.

Aus·tra·lian /ɑːstreɪljən/ adj e s australia-no.

Aus·tri·an /ɑːstriən/ adj e s austríaco.

au·tar·chy /ɑːtɑːrki/ s autarquia. (*pl* autar-chies).

au·then·tic /ɑːθentɪk/ adj autêntico; ver-dadeiro; genuíno.

au·then·ti·cate /ɑːθentɪkeɪt/ v (authenti-cates, authenticating, authenticated, authenticated) autenticar; legalizar; vali-dar; certificar.

au·then·tic·i·ty /ɑːθentɪsəti/ s autenticida-de. (*pl* authenticities).

au·thor /ɑːθə/ s 1 autor. 2 escritor. 3 criador; inventor.

au·thor·i·tar·i·an /əθɔːrətəriən/ adj autori-tário; ditatorial.

au·thor·i·ta·tive /əθɔːrəteɪtɪv/ adj 1 auto-ritário; autorizado. 2 plenamente con-fiável.

au·thor·i·ty /əθɔːrəti/ s 1 autoridade. 2 poder atribuído; autorização. (*pl* authorities).

au·thor·i·za·tion /ɑːθəraɪzeɪʃən/ s autorização; permissão.

au·thor·ize /ɑːθəraɪz/ v (authorizes, authorizing, authorized, authorized) 1 autorizar; consentir; permitir. 2 justificar.

au·thor·ship /ɑːθəʃɪp/ s 1 autoria; profissão literária. 2 origem; fonte (da idéia de uma obra literária).

au·to·bi·o·graph·ic /ɑːtəbaɪəgræfɪk/ adj autobiográfico. (*var* autobiographical).

au·to·bi·o·graph·i·cal /ɑːtəbaɪəgræfɪkəl/ → autobiographic.

au·to·bi·og·ra·phy /ɑːtəbaɪɑːgrəfi/ s autobiografia. (*pl* autobiographies).

au·toch·thon /ɑːtɑːkθən/ s autóctone; aborígine; nativo; primitivo. (*pl* autochthons ou autochthones).

au·toc·ra·cy /ɑːtɑːkrəsi/ s autocracia. (*pl* autocracies).

au·to·crat /ɑːtəkræt/ s autocrata; déspota.

au·to·crat·ic /ɑːtəkrætɪk/ adj autocrático; despótico; absoluto. (*var* autocratical).

au·to·crat·i·cal /ɑːtəkrætɪkəl/ → autocratic.

au·to·di·dact /ɑːtoudaɪdækt/ s autodidata.

au·to·graph /ɑːtəgræf/ s 1 autógrafo. 2 manuscrito. ‖ v (autographs, autographing, autographed, autographed) 1 autografar. 2 manuscrever; escrever à mão. ‖ adj manuscrito; escrito à mão.

Au·to·mat /ɑːtəmæt/ s restaurante automático (marca registrada).

au·to·mat·ed teller machine /ɑːtəmeɪtɪd/ s abrev ATM; caixa eletrônico.

au·to·mat·ic /ɑːtəmætɪk/ adj automático. ‖ s arma automática.

au·to·ma·tion /ɑːtəmeɪʃən/ s automação.

au·tom·a·tism /ɑːtɑːmətɪzəm/ s automatismo.

au·tom·a·ti·za·tion /ɑːtɑːmətəzeɪʃən/ s automatização.

au·tom·a·tize /ɑːtɑːmətaɪz/ v (automatizes, automatizing, automatized, automatized) automatizar.

au·tom·a·ton /ɑːtɑːmətən/ s autômato. (*pl* automatons /ɑːtɑːmətənz/ ou automata /ɑːtɑːmətə/).

au·to·mo·bile /ɑːtəmoʊbiːl/ s e adj automóvel.

au·to·mo·bil·ist /ɑːtəmoʊbiːlɪst/ s automobilista.

au·ton·o·mous /ɑːtɑːnəməs/ adj autônomo; independente.

au·ton·o·my /ɑːtɑːnəmi/ s autonomia; independência. (*pl* autonomies).

au·top·sy /ɑːtɑːpsi/ s autópsia; necropsia. (*pl* autopsies).

au·to·sug·ges·tion /ɑːtoʊsəgdʒestʃən/ s auto-sugestão.

au·tumn /ɑːtəm/ s outono. ‖ adj outonal.

aux·il·la·ry /ɑːgzɪljərl/ adj auxiliar. ‖ s 1 auxiliar; ajudante; assistente. 2 *Gram* auxiliar (verbo). (*pl* auxiliaries).

a·vail /əveɪl/ v (avails, availing, availed, availed) 1 aproveitar(-se); valer-se. 2 ser útil ou proveitoso. ‖ s proveito; utilidade; vantagem; benefício. ♦ to no avail em vão.

a·vail·a·bil·i·ty /əveɪləbɪləti/ s 1 disponibilidade. 2 utilidade; proveito. (*pl* availabilities).

a·vail·a·ble /əveɪləbəl/ adj 1 disponível; acessível. 2 utilizável; aproveitável; viável.

av·a·lanche /ævəlæntʃ/ s avalanche.

av·a·rice /ævərɪs/ s avareza; cobiça; mesquinhez.

av·a·ri·cious /ævərɪʃəs/ adj avaro; avarento.

a·venge /əvendʒ/ v (avenges, avenging, avenged, avenged) 1 punir; castigar. 2 vingar(-se); desforrar-se.

a·veng·er /əvendʒər/ s vingador.

av·e·nue /ævənuː/ s avenida.

a·ver /əvɜːr/ v (avers, averring, averred, averred) 1 afirmar; declarar; assegurar. 2 *Jur* justificar; provar.

av·er·age /ævərɪdʒ/ v (averages, averaging, averaged, averaged) 1 calcular ou determinar a média de. 2 ratear. ‖ s média. ‖ adj 1 médio. 2 comum.

a·verse /əvɜːrs/ adj adverso; contrário; oposto; avesso.

a·ver·sion /əvɜːrʒən/ s aversão; repulsa; antipatia; animosidade.

a·vert /əvɜːrt/ v (averts, averting, averted, averted) 1 desviar; afastar. 2 prevenir; impedir; evitar.

a·vi·ar·y /eɪvieri/ s aviário; viveiro de aves. (*pl* aviaries).

a·vi·a·tion /eɪviˈeɪʃən/ s aviação.

a·vi·a·tor /ˈeɪvieɪtɚ/ s aviador.

a·vi·cul·ture /ˈeɪvɪkʌltʃɚ/ s avicultura.

av·id /ˈævɪd/ adj ávido; ansioso.

a·vid·i·ty /əˈvɪdəti/ s avidez; ansiedade; cobiça. (pl avidities).

av·o·ca·do /ˌævəˈkɑːdoʊ/ s abacate; abacateiro. (pl avocados).

a·void /əˈvɔɪd/ v (avoids, avoiding, avoided, avoided) 1 evitar; esquivar. 2 Jur revogar; anular; invalidar.

a·void·a·ble /əˈvɔɪdəbəl/ adj 1 evitável. 2 Jur revogável; anulável.

a·void·ance /əˈvɔɪdəns/ s 1 ato de evitar. 2 Jur revogação; anulação; invalidação.

a·vow /əˈvaʊ/ v (avows, avowing, avowed, avowed) 1 confessar; reconhecer; responder por. 2 afirmar; declarar.

a·vow·al /əˈvaʊəl/ s declaração pública; confissão.

a·wait /əˈweɪt/ v (awaits, awaiting, awaited, awaited) esperar; aguardar.

a·wake /əˈweɪk/ v (awakes, awaking, awoke/awaked, awaked/awoken) 1 acordar; despertar. 2 ficar alerta. II adj 1 acordado; desperto. 2 alerta; atento.

a·wak·en /əˈweɪkən/ v (awakens, awakening, awakened, awakened) acordar; despertar.

a·ward /əˈwɔːrd/ s prêmio; condecoração. II v (awards, awarding, awarded, awarded) 1 conferir, dar, conceder (prêmio, recompensa, etc.). 2 Jur adjudicar.

a·ware /əˈwer/ adj consciente; cônscio; ciente; informado.

a·ware·ness /əˈwernəs/ s consciência; conhecimento.

a·wash /əˈwɑːʃ/ adj e adv levado pelas ondas; inundado.

a·way /əˈweɪ/ adj 1 distante; longe. 2 ausente. II adv 1 à distância; longe; ao longe. 2 fora. ♦ go away ir-se embora. fade away desvanecer-se. right away imediatamente. run away fugir.

awe /ɑː/ s medo; temor; reverência. II v (awes, awing, awed, awed) inspirar respeito e temor.

awe·some /ˈɑːsəm/ adj 1 temível; medonho; terrível. 2 gír incrível; fantástico.

awe·strick·en /ˈɑːstrɪkən/ → awestruck.

awe·struck /ˈɑːstrʌk/ adj pasmado; atemorizado; espantado. (var awestricken).

aw·ful /ˈɑːfəl/ adj terrível; medonho. II adv terrivelmente.

a·while /əˈhwaɪl/ adv por enquanto; um instante; um pouco.

awk·ward /ˈɑːkwərd/ adj 1 desajeitado; deselegante. 2 incômodo. 3 embaraçoso; delicado (assunto).

awl /ɔːl/ s sovela; furador.

awn·ing /ˈɑːnɪŋ/ s toldo; tenda; abrigo.

a·woke /əˈwoʊk/ pass de awake.

a·wok·en /əˈwoʊkən/ part pass de awake.

a·wry /əˈraɪ/ adj 1 torto; oblíquo. 2 desviado; errado. II adv obliquamente.

ax /æks/ s machado; machadinha. (pl axes). (var axe).

axe /æks/ → ax.

ax·i·al /ˈæksiəl/ adj axial; relativo a eixo; longitudinal.

ax·il·la /ækˈsɪlə/ s Anat axila.

ax·i·om /ˈæksiəm/ s axioma; máxima; ensinamento; princípio estabelecido.

ax·is /ˈæksɪs/ s eixo (geométrico, óptico, etc.). (pl axes /ˈæksiːz/).

ax·le /ˈæksəl/ s eixo (de roda).

ay /aɪ/ → aye.

aye /aɪ/ interj sim. II s voto afirmativo. II adv sempre; indefinidamente. (var ay).

a·zal·ea /əˈzeɪljə/ s Bot azaléia.

az·i·muth /ˈæzɪməθ/ s Astron azimute.

a·zo·ic /əˈzoʊɪk/ adj azóico.

az·ote /ˈæzoʊt/ s azoto; nitrogênio.

Az·tec /ˈæztek/ adj e s asteca.

az·ure /ˈæʒɚ/ s azul-celeste; pigmento azul.

a·zy·gous /ˈæzɪgəs/ adj Anat ázigo; que não tem par.

B

b ou **B** /bi:/ *s* **1** 2ª letra do alfabeto inglês. **2** *Mús* si. (*pl* **b's** ou **B's**). ‖ *símb Quím maiús* **boron**.

baa /bæ, bɑ:/ *v* (**baas, baaing, baaed, baaed**) balir; balar (o carneiro ou como o carneiro). ‖ *s* balido de carneiro.

bab·ble /bæbəl/ *v* (**babbles, babbling, babbled, babbled**) **1** balbuciar; sussurrar. **2** murmurar; tagarelar. ‖ *s* **1** murmúrio; tagarelice. **2** balbucio.

bab·bler /bæblə/ *s* falador; tagarela.

babe /beɪb/ *s* **1** bebê. **2** pessoa inocente, ingênua. **3** *gír* moça; garota.

ba·bel /beɪbəl/ *s* **1** babel (torre). **2** *fig* confusão; desordem.

ba·by /beɪbi/ *v* (**babies, babying, babied, babied**) **1** tratar pessoa feito criança. **2** usar um objeto com cuidado. ‖ *s* **1** menino. **2** bebê; criancinha. **3** pessoa com modos infantis. **4** caçula. ‖ *adj* de bebê; infantil; pueril. (*pl* **babies**).

baby blue *s* azul-claro.

baby carriage *s* carrinho de bebê.

ba·by·hood /beɪbɪhʊd/ *s* primeira infância.

ba·by·ish /beɪbiɪʃ/ *adj* infantil; pueril; ingênuo.

ba·by-sit /beɪbɪsɪt/ *v* (**baby-sits, baby-sitting, baby-sat, baby-sat**) tomar conta de criança por um tempo curto.

baby sitter *s* pessoa remunerada para tomar conta de criança por tempo curto; babá.

bac·ca·lau·re·ate /bækəlɔːriət/ *s* bacharelado; grau de bacharel.

bac·cha·nal /bækənæl/ *adj* báquico; bacanal; devasso. ‖ *s* devoto de Baco; farrista.

bac·chant /bækənt/ *s* bacante; sacerdote ou devoto de Baco. (*pl* **bacchants** ou **bacchantes**).

bac·chic /bækɪk/ *adj* báquico; bêbedo; orgíaco.

bach·e·lor /bætʃələ/ *s* **1** bacharel. **2** celibatário. **3** homem solteiro.

bach·e·lor·hood /bætʃələhʊd/ *s* **1** celibato. **2** estado de solteiro.

bach·e·lor·ship /bætʃələʃɪp/ *s* **1** bacharelado. **2** celibato. **3** estado ou condição de solteiro.

ba·cil·lar /bəsɪlə/ → **bacillary**.

bac·il·lar·y /bəsɪləri/ *adj* bacilar. (*var* **bacillar**).

ba·cil·lus /bəsɪləs/ *s* bacilo; micróbio. (*pl* **bacilli** /bəsɪlaɪ/).

back /bæk/ *s* **1** dorso; costas; lombo (de animais). **2** costas (parte do vestuário). **3** parte traseira; lado posterior; encosto (de cadeira, poltrona). **4** quilha (de navio). **5** lombada (de livro). **6** avesso (de tecido). **7** zagueiro (futebol). **8** fundo; reverso. ‖ *adj* **1** detrás; traseiro; posterior; dos fundos. **2** dorsal. **3** atrasado; vencido (aluguel, pagamento). **4** gutural (em fonética). ‖ *v* (**backs, backing, backed, backed**) mover para trás, em sentido contrário. ‖ *adv* **1** para trás; atrás. **2** no passado. **3** de volta; de regresso; em reserva. ♦ **back down** recuar; voltar atrás. **back off** recuar. **back up** acumular; copiar.

back·ache /bækeɪk/ *s* dor nas costas.

back·bite /bækbaɪt/ *v* (**backbites, backbiting, backbit, backbitten**) maldizer; caluniar.

back·board /bækbɔːrd/ *s* **1** encosto; suporte. **2** tabela de basquete.

back·bone /bækboʊn/ *s* **1** espinha dorsal; coluna vertebral. **2** firmeza; determinação; força de caráter. **3** estrutura principal.

back·break·ing /bækbreɪkɪŋ/ *adj* opressivo; exaustivo.

back·court /bækkɔːrt/ *s* fundo da quadra (tênis e basquete).

back·door /bækdɔːr/ *adj* clandestino; secreto.

back·drop /bækdrɑːp/ *s* **1** pano de fundo; cortina da parte traseira de um palco. **2** cenário.

back end s Comp em uma aplicação cliente/servidor, a parte do programa que é executada no servidor.

back·er /bǽkə/ s 1 financiador; patrocinador. 2 apostador.

back·fire /bǽkfaɪə/ v (backfires, backfiring, backfired, backfired) 1 engasgar (motor). 2 aceirar. 3 explodir. ‖ s 1 aceiro a fogo para atalhar um incêndio. 2 explosão pela culatra.

back·ground /bǽkgraʊnd/ s 1 último plano (de uma perspectiva); segundo plano; fundo. 2 acontecimento que explica fatos posteriores. 3 prática; conhecimento; experiência; educação. 4 fundo musical.

background printing s Comp impressão em segundo plano (processo de enviar um documento para uma impressora ao mesmo tempo em que o computador realiza outras tarefas).

back·hand /bǽkhænd/ s 1 pancada com as costas da mão. 2 escrita inclinada para a esquerda. 3 revés.

back·hand·ed /bǽkhændɪd/ adj 1 dado com as costas da mão. 2 inclinada para a esquerda (letra). 3 irônico; sarcástico; insincero.

back·ing /bǽkɪŋ/ s 1 apoio; proteção. 2 reforço. 3 endosso.

back·lash /bǽklæʃ/ s 1 recuo. 2 Mec jogo; folga entre engrenagens. 3 fig reação violenta.

back·log /bǽklɑːg/ s 1 pedaço grande de madeira que arde ao fundo da lareira. 2 acúmulo; reservas. 3 encomendas. 4 acúmulo de tarefas ou serviços inacabados.

back·pack /bǽkpæk/ s mochila.

back·pack·er /bǽkpækə/ s excursionista com mochila; mochileiro.

back·rest /bǽkrest/ s encosto para as costas.

back seat s 1 assento traseiro. 2 posição secundária. ♦ take a back seat colocar-se em posição secundária; apagar-se; omitir-se.

back·set /bǽkset/ s 1 reverso. 2 empecilho; obstáculo; óbice. 3 recaída.

back·side /bǽksaɪd/ s traseiro; assento; nádega.

back·slap·per /bǽkslæpə/ s adulador; bajulador.

back·slid /bǽkslɪd/ v pass e part pass de **backslide**.

back·slide /bǽkslaɪd/ v (backslides, backsliding, backslid, backslid) 1 denegrir; apostatar; desviar-se. 2 reincidir.

back·slid·er /bǽkslaɪdə/ s apóstata.

back·stage /bǽksteɪdʒ/ adv nos bastidores (do teatro). ‖ adj ocorrendo ou situado atrás do palco.

back·stairs /bǽksterz/ adj secreto; clandestino.

back·stitch /bǽkstɪtʃ/ s pesponto.

back·stroke /bǽkstroʊk/ s 1 contragolpe. 2 retrocesso; revés. 3 pancada com as costas da mão. 4 nado de costas.

back talk s resposta insolente.

back·up /bǽkʌp/ s 1 Comp cópia de segurança; cópia de recuperação. 2 apoio; reforço. 3 acúmulo (trânsito, líquidos, etc.).

back·ward /bǽkwəd/ adj 1 atrasado. 2 invertido. 3 relutante. 4 lento; vagaroso. 5 tímido; acanhado. 6 para o passado. 7 traseiro. ‖ adv 1 para trás; atrás. 2 de costas. 3 de trás para diante. 4 de modo inverso. 5 de mal a pior; em decadência. 6 retrospectivamente. (var backwards). ♦ go backwards and forwards ir e vir.

back·ward·ness /bǽkwədnəs/ s 1 atraso. 2 relutância. 3 lentidão; retardamento.

back·wards /bǽkwədz/ → **backward**.

back·wa·ter /bǽkwɑːtə/ s 1 água represada; remanso. 2 água parada.

back·woods /bǽkwʊdz/ s pl 1 mato; sertão. 2 região remota.

back yard s quintal.

ba·con /béɪkən/ stoucinho; fatia de toucinho.

bac·te·ri·al /bæktɪriəl/ adj bacteriano.

bac·te·ri·ol·o·gist /bæktɪriːlədʒɪst/ s bacteriologista.

bac·te·ri·ol·o·gy /bæktɪriːlədʒi/ s bacteriologia.

bac·te·ri·um /bæktɪriəm/ s bactéria. (pl **bacteria** /bæktɪriə/).

bad /bæd/ adj 1 mau; ruim. 2 inferior. 3 perverso. 4 inútil. 5 prejudicial. 6 desagradável; importuno. 7 medíocre. 8 falso.

9 estragado. **10** hostil. (*gr comp* **worse**. *gr super* **worst**). ‖ *s* o mau; ruína.

bade /bæd, beɪd/ *v pass* de **bid**.

badge /bædʒ/ *s* **1** insígnia; emblema; distintivo. **2** símbolo. **3** características. **4** crachá.

badg·er /bædʒɚ/ *s* texugo; a pele deste animal ou o pincel feito com seus pêlos. ‖ *v* (**badgers, badgering, badgered, badgered**) apoquentar; aborrecer.

bad·ly /bædli/ *adv* **1** mal; maldosamente. **2** impropriamente. **3** gravemente.

bad·min·ton /bædmɪntən/ *s* espécie de jogo similar ao tênis jogado com peteca.

bad·mouth /bædmaʊθ/ *v* (**badmouths, badmouthing, badmouthed, badmouthed**) falar mal (de alguém ou de algo); criticar.

bad·ness /bædnəs/ *s* **1** maldade; ruindade; perversidade. **2** imperfeição; má qualidade; mau estado. **3** nocividade.

baf·fle /bæfəl/ *v* (**baffles, baffling, baffled, baffled**) **1** frustrar; gorar. **2** impedir. **3** destruir. ‖ *s* defletor.

baf·fler /bæflɚ/ *s* impedimento; barreira.

bag /bæg/ *s* **1** bolsa; saco; sacola. **2** úbere (de vaca). ‖ *v* (**bags, bagging, bagged, bagged**) **1** ensacar; embolsar. **2** apanhar ou matar (caça). **3** inflar.

bag·a·telle /bægətɛl/ *s* **1** bagatela; ninharia; insignificância. **2** variedade de jogo de bilhar.

bag·ful /bægfʊl/ *s* quantidade levada numa sacola ou mochila.

bag·gage /bægɪdʒ/ *s* bagagem; equipagem.

bag·ging /bægɪŋ/ *s* **1** ensacamento; enfardamento. **2** pano para sacos. **3** aniagem.

bag·gy /bægi/ *adj* **1** flácido; frouxo. **2** inchado. (*gr comp* **baggier**. *gr super* **baggiest**).

ba·gnio /bɑːnjoʊ/ *s* bordel.

bag·pipe /bægpaɪp/ *s* gaita de foles.

Ba·ha·mas /bəhɑːməz/ *s* Bahamas.

Ba·ha·mi·an /bəhɛɪmiən, bəhɑːmiən/ *s* e *adj* baamiano; bahamiano; bahamense.

Bah·rain /bɑːreɪn/ *s* Barein.

Bah·rain·i /bɑːreɪni/ *s* e *adj* bareinita.

bail /beɪl/ *v* (**bails, bailing, bailed, bailed**) **1** afiançar; caucionar. **2** confiar (mercadorias); consignar (mercadorias sob caução ou fiança). **3** libertar sob fiança. **4** remover água de um barco. ‖ *s* **1** fiança;

caução. **2** fiador. **3** balde para tirar água de um barco.

bail·a·ble /beɪləbəl/ *adj* afiançável.

bail·ee /beɪliː/ *s* depositário; fiador.

bail·er /beɪlɚ/ *s* depositante; fiador.

bail·iff /beɪlɪf/ *s* **1** almoxarife. **2** intendente; bailio.

bail·i·wick /beɪlɪwɪk/ *s* **1** campo de atividades. **2** província ou distrito administrado por bailio.

bail·ment /beɪlmənt/ *s* libertação sob fiança.

bails·man /beɪlzmən/ *s* Jur fiador. (*pl* **bailsmen**)

bait /beɪt/ *s* isca. ‖ *v* (**baits, baiting, baited, baited**) **1** iscar; pôr isca em. **2** engodar. **3** seduzir. **4** atiçar (cães). **5** atormentar; molestar. **6** provocar.

bake /beɪk/ *v* (**bakes, baking, baked, baked**) **1** cozer ao forno; assar. **2** endurecer; crestar-se; tornar-se duro. ‖ *s* cozedura; endurecimento.

bak·er /beɪkɚ/ *s* padeiro.

bak·er·y /beɪkəri/ *s* padaria. (*pl* **bakeries**).

bak·ing /beɪkɪŋ/ *s* cozedura; fornada.

baking soda *s* bicarbonato de sódio.

bal·ance /bæləns/ *v* (**balances, balancing, balanced, balanced**) **1** pesar em balança. **2** contrabalançar; equilibrar. **3** ponderar; avaliar. **4** *Cont* fazer balanço. **5** hesitar; vacilar. ‖ *s* **1** balanço. **2** balança; pêndulo. **3** oscilação. **4** equilíbrio. **5** compensação. **6** proporção. **7** saldo; resto. ♦ **in the balance** em posição crítica. **on balance** em consideração.

bal·co·ny /bælkəni/ *s* **1** sacada; varanda. **2** galeria; balcão de teatro. (*pl* **balconies**).

bald /bɔːld/ *adj* **1** calvo; careca. **2** pelado; desfolhado. (*gr comp* **balder**. *gr super* **baldest**).

bal·der·dash /bɔːldɚdæʃ/ *s* tolice; disparate.

bald·head /bɔːldhed/ *s* calvo; careca.

bald·ness /bɔːldnəs/ *s* **1** calvície. **2** nudez. **3** ausência de folhas.

bald·pate /bɔːldpeɪt/ *s* **1** careca. **2** espécie de marreca.

bal·dric /bɔːldrɪk/ *s* boldrié; cinturão.

bale /beɪl/ *v* (**bales, baling, baled, baled**) empacotar. ‖ *s* **1** fardo; pacote. **2** maldade. **3** calamidade; desgosto.

ba·leen /bəli:n/ *s* barbatana de baleia.

bale·ful /beɪlfəl/ *adj* maligno; calamitoso.

bale·ful·ness /beɪlfəlnəs/ *s* calamidade; desgraça.

balk /bɔːk/ *v* (**balks, balking, balked, balked**) 1 frustrar; malograr. 2 esquivar-se; furtar-se a. 3 empacar; emperrar; enjeitar; recusar. ‖ *s* 1 obstáculo. 2 malogro; fracasso. 3 impedimento; estorvo. (*var* **baulk**).

ball /bɔːl/ *s* 1 bola; esfera; globo. 2 corpo celeste ou planeta. 3 projétil. 4 pelota; protuberância arredondada. 5 baile; reunião dançante. ‖ *v* (**balls, balling, balled, balled**) formar bola; abolar; dar forma de bola a; transformar-se em bola.

bal·lad /bæləd/ *s* balada; canção.

bal·lad·ist /bælədɪst/ *s* bardo; poeta.

bal·last /bæləst/ *v* (**ballasts, ballasting, ballasted, ballasted**) lastrar; dar estabilidade a. ‖ *s* lastro (de navio, de balão, etc.).

ball boy *s* gandula (num jogo de tênis).

bal·le·ri·na /bæləri:nə/ *s* bailarina.

bal·let /bæleɪ/ *s* balé; bailado; corpo de bailado.

bal·loon /bəlu:n/ *s* balão; aeróstato. ‖ *v* (**balloons, ballooning, ballooned, ballooned**) 1 encher-se como balão; inchar. 2 viajar de balão.

bal·loon·ist /bəlu:nɪst/ *s* balonista.

bal·lot /bælət/ *s* 1 cédula eleitoral. 2 voto secreto. 3 eleição. ♦ **ballot box** urna. ‖ *v* (**ballots, balloting, balloted, balloted**) votar; eleger por votação.

ball·park /bɔːlpɑːrk/ *s* local ou estádio onde se realizam jogos de bola.

ballpoint pen *s* caneta esferográfica.

ball·room /bɔːlrʊm/ *s* salão de baile.

bal·ly·hoo /bælɪhuː/ *s* publicidade ou propaganda sensacionalista. ‖ *v* (**ballyhoos, ballyhooing, ballyhooed, ballyhooed**) fazer propaganda sensacionalista.

balm /bɑːm/ *s* bálsamo.

balm·y /bɑːmi/ *adj* 1 balsâmico; aromático. 2 *gír* excêntrico. (*gr comp* **balmier**. *gr super* **balmiest**).

ba·lo·ney /bəlouni/ *s* conversa fiada.

bal·sam /bɔːlsəm/ *s* bálsamo.

bal·sam·ic /bɔːlsæmɪk/ *adj* balsâmico; aromático.

bal·us·ter /bæləstər/ *s* balaústre; corrimão.

bal·us·trade /bæləstreɪd/ *s* balaustrada.

bam·boo /bæmbuː/ *s* bambu.

bam·boo·zle /bæmbuːzəl/ *v* (**bamboozles, bamboozling, bamboozled, bamboozled**) enganar; confundir.

bam·boo·zle·ment /bæmbuːzəlmənt/ *s* confusão; embaraço.

ban /bæn/ *v* (**bans, banning, banned, banned**) 1 proibir; interdizer. 2 maldizer; excomungar. ‖ *s* 1 proibição; interdição. 2 anátema; excomunhão; banimento; expulsão.

ba·nal /bənɑːl/ *adj* banal; vulgar.

ba·nal·i·ty /bənæləti/ *s* banalidade. (*pl* **banalities**).

ba·nan·a /bənænə/ *s* 1 banana. 2 bananeira.

banana republic *s* país pequeno que depende economicamente da produção de um único produto e que possui sistema de governo autoritário.

ba·nan·as /bənænəz/ *adj gír* maluco; louco.

band /bænd/ *v* (**bands, banding, banded, banded**) 1 ligar; unir. 2 congregar; reunir. 3 enfaixar. ‖ *s* 1 atadura; ligadura; fita; faixa. 2 vínculo. 3 banda de música. 4 bando; tropa; equipe; turma. 5 listra; risca.

band·age /bændɪdʒ/ *v* (**bandages, bandaging, bandaged, bandaged**) enfaixar; pôr atadura em. ‖ *s* bandagem; atadura; faixa.

ban·dan·a /bændænə/ → **bandanna**.

ban·dan·na /bændænə/ *s* bandana; lenço usado na cabeça ou pescoço. (*var* **bandana**).

ban·de·rol /bændəroul/ → **banderole**.

ban·de·role /bændəroul/ *s* bandeirola. (*var* **banderol**).

ban·dit /bændɪt/ *s* bandido; bandoleiro.

band·lead·er /bændliːdər/ *s* líder de banda de música.

ban·dog /bændɑːg/ *s* cão de guarda mantido preso devido à ferocidade.

ban·do·leer /bændəlɪr/ *s* bandoleiro. (*var* **bandolier**).

ban·do·lier /bændəlɪr/ → **bandoleer**.

band·width /bændwɪdθ/ *s Tel* largura de banda.

ban·dy /bændi/ v (**bandies, bandying, bandied, bandied**) **1** atirar de um lado para outro. **2** trocar (golpes, palavras, etc.); fazer circular. ‖ s jogo semelhante ao hóquei. ‖ adj arqueado; curvado. (gr comp **bandier**. gr super **bandiest**).

bane /beɪn/ s **1** veneno; tóxico. **2** ruína; destruição.

bane·ful /beɪnfəl/ adj **1** nocivo; venenoso. **2** funesto.

bang /bæŋ/ v (**bangs, banging, banged, banged**) **1** bater com ruído (porta, etc.). **2** fechar; fechar-se violentamente. **3** cortar em franja (cabelo). ‖ s **1** estrondo; ruído. **2** pancada; golpe. **3** franja de cabelo na testa. ‖ adv **1** exatamente. **2** precisamente.

Bang·la·desh /bæŋglədeʃ/ s Bangladesh.

Bang·la·desh·i /bæŋglədeʃi/ s e adj bengalês.

ban·gle /bæŋgəl/ s **1** pulseira; bracelete. **2** pingente.

bang·tail /bæŋteɪl/ s **1** cavalo de corrida. **2** parte destacável de um envelope.

ban·ish /bænɪʃ/ v (**banishes, banishing, banished, banished**) banir; desterrar; deportar; expatriar; exilar.

ban·ish·ment /bænɪʃmənt/ s banimento; desterro; deportação; exílio.

ban·is·ter /bænəstə/ s balaústre; corrimão. (var **bannister**).

ban·jo /bændʒoʊ/ s banjo.

bank /bæŋk/ s **1** banco; casa bancária. **2** banca (em jogos de azar). **3** banco (de sangue, de plasma). **4** baixio; banco de areia; aterro; barragem; dique. **5** rampa; ladeira; declive. **6** recife; escolho. ‖ v (**banks, banking, banked, banked**) **1** amontoar; amontoar-se; empilhar; empilhar-se. **2** reter; represar; limitar; confinar. **3** fazer transações com banco ou casa bancária; ter conta em banco. **4** inclinar-se lateralmente ao fazer uma curva (avião). **5** contar com; confiar em (seguido de **on**). **6** cercar com dique ou barreira. **7** ser banqueiro; manter um banco. **8** fazer banca (em jogos de azar).

bank account s conta bancária; conta corrente.

bank·er /bæŋkə/ s banqueiro.

bank·ing /bæŋkɪŋ/ s negócio bancário.

bank loan s empréstimo bancário.

bank·rupt /bæŋkrʌpt/ v (**bankrupts, bankrupting, bankrupted, bankrupted**) fazer falir; levar à bancarrota; arruinar. ‖ adj e s falido; arruinado; quebrado.

bank·rupt·cy /bæŋkrəptsi/ s bancarrota; falência. (pl **bankruptcies**).

bank teller s caixa de banco (profissão).

ban·ner /bænə/ s **1** bandeira; estandarte; insígnia. **2** Comp anúncio na Internet que contém um vínculo com o site da Web do anunciante.

ban·nis·ter /bænɪstə/ → **banister**.

banns /bænz/ s pl proclamas; pregões de casamento. (var **bans**).

ban·quet /bæŋkwət/ v (**banquets, banqueting, banqueted, banqueted**) banquetear. ‖ s banquete; festim.

bans /bænz/ → **banns**.

ban·tam /bæntəm/ s **1** ave de porte bem pequeno. **2** pessoa pequena mas agressiva e agitada. ‖ adj **1** agressivo. **2** diminutivo; miniatura.

ban·ter /bæntə/ s brincadeira; caçoada. ‖ v (**banters, bantering, bantered, bantered**) zombar de; gracejar com.

ban·ter·er /bæntərə/ s brincalhão.

bant·ling /bæntlɪŋ/ s criança pequena.

bap·tism /bæptɪzəm/ s batismo.

bap·tis·mal /bæptɪzməl/ adj batismal.

baptismal font s pia batismal.

bap·tist /bæptɪst/ s batista.

bap·tis·ter·y /bæptɪstəri/ s batistério. (pl **baptisteries**. var **baptistry**).

bap·tis·try /bæptɪstri/ → **baptistery**.

bap·tize /bæptaɪz, bæptaɪz/ v (**baptizes, baptizing, baptized, baptized**) **1** batizar; dar nome a. **2** fig iniciar; purificar.

bar /bɑːr/ v (**bars, barring, barred, barred**) **1** barrar. **2** pôr trave ou barra de ferro a. **3** trancar. **4** obstruir; impedir. **5** listrar. ‖ s **1** barra; tranca; trave. **2** barreira; obstáculo. **3** listra. **4** bar. **5** balcão de bar. **6** cargo ou profissão de advogado. **7** tribunal. **8** Jur exceção. **9** Mús barra. ‖ prep exceto; fora; salvo. ◆ **behind bars** atrás das grades; encarcerado.

barb /bɑːrb/ v (barbs, barbing, barbed, barbed) farpar; prover de farpas. ‖ s 1 farpa; espinha; ponta. 2 Zool Bot filamento; barba; barbilhão.

Bar·ba·dos /bɑːrbeɪdəs/ s Barbados.

Bar·ba·di·an /bɑːrbeɪdiən/ s e adj barbadiano.

bar·bar·i·an /bɑːrbɛriən/ s 1 bárbaro. 2 inculto. 3 rude; grosseiro.

bar·bar·ic /bɑːrbɛrɪk/ adj 1 incivilizado; selvagem. 2 rudimentar; primitivo.

bar·ba·rism /bɑːrbərɪzəm/ s 1 barbarismo; barbárie; estado de bárbaro. 2 Gram barbarismo; estrangeirismo.

bar·bar·i·ty /bɑːrbɛrəti/ s barbaridade; crueldade; brutalidade. (pl barbarities).

bar·ba·rize /bɑːrbəraɪz/ v (barbarizes, barbarizing, barbarized, barbarized) barbarizar.

bar·ba·rous /bɑːrbərəs/ adj 1 bárbaro; selvagem. 2 cruel. 3 inculto; incivilizado. 4 impuro; incorreto (estilo).

bar·ba·rous·ness /bɑːrbərəsnəs/ s barbaridade; barbarismo.

bar·be·cue /bɑːrbɪkjuː/ v (barbecues, barbecuing, barbecued, barbecued) 1 grelhar. 2 assar inteiro (animal em grelha). 3 assar no espeto. 4 fazer churrasco. ‖ s 1 churrasco. 2 animal assado inteiro.

barbed /bɑːrbd/ adj farpado; com barbas ou filamentos.

barbed wire s arame farpado.

bar·bel /bɑːrbəl/ s Zool barbilhão; filamento que se encontra na boca de alguns peixes.

bar·ber /bɑːrbɚ/ s barbeiro. ‖ v (barbers, barbering, barbered, barbered) barbear.

bar·ber·shop /bɑːrbɚʃɑːp/ s salão de barbeiro; barbearia.

bar code s código de barras.

bar code reader s leitor de código de barras.

bare /bɛr/ adj 1 nu; despido. 2 descoberto; desguarnecido; desfolhado; vazio. 3 implume; depenado. 4 indigente; pobre; deserto. 5 mero; simples. 6 desacompanhado. ‖ v (bares, baring, bared, bared) descobrir; desnudar; revelar. ♦ be bare of estar desprovido de.

bare·back /bɛrbæk/ adj e adv sem sela; em pêlo.

bare bones /bɛrboʊnz/ s pl elementos básicos.

bare·faced /bɛrfeɪst/ adj 1 de rosto descoberto. 2 descarado; impudente; desavergonhado.

bare·foot /bɛrfʊt/ adj e adv descalço. (var barefooted).

bare·foot·ed /bɛrfʊtɪd/ → barefoot.

bare·ly /bɛrli/ adv pobremente; escassamente; dificilmente.

bare·ness /bɛrnəs/ s 1 nudez. 2 privação. 3 pobreza; carência.

bar·fly /bɑːrflaɪ/ s gír pessoa que costuma freqüentar bares.

bar·gain /bɑːrgɪn/ v (bargains, bargaining, bargained, bargained) 1 barganhar; trocar (mercadorias). 2 regatear; pechinchar. 3 negociar; ajustar a compra ou a venda de. ‖ s 1 barganha; troca. 2 ajuste; pacto. 3 negócio; transação. 4 pechincha. 5 aquisição.

barge /bɑːrdʒ/ s barcaça; chata; batelão; lancha. ‖ v (barges, barging, barged, barged) 1 mover-se de modo desajeitado. 2 entrar abruptamente. 3 transportar via barco.

barge·man /bɑːrdʒmən/ s barqueiro. (pl bargemen).

bar graph s gráfico de barras.

bar·i·tone /bɛrətoʊn/ adj e s barítono. (var barytone).

bar·i·um /bɛriəm/ s Quím bário.

bark /bɑːrk/ v (barks, barking, barked, barked) 1 descascar; descortiçar. 2 esfolar. 3 escoriar. 4 curtir. 5 latir; ladrar. 6 apregoar em voz alta. 7 tossir com espalhafato. ‖ s 1 casca de árvore. 2 córtex. 3 latido.

bar·keep /bɑːrkiːp/ → barkeeper.

bar·keep·er /bɑːrkiːpɚ/ s 1 proprietário de bar; botequineiro. 2 balconista de bar. (var barkeep).

bark·er /bɑːrkɚ/ s 1 cão que ladra. 2 descortiçador. 3 apregoador (à porta dos circos, feiras, bailes de carnaval, etc.).

bar·ley /bɑːrli/ s cevada.

barm /bɑːrm/ s levedo de cerveja.

bar·maid /bɑ:rmeɪd/ s 1 garçonete. 2 balconista de bar.

bar·man /bɑ:rmən/ s 1 garçom. 2 balconista de bar. (pl **barmen**).

barm·y /bɑ:rmi/ adj 1 fermentado; espumoso. 2 excêntrico; maluco. (gr comp **barmier**. gr super **barmiest**).

barn /bɑ:rn/ s 1 celeiro. 2 estábulo; curral.

bar·na·cle /bɑ:rnəkəl/ s 1 craca. 2 pato bravo.

barn·yard /bɑ:rnjɑ:rd/ s pátio de estrebaria.

bar·o·graph /berəgræf/ s barógrafo.

ba·rom·e·ter /bərɑ:mətə/ s barômetro.

bar·o·met·ric /berəmetrɪk/ adj barométrico. (var **barometrical**).

bar·o·met·ri·cal /berəmetrɪkəl/ → **barometric**.

bar·on /berən/ s barão.

bar·on·age /berənɪdʒ/ s baronato.

bar·on·ess /berənəs/ s baronesa.

ba·ro·ni·al /bərouniəl/ adj baronial.

bar·o·ny /berəni/ s baronia. (pl **baronies**).

ba·roque /bərouk/ s barroco; estilo barroco. II adj 1 barroco. 2 extravagante. 3 grotesco. 4 irregular.

ba·rouche /bəru:ʃ/ s carruagem de passeio com quatro rodas.

barque /bɑ:rk/ s barco; barca.

bar·rack /berək/ s 1 barraca; barracão. 2 quartel; caserna (geralmente no plural). II v (**barracks**, **barracking**, **barracked**, **barracked**) 1 aquartelar. 2 morar em barraca.

bar·rage /bərɪdʒ/ s barragem; dique; represamento.

barred /bɑ:rd/ adj gradeado; listrado transversalmente.

bar·rel /berəl/ s 1 barril. 2 tambor. 3 tonel. 4 o conteúdo de um barril. 5 cilindro de um mecanismo. 6 cano (de arma de fogo). 7 tubo. II v (**barrels**, **barreling/barrelling**, **barreled/barrelled**, **barreled/barrelled**) embarricar; embarrilar. ♦ **over a barrel** numa posição incômoda; em desvantagem.

barrel organ s realejo.

bar·ren /berən/ adj 1 estéril; árido; infecundo; infrutífero; improfícuo. 2 vazio. 3 fastidioso. II s extensão de terra improdutiva.

bar·ren·ness /berənnəs/ s esterilidade; aridez.

bar·ri·cade /berəkeɪd/ s 1 barricada. 2 obstáculo; barreira. 3 obstrução. II v (**barricades**, **barricading**, **barricaded**, **barricaded**) levantar barricada em; bloquear; obstruir.

bar·ri·er /beriə/ s 1 barreira; obstáculo. 2 estacada. 3 cancela. 4 limite. 5 arena de torneio.

bar·ring /bɑ:rɪŋ/ prep excetuando; salvo; exceto.

bar·room /bɑ:rru:m/ s bar; salão de bar.

bar·row /berou/ s 1 carrinho de mão. 2 padiola; maca. 3 túmulo.

bar·tend·er /bɑ:rtendə/ s balconista de bar.

bar·ter /bɑ:rtə/ s 1 troca; permuta de gêneros. 2 mercadoria permutada. II v (**barters**, **bartering**, **bartered**, **bartered**) trocar; fazer permutas; negociar mercadorias por troca.

bar·y·tone /berətoun/ → **baritone**.

bas·al /beɪsəl/ adj basal; de base; básico; fundamental.

ba·salt /bəsɔ:lt/ s basalto.

base /beɪs/ s 1 base; alicerce; fundamento; parte essencial. 2 pé; pedestal; sustentáculo. 3 Ling raiz. II adj básico; de base. II v (**bases**, **basing**, **based**, **based**) 1 basear; fundamentar. 2 fundar.

base·ball /beɪsbɔ:l/ s beisebol; a bola usada nesse jogo.

base·board /beɪsbɔ:rd/ s rodapé.

base·born /beɪsbɔ:rn/ adj 1 bastardo; ilegítimo. 2 plebeu.

base·less /beɪsləs/ adj infundado; improcedente; sem base.

base·ment /beɪsmənt/ s 1 porão. 2 fundamento; base.

base·ness /beɪsnəs/ s baixeza; mesquinhez.

bash /bæʃ/ v (**bashes**, **bashing**, **bashed**, **bashed**) 1 bater em; golpear esmagadoramente. 2 criticar; acusar. II s 1 pancada forte. 2 gír festa; celebração.

bash·ful /bæʃfəl/ adj 1 tímido; acanhado; envergonhado. 2 retraído; constrangido.

bash·ful·ness /bæʃfəlnəs/ s 1 acanhamento; timidez; vergonha. 2 modéstia.

B

ba·sic /ˈbeɪsɪk/ *adj* básico; fundamental; essencial.

BASIC *abrev Comp* de Beginner's All-purpose Symbolic Instruction Code, código de instrução simbólica de propósito geral para iniciantes (linguagem de programação de alto nível e de fácil aprendizado criada nos anos 60 por John Kemeny e Thomas Kurtz).

bas·il /ˈbeɪzəl, ˈbæzəl/ *s* manjericão.

bas·i·lar /ˈbæzɪlər/ *adj* **1** básico; fundamental. **2** *Biol* basilar.

ba·sil·i·ca /bəˈsɪlɪkə/ *s* basílica.

ba·sin /ˈbeɪsən/ *s* **1** bacia (utensílio e geográfica). **2** o conteúdo de uma bacia. **3** vaso redondo e largo. **4** *Anat* pelve.

ba·sis /ˈbeɪsɪs/ *s* **1** base; fundamento. **2** alicerce. **3** pedestal. (*pl* bases).

bask /bæsk/ *v* (basks, basking, basked, basked) **1** aquecer; aquecer-se ao sol ou ao calor do fogo. **2** ter prazer ou satisfação.

bas·ket /ˈbæskət/ *s* **1** cesto; cesta. **2** cestada; o conteúdo de uma cesta.

bas·ket·ball /ˈbæskətbɔːl/ *s* **1** bola-ao-cesto; basquetebol. **2** a bola usada nesse jogo.

bas·ket·ful /ˈbæskətfʊl/ *s* cestada; o conteúdo de uma cesta.

Basque /bæsk/ *adj* e *s* basco.

bas-re·lief /bɑːrɪˈliːf/ *s* **1** baixo-relevo. **2** tipo de escultura em baixo-relevo.

bass /beɪs/ *s* **1** som; tom baixo ou profundo. **2** *Mús* baixo (voz; instrumento; cantor). **3** contrabaixo. **4** perca (peixe). ‖ *adj* **1** grave; baixo. **2** profundo. (*pl* basses).

bass drum *s* bombo; zabumba.

basset /ˈbæsət/ *s* bassê (cachorro dessa raça).

bas·si·net /ˈbæsɪnet/ *s* berço ou carrinho de vime para bebês.

bass·ist /ˈbeɪsɪst/ *s* *Mús* baixista.

bas·so /ˈbæsoʊ/ *s* baixo (cantor).

bas·soon /bəˈsuːn/ *s* fagote.

bass viol *s* violoncelo.

bast /bæst/ *s* *Bot* entrecasca; líber; fibra liberiana.

bas·tard /ˈbæstərd/ *s* bastardo; filho ilegítimo. ‖ *adj* **1** bastardo. **2** espúrio. **3** adulterado.

bas·tard·ize /ˈbæstərdaɪz/ *v* (bastardizes, bastardizing, bastardized, bastardized) diminuir a qualidade.

bas·tard·y /ˈbæstərdi/ *s* bastardia. (*pl* bastardies).

baste /beɪst/ *v* (bastes, basting, basted, basted) **1** regar com manteiga derretida, molho, etc. (a carne que está sendo assada). **2** alinhavar. **3** espancar.

bas·tion /ˈbæstʃən/ *s* bastião; baluarte.

bat /bæt/ *s* **1** *Esp* bastão; raquete (de vários jogos). **2** morcego. **3** *gír* farra; divertimento. ‖ *v* (bats, batting, batted, batted) **1** *Esp* rebater (a bola com raquete ou taco). **2** discutir. **3** piscar.

batch /bætʃ/ *s* **1** fornada; quantidade produzida de uma só vez; porção. **2** grupo; leva; bando. **3** *tb Comp* lote. ‖ *v* (batches, batching, batched, batched) processar ou reunir em lote.

batch processing *s* processamento em lote.

bate /beɪt/ *v* (bates, bating, bated, bated) diminuir; reduzir; mitigar.

bath /bæθ/ *s* **1** banho. **2** banheira. **3** banheiro. (*pl* baths).

bathe /beɪð/ *v* (bathes, bathing, bathed, bathed) **1** banhar. **2** imergir em líquido.

bath·er /ˈbeɪðər/ *s* banhista.

bath·house /ˈbæθhaʊs/ *s* **1** balneário. **2** cabina para banhistas.

bathing suit *s* maiô. (*tb* swimsuit).

ba·thos /ˈbeɪθɑːs/ *s* anticlímax.

bath·robe /ˈbæθroʊb/ *s* roupão de banho.

bath·room /ˈbæθruːm/ *s* banheiro.

bath·tub /ˈbæθtʌb/ *s* banheira.

bats·man /ˈbætsmən/ *s* arremessador; batedor (no beisebol e no críquete).

bat·tal·ion /bəˈtæljən/ *s* batalhão.

bat·ten /ˈbætən/ *s* tábua; sarrafo. ‖ *v* (battens, battening, battened, battened) **1** engordar. **2** prosperar às custas de outros.

bat·ter /ˈbætər/ *s* **1** massa de farinha com ovos e leite. **2** batedor; arremessador (beisebol). ‖ *v* (batters, battering, battered, battered) **1** golpear repetidamente. **2** danificar por uso constante; gastar. **3** martelar.

bat·ter·y /bǽtəri/ *s* 1 bateria (militar ou elétrica). 2 *Jur* agressão. (*pl* **batteries**).

bat·tle /bǽtl/ *s* batalha; combate; luta; conflito. ‖ *v* (**battles**, **battling**, **battled**, **battled**) batalhar; lutar; brigar.

bat·tle·field /bǽtlfi:ld/ *s* campo de batalha. (*var* **battleground**).

bat·tle·ground /bǽtlgraʊnd/ → **battlefield**.

bat·tle·ment /bǽtlmənt/ *s* ameia; muralha; parapeito.

bat·tle·ship /bǽtlʃɪp/ *s* Náut couraçado.

bat·ty /bǽti/ *adj gír* maluco; doido. (*gr comp* **battier**. *gr super* **battiest**).

bau·ble /bɔ́:bəl/ *s* bugiganga; bagatela; quinquilharia.

baud /bɔ:d/ *s* Comp unidade de medida de velocidade da transmissão de dados.

baud rate *s* taxa de transmissão de dados.

baulk /bɔ:k/ → **balk**.

bawd /bɔ:d/ *s* cafetina; alcoviteira; prostituta.

bawd·i·ness /bɔ́:dɪnəs/ *s* obscenidade; devassidão; alcovitice.

bawd·ry /bɔ́:dri/ *s* lenocínio; indecência; pornografia.

bawd·y /bɔ́:di/ *adj* obsceno; devasso. (*gr comp* **bawdier**. *gr super* **bawdiest**).

bawl /bɔ:l/ *v* (**bawls**, **bawling**, **bawled**, **bawled**) gritar; berrar; vociferar. ‖ *s* berro; grito.

bay /beɪ/ *v* (**bays**, **baying**, **bayed**, **bayed**) 1 ladrar; latir. 2 perseguir ladrando (caça). 3 gritar. ‖ *s* 1 baía; angra; enseada; golfo; reentrância. 2 latido de cães acuando a caça. 3 posição de quem está cercado. 4 *tb Comp* compartimento. 5 folha de louro. 6 cavalo baio. 7 *Arq* intercolúnio. ‖ *adj* baio.

bay·o·net /beɪənet, beɪənét/ *s* baioneta. ‖ *v* (**bayonets**, **bayoneting/bayonetting**, **bayoneted/bayonetted**, **bayoneted/bayonetted**) perfurar com baioneta.

ba·zaar /bəzɑ́:r/ *s* bazar. (*var* **bazar**).

ba·zar /bəzɑ́:r/ → **bazaar**.

ba·zoo·ka /bəzú:kə/ *s* bazuca.

BBC /bi:bi:sí:/ *abrev de* **British Broadcasting Corporation**; companhia britânica de rádio e televisão.

BBS *abrev Comp* de **bulletin board system** (sistema de computador equipado com *modem* ou outro meio de acesso a redes, que serve como centro de troca de informações e transferência de mensagens para usuários remotos).

B.C. /bi:sí:/ *abrev* de **before Christ**; a. C.; antes de Cristo. (*tb* **BC**).

be /bi:/ *v* (**am/is/are**, **being**, **was/were**, **been**) 1 ser; existir. 2 acontecer; ocorrer; realizar-se. 3 estar; permanecer; ficar. ♦ **there is** há (*sing*). **there are** há (*pl*). **be able to** ser capaz de. **be like** parecer-se com. **be long** demorar-se. **be off** ir-se embora. **be over** acabar. **be right** estar certo; ter razão. **be wrong** estar errado; não ter razão.

beach /bi:tʃ/ *s* 1 praia. (*pl* **beaches**). ‖ *v* (**beaches**, **beaching**, **beached**, **beached**) encalhar; dar à praia.

beach·wear /bi:tʃwer/ *s* roupa de praia.

bea·con /bí:kən/ *s* 1 farol. 2 bóia luminosa. 3 sinal de advertência (pirotécnico ou via rádio). ‖ *v* (**beacons**, **beaconing**, **beaconed**, **beaconed**) 1 iluminar; dar sinal por meio de luz, fogueira. 2 servir como sinal de alarma.

bead /bi:d/ *s* 1 conta (de rosário, colar, etc.). 2 pérola (de vidro, metal, etc.). 3 gota; bolha. ‖ *v* (**beads**, **beading**, **beaded**, **beaded**) ornar de contas ou pérolas. ♦ **beads** rosário; terço.

bea·dle /bi:dl/ *s* bedel; sacristão.

bead·y /bí:di/ *adj* semelhante a contas (de rosário, etc.); coberto de contas. (*gr comp* **beadier**. *gr super* **beadiest**). ♦ **beady eyes** olhos pequenos e vivos.

bea·gle /bí:gəl/ *s* sabujo; bigle; cão de caça.

beak /bi:k/ *s* 1 bico (de ave). 2 nariz adunco. 3 bocal.

beak·er /bí:kə/ *s* 1 *Quím* béquer. 2 copo ou xícara grandes, de boca larga.

beam /bi:m/ *s* 1 viga mestra de madeira, pedra ou ferro. 2 travessão de balança. 3 raio de luz; aspecto radiante. 4 cilindro. ‖ *v* (**beams**, **beaming**, **beamed**, **beamed**) 1 irradiar; emitir (luz, onda de rádio, sinais); brilhar. 2 sorrir.

B

beam·y /bi:mi/ *adj* 1 luminoso; brilhante; irradiante. 2 alegre. (*gr comp* **beamier**. *gr super* **beamiest**).

bean /bi:n/ *s* feijão; vagem. ♦ **beans** *gír* muito pouco. **full of beans** vivo; ativo.

bear /ber/ *v* (**bears, bearing, bore, borne/born**) 1 sustentar; manter. 2 levar; conduzir. 3 guardar na memória. 4 exibir; ter como característica. 5 suportar; agüentar. 6 oferecer. 7 parir; dar à luz. 8 ter; possuir. 9 pressionar. 10 resistir; ter paciência. 11 produzir; frutificar. 12 justificar. 13 assumir. II *s* 1 urso. 2 pessoa rude, grosseira. ♦ **bear down on** afetar; prejudicar. **bear in mind** guardar na memória.

bear·a·ble /berəbəl/ *adj* tolerável; suportável.

beard /bɪrd/ *s* 1 barba. 2 pragana. II *v* (**beards, bearding, bearded, bearded**) desafiar; afrontar.

beard·ed /bɪrdɪd/ *adj* barbado.

beard·less /bɪrdləs/ *adj* sem barba.

bear·er /berə/ *s* 1 carregador; transportador. 2 portador (de cheque ou título). 3 árvore frutífera.

bear·ing /berɪŋ/ *s* 1 comportamento; conduta. 2 safra; colheita. 3 produção. 4 apoio; suporte. 5 direção; rumo. 6 fertilidade; frutificação.

bear·ish /berɪʃ/ *adj* 1 rude; grosseiro. 2 que tende a baixar (bolsa de valores). 3 pessimista.

beast /bi:st/ *s* 1 besta; animal. 2 pessoa bruta.

beast·li·ness /bi:stlɪnəs/ *s* 1 bestialidade; animalidade. 2 brutalidade.

beast·ly /bi:stli/ *adj* 1 bestial; animalesco. 2 detestável; abominável. 3 brutal. (*gr comp* **beastlier**. *gr super* **beastliest**).

beat /bi:t/ *s* 1 batida; pancada; golpe. 2 pulsação; latejo. 3 cadência. 4 ronda policial. 5 furo jornalístico. 6 *Mús* ritmo; compasso. 7 *Fis* batimento. 8 toque de tambor. II *adj inform* cansado; exausto. II *v* (**beats, beating, beat, beaten/beat**) 1 bater. 2 contar; marcar (tempo). 3 ritmar. 4 derrotar. 5 soar; emitir som. ♦ **beat it** sair rapidamente.

beat·en /bi:tən/ *v part pass* de **beat**. II *adj* 1 gasto; usado; batido. 2 exausto. 3 forjado (metal).

beat·er /bi:tə/ *s* batedor; agitador.

be·a·tif·ic /bi:ətɪfɪk/ *adj* beatífico.

be·at·i·fi·ca·tion /biætəfɪkeɪʃən/ *s* beatificação.

be·at·i·fy /biætəfaɪ/ *v* (**beatifies, beatifying, beatified, beatified**) beatificar; santificar.

beat·ing /bi:tɪŋ/ *s* 1 surra. 2 pulsação; batimento.

be·at·i·tude /biætətu:d/ *s* beatitude; bem-aventurança.

beat-up /bi:tʌp/ *adj* surrado; caindo aos pedaços.

beau /boʊ/ *s* 1 dândi; almofadinha. 2 galanteador; namorado. (*pl* **beaus** ou **beaux**).

beau·te·ous /bju:tiəs/ *adj* belo; formoso.

beau·ti·cian /bju:tɪʃən/ *s* esteticista.

beau·ti·ful /bju:təfəl/ *adj* belo; formoso; lindo.

beau·ti·ful·ness /bju:təfəlnəs/ *s* beleza; encanto.

beau·ti·fy /bju:təfaɪ/ *v* (**beautifies, beautifying, beautified, beautified**) embelezar.

beau·ty /bju:ti/ *s* 1 beleza; formosura. 2 beldade. (*pl* **beauties**).

beauty parlor *s* salão de beleza. (*tb* **beauty salon** ou **beauty shop**).

bea·ver /bi:və/ *s* 1 castor. 2 pele de castor. 3 viseira de capacete.

be·calm /bɪkɑ:m/ *v* (**becalms, becalming, becalmed, becalmed**) acalmar; tranqüilizar.

be·came /bɪkeɪm/ *v pass* de **become**.

be·cause /bɪkɑ:z/ *conj* porque. ♦ **because of** por causa de; em virtude de.

beck /bek/ *s* 1 aceno; sinal. 2 inclinação de cabeça.

beck·on /bekən/ *v* (**beckons, beckoning, beckoned, beckoned**) acenar; chamar. II *s* aceno; gesto.

be·cloud /bɪklaʊd/ *v* (**beclouds, beclouding, beclouded, beclouded**) 1 anuviar; nublar. 2 obscurecer.

be·come /bɪkʌm/ *v* (**becomes, becoming, became, become**) 1 tornar-se; vir a ser; transformar-se. 2 convir; ficar bem; condizer com. ♦ **become of** acontecer a.

be·com·ing /bɪkʌmɪŋ/ adj 1 conveniente; adequado; próprio. 2 elegante; gracioso.

bed /bed/ s 1 cama; leito. 2 quarto (de hospital). 3 canteiro. 4 fundo (de mar, rio). 5 base; alicerce; fundação. 6 estrato; camada. || v (beds, bedding, bedded, bedded) 1 ir para a cama; deitar-se. 2 dar pousada a; acomodar. 3 plantar ou arranjar em canteiros. 4 estratificar. 5 ter relações sexuais com. 6 pôr em camadas.

bed-and-break·fast /bednbrɛkfəst/ s pousada para pernoite e com café da manhã. (abrev B & B. tb bed and breakfast).

be·daub /bɪdɔːb/ v (bedaubs, bedaubing, bedaubed, bedaubed) besuntar; lambuzar.

be·daz·zle /bɪdæzəl/ v (bedazzles, bedazzling, bedazzled, bedazzled) 1 ofuscar. 2 deslumbrar; encantar.

bed·bug /bedbʌg/ s percevejo.

bed·cham·ber /bedtʃeɪmbə/ s dormitório; aposento.

bed·clothes /bedkloʊðz/ s pl roupa de cama.

be·deck /bɪdɛk/ v (bedecks, bedecking, bedecked, bedecked) enfeitar; ornar com exagero.

be·dev·il /bɪdɛvəl/ v (bedevils, bedeviling, bedevilling, bedeviled/bedevilled, bedeviled/bedevilled) 1 enfeitiçar; endiabrar. 2 atormentar. 3 confundir. 4 arruinar; estragar.

be·dev·il·ment /bɪdɛvəlmənt/ s 1 feitiçaria. 2 tormento; confusão. 3 desespero.

be·dew /bɪduː/ v (bedews, bedewing, bedewed, bedewed) orvalhar; umedecer.

be·dim /bɪdɪm/ v (bedims, bedimming, bedimmed, bedimmed) 1 escurecer. 2 obscurecer. 3 ofuscar; turvar.

be·di·zen /bɪdaɪzən, bɪdɪzən/ v (bedizens, bedizening, bedizened, bedizened) adereçar; enfeitar.

bed·lam /bedləm/ s balbúrdia; tumulto; confusão.

bed·lam·ite /bedləmaɪt/ s louco; alienado; demente.

Bed·ou·in /beduɪn/ s beduíno; nômade. (var Beduin).

bed·pan /bedpæn/ s urinol para pessoa enferma.

be·drag·gle /bɪdrægəl/ v (bedraggles, bedraggling, bedraggled, bedraggled) enlodar; enlamear.

bed·rid·den /bedrɪd/ → bedridden.

bed·rid·den /bedrɪdn/ adj acamado; inválido. (var bedrid).

bed·room /bedruːm/ s quarto de dormir; dormitório.

bed·side /bedsaɪd/ s lado da cama. || adj que está ao lado da cama.

bedside table s criado-mudo.

bed·sore /bedsɔːr/ s ferida ou assadura produzida pela permanência prolongada na cama.

bed·spread /bedspred/ s colcha; acolchoado.

bed·stead /bedsted/ s armação de cama.

bed·time /bedtaɪm/ s hora de dormir.

bedtime story s história para criança dormir.

Beduin /bedwɪn/ → Bedouin.

bee /biː/ s 1 abelha. 2 mutirão.

beech /biːtʃ/ s Bot faia. (pl beeches).

beef /biːf/ s 1 carne bovina. 2 boi ou vaca prontos para o abate. 3 inform músculo humano. (pl beeves ou beef). ♦ beefs reclamação. beef up aumentar; fortalecer.

beef·eat·er /biːfiːtə/ s guarda da torre de Londres.

beef·steak /biːfsteɪk/ s bife; posta de carne bovina.

beef·y /biːfi/ adj 1 carnudo. 2 musculoso. 3 bovino. (gr comp beefier. gr super beefiest).

bee·hive /biːhaɪv/ s colmeia.

bee·keep·er /biːkiːpə/ s apicultor.

bee·line /biːlaɪn/ s linha reta.

been /bɪn/ v part pass de be.

beep /biːp/ s bipe (som ou sinal emitido). || v (beeps, beeping, beeped, beeped) bipar.

beep·er /biːpə/ s bipe (aparelho sonoro); pager.

beer /bɪr/ s cerveja.

beer·y /bɪri/ adj de cerveja; relativo a cerveja. (gr comp beerier. gr super beeriest).

bees·wax /biːzwæks/ s cera de abelha.

beet /biːt/ s 1 beterraba. 2 raiz ou açúcar de beterraba.

bee·tle /biːtl/ s 1 escaravelho; besouro. 2 malho; macete; marreta; martelo. || adj saliente; protuberante. || v (beetles, beetling, beetled, beetled) 1 mover-se como um besouro. 2 sobressair; ressaltar.

be·fall /bɪfɔːl/ v (befalls, befalling, befell, befallen) acontecer; ocorrer; suceder a.

be·fall·en /bɪfɔːlən/ v part pass de befall.

be·fell /bɪfel/ v pass de befall.

be·fit /bɪfɪt/ v (befits, befitting, befitted, befitted) convir a; ser apropriado a; ser próprio de.

be·fit·ting /bɪfɪtɪŋ/ adj conveniente; adequado; próprio.

be·fool /bɪfuːl/ v (befools, befooling, befooled, befooled) enganar; ludibriar; lograr.

be·fore /bɪfɔːr/ conj antes que; de preferência a. || adv 1 antes de. 2 adiante; na frente. || prep na frente de; anterior a; perante.

be·fore·hand /bɪfɔːrhænd/ adv de antemão; antecipadamente; previamente.

be·foul /bɪfaul/ v (befouls, befouling, befouled, befouled) 1 emporcalhar; sujar. 2 falar mal de.

be·friend /bɪfrend/ v (befriends, befriending, befriended, befriended) comportar-se como amigo.

be·fud·dle /bɪfʌdl/ v (befuddles, befuddling, befuddled, befuddled) confundir; desnortear.

beg /beg/ v (begs, begging, begged, begged) 1 pedir. 2 implorar; suplicar. 3 esmolar; mendigar. ♦ I beg your pardon desculpe.

be·gan /bɪgæn/ v pass de begin.

be·get /bɪget/ v (begets, begetting, begot, begotten/begot) gerar; criar; produzir.

be·get·ter /bɪgetər/ s gerador; genitor; criador.

beg·gar /begər/ s 1 mendigo; pedinte. 2 indigente. 3 sujeito; indivíduo qualquer. || v (beggars, beggaring, beggared, beggared) 1 reduzir à miséria; empobrecer. 2 exceder; ultrapassar.

beg·gar·ly /begərli/ adj 1 pobre; miserável. 2 desprezível.

beg·gar·y /begəri/ s 1 pobreza; miséria; penúria. 2 mendicância; mendicidade.

be·gin /bɪgɪn/ v (begins, beginning, began, begun) 1 começar; iniciar. 2 originar; aparecer. 3 instituir. 4 fundar; inaugurar.

be·gin·ner /bɪgɪnər/ s iniciante; principiante; novato.

be·gin·ning /bɪgɪnɪŋ/ s 1 começo; início. 2 origem; causa. ♦ beginnings primórdios.

be·gone /bɪgɑːn/ v us imper fora; suma; desapareça.

be·go·nia /bɪgounjə/ s begônia.

be·got /bɪgɑːt/ v pass e part pass de beget.

be·got·ten /bɪgɑːtən/ v part pass de beget.

be·grime /bɪgraɪm/ v (begrimes, begriming, begrimed, begrimed) sujar.

be·grudge /bɪgrʌdʒ/ v (begrudges, begrudging, begrudged, begrudged) invejar.

be·guile /bɪgaɪl/ v (beguiles, beguiling, beguiled, beguiled) 1 enganar; iludir; lograr. 2 seduzir; divertir; entreter.

be·guile·ment /bɪgaɪlmənt/ s 1 logro; engano. 2 diversão; passatempo.

be·gun /bɪgʌn/ v part pass de begin.

be·half /bɪhæf/ s 1 suporte; apoio. 2 interesse. 3 benefício. ♦ in behalf of no interesse de. on behalf of como representante de; em nome de.

be·have /bɪheɪv/ v (behaves, behaving, behaved, behaved) 1 comportar-se; portar-se. 2 agir; proceder.

be·hav·ior /bɪheɪvjər/ s comportamento; procedimento; conduta; maneiras.

be·head /bɪhed/ v (beheads, beheading, beheaded, beheaded) decapitar.

be·held /bɪheld/ v pass e part pass de behold.

be·hest /bɪhest/ s ordem; mandado.

be·hind /bɪhaɪnd/ prep 1 atrás de; por detrás de. 2 depois de; após. 3 atrasado em comparação com. || adv 1 atrás; detrás. 2 para trás. || s inform nádegas; traseiro.

be·hind·hand /bɪhaɪndhænd/ adj atrasado. || adv em atraso.

be·hold /bɪhoʊld/ v (beholds, beholding, beheld, beheld) 1 ver; avistar. 2 contemplar; observar. 3 compreender.

be·hold·en /bɪhoʊldən/ adj devedor.

be·hold·er /bɪhoʊldə/ s 1 espectador. 2 observador.

be·hoof /bɪhuːf/ s interesse; benefício; proveito; vantagem.

be·hoove /bɪhuːv/ v (behooves, behooving, behooved, behooved) 1 convir; ser conveniente. 2 ser preciso. 3 caber a.

beige /beɪʒ/ s 1 a cor bege. 2 tecido feito de lã crua. II adj bege.

be·ing /biːɪŋ/ s 1 existência; vida. 2 ser; ente; entidade. 3 natureza; essência.

be·la·bor /bɪleɪbə/ v (belabors, belaboring, belabored, belabored) 1 espancar; surrar. 2 atacar verbalmente; ridicularizar.

Be·la·rus /baleɾas/ s Belarus.

Be·la·rus·i·an /baləruːʃən/ s e adj bielorrusso; bielorrusso.

be·lat·ed /bɪleɪtɪd/ adj retardado; tardio.

be·lat·ed·ness /bɪleɪtɪdnəs/ s atraso; retardamento.

be·lay /bɪleɪ/ v (belays, belaying, belayed, belayed) amarrar com corda. ♦ belay there pára aí.

belch /beltʃ/ v (belches, belching, belched, belched) 1 arrotar. 2 expelir violentamente. II s arroto.

bel·dam /beldəm/ s mulher velha e feia. (var beldame).

bel·dame /beldəm/ → beldam.

be·lea·guer /bɪliːgə/ v (beleaguers, beleaguering, beleaguered, beleaguered) 1 sitiar. 2 bloquear; cercar.

bel·fry /belfri/ s campanário. (pl belfries).

Bel·gian /beldʒən/ adj e s belga.

Bel·gium /beldʒəm/ s Bélgica.

be·lie /bɪlaɪ/ v (belies, belying, belied, belied) 1 camuflar; ocultar. 2 deturpar; interpretar mal. 3 desmentir; contradizer.

be·lief /bɪliːf/ s 1 crença; fé. 2 convicção.

be·liev·a·ble /bɪliːvəbəl/ adj acreditável.

be·lieve /bɪliːv/ v (believes, believing, believed, believed) 1 crer; acreditar. 2 confiar. 3 ter fé. ♦ make believe fingir; fazer de conta.

be·liev·er /bɪliːvə/ s crente; fiel.

be·lit·tle /bɪlɪtl/ v (belittles, belittling, belittled, belittled) diminuir; depreciar; menosprezar.

Be·lize /bəliːz/ s Belize.

Be·lize·an /bəliːzɪən/ s e adj belizenho.

bell /bel/ s 1 campainha. 2 sino; sineta; guizo. 2 o som desses objetos. II v (bells, belling, belled, belled) 1 dar forma de sino ou campainha a. 2 pôr sino, campainha em.

bell·boy /belbɔɪ/ s jovem mensageiro ou carregador de malas em um hotel.

bel·lig·er·ence /bəlɪdʒərəns/ s beligerância. (var belligerency).

bel·lig·er·en·cy /bəlɪdʒərənsi/ → belligerence.

bel·lig·er·ent /bəlɪdʒərənt/ adj e s beligerante.

bell·man /belmən/ s mensageiro ou carregador de malas num hotel.

bel·low /beloʊ/ v (bellows, bellowing, bellowed, bellowed) 1 rugir; bramar; berrar. 2 vociferar. II s 1 grito; berro. 2 rugido; bramido. 3 vociferação.

bel·lows /beloʊz/ s pl 1 fole. 2 pulmões.

bel·ly /beli/ s 1 barriga. 2 ventre. 3 abdome. 4 estômago. (pl bellies). II v (bellies, bellying, bellied, bellied) inchar.

bel·ly·ache /beliːeɪk/ s dor abdominal; cólica.

bel·ly·but·ton /belibʌtn/ s inform umbigo.

belly dance s dança do ventre.

bel·ly·land /belilænd/ v (belly-lands, belly-landing, belly-landed, belly-landed) aterrissar avião sem equipamento de pouso; pousar de barriga.

be·long /bɪlɑːŋ/ v (belongs, belonging, belonged, belonged) 1 pertencer a; ser propriedade de. 2 competir; caber a. 3 ser membro de.

be·long·ing /bɪlɑːŋɪŋ/ s objeto pertencente a alguém. ♦ belongings propriedades; bens; predicados; acessórios.

be·lov·ed /bɪlʌvd/ adj amado; querido; caro. II s amado.

be·low /bɪloʊ/ prep 1 abaixo; sob. 2 inferior (grau, classe social, etc.). 3 indigno de. II adv 1 abaixo; em lugar inferior. 2 para baixo.

belt /belt/ s **1** cinto; cinturão. **2** correia; tira; faixa. **3** *Geog* estreito; zona; região; cinturão. ‖ v (**belts, belting, belted**) **1** cingir; enfaixar. **2** munir de cinto ou cinturão. **3** *gír* bater; espancar. ♦ **below the belt** por debaixo dos panos; de forma ilegal.

belt·ing /béltɪŋ/ s **1** conjunto de cintos. **2** material utilizado para fabricar cintos.

bel·ve·dere /bélvədɪr/ s belvedere; mirante.

be·mire /bɪmáɪr/ v (**bemires, bemiring, bemired, bemired**) **1** enlamear. **2** atolar na lama.

be·moan /bɪmóʊn/ v (**bemoans, bemoaning, bemoaned, bemoaned**) lamentar.

bench /bentʃ/ s **1** banco; assento. **2** *Jur* tribuna. **3** *maiús* os juízes de um tribunal. **4** juizado. **5** saliência. **6** plataforma. **7** bancada (de carpinteiro). **8** *Esp* jogadores de reserva. (*pl* **benches**). ‖ v (**benches, benching, benched, benched**) **1** prover ou decorar com bancos. **2** colocar jogador no banco de reservas. **3** sentar em banco.

bend /bend/ s **1** curva; curvatura. **2** volta; dobra. **3** flexão. **4** inflexão. **5** *Náut* nó. ‖ v (**bends, bending, bent, bent**) **1** curvar; inclinar; dobrar. **2** arquear. **3** pender. **4** empenhar-se em. **5** submeter-se a. **6** *Náut* amarrar.

bend·er /béndɚ/ s **1** *gír* bebedeira prolongada. **2** aquele ou algo que dobra ou curva-se.

bends /bendz/ s *us v sing ou pl* embolia.

be·neath /bɪníːθ/ *prep* **1** abaixo; sob. **2** mais baixo que; inferior a. ‖ *adv* abaixo; em posição inferior.

ben·e·dict /bénɪdɪkt/ s homem recém-casado.

ben·e·dic·tion /bènɪdɪkʃən/ s bênção; graça divina.

ben·e·fac·tion /bènəfǽkʃən/ s **1** benefício. **2** boa ação; doação; caridade.

ben·e·fac·tor /bénɪfæktɚ/ s benfeitor; doador.

ben·e·fac·tress /bénəfæktrəs/ s benfeitora.

be·nef·ic /bɪnéfɪk/ *adj* benéfico; salutar.

ben·e·fice /bénɪfɪs/ s **1** benefício eclesiástico. **2** domínio feudal. **3** possessões da igreja.

be·nef·i·cence /bɪnéfɪsəns/ s beneficência.

be·nef·i·cent /bɪnéfɪsənt/ *adj* beneficente; caritativo.

ben·e·fi·cial /bènɪfɪ́ʃəl/ *adj* benéfico; útil; salutar.

ben·e·fi·ci·ar·y /bènɪfɪ́ʃəri/ s **1** beneficiado (eclesiástico). **2** beneficiário (de seguro, testamento, etc.). (*pl* **beneficiaries**).

ben·e·fit /bénɪfɪt/ s benefício; vantagem; proveito. ‖ v (**benefits, benefiting/benefitting, benefited/benefitted, benefited/benefitted**) **1** beneficiar. **2** ser beneficiado.

be·nev·o·lence /bɪnévələns/ s benevolência; generosidade; bondade; caridade.

be·nev·o·lent /bɪnévələnt/ *adj* benevolente; bondoso; caridoso.

be·night·ed /bɪnáɪtɪd/ *adj* **1** surpreendido pela noite ou escuridão. **2** inculto; ignorante.

be·nign /bɪnáɪn/ *adj* **1** benigno. **2** afável; gentil.

be·nig·ni·ty /bɪnígnəti/ s benignidade; gentileza. (*pl* **benignities**).

Be·nin /beníːn, bɪníːn/ s Benin.

Be·ninese /benɪníːz, bɪnɪníːz/ s beninense. (*pl* **Beninese**). ‖ *adj* beninense.

ben·i·son /bénɪsən/ s bênção.

bent /bent/ v *pass* e *part pass* de **bend**. ‖ *adj* **1** curvado; vergado; torto. **2** decidido; determinado. ‖ s **1** curva; curvatura. **2** inclinação. **3** tendência; disposição.

be·numb /bɪnʌ́m/ v (**benumbs, benumbing, benumbed, benumbed**) **1** paralisar (pelo frio). **2** entorpecer; estontear.

ben·zin /bénziːn/ → **benzine**.

ben·zine /bénziːn, benzíːn/ s benzina. (*var* **benzin**).

be·queath /bɪkwíːð/ v (**bequeaths, bequeathing, bequeathed, bequeathed**) **1** *Jur* legar; deixar por testamento. **2** transmitir.

be·rate /bɪréɪt/ v (**berates, berating, berated, berated**) repreender; censurar.

be·reave /bɪríːv/ v (**bereaves, bereaving, bereaved/bereft, bereaved/bereft**) viver sozinho, desolado.

be·reaved /bɪriːvd/ v pass e part pass de **bereave**. ‖ adj desolado (pela morte de parente, etc.).

be·reave·ment /bɪriːvmənt/ s desolação; aflição.

be·reft /bɪreft/ v pass e part pass de **bereave**.

berg /bɜːrg/ → **iceberg**.

ber·ga·mot /bɜːrgəmɑːt/ s mexerica; bergamota.

Ber·mu·da shorts /bəmjuːdə ʃɔːrts/ s bermuda.

ber·ry /beri/ s **1** qualquer fruto do tipo morango, amora, framboesa, etc. **2** baga. **3** ovo de crustáceo. (pl **berries**). ‖ v (**berries, berrying, berried, berried**) **1** dar ou produzir morangos, bagas, etc. **2** colher morangos, bagas, etc.

berth /bɜːrθ/ s **1** ancoradouro. **2** acomodação. **3** emprego. **4** beliche (em navio); leito (em trem). **5** vaga ou espaço para estacionar veículo. ‖ v (**berths, berthing, berthed, berthed**) **1** ancorar. **2** prover de leito ou beliche. **3** acomodar.

be·seech /bɪsiːtʃ/ v (**beseeches, beseeching, besought/beseeched, besought/beseeched**) rogar; implorar; suplicar.

be·set /bɪset/ v (**besets, besetting, beset, beset**) **1** acercar; sitiar. **2** importunar; perturbar.

be·set·ment /bɪsetmənt/ s sítio; bloqueio; cerco.

be·set·ting /bɪsetɪŋ/ adj que perturba constantemente.

be·side /bɪsaɪd/ prep **1** ao lado de; junto a; perto de. **2** além de; fora de. **3** em comparação com. ♦ **beside oneself** fora de si; extremamente agitado.

be·sides /bɪsaɪdz/ prep **1** além de; fora de; acima de. **2** exceto; salvo. ‖ adv **1** além de; também. **2** adicionalmente. **3** outrossim.

be·siege /bɪsiːdʒ/ v (**besieges, besieging, besieged, besieged**) **1** sitiar; cercar. **2** assediar. **3** importunar. **4** preocupar.

be·smear /bɪsmɪr/ v (**besmears, besmearing, besmeared, besmeared**) **1** engordurar. **2** sujar; emporcalhar.

be·smirch /bɪsmɜːrtʃ/ v (**besmirches, besmirching, besmirched, besmirched**) **1** manchar. **2** sujar.

be·sot /bɪsɑːt/ v (**besots, besotting, besotted, besotted**) **1** confundir. **2** embriagar.

be·sought /bɪsɔːt/ v pass e part pass de **beseech**.

be·spat·ter /bɪspætə/ v (**bespatters, bespattering, bespattered, bespattered**) enlamear; salpicar de lama.

be·speak /bɪspiːk/ v (**bespeaks, bespeaking, bespoke, bespoken/bespoke**) **1** indicar; revelar; ser indício de. **2** encomendar com antecedência. **3** prever.

be·spoke /bɪspouk/ v pass e part pass de **bespeak**.

be·spo·ken /bɪspoukən/ v part pass de **bespeak**.

best /best/ adj super de **good 1** o melhor; que tem mais valor; superior. **2** maior. **3** principal. ‖ adv super de **well 1** do melhor modo. **2** no mais alto grau. ‖ s o melhor; a melhor parte; o que é superior. ‖ v (**bests, besting, bested, bested**) **1** levar a melhor sobre; levar vantagem a. **2** vencer; superar. ♦ **do one's best** fazer o melhor possível.

bes·tial /bestʃəl/ adj bestial; brutal.

bes·ti·al·i·ty /bestʃiæləti/ s bestialidade; brutalidade. (pl **bestialities**).

be·stir /bɪstɜːr/ v (**bestirs, bestirring, bestirred, bestirred**) mover; agitar; ativar.

best man s padrinho de casamento.

be·stow /bɪstou/ v (**bestows, bestowing, bestowed, bestowed**) **1** dar; conferir; outorgar. **2** utilizar; usar. **3** armazenar; depositar.

be·stow·al /bɪstouəl/ s **1** emprego; aplicação. **2** dádiva; concessão; favor. (var **bestowment**).

be·stow·ment /bɪstoumənt/ → **bestowal**.

be·strew /bɪstruː/ v (**bestrews, bestrewing, bestrewed, bestrewed/bestrewn**) espalhar; alastrar; esparramar.

best·sell·er /bestselə/ s o de maior vendagem (por exemplo, livro).

bet /bet/ s **1** aposta. **2** quantia ou objeto apostado. ‖ v (**bets, betting, bet/betted, bet/betted**) apostar.

beth·el /beθəl/ s santuário; capela.

B

be·think /bɪθɪŋk/ v (bethinks, bethinking, bethought, bethought) refletir; pensar; considerar.

be·thought /bɪθɑ:t/ v pass e part pass de bethink.

be·tide /bɪtaɪd/ v (betides, betiding, betided, betided) acontecer; suceder.

be·times /bɪtaɪmz/ adv 1 a tempo; cedo. 2 de vez em quando; esporadicamente.

be·to·ken /bɪtoʊkən/ v (betokens, betokening, betokened, betokened) indicar.

be·tray /bɪtreɪ/ v (betrays, betraying, betrayed, betrayed) 1 trair; atraiçoar. 2 delatar; revelar. 3 enganar.

be·tray·al /bɪtreɪəl/ s 1 traição; denúncia. 2 revelação.

be·tray·er /bɪtreɪə-/ s traidor; delator.

be·troth /bɪtroʊð/ v (betroths, betrothing, betrothed, betrothed) noivar; contratar casamento.

be·troth·al /bɪtroʊðəl/ s noivado; contrato de casamento.

bet·ter /betə-/ s 1 objeto, pessoa ou estado melhor. 2 vantagem; superioridade. 3 → bettor. II adj compar de good 1 melhor; superior. 2 preferível; mais vantajoso; de melhor uso. II adv gr comp de well 1 melhor; de melhor maneira. 2 em grau mais elevado. II v (betters, bettering, bettered, bettered) melhorar; exceder; superar. ♦ get the better of vencer; levar a melhor. better off em melhores circunstâncias. better late than never antes tarde do que nunca.

better half s inform esposa.

bet·ter·ment /betə-mənt/ s melhoria; melhoramento.

bet·tor /betə-/ s apostador; pessoa que faz apostas. (var better).

be·tween /bɪtwi:n/ prep 1 entre; no meio de (dois ou duas). 2 no intervalo de. 3 em comum. II adv 1 no meio. 2 no intervalo, ínterim. 3 a intervalos. ♦ between the devil and the deep blue sea entre a cruz e a espada.

bev·el /bevəl/ s chanfradura; recorte; bisel. II v (bevels, beveling/bevelling, beveled/bevelled, beveled/bevelled) chanfrar; cortar em ângulo; enviesar.

bev·er·age /bevərɪdʒ/ s bebida.

bev·y /bevi/ s 1 bando (de aves ou animais). 2 pequeno grupo. (pl bevies).

be·wail /bɪweɪl/ v (bewails, bewailing, bewailed, bewailed) 1 lamentar. 2 lastimar.

be·ware /bɪwer/ v (bewares, bewaring, bewared, bewared) ter cautela; tomar cuidado.

be·wil·der /bɪwɪldə-/ v (bewilders, bewildering, bewildered, bewildered) 1 confundir; embaraçar; aturdir. 2 tornar perplexo. 3 desorientar; desnortear.

be·wil·der·ment /bɪwɪldə-mənt/ s confusão; perplexidade.

be·witch /bɪwɪtʃ/ v (bewitches, bewitching, bewitched, bewitched) encantar; enfeitiçar.

be·witch·ment /bɪwɪtʃmənt/ s encanto; fascinação; feitiço.

be·yond /bijɑ:nd/ prep 1 além de; do outro lado de. 2 depois de. 3 mais longe que. 4 superior a. 5 em adição a. II adv além; acolá; mais adiante. II s o além; o outro mundo.

bez·el /bezəl/ s bisel; chanfradura.

Bhu·tan /bu:tɑ:n/ s Butão.

Bhu·ta·nese /bu:təni:z/ s butanês. (pl Bhutanese). II adj butanês.

bi·an·nu·al /baɪænjuəl/ adj semestral; duas vezes por ano.

bi·as /baɪəs/ s 1 viés (em costura). 2 direção oblíqua. 3 inclinação; tendência. 4 predileção; preconceito. II adj enviesado; de viés. II v (biases/biasses, biasing/biassing, biased/biassed, biased/biassed) 1 desviar. 2 dispor. 3 influenciar; induzir (de modo desfavorável).

bib /bɪb/ s 1 babadouro; babador (de criança). 2 peitilho (de avental). II v (bibs, bibbing, bibbed, bibbed) beber muito e freqüentemente.

bib·ber /bɪbə-/ s beberrão.

bi·ble /baɪbəl/ s 1 maiús Bíblia. 2 fig livro, obra de grande valor.

bib·li·cal /bɪblɪkəl/ adj bíblico.

bib·li·og·ra·pher /bɪbliɑ:grəfə-/ s bibliógrafo.

bib·li·o·graph·ic /bɪbliəgræfɪk/ → bibliographical.

bib·li·o·graph·i·cal /ˌbɪbliəgræfɪkəl/ adj bibliográfico. (var **bibliographic**).

bib·li·og·ra·phy /ˌbɪbliɑːgrəfi/ s bibliografia. (pl **bibliographies**).

bib·u·lous /ˈbɪbjələs/ adj 1 poroso; esponjoso; absorvente. 2 beberrão.

bi·car·bon·ate /baɪkɑːrbənət/ s bicarbonato.

bi·cen·ten·a·ry /baɪsentəneri, baɪsentenəri/ → **bicentennial**.

bi·cen·ten·ni·al /baɪsentenial/ adj e s bicentenário. (var **bicentenary**).

bi·ceps /baɪseps/ s Anat bíceps. (pl **biceps** ou **bicepses** /baɪsepzɪz/).

bi·chro·mate /baɪkroumeɪt/ s Quím bicromato.

bick·er /bɪkər/ v (bickers, bickering, bickered, bickered) brigar; disputar. || s briga; disputa; contenda.

bi·cy·cle /baɪsɪkəl/ s bicicleta. || v (bicycles, bicycling, bicycled, bicycled) andar de bicicleta. ♦ **exercise bicycle** bicicleta ergométrica.

bi·cy·cler /baɪsɪklər/ s ciclista. (var **bicyclist**).

bi·cy·clist /baɪsɪklɪst/ → **bicycler**.

bid /bɪd/ s 1 lance; oferta; proposta. 2 instância. 3 solicitação. 4 convite. 5 apelo. 6 licitação. || v (bids, bidding, bade/bid, bidden/bid) 1 ordenar; comandar. 2 cumprimentar; saudar. 3 convidar; chamar. 4 estipular (preço). 5 proclamar. 6 propor; oferecer. 7 fazer ofertas (em leilão). 8 solicitar. ♦ **bid fair** prometer. **bid defiance** desafiar. **bid up** aumentar lance (em leilão).

bid·da·ble /bɪdəbəl/ adj 1 obediente. 2 dócil.

bid·den /bɪdən/ v part pass de **bid**.

bid·der /bɪdər/ s licitante (em leilão).

bid·ding /bɪdɪŋ/ s 1 lance; licitação. 2 ordem; comando; intimação. 3 convite.

bide /baɪd/ v (bides, biding, bided/bode, bided) 1 aguardar; esperar. 2 permanecer; ficar.

bi·det /bɪdeɪ/ s bidê.

bi·en·ni·al /baɪenial/ adj 1 bienal; que ocorre a cada dois anos. 2 que dura ou vive por dois anos. || s 1 evento bienal. 2 planta bienal.

bier /bɪr/ s ataúde; esquife.

biff /bɪf/ v (biffs, biffing, biffed, biffed) espancar; esmurrar. || s pancada; soco; golpe.

bi·fid /baɪfɪd/ adj bífido; bifendido.

bi·fo·cal /baɪfoukəl, baɪfoukəl/ adj bifocal. ♦ **bifocals** óculos bifocais.

bi·fur·cate /baɪfərkeɪt/ v (bifurcates, bifurcating, bifurcated, bifurcated) bifurcar.

bi·fur·ca·tion /baɪfərkeɪʃən/ s bifurcação; encruzilhada.

big /bɪg/ adj 1 grande; vasto; volumoso. 2 forte. 3 importante; influente. 4 importante; pomposo; orgulhoso. (gr comp **bigger**. gr super **biggest**). || adv 1 de modo pretensioso; arrogantemente. 2 prosperamente.

big·a·mist /bɪgəmɪst/ s bígamo.

big·a·mous /bɪgəməs/ adj bígamo.

big·a·my /bɪgəmi/ s bigamia. (pl **bigamies**).

big bucks s pl gír grande quantia em dinheiro.

big deal s gír 1 algo de grande importância. 2 pessoa de grande importância.

big·head·ed /bɪghedɪd/ adj convencido.

big·heart·ed /bɪghɑːrtɪd/ adj bondoso; generoso.

big house s gír penitenciária.

bight /baɪt/ s 1 angra; baía; golfo. 2 laçada (de corda).

big·ness /bɪgnəs/ s 1 grandeza. 2 grossura.

big·ot /bɪgət/ s beato; fanático; intolerante.

big·ot·ry /bɪgətri/ s beatismo; fanatismo; intolerância. (pl **bigotries**).

big toe s dedão do pé.

big top s 1 circo. 2 tenda principal do circo.

big·wig /bɪgwɪg/ s gír manda-chuva; pessoa importante.

bike /baɪk/ s 1 bicicleta. 2 motocicleta. || v (bikes, biking, biked, biked) andar de bicicleta.

bik·er /baɪkər/ s 1 ciclista. 2 motociclista.

bike·way /baɪkweɪ/ s ciclovia.

bi·la·bi·al /baɪleɪbiəl/ adj e s bilabial.

bi·lat·er·al /baɪlætərəl/ adj bilateral; de dois lados.

bile /baɪl/ s **1** bile; bílis. **2** mau humor; amargura.

bil·i·ar·y /bɪliəri/ adj biliário; da bílis.

bi·lin·gual /baɪlɪŋgwəl/ adj e s bilíngüe.

bil·ious /bɪljəs/ adj **1** bilioso. **2** mal-humorado.

bilk /bɪlk/ v (**bilks, bilking, bilked, bilked**) **1** enganar; trapacear; lograr. **2** fugir ao pagamento de. || s trapaceiro; vigarista.

bill /bɪl/ s **1** conta; nota; fatura. **2** letra de câmbio. **3** nota de papel-moeda; cédula. **4** projeto de lei. **5** boletim; aviso; circular. **6** programa de teatro, de cinema, etc. **7** lista; cartaz; tabuleta. **8** bico de ave, etc. **9** podadeira; foice. **10** alabarda. || v (**bills, billing, billed, billed**) **1** faturar. **2** anunciar por cartazes; proclamar; declarar. **3** prestar contas ou despesas.

bill·board /bɪlbɔːrd/ s **1** quadro em que se afixam cartazes ou avisos. **2** outdoor.

bil·let /bɪlət/ s **1** boleto; ordem escrita para alojar soldados. **2** alojamento; aquartelamento. **3** emprego. **4** lenha; pedaço de madeira. || v (**billets, billeting, billeted, billeted**) aboletar.

bill·fold /bɪlfoʊld/ s carteira para notas.

bill·head /bɪlhed/ s impresso para faturas.

bill·hook /bɪlhʊk/ s podadeira; podão; foice.

bil·liards /bɪljərdz/ s pl bilhar.

bil·lings·gate /bɪlɪŋzgeɪt/ s linguagem rude ou profana.

bil·lion /bɪljən/ s bilhão.

bil·lion·aire /bɪljəner/ s bilionário.

bil·lionth /bɪljənθ/ num bilionésimo.

bill of exchange s letra de câmbio. (pl **bills of exchange**).

bil·low /bɪloʊ/ s **1** vagalhão. **2** onda grande. || v (**billows, billowing, billowed, billowed**) formar vagalhões.

bil·low·y /bɪloʊi/ adj agitado; revolto (mar).

bill·post·er /bɪlpoʊstər/ s colocador de outdoors; afixador de cartazes.

bil·ly /bɪli/ s **1** cassetete. **2** caneca ou bule de metal. (pl **billies**).

billy goat s inform bode.

bi·month·ly /baɪmʌnθli/ adj bimestral. || adv bimestralmente.

bin /bɪn/ s contêiner ou armazém para estocagem. || v (**bins, binning, binned, binned**) armazenar; estocar.

bi·na·ry /baɪnəri/ adj binário. || s unidade composta de duas partes. (pl **binaries**).

bind /baɪnd/ s **1** atadura; faixa; cinta. **2** situação difícil. || v (**binds, binding, bound, bound**) **1** atar; ligar; amarrar. **2** aglutinar; grudar; colar. **3** enfaixar. **4** debruar; guarnecer. **5** encadernar. **6** restringir. **7** apegar-se; empenhar-se. **8** obrigar-se. **9** constipar. **10** fechar negócio mediante sinal.

bind·er /baɪndər/ s **1** encadernador. **2** fita; tira; cordão para amarrar. **3** enfardadeira (máquina). **4** substância aglutinante; ligadura.

bind·er·y /baɪndəri/ s oficina de encadernação. (pl **binderies**).

bind·ing /baɪndɪŋ/ s **1** encadernação. **2** debrum; cercadura. **3** ato de atar, unir, ligar, etc. **4** Comp ligação. || adj **1** obrigatório. **2** apertado; agarrado; justo.

bin·na·cle /bɪnəkəl/ s bitácula; caixa de bússola.

bin·oc·u·lar /baɪnɑːkjələr/ adj binocular. || /bɪnɑːkjələrz/ s **1** binóculo. **2** microscópio binocular.

bi·no·mi·al /baɪnoʊmiəl/ adj binomial. || s binômio.

bi·og·ra·pher /baɪɑːgrəfər/ s biógrafo.

bi·o·graph·ic /baɪəgræfɪk/ → **biographical**.

bi·o·graph·i·cal /baɪəgræfɪkəl/ adj biográfico. (var **biographic**).

bi·og·ra·phy /baɪɑːgrəfi/ s biografia. (pl **biographies**).

bi·o·log·ic /baɪəlɑːdʒɪk/ → **biological**.

bi·o·log·i·cal /baɪəlɑːdʒɪkəl/ adj biológico. (var **biologic**).

biological clock s relógio biológico.

bi·ol·o·gist /baɪɑːlədʒɪst/ s biologista; biólogo.

bi·ol·o·gy /baɪɑːlədʒi/ s biologia.

bi·o·mass /baɪoʊmæs/ s biomassa.

bi·on·ic /baɪɑːnɪk/ adj biônico.

bi·op·sy /baɪɑːpsi/ s biopse; biópsia. (pl **biopsies**).

BIOS abrev Comp de **Basic Input/Output System**; sistema básico de entrada / saída.

bi·o·sphere /baɪəsfɪr/ s biosfera.

bi·o·tech·nol·o·gy /baɪoʊteknɒːlədʒi/ s biotecnologia.

bi·o·type /baɪətaɪp/ s biótipo.

bip·a·rous /bɪpərəs/ adj Zool bíparo.

bi·par·tite /baɪpɑːrtaɪt/ adj bipartido.

bi·par·ti·tion /baɪpɑːrtɪʃən/ s bipartição; bissecção.

bi·ped /baɪped/ s e adj bípede. (var **bipedal**).

bi·ped·al /baɪpedəl/ → **biped**.

bi·plane /baɪpleɪn/ s biplano.

birch /bɜːrtʃ/ v (**birches, birching, birched, birched**) açoitar; castigar com vara de vidoeiro. ‖ s 1 vidoeiro; bétula. 2 vara de vidoeiro. (pl **birches**).

bird /bɜːrd/ s 1 ave; pássaro. 2 gír sujeito estranho. 3 vaia; silvo; bronco. ♦ **a bird in the hand is worth two in the bush** mais vale um pássaro na mão que dois voando. ‖ v (**birds, birding, birded, birded**) caçar ou observar pássaros.

bird·cage /bɜːrdkeɪdʒ/ s gaiola para pássaros.

bird·call /bɜːrdkɔːl/ s 1 som ou canto de uma ave. 2 assobio ou instrumento que imita o som de uma ave.

bird·lime /bɜːrdlaɪm/ s armadilha com cola para pegar pássaros.

bird·man /bɜːrdmən/ s 1 ornitologista; ornitólogo. 2 gír aviador.

bird of passage s ave migratória. (pl **birds of passage**).

bird of prey s ave de rapina. (pl **birds of prey**).

birl /bɜːrl/ v (**birls, birling, birled, birled**) rodopiar; virar.

birr /bɜːr/ v (**birrs, birring, birred, birred**) zunir. ‖ s zunido.

birth /bɜːrθ/ s 1 nascimento; natividade; natalidade. 2 parto. 3 origem; linhagem; estirpe. 4 criação; produto; fruto. 5 herança natural; dom. 6 início; começo.

birth certificate s certidão de nascimento.

birth control s controle de natalidade.

birth·day /bɜːrθdeɪ/ s data de nascimento; aniversário natalício.

birth·mark /bɜːrθmɑːrk/ s marca de nascença.

birth·place /bɜːrθpleɪs/ s lugar de nascimento; local de origem.

birth·rate /bɜːrθreɪt/ s índice de natalidade. (tb **birth rate**).

birth·right /bɜːrθraɪt/ s direito de primogenitura; direito inato.

bis·cuit /bɪskɪt/ s 1 pãozinho ou bolinho feito com fermento em pó ou bicarbonato de sódio. 2 porcelana cozida mas não vidrada.

bi·sect /baɪsekt, baɪsekt/ v (**bisects, bisecting, bisected, bisected**) dividir em duas partes iguais; bifurcar-se.

bi·sec·tion /baɪsekʃən/ s bissecção; bifurcação.

bi·sec·tor /baɪsektə/ s bissetor; bissetriz.

bi·sex·u·al /baɪsekʃuəl/ adj e s bissexual; hermafrodita.

bish·op /bɪʃəp/ s bispo (pessoa e peça do jogo de xadrez).

bishopric /bɪʃəprɪk/ s bispado; diocese.

bis·muth /bɪzməθ/ s bismuto.

bi·son /baɪsən/ s Zool bisão.

bisque /bɪsk/ s 1 vantagem (em jogos). 2 creme ou sopa de caldo grosso. 3 porcelana não esmaltada.

bis·sex·tile /baɪsekstəl/ adj bissexto. ‖ s ano bissexto (tb **leap year**)..

bis·tou·ry /bɪstəri/ s bisturi. (pl **bistouries**).

bit /bɪt/ s 1 pedaço pequeno; porção. 2 pouquinho; bocado. 3 breve atuação; ponta (em teatro). 4 palhetão de chave. 5 verruma; broca. 6 Comp bit; dígito binário. 7 freio. 8 bocado de freio; bocal. 9 inform 1/8 de dólar. 10 gume de ferramenta. ‖ v (**bits, bitting, bitted, bitted**) 1 refrear; reprimir. 2 pôr freio a. 3 pass e part pass de **bite**. ♦ **bit by bit** aos poucos.

bitch /bɪtʃ/ s 1 cadela. 2 fêmea de cão, lobo ou raposa. 3 prostituta. (pl **bitches**).

bite /baɪt/ v (**bites, biting, bit, bitten/bit**) 1 morder. 2 picar; ferroar. 2 arrancar; cortar com os dentes. 3 corroer (ácidos). 4 arder. 5 abocanhar. ‖ s 1 mordida; mordedura; dentada. 2 picada; ferroada; ferida. 3 inform refeição leve. 4 bocado. ♦ **bite the dust** cair morto.

bit·ing /baɪtɪŋ/ adj 1 cortante; penetrante; agudo. 2 mordaz.

bit map s Comp estrutura de dados na memória que representa a informação na forma de um conjunto de bits individuais.

bit·ter /bɪtɚ/ *adj* 1 amargo; acre. 2 cruel; severo. 3 triste; penoso. ‖ *s* amargor; amargura. ‖ *v* (**bitters, bittering, bittered, bittered**) amargar. ♦ **bitters** bebida amarga (geralmente alcoólica). **bitter cold** muitíssimo frio.

bit·ter·ness /bɪtɚnəs/ *s* 1 amargor; amargura. 2 pungência.

bi·tu·men /bɪtʊːmən, baɪtuːmən/ *s* betume.

bi·tu·mi·nous /bɪtuːmɪnəs/ *adj* betuminoso.

bi·week·ly /baɪwiːkli/ *adj* quinzenal. ‖ *s* quinzenário. (*pl* **biweeklies**). ‖ *adv* quinzenalmente.

bi·zarre /bɪzɑːr/ *adj* bizarro; estranho; extravagante.

blab /blæb/ *v* (**blabs, blabbing, blabbed, blabbed**) revelar um segredo; tagarelar; fofocar. ‖ *s* tagarela.

blab·ber /blæbɚ/ *v* (**blabbers, blabbering, blabbered, blabbered**) tagarelar. ‖ *s* tagarela; fofoqueiro.

black /blæk/ *adj* 1 negro; preto. 2 sombrio; escuro. ‖ *s* 1 negro (cor e raça). 2 luto. 3 fuligem; sujeira. ‖ *v* (**blacks, blacking, blacked, blacked**) pintar de preto; enegrecer.

black art *s* magia negra. (*tb* **black magic**).

black·ball /blækbɔːl/ *v* (**blackballs, blackballing, blackballed, blackballed**) votar contra; rejeitar; boicotar. ‖ *s* voto contrário.

black belt *s* 1 aquele que possui a faixa preta em arte marcial. 2 área onde a cor do solo é roxa. 3 *geralm maiús* área onde vivem muitos negros.

black·ber·ry /blækberi/ *s* amora silvestre. (*pl* **blackberries**).

black·bird /blækbɜːrd/ *s* melro; graúna.

black·board /blækbɔːrd/ *s* quadro-negro.

black book *s* lista de pessoas reprovadas e/ou que sofrerão boicote; lista negra. (*tb* **black list**).

black box *s* caixa-preta.

Black Death *s* peste negra; peste bubônica.

black economy *s* economia informal.

black·en /blækən/ *v* (**blackens, blackening, blackened, blackened**) 1 escurecer; enegrecer. 2 difamar; caluniar.

Black English *s* variação da língua inglesa falada pelos negros americanos.

black·guard /blægɑːrd/ *s* patife. ‖ *v* (**blackguards, blackguarding, blackguarded, blackguarded**) 1 insultar indecentemente. 2 portar-se de modo infame.

black·head /blækhed/ *s* cravo (afecção cutânea).

black humor *s* humor negro.

black·ing /blækɪŋ/ *s* 1 graxa para sapato. 2 fuligem; tisne.

black·ish /blækɪʃ/ *adj* escuro; enegrecido.

black·jack /blækdʒæk/ *s* porrete; cassetete.

black·leg /blækleg/ *s* 1 trapaceiro no jogo de cartas. 2 doença que afeta o gado. 3 caruncho.

black·list /blæklɪst/ *s* lista de pessoas reprovadas e/ou que sofrerão boicote; lista negra. (*tb* **black book**).

black magic *s* magia negra. (*tb* **black art**).

black·mail /blækmeɪl/ *s* 1 chantagem; extorsão. 2 dinheiro obtido por extorsão. ‖ *v* (**blackmails, blackmailing, blackmailed, blackmailed**) fazer chantagem a; extorquir dinheiro de..

black·mail·er /blækmeɪlɚ/ *s* chantagista.

black market *s* mercado negro.

black·ness /blæknəs/ *s* negror; negrura; escuridão.

black·out /blækaʊt/ *s* 1 blecaute; escurecimento total. 2 cegueira temporária.

black pepper *s* pimenta-do-reino.

black sheep *s* ovelha negra.

black·smith /blæksmɪθ/ *s* ferreiro; ferrador.

black widow *s Zool* viúva-negra.

blad·der /blædɚ/ *s Anat* e *Zool* 1 bexiga; vesícula. 2 algo parecido com bexiga.

blade /bleɪd/ *s* 1 lâmina; folha de instrumento cortante. 2 espada. 3 espadachim. 4 *Bot* borda das folhas (especialmente das gramíneas).

blain /bleɪn/ *s* pústula; bolha.

blam·a·ble /bleɪməbəl/ *adj* 1 culpável. 2 censurável; reprovável. (*var* **blameable**).

blam·a·ble·ness /bleɪməbəlnəs/ *s* culpabilidade.

blame /bleɪm/ *s* 1 censura; reprovação. 2 culpa; responsabilidade. ‖ *v* (**blames, blaming, blamed, blamed**) 1 culpar; incriminar; responsabilizar. 2 censurar; reprovar.

blame·a·ble /bleɪməbəl/ → **blamable**.

blame·ful /bleɪmfəl/ adj censurável; culpável; reprovável.

blame·less /bleɪmləs/ adj inocente; imaculado.

blame·less·ness /bleɪmləsnəs/ s inocência; inculpabilidade.

blanch /blæntʃ/ v (**blanches, blanching, blanched, blanched**) 1 branquear; alvejar. 2 empalidecer. (var **blench**).

bland /blænd/ adj brando; suave; terno.

blan·dish /blændɪʃ/ v (**blandishes, blandishing, blandished, blandished**) bajular; lisonjear; adular.

blan·dish·ment /blændɪʃmənt/ s carinho; agrado; lisonja.

blank /blæŋk/ v (**blanks, blanking, blanked, blanked**) 1 bloquear. 2 desvanecer. 3 tirar do campo visual. 4 tornar abstrato. ll adj 1 em branco. 2 não escrito. 3 incompleto; inacabado. ll s 1 espaço em branco; espaço vazio; lacuna. 2 algo sem utilidade (bilhete de loteria não sorteado). 3 alvo; centro do alvo. 4 travessão (—) para indicar omissão de palavra ou letra.

blan·ket /blæŋkɪt/ s 1 coberta; cobertor. 2 cobertura; manta; colcha. 3 camada. ll v (**blankets, blanketing, blanketed, blanketed**) 1 cobrir com cobertor ou manta. 2 abafar. 3 atender, estender-se igualmente a todos. ll adj geral; coletivo; válido para todos.

blare /bler/ v (**blares, blaring, blared, blared**) 1 retumbar; fazer barulho. 2 clamar; proclamar. ll s clangor; estrondo.

blar·ney /blɑːrni/ s adulação; bajulação. ll v (**blarneys, blarneying, blarneyed, blarneyed**) lisonjear; bajular.

blas·pheme /blæsfiːm/ v (**blasphemes, blaspheming, blasphemed, blasphemed**) blasfemar; caluniar.

blas·phem·er /blæsfiːmə-/ s blasfemo; blasfemador.

blas·phe·my /blæsfəmi/ s blasfêmia. (pl **blasphemies**).

blast /blæst/ s 1 rajada; pé-de-vento. 2 explosão. 3 som de instrumento de sopro; toque de corneta ou de clarim. 4 ferrugem (doença de plantas). 5 assopro;

sopro. 6 fôlego; alento. 7 carga de explosivo. ll v (**blasts, blasting, blasted, blasted**) 1 arruinar; destruir. 2 explodir; dinamitar. 3 crestar; difamar.

blast·ed /blæstɪd/ adj 1 arruinado; destruído. 2 gír bêbado; drogado; intoxicado.

blast·off /blæstɑːf/ s lançamento de foguete. (tb **blast-off**).

blat /blæt/ v (**blats, blatting, blatted, blatted**) 1 balir; balar. 2 falar impensadamente.

bla·tan·cy /bleɪtənsi/ s barulho; estardalhaço.

bla·tant /bleɪtənt/ adj ruidoso; barulhento.

blath·er /blæðə-/ v (**blathers, blathering, blathered, blathered**) tagarelar; dizer tolices. ll s tagarelice; conversa fiada.

blaze /bleɪz/ s 1 chama; labareda. 2 fogo; fogueira. 3 brilho; esplendor. 4 explosão; acesso (de raiva). 5 mancha branca (nas árvores ou animais). 6 marca ou pintura feita em árvores para indicar uma trilha. ll v (**blazes, blazing, blazed, blazed**) 1 queimar; inflamar. 2 brilhar; resplandecer. 3 atirar com arma de fogo repetidamente; metralhar. 4 perder o controle; explodir (temperamento). ll interj inferno.

blaz·er /bleɪzə-/ s blazer; paletó esporte.

blaz·ing /bleɪzɪŋ/ adj 1 em chamas. 2 resplandecente; rutilante.

bla·zon /bleɪzən/ s 1 brasão; arte heráldica. 2 ostentação; exibição. ll v (**blazons, blazoning, blazoned, blazoned**) 1 adornar com brasões. 2 blasonar; ostentar. 3 proclamar; tornar conhecido.

bla·zon·ry /bleɪzənri/ s 1 arte heráldica. 2 exibição brilhantemente colorida. (pl **blazonries**).

bleach /bliːtʃ/ v (**bleaches, bleaching, bleached, bleached**) 1 branquear; alvejar. 2 descorar. ll s 1 branqueamento. 2 descoramento. 3 substância química usada para alvejar.

bleach·er /bliːtʃə-/ s alvejante; branqueador. ♦ **bleachers** arquibancada sem cobertura nos campos de esporte.

bleak /bliːk/ adj 1 frio; gelado. 2 deserto; ermo; desabitado; descampado. 3 depressivo; negativo.

B

bleak·ness /blí:knəs/ s 1 frialdade; algidez. 2 desolação; abandono.

blear /blɪr/ v (**blears, blearing, bleared, bleared**) turvar; avermelhar (os olhos); lacrimejar.

blear·y /blɪri/ adj 1 turvo; lacrimejante (os olhos). 2 exausto. (gr comp **blearier**. gr super **bleariest**).

bleat /blí:t/ v (**bleats, bleating, bleated, bleated**) balir; balar. II s 1 balido. 2 lamúria.

bleb /bleb/ s bexiga; bolha; pústula.

bleed /blí:d/ v (**bleeds, bleeding, bled, bled**) 1 sangrar. 2 drenar; purgar. 3 exsudar (seiva). 4 pagar uma quantia muito alta de dinheiro. 5 extorquir. 6 descorar; soltar tinta (roupa). 7 destilar.

bleed·er /blí:də/ s 1 sangrador. 2 hemofílico. 3 veia que sangra.

blem·ish /blɛmɪʃ/ v (**blemishes, blemishing, blemished, blemished**) danificar; estragar.

blench /blentʃ/ → **blanch**.

blend /blend/ v (**blends, blending, blended, blent, blended/blest**) 1 misturar; combinar. 2 unir; fundir. 3 harmonizar. II s mistura; combinação; fusão.

blent /blent/ v pass e part pass de **blend**.

bless /bles/ v (**blesses, blessing, blessed, blest, blessed/blest**) 1 abençoar; benzer. 2 consagrar; santificar. 3 tornar próspero; afortunar. 4 proteger; amparar; glorificar; louvar.

bless·ed /blɛsɪd/ adj 1 abençoado; bendito; sagrado; santo. 2 afortunado; feliz; bem-aventurado. (var **blest**).

bless·ing /blɛsɪŋ/ s 1 bênção; graça; benefício. 2 louvor; oração; invocação.

blest /blest/ → **blessed**.

blew /blu:/ v pass de **blow**.

blight /blaɪt/ v (**blights, blighting, blighted, blighted**) 1 crestar; empestar (plantas). 2 definhar. 3 arruinar. II s 1 ferrugem (doença das plantas). 2 o agente causador dessa doença.

blind /blaɪnd/ adj 1 cego. 2 escondido; encoberto; obscuro. 3 ilegível. 4 secreto. 5 sem saída, abertura. 6 para cegos; de cegos. 7 gír bêbado. II s 1 cortina; veneziana; anteparo. 2 pretexto; subterfúgio. 3 esconderijo. II v (**blinds, blinding, blinded, blinded**) 1 encobrir; esconder. 2 cegar. 3 ocultar.

blind alley s beco ou passagem sem saída.

blind date s encontro às escuras; encontro com alguém desconhecido.

blind·er /blaɪndə/ s 1 o que cega; aquilo que impede de ver. 2 antolhos de cavalo.

blind·fold /blaɪndfoʊld/ v (**blindfolds, blindfolding, blindfolded, blindfolded**) vendar os olhos a. II s venda; o que tapa os olhos.

blind·ly /blaɪndli/ adv às cegas.

blind·man's buff /blaɪndmænzbʌf/ s jogo de cabra-cega.

blind·ness /blaɪndnəs/ s cegueira.

blink /blɪŋk/ v (**blinks, blinking, blinked, blinked**) 1 fingir que não vê; ignorar. 2 olhar de relance. 3 pestanejar; piscar os olhos. 4 oscilar. II s 1 clarão repentino. 2 vislumbre. 3 lampejo. 4 relance.

blink·er /blɪŋkə/ s 1 pisca-pisca. 2 venda; viseira; antolho.

bliss /blɪs/ s 1 felicidade; bem-aventurança. 2 graça; glória; êxtase. ♦ **bliss out** entrar em êxtase.

bliss·ful /blɪsfəl/ adj feliz; bem-aventurado.

bliss·ful·ness /blɪsfəlnəs/ s suprema felicidade.

blis·ter /blɪstə/ s bolha. II v (**blisters, blistering, blistered, blistered**) formar bolhas.

blithe /blaɪð/ adj 1 informal; sem preocupação. 2 alegre.

blithe·ly /blaɪðli/ adv informalmente; despreocupadamente.

blithe·some /blaɪðsəm/ adj alegre; feliz.

blitz /blɪts/ s 1 ataque-relâmpago. 2 ataque aéreo.

blitz·krieg /blɪtskri:g/ s guerra-relâmpago.

bliz·zard /blɪzəd/ s nevasca.

bloat /bloʊt/ v (**bloats, bloating, bloated, bloated**) 1 inflar. 2 inchar. 3 defumar (peixe). II s 1 inchaço. 2 excesso.

bloat·ed /bloʊtɪd/ adj 1 inchado. 2 inflado.

blob /blɑ:b/ s borbulha; bolha.

bloc /blɑ:k/ s bloco (de nações); coligações.

block /blɑ:k/ s 1 bloco (de madeira, metal, concreto, etc.). 2 acha; cepo. 3 molde; fôrma. 4 cubos (brinquedo infantil). 5 grupo; conjunto. 6 obstáculo; bloqueio.

7 quadra; quarteirão. **8** bloco (conjunto habitacional). **9** bloqueio (mental). **10** *gír* cabeça. ‖ *v* (**blocks, blocking, blocked, blocked**) **1** obstruir; entupir. **2** bloquear; impedir passagem. **3** formar em blocos. **4** moldar. **5** esboçar.

block·ade /bla:keɪd/ *s* bloqueio; sítio; assédio. ‖ *v* (**blockades, blockading, blockaded, blockaded**) bloquear; assediar; sitiar.

block·bus·ter /bla:kbʌstə/ *s* **1** filme ou livro que alcança grande popularidade e vendagem. **2** bomba muito potente usada em demolições.

block·head /bla:khed/ *s* cabeça-dura; pessoa estúpida.

block·house /bla:khaʊs/ *s* forte militar; prédio militar à prova de radiação.

block letter *s Tip* letra de forma.

block·y /bla:ki/ *adj* maciço; em forma de bloco. (*gr comp* **blockier**. *gr super* **blockiest**).

blond /bla:nd/ *adj* louro; claro. ‖ *s* pessoa loura. (*var* **blonde**).

blonde /bla:nd/ → **blond**.

blood /blʌd/ *s* **1** sangue. **2** seiva; suco. **3** linhagem; estirpe; raça. **4** vida. **5** temperamento. **6** parentesco. **7** matança; assassinato. ‖ *v* (**bloods, blooding, blooded, blooded**) sujeitar uma tropa a experiências de artilharia. ♦ **in cold blood** a sangue frio.

blood bank *s* banco de sangue.

blood·ed /blʌdɪd/ *adj* de raça; de puro sangue.

blood·hound /blʌdhaʊnd/ *s* sabujo; cão de caça.

blood·i·ly /blʌdɪli/ *adv* sanguinariamente; cruelmente.

blood·i·ness /blʌdnəs/ *s* crueldade; sanguinolência.

blood·less /blʌdləs/ *adj* **1** pálido. **2** sem violência. **3** sem vivacidade.

blood·shed /blʌdʃed/ *s* derramamento de sangue; matança; carnificina.

blood·shot /blʌdʃa:t/ *adj* injetado (olho); vermelho; inflamado.

blood·stain /blʌdsteɪn/ *s* mancha de sangue.

blood·suck·er /blʌdsʌkə/ *s Zool* **1** sanguessuga. **2** *inform* parasita; dependente. **3** chantagista.

blood test *s* exame de sangue.

blood·thirst·y /blʌdθɜːrsti/ *adj* sanguinário; cruel.

blood vessel *s* vaso sanguíneo.

blood·y /blʌdi/ *adj* **1** ensanguentado. **2** sangrento. **3** sanguinário. **4** infame; desprezível. (*gr comp* **bloodier**. *gr super* **bloodiest**).

bloom /blu:m/ *s* **1** flor. **2** florescência. **3** frescor; vigor. **4** beleza. **5** vitalidade; juventude. **6** o avermelhado das faces. ‖ *v* (**blooms, blooming, bloomed, bloomed**) **1** florir; florescer. **2** brilhar. **3** surgir; aparecer.

bloom·er /blu:mə/ *s gír* **1** erro crasso. **2** antigos calções femininos para a prática de esporte.

bloom·ing /blu:mɪŋ/ *adj* florescente.

bloom·y /blu:mi/ *adj* **1** florido. **2** viçoso. (*gr comp* **bloomier**. *gr super* **bloomiest**).

blos·som /bla:səm/ *s* **1** flor. **2** floração; florescência. ‖ *v* (**blossoms, blossoming, blossomed, blossomed**) florescer; desenvolver-se.

blos·som·y /bla:səmi/ *adj* florido; em flor.

blot /bla:t/ *s* **1** borrão (de tinta de escrever). **2** mancha; nódoa. **3** rasura; emenda. **4** difamação; desgraça. ‖ *v* (**blots, blotting, blotted, blotted**) **1** manchar; borrar. **2** destruir.

blotch /bla:tʃ/ *s* **1** borrão de tinta. **2** mancha na pele. **3** erupção; pústula. ‖ *v* (**blotches, blotching, blotched, blotched**) manchar; borrar.

blot·ter /bla:tə/ *s* papel absorvente; mata-borrão.

blouse /blaʊs/ *s* blusa.

blow /bloʊ/ *s* **1** golpe; pancada; soco. **2** sopro; assopro. **3** ventania; tempestade. **4** *gír* cocaína. ‖ *v* (**blows, blowing, blew, blown**) **1** soprar. **2** explodir. **3** bafejar. **4** transportar; carregar (pelo vento). **5** impelir. **6** soar; tocar (instrumento de sopro). **7** inchar; inflar. **8** ofegar; bufar. **9** *gír* esbanjar dinheiro. **10** ampliar fotografia. **11** ventar. **12** *fig* ser esquecido. **13** produzir corrente de ar. **14** gabar-se. ♦ **blow up 1** explodir. **2** inflar. **3** perder o controle emocional. **blow out** apagar (vela, fogo, etc.).

blow·er /bloʊə/ *s* **1** assoprador. **2** ventilador. **3** fole. **4** ventoinha.

blow·fly /blouflaɪ/ s mosca-varejeira.

blown /bloun/ v part pass de **blow**.

blow·out /blouaʊt/ s 1 ruptura de pneumático. 2 explosão. 3 gír festança.

blow·pipe /bloupaɪp/ s 1 maçarico de sopro; zarabatana.

blow·up /blouʌp/ s 1 explosão. 2 ampliação fotográfica.

blow·y /bloui/ adj ventoso; tempestuoso. (gr comp **blowier**. gr super **blowiest**).

blub·ber /blʌbə/ v (**blubbers, blubbering, blubbered, blubbered**) desfazer-se em lágrimas; chorar convulsivamente. || s 1 gordura de baleia (e outros animais marinhos). 2 choro; choradeira; pranto. || adj inchado (bochechas).

bludg·eon /blʌdʒən/ s cacete; maça; clava.

blue /blu:/ adj 1 azul. 2 da cor do céu ou do mar. 3 triste; desanimado; melancólico. 4 puritano. || s 1 a cor azul; tinta azul; anil. 2 o céu. 3 o mar. || v (**blues, bluing, blued, blued**) azular; anilar. ♦ **out of the blue** inesperadamente.

blue·ber·ry /blu:beri/ s Bot mirtilo.

blue blood s sangue azul.

blue·print /blu:prɪnt/ s 1 cópia heliográfica. 2 cianotipia. 3 projeto; plano; planta.

blues /blu:z/ s us v pl ou sing 1 melancolia; tristeza. 2 Mús blues.

bluff /blʌf/ s 1 blefe; logro. 2 pessoa que blefa. 3 penhasco; costa; íngreme. || adj íngreme; escarpado. || v (**bluffs, bluffing, bluffed, bluffed**) 1 enganar; iludir. 2 blefar.

blu·ish /blu:ɪʃ/ adj azulado.

blun·der /blʌndə/ v (**blunders, blundering, blundered, blundered**) 1 cometer gafe; cair em erro; dizer asneiras. 2 equivocar-se. || s disparate; erro; gafe.

blun·der·buss /blʌndəbʌs/ s 1 bacamarte. 2 tolo; pateta.

blun·der·er /blʌndərə/ s trapalhão; pessoa desajeitada.

blunt /blʌnt/ adj 1 sem corte; cego. 2 bruto; áspero. 3 insensato; néscio. || v (**blunts, blunting, blunted, blunted**) ficar cego ou sem corte.

blur /blɜ:r/ v (**blurs, blurring, blurred, blurred**) 1 embaçar. 2 nublar. 3 borrar. 4 tornar-se indistinto; obscurecer. || s 1 obscuridade; falta de clareza. 2 borrão; mancha.

blur·ry /blɜ:ri/ adj 1 borrado; manchado. 2 indistinto; obscuro.

blurt /blɜ:rt/ v (**blurts, blurting, blurted, blurted**) falar impensadamente; deixar escapar (segredo).

blush /blʌʃ/ v (**blushes, blushing, blushed, blushed**) 1 corar; ruborizar-se. 2 envergonhar-se. || s 1 rubor; vermelhidão. 2 olhadela.

blush·er /blʌʃə/ s ruge.

blush·ful /blʌʃfəl/ adj 1 corado; ruborizado. 2 envergonhado.

blus·ter /blʌstə/ v (**blusters, blustering, blustered, blustered**) 1 ventar forte. 2 zunir. 3 proferir ameaças. 4 falar alto e de maneira arrogante; vociferar. || s 1 estrondo. 2 vendaval. 3 fúria. 4 vociferação.

boar /bɔ:r/ s 1 porco não castrado. 2 suíno. 3 javali.

board /bɔ:rd/ s 1 tábua; prancha. 2 tabuleiro. 3 tabuleta. 4 quadro onde são afixados cartazes, etc. 5 Comp placa. 6 conselho; junta administrativa. 7 quadronegro. 8 bordo de navio. 9 pensão; comida. || v (**boards, boarding, boarded, boarded**) 1 embarcar. 2 assoalhar. 3 fornecer pensão a; hospedar-se. 4 Náut bordejar. ♦ **boards** palco de teatro. **on board** a bordo.

board·er /bɔ:rdə/ s 1 pensionista. 2 aquele que anda de skate, esqui.

boarding house s pensão.

boarding school s internato.

boast /boust/ s vanglória; ostentação. || v (**boasts, boasting, boasted, boasted**) 1 gabar-se de; orgulhar-se de; vangloriar-se. 2 esculpir grosseiramente (em pedra).

boast·ful /boustfəl/ adj orgulhoso.

boast·ful·ness /boustfəlnəs/ s ostentação.

boat /bout/ s 1 bote; barco. 2 embarcação; navio. || v (**boats, boating, boated, boated**) 1 transportar em barco. 2 embarcar. 3 navegar; andar de bote ou de barco; viajar por água. ♦ **in the same boat** no mesmo barco; na mesma situação que outros.

boat·ing /boʊtɪŋ/ s 1 passeio de barco. 2 transporte marítimo. 3 manejo de um barco.

boat·man /boʊtmən/ s barqueiro.

boat people s pl refugiados.

bob /baːb/ s 1 fio de prumo; pêndulo. 2 flutuador preso à linha de pescar. 3 reverência. 4 batida; pancada leve. 5 cabelo curto (de mulher ou criança). 6 movimento rápido. 7 cacho de cabelo. II v (**bobs, bobbing, bobbed, bobbed**) 1 balançar. 2 inclinar com um movimento rápido. 3 bater de leve. 4 pescar à linha. ♦ **bob up** aparecer de repente.

bob·bin /baːbɪn/ s bobina; carretel.

bobby pin s grampo de cabelo.

bob·sled /baːbsled/ s trenó de corrida.

bode /boʊd/ v pass de bide.

bod·ice /baːdɪs/ s espartilho; cintura de vestido.

bod·i·less /baːdiləs/ adj incorpóreo; imaterial.

bod·i·ly /baːdli/ adj corpóreo; corporal; material. II adv em carne e osso; em pessoa.

bod·kin /baːdkɪn/ s 1 furador. 2 estilete. 3 presilha de cabelo.

bod·y /baːdi/ s 1 corpo. 2 matéria. 3 parte principal. 4 maioria. 5 corporação; entidade. 6 cadáver; carcaça. 7 armação. 8 fuselagem de avião. 9 casco de navio. 10 consistência; densidade. 11 coleção. 12 carroçaria; chassi. (pl bodies). II v (**bodies, bodying, bodied, bodied**) 1 corporificar. 2 incorporar; englobar. 3 dar forma a.

bod·y·guard /baːdigaːrd/ s guarda pessoal; guarda-costas.

bog /baːg/ v (**bogs, bogging, bogged, bogged**) 1 enlamear. 2 atolar. II s pântano; lamaçal; charco.

bo·gey /boʊgi/ s fantasma; espírito mau. (var bogy e bogie).

bog·ey·man /boʊgimæn/ s bicho-papão. (tb bogyman, boogeyman, boogieman, boogyman).

bog·gle /baːgəl/ v (**boggles, boggling, boggled, boggled**) 1 hesitar. 2 recuar.

bog·gy /baːgi/ adj pantanoso; lamacento. (gr comp **boggier**. gr super **boggiest**).

bo·gie /boʊgi/ → bogey.

bo·gus /boʊgəs/ adj falso; adulterado.

bo·gy /boʊgi/ → bogey. (pl bogies)

boil /bɔɪl/ v (**boils, boiling, boiled, boiled**) 1 ferver; aferventar. 2 cozinhar. 3 esterilizar por fervura. 4 excitar-se; enervar-se. II s 1 ebulição; fervura. 2 agitação. 3 furúnculo. ♦ **boil down** condensar; resumir.

boil·er /bɔɪlə/ s 1 caldeira. 2 qualquer recipiente próprio para ferver ou depositar água quente.

boiling point s ponto de ebulição.

bois·ter·ous /bɔɪstərəs/ adj 1 violento. 2 tempestuoso. 3 barulhento.

bois·ter·ous·ness /bɔɪstərəsnəs/ s 1 violência. 2 turbulência; tumulto.

bold /boʊld/ adj 1 corajoso; intrépido. 2 audacioso; ousado. 3 descarado; atrevido. 4 claro; evidente; pronunciado. 5 Tip negrito.

bold·face /boʊldfeɪs/ s e adj Tip negrito.

bold·ness /boʊldnəs/ s coragem; ousadia; audácia.

bole /boʊl/ s 1 tronco de árvore. 2 argila; barro.

Bo·liv·i·a /bəlɪviə/ s Bolívia.

Bo·liv·i·an /bəlɪviən/ adj e s boliviano.

boll /boʊl/ s casulo; cápsula.

Bol·she·vik /boʊlʃəvɪk/ adj bolchevista. II s bolchevique. (pl **Bolsheviks** ou **Bolsheviki**).

Bol·she·vism /boʊlʃəvɪzəm/ s bolchevismo. (tb bolshevism).

Bol·she·vist /boʊlʃəvɪst/ s bolchevista. (tb bolshevist).

bol·ster /boʊlstə/ s 1 travesseiro; almofada. 2 suporte. II v (**bolsters, bolstering, bolstered, bolstered**) apoiar em travesseiros ou almofada.

bolt /boʊlt/ s 1 ferrolho; lingüeta de fechadura. 2 dardo; flecha. 3 relâmpago; raio. 4 partida repentina. 5 parafuso com cabeça e porca. II v (**bolts, bolting, bolted, bolted**) 1 arremessar; disparar. 2 aferrolhar. 3 engolir com pressa sem mastigar. 4 abandonar um partido político.

bolt·er /boʊltə/ s 1 cavalo arisco. 2 peneira; crivo. 3 dissidente de partido político.

bomb /baːm/ s bomba. II v (**bombs, bombing, bombed, bombed**) bombardear.

bom·bard /ba:mbɑːrd/ v (bombards, bombarding, bombarded, bombarded) bombardear. ‖ /bɑːmbɑːrd/ s bombarda.

bom·bar·dier /ba:mbədɪr/ s artilheiro; bombardeiro.

bom·bard·ment /ba:mbɑːrdmənt/ s bombardeio.

bom·bast /bɑːmbæst/ s linguagem bombástica.

bom·bas·tic /ba:mbæstɪk/ adj bombástico; empolado.

bomb·er /bɑːmə-/ s 1 bombardeiro; avião de bombardeio. 2 pessoa que lança bomba.

bomb·shell /bɑːmʃel/ s 1 granada explosiva. 2 fig surpresa espantosa.

bon·bon /bɑːnbɑːn/ s bombom; confeito.

bond /ba:nd/ s 1 elo; vínculo; laço. 2 obrigação moral; compromisso. 3 fiança. 4 fiador. 5 caução. 6 ligação; juntura. 7 pacto; ajuste. 8 contrato. 9 título de dívida. ‖ v (bonds, bonding, bonded, bonded) 1 ligar; unir. 2 penhorar; hipotecar. 3 caucionar. 4 afiançar. ♦ bonds cativeiro.

bond·age /bɑːndɪdʒ/ s 1 servidão; escravidão. 2 cativeiro. 3 sujeição; dependência.

bond·hold·er /bɑːndhoʊldə-/ s obrigacionista.

bond·maid /bɑːndmeɪd/ s escrava; serva.

bond·man /bɑːndmən/ s escravo; servo.

bonds·man /bɑːndzmən/ s 1 fiador. 2 servo; escravo.

bon·ey /boʊni/ → **bony**.

bond·wom·an /bɑːndwʊmən/ s escrava; serva.

bone /boʊn/ s 1 osso. 2 barbatana (de baleia). 3 marfim. 4 qualquer coisa feita de osso ou parecida com osso. ‖ v (bones, boning, boned, boned) 1 desossar. 2 estudar intensamente. ♦ bones 1 esqueleto; ossada; restos mortais. 2 dados. 3 plano; esquema; enredo.

bone·head /boʊnhed/ s inform tolo; estúpido.

bone marrow s medula óssea.

bon·er /boʊnə-/ s inform erro estúpido.

bon·fire /bɑːnfaɪə-/ s fogueira.

bon·net /bɑːnɪt/ s 1 gorro; touca; barrete. 2 tampa de motor. 3 válvula. ‖ v (bonnets, bonneting, bonneted, bonneted) cobrir com gorro, touca.

bon·ny /bɑːni/ adj bonito; formoso; excelente. (gr comp bonnier. gr super bonniest).

bo·nus /boʊnəs/ s bônus; bonificação; abono; prêmio.

bon·y /boʊni/ adj ossudo. (gr comp bonier ou boneyer. gr super boniest ou boneyest. var boney).

boo /buː/ v (boos, booing, booed, booed) vaiar. ‖ s 1 vaia. 2 gír maconha. ‖ interj exclamação de aversão ou desprezo.

boo·by /buːbi/ s pessoa tola; trouxa. (pl boobies).

booby prize s prêmio dado ao último colocado de uma competição.

booby trap s armadilha explosiva.

boo·dle /buːdl/ s 1 dinheiro de suborno; bola. 2 coisas roubadas. 3 grupo de pessoas.

book /bʊk/ s 1 livro. 2 caderno. 3 compêndio. 4 tomo. 5 libreto. 6 texto de peça teatral. 7 bloco; talão. 8 registro de apostas. ‖ v (books, booking, booked, booked) 1 registrar; marcar em livro ou lista. 2 registrar queixa (na polícia). 3 reservar (passagem, entrada para um espetáculo, hotel, etc.). ♦ the Book a Bíblia.

book·bind·er /bʊkbaɪndə-/ s encadernador.

book·bind·er·y /bʊkbaɪndəri/ s oficina de encadernação. (pl bookbinderies).

book·bind·ing /bʊkbaɪndɪŋ/ s encadernação.

book·case /bʊkkeɪs/ s estante para livros.

book·ing /bʊkɪŋ/ s reserva (de passagens, hotel, etc.).

book·ish /bʊkɪʃ/ adj 1 estudioso. 2 teórico; formal. 3 pedante.

book·keep·er /bʊkkiːpə-/ s guarda-livros.

book·keep·ing /bʊkkiːpɪŋ/ s escrituração comercial.

book·let /bʊklət/ s folheto; brochura.

book·mak·er /bʊkmeɪkə-/ s 1 autor ou editor de livros. 2 corretor de apostas.

book·mark /bʊkmɑːrk/ s 1 marcador de livros. 2 Comp marcador; favorito.

book·sell·er /bʊkselə-/ s livreiro.

book·shelf /bʊkʃelf/ s estante; prateleira para livros.

book·shop /bʊkʃɑːp/ s livraria.

book·store /bˈukstɔːr/ s livraria.

book·worm /bˈukwɜːrm/ s 1 traça que ataca os livros. 2 pessoa muito aplicada aos livros.

Bool·e·an /bˈuːliən/ adj booleano; booliano (referente aos valores lógicos verdadeiro, falso, e, ou, não, se, então, exceto).

boom /buːm/ s 1 estrondo. 2 valorização; alta repentina (no comércio). 3 incremento; desenvolvimento (de negócios, de atividade). 4 aumento de popularidade. II v (booms, booming, boomed, boomed) 1 retumbar. 2 valorizar. 3 popularizar. 4 crescer; desenvolver. 5 ressoar; roncar.

boo·mer·ang /bˈuːməræŋ/ s bumerangue.

boon /buːn/ s 1 bênção. 2 favor; mercê; dádiva. II adj alegre.

boor /bʊr/ s pessoa rude, ríspida.

boor·ish /bˈʊrɪʃ/ adj rústico; grosseiro.

boost /buːst/ s 1 ajuda; apoio; impulso para progredir. 2 aumento; alta. II v (boosts, boosting, boosted, boosted) 1 levantar. 2 aumentar.

boot /buːt/ s 1 bota; botina. 2 chute; pontapé. 3 gír demissão. 4 porta-malas de automóvel. 5 Comp inicialização; partida. II v (boots, booting, booted, booted) 1 calçar; pôr botas em. 2 dar pontapé em. 3 despedir; demitir. 4 Comp inicializar.

boot·black /bˈuːtblæk/ s engraxate.

boot disk s Comp disco de inicialização.

boot drive s Comp unidade de partida.

boot·ed /bˈuːtɪd/ adj calçado com botas.

booth /buːð/ s 1 barraca; tenda de feira. 2 cabina (telefônica, para a urna nas eleições, etc.).

boot·jack /bˈuːtdʒæk/ s descalçadeira.

boot·leg /bˈuːtleg/ s 1 cano de bota. 2 produto comercializado ou produzido ilegalmente (geralm bebida alcoólica). II v (bootlegs, bootlegging, bootlegged, bootlegged) vender ou comercializar de forma ilegal.

boot·less /bˈuːtləs/ adj inútil; fútil.

boot·lick·er /bˈuːtlɪkə/ s puxa-saco.

boo·ty /bˈuːti/ s saque; mercadoria ou propriedade roubada; espólio. (pl booties).

booze /buːz/ s gír 1 bebida alcoólica forte. 2 bebedeira. II v (boozes, boozing, boozed, boozed) embriagar-se.

booz·er /bˈuːzə/ s ébrio.

bop /bɑːp/ s 1 Mús tipo de "jazz". 2 soco; murro. II v (bops, bopping, bopped, bopped) 1 bater; golpear. 2 dançar o "bop".

bo·rax /bˈɔːræks/ s 1 bórax. 2 mercadoria barata.

bor·der /bˈɔːrdə/ s 1 borda; margem. 2 fronteira; limite. 3 debrum. 4 Comp borda da janela da aplicação. II v (borders, bordering, bordered, bordered) 1 guarnecer; debruar. 2 confinar; marginar. 3 delimitar.

bor·der·er /bˈɔːrdərə/ s habitante de fronteira.

bor·der·line /bˈɔːrdəlaɪn/ s linha divisória; divisão. II adj duvidoso.

bore /bɔːr/ v (bores, boring, bored, bored) 1 furar; brocar. 2 importunar; incomodar; entediar. 3 pass de bear. II s 1 perfuração; buraco. 2 broca; sonda. 3 calibre (de arma). 4 pessoa ou coisa importuna, enfadonha.

bore·dom /bˈɔːrdəm/ s tédio; aborrecimento.

bor·er /bˈɔːrə/ s perfurador; broca.

bor·ing /bˈɔːrɪŋ/ adj desinteressante; entediante.

born /bɔːrn/ v part pass de bear. II adj 1 nascido; gerado; produzido. 2 nato. ◆ be born nascer.

borne /bɔːrn/ v part pass de bear.

bo·ron /bˈɔːrɑːn/ s Quím boro.

bor·ough /bˈɜːroʊ/ s 1 burgo. 2 circunscrição eleitoral. 3 uma das cinco divisões da cidade de Nova Iorque.

bor·row /bˈɑːroʊ/ v (borrows, borrowing, borrowed, borrowed) tomar emprestado; apropriar-se.

bor·row·er /bˈɑːroʊə/ s aquele que empresta.

bor·row·ing /bˈɑːroʊɪŋ/ s 1 objeto de empréstimo. 2 palavra emprestada de uma língua para ser usada em outra.

bosh /bɑːʃ/ s inform asneira; tolice.

bosk /bɑːsk/ s pequeno bosque.

bosk·y /bˈɑːski/ adj arborizado; sombreado. (gr comp boskier. gr super boskiest).

Bos·ni·an /bˈɑːzniən/ s e adj bósnio.

Bos·ni·a and Her·ze·go·vi·na /bˈɑːzniə ənd hertsəgoʊvˈiːnə/ s Bósnia-Herzegóvina.

bos·om /ˈbuzəm/ s **1** peito; seio. **2** âmago. **3** coração. **4** peitilho. II *adj* do peito; de confiança; estimado.

boss /baːs/ s **1** chefe; superior; patrão. **2** protuberância; bossa. **3** alto-relevo. **4** vaca; bezerro. II *v* (**bosses, bossing, bossed, bossed**) **1** supervisionar; chefiar; mandar. **2** gravar em relevo.

boss·y /ˈbaːsi/ *adj* **1** em alto-relevo. **2** mandão; dominante. (*gr comp* **bossier**. *gr super* **bossiest**).

bo·tan·ic /bəˈtænɪk/ → **botanical**.

bo·tan·i·cal /bəˈtænɪkəl/ *adj* botânico; da botânica. (*var* **botanic**).

bot·a·nist /ˈbaːtənɪst/ s botânico; estudioso de botânica.

bot·a·nize /ˈbaːtənaɪz/ *v* (**botanizes, botanizing, botanized, botanized**) **1** explorar (região) como botânico. **2** estudar plantas; colecionar plantas para estudo.

bot·a·ny /ˈbaːtəni/ s botânica. (*pl* **botanies**).

botch /baːtʃ/ *v* (**botches, botching, botched, botched**) **1** remendar; atamancar. **2** estragar; fazer de qualquer jeito. II *s* remendo tosco. (*pl* **botches**).

botch·er /ˈbaːtʃɚ/ s **1** remendão. **2** mau trabalhador.

botch·y /ˈbaːtʃi/ *adj* remendado; atamancado. (*gr comp* **botchier**. *gr super* **botchiest**).

bot·fly /ˈbaːtflaɪ/ s mosca varejeira.

both /boʊθ/ *adj* ambos; os dois; as duas. II *pron* ambos; ambas. II *adv* juntamente; tanto; bem como. II *conj* não só; tanto que.

both·er /ˈbaːðɚ/ *v* (**bothers, bothering, bothered, bothered**) **1** aborrecer; incomodar. **2** afligir-se; preocupar-se. II *s* contrariedade; preocupação; incômodo.

Bot·swa·na /baːtswaːnə/ s Botsuana.

bot·tle /ˈbaːtl/ s **1** garrafa. **2** frasco; vidro. **3** mamadeira. **4** *inform* bebida alcoólica. II *v* (**bottles, bottling, bottled, bottled**) engarrafar; enfrascar. ◆ **bottle up** conter emoções, sentimentos.

bot·tle·neck /ˈbaːtlnek/ s **1** gargalo de garrafa. **2** passagem estreita. **3** obstrução.

bot·tler /ˈbaːtlɚ/ s **1** engarrafador. **2** máquina de engarrafar.

bot·tom /ˈbaːtəm/ s **1** fundo. **2** parte inferior ou mais baixa. **3** pé; base. **4** fundação;

alicerce. **5** leito (de rio). **6** baixada. **7** assento de cadeira. **8** resistência física (de esportistas, cavalo, etc). **9** *Náut* quilha; casco. **10** navio. **11** âmago; essência; fundamento. II *v* (**bottoms, bottoming, bottomed, bottomed**) **1** pôr fundo ou assento. **2** firmar; alicerçar. **3** fundamentar. **4** pesquisar; aprofundar; basear-se. **5** tocar o fundo. ◆ **bottoms 1** *inform* nádegas; traseiro. **2** aluvião. **3** calça ou short de pijama.

bot·tom·less /ˈbaːtəmləs/ *adj* **1** sem fundo. **2** incompreensível; insondável.

bough /baʊ/ s galho; ramo de árvore.

bought /baːt/ *v pass* e *part pass* de **buy**.

bou·gie /ˈbuːdʒiː/ s *Med* **1** algália; sonda. **2** supositório.

boul·der /ˈboʊldɚ/ s pedra; rocha; bloco de minério. (*var* **bowlder**).

boul·e·vard /ˈbuləvaːrd/ s bulevar.

bounce /baʊns/ s **1** golpe ou pancada pesada e barulhenta. **2** colisão. **3** *gír* expulsão; demissão. **4** vivacidade. II *v* (**bounces, bouncing, bounced, bounced**) **1** repreender. **2** fazer ricochetear. **3** fazer saltar ou pular. **4** expulsar; demitir. **5** *gír* ser devolvido (cheque). **6** recuperar-se rapidamente de uma doença.

bounc·ing /ˈbaʊnsɪŋ/ *adj* **1** saudável. **2** forte; vigoroso. **3** vivaz.

bound /baʊnd/ *adj* **1** ligado; preso; atado. **2** determinado; resolvido; certo. **3** obrigado moralmente. **4** encadernado. **5** constipado (intestino). **6** direcionado. II *s* **1** limite; fronteira. **2** raia; marco; divisa. **3** salto; pulo. **4** ressalto; ricochete. II *v* (**bounds, bounding, bounded, bounded**) **1** saltar; pular. **2** limitar; demarcar. **3** confinar. **4** *pass* e *part pass* de **bind**.

bound·a·ry /ˈbaʊndri/ s limite; fronteira; divisa; marco. (*pl* **boundaries**).

bound·less /ˈbaʊndləs/ *adj* ilimitado; infinito.

bound·less·ness /ˈbaʊndləsnəs/ s imensidade; imensidão.

boun·te·ous /ˈbaʊntiəs/ *adj* **1** liberal. **2** generoso.

boun·ti·ful /ˈbaʊntəfəl/ *adj* **1** liberal. **2** dadivoso; farto.

boun·ty /baʊnti/ s 1 liberalidade; generosidade. 2 subvenção; subsídio. 3 gratificação. (pl **bounties**).

bou·quet /boʊkeɪ/ s 1 buquê. 2 fragrância.

bour·geois /bʊrʒwɑ:/ adj e s burguês. (pl **bourgeois**).

bour·geoi·sie /bʊrʒwɑ:zi:/ s burguesia; classe média.

bourn /bɔ:rn, bʊrn/ s arroio; regato. (var **bourne**).

bourne /bɔ:rn, bʊrn/ → **bourn**.

bourse /bʊrs/ s bolsa de valores.

bout /baʊt/ s competição; contenda.

bou·tique /bu:ti:k/ s butique; boutique.

bo·vine /boʊvaɪn, boʊvi:n/ adj 1 bovino. 2 fig lento; apático. || s bovino.

bow /baʊ/ v (**bows, bowing, bowed, bowed**) 1 curvar; inclinar (a cabeça ou o corpo). 2 reverenciar; cumprimentar. 3 submeter-se. || s 1 reverência; saudação. 2 proa de navio.

bow /boʊ/ s 1 arco (tb de instrumento de corda). 2 arqueiro. 3 curva. 4 laço. 5 arco-íris. || v (**bows, bowing, bowed, bowed**) tocar instrumento de corda com arco.

bow·el /baʊəl/ s geralm us pl 1 intestino. 2 tripa. 3 entranhas.

bow·er /baʊə/ s 1 caramanchão. 2 casa de verão. 3 abrigo, quarto feminino em castelos medievais. 4 Náut âncora.

bowl /boʊl/ s 1 boliche. 2 bola de madeira usada em certos jogos. 3 tigela. 4 taça. 5 vaso. 6 cavidade. 7 anfiteatro; estádio. || v (**bowls, bowling, bowled, bowled**) 1 jogar boliche. 2 atirar a bola (no jogo de críquete, boliche, etc.). 3 fazer rolar pelo chão; deslizar. ♦ **bowls** 1 partida de boliche. 2 jogo de bocha.

bowl·der /boʊldə/ → **boulder**.

bow·leg /boʊleg/ s perna curvada.

bow·leg·ged /boʊlegd/ adj cambaio; de pernas tortas.

bowl·er /boʊlə/ s 1 arremessador da bola (no jogo de críquete ou boliche). 2 chapéu-coco.

bowl·ing /boʊlɪŋ/ s boliche.

bowling ball s bola de boliche.

bow·man /boʊmən/ s arqueiro; flecheiro.

bow saw s serra em arco.

bow tie s gravata-borboleta.

bow·string /boʊstrɪŋ/ s corda de arco.

bow-wow /baʊwaʊ/ s o latido do cão. (tb **bowwow**).

bow·yer /boʊjə/ s fabricante ou vendedor de arcos.

box /bɑ:ks/ s 1 caixa; caixote. 2 arca; baú. 3 a quantidade contida numa caixa. 4 estojo. 5 compartimento pequeno; cabina. 6 camarote. 7 boléia. 8 caixa-forte; cofre. 9 guarita. 10 inform televisão. 11 caixa postal. 12 soco. (pl **boxes**). || v (**boxes, boxing, boxed, boxed**) 1 encaixar; encaixotar. 2 prover de caixa. 3 esbofetear; dar socos em. 4 boxear. 5 limitar área de atuação; bloquear.

box·er /bɑ:ksə/ s boxeador; pugilista.

box·ing /bɑ:ksɪŋ/ s 1 boxe; pugilismo. 2 encaixotamento; material para fazer caixas, etc.

box office s bilheteria de teatro, cinema, etc.

box stall s cocheira para um único animal.

boy /bɔɪ/ s 1 menino; garoto; rapaz; moço. 2 filho. 3 empregado; criado. 4 homem imaturo.

boy·cott /bɔɪkɑ:t/ s boicote. || v (**boycotts, boycotting, boycotted, boycotted**) boicotar.

boy·friend /bɔɪfrend/ s 1 amigo. 2 namorado. (tb **boy friend**).

boy·hood /bɔɪhʊd/ s infância; meninice.

boy·ish /bɔɪɪʃ/ adj infantil; pueril; de menino.

boy·ish·ness /bɔɪɪʃnəs/ s infantilidade; puerilidade.

Boy Scout s escoteiro.

bo·zo /boʊzoʊ/ s 1 sujeito; pessoa. 2 bobo; tolo.

bpi abrev Comp de **bits per inch**; bits por polegada.

bps abrev Comp de **bits per second**; bits por segundo.

bra /brɑ:/ s sutiã.

brace /breɪs/ s 1 gancho. 2 braçadeira. 3 junção. 4 fivela. 5 cinta. 6 reforço. 7 suporte; esteio. 8 escora. 9 Mús e Tip chave; colchete. || v (**braces, bracing, braced, braced**) 1 atar; ligar. 2 reforçar; fortalecer. 3 fixar; segurar. 4 revigorar; estimular. ♦ **braces** aparelho corretivo para os dentes.

brace·let /breɪslət/ s 1 bracelete. 2 algema.

brac·er /breɪsə·/ s 1 braçadeira. 2 suporte. 3 gancho. 4 *inform* bebida alcoólica.

brac·ing /breɪsɪn/ *adj* estimulante; fortificante; tônico. || s amarração; suporte.

brack·et /brækɪt/ s 1 consolo (de madeira, pedra, etc.). 2 braçadeira. 3 prateleira fixa por braçadeiras. 4 grupo; conjunto. 5 parêntese; colchete (sinal gráfico). || v (**brackets, bracketing, bracketed, bracketed**) 1 apoiar ou decorar com consolo. 2 pôr entre parênteses, colchetes.

brack·ish /brækɪʃ/ *adj* 1 salobro. 2 intragável; desagradável.

brad /bræd/ s prego sem cabeça.

brad·awl /brædɑːl/ s furador; punção; sovela.

brag /bræg/ s 1 ostentação; jactância. 2 discurso arrogante. || v (**brags, bragging, bragged, bragged**) 1 alardear; gabar-se de. 2 vangloriar-se de; blasonar.

braid /breɪd/ s 1 trança. 2 galão; fita. || v (**braids, braiding, braided, braided**) 1 trançar; entrelaçar. 2 amarrar; guarnecer com fitas.

braid·ing /breɪdɪn/ s debrum; bordado; enfeite.

brain /breɪn/ s 1 cérebro; miolo. 2 pessoa muito inteligente. ♦ **brains** inteligência; intelecto.

brain·case /breɪnkeɪs/ s caixa craniana.

brain death s morte cerebral.

brain·less /breɪnləs/ *adj* desmiolado; idiota; irracional.

brain·sick /breɪnsɪk/ *adj* insano; doido; insensato.

brain·storm /breɪnstɔːrm/ s 1 idéia instantânea. 2 organização de idéias para a solução de um problema. 3 insanidade temporária.

brain·y /breɪni/ *adj* inteligente; esperto. (*gr comp* **brainier**. *gr super* **brainiest**).

braise /breɪz/ v (**braises, braising, braised, braised**) refogar; guisar.

brake /breɪk/ s freio; breque. || v (**brakes, braking, braked, braked**) brecar; frear.

brake·man /breɪkmən/ s guarda-freios.

bram·ble /bræmbəl/ s espinheiro.

bran /bræn/ s farelo.

branch /bræntʃ/ s 1 galho; ramo. 2 ramificação. 3 seção; subdivisão. 4 ramal. 5 braço de rio. 6 filial; agência. 7 descendência. || v (**branches, branching, branched, branched**) ramificar.

bran·chi·a /bræŋkiə/ s brânquia; guelra. (*pl* **branchiae** /bræŋkiː/).

branch·y /bræntʃi/ *adj* ramificado; galhudo; ramoso.

brand /brænd/ s 1 marca registrada. 2 tipo. 3 ferrete; estigma. 4 espada. || v (**brands, branding, branded, branded**) marcar a ferro quente; ferretear; estigmatizar.

bran·dish /brændɪʃ/ v (**brandishes, brandishing, brandished, brandished**) 1 mostrar. 2 agitar; acenar.

brand-new /brændnuː/ *adj* novo em folha.

bran·dy /brændi/ s conhaque; aguardente de frutas. (*pl* **brandies**).

brash /bræʃ/ *adj* 1 quebradiço; frágil. 2 presunçoso; impetuoso. || s entulho; escombros.

brass /bræs/ s 1 latão. 2 bronze. 3 utensílio, ornamento ou instrumento musical de bronze ou latão.

bras·siere /brəzɪr/ s sutiã.

brass·y /bræsi/ *adj* de latão ou bronze. (*gr comp* **brassier**. *gr super* **brassiest**).

brat /bræt/ s pirralho; criança mimada.

brave /breɪv/ *adj* 1 bravo; valente; corajoso. 2 belo; magnífico. || s 1 pessoa valente; bravo. 2 guerreiro índio. || v (**braves, braving, braved, braved**) enfrentar; desafiar; encorajar.

brav·er·y /breɪvəri/ s 1 bravura; coragem; audácia. 2 ostentação; pompa. (*pl* **braveries**).

bra·vo /brɑːvoʊ/ *interj* bravo.

brawl /brɑːl/ s 1 briga; disputa. 2 alvoroço. 3 festa barulhenta. || v (**brawls, brawling, brawled, brawled**) 1 discutir; brigar. 2 alvoroçar.

brawl·er /brɑːlə·/ s discutidor; encrenqueiro; brigão.

brawn /brɑːn/ s 1 músculo. 2 força muscular; vigor.

brawn·y /brɑːni/ *adj* musculoso; forte; vigoroso. (*gr comp* **brawnier**. *gr super* **brawniest**).

bray /breɪ/ v (brays, braying, brayed, brayed) 1 zurrar. 2 moer; triturar. ‖ s zurro.

braze /breɪz/ v (brazes, brazing, brazed, brazed) 1 bronzear. 2 ornamentar ou revestir com bronze ou latão. 3 soldar.

bra·zen /breɪzən/ adj 1 de bronze ou de latão. 2 como bronze ou latão. 3 descarado; impudente. ‖ v (brazens, brazening, brazened, brazened) enfrentar com coragem ou audácia.

bra·zen·faced /breɪzənfeɪst/ adj atrevido; insolente; descarado.

bra·zen·ness /breɪzənnəs/ s descaramento; impudência.

Bra·zil /brəzɪl/ s Brasil.

Bra·zil·i·an /brəzɪljən/ adj e s brasileiro.

Bra·zil nut s 1 castanha-do-pará. 2 castanheira-do-pará.

bra·zil·wood /brəzɪlwʊd/ s pau-brasil.

breach /briːtʃ/ s 1 brecha; ruptura; quebra. 2 infração; violação. 3 rompimento de relações. 4 quebra de vagalhões. 5 salto de baleia para fora da água. ‖ v (breaches, breaching, breached, breached) 1 fazer brecha em. 2 violar; infringir. ♦ **breach of promise** quebra de promessa matrimonial.

bread /bred/ s 1 pão. 2 alimento. 3 sustento diário. 4 emprego; ganha-pão. 5 gír dinheiro. ♦ **bread and butter** 1 pão com manteiga. 2 inform ganha-pão.

bread·bas·ket /bredbæskɪt/ s 1 cesto de pão. 2 gír estômago. 3 região produtora de grãos.

breadth /bretθ/ s 1 largura. 2 tolerância; compreensão. 3 extensão; amplitude.

breadth·ways /bretθweɪz/ adv transversalmente; em largura. (var breadthwise).

breadth·wise /bretθwaɪz/ → breadthways.

bread·win·ner /bredwɪnə/ s arrimo de família.

break /breɪk/ s 1 quebra; ruptura; rompimento. 2 fratura. 3 pausa; interrupção. 4 lacuna; falha. 5 freio; breque. 6 Eletr interrupção em circuito. 7 baixa repentina de preços. 8 mudança brusca. 9 início; começo. 10 Geol falha; vão. 11 fig ruína; quebra; falência. 12 chance; oportunidade. 13 gír falha; rata; gafe. 14 fuga de prisão. ‖ v (breaks, breaking, broke, broken) 1 quebrar; partir. 2 fraturar. 3 despedaçar. 4 transgredir; violar. 5 degradar; rebaixar. 6 arrombar. 7 interromper. 8 ultrapassar. 9 desligar. 10 dividir; separar. 11 enfraquecer. 12 domar; subjugar. 13 falir. 14 cessar; parar. 15 Jur invalidar. 16 extinguir. 17 estourar. 18 surgir. 19 pôr um fim. 20 penetrar; perfurar. 21 mudar repentinamente. 22 baixar subitamente (os preços na Bolsa). 23 Mús mudar de tom. 24 fugir da prisão. 25 revelar; divulgar uma notícia ou história. 26 quebrar um código ♦ **break away** 1 romper. 2 escapar. **break down** 1 quebrar; despedaçar. 2 falhar; parar de funcionar. **break in** 1 invadir; entrar à força. 2 interromper. **break off** parar de modo abrupto; descontinuar.

break·a·ble /breɪkəbəl/ adj quebradiço; frágil.

break·age /breɪkɪdʒ/ s 1 rotura; fratura. 2 dano ou perda causados por quebra. 3 indenização por perda ou dano.

breakbone fever s dengue.

break·down /breɪkdaʊn/ s 1 colapso. 2 prostração; fadiga; depressão. 3 interrupção; separação. 4 análise.

break·er /breɪkə/ s 1 Eletr interruptor; disjuntor. 2 quebrador. 3 britadeira.

break·fast /brekfəst/ s café da manhã; desjejum. ‖ v (breakfasts, breakfasting, breakfasted, breakfasted) dar ou tomar café da manhã.

break·neck /breɪknek/ adj arriscado; perigoso.

break·wa·ter /breɪkwɑːtə/ s quebra-mar.

breast /brest/ s 1 peito; seio; caixa torácica. 2 peitilho. 3 coração. ‖ v (breasts, breasting, breasted, breasted) opor-se a; enfrentar.

breast·bone /brestboʊn/ s Anat esterno.

breast-feed /brestfiːd/ v (breast-feeds, breast-feeding, breast-fed, breast-fed) amamentar.

breath /breθ/ s 1 respiração. 2 fôlego. 3 bafo; hálito. 4 pausa. 5 exalação. 6 sussurro; murmúrio. 7 aroma; cheiro. 8 instante; momento. ♦ **out of breath** sem fôlego.

breath·a·ble /briːðəbəl/ *adj* respirável.

breathe /briːð/ *v* (breathes, breathing, breathed, breathed) 1 respirar. 2 exalar. 3 inalar. 4 tomar fôlego. 5 falar ou soprar suavemente. 6 mostrar; sugerir. 7 descansar. 8 viver.

breath·ing /briːðɪŋ/ *s* 1 respiração; fôlego. 2 aspiração (fonética).

breath·less /breθləs/ *adj* 1 ofegante; esbaforido. 2 inanimado; morto. 3 ansioso. 4 sem brisa; abafado.

breath·tak·ing /breθteɪkɪŋ/ *adj* empolgante; de tirar o fôlego.

breech /briːtʃ/ *s* nádegas; traseiro. ♦ breeches calça corsário.

breech·ing /briːtʃɪŋ/ *s* 1 retranca. 2 rabicho. 3 *Náut* cabo para amarrar as armas de fogo.

breed /briːd/ *v* (breeds, breeding, bred, bred) 1 gerar; produzir; procriar. 2 incubar; chocar. 3 criar (animais). II *s* raça; estirpe; linhagem.

breed·er /briːdər/ *s* 1 criador de animais. 2 fonte; origem; causa. 3 animal reprodutor.

breed·ing /briːdɪŋ/ *s* 1 descendência. 2 educação; civilidade. 3 procriação.

breeze /briːz/ *s* 1 brisa. 2 *gír* algo fácil de ser feito. II *v* (breezes, breezing, breezed, breezed) ventar moderadamente.

breez·y /briːzi/ *adj* 1 fresco; arejado. 2 vivo; animado. (*gr comp* breezier. *gr super* breeziest).

bre·vet /brevɪt/ *s* patente ou graduação honorária de oficial.

bre·vi·ar·y /brevieri/ *s* breviário. (*pl* breviaries).

brev·i·ty /brevəti/ *s* brevidade; concisão.

brew /bruː/ *s* 1 bebida fermentada ou fervida. 2 infusão. 3 mistura. 4 processo de preparo de bebidas fermentadas. II *v* (brews, brewing, brewed, brewed) 1 fazer cerveja. 2 fazer bebida por fermentação. 3 *fig* tramar; planejar.

brew·er /bruːər/ *s* cervejeiro.

brew·er·y /bruːəri/ *s* cervejaria. (*pl* breweries).

bribe /braɪb/ *s* suborno. II *v* (bribes, bribing, bribed, bribed) subornar.

brib·er /braɪbər/ *s* subornador.

brib·er·y /braɪbəri/ *s* suborno. (*pl* briberies).

brick /brɪk/ *s* 1 tijolo. 2 qualquer objeto com formato de tijolo. 3 *inform* pessoa confiável. (*pl* bricks ou brick). II *v* (bricks, bricking, bricked, bricked) construir, pavimentar com tijolos.

brick·lay·er /brɪkleɪər/ *s* pedreiro; assentador de tijolos.

brick·work /brɪkwɜːrk/ *s* obra de alvenaria.

bri·dal /braɪdəl/ *adj* nupcial; de noiva. II *s* cerimônia de casamento.

bride /braɪd/ *s* 1 noiva no dia do casamento. 2 mulher recém-casada.

bride·groom /braɪdgruːm/ *s* 1 noivo no dia do casamento. 2 homem recém-casado.

brides·maid /braɪdzmeɪd/ *s* dama de honra.

bridge /brɪdʒ/ *s* 1 *tb Eletr* e *Odont* ponte. 2 canal do nariz. 3 cavalete. 4 jogo de cartas. II *v* (bridges, bridging, bridged, bridged) 1 construir uma ponte. 2 atravessar por uma ponte.

bri·dle /braɪdl/ *s* 1 rédea. 2 *fig* restrição; sujeição. II *v* (bridles, bridling, bridled, bridled) 1 pôr rédea em. 2 restringir; controlar.

brief /briːf/ *adj* 1 breve; curto. 2 conciso; resumido. II *s* 1 breve pontifício. 2 sumário; resumo; síntese. II *v* (briefs, briefing, briefed, briefed) abreviar; resumir.

brief·ly /briːfli/ *adv* concisamente; resumidamente.

brief·ness /briːfnəs/ *s* brevidade; concisão.

bri·gade /brɪgeɪd/ *s* brigada; organização; grupo.

brig·a·dier /brɪgədɪr/ *s* oficial que detém o posto de brigadeiro.

brig·and /brɪgənd/ *s* bandoleiro; bandido.

bright /braɪt/ *adj* 1 brilhante; luminoso. 2 claro; vivo. 3 inteligente. 4 perspicaz. 5 alegre; animado. 6 ilustre; famoso.

bright·en /braɪtən/ *v* (brightens, brightening, brightened, brightened) 1 iluminar; brilhar. 2 polir; lustrar. 3 avivar; animar.

bright·ness /braɪtnəs/ *s* 1 brilho; fulgor; claridade. 2 polimento. 3 animação; alegria; vivacidade.

bril·liance /brɪljəns/ s 1 brilho; esplendor. 2 magnificência. 3 habilidade; talento.

bril·liant /brɪljənt/ adj 1 brilhante; fulgurante. 2 esplêndido; magnífico. 3 ilustre; talentoso. ‖ s diamante; brilhante.

brim /brɪm/ s 1 aba. 2 beira; borda. ‖ v (brims, brimming, brimmed, brimmed) encher até a borda.

brim·ful /brɪmfʊl, brɪmfʊl/ adj cheio até as bordas.

brin·dle /brɪndl/ s animal malhado.

brin·dled /brɪndld/ adj malhado; pintado.

brine /braɪn/ s 1 salmoura. 2 água do mar.

bring /brɪŋ/ v (brings, bringing, brought, brought) 1 trazer; levar; conduzir. 2 induzir; persuadir. 3 atrair. 4 causar. 5 Jur vender por. ♦ bring back 1 trazer de volta; retornar. 2 lembrar. bring forward 1 sugerir. 2 antecipar. bring home levar para casa. bring in 1 lucrar. 2 produzir. 3 Jur apresentar perante a corte. 4 levar para dentro de algum lugar. bring off 1 resgatar; salvar. 2 ter êxito. bring out apresentar; revelar. bring up 1 levar para cima. 2 mencionar.

brink /brɪŋk/ s 1 beira (de precipício). 2 margem; orla. 3 véspera.

brin·y /braɪni/ adj salgado. (gr comp brinier. gr super briniest.)

brisk /brɪsk/ adj 1 vivo; animado. 2 estimulante; agradável. 3 ativo; rápido.

bris·ket /brɪskɪt/ s peito (de animal).

brisk·ness /brɪsknəs/ s vivacidade; vigor.

bris·tle /brɪsəl/ s cerda; pêlo rijo. ‖ v (bristles, bristling, bristled, bristled) eriçar; arrepiar.

bris·tly /brɪsli/ adj 1 eriçado; arrepiado. 2 coberto com cerdas. (gr comp bristlier. gr super bristliest.)

Brit·ain /brɪtən/ s Grã-Bretanha; Inglaterra.

Bri·tan·nic /brɪtænɪk/ adj britânico.

Brit·i·cism /brɪtɪsɪzəm/ s anglicismo.

Brit·ish /brɪtɪʃ/ adj e s britânico.

Brit·on /brɪtən/ s bretão.

brit·tle /brɪtl/ adj 1 quebradiço; frágil. 2 instável. 3 irritadiço.

brit·tle·ness /brɪtlnəs/ s fragilidade.

broach /broʊtʃ/ s 1 furador; sovela; broca. 2 espeto. 3 Mec mandril. ‖ v (broaches,

broaching, broached, broached) 1 perfurar. 2 espetar. 3 anunciar.

broad /brɑːd/ adj 1 largo; vasto; amplo; extenso. 2 geral; abrangente. 3 claro; óbvio; explícito. 4 Ling aberta (vogal). 5 tolerante. ‖ s 1 a parte mais larga de alguma coisa. 2 gír mulher; garota.

broad·band /brɑːdbænd/ s Tel banda larga.

broad·cast /brɑːdkæst/ v (broadcasts, broadcasting, broadcast/broadcasted, broadcast/broadcasted) 1 transmitir; anunciar por rádio ou televisão. 2 divulgar; difundir. 3 semear à mão. 4 estar no ar (programa de rádio ou televisão). ‖ adj 1 semeado à mão. 2 transmitido pelo rádio ou televisão. 3 difundido. ‖ s 1 transmissão de programas de rádio ou televisão. 2 semeadura à mão.

broad·en /brɑːdn/ v (broadens, broadening, broadened, broadened) alargar; ampliar.

broad·ly /brɑːdli/ adv 1 amplamente; de um modo geral. 2 francamente.

broad·mind·ed /brɑːdmaɪndɪd/ adj tolerante; liberal.

broad·mind·ed·ness /brɑːdmaɪndɪdnəs/ s 1 tolerância. 2 liberalidade.

bro·cade /broʊkeɪd/ s brocado.

broc·co·li /brɑːkəli/ s brócolos.

bro·chure /broʊʃʊr/ s brochura; panfleto; folheto.

broil /brɔɪl/ v (broils, broiling, broiled, broiled) 1 grelhar. 2 torrar. 3 expor a calor excessivo. 4 inflamar. 5 discutir; brigar. ‖ s 1 ato de grelhar. 2 carne grelhada. 3 tumulto; briga.

broil·er /brɔɪlə/ s 1 grelha. 2 frango preparado para assar.

broke /broʊk/ v pass de break. ‖ adj inform quebrado; sem dinheiro; falido.

bro·ken /broʊkən/ v part pass de break. ‖ adj 1 quebrado. 2 fraturado. 3 rompido. 4 incompleto. 5 enfraquecido. 6 falido. 7 arruinado; destruído.

bro·ken·ness /broʊkənnəs/ s 1 interrupção. 2 ruína; destruição.

bro·ker /broʊkə/ s corretor; agente; intermediário.

bro·ker·age /broʊkərɪdʒ/ s corretagem.

bro·mate /broʊmeɪt/ s Quím bromato.

bron·chi /brɑːŋkiː, brɑːŋkaɪ/ *s Anat pl* de **bronchus**; brônquios.

bron·chi·tis /brɑːŋkaɪtɪs/ *s Med* bronquite.

bronze /brɑːnz/ *s* 1 bronze. 2 objeto feito de bronze. 3 cor de bronze. ‖ *adj* 1 de bronze. 2 bronzeado.

Bronze Age *s* Idade do Bronze.

brooch /broʊtʃ, bruːtʃ/ *s* broche.

brood /bruːd/ *v* (**broods, brooding, brooded, brooded**) 1 chocar; incubar. 2 meditar. 3 proteger os filhotes com as asas. ‖ *s* 1 ninhada; filhotes; prole. 2 geração.

brood·y /bruːdi/ *adj* 1 choca (galinha). 2 taciturno; pensativo; concentrado. (*gr comp* **broodier**. *gr super* **broodiest**).

brook /brʊk/ *s* riacho; córrego. ‖ *v* (**brooks, brooking, brooked, brooked**) suportar; tolerar.

broom /bruːm/ *s* vassoura. ‖ *v* (**brooms, brooming, broomed, broomed**) varrer.

broom·stick /bruːmstɪk/ *s* cabo de vassoura.

broth /brɑːθ/ *s* caldo; sopa rala.

broth·el /brɑːθəl/ *s* bordel; prostíbulo.

broth·er /brʌðər/ *s* 1 irmão. 2 amigo íntimo. 3 companheiro. 4 confrade.

broth·er·hood /brʌðərhʊd/ *s* 1 parentesco de irmãos. 2 irmandade; fraternidade; confraria.

broth·er·in·law /brʌðərɪnlɑː/ *s* cunhado. (*pl* **brothers-in-law**).

broth·er·li·ness /brʌðərlɪnəs/ *s* fraternidade.

broth·er·ly /brʌðərli/ *adj* fraternal; fraterno. ‖ *adv* fraternalmente.

brougham /broʊm/ *s* cupê.

brought /brɑːt/ *v pass* e *part pass* de **bring**.

brow /braʊ/ *s* 1 sobrancelha; supercílio. 2 fronte; testa. 3 semblante; fisionomia. 4 cume; borda (de penhasco).

brow·beat /braʊbiːt/ *v* (**browbeats, browbeating, browbeat, browbeaten**) intimidar; oprimir.

brown /braʊn/ *adj* 1 castanho; marrom. 2 moreno; extremamente bronzeado. ‖ *s* castanho (cor). ‖ *v* (**browns, browning, browned, browned**) 1 tornar-se marrom. 2 assar até dourar bem.

brown bread *s* pão integral.

brown·ie /braʊni/ *s* 1 duende do bem. 2 menina escoteira; bandeirante. 3 bolinho de chocolate com castanhas.

brown·ish /braʊnɪʃ/ *adj* acastanhado; amarronzado.

brown rice *s* arroz integral.

brown sugar *s* açúcar mascavo.

browse /braʊz/ *v* (**browses, browsing, browsed, browsed**) 1 *tb Comp* procurar; pesquisar. 2 folhear; ler superficialmente. 3 pastar. ‖ *s* 1 brotos; rebentos; pastagem. 2 o ato de pesquisar aleatoriamente.

brows·er /braʊzər/ *s Comp* navegador.

bruise /bruːz/ *s* 1 contusão; machucado. 2 mágoa. ‖ *v* (**bruises, bruising, bruised, bruised**) 1 machucar; contundir. 2 magoar.

bruis·er /bruːzər/ *s* homem grande e pesado.

bru·mal /bruːməl/ *adj* invernal; brumal.

brume /bruːm/ *s* bruma; nevoeiro.

bru·mous /bruːməs/ *adj* brumoso; nevoento.

Bru·nei /bruːnaɪ/ *s* Brunei.

Bru·nei·an /bruːnaɪən/ *s* e *adj* bruneano.

bru·net /bruːnet/ *adj* 1 escuro. 2 moreno; de cabelo escuro. ‖ *s* pessoa de cabelo escuro.

bru·nette /bruːnet/ *adj* de cabelo escuro. ‖ *s* morena; mulher ou menina de cabelo escuro.

brush /brʌʃ/ *v* (**brushes, brushing, brushed, brushed**) 1 escovar. 2 esbarrar; roçar. ‖ *s* 1 escova. 2 pincel; broxa. 3 cauda de raposa. 4 ato de escovar. 5 matagal. ♦ **brush off** romper relações com alguém; mandar embora.

brush·wood /brʌʃwʊd/ *s* 1 mato; matagal. 2 galhos; gravetos.

brusk /brʌsk/ → **brusque**.

brusque /brʌsk/ *adj* brusco; áspero; rude; grosseiro. (*var* **brusk**).

brusque·ly /brʌskli/ *adv* bruscamente.

Brus·sels sprouts /brʌsəlz spraʊts/ *s* couve-de-bruxelas.

bru·tal /bruːtəl/ *adj* brutal; rude; cruel; feroz.

bru·tal·i·ty /bruːtæləti/ *s* brutalidade; rudeza; crueldade. (*pl* **brutalities**).

bru·tal·i·za·tion /bru:tæləzeɪʃən/ s embrutecimento.

bru·tal·ize /bru:tlaɪz/ v (**brutalizes, brutalizing, brutalized, brutalized**) 1 brutalizar; embrutecer-se. 2 tratar cruelmente.

brute /bru:t/ adj 1 bruto. 2 irracional. 3 cruel. ǁ s 1 besta; animal irracional. 2 pessoa bruta, cruel.

brut·ish /bru:tɪʃ/ adj 1 bestial; animalesco. 2 selvagem; estúpido; rude.

brux·ism /brʌksɪzəm/ s bruxismo.

B-side /bi:saɪd/ s lado B (de um disco).

bub·ble /bʌbəl/ s 1 bolha; borbulha. 2 borbulho; murmúrio. 3 ilusão; quimera. ǁ v (**bubbles, bubbling, bubbled, bubbled**) fazer bolhas; borbulhar; efervescer.

bubble gum s goma de mascar.

bub·bly /bʌbli/ adj borbulhante; espumante.

bu·bon·ic plague /bju:bɑ:nɪk pleɪg/ s peste bubônica.

buc·cal /bʌkəl/ adj bucal; oral; relativo à face.

buc·ca·neer /bʌkənɪr/ s bucaneiro; pirata.

buck /bʌk/ s 1 macho de alguns animais (antílope, coelho, etc.). 2 jovem robusto. 3 homem convencido, orgulhoso. 4 inform dólar. 5 bancada; cavalete. ǁ adj de grau militar mais baixo. ǁ v (**bucks, bucking, bucked, bucked**) 1 saltar; pular; pinotear. 2 empacar; dar trancos. 3 dar coices. 4 opor; teimar. ♦ **buck up** animar.

buck·et /bʌkɪt/ s 1 balde; tina. 2 o conteúdo de um balde. ǁ v (**buckets, bucketing, bucketed, bucketed**) 1 carregar; encher (um balde). 2 cavalgar arduamente. 3 mover-se rapidamente.

buck·le /bʌkəl/ v (**buckles, buckling, buckled, buckled**) 1 afivelar. 2 vergar; empenar; entortar. 3 dobrar-se. 4 sucumbir. ǁ s fivela (de cinto, sapato, etc.). ♦ **buckle up** usar cinto de segurança.

buck·ler /bʌklɚ/ s 1 escudo; broquel. 2 defesa. ǁ v (**bucklers, bucklering, bucklered, bucklered**) escudar; proteger.

buck·skin /bʌkskɪn/ s pele de gamo; camurça. ♦ **buckskins** sapatos ou calças de camurça.

bu·col·ic /bju:kɑ:lɪk/ adj bucólico; pastoril; campestre; rústico. ǁ s camponês; pastor; fazendeiro.

bud /bʌd/ s 1 botão; rebento; broto. 2 estado inicial. 3 embrião. 4 inform companheiro; colega. ǁ v (**buds, budding, budded, budded**) 1 germinar; brotar. 2 enxertar.

Bud·dhism /bu:dɪzəm/ s budismo.

Bud·dhist /bu:dɪst/ adj e s budista.

bud·dy /bʌdi/ s companheiro; colega; camarada. (pl **buddies**).

budge /bʌdʒ/ v (**budges, budging, budged, budged**) mexer; mover; remover. ǁ s pele de carneiro usada na confecção de roupas.

budg·et /bʌdʒɪt/ s 1 orçamento. 2 receita; verba. 3 soma de dinheiro. 4 planejamento de gastos. ǁ v (**budgets, budgeting, budgeted, budgeted**) 1 planejar orçamento. 2 utilizar receita.

buff /bʌf/ s 1 couro de búfalo. 2 cor amarelada; cor de camurça. 3 inform conhecedor. 4 disco de camurça usado em máquinas de polimento. ǁ v (**buffs, buffing, buffed, buffed**) polir com camurça ou similares.

buf·fa·lo /bʌfəloʊ/ s búfalo. (pl **buffalo, buffaloes** ou **buffalos**).

buff·er /bʌfɚ/ s 1 pára-choque. 2 disco de camurça para polir; polidor. 3 Comp registro ou memória temporária.

buf·fet /bʌfɪt/ v (**buffets, buffeting, buffeted, buffeted**) esbofetear; bater. ǁ s 1 bofetada; tapa. 2 /bəfeɪ/ bufê; aparador; guarda-louça. 3 restaurante tipo bufê. 4 bufê; mesa para servir iguarias.

buffing wheel s disco usado em máquinas de polimento.

buf·foon /bəfu:n/ s bufão; palhaço.

bug /bʌg/ s 1 bicho; inseto; besouro. 2 micróbio; bacilo. 3 doença produzida por microorganismos. 4 Comp falha; defeito; pane.

bug·a·boo /bʌgəbu:/ s fantasma; bicho-papão. (var **bugbear**).

bug·bear /bʌgber/ → **bugaboo**.

bug·gy /bʌgi/ adj infestado de bichos, insetos. (gr comp **buggier**. gr super **buggiest**). ǁ s 1 carruagem leve com quatro rodas e puxada por um cavalo. 2 carrinho de bebê. (pl **buggies**).

bu·gle /bju:gəl/ s clarim; corneta.

B

build /bɪld/ v (builds, building, built, built) 1 construir; edificar. 2 desenvolver. 3 aumentar, crescer gradualmente. 4 estabelecer; fundar; basear. ◆ build up acumular.

build·er /bɪldə-/ s construtor; edificador.

build·ing /bɪldɪŋ/ s construção; edificação; prédio.

build·up /bɪldʌp/ s crescimento; desenvolvimento.

built /bɪlt/ v pass e part pass de build. II adj inform de corpo bonito, atraente.

bulb /bʌlb/ s 1 bulbo; bolbo; cebola. 2 lâmpada elétrica.

bul·bous /bʌlbəs/ adj bulboso; inchado.

Bul·gar·i·a /bʌlgeriə/ s Bulgária.

Bul·gar·i·an /bʌlgeriən/ adj e s búlgaro.

bulge /bʌldʒ/ v (bulges, bulging, bulged, bulged) 1 tornar saliente. 2 inchar; intumescer. II s 1 bojo. 2 saliência. 3 protuberância.

bu·lim·i·a /bjuːliːmiə/ s apetite insaciável; bulimia.

bulk /bʌlk/ s 1 corpo volumoso. 2 grandeza; tamanho; massa; volume. 3 Náut carregamento de um navio. 4 parte principal. II v (bulks, bulking, bulked, bulked) 1 amontoar; empilhar. 2 crescer; avultar.

bulk·i·ness /bʌlkɪnəs/ s volume; tamanho.

bulk·y /bʌlki/ adj volumoso; corpulento. (gr comp bulkier. gr super bulkiest).

bull /bʊl/ s 1 touro. 2 macho de grandes mamíferos (elefante, jacaré, etc.). 3 especulador da bolsa de valores. 4 bula papal. 5 pessoa muito forte e rude. 6 conversa fiada. 7 gír policial; detetive.

bull·dog /bʊldɑːg/ s 1 buldogue. 2 revólver de grande calibre.

bull·doz·er /bʊldouzə-/ s buldôzer; escavadora mecânica.

bul·let /bʊlɪt/ s bala; projétil.

bul·le·tin /bʊlətɪn/ s boletim; comunicado.

bul·let·proof /bʊlɪtpruːf/ adj à prova de balas.

bullet train s trem bala.

bull·fight /bʊlfaɪt/ s tourada.

bull·fight·er /bʊlfaɪtə-/ s toureiro.

bull·head·ed /bʊlhedɪd/ adj obstinado; teimoso.

bull's-eye /bʊlzaɪ/ s 1 alvo; centro. 2 clarabóia. 3 lanterna; farolete. (tb bull's eye).

bul·ly /bʊli/ s tirano; capanga. (pl bullies). II v (bullies, bullying, bullied, bullied) 1 intimidar; ameaçar. 2 maltratar.

bul·rush /bʊlrʌʃ/ s Bot junco.

bul·wark /bʊlwə-k/ s 1 muralha. 2 quebramar. 3 Náut amurada de navio. II v (bulwarks, bulwarking, bulwarked, bulwarked) 1 fortificar com uma muralha. 2 proteger; defender.

bum /bʌm/ s 1 vagabundo. 2 pessoa incompetente. II v (bums, bumming, bummed, bummed) vadiar; ficar à toa. II adj 1 inferior. 2 desagradável.

bum·ble /bʌmbəl/ s som sibilante; zunido. II v (bumbles, bumbling, bumbled, bumbled) 1 gaguejar. 2 agir ou mover-se desajeitadamente.

bum·ble·bee /bʌmbəlbiː/ s mamangaba; abelha grande.

bum·mer /bʌmə-/ s 1 falha. 2 gír reação adversa a um alucinógeno. 3 pessoa ou coisa desagradável.

bump /bʌmp/ s 1 choque; pancada; impacto. 2 solavanco. 3 saliência. 4 aumento de preços. II v (bumps, bumping, bumped, bumped) colidir; bater contra alguma coisa; chocar-se.

bump·er /bʌmpə-/ s 1 pára-choque. 2 copo ou taça cheia até a borda. 3 algo extremamente grande. II adj enorme; vasto.

bump·kin /bʌmpkɪn/ s caipira; rústico.

bump·tious /bʌmpʃəs/ adj presunçoso; convencido.

bun /bʌn/ s 1 brioche. 2 pão de hambúrguer. 3 coque; birote; cocó.

bunch /bʌntʃ/ s 1 cacho; penca. 2 molho (de chaves); maço; feixe. 3 ramalhete. 4 grupo; bando; turma. 5 inform um monte; uma porção. II v (bunches, bunching, bunched, bunched) 1 reunir-se; juntar-se. 2 amontoar; juntar; agrupar.

bun·dle /bʌndl/ v (bundles, bundling, bundled, bundled) empacotar; embrulhar. II s 1 trouxa; embrulho. 2 pacote; fardo; feixe. ◆ bundle of nerves pessoa muito nervosa; pilha de nervos.

bung /bʌŋ/ s **1** batoque. **2** tampão; tampa; rolha. ‖ v (**bungs, bunging, bunged, bunged**) arrolhar; tampar; tapar.

bun·ga·low /bʌŋgəlou/ s bangalô.

bun·gle /bʌŋgəl/ v (**bungles, bungling, bungled, bungled**) trabalhar mal; errar. ‖ s trabalho malfeito; erro; inépcia.

bun·gler /bʌŋglə/ s remendão; trapalhão.

bun·ion /bʌnjən/ s joanete.

bunk /bʌŋk/ s **1** tarimba; cama em forma de prateleira. **2** beliche. ‖ v (**bunks, bunking, bunked, bunked**) dormir em tarimba ou beliche.

bunk bcd s beliche.

bun·ker /bʌŋkə/ s **1** carvoeira de navio. **2** navio petroleiro. ♦ **bunkers** combustível de navio.

bun·ny /bʌni/ s coelhinho; lebre. (pl **bunnies**).

bunt /bʌnt/ s **1** bojo de rede ou de vela de navio. **2** fungo que ataca o trigo. **3** empurrão. ‖ v (**bunts, bunting, bunted, bunted**) **1** empurrar. **2** dar cabeçada, coice. **3** enfunar-se.

buoy /bɔɪ, buːi/ s bóia; salva-vidas. ‖ v (**buoys, buoying, buoyed, buoyed**) **1** boiar. **2** marcar com bóia. **3** sustentar; apoiar.

buoy·ant /buːjənt, bɔɪənt/ adj **1** flutuante. **2** alegre; animado.

bur /bɜːr/ → **burr**.

bur·ble /bɜːrbəl/ s bolha; borbulha. ‖ v (**burbles, burbling, burbled, burbled**) efervescer; borbulhar.

bur·den /bɜːrdən/ s **1** carga; fardo. **2** tonelagem; peso. **3** capacidade de um navio. **4** encargo; dever; responsabilidade. **5** estresse; sobrecarga. **6** Mús estribilho. ‖ v (**burdens, burdening, burdened, burdened**) **1** carregar; sobrecarregar. **2** oprimir.

bur·den·some /bɜːrdənsəm/ adj **1** pesado; oneroso. **2** opressivo; penoso.

bur·dock /bɜːrdɑːk/ s bardana.

bu·reau /bjurou/ s **1** secretaria; departamento; divisão. **2** repartição pública. **3** cômoda; móvel com gavetas. **4** agência. (pl **bureaux** ou **bureaus**).

bu·reauc·ra·cy /bjurɑːkrəsi/ s burocracia. (pl **bureaucracies**).

bu·reau·crat /bjurəkræt/ s burocrata.

bu·reau·crat·ic /bjurəkrætɪk/ adj burocrático.

burg /bɜːrg/ s **1** burgo. **2** inform cidade; município.

bur·geon /bɜːrdʒən/ v (**burgeons, burgeoning, burgeoned, burgeoned**) **1** florir; brotar. **2** começar a crescer.

bur·ger /bɜːrgə/ s hambúrguer.

burgh·er /bɜːrgə/ s **1** burguês. **2** cidadão.

bur·glar /bɜːrglə/ s assaltante; arrombador.

bur·glar·ize /bɜːrgləraɪz/ v (**burglarizes, burglarizing, burglarized, burglarized**) arrombar propriedade para assaltar.

bur·gla·ry /bɜːrgləri/ s roubo; arrombamento; invasão de domicílio. (pl **burglaries**).

bur·gle /bɜːrgəl/ v (**burgles, burgling, burgled, burgled**) arrombar propriedade para assaltar.

bur·i·al /beriəl/ s enterro; sepultamento.

bur·i·er /beriə/ s coveiro.

bu·rin /burɪn, bɜːrɪn/ s buril; cinzel.

Bur·ki·na·be /burkiːnɑːb/ s e adj burquinense; burquinabê.

Bur·ki·na Fa·so /burkiːnə fɑːsou/ s Burkina Fasso.

burl /bɜːrl/ s **1** nó (em madeira, lã, fio, etc.). **2** nó; saliência (em tronco de árvore); excrescência. ‖ v (**burls, burling, burled, burled**) tirar (nós de madeira).

bur·lap /bɜːrlæp/ s aniagem; estopa; tecido grosso.

bur·lesque /bɜːrlesk/ adj burlesco; ridículo. ‖ s caricatura; farsa; paródia. ‖ v (**burlesques, burlesquing, burlesqued, burlesqued**) caricaturar; parodiar.

bur·ly /bɜːrli/ adj forte; corpulento; musculoso. (gr comp **burlier**. gr super **burliest**).

burn /bɜːrn/ s **1** queimadura. **2** queimação; ardor. **3** local queimado. **4** queimada. ‖ v (**burns, burning, burned/burnt, burned/burnt**) **1** queimar; pôr fogo; destruir pelo fogo; incinerar. **2** cauterizar. **3** calcinar. **4** ficar ansioso, excitado. **5** arder. **6** ficar nervoso. ♦ **burn out 1** parar de queimar por falta de combustível. **2** evacuar área de incêndio. **burn the midnight oil** trabalhar ou estudar até tarde da noite.

burn·er /bɜ́ːrnə/ s bico de gás ou de candeeiro.

burn·ing /bɜ́ːrnɪŋ/ adj **1** ardente; incandescente. **2** veemente. **3** urgente.

bur·nish /bɜ́ːrnɪʃ/ v (**burnishes, burnishing, burnished, burnished**) **1** brunir; polir; lustrar. **2** ficar lustroso, brilhante, polido. II s brilho; polimento.

bur·nish·er /bɜ́ːrnɪʃə/ s polidor; lustrador.

burnt /bɜːrnt/ v pass e part pass de **burn**. (tb **burned**).

burp /bɜːrp/ s arroto. II v (**burps, burping, burped, burped**) arrotar.

burr /bɜːr/ v (**burrs, burring, burred, burred**) **1** zumbir. **2** rebarbar. **3** remover rebarbas. II s **1** som áspero ou gutural do "r"; som sibilante. **2** rebarba. (var **bur**).

bur·row /bɜ́ːrou/ v (**burrows, burrowing, burrowed, burrowed**) **1** fazer toca, buraco. **2** viver em toca. **3** esconder-se. II s **1** toca; cova; esconderijo (de pequenos animais). **2** lugar estreito, apertado.

bur·sar /bɜ́ːrsə/ s tesoureiro de colégio; despenseiro.

burst /bɜːrst/ v (**bursts, bursting, burst, burst**) **1** rebentar; estourar; explodir. **2** quebrar; romper. **3** agir rapidamente. **4** estar repleto. II s **1** explosão; estouro. **2** rajada de metralhadora. ♦ **a burst of applause** uma salva de palmas. **burst into tears** desatar a chorar.

Bu·run·di /burʊndi/ s Burundi.

Bu·run·di·an /burʊndiən/ s e adj burundinês.

bur·y /béri/ v (**buries, burying, buried, buried**) **1** enterrar; sepultar. **2** soterrar. **3** ocultar; esconder. **4** pôr um fim.

bus /bʌs/ s **1** ônibus. **2** Comp barramento. (pl **buses** ou **busses**).

bush /buʃ/ s **1** arbusto. **2** moita; bosque. **3** matagal. **4** cauda de raposa. II v (**bushes, bushing, bushed, bushed**) **1** plantar arbustos. **2** espalhar-se como mato.

bush·el /búʃəl/ s medida de cereais (35,238 l nos EUA e 36,367 l na Inglaterra). II v (**bushels, busheling/bushelling, busheled/bushelled, busheled/bushelled**) consertar; remendar roupas.

bush·y /búʃi/ adj **1** cerrado; fechado. **2** cheio de arbustos. **3** espesso. (gr comp **bushier**. gr super **bushiest**).

bus·i·ly /bízɪli/ adv diligentemente.

busi·ness /bíznɪs/ s **1** negócio; atividade comercial. **2** ocupação; profissão. **3** emprego; trabalho. **4** empresa; firma; estabelecimento comercial. **5** assunto; objeto; caso. **6** interesse pessoal.

busi·ness·like /bíznɪslaɪk/ adj **1** prático; eficiente; metódico. **2** comercial.

busi·ness·man /bíznɪsmæn/ s homem de negócios; empresário.

busi·ness·wom·an /bíznɪswʊmən/ s mulher de negócios; empresária.

bus·kin /bʌ́skɪn/ s borzeguim.

buss /bʌs/ s beijo. II v (**busses, bussing, bussed, bussed**) beijar.

bust /bʌst/ s **1** busto (escultura). **2** peito; seio. **3** gír pancada; murro. **4** fracasso; falência. II v (**busts, busting, busted, busted**) **1** gír esmagar. **2** domar; domesticar. **3** romper. **4** falir; ficar sem dinheiro.

bus·tle /bʌ́səl/ v (**bustles, bustling, bustled, bustled**) apressar-se; alvoroçar-se. II s **1** alvoroço; afobação; tumulto. **2** anquinhas; ancas postiças.

bus·y /bízi/ adj **1** ocupado; atarefado. **2** em uso; ocupado (telefone). **3** agitado; tumultuado. (gr comp **busier**. gr super **busiest**). II v (**busies, busying, busied, busied**) ocupar; empregar; pôr a trabalhar.

bus·y·bod·y /bíziba:di/ s pessoa importuna, intrometida.

busy signal s sinal de ocupado (telefone).

but /bʌt/ conj **1** mas; porém; não obstante. **2** exceto; salvo; a não ser que. II prep **1** com exceção de; exceto; salvo. II adv somente; apenas; meramente.

butch·er /bútʃə/ s **1** carniceiro; açougueiro. **2** vendedor (em ônibus, teatro, etc.). **3** assassino cruel. II v (**butchers, butchering, butchered, butchered**) **1** assassinar. **2** abater animais para alimentação.

butch·er·y /bútʃəri/ s **1** carnificina; matança; chacina. **2** ofício de açougueiro. (pl **butcheries**).

but·ler /bʌtlə/ s mordomo; despenseiro.

butt /bʌt/ s **1** a parte mais grossa ou mais volumosa de qualquer objeto. **2** topo. **3** coronha. **4** ponto de mira; alvo. **5** chifrada; coice. **6** toco (de cigarro, lápis, etc.). **7** pipa; tonel. **8** inform cigarro. **9** feixe. **10** inform nádegas. II v (butts, butting, butted, butted) **1** chifrar. **2** projetar-se; formar saliência. **3** juntar as extremidades.

but·ter /bʌtə/ s **1** manteiga. **2** adulação; lisonja. II v (butters, buttering, buttered, buttered) **1** pôr manteiga em. **2** adular.

but·ter·fly /bʌtəflaɪ/ s borboleta.

but·ter·milk /bʌtəmɪlk/ s soro de leite.

but·ter·y /bʌtəri/ adj amanteigado. II s adega. (pl butteries).

but·tock /bʌtək/ s **1** nádega. **2** alcatra; anca; traseiro. ♦ buttocks nádegas.

but·ton /bʌtən/ s **1** botão. **2** gomo; gema. **3** abotoadura. **4** protuberância. II v (buttons, buttoning, buttoned, buttoned) **1** abotoar. **2** pregar botões em.

but·ton·hole /bʌtənhoʊl/ s botoeira; casa de botão. II v (buttonholes, buttonholing, buttonholed, buttonholed) **1** fazer casa de botão. **2** deter para uma conversa; importunar.

but·ton·hook /bʌtənhʊk/ s abotoadeira.

but·tress /bʌtrəs/ v (buttresses, buttressing, buttressed, buttressed) escorar; estear; apoiar. II s contraforte; escora; apoio.

bux·om /bʌksəm/ adj saudável.

buy /baɪ/ v (buys, buying, bought, bought) **1** comprar; adquirir; fazer compras. **2** subornar. **3** adquirir com sacrifício. II s **1** compra; aquisição. **2** inform pechincha.

buy·a·ble /baɪəbəl/ adj comprável.

buy·er /baɪə/ s comprador; agente de compras.

buzz /bʌz/ v (buzzes, buzzing, buzzed, buzzed) **1** zumbir; zunir. **2** cochichar. **3** murmurar; sussurrar. **4** mover-se rapidamente. **5** inform voar baixo (avião). **6** telefonar. **7** acionar uma campainha ou alarme. II s **1** zumbido; zunido; zoada. **2** cochicho. **3** chamada telefônica.

buzz·er /bʌzə/ s campainha; alarme.

by /baɪ/ prep **1** perto de; ao lado de; junto de; ao pé de; próximo a. **2** ao longo de; na extensão de; durante. **3** através de; por; via; pelo; pela. **4** da autoria de; da origem de. **5** de acordo com; conforme. **6** dividido por. **7** multiplicado por. **8** até; antes de. II adv **1** perto; nas proximidades. **2** aproximadamente; mais ou menos; de lado. ♦ by me comigo. by car/train de carro/trem. pay by check pagar com cheque. a picture by Portinari um quadro de Portinari. step by step passo a passo. swear by the Bible jurar pela Bíblia.

bye /baɪ/ s assunto secundário; coisa de menor importância.

bye-bye /baɪbaɪ, baɪbaɪ/ interj adeus; tchau; até logo.

by·gone /baɪgɑːn/ adj antigo; fora de moda. II s algo que já passou; resentimento passado. ♦ let bygones be bygones que passou passou.

by·law /baɪlɑː/ s lei; regulamento interno de uma organização.

by·name /baɪneɪm/ s **1** apelido; pseudônimo. **2** sobrenome.

by·pass /baɪpæs/ s **1** passagem secundária; desvio. **2** Med ponte de safena. (tb by-pass). II v (bypasses, bypassing, bypassed, bypassed) desviar.

by·path /baɪpæθ/ s atalho; vereda.

by·prod·uct /baɪprɑːdəkt/ s **1** subproduto; produto derivado. **2** efeito colateral. (tb by-product).

by·stand·er /baɪstændə/ s espectador.

by·street /baɪstriːt/ s travessa; rua lateral.

byte /baɪt/ s Comp byte (abrev de binary term. Uma unidade de dados que hoje consiste em oito bits. Um byte representa um único caractere, como uma letra, um dígito ou uma marca de pontuação.).

by·way /baɪweɪ/ s **1** caminho secundário. **2** campo de estudo pouco conhecido.

by·word /baɪwɜːrd/ s **1** provérbio; máxima; alcunha. (tb by-word). ♦ be a byword for ser sinônimo de.

Byz·an·tine /bɪzənti:n, bɪzəntaɪn/ adj e s bizantino.

C

c ou C /si:/ s 1 3ª letra do alfabeto inglês. 2 *Mús* dó. 3 *Comp* linguagem de programação amplamente utilizada. (*pl* c's ou C's). ‖ II *abrev maiús* de **Celsius** e **Centigrade**. ‖ II *símb* 1 *maiús num rom* 100. 2 *maiús Quím* de **Carbon**. 3 *maiús Eletrôn* de **capacitance**.

cab /kæb/ s 1 táxi. 2 cabina de maquinista; boléia de caminhão. 3 charrete ou carruagem de aluguel. ‖ II *v* (**cabs, cabbing, cabbed, cabbed**) 1 andar de táxi. 2 dirigir um táxi.

ca·bal /kəbɑ:l/ *v* (**cabals, caballing, caballed, caballed**) intrigar; tramar; conspirar. ‖ II *s* 1 trama; conspiração. 2 grupo de conspiradores.

cab·a·la /kəbə:lə/ *s* cabala. (*var* **cabbala**).

cab·a·lis·tic /kæbəlɪstɪk/ *adj* cabalístico.

cab·a·ret /kæbəreɪ/ *s* cabaré; casa noturna.

cab·bage /kæbɪdʒ/ *s* 1 repolho; couve. 2 *gír* dinheiro. 3 *inform* querido.

cab·ba·la /kəbə:lə/ → **cabala**.

cab·bie /kæbi/ → **cabby**.

cab·by /kæbi/ *s* motorista de táxi. (*pl* **cabbies**. *var* **cabbie**).

cab·driv·er /kæbdraɪvə/ *s* motorista de táxi. (*tb* **cab driver**).

cab·in /kæbɪn/ *s* 1 cabana; choupana. 2 cabina de navio ou avião. ‖ II *v* (**cabins, cabining, cabined, cabined**) viver numa cabana.

cabin boy *s* empregado que trabalha a bordo de um navio.

cab·i·net /kæbɪnət/ *s* 1 armário. 2 *maiús* ministério; gabinete governamental. ‖ II *adj* relativo a ou próprio de gabinete; ministerial.

cab·i·net·mak·er /kæbɪnətmeɪkə/ *s* marceneiro.

ca·ble /keɪbəl/ *s* 1 cabo; corda. 2 *Náut* amarra de navio. 3 cabograma. 4 *Eletr* cabo condutor. 5 televisão a cabo. ‖ II *v* (**cables, cabling, cabled, cabled**) 1 amarrar com cabo. 2 telegrafar via cabo submarino. 3 transmitir via cabo.

cable car *s* 1 bonde. 2 teleférico.

ca·ble·cast /keɪbəlkæst/ *s* transmissão de um programa de televisão via cabo.

ca·ble·gram /keɪbəlgræm/ *s* cabograma; telegrama transmitido via cabo submarino.

cable television *s* televisão a cabo. (*tb* **cable TV**).

ca·ble·way /keɪbəlweɪ/ *s* sistema de cabos suspensos que movimentam bondes ou teleféricos.

cab·man /kæbmən/ *s* motorista de táxi.

cab·oo·dle /kəbu:dl/ *s* 1 *inform* grupo; lote; monte. 2 multidão.

cab·o·tage /kæbətɑ:ʒ/ *s* cabotagem; navegação costeira.

cab·stand /kæbstænd/ *s* ponto de táxi.

ca·ca·o /kəkɑ:ou/ *s* 1 cacau. 2 cacaueiro. (*pl* **cacaos**).

cache /kæʃ/ *s* 1 esconderijo. 2 *Comp* cache. ‖ II *v* (**caches, caching, cached, cached**) esconder; colocar em esconderijo.

cache memory *s* *Comp* memória cache.

cache·pot /kæʃpɑ:t/ *s* cachepô.

ca·chet /kæʃeɪ/ *s* 1 sinete. 2 selo de autenticidade. 3 marca característica. 4 distintivo; cunho. 5 selo comemorativo.

cach·in·nate /kækɪneɪt/ *v* (**cachinnates, cachinnating, cachinnated, cachinnated**) cachinar; gargalhar.

cach·in·na·tion /kækɪneɪʃən/ *s* cachinada; gargalhada.

ca·cique /kəsi:k/ *s* cacique.

cack·le /kækəl/ *v* (**cackles, cackling, cackled, cackled**) 1 cacarejar. 2 tagarelar ou gargalhar de modo estridente. ‖ II *s* 1 cacarejo. 2 tagarelice. 3 gargalhada.

cac·o·ë·thes /kækəi:θi:z/ *s* cacoete; mania.

ca·cog·ra·phy /kəkɑ:grəfi/ *s* cacografia.

ca·coph·o·ny /kəkɑ:fəni/ *s* cacofonia; cacófato. (*pl* **cacophonies**).

cac·tus /kǽktəs/ s cacto. (pl cacti /kǽktai/ ou cactuses).

cad /kæd/ s homem grosseiro; malcriado.

ca·das·ter /kədǽstə/ → cadastre.

ca·das·tre /kədǽstə/ s cadastro; registro de propriedade. (var cadaster).

ca·dav·er /kədǽvə/ s cadáver; corpo.

ca·dav·er·ic /kədǽvərık/ adj cadavérico.

ca·dav·er·ous /kədǽvərəs/ adj cadavérico; pálido; macilento.

cad·die /kǽdi/ s Esp carregador de tacos no jogo de golfe. (pl caddies. var caddy).

cad·dish /kǽdıʃ/ adj grosseiro; mal-educado.

cad·dy /kǽdi/ s 1 caixa ou lata para chá. (pl caddies). 2 → caddie.

ca·dence /kéıdəns/ s 1 cadência; ritmo. 2 compasso. 3 entonação.

ca·denced /kéıdənst/ adj cadenciado; harmonioso.

ca·den·cy /kéıdənsi/ s cadência. (pl cadencies).

ca·dent /kéıdənt/ adj 1 cadenciado. 2 cadente.

ca·det /kədét/ s 1 cadete. 2 irmão ou filho mais novo. 3 gír cáften; alcoviteiro; gigolô.

cadge /kædʒ/ v (cadges, cadging, cadged, cadged) mendigar.

cadg·er /kǽdʒə/ s pedinte; mendigo.

cad·mi·um /kǽdmiəm/ s Quím cádmio. (símb Cd).

cad·re /kǽdri/ s 1 estrutura; armação. 2 Mil quadro de oficiais. 3 grupo de revolucionários; membro de tal grupo.

ca·du·cous /kədúːkəs/ adj em avançado estágio de desenvolvimento (girinos de anfíbios e certas plantas).

cae·cum /síːkəm/ → cecum.

cae·sar /síːzə/ s tb maiús título dos imperadores romanos; forma de dirigir-se a eles.

cae·sar·e·an /sızéırıən/ → cesarean.

cae·sar·i·an /sızéırıən/ → cesarean.

ca·fe /kæféı/ → café.

ca·fé /kæféı/ s cafeteria; restaurante; bar. (var cafe).

caf·e·te·ri·a /kæfətíri/ s restaurante no qual os fregueses se servem.

caf·fein /kǽfiːn/ → caffeine.

caf·feine /kǽfiːn/ s cafeína. (var caffein).

cage /keıdʒ/ s 1 gaiola. 2 jaula. 3 prisão; cadeia. ‖ v (cages, caging, caged, caged) 1 engaiolar. 2 aprisionar; prender.

cage·ling /kéıdʒlıŋ/ s pássaro engaiolado.

ca·jole /kədʒóul/ v (cajoles, cajoling, cajoled, cajoled) 1 bajular; adular; lisonjear. 2 engodar.

ca·jol·er /kədʒóulə/ s lisonjeador; adulador.

ca·jol·er·y /kədʒóuləri/ s 1 adulação; lisonja. 2 logro.

cake /keık/ s 1 bolo. 2 torta. 3 bolinho frito ou assado. 4 massa de bolo, panqueca, etc. ‖ v (cakes, caking, caked, caked) 1 endurecer; solidificar-se; formar uma crosta. 2 cobrir ou rechear.

cake·walk /kéıkwɔːk/ s 1 tarefa fácil de ser cumprida. 2 concurso de passos de dança (entre negros). 3 dança de palco. ‖ v (cakewalks, cakewalking, cakewalked, cakewalked) dançar tal dança.

cal·a·bash /kǽləbæʃ/ s 1 cabaça. 2 vaso.

ca·lam·i·tous /kəlǽmətəs/ adj calamitoso; desastrado.

ca·lam·i·ty /kəlǽməti/ s calamidade; desgraça. (pl calamities).

ca·lash /kəlǽʃ/ s caleche; caleça. (var calèche).

cal·car·e·ous /kælkériəs/ adj calcário.

cal·ci·fi·ca·tion /kælsıfıkéıʃən/ s calcificação; impregnação por cálcio.

cal·ci·fy /kǽlsıfaı/ v (calcifies, calcifying, calcified, calcified) calcificar.

cal·ci·na·tion /kælsınéıʃən/ s calcinação.

cal·cine /kǽlsaın/ v (calcines, calcining, calcined, calcined) calcinar.

cal·ci·um /kǽlsiəm/ s cálcio. (símb Ca).

cal·cu·la·ble /kǽlkjələbəl/ adj calculável; estimável.

cal·cu·late /kǽlkjəleıt/ v (calculates, calculating, calculated, calculated) 1 calcular. 2 estimar; avaliar. 3 deliberar. 4 planejar; tencionar. 5 supor.

cal·cu·lat·ing /kǽlkjəleıtıŋ/ adj 1 calculador. 2 astuto; perspicaz. 3 conivente.

cal·cu·la·tion /kælkjəléıʃən/ s 1 cálculo; cômputo; avaliação; estimativa. 2 predição. 3 previsão.

cal·cu·la·tor /ˈkælkjəleɪtɚ/ s **1** máquina de calcular. **2** pessoa que opera tal máquina. **3** tabelas de cálculo.

cal·cu·lus /ˈkælkjələs/ s Med e Mat cálculo. (pl **calculi** /ˈkælkjəlaɪ/ ou **calculuses** /ˈkælkjələsɪz/).

cal·dron /ˈkɔːldrən/ s caldeirão; caldeira. (var **cauldron**).

ca·lèche /kəˈleʃ/ → **calash**.

cal·en·dar /ˈkæləndɚ/ s **1** calendário; folhinha. **2** almanaque. **3** registro cronológico. ‖ v (**calendars, calendaring, calendared, calendared**) registrar; pôr na lista.

cal·en·der /ˈkæləndɚ/ s calandra (máquina). ‖ v (**calenders, calendering, calendered, calendered**) calandrar.

cal·ends /ˈkælɪndz/ s calendas (o primeiro dia da lua nova e o primeiro dia do mês no antigo calendário romano). (pl **calends** ou **kalends**. var **kalends**).

calf /kæf/ s **1** vitelo; novilho. **2** couro de bezerro. **3** filhote de alguns mamíferos (baleia, elefante, etc.). **4** panturrilha. **5** palerma; tolo. **6** massa de gelo flutuante. (pl **calves**).

calf·skin /ˈkæfskɪn/ s pele curtida, couro fino de bezerro.

cal·i·ber /ˈkæləbɚ/ s **1** calibre. **2** diâmetro. **3** grau qualitativo.

cal·i·brate /ˈkælɪbreɪt/ v (**calibrates, calibrating, calibrated, calibrated**) **1** calibrar. **2** medir o calibre.

cal·i·bra·tion /ˌkælɪbreɪʃən/ s **1** calibragem. **2** gradação de valor de uma escala.

cal·i·bra·tor /ˈkælɪbreɪtɚ/ s calibrador.

ca·lif /ˈkeɪlɪf, ˈkælɪf/ → **caliph**.

ca·lig·i·nous /kəˈlɪdʒənəs/ adj caliginoso; obscuro; nebuloso.

cal·i·per /ˈkæləpɚ/ s compasso de calibre; equipamento de medição. (var **calliper**).

ca·liph /ˈkeɪlɪf, ˈkælɪf/ s califa. (var **calif** e **khalif**).

ca·lix /ˈkeɪlɪks, ˈkælɪks/ s cálice. (pl **calices** /ˈkeɪlɪsiːz, ˈkælɪsiːz/).

calk /kɔːk/ s peça colocada nos sapatos ou ferraduras para evitar escorregões. ‖ v → **caulk**.

call /kɔːl/ s **1** chamada. **2** telefonema. **3** apelo. **4** grito. **5** convite; convocação. **6** intimação. **7** isca. **8** solicitação. **9** necessidade. **10** ocasião. ‖ v (**calls, calling, called, called**) **1** chamar. **2** nomear; designar. **3** anunciar. **4** convocar; intimar; ordenar. **5** fazer ou mandar vir. **6** gritar; bradar. **7** telefonar. **8** atrair. ♦ **call down** repreender. **call in 1** comunicar-se via telefone. **2** devolver. **3** visitar. **call in/into question** levantar questão. **call off** cancelar; adiar. **call out** desafiar. **call up** chamar para o serviço militar; relembrar; trazer à tona. **call upon** pedir; ordenar.

call·boy /ˈkɔːlbɔɪ/ s **1** mensageiro de hotel. **2** garoto de programa.

call·er /ˈkɔːlɚ/ s **1** visitante; visita. **2** chamador. **3** cantador de bingo.

call girl /ˈkɔːl ɡɜːrl/ s garota de programa.

call house /ˈkɔːl haʊs/ s prostíbulo; bordel.

cal·lig·ra·pher /kəˈlɪɡrəfɚ/ s calígrafo. (var **calligraphist**).

cal·lig·ra·phist /kəˈlɪɡrəfɪst/ → **calligrapher**.

cal·lig·ra·phy /kəˈlɪɡrəfi/ s caligrafia.

call·ing /ˈkɔːlɪŋ/ s **1** chamada; convocação. **2** impulso. **3** ocupação; profissão; ofício.

calling card /ˈkɔːlɪŋkɑːrd/ s cartão de visita.

cal·li·per /ˈkælɪpɚ/ → **caliper**.

cal·los·i·ty /kəˈlɑːsəti/ s calosidade. (pl **callosities**).

cal·lous /ˈkæləs/ adj caloso; calejado.

cal·low /ˈkæloʊ/ adj ingênuo; inexperiente; imaturo.

calm /kɑːm/ v (**calms, calming, calmed, calmed**) acalmar; serenar. ‖ s sossego; calma; tranquilidade. ‖ adj calmo; tranquilo; bonançoso.

calm·a·tive /ˈkɑːmətɪv/ adj e s Med calmante; sedativo.

calm·ness /ˈkɑːmnəs/ s calma; sossego.

ca·lor·ic /kəˈlɔːrɪk/ s Fís calórico. ‖ adj calórico (relativo a calor ou a caloria).

cal·o·rie /ˈkæləri/ s caloria.

cal·o·rif·ic /ˌkæləˈrɪfɪk/ adj calorífico.

cal·o·rim·e·ter /ˌkæləˈrɪmɪtɚ/ s calorímetro.

cal·o·rim·e·try /ˌkæləˈrɪmətri/ s calorimetria.

ca·lum·ni·ate /kəˈlʌmnieɪt/ v (**calumniates, calumniating, calumniated, calumniated**) caluniar; difamar.

ca·lum·ni·a·tor /kəlʌmnieɪtɚ/ s caluniador; difamador.

ca·lum·ni·ous /kəlʌmniəs/ adj calunioso; difamatório.

cal·um·ny /kæləmni/ s calúnia; difamação; maledicência. (pl calumnies).

cal·var·i·um /kælvɛriːəm/ s crânio sem a mandíbula inferior e/ou ossos da face. (pl calvariums ou calvaria /kælvɛriːə/).

Cal·va·ry /kælvəri/ s calvário.

calve /kæv/ v (calves, calving, calved, calved) 1 parir; dar cria (vaca). 2 fragmentar-se (geleira).

Cal·vin·ism /kælvɪnɪzəm/ s calvinismo.

Cal·vin·ist /kælvɪnɪst/ adj e s calvinista.

calx /kælks/ s resíduos de minerais após calcinação. (pl calxes ou calces).

cam·ber /kæmbɚ/ v (cambers, cambering, cambered, cambered) arquear; abaular-se. ǁ s curvatura; arqueamento.

Cam·bo·di·a /kæmboudiə/ s Camboja.

Cam·bo·di·an /kæmboudiə/ s e adj cambojano.

cam·bric /kæmbrɪk, keɪmbrɪk/ s cambraia.

cam·el /kæməl/ s 1 Zool camelo. 2 dispositivo utilizado para trazer à tona objetos submersos.

ca·mel·lia /kəmiːljə/ s Bot camélia.

cam·e·o /kæmiou/ s camafeu; pedra cravejada em relevo. (pl cameos).

cam·er·a /kæmrə/ s 1 câmara; máquina fotográfica ou cinematográfica. 2 câmara escura; projetor. 3 sala particular de um juiz. (pl camerae).

cam·er·a·man /kæmrəmæn/ s cinegrafista.

Cam·e·roon /kæməruːn, kæmərun/ s Camarões.

Cam·e·roo·ni·an /kæmərounɪən/ s e adj camaronês.

cam·i·sole /kæmɪsoul/ s 1 corpete. 2 penhoar.

cam·o·mile /kæməmɪl/ → chamomile.

cam·ou·flage /kæməflɑːʒ/ s 1 camuflagem. 2 disfarce. ǁ v (camouflages, camouflaging, camouflaged, camouflaged) camuflar.

camp /kæmp/ v (camps, camping, camped, camped) 1 acampar. 2 alojar. 3 alojar-se temporariamente. ǁ s 1 acampamento. 2 campo. 3 serviço militar.

cam·paign /kæmpeɪn/ s 1 campanha (militar, eleitoral). 2 esforço para a consecução de algo.

cam·pa·ni·le /kæmpəniːleɪ/ s campanário; torre de sinos. (pl campaniles ou campanili).

cam·pa·nol·o·gist /kæmpənɑːlədʒɪst/ s campanólogo.

camp·er /kæmpɚ/ s 1 campista. 2 veículo (jipe, trailer ou reboque) usado em acampamentos.

cam·phor /kæmfɚ/ s cânfora.

cam·phor·ate /kæmfəreɪt/ v (camphorates, camphorating, camphorated, camphorated) canforar; impregnar com cânfora.

can /kæn/ v aux (can, could) 1 poder. 2 ter a habilidade de. 3 conhecer. 4 saber fazer. 5 ter permissão de. ǁ s 1 lata. 2 vasilha de lata. 3 caneca. 4 gír banheiro. 5 gír cadeia; delegacia. 6 gír traseiro; nádegas. ǁ v (cans, canning, canned, canned) 1 enlatar; pôr em lata. 2 gír cessar; pôr término; despedir. ◆ I can swim sei nadar. can you help me? você pode me ajudar?

Can·a·da /kænədə/ s Canadá.

Ca·na·di·an /kəneɪdiən/ s e adj canadense.

ca·nal /kənæl/ s canal. ǁ v (canals, canaling, canalling, canaled/canalled, canaled/canalled) abrir canal em.

can·a·li·za·tion /kænəlɪzeɪʃən/ s canalização.

can·a·lize /kænəlaɪz/ v (canalizes, canalizing, canalized, canalized) canalizar.

ca·nard /kənɑːrd/ s notícia falsa ou exagerada; boato.

ca·nar·y /kəneɪri/ s 1 Zool canário. 2 vinho das Canárias. 3 gír cantora. 4 cor amarelo vivo. (pl canaries).

can·cel /kænsəl/ v (cancels, canceling/cancelling, canceled/cancelled, canceled/cancelled) 1 cancelar. 2 anular. 3 invalidar; rescindir. 4 riscar; suprimir. ǁ s cancelamento; anulação.

can·ce·la·tion /kænsəleɪʃən/ → cancellation.

can·cel·la·tion /kænsəleɪʃən/ s cancelamento; abolição; invalidação. (var cancelation).

can·cer /kænsɚ/ s 1 Med câncer; cancro. 2 inform vício; defeito. 3 Astron e Astrol maiús Câncer.

can·cer·ous /kǽnsərəs/ *adj* canceroso.

can·dent /kǽndənt/ *adj* candente; em brasa.

can·des·cence /kændésəns/ *s* incandescência.

can·des·cent /kændésənt/ *adj* incandescente.

can·did /kǽndɪd/ *adj* 1 cândido; sincero; franco. 2 imparcial; justo.

can·di·da·cy /kǽndɪdəsi/ *s* candidatura. (*var* candidature).

can·di·date /kǽndɪdət, kǽndɪdeɪt/ *s* candidato; concorrente.

can·di·da·ture /kǽndədətʃur/ → candidacy.

can·did·ness /kǽndɪdnəs/ *s* candura; sinceridade.

can·died /kǽndid/ *adj* coberto de açúcar; cristalizado.

can·dle /kǽndl/ *s* vela; candeia; círio.

can·dle·light /kǽndllaɪt/ *s* 1 luz de vela. 2 o cair da noite.

can·dle·stick /kǽndlstɪk/ *s* castiçal.

can·dle·wick /kǽndlwɪk/ *s* pavio de vela.

can·dor /kǽndə/ *s* imparcialidade; franqueza.

can·dy /kǽndi/ *s* 1 açúcar-cande. 2 doce; bala; confeito. 3 bombom. (*pl* candies). ll *v* (candies, candying, candied, candied) 1 açúcarar. 2 cobrir; confeitar com açúcar.

cane /keɪn/ *s* 1 bengala. 2 cana; junco. ll *v* (canes, caning, caned, caned) vergastar.

ca·nes·cence /kənésəns/ *s* alvura; cor esbranquiçada.

ca·nes·cent /kənésənt/ *adj* branquejante.

ca·nic·u·lar /kənɪ́kjələ/ *adj* canicular.

ca·nine /keɪnaɪn/ *adj* e *s* canino.

can·is·ter /kǽnəstə/ *s* lata para guardar chá, açúcar, etc.

can·ker /kǽŋkə/ *s* 1 cancro; gangrena. 2 inflamação ou infecção no canal auditivo de certos animais. 3 fonte de corrupção. ll *v* (cankers, cankering, cankered, cankered) 1 cancerar. 2 gangrenar. 3 corromper.

can·ker·ous /kǽŋkərəs/ *adj* gangrenoso; canceroso.

canned /kænd/ *adj* enlatado; em conserva.

can·ner /kǽnə/ *s* enlatador; fabricante de conservas.

can·ner·y /kǽnəri/ *s* fábrica de conservas. (*pl* canneries).

can·ni·bal /kǽnɪbəl/ *s* canibal; antropófago.

can·ni·bal·ism /kǽnɪbəlɪzəm/ *s* canibalismo; antropofagia.

can·ni·ness /kǽnɪnəs/ *s* 1 sagacidade; astúcia. 2 cautela; prudência.

can·non /kǽnən/ *s* 1 canhão. 2 artilharia. 3 *Zool* canela (de cavalo ou boi). 4 parte de freio que fica dentro da boca da cavalgadura. (*pl* cannon ou cannons). ll *v* (cannons, cannoning, cannoned, cannoned) canhonear.

can·non·ade /kænənéɪd/ *s* 1 descarga de artilharia. 2 ataque físico ou verbal. ll *v* (cannonades, cannonading, cannonaded, cannonaded) descarregar a artilharia.

can·non·eer /kænənɪ́r/ *s* artilheiro.

can·non·ry /kǽnənri/ *s* artilharia; bateria de canhões. (*pl* cannonries).

can·not /kǽnɑːt/ *form contr* de can not.

can·ny /kǽni/ *adj* 1 prudente. 2 cauteloso. 3 econômico. (*gr comp* cannier. *gr super* canniest).

ca·noe /kənúː/ *s* canoa. ll *v* (canoes, canoeing, canoed, canoed) navegar em canoa.

ca·noe·ist /kənúːɪst/ *s* canoeiro.

can·on /kǽnən/ *s* 1 cânone. 2 cânon. 3 obra de um escritor aceita como autêntica. 4 cônego.

ca·ñon /kǽnjən/ → canyon.

can·on·ess /kǽnənəs/ *s* canonista; cônega.

ca·non·ic /kənɑ́ːnɪk/ → canonical.

ca·non·i·cal /kənɑ́ːnɪkəl/ *adj* 1 canônico. 2 regular; legal. 3 bíblico. (*var* canonic).

can·on·ist /kǽnənɪst/ *s* canonista.

can·on·i·za·tion /kænənɪzéɪʃən/ *s* canonização.

can·on·ize /kǽnənaɪz/ *v* (canonizes, canonizing, canonized, canonized) 1 canonizar. 2 glorificar; exaltar.

can·on·ry /kǽnənri/ *s* 1 canonicato. 2 cânones considerados como um grupo. (*pl* canonries).

can·o·py /kǽnəpi/ *s* 1 dossel. 2 pálio. 3 cobertura; abrigo. (*pl* canopies). ll *v* (can-

opies, canopying, canopied, canopied)
cobrir com dossel ou qualquer outra cobertura.

cant /kænt/ v (**cants, canting, canted, canted**) **1** chanfrar. **2** inclinar para um lado. **3** mudar repentinamente de direção. **4** falar utilizando jargão. ‖ s **1** ângulo; canto externo. **2** declive. **3** jargão. **4** linguagem técnica.

can't /kænt/ form contr de **can not**.

can·tan·ker·ous /kæntǽŋkərəs/ adj rabugento; mal-humorado.

can·teen /kæntí:n/ s **1** cantina. **2** cantil. **3** kit de utensílios de soldado.

can·ti·cle /kǽntəkəl/ s cântico; hino religioso. ◆ **The Canticles** o cântico dos cânticos.

can·ton /kǽntɑ:n/ s cantão; distrito.

can·ton·ment /kæntóunmənt/ s acantonamento; aquartelamento.

can·vas /kǽnvəs/ s **1** lona. **2** barraca de lona; tenda. **3** circo. **4** lona de circo. **5** tela de pintor; quadro. **6** Náut vela ou velame de navio.

can·vass /kǽnvəs/ v (**canvasses, canvassing, canvassed, canvassed**) **1** cabalar. **2** examinar; considerar; investigar. **3** fazer o escrutínio de. **4** solicitar votos ou fregueses. **5** conduzir levantamento da opinião pública. ‖ s **1** exame; discussão. **2** escrutínio. **3** solicitação de votos ou fregueses. **4** levantamento da opinião pública.

can·vass·er /kǽnvəsə/ s angariador (de votos, pedidos, etc.); investigador.

can·yon /kǽnjən/ s desfiladeiro; vale profundo. (var **cañon**).

caou·tchouc /kaútʃʊk/ s caucho; borracha.

cap /kæp/ s **1** boné; gorro; barrete; casquete; boina. **2** reverência; saudação. **3** coroa dentária. **4** tampa. **5** chapéu dos cogumelos. **6** topo; cimo. **7** extremidade. **8** Arq capitel. ‖ v (**caps, capping, capped, capped**) **1** cobrir; proteger; selar com tampa ou tampão. **2** completar; finalizar. **3** superar; ultrapassar.

ca·pa·bil·i·ty /keɪpəbɪ́lɪti/ s capacidade; aptidão. (pl **capabilities**).

ca·pa·ble /kéɪpəbəl/ adj capaz; apto; competente; eficiente.

ca·pa·ble·ness /kéɪpəbəlnəs/ s capacidade; aptidão.

ca·pa·cious /kəpéɪʃəs/ adj vasto; largo; espaçoso.

ca·pa·cious·ness /kəpéɪʃəsnəs/ s capacidade (espaço ou volume).

ca·pac·i·tate /kəpǽsəteɪt/ v (**capacitates, capacitating, capacitated, capacitated**) capacitar; habilitar.

ca·pac·i·tor /kəpǽsətə/ s Eletr condensador.

ca·pac·i·ty /kəpǽsəti/ s **1** capacidade. **2** aptidão. **3** âmbito. **4** espaço. **5** capacidade em produzir algo. **6** potencial de crescimento. (pl **capacities**).

ca·par·i·son /kəpǽrəsən/ s adornos vistosos para cavalos. ‖ v (**caparisons, caparisoning, caparisoned, caparisoned**) ornamentar pomposamente um cavalo.

cape /keɪp/ s **1** cabo. **2** promontório. **3** capa ou manto curto.

ca·per /kéɪpə/ s **1** salto. **2** cambalhota. **3** travessura. **4** Bot alcaparreira. **5** gír assalto; roubo. ‖ v (**capers, capering, capered, capered**) **1** saltar; cabriolar. **2** fazer travessuras.

cape·skin /kéɪpskɪn/ s pelica.

Cape Verde /keɪp vɜ́:rd/ s Cabo Verde.

Cape Verdean /keɪp vɜ́:rdiən/ s e adj caboverdiano.

cap·il·lar·i·ty /kæpɪlérəti/ s capilaridade. (pl **capillarities**).

cap·il·lar·y /kǽpəleri/ adj capilar. ‖ s Anat vaso ou tubo capilar. (pl **capillaries**).

cap·i·tal /kǽpətəl/ adj **1** capital. **2** principal. **3** primordial. **4** excelente; ótimo. **5** maiúscula. ‖ s **1** capital. **2** cabedal. **3** letra maiúscula. **4** valor empregado em um investimento.

cap·i·tal·ism /kǽpətəlɪzəm/ s capitalismo.

cap·i·tal·ist /kǽpətəlɪst/ s capitalista.

cap·i·tal·i·za·tion /kæpətəlɪzéɪʃən/ s capitalização.

cap·i·tal·ize /kǽpətəlaɪz/ v (**capitalizes, capitalizing, capitalized, capitalized**) **1** capitalizar; converter em capital. **2** aproveitar; tirar proveito. **3** escrever ou imprimir com letra maiúscula. **4** iniciar uma palavra com letra maiúscula.

capital letter s letra maiúscula.

cap·i·tal·ly /ˈkæpətəli/ adv admiravelmente.

capital punishment s pena de morte.

cap·i·ta·tion /kæpəˈteɪʃən/ s capitação; imposto por cabeça.

Cap·i·tol /ˈkæpətəl/ s capitólio.

ca·pit·u·late /kəˈpɪtʃəleɪt/ v (**capitulates, capitulating, capitulated, capitulated**) capitular; render-se; entregar-se.

ca·pit·u·la·tion /kəpɪtʃəˈleɪʃən/ s 1 capitulação; rendição. 2 acordo; tratado. 3 deposição de armas.

ca·pon /ˈkeɪpɑːn/ s capão; galo capado.

ca·pote /kəˈpoʊt/ s capote com capuz.

ca·price /kəˈpriːs/ s capricho; excentricidade.

ca·pri·cious /kəˈprɪʃəs/ adj caprichoso; excêntrico.

ca·pri·cious·ness /kəˈprɪʃəsnəs/ s capricho; excentricidade.

cap·ri·ole /ˈkæprioʊl/ s cabriola; salto. ‖ v (**caprioles, caprioling, caprioled, caprioled**) cabriolar; saltar.

cap·size /ˈkæpsaɪz, kæpˈsaɪz/ v (**capsizes, capsizing, capsized, capsized**) afundar; naufragar.

cap·stan /ˈkæpstən/ s Náut cabrestante.

cap·su·lar /ˈkæpsələr/ adj capsular; capsulado.

cap·su·late /ˈkæpsəleɪt/ adj capsulado; encerrado em cápsula. (var **capsulated**).

cap·su·lat·ed /ˈkæpsəleɪtɪd/ → **capsulate**.

cap·sule /ˈkæpsəl/ s cápsula.

cap·tain /ˈkæptən/ s 1 capitão. 2 chefe; comandante; líder. 3 capataz. 4 feitor. ‖ v (**captains, captaining, captained, captained**) chefiar; liderar; comandar.

cap·tain·cy /ˈkæptɪnsi/ s capitania; posto de capitão. (var **captainship**).

cap·tain·ship /ˈkæptɪnʃɪp/ → **captaincy**.

cap·tion /ˈkæpʃən/ s 1 legenda (de ilustração ou filme). 2 título (em jornal ou documento). 3 Jur rubrica. 4 embargo; confisco. ‖ v (**captions, captioning, captioned, captioned**) legendar.

cap·tious /ˈkæpʃəs/ adj 1 capcioso; ardiloso. 2 trapaceiro.

cap·tious·ness /ˈkæpʃəsnəs/ s fraude; dolo; ardil.

cap·ti·vate /ˈkæptəveɪt/ v (**captivates, captivating, captivated, captivated**) cativar; fascinar; encantar.

cap·ti·vat·ing /ˈkæptəveɪtɪŋ/ adj cativante; fascinante.

cap·ti·va·tion /kæptəˈveɪʃən/ s fascinação; encanto.

cap·tive /ˈkæptɪv/ adj e s cativo; prisioneiro; escravo.

cap·tiv·i·ty /kæpˈtɪvəti/ s cativeiro; escravidão. (pl **captivities**).

cap·tor /ˈkæptər/ s captor; apreensor.

cap·ture /ˈkæptʃər/ s captura; aprisionamento; apreensão. ‖ v (**captures, capturing, captured, captured**) capturar; aprisionar; apreender.

car /kɑːr/ s 1 automóvel. 2 carro; viatura. 3 bonde. 4 vagão. 5 cabina de elevador.

ca·rafe /kəˈræf/ s 1 garrafa para água ou vinho. 2 pote de vidro utilizado para fazer café.

car·am·bo·la /kerəmˈboʊlə/ s carambola.

car·a·mel /ˈkɑːrməl/ s caramelo.

car·a·mel·ize /ˈkɑːrmələɪz/ v (**caramelizes, caramelizing, caramelized, caramelized**) caramelizar.

car·a·pace /ˈkerəpeɪs/ s carapaça; couraça.

car·at /ˈkerət/ s 1 quilate (medida de peso de pedras preciosas equivalente a 200 mg). 2 → **karat**.

car·a·van /ˈkerəvæn/ s caravana.

car·a·vel /ˈkerəvel/ s caravela. (var **caravelle** ou **carvel**).

car·a·velle /ˈkerəvel/ → **caravel**.

car·bine /ˈkɑːrbiːn, kɑːrbaɪn/ s carabina.

car·bo·hy·drate /kɑːrboʊˈhaɪdreɪt/ s carboidrato.

car·bon /ˈkɑːrbən/ s 1 carbono. 2 folha de papel carbono. 3 cópia a papel carbono.

car·bo·na·ceous /kɑːrbəˈneɪʃəs/ adj 1 carbonado. 2 Geol carbonífero.

car·bon·ate /ˈkɑːrbəneɪt/ v (**carbonates, carbonating, carbonated, carbonated**) 1 carbonatar. 2 carbonizar. ‖ s carbonato.

car·bon·if·er·ous /kɑːrbəˈnɪfərəs/ adj carbonífero.

car·bon·i·za·tion /kɑːrbənɪˈzeɪʃən/ s carbonização.

car·bon·ize /kɑːrbənaɪz/ v (**carbonizes, carbonizing, carbonized, carbonized**) carbonizar.

carbon paper s papel-carbono.

car·bu·re·tor /kɑːrbəretər/ s carburador.

car·bu·rize /kɑːrbəraɪz/ v (**carburizes, carburizing, carburized, carburized**) carburar.

car·cass /kɑːrkəs/ s 1 carcaça. 2 armação; esqueleto; estrutura.

card /kɑːrd/ s 1 cartão. 2 carta de baralho. 3 cartaz pequeno. 4 papelão. 5 cartolina. 6 programa. 7 cardápio. 8 convite. 9 ficha. 10 verbete. 11 *Comp* placa. 12 bússola. 13 carda. ♦ **cards** us v sing e pl jogo de cartas. II v (**cards, carding, carded, carded**) 1 cartear. 2 fichar; catalogar. 3 colocar cartão em.

card·board /kɑːrdbɔːrd/ s cartão; papelão.

car·di·ac /kɑːrdiæk/ adj e s cardíaco.

car·di·gan /kɑːrdɪgən/ s cardigã; casaco de lã.

car·di·nal /kɑːrdɪnəl/ s 1 cardeal. 2 ponto cardeal. 3 cardinal (número). II adj 1 principal; primordial. 2 vermelho vivo.

car·di·o·gram /kɑːrdioʊgræm/ s cardiograma.

car·di·o·graph /kɑːrdioʊgræf/ s cardiógrafo.

car·di·og·ra·phy /kɑːrdiɑːgrəfi/ s cardiografia.

car·di·ol·o·gist /kɑːrdiɑːlədʒɪst/ s cardiologista.

car·di·ol·o·gy /kɑːrdiɑːlədʒi/ s cardiologia.

care /ker/ s 1 cuidado; zelo; atenção. 2 inquietação; preocupação. 3 custódia; proteção; guarda. 4 diligência. 5 vigilância. II v (**cares, caring, cared, cared**) 1 ter cuidado. 2 importar-se; interessar-se. 3 preocupar-se. 4 desejar; querer. ♦ **take care** tomar cuidado.

ca·reen /kəriːn/ s Náut querena. II v (**careens, careening, careened, careened**) querenar; adernar.

ca·reer /kərɪr/ s 1 carreira; profissão; ofício. 2 modo de vida. 3 existência. II v (**careers, careering, careered, careered**) correr. II adj de carreira; relativo a profissão.

care·free /kerfriː/ adj despreocupado.

care·ful /kerfəl/ adj 1 cuidadoso; cauteloso. 2 meticuloso; exato. 3 protecionista.

care·ful·ly /kerfəli/ adv cuidadosamente; atentamente.

care·ful·ness /kerfəlnəs/ s 1 cuidado; atenção. 2 solicitude.

care·less /kerləs/ adj descuidado; negligente; despreocupado.

care·less·ness /kerləsnəs/ s descuido; negligência; incúria.

ca·ress /kəres/ v (**caresses, caressing, caressed, caressed**) acariciar; afagar. II s carinho; afago; mimo.

care·tak·er /kerteɪkər/ s 1 zelador; guarda. 2 curador.

care·worn /kerwɔːrn/ adj fatigado; consumido; preocupado.

car·go /kɑːrgoʊ/ s carga; frete. (pl **cargoes** ou **cargos**).

car·i·ca·ture /kerəkətʃur/ s caricatura. II v (**caricatures, caricaturing, caricatured, caricatured**) 1 caricaturar. 2 ridicularizar.

car·i·ca·tur·ist /kerəkətʃurɪst/ s caricaturista.

car·ies /keriːz/ s cárie. (pl **caries**).

car·il·lon /kerəlɑːn/ s carrilhão.

car·i·ous /keriəs/ adj cariado.

car·mine /kɑːrmaɪn, kɑːrmɪn/ s carmim (cor).

car·nage /kɑːrnɪdʒ/ s carnificina; matança; massacre.

car·nal /kɑːrnəl/ adj carnal; sensual.

car·nal·i·ty /kɑːrnæləti/ s carnalidade; sensualidade; lascívia.

car·na·tion /kɑːrneɪʃən/ s 1 Bot cravo. 2 tinta rosada utilizada em pintura.

car·ni·val /kɑːrnəvəl/ s carnaval.

car·ni·vore /kɑːrnəvɔːr/ s animal carnívoro.

car·niv·o·rous /kɑːrnɪvərəs/ adj carnívoro.

car·ol /kerəl/ s cântico de Natal. II v (**carols, caroling/carolling, caroled/carolled, caroled/carolled**) 1 louvar; celebrar com cânticos. 2 gorjear.

car·om /kærəm/ v (**caroms, caroming, caromed, caromed**) carambolar (no bilhar). II s carambola (no bilhar).

ca·rot·id /kərɑːtɪd/ adj e s Anat carótida.

ca·rous·al /kərauzəl/ s orgia; pândega.

ca·rouse /kəraʊz/ s bacanal; farra. ‖ v (carouses, carousing, caroused, caroused) farrear; embebedar-se.

car·ou·sel /kerəsel/ s carrossel. (var carrousel).

ca·rous·er /kərauzɚ/ s beberrão; farrista.

carp /ka:rp/ s Zool carpa. (pl carp ou carps). ‖ v (carps, carping, carped, carped) censurar.

car·pen·ter /ka:rpəntɚ/ s carpinteiro. ‖ v (carpenters, carpentering, carpentered, carpentered) executar trabalhos de carpintaria.

car·pen·try /ka:rpəntri/ s carpintaria; ofício, obra de carpinteiro.

car·pet /ka:rpət/ s tapete. ‖ v (carpets, carpeting, carpeted, carpeted) atapetar.

carp·ing /ka:rpɪŋ/ adj repreendedor; censurador; crítico.

car·pus /ka:rpəs/ s Anat carpo. (pl carpi /ka:rpaɪ/).

car·riage /kerɪdʒ/ s 1 carruagem. 2 carro. 3 vagão ferroviário. 4 porte; frete; carreto. 5 postura. 6 procedimento; comportamento.

car·ri·er /keriɚ/ s 1 mensageiro. 2 carregador. 3 carreteiro; transportador. 4 Med portador.

car·ri·on /keriən/ s 1 carniça; carne podre. 2 cadáver em putrefação. ‖ adj 1 pútrido. 2 putrefato.

car·rot /kerət/ s cenoura.

car·rot·y /kerəti/ adj 1 da cor de cenoura. 2 ruivo (cabelo).

car·rou·sel /kerəsel/ → carousel.

car·ry /keri/ s 1 carregamento; porte. 2 alcance (de arma ou projétil). 3 projeção. (pl carries). ‖ v (carries, carrying, carried, carried) 1 levar; conduzir; transportar; carregar. 2 conter. 3 comunicar; transmitir. 4 abranger. 5 vencer; ganhar. 6 ter; possuir. 7 remover. 8 distender; prolongar. 9 sustentar. 10 arrebatar; arrastar. 11 ter em estoque ou depósito. 12 publicar. 13 capturar. 14 atingir. 15 comportar-se; conduzir-se. ♦ carry about levar de um lado para outro. carry on 1 manter funcionando. 2 continuar; engajar-se. carry out 1 executar; completar. 2 persistir. carry over Cont deduzir. carry through 1 persistir; sobreviver. 2 completar.

car·ry·out /keriaʊt/ adj para viagem (comida). ‖ s comida para ser consumida fora do local de compra.

cart /ka:rt/ s 1 carrinho (de compras, golfe). 2 carroça. ‖ v (carts, carting, carted, carted) transportar em carrinho ou carroça.

cart·age /ka:rtɪdʒ/ s carreto; carretagem.

car·tel /ka:rtel/ s Comer e Mil cartel.

car·ti·lage /ka:rtəlɪdʒ/ s Anat cartilagem.

car·ti·lag·i·nous /ka:rtəlædʒənəs/ adj cartilaginoso.

car·tog·ra·phy /ka:rta:grəfi/ s cartografia.

car·ton /ka:rtən/ s caixa de papelão. ‖ v (cartons, cartoning, cartoned, cartoned) colocar coisas em caixas de papelão.

car·toon /ka:rtu:n/ s 1 charge; caricatura. 2 história em quadrinhos. 3 desenho animado. ‖ v (cartoons, cartooning, cartooned, cartooned) fazer caricatura, desenho animado ou quadrinhos.

car·toon·ist /ka:rtu:nɪst/ s 1 caricaturista; chargista. 2 cartunista.

car·tridge /ka:rtrɪdʒ/ s cartucho (de arma de fogo, de impressora, etc.).

carve /ka:rv/ v (carves, carving, carved, carved) 1 esculpir; entalhar. 2 gravar. 3 cinzelar. 4 trinchar (carne).

car·vel /ka:vəl/ → caravel.

carv·er /ka:rvɚ/ s escultor; trinchador.

carv·ing /ka:rvɪŋ/ s 1 escultura; entalhe. 2 gravura. 3 trincho. 4 ato de trinchar.

car wash s lava-rápido.

cas·cade /kæskeɪd/ s cascata. ‖ v (cascades, cascading, cascaded, cascaded) cair ou fazer cair em forma de cascata.

case /keɪs/ v (cases, casing, cased, cased) 1 pôr em caixa ou estojo; encaixotar; encaixar. 2 acondicionar. 3 cobrir. 4 examinar. ‖ s 1 estojo; caixa; recipiente. 2 coldre. 3 mala. 4 invólucro. 5 questão; ação judicial. 6 caso; fato; ocorrência. 7 exemplo; amostra. ♦ in case of no caso de.

case·ment /keɪsmeɪt/ s 1 armação. 2 batente de janela. 3 caixilho de vidraça. 4 fortificação; casamata.

ca·sern /kəzɜ:rn/ s *Mil* caserna; quartel. (*var* **caserne**).

ca·serne /kəzɜ:rn/ → **casern**.

cash /kæʃ/ s **1** dinheiro. **2** pagamento à vista. ‖ v (**cashes, cashing, cashed, cashed**) converter em dinheiro; receber ou pagar em dinheiro.

cash machine s caixa automático ou eletrônico (para retirada de dinheiro).

cash register s caixa registradora.

cash·ew /kæʃu:, kəʃu:/ s **1** cajueiro. **2** caju.

cash·ier /kæʃɪr/ s caixa de banco ou estabelecimentos comerciais. ‖ /kəʃɪr/ v (**cashiers, cashiering, cashiered, cashiered**) **1** demitir; despedir. **2** *Mil* dar baixa.

cash·mere /kæʒmɪr/ s *cashmere*; lã muito fina e macia do pêlo da cabra do Himalaia.

cas·i·mere /kæsəmɪr/ → **cassimere**.

cas·ing /keɪsɪŋ/ s **1** cobertura; coberta. **2** invólucro; embalagem; revestimento. **3** batente; moldura.

ca·si·no /kəsi:nou/ s cassino. (*pl* **casinos**. *var* **cassino**).

cask /kæsk/ s **1** barril. **2** pipa. **3** casco.

cas·ket /kæskɪt/ s **1** escrínio. **2** pequeno cofre para jóias. ‖ v (**caskets, casketing, casketed, casketed**) colocar no cofre.

casque /kæsk/ s **1** *Zool* casco. **2** elmo; capacete.

cas·sa·tion /kəseɪʃən/ s **1** cassação. **2** anulação; revogação; cancelamento.

cas·se·role /kæsəroʊl/ s caçarola.

cas·sette /kəset/ s fita cassete.

cassette player s toca-fitas.

cas·si·mere /kæsəmɪr/ s casimira. (*var* **casimere**).

cas·si·no /kəsi:nou/ → **casino**.

cas·sock /kæsək/ s batina; sotaina.

cast /kæst/ s **1** golpe; lance; arremesso. **2** molde; moldagem. **3** fundição. **4** expressão; aparência. **5** marca. **6** inclinação; tendência. **7** cálculo. **8** elenco; distribuição de papéis (em teatro, rádio, TV). **9** arranjo. **10** conjetura. **11** previsão. ‖ v (**casts, casting, cast, cast**) **1** lançar; arremessar. **2** moldar; modelar. **3** deixar cair. **4** derramar. **5** depositar. **6** dar à luz prematuramente. **7** dirigir o olhar para. **8** im-

putar. **9** despojar. **10** prever. **11** computar; calcular; somar. **12** rejeitar. **13** dar baixa a. **14** vencer demanda judicial. **15** distribuir papéis; escolher atores (TV, teatro, etc.). **16** planejar. ♦ **cast about** pesquisar; verificar. **cast off** descartar; rejeitar. **cast on** fazer a primeira carreira de tricô. **cast out** expelir; expulsar.

cas·ta·nets /kæstənets/ s pl *Mús* castanholas.

cast·a·way /kæstəweɪ/ adj **1** rejeitado; abandonado. **2** naufragado. ‖ s náufrago; réprobo.

caste /kæst/ s casta; classe social.

cas·tel·lan /kæstələn/ s castelão.

cas·tel·lat·ed /kæstəleɪtɪd/ adj acastelado; fortificado.

cas·ti·gate /kæstəgeɪt/ v (**castigates, castigating, castigated, castigated**) **1** castigar; punir; corrigir. **2** criticar severamente.

cas·ti·ga·tion /kæstəgeɪʃən/ s **1** castigo; punição. **2** crítica acerba.

cas·ti·ga·tor /kæstəgeɪtər/ s castigador.

cast·ing /kæstɪŋ/ s **1** lanço; arremesso. **2** fundição. **3** previsão. **4** escalação; seleção de elenco. **5** expulsão; rejeição.

cas·tle /kæsl/ s **1** castelo. **2** fortificação. **3** torre (também no jogo de xadrez).

cas·tled /kæsld/ adj acastelado.

cast·off /kæstɑ:f/ s refugo; rebotalho.

cas·tor /kæstər/ s **1** óleo de rícino. **2** chapéu de pêlo de castor. **3** pele de castor. **4** lã pesada utilizada na fabricação de casacos. **5** *Astron* castor.

cas·trate /kæstreɪt/ v (**castrates, castrating, castrated, castrated**) castrar; capar. ‖ s pessoa castrada.

cas·tra·tion /kæstreɪʃən/ s castração.

ca·su·al /kæʒu:əl/ adj **1** casual; fortuito; acidental. **2** descuidado; negligente. **3** sem método ou sistema. **4** informal. **5** superficial. ‖ s funcionário temporário.

ca·su·al·ly /kæʒu:əli/ adv casualmente.

ca·su·al·ness /kæʒu:əlnəs/ s **1** casualidade. **2** acaso. **3** negligência. **4** incúria.

ca·su·al·ty /kæʒu:əlti/ s **1** casualidade. **2** desastre. **3** infortúnio. **4** vítima. ♦ **casualties** mortos e feridos em um acidente ou guerra.

ca·su·ist /ˈkæʒuɪst/ s casuísta.

ca·su·ist·ry /ˈkæʒuɪstri/ s 1 casuística. 2 sofisma. (pl casuistries).

cat /kæt/ s 1 gato. 2 nome dado aos felídeos em geral. 3 mulher rancorosa. ‖ v (cats, catting, catted, catted) 1 Náut içar a âncora. 2 gír procurar por parceiros sexuais; ter casos amorosos.

ca·tab·o·lism /kəˈtæbəlɪzəm/ s Biol catabolismo.

cat·a·clysm /ˈkætəklɪzəm/ s cataclismo.

cat·a·comb /ˈkætəkoum/ s catacumba.

cat·a·falque /ˈkætəfælk/ s catafalco.

Cat·a·lan /ˈkætələn/ adj e s catalão.

cat·a·lep·sy /ˈkætələpsi/ s Med catalepsia. (pl catalepsies).

cat·a·log /ˈkætəlɑːg/ s catálogo. ‖ v (catalogs, cataloging, cataloged, cataloged) catalogar. (var catalogue).

cat·a·logue /ˈkætəlɑːg/ → catalog.

ca·tal·y·sis /kəˈtæləsɪs/ s Quím catálise. (pl catalyses /kəˈtæləsiːz/).

cat·a·lyst /ˈkætlɪst/ s Quím catalisador.

cat·a·lyze /ˈkætlaɪz/ v (catalyzes, catalyzing, catalyzed, catalyzed) Quím catalisar.

cat·a·plasm /ˈkætəplæzəm/ s Med cataplasma. (var poultice).

cat·a·pult /ˈkætəpʌlt/ s 1 catapulta. 2 estilingue; bodoque; atiradeira. ‖ v (catapults, catapulting, catapulted, catapulted) lançar de catapulta; atirar de estilingue.

cat·a·ract /ˈkætərækt/ s 1 catarata; queda-d'água. 2 Med catarata.

ca·tarrh /kəˈtɑːr/ s Med catarro.

ca·tas·tro·phe /kəˈtæstrəfi/ s catástrofe.

cat·a·stroph·ic /ˌkætəˈstrɑːfɪk/ adj catastrófico.

cat·call /ˈkætkɔːl/ s apupo; vaia. ‖ v (catcalls, catcalling, catcalled, catcalled) vaiar.

catch /kætʃ/ s 1 presa. 2 captura. 3 pescaria. 4 vantagem; proveito. 5 surpresa. 6 chamariz; armadilha. ‖ v (catches, catching, caught, caught) 1 apanhar; pegar; pôr a mão em. 2 agarrar. 3 prender (o fôlego). 4 compreender. 5 contrair (doença). 6 apegar-se. 7 atrair a atenção. ♦ catch on entender; perceber. catch out detectar.

catch·er /ˈkætʃər/ s 1 apanhador. 2 o que prende. 3 agarrador.

catch·ing /ˈkætʃɪŋ/ adj 1 cativante. 2 contagioso.

catch·ment /ˈkætʃmənt/ s 1 apanhamento. 2 captura. 3 reservatório. 4 captação.

catch·pole /ˈkætʃpoʊl/ s meirinho; beleguim. (var catchpoll).

catch·poll /ˈkætʃpoʊl/ → catchpole.

catch·up /ˈkætʃəp/ → ketchup.

catch·word /ˈkætʃwɜːrd/ s 1 lema. 2 Tip chamada; manchete.

catch·y /ˈkætʃi/ adj 1 atrativo. 2 ardiloso; capcioso; enganoso. (gr comp catchier. gr super catchiest).

cat·e·che·sis /ˌkætɪˈkiːsɪs/ s catequese. (pl catecheses /ˌkætɪˈkiːsiːz/).

cat·e·chism /ˈkætəkɪzəm/ s catecismo.

cat·e·chi·za·tion /ˌkætəkɪˈzeɪʃən/ s catequização.

cat·e·chize /ˈkætəkaɪz/ v (catechizes, catechizing, catechized, catechized) catequizar.

cat·e·chiz·er /ˈkætəkaɪzər/ s catequista.

cat·e·gor·ic /ˌkætəˈgɔːrɪk/ → categorical.

cat·e·gor·i·cal /ˌkætəˈgɔːrɪkəl/ adj categórico. (var categoric).

cat·e·go·rize /ˈkætəgəraɪz/ v (categorizes, categorizing, categorized, categorized) categorizar; classificar.

cat·e·go·ry /ˈkætəgɔːri/ s categoria; classe. (pl categories).

cat·e·nar·y /kəˈtiːnəri/ s catenária. (pl catenaries).

cat·e·nate /ˈkætneɪt/ v (catenates, catenating, catenated, catenated) concatenar.

ca·ter /ˈkeɪtər/ v (caters, catering, catered, catered) fornecer; abastecer; suprir.

ca·ter·er /ˈkeɪtərər/ s fornecedor; aprovisionador.

cat·er·pil·lar /ˈkætərpɪlər/ s 1 lagarta. 2 larva de inseto.

cat·er·waul /ˈkætərwɔːl/ v (caterwauls, caterwauling, caterwauled, caterwauled) 1 miar. 2 emitir sons discordantes. ‖ s miado; som estridente.

cat·fish /ˈkætfɪʃ/ s Zool lampreia; peixegato. (pl catfish ou catfishes).

cat·gut /kætgʌt/ s categute.

ca·thar·sis /kəθɑ:rsɪs/ s 1 catarse. 2 Med purificação; purgação. (pl catharses /kəθɑ:rsi:z/).

ca·thar·tic /kəθɑ:rtɪk/ adj purgativo. II s laxante.

ca·the·dra /kəθi:drə/ s cátedra. (pl cathedrae /kəθi:dri:/).

ca·the·dral /kəθi:drəl/ s catedral. II adj que dá austeridade; que dá autoridade.

cath·e·ter /kæθətə·/ s Med cateter.

cath·ode /kæθoʊd/ s Eletr catodo; cátodo; catódico.

cath·o·lic /kæθəlɪk/ adj 1 universal. 2 liberal. 3 tolerante. 4 maiús católico. II s maiús católico.

Ca·thol·i·cism /kəθɑ:ləsɪzəm/ s catolicismo.

cath·o·lic·i·ty /kæθəlɪsəti/ s 1 catolicidade. 2 universalidade.

ca·thol·i·cize /kəθɑ:ləsaɪz/ v (catholicizes, catholicizing, catholicized, catholicized) tornar-se católico.

cat·like /kætlaɪk/ adj felino; que se assemelha ao gato.

cat·nap /kætnæp/ s cochilo; soneca; sono leve. II v (catnaps, catnapping, catnapped, catnapped) cochilar.

cat·tle /kætl/ s pl gado; rebanho.

cat·tle·man /kætlmən/ s criador de gado.

cat·ty /kæti/ adj malicioso; traiçoeiro. (gr comp cattier. gr super cattiest).

cat·walk /kætwɑːk/ s passadiço; passarela.

cau·cus /kɑ:kəs/ s convenção de partido político. (pl caucuses ou caucusses).

cau·dal /kɑ:dl/ adj caudal (relat a cauda).

cau·date /kɑ:deɪt/ adj caudado; que tem cauda. (var caudated).

cau·dat·ed /kɑ:deɪtɪd/ → caudate.

cau·dle /kɑ:dl/ s bebida quente feita com vinho ou cerveja, açúcar e ovos.

caught /kɑ:t/ v pass e part pass de catch.

cau·li·flow·er /kɑ:lɪflaʊə·/ s couve-flor.

caul·dron /kɑ:ldrən/ → caldron.

caulk /kɑ:k/ v (caulks, caulking, caulked, caulked) calafetar; vedar. (var calk).

caulk·er /kɑ:kə·/ s calafate; calafetador; instrumento para calafetar.

caus·al /kɑ:zəl/ adj causal; causativo.

cau·sal·i·ty /kɑ:zæləti/ s causalidade; ação ou agência causal. (pl causalities).

caus·a·tive /kɑ:zətɪv/ adj causativo; causal.

cause /kɑ:z/ v (causes, causing, caused, caused) 1 causar. 2 ocasionar. 3 motivar. 4 produzir. 5 induzir. 6 compelir. II s 1 causa; motivo; razão. 2 origem. 3 ação judicial. 4 objetivo; ideal; causa.

cause·less /kɑ:zləs/ adj infundado; injusto; injustificável.

caus·er /kɑ:zə·/ s causador; motivador.

cau·se·rie /koʊzəri:/ s 1 ensaio. 2 conversa informal; bate-papo.

cause·way /kɑ:zweɪ/ s 1 via pavimentada. 2 caminho elevado (em lugares pantanosos).

caus·tic /kɑ:stɪk/ adj 1 cáustico. 2 corrosivo. 3 sarcástico. 4 mordaz; satírico. II s cáustico.

caus·tic·i·ty /kɑ:stɪsəti/ s causticidade.

cau·ter·i·za·tion /kɑ:təɪzeɪʃən/ s cauterização.

cau·ter·ize /kɑ:təraɪz/ v (cauterizes, cauterizing, cauterized, cauterized) cauterizar.

cau·ter·y /kɑ:tə·i/ s cautério. (pl cauteries).

cau·tion /kɑ:ʃən/ s 1 cautela; prevenção. 2 aviso. II v (cautions, cautioning, cautioned, cautioned) avisar; prevenir; advertir.

cau·tion·ar·y /kɑ:ʃəneri/ adj admonitório; previdente; precavido; preventivo.

cau·tious /kɑ:ʃəs/ adj cauteloso; prudente.

cau·tious·ly /kɑ:ʃəsli/ adv cautelosamente; prudentemente.

cau·tious·ness /kɑ:ʃəsnəs/ s cautela; prudência; precaução.

cav·al·cade /kævəlkeɪd, kævəlkeɪd/ s cavalgada.

cav·a·lier /kævəlɪr/ s 1 cavaleiro. 2 cavalheiro; galanteador. II adj 1 arrogante. 2 soberbo; nobre.

cav·al·ry /kævəlri/ s cavalaria. (pl cavalries).

cave /keɪv/ v (caves, caving, caved, caved) 1 escavar. 2 desmoronar. 3 ruir. II s 1 furna; antro. 2 caverna.

ca·ve·at /kæviæt, keɪviæt/ s 1 admoestação; repreensão. 2 Jur intimação.

cave·man /kéivmæn/ s 1 homem pré-histórico; homem das cavernas. 2 *inform* homem rude; bruto. (*tb* cave man).

cav·ern /kǽvən/ s caverna grande; furna. ‖ v (caverns, caverning, caverned, caverned) encavernar; encovilar.

cav·ern·ous /kǽvənəs/ *adj* 1 cavernoso. 2 poroso.

cav·i·ar /kǽviɑːr/ s caviar. (*var* caviare).

cav·i·are /kǽviɑːr/ → caviar.

cav·il /kǽvəl/ s 1 cavilação; sofisma; chicana. 2 objeção capciosa. ‖ v (cavils, caviling/cavilling, caviled/cavilled, caviled/cavilled) cavilar; sofismar.

cav·i·ty /kǽvəti/ s 1 cavidade; buraco. 2 cárie. (*pl* cavities).

ca·vy /kéivi/ s *Zool* cobaia; porquinho-da-índia. (*pl* cavies).

caw /kɑː/ s grasno; crocito. ‖ v (caws, cawing, cawed, cawed) grasnar.

cay /kiː, kei/ s recife; baixio; ilhota.

CD /siːdíː/ *abrev* de compact disk.

CD/ROM /siːdiːrɑːm/ *abrev* Comp de compact disk-read only memory; CD/ROM; memória em disco a laser exclusiva de leitura.

cease /siːs/ v (ceases, ceasing, ceased, ceased) cessar; parar. ‖ s pausa; parada.

cease-fire /síːsfaiə/ s Mil cessar-fogo. (*tb* ceasefire).

cease·less /síːsləs/ *adj* incessante; contínuo; ininterrupto.

cease·less·ness /síːsləsnəs/ s continuidade.

ce·cum /síːkəm/ s 1 Anat ceco. 2 cavidade com uma abertura somente. (*var* caecum).

ce·dar /síːdə/ s Bot cedro; a madeira desta árvore.

cede /siːd/ v (cedes, ceding, ceded, ceded) ceder; conceder; outorgar.

ce·dil·la /sədílə/ s cedilha.

ceil·ing /síːliŋ/ s 1 teto; forro. 2 máximo; limite.

cel·e·brant /séləbrənt/ s celebrante.

cel·e·brate /séləbreit/ v (celebrates, celebrating, celebrated, celebrated) celebrar; comemorar; festejar.

cel·e·brat·ed /séləbreitid/ *adj* célebre; famoso; ilustre; notório.

cel·e·bra·tion /seləbréiʃən/ s celebração; comemoração; festejo.

cel·e·bra·tor /séləbreitə/ s celebrador.

ce·leb·ri·ty /səlébrəti/ s 1 celebridade. 2 renome; fama. (*pl* celebrities).

ce·ler·i·ty /səlérəti/ s celeridade; rapidez.

cel·er·y /séləri/ s Bot aipo; salsão. (*pl* celeries).

ce·les·tial /səléstʃəl/ *adj* 1 celestial; divino; angélico. 2 *maiús* chinês. ‖ s espírito celeste.

cel·i·ba·cy /séləbəsi/ s celibato.

cel·i·bate /séləbət/ *adj* e s celibatário; solteiro.

cell /sel/ s 1 cela de prisão ou convento. 2 cubículo. 3 alvéolo. 4 Biol célula. 5 unidade subsidiária de uma organização. ‖ v (cells, celling, celled, celled) confinar; viver em uma cela.

cel·lar /sélə/ s 1 adega. 2 abrigo subterrâneo. 3 porão. ‖ v (cellars, cellaring, cellared, cellared) guardar em adega.

cel·lar·age /séləridʒ/ s 1 armazenagem em adega ou depósito subterrâneo. 2 taxa de armazenagem em adega.

cel·lar·et /séləret/ → cellarette.

cel·lar·ette /séləret/ s frasqueira; garrafeira. (*var* cellaret).

cel·lu·lar /séljələ/ *adj* celular.

cellular telephone s telefone celular.

cel·lu·lite /séljəlait/ s celulite.

cel·lu·loid /séljələid/ s 1 celulóide. 2 fita de cinema; filme.

cel·lu·lose /séljəlous/ s celulose.

Celt /kelt, selt/ s celta. (*var* Kelt).

Celt·ic /kéltik, séltik/ s e *adj* celta. (*var* Keltic).

ce·ment /simént/ v (cements, cementing, cemented, cemented) cimentar. ‖ s 1 cimento; argamassa; concreto. 2 massa para cobrir cáries.

cem·e·ter·y /séməteri/ s cemitério. (*pl* cemeteries).

cense /sens/ v (censes, censing, censed, censed) incensar; defumar; purificar ou perfumar com incenso.

cen·ser /sénsə/ s turíbulo; incensório.

cen·sor /sénsə/ s censor; crítico. ‖ v (censors, censoring, censored, censored) censurar; criticar.

cen·so·ri·al /sensɔːriəl/ adj censório; de censor ou censura.

cen·so·ri·ous /sensɔːriəs/ adj severo; repreensivo; reprovador.

cen·sor·ship /sensəʃɪp/ s 1 censura. 2 função, ofício de censor.

cen·sur·a·ble /senʃərəbəl/ adj censurável; criticável; repreensível.

cen·sure /senʃə-/ s 1 censura; crítica. 2 desaprovação. ‖ v (censures, censuring, censured, censured) repreender; criticar.

cen·sur·er /senʃər-ə-/ s censurador.

cen·sus /sensəs/ s censo; recenseamento.

cent /sent/ s 1 centésima parte de um dólar. 2 centavo. 3 cêntimo.

cen·te·nar·i·an /sentənəriən/ adj e s centenário.

cen·ten·a·ry /sentəneri, sentenəri/ adj centenário. ‖ s centenário. (pl centenaries).

cen·ten·ni·al /senteniəl/ adj e s centenário.

cen·ter /sentə-/ s 1 centro. 2 meio. 3 ponto de atração; ponto focal. 4 núcleo. ‖ v (centers, centering, centered, centered) 1 centralizar; centrar. 2 concentrar-se.

cen·tes·i·mal /sentesɪməl/ adj centesimal.

cen·ti·grade /sentəgreɪd/ adj centígrado.

cen·ti·gram /sentəgræm/ s centigrama.

cen·ti·li·ter /sentəliːtə-/ s centilitro.

cen·ti·me·ter /sentəmiːtə-/ s centímetro.

cen·ti·pede /sentəpiːd/ s Zool centopéia; lacraia.

cen·to /sentoʊ/ s centão; composição poética formada de trecho de outros autores. (pl centos).

cen·tral /sentrəl/ adj central; principal.

Central African s e adj centro-africana.

Central African Republic s República Centro-Africana.

cen·tral·i·ty /sentræləti/ s centralidade.

cen·tral·i·za·tion /sentrəlɪzeɪʃən/ s centralização.

cen·tral·ize /sentrəlaɪz/ v (centralizes, centralizing, centralized, centralized) 1 centralizar-se. 2 concentrar.

cen·tral·iz·er /sentrəlaɪzə-/ s centralizador.

cen·tric /sentrɪk/ adj 1 central. 2 que tem centro. (var centrical).

cen·tri·cal /sentrɪkəl/ → centric.

cen·tric·i·ty /sentrɪsəti/ s centralidade.

cen·trif·u·gal /sentrɪfjəgəl/ adj centrífugo.

cen·tri·fuge /sentrəfjuːdʒ/ s centrifugador. ‖ v (centrifuges, centrifuging, centrifuged, centrifuged) centrifugar.

cen·trip·e·tal /sentrɪpətəl/ adj centrípeto.

cen·tu·ri·on /senturiən/ s centurião.

cen·tu·ry /sentʃəri/ s 1 século. 2 centúria. (pl centuries).

ceph·al·al·gia /sefəlældʒ/ s Med cefalalgia; cefaléia.

ce·phal·ic /səfælɪk/ adj cefálico; da cabeça.

ce·ram·ic /səræmɪk/ s cerâmica. ‖ adj cerâmico. ♦ **ceramics** us v sing arte de fabricar cerâmica.

ce·rat·ed /sɪreɪtɪd/ adj encerado.

cere /sɪr/ v (ceres, cering, cered, cered) encerar; lacrar.

ce·re·al /sɪriəl/ adj e s cereal.

cer·e·bel·lum /serəbeləm/ s Anat cerebelo. (pl cerebellums ou cerebella).

cer·e·bral /serəbrəl/ adj cerebral; mental.

cer·e·bra·tion /serəbreɪʃən/ s cerebração; função cerebral.

cer·e·brum /serəbrəm/ s Anat cérebro. (pl cerebrums ou cerebra /serəbrə/).

cere·cloth /sɪrklɑːθ/ s mortalha.

cer·e·ment /sɪrmənt/ s mortalha. ♦ **cerements** traje para funeral.

cer·e·mo·ni·al /serəmoʊniəl/ adj e s cerimonial; ritual.

cer·e·mo·ni·ous /serəmoʊniəs/ adj cerimonioso.

cer·e·mo·ni·ous·ness /serəmoʊniəsnəs/ s cerimônia; caráter cerimonial.

cer·e·mo·ny /serəmoʊni/ s 1 cerimônia. 2 etiqueta. 3 cerimonial religioso. (pl ceremonies).

cer·tain /sɜːrtən/ adj 1 certo; seguro; fixo. 2 claro; evidente. 3 positivo; verdadeiro. ‖ pron algum.

cer·tain·ly /sɜːrtənli/ adv certamente.

cer·tain·ty /sɜːrtənti/ s certeza; exatidão. (pl certainties).

cer·ti·fi·a·ble /sɜːrtəfaɪəbəl/ adj certificável.

cer·tif·i·cate /sətɪfɪkət/ s certidão; laudo; certificado; atestado. ‖ /sətɪfɪkeɪt/ v (certificates, certificating, certificated, certificated) certificar.

cer·ti·fi·ca·tion /sɜːrtəfɪkeɪʃən/ s certificação; atestação; certificado.

cer·ti·fy /sɜːrtəfaɪ/ v (certifies, certifying, certified, certified) 1 certificar. 2 atestar. 3 assegurar; garantir; endossar. 4 autenticar.

ce·ru·men /səruːmən/ s cerúmen; cerume.

cer·vi·cal /sɜːrvɪkəl/ adj cervical.

cer·vine /sɜːrvaɪn/ adj cervino.

cer·vix /sɜːrvɪks/ s cerviz; nuca. (pl cervixes /sɜːrvɪksɪz/ ou cervices /sɜːrvɪsiːz/).

ce·sar·e·an /səzɛriən/ adj e s cesariana (parto). (var caesarean ou cesarian ou cesarian).

ce·sar·i·an /səzɛriən/ → cesarean.

ces·sa·tion /seseɪʃən/ s cessação; pausa; parada; suspensão; interrupção.

ces·sion /seʃən/ s 1 cessão; ato de ceder. 2 direitos cedidos. 3 renúncia.

cess·pit /sɛspɪt/ s fossa sanitária; cloaca; monturo.

ce·ta·cean /sɪteɪʃən/ adj cetáceo. (var cetaceous). II s cetáceo.

ce·ta·ceous /sɪteɪʃəs/ → adj cetacean.

Chad /tʃæd/ s Chade.

Chad·i·an /tʃædiən/ s e adj chadiano.

chafe /tʃeɪf/ v (chafes, chafing, chafed, chafed) 1 aquecer pelo atrito. 2 esfolar. 3 gastar pelo atrito. 4 irritar-se. 5 desgastar. II s 1 irritação. 2 fricção. 3 escoriação.

cha·fer /tʃeɪfə/ s Zool escaravelho.

chaff /tʃæf/ v (chaffs, chaffing, chaffed, chaffed) caçoar de. II s 1 picuinha. 2 zombaria. 3 farelo; debulho.

chaff·er /tʃæfə/ v (chaffers, chaffering, chaffered, chaffered) pechinchar; regatear. II s regateio; pechincha.

cha·grin /ʃəgrɪn/ s pesar; desgosto. II v (chagrins, chagrining, chagrined, chagrined) vexar; afligir; enfadar.

chain /tʃeɪn/ s 1 corrente; cadeia. 2 grilheta; algema. 3 cordilheira. 4 série; conjunto. 5 trena de agrimensor. 6 escravidão. 7 cadeia, rede (de lojas, restaurantes, etc.). II v (chains, chaining, chained, chained) 1 acorrentar. 2 encadear. 3 escravizar; sujeitar.

chair /tʃer/ s 1 cadeira. 2 cátedra. 3 presidência. 4 coxim de trilho das estradas de ferro. 5 gír cadeira elétrica. II v (chairs, chairing, chaired, chaired) 1 instalar na presidência. 2 presidir.

chair·man /tʃermən/ s 1 presidente de assembléia, reunião, comissão, etc. 2 reitor. II v (chairmans, chairmanning, chairmanned) atuar como presidente.

chair·man·ship /tʃermənʃɪp/ s presidência.

chair·wom·an /tʃerwʊmən/ s presidenta de assembléia, reunião, comissão, etc.

chaise /ʃeɪz/ s carruagem de duas rodas sem capota puxada por um cavalo.

cha·let /ʃæleɪ/ s chalé.

chal·ice /tʃælɪs/ s 1 cálice usado em missas. 2 taça; copa.

chalk /tʃɔːk/ s 1 giz; cré. 2 marca feita com giz. II v (chalks, chalking, chalked, chalked) 1 gizar; marcar. 2 escrever ou desenhar com giz. 3 empalidecer. ♦ chalk up ganhar ou marcar pontos.

chalk·board /tʃɔːkbɔːrd/ s lousa.

chal·lenge /tʃælɪndʒ/ v (challenges, challenging, challenged, challenged) 1 desafiar. 2 disputar judicialmente. 3 reclamar. 4 reivindicar. 5 objetar. 6 lançar um desafio. II s 1 desafio; disputa. 2 provocação.

chal·lenge·a·ble /tʃælɪndʒəbəl/ adj desafiável; provocável.

chal·leng·er /tʃælɪndʒə/ s desafiador; provocador.

cham·ber /tʃeɪmbə/ s 1 câmara legislativa; assembléia. 2 gabinete. 3 dormitório; aposento; compartimento. 4 câmara (em arma de fogo). 5 Anat cavidade do coração. II v (chambers, chambering, chambered, chambered) 1 confinar em uma câmara. 2 residir. 3 hospedar-se.

cham·ber·lain /tʃeɪmbəlɪn/ s 1 camareiro. 2 mordomo. 3 tesoureiro municipal.

cham·ber·maid /tʃeɪmbəmeɪd/ s camareira; arrumadeira.

chamber pot s urinol.

cha·me·leon /kəmiːliən/ s 1 Zool camaleão. 2 pessoa inconstante; vira-casaca.

cham·fer /tʃæmfə/ s 1 chanfro; chanfradura. 2 cano de coluna. 3 estria. II v (chamfers, chamfering, chamfered, chamfered) chanfrar; cortar a borda.

cham·my /ʃæmi/ → chamois.

cham·ois /ʃæmi/ s 1 cabra montesa; antílope. (pl chamois). 2 camurça. 3 couro macio destes animais. (pl chammies. var chammy ou shammy).

cham·o·mile /kæməmi:l/ s Bot camomila. (var camomile).

champ /tʃæmp/ v (champs, champing, champed, champed) 1 mastigar; esmoer. 2 morder vigorosamente. ll s inform campeão.

cham·pagne /ʃæmpeɪn/ s champanha (bebida e cor).

cham·paign /tʃæmpeɪn/ s campina; planície; campo extenso. ll adj plano; raso.

cham·pi·gnon /ʃæmpɪnjən/ s cogumelo.

cham·pi·on /tʃæmpiən/ s 1 campeão; vencedor. 2 paladino; herói. ll adj 1 vitorioso. 2 superior. ll v (champions, championing, championed, championed) 1 proceder como campeão. 2 advogar; defender; lutar por.

cham·pi·on·ship /tʃæmpiənʃɪp/ s 1 campeonato. 2 defesa.

chance /tʃæns/ s 1 acaso; casualidade. 2 oportunidade; chance. 3 probabilidade. 4 sorte. 5 fortuna. 6 risco. ll adj 1 casual. 2 fortuito. 3 acidental. ll v (chances, chancing, chanced, chanced) 1 arriscar; aventurar-se. 2 acontecer por acaso. ♦ chance on ou chance upon achar ou encontrar por acaso. by chance por acaso.

chan·cel /tʃænsəl/ s 1 santuário. 2 capela-mor.

chan·cel·ler·y /tʃænsələri/ s chancelaria. (pl chancelleries. var chancellory).

chan·cel·lor /tʃænsələr/ s chanceler.

chan·cel·lor·y /tʃænsələri/ → chancellery.

chan·cer·y /tʃænsəri/ s 1 tribunal de justiça. 2 chancelaria. (pl chanceries).

chanc·y /tʃænsi/ adj arriscado; incerto. (gr comp chancier. gr super chanciest).

chan·de·lier /ʃændəlɪr/ s lustre; lampadário.

chan·dler /tʃændlər/ s 1 fabricante de velas. 2 varejista; negociante.

change /tʃeɪndʒ/ s 1 troca; substituição. 2 mudança. 3 variação. 4 câmbio. 5 permutação. 6 moeda; troco. ll v (changes, changing, changed, changed) 1 mudar;

trocar; modificar; alterar. 2 cambiar. 3 converter.

change·a·bil·i·ty /tʃeɪndʒəbɪləti/ s 1 mutabilidade. 2 instabilidade. 3 inconstância. (var changeableness).

change·a·ble /tʃeɪndʒəbəl/ adj 1 variável. 2 alterável; mutável. 3 inconstante; volúvel.

change·a·ble·ness /tʃeɪndʒəbəlnəs/ → changeability.

change·a·bly /tʃeɪndʒəbli/ adv variavelmente.

change·ful /tʃeɪndʒfəl/ adj 1 inconstante. 2 variável; incerto.

change·less /tʃeɪndʒləs/ adj constante; invariável; imutável; inalterável.

change·ling /tʃeɪndʒlɪŋ/ s criança trocada por outra logo ao nascer.

chan·nel /tʃænəl/ s 1 canal. 2 conduto; passagem; via. 3 leito de rio. 4 rego. 5 estreito de mar. 6 rota de comunicação ou acesso. 7 freqüência (em rádio e TV). ll v (channels, channeling/channelling, channeled/channelled, channeled/channelled) canalizar; sulcar.

chan·son /ʃɑːnsoʊn/ s canção.

chant /tʃænt/ s 1 cântico. 2 salmo. 3 cantochão. ll v (chants, chanting, chanted, chanted) cantar; entoar.

chant·er /tʃæntər/ s chantre; cantor de igreja.

cha·os /keɪɑːs/ s caos; confusão.

cha·ot·ic /keɪɑːtɪk/ adj caótico; confuso; desordenado.

chap /tʃæp/ s 1 sulco; greta; rachadura; fenda. 2 inform sujeito; indivíduo; camarada. 3 aspereza na pele; rachadura provocada pelo frio. ll v (chaps, chapping, chapped, chapped) sulcar; gretar; fender; rachar.

chap·book /tʃæpbʊk/ s 1 livro pequeno de poemas, histórias ou passagens bíblicas. 2 panfleto; brochura.

chap·el /tʃæpəl/ s 1 capela; santuário. 2 local onde ocorrem velórios.

chap·fall·en /tʃæpfɔːlən/ adj consternado; desanimado; desalento. (var chopfallen).

chap·lain /tʃæplɪn/ s capelão.

chap·lain·cy /tʃæplɪnsi/ s capelania. (var chaplainship).

chap·lain·ship /tʃæplɪnʃɪp/ → chaplaincy.

chap·let /tʃæplɪt/ s 1 coroa; guirlanda. 2 grinalda de flores. 3 diadema. 4 terço de rosário. 5 colar de contas.

chap·ter /tʃæptə/ s 1 capítulo. 2 divisão; separação. 3 matéria; assunto. 4 fase; era. 5 citação textual. 6 *Ecles* cabido; assembléia de cônegos.

char /tʃɑ:r/ v (chars, charring, charred, charred) 1 torrar; tostar. 2 carbonizar. II s substância carbonizada.

char·ac·ter /kerəktə/ s 1 caráter; temperamento. 2 reputação; fama. 3 gênio; natureza. 4 qualidade; tipo. 5 sinal; marca. 6 personagem. 7 artista. 8 caractere; letra. 9 código. II v (characters, charactering, charactered, charactered) 1 caracterizar. 2 gravar. 3 marcar. 4 inscrever.

char·ac·ter·is·tic /kerəktərɪstɪk/ adj característico. II s peculiaridade.

char·ac·ter·i·za·tion /kerəktə-ɪzeɪʃən/ s caracterização.

char·ac·ter·ize /kerəktəraɪz/ v (characterizes, characterizing, characterized, characterized) 1 caracterizar. 2 assinalar. 3 distinguir.

char·ac·ter·less /kerəktələs/ adj 1 sem caráter; desavergonhado. 2 indistinguível.

cha·rade /ʃəreɪd/ s charada.

char·coal /tʃɑ:rkoʊl/ s 1 carvão vegetal. 2 carvão (lápis e desenho). II v (charcoals, charcoaling, charcoaled, charcoaled) desenhar ou escrever com carvão.

charge /tʃɑ:rdʒ/ s 1 cargo; ofício. 2 encargo; taxa; despesa; custo. 3 incumbência; tarefa. 4 carga; carregamento. 5 preço. 6 débito. 7 custódia; tutela. 8 mandado. 9 imputação. 10 acusação. 11 carga elétrica. 12 assalto. 13 brasão; emblema heráldico. II v (charges, charging, charged, charged) 1 carregar; pôr carga em (arma, bateria, etc.). 2 onerar. 3 exortar. 4 incriminar. 5 responsabilizar. 6 encarregar. 7 acometer. 8 cobrar; levar à conta de; debitar. 9 culpar. ♦ in charge of encarregado de; responsável por algo.

charge·a·ble /tʃɑ:rdʒəbəl/ adj 1 acusável; culpável. 2 que se pode cobrar; cobrável.

charg·er /tʃɑ:rdʒə/ s 1 cavalo de batalha. 2 *Eletr* carregador de baterias.

char·i·ot /tʃeriət/ s carruagem. II v (chariots, charioting, charioted, charioted) andar de carruagem.

cha·ris·ma /kərɪzm/ s carisma. (pl charismata).

char·i·ta·ble /tʃerɪtəbəl/ adj caridoso; caritativo; generoso; misericordioso.

char·i·ta·ble·ness /tʃerɪtəbəlnəs/ s caridade; beneficência.

char·i·ta·bly /tʃerɪtəbli/ adv caridosamente; generosamente.

char·i·ty /tʃerəti/ s 1 caridade. 2 esmola. 3 beneficência. 4 benevolência. 5 instituição ou obra de caridade. (pl charities).

char·la·tan /ʃɑ:rlətən/ s charlatão; impostor.

char·la·tan·ism /ʃɑ:rlətənɪzəm/ s 1 charlatanismo. 2 impostura. (var charlatanry).

char·la·tan·ry /ʃɑ:rlətənrɪ/ → charlatanism.

charm /tʃɑ:rm/ s 1 charme; encanto; sedução; atrativo. 2 feitiço; encantamento. 3 talismã; amuleto. II v (charms, charming, charmed, charmed) 1 cativar; seduzir; fascinar. 2 enfeitiçar.

charm·er /tʃɑ:rmə/ s encantador; fascinador; sedutor; feiticeiro.

charm·ing·ly /tʃɑ:rmɪŋli/ adv encantadoramente; sedutoramente.

charm·less /tʃɑ:rmləs/ adj sem encanto; sem graça; desgracioso.

char·nel /tʃɑ:rnəl/ adj sepulcral. II s 1 cemitério. 2 capela mortuária.

chart /tʃɑ:rt/ s 1 carta ou mapa geográfico ou topográfico. 2 gráfico; tabela. II v (charts, charting, charted, charted) traçar um gráfico; projetar; desenhar. ♦ charts lista dos mais vendidos (discos, livros, etc.).

char·ter /tʃɑ:rtə/ s 1 título. 2 escritura pública. 3 carta patente. 4 patente. 5 alvará. 6 privilégio. 7 imunidade. 8 carta constitucional. 9 estatuto. 10 decreto. 11 carta régia. II v (charters, chartering, chartered, chartered) 1 fretar (ônibus, avião). 2 privilegiar. 3 garantir por lei. 4 patentear. 5 decretar.

char·wom·an /tʃɑ:rwʊmən/ s faxineira; arrumadeira.

char·y /tʃɛri/ *adj* **1** cuidadoso. **2** cauteloso. **3** econômico; avaro. (*gr comp* **charier**. *gr super* **chariest**).

chase /tʃeɪs/ *s* **1** caça; caçada; perseguição. **2** presa. **3** chanfradura; fenda; cavidade. II *v* (**chases**, **chasing**, **chased**, **chased**) **1** perseguir; caçar. **2** escorraçar. **3** afugentar. **4** entalhar.

chas·er /tʃeɪsɚ/ *s* **1** perseguidor. **2** caçador. **3** chanfrador; cinzelador; gravador.

chasm /kæzəm/ *s* **1** abismo; precipício. **2** brecha; fenda profunda. **3** interrupção; lacuna.

chas·sis /tʃæsi, ʃæsi/ *s* **1** chassi. **2** caixilho. **3** *Aer* armação de fuselagem. (*pl* **chassis** /ʃæsiz/).

chaste /tʃeɪst/ *adj* **1** casto; puro. **2** virtuoso; virginal. **3** modesto; simples. **4** reservado.

chas·ten /tʃeɪsən/ *v* (**chastens**, **chastening**, **chastened**, **chastened**) **1** punir; castigar; corrigir. **2** moderar; abrandar. **3** purificar.

chas·ten·er /tʃeɪsənɚ/ *s* **1** castigador; disciplinador. **2** moderador. **3** purificador.

chaste·ness /tʃeɪstnəs/ *s* **1** castidade. **2** pureza. **3** candura. **4** simplicidade.

chas·tise /tʃæstaɪz/ *v* (**chastises**, **chastising**, **chastised**, **chastised**) **1** castigar; punir. **2** criticar severamente.

chas·tise·ment /tʃæstaɪzmənt/ *s* castigo; punição; correção.

chas·tis·er /tʃæstaɪzɚ/ *s* castigador.

chas·ti·ty /tʃæstəti/ *s* **1** castidade; pureza; virgindade. **2** simplicidade; modéstia.

chastity belt *s* cinto de castidade.

chat /tʃæt/ *s* conversa; bate-papo. II *v* (**chats**, **chatting**, **chatted**, **chatted**) conversar; bater papo.

chat·tel /tʃætl/ *s* **1** *Jur* bem móvel. **2** escravo.

chat·ter /tʃætɚ/ *v* (**chatters**, **chattering**, **chattered**, **chattered**) **1** ranger os dentes. **2** chilrar. **3** tagarelar. **4** trepidar. II *s* tagarelice; conversa fiada; chilrada.

chat·ter·box /tʃætɚbɑːks/ *s* tagarela.

chat·ti·ness /tʃætinəs/ *s* loquacidade; tagarelice.

chat·ty /tʃæti/ *adj* loquaz; falador; tagarela. (*gr comp* **chattier**. *gr super* **chattiest**).

chauf·feur /ʃoufɝ/ *s* motorista; chofer. II *v* (**chauffeurs**, **chauffeuring**, **chauffeured**, **chauffeured**) servir de motorista; transportar; dirigir.

chau·vin·ism /ʃoʊvɪnɪzəm/ *s* chauvinismo.

cheap /tʃiːp/ *adj* **1** barato; de baixo preço. **2** inferior; ordinário; comum. **3** desprezível.

cheap·en /tʃiːpən/ *v* (**cheapens**, **cheapening**, **cheapened**, **cheapened**) **1** baratear; depreciar. **2** regatear; desacreditar.

cheap·en·er /tʃiːpənɚ/ *s* regateador.

cheap·ly /tʃiːpli/ *adv* **1** barato. **2** facilmente.

cheap·ness /tʃiːpnəs/ *s* **1** barateza. **2** baixeza; vulgaridade. **3** facilidade.

cheat /tʃiːt/ *v* (**cheats**, **cheating**, **cheated**, **cheated**) **1** enganar; iludir; trapacear. **2** fraudar; violar as regras. **3** *inform* trair (o cônjuge). **4** colar (em prova, teste). II *s* engano; fraude; trapaça.

cheat·er /tʃiːtɚ/ *s* trapaceiro; fraudador.

check /tʃek/ *s* **1** xeque (no xadrez). **2** tecido axadrezado. **3** cheque bancário; talão. **4** conta (de restaurante). **5** contratempo; estorvo; obstáculo. **6** vale. **7** verificação; exame. **8** fenda; rachadura. **9** etiqueta de identificação (em malas, objetos pessoais). **10** repressão. **11** parada repentina. II *v* (**checks**, **checking**, **checked**, **checked**) **1** suster. **2** refrear. **3** impedir. **4** conferir; checar. **5** pausar. **6** rubricar. **7** receber talão, vale, etc. **8** rachar. ♦ **check in 1** registrar-se em um hotel. **2** apresentar-se para embarque em aeroporto. **check out** pagar a conta e deixar um hotel. **check over** examinar.

check·book /tʃekbʊk/ *s* talão de cheques.

check·er /tʃekɚ/ *s* **1** controlador; conferente; inspetor. **2** peça de jogo de damas. **3** tecido axadrezado. II *v* (**checkers**, **checkering**, **checkered**, **checkered**) **1** enxadrezar. **2** variar. **3** matizar. ♦ **checkers** *us* *v sing* jogo de damas.

check·er·board /tʃekɚbɔːrd/ *s* tabuleiro de jogo de damas.

check·ered /tʃekɚd/ *adj* **1** axadrezado; quadriculado. **2** matizado. **3** variado.

check·mate /tʃekmeɪt/ *s* xeque-mate. II *v* (**checkmates**, **checkmating**, **checkmated**, **checkmated**) dar xeque-mate; derrotar.

Ch checkrein

chide

check·rein /tʃekreɪn/ s bridão; rédea; freio.
check·up /tʃekʌp/ s 1 inspeção. 2 *check-up*; exame de saúde geral.
cheek /tʃi:k/ s 1 face; bochecha. 2 impertinência. 3 nádega. II v (**cheeks, cheeking, cheeked, cheeked**) falar de forma imprudente. ♦ **cheek by jowl** cara a cara; lado a lado.
cheek·i·ness /tʃi:kɪnəs/ s descaramento; insolência.
cheek·y /tʃi:ki/ adj 1 bochechudo. 2 descarado; insolente. (*gr comp* **cheekier**. *gr super* **cheekiest**).
cheep /tʃi:p/ s pipilo; pio de pássaro. II v (**cheeps, cheeping, cheeped, cheeped**) pipilar; piar.
cheer /tʃɪr/ v (**cheers, cheering, cheered, cheered**) 1 animar; encorajar. 2 aplaudir; aclamar. 3 alegrar. 4 brindar. II s 1 alegria. 2 animação. 3 regozijo. 4 comida ou bebida para festas. ♦ **cheer up** animar; encorajar. **cheers** saúde; viva (na hora de brindar).
cheer·er /tʃɪrə/ s animador.
cheer·ful /tʃɪrfəl/ adj 1 alegre. 2 prazenteiro. 3 festivo. 4 jovial.
cheer·ful·ly /tʃɪrfəli/ adv alegremente.
cheer·ful·ness /tʃɪrfəlnəs/ s 1 alegria; animação. 2 jovialidade.
cheer·i·ly /tʃɪrɪli/ adv animadamente.
cheer·y /tʃɪri/ adj alegre; jovial; vivo. (*gr comp* **cheerier**. *gr super* **cheeriest**).
cheese /tʃi:z/ s 1 queijo. 2 *gír* pessoa importante. II v *gír* (**cheeses, cheesing, cheesed, cheesed**) parar.
cheese·par·ing /tʃi:zperɪŋ/ adj sovina. II s 1 sovinice; mesquinhez. 2 algo de pouco ou nenhum valor.
chees·y /tʃi:zi/ adj 1 caseoso; queijoso. 2 *inform* de baixa qualidade; barato. (*gr comp* **cheesier**. *gr super* **cheesiest**).
chef /ʃef/ s cozinheiro chefe.
chem·i·cal /kemɪkəl/ adj químico. II s substância química; droga.
che·mise /ʃəmi:z/ s chemisier; camisa de mulher.
chem·ist /kemɪst/ s químico.
chem·is·try /kemɪstri/ s 1 química. 2 atração mútua; simpatia. (*pl* **chemistries**).

cher·ish /tʃerɪʃ/ v (**cherishes, cherishing, cherished, cherished**) 1 acariciar. 2 proteger. 3 abrigar. 4 alimentar (um desejo, etc.). 5 apreciar.
cher·ish·er /tʃerɪʃə/ s 1 protetor. 2 acariciador.
cher·ry /tʃeri/ s 1 cereja. 2 cerejeira. 3 cor de cereja. (*pl* **cherries**). II *adj* semelhante a cereja; com cor ou sabor de cereja.
cher·ub /tʃerəb/ s querubim; anjo. (*pl* **cherubim**).
chess /tʃes/ s jogo de xadrez.
chess·board /tʃesbɔ:rd/ s tabuleiro de xadrez.
chess·man /tʃesmæn/ s peão (no xadrez).
chest /tʃest/ s 1 peito; tórax; caixa torácica. 2 arca; baú; cofre. 3 caixa; caixote. 4 tesouro de uma instituição pública.
chest·nut /tʃesnʌt/ adj castanho. II s 1 castanha. 2 castanheiro. 3 cor de castanha. 4 cavalo alazão.
chew /tʃu:/ v (**chews, chewing, chewed, chewed**) 1 mastigar; mascar. 2 ruminar. 3 remoer. II s 1 mastigação. 2 pedaço de tabaco para mascar.
chewing gum s goma de mascar; chiclete.
chic /ʃi:k/ s chique; elegante; garbo. II *adj* 1 chique; elegante. 2 formoso. 3 na moda.
chi·cane /ʃɪkeɪn/ v (**chicanes, chicaning, chicaned, chicaned**) 1 chicanar; fazer chicanas. 2 enganar. II s chicana.
chi·can·er·y /ʃɪkeɪnəri/ s 1 chicana. 2 velhacaria. 3 cavilação. 4 sofisma. (*pl* **chicaneries**).
chick /tʃɪk/ s 1 pinto. 2 pintainho; pássaro recém saído do ovo. 3 criança; pimpolho. 4 *gír* moça; menina.
chick·en /tʃɪkən/ s 1 frango; galinha; carne de galinha. 2 *gír* pessoa covarde. 3 pessoa inexperiente. II v (**chickens, chickening, chickened, chickened**) *gír* agir de maneira covarde.
chick·en·pox /tʃɪkənpɑ:ks/ s varicela; catapora. (*tb* **chicken pox**).
chick·pea /tʃɪkpi:/ s grão-de-bico.
chid /tʃɪd/ v *pass* e *part pass* de **chide**.
chide /tʃaɪd/ v (**chides, chiding, chided/chid, chided/chid/chidden**) repreender; censurar.

chid·den /ˈtʃɪdən/ v part pass de chide.

chief /tʃiːf/ adj principal; primeiro. ll s chefe; comandante; parte superior.

chief·ly /ˈtʃiːfli/ adv principalmente; especialmente. ll adj principal.

chief·tain /ˈtʃiːftən/ s chefe; cabeça.

chief·tain·cy /ˈtʃiːftənsi/ s chefia.

chif·fon /ʃɪˈfɒn/ s 1 tecido fino. 2 gaze de seda. 3 enfeite de vestuário feminino. 4 fita. ll adj 1 sedoso. 2 espumante (creme para doces).

chil·blain /ˈtʃɪlbleɪn/ s frieira.

child /tʃaɪld/ s 1 criança; menino. 2 filho. 3 descendente. 4 pessoa imatura ou infantil. 5 produto; resultado. (pl children).

child·birth /ˈtʃaɪldbɜːrθ/ s parto.

child·free /ˈtʃaɪldfriː/ adj sem filhos (especialmente por opção).

child·hood /ˈtʃaɪldhʊd/ s infância.

child·ish /ˈtʃaɪldɪʃ/ adj infantil; pueril.

child·ish·ness /ˈtʃaɪldɪʃnəs/ s criancice; infantilidade.

child·less /ˈtʃaɪldləs/ adj sem filhos.

child·like /ˈtʃaɪldlaɪk/ adj infantil; pueril.

Chil·e /ˈtʃɪli, ˈtʃiːler/ s Chile.

Chil·e·an /ˈtʃɪliːən, ˈtʃɪliən/ s e adj chileno.

chil·i·ad /ˈkɪliæd/ s 1 quilíade. 2 milênio.

chill /tʃɪl/ s 1 frio; calafrio; arrepio. 2 resfriamento. ll v (chills, chilling, chilled, chilled) esfriar; arrefecer; refrigerar. ll adj 1 gelado. 2 indiferente. 3 descortês.

chill·i·ness /ˈtʃɪlinəs/ s frialdade; desânimo; indiferença.

chill·y /ˈtʃɪli/ adj 1 friorento. 2 indiferente; insensível. (gr comp chillier. gr super chilliest).

chime /tʃaɪm/ s 1 borda de barril. 2 carrilhão. 3 repique de sinos. ll v (chimes, chiming, chimed, chimed) 1 repicar (sino, etc.); soar; bater. 2 concordar.

chim·er /ˈtʃaɪmə/ s carrilhador; sineiro.

chi·mer·ic /kaɪˈmerɪk/ → chimerical.

chi·mer·i·cal /kaɪˈmerɪkəl/ adj quimérico; imaginário. (var chimeric).

chim·ney /ˈtʃɪmni/ s chaminé. (pl chimneys).

chim·pan·zee /ˈtʃɪmpænˌziː/ s Zool chimpanzé.

chin /tʃɪn/ s queixo. ll v (chins, chinning, chinned, chinned) conversar; falar.

Chi·na /ˈtʃaɪnə/ s 1 China . 2 minús porcelana; louça fina.

Chi·na·town /ˈtʃaɪnətaʊn/ s bairro chinês.

chi·na·ware /ˈtʃaɪnəwer/ s artigos de porcelana.

chine /tʃaɪn/ s 1 espinha dorsal; coluna vertebral (de animal). 2 ribanceira. 3 crista. 4 aresta.

Chi·nese /ˌtʃaɪniːz/ s chinês. (pl Chinese). ll adj chinês.

chink /tʃɪŋk/ s 1 fresta; abertura. 2 tinido. ll v (chinks, chinking, chinked, chinked) 1 rachar; fazer fendas em. 2 tinir; tilintar.

chintz /tʃɪnts/ s chita; chitão.

chip /tʃɪp/ s 1 lasca. 2 cavaco. 3 apara. 4 fragmento; pedaço. 5 ficha (em alguns jogos). 6 Eletrôn componente de circuito integrado. ll v (chips, chipping, chipped, chipped) 1 cortar em pedaços ou fatias. 2 lascar. 3 piar (pássaro). ♦ chips 1 gír dinheiro. 2 batatas fritas.

chip·per /ˈtʃɪpə/ adj ágil; ativo; animado. ll s cortador; fatiador.

chip·py /ˈtʃɪpi/ s 1 pássaro que pia. 2 gír prostituta. (pl chippies).

chi·ro·man·cer /ˈkaɪroʊmænsə/ s quiromante.

chi·ro·man·cy /ˈkaɪroʊmænsi/ s quiromancia.

chirp /tʃɜːrp/ s 1 gorjeio; chilre; trinado. 2 cricri. ll v (chirps, chirping, chirped, chirped) gorjear; trinar.

chir·rup /ˈtʃɪrəp/ s gorjeio; trinado; chilro. ll v (chirrups, chirruping, chirruped, chirruped) trinar; gorjear.

chis·el /ˈtʃɪzəl/ v (chisels, chiseling/chiselling, chiseled/chiselled, chiseled/chiselled) cinzelar; esculpir. ll s cinzel; buril; formão.

chis·eled /ˈtʃɪzəld/ adj esculpido; cinzelado. (var chiselled).

chis·el·er /ˈtʃɪzələ/ s cinzelador; escultor.

chis·elled /ˈtʃɪzəld/ → chiseled.

chit /tʃɪt/ s 1 pirralho; criança. 2 penhor. 3 vale. 4 referência. 5 memorando; bilhete.

chit·chat /ˈtʃɪtˌtʃæt/ s tagarelice; fofoca. ll v (chitchats, chitchatting, chitchatted, chitchatted) tagarelar; fofocar.

chi·val·ric /ˈʃɪvəlrɪk/ adj cavalheiresco; nobre; cortês.

chiv·al·rous /ʃɪvəlrəs/ *adj* galante; com qualidades de cavaleiro.

chiv·al·rous·ness /ʃɪvəlrəsnəs/ *s* cavalheirismo; cortesia.

chiv·al·ry /ʃɪvəlri/ *s* 1 cavalheirismo; cortesia. 2 bravura; honra. 3 cavalaria (Idade Média). (*pl* **chivalries**).

chive /tʃaɪv/ *s Bot* cebolinha.

chlo·ral /klɔːrəl/ *s Quím* cloral.

chlo·rate /klɔːreɪt/ *s Quím* clorato.

chlo·ride /klɔːraɪd/ *s Quím* cloreto.

chlo·rine /klɔːriːn/ *s Quím* cloro. (*símb* **Cl**).

chlo·ro·form /klɔːrəfɔːrm/ *s* clorofórmio. II *v* (**chloroforms, chloroforming, chloroformed, chloroformed**) tratar com clorofórmio.

chlo·ro·phyl /klɔːrəfɪl/ → **chlorophyll**.

chlo·ro·phyll /klɔːrəfɪl/ *s* clorofila. (*var* **chlorophyl**).

chock /tʃɑːk/ *s* calço; cunha; escora. II *adv* completamente. II *v* (**chocks, chocking, chocked, chocked**) 1 prender com calço ou cunha. 2 *Náut* amarrar (o navio).

choc·o·late /tʃɑːklət/ *adj* 1 de chocolate. 2 da cor do chocolate. II *s* 1 chocolate; bombom de chocolate. 2 bebida feita com chocolate.

choc·o·hol·ic /tʃɑːkəhɑːlɪk/ *s* pessoa viciada em chocolate.

choice /tʃɔɪs/ *s* 1 escolha; alternativa. 2 preferência. 3 escol; nata. 4 sortimento. II *adj* 1 escolhido; selecionado. 2 primoroso. 3 apurado. 4 raro.

choice·ly /tʃɔɪsli/ *adv* primorosamente.

choice·ness /tʃɔɪsnəs/ *s* 1 excelência; primor. 2 delicadeza. 3 apuro.

choir /kwaɪə/ *s* coro de igreja. II *v* (**choirs, choiring, choired, choired**) cantar em coro de igreja.

choir·boy /kwaɪəbɔɪ/ *s* 1 menino de coro de igreja. 2 *inform* menino de excelente caráter.

choir·girl /kwaɪəgɜːrl/ *s* menina de coro de igreja.

choke /tʃoʊk/ *v* (**chokes, choking, choked, choked**) 1 sufocar; asfixiar. 2 obstruir. 3 engasgar-se. 4 ofegar. II *s* abafamento; entupimento.

chok·er /tʃoʊkə/ *s* 1 sufocador. 2 gargantilha; coleira.

chok·ing /tʃoʊkɪŋ/ *adj* sufocante; asfixiante.

chok·y /tʃoʊki/ *adj* sufocante. (*gr comp* **chokier**. *gr super* **chokiest**).

chol·er /kɑːlə/ *s* cólera; ira.

chol·er·a /kɑːlələ/ *s* cólera (doença).

chol·er·ic /kɑːlərɪk, kələrɪk/ *adj* colérico; irado.

cho·les·ter·ol /kələstərɑːl/ *s* colesterol.

chomp /tʃɑːmp/ *v* (**chomps, chomping, chomped, chomped**) morder ruidosamente; mascar. II *s* mordida; dentada.

choose /tʃuːz/ *v* (**chooses, choosing, chose, chosen**) 1 escolher. 2 preferir. 3 fazer escolha ou seleção.

choos·er /tʃuːzə/ *s* selecionador.

choos·ey /tʃuːzi/ → **choosy**.

choos·y /tʃuːzi/ *adj* exigente; seletivo. (*var* **choosey**. *gr comp* **choosier**. *gr super* **choosiest**).

chop /tʃɑːp/ *s* 1 fatia. 2 talho; corte. 3 fenda; rachadura. 4 posta; naco; costeleta; fatia de carne. 5 machadada. 6 selo de autenticidade. 7 qualidade; classe. II *v* (**chops, chopping, chopped, chopped**) 1 retalhar; cortar em pedacinhos. 2 desbastar. 3 interromper abruptamente.

chop·fall·en /tʃɑːpfɔːlən/ → **chapfallen**.

chop·house /tʃɑːphaʊs/ *s* restaurante (especialista em costeletas e grelhados).

chop·per /tʃɑːpə/ *s* 1 cortador. 2 talhador; lenhador. 3 cutelo; machadinha. 4 *inform* helicóptero. II *v* (**choppers, choppering, choppered, choppered**) *inform* viajar ou transportar de helicóptero. ♦ **choppers** *gír* dentes postiços.

chop·py /tʃɑːpi/ *adj* 1 agitado (mar). 2 modificado abruptamente. (*gr comp* **choppier**. *gr super* **choppiest**).

chop·stick /tʃɑːpstɪk/ *s* par de varetas utilizadas pelos orientais para comer.

cho·ral /kɔːrəl/ *adj* coral; relativo a coro.

chord /kɔːrd/ *s* 1 *Mús* acorde. 2 afinação. 3 corda (de instrumento musical). 4 corda (geometria). 5 *Anat* → **cord**. II *v* (**chords, chording, chorded, chorded**) pôr cordas em; soar em harmonia.

cho·re·og·ra·pher /kɔːriɑːɡrəfə/ *s* coreógrafo.

cho·re·og·ra·phy /kɔːriɑːgrəfi/ s coreografia. (pl **choreographies**).

cho·ri·oid /kɔːrɔɪd/ → **choroid**.

cho·ris·ter /kɔːrɪstɚ/ s corista; cantor de coro de igreja.

cho·roid /kɔːrɔɪd/ s Anat coróide. II adj membranoso. (var **chorioid**).

chor·tle /tʃɔːrtl/ v (**chortles, chortling, chortled, chortled**) rir; gargalhar. II s risada; gargalhada.

cho·rus /kɔːrəs/ s Mús coro (de vozes); refrão. (pl **choruses**).

chose /tʃouz/ v pass de **choose**.

cho·sen /tʃouzən/ v part pass de **choose**. II adj escolhido; selecionado; eleito.

chow /tʃaʊ/ s 1 gír comida. 2 Zool raça de cão chinês. II v (**chows, chowing, chowed, chowed**) comer.

chrism /krɪzəm/ s Ecles crisma.

chris·mal /krɪzməl/ adj relativo a crisma.

Christ /kraɪst/ s Cristo; Jesus Cristo.

chris·ten /krɪsən/ v (**christens, christening, christened, christened**) batizar.

Chris·ten·dom /krɪsəndəm/ s cristandade.

chris·ten·ing /krɪsənɪŋ/ s batismo.

Chris·tian /krɪstʃən/ adj e s cristão.

Chris·ti·an·i·ty /krɪstʃiænəti/ s cristianismo. (pl **Christianities**).

Chris·tian·i·za·tion /krɪstʃənɪzeɪʃən/ s cristianização.

Chris·tian·ize /krɪstʃənaɪz/ v (**Christianizes, Christianizing, Christianized, Christianized**) cristianizar; converter ao cristianismo.

Christ·like /kraɪstlaɪk/ adj cristão; semelhante a Cristo.

Christ·mas /krɪsməs/ s Natal.

Christmas Eve s véspera de Natal.

Christmas tree s árvore de Natal.

Chris·tol·o·gy /krɪstɑːlədʒi/ s cristologia. (pl **Christologies**).

chro·mate /kroʊmeɪt/ s Quím cromato.

chro·mat·ic /kroʊmætɪk/ adj cromático.

chro·mat·ics /kroʊmætɪks/ s us v sing cromática (ciência das cores).

chrome /kroʊm/ s liga de cromo. II v (**chromes, chroming, chromed, chromed**) cromar.

chro·mi·um /kroʊmiəm/ s cromo. (símb **Cr**).

chro·mo·some /kroʊməsoʊm/ s cromossomo.

chron·ic /krɑːnɪk/ adj crônico; inveterado.

chron·i·cle /krɑːnɪkəl/ v (**chronicles, chronicling, chronicled, chronicled**) escrever crônicas; historiar. II s crônica; narração.

chron·i·cler /krɑːnɪklɚ/ s cronista; historiador.

chron·o·graph /krɑːnəgræf/ s cronógrafo.

chron·o·log·ic /krɑːnəlɑːdʒɪk/ → **chronological**.

chron·o·log·i·cal /krɑːnəlɑːdʒɪkəl/ adj cronológico. (var **chronologic**).

chro·nol·o·gy /krənɑːlədʒi/ s cronologia. (pl **chronologies**).

chro·nom·e·ter /krənɑːmətɚ/ s cronômetro.

chron·o·met·ric /krɑːnəmetrɪk/ adj cronométrico. (var **chronometrical**).

chron·o·met·ri·cal /krɑːnəmetrɪkəl/ → **chronometric**.

chro·nom·e·try /krənɑːmətri/ s cronometria.

chry·san·the·mum /krɪsænθəməm/ s Bot crisântemo.

chub·bi·ness /tʃʌbinəs/ s gordura; obesidade.

chub·by /tʃʌbi/ adj gorducho; roliço; rechonchudo. (gr comp **chubbier**. gr super **chubbiest**).

chuck /tʃʌk/ v (**chucks, chucking, chucked, chucked**) 1 acariciar. 2 inform desistir. 3 jogar; atirar. 4 cacarejar. II s 1 carícia. 2 apertão. 3 arremesso. 4 calço; cunha. 5 cacarejo.

chuck·le /tʃʌkəl/ v (**chuckles, chuckling, chuckled, chuckled**) rir; casquinar. II s cacarejo.

chuck·le·head /tʃʌkəlhed/ s inform cabeça-dura; estúpido; palerma.

chuff /tʃʌf/ s 1 rústico; campônio; roceiro. 2 estalido; ruído explosivo. II v (**chuffs, chuffing, chuffed, chuffed**) mover-se ruidosamente.

chum /tʃʌm/ v (**chums, chumming, chummed, chummed**) 1 compartilhar do mesmo quarto. 2 acamaradar-se. II s 1 companheiro de quarto. 2 amigo íntimo.

chum·my /tʃʌmi/ adj 1 íntimo. 2 sociável. (gr comp **chummier**. gr super **chummiest**).

chump /tʃʌmp/ s pateta; parvo. ‖ v (chumps, chumping, chumped, chumped) mascar; fazer movimento de mascar.

chunk /tʃʌŋk/ s 1 pedaço ou bloco grande. 2 cavalo atarracado, forte. 3 *inform* quantia. ‖ v (chunks, chunking, chunked, chunked) 1 formar blocos. 2 emitir estalidos.

chunk·y /tʃʌŋki/ adj 1 atarracado. 2 volumoso. (gr comp chunkier. gr super chunkiest).

church /tʃɜ:rtʃ/ s 1 igreja (especialmente cristã); templo. 2 ofício divino. 3 congregação religiosa. ‖ v (churches, churching, churched, churched) conduzir serviço religioso. ‖ adj eclesiástico.

church·go·er /tʃɜ:rtʃgouɚ/ s devoto; fiel; pessoa religiosa.

church·ly /tʃɜ:rtʃli/ adj eclesiástico; próprio de igreja.

church·y /tʃɜ:rtʃi/ adj que segue rigorosamente a igreja; beato; devoto. (gr comp churchier. gr super churchiest).

church·yard /tʃɜ:rtʃjɑ:rd/ s 1 cemitério anexo a uma igreja. 2 adro de igreja.

churl /tʃɜ:rl/ s 1 plebeu. 2 rústico. 3 camponês medieval.

churl·ish /tʃɜ:rlɪʃ/ adj 1 rude. 2 mal-humorado; intratável.

churl·ish·ly /tʃɜ:rlɪʃli/ adv 1 rudemente. 2 de forma intratável.

churl·ish·ness /tʃɜ:rlɪʃnəs/ s grosseria; aspereza.

churn /tʃɜ:rn/ s 1 desnatadeira. 2 batedeira de manteiga. ‖ v (churns, churning, churned, churned) 1 bater (manteiga, leite, nata). 2 desnatar. 3 agitar. 4 espumar. 5 fabricar manteiga.

churr /tʃɜ:r/ v (churrs, churring, churred, churred) zunir. ‖ s som vibrante; zunido.

chute /ʃu:t/ s 1 vala ou plano inclinado. 2 calha de transporte. 3 escoadouro. 4 pára-quedas. ‖ v (chutes, chuting, chuted, chuted) 1 descarregar de pára-quedas. 2 saltar de pára-quedas.

chutist /ʃu:tɪst/ s pára-quedista.

CIA /si:aɪeɪ/ abrev de Central Intelligence Agency; agência central de inteligência.

ci·ca·da /sɪkeɪd/ s Zool cigarra. (pl cicadas ou cicadae /sɪkeɪdi:/).

cic·a·trix /sɪkətrɪks, səkeɪtrɪks/ s cicatriz. (pl cicatrices /sɪkətraɪsi:z, səkeɪtraɪsi:z/).

cic·a·tri·za·tion /sɪkətrəzeɪʃən/ s cicatrização.

cic·a·trize /sɪkətraɪz/ v (cicatrizes, cicatrizing, cicatrized, cicatrized) cicatrizar.

cic·e·ro·ne /sɪsərouni/ s cicerone; guia. (pl cicerones ou ciceroni).

ci·der /saɪdɚ/ s sidra; vinho de maçã.

ci·gar /sɪgɑ:r/ s charuto.

cig·a·ret /sɪgəret/ → cigarette.

cig·a·rette /sɪgəret/ s cigarro. (var cigaret).

cil·i·ar·y /sɪlieri/ adj 1 ciliar. 2 relativo ao olho.

cil·i·a·ted /sɪlieɪtɪd/ adj ciliado.

cil·i·um /sɪliəm/ s cílio. (pl cilia).

cinch /sɪntʃ/ s 1 cilha. 2 tarefa fácil. 3 coisa certa. ‖ v (cinches, cinching, cinched, cinched) 1 cilhar; pôr cilha em. 2 ter certeza de.

cinc·ture /sɪŋktʃɚ/ s 1 cinta; cinto; cinturão. 2 cerca; muro. ‖ v (cinctures, cincturing, cinctured, cinctured) cercar; cingir.

cin·der /sɪndɚ/ s escória básica. ‖ v (cinders, cindering, cindered, cindered) queimar; reduzir a cinzas. ♦ cinders 1 cinzas. 2 Geol escória vulcânica.

cin·e·ast /sɪni:æst/ → cineaste.

cin·e·aste /sɪni:æst/ s 1 pessoa que gosta de cinema. 2 cineasta. (var cineast ou cinéaste).

cin·é·aste /sɪneɪɑ:st/ → cineaste.

cin·e·ma /sɪnəmə/ s 1 cinema. 2 filme. 3 indústria cinematográfica. 4 arte cinematográfica.

cin·e·ma·go·er /sɪnəməgouɚ/ s freqüentador de cinemas.

cin·e·ma·theque /sɪnəmətek/ s cinemateca.

cin·e·ma·tog·ra·pher /sɪnəmətɑ:grəfɚ/ s cinegrafista.

cin·e·mat·o·graph·ic /sɪnəmætəgræfɪk/ adj cinematográfico.

cin·e·ma·tog·ra·phy /sɪnəmətɑ:grəfi/ s cinematografia; cinema.

cin·na·mon /sɪnəmən/ s 1 Bot caneleira. 2 a casca dessa árvore; pau-canela. 3 cor de canela.

ci·pher /saɪfɚ/ s 1 cifra. 2 zero. 3 criptograma. 4 pessoa sem importância. 5 nulidade. || v (**ciphers, ciphering, ciphered, ciphered**) 1 calcular. 2 escrever em caracteres cifrados. (var **cypher**).

cir·cle /sɜ:rkəl/ s 1 círculo. 2 circunferência. 3 circuito. 4 auréola; halo. 5 coroa; diadema. 6 órbita de um corpo celeste. 7 ciclo. 8 grupo; associação. 9 meio; ambiente; círculo social. || v (**circles, circling, circled, circled**) 1 cercar. 2 circundar. 3 abranger. 4 mover-se em círculo.

cir·cuit /sɜ:rkɪt/ s 1 tb Eletr circuito. 2 perímetro. 3 circunferência. 4 giro; volta.

cir·cu·i·tous /sə·kju:ətəs/ adj 1 tortuoso. 2 indireto. 3 desviado.

cir·cu·lar /sɜ:rkjələ·/ adj 1 circular. 2 indireto. 3 redondo. || s circular (carta, aviso, etc.).

cir·cu·lar·ize /sɜ:rkjələraɪz/ v (**circularizes, circularizing, circularized, circularized**) notificar por meio de circulares.

cir·cu·late /sɜ:rkjəleɪt/ v (**circulates, circulating, circulated, circulated**) 1 circular. 2 propagar. 3 mover-se em círculo.

cir·cu·la·tion /sɜ:rkjəleɪʃən/ s 1 circulação. 2 curso; giro. 3 divulgação; disseminação. 4 ventilação. 5 moeda corrente. 6 tiragem, edição de periódicos, livros, etc.

cir·cu·la·tor·y /sɜ:rkjələtɔ:ri/ adj circulatório.

cir·cum·am·bi·ent /sɜ:rkəmæmbiənt/ adj circum-ambiente; circundante.

cir·cum·cise /sɜ:rkəmsaɪz/ v (**circumcises, circumcising, circumcised, circumcised**) circuncidar.

cir·cum·ci·sion /sɜ:rkəmsɪʒən/ s 1 circuncisão. 2 cerimônia religiosa na qual ocorre a circuncisão.

cir·cum·fer·ence /sə·kʌmfərəns/ s 1 circunferência. 2 periferia. 3 círculo.

cir·cum·flex /sɜ:rkəmfleks/ adj 1 circunflexo. 2 curvo. || s acento circunflexo.

cir·cum·lo·cu·tion /sɜ:rkəmləkju:ʃən/ s circunlóquio; perífrase; rodeio.

cir·cum·nav·i·ga·tion /sɜ:rkəmnævɪgeɪʃən/ s circunavegação.

cir·cum·scribe /sɜ:rkəmskraɪb/ v (**circumscribes, circumscribing, circumscribed, circumscribed**) 1 circunscrever. 2 limitar. 3 confinar. 4 restringir.

cir·cum·scrip·tion /sɜ:rkəmskrɪpʃən/ s 1 circunscrição. 2 limite; restrição. 3 contorno.

cir·cum·spect /sɜ:rkəmspekt/ adj circunspecto; prudente; discreto.

cir·cum·spec·tion /sɜ:rkəmspekʃən/ s circunspeção; prudência; discrição.

cir·cum·stance /sɜ:rkəmstæns/ s circunstância; particularidade; condição; ocorrência. || v (**circumstances, circumstancing, circumstanced, circumstanced**) **C** 1 sujeitar às circunstâncias. 2 situar. ♦ **under no circumstances** nunca; de forma alguma. **under the circumstances** dadas as circunstâncias; sendo assim.

cir·cum·stan·tial /sɜ:rkəmstænʃəl/ adj circunstancial.

cir·cum·stan·ti·ate /sɜ:rkəmstænʃieɪt/ v (**circumstantiates, circumstantiating, circumstantiated, circumstantiated**) circunstanciar; pormenorizar.

cir·cum·val·la·tion /sɜ:rkəmvəleɪʃən/ s circunvalação.

cir·cum·vent /sɜ:rkəmvent/ v (**circumvents, circumventing, circumvented, circumvented**) 1 enganar; lograr; enredar. 2 rodear; cercar.

cir·cum·vent·er /sɜ:rkəmventə·/ s impostor; enganador. (var **circumventor**).

cir·cum·ven·tion /sɜ:rkəmvenʃən/ s logro; enredo; fraude; burla.

cir·cum·vent·or /sɜ:rkəmventə·/ → **circumventer**.

cir·cus /sɜ:rkəs/ s 1 circo; arena. 2 inform desordem.

cis·tern /sɪstə·n/ s 1 cisterna. 2 Anat vaso linfático.

cit·a·del /sɪtədəl/ s 1 cidadela; fortificação. 2 inform refúgio.

ci·ta·tion /saɪteɪʃən/ s 1 citação. 2 Jur intimação. 3 trecho citado. 4 menção. 5 condecoração.

cite /saɪt/ v (**cites, citing, cited, cited**) 1 citar; mencionar. 2 Jur intimar. 3 condecorar.

cith·a·ra /sɪθərə/ s cítara.

cit·i·zen /sɪtɪzən/ s 1 cidadão. 2 paisano. 3 civil. 4 munícipe.

cit·i·zen·ship /sɪtɪzənʃɪp/ s cidadania.

cit·rate /sɪtreɪt/ s Quím citrato.

cit·ric /sɪtrɪk/ *adj* cítrico.

cit·ri·cul·ture /sɪtrɪkʌltʃə·/ *s* citricultura.

cit·y /sɪti/ *s* **1** cidade; metrópole. **2** população de uma cidade. (*pl* **cities**).

city hall *s* **1** prefeitura. **2** *gír* burocracia.

civ·ic /sɪvɪk/ *adj* cívico; civil; municipal.

civ·il /sɪvəl/ *adj* **1** cívico. **2** cortês. **3** civil (não-militar ou eclesiástico). **4** *Jur* civil (não-criminoso ou militar).

ci·vil·ian /sɪvɪljən/ *adj* e *s* civil.

ci·vil·i·ty /sɪvɪləti/ *s* civilidade; polidez. (*pl* **civilities**).

civ·i·li·za·tion /sɪvəlzeɪʃən/ *s* civilização; cultura.

civ·i·lize /sɪvəlaɪz/ *v* (**civilizes**, **civilizing**, **civilized**, **civilized**) civilizar; educar.

civ·i·liz·er /sɪvəlaɪzə·/ *s* civilizador.

civil marriage *s* casamento no civil.

civil rights *s* direitos civis.

clab·ber /klæbə·/ *s* coalhada; leite coalhado. ‖ *v* (**clabbers**, **clabbering**, **clabbered**, **clabbered**) coalhar.

clack /klæk/ *v* (**clacks**, **clacking**, **clacked**, **clacked**) **1** tagarelar. **2** cacarejar. **3** estalar. ‖ *s* **1** tagarelice. **2** estalo; estrépito.

clad /klæd/ *v* (**clads**, **cladding**, **clad**, **clad**) **1** revestir com metal. **2** *pass* e *part pass* de **clothe**.

claim /kleɪm/ *s* **1** reclamação. **2** reivindicação. **3** alegação. **4** pagamento exigido. ‖ *v* (**claims**, **claiming**, **claimed**, **claimed**) reivindicar; alegar.

claim·a·ble /kleɪmbəl/ *adj* reivindicável.

claim·ant /kleɪmənt/ *s* reclamante; requerente.

clam /klæm/ *v* (**clams**, **clamming**, **clammed**, **clammed**) **1** mariscar; coletar moluscos. **2** calar-se. ‖ *s* **1** *Zool* espécie de molusco. **2** torno; grampo. **3** *inform* pessoa calada.

cla·mant /kleɪmənt, klæmənt/ *adj* clamante; clamador.

clam·ber /klæmbə·/ *v* (**clambers**, **clambering**, **clambered**, **clambered**) escalar com dificuldade.

clam·mi·ness /klæmɪnəs/ *s* **1** viscosidade; umidade. **2** apreensão; preocupação.

clam·my /klæmi/ *adj* **1** viscoso; úmido e frio. **2** desagradável. **3** apreensivo; preocupante. (*gr comp* **clammier**. *gr super* **clammiest**).

clam·or /klæmə·/ *s* **1** clamor. **2** brado; grito. **3** alarido. **4** tumulto. ‖ *v* (**clamors**, **clamoring**, **clamored**, **clamored**) **1** clamar. **2** vociferar. **3** protestar; queixar-se.

clam·or·ous /klæmərəs/ *adj* **1** clamoroso. **2** ruidoso. **3** importunador.

clam·or·ous·ness /klæmərəsnəs/ *s* clamor; vozerio; gritaria.

clamp /klæmp/ *s* **1** gancho. **2** braçadeira. **3** grampo. **4** torno de carpinteiro. ‖ *v* (**clamps**, **clamping**, **clamped**, **clamped**) **1** prender com grampo, braçadeira. **2** agarrar. **3** impor-se.

clan /klæn/ *s* clã; tribo; grupo; grei.

clan·des·tine /klændestɪn/ *adj* clandestino; oculto; secreto.

clan·des·tine·ness /klændestɪnnəs/ *s* clandestinidade. (*var* **clandestinity**).

clan·des·tin·i·ty /klændestɪnəti/ → **clandestineness**.

clang /klæŋ/ *s* clangor; tinido; grasnido. ‖ *v* (**clangs**, **clanging**, **clanged**, **clanged**) causar clangor.

clan·gor /klæŋə·/ *s* clangor; estrondo; som de trombeta. ‖ *v* (**clangors**, **clangoring**, **clangored**, **clangored**) causar clangor; clangorar.

clan·gor·ous /klæŋə·əs/ *adj* estridente.

clank /klæŋk/ *s* fragor; estrépito; som produzido pelo atrito de metais. ‖ *v* (**clanks**, **clanking**, **clanked**, **clanked**) estrepitar; produzir ruído estridente.

clan·nish /klænɪʃ/ *adj* relativo a clã.

clap /klæp/ *s* **1** palmada. **2** estrépito; estalo; tinido. **3** aplauso. ‖ *v* (**claps**, **clapping**, **clapped**, **clapped**) **1** bater ruidosamente. **2** dar palmadas em. **3** chocar-se com; colidir; bater. **4** aplaudir.

clap·board /klæpbɔːrd/ *s* tábua; ripa de madeira; aduela.

clap·per /klæpə·/ *s* **1** aplaudidor. **2** badalo de sino. **3** taramela; língua; boca. ♦ **clappers** castanholas.

claque /klæk/ *s* **1** claque. **2** grupo de admiradores.

clar·i·fi·ca·tion /klerɪfɪkeɪʃən/ *s* **1** clarificação. **2** esclarecimento.

clar·i·fi·er /klɛrɪfaɪɚ/ s 1 clarificador. 2 elucidativo.

clar·i·fy /klɛrɪfaɪ/ v (clarifies, clarifying, clarified, clarified) 1 clarificar. 2 elucidar. 3 remover impurezas.

clar·i·net /klɛrɪnɛt/ s Mús clarinete; clarineta.

clar·i·on /klɛriən/ s 1 Mús clarim. 2 o som do clarim. ‖ adj alto e claro (som).

clar·i·ty /klɛrəti/ s 1 claridade; brilho. 2 lucidez.

clash /klæʃ/ s 1 ruído de choque, de colisão. 2 oposição. 3 conflito. ‖ v (clashes, clashing, clashed, clashed) 1 chocar-se violentamente. 2 colidir. 3 conflitar; opor-se a.

clasp /klæsp/ s 1 broche. 2 colchete. 3 fecho. 4 fivela. 5 pregador. 6 abraço. ‖ v (clasps, clasping, clasped, clasped) 1 acolchetar. 2 afivelar. 3 abraçar. 4 segurar na mão.

clasp·er /klæspɚ/ s o que segura, engancha.

class /klæs/ s 1 classe. 2 grupo. 3 posição social. 4 aula. 5 curso. 6 turma; grupo de alunos. ‖ v (classes, classing, classed, classed) 1 classificar. 2 ordenar. 3 coordenar.

clas·sic /klæsɪk/ adj clássico. ‖ s clássico; obra ou autor clássico. ♦ classics clássicos, literatura dos gregos e romanos.

clas·si·cal /klæsɪkəl/ adj tb Mús clássico.

clas·si·cal·ism /klæsɪkəlɪzəm/ → classicism. (var classicalism).

clas·si·cism /klæsɪsɪzəm/ s classicismo.

clas·si·cist /klæsɪsɪst/ s classicista.

clas·si·fi·a·ble /klæsəfaɪəbəl/ adj classificável.

clas·si·fi·ca·tion /klæsəfɪkeɪʃən/ s classificação.

clas·si·fi·ca·to·ry /klæsəfɪkətɔːri/ adj classificatório.

clas·si·fy /klæsɪfaɪ/ v (classifies, classifying, classified, classified) 1 classificar. 2 designar documento como confidencial.

class·mate /klæsmeɪt/ s condiscípulo; colega de classe.

class·room /klæsruːm/ s sala de aula; classe.

class·y /klæsi/ adj de classe; distinto; elegante; alinhado. (gr comp classier. gr super classiest).

clat·ter /klætɚ/ v (clatters, clattering, clattered, clattered) 1 chocalhar. 2 movimentar-se ruidosamente. 3 falar rapidamente e com ruídos. ‖ s 1 algazarra; gritaria. 2 barulho ensurdecedor. 3 ruído; tinido.

claus·al /klɑːzəl/ adj clausular.

clause /klɑːz/ s 1 cláusula; condição; artigo de contrato. 2 Gram cláusula; oração.

claus·tral /klɑːstrəl/ → cloistral.

claus·tro·pho·bi·a /klɑːstrəfoʊbiə/ s claustrofobia.

clav·i·chord /klævɪkɔːrd/ s Mús clavicórdio.

clav·i·cle /klævɪkəl/ s Anat clavícula. (var collarbone).

cla·vier /klæviɚ/ s Mús teclado.

claw /klɑː/ s 1 garra; pata (de mamíferos, aves e crustáceos). 2 pinça. 3 qualquer objeto pontudo e recurvado. ‖ v (claws, clawing, clawed, clawed) arranhar, dilacerar com garras.

clay /kleɪ/ s 1 argila; barro. 2 sedimento. 3 corpo humano; matéria.

clay·ey /kleɪi/ adj argiloso; barrento. (var clayish).

clay·ish /kleɪɪʃ/ → clayey.

clean /kliːn/ adj 1 limpo; claro. 2 puro. 3 inocente. 4 honesto. 5 escrupuloso. 6 liso. 7 regular. 8 desimpedido. ‖ adv 1 de forma limpa; claramente. 2 totalmente. ‖ v (cleans, cleaning, cleaned, cleaned) 1 limpar; assear; arrumar. 2 purificar. ♦ clean out 1 gír privar-se de todo o dinheiro e bens materiais. 2 esvaziar. 3 mandar embora. 4 livrar-se de.

clean·er /kliːnɚ/ s 1 limpador; faxineiro. 2 máquina ou substância para limpar.

clean·li·ness /klɛnlɪnəs/ s limpeza.

clean·ly /klɛnli/ adj limpo; asseado; puro. (gr comp cleanlier. gr super cleanliest).

clean·ness /kliːnnəs/ s 1 limpeza. 2 asseio. 3 pureza. 4 honestidade.

cleanse /klɛnz/ v (cleanses, cleansing, cleansed, cleansed) 1 purgar; purificar. 2 limpar; desinfetar.

cleans·er /klɛnzɚ/ s 1 limpador; detergente. 2 loção ou creme de limpeza facial.

clean-shav·en /kli:nʃɛɪvən/ adj sem barba; de barba feita.

clean·up /kli:nʌp/ s 1 limpeza ou arrumação geral. 2 gír altos lucros; sucesso financeiro.

clear /klɪr/ adj 1 claro. 2 limpo. 3 transparente. 4 desanuviado. 5 inteligível; nítido. 6 evidente. 7 desobstruído. 8 seguro. 9 impoluto. 10 brilhante. 11 desembaraçado. 12 completo. 13 livre de taxas. II s 1 clareira. 2 espaço vazio. 3 intervalo. II adv 1 de forma distinta; claramente. 2 inform inteiramente. 3 longe; fora do caminho. II v (clears, clearing, cleared, cleared) 1 aclarar; clarear. 2 desobstruir. 3 esclarecer. 4 despachar ou passar (mercadorias) na alfândega. 5 desbravar; limpar um terreno. 6 sair. 7 retirar pessoas de um ambiente. 8 obter lucros, rendimentos. 9 compensar cheques. ♦ **clear out** sair rapidamente. **clear away** afastar.

clear·ance /klɪrəns/ s 1 esclarecimento. 2 liberação; desobstrução. 3 autorização para a partida de um navio, avião ou veículo depois de uma inspeção. 4 derrubada. 5 vão; espaço livre. 6 liquidação; venda de estoque.

clear-cut /klɪrkʌt/ adj bem definido; nítido. II v (clear-cuts, clear-cutting, clear-cut, clear-cut) remover todas as árvores de uma só vez. II s área devastada.

clear-head·ed /klɪrhɛdɪd/ adj esclarecido; de espírito lúcido; sensato.

clear·ing /klɪrɪŋ/ s 1 apuração ou liquidação de contas. 2 compensação de cheques. 3 esclarecimento. 4 justificação. 5 terreno preparado para a cultura. 6 clareira; espaço aberto.

clear-sight·ed /klɪrsaɪtɪd/ adj 1 sagaz. 2 perspicaz. 3 penetrante.

cleat /kli:t/ s 1 gancho. 2 braçadeira. 3 suporte; calço. 4 trave. II v (cleats, cleating, cleated, cleated) prover de ganchos, braçadeiras ou suportes. ♦ **cleats** 1 chuteiras. 2 sapatos com pinos de metal nas solas.

cleav·a·ble /kli:vəbəl/ adj divisível; que se pode fender.

cleave /kli:v/ v (cleaves, cleaving, cleft/ cleaved/clove, cleft/cleaved/cloven) 1 fender. 2 rachar. 3 secionar. 4 abrir caminho.

cleav·er /kli:vɚ/ s 1 rachador. 2 cutelo.

clef /klef/ s Mús clave.

cleft /kleft/ v pass e part pass de **cleave**. II adj rachado; fendido. II s racha; fenda.

clem·en·cy /klɛmənsi/ s clemência. (pl clemencies).

clem·ent /klɛmənt/ adj clemente.

clench /klentʃ/ s 1 garra. 2 tenaz. 3 aperto. 4 rebite. II v (clenches, clenching, clenched, clenched) 1 agarrar firmemente; apertar. 2 rebitar; fixar.

cler·gy /klɜ:rdʒi/ s clero. (pl clergies).

cler·ic /klɛrɪk/ s clérigo; membro do clero.

cler·i·cal /klɛrɪkəl/ adj 1 clerical; eclesiástico. 2 relativo a escriturários, empregados do escritório ou ao seu trabalho. II s clérigo; membro do clero. ♦ **clericals** 1 indumentária do clero. 2 militante do clericalismo.

clerk /klɜ:rk/ s 1 escrevente. 2 copista. 3 atendente; recepcionista. 4 clérigo. II v (clerks, clerking, clerked, clerked) trabalhar como escrevente.

clev·er /klɛvɚ/ adj 1 hábil; capaz; talentoso. 2 esperto; vivaz; inteligente.

clev·er·ness /klɛvɚnəs/ s 1 habilidade; destreza; talento. 2 inteligência.

clew /klu:/ s 1 indício; vestígio; pista. 2 fio; chave (de mistério). 3 novelo. 4 Náut punho de vela. II v (clews, clewing, clewed, clewed) 1 enrolar; formar novelo. 2 Náut suspender ou baixar vela por meio de cabos.

click /klɪk/ s 1 estalido; tinido. 2 trinco; aldrava; ferrolho. II v (clicks, clicking, clicked, clicked) 1 dar estalidos; tinir; crepitar. 2 gír ter bom êxito.

cli·ent /klaɪənt/ s cliente; freguês.

cli·ent·age /klaɪəntɪdʒ/ s clientela.

cliff /klɪf/ s penhasco; despenhadeiro.

cli·mac·ter·ic /klaɪmæktɚɪk, klaɪmæktɛrɪk/ adj 1 climatérico. 2 crítico; crucial. II s 1 climatério. 2 período crítico.

cli·mate /kl<u>a</u>ımət/ s clima.

cli·mat·ic /klaım<u>æ</u>tık/ adj climático.

cli·ma·tol·o·gist /klaımət<u>a</u>:lədʒıst/ s climatologista.

cli·ma·tol·o·gy /klaımət<u>a</u>:lədʒi/ s climatologia.

cli·max /kl<u>a</u>ımæks/ s 1 clímax; ápice; auge. 2 orgasmo. ‖ v (climaxes, climaxing, climaxed, climaxed) levar ao clímax; atingir o ápice.

climb /klaım/ v (climbs, climbing, climbed, climbed) 1 trepar; escalar; subir. 2 galgar. 3 crescer. ‖ s 1 ascensão; escalada. 2 local a ser escalado.

climb·a·ble /kl<u>a</u>ıməbəl/ adj escalável.

climb·er /kl<u>a</u>ımɚ/ s 1 alpinista. 2 trepador. 3 trepadeira (planta). 4 Esp grampo utilizado por alpinistas.

clime /klaım/ s clima.

clinch /klıntʃ/ s 1 rebite. 2 aperto. 3 agarramento. 4 Esp atracação (boxe). 5 argumento decisivo. 6 Náut amarra. ‖ v (clinches, clinching, clinched, clinched) 1 prender ou segurar firmemente. 2 rebitar. 3 Esp atracar-se (boxe). 4 concluir. 5 gír abraçar.

clinch·er /klıntʃɚ/ s 1 gancho. 2 braçadeira. 3 pregador; prendedor. 4 ferramenta de aperto. 5 inform argumento irrefutável.

cling /klıŋ/ v (clings, clinging, clung, clung) 1 apegar-se. 2 aferrar-se (a uma idéia, costume); aderir. 3 colar-se; agarrar-se. 4 manter perto. 5 ficar grudado, junto.

cling·y /klıŋi/ adj pegajoso; aderente; adesivo.

clin·ic /klınık/ s clínica.

clin·i·cal /klınıkəl/ adj clínico.

cli·ni·cian /klınıʃən/ s clínico.

clink /klıŋk/ s 1 tinido; ruído metálico. 2 gír prisão; cela. ‖ v (clinks, clinking, clinked, clinked) tinir; tilintar; ressoar.

clink·er /klıŋkɚ/ s 1 escória de carvão. 2 tijolo refratário. 3 tijolo vitrificado. 4 gír nota musical desarmônica. 5 gír engano. ‖ v (clinkers, clinkering, clinkered, clinkered) vitrificar.

cli·nom·e·ter /klaın<u>a</u>:mətɚ/ s clinômetro.

clip /klıp/ v (clips, clipping, clipped, clipped) 1 aparar; cortar com tesoura. 2 podar. 3 tosquiar. 4 omitir sílabas ou letras de uma palavra ao falar. 5 mover-se rapidamente. 6 recortar. ‖ s 1 tosquia. 2 ato de cortar, podar, aparar. ♦ clips 1 tesoura de poda. 2 cortador.

clip·per /klıpɚ/ s 1 tosquiador. 2 máquina de tosquiar ou cortar (cabelo). 3 Náut veleiro de grande velocidade. ♦ clippers cortador (de unhas).

clip·ping /klıpıŋ/ s 1 apara. 2 recorte (de jornal ou revista).

clique /kli:k/ s facção; grupo de amigos; associação. ‖ v (cliques, cliquing, cliqued, cliqued) inform formar grupo; associar.

clo·a·ca /klou<u>eı</u>k/ s 1 cloaca. 2 cano de esgoto; fossa; latrina. (pl cloacae).

clo·a·cal /klou<u>eı</u>kəl/ adj cloacal.

cloak /klouk/ s 1 capa; capote; manto. 2 dissimulação; disfarce. ‖ v (cloaks, cloaking, cloaked, cloaked) 1 encapotar. 2 encapar. 3 encobrir; dissimular.

cloak·room /kl<u>ou</u>kru:m/ s guarda-volumes (em teatro ou escola).

clock /kla:k/ s 1 relógio (de torre, parede ou mesa). 2 registrador; medidor. ‖ v (clocks, clocking, clocked, clocked) marcar tempo; registrar o tempo de uma atividade.

clock·er /kl<u>a</u>:kɚ/ s cronometrista.

clock·wise /kl<u>a</u>:kwaız/ adj e adv no sentido horário.

clock·work /kl<u>a</u>:kwɜ:rk/ s mecanismo de relógio.

clod /kla:d/ s 1 torrão (de terra). 2 solo. 3 pessoa tola.

clod·hop·per /kl<u>a</u>:dha:pɚ/ s 1 roceiro; lavrador. 2 caipira. 3 sapato grande e pesado.

clog /kla:g/ s 1 obstáculo; obstrução. 2 impedimento. 3 sapato pesado com sola da madeira. ‖ v (clogs, clogging, clogged, clogged) 1 impedir. 2 obstruir. 3 emperrar. 4 entupir.

clois·ter /kl<u>ɔı</u>stɚ/ s claustro; mosteiro; convento. ‖ v (cloisters, cloistering, cloistered, cloistered) enclaustrar; enclausurar.

clois·tral /klɔɪstrəl/ adj claustral. (var **claustral**).

clone /kloʊn/ s clone. ‖ v (**clones, cloning, cloned, cloned**) reproduzir por meio de clonagem.

close /kloʊz/ v (**closes, closing, closed, closed**) 1 fechar. 2 obstruir; barrar a passagem. 3 encerrar; concluir. 4 confinar. 5 circundar. 6 chegar a um acordo. 7 tapar. 8 arrolhar. 9 cicatrizar. 10 aproximar-se. ‖ s 1 fim. 2 conclusão. 3 junção. 4 briga. ‖ /kloʊs/ adj 1 fechado. 2 encerrado. 3 limitado; restrito. 4 escasso. 5 abafado. 6 secreto. 7 próximo; contíguo. 8 estreito. 9 minucioso; rigoroso. 10 conciso. 11 íntimo; familiar. 12 rente. ‖ adv 1 perto; junto; próximo. 2 secretamente; estreitamente. ♦ **close in** aproximar-se. **close out** fechar um negócio.

closed circuit s circuito fechado.

close-fist·ed /kloʊsfɪstɪd/ adj mesquinho; avarento.

close·ly /kloʊsli/ adv 1 de perto. 2 intimamente. 3 secretamente. 4 atentamente.

close-mouthed /kloʊsmaʊθd/ adj circunspecto; reservado.

close·ness /kloʊsnəs/ s 1 proximidade. 2 capacidade. 3 intimidade. 4 estreiteza. 5 aperto. 6 mesquinhez; avareza. 7 concisão. 8 abafamento. 9 reclusão. 10 segredo.

close·out /kloʊzaʊt/ s liquidação.

clos·er /kloʊzɚ/ s 1 rolha. 2 tampa. 3 aquele que fecha, encerra, conclui, termina, cerca.

clos·et /klɑzɪt/ s 1 closet. 2 gabinete. 3 aposento particular. 4 banheiro. 5 vaso sanitário. ‖ adj secreto; privado; confidencial. ‖ v (**closets, closeting, closeted, closeted**) confinar-se em gabinete (para discussão).

close-up /kloʊsʌp/ s 1 visão ou descrição íntima. 2 tomada de muito perto (cinema e fotografia).

clo·sure /kloʊʒɚ/ s 1 encerramento; conclusão. 2 cerca; tapume; sebe. ‖ v (**closures, closuring, closured, closured**) encerrar um debate.

clot /klɑt/ s 1 coágulo; grumo. 2 massa de argila. ‖ v (**clots, clotting, clotted, clotted**) coagular.

cloth /klɑθ/ s 1 pano; tecido. 2 toalha de mesa. 3 roupa; vestuário. 4 hábito clerical. 5 clero. (pl **cloths** /klɑːθs, klɑːðz/).

clothe /kloʊð/ v (**clothes, clothing, clothed/clad, clothed/clad**) 1 vestir; trajar. 2 revestir; guarnecer; forrar.

clothes /kloʊðz/ s pl 1 roupa; traje; vestuário. 2 roupa de cama.

clothes·line /kloʊðzlaɪn/ s varal; arame de secar roupa.

clothes moth s traça.

clothes·pin /kloʊðzpɪn/ s prendedor de roupa; pregador.

clothes·press /kloʊðzpres/ s guarda-roupa; vestiário. (tb **clothes press**).

cloth·ier /kloʊðɪɚ/ s negociante ou fabricante de roupas feitas.

cloth·ing /kloʊðɪŋ/ s 1 vestuário; roupa. 2 revestimento.

cloud /klaʊd/ s 1 nuvem. 2 névoa. 3 bruma. 4 mancha. 5 desgraça. ‖ v (**clouds, clouding, clouded, clouded**) nublar; obscurecer; anuviar.

cloud·burst /klaʊdbɜːrst/ s aguaceiro.

cloud·i·ness /klaʊdɪnəs/ s nebulosidade.

cloud·less /klaʊdləs/ adj desanuviado.

cloud·y /klaʊdi/ adj 1 nebuloso; nublado. 2 obscuro; triste. 3 indistinto; confuso. (gr comp **cloudier**. gr super **cloudiest**).

clout /klaʊt/ s 1 inform influência. 2 inform poder; músculo. 3 Esp centro de alvo. 4 murro; soco. ‖ v (**clouts, clouting, clouted, clouted**) esmurrar; socar.

clove /kloʊv/ v pass de **cleave**. ‖ s 1 dente de alho. 2 bulbo. 3 cravo-da-índia.

clo·ver /kloʊvɚ/ s Bot trevo.

clown /klaʊn/ s 1 palhaço. 2 camponês. ‖ v (**clowns, clowning, clowned, clowned**) 1 comportar-se como um palhaço. 2 trabalhar como palhaço.

clown·ish /klaʊnɪʃ/ adj 1 apalhaçado. 2 rústico; grosseiro.

clown·ish·ness /klaʊnɪʃnəs/ s 1 rusticidade; grosseria. 2 palhaçada.

cloy /klɔɪ/ v (**cloys, cloying, cloyed, cloyed**) 1 saciar. 2 fartar. 3 enjoar.

cloy·ing·ly /klɔ̩ɪɪŋli/ adv fartamente.

cloy·ing·ness /klɔ̩ɪɪŋnəs/ s fartura; saciedade.

club /klʌb/ s 1 porrete; clava; maça; cassetete. 2 clube; grêmio; sociedade. 3 naipe de paus. || v (**clubs, clubbing, clubbed, clubbed**) 1 dar cacetadas em. 2 associar-se; cotizar-se.

club·a·ble /klʌbəbəl/ → **clubbable**.

club·ba·ble /klʌbəbəl/ adj sociável. (var **clubable**).

club·by /klʌbi/ adj 1 sociável. 2 exclusivo. (gr comp **clubbier**. gr super **clubbiest**).

club·house /klʌbhaʊs/ s 1 sede de clube. 2 Esp vestiário.

cluck /klʌk/ v (**clucks, clucking, clucked, clucked**) cacarejar. || s 1 cacarejo. 2 estúpido; tolo.

clue /klu:/ s indício; pista. || v (**clues, clueing/cluing, clued, clued**) apresentar indícios; dar pistas.

clump /klʌmp/ v (**clumps, clumping, clumped, clumped**) 1 agrupar. 2 caminhar pesadamente. 3 plantar em grupos. || s 1 moita. 2 arvoredo. 3 estrondo; ruído.

clum·si·ly /klʌmzɪli/ adv desajeitadamente.

clum·sy /klʌmzi/ adj 1 desajeitado. 2 sem graça. 3 disforme; fosco. 4 indelicado. (gr comp **clumsier**. gr super **clumsiest**).

clung /klʌŋ/ v pass e part pass de **cling**.

clus·ter /klʌstə/ s 1 grupo. 2 cacho. 3 ramalhete. 4 bando. 5 agrupamento. || v (**clusters, clustering, clustered, clustered**) 1 agrupar; amontoar. 2 produzir ou reunir em cachos. 3 apinhar.

clutch /klʌtʃ/ s 1 aperto. 2 agarração. 3 arrebatamento. 4 tentativa de confisco ou de apreensão. 5 apropriação indébita. 6 ninhada de ovos incubados simultaneamente. 7 ninhada (de galinhas). 8 garra; mão; presa (qualquer coisa que agarra). 9 poder; controle. 10 embreagem. 11 acoplamento. || v (**clutches, clutching, clutched, clutched**) 1 agarrar. 2 chocar (ovos). 3 engatar e desengatar veículo. || adj crítico; decisivo.

clut·ter /klʌtə/ s confusão; balbúrdia; desordem; tumulto. || v (**clutters, cluttering, cluttered, cluttered**) fazer algazarra.

clys·ter /klɪstə/ s Med clister.

coach /koʊtʃ/ s 1 coche; carruagem. 2 carro. 3 vagão de passageiros. 4 automóvel fechado. 5 ônibus. 6 Esp treinador. 7 professor particular; preceptor. || v (**coaches, coaching, coached, coached**) 1 instruir; treinar (alunos, jogadores). 2 estudar com. 3 agir como preceptor. 4 andar de carro ou carruagem.

coach·man /koʊtʃmən/ s cocheiro.

co·ac·tion /koʊækʃən/ s cooperação; colaboração; ação coletiva.

co·ac·tive /koʊæktɪv/ adj 1 coadjuvante. 2 cooperador.

co·ad·ju·tor /koʊædʒətə/ s 1 coadjutor; assistente. 2 assistente de bispo.

co·ag·u·lant /koʊægjələnt/ s 1 coagulante. 2 coalho.

co·ag·u·late /koʊægjəleɪt/ v (**coagulates, coagulating, coagulated, coagulated**) coagular; coalhar.

co·ag·u·la·tion /koʊægjəleɪʃən/ s coagulação.

co·ag·u·la·tor /koʊægjəleɪtə/ s coagulador.

coal /koʊl/ s 1 carvão. 2 hulha. 3 brasa. || v (**coals, coaling, coaled, coaled**) 1 fornecer a ou suprir de carvão. 2 encarvoar. 3 reduzir a carvão.

coal·er /koʊlə/ s navio ou trem que transporta carvão.

co·a·lesce /koʊəles/ v (**coalesces, coalescing, coalesced, coalesced**) unir-se; fundir-se.

co·a·les·cence /koʊələsəns/ s coalescência; união; junção; mistura; fusão.

co·a·les·cent /koʊələsənt/ adj coalescente; aderente; aglutinante.

co·a·li·tion /koʊəlɪʃən/ s coalizão; coligação; acordo; fusão.

coarse /kɔ:rs/ adj 1 grosseiro; rude; rústico. 2 inferior. 3 indelicado; vulgar. 4 áspero.

coarse·ly /kɔ̩:rsli/ adv grosseiramente; asperamente.

coars·en /kɔ̩:rsən/ v (**coarsens, coarsening, coarsened, coarsened**) 1 vulgarizar. 2 embrutecer; brutalizar-se.

coarse·ness /kɔ̩:rsnəs/ s grosseria; indelicadeza; rudeza; aspereza.

coast /koʊst/ s costa; litoral; beira-mar. Il v (**coasts, coasting, coasted, coasted**) **1** costear. **2** mover-se sem esforço; deslizar.

coast·al /koʊstəl/ adj costeiro; litorâneo.

coast·er /koʊstə/ s **1** navio costeiro. **2** descansador para garrafas e copos. **3** habitante do litoral. **4** trenó.

coast guard s guarda costeira. (tb **Coast Guard**).

coast·line /koʊstlaɪn/ s litoral.

coast·ward /koʊstwəd/ adj costeiro. Il adv em direção à costa.

coast·wise /koʊstwaɪz/ adj costeiro. Il adv ao longo da costa.

coat /koʊt/ s **1** paletó; casaco; sobretudo; capa; cobertura. **2** pêlo; plumagem; lã. **3** camada. **4** demão (de tinta). **5** revestimento. **6** tegumento. Il v (**coats, coating, coated, coated**) **1** aplicar camada de. **2** cobrir. **3** encasacar.

coat·ed /koʊtɪd/ adj **1** coberto. **2** revestido.

coat of arms s brasão. (pl **coats of arms**).

coat·ing /koʊtɪŋ/ s **1** revestimento. **2** camada (de tinta, de proteção). **3** tecido para fabricação de casacos.

co·au·thor /koʊɑ:θə/ s co-autor. Il v (**coauthors, coauthoring, coauthored, coauthored**) colaborar como co-autor. (tb **coauthor**).

coax /koʊks/ v (**coaxes, coaxing, coaxed, coaxed**) persuadir mediante lisonja. Il s inform cabo coaxial.

co·ax·i·al /koʊæksiəl/ adj coaxial.

coaxial cable s cabo coaxial.

cob /kɑ:b/ s **1** massa de argila usada em construção. **2** cavalo de carga. **3** cisne macho. **4** sabugo de milho.

co·balt /koʊbɔ:lt/ s Quím cobalto. (símb **Co**).

cobalt blue s **1** pigmento azul. **2** cor azul-cobalto.

cob·ble /kɑ:bəl/ s pedra arredondada usada em pavimentação. Il v (**cobbles, cobbling, cobbled, cobbled**) **1** remendar; consertar (sapato). **2** pavimentar com pedras arredondadas.

cob·bler /kɑ:blə/ s **1** sapateiro; remendão. **2** ponche (bebida). **3** torta de frutas.

cob·ble·stone /kɑ:bəlstoʊn/ s pedra arredondada usada em pavimentação.

cob·nut /kɑ:bnʌt/ s variedade de avelã.

co·bra /koʊbrə/ s **1** qualquer cobra venenosa (especialmente a naja). **2** couro de cobra.

cob·web /kɑ:bweb/ s **1** teia de aranha. **2** trama; intriga. Il v (**cobwebs, cobwebbing, cobwebbed, cobwebbed**) cobrir com teia de aranha. ♦ **cobwebs** confusão.

co·ca /koʊk/ s **1** coca; folhas de coca.

co·caine /koʊkeɪn, koʊkeɪn/ s cocaína.

co·cain·ism /koʊkeɪnɪzəm/ s vício da cocaína.

co·cain·ize /koʊkeɪnaɪz/ v (**cocainizes, cocainizing, cocainized, cocainized**) anestesiar parte do corpo com cocaína.

coc·cyx /kɑ:ksɪks/ s Anat cóccix. (pl **coccyges** /kɑ:ksaɪdʒi:z/).

coch·le·a /kɑ:kliə, koʊkli/ s Anat e Med cóclea; caracol. (pl **cochleas** /kɑ:kliəz, koʊkliəz/ ou **cochleae** /kɑ:kli:/).

cock /kɑ:k/ s **1** galo; frango. **2** macho de ave. **3** aba levantada (de chapéu). **4** torneira. **5** válvula. **6** líder. **7** cata-vento com formato de galo. **8** meda (de feno, etc.). **9** gír pênis. Il v (**cocks, cocking, cocked, cocked**) **1** engatilhar (arma de fogo). **2** levantar; erguer; empinar. **3** piscar o olho. **4** enfeixar; amontoar (feno, etc.).

cock·ade /kɑ:keɪd/ s cocar.

cock·crow /kɑ:kkroʊ/ s canto do galo; alvorada.

cock·er /kɑ:kə/ v (**cockers, cockering, cockered, cockered**) mimar. Il s **1** raça de cães (cocker spanion). **2** dono de galos de briga. **3** promotor de brigas de galo.

cock·er·el /kɑ:kəəl/ s frango; galispo.

cock·eyed /kɑ:kaɪd/ adj **1** inform absurdo; ridículo. **2** torto. **3** bêbado.

cock·fight /kɑ:kfaɪt/ s briga de galos.

cock·le /kɑ:kəl/ v (**cockles, cockling, cockled, cockled**) enrugar; franzir. Il s **1** Zool molusco bivalve; berbigão. **2** concha desse molusco. **3** ruga. **4** joio; erva daninha.

cock·le·bur /kɑ:kəlbɜ:r/ s Bot carrapicho.

cock·ney /kɑ:kni/ s geralm maiús **1** nativo do extremo leste de Londres. **2** dialeto ou sotaque falado nessa área. (*pl* **cockneys**). II *adj geralm maiús* relativo ao dialeto ou nativo do extremo leste de Londres.

cock·pit /ka:kpɪt/ *s* **1** rinha; lugar para brigas de galos. **2** *Esp* compartimento para piloto em carro de corrida. **3** cabina da tripulação em aviões ou helicópteros.

cock·roach /ka:kroʊtʃ/ *s* barata.

cocks·comb /ka:kskoʊm/ *s* **1** crista de galo. **2** *Bot* crista de galo.

cock·sure /ka:kʃʊr/ *adj* **1** infalível. **2** confiante.

cock·tail /ka:kteɪl/ *s* **1** coquetel. **2** salada de frutas. II *adj* **1** relativo a coquetel. **2** formal.

cock·y /ka:ki/ *adj* auto-afirmado; autoconfiante. (*gr comp* **cockier**. *gr super* **cockiest**).

co·coa /koʊkoʊ/ *s* **1** chocolate em pó. **2** chocolate quente. **3** cor do chocolate.

co·coa·nut /koʊkənʌt/ → **coconut**.

co·co·nut /koʊkənʌt/ *s* coco. (*var* **cocoanut**).

co·coon /kəku:n/ *s* casulo. II *v* (**cocoons**, **cocooning**, **cocooned**, **cocooned**) encasular.

cod /ka:d/ *s* bacalhau. (*var* **codfish**. *pl* **cod** ou **cods**).

cod·dle /ka:dl/ *v* (**coddles**, **coddling**, **coddled**, **coddled**) **1** cozinhar em água fervente. **2** mimar.

code /koʊd/ *s* **1** código. **2** sistema de regulamentações, procedimentos e conduta. **3** cifra. **4** *Jur* código de leis. II *v* (**codes**, **coding**, **coded**, **coded**) **1** cifrar. **2** codificar.

CODEC *abrev de* **Coding/Decoding**; codificação/decodificação.

code name *s* codinome; pseudônimo.

cod·fish /ka:dfɪʃ/ → **cod**. (*pl* **codfish** ou **codfishes**).

cod·i·cil /ka:dəsəl/ *s Jur* **1** codicilo. **2** suplemento.

cod·i·cil·la·ry /ka:dəsɪləri/ *adj* codicilar.

cod·i·fi·ca·tion /ka:dɪfɪkeɪʃən, koʊdɪfɪkeɪʃən/ *s* codificação.

cod·i·fy /ka:dɪfaɪ, koʊdɪfaɪ/ *v* (**codifies**, **codifying**, **codified**, **codified**) **1** codificar. **2** sistematizar.

cod·lin /ka:dlɪn/ → **codling**.

cod·ling /ka:dlɪŋ/ *s* **1** variedade de maçã, própria para cozer. (*var* **codlin**). **2** filhote de bacalhau. (*pl* **codling** ou **codlings**).

co·ed·i·tor /koʊedɪtər/ *s* co-editor.

co·ed·u·ca·tion /koʊedʒʊkeɪʃən/ *s* co-educação.

co·ed·u·ca·tion·al /koʊedʒəkeɪʃənəl/ *adj* co-educacional.

co·ef·fi·cient /koʊɪfɪʃənt/ *s Mat* coeficiente.

co·e·qual /koʊi:kwəl/ *adj* igual; semelhante.

co·erce /koʊɜ:rs/ *v* (**coerces**, **coercing**, **coerced**, **coerced**) **1** coagir; forçar; compelir. **2** dominar; restringir; controlar.

co·er·cion /koʊɜ:rʒən/ *s* coerção.

co·er·cive /koʊɜ:rsɪv/ *adj* coercivo.

co·es·sen·tial /koʊɪsenʃəl/ *adj* coessencial.

co·e·ter·nal /koʊɪtɜ:rnəl/ *adj* coeterno.

co·e·ter·ni·ty /koʊɪtɜ:rnɪti/ *s* coeternidade.

co·e·val /koʊi:vəl/ *adj e s* coevo; contemporâneo.

co·ex·ist /koʊɪgzɪst/ *v* (**coexists**, **coexisting**, **coexisted**, **coexisted**) coexistir.

co·ex·is·tence /koʊɪgzɪstəns/ *s* coexistência.

co·ex·is·tent /koʊɪgzɪstənt/ *adj* coexistente.

cof·fee /ka:fi/ *s* **1** café (bebida e fruto). **2** cafeeiro. **3** cor marrom. **4** reunião na qual se serve café.

coffee break *s* hora do café (no trabalho).

cof·fee·house /ka:fihaʊs/ *s* café (estabelecimento). (*tb* **coffee house**).

cof·fee·pot /ka:fipa:t/ *s* cafeteira.

coffee shop *s* restaurante pequeno onde são servidos café e comidas leves.

cof·fer /ka:fər/ *s* cofre; arca. II *v* (**coffers**, **coffering**, **coffered**, **coffered**) pôr em cofre; guardar; acumular.

cof·fin /kɔ:fɪn/ *s* **1** esquife; ataúde; caixão de defunto. **2** casco de cavalo. II *v* (**coffins**, **coffining**, **coffined**, **coffined**) colocar em esquife ou ataúde.

cog /ka:g/ *s* **1** dente de roda ou de engrenagem. **2** roda dentada. **3** trapaça; logro. II *v* (**cogs**, **cogging**, **cogged**, **cogged**) enganar; trapacear.

co·gent /koʊdʒənt/ *adj* convincente.

cog·i·ta·ble /ka:dʒɪtəbəl/ *adj* cogitável.

cog·i·tate /ka:dʒəteɪt/ *v* (**cogitates**, **cogitating**, **cogitated**, **cogitated**) cogitar; ponderar.

cog·i·ta·tion /ka:dʒəteɪʃən/ s cogitação.

cog·nate /ka:gneɪt/ adj 1 cognato (que tem os mesmos ancestrais). 2 consangüíneo. 3 análogo. ‖ s 1 cognato. 2 palavra cognata.

cog·na·tion /ka:gneɪʃən/ s cognação.

cog·ni·tion /ka:gnɪʃən/ s cognição; percepção; noção; conhecimento.

cog·ni·tive /ka:gnətɪv/ adj cognitivo.

cog·ni·za·ble /ka:gnɪzəbəl, ka:gnaɪzəbəl/ adj 1 cognoscível; perceptível. 2 Jur que pode ser julgado por um tribunal específico.

cog·ni·zance /ka:gnəzəns/ s 1 conhecimento. 2 percepção. 3 aviso; informação. 4 alçada; jurisdição. 5 insígnia; distintivo.

cog·ni·zant /ka:gnəzənt/ adj ciente; sabedor; conhecedor.

cog·no·men /ka:gnoumən/ s 1 cognome. 2 nome de família; sobrenome. (pl **cognomens** /ka:gnoumənz/ ou **cognomina** /ka:gnɑ:mənə/).

co·hab·it /kouhæbɪt/ v (**cohabits, cohabiting, cohabited, cohabited**) coabitar.

co·hab·i·tant /kouhæbɪtənt/ s coabitante. (var **cohabiter**).

co·hab·i·ta·tion /kouhæbɪteɪʃən/ s coabitação.

co·hab·it·er /kouhæbɪtə/ → **cohabitant**.

co·heir /kouer, kouer/ s co-herdeiro.

co·here /kouhɪr/ v (**coheres, cohering, cohered, cohered**) 1 aderir; ligar. 2 ser coerente; ser lógico.

co·her·ence /kouhɪrəns/ s coerência; lógica. (var **coherency**).

co·her·en·cy /kouhɪrənsi/ → **coherence**. (pl **coherencies**).

co·her·ent /kouhɪrənt/ adj coerente.

co·he·sion /kouhi:ʒən/ s coesão.

co·he·sive /kouhi:sɪv/ adj coesivo; coeso.

co·hort /kouhɔ:rt/ s 1 grupo; bando. 2 legião. 3 tropa (de soldados).

coif /kɔɪf/ s 1 coifa; rede; touca. 2 penteado. ‖ /kwa:f/ v (**coifs, coifing, coifed, coifed**) 1 cobrir com touca ou coifa. 2 arrumar os cabelos.

coif·feur /kwa:fɜ:r/ s cabeleireiro.

coif·fure /kwa:fjur/ s penteado. ‖ v (**coiffures, coiffuring, coiffured, coiffured**) arrumar os cabelos; fazer penteado.

coign /kɔɪn/ → **quoin**.

coil /kɔɪl/ s 1 espiral. 2 anel em espiral. 3 serpentina de tubos. 4 bobina. 5 caracol. 6 anel de cabelo. 7 mola. ‖ v (**coils, coiling, coiled, coiled**) enrolar; serpear; espiralar.

coin /kɔɪn/ s 1 moeda. 2 rodela. ‖ v (**coins, coining, coined, coined**) 1 cunhar; amoedar. 2 inventar. 3 forjar. ‖ adj que funciona com inserção de moedas.

coin·age /kɔɪnɪdʒ/ s 1 cunhagem. 2 sistema monetário. 3 invenção de novas palavras.

co·in·cide /kouɪnsaɪd/ v (**coincides, coinciding, coincided, coincided**) 1 coincidir. 2 concordar. 3 harmonizar; combinar.

co·in·ci·dence /kouɪnsɪdəns/ s coincidência; correspondência.

co·in·ci·dent /kouɪnsɪdənt/ adj coincidente; concordante.

co·in·ci·den·tal /kouɪnsɪdentəl/ adj coincidente.

co·in·sur·ance /kouɪnʃurəns/ s co-seguro.

co·in·sure /kouɪnʃur/ v (**coinsures, coinsuring, coinsured, coinsured**) co-segurar.

coir /kɔɪr/ s fibra de coco.

coke /kouk/ s 1 coque (carvão). 2 gír cocaína. 3 maiús Coca-Cola. ‖ v (**cokes, coking, coked, coked**) transformar em coque.

col /ka:l/ s desfiladeiro; colada; passagem entre montanhas.

col·an·der /kʌləndə/ s coador; peneira.

cold /kould/ adj 1 frio. 2 frígido. 3 gelado; resfriado. 4 indiferente; insensível. 5 desanimado; desinteressado. 6 sem expressão. 7 morto. 8 rude. ‖ s 1 frio. 2 gripe; resfriado. ‖ adv 1 friamente. 2 sem preparo prévio.

cold-blood·ed /kouldblʌdɪd/ adj insensível; desapiedado; cruel; de sangue frio.

cold-blood·ed·ness /kouldblʌdɪdnəs/ s sangue-frio; crueldade; insensibilidade.

cold-heart·ed /kouldhɑ:rtɪd/ adj insensível; cruel; desumano.

cold-heart·ed·ness /kouldhɑ:rtɪdnəs/ s insensibilidade; desumanidade.

cold·ly /kouldli/ adv friamente; insensivelmente; indiferentemente.

coldness 125 **collocation Co**

cold·ness /ˈkouldnəs/ s 1 frialdade; frieza. 2 apatia; indiferença; desinteresse.

col·ic /ˈkɑːlɪk/ s cólica. ‖ adj relativo a cólica; que afeta o cólon intestinal.

col·i·se·um /ˌkɑːləˈsiːəm/ s coliseu. (var **colosseum**).

col·lab·o·rate /kəˈlæbəreɪt/ v (collaborates, collaborating, collaborated, collaborated) colaborar; cooperar.

col·lab·o·ra·tion /kəˌlæbəˈreɪʃən/ s colaboração; cooperação.

col·lab·o·ra·tor /kəˈlæbəreɪtər/ s colaborador; cooperador.

col·la·gen /ˈkɑːlədʒən/ s colágeno.

col·lapse /kəˈlæps/ s 1 colapso. 2 ruína; falência. 3 desmoronamento. 4 colapso de saúde. ‖ v (collapses, collapsing, collapsed, collapsed) 1 aniquilar; arruinar; falir. 2 desabar; ruir. 3 sucumbir.

col·laps·a·ble /kəˈlæpsəbəl/ → **collapsible**.

col·laps·i·ble /kəˈlæpsɪbəl/ adj 1 arruinável. 2 falível. (var **collapsable**).

col·lar /ˈkɑːlər/ s 1 colarinho; gola. 2 colar; gargantilha. 3 coleira. 4 gír aprisionamento. ‖ v (collars, collaring, collared, collared) 1 pôr colar, coleira em. 2 gír agarrar pelo colarinho, gola. 3 gír aprisionar; deter.

col·lar·bone /ˈkɑːləboʊn/ → **clavicle**.

col·late /kəˈleɪt, kɑːˈleɪt, koʊˈleɪt/ v (collates, collating, collated, collated) 1 conferir; confrontar. 2 colocar em seqüência. 3 Ecles atribuir uma paróquia a um clérigo.

col·lat·er·al /kəˈlætərəl/ adj 1 colateral. 2 paralelo. 3 secundário. 4 correspondente. 5 colaborador. 6 aparentado. 7 Fin relativo à garantia de obrigação financeira. ‖ s 1 propriedade aceita como garantia. 2 parente (não em linha direta).

col·la·tion /kɑːˈleɪʃən, kəˈleɪʃən, koʊˈleɪʃən/ s 1 conferência; confronto. 2 colocação em seqüência. 3 nomeação de clérigo para paróquia. 4 refeição leve.

col·la·tor /kəˈleɪtər, kɑːˈleɪtər, koʊˈleɪtər/ s verificador; conferente; revisor.

col·league /ˈkɑːliːg/ s 1 colega. 2 confrade.

col·league·ship /ˈkɑːliːgʃɪp/ s coleguismo.

col·lect /kəˈlekt/ v (collects, collecting, collected, collected) 1 colecionar. 2 cobrar contas, etc. 3 recolher. 4 angariar. 5 recuperar (forças, faculdades). 6 reunir. 7 acumular. ‖ s Ecles coleta; oração breve antes da epístola. ‖ adj com o pagamento feito pelo destinatário. ♦ **collect phone call** chamada a cobrar.

col·lect·ed /kəˈlektɪd/ adj 1 calmo; tranqüilo. 2 reunido; ajuntado.

col·lect·ed·ly /kəˈlektɪdli/ adv 1 coletivamente. 2 calmamente; serenamente.

col·lec·tion /kəˈlekʃən/ s 1 coleção. 2 reunião. 3 acúmulo. 4 coleta. 5 cobrança.

col·lec·tive /kəˈlektɪv/ adj coletivo; reunido; agregado. ‖ s 1 Gram substantivo coletivo. 2 coletivismo.

col·lec·tiv·ism /kəˈlektəvɪzəm/ s coletivismo.

col·lec·tiv·i·ty /kɑːlekˈtɪvəti/ s coletividade.

col·lec·tor /kəˈlektər/ s 1 tb Eletrôn coletor. 2 cobrador. 3 colecionador.

col·lege /ˈkɑːlɪdʒ/ s 1 faculdade; instituição de ensino superior. 2 colégio eleitoral. 3 congregação.

col·le·gian /kəˈliːdʒən/ s colegial; estudante.

col·le·giate /kəˈliːdʒɪt/ adj 1 colegial; próprio de estudante. 2 próprio de congregação.

col·lide /kəˈlaɪd/ v (collides, colliding, collided, collided) 1 colidir; chocar-se. 2 entrar em conflito; discordar.

col·lier /ˈkɑːljər/ s 1 mineiro (de mina de carvão); carvoeiro. 2 Náut barco de carvoeiro.

col·lier·y /ˈkɑːljəri/ s mina de carvão. (pl **collieries**).

col·li·gate /ˈkɑːləgeɪt/ v (colligates, colligating, colligated, colligated) 1 coligar; unir. 2 correlacionar fatos.

col·li·ga·tion /kɑːləˈgeɪʃən/ s coligação.

col·li·mate /ˈkɑːləmeɪt/ v (collimates, collimating, collimated, collimated) 1 colimar. 2 alinhar.

col·li·ma·tion /kɑːləˈmeɪʃən/ s 1 colimação. 2 alinhamento.

col·li·sion /kəˈlɪʒən/ s 1 colisão; choque. 2 encontro. 3 conflito.

col·lo·cate /ˈkɑːləkeɪt/ v (collocates, collocating, collocated, collocated) colocar; dispor.

col·lo·ca·tion /kɑːləˈkeɪʃən/ s 1 colocação. 2 Ling arranjo; justaposição de elementos.

col·logue /kəloug/ v (collogues, colloguing, collogued, collogued) 1 segredar; revelar secretamente. 2 consultar.

col·lop /kɑ:ləp/ s posta; pedaço de carne.

col·lo·qui·al /kəloukwiəl/ adj coloquial.

col·lo·qui·al·ism /kəloukwiəlɪzəm/ s estilo coloquial; expressão familiar.

col·lo·quy /kɑ:ləkwi/ s colóquio; conversa formal. (pl colloquies).

col·lude /kəlu:d/ v (colludes, colluding, colluded, colluded) conluiar-se; conspirar.

col·lud·er /kəlu:də/ s conspirador.

col·lu·sion /kəlu:ʒən/ s conluio; trama; conspiração.

col·lu·sive /kəlu:sɪv/ adj conspirativo; fraudulento.

col·lyr·i·um /kəlɪriəm/ s colírio. (pl collyriums /kəlɪriəmz/ ou collyria /kəlɪriə/).

co·logne /kəloun/ s água-de-colônia.

Co·lom·bi·a /kelʌmbiə/ s Colômbia.

Co·lom·bi·an /kelʌmbiən/ adj e s colombiano.

co·lon /koulən/ s 1 Anat cólon. (pl colons ou cola /koulə/). 2 Gram dois-pontos. (pl colons).

colo·nel /kɜ:rnəl/ s coronel.

colo·nel·cy /kɜ:rnəlsi/ s coronelato; cargo de coronel. (var colonelship).

colo·nel·ship /kɜ:rnəlʃɪp/ → colonelcy.

co·lo·ni·al /kəlouniəl/ adj geralm maiús colonial. II s colono.

col·o·ni·za·tion /kɑ:lənɪzeɪʃən/ s colonização.

col·o·nize /kɑ:lənaɪz/ v (colonizes, colonizing, colonized, colonized) colonizar; estabelecer-se em colônia.

col·o·niz·er /kɑ:lənaɪzə/ s colonizador.

col·o·ny /kɑ:ləni/ s colônia. (pl colonies).

col·or /kʌlə/ s 1 cor. 2 colorido. 3 vermelhidão; rubor. 4 pretexto; disfarce; aparência. II v (colors, coloring, colored, colored) 1 colorir; pintar; tingir. 2 dissimular; disfarçar; camuflar. ♦ colors 1 insígnia. 2 bandeira; estandarte. 3 opinião. 4 característica; natureza.

col·or·a·ble /kʌlərəbəl/ adj 1 aceitável; plausível. 2 aparente; dissimulado; falso.

col·or·a·tion /kʌləreɪʃən/ s 1 coloração; colorido. 2 filosofia particular de um grupo ou instituição.

col·or·blind /kʌlə·blaɪnd/ adj 1 daltônico. 2 sem preconceitos raciais. (tb color blind).

col·or·blind·ness /kʌlə·blaɪndnəs/ s 1 daltonismo. 2 falta de preconceitos raciais.

col·ored /kʌlə·d/ adj 1 colorido. 2 de cor. 3 ofens negro ou de outra raça que não seja branca. II s 1 pessoa negra ou de outra raça que não seja branca. 2 mestiço.

col·or·ful /kʌlə·fəl/ adj 1 colorido. 2 variado.

col·or·ing /kʌlərɪŋ/ s 1 coloração. 2 corante; pigmento. 3 disfarce. 4 estilo; expressão.

col·or·less /kʌlə·ləs/ adj 1 descolorido. 2 incolor. 3 pálido. 4 indistinto; sem variedade.

col·os·se·um /kɑ:ləsi:əm/ → coliseum.

co·los·sus /kəlɑ:səs/ s 1 colosso. 2 estátua muito grande. (pl colossuses /kəlɑ:səsɪz/ ou colossi /kəlɑ:saɪ/).

colt /koult/ s 1 potro. 2 pessoa inexperiente ou desajuizada; novato.

colt·ish /koultɪʃ/ adj 1 alegre; folgazão. 2 inexperiente; desajuizado. 3 relativo a potro.

Co·lum·bi·an /kəlʌmbiən/ adj 1 relativo a Cristóvão Colombo. 2 relativo aos EUA.

col·umn /kɑ:ləm/ s 1 Arq coluna; pilar. 2 fileira de soldados. 3 Anat coluna vertebral. 4 coluna jornalística.

co·lum·nar /kəlʌmnə/ adj colunar.

col·umned /kɑ:ləmd/ adj guarnecido de colunas; disposto em colunas.

col·um·nist /kɑ:ləmnɪst/ s cronista; pessoa que escreve coluna de jornal.

co·ma /koumə/ s Med coma. (pl comas).

co·ma·tose /koumətous/ adj Med 1 comatoso. 2 letárgico.

comb /koum/ s 1 pente. 2 carda. 3 rastelo; sedeiro. 4 crista de ave. 5 qualquer coisa semelhante a uma crista de ave. 6 favo de mel. II v (combs, combing, combed, combed) 1 pentear. 2 cardar. 3 procurar; vasculhar.

com·bat /kɑ:mbæt/ s combate; luta; batalha. II /kəmbæt/ v (combats, combating/combatting, combated/combatting, combated/combatted) 1 opor-se. 2 combater.

com·bat·ant /kəmbætənt, ka:mbətənt/ *adj* e *s* combatente.

com·bat·ive /kəmbætɪv/ *adj* combativo.

com·bat·ive·ness /kəmbætɪvnəs/ *s* combatividade.

comb·er /kouma/ *s* 1 penteador. 2 cardador. 3 vagalhão.

com·bi·na·tion /ka:mbənerʃən/ *s* 1 combinação. 2 união; fusão; coligação. 3 combinação de trinco ou fechadura; segredo.

com·bine /kəmbaɪn/ *v* (**combines, combining, combined, combined**) 1 combinar. 2 juntar-se. 3 fundir-se. 4 colher com colheitadeira. II *s* 1 reuniao; associação. 2 conluio. 3 conchavo. 4 colheita feita com colheitadeira.

com·bo /ka:mbou/ *s* 1 *Mús* pequeno conjunto de *jazz*. 2 resultado de uma combinação.

com·bus·ti·ble /kəmbʌstəbəl/ *s* combustível. II *adj* inflamável.

com·bus·tion /kəmbʌstʃən/ *s* combustão; ignição.

come /kʌm/ *v* (**comes, coming, came, come**) 1 vir. 2 chegar. 3 aproximar-se. 4 aparecer. 5 surgir. 6 estender-se. 7 acontecer; realizar-se; advir. 8 nascer. 9 proceder; provir. 10 chegar a; alcançar. 11 estar presente. 12 descender de; originar-se de. 13 *gír* chegar ao orgasmo. ♦ **come about** acontecer. **come across** 1 causar boa impressão. 2 encontrar por acaso. **come back** 1 voltar. 2 voltar a si; recorrer à memória. **come by** visitar alguém. **come down** 1 perder valor. 2 passar ou assimilar tradição. 3 *gír* acontecer. **come in** 1 entrar. 2 tornar disponível. **come off** acontecer. **come on** aproximar-se; vir. **come out** tornar público; declarar. **come up** 1 levantar-se. 2 aproximar-se.

come·back /kʌmbæk/ *s* 1 volta; retorno. 2 resposta; réplica.

co·me·di·an /kəmi:diən/ *s* comediante.

co·me·di·enne /kəmi:dien/ *s fem* comediante; atriz de comédias.

come·down /kʌmdaun/ *s* quebra; ruína.

com·e·dy /ka:mədi/ *s* comédia. (*pl* **comedies**).

come·li·ness /kʌmlinəs/ *s* graça; beleza; comportamento.

come·ly /kʌmli/ *adj* 1 gracioso; elegante; garboso. 2 bonito; decente; agradável. (*gr comp* **comelier**. *gr super* **comeliest**).

com·er /kʌmə/ *s* recém-chegado; aquele que chega.

co·mes·ti·ble /kəmestɪbəl/ *adj* comestível. II *s* comida; alimento.

com·et /ka:mɪt/ *s* cometa.

com·fort /kʌmfət/ *s* 1 conforto; bem-estar. 2 consolo; alívio. II *v* (**comforts, comforting, comforted, comforted**) confortar; aliviar; encorajar.

com·fort·a·ble /kʌmfətəbəl, kʌmftəbəl/ *adj* 1 confortável. 2 cômodo; confortador. 3 satisfatório.

com·fort·er /kʌmfətə/ *s* 1 confortador; consolador. 2 manta de lã; cachecol. 3 *Relig maiús* Espírito Santo.

com·ic /ka:mɪk/ *adj* cômico; engraçado. II *s* comediante. ♦ **comics** revista em quadrinhos.

com·i·cal /ka:mɪkəl/ *adj* cômico; divertido; engraçado.

comic book *s* gibi; revista em quadrinhos.

comic strip *s* história em quadrinhos.

com·ing /kʌmɪŋ/ *adj* 1 vindouro; futuro. 2 promissor. II *s* chegada; vinda; advento.

com·i·ty /ka:məti/ *s* cortesia; civilidade. (*pl* **comities**).

com·ma /ka:mə/ *s Gram* vírgula.

com·mand /kəmænd/ *s* 1 *tb Comp* comando. 2 mandato. 3 autoridade; poder. 4 controle; domínio; chefia. 5 dominação. 6 vigilância. 7 conhecimento. 8 jurisdição. II *v* (**commands, commanding, commanded, commanded**) 1 comandar; ordenar. 2 controlar; governar; dirigir. 3 dominar. II *adj* relativo a comando.

com·man·dant /ka:məndænt/ *s* comandante de um posto militar.

com·man·deer /ka:məndɪr/ *v* (**commandeers, commandeering, commandeered, commandeered**) recrutar; requisitar para fins militares.

com·mand·er /kəmændə/ *s* 1 comandante. 2 oficial da marinha de guerra. 3 chefe.

com·mand·ing /kəmændɪŋ/ *adj* comandante; dominante; imperativo; poderoso.

com·mand·ment /kəmændmənt/ *s* **1** mandamento; ordem; preceito. **2** *maiús* mandamento bíblico.

com·mem·o·rate /kəmeməreɪt/ *v* (**commemorates, commemorating, commemorated, commemorated**) **1** comemorar; celebrar. **2** honrar a memória de.

com·mem·o·ra·tion /kəmeməreɪʃən/ *s* comemoração.

com·mem·o·ra·tive /kəmemərətɪv/ *adj e s* comemorativo.

com·mence /kəmens/ *v* (**commences, commencing, commenced, commenced**) principiar; dar origem a.

com·mence·ment /kəmensmənt/ *s* **1** começo; origem; princípio. **2** colação de grau. **3** dia da colação de grau.

com·mend /kəmend/ *v* (**commends, commending, commended, commended**) **1** recomendar; aprovar. **2** elogiar. **3** louvar. **4** confiar; incumbir.

com·mend·a·ble /kəmendəbəl/ *adj* **1** recomendável. **2** louvável. **3** meritório.

com·mend·a·ble·ness /kəmendəbəlnəs/ *s* **1** mérito. **2** aprovação.

com·men·da·tion /kɑːməndeɪʃən/ *s* **1** recomendação. **2** louvor; elogio.

com·men·sal /kəmensəl/ *s Zool* comensal; relação simbiótica entre organismos.

com·men·su·ra·bil·i·ty /kəmensəəbɪləti/ *s* comensurabilidade.

com·men·su·ra·ble /kəmensəəbəl/ *adj* comensurável.

com·men·su·rate /kəmensəət/ *adj* **1** comensurado; proporcionado. **2** igual em tamanho, grau ou extensão.

com·ment /kɑːment/ *s* **1** comentário; opinião. **2** crítica. **3** anotação. **4** conclusão; julgamento. **5** fofoca. **6** *Comp* instruções em um programa. || *v* (**comments, commenting, commented, commented**) **1** comentar. **2** censurar. **3** anotar.

com·men·tar·y /kɑːmənteri/ *s* **1** comentário. **2** tratado expositivo ou explicativo. **3** série de comentários. **4** demonstração. **5** ilustração. (*pl* **commentaries**).

com·men·ta·tor /kɑːmənteɪtə/ *s* **1** comentarista de TV. **2** redator de comentários.

com·merce /kɑːmɜːrs/ *s* **1** comércio; tráfico. **2** intercâmbio. **3** relação sexual.

com·mer·cial /kəmɜːrʃəl/ *adj* comercial; mercantil. || *s* propaganda comercial no rádio ou TV.

com·mer·cial·i·za·tion /kəmɜːrʃəlɪzeɪʃən/ *s* comercialização.

com·mer·cial·ize /kəmɜːrʃəlaɪz/ *v* (**commercializes, commercializing, commercialized, commercialized**) comercializar.

com·mi·na·tion /kɑːməneɪʃən/ *s* denúncia formal.

com·min·a·to·ry /kɑːmɪnətɔːri, kəmɪnətɔːri/ *adj* denunciador.

com·min·gle /kəmɪŋgəl/ *v* (**commingles, commingling, commingled, commingled**) misturar.

com·mi·nute /kɑːmənuːt/ *v* (**comminutes, comminuting, comminuted, comminuted**) fragmentar; reduzir a pó; pulverizar.

com·mi·nu·tion /kɑːmənuːʃən/ *s* fragmentação; pulverização; trituração.

com·mis·er·ate /kəmɪzəreɪt/ *v* (**commiserates, commiserating, commiserated, commiserated**) **1** compadecer-se; apiedar-se. **2** comiserar-se. **3** solidarizar-se.

com·mis·er·a·tion /kəmɪzəreɪʃən/ *s* comiseração; compaixão; condolência.

com·mis·er·a·tive /kəmɪzəreɪtɪv/ *adj* comiserativo; condolente; compassivo.

com·mis·sar·i·at /kɑːməseriæt/ *s* **1** *Mil* departamento do exército encarregado de provisões para as tropas. **2** suprimento de alimentos.

com·mis·sar·y /kɑːməseri/ *s* **1** comissário. **2** armazém de abastecimento. **3** cantina. **4** deputado.

com·mis·sion /kəmɪʃən/ *s* **1** comissão (grupo de pessoas). **2** missão. **3** emprego; cargo. **4** patente. **5** comissão de vendas. || *v* (**commissions, commissioning, commissioned, commissioned**) **1** autorizar. **2** delegar; empregar.

com·mis·sion·er /kəmɪʃənə/ *s* **1** comissário; membro de uma comissão. **2** delegado; diretor de repartição pública; oficial.

com·mis·sure /kɑ:məʃur/ s 1 comissura. 2 *Anat* sutura; junção.

com·mit /kəmɪt/ v (**commits, committing, committed, committed**) 1 cometer. 2 perpetrar; praticar. 3 confiar; entregar. 4 consignar.

com·mit·ment /kəmɪtmənt/ s 1 compromisso. 2 cometimento; incumbência. 3 perpetração. 4 ordem de prisão.

com·mit·tee /kəmɪti/ s comitê; comissão; junta.

com·mix·ture /kəmɪkstʃə/ s mistura; mescla; misto.

com·mode /kəmoud/ s 1 cômoda. 2 lavatório.

com·mo·di·ous /kəmoudiəs/ adj espaçoso; amplo.

com·mod·i·ty /kəmɑ:dəti/ s 1 mercadoria; gênero; produto; artigo. 2 vantagem; benefício. 3 o que traz vantagem. (pl **commodities**).

com·mon /kɑ:mən/ adj 1 comum; usual. 2 vulgar; sem refinamento. 3 popular; público; ordinário. 4 mútuo. 5 medíocre. ll s 1 terra comum, para uso de todos. 2 propriedade em comum. ◆**commons** 1 pessoas comuns. 2 *us* v *sing* ou pl classe política composta por pessoas comuns.

com·mon·age /kɑ:mənɪdʒ/ s 1 direito de pastagem em terras comunitárias. 2 propriedade em comum; posse conjunta.

com·mon·al·i·ty /kɑ:mənæləti/ → **commonalty**.

com·mon·al·ty /kɑ:mənəlti/ s 1 plebe; povo; grupo. 2 o povo, em oposição à classe alta. (pl **commonalties**. var **commonality**).

com·mon·ly /kɑ:mənli/ adv 1 geralmente. 2 vulgarmente.

com·mon·ness /kɑ:mənnəs/ s 1 generalidade. 2 comunidade. 3 vulgaridade.

com·mon·place /kɑ:mənpleɪs/ s 1 lugar-comum; trivialidade. 2 clichê. ll adj comum; vulgar; banal; trivial.

common sense s 1 bom senso. 2 bom julgamento.

com·mon·wealth /kɑ:mənwelθ/ s 1 comunidade. 2 república; nação.

com·mo·tion /kəmouʃən/ s 1 comoção. 2 motim; revolta. 3 tumulto; agitação.

com·mu·nal /kəmju:nəl, kɑ:mjənəl/ adj comunal, relativo a comuns.

com·mune /kɑ:mju:n/ s pequena comunidade rural que vive em cooperativa. ll /kəmju:n/ v (**communes, communing, communed, communed**) 1 estar em comunhão. 2 receber a eucaristia; comungar.

com·mu·ni·ca·ble /kəmju:nɪkəbəl/ adj 1 comunicável. 2 contagioso.

com·mu·ni·cate /kəmju:nɪkeɪt/ v (**communicates, communicating, communicated, communicated**) 1 comunicar. 2 transmitir (doença); contagiar. 3 revelar. 4 comungar. 5 trocar idéias.

com·mu·ni·ca·tion /kəmju:nɪkeɪʃən/ s 1 comunicação; notificação. 2 participação. 3 intercâmbio. ◆**communications** 1 meios de comunicação (correio, telefone, televisão). 2 tecnologia para transmissão de mensagens.

com·mu·ni·ca·tive /kəmju:nɪkeɪtɪv/ adj comunicativo.

com·mu·ni·ca·tor /kəmju:nɪkeɪtə/ s comunicador; notificador.

com·mun·ion /kəmju:njən/ s 1 comunhão; co-participação. 2 companheirismo religioso ou espiritual. 3 comunidade religiosa. 4 *maiús* sacramento da eucaristia.

com·mu·nism /kɑ:mjənɪzəm/ s 1 comunismo (teoria). 2 *maiús* comunismo (sistema de governo).

com·mu·nist /kɑ:mjənɪst/ s 1 *maiús* membro do partido comunista. 2 subversivo. ll adj relativo ao comunismo.

com·mu·ni·ty /kəmju:nəti/ s 1 comunidade. 2 sociedade. 3 semelhança. (pl **communities**).

com·mu·nize /kɑ:mjənaɪz/ v (**communizes, communizing, communized, communized**) 1 socializar; tornar propriedade pública. 2 adaptar ao comunismo.

com·mut·a·bil·i·ty /kəmju:təbɪləti/ s 1 comutabilidade. 2 permutação.

com·mut·a·ble /kəmju:təbəl/ adj 1 comutável. 2 permutável.

C

com·mu·tate /ˈkɑːmjəteɪt/ v (commutates, commutating, commutated) *tb Eletr* comutar.

com·mu·ta·tion /ˌkɑːmjəteɪʃən/ s 1 *tb Eletr* comutação. 2 permuta. 3 substituição. 4 *Jur* atenuação da pena.

com·mu·ta·tive /ˈkɑːmjəteɪtɪv, kəmjuːtətɪv/ adj comutativo.

com·mu·ta·tor /ˈkɑːmjəteɪtɚ/ s comutador.

com·mute /kəmjuːt/ v (commutes, commuting, commuted) 1 comutar. 2 permutar. 3 alterar; substituir. 4 atenuar; reduzir. II s trajetória (do comutador).

com·mut·er /kəmjuːtɚ/ s passageiro que viaja freqüentemente de um lugar para outro.

Com·o·ran /ˈkɑːmərən/ s e adj nativo ou pertencente a Comores.

Com·o·ros /ˈkɑːmərouz/ s Comores.

comp /kɑːmp/ s gír algo grátis (ingresso, livro, etc.).

com·pact /kəmpækt/ adj 1 compacto; denso; maciço. 2 comprimido. 3 conciso. II v (compacts, compacting, compacted, compacted) comprimir; compactar. II /ˈkɑːmpækt/ s 1 pacto; acordo; tratado. 2 estojo de pó-de-arroz. 3 carro pequeno.

compact disk s disco ótico com músicas ou dados gravados. (*abrev* CD. *tb* compact disc).

com·pact·ness /kəmpæktnəs/ s 1 compacidade. 2 densidade. 3 solidez.

com·pan·ion /kəmpænjən/ s 1 companheiro; camarada. 2 dama de companhia. II v (companions, companioning, companioned, companioned) 1 acamaradar. 2 acompanhar.

com·pan·ion·a·ble /kəmpænjənəbəl/ adj 1 sociável 2 companheiro.

com·pan·ion·ship /kəmpænjənʃɪp/ s companhia; camaradagem; sociabilidade.

com·pa·ny /ˈkɑːmpəni/ s 1 companhia; sociedade; empresa. 2 convivência. 3 hóspedes; convidados. 4 tripulação de navio. 5 *Mil* divisão de regimento. 6 corpo de bombeiros. 7 companhia de teatro. (*pl* companies).

com·pa·ra·ble /ˈkɑːmpərəbəl, kəmpɛrəbəl/ adj 1 comparável. 2 similar.

com·par·a·tive /kəmpɛrətɪv/ adj comparativo; relativo. II s *Gram* 1 grau comparativo. 2 adjetivo ou advérbio que expressa grau comparativo.

com·pare /kəmpɛr/ v (compares, comparing, compared, compared) comparar; confrontar. II s comparação. ♦ compare notes trocar idéias.

com·par·i·son /kəmpɛrɪsən/ s 1 comparação. 2 *Gram* inflexão dos adjetivos e advérbios.

com·part /kəmpɑːrt/ v (comparts, comparting, comparted, comparted) 1 repartir. 2 compartir.

com·part·ment /kəmpɑːrtmənt/ s compartimento; seção. II v (compartments, compartmenting, compartmented, compartmented) compartir.

com·pass /ˈkʌmpəs/ v (compasses, compassing, compassed, compassed) 1 circular; circundar. 2 compreender; entender. 3 percorrer. 4 planejar; maquinar. 5 concluir uma tarefa. II s 1 bússola. 2 compasso. 3 circunferência. 4 espaço restrito. 5 intervalo. II adj redondo; circular.

compass card s bússola.

com·pas·sion /kəmpæʃən/ s compaixão; comiseração; piedade; pena.

com·pas·sion·ate /kəmpæʃənət/ adj compassivo; clemente; piedoso. II v (compassionates, compassionating, compassionated) compadecer-se de; ter dó ou compaixão.

com·pas·sion·ate·ness /kəmpæʃənətnəs/ s compaixão; clemência; piedade.

com·pat·i·bil·i·ty /kəmpætəbɪləti/ s compatibilidade. (*var* compatibleness).

com·pat·i·ble /kəmpætɪbəl/ adj compatível; conciliável.

com·pat·i·ble·ness /kəmpætɪbəlnəs/ → compatibility.

com·pa·tri·ot /kəmpɛtriət/ s compatriota.

com·pa·tri·ot·ic /kəmpeɪtriɑːtɪk/ adj compatriota.

com·peer /ˈkɑːmpɪr/ s 1 companheiro; camarada. 2 par; igual.

com·pel /kəmpɛl/ v (compels, compelling, compelled, compelled) 1 compelir. 2 obrigar; forçar. 3 coagir.

com·pel·la·tion /ka:mpəlerʃən/ s 1 interpelação. 2 nome.

com·pen·di·ous /kəmpɛndiəs/ adj compendioso; resumido; conciso.

com·pen·di·ous·ly /kəmpɛndiəsli/ adv resumidamente.

com·pen·di·ous·ness /kəmpɛndiəsnəs/ s concisão; brevidade.

com·pen·di·um /kəmpɛndiəm/ s 1 compêndio; sumário. 2 lista de vários itens. (pl compendiums /kəmpɛndiəmz/ ou compendia /kəmpɛndiə/).

com·pen·sa·ble /kəmpɛnsəbəl/ adj compensável; indenizável.

com·pen·sate /ka:mpənseɪt/ v (compensates, compensating, compensated, compensated) 1 compensar; recompensar. 2 equilibrar; contrabalançar. 3 indenizar. 4 ressarcir; reembolsar.

com·pen·sa·tion /ka:mpənserʃən/ s 1 compensação. 2 indenização. 3 ressarcimento; reembolso.

com·pen·sa·tive /kəmpɛnsətɪv, ka:mpənseɪtɪv/ adj compensativo; compensador.

com·pete /kəmpi:t/ v (competes, competing, competed, competed) 1 competir; concorrer; disputar. 2 rivalizar.

com·pe·tence /ka:mpɪtəns/ s 1 competência. 2 habilidade. 3 qualificação. 4 abastança. (var competency).

com·pe·ten·cy /ka:mpɪtənsi/ → competence. (pl competencies).

com·pe·tent /ka:mpɪtənt/ adj 1 competente; capaz. 2 adequado. 3 Jur legalmente qualificado.

com·pe·ti·tion /ka:mpətɪʃən/ s 1 competição. 2 rivalidade. 3 concurso.

com·pet·i·tive /kəmpɛtətɪv/ adj competitivo.

com·pet·i·tor /kəmpɛtətər/ s competidor.

com·pi·la·tion /ka:mpəlerʃən/ s 1 compilação. 2 coleção.

com·pile /kəmpaɪl/ v (compiles, compiling, compiled, compiled) 1 tb Comp compilar. 2 ajuntar; reunir.

com·pil·er /kəmpaɪlə·/ s 1 tb Comp compilador. 2 colecionador.

com·pla·cence /kəmplerɪsəns/ s 1 complacência. 2 falta de preocupação. (var complacency).

com·pla·cen·cy /kəmplerɪsənsi/ → complacence.

com·pla·cent /kəmplerɪsənt/ adj 1 complacente. 2 despreocupado. 3 comprazedor.

com·plain /kəmpleɪn/ v (complains, complaining, complained, complained) 1 reclamar; queixar-se. 2 acusar formalmente.

com·plain·ant /kəmpleɪnənt/ s Jur queixoso.

com·plaint /kəmpleɪnt/ s 1 queixa; reclamação; lamúria. 2 causa para queixa. 3 doença; indisposição. 4 Jur acusação formal.

com·plai·sance /kəmplerɪsəns/ s complacência; amabilidade.

com·plai·sant /kəmplerɪsənt/ adj complacente; obsequioso; afável; cortês.

com·plect /kəmplɛkt/ v (complects, complecting, complected complected) entrelaçar.

com·ple·ment /ka:mplɪmənt/ s 1 complemento. 2 apêndice. 3 plenitude; totalidade. 4 perfeição. 5 tripulação de navio. 6 Mat ângulo complementar. 7 Gram complemento. II v (complements, complementing, complemented, complemented) complementar; formar o complemento de.

com·ple·men·tal /ka:mplɪmɛntəl/ adj 1 complementar. 2 suplementar.

com·ple·men·ta·ry /ka:mpləmɛntə·i/ adj complementar.

com·plete /kəmpli:t/ v (completes, completing, completed, completed) 1 completar. 2 concluir; acabar. II adj 1 completo. 2 concluído; acabado. 3 absoluto; total.

com·plete·ly /kəmpli:tli/ adv completamente; inteiramente.

com·plete·ness /kəmpli:tnəs/ s 1 integridade. 2 conclusão; acabamento.

com·ple·tion /kəmpli:ʃən/ s 1 complemento. 2 conclusão. 3 integridade.

com·plex /ka:mplɛks/ adj 1 complexo. 2 intrincado; complicado. 3 composto de mais de uma parte. II /ka:mplɛks/ s 1 Psiq complexo. 2 complexo (conjunto de construções).

com·plex·ion /kəmplekʃən/ s 1 cútis; tez. 2 aspecto geral. 3 compleição. 4 natureza.

com·plex·i·ty /kəmpleksəti/ s complexidade. (pl **complexities**).

com·pli·ance /kəmplaɪəns/ s 1 condescendência. 2 submissão. 3 aquiescência. 4 flexibilidade. (var **compliancy**).

com·pli·an·cy /kəmplaɪənsi/ → **compliance**.

com·pli·ant /kəmplaɪənt/ adj 1 condescendente. 2 submisso. 3 obediente.

com·pli·ca·cy /kəmplɪkəsi/ s 1 complicação. 2 dificuldade. (pl **complicacies**).

com·pli·cate /kɑːmpləkeɪt/ v (**complicates, complicating, complicated, complicated**) complicar; tornar confuso. ‖ adj 1 complicado. 2 complexo; intrincado.

com·pli·cat·ed /kɑːmpləkeɪtɪd/ adj 1 complicado. 2 complexo; intrincado.

com·pli·ca·tion /kɑːmpləkeɪʃən/ s 1 tb Med complicação. 2 dificuldade; embaraço.

com·plic·i·ty /kəmplɪsəti/ s cumplicidade. (pl **complicities**).

com·pli·ment /kɑːmpləmənt/ v (**compliments, complimenting, complimented, complimented**) 1 cumprimentar; saudar. 2 elogiar. 3 presentear. ‖ s 1 congratulação. 2 elogio. 3 expressão de cortesia. ♦ **compliments** homenagens; saudações; cumprimentos.

com·pli·men·ta·ry /kɑːmpləmentəri/ adj 1 cortês. 2 obsequioso.

com·ply /kəmplaɪ/ v (**complies, complying, complied, complied**) consentir; anuir; aquiescer.

com·po·nent /kəmpoʊnənt/ s 1 tb Eletrôn componente. 2 ingrediente. 3 elemento. ‖ adj componente; constituinte.

com·port /kəmpɔːrt/ v (**comports, comporting, comported, comported**) comportar-se.

com·port·ment /kəmpɔːrtmənt/ s comportamento; conduta.

com·pose /kəmpoʊz/ v (**composes, composing, composed, composed**) 1 compor; formar; constituir. 2 criar; produzir. 3 apaziguar; reconciliar. 4 arrumar; arranjar.

com·posed /kəmpoʊzd/ adj calmo; quieto; tranqüilo.

com·pos·ed·ness /kəmpoʊzdnəs/ s serenidade; calma.

com·pos·er /kəmpoʊzɚ/ s compositor; autor.

com·pos·ite /kəmpɑːzɪt/ adj composto; heterogêneo. ‖ s composto; mistura.

com·po·si·tion /kɑːmpəzɪʃən/ s 1 composição; mistura. 2 composição (artes ou literatura). 3 reconciliação. 4 Jur acordo.

com·post /kɑːmpoʊst/ s 1 composto; mistura. 2 adubo; fertilizante. ‖ v (**composts, composting, composted, composted**) 1 adubar; fertilizar. 2 transformar em composto.

com·po·sure /kəmpoʊʒɚ/ s 1 calma; serenidade; tranqüilidade. 2 compostura.

com·pote /kɑːmpoʊt/ s 1 compota. 2 compoteira.

com·pound /kɑːmpaʊnd, kɑːmpaʊnd/ v (**compounds, compounding, compounded, compounded**) 1 compor; combinar. 2 misturar. 3 criar; produzir por combinação. 4 ajustar; liquidar (contas). ‖ /kɑːmpaʊnd/ adj composto; misto. ‖ s 1 composto; mistura. 2 combinação. 3 condomínio fechado. 4 campo de prisioneiros. 5 Gram palavra composta.

com·pre·hend /kɑːmprɪhend/ v (**comprehends, comprehending, comprehended, comprehended**) 1 compreender; entender. 2 abranger. 3 incluir.

com·pre·hen·si·ble /kɑːmprɪhensəbəl/ adj compreensível; inteligível.

com·pre·hen·sion /kɑːmprɪhenʃən/ s 1 compreensão. 2 abrangência. 3 inclusão.

com·pre·hen·sive /kɑːmprəhensɪv/ adj 1 abrangente. 2 extenso. ♦ **comprehensives** provas finais que incluem toda a matéria estudada na faculdade.

com·press /kəmpres/ v (**compresses, compressing, compressed, compressed**) 1 comprimir. 2 contrair. 3 compactar. ‖ /kɑːmpres/ s Med compressa.

com·pressed /kəmprest/ adj 1 comprimido. 2 contraído.

com·pres·sion /kəmpreʃən/ s 1 compressão. 2 compactação.

com·pres·sive /kəmprɛsɪv/ adj compressivo.

com·pres·sor /kəmprɛsə/ s compressor.

com·pris·a·ble /kəmpraɪzəbəl/ adj inclusivo; compreensivo.

com·prise /kəmpraɪz/ v (comprises, comprising, comprised, comprised) 1 compreender; incluir; conter. 2 consistir de.

com·pro·mise /kɑːmprəmaɪz/ s 1 compromisso; acordo. 2 conciliação. 3 concessão. 4 combinação. 5 transigência. ‖ v (compromises, compromising, compromised, compromised) 1 comprometer. 2 estabelecer concessões. 3 transigir.

comp·trol·ler /kəntroʊlə/ → **controller**.

com·pul·sion /kəmpʌlʃən/ s 1 compulsão; impulso. 2 coação.

com·pul·sive /kəmpʌlsɪv/ adj 1 tb Psic compulsivo. 2 compulsório. 3 obrigatório. ‖ s pessoa compulsiva.

com·pul·sive·ly /kəmpʌlsɪvli/ adv 1 compulsivamente. 2 obrigatoriamente.

com·pul·so·ry /kəmpʌlsəri/ adj 1 compulsório. 2 obrigatório. 3 coercivo.

com·punc·tion /kəmpʌŋkʃən/ s 1 compunção. 2 penitência. 3 arrependimento. 4 escrúpulo.

com·punc·tious /kəmpʌŋkʃəs/ adj 1 compungido. 2 arrependido.

com·put·a·ble /kɑːmpjuːtəbəl/ adj 1 computável. 2 calculável.

com·pu·ta·tion /kɑːmpjəteɪʃən/ s 1 computação. 2 cálculo.

com·pute /kəmpjuːt/ v (computes, computing, computed, computed) 1 computar; calcular. 2 estimar; orçar. 3 utilizar computador. ‖ s computação.

com·put·er /kəmpjuːtə/ s 1 computador. 2 calculadora.

computerized axial tomography s Med tomografia computadorizada.

com·rade /kɑːmræd/ s 1 camarada; companheiro. 2 companheiro comunista.

com·rade·ship /kɑːmrædʃɪp/ s camaradagem; companheirismo.

con /kɑːn/ v (cons, conning, conned, conned) 1 decorar; aprender de cor. 2 examinar; considerar. ‖ adv contra. ‖ s 1 argumento contrário; objeção. 2 gír criminoso condenado; réu. ◆ **the pros and cons** os prós e os contras.

co·na·tion /koʊneɪʃən/ s Psic volição; desejo.

con·cat·e·nate /kənkætneɪt/ v (concatenates, concatenating, concatenated, concatenated) tb Comp concatenar; encadear. ‖ adj concatenado; ligado.

con·cat·e·na·tion /kənkætəneɪʃən/ s concatenação; encadeamento.

con·cave /kɑːnkeɪv, kɑːnkeɪv/ adj côncavo. ‖ s concavidade. ‖ v (concaves, concaving, concaved, concaved) tornar côncavo.

con·cav·i·ty /kɑːnkævəti/ s concavidade. (pl concavities).

con·ceal /kənsiːl/ v (conceals, concealing, concealed, concealed) ocultar; esconder.

con·ceal·a·ble /kənsiːləbəl/ adj ocultável.

con·ceal·ment /kənsiːlmənt/ s 1 encobrimento. 2 segredo.

con·cede /kənsiːd/ v (concedes, conceding, conceded, conceded) 1 conceder. 2 admitir. 3 fazer concessões.

con·ceit /kənsiːt/ s 1 conceito. 2 dito espirituoso. 3 fantasia poética. 4 opinião.

con·ceit·ed /kənsiːtɪd/ adj 1 convencido; presunçoso. 2 vaidoso.

con·ceit·ed·ly /kənsiːtɪdli/ adv 1 presunçosamente. 2 vaidosamente.

con·ceit·ed·ness /kənsiːtɪdnəs/ s 1 vaidade. 2 presunção.

con·ceiv·a·bil·i·ty /kənsiːvəbɪləti/ s conceptibilidade. (var conceivableness).

con·ceiv·a·ble /kənsiːvəbəl/ adj 1 conceptível. 2 imaginável.

con·ceiv·a·ble·ness /kənsiːvəbəlnəs/ → **conceivability**.

con·ceive /kənsiːv/ v (conceives, conceiving, conceived, conceived) 1 conceber. 2 imaginar. 3 perceber. 4 engravidar. 5 julgar; crer.

con·cen·ter /kənsɛntə/ v (concenters, concentering, concentered, concentered) 1 concentrar; concentrar-se; centralizar. 2 focalizar. 3 convergir.

con·cen·trate /kɑːnsəntreɪt/ v (concentrates, concentrating, concentrated, concentrated) 1 concentrar. 2 intensificar. 3 condensar. 4 focar. ‖ s produto concentrado.

con·cen·tra·tion /kɑ:nsəntreɪʃən/ s 1 concentração. 2 convergência. 3 condensação.

con·cen·tra·tor /kɑ:nsəntreɪtə/ s concentrador.

con·cen·tric /kənsentrɪk/ adj concêntrico. (var **concentrical**).

con·cen·tri·cal /kənsentrɪkəl/ → **concentric**.

con·cen·tric·i·ty /kɑ:nsentrɪsəti/ s concentricidade.

con·cept /kɑ:nsept/ s 1 concepção; idéia; noção. 2 conceito.

con·cep·tion /kənsepʃən/ s 1 concepção; noção; idéia. 2 fecundação.

con·cep·tive /kənseptɪv/ adj 1 conceptivo. 2 fecundo.

con·cep·tu·al·ism /kənseptʃuəlɪzəm/ s Fil conceptualismo.

con·cep·tu·al·ize /kənseptʃuəlaɪz/ v (**conceptualizes, conceptualizing, conceptualized, conceptualized**) conceituar.

con·cern /kənsɜ:rn/ v (**concerns, concerning, concerned, concerned**) 1 concernir; dizer respeito. 2 interessar. 3 afligir; preocupar. ‖ s 1 interesse. 2 relação; ligação. 3 importância. 4 ansiedade. 5 negócio; firma; empresa.

con·cerned /kənsɜ:rnd/ adj 1 interessado. 2 ansioso; inquieto.

con·cern·ing /kənsɜ:rnɪŋ/ prep relacionado a; referente a.

con·cern·ment /kənsɜ:rnmənt/ s 1 referência; relação. 2 importância. 3 ansiedade. 4 preocupação.

con·cert /kɑ:nsət/ s 1 concerto musical. 2 acordo; entendimento. 3 união; combinação. ‖ /kənsɜ:rt/ v (**concerts, concerting, concerted, concerted**) 1 ajustar; arrumar. 2 pactuar; planejar; combinar.

con·cert·ed /kənsɜ:rtɪd/ adj combinado.

con·ces·sion /kənseʃən/ s 1 concessão. 2 licença. 3 privilégio.

con·ces·sion·ar·y /kənseʃəneri/ adj concessionário.

con·ces·sive /kənsesɪv/ adj tb Gram concessivo.

conch /kɑ:ŋk, kɑ:ntʃ/ s 1 Anat concha auricular. (var **concha**). 2 búzio; concha. (pl **conchs** /kɑ:ŋks/ ou **conches** /kɑ:ntʃɪz/).

con·cha /kɑ:ŋkə/ → 1 **conch**. (pl **conchae** /kɑ:ŋki:/).

con·cierge /koʊnsjerʒ/ s porteiro de hotel.

con·cil·i·a·ble /kənsɪliəbəl/ adj conciliável.

con·cil·i·ar /kənsɪli/ adj conciliar; de concílio.

con·cil·i·ate /kənsɪlieɪt/ v (**conciliates, conciliating, conciliated, conciliated**) 1 conciliar; harmonizar. 2 granjear (simpatia, adeptos, etc.). 3 apaziguar; pacificar.

con·cil·i·a·tion /kənsɪlieɪʃən/ s conciliação.

con·cil·i·a·tor /kənsɪlieɪtə/ s conciliador.

con·cil·i·a·to·ry /kənsɪliətɔ:ri/ adj conciliatório.

con·cise /kənsaɪs/ adj 1 conciso; sucinto. 2 lacônico.

con·cise·ly /kənsaɪsli/ adv sucintamente.

con·ci·sion /kənsɪʒən/ s concisão; brevidade.

con·clave /kɑ:ŋkleɪv/ s 1 conclave. 2 reunião familiar.

con·clude /kənklu:d/ v (**concludes, concluding, concluded, concluded**) 1 concluir; completar. 2 terminar; acabar. 3 deduzir. 4 chegar a um acordo ou decisão; decidir.

con·clu·sion /kənklu:ʒən/ s 1 conclusão; fim. 2 termo. 3 decisão. 4 ajuste; acordo.

con·clu·sive /kənklu:sɪv/ adj 1 conclusivo; final. 2 decisivo. 3 concludente; definitivo.

con·clu·sive·ly /kənklu:sɪvli/ adv decididamente.

con·coct /kənkɑ:kt/ v (**concocts, concocting, concocted, concocted**) 1 preparar um alimento misturando vários ingredientes. 2 forjar; tramar; planejar.

con·coct·er /kənkɑ:ktə/ s 1 planejador. 2 inventor; preparador. (var **concoctor**).

con·coc·tion /kənkɑ:kʃən/ s 1 alimento em que há vários ingredientes misturados. 2 trama; invenção; plano.

con·coct·or /kənkɑ:ktə/ → **concocter**.

con·com·i·tance /kənkɑ:mətəns/ s 1 concomitância. 2 coexistência.

con·com·i·tant /kənkɑ:mətənt/ adj 1 concomitante. 2 contemporâneo. ‖ s coevo; contemporâneo.

con·cord /kɑ:nkɔ:rd/ s 1 acordo; tratado. 2 concórdia; paz. 3 Gram concordância.

con·cor·dance /kənkɔ́ːrdəns/ s 1 concordância; harmonia. 2 índice alfabético contendo todas as palavras de um texto.

con·cor·dant /kənkɔ́ːrdənt/ adj concordante; harmonioso.

con·cor·dat /kənkɔ́ːrdæt/ s acordo; tratado.

con·course /káːnkɔːrs/ s 1 corredor ou área grande para passagem de pessoas. 2 multidão; reunião. 3 confluência; fluxo.

con·cres·cence /kənkrésəns/ s Bot concrescência.

con·crete /káːnkriːt/ adj 1 concreto. 2 real; palpável. 3 material, sólido. ll s 1 massa de cimento para construção; concreto. 2 material formado por fusão. ll v (concretes, concreting, concreted, concreted) 1 cobrir com concreto. 2 /kənkriːt/ solidificar; solidificar-se.

con·crete·ness /káːnkriːtnəs/ s consistência; solidez.

concrete poetry s Lit poesia concreta.

con·cre·tion /kənkriːʃən/ s 1 concreção; solidificação. 2 concretização. 3 Med cálculo (em algum órgão). 4 Geol sedimentação.

con·cret·ism /káːnkriːtɪzəm/ s concretismo.

con·cre·tize /káːnkriːtaɪz/ v (concretizes, concretizing, concretized, concretized) concretizar; tornar realidade.

con·cu·bi·nage /kənkjúːbənɪdʒ/ s 1 Jur concubinato. 2 concubinagem.

con·cu·bine /káːŋkjʊbaɪn/ s concubina.

con·cu·pis·cence /kaːnkjúːpɪsəns/ s concupiscência; luxúria.

con·cu·pis·cent /kaːnkjúːpɪsənt/ adj concupiscente.

con·cur /kənkɜ́ːr/ v (concurs, concurring, concurred, concurred) 1 assentir; concordar. 2 cooperar. 3 coincidir.

con·cur·rence /kənkʌ́rəns/ s 1 concorrência; simultaneidade. 2 concordância. 3 cooperação. (var concurrency).

con·cur·ren·cy /kənkʌ́rənsi/ → concurrence. (pl concurrencies).

con·cur·rent /kənkʌ́rənt/ adj 1 simultâneo. 2 harmonioso. 3 confluente; convergente.

con·cur·rent·ly /kənkʌ́rəntli/ adv 1 simultaneamente. 2 convergentemente.

con·cuss /kənkʌ́s/ v (concusses, concussing, concussed, concussed) machucar; ferir (devido a uma colisão ou pancada).

con·cus·sion /kənkʌ́ʃən/ s concussão; colisão; choque.

con·demn /kəndém/ v (condemns, condemning, condemned, condemned) 1 desaprovar; criticar; condenar. 2 condenar (construção em ruínas). 3 expropriar.

con·dem·na·ble /kəndémnəbəl/ adj 1 condenável. 2 reprovável.

con·dem·na·tion /kaːndemnéɪʃən/ s 1 condenação. 2 reprovação. 3 expropriação.

con·dem·na·to·ry /kəndémnətɔːri/ adj condenatório.

con·demn·er /kəndémə/ s condenador.

con·dens·a·ble /kəndénsəbəl/ adj condensável. (var condensible).

con·den·sa·tion /kaːndenséɪʃən/ s condensação.

con·dense /kəndéns/ v (condenses, condensing, condensed, condensed) 1 condensar. 2 comprimir. 3 resumir; abreviar. 4 contrair.

condensed milk /kəndénst mɪlk/ s leite condensado.

con·dens·er /kəndénsə/ s tb Ópt e Eletr condensador.

con·dens·i·ble /kəndénsəbəl/ → condensable.

con·de·scend /kaːndɪsénd/ v (condescends, condescending, condescended, condescended) 1 condescender; transigir; assentir. 2 descer a uma posição inferior.

con·de·scen·dence /kaːndɪséndəns/ s condescendência.

con·de·scend·ing /kaːndɪséndɪŋ/ adj condescendente; transigente.

con·de·scen·sion /kaːndɪsénʃən/ s condescendência; afabilidade.

con·dign /kəndáɪn/ adj condigno; merecido; justo; adequado; apropriado.

con·dign·ly /kəndáɪnli/ adv condignamente; merecidamente; justamente.

con·di·ment /káːndəmənt/ s condimento; tempero.

con·di·men·tal /kaːndəméntl/ adj condimentado.

con·di·tion /kəndɪʃən/ s **1** condição. **2** estipulação. **3** classe ou posição social. **4** estado. || v (**conditions, conditioning, conditioned, conditioned**) **1** estipular; convencionar. **2** condicionar. **3** limitar. **4** entrar em entendimento; impor condições. ◆ **conditions** circunstâncias; condições.

con·di·tion·al /kəndɪʃənəl/ adj **1** condicional. **2** dependente. **3** Gram modo, tempo ou oração que expresse condição.

con·di·tion·al·ly /kəndɪʃənəli/ adv condicionalmente.

con·di·tioned /kəndɪʃənd/ adj **1** condicionado. **2** dependente.

con·do·la·to·ry /kəndoʊlətɔːri/ adj **1** condolente. **2** solidário.

con·dole /kəndoʊl/ v (**condoles, condoling, condoled, condoled**) **1** condoer-se. **2** dar pêsames. **3** solidarizar-se.

con·do·lence /kəndoʊləns/ s condolência.

con·do·lent /kəndoʊlənt/ adj condolente.

con·dom /kɑːndəm/ s preservativo; camisa-de-vênus; camisinha.

con·do·na·tion /kɑːndoʊneɪʃən/ s perdão; indulto.

con·done /kəndoʊn/ v (**condones, condoning, condoned, condoned**) **1** perdoar. **2** desconsiderar (uma falta).

con·dor /kɑːndər/ s Zool condor.

con·duce /kənduːs/ v (**conduces, conducing, conduced, conduced**) **1** conduzir; levar. **2** contribuir para.

con·du·cive /kənduːsɪv/ adj **1** conducente. **2** favorável.

con·duct /kəndʌkt/ v (**conducts, conducting, conducted, conducted**) **1** conduzir; guiar. **2** controlar; dirigir. **3** reger uma orquestra. **4** transmitir (calor, eletricidade, etc.). **5** comportar-se. || /kɑːndʌkt/ s **1** condução pessoal; comportamento. **2** direção; administração; gerência.

con·duct·i·bil·i·ty /kəndʌktəbɪləti/ s condutibilidade.

con·duct·i·ble /kəndʌktəbəl/ adj condutível.

con·duc·tion /kəndʌkʃən/ s transmissão (de som, calor, eletricidade, etc.).

con·duc·tive /kəndʌktɪv/ adj condutivo.

con·duc·tiv·i·ty /kɑːndʌktɪvəti/ s **1** condutibilidade. **2** condutividade. (pl **conductivities**).

con·duc·tor /kəndʌktər/ s **1** condutor de veículos. **2** chefe; diretor. **3** regente; maestro. **4** Fís condutor; substância condutora.

con·duit /kɑːnduɪt/ s **1** conduíte. **2** duto; cano.

con·dyle /kɑːndɪl/ s Anat côndilo.

cone /koʊn/ s tb Mat e Bot cone. || v (**cones, coning, coned, coned**) dar forma cônica.

con·fab·u·late /kənfæbjəleɪt/ v (**confabulates, confabulating, confabulated, confabulated**) confabular.

con·fab·u·la·tion /kənfæbjəleɪʃən/ s confabulação; conversa.

con·fect /kənfekt/ v (**confects, confecting, confected, confected**) **1** fazer, preparar (doce, confeito, conserva). **2** reunir; ajuntar materiais. **3** s confeito; doce.

con·fec·tion /kənfekʃən/ s **1** preparação de confeito. **2** confecção. || v (**confections, confectioning, confectioned, confectioned**) **1** confeccionar. **2** preparar (doces).

con·fec·tion·er /kənfekʃənər/ s confeiteiro.

con·fec·tion·er·y /kənfekʃəneri/ s **1** artigos de confeitaria. **2** confeitaria. **3** ofício de confeiteiro. (pl **confectioneries**).

con·fed·er·a·cy /kənfedərəsi/ s **1** confederação; liga. **2** conspiração; trama. (pl **confederacies**).

con·fed·er·ate /kənfedərət/ adj confederado; aliado. || s **1** membro de uma confederação; aliado. **2** cúmplice; parceiro. || /kənfedəreɪt/ v (**confederates, confederating, confederated, confederated**) **1** confederar. **2** aliar-se.

con·fed·er·a·tion /kənfedəreɪʃən/ s confederação; liga.

con·fed·er·a·tive /kənfedəreɪtɪv/ adj confederativo.

con·fer /kənfɜːr/ v (**confers, conferring, conferred, conferred**) **1** conferir; conceder; outorgar. **2** conferenciar; trocar idéias.

con·fer·ee /kɑːnfəriː/ s **1** homenageado; outorgado. **2** conferente. (var **conferree**).

con·fer·ence /kɑ:nfəəns/ s 1 conferência. 2 assembléia. 3 colação de grau.

con·fer·ment /kənfɜ́:rmənt/ s 1 concessão. 2 outorga.

con·fer·ree /ka:nfəri/ → conferee.

con·fer·rer /kənfɜ́:rə/ s outorgante.

con·fess /kənfes/ v (confesses, confessing, confessed, confessed) 1 confessar(-se). 2 admitir; declarar ou ouvir em confissão.

con·fes·sion /kənfeʃən/ s 1 confissão. 2 reconhecimento; admissão. 3 credo; fé. 4 igreja; seita.

con·fes·sion·al /kənfeʃənəl/ adj confessional. || s confessionario.

con·fes·sor /kənfesə/ s 1 confessor. 2 padre.

con·fet·ti /kənfeti/ s pl us v sing confetes.

con·fi·dant /kɑ:nfədænt/ s confidente.

con·fide /kənfaɪd/ v (confides, confiding, confided, confided) confiar segredo; segredar.

con·fi·dence /kɑ:nfədəns/ s 1 confiança. 2 confidência. 3 autoconfiança. || adj 1 fraudulento. 2 enganador.

con·fi·dent /kɑ:nfədənt/ adj 1 confiante; certo; seguro. 2 autoconfiante. 3 presunçoso.

con·fi·den·tial /ka:nfədenʃəl/ adj 1 confidencial. 2 íntimo. 3 familiar.

con·fi·den·tial·ly /ka:nfədenʃəli/ adv confidencialmente.

con·fig·u·ra·tion /kənfɪgjəreɪʃən/ s 1 configuração. 2 figura; forma.

con·fig·ure /kənfɪgjə/ v (configures, configuring, configured, configured) 1 configurar. 2 projetar. 3 arranjar.

con·fine /kɑ:nfaɪn/ s fronteira; limite. || /kənfaɪn/ v (confines, confining, confined, confined) 1 confinar. 2 limitar; restringir. 2 encarcerar.

con·fine·ment /kənfaɪnmənt/ s 1 limitação. 2 prisão; clausura. 3 confinamento.

con·firm /kənfɜ́:rm/ v (confirms, confirming, confirmed, confirmed) 1 confirmar; ratificar. 2 crismar. 3 comprovar.

con·fir·ma·tion /ka:nfəmeɪʃən/ s 1 confirmação; ratificação. 2 prova. 3 crisma.

con·firm·a·to·ry /kənfɜ́:rmətɔ:ri/ adj 1 confirmatório. 2 comprobatório.

con·firmed /kənfɜ́:rmd/ adj 1 confirmado. 2 crônico. 3 crismado.

con·fis·ca·ble /kənfɪskəbəl/ adj confiscável.

con·fis·cate /kɑ:nfəskeɪt/ v (confiscates, confiscating, confiscated, confiscated) 1 confiscar; apreender. 2 desapropriar. || adj 1 confiscado. 2 expropriado.

con·fis·ca·tion /ka:nfəskeɪʃən/ s 1 confisco. 2 desapropriação.

con·fis·ca·to·ry /kɑ:nfɪskətɔ:ri/ adj de confiscação; confiscável.

con·fi·ture /kɑ:nfətʃʊr/ s confeito; doce.

con·fla·gra·tion /ka:nfləgreɪʃən/ s conflagração (fogo).

con·fla·tion /kənfleɪʃən/ s fusão; mistura.

con·flict /kənflɪkt/ v (conflicts, conflicting, conflicted, conflicted) 1 entrar em conflito; conflitar. 2 colidir; chocar. 3 lutar. 4 discordar; diferir. || /kɑ:nflɪkt/ s 1 conflito; luta; combate. 2 colisão. 3 antagonismo; desacordo.

con·flic·tion /kənflɪkʃən/ s antagonismo.

con·flic·tive /kənflɪktɪv/ adj 1 oposto; antagônico. 2 adverso.

con·flu·ence /kɑ:nfluəns/ s confluência.

con·flu·ent /kɑ:nfluənt/ adj confluente. || s 1 confluente. 2 tributário.

con·form /kənfɔ́:rm/ v (conforms, conforming, conformed, conformed) 1 conformar(-se). 2 ajustar; igualar. 3 concordar.

con·form·a·bil·i·ty /kənfɔ:rməbɪləti/ s 1 conformidade. 2 ajuste.

con·form·a·ble /kənfɔ́:rməbəl/ adj 1 conforme; semelhante. 2 ajustado; acertado. 3 concordante.

con·for·mance /kənfɔ́:rməns/ s conformidade.

con·for·ma·tion /ka:nfəmeɪʃən/ s 1 conformação. 2 arranjo; forma; estrutura. 3 correspondência; conformidade.

con·form·ist /kənfɔ́:rmɪst/ s e adj conformista.

con·form·i·ty /kənfɔ́:rməti/ s conformidade. (pl conformities).

con·found /kənfaʊnd/ v (confounds, confounding, confounded, confounded) 1 confundir. 2 perturbar. 3 frustrar. 4 arruinar.

con·found·ed /kənf<u>au</u>ndɪd/ *adj* confuso; perplexo.

con·found·er /kənf<u>au</u>ndə/ *s* **1** que confunde. **2** perturbador.

con·fra·ter·ni·ty /ka:nfrətɜ:rnəti/ *s* confraternidade; irmandade. *(pl* **confraternities***)*

con·front /kənfr<u>ʌ</u>nt/ *v* (**confronts, confronting, confronted, confronted**) **1** confrontar. **2** defrontar; acarear.

con·fron·ta·tion /ka:nfrəntei̯ʃən/ *s* **1** confronto. **2** conflito armado. **3** comparação.

con·fuse /kənfj<u>u</u>:z/ *v* (**confuses, confusing, confused, confused**) **1** confundir. **2** embaraçar; desordenar. **3** perturbar.

con·fused /kənfj<u>u</u>:zd/ *adj* **1** confuso. **2** desordenado. **3** caótico.

con·fu·sion /kənfj<u>u</u>:ʒən/ *s* **1** confusão. **2** perplexidade; embaraço. **3** desordem.

con·fu·ta·tion /ka:nfju:tei̯ʃən/ *s* confutação; refutação.

con·fute /kənfj<u>u</u>:t/ *v* (**confutes, confuting, confuted, confuted**) confutar; refutar.

con·geal /kəndʒ<u>i</u>:l/ *v* (**congeals, congealing, congealed, congealed**) **1** congelar. **2** coagular.

con·geal·ment /kəndʒi:lmənt/ *s* **1** congelamento. **2** coagulação.

con·ge·ner /k<u>a</u>:ndʒənə/ *s* pessoa ou coisa congênere.

con·ge·ner·ic /ka:ndʒən<u>e</u>rɪk/ *adj* congênere. (*var* **congenerous**)

con·gen·er·ous /kəndʒenərəs/ → **congeneric**.

con·gen·ial /kəndʒ<u>i</u>:njəl/ *adj* **1** congenial. **2** amável; agradável; amigável.

con·ge·ni·al·i·ty /kəndʒi:niæləti/ *s* amabilidade.

con·gen·i·tal /kəndʒenɪtəl/ *adj* **1** congênito; inato. **2** inerente.

con·ge·ries /k<u>a</u>:ndʒəri:z/ *s us v sing* aglomeração; agregação.

con·gest /kəndʒ<u>e</u>st/ *v* (**congests, congesting, congested, congested**) congestionar.

con·ges·tion /kəndʒestʃən/ *s* **1** congestionamento. **2** *Med* congestão.

con·ges·tive /kəndʒestɪv/ *adj* congestivo.

con·glo·bate /kəngl<u>ou</u>beɪt, k<u>a</u>:nglo̞ubeɪt/ *v* (**conglobates, conglobating, conglobated, conglobated**) conglobar.

con·glo·ba·tion /ka:nglo̞ubei̯ʃən/ *s* conglobação.

con·glom·er·ate /kəngla:məreɪt/ *v* (**conglomerates, conglomerating, conglomerated, conglomerated**) conglomerar; englobar. || /kəngl<u>a</u>:mə-ət/ *s* conglomerado. || *adj* ligado; juntado; unido.

con·glom·er·a·tion /kəngla:məreɪʃən/ *s* **1** conglomeração. **2** miscelânea.

con·glu·ti·nate /kənglu:tneɪt/ *v* (**conglutinates, conglutinating, conglutinated, conglutinated**) conglutinar; colar. || *adj* conglutinado.

con·glu·ti·na·tion /kənglu:tnei̯ʃən/ *s* conglutinação.

Con·go·lese /ka:ŋgəli̯:z/ *s e adj* congolense.

con·grat·u·la·te /kəngrætʃəleɪt/ *v* (**congratulates, congratulating, congratulated, congratulated**) *v* congratular; parabenizar.

con·grat·u·la·tion /kəngrætʃəlei̯ʃən/ *s* congratulação; felicitações. ♦ **congratulations** parabéns.

con·grat·u·la·tor /kəngrætʃəleɪtə/ *s* congratulador.

con·grat·u·la·to·ry /kəngrætʃələtɔ:ri/ *adj* congratulatório.

con·gre·gant /k<u>a</u>:ŋgrɪgənt/ *s* congregante.

con·gre·gate /k<u>a</u>:ŋgrɪgeɪt/ *v* (**congregates, congregating, congregated, congregated**) congregar; reunir; convocar. || /k<u>a</u>:ŋgrəgɪt/ *adj* congregado; reunido.

con·gre·ga·tion /ka:ŋgrɪgei̯ʃən/ *s* congregação.

con·gress /k<u>a</u>:ŋgres/ *s* **1** *maiús* congresso; assembléia legislativa. **2** reunião política. **3** relação sexual.

con·gres·sion·al /kəngreʃənəl/ *adj* congressional.

con·gress·man /k<u>a</u>:ŋgresmən/ *s masc* congressista.

con·gress·wom·an /k<u>a</u>:ŋgreswumən/ *s fem* congressista.

con·gru·ence /k<u>a</u>:ŋgruəns, kəngr<u>u</u>:əns/ *s* **1** *tb Mat* congruência. **2** concordância; harmonia; conformidade. (*var* **congruency**).

con·gru·en·cy /kɑːŋgruənsi, kəngruːənsi/ → **congruence**. (pl **congruencies**).

con·gru·ent /kɑːŋgruənt, kəngruːənt/ adj **1** tb Mat congruente. **2** coincidente.

con·gru·i·ty /kɑːngruːəti/ s congruência. (pl **congruities**).

con·gru·ous /kɑːŋgruəs/ adj tb Mat congruente.

con·gru·ous·ness /kɑːŋgruəsnəs/ s congruidade; congruência.

con·ic /kɑːnɪk/ adj cônico; coniforme. (var **conical**). || s seção cônica.

con·i·cal /kɑːnɪkəl/ → **conic**.

con·i·fer /kɑːnəfər/ s Bot conífera.

co·nif·er·ous /koʊnɪfərəs/ adj conífero.

con·jec·tur·a·ble /kəndʒektʃərəbəl/ adj conjecturável.

con·jec·tur·al /kəndʒektʃərəl/ adj **1** conjectural. **2** suposto.

con·jec·ture /kəndʒektʃər/ v (**conjectures, conjecturing, conjectured, conjectured**) **1** conjecturar; inferir. **2** supor. || s **1** conjectura; inferência. **2** hipótese. **3** opinião. **4** suposição.

con·jec·tur·er /kəndʒektʃərər/ s conjecturador.

con·join /kəndʒɔɪn/ v (**conjoins, conjoining, conjoined, conjoined**) **1** unir(-se). **2** associar(-se).

con·joint /kəndʒɔɪnt/ adj conjunto; unido; ligado; associado.

con·ju·gal /kɑːndʒəgəl/ adj conjugal.

con·ju·gate /kɑːndʒəgeɪt/ v (**conjugates, conjugating, conjugated, conjugated**) **1** tb Gram conjugar. **2** emparelhar. || /kɑːndʒəgət, kɑːndʒəgeɪt/ adj conjugado; unido; emparelhado.

con·ju·ga·tion /kɑːndʒəgeɪʃən/ s **1** conjugação; união; combinação. **2** Gram conjugação; inflexão de verbo.

con·junct /kɑːndʒʌŋkt/ s parceiro; par. || /kəndʒʌŋkt, kɑːndʒʌŋkt/ adj conjunto; unido; ligado.

con·junc·tion /kəndʒʌŋkʃən/ s **1** conjugação; associação; reunião. **2** Gram e Astron conjunção.

con·junc·ti·va /kɑːndʒəŋktaɪvə/ s Anat conjuntiva. (pl **conjunctivas** ou **conjunctivae** /kɑːndʒəŋktaɪviː/).

con·junc·tive /kəndʒʌŋktɪv/ adj **1** conjuntivo; ligado; unido. **2** Gram relativo a conjunção. || s Gram conectivo.

con·junc·ti·vi·tis /kəndʒʌŋktəvaɪtɪs/ s Med conjuntivite.

con·junc·ture /kəndʒʌŋktʃə/ s **1** conjuntura. **2** crise.

con·ju·ra·tion /kɑːndʒureɪʃən/ s **1** conjuração. **2** magia; encanto.

con·jure /kʌndʒə/ v (**conjures, conjuring, conjured, conjured**) **1** conjurar. **2** evocar. **3** praticar a magia; encantar.

con·jur·er /kʌndʒəɾə/ s **1** mago; feiticeiro. **2** conjurador. (var **conjuror**).

con·jur·or /kʌndʒəɾə/ → **conjurer**.

conk /kɑːŋk/ s **1** gír cabeça. **2** cabelo alisado. || v (**conks, conking, conked, conked**) **1** bater na cabeça de alguém. **2** falhar; enguiçar. **3** desmaiar. **4** dormir. **5** morrer. **6** alisar o cabelo.

con·nate /kɑːneɪt, kɑːneɪt/ adj **1** conato; congênito. **2** inerente.

con·nect /kənekt/ v (**connects, connecting, connected, connected**) **1** conectar. **2** ligar(-se). **3** juntar; associar. **4** relacionar. **5** plugar.

con·nect·ed /kənektɪd/ adj **1** conectado; ligado. **2** unido; conjugado. **3** relacionado. **4** lógico; coerente.

con·nec·tion /kənekʃən/ s **1** conexão; ligação. **2** associação; relação. **3** união; junção. **4** seqüência lógica; coerência. **5** baldeação (de trens, aviões). **6** gír traficante de drogas.

con·nec·tive /kənektɪv/ adj conectivo; que une. || s tb Gram conectivo.

con·nec·tor /kənektə/ s conector; dispositivo de ligação.

con·nip·tion /kənɪpʃən/ s inform crise histérica.

con·niv·ance /kənaɪvəns/ s conivência; cumplicidade. (var **connivence**).

con·nive /kənaɪv/ v (**connives, conniving, connived, connived**) **1** ser conivente. **2** planejar; esquematizar. **3** ignorar (por conveniência).

con·niv·ence /kənaɪvəns/ → **connivance**.

con·niv·er /kənaɪvə/ s **1** cúmplice. **2** conivente.

C

con·no·ta·tion /kɑ:nəteɪʃən/ s 1 conotação. 2 intenção. 3 sentido subjacente.

con·no·ta·tive /kənoutətɪv, kɑ:nəteɪtɪv/ adj conotativo.

con·note /kənout/ v (connotes, connoting, connoted, connoted) conotar; implicar.

con·nu·bi·al /kənu:biəl/ adj conubial; conjugal; matrimonial.

con·nu·bi·al·i·ty /kənu:biæləti/ s conúbio; matrimônio.

co·noid /kounɔɪd/ adj conoidal; coniforme. (var conoidal).

co·noi·dal /kounɔɪdəl/ → conoid.

con·quer /kɑ:ŋkɚ/ v (conquers, conquering, conquered, conquered) 1 conquistar. 2 vencer; subjugar. 3 superar.

con·quer·a·ble /kɑ:ŋkərəbəl/ adj conquistável; subjugável; vencível.

con·quer·er /kɑ:ŋkɚɚ/ → conqueror.

con·quer·or /kɑ:ŋkɚɚ/ s conquistador. (var conquerer).

con·quest /kɑ:nkwest/ s 1 conquista. 2 vitória.

con·san·guine /kɑ:nsæŋgwɪn/ → consanguineous.

con·san·guin·e·ous /kɑ:nsæŋgwɪniəs/ adj consangüíneo; parente. (var consanguine).

con·san·guin·i·ty /kɑ:nsæŋgwɪnəti/ s consangüinidade. (pl consanguinities).

con·science /kɑ:nʃəns/ s consciência.

con·science·less /kɑ:nʃənsləs/ adj inescrupuloso; sem consciência.

con·sci·en·tious /kɑ:nʃienʃəs/ adj consciencioso; escrupuloso.

con·sci·en·tious·ness /kɑ:nʃienʃəsnəs/ s consciência; escrupulosidade.

con·scio·na·ble /kɑ:nʃənəbəl/ adj consciencioso; razoável; justo.

con·scious /kɑ:nʃəs/ adj 1 cônscio; ciente. 2 deliberado; intencional. 3 perceptivo; alerta.

con·scious·ly /kɑ:nʃəsli/ adv conscientemente; deliberadamente; intencionalmente.

con·scious·ness /kɑ:nʃəsnəs/ s 1 consciência. 2 percepção. 3 conhecimento; ciência.

con·script /kɑ:nskrɪpt/ s conscrito; recruta. ll adj conscrito; alistado; recrutado. ll /kənskrɪpt/ v (conscripts, conscripting,

conscripted, conscripted) Mil recrutar; alistar.

con·scrip·tion /kənskrɪpʃən/ s 1 conscrição; alistamento militar. 2 tributo cobrado durante a guerra.

con·se·crate /kɑ:nsəkreɪt/ v (consecrates, consecrating, consecrated, consecrated) 1 consagrar. 2 devotar. 3 santificar. ll adj 1 consagrado. 2 santificado.

con·se·cra·tion /kɑ:nsəkreɪʃən/ s consagração; canonização.

con·se·cu·tion /kɑ:nsəkju:ʃən/ s sucessão; seqüência lógica.

con·sec·u·tive /kənsekjətɪv/ adj 1 consecutivo; sucessivo. 2 conseqüente. 3 Gram oração consecutiva.

con·sec·u·tive·ly /kənsekjətɪvli/ adv consecutivamente.

con·sec·u·tive·ness /kənsekjətɪvnəs/ s seqüência.

con·sen·su·al /kənsenʃuəl/ adj consensual.

con·sen·sus /kənsensəs/ s consenso; acordo.

con·sent /kənsent/ v (consents, consenting, consented, consented) consentir; aceder; anuir. ll s 1 consentimento; permissão. 2 acordo.

con·sen·ta·ne·ous /kɑ:nsenteɪniəs/ adj 1 concordante. 2 unânime.

con·se·quence /kɑ:nsɪkwəns/ s 1 conseqüência. 2 efeito. 3 resultado. 4 importância. 5 conclusão; inferência. ◆ in consequence conseqüentemente.

con·se·quent /kɑ:nsɪkwənt/ adj conseqüente. ll s conseqüência; resultado.

con·se·quen·tial /kɑ:nsɪkwenʃəl/ adj 1 conseqüente. 2 significativo. 3 pomposo. 4 influente; importante.

con·se·quent·ly /kɑ:nsɪkwəntli/ adv conseqüentemente.

con·ser·va·tion /kɑ:nsɚveɪʃən/ s conservação.

con·ser·va·tion·ist /kɑ:nsɚveɪʃənɪst/ s conservacionista.

con·ser·va·tism /kənsɜ:rvətɪzəm/ s conservadorismo.

con·ser·va·tive /kənsɜ:rvətɪv/ adj 1 conservador. 2 tradicional. 3 cauteloso. 4 partidário do conservadorismo. ll s conservador.

con·ser·va·tor /kɑ̱:nsəˈveɪtə/ s 1 conservador; restaurador (de obras de arte). 2 protetor; defensor. 3 *Jur* tutor; curador.

con·ser·va·to·ry /kənsɜ̱:rvətɔ:ri/ s 1 conservatório musical. 2 escola de artes dramáticas. 3 estufa (de plantas).

con·serve /kənsɜ̱:rv/ v (conserves, conserving, conserved, conserved) 1 preservar; manter. 2 fazer conservas de frutas; cristalizar frutas. 3 economizar. || s conserva de frutas.

con·sid·er /kənsɪ̱də/ v (considers, considering, considered, considered) 1 considerar. 2 pensar; refletir. 3 formar uma opinião.

con·sid·er·a·ble /kənsɪ̱dərəbəl/ adj considerável.

con·sid·er·ate /kənsɪ̱dərət/ adj 1 pensativo; circunspecto. 2 solícito; atencioso.

con·sid·er·a·tion /kənsɪdəreɪ̱ʃən/ s consideração.

con·sign /kənsaɪ̱n/ v (consigns, consigning, consigned, consigned) 1 consignar. 2 destinar, reservar algo para uso específico. 3 entregar mercadoria sob custódia.

con·sign·a·ble /kənsaɪ̱nəbəl/ adj consignável.

con·sig·na·tion /kɑ:nsɪgneɪ̱ʃən/ s consignação.

con·sign·ee /kɑ:nsaɪni̱:/ s consignatário; agente.

con·sign·ment /kənsaɪ̱nmənt/ s consignação. ♦ on consignment em consignação.

con·sist /kənsɪ̱st/ v (consists, consisting, consisted, consisted) 1 consistir de; compor-se de. 2 basear-se em. 3 concordar.

con·sis·tence /kənsɪ̱stəns/ → consistency.

con·sis·ten·cy /kənsɪ̱stənsi/ s 1 consistência; densidade. 2 coerência. 3 compatibilidade. (pl consistencies. var consistence).

con·sis·tent /kənsɪ̱stənt/ adj 1 consistente; sólido. 2 estável. 3 compatível. 4 coerente.

con·sis·to·ry /kənsɪ̱stəi/ s 1 consistório; assembléia de bispos. 2 concílio; tribunal.

con·sol·a·ble /kənsou̱ləbəl/ adj consolável.

con·so·la·tion /kɑ:nsəleɪ̱ʃən/ s consolação; consolo.

con·so·la·to·ry /kənsɑ̱:lətɔ:ri, kənsou̱lətɔ:ri/ adj consolador; consolatório.

con·sole /kənsou̱l/ v (consoles, consoling, consoled, consoled) consolar. || /kɑ̱:nsoul/ s 1 Comp console. 2 tb Mús consolo. 3 painel de controle.

con·sol·er /kənsou̱lə/ s consolador.

con·sol·i·date /kənsɑ̱:lədeɪt/ v (consolidates, consolidating, consolidated, consolidated) 1 consolidar; firmar. 2 robustecer; solidificar-se. 3 incorporar (empresa).

con·sol·i·da·tion /kənsɑ:lədeɪ̱ʃən/ s 1 consolidação. 2 solidificação. 3 fusão de empresas.

con·sol·i·da·tor /kənsɑ̱:lədeɪtə/ s consolidador.

con·so·nance /kɑ̱:nsənəns/ s 1 tb Mús consonância; harmonia. 2 rima; repetição de consoantes.

con·so·nant /kɑ̱:nsənənt/ s Gram consoante. || adj 1 harmônico; consonante. 2 conforme; concordante; consonantal.

con·so·nan·tal /kɑ:nsənæ̱ntəl/ adj consonantal.

con·sort /kɑ̱:nsɔ:rt/ s 1 consorte. 2 cônjuge. 3 sócio. 4 sociedade. 5 navio que acompanha outro. || /kənsɔ̱:rt/ v (consorts, consorting, consorted, consorted) 1 associar; unir. 2 concordar. 3 harmonizar.

con·spec·tus /kənspe̱ktəs/ s sumário; sinopse. (pl conspectuses).

con·spic·u·ous /kənspɪ̱kjuəs/ adj 1 conspícuo; notável; distinto. 2 óbvio.

con·spic·u·ous·ness /kənspɪ̱kjuəsnəs/ s conspicuidade.

con·spir·a·cy /kənspɪ̱rəsi/ s 1 conspiração; trama; maquinação. 2 grupo de conspiradores. (pl conspiracies).

con·spir·a·tor /kənspɪ̱rətə/ s conspirador. (var conspirer).

con·spire /kənspaɪ̱ə/ v (conspires, conspiring, conspired, conspired) 1 conspirar; tramar; maquinar. 2 cooperar.

con·spir·er /kənspaɪ̱ə/ → conspirator.

con·stan·cy /kɑ̱:nstənsi/ s 1 constância; estabilidade. 2 perseverança. 3 fidelidade.

con·stant /ka:nstənt/ *adj* 1 constante; contínuo; invariável. 2 persistente. 3 firme. ll *s tb Mat* constante.

con·stel·la·tion /ka:nstəleɪʃən/ *s* 1 *Astron* constelação. 2 reunião de pessoas importantes ou famosas.

con·ster·nate /ka:nstə·neɪt/ *v* (consternates, consternating, consternated, consternated) consternar; atemorizar.

con·ster·na·tion /ka:nstə·neɪʃən/ *s* consternação; pavor; terror.

con·sti·pate /ka:nstəpeɪt/ *v* (constipates, constipating, constipated, constipated) constipar; obstruir.

con·sti·pa·tion /ka:nstəpeɪʃən/ *s* 1 constipação intestinal; prisão de ventre. 2 obstrução.

con·stit·u·en·cy /kənstɪtʃuənsi/ *s* 1 eleitorado. 2 distrito eleitoral. 3 clientela. (*pl* constituencies).

con·stit·u·ent /kənstɪtʃuənt/ *adj* 1 constituinte. 2 componente.

con·sti·tute /ka:nstətu:t/ *v* (constitutes, constituting, constituted, constituted) 1 constituir. 2 eleger; nomear. 3 decretar. 4 legislar. 5 compor.

con·sti·tu·tion /ka:nstətu:ʃən/ *s* 1 constituição. 2 compleição. 3 estrutura. 4 estatuto.

con·sti·tu·tion·al /ka:nstətu:ʃənəl/ *adj* 1 constitucional. 2 legal. ll *s* caminhada.

con·sti·tu·tion·al·ism /ka:nstətu:ʃənəlɪzəm/ *s* 1 governo constitucional. 2 constitucionalismo.

con·sti·tu·tion·al·ist /ka:nstətu:ʃənəlɪst/ *s* constitucionalista.

con·sti·tu·tion·al·i·ty /ka:nstətu:ʃənæləti/ *s* constitucionalidade.

con·sti·tu·tive /ka:nstətu:tɪv/ *adj* constitutivo; essencial.

con·strain /kənstreɪn/ *v* (constrains, straining, constrained, constrained) 1 constranger. 2 forçar; obrigar. 3 confinar. 4 inibir; reprimir.

con·straint /kənstreɪnt/ *s* 1 constrangimento; coação. 2 restrição; confinamento. 3 embaraço.

con·strict /kənstrɪkt/ *v* (constricts, constricting, constricted, constricted) 1 constringir; contrair. 2 apertar.

con·stric·tion /kənstrɪkʃən/ *s* 1 contração; constrição. 2 aperto.

con·stric·tive /kənstrɪktɪv/ *adj* constritivo.

con·stric·tor /kənstrɪktə·/ *s* 1 constritor. 2 *Anat* músculo constritor. 3 *Zool* jibóia.

con·stringe /kənstrɪndʒ/ *v* (constringes, constringing, constringed, constringed) 1 constringir; apertar. 2 contrair.

con·strin·gen·cy /kənstrɪndʒənsi/ *s* constrição; contração.

con·strin·gent /kənstrɪndʒənt/ *adj* constringente; contraente.

con·struct /kənstrʌkt/ *v* (constructs, constructing, constructed, constructed) 1 construir; edificar. 2 planejar. 3 formar. 4 arquitetar. ll /ka:nstrʌkt/ *s* 1 construção. 2 conceito; idéia.

con·struct·er /kənstrʌktə·/ *s* → constructor.

con·struc·tion /kənstrʌkʃən/ *s* 1 construção. 2 estrutura. 3 interpretação. 4 *Gram* construção de frases.

con·struc·tion·al /kənstrʌkʃənəl/ *adj* 1 estrutural. 2 de ou relativo a construção.

con·struc·tion·ist /kənstrʌkʃənɪst/ *s* redator de textos legais.

con·struc·tive /kənstrʌktɪv/ *adj* 1 construtivo. 2 engenhoso. 3 criador. 4 *Jur* implícito.

con·struc·tiv·ism /kənstrʌktɪvɪzəm/ *s* construtivismo.

con·struc·tor /kənstrʌktə·/ *s* construtor. (*var* constructer).

con·strue /kənstru:/ *v* (construes, construing, construed, construed) 1 interpretar; traduzir. 2 *Gram* analisar sintaticamente. ll *s* tradução ou interpretação.

con·sub·stan·tial /ka:nsəbstænʃəl/ *adj* consubstancial.

con·sub·stan·ti·ate /ka:nsəbstænʃieɪt/ *v* (consubstantiates, consubstantiating, consubstantiated, consubstantiated) consubstanciar.

con·sub·stan·ti·a·tion /ka:nsəbstænʃieɪʃən/ *s* consubstanciação.

con·sue·tude /ka:nswɪtu:d/ *s* costume; uso.

con·sue·tu·di·nar·y /ka:nswɪtu:dɪneri/ *adj* consuetudinário; usual; costumeiro.

con·sul /ka:nsəl/ *s* cônsul.

con·su·lar /ka:nsələ·/ *adj* consular.

con·su·late /kɑːnsəlɪt/ s consulado.

con·sult /kənsʌlt/ v (consults, consulting, consulted, consulted) 1 consultar. 2 considerar. 3 conferir. 4 ser consultor. ll s consulta.

con·sult·ant /kənsʌltənt/ s 1 consultor. 2 consultante; consulente.

con·sul·ta·tion /kɑːnsəltеɪʃən/ s 1 consulta. 2 conferência. 3 junta médica.

con·sum·a·ble /kənsuːməbəl/ adj consumível. ll s artigo de consumo.

con·sume /kənsuːm/ v (consumes, consuming, consumed, consumed) 1 consumir. 2 comer; digerir. 3 comprar. 4 desperdiçar. 5 destruir. 6 monopolizar.

con·sum·er /kənsuːmər/ s consumidor.

con·sum·mate /kɑːnsəmeɪt/ v (consummates, consummating, consummated, consummated) 1 consumar; acabar; completar. 2 realizar. ll /kɑːnsəmɪt, kənsʌmɪt/ adj 1 consumado; acabado. 2 perfeito. 3 completo.

con·sum·ma·tion /kɑːnsəmеɪʃən/ s 1 consumação. 2 conclusão; remate. 3 perfeição. 4 realização.

con·sump·tion /kənsʌmpʃən/ s 1 consumição; ato de consumir. 2 ruína; devastação. 3 gasto; dispêndio. 4 Med tuberculose.

con·sump·tive /kənsʌmptɪv/ adj 1 consumptivo; destrutivo. 2 tuberculoso. ll s tuberculoso.

con·tact /kɑːntækt/ s 1 contato. 2 conexão; comunicação. 3 Eletr ligação. 4 observação; visualização. 5 relação; associação. ll v (contacts, contacting, contacted, contacted) 1 pôr em contato. 2 entrar em contato. 3 comunicar-se com.

contact lens s lentes de contato.

con·ta·gion /kəntеɪdʒən/ s 1 contágio. 2 doença infecciosa ou contagiosa. 3 epidemia; propagação. 4 influência.

con·ta·gious /kəntеɪdʒəs/ adj 1 contagioso. 2 propagador.

con·ta·gious·ness /kəntеɪdʒəsnəs/ s contagiosidade.

con·tain /kəntеɪn/ v (contains, containing, contained, contained) 1 conter. 2 encerrar. 3 abranger. 4 refrear. 5 restringir. 6 Mat ser divisível por.

con·tain·a·ble /kəntеɪnəbəl/ adj que se pode conter ou que pode conter.

con·tain·er /kəntеɪnər/ s 1 recipiente; receptáculo. 2 contêiner.

con·tam·i·nate /kəntæmɪneɪt/ v (contaminates, contaminating, contaminated, contaminated) 1 contaminar; contagiar. 2 expor à radioatividade.

con·tam·i·na·tion /kəntæmɪnеɪʃən/ s 1 contaminação; contágio. 2 contaminador.

con·tam·i·na·tive /kəntæmɪnətɪv/ adj contaminante; contagiante.

con·tam·i·na·tor /kəntæmɪneɪtər/ s contaminador.

con·temn /kəntеm/ v (contemns, contemning, contemned, contemned) desprezar; desdenhar; menosprezar.

con·temn·er /kəntеmər/ s desprezador.

con·tem·plate /kɑːntəmpleɪt/ v (contemplates, contemplating, contemplated, contemplated) 1 contemplar. 2 tencionar; pretender. 3 ponderar.

con·tem·pla·tion /kɑːntəmplеɪʃən/ s 1 contemplação. 2 observação minuciosa. 3 meditação; devoção. 4 intenção; expectativa.

con·tem·pla·tive /kəntеmplətɪv, kɑːntəmpleɪtɪv/ adj contemplativo; meditativo. ll s 1 contemplador. 2 meditador.

con·tem·pla·tive·ly /kəntеmplətɪvli, kɑːntəmpleɪtɪvli/ adv contemplativamente; atentamente.

con·tem·pla·tor /kɑːntəmpleɪtər/ s 1 contemplador. 2 meditador.

con·tem·po·ra·ne·ous /kəntempərеɪniəs/ adj contemporâneo; coetâneo; coevo.

con·tem·po·ra·ne·ous·ness /kəntempərеɪniəsnəs/ s contemporaneidade.

con·tem·po·rar·y /kəntempəreri/ s contemporâneo; coevo. (pl contemporaries). ll adj contemporâneo.

con·tem·po·rize /kəntempəraɪz/ v (contemporizes, contemporizing, contemporized, contemporized) 1 tornar ou ser contemporâneo. 2 sincronizar.

con·tempt /kəntеmpt/ s 1 desprezo; desdém. 2 desonra; desgraça. 3 desrespeito; desacato.

con·tempt·i·bil·i·ty /kəntemptəbɪləti/ s 1 desprezo. 2 desonra. 3 Jur desacato.

con·tempt·i·ble /kəntɛmptəbəl/ *adj* desprezível.

con·temp·tu·ous /kəntɛmptʃuəs/ *adj* desdenhoso; desprezível.

con·temp·tu·ous·ness /kəntɛmptʃuəsnəs/ *s*
desprezo; desdém.

con·tend /kəntɛnd/ *v* (**contends, con-
tending, contended, contended**) 1 contender. 2 lutar; combater. 3 argumentar; discutir. 4 competir.

con·tend·er /kəntɛndɚ/ *s* 1 contendor. 2
competidor.

con·tent /kəntɛnt/ *adj* 1 contente; satisfeito. 2 disposto. II *v* (**contents, con-
tenting, contented, contented**) contentar; satisfazer. II /kɑːntɛnt/ *s* 1 significado. 2 essência. 3 importância. 4 proporção. ♦ **contents** 1 conteúdo. 2 assunto; matéria (de livro, revista).

con·tent·ed /kəntɛntɪd/ *adj* contente; satisfeito.

con·ten·tion /kəntɛnʃən/ *s* 1 contenda; disputa. 2 batalha; competição. 3 rivalidade. 4 discórdia.

con·ten·tious /kəntɛnʃəs/ *adj* 1 contendor;
briguento; beligerante. 2 controvertido.

con·tent·ment /kəntɛntmənt/ *s* contentamento; satisfação.

con·ter·mi·nous /kəntɜːrmɪnəs/ *adj* 1 contérmino; contíguo; adjacente. 2 coexistente.

con·test /kɑːntɛst/ *v* (**contests, contesting,
contested, contested**) 1 competir. 2 opor-
se. 3 contender. 4 discutir; debater. II
/kɑːntɛst/ *s* 1 debate; controvérsia. 2 luta;
contenda. 3 disputa; competição. 4 conflito. 5 concurso.

con·test·a·ble /kɑːntɛstəbəl/ *adj* contestável.

con·tes·tant /kəntɛstənt/ *s* 1 contendor.
2 competidor; concorrente.

con·tes·ta·tion /kɑːntɛsteɪʃən/ *s* 1 contestação. 2 disputa; competição. 3 controvérsia; discussão.

con·text /kɑːntɛkst/ *s* 1 contexto. 2 circunstâncias; cenário.

con·tex·tu·al /kəntɛkstʃuəl/ *adj* contextual.

con·tex·tu·al·ize /kəntɛkstʃuəlaɪz/ *v* (**con-
textualizes, contextualizing, contextualized, contextualized**) contextualizar.

con·ti·gu·i·ty /kɑːntəgjuːəti/ *s* 1 contigüidade. 2 continuidade. (*pl* **contiguities**).

con·tig·u·ous /kəntɪgjuəs/ *adj* 1 contíguo;
adjacente; vizinho. 2 contínuo.

con·tig·u·ous·ness /kəntɪgjuəsnəs/ *s* 1 contigüidade; vizinhança; adjacência. 2 continuidade.

con·ti·nence /kɑːntənəns/ *s* 1 continência;
castidade; pureza. 2 moderação. 3 controle urinário.

con·ti·nent /kɑːntənənt/ *s* continente; terra firme. II *adj* 1 casto. 2 moderado.

con·ti·nen·tal /kɑːntənɛntəl/ *adj* continental. II *s geralm maiús* habitante ou nativo
do continente.

con·tin·gence /kəntɪndʒəns/ *s* 1 contingência. 2 ligação; contato.

con·tin·gen·cy /kəntɪndʒənsi/ *s* 1 contingência. 2 eventualidade; casualidade. 3
incerteza. (*pl* **contingencies**).

con·tin·gent /kəntɪndʒənt/ *adj* 1 contingente. 2 eventual. 3 incerto; duvidoso. 4 acidental; inesperado. 5 condicional; dependente. II *s* 1 eventualidade; contingência. 2 quota. 3 contingente; grupo.

con·tin·u·al /kəntɪnjuəl/ *adj* 1 contínuo; sucessivo. 2 incessante; ininterrupto.

con·tin·u·ance /kəntɪnjuəns/ *s* 1 continuação; prosseguimento. 2 duração. 3 seqüência. 4 *Jur* adiamento.

con·tin·u·a·tion /kəntɪnjueɪʃən/ *s* 1 continuação. 2 prolongação.

con·tin·u·a·tor /kəntɪnjueɪtɚ/ *s* continuador (de um trabalho).

con·tin·ue /kəntɪnjuː/ *v* (**continues, contin-
uing, continued, continued**) 1 continuar;
prosseguir. 2 ficar; permanecer; durar;
prolongar. 3 adiar. 4 persistir. 5 estender.

con·ti·nu·i·ty /kɑːntənuːəti/ *s* 1 continuidade. 2 persistência. 3 cenário. (*pl* **con-
tinuities**).

con·tin·u·ous /kəntɪnjuəs/ *adj* contínuo.

con·tin·u·ous·ness /kəntɪnjuəsnəs/ *s* continuidade.

con·tort /kəntɔːrt/ *v* (**contorts, contorting,
contorted, contorted**) contorcer; torcer.

con·tor·tion /kəntɔːrʃən/ *s* contorção.

con·tor·tion·ist /kəntɔːrʃənɪst/ *s* contorcionista.

con·tour /kɑːntʊr/ s contorno. || v (**contours, contouring, contoured, contoured**) contornar. ♦ **contours** curva de nível.

con·tra·band /kɑːntrəbænd/ s 1 contrabando. 2 artigos contrabandeados; muamba. || adj contrabandeado.

con·tra·band·ist /kɑːntrəbændɪst/ s contrabandista.

con·tra·bass /kɑːntrəbeɪs/ s Mús contrabaixo.

con·tra·cep·tion /kɑːntrəsepʃən/ s contracepção.

con·tra·cep·tive /kɑːntrəseptɪv/ adj e s anticoncepcional, contraceptivo.

con·tract /kɑːntrækt/ s 1 contrato; ajuste; pacto. 2 contrato de casamento. 3 assassinato encomendado. || /kəntrækt/ v (**contracts, contracting, contracted, contracted**) 1 contratar; firmar contrato. 2 contrair; adquirir. 3 tb Gram contrair; abreviar. 4 contrair doença. 5 franzir.

con·tract·i·ble /kəntræktəbəl/ adj contraível.

con·trac·tile /kəntræktəl, kəntræktaɪl/ adj contrátil.

con·trac·tion /kəntrækʃən/ s 1 contração; encolhimento. 2 abreviação; redução.

con·trac·tor /kəntræktə/ s 1 Anat músculo que se pode contrair. 2 /kɑːntræktə/ empreiteiro.

con·trac·tu·al /kəntræktʃuəl/ adj contratual.

con·tra·dict /kɑːntrədɪkt/ v (**contradicts, contradicting, contradicted, contradicted**) 1 contradizer; contestar; desmentir; negar. 2 opor-se a.

con·tra·dict·er /kɑːntrədɪktə/ s contraditor. (var **contradictor**).

con·tra·dic·tion /kɑːntrədɪkʃən/ s 1 contradição. 2 negação. 3 incoerência; inconsistência.

con·tra·dic·tor /kɑːntrədɪktə/ → **contradicter**.

con·tra·dic·to·ry /kɑːntrədɪktəri/ adj contraditório.

con·tra·dis·tinc·tion /kɑːntrədɪstɪŋkʃən/ s distinção por contraste.

con·tra·in·di·ca·tion /kɑːntraɪndɪkeɪʃən/ s contra-indicação.

con·tral·to /kəntræltoʊ/ s Mús contralto. (pl **contraltos**).

con·tra·po·si·tion /kɑːntrəpəzɪʃən/ s contraposição; antítese.

con·tra·ri·e·ty /kɑːntrəraɪəti/ s contrariedade; oposição. (pl **contrarieties**).

con·trar·i·wise /kɑːntrəriwaɪz/ adv 1 contrariamente. 2 inversamente.

con·trar·y /kɑːntrəi/ adj 1 contrário; oposto. 2 desfavorável; adverso; antagônico. 3 /kəntreri/ teimoso; obstinado. || s contrário; contradição. (pl **contraries**). || adv contrariamente. ♦ **on the contrary** ao contrário.

con·trast /kɑːntræst/ s contraste. || /kəntræst/ v (**contrasts, contrasting, contrasted, contrasted**) 1 contrastar; diferenciar. 2 destacar-se. 3 realçar.

con·tra·vene /kɑːntrəviːn/ v (**contravenes, contravening, contravened, contravened**) 1 contravir; transgredir. 2 opor-se a. 3 negar.

con·tra·ven·er /kɑːntrəviːnə/ s contraventor; transgressor.

con·tra·ven·tion /kɑːntrəvenʃən/ s contravenção; transgressão; violação.

con·trib·ute /kəntrɪbjuːt/ v (**contributes, contributing, contributed, contributed**) contribuir; colaborar.

con·tri·bu·tion /kɑːntrɪbjuːʃən/ s 1 contribuição; colaboração. 2 donativo. 3 imposto; quota.

con·trib·u·tive /kəntrɪbjətɪv/ adj contributivo.

con·trib·u·tor /kəntrɪbjətə/ s 1 contribuinte. 2 colaborador de jornal ou revista.

con·trib·u·to·ry /kəntrɪbjətɔːri/ s contribuinte; contributário. (pl **contributories**). || adj 1 contributário. 2 contributivo.

con·trite /kəntraɪt/ adj contrito; arrependido; penitente.

con·trite·ness /kəntraɪtnəs/ s arrependimento; contrição; pesar.

con·tri·tion /kəntrɪʃən/ s contrição; penitência; arrependimento; remorso.

con·tri·vance /kəntraɪvəns/ s 1 invenção. 2 artifício. 3 plano. 4 aparelho; dispositivo. 5 sagacidade; habilidade; perspicácia.

con·trive /kəntraɪv/ v (**contrives, contriving, contrived, contrived**) 1 imaginar; idear. 2 inventar; projetar. 3 maquinar; tramar; conspirar. 4 conseguir; realizar.

con·triv·er /kəntraɪvɚ/ s 1 inventor. 2 planejador; idealizador. 3 maquinador; conspirador.

con·trol /kəntroul/ v (controls, controlling, controlled, controlled) 1 controlar; fiscalizar. 2 governar; dirigir; conduzir. 3 refrear; reprimir. II s 1 controle; domínio. 2 fiscalização. 3 controlador; gerenciador. 4 restrição. ♦ controls controle (de máquina ou veículo).

con·trol·la·ble /kəntroulləbəl/ adj 1 controlável. 2 dirigível.

con·trol·ler /kəntroulɚ/ s 1 controlador. 2 auditor; supervisor. (var comptroller). 3 chave de controle. 4 Eletr regulador de corrente.

con·tro·ver·sial /ka:ntrəvɜ:rʃəl/ adj polêmico; controverso.

con·tro·ver·sial·ist /ka:ntrəvɜ:rʃəlɪst/ s polemista.

con·tro·ver·sy /ka:ntrəvɜ:rsi/ s 1 controvérsia; polêmica. 2 discussão; debate. (pl controversies).

con·tro·vert /ka:ntrəvɜ:rt, ka:ntrəvɜ:rt/ v (controverts, controverting, controverted, controverted) 1 controverter; contestar. 2 discutir; debater.

con·tro·vert·i·ble /ka:ntrəvɜ:rtəbəl/ adj 1 controvertível. 2 discutível.

con·tu·ma·cious /ka:ntumeɪʃəs/ adj 1 contumaz; obstinado. 2 rebelde; insubordinado.

con·tu·ma·cy /ka:ntuməsi/ s 1 contumácia; obstinação. 2 rebeldia; insubordinação. (pl contumacies).

con·tu·me·li·ous /ka:ntumi:liəs/ adj contumelioso; insolente; injurioso.

con·tu·me·ly /ka:ntuməli/ s contumélia; injúria; arrogância; insolência. (pl contumelies).

con·tuse /kəntu:z/ v (contuses, contusing, contused, contused) contundir; machucar.

con·tu·sion /kəntu:ʒən/ s contusão.

con·va·lesce /ka:nvəles/ v (convalesces, convalescing, convalesced, convalesced) convalescer; recuperar-se.

con·va·les·cence /ka:nvəlesəns/ s convalescência; recuperação.

con·va·les·cent /ka:nvəlesənt/ adj e s convalescente.

con·vec·tion /kənvekʃən/ s 1 transporte; transmissão. 2 Fis convecção.

con·vene /kənvi:n/ v (convenes, convening, convened, convened) 1 convocar. 2 reunir-se; juntar-se. 3 intimar.

con·ven·er /kənvi:nɚ/ s convocador. (var convenor).

con·ven·ience /kənvi:njəns/ s 1 conveniência. 2 oportunidade; vantagem. 3 utilidade; conforto; facilidade.

convenience store s loja de conveniência.

con·ven·ient /kənvi:njənt/ adj 1 conveniente; adequado; apropriado; oportuno. 2 acessível; próximo.

con·ven·or /kənvi:nɚ/ → convener.

con·vent /ka:nvənt/ s convento; claustro.

con·ven·ti·cle /kənventəkəl/ s conventículo; conciliábulo.

con·ven·tion /kənvenʃən/ s 1 convenção; assembléia; reunião. 2 acordo. 3 costume.

con·ven·tion·al /kənvenʃənəl/ adj 1 convencional. 2 combinado; estipulado. 3 formal; tradicional.

con·ven·tion·al·ism /kənvenʃənəlɪzəm/ s convencionalismo.

con·ven·tion·al·ist /kənvenʃənəlɪst/ s convencionalista.

con·ven·tion·al·ize /kənvenʃənəlaɪz/ v (conventionalizes, conventionalizing, conventionalized, conventionalized) convencionar; tornar convencional.

con·ven·tu·al /kənventʃuəl/ adj e s conventual.

con·verge /kənvɜ:rdʒ/ v (converges, converging, converged, converged) 1 convergir. 2 fazer convergir.

con·ver·gence /kənvɜ:rdʒəns/ s convergência. (var convergency).

con·ver·gen·cy /kənvɜ:rdʒənsi/ → convergence. (pl convergencies).

con·ver·gent /kənvɜ:rdʒənt/ adj convergente.

con·ver·sance /kənvɜ:rsəns, ka:nvɚsəns/ s intimidade; familiaridade. (var conversancy).

con·ver·san·cy /kənvɜ:rsənsi/ → conversance. (pl conversancies).

con·ver·sant /kənvɜ:rsənt, kɑ:nvə·sənt/ *adj* familiarizado; proficiente.

con·ver·sa·tion /kɑ:nvə·seɪʃən/ *s* 1 conversação; colóquio. 2 *Comp* interação em tempo real.

con·verse /kənvɜ:rs/ *v* (**converses, conversing, conversed, conversed**) 1 conversar. 2 falar. 3 *Comp* interagir. II /kɑ:nvɜ:rs/ *s* 1 conversação. 2 reverso; contrário. II *adj* 1 revertido. 2 inverso. 3 oposto.

con·verse·ly /kɑ:nvɜ:rsli/ *adv* inversamente.

con·ver·sion /kənvɜ:rʒən/ *s* 1 conversão. 2 troca. 3 *Jur* apropriação indébita.

con·vert /kənvɜ:rt/ *v* (**converts, converting, converted, converted**) 1 converter(-se); mudar de religião. 2 transformar. 3 trocar; barganhar. 4 substituir. 5 *Jur* apropriar-se indevidamente. II /kɑ:nvɜ:rt/ *s* convertido.

con·vert·er /kənvɜ:rtə·/ *s* conversor. (*var* **convertor**).

con·vert·i·bil·i·ty /kənvɜ:rtəbɪləti/ *s* convertibilidade. (*var* **convertibleness**).

con·vert·i·ble /kənvɜ:rtəbəl/ *adj* 1 permutável. 2 conversível. II *s* carro conversível.

con·vert·i·ble·ness /kənvɜ:rtəbəlnəs/ → **convertibility**.

con·ver·tor /kənvɜ:rtə·/ → **converter**.

con·vex /kɑ:nveks, kənveks/ *adj* convexo.

con·vex·i·ty /kənveksəti/ *s* convexidade. (*pl* **convexities**).

con·vey /kənveɪ/ *v* (**conveys, conveying, conveyed, conveyed**) 1 transportar; conduzir; carregar. 2 demonstrar; dar a entender. 3 comunicar; transmitir. 4 *Jur* transferir título de propriedade.

con·vey·ance /kənveɪəns/ *s* 1 transporte; condução. 2 veículo; meio de transporte. 3 *Jur* documento de transferência de propriedade.

con·vey·anc·er /kənveɪənsə·/ *s Jur* notário; tabelião.

con·vey·anc·ing /kənveɪənsɪŋ/ *s Jur* tabelionato.

con·vey·er /kənveɪə·/ *s* condutor. (*var* **conveyor**).

con·vey·or /kənveɪə·/ → **conveyer**.

con·vict /kənvɪkt/ *v* (**convicts, convicting, convicted, convicted**) 1 *Jur* condenar; dar o veredicto. 2 culpar. II /kɑ:nvɪkt/ *s* 1 *Jur* réu convicto. 2 condenado; sentenciado.

con·vic·tion /kənvɪkʃən/ *s* 1 convicção; certeza. 2 persuasão. 3 opinião. 4 *Jur* condenação.

con·vic·tive /kənvɪktɪv/ *adj* convincente.

con·vince /kənvɪns/ *v* (**convinces, convincing, convinced, convinced**) convencer; persuadir.

con·vinc·i·ble /kənvɪnsəbəl/ *adj* convencível.

con·vinc·ing /kənvɪnsɪŋ/ *adj* 1 convincente. 2 plausível.

con·viv·i·al /kənvɪviəl/ *adj* 1 alegre; festivo. 2 sociável.

con·viv·i·al·i·ty /kənvɪviæləti/ *s* jovialidade; alegria; festividade.

con·vo·ca·tion /kɑ:nvəkeɪʃən/ *s* 1 convocação; chamada. 2 sínodo; assembléia clerical.

con·voke /kənvoʊk/ *v* (**convokes, convoking, convoked, convoked**) convocar; chamar.

con·vo·lute /kɑ:nvəlu:t/ *adj* convoluto; enrolado em espiral. II *v* (**convolutes, convoluting, convoluted, convoluted**) enrolar em espiral.

con·vo·lu·tion /kɑ:nvəlu:ʃən/ *s* convolução; enrolamento.

con·volve /kənvɑ:lv/ *v* (**convolves, convolving, convolved, convolved**) enrolar.

con·voy /kɑ:nvɔɪ/ *v* (**convoys, convoying, convoyed, convoyed**) 1 comboiar. 2 escoltar. II *s* 1 comboio. 2 escolta.

con·vulse /kənvʌls/ *v* (**convulses, convulsing, convulsed, convulsed**) 1 convulsionar. 2 agitar. 3 comover.

con·vul·sion /kənvʌlʃən/ *s* 1 convulsão. 2 comoção. 3 abalo.

con·vul·sive /kənvʌlsɪv/ *adj* convulsivo.

coo /ku:/ *v* (**coos, cooing, cooed, cooed**) 1 arrulhar. 2 murmurar.

cook /kʊk/ *s* cozinheiro(a). II *v* (**cooks, cooking, cooked, cooked**) 1 cozinhar. 2 preparar. 3 esquentar. 4 *gír* adulterar; falsificar. 5 *gír* acontecer. ♦ **cook up** *inform* maquinar; tramar.

cook·book /kʊkbʊk/ *s* livro de receitas.

cook·er /kʊkə/ s 1 utensílios para cozinhar. 2 ajudante de cozinha.

cook·er·y /kʊkəri/ s 1 culinária. 2 cozinha. (*pl* **cookeries**).

cook·ie /kʊki/ s biscoito doce. (*var* cooky).

cook·y /kʊki/ → **cookie**.

cool /kuːl/ s 1 frescor; frescura. 2 serenidade; compostura. ‖ *adj* 1 fresco. 2 calmo; sereno; tranqüilo. 3 indiferente; impassível. 4 ousado; audacioso. 5 relativo a cores frias. 6 *gír* completo; inteiro. 7 *gír* excelente; de primeira classe. ‖ *v* (**cools, cooling, cooled, cooled**) 1 refrescar; esfriar. 2 acalmar. 3 amenizar; moderar. ♦ **cool it** relaxar; acalmar.

cool·er /kuːlə/ s 1 refrigerador. 2 bebida gelada feita com vinho branco e suco de fruta. 3 *gír* cadeia.

cool·ly /kuːli/ *adv* 1 friamente. 2 calmamente.

cool·ness /kuːlnəs/ s 1 frescura; frescor. 2 indiferença. 3 calma; serenidade.

coop /kuːp/ *v* (**coops, cooping, cooped, cooped**) 1 engaiolar. 2 encarcerar; prender; confinar. 3 *inform* dormir em serviço. ‖ s 1 gaiola. 2 galinheiro. 3 capoeira. 4 *gír* cadeia. ♦ **fly/blow the coop** escapar.

coop·er /kuːpə/ s tanoeiro. ‖ *v* (**coopers, coopering, coopered, coopered**) tanoar.

coop·er·age /kuːpərɪdʒ/ s tanoaria; trabalho de tanoeiro.

co·op·er·ate /koʊɑːpəreɪt/ *v* (**cooperates, cooperating, cooperated, cooperated**) cooperar; colaborar.

co·op·er·a·tion /koʊɑːpəreɪʃən/ s cooperação; colaboração.

co·op·er·a·tor /koʊɑːpəreɪtə/ s cooperador; colaborador.

co-opt /koʊɑːpt, koʊɑːpt/ *v* (**co-opts, co-opting, co-opted, co-opted**) 1 cooptar; agregar. 2 apontar; escolher. 3 apropriar-se. 4 neutralizar.

co-op·ta·tion /koʊɑːpteɪʃən/ s cooptação.

co·or·di·nate /koʊɔːrdneɪt/ *v* (**coordinates, coordinating, coordinated, coordinated**) 1 coordenar. 2 ajustar. 3 harmonizar. 4 combinar. ‖ /koʊɔːrdnət, koʊɔːrdneɪt/ s 1 semelhante; pessoa ou coisa que pertence à mesma classe. 2 *Mat* coordenada. ‖ *adj* coordenado; de igual importância ou grau. ♦ **coordinates** jogos coordenados (roupas de cama, malas, etc.).

co·or·di·na·tion /koʊɔːrdneɪʃən/ s coordenação.

co·or·di·na·tive /koʊɔːrdnətɪv/ *adj* coordenativo.

cop /kɑːp/ s 1 *inform* guarda; policial; tira. 2 maçaroca; rolo de feno. ‖ *v* (**cops, copping, copped, copped**) 1 roubar; surrupiar. 2 prender; capturar. 3 ganhar. ♦ **cop out** renegar.

co·par·ce·nar·y /koʊpɑːrsəneri/ s 1 *Jur* herança conjunta. 2 co-propriedade. (*pl* **coparcenaries**).

co·par·ce·ner /koʊpɑːrsənə/ s *Jur* co-herdeiro.

co·part·ner /koʊpɑːrtnə, koʊpɑːrtnə/ s sócio; parceiro.

co·part·ner·ship /koʊpɑːrtnəʃɪp, koʊpɑːrtnəʃɪp/ s sociedade; parceria.

cope /koʊp/ *v* (**copes, coping, coped, coped**) 1 contender; lutar. 2 superar dificuldades; enfrentar. 3 cobrir; abobadar. ‖ s 1 abóbada; cúpula; cimo. 2 veste sacerdotal. 3 manto.

cop·i·er /kɑːpiə/ s 1 copiador. 2 máquina copiadora.

co·pi·lot /koʊpaɪlət/ s co-piloto.

cop·ing /koʊpɪŋ/ s cumeeira; cimalha.

co·pi·ous /koʊpiəs/ *adj* 1 copioso; abundante. 2 prolixo.

co·pi·ous·ness /koʊpiəsnəs/ s 1 abundância; riqueza. 2 prolixidade.

cop·per /kɑːpə/ s 1 *Quím* cobre. (*símb* Cu). 2 *gír* policial. 3 *inform* moeda de cobre de baixo valor. 4 cor de cobre. ‖ *v* (**coppers, coppering, coppered, coppered**) 1 cobrir com cobre. 2 *gír* apostar contra.

cop·per·y /kɑːpəi/ *adj* acobreado.

cop·pice /kɑːpɪs/ s bosque; souto (de arbustos).

cop·u·late /kɑːpjələɪt/ *v* (**copulates, copulating, copulated, copulated**) 1 copular; acasalar. 2 juntar. ‖ *adj* copulado; acasalado.

cop·u·la·tion /kɑːpjələɪʃən/ s 1 cópula. 2 conjunção.

cop·u·la·tive /kɑ:pjəlætɪv/ *adj* **1** copulativo. **2** *Gram* conectivo. ‖ *s Gram* partícula conectiva.

cop·y /kɑ:pi/ *v* (**copies, copying, copied, copied**) **1** copiar. **2** imitar. ‖ *s* **1** cópia; reprodução. **2** manuscrito. **3** exemplar de livro, jornal. **4** imitação. (*pl* **copies**).

cop·y·book /kɑ:pibʊk/ *s* **1** caderno. **2** caderno de caligrafia. ‖ *adj* convencional; comum; banal.

cop·y·ist /kɑ:piɪst/ *s* copista.

cop·y·right /kɑ:pirait/ *s* direitos autorais. ‖ *adj* relativo a direitos autorais. ‖ *v* (**copyrights, copyrighting, copyrighted, copyrighted**) assegurar direitos autorais para.

cop·y·writ·er /kɑ:piraitɚ/ *s* **1** copista. **2** redator de imprensa, propaganda ou publicidade.

co·quet /koʊkét/ *v* (**coquets, coquetting, coquetted, coquetted**) **1** galantear; flertar. **2** gracejar; divertir-se.

co·quet·ry /koʊkɑtri, koʊkétri/ *s* **1** flerte. **2** divertimento. (*pl* **coquetries**).

co·quette /koʊkét/ *s* coquete; namoradeira.

cor·al /kɔ:rəl/ *s* **1** coral. **2** recife de coral. **3** ovas de lagosta. **4** coral (cor). ‖ *adj* da cor do coral.

cor·al·line /kɔ:rəlain/ *adj* coralino; de coral. ‖ *s* coralina; alga marinha.

coral reef *s* recife de coral.

cor·beil /kɔ:rbəl/ *s Arq* corbelha. (*var* **corbeille**).

cor·beille /kɔ:rbeɪ/ → **corbeil**.

cord /kɔ:rd/ *s* **1** corda; cordão; cordel. **2** *Anat* tendão; nervo. (*var* **chord**). **3** veludo cotelê. **4** restrição. ‖ *v* (**cords, cording, corded, corded**) **1** encordoar. **2** atar com cordão.

cord·age /kɔ:rdɪdʒ/ *s* cordame; cordoalha.

cord·ed /kɔ:rdɪd/ *adj* **1** encordoado. **2** atado com corda.

cor·dial /kɔ:rdʒəl/ *adj* **1** cordial; sincero. **2** intenso. **3** estimulante. ‖ *s* **1** tônico; fortificante. **2** licor.

cor·dial·i·ty /kɔ:rdʒiæleti/ *s* cordialidade.

cor·don /kɔ:rdən/ *s* **1** cordão; fila; ala. **2** galão. **3** fita. **4** *Arq* cornija linear. ‖ *v* (**cordons, cordoning, cordoned, cordoned**) cercar.

cor·du·roy /kɔ:rdərɔɪ/ *s* veludo cotelê.

core /kɔ:r/ *s* **1** coração; âmago; centro; miolo; cerne. **2** núcleo. **3** *Eletr* núcleo. ‖ *v* (**cores, coring, cored, cored**) extrair o núcleo de.

co·re·lig·ion·ist /koʊrəlɪdʒənɪst/ *s* correligionário.

co·re·spon·dent /koʊrɪspɑːndənt/ *s Jur* cúmplice (em crime ou adultério).

cor·i·a·ceous /kɔ:rieɪʃəs/ *adj* coriáceo.

cork /kɔ:rk/ *s* **1** cortiça. **2** rolha; batoque. ‖ *v* (**corks, corking, corked, corked**) **1** arrolhar. **2** refrear; reprimir.

cork·ing /kɔ:rkɪŋ/ *adj gír* formidável; esplêndido.

cork·screw /kɔ:rkskru:/ *s* saca-rolhas. ‖ *adj* espiralado. ‖ *v* (**corkscrews, corkscrewing, corkscrewed, corkscrewed**) mover em espiral.

cork·y /kɔ:rki/ *adj* **1** corticeiro; corticento. **2** *inform* irrequieto; vivo. (*gr comp* **corkier.** *gr super* **corkiest**).

corn /kɔ:rn/ *s* **1** semente ou grão de cereal. **2** milho; milharal. **3** calo; calosidade. **4** trigo; aveia. **5** *inform* uísque de cereais. **6** *gír* melodrama; sentimentalismo. ‖ *v* (**corns, corning, corned, corned**) **1** conservar em salmoura. **2** granular. **3** alimentar com grãos.

corn·crake /kɔ:rnkreɪk/ *s Zool* codorniz.

cor·ne·a /kɔ:rniə/ *s Anat* córnea.

cor·ne·ous /kɔ:rniəs/ *adj* córneo.

cor·ner /kɔ:rnɚ/ *s* **1** canto; ângulo; esquina. **2** dificuldade; embaraço. **3** monopólio. ‖ *adj* de canto; de esquina. ‖ *v* (**corners, cornering, cornered, cornered**) **1** angular. **2** formar um ângulo. **3** estabelecer monopólio.

corner stone *s* **1** alicerce. **2** pedra fundamental ou angular. (*tb* **cornerstone**).

cor·net /kɔ:rnét/ *s* **1** *Mús* cornetim; corneta. **2** cartucho cônico de papel.

corn·flow·er /kɔ:rnflaʊɚ/ *s Bot* centáurea.

cor·nice /kɔ:rnɪs/ *s Arq* cornija; moldura. ‖ *v* (**cornices, cornicing, corniced, corniced**) emoldurar.

corn oil *s* óleo de milho.

corn·starch /kɔ:rnstɑ:rtʃ/ *s* amido de milho; maisena.

corn sugar *s* dextrose.

cor·nute /kɔ:rnu:t/ *adj* cornudo; cornífero. (*var* **cornuted**).

cor·nut·ed /kɔ:rnu:tɪd/ → **cornute**.

corn·y /kɔ:rni/ *adj* melodramático; sentimental. (*gr comp* **cornier**. *gr super* **corniest**).

cor·ol·lar·y /kɔ:rəleri/ *s* 1 corolário; conclusão. 2 inferência; dedução. 3 resultado. (*pl* **corollaries**).

co·ro·na /kərounə/ *s* 1 *tb Astron* coroa. 2 *Anat* parte superior da cabeça. 3 *Arq* cornija. (*pl* **coronas** /kərounəz/ ou **coronae** /kərouni:/).

cor·o·nal /kɔ:rənəl/ *adj* coronal; de coroa. II *s* diadema; coroa.

cor·o·nar·y /kɔ:rəneri/ *adj* coronário.

cor·o·na·tion /kɔ:rəneɪʃən/ *s* coração.

cor·o·ner /kɔ:rənər/ *s* oficial encarregado de investigar mortes suspeitas.

cor·o·net /kɔ:rənet/ *s* 1 diadema. 2 *Zool* coroa do casco de cavalo.

cor·po·ral /kɔ:rpərəl/ *adj* corporal; corpóreo; físico. II *s* 1 *Mil* cabo. 2 *Ecles* toalha branca que cobre o altar.

cor·po·ral·i·ty /kɔ:rpəræləti/ *s* corporalidade; materialidade.

cor·po·rate /kɔ:rpərət/ *adj* 1 incorporado; constituído. 2 coletivo. 3 corporativo.

cor·po·ra·tion /kɔ:rpəreɪʃən/ *s* corporação.

cor·po·ra·tive /kɔ:rpə·ətɪv/ *adj* corporativo.

cor·po·ra·tor /kɔ:rpəreɪtər/ *s* membro de uma corporação.

cor·po·re·al /kɔ:rpɔ:riəl/ *adj* 1 corpóreo; físico. 2 tangível; palpável.

corps /kɔ:r/ *s* 1 corpo; associação de pessoas. 2 corpo de exército. (*pl* **corps** /kɔ:rz/).

corpse /kɔ:rps/ *s* cadáver; defunto.

cor·pu·lence /kɔ:rpjələns/ *s* corpulência; obesidade.

cor·pu·lent /kɔ:rpjələnt/ *adj* corpulento; obeso.

cor·pus /kɔ:rpəs/ *s* 1 *corpus*; coleção de obras literárias; bibliografia. 2 *Anat* parte principal de uma estrutura ou órgão. (*pl* **corpora** /kɔ:rpərə/).

cor·pus·cle /kɔ:rpʌsəl/ *s* 1 corpúsculo; molécula. 2 célula.

cor·pus·cu·lar /kɔ:rpʌskjələr/ *adj* corpuscular.

cor·rect /kərekt/ *v* (**corrects**, **correcting**, **corrected**, **corrected**) 1 corrigir; retificar. 2 castigar; repreender. 3 equilibrar; compensar. 4 curar; remediar. II *adj* 1 correto. 2 perfeito. 3 preciso.

cor·rect·a·ble /kərektəbəl/ *adj* corrigível. (*var* **correctible**).

cor·rect·i·ble /kərektəbəl/ → **correctable**.

cor·rec·tion /kərekʃən/ *s* 1 correção; retificação. 2 punição; castigo. 3 queda no mercado de ações.

cor·rec·tive /kərektɪv/ *adj* e *s* corretivo.

cor·rect·ness /kərektnəs/ *s* correção; integridade.

cor·rec·tor /kərektər/ *s* 1 corretor. 2 revisor. 3 corretivo.

cor·re·late /kɔ:rəleɪt/ *v* (**correlates**, **correlating**, **correlated**, **correlated**) correlacionar; ser correlativo. II *adj* e *s* correlato.

cor·re·la·tion /kɔ:rəleɪʃən/ *s* correlação.

cor·rel·a·tive /kərelətɪv/ *adj* e *s* correlativo.

cor·re·spond /kɔ:rəspɑ:nd/ *v* (**corresponds**, **corresponding**, **corresponded**, **corresponded**) 1 corresponder; condizer; estar de acordo. 2 trocar correspondências.

cor·re·spon·dence /kɔ:rəspɑ:ndəns/ *s* 1 correspondência; troca de cartas. 2 harmonia; acordo; conformidade. (*var* **correspondency**).

cor·re·spon·den·cy /kɔ:rəspɑ:ndənsi/ → **correspondence**. (*pl* **correspondencies**).

cor·re·spon·dent /kɔ:rəspɑ:ndənt/ *adj* correspondente. II *s* 1 repórter. 2 correspondente.

cor·re·spond·ing /kɔ:rəspɑ:ndɪŋ/ *adj* correspondente; conforme.

cor·ri·dor /kɔ:rədər/ *s* 1 corredor. 2 passagem.

cor·ri·gi·bil·i·ty /kɔ:rɪdʒəbɪləti/ *s* corrigibilidade.

cor·ri·gi·ble /kɔ:rɪdʒəbəl/ *adj* corrigível; retificável.

cor·ri·val /kəraɪvəl/ *s* rival; oponente.

cor·rob·o·rate /kərɑ:bəreɪt/ *v* (**corroborates**, **corroborating**, **corroborated**, **corroborated**) corroborar; ratificar; confirmar.

cor·rob·o·ra·tion /kərɑ:bəreɪʃən/ s corroboração; ratificação; confirmação.

cor·rob·o·ra·tive /kərɑ:bəətɪv/ adj corroborativo.

cor·rode /kəroʊd/ v (corrodes, corroding, corroded, corroded) 1 corroer. 2 deteriorar.

cor·rod·i·ble /kəroʊdəbəl/ adj corrosível. (var corrosible).

cor·ro·si·ble /kəroʊsəbəl/ → corrodible.

cor·ro·sion /kəroʊʒən/ s corrosão.

cor·ro·sive /kəroʊsɪv/ adj e s corrosivo.

cor·ro·sive·ness /kəroʊsɪvnəs/ s corrosão; desgaste.

cor·ru·gate /kɔ:rəgeɪt/ v (corrugates, corrugating, corrugated, corrugated) 1 ondular. 2 enrugar. II adj 1 ondulado. 2 enrugado; franzido.

cor·ru·ga·tion /kɔ:rəgeɪʃən/ s ondulação; enrugamento.

cor·rupt /kərʌpt/ v (corrupts, corrupting, corrupted, corrupted) 1 corromper; subverter; subornar. 2 estragar. 3 contaminar. 4 perverter; degenerar. II adj 1 corrupto; desonesto. 2 pervertido. 3 estragado; poluído.

cor·rupt·er /kərʌptɚ/ s corruptor. (var corruptor).

cor·rupt·i·bil·i·ty /kərʌptəbɪləti/ s corruptibilidade.

cor·rupt·i·ble /kərʌptəbəl/ adj 1 corruptível. 2 contaminável.

cor·rup·tion /kərʌpʃən/ s 1 corrupção. 2 putrefação; apodrecimento. 3 depravação. 4 adulteração.

cor·rup·tion·ist /kərʌpʃənɪst/ s corruptor; subornador.

cor·rup·tive /kərʌptɪv/ adj corruptivo; corruptível.

cor·rup·tor /kərʌptɚ/ → corrupter.

cor·sage /kɔ:rsɑ:ʒ/ s 1 corpete. 2 corpo (de vestido). 3 ramalhete usado no corpete.

cor·sair /kɔ:rser/ s 1 corsário; pirata. 2 navio pirata.

cor·set /kɔ:rsət/ s 1 espartilho. 2 corpete. II v (corsets, corseting, corseted, corseted) espartilhar.

cor·tege /kɔ:rteʒ/ s cortejo; procissão.

cor·tex /kɔ:rteks/ s Anat córtex; córtice. (pl cortices /kɔ:rtɪsi:z/ ou cortexes /kɔ:rteksɪz/).

cor·ti·cal /kɔ:rtɪkəl/ adj cortical.

co·rus·cant /kərʌskənt/ adj coruscante.

cor·us·cate /kɔ:rəskeɪt/ v (coruscates, coruscating, coruscated, coruscated) 1 coruscar; faiscar; relampejar. 2 ofuscar.

cor·us·ca·tion /kərəskeɪʃən/ s coruscação; lampejo.

cos /kɑ:s, koʊs/ abrev Mat de cosine; coseno.

co·se·cant /koʊsi:kənt/ s Mat co-secante.

co·sig·na·to·ry /koʊsɪgnətɔ:ri/ s co-signatário. (pl cosignatories).

co·sine /koʊsaɪn/ s Mat co-seno.

cos·met·ic /kɑ:zmetɪk/ s cosmético. II adj 1 cosmético. 2 decorativo. 3 superficial.

cos·mic /kɑ:zmɪk/ adj 1 cósmico; universal. 2 infinitamente vasto. (var cosmical).

cos·mi·cal /kɑ:zmɪkəl/ → cosmic.

cos·mo·gon·ic /kɑ:zməgɑ:nɪk/ adj cosmogônico. (var cosmogonical).

cos·mo·gon·i·cal /kɑ:zməgɑ:nɪkəl/ → cosmogonic.

cos·mog·o·ny /kɑ:zmɑ:gəni/ s cosmogonia.

cos·mog·ra·pher /kɑ:zmɑ:grəfɚ/ s cosmógrafo.

cos·mog·ra·phy /kɑ:zmɑ:grəfi/ s cosmografia. (pl cosmographies).

cos·mol·o·gist /kɑ:zmɑ:lədʒɪst/ s cosmólogo; cosmologista.

cos·mol·o·gy /kɑ:zmɑ:lədʒi/ s cosmologia. (pl cosmologies).

cos·mo·naut /kɑ:zmənɑ:t/ s astronauta; cosmonauta.

cos·mo·pol·i·tan /kɑ:zməpɑ:lɪtən/ adj e s cosmopolita.

cos·mo·pol·i·tan·ism /kɑ:zməpɑ:lɪtənɪzəm/ s cosmopolitismo.

cos·mop·o·lite /kɑ:zmɑ:pəlaɪt/ s cosmopolita.

cos·mos /kɑ:zmoʊs/ s cosmos; universo.

Cos·sack /kɑ:sæk/ s cossaco.

cos·set /kɑ:sɪt/ v (cossets, cosseting, cosseted, cosseted) acariciar; afagar; amimar. II s animal de estimação.

cost /ka:st/ s 1 preço; custo. 2 despesa; gasto. ‖ v (**costs, costing, cost, cost**) 1 custar; valer. 2 (**costs, costing, costed, costed**) estimar; determinar o custo. ♦ **costs** custas judiciais. **cost of living** custo de vida.

cos·tal /ka:stəl/ adj costal; das costelas.

Cos·ta Ri·ca /koustə ri:kə/ s Costa Rica.

Cos·ta Ri·can /koustə ri:kən/ s e adj costarriquenho; costa-riquenho; costa-riquense.

cos·tive /ka:stɪv/ adj 1 constipado; com prisão de ventre. 2 mesquinho; avaro.

cos·tive·ness /ka:stɪvnəs/ s 1 constipação; prisão de ventre. 2 mesquinharia; avareza.

cost·li·ness /ka:stlɪnəs/ s custo elevado; suntuosidade.

cost·ly /ka:stli/ adj 1 caro; dispendioso. 2 sacrificante. (gr comp **costlier**. gr super **costliest**).

cos·tume /ka:stu:m/ s 1 vestuário; indumentária. 2 traje típico (de país, região). 3 fantasia. ‖ v (**costumes, costuming, costumed, costumed**) 1 vestir-se a caráter. 2 desenhar, prover indumentárias.

cos·tum·er /ka:stu:mə/ s alfaiate ou costureira de fantasias. (var **costumier**).

cos·tum·i·er /ka:stu:miei/ → **costumer**.

co·sy /kouzi/ → **cozy**.

cot /ka:t/ s 1 casinha; choupana. 2 catre. 3 alpendre.

co·tan·gent /koutændʒənt, koutændʒənt/ s Mat co-tangente; cotangente.

cote /kout/ s aprisco; curral.

co·ter·ie /koutəri/ s círculo social.

cot·tage /ka:tɪdʒ/ s casa de campo; chalé.

cot·tag·er /ka:tɪdʒə/ s aldeão; camponês.

cot·ter /ka:tə/ s cavilha; cunha; chaveta.

cot·ton /ka:tən/ s 1 algodão. 2 algodoeiro. 3 fio ou tecido de algodão. ‖ v (**cottons, cottoning, cottoned, cottoned**) 1 inform harmonizar-se; simpatizar. 2 entender.

cotton candy s algodão-doce.

cot·y·le·don /ka:təli:dən/ s Bot e Anat cotilédone.

cot·y·le·don·al /ka:təli:dənəl/ → **cotyledonous**.

cot·y·le·do·nous /ka:təli:dənəs/ adj cotiledôneo. (var **cotyledonal**).

couch /kautʃ/ v (**couches, couching, couched, couched**) 1 acamar; deitar; recostar. 2 reclinar-se. 3 redigir. 4 emboscar; esconder. ‖ s 1 divã. 2 sofá. 3 estrado para secagem de grãos.

cou·gar /ku:gə/ s Zool puma.

cough /ka:f/ v (**coughs, coughing, coughed, coughed**) tossir. ‖ s tosse.

could /kʊd/ v pass de **can**.

could·n't /kʊdənt/ form contr de **could not**.

cou·lisse /ku:li:s/ s 1 corrediça. 2 bastidor (de teatro).

coun·cil /kaunsəl/ s 1 conselho; assembléia. 2 conferência. 3 concílio.

coun·cil·lor /kaunsələ/ → **councilor**.

coun·cil·man /kaunsəlmən/ s masc vereador.

coun·cil·or /kaunsələ/ s vereador. (var **councillor**).

coun·cil·wom·an /kaunsəlwumən/ s fem vereadora.

coun·sel /kaunsəl/ v (**counsels, counseling, counselling, counseled/counselled, counseled/counselled**) 1 aconselhar; recomendar. 2 dar ou pedir conselho. ‖ s 1 conselho; parecer. 2 advogado; jurisconsulto.

coun·sel·or /kaunsələ/ s 1 conselheiro. 2 advogado. (var **counsellor**).

coun·sel·lor /kaunsələ/ → **counselor**.

count /kaunt/ v (**counts, counting, counted, counted**) 1 contar; enumerar. 2 calcular; computar. 3 incluir. 4 considerar. 5 contar com; acreditar; confiar. ‖ s 1 conta. 2 total; soma. 3 estimativa; cômputo. 4 atenção; consideração. 5 conde. 6 Jur artigo de acusação. ♦ **count on** confiar. **count heads/noses** contar pessoas presentes.

count·a·ble /kauntəbəl/ adj contável; computável.

count·down /kauntdaun/ s contagem regressiva.

coun·te·nance /kauntənəns/ s 1 semblante; fisionomia. 2 rosto. 3 aparência; aspecto. ‖ v (**countenances, countenancing, countenanced, countenanced**) aprovar; sancionar.

coun·te·nanc·er /kauntənənsə/ s fautor; sancionador.

coun·ter /ˈkaʊntɚ/ *adj* contrário; oposto. ‖ *adv* contrariamente; inversamente. ‖ *s* **1** contador; calculador. **2** contrário. **3** ficha do tipo moeda usada em jogos. **4** *Esp* contragolpe. **5** contraforte (de calçado). **6** guichê. **7** balcão. ‖ *v* (**counters, countering, countered, countered**) **1** rebater. **2** contra-atacar. **3** opor; opor-se; contrariar.

coun·ter·act /kaʊntɚˈækt/ *v* (**counteracts, counteracting, counteracted, counteracted**) neutralizar (através de ações contrárias).

coun·ter·ac·tion /kaʊntɚˈækʃən/ *s* neutralizaçao (através de açoes contrarias).

coun·ter·ac·tive /kaʊntɚˈæktɪv/ *adj* oposto; contrário.

coun·ter·at·tack /ˈkaʊntɚətæk/ *s* contra-ataque. ‖ *v* (**counterattacks, counterattacking, counterattacked, counterattacked**) contra-atacar.

coun·ter·bal·ance /ˈkaʊntɚbæləns/ *s* contrapeso; equilíbrio. ‖ /kaʊntɚˈbæləns/ *v* (**counterbalances, counterbalancing, counterbalanced, counterbalanced**) contrabalançar; equilibrar.

coun·ter·change /kaʊntɚˈtʃeɪndʒ/ *v* (**counterchanges, counterchanging, counterchanged, counterchanged**) trocar; permutar.

coun·ter·clock·wise /kaʊntɚˈklɑːkwaɪz/ *adv* em sentido anti-horário.

coun·ter·feit /ˈkaʊntɚfɪt/ *v* (**counterfeits, counterfeiting, counterfeited, counterfeited**) **1** falsificar; adulterar. **2** dissimular; fingir. ‖ *s* falsificação; adulteração. ‖ *adj* falsificado.

coun·ter·feit·er /ˈkaʊntɚfɪtɚ/ *s* falsificador; falsário.

coun·ter·foil /ˈkaʊntɚfɔɪl/ *s* canhoto (de talão, recibo, etc.).

coun·ter·mand /kaʊntɚˈmænd, kaʊntɚmænd/ *v* (**countermands, countermanding, countermanded, countermanded**) contra-ordenar; contramandar. ‖ /ˈkaʊntɚmænd/ *s* contra-ordem.

coun·ter·march /kaʊntɚˈmɑːrtʃ/ *v* (**countermarches, countermarching, countermarched, countermarched**) contramarchar. ‖ /ˈkaʊntɚmɑːrtʃ/ *s* contramarcha.

coun·ter·mine /kaʊntɚˈmaɪn/ *v* (**countermines, countermining, countermined, countermined**) contraminar; frustrar. ‖ /ˈkaʊntɚmaɪn/ *s* contramina.

coun·ter·of·fen·sive /kaʊntɚəˈfensɪv/ *s* contra-ofensiva.

coun·ter·of·fer /kaʊntɚˈɔːfɚ/ *s* contra-oferta.

coun·ter·pane /ˈkaʊntɚpeɪn/ *s* coberta de cama; colcha.

coun·ter·part /ˈkaʊntɚpɑːrt/ *s* **1** contrapartida; compensação. **2** sósia. **3** *Jur* cópia de documento.

coun·ter·point /ˈkaʊntɚpɔɪnt/ *s* **1** *Mus* contraponto. **2** contraste.

coun·ter·poise /ˈkaʊntɚpɔɪz/ *s* contrapeso; compensação; equilíbrio. ‖ *v* (**counterpoises, counterpoising, counterpoised, counterpoised**) contrabalançar; equilibrar.

coun·ter·pro·pos·al /kaʊntɚprəpoʊzəl/ *s* contraproposta.

coun·ter·sign /ˈkaʊntɚsaɪn/ *v* (**countersigns, countersigning, countersigned, countersigned**) assinar; rubricar. ‖ *s* senha; contra-senha.

coun·ter·vail /kaʊntɚveɪl, kaʊntɚˈveɪl/ *v* (**countervails, countervailing, countervailed, countervailed**) **1** contrabalançar. **2** compensar. **3** contrapor-se.

coun·ter·weigh /kaʊntɚˈweɪ/ *v* (**counterweighs, counterweighing, counterweighed, counterweighed**) contrabalançar.

coun·ter·weight /ˈkaʊntɚweɪt/ *s* contrapeso.

count·ess /ˈkaʊntɪs/ *s* condessa.

count·ing·house /ˈkaʊntɪŋhaʊs/ *s* escritório comercial. (*tb* **counting house**).

count·less /ˈkaʊntləs/ *adj* incalculável; incontável.

coun·tri·fied /ˈkʌntrɪfaɪd/ *adj* rústico; agreste; rural. (*var* **countryfied**).

coun·try /ˈkʌntri/ *adj* do campo; rústico; rural; campestre. ‖ *s* **1** país; região; nação. **2** pátria. **3** campo; região rural. **4** *Jur* júri. (*pl* **countries**).

country club *s* clube.

coun·try·fied /ˈkʌntrɪfaɪd/ → **countrified**.

coun·try·man /ˈkʌntrɪmən/ *s* **1** camponês. **2** compatriota.

coun·try·side /kʌntrɪsaɪd/ s 1 região rural. 2 habitantes da região rural.

coun·try·wom·an /kʌntrɪwʊmən/ s 1 camponesa. 2 compatriota.

coun·ty /kaʊnti/ s condado; comarca. (pl counties).

cou·ple /kʌpəl/ s 1 par; parelha. 2 casal. 3 inform alguns; vários. ‖ v (couples, coupling, coupled, coupled) 1 ligar; conectar. 2 emparelhar. 3 casar. 4 acasalar.

cou·pler /kʌplə/ s 1 acoplador (rádio e TV). 2 engate. 3 Mús acoplamento de órgão.

cou·pling /kʌplɪŋ/ s 1 acasalamento. 2 ligação; junção.

cou·pon /kuːpɑːn/ s cupom; cupão.

cour·age /kʌrɪdʒ/ s 1 coragem. 2 confiança. 3 valor; bravura.

cou·ra·geous /kəreɪdʒəs/ adj corajoso; valente; destemido; bravo; intrépido.

cou·ra·geous·ness /kəreɪdʒəsnəs/ s coragem; bravura; valentia; intrepidez.

cou·ri·er /kʊriə/ s 1 mensageiro. 2 espião. 3 agente de viagens. 4 guia turístico.

course /kɔːrs/ s 1 curso escolar. 2 direção; rumo; rota. 3 procedimento; conduta. 4 série. 5 método; sistema. 6 corrente. ‖ v (courses, coursing, coursed, coursed) 1 perseguir (caça). 2 seguir. ♦ in due course no tempo certo. of course claro; certamente.

cours·er /kɔːrsə/ s 1 caçador. 2 corcel. 3 cão de caça.

court /kɔːrt/ s 1 paço. 2 corte; residência real. 3 tribunal; sessão de tribunal. 4 quadra de tênis. 5 pátio interno. 6 assembléia legislativa. ‖ v (courts, courting, courted, courted) 1 cortejar; namorar; galantear. 2 solicitar; provocar; atrair. 3 bajular.

cour·te·ous /kɜːrtiəs/ adj cortês; amável; polido.

cour·te·ous·ly /kɜːrtiəsli/ adv cortesmente.

cour·te·ous·ness /kɜːrtiəsnəs/ s cortesia; delicadeza.

cour·te·san /kɔːrtəzən/ s cortesã; prostituta.

cour·te·sy /kɜːrtəsi/ s 1 cortesia; reverência; polidez. 2 indulgência. 3 generosidade. (pl courtesies). ‖ adj dado como cortesia; grátis.

court·i·er /kɔːrtiə/ s 1 cortesão; homem da corte. 2 cortejador.

court·li·ness /kɔːrtlɪnəs/ s cortesia; polidez.

court·ly /kɔːrtli/ adj 1 cortesão; palaciano. 2 cortês; lisonjeiro. 3 elegante; refinado. (gr comp courtlier. gr super courtliest). ‖ adv elegantemente; polidamente.

court-mar·tial /kɔːrtmɑːrʃəl/ s corte marcial; conselho de guerra. (pl courts-martial). ‖ v (court-martials, court-martialing/court-martialling, court-martialed/court-martialled, court-martialed/court-martialled) submeter à corte marcial.

court·room /kɔːrtruːm/ s Jur sala de tribunal.

court·ship /kɔːrtʃɪp/ s corte; namoro.

court·yard /kɔːrtjɑːrd/ s pátio.

cous·in /kʌzən/ s primo; prima.

cove /koʊv/ s 1 angra; enseada. 2 vale estreito. 3 caverna. 4 Arq moldura côncava. 5 passagem entre montanhas. ‖ v (coves, coving, coved, coved) arquear.

cov·e·nant /kʌvənənt/ s 1 pacto. 2 convenção. 3 Jur contrato formal. 4 barganha. ‖ v (covenants, covenanting, covenanted, covenanted) 1 contratar; pactuar. 2 prometer.

cov·e·nant·er /kʌvənəntə/ s contratante.

cov·er /kʌvə/ v (covers, covering, covered, covered) 1 cobrir; tapar. 2 vestir. 3 encobrir; ocultar. 4 incluir; abranger; compreender. 5 compensar. 6 encapar; revestir. 7 estender; pôr sobre. 8 percorrer. 9 viajar. 10 ser suficiente. 11 pôr o chapéu. 12 copular. ‖ s 1 cobertura. 2 tampa. 3 abrigo; resguardo. 4 envelope. 5 capa protetora para móveis ou colchão. 6 capa de livro. 7 talher. 8 véu. 9 disfarce. 10 pretexto. 11 invólucro; envoltório. ♦ cover the tracks esconder as pistas. take cover procurar proteção.

cov·er·age /kʌvərɪdʒ/ s cobertura; alcance; abrangência.

cov·er·ing /kʌvərɪŋ/ s 1 cobertura. 2 capa.

cov·ert /koʊvɜːrt, kʌvət, koʊvɜːrt/ adj 1 coberto; abrigado. 2 escondido. 3 secreto ‖ /kʌvət, koʊvət/ s 1 esconderijo; abrigo. 2 proteção.

cov·er·ture /kˈʌvətʃə/ s 1 cobertura; abrigo. 2 esconderijo. 3 disfarce. 4 estado matrimonial (da mulher).

cov·et /kˈʌvɪt/ v (covets, coveting, coveted, coveted) 1 cobiçar; invejar. 2 desejar.

cov·et·a·ble /kˈʌvɪtəbəl/ adj 1 cobiçável. 2 desejável.

cov·et·ous /kˈʌvətəs/ adj 1 cobiçoso; invejoso. 2 ganancioso.

cov·et·ous·ly /kˈʌvətəsli/ adv 1 cobiçosamente. 2 gananciosamente.

cov·et·ous·ness /kˈʌvətəsnəs/ s 1 cobiça; inveja. 2 ganância.

cov·ey /kˈʌvi/ s 1 bando de pássaros. 2 reunião.

cow /kaʊ/ s 1 vaca. 2 fêmea de vários animais (baleia, elefante, rinoceronte, etc.). 3 gado em geral. ‖ v (cows, cowing, cowed, cowed) intimidar; amedrontar. ♦ till the cows come home inform indefinidamente.

cow·ard /kaʊəd/ adj e s covarde; medroso.

cow·ard·ice /kaʊə·dɪs/ s covardia; medo.

cow·ard·ly /kaʊə·dli/ adv covardemente. ‖ adj medroso; covarde.

cow·bell /kaʊbel/ s cincerro da vaca.

cow·boy /kaʊbɔɪ/ s masc 1 vaqueiro; boiadeiro. 2 aventureiro.

cow·catch·er /kaʊkætʃə/ s limpa-trilhos da locomotiva.

cow·er /kaʊə/ v (cowers, cowering, cowered, cowered) encolher-se (de medo); tremer.

cow·girl /kaʊgɜːrl/ s fem vaqueira; boiadeira.

cow·herd /kaʊhɜːrd/ s vaqueiro.

cow·hide /kaʊhaɪd/ s 1 couro de vaca. 2 relho; chicote de couro cru. ‖ v (cowhides, cowhiding, cowhided, cowhided) chicotear; açoitar.

cowl /kaʊl/ s 1 capuz de frade. 2 chapéu de chaminé. 3 frente de automóvel. ‖ v (cowls, cowling, cowled, cowled) encapuzar.

cow·man /kaʊmən/ s 1 criador de gado. 2 vaqueiro.

co·work·er /koʊwɜːrkə/ s 1 colaborador. 2 colega de trabalho. (tb co-worker).

cow·shed /kaʊʃed/ s estábulo.

coy /kɔɪ/ adj 1 acanhado; reservado. 2 recatado; pudico. 3 modesto.

coy·ness /kɔɪnəs/ s 1 modéstia. 2 reserva. 3 timidez.

coy·o·te /kaɪoˈuːtiː, kaɪouˈtiː/ s Zool coiote.

coz·en /kˈʌzən/ v (cozens, cozening, cozened, cozened) 1 enganar. 2 defraudar.

coz·en·er /kˈʌzənə/ s enganador.

co·zy /kˈoʊzi/ s abafador de chá. (pl cozies ou cosies). ‖ adj aconchegante; confortável. (gr comp cozier ou cosier. gr super coziest ou cosiest). ‖ v (cozies/cosies, cozying/cosying, cozied/cosied, cozied/cosied) negociar amigavelmente. (var cosy).

CPU /sˈiːpˈiːjˈuː/ abrev de Central Processing Unit; unidade central de processamento.

crab /kræb/ s 1 Zool caranguejo. 2 Astrol e Astron maíus Caranguejo. 3 homem rabugento. ‖ v (crabs, crabbing, crabbed, crabbed) 1 andar como caranguejo. 2 inform criticar. 3 inform estragar; arruinar.

crab·bed /kræbɪd/ adj 1 áspero; rabugento. 2 complicado. 3 ininteligível (escrita).

crack /kræk/ s 1 estalo; estalido; estampido. 2 quebra; fratura. 3 abertura estreita. 4 mudança na voz. 5 instante; momento. 6 tentativa. 7 piada; chiste. 8 crack (droga). 9 fenda; racha; fissura. ‖ adj excelente; de primeira linha. ‖ v (cracks, cracking, cracked, cracked) 1 estalar. 2 rachar; trincar. 3 quebrar. 4 arrombar. 5 entrar em colapso. 6 solucionar. 7 ficar rouco. ♦ crack up 1 elogiar. 2 danificar. crack down reprimir.

crack·er /krækə/ s 1 petardo; bombinha; busca-pé. 2 instrumento para extração de petróleo. 3 biscoito de água e sal.

crack·le /krækəl/ v (crackles, crackling, crackled, crackled) 1 estalar; crepitar. 2 brilhar. 3 fazer craquelê em porcelana.

cra·dle /kreɪdl/ s 1 berço. 2 lugar de nascimento. 3 terra natal. 4 infância. ‖ v (cradles, cradling, cradled, cradled) 1 deitar no berço. 2 segurar no colo; embalar.

craft /kræft/ s 1 arte; ofício; habilidade; destreza. 2 manha. 3 embarcação; avião. ‖ v (crafts, crafting, crafted, crafted) produzir algo manualmente.

crafts·man /krǽftsmən/ s artífice; artesão.

crag /kræg/ s despenhadeiro; abismo.

crag·gy /krǽgi/ adj escabroso; escarpado. (gr comp **craggier**. gr super **craggiest**).

crake /kreɪk/ s Zool codorniz.

cram /kræm/ s abarrotamento; saciedade. ‖ v (**crams**, **cramming**, **crammed**, **crammed**) 1 abarrotar; encher. 2 inform estudar apressadamente para um exame. 3 saciar.

cramp /kræmp/ s 1 grampo; gancho. 2 prensa. 3 cãibra. 4 impedimento; obstáculo. ‖ v (**cramps**, **cramping**, **cramped**, **cramped**) 1 espasmar. 2 engatar; apertar numa prensa. ‖ adj 1 restrito; estreito. 2 difícil de ler. ♦ **cramps** cólicas menstruais; espasmos.

cram·pon /krǽmpɑ:n/ s 1 gancho de ferro. 2 guarnições de ferro usadas por alpinistas.

crane /kreɪn/ s 1 Zool grou. 2 grua; guindaste. ‖ v (**cranes**, **craning**, **craned**) 1 suspender por meio de grua; içar. 2 estender o pescoço para ver algo. 3 hesitar.

cra·ni·ol·o·gist /kreɪniɑ:lədʒɪst/ s craniologista; craniólogo.

cra·ni·ol·o·gy /kreɪniɑ:lədʒi/ s craniologia.

cra·ni·um /kreɪniəm/ s crânio. (pl **craniums** /kreɪniəmz/ ou **crania** /kreɪniə/).

crank /kræŋk/ s 1 manivela; alavanca. 2 inform pessoa excêntrica. 3 trocadilho de palavras. ‖ adj excêntrico. ‖ v (**cranks**, **cranking**, **cranked**, **cranked**) 1 girar manivela. 2 alavancar. 3 ziguezaguear. ♦ **crank out** produzir rapidamente. **crank up** impulsionar.

crank·y /krǽŋki/ adj 1 indisposto. 2 excêntrico. 3 sinuoso. (gr comp **crankier**. gr super **crankiest**).

cran·ny /krǽni/ s fenda; rachadura. (pl **crannies**).

crape /kreɪp/ s 1 → **crepe**. 2 faixa na manga para luto. ‖ v (**crapes**, **craping**, **craped**, **craped**) 1 cobrir. 2 franzir; encrespar.

crap·u·lence /krǽpjələns/ s 1 intemperança; glutonaria. 2 bebedeira; ressaca.

crap·u·lent /krǽpjələnt/ adj 1 ébrio; embriagado. 2 com ressaca. 3 glutão. (var **crapulous**).

crap·u·lous /krǽpjələs/ → **crapulent**.

crash /kræʃ/ s 1 colisão; choque; batida. 2 desastre. 3 ruído de quebra; estrondo. 4 falência. 5 gír depressão (devido ao uso de drogas). 6 tecido de linho grosso. ‖ adj a todo vapor; com todos os recursos. ‖ v (**crashes**, **crashing**, **crashed**, **crashed**) 1 causar colisão ou desastre. 2 colidir ou cair ruidosamente. 3 estalar. 4 falir. 5 penetrar (festa). 6 entrar em depressão (devido ao uso de drogas). 7 esmagar.

crass /kræs/ adj crasso; grosseiro.

crass·ly /krǽsli/ adv crassamente; grosseiramente.

crass·ness /krǽsnəs/ s grosseria.

crate /kreɪt/ s 1 engradado; caixote. 2 gír automóvel velho. ‖ v (**crates**, **crating**, **crated**, **crated**) pôr em engradados; encaixotar.

cra·ter /kreɪtɚ/ s cratera. ‖ v (**craters**, **cratering**, **cratered**, **cratered**) abrir crateras.

crave /kreɪv/ v (**craves**, **craving**, **craved**, **craved**) 1 rogar; suplicar. 2 ambicionar; ansiar; desejar. 3 necessitar.

cra·ven /kreɪvən/ s covarde. ‖ adj covarde; medroso.

cra·ven·ness /kreɪvənəs/ s covardia.

crav·er /kreɪvɚ/ s 1 suplicante. 2 necessitado.

crav·ing /kreɪvɪŋ/ s desejo ardente.

craw /krɑ:/ s 1 papo das aves. 2 estômago de animais. ♦ **stick in the craw** causar descontentamento.

craw·fish /krɑ:fɪʃ/ → **crayfish**. (pl **crawfish** ou **crawfishes**).

crawl /krɑ:l/ s 1 rastejo; rastejamento. 2 nado livre. 3 passos lentos. ‖ v (**crawls**, **crawling**, **crawled**, **crawled**) 1 arrastar-se; rastejar. 2 engatinhar. 3 fervilhar.

crawl·er /krɑ:lɚ/ s 1 o que rasteja; réptil; verme. 2 veículo que se move sobre cintas de metal (escavadora).

cray·fish /kreɪfɪʃ/ s camarão-d'água-doce. (var **crawfish**. pl **crayfish** ou **crayfishes**).

cray·on /kreɪɑ:n/ s 1 creiom; lápis de cera ou carvão. 2 desenho feito com creiom.

craze /kreɪz/ s 1 febre; moda passageira; mania. 2 trinca. ‖ v (crazes, crazing, crazed, crazed) 1 enlouquecer. 2 trincar.

cra·zi·ness /kreɪzɪnəs/ s demência; loucura.

cra·zy /kreɪzi/ adj louco; demente. (gr comp crazier. gr super craziest). ‖ s louco; insano. (pl crazies). ♦ like crazy de forma excessiva.

creak /kri:k/ s som áspero; chiado. ‖ v (creaks, creaking, creaked, creaked) 1 chiar. 2 ranger.

creak·y /kri:ki/ adj 1 rangente; rangedor. 2 decrépito; deteriorado. (gr comp creakier. gr super creaklest).

cream /kri:m/ s 1 creme; nata. 2 cor de creme. 3 a melhor parte. 4 pomada; creme. ‖ v (creams, creaming, creamed, creamed) 1 desnatar. 2 pôr creme. 3 formar nata ou creme. 4 escolher o melhor. 5 bater para formar creme. 6 gír defender expressivamente.

cream·er /kri:mə/ s 1 pote para creme. 2 desnatadeira.

cream·er·y /kri:məri/ s fábrica de laticínios. (pl creameries).

cream·y /kri:mi/ adj cremoso. (gr comp creamier. gr super creamiest).

crease /kri:s/ s 1 prega; dobra; ruga. ‖ v (creases, creasing, creased, creased) 1 dobrar; enrugar. 2 ferir superficialmente.

creas·y /kri:si/ adj enrugado; rugoso.

cre·ate /krieɪt/ v (creates, creating, created, created) 1 criar. 2 produzir. 3 inventar.

cre·a·tion /krieɪʃən/ s criação.

cre·a·tive /krieɪtɪv/ adj 1 criativo. 2 produtivo. 3 imaginativo.

cre·a·tive·ness /krieɪtɪvnəs/ s criatividade; poder de criador.

cre·a·tor /krieɪtə/ s criador; inventor.

crea·ture /kri:tʃə/ s 1 criatura. 2 ser humano. 3 ente.

cre·dence /kri:dns/ s 1 crédito; crença. 2 recomendação; credencial. 3 Ecles credência do altar.

cre·den·tial /krɪdenʃəl/ s credencial. ‖ v (credentials, credentialing, credentialed, credentialed) credenciar.

cred·i·bil·i·ty /kredəbɪləti/ s credibilidade.

cred·i·ble /kredəbəl/ adj crível; plausível.

cred·it /kredɪt/ s 1 crédito; confiança. 2 reputação. 3 honra. 4 certificação. 5 crédito (de mercado). ‖ v (credits, crediting, credited, credited) 1 acreditar. 2 prestar crédito a; vender a crédito. 3 confiar. 4 atribuir. ♦ credits créditos de filme ou publicação.

cred·it·a·ble /kredɪtəbəl/ adj 1 meritório; louvável. 2 crível. 3 atribuível. 4 idôneo; que pode receber crédito comercial.

credit card /kredɪt ka:rd/ s cartão de crédito.

cred·i·tor /kredɪtə/ s credor.

cre·do /kri:dou, kreɪdou/ s credo. (pl credos).

cre·du·li·ty /krədu:ləti/ s credulidade.

cred·u·lous /kredʒələs/ adj 1 crédulo. 2 ingênuo; cândido.

cred·u·lous·ly /kredʒələsli/ adv ingenuamente.

cred·u·lous·ness /kredʒələsnəs/ s credulidade.

creed /kri:d/ s 1 crença; profissão de fé. 2 credo; doutrina.

creek /kri:k/ s córrego; regato; canal. ♦ up the creek ou up the creek without a paddle em dificuldades.

creel /kri:l/ s 1 cesto de pescador. 2 Mec grade.

creep /kri:p/ s 1 arrastamento. 2 calafrio. 3 gír pessoa que causa arrepios, repulsiva, estúpida. 4 Eletrôn queda de potência. ‖ v (creeps, creeping, crept, crept) 1 arrastar-se; rastejar. 2 Bot trepar; subir paredes. 3 engatinhar. 4 formigar. 5 sentir calafrios; arrepiar-se. 6 mover-se furtivamente. 7 escapulir; deslizar. ♦ creeps inform repugnância.

creep·er /kri:pə/ s 1 réptil. 2 rastejador. 3 Bot planta rasteira ou trepadeira. 4 dreno.

creep·ing /kri:pɪŋ/ adj crescente; em desenvolvimento.

creep·y /kri:pi/ adj 1 amedrontador; arrepiante. 2 repulsivo. (gr comp creepier. gr super creepiest).

cre·mate /kri:meɪt, krɪmeɪt/ v (cremates, cremating, cremated, cremated) cremar; incinerar.

cre·ma·tion /krɪmeɪʃən/ s cremação.

cre·ma·tor /krɪ̱meɪtəʳ/ s cremador; incinerador.

cre·ma·to·ri·um /kriːmətɔ̱ːriəm/ s crematório. (pl crematoriums /kriːmətɔ̱ːriəmz/ ou crematoria /kriːmətɔ̱ːriə/).

cre·ma·to·ry /kri̱mətɔːri, kremətɔːri/ adj e s crematório. (pl crematories).

cre·o·sote /kri̱ːəsoʊt/ s creosoto. II v (creosotes, creosoting, creosoted, creosoted) creosotar.

crepe /kreɪp/ s crepe; tecido fino. (var crape).

crep·i·tant /kre̱pɪtənt/ adj crepitante.

crep·i·tate /kre̱pɪteɪt/ v (crepitates, crepitating, crepitated, crepitated) crepitar.

crep·i·ta·tion /krepɪteɪ̱ʃən/ s crepitação.

cre·pus·cle /krɪpʌ̱səl/ → crepuscule.

cre·pus·cu·lar /krɪpʌ̱skjələʳ/ adj crepuscular; ofuscante.

cre·pus·cule /krɪpʌ̱skjuːl/ s crepúsculo. (var crepuscle).

cres·cen·do /krɪʃe̱ndoʊ/ s Mús crescendo. (pl crescendos /krɪʃe̱ndoʊz/ ou crescendi /krɪʃe̱ndiː/). II adj 1 Mús em crescendo. 2 intensificado. II adv de forma crescente. II v (crescendoes, crescendoing, crescendoed, crescendoed) crescer; intensificar.

cres·cent /kre̱sənt/ s 1 quarto crescente (lua). 2 objeto em forma de meia-lua. II adj 1 luniforme; em forma de meia-lua. 2 crescente.

cress /kres/ s Bot agrião.

cres·set /kre̱sɪt/ s lâmpada a óleo; lamparina.

crest /krest/ s 1 crista de ave. 2 crina do cavalo. 3 brasão. 4 elmo. 5 decoração de elmo. 6 topo (de montanha); crista (de onda). II v (crests, cresting, crested, crested) 1 colocar crista ou decoração no topo. 2 alcançar o topo.

crest·fall·en /kre̱stfɔːlən/ adj deprimido; desanimado.

crest·fall·en·ness /kre̱stfɔːlənnəs/ s depressão; desânimo.

Cre·ta·ceous /krɪteɪ̱ʃəs/ adj cretáceo. II s Geol período cretáceo.

cre·tin /kri̱ːtən/ s 1 cretino; imbecil. 2 gír idiota.

cre·tin·ism /kri̱ːtənɪzəm/ s Med cretinismo.

cre·tin·ous /kri̱ːtənəs/ adj cretino; imbecil.

cre·tonne /kriːtɑ̱ːn, krɪtɑ̱ːn/ s cretone.

cre·vasse /krəvæ̱s/ s 1 fenda de geleira. 2 brecha ou fissura em um dique. II v (crevasses, crevassing, crevassed, crevassed) fender.

crev·ice /kre̱vɪs/ s fenda; abertura.

crew /kruː/ s 1 tripulação. 2 multidão; turba. 3 gangue. 4 Esp time de remadores. II v (crews, crewing, crewed, crewed) tripular.

crew·el /kru̱ːəl/ s meada de linha para bordar.

crib /krɪb/ s 1 manjedoura. 2 curral. 3 pequeno celeiro. 4 choça. 5 berço. 6 plágio. 7 roubo. 8 cesto de vime. II v (cribs, cribbing, cribbed, cribbed) 1 roubar. 2 plagiar. 3 confinar; encerrar.

crick /krɪk/ s cãibra. II v (cricks, cricking, cricked, cricked) causar cãibra.

crick·et /kri̱kɪt/ s 1 Esp críquete. 2 grilo. 3 banco de madeira para os pés. 4 espírito esportivo. II v (crickets, cricketing, cricketed, cricketed) Esp jogar críquete.

crick·et·eer /kri̱kɪtɪʳ/ → cricketer.

crick·et·er /kri̱kɪtəʳ/ s Esp jogador de críquete. (var cricketeer).

cri·er /kra̱ɪəʳ/ s 1 pregoeiro; marreteiro. 2 Jur oficial de justiça.

crime /kraɪm/ s 1 crime; delito. 2 atividade ilegal. 3 ofensa; pecado.

crim·i·nal /kri̱mɪnəl/ s criminoso. II adj criminal; criminoso.

criminal law s Jur direito penal.

crim·i·nal·i·ty /krɪmənæ̱ləti/ s criminalidade. (pl criminalities).

crim·i·nate /kri̱mɪneɪt/ v (criminates, criminating, criminated, criminated) incriminar; culpar; acusar.

crim·i·na·tion /krɪmɪneɪ̱ʃən/ s incriminação; imputação de crime.

crim·i·nol·o·gist /krɪmɪnɑ̱ːlədʒɪst/ s criminologista.

crim·i·nol·o·gy /krɪmɪnɑ̱ːlədʒi/ s criminologia.

crimp /krɪmp/ s 1 prega. 2 encrespamento; ondulação. 3 recrutador para o serviço militar. 4 cachos; anéis. 5 embargo.

ǁ v (**crimps, crimping, crimped, crimped**)
1 preguear. 2 moldar. 3 encrespar; frisar. 4 embargar. 5 recrutar.

crimp·er /krɪmpɚ/ s frisador; ferro de frisar cabelo.

crimp·y /krɪmpi/ adj encrespado; ondulado. (gr comp **crimpier**. gr super **crimpiest**).

crim·son /krɪmzən/ s carmesim; vermelho.
ǁ v (**crimsons, crimsoning, crimsoned, crimsoned**) avermelhar; carminar.

cringe /krɪndʒ/ s adulação; servilismo. ǁ v (**cringes, cringing, cringed, cringed**) 1 adular; bajular. 2 encolher-se (de medo).

crin·kle /krɪŋkəl/ s 1 ondulação; ruga; dobra; prega. 2 rangido. ǁ v (**crinkles, crinkling, crinkled, crinkled**) 1 ondear; enrugar. 2 amarrotar. 3 ranger.

crin·kly /krɪŋkli/ adj ondulado; enrugado. (gr comp **crinklier**. gr super **crinkliest**).

crin·o·line /krɪnəlɪn/ s crinolina (tecido).

crip·ple /krɪpəl/ s 1 coxo; inválido. 2 estropiado; defeituoso. ǁ v (**cripples, crippling, crippled, crippled**) 1 aleijar; coxear. 2 estragar; estropiar; danificar.

cri·sis /kraɪsɪs/ s crise; conflito. (pl **crises** /kraɪsi:z/).

crisp /krɪsp/ adj 1 crespo; ondeado. 2 sinuoso; tortuoso. 3 crocante. 4 fresco. 5 revigorante. 6 claro; conciso. ǁ s algo crocante, fresco, revigorante. ǁ v (**crisps, crisping, crisped, crisped**) encaracolar; ondear; encrespar.

crisp·er /krɪspɚ/ s refrigerador.

crisp·ness /krɪspnəs/ s 1 crespidão. 2 frescor; revigoramento.

crisp·y /krɪspi/ adj 1 fresco. 2 crocante. 3 crespo. (gr comp **crispier**. gr super **crispiest**).

criss·cross /krɪskrɑːs/ s 1 desenho de linhas cruzadas. 2 conflito. ǁ adv em forma de cruz. ǁ adj cruzado. ǁ v (**crisscrosses, crisscrossing, crisscrossed, crisscrossed**) 1 marcar com linhas cruzadas. 2 mover-se para frente e para trás.

cri·te·ri·on /kraɪtrɪən/ s critério; norma. (pl **criterions** /kraɪtrɪənz/ ou **criteria** /kraɪtrɪə/).

crit·ic /krɪtɪk/ s crítico; censor.

crit·i·cal /krɪtɪkəl/ adj 1 crítico; severo; escrupuloso. 2 decisivo; crucial.

crit·i·cal·ly /krɪtɪkəli/ adv severamente.

crit·i·cal·ness /krɪtɪkəlnəs/ s 1 severidade; escrúpulo. 2 estado crítico.

crit·i·cism /krɪtɪsɪzəm/ s 1 crítica. 2 julgamento. 3 artigo (de jornal ou revista). 4 crítica literária.

crit·i·ciz·a·ble /krɪtɪsaɪzəbəl/ adj criticável.

crit·i·cize /krɪtɪsaɪz/ v (**criticizes, criticizing, criticized, criticized**) criticar.

cri·tique /krɪtɪk/ s 1 crítica. 2 arte do criticismo. 3 comentário crítico. ǁ v (**critiques, critiquing, critiqued, critiqued**) discutir de forma crítica.

croak /kroʊk/ s 1 o crocitar do corvo. 2 o grasnar da rã. 3 som desagradável. ǁ v (**croaks, croaking, croaked, croaked**) 1 grasnar; crocitar. 2 resmungar. 3 gír matar. 4 gír morrer.

croak·er /kroʊkɚ/ s 1 grasnador; rosnador. 2 resmungão.

Croat /kroʊæt/ s croata.

Cro·a·tia /kroʊeɪʃə/ s Croácia.

Cro·a·tian /kroʊeɪʃə/ adj croata.

cro·chet /kroʊʃeɪ/ s crochê. ǁ v (**crochets, crocheting, crocheted, crocheted**) fazer crochê.

crock /krɑːk/ s 1 vaso de cerâmica. 2 caco de cerâmica. 3 tolice; bobagem.

crock·er·y /krɑːkɚi/ s artefatos de cerâmica.

croc·o·dile /krɑːkədaɪl/ s Zool crocodilo.

crone /kroʊn/ s mulher muito feia e velha; bruxa.

cro·ny /kroʊni/ s camarada; velho amigo. (pl **cronies**).

crook /krʊk/ s 1 gancho. 2 cajado de pastor. 3 inform trapaceiro. ǁ v (**crooks, crooking, crooked, crooked**) curvar.

crook·ed /krʊkɪd/ adj 1 curvo; torcido; torto. 2 inform desonesto; fraudulento.

crook·ed·ness /krʊkɪdnəs/ s 1 curvatura. 2 desonestidade; maldade.

croon /kruːn/ s canto ou som suave. ǁ v (**croons, crooning, crooned, crooned**) 1 cantar de forma suave. 2 cantar com sentimento.

croon·er /kruːnɚ/ s cantor.

crop /krα:p/ s 1 colheita; ceifa. 2 safra; produção. 3 quantidade; porção. 4 corte de cabelos. 5 cabelo curto. 6 marca em animais. 7 chicote curto de montaria. || v (**crops, cropping, cropped, cropped**) 1 colher; ceifar. 2 cortar bem curto. 3 podar. 4 aflorar; surgir; aparecer. 5 semear; plantar.

crop·per /krα:pə/ s 1 cultivador; agricultor. 2 queda violenta. 3 fiasco.

cro·sier /kroυʒə/ s cajado de bispo ou abade. (var **crozier**).

cross /krα:s/ s 1 cruz; crucifixo. 2 tormento; aflição. 3 contrariedade; revés. 4 cruzamento. 5 Bot enxerto. 6 gír competição ou disputa fraudulenta. 7 interseção. || v (**crosses, crossing, crossed, crossed**) 1 cruzar; atravessar. 2 marcar, riscar com um X. 3 afligir. 4 contradizer. 5 cruzar (um cheque). 6 encontrar. 7 interromper; impedir. 8 arruinar. 9 enxertar. 10 fazer o sinal da cruz. || adj 1 atravessado; transversal. 2 em cruz. 3 oposto; infeliz; desfavorável. 4 híbrido. ♦ **cross swords** discutir; brigar.

cross·bar /krα:sbα:r/ s viga; trave.

cross·bones /krα:sboυnz/ s pl ossos postos em cruz sob um crânio para simbolizar a morte.

cross·bred /krα:sbred/ adj e s mestiço; híbrido. || v pass e part pass de crossbreed.

cross·breed /krα:sbri:d/ v (**crossbreeds, crossbreeding, crossbred, crossbred**) cruzar; enxertar (espécies). || s resultado do cruzamento ou enxerto.

cross-eye /krα:saɪ/ s estrabismo.

cross-eyed /krα:saɪd/ adj estrábico.

cross·fire /krα:sfaɪə/ s fogo cruzado.

cross·ing /krα:sɪŋ/ s 1 travessia. 2 interseção. 3 encruzilhada.

cross-leg·ged /krα:slegəd/ adj e adv de pernas cruzadas.

cross·o·ver /krα:soυvə/ s 1 cruzamento. 2 comutação de via férrea. 3 sobreposição de estilos. 4 membro de partido político.

cross·patch /krα:spætʃ/ s pessoa irascível; resmungão.

cross-pur·pose /krα:spɜ:rpəs/ s contradição; propósito contrário.

cross-ref·er·ence /krα:srefərəns, krα:srefə-əns/ s referência ou índice remissivo. || v (**cross-references, cross-referencing, cross-referenced, cross-referenced**) fazer índice remissivo.

cross·road /krα:sroυd/ s estrada, rua transversal. ♦ **crossroads** us v sing 1 encruzilhada. 2 ponto crucial. 3 lugar centralizado.

cross section s 1 corte transversal. 2 inform variedade. 3 grupo representativo de uma população. (tb **cross-section**).

cross-stitch /krα:stɪtʃ/ s 1 ponto de cruz. 2 bordado feito em ponto de cruz. || v (**cross-stitches, cross-stitching, cross-stitched, cross-stitched**) bordar ponto de cruz.

cross·ways /krα:sweɪz/ → **crosswise**.

cross·wise /krα:swaɪz/ adv transversalmente; de través. || adj atravessado. (var **crossways**).

cross-word puzzle /krα:sw3:rd pʌzəl/ s palavras cruzadas.

crotch /krα:tʃ/ s 1 forquilha. 2 bifurcação.

crotch·et /krα:tʃət/ s 1 excentricidade. 2 Mús semínima.

crotch·et·y /krα:tʃəti/ adj extravagante; excêntrico.

crouch /kraυtʃ/ v (**crouches, crouching, crouched, crouched**) 1 abaixar-se. 2 bajular. 3 inclinar-se; encolher-se (por medo, timidez ou humilhação). || s agachamento; postura de subserviência.

croup /kru:p/ s 1 anca de cavalo. 2 Med crupe.

crou·pi·er /kru:pieɪ/ s crupiê; banqueiro de jogo.

crow /kroυ/ s 1 Zool corvo. 2 canto do galo. 3 grito de satisfação. || v (**crows, crowing, crowed, crowed**) 1 cantar como galo. 2 exultar.

crowd /kraυd/ s 1 multidão. 2 população. 3 grupo; turma. 4 bloco; massa; ajuntamento. || v (**crowds, crowding, crowded, crowded**) 1 amontoar; encher completamente. 2 apertar; comprimir. ♦ **crowd on sail** Náut forçar as velas da embarcação.

crown /kraυn/ s 1 coroa. 2 grinalda. 3 soberania. 4 galardão; prêmio; recompensa.

5 crista; cume; cimo. **6** parte superior do dente. **7** glória; apogeu. **8** *Náut* parte de baixo da âncora. ‖ *v* (**crowns, crowning, crowned, crowned**) **1** coroar. **2** premiar. **3** completar. **4** aperfeiçoar. **5** proteger. **6** consumar; acabar. **7** fazer dama (no jogo de damas). **8** *inform* bater na cabeça.

crozier /ˈkroʊʒɚ/ → **crosier**.

cru·cial /ˈkruːʃəl/ *adj* **1** crucial; importante. **2** decisivo; conclusivo.

cru·ci·fer /ˈkruːsɪfɚ/ *s* cruciferário.

cru·ci·fix /ˈkruːsɪfɪks/ *s* crucifixo.

cru·ci·fix·ion /kruːsəˈfɪkʃən/ *s* **1** crucificação. **2** grande sofrimento.

cru·ci·fy /ˈkruːsɪfaɪ/ *v* (**crucifies, crucifying, crucified, crucified**) **1** crucificar. **2** atormentar; afligir; mortificar.

crude /kruːd/ *adj* **1** cru. **2** bruto; não-refinado. **3** inábil. ‖ *s* petróleo não-refinado.

crude·ly /ˈkruːdli/ *adv* cruamente.

crude·ness /ˈkruːdnəs/ *s* **1** crueza. **2** imperfeição. **3** falta de refinamento.

cru·di·ty /ˈkruːdəti/ *s* crueza; dureza.

cru·el /ˈkruːəl/ *adj* **1** cruel; brutal; selvagem; bárbaro. **2** pungente; doloroso; aflitivo.

cru·el·ty /ˈkruːəlti/ *s* crueldade. (*pl* **cruelties**).

cru·et /ˈkruːɪt/ *s* galheta.

cruise /kruːz/ *s* cruzeiro, viagem de navio. ‖ *v* (**cruises, cruising, cruised, cruised**) fazer cruzeiro; cruzar o mar.

cruis·er /ˈkruːzɚ/ *s* **1** cruzador (navio). **2** carro patrulha.

crumb /krʌm/ *v* (**crumbs, crumbing, crumbed, crumbed**) **1** esmigalhar; fracionar. **2** cobrir com migalhas. **3** limpar migalhas. ‖ *s* **1** migalha. **2** miolo de pão. **3** *gír* pessoa desprezível.

crum·ble /ˈkrʌmbəl/ *v* (**crumbles, crumbling, crumbled, crumbled**) **1** esmigalhar; fracionar. **2** desintegrar.

crum·ple /ˈkrʌmpəl/ *v* (**crumples, crumpling, crumpled, crumpled**) **1** dobrar; vincar. **2** encolher-se. **3** sofrer colapso. ‖ *s* ruga; prega; dobra.

crunch /krʌntʃ/ *v* (**crunches, crunching, crunched, crunched**) **1** esmagar; triturar. **2** mastigar com ruído. **3** produzir tal ruído. ‖ *s* **1** mastigação ruidosa. **2** confronto decisivo. **3** momento crítico; clímax.

crup·per /ˈkrʌpɚ/ *s* **1** rabicho do arreio do cavalo. **2** garupa; ancas de cavalo.

cru·sade /kruːˈseɪd/ *s* **1** cruzada. **2** movimento em prol de alguma causa. ‖ *v* (**crusades, crusading, crusaded, crusaded**) tomar parte numa cruzada.

cru·sad·er /kruːˈseɪdɚ/ *s* cruzado, o que toma parte numa cruzada.

cruse /kruːz/ *s* taça; jarro; bilha de barro.

crush /krʌʃ/ *v* (**crushes, crushing, crushed, crushed**) **1** esmagar. **2** esmigalhar; moer. **3** comprimir; apertar. **4** subjugar. **5** oprimir. **6** amassar; amarrotar. ‖ *s* **1** esmagamento. **2** compressão violenta. **3** multidão; aglomeração. **4** *inform* paixão passageira. ♦ **have a crush on someone** estar interessado em alguém; estar apaixonado por alguém.

crushed /krʌʃt/ *adj* **1** moído. **2** pulverizado. **3** oprimido; subjugado.

crush·er /ˈkrʌʃɚ/ *s* **1** esmagador. **2** opressor.

crust /krʌst/ *s* **1** crosta. **2** côdea. **3** borra do vinho. **4** *Med* escara. **5** *inform* atrevimento; ousadia. ‖ *v* (**crusts, crusting, crusted, crusted**) criar crosta; encodear.

crus·ta·cean /krʌsˈteɪʃən/ *adj* e *s* crustáceo.

crus·ta·ceous /krʌsˈteɪʃəs/ *adj* **1** crustáceo. **2** coberto com crosta.

crust·y /ˈkrʌsti/ *adj* **1** coberto de crosta; encodeado. **2** impertinente; rabugento. (*gr comp* **crustier**. *gr super* **crustiest**).

crutch /krʌtʃ/ *s* **1** muleta; apoio; suporte. **2** apoio; descanso. **3** forquilha. ‖ *v* (**crutches, crutching, crutched, crutched**) **1** andar com muletas. **2** apoiar com muletas.

crux /krʌks/ *s* **1** dilema; ponto crucial. **2** problema; dificuldade. (*pl* **cruxes** ou **cruces**).

cry /kraɪ/ *s* **1** grito; brado. **2** clamor. **3** choro. **4** proclamação. **5** lamentação. **6** pedido. **7** chamado. **8** *slogan*. (*pl* **cries**). ‖ *v* (**cries, crying, cried, cried**) **1** gritar; clamar. **2** chorar. **3** pedir; rogar. ♦ **cry off** quebrar uma promessa. **cry over spilled milk** chorar sobre o leite derramado.

cry·ing /ˈkraɪɪŋ/ *adj* que grita; sabido; notório.

cry·o·gen·ics /kraɪəˈdʒɛnɪks/ *s us v sing* ou *pl Fís* criogenia. (*var* **cryogeny**).

cry·og·e·ny /kraɪɑ̱ːdʒəni/ → cryogenics.

crypt /krɪpt/ s cripta.

cryp·tic /krɪptɪk/ adj 1 oculto; secreto; enigmático. 2 cifrado. 3 camuflado. (var cryptical).

cryp·ti·cal /krɪptɪkəl/ → cryptic.

cryp·to·gram /krɪptəgræm/ s criptograma.

cryp·tog·ra·phy /krɪptɑ̱ːgrəfi/ s criptografia.

crys·tal /krɪstəl/ s 1 cristal. 2 vaso ou copo de cristal. 3 vidro de relógio. 4 vidro de cristal. 5 gír droga estimulante. ‖ adj transparente; cristalino; límpido.

crystal ball s bola de cristal.

crys·tal·line /krɪstəlaɪn/ adj cristalino; transparente.

crystalline lens s Anat cristalino.

crys·tal·li·za·tion /krɪstəlaɪzeɪ̱ʃən/ s cristalização.

crys·tal·lize /krɪstəlaɪz/ v (crystallizes, crystallizing, crystallized, crystallized) 1 cristalizar; solidificar. 2 cobrir com cristais. 3 dar forma definitiva a algo. 4 assumir forma cristalina.

crys·tal·log·ra·pher /krɪstəlɑ̱ːgrəfɚ/ s cristalógrafo.

crys·tal·log·ra·phy /krɪstəlɑ̱ːgrəfi/ s cristalografia.

cub /kʌb/ s 1 filhote de animais carnívoros. 2 menino desajeitado. 3 noviço; principiante.

Cu·ba /kjuːbə/ s Cuba.

Cu·ban /kjuːbən/ s e adj cubano.

cube /kjuːb/ s 1 tb Mat cubo. 2 sala de estudos; escritório. ‖ v (cubes, cubing, cubed, cubed) 1 Mat cubar; elevar ao cubo. 3 dar forma cúbica a. ♦cubes gír polegadas cúbicas.

cu·bic /kjuːbɪk/ adj 1 cúbico. 2 tridimensional. 2 Mat de terceiro grau; de terceira potência. ‖ s Mat expressão ou equação cúbica.

cu·bi·cal /kjuːbɪkəl/ adj cúbico; cubiforme.

cu·bi·cle /kjuːbɪkəl/ s cubículo; compartimento.

Cub·ism /kjuːbɪzəm/ s Art cubismo.

cu·bit /kjuːbɪt/ s côvado; antiga medida de comprimento.

cuck·oo /kuːkuː/ s 1 Zool cuco. 2 o canto desse pássaro. 3 gír maluco; tolo. ‖ v

(cuckoos, cuckooing, cuckooed, cuckooed) emitir o canto do cuco. ‖ adj sem sentido; insano; louco.

cu·cum·ber /kjuːkʌmbɚ/ s Bot pepino.

cud /kʌd/ s 1 alimento que os ruminantes têm no primeiro estômago. 2 o que se masca (chiclete ou tabaco).

cud·dle /kʌdəl/ s 1 afago; carinho. 2 abraço. ‖ v (cuddles, cuddling, cuddled, cuddled) 1 afagar; acarinhar. 2 abraçar.

cud·dy /kʌdi/ s 1 cozinha de navio. 2 vestíbulo. (pl cuddies)

cudg·el /kʌdʒəl/ s cacete; porrete; bordão. ‖ v (cudgels, cudgeling/cudgelling, cudgeled/cudgelled, cudgeled/cudgelled) bater; espancar.

cue /kjuː/ s 1 dica; sugestão. 2 fila. 3 mecha de cabelo. 4 deixa (no teatro). 5 taco de bilhar. ‖ v (cues, cuing, cued, cued) 1 sinalizar; indicar. 2 dar dica.

cuff /kʌf/ s 1 punho de manga. 2 bainha de calça. 3 bofetada; sopapo. 4 algema. ‖ v (cuffs, cuffing, cuffed, cuffed) 1 esbofetear. 2 algemar. 3 fazer o punho ou a bainha. ♦ off the cuff informalmente.

cui·rass /kwɪræs/ s 1 couraça. 2 Zool carapaça. ‖ v (cuirasses, cuirassing, cuirassed, cuirassed) encouraçar.

cui·sine /kwɪziːn/ s 1 culinária. 2 comida; alimento.

culch /kʌltʃ/ s 1 ovas de ostras. 2 leito natural para desova de ostras. (var cultch).

cu·li·nar·y /kjʌləneri/ adj culinário.

cull /kʌl/ v (culls, culling, culled, culled) 1 escolher; selecionar; eleger. 2 apartar. ‖ s refugo.

culm /kʌlm/ s 1 colmo; caule das gramíneas. 2 pó de carvão. 3 carvão de qualidade inferior.

cul·mi·nant /kʌlmɪnənt/ adj culminante.

cul·mi·nate /kʌlmɪneɪt/ v (culminates, culminating, culminated, culminated) culminar; atingir um fim; alcançar.

cul·mi·na·tion /kʌlmɪneɪ̱ʃən/ s 1 ponto culminante. 2 Astron culminação.

cul·pa·bil·i·ty /kʌlpəbɪ̱ləti/ s culpabilidade.

cul·pa·ble /kʌlpəbəl/ adj culpável.

cul·prit /kʌlprɪt/ s 1 réu; acusado. 2 culpado.

cult /kʌlt/ *s* **1** culto; admiração; adoração. **2** culto religioso; seita. **3** seguidores de culto religioso. **4** ritual.

cultch /kʌltʃ/ → **culch**.

cul·ti·va·ble /kʌltəvəbəl/ *adj* cultivável.

cul·ti·vate /kʌltəveɪt/ *v* (**cultivates, cultivating, cultivated, cultivated**) **1** cultivar; lavrar; arar. **2** aperfeiçoar-se nos estudos. **3** desenvolver. **4** consagrar-se a. **5** fazer amizade.

cul·ti·vat·ed /kʌltəveɪtɪd/ *adj* **1** culto; refinado; educado. **2** cultivado.

cul·ti·va·tion /kʌltəveɪʃən/ *s* **1** cultivo; amanho. **2** desenvolvimento; refinamento.

cul·ti·va·tor /kʌltəveɪtə/ *s* **1** cultivador. **2** agricultor; lavrador. **3** implemento agrícola.

cul·tur·al /kʌltʃərəl/ *adj* cultural.

cul·ture /kʌltʃə/ *s* **1** cultura; refinamento; educação. **2** cultivo; amanho; trato. II *v* (**cultures, culturing, cultured, cultured**) cultivar; criar.

cul·tured /kʌltʃəd/ *adj* **1** culto; civilizado. **2** cultivado; produzido artificialmente.

cul·ver /kʌlvə/ *s Zool* pombo; pomba.

cul·ver·in /kʌlvərɪn/ *s* **1** colubrina. **2** canhão antigo.

cum·ber /kʌmbə/ *s* impedimento; embaraço; estorvo. II *v* (**cumbers, cumbering, cumbered, cumbered**) **1** embaraçar; impedir. **2** estorvar; incomodar. **3** sobrecarregar.

cum·ber·er /kʌmbəə/ *s* embaraçador.

cum·ber·some /kʌmbəsəm/ *adj* **1** incômodo; desajeitado. **2** pesado. **3** problemático.

cum·brous /kʌmbrəs/ *adj* incômodo; desajeitado.

cum·brous·ness /kʌmbrəsnəs/ *s* embaraço; impedimento; incômodo.

cum·in /kʌmɪn, kuːmɪn/ *s Bot* cominho.

cu·mu·late /kjuːmjəleɪt/ *v* (**cumulates, cumulating, cumulated, cumulated**) acumular. II /kjuːmjələt/ *adj* acumulado.

cu·mu·la·tion /kjuːmjəleɪʃən/ *s* acumulação; amontoamento; pilha; monte.

cu·mu·la·tive /kjuːmjələtɪv/ *adj* cumulativo.

cu·mu·lus /kjuːmjələs/ *s* **1** cúmulo. **2** monte; pilha. (*pl* **cumuli** /kjuːmjəlaɪ/).

cunc·ta·tion /kʌŋkteɪʃən/ *s* delonga; demora; atraso.

cu·ne·i·form /kjuːnəfɔːrm/ *adj* cuneiforme.

cun·ning /kʌnɪŋ/ *s* destreza; astúcia; habilidade. II *adj* **1** astuto; esperto. **2** gracioso.

cun·ning·ly /kʌnɪŋli/ *adv* astuciosamente.

cun·ning·ness /kʌnɪŋnəs/ *s* astúcia.

cup /kʌp/ *s* **1** xícara; chávena. **2** o conteúdo de uma xícara. **3** cálice utilizado na eucaristia. **4** bebida doce feita de vinho. **5** bojo. II *v* (**cups, cupping, cupped, cupped**) **1** colocar em xícara ou copo. **2** dar forma de xícara.

cup·board /kʌbəd/ *s* guarda-louça; armário de cozinha.

cu·pel·la·tion /kjuːpəleɪʃən/ *s* copelação (em metalurgia).

cup·ful /kʌpfʊl/ *s* o que cabe em uma xícara. (*pl* **cupfuls**).

cu·pid /kjuːpɪd/ *s Mit* cupido.

cu·pid·i·ty /kjuːpɪdəti/ *s* avareza; cobiça.

cu·po·la /kjuːpələ/ *s Arq* cúpula.

cup·ping /kʌpɪŋ/ *s* aplicação de ventosas.

cu·pre·ous /kuːprɪəs/ *adj* cúprico.

cu·pric /kjuːprɪk/ *adj* cúprico.

cu·prif·er·ous /kjuːprɪfəəs/ *adj* cuprífero; que contém cobre.

cur /kɜːr/ *s* **1** cão vira-lata. **2** malandro; patife. **3** covarde.

cur·a·bil·i·ty /kjʊərəbɪləti/ *s* curabilidade.

cur·a·ble /kjʊərəbəl/ *adj* curável.

cu·rate /kjʊrət/ *s* **1** cura; pároco. **2** curador.

cu·ra·tive /kjʊrətɪv/ *s* curativo; remédio. II *adj* curativo.

cu·ra·tor /kjʊreɪtə/ *s* curador; administrador de museu ou biblioteca.

cu·ra·tor·ship /kjʊreɪtəʃɪp/ *s* curadoria.

curb /kɜːrb/ *s* **1** barbela do freio do cavalo; freio do cavalo. **2** parapeito. **3** sujeição; restrição. **4** meio-fio; guia de calçada. II *v* (**curbs, curbing, curbed, curbed**) **1** refrear; restringir. **2** proteger com guia de pedra ou parapeito.

curb·stone /kɜːrbstoʊn/ *s* guia de pedra; meio-fio de calçada. II *adj* amador.

curd /kɜːrd/ *s* coalho; coágulo. II *v* (**curds, curding, curded, curded**) **1** coalhar; coagular (leite). **2** fazer coalhar (leite).

cur·dle /kɜ:rdl/ v (**curdles, curdling, curdled**) 1 coagular. 2 coalhar (leite). 3 estragar; apodrecer.

curd·y /kɜ:rdi/ adj coagulado; coalhado.

cure /kjʊr/ s 1 cura; tratamento. 2 medicamento; remédio. 3 Ecles coadjutoria. 4 resolução; solução. || v (**cures, curing, cured, cured**) 1 curar; tratar (doença). 2 curar (ao sol); defumar. 3 preservar. 4 vulcanizar (borracha).

cure·less /kjʊrləs/ adj incurável.

cur·er /kjʊrə/ s 1 remédio. 2 médico; curandeiro. 3 preservador; conservante. 4 defumador.

cu·ret·tage /kjʊretɪdʒ, kjʊrətɑ:ʒ/ s Med curetagem.

cur·few /kɜ:rfju:/ s 1 toque de recolher. 2 o sino que dá esse toque.

cu·ri·a /kjʊriə/ s maiús cúria. (pl **curiae** /kjʊrii:, kjʊriaɪ/).

cu·ri·os·i·ty /kjʊriɑ:səti/ s 1 curiosidade; vontade de saber. 2 indiscrição. 3 objeto exótico, interessante. (pl **curiosities**).

cu·ri·ous /kjʊriəs/ adj curioso.

cu·ri·ous·ly /kjʊriəsli/ adv curiosamente.

curl /kɜ:rl/ s 1 cacho de cabelo; caracol. 2 ondulação. 3 friso. 4 espiral. || v (**curls, curling, curled, curled**) 1 encaracolar; ondular. 2 frisar. ◆ **curl up** encolher as pernas.

cur·lew /kɜ:rlu:/ s Zool maçarico.

curl·i·ness /kɜ:rlɪnəs/ s ondulação.

curl paper s papelote (de encaracolar cabelo).

curl·y /kɜ:rli/ adj crespo; ondulado. (gr comp **curlier**. gr super **curliest**).

cur·mudg·eon /kəmʌdʒən/ s pessoa ranheta e teimosa.

cur·rant /kɜ:rənt/ s Bot groselha.

cur·ren·cy /kɜ:rənsi/ s 1 circulação; meio de troca. 2 moeda corrente. 3 prevalência; aceitação. (pl **currencies**).

cur·rent /kɜ:rənt/ adj corrente; circulante; em voga; atual. || s 1 progresso. 2 tendência. 3 Eletr corrente. 4 fluxo.

cur·ric·u·lar /kərɪkjələ/ adj curricular.

cur·ric·u·lum /kərɪkjələm/ s currículo. (pl **curricula** /kərɪkjələ/ ou **curriculums** /kərɪkjələmz/).

cur·ric·u·lum vi·tae /kərɪkjələmvi:taɪ, kərɪkjələmvi:ti: kərɪkjələmvɑ:rti/ s currículo; curriculum vitae (pl **curricula vitae** /kərɪkjələvi:taɪ, kərɪkjələvi:ti: kərɪkjələvɑ:rti/).

cur·rie /kɜ:ri/ → **curry**.

cur·rish /kɜ:rɪʃ/ adj grosseiro; bruto.

cur·ry /kɜ:ri/ s 1 caril, condimento apimentado. 2 comida servida com caril. (pl **curries**. var **currie**). || v (**curries, currying, curried, curried**) 1 condimentar com caril. 2 escovar cavalo.

curse /kɜ:rs/ s 1 praga; maldição. 2 desgraça; calamidade. 3 palavrão. 4 Ecles anátema; excomunhão. 5 gír menstruação. || v (**curses, cursing, cursed, cursed**) 1 amaldiçoar. 2 blasfemar. 3 atormentar. 4 excomungar.

curs·ed /kɜ:rsɪd/ adj maldito; amaldiçoado; detestável. (var **curst**).

curs·ed·ly /kɜ:rsɪdli/ adv detestavelmente.

curs·ed·ness /kɜ:rsɪdnəs/ s abominação.

cur·sive /kɜ:rsɪv/ adj cursivo. || s 1 letra cursiva. 2 Tip estilo manuscrito.

cur·sor /kɜ:rsə/ s Comp cursor.

cur·so·ri·ness /kɜ:rsərɪnəs/ s negligência; superficialidade.

cur·so·ry /kɜ:rsəri/ adj 1 apressado; rápido. 2 precipitado; descuidado; negligenciado.

curst /kɜ:rst/ → **cursed**.

curt /kɜ:rt/ adj 1 curto; breve; conciso. 2 abrupto; rude.

cur·tail /kəteɪl/ v (**curtails, curtailing, curtailed, curtailed**) resumir; abreviar; encurtar.

cur·tail·ment /kəteɪlmənt/ s redução; diminuição; resumo.

cur·tain /kɜ:rtən/ s 1 cortina; cortinado. 2 abrigo; resguardo; proteção. 3 pano de boca do palco. || v (**curtains, curtaining, curtained, curtained**) 1 ornamentar ou resguardar com cortinas. 2 esconder; encobrir. ◆ **curtains** gír 1 fim. 2 ruína absoluta.

curt·ly /kɜ:rtli/ adv abreviadamente.

curt·ness /kɜ:rtnəs/ s brevidade; concisão.

curt·sey /kɜ:rtsi/ → **curtsy**.

curt·sy /kɜ:rtsi/ s reverência; cortesia; mesura. (pl **curtsies**). || v (**curtsies, curtsying**) curtsied, curtsied) reverenciar; fazer mesura. (var **curtsey**).

cur·va·ture /kɜːrvətʃə/ s curvatura; arqueamento.

curve /kɜːrv/ s 1 curva; flexão. 2 gír decepção. ‖ v (**curves**, **curving**, **curved**, curved) curvar; dobrar.

cur·vi·lin·e·al /kɜːrvəlɪniəl/ adj curvilíneo. (var **curvilinear**).

cur·vi·lin·e·ar /kɜːrvəlɪniə/ → **curvilineal**.

cush·ion /kuʃən/ s 1 almofada; coxim; travesseiro. 2 amortecedor. 3 tabela do bilhar. 4 pára-choque. ‖ v (**cushions**, **cushioning**, **cushioned**, cushioned) 1 proteger ou adornar com almofadas. 2 amortecer.

cush·y /kuʃi/ adj inform confortável. (gr comp **cushier**. gr super **cushiest**).

cusp /kʌsp/ s ponta; cúspide; vértice.

cus·pid /kʌspɪd/ s dente canino.

cus·pi·dor /kʌspədɔːr/ s escarradeira.

cuss /kʌs/ s inform 1 maldição. 2 criatura perversa. ‖ v (**cusses**, **cussing**, **cussed**, cussed) amaldiçoar.

cuss·ed /kʌsɪd/ adj inform 1 amaldiçoado. 2 perverso; mau.

cuss·ed·ness /kʌsɪdnəs/ s maldição; perversão.

cus·to·di·al /kʌstoudiəl/ adj custódio.

cus·to·di·an /kʌstoudiən/ s 1 guarda; administrador. 2 zelador; porteiro.

cus·to·dy /kʌstədi/ s 1 custódia; guarda. 2 prisão. 3 escolta; proteção; defesa; segurança. (pl **custodies**).

cus·tom /kʌstəm/ adj feito por encomenda. ‖ s 1 costume; uso; hábito. 2 freguesia; clientela. ♦ **customs** us v sing 1 direitos alfandegários. 2 alfândega.

cus·tom·ar·i·ness /kʌstəmerɪnəs/ s hábito; costume; uso.

cus·tom·ar·y /kʌstəmeri/ adj habitual; consuetudinário.

cus·tom·er /kʌstəmə/ s 1 freguês de uma loja. 2 inform pessoa com a qual se mantém negócios.

cus·tom·house /kʌstəmhaʊs/ s alfândega; aduana. (var **customshouse**).

cus·toms·house /kʌstəsmhaʊs/ → **customhouse**.

cut /kʌt/ v (**cuts**, **cutting**, **cut**, cut) 1 cortar; recortar; aparar. 2 talhar; esculpir. 3 rachar; fender. 4 encurtar. 5 ferir; mutilar. 6 partir; separar. 7 escavar. 8 desbastar. 9 lapidar. 10 abrir (caminho). 11 desprezar; desconsiderar. 12 castrar (animais). 13 diluir; enfraquecer. ‖ s 1 corte; cortadura. 2 abertura. 3 ferida. 4 incisão. 5 canal; passagem. 6 pedaço cortado. 7 falta não justificada (escola). 8 insulto; ofensa. ♦ **cut back** encolher através de cortes; interromper uma seqüência. **cut down** 1 remodelar. 2 reduzir. **out in** 1 misturar-se. 2 conectar circuitos elétricos. 3 incluir. **cut off** 1 descontinuar; interromper. 2 finalizar. 3 isolar. **cut out** 1 desistir. 2 predeterminar. **cut short** encurtar. **cut up** 1 cortar em pedaços. 2 censurar. 3 inform portar-se como palhaço.

cu·ta·ne·ous /kju:teɪniəs/ adj cutâneo.

cut·a·way /kʌtəweɪ/ s 1 fraque. 2 corte em filme.

cute /kju:t/ adj 1 perspicaz; astuto. 2 gracioso; bonito.

cute·ly /kju:tli/ adv 1 atrativamente. 2 inteligentemente.

cute·ness /kju:tnəs/ s 1 perspicácia; esperteza. 2 encanto; atração.

cu·ti·cle /kju:təkəl/ s cutícula; película.

cu·tis /kju:tɪs/ s Anat derma; cútis. (pl **cutes** ou **cutises**).

cut·las /kʌtləs/ s cutelo; alfanje. (var **cutlass**).

cut·lass /kʌtləs/ → **cutlas**.

cut·ler /kʌtlə/ s cuteleiro.

cut·ler·y /kʌtləri/ s 1 faqueiro; conjunto de talheres. 2 instrumentos cortantes em geral. 3 cutelaria; ofício de cuteleiro.

cut·let /kʌtlət/ s costeleta; posta (carne).

cut·purse /kʌtpɜːrs/ s ladrão; batedor de carteiras.

cut-rate /kʌtreɪt/ adj que vende a preços reduzidos.

cut·ter /kʌtə/ s 1 cortador; cortadeira (em confecção de roupas). 2 talhador. 3 instrumento cortante; máquina de cortar. 4 Náut cúter; pequena embarcação.

cut·throat /kʌtθroʊt/ s e adj 1 assassino; matador; degolador. 2 cruel.

cut·ting /kʌtɪŋ/ *s* **1** corte; incisão. **2** fundação; alicerce. **3** parte cortada. **4** muda de planta. || *adj* **1** cortante. **2** incisivo. **3** áspero; sarcástico.

cut·work /kʌtwɜːrk/ *s* bordado aberto ou de aplicação.

cu·vette /kjuːvet/ *s* tubo de ensaio.

cy·a·nate /saɪəneɪt/ *s* *Quím* cianato.

cy·an·ic /saɪænɪk/ *adj* **1** *Quím* ciânico. **2** azul.

cy·a·nid /saɪənɪd/ → **cyanide**.

cy·a·nide /saɪənaɪd/ *s* cianeto; cianureto. (*var* **cyanid**). || *v* (**cyanides, cyaniding, cyanided, cyanided**) aplicar cianeto.

cy·ber·net·ics /saɪbərnetɪks/ *s* cibernética.

cy·cle /saɪkəl/ *s* **1** ciclo. **2** um longo período de tempo; época. **3** bicicleta; triciclo. **4** *Bot* verticilo. || *v* (**cycles, cycling, cycled, cycled**) **1** passar por um ciclo. **2** andar de bicicleta.

cy·clic /saɪklɪk, sɪklɪk/ *adj* **1** cíclico; periódico. **2** circular; em anel. (*var* **cyclical**).

cy·cli·cal /saɪklɪkəl, sɪklɪkəl/ → **cyclic**.

cy·clist /saɪklɪst/ *s* ciclista.

cy·cloid /saɪklɔɪd/ *s* ciclóide.

cy·cloi·dal /saɪklɔɪdəl/ *adj* cicloidal.

cy·clone /saɪkloʊn/ *s* ciclone.

cy·clon·ic /saɪklɑːnɪk/ *adj* ciclônico. (*var* **cyclonical**).

cy·clon·i·cal /saɪklɑːnɪkəl/ → **cyclonic**.

cy·clo·pae·di·a /saɪkloʊpiːdiə/ → **cyclopedia**.

cy·clo·pe·an /saɪkloʊpiːən/ *adj* **1** ciclópico. **2** gigantesco; enorme.

cy·clo·pe·di·a /saɪkloʊpiːdiə/ *s* enciclopédia. (*var* **cyclopaedia**).

cy·clo·pe·dic /saɪkloʊpiːdɪk/ *adj* enciclopédico.

cy·clo·pe·dist /saɪkloʊpiːdɪst/ *s* enciclopedista.

Cy·clops /saɪklɑːps/ *s* *Mit* ciclope. (*p* **Cyclopes** /saɪkloʊpiːz/).

cy·clo·tron /saɪklətrɑːn/ *s* ciclotron.

cyl·in·der /sɪlɪndər/ *s* **1** *tb* *Mat* cilindro. **2** rolo.

cy·lin·dric /səlɪndrɪk/ *adj* cilíndrico. (*var* **cylindrical**).

cy·lin·dri·cal /səlɪndrɪkəl/ → **cylindric**.

cym·bal /sɪmbəl/ *s* *Mús* prato.

cyn·ic /sɪnɪk/ *s* e *adj* cínico.

cyn·i·cal /sɪnɪkəl/ *adj* cínico; céptico.

cyn·i·cal·ly /sɪnɪkəli/ *adv* cinicamente.

cyn·i·cism /sɪnɪsɪzəm/ *s* cinismo.

cy·pher /saɪfər/ → **cipher**.

cy·press /saɪprəs/ *s* *Bot* cipreste.

Cyp·ri·ot /sɪpriət/ *s* e *adj* cipriota.

Cy·prus /saɪprəs/ *s* Chipre.

cyst /sɪst/ *s* *Med* cisto; quisto.

cys·tic /sɪstɪk/ *adj* cístico.

cys·ti·tis /sɪstaɪtɪs/ *s* *Med* cistite.

cys·toid /sɪstɔɪd/ *s* cistóide.

cy·tol·o·gy /saɪtɑːlədʒi/ *s* citologia.

cy·to·plasm /saɪtəplæzəm/ *s* citoplasma.

czar /zɑːr, tsɑːr/ *s* czar. (*var* **tsar** ou **tzar**)

cza·ri·na /zɑːriːnə, tsɑːriːn/ *s* czarina.

Czech /tʃek/ *s* e *adj* tcheco.

Czech Republic *s* República Tcheca.

D

d ou **D** /di:/ s **1** 4ª letra do alfabeto inglês. **2** *Mús* ré. (*pl* **d's** ou **D's**). || *abrev* **1** *minús* de **day**. **2** *minús* de **deuteron**. **3** *maiús* de **Democrat**; de **Democratic**. || *símb* **1** *maiús* 500 em numeração romana. **2** *maiús Quím* **Deuterium**.

DA /di:ˌeɪ/ *abrev* de **District Attorney**; promotor público. (*tb* **D.A.**).

dab /dæb/ s **1** pancada leve. **2** pincelada. **3** pequena quantidade. || *v* (**dabs, dabbing, dabbed, dabbed**) tocar ou bater levemente em.

dab·ble /dæbəl/ *v* (**dabbles, dabbling, dabbled, dabbled**) **1** salpicar; borrifar. **2** enlamear. **3** dedicar-se a algo (como amador); trabalhar superficialmente.

dab·bler /dæblə/ s amador; diletante.

dachs·hund /dɑ:kshʊnd/ s bassê (cão de raça alemã).

dac·tyl /dæktɪl/ s **1** dáctilo. **2** dedo.

dac·tyl·o·gram /dæktɪləgræm/ s impressão digital; dactilograma.

dac·ty·lol·o·gy /dæktələ:lədʒi/ s dactilologia; quirologia.

dad /dæd/ s *inform* papai; pai.

dad·dy /dædi/ s *inform* papai; pai. (*pl* **daddies**).

daddy longlegs s pernilongo. (*pl* **daddy longlegs**).

da·do /deɪdoʊ/ s *Arq* **1** dado. **2** corpo de pedestal.

dae·mon /di:mən/ → **demon**.

dae·mon·ic /dɪmɑ:nɪk/ → **demonic**.

daf·fo·dil /dæfədɪl/ s *Bot* narciso.

daf·fy /dæfi/ *adj inform* **1** bobo; tolo. **2** aloucado. (*gr comp* **daffier**. *gr super* **daffiest**).

daft /dæft/ *adj* tolo; imbecil; idiota.

dag·ger /dægə/ s adaga; punhal.

dahl·ia /dæljə/ s *Bot* dália.

dai·ly /deɪli/ s jornal; diário. || *adj* diário; cotidiano. || *adv* diariamente; todo dia.

dai·mon /daɪmoʊn/ → **demon**.

dain·ty /deɪnti/ s manjar; guloseima; iguaria fina. (*pl* **dainties**). || *adj* **1** delicado;

delicioso. **2** elegante; requintado; belo; gracioso. (*gr comp* **daintier**. *gr super* **daintiest**).

dair·y /deri/ s **1** laticínio. **2** leiteria; queijaria. (*pl* **dairies**).

dairy cattle s *pl* gado leiteiro.

dairy farm s fazenda de gado leiteiro.

dair·y·ing /deriɪŋ/ s indústria de laticínios.

dair·y·maid /derimeɪd/ s **1** trabalhadora de leiteria; vendedora de leite. **2** queijeira.

dair·y·man /derimən/ s **1** trabalhador de leiteria; leiteiro; vendedor de leite. **2** queijeiro.

da·is /deɪɪs/ s **1** plataforma. **2** tablado.

dai·sy /deɪzi/ s *Bot* margarida; bonina; malmequer. (*pl* **daisies**).

dale /deɪl/ s vale; várzea.

dalles /dælz/ s *pl* corredeiras (de rio).

dal·li·ance /dæliəns/ s **1** carícia; afago. **2** flerte; namorico; jogos amorosos. **3** divertimento; brincadeira; gracejo. **4** frivolidade; leviandade.

dal·ly /dæli/ *v* (**dallies, dallying, dallied, dallied**) **1** demorar-se; perder tempo. **2** divertir-se; brincar. **3** flertar.

dal·ma·tian /dælmeɪʃən/ s dálmata.

dal·to·ni·an /dɔ:ltoʊniən/ *adj* daltônico. (*var* **daltonic**).

dal·ton·ic /dɔ:ltɑ:nɪk/ → **daltonian**.

dal·ton·ism /dɔ:ltənɪzəm/ s daltonismo.

dam /dæm/ *v* (**dams, damming, dammed, dammed**) represar; reter. || s represa; barragem; dique; açude.

dam·age /dæmɪdʒ/ s prejuízo; dano; avaria. || *v* (**damages, damaging, damaged, damaged**) prejudicar; arruinar; danificar; estragar. ♦ **damages** indenização.

dam·age·a·ble /dæmɪdʒəbəl/ *adj* danoso; que causa estrago, prejuízo.

dam·ag·ing /dæmɪdʒɪŋ/ *adj* prejudicial.

dam·ask /dæməsk/ s damasco (tecido); aço damasquino; cor rósea. || *adj* adamascado; róseo. || *v* (**damasks, damasking, damasked, damasked**) adamascar.

dame /deɪm/ s dama; senhora; matrona; dona.

dam·mit /dæmɪt/ interj maldito seja!

damn /dæm/ v (**damns, damning, damned, damned**) 1 condenar. 2 amaldiçoar; danar. 3 criticar. || s 1 praga; maldição. 2 imprecação. ♦ **I don't give a damn** gír pouco me importa.

dam·na·ble /dæmnəbəl/ adj condenável; horrível; repreensível; detestável; infame.

dam·na·tion /dæmneɪʃən/ s danação; maldição.

dam·na·to·ry /dæmnətɔːri/ adj condenatório.

damned /dæmd/ adj 1 danado. 2 condenado.

damn·ing /dæmɪŋ/ adj condenável.

damp /dæmp/ v (**damps, damping, damped, damped**) 1 umedecer; molhar. 2 diminuir; abafar (fogo). 3 desanimar. || s 1 umidade. 2 gás nocivo (em minas de carvão). 3 desânimo. || adj úmido.

damp·en /dæmpən/ v (**dampens, dampening, dampened, dampened**) 1 umedecer. 2 desanimar. 3 amortecer.

damp·er /dæmpə/ s 1 abafador (de piano). 2 registro (de chaminé, de fogão).

damp·ness /dæmpnəs/ s 1 umidade. 2 névoa.

dam·sel /dæmzəl/ s donzela; senhorita.

dance /dæns/ s 1 dança. 2 baile. || v (**dances, dancing, danced, danced**) 1 dançar; bailar. 2 saltar; saltitar.

dance hall s salão de baile. (tb dancehall).

danc·er /dænsə/ s dançarino; bailarino.

dan·de·li·on /dændəlaɪən/ s dente-de-leão (flor).

dan·der /dændə/ s inform cólera; raiva.

dan·di·fy /dændəfaɪ/ v (**dandifies, dandifying, dandified, dandified**) ajanotar; trajar com apuro excessivo.

dan·dle /dændl/ v (**dandles, dandling, dandled, dandled**) embalar; acalentar; afagar (uma criança).

dan·druff /dændrəf/ s caspa.

dan·dy /dændi/ s dândi; janota; almofadinha. (pl **dandies**).

Dane /deɪn/ s dinamarquês (cidadão).

dan·ger /deɪndʒə/ s perigo; risco. ♦ **out of danger** fora de perigo.

dan·ger·ous /deɪndʒərəs/ adj perigoso; arriscado.

dan·ger·ous·ly /deɪndʒərəsli/ adv perigosamente.

dan·gle /dæŋgəl/ v (**dangles, dangling, dangled, dangled**) balançar; pender; oscilar. || s balanço.

Dan·ish /deɪnɪʃ/ adj dinamarquês. || s dinamarquês (idioma).

dank /dæŋk/ adj úmido; frio.

dank·ness /dæŋknəs/ s umidade; friagem.

dap·per /dæpə/ adj 1 garboso; alinhado; elegante. 2 ativo; esperto.

dap·ple /dæpəl/ s 1 mancha; pinta; salpico (no pêlo de um animal). 2 cavalo malhado; animal mosqueado. || v (**dapples, dappling, dappled, dappled**) salpicar com pintas; mosquear. || adj rajado; malhado.

dare /der/ v (**dares, daring, dared, dared**) 1 ousar; atrever-se. 2 aventurar-se. 3 desafiar; provocar. 4 enfrentar; ter coragem. || s desafio; ousadia.

dare·dev·il /derdevəl/ adj e s intrépido; destemido.

dar·ing /derɪŋ/ s coragem; ousadia; audácia. || adj ousado; atrevido; audacioso.

dark /dɑːrk/ s 1 escuridão; trevas; sombra; noite. 2 falta de clareza; obscuridade. 3 incerteza; ignorância. || adj 1 escuro; obscuro; sombrio; tenebroso; enigmático. 2 triste; melancólico. 3 moreno.

Dark Ages s Idade Média.

dark·en /dɑːrkən/ v (**darkens, darkening, darkened, darkened**) 1 escurecer; obscurecer. 2 denegrir. 3 manchar; nublar. 4 entristecer.

dar·kling /dɑːrklɪŋ/ adj 1 obscuro; sombrio. 2 apagado; extinto. || adv às escuras.

dark·ness /dɑːrknəs/ s 1 escuridão; trevas. 2 desgraça; infortúnio. 3 fig ignorância. 4 perversidade.

dark·room /dɑːrkruːm/ s Ópt câmara escura.

dark·some /dɑːrksəm/ adj sombrio; escuro; opaco.

dar·ling /dɑːrlɪŋ/ s e adj querido; amado.

darn /dɑːrn/ s 1 cerzidura; remendo. 2 imprecação (leve); praga. || adj gír miserável; desgraçado; maldito. || v (**darns,**

darning, darned, darned) 1 cerzir. 2 maldizer. ♦ **I don't give a darn** *gír* não ligo a mínima.

dar·nel /dɑ:rnəl/ *s Bot* joio.

dart /dɑ:rt/ *s* 1 dardo; besta; seta. 2 arremesso; movimento repentino. 3 ferrão de insetos. ‖ *v* (**darts, darting, darted, darted**) 1 lançar. 2 mover-se; arremessar-se; lançar-se.

dart·er /dɑ:rtə/ *s* 1 pessoa ou animal veloz. 2 atirador; arqueiro. 3 pequeno peixe.

dash /dæʃ/ *s* 1 colisão; choque; pancada. 2 investida; ataque. 3 salpico; mancha. 4 pequena quantidade. 5 ostentação; exibição. 6 travessão (sinal de pontuação); traço; barra. 7 energia; vigor; ímpeto. ‖ *v* (**dashes, dashing, dashed, dashed**) 1 quebrar; espatifar. 2 atirar; arremessar; lançar. 3 desanimar; frustrar. 4 borrifar; salpicar; manchar; borrar.

dash·board /dæʃbɔ:rd/ *s* painel de instrumentos (de automóvel).

dash·ing /dæʃɪŋ/ *adj* 1 arrojado; impetuoso. 2 vistoso.

das·tard /dæstəd/ *s* 1 covarde; medroso. 2 vil; pusilânime.

da·ta /deɪtə/ *s pl* dados; elementos.

data bank *s Comp* banco de dados.

da·ta·base /deɪtəbeɪs/ *s Comp* base de dados.

data processing *s Comp* processamento de dados.

date /deɪt/ *s* 1 data. 2 época. 3 tâmara. 4 entrevista. 5 encontro (com namorado). ‖ *v* (**dates, dating, dated, dated**) 1 datar. 2 marcar encontro. 3 namorar; sair com alguém.

dat·ed /deɪtɪd/ *adj* 1 fora de moda. 2 datado.

date·less /deɪtləs/ *adj* 1 sem data. 2 imemorial. 3 interminável.

da·tive /deɪtɪv/ *s* e *adj Gram* dativo.

da·tum /deɪtəm/ *s* dado; fato; elemento. (*pl* **data** /deɪtə/).

daub /dɑ:b/ *s* 1 argamassa. 2 reboco. 3 pintura tosca. 4 borrão; mancha. ‖ *v* (**daubs, daubing, daubed, daubed**) 1 revestir; rebocar. 2 besuntar; lambuzar. 3 borrar; pintar mal.

daugh·ter /dɑ:tə/ *s* filha.

daugh·ter-in-law /dɑ:tə-ɪnlɑ:/ *s* nora. (*pl* **daughters-in-law**).

daunt /dɑ:nt/ *v* (**daunts, daunting, daunted, daunted**) desencorajar; desanimar.

daunt·less /dɑ:ntləs/ *adj* destemido.

dav·en·port /dævənpɔ:rt/ *s* 1 escrivaninha pequena. 2 sofá-cama.

daw /dɑ:/ *s* gralha.

daw·dle /dɑ:dl/ *v* (**dawdles, dawdling, dawdled, dawdled**) desperdiçar tempo; vadiar.

daw·dler /dɑ:dlə/ *s* vadio; vagabundo.

dawn /dɑ:n/ *s* 1 aurora; alvorada. 2 princípio; começo. ‖ *v* (**dawns, dawning, dawned, dawned**) 1 amanhecer. 2 despontar; aparecer. 3 começar a compreender.

day /deɪ/ *s* 1 dia. 2 luz; claridade. 3 horas de trabalho. 4 tempo; época. ♦ **all day long** o dia inteiro. **an everyday man** um homem comum. **by day** durante o dia. **by the day** por dia. **day after day** dia após dia. **day off** dia de folga. **days on end** dias a fio. **every other day** dia sim, dia não. **from this day on** doravante. **in the days of old** outrora. **the day after tomorrow** depois de amanhã. **the day before yesterday** anteontem. **call it a day** 1 dar por encerrado. 2 *inform* parar de trabalhar.

day bed *s* sofá-cama.

day·break /deɪbreɪk/ *s* aurora; amanhecer.

day·dream /deɪdri:m/ *s* devaneio. ‖ *v* (**daydreams, daydreaming, daydreamed/ daydreamt, daydreamed/daydreamt**) sonhar acordado.

day laborer *s* trabalhador diarista.

day·light /deɪlaɪt/ *s* luz do dia.

daylight-saving time *s* horário de verão. (*abrev* **DST**).

day·long /deɪlɑ:ŋ/ *adj* do dia todo. ‖ *adv* o dia inteiro.

day nursery *s* creche; escola infantil.

day school *s* externato; escola diurna.

day·star /deɪstɑ:r/ *s* 1 estrela d'alva. 2 sol.

day student *s* estudante que não mora na instituição de ensino ou universidade.

day·time /deɪtaɪm/ *s* dia. ♦ **in the daytime** de dia.

day-to-day /deɪtədeɪ/ adj cotidiano; do dia-a-dia.

day shift s turno diurno.

daze /deɪz/ v (dazes, dazing, dazed, dazed) ofuscar; atordoar; confundir. ‖ s deslumbramento; atordoamento.

daz·zle /dæzəl/ s 1 deslumbramento; fascinação. 2 excesso de luz. ‖ v (dazzles, dazzling, dazzled, dazzled) deslumbrar; ofuscar; atordoar.

daz·zling /dæzlɪŋ/ adj deslumbrante; encantador.

DDE abrev Comp 1 de **Dynamic Data Exchange**; intercâmbio dinâmico de dados. 2 de **Direct Data Entry**; entrada direta de dados.

dea·con /diːkən/ s Ecles diácono.

dea·con·ess /diːkənəs/ s Ecles diaconisa.

dea·con·ry /diːkənri/ s Ecles diaconato. (pl **deaconries**).

de·ac·ti·vate /diæktɪveɪt/ v (**deactivates, deactivating, deactivated, deactivated**) desativar; desmobilizar.

dead /ded/ adj 1 morto; falecido. 2 inanimado; inerte; sem vida. 3 extinto. 4 abafado; amortecido (som). 5 pesado; profundo (silêncio, sono). 6 monótono; parado. 7 desbotado; apagado. 8 desligado; mudo (motor e aparelho elétrico). ‖ s morto; defunto.

dead·en /dedn/ v (**deadens, deadening, deadened, deadened**) amortecer; atenuar.

dead end s 1 rua sem saída. 2 fig beco sem saída; impasse.

dead·head /dedhed/ s inform penetra (em cinema, teatro, etc.).

dead·line /dedlaɪn/ s 1 prazo de entrega; prazo final. 2 linha intransponível pelos prisioneiros.

dead·lock /dedlɑːk/ s impasse; beco sem saída.

dead·ly /dedli/ adj 1 mortífero; mortal; fatal; implacável. 2 muito intenso; insuportável. (gr comp **deadlier**. gr super **deadliest**). ‖ adv 1 mortalmente. 2 muito; extremamente.

dead·ness /dednəs/ s 1 morte. 2 inércia; entorpecimento; apatia.

deaf /def/ adj 1 surdo. 2 fig insensível; inflexível.

deaf·en /defən/ v (**deafens, deafening, deafened, deafened**) ensurdecer.

deaf-mute /defmjuːt, defmjuːt/ s surdomudo. (tb **deaf mute**).

deaf·ness /defnəs/ s surdez.

deal /diːl/ s 1 parte; porção. 2 acordo; negócio; trato. 3 vez de dar as cartas (em jogo). 4 inform negociata; golpe. ‖ v (**deals, dealing, dealt, dealt**) 1 repartir; distribuir. 2 negociar. 3 dar as cartas (em jogo). 4 lidar.

deal·er /diːlə/ s 1 negociante. 2 distribuidor; concessionário. 3 jogador que dá as cartas.

deal·ing /diːlɪŋ/ s comportamento; conduta. ♦ **dealings** negócios.

dealt /delt/ v pass e part pass de **deal**.

dean /diːn/ s 1 decano; deão. 2 reitor.

dear /dɪr/ s querido; bem-amado. ‖ adj 1 amado; querido. 2 caro; prezado. 3 caro; dispendioso.

dear·ly /dɪrli/ adv 1 ternamente; amorosamente. 2 custosamente.

dear·ness /dɪrnəs/ s 1 carinho. 2 carestia.

dearth /dɜːrθ/ s 1 escassez. 2 carestia.

death /deθ/ s morte; falecimento; óbito.

death·bed /deθbed/ s leito de morte.

death·blow /deθbloʊ/ s golpe de morte; golpe mortal.

death certificate s certidão ou atestado de óbito.

death·less /deθləs/ adj imortal; eterno.

death·ly /deθli/ adj mortal; fatal; cadavérico. (gr comp **deathlier**. gr super **deathliest**). ‖ adv mortalmente.

death penalty s pena de morte.

death rate s índice de mortalidade.

death sentence s sentença de morte.

death·watch /deθwɑːtʃ/ s velório.

deb /deb/ s inform debutante.

de·bar /diːbɑːr/ v (**debars, debarring, debarred, debarred**) excluir; proibir; impedir.

de·bark /dɪbɑːrk/ v (**debarks, debarking, debarked, debarked**) desembarcar.

de·bar·ka·tion /diːbɑːrkeɪʃən/ s desembarque.

de·bar·ment /diːbɑ́ːrmənt/ s 1 exclusão. 2 proibição; impedimento.

de·base /dɪbéɪs/ v (debases, debasing, debased, debased) humilhar; rebaixar; aviltar.

de·base·ment /dɪbéɪsmənt/ s humilhação; aviltamento; degradação.

de·bat·a·ble /dɪbéɪtəbəl/ adj discutível; questionável.

de·bate /dɪbéɪt/ s debate; discussão. II v (debates, debating, debated, debated) debater; discutir.

de·bat·er /dɪbéɪtər/ s argumentador; polemista.

de·bauch /dɪbɑ́ːtʃ/ s 1 deboche. 2 orgia; depravação. II v (debauches, debauching, debauched, debauched) 1 debochar. 2 devassar; depravar.

de·bauch·er·y /dɪbɑ́ːtʃəri/ s 1 deboche. 2 devassidão; libertinagem. ♦ debaucheries orgias.

de·ben·ture /dɪbéntʃər/ s debênture; título de dívida.

de·bil·i·tate /dɪbílɪteɪt/ v (debilitates, debilitating, debilitated, debilitated) debilitar; enfraquecer.

de·bil·i·ta·tion /dɪbɪlɪtéɪʃən/ s debilitação; enfraquecimento.

de·bil·i·ty /dɪbíləti/ s debilidade; fraqueza. [pl debilities].

deb·it /débɪt/ s débito; dívida. II v (debits, debiting, debited, debited) debitar.

deb·o·nair /debənér/ adj cortês; delicado. (var debonaire).

deb·o·naire /debənér/ → debonair.

de·bris /dəbríː, deɪbri/ s pl escombros; ruínas; destroços. (var débris).

dé·bris /dəbríː, deɪbri/ → debris.

debt /det/ s 1 dívida; débito. 2 obrigação; dever.

debt·or /détər/ s devedor.

de·bug /diːbʌ́g/ v (debugs, debugging, debugged, debugged) 1 dedetizar. 2 remover escutas eletrônicas usadas para espionagem. 3 Comp depurar.

de·bunk /diːbʌ́ŋk/ v (debunks, debunking, debunked, debunked) desmascarar.

de·but /deɪbjúː, déɪbju/ s estréia. (var début).

dé·but /deɪbjúː, déɪbju/ → debut.

deb·u·tante /débjuːtɑːnt/ s debutante; estreante.

dec·ade /dékeɪd, dekéɪd/ s década.

dec·a·dence /dékədəns, dɪkéɪdəns/ s decadência.

dec·a·dent /dékədənt, dɪkéɪdənt/ s e adj decadente.

de·caf /díːkæf/ s inform café descafeinado.

de·caf·fein·at·ed /dɪkǽfɪneɪtɪd/ adj descafeinado.

de·cal /díːkæl/ s decalque.

de·camp /dɪkǽmp/ v (decamps, decamping, decamped, decamped) 1 decampar; levantar acampamento. 2 fugir; escapar.

de·cant /dɪkǽnt/ v (decants, decanting, decanted, decanted) 1 decantar. 2 despejar.

de·can·ta·tion /diːkæntéɪʃən/ s decantação.

de·cant·er /dɪkǽntər/ s garrafa ornamental para servir vinhos, licores, etc.

de·cap·i·tate /dɪkǽpɪteɪt/ v (decapitates, decapitating, decapitated, decapitated) decapitar; degolar.

de·cap·i·ta·tion /dɪkæpɪtéɪʃən/ s decapitação; degola.

dec·a·syl·lab·ic /dekəsɪlǽbɪk/ adj decassílabo.

dec·a·syl·la·ble /dekəsɪlǽbəl/ s decassílabo.

de·cay /dɪkéɪ/ s 1 decadência; declínio. 2 apodrecimento; deterioração. 3 cárie. II v (decays, decaying, decayed, decayed) 1 declinar; decair. 2 apodrecer; deteriorar. 3 cariar.

de·cease /dɪsíːs/ s falecimento; morte. II v (deceases, deceasing, deceased, deceased) morrer; falecer.

de·ceased /dɪsíːst/ adj falecido; morto.

de·ceit /dɪsíːt/ s 1 desonestidade. 2 fraude; mentira.

de·ceit·ful /dɪsíːtfəl/ adj 1 desonesto. 2 fraudulento.

de·ceive /dɪsíːv/ v (deceives, deceiving, deceived, deceived) enganar; iludir; mentir.

de·ceiv·er /dɪsíːvər/ s enganador.

de·cel·er·ate /diːséləreɪt/ v (decelerates, decelerating, decelerated, decelerated) desacelerar; diminuir a velocidade.

de·cel·er·a·tion /di:seləreɪʃən/ s desaceleração; diminuição da velocidade.

De·cem·ber /dɪsembə/ s dezembro.

de·cen·cy /di:sənsi/ s decência; decoro. (pl decencies). ♦ decencies bons costumes.

de·cen·ni·al /dɪseniəl/ adj decenal; que dura dez anos. II s décimo aniversário.

de·cent /di:sənt/ adj 1 decente; respeitável. 2 satisfatório; tolerável; razoável.

de·cen·tral·i·za·tion /di:sentrəlɪzeɪʃən/ s descentralização.

de·cen·tral·ize /di:sentrəlaɪz/ v (decentralizes, decentralizing, decentralized, decentralized) descentralizar.

de·cep·tion /dɪsepʃən/ s engano; fraude; trapaça.

de·cep·tive /dɪseptɪv/ adj enganoso; ilusório.

de·ci·bel /desɪbel/ s decibel. (abrev dB).

de·cide /dɪsaɪd/ v (decides, deciding, decided, decided) 1 decidir. 2 solucionar.

de·cid·ed /dɪsaɪdɪd/ adj 1 decidido; determinado. 2 evidente; claro; definido.

de·cid·u·ous /dɪsɪdʒuəs/ adj 1 Bot decíduo; caduco; que cai. 2 efêmero.

dec·i·mal /desɪməl/ adj decimal. II s Mat fração decimal.

dec·i·mate /desɪmeɪt/ v (decimates, decimating, decimated, decimated) dizimar.

dec·i·ma·tion /desɪmeɪʃən/ s dizimação.

de·ci·pher /dɪsaɪfə/ v (deciphers, deciphering, deciphered, deciphered) 1 decifrar. 2 interpretar.

de·ci·pher·er /dɪsaɪfəə/ s decifrador.

de·ci·pher·ment /dɪsaɪfəmənt/ s decifração.

de·ci·sion /dɪsɪʒən/ s decisão.

de·ci·sive /dɪsaɪsɪv/ adj 1 decisivo; final. 2 decidido; determinado.

de·ci·sive·ness /dɪsaɪsɪvnəs/ s resolução; firmeza.

deck /dek/ s 1 convés. 2 baralho de cartas. 3 assoalho; piso (de ônibus, avião, etc.). II v (decks, decking, decked, decked) enfeitar; adornar.

deck chair s espreguiçadeira; cadeira de lona.

de·claim /dɪkleɪm/ v (declaims, declaiming, declaimed, declaimed) declamar; recitar.

de·claim·er /dɪkleɪmə/ s declamador.

dec·la·ma·tion /dekləmeɪʃən/ s declamação.

dec·lam·a·to·ry /dɪklæmətɔːri/ adj declamatório; retórico.

de·clar·a·ble /dɪklerəbəl/ adj declarável.

dec·la·ra·tion /dekləreɪʃən/ s declaração; depoimento; confissão.

de·clar·a·tive /dɪklerətɪv/ adj declarativo.

de·clar·a·to·ry /dɪklerətɔːri/ adj declaratório.

de·clare /dɪkler/ v (declares, declaring, declared, declared) 1 declarar; afirmar. 2 depor. 3 expressar.

de·clen·sion /dɪklenʃən/ s 1 Gram declinação. 2 declínio; decadência. 3 deterioração.

de·clin·a·ble /dɪklaɪnəbəl/ adj declinável.

dec·li·na·tion /deklɪneɪʃən/ s 1 Astron declinação. 2 inclinação. 3 recusa; rejeição. 4 desvio.

de·cline /dɪklaɪn/ v (declines, declining, declined, declined) 1 declinar; pender. 2 recusar. 3 decair. 4 deteriorar. II s 1 declínio; decadência. 2 declive. 3 deterioração.

de·cliv·i·ty /dɪklɪvəti/ s declive. (pl declivities).

de·coct /dɪkɑːkt/ v (decocts, decocting, decocted, decocted) cozer.

de·coc·tion /dɪkɑːkʃən/ s cozimento.

de·code /di:koʊd/ v (decodes, decoding, decoded, decoded) decifrar; decodificar.

de·cod·er /di:koʊdə/ s decodificador.

de·col·late /dɪkɑːleɪt/ v (decollates, decollating, decollated, decollated) degolar; decapitar.

de·com·pose /di:kəmpoʊz/ v (decomposes, decomposing, decomposed, decomposed) decompor; apodrecer; desintegrar.

de·com·po·si·tion /di:kɑːmpəzɪʃən/ s decomposição; desintegração.

de·com·pound /di:kəmpaʊnd/ v (decompounds, decompounding, decompounded, decompounded) decompor. II adj duplamente composto.

de·com·press /di:kəmpres/ v (decompresses, decompressing, decompressed, decompressed) descomprimir; desintegrar.

de·com·pres·sion /di:kəmpreʃən/ s descompressão.

decompression chamber s câmara de descompressão.

de·con·tam·i·nate /di:kəntæmɪneɪt/ v (**decontaminates, decontaminating, decontaminated, decontaminated**) descontaminar.

de·con·tam·i·na·tion /di:kəntæmɪneɪʃən/ s descontaminação.

de·cor /deɪkɔːr, deɪkɔːr/ → **décor**.

dé·cor /deɪkɔːr, deɪkɔːr/ s decoração; cenário. (var **decor**).

dec·o·rate /dekəreɪt/ v (**decorates, decorating, decorated, decorated**) 1 decorar; ornamentar. 2 condecorar.

dec·o·ra·tion /dekəreɪʃən/ s 1 decoração; ornamentação. 2 condecoração.

dec·o·ra·tive /dekərətɪv/ adj decorativo; ornamental.

dec·o·ra·tor /dekəreɪtər/ s decorador.

dec·o·rous /dekə·əs/ adj decoroso; digno; decente.

de·co·rum /dɪkɔːrəm/ s decoro; decência.

de·coy /di:kɔɪ, dɪkɔɪ/ s chamariz; engodo; isca. ll v (**decoys, decoying, decoyed, decoyed**) atrair com isca; engabelar.

de·crease /di:kriːs/ s decréscimo. ll /dɪkriːs, di:kriːs/ v (**decreases, decreasing, decreased, decreased**) decrescer; diminuir.

de·cree /dɪkriː/ s decreto; mandado; sentença. ll v (**decrees, decreeing, decreed, decreed**) decretar; mandar.

dec·re·ment /dekrɪmənt/ s decréscimo; diminuição.

de·crep·it /dɪkrepɪt/ adj decrépito; caduco.

de·crep·i·tude /dɪkrepɪtuːd/ s decrepitude; caducidade.

de·cres·cent /dɪkresənt/ adj decrescente.

de·cry /dɪkraɪ/ v (**decries, decrying, decried, decried**) 1 falar mal; censurar publicamente; execrar. 2 depreciar.

de·crypt /di:krɪpt/ v (**decrypts, decrypting, decrypted, decrypted**) decriptografar; decifrar.

ded·i·cate /dedɪkeɪt/ v (**dedicates, dedicating, dedicated, dedicated**) 1 dedicar. 2 consagrar. 3 inaugurar.

ded·i·ca·tion /dedɪkeɪʃən/ s 1 dedicação. 2 consagração.

ded·i·ca·to·ry /dedɪkətɔːri/ adj dedicatório.

de·duce /dɪduːs/ v (**deduces, deducing, deduced, deduced**) deduzir; inferir.

de·duc·i·ble /dɪduːsəbəl/ adj deduzível; dedutível.

de·duct /dɪdʌkt/ v (**deducts, deducting, deducted, deducted**) deduzir; diminuir; subtrair.

de·duc·tion /dɪdʌkʃən/ s 1 dedução; conclusão. 2 diminuição; desconto; abatimento.

de·duc·tive /dɪdʌktɪv/ adj dedutivo.

deed /di:d/ s 1 ato; ação. 2 feito; façanha; proeza. 3 documento; escritura. ll v (**deeds, deeding, deeded, deeded**) ceder; transferir (por meio de escritura).

deem /di:m/ v (**deems, deeming, deemed, deemed**) julgar; supor; considerar.

deep /di:p/ s 1 profundidade; profundeza. 2 abismo. ll adj 1 profundo; fundo. 2 misterioso; secreto. 3 imerso; absorto. 4 grave; profundo (som).

deep·en /di:pən/ v (**deepens, deepening, deepened, deepened**) aprofundar.

deep·ly /di:pli/ adv profundamente.

deep·ness /di:pnəs/ s 1 profundidade. 2 abismo. 3 sagacidade; perspicácia.

deep-root·ed /di:pruːtɪd/ adj enraizado.

deep-sea /di:psi/ adj alto-mar.

deer /dɪr/ s pl cervo; veado.

de·face /dɪfeɪs/ v (**defaces, defacing, defaced, defaced**) desfigurar; deformar.

de·face·ment /dɪfeɪsmənt/ s desfiguração; deformação.

de·fal·cate /di:fælkeɪt, di:fɔːlkeɪt/ v (**defalcates, defalcating, defalcated, defalcated**) desfalcar.

de·fal·ca·tion /di:fælkeɪʃən, di:fɔːlkeɪʃən/ s desfalque.

def·a·ma·tion /defəmeɪʃən/ s difamação.

de·fam·a·to·ry /dɪfæmətɔːri/ adj difamatório.

de·fame /dɪfeɪm/ v (**defames, defaming, defamed, defamed**) difamar.

de·fam·er /dɪfeɪmər/ s difamador.

de·fault /dɪfɔːlt/ s 1 falta; ausência. 2 omissão; negligência; descuido. 3 Comp valor-padrão assumido automaticamente. ll v (**defaults, defaulting, defaulted, defaulted**) 1 Jur não comparecer em juízo. 2 não pagar; não cumprir (dívida, obrigação, etc.),

de·fault·er /dɪfɑːltə/ *s* infrator; defraudador.

de·fea·sance /dɪfiːzəns/ *s* anulação; revogação; rescisão.

de·fea·si·ble /dɪfiːzəbəl/ *adj* anulável; revogável.

de·feat /dɪfiːt/ *s* 1 derrota. 2 frustração. ‖ *v* (**defeats, defeating, defeated, defeated**) 1 derrotar. 2 frustrar.

de·feat·ist /dɪfiːtɪst/ *adj* e *s* derrotista.

def·e·cate /defəkeɪt/ *v* (**defecates, defecating, defecated, defecated**) 1 defecar; evacuar. 2 depurar; purificar; clarificar.

def·e·ca·tion /defəkeɪʃən/ *s* defecação.

de·fect /diːfekt, dɪfekt/ *s* defeito; falha; imperfeição. ‖ /dɪfekt/ *v* (**defects, defecting, defected, defected**) trair; desertar; insurgir-se.

de·fec·tion /dɪfekʃən/ *s* deserção; traição; defecção.

de·fec·tive /dɪfektɪv/ *adj* 1 defeituoso. 2 *tb Gram* defectivo.

de·fec·tor /dɪfektə/ *s* dissidente; desertor.

de·fend /dɪfend/ *v* (**defends, defending, defended, defended**) defender; proteger.

de·fen·dant /dɪfendənt/ *s* réu; acusado.

de·fend·er /dɪfendə/ *s* defensor; protetor; advogado de defesa.

de·fense /dɪfens/ *s* defesa; proteção.

de·fense·less /dɪfensləs/ *adj* indefeso; desarmado; desprotegido.

de·fen·sive /dɪfensɪv/ *adj* defensivo. ‖ *s* defensiva.

de·fer /dɪfɜːr/ *v* (**defers, deferring, deferred, deferred**) 1 adiar; retardar. 2 acatar; ceder.

def·er·ence /defərəns/ *s* deferência; acatamento; consideração.

def·er·ent /defərənt/ *adj* 1 deferente; respeitoso. 2 *Anat* deferente (canal, tubo).

def·er·en·tial /defərenʃəl/ *adj* deferente; respeitoso.

de·fer·ment /dɪfɜːmənt/ *s* adiamento.

de·fi·ance /dɪfaɪəns/ *s* desafio; provocação; rebeldia.

de·fi·ant /dɪfaɪənt/ *adj* desafiante; rebelde.

de·fi·cien·cy /dɪfɪʃənsi/ *s* deficiência; falha. (*pl* **deficiencies**).

de·fi·cient /dɪfɪʃənt/ *adj* deficiente.

def·i·cit /defɪsɪt/ *s* déficit; insuficiência.

de·fi·er /dɪfaɪə/ *s* desafiador; provocador.

de·file /dɪfaɪl/ *s* 1 desfiladeiro; garganta. 2 desfile. ‖ *v* (**defiles, defiling, defiled, defiled**) 1 desfilar. 2 manchar; sujar. 3 violar; corromper.

de·fil·er /dɪfaɪlə/ *s* 1 poluidor; corruptor. 2 violador; profanador.

de·fin·a·ble /dɪfaɪnəbəl/ *adj* definível.

de·fine /dɪfaɪn/ *v* (**defines, defining, defined, defined**) 1 definir. 2 determinar.

def·i·nite /defɪnət/ *adj* 1 definido. 2 preciso; claro.

definite article *s Gram* artigo definido.

def·i·ni·tion /defɪnɪʃən/ *s* 1 definição. 2 nitidez; clareza (da tela de TV, computador, etc.).

de·fin·i·tive /dɪfɪnətɪv/ *adj* definitivo.

def·la·grate /defləgreɪt/ *v* (**deflagrates, deflagrating, deflagrated, deflagrated**) deflagrar.

def·la·gra·tion /defləgreɪʃən/ *s* deflagração.

de·flate /dɪfleɪt/ *v* (**deflates, deflating, deflated, deflated**) 1 esvaziar (bola, pneu, etc.). 2 *Econ* deflacionar.

de·fla·tion /dɪfleɪʃən/ *s* 1 esvaziamento. 2 *Econ* deflação.

de·fla·tion·ar·y /dɪfleɪʃəneri/ *adj* deflacionário.

de·flect /dɪflekt/ *v* (**deflects, deflecting, deflected, deflected**) desviar.

de·flec·tion /dɪflekʃən/ *s* deflexão.

de·flec·tor /dɪflektə/ *s* defletor.

def·lo·ra·tion /defləreɪʃən/ *s* defloração; defloramento.

de·flow·er /dɪflaʊə/ *v* (**deflowers, deflowering, deflowered, deflowered**) 1 deflorar; desvirginar. 2 despojar; arruinar; assolar.

de·for·est /diːfɔːrɪst/ *v* (**deforests, deforesting, deforested, deforested**) desflorestar; desmatar.

de·for·es·ta·tion /diːfɔːrɪsteɪʃən/ *s* desflorestamento; desmatamento.

de·form /dɪfɔːrm/ *v* (**deforms, deforming, deformed, deformed**) 1 deformar. 2 desfigurar.

de·for·ma·tion /diːfɔːrmeɪʃən/ *s* 1 deformação. 2 desfiguração.

de·formed /dɪfɔ:rmd/ adj 1 deformado. 2 desfigurado.

de·for·mi·ty /dɪfɔ:rməti/ s deformidade. (pl deformities).

de·fraud /dɪfrɑ:d/ v (defrauds, defrauding, defrauded, defrauded) defraudar; trapacear.

de·fraud·er /dɪfrɑ:də/ s defraudador; trapaceiro.

de·fray /dɪfreɪ/ v (defrays, defraying, defrayed, defrayed) custear; pagar.

de·fray·al /dɪfreɪəl/ s pagamento; custeio.

de·frost /di:frɑ:st/ v (defrosts, defrosting, defrostcd, defrosted) descongelar.

de·frost·er /di:frɑ:stə/ s descongelador.

deft /deft/ adj destro; hábil.

deft·ness /deftnəs/ s destreza; habilidade.

de·funct /dɪfʌnkt/ adj morto; extinto.

de·fy /dɪfaɪ/ v (defies, defying, defied, defied) 1 desafiar; provocar. 2 desacatar.

de·gen·er·a·cy /dɪdʒenərəsi/ s degeneração; degradação. (pl degeneracies).

de·gen·er·ate /dɪdʒenəreɪt/ v (degenerates, degenerating, degenerated, degenerated) degenerar. || /dɪdʒenərət/ adj e s degenerado.

de·gen·er·a·tion /dɪdʒenəreɪʃən/ s degeneração.

de·gen·er·a·tive /dɪdʒenəətɪv/ adj degenerativo.

de·glu·ti·tion /di:glu:tɪʃən/ s deglutição.

deg·ra·da·tion /degrədeɪʃən/ s degradação; deterioração.

de·grade /dɪgreɪd/ v (degrades, degrading, degraded, degraded) degradar; rebaixar.

de·grad·ing /dɪgreɪdɪŋ/ adj degradante.

de·gree /dɪgri:/ s 1 grau. 2 diploma. 3 categoria; classe. 4 estágio; etapa. 5 intensidade; extensão. 6 Gram grau de comparação.

de·hu·man·ize /di:hju:mənaɪz/ v (dehumanizes, dehumanizing, dehumanized, dehumanized) desumanizar.

de·hy·drate /di:haɪdreɪt/ v (dehydrates, dehydrating, dehydrated, dehydrated) desidratar.

de·hy·dra·tion /di:haɪdreɪʃən/ s desidratação.

de·i·fi·ca·tion /di:əfɪkeɪʃən/ s deificação; divinização.

de·i·fy /di:ɪfaɪ/ v (deifies, deifying, deified, deified) deificar; divinizar; endeusar.

deign /deɪn/ v (deigns, deigning, deigned, deigned) 1 condescender; conceder. 2 dignar-se; ter a bondade de.

de·ism /di:ɪzəm/ s deísmo.

de·ist /di:ɪst/ s deísta.

de·is·tic /di:ɪstɪk/ adj deístico.

de·i·ty /di:əti/ s deidade; divindade. (pl deities).

de·ject /dɪdʒekt/ v (dejects, dejecting, dejected, dejected) desanimar; abater. **D**

de·ject·ed /dɪdʒektɪd/ adj desanimado; abatido.

de·jec·tion /dɪdʒekʃən/ s depressão; abatimento; tristeza.

de·lay /dɪleɪ/ s demora; atraso. || v (delays, delaying, delayed, delayed) demorar-se; atrasar; adiar; retardar.

de·le /di:li:/ s Tip sinal para suprimir (nas provas tipográficas). || v (deles, deleing, deled, deled) suprimir; apagar.

de·lec·ta·ble /dɪlektəbəl/ adj deleitável; que dá prazer.

de·lec·ta·tion /di:lekteɪʃən/ s deleite; prazer; encanto.

del·e·ga·cy /delɪgəsi/ s corpo de delegados; delegação. (pl delegacies).

del·e·gate /delɪgeɪt/ v (delegates, delegating, delegated, delegated) delegar; incumbir. || /delɪgət/ s delegado; deputado; representante.

del·e·ga·tion /delɪgeɪʃən/ s delegação; incumbência.

de·lete /dɪli:t/ v (deletes, deleting, deleted, deleted) tb Comp deletar; excluir; apagar; suprimir. (abrev del).

del·e·te·ri·ous /delətɪriəs/ adj deletério; prejudicial; nocivo.

de·le·tion /dɪli:ʃən/ s supressão; extinção; ato de riscar.

de·lib·er·ate /dɪlɪbəreɪt/ v (deliberates, deliberating, deliberated, deliberated) deliberar; ponderar; examinar. || /dɪlɪbərət/ adj 1 deliberado; ponderado; refletido. 2 propositado; premeditado; intencional. 3 cauteloso; ponderado; cuidadoso.

de·lib·er·a·tion /dɪlɪbəreɪʃən/ s deliberação; reflexão.

de·lib·er·a·tive /dɪlɪbəэətɪv/ *adj* deliberativo; refletido.

del·i·ca·cy /delɪkəsi/ *s* 1 delicadeza; finura. 2 destreza; ligeireza. 3 sensibilidade; sutileza. 4 fragilidade. 5 manjar; iguaria delicada. (*pl* **delicacies**).

del·i·cate /delɪkət/ *adj* 1 delicado; fino. 2 delicioso; saboroso. 3 brando; suave. 4 cortês; atencioso. 5 fraco; frágil.

del·i·ca·tes·sen /delɪkətesən/ *s* mercearia de comestíveis finos; guloseimas.

de·li·cious /dɪlɪʃəs/ *adj* delicioso; saboroso.

de·lict /dɪlɪkt/ *s* delito.

de·light /dɪlaɪt/ *s* deleite; prazer; delícia. II *v* (**delights, delighting, delighted, delighted**) deleitar(-se); deliciar(-se).

de·light·ed /dɪlaɪtɪd/ *adj* encantado.

de·light·ful /dɪlaɪtfəl/ *adj* encantador; muito agradável.

de·lim·it /dɪlɪmɪt/ *v* (**delimits, delimiting, delimited, delimited**) delimitar; demarcar. (*var* **delimitate**).

de·lim·i·tate /dɪlɪmɪteɪt/ → **delimit**.

de·lim·i·ta·tion /dɪlɪmɪteɪʃən/ *s* delimitação.

de·lin·e·ate /dɪlɪnieɪt/ *v* (**delineates, delineating, delineated, delineated**) delinear; esboçar.

de·lin·e·a·tion /dɪlɪnieɪʃən/ *s* delineação; esboço; projeto.

de·lin·e·a·tor /dɪlɪnieɪtəʳ/ *s* delineador.

de·lin·quen·cy /dɪlɪŋkwənsi/ *s* delinqüência; crime. (*pl* **delinquencies**).

de·lin·quent /dɪlɪŋkwənt/ *adj* e *s* delinqüente; criminoso.

del·i·quesce /delɪkwes/ *v* (**deliquesces, deliquescing, deliquesced, deliquesced**) liquefazer-se; fundir-se; dissolver-se.

de·lir·i·ous /dɪlɪriəs/ *adj* 1 delirante; desvairado. 2 descontroladamente entusiasmado.

de·lir·i·um /dɪlɪriəm/ *s* 1 delírio; desvario. 2 entusiasmo descontrolado. (*pl* **deliriums** /dɪlɪriəmz/ ou **deliria** /dɪlɪria/).

de·liv·er /dɪlɪvəʳ/ *v* (**delivers, delivering, delivered, delivered**) 1 fazer entrega de. 2 render-se. 3 transferir; confiar a. 4 lançar (a bola, um ataque). 5 desferir (um golpe). 6 proferir (palestra). 7 dar à luz.

de·liv·er·ance /dɪlɪvərəns/ *s* 1 entrega; distribuição. 2 libertação; resgate; livramento. 3 pronunciamento; declaração. 4 parto.

de·liv·er·y /dɪlɪvəri/ *s* 1 entrega; distribuição. 2 lançamento; arremesso. 4 parto. 5 elocução; estilo ou forma (de falar, de discursar). 6 libertação; livramento. (*pl* **deliveries**).

delivery room *s* sala de parto.

dell /del/ *s* pequeno vale.

del·ta /deltə/ *s* delta.

delta wing *s* avião com asa em delta.

del·toid /deltɔɪd/ *adj* deltóide.

de·lude /dɪlud/ *v* (**deludes, deluding, deluded, deluded**) iludir; enganar; seduzir.

del·uge /delju:dʒ/ *s* dilúvio; inundação. II *v* (**deluges, deluging, deluged, deluged**) inundar; alagar.

de·lu·sion /dɪlu:ʒən/ *s* ilusão; engano; decepção.

de·lu·sive /dɪlu:sɪv/ *adj* ilusório; enganador.

de·lu·so·ry /dɪlu:səri/ *adj* ilusório.

delve /delv/ *v* (**delves, delving, delved, delved**) 1 cavar. 2 pesquisar; investigar.

de·mag·net·i·za·tion /di:mæɡnətɪzeɪʃən/ *s* desmagnetização.

de·mag·net·ize /di:mæɡnətaɪz/ *v* (**demagnetizes, demagnetizing, demagnetized, demagnetized**) desmagnetizar.

dem·a·gog·ic /deməɡɑ:dʒɪk/ *adj* demagógico. (*var* **demagogical**).

dem·a·gog·i·cal /deməɡɑ:dʒɪkəl/ → **demagogic**.

dem·a·gogue /deməɡɑ:ɡ/ *s* demagogo.

dem·a·gogu·er·y /deməɡɑ:ɡəi/ *s* demagogia.

dem·a·gog·y /deməɡɑ:dʒi/ *s* demagogia.

de·mand /dɪmænd/ *s* 1 demanda; procura. 2 exigência. II *v* (**demands, demanding, demanded, demanded**) 1 exigir. 2 necessitar. ♦ **demand and supply** procura e oferta.

demand deposit *s* depósito em conta corrente.

de·mand·ing /dɪmændɪŋ/ *adj* exigente.

de·mar·cate /di:mɑ:rkeɪt/ *v* (**demarcates, demarcating, demarcated, demarcated**) demarcar.

de·mar·ca·tion /di:mɑ:rkeɪʃən/ s demarcação; delimitação. (var **demarkation**).

de·mar·ka·tion /di:mɑ:rkeɪʃən/ → **demarcation**.

de·ma·te·ri·al·ize /di:mətɪriəlaɪz/ v (**dematerializes, dematerializing, dematerialized**) desmaterializar.

de·mean /dɪmiːn/ v (**demeans, demeaning, demeaned**) **1** portar-se. **2** rebaixar; aviltar; humilhar; degradar.

de·mean·or /dɪmiːnə/ s conduta; comportamento.

de·ment·ed /dɪmentɪd/ adj demente; louco.

de·ment·ed·ness /dɪmentɪdnəs/ s demência; loucura.

de·men·tia /dɪmenʃə/ s demência; loucura.

de·mer·it /dɪmerɪt/ s demérito.

de·mesne /dɪmeɪn/ s domínio; propriedade (de terra); possessão; região.

dem·i·god /demigɑ:d/ s semideus.

dem·i·god·dess /demigɑ:des/ s semideusa.

de·mil·i·ta·ri·za·tion /di:mɪlɪtəˈraɪzeɪʃən/ s desmilitarização.

de·mil·i·ta·rize /di:mɪlətəˈraɪz/ v (**demilitarizes, demilitarizing, demilitarized, demilitarized**) desmilitarizar.

de·mise /dɪmaɪz/ s **1** morte; falecimento. **2** extinção; desaparecimento. **3** transferência de propriedade (por morte). **4** transferência de trono (por morte ou abdicação). II v (**demises, demising, demised, demised**) **1** legar; deixar em testamento (por abdicação). **2** transferir trono por morte.

de·mis·sion /dɪmɪʃən/ s demissão; exoneração.

de·mit /dɪmɪt/ v (**demits, demitting, demitted, demitted**) demitir-se; exonerar-se.

demo /demoʊ/ s inform demonstração. (pl **demos**).

de·mo·bil·i·za·tion /di:moʊbəlɪzeɪʃən/ s desmobilização.

de·mo·bil·ize /di:moʊbəlaɪz/ v (**demobilizes, demobilizing, demobilized, demobilized**) desmobilizar.

de·moc·ra·cy /dɪmɑ:krəsi/ s democracia. (pl **democracies**).

dem·o·crat /deməkræt/ s democrata.

dem·o·crat·ic /deməkrætɪk/ adj democrático.

Democratic Republic of Congo s República Democrática do Congo.

de·moc·ra·ti·za·tion /dɪmɑ:krætɪzeɪʃən/ s democratização.

de·moc·ra·tize /dɪmɑ:krətaɪz/ v (**democratizes, democratizing, democratized, democratized**) democratizar.

de·mog·ra·phy /dɪmɑ:grəfi/ s demografia.

de·mol·ish /dɪmɑ:lɪʃ/ v (**demolishes, demolishing, demolished, demolished**) demolir; derrubar; arrasar; destruir.

dem·o·li·tion /deməlɪʃən/ s demolição.

de·mon /di:mən/ s demônio. (var **daemon** ou **daimon**).

de·mo·ni·ac /dɪmoʊniæk/ adj **1** demoníaco; diabólico. **2** endemoninhado; possuído. (var **demoniacal**).

de·mon·ic /dɪmɑ:nɪk/ adj demoníaco. (var **daemonic**).

de·mo·ni·a·cal /di:mənaɪəkəl/ → **demoniac**.

de·mon·ize /di:mənaɪz/ v (**demonizes, demonizing, demonized, demonized**) endemoninhar; converter em demônio.

de·mon·ol·o·gy /di:mənɑ:lədʒi/ s demonologia.

de·mon·stra·ble /dɪmɑ:nstrəbəl/ adj demonstrável.

dem·on·strate /demənstreɪt/ v (**demonstrates, demonstrating, demonstrated, demonstrated**) **1** demonstrar. **2** provar. **3** manifestar-se.

dem·on·stra·tion /demənstreɪʃən/ s **1** demonstração. **2** prova. **3** manifestação; passeata.

de·mon·stra·tive /dɪmɑ:nstrətɪv/ adj **1** demonstrativo. **2** efusivo; expansivo.

dem·on·stra·tor /demənstreɪtə/ s **1** demonstrador. **2** manifestante.

de·mor·al·i·za·tion /dɪmɔ:rəlɪzeɪʃən/ s desmoralização.

de·mor·al·ize /dɪmɔ:rəlaɪz/ v (**demoralizes, demoralizing, demoralized, demoralized**) **1** desmoralizar. **2** corromper; subverter.

de·mote /dɪmoʊt/ v (**demotes, demoting, demoted, demoted**) rebaixar; degradar.

de·mot·ic /dɪmɑ:tɪk/ adj demótico; popular.

de·mount /di:maʊnt/ v (**demounts, demounting, demounted, demounted**) desmontar.

de·mur /dɪmɜːr/ v (**demurs, demurring, demurred, demurred**) objetar; opor-se. ‖ s objeção.

de·mure /dɪmjʊr/ adj 1 sério; reservado. 2 recatado; pudico.

de·mys·ti·fy /diːmɪstɪfaɪ/ v (**demystifies, demystifying, demystified, demystified**) desmistificar.

den /den/ s 1 toca; covil. 2 antro; esconderijo (de criminosos). 3 recanto; retiro. ‖ v (**dens, denning, denned, denned**) entocar-se; esconder-se.

de·nar·i·us /dɪnerɪəs/ s denário (antiga moeda romana). (pl denarii /dɪneraɪ/).

den·a·ry /denəri/ adj decimal.

de·na·tion·al·i·za·tion /diːnæʃənəlɪzeɪʃən/ s desnacionalização.

de·na·tion·al·ize /diːnæʃənəlaɪz/ v (**denationalizes, denationalizing, denationalized, denationalized**) desnacionalizar.

de·nat·u·ral·ize /diːnætʃərəlaɪz/ v (**denaturalizes, denaturalizing, denaturalized, denaturalized**) desnaturalizar.

de·na·ture /diːneɪtʃər/ v (**denatures, denaturing, denatured, denatured**) desnaturar.

den·drol·o·gy /dendrɑːlədʒi/ s Bot dendrologia (estudo científico de árvores).

den·gue /deŋgi, deŋgeɪ/ s dengue.

de·ni·a·ble /dɪnaɪəbəl/ adj recusável.

de·ni·al /dɪnaɪəl/ s 1 negação; desmentido. 2 recusa; rejeição.

de·ni·er /dɪnaɪə/ s negador; contraditor.

den·ier /denjə/ s unidade de medida usada em fiação.

den·i·grate /denɪgreɪt/ v (**denigrates, denigrating, denigrated, denigrated**) denigrir.

den·i·gra·tion /denɪgreɪʃən/ s difamação.

den·im /denɪm/ s brim.

den·i·zen /denɪzən/ s 1 habitante; residente. 2 estrangeiro naturalizado. 3 freqüentador. 4 animal ou planta aclimatada, adaptada.

Den·mark /denmɑːrk/ s Dinamarca.

de·nom·i·nate /dɪnɑːməneɪt/ v (**denominates, denominating, denominated, denominated**) denominar; designar. ‖ adj Mat concreto (número).

de·nom·i·na·tion /dɪnɑːməneɪʃən/ s 1 denominação; nome. 2 seita religiosa. 3 padrão; valor (monetário).

de·nom·i·na·tion·al /dɪnɑːməneɪʃənəl/ adj adepto; partidário (de seita religiosa).

de·nom·i·na·tor /dɪnɑːməneɪtə/ s tb Mat denominador.

de·no·ta·tion /diːnoʊteɪʃən/ s 1 denotação; indicação; designação. 2 sinal; símbolo.

de·no·ta·tive /diːnoʊteɪtɪv/ adj denotativo.

de·note /dɪnoʊt/ v (**denotes, denoting, denoted, denoted**) 1 denotar; indicar. 2 significar; simbolizar.

de·nounce /dɪnaʊns/ v (**denounces, denouncing, denounced, denounced**) 1 denunciar; delatar. 2 censurar publicamente. 3 comunicar término de (tratado, acordo, etc.).

de·nounce·ment /dɪnaʊnsmənt/ s denúncia; delação.

de·nounc·er /dɪnaʊnsə/ s denunciador.

dense /dens/ adj 1 denso; espesso; compacto. 2 impenetrável. 3 intenso; profundo. 4 bronco; estúpido.

dense·ness /densnəs/ s 1 densidade. 2 estupidez.

den·si·ty /densəti/ s 1 densidade; espessura. 2 estupidez. (pl **densities**).

dent /dent/ s 1 mossa; afundamento; vestígio de pancada ou pressão. 2 dente (de engrenagem, faca, serra, etc.). 3 entalhe. ‖ v (**dents, denting, dented, dented**) 1 formar dente em (faca, etc.); dentear; dentar. 2 entalhar.

den·tal /dentl/ adj dental; dentário. ‖ s Gram som ou letra dental.

dental floss s fio dental.

den·tate /denteɪt/ adj denteado; dentado.

den·ti·cle /dentɪkəl/ s dentículo.

den·ti·frice /dentəfrɪs/ s dentifrício.

den·til /dentəl/ s Arq dentículo.

den·tin /dentɪn/ s dentina. (var **dentine**).

den·tine /denti:n/ → **dentin**.

den·tist /dentɪst/ s dentista.

den·tist·ry /dentɪstri/ s odontologia.

den·ti·tion /dentɪʃən/ s dentição.

den·ture /dentʃə/ s dentadura.

de·nu·da·tion /diːnuːdeɪʃən/ s desnudação; despimento.

de·nude /dɪnu̱:d/ v (denudes, denuding, denuded, denuded) denudar; desnudar; despir.

de·nun·ci·a·tion /dɪnʌnsieɪʃən/ s denúncia; acusação; delação.

de·ny /dɪnaɪ/ v (denies, denying, denied, denied) 1 negar; desmentir. 2 rejeitar; renegar. 3 recusar.

de·o·dor·ant /dioʊdərənt/ adj e s desodorizante; desodorante.

de·o·dor·i·za·tion /dioʊdəɪzeɪʃən/ s desodorização.

de·o·dor·ize /dioʊdəraɪz/ v (deodorizes, deodorizing, deodorized, deodorized) desodorizar.

de·o·dor·iz·er /dioʊdəraɪzɚ/ s desodorizante.

de·ox·i·di·za·tion /diɑːksɪdɪzeɪʃən/ s desoxidação.

de·ox·i·dize /diɑːksədaɪz/ v (deoxidizes, deoxidizing, deoxidized, deoxidized) desoxidar; desoxigenar.

de·part /dɪpɑːrt/ v (departs, departing, departed, departed) 1 partir; sair; ir embora. 2 afastar-se; desviar-se. 3 morrer; partir desta vida.

de·part·ed /dɪpɑːrtɪd/ adj e s falecido; morto.

de·part·ment /dɪpɑːrtmənt/ s 1 departamento; seção. 2 repartição. 3 distrito; província. 4 Departamento de Estado (EUA).

de·part·men·tal /diːpɑːrtmentəl/ adj 1 departamental. 2 distrital.

department store s loja de departamentos; magazine.

de·par·ture /dɪpɑːrtʃɚ/ s partida; saída; ida.

de·pend /dɪpend/ v (depends, depending, depended, depended) (com on ou upon). 1 depender de. 2 contar com; confiar em.

de·pend·a·bil·i·ty /dɪpendəbɪləti/ s confiança; segurança.

de·pend·a·ble /dɪpendəbəl/ adj seguro; confiável; digno de confiança.

de·pend·ance /dɪpendəns/ → dependence.

de·pend·an·cy /dɪpendənsi/ → dependency.

de·pend·ant /dɪpendənt/ → dependent.

de·pend·ence /dɪpendəns/ s 1 dependência; sujeição; subordinação. 2 confiança. 3 vício. (var dependance).

de·pend·en·cy /dɪpendənsi/ s 1 dependência; subordinação. 2 domínio; possessão (território, país, etc.). (var dependancy).

de·pend·ent /dɪpendənt/ adj dependente; subordinado; condicionado. (var dependant).

de·pict /dɪpɪkt/ v (depicts, depicting, depicted, depicted) retratar; representar; desenhar; pintar.

de·pic·tion /dɪpɪkʃən/ s 1 pintura. 2 representação; descrição.

dep·i·late /depɪleɪt/ v (depilates, depilating, depilated, depilated) depilar.

dep·i·la·tion /depɪleɪʃən/ s depilação.

de·pil·a·to·ry /dɪpɪlətɔ:ri/ adj depilatório. ll s depilatório. (pl depilatories).

de·plete /dɪpli̱:t/ v (depletes, depleting, depleted, depleted) esgotar; exaurir; esvaziar.

de·ple·tion /dɪpli̱:ʃən/ s 1 Med depleção; exaustão. 2 esgotamento (recurso, bem, etc.).

de·plor·a·ble /dɪplɔ:rəbəl/ adj deplorável; lamentável.

de·plore /dɪplɔ:r/ v (deplores, deploring, deplored, deplored) deplorar; lamentar; lastimar.

de·ploy /dɪplɔɪ/ v (deploys, deploying, deployed, deployed) Mil dispor (tropas, navios) em formação de combate.

de·po·lar·ize /diːpoʊləraɪz/ v (depolarizes, depolarizing, depolarized, depolarized) despolarizar.

de·po·lit·i·cize /diːpəlɪtɪsaɪz/ v (depoliticizes, depoliticizing, depoliticized, depoliticized) despolitizar.

de·pol·lute /diːpəlu̱:t/ v (depollutes, depolluting, depolluted, depolluted) despoluir.

de·pop·u·late /diːpɑːpjəleɪt/ v (depopulates, depopulating, depopulated, depopulated) despovoar.

de·pop·u·la·tion /diːpɑːpjəleɪʃən/ s despovoação; despovoamento.

de·port /dɪpɔ:rt/ v (deports, deporting, deported, deported) 1 deportar; exilar; desterrar. 2 comportar-se.

de·por·ta·tion /diːpɔ:rteɪʃən/ s deportação; expatriação; degredo.

de·port·ee /diːpɔ:rti̱:/ s deportado; expatriado; desterrado.

de·port·ment /dɪpɔːrtmənt/ s comportamento; conduta; procedimento.

de·pos·al /dɪpouzəl/ s deposição; demissão; destituição.

de·pose /dɪpouz/ v (deposes, deposing, deposed, deposed) 1 destituir; destronar; demitir. 2 Jur depor; declarar.

de·pos·it /dɪpɑːzɪt/ s 1 depósito (bancário). 2 penhor; garantia. 3 Geol depósito; sedimento. ǁ v (deposits, depositing, deposited, deposited) depositar.

de·pos·i·tar·y /dɪpɑːzəteri/ s 1 depositário; depósito. 2 armazém. (pl depositaries).

dep·o·si·tion /depəzɪʃən/ s 1 deposição; destituição. 2 depoimento; testemunho. 3 Geol depósito; sedimento.

de·pos·i·tor /dɪpɑːzətər/ s depositante.

de·pos·i·to·ry /dɪpɑːzətɔːri/ s 1 depósito; armazém. 2 depositário. (pl depositories).

de·pot /diːpou, depou/ s 1 depósito; armazém. 2 estação ferroviária. 3 almoxarifado militar.

dep·ra·va·tion /deprəveɪʃən/ s depravação; corrupção; perversão; imoralidade.

de·prave /dɪpreɪv/ v (depraves, depraving, depraved, depraved) depravar; corromper.

de·praved /dɪpreɪvd/ adj depravado.

de·prav·i·ty /dɪprævəti/ s depravação. (pl depravities).

dep·re·cate /deprəkeɪt/ v (deprecates, deprecating, deprecated, deprecated) desaprovar; reprovar; censurar.

dep·re·ca·tion /deprəkeɪʃən/ s desaprovação; reprovação; censura.

dep·re·ca·tive /deprəkeɪtɪv/ → deprecatory.

dep·re·ca·to·ry /deprəkətɔːri/ adj deprecatório; suplicante; implorante. (var deprecative).

de·pre·ci·ate /dɪpriːʃieɪt/ v (depreciates, depreciating, depreciated, depreciated) depreciar; desvalorizar.

de·pre·ci·a·tion /dɪpriːʃieɪʃən/ s depreciação; desvalorização; redução no preço.

de·pre·cia·tive /dɪpriːʃieɪtɪv/ → depreciatory.

de·pre·cia·to·ry /dɪpriːʃiətɔːri/ adj depreciativo. (var depreciative).

dep·re·date /deprədeɪt/ v (depredates, depredating, depredated, depredated) depredar; saquear; pilhar.

dep·re·da·tion /deprədeɪʃən/ s depredação; saque; pilhagem.

dep·re·da·tor /deprədeɪtər/ s depredador.

de·pred·a·to·ry /deprədətɔːri, deprədeɪtəˈi, dɪpredətɔːri/ adj depredatório.

de·press /dɪpres/ v (depresses, depressing, depressed, depressed) 1 deprimir; abater; humilhar. 2 diminuir; baixar. 3 apertar; comprimir.

de·pressed /dɪprest/ adj deprimido; abatido; humilhado; desalentado.

de·press·ing /dɪpresɪŋ/ adj deprimente; desanimador; desalentador.

de·pres·sion /dɪpreʃən/ s depressão; abatimento; desânimo.

de·pres·sive /dɪpresɪv/ adj depressivo; abatido. ǁ s pessoa deprimida.

de·pres·sor /dɪpresər/ s 1 depressor. 2 Med abaixa-língua.

de·pres·sur·ize /depreʃəraɪz/ v (depressurizes, depressurizing, depressurized, depressurized) despressurizar.

dep·ri·va·tion /deprɪveɪʃən/ s privação; falta; perda.

de·prive /dɪpraɪv/ v (deprives, depriving, deprived, deprived) privar; despojar.

de·prived /dɪpraɪvd/ adj carente.

depth /depθ/ s 1 profundidade. 2 intensidade (de cor); tom carregado. ♦ depths profundezas; fundura; abismo.

dep·u·rate /depjəreɪt/ v (depurates, depurating, depurated, depurated) depurar; limpar.

dep·u·ra·tion /depjəreɪʃən/ s depuração; purificação; limpeza.

dep·u·ra·tor /depjəreɪtər/ s depurador.

dep·u·ta·tion /depjəteɪʃən/ s deputação; delegação.

de·pute /dɪpjuːt/ v (deputes, deputing, deputed, deputed) deputar; delegar.

dep·u·tize /depjətaɪz/ v (deputizes, deputizing, deputized, deputized) atuar como deputado ou delegado.

dep·u·ty /depjəti/ s 1 deputado. 2 representante. 3 substituto. 4 subdelegado (de polícia). (pl deputies).

de·rail /dɪreɪl/ v (**derails, derailing, derailed, derailed**) descarrilar.

de·rail·ment /dɪreɪlmənt/ s descarrilamento.

de·range /dɪreɪndʒ/ v (**deranges, deranging, deranged, deranged**) desarranjar; desordenar; perturbar; transtornar.

de·range·ment /dɪreɪndʒmənt/ s desarranjo; desordem mental; transtorno; loucura.

der·e·lict /derəlɪkt/ s 1 navio abandonado. 2 qualquer pessoa ou coisa desamparada. II adj abandonado.

der·e·lic·tion /derəlɪkʃən/ s abandono.

de·ride /dɪraɪd/ v (**derides, deriding, derided, derided**) zombar; ridicularizar.

de·rid·er /dɪraɪdə/ s zombador.

de·ri·sion /dɪrɪʒən/ s zombaria; escárnio.

de·ri·sive /dɪraɪsɪv, dɪraɪzɪv/ adj zombeteiro.

de·ri·so·ry /dɪraɪsəri, dɪraɪzəri/ adj irrisório; ridículo.

der·i·va·tion /derɪveɪʃən/ s 1 derivação. 2 Mat lógica. 3 Gram derivação.

de·riv·a·tive /dɪrɪvətɪv/ s 1 Med derivativo. 2 Gram e Quím derivado. 3 Mat derivada. II adj derivado; derivativo; derivante.

de·rive /dɪraɪv/ v (**derives, deriving, derived, derived**) 1 derivar. 2 deduzir. 3 obter; tirar (benefício, prazer, etc.).

derm /dɜːrm/ s → **dermis**.

der·ma /dɜːrmə/ s → **dermis**.

der·mal /dɜːrməl/ adj dérmico; cutâneo. (var **dermic**).

der·ma·ti·tis /dɜːrmətaɪtəs/ s dermatite.

der·ma·tol·o·gist /dɜːrmətɑːlədʒɪst/ s dermatologista.

der·ma·tol·o·gy /dɜːrmətɑːlədʒi/ s dermatologia.

der·mic /dɜːrmɪk/ → **dermal**.

der·mis /dɜːrmɪs/ s derme; pele. (var **derm, derma**).

der·o·gate /derəgeɪt/ v (**derogates, derogating, derogated, derogated**) 1 desmerecer; depreciar. 2 decair; degenerar.

der·o·ga·tion /derəgeɪʃən/ s 1 detração; depreciação. 2 deterioração.

de·rog·a·tive /dɪrɑːgətɪv, derəgeɪtɪv/ adj depreciativo.

de·rog·a·to·ry /dɪrɑːgətɔːri/ adj depreciativo; pejorativo; detrativo.

der·rick /derɪk/ s 1 guindaste (de navio). 2 torre de sondagem de petróleo.

de·sal·i·na·tion /diːsælɪneɪʃən/ s dessalinização.

des·cant /deskænt/ s 1 Mús contraponto. 2 cantiga; melodia. 3 comentário; divagação. 4 tiple (soprano). II v (**descants, descanting, descanted, descanted**) 1 discorrer; tecer comentários. 2 cantar em contraponto.

de·scend /dɪsend/ v (**descends, descending, descended, descended**) 1 descer; baixar. 2 descender. 3 transmitir-se por herança.

de·scen·dant /dɪsendənt/ s descendente.

de·scen·dent /dɪsendənt/ adj 1 descendente. 2 decrescente; declinante.

de·scent /dɪsent/ s 1 descida; queda. 2 ladeira; declive. 3 degradação; humilhação. 4 ataque; assalto; invasão. 5 descendência; origem; linhagem.

de·scrib·a·ble /dɪskraɪbəbəl/ adj descritível.

de·scribe /dɪskraɪb/ v (**describes, describing, described, described**) descrever; narrar; delinear.

de·scrib·er /dɪskraɪbə/ s descritor.

de·scrip·tion /dɪskrɪpʃən/ s 1 descrição; narração. 2 espécie; tipo; classe.

de·scrip·tive /dɪskrɪptɪv/ adj descritivo.

de·scry /dɪskraɪ/ v (**descries, descrying, descried, descried**) avistar; distinguir; vislumbrar.

des·e·crate /desɪkreɪt/ v (**desecrates, desecrating, desecrated, desecrated**) profanar.

des·e·cra·tion /desɪkreɪʃən/ s profanação.

des·e·cra·tor /desɪkreɪtə/ s profanador.

de·seg·re·gate /diːsegrɪgeɪt/ v (**desegregates, desegregating, desegregated, desegregated**) desagregar.

des·ert /dezət/ s e adj deserto.

de·sert /dɪzɜːrt/ s mérito; merecimento. II v (**deserts, deserting, deserted, deserted**) 1 desertar. 2 abandonar; deixar; desamparar.

de·sert·er /dɪzɜːrtə/ s desertor.

de·sert·i·fi·ca·tion /dɪzɜːrtəfɪkeɪʃən/ s desertificação.

de·ser·tion /dɪzɜːrʃən/ s deserção; abandono.

de·serve /dɪzɜːrv/ v (deserves, deserving, deserved, deserved) merecer.

de·served /dɪzɜːrvd/ adj merecido.

de·serv·ed·ly /dɪzɜːrvdli/ adv merecidamente.

de·serv·ing /dɪzɜːrvɪŋ/ adj merecedor; digno.

des·ic·cate /desɪkeɪt/ v (desiccates, desiccating, desiccated, desiccated) 1 dessecar; secar; enxugar. 2 preservar; conservar (alimento, dessecando-o).

des·ic·ca·tion /desɪkeɪʃən/ s dessecação.

des·ic·ca·tive /desɪkeɪtɪv/ adj dessecativo.

de·sid·er·ate /dɪsɪdəreɪt/ v (desiderates, desiderating, desiderated, desiderated) desejar.

de·sid·er·a·tive /dɪsɪdəˈeɪtɪv, dɪzɪdəˈeɪtɪv/ adj 1 Gram desiderativo. 2 relativo a ou que expressa desejo.

de·sid·er·a·tum /dɪsɪdərɑːtəm, dɪzɪdəreɪtəm/ s desiderato; aspiração; anseio; desejo. (pl desiderata /dɪsɪdərɑːtə, dɪzɪdəreɪtə/).

de·sign /dɪzaɪn/ s 1 desígnio; propósito. 2 projeto; plano. 3 desenho. 4 modelo; padrão. ‖ v (designs, designing, designed, designed) 1 projetar; planejar. 2 desenhar. 3 criar; inventar. ♦ by ou through design de propósito.

des·ig·nate /dezɪgneɪt/ v (designates, designating, designated, designated) designar; indicar; nomear; denominar. ‖ /dezɪgnɪt/ adj designado; indicado; nomeado.

des·ig·na·tion /dezɪgneɪʃən/ s designação; nomeação; denominação.

des·ig·na·tor /dezɪgneɪtə/ s designador.

de·sign·er /dɪzaɪnə/ s desenhista; projetista; estilista.

de·sign·ing /dɪzaɪnɪŋ/ adj astuto; ardiloso; engenhoso.

de·sir·a·bil·i·ty /dɪzaɪrəbɪləti/ s desejo veemente; ânsia; grande vontade.

de·sir·a·ble /dɪzaɪrəbəl/ adj desejável; atraente.

de·sire /dɪzaɪə/ s 1 desejo (tb sexual); ânsia. 2 vontade; aspiração. ‖ v (desires, desiring, desired, desired) desejar; ansiar.

de·sir·ous /dɪzaɪrəs/ adj desejoso.

de·sist /dɪsɪst, dɪzɪst/ v (desists, desisting, desisted, desisted) 1 desistir; renunciar. 2 parar; cessar.

desk /desk/ s 1 carteira escolar. 2 escrivaninha; secretária.

desk·top /desktɑːp/ s Comp área de trabalho.

desktop publishing s editoração eletrônica.

des·o·late /desəleɪt, dezəleɪt/ v (desolates, desolating, desolated, desolated) 1 desolar. 2 devastar. 3 despovoar. ‖ /desələt, dezələt/ adj 1 desolado; triste; desalentado. 2 solitário; deserto.

des·o·la·tion /desəleɪʃən, dezəleɪʃən/ s 1 desolação; tristeza. 2 devastação. 3 abandono; solidão.

de·spair /dɪspeə/ s desespero; desesperança. ‖ v (despairs, despairing, despaired, despaired) desesperar.

de·spair·ing /dɪspeərɪŋ/ adj desesperador; desesperado.

des·patch /dɪspætʃ/ → dispatch.

des·per·a·do /despərɑːdoʊ/ s facínora; perverso. (pl desperadoes ou desperados)

des·per·ate /despərət/ adj 1 desesperado. 2 alucinado; desatinado. 3 furioso; violento. 4 irrecuperável; irremediável. 5 terrível; tremendo.

des·per·ate·ly /despərətli/ adv desesperadamente.

des·per·a·tion /despəreɪʃən/ s 1 desespero; desesperança. 2 fúria.

des·pi·ca·ble /dɪspɪkəbəl, despɪkəbəl/ adj desprezível.

de·spise /dɪspaɪz/ v (despises, despising, despised, despised) desprezar; desdenhar.

de·spite /dɪspaɪt/ s 1 despeito; rancor. 2 desprezo. ‖ prep apesar de; a despeito de.

de·spoil /dɪspɔɪl/ v (despoils, despoiling, despoiled, despoiled) despojar; roubar; saquear.

de·spoil·er /dɪspɔɪlə/ s espoliador; saqueador; ladrão.

de·spoil·ment /dɪspɔɪlmənt/ s despojamento; espoliação; roubo; saque.

de·spo·li·a·tion /dɪspoʊlieɪʃən/ s despojamento; espoliação; roubo; saque.

de·spond /dɪspɑːnd/ v (desponds, desponding, desponded, desponded) desanimar; desalentar; abater(-se); deprimir(-se)

de·spon·dence /dɪspɑ:ndəns/ → despondency.

de·spon·den·cy /dɪspɑ:ndənsi/ s desânimo; desalento. (var despondence).

de·spon·dent /dɪspɑ:ndənt/ adj desanimado; desalentado; abatido.

des·pot /despət/ s déspota; tirano; opressor.

des·pot·ic /despɑ:tɪk/ adj despótico; tirânico.

des·pot·ism /despətɪzəm/ s despotismo; tirania.

des·sert /dɪzɜ:rt/ s sobremesa.

des·sert·spoon /dɪzɜ:rtspu:n/ s colher de sobremesa.

de·sta·bi·lize /di:steɪbəlaɪz/ v (destabilizes, destabilizing, destabilized, destabilized) desestabilizar.

des·ti·na·tion /destɪneɪʃən/ s destinação; destino; fim; direção.

des·tine /destɪn/ v (destines, destining, destined, destined) destinar; predeterminar.

des·ti·ny /destɪni/ s destino; fado; sorte. (pl destinies).

des·ti·tute /destɪtu:t/ adj 1 destituído; desprovido. 2 pobre; indigente.

des·ti·tu·tion /destɪtu:ʃən/ s 1 destituição. 2 pobreza; penúria; miséria.

de·stroy /dɪstrɔɪ/ v (destroys, destroying, destroyed, destroyed) destruir; exterminar; extinguir; aniquilar.

de·stroy·er /dɪstrɔɪər/ s 1 destruidor. 2 Náut destróier; contratorpedeiro.

de·struct /dɪstrʌkt/ v (destructs, destructing, destructed, destructed) destruir intencionalmente. || s destruição deliberada.

de·struc·ti·ble /dɪstrʌktəbəl/ adj destrutível.

de·struc·tion /dɪstrʌkʃən/ s destruição; demolição; devastação.

de·struc·tive /dɪstrʌktɪv/ adj destrutivo; destruidor.

de·struc·tor /dɪstrʌktər/ s 1 forno de incineração de lixo; incinerador. 2 destruidor; destrutor.

des·ue·tude /deswɪtu:d/ s desuso.

des·ul·to·ri·ness /desəltɔ:rɪnəs/ s incoerência; desconexão; irregularidade.

des·ul·to·ry /desəltɔ:ri/ adj inconstante; desconexo; irregular.

de·tach /dɪtætʃ/ v (detaches, detaching, detached, detached) 1 destacar; separar; desprender. 2 Mil enviar (em missão).

de·tach·a·ble /dɪtætʃəbəl/ adj destacável; separável.

de·tached /dɪtætʃt/ adj 1 destacado; separado. 2 imparcial; neutro. 3 independente; isolado.

de·tach·ment /dɪtætʃmənt/ s 1 separação. 2 indiferença. 3 deslocamento. 4 imparcialidade. 5 Mil destacamento.

de·tail /dɪteɪl, di:teɪl/ s 1 detalhe; particularidade. 2 destacamento militar. || v (details, detailing, detailed, detailed) 1 detalhar. 2 pormenorizar. 3 destacar ou nomear para serviço especial.

de·tain /dɪteɪn/ v (detains, detaining, detained, detained) 1 deter; prender. 2 retardar; reter.

de·tain·er /dɪteɪnər/ s 1 detenção; prisão. 2 Jur embargo.

de·tain·ment /dɪteɪnmənt/ s 1 detenção. 2 demora.

de·tect /dɪtekt/ v (detects, detecting, detected, detected) descobrir; identificar; detectar.

de·tect·a·ble /dɪtektəbəl/ adj detectável. (var detectible).

de·tect·i·ble /dɪtektɪbəl/ → detectable.

de·tec·tion /dɪtekʃən/ s 1 detecção; descoberta. 2 identificação. 3 investigação.

de·tec·tive /dɪtektɪv/ s detetive; investigador. || adj 1 hábil para a descoberta de crimes. 2 da polícia secreta.

detective story s história ou romance policial ou de mistério.

de·tec·tor /dɪtektər/ s detector (aparelho elétrico).

de·ten·tion /dɪtenʃən/ s 1 detenção; custódia; prisão. 2 retenção.

de·ter /dɪtɜ:r/ v (deters, deterring, deterred, deterred) desanimar; dissuadir; desencorajar; impedir.

de·ter·gent /dɪtɜ:rdʒənt/ s e adj detergente.

de·te·ri·o·rate /dɪtɪriəreɪt/ v (deteriorates, deteriorating, deteriorated, deteriorated) deteriorar; estragar; degenerar.

de·te·ri·o·ra·tion /dɪtɪriəreɪʃən/ s deterioração; dano; estrago.

de·te·ri·o·ra·tive /dɪtɪriəreɪtɪv/ *adj* deteriorante.

de·ter·min·a·ble /dɪtɜ:rmɪnəbəl/ *adj* 1 determinável. 2 *Jur* extinguível.

de·ter·mi·nant /dɪtɜ:rmɪnənt/ *s* e *adj* determinante.

de·ter·mi·nate /dɪtɜ:rmɪnət/ *adj* determinado; definido; estabelecido; conclusivo.

de·ter·mi·na·tion /dɪtɜ:rmɪneɪʃən/ *s* determinação; decisão; resolução; firmeza.

de·ter·mi·na·tive /dɪtɜ:rmɪneɪtɪv/ *s* determinante. ll *adj* determinativo.

de·ter·mine /dɪtɜ:rmɪn/ *v* (**determines, determining, determined, determined**) 1 determinar. 2 resolver; decidir. 3 estabelecer; definir.

de·ter·mined /dɪtɜ:rmɪnd/ *adj* 1 determinado; decidido. 2 firme; resoluto.

de·ter·min·ism /dɪtɜ:rmɪnɪzəm/ *s* determinismo.

de·ter·min·ist /dɪtɜ:rmɪnɪst/ *s* determinista.

de·ter·rence /dɪterəns/ *s* impedimento; coibição.

de·test /dɪtest/ *v* (**detests, detesting, detested, detested**) detestar; abominar.

de·test·a·ble /dɪtestəbəl/ *adj* detestável.

de·tes·ta·tion /di:testeɪʃən/ *s* detestação; abominação; ódio.

de·throne /dɪθroʊn/ *v* (**dethrones, dethroning, dethroned, dethroned**) destronar; destronizar; depor.

de·throne·ment /dɪθroʊnmənt/ *s* destronamento; destronização; deposição.

det·o·nate /detəneɪt/ *v* (**detonates, detonating, detonated, detonated**) detonar; explodir.

det·o·na·tion /detəneɪʃən/ *s* detonação; explosão.

det·o·na·tor /detəneɪtə/ *s* detonador; aparelho para fazer explodir.

de·tour /di:tʊr, dɪtʊr/ *s* desvio (em estrada); volta. ll *v* (**detours, detouring, detoured, detoured**) fazer um desvio; desviar.

de·tox·i·cate /di:tɑ:ksɪkeɪt/ *v* (**detoxicates, detoxicating, detoxicated, detoxicated**) desintoxicar.

de·tox·i·fi·ca·tion /di:tɑ:ksəfɪkeɪʃən/ *s* desintoxicação.

de·tract /dɪtrækt/ *v* (**detracts, detracting, detracted, detracted**) depreciar; diminuir; desmerecer.

de·trac·tion /dɪtrækʃən/ *s* detração; calúnia; difamação; depreciação.

de·trac·tive /dɪtræktɪv/ *adj* depreciativo; difamatório.

de·trac·tor /dɪtræktə/ *s* detrator; maledicente.

det·ri·ment /detrɪmənt/ *s* detrimento; prejuízo; dano.

det·ri·men·tal /detrɪmentəl/ *adj* prejudicial; danoso.

de·tri·tion /dɪtrɪʃən/ *s* detrição; atrito; desgaste.

de·tri·tus /dɪtraɪtəs/ *s* detrito; resto; resíduo. (*pl* detritus).

deuce /du:s/ *s* 1 duque; dois (nas cartas ou dados). 2 empate (no jogo de tênis, quando os adversários fizerem 40 pontos). 3 *inform* diabo. ll *v* (deuces, deucing, deuced, deuced) igualar (no jogo de tênis).

de·val·u·ate /di:væljueɪt/ *v* (**devaluates, devaluating, devaluated, devaluated**) desvalorizar.

de·val·u·a·tion /di:væljueɪʃən/ *s* desvalorização.

de·val·ue /di:vælju:/ *v* (**devalues, devaluing, devalued, devalued**) desvalorizar.

dev·as·tate /devəsteɪt/ *v* (**devastates, devastating, devastated, devastated**) devastar; assolar.

dev·as·ta·tion /devəsteɪʃən/ *s* devastação; assolação; destruição.

dev·as·ta·tor /devəsteɪtə/ *s* devastador.

de·vel·op /dɪveləp/ *v* (**develops, developing, developed, developed**) 1 desenvolver; progredir. 2 incrementar; ampliar. 3 pegar; contrair (doença). 4 revelar (fotografia).

de·vel·op·er /dɪveləpə/ *s* 1 revelador (em fotografia). 2 empresário de imóveis.

developing country *s* país em desenvolvimento.

de·vel·op·ment /dɪveləpmənt/ *s* 1 desenvolvimento; crescimento; progresso. 2 empreendimento imobiliário. 3 revelação (de filme fotográfico).

de·vest /dɪvest/ v (devests, devesting, devested, devested) *Jur* privar de.

de·vi·ate /díːvieɪt/ v (deviates, deviating, deviated, deviated) 1 desviar-se; afastar-se. 2 divergir.

de·vi·a·tion /diːvieɪʃən/ s 1 desvio. 2 divergência.

de·vice /dɪvaɪs/ s 1 invento; aparelho. 2 esquema; plano. 3 artifício; estratagema. 4 emblema; divisa. 5 *tb Comp* dispositivo; mecanismo.

device manager s *Comp* gerenciador de dispositivos.

dev·il /devəl/ s 1 demônio; diabo; espírito das trevas. 2 pessoa cruel, malvada. ‖ v (devils, deviling/devilling, deviled/devilled, deviled/devilling) *inform* 1 importunar; atormentar. 2 condimentar. ‖ *interj* diabo; vá pro inferno; que diabo.

dev·il·ish /devəlɪʃ/ adj diabólico; infernal; perverso; endiabrado.

dev·il-may-care /devəlmeɪkeɪ̯r/ adj descuidado; irresponsável.

dev·il·ment /devəlmənt/ s diabrura; travessura; maldade.

dev·il·ry /devəlri/ → deviltry. (pl devilries).

dev·il·try /devəltri/ s diabrura; maldade; perversidade. (pl deviltries. var devilry).

de·vi·ous /díːvias/ adj 1 divergente; tortuoso. 2 esperto; malandro; desonesto.

de·vise /dɪvaɪz/ v (devises, devising, devised, devised) 1 imaginar; inventar. 2 *Jur* deixar em testamento; legar. ‖ s legação testamentária.

de·vi·see /dɪvaɪziː, devɪziː/ s *Jur* legatário.

de·vis·er /dɪvaɪzər/ s inventor; autor; idealizador.

de·vi·sor /dɪvaɪzər, devəzɔːr/ s *Jur* testador.

de·vit·al·i·za·tion /diːvaɪtəlɪzeɪʃən/ s desvitalização.

de·vi·tal·ize /diːvaɪtəlaɪz/ v (devitalizes, devitalizing, devitalized, devitalized) desvitalizar.

de·vit·ri·fy /diːvɪtrəfaɪ/ v (devitrifies, devitrifying, devitrified, devitrified) devitrificar.

de·void /dɪvɔɪd/ adj desprovido; destituído.

dev·o·lu·tion /devəluːʃən, diːvəluːʃən/ s 1 devolução. 2 transmissão; transferência. 3 degeneração.

de·volve /dɪvɑːlv/ v (devolves, devolving, devolved, devolved) passar; transferir; recair (obrigação, responsabilidade).

de·vote /dɪvout/ v (devotes, devoting, devoted, devoted) devotar; dedicar.

de·vot·ed /dɪvoutɪd/ adj devotado; dedicado; leal; fiel.

dev·o·tee /devətiː, devəteɪ/ s 1 devoto; beato. 2 fã; admirador.

de·vo·tion /dɪvouʃən/ s 1 devoção. 2 dedicação. ♦ devotions preces; orações.

de·vo·tion·al /dɪvouʃənəl/ adj devocionista; devoto; religioso.

de·vour /dɪvauər/ v (devours, devouring, devoured, devoured) 1 devorar. 2 tragar; consumir.

de·vour·er /dɪvauərər/ s devorador.

de·vout /dɪvaut/ adj 1 devoto. 2 sincero; fervoroso.

dew /duː/ s orvalho; sereno; relento; rocio. ‖ v (dews, dewing, dewed, dewed) orvalhar; refrescar; rociar.

dew·drop /duːdrɑːp/ s gota de orvalho.

dew·fall /duːfɔːl/ s orvalhada.

dex·ter /dekstər/ adj destro; direito.

dex·ter·i·ty /deksterəti/ s destreza; agilidade; habilidade.

dex·ter·ous /dekstərəs/ adj destro; ágil; hábil. (var dextrous).

dex·tral /dekstrəl/ adj direito; destro.

dex·trin /dekstrɪn/ s *Quím* dextrina. (var dextrine).

dex·trine /dekstriːn/ → dextrin.

dex·trose /dekstrous/ s *Quím* dextrose (glicose).

dex·trous /dekstrəs/ → dexterous.

di·a·base /daɪəbeɪs/ s *Geol* diábase.

di·a·be·tes /daɪəbiːtəs, daɪəbiːtiːz/ s diabetes.

di·a·bet·ic /daɪəbetɪk/ adj diabético.

di·a·ble·rie /diːɑːbləri/ s 1 diabrura; travessura. 2 bruxaria; feitiçaria; magia negra.

di·a·bol·ic /daɪəbɑːlɪk/ → diabolical.

di·a·bol·i·cal /daɪəbɑːlɪkəl/ adj diabólico. (var diabolic).

di·ab·o·lism /daɪæbəlɪzəm/ s 1 diabolismo; culto do diabo; natureza diabólica. 2 feitiçaria.

di·ab·o·lize /daɪǽbəlaɪz/ v (diabolizes, diabolizing, diabolized, diabolized) tornar diabólico; incutir maus princípios; satanizar.

di·ac·o·nate /daɪǽkənɪt, daɪǽkəneɪt/ s diaconato.

di·a·crit·ic /daɪəkrɪ́tɪk/ adj e s Gram diacrítico.

di·a·crit·i·cal /daɪəkrɪ́tɪkəl/ adj 1 diacrítico. 2 distinto.

di·a·dem /daɪədem/ s diadema.

di·aer·e·sis /daɪérəsɪs/ → dieresis.

di·ag·nose /daɪəgnóus, daɪəgnous/ v (diagnoses, diagnosing, diagnosed, diagnosed) diagnosticar.

di·ag·no·sis /daɪəgnóusɪs/ s diagnose; diagnóstico. (pl diagnoses /daɪəgnóusiz/).

di·ag·nos·tic /daɪəgnɑ́ːstɪk/ adj e s diagnóstico. ♦ diagnostics us v sing diagnóstico.

di·ag·o·nal /daɪǽgənəl/ adj e s diagonal.

di·a·gram /daɪəgræm/ s diagrama.

di·al /daɪəl/ s 1 mostrador (de relógio, rádio, etc.). 2 dial (de rádio). 3 disco (de telefone). ‖ v (dials, dialing/dialling, dialed/dialled, dialed/dialled) 1 marcar (em mostrador). 2 sintonizar (rádio). 3 discar (telefone).

di·a·lect /daɪəlekt/ s dialeto.

di·a·lec·tal /daɪəlektəl/ adj dialetal.

di·a·lec·tic /daɪəléktɪk/ adj dialético. ‖ s dialética.

di·a·lec·tics /daɪəléktɪks/ s dialética; lógica.

di·a·log /daɪələːg/ → dialogue.

dialog box s Comp caixa de diálogo.

di·a·logue /daɪələːg/ s diálogo. ‖ v (dialogues, dialoguing, dialogued, dialogued) dialogar. (var dialog).

dial tone s Tel tom de discar (telefone).

dial-up access s Comp acesso por discagem.

di·al·y·sis /daɪǽləsɪs/ s 1 Quím diálise. 2 hemodiálise. (pl dialyses /daɪǽləsiz/).

di·a·mag·ne·tism /daɪəmǽgnətɪzəm/ s diamagnetismo.

di·am·e·ter /daɪǽmɪtə/ s diâmetro.

di·a·mond /daɪəmənd, daɪmənd/ s 1 diamante. 2 losango. 3 campo de beisebol. ♦ diamonds ouros (naipe de cartas).

di·a·pa·son /daɪəpéɪzən/ s diapasão.

di·a·per /daɪəpə/ s 1 fralda. 2 tecido adamascado de linho ou algodão. ‖ v (diapers, diapering, diapered, diapered) trocar ou colocar fralda.

di·aph·a·nous /daɪǽfənəs/ adj diáfano; translúcido; transparente.

di·a·phragm /daɪəfræm/ s Anat diafragma.

di·a·phrag·mat·ic /daɪəfrægmǽtɪk/ adj diafragmático.

di·ar·rhe·a /daɪərí:ə/ s diarréia. (var diarrhoea).

di·ar·rhoe·a /daɪərí:ə/ → diarrhea.

di·a·ry /daɪəri/ s 1 diário. 2 agenda. (pl diaries).

di·as·po·ra /daɪǽspərə/ s diáspora.

di·a·ther·mic /daɪəθɜ́ːrmik/ adj diatérmico.

di·a·ther·my /daɪəθɜ́ːrmi/ s diatermia.

di·a·ton·ic /daɪətɑ́ːnɪk/ adj Mús diatônico.

di·a·tribe /daɪətraɪb/ s diatribe; invectiva.

dib·ble /dɪ́bəl/ s cavadeira; sachola (pequena enxada). ‖ v (dibbles, dibbling, dibbled, dibbled) plantar; cavar com sacho.

dice /daɪs/ s pl dados. (sing die). ‖ v (dices, dicing, diced, diced) 1 jogar dados. 2 cortar (vegetais, etc.) em cubos. ♦ no dice nada feito.

dic·ey /daɪ́si/ adj inform arriscado; perigoso. (gr comp dicier. gr super diciest).

di·chot·o·my /daɪkɑ́ːtəmi/ s dicotomia. (pl dichotomies).

dick /dɪk/ s gír 1 detetive. 2 pênis.

dick·er /dɪ́kə/ s barganha; pechincha. ‖ v (dickers, dickering, dickered, dickered) barganhar; pechinchar; regatear.

di·cot /daɪ́kɑːt/ → dicotyledon.

di·cot·y·le·don /daɪkɑːtəlí:dən/ s Bot dicotiledônea. (var dicot).

Dic·ta·phone /dɪ́ktəfoun/ s ditafone (marca registrada).

dic·tate /dɪ́kteɪt, dɪkteɪ́t/ v (dictates, dictating, dictated, dictated) 1 ditar, dar ordens; mandar. 2 passar ditado. ‖ /dɪ́kteɪt/ s ordem.

dic·ta·tion /dɪktéɪʃən/ s ditado.

dic·ta·tor /dɪktéɪtə, dɪktéɪtə/ s ditador; déspota.

dic·ta·to·ri·al /dɪktətɔ́ːriəl/ adj ditatorial.

dic·ta·tor·ship /dɪktéɪtəʃɪp/ s ditadura.

dic·tion /ˈdɪkʃən/ s 1 dicção. 2 estilo (de expressão); elocução.

dic·tion·ar·y /ˈdɪkʃəneri/ s dicionário. (pl dictionaries).

dic·tum /ˈdɪktəm/ s 1 dito; ditado; máxima. 2 Jur acórdão de tribunal. (pl dicta /ˈdɪktə/).

did /dɪd/ v pass de do.

di·dact /ˈdaɪdækt/ s didata.

di·dac·tic /daɪˈdæktɪk, dɪˈdæktɪk/ adj didático; instrutivo. (var didactical).

di·dac·ti·cal /daɪˈdæktɪkəl, dɪˈdæktɪkəl/ → didactic.

di·dac·tics /daɪˈdæktɪks, dɪˈdæktɪks/ s us v sing ou pl didática.

di·dap·per /ˈdaɪdæpə/ s Zool mergulhão.

did·dle /ˈdɪdl/ v (diddles, diddling, diddled, diddled) 1 gír enganar; trapacear; burlar. 2 Comp manipular dados ilegalmente.

di·do /ˈdaɪdou/ s travessura; truque. (pl didoes ou didos).

die /daɪ/ v (dies, dying, died, died) 1 morrer; falecer; perecer. 2 desaparecer lentamente (som, vento, sol, etc.). 3 imprimir; estampar. ‖ s 1 dado (pl dice /daɪs/). 2 molde; matriz; estampa (pl dies). ♦ the die is cast a sorte está lançada.

di·er·e·sis /daɪˈerəsɪs/ s Ling diérese. (pl diereses. var diaeresis).

die·sel /ˈdiːsəl, ˈdiːzəl/ s diesel.

diesel engine s motor diesel.

di·e·sis /ˈdaɪəsɪs/ s Mús diese; sustenido; meio-tom. (pl dieses /ˈdaɪəsiːz/).

di·et /ˈdaɪət/ s 1 dieta; regime. 2 assembléia (política ou religiosa). ‖ v (diets, dieting, dieted, dieted) fazer dieta. ♦ go on a diet fazer dieta.

di·e·tar·y /ˈdaɪəteri/ adj dietético. ‖ s sistema dietético. (pl dietaries).

di·e·tet·ic /daɪəˈtetɪk/ adj dietético.

di·e·tet·ics /daɪəˈtetɪks/ s us v sing dietética.

di·e·ti·cian /daɪəˈtɪʃən/ → dietitian.

di·e·ti·tian /daɪəˈtɪʃən/ s dietista; nutricionista. (var dietician).

dif·fer /ˈdɪfə/ v (differs, differing, differed, differed) 1 diferir. 2 discordar; divergir.

dif·fer·ence /ˈdɪfərəns/ s 1 diferença. 2 desacordo; divergência.

dif·fer·ent /ˈdɪfərənt/ adj diferente; desigual; diverso.

dif·fer·en·tial /dɪfəˈrenʃəl/ adj diferencial; diferente; distinto. ‖ s diferencial (cálculo).

dif·fer·en·ti·ate /dɪfəˈrenʃieɪt/ v (differentiates, differentiating, differentiated, differentiated) 1 diferençar; diferenciar; distinguir. 2 Mat derivar. 3 discriminar (entre).

dif·fer·en·ti·a·tion /dɪfərenʃieɪʃən/ s 1 diferenciação. 2 Mat cálculo para achar uma diferencial.

dif·fi·cult /ˈdɪfɪkəlt/ adj difícil; árduo.

dif·fi·cul·ty /ˈdɪfɪkəlti/ s dificuldade; obstáculo. (pl difficulties).

dif·fi·dence /ˈdɪfɪdəns/ s 1 desconfiança. 2 modéstia; timidez.

dif·fi·dent /ˈdɪfɪdənt/ adj 1 desconfiado. 2 tímido; modesto.

dif·fi·dent·ly /ˈdɪfɪdəntli/ adv timidamente.

dif·fract /dɪˈfrækt/ v (diffracts, diffracting, diffracted, diffracted) difratar.

dif·frac·tion /dɪˈfrækʃən/ s difração.

dif·fuse /dɪˈfjuːz/ v (diffuses, diffusing, diffused, diffused) difundir; derramar; espalhar; propagar. ‖ /dɪˈfjuːs/ adj 1 difuso; espalhado. 2 prolixo.

dif·fu·sion /dɪˈfjuːʒən/ s 1 difusão; propagação. 2 prolixidade.

dig /dɪg/ s 1 escavação; cavadela; enxadada. 2 cutucada; cotovelada. 3 comentário sarcástico; escárnio. ‖ v (digs, digging, dug, dug) 1 cavar; escavar; cavoucar. 2 descobrir; desencovar; desenterrar. 3 cravar; enfiar. 4 gír entender; curtir; sacar.

di·gest /ˈdaɪdʒest/ s 1 digesto; código de leis. 2 sumário; compêndio; coletânea. ‖ /daɪˈdʒest, dɪˈdʒest/ v (digests, digesting, digested, digested) 1 digerir. 2 assimilar; absorver. 3 elaborar; classificar; compilar.

di·gest·i·ble /daɪˈdʒestəbəl, dɪˈdʒestəbəl/ adj digestível; digerível.

di·ges·tion /daɪˈdʒestʃən, dɪˈdʒestʃən/ s digestão.

di·ges·tive /daɪˈdʒestɪv, dɪˈdʒestɪv/ adj digestivo.

dig·ger /ˈdɪgə/ s 1 cavador; escavador; cavouqueiro. 2 escavadora mecânica.

dig·it /ˈdɪdʒɪt/ s 1 algarismo; dígito. 2 medida linear igual a 3/4 de polegada. 3 dedo (da mão ou do pé).

dig·i·tal /dɪdʒɪtəl/ *adj* digital.

digital camera *s* câmera digital.

dig·i·tize /dɪdʒɪtaɪz/ *v* (digitizes, digitizing, digitized, digitized) *Comp* digitalizar.

dig·ni·fied /dɪgnɪfaɪd/ *adj* 1 nobre; digno; imponente; altivo; honrado. 2 grave; sério.

dig·ni·fy /dɪgnɪfaɪ/ *v* (dignifies, dignifying, dignified, dignified) dignificar; elevar; exaltar; enaltecer.

dig·ni·tar·y /dɪgnəteri/ *s* dignitário. (*pl* dignitaries).

dig·ni·ty /dɪgnəti/ *s* 1 dignidade; honradez. 2 mérito; valor. (*pl* dignities).

di·graph /daɪgræf/ *s* *Gram* dígrafo; digrama.

di·gress /daɪgres, dɪgres/ *v* (digresses, digressing, digressed, digressed) digressionar; divagar; desviar-se do assunto.

di·gres·sion /daɪgreʃən, dɪgreʃən/ *s* divagação; digressão; desvio (de um assunto).

di·gres·sive /daɪgresɪv, dɪgresɪv/ *adj* digressivo.

di·he·dral /daɪhi:drəl/ *adj* e *s* *Mat* diedro.

dike /daɪk/ *v* (dikes, diking, diked, diked) represar; proteger por dique; drenar (com vala); canalizar. II *s* dique; represa; vala; canal; aterro. (*var* dyke).

di·lap·i·date /dɪlæpɪdeɪt/ *v* (dilapidates, dilapidating, dilapidated, dilapidated) dilapidar; destruir; arruinar; estragar.

di·lap·i·dat·ed /dɪlæpɪdeɪtɪd/ *adj* dilapidado; arruinado; estragado; malconservado.

di·lap·i·da·tion /dɪlæpɪdeɪʃən/ *s* dilapidação; estrago; destruição; ruína.

dil·a·ta·tion /dɪləterʃən, daɪləterʃən/ *s* dilatação.

di·late /daɪleɪt, daɪleɪt/ *v* (dilates, dilating, dilated, dilated) dilatar; expandir.

dil·a·to·ry /dɪlətɔ:ri/ *adj* dilatório; lento; vagaroso.

di·lem·ma /dɪlemə/ *s* dilema.

dil·et·tante /dɪlətɑ:nt, dɪlətɑ:nt, dɪlətɑ:nti/ *s* diletante.

dil·i·gence /dɪlɪdʒəns/ *s* 1 diligência; zelo; cuidado; aplicação. 2 carruagem.

dil·i·gent /dɪlɪdʒənt/ *adj* diligente; aplicado; estudioso.

dill /dɪl/ *s* endro (planta).

dil·ly /dɪli/ *s* *gír* coisa ou pessoa excelente, excepcional. (*pl* dillies).

dil·ly-dal·ly /dɪlidæli/ *v* (dilly-dallies, dilly-dallying, dilly-dallied, dilly-dallied) perder tempo; vadiar; vacilar.

dil·u·ent /dɪljuənt/ *adj* e *s* diluente.

di·lute /daɪlu:t, dɪlu:t/ *v* (dilutes, diluting, diluted, diluted) diluir; dissolver. II *adj* diluído.

di·lu·tion /daɪlu:ʃən, dɪlu:ʃən/ *s* diluição.

di·lu·vi·al /dɪlu:viəl, daɪlu:viəl/ *adj* diluviano. (*var* diluvian).

di·lu·vi·an /dɪlu:viən, daɪlu:viən/ → diluvial.

dim /dɪm/ *adj* 1 obscuro; pouco claro. 2 vago; indistinto. 3 turvo; embaçado; fosco; opaco. (*gr comp* dimmer. *gr super* dimmest). II *v* (dims, dimming, dimmed, dimmed) 1 obscurecer; ofuscar. 2 turvar; embaçar.

dime /daɪm/ *s* moeda americana de dez centavos.

dime novel *s* romance em folhetim, sem mérito literário.

di·men·sion /dɪmenʃən, daɪmenʃən/ *s* dimensão; tamanho; extensão; medida.

dime store *s* bazar.

di·min·ish /dɪmɪnɪʃ/ *v* (diminishes, diminishing, diminished, diminished) diminuir; reduzir; enfraquecer; minguar.

di·min·u·en·do /dɪmɪnjuendou/ *s* *Mús* diminuendo.

dim·i·nu·tion /dɪmənu:ʃən/ *s* diminuição; abatimento; redução; atenuação.

di·min·u·tive /dɪmɪnjətɪv/ *adj* diminuto; minúsculo. II *s* *Gram* diminutivo.

dim·i·ty /dɪməti/ *s* fustão (tecido). (*pl* dimities).

dim·ly /dɪmli/ *adv* 1 obscuramente; vagamente. 2 indistintamente.

dim·mer /dɪmɚ/ *s* redutor de intensidade de um feixe luminoso.

dim·ness /dɪmnəs/ *s* obscuridade.

dim·ple /dɪmpəl/ *s* 1 covinha. 2 ondulação; depressão. II *v* (dimples, dimpling, dimpled, dimpled) 1 formar covinhas (no queixo, na face). 2 ondular (água).

din /dɪn/ *v* (dins, dinning, dinned, dinned) 1 fazer barulho, algazarra. 2 atordoar; aturdir. II *s* gritaria; algazarra; tumulto.

dine /daɪn/ *v* (dines, dining, dined, dined) 1 jantar. 2 oferecer um jantar.

din·er /daɪnɚ/ s 1 comensal; conviva. 2 vagão-restaurante.

ding /dɪŋ/ v (**dings, dinging, dinged, dinged**) 1 tilintar; tocar; repicar. 2 *inform* repetir insistentemente; martelar.

din·ghy /dɪŋgi/ s *Náut* bote; pequeno barco. (*pl* **dinghies**).

din·gi·ness /dɪndʒɪnəs/ s sujeira.

din·gle /dɪŋgəl/ s pequeno vale arborizado.

din·gy /dɪndʒi/ adj 1 sombrio; lúgubre. 2 encardido; descolorido; desbotado. (*gr comp* **dingier**. *gr super* **dingiest**).

dining car s vagão-restaurante (trem).

dining room s sala de jantar.

dining table s mesa de jantar.

din·ner /dɪnɚ/ s jantar; banquete.

din·ner·time /dɪnɚtaɪm/ s hora do jantar.

din·ner·ware /dɪnɚwer/ s aparelho de jantar.

di·no·saur /daɪnəsɔːr/ s dinossauro.

dint /dɪnt/ s 1 força; poder; esforço. 2 mossa. || v (**dints, dinting, dinted, dinted**) marcar; pressionar; fazer mossa. ♦ **by dint of** à força de; por meio de; a poder de.

di·oc·e·san /daɪɑːsəsən/ adj diocesano.

di·o·cese /daɪəsɪs/ s diocese.

di·ox·ide /daɪɑːksaɪd/ s *Quím* dióxido.

dip /dɪp/ s 1 mergulho; imersão; submersão. 2 banho (para desinfecção, tingimento, etc.) 3 *inform* banho de mar. 4 vela (fabricada por imersão em cera). 5 molho grosso (culinária). 6 declive; inclinação; descida. 7 *gír* pessoa tola, estúpida. || v (**dips, dipping, dipped, dipped**) 1 mergulhar; molhar; banhar; embeber. 2 enfiar; meter. 3 baixar.

diph·the·ri·a /dɪfθɪriə/ s *Med* difteria.

diph·thong /dɪfθɑːŋ/ s *Gram* ditongo.

di·plo·ma /dɪploʊmə/ s diploma.

di·plo·ma·cy /dɪploʊməsi/ s diplomacia; finura; tato.

dip·lo·mat /dɪpləmæt/ s diplomata.

dip·lo·mate /dɪpləmeɪt/ s diplomado.

dip·lo·mat·ic /dɪpləmætɪk/ adj diplomático.

diplomatic corps s corpo diplomático.

dip·lo·mat·ics /dɪpləmætɪks/ s diplomática (ramo da paleografia que estuda documentos antigos, determinando sua idade e autenticidade).

di·plo·ma·tist /dɪploʊmətɪst/ s diplomata.

dip·per /dɪpɚ/ s 1 concha; colherão. 2 mergulhão (ave). 3 *Astron maiús* Ursa Maior (Big Dipper); Ursa Menor (Little Dipper).

dip·so·ma·ni·a /dɪpsəmeɪniə/ s *Med* dipsomania.

dip·so·ma·ni·ac /dɪpsəmeɪniæk/ s e adj dipsomaníaco.

dip·stick /dɪpstɪk/ s vareta medidora do nível de óleo do carro.

dip·ter·an /dɪptəɚn/ s e adj *Zool* díptero (inseto). (*var* **dipteron**).

dip·ter·on /dɪptərɑːn/ → **dipteran**.

dire /daɪɚ/ adj 1 terrível; medonho; horrendo. 2 lúgubre; triste.

di·rect /dɪrekt, daɪrekt/ v (**directs, directing, directed, directed**) 1 dirigir; conduzir; instruir; orientar. 2 indicar; mostrar (caminho). || adj 1 direto; direito; reto. 2 franco; sincero; sem rodeios. || adv diretamente.

di·rec·tion /dɪrekʃən, daɪrekʃən/ s 1 direção; curso; rumo. 2 comando; orientação. 3 endereço (carta). 4 administração. 5 diretoria; gerência. ♦ **directions** instruções; orientações.

di·rec·tive /dɪrektɪv, daɪrektɪv/ adj diretivo; diretor. || s diretiva; diretriz.

di·rect·ly /dɪrektli, daɪrektli/ adv diretamente.

direct mail s mala-direta.

direct object s *Gram* objeto direto.

di·rec·tor /dɪrektɚ, daɪrektɚ/ s diretor; administrador.

di·rec·tor·ate /dɪrektərət, daɪrektərət/ s diretoria; corpo de diretores.

di·rec·tor·ship /dɪrektɚʃɪp, daɪrektɚʃɪp/ s diretoria.

di·rec·to·ry /dɪrektəri, daɪrektəri/ s 1 diretoria; junta de diretores. 2 lista, catálogo (de telefones). 3 livro de endereços; anuário. 4 *Comp* diretório. (*pl* **directories**). || adj diretório; diretor.

direct primary s eleição primária (EUA).

di·rec·trix /dɪrektrɪks, daɪrektrɪks/ s *Mat* diretriz. (*pl* **directrixes** ou **directrices** /daɪrektraɪsiːz/).

direct speech s *Gram* discurso direto.

dire·ful /daɪə·fəl/ adj **1** horrível; terrível; pavoroso. **2** lúgubre; triste.

dirge /dɜːrdʒ/ s canto fúnebre; canção melancólica.

dir·i·gi·ble /dɪrədʒəbəl, dɪrɪdʒəbəl/ adj dirigível; manobrável. || s balão dirigível.

dirk /dɜːrk/ v (dirks, dirking, dirked, dirked) apunhalar. || s adaga; punhal.

dirt /dɜːrt/ s **1** imundície; sujeira. **2** lama; lodo. **3** cascalho; areia; terra. **4** excremento; lixo. **5** obscenidade; baixeza. **6** inform informação confidencial; escândalo.

dirt-cheap /dɜːrttʃiːp/ adj inform baratíssimo.

dirt-poor /dɜːrtpʊr/ adj inform paupérrimo.

dirt·y /dɜːrti/ adj **1** sujo; porco; imundo. **2** indecente; obsceno. **3** vil; baixo. (gr comp **dirtier**. gr super **dirtiest**). || v (dirties, dirtying, dirtied, dirtied) sujar; manchar; conspurcar.

dirty laundry s fig inform roupa suja.

dirty linen s fig inform roupa suja. ♦ **not wash one's dirty linen in public** roupa suja se lava em casa.

dirty tricks s pl gír **1** golpe baixo. **2** espionagem comercial.

dirty word s palavra grosseira ou obscena; palavrão.

dis·a·bil·i·ty /dɪsəbɪləti/ s **1** incapacidade; inabilidade. **2** Jur incompetência; insuficiência. **3** invalidez; incapacidade física. (pl **disabilities**)

dis·a·ble /dɪseɪbəl/ v (disables, disabling, disabled, disabled) **1** inabilitar; incapacitar. **2** Jur desqualificar; invalidar. **3** Comp desabilitar; desativar.

dis·a·bled /dɪseɪbəld/ adj **1** incapacitado; inutilizado. **2** deficiente; aleijado; inválido.

dis·a·ble·ment /dɪseɪbəlmənt/ s impotência; incapacidade; inabilitação; invalidez.

dis·a·buse /dɪsəbjuːz/ v (disabuses, disabusing, disabused, disabused) desenganar; desiludir.

dis·ac·cord /dɪsəkɔːrd/ s desacordo; discordância. || v (disaccords, disaccording, disaccorded, disaccorded) discordar.

dis·ad·van·tage /dɪsədvæntɪdʒ/ s **1** desvantagem. **2** prejuízo; perda.

dis·ad·van·taged /dɪsədvæntɪdʒd/ adj inferior; em desvantagem (especialmente em relação a oportunidades e contatos sociais).

dis·ad·van·ta·geous /dɪsædvænteɪdʒəs/ adj desvantajoso.

dis·af·fect /dɪsəfɛkt/ v (disaffects, disaffecting, disaffected, disaffected) descontentar; desgostar; afastar.

dis·af·fect·ed /dɪsəfɛktɪd/ adj descontente; insatisfeito.

dis·af·fec·tion /dɪsəfɛkʃən/ s descontentamento.

dis·af·fil·i·ate /dɪsəfɪlieɪt/ v (disaffiliates, disaffiliating, disaffiliated, disaffiliated) desassociar-se.

dis·af·firm /dɪsəfɜːrm/ v (disaffirms, disaffirming, disaffirmed, disaffirmed) **1** desafirmar; negar. **2** Jur anular; revogar; repudiar.

dis·a·gree /dɪsəgriː/ v (disagrees, disagreeing, disagreed, disagreed) **1** discordar; divergir. **2** fazer mal (clima ou comida).

dis·a·gree·a·ble /dɪsəgriːəbəl/ adj **1** desagradável. **2** mal-humorado.

dis·a·gree·ment /dɪsəgriːmənt/ s desacordo; discórdia; divergência; desavença.

dis·al·low /dɪsəlaʊ/ v (disallows, disallowing, disallowed, disallowed) desaprovar; desautorizar; reprovar; rejeitar; vetar.

dis·al·low·ance /dɪsəlaʊəns/ s **1** desaprovação. **2** proibição.

dis·ap·pear /dɪsəpɪr/ v (disappears, disappearing, disappeared, disappeared) desaparecer; sumir; perder-se; extinguir-se.

dis·ap·pear·ance /dɪsəpɪrəns/ s desaparecimento.

dis·ap·point /dɪsəpɔɪnt/ v (disappoints, disappointing, disappointed, disappointed) **1** desapontar; decepcionar. **2** frustrar.

dis·ap·point·ed /dɪsəpɔɪntɪd/ adj desapontado; decepcionado.

dis·ap·point·ing /dɪsəpɔɪntɪŋ/ adj decepcionante.

dis·ap·point·ment /dɪsəpɔɪntmənt/ s desapontamento; decepção.

dis·ap·pro·ba·tion /dɪsæprəbeɪʃən/ s desaprovação; reprovação; censura.

dis·ap·prov·al /dɪsəpruːvəl/ s desaprovação; reprovação; censura.

dis·ap·prove /dɪsəpruːv/ v (**disapproves, disapproving, disapproved, disapproved**) desaprovar; reprovar; condenar; rejeitar.

dis·ap·prov·ing·ly /dɪsəpruːvɪŋli/ adv com desaprovação; com reprovação.

dis·arm /dɪsɑːrm/ v (**disarms, disarming, disarmed, disarmed**) desarmar.

dis·ar·ma·ment /dɪsɑːrməmənt/ s desarmamento; deposição de armas.

dis·ar·range /dɪsəreɪndʒ/ v (**disarranges, disarranging, disarranged, disarranged**) desarranjar; desordenar; desarrumar.

dis·ar·range·ment /dɪsəreɪndʒmənt/ s desarranjo; desordem; perturbação.

dis·ar·ray /dɪsəreɪ/ v (**disarrays, disarraying, disarrayed, disarrayed**) 1 desordenar; desalinhar; pôr em desordem, em confusão. 2 despir; despojar. ‖ s 1 desordem; desarranjo. 2 desleixo; desalinho.

dis·ar·tic·u·late /dɪsɑːrtɪkjəleɪt/ v (**disarticulates, disarticulating, disarticulated, disarticulated**) desarticular; desconjuntar.

dis·as·sem·ble /dɪsəsembəl/ v (**disassembles, disassembling, disassembled, disassembled**) desmontar; separar; desunir; desagrupar.

dis·as·so·ci·ate /dɪsəsoʊʃieɪt/ v (**disassociates, disassociating, disassociated, disassociated**) desassociar; dissociar; separar; desligar.

dis·as·ter /dɪzæstər/ s desastre; desgraça; catástrofe; calamidade.

dis·as·trous /dɪzæstrəs/ adj desastroso; calamitoso.

dis·a·vow /dɪsəvaʊ/ v (**disavows, disavowing, disavowed, disavowed**) negar; repudiar; desmentir.

dis·a·vow·al /dɪsəvaʊəl/ s negação; repúdio; desmentido.

dis·band /dɪsbænd/ v (**disbands, disbanding, disbanded, disbanded**) debandar; dispersar.

dis·band·ment /dɪsbændmənt/ s dispersão; debandada.

dis·bar /dɪsbɑːr/ v (**disbars, disbarring, disbarred, disbarred**) expulsar da ordem dos advogados; excluir (um advogado) do foro judicial.

dis·be·lief /dɪsbɪliːf/ s incredulidade; descrença.

dis·be·lieve /dɪsbɪliːv/ v (**disbelieves, disbelieving, disbelieved, disbelieved**) descrer; desacreditar.

dis·burse /dɪsbɜːrs/ v (**disburses, disbursing, disbursed, disbursed**) desembolsar; gastar; despender.

dis·burse·ment /dɪsbɜːrsmənt/ s desembolso; gasto; despesas.

disc /dɪsk/ → **disk**.

dis·card /dɪskɑːrd/ v (**discards, discarding, discarded, discarded**) 1 descartar-se (no jogo). 2 livrar-se; desfazer-se; jogar fora; descartar. ‖ /dɪskɑːrd/ s 1 descarte (no jogo). 2 refugo; rebotalho.

dis·car·nate /dɪskɑːrnɪt, dɪskɑːrneɪt/ adj desencarnado.

disc brake /dɪsk breɪk/ s freio a disco. (var **disk brake**).

dis·cern /dɪsɜːrn, dɪzɜːrn/ v (**discerns, discerning, discerned, discerned**) discernir; perceber; distinguir; discriminar.

dis·cern·i·ble /dɪsɜːrnəbəl, dɪzɜːrnəbəl/ adj discernível; perceptível; visível.

dis·cern·ing /dɪsɜːrnɪŋ, dɪzɜːrnɪŋ/ adj observador; perspicaz; sagaz.

dis·cern·ment /dɪsɜːrnmənt, dɪzɜːrnmənt/ s discernimento; perspicácia.

dis·charge /dɪstʃɑːrdʒ/ v (**discharges, discharging, discharged, discharged**) 1 descarregar (navio, carga, arma de fogo). 2 emitir; expelir; escoar; evacuar; derramar; despejar. 3 dispensar; demitir; despedir; exonerar. 4 licenciar; dar baixa (soldado). 5 soltar; pôr (preso) em liberdade; absolver. 6 dar alta a (paciente). 7 fig livrar; libertar; aliviar. 8 desonerar; desobrigar; dar quitação a. 9 proferir (injúrias). 10 descorar; desbotar (tecido). ‖ /dɪstʃɑːrdʒ, dɪstʃɑːrdʒ/ s 1 descarga (carregamento, elétrica, etc.). 2 ejeção; disparo; arremesso. 3 evacuação; escoamento; desaguadouro; desembocadura. 4 dispensa (militar, médica). 5 libertação (de preso); absolvição. 6 isenção; desobrigação. 7 quitação; pagamento. 8 descoramento (de tecido).

D

dis·ci·ple /dɪsaɪpəl/ s 1 discípulo. 2 apóstolo. 3 adepto; sectário.

dis·ci·pli·nar·i·an /dɪsəplɪnerɪən/ s e adj disciplinador.

dis·ci·pli·nar·y /dɪsəplɪneri/ adj disciplinar.

dis·ci·pline /dɪsəplɪn/ v (disciplines, disciplining, disciplined, disciplined) 1 disciplinar; ensinar. 2 castigar; punir. ‖ s 1 disciplina. 2 castigo; punição.

disc jockey s disc-jóquei. (abrev **DJ**. var disk jockey).

dis·claim /dɪskleɪm/ v (disclaims, disclaiming, disclaimed, disclaimed) 1 Jur renunciar (a um direito). 2 renegar; repudiar; repelir. 3 desconhecer; desmentir; negar.

dis·claim·er /dɪskleɪmə/ s 1 Jur renúncia a um direito legal. 2 repúdio; rejeição.

dis·close /dɪsklouz/ v (discloses, disclosing, disclosed, disclosed) 1 revelar; divulgar; expor; desvendar. 2 destampar; descobrir.

dis·clo·sure /dɪsklouʒə/ s revelação; divulgação.

dis·co /dɪskou/ s form red discoteca. (pl discos).

dis·cog·ra·phy /dɪskɑːgrəfi/ s discografia. (pl discographies).

dis·col·or /dɪskʌlə/ v (discolors, discoloring, discolored, discolored) descorar; descolorar; desbotar.

dis·col·or·a·tion /dɪskʌləreɪʃən/ s descoloração.

dis·com·fit /dɪskʌmfɪt/ v (discomfits, discomfiting, discomfited, discomfited) 1 desconcertar; embaraçar. 2 desbaratar; frustrar.

dis·com·fi·ture /dɪskʌmfɪtʃə/ s 1 transtorno; embaraço; contratempo. 2 frustração; desapontamento; decepção.

dis·com·fort /dɪskʌmfət/ v (discomforts, discomforting, discomforted, discomforted) desconfortar; incomodar. ‖ s 1 desconforto. 2 inquietação; incômodo; mal-estar.

dis·com·mode /dɪskəmoud/ v (discommodes, discommoding, discommoded, discommoded) incomodar.

dis·com·pose /dɪskəmpouz/ v (discomposes, discomposing, discomposed, discomposed) 1 desordenar; transtornar. 2 perturbar; agitar.

dis·com·po·sure /dɪskəmpouʒə/ s 1 descompostura; desordem. 2 perturbação; inquietação.

dis·con·cert /dɪskənsɜːrt/ v (disconcerts, disconcerting, disconcerted, disconcerted) 1 desconcertar; confundir; embaraçar. 2 frustrar; malograr; estragar.

dis·con·form·i·ty /dɪskənfɔːrməti/ s desconformidade; divergência; desacordo. (p disconformities).

dis·con·nect /dɪskənekt/ v (disconnects, disconnecting, disconnected, disconnected) 1 desunir; separar. 2 desligar.

dis·con·nect·ed /dɪskənektɪd/ adj 1 desligado. 2 separado; desconexo.

dis·con·nec·tion /dɪskənekʃən/ s desconexão; desunião; separação.

dis·con·so·late /dɪskɑːnsələt/ adj 1 desconsolado; inconsolável. 2 sombrio; desanimador.

dis·con·tent /dɪskəntent/ v (discontents, discontenting, discontented, discontented) descontentar; desgostar. ‖ adj descontente; desgostoso. ‖ s descontentamento; desgosto.

dis·con·tent·ed /dɪskəntentɪd/ adj descontente; desgostoso.

dis·con·tent·ment /dɪskəntentmənt/ s descontentamento.

dis·con·tin·u·ance /dɪskəntɪnjuəns/ s descontinuidade; interrupção.

dis·con·tin·ue /dɪskəntɪnju:/ v (discontinues, discontinuing, discontinued, discontinued) descontinuar; interromper; cessar; parar.

dis·con·ti·nu·i·ty /dɪskɑːntənu:əti/ s descontinuidade; interrupção. (pl discontinuities).

dis·con·tin·u·ous /dɪskəntɪnjuəs/ adj descontínuo; interrompido.

dis·cord /dɪskɔːrd/ s 1 discórdia; desacordo. 2 dissonância; desafinação. ‖ /dɪskɔːrd/ v (discords, discording, discorded, discorded) 1 discordar; divergir. 2 Mús dissonar.

dis·cord·ance /dɪskɔːrdəns/ s discordância; desacordo; desavença.

dis·cor·dant /dɪskɔ́:rdənt/ *adj* **1** discordante; divergente. **2** dissonante.

dis·co·theque /dɪskətek/ *s* discoteca.

dis·count /dɪskáunt/ *v* (**discounts, discounting, discounted, discounted**) **1** descontar; deduzir; diminuir; abater. **2** desprezar. II /dɪskáunt/ *s* desconto; abatimento; redução; dedução; diminuição.

dis·coun·te·nance /dɪskáuntɪnəns/ *v* (**discountenances, discountenancing, discountenanced, discountenanced**) **1** desaprovar; desacreditar. **2** desfavorecer; contrariar. II *s* desagrado; desaprovação.

discount rate *s* taxa de desconto.

dis·cour·age /dɪskɜ́:rɪdʒ/ *v* (**discourages, discouraging, discouraged, discouraged**) **1** desanimar; desencorajar. **2** dissuadir; desaconselhar. **3** desaprovar; censurar.

dis·cour·age·ment /dɪskɜ́:rɪdʒmənt/ *s* desânimo; desencorajamento; desalento.

dis·course /dɪskɔ́:rs/ *s* discurso; conversação; palestra; tratado; dissertação. II /dɪskɔ́:rs/ *v* (**discourses, discoursing, discoursed, discoursed**) discursar; discorrer; tratar.

dis·cour·te·ous /dɪskɜ́:rtiəs/ *adj* descortês; grosseiro.

dis·cour·te·sy /dɪskɜ́:rtəsi/ *s* descortesia; grosseria. (*pl* **discourtesies**).

dis·cov·er /dɪskʌ́vər/ *v* (**discovers, discovering, discovered, discovered**) descobrir.

dis·cov·er·er /dɪskʌ́vərər/ *s* descobridor.

dis·cov·er·y /dɪskʌ́vəri/ *s* descoberta; descobrimento. (*pl* **discoveries**).

dis·cred·it /dɪskrédɪt/ *s* **1** descrédito; má fama; desonra. **2** desconfiança; descrença. II *v* (**discredits, discrediting, discredited, discredited**) **1** desacreditar; não dar crédito a. **2** depreciar; desmerecer; difamar.

dis·cred·it·a·ble /dɪskrédɪtəbəl/ *adj* **1** desabonador. **2** desonroso; vergonhoso.

dis·creet /dɪskrí:t/ *adj* discreto; cauteloso; prudente.

dis·creet·ness /dɪskrí:tnəs/ *s* discrição; prudência.

dis·crep·ance /dɪskrépəns/ → **discrepancy**.

dis·crep·an·cy /dɪskrépənsi/ *s* discrepância; disparidade. (*pl* **discrepancies**. *var* **discrepance**).

dis·crep·ant /dɪskrépənt/ *adj* discrepante; contrário; divergente.

dis·crete /dɪskrí:t/ *adj* distinto; separado; descontínuo.

dis·cre·tion /dɪskréʃən/ *s* **1** discrição; prudência; cautela. **2** discernimento; critério individual; vontade; opinião.

dis·cre·tion·al /dɪskréʃənəl/ *adj* discricionário.

dis·cre·tion·ar·y /dɪskréʃəneri/ *adj* discricionário; arbitrário.

dis·crim·i·nate /dɪskrímɪneɪt/ *v* (**discriminates, discriminating, discriminated, discriminated**) discriminar; distinguir; diferençar; separar.

dis·crim·i·nat·ing /dɪskríməneɪtɪŋ/ *adj* **1** discriminador. **2** distintivo; característico; diferencial.

dis·crim·i·na·tion /dɪskrɪmənéɪʃən/ *s* **1** discriminação; preconceito. **2** discernimento; juízo. **3** parcialidade.

dis·crim·i·na·tive /dɪskríməneɪtɪv, dɪskrímənətɪv/ *adj* discriminativo; parcial; injusto.

dis·cur·sive /dɪskɜ́:rsɪv/ *adj* **1** discursivo. **2** digressivo. **3** dedutivo; racional.

dis·cus /dɪskəs/ *s Esp* disco (arremesso de disco). (*pl* **discuses**).

dis·cuss /dɪskʌ́s/ *v* (**discusses, discussing, discussed, discussed**) discutir; comentar; debater.

dis·cus·sion /dɪskʌ́ʃən/ *s* discussão; debate.

dis·dain /dɪsdéɪn/ *v* (**disdains, disdaining, disdained, disdained**) desdenhar; desprezar. II *s* desdém; desprezo.

dis·dain·ful /dɪsdéɪnfəl/ *adj* desdenhoso.

dis·ease /dɪzí:z/ *s* doença; enfermidade; moléstia.

dis·eased /dɪzí:zd/ *adj* **1** doente; enfermo. **2** doentio; mórbido.

dis·em·bark /dɪsɪmbɑ́:rk, dɪsɪmbɑ:rk/ *v* (**disembarks, disembarking, disembarked, disembarked**) desembarcar; descarregar.

dis·em·bar·ka·tion /dɪsɪmbɑːrkéɪʃən/ *s* desembarque; descarregamento.

dis·em·bar·rass /dɪsɪmbérəs/ *v* (**disembarrasses, disembarrassing, disembarrassed, disembarrassed**) **1** desembaraçar; desimpedir. **2** livrar; desobrigar.

dis·em·bod·y /dɪsɪmbɑːdi/ v (disembodies, disembodying, disembodied, disembodied) desencarnar; desincorporar.

dis·em·bogue /dɪsɪmboug/ v (disembogues, disemboguing, disembogued, disembogued) desembocar; desaguar; esvaziar.

dis·em·bow·el /dɪsɪmbauəl/ v (disembowels, disemboweling/disembowelling, disemboweled/disembowelled, disemboweled/disembowelled) desentranhar; estripar; eviscerar.

dis·en·chant /dɪsɪntʃænt/ v (disenchants, disenchanting, disenchanted, disenchanted) desencantar; desiludir.

dis·en·chant·ment /dɪsɪntʃæntmənt/ s desencanto; desilusão.

dis·en·cum·ber /dɪsɪnkʌmbɚ/ v (disencumbers, disencumbering, disencumbered, disencumbered) 1 desembaraçar; desimpedir. 2 livrar; libertar.

dis·en·fran·chise /dɪsɪnfræntʃaɪz/ → disfranchise.

dis·en·gage /dɪsɪngeɪdʒ/ v (disengages, disengaging, disengaged, disengaged) 1 desprender; soltar; livrar. 2 desembaraçar; desimpedir.

dis·en·gage·ment /dɪsɪngeɪdʒmənt/ s 1 desimpedimento; desembaraço; desencargo. 2 liberdade; desprendimento. 3 rompimento de noivado.

dis·en·tan·gle /dɪsɪntæŋgəl/ v (disentangles, disentangling, disentangled, disentangled) desembaraçar; desenredar.

dis·en·tan·gle·ment /dɪsɪntæŋgəlmənt/ s desenredo; desembaraço.

dis·en·thrall /dɪsɪnθrɔːl/ v (disenthralls, disenthralling, disenthralled, disenthralled) livrar; libertar.

dis·en·tomb /dɪsɪntuːm/ v (disentombs, disentombing, disentombed, disentombed) desenterrar; exumar.

dis·e·quil·i·brate /dɪsɪkwɪləbreɪt/ v (disequilibrates, disequilibrating, disequilibrated, disequilibrated) desequilibrar (economia, governo, etc.).

dis·e·qui·lib·ri·um /dɪsiːkwɪlɪbriən/ s desequilíbrio.

dis·es·tab·lish /dɪsɪstæblɪʃ/ v (disestablishes, disestablishing, disestablished, disestablished) 1 despojar; destronar. 2 laicizar.

dis·es·tab·lish·ment /dɪsɪstæblɪʃmənt/ s laicização; separação da Igreja do Estado.

dis·es·teem /dɪsɪstiːm/ v (disesteems, disesteeming, disesteemed, disesteemed) desestimar; desprezar. ‖ s desestima; desconsideração; menosprezo.

dis·fa·vor /dɪsfeɪvɚ/ v (disfavors, disfavoring, disfavored, disfavored) desagradar; desaprovar. ‖ s 1 desagrado; desaprovação. 2 perda de prestígio; descrédito.

dis·fig·u·ra·tion /dɪsfɪgjəreɪʃən/ s desfiguração; deformação. (var disfigurement).

dis·fig·ure /dɪsfɪgjɚ/ v (disfigures, disfiguring, disfigured, disfigured) desfigurar; deformar.

dis·fig·ure·ment /dɪsfɪgjɚmənt/ → disfiguration.

dis·fran·chise /dɪsfræntʃaɪz/ v (disfranchises, disfranchising, disfranchised, disfranchised) privar de (privilégio, direitos civis). (var disenfranchise).

dis·fran·chise·ment /dɪsfræntʃaɪzmənt, dɪsfræntʃɪzmənt/ s privação (de privilégio, direitos civis).

dis·func·tion /dɪsfʌŋkʃən/ → dysfunction.

dis·gorge /dɪsgɔːrdʒ/ v (disgorges, disgorging, disgorged, disgorged) 1 vomitar. 2 expelir; lançar fora. 3 ceder relutantemente; entregar; devolver.

dis·grace /dɪsgreɪs/ s desgraça; vergonha; desonra; descrédito. ‖ v (disgraces, disgracing, disgraced, disgraced) desonrar; desgraçar.

dis·grace·ful /dɪsgreɪsfəl/ adj desonroso; vergonhoso.

dis·grun·tle /dɪsgrʌntl/ v (disgruntles, disgruntling, disgruntled, disgruntled) descontentar; desgostar; desapontar.

dis·guise /dɪsgaɪz/ v (disguises, disguising, disguised, disguised) disfarçar; dissimular; encobrir; ocultar. ‖ s disfarce; dissimulação; fingimento.

dis·gust /dɪsgʌst/ v (disgusts, disgusting, disgusted, disgusted) repugnar; enojar. ‖ s repugnância; nojo.

dis·gust·ing /dɪsgʌstɪŋ/ adj repugnante; nojento; desagradável.

dish /dɪʃ/ s **1** prato; comida; iguaria. **2** travessa. **3** concavidade; depressão. **4** gír pessoa atraente (especialmente mulher). (pl **dishes**). || v (**dishes, dishing, dished, dished**) **1** servir uma refeição. **2** pôr em uma travessa, em um prato. **3** concavar; abaular.

dish antenna s antena parabólica.

dis·har·mo·ny /dɪshɑ:rməni/ s desarmonia; discórdia; desacordo; dissonância.

dish·cloth /dɪʃklɑ:θ/ s pano de pratos.

dis·heart·en /dɪshɑ:rtən/ v (**disheartens, disheartening, disheartened, disheartened**) desanimar; desalentar; desencorajar.

di·shev·el /dɪʃevəl/ v (**dishevels, disheveling/dishevelling, disheveled/dishevelled, disheveled/dishevelled**) **1** desgrenhar; despentear. **2** amarrotar; amarfanhar.

di·shev·eled /dɪʃevəld/ adj **1** desgrenhado; despenteado. **2** desalinhado; desordenado. (var **dishevelled**).

di·shev·elled /dɪʃevəld/ → **disheveled**.

di·shev·el·ment /dɪʃevəlmənt/ s desgrenhamento; desalinho.

dis·hon·est /dɪsɑ:nɪst/ adj desonesto; ímprobo; fraudulento.

dis·hon·es·ty /dɪsɑ:nɪsti/ s desonestidade. (pl **dishonesties**).

dis·hon·or /dɪsɑ:nər/ v (**dishonors, dishonoring, dishonored, dishonored**) **1** desonrar; infamar; envergonhar. **2** deixar de pagar um título. || s **1** desonra; desgraça; vergonha. **2** recusa ou falta de pagamento de uma conta ou título.

dis·hon·or·a·ble /dɪsɑ:nərəbəl/ adj desonroso; vergonhoso.

dish·tow·el /dɪʃtauəl/ s toalha usada para secar pratos.

dish·wash·er /dɪʃwɑ:ʃər/ s máquina de lavar louças.

dish·wash·ing /dɪʃwɑ:ʃɪŋ/ s lavagem de louça; o ato de lavar louças. || adj relativo ao ato de lavar louças.

dis·il·lu·sion /dɪsɪlu:ʒən/ v (**disillusions, disillusioning, disillusioned, disillusioned**) desiludir; desenganar. || s desilusão; desengano.

dis·il·lu·sion·ment /dɪsɪlu:ʒənmənt/ s desilusão.

dis·in·cli·na·tion /dɪsɪnklɪneɪʃən/ s aversão; relutância; repugnância.

dis·in·cline /dɪsɪnklaɪn/ v (**disinclines, disinclining, disinclined, disinclined**) estar avesso a; não se mostrar inclinado.

dis·in·cor·po·rate /dɪsɪnkɔ:rpəreɪt/ v (**disincorporates, disincorporating, disincorporated, disincorporated**) desincorporar; desligar (de uma corporação).

dis·in·fect /dɪsɪnfekt/ v (**disinfects, disinfecting, disinfected, disinfected**) desinfetar.

dis·in·fec·tant /dɪsɪnfektənt/ adj e s desinfetante.

dis·in·fec·tion /dɪsɪnfekʃən/ s desinfecção.

dis·in·fla·tion /dɪsɪnfleɪʃən/ s deflação.

dis·in·form /dɪsɪnfɔ:rm/ v (**disinforms, disinforming, disinformed, disinformed**) desenformar.

dis·in·for·ma·tion /dɪsɪnfərmeɪʃən/ s desinformação.

dis·in·gen·u·ous /dɪsɪndʒenjuəs/ adj falso; dissimulado; insincero.

dis·in·her·it /dɪsɪnherɪt/ v (**disinherits, disinheriting, disinherited, disinherited**) deserdar.

dis·in·her·i·tance /dɪsɪnherɪtəns/ s deserdação.

dis·in·hib·it /dɪsɪnhɪbɪt/ v (**disinhibits, disinhibiting, disinhibited, disinhibited**) desinibir.

dis·in·hi·bi·tion /dɪsɪnhəbɪʃən/ s desinibição.

dis·in·te·grate /dɪsɪntəgreɪt/ v (**disintegrates, disintegrating, disintegrated, disintegrated**) desintegrar; desagregar; fragmentar-se.

dis·in·te·gra·tion /dɪsɪntəgreɪʃən/ s desintegração; desagregação.

dis·in·ter /dɪsɪntɜ:r/ v (**disinters, disinterring, disinterred, disinterred**) **1** desenterrar; exumar. **2** tornar público; revelar.

dis·in·ter·est /dɪsɪntrɪst/ s desinteresse; indiferença.

dis·in·ter·est·ed /dɪsɪntrɪstɪd/ adj desinteressado; imparcial; indiferente.

dis·in·ter·ment /dɪsɪntɜ:rmənt/ s desenterramento; exumação.

dis·in·tox·i·cate /dɪsɪntɑ:ksɪkeɪt/ v (disintoxicates, disintoxicating, disintoxicated, disintoxicated) desintoxicar.

dis·join /dɪsdʒɔɪn/ v (disjoins, disjoining, disjoined, disjoined) desunir(-se); desligar(-se).

dis·joint /dɪsdʒɔɪnt/ v (disjoints, disjointing, disjointed, disjointed) desarticular; desconjuntar; desmembrar; desligar; desunir.

dis·joint·ed /dɪsdʒɔɪntɪd/ adj desarticulado; desconjuntado; desconexo.

dis·junct /dɪsdʒʌŋkt/ adj desunido; separado; desligado; desconexo.

dis·junc·tion /dɪsdʒʌŋkʃən/ s disjunção; desunião; separação.

dis·junc·tive /dɪsdʒʌŋktɪv/ adj 1 disjuntivo. 2 Gram disjuntiva (conjunção). ‖ s Gram conjunção disjuntiva.

disk /dɪsk/ s disco. ‖ v (disks, disking, disked, disked) 1 cortar em disco; dar forma de disco a. 2 gravar um disco. (var disc).

disk brake /dɪsk breɪk/ → disc brake.

disk drive s Comp unidade de disco.

disk·ette /dɪskɛt/ s disquete. (tb floppy disk).

disk jockey /dɪsk dʒɑ:ki/ → disc jockey.

dis·lik·a·ble /dɪslaɪkəbəl/ adj desagradável.

dis·like /dɪslaɪk/ s aversão; antipatia; repugnância. ‖ v (dislikes, disliking, disliked, disliked) não gostar de; ter aversão a; antipatizar com.

dis·lo·cate /dɪsloʊkeɪt, dɪsloʊkeɪt/ v (dislocates, dislocating, dislocated, dislocated) 1 deslocar. 2 desconjuntar; desarticular.

dis·lo·ca·tion /dɪsloʊkeɪʃən/ s 1 deslocação. 2 desarticulação; desarranjo.

dis·lodge /dɪslɑ:dʒ/ v (dislodges, dislodging, dislodged, dislodged) desalojar; expulsar.

dis·lodge·ment /dɪslɑ:dʒmənt/ s desalojamento.

dis·loy·al /dɪslɔɪəl/ adj desleal; falso; infiel.

dis·loy·al·ty /dɪslɔɪəlti/ s deslealdade; infidelidade; falsidade. (pl disloyalties).

dis·mal /dɪzməl/ adj triste; melancólico; lúgubre; sombrio; funesto; desanimador.

dis·man·tle /dɪsmæntl/ v (dismantles, dismantling, dismantled, dismantled) 1 desmantelar; destruir; demolir. 2 despir; despojar. 3 desmobiliar; desmontar.

dis·may /dɪsmeɪ/ v (dismays, dismaying, dismayed, dismayed) desanimar; consternar. ‖ s desânimo; consternação.

dis·mem·ber /dɪsmɛmbɚ/ v (dismembers, dismembering, dismembered, dismembered) desmembrar; desconjuntar; despedaçar; cortar.

dis·mem·ber·ment /dɪsmɛmbɚmənt/ s desmembramento.

dis·miss /dɪsmɪs/ v (dismisses, dismissing, dismissed, dismissed) 1 despedir; demitir; dispensar; mandar embora. 2 rejeitar; descartar.

dis·miss·al /dɪsmɪsəl/ s 1 demissão; destituição. 2 licença; ordem (para retirar-se). 3 abandono; rejeição (de uma idéia, etc.).

dis·mount /dɪsmaʊnt/ v (dismounts, dismounting, dismounted, dismounted) desmontar; apear; descer (de um cavalo, etc.).

dis·o·be·di·ence /dɪsəbi:diəns/ s desobediência.

dis·o·be·di·ent /dɪsəbi:diənt/ adj desobediente.

dis·o·bey /dɪsəbeɪ/ v (disobeys, disobeying, disobeyed, disobeyed) desobedecer.

dis·o·blige /dɪsəblaɪdʒ/ v (disobliges, disobliging, disobliged, disobliged) desagradar; ofender; desconsiderar; afrontar; incomodar.

dis·or·der /dɪsɔ:rdɚ/ s 1 desordem; confusão. 2 doença; indisposição. ‖ v (disorders, disordering, disordered, disordered) 1 desordenar; desarranjar. 2 perturbar (saúde mental ou física).

dis·or·der·ly /dɪsɔ:rdɚli/ adj desordenado; confuso; tumultuoso.

disorderly conduct s Jur perturbação da ordem; ofensa à moral.

dis·or·gan·i·za·tion /dɪsɔ:rgənɪzeɪʃən/ s desorganização.

dis·or·gan·ize /dɪsɔ:rgənaɪz/ v (disorganizes, disorganizing, disorganized, disorganized) desorganizar.

dis·o·ri·en·ta·tion /dɪsɔ:riənteɪʃən/ s desorientação; desnorteamento.

dis·own /dɪsoʊn/ v (disowns, disowning, disowned, disowned) repudiar; renegar; rejeitar; não reconhecer.

dis·par·age /dɪsperɪdʒ/ v (**disparages, disparaging, disparaged, disparaged**) depreciar; desmerecer; menosprezar; aviltar.

dis·par·age·ment /dɪsperɪdʒmənt/ s menosprezo; depreciação; desdouro.

dis·pa·rate /dɪspərət, dɪsperət/ adj desigual; diferente; diverso; díspar.

dis·par·i·ty /dɪsperəti/ s disparidade. (pl **disparities**).

dis·pas·sion /dɪspæʃən/ s imparcialidade; impassibilidade; indiferença.

dis·pas·sion·ate /dɪspæʃənət/ adj imparcial, calmo; impassível; frio; sereno; moderado; controlado.

dis·pas·sion·ate·ly /dɪspæʃənətli/ adv imparcialmente; calmamente.

dis·patch /dɪspætʃ/ v (**dispatches, dispatching, dispatched, dispatched**) 1 despachar; enviar; expedir. 2 executar com presteza; resolver rapidamente (negócio, assunto). 3 comer depressa; devorar; engolir. 4 matar; dar fim a; liquidar. ‖ /dɪspætʃ, dɪspætʃ/ s 1 despacho; remessa; envio. 2 rapidez; presteza. 3 ato de matar; matança. 4 comunicado; boletim. (var **despatch**).

dis·patch·er /dɪspætʃər/ s despachante; expedidor.

dis·pel /dɪspel/ v (**dispels, dispelling, dispelled, dispelled**) dissipar; dispersar.

dis·pen·sa·ble /dɪspensəbəl/ adj dispensável; desnecessário.

dis·pen·sa·tion /dɪspenseɪʃən/ s 1 dispensa; desobrigação. 2 distribuição; arranjo. 3 vontade divina.

dis·pen·sa·to·ry /dɪspensətɔːri/ s dispensatório; farmacopéia. (pl **dispensatories**).

dis·pense /dɪspens/ v (**dispenses, dispensing, dispensed, dispensed**) 1 dispensar; distribuir. 2 isentar; eximir. 3 administrar; aplicar (lei, justiça). 4 aviar (receita).

dis·pens·er /dɪspensər/ s 1 dispensador; distribuidor. 2 farmacêutico; boticário.

dis·peo·ple /dɪspiːpəl/ v (**dispeoples, dispeopling, dispeopled, dispeopled**) despovoar.

dis·per·sal /dɪspɜːrsəl/ s dispersão.

dis·perse /dɪspɜːrs/ v (**disperses, dispersing, dispersed, dispersed**) dispersar; espalhar; dissipar.

dis·per·sion /dɪspɜːrʒən/ s dispersão.

dis·per·sive /dɪspɜːrzɪv, dɪspɜːrsɪv/ adj dispersivo.

dis·pir·it /dɪspɪrɪt/ v (**dispirits, dispiriting, dispirited, dispirited**) desanimar; desencorajar; abater.

dis·place /dɪspleɪs/ v (**displaces, displacing, displaced, displaced**) 1 deslocar; remover. 2 substituir; desalojar. 3 demitir; despedir.

dis·place·ment /dɪspleɪsmənt/ s 1 deslocação; deslocamento. 2 substituição. 3 destituição; demissão.

dis·play /dɪspleɪ/ s 1 exibição; exposição. 2 desfile; demonstração; espetáculo. 3 pompa; ostentação. ‖ v (**displays, displaying, displayed, displayed**) 1 exibir; mostrar; expor. 2 ostentar.

display screen s Comp tela de vídeo.

dis·please /dɪspliːz/ v (**displeases, displeasing, displeased, displeased**) desagradar; descontentar; desgostar; ofender.

dis·pleas·ure /dɪspleʒər/ s 1 desagrado; desprazer; desgosto; descontentamento. 2 irritação; incômodo.

dis·port /dɪspɔːrt/ v (**disports, disporting, disported, disported**) divertir(-se); recrear; brincar. ‖ s divertimento; folguedo.

dis·pos·a·ble /dɪspouzəbəl/ adj disponível; à disposição.

dis·pos·al /dɪspouzəl/ s 1 disposição; arranjo; colocação. 2 venda; alienação; concessão; transmissão. 3 recolhimento (de material velho, lixo, etc.). 4 triturador de pia. ♦ **at one's disposal** à disposição.

dis·pose /dɪspouz/ v (**disposes, disposing, disposed, disposed**) 1 dispor; arranjar; distribuir. 2 arrumar; ordenar. 3 inclinar-se; predispor. 4 acomodar; fixar; ajustar. ♦ **dispose of 1** dispor de; dar destino a; empregar. 2 vender; alienar. 3 matar; destruir. 4 dar cabo de (uma tarefa).

dis·pos·er /dɪspouzər/ s 1 árbitro. 2 o que dispõe, distribui.

dis·po·si·tion /dɪspəzɪʃən/ s **1** disposição; ordem; arranjo. **2** decisão; resolução. **3** propensão; inclinação. **4** temperamento; índole. **5** direção; mando; controle. **6** transmissão; alienação; venda.

dis·pos·sess /dɪspəzes/ v (**dispossesses, dispossessing, dispossessed, dispossessed**) desapropriar; desapossar; espoliar; privar de.

dis·pos·ses·sion /dɪspəzeʃən/ s expropriação; despejo; desalojamento.

dis·praise /dɪspreɪz/ v (**dispraises, dispraising, dispraised, dispraised**) **1** censurar; repreender; reprovar. **2** depreciar; menosprezar. ‖ s **1** censura; reprovação. **2** descrédito; menosprezo.

dis·proof /dɪspruːf/ s refutação; contestação.

dis·pro·por·tion /dɪsprəpɔːrʃən/ s desproporção; disparidade. ‖ v (**disproportions, disproportioning, disproportioned, disproportioned**) desproporcionar; tornar assimétrico; deformar.

dis·pro·por·tion·al /dɪsprəpɔːrʃənəl/ adj desproporcional; desigual.

dis·pro·por·tion·ate /dɪsprəpɔːrʃənət/ adj desproporcionado; desigual.

dis·prove /dɪspruːv/ v (**disproves, disproving, disproved, disproved**) refutar; impugnar; invalidar.

dis·put·a·ble /dɪspjuːtəbəl, dɪspjʊtəbəl/ adj discutível; contestável; controvertido.

dis·pu·tant /dɪspjʊtənt, dɪspjuːtənt/ adj e s disputante.

dis·pu·ta·tion /dɪspjuːteɪʃən/ s disputa; contenda; controvérsia; debate.

dis·pu·ta·tious /dɪspjuːteɪʃəs/ adj disputativo; dado à disputa.

dis·pute /dɪspjuːt/ v (**disputes, disputing, disputed, disputed**) **1** discutir; debater; argumentar. **2** contestar; questionar. **3** disputar; contender por. **4** resistir; opor-se a. ‖ s discussão; briga; altercação; disputa.

dis·qual·i·fi·ca·tion /dɪskwɑːləfɪkeɪʃən/ s desqualificação; incapacidade.

dis·qual·i·fy /dɪskwɑːləfaɪ/ v (**disqualifies, disqualifying, disqualified, disqualified**) **1** desqualificar; inabilitar. **2** eliminar; desclassificar.

dis·qui·et /dɪskwaɪət/ v (**disquiets, disquieting, disquieted, disquieted**) inquietar; desassossegar; perturbar; incomodar. ‖ s inquietação; perturbação; ansiedade.

dis·qui·e·tude /dɪskwaɪətuːd/ s ansiedade; inquietação; desassossego.

dis·qui·si·tion /dɪskwɪzɪʃən/ s dissertação; estudo; investigação.

dis·re·gard /dɪsrɪgɑːrd/ v (**disregards, disregarding, disregarded, disregarded**) **1** desconsiderar; não fazer caso de. **2** negligenciar; menosprezar. ‖ s **1** negligência; descaso; descuido. **2** pouco-caso; desdém; desprezo.

dis·re·gard·ful /dɪsrɪgɑːrdfəl/ adj **1** desatento; negligente; descuidado. **2** desdenhoso.

dis·rel·ish /dɪsrelɪʃ/ v (**disrelishes, disrelishing, disrelished, disrelished**) sentir aversão a; repugnar. ‖ s aversão; repugnância.

dis·re·pair /dɪsrɪper/ s mau estado; abandono.

dis·rep·u·ta·ble /dɪsrepjətəbəl/ adj desacreditado; mal-afamado; desonroso.

dis·re·pute /dɪsrɪpjuːt/ s descrédito; desonra; má fama; má reputação.

dis·re·spect /dɪsrɪspekt/ s desrespeito; desconsideração. ‖ v (**disrespects, disrespecting, disrespected, disrespected**) desrespeitar; desconsiderar.

dis·re·spect·ful /dɪsrɪspektfəl/ adj desrespeitoso.

dis·re·spect·ful·ness /dɪsrɪspektfəlnəs/ s desrespeito; desconsideração.

dis·robe /dɪsroub/ v (**disrobes, disrobing, disrobed, disrobed**) despir(-se); desvestir(-se); despojar(-se).

dis·rupt /dɪsrʌpt/ v (**disrupts, disrupting, disrupted, disrupted**) **1** perturbar; atrapalhar; transtornar. **2** interromper; impedir. **3** romper; quebrar; despedaçar; desintegrar.

dis·rup·tive /dɪsrʌptɪv/ adj dilacerador; demolidor; destruidor.

dis·sat·is·fac·tion /dɪssætəsfækʃən/ s insatisfação; descontentamento.

dis·sat·is·fac·to·ry /dɪssætəsfæktəri/ adj insatisfatório; insuficiente.

dis·sat·is·fied /dɪssǽtəsfaɪd/ adj insatisfeito; desgostoso.

dis·sat·is·fy /dɪssǽtəsfaɪ/ v (dissatisfies,
dissatisfying, dissatisfied, dissatisfied)
descontentar; desagradar; desapontar;
desgostar.

dis·sect /dɪsékt, daɪsékt, daɪsékt/ v (dissects,
dissecting, dissected, dissected) 1 tb fig
dissecar; retalhar. 2 analisar; examinar
minuciosamente.

dis·sect·ed /dɪséktɪd, daɪséktɪd, daɪséktɪd/
adj 1 dissecado; retalhado. 2 analisado
minuciosamente.

dis·sec·tion /dɪsékʃən, daɪsékʃən, daɪsékʃən/
s 1 dissecação. 2 exame; análise.

dis·sec·tor /dɪséktə, daɪséktə, daɪséktə/ s
dissector (pessoa ou instrumento).

dis·seise /dɪssíːz/ → disseize

dis·sei·sin /dɪssíːzɪn/ → disseizin.

dis·seize /dɪssíːz/ v (disseizes, disseizing,
disseized, disseized) desapossar; usurpar; roubar. (var disseise).

dis·sei·zin /dɪssíːzɪn/ s usurpação; esbulho;
desapropriação ilegal. (var disseisin).

dis·sem·ble /dɪsémbəl/ v (dissembles,
dissembling, dissembled, dissembled)
dissimular; disfarçar; fingir; mascarar.

dis·sem·bler /dɪsémblə/ s dissimulador.

dis·sem·i·nate /dɪséminerit/ v (dissemi-
nates, disseminating, disseminated, disseminated) disseminar; difundir; espalhar; divulgar.

dis·sem·i·na·tion /dɪséminérʃən/ s disseminação; propagação; divulgação.

dis·sem·i·na·tor /dɪséminertə/ s disseminador; propagador; divulgador.

dis·sen·sion /dɪsénʃən/ s dissensão; divergência; desavença.

dis·sent /dɪsént/ s dissensão; divergência;
discordância. II v (dissents, dissenting,
dissented, dissented) divergir; discordar.

dis·sent·er /dɪséntə/ s dissidente.

dis·sen·tient /dɪsénʃənt/ s dissidente; discordante.

dis·sert /dɪssɜ́ːrt/ v (disserts, disserting,
disserted, disserted) dissertar.

dis·ser·tate /dɪsəteɪt/ v (dissertates, dis-
sertating, dissertated, dissertated) dissertar.

dis·ser·ta·tion /dɪsətérʃən/ s dissertação;
tese.

dis·serve /dɪssɜ́ːrv/ v (disserves, disserving,
disserved, disserved) desservir; prejudicar; servir mal.

dis·serv·ice /dɪssɜ́ːrvɪs/ s desserviço; dano;
prejuízo; mal.

dis·sev·er /dɪsévə/ v (dissevers, dissev-
ering, dissevered, dissevered) dividir;
separar; desunir.

dis·si·dence /dɪsɪdəns/ s dissidência; divergência; discordância.

dis·si·dent /dɪsɪdənt/ adj e s dissidente.

dis·sim·i·lar /dɪsɪmələ/ adj diferente; diverso; dessemelhante.

dis·sim·i·lar·i·ty /dɪsɪmələrəti/ s diferença;
dessemelhança; diversidade. (pl dissimi-
larities).

dis·sim·i·late /dɪsɪmələɪt/ v (dissimilates,
dissimilating, dissimilated, dissimilated)
diferenciar; dissimilar; desassemelhar.

dis·sim·i·la·tion /dɪsɪmələrʃən/ s 1 diferenciação. 2 Gram dissimilação.

dis·si·mil·i·tude /dɪsəmílɪtuːd/ s dessemelhança; diferença; desigualdade.

dis·sim·u·late /dɪsɪmjələɪt/ v (dissimulates,
dissimulating, dissimulated, dissimulated) dissimular; fingir; disfarçar.

dis·sim·u·la·tion /dɪsɪmjələrʃən/ s dissimulação; fingimento; hipocrisia.

dis·sim·u·la·tor /dɪsɪmjələrtə/ s dissimulador.

dis·si·pate /dɪsɪpeɪt/ v (dissipates, dissi-
pating, dissipated, dissipated) 1 dissipar;
dispersar; espalhar. 2 desperdiçar; gastar; esbanjar.

dis·si·pat·ed /dɪsɪpeɪtɪd/ adj 1 disperso;
dissipado. 2 dissoluto; devasso.

dis·si·pa·tion /dɪsɪpérʃən/ s 1 desperdício;
esbanjamento. 2 dissipação; dispersão.
3 devassidão; libertinagem.

dis·so·cia·ble /dɪsóʊʃiəbəl/ adj dissociável;
separável.

dis·so·ci·ate /dɪsóʊʃiert/ v (dissociates,
dissociating, dissociated, dissociated) tb
Quím dissociar; separar; desagregar;
desunir; decompor.

dis·so·ci·a·tion /dɪsóʊʃieɪʃən/ s dissociação;
desagregação; desunião.

dis·sol·u·bil·i·ty /dɪsɑ:ljəbɪləti/ s dissolubilidade.

dis·sol·u·ble /dɪsɑ:ljəbəl/ adj dissolúvel.

dis·so·lute /dɪsəlu:t/ adj dissoluto; devasso.

dis·so·lute·ness /dɪsəlu:tnəs/ s devassidão; libertinagem.

dis·so·lu·tion /dɪsəlu:ʃən/ s 1 tb Quím e Jur dissolução. 2 devassidão; libertinagem. 3 decomposição; extinção. 4 morte.

dis·solv·a·ble /dɪzɑ:lvəbəl/ adj 1 dissolúvel. 2 destrutível.

dis·solve /dɪzɑ:lv/ v (dissolves, dissolving, dissolved, dissolved) 1 dissolver; diluir. 2 liquefazer. 3 desintegrar; desfazer. 4 Jur anular; rescindir.

dis·sol·vent /dɪzɑ:lvənt/ adj e s dissolvente.

dis·so·nance /dɪsənəns/ s tb Mús dissonância; discordância. (var dissonancy).

dis·so·nan·cy /dɪsənənsi/ → dissonance. (pl dissonancies).

dis·so·nant /dɪsənənt/ adj tb Mús dissonante; discordante; desarmônico.

dis·suade /dɪsweɪd/ v (dissuades, dissuading, dissuaded, dissuaded) dissuadir.

dis·sua·sion /dɪsweɪʒən/ s dissuasão.

dis·sua·sive /dɪsweɪsɪv/ adj dissuasivo.

dis·syl·la·ble /daɪsɪləbəl, dɪsɪləbəl, daɪsɪləbəl/ → disyllable.

dis·taff /dɪstæf/ s 1 roca de fiar; fuso. 2 lado materno da família; sexo feminino; mulher.

dis·tance /dɪstəns/ s distância; intervalo; período; espaço. ‖ v (distances, distancing, distanced, distanced) distanciar; conservar à distância; tomar a dianteira.

dis·tant /dɪstənt/ adj distante; remoto; afastado.

dis·taste /dɪsteɪst/ s aversão; antipatia; desprazer.

dis·taste·ful /dɪsteɪstfəl/ adj repugnante; desagradável.

dis·tem·per /dɪstempə/ v (distempers, distempering, distempered, distempered) 1 destemperar; indispor; desarranjar; perturbar. 2 pintar a têmpera. ‖ s 1 indisposição; doença; enfermidade. 2 desarranjo; desordem. 3 têmpera.

dis·tend /dɪstend/ v (distends, distending, distended, distended) distender; expandir; dilatar.

dis·ten·si·ble /dɪstensəbəl/ adj dilatável.

dis·ten·sion /dɪstenʃən/ → distention.

dis·ten·tion /dɪstenʃən/ s distensão. (var distension).

dis·tich /dɪstɪk/ s dístico.

dis·ti·chous /dɪstɪkəs/ adj Bot dístico.

dis·til /dɪstɪl/ → distill.

dis·till /dɪstɪl/ v (distills, distilling, distilled, distilled) 1 destilar. 2 gotejar; pingar. (var distil).

dis·till·a·ble /dɪstɪləbəl/ adj destilável.

dis·til·late /dɪstələɪt, dɪstəlɪt, dɪstɪlɪt/ s produto da destilação.

dis·til·la·tion /dɪstɪleɪʃən/ s destilação.

dis·till·er /dɪstɪlə/ s destilador.

dis·till·er·y /dɪstɪləri/ s destilaria. (pl distilleries).

dis·tinct /dɪstɪŋkt/ adj 1 distinto; diferente. 2 claro; nítido.

dis·tinc·tion /dɪstɪŋkʃən/ s 1 distinção; diferença. 2 honra; excelência; mérito.

dis·tinc·tive /dɪstɪŋktɪv/ adj distintivo; característico.

dis·tinct·ness /dɪstɪŋktnəs/ s 1 distinção; diferença. 2 clareza; nitidez.

dis·tin·guish /dɪstɪŋgwɪʃ/ v (distinguishes, distinguishing, distinguished, distinguished) distinguir; diferençar; discriminar.

dis·tin·guish·a·ble /dɪstɪŋgwɪʃəbəl/ adj distinguível.

dis·tin·guished /dɪstɪŋgwɪʃt/ adj distinto; ilustre; notável; eminente.

dis·tort /dɪstɔ:rt/ v (distorts, distorting, distorted, distorted) 1 torcer; retorcer. 2 distorcer; deturpar.

dis·tor·tion /dɪstɔ:rʃən/ s 1 distorção; deturpação. 2 Med torção; contorção; torcedura.

dis·tract /dɪstrækt/ v (distracts, distracting, distracted, distracted) 1 distrair; desviar (a mente, a atenção). 2 enlouquecer.

dis·tract·ed /dɪstræktɪd/ adj 1 distraído. 2 perturbado.

dis·trac·tion /dɪstrækʃən/ s 1 distração. 2 diversão; passatempo. 3 loucura; delírio.

dis·train /dɪstreɪn/ v (**distrains, distraining, distrained, distrained**) Jur arrestar; embargar; penhorar; apreender.

dis·train·a·ble /dɪstreɪnəbəl/ adj embargável; penhorável.

dis·train·er /dɪstreɪnə/ → **distrainor**.

dis·trai·nor /dɪstreɪnə/ s Jur embargante. (var **distrainer**).

dis·traint /dɪstreɪnt/ s arresto; apreensão; embargo.

dis·traught /dɪstrɔːt/ adj 1 distraído; perturbado; atormentado. 2 louco; tresloucado.

dis·tress /dɪstres/ v (**distresses, distressing, distressed, distressed**) 1 afligir; angustiar; atormentar. 2 Jur penhorar; embargar; arrestar. II s 1 mágoa; angústia; tristeza; aflição. 2 infortúnio; desgraça. 3 dor; sofrimento. 4 perigo; apuro. 5 penhora; embargo.

dis·tressed /dɪstrest/ adj 1 aflito; angustiado. 2 necessitado; desprovido; em apuros.

dis·tress·ful /dɪstresfəl/ adj 1 aflito; angustiado. 2 aflitivo; penoso; angustiante. 3 infeliz; desventurado; infortunado.

distress signal s Náut e Aer sinal de perigo; pedido de socorro.

dis·trib·ute /dɪstrɪbjuːt/ v (**distributes, distributing, distributed, distributed**) distribuir; repartir; espalhar; dispersar.

dis·tri·bu·tion /dɪstrɪbjuːʃən/ s distribuição; partilha.

dis·trib·u·tive /dɪstrɪbjətɪv/ adj distributivo.

dis·trib·u·tor /dɪstrɪbjətə/ s distribuidor.

dis·trict /dɪstrɪkt/ s distrito; região; zona; bairro; comarca.

district attorney s promotor público. (abrev **D.A.** ou **DA**).

dis·trust /dɪstrʌst/ s desconfiança; suspeita. II v (**distrusts, distrusting, distrusted, distrusted**) desconfiar; suspeitar.

dis·trust·ful /dɪstrʌstfəl/ adj desconfiado; arisco.

dis·turb /dɪstɜːrb/ v (**disturbs, disturbing, disturbed, disturbed**) 1 perturbar; inquietar; incomodar; estorvar. 2 tumultuar; desordenar.

dis·tur·bance /dɪstɜːrbəns/ s 1 perturbação; distúrbio. 2 desordem; tumulto; agitação.

dis·turb·er /dɪstɜːrbə/ s perturbador; desordeiro; agitador.

dis·un·ion /dɪsjuːnjən/ s 1 desunião; separação. 2 desacordo; desavença.

dis·u·nite /dɪsjuːnaɪt/ v (**disunites, disuniting, disunited, disunited**) desunir; separar.

dis·u·ni·ty /dɪsjuːnɪti/ s desunião. (pl **disunities**).

dis·use /dɪsjuːs/ s desuso.

di·syl·lab·ic /daɪsɪlæbɪk, dɪsɪlæbɪk/ adj Gram dissilábico.

di·syl·la·ble /daɪsɪləbəl, dɪsɪləbəl, daɪsɪləbəl/ s Gram dissílabo. (var **dissyllable**).

ditch /dɪtʃ/ s 1 fosso; vala. 2 trincheira. II v (**ditches, ditching, ditched, ditched**) 1 cavar (fosso, rego). 2 jogar numa vala. 3 gír rejeitar; abandonar; descartar. 4 forçar pouso (de avião) na água. 5 descarrilar (trem).

dith·er /dɪðə/ s vacilação; tremor; estremecimento. II v (**dithers, dithering, dithered, dithered**) vacilar; tremer; oscilar.

dith·y·ramb /dɪθɪræm/ s ditirambo.

dit·to /dɪtoʊ/ s 1 idem; o mesmo. 2 duplicata; cópia. 3 sinal de aspas (para evitar a repetição da linha superior). (pl **dittos**). II v (**dittos, dittoing, dittoed, dittoed**) duplicar; copiar.

dit·ty /dɪti/ s pequena canção; cantiga; modinha. (pl **ditties**).

di·u·ret·ic /daɪjəretɪk/ adj e s diurético.

di·ur·nal /daɪɜːrnəl/ adj diurno; cotidiano; diário.

di·va /diːvə/ s diva; cantora notável; prima-dona. (pl **divas** ou **dive**).

di·va·gate /daɪvəgeɪt, dɪvəgeɪt/ v (**divagates, divagating, divagated, divagated**) 1 divagar; digressionar. 2 perambular.

di·va·ga·tion /daɪvəgeɪʃən, dɪvəgeɪʃən/ s 1 divagação; digressão. 2 perambulação.

di·va·lent /daɪveɪlənt/ adj Quím bivalente.

di·van /dɪvæn, daɪvæn, daɪvæn/ s divã.

di·var·i·cate /daɪværɪkeɪt, dɪværɪkeɪt/ v (**divaricates, divaricating, divaricated, divaricated**) bifurcar; divergir; ramificar. II adj bifurcado.

di·var·i·ca·tion /daɪværɪkeɪʃən, dɪværɪkeɪʃən/ s 1 bifurcação; ramificação. 2 desacordo; divergência.

dive /daɪv/ s **1** mergulho; salto (de trampolim). **2** submersão (de submarino). **3** gír taberna; espelunca; boate de péssima reputação. || v (**dives, diving, dived/ dove, dived**) mergulhar; saltar (de trampolim).

dive-bomb /ˈdaɪvbɑːm/ v (**dive-bombs, dive-bombing, dive-bombed, dive-bombed**) bombardear com caça (avião) de mergulho; bombardear em picada.

dive-bomb·er /ˈdaɪvbɑːmə/ s caça de mergulho.

div·er /ˈdaɪvə/ s **1** mergulhador; escafandrista. **2** Zool mergulhão.

di·verge /dɪvɜːrdʒ, daɪvɜːrdʒ/ v (**diverges, diverging, diverged, diverged**) **1** divergir; discordar. **2** separar; bifurcar. **3** desviar; afastar.

di·ver·gence /dɪvɜːrdʒəns, daɪvɜːrdʒəns/ s divergência; discordância. (var **divergency**).

di·ver·gen·cy /dɪvɜːrdʒənsi/ → **divergence**. (pl **divergencies**).

di·ver·gent /dɪvɜːrdʒənt, daɪvɜːrdʒənt/ adj divergente; discordante.

di·vers /ˈdaɪvəz/ adj diversos; vários.

di·verse /dɪvɜːrs, daɪvɜːrs, ˈdaɪvɜːrs/ adj diverso; diferente.

di·ver·si·fi·ca·tion /dɪvɜːrsɪfɪkeɪʃən, daɪvɜːrsɪfɪkeɪʃən/ s diversificação; variedade.

di·ver·si·form /dɪvɜːrsəfɔːrm, daɪvɜːrsəfɔːrm/ adj multiforme.

di·ver·si·fy /dɪvɜːrsɪfaɪ, daɪvɜːrsɪfaɪ/ v (**diversifies, diversifying, diversified, diversified**) diversificar; variar.

di·ver·sion /dɪvɜːrʃən, daɪvɜːrʃən/ s **1** diversão; divertimento; distração. **2** desvio; afastamento.

di·ver·si·ty /dɪvɜːrsəti, daɪvɜːrsəti/ s diversidade; variedade. (pl **diversities**).

di·vert /dɪvɜːrt, daɪvɜːrt/ v (**diverts, diverting, diverted, diverted**) **1** desviar; afastar. **2** divertir; distrair.

di·ver·tisse·ment /dɪvɜːrtiːsmənt/ s divertimento (especialmente entremez ou entreato).

di·vest /dɪvest, daɪvest/ v (**divests, divesting, divested, divested**) **1** despir; desnudar. **2** espoliar; esbulhar. **3** Jur desapossar.

di·vide /dɪvaɪd/ v (**divides, dividing, divided, divided**) **1** dividir; partir. **2** classificar; separar. || s **1** divisão; partilha. **2** linha divisória de águas.

di·vid·ed /dɪvaɪdɪd/ adj dividido; segmentado.

div·i·dend /dɪvɪdend/ s dividendo; lucro.

di·vid·er /dɪvaɪdə/ s **1** divisor. **2** compasso de ponta seca.

div·i·na·tion /dɪvɪneɪʃən/ s adivinhação; pressentimento; presságio.

di·vin·a·to·ry /dɪvɪnətɔːri/ adj divinatório.

di·vine /dɪvaɪn/ v (**divines, divining, divined, divined**) adivinhar; predizer; descobrir. || adj **1** divino; sagrado. **2** sublime; excelente; ótimo. || s sacerdote; clérigo; teólogo.

di·vin·er /dɪvaɪnə/ s adivinho; vaticinador.

div·ing board /ˈdaɪvɪŋ bɔːrd/ s trampolim.

div·ing suit /ˈdaɪvɪŋ suːt/ s escafandro; roupa de mergulhador.

di·vin·i·ty /dɪvɪnəti/ s **1** divindade; ser divino. **2** teologia. (pl **divinities**).

di·vis·i·bil·i·ty /dɪvɪzəbɪləti/ s divisibilidade.

di·vis·i·ble /dɪvɪzəbəl/ adj divisível.

di·vi·sion /dɪvɪʒən/ s **1** divisão. **2** separação. **3** distribuição; partilha. **4** seção; grupo.

di·vi·sion·al /dɪvɪʒənəl/ adj divisional; divisório.

di·vi·sive /dɪvaɪsɪv/ adj que causa divisão ou dissensão.

di·vi·sor /dɪvaɪzə/ s Mat divisor.

di·vorce /dɪvɔːrs/ s divórcio; separação; desunião. || v (**divorces, divorcing, divorced, divorced**) divorciar(-se); separar(-se); desunir(-se).

di·vor·cé /dɪvɔːrseɪ, dɪvɔːrsiː, dɪvɔːrseɪ, dɪvɔːrsiː/ s divorciado.

di·vor·cée /dɪvɔːrseɪ, dɪvɔːrsiː, dɪvɔːrseɪ, dɪvɔːrsiː/ s divorciada.

di·vulge /dɪvʌldʒ, daɪvʌldʒ/ v (**divulges, divulging, divulged, divulged**) divulgar; revelar; propagar.

di·vulg·er /dɪvʌldʒə, daɪvʌldʒə/ s divulgador; revelador.

div·vy /dɪvi/ v gír (**divvies, divvying, divvied, divvied**) dividir; partilhar. || s divisão; porção. (pl **divvies**).

diz·zi·ness /dɪzɪnəs/ s vertigem; tontura.

diz·zy /dɪzi/ v (dizzies, dizzying, dizzied, dizzied) causar vertigens; atordoar. ‖ adj 1 vertiginoso; estonteante. 2 tonto; zonzo; atordoado. (gr comp dizzier. gr super dizziest).

DJ /di:dʒeɪ/ abrev de disc jockey.

Dji·bou·ti /dʒɪbu:ti/ s Djibuti.

Dji·bou·ti·an /dʒɪbu:tiən/ s e adj djibutiano.

DLL abrev Comp de Dynamic-Link Library; biblioteca de vínculo dinâmico.

dm /di:em/ abrev de decimeter.

DM /di:em/ abrev de Deutch mark; marco alemão.

DNA /di:eneɪ/ s (deoxyribo nucleic acid) DNA; ADN; ácido desoxirribonucléico.

DNS abrev Comp de Domain Name System; sistema de nomes de domínios.

do /du:/ v aux. usado em perguntas e negações (does, doing, did, done) 1 fazer; executar; efetuar; praticar. 2 completar; acabar; terminar. 3 causar; dar; produzir; trazer. 4 trabalhar em; ocupar-se em. 5 arrumar; arranjar; consertar. 6 cozer; assar. 7 resolver (problema); cumprir com (dever). 8 representar; desempenhar; fazer o papel de. 9 fazer-se de; bancar. 10 servir; satisfazer; ser conveniente. 11 gír enganar; roubar; assaltar; 12 gír cumprir (pena). 13 gír ter relações sexuais com. 14 percorrer (distância). 15 gír matar; liquidar. 16 inform visitar; ver; conhecer; percorrer como turista.

do·a·ble /du:əbəl/ adj factível; viável; realizável.

dob·bin /dɑbɪn/ s cavalo manso, matungo.

doc /dɑk/ inform médico, dentista ou veterinário.

do·cent /doʊsənt, doʊsent/ s docente.

doc·ile /dɑsəl, dɑsaɪl/ adj dócil; manso; submisso; obediente.

do·cil·i·ty /dɑsɪlɪti, doʊsɪlɪti/ s docilidade; mansidão.

dock /dɑk/ v (docks, docking, docked, docked) 1 atracar; levar (navio) à doca ou estaleiro. 2 construir docas ou diques. 3 reduzir; diminuir; cortar (salário). 4 decepar; cortar (a cauda de um animal). ‖ s 1 doca; estaleiro; píer. 2 cotó (da cauda dos animais); rabicho. 3 banco dos réus.

dock·er /dɑkə/ s estivador.

dock·et /dɑkɪt/ s 1 resumo; extrato; sumário (de um documento). 2 rótulo; etiqueta (de mercadoria). ‖ v (dockets, docketing, docketed, docketed) 1 resumir; fazer uma súmula. 2 rotular; etiquetar.

dock·yard /dɑkjɑrd/ s estaleiro.

doc·tor /dɑktə/ s 1 doutor (que obteve a mais alta graduação na universidade). 2 médico; dentista; veterinário. ‖ v (doctors, doctoring, doctored, doctored) 1 tratar; medicar. 2 inform consertar; remendar. 3 inform adulterar; falsificar.

doc·tor·al /dɑktərəl/ adj doutoral.

doc·tor·ate /dɑktərət/ s doutorado.

doc·tri·naire /dɑktrənɛr/ s visionário; escolástico; teorista; ideólogo. ‖ adj doutrinário; teórico; dogmático.

doc·trine /dɑktrɪn/ s doutrina; dogma.

doc·u·ment /dɑkjəmənt/ s documento. ‖ /dɑkjəment/ v (documents, documenting, documented, documented) documentar.

doc·u·ment·al /dɑkjəmentəl/ adj documental; documentário.

doc·u·men·ta·ry /dɑkjəmentəri/ adj documental; documentário. ‖ s documentário. (pl documentaries).

doc·u·men·ta·tion /dɑkjəmenteɪʃən/ s documentação.

dod·der /dɑdə/ v (dodders, doddering, doddered, doddered) 1 tremer. 2 titubear; vacilar. ‖ s Bot cuscuta.

dod·dered /dɑdəd/ adj despedaçado; fraco; decrépito.

dod·der·ing /dɑdərɪŋ/ adj trêmulo; senil.

do·dec·a·gon /doʊdekəgən/ s Mat dodecágono.

do·dec·a·he·dron /doʊdekəhi:drən/ s Mat dodecaedro. (pl dodecahedrons ou dodecahedra /doʊdekəhi:drə/).

dodge /dɑdʒ/ v (dodges, dodging, dodged, dodged) 1 evitar; esquivar-se; escapar. 2 enganar; trapacear; burlar. ‖ s 1 esquiva; evasiva; subterfúgio. 2 trapaça; artimanha; artifício.

dodg·er /dɑdʒə/ s 1 trapaceiro. 2 pequeno folheto de propaganda.

do·do /doʊdoʊ/ s inform pessoa antiquada, obsoleta, ultrapassada. (pl dodoes ou dodos).

doe /doʊ/ s 1 corça. 2 fêmea de vários mamíferos como do coelho, do canguru, etc. (pl doe ou does).

do·er /duːɚ/ s 1 autor; agente; executante (de uma ação). 2 pessoa ativa.

does /dʌz/ v 3ª pess sing de do.

does·n't /dʌzənt/ form contr de does not.

doff /dɑːf, dɔːf/ v (doffs, doffing, doffed, doffed) 1 despir. 2 tirar o chapéu (saudação). 3 jogar fora; livrar-se de; deixar de lado.

dog /dɑːg, dɔːg/ s 1 cão; cachorro. 2 macho da raposa, do lobo. 3 patife; velhaco; tratante. 4 inform sujeito; indivíduo. 5 gír pessoa feia e desinteressante. 6 gír coisa sem valor. 7 grampo; garra (de ferro). ‖ v (dogs, dogging, dogged, dogged) 1 perseguir; seguir; atormentar. 2 prender com gancho ou garra. ♦ dogs gír pés. dog eat dog competição feroz. a dog in the manger um desmancha-prazeres; invejoso. every dog has its day um dia é da caça, o outro do caçador.

dog-ear /dɑːgɪr, dɔːgɪr/ s dobra na página de um livro. ‖ v (dog-ears, dog-earing, dog-eared, dog-eared) marcar as páginas de um livro com dobras; fazer orelhas em página de livro.

dog·fight /dɑːgfaɪt, dɔːgfaɪt/ s 1 briga violenta; refrega. 2 briga de cães. 3 combate aéreo entre caças.

dog·ged /dɑːgɪd, dɔːgɪd/ adj obstinado; teimoso; persistente.

dog·gie /dɑːgi, dɔːgi/ → doggy.

doggie bag → doggy bag.

dog·gy /dɑːgi, dɔːgi/ s cãozinho; cachorrinho. (pl doggies. var doggie).

doggy bag s sobra de comida levada do restaurante para casa. (var doggie bag).

dog·ma /dɑːgmə, dɔːgmə/ s dogma. (pl dogmas ou dogmata /dɑːgmətə, dɔːgmətə/).

dog·mat·ic /dɑːgmætɪk, dɔːgmætɪk/ adj dogmático.

dog·mat·ics /dɑːgmætɪks, dɔːgmætɪks/ s dogmática.

dog·ma·tism /dɑːgmətɪzəm, dɔːgmətɪzəm/ s dogmatismo.

dog·ma·tist /dɑːgmətɪst, dɔːgmətɪst/ s dogmatista.

dog·ma·tize /dɑːgmətaɪz, dɔːgmətaɪz/ v (dogmatizes, dogmatizing, dogmatized, dogmatized) dogmatizar.

Dog Star s Astron Sírio.

dog·sled /dɑːgsled, dɔːgsled/ s trenó puxado por cães. (tb dog sled).

doi·ly /dɔɪli/ s pequeno pano de mesa. (pl doilies).

do·ing /duːɪŋ/ v ger de do. ‖ s feito; fato; ação. ♦ doings feitos; ações; acontecimento.

do-it-your·self /duːɪtjɚself/ adj do tipo faça-você-mesmo.

dol·drums /doʊldrəmz, dɑːldrəmz/ s pl 1 calmarias equatoriais. 2 tédio; depressão.

dole /doʊl/ v (doles, doling, doled, doled) repartir; distribuir (aos pobres). ‖ s 1 doação; distribuição (de donativo, esmola). 2 esmola; donativo; doação. 3 subsídio do governo.

dole·ful /doʊlfəl/ adj triste; doloroso; melancólico; sombrio.

doll /dɑːl/ s 1 boneca. 2 gír mulher bonita. ‖ v gír embonecar(-se).

dol·lar /dɑːlɚ/ s dólar.

dollar sign s cifrão ($).

doll·house /dɑːlhaʊs/ s casa de bonecas.

dol·ly /dɑːli/ s 1 inform boneca (termo infantil). 2 aparelho para lavar minério. 3 plataforma móvel para câmara cinematográfica. 4 pequena locomotiva. (pl dollies).

dol·man /doʊlmən/ s 1 dólma; casaco militar. 2 casaco feminino com mangas soltas; manto.

dol·men /doʊlmen/ s dólmen.

do·lor /doʊlɚ, dɑːlɚ/ s dor; pesar; angústia; lamento; aflição.

do·lor·ous /doʊlɚəs, dɑːlɚəs/ adj doloroso.

dol·phin /dɑːlfɪn/ s golfinho; delfim.

dolt /doʊlt/ s indivíduo tolo, parvo, estúpido, pateta, bobalhão.

dolt·ish /doʊltɪʃ/ adj estúpido; abobalhado; lerdo.

do·main /doʊmeɪn/ s 1 domínio; território. 2 terras; propriedade. 3 campo (de ação ou influência).

dome /doʊm/ s Arq 1 domo; cúpula; abóbada. 2 gír cabeça. ‖ v (domes, doming, domed, domed) abobadar.

do·mes·tic /dəmɛstɪk/ *adj* **1** doméstico. **2** manso; domesticado. ‖ *s* doméstico; criado; empregado.

do·mes·ti·cate /dəmɛstɪkeɪt/ *v* (**domesticates, domesticating, domesticated, domesticated**) domesticar; domar.

do·mes·ti·ca·tion /dəmɛstɪkeɪʃən/ *s* domesticação.

do·mes·tic·i·ty /doʊmɛstɪsəti/ *s* domesticidade. (*pl* **domesticities**). ♦ **domesticities** assuntos domésticos.

do·mes·ti·cize /dəmɛstɪsaɪz/ *v* (**domesticizes, domesticizing, domesticized, domesticized**) domesticar.

dom·i·cile /dɑ:mɪsaɪl, doʊmɪsaɪl, dɑ:mɪsɪl, doʊmɪsɪl/ *s* domicílio; residência; habitação. ‖ *v* (**domiciles, domiciling, domiciled, domiciled**) domiciliar(-se); estabelecer(-se).

dom·i·cil·i·ar·y /dɑ:məsɪlieri, doʊməsɪlieri/ *adj* domiciliar; domiciliário.

dom·i·nance /dɑ:mənəns/ *s* dominância; predominância.

dom·i·nant /dɑ:mənənt/ *adj* dominante; predominante. ‖ *s Mús* dominante.

dom·i·nate /dɑ:məneɪt/ *v* (**dominates, dominating, dominated, dominated**) **1** dominar; controlar; governar. **2** reger; influenciar.

dom·i·na·tion /dɑ:məneɪʃən/ *s* **1** dominação; domínio. **2** poder; ascendência; soberania.

dom·i·na·tive /dɑ:məneɪtɪv/ *adj* dominador; autoritário.

dom·i·na·tor /dɑ:məneɪtɚ/ *s* dominador.

dom·i·neer /dɑ:mənɪr/ *v* (**domineers, domineering, domineered, domineered**) dominar; tiranizar; mandar com arrogância.

dom·i·neer·ing /dɑ:mənɪrɪŋ/ *adj* dominador; arrogante; prepotente; mandão.

Dom·i·ni·ca /dɑ:mɪnɪkə/ *s* Dominica.

do·min·i·cal /doʊmɪnɪkəl/ *adj* **1** dominical; relativo ao Senhor. **2** relativo ao domingo.

Do·min·i·can /doʊmɪnɪkən/ *adj* e *s* dominicano (da República Dominicana ou da Ordem dos Dominicanos).

Dom·i·ni·can /dɑ:mɪni:kən/ *s* e *adj* dominiquês (da Dominica).

Dominican Republic *s* República Dominicana.

do·min·ion /dəmɪnjən/ *s* domínio; soberania; governo.

dom·i·no /dɑ:mənoʊ/ *s* dominó (peça do jogo). ♦ **dominoes** ou **dominos** *us v sing* ou *pl* o jogo de dominó.

domino effect *s* efeito dominó.

don /dɑ:n/ *v* (**dons, donning, donned, donned**) vestir; pôr roupa. ‖ *s* **1** dom; nobre; cavalheiro (título espanhol). **2** professor universitário. **3** líder de mafiosos.

do·nate /doʊneɪt, doʊneɪt/ *v* (**donates, donating, donated, donated**) doar; contribuir.

do·na·tion /doʊneɪʃən/ *s* doação; donativo; contribuição.

don·a·tive /doʊnətɪv, dɑ:nətɪv/ *s* donativo. ‖ *adj* instituído por doação.

do·na·tor /doʊneɪtɚ, doʊneɪtɚ/ *s* doador.

done /dʌn/ *v part pass* de **do**. ‖ *adj* **1** feito; acabado; concluído. **2** cozido ou assado no ponto (alimento). ♦ **done** feito; combinado.

do·nee /doʊni:/ *s* beneficiário de uma doação.

don·key /dɑ:ŋki, dɔ:ŋki, dʌŋki/ *s* **1** burro; asno; jumento. **2** *fig* idiota; estúpido.

do·nor /doʊnɚ/ *s* doador.

do·no·thing /du:nʌθɪŋ/ *adj* e *s* indolente; preguiçoso.

don't /doʊnt/ *form contr* de **do not**.

doo·dle /du:dl/ *s* rabisco; garatuja. ‖ *v* (**doodles, doodling, doodled, doodled**) rabiscar.

doom /du:m/ *v* (**dooms, dooming, doomed, doomed**) condenar; sentenciar à ruína ou morte; fadar. ‖ *s* **1** sina; destino. **2** ruína; perdição; morte; fim. **3** condenação. **4** Juízo Final.

dooms·day /du:mzdeɪ/ *s* dia do Juízo Final.

door /dɔ:r/ *s* **1** porta. **2** *fig* entrada; acesso; saída.

door·bell /dɔ:rbel/ *s* campainha.

door·jamb /dɔ:rdʒæm/ *s* batente de porta. (*tb* **doorpost**).

door·knob /dɔ:rnɑ:b/ *s* maçaneta.

door·man /dɔ:rmæn/ *s* porteiro.

door·mat /dɔ:rmæt/ *s* capacho.

door·post /dɔ:rpoʊst/ *s* batente da porta. (*tb* **doorjamb**).

door·sill /dɔːrsɪl/ s soleira da porta.

door·step /dɔːrstep/ s degrau da porta; soleira.

door·way /dɔːrweɪ/ s vão da porta; entrada.

dope /doʊp/ s 1 inform narcótico; entorpecente; droga. 2 inform pessoa estúpida. 3 inform informação confidencial. 4 Quím lubrificante; verniz. || v (dopes, doping, doped, doped) 1 inform viciar; dopar; drogar. 2 inform adivinhar; entender. 3 inform conceber; bolar. 4 envernizar; lubrificar.

dor·man·cy /dɔːrmənsi/ s dormência; sonolência; letargia.

dor·mant /dɔːrmənt/ adj dormente; adormecido; inativo.

dor·mi·to·ry /dɔːrmətɔːri/ s dormitório. (pl **dormitories**).

do·ry /dɔːri/ s barco de pesca (com remos). (pl **dories**).

DOS /dɑːs/ abrev Comp de **Disk Operating System**; sistema operacional que reside em um disco.

dos·age /doʊsɪdʒ/ s dose; porção; dosagem.

dose /doʊs/ s dose. || v (**doses, dosing, dosed, dosed**) dosar; administrar em doses; dosificar.

dot /dɑːt/ s 1 ponto. 2 pingo; pinta; mancha; borrão. 3 dote. || v (**dots, dotting, dotted, dotted**) pôr pontos; pontilhar.

dot-matrix printer s Comp impressora matricial.

dot·age /doʊtɪdʒ/ s decrepitude; senilidade.

dou·ble /dʌbəl/ s 1 dobro; duplo. 2 sósia. 3 cópia; duplicata; segunda via. 4 dublê. 5 súbita mudança de direção. || v (**doubles, doubling, doubled, doubled**) dobrar; duplicar. || adj dobrado; duplo. ♦ **on the double** imediatamente.

double bed s cama de casal.

double bind s dilema; impasse.

double boiler s panela de banho-maria.

double check s verificação cuidadosa.

dou·ble-check /dʌbəltʃek/ v (**double-checks, double-checking, double-checked, double-checked**) checar duas vezes (por segurança).

double chin s papada.

double cross s traição (de um cúmplice).

dou·ble-cross /dʌbəlkrɑːs/ v (**double-crosses, double-crossing, double-crossed, double-crossed**) enganar; trair; fazer jogo duplo.

dou·ble-cross·er /dʌbəlkrɑːsə/ s traidor; enganador.

dou·ble-deal·er /dʌbəldiːlə/ s falso; hipócrita.

dou·ble-dig·it /dʌbəldɪdʒɪt/ adj de dois dígitos (entre 10 e 99).

dou·ble-edged /dʌbəledʒd/ adj 1 de dois gumes. 2 ambíguo.

dou·ble-faced /dʌbəlfeɪst/ adj 1 falso; hipócrita; de duas caras. 2 dupla-face. 3 bifronte; de dois aspectos.

dou·ble-park /dʌbəlpɑːrk/ v (**double-parks, double-parking, double-parked, double-parked**) estacionar em fila dupla.

double talk s linguagem ininteligível, confusa; frases de duplo sentido.

dou·ble-u /dʌbəljuː/ s a letra w.

doubt /daʊt/ s dúvida; suspeita; desconfiança. || v (**doubts, doubting, doubted, doubted**) duvidar; desconfiar; descrer de.

doubt·ful /daʊtfəl/ adj duvidoso; incerto.

doubt·less /daʊtləs/ adj indubitável; sem dúvida. || adv indubitavelmente.

douche /duːʃ/ s ducha. || v (**douches, douching, douched, douched**) tomar ducha.

dough /doʊ/ s 1 massa de farinha. 2 gír dinheiro; grana.

dough·nut /doʊnʌt/ s sonho (doce).

dough·ty /daʊti/ adj corajoso; valente. (gr comp **doughtier**. gr super **doughtiest**).

dour /dʊr, daʊə/ adj severo; austero.

douse /daʊs/ v (**douses, dousing, doused, doused**) 1 encharcar. 2 apagar (luz ou fogo). (var **dowse**).

dove /dʌv/ s 1 pombo. 2 pessoa ingênua e afetiva. || /doʊv/ v pass de **dive**.

dove·cot /dʌvkɑːt/ → **dovecote**.

dove·cote /dʌvkɑːt/ s pombal. (var **dovecot**).

dow·a·ger /daʊədʒə/ s 1 viúva que herda o título ou os bens do marido. 2 senhora idosa da alta sociedade.

dow·di·ness /daʊdɪnəs/ s desalinho; desmazelo; desleixo.

dow·dy /daʊdi/ *adj* desalinhado; desleixado; desmazelado; fora de moda. (*gr comp* **dowdier**. *gr super* **dowdiest**). II *s* **1** desalinho. **2** mulher desalinhada. (*pl* **dowdies**).

dow·er /daʊə/ *s* **1** legado a uma viúva; dote; pensão. **2** aptidão; dom; talento. II *v* (**dowers**, **dowering**, **dowered**, **dowered**) dotar; favorecer; designar (bens imóveis).

down /daʊn/ *adv* e *prep* embaixo de; para baixo de; abaixo de. II *v* (**downs**, **downing**, **downed**, **downed**) derrubar; cair. II *adj* desanimado; abatido. II *s* **1** penugem (aves). **2** buço. **3** duna; colina (perto do mar). II *interj* abaixo; senta. ♦ **down below** lá embaixo. **down and out** acabado; vencido; arruinado. **down on one's knees** de joelhos. **down to** até. **down the river** rio abaixo. **down the years** no decorrer dos anos. **be down on** estar de marcação com. **get down to work** aplicar-se no trabalho. **go down** descer. **lie down** deitar-se. **sit down** sentar-se. **take down** anotar. **upside down** de cabeça para baixo. **down spout** goteira. **come down** descer.

down-and-out /daʊnəndaʊt/ *adj* **1** arruinado. **2** vagabundo; mendigo. (*tb* **down and out**).

down-at-heel /daʊnəthiːl/ *adj* desmazelado; descuidado. (*tb* **down-at-the-heel**).

down·beat /daʊnbiːt/ *s* **1** *Mús* tempo forte. **2** *gír* tédio; marasmo. II *adj gír* pessimista; negativo.

down·cast /daʊnkæst/ *adj* **1** abatido; deprimido. **2** direcionado para baixo.

down·fall /daʊnfɔːl/ *s* **1** queda; ruína. **2** aguaceiro; chuvarada. **3** nevasca.

down·grade /daʊngreɪd/ *s* **1** descida; declive; ladeira. **2** rebaixamento; declínio; decadência. II *v* (**downgrades**, **downgrading**, **downgraded**, **downgraded**) **1** desvalorizar; depreciar. **2** rebaixar (salário ou posição).

down·heart·ed /daʊnhɑːrtɪd/ *adj* abatido; deprimido; desanimado.

down·hill /daʊnhɪl/ *s* declive; declínio. II *adj* descendente; que desce. II *adv* em declive; em declínio.

down·load /daʊnloʊd/ *v* (**downloads**, **downloading**, **downloaded**, **downloaded**) **1** descarregar. **2** *Comp* transferir dados de um computador servidor ou da rede para um computador periférico.

down payment *s* entrada; sinal (de algum pagamento); primeira prestação.

down·play /daʊnpleɪ/ *v* (**downplays**, **downplaying**, **downplayed**, **downplayed**) minimizar (a importância).

down·pour /daʊnpɔːr/ *s* temporal; chuvarada.

down·right /daʊnraɪt/ *adj* **1** claro; direto; franco. **2** completo; total. II *adv* completamente.

down·side /daʊnsaɪd/ *s* **1** o lado de baixo (de algo). **2** o lado negativo, desvantajoso de alguma coisa.

down·size /daʊnsaɪz/ *v* (**downsizes**, **downsizing**, **downsized**, **downsized**) reduzir; diminuir.

down·stairs /daʊnsterz/ *s* térreo; andar térreo. II *adj* embaixo; no térreo; no andar debaixo.

down·stream /daʊnstriːm/ *adj* na direção da correnteza de um rio. II *adv* rio abaixo.

down·time /daʊntaɪm/ *s* tempo ocioso (pessoa ou máquina).

down-to-earth /daʊntuːɜːrθ/ *adj* realista; prático.

down·town /daʊntaʊn/ *s* centro da cidade. II *adv* no centro da cidade. II *adj* localizado no centro da cidade.

down·trod·den /daʊntrɑːdən/ *adj* oprimido; tiranizado.

down·turn /daʊntɜːrn/ *s* declínio; crise econômica.

down under *adv inform* na Austrália ou Nova Zelândia.

down·ward /daʊnwəd/ *adv* para baixo. (*tb* **downwards**). II *adj* descendente; decrescente; inclinado; em declive.

down·wind /daʊnwɪnd, daʊnwɪnd/ *adv* a favor do vento.

down·y /daʊni/ *adj* com penugem; macio; felpudo; fofo. (*gr comp* **downier**. *gr super* **downiest**).

dow·ry /daʊri/ *s* **1** dote (de noiva). **2** dom; talento. (*pl* **dowries**).

dowse /daʊs/ → **douse**.

doze /doʊz/ s soneca; cochilo. ‖ v (**dozes, dozing, dozed, dozed**) cochilar; tirar uma soneca.

doz·en /dʌzən/ s dúzia. (abrev **doz.** ou **dz.**).

doz·er /doʊzə/ s dorminhoco.

do·zy /doʊzi/ adj sonolento; adormecido. (gr comp **dozier**. gr super **doziest**).

drab /dræb/ adj 1 pardo. 2 monótono; insípido. (gr comp **drabber**. gr super **drabbest**).‖ s 1 cor pardacenta. 2 mulher desleixada, desmazelada. 3 prostituta.

drab·ble /dræbəl/ v (**drabbles, drabbling, drabbled, drabbled**) enlamear; emporcalhar.

draft /dræft/ s 1 corrente (de ar). 2 ato de puxar, arrastar. 3 tração (animal). 4 Náut calado (de um navio). 5 fardo; encargo; exigência. 6 ordem de pagamento; saque bancário. 7 gole; trago. 8 inalação. 9 dose; porção. 10 seleção; recrutamento. 11 alistamento militar. 12 arrastão (pesca). 13 esboço; rascunho. 14 desenho; plano; projeto. ‖ v (**drafts, drafting, drafted, drafted**) 1 selecionar; escolher. 2 desenhar esboço. 3 rascunhar; minutar. 4 dirigir colado ao carro da frente. ‖ adj 1 de tração. 2 de barril; que é tirado de barril.

draft·ee /dræfti:/ s recruta.

drafts·man /dræftsmən/ s desenhista; projetista. (pl **draftsmen**).

drag /dræg/ s 1 arrastamento; movimento arrastado. 2 draga. 3 carruagem pesada. 4 obstáculo; empecilho; estorvo. 5 resistência (do ar). 6 rastro; trilha (caça). 7 gír chatice. 8 gír tragada. 9 gír rua. 10 roupas femininas usadas por homens. ‖ v (**drags, dragging, dragged, dragged**) 1 arrastar; puxar. 2 dragar. 3 custar a passar; arrastar-se (tempo).

drag·gle /drægəl/ v (**draggles, draggling, draggled, draggled**) 1 arrastar-se na lama; enlamear; emporcalhar. 2 retardar-se; ficar para trás.

drag·net /drægnet/ s 1 rede de arrasto. 2 diligência policial.

drag·on /drægən/ s 1 dragão. 2 inform pessoa intratável; megera.

drag·on·fly /drægənflaɪ/ s libélula. (pl **dragonflies**).

dra·goon /drəguːn/ s dragão (soldado de cavalaria). ‖ v (**dragoons, dragooning, dragooned, dragooned**) 1 acossar; perseguir com tropas. 2 coagir violentamente.

drag queen s pessoa do sexo masculino que se veste de mulher.

drag race s corrida de carros; disputa de velocidade.

drag·ster /drægstə/ s carro "envenenado" utilizado em disputas de velocidade.

drain /dreɪn/ v (**drains, draining, drained, drained**) 1 drenar; escoar; escorrer; enxugar. 2 exaurir; consumir; beber até a última gota. ‖ s 1 dreno; tubo; ralo; cano; esgoto. 2 perda gradual; exaustão.

drain·age /dreɪnɪdʒ/ s drenagem; escoamento.

drain·pipe /dreɪnpaɪp/ s cano de esgoto.

drake /dreɪk/ s 1 pato; marreco (macho). 2 inseto usado como isca (pesca).

dram /dræm/ s 1 dracma (peso). 2 trago de bebida alcoólica.

dra·ma /drɑːmə, dræmə/ s 1 drama. 2 arte dramática.

dra·mat·ic /drəmætɪk/ adj dramático.

dra·mat·i·cal·ly /drəmætɪkəli/ adv dramaticamente.

dra·mat·ics /drəmætɪks/ s us v sing ou pl dramaturgia.

dram·a·tist /drɑːmətɪst, dræmətɪst/ s dramaturgo.

dram·a·ti·za·tion /drɑːmətɪzeɪʃən/ s dramatização.

dram·a·tize /drɑːmətaɪz, dræmətaɪz/ v (**dramatizes, dramatizing, dramatized, dramatized**) dramatizar.

dram·a·turge /drɑːmətɜːdʒ, dræmətɜːdʒ/ s dramaturgo.

dram·a·tur·gy /drɑːmətɜːdʒi, dræmətɜːdʒi/ s dramaturgia.

drank /dræŋk/ v pass de **drink**.

drape /dreɪp/ v (**drapes, draping, draped, draped**) 1 cobrir; ornar; decorar (com cortinas, bandeiras, tecidos, etc.). 2 cair em dobras (como um cortinado). ‖ s 1 cortina; cortinado. 2 caimento (roupa, tecido).

drap·er·y /ˈdreɪpəri/ s 1 drapeado. 2 tecido. (pl draperies).

dras·tic /ˈdræstɪk/ adj drástico; violento.

dras·ti·cal·ly /ˈdræstɪkəli/ adv drasticamente.

draw /drɑ:, drɔ:/ v (draws, drawing, drew, drawn) 1 desenhar. 2 descrever (oralmente ou por escrito). 3 puxar; tirar; sacar; arrancar. 4 arrastar. 5 atrair (atenção). 6 tomar fôlego. 7 escolher aleatoriamente, por sorteio. 8 esticar. 9 empatar. II s 1 ato de puxar, tirar, arrancar, sacar. 2 sorteio; rifa; atração. 3 empate (no jogo). ♦ draw a check emitir um cheque. draw a curse lançar uma maldição. draw aside afastar; chamar em particular. draw a weapon sacar uma arma. draw back fazer retroceder ou recuar. draw blood tirar sangue. draw in atrair; seduzir; aliciar; aspirar; inalar. draw lots tirar a sorte; fazer sorteio. draw near aproximar-se. draw on causar; acarretar. draw the curtain fechar a cortina. draw the line fixar o limite. draw to an end tender para o fim; estar acabando. draw together aproximar; juntar; unir. draw up 1 içar. 2 fazer minuta de (documento, etc.). 3 fazer parar (cavalo). 4 dispor, formar (tropas).

draw·back /ˈdrɑːbæk, ˈdrɔːbæk/ s inconveniente; desvantagem.

draw·bridge /ˈdrɑːbrɪdʒ, ˈdrɔːbrɪdʒ/ s ponte levadiça.

draw·er /drɔ:r, ˈdrɔːər/ s 1 gaveta. 2 /ˈdrɔːər/ sacador; emitente (de cheque, etc.).

draw·ers /drɔ:rz/ s ceroulas; cuecas.

draw·ing /ˈdrɑːɪŋ, ˈdrɔːɪŋ/ s 1 desenho. 2 sorteio; extração.

drawing room s sala de estar; sala de visita.

drawl /drɑːl, drɔːl/ s pronunciação lenta; fala arrastada. II v (drawls, drawling, drawled, drawled) falar arrastadamente.

drawn /drɔːn/ v part pass de draw.

dray /dreɪ/ s carreta; caminhão. II v (drays, draying, drayed, drayed) transportar em carreta ou caminhão.

dray·age /ˈdreɪɪdʒ/ s transporte em carreta ou caminhão; frete.

dray·man /ˈdreɪmən/ s carreteiro; carroceiro. (pl draymen).

dread /dred/ s medo; temor; pavor; espanto. II v (dreads, dreading, dreaded, dreaded) temer; apavorar-se. II adj 1 pavoroso; medonho. 2 espantoso; chocante.

dread·ful /ˈdredfəl/ adj 1 terrível; pavoroso; medonho. 2 incômodo; desagradável.

dread·locks /ˈdredlɑːks/ s pl tranças (no estilo rastafári).

dread·nought /ˈdrednɑːt, ˈdrednɔːt/ s encouraçado.

dream /driːm/ s 1 tb fig sonho. 2 devaneio, fantasia; ilusão. 3 encanto; deleite. II v (dreams, dreaming, dreamed/ dreamt, dreamed/dreamt) 1 tb fig sonhar. 2 imaginar; julgar possível. ♦ dream come true sonho realizado.

dreamt /dremt/ v pass e part pass de dream.

dream·y /ˈdriːmi/ adj 1 sonhador; visionário. 2 vago; indistinto. (gr comp dreamier. gr super dreamiest).

drea·ry /ˈdrɪri/ adj 1 tristonho; sombrio; melancólico; lúgubre. 2 monótono; enfadonho. (gr comp drearier. gr super dreariest).

dredge /dredʒ/ v (dredges, dredging, dredged, dredged) 1 dragar. 2 polvilhar (com farinha, açúcar, etc.). II s draga.

dredg·er /ˈdredʒər/ s 1 draga; máquina de dragar. 2 recipiente perfurado para polvilhar (farinha, açúcar, etc.).

dregs /dregz/ s pl 1 sedimento; resíduo; resto. 2 ralé; escória.

drench /drentʃ/ v (drenches, drenching, drenched, drenched) 1 ensopar; embeber; encharcar. 2 dar remédio via oral (a animal). II s 1 poção ou remédio para animais. 2 banho; embebição.

dress /dres/ s 1 vestido. 2 vestuário; roupa; traje. II v (dresses, dressing, dressed, dressed) 1 vestir. 2 enfeitar; adornar (vitrine, árvore de natal, etc.). 3 alinhar (soldados). 4 cuidar; medicar (ferimentos). 5 arrumar (cabelo). 6 cozinhar; preparar a comida. II adj adequado a ocasiões formais; social (roupa, sapato, etc.). ♦ dress down repreender. dress up apurar-se no vestir; vestir-se com elegância; vestir-se a rigor.

dress·er /drɛsɚ/ s 1 camareiro. 2 aparador de cozinha. 3 cômoda.

dress·ing /drɛsɪŋ/ s 1 curativo. 2 molho; tempero. 3 recheio. 4. adubo.

dress·ing-down /drɛsɪŋdaun/ s reprimenda; repreensão.

dressing gown s penhoar; roupão.

dressing room s 1 camarim. 2 vestiário.

dressing table s penteadeira.

dress·mak·er /drɛsmeɪkɚ/ s costureira.

dress rehearsal s ensaio geral.

dress·y /drɛsi/ adj que gosta de se vestir bem; chique; elegante. (gr comp **dressier**. gr super **dressiest**).

drew /dru/ v pass de **draw**.

drib·ble /drɪbəl/ s 1 filete; fio de gota. 2 pouquinho; pequena quantidade. 3 drible; finta. II v (**dribbles, dribbling, dribbled, dribbled**) 1 gotejar. 2 babar. 3 driblar.

drib·let /drɪblət/ s 1 gotícula. 2 pequena quantidade ou porção; pouquinho.

dried /draɪd/ v pass e part pass de **dry**.

dri·er /draɪɚ/ s 1 secante (para verniz, tinta, etc.). 2 secador. (var **dryer**).

drift /drɪft/ s 1 curso; movimento. 2 monte (de neve, areia, etc.) esculpido por água ou vento. 3 turbilhão; redemoinho. 4 Geol sedimento; depósito. 5 deriva; desvio (de rota). 6 corrente; correnteza. 7 rumo; tendência. II v (**drifts, drifting, drifted, drifted**) 1 ser arrastado por correntes de ar ou água; ir à deriva. 2 amontoar; acumular (neve, areia, etc.). 3 deixar-se levar; vaguear; perambular.

drift·age /drɪftɪdʒ/ s 1 deriva; desvio de rota. 2 tudo o que é levado pelo vento ou pelo mar.

drift·er /drɪftɚ/ s 1 indivíduo que leva vida errante; nômade. 2 barco de pesca.

drift·wood /drɪftwʊd/ s madeira flutuante.

drill /drɪl/ s 1 broca; pua. 2 furadeira. 3 máquina de semear. 4 tb Mil exercício; treino; treinamento. II v (**drills, drilling, drilled, drilled**) 1 furar; brocar; perfurar. 2 semear. 3 treinar; praticar; exercitar.

drink /drɪŋk/ v (**drinks, drinking, drank, drunk**) beber; sorver; embebedar-se; embriagar-se. II s bebida.

drink·a·ble /drɪŋkəbəl/ adj potável; bebível. II s bebida.

drink·er /drɪŋkɚ/ s bebedor; o que bebe.

drink·ing foun·tain /drɪŋkɪŋ fautən/ s bebedouro.

drip /drɪp/ s 1 gota; goteira; pingo. 2 gír pessoa chata. II v (**drips, dripping, dripped, dripped**) gotejar; pingar.

drip feed s administração intravenosa de substância (soro, sangue, plasma, etc.).

drip·ping /drɪpɪŋ/ s gotejamento.

drive /draɪv/ s 1 passeio (de carro). 2 estrada; entrada para carros de residência. 3 iniciativa; ímpeto; impulso; vigor; energia. 4 percurso; trajeto. 5 campanha. 6 Mec tração. 7 Mil avanço; ofensiva. II v (**drives, driving, drove, driven**) 1 dirigir; conduzir. 2 impulsionar; impelir. 3 empurrar. 4 acionar; mover. 5 cravar; fincar. 6 Mec fazer funcionar (força motriz). 7 levar (de carro).

drive-in /draɪvɪn/ s 1 cinema ao ar livre visto do próprio carro. 2 bar ou restaurante em que servem o freguês em seu próprio carro.

driv·el /drɪvəl/ v (**drivels, driveling/drivelling, driveled/drivelled, driveled/drivelled**) 1 babar. 2 dizer tolices. II s 1 baba. 2 bobagem; tolice.

driv·en /drɪvən/ v part pass de **drive**.

driv·er /draɪvɚ/ s 1 motorista; chofer. 2 Mec propulsor; roda motriz.

drive·way /draɪvweɪ/ s entrada para carros em residências.

driv·ing /draɪvɪŋ/ adj 1 motriz. 2 intenso; violento. 3 ativo; energético.

driz·zle /drɪzəl/ v (**drizzles, drizzling, drizzled, drizzled**) chuviscar; garoar. II s chuvisco; garoa.

driz·zly /drɪzli/ adj chuvoso; garoento.

droll /droʊl/ adj engraçado; jocoso; cômico.

droll·er·y /droʊləri/ s pilhéria; graça; brincadeira. (pl **drolleries**).

drom·e·dar·y /drɑːməderi, drʌməderi/ s dromedário. (pl **dromedaries**).

drone /droʊn/ v (**drones, droning, droned, droned**) 1 zumbir; zunir. 2 falar monotonamente. II s 1 Zool zangão. 2 zunido;

zumbido. **3** avião pilotado por controle remoto. **4** malandro; preguiçoso.

drool /dru:l/ v (**drools, drooling, drooled, drooled**) **1** babar. **2** *inform* babar-se (por algo ou alguém). **3** *inform* falar bobagens. ‖ s **1** baba; saliva. **2** *inform* bobagem; baboseira.

droop /dru:p/ v (**droops, drooping, drooped, drooped**) **1** pender; inclinar; curvar. **2** desanimar; desfalecer. **3** definhar; enfraquecer-se. ‖ s inclinação; desfalecimento.

drop /drɑ:p/ s **1** gota; pingo. **2** queda; descida; baixa. **3** escarpa; declive. ‖ v (**drops, dropping, dropped, dropped**) **1** derrubar; abater. **2** soltar; largar. **3** gotejar; pingar. **4** diminuir; baixar (temperatura, vento). **5** deixar cair; largar. ♦ **drops 1** gotas de remédio. **2** dropes; pastilhas; balas. **drop by** fazer visita rápida; passar (por algum lugar).

drop·let /drɑ:plɪt/ s gotinha; gotícula.

drop·per /drɑ:pɚ/ s conta-gotas.

drop·ping /drɑ:pɪŋ/ s gotejamento. ♦ **droppings** fezes; excremento (de animal).

dross /drɑ:s/ s **1** refugo ou impureza de metal fundido. **2** escória; lixo; ralé.

drought /draʊt/ s seca; aridez; estiagem. (*var* **drouth**).

drouth /draʊθ/ → **drought**.

drove /droʊv/ v pass de **drive**. ‖ s **1** rebanho; manada. **2** multidão. **3** cinzel.

drown /draʊn/ v (**drowns, drowning, drowned, drowned**) **1** afogar(-se). **2** abafar (voz, som). **3** inundar.

drowse /draʊz/ v (**drowses, drowsing, drowsed, drowsed**) adormecer; cochilar. ‖ s sonolência.

drows·i·ness /draʊzɪnəs/ s sonolência; torpor.

drows·y /draʊzi/ adj sonolento; entorpecido. (*gr comp* **drowsier**. *gr super* **drowsiest**).

drub /drʌb/ v (**drubs, drubbing, drubbed, drubbed**) **1** bater; espancar; surrar. **2** persuadir pela força. **3** vencer (em luta, competição, etc.). ‖ s bordoada; pancada.

drub·bing /drʌbɪŋ/ s surra; sova; espancamento.

drudge /drʌdʒ/ v (**drudges, drudging, drudged, drudged**) matar-se de trabalhar. ‖ s **1** trabalhador servil; criado escravo. **2** *fig* burro de carga.

drudg·er·y /drʌdʒəri/ s trabalho penoso ou enfadonho; labuta. (*pl* **drudgeries**).

drug /drʌg/ s droga; remédio; narcótico; medicamento. ‖ v (**drugs, drugging, drugged, drugged**) **1** administrar droga a; medicar. **2** adicionar droga a; adulterar; misturar droga em. **3** tomar narcóticos.

drug addict s viciado em drogas.

drug·gist /drʌgɪst/ s farmacêutico.

drug·store /drʌgstɔ:r/ s drogaria; farmácia. (*tb* **drug store**).

dru·id /dru:ɪd/ s druida.

drum /drʌm/ v (**drums, drumming, drummed, drummed**) **1** tocar tambor, bumbo ou bateria. **2** tamborilar. **3** insistir; martelar; bater na mesma tecla. **4** expulsar. ‖ s **1** tambor. **2** o som do tambor. **3** bateria. **4** tambor; barril. **5** *Anat* tímpano.

drum·beat /drʌmbi:t/ s toque do tambor; rufo do tambor.

drum·mer /drʌmɚ/ s baterista; tocador de tambor.

drum·stick /drʌmstɪk/ s **1** baqueta de tambor. **2** coxa (de galinha, peru).

drunk /drʌŋk/ v part pass de **drink**. ‖ s e adj bêbado; embriagado; ébrio.

drunk·ard /drʌŋkɚd/ s beberrão; bêbado; alcoólatra; ébrio.

drunk·en /drʌŋkən/ adj embriagado; bêbado.

dry /draɪ/ v (**dries, drying, dried, dried**) secar; enxugar. ‖ adj **1** seco; enxuto. **2** árido; seco. **3** insípido. **4** irônico. (*gr comp* **drier** ou **dryer**. *gr super* **driest** ou **dryest**).

dry cleaner s tintureiro.

dry cleaning s lavagem a seco.

dry·er /draɪɚ/ → **drier**.

dry goods s pl artigos de armarinhos; tecidos.

dry ice s gelo-seco.

du·al /du:əl, dju:əl/ adj dual; duplo.

du·al·ism /du:əlɪzəm, dju:əlɪzəm/ s dualismo.

du·al·i·ty /duæləti, djuæləti/ s dualidade. (*pl* **dualities**).

du·al·pur·pose /duːəlpɜːrpəs, djuːəlpɜːrpəs/ adj que tem dupla finalidade.

dub /dʌb/ v (dubs, dubbing, dubbed, dubbed) 1 armar cavaleiro. 2 conferir título a; nomear. 3 apelidar. 4 alisar; amaciar. 5 bater; golpear. 6 tocar tambor. 7 dublar. II s 1 rufo de tambor. 2 pancada; golpe. 3 trapalhão; pessoa desajeitada. 4 fita ou gravação dublada.

du·bi·e·ty /duːbaɪəti, djuːbaɪəti/ s dubiedade. (pl dubieties).

du·bi·ous /duːbiəs, djuːbiəs/ adj 1 dúbio; ambíguo; duvidoso. 2 indeciso; hesitante.

duc·at /dʌkət/ s 1 ducado (moeda). 2 gír bilhete de entrada para espetáculos. 3 gír dinheiro; grana.

du·ce /duːtʃeɪ/ s chefe; líder; caudilho.

duch·ess /dʌtʃɪs/ s duquesa.

duch·y /dʌtʃi/ s ducado (domínio do duque). (pl duchies).

duck /dʌk/ s 1 pato; marreco. 2 gír sujeito; tipo; figura. 3 abaixamento rápido da cabeça ou corpo. 4 mergulho. 5 brim ou linho grosso. 6 caminhão anfíbio. II v (ducks, ducking, ducked, ducked) 1 abaixar-se; curvar-se rapidamente. 2 mergulhar rapidamente. 3 esquivar-se; tirar o corpo.

duck·bill /dʌkbɪl/ s ornitorrinco. (tb platypus).

duck·ling /dʌklɪŋ/ s patinho.

duct /dʌkt/ s ducto; canal; tubo.

duc·tile /dʌktɪl, dʌktaɪl/ adj 1 dúctil; flexível; maleável. 2 fig dócil.

duc·ti·li·bil·i·ty /dʌktɪləbɪləti/ → ductility.

duc·til·i·ty /dʌktɪləti/ s 1 ductilidade; maleabilidade. 2 docilidade. (var ductilibility).

dud /dʌd/ s 1 bomba ou granada falhada. 2 inform coisa inútil; nulidade; negação. ♦ duds trapos; trastes; coisas.

dude /duːd, djuːd/ s 1 inform almofadinha; janota; dândi. 2 gír (EUA) pessoa urbana ou proveniente do leste que tira férias no campo, no oeste. 3 gír chapa; camarada.

dudg·eon /dʌdʒən/ s ressentimento; rancor.

due /duː, djuː/ adj 1 devido. 2 justo; próprio; adequado; oportuno; apropriado. 3 esperado; aguardado. II s dívida; obrigação; direito. II adv diretamente; na direção exata. ♦ due to devido a.

du·el /duːəl, djuːəl/ s duelo; luta. II v (duels, dueling/duelling, dueled/duelled, dueled/duelled) bater-se em duelo; duelar.

du·el·er /duːələr, djuːələr/ s duelista. (var duelist).

du·el·ist /duːəlɪst, djuːəlɪst/ → dueler.

du·et /duet, djuet/ s Mús dueto; duo.

dug /dʌg/ v pass e part pass de dig. II s teta de animal.

dug·out /dʌgaʊt/ s 1 canoa; piroga. 2 abrigo cavado na rocha.

duke /duːk, djuːk/ s duque. ♦ dukes gír punhos.

duke·dom /duːkdəm, djuːkdəm/ s ducado.

dul·ci·fy /dʌlsɪfaɪ/ v (dulcifies, dulcifying, dulcified, dulcified) 1 dulcificar; adoçar. 2 abrandar.

dull /dʌl/ adj 1 estúpido; obtuso. 2 monótono; maçante. 3 abafado (som). 4 escuro; sombrio; nublado. 5 lento; vagaroso. 6 insensível. 7 sem vida. 8 cego; sem fio (instrumento cortante). II v (dulls, dulling, dulled, dulled) 1 obscurecer. 2 ensurdecer. 3 embotar; insensibilizar; entorpecer.

dull·ard /dʌlərd/ s idiota; beócio.

dull·ish /dʌlɪʃ/ adj 1 meio estúpido. 2 lento; enfadonho.

dull·ness /dʌlnəs/ s 1 obtusidade; estupidez. 2 lentidão; inércia. 3 tédio; enfado.

dul·ly /dʌli/ adv 1 vagarosamente. 2 estupidamente. 3 surdamente. 4 insensivelmente. 5 tediosamente.

du·ly /duːli, djuːli/ adv devidamente; adequadamente.

dumb /dʌm/ adj 1 mudo; calado; silencioso. 2 gír bobo; pateta; burro.

dumb·bell /dʌmbel/ s 1 gír bronco; idiota. 2 haltere.

dumb·found /dʌmfaʊnd, dʌmfaʊnd/ v (dumbfounds, dumbfounding, dumbfounded, dumbfounded) pasmar; estarrecer; confundir. (var dumfound).

dumb·wait·er /dʌmweɪtər/ s 1 pequeno aparador. 2 pequeno elevador de carga.

dum·found /dʌmfaʊnd, dʌmfaʊnd/ → dumbfound.

dum·my /dʌmi/ *s* **1** imitação; cópia. **2** boneco; manequim. **3** *inform* palerma. **4** pessoa calada, taciturna. **5** testa-de-ferro. (*pl* **dummies**). ll *adj* simulado; fictício; postiço. (*gr comp* **dummier**. *gr super* **dummiest**).

dump /dʌmp/ *v* (**dumps, dumping, dumped, dumped**) **1** descarregar; despejar; esvaziar. **2** exportar ou importar a baixo preço; inundar o mercado com. **3** livrar-se; desfazer-se. ll *s* **1** depósito de lixo. **2** *Mil* depósito de suprimentos ou munições. **3** *gír* espelunca.

dump truck *s* caminhão basculante.

dump·y /dʌmpi/ *adj* gordo e baixo; atarracado. (*gr comp* **dumpier**. *gr super* **dumpiest**).

dun /dʌn/ *s* credor importuno.

dunce /dʌns/ *s* burro; ignorante; estúpido.

dun·der·head /dʌndəhed/ *s* sujeito; estúpido; ignorante.

dune /duːn, djuːn/ *s* duna.

dung /dʌŋ/ *s* **1** estrume; esterco; adubo. **2** sujeira; imundície. ll *v* (**dungs, dunging, dunged, dunged**) adubar com esterco.

dun·ga·ree /dʌŋgəriː/ *s* brim (tecido grosso de algodão). ♦ **dungarees** calça ou macacão de brim.

dun·geon /dʌndʒən/ *s* masmorra; calabouço; prisão.

dunk /dʌŋk/ *v* (**dunks, dunking, dunked, dunked**) mergulhar; molhar (pão, bolo, etc.) no café, leite, sopa, etc.

du·o /duːoʊ, djuːoʊ/ *s Mús* duo; dueto.

dupe /duːp, djuːp/ *s* ingênuo; incauto; trouxa. ll *v* (**dupes, duping, duped, duped**) lograr; ludibriar; enganar; tapear.

dup·er·y /duːpəri, djuːpəri/ *s* logro; tapeação. (*pl* **duperies**).

du·ple /duːpəl, djuːpəl/ *adj* duplo.

du·plex /duːpleks, djuːpleks/ *s* dúplex (apartamento). ll *adj* dúplice; composto de duas partes.

du·pli·cate /duːplɪkət, djuːplɪkət/ *adj* duplicado; duplo; dobrado. ll *s* duplicata; cópia; reprodução exata. ll /duːplɪkeɪt, djuːplɪkeɪt/ *v* (**duplicates, duplicating, duplicated, duplicated**) **1** duplicar; dobrar. **2** reproduzir; tirar cópia.

du·pli·ca·tion /duːplɪkeɪʃən, djuːplɪkeɪʃən/ *s* **1** duplicação. **2** cópia ou reprodução exata.

du·pli·ca·tor /duːplɪkeɪtə, djuːplɪkeɪtə/ *s* duplicador (aparelho).

du·plic·i·ty /duːplɪsəti, djuːplɪsəti/ *s* **1** *tb fig* duplicidade. **2** falsidade; má-fé; fraude. (*pl* **duplicities**).

du·ra·bil·i·ty /dʊrəbɪləti, djʊrəbɪləti/ *s* durabilidade.

du·ra·ble /dʊrəbəl, djʊrəbəl/ *adj* durável; duradouro; resistente.

du·rance /dʊrəns, djʊrəns/ *s* encarceramento; prisão.

du·ra·tion /dʊreɪʃən, djʊreɪʃən/ *s* duração.

du·ress /dʊres, djʊres/ *s* **1** *Jur* coação; coerção. **2** encarceramento; prisão.

dur·ing /dʊrɪŋ, djʊrɪŋ/ *prep* durante; enquanto.

dusk /dʌsk/ *adj* escuro; sombrio. ll *s* **1** crepúsculo; anoitecer. **2** penumbra. ll *v* (**dusks, dusking, dusked, dusked**) **1** obscurecer. **2** anoitecer.

dusk·y /dʌski/ *adj* escuro; sem cor; sombrio; com pouca luz. (*gr comp* **duskier**. *gr super* **duskiest**).

dust /dʌst/ *s* **1** pó; poeira. **2** restos mortais; cinzas. **3** ninharia; coisa sem valor. **4** rebuliço; alvoroço. ll *v* (**dusts, dusting, dusted, dusted**) **1** tirar o pó; espanar. **2** polvilhar.

dust·er /dʌstə/ *s* **1** espanador. **2** guarda-pó.

dust mop *s* vassoura de pêlo.

dust·pan /dʌstpæn/ *s* pá de lixo.

dust storm *s* tempestade de poeira.

dust·y /dʌsti/ *adj* empoeirado. (*gr comp* **dustier**. *gr super* **dustiest**).

Dutch /dʌtʃ/ *adj* e *s* holandês.

Dutch·man /dʌtʃmən/ *s* holandês. (*pl* **Dutchmen**).

Dutch·wom·an /dʌtʃwʊmən/ *s* holandesa. (*pl* **Dutchwomen**).

du·te·ous /duːtiəs, djuːtiəs/ *adj* obediente; respeitoso.

du·ti·a·ble /duːtiəbəl, djuːtiəbəl/ *adj* tributável.

du·ti·ful /duːtɪfəl, djuːtɪfəl/ *adj* obediente; respeitoso; consciencioso.

du·ty /ˈduːti, ˈdjuːti/ s **1** dever; obrigação. **2** imposto; taxa; tarifa. **3** tarefa; missão. (pl **duties**). ♦ **on duty** de ou em serviço. **off duty** de folga; de licença.

du·ty-free /ˌduːtiˈfriː, ˌdjuːtiˈfriː/ adj livre de taxas ou tarifas aduaneiras.

dwarf /dwɔːrf/ s anão. (pl **dwarfs** ou **dwarves** /dwɔːrvz/). || v (**dwarfs, dwarfing, dwarfed, dwarfed**) ananicar; tolher o desenvolvimento.

dwarf·ish /ˈdwɔːrfɪʃ/ adj nanico; pequenino.

dwell /dwel/ v (**dwells, dwelling, dwelt, dwelled, dwelt/dwelled**) **1** habitar; morar; residir. **2** estender-se, alongar-se num assunto.

dwell·er /ˈdwelə/ s habitante; morador.

dwell·ing /ˈdwelɪŋ/ s habitação; residência; domicílio.

dwelt /dwelt/ v pass e part pass de **dwell**.

dwin·dle /ˈdwɪndl/ v (**dwindles, dwindling, dwindled, dwindled**) diminuir; minguar.

dye /daɪ/ s corante; pigmento; tintura; tinta; cor; matiz. || v (**dyes, dyeing, dyed, dyed**) tingir.

dy·ing /ˈdaɪɪŋ/ adj moribundo; agonizante.

dyke /daɪk/ → **dike**.

dy·nam·ic /daɪˈnæmɪk/ adj dinâmico; ativo enérgico. (var **dynamical**).

dy·nam·i·cal /daɪˈnæmɪkəl/ → **dynamic**.

dy·nam·ics /daɪˈnæmɪks/ s Fís e Mús dinâmica.

dy·na·mism /ˈdaɪnəmɪzəm/ s dinamismo.

dy·na·mite /ˈdaɪnəmaɪt/ s dinamite. || v (**dynamites, dynamiting, dynamited, dynamited**) dinamitar.

dy·na·mo /ˈdaɪnəmoʊ/ s dínamo. (pl **dynamos**).

dy·nast /ˈdaɪnæst, ˈdaɪnəst/ s dinasta; governante; soberano (de dinastia).

dy·nas·ty /ˈdaɪnəsti/ s dinastia. (pl **dynasties**).

dys·en·ter·y /ˈdɪsənteri/ s disenteria.

dys·func·tion /dɪsˈfʌŋkʃən/ s Med disfunção. (var **disfunction**).

dys·lex·i·a /dɪsˈleksiə/ s dislexia.

dys·men·or·rhe·a /dɪsmenəriːə/ s dismenorréia; cólica menstrual. (tb **dysmenorrhoea**).

dys·tro·phi·a /dɪstroʊfiə/ → **dystrophy**.

dys·tro·phy /ˈdɪstrəfi/ s distrofia. (var **dystrophia**).

215

E

e e **E** /iː/ s **1** 5ª letra do alfabeto inglês. **2** Mús mi. (pl **e's** e **E's**). ‖ abrev **1** minús de **electron**. **2** minús ou maiús de **east**. **3** maiús de **English**.

each /iːtʃ/ adj, pron e adv cada.

each other pron mutuamente; um ao outro.

ea·ger /iːgɚ/ adj ávido; ansioso; impaciente.

eager beaver s aquele que é excessivamente zeloso e diligente.

ea·gle /iːgəl/ s águia.

ear /ɪr/ s **1** ouvido; orelha. **2** audição. ♦ **by ear** Mús de ouvido. **be all ears** ser todo ouvidos. **give an ear** ou **lend an ear** prestar atenção; escutar.

ear·ache /ɪreɪk/ s dor de ouvido.

ear·drop /ɪrdrɑːp/ s brinco de pingente. ♦ **eardrops** remédio em gotas para o ouvido.

ear·drum /ɪrdrʌm/ s tímpano.

ear·flap /ɪrflæp/ s orelheira; aba de boné para cobrir a orelha. (var **earlap**).

ear·ful /ɪrfʊl/ s **1** boato; fofoca. **2** bronca; reprimenda.

earl /ɜːrl/ s conde inglês.

ear·lap /ɪrlæp/ → **earflap**.

ear·li·ness /ɜːrlɪnəs/ s precocidade; antecipação.

ear·ly /ɜːrli/ adv cedo; no princípio. ‖ adj **1** precoce; prematuro; adiantado; temporão. **2** matinal. **3** primitivo. (gr comp **earlier**. gr super **earliest**).

early bird s inform madrugador.

ear·mark /ɪrmɑːrk/ s **1** marca de propriedade na orelha do gado ou animal doméstico. **2** característica, sinal inequívoco. ‖ v (**earmarks, earmarking, earmarked, earmarked**) **1** marcar o gado na orelha. **2** destinar; reservar.

earn /ɜːrn/ v (**earns, earning, earned, earned**) **1** ganhar; obter pelo trabalho. **2** merecer. **3** render (lucro, juros).

ear·nest /ɜːrnɪst/ adj **1** sincero; genuíno. **2** grave; importante. **3** sério; determinado. ‖ s penhor; garantia. ♦ **in earnest** a sério.

ear·nest·ness /ɜːrnɪstnəs/ s **1** seriedade. **2** sinceridade. **3** zelo.

earn·ings /ɜːrnɪŋz/ s pl **1** salário; ordenado. **2** rendimento (de investimento); lucros (nos negócios).

ear·phone /ɪrfoʊn/ s fone de ouvido.

ear·ring /ɪrɪŋ, ɪrɪŋ/ s brinco.

ear·shot /ɪrʃɑːt/ s alcance do ouvido (até onde o ouvido pode escutar).

earth /ɜːrθ/ s **1** terra; chão; solo. **2** geralm maiús Terra (planeta); globo terrestre; mundo. ‖ v (**earths, earthing, earthed, earthed**) enterrar; entocar. ♦ **come back to earth** cair na realidade; desistir de sonhos. **move heaven and earth** mover céus e terras. **why on earth** por que diabos.

earth·born /ɜːrθbɔːrn/ adj **1** terrestre; terreno; telúrico. **2** humano; mortal.

earth·en /ɜːrθən, ɜːrðən/ adj **1** de terra; de barro. **2** terrestre; terreno.

earth·en·ware /ɜːrθənwer, ɜːrðənwer/ s louça de barro; cerâmica.

earth·li·ness /ɜːrθlɪnəs/ s **1** mundanidade. **2** vulgaridade. **3** simplicidade; naturalidade.

earth·ling /ɜːrθlɪŋ/ s habitante da terra (especialmente o homem); terráqueo.

earth·ly /ɜːrθli/ adj terrestre; terreno; mundano.

earth·quake /ɜːrθkweɪk/ s terremoto.

earth·ward /ɜːrθwɚd/ adv e adj em direção ao solo ou à terra.

earth·work /ɜːrθwɜːrk/ s **1** fortificação; trincheira. **2** aterro; terraplanagem.

earth·worm /ɜːrθwɜːrm/ s minhoca.

earth·y /ɜːrθi/ adj **1** terroso; terreno. **2** grosseiro. **3** simples; natural. (gr comp **earthier**. gr super **earthiest**).

ear·wax /ɪrwæks/ s cera de ouvido; cerume.

ease /iːz/ s **1** facilidade; desenvoltura; desembaraço. **2** comodidade; bem-estar; alívio. **3** tranquilidade; sossego. ‖ v (**eases, easing, eased, eased**) **1** aliviar; suavizar; atenuar; acalmar(-se); sossegar. **2** facilitar. ♦ **at ease** à vontade.

ease·ful /ˈiːzfəl/ adj **1** confortável; agradável. **2** sossegado.

ea·sel /ˈiːzəl/ s cavalete (de pintor).

eas·i·ly /ˈiːzɪli/ adv facilmente.

eas·i·ness /ˈiːzɪnəs/ s **1** facilidade. **2** folga; tranqüilidade; comodidade. **3** descontração; despreocupação. **4** moderação; suavidade. **5** desembaraço.

east /iːst/ s **1** este; leste; levante; oriente. II adj oriental; do oriente; do levante; do leste. II adv rumo leste; em direção leste.

east·bound /ˈiːstbaʊnd/ adj que vai em direção leste.

Eas·ter /ˈiːstə/ s Páscoa.

Easter egg s ovo de Páscoa.

east·ern /ˈiːstən/ adj do leste; oriental.

east·ward /ˈiːstwəd/ adj e adv em direção leste. II s um ponto a leste.

eas·y /ˈiːzi/ adj **1** fácil. **2** tranqüilo; calmo; dócil; sossegado; brando; moderado. **3** condescendente; tolerante. **4** descontraído; despreocupado. **5** cômodo; confortável. **6** próspero. (gr comp **easier**. gr super **easiest**). II adv **1** com calma. **2** com facilidade. **3** com moderação. ♦ **payment on easy terms** pagamento facilitado. **take it easy** tenha calma; não se afobe. **easy come, easy go** o que o diabo dá o diabo leva. **I'm easy** para mim, tanto faz. **that's easier said than done** é mais fácil falar do que fazer.

easy chair s espreguiçadeira; poltrona.

eas·y·go·ing /ˈiːziˌɡoʊɪŋ/ adj **1** complacente; condescendente. **2** lento; vagaroso. **3** calmo; despreocupado. **4** negligente; descuidado. (tb **easy-going**).

eat /iːt/ v (**eats, eating, ate, eaten**) **1** comer; alimentar-se. **2** gastar; consumir. **3** corroer; erodir. **4** devastar; destruir. ♦ **eat away** desgastar; corroer.

eat·a·ble /ˈiːtəbl/ adj comestível. ♦ **eatables** comestíveis; gêneros alimentícios.

eat·en /ˈiːtən/ part pass de **eat**.

eat·er /ˈiːtə/ s comedor.

eaves /iːvz/ s pl beiral; beirado.

eaves·drop /ˈiːvzdrɑːp/ v (**eavesdrops, eavesdropping, eavesdropped, eavesdropped**) escutar às escondidas; bisbilhotar.

eaves·drop·per /ˈiːvzdrɑːpə/ s bisbilhoteiro; abelhudo.

ebb /eb/ v (**ebbs, ebbing, ebbed, ebbed**) **1** vazar; baixar (a maré). **2** declinar; diminuir. II s **1** maré baixa. **2** diminuição; declínio.

ebb tide s maré vazante.

eb·on /ˈebən/ adj **1** feito de ébano. **2** da cor do ébano. II s ébano.

eb·on·ize /ˈebənaɪz/ v (**ebonizes, ebonizing, ebonized, ebonized**) tingir da cor do ébano.

eb·on·y /ˈebəni/ s ébano. (pl **ebonies**). II adj **1** feito de ébano. **2** da cor do ébano.

e·bul·lience /ɪˈbʊljəns, ɪˈbʌljəns/ s exaltação; excitação. (var **ebulliency**).

e·bul·lien·cy /ɪˈbʊljənsi, ɪˈbʌljənsi/ → **ebullience**.

e·bul·lient /ɪˈbʊljənt, ɪˈbʌljənt/ adj **1** fervente; efervescente. **2** entusiasmado.

eb·ul·li·tion /ˌebəlˈɪʃən/ s **1** ebulição; fervura. **2** agitação.

e-business /ˈiːbɪznɪs/ s Comp form red de **electronic business**; negócio eletrônico.

ec·cen·tric /ɪkˈsentrɪk, ekˈsentrɪk/ adj e s excêntrico.

ec·cen·tric·i·ty /ˌeksenˈtrɪsəti/ s excentricidade. (pl **eccentricities**).

ec·cle·si·as·tic /ɪˌkliːziˈæstɪk, eˌkliːziˈæstɪk/ s eclesiástico; padre; clérigo; sacerdote. II adj eclesiástico.

ec·cle·si·as·ti·cal /ɪˌkliːziˈæstɪkəl, eˌkliːziˈæstɪkəl/ adj eclesiástico.

ech·e·lon /ˈeʃəlɑːn/ s Mil **1** escalão. **2** esquadrilha. II v (**echelons, echeloning, echeloned, echeloned**) escalonar.

ech·o /ˈekoʊ/ s **1** eco. **2** repetição; imitação. **3** vestígio; traço. **4** imitador. **5** simpatia; solidariedade. (pl **echoes**). II v (**echoes, echoing, echoed, echoed**) **1** ecoar. **2** repetir; imitar.

ech·o·car·di·o·gram /ˌekoʊˈkɑːrdiəɡræm/ s ecocardiograma.

echo chamber s câmara de eco.

e·clec·tic /ekˈlektɪk/ adj e s eclético.

e·clipse /ɪˈklɪps/ s **1** eclipse. **2** obscuridade; sombra. II v (**eclipses, eclipsing, eclipsed, eclipsed**) **1** eclipsar. **2** obscurecer; ofuscar.

e·clip·tic /ɪˈklɪptɪk/ s eclíptica.

ec·logue /ɛklɑ:g/ s écloga; poesia pastoril.

ECM *abrev de* **European Common Market**; MCE; Mercado Comum Europeu.

ec·o·log·ic /i:kəlɑ:dʒɪk, ekəlɑ:dʒɪk/ → **ecological**.

ec·o·log·i·cal /i:kəlɑ:dʒɪkəl, ekəlɑ:dʒɪkəl/ *adj* ecológico. (*var* **ecologic**).

e·col·o·gy /ɪkɑ:lədʒi, ekɑ:lədʒi/ s ecologia. (*pl* **ecologies**).

e·col·o·gist /ɪkɑ:lədʒɪst, ekɑ:lədʒɪst/ s ecologista.

e-commerce /i:kɑ:mɜ:rs/ s *Comp form red de* **electronic commerce**; comércio eletrônico.

ec·o·nom·ic /i:kənɑ:mɪk, ekənɑ:mɪk/ *adj* econômico; relativo à ciência ou atividade econômica.

ec·o·nom·i·cal /i:kənɑ:mɪkəl, ekənɑ:mɪkəl/ *adj* econômico; moderado (alguém que gasta dinheiro com moderação).

ec·o·nom·ics /i:kənɑ:mɪks, ekənɑ:mɪks/ s 1 *us v sing* economia (ciência). 2 *us v sing* ou *pl* economia (considerações financeiras).

e·con·o·mist /ɪkɑ:nəmɪst/ s economista.

e·con·o·mize /ɪkɑ:nəmaɪz/ v (**economizes, economizing, economized, economized**) economizar; poupar; ser econômico.

e·con·o·miz·er /ɪkɑ:nəmaɪzɚ/ s economizador.

e·con·o·my /ɪkɑ:nəmi/ s economia; poupança; parcimônia. (*pl* **economies**).

economy class s classe econômica (no avião).

ec·o·sphere /ekoʊsfɪr, i:koʊsfɪr/ s ecosfera.

ec·o·sys·tem /ekoʊsɪstəm, i:koʊsɪstəm/ s ecossistema.

ec·sta·sy /ekstəsi/ s êxtase; arrebatamento; transe. (*pl* **ecstasies**).

ec·stat·ic /ekstætɪk/ *adj* 1 extático; absorto. 2 enlevado; pasmado.

ec·to·derm /ektoʊdɜ:rm, ektədɜ:rm/ s ectoderma.

ec·to·plasm /ektoʊplæzəm, ektəplæzəm/ s ectoplasma.

Ec·ua·dor /ekwədɔ:r/ s Equador.

Ec·ua·dor·i·an /ekwədɔ:riən/ s e *adj* equatoriano.

ec·u·men·ic /ekjʊmenɪk/ → **ecumenical**.

ec·u·men·i·cal /ekjʊmenɪkəl/ *adj* ecumênico; geral; universal. (*var* **ecumenic**).

ec·ze·ma /eksəmə, egzəmə, ɪgzi:mə/ s *Med* eczema.

e·da·cious /ɪdeɪʃəs/ *adj* voraz; glutão.

e·dac·i·ty /ɪdæsɪti/ s edacidade; voracidade; glutonaria.

ed·dy /edi/ s 1 remoinho; turbilhão. 2 contracorrente. (*pl* **eddies**). ǁ v (**eddies, eddying, eddied, eddied**) remoinhar.

edge /edʒ/ s 1 fio; gumo; corte. 2 beira; orla; borda; margem; extremidade; quina. 3 agudeza; penetração. 4 superioridade; vantagem. ǁ v (**edges, edging, edged, edged**) 1 afiar; amolar; aguçar. 2 orlar; debruar; margear. 3 mover-se lateralmente.

edge·less /edʒləs/ *adj* sem gume; embotado.

edge·ways /edʒweɪz/ → **edgewise**.

edge·wise /edʒwaɪz/ *adv* 1 lateralmente; de soslaio. 2 do lado do fio ou gume. 3 na direção da ponta. (*var* **edgeways**).

edg·ing /edʒɪŋ/ s debrum; bainha; barra.

edg·y /edʒi/ *adj* 1 afiado; cortante. 2 nervoso; preocupado; irritadiço. (*gr comp* **edgier**. *gr super* **edgiest**).

ed·i·bil·i·ty /edɪbɪləti/ s comestibilidade.

ed·i·ble /edɪbəl/ *adj* e s comestível.

e·dict /i:dɪkt/ s édito; decreto; ordem.

ed·i·fi·ca·tion /edɪfɪkeɪʃən/ s aperfeiçoamento intelectual, moral ou espiritual.

ed·i·fice /edɪfɪs/ s edifício muito alto, imponente.

ed·i·fy /edɪfaɪ/ v (**edifies, edifying, edified, edified**) edificar; doutrinar; instruir.

ed·it /edɪt/ v (**edits, editing, edited, edited**) 1 editar (livro, filme, etc.); preparar uma obra para publicação. 2 supervisionar uma publicação.

e·di·tion /ɪdɪʃən/ s edição; publicação.

ed·i·tor /edɪtɚ/ s editor.

ed·i·to·ri·al /edətɔ:riəl/ *adj* e s editorial.

ed·i·to·ri·al·ize /edətɔ:riəlaɪz/ v (**editorializes, editorializing, editorialized, editorialized**) redigir um editorial.

editor in chief s editor chefe; editor responsável. (*pl* **editors in chief**).

ed·i·tor·ship /editəʃɪp/ s cargo e funções de editor.

ed·u·ca·ble /edʒʊkəbəl/ adj educável.

ed·u·cate /edʒʊkeɪt/ v (educates, educating, educated, educated) educar; instruir; ensinar.

ed·u·cat·ed /edʒʊkeɪtɪd/ adj instruído; culto; letrado.

ed·u·ca·tion /edʒʊkeɪʃən/ s educação; ensino; instrução.

ed·u·ca·tion·al /edʒʊkeɪʃənəl/ adj educacional; educativo; pedagógico.

ed·u·ca·tion·al·ist /edʒʊkeɪʃənəlɪst/ → educationist.

ed·u·ca·tion·ist /edʒʊkeɪʃənɪst/ s educador; pedagogo. (var educationalist).

ed·u·ca·tive /edʒʊkeɪtɪv/ adj educativo; educacional.

ed·u·ca·tor /edʒʊkeɪtə/ s educador.

e·duce /ɪdu:s, ɪdju:s/ v (educes, educing, educed, educed) 1 evocar; trazer à tona. 2 deduzir; inferir; concluir.

e·duc·tion /ɪdʌkʃən/ s 1 evocação. 2 dedução.

eel /i:l/ s Zool enguia. (pl eel ou eels).

ee·rie /ɪri/ adj 1 assustador; sinistro; lúgubre. 2 sobrenatural; misterioso. (gr comp eerier. gr super eeriest. var eery).

ee·ry /ɪri/ → eerie.

ef·face /ɪfeɪs/ v (effaces, effacing, effaced, effaced) 1 apagar; eliminar. 2 destruir; abolir. 3 ocultar-se; retrair-se.

ef·face·ment /ɪfeɪsmənt/ s 1 eliminação; cancelamento. 2 destruição.

ef·fect /ɪfekt/ s 1 efeito; resultado; consequência. 2 eficácia; eficiência. 3 finalidade; propósito. II v (effects, effecting, effected, effected) efetuar; executar. ♦ effects bens móveis; pertences. put/bring into effect pôr em ação. come into effect ou take effect entrar em vigor (lei).

ef·fec·tive /ɪfektɪv/ adj 1 efetivo; eficaz; eficiente. 2 impressionante. 3 existente; real. II s Mil soldado ou equipamento pronto para o combate.

ef·fec·tive·ness /ɪfektɪvnəs/ s eficácia; eficiência.

ef·fec·tiv·i·ty /ɪfektɪvəti/ s eficácia; eficiência.

ef·fec·tu·al /ɪfektʃuːəl/ adj efetivo; eficaz; eficiente.

ef·fec·tu·al·i·ty /ɪfektʃuːæləti/ s eficiência. (var effectualness).

ef·fec·tu·al·ness /ɪfektʃuːəlnəs/ → effectuality.

ef·fec·tu·ate /ɪfektʃuːeɪt/ v (effectuates, effectuating, effectuated, effectuated) efetuar; executar; realizar.

ef·fem·i·nate /ɪfemɪnət/ adj efeminado.

ef·fer·vesce /efəves/ v (effervesces, effervescing, effervesced, effervesced) efervescer; borbulhar.

ef·fer·ves·cence /efəvesəns/ s 1 efervescência. 2 excitação; animação; alvoroço. (var effervescency).

ef·fer·ves·cen·cy /efəvesənsi/ → effervescence.

ef·fer·ves·cent /efəvesənt/ adj efervescente; borbulhante.

ef·fete /ɪfiːt/ adj 1 impotente; estéril. 2 fraco; esgotado; exausto.

ef·fete·ness /ɪfiːtnəs/ s 1 esterilidade; infecundidade. 2 esgotamento; cansaço.

ef·fi·ca·cious /efɪkeɪʃəs/ adj eficaz; eficiente.

ef·fi·ca·cy /efɪkəsi/ s eficácia; eficiência.

ef·fi·cien·cy /ɪfɪʃənsi/ s eficiência; eficácia. (pl efficiencies).

ef·fi·cient /ɪfɪʃənt/ adj eficiente; eficaz; ativo.

ef·fi·gy /efɪdʒi/ s efigie. (pl effigies).

ef·flo·resce /efləres/ v (effloresces, efflorescing, effloresced, effloresced) 1 florescer. 2 Quím eflorescer.

ef·flo·res·cence /efləresəns/ s tb Quím eflorescência.

ef·flo·res·cent /efləresənt/ adj tb Quím eflorescente.

ef·flu·ence /efluəns/ s efluência; emanação; eflúvio.

ef·flu·ent /efluənt/ adj efluente. II s efluência.

ef·flu·vi·um /ɪfluːviəm/ s eflúvio. (pl effluvia /ɪfluːviə/ ou effluviums).

ef·flux /eflʌks/ s eflúvio; exalação; emanação.

ef·fort /efət/ s 1 esforço; empenho. 2 tentativa.

ef·fort·less /ˈefətləs/ *adj* sem esforço.

ef·front·er·y /ɪˈfrʌntəri, ɪfrʌntəri/ *s* descaramento; arrogância. (*pl* **effronteries**).

ef·ful·gence /ɪfʌldʒəns/ *s* brilho; resplendor.

ef·ful·gent /ɪfʌldʒənt/ *adj* brilhante; resplandecente.

ef·fuse /ɪfjuːz/ *v* (**effuses, effusing, effused, effused**) 1 espalhar. 2 derramar; entornar. 3 emanar; exalar; radiar. ǁ /ɪfjuːs/ *adj Bot* profuso.

ef·fu·sion /ɪfjuːʒən/ *s* 1 efusão. 2 derramamento de gás ou líquido.

ef·fu·sive /ɪfjuːsɪv/ *adj* efusivo; caloroso.

e-form /ˈiːfɔːrm/ *s Comp form red* de **electronic form**; formulário eletrônico.

eft /eft/ *s* salamandra.

EFT *abrev* de **Electronic Funds Transfer**; transferência eletrônica de fundos.

e.g. /iːdʒiː/ *abrev lat* de **exempli gratia**; por exemplo.

EGA *abrev Comp* de **Enhanced Graphics Adapter**; adaptador gráfico avançado.

e·gal·i·tar·i·an /ɪɡælɪteriən/ *adj* igualitário.

e·gal·i·tar·i·an·ism /ɪɡælɪteriənɪzəm/ *s* igualitarismo.

egg /eg/ *s* 1 ovo. 2 *Biol* óvulo. 3 *gír* pessoa; sujeito. ǁ *v* (**eggs, egging, egged, egged**) 1 misturar, cobrir com ovos. 2 *gír* jogar ovos em. ♦ **have/put all (one's) eggs in one basket** arriscar, investir tudo em um único negócio.

egg·head /eghed/ *s inform* intelectual.

egg·plant /egplænt/ *s* berinjela.

egg·shell /egʃel/ *s* casca de ovo.

egg timer *s* pequena ampulheta.

egg white *s* clara de ovo; albume.

e·gis /iːdʒɪs/ → **aegis**.

e·go /iːɡoʊ, eɡoʊ/ *s* ego. (*pl* **egos**).

e·go·cen·tric /iːɡoʊsentrɪk, eɡoʊsentrɪk/ *adj* egocêntrico.

e·go·ism /iːɡoʊɪzəm, eɡoʊɪzəm/ *s* egoísmo.

e·go·ist /iːɡoʊɪst, eɡoʊɪst/ *s* egoísta.

e·go·is·tic /iːɡoʊɪstɪk, eɡoʊɪstɪk/ *adj* egoístico. (*var* **egoistical**).

e·go·is·ti·cal /iːɡoʊɪstɪkəl, eɡoʊɪstɪkəl/ → **egoistic**.

e·go·tism /iːɡoʊtɪzəm, eɡoʊtɪzəm/ *s* egotismo.

e·go·tist /iːɡoʊtɪst, eɡoʊtɪst/ *s* egotista.

e·go·tis·tic /iːɡoʊtɪstɪk, eɡoʊtɪstɪk/ *adj* egotista. (*var* **egotistical**).

e·go·tis·ti·cal /iːɡoʊtɪstɪkəl, eɡoʊtɪstɪkəl/ → **egotistic**.

e·gress /iːgres/ *s* 1 egresso; saída. 2 direito de sair. ǁ *v* (**egresses, egressing, egressed, egressed**) sair; emergir.

e·gres·sion /ɪgreʃən/ *s* egressão; saída.

e·gret /iːgret, egret/ *s Zool* garça-real.

E·gypt /iːdʒɪpt/ *s* Egito.

E·gyp·tian /ɪdʒɪpʃən/ *adj* e *s* egípcio.

E·gyp·tol·o·gy /iːdʒɪptɑːlədʒi/ *s* egiptologia.

eight /eɪt/ *num* oito.

eight·een /eɪtiːn/ *num* dezoito.

eight·eenth /eɪtiːnθ/ *num* décimo oitavo.

eighth /eɪtθ/ *num* oitavo.

eight·i·eth /eɪtiəθ/ *num* octogésimo.

eight·y /eɪti/ *num* oitenta. ♦ **the eighties** os anos oitenta.

ei·ther /iːðə, aɪðə/ *adj* e *pron* um de dois; um ou outro; ambos; qualquer dos dois. ǁ *adv* tampouco. ǁ *conj* (seguida de **or**) ou … ou; quer … quer. ♦ **either the one or the other** ou um ou outro. **either way** de um jeito ou de outro.

e·jac·u·late /ɪdʒækjəleɪt/ *v* (**ejaculates, ejaculating, ejaculated, ejaculated**) 1 ejacular. 2 proferir; exclamar. ǁ /ɪdʒækjələt/ *s* sêmen ejaculado.

e·jac·u·la·tion /ɪdʒækjəleɪʃən/ *s* 1 ejaculação; jato; derramamento. 2 exclamação; brado.

e·jac·u·la·to·ry /ɪdʒækjələtɔːri/ *adj* 1 ejaculatório. 2 exclamatório.

e·ject /ɪdʒekt/ *v* (**ejects, ejecting, ejected, ejected**) ejetar; expelir; expulsar.

e·jec·tion /ɪdʒekʃən/ *s* ejeção; expulsão; exclusão.

ejection capsule *s Aer* cápsula ejetora.

ejection seat *s Aer* assento ejetor.

e·ject·ment /ɪdʒektmənt/ *s* 1 expulsão. 2 *Jur* desapropriação; ação de despejo ou de recuperação de bens.

e·jec·tor /ɪdʒektə/ *s* ejetor; expulsor.

eke /iːk/ *v* (**ekes, eking, eked, eked**) suprir, suplementar ou manter com muito esforço. ♦ **eke out a living** ganhar a vida com dificuldade.

EKG /iːkeɪdʒiː/ abrev de **electrocardiogram**; eletrocardiograma.

e·lab·o·rate /ɪlæbəreɪt/ v (**elaborates, elaborating, elaborated, elaborated**) **1** elaborar; criar. **2** tornar mais minucioso; entrar em detalhes. || /ɪlæbərət/ adj elaborado; esmerado; cuidadoso; minucioso.

e·lab·o·rate·ly /ɪlæbərətli/ adv de forma elaborada; cuidadosamente; minuciosamente.

e·lab·o·ra·tion /ɪlæbəreɪʃən/ s elaboração; esmero; requinte.

e·lapse /ɪlæps/ v (**elapses, elapsing, elapsed, elapsed**) passar; transcorrer (o tempo). || s lapso (de tempo).

elapsed time s tempo decorrido de um evento (abrev **ET**).

e·las·tic /ɪlæstɪk/ adj e s elástico.

e·las·tic·i·ty /ɪlæstɪsəti/ s elasticidade.

e·late /ɪleɪt/ v (**elates, elating, elated, elated**) exaltar; entusiasmar; animar. || adj **1** soberbo; orgulhoso. **2** alegre; altivo.

e·lat·ed /ɪleɪtɪd/ adj **1** exultante; eufórico. **2** orgulhoso; soberbo.

e·la·tion /ɪleɪʃən/ s **1** exaltação; júbilo. **2** orgulho.

el·bow /elbou/ s **1** cotovelo. **2** qualquer coisa semelhante a um cotovelo. || v (**elbows, elbowing, elbowed, elbowed**) acotovelar; abrir caminho com os cotovelos. ♦ **at one's elbow** ao alcance da mão. **out at the elbows 1** malvestido. **2** sem dinheiro.

eld·er /eldə/ adj mais velho; mais idoso; mais antigo. || s **1** pessoa idosa; ancião. **2** chefe mais velho de uma tribo; cacique. **3** presbítero.

eld·er·ly /eldəli/ adj idoso; de idade madura. || s idoso (pl **elderlies**). ♦ **the elderly** us v pl os idosos (considerados como um grupo).

eld·est /eldɪst/ adj o mais velho; o primogênito; o mais antigo.

eldest hand s o primeiro a receber as cartas num jogo.

e·lect /ɪlekt/ v (**elects, electing, elected, elected**) eleger; nomear; escolher. || adj e s eleito; escolhido.

e·lect·a·ble /ɪlektəbl/ adj elegível.

e·lec·tion /ɪlekʃən/ s eleição; votação.

e·lec·tion·eer /ɪlekʃənɪr/ v (**electioneers, electioneering, electioneered, electioneered**) angariar votos.

e·lec·tive /ɪlektɪv/ adj **1** eletivo; eleitoral. **2** facultativo. || s curso ou matéria opcional.

e·lec·tive·ness /ɪlektɪvnəs/ s eletividade; elegibilidade.

e·lec·tor /ɪlektə/ s eleitor; votante.

e·lec·tor·al /ɪlektərəl/ adj eleitoral.

Electoral College s colégio eleitoral.

e·lec·tor·ate /ɪlektərət/ s eleitorado.

e·lec·tric /ɪlektrɪk/ adj **1** elétrico; relativo à eletricidade. **2** excitante; eletrizante. (var **electrical**).

e·lec·tri·cal /ɪlektrɪkəl/ → **electric**.

electrical engineer s engenheiro eletricista.

electrical engineering s engenharia elétrica.

electrical storm s tempestade de raios.

electric chair s cadeira elétrica.

electric eel s Zool peixe-elétrico.

electric eye s célula fotoelétrica.

electric guitar s guitarra elétrica.

e·lec·tri·cian /ɪlektrɪʃən/ s eletricista.

e·lec·tric·i·ty /ɪlektrɪsəti/ s eletricidade.

electric light s luz elétrica.

electric razor s barbeador elétrico.

e·lec·tri·fi·ca·tion /ɪlektrɪfɪkeɪʃən/ s eletrificação; eletrização.

e·lec·tri·fy /ɪlektrɪfaɪ/ v (**electrifies, electrifying, electrified, electrified**) **1** eletrificar; eletrizar. **2** entusiasmar.

e·lec·tro·car·di·o·gram /ɪlektroukɑːrdiəgræm/ s eletrocardiograma. (abrev **ECG** ou **EKG**).

e·lec·tro·cute /ɪlektrəkjuːt/ v (**electrocutes, electrocuting, electrocuted, electrocuted**) eletrocutar.

e·lec·tro·cu·tion /ɪlektrəkjuːʃən/ s eletrocussão.

e·lec·trode /ɪlektroud/ s eletrodo.

e·lec·trol·y·sis /ɪlektrɑːləsɪs/ s eletrólise.

e·lec·tro·lyte /ɪlektrəlaɪt/ s eletrólito.

e·lec·tro·lyt·ic /ɪlektrəlɪtɪk/ adj eletrolítico.

e·lec·tro·mag·net /ɪlektroumægnɪt/ s eletromagneto; eletroímã.

e·lec·tro·mag·net·ic /ɪlektroumægnetɪk/ adj eletromagnético. (abrev **EM**).

e·lec·tro·mag·net·ism /ɪlektroʊmægnɪtɪzəm/ s eletromagnetismo.

e·lec·tron /ɪlektrɑːn/ s elétron. (abrev e).

e·lec·tron·ic /ɪlektrɑːnɪk/ adj eletrônico.

electronic mail s Comp correio eletrônico. (tb e-mail).

e·lec·tron·ics /ɪlektrɑːnɪks/ s 1 us v sing eletrônica (ciência). 2 us v pl dispositivos e sistemas eletrônicos.

e·lec·tro·stat·ic /ɪlektroʊstætɪk/ adj eletrostático.

e·lec·tro·stat·ics /ɪlektroʊstætɪks/ s us v sing eletrostática.

e·lec·trum /ɪlektrəm/ s liga de ouro e prata.

el·e·gance /eləgəns/ s elegância; distinção. (var elegancy).

el·e·gan·cy /eləgənsi/ → elegance. (pl elegancies).

el·e·gant /eləgənt/ adj elegante; delicado; gracioso; refinado.

el·e·gi·ac /elɪdʒaɪæk, ɪliːdʒiːæk/ adj elegíaco. (var elegiacal).

el·e·gi·a·cal /elɪdʒaɪəkəl, ɪliːdʒiːækəl/ → elegiac.

el·e·gist /elɪdʒɪst/ s poeta elegíaco.

el·e·gize /elɪdʒaɪz/ v (elegizes, elegizing, elegized, elegized) escrever elegias.

el·e·gy /elɪdʒi/ s elegia. (pl elegies).

el·e·ment /eləmənt/ s 1 tb Quím e Mat elemento; componente. 2 fundamento; princípio. 3 ambiente; meio. ◆ elements 1 forças da natureza; fenômenos atmosféricos. 2 as santas espécies da Eucaristia.

el·e·men·tal /eləmentəl/ adj 1 elementar; básico; fundamental. 2 relativo aos elementos.

el·e·men·ta·ry /eləmentəri/ adj 1 elementar; básico; essencial. 2 relat à educação infantil; ao ensino primário.

elementary particle s partícula elementar.

elementary school s escola primária; educação infantil.

el·e·phant /eləfənt/ s elefante. ◆ white elephant elefante branco; coisa supérflua.

el·e·phan·tine /eləfæntaɪn, eləfæntiːn, eləfəntaɪn, eləfəntiːn/ adj 1 elefantino. 2 pesadão; desajeitado.

elephant seal s Zool elefante-marinho.

el·e·vate /eləveɪt/ v (elevates, elevating, elevated, elevated) 1 elevar; erguer; levantar. 2 exaltar; encorajar; alegrar; animar. 3 aumentar; amplificar. 4 promover para cargo mais elevado.

el·e·vat·ed /eləveɪtɪd/ adj 1 elevado; alto. 2 formal; nobre. 3 superior. ‖ s ferrovia elevada.

elevated railway s ferrovia elevada.

el·e·va·tion /eləveɪʃən/ s elevação.

el·e·va·tor /eləveɪtər/ s elevador.

el·ev·en /ɪlevən/ num onze.

el·ev·enth /ɪlevənθ/ num décimo primeiro; undécimo. ◆ at the eleventh hour no último momento; na última hora.

elf /elf/ s 1 duende; gnomo. 2 criança travessa. (pl elves /elvz/).

ELF abrev de extremely low frequency; baixíssima freqüência.

elf·in /elfɪn/ adj 1 relativo aos duendes. 2 estranho; misterioso.

elf·ish /elfɪʃ/ adj próprio de duende; travesso. (var elvish).

e·lic·it /ɪlɪsɪt/ v (elicits, eliciting, elicited, elicited) 1 extrair; tirar. 2 evocar; fazer surgir; trazer à tona. 3 deduzir.

e·lic·i·ta·tion /ɪlɪsɪteɪʃən/ s instigação; dedução; indução.

e·lide /ɪlaɪd/ v (elides, eliding, elided, elided) elidir; suprimir; eliminar; omitir.

el·i·gi·bil·i·ty /elɪdʒəbɪləti/ s 1 elegibilidade. 2 qualificação; aptidão.

el·i·gi·ble /elɪdʒəbəl/ adj elegível.

e·lim·i·nate /ɪlɪmɪneɪt/ v (eliminates, eliminating, eliminated, eliminated) eliminar.

e·lim·i·na·tion /ɪlɪmɪneɪʃən/ s eliminação.

e·lim·i·na·to·ry /ɪlɪmɪnətɔːri/ adj eliminatório.

e·li·sion /ɪlɪʒən/ s tb Ling elisão.

e·lite /ɪliːt, eɪliːt/ s elite. (pl elite ou elites).

e·lit·ism /ɪliːtɪzəm, eɪliːtɪzəm/ s elitismo.

e·lix·ir /ɪlɪksər/ s 1 elixir. 2 panacéia.

elk /elk/ s Zool alce. (pl elk ou elks).

el·lipse /ɪlɪps/ s Mat elipse.

el·lip·sis /ɪlɪpsɪs/ s Gram elipse. (pl ellipses /ɪlɪpsiːz/).

el·lip·soid /ɪlɪpsɔɪd/ adj elipsóide; elipsoidal. (var ellipsodial). ‖ s elipsóide.

el·lip·soid·al /ɪlɪpsɔɪdəl/ adj → ellipsoid.

el·lip·tic /ɪlˈɪptɪk/ *adj* elíptico. (*var* **elliptical**).

el·lip·ti·cal /ɪlˈɪptɪkəl/ → **elliptic**.

elm /elm/ *s Bot* olmo; olmeiro.

el·o·cu·tion /eləkjuˈʃən/ *s* elocução.

el·o·cu·tion·ist /eləkjuˈʃənɪst/ *s* declamador; orador.

e·lon·gate /ɪlˈɑːŋgeɪt/ *v* (**elongates, elongating, elongated, elongated**) alongar; estender. ‖ *adj* alongado; prolongado; comprido; delgado. (*var* **elongated**).

e·lon·gat·ed /ɪlˈɑːŋgeɪtɪd/ *adj* → **elongate**.

e·lon·ga·tion /ɪlɑːŋˈgeɪʃən/ *s* **1** alongamento; prolongamento; extensão. **2** *Astron* elongação.

e·lope /ɪlˈoʊp/ *v* (**elopes, eloping, eloped, eloped**) **1** fugir para casar. **2** evadir; escapar.

el·o·quence /ˈeləkwəns/ *s* eloqüência.

el·o·quent /ˈeləkwənt/ *adj* eloqüente.

El Sal·va·dor /el sælvəˈdɔːr/ *s* El Salvador.

El Sal·va·dor·i·an /el sælvəˈdɔːriən/ *s e adj* salvadorenho.

else /els/ *adj* **1** outro; diferente. **2** adicional; além de; mais. ‖ *pron* outro; outrem. ‖ *adv* em outro lugar; em outra hora; de outra maneira; em vez de. ‖ *conj* senão; ou; de outro modo. ♦ **no one else** ninguém mais. **nothing else** nada mais. **or else** ou então; senão (advertência ou ameaça). **somewhere else** em qualquer outro lugar. **what else?** o que mais? **who else?** quem mais?

else·where /ˈelswer/ *adv* em qualquer outro lugar; alhures.

e·lu·ci·date /ɪluːsɪdeɪt/ *v* (**elucidates, elucidating, elucidated, elucidated**) elucidar; esclarecer; explicar.

e·lu·ci·da·tion /ɪluːsɪdeɪʃən/ *s* elucidação; esclarecimento.

e·lu·ci·da·tive /ɪluːsɪdeɪtɪv/ *adj* elucidativo.

e·lu·ci·da·tor /ɪluːsɪdeɪtə/ *s* explicador; esclarecedor.

e·lude /ɪluːd/ *v* (**eludes, eluding, eluded, eluded**) eludir; evadir; escapar; esquivar.

e·lu·sive /ɪluːsɪv/ *adj* **1** elusivo; esquivo. **2** indefinível; impalpável.

e·lu·sive·ness /ɪluːsɪvnəs/ *s* indefinição; artifício.

elv·ish /ˈelvɪʃ/ → **elfish**.

E·ly·sian /ɪlˈɪʒən/ *adj* **1** elísio; celeste. **2** sublime; agradável.

Elysian Fields *s pl Mit* Campos Elísios.

EM *abrev* de **electromagnetic**; eletromagnético.

e·ma·ci·ate /ɪmeɪʃieɪt/ *v* (**emaciates, emaciating, emaciated, emaciated**) emagrecer; definhar.

e·ma·ci·a·tion /ɪmeɪʃieɪʃən/ *s* emagrecimento; definhamento.

e-mail /iːmeɪl/ *s Comp form* red de **electronic mail**; endereço eletrônico. (*tb* **E-mail** e **email**).

em·a·nate /ˈeməneɪt/ *v* (**emanates, emanating, emanated, emanated**) emanar exalar-se; desprender-se.

em·a·na·tion /eməˈneɪʃən/ *s* emanação.

em·a·na·tive /ˈeməneɪtɪv/ *adj* emanante exalante.

e·man·ci·pate /ɪmˈænsɪpeɪt/ *v* (**emancipates, emancipating, emancipated, emancipated**) **1** emancipar; libertar; alforriar. **2** *Jur* emancipar (menor de idade).

e·man·ci·pa·tion /ɪmˈænsɪpeɪʃən/ *s* **1** libertação; emancipação. **2** *Jur* emancipação (de menor de idade).

e·man·ci·pa·tor /ɪmˈænsɪpeɪtə/ *s* emancipador.

e·mas·cu·late /ɪmˈæskjuleɪt/ *v* (**emasculates, emasculating, emasculated, emasculated**) castrar. ‖ /ɪmˈæskjulɪt/ *adj* emasculado; castrado; efeminado.

e·mas·cu·la·tion /ɪmæskjuleɪʃən/ *s* castração.

em·balm /embɑːm/ *v* (**embalms, embalming, embalmed, embalmed**) **1** embalsamar. **2** preservar do esquecimento. **3** perfumar; impregnar de aroma.

em·balm·er /embɑːmə/ *s* embalsamador.

em·balm·ment /embɑːmmənt/ *s* embalsamento.

em·bank /embˈæŋk/ *v* (**embanks, embanking, embanked, embanked**) **1** represar com dique. **2** aterrar; terraplenar.

em·bank·ment /embˈæŋkmənt/ *s* **1** represa; dique. **2** aterro.

em·bar·go /embˈɑːrgoʊ/ *s* embargo; interdição. (*pl* **embargoes**). ‖ *v* (**embargoes, embargoing, embargoed, embargoed**) embargar.

em·bark /embɑːrk/ v (embarks, embarking, embarked, embarked) 1 embarcar (em navio ou avião). 2 aventurar-se. 3 envolver pessoa num negócio, empreendimento, etc.

em·bar·ka·tion /embɑːrkeɪʃən/ s embarque. [var embarkment].

em·bark·ment /embɑːrkmənt/ → embarkation.

em·bar·rass /embɛrəs/ v (embarrasses, embarrassing, embarrassed, embarrassed) 1 embaraçar; estorvar; atrapalhar. 2 desconcertar. 3 envolver em dificuldades financeiras. 4 complicar. 5 impedir.

em·bar·rass·ment /embɛrəsmənt/ s 1 embaraço. 2 estorvo; impedimento; empecilho. 3 constrangimento.

em·bas·sy /embəsi/ s embaixada. [pl embassies].

em·bat·tle /embætl/ v (embattles, embattling, embattled, embattled) 1 preparar para batalha. 2 guarnecer com ameias; fortificar.

em·bay /embeɪ/ v (embays, embaying, embayed, embayed) proteger ou deter numa baía.

em·bay·ment /embeɪmənt/ s 1 formação de baía. 2 baía; enseada.

em·bed /embɛd/ v (embeds, embedding, embedded, embedded) embutir; encaixar; encravar; incrustar.

em·bed·ment /embɛdmənt/ s incrustação; encaixe.

em·bel·lish /embɛlɪʃ/ v (embellishes, embellishing, embellished, embellished) embelezar; adornar; enfeitar.

em·bel·lish·ment /embɛlɪʃmənt/ s embelezamento; adorno; decoração.

em·ber /embə/ s brasa; tição.

em·bez·zle /embɛzəl/ v (embezzles, embezzling, embezzled, embezzled) desfalcar; apropriar-se fraudulentamente de; desviar (fundos).

em·bez·zle·ment /embɛzəlmənt/ s desfalque; fraude.

em·bit·ter /embɪtə/ v (embitters, embittering, embittered, embittered) 1 amargar. 2 amargurar; angustiar.

em·bit·ter·ment /embɪtəmənt/ s amargor; amargura.

em·blaze /embleɪz/ v (emblazes, emblazing, emblazed, emblazed) 1 atear fogo; incendiar. 2 iluminar; fazer resplandecer.

em·bla·zon /embleɪzən/ v (emblazons, emblazoning, emblazoned, emblazoned) 1 adornar suntuosamente. 2 adornar com símbolos heráldicos. 3 brasonar; blasonar. 4 exaltar; celebrar; enaltecer.

em·blem /embləm/ s 1 emblema; símbolo. 2 insígnia; divisa.

em·blem·at·ic /embləmætɪk/ adj emblemático. [var emblematical].

em·blem·at·i·cal /embləmætɪkəl/ → emblematic.

em·blem·a·tize /emblemətaɪz/ v (emblematizes, emblematizing, emblematized, emblematized) emblemar; simbolizar. [var emblemize].

em·blem·ize /embleməɪz/ (emblemizes, emblemizing, emblemized, emblemized) → emblematize.

em·bod·i·ment /embɑːdɪmənt/ s 1 incorporação; encarnação; personificação. 2 concretização; materialização.

em·bod·y /embɑːdi/ v (embodies, embodying, embodied, embodied) 1 incorporar; encarnar; personificar. 2 concretizar.

em·boss /embɑːs/ v (embosses, embossing, embossed, embossed) 1 gravar em relevo; entalhar. 2 ornamentar; decorar.

em·boss·ment /embɑːsmənt/ s relevo; adorno em relevo.

em·bou·chure /ɑːmbuːʃʊr, ɑːmbuːʃʊr/ s 1 desembocadura (de rio). 2 Mús bocal (de instrumento).

em·bow·el /embaʊəl/ v (embowels, emboweling/embowelling, emboweled/embowelled, emboweled/embowelled) 1 desentranhar. 2 esvaziar.

em·bow·er /embaʊə/ v (embowers, embowering, embowered, embowered) 1 cobrir com folhagens. 2 sombrear.

em·brace /embreɪs/ v (embraces, embracing, embraced, embraced) 1 abraçar; cingir. 2 abarcar; abranger; incluir. 3 abraçar; adotar; seguir (uma causa, uma doutrina, etc.). 4 aceitar; submeter-se dignamente. || s 1 abraço. 2 aceitação.

em·brace·ment /ɪmbreɪsmənt/ s 1 abraço. 2 aceitação; adoção (de uma causa, doutrina, etc.).

em·branch·ment /ɪmbræntʃmənt/ s 1 braço de rio. 2 ramificação; ramo.

em·bra·sure /ɪmbreɪʒɚ/ s 1 vão de porta ou janela; fresta. 2 canhoneira; bombardeira.

em·broi·der /ɪmbrɔɪdɚ/ v (embroiders, embroidering, embroidered, embroidered) bordar.

em·broi·der·er /ɪmbrɔɪdɚɚ/ s bordador; bordadeira.

em·broi·der·y /ɪmbrɔɪdəri/ s bordado. (pl embroideries).

em·broil /ɪmbrɔɪl/ v (embroils, embroiling, embroiled, embroiled) arrumar confusão; intrigar; confundir; envolver em briga.

em·broil·ment /ɪmbrɔɪlmənt/ s embrulhada; confusão; disputa.

em·bry·o /embriou/ s embrião. (pl embryos).

em·bry·ol·o·gy /embriɑːlədʒi/ s embriologia.

em·bry·on·al /embriənəl/ → embryonic.

em·bry·on·ic /embriɑːnɪk/ adj embrionário. (tb embryonal).

e·mend /imɛnd/ v (emends, emending, emended, emended) emendar (texto); corrigir; revisar.

e·men·date /iːmɛndeɪt/ v (emendates, emendating, emendated, emendated) emendar ou corrigir (textos).

e·men·da·tion /iːmɛndeɪʃən/ s emenda; correção; revisão (de textos).

em·er·ald /emərəld/ s 1 esmeralda. 2 cor de esmeralda. ‖ adj verde-esmeralda.

e·merge /ɪmɜːrdʒ/ v (emerges, emerging, emerged, emerged) 1 emergir; surgir; sair. 2 tornar evidente.

e·mer·gence /ɪmɜːrdʒəns/ s emergência; emersão; surgimento.

e·mer·gen·cy /ɪmɜːrdʒənsi/ s emergência; necessidade urgente. (pl emergencies).

emergency brake s freio de emergência; freio de segurança; freio de mão.

emergency room s sala de emergência; sala de primeiros socorros. (abrev ER).

e·mer·gent /ɪmɜːrdʒənt/ adj 1 emergente; que surge. 2 urgente. 3 resultante; conseqüente.

e·merg·ing /ɪmɜːrdʒɪŋ/ adj emergente.

e·mer·i·tus /ɪmɛrətəs/ adj emérito; jubilado. ‖ s emérito. (pl emeriti).

e·mer·sion /ɪmɜːrʒən/ s emersão; aparecimento.

em·er·y /eməri/ s esmeril.

emery board s lixa para unhas.

em·i·grant /emɪɡrənt/ adj e s emigrante.

em·i·grate /emɪɡreɪt/ v (emigrates, emigrating, emigrated, emigrated) emigrar.

em·i·gra·tion /emɪɡreɪʃən/ s emigração.

em·i·nence /emɪnəns/ s 1 eminência; celebridade; fama. 2 colina. 3 maiús Ecles Eminência. (var eminency).

em·i·nen·cy /emɪnənsi/ → eminence. (p eminencies).

em·i·nent /emɪnənt/ adj 1 alto; elevado. 2 eminente; ilustre; insigne; notável; distinto.

em·is·sar·y /emɪseri/ s emissário; mensageiro. (pl emissaries).

e·mis·sion /ɪmɪʃən/ s emissão; irradiação; descarga.

e·mis·sive /ɪmɪsɪv/ adj emissivo; emissor

e·mit /ɪmɪt/ v (emits, emitting, emitted, emitted) emitir.

EMM abrev Comp de **Expanded Memory Manager**; gerenciador de memória expandida.

e·mol·lient /ɪmɑːljənt/ s e adj emoliente.

e·mol·u·ment /ɪmɑːljumənt/ s 1 emolumento; taxa. 2 gratificação.

e·money /iːmʌni/ s Comp form red de **electronic money**; dinheiro eletrônico.

e·mo·tion /ɪmoʊʃən/ s emoção.

e·mo·tion·al /ɪmoʊʃənəl/ adj 1 emocional; emotivo. 2 emocionante; comovente. 3 sentimental.

e·mo·tion·al·ism /ɪmoʊʃənəlɪzəm/ s sentimentalismo.

e·mo·tion·al·ist /ɪmoʊʃənəlɪst/ s sentimentalista.

e·mo·tion·al·i·ty /ɪmoʊʃənæləti/ s emotividade; sentimentalidade.

e·mo·tive /ɪmoʊtɪv/ adj emotivo.

em·pa·thy /empəθi/ s empatia.

em·per·or /empɚɚ/ s imperador.

emperor penguin s Zool pingüim imperador.

em·pha·sis /ˈemfəsɪs/ s ênfase. (pl emphases /ˈemfəsiːz/).

em·pha·size /ˈemfəsaɪz/ v (emphasizes, emphasizing, emphasized, emphasized) dar ênfase; acentuar; salientar; realçar.

em·phat·ic /emˈfætɪk/ adj 1 enfático. 2 enérgico; vigoroso; expressivo.

em·phy·se·ma /emfɪˈsiːmə, emfɪˈziːmə/ s Med enfisema.

em·pire /ˈempaɪə/ s império.

em·pir·ic /emˈpɪrɪk/ s 1 empírico; prático. 2 charlatão.

em·pir·i·cal /emˈpɪrɪkəl/ adj empírico.

em·pir·i·cal·ly /emˈpɪrɪkəll/ adv empiricamente.

em·pir·i·cism /emˈpɪrɪsɪzəm/ s empirismo.

em·place /emˈpleɪs/ v (emplaces, emplacing, emplaced, emplaced) posicionar.

em·place·ment /emˈpleɪsmənt/ s 1 posição; posicionamento. 2 Mil colocação; plataforma para peça de artilharia.

em·ploy /emˈplɔɪ/ v (employs, employing, employed, employed) 1 empregar; dar emprego (a alguém). 2 utilizar. II s emprego; serviço.

em·ploy·a·ble /emˈplɔɪəbəl/ adj empregável.

em·ploy·e /emˈplɔɪː, emˈplɔɪː/ → employee.

em·ploy·ee /emˈplɔɪː, emˈplɔɪː/ s empregado. (var employe).

em·ploy·er /emˈplɔɪə/ s empregador; patrão.

em·ploy·ment /emˈplɔɪmənt/ s 1 emprego; ocupação. 2 cargo.

employment agency s agência de empregos.

em·po·ri·um /emˈpɔːriəm/ s empório. (pl emporiums ou emporia /emˈpɔːriə/).

em·pow·er /emˈpaʊə/ v (empowers, empowering, empowered, empowered) autorizar; dar poderes ou procuração.

em·press /ˈemprəs/ s imperatriz.

emp·ti·ness /ˈemptɪnəs/ s 1 vazio; vácuo. 2 solidão.

emp·ty /ˈempti/ adj 1 vazio. 2 deserto; desocupado. 3 sem sentido; inútil. 4 privado; destituído. 5 com fome. (gr comp emptier. gr super emptiest). II v (empties, emptying, emptied, emptied) 1 esvaziar; evacuar; desocupar. 2 descarregar; despejar. 3 esgotar.

emp·ty-hand·ed /emptiˈhændɪd/ adj de mãos vazias.

emp·ty-head·ed /emptiˈhedɪd/ adj cabeça oca.

em·py·re·al /ˈempɪriəl, emˈpaɪriəl/ adj empíreo; celeste; sublime.

em·py·re·an /empɪˈriən, empaɪˈriən/ adj e s empíreo.

em·u·late /ˈemjəleɪt/ v (emulates, emulating, emulated, emulated) emular; competir; rivalizar.

em·u·la·tion /emjəˈleɪʃən/ s emulação; competição.

em·u·lous /ˈemjələs/ adj êmulo; rival.

e·mul·si·fy /ɪˈmʌlsɪfaɪ/ v (emulsifies, emulsifying, emulsified, emulsified) emulsionar; emulsificar.

e·mul·sion /ɪˈmʌlʃən/ s emulsão.

en·a·ble /enˈeɪbəl/ v (enables, enabling, enabled, enabled) habilitar; capacitar; possibilitar; autorizar.

en·act /enˈækt/ v (enacts, enacting, enacted, enacted) 1 decretar; promulgar; sancionar; converter em lei. 2 desempenhar o papel de; atuar.

en·act·ment /enˈæktmənt/ s decretação; lei; sanção; promulgação.

e·nam·el /ɪˈnæməl/ s esmalte. II v (enamels, enameling/enamelling, enameled/ enamelled, enameled/enamelled) esmaltar.

en·am·or /ɪˈnæmə/ v (enamors, enamoring, enamored, enamored) enamorar; cativar; encantar.

e·nate /ˈɪneɪt/ adj 1 externo; que cresce para fora. 2 por parte de mãe (var enatic). II s parente por parte de mãe.

e·nat·ic /ɪˈnætɪk/ adj → enate 2.

en bloc /enˈblɒk/ adv em bloco; por inteiro; todo de uma só vez.

en·cage /enˈkeɪdʒ/ v (encages, encaging, encaged, encaged) engaiolar; encarcerar.

en·camp /enˈkæmp/ v (encamps, encamping, encamped, encamped) acampar.

en·camp·ment /enˈkæmpmənt/ s acampamento.

en·case /enˈkeɪs/ v (encases, encasing, encased, encased) encaixar; envolver. (var incase).

en·caus·tic /enkɔ:stɪk/ s encáustica.

en·ce·phal·ic /ensəfælɪk/ adj encefálico.

en·ceph·a·li·tis /ensefəlaɪtɪs/ s encefalite.

en·ceph·a·lon /ensefələ:n/ s Anat encéfalo. (pl encephala).

en·chain /entʃeɪn/ v (enchains, enchaining, enchained, enchained) acorrentar; prender.

en·chant /entʃænt/ v (enchants, enchanting, enchanted, enchanted) 1 encantar; enfeitiçar. 2 deliciar; deleitar.

en·chant·er /entʃæntər/ s 1 encantador; fascinante. 2 mágico; feiticeiro.

en·chant·ing /entʃæntɪŋ/ adj encantador.

en·chant·ment /entʃæntmənt/ s encantamento; fascinação; feitiço; magia.

en·chant·ress /entʃæntrɪs/ s 1 mulher fascinante, encantadora. 2 feiticeira; bruxa.

en·chase /entʃeɪs/ v (enchases, enchasing, enchased, enchased) cravejar com pedras preciosas; marchetar.

en·cir·cle /ensɜ:rkəl/ v (encircles, encircling, encircled, encircled) cercar; cingir; envolver; rodear.

en·clasp /enklæsp/ v (enclasps, enclasping, enclasped, enclasped) cingir; abraçar. (var inclasp).

en·clit·ic /enklɪtɪk/ s Ling enclítica. ‖ adj enclítico.

en·close /enklouz/ v (encloses, enclosing, enclosed, enclosed) 1 fechar; cercar. 2 conter; envolver. 3 anexar; ajuntar; incluir; inserir. (var inclose).

en·clo·sure /enklouʒər/ s 1 recinto. 2 cerco; cercado. 3 papel ou documento incluso em correspondência.

en·code /enkoud/ v tb Comp (encodes, encoding, encoded, encoded) codificar.

en·com·pass /enkʌmpəs/ v (encompasses, encompassing, encompassed, encompassed) 1 cercar; circundar; cingir. 2 encerrar; fechar; envolver. 3 incluir. 4 cumprir; realizar.

en·core /ɑ:nkɔ:r/ s repetição; bis. ‖ interj bis. ‖ v (encores, encoring, encored, encored) pedir repetição; bisar.

en·coun·ter /enkaʊntər/ s 1 encontro (inesperado). 2 choque; confronto; combate; batalha. ‖ v (encounters, encountering, encountered, encountered) 1 encontrar (casualmente). 2 enfrentar (inimigo).

en·cour·age /enkɜ:rɪdʒ/ v (encourages, encouraging, encouraged, encouraged) animar; encorajar; instigar; estimular.

en·cour·age·ment /enkɜ:rɪdʒmənt/ s encorajamento; incitamento; instigação; estímulo.

en·cour·ag·ing /enkɜ:rədʒɪŋ/ adj animador; encorajador.

en·croach /enkroutʃ/ v (encroaches, encroaching, encroached, encroached) 1 abusar de; usurpar. 2 invadir; transgredir.

en·crust /enkrʌst/ v (encrusts, encrusting, encrusted, encrusted) incrustar; cravar. (var incrust).

en·crust·a·tion /enkrʌsteɪʃən/ → incrustation.

en·crypt /enkrɪpt/ v (encrypts, encrypting, encrypted, encrypted) tb Comp encriptar; codificar.

en·cum·ber /enkʌmbər/ v (encumbers, encumbering, encumbered, encumbered) 1 estorvar; embaraçar. 2 obstruir. 3 onerar; sobrecarregar.

en·cum·brance /enkʌmbrəns/ s 1 estorvo; dificuldade. 2 Jur ônus real.

en·cyc·li·cal /ensɪklɪkəl/ adj encíclico. ‖ s encíclica.

en·cy·clo·pe·di·a /ensaɪkləpi:diə/ s enciclopédia.

en·cy·clo·pe·dic /ensaɪkləpi:dɪk/ adj enciclopédico.

en·cy·clo·pe·dism /ensaɪkləpi:dɪzəm/ s enciclopedismo.

en·cy·clo·pe·dist /ensaɪkləpi:dɪst/ s enciclopedista.

end /end/ s 1 fim; término; conclusão. 2 ponta; extremidade. 3 morte. 4 fim; finalidade. 5 resultado; meta. ‖ v (ends, ending, ended, ended) 1 acabar; terminar; expirar. 2 morrer. 3 destruir; matar; liquidar. ♦ make ends meet viver dentro do orçamento. at the end of one's tether/ rope no limite da paciência ou das forças.

en·dan·ger /endeɪndʒər/ v (endangers, endangering, endangered, endangered) arriscar; comprometer; expor ao perigo; pôr em risco.

en·dan·gered /end_e_indʒə-d/ *adj* ameaçado de extinção.

en·dear /endɪr/ *v* (**endears, endearing, endeared, endeared**) mostrar-se amável; manifestar carinho.

en·dear·ing /endɪrɪŋ/ *adj* afetuoso; carinhoso; cativante.

en·dear·ment /endɪrmənt/ *s* 1 afeto; estima. 2 meiguice; mostra de afeto; carícia.

en·deav·or /endevə/ *v* (**endeavors, endeavoring, endeavored, endeavored**) esforçar-se; empenhar-se; procurar; tentar. II *s* esforço; empenho; tentativa.

en·dem·ic /endemɪk/ *adj* endêmico.

end·ing /endɪŋ/ *s* 1 fim; término; conclusão. 2 *Gram* desinência; terminação.

en·dive /endaɪv, ɑ:ndiːv/ *s* endívia; chicória.

end·less /endləs/ *adj* interminável; infinito; perpétuo; incessante.

end·most /endmoust/ *adj* o mais próximo do fim; último.

end·note /endnout/ *s* nota final (livro).

en·do·cri·nol·o·gist /endoukrɪnɑ:lədʒɪst/ *s* endocrinologista.

en·do·cri·nol·o·gy /endoukrɪnɑ:lədʒi/ *s* endocrinologia.

en·dog·a·my /endɑ:gəmi/ *s* endogamia.

en·dorse /endɔ:rs/ *v* (**endorses, endorsing, endorsed, endorsed**) 1 endossar; rubricar; autenticar. 2 apoiar; defender. (*var* **indorse**).

en·dorse·ment /endɔ:rsmənt/ *s* 1 endosso; sanção; confirmação. 2 aprovação; apoio. 3 alteração (em contrato).

en·dors·er /endɔ:rsə/ *s* endossante.

en·dow /endaʊ/ *v* (**endows, endowing, endowed, endowed**) 1 dotar; doar; favorecer. 2 beneficiar com algum dom; prendar.

en·dow·ment /endaʊmənt/ *s* 1 doação; dotação. 2 dote; dom natural.

end product *s* produto final; produto acabado.

end table *s* mesa de canto.

en·due /enduː/ *v* (**endues, enduing, endued, endued**) 1 vestir. 2 dotar; investir; prover. (*var* **indue**).

en·dur·a·ble /endurəbəl/ *adj* suportável; sofrível; tolerável.

en·dur·ance /endurəns/ *s* 1 resistência; capacidade de suportar. 2 perseverança. 3 durabilidade; duração.

en·dure /endur/ *v* (**endures, enduring, endured, endured**) 1 tolerar; suportar. 2 durar; resistir.

en·dur·ing /endurɪŋ/ *adj* 1 resistente; duradouro; durável. 2 paciente; tolerante.

en·dur·o /endurou/ *s Esp* enduro. (*pl* **enduros**).

end use *s* uso final; finalidade. (*tb* **end-use**).

end user *s* usuário final. (*tb* **end-user**).

end·ways /endweɪz/ → **endwise**

end·wise /endwaɪz/ *adv* 1 em pé; a prumo. 2 de ponta a ponta. 3 longitudinalmente. (*var* **endways**).

en·e·my /enəmi/ *s* inimigo; rival; adversário. (*pl* **enemies**). II *adj* inimigo.

en·er·get·ic /enədʒetɪk/ *adj* energético; ativo.

en·er·get·ics /enədʒetɪks/ *s us v sing Fís* energética.

en·er·gize /enədʒaɪz/ *v* (**energizes, energizing, energized, energized**) 1 ativar; energizar. 2 suprir com corrente elétrica.

en·er·gy /enədʒi/ *s 1 tb Fís* energia. 2 vigor; força; potência. (*pl* **energies**).

en·er·vate /enəveɪt/ *v* (**enervates, enervating, enervated, enervated**) enervar; debilitar; enfraquecer; derrotar. II *adj* enervado; debilitado; esgotado; enfraquecido.

en·er·va·tion /enəveɪʃən/ *s* enervação; debilitação; fraqueza.

en·fee·ble /enfiːbəl/ *v* (**enfeebles, enfeebling, enfeebled, enfeebled**) enfraquecer; debilitar.

en·fee·ble·ment /enfiːbəlmənt/ *s* enfraquecimento; debilitação.

en·fold /enfould/ *v* (**enfolds, enfolding, enfolded, enfolded**) 1 envolver; embrulhar. 2 abraçar.

en·force /enfɔ:rs/ *v* (**enforces, enforcing, enforced, enforced**) 1 forçar a observância e obediência a. 2 impor; compelir. 3 reforçar.

en·fran·chise /enfræntʃaɪz/ *v* (**enfranchises, enfranchising, enfranchised, enfranchised**) 1 franquear; liberar. 2 conferir direitos civis a. 3 emancipar; alforriar.

en·gage /engeɪdʒ/ v (engages, engaging, engaged, engaged) 1 contratar (serviços). 2 reservar; alugar; encomendar; mandar reservar. 3 assumir compromisso (de casamento). 4 ocupar; requerer; exigir. 5 atrair; cativar; agradar. 6 travar combate com. 7 empenhar; comprometer; prometer. 8 envolver-se; ocupar-se.

en·gaged /engeɪdʒd/ adj 1 empregado; ocupado. 2 comprometido (com uma causa). 3 noivo. 4 envolvido em batalha. 5 Mec engrenado. 6 Arq embutido.

en·gage·ment /engeɪdʒmənt/ s 1 compromisso. 2 noivado. 3 empenho. 4 batalha; combate.

engagement ring s anel de noivado.

en·gag·ing /engeɪdʒɪŋ/ adj atraente; encantador.

en·gen·der /endʒendə/ v (engenders, engendering, engendered, engendered) gerar; engendrar; produzir; procriar; propagar.

en·gine /endʒɪn/ s 1 máquina. 2 motor; mecanismo. 3 locomotiva. II v (engines, engining, engined, engined) equipar com motor ou mecanismo.

engine block s bloco do motor.

en·gi·neer /endʒɪnɪr/ s 1 engenheiro. 2 maquinista. II v (engineers, engineering, engineered, engineered) 1 executar; projetar (obras de engenharia). 2 alterar ou produzir através da engenharia genética. 3 dirigir; manejar; arranjar.

en·gi·neer·ing /endʒɪnɪrɪŋ/ s 1 engenharia. 2 manejo; manobra; direção.

Eng·land /ɪŋglənd/ s Inglaterra.

Eng·lish /ɪŋglɪʃ/ adj e s inglês (idioma). II v (Englishes, Englishing, Englished, Englished) 1 traduzir para o inglês. 2 anglicizar.

English Channel Canal da Mancha.

Eng·lish·man /ɪŋglɪʃmən/ s masc inglês.

Eng·lish·wom·an /ɪŋglɪʃwʊmən/ s fem inglesa.

en·gorge /engɔːrdʒ/ v (engorges, engorging, engorged, engorged) 1 devorar; engolir. 2 empanturrar-se. 3 abarrotar.

en·graft /engræft/ v (engrafts, engrafting, engrafted, engrafted) 1 enxertar. 2 implantar; incorporar.

en·graft·ment /engræftmənt/ s 1 enxerto. 2 implantação.

en·grave /engreɪv/ v (engraves, engraving, engraved, engraved) 1 gravar; esculpir; entalhar. 2 estampar; imprimir.

en·grav·ing /engreɪvɪŋ/ s 1 estampa; gravura. 2 gravação; arte de gravar.

en·gross /engrous/ v (engrosses, engrossing, engrossed, engrossed) 1 monopolizar. 2 absorver; ocupar (tempo, atenção, etc.). 3 transcrever; passar a limpo.

en·gulf /engʌlf/ v (engulfs, engulfing, engulfed, engulfed) engolfar; tragar; engolir.

en·hance /enhæns/ v (enhances, enhancing, enhanced, enhanced) realçar; acentuar; intensificar; elevar.

e·nig·ma /ɪnɪgmə/ s enigma; mistério.

en·ig·mat·ic /enɪgmætɪk/ adj enigmático; obscuro; ambíguo. (var enigmatical).

en·ig·mat·i·cal /enɪgmætɪkəl/ → enigmatic.

en·join /endʒɔɪn/ v (enjoins, enjoining, enjoined, enjoined) 1 impor; ordenar; ditar; prescrever. 2 proibir.

en·joy /endʒɔɪ/ v (enjoys, enjoying, enjoyed, enjoyed) 1 gostar de; apreciar. 2 gozar; desfrutar. 3 divertir-se.

en·joy·a·ble /endʒɔɪəbəl/ adj agradável; divertido.

en·joy·ment /endʒɔɪmənt/ s 1 alegria; divertimento. 2 gozo; fruição; desfrute; prazer.

en·kin·dle /enkɪndl/ v (enkindles, enkindling, enkindled, enkindled) acender; inflamar; pegar fogo.

en·lace /enleɪs/ v (enlaces, enlacing, enlaced, enlaced) enlaçar; entrelaçar; abraçar; envolver.

en·large /enlɑːrdʒ/ v (enlarges, enlarging, enlarged, enlarged) 1 aumentar; expandir; ampliar; crescer. 2 engrandecer.

en·large·ment /enlɑːrdʒmənt/ s aumento; ampliação.

en·light·en /enlaɪtən/ v (enlightens, enlightening, enlightened, enlightened) 1 iluminar (espírito). 2 esclarecer; informar; instruir.

en·light·en·ment /enlaɪtənmənt/ s 1 esclarecimento; conhecimento. 2 maiús Iluminismo.

en·list /enlɪst/ v (enlists, enlisting, enlisted, enlisted) 1 alistar-se no exército. 2 abraçar uma causa. 3 inscrever-se.

enlisted man s Mil praça, militar que não tem patente de oficial.

en·list·ment /enlɪstmənt/ s alistamento; recrutamento.

en·liv·en /enlaɪvən/ v (enlivens, enlivening, enlivened, enlivened) animar; alegrar; agitar.

en·mesh /enmeʃ/ v (enmeshes, enmeshing, enmeshed, enmeshed) enredar; emaranhar; confundir.

cn·mi·ty /cnməti/ s inimizade; hostilidade. (pl enmities).

en·no·ble /enoʊbəl/ v (ennobles, ennobling, ennobled, ennobled) enobrecer; nobilitar; dignificar.

en·no·ble·ment /enoʊbəlmənt/ s enobrecimento.

en·nui /ɑːnwiː, ɑːnwi/ s tédio; enfado.

e·nor·mi·ty /ɪnɔːrməti/ s 1 enormidade. 2 atrocidade; monstruosidade; perversidade; barbaridade. (pl enormities).

e·nor·mous /ɪnɔːrməs/ adj enorme; vasto; imenso.

e·nor·mous·ness /ɪnɔːrməsnəs/ s enormidade; vastidão; imensidade.

e·nough /ɪnʌf/ adj suficiente; bastante. II adv suficientemente; bastante. II interj basta; chega. ♦ I have had enough of it estou farto disto.

e·nounce /ɪnaʊns/ v (enounces, enouncing, enounced, enounced) declarar; afirmar; enunciar; exprimir.

e·nounce·ment /ɪnaʊnsmənt/ s enunciação.

en·quire /enkwaɪə/ → inquire.

en·quir·y /enkwaɪri, ɪnkwəi/ → inquiry.

en·rage /enreɪdʒ/ v (enrages, enraging, enraged, enraged) enraivecer; enfurecer.

en·rapt /enræpt/ adj encantado; extasiado.

en·rap·ture /enræptʃə/ v (enraptures, enrapturing, enraptured, enraptured) encantar; extasiar; maravilhar.

en·rich /enrɪtʃ/ v (enriches, enriching, enriched, enriched) 1 enriquecer. 2 valorizar. 3 beneficiar; melhorar. 4 adubar.

en·rich·ment /enrɪtʃmənt/ s 1 enriquecimento. 2 melhoramento; embelezamento.

en·rol /enroʊl/ → enroll.

en·roll /enroʊl/ v (enrolls, enrolling, enrolled, enrolled) 1 registrar; inscrever; matricular; alistar. 2 embrulhar; enrolar. (var enrol).

en·roll·ment /enroʊlmənt/ s inscrição; matrícula; alistamento. (var enrolment).

en·rol·ment /enroʊlmənt/ → enrollment.

en·root /enruːt/ v (enroots, enrooting, enrooted, enrooted) enraizar; implantar.

en·san·guine /ensæŋgwɪn/ v (ensanguines, ensanguining, ensanguined, ensanguined) ensangüentar; manchar com sangue.

en·sconce /enskɑːns/ v (ensconces, ensconcing, ensconced, ensconced) esconder; abrigar.

en·sem·ble /ɑːnsɑːmbəl/ s tb Mús conjunto; grupo.

en·shrine /enʃraɪn/ v (enshrines, enshrining, enshrined, enshrined) 1 guardar como relíquia; pôr em relicário. 2 cultuar; venerar. (var inshrine).

en·shroud /enʃraʊd/ v (enshrouds, enshrouding, enshrouded, enshrouded) encobrir; ocultar.

en·sign /ensaɪn/ s 1 bandeira; estandarte (de navio, exército, etc.). 2 alferes; guarda-marinha. 3 insígnia; emblema; distintivo.

en·slave /ensleɪv/ v (enslaves, enslaving, enslaved, enslaved) escravizar.

en·slave·ment /ensleɪvmənt/ s escravização.

en·slav·er /ensleɪvə/ s escravocrata.

en·snare /ensneə/ v (ensnares, ensnaring, ensnared, ensnared) apanhar numa armadilha. (var insnare).

en·sue /ensuː/ v (ensues, ensuing, ensued, ensued) advir; resultar; suceder.

en·sure /enʃʊr/ v (ensures, ensuring, ensured, ensured) assegurar; garantir.

ENT abrev Med de ear, nose and throat; ouvido, nariz e garganta; otorrinolaringologia.

en·tail /enteɪl/ v (entails, entailing, entailed, entailed) Jur 1 vincular bens de raiz; transmitir por herança. 2 impor; requerer; exigir. II s Jur 1 vínculo de bens de raiz. 2 herança inalienável.

en·tail·ment /enteɪlmənt/ s Jur vínculo de bens de raiz.

en·tan·gle /ɛnˈtæŋgəl/ v (entangles, entangling, entangled, entangled) 1 emaranhar; enredar; embaraçar. 2 complicar; confundir.

en·tan·gle·ment /ɛnˈtæŋgəlmənt/ s 1 emaranhamento; embaraço. 2 complicação; confusão.

en·ter /ˈɛntə/ v (enters, entering, entered, entered) 1 entrar; ingressar. 2 penetrar; perfurar. 3 introduzir; inserir. 4 registrar; matricular; alistar; associar. 5 escriturar; lançar; fazer o lançamento de. 6 Jur apresentar queixa.

en·ter·al /ˈɛntərəl/ → enteric.

en·ter·ic /ɛnˈtɛrɪk/ adj Anat entérico; intestinal. (var enteral).

enteric fever s Med febre entérica; febre tifóide.

en·ter·prise /ˈɛntəpraɪz/ s 1 empresa; empreitada; empreendimento. 2 arrojo; espírito de aventura.

en·ter·pris·ing /ˈɛntəpraɪzɪŋ/ adj empreendedor; arrojado.

en·ter·tain /ɛntəˈteɪn/ v (entertains, entertaining, entertained, entertained) 1 entreter; distrair. 2 receber visita; hospedar. 3 nutrir; considerar (idéia, sentimento).

en·ter·tain·er /ɛntəˈteɪnə/ s 1 anfitrião. 2 aquele que diverte profissionalmente; artista de teatro de variedades.

en·ter·tain·ing /ɛntəˈteɪnɪŋ/ adj divertido; alegre; recreativo.

en·ter·tain·ment /ɛntəˈteɪnmənt/ s entretenimento; divertimento; distração; passatempo; diversão.

en·thrall /ɛnˈθrɔːl/ v (enthralls, enthralling, enthralled, enthralled) 1 dominar; escravizar; subjugar; submeter. 2 enfeitiçar; cativar; fascinar. (var inthrall).

en·thrall·ment /ɛnˈθrɔːlmənt/ s 1 domínio; escravidão. 2 fascínio; encantamento.

en·throne /ɛnˈθroʊn/ v (enthrones, enthroning, enthroned, enthroned) 1 entronizar; entronar. 2 exaltar. (var inthrone).

en·throne·ment /ɛnˈθroʊnmənt/ s 1 entronização. 2 exaltação.

en·thuse /ɛnˈθuːz/ v (enthuses, enthusing, enthused, enthused) entusiasmar.

en·thu·si·asm /ɛnˈθuːziæzəm/ s entusiasmo.

en·thu·si·ast /ɛnˈθuːziæst/ s entusiasta.

en·thu·si·as·tic /ɛnθuːziˈæstɪk/ adj entusiástico.

en·tice /ɛnˈtaɪs/ v (entices, enticing, enticed, enticed) atrair; seduzir; induzir; instigar.

en·tice·ment /ɛnˈtaɪsmənt/ s atração; sedução; indução; instigação.

en·tic·er /ɛnˈtaɪsə/ s tentador; sedutor; instigador.

en·tire /ɛnˈtaɪə/ adj 1 inteiro; todo; completo. 2 ileso; intacto. 3 contínuo; inteiriço. 4 puro; sem mistura; homogêneo. 5 não castrado (animal). ll s 1 todo; total; totalidade; integridade. 2 garanhão; cavalo reprodutor.

en·tire·ly /ɛnˈtaɪəli/ adv 1 inteiramente; completamente; totalmente. 2 unicamente; exclusivamente.

en·tire·ty /ɛnˈtaɪərəti/ s inteireza; integridade; conjunto; todo; totalidade. (pl entireties).

en·ti·tle /ɛnˈtaɪtl/ v (entitles, entitling, entitled, entitled) 1 intitular; denominar. 2 dar direito a; habilitar; autorizar.

en·ti·ty /ˈɛntəti/ s 1 entidade. 2 existência. 3 ente. (pl entities).

en·tomb /ɛnˈtuːm/ v (entombs, entombing, entombed, entombed) 1 enterrar; sepultar. 2 servir de túmulo a.

en·tomb·ment /ɛnˈtuːmmənt/ s sepultamento.

en·to·mo·log·ic /ɛntəməˈlɑːdʒɪk/ adj entomológico. (var entomological).

en·to·mo·log·i·cal /ɛntəməˈlɑːdʒɪkəl/ → entomologic.

en·to·mol·o·gist /ɛntəˈmɑːlədʒɪst/ s entomologista.

en·to·mol·o·gy /ɛntəˈmɑːlədʒi/ s entomologia.

en·tou·rage /ɑːntʊˈrɑːʒ/ s 1 comitiva; séquito. 2 meio; ambiente; círculo de relações.

en·trails /ˈɛntreɪlz/ s pl 1 entranhas; vísceras. 2 parte interna de qualquer coisa.

en·trance /ˈɛntrəns/ s 1 entrada (ato de entrar); ingresso. 2 local por onde se entra; porta; portão; acesso. 3 admissão;

acolhimento. **4** *Teat* entrada em cena. ||
/entræns/ v (**entrances, entrancing, entranced, entranced**) **1** entrar em transe
hipnótico. **2** encantar; extasiar; fascinar;
maravilhar.

entrance examination s exame de admissão.

entrance fee s taxa de matrícula ou de inscrição.

en·trant /entrənt/ s estreante; participante.

en·trap /entræp/ v (**entraps, entrapping,
entrapped, entrapped**) **1** apanhar em
armadilha. **2** armar cilada.

en·treat /entri:t/ v (**entreats, entreating,
entreated, entreated**) suplicar; implorar;
rogar. (*var* **intreat**)

en·treat·y /entri:ti/ s pedido; solicitação;
súplica. (*pl* **entreaties**).

en·tre·pôt /ɑ:ntrəpou/ s entreposto; armazém.

en·tre·pre·neur /ɑ:ntrəprənɜ:r, ɑ:ntrəprənur/
s empresário; diretor de empresa; organizador; empreendedor.

en·tro·py /entrəpi/ s *Fís* entropia. (*pl*
entropies).

en·trust /entrʌst/ v (**entrusts, entrusting,
entrusted, entrusted**) **1** confiar; depositar em confiança. **2** incumbir; entregar
aos cuidados de. (*var* **intrust**).

en·try /entri/ s **1** entrada; ingresso. **2**
acesso; portão; porta. **3** saguão; vesti-
bulo. **4** inscrição; registro; apontamento. **5** verbete. **6** competidor; participante de concurso. (*pl* **entries**).

en·try-lev·el /entriləvəl/ adj básico; próprio
para principiantes.

en·try·way /entriwei/ s passagem; entrada.

en·twine /entwaɪn/ v (**entwines, entwining,
entwined, entwined**) entrelaçar; enlaçar;
enroscar. (*var* **intwine**).

en·twist /entwɪst/ v (**entwists, entwisting,
entwisted, entwisted**) torcer; retorcer;
enrolar; enroscar; entrelaçar. (*var* **intwist**).

e·nu·mer·ate /ɪnu:məreɪt, ɪnju:məreɪt/ v
(**enumerates, enumerating, enumerated,
enumerated**) **1** enumerar; contar. **2** especificar.

e·nu·mer·a·tion /ɪnu:məreɪʃən, ɪnju:məreɪʃən/
s enumeração; contagem.

e·nu·mer·a·tive /ɪnu:məˈətɪv, ɪnju:məˈətɪv/
adj enumerativo.

e·nun·ci·ate /ɪnʌnsiet/ v (**enunciates, enun-
ciating, enunciated, enunciated**) **1** pronunciar; articular. **2** proferir. **3** anunciar; proclamar.

e·nun·ci·a·tion /ɪnʌnsieɪʃən/ s **1** pronúncia; enunciação. **2** manifesto; declaração.

e·nun·ci·a·tive /ɪnʌnsiətɪv/ adj enunciativo.

en·vel·op /enveləp/ v (**envelops, enveloping,
enveloped, enveloped**) **1** envolver; envelopar; embrulhar. **2** *Mil* cercar o inimigo.

en·ve·lope /envəloup, ɑ:nvəloup/ s **1** envelope. **2** invólucro; capa.

en·ven·om /envenəm/ v (**envenoms, enven-
oming, envenomed, envenomed**) **1** *tb fig*
envenenar. **2** amargurar.

en·vi·a·ble /enviəbəl/ adj invejável.

en·vi·ous /enviəs/ adj invejoso.

en·vi·ron /envaɪrən, envaɪə-n/ v (**environs,
environing, environed, environed**) cercar;
rodear; circundar. ◆ **environs** **1** arredores; cercanias. **2** subúrbio.

en·vi·ron·ment /envaɪrənmənt, envaɪə-nmənt/
s **1** ambiente; meio ambiente. **2** arredores; mediações.

en·vi·ron·men·tal /envaɪrənməntəl,
envaɪə-nməntəl/ adj ambiental.

en·vi·ron·men·tal·ism /envaɪrənmentəlɪzəm,
envaɪə-nmentəlɪzəm/ s ambientalismo.

en·vi·ron·men·tal·ist /envaɪrənmentəlɪst,
envaɪə-nmentəlɪst/ s ambientalista.

en·vis·age /envɪzɪdʒ/ v (**envisages, envis-
aging, envisaged, envisaged**) considerar;
imaginar.

en·vi·sion /envɪʒən/ v (**envisions, envi-
sioning, envisioned, envisioned**) imaginar;
prever.

en·voy /envɔɪ, envɔɪ/ s **1** enviado em missão diplomática. **2** mensageiro; emissário.

en·vy /envi/ s inveja; cobiça; ciúme. (*pl* **en-
vies**). || v (**envies, envying, envied, envied**)
invejar; cobiçar; desejar com ardor.

en·wrap /enræp/ v (**enwraps, enwrapping,
enwrapped, enwrapped**) **1** embrulhar;
envelopar. **2** envolver; atrair. (*var* **inwrap**).

en·zyme /enzaɪm/ s enzima.

e·phem·er·al /ɪfɛ̣məəl/ adj efêmero; transitório.

ep·ic /ɛpɪk/ s epopéia. || adj épico.

ep·i·cene /ɛpɪsiːn/ adj e s **1** hermafrodita; andrógino; efeminado; assexuado. **2** Gram epiceno.

ep·i·cen·ter /ɛpɪsentə/ s Geol epicentro.

ep·i·cure /ɛpɪkjʊr/ s **1** epicurista. **2** gourmet; gastrônomo.

ep·i·cu·re·an /ɛpɪkjʊriːən/ adj epicurista.

ep·i·cur·ism /ɛpɪkjʊrɪzəm/ s epicurismo.

ep·i·cy·cle /ɛpəsaɪkəl/ s epiciclo.

ep·i·cy·clic /ɛpəsaɪklɪk, ɛpəsɪklɪk/ adj epiciclico.

ep·i·dem·ic /ɛpədɛmɪk/ adj epidêmico. (var epidemical). || s epidemia.

ep·i·dem·i·cal /ɛpədɛmɪkəl/ adj → epidemic.

ep·i·der·mis /ɛpədɜːrmɪs/ s epiderme.

ep·i·der·moid /ɛpədɜːrmɔɪd/ adj composto de ou semelhante à epiderme.

ep·i·du·ral /ɛpədʊrəl/ adj peridural. || s injeção peridural.

epidural anesthesia s anestesia peridural.

ep·i·glot·tis /ɛpəglɑːtɪs/ s Anat epiglote. (pl epiglottises ou epiglottides /ɛpəglɑːtɪdiːz/).

ep·i·gram /ɛpəgræm/ s epigrama.

ep·i·gram·mat·ic /ɛpəgrəmætɪk/ adj epigramático; satírico; mordaz. (var epigrammatical).

ep·i·gram·mat·i·cal /ɛpəgrəmætɪkəl/ adj → epigrammatic.

ep·i·graph /ɛpəgræf/ s epígrafe.

e·pig·ra·phy /ɛpɪgrəfi/ s epigrafia.

ep·i·lep·sy /ɛpɪlepsi/ s Med epilepsia. (pl epilepsies).

ep·i·lep·tic /ɛpɪleptɪk/ adj e s epiléptico.

ep·i·log /ɛpəlɑːg/ → epilogue.

ep·i·logue /ɛpəlɑːg/ s epílogo; conclusão; fim de obra literária. (var epilog).

e·piph·a·ny /ɪpɪfəni/ s **1** epifania; manifestação divina. **2** maiús Dia de Reis (6 de janeiro). (pl epiphanies).

e·pis·co·pa·cy /ɪpɪskəpəsi/ → episcopate. (pl episcopacies).

e·pis·co·pate /ɪpɪskəpət/ s episcopado; bispado. (var episcopacy).

ep·i·sode /ɛpəsoʊd/ s episódio.

ep·i·sod·ic /ɛpəsɑːdɪk/ adj episódico. (var episodical).

ep·i·sod·i·cal /ɛpəsɑːdɪkəl/ → episodic.

e·pis·te·mol·o·gy /ɪpɪstəmɑːlədʒi/ s epistemologia.

e·pis·tle /ɪpɪsəl/ s epístola; carta; missiva.

e·pis·to·lar·y /ɪpɪstəleri/ adj epistolar.

ep·i·taph /ɛpətæf/ s epitáfio.

ep·i·tha·la·mi·on /ɛpɪθələɪmiən/ → epithalamium.

ep·i·tha·la·mi·um /ɛpɪθələɪmiəm/ s epitalâmio. (pl epithalamiums ou epithalamia /ɛpɪθələɪmiə/. var epithalamion).

ep·i·the·li·um /ɛpɪθiːliəm/ s Biol epitélio. (pl epitheliums ou epithelia /ɛpɪθiːliə/).

ep·i·thet /ɛpɪθet/ s epíteto; apelido.

e·pit·o·me /ɪpɪtəmi/ s epítome; resumo.

e·pit·o·mize /ɪpɪtəmaɪz/ v (epitomizes, epitomizing, epitomized, epitomized) epitomar; resumir; sintetizar.

ep·och /ɛpək, iːpɑːk/ s época; era; tempo; período.

ep·och·al /ɛpəkəl/ adj memorável; notável; que marcou época.

ep·och·mak·ing /ɛpəkəmeɪkɪŋ/ adj que marcou época; memorável; histórico.

ep·ode /ɛpoʊd/ s epodo.

ep·o·nym /ɛpənɪm/ s epônimo.

ep·o·pee /ɛpəpiː/ s epopéia; poema épico.

ep·os /ɛpɑːs/ s epopéia; conjunto de poemas épicos.

eq·ua·ble /ɛkwəbəl, iːkwəbəl/ adj **1** igual; uniforme. **2** tranqüilo; calmo.

e·qual /iːkwəl/ v (equals, equaling/equalling, equaled/equalled, equaled/equalled) igualar; equiparar. || adj **1** tb Mat igual; idêntico. **2** imparcial; justo. || s igual; da mesma condição ou categoria.

e·qual·i·ty /ɪkwɑːləti/ s tb Mat igualdade; uniformidade; eqüidade. (pl equalities).

e·qual·i·za·tion /iːkwəlɪzeɪʃən/ s **1** igualação; nivelamento. **2** compensação; equilíbrio. **3** Eletrôn equalização.

e·qual·ize /iːkwəlaɪz/ v (equalizes, equalizing, equalized, equalized) equalizar; igualar; uniformizar.

e·qual·iz·er /iːkwəlaɪzə/ s **1** igualador; compensador. **2** Eletrôn equalizador. **3** gír revólver ou outra arma.

equal sign s Mat sinal de igual (=).

e·qua·nim·i·ty /ɛkwənɪməti, iːkwənɪməti/ s equanimidade; serenidade.

e·quate /ɪkweɪt/ v (equates, equating, equated, equated) 1 igualar; equiparar. 2 Mat equacionar.

e·qua·tion /ɪkweɪʒən/ s 1 igualação; igualdade; equilíbrio. 2 Mat, Astron e Quím equação.

e·qua·tor /ɪkweɪtə/ s equador.

e·qua·to·ri·al /ɛkwətɔːriəl/ adj equatorial.

equatorial current s corrente equatorial.

E·qua·to·ri·al Guin·ea /ɛkwətɔːriəl gɪni/ s Guiné Equatorial.

E·qua·to·ri·al Guin·ean /ɛkwətɔːriəl gɪniən/ s e adj guinéu-equatoriano.

eq·uer·ry /ɛkwəɪ/ s cavalariço; escudeiro. (pl equerries).

e·ques·tri·an /ɪkwɛstriən/ adj eqüestre. ‖ s cavaleiro; ginete.

e·qui·an·gu·lar /iːkwiæŋgjʊlə/ adj equiângulo.

e·qui·dis·tant /iːkwɪdɪstənt/ adj eqüidistante.

e·qui·lat·er·al /iːkwəlætərəl, ɛkwəlætərəl/ adj eqüilateral.

e·quil·i·brate /ɪkwɪləbreɪt/ v (equilibrates, equilibrating, equilibrated, equilibrated) equilibrar.

e·quil·i·bra·tion /ɪkwɪlɪbreɪʒən/ s equilibração; equilíbrio.

e·quil·i·brist /ɪkwɪləbrɪst/ s equilibrista.

e·qui·lib·ri·um /iːkwəlɪbriəm, ɛkwəlɪbriəm/ s equilíbrio. (pl equilibriums ou equilibria /iːkwəlɪbriə, ɛkwəlɪbriə/).

e·quine /iːkwaɪn, ɛkwaɪn/ adj eqüino.

e·qui·noc·tial /iːkwɪnɑːkʃəl, ɛkwɪnɑːkʃəl/ adj equinocial. ‖ s 1 equador celeste. 2 tempestade equinocial.

equinoctial circle s equador celeste.

e·qui·nox /iːkwɪnɑːks, ɛkwɪnɑːks/ s Astron equinócio.

e·quip /ɪkwɪp/ v (equips, equipping, equipped, equipped) equipar; prover; munir.

eq·ui·page /ɛkwɪpɪdʒ/ s 1 equipagem; equipamento. 2 carruagem. 3 comitiva.

e·quip·ment /ɪkwɪpmənt/ s equipamento; aparelhamento.

e·qui·poise /ɛkwɪpɔɪz, iːkwɪpɔɪz/ s equilíbrio; contrapeso.

eq·ui·ta·ble /ɛkwɪtəbəl/ adj eqüitativo; justo; imparcial.

eq·ui·ta·ble·ness /ɛkwɪtəbəlnəs/ s eqüidade; justiça.

eq·ui·ta·tion /ɛkwɪteɪʒən/ s equitação.

eq·ui·ty /ɛkwɪti/ s 1 eqüidade; justiça. 2 Jur imparcialidade; retidão. 3 valor líquido; lucro líquido. (pl equities).

e·quiv·a·lence /ɪkwɪvələns/ s equivalência. (var equivalency).

e·quiv·a·len·cy /ɪkwɪvələnsi/ → equivalence. (pl equivalencies).

e·quiv·a·lent /ɪkwɪvələnt/ adj equivalente.

e·quiv·o·cal /ɪkwɪvəkəl/ adj 1 ambíguo. 2 duvidoso. 3 enigmático; obscuro.

e·quiv·o·cate /ɪkwɪvəkeɪt/ v (equivocates, equivocating, equivocated, equivocated) usar expressões ambíguas intencionalmente.

e·quiv·o·ca·tion /ɪkwɪvəkeɪʃən/ s 1 ambigüidade. 2 evasiva; subterfúgio.

eq·ui·voke /ɛkwəvoʊk/ → equivoque.

eq·ui·voque /ɛkwəvoʊk/ s 1 palavra, frase ou expressão ambígua. 2 trocadilho. 3 ambigüidade. (var equivoke).

ER abrev de emergency room; sala de emergência (em hospital).

e·ra /ɪrə, ɛrə/ s era; época.

e·rad·i·ca·ble /ɪrædɪkəbəl/ adj erradicável.

e·rad·i·cate /ɪrædɪkeɪt/ v (eradicates, eradicating, eradicated, eradicated) erradicar; eliminar; exterminar; desarraigar.

e·rad·i·ca·tion /ɪrædɪkeɪʃən/ s erradicação; extermínio.

e·ras·a·ble /ɪreɪsəbəl/ adj delével.

e·rase /ɪreɪs/ v (erases, erasing, erased, erased) apagar.

e·ras·er /ɪreɪsə/ s borracha; apagador.

e·ra·sure /ɪreɪʃə/ s rasura; borrão; mancha.

ere /er/ prep e conj antes de; antes que.

e·rect /ɪrɛkt/ v (erects, erecting, erected, erected) erigir; erguer; edificar; levantar. ‖ adj ereto; levantado; erguido.

e·rec·tile /ɪrɛktəl, ɪrɛktaɪl/ adj erétil.

e·rec·tion /ɪrɛkʃən/ s 1 ereção. 2 construção; edificação.

e·rect·ness /ɪrɛktnəs/ s ereção; firmeza.

er·e·mite /ɛrɪmaɪt/ s eremita.

er·go·nom·ic /ɜ:rgənɑ:mɪk/ *adj* ergonômico.

er·go·nom·ics /ɜ:rgənɑ:mɪks/ *s us v sing* ergonomia.

e·ris·tic /ɪrɪstɪk/ *adj* controverso; propenso a discutir. (*var* eristical). ‖ *s* **1** polemista. **2** erística.

e·ris·ti·cal /ɪrɪstɪkəl/ → eristic.

Er·i·tre·a /erɪtri:ə/ *s* Eritréia.

Er·i·tre·an /erɪtri:ən/ *s* nativo da Eritréia. ‖ *adj* relativo ou pertencente à Eritréia.

er·mine /ɜ:rmɪn/ *s* arminho; pele de arminho.

e·rode /ɪroʊd/ *v* (**erodes, eroding, eroded, eroded**) erodir; corroer; desgastar-se.

e·rod·i·ble /ɪroʊdbəl/ *adj* corrosível.

e·rog·e·nous /ɪrɑ:dʒɪnəs/ *adj* erógeno.

e·ro·sion /ɪroʊʒən/ *s* erosão; desgaste; corrosão.

e·ro·sive /ɪroʊsɪv/ *adj* erosivo.

e·rot·ic /ɪrɑ:tɪk/ *adj* erótico.

e·rot·i·cism /ɪrɑ:təsɪzəm/ *s* erotismo. (*var* erotism).

er·o·tism /erətɪzəm/ → eroticism.

err /ɜ:r, er/ *v* (**errs, erring, erred, erred**) **1** errar; enganar-se. **2** proceder mal; pecar.

er·rand /erənd/ *s* pequena missão ou incumbência.

er·rant /erənt/ *adj* **1** errante; nômade. **2** desnorteado; desgarrado.

er·rant·ry /erəntri/ *s* vida errante.

er·rat·ic /ɪrætɪk/ *adj* errante; errático; irregular.

er·ra·tum /ɪrɑ:təm, ɪreɪtəm/ *s* errata; erro tipográfico. (*pl* **errata** /ɪrɑ:tə, ɪreɪtə/).

er·ro·ne·ous /əroʊniəs/ *adj* errôneo; errado; inexato; incorreto.

er·ror /erə/ *s* erro; engano; equívoco; incorreção.

error message *s Comp* mensagem de erro.

e·ruct /ɪrʌkt/ *v* (**eructs, eructing, eructed, eructed**) arrotar.

e·ruc·ta·tion /i:rʌkteɪʃən/ *s* eructação; arroto.

er·u·dite /erjədaɪt/ *adj* erudito; instruído; sábio.

er·u·dite·ness /erjədaɪtnəs/ → erudition.

er·u·di·tion /erju:dɪʃən/ *s* erudição; conhecimento; cultura. (*var* eruditeness).

e·rupt /ɪrʌpt/ *v* (**erupts, erupting, erupted, erupted**) **1** expelir; descarregar. **2** sair com violência; escapar-se. **3** estourar; explodir. **4** romper ou nascer (dente). **5** entrar em erupção.

e·rup·tion /ɪrʌpʃən/ *s* **1** erupção (*tb* cutânea). **2** emissão violenta; explosão. **3** nascimento de dente.

es·ca·lade /eskəleɪd/ *s Mil* escalada; subida e ataque a fortificações inimigas.

es·ca·late /eskəleɪt/ *v* (**escalates, escalating, escalated, escalated**) aumentar progressivamente; intensificar; expandir.

es·ca·la·tion /eskəleɪʃən/ *s* intensificação; expansão.

es·ca·la·tor /eskəleɪtə/ *s* escada rolante.

es·cape /ɪskeɪp/ *v* (**escapes, escaping, escaped, escaped**) escapar; fugir. ‖ *s* **1** evasão; escape; fuga. **2** vazamento. **3** *Comp* tecla usada para interromper um comando ou sair de um programa. (*abrev* **Esc**).

es·cape·ment /ɪskeɪpmənt/ *s* **1** escapo (mecanismo de relógio). **2** escape; fuga; evasão.

escape velocity *s Astron* velocidade de escape.

es·cap·ism /ɪskeɪpɪzəm/ *s* escapismo.

es·ca·role /eskəroʊl/ *s* escarola.

es·carp /eskɑ:rp/ *s* escarpa. ‖ *v* (**escarps, escarping, escarped, escarped**) escarpar; cortar (terreno) em escarpas; tornar íngreme.

es·carp·ment /eskɑ:rpmənt/ *s* escarpa; talude; rampa.

es·cha·tol·o·gy /eskətɑ:lədʒi/ *s* escatologia.

es·chew /estʃu:/ *v* (**eschews, eschewing, eschewed, eschewed**) evitar; abster-se; fugir de.

es·cort /eskɔ:rt/ *s* **1** acompanhante. **2** escolta. ‖ /eskɔ:rt, eskɔ:rt/ *v* (**escorts, escorting, escorted, escorted**) escoltar; acompanhar.

es·cu·lent /eskjələnt/ *adj* comestível.

es·cutch·eon /ɪskʌtʃən/ *s* **1** escudo de armas; brasão (heráldica). **2** placa ornamental (como o espelho de uma fechadura). **3** *Náut* escudo do painel de popa.

Es·ki·mo /eskəmoʊ/ *s* esquimó. (*pl* **Eskimo** ou **Eskimos**).

ESL /i:esel/ *abrev de* **English as a second language**; inglês como segunda língua.

e·soph·a·gus /ɪsɑ:fəgəs/ *s Anat* esôfago. (*pl* **esophagi** /ɪsɑ:fəgaɪ, ɪsɑ:fədʒaɪ/. *var* **oesophagus**).

es·o·ter·ic /esəterɪk/ *adj* esotérico.

es·o·ter·i·cism /esətərəsɪzəm/ *s* esoterismo.

es·pe·cial /ɪspeʃəl/ *adj* especial; excepcional.

es·pe·cial·ly /ɪspeʃəli/ *adv* especialmente; particularmente.

es·pe·ran·to /espəræntou/ *s* esperanto.

es·pi·al /espaɪəl/ *s* 1 espionagem; espreita; observação. 2 descoberta.

es·pi·o·nage /espiəna:ʒ, espiənɪdʒ/ *s* espionagem.

es·pla·nade /espləna:d, esplaneɪd/ *s* esplanada.

es·pous·al /ɪspauzəl/ *s* 1 esponsal; promessa de casamento. 2 adoção; defesa (de uma causa).

es·pouse /ɪspauz/ *v* (**espouses, espousing, espoused, espoused**) 1 desposar; casar-se com. 2 adotar, patrocinar uma causa.

es·pous·er /ɪspauzə/ *s* 1 esposo. 2 patrono.

es·pres·so /espresou/ *s* café expresso. (*pl* **espressos**. *var* **expresso**).

es·py /ɪspaɪ/ *v* (**espies, espying, espied, espied**) avistar; ver ao longe.

es·quire /eskwaɪə, ɪskwaɪə/ *s* 1 escudeiro. 2 título imediatamente inferior ao de cavaleiro. 3 *maiús* título usado para advogados nos EUA. (*abrev* **Esq**).

es·say /eseɪ, eseɪ/ *v* (**essays, essaying, essayed, essayed**) ensaiar; experimentar; tentar. II *s* 1 tentativa; experiência. 2 /eseɪ/ ensaio literário; composição; dissertação.

es·say·ist /eseɪɪst/ *s* ensaísta; autor de ensaios literários.

essay question *s* questão dissertativa.

es·sence /esəns/ *s* 1 essência; substância; âmago. 2 perfume; solução em álcool. ♦ **of the essence** de suma importância; crucial.

es·sen·tial /ɪsenʃəl/ *adj* essencial; indispensável. II *s* elemento indispensável; algo fundamental, essencial.

essential oil *s* óleo essencial.

EST /i:esti:/ *abrev de* **Eastern Standard Time**; horário padrão do leste.

es·tab·lish /ɪstæblɪʃ/ *v* (**establishes, establishing, established, established**) 1 estabelecer; instituir. 2 fixar; firmar. 3 decretar.

es·tab·lish·er /ɪstæblɪʃə/ *s* instituidor; fundador.

es·tab·lish·ment /ɪstæblɪʃmənt/ *s* 1 estabelecimento; instituição; negócio. 2 base; princípio fundamental; ordem; estatuto. 3 *maiús* ordem social estabelecida.

es·tate /ɪsteɪt/ *s* 1 posses; bens; patrimônio. 2 herança; espólio. 3 estado; condição; posição social.

es·teem /ɪsti:m/ *v* (**esteems, esteeming, esteemed, esteemed**) estimar; considerar. II *s* estima; apreço; consideração. ♦ **self esteem** auto-estima.

es·thete /esθi:t/ → **aesthete**.

es·thet·ic /esθetɪk/ → **aesthetic**.

es·the·ti·cian /esθetɪʃən/ → **aesthetician**.

es·thet·ics /esθetɪks/ → **aesthetics**.

es·ti·ma·ble /estɪməbəl/ *adj* estimável.

es·ti·mate /estɪmeɪt/ *v* (**estimates, estimating, estimated, estimated**) 1 estimar; calcular; orçar. 2 julgar; opinar. II /estɪmɪt/ *s* 1 estimativa; avaliação. 2 orçamento; cálculo. 3 opinião; juízo.

es·ti·ma·tion /estɪmeɪʃən/ *s* 1 estimativa; avaliação. 2 apreço; respeito. 3 opinião; juízo.

Es·to·ni·a /estounɪə/ *s* Estônia.

Es·to·ni·an /estounɪən/ *s e adj* estoniano.

es·top /estɑ:p/ *v* (**estops, estopping, estopped, estopped**) *Jur* impedir; proibir; embargar.

es·top·pel /estɑ:pəl/ *s Jur* interdição; impedimento; embargo.

es·trange /ɪstreɪndʒ/ *v* (**estranges, estranging, estranged, estranged**) 1 afastar; separar. 2 alienar; indispor; desafeiçoar.

es·trange·ment /ɪstreɪndʒmənt/ *s* 1 separação; afastamento. 2 desavença.

es·tro·gen /estrədʒəm/ *s Bioquím* estrógeno. (*var* **oestrogen**).

es·trus /estrəs/ *s Zool* cio. (*var* **oestrus**).

es·tu·ar·y /ˈestʃuːeri/ s estuário. (pl estuaries).

e·su·ri·ence /iˈsuːrɪəns/ s fome; voracidade. (var esuriency).

e·su·ri·en·cy /iˈsuːrɪənsi/ → esurience.

e·su·ri·ent /iˈsuːrɪənt/ adj voraz; faminto.

ET /ˈiːˈtiː/ abrev 1 de Eastern Time; horário do leste. 2 de elapsed time; tempo decorrido. 3 de Extraterrestrial.

ETA /ˈiːtiːˈeɪ/ abrev de estimated time of arrival; tempo estimado de chegada.

et al. /ˈetˈæl/ abrev lat de et alii; e outros.

etc. /ɪtˈsetəˈə/ abrev lat de et cetera; e as demais coisas.

etch /etʃ/ v (etches, etching, etched, etched) 1 gravar; estampar com água-forte. 2 delinear; esboçar.

etch·ing /ˈetʃɪŋ/ s gravura; estampa a água-forte.

e·ter·nal /ɪˈtɜːrnəl/ adj eterno; imortal. ♦ The Eternal O Eterno; Deus.

e·ter·nal·ize /ɪˈtɜːrnəlaɪz/ → eternize.

e·ter·ni·ty /ɪˈtɜːrnəti/ s eternidade; imortalidade; perenidade. (pl eternities).

e·ter·nize /ɪˈtɜːrnaɪz/ v (eternizes, eternizing, eternized, eternized) eternizar. (var eternalize).

e·ther /ˈiːθər/ s 1 Quím éter. 2 espaço celeste.

e·the·re·al /ɪˈθɪrɪəl/ adj 1 etéreo; sublime; celestial. 2 leve; delicado.

e·the·re·al·ize /ɪˈθɪrɪəlaɪz/ v (etherealizes, etherealizing, etherealized, etherealized) eterizar; espiritualizar; refinar.

e·ther·ize /ˈiːθəraɪz/ v (etherizes, etherizing, etherized, etherized) 1 anestesiar; sujeitar à influência do éter. 2 transformar em éter.

eth·ic /ˈeθɪk/ s ética.

eth·i·cal /ˈeθɪkəl/ adj ético.

eth·ics /ˈeθɪks/ s 1 Filos us v sing ética; tratado de ética. 2 us v sing ou pl ética; regras e padrões que regem a conduta de uma pessoa ou de membros de uma profissão.

E·thi·o·pi·a /ˌiːθiˈoʊpiə/ s Etiópia.

E·thi·o·pi·an /ˌiːθiˈoʊpiən/ s e adj etíope.

eth·nic /ˈeθnɪk/ adj 1 étnico. 2 pagão; idólatra. II s etnia; membro de um grupo étnico.

eth·nog·ra·phy /eθˈnɑːɡrəfi/ s etnografia.

eth·nol·o·gy /eθˈnɑːlədʒi/ s etnologia.

e·thol·o·gy /iːˈtɑːlədʒi/ s etologia.

eth·yl /ˈeθəl/ s Quím etilo.

ethyl alcohol s álcool etílico.

eth·yl·ene /ˈeθəliːn/ s Quím etileno.

e·ti·o·late /ˈiːtiəleɪt/ v 1 Bot (etiolates, etiolating, etiolated, etiolated) estiolar. 2 murchar; enfraquecer.

et·y·mo·log·ic /ˌetɪmələˈdʒɪk/ adj etimológico. (var etymological).

et·y·mo·log·i·cal /ˌetɪmələˈdʒɪkəl/ → etymologic.

et·y·mol·o·gist /ˌetɪmɑːlədʒɪst/ s etimologista.

et·y·mol·o·gy /ˌetɪmɑːlədʒi/ s etimologia. (pl etymologies).

et·y·mon /ˈetəmɑːn/ s étimo. (pl etymons ou etyma /ˈetəmə/).

eu·ca·lyp·tus /ˌjuːkəˈlɪptəs/ s eucalipto. (pl eucalyptuses ou eucalypti /ˌjuːkəˈlɪptaɪ/).

Eu·cha·rist /ˈjuːkərɪst/ s eucaristia.

Eu·cha·ris·tic /ˌjuːkəˈrɪstɪk/ adj eucarístico. (var Eucharistical).

Eu·cha·ris·ti·cal /ˌjuːkəˈrɪstɪkəl/ → Eucharistic.

eu·gen·ic /juːˈdʒenɪk/ adj eugênico.

eu·gen·ics /juːˈdʒenɪks/ s us v sing eugenia.

eu·lo·gist /ˈjuːlədʒɪst/ s elogiador.

eu·lo·gis·tic /ˌjuːləˈdʒɪstɪk/ adj elogioso; encomiástico.

eu·lo·gize /ˈjuːlədʒaɪz/ v (eulogizes, eulogizing, eulogized, eulogized) elogiar; louvar; encomiar.

eu·lo·gy /ˈjuːlədʒi/ s elogio; louvor. (pl eulogies).

eu·nuch /ˈjuːnək/ s eunuco.

eu·phe·mism /ˈjuːfəmɪzəm/ s eufemismo.

eu·phon·ic /juːˈfɑːnɪk/ adj eufônico.

eu·pho·ny /ˈjuːfəni/ s eufonia. (pl euphonies).

eu·pho·ri·a /juːˈfɔːriə/ s euforia.

eu·phor·ic /juːˈfɔːrɪk/ adj eufórico.

Eu·rope /ˈjʊrəp/ s Europa.

Eu·ro·pe·an /ˌjʊrəpiˈən/ adj e s europeu.

eu·tha·na·sia /ˌjuːθəˈneɪʒə/ s eutanásia.

e·vac·u·ant /ɪˈvækjuːənt/ adj purgativo; laxativo. II s purgante; laxante.

e·vac·u·ate /ɪˈvækjueɪt/ v (evacuates, evacuating, evacuated, evacuated) 1 tb Med e Mil evacuar. 2 abandonar; desocupar.

e·vac·u·a·tion /ɪvækjueɪʃən/ s tb Med e Mil evacuação.

e·vade /ɪveɪd/ v (evades, evading, evaded, evaded) evadir; evitar; escapar.

e·val·u·ate /ɪvæljueɪt/ v (evaluates, evaluating, evaluated, evaluated) avaliar; estimar; calcular.

e·val·u·a·tion /ɪvæljueɪʃən/ s avaliação.

ev·a·nesce /evənes/ v (evanesces, evanescing, evanesced, evanesced) dissipar; esvanecer.

ev·a·nes·cence /evənesəns/ s esvaecimento.

ev·a·nes·cent /evənesənt/ adj evanescente.

e·van·gel /ɪvændʒəl/ s evangelho.

e·van·gel·ic /i:vændʒelɪk, evændʒelɪk/ → evangelical.

e·van·gel·i·cal /i:vændʒelɪkəl, evændʒelɪkəl/ adj evangélico. (var evangelic).

e·van·gel·ism /i:vændʒelɪzəm/ s evangelismo.

e·van·gel·ist /ɪvændʒəlɪst/ s evangelista.

e·van·gel·i·za·tion /ɪvændʒəlɪzeɪʃən/ s evangelização.

e·van·gel·ize /ɪvændʒəlaɪz/ v (evangelizes, evangelizing, evangelized, evangelized) evangelizar; converter ao Cristianismo; apostolar.

e·vap·o·rate /ɪvæpəreɪt/ v (evaporates, evaporating, evaporated, evaporated) 1 evaporar. 2 sumir; desaparecer.

e·vap·o·ra·tion /ɪvæpəreɪʃən/ s evaporação.

e·va·sion /ɪveɪʒən/ s 1 evasão; fuga. 2 evasiva; subterfúgio.

e·va·sive /ɪveɪsɪv/ adj 1 evasivo. 2 ambíguo.

eve /i:v/ s 1 véspera. 2 noite; anoitecer.

e·ven /i:vən/ v (evens, evening, evened, evened) 1 igualar; nivelar. 2 equilibrar. ‖ adj 1 uniforme; nivelado; plano. 2 plácido; calmo. 3 justo; imparcial. 4 igual; idêntico. 5 par; exato; redondo (número). ‖ adv 1 até; ainda; mesmo. 2 exatamente; igualmente. ◆ be even with estar quite com. get even with vingar-se de; acertar as contas com. make even nivelar; emparelhar. even though ainda que; mesmo que. even now mesmo agora. even so ainda assim. even when mesmo quando. break even sair sem ganhar nem perder; igualar.

eve·ning /i:vnɪŋ/ s entardecer; anoitecer.

evening dress s traje a rigor.

evening gown s vestido de baile.

evening star s estrela vespertina; estrela Vésper.

e·vent /ɪvent/ s 1 tb Fis evento; acontecimento; ocorrência. 2 eventualidade; caso. 3 conseqüência; resultado. ◆ at all events em todo caso. in the event no caso.

e·ven-tem·pered /i:vəntempəd/ adj sossegado; calmo.

e·vent·ful /ɪventfəl/ adj 1 movimentado; agitado; cheio de acontecimentos. 2 importante; memorável.

e·ven·tide /i:vəntaɪd/ s entardecer; anoitecer.

event planner s promotor de eventos.

e·ven·tu·al /ɪventʃuəl/ adj final; conseqüente; resultante; definitivo.

e·ven·tu·al·i·ty /ɪventʃuæləti/ s eventualidade; contingência. (pl eventualities).

e·ven·tu·al·ly /ɪventʃuəli/ adv finalmente; ao fim; posteriormente.

e·ven·tu·ate /ɪventʃueɪt/ v (eventuates, eventuating, eventuated, eventuated) resultar; suceder.

ev·er /evə/ adv 1 sempre; constantemente. 2 já; algum dia; alguma vez. 3 jamais; nunca. ◆ as ever como sempre. ever since desde que; desde então. ever and again ocasionalmente. hardly ever quase nunca. if ever se jamais.

ev·er·green /evəgri:n/ adj 1 sempre verde; verdejante. 2 perene; duradouro. ‖ s Bot sempre-viva.

ev·er·last·ing /evəlæstɪŋ/ adj perpétuo; eterno; perdurável; interminável. ‖ s 1 eternidade. 2 Bot sempre-viva. 3 maiús Deus.

ev·er·more /evəmɔːr/ adv eternamente; para sempre.

e·ver·sion /ɪvɜːrʒən/ s eversão; reviramento.

e·vert /ɪvɜːrt/ v (everts, everting, everted, everted) everter; virar pelo avesso.

eve·ry /evri/ adj todo; cada um; cada. ◆ every now and then de vez em quando; ocasionalmente. every once in a while de vez em quando. every one of them todos eles. every other day dia sim, dia não.

eve·ry·bod·y /ˈevribɑːdi/ *pron* todo mundo; todos.

eve·ry·day /ˈevrideɪ, evrideɪ/ *adj* 1 diário; corrente; cotidiano. 2 comum; corriqueiro.

eve·ry·one /ˈevriwʌn/ *pron* cada um; cada pessoa; todos.

eve·ry·thing /ˈevriθɪŋ/ *pron* tudo.

eve·ry·where /ˈevrihwer, ˈevriwer/ *adv* em todo lugar; por toda parte.

e·vict /ɪˈvɪkt/ *v* (evicts, evicting, evicted, evicted) 1 expulsar. 2 despejar; desalojar; desapropriar. 3 *Jur* desapossar; recuperar propriedade judicialmente.

e·vic·tion /ɪˈvɪkʃən/ *s* despejo.

ev·i·dence /ˈevɪdəns/ *s* 1 evidência; prova. 2 *Jur* testemunho; depoimento. ‖ *v* (evidences, evidencing, evidenced, evidenced) evidenciar; demonstrar.

ev·i·dent /ˈevɪdənt/ *adj* evidente; claro.

ev·i·dent·ly /ˈevɪdəntli/ *adv* evidentemente; obviamente.

e·vil /ˈiːvəl/ *adj* 1 mau; ruim; perverso; malvado. 2 nocivo; prejudicial. (*gr comp* eviler. *gr super* evilest). ‖ *s* 1 mal; maldade; perversidade. 2 infortúnio; dano.

e·vil·do·er /ˈiːvəlduːər/ *s* malfeitor.

evil eye *s* mau-olhado.

e·vil-mind·ed /ˈiːvəlmaɪndɪd/ *adj* maldoso; maligno; mal-intencionado.

e·vince /ɪˈvɪns/ *v* (evinces, evincing, evinced, evinced) evidenciar; revelar; manifestar; demonstrar.

e·vis·cer·ate /ɪˈvɪsəreɪt/ *v* (eviscerates, eviscerating, eviscerated, eviscerated) 1 eviscerar; estripar. 2 desvitalizar; enfraquecer.

ev·i·ta·ble /ˈevɪtəbəl/ *adj* evitável.

ev·o·ca·tion /ˌevəˈkeɪʃən, ˌevoʊˈkeɪʃən/ *s* evocação.

e·voc·a·tive /ɪˈvɑːkətɪv/ *adj* evocativo.

e·voke /ɪˈvoʊk/ *v* (evokes, evoking, evoked, evoked) evocar; despertar.

ev·o·lu·tion /ˌevəˈluːʃən, ˌiːvəˈluːʃən/ *s* evolução; crescimento; desenvolvimento.

ev·o·lu·tion·ism /ˌevəˈluːʃənɪzəm, ˌiːvəˈluːʃənɪzəm/ *s* evolucionismo.

ev·o·lu·tion·ist /ˌevəˈluːʃənɪst, ˌiːvəˈluːʃənɪst/ *s* evolucionista.

e·volve /ɪˈvɑːlv/ *v* (evolves, evolving, evolved, evolved) 1 evoluir; desenvolver. 2 elaborar; produzir.

e·volve·ment /ɪˈvɑːlvmənt/ *s* desenvolvimento; evolução.

e·vul·sion /ɪˈvʌlʃən/ *s* evulsão; extração; arrancamento.

ewe /juː/ *s* ovelha.

ew·er /ˈjuːər/ *s* jarro; vaso; ânfora.

ex /eks/ *prep* sem. ‖ *s* 1 a letra X. 2 *gír* ex-marido; ex-mulher; ex-companheiro; etc.

ex·ac·er·bate /ɪɡˈzæsəbeɪt/ *v* (exacerbates, exacerbating, exacerbated, exacerbated) exacerbar; irritar; agravar; piorar.

ex·ac·er·ba·tion /ɪɡˌzæsəˈbeɪʃən/ *s* exacerbação; irritação; provocação; agravação.

ex·act /ɪɡˈzækt/ *v* (exacts, exacting, exacted) 1 exigir; obrigar. 2 extorquir. ‖ *adj* 1 exato; preciso. 2 rigoroso; minucioso. 3 justo; direito.

ex·act·ing /ɪɡˈzæktɪŋ/ *adj* exigente.

ex·ac·tion /ɪɡˈzækʃən/ *s* 1 exação; cobrança; exigência. 2 extorsão.

ex·ac·ti·tude /ɪɡˈzæktətuːd/ *s* exatidão.

ex·act·ly /ɪɡˈzæktli/ *adv* exatamente (*tb us* para indicar concordância).

ex·ag·ger·ate /ɪɡˈzædʒəreɪt/ *v* (exaggerates, exaggerating, exaggerated, exaggerated) exagerar; magnificar; intensificar; engrandecer.

ex·ag·ger·a·tion /ɪɡˌzædʒəˈreɪʃən/ *s* exagero.

ex·alt /ɪɡˈzɔːlt/ *v* (exalts, exalting, exalted, exalted) 1 exaltar; enaltecer; glorificar. 2 elevar a um cargo ou posição superior.

ex·al·ta·tion /ˌeɡzɔːlˈteɪʃən/ *s* 1 exaltação; elevação a um cargo ou posição importante. 2 regozijo; excitação.

ex·alt·ed /ɪɡˈzɔːltɪd/ *adj* 1 elevado. 2 nobre; sublime. 3 exaltado; excitado; entusiasmado.

ex·am /ɪɡˈzæm/ *s* exame; teste.

ex·am·i·nant /ɪɡˈzæmənənt/ *s* 1 examinador. 2 examinando; quem está sendo examinado.

ex·am·i·na·tion /ɪɡˌzæmɪˈneɪʃən/ *s* 1 exame; estudo; análise. 2 prova; teste. 3 investigação; inquérito; interrogatório.

ex·am·ine /ɪɡˈzæmɪn/ *v* (examines, examining, examined, examined) 1 *tb Med* examinar. **2** inspecionar. **3** estudar; analisar. **4** investigar; inquirir; interrogar.

ex·am·in·ee /ɪgzæmɪniː/ s examinando; que está sendo examinado.

ex·am·in·er /ɪgzæmɪnɚ/ s **1** examinador. **2** investigador; interrogador.

ex·am·ple /ɪgzæmpəl/ s exemplo; modelo; amostra.

ex·as·per·ate /ɪgzæspəreɪt/ v (**exasperates**, **exasperating**, **exasperated**, **exasperated**) **1** exasperar; irritar. **2** exacerbar; exaltar; inflamar. **3** agravar; piorar.

ex·as·per·a·tion /ɪgzæspəreɪʃən/ s **1** exasperação; irritação. **2** agravação; piora.

ex·ca·vate /ekskəveɪt/ v (**excavates**, **excavating**, **excavated**, **excavated**) **1** cavar. **2** escavar; desenterrar.

ex·ca·va·tion /ekskəveɪʃən/ s **1** escavação. **2** cavidade; fosso; buraco.

ex·ceed /ɪksiːd/ v (**exceeds**, **exceeding**, **exceeded**, **exceeded**) exceder; ultrapassar; superar; suplantar.

ex·ceed·ing /ɪksiːdɪŋ/ adj extremo; excessivo; extraordinário.

ex·cel /ɪksel/ v (**excels**, **excelling**, **excelled**, **excelled**) exceder; superar; primar; sobressair; destacar-se; distinguir-se.

ex·cel·lence /eksələns/ s excelência; superioridade.

Ex·cel·len·cy /eksələnsi/ s Excelência (título honorífico). (pl **Excellencies**).

ex·cel·lent /eksələnt/ adj excelente; ótimo; esplêndido.

ex·cept /ɪksept/ v (**excepts**, **excepting**, **excepted**, **excepted**) excetuar; excluir; isentar. || prep exceto; à exceção de; fora; a não ser; menos; salvo. || conj a não ser que; a menos que.

ex·cept·ing /ɪkseptɪŋ/ prep exceto; salvo. || conj a não ser que; a menos que.

ex·cep·tion /ɪksepʃən/ s **1** exceção; exclusão. **2** recusa; objeção. **3** Jur impugnação.

ex·cep·tion·a·ble /ɪksepʃənəbl/ adj recusável; contestável; sujeito à objeção.

ex·cep·tion·al /ɪksepʃənəl/ adj **1** excepcional; raro. **2** extraordinário; excelente; muito acima da média.

ex·cerpt /eksɜːrpt/ v (**excerpts**, **excerpting**, **excerpted**, **excerpted**) extrair trecho ou citação de livro; selecionar; fazer excertos. || /eksɜːrpt/ s excerto; seleção; transcrição; citação.

ex·cess /ɪkses, ekses/ s **1** excesso; demasia. **2** sobra; excedente. **3** abuso. || adj excessivo; excedente; em excesso; supérfluo. ♦ **in excess of** mais que; maior que.

excess baggage s excesso de bagagem.

ex·ces·sive /ɪksesɪv/ adj excessivo; demasiado.

ex·change /ɪkstʃeɪndʒ/ v (**exchanges**, **exchanging**, **exchanged**, **exchanged**) trocar; permutar; cambiar. || s **1** troca; permuta; câmbio. **2** intercâmbio cultural. ♦ **bill of exchange** letra de câmbio. **exchange rate** taxa de câmbio. **stock exchange** bolsa de valores.

ex·cise /eksaɪz/ v (**excises**, **excising**, **excised**, **excised**) **1** cortar; extirpar. **2** taxar. || /eksaɪz/ s imposto; taxa.

ex·ci·sion /eksɪʒən/ s excisão; extirpação; corte; amputação.

ex·ci·ta·ble /ɪksaɪtəbəl/ adj excitável.

ex·ci·tant /ɪksaɪtənt/ adj e s excitante; estimulante.

ex·ci·ta·tion /eksaɪteɪʃən/ s excitação; estimulação.

ex·ci·ta·tive /eksaɪtətɪv/ adj excitante; excitativo. (var **excitatory**).

ex·ci·ta·to·ry /eksaɪtətɔːri/ → **excitative**.

ex·cite /ɪksaɪt/ v (**excites**, **exciting**, **excited**, **excited**) **1** excitar; estimular; incitar. **2** inflamar; provocar.

ex·cit·ed /ɪksaɪtɪd/ adj excitado; agitado; alvoroçado; entusiasmado.

ex·cite·ment /ɪksaɪtmənt/ s **1** excitação. **2** arrebatamento; emoção. **3** agitação; alvoroço; rebuliço.

ex·cit·er /ɪksaɪtɚ/ s instigador; provocador.

ex·cit·ing /ɪksaɪtɪŋ/ adj excitante; emocionante; estimulante.

ex·claim /ɪkskleɪm/ v (**exclaims**, **exclaiming**, **exclaimed**, **exclaimed**) exclamar; bradar.

ex·cla·ma·tion /ekskləmeɪʃən/ s exclamação; brado; grito.

exclamation point s ponto, sinal de exclamação (!).

ex·clam·a·tory /eksklæmətɔːri/ adj exclamatório; exclamativo.

ex·clude /ɪksklu:d/ v (excludes, excluding, excluded) **1** excluir. **2** rejeitar. **3** expulsar; expelir; eliminar.

ex·clu·sion /ɪksklu:ʒən/ s **1** exclusão. **2** rejeição. **3** expulsão.

ex·clu·sion·ist /ɪksklu:ʒənɪst/ s exclusivista.

ex·clu·sive /ɪksklu:sɪv/ adj **1** exclusivo; seleto. **2** restrito; completo. ǁ s furo de reportagem. ♦ **exclusive of** exclusive; não incluindo.

ex·clu·sive·ly /ɪksklu:sɪvli/ adv exclusivamente; unicamente.

ex·clu·sive·ness /ɪksklu:sɪvnəs/ s exclusividade. (var **exclusivity**).

ex·clu·siv·i·ty /ɪksklu:sɪvəti/ → **exclusiveness**.

ex·cog·i·tate /ekskɑ:dʒɪteɪt/ v (excogitates, excogitating, excogitated, excogitated) excogitar; imaginar; maquinar.

ex·cog·i·ta·tion /ekskɑ:dʒɪteɪʃən/ s excogitação; meditação; invenção; maquinação.

ex·com·mu·ni·cate /ekskəmju:nɪkeɪt/ v (excommunicates, excommunicating, excommunicated, excommunicated) excomungar. ǁ / ekskəmju:nɪkɪt/ s e adj excomungado.

ex·com·mu·ni·ca·tion /ekskəmju:nɪkeɪʃən/ s excomunhão.

ex·co·ri·ate /ekskɔ:rieɪt/ v (excoriates, excoriating, excoriated, excoriated) **1** escoriar; esfolar. **2** censurar; acusar; denunciar.

ex·co·ri·a·tion /ekskɔ:rieɪʃən/ s **1** escoriação; esfoladura. **2** repreensão; censura; denúncia.

ex·cre·ment /ekskrəmənt/ s excremento; fezes.

ex·cres·cence /ɪkskresəns/ s excrescência. (var **excrescency**).

ex·cres·cen·cy /ɪkskresənsi/ → **excrescence**. (pl **excrescencies**).

ex·cres·cent /ɪkskresənt/ adj excrescente.

ex·crete /ɪkskri:t/ v (excretes, excreting, excreted, excreted) excretar; expelir.

ex·cre·tion /ɪkskri:ʃən/ s excreção; evacuação.

ex·cru·ci·ate /ɪkskru:ʃieɪt/ v (excruciates, excruciating, excruciated, excruciated) torturar; atormentar; martirizar; afligir.

ex·cru·ci·at·ing /ɪkskru:ʃieɪtɪŋ/ adj **1** cruciante; penoso; doloroso. **2** intenso.

ex·cru·ci·a·tion /ɪkskru:ʃieɪʃən/ s tortura; tormento; martírio.

ex·cul·pate /ekskəlpeɪt, ɪkskʌlpeɪt/ v (exculpates, exculpating, exculpated, exculpated) desculpar; absolver.

ex·cul·pa·tion /ekskəlpeɪʃən/ s desculpa; justificação; defesa.

ex·cur·sion /ɪkskɜ:rʒən/ s **1** excursão; passeio. **2** digressão; divagação. **3** Fis desvio de um corpo de seu percurso original.

ex·cur·sion·ist /ɪkskɜ:rʒənɪst/ s excursionista.

ex·cur·sive /ɪkskɜ:rsɪv/ adj errante; digressivo.

ex·cur·sus /ekskɜ:rsəs/ s **1** digressão. **2** dissertação. (pl **excursuses**).

ex·cus·a·ble /ɪkskju:zəbəl/ adj desculpável.

ex·cuse /ɪkskju:z/ v (excuses, excusing, excused, excused) **1** escusar; desculpar; perdoar. **2** justificar. **3** isentar; eximir. ǁ /ɪkskju:s/ s **1** escusa; desculpa; perdão. **2** justificação. **3** pretexto; alegação. **4** inform exemplo inferior; imitação barata.

ex·ec /ɪgzek/ s inform executivo.

ex·e·cra·ble /eksɪkrəbəl/ adj execrável; abominável; detestável.

ex·e·crate /eksɪkreɪt/ v (execrates, execrating, execrated, execrated) execrar; detestar; maldizer.

ex·e·cra·tion /eksɪkreɪʃən/ s execração; maldição; imprecação; praga.

ex·ec·u·tant /ɪgzekjətənt/ s executante.

ex·e·cute /eksɪkju:t/ v (executes, executing, executed, executed) **1** executar. **2** cumprir; realizar. **3** matar. **4** Comp executar programa.

ex·e·cu·tion /eksɪkju:ʃən/ s **1** execução. **2** desempenho; cumprimento; realização. **3** Jur penhora; embargo; seqüestro. **4** execução de pena de morte.

ex·e·cu·tion·er /eksɪkju:ʃənər/ s executor; carrasco.

ex·ec·u·tive /ɪgzekjətɪv/ adj executivo. ǁ s **1** poder executivo. **2** administrador; diretor.

executive officer s **1** oficial administrador; diretor. **2** Mil subcomandante.

executive secretary s secretária executiva.

ex·ec·u·tor /ɪgzekjətər/ s **1** executor. **2** Jur testamenteiro.

ex·ec·u·to·ry /ɪgzɛkjətɔːri/ *adj tb Jur* executório; executivo.

ex·e·ge·sis /eksɪdʒiːsɪs/ *s* exegese. (*pl* **exegeses** /eksɪdʒiːsiːz/).

ex·e·get·ic /eksɪdʒɛtɪk/ *adj* exegético; explicativo. (*var* **exegetical**).

ex·e·get·i·cal /eksɪdʒɛtɪkəl/ → **exegetic**.

ex·em·plar /ɪgzɛmplə/ *s* **1** exemplar. **2** exemplo; modelo. **3** amostra.

ex·em·pla·ry /ɪgzɛmpləri/ *adj* exemplar.

ex·em·pli·fi·ca·tion /ɪgzɛmpləfɪkeɪʃən/ *s* **1** exemplificação. **2** *Jur* traslado.

ex·em·pli·fy /ɪgzɛmplɪfaɪ/ *v* (**exemplifies, exemplifying, exemplified, exemplified**) **1** exemplificar; ilustrar. **2** *Jur* trasladar; tirar cópia autenticada.

ex·em·pli gra·ti·a /ɪgzɛmpli greɪʃiːə/ *adv* por exemplo. (*abrev* **e.g.**).

ex·empt /ɪgzɛmpt/ *v* (**exempts, exempting, exempted, exempted**) isentar; dispensar; eximir. || *adj* e *s* livre; isento.

ex·empt·i·ble /ɪgzɛmptɪbəl/ *adj* isentável; dispensável.

ex·emp·tion /ɪgzɛmpʃən/ *s* isenção; dispensa.

ex·er·cise /ɛksəsaɪz/ *v* (**exercises, exercising, exercised, exercised**) **1** exercitar. **2** exercer; praticar; treinar. **3** importunar; atormentar. || *s* **1** exercício; uso; emprego. **2** exercício físico. **3** tarefa escolar. **4** treino; ensaio. **5** treinamento. ♦ **exercises** discursos, apresentações e outras atividades realizadas diante de uma platéia.

exercise bicycle *s* bicicleta ergométrica.

exercise book *s* livro de exercícios.

ex·er·cis·er /ɛksəsaɪzə/ *s* **1** exercitante; exercitador. **2** aparelho de ginástica.

ex·er·ci·ta·tion /ɪgzɜːrsɪteɪʃən/ *s* exercício; treinamento; prática; desempenho.

ex·ert /ɪgzɜːrt/ *v* (**exerts, exerting, exerted, exerted**) **1** exercer. **2** pôr em ação; aplicar. ♦ **exert oneself** empenhar-se; esforçar-se.

ex·er·tion /ɪgzɜːrʃən/ *s* esforço; empenho.

ex·fo·li·ate /eksfouliert/ *v* (**exfoliates, exfoliating, exfoliated, exfoliated**) esfoliar; descascar; escamar.

ex·fo·li·a·tion /eksfoulieɪʃən/ *s* **1** exfoliação. **2** esfoliação; descamação.

ex·fo·li·a·tive /eksfouliertɪv/ *adj* **1** exfoliativo. **2** esfoliativo.

ex·ha·la·tion /ekshəleɪʃən, eksəleɪʃən/ *s* **1** exalação. **2** emanação.

ex·hale /eksheɪl, ɛksheɪl/ *v* (**exhales, exhaling, exhaled, exhaled**) **1** exalar. **2** evaporar.

ex·haust /ɪgzɔːst/ *v* (**exhausts, exhausting, exhausted, exhausted**) **1** exaurir; esgotar. **2** gastar; consumir. **3** fatigar; extenuar. || *s* **1** escape; descarga. **2** exaustor.

ex·haust·i·ble /ɪgzɔːstəbəl/ *adj* exaurível; esgotável.

ex·haus·tion /ɪgzɔːstʃən/ *s* exaustão; esgotamento; fadiga.

ex·haus·tive /ɪgzɔːstɪv/ *adj* exaustivo.

ex·hib·it /ɪgzɪbɪt/ *v* (**exhibits, exhibiting, exhibited, exhibited**) **1** exibir; mostrar; expor. **2** demonstrar; provar. **3** *Jur* apresentar provas. || *s* **1** exposição; exibição. **2** objeto exibido. **3** *Jur* instrumento de prova; elemento material de prova.

ex·hib·it·er /ɪgzɪbɪtə/ → **exhibitor**.

ex·hi·bi·tion /eksɪbɪʃən/ *s* exibição; exposição.

ex·hi·bi·tion·ism /eksɪbɪʃənɪzəm/ *s* exibicionismo.

ex·hi·bi·tion·ist /eksɪbɪʃənɪst/ *s* exibicionista.

ex·hib·i·tor /ɪgzɪbɪtə/ *s* expositor. (*var* **exhibiter**).

ex·hil·a·rant /ɪgzɪlərənt/ *adj* hilariante; divertido; alegre; estimulante. || *s* algo que alegra, diverte.

ex·hil·a·rate /ɪgzɪləreɪt/ *v* (**exhilarates, exhilarating, exhilarated, exhilarated**) alegrar; divertir; estimular; revigorar.

ex·hil·a·rat·ing /ɪgzɪləreɪtɪŋ/ *adj* animador; hilariante; alegre; jovial.

ex·hil·a·ra·tion /ɪgzɪləreɪʃən/ *s* alegria; jovialidade; animação; regozijo.

ex·hort /ɪgzɔːrt/ *v* (**exhorts, exhorting, exhorted, exhorted**) exortar; aconselhar; recomendar.

ex·hor·ta·tion /egzɔːrteɪʃən, eksɔːrteɪʃən/ *s* exortação; advertência.

ex·hor·ta·tive /ɪgzɔːrtətɪv/ *adj* exortativo; animador. (*var* **exhortatory**).

ex·hor·ta·to·ry /ɪgzɔːrtətɔːri/ → **exhortative**.

ex·hu·ma·tion /ekshjuːmeɪʃən/ *s* exumação.

ex·hume /egz_u:_m, egzj_u:_m/ v (**exhumes, exhuming, exhumed, exhumed**) exumar; desenterrar.

ex·i·gence /_e_ksɪdʒəns/ → **exigency**.

ex·i·gen·cy /_e_ksədʒənsi, ɪgzɪdʒənsi/ s 1 emergência; urgência; premência. 2 exigência. (pl **exigencies**. var **exigence**).

ex·i·gent /_e_ksədʒənt/ adj 1 urgente; premente. 2 exigente.

ex·i·gu·i·ty /eksɪgj_u:_əti/ s exigüidade; escassez; carência.

ex·ig·u·ous /egz_ɪ_gjuəs/ adj exíguo; minguado.

ex·ile /_e_ksaɪl, _e_gzaɪl/ s exílio. ‖ v (**exiles, exiling, exiled, exiled**) exilar; desterrar.

ex·ist /ɪgz_ɪ_st/ v (**exists, existing, existed, existed**) 1 existir; haver. 2 viver; subsistir. 3 ocorrer.

ex·is·tence /ɪgz_ɪ_stəns/ s 1 existência. 2 ser; ente; entidade. 3 ocorrência.

ex·is·tent /ɪgz_ɪ_stənt/ adj existente. ‖ s o que existe.

ex·is·ten·tial /egzɪst_e_nʃəl/ adj existencial.

ex·is·ten·tial·ism /egzɪst_e_nʃəlɪzəm/ s existencialismo.

ex·is·ten·tial·ist /egzɪst_e_nʃəlɪst/ adj e s existencialista.

ex·it /_e_ksɪt, _e_gzɪt/ s 1 saída; partida. 2 morte. ‖ v (**exits, exiting, exited, exited**) sair; ir embora.

exit poll s pesquisa eleitoral de boca-de-urna.

ex·o·dus /_e_ksədəs/ s 1 êxodo; emigração. 2 maiús Êxodo (livro da Bíblia). (pl **exoduses**).

ex·og·e·nous /ɪks_a_:dʒənəs/ adj exógeno.

ex·on·er·ate /ɪgz_a_:nəreɪt/ v (**exonerates, exonerating, exonerated, exonerated**) 1 exonerar; isentar; livrar. 2 absolver; perdoar.

ex·on·er·a·tion /ɪgza:nər_eɪ_ʃən/ s 1 exoneração; isenção; desobrigação. 2 perdão; desculpa.

ex·or·bi·tance /ɪgz_ɔ_:rbətəns/ s exorbitância; excesso.

ex·or·bi·tant /ɪgz_ɔ_:rbətənt/ adj exorbitante; excessivo; exagerado.

ex·or·cise /_e_ks_ɔ_:rsaɪz/ v (**exorcises, exorcising, exorcised, exorcised**) exorcizar.

ex·or·cism /_e_ks_ɔ_:rsɪzəm/ s exorcismo.

ex·or·cist /_e_ks_ɔ_:rsɪst/ s exorcista.

ex·or·di·um /ɪgz_ɔ_:rdiəm/ s exórdio; preâmbulo. (pl **exordiums** ou **exordia** /egz_ɔ_:rdiə/).

ex·o·ter·ic /eksət_e_rɪk/ adj 1 esotérico. 2 popular; comum.

ex·ot·ic /ɪgz_a_:tɪk/ adj exótico.

ex·ot·i·cism /ɪgz_a_:təsɪzəm/ s exotismo.

ex·pand /ɪksp_æ_nd/ v (**expands, expanding, expanded, expanded**) 1 expandir; aumentar; ampliar. 2 detalhar; desenvolver. 3 estender; espalhar.

ex·panse /ɪksp_æ_ns/ s expansão; amplitude; extensão; vastidão.

ex·pan·si·ble /ɪksp_æ_nsəbəl/ adj expansível.

ex·pan·sion /ɪksp_æ_nʃən/ s 1 expansão; extensão; aumento. 2 propagação; ampliação. 3 desenvolvimento econômico.

ex·pan·sion·ism /ɪksp_æ_nʃənɪzəm/ s expansionismo.

ex·pan·sive /ɪksp_æ_nsɪv/ adj 1 expansivo; vasto; amplo; extenso. 2 expansivo; comunicativo.

ex·pa·ti·ate /eksp_eɪ_ʃieɪt/ v (**expatiates, expatiating, expatiated, expatiated**) 1 desenvolver um tema; discorrer; dissertar. 2 vaguear; perambular.

ex·pa·tri·ate /eksp_eɪ_trieɪt/ v (**expatriates, expatriating, expatriated, expatriated**) expatriar; desterrar. ‖ /eksp_eɪ_trɪɪt/ s e adj expatriado; desterrado.

ex·pa·tri·a·tion /eksp_eɪ_tri_eɪ_ʃən/ s expatriação; desterro; exílio.

ex·pect /ɪksp_e_kt/ v (**expects, expecting, expected, expected**) 1 esperar; aguardar; contar com. 2 inform presumir; supor. ♦ **be expecting** estar grávida.

ex·pec·tance /ɪksp_e_ktəns/ → **expectancy**.

ex·pec·tan·cy /ɪksp_e_ktənsi/ s 1 expectativa. 2 probabilidade; perspectiva. (pl **expectancies**. var **expectance**).

ex·pec·tant /ɪksp_e_ktənt/ adj 1 expectante; esperançoso. 2 grávida. ‖ s 1 aspirante; pretendente; candidato. 2 grávida.

ex·pec·ta·tion /ekspekt_eɪ_ʃən/ s expectativa; esperança; perspectiva. ♦ **expectations** perspectivas de sucesso ou ganho.

ex·pec·to·rant /ɪksp_e_ktərənt/ adj e s expectorante.

ex·pec·to·rate /ɪkspɛktəreɪt/ v (**expectorates, expectorating, expectorated, expectorated**) expectorar; escarrar.

ex·pec·to·ra·tion /ɪkspɛktəreɪʃən/ s expectoração; escarro.

ex·pe·di·ence /ɪkspiːdiəns/ → **expediency**

ex·pe·di·en·cy /ɪkspiːdiənsi/ s 1 conveniência; utilidade; oportunidade. 2 oportunismo; utilitarismo. (pl **expediencies**. var **expedience**).

ex·pe·di·ent /ɪkspiːdiənt/ adj 1 oportuno; conveniente; útil; vantajoso. 2 oportunista. || s expediente; recurso; meio.

ex·pe·dite /ɛkspɪdaɪt/ v (**expedites, expediting, expedited, expedited**) 1 apressar; acelerar. 2 facilitar. 3 expedir; despachar.

ex·pe·di·tion /ɛkspɪdɪʃən/ s 1 expedição; jornada. 2 diligência; rapidez; eficiência.

ex·pe·di·tion·ar·y /ɛkspɪdɪʃəneri/ adj expedicionário.

ex·pe·di·tious /ɛkspɪdɪʃəs/ adj expedito; eficiente; rápido; diligente.

ex·pel /ɪkspɛl/ v (**expels, expelling, expelled, expelled**) expelir; expulsar; banir; despedir.

ex·pend /ɪkspɛnd/ v (**expends, expending, expended, expended**) 1 despender; gastar; expender. 2 consumir.

ex·pen·di·ture /ɪkspɛndɪtʃə/ s gasto; desembolso; despesa; dispêndio.

ex·pense /ɪkspɛns/ s despesa; dispêndio; gasto. ♦ **expenses** despesas de empregado reembolsáveis (viagem, alimentação, transporte, etc.).

expense account s Cont conta de despesas.

ex·pen·sive /ɪkspɛnsɪv/ adj caro; dispendioso; custoso.

ex·pe·ri·ence /ɪkspɪriəns/ s experiência; prática. || v (**experiences, experiencing, experienced, experienced**) experimentar; sentir; passar por.

ex·pe·ri·enced /ɪkspɪriənst/ adj experiente.

ex·per·i·ment /ɪkspɛrəmənt/ s experimento; experiência; ensaio; tentativa. || /ɪkspɛrəment/ v (**experiments, experimenting, experimented, experimented**) experimentar; fazer experiências; ensaiar.

ex·per·i·men·tal /ɛksperɪmentl/ adj experimental.

ex·per·i·men·ta·tion /ɪksperəmenteɪʃən/ s experimentação; ensaio; prova.

experiment station s centro de experiências; estação experimental.

ex·pert /ɛkspɜːrt/ adj hábil; esperto; conhecedor; perito. || s perito; especialista.

ex·per·tise /ɛkspɜːrtiːz/ s perícia.

ex·pi·a·ble /ɛkspiəbəl/ adj expiável.

ex·pi·ate /ɛkspieɪt/ v (**expiates, expiating, expiated, expiated**) expiar; remir culpa; cumprir pena; sofrer consequências.

ex·pi·a·tion /ɛkspieɪʃən/ s expiação; reparação.

ex·pi·a·to·ry /ɛkspiətɔːri/ adj expiatório.

ex·pi·ra·tion /ɛkspəreɪʃən/ s 1 expiração; exalação. 2 término; fim; conclusão.

expiration date s data de expiração; data de vencimento.

ex·pire /ɪkspaɪə/ v (**expires, expiring, expired, expired**) 1 expirar; terminar; acabar; vencer (prazo). 2 dar o último suspiro; morrer. 3 exalar; expirar; expelir.

ex·pi·ry /ɪkspaɪri/ s 1 expiração; término (contrato). 2 morte. (pl **expiries**).

ex·plain /ɪksplein/ v (**explains, explaining, explained, explained**) explicar; explanar; esclarecer; expor.

ex·pla·na·tion /ɛkspləneɪʃən/ s explanação; explicação; elucidação.

ex·plan·a·to·ry /ɪksplænətɔːri/ adj explanatório; explicativo.

ex·ple·tive /ɛksplətɪv/ adj expletivo. || s 1 imprecação. 2 palavra expletiva.

ex·pli·ca·ble /ɛksplɪkəbəl/ adj explicável.

ex·pli·cate /ɛksplɪkeɪt/ v (**explicates, explicating, explicated, explicated**) explicar; esclarecer.

ex·pli·ca·tive /ɛksplɪkətɪv, ɛksplɪkeɪtɪv/ adj explicativo.

ex·plic·it /ɪksplɪsɪt/ adj explícito; claro; categórico.

ex·plode /ɪksploʊd/ v (**explodes, exploding, exploded, exploded**) 1 tb fig explodir; estourar; detonar. 2 demolir; destruir. 3 aumentar; crescer de forma incontrolável. 4 provar a falsidade de; condenar; desacreditar.

ex·ploit /ɪksplɔɪt/ v (**exploits, exploiting, exploited, exploited**) **1** explorar; aproveitar bem. **2** tirar partido de; abusar de; aproveitar-se de. || /ɛksplɔɪt/ s façanha; feito; proeza.

ex·ploi·ta·tion /ɛksplɔɪteɪʃən/ s exploração; utilização.

ex·plo·ra·tion /ɛksplɔːreɪʃən/ s exploração; investigação.

ex·plor·a·to·ry /ɪksplɔːrətɔːri/ adj exploratório.

ex·plore /ɪksplɔːr/ v (**explores, exploring, explored, explored**) **1** explorar (novas terras, o espaço, o desconhecido, etc.). **2** investigar; estudar; analisar. **3** Med examinar.

ex·plor·er /ɪksplɔːrər/ s **1** explorador; pesquisador. **2** sonda.

ex·plo·sion /ɪksplouʒən/ s **1** tb fig explosão; estouro. **2** detonação. **3** crescimento rápido; aumento.

ex·plo·sive /ɪksplousɪv/ adj e s explosivo.

ex·po·nent /ɪkspounənt/ s **1** tb Mat expoente. **2** tb Mús intérprete. **3** representante. || adj explanatório.

ex·po·nen·tial /ɛkspounenʃəl/ adj tb Mat exponencial.

ex·port /ɪkspɔːrt, ɛkspɔːrt/ v (**exports, exporting, exported, exported**) exportar. || /ɛkspɔːrt/ s **1** exportação. **2** artigo exportado.

ex·port·a·ble /ɪkspɔːrtəbəl/ adj exportável.

ex·por·ta·tion /ɛkspɔːrteɪʃən/ s **1** exportação. **2** artigo exportado.

ex·port·er /ɪkspɔːrtər/ s exportador.

ex·pose /ɪkspouz/ v (**exposes, exposing, exposed, exposed**) **1** expor; exibir. **2** Ópt expor à luz. **3** apresentar; mostrar. **4** revelar; divulgar. **5** desproteger; abandonar. **6** arriscar; pôr em perigo.

ex·po·si·tion /ɛkspəzɪʃən/ s **1** exposição; explanação. **2** exposição; exibição; mostra.

ex·pos·i·tive /ɪkspɑːzətɪv/ adj expositivo. (var **expository**).

ex·pos·i·tor /ɪkspɑːzətər/ s expositor.

ex·pos·tu·late /ɪkspɑːstʃəleɪt/ v (**expostulates, expostulating, expostulated, expostulated**) repreender; discutir; debater.

ex·po·sure /ɪkspouʒər/ s **1** exposição; exibição. **2** revelação; desmascaramento.

3 Ópt exposição à luz. **4** apresentação (na mídia).

exposure meter s fotômetro.

ex·pound /ɪkspaund/ v (**expounds, expounding, expounded, expounded**) expor; detalhar; explicar; esclarecer.

ex·press /ɪkspres/ v (**expresses, expressing, expressed, expressed**) **1** expressar; afirmar; manifestar. **2** representar; simbolizar. **3** espremer (frutas). **4** enviar correspondência por via expressa; despachar. || adj **1** expresso; explícito. **2** particular; específico. **3** direto; rápido; sem escalas. || s **1** serviço de remessas rápidas de correspondência e encomendas. **2** encomenda entregue por esse tipo de serviço. **3** transporte expresso, sem escalas. || adv por serviço ou transporte expresso.

ex·pres·sion /ɪkspreʃən/ s **1** tb Mat expressão; manifestação; declaração. **2** ato de espremer.

ex·pres·sion·ism /ɪkspreʃənɪzəm/ s Art expressionismo.

ex·pres·sion·less /ɪkspreʃənləs/ adj inexpressivo; sem expressão.

ex·pres·sive /ɪkspresɪv/ adj expressivo.

ex·pres·sive·ness /ɪkspresɪvnəs/ s expressividade; significação.

ex·pres·siv·i·ty /ɛkspresɪvəti/ s expressividade. (pl **expressivities**).

ex·pres·so /ɪkspresou/ → **espresso**.

ex·press·way /ɪkspresweɪ/ s rodovia expressa; auto-estrada. (tb **freeway, superhighway** e **thruway**).

ex·pro·pri·ate /ɪksprouprieɪt/ v (**expropriates, expropriating, expropriated, expropriated**) expropriar; desapropriar.

ex·pro·pri·a·tion /ɪksprouprieɪʃən/ s expropriação; desapropriação.

ex·pul·sion /ɪkspʌlʃən/ s expulsão.

ex·punge /ɪkspʌndʒ/ v (**expunges, expunging, expunged, expunged**) anular; cancelar; apagar; expurgar.

ex·pur·gate /ɛkspərgeɪt/ v (**expurgates, expurgating, expurgated, expurgated**) expurgar; limpar; corrigir.

ex·pur·ga·tion /ɛkspərgeɪʃən/ s expurgação; depuração; correção; limpeza.

ex·pur·ga·tor /ekspə·geɪtə/ s expurgador; censor.

ex·pur·ga·to·ri·al /eksp3:rgətɔ:riəl/ → expurgatory.

ex·pur·ga·to·ry /eksp3:rgətɔ·ri/ adj expurgatório; depurativo. (var expurgatorial).

expy abrev de expressway.

ex·qui·site /ɪkskwɪzɪt, ekskwɪzɪt/ adj 1 refinado; fino; delicado; raro. 2 intenso; agudo. 3 excelente; perfeito. II s janota; almofadinha; dândi.

ex·qui·site·ness /ɪkskwɪzɪtnəs, ekskwɪzɪtnəs/ s 1 requinte; fineza; delicadeza. 2 perfeição; excelência; primor.

ex·scind /eksɪnd/ v (exscinds, exscinding, exscinded, exscinded) cortar; excluir; extirpar.

ex·sic·cate /eksɪkeɪt/ v (exsiccates, exsiccating, exsiccated, exsiccated) dessecar; secar; ressequir.

ex·sic·ca·tion /eksɪkeɪʃən/ s exsicação; dessecação.

ex·tant /ekstənt, ekstænt/ adj existente; subsistente; que ainda existe.

ex·tem·po·ra·ne·ous /ɪkstempəreɪniəs/ adj extemporâneo; improvisado. (var extemporary e extempore).

ex·tem·po·ra·ne·ous·ness /ɪkstempəreɪniəsnəs/ s extemporaneidade.

ex·tem·po·rar·y /ɪkstempəreri/ → extemporaneous.

ex·tem·po·re /ɪkstempəri/ → extemporaneous.

ex·tem·po·ri·za·tion /ɪkstempərɪzeɪʃən/ s improviso; improvisação.

ex·tem·po·rize /ɪkstempəraɪz/ v (extemporizes, extemporizing, extemporized, extemporized) improvisar.

ex·tend /ɪkstend/ v (extends, extending, extended, extended) 1 estender; esticar; alongar; estirar. 2 adulterar. 3 aumentar; alargar; expandir. 4 oferecer; conceder. 5 Jur penhorar; executar.

ex·tend·ed /ɪkstendɪd/ adj 1 estendido; alongado; esticado. 2 prolongado. 3 ampliado; expandido.

extended family s grupo familiar que inclui pais, filhos e outros parentes próximos que moram perto uns dos outros.

ex·ten·si·ble /ɪkstensəbəl/ adj extensível; prorrogável (var extensile).

ex·ten·sile /ɪkstensɪl/ → extensible.

ex·ten·sion /ɪkstenʃən/ s 1 extensão; alcance. 2 alongamento; prolongamento. 3 ampliação; expansão; aumento; acréscimo. 4 ramal telefônico. 5 Comp extensão (grupo de três letras no final do nome de um arquivo que caracteriza seu tipo).

ex·ten·sive /ɪkstensɪv/ adj extensivo; vasto; amplo; extenso.

ex·ten·sor /ɪkstensə/ s Anat músculo extensor.

ex·tent /ɪkstent/ s 1 extensão; grau; alcance. 2 volume; tamanho. 3 Jur embargo. ♦ to a certain extent até certo ponto. to large extent em grande parte. to such an extent a tal ponto. to the extent that na medida em que. to the full extent inteiramente. to what extent? até que ponto?

ex·ten·u·ate /ɪkstenjueɪt/ v (extenuates, extenuating, extenuated, extenuated) atenuar; suavizar; amenizar.

ex·ten·u·a·tion /ɪkstenjueɪʃən/ s 1 extenuação; atenuação. 2 justificação; desculpa; paliação.

ex·ten·u·a·to·ry /ɪkstenjuətɔ:ri/ adj paliativo.

ex·te·ri·or /ɪkstɪriə/ adj exterior; externo; de fora. II s exterior; parte exterior; parte externa; aparência.

ex·te·ri·or·i·ty /ɪkstɪriɔ:rəti/ s exterioridade.

ex·te·ri·or·ize /ɪkstɪriəraɪz/ v (exteriorizes, exteriorizing, exteriorized, exteriorized) exteriorizar.

ex·ter·mi·nate /ɪkst3:rmɪneɪt/ v (exterminates, exterminating, exterminated, exterminated) exterminar; destruir; eliminar.

ex·ter·mi·na·tion /ɪkst3:rmɪneɪʃən/ s extermínio; destruição; eliminação.

ex·ter·mi·na·tor /ɪkst3:rmɪneɪtə/ s exterminador; destruidor.

ex·ter·mi·na·to·ry /ɪkst3:rmənətɔ:ri/ adj exterminatório; eliminatório.

ex·ter·nal /ɪkst3:rnəl/ adj 1 externo; exterior; visível. 2 corpóreo; físico. 3 superficial. 4 estrangeiro. II s parte exterior. ♦ externals 1 circunstâncias exteriores. 2 aparências exteriores.

ex·ter·nal·i·ty /ɛkstɜːrnǽləti/ s exterioridade. (*pl* externalities).

ex·ter·nal·ize /ɪkstɜ́ːrnəlaɪz/ v (externalizes, externalizing, externalized, externalized) 1 externar; exteriorizar; manifestar. 2 atribuir a causas exteriores.

ex·ter·nal·ly /ɪkstɜ́ːrnəli/ adv exteriormente.

ex·tinct /ɪkstɪŋkt/ adj extinto; morto; apagado.

ex·tinc·tion /ɪkstɪŋkʃən/ s extinção; exterminação; aniquilamento.

ex·tinc·tive /ɪkstɪŋktɪv/ adj extintivo; que tende a extinguir-se.

ex·tin·guish /ɪkstɪŋgwɪʃ/ v (extinguishes, extinguishing, extinguished, extinguished) 1 extinguir; apagar fogo. 2 destruir; aniquilar. 3 eliminar; abolir. 4 Jur solver dívida; invalidar; anular. 5 obscurecer.

ex·tin·guish·er /ɪkstɪŋgwɪʃər/ s extintor de incêndio, de velas.

ex·tir·pate /ɛ́kstərpeɪt/ v (extirpates, extirpating, extirpated, extirpated) 1 extirpar; arrancar. 2 erradicar; destruir; exterminar.

ex·tir·pa·tion /ɛkstərpéɪʃən/ s 1 extirpação. 2 exterminação.

ex·tol /ɪkstóʊl/ v (extols, extolling, extolled, extolled) exaltar; enaltecer. (*var* extoll).

ex·toll /ɪkstóʊl/ → extol.

ex·tort /ɪkstɔ́ːrt/ v (extorts, extorting, extorted, extorted) extorquir; coagir; tirar à força.

ex·tor·tion /ɪkstɔ́ːrʃən/ s extorsão.

ex·tor·tion·ate /ɪkstɔ́ːrʃənət/ adj 1 extorsivo. 2 exorbitante.

ex·tor·tion·er /ɪkstɔ́ːrʃənər/ → extortionist.

ex·tor·tion·ist /ɪkstɔ́ːrʃənɪst/ s extorsionário. (*var* extortioner).

ex·tra /ɛ́kstrə/ adj 1 extra; excedente; supérfluo. 2 extraordinário; superior. 3 extra; sujeito a cobrança adicional. || s 1 excesso; excedente. 2 adicional; acessório. 3 edição especial de jornal. 4 funcionário extra. 5 figurante em filmes. 6 algo de qualidade excepcional. || adv em grau excepcional; de forma extraordinária.

ex·tract /ɪkstrǽkt/ v (extracts, extracting, extracted, extracted) 1 extrair; arrancar. 2 Quím precipitar. 3 deduzir. 4 calcular. || /ɛ́kstrækt/ s 1 extrato. 2 fragmento; trecho.

ex·tract·a·ble /ɪkstrǽktəbəl/ adj extraível. (*var* extractible).

ex·tract·i·ble /ɪkstrǽktəbəl/ → extractable.

ex·trac·tion /ɪkstrǽkʃən/ s 1 extração. 2 extrato; origem; essência. 3 linhagem; procedência.

ex·trac·tive /ɪkstrǽktɪv/ adj extrativo; extraível. || s extrato; essência.

ex·trac·tor /ɪkstrǽktər/ s extrator.

ex·tra·cur·ric·u·lar /ɛkstrəkərɪ́kjələr/ adj 1 extracurricular. 2 inform extraconjugal.

ex·tra·dit·a·ble /ɛ́kstrədaɪtəbəl/ adj extraditável.

ex·tra·dite /ɛ́kstrədaɪt/ v (extradites, extraditing, extradited, extradited) extraditar.

ex·tra·di·tion /ɛkstrədɪ́ʃən/ s extradição.

ex·tra·ju·di·cial /ɛkstrədʒuːdɪ́ʃəl/ adj Jur extrajudicial.

ex·tra·mar·i·tal /ɛkstrəmǽrətəl/ adj extraconjugal.

ex·tra·ne·ous /ɪkstréɪniəs/ adj 1 extrínseco. 2 irrelevante. 3 estranho; externo; exterior.

ex·traor·di·nar·y /ɪkstrɔ́ːrdəneri, ekstrəɔ́ːrdəneri/ adj extraordinário; raro; singular.

ex·trap·o·late /ɪkstrǽpəleɪt/ v (extrapolates, extrapolating, extrapolated, extrapolated) tb Mat extrapolar.

ex·trap·o·la·tion /ɪkstræpəleɪʃən/ s tb Mat extrapolação.

ex·tra·sen·so·ry /ɛkstrəsɛ́nsəri/ adj extrasensorial.

ex·tra·ter·res·tri·al /ɛkstrətərɛ́striəl/ adj e s extraterrestre.

ex·trav·a·gance /ɪkstrǽvəgəns/ s 1 extravagância. 2 esbanjamento; desperdício. (*var* extravagancy).

ex·trav·a·gan·cy /ɪkstrǽvəgənsi/ → extravagance. (*pl* extravagancies).

ex·trav·a·gant /ɪkstrǽvəgənt/ adj 1 extravagante; exorbitante. 2 esbanjador; pródigo.

ex·trav·a·sate /ɪkstrǽvəseɪt/ v (extravasates, extravasating, extravasated, extravasated) extravasar; transbordar; derramar.

ex·trav·a·sa·tion /ɪkstrævəseɪʃən/ s 1 extravasamento; derramamento. 2 Med hemorragia.

ex·tra·ver·sion /ekstrəvɜ·ʒən/ → extroversion.

ex·tra·vert /ekstrəvɜ·t/ → extrovert.

ex·tra·vert·ed /ekstrəvɜ·tɪd/ → extroverted.

ex·treme /ɪkstriːm/ adj 1 extremo. 2 máximo; supremo; extraordinário. 3 drástico; severo; radical. ‖ s 1 extremo. 2 extremidade; fim. 3 excesso.

extremely high frequency s altíssima freqüência. (abrev EHF).

extremely low frequency s baixíssima freqüência. (abrev ELF).

extreme unction s extrema-unção.

ex·trem·ism /ɪkstriːmɪzəm/ s extremismo.

ex·trem·ist /ɪkstriːmɪst/ s extremista.

ex·trem·i·ty /ɪkstreməti/ s extremidade. (pl extremities).

ex·tri·ca·ble /ɪkstrɪkəbəl, ekstrɪkəbəl/ adj desembaraçável; deslindável.

ex·tri·cate /ekstrɪkeɪt/ v (extricates, extricating, extricated, extricated) desembaraçar; livrar; desenredar; soltar; esclarecer.

ex·tri·ca·tion /ekstrɪkeɪʃən/ s desenredo; desembaraço; ato de desembaraçar.

ex·trin·sic /ekstrɪnsɪk, ekstrɪnzɪk/ adj 1 extrínseco. 2 não-essencial; acessório.

ex·tro·ver·sion /ekstrəvɜ·ʒən/ s extroversão. (var extraversion).

ex·tro·vert /ekstrəvɜ·t/ s extrovertido. (var extravert).

ex·tro·vert·ed /ekstrəvɜ·tɪd/ adj extrovertido. (var extraverted).

ex·trude /ɪkstruːd/ v (extrudes, extruding, extruded, extruded) 1 expulsar; expelir. 2 moldar; cunhar; perfilar metal.

ex·tru·sion /ɪkstruːʒən/ s 1 extrusão. 2 expulsão.

ex·u·ber·ance /ɪgzuːbərəns/ s exuberância; opulência.

ex·u·ber·ant /ɪgzuːbərənt/ adj exuberante; profuso; farto.

ex·ude /ɪgzuːd, ɪksuːd/ v (exudes, exuding, exuded, exuded) exsudar; transpirar.

ex·ult /ɪgzʌlt/ v (exults, exulting, exulted, exulted) exultar; triunfar.

ex·ul·tance /ɪgzʌltəns/ s exultação; alegria; júbilo. (var exultancy).

ex·ul·tan·cy /ɪgzʌltənsi/ → exultance.

ex·ul·tant /ɪgzʌltənt/ adj exultante; alegre; jubiloso.

ex·ul·ta·tion /eksʌlteɪʃən, egzʌlteɪʃən/ s exultação.

ex·u·vi·ae /ɪgzuːviiː/ s pl exúvia; pêlos; despojos de animais.

ex·u·vi·ate /ɪgzuːvieɪt/ v (exuviates, exuviating, exuviated, exuviated) mudar a pele (animais); trocar as penas (aves).

eye /aɪ/ s 1 olho; íris. 2 visão; perspicácia. 3 ponto de vista; opinião. 4 buraco da agulha. 5 abertura (máquina fotográfica). 6 dispositivo sensível à luz. 7 Bot botão; broto. 8 centro ou olho do furacão. 9 fig centro das atenções. 10 inform detetive. ‖ v (eyes, eyeing/eying, eyed, eyed) olhar; observar; vigiar. ♦ an eye for an eye olho por olho. before one's eyes diante dos olhos de alguém. in the eyes of na opinião de. in the mind's eye na imaginação. in the public eye muito conhecido do público. in a pig's eye nunca; em hipótese alguma. in the twinkling of an eye num piscar de olhos. be all eyes estar de olhos atentos. be the apple of one's eye ser a menina dos olhos de alguém. cast/run an eye over passar os olhos em. catch one's eye atrair a atenção de alguém. cry one's eyes out chorar muito. have an eye for saber apreciar. have eyes bigger than one's stomach/belly ter o olho maior que a barriga. have eyes for estar interessado em. keep an eye on ficar de olho em; vigiar. with half an eye de relance; com uma olhadela. with naked eye a olho nu

eye·ball /aɪbɔːl/ s globo ocular. ‖ v (eyeballs, eyeballing, eyeballed, eyeballed) inform 1 observar atentamente. 2 calcular de vista.

eyeball-to-eyeball /aɪbɔːltəaɪbɔːl/ adv inform olho no olho.

eye bank s banco de olhos.

eye·brow /aɪbraʊ/ s sobrancelha.

eyebrow pencil s lápis de sobrancelha.

eye-catch·ing /aɪkætʃɪŋ/ adj atrativo; vistoso.

eye contact *s* contato visual; olhos nos olhos.

eye·ful *s* **1** vista completa. **2** alguém vistoso, atraente. **3** algo que atinge os olhos em cheio. **4** observação minuciosa.

eye·glass /ˈaɪɡlæs/ *s* monóculo. ♦ **eyeglasses** óculos.

eye·hole /ˈaɪhoʊl/ *s* **1** órbita ocular. **2** buraco; orifício para espiar.

eye·lash /ˈaɪlæʃ/ *s* cílio; pestana.

eye·let /ˈaɪlət/ *s* **1** ilhó. **2** olho mágico.

eye·lid /ˈaɪlɪd/ *s* pálpebra. (*tb* eye-lid).

eye·lift /ˈaɪlɪft/ *s* cirurgia plástica para eliminar rugas e bolsas ao redor dos olhos.

eye·lin·er /ˈaɪlaɪnə/ *s* delineador.

eye opener *s inform* **1** surpresa; circunstância surpreendente. **2** bebida alcoólica que se toma de manhã.

eye·shade /ˈaɪʃeɪd/ *s* viseira; pala de boné.

eye shadow *s* sombra (maquiagem).

eye·shot /ˈaɪʃɑːt/ *s* alcance da vista; campo de visão.

eye·sight /ˈaɪsaɪt/ *s* **1** visão; vista (faculdade de ver). **2** alcance da vista; vista.

eye·sore /ˈaɪsɔːr/ *s* coisa ofensiva ou desagradável ao olhar.

eye·strain /ˈaɪstreɪn/ *s* cansaço ocular; vista cansada.

eye·tooth /ˈaɪtuːθ/ *s* dente canino.

eye·wash /ˈaɪwɑːʃ/ *s* **1** colírio. **2** *inform* conversa fiada; bobagem.

eye·wink /ˈaɪwɪŋk/ *s* **1** piscadela. **2** instante.

eye·wit·ness /ˈaɪwɪtnɪs, ˈaɪwɪtnɪs/ *s* testemunha ocular.

ey·rie /ˈeri, ˈɪri/ → aerie

eyr·y /ˈeri, ˈɪri/ → aerie.

e-zine /ˈiːziːn/ *s Comp form red* de **electronic magazine**; revista eletrônica.

F

f ou **F** /ef/ *s* **1** 6ª letra do alfabeto inglês. **2** *Mús* fá. (*pl* **f's** ou **F's**). ‖ *abrev maiús* de **Fahrenheit**. ‖ *símb Quím maiús* de **fluorine**.

fa /fɑː/ *s Mús* fá.

fab /fæb/ *s inform* fabricação. ‖ *adj gír* fabuloso; maravilhoso.

fa·ble /feɪbəl/ *s* **1** fábula; mito; lenda. **2** mentira. ‖ *v* (**fables, fabling, fabled, fabled**) inventar; contar histórias.

fab·ric /fæbrɪk/ *s* **1** tecido; pano. **2** textura; trama; urdidura. **3** construção; edifício.

fab·ri·cant /fæbrɪkənt/ *s* fabricante.

fab·ri·cate /fæbrɪkeɪt/ *v* (**fabricates, fabricating, fabricated, fabricated**) **1** manufaturar; criar. **2** construir. **3** forjar; inventar (mentira ou história); falsificar.

fab·ri·ca·tion /fæbrɪkeɪʃən/ *s* **1** fabricação; manufatura. **2** estrutura. **3** invenção; mentira.

fab·ri·ca·tor /fæbrɪkeɪtə/ *s* **1** fabricante; construtor. **2** mentiroso.

fab·u·list /fæbjəlɪst/ *s* fabulista.

fab·u·lous /fæbjələs/ *adj* **1** incrível; espantoso. **2** fabuloso; maravilhoso. **3** legendário; mitológico.

fa·cade /fəsɑːd/ → **façade**.

fa·çade /fəsɑːd/ *s Arq* **1** fachada. (*var* **facade**). **2** *fig* fachada; aparência enganosa e artificial.

face /feɪs/ *s* **1** face; rosto; cara. **2** fisionomia; semblante. **3** careta. **4** lado; aspecto. **5** autoconfiança; segurança. **6** prestígio; dignidade. **7** audácia; insolência; atrevimento. **8** frente; fachada. ‖ *v* (**faces, facing, faced, faced**) **1** encarar; enfrentar. **2** estar com a frente para. **3** forrar; revestir. ♦ **face about** dar meia-volta. **face down** intimidar; encabular. **face the music** aceitar crítica ou castigo por algo que se fez. **face to face** face a face; cara a cara.

face card *s* rainha, rei ou valete (no baralho).

face-lift /feɪslɪft/ *s* **1** cirurgia plástica facial. **2** remodelação; modernização; reforma. (*var* **facelifting**).

face-lift·ing /feɪslɪftɪŋ/ → **face-lift**.

fac·et /fæsɪt/ *s tb Biol* e *Anat* faceta.

fa·ce·tious /fəsiːʃəs/ *adj* faceto; divertido; brincalhão.

face value *s* valor nominal.

fa·cial /feɪʃəl/ *adj* facial. ‖ *s* massagem facial.

fac·ile /fæsɪl/ *adj* **1** fácil; simples. **2** fluente; ágil; rápido; vivo. **3** superficial; descuidado. **4** insincero; inautêntico.

fa·cil·i·tate /fəsɪlɪteɪt/ *v* (**facilitates, facilitating, facilitated, facilitated**) facilitar.

fa·cil·i·ta·tion /fəsɪlɪteɪʃən/ *s* facilitação.

fa·cil·i·ty /fəsɪləti/ *s* **1** facilidade; destreza; habilidade. **2** docilidade; complacência. (*pl* **facilities**). ♦ **facilities** vantagens; comodidades; facilidades.

fac·ing /feɪsɪŋ/ *s* **1** acabamento; bainha; debrum; barra. **2** revestimento.

fac·sim·i·le /fæksɪməli/ *s* **1** fac-símile (cópia). **2** fax (equipamento). ‖ *adj* fac-similar.

fact /fækt/ *s* **1** fato; ocorrência; acontecimento. **2** realidade; verdade. ♦ **as a matter of fact** para dizer a verdade; realmente. **in fact** na verdade; de fato.

fac·tion /fækʃən/ *s* **1** facção. **2** dissensão; dissidência. **3** filme ou obra literária que mistura realidade e ficção.

fac·tious /fækʃəs/ *adj* faccioso.

fac·ti·tious /fæktɪʃəs/ *adj* factício; artificial.

fac·tor /fæktə/ *s* **1** *tb Mat* fator; elemento; causa. **2** agente comercial; corretor.

fac·tor·age /fæktərɪdʒ/ *s* **1** corretagem. **2** comissão.

fac·to·ri·al /fæktɔːriəl/ *s Mat* fatorial. ‖ *adj* **1** fatorial. **2** relativo a corretagem.

fac·tor·ize /fæktəraɪz/ *v* (**factorizes, factorizing, factorized, factorized**) *Mat* fatorar; decompor em fatores.

fac·to·ry /fæktəri/ *s* **1** fábrica; usina. **2** estabelecimento comercial. (*pl* **factories**).

fac·tu·al /fǽktʃuəl/ *adj* factual; real; concreto.

fac·ul·ta·tive /fǽkəlteɪtɪv/ *adj* facultativo; não-obrigatório; optativo. **2** *Biol* capaz de adaptar-se a várias condições ambientais.

fac·ul·ty /fǽkəlti/ *s* **1** faculdade mental; habilidade; capacidade. **2** escola superior; faculdade. **3** corpo docente de uma faculdade. **4** classe profissional; membros de uma profissão. **5** autorização; licença; permissão. (*pl* **faculties**).

fad /fǽd/ *s* modismo; mania; moda passageira.

fade /feɪd/ *v* (**fades, fading, faded, faded**) **1** desbotar; perder a cor. **2** murchar; definhar. **3** desaparecer gradualmente (imagem ou som); desvanecer. ‖ *s* **1** desaparecimento gradual de cena em cinema ou televisão. **2** redução periódica de sinal de rádio. ♦ **fade in** aparecer gradualmente. **fade out** desaparecer gradualmente.

fag /fǽg/ *s* **1** calouro de escola pública britânica. **2** trabalho penoso; lida; labuta. **3** *gír* cigarro. **4** *gir* homossexual. ‖ *v* (**fags, fagging, fagged, fagged**) trabalhar arduamente; esfalfar-se; cansar-se.

fag end *s* **1** ponta desfiada de tecido ou corda. **2** sobra; resíduo; rebotalho; refugo. **3** a última parte.

fail /feɪl/ *v* (**fails, failing, failed, failed**) **1** falhar. **2** ser reprovado (na escola). **3** falir. **4** faltar; minguar. **5** desapontar; decepcionar. **6** abandonar; não cumprir; negligenciar. ♦ **without fail** sem falta.

fail·ing /feɪlɪŋ/ *s* **1** falta; deslize; fraqueza. **2** malogro; fracasso. **3** defeito; imperfeição. ‖ *adj* deficiente; esgotado; enfraquecido; em declínio. ‖ *prep* na ausência de; na falta de.

fail·ure /feɪljɚ/ *s* **1** falta; deficiência; falha. **2** colapso; avaria; pane. **3** declínio; malogro; fracasso; fiasco. **4** insolvência; falência; bancarrota. **5** reprovação. **6** omissão.

fain /feɪn/ *adv* felizmente; alegremente.

faint /feɪnt/ *v* (**faints, fainting, fainted**) desmaiar; desfalecer. ‖ *s* desmaio; síncope. ‖ *adj* **1** fraco; abatido. **2**

covarde; frouxo; tímido. **3** vago; indistinto; obscuro.

faint-heart·ed /feɪntḁ̄rtɪd / *adj* medroso; covarde; tímido.

fair /fer/ *s* **1** feira; exibição. **2** bazar; quermesse. ‖ *adj* **1** belo; formoso. **2** claro; limpo; límpido; puro. **3** claro; louro. **4** promissor. **5** justo; imparcial. **6** satisfatório; médio; regular. **7** enganoso; capcioso. ‖ *adv* **1** imparcialmente; honestamente. **2** diretamente; em cheio. ♦ **by fair means** sem violência ou fraude. **fair and square** justo e honesto. **it's not fair** isto não é justo.

fair·ground /fergraund/ *s* local aberto para feiras ou exposições.

fair-haired /ferhɛrd/ *adj* **1** louro. **2** favorito (pessoa).

fair·ish /ferɪʃ/ *adj* razoável; regular.

fair·ly /ferli/ *adv* **1** de modo justo; honestamente. **2** claramente. **3** completamente. **4** moderadamente; razoavelmente.

fair-mind·ed /fermaɪndɪd/ *adj* justo; imparcial.

fair play *s* jogo limpo.

fair·y /feri/ *s* **1** fada. **2** *gír* homossexual (*pl* **fairies**).

fairy godmother *s* fada madrinha.

fair·y·land /ferilænd/ *s* reino das fadas.

fairy tale *s* **1** conto de fadas. **2** mentira história inacreditável.

faith /feɪθ/ *s* **1** fé; crença. **2** credo; doutrina religiosa. **3** lealdade; fidelidade.

faith·ful /feɪθfəl/ *adj* **1** fiel; leal; dedicado. **2** confiável; verídico. ‖ *s* crente; fiel. (*p* **faithful** ou **faithfuls**).

faith healer *s* curandeiro.

faith healing *s* curandeirismo.

faith·less /feɪθləs/ *adj* **1** infiel; desleal. **2** incrédulo; descrente.

fake /feɪk/ *s* falsificação; fraude. ‖ *adj* fraudulento; falso. ‖ *v* (**fakes, faking, faked, faked**) **1** fingir; simular. **2** falsificar; adulterar. **3** *Mús* improvisar.

fak·er /feɪkɚ/ *s* enganador; fraudador; impostor.

fa·kir /fɑːkɪr/ *s* faquir.

fal·cate /fǽlkeɪt/ *adj* falciforme; em forma de foice. (*var* **falcated**).

fal·cat·ed /fǽlkeɪtɪd/ → falcate.

fal·chion /fɔ́:ltʃən/ s cimitarra; alfanje.

fal·con /fǽlkən, fɔ́:lkən, fɔ́:kən/ s falcão. (tb artilharia).

fal·con·ry /fǽlkənri, fɔ́:lkənri, fɔ́:kənri/ s falcoaria.

fall /fɔ:l/ v (falls, falling, fell, fallen) 1 cair; tombar; ruir; desmoronar. 2 perecer; cair morto. 3 baixar; cair; diminuir; decair. ‖ s 1 queda; ruína. 2 descida; declive. 3 baixa; diminuição. 4 outono. ♦ falls us v sing ou pl catarata; cascata. fall apart cair aos pedaços. fall asleep cair no sono; adormecer. fall away from renegar. fall back recuar; retirar-se. fall backwards cair de costas. fall for deixar-se seduzir por. fall heir to herdar. fall in love apaixonar-se. fall sick adoecer. fall through falhar, fracassar. fall under incluir-se.

fal·la·cious /fəleɪʃəs/ adj falso; enganoso.

fal·la·cy /fǽləsi/ s falácia; ardil; sofisma. (pl fallacies).

fall·en /fɔ́:lən/ v part pass de fall.

fall guy s gír 1 otário. 2 bode expiatório.

fal·li·bil·i·ty /fǽləbɪləti/ s falibilidade.

falling star s estrela cadente; meteoro.

fall·off /fɔ́:lɑ:f/ s redução; declínio.

fal·lo·pi·an tube /fəloupiən tu:b/ s Anat trompa de Falópio. (tb Fallopian tube).

fall·out /fɔ́:laʊt/ s 1 precipitação radioativa. 2 partículas de precipitação radioativa. 3 resultado incidental; efeito colateral.

fal·low /fǽloʊ/ v (fallows, fallowing, fallowed, fallowed) arrotear; alqueivar. ‖ adj inativo; desocupado. ‖ s terra de pousio.

false /fɔ:ls/ adj 1 falso. 2 fingido; desonesto. 3 errôneo; incorreto. 4 artificial; postiço. 5 infundado; irregular. 6 Mús desafinado.

false alarm s alarme falso.

false-heart·ed /fɔ́:lshɑ́:rtɪd/ adj desleal; traiçoeiro.

false·hood /fɔ́:lshʊd/ s falsidade; mentira.

fal·si·fi·ca·tion /fɔ:lsɪfɪkeɪʃən/ s falsificação; adulteração.

fal·si·fi·er /fɔ́:lsɪfaɪər/ s falsificador.

fal·si·fy /fɔ́:lsɪfaɪ/ v (falsifies, falsifying, falsified) 1 falsificar; adulterar; forjar. 2 mentir. 3 provar a falsidade de; desmentir.

fal·si·ty /fɔ́:lsəti/ s falsidade; mentira. (pl falsities).

fal·ter /fɔ́:ltər/ v (falters, faltering, faltered, faltered) 1 hesitar; vacilar. 2 gaguejar; balbuciar. 3 tropeçar; cambalear. ‖ s 1 balbucio; gagueira. 2 som trêmulo.

fame /feɪm/ s fama; reputação. ‖ v (fames, faming, famed, famed) afamar.

famed /feɪmd/ adj famoso; afamado.

fa·mil·iar /fəmɪ́ljər/ adj 1 familiar; comum. 2 familiarizado. 3 íntimo. 4 natural; informal. 5 atrevido. 6 domesticado, dumado. ‖ s 1 amigo íntimo. 2 freqüentador.

fa·mil·iar·i·ty /fəmɪlierəti/ s familiaridade. (pl familiarities).

fa·mil·iar·ize /fəmɪ́ljəraɪz/ v (familiarizes, familiarizing, familiarized, familiarized) familiarizar; acostumar.

fam·i·ly /fǽməli, fǽmli/ s 1 família. 2 linhagem; estirpe. 3 tribo; clã. (pl families).

family circle s galeria (teatro).

family doctor s 1 médico da família. 2 clínico geral.

family man s 1 pai de família. 2 homem dedicado ao lar.

family name s sobrenome. (tb surname).

family planning s planejamento familiar.

family tree s árvore genealógica.

fam·ine /fǽmɪn/ s 1 fome. 2 escassez; penúria.

fam·ish /fǽmɪʃ/ v (famishes, famishing, famished, famished) 1 passar fome. 2 morrer de fome.

fa·mous /feɪməs/ adj 1 famoso; célebre. 2 inform excelente; de primeira.

fan /fæn/ s 1 ventilador. 2 leque. 3 fã; admirador, torcedor. ‖ v (fans, fanning, fanned, fanned) 1 ventilar; arejar; abanar. 2 soprar (brasa); inflamar. 3 abrir em leque.

fa·nat·ic /fənǽtɪk/ adj e s fanático.

fa·nat·i·cal /fənǽtɪkəl/ adj fanático.

fa·nat·i·cism /fənǽtɪsɪzəm/ s fanatismo.

fa·nat·i·cize /fənǽtɪsaɪz/ v (fanaticizes, fanaticizing, fanaticized, fanaticized) fanatizar.

fan·ci·ful /fǽnsɪfəl/ adj fantasioso; fantástico; imaginário.

fan·cy /fænsɪ/ v (fancies, fancying, fancied, fancied) imaginar; fantasiar. ‖ s 1 imaginação; fantasia. 2 visão; idéia. 3 suposição arbitrária; cisma. 4 capricho; desejo; veneta. 5 gosto pessoal; preferência; tendência; inclinação. (pl fancies). ‖ adj 1 imaginário; fantasioso. 2 extravagante; exorbitante. 3 decorativo; ornamental. 4 caprichoso. (gr comp fancier. gr super fanciest).

fancy dress s fantasia; vestimenta carnavalesca.

fan·cy-free /fænsifriː/ adj desimpedido; sem preocupações ou compromissos amorosos.

fan·cy·work /fænsiwɜːrk/ s trabalho manual feito com agulha e linha (bordado, crochê etc.).

fan·fare /fænfer/ s 1 fanfarra; toque de trombetas. 2 inform desfile espetacular.

fang /fæŋ/ s 1 dente canino. 2 presa de serpente. 3 raiz de dente.

fan·tail /fænteɪl/ s 1 pombo doméstico. 2 cauda em leque.

fan·ta·sia /fænteɪʒə, fæntəziːə/ s Mús fantasia.

fan·ta·size /fæntəsaiz / v (fantasizes, fantasizing, fantasized, fantasized) fantasiar; imaginar.

fan·tas·tic /fæntæstɪk/ adj 1 fantástico; imaginário; irreal. 2 excêntrico; bizarro. 3 maravilhoso; fantástico. (var fantastical).

fan·tas·ti·cal /fæntæstɪkəl/ → fantastic.

fan·ta·sy /fæntəsi/ s 1 tb Mús fantasia; imaginação. 2 capricho. 3 ficção. (pl fantasies).

fan·tom /fæntəm/ → phantom.

fan·zine /fænziːn/ s fanzine (revista amadora feita por fãs).

FAQ abrev Comp de **Frequently Asked Questions**; perguntas mais freqüentes (lista com as repostas às dúvidas mais freqüentes dos usuários).

far /fɑːr/ adv 1 longe; ao longe. 2 demasiadamente; muitíssimo. ‖ adj distante; remoto; longínquo. (gr comp farther ou further. gr super farthest ou furthest).
♦ **as far as** até (lugar). **as far as I'm concerned** quanto a mim; no que me diz respeito. **as far as I know** até onde eu saiba. **by far** por grande diferença; em muito. **far better** muito melhor. **far from it** longe disso.

far and wide adv em todo lugar; por toda parte.

far·a·way /fɑːrəweɪ/ adj 1 remoto; distante. 2 sonhador; abstrato; distraído.

farce /fɑːrs/ v (farces, farcing, farced, farced) 1 rechear (alimento). 2 entremear com piadas e chistes. ‖ s 1 farsa (teatro). 2 recheio (de alimento).

far·ci·cal /fɑːrsɪkəl/ adj ridículo; cômico.

fare /fer/ s 1 preço de passagem; tarifa. 2 frete, carreto. 3 comida; alimentação. ‖ v (fares, faring, fared, fared) 1 suceder; sair-se bem ou mal. 2 viajar. 3 comer.

Far East s Extremo Oriente.

fare·well /ferwel/ s adeus; despedida. ‖ interj adeus.

far-fetched /fɑːrfetʃt/ adj forçado; artificial; inverossímil.

far-flung /fɑːrflʌŋ/ adj 1 remoto; distante. 2 vasto; extenso.

fa·ri·na /fərinə/ s farinha de cereais; amido; fécula.

far·i·na·ceous /ferɪneɪʃəs/ adj farináceo.

farm /fɑːrm/ s 1 fazenda; sítio; terreno agrícola. 2 propriedade rústica; rancho; granja; quinta. ‖ v (farms, farming, farmed, farmed) 1 cultivar; lavrar a terra. 2 arrendar; alugar (terras).

farm·er /fɑːrmə/ s 1 fazendeiro; agricultor; lavrador. 2 arrendatário.

farm hand s colono; trabalhador rural.

farm·house /fɑːrmhaʊs/ s casa de fazenda.

farm·land /fɑːrmlænd/ s terra apropriada para cultivo.

farm·stead /fɑːrmsted/ s fazenda e as suas dependências.

farm·yard /fɑːrmjɑːrd/ s pátio de fazenda.

far·o /feroʊ/ s faraó (jogo de cartas).

far-off /fɑːrɑːf/ adj remoto; distante; longínquo.

far-reach·ing /fɑːriːtʃɪŋ/ adj 1 de longo alcance; extenso. 2 importante; de grande projeção; de amplas conseqüências.

far·ri·er /fɛriɚ/ s ferrador (de cavalos).

far·row /fɛroʊ/ v (farrows, farrowing, farrowed, farrowed) parir (a porca). || s bacorinho; ninhada de porcos.

far·see·ing /fɑːrsiːɪŋ/ adj 1 previdente; prudente. 2 que vê longe; sagaz.

far·sight·ed /fɑːrsaɪtɪd/ adj 1 previdente; prudente; sagaz. 2 hipermetrope.

far·sight·ed·ness /fɑːrsaɪtɪdnəs/ s hipermetropia.

fart /fɑːrt/ v gír (farts, farting, farted, farted) soltar um pum. || s pum.

far·ther /fɑːrðɚ/ adj 1 gr comp de far. 2 mais remoto; mais adiante. 2 posterior. || adv mais longe; além.

far·ther·most /fɑːrðɚmoʊst/ adj o mais afastado; o mais remoto.

far·thest /fɑːrðɪst/ adj 1 gr super de far. 2 o mais distante; mais remoto.

fas·ci·ate /fæʃieɪt/ adj 1 Bot fasciculado. 2 Zool listrado. (var fasciated).

fas·ci·at·ed /fæʃieɪtɪd/ → fasciate.

fas·ci·cle /fæsɪkəl/ s 1 fascículo. 2 pequeno feixe.

fas·cic·u·lar /fəsɪkjələ/ adj fasciculado; ligado como um feixe. (var fasciculate).

fas·cic·u·late /fəsɪkjəlɪt/ → fascicular.

fas·ci·nate /fæsəneɪt/ v (fascinates, fascinating, fascinated, fascinated) fascinar.

fas·ci·nat·ing /fæsəneɪtɪŋ/ adj fascinante.

fas·ci·na·tion /fæsəneɪʃən/ s fascinação; atração; encanto.

fas·ci·na·tor /fæsəneɪtɚ/ s 1 fascinador. 2 lenço usado pelas mulheres na cabeça.

fas·cism /fæʃɪzəm/ s geralm maiús fascismo.

fas·cist /fæʃɪst/ s e adj geralm maiús fascista.

fash·ion /fæʃən/ s 1 moda; algo que está na moda. 2 estilo; modelo; padrão. 3 costume; maneira; modo. 4 estilo da alta sociedade. || v (fashions, fashioning, fashioned, fashioned) 1 amoldar; dar feitio a. 2 adaptar; modelar.

fash·ion·a·ble /fæʃənəbəl/ adj elegante; da moda. || s pessoa elegante.

fash·ion·er /fæʃənɚ/ s 1 modista. 2 costureiro. 3 criador.

fashion plate s figurino.

fast /fæst/ v (fasts, fasting, fasted, fasted) jejuar. || s jejum; abstinência. || adj 1 firme; seguro; sólido; estável. 2 durável. 3 fiel; leal. 4 rápido; veloz. 5 adiantado (relógio).

fas·ten /fæsən/ v (fastens, fastening, fastened, fastened) 1 atar; ligar; prender; firmar. 2 impor-se. 3 atribuir.

fas·ten·ing /fæsənɪŋ/ s trinco; prendedor; fecho; ferrolho.

fast food s fast-food; comida preparada e servida rapidamente.

fast-for·ward /fæstfɔːrwɚd/ s 1 avanço rápido (função em aparelho eletrônico de gravação que permite avanço rápido da fita). 2 inform situação ou série de eventos de rápida mudança. (tb fast forward).

fas·tid·i·ous /fæstɪdiəs/ adj 1 meticuloso. 2 fastidioso; impertinente; rabugento; exigente. 3 delicado; melindroso.

fas·tid·i·ous·ness /fæstɪdiəsnəs/ s 1 meticulosidade. 2 rabugice. 3 melindre.

fast·ness /fæstnəs/ s 1 firmeza; solidez; segurança. 2 rapidez; velocidade. 3 fortaleza; forte. 4 reduto; lugar secreto.

fast track s inform maneira mais rápida e direta de atingir um objetivo.

FAT abrev Comp de file allocation table; tabela de alocação de arquivos.

fat /fæt/ s 1 gordura. 2 banha; sebo. 3 graxa. 4 obesidade. 5 a flor; a nata; a melhor parte. || v (fats, fatting, fatted, fatted) engordar. || adj 1 gordo; obeso; corpulento. 2 gorduroso; oleoso. 3 lucrativo; rendoso. 4 rico; próspero. 5 grosso; grande. (gr comp fatter. gr super fattest).

fa·tal /feɪtəl/ adj 1 fatal; inevitável. 2 fatídico; agourento; sinistro. 3 importante; decisivo. 4 mortal.

fatal error s Comp erro fatal (erro que encerra o sistema ou a aplicação que está sendo executada, sem chances de recuperação).

fa·tal·ism /feɪtəlɪzəm/ s fatalismo.

fa·tal·ist /feɪtəlɪst/ s fatalista.

fa·tal·is·tic /feɪtəlɪstɪk/ adj fatalista.

fa·tal·i·ty /fətælətɪ/ s 1 fatalidade; destino; desgraça. 2 morte (resultante de acidente, catástrofe, etc.). (pl fatalities).

fatality rate s índice de mortalidade. (*tb* death rate).

fa·tal·ly /fˈeɪtəli/ *adv* 1 fatalmente. 2 decisivamente. 3 inevitavelmente.

fat cat s *gír* 1 financiador de campanhas políticas. 2 pessoa rica e influente.

fate /feɪt/ s 1 fado; destino; sorte. 2 resultado; conseqüência.

fat·ed /fˈeɪtɪd/ *adj* predestinado; fadado; condenado.

fate·ful /fˈeɪtfəl/ *adj* 1 fatal; fatídico. 2 predestinado; profético. 3 muito importante; decisivo.

fat·head /fˈæthed/ s *gír* bobo; bronco.

fa·ther /fˈɑːðər/ s 1 pai. 2 patriarca. 3 antepassado; progenitor. 4 criador; inventor; pai. 5 forma primitiva; protótipo. 6 homem idoso e venerável. 7 membro do Senado na Antiga Roma. 8 líder. 9 padre; chefe espiritual. 10 *maiús* Deus. II *v* (fathers, fathering, fathered, fathered) 1 procriar. 2 adotar como filho; apadrinhar. 3 criar; fundar; originar.

father figure s figura do pai; imagem do pai.

fa·ther·hood /fˈɑːðəhʊd/ s paternidade.

fa·ther-in-law /fˈɑːðərɪnlɑː/ s sogro. (*pl* fathers-in-law).

fa·ther·land /fˈɑːðəlænd/ s pátria; terra natal.

fa·ther·less /fˈɑːðələs/ *adj* 1 órfão de pai. 2 bastardo; ilegítimo.

fa·ther·ly /fˈɑːðəli/ *adj* paternal; paterno. II *adv* paternalmente.

Father's Day s Dia dos Pais (comemorado no terceiro domingo do mês de junho nos EUA).

fath·om /fˈæðəm/ s braça (medida náutica equivalente a 1,83 m). II *v* (fathoms, fathoming, fathomed, fathomed) 1 sondar; penetrar; aprofundar. 2 compreender; esquadrinhar. (*pl* fathoms ou fathom).

fath·om·a·ble /fˈæðəməbəl/ *adj* sondável.

fath·om·less /fˈæðəmləs/ *adj* 1 insondável. 2 incompreensível.

fa·tid·ic /fətˈɪdɪk/ *adj* fatídico; profético. (*var* fatidical).

fa·tid·i·cal /fətˈɪdɪkəl/ → fatidic.

fa·tigue /fətˈiːg/ s 1 fadiga; cansaço. 2 *Mil* labor; faxina II *v* (fatigues, fatiguing, fatigued, fatigued) fatigar; cansar; esgotar.

fat·ten /fˈætən/ *v* (fattens, fattening, fattened, fattened) 1 engordar. 2 fertilizar (terra). 3 encorpar; inchar.

fat·tish /fˈætɪʃ/ *adj* um tanto gordo; gordinho; gorducho.

fat·ty /fˈæti/ *adj* gorduroso; oleoso. (*gr comp* fattier. *gr super* fattiest). II s *inform* gordinho; pessoa gorda. (*pl* fatties).

fa·tu·i·ty /fətˈuːəti/ s fatuidade; estulticia; estupidez.

fat·u·ous /fˈætʃuːəs/ *adj* 1 fátuo; tolo; insensato. 2 irreal; ilusório.

fau·cet /fˈɑːsɪt/ s torneira; bica.

fault /fɔːlt/ s 1 falha (de caráter). 2 defeito físico; imperfeição. 3 erro; engano. 4 culpa. II *v* (faults, faulting, faulted, faulted) 1 culpar; censurar. 2 *Geol* formar falha em.

fault·less /fˈɔːltləs/ *adj* irrepreensível; impecável.

fault·y /fˈɔːlti/ *adj* defeituoso; falho. (*gr comp* faultier. *gr super* faultiest).

faun /fɑːn/ s *Mit* fauno.

fau·na /fˈɑːnə/ s fauna. (*pl* faunas ou faunae /fˈɑːniː/).

fa·vor /fˈeɪvər/ s 1 favor; obséquio; fineza. 3 parcialidade; favoritismo. 4 privilégio; concessão. 5 simpatia; estima. 6 presente; lembrança. 7 vantagem; benefício. II *v* (favors, favoring, favored, favored) 1 tratar com gentileza. 2 fazer um favor. 3 gostar; ser a favor de. 4 facilitar. 5 favorecer; proteger. ◆ be in favor with contar com o apoio de. be out of favor não contar com o apoio de alguém. in favor of a favor de.

fa·vor·a·ble /fˈeɪvərəbəl/ *adj* 1 favorável. 2 propício.

fa·vored /fˈeɪvərd/ *adj* 1 favorecido; protegido. 2 bem-dotado.

fa·vor·ite /fˈeɪvərɪt/ *adj* e s favorito.

fa·vor·it·ism /fˈeɪvərɪtɪzəm/ s favoritismo; parcialidade.

fawn /fɑːn/ *v* (fawns, fawning, fawned, fawned) bajular; adular. II s 1 corsa nova. 2 cor de corsa; castanho claro.

fax /fæks/ s fac-símile; fax. II *v* (faxes, faxing, faxed, faxed) enviar por fax.

fay /feɪ/ *v* (fays, faying, fayed, fayed) unir; juntar. II s fada.

faze /feɪz/ *v* (**fazes, fazing, fazed, fazed**) desconcertar; perturbar.

FBI *abrev* de **Federal Bureau of Investigation**; agência de investigação federal americana.

FDA *abrev* de **Food and Drug Administration**; órgão encarregado de autorizar a industrialização de alimentos e remédios nos EUA.

fe·al·ty /fiːlti/ *s* fidelidade; lealdade. (*pl* **fealties**).

fear /fɪr/ *s* 1 medo; temor; pavor. 2 reverência. II *v* (**fears, fearing, feared, feared**) 1 recear; temer. 2 venerar; respeitar.

fear·ful /fɪrfəl/ *adj* 1 temível; pavoroso. 2 medroso; receoso.

fear·less /fɪrləs/ *adj* destemido; corajoso.

fear·some /fɪrsəm/ *adj* 1 temível; alarmante. 2 tímido; medroso.

fea·si·bil·i·ty /fiːzəbɪləti/ *s* praticabilidade; exeqüibilidade.

fea·si·ble /fiːzəbəl/ *adj* praticável; exeqüível; viável; possível.

feast /fiːst/ *s* 1 festa; banquete. 2 regalo; deleite. II *v* (**feasts, feasting, feasted, feasted**) 1 festejar; banquetear. 2 deleitar.

feat /fiːt/ *s* feito; façanha; proeza.

feath·er /feðər/ *s* 1 pena; pluma; penacho. 2 cocar; roupagem. 3 trivialidade; coisa sem importância. II *v* (**feathers, feathering, feathered, feathered**) 1 emplumar; enfeitar. 2 ondular; flutuar como uma pena. ♦ **feathers** plumagem. **a feather in one's cap** motivo de orgulho.

feather bed *s* colchão de penas.

feath·er·brain /feðərbreɪn/ *s* pessoa frívola, tola; cabeça-de-vento. (*tb* **featherhead**).

feather duster *s* espanador de penas.

feath·ered /feðərd/ *adj* emplumado; enfeitado com penas.

feath·er·ing /feðərɪŋ/ *s* plumagem.

feath·er·weight /feðərweɪt/ *s Esp* 1 pesopena. 2 pessoa ou coisa leve e pequena. 3 pessoa insignificante.

feath·er·y /feðəri/ *adj* 1 coberto de penas. 2 leve; frágil.

fea·ture /fiːtʃər/ *s* 1 feição; traço. 2 aspecto; característica. 3 filme ou atração principal num programa. 4 matéria especial (em revista, jornal, etc.). II *v* (**features, featuring, featured, featured**) 1 dar realce a; dar destaque a; publicar com destaque. 2 delinear as características. 3 *inform* imaginar. ♦ **features** feições; traços.

fea·ture·less /fiːtʃərləs/ *adj* sem traços ou feições característicos; descaracterizado; desinteressante.

fe·bric·i·ty /fɪbrɪsəti/ *s* estado febril.

feb·rile /fiːbrɪl/ *adj* febril.

Feb·ru·ar·y /februːeri/ *s* fevereiro.

fe·cal /fiːkəl/ *adj* fecal.

fe·ces /fiːsiːz/ *s pl* fezes; excrementos.

fec·u·lent /fekjələnt/ *adj* feculento; impuro.

fe·cund /fekənd, fiːkənd/ *adj* fecundo; fértil; produtivo.

fe·cun·date /fekəndeɪt, fiːkəndeɪt/ *v* (**fecundates, fecundating, fecundated, fecundated**) fecundar.

fe·cun·da·tion /fekəndeɪʃən, fiːkəndeɪʃən/ *s* fecundação; fertilização.

fe·cun·di·ty /fɪkʌndəti/ *s* fecundidade.

fed /fed/ *v pass* e *part pass* de **feed**.

fed /fed/ *s inform* 1 *maiús* **Federal Reserve System**; banco central americano. 2 *minús* agente federal.

fed·er·al /fedərəl/ *adj* federal.

Federal District *s* Distrito Federal.

fed·er·al·ism /fedərəlɪzem/ *s* federalismo.

fed·er·al·ist /fedərəlɪst/ *s* e *adj* federalista.

fed·er·al·ize /fedərəlaɪz/ *v* (**federalizes, federalizing, federalized, federalized**) federalizar; federar.

fed·er·ate /fedəreɪt/ *v* (**federates, federating, federated, federated**) federar-se; aliar-se. II /fedərət/ *s* federado. II *adj* federado; aliado.

fed·er·a·tion /fedəreɪʃən/ *s* federação; liga; aliança.

fed·er·a·tive /fedəətɪv, fedəreɪtɪv/ *adj* federativo.

fed up *adj* farto; cansado (de uma situação, etc.).

fee /fiː/ *s* 1 honorários; emolumento; taxa. 2 gorjeta; gratificação. 3 feudo. II *v* (**fees, feeing, feed, feed**) gratificar; dar gorjeta.

fee·ble /fiːbəl/ *adj* 1 fraco; frágil; tênue. 2 inadequado; ineficaz.

feed /fi:d/ v (**feeds, feeding, fed, fed**) **1** alimentar (*tb* máquinas); amamentar; nutrir. **2** manter; sustentar; prover; abastecer. **3** distribuir sinal de rádio ou TV por satélite. ‖ s **1** *inform* refeição farta; comilança. **2** ato de comer. **3** ração para animais. **4** distribuição de sinal de rádio ou TV por satélite. **5** suprimento.

feed·back /fi:dbæk/ s **1** retroalimentação. **2** retorno de informação; resultado de uma atividade.

feed·er /fi:də/ s **1** alimentador. **2** afluente; tributário.

feel /fi:l/ v (**feels, feeling, felt, felt**) **1** sentir. **2** tocar; apalpar. **3** ter impressão ou palpite; pressentir. ‖ s **1** tato. **2** sensação; impressão. ◆ **feel like** estar disposto a; estar com vontade de.

feel·er /fi:lə/ s **1** insinuação ou indireta para testar as reações de alguém. **2** *Zool* antena de inseto.

feel·ing /fi:lɪŋ/ s **1** tato. **2** sentimento. **3** sensação; pressentimento; impressão. **4** sensibilidade. **5** ternura; afeto. ‖ *adj* sensível; comovente.

feet /fi:t/ s pl de **foot**.

feign /feɪn/ v (**feigns, feigning, feigned, feigned**) **1** fingir. **2** imaginar; inventar. **3** falsificar.

feigned /feɪnd/ adj **1** fingido; dissimulado. **2** irreal; fictício.

feint /feɪnt/ s **1** ataque simulado. **2** dissimulação; artifício; estratagema. ‖ v (**feints, feinting, feinted, feinted**) **1** promover falso ataque. **2** dissimular; usar artifício.

feld·spar /feldspɑ:r/ s feldspato. (*var* **felspar**).

fe·lic·i·tate /fəlɪsɪteɪt/ v (**felicitates, felicitating, felicitated, felicitated**) felicitar.

fe·lic·i·ta·tion /fəlɪsɪteɪʃən/ s felicitação; parabéns.

fe·lic·i·tous /fəlɪsɪtəs/ adj **1** feliz; venturoso. **2** apropriado; oportuno; bem escolhido.

fe·lic·i·ty /fəlɪsəti/ s **1** felicidade; ventura; bem-estar. **2** motivo de alegria, contentamento. (*pl* **felicities**).

fe·line /fi:laɪn/ adj e s felino.

fell /fel/ v pass de **fall**. ‖ v (**fells, felling, felled, felled**) **1** derrubar; cortar. **2** matar. **3** embainhar; rematar costura. ‖ s **1** derrubada; corte de árvores. **2** remate (em costura). ‖ adj **1** cruel; desumano. **2** letal. **3** terrível; sinistro.

fel·la·ti·o /fəleɪʃioʊ/ s felação.

fell·er /felə/ s **1** lenhador; lenheiro. **2** *inform* homem; rapaz; sujeito.

fel·low /feloʊ/ s **1** homem; rapaz. **2** *inform* namorado. **3** companheiro; camarada. **4** igual; par; equivalente. **5** membro de um clube ou de conselho universitário.

fellow feeling s simpatia; sentimento de solidariedade.

fellow man s semelhante; próximo.

fel·low·ship /feloʊʃɪp/ s **1** companheirismo; coleguismo. **2** confraternidade. **3** solidariedade; amizade. **4** associação; sociedade. **5** bolsa de estudos.

fel·on /felən/ s **1** *Jur* réu; criminoso. **2** *Med* unheiro.

fe·lo·ni·ous /fəloʊniəs/ adj criminoso.

fel·o·ny /feləni/ s crime; delito grave. (*pl* **felonies**).

fel·spar /felspɑ:r/ → **feldspar**.

felt /felt/ v pass e part pass de **feel**. ‖ s feltro. ‖ v (**felts, felting, felted, felted**) guarnecer com feltro; cobrir com feltro. ‖ adj de feltro.

fe·male /fi:meɪl/ s fêmea. ‖ adj fêmea, feminino.

fem·i·nine /femɪnɪn/ adj **1** feminino. **2** efeminado. ‖ s *Gram* feminino.

fem·i·nin·i·ty /femɪnɪnəti/ s feminilidade. (*pl* **femininities**).

fem·i·nism /femɪnɪzəm/ s feminismo.

fem·i·nist /femɪnɪst/ s e adj feminista.

fem·i·nize /femɪnaɪz/ v (**feminizes, feminizing, feminized, feminized**) efeminar-se.

fem·o·ral /femərəl/ adj *Anat* femoral.

fe·mur /fi:mə/ s *Anat* fêmur. (*pl* **femurs** ou **femora** /fi:mərə/).

fen /fen/ s pântano; charco; brejo.

fence /fens/ v (**fences, fencing, fenced, fenced**) **1** cercar; murar; fortificar **2** defender-se; esquivar-se. **3** esgrimir. ‖ s **1** esgrima. **2** cerca; cercado; grade; tapume; muro. **3** receptador de objetos roubados.

fenc·er /fensə/ s esgrimista.

fence sitter *s inform* o que fica em cima do muro; o que evita tomar partido.

fenc·ing /fɛnsɪŋ/ *s* 1 esgrima. 2 construção de defesa.

fend /fɛnd/ *v* (fends, fending, fended, fended) 1 desviar; rechaçar (um golpe). 2 defender-se sozinho.

fend·er /fɛndɚ/ *s* 1 guarda; defesa. 2 guarda-fogo. 3 limpa-trilhos; pára-lama.

fender bender *s inform* colisão leve de veículos.

fen·nel /fɛnəl/ *s Bot* funcho; erva-doce.

fen·ny /fɛni/ *adj* pantanoso.

fe·ral /fɛrəl, fɪrəl/ *adj* selvagem; feroz.

fe·rine /fɪraɪn/ *adj* bravio; selvagem.

fer·i·ty /fɛrɪti/ *s* ferocidade.

fer·ment /fɚment/ *v* (ferments, fermenting, fermented, fermented) 1 fermentar. 2 agitar; excitar; inflamar. || /fɜːrment/ *s* 1 fermento; levedura. 2 comoção; tumulto; agitação.

fer·men·ta·tion /fɜːrmentɛɪʃən/ *s* fermentação.

fer·men·ta·tive /fɚmentətɪv/ *adj* fermentativo.

fern /fɜːrn/ *s Bot* feto; samambaia.

fe·ro·cious /fərouʃəs/ *adj* feroz; brutal; selvagem.

fe·roc·i·ty /fərɑːsəti/ *s* ferocidade.

fer·ric /fɛrɪk/ *adj* férreo; de ferro.

fer·ro·con·crete /feroukɑːnkriːt/ *s* cimento armado.

fer·ry /fɛri/ *v* (ferries, ferrying, ferried, ferried) 1 transportar em barca. 2 atravessar em barca ou barco. 3 transportar em avião. || *s* balsa. (*pl* ferries).

fer·ry·boat /fɛriboʊt/ *s* balsa.

fer·tile /fɜːrtəl/ *adj* 1 fértil; frutífero. 2 abundante.

fer·til·i·ty /fɚtɪləti/ *s* fertilidade.

fer·til·i·za·tion /fɜːrtəlɪzɛɪʃən/ *s* fertilização; fecundação.

fer·til·ize /fɜːrtəlaɪz/ *v* (fertilizes, fertilizing, fertilized, fertilized) fertilizar; adubar.

fer·til·iz·er /fɜːrtəlaɪzɚ/ *s* fertilizante; adubo.

fer·ule /fɛrəl/ *s* férula, palmatória. || *v* (ferules, feruling, feruled, feruled) bater com palmatória.

fer·ven·cy /fɜːrvənsi/ *s* 1 ardência; incandescência. 2 fervor; veemência; devoção. (*pl* fervencies).

fer·vent /fɜːrvənt/ *adj* 1 fervoroso; veemente; fogoso. 2 ardente; incandescente.

fer·vid /fɜːrvɪd/ *adj* 1 férvido; fervente; abrasador. 2 ardoroso; fervoroso.

fer·vor /fɜːrvɚ/ *s* fervor; ardor; devoção; veemência; entusiasmo.

fes·tal /fɛstəl/ *adj* festivo; solene.

fes·ter /fɛstɚ/ *v* (festers, festering, festered, festered) 1 inflamar; supurar; infeccionar. 2 apodrecer. 3 decair; deteriorar. || *s* ferida; úlcera; pústula; chaga.

fes·ti·val /fɛstɪvəl/ *adj* festivo. || *s* festival.

fes·tive /fɛstɪv/ *adj* festivo; alegre; divertido.

fes·tiv·i·ty /fɛstɪvəti/ *s* 1 festividade. 2 alegria; júbilo. (*pl* festivities).

fes·toon /fɛstuːn/ *v* (festoons, festooning, festooned, festooned) engrinaldar; ornar de festões. || *s* festão; grinalda.

fe·tal /fiːtəl/ *adj* fetal. (*var* foetal).

fetal position *s* posição fetal.

fetch /fɛtʃ/ *v* (fetches, fetching, fetched, fetched) 1 ir buscar; trazer; mandar vir. 2 alcançar um preço (em leilão); valer; ser vendido por. 3 *Náut* chegar até; alcançar; manter um rumo. 4 inalar. || *s* 1 estratagema; ardil. 2 busca. 3 *Comp* trazer à memória. ♦ fetch up 1 alcançar um objetivo; chegar a um lugar. 2 produzir.

fetch·ing /fɛtʃɪŋ/ *adj* encantador; atraente.

fet·ich /fɛtɪʃ/ → fetish.

fet·id /fɛtɪd, fiːtɪd/ *adj* fétido; fedorento.

fet·ish /fɛtɪʃ/ *s* 1 fetiche; amuleto; talismã. 2 obsessão; fixação. (*var* fetich).

fet·ter /fɛtɚ/ *v* (fetters, fettering, fettered, fettered) agrilhoar; prender; algemar. || *s* grilhão; algema.

fet·tle /fɛtl/ *s* 1 boas condições. 2 estado emocional.

fe·tus /fiːtəs/ *s* feto. (*pl* fetuses. *var* foetus).

feud /fjuːd/ *s* rixa; contenda.

feu·dal /fjuːdəl/ *adj* feudal.

feu·dal·ism /fjuːdəlɪzəm/ *s* feudalismo.

feu·da·to·ry /fjuːdətɔːri/ *adj* feudatário. || *s* feudatário; vassalo. (*pl* feudatories).

fe·ver /fiːvə/ s 1 febre. 2 calor; ardor. 3 agitação; animação. ‖ v (fevers, fevering, fevered, fevered) causar febre a.

fe·ver·ish /fiːvərɪʃ/ adj 1 febril; febricitante. 2 exaltado; agitado.

few /fjuː/ adj e s e pron poucos; poucas. (gr comp fewer. gr super fewest).

fi·an·cé /fiːɑːnseɪ, fiːɑːnseɪ/ s noivo.

fi·an·cée /fiːɑːnseɪ, fiːɑːnseɪ/ s noiva.

fi·as·co /fiæskoʊ/ s fiasco; fracasso; malogro. (pl fiascos ou fiascoes).

fi·at /fiːət/ s 1 ordem; decreto. 2 autorização; sanção.

fib /fɪb/ v (fibs, fibbing, fibbed, fibbed) mentir; contar lorotas. ‖ s mentira; lorota.

fib·ber /fɪbə/ s mentiroso; contador de lorotas.

fi·ber /faɪbə/ s fibra.

fi·ber·glass /faɪbəglæs/ s fibra de vidro.

fib·u·la /fɪbjələ/ s Anat perônio. (pl fibulae /fɪbjəliː/ ou fibulas)

fick·le /fɪkəl/ adj inconstante; volúvel.

fic·tion /fɪkʃən/ s 1 ficção; invenção. 2 mentira. 3 literatura de ficção.

fic·tion·al /fɪkʃənəl/ adj relativo a ficção; imaginário.

fic·ti·tious /fɪktɪʃəs/ adj 1 fictício; imaginário. 2 simulado; falso.

fid·dle /fɪdl/ s 1 violino; rabeca. 2 inform ninharia; bobagem; picuinha. 3 engodo; fraude. ‖ v (fiddles, fiddling, fiddled, fiddled) 1 tocar violino. 2 vadiar; perder tempo. 3 burlar; enganar; fraudar; falsificar.

fid·dler /fɪdlə/ s rabequista; violinista.

fi·del·i·ty /fɪdeləti/ s fidelidade. (pl fidelities).

fidg·et /fɪdʒɪt/ s 1 inquietação; agitação. 2 pessoa inquieta ou nervosa. ‖ v (fidgets, fidgeting, fidgeted, fidgeted) estar inquieto, incomodado; remexer-se.

fi·du·ci·ar·y /fɪduːʃieri/ adj fiduciário. ‖ s procurador; confidente; fiduciário. (pl fiduciaries).

fief /fiːf/ s feudo; domínio.

field /fiːld/ s 1 campo. 2 terra cultivada. 3 batalha; campo de batalha. 4 esfera de ação; setor de atividade. ‖ adj de campo. ‖ v (fields, fielding, fielded, fielded) 1 colocar em ação. 2 pôr em campo (jogadores). 3 apanhar a bola.

field glass s geralm us no pl binóculo.

fiend /fiːnd/ s 1 mau espírito; demônio. 2 pessoa malvada. 3 inform pessoa viciada em algo. 4 inform pessoa obcecada por algo; fanático.

fiend·ish /fiːndɪʃ/ adj 1 diabólico; satânico. 2 perverso; cruel. 3 horrível; desagradável; difícil.

fierce /fɪrs/ adj 1 feroz; selvagem; violento. 2 desumano; cruel. 3 veemente; impetuoso; ardoroso. 4 inform difícil; desagradável. 5 aterrador; ameaçador.

fier·y /faɪri, faɪəi/ adj 1 ígneo; de fogo; cor de fogo. 2 abrasador; ardente; flamejante. 3 inflamável. 4 fogoso; impetuoso. 5 belicoso; colérico. (gr comp fierier. gr super fieriest).

fife /faɪf/ s Mús pífano.

fif·teen /fɪftiːn/ num quinze.

fif·teenth /fɪftiːnθ/ num décimo quinto.

fifth /fɪfθ/ num quinto.

fif·ti·eth /fɪftiəθ/ num qüinquagésimo.

fif·ty /fɪfti/ num cinqüenta.

fig /fɪg/ s 1 figueira. 2 figo. 3 ninharia; coisa sem valor.

fight /faɪt/ v (fights, fighting, fought, fought) lutar; brigar; combater; disputar. ‖ s luta; briga; combate; disputa.

fight·er /faɪtə/ s 1 batalhador; lutador. 2 Esp pugilista. 3 Aer caça; avião de caça.

fig·ment /fɪgmənt/ s fantasia; invenção.

fig·u·rant /fɪgjərɑːnt/ s figurante.

fig·u·ra·tion /fɪgjəreɪʃən/ s 1 figuração. 2 representação figurativa. 3 configuração. 4 Mús floreio.

fig·u·ra·tive /fɪgjərətɪv/ adj 1 figurativo; figurado; metafórico. 2 emblemático; simbólico.

fig·ure /fɪgjə/ s 1 algarismo; cifra. 2 figura geométrica. 3 silhueta; forma. 4 personalidade; figura; personagem. 5 figura; aparência. 6 pessoa, animal ou objeto que representa algo; representação pictórica. 7 diagrama. 8 desenho; padrão; padronagem. ‖ v (figures, figuring, figured, figured) 1 calcular; expressar numericamente. **2** retratar; desenhar. **3** *inform* concluir; acreditar; prever. **4** figurar; aparecer; fazer-se notar. ♦ **figures** números; contas; cálculos. **figure out** **1** resolver; solucionar; decifrar. **2** conceber; fazer uma idéia.

fig·ured /fɪgjɚd/ *adj* **1** moldado; configurado. **2** estampado; adornado. **3** simbolizado; retratado.

fig·ure·head /fɪgjɚhed/ *s* **1** *Náut* carranca. **2** testa-de-ferro; chefe nominal.

figure of speech *s* figura de linguagem; metáfora. (*pl* **figures of speech**).

fig·u·rine /fɪgju:ri:n/ *s* estatueta.

Fi·ji /fi:dʒi:/ *s* Fiji.

Fi·ji·an /fi:dʒi:ən, fi:dʒi:ən/ *s* e *adj* fijiano.

fil·a·ment /fɪləmənt/ *s* filamento; fibra.

fil·a·men·tous /fɪləmentəs/ *adj* filamentoso.

fil·a·ture /fɪlətʃɚ/ *s* fiação (de seda).

fil·bert /fɪlbɚt/ *s* **1** avelã. **2** aveleira.

filch /fɪltʃ/ *v* (**filches, filching, filched, filched**) furtar; surrupiar.

filch·er /fɪltʃɚ/ *s* gatuno; larápio.

file /faɪl/ *s* **1** *tb Comp* arquivo. **2** lixa; lima. **3** fila; coluna. ‖ *v* (**files, filing, filed, filed**) **1** *tb Comp* arquivar. **2** limar; polir; afiar com lima. **3** marchar ou andar em fila.

filet /fɪleɪ/ *s* **1** filé. (*var* **fillet**). **2** filó; tule.

fil·i·al /fɪliəl/ *adj* filial; relativo a filho ou filha.

fil·i·a·tion /fɪlieɪʃən/ *s* filiação; genealogia

fil·i·gree /fɪlɪgri:/ *s* filigrana. ‖ *v* (**filigrees, filigreeing, filigreed, filigreed**) filigranar; ornamentar com filigranas.

fil·ing /faɪlɪŋ/ *s* **1** arquivamento. **2** limadura; limagem.

fill /fɪl/ *v* (**fills, filling, filled, filled**) **1** encher. **2** obturar dente. **3** satisfazer (exigências, requisitos, etc.). **4** preencher (formulário, ficha, etc.). **5** preencher (vaga, cargo, etc.). ‖ *s* **1** o bastante; o suficiente. **2** aterro. ♦ **fill in** *inform* **1** inteirar; pôr a par. **2** atuar como substituto. **fill out** completar; preencher (formulário, etc.). **fill the bill** preencher os requisitos.

fil·let /fɪlɪt/ *s* **1** fita de cabelo. **2** filé (*var* **filet**). **3** *Arq* friso; filete. ‖ *v* (**fillets,**

filleting, filleted, filleted) **1** atar ou decorar com fita ou filete. **2** cortar em filés.

fill-in /fɪlɪn/ *s inform* **1** substituto; reserva. **2** resumo; sumário de informações importantes.

fill·ing /fɪlɪŋ/ *s* **1** enchimento. **2** obturação. **3** recheio (comida).

filling station *s* posto de gasolina.

fil·lip /fɪlɪp/ *s* **1** piparote; tálitro. **2** estímulo; incentivo. ‖ *v* (**fillips, filliping, filliped, filliped**) dar piparotes.

fil·ly /fɪli/ *s* **1** potranca; égua nova. **2** *inform* moça vivaz e irrequieta. (*pl* **fillies**).

film /fɪlm/ *s* **1** filme. **2** fita. **3** película **4** membrana. ‖ *v* (**films, filming, filmed, filmed**) **1** filmar. **2** cobrir com película.

film·go·er /fɪlmgoʊɚ/ *s* freqüentador de cinema.

film·mak·er /fɪlmmeɪkɚ/ *s* **1** cineasta. **2** diretor ou produtor de filmes.

fil·ter /fɪltɚ/ *s* filtro; purificador. ‖ *v* (**filters, filtering, filtered, filtered**) filtrar.

filth /fɪlθ/ *s* **1** sujeira; imundície. **2** corrupção; imoralidade. **3** obscenidade.

filth·y /fɪlθi/ *adj* **1** imundo; sujo. **2** obsceno. **3** sórdido; torpe; vil. (*gr comp* **filthier**. *gr super* **filthiest**).

fil·tra·tion /fɪltreɪʃən/ *s* filtração; filtragem.

fin /fɪn/ *s* **1** barbatana; nadadeira. **2** *Aer* estabilizador vertical de avião. **3** *gír* nota de cinco dólares. ‖ *v* (**fins, finning, finned, finned**) **1** equipar com nadadeiras. **2** nadar como um peixe. **3** agitar, mover as barbatanas.

fi·nal /faɪnəl/ *adj* final; último; definitivo; conclusivo. ‖ *s* **1** final. **2** exame final. **3** etapa final.

fi·nal·ist /faɪnəlɪst/ *s* finalista.

fi·nal·i·ty /faɪnæləti/ *s* finalidade. (*pl* **finalities**).

fi·nal·ize /faɪnəlaɪz/ *v* (**finalizes, finalizing, finalized, finalized**) finalizar; completar; concluir.

fi·nance /faɪnæns, faɪnæns, fɪnæns/ *v* (**finances, financing, financed, financed**) financiar; realizar operações financeiras. ‖ *s* finança; fundos; rendas. ♦ **finances** recursos; fundos.

fi·nan·cial /faɪnænʃəl/ *adj* financeiro.

find /faɪnd/ v (finds, finding, found, found)
1 achar; encontrar; descobrir. 2 verificar; certificar-se de. 3 pensar; julgar. 4 suprir. 5 *Jur* declarar; pronunciar. 6 imaginar; inventar. II s achado; descoberta.
♦ **find out** descobrir; resolver; decifrar.

find·er /faɪndə/ s 1 descobridor; inventor. 2 visor (em fotografia).

find·ing /faɪndɪŋ/ s 1 achado; descoberta; invenção. 2 conclusão. 3 *Jur* veredicto; decisão; laudo. ♦ **findings** apetrechos; ferramentas.

fine /faɪn/ adj 1 fino; de alta qualidade. 2 fino; delicado. 3 puro; livre de impurezas. 4 afiado; aguçado. 5 sutil; preciso. 6 refinado; elegante. 7 saudável. II adv bem; muito bem. II s multa. II v (fines, fining, fined, fined) 1 multar. 2 apurar; refinar; purificar.

fine arts s belas-artes.

fine print s letra miúda (em contratos, documentos, etc.).

fin·er·y /faɪnəri/ s ornamentos; decoração vistosa. (*pl* fineries).

fines herbes s *pl* ervas finas.

fi·nesse /fɪnɛs/ s 1 refinamento; delicadeza; fineza. 2 habilidade; tato; diplomacia. II v (finesses, finessing, finessed, finessed) usar de artifícios.

fin·ger /fɪŋgə/ s 1 dedo. 2 qualquer coisa semelhante a um dedo. 3 comprimento ou largura de um dedo. II v (fingers, fingering, fingered, fingered) 1 tocar com os dedos; manusear. 2 *inform* dedurar.

finger bowl s lavanda (pequena taça com água, que se põe na mesa para se lavarem os dedos durante as refeições).

fin·ger·ing /fɪŋgərɪŋ/ s *Mús* dedilhado.

fin·ger·nail /fɪŋgəneɪl/ s unha.

fin·ger·print /fɪŋgəprɪnt/ s impressão digital. II v (fingerprints, fingerprinting, fingerprinted, fingerprinted) tirar as impressões digitais de.

fin·ger·tip /fɪŋgətɪp/ s ponta do dedo.

fin·ish /fɪnɪʃ/ v (finishes, finishing, finished, finished) 1 acabar; chegar ao fim; terminar; concluir. 2 executar; realizar; consumar. 3 aperfeiçoar; rematar; retocar. 4 levar à ruína. 5 liquidar; vencer; destruir;

matar. II s 1 fim; termo; conclusão. 2 acabamento; remate; retoque. 3 revestimento. 4 polimento. 5 última demão.

fin·ished /fɪnɪʃt/ adj 1 terminado; acabado; concluído. 2 esmerado; perfeito.

finishing touch s retoque final.

fi·nite /faɪnaɪt/ adj finito.

fink /fɪŋk/ s *gír* 1 delator. 2 fura-greves. II v (finks, finking, finked, finked) 1 dedurar; delatar. 2 furar; dar para trás.

Fin·land /fɪnlənd/ s Finlândia.

Fin·land·er /fɪnləndə/ s finlandês (cidadão).

Finn /fɪn/ s finlandês (cidadão).

Finn·ish /fɪnɪʃ/ adj finlandês. II s finlandês (idioma).

fin·ny /fɪni/ adj 1 provido de barbatanas ou nadadeiras. 2 piscoso; abundante em peixe. (*gr comp* finnier. *gr super* finniest).

fire /faɪə/ s 1 fogo; lume. 2 chama; incêndio. 3 queima; combustão. 4 emoção; ardor, fervor; entusiasmo. 5 conflagração; erupção. 6 veemência; furor. 7 febre; inflamação. 8 brilho; luminosidade; resplendor. 9 fuzilaria; descarga de arma de fogo; tiro; tiroteio; rajada. II v (fires, firing, fired, fired) 1 atear fogo a; incendiar; queimar. 2 explodir; disparar; detonar. 3 animar; estimular; incitar. 4 irritar; arder. 5 luzir; iluminar. 6 avermelhar. 7 *inform* despedir; demitir; pôr na rua. ♦ **on fire** 1 em chamas. 2 ardente; excitado. **catch fire** pegar fogo.

fire alarm s alarme de incêndio.

fire·arm /faɪəɑːrm/ s arma de fogo.

fire·ball /faɪəbɔːl/ s bólide.

fire·bomb /faɪəbɑːm/ s bomba incendiária.

fire·box /faɪəbɑːks/ s fornalha.

fire·brick /faɪəbrɪk/ s tijolo refratário.

fire brigade s brigada de incêndio.

fire·bug /faɪəbʌg/ s incendiário; piromaníaco.

fire·crack·er /faɪəkrækər/ s bombinha; traque (artefato pirotécnico).

fire department s corpo de bombeiros.

fire door s porta corta-fogo.

fire drill s treinamento ou simulado de incêndio.

fire engine s carro de bombeiro.

fire escape s escada de incêndio.

fire extinguisher s extintor de incêndio.

fire·fly /faɪə-flaɪ/ s vaga-lume; pirilampo. (pl fireflies).

fire·man /faɪə-mən/ s bombeiro.

fire·place /faɪə-pleɪs/ s lareira.

fire·plug /faɪə-plʌg/ s hidrante.

fire·proof /faɪə-pru:f/ adj à prova de fogo. || v (fireproofs, fireproofing, fireproofed, fireproofed) tornar à prova de fogo.

fire·wall /faɪə-wɔ:l/ s 1 parede corta-fogo. 2 Comp sistema de proteção contra acesso não autorizado a uma rede.

fire·wa·ter /faɪə-wu:tə-/ s gír 1 aguardente. 2 uísque.

fire·wood /faɪə-wʊd/ s lenha.

fire·work /faɪə-wɜ:rk/ s fogo de artifício. ♦ fireworks queima de fogos de artifício.

fir·ing /faɪə-ɪŋ/ s 1 queima; ignição. 2 combustível; lenha; carvão.

firing line s Mil tb fig linha de fogo.

firing squad s Mil pelotão de fuzilamento.

fir·kin /fɜ:rkɪn/ s barril de madeira.

firm /fɜ:rm/ adj 1 firme; sólido; fixo 2 vigoroso; resistente. || s firma; empresa; sociedade; casa comercial. || v (firms, firming, firmed, firmed) firmar-se.

fir·ma·ment /fɜ:rməmənt/ s firmamento.

firm·ness /fɜ:rmnəs/ s firmeza; solidez.

first /fɜ:rst/ adj 1 primeiro. 2 principal; fundamental. || s 1 primeiro. 2 princípio; começo. || adv 1 primeiro; primeiramente. 2 pela primeira vez. 3 em primeiro lugar. ♦ at first a princípio. from the (very) first desde o começo. at first hand em primeira mão. first of all antes de mais nada. first things first as coisas mais importantes devem ter prioridade.

first aid s primeiros socorros.

first-born /fɜ:rstbɔ:rn/ s e adj primogênito.

first class s primeira classe.

first-class /fɜ:rstklæs/ adj de primeira classe; excelente. || adv de ou em primeira classe.

first finger s dedo indicador.

first floor s 1 IngAm andar térreo. 2 IngBrit primeiro andar.

first·hand /fɜ:rsthænd/ adj de primeira mão.

first lady s primeira-dama.

first·ly /fɜ:rstli/ adv primeiramente; em primeiro lugar.

first name s primeiro nome; prenome.

first night s noite de estréia (teatro).

first person s Gram primeira pessoa.

fis·cal /fɪskəl/ adj fiscal.

fish /fɪʃ/ s 1 peixe; pescado. 2 inform pessoa deficiente em algo. (pl fish ou fishes). || v (fishes, fishing, fished, fished) 1 pescar. 2 buscar. ♦ like a fish out of water como um peixe fora d'água. neither fish nor fowl nem uma coisa nem outra. have other/a bigger fish to fry ter coisa mais importante para fazer.

fish·bowl /fɪʃboʊl/ s aquário. (tb fish bowl).

fish·er /fɪʃə-/ s 1 pescador. 2 Zool marta; pêlo de marta.

fish·er·man /fɪʃə-mən/ s pescador.

fish·er·y /fɪʃəri/ s 1 pesca; indústria da pesca. 2 pesqueiro. 3 Jur direito de pesca. (pl fisheries).

fish·hook /fɪʃhʊk/ s anzol.

fish·ing /fɪʃɪŋ/ s 1 pesca; pescaria. 2 pesqueiro; lugar onde se pesca.

fishing rod s vara de pescar.

fish·net /fɪʃnet/ s rede de pesca.

fish story s história da carochinha; história de pescador.

fish·y /fɪʃi/ adj 1 piscoso; de peixe; semelhante a peixe. 2 frio; sem expressão; mortiço. 3 inform suspeito; duvidoso. (gr comp fishier. gr super fishiest).

fis·sile /fɪsɪl/ adj 1 separável. 2 Fís físsil.

fis·sion /fɪʃən/ s 1 fendimento; divisão em duas partes. 2 Fís fissão. 3 Biol fissiparidade.

fis·sure /fɪʃə-/ v (fissures, fissuring, fissured, fissured) fender-se; rachar. || s fissura; fenda.

fist /fɪst/ s punho; pulso. || v (fists, fisting, fisted, fisted) agarrar; segurar com força.

fist·i·cuffs /fɪstɪkʌfs/ s pl 1 briga de murros ou socos. 2 Esp pugilismo.

fis·tu·la /fɪstjələ/ s fístula. (pl fistulas /fɪstjələz/ ou fistulae /fɪstjəli:/).

fis·tu·lar /fɪstjələ-/ → fistulous.

fis·tu·lous /fɪstjələs/ adj fistuloso. (var fistular).

fit /fɪt/ v (**fits, fitting, fitted, fitted**) **1** convir a; caber a; ficar bem para. **2** ajustar; adaptar; acomodar; adequar. **3** ajustar-se em; encaixar-se em; adaptar-se a. **4** preparar; habilitar; qualificar. **5** provar; experimentar (roupa, sapato, etc.). **6** adornar. **7** equipar; montar (máquinas); aparelhar. **8** cair bem (roupa). ‖ s **1** ajustamento; adaptação; preparação. **2** caimento; corte; feitio (roupa). **3** ajuste; assentamento; encaixe. **4** Med ataque; acesso; crise. **5** síncope; desmaio. **6** disposição; impulso. ‖ adj **1** apropriado; adequado. **2** capaz; habilitado. **3** justo; direito; conveniente. **4** pronto; preparado; apto; em condições. **5** em boa forma; em boa saúde; bem disposto. (gr comp **fitter**. gr super **fittest**). ✦ **by/in fits and starts** aos trancos e barrancos. **fit to be tied** irritado; nervoso; bravo.

fitch /fɪtʃ/ s Zool doninha.

fit·ful /ˈfɪtfəl/ adj espasmódico; intermitente; irregular.

fit·ness /ˈfɪtnəs/ s boa forma física.

fit·ting /ˈfɪtɪŋ/ adj próprio; adequado. ‖ s **1** peça; acessório (de máquina ou aparelho). **2** prova de roupa (em costura).

five /faɪv/ num cinco.

fiv·er /ˈfaɪvə/ s inform cédula de cinco dólares ou de cinco libras.

fix /fɪks/ v (**fixes, fixing, fixed, fixed**) **1** fixar; prender; ligar; firmar; pregar. **2** fixar na memória; concentrar. **3** fitar; olhar. **4** atrair; prender (o olhar, a atenção). **5** estabelecer; determinar. **6** atribuir; imputar; pôr (culpa). **7** ordenar; pôr em ordem; ajustar; reparar; consertar. **8** arranjar; arrumar; preparar. **9** subornar. **10** castigar. **11** ajustar contas. ‖ s **1** correção; reparo; ajuste. **2** situação difícil ou embaraçosa; apuro. **3** gír dose de entorpecente injetável.

fix·ate /ˈfɪkseɪt/ v (**fixates, fixating, fixated, fixated**) **1** fixar; firmar; estabilizar. **2** fixar com os olhos. **3** fixar-se; obcecar-se.

fix·a·tion /fɪkˈseɪʃən/ s fixação.

fixed /fɪkst/ adj **1** fixo. **2** arraigado; estável. **3** estabelecido; determinado. **4** rígido; imóvel.

fix·ed·ness /ˈfɪksɪdnəs/ s fixidez; firmeza.

fix·i·ty /ˈfɪksəti/ s fixidez; estabilidade. (pl **fixities**).

fix·ture /ˈfɪkstʃə/ s **1** móvel fixo; peça fixa. **2** pessoa ou coisa estabelecida permanentemente em algum lugar.

fizz /fɪz/ v (**fizzes, fizzing, fizzed, fizzed**) sibilar; silvar; chiar; efervescer. ‖ s **1** sibilo; chiado; silvo. **2** bebida efervescente.

fiz·zle /ˈfɪzəl/ v (**fizzles, fizzling, fizzled, fizzled**) **1** silvar; chiar. **2** inform sair-se mal; fazer fiasco; fracassar. ‖ s inform fiasco; fracasso.

flab·ber·gast /ˈflæbəɡæst/ v (**flabbergasts, flabbergasting, flabbergasted, flabbergasted**) espantar; surpreender; pasmar.

flab·by /ˈflæbi/ adj flácido; frouxo; mole; fraco; lânguido. (gr comp **flabbier**. gr super **flabbiest**).

flac·cid /ˈflæksɪd, ˈflæsɪd/ adj **1** flácido. **2** fraco; débil.

flac·cid·i·ty /flækˈsɪdəti, flæˈsɪdəti/ s flacidez.

flag /flæɡ/ s **1** bandeira; estandarte. **2** laje; pedra usada para pavimentar. **3** cabeçalho de jornal. ‖ v (**flags, flagging, flagged, flagged**) **1** lajear; pavimentar com lajes. **2** pôr bandeiras em; embandeirar. **3** comunicar-se por meio de bandeiras. **4** pender; murchar; enfraquecer. **5** afrouxar; desanimar; esmorecer; desfalecer.

flag·el·late /ˈflædʒəleɪt/ v (**flagellates, flagellating, flagellated, flagellated**) flagelar.

flag·el·la·tion /flædʒəˈleɪʃən/ s flagelação.

flag·eo·let /ˈflædʒəlet, flædʒəˈleɪ/ s Mús flajolé.

flag·ging /ˈflæɡɪŋ/ s lajeado; pavimento de laje. ‖ adj flácido; lânguido.

fla·gi·tious /fləˈdʒɪʃəs/ adj perverso; mau; infame; abominável; atroz.

flag of truce s bandeira branca; bandeira de trégua. (pl **flags of truce**).

flag·on /ˈflæɡən/ s frasco; jarra.

flag·pole /ˈflæɡpoʊl/ s mastro de bandeira. (tb **flagstaff**).

fla·grant /ˈfleɪɡrənt/ adj flagrante; evidente; patente; notório.

flag·ship /ˈflæɡʃɪp/ s Náut nau capitânia.

flag·staff /ˈflæɡstæf/ s mastro de bandeira. (tb **flagpole**).

flag·stone /flǽgstoʊn/ s lájea; laje; lousa.

flair /fler/ s 1 talento; jeito; habilidade. 2 instinto; faro; perspicácia. 3 elegância; estilo.

flake /fleɪk/ v (**flakes, flaking, flaked, flaked**) 1 lascar; descamar. 2 cobrir de flocos. ‖ s 1 floco. 2 lasca; lâmina; camada; escama. 3 *gír* pessoa excêntrica. 4 *gír* cocaína.

flak jacket s colete ou jaqueta à prova de bala.

flam /flæm/ s 1 mentira; embuste. 2 bobagem; conversa boba.

flam·boy·ant /flæmbɔɪənt/ adj 1 vistoso; ornamentado; resplandecente. 2 pomposo; ostentador.

flame /fleɪm/ s 1 chama. 2 flama; paixão. 3 fulgor; brilho. 4 *gír* amante; pessoa amada. ‖ v (**flames, flaming, flamed, flamed**) inflamar; incendiar; abrasar

flam·ing /fleɪmɪŋ/ adj 1 flamejante; em chamas. 2 ardente; apaixonado; fogoso. 3 violento; veemente.

fla·min·go /fləmíŋgoʊ/ s *Zool* flamingo.

flam·ma·ble /flǽməbl/ adj inflamável.

flam·y /fleɪmi/ adj 1 semelhante a uma chama. 2 flamejante; ardente. (*gr comp* **flamier**. *gr super* **flamiest**.

flank /flæŋk/ s 1 *Mil* flanco. 2 lado; ala. 3 ilharga; costado. ‖ v (**flanks, flanking, flanked, flanked**) 1 flanquear. 2 atacar de flanco.

flan·nel /flǽnəl/ s flanela. ♦ **flannels** roupa de flanela.

flap /flæp/ s 1 aba; borda; orla; orelha. 2 tremulação. 3 palmada; tapa; pancada. 4 *Aer* flap. 5 *inform* distúrbio; agitação. ‖ v (**flaps, flapping, flapped, flapped**) 1 abaixar; deixar cair; pender. 2 bater; dar palmadas. 3 oscilar; vibrar; tremular. 4 irritar-se; perturbar-se.

flap·doo·dle /flǽpduːdl/ s *gír* disparate; tolice; bobagem.

flap·jack /flǽpdʒæk/ s panqueca.

flare /fler/ s 1 chama trêmula e brilhante; labareda; clarão. 2 sinal luminoso; foguete de sinalização. 3 explosão (de raiva). 4 alargamento; expansão. ‖ v (**flares, flaring, flared, flared**) 1 queimar;

incendiar. 2 flamejar; cintilar. 3 inflamar-se; enfurecer-se. 4 sinalizar com chamas ou luzes. 5 alargar; expandir.

flash /flæʃ/ s 1 brilho; clarão repentino. 2 lampejo. 3 momento; instante. 4 lanterna. ‖ v (**flashes, flashing, flashed, flashed**) 1 flamejar; brilhar; reluzir. 2 mover-se ou passar como um relâmpago. 3 *gír* lembrar-se de repente. 4 *gír* expor-se de maneira indecente. 5 falar rapidamente. 6 ostentar. 7 esguichar; jorrar (água).

flash·back /flǽʃbæk/ s retrospecto.

flash card s cartão com figuras, letras ou números usado em sala de aula.

flash flood s inundação repentina e violenta depois de uma chuvarada.

flash·light /flǽʃlaɪt/ s 1 lanterna; farolete. 2 *flash* (fotografia). 3 luz pisca-pisca.

flash·y /flǽʃi/ adj 1 vistoso; berrante; espalhafatoso; vulgar. 2 cintilante; de brilho efêmero. (*gr comp* **flashier**. *gr super* **flashiest**.

flask /flæsk/ s 1 frasco. 2 cantil.

flat /flæt/ v (**flats, flatting, flatted, flatted**) 1 alisar; aplanar; achatar. 2 *Mús* abemolar; abaixar o tom. ‖ s 1 apartamento. 2 superfície plana. 3 planície. 4 pneu furado e vazio. 5 *Mús* bemol. ‖ adj 1 plano; liso; chato. 2 estendido; estirado; estatelado. 3 prostrado; arrasado. 4 categórico; terminante. 5 monótono; tedioso. 6 insípido; sem sabor. 7 vazio (pneu). (*gr comp* **flatter**. *gr super* **flattest**.

flat·foot /flǽtfʊt/ s 1 pé chato. 2 pessoa com pé chato. 3 *gír* policial; guarda. (*pl* **flatfeet**).

flat·foot·ed /flǽtfʊtɪd/ adj. 1 de pés chatos. 2 firme; decidido; resoluto. 3 *inform* despreparado; de calças curtas.

flat·land /flǽtlænd/ s planície; baixada.

flat silver s talheres de prata.

flat·ten /flǽtən/ v (**flattens, flattening, flattened, flattened**) 1 achatar; aplanar; nivelar. 2 derrubar; vencer.

flat·ter /flǽtə/ v (**flatters, flattering, flattered, flattered**) lisonjear; elogiar; adular.

flat·ter·y /flǽtəri/ s lisonja; adulação; bajulação. (*pl* **flatteries**).

flat·u·lence /flǽtʃələns/ s 1 flatulência. 2 vaidade; presunção; pretensão. (var flatulency).

flat·u·len·cy /flǽtʃələnsi/ → flatulence.

flat·u·lent /flǽtʃələnt/ adj 1 flatulento. 2 inflado; pretensioso.

fla·tus /fléɪtəs/ s flato; flatulência; ventosidade.

flaunt /flɑ:nt/ v (flaunts, flaunting, flaunted, flaunted) ostentar; exibir; alardear.

flau·tist /flɑ́:tɪst, flɑ̀ʊtɪst/ s flautista.

fla·vor /fléɪvɚ/ v (flavors, flavoring, flavored, flavored) temperar; condimentar; dar sabor a. || s 1 sabor; gosto. 2 tempero; condimento.

fla·vor·ing /fléɪvərɪŋ/ s essência; condimento.

fla·vor·less /fléɪvɚləs/ adj insípido.

flaw /flɑ:/ s 1 fenda; rachadura. 2 falha; defeito. 3 rajada de vento; borrasca. || v (flaws, flawing, flawed, flawed) tornar-se defeituoso; estragar.

flaw·less /flɑ́:ləs/ adj perfeito; impecável.

flax /flæks/ s Bot linho; fibra do linho.

flax·en /flǽksən/ adj de linho ou da cor do linho.

flay /fleɪ/ v (flays, flaying, flayed, flayed) 1 esfolar (tb fig); tirar a pele de. 2 açoitar; chicotear. 3 criticar severamente; descompor.

flea /fli:/ s pulga.

flea·bite /flí:baɪt/ s 1 picada de pulga. 2 inconveniência; contrariedade.

flea market s mercado de pulgas; feira de bugigangas.

fleck /flek/ v (flecks, flecking, flecked, flecked) salpicar; manchar. || s 1 pinta; mancha. 2 floco; partícula.

flec·tion /flékʃən/ → flexion.

fled /fled/ v pass e part pass de flee.

fledge·ling /fledʒlɪŋ/ → fledgling.

fledg·ling /fledʒlɪŋ/ s 1 filhote de pássaro. 2 pessoa jovem e inexperiente. || adj inexperiente. (var fledgeling).

flee /fli:/ v (flees, fleeing, fled, fled) 1 fugir de; escapar. 2 desaparecer; sumir; ir-se.

fleer /flɪr/ s zombaria; chacota; deboche. || v (fleers, fleering, fleered, fleered) zombar; debochar.

fleet /fli:t/ s frota. || adj rápido; ligeiro. || v (fleets, fleeting, fleeted, fleeted) 1 passar ou mover-se rapidamente. 2 sumir; desaparecer.

fleet·ing /flí:tɪŋ/ adj rápido; passageiro; efêmero.

Flem·ish /flémɪʃ/ adj e s flamengo. || s a língua flamenga.

flesh /fleʃ/ s 1 carne, o corpo, a matéria. 2 sensualidade. 3 natureza humana; humanidade. 4 carne de animal. 5 parentesco; consangüinidade. 6 polpa (de fruto). 7 gordura; robustez. || v (fleshes, fleshing, fleshed, fleshed) 1 alimentar com carne. 2 atrair com carne. 3 incitar; excitar. 4 fartar; saciar. 5 dar substância; detalhar. ♦ in the flesh vivo; em pessoa; em carne e osso. one's own flesh and blood os parentes próximos; descendentes.

flesh and blood s 1 natureza, existência humana; humanidade. 2 consangüinidade; parentesco.

flesh fly s mosca varejeira.

flesh·ly /fléʃli/ adj 1 corpóreo. 2 carnal; sensual. (gr comp fleshlier. gr super fleshliest).

flesh·y /fléʃi/ adj carnudo; gordo; roliço; corpulento. (gr comp fleshier. gr super fleshiest).

fletch·er /fletʃɚ/ s fabricante ou vendedor de flechas.

flew /flu:/ v pass de fly.

flex /fleks/ v (flexes, flexing, flexed, flexed) 1 dobrar; vergar; curvar. || s 1 arqueamento; flexão. 2 flexibilidade.

flex·i·bil·i·ty /fleksɪbɪ́ləti/ s flexibilidade.

flex·i·ble /fléksɪbəl/ adj 1 flexível; maleável. 2 influenciável; dócil. (var flexile).

flexible time s horário flexível. (var flextime).

flex·ile /fléksəl/ → flexible.

flex·ion /flékʃən/ s flexão. (var flection).

flex·or /fléksɚ/ s Anat flexor.

flex·time /flékstaɪm/ → flexible time.

flex·u·ous /flékʃuəs/ adj flexuoso; sinuoso; tortuoso.

flex·ure /flékʃɚ/ s flexão; curvatura.

flib·ber·ti·gib·bet /flɪbɚtidʒɪbɪt/ s pessoa tola, frívola ou faladeira; matraca.

flick /flɪk/ s 1 pancada leve; piparote. 2 *gír* filme (de cinema) II v (flicks, flicking, flicked, flicked) golpear de leve.

flick·er /flɪkə/ s 1 movimento rápido. 2 luz oscilante; bruxuleio; centelha. II v (flickers, flickering, flickered, flickered) 1 adejar; chamejar. 2 tremular (luz).

fli·er /flaɪə/ s 1 o que voa; voador. 2 aviador. 3 passageiro de avião. 4 folheto; panfleto. 5 degrau de escada. (*var* flyer).

flight /flaɪt/ s 1 vôo. 2 movimento rápido. 3 ímpeto; arroubo. 4 lance de escada. 5 bando de pássaros; revoada. 6 fuga; retirada precipitada. II v (flights, flighting, flighted, flighted) voar em bando; migrar.

flight attendant s comissário de bordo; aeromoça.

flight·y /flaɪti/ adj 1 inconstante; frívolo; volúvel. 2 irresponsável; leviano. (*gr comp* flightier. *gr super* flightiest).

flim·flam /flɪmflæm/ s *inform* 1 disparate; tolice. 2 embuste; ardil. II v (flimflams, flimflaming, flimflamed, flimflamed) lograr; enganar; fraudar.

flim·sy /flɪmzi/ adj 1 frágil; inconsistente. 2 superficial; frívolo. (*gr comp* flimsier. *gr super* flimsiest). II s papel fino usado para cópias. (*pl* flimsies).

flinch /flɪntʃ/ v (flinches, flinching, flinched, flinched) 1 recuar; encolher-se; retrair-se. 2 vacilar; hesitar. II s recuo; hesitação.

flin·ders /flɪndəz/ s *pl* fragmentos; lascas; estilhaços.

fling /flɪŋ/ v (flings, flinging, flung, flung) 1 arremessar; lançar; atirar. 2 descartar; atirar fora. 3 emitir; exalar. II s 1 arremesso. 2 período de excessos (alimentares, de bebida alcoólica, etc.).

flint /flɪnt/ s 1 pederneira; sílex. 2 pedra de isqueiro.

flint·y /flɪnti/ adj 1 pedernal; pétreo. 2 empedernido. (*gr comp* flintier. *gr super* flintiest).

flip /flɪp/ v (flips, flipping, flipped, flipped) 1 dar uma pancada de leve. 2 atirar para o ar. 3 afastar com um movimento rápido. 4 reagir rapidamente. 5 sacudir. II s 1 sacudidela; pancada leve. 2 arremesso rápido. 3 estalido. 4 gemada misturada com bebida alcoólica.

flip·per /flɪpə/ s 1 nadadeira; barbatana. 2 pé-de-pato.

flip side s lado oposto; reverso.

flirt /flɜːrt/ s 1 namorador; namoradeira. 2 movimento rápido; safanão. II v (flirts, flirting, flirted, flirted) 1 flertar. 2 entreter-se. 3 mover-se aos safanões. 4 atirar ou mover-se rapidamente.

flir·ta·tion /flɜːrteɪʃən/ s namorico; flerte.

flit·ter /flɪtə/ → flutter.

float /floʊt/ v (floats, floating, floated, floated) 1 flutuar; boiar. 2 estabelecer; iniciar (negócio). 3 irrigar. II s 1 bóia; jangada. 2 objeto flutuante. 3 carro alegórico. 4 colher de pedreiro.

float·er /floʊtə/ s 1 flutuador. 2 andarilho. 3 eleitor que vota fraudulentamente em lugares diversos numa só eleição.

float·ing /floʊtɪŋ/ adj 1 flutuante. 2 variável; oscilante.

floc·cule /flɑːkjuːl/ s floco; flóculo.

flock /flɑːk/ v (flocks, flocking, flocked, flocked) reunir-se; juntar-se; congregar-se. II s 1 rebanho; manada; bando. 2 agrupamento; congregação. 3 floco (de lã). 4 tufo. 5 floco; flóculo.

flue /fluː/ s banquisa.

flog /flɑːg/ v (flogs, flogging, flogged, flogged) 1 chicotear; açoitar. 2 *inform* publicar agressivamente.

flood /flʌd/ v (floods, flooding, flooded, flooded) 1 inundar; alagar. 2 jorrar. II s 1 inundação; dilúvio; enchente. 2 cheia. 3 fluxo. 4 projetor luminoso; holofote.

flood·gate /flʌdgeɪt/ s comporta de dique; eclusa.

floor /flɔːr/ s 1 piso; pavimento; chão. 2 andar (de prédio); pavimento. 3 tribuna (no congresso ou parlamento). II v (floors, flooring, floored, floored) 1 assoalhar; pavimentar. 2 derrubar; vencer; derrotar. 3 confundir; desconcertar; pasmar. 4 *inform* pisar fundo no acelerador de um veículo.

floor·board /flɔːrbɔːrd/ s 1 tábua de assoalho. 2 assoalho de veículo.

floor·ing /flɔːrɪŋ/ s 1 pavimento; soalho. 2 material para pavimentos.

floor lamp s abajur de pé.

floor plan s planta baixa.

flop /flɑːp/ v (**flops, flopping, flopped, flopped**) 1 cair ruidosamente. 2 sacudir-se; agitar-se. 3 *inform* fracassar completamente. 4 *gír* dormir. II s 1 movimento desajeitado ou pesado; baque. 2 fracasso; malogro; fiasco.

flop·house /flɑːphaʊs/ s 1 cortiço. 2 albergue noturno. 3 hotel barato.

flop·py /flɑːpi/ adj frouxo; mole; bambo; flexível. (*gr comp* **floppier**. *gr super* **floppiest**).

floppy disk s *Comp* disquete.

flo·ra /flɔːrə, flooːr/ s *Bot* flora. (*pl* **floras** ou **florae** /flɔːriː, flooriː/).

flo·res·cence /flɔːresəns/ s *Bot* florescência.

flo·res·cent /flɔːresənt/ adj florescente.

flo·ret /flɔːrɪt, flooːrɪt/ s *Bot* florzinha.

flo·ri·cul·ture /flɔːrɪkʌltʃə, flooːrɪkʌltʃə/ s floricultura; cultivo de flores e plantas ornamentais.

flo·ri·cul·tur·ist /flɔːrɪkʌltʃəʳɪst, flooːrɪkʌltʃəʳɪst/ s floricultor.

flor·id /flɔːrɪd/ adj 1 rosado. 2 ornado; embelezado.

flor·in /flɔːrɪn/ s florim (moeda).

flo·rist /flɔːrɪst, flooːrɪst/ s florista.

floss /flɑːs/ s 1 fio dental. 2 seda natural ou vegetal. 3 penugem.

flo·ta·tion /flootˈeɪʃən/ s 1 flutuação. 2 financiamento (de empresa). 3 lançamento de títulos no mercado.

floun·der /flaʊndə/ v (**flounders, floundering, floundered, floundered**) tropeçar; atrapalhar-se.

flour /flaʊə/ s 1 farinha. 2 polvilho. 3 pó fino. II v (**flours, flouring, floured, floured**) 1 fazer farinha. 2 enfarinhar.

flour·ish /flɜːrɪʃ/ v (**flourishes, flourishing, flourished, flourished**) 1 florir; enfeitar. 2 brandir; menear. 3 mover; agitar. 4 exibir; ostentar. 5 vicejar; florescer. 6 desenvolver-se; prosperar. II s 1 prosperidade; florescimento. 2 viço; vigor; esplendor. 3 *Mús* prelúdio; floreio.

flout /flaʊt/ v (**flouts, flouting, flouted, flouted**) escarnecer; zombar. II s zombaria.

flow /floo/ v (**flows, flowing, flowed, flowed**) 1 fluir; correr. 2 circular (sangue, dinheiro, etc.). 3 afluir; refluir. 4 escoar-se; escorrer. 5 jorrar; derramar-se. 6 subir; encher (a maré). II s 1 fluxo; escoamento. 2 circulação. 3 corrente; correnteza; curso d'água. 4 grande quantidade; abundância; torrente. 5 cheia; inundação; vazão. 6 fluxo menstrual. 7 ondulação de linhas; aspecto flutuante.

flow·er /flaʊə/ s flor. II v (**flowers, flowering, flowered, flowered**) 1 florir; florescer. 2 prosperar.

flower bud s flor em botão.

flow·er·pot /flaʊəpɑːt/ s vaso de plantas; floreira.

flown /floon/ v *part pass* de **fly**.

fl oz *abrev* de **fluid ounce**; peso líquido. (*tb* **fl. oz.**).

flu /fluː/ s *inform* influenza; gripe.

flub /flʌb/ v (**flubs, flubbing, flubbed, flubbed**) marretar; fazer trabalho malfeito. II s trabalho malfeito.

fluc·tu·ate /flʌktʃueɪt/ v (**fluctuates, fluctuating, fluctuated, fluctuated**) 1 flutuar. 2 oscilar; variar.

fluc·tu·a·tion /flʌktʃueɪʃən/ s 1 flutuação. 2 oscilação; variação.

flu·en·cy /fluːənsi/ s fluência.

flu·ent /fluːənt/ adj fluente.

flue pipe s *Mús* tubo de órgão.

fluff·y /flʌfi/ adj 1 fofo; leve; macio. 2 felpudo. 3 frívolo; superficial. (*gr comp* **fluffier**. *gr super* **fluffiest**).

flu·id /fluːɪd/ adj e s fluido.

flu·id·i·ty /fluːɪdəti/ s fluidez. (*var* **fluidness**).

flu·id·ness /fluːɪdnəs/ → **fluidity**.

fluke /fluːk/ s 1 *Náut* pata ou dente da âncora. 2 cauda da baleia. 3 rebarba do arpão. 4 *Zool* linguado. 5 acaso feliz; fortuna inesperada; sorte.

flum·mer·y /flʌməri/ s 1 espécie de pudim com creme de leite e ovos. 2 tolice divertida; bobagem; disparate; falso elogio. (*pl* **flummeries**).

flung /flʌŋ/ v *pass* e *part pass* de **fling**.

flunk /flʌŋk/ s *inform* reprovação em exame. II v *inform* (**flunks, flunking, flunked, flunked**) 1 reprovar em exame. 2 ser reprovado em exame.

flun·key /flʌŋki/ → **flunky**.

flun·ky /flʌ̱ŋki/ s lacaio; pessoa servil. (var flunkey. pl flunkies).

flu·or /flu̱:ɔ:r, flu̱:ə̱/ s flúor.

fluo·res·cence /flɔ:re̱səns, flʊre̱səns, flʊʊre̱səns/ s fluorescência.

fluo·res·cent /flɔ:re̱sənt, flʊre̱sənt, flʊʊre̱sənt/ adj fluorescente.

fluorescent lamp s lâmpada fluorescente.

fluor·ine /flɔ̱:rɪ:n/ s Quím flúor. (símb F).

flur·ry /flɜ̱:ri/ v (flurries, flurrying, flurried, flurried) agitar; excitar; confundir. ‖ s 1 lufada; rajada de vento. 2 pancada (de chuva). 3 excitação; agitação; polvorosa. (pl flurries).

flush /flʌʃ/ s 1 jorro; jato; esguicho. 2 descarga de vaso sanitário. 3 incremento ou crescimento súbito. 4 viço; exuberância. 5 excitação; entusiasmo; ardor. 6 rubor; vermelhidão. 7 brilho; resplendor. 8 força; vigor. ‖ adj 1 cheio; transbordante. 2 vigoroso; cheio de vida. 3 corado; rosado. 4 rico; endinheirado. 5 pródigo; generoso. ‖ v (flushes, flushing, flushed, flushed) 1 animar; entusiasmar. 2 encher de água; inundar. 3 lavar com jato d'água. 4 dar descarga (em vaso sanitário). 5 fazer corar; ruborizar. 6 alinhar. ‖ adv 1 alinhadamente. 2 diretamente; em cheio.

flus·ter /flʌ̱stə̱/ v (flusters, flustering, flustered, flustered) ficar nervoso; perturbar-se. ‖ s confusão; excitação.

flute /flu:t/ s Mús flauta. ‖ v (flutes, fluting, fluted, fluted) tocar flauta.

flut·ist /flu̱:tɪst/ s flautista.

flut·ter /flʌ̱tə̱/ v (flutters, fluttering, fluttered, fluttered) 1 alvoroçar. 2 bater as asas. 3 agitar-se. 4 vibrar ‖ s 1 abalo; comoção; confusão. 2 movimento rápido. 3 pulsação irregular; palpitação. (var flitter).

flu·vi·al /flu̱:viəl/ adj fluvial.

flux /flʌks/ s fluxo. ‖ v (fluxes, fluxing, fluxed, fluxed) 1 fluir; correr. 2 fundir-se.

flux·ion /flʌ̱kʃən/ s 1 fluxo. 2 modificação contínua. ♦ fluxions Mat cálculo diferencial.

fly /flaɪ/ s 1 mosca. 2 braguilha; zíper. 3 coisa insignificante. 4 leque; abano. (pl flies). ‖ v (flies, flying, flied, flied) 1 voar.

2 fugir; evadir-se. 3 flutuar. 4 soltar (balão, pipa, etc.). 6 rebentar; explodir.

fly·er /fla̱ɪə̱/ → flier

fly·ing /fla̱ɪɪŋ/ adj 1 veloz. 2 voador. ‖ s 1 vôo. 2 aviação.

flying boat s hidroavião; hidroplano.

flying fish s Zool peixe-voador.

flying machine s avião; aeroplano.

flying saucer s disco voador.

fly net s mosquiteiro.

fly·pa·per /fla̱ɪpeɪpə̱/ s papel mata-mosca.

fly·sheet /fla̱ɪʃi:t/ s folheto; prospecto; folha volante.

fly swatter s mata-moscas.

FM /efe̱m/ abrev de frequency modulation; freqüência modulada. **F**

foal /foʊl/ v (foals, foaling, foaled, foaled) parir. ‖ s cria de animal.

foam /foʊm/ s 1 espuma. 2 isopor. ‖ v (foams, foaming, foamed, foamed) espumar.

foam·y /fo̱ʊmi/ adj espumoso. (gr comp foamier. gr super foamiest).

fob /fɑ:b/ v (fobs, fobbing, fobbed, fobbed) aproveitar-se de; enganar; lograr. ‖ s 1 engano. 2 bolso para relógio.

fo·cal /fo̱ʊkəl/ adj focal.

fo·cal·ize /fo̱ʊkəlaɪz/ v (focalizes, focalizing, focalized, focalized) focalizar; focar; enfocar.

focal point s foco; centro.

fo·cus /fo̱ʊkəs/ s foco. ‖ v (focuses, focusing, focused, focused) focalizar; pôr em foco; focar; enfocar.

foe /foʊ/ s inimigo; adversário.

foe·man /fo̱ʊmən/ s inimigo de guerra.

foe·tal /fi̱:təl/ → fetal

foe·tus /fi̱:təs/ → fetus

fog /fɑ:g/ s 1 nevoeiro; névoa; cerração; neblina. 2 confusão mental; perplexidade. ‖ v (fogs, fogging, fogged, fogged) 1 enevoar-se. 2 escurecer (uma fotografia).

fog·gy /fɑ̱:gi/ adj 1 enevoado; cerrado; nublado. 2 indistinto; confuso. (gr comp foggier. gr super foggiest).

foil /fɔɪl/ v (foils, foiling, foiled, foiled) 1 frustrar. 2 despistar. ‖ s 1 folha de metal. 2 contraste; realce. 3 derrota; frustração. 4 amálgama.

fold /fould/ v (folds, folding, folded, folded) 1 dobrar. 2 envolver; embrulhar. 3 enlaçar; entrelaçar; cruzar os braços. 4 abraçar. 5 *inform* fechar as portas; desistir (negócio). || s 1 dobra; prega; ruga. 2 embrulho; pacote. 3 congregação de fiéis.

fold·er /foulda-/ s 1 dobrador; dobradeira. 2 pasta de papéis. 3 folheto dobrado.

folding door s porta sanfonada.

fo·li·age /fouliɪdʒ/ s folhagem.

fo·li·ate /foulieɪt/ v (foliates, foliating, foliated, foliated) 1 folhear. 2 laminar (vidro). || /foulɪt, foulieɪt/ adj folheado.

fo·li·o /fouliou/ s 1 fólio. 2 livro in-fólio. 3 página. || v (folios, folioing, folioed, folioed) paginar; numerar (páginas).

folk /fouk/ s 1 povo; tribo; nação. 2 raça. 3 família; parentes. 4 *inform* pessoas; gente. (*pl* folk ou folks). || *adj* folclórico; popular.

folk dance s dança folclórica.

folk·lore /fouklɔ:r/ s folclore.

folk·lor·ist /fouklɔ:rɪst/ s folclorista.

folk music s música folclórica.

folk·sy /fouksi/ adj *inform* simples; despretensioso. (*gr comp* folksier. *gr super* folksiest).

folk tale s conto popular.

fol·li·cle /fɑ:lɪkəl/ s *Anat* folículo; glândula.

fol·lic·u·lar /fəlɪkjələ-/ adj folicular.

fol·low /fɑ:lou/ v (follows, following, followed, followed) 1 seguir; acompanhar. 2 suceder a; seguir-se. 3 compreender. 4 prestar atenção; observar. || s perseguição.

fol·low·er /fɑ:louə-/ s 1 discípulo; seguidor; adepto. 2 imitador.

fol·low·ing /fɑ:louɪŋ/ adj seguinte; imediato; próximo. || s 1 séquito; cortejo. 2 comitiva.

fol·low-up /fɑ:louʌp/ s continuação; seguimento. (*tb* followup).

fol·ly /fɑ:li/ s tolice; insensatez. (*pl* follies).

fo·ment /foumɛnt/ v (foments, fomenting, fomented, fomented) fomentar; instigar.

fo·men·ta·tion /foumɛnteɪʃən/ s fomentação.

fo·ment·er /foumɛntə-/ s fomentador.

fond /fɑ:nd/ adj 1 afeiçoado. 2 afetuoso; amoroso. ♦ be fond of gostar de.

fon·dle /fɑ:ndl/ v (fondles, fondling, fondled, fondled) acariciar; afagar.

fond·ness /fɑ:ndnəs/ s 1 afeto; afeição; ternura. 2 gosto; predileção.

font /fɑ:nt/ s 1 pia batismal. 2 fonte; manancial. 3 *Tip* fonte.

food /fu:d/ s 1 comida; alimento; ração. 2 sustento.

food chain s cadeia alimentar.

food poisoning s intoxicação alimentar.

fool /fu:l/ s 1 tolo; bobo; pateta; néscio; imbecil. 2 bufão; bobo da corte. || v (fools, fooling, fooled, fooled) 1 enganar; lograr; trapacear. 2 brincar; gracejar.

fool·er·y /fu:ləri/ s tolice; bobagem; asneira. (*pl* fooleries).

fool·ish /fu:lɪʃ/ adj 1 tolo; insensato. 2 ridículo; absurdo. 3 insignificante; trivial.

fool·ish·ness /fu:lɪʃnəs/ s insensatez; tolice; loucura.

foot /fut/ s 1 pé. 2 base; sopé; a parte mais inferior. (*pl* feet). || v (foots, footing, footed, footed) 1 pisar. 2 andar; caminhar. 3 dançar. ♦ foot by foot pé ante pé. have one foot in the grave estar com um pé na cova.

foot·age /futɪdʒ/ s 1 comprimento ou extensão em pés. 2 comprimento total de um filme.

foot·ball /futbɔ:l/ s 1 futebol americano. 2 bola de futebol americano.

foot·ball·er /futbɔ:lə-/ s futebolista.

foot·board /futbɔ:rd/ s 1 suporte para os pés. 2 estribo. 3 pedal. 4 plataforma.

foot·bridge /futbrɪdʒ/ s ponte para pedestres; passarela.

foot·ed /futɪd/ adj provido de pés.

foot·er /futə-/ s rodapé (de documento).

foot·gear /futgɪr/ s calçado.

foot·ing /futɪŋ/ s 1 base; piso; ponto de apoio; fundamento; alicerce. 2 posição; estado.

foo·tle /fu:tl/ s bobagem; tolice; baboseira. || v (footles, footling, footled, footled) dizer bobagens; perder tempo com ninharias.

foot·less /futləs/ adj 1 sem pés. 2 infundado. 3 *inform* inepto.

foot·lights /futlaits/ s *pl* ribalta.

foot·mark /fútmɑːrk/ s pegada.

foot·note /fútnout/ s nota ao pé da página; nota de rodapé.

foot·path /fútpæθ/ s vereda ou trilha para pedestres.

foot·print /fútprɪnt/ s pegada.

foot·step /fútstep/ s 1 passo. 2 pegada.

foot·wear /fútwer/ s calçado.

foo·zle /fúːzəl/ s 1 golpe errado no golfe. 2 ato desastrado. ‖ v (**foozles, foozling, foozled, foozled**) atrapalhar.

fop /fɑːp/ s almofadinha; janota.

fop·per·y /fɑ́ːpəɪ/ s afetação; janotismo. (pl **fopperies**).

fop·pish /fɑ́ːpɪʃ/ adj afetado; vaidoso.

for /fɔːr/ prep 1 para. 2 por. 3 por causa de. 4 durante. 5 a fim de. 6 em lugar de. 7 a despeito de. 8 destinado a. ‖ conj 1 porque. 2 pois. 3 enquanto. 4 desde que. 5 devido a. ♦ **as for me** quanto a mim. **for weeks** há semanas. **what's it for?** para que serve isso?

for·as·much as /fɔːrəzmʌ́tʃ əz/ conj tendo em vista que; desde que; já que.

for·ay /fɔ́ːreɪ/ v (**forays, foraying, forayed, forayed**) 1 saquear; pilhar. 2 invadir. ‖ s invasão; incursão.

for·bad /fɚbǽd/ v pass de **forbid**. (tb **forbade**).

for·bade /fɚbǽd/ v pass de **forbid**. (tb **forbad**).

for·bear /fɔːrbér/ v (**forbears, forbearing, forbore, forborne**) abster-se; evitar. ‖ /fɔ́ːrber/ s → **forebear**.

for·bear·ance /fɔːrbérəns/ s 1 abstenção. 2 indulgência; tolerância; paciência.

for·bid /fɚbɪ́d/ v (**forbids, forbidding, forbade ou forbad, forbidden**) 1 proibir; vedar. 2 excluir; impossibilitar; interditar.

for·bid·den /fɚbɪ́dən/ v part pass de **forbid**. ‖ adj proibido.

for·bid·ding /fɚbɪ́dɪŋ/ adj 1 ameaçador; amedrontador. 2 proibitivo. 3 desagradável.

for·bore /fɔːrbɔ́ːr/ v pass de **forbear**.

for·borne /fɔːrbɔ́ːrn/ v part pass de **forbear**.

force /fɔːrs/ s 1 força; vigor; energia; poder. 2 causa; motivo. 3 peso; importância. 4 valor. 5 eficácia. 6 queda-d'água.

7 força militar; tropas. ‖ v (**forces, forcing, forced, forced**) 1 forçar; obrigar; constranger. 2 violar. 3 insistir. 4 conseguir; obter por força. 5 violentar. ♦ **by force** à força. **come into force** entrar em vigor.

forced /fɔːrst/ adj 1 forçado. 2 constrangido; afetado.

force·ful /fɔ́ːrsfəl/ adj 1 poderoso; vigoroso. 2 eficaz.

for·ceps /fɔ́ːrseps/ s fórceps.

fore /fɔːr/ adj dianteiro; anterior; antecedente; prévio. ‖ s 1 frente; parte dianteira. 2 Náut. proa.

fore·arm /fɔ́ːrɑːrm/ s antebraço.

fore·bear /fɔ́ːrber/ s ancestral; antepassado. (var **forbear**).

fore·bode /fɔːrbóud/ v (**forebodes, foreboding, foreboded, foreboded**) predizer; pressentir.

fore·bod·ing /fɔːrbóudɪŋ/ s presságio; pressentimento.

fore·cast /fɔ́ːrkæst/ v (**forecasts, forecasting, forecasted, forecasted**) prever; predizer; prognosticar. ‖ s previsão; prognóstico. ♦ **weather forecast** previsão do tempo.

fore·cas·tle /fóuksəl/ s Náut castelo de proa.

fore·close /fɔːrklóuz/ v (**forecloses, foreclosing, foreclosed, foreclosed**) 1 impedir; barrar. 2 excluir; privar (de direito). 3 Jur executar (hipoteca).

fore·clo·sure /fɔːrklóuʒɚ/ s Jur execução de hipoteca.

fore·doom /fɔːrdúːm/ v (**foredooms, foredooming, foredoomed, foredoomed**) predestinar; fadar; condenar de antemão.

fore·fa·ther /fɔ́ːrfɑːðɚ/ s antepassado.

fore·fin·ger /fɔ́ːrfɪŋgɚ/ s dedo indicador.

fore·foot /fɔ́ːrfʊt/ s 1 pata dianteira. 2 Náut talha-mar.

fore·front /fɔ́ːrfrʌnt/ s 1 frente; parte dianteira. 2 vanguarda.

fore·go /fɔːrgóu/ v (**foregoes, foregoing, forewent, foregone**) anteceder; adiantar-se a; preceder. (var **forgo**).

fore·go·er /fɔːrgóuɚ/ s predecessor; antecessor; precursor.

fore·go·ing /fɔːrgˈoʊɪŋ/ adj anterior; antecedente; precedente.

fore·gone /fɔːrgˈɑːn/ adj 1 antecedente; precedente; prévio; anterior. ‖ v part pass de **forego**.

fore·ground /fɔːrgraʊnd/ s primeiro plano.

fore·hand /fɔːrhænd/ s 1 Esp golpe com a palma da mão virada para frente no tênis. 2 quarto dianteiro do cavalo.

fore·hand·ed /fɔːrhændɪd, fɔːrhænded/ adj 1 prudente; precavido. 2 econômico; parcimonioso.

fore·head /fɔːred, fɔːrhed/ s 1 fronte; testa. 2 parte frontal.

for·eign /fɔːrɪn/ adj 1 estrangeiro. 2 de fora. 3 alheio a. 4 exótico.

for·eign·er /fɔːrɪnɚ/ s estrangeiro.

fore·judge /fɔːrdʒˈʌdʒ/ v (forejudges, forejudging, forejudged, forejudged) prejulgar.

fore·know /fɔːrnˈoʊ/ v (foreknows, foreknowing, foreknew, foreknown) prever; antever.

fore·land /fɔːrlənd/ s promontório; cabo.

fore·leg /fɔːrleg/ s perna dianteira (de um quadrúpede).

fore·lock /fɔːrlɑːk/ s 1 topete; madeixa. 2 pino em forma de S.

fore·man /fɔːrmən/ s 1 capataz; feitor; mestre. 2 Jur primeiro jurado.

fore·most /fɔːrmoʊst/ adj primeiro; dianteiro; pioneiro. ‖ adv em primeiro lugar; antes de tudo.

fore·name /fɔːrneɪm/ s prenome; nome de batismo.

fore·named /fɔːrneɪmd/ adj supradito; mencionado acima.

fore·noon /fɔːrnuːn, fɔːrnuːn/ s manhã.

fo·ren·sic /fərˈɛnsɪk, fərˈɛnzɪk/ adj 1 forense. 2 argumentativo; retórico.

fore·or·dain /fɔːrɔːrdˈeɪn/ v (foreordains, foreordaining, foreordained, foreordained) predestinar; fadar.

fore·part /fɔːrpɑːrt/ s 1 parte dianteira. 2 princípio.

fore·paw /fɔːrpɔː/ s pata dianteira.

fore·run /fɔːrrˈʌn/ v (foreruns, forerunning, foreran, forerun) 1 adiantar-se a; preceder. 2 prevenir.

fore·run·ner /fɔːrrˈʌnɚ/ s 1 precursor. 2 prognóstico; presságio.

fore·see /fɔːrsˈiː/ v (foresees, foreseeing, foresaw, foreseen) prever; antecipar.

fore·shad·ow /fɔːrʃˈædoʊ/ v (foreshadows, foreshadowing, foreshadowed, foreshadowed) pressagiar; predizer.

fore·show /fɔːrʃˈoʊ/ v (foreshows, foreshowing, foreshowed, foreshowed/foreshown) mostrar antecipadamente; prenunciar; predizer.

fore·sight /fɔːrsaɪt/ s 1 previsão. 2 prudência; precaução.

fore·skin /fɔːrskɪn/ s Anat prepúcio.

for·est /fɔːrɪst/ s floresta; selva; mata. ‖ v (forests, foresting, forested, forested) formar uma floresta; arborizar; reflorestar.

fore·stall /fɔːrstˈɔːl/ v (forestalls, forestalling, forestalled, forestalled) 1 antecipar. 2 impedir; interceptar. 3 monopolizar.

for·est·er /fɔːrɪstɚ/ s 1 guarda-florestal. 2 morador da floresta.

for·est·ry /fɔːrɪstri/ s 1 silvicultura. 2 administração florestal. 3 região florestal.

fore·tell /fɔːrtˈɛl/ v (foretells, foretelling, foretold, foretold) predizer; vaticinar; pressagiar.

fore·thought /fɔːrθɑːt/ s 1 premeditação; reflexão prévia. 2 previdência; prudência.

fore·to·ken /fɔːrtˈoʊkən/ v (foretokens, foretokening, foretokened, foretokened) prognosticar; pressagiar. ‖ s prognóstico; premonição.

for·ev·er /fɔːrˈɛvɚ/ adv para sempre; eternamente. 2 incessantemente. ‖ s eternidade.

for·ev·er·more /fɔːrˌɛvəmˈɔːr/ adv para todo o sempre; eternamente.

fore·word /fɔːrwɜːrd/ s prefácio; introdução.

for·feit /fɔːrfɪt/ s 1 perda legal de direitos. 2 multa; pena. ‖ v (forfeits, forfeiting, forfeited, forfeited) perder por confisco. ‖ adj confiscado.

for·fei·ture /fɔːrfətʃɚ/ s 1 confisco. 2 multa.

for·gave /fəgˈeɪv/ v pass de **forgive**.

forge /fɔːrdʒ/ v (forges, forging, forged, forged) 1 forjar; moldar. 2 tramar; inventar. 3 imitar; falsificar. ‖ s 1 fornalha. 2 fundição.

forg·er /fɔ:rdʒɚ/ s 1 forjador. 2 falsário.

for·ger·y /fɔ:rdʒɐri/ s falsificação; forjadu-ra. (pl forgeries).

for·get /fɚget/ v (forgets, forgetting, forgot, forgot/forgotten) 1 esquecer; olvidar; não se lembrar. 2 perder o inte-resse em. 3 desprezar; abandonar.

for·get·ful /fɚgetfəl/ adj 1 esquecido. 2 negligente.

for·get-me-not /fɚgetminɑ:t/ s miosótis.

for·give /fɚgɪv/ v (forgives, forgiving, forgave, forgiven) 1 perdoar; desculpar; absolver. 2 remitir (uma dívida, etc.).

for·give·ness /fɚgɪvnɐs/ s perdão; remis-são; absolvição; clemência.

for·giv·ing /fɚgɪvɪŋ/ adj generoso; indul-gente; clemente.

for·go /fɔ:rgoʊ/ → forego.

for·got /fɚgɑ:t/ v pass de forget.

for·got·ten /fɚgɑ:tən/ v part pass de forget.

fork /fɔ:rk/ s 1 garfo. 2 forcado. 3 forqui-lha. 4 bifurcação. 5 confluência de um rio. II v (forks, forking, forked, forked) bifurcar.

forked /fɔ:rkt/ adj bifurcado.

for·lorn /fɔ:rlɔ:rn/ adj solitário; abandona-do; triste.

form /fɔ:rm/ v (forms, forming, formed, formed) 1 formar; fabricar; construir. 2 organizar-se. II s 1 forma; figura; mode-lo. 2 Comp formulário. 3 estrutura; sis-tema. 4 conformação. 5 esboço. 6 Biol subdivisão.

for·mal /fɔ:rməl/ adj 1 formal; cerimonio-so; solene. 2 grave. 3 metódico.

for·mal·ism /fɔ:rməlɪzəm/ s formalismo.

for·mal·ist /fɔ:rməlɪst/ s formalista.

for·mal·i·ty /fɔ:rmælɐti/ s formalidade; so-lenidade; cerimônia; etiqueta. (pl formali-ties).

for·mat /fɔ:rmæt/ s 1 formato (de livro). 2 Comp formatação. II v (formats, for-matting, formatted; formatted) Comp formatar.

for·ma·tion /fɔ:rmeɪʃən/ s tb Geol e Mil formação.

form·a·tive /fɔ:rmətɪv/ adj e s Gram for-mativo.

form·er /fɔ:rmɚ/ adj anterior; preceden-te; antigo. II s formador.

for·mer·ly /fɔ:rmɚli/ adv antigamente.

For·mi ca™ /fɔ:rmaɪkə/ s fórmica.

for·mi·car·y /fɔ:rmɪkeri/ s formigueiro. (pl formicaries).

for·mi·da·ble /fɔ:rmədəbəl/ adj 1 terrível; temível; pavoroso. 2 formidável. 3 difícil; que tem obstáculos.

form·less /fɔ:rmləs/ adj sem forma.

for·mu·la /fɔ:rmjʊlə/ s 1 fórmula; mode-lo. 2 Med receita. (pl formulas ou for-mulae /fɔ:rmjʊli:/).

for·mu·late /fɔ:rmjʊleɪt/ v (formulates, formulating, formulated, formulated) **F** formular; desenvolver.

for·mu·la·tion /fɔ:rmjʊleɪʃən/ s formulação.

for·mu·lize /fɔ:rmjʊlaɪz/ v (formulizes, formulizing, formulized, formulized) for-mular.

for·ni·cate /fɔ:rnɪkeɪt/ v (fornicates, forni-cating, fornicated, fornicated) fornicar.

for·ni·ca·tion /fɔ:rnɪkeɪʃən/ s fornicação.

for·ni·ca·tor /fɔ:rnɪkeɪtɚ/ s fornicador.

for·sake /fɔ:rseɪk/ v (forsakes, forsaking, forsook, forsaken) 1 desertar; abando-nar. 2 renunciar; abrir mão de.

for·sooth /fɔ:rsu:θ/ adv certamente; sem dúvida.

for·swear /fɔ:rswer/ v (forswears, for-swearing, forswore, forsworn) abjurar; renegar.

fort /fɔ:rt/ s forte; fortaleza; fortificação.

forth /fɔ:rθ/ adv 1 adiante; para a frente; avante. 2 para fora.

forth·com·ing /fɔ:rθkʌmɪŋ/ adj 1 próximo; futuro; vindouro. 2 sociável; afável.

forth·right /fɔ:rθraɪt/ adj direto; franco; sem rodeios. II adv de maneira franca; diretamente.

forth·with /fɔ:rθwɪθ/ adv imediatamente.

for·ti·eth /fɔ:rtiəθ/ num quadragésimo.

for·ti·fi·ca·tion /fɔ:rtəfɪkeɪʃən/ s fortificação.

for·ti·fi·er /fɔ:rtəfaɪɚ/ s fortificante.

for·ti·fy /fɔ:rtəfaɪ/ v (fortifies, fortifying, fortified, fortified) 1 fortificar. 2 refor-çar; confirmar; corroborar.

for·ti·tude /fɔ:rtətu:d/ s força de espírito; firmeza; coragem.

fort·night /fɔ:rtnaɪt/ s quinzena; duas semanas.

fort·night·ly /fɔ:rtnaɪtli/ adv quinzenalmente. ‖ adj quinzenal. ‖ s quinzenário (revista, publicação, etc.). (pl fortnightlies).

for·tress /fɔ:rtrəs/ s fortaleza; fortificação.

for·tu·i·tous /fɔ:rtu:ətəs/ adj 1 fortuito; casual; eventual; acidental; imprevisto. 2 afortunado; sortudo.

for·tu·i·ty /fɔ:rtu:əti/ s casualidade; eventualidade. (pl fortuities).

for·tu·nate /fɔ:rtʃənət/ adj afortunado; ditoso; venturoso.

for·tune /fɔ:rtʃn/ s 1 fortuna; sorte; bom êxito. 2 ventura; acaso; destino.

for·tune·tell·er /fɔ:rtʃəntelə/ s adivinho; cartomante; quiromante.

for·tune·tell·ing /fɔ:rtʃəntelɪŋ/ s cartomancia; quiromancia.

for·ty /fɔ:rti/ num quarenta.

fo·rum /fɔ:rəm/ s fórum; foro.

for·ward /fɔ:rwəd/ adv 1 para a frente; avante. 2 em evidência. ‖ adj 1 anterior; dianteiro. 2 que vai para a frente; que avança. 3 precoce; avançado. 4 disposto; solícito. 5 ardente; fervoroso. 6 presunçoso; petulante. ‖ v (forwards, forwarding, forwarded, forwarded) 1 despachar; enviar; encaminhar; remeter (carta) para novo endereço. 2 apressar; promover; ativar; estimular. ‖ s Esp atacante.

for·ward·er /fɔ:rwədə/ s despachante.

foss /fɑs/ s → fosse.

fos·sa /fɑsə/ s Anat fossa. (pl fossae /fɑsi:/).

fosse /fɑs/ s fosso; cova. (var foss).

fos·sil /fɑsəl/ s fóssil. ‖ adj 1 antiquado; retrógrado. 2 fóssil; petrificado.

fos·sil·i·za·tion /fɑsəlɪzeɪʃən/ s fossilização.

fos·sil·ize /fɑsəlaɪz/ v (fossilizes, fossilizing, fossilized, fossilized) 1 fossilizar. 2 petrificar-se. 3 tornar-se antiquado.

fos·ter /fɑstə/ v (fosters, fostering, fostered, fostered) 1 criar; adotar. 2 acalentar (idéia, esperança). ‖ adj adotivo; de criação.

fought /fɑt/ v pass e part pass de fight.

foul /faʊl/ v (fouls, fouling, fouled, fouled) 1 abalroar (um navio). 2 sujar; emporca-

lhar. 3 obstruir. 4 cometer infração; violar. ‖ adj 1 sujo; imundo. 2 fétido; podre. 3 entupido; obstruído. ‖ s 1 falta; infração. 2 colisão. ‖ adv traiçoeiramente.

foul play s jogo sujo; trapaça; injustiça.

fou·lard /fu:lɑ:rd/ s espécie de tecido de seda fino.

found /faʊnd/ v (founds, founding, founded, founded) 1 fundar; estabelecer; instituir. 2 fundir; derreter. 3 pass e part pass de find.

foun·da·tion /faʊndeɪʃən/ s 1 fundação. 2 criação. 3 alicerce; base. 4 princípio; origem. 5 fundo; capital legado a uma instituição.

foun·der /faʊndə/ s 1 fundador; criador. ‖ v (founders, foundering, foundered, foundered) 1 afundar; naufragar; ir a pique. 2 arruinar-se. 3 cair de cansaço. 4 tropeçar (cavalo).

found·ling /faʊndlɪŋ/ s criança abandonada.

foun·dry /faʊndri/ s fundição. (pl foundries).

fount /faʊnt/ s 1 fonte. 2 origem; causa.

foun·tain /faʊntən/ s 1 fonte; nascente. 2 origem; causa. 3 chafariz. 4 bebedouro.

foun·tain·head /faʊntənhed/ s 1 manancial; nascente; cabeceira. 2 origem.

fountain pen s caneta-tinteiro.

four /fɔ:r/ num quatro. ♦ **on all fours** de quatro.

four-foot·ed /fɔ:rfʊtɪd/ adj quadrúpede.

four hundred s a elite social; a nata.

four·score /fɔ:rskɔ:r/ adj oitenta.

four·teen /fɔ:rti:n/ num quatorze; catorze.

four·teenth /fɔ:rti:nθ/ num décimo-quarto.

fourth /fɔ:rθ/ num quarto; quarta parte.

Fourth of July s Dia da Independência dos EUA (4 de julho).

fowl /faʊl/ s ave; aves. ‖ v (fowls, fowling, fowled, fowled) caçar aves silvestres.

fox /fɑks/ s 1 Zool raposa. 2 pessoa astuciosa. 3 gír pessoa atraente. (pl foxes ou fox). ‖ v (foxes, foxing, foxed, foxed) 1 enganar. 2 disfarçar; ser manhoso. 3 fermentar cerveja. 4 consertar sapato.

foxed /fɑkst/ adj descolorido; manchado; mofado.

fox·y /fɑːksi/ *adj* 1 astuto; matreiro. 2 descorado; desbotado. 3 azedo; mal fermentado (vinho, cerveja). 4 velho; estragado; mofado. (*gr comp* **foxier**. *gr super* **foxiest**).

foy·er /fɔɪə, fɔɪeɪ/ *s* vestíbulo de teatro ou hotel.

fra·cas /freɪkəs/ *s* desordem; tumulto.

frac·tion /frækʃən/ *s* 1 fração (*tb* Mat). 2 fragmento; porção.

frac·tion·al /frækʃənəl/ *adj* fracionário.

frac·tious /frækʃəs/ *adj* rebelde; irascível; mal-humorado.

frac·ture /fræktʃə/ *v* (**fractures, fracturing, fractured, fractured**) fraturar; quebrar. || *s* 1 fratura; ruptura; quebra. 2 fenda; fissura.

frag·ile /frædʒəl/ *adj* 1 frágil; delicado. 2 quebradiço.

fra·gil·i·ty /frædʒɪləti/ *s* fragilidade; fraqueza.

frag·ment /frægmənt/ *s* fragmento. || /frægment, frægment/ *v* (**fragments, fragmenting, fragmented, fragmented**) fragmentar.

frag·men·tar·y /frægmənteri/ *adj* fragmentário.

frag·men·ta·tion /frægmənteɪʃən/ *s* fragmentação.

frag·men·tize /frægməntaɪz/ *v* (**fragmentizes, fragmentizing, fragmentized, fragmentized**) fragmentar.

fra·grance /freɪgrəns/ *s* fragrância; aroma; perfume.

fra·grant /freɪgrənt/ *adj* fragrante; aromático; perfumado.

frail /freɪl/ *adj* 1 frágil; delicado 2 quebradiço. 3 fraco. || *s* cesto grande para frutas.

frail·ty /freɪlti/ *s* fragilidade; fraqueza. (*pl* **frailties**).

frame /freɪm/ *s* 1 estrutura; constituição; construção. 2 armação; esqueleto; carcaça. 3 constituição física; compleição. 4 quadro; chassi. 5 caixilho (porta, janela). 6 moldura. 7 quadro (cinema, tv). || *v* (**frames, framing, framed, framed**) 1 formar; modelar; moldar. 2 compor; armar; construir; fabricar. 3 dispor; ordenar; enquadrar; ajustar. 5 articular; expressar; formular. 6 inventar; imaginar.
♦ **frames** armação de óculos.

frame-up /freɪmʌp/ *s gír* tramóia; conspiração.

frame·work /freɪmwɜːk/ *s* 1 armação; estrutura. 2 madeiramento; vigamento. 3 ossatura; esqueleto.

fram·ing /freɪmɪŋ/ *s* 1 estrutura; armação. 2 vigamento. 3 encaixe; enquadramento.

franc /fræŋk/ *s* franco (moeda).

France /fræns/ *s* França.

fran·chise /fræntʃaɪz/ *s* 1 franquia. 2 imunidade; isenção; privilégio. 3 direito de voto. || *v* (**franchises, franchising, franchised, franchised**) 1 isentar; eximir; privilegiar. 2 franquear.

Fran·cis·can /frænsɪskən/ *adj* e *s* franciscano.

fran·gi·ble /frændʒəbəl/ *adj* quebradiço.

frank /fræŋk/ *v* (**franks, franking, franked, franked**) 1 franquear carta. 2 despachar livre de porte. || *adj* 1 franco. 2 sincero; ingênuo. || *s* franquia postal.

frank·ness /fræŋknəs/ *s* franqueza; sinceridade; candura; inocência.

fran·tic /fræntɪk/ *adj* frenético; excitado; desvairado.

fra·ter·nal /frətɜːrnəl/ *adj* fraternal; fraterno; de irmão.

fra·ter·ni·ty /frətɜːrnəti/ *s* 1 fraternidade; irmandade. 2 confraria; sociedade; grêmio. (*pl* **fraternities**).

frat·er·ni·za·tion /frətənɪzeɪʃən/ *s* fraternização.

frat·er·nize /frætənaɪz/ *v* (**fraternizes, fraternizing, fraternized, fraternized**) fraternizar; irmanar.

frat·ri·cid·al /frætrəsaɪdəl/ *adj* fratricida.

frat·ri·cide /frætrəsaɪd/ *s* fratricida; fratricídio.

fraud /frɔːd/ *s* 1 fraude. 2 engano; logro; trapaça.

fraud·u·lence /frɔːdʒələns/ *s* fraude; embuste.

fraud·u·lent /frɔːdʒələnt/ *adj* fraudulento.

fraught /frɔːt/ *adj* carregado; abastecido; repleto; cheio; provido.

fray /freɪ/ v (**frays, fraying, frayed, frayed**)
1 roçar; puir. 2 desgastar; desfiar; esfiapar. ‖ s rixa; briga; disputa.

fraz·zle /ˈfræzəl/ v (**frazzles, frazzling, frazzled, frazzled**) desgastar; puir; esfarrapar. ‖ s farrapo; frangalho.

freak /friːk/ s 1 excentricidade. 2 pessoa excêntrica. 3 deformidade; anomalia. 4 aleijão. 5 gír viciado em drogas.

freak·ish /ˈfriːkɪʃ/ adj 1 caprichoso; extravagante; excêntrico. 2 grotesco; anormal.

freck·le /ˈfrekəl/ s sarda. ‖ v (**freckles, freckling, freckled, freckled**) cobrir-se de sardas.

freck·ly /ˈfrekli/ adj sardento.

free /friː/ adj 1 livre; liberto. 2 independente. 3 franco. 4 liberal. 5 generoso. 6 grátis. 7 vago; desocupado. 8 voluntário; espontâneo. 9 desatado. 10 desembaraçado. ‖ adv 1 sinceramente. 2 gratuitamente. ‖ v (**frees, freeing, freed, freed**) 1 libertar; soltar. 2 desobstruir.

free·boot /ˈfriːbuːt/ v (**freeboots, freebooting, freebooted, freebooted**) piratear.

free·boot·er /ˈfriːbuːtə/ s pirata.

free·dom /ˈfriːdəm/ s liberdade; independência.

free·hand /ˈfriːhænd/ adj à mão livre.

free hand s plenos poderes; carta branca.

free·hand·ed /ˈfriːhændɪd/ adj 1 generoso. 2 liberal.

free·hold /ˈfriːhoʊld/ s propriedade imóvel livre de ônus.

free·lance /ˈfriːlæns/ adj 1 independente. 2 produzido por trabalhador free lance. ‖ s 1 free lance; profissional sem vínculo empregatício. 2 mercenário medieval. ‖ v (**freelances, freelancing, freelanced, freelanced**) trabalhar como free lance; trabalhar por tarefa (escritor, artista independente, etc.).

free·man /ˈfriːmən/ s 1 homem livre. 2 cidadão.

free·ma·son /ˈfriːmeɪsən/ s maçom.

free·ma·son·ry /ˈfriːmeɪsənri/ s maçonaria.

free·think·er /ˈfriːθɪŋkə/ s livre-pensador.

free trade s comércio livre.

free·way /ˈfriːweɪ/ s 1 auto-estrada. 2 estrada sem pedágios.

free·will /ˈfriːwɪl/ adj voluntário; de livre vontade; espontâneo.

free will s livre-arbítrio.

freeze /friːz/ v (**freezes, freezing, froze, frozen**) gelar; congelar.

freez·er /ˈfriːzə/ s congelador; frigorífico.

freight /freɪt/ s frete; carga. ‖ v (**freights, freighting, freighted, freighted**) carregar; fretar.

freight·er /ˈfreɪtə/ s cargueiro; navio de carga.

French /frentʃ/ adj francês. ‖ s francês (idioma e povo).

French fries /frentʃ fraɪz/ s pl batatas fritas.

French·man /ˈfrentʃmən/ s francês. (pl **Frenchmen**).

French·wom·an /ˈfrentʃwʊmən/ s francesa. (pl **Frenchwomen**).

fre·net·ic /frəˈnetɪk/ adj frenético.

fren·zied /ˈfrenzɪd/ adj frenético; nervoso; colérico.

fren·zy /ˈfrenzi/ v (**frenzies, frenzying, frenzied, frenzied**) 1 delirar. 2 enfurecer. ‖ s frenesi; exaltação. (pl **frenzies**).

fre·quen·cy /ˈfriːkwənsi/ s freqüência. (pl **frequencies**).

fre·quent /ˈfriːkwənt/ adj freqüente. ‖ /friːˈkwent, friːˈkwent/ v (**frequents, frequenting, frequented, frequented**) freqüentar.

fre·quen·ta·tive /friːˈkwentətɪv/ adj freqüentativo.

fre·quent·er /friːˈkwentə/ s freqüentador.

fre·quent·ly /ˈfriːkwəntli/ adv freqüentemente.

fres·co /ˈfreskoʊ/ s afresco. (pl **frescoes** ou **frescos**).

fresh /freʃ/ adj 1 fresco; novo. 2 jovem. 3 recém-chegado. 4 verdejante; viçoso. 5 limpo; sem uso (papel). 6 puro (ar). 7 doce (água). 8 inexperiente. 9 atrevido; petulante. 10 vivo; alegre. ‖ s 1 cheia; inundação. 2 corrente de água doce que entra pelo mar. ‖ adv recentemente; há pouco tempo.

fresh·en /ˈfreʃən/ v (**freshens, freshening, freshened, freshened**) 1 refrescar. 2 renovar; revigorar.

fresh·et /frɛʃɪt/ s 1 cheia; inundação. 2 corrente de água doce que entra pelo mar.

fresh·man /frɛʃmən/ s 1 principiante; novato. 2 calouro (de escola ou faculdade).

fresh·ness /frɛʃnəs/ s 1 frescura; frescor. 2 novidade.

fret /frɛt/ v (**frets, fretting, fretted, fretted**) 1 roer; corroer. 2 *Mús* trastejar. 3 irritar; atormentar; aborrecer. 4 encrespar (água). 5 ornamentar com trabalhos em relevo. || s 1 *Mús* trasto. 2 arabesco. 3 erosão; corrosão. 4 irritação; aborrecimento.

fret·ful /frɛtfəl/ adj 1 irritável; impaciente. 2 agitado; encrespado.

fret·work /frɛtwɜːrk/ s *Arq* gregas; arabescos.

fri·ar /fraɪər/ s frade; frei.

fri·ar·y /fraɪəri/ s mosteiro, convento de frades. (*pl* friaries).

frib·ble /frɪbəl/ v (**fribbles, fribbling, fribbled, fribbled**) perder tempo em frivolidades. || s 1 frivolidade. 2 pessoa frívola.

fric·as·see /frɪkəsiː, frɪkəsiː/ s fricassê. || v (**fricassees, fricasseeing, fricasseed, fricasseed**) guisar; fazer guisado.

fric·a·tive /frɪkətɪv/ adj fricativo. || s *Gram* consoante fricativa.

fric·tion /frɪkʃən/ s 1 fricção; atrito. 2 conflito de opiniões; ausência de harmonia.

Fri·day /fraɪdeɪ, fraɪdi/ s sexta-feira. (*abrev* Fri., Fr. ou F.).

friend /frɛnd/ s 1 amigo; companheiro. 2 correligionário; partidário. 3 protetor; favorecedor.

friend·less /frɛndləs/ adj abandonado; desamparado; sem amigos.

friend·li·ness /frɛndlɪnəs/ s amizade; benevolência.

friend·ly /frɛndli/ adj 1 amigável; amistoso; amigo; cordial. 2 favorável; propício. (*gr comp* friendlier. *gr super* friendliest). || *adv* amistosamente; amigavelmente; amavelmente.

friend·ship /frɛndʃɪp/ s amizade.

fri·er /fraɪər/ → **fryer**.

frieze /friːz/ s friso; frisa.

frig·ate /frɪgət/ s *Náut* fragata.

fright /fraɪt/ s espanto; temor; susto; pavor.

fright·en /fraɪtən/ v (**frightens, frightening, frightened, frightened**) assustar; apavorar; horripilar; afugentar.

fright·ful /fraɪtfəl/ adj 1 espantoso; terrível; horrível. 2 *inform* excessivo; extremo.

fright·ful·ness /fraɪtfəlnəs/ s horror; temor; espanto; susto; medo.

frig·id /frɪdʒɪd/ adj 1 frígido. 2 frio; formal.

fri·gid·i·ty /frɪdʒɪdəti/ s. 1 frigidez. 2 frieza; indiferença; formalidade.

frig·o·rif·ic /frɪgərɪfɪk/ adj frigorífico. (*var* frigorifical).

frig·o·rif·i·cal /frɪgərɪfɪkəl/ → **frigorific**.

frill /frɪl/ s 1 faixa ornamental. 2 franja. 3 fímbria. 4 borda; orla. || v (**frills, frilling, frilled, frilled**) guarnecer de babados ou franjas.

fringe /frɪndʒ/ v (**fringes, fringing, fringed, fringed**) franjar; debruar. || s 1 franja. 2 orla; margem. 3 guarnição; debrum.

fringe benefit s benefício adicional.

frip·per·y /frɪpəri/ s 1 roupa ou acessório chamativo e vulgar. 2 afetação; ostentação. 3 bugigangas; quinquilharias. (*pl* fripperies).

frisk /frɪsk/ s pulo; salto; cambalhota. || v (**frisks, frisking, frisked, frisked**) 1 saltar; pular. 2 revistar (alguém).

frisk·y /frɪski/ adj alegre; vivo; travesso; brincalhão. (*gr comp* friskier. *gr super* friskiest).

frit·ter /frɪtər/ v (**fritters, frittering, frittered, frittered**) 1 desperdiçar; esbanjar. 2 espicaçar; picar. || s bolinho frito.

friv·ol /frɪvəl/ v (**frivols, frivoling, frivoled, frivoled**) comportar-se frivolamente.

fri·vol·i·ty /frɪvɑːləti/ s frivolidade. (*pl* frivolities).

friv·o·lous /frɪvələs/ adj frívolo.

frizz /frɪz/ v (**frizzes, frizzing, frizzed, frizzed**) 1 frisar; encrespar. 2 fritar; frigir. || s cacho, caracol de cabelo. (*var* frizzle).

friz·zle /frɪzəl/ → **frizz**.

fro /froʊ/ adv atrás; para trás. ♦ **to and fro** para frente e para trás; para lá e para cá.

frock /frɒk/ s 1 vestido solto. 2 hábito sacerdotal. ‖ v (**frocks, frocking, frocked, frocked**) 1 vestir hábito sacerdotal. 2 ordenar-se.

frog /frɒg/ s rã.

frol·ic /frɒlɪk/ v (**frolics, frolicking, frolicked, frolicked**) brincar; divertir-se. ‖ s brincadeira; travessura; divertimento.

frol·ic·some /frɒlɪksəm/ adj brincalhão; alegre.

from /frɒm/ prep 1 de (indica origem, procedência); proveniente de. 2 desde; a partir de. 3 por causa de; conforme. ♦ **apart from** à parte; salvo; exceto. **from now on** de agora em diante. **from time to time** de vez em quando.

frond /frɒnd/ s Bot fronde; copa.

front /frʌnt/ s 1 frente. 2 frontispício. 3 dianteira. 4 face; testa; rosto. 5 atrevimento; ousadia; desfaçatez. 6 peitilho de camisa. 7 Arq fachada; frontaria. 8 Mil frente de batalha. 9 vanguarda. ‖ adj 1 fronteiro. 2 dianteiro. ‖ v (**fronts, fronting, fronted, fronted**) 1 fazer frente; encarar. 2 estar em frente. 3 servir de fachada a.

front·age /frʌntɪdʒ/ s fachada; frente.

fron·tal /frʌntəl/ adj frontal; dianteiro; anterior. ‖ s frontal; frontão.

front door s porta da frente; porta principal.

fron·tier /frʌntɪr/ s fronteira; limite; divisa.

fron·tis·piece /frʌntɪspiːs/ s 1 frontispício; fachada. 2 Arq frontão. 3 folha de rosto (de livro).

front·let /frʌntlɪt/ s frontal; testeira.

front line s linha de frente; linha de combate.

frost /frɒst/ s 1 geada. 2 frio intenso. 3 fig gelo. 4 frieza. ‖ v (**frosts, frosting, frosted, frosted**) gelar; congelar.

frost·work /frɒstwɜːrk/ s desenho de cristais de geada ou ornamentação que imite esse desenho.

frost·y /frɒsti/ adj 1 congelado; enregelado. 2 indiferente; frio. (gr comp **frostier**. gr super **frostiest**).

froth /frɒθ/ s 1 espuma. 2 frivolidade. ‖ v (**froths, frothing, frothed, frothed**) espumar; cobrir de espuma.

froth·y /frɒθi/ adj 1 espumoso; espumante. 2 fútil; insignificante. (gr comp **frothier**. gr super **frothiest**).

fro·ward /frouwəd/ adj desobediente; intratável; obstinado.

frown /fraʊn/ v (**frowns, frowning, frowned, frowned**) 1 franzir as sobrancelhas. 2 carranquear; fechar a cara. ‖ s franzimento das sobrancelhas; carranca; cenho.

frow·sy /fraʊzi/ → **frowzy**.

frow·zy /fraʊzi/ adj 1 fétido; sujo; rançoso. 2 desmazelado; relaxado; desalinhado. (gr comp **frowzier**. gr super **frowziest**. var **frowsy**).

froze /frouz/ v pass de **freeze**.

fro·zen /frouzən/ v part pass de **freeze**. ‖ adj gelado; congelado.

frozen food s comida congelada.

fruc·tif·er·ous /frʌktɪfərəs/ adj frutífero.

fruc·ti·fi·ca·tion /frʌktəfɪkeɪʃən/ s frutificação.

fruc·ti·fy /frʌktəfaɪ/ v (**fructifies, fructifying, fructified, fructified**) frutificar; fertilizar.

fruc·tu·ous /frʌktʃuəs/ adj frutífero; fértil.

fru·gal /fruːgəl/ adj frugal; comedido.

fru·gal·i·ty /fruːgæləti/ s frugalidade; moderação.

fru·giv·o·rous /fruːdʒɪvərəs/ adj frugívoro.

fruit /fruːt/ s fruto; fruta. (pl **fruit** ou **fruits**). ‖ v (**fruits, fruiting, fruited, fruited**) frutificar.

fruit·ful /fruːtfəl/ adj 1 frutífero; fértil. 2 proveitoso; útil.

fru·i·tion /fruːɪʃən/ s 1 fruição; gozo. 2 consecução; realização.

fruit·less /fruːtləs/ adj infrutífero; estéril; baldado; inútil.

fruit·y /fruːti/ adj 1 semelhante a fruta (na cor, gosto, etc.). 2 sugestivo; agradável; saboroso. 3 excessivamente doce ou sentimental. 4 gír louco; excêntrico. 5 gír homossexual. (gr comp **fruitier**. gr super **fruitiest**).

frump /frʌmp/ s mulher ou garota sem graça.

frump·ish /frʌmpɪʃ/ adj 1 chato; sem graça. 2 antiquado.

frus·trate /frʌstreɪt/ v (**frustrates, frustrating, frustrated, frustrated**) 1 frustrar; decepcionar. 2 inutilizar.

frus·tra·tion /frʌstreɪʃən/ s 1 frustração; decepção. 2 inutilização.

fry /fraɪ/ v (**fries, frying, fries, fries**) fritar; frigir. II s 1 fritada; fritura. 2 criançada. 3 peixinho; girino. (pl **fries**).

fry·er /fraɪə/ s 1 frigideira. 2 frango próprio para fritar. (var **frier**).

fry·ing pan /fraɪɪŋ pæn/ s frigideira.

FTP abrev Comp de **File Transfer Protocol**; protocolo de transferência de arquivo (protocolo utilizado na Internet para transferência de arquivos entre dois computadores).

fuch·sia /fjuːʃə/ s fúcsia (flor ou cor).

fud·dle /fʌdl/ v (**fuddles, fuddling, fuddled, fuddled**) 1 embebedar. 2 estontear; aturdir. II s embriaguez; bebedeira.

fudge /fʌdʒ/ s 1 espécie de doce feito de açúcar, leite e manteiga. 2 asneira; bobagem. II v (**fudges, fudging, fudged, fudged**) 1 falsificar; trapacear; agir desonestamente. 2 fugir (de um assunto). 3 hesitar; vacilar. 4 ultrapassar limites.

fu·el /fjuːəl/ s combustível. II v (**fuels, fueling, fueled, fueled**) abastecer (de combustível).

fu·ga·cious /fjuːgeɪʃəs/ adj fugaz; efêmero; transitório.

fu·gi·tive /fjuːdʒɪtɪv/ adj 1 fugitivo. 2 fugaz; fugidio. 3 inconstante; instável. 4 evanescente; volátil. II s foragido; fugitivo.

fu·gle·man /fjuːgəlmən/ s 1 chefe de fila; instrutor (nos exercícios militares). 2 líder político.

fugue /fjuːg/ s Mús fuga.

ful·crum /fʊlkrəm/ s 1 fulcro. 2 ponto de apoio de alavanca. 3 esteio; suporte. (pl **fulcrums** ou /fʊlkrə/ **fulcra**).

ful·fil /fʊlfɪl/ → **fulfill**.

ful·fill /fʊlfɪl/ v (**fulfills, fulfilling, fulfilled, fulfilled**) 1 cumprir; realizar; executar; desempenhar; efetuar. 2 satisfazer (desejo). 3 obedecer. 4 consumar; completar; preencher; terminar. (var **fulfil**).

ful·fill·ment /fʊlfɪlmənt/ s 1 cumprimento; desempenho. 2 satisfação. 3 efetuação; efetivação; preenchimento. (var **fulfilment**).

ful·fil·ment /fʊlfɪlmənt/ → **fulfillment**.

ful·gent /fʌldʒənt/ adj fulgente; brilhante; resplandecente.

ful·gu·rate /fʊlgjəreɪt/ v (**fulgurates, fulgurating, fulgurated, fulgurated**) fulgurar; luzir; relampejar.

fu·lig·i·nous /fjuːlɪdʒɪnəs/ adj fuliginoso; escuro.

full /fʊl/ adj 1 cheio; pleno; repleto. 2 lotado; completo; preenchido. 3 inteiro; completo. 4 minucioso; detalhado. 5 pleno; total; integral. II s 1 totalidade. 2 máximo; auge; apogeu. II adv inteiramente; plenamente; completamente.

full blood s raça pura.

full dress s traje a rigor.

full moon s lua cheia.

full speed s velocidade máxima.

full stop s 1 Gram ponto-final. 2 parada total.

full-time /fʊltaɪm/ adv e adj período integral.

full time s tempo ou horário integral.

ful·ly /fʊli/ adv inteiramente; plenamente; completamente.

ful·mi·nant /fʊlmɪnənt/ adj fulminante.

ful·mi·nate /fʊlmɪneɪt/ v (**fulminates, fulminating, fulminated, fulminated**) 1 fulminar; explodir. 2 invectivar; vituperar. II s fulminato; explosivo.

ful·mi·na·tion /fʊlmɪneɪʃən/ s fulminação.

ful·some /fʊlsəm/ adj ofensivo; insincero.

fume /fjuːm/ s 1 vapor. 2 exalação; emanação. II v (**fumes, fuming, fumed, fumed**) 1 defumar; incensar. 2 fig enfurecer-se.

fu·mi·gate /fjuːmɪgeɪt/ v (**fumigates, fumigating, fumigated, fumigated**) fumigar.

fu·mi·ga·tion /fjuːmɪgeɪʃən/ s fumigação.

fun /fʌn/ s divertimento; brincadeira; chiste; trote. II v (**funs, funning, funned, funned**) brincar; gracejar; divertir-se. ♦ **for fun** por brincadeira; por divertimento. **make fun of** fazer troça; ridicularizar; caçoar.

fu·nam·bu·list /fjuːnæmbjəlɪst/ s funâmbulo.

func·tion /fʌŋkʃən/ s 1 função. 2 faculdade. 3 ofício; dever. 4 entretenimento. 5 cerimônia; solenidade. II v (**functions, functioning, functioned, functioned**) funcionar; trabalhar.

func·tion·al /fʌŋkʃənəl/ *adj* funcional.

func·tion·al·ism /fʌŋkʃənəlɪzəm/ *s* funcionalismo.

func·tion·ar·y /fʌŋkʃəneri/ *s* funcionário. (*pl* functionaries).

fund /fʌnd/ *v* (funds, funding, funded, funded) **1** converter em fundos públicos. **2** capitalizar. **3** consolidar. II *s* **1** fundo; lastro. **2** estoque; valor disponível; reserva.

fun·da·ment /fʌndəmənt/ *s* fundamento; base; alicerce.

fun·da·men·tal /fʌndəmentəl/ *adj* fundamental; essencial; básico. II *s* fundamento; princípio ou regra fundamental.

fun·da·men·tal·ly /fʌndəmentəli/ *adv* fundamentalmente; essencialmente.

fu·ner·al /fjuːnərəl/ *s* funeral. II *adj* fúnebre; funerário.

funeral home *s* casa funerária; velório.

funeral service *s* missa fúnebre.

fu·ner·ar·y /fjuːnəreri/ *adj* funerário; fúnebre.

fu·ne·re·al /fjuːnɪriəl/ *adj* funéreo; fúnebre.

fun·gus /fʌngəs/ *s Bot* fungo. (*pl* fungi /fʌngaɪ, fʌngiː, fʌndʒaɪ, fʌndʒiː/ ou funguses).

fu·ni·cle /fjuːnɪkəl/ *s* funículo; cordão; filamento.

funk /fʌŋk/ *s* **1** medo. **2** pessoa covarde; medroso. **3** estado de profunda depressão. **4** tipo de música que mistura *jazz*, *blues* e *soul*. II *v* (funks, funking, funked, funked) encolher-se de medo.

fun·nel /fʌnəl/ *s* **1** funil. **2** tubo afunilado. **3** chaminé; túnel.

fun·ny /fʌni/ *adj* **1** engraçado; divertido. **2** pândego. **3** esquisito; bizarro. **4** raro; singular. (*gr comp* funnier. *gr super* funniest).
♦ **funnies** história em quadrinhos.

funny paper *s* caderno de quadrinhos em jornal.

fur /fɜːr/ *s* **1** pele de animal. **2** pêlo fino e macio de certos animais. **3** pelica. **4** casaco de pele. II *adj* de peles; feito de peles. II *v* (furs, furring, furred, furred) forrar ou guarnecer de peles.

fur·be·low /fɜːrbɪloʊ/ *v* (furbelows, furbelowing, furbelowed, furbelowed) enfeitar de babados ou folhos. II *s* pregas.

fur·bish /fɜːrbɪʃ/ *v* (furbishes, furbishing, furbished, furbished) **1** lustrar; polir. **2** renovar; restaurar.

fur·cate /fɜːrkeɪt/ *v* (furcates, furcating, furcated, furcated) bifurcar; bipartir. II *adj* bifurcado; bipartido.

fur·ca·tion /fɜːrkeɪʃən/ *s* bifurcação.

fu·ri·ous /fjuriəs/ *adj* furioso; raivoso.

furl /fɜːrl/ *v* (furls, furling, furled, furled) *Náut* ferrar as velas; colher o pano.

fur·long /fɜːrlɑːŋ/ *s* medida linear equivalente a 201,164 m.

fur·lough /fɜːrloʊ/ *v* (furloughs, furloughing, furloughed, furloughed) *Mil* licenciar. II *s* **1** licença. **2** baixa.

fur·nace /fɜːrnɪs/ *s* **1** fornalha; forno. **2** prova difícil; provação.

fur·nish /fɜːrnɪʃ/ *v* (furnishes, furnishing, furnished, furnished) **1** fornecer; prover; equipar. **2** mobiliar. **3** guarnecer.

fur·nish·ings /fɜːrnɪʃɪnz/ *s pl* mobília.

fur·ni·ture /fɜːrnɪtʃər/ *s* mobília; móveis.

fur·ri·er /fɜːriər/ *s* peleiro; vendedor de peles.

fur·row /fɜːroʊ/ *s* **1** sulco; rego de arado. **2** ruga. II *v* (furrows, furrowing, furrowed, furrowed) **1** sulcar; vincar. **2** arar.

fur·ry /fɜːri/ *adj* peludo; feito ou coberto de peles. (*gr comp* furrier. *gr super* furriest).

fur·ther /fɜːrðər/ *adj* **1** adicional; suplementar. **2** mais distante. (*gr comp* de far). II *adv* **1** mais longe; mais distante. **2** mais. **3** além disso. (*gr comp* de far) II *v* (furthers, furthering, furthered, furthered) promover; favorecer; incrementar.

fur·ther·ance /fɜːrðərəns/ *s* avanço; promoção; fomento; favorecimento; incremento.

fur·ther·more /fɜːrðərmɔːr/ *adv* ademais; demais; além disso.

fur·ther·most /fɜːrðərmoʊst/ *adj* o mais afastado ou remoto.

fur·thest /fɜːrðɪst/ *adj* e *adv* mais distante; mais remoto (no tempo ou espaço). (*gr super* de far).

fur·tive /fɜːrtɪv/ *adj* **1** furtivo; oculto; secreto. **2** dissimulado; manhoso.

fu·run·cle /fjurʌŋkəl/ *s* furúnculo.

fu·ry /fjuri/ *s* fúria; raiva; furor. (*pl* furies).

fuse /fju:z/ v (fuses, fusing, fused, fused)
1 equipar com fusível. 2 fundir, derreter.
‖ s 1 fusível. 2 espoleta. 3 detonador. 4
estopim; rastilho. (var **fuze**).

fu·se·lage /fjuːsəlɑːʒ/ s fuselagem.

fu·si·bil·i·ty /fjuːzɪbɪləti/ s fusibilidade.

fu·sil /fjuːzɪl/ s 1 fuzil. 2 espingarda ou
mosquete de pederneira.

fu·sil·eer /fjuːzɪlɪr/ → **fusilier**.

fu·sil·ier /fjuːzɪlɪr/ s fuzileiro. (var **fusileer**).

fu·sil·lade /fjuːsəlɑːd, fjuːsəleɪd, fjuːsəlɑːd/ s
fuzilaria; descarga de fuzis.

fu·sion /fjuːʒən/ s 1 fusão. 2 fundição;
derretimento. 3 liga; mistura. 4 *Mús*
mistura de *jazz* e *rock*.

fu·sion·ist /fjuːʒənɪst/ s fusionista; partidário de fusão política.

fuss /fʌs/ s estardalhaço; barulho; rebuliço; alvoroço; confusão. ‖ v (fusses,
fussing, fussed, fussed) 1 aborrecer com
ninharias; importunar. 2 fazer espalhafato; exagerar. 3 excitar-se; emocionar-se;
inquietar-se. ♦ **make a fuss about** criar
caso; queixar-se. **make a fuss of** demonstrar atenção ou afeto exagerados.

fuss·y /fʌsi/ adj 1 exagerado; meticuloso.
2 inquieto; atarantado; nervoso. 3 intricado; elaborado. (gr comp **fussier**. gr
super **fussiest**).

fus·tian /fʌstʃən/ adj 1 de fustão. 2 bombástico. 3 pomposo. ‖ s 1 fustão. 2 estilo bombástico.

fus·ti·gate /fʌstɪgeɪt/ v (fustigates, fustigating, fustigated, fustigated) fustigar;
açoitar; espancar.

fus·ti·ness /fʌstɪnəs/ s bolor; mofo.

fus·ty /fʌsti/ adj bolorento; rançoso; mofento. (gr comp **fustier**. gr super **fustiest**).

fu·tile /fjuːtəl, fjuːtaɪl/ adj 1 fútil; frívolo 2
inútil; ineficaz. 3 vão; sem objetivo.

fu·til·i·ty /fjuːtɪləti/ s 1 futilidade; frivolidade. 2 inutilidade. 3 tentativa fracassada; gesto inútil. (pl **futilities**).

fu·ture /fjuːtʃər/ s futuro.

future tense s Gram futuro; tempo futuro.

fu·tur·ism /fjuːtʃərɪzəm/ s futurismo.

fu·tur·ist /fjuːtʃərɪst/ s futurista.

fu·tur·is·tic /fjuːtʃərɪstɪk/ adj futurista; futurístico.

fu·tu·ri·ty /fjuːtʊrəti/ s 1 futuro; acontecimento futuro. (pl **futurities**).

fuze /fjuːz/ → **fuse**.

fuzz /fʌz/ s 1 cotão; flocos; felpa; penugem. 2 gír polícia.

fuzz·y /fʌzi/ adj 1 indistinto; borrado; confuso. 2 flocoso; felpudo. (gr comp **fuzzier**.
gr super **fuzziest**).

G

g ou G /dʒiː/ s 1 7ª letra do alfabeto inglês. 2 *Mús* sol. (*pl* g's ou G's). II *abrev minús* de gram.

gab /gæb/ v (gabs, gabbing, gabbed, gabbed) tagarelar. II s tagarelice; loquacidade.

gab·ble /ˈgæbəl/ v (gabbles, gabbling, gabbled, gabbled) 1 tagarelar. 2 emitir sons inarticulados. II s 1 tagarelice. 2 sons inarticulados.

gab·bler /ˈgæblə/ s tagarela; falador.

gab·by /ˈgæbi/ adj *gír* tagarela. (*gr comp* gabbier. *gr super* gabbiest).

ga·bi·on /ˈgeɪbiən/ s gabião; cilindro de ferro ou aço, cheio de pedras, usado como pilar ou fundamento.

ga·ble /ˈgeɪbəl/ s *Arq* aresta; cumeeira.

gable roof s *Arq* telhado de duas águas.

Ga·bon /gæˈbɒn/ s Gabão.

Ga·bo·nese /ˌgæbəˈniːz/ s gabonense; gabonês. (*pl* Gabonese). II *adj* gabonense; gabonês.

gad /gæd/ v (gads, gadding, gadded, gadded) vaguear; perambular. II s 1 talhadeira. 2 aguilhão.

gadg·et /ˈgædʒɪt/ s aparelho; dispositivo; invento; engenhoca.

gad·wall /ˈgædwɔːl/ s pato selvagem de plumagem cinza ou marrom, originário da América do Norte.

gaff /gæf/ s 1 gancho; arpão; fisga. 2 *gír* trapaça; fraude. 3 → gaffe. II v (gaffs, gaffing, gaffed, gaffed) 1 arpoar; fisgar. 2 *gír* trapacear; fraudar.

gaffe /gæf/ s gafe, falha de etiqueta. (*var* gaff).

gaf·fer /ˈgæfə/ s iluminador (em uma filmagem).

gag /gæg/ v (gags, gagging, gagged, gagged) 1 amordaçar. 2 enjoar; ter náuseas. 3 fazer piada. II s 1 mordaça. 2 piada; pilhéria.

gage /geɪdʒ/ s 1 penhor; cautela; garantia; fiança. 2 desafio; afronta. 3 espécie de ameixa. 4 → gauge.

gai·e·ty /ˈgeɪəti/ s 1 alegria; júbilo. 2 jovialidade; vivacidade. (*pl* gaieties. *var* gayety).

gai·ly /ˈgeɪli/ *adv* alegremente. (*var* gayly).

gain /geɪn/ v (gains, gaining, gained, gained) 1 ganhar; obter; conquistar; adquirir. 2 lucrar; levar vantagem. 3 adiantar (relógio). 4 ganhar peso. 5 progredir; melhorar. II s 1 lucro; vantagem. 2 progresso. 3 aquisição. ♦ gain time ganhar tempo.

gain·er /ˈgeɪnə/ s ganhador; beneficiário.

gain·ful /ˈgeɪnfəl/ adj lucrativo; vantajoso.

gain·say /geɪnˈseɪ/ v (gainsays, gainsaying, gainsaid, gainsaid) contradizer; negar.

gait /geɪt/ s 1 passo; modo de andar. 2 marcha; trote; andadura (cavalo). II v (gaits, gaiting, gaited, gaited) treinar; adestrar andadura (cavalo).

gai·ter /ˈgeɪtə/ s polaina.

ga·la /ˈgeɪlə, ˈgælə, ˈgɑːl/ s gala; festa; pompa. II *adj* de gala; pomposo; luxuoso.

ga·lac·tic /gəˈlæktɪk/ adj 1 galáctico. 2 enorme; imenso.

gal·a·vant /ˈgæləvænt/ → gallivant.

gal·ax·y /ˈgæləksi/ s 1 galáxia. 2 reunião de pessoas ilustres. (*pl* galaxies). ♦ Galaxy Via Láctea.

gale /geɪl/ s 1 vendaval; ventania. 2 explosão (de riso); excitação.

Ga·li·cian /gəˈlɪʃən/ adj e s 1 galiciano (Polônia). 2 galego (Espanha).

Gal·i·lae·an /ˌgæləˈliːən/ → Galilean.

Gal·i·le·an /ˌgæləˈliːən/ adj e s galileu. (*var* Galilaean).

gall /gɔːl/ s 1 fel; bílis. 2 ódio; amargura; rancor. II v (galls, galling, galled, galled) 1 esfolar; escoriar-se. 2 irritar; atormentar.

gal·lant /ˈgælənt/ s 1 homem elegante. 2 galã; galanteador. II *adj* 1 fino; elegante (diz-se de cavalo, navio, etc.). 2 vistoso; garboso. II v (gallants, gallanting, gallanted, gallanted) galantear; cortejar.

gal·lant·ry /ˈgæləntri/ s 1 coragem; bravura. 2 galanteria; galanteio. 3 cortesia; gentileza. (*pl* gallantries).

gall·blad·der /gɔːlblædɚ/ s vesícula biliar. (*tb* gall blader).

gal·ler·y /gæləri/ s 1 galeria. 2 tribuna. 3 varanda; balcão. 4 coleção; sortimento. (*pl* galleries).

gal·ley /gæli/ s *Náut* 1 galé. 2 cozinha de bordo.

Gal·lic /gælɪk/ adj 1 gálico; gaulês; francês. 2 *Quím* gálico (ácido).

Gal·li·cize /gæləsaɪz/ v (gallicizes, gallicizing, gallicized, gallicized) afrancesar.

gal·li·na·ceous /gælɪneɪʃəs/ adj galináceo.

gal·li·vant /gæləvænt/ v (gallivants, gallivanting, gallivanted, gallivanted) 1 vagabundear. 2 divertir-se. (*var* galavant).

gal·lon /gælən/ s galão (3,785 l nos EUA e 4,546 l na Inglaterra).

gal·loon /gəluːn/ s galão (fita bordada ou trança para debruar ou enfeitar).

gal·lop /gæləp/ v (gallops, galloping, galloped, galloped) galopar. ll s galope.

gal·lop·ing /gæləpɪŋ/ adj galopante.

gal·lows /gælouz/ s forca; patíbulo; cadafalso. (*pl* gallows ou gallowses).

gallows humor s humor negro.

gall·stone /gɔːlstoun/ s cálculo biliar.

gal·op /gæləp/ s galope (dança).

ga·losh /gəlɑːʃ/ s galocha.

gal·va·nize /gælvənaɪz/ v (galvanizes, galvanizing, galvanized, galvanized) galvanizar.

gal·va·nom·e·ter /gælvənɑːmətɚ/ s galvanômetro.

gam /gæm/ s 1 cardume de baleias. 2 visita (entre tripulações de baleeiros). 3 *gír* perna. ll v (gams, gamming, gammed, gammed) 1 reunir-se em cardumes (baleias). 2 visitar-se (entre marujos ou baleeiros).

Gam·bi·a /gæmbiə/ s Gâmbia.

Gam·bi·an /gæmbiən/ s e adj gambiano.

gam·bit /gæmbɪt/ s gambito (jogo de xadrez).

gam·ble /gæmbəl/ s 1 jogo de azar. 2 risco; coisa arriscada ou incerta. ll v (gambles, gambling, gambled, gambled) 1 apostar em jogos de azar. 2 arriscar.

gam·bler /gæmblɚ/ s jogador, apostador de jogo de azar.

gam·bol /gæmbəl/ v (gambols, gamboling/gambolling, gamboled/gambolled, gamboled/gambolled) 1 saltar; pular. 2 brincar; fazer travessuras. ll s 1 salto; pulo. 2 travessura.

game /geɪm/ s 1 jogo (atividade física ou mental); partida. 2 brincadeira; passatempo. 3 trama; ardil. 4 coragem. 5 zombaria. 6 intento. 7 caça (animais). 8 carne de caça. ll adj 1 de ou relativo à caça. 2 corajoso; valente. 3 defeituoso; manco. ll v (games, gaming, gamed, gamed) apostar ou perder no jogo; arriscar.

game bird s ave de caça.

game card s *Comp* placa de jogo.

game cartridge s cartucho de jogo.

game·cock /geɪmkɑːk/ s galo de briga.

game room s salão de jogos.

gam·ete /gæmiːt, gəmiːt/ s *Biol* gameta.

gam·in /gæmɪn/ s menino de rua.

gam·ing /geɪmɪŋ/ s prática do jogo de azar; jogatina.

gam·ma /gæmə/ s 1 gama (terceira letra do alfabeto grego). 2 terceiro de uma série.

gamma ray s raio gama.

gam·mon /gæmən/ v (gammons, gammoning, gammoned, gammoned) 1 dar gamão em. 2 enganar; lograr; falar com lábia. ll s 1 vitória (no jogo de gamão). 2 presunto defumado. 3 parte inferior do toucinho defumado.

gam·ut /gæmət/ s *Mús* gama; escala.

gan·der /gændɚ/ s 1 ganso macho. 2 *inform* olhadela; espiada. 3 *inform* simplório; palerma.

gang /gæŋ/ s bando; tropa; quadrilha; turma. ll v (gangs, ganging, ganged, ganged) agrupar-se; reunir-se (em bando, turma, etc.).

gan·gli·on /gæŋgliən/ s *Anat* gânglio. (*pl* ganglia /gæŋgliə/ ou ganglions).

gan·grene /gæŋgriːn, gæŋgriːn/ v (gangrenes, gangrening, gangrened, gangrened) gangrenar. ll s gangrena.

gang·ster /gæŋstɚ/ s bandido; criminoso; salteador.

gang·way /gæŋweɪ/ s 1 passagem; corredor. 2 *Náut* prancha de desembarque; passadiço.

gan·try /ˈgæntri/ s 1 armação para sustentação de barris. 2 *Astron* pórtico. 3 ponte de sinalização (estrada de ferro). 4 guindaste móvel usado para colocar a ogiva em um foguete. (*pl* **gantries**).

gap /gæp/ v (**gaps, gapping, gapped, gapped**) abrir uma brecha em; fender. || s 1 brecha; fenda; buraco; abertura. 2 espaço em branco; lacuna. 3 passagem entre montanhas. 4 interrupção.

gape /geɪp/ v (**gapes, gaping, gaped, gaped**) 1 bocejar. 2 ficar boquiaberto; embasbacar-se. || s 1 bocejo. 2 abertura; fenda; brecha. 3 olhar embasbacado.

ga·rage /gəˈrɑːʒ, gəˈrɑːdʒ/ s 1 garagem. 2 oficina de automóveis. || v (**garages, garaging, garaged, garaged**) guardar na garagem.

garage sale s venda de roupas e objetos usados na própria casa do vendedor.

garb /gɑːrb/ s 1 trajes; vestimentas; roupagens. 2 *fig* aparência; aspecto externo. || v (**garbs, garbing, garbed, garbed**) vestir-se com roupa ou uniforme característicos.

gar·bage /ˈgɑːrbɪdʒ/ s lixo; sobras; refugo.

garbage can s lata de lixo; lixeira.

gar·ban·zo /gɑːrˈbɑːnzoʊ/ s grão-de-bico. (*pl* **garbanzos**).

gar·ble /ˈgɑːrbəl/ v (**garbles, garbling, garbled, garbled**) deturpar; alterar; adulterar (livros, fatos, etc.). || s deturpação.

gar·den /ˈgɑːrdən/ s jardim; horto; pomar; quintal. || v (**gardens, gardening, gardened, gardened**) cultivar jardins; ajardinar.

garden bed s canteiro.

gar·den·er /ˈgɑːrdnər/ s jardineiro.

gar·de·nia /gɑːrˈdiːnjə/ s *Bot* gardênia.

gar·gle /ˈgɑːrgəl/ v (**gargles, gargling, gargled, gargled**) gargarejar. || s gargarejo.

gar·goyle /ˈgɑːrgɔɪl/ s gárgula; carranca de fonte.

gar·ish /ˈgerɪʃ/ adj 1 brilhante; vistoso; berrante. 2 extravagante; espalhafatoso; vulgar.

gar·land /ˈgɑːrlənd/ s grinalda; guirlanda; coroa de flores. || v (**garlands, garlanding, garlanded, garlanded**) engrinaldar.

gar·lic /ˈgɑːrlɪk/ s alho.

gar·ment /ˈgɑːrmənt/ s peça de roupa.

gar·ner /ˈgɑːrnər/ s celeiro; paiol. || v (**garners, garnering, garnered, garnered**) 1 amontoar; armazenar; pôr no celeiro. 2 ganhar; adquirir; acumular.

gar·net /ˈgɑːrnɪt/ s 1 granada (pedra preciosa). 2 cor de granada; grená.

gar·nish /ˈgɑːrnɪʃ/ s adorno; enfeite; ornamento. || v (**garnishes, garnishing, garnished, garnished**) 1 guarnecer; decorar; ornar. 2 *Jur* notificar; intimar.

gar·nish·ment /ˈgɑːrnɪʃmənt/ s 1 enfeite; adorno; ornamento; guarnição. 2 *Jur* intimação; notificação.

gar·ret /ˈgerət/ s sótão; mansarda.

gar·ri·son /ˈgerəsən/ s 1 grupo de soldados; guarnição. 2 fortificação. || v (**garrisons, garrisoning, garrisoned, garrisoned**) *Mil* guarnecer; fortificar.

gar·rote /gəˈrɑːt, gəˈroʊt/ s garrote. || v (**garrotes, garroting, garroted, garroted**) garrotear; estrangular. (*var* **garrotte**).

gar·rotte /gəˈrɑːt, gəˈroʊt/ → **garrote**.

gar·ru·lous /ˈgerələs/ adj gárrulo; tagarela; loquaz.

gar·ter /ˈgɑːrtər/ s 1 liga (peça elástica que prende a meia). 2 jarreteira; insígnia da Ordem da Jarreteira.

gas /gæs/ s 1 gás. 2 gasolina. 3 *gír* conversa fiada. 4 *gír* pessoa ou coisa muito interessante. (*pl* **gases** ou **gasses**) || v (**gases/gasses, gassing, gassed, gassed**) 1 tratar quimicamente com gás. 2 envenenar com gás. 3 *gír* falar demais.

gas·bag /ˈgæsbæg/ s 1 balão de gás. 2 *gír* falador; tagarela.

gas burner s bico de gás.

gas chamber s câmara de gás.

gas·e·ous /ˈgæsiəs, ˈgæʃəs/ adj gasoso.

gash /gæʃ/ s corte profundo. || v (**gashes, gashing, gashed, gashed**) cortar; ferir (com instrumento de corte).

gas·ket /ˈgæskɪt/ s arruela de vedação.

gas·light /ˈgæslaɪt/ s luz; bico de gás.

gas main s gasoduto.

gas mask s máscara contra gás.

gas·o·line /ˈgæsəliːn, ˌgæsəˈliːn/ s gasolina.

gasoline pump s bomba de gasolina.

gas·om·e·ter /gæˈsɑːmətər/ s gasômetro.

jasp /gæsp/ *s* arfada; palpitação; respiração ofegante. || *v* (**gasps, gasping, gasped, gasped**) arfar; ofegar; palpitar; falar com esforço.

jas station *s* posto de gasolina.

jas·sy /gæsi/ *adj* gasoso; impregnado de gás. (*gr comp* **gassier**. *gr super* **gassiest**).

jas·tric /gæstrik/ *adj* gástrico.

jastric juice *s* suco gástrico.

jas·tri·tis /gæstraitəs/ *s Med* gastrite.

jas·tro·nome /gæstrənoum/ *s* gastrônomo. (*var* **gastronomer** e **gastronomist**).

jas·tro·o·mer /gæstrɑːnəmə/ → **gastronome**.

jas·tro·nom·ic /gæstrənɑːmɪk/ *adj* gastronômico. (*var* **gastronomical**).

jas·tro·nom·i·cal /gæstrənɑːmɪkəl/ → **gastronomic**.

jas·tro·o·mist /gæstrɑːnəmɪst/ → **gastronome**.

jas·tro·no·my /gæstrɑːnəmi/ *s* gastronomia. (*pl* **gastronomies**).

jate /geɪt/ *s* **1** portão; porteira; portal. **2** entrada principal. **3** cancela; comporta. **4** desfiladeiro.

jate·crash·er /geɪtkræʃə/ *s gír* penetra; bicão.

jate·keep·er /geɪtkiːpə/ *s* porteiro.

jate·way /geɪtweɪ/ *s tb Comp* entrada; pórtico; passagem; porta.

jath·er /gæðə/ *v* (**gathers, gathering, gathered, gathered**) **1** apanhar; colher (frutas, flores, etc.). **2** reunir; juntar; congregar. **3** concluir; inferir. **4** supurar. **5** preguear tecido. || *s* **1** reunião; assembléia. **2** franzido; prega; dobra.

jath·er·er /gæðərə/ *s* **1** coletor; apanhador. **2** franzidor (peça de máquina de costura).

jath·er·ing /gæðərɪŋ/ *s* **1** ajuntamento; reunião; concentração. **2** coleta; colheita. **3** franzido; prega.

jauche /gouʃ/ *adj* **1** desajeitado. **2** tímido; acanhado. **3** grosseiro.

jau·che·rie /gouʃəriː/ *s* grosseria; falta de tato; falta de jeito.

jaud·y /gɑːdi/ *adj* espalhafatoso; de mau gosto. (*gr comp* **gaudier**. *gr super* **gaudiest**).

gauge /geɪdʒ/ *s* **1** medidor; calibrador; indicador; aferidor. **2** padrão; calibre; diâmetro; bitola; medida. || *v* (**gauges, gauging, gauged, gauged**) medir; aferir; calibrar. (*var* **gage**).

gaunt /gɑːnt/ *adj* **1** magro; descarnado; angular. **2** desolado; fúnebre.

gaunt·let /gɑːntlət/ *s* **1** luva usada para dirigir, esgrimir, manejar ferramentas pesadas, etc. **2** luva feminina. **3** manopla de armadura.

gauze /gɑːz/ *s* **1** gaze. **2** névoa fina.

gauz·y /gɑːzi/ *adj* diáfano; transparente. (*gr comp* **gauzier**. *gr super* **gauziest**).

gave /geɪv/ *v pass* de **give**.

gav·el /gævəl/ *s* **1** martelo de leiloeiro e de juiz. **2** pequeno malho de madeira usado pelos pedreiros.

gawk /gɑːk/ *s* palerma; parvo; paspalhão. || *v* (**gawks, gawking, gawked, gawked**) olhar para algo ou alguém de maneira apalermada.

gawk·y /gɑːki/ *adj* parvo; tolo; paspalhão. (*gr comp* **gawkier**. *gr super* **gawkiest**).

gay /geɪ/ *adj* **1** alegre; divertido; festivo. **2** brilhante; vivo; jovial. **3** homossexual. || *s* homossexual.

gay·e·ty /geɪəti/ → **gaiety**.

gay·ly /geɪli/ → **gaily**.

gaze /geɪz/ *s* olhar fixo; contemplação. || *v* (**gazes, gazing, gazed, gazed**) olhar fixamente; fitar; contemplar.

ga·zelle /gəzel/ *s* gazela.

ga·zette /gəzet/ *s* gazeta; jornal.

gaz·et·teer /gæzətɪr/ *s* dicionário geográfico.

G.B. /dʒiːbiː/ *abrev* de **Great Britain**; Grã-Bretanha.

gear /gɪr/ *s* **1** marcha; engrenagem; roda dentada. **2** equipamento. **3** ferramentas; utensílios domésticos. **4** roupa; vestuário; acessórios. **5** parafernália. || *v* (**gears, gearing, geared, geared**) **1** engrenar; engatar. **2** aparelhar; engatar.

gear·ing /gɪrɪŋ/ *s* engrenagem; transmissão de movimento.

gear·shift /gɪrʃɪft/ *s* alavanca do câmbio de marchas (veículos).

gear·wheel /gɪrhwiːl/ *s* roda dentada. (*tb* **gear wheel**).

gee /dʒiː/ *interj* **1** puxa; puxa vida. **2** comando usado para cavalo ou boi virar para a direita.

gel /dʒel/ *s* gel. ‖ *v* (gels, gelling, gelled, gelled) formar gel; tornar-se gel.

gel·a·tin /dʒelətɪn/ *s* gelatina. (*var* gelatine).

gel·a·tine /dʒeləti:n, dʒeləti:n/ → gelatin.

ge·lat·i·nous /dʒəlætənəs/ *adj* gelatinoso.

geld /geld/ *v* (gelds, gelding, gelded/gelt, gelded/gelt) **1** castrar (cavalo, etc.). **2** tirar o vigor; enfraquecer.

geld·ing /geldɪŋ/ *s* animal castrado.

gel·id /dʒelɪd/ *adj* gélido; gelado.

gelt /gelt/ *v pass* e *part pass* de **geld**.

gem /dʒem/ *s* **1** *Min* gema. **2** jóia; pedra preciosa; pérola. **3** espécie de bolinho de doce.

gem·i·nate /dʒemɪneɪt/ *v* (geminates, geminating, geminated, geminated) geminar; duplicar. ‖ *adj* /dʒemɪnət/ geminado.

Gem·i·ni /dʒemənaɪ, dʒemənɪ/ *s pl us v sing* **1** *Astron* Gêmeos (constelação). **2** *Astrol* Gêmeos (o terceiro signo do Zodíaco).

gen·der /dʒendə/ *s* **1** *Gram* gênero. **2** sexo.

gene /dʒiːn/ *s* *Biol* gene.

ge·ne·a·log·i·cal /dʒiːnɪələːdʒɪkəl/ *adj* genealógico.

ge·ne·al·o·gy /dʒiːnɪælədʒi/ *s* genealogia. (*pl* genealogies).

gen·er·al /dʒenərəl/ *adj* geral; genérico; comum; usual; público. ‖ *s Mil* general.
  ♦ **in general** em geral.

general anesthetic *s* anestesia geral.

general delivery *s* posta-restante.

gen·er·al·i·ty /dʒenərælətɪ/ *s* generalidade. (*pl* generalities).

gen·er·al·i·za·tion /dʒenərəlɪzeɪʃən/ *s* generalização.

gen·er·al·ize /dʒenərəlaɪz/ *v* (generalizes, generalizing, generalized, generalized) generalizar.

gen·er·al·ly /dʒenərəli/ *adv* geralmente.

general practitioner *s* clínico geral. (*abrev* GP ou G.P.).

general staff *s* estado-maior.

general strike *s* greve geral.

gen·er·ate /dʒenəreɪt/ *v* (generates, generating, generated, generated) **1** gerar; produzir; originar; criar. **2** causar; provocar.

gen·er·a·tion /dʒenəreɪʃən/ *s* geração; procriação; reprodução.

generation gap *s* conflito de gerações.

gen·er·a·tor /dʒenəreɪtə/ *s* gerador; dínamo.

ge·ner·ic /dʒənerɪk/ *adj* genérico.

gen·er·os·i·ty /dʒenərɑːsəti/ *s* generosidade. (*pl* generosities).

gen·er·ous /dʒenərəs/ *adj* **1** generoso. **2** abundante; rico.

gen·e·sis /dʒenəsɪs/ *s* gênese; geração; origem; início; criação. (*pl* geneses).

ge·net·ic /dʒenetɪk/ *adj* genético. (*var* genetical).

ge·net·i·cal /dʒenetɪkəl/ → **genetic**.

genetic code *s* código genético.

genetic engineering *s* engenharia genética.

ge·net·i·cist /dʒenetɪsɪst/ *s* geneticista.

ge·net·ics /dʒenetɪks/ *s us v sing* genética.

gen·ial /dʒiːnɪəl/ *adj* **1** cordial; amável; benévolo. **2** gracioso.

ge·nie /dʒiːni/ *s* *Mit* gênio (criatura que realiza desejos).

gen·i·tal /dʒenətəl/ *adj* genital. ‖ *s* genitália; partes genitais.

gen·i·tive /dʒenətɪv/ *s* *Gram* genitivo.

gen·ius /dʒiːnɪəs/ *s* **1** gênio; talento raro (*pl* geniuses). **2** *Mit* divindade; espírito protetor. (*pl* genii /dʒiːniaɪ/).

gen·o·cide /dʒenəsaɪd/ *s* genocídio.

gen·re /ʒɑːnrə/ *s* gênero; espécie; estilo.

gen·teel /dʒentiːl/ *adj* polido; distinto; bem educado; fino.

gen·tian /dʒenʃən/ *s* *Bot* genciana.

gen·tile /dʒentaɪl/ *s* **1** gentio; pagão. **2** *maiús* aquele que não é judeu. **3** *maiús* cristão. ‖ *adj* **1** *Gram* gentílico. **2** que não é judeu. **3** pagão; gentílico.

gen·til·i·ty /dʒentɪlətɪ/ *s* **1** nobreza. **2** distinção; refinamento.

gen·tle /dʒentl/ *adj* **1** gentil; dócil. **2** meigo; suave; brando. **3** pacífico; tranqüilo. **4** nobre; bem-nascido. ‖ *v* (gentles, gentling, gentled, gentled) **1** suavizar; abrandar. **2** amansar; domesticar animal.

gen·tle·folk /dʒentlfoʊk/ *s pl* nobreza; alta sociedade. (*tb* gentlefolks).

gen·tle·man /dʒentlmən/ *s* cavalheiro.

entleman's agreement s acordo entre ca-
valheiros; pacto de honra; acordo verbal.

en·tle·ness /dʒɛntlnəs/ s docilidade; brandura; suavidade; delicadeza.

en·try /dʒɛntri/ s pequena nobreza; família distinta; alta burguesia. (pl gentries).

en·u·flect /dʒɛnjuflekt/ v (genuflects,
genuflecting, genuflected, genuflected)
genuflectir; ajoelhar.

en·u·ine /dʒɛnjuin/ adj 1 genuíno; autêntico; legítimo; verdadeiro. 2 sincero; honesto.

e·o·cen·tric /dʒi:ousɛntrɪk/ adj geocêntrico.

e·og·ra·pher /dʒiɑ:grəfə/ s geógrafo.

e·o·graph·ic /dʒi:əgræfɪk/ adj geográfico.
(var geographical).

e·o·graph·i·cal /dʒi:əgræfɪkəl/ → geographic.

e·og·ra·phy /dʒiɑ:grəfi/ s geografia. (pl
geographies).

e·o·log·ic /dʒiɑlə:dʒɪk/ → geological.

e·o·log·i·cal /dʒiɑlə:dʒɪkəl/ adj geológico.
(var geologic).

e·ol·o·gist /dʒiɑ:lədʒɪst/ s geólogo.

e·ol·o·gy /dʒiɑ:lədʒi/ s geologia. (pl geolo-
gies).

e·o·met·ric /dʒiɑ:mɛtrɪk/ adj geométrico.
(var geometrical).

e·o·met·ri·cal /dʒiɑ:mɛtrɪkəl/ → geometric.

e·om·e·try /dʒiɑ:mətri/ s geometria. (pl
geometries).

e·o·phys·ics /dʒi:oufɪzɪks/ s us v sing
geofísica.

e·o·pol·i·tics /dʒi:oupɑ:lətɪks/ s us v sing
geopolítica.

Geor·gia /dʒɔ:rdʒə/ s Geórgia.

Geor·gian /dʒɔ:rdʒən/ s e adj georgiano.

e·ra·ni·um /dʒərɛɪniəm/ s Bot gerânio.

er·i·at·ric /dʒəriætrɪk/ adj geriátrico.

er·i·at·rics /dʒəriætrɪks/ s us v sing geriatria.

erm /dʒɜ:rm/ s 1 germe; micróbio. 2 embrião; semente. 3 origem.

Ger·man /dʒɜ:rmən/ s e adj alemão.

Ger·man·ic /dʒəmænɪk/ adj germânico.

Ger·ma·ny /dʒɜ:rməni/ s Alemanha.

er·mi·cide /dʒɜ:rməsaɪd/ s germicida.

ger·mi·nal /dʒɜ:rmənəl/ adj germinal; embrionário; incipiente.

ger·mi·nate /dʒɜ:rməneɪt/ v (germinates,
germinating, germinated, germinated) 1
germinar; brotar. 2 fazer brotar; fazer
desenvolver.

ger·mi·na·tion /dʒɜ:rməneɪʃən/ s germinação; desenvolvimento inicial.

germ warfare s guerra bacteriológica.

ger·und /dʒɛrənd/ s Gram gerúndio.

ges·tate /dʒɛsteɪt/ v (gestates, gestating,
gestated, gestated) gerar; conceber.

ges·ta·tion /dʒɛsteɪʃən/ s gestação; gravidez.

ges·tic·u·late /dʒɛstɪkjəleɪt/ v (gesticulates,
gesticulating, gesticulated, gesticulated)
gesticular.

ges·tic·u·la·tion /dʒɛstɪkjəleɪʃən/ s gesticulação.

ges·ture /dʒɛstʃə/ s gesto; aceno; sinal.
|| v (gestures, gesturing, gestured, ges-
tured) gesticular.

get /gɛt/ v (gets, getting, got, gotten/
got) 1 conseguir; obter; ganhar. 2 adquirir; comprar. 3 pegar. 4 apanhar; contrair (doença). 5 habituar-se. 6 compreender; entender. 7 chegar. 8 mover-se.
9 persuadir. 10 receber. 11 preparar;
mandar preparar. 12 produzir. 13 trazer. 14 vencer. 15 recolher. 16 amontoar. 17 irritar. 18 bater. 19 memorizar. 20 ser capaz de. ♦ get along progredir; avançar. get along with dar-se
bem com. get back regressar; voltar.
get down 1 descer. 2 chatear; aborrecer. 3 cansar. get in 1 entrar; chegar.
2 envolver-se. get into 1 entrar em.
2 envolver-se; interessar-se. get off
1 partir; ir embora. 2 começar. 3 ter
prazer. get on 1 progredir; prosperar.
2 subir; entrar. 3 vestir; pôr. get out
sair; ir embora; escapar. get over recuperar-se; superar. get together montar;
juntar; acumular. get up levantar da
cama; subir.

get·a·way /gɛtəweɪ/ s 1 escapada; fuga.
2 largada (de corrida).

get-to·geth·er /gɛttəgɛðə/ s reunião informal.

get·up /ˈgetʌp/ s 1 composição; estilo; apresentação (de livro, revista, etc.). 2 *inform* adorno; traje.

gew·gaw /ˈguːgɑː/ s quinquilharia; bugiganga.

gey·ser /ˈgaɪzə/ s gêiser.

Gha·na /ˈgɑːnə/ s Gana.

Gha·na·ian /gɑːˈniːən, gɑːˈneɪən/ s e adj ganense; ganês. (*var* Ghanian).

Gha·ni·an /ˈgɑːniːən/ → Ghanaian.

ghast·ly /ˈgɑːstli/ adj 1 pálido; lívido; cadavérico. 2 horrível; horripilante; medonho. (*gr comp* ghastlier. *gr super* ghastliest).

ghet·to /ˈgetoʊ/ s gueto; bairro de minorias.

ghost /goʊst/ s 1 fantasma; espectro; alma penada; aparição. 2 espírito; alma. 3 sombra; vislumbre. 4 imagem secundária; fantasma (televisão).

ghost·ly /ˈgoʊstli/ adj fantasmagórico, espectral. (*gr comp* ghostlier. *gr super* ghostliest).

ghost story s conto, história de fantasmas.

ghost·writ·er /ˈgoʊstraɪtə/ s escritor cujas obras são assinadas por outro.

ghoul /guːl/ s 1 pessoa de tendências necrófilas. 2 espírito mau que viola as covas e se alimenta dos cadáveres.

gi·ant /ˈdʒaɪənt/ adj gigantesco; colossal. II s gigante.

gib·ber /ˈdʒɪbə/ v (gibbers, gibbering, gibbered, gibbered) falar coisas sem sentido; tagarelar de modo incoerente. II s palavreado; algaravia.

gib·ber·ish /ˈdʒɪbərɪʃ/ s 1 linguagem ininteligível, inarticulada. 2 linguagem altamente técnica; jargão.

gib·bet /ˈdʒɪbɪt/ s forca; patíbulo. II v (gibbets, gibbeting/gibbetting, gibbeted/ gibbetted, gibbeted/gibbetted) 1 enforcar. 2 expor à execração pública.

gib·bon /ˈgɪbən/ s *Zool* gibão.

gibe /dʒaɪb/ s escárnio; zombaria; deboche. II v (gibes, gibing, gibed, gibed) escarnecer; zombar; debochar. (*var* jibe).

gid·di·ness /ˈgɪdɪnəs/ s 1 vertigem. 2 frivolidade; inconstância.

gid·dy /ˈgɪdi/ adj 1 tonto; vertiginoso. 2 frívolo; inconstante. (*gr comp* giddier. *gr super* giddiest).

GIF *abrev Comp* de **Graphics Interchange Format**; formato de intercâmbio de arquivo gráfico.

gift /gɪft/ s 1 presente; dádiva; oferenda 2 dom; inclinação; talento. II v (gifts, gifting, gifted, gifted) presentear; doar.

gift·ed /ˈgɪftɪd/ adj dotado; prendado talentoso.

gig /gɪg/ s 1 cabriolé; carruagem de duas rodas. 2 apresentação de grupo musical. 3 escaler (tipo de embarcação). 4 fisga; arpão. II v (gigs, gigging, gigged gigged) 1 viajar em cabriolé. 2 trabalhar como músico. 3 fisgar; arpoar.

gig·a·byte /ˈgɪgəbaɪt/ s *Comp* unidade igual a um bilhão de *bytes*.

gi·gan·tic /dʒaɪˈgæntɪk/ adj gigantesco; colossal.

gig·gle /ˈgɪgəl/ v (giggles, giggling, giggled giggled) 1 dar risadinha. 2 ter um ataque de riso. II s riso afetado e tolo risadinha.

gig·gler /ˈgɪglə/ s pessoa que ri sem motivo.

gig·o·lo /ˈdʒɪgəloʊ/ s gigolô.

gig·ot /ˈziːgoʊ/ s pernil ou perna (de carneiro, porco, etc.).

gild /gɪld/ v (gilds, gilding, gilded/gilt gilded/gilt) 1 dourar; folhear a ouro. 2 tornar vistoso. 3 → guild.

gild·ing /ˈgɪldɪŋ/ s 1 douração; ato de folhear a ouro. 2 folha ou tinta dourada.

gill /gɪl/ s 1 *Zool* guelra ou brânquia de peixe. 2 medida para líquidos equivalente a 0,118 l nos EUA e 0,142 l na Inglaterra.

gilt /gɪlt/ adj dourado. II s camada ou folha de ouro que reveste um objeto; douradura. II v *pass* e *part pass* de gild.

gim·crack /ˈdʒɪmkræk/ adj barato e deselegante. II s coisa vistosa sem valor quinquilharia.

gim·let /ˈgɪmlət/ s broca; pua; verruma.

gim·mick /ˈgɪmɪk/ s 1 macete ou truque publicitário para atrair a atenção. 2 engenhoca. II v (gimmicks, gimmicking gimmicked, gimmicked) usar de macete ou truque publicitário para atrair a atenção.

gin /dʒɪn/ s 1 gim (bebida). 2 laço; armadilha de caça. 3 máquina de descaroçar algodão. ll v (**gins, ginning, ginned, ginned**) 1 apanhar em laço ou armadilha. 2 descaroçar algodão.

gin·ger /dʒɪndʒɚ/ s gengibre.

ginger ale s refrigerante aromatizado com gengibre.

ginger beer s bebida não-alcoólica aromatizada com gengibre fermentado.

gin·ger·bread /dʒɪndʒɚbred/ s 1 pão de especiarias; pão de gengibre. 2 ornamento vistoso e barato; enfeite de mau gosto.

gin·ger·ly /dʒɪndʒɚli/ adv cautelosamente. ll adj cauteloso; prudente. (gr comp **gingerlier**. gr super **gingerliest**).

gin·ger·y /dʒɪndʒɚri/ adj com sabor de gengibre; semelhante ao gengibre; de sabor picante.

ging·ham /gɪŋəm/ s tecido de algodão com padrão xadrez ou listado.

gip /dʒɪp/ → **gyp**.

Gip·sy /dʒɪpsi/ → **Gypsy**.

gi·raffe /dʒəræf/ s girafa. (pl **giraffe** ou **giraffes**).

gir·an·dole /dʒɪrəndoʊl/ s girândola; candelabro; lustre.

gird /gɜːrd/ v (**girds, girding, girded/girt, girded/girt**) 1 circundar; amarrar; enlaçar. 2 preparar-se para a ação. 3 zombar; escarnecer.

gird·er /gɜːrdɚ/ s viga mestra. (var **groundsel**).

gir·dle /gɜːrdl/ v (**girdles, girdling, girdled, girdled**) 1 cercar; circundar. 2 pôr cinta em. ll s 1 cinto. 2 cinta elástica ou ortopédica. 3 faixa; cinturão.

girl /gɜːrl/ s 1 garota; menina; moça. 2 namorada.

girl·friend /gɜːrlfrend/ s 1 namorada. 2 /gɜːrlfrend/ amiga. (tb **girl friend**).

girl·hood /gɜːrlhʊd/ s meninice; adolescência feminina.

girl·ish /gɜːrlɪʃ/ adj juvenil; próprio de menina ou moça.

Girl Scout s escoteira; bandeirante.

girth /gɜːrθ/ s 1 circunferência; perímetro. 2 medida da cintura. 3 cilha. ll v (**girths, girthing, girthed, girthed**) circundar; cingir.

gist /dʒɪst/ s idéia central; sentido principal; essência.

give /gɪv/ v (**gives, giving, gave, given**) 1 dar; doar; ceder; presentear; oferecer. 2 pagar; dar em troca. 3 vender. 4 administrar (remédio a doente). 5 impingir. 6 sacrificar. ♦ **give and take** concessão mútua; intercâmbio. **give away** 1 fazer doação. 2 revelar. **give back** retornar; devolver. **give in** submeter; render-se. **give off** emitir. **give out** declarar; publicar. **give over** parar; cessar. **give up** abandonar; interromper; desistir.

giv·en /gɪvən/ v part pass de **give**. ll adj 1 especificado; determinado; dado. 2 inclinado a.

given name s prenome; nome de batismo.

giv·er /gɪvɚ/ s doador; contribuinte.

gla·brous /gleɪbrəs/ adj calvo; liso.

gla·cial /gleɪʃəl/ adj glacial; glaciário.

gla·ci·a·tion /gleɪʃieɪʃən/ s glaciação.

gla·cier /gleɪʃɚ/ s glaciar; geleira.

glad /glæd/ adj satisfeito; contente; alegre.

glad·den /glædən/ v (**gladdens, gladdening, gladdened, gladdened**) alegrar.

glade /gleɪd/ s clareira.

glad·i·a·tor /glædieɪtɚ/ s gladiador.

glad·ly /glædli/ adv com muito prazer; com alegria.

glad·ness /glædnəs/ s alegria; satisfação; júbilo.

glad·some /glædsəm/ adj alegre; contente; jovial.

Glad·stone /glædstoʊn/ s 1 carruagem de luxo. 2 mala pequena para viagem.

glair /gler/ s 1 clara de ovo; albumina. 2 substância viscosa.

glam·or /glæmɚ/ → **glamour**.

glam·our /glæmɚ/ s glamour; encanto; charme; fascinação. (var **glamor**).

glam·or·ous /glæmərəs/ adj encantador; fascinante; glamouroso. (var **glamourous**).

glam·our·ous /glæmərəs/ → **glamorous**.

glance /glæns/ s 1 clarão; fulgor. 2 olhar de relance; olhadela. ll v (**glances, glancing, glanced, glanced**) 1 olhar rapidamente; passar os olhos. 2 cintilar; brilhar. ♦ **at a glance** num relance. **at first glance** à primeira vista. **glance off** desviar-se.

G

gland /glænd/ s glândula.

glan·du·lar /glǽndʒələ/ adj glandular.

glare /gler/ s 1 olhar penetrante. 2 brilho intenso; clarão. ‖ v (glares, glaring, glared, glared) 1 olhar de modo penetrante. 2 fitar; encarar. 3 brilhar; cintilar.

glar·ing /glérɪŋ/ adj 1 brilhante; deslumbrante. 2 óbvio; evidente. 3 penetrante; fixo (olhar).

glass /glæs/ s 1 vidro. 2 qualquer objeto feito de vidro. 3 copo; taça. 4 vidraça. 5 espelho. 6 telescópio. (pl glasses). ‖ v (glasses, glassing, glassed, glassed) 1 envidraçar. 2 cobrir ou proteger com vidro. 3 refletir (num espelho). ♦ glasses óculos.

glass·ful /glǽsfʊl/ s o conteúdo de um copo.

glass eye s olho de vidro.

glass·house /glǽshaʊs/ s fábrica de vidro; vidraria. (var glassworks).

glass·mak·er /glǽsmeɪkə/ s aquele que fabrica o vidro.

glass·ware /glǽswer/ s vidros; vidraria; artigos de vidro ou de cristal.

glass wool s lã de vidro.

glass·works /glǽswɜːrks/ s us v sing → glasshouse.

glass·y /glǽsi/ adj 1 vítreo; transparente; cristalino. 2 inexpressivo; sem vida. (gr comp glassier. gr super glassiest).

glau·co·ma /glɑːkoʊmə/ s glaucoma.

glaze /gleɪz/ s 1 superfície lisa e brilhante. 2 verniz; esmalte; cobertura vitrificada (em cerâmica ou louça). 3 camada fina de gelo. 4 cobertura em doces. ‖ v (glazes, glazing, glazed, glazed) 1 suprir ou guarnecer de vidros; envidraçar. 2 lustrar. 3 esmaltar; envernizar.

gla·zier /gleɪʒə/ s vidraceiro.

glaz·ing /gleɪzɪŋ/ s 1 envidraçamento. 2 ofício de vidraceiro. 3 vitrificação. 4 lustre; envernizamento.

gleam /gliːm/ s raio de luz; lampejo; luz fraca. ‖ v (gleams, gleaming, gleamed, gleamed) luzir; radiar; cintilar; bruxulear.

glean /gliːn/ v (gleans, gleaning, gleaned, gleaned) 1 respigar; catar. 2 juntar; recolher. 3 colecionar; compilar.

glee /gliː/ s 1 regozijo; alegria; júbilo. 2 Mús cânon.

glee·ful /gliːfəl/ adj alegre; jubiloso.

glee·man /gliːmən/ s trovador; menestrel.

glen /glen/ s vale estreito; ravina.

glib /glɪb/ adj 1 fluente; desembaraçado; fácil. 2 precipitado; impensado. (gr comp glibber. gr super glibbest).

glide /glaɪd/ v (glides, gliding, glided, glided) 1 deslizar; escorregar. 2 resvalar; mover-se vagarosamente. 3 passar imperceptivelmente. 4 planar. ‖ s escorregadela; deslize; deslizamento.

glid·er /glaɪdə/ s Aer planador.

glim /glɪm/ s luz de vela.

glim·mer /glɪmə/ v (glimmers, glimmering, glimmered, glimmered) tremeluzir; bruxulear. ‖ s 1 luz fraca e trêmula; bruxuleio. 2 relance; lampejo.

glimpse /glɪmps/ v (glimpses, glimpsing, glimpsed, glimpsed) vislumbrar; olhar de relance. ‖ s vislumbre; olhadela.

glint /glɪnt/ v (glints, glinting, glinted, glinted) faiscar; reluzir; cintilar. ‖ s brilho; clarão; lampejo.

glis·ten /glɪsən/ v (glistens, glistening, glistened, glistened) brilhar; cintilar; reluzir. ‖ s brilho; cintilação.

glit·ter /glɪtə/ s 1 brilho; fulgor; cintilação. 2 purpurina; glitter. ‖ v (glitters, glittering, glittered, glittered) brilhar; reluzir.

gloam·ing /gloʊmɪŋ/ s crepúsculo; entardecer.

gloat /gloʊt/ v (gloats, gloating, gloated, gloated) regozijar-se (com o mal alheio); regalar-se.

glob·al /gloʊbəl/ adj global; mundial.

glob·al·i·za·tion /gloʊbəlɪzeɪʃən/ s globalização.

glob·al·ize /gloʊbəlaɪz/ v (globalizes, globalizing, globalized, globalized) globalizar.

global village s aldeia global.

globe /gloʊb/ s globo; esfera. ‖ v (globes, globing, globed, globed) arredondar.

glob·u·lar /glɑːbjələ/ adj 1 globular; esférico. 2 global; mundial.

glob·ule /glɑːbjuːl/ s glóbulo.

gloom /gluːm/ s 1 penumbra; escuridão. 2 abatimento; melancolia. ‖ v (glooms, glooming, gloomed, gloomed) 1 escurecer. 2 entristecer.

gloom·y /ɡlu:mi/ adj **1** escuro; sombrio. **2** triste; melancólico; depressivo. (gr comp **gloomier**. gr super **gloomiest**).

glo·ri·fi·ca·tion /ɡlɔ:rəfəkeɪʃən/ s glorificação.

glo·ri·fy /ɡlɔ:rəfaɪ/ v (**glorifies, glorifying, glorified, glorified**) glorificar; adorar.

glo·ri·ous /ɡlɔ:riəs/ adj **1** glorioso; ilustre. **2** esplêndido; magnífico.

glo·ry /ɡlɔ:ri/ s **1** glória; fama; celebridade. **2** louvor; exaltação. **3** brilho; esplendor; beleza. (pl **glories**). || v (**glories, glorying, gloried, gloried**) gloriar-se; ufanar-se; envaidecer-se.

gloss /ɡlɑ:s/ s **1** lustro; brilho; polimento. **2** falsa aparência; falso brilho. **3** glosa; nota explicativa; comentário. **4** interpretação falsa. || v (**glosses, glossing, glossed, glossed**) **1** lustrar; polir; acetinar; envernizar. **2** dar falsa interpretação. **3** fazer comentários, notas explicativas em textos.

glos·sa·ry /ɡlɑ:səri/ s glossário. (pl **glossaries**).

gloss·y /ɡlɑ:si/ adj brilhante; lustroso; polido. (gr comp **glossier**. gr super **glossiest**).

glot·tis /ɡlɑ:təs/ s Anat glote. (pl **glottises** /ɡlɑ:tɪsɪz/ ou **glottides** /ɡlɑ:tɪdi:z/).

glove /ɡlʌv/ s luva. || v (**gloves, gloving, gloved, gloved**) enluvar; pôr luva em.

glove compartment s porta-luvas.

glow /ɡloʊ/ v (**glows, glowing, glowed, glowed**) **1** brilhar; arder; fulgir; fulgurar. **2** corar; ruborizar. || s **1** brilho; incandescência; fulgor. **2** vermelhidão; rubor. **3** bem-estar.

glow·er /ɡlaʊə/ v (**glowers, glowering, glowered, glowered**) olhar com ar ameaçador; encarar. || s olhar ameaçador.

gloze /ɡloʊz/ v (**glozes, glozing, glozed, glozed**) servir-se de paliativos; dissimular.

glu·cose /ɡlu:koʊs/ s glicose.

glue /ɡlu:/ v (**glues, gluing, glued, glued**) colar; grudar; fixar; aderir. || s cola; grude; visco.

glu·ey /ɡlu:i/ adj pegajoso; viscoso; grudento.

glum /ɡlʌm/ adj mal-humorado; taciturno; sombrio; deprimido.

glut /ɡlʌt/ v (**gluts, glutting, glutted, glutted**) **1** abarrotar; atulhar; sobrecarregar. **2** saciar; fartar. || s excesso; superabundância.

glu·ten /ɡlu:tən/ s glúten.

glu·ti·nous /ɡlu:tənəs/ adj glutinoso; viscoso; pegajoso.

glut·ton /ɡlʌtən/ s glutão; comilão.

glut·ton·ous /ɡlʌtənəs/ adj glutão; voraz; guloso.

glut·ton·y /ɡlʌtəni/ s glutonaria; gula. (pl **gluttonies**).

glyc·er·in /ɡlɪsərɪn, ɡlɪsəri:n/ s glicerina. (var **glycerine**).

glyc·er·ine /ɡlɪsərɪn, ɡlɪsəri:n/ → **glycerin**.

GMT /dʒi:emti:/ abrev de **Greenwich Mean Time**; horário de Greenwich.

gnash /næʃ/ v (**gnashes, gnashing, gnashed, gnashed**) ranger os dentes.

gnat /næt/ s pernilongo; mosquito.

gnaw /nɑ:/ v (**gnaws, gnawing, gnawed, gnawed**) **1** roer; corroer; desgastar. **2** atormentar.

gneiss /naɪs/ s Geol gnaisse.

gnome /noʊm/ s **1** gnomo; duende. **2** máxima; aforismo; provérbio.

gnoc·chi /njɑ:ki/ s pl nhoque.

gnos·tic /nɑ:stɪk/ adj e s gnóstico.

GNP /dʒi:empi:/ abrev de **Gross National Product**; Produto Interno Bruto (PIB).

go /ɡoʊ/ v (**goes, going, went, gone**) **1** ir. **2** mover-se. **3** viajar. **4** partir. **5** dirigir-se a. **6** levar a; conduzir. **7** funcionar; trabalhar (máquinas). **8** ser vendido ou cedido. **9** condizer. **10** prosseguir; continuar. **11** expirar. **12** desaparecer. **13** morrer. **14** atravessar um momento difícil. **15** combinar com. **16** circular; passar de mão em mão. || s **1** vitalidade. **2** período de tempo. (pl **goes**). ♦ **go about** responsabilizar-se; comprometer-se. **go after** procurar; ir atrás de; lutar por. **go ahead** ir em frente; continuar. **go at** atacar. **go away** ir embora; desaparecer. **go back** retroceder. **go by 1** passar (tempo). **2** ser guiado por. **go down 1** diminuir. **2** descer; cair. **go for** ir buscar; procurar; conseguir. **go off 1** explodir. **2** prosseguir; partir. **go on 1** continuar. **2** acon-**

tecer. **go out 1** chegar ao fim. **2** sair; viajar; passear. **go over 1** examinar; estudar. **2** ser aceito. **go through** experimentar. **go under 1** falhar. **2** falir; arruinar-se. **3** perder a consciência. **go with 1** harmonizar. **2** combinar. **go fly a kite** pare de atormentar. **go back on** falhar. **to go** para viagem (no restaurante).

goad /goʊd/ s **1** aguilhão; aguilhoada. **2** estímulo. II v (**goads, goading, goaded, goaded**) **1** aguilhoar. **2** incitar; estimular.

go-a·head /goʊəhed/ adj ativo; enérgico; empreendedor. II s permissão para prosseguir.

goal /goʊl/ s **1** meta; fim; intento; objetivo. **2** Esp gol.

goal·keep·er /goʊlki:pə/ s Esp goleiro.

goal line s Esp linha de fundo.

goal post s Esp trave do gol.

goat /goʊt/ s **1** cabra; bode. **2** homem lascivo. **3** bode expiatório. **4 Goat** Astron e Astrol Capricórnio.

goat·ee /goʊti:/ s cavanhaque.

gob·ble /gɑːbəl/ v (**gobbles, gobbling, gobbled, gobbled**) devorar; comer e beber com avidez. II s gorgolejo; gluglu (voz do peru).

gob·bler /gɑːblə/ s peru.

go-be·tween /goʊbətwi:n/ s intermediário; mensageiro.

gob·let /gɑːblət/ s taça; cálice.

gob·lin /gɑːblɪn/ s duende; elfo.

god /gɑːd/ s **1** deus; divindade. **2 God** o Senhor; Deus.

god·child /gɑːdtʃaɪld/ s afilhado; afilhada.

god·daugh·ter /gɑːddɑːtə/ s afilhada.

god·dess /gɑːdɪs/ s deusa.

god·fa·ther /gɑːdfɑːðə/ s padrinho.

god·less /gɑːdləs/ adj **1** herege; ateu; ímpio. **2** mau; perverso.

god·like /gɑːdlaɪk/ adj divino; como um deus; próprio de um deus.

god·moth·er /gɑːdmʌðə/ s madrinha.

god·par·ent /gɑːdperənt/ s padrinho ou madrinha.

god·son /gɑːdsʌn/ s afilhado.

gog·gle /gɑːgəl/ v (**goggles, goggling, goggled, goggled**) arregalar ou revirar os olhos. II s olhar fixo. ♦ **goggles** óculos de proteção.

go·ing /goʊɪŋ/ s ida; saída; partida. II adj em funcionamento; em atividade; em andamento.

goi·ter /gɔɪtə/ s bócio.

gold /goʊld/ s **1** tb Quím ouro (símb Au). **2** dinheiro; riqueza. II adj da cor do ouro; dourado.

gold dust s ouro em pó.

gold·en /goʊldən/ adj **1** dourado; de ouro. **2** brilhante como ouro. **3** excelente; de ótima qualidade.

gold mine s mina de ouro.

gold rush s corrida em busca do ouro.

gold·smith /goʊldsmɪθ/ s ourives.

golf /gɑːlf/ s golfe. II v (**golfs, golfing, golfed, golfed**) jogar golfe.

golf club s **1** taco de golfe. **2** clube de golfe.

golf course s campo de golfe.

golf·er /gɑːlfə/ s jogador de golfe.

gon·do·la /gɑːndələ/ s **1** gôndola. **2** vagão aberto de carga (trem).

gon·do·lier /gɑːndəlɪr/ s gondoleiro.

gone /gɑːn/ v part pass de **go**. II adj **1** partido; ido. **2** perdido; arruinado. **3** morto; falecido. **4** esgotado; gasto.

gong /gɑːŋ/ s gongo.

good /gʊd/ adj **1** bom. **2** benigno. **3** útil. **4** vantajoso. **5** propício. **6** obediente. **7** sólido; estável. **8** hábil. **9** considerável. **10** virtuoso. **11** apropriado. **12** genuíno; legítimo. (gr comp **better**. gr super **best**). II s bem; virtude; bondade. ♦ **goods** /gʊdz/ mercadorias; artigos; gêneros; bens. II adv bem. ♦ **for good** para sempre. **for good and all** de uma vez por todas. **no good** inútil; fútil.

good afternoon s boa-tarde.

good-bye /gʊdbaɪ/ s e interj adeus. (tb **goodbye** e **good-by**. pl **good-byes** ou **good-bys**).

good evening s boa noite.

good fellow s bom sujeito; boa-praça.

Good Friday s Sexta-feira Santa.

good·heart·ed /gʊdhɑːrtəd/ adj gentil; generoso; de bom coração.

good·ie /gʊdi/ → **goody**.

good-look·ing /gʊdlʊkɪŋ/ adj bonito; de boa aparência.

good·ly /gʊdli/ adj 1 belo; formoso; atraente. 2 amplo; considerável. (gr comp **goodlier**. gr super **goodliest**).

good morning s bom-dia.

good nature s boa índole; bondade.

good-na·tured /gʊdneɪtʃəd/ adj bondoso; de bom coração.

good·ness /gʊdnəs/ s bondade; benevolência; virtude. ‖ interj meu Deus. ♦ **for goodness sake** valha-me Deus; pelo amor de Deus.

good night s boa-noite (despedida).

good·will /gʊdwɪl/ s boa vontade; gentileza; benevolência. (tb good **wlll**).

good·y /gʊdi/ interj que bom! que delícia! ‖ s guloseima. (pl **goodies**. var **goodie**).

goof /gu:f/ v (**goofs**, **goofing**, **goofed**, **goofed**) 1 cometer um erro; dar uma mancada. 2 matar o tempo. ‖ s 1 pateta; bobalhão; palerma. 2 mancada; deslize; erro.

goof·y /gu:fi/ adj pateta; tolo; ridículo. (gr comp **goofier**. gr super **goofiest**).

goose /gu:s/ s 1 ganso. 2 coloq bobo. (pl **geese** /gi:s/).

goose·ber·ry /gu:sberi/ s groselha.

gore /gɔ:r/ s 1 sangue coagulado. 2 nesga. ‖ v (**gores**, **goring**, **gored**, **gored**) 1 ferir (com presas ou chifradas). 2 cortar em nesgas.

gorge /gɔ:rdʒ/ s 1 desfiladeiro. 2 garganta; goela. 3 conteúdo do estômago; o que se engole. 4 apetite voraz. ‖ v (**gorges**, **gorging**, **gorged**, **gorged**) engolir; empanturrar-se; devorar.

gor·geous /gɔ:rdʒəs/ adj esplêndido; suntuoso; deslumbrante; belo.

go·ril·la /gərɪlə/ s gorila.

gor·mand·ize /gɔ:rməndaɪz/ v (**gormandizes**, **gormandizing**, **gormandized**, **gormandized**) comer sofregamente; devorar.

gor·mand·iz·er /gɔ:rməndaɪzə/ s comilão; glutão.

go·ry /gɔ:ri/ adj sangrento; ensanguentado. (gr comp **gorier**. gr super **goriest**).

gosh /gɑ:ʃ/ interj caramba.

gos·ling /gɑ:zlɪŋ/ s 1 ganso pequeno. 2 pessoa ingênua e inexperiente.

gos·pel /gɑ:spəl/ s evangelho.

gospel music s música evangélica.

gos·sa·mer /gɑ:səmə/ s 1 teia de aranha. 2 tecido fino. ‖ adj delicado; fino; transparente.

gos·sip /gɑ:səp/ v (**gossips**, **gossiping**, **gossiped**, **gossiped**) fofocar; mexericar; bisbilhotar; falar da vida alheia. ‖ s 1 mexerico; boato; fofoca. 2 fofoqueiro; mexeriqueiro.

got /gɑ:t/ v pass de **get**.

goth·ic /gɑ:θɪk/ adj e s gótico.

got·ten /gɑ:tən/ v part pass de **get**.

gouache /guɑ:ʃ/ s guache.

gouge /gaʊdʒ/ v (**gouges**, **gouging**, **gouged**, **gouged**) 1 chanfrar com goiva. 2 inform extorquir. ‖ s 1 goiva; escopro. 2 inform extorsão.

gourd /gɔ:rd, gʊrd/ s 1 planta trepadeira. 2 fruto dessa planta (abóbora, pepino, etc.). 3 cabaça; cuia.

gout /gaʊt/ s Med gota; artrite.

gov·ern /gʌvən/ s governo. ‖ v (**governs**, **governing**, **governed**, **governed**) 1 governar; administrar. 2 guiar. 3 regular. 4 controlar. 5 Gram reger.

gov·er·nance /gʌvənəns/ s governo; controle.

gov·er·ness /gʌvənəs/ s preceptora; governanta.

gov·ern·ment /gʌvənmənt/ s 1 governo; administração. 2 Gram regência.

gov·ern·ment·al /gʌvənmentəl/ adj governamental.

gov·er·nor /gʌvənə/ s 1 governador. 2 gerente; executivo; patrão.

gown /gaʊn/ s 1 roupão; chambre. 2 vestido longo. 3 toga; beca. ‖ v (**gowns**, **gowning**, **gowned**, **gowned**) vestir-se com toga; vestir toga.

GP abrev de **general practitioner**; clínico geral.

grab /græb/ v (**grabs**, **grabbing**, **grabbed**, **grabbed**) agarrar; arrebatar; apossar-se de. ‖ s agarramento; arrebatamento; avanço.

grab·ble /græbəl/ v (**grabbles**, **grabbling**, **grabbled**, **grabbled**) 1 apalpar; tatear. 2 estatelar-se; prostrar-se.

grace /greɪs/ s **1** graça; elegância. **2** bênção; graça divina. **3** bondade; clemência. **4** agradecimento. ‖ v (**graces, gracing, graced, graced**) **1** agraciar. **2** embelezar. **3** honrar. **4** favorecer.

grace·ful /greɪsfəl/ adj elegante; gracioso.

grace·ful·ness /greɪsfəlnəs/ s graça; elegância.

grace·less /greɪsləs/ adj **1** desajeitado; deselegante. **2** depravado; amoral.

gra·cious /greɪʃəs/ adj **1** gracioso; atraente; cortês; encantador. **2** indulgente; benévolo; benigno.

gra·cious·ness /greɪʃəsnəs/ s graça; bondade; gentileza; amabilidade.

gra·date /greɪdeɪt/ v (**gradates, gradating, gradated, gradated**) graduar; matizar; dispor em gradação; classificar.

gra·da·tion /greɪdeɪʃən/ s gradação; nuança.

grade /greɪd/ s **1** grau; fase; classe; categoria. **2** grau de inclinação em uma superfície. **3** série; ano escolar. **4** nota (de prova ou trabalho escolar). ‖ v (**grades, grading, graded, graded**) **1** graduar; classificar; seriar. **2** nivelar uma superfície.
♦ **grades** escola primária.

grade crossing s passagem de nível.

grade school s escola primária.

gra·di·ent /greɪdiənt/ s gradiente; inclinação; rampa; declive.

grad·u·al /grædʒuəl/ adj gradual; progressivo.

grad·u·ate /grædʒueɪt/ v (**graduates, graduating, graduated, graduated**) graduar(-se); classificar(-se); diplomar-se; colar grau. ‖ /grædʒuət/ s graduado (grau universitário).

grad·u·a·tion /grædʒueɪʃən/ s **1** graduação; gradação. **2** colação de grau; formatura.

graft /græft/ s **1** tipo de enxertia; transplante. **2** concussão; suborno. ‖ v (**grafts, grafting, grafted, grafted**) **1** implantar; transplantar; enxertar. **2** subornar; extorquir.

graft·er /græftə/ s **1** enxertador. **2** subornador.

grail /greɪl/ s graal.

grain /greɪn/ v (**grains, graining, grained, grained**) granular. ‖ s **1** grão; semente.

2 glóbulo. **3** cereal. **4** veio da madeira. **5** índole; característica essencial. **6** pequena porção.

gram /græm/ s **1** grama (peso). **2** plantas leguminosas como o grão-de-bico.

gra·min·e·ous /grəmɪniəs/ adj gramíneo.

gram·mar /græmə/ s gramática.

gram·mar·ian /grəmeriən/ s gramático.

gram·mat·i·cal /grəmætɪkəl/ adj gramatical.

gram·o·phone /græməfoun/ s gramofone; fonógrafo.

gram·pus /græmpəs/ s espécie de golfinho; grande cetáceo.

gran·a·ry /grænəri/ s celeiro. (pl **granaries**).

grand /grænd/ adj **1** grande; grandioso; sublime; imponente; magnificente. **2** ilustre; digno. ‖ s gír nota de mil dólares.

grand·aunt /grændænt/ → **great-aunt**.

grand·child /grændtʃaɪld/ s neto; neta. (pl **grandchildren** /grændtʃɪldrən/).

grand·daugh·ter /grænddɑ:tə/ s neta.

gran·deur /grændʒə/ s grandeza; magnificência.

grand·fa·ther /grændfɑ:ðə/ s avô.

grandfather clock s carrilhão; relógio de pêndulo.

gran·dil·o·quence /grændɪləkwəns/ s grandiloquência; ênfase.

gran·dil·o·quent /grændɪləkwənt/ adj grandiloquente.

gran·di·os·i·ty /grændiɑ:səti/ s grandiosidade; pompa; ostentação.

grand·ma /grændmɑ:/ s inform vovó.

grand·moth·er /grændmʌðə/ s avó.

grand·neph·ew /grændnefju:/ s sobrinho-neto.

grand·niece /grændni:s/ s sobrinha-neta.

grand·pa /grændpɑ:/ s inform vovô.

grand·par·ent /grændperənt/ s avô; avó.

grand piano s piano de cauda.

Grand Prix s Esp Grande Prêmio.

grand·son /grændsʌn/ s neto.

grand·un·cle /grændʌnkəl/ s → **great-uncle**.

gran·ite /grænɪt/ s granito.

gran·nie /græni/ → **granny**.

gran·ny /græni/ s inform avó; vovó. (pl **grannies**. var **grannie**).

grant /grænt/ s **1** concessão; outorga. **2** donativo; subsídio; privilégio. ‖ v (**grants, granting, granted, granted**) conferir; outorgar; conceder. ♦ **take for granted** dar algo por certo; contar com; dar como favas contadas.

grant·a·ble /ˈgræntəbəl/ adj concedível; outorgável; admissível.

grant·ee /grænˈtiː/ s Jur concessionário.

gran·u·lar /ˈgrænjələ̇/ adj granular; granuloso.

gran·u·late /ˈgrænjəleɪt/ v (**granulates, granulating, granulated, granulated**) granular.

gran·u·la·tion /grænjəˈleɪʃən/ s granulação.

grape /greɪp/ s uva.

grape·fruit /ˈgreɪpfruːt/ s toranja.

grape·vine /ˈgreɪpvaɪn/ s **1** videira; parreira; vinha. **2** boato falso. **3** fonte de informação confidencial.

graph /græf/ s Mat diagrama; gráfico.

graph·ic /ˈgræfɪk/ adj gráfico.(var **graphical**).

graph·i·cal /ˈgræfɪkəl/ → **graphic**.

graphic arts s artes gráficas.

graph·ics /ˈgræfɪks/ s us v sing arte gráfica; desenho gráfico.

gra·phol·o·gy /grəˈfɑːlədʒi/ s grafologia.

graph paper s papel quadriculado; papel milimetrado.

grap·ple /ˈgræpəl/ v (**grapples, grappling, grappled, grappled**) **1** agarrar; segurar; prender. **2** lutar corpo a corpo com; engalfinhar-se. ‖ s **1** golpe; chave. **2** luta corpo a corpo. **3** arpéu.

grasp /græsp/ v (**grasps, grasping, grasped, grasped**) **1** agarrar; segurar; arrebatar. **2** compreender. ‖ s **1** ato de agarrar, de segurar. **2** poder de compreensão. ♦ **within the grasp of** ao alcance de.

grasp·ing /ˈgræspɪŋ/ adj avaro; ávido.

grass /græs/ s **1** erva; relva; grama; capim; pasto. **2** gír maconha. ♦ **grasses** gramíneas em geral.

grass·hop·per /ˈgræshɑːpə̇/ s gafanhoto.

grass·land /ˈgræslænd/ s pasto; pastagem.

grate /greɪt/ v (**grates, grating, grated, grated**) **1** raspar; ralar. **2** ranger. **3** irritar. ‖ s grade; grelha.

grate·ful /ˈgreɪtfəl/ adj grato; agradecido.

grate·ful·ness /ˈgreɪtfəlnəs/ s gratidão; reconhecimento.

grat·er /ˈgreɪtə̇/ s ralador; raspador.

grat·i·fi·ca·tion /grætəfɪˈkeɪʃən/ s **1** gratificação; prêmio. **2** deleite; gozo.

grat·i·fy /ˈgrætəfaɪ/ v (**gratifies, gratifying, gratified, gratified**) satisfazer; agradar; contentar.

grat·is /ˈgrætəs, ˈgrɑːtəs, ˈgreɪtəs/ adv e adj grátis; gratuito.

grat·i·tude /ˈgrætətuːd/ s gratidão.

gra·tu·i·tous /grəˈtuːətəs/ adj **1** gratuito. **2** voluntário; espontâneo. **3** sem razão; infundado.

gra·tu·i·ty /grəˈtuːəti/ s gorjeta; gratificação. (pl **gratuities**).

grave /greɪv/ s **1** cova; sepultura. **2** morte; extinção. **3** /grɑːv, greɪv/ Gram acento grave. ‖ v (**graves, graving, graved, graved/graven**) **1** gravar; esculpir. ‖ adj grave; sério; preocupante; importante. **2** sóbrio; sisudo.

grave·dig·ger /ˈgreɪvdɪgə̇/ s coveiro.

grav·el /ˈgrævəl/ s cascalho; pedregulho. ‖ v (**gravels, graveling/gravelling, graveled/gravelled, graveled/gravelled**) **1** cobrir de areia ou de calcário. **2** inform irritar. **3** deixar perplexo; desconcertar.

grave·ness /ˈgreɪvnəs/ s gravidade; seriedade.

grav·er /ˈgreɪvə̇/ s **1** buril; cinzel. **2** gravador; escultor.

grave·stone /ˈgreɪvstoʊn/ s lápide; pedra tumular.

grave·yard /ˈgreɪvjɑːrd/ s cemitério.

grav·i·tate /ˈgrævɪteɪt/ v (**gravitates, gravitating, gravitated, gravitated**) gravitar.

grav·i·ta·tion /grævɪˈteɪʃən/ s gravitação.

grav·i·ta·tion·al /grævɪˈteɪʃənəl/ adj gravitacional.

grav·i·ty /ˈgrævəti/ s **1** gravidade; atração. **2** seriedade; sobriedade.

gra·vure /grəˈvjʊr/ s gravura.

gra·vy /ˈgreɪvi/ s **1** caldo ou molho de carne. **2** gír lucro fácil. (pl **gravies**).

gray /greɪ/ adj **1** cinza; cinzento; grisalho. **2** depressivo. ‖ s cinza. (var **grey**).

gray·ish /ˈgreɪɪʃ/ adj acinzentado.

gray matter s Anat massa cinzenta.

gray scale s Comp escala de tons de cinza.

graze /greɪz/ s escoriação; esfoladura. ‖ v (**grazes**, **grazing**, **grazed**, **grazed**) **1** roçar; encostar; tocar de leve. **2** raspar; arranhar. **3** pastar; pastorear. **4** comer entre as refeições; beliscar.

gra·zier /ˈgreɪʒə/ s engordador ou invernador de gado.

grease /griːs/ s **1** gordura; banha. **2** óleo; graxa; lubrificante. ‖ v (**greases**, **greasing**, **greased**, **greased**) **1** untar; engraxar; lubrificar. **2** gír subornar; "molhar a mão". **3** gír matar.

greas·y /ˈgriːsi/ adj gorduroso; oleoso. (gr comp **greasier**. gr super **greasiest**).

great /greɪt/ adj **1** grande; volumoso; vultoso. **2** vasto; extenso. **3** numeroso. **4** longo; dilatado. **5** ótimo; excelente. **6** eminente; notável. **7** poderoso; magnífico. **8** principal.

great-aunt /ˈgreɪtænt/ s tia-avó. (var **grand-aunt**).

great-grand·child /ˈgreɪtgrændʃaɪld/ s bisneto ou bisneta.

great-grand·daugh·ter /ˈgreɪtgrænddɑːtə/ s bisneta.

great-grand·fa·ther /ˈgreɪtgrændfɑːðə/ s bisavô.

great-grand·moth·er /ˈgreɪtgrændmʌðə/ s bisavó.

great-grand·par·ent /ˈgreɪtgrændpeərənt/ s bisavô ou bisavó.

great-grand·son /ˈgreɪtgrændsʌn/ s bisneto.

great-un·cle /ˈgreɪtʌŋkəl/ s tio-avô. (var **granduncle**).

Greece /griːs/ s Grécia.

greed /griːd/ s cobiça; ganância; avareza.

greed·y /ˈgriːdi/ adj **1** avaro; ganancioso. **2** glutão; guloso. (gr comp **greedier**. gr super **greediest**).

Greek /griːk/ s e adj grego.

green /griːn/ s **1** verde. **2** verduras; legumes verdes. **3** prado; campina; relva. ‖ adj **1** verde; verdejante. **2** não maduro. **3** fresco; vivo; vívido. ‖ v (**greens**, **greening**, **greened**, **greened**) pintar de ou tornar-se verde. ♦ **greens 1** hortaliças. **2** folhagem.

green·back /ˈgriːnbæk/ s papel-moeda (nos EUA).

green bean s vagem.

green corn s milho verde.

green·er·y /ˈgriːnəri/ s **1** estufa (de plantas). **2** vegetação; folhagem. (pl **greeneries**).

green-eyed /ˈgriːnaɪd/ adj ciumento.

green·fly /ˈgriːnflaɪ/ s pulgão.

green·house /ˈgriːnhaʊs/ s estufa de plantas.

greenhouse effect s efeito estufa.

green·ish /ˈgriːnɪʃ/ adj esverdeado.

green pepper s pimentão.

green·room /ˈgriːnruːm/ s camarim dos atores.

green·sward /ˈgriːnswɔːrd/ s gramado.

greet /griːt/ v (**greets**, **greeting**, **greeted**, **greeted**) saudar; cumprimentar.

greet·ing /ˈgriːtɪŋ/ s saudação; felicitação; cumprimento.

gre·gar·i·ous /grɪˈgeəriəs/ adj gregário; sociável.

Gre·go·ri·an /grɪˈgɔːriən/ adj gregoriano.

Gregorian calendar s calendário gregoriano.

Gregorian chant s canto gregoriano.

Gre·na·da /grəˈneɪd/ s Granada.

Gre·na·di·an /grəˈneɪdiən/ s e adj granadino.

gre·nade /grəˈneɪd/ s granada; bomba.

grew /gruː/ v pass de **grow**.

grey /greɪ/ → **gray**.

grid /grɪd/ s **1** grade; grelha; rede. **2** Esp posição de largada numa corrida de carros.

grid·dle /ˈgrɪdl/ s fôrma; assadeira para bolo.

grief /griːf/ s **1** pesar; dor; aflição. **2** desgraça; revés; aflição.

griev·ance /ˈgriːvəns/ s **1** agravo; queixa. **2** ressentimento.

grieve /griːv/ v (**grieves**, **grieving**, **grieved**, **grieved**) sofrer; afligir-se; lamentar-se; doer-se.

griev·ous /ˈgriːvəs/ adj **1** penoso; aflitivo; doloroso. **2** atroz; cruel. **3** sério; grave; nocivo.

grill /grɪl/ s grelha. ‖ v (**grills**, **grilling**, **grilled**, **grilled**) **1** assar; grelhar. **2** torturar pelo calor. ‖ s **1** grelha. **2** grelhado. **3** → **grille**.

grille /grɪl/ s grade de ferro de proteção. (var **grill**).

grill·room /ˈgrɪlruːm/ s restaurante que tem como especialidade carnes grelhadas.

grim /grɪm/ adj 1 inflexível; rígido. 2 implacável; impiedoso. 3 sinistro.

grim·ace /grɪməs, grɪmeɪs/ v (grimaces, grimacing, grimaced, grimaced) fazer caretas. || s careta; trejeito.

grime /graɪm/ v (grimes, griming, grimed, grimed) sujar; encardir. || s sujeira; fuligem.

grim·y /graɪmi/ adj sujo; imundo; encardido. (gr comp grimier. gr super grimiest).

grin /grɪn/ v (grins, grinning, grinned, grinned) sorrir. || s sorriso.

grind /graɪnd/ s 1 moagem; trituração. 2 trabalho pesado. 3 inform estudante aplicado. 4 rangido. || v (grinds, grinding, ground, ground) 1 moer; triturar; esmagar. 2 afiar; amolar. 3 ranger os dentes. 4 estudar duramente.

grind·er /graɪndə-/ s 1 moedor. 2 afiador; amolador. 3 dente molar.

grip /grɪp/ s 1 aperto de mão. 2 controle; poder; domínio. 3 compreensão. 4 mala; valise. 5 pinça; garra. 6 alça; cabo. 7 → grippe. || v (grips, gripping, gripped, gripped) 1 agarrar firmemente; prender; apertar; segurar. 2 prender a atenção.

gripe /graɪp/ v (gripes, griping, griped, griped) 1 agarrar; segurar; apertar. 2 afligir; atormentar. 3 causar ou ter cólicas intestinais. 4 inform aborrecer; reclamar. || s 1 ato de agarrar; aperto. 2 controle; poder; domínio. 3 aflição; dor; tormento. 4 cabo; alça; punho; coronha. 5 aborrecimento; queixa. ♦ gripes cólicas intestinais.

grippe /grɪp/ s Med gripe. (var grip).

gris·ly /grɪzli/ adj horrível; medonho; repugnante. (gr comp grislier. gr super grisliest).

grist /grɪst/ s 1 grão para moer. 2 grão moído; farelo.

gris·tle /grɪsəl/ s cartilagem.

gris·tly /grɪsli/ adj cartilaginoso. (gr comp gristlier. gr super gristliest).

grit /grɪt/ s 1 areia grossa; saibro; cascalho ou pedregulho. 2 inform firmeza de caráter. ♦ grits us v sing ou pl aveia; trigo; sêmola; canjica. || v (grits, gritting, gritted, gritted) 1 cobrir de saibro. 2 ranger os dentes.

grit·ty /grɪti/ adj 1 areento; arenoso. 2 corajoso; determinado. (gr comp grittier. gr super grittiest).

griz·zly /grɪzli/ adj cinzento; grisalho. (gr comp grizzlier. gr super grizzliest).

grizzly bear s urso-pardo.

groan /groʊn/ v (groans, groaning, groaned, groaned) gemer; lamentar; suspirar. || s gemido; lamentação.

groat /groʊt/ s antiga moeda inglesa.

gro·cer /groʊsə-/ s merceeiro; vendeiro.

gro·cer·y /groʊsəri/ s mercearia; empório; armazém. (pl groceries). ♦ groceries mantimentos; secos e molhados.

grog·gy /grɑːgi/ adj cambaleante; grogue. (gr comp groggier. gr super groggiest).

grog·ram /grɑːgrəm/ s gorgorão.

groin /grɔɪn/ s Anat virilha.

groom /gruːm/ s 1 cavalariço. 2 noivo. || v (grooms, grooming, groomed, groomed) 1 tratar de cavalos. 2 enfeitar; pôr em ordem. 3 treinar alguém para uma atividade.

grooms·man /gruːmzmən/ s padrinho do noivo.

groove /gruːv/ s 1 entalhe; canalete; estria. 2 gír rotina. 3 experiência agradável. || v (grooves, grooving, grooved, grooved) 1 fazer ranhuras; chanfrar; estriar. 2 gír divertir-se.

groov·y /gruːvi/ adj gír maravilhoso; agradável. (gr comp groovier. gr super grooviest).

grope /groʊp/ v (gropes, groping, groped, groped) tatear; andar às cegas.

gross /groʊs/ adj 1 bruto (peso, lucro, etc.); total. 2 gritante; flagrante. 3 indecente; obsceno; vulgar. 4 gordo; corpulento; denso. 5 grande; volumoso. || s bruto; total (sem deduções).

gro·tesque /groʊtesk/ adj grotesco; bizarro.

ground /graʊnd/ s 1 solo; chão; piso; terra. 2 área; terreno. 3 razão; motivo. 4 base; fundamento. 5 campo; campo de esportes. 6 Eletr terra. || v (grounds, grounding, grounded, grounded) 1 fundar; fixar; basear; fundamentar. 2 pôr no chão; tocar o chão. || pass e part pass de grind. ♦ grounds 1 fundamentos. 2 sedimentos.

ground crew s Aer mecânicos ou técnicos de terra.

ground floor s andar térreo.

ground·less /graʊndləs/ adj sem fundamento; infundado.

ground·ling /graʊndlɪŋ/ s 1 planta ou animal rasteiros. 2 pessoa de gosto acanhado e sem espírito crítico.

ground·sel /graʊndsəl/ → groundsill.

ground·sill /graʊndsɪl/ s viga fundamental; viga mestra. (var groundsel).

ground speed s Aer velocidade em relação à terra. (tb groundspeed).

ground water s lençol freático; água subterrânea. (tb groundwater).

ground·work /graʊndwɜːrk/ s fundação; base.

group /gruːp/ s grupo. ‖ v (groups, grouping, grouped, grouped) agrupar; ajuntar; reunir.

group·ing /gruːpɪŋ/ s 1 agrupamento. 2 série.

grouse /graʊs/ v (grouses, grousing, groused, groused) resmungar; reclamar.

grout /graʊt/ s reboco; argamassa. ‖ v (grouts, grouting, grouted, grouted) rebocar.

grove /groʊv/ s 1 pequeno bosque; arvoredo. 2 pomar.

grov·el /graːvəl/ v (grovels, groveling/ grovelling, groveled/grovelled, groveled/ grovelled) arrastar-se; humilhar-se; rebaixar-se.

grow /groʊ/ v (grows, growing, grew, grown) 1 crescer. 2 brotar; germinar. 3 cultivar; plantar; criar; produzir. 4 desenvolver-se; tornar-se; vir a ser.

grow·er /groʊɚ/ s cultivador; produtor.

growl /graʊl/ v (growls, growling, growled, growled) 1 rosnar; resmungar. ‖ s rosnado; resmungo.

grown /groʊn/ adj crescido; adulto. ‖ v part pass de grow.

grown-up /groʊnʌp/ s adulto. (tb grownup). ‖ /groʊnʌp/ adj adulto; próprio de adulto.

growth /groʊθ/ s 1 crescimento; desenvolvimento. 2 aumento. 3 maturidade. 4 tumor; câncer.

grub /grʌb/ s 1 larva de insetos; lagarta. 2 gír comida; bóia. 3 pessoa que faz trabalhos tediosos. ‖ v (grubs, grubbing, grubbed, grubbed) 1 cavar; desenterrar. 2 arrancar pela raiz. 3 labutar; trabalhar feito escravo.

grub·by /grʌbi/ adj 1 encardido; sujo; imundo. 2 infestado de larvas; bichado. (gr comp grubbier. gr super grubbiest).

grudge /grʌdʒ/ s ressentimento; rancor. ‖ v (grudges, grudging, grudged, grudged) conceder de má vontade; relutar.

gru·el /gruːəl/ s mingau de aveia; papa.

grue·some /gruːsəm/ adj horrendo; pavoroso; medonho.

gruff /grʌf/ adj áspero; grosseiro; rude.

grum·ble /grʌmbəl/ v (grumbles, grumbling, grumbled, grumbled) resmungar; grunhir. ‖ s resmungo; grunhido.

grump·y /grʌmpi/ adj rabugento; resmungão. (gr comp grumpier. gr super grumpiest).

grunge /grʌndʒ/ s gír 1 sujo; encardido. 2 pessoa chata, nojenta.

grun·gy /grʌndʒi/ adj 1 nojento. 2 em condições precárias. (gr comp grungier. gr super grungiest).

grunt /grʌnt/ v (grunts, grunting, grunted, grunted) 1 grunhir; rosnar; resmungar. 2 queixar-se; gemer. ‖ s gemido; grunhido; ronco.

guar·an·tee /gerəntiː, gerənti/ s 1 garantia. 2 fiança; caução; penhor. 3 fiador. ‖ v (guarantees, guaranteeing, guaranteed, guaranteed) garantir.

guar·an·tor /gerəntɔːr, gerəntɔːr/ s fiador.

guar·an·ty /gerənti/ s garantia; caução. (pl guaranties). ‖ v (guaranties, guarantying, guarantied, guarantied) garantir.

guard /gɑːrd/ v (guards, guarding, guarded, guarded) guardar; vigiar; proteger. ‖ s 1 guarda; vigilante; sentinela. 2 anteparo; proteção; defesa.

guard·ed /gɑːrdɪd/ adj 1 precavido; cauteloso; prevenido. 2 guardado; protegido.

guard·i·an /gɑːrdiən/ s 1 guardião; protetor. 2 Jur tutor; curador.

guardian angel s anjo da guarda.

guard·i·an·ship /gɑːrdiənʃɪp/ s 1 *Jur* tutela; tutoria. 2 proteção; guarda.

guard·rail /gɑːrdreil/ s 1 corrimão. 2 trilho de proteção na margem das estradas.

guard·room /gɑːrdruːm/ s 1 sala de guarda. 2 prisão militar; xadrez.

Gua·te·ma·la /gwɑːtəmɑːlə/ s Guatemala.

Gua·te·ma·lan /gwɑːtəmɑːlən/ s e *adj* guatemalteco.

gua·va /gwɑːvə/ s 1 goiaba. 2 goiabeira.

guer·don /gɜːrdən/ s galardão; prêmio; recompensa. II *v* (**guerdons, guerdoning, guerdoned, guerdoned**) recompensar; premiar.

gue·ril·la /gərɪlə/ → **guerrilla**.

guer·ril·la /gərɪlə/ s 1 guerrilha. 2 guerrilheiro. (*var* **guerilla**).

guess /ges/ *v* (**guesses, guessing, guessed, guessed**) adivinhar; conjeturar; supor. 2 julgar; pensar. II *s* conjetura; suposição; palpite.

guessing game s jogo de adivinhação.

guess·work /gesws:rk/ s suposição; especulação.

guest /gest/ s *tb Comp* convidado; visita; hóspede. II *v* (**guests, guesting, guested, guested**) 1 receber convidado. 2 participar como convidado.

guf·faw /gʌfɑː/ s gargalhada. II *v* (**guffaws, guffawing, guffawed, guffawed**) gargalhar.

GUI *abrev Comp* de **graphical user interface**; interface gráfica do usuário.

guid·ance /gaɪdəns/ s 1 direção; governo. 2 liderança; guia.

guide /gaɪd/ *v* (**guides, guiding, guided, guided**) 1 guiar; conduzir; orientar. 2 gerenciar. II *s* 1 guia (pessoa que guia). 2 guia (livro com informações sobre um lugar). 3 líder.

guide·book /gaɪdbʊk/ s guia (livro) para turista.

guide dog s cão que guia deficientes visuais.

guide·line /gaɪdlaɪn/ s diretriz; orientação.

guild /gɪld/ s corporação; associação; grêmio. (*var* **gild**).

guil·der /gɪldɚ/ s florim (padrão monetário da Holanda).

guile /gaɪl/ s logro; embuste; artifício; engano; malícia.

guile·ful /gaɪlfəl/ *adj* astucioso; embusteiro; malicioso.

guile·less /gaɪlləs/ *adj* sincero; franco; ingênuo.

guil·lo·tine /gɪlətiːn/ s guilhotina. II *v* (**guillotines, guillotining, guillotined, guillotined**) guilhotinar.

guilt /gɪlt/ s culpa; pecado; delito.

guilt·less /gɪltləs/ *adj* inocente; livre de culpa.

guilt·y /gɪlti/ *adj* culpado. (*gr comp* **guiltier**. *gr super* **guiltiest**).

Guin·ea /gɪni/ s Guiné.

Guin·ea-Bis·sau /gɪnibɪsaʊ/ s Guiné-Bissau.

Guin·ea-Bis·sau·an /gɪnibɪsaʊən/ s e *adj* guineense.

Guin·e·an /gɪniən/ s e *adj* guineano.

guinea pig s cobaia; porquinho-da-índia.

guise /gaɪz/ s aparência; aspecto; semblante.

gui·tar /gɪtɑːr/ s violão.

gui·tar·ist /gɪtɑːrɪst/ s violonista.

gulch /gʌltʃ/ s ravina; garganta.

gulf /gʌlf/ s 1 golfo. 2 abismo; precipício. 3 redemoinho.

gull /gʌl/ s 1 gaivota. 2 ingênuo; crédulo. II *v* (**gulls, gulling, gulled, gulled**) lograr; enganar.

gul·let /gʌlɪt/ s 1 esôfago. 2 garganta. 3 canal; ravina.

gul·ly /gʌli/ s canal; vala; sulco. (*pl* **gullies**). II *v* (**gullies, gullying, gullied, gullied**) cavar; erodir; desbarrancar.

gulp /gʌlp/ *v* (**gulps, gulping, gulped, gulped**) tragar; engolir avidamente. II *s* trago; gole.

gum /gʌm/ s 1 goma; resina. 2 goma de mascar. 3 adesivo; cola. 4 gengiva. II *v* (**gums, gumming, gummed, gummed**) pôr goma em; grudar; colar.

gum·my /gʌmi/ *adj* 1 viscoso; que tem consistência de goma. 2 feito de ou coberto com goma. (*gr comp* **gummier**. *gr super* **gummiest**).

gump·tion /gʌmpʃən/ s 1 inteligência; esperteza; iniciativa. 2 coragem; fibra; juízo.

gun /gʌn/ s 1 arma de fogo. 2 salva; tiro de canhão. 3 artilheiro; atirador. 4 matador profissional. ‖ v (**guns, gunning, gunned, gunned**) 1 atirar com arma de fogo. 2 dar partida ou acelerar veículo.

gun·boat /gʌnbout/ s Náut canhoneira.

gun·ner·y /gʌnəri/ s artilharia.

gun·pow·der /gʌnpaʊdə/ s pólvora.

gun·shot /gʌnʃɑːt/ s tiro ou alcance de arma de fogo.

gun·smith /gʌnsmɪθ/ s armeiro.

gur·gle /gɜːrgəl/ v (**gurgles, gurgling, gurgled, gurgled**) gorgolhar; borbulhar; borbotar. ‖ s borbotão; gorgolhão.

gush /gʌʃ/ v (**gushes, gushing, gushed, gushed**) 1 jorrar; brotar; minar. 2 expressar-se efusivamente ‖ s 1 jorro. 2 inform entusiasmo; efusão. 3 explosão de choro.

gust /gʌst/ s 1 pé-de-vento; rajada; lufada. 2 pancada (de chuva). 3 explosão de emoção. ‖ v (**gusts, gusting, gusted, gusted**) ventar forte.

gus·ta·tion /gʌsteɪʃən/ s gustação; paladar.

gus·ta·tive /gʌstətɪv/ → **gustatory**.

gus·ta·to·ry /gʌstətɔːri/ adj gustativo. (var **gustative**).

gust·y /gʌsti/ adj tempestuoso; estrepitoso. (gr comp **gustier**. gr super **gustiest**).

gut /gʌt/ s 1 tripa; intestino. 2 vísceras; entranhas. 3 gargalo; passagem estreita. 4 fio ou corda feitos de tripa de animais. ♦ **guts** 1 gír coragem; energia; atrevimento. 2 essência. ‖ v (**guts, gutting, gutted, gutted**) 1 desentranhar. 2 estripar.

gut·ter /gʌtə/ s 1 sarjeta. 2 canaleta; valeta. 3 calha. ‖ v (**gutters, guttering, guttered, guttered**) 1 derreter; queimar (vela). 2 sulcar; abrir valetas.

gut·tur·al /gʌtərəl/ adj gutural.

guy /gaɪ/ s 1 inform camarada; sujeito; cara. 2 corda; cabo. ‖ v (**guys, guying, guyed, guyed**) 1 guiar; agüentar com um cabo. 2 ridicularizar; zombar.

Guy·a·na /giænə, gaɪænə/ s Guiana.

Guy·a·nese /giːəniːz, gaɪəniːz/ s e adj guianense; guianês.

guz·zle /gʌzəl/ v (**guzzles, guzzling, guzzled, guzzled**) 1 beber em demasia. 2 consumir em excesso.

gym /dʒɪm/ s 1 ginásio de esportes. 2 educação física.

gym·na·si·um /dʒɪmneɪziəm/ s ginásio de esportes.

gym·nast /dʒɪmnæst/ s ginasta.

gym·nas·tic /dʒɪmnæstɪk/ adj ginástico.

gym·nas·tics /dʒɪmnæstɪks/ s 1 us v pl ginástica (exercício físico). 2 us v sing ginástica (arte ou prática de exercícios). 3 us v pl ginástica (mental ou intelectual).

gy·ne·col·o·gist /gaɪnəkɑːlədʒɪst/ s ginecologista.

gy·ne·col·o·gy /gaɪnəkɑːlədʒi/ s ginecologia.

gyp /dʒɪp/ s gír 1 trapaça; vigarice. 2 trapaceiro. ‖ v gír (**gyps, gypping, gypped, gypped**) trapacear; roubar. (var **gip**).

Gyp·sy /dʒɪpsi/ s cigano. (pl **Gypsies**. var **Gipsy**).

gy·ra·to·ry /dʒaɪrətɔːri/ adj giratório.

H

h ou **H** /eɪtʃ/ s 8ª letra do alfabeto inglês. (pl **h's** ou **H's**). ‖ abrev minús de **hour**. ‖ símb Quím maiús de **hydrogen**.

ha /hɑ:/ interj ah. (var **hah**). ‖ abrev de **hectare**.

ha·be·as cor·pus /heɪbɪəskɔ̱ːrpəs/ s Jur habeas-corpus.

hab·er·dash·er /hæbədæʃə/ s loja de artigos para homens.

hab·er·dash·er·y /hæbədæʃəi/ s comércio de artigos para homens. (pl **haberdasheries**).

ha·bil·i·ment /həbɪləmənt/ s vestimenta.
♦ **habiliments** mobília; acessório; equipamento.

ha·bil·i·tate /həbɪləteɪt/ v (**habilitates, habilitating, habilitated, habilitated**) habilitar.

ha·bil·i·ta·tion /həbɪləteɪʃən/ s habilitação.

hab·it /hæbɪt/ v (**habits, habiting, habited, habited**) vestir; trajar. ‖ s 1 hábito; traje; vestimenta. 2 hábito; costume. 3 vício em drogas. 4 aspecto; forma; constituição física.

hab·it·a·ble /hæbɪtəbəl/ adj habitável.

hab·i·tant /hæbɪtənt/ s habitante.

hab·i·ta·tion /hæbɪteɪʃən/ s habitação.

ha·bit·u·al /həbɪtʃuəl/ adj habitual; costumeiro.

ha·bit·u·ate /həbɪtʃueɪt/ v (**habituates, habituating, habituated, habituated**) habituar.

hab·i·tude /hæbɪtuːd/ s hábito; costume.

hack /hæk/ v (**hacks, hacking, hacked, hacked**) 1 cortar; picar; despedaçar. 2 andar a cavalo. 3 dirigir táxi. ‖ s 1 talhe; corte; entalhe. 2 tosse seca. 3 cavalo de aluguel. 4 táxi.

hack·er /hækə/ s especialista ou aficionado por computador, que gosta de examinar a fundo os sistemas, geralmente para fins ilícitos.

hack·ney /hækni/ v (**hackneys, hackneying, hackneyed, hackneyed**) banalizar-se por excesso de uso. ‖ s 1 cavalo de trote usado em tarefas comuns. ‖ adj 1 banal; comum. 2 de aluguel.

hack·neyed /hæknid/ adj banal; corriqueiro.

had /hæd/ v pass e part pass de **have**.

had·dock /hædək/ s hadoque (peixe).

haft /hæft/ v (**hafts, hafting, hafted, hafted**) pôr um cabo em. ‖ s cabo (de faca, machado, enxada, etc.).

hag /hæg/ s 1 bruxa; feiticeira. 2 mulher velha, má e feia.

hag·gard /hægəd/ adj pálido; abatido. ‖ s falcão selvagem.

hag·gle /hægəl/ v (**haggles, haggling, haggled, haggled**) 1 estraçalhar; mutilar. 2 pechinchar. ‖ s regateio; pechincha.

hag·gler /hæglə/ s regateador.

hah /hɑ:/ → **ha**.

hail /heɪl/ v (**hails, hailing, hailed, hailed**) 1 granizar; chover pedras. 2 saudar; aclamar. ‖ s 1 granizo; saraiva. 2 saudação; aclamação; apelo. ‖ interj salve.

hail·stone /heɪlstoʊn/ s granizo; grão de saraiva.

hail·storm /heɪlstɔːrm/ s tempestade de granizo.

hair /her/ s 1 cabelo; pêlo; crina. 2 fibra; filamento.

hair·breadth /herbredθ/ adj muito próximo. ‖ s → **hairsbreadth**.

hair·brush /herbrʌʃ/ s escova de cabelo.

hair·cut /herkʌt/ s corte de cabelo.

hair·do /herdu:/ s penteado.

hair·dress·er /herdresə/ s cabeleireiro.

hair dryer s secador de cabelos.

hair·i·ness /herɪnəs/ s qualidade de ter cabelos.

hair·less /herləs/ adj calvo.

hair·line /herlaɪn/ s 1 linha muito fina. 2 listra fina (em tecido). 3 contorno do couro cabeludo. 4 Tip tipo de letra fina.

hair·pin /herpɪn/ s grampo de cabelo.

hair·rais·ing /hereɪzɪŋ/ adj horripilante; horrível.

hairs·breadth /herzbredθ/ s distância muito pequena. (tb **hair's-breadth**. var **hairbreadth**). ♦ **by a hairsbreadth** por um fio de cabelo.

hair spray s laquê; spray para cabelos. (tb **hairspray**)

hair·style /herstaɪl/ s penteado.

hair·styl·ist /herstaɪlɪst/ s cabeleireiro.

hair·y /heri/ adj cabeludo; peludo. (gr comp **hairier**. gr super **hairiest**).

Hai·ti /herti/ s Haiti.

Hai·ti·an /herʃən, hertiən/ s e adj haitiano.

ha·la·tion /həleɪʃən/ s mancha de luz em fotografias.

hale /heɪl/ adj robusto; forte. ‖ v (**hales, haling, haled, haled**) arrastar; puxar; içar.

half /hæf/ s metade. ‖ adj meio; semi; quase. ‖ adv parcialmente; em parte. (pl **halves** /hævz/). ♦ **half a dozen** meia dúzia. **half an hour** meia hora.

half-and-half /hæfəndhæf/ adv e adj meio a meio.

half·back /hæfbæk/ s Esp meio-de-campo.

half·breed /hæfbri:d/ s ofens mestiço. ‖ adj híbrido.

half brother s meio-irmão.

half-moon /hæfmu:n/ s meia-lua.

half sister s meia-irmã.

half·time /hæftaɪm/ s Esp meio-tempo.

half·way /hæfweɪ/ adj incompleto. ‖ adj e adv metade do caminho.

hall /hɔ:l/ s 1 salão. 2 vestíbulo. 3 saguão; entrada. 4 corredor. 5 edifício público. 6 prédio para estudantes em uma universidade.

hal·le·lu·jah /hælɪluːjə/ s e interj aleluia.

hall·mark /hɔ:lmɑːrk/ s carimbo oficial, indicativo de pureza de artigos de ouro e prata; indicação de legitimidade; prova de excelência. ‖ v (**hallmarks, hallmarking, hallmarked, hallmarked**) pôr marca de pureza em metais preciosos.

hal·low /hælou/ v (**hallows, hallowing, hallowed, hallowed**) 1 santificar; consagrar. 2 reverenciar; honrar.

hal·lowed /hæloʊd/ adj consagrado; santificado.

Hal·low·een /hælouiːn/ s véspera do dia de Todos os Santos (31 de outubro); Dia das Bruxas. (tb **Hallowe'en**).

hal·lu·ci·nate /həluːsɪneɪt/ v (**hallucinates, hallucinating, hallucinated, hallucinated**) enganar-se; iludir-se; alucinar.

hal·lu·ci·na·tion /həlu:sɪneɪʃən/ s alucinação; ilusão.

hall·way /hɔ:lweɪ/ s 1 entrada; saguão. 2 corredor.

ha·lo /heɪlou/ v (**haloes, haloing, haloed, haloed**) aureolar; glorificar. ‖ s halo; auréola. (pl **halos** ou **haloes**).

halt /hɔ:lt/ v (**halts, halting, halted, halted**) 1 parar; fazer parar. 2 vacilar; hesitar. 3 mancar; coxear. ‖ s parada; descanso.

hal·ter /hɔ:ltər/ s 1 cabresto. 2 morte por enforcamento. 3 corda de enforcar. ‖ v (**halters, haltering, haltered, haltered**) 1 encabrestar. 2 enforcar.

halt·ing /hɔ:ltɪŋ/ adj 1 manco. 2 vacilante.

halve /hæv/ v (**halves, halving, halved, halved**) 1 dividir ao meio, em partes iguais. 2 diminuir pela metade.

ham /hæm/ s 1 presunto; pernil. 2 mau ator. 3 radioamador. 4 curva ou barriga da perna.

ham·burg /hæmbɜːrg/ → **hamburger**.

ham·burg·er /hæmbɜːrgər/ s hambúrguer. (var **hamburg**)

hame /heɪm/ s cangalhas.

ham·let /hæmlət/ s aldeia; lugarejo.

ham·mer /hæmər/ v (**hammers, hammering, hammered, hammered**) 1 martelar; bater ou moldar com martelo; forjar. 2 bater incessantemente. ‖ s 1 martelo; malho. 2 cão de espingarda.

ham·mock /hæmək/ s rede de dormir.

ham·per /hæmpər/ v (**hampers, hampering, hampered, hampered**) impedir; dificultar; estorvar. ‖ s cesto com tampa.

ham·ster /hæmstər/ s Zool hamster.

hand /hænd/ v (**hands, handing, handed, handed**) 1 dar; passar; transmitir; entregar. 2 conduzir; guiar. ‖ s 1 mão. 2 pata dianteira. 3 ponteiro do relógio. 4 palmo (medida). 5 caligrafia. 6 direção. 7 operário; trabalhador. 8 participante. 9 ajuda física, braçal. ♦ **at hand** à mão;

próximo. **by hand** manualmente. **hand down** entregar; pronunciar; transmitir. **hand on** passar; transmitir. **hand out** dar; distribuir. **hand over** entregar; render-se ao controle de.

hand·bag /ˈhændbæg/ s 1 bolsa feminina. 2 maleta.

hand·ball /ˈhændbɔːl/ s Esp handebol.

hand·bill /ˈhændbɪl/ s impresso; panfleto.

hand·book /ˈhændbʊk/ s manual; guia.

hand brake s Autom freio de mão.

hand·cart /ˈhændkɑːrt/ s carrinho de mão.

hand·craft /ˈhændkræft/ → handicraft.

hand·cuff /ˈhændkʌf/ s algema (us no pl). ‖ v (handcuffs, handcuffing, handcuffed, handcuffed) algemar.

hand·ed /ˈhændɪd/ adj destro. ♦ **left-handed** canhoto.

hand·ful /ˈhændfʊl/ s mão-cheia; punhado.

hand·held /ˈhændheld/ adj portátil; que pode ser operado carregando-se na mão. (tb handheld).

hand·i·cap /ˈhændɪkæp/ v (handicaps, handicapping, handicapped, handicapped) impor restrição; impedir; dificultar. ‖ s 1 vantagem ou penalidade dada em um jogo ou corrida para igualar as chances de vitória. 2 deficiência física ou mental.

hand·i·craft /ˈhændɪkræft/ s 1 habilidade manual. 2 artesanato; trabalho manual. (var handcraft).

hand·i·ness /ˈhændɪnəs/ s habilidade; destreza; perícia.

hand·i·work /ˈhændɪwɜːrk/ s trabalho manual, artesanal.

hand·ker·chief /ˈhæŋkətʃɪf/ s lenço.

han·dle /ˈhændəl/ v (handles, handling, handled, handled) 1 tocar com a mão; pôr as mãos. 2 manejar; manusear; manipular. 3 lidar. 4 gerenciar; administrar. ‖ s 1 manopla; trinco; maçaneta. 2 alça; asa; cabo.

han·dle·bar /ˈhændəlbɑːr/ s guidom de bicicleta.

han·dler /ˈhændlər/ s 1 manipulador; operador. 2 treinador.

hand·less /ˈhændləs/ adj maneta; sem mãos.

han·dling /ˈhændlɪŋ/ s 1 manejo; toque. 2 execução.

hand·made /ˈhændmeɪd/ adj feito à mão.

hand·out /ˈhændaʊt/ s 1 esmola; doação. 2 nota para a imprensa. 3 amostra.

hand·rail /ˈhændreɪl/ s corrimão.

hand·sel /ˈhændsəl/ v (handsels, handseling/handselling, handseled/handselled) estrear; iniciar. ‖ s primeiro pagamento; sinal dado em dinheiro.

hand·set /ˈhændset/ s fone (de um aparelho de telefone).

hand·shake /ˈhændʃeɪk/ s aperto de mãos.

hand·some /ˈhændsəm/ adj 1 belo; elegante, bonito. 2 grande; vasto. 3 apropriado.

hand·some·ness /ˈhændsəmnəs/ s beleza; elegância.

hands-on /ˌhændzˈɒn/ adj que envolve participação ativa; prático.

hand·writ·ing /ˈhændraɪtɪŋ/ s 1 escrita à mão; letra de mão. 2 caligrafia. 3 manuscrito.

hand·y /ˈhændi/ adj 1 jeitoso; destro; hábil. 2 conveniente; útil. 3 ao alcance de mão. (gr comp handier. gr super handiest).

hand·y·man /ˈhændimæn/ s pessoa que faz qualquer tipo de trabalho; faz-tudo. (tb handy man).

hang /hæŋ/ v (hangs, hanging, hung, hung) 1 pendurar; suspender; pender. 2 Comp travar; parar de funcionar. 3 forrar. 4 inclinar. 5 ficar suspenso, pendente. 6 (hangs, hanging, hanged, hanged) enforcar. ‖ s 1 declive; ladeira. 2 modo; jeito. ♦ **hang around** andar sem destino; passar o tempo junto com alguém. **hang in** inform persistir. **hang on 1** agarrar-se a alguma coisa. 2 aguardar por um instante. 3 persistir. **hang out** ficar em companhia de; namorar. **hang up 1** desligar o telefone. 2 adiar.

han·gar /ˈhæŋər/ s hangar; galpão.

hang·dog /ˈhændɑːɡ/ s indivíduo vil; mesquinho. ‖ adj intimidado; envergonhado; culpado.

hanged /hæŋd/ v pass e part pass de hang; enforcado. ♦ **be hanged** ser enforcado.

hang·er /ˈhæŋər/ s cabide; gancho; alça; presilha.

hang·ing /hǽŋɪŋ/ s **1** enforcamento. **2** inclinação. **3** suspensão. **4** reposteiros. II adj suspenso; dependurado; inclinado.

hang-glide /hǽŋglaid/ v (hang-glides, hang-gliding, hang-glided, hang-glided) voar de asa-delta.

hang glider s **1** asa-delta. **2** aquele que voa de asa-delta.

hang·man /hǽŋmən/ s **1** carrasco; enforcador. **2** jogo da forca.

hang·nail /hǽŋeil/ s cutícula.

hang·o·ver /hǽŋouvə/ s ressaca; bebedeira.

hank /hæŋk/ s **1** novelo; meada; rolo. **2** inclinação. **3** mola.

han·ker /hǽŋkə/ v (hankers, hankering, hankered, hankered) suspirar por; desejar ardentemente.

hap /hæp/ v (haps, happing, happed, happed) acontecer; ocorrer. II s **1** acaso; sorte; destino. **2** acontecimento.

hap·haz·ard /hǽphæzəd/ s acaso; casualidade; acidente. II adj casual; fortuito. II adv casualmente; por acaso.

hap·less /hǽpləs/ adj infeliz; sem sorte.

hap·less·ness /hǽpləsnəs/ s infelicidade; desgraça; falta de sorte.

hap·pen /hǽpən/ v (happens, happening, happened, happened) acontecer; ocorrer.

hap·pen·ing /hǽpənɪŋ/ s acontecimento; ocorrência.

hap·pi·ness /hǽpɪnəs/ s felicidade; alegria; ventura; sorte.

hap·py /hǽpi/ adj feliz; alegre; venturoso. (gr comp happier. gr super happiest).

hap·py-go-luck·y /hǽpigoulʌki/ adj despreocupado; confiante.

happy hour s período da tarde em que bares e restaurantes servem bebidas a preços mais baixos.

ha·rangue /hərǽŋ/ v (harangues, haranguing, harangued, harangued) arengar; falar em público; discursar. II s discurso; arenga.

ha·rass /hərǽs, herəs/ v (harasses, harassing, harassed, harassed) **1** importunar; aborrecer. **2** desgastar; cansar. **3** devastar; arruinar.

ha·rass·ment /hərǽsmənt, herəsmənt/ s **1** tormento; importunação. **2** estrago; devastação; ruína.

har·bin·ger /hɑːrbɪndʒə/ s precursor. II v (harbingers, harbingering, harbingered, harbingered) predizer; vaticinar.

har·bor /hɑːrbə/ v (harbors, harboring, harbored, harbored) **1** abrigar; acolher; hospedar. **2** proteger; refugiar. **3** nutrir; fomentar. II s **1** porto; ancoradouro; enseada. **2** refúgio; asilo; alojamento.

har·bor·age /hɑːrbərɪdʒ/ s **1** porto. **2** refúgio; abrigo.

hard /hɑːrd/ adj **1** sólido; duro; firme; forte; resistente. **2** árduo; severo; inflexível. **3** ofensivo; opressivo. **4** difícil; dificultoso. **5** trabalhoso; cansativo. II adv **1** duramente; arduamente. **2** violentamente. **3** penosamente; dolorosamente. **4** fortemente. **5** perto; junto. ♦ **hard up** pobre; necessitado.

hard·back /hɑːrdbæk/ adj de capa dura. II s livro de capa dura.

hard-boiled /hɑːrdboild/ adj **1** cozido até ficar duro. **2** rude. **3** impassível.

hard copy s Comp cópia impressa.

hard disk s Comp disco rígido.

hard·en /hɑːrdən/ v (hardens, hardening, hardened, hardened) **1** endurecer; solidificar. **2** temperar (metal). **3** tornar insensível.

hard·en·ing /hɑːrdnɪŋ/ s **1** endurecimento; dureza; têmpera. **2** obstinação.

hard·head·ed /hɑːrdhedɪd/ adj **1** teimoso; obstinado; de cabeça-dura. **2** prático; realista.

hard·heart·ed /hɑːrdhɑːrtɪd/ adj insensível; cruel; impiedoso; frio.

hard labor s trabalho forçado.

hard·ly /hɑːrdli/ adv **1** com dificuldade. **2** mal. **3** duramente; dolorosamente. ♦ **hardly ever** quase nunca.

hard·ness /hɑːrdnəs/ s **1** firmeza; solidez. **2** severidade; inflexibilidade; crueldade.

hard-pressed /hɑːrdprest/ adj em dificuldades, apuros.

hard rock s Mús rock pesado.

hard sell s inform venda agressiva.

hard·ship /hɑːrdʃɪp/ s miséria; necessidade; apuros.

hard·ware /hɑːrdwer/ s **1** ferragens; maquinaria. **2** Comp um computador e seus componentes físicos.

hard·wood /hɑːrdwʊd/ s madeira de lei.

har·dy /hɑːrdi/ adj **1** forte; robusto; vigoroso. **2** valente; ousado. **3** resistente. (gr comp **hardier**. gr super **hardiest**).

hare /her/ s lebre.

hare·brained /herbreɪnd/ adj bobo; tolo.

hare·lip /herlɪp/ s Med lábio leporino.

har·em /herəm/ s harém.

har·i·cot /herɪkoʊ/ s **1** feijão-branco. **2** ensopado de carne e verduras.

hark /hɑːrk/ v (**harks**, **harking**, **harked**) escutar atentamente.

har·lot /hɑːrlət/ s prostituta; meretriz.

har·lot·ry /hɑːrlətri/ s prostituição.

harm /hɑːrm/ v (**harms**, **harming**, **harmed**) prejudicar; causar dano; fazer mal. ‖ s prejuízo; dano; mal.

harm·ful /hɑːrmfəl/ adj nocivo; prejudicial; danoso.

harm·ful·ness /hɑːrmfəlnəs/ s prejuízo; dano; maldade.

harm·less /hɑːrmləs/ adj inofensivo; inocente.

har·mon·ic /hɑːrmɑːnɪk/ adj harmônico.

har·mon·i·ca /hɑːrmɑːnɪkə/ s Mús harmônica; gaita.

har·mo·ni·ous /hɑːrmoʊniəs/ adj harmonioso.

har·mo·nize /hɑːrmənaɪz/ v (**harmonizes**, **harmonizing**, **harmonized**, **harmonized**) harmonizar.

har·mo·ny /hɑːrməni/ s harmonia. (pl **harmonies**).

har·ness /hɑːrnɪs/ v (**harnesses**, **harnessing**, **harnessed**, **harnessed**) aparelhar; arrear. ‖ s arreios.

harp /hɑːrp/ s harpa. ‖ v (**harps**, **harping**, **harped**, **harped**) tocar harpa.

harp·ist /hɑːrpɪst/ s harpista.

har·poon /hɑːrpuːn/ v (**harpoons**, **harpooning**, **harpooned**, **harpooned**) arpoar; ferir com o arpão. ‖ s arpão.

har·poon·er /hɑːrpuːnə/ s arpoador.

harp·si·chord /hɑːrpsɪkɔːrd/ s Mús cravo.

har·ri·dan /herɪdən/ s megera; velha de mau gênio.

har·row /heroʊ/ v (**harrows**, **harrowing**, **harrowed**, **harrowed**) **1** gradar; aplanar (o terreno). **2** atormentar; angustiar. ‖ s grade (para aplainar terra); rastelo.

har·row·ing /heroʊɪŋ/ adj doloroso; angustiante.

har·ry /heri/ v (**harries**, **harrying**, **harried**, **harried**) **1** saquear; devastar. **2** afligir; atormentar.

harsh /hɑːrʃ/ adj **1** áspero. **2** rude; rispido; severo. **3** irritante; desagradável.

harsh·en /hɑːrʃən/ v (**harshens**, **harshening**, **harshened**, **harshened**) tornar áspero, severo, cruel.

harsh·ness /hɑːrʃnəs/ s aspereza; rudeza; severidade; indelicadeza.

hart /hɑːrt/ s cervo; veado. (pl **harts** ou **hart**).

har·vest /hɑːrvɪst/ v (**harvests**, **harvesting**, **harvested**, **harvested**) colher; ceifar. ‖ s colheita; ceifa; safra.

har·vest·er /hɑːrvɪstə/ s **1** ceifeiro. **2** máquina de ceifar.

has /hæz/ 3ª pes sing pres de **have**.

hash /hæʃ/ s **1** picadinho de carne. **2** confusão; bagunça. ‖ v (**hashes**, **hashing**, **hashed**, **hashed**) **1** picar em pedacinhos. **2** inform bagunçar.

has·n't /hæzənt/ form contr de **has not**.

haste /heɪst/ v (**hastes**, **hasting**, **hasted**, **hasted**) apressar; acelerar. ‖ s pressa; diligência; urgência.

has·ten /heɪsən/ v (**hastens**, **hastening**, **hastened**, **hastened**) apressar; acelerar.

hast·i·ly /heɪstɪli/ adv apressadamente; aceleradamente; diligentemente.

hast·y /heɪsti/ adj apressado; precipitado. (gr comp **hastier**. gr super **hastiest**).

hat /hæt/ s chapéu. ‖ v (**hats**, **hatting**, **hatted**, **hatted**) pôr chapéu em; cobrir. ◆ **hat in hand** de maneira humilde.

hatch /hætʃ/ s **1** ninhada; cria. **2** incubação. **3** portinhola. **4** compartimento de navio. **5** Náut escotilha. **6** alçapão. ‖ v (**hatches**, **hatching**, **hatched**, **hatched**) **1** chocar; fazer sair da casca. **2** traçar linhas finas paralelamente.

hatch·back /hætʃbæk/ s modelo de carro com porta traseira que abre para cima.

hatch·et /hætʃɪt/ s machadinha.

hatch·ing /hætʃɪŋ/ s sombreamento (artes gráficas).

hatch·way /hætʃweɪ/ s Náut escotilha.

hate /heɪt/ v (**hates, hating, hated, hated**) odiar; detestar; ter aversão a. II s ódio; aversão; rancor.

hate·ful /heɪtfəl/ adj odioso; detestável; execrável.

hat·pin /hætpɪn/ s alfinete de chapéu.

ha·tred /heɪtrɪd/ s ódio; raiva; rancor; animosidade.

haugh·ti·ness /hɑːtɪnəs/ s arrogância; desdém; insolência; orgulho.

haugh·ty /hɑːti/ adj arrogante; orgulhoso; insolente. (gr comp **haughtier**. gr super **haughtiest**).

haul /hɑːl/ v (**hauls, hauling, hauled, hauled**) 1 puxar; arrastar. 2 rebocar. II s 1 puxão. 2 arrasto (o peixe).

haul·age /hɑːlɪdʒ/ s 1 carreto; condução; transporte; reboque. 2 o preço que se paga pelo carreto ou reboque.

haul·er /hɑːlə/ s rebocador; transportador.

haunch /hɑːntʃ/ s anca; quadril.

haunt /hɑːnt/ v (**haunts, haunting, haunted, haunted**) assombrar; freqüentar (espírito errante). II s lugar mal-assombrado.

haunt·ing /hɑːntɪŋ/ adj obcecante (música, visão).

haut·bois /hoʊbɔɪ, oʊbɔɪ/ → **hautboy**. (pl **hautbois** /hoʊbɔɪz, oʊbɔɪz/).

haut·boy /hoʊbɔɪ, oʊbɔɪ/ s Mús oboé. (pl **hautboys**. var **hautbois**).

have /hæv/ v (**have/has, having, had, had**) 1 ter; possuir. 2 aux haver. 3 tomar; aceitar. 4 permitir. 5 dar à luz. ♦ **have to** ter de. **have to do with** ter a ver com. **have done with** parar; terminar.

haven /heɪvən/ s 1 porto; ancoradouro. 2 refúgio; abrigo. II v (**havens, havening, havened, havened**) dar refúgio, abrigo.

have-not /hævnɑːt/ s desprovido (de bens materiais).

have·n't /hævənt/ form contr de **have not**.

hav·er·sack /hævəsæk/ s mochila; bornal.

hav·oc /hævək/ v (**havocs, havocking, havocked, havocked**) devastar; destruir. II s destruição; dano; estrago.

haw /hɑː/ s espinheiro; fruto do espinheiro. II v (**haws, hawing, hawed, hawed**) 1 hesitar ao falar. 2 virar para esquerda. II interj usada para ordenar um animal para virar para esquerda.

Ha·wai·ian /həwɑːjən/ adj e s havaiano.

hawk /hɑːk/ s falcão. II v (**hawks, hawking, hawked, hawked**) 1 caçar com falcão. 2 mascatear. 3 pigarrear (para limpar a garganta).

hawk·er /hɑːk/ s mascate.

hawk-eyed /hɑːkaɪd/ adj fig com olhos de falcão, de águia.

haw·thorn /hɑːθɔːrn/ s espinheiro; arbusto espinhoso.

hay /heɪ/ s feno; pasto; forragem. II v (**hays, haying, hayed, hayed**) 1 preparar feno. 2 alimentar animais com feno. ♦ **hay fever** febre do feno.

hay·fork /heɪfɔːrk/ s forcado; garfão para feno.

hay·wire /heɪwaɪr/ adj inform 1 confuso; maluco. 2 quebrado; em mau funcionamento. ♦ **go haywire** 1 ficar maluco. 2 degringolar (plano).

haz·ard /hæzəd/ v (**hazards, hazarding, hazarded, hazarded**) arriscar; aventurar. II s risco; perigo; acaso. ♦ **hazard a guess** arriscar um palpite.

haz·ard·ous /hæzədəs/ adj 1 perigoso. 2 arriscado; incerto; duvidoso.

hazardous waste s lixo tóxico.

haze /heɪz/ s neblina; nevoeiro; névoa. II v (**hazes, hazing, hazed, hazed**) ficar nublado.

ha·zel /heɪzəl/ s 1 aveleira. 2 castanho-avermelhado (cor).

ha·zel·nut /heɪzəlnʌt/ s avelã.

haz·y /heɪzi/ adj 1 nebuloso; enevoado. 2 obscuro; vago. (gr comp **hazier**. gr super **haziest**).

H-bomb /eɪtʃbɑːm/ s bomba H; bomba de hidrogênio.

he /hiː/ pron ele. II s macho (pessoa ou animal).

head /hed/ s 1 cabeça; cérebro. 2 chefe; diretor. 3 cabeçalho. 4 cabeçote. 5

ponta de bengala ou lança. **6** cabeceira (de cama, de mesa, do rio). **7** proa de navio. ‖ *adj* **1** primeiro em uma lista. **2** principal; chefe. ‖ *v* (**heads, heading, headed, headed**) **1** estar à frente de; chefiar; liderar. **2** guiar; ir em direção a. ♦ **head over heels** de pernas para o ar. **heads or tails** cara ou coroa.

head·ache /hˈedeɪk/ *s* dor de cabeça.

head·board /hˈedbɔːrd/ *s* cabeceira (de cama, de sepultura, etc.).

head·dress /hˈeddres/ *s* grinalda; toucado.

head·er /hˈedɚ/ *s* Comp cabeçalho.

head·hunt·er /hˈedhʌntɚ/ *s* **1** caçador de cabeças. **2** *inform* selecionador e/ou recrutador de executivos.

head·ing /hˈedɪŋ/ *s* **1** cabeçalho; título. **2** curso, rumo de viagem.

head·light /hˈedlaɪt/ *s* farol dianteiro.

head·line /hˈedlaɪn/ *s* manchete.

head·man /hˈedmæn/ *s* chefe de uma tribo primitiva.

head·mas·ter /hˈedmæstɚ/ *s* diretor de escola. (*tb* **head master**).

head·mis·tress /hˈedmɪstrəs/ *s* diretora de escola. (*tb* **head mistress**).

head·phone /hˈedfoʊn/ *s* fone de ouvido.

head·quar·ters /hˈedkwɔːrtɚz/ *s pl us v sing* ou *pl* **1** quartel-general. **2** centro administrativo.

head·stone /hˈedstoʊn/ *s* lápide.

head·word /hˈedwɜːrd/ *s* palavra-chave; entrada (em um dicionário, glossário, enciclopédia).

head·work /hˈedwɜːrk/ *s* trabalho intelectual.

head·y /hˈedi/ *adj* **1** impetuoso; obstinado; teimoso. **2** vertiginoso. (*gr comp* **headier**. *gr super* **headiest**).

heal /hiːl/ *v* (**heals, healing, healed, healed**) **1** curar; sarar; cicatrizar. **2** recuperar (físico ou espiritualmente).

heal·a·ble /hˈiːləbəl/ *adj* curável; sanável.

heal·er /hˈiːlɚ/ *s* curandeiro.

health /helθ/ *s* saúde (do corpo e mental). ♦ **Department of Health** Ministério da Saúde. **good health!** saúde! (em um brinde).

health care *s* cuidados médicos. (*tb* **health-care**).

health·ful /hˈelθfəl/ *adj* saudável; salubre.

health insurance *s* seguro de saúde.

health·y /hˈelθi/ *adj* **1** são; sadio. **2** salubre; saudável. (*gr comp* **healthier**. *gr super* **healthiest**).

heap /hiːp/ *s* pilha; monte; montão. ‖ *v* (**heaps, heaping, heaped, heaped**) empilhar; amontoar.

hear /hɪr/ *v* (**hears, hearing, heard, heard**) **1** ouvir; escutar. **2** tomar conhecimento. **3** assistir a; participar de (palestra). ♦ **hear from** ter notícias de.

hear·er /hˈɪrɚ/ *s* ouvinte; auditor.

hear·ing /hˈɪrɪŋ/ *s* **1** audição. **2** *Jur* audiência; averiguação.

hearing aid *s* aparelho para surdez.

hear·ing-im·paired /hˈɪrɪŋɪmperd/ *adj* deficiente auditivo. ‖ *s us v pl* deficientes auditivos.

hear·say /hˈɪrseɪ/ *s* boato; rumor.

hearse /hɜːrs/ *s* carro fúnebre.

heart /hɑːrt/ *s* **1** coração. **2** centro; núcleo. **3** coragem; ânimo; disposição. **4** afeição; amor. **5** parte mais importante e essencial. ♦ **hearts** naipe de copas. **know by heart** saber de cor. **from the bottom of one's heart** do fundo do coração.

heart·ache /hˈɑːrteɪk/ *s* mágoa; desgosto.

heart attack *s* ataque cardíaco.

heart·beat /hˈɑːrtbiːt/ *s* batimento cardíaco.

heart·break /hˈɑːrtbreɪk/ *s* desgosto; pesar; desapontamento.

heart·break·ing /hˈɑːrtbreɪkɪŋ/ *adj* de partir o coração.

heart·bro·ken /hˈɑːrtbroʊkən/ *adj* inconsolável.

heart·burn /hˈɑːrtbɜːrn/ *s* azia.

heart disease *s* doença cardíaca.

heart·en /hˈɑːrtənd/ *v* (**heartens, heartening, heartened, heartened**) encorajar.

heart failure *s* parada cardíaca.

heart·felt /hˈɑːrtfelt/ *adj* sincero; cordial.

hearth /hɑːrθstoʊn/ *s* **1** lareira. **2** *fig* vida familiar; lar.

heart·i·ly /hˈɑːrtɪli/ *adv* **1** sinceramente. **2** com vontade; apetitosamente.

heart·less /hˈɑːrtləs/ *adj* impiedoso; cruel; desumano; insensível.

heart·less·ness /ha:rtləsnəs/ s crueldade; desumanidade; insensibilidade.

heart·y /ha:rti/ adj 1 sincero; cordial; franco. 2 forte; vigoroso; bem disposto. (gr comp **heartier**. gr super **heartiest**).

heat /hi:t/ s 1 calor; ardor. 2 paixão; veemência. 3 inform pressão; estresse. 4 gír policial. ll v (**heats**, **heating**, **heated**, **heated**) 1 aquecer. 2 animar; excitar; inflamar.

heat·er /hi:tə/ s aquecedor.

heath /hi:θ/ s Bot 1 charneca. 2 urze; espinheiro.

hea·then /hi:θən/ adj e s gentio; pagão; idólatra; incrédulo; infiel. (pl do s **heathens** ou **heathen**).

heat stroke s insolação.

heat wave s onda de calor.

heave /hi:v/ v (**heaves**, **heaving**, **heaved**, **heaved**) 1 levantar com esforço; suspender; guindar. 2 jogar; lançar; arremessar. 3 vomitar. 4 expectorar. ll s 1 elevação. 2 arremesso. 3 náusea.

heav·en /hevən/ s céu; firmamento; paraíso. ♦ **move heaven and earth** mover céus e terra; fazer o possível e o impossível.

heav·en·li·ness /hevənlɪnəs/ s excelência suprema; natureza celeste.

heav·en·ly /hevənli/ adj celeste; divino; sublime.

heav·y /hevi/ adj 1 pesado. 2 violento; grave; opressivo. 3 denso; concentrado; maciço. 4 grosso. 5 árduo. ll adv pesadamente. (gr comp **heavier**. gr super **heaviest**).

heav·y·weight /heviweɪt/ s tb Esp peso pesado.

He·bra·ic /hi:breɪɪk/ adj hebraico. (var **Hebraical**).

He·bra·i·cal /hi:breɪkəl/ → **Hebraic**.

He·brew /hi:bru/ s hebreu; hebraico.

hec·a·tomb /hekətoum/ s hecatombe; mortandade; carnificina.

heck·le /hekəl/ v (**heckles**, **heckling**, **heckled**, **heckled**) importunar ou interromper um palestrante com perguntas.

hec·tare /hekter/ s hectare. (abrev **ha**).

hec·tic /hektɪk/ adj 1 agitado; confuso. 2 héctico.

hec·to·gram /hektougræm/ s hectograma. (abrev **hg**).

hec·to·li·ter /hektouli:tə/ s hectolitro. (abrev **hl**).

hec·to·me·ter /hektoumi:tə/ s hectômetro. (abrev **hm**).

he'd /hi:d/ form contr de **he had** e **he would**.

hedge /hedʒ/ s 1 sebe; cerca viva. 2 barreira. ll v (**hedges**, **hedging**, **hedged**, **hedged**) 1 cercar de sebes; cultivar sebes. 2 proteger-se contra perdas nos negócios.

hedge·hog /hedʒha:g/ s Zool ouriço.

hedge·row /hedʒrou/ s cercas vivas; sebes.

he·don·ism /hi:dənɪzəm/ s hedonismo.

he·don·ist /hi:dənɪst/ s hedonista.

heed /hi:d/ v (**heeds**, **heeding**, **heeded**, **heeded**) prestar atenção; considerar. ll s consideração; cautela; atenção.

heed·ful /hi:dfəl/ adj cuidadoso; atento.

heed·ful·ness /hi:dfəlnəs/ s cautela; vigilância; atenção.

heed·less /hi:dləs/ adj desatento; descuidado; imprudente; negligente.

heed·less·ness /hi:dləsnəs/ s desatenção; negligência; imprudência.

hee·haw /hi:ha:/ s zurro; orneio. ll v (**heehaws**, **heehawing**, **heehawed**, **heehawed**) zurrar; ornejar.

heel /hi:l/ s 1 calcanhar. 2 salto; tacão. 3 opressão; tirania. ll v (**heels**, **heeling**, **heeled**, **heeled**) 1 pôr ou consertar salto de sapato. 2 inclinar para um lado.

heft /heft/ s peso. ll v (**hefts**, **hefting**, **hefted**, **hefted**) 1 erguer para avaliar o peso. 2 ter um determinado peso.

heft·y /hefti/ adj robusto; forte; de tamanho e peso consideráveis. (gr comp **heftier**. gr super **heftiest**).

he·gem·o·ny /hɪdʒeməni, hedʒəmouni/ s hegemonia. (pl **hegemonies**).

height /haɪt/ s 1 altura. 2 ápice; cume. 3 eminência; montanha; monte. 4 auge; apogeu; clímax.

height·en /haɪtən/ v (**heightens**, **heightening**, **heightened**, **heightened**) 1 erguer; levantar. 2 elevar; intensificar.

hei·nous /hēnəs/ adj hediondo; abominável.

hei·nous·ness /hēnəsnəs/ s hediondez.

heir /er/ s herdeiro.

heir·dom /erdəm/ s herança.

heir·ess /eris/ s herdeira.

heir·ship /erʃip/ s direito de herdar.

held /held/ v pass e part pass de **hold**.

hel·i·cop·ter /helɪkɑːptɚ/ s helicóptero.

he·li·o·cen·tric /hi:liousentrɪk/ adj heliocêntrico. (var **heliocentrical**).

he·li·o·cen·tri·cal /hi:liousentrɪkəl/ → **heliocentric**.

hel·i·port /helɪpɔːrt/ s heliporto.

he·li·um /hi:liəm/ s Quím hélio. (símb **He**).

he·lix /hi:lɪks/ s 1 hélice. 2 voluta. (pl **helixes** ou **helices** /hi:lɪksi:z/).

hell /hel/ s inferno.

he'll /hi:l/ form contr de **he will** e **he shall**.

hell·bent /helbent/ adj impetuosamente determinado; teimoso. (tb **hellbent**).

hell·cat /helkæt/ s inform mulher vil; bruxa.

Hel·len·ic /hələnɪk/ adj e s helênico.

Hel·le·nize /helɪnaɪz/ v (**Hellenizes**, **Hellenizing**, **Hellenized**, **Hellenized**) helenizar.

hell·ish /helɪʃ/ adj infernal.

hel·lo /helou/ interj alô; olá. (var **hullo**).

helm /helm/ s 1 Náut leme. 2 liderança; direção. ‖ v (**helms**, **helming**, **helmed**, **helmed**) liderar; conduzir.

hel·met /helmət/ s 1 capacete. 2 elmo.

helms·man /helmzmən/ s Náut timoneiro.

help /help/ v (**helps**, **helping**, **helped**, **helped**) 1 ajudar; socorrer; auxiliar. 2 proteger. 3 remediar; aliviar; mudar para melhor. ‖ s 1 ajuda; socorro; auxílio. 2 remédio; recurso; alívio. 3 ajudante; auxiliar.

help desk s equipe de suporte técnico (de uma empresa).

help·er /helpɚ/ s auxiliar; ajudante.

help·ful /helpfəl/ adj 1 prestativo. 2 útil.

help·ing /helpɪŋ/ s porção de comida servida a alguém.

help·less /helpləs/ adj 1 indefeso; desamparado. 2 incapaz; impossibilitado; desvalido.

help·less·ly /helpləsli/ adv sem poder fazer nada.

help·mate /helpmeɪt/ s companheiro (marido e esposa).

helve /helv/ s cabo (de machado, martelo, etc.).

Hel·ve·tian /helvi:ʃən/ adj e s helvético; suíço.

hem /hem/ s 1 bainha; debrum. 2 pigarro (para chamar atenção). ‖ v (**hems**, **hemming**, **hemmed**, **hemmed**) 1 embainhar; debruar. 2 cercar; limitar. 3 pigarrear para chamar atenção.

he-man /hi:mæn/ s homem forte e viril.

he·mat·ic /hɪmætɪk/ adj hemático; sangüíneo.

he·ma·tol·o·gy /hi:mətɑːlədʒi/ s hematologia.

he·ma·to·ma /hi:mətoumə/ s hematoma. (pl **hematomas** ou **hematomata** /hi:mətoumətə/).

hem·i·sphere /hemɪsfɪr/ s hemisfério.

hem·i·spher·ic /hemɪsfɪrɪk/ adj hemisférico. (var **hemispherical**).

hem·i·spher·i·cal /hemɪsfɪrɪkəl/ → **hemispheric**.

hem·i·stich /hemɪstɪk/ s Poét hemistíquio.

hem·lock /hemlɑːk/ s cicuta (planta e veneno).

he·mo·glo·bin /hi:mougloubɪn/ s hemoglobina.

he·mo·phil·i·a /hi:moufɪliə/ s hemofilia.

hem·or·rhage /hemɚɪdʒ/ s hemorragia.

hem·or·rhoids /hemərɔɪdz/ s pl hemorróidas.

hemp /hemp/ s cânhamo; maconha.

hen /hen/ s galinha.

hence /hens/ adv 1 portanto; doravante; conseqüentemente; por esse motivo. 2 daí.

hence·forth /hensfɔːrθ/ adv daqui por diante; de hoje em diante.

hence·for·ward /hensfɔːrwɚd/ adv daqui por diante; de hoje em diante.

hench·man /hentʃmən/ s subordinado; capanga.

hen·coop /henku:p/ s galinheiro.

hen·dec·a·syl·lab·ic /hendekəsɪlæbɪk/ adj e s hendecassílabo.

hen·ner·y /henəri/ s galinheiro; granja. (pl **henneries**).

hen·peck /hɛnpek/ v (henpecks, henpecking, henpecked, henpecked) inform tiranizar ou dominar o marido.

he·pat·ic /hɪpætɪk/ adj hepático. ‖ s remédio hepático.

hep·a·ti·tis /hepətaɪtɪs/ s hepatite. (pl **hepatitides** /hepətaɪtɪdi:z/).

hep·ta·gon /heptəgɑ:n/ s heptágono.

hep·ta·he·dron /heptəhi:drən/ s heptaedro. (pl **heptahedrons** ou **heptahedra** /heptəhi:drə/).

her /hɜ:r/ adj seu; seus; sua; suas (dela). ‖ pron 3ª pes sing fem a; lhe. ‖ s fêmea.
  ◆ **send her home** mande-a para casa.

her·ald /herəld/ s arauto; mensageiro. ‖ v (heralds, heralding, heralded, heralded) anunciar publicamente; proclamar.

her·ald·ry /herəldri/ s heráldica. (pl **heraldries**).

herb /ɜ:rb, hɜ:rb/ s erva.

her·ba·ceous /hɜ·rbeɪʃəs, ɜ·rbeɪʃəs/ adj herbáceo.

herb·age /ɜ:rbɪdʒ, hɜ:rbɪdʒ/ s pastagem.

herb·al /ɜ:rbəl, hɜ:rbəl/ s herbário. ‖ adj herbóreo; herbático.

herb·al·ist /ɜ:rbəlɪst, hɜ:rbəlɪst/ s herbolário; ervanário.

her·bar·i·um /hɜ:rbɛriəm, ɜ:rbɛriəm/ s herbário. (pl **herbariums** ou **herbaria** /hɜ:rbɛriə, ɜ:rbɛriə/).

her·bi·vore /hɜ:rbəvɔ:r, ɜ:rbəvɔ:r/ s herbívoro.

her·biv·o·rous /hɜ:rbɪvərəs, ɜ:rbɪvərəs/ adj herbívoro.

Her·cu·le·an /hɜ:rkju:li:ən/ adj herculano; hercúleo.

herd /hɜ:rd/ s 1 rebanho; manada; bando. 2 multidão. ‖ v (herds, herding, herded, herded) arrebanhar.

herds·man /hɜ:rdzmən/ s boiadeiro; vaqueiro.

here /hɪr/ adv aqui; por aqui; neste lugar. ‖ interj presente; aqui.

here·a·bout /hɪrəbaʊt/ adv nesta vizinhança; nestas imediações. (var **hereabouts**).

here·a·bouts /hɪrəbaʊts/ → **hereabout**.

here·af·ter /hɪræftə/ adv daqui por diante. ‖ s a vida de além-túmulo.

here·by /hɪrbaɪ/ adv pelo presente (documento, ato, decreto, etc.); por este meio.

her·e·dit·a·ment /heredɪtəmənt/ s herança.

he·red·i·tar·y /hərediteri/ adj hereditário.

he·red·i·ty /hərediti/ s hereditariedade. (pl **heredities**).

here·in /hɪrɪn/ adv incluso; anexo.

here·in·af·ter /hɪrɪnæftə/ adv daqui por diante; nas partes que se seguem (em documentos, discursos).

here·in·be·fore /hɪrɪnbɪfɔ:r/ adv daqui para trás; nas partes que antecedem (em documentos, discursos).

here·of /hɪrɑ:v/ adv disto.

here·on /hɪrɑ:n/ adv sobre isto.

her·e·sy /herəsi/ s heresia. (pl **heresies**).

her·e·tic /herətɪk/ s e adj herege; herético.

he·ret·i·cal /həretɪkəl/ adj herético.

here·to /hɪrtu:/ adv para este (documento, fim, propósito, etc.).

here·to·fore /hɪrtu:fɔ:/ adv até o presente; antes disso.

here·up·on /hɪrəpɑ:n/ adv imediatamente após isto.

here·with /hɪrwɪð/ adv 1 juntamente; em anexo. 2 por meio disto; deste modo.

her·i·ta·bil·i·ty /herɪtəbɪləti/ s hereditariedade.

her·i·tage /herɪtɪdʒ/ s herança; legado.

her·maph·ro·dite /həmæfroʊdaɪt/ s hermafrodita.

her·me·neu·tics /hɜ:rmənu:tɪks/ s us v pl ou sing hermenêutica.

her·met·ic /həmetɪk/ adj hermético. (var **hermetical**).

her·met·i·cal /həmetɪkəl/ → **hermetic**.

her·mit /hɜ:rmɪt/ s eremita.

her·mit·age /hɜ:rmɪtɪdʒ/ s eremitério; claustro; retiro.

her·ni·a /hɜ:rniə/ s Med hérnia. (pl **hernias** ou **herniae** /hɜ:rni:/).

her·ni·al /hɜ:rniəl/ adj hernial.

he·ro /hɪroʊ/ s herói.

he·ro·ic /hɪroʊɪk/ adj heróico; épico. (var **heroical**). ‖ s verso heróico.

he·ro·i·cal /hɪroʊɪk/ → adj **heroic**.

her·o·in /heroʊɪn/ s Quím heroína (droga).

her·o·ine /heroʊɪn/ s heroína.

her·o·ism /heroʊɪzəm/ s heroísmo.

her·on /herən/ s Zool garça.

her·ring /hɛrɪŋ/ s Zool arenque.

hers /hɜːrz/ pron seu; seus; sua; suas (dela).

her·self /hərself/ pron ela mesma; ela própria.

he's /hiːs/ form contr de he is e he has.

hes·i·tant /hɛzɪtənt/ adj hesitante.

hes·i·tate /hɛzɪteɪt/ v (hesitates, hesitating, hesitated, hesitated) hesitar; vacilar.

hes·i·ta·tion /hɛzɪteɪʃən/ s hesitação.

het·er·o·dox /hɛtərəda:ks/ adj heterodoxo.

het·er·o·dox·y /hɛtərəda:ksi/ s heterodoxia. (pl heterodoxies).

het·er·og·a·my /hɛtərɑːgəmi/ s heterogamia.

het·er·o·ge·ne·i·ty /hɛtəroudʒəniːəti/ s heterogeneidade.

het·er·o·ge·ne·ous /hɛtəroudʒiːniəs/ adj heterogêneo. (var heterogenous).

het·er·og·e·nous /hɛtəroudʒənəs/ → heterogeneous.

het·er·o·sex·u·al /hɛtərousɛkʃuəl/ s e adj heterossexual.

het·er·o·sex·u·al·i·ty /hɛtərousɛkʃuæləti/ s heterossexualidade.

heu·ris·tic /hjuːrɪstɪk/ adj heurístico.

hew /hjuː/ v (hews, hewing, hewed, hewed, hewn) talhar; cortar com machado.

hew·er /hjuːər/ s talhador.

hex·a·gon /hɛksəgaːn/ s hexágono.

hex·a·he·dron /hɛksəhiːdrən/ s hexaedro.

hex·am·e·ter /hɛksæmətər/ s hexâmetro.

hey /heɪ/ interj eh; ei.

hey·day /heɪdeɪ/ s apogeu; auge.

hi /haɪ/ interj alô; olá.

hi·a·tus /haɪeɪtəs/ s tb Gram hiato; lacuna. (pl hiatuses /haɪeɪtəsɪz/ ou hiatus).

hi·ber·nal /haɪbɜːrnəl/ adj hibernal.

hi·ber·nate /haɪbərneɪt/ v (hibernates, hibernating, hibernated, hibernated) hibernar.

hi·ber·na·tion /haɪbərneɪʃən/ s hibernação.

hic·cough /hɪkʌp/ → hiccup.

hic·cup /hɪkʌp/ s soluço. ‖ v (hiccups, hiccupping, hiccupped, hiccupped) soluçar. (var hiccough).

hid /hɪd/ v pass e part pass de hide.

hid·den /hɪdən/ v part pass de hide.

hide /haɪd/ v (hides, hiding, hid, hidden, hid) esconder; ocultar; segregar. ‖ s couro; pele de animal.

hide-and-seek /haɪdənsiːk/ s esconde-esconde.

hide·a·way /haɪdəweɪ/ s esconderijo; refúgio.

hide·bound /haɪdbaʊnd/ adj inflexível; obstinado.

hid·e·ous /hɪdiəs/ adj hediondo; horroroso; medonho; repulsivo.

hid·e·ous·ness /hɪdiəsnəs/ s hediondez.

hide·out /haɪdaʊt/ s esconderijo.

hic /haɪ/ v (hies, hieing/hying, hied, hied) apressar.

hi·er·ar·chal /haɪrɑːrkəl/ → hierarchical.

hi·er·ar·chic /haɪrɑːrkɪk/ → hierarchical.

hi·er·ar·chi·cal /haɪrɑːrkɪkəl/ adj hierárquico. (var hierarchic ou hierarchal).

hi·er·ar·chy /haɪrɑːrki/ s hierarquia. (pl hierarchies).

hi·er·at·ic /haɪrætɪk/ adj hierático.

hi·er·o·glyph /haɪrouglɪf/ s hieróglifo; hieroglifo.

hi-fi /haɪfaɪ, haɪfaɪ/ s alta-fidelidade. (pl hi-fis).

hig·gle /hɪgəl/ v (higgles, higgling, higgled, higgled) regatear.

hig·gler /hɪglər/ s regateador.

high /haɪ/ adj 1 alto; elevado. 2 superior; eminente. 3 crucial. 4 violento; intenso. 5 luxuoso; extravagante. 6 gír embriagado; drogado. ‖ adv 1 alto; altamente. 2 de modo extravagante. ‖ s alto; alturas. ◆ high and dry fora de alcance; sem recursos. high and low em todo lugar; por toda parte. it is 10 m high tem 10 m de altura. high in the air nas alturas.

high altar s altar-mor.

high·ball /haɪbɔːl/ s uísque com soda e gelo.

high·born /haɪbɔːrn/ adj bem-nascido; de alta linhagem; nobre.

high·bred /haɪbred/ adj puro-sangue.

high·chair /haɪtʃer/ s cadeira de bebê.

high-class /haɪklæs/ adj superior; de primeira classe.

high court s suprema corte. (tb Supreme Court).

high-den·si·ty /haɪdɛnsəti/ adj de alta densidade.

higher education s ensino superior.

high·jack /ˈhaɪdʒæk/ → **hijack**.

high·land /ˈhaɪlənd/ s região elevada; planalto. ♦ **Highlands** região montanhosa da Escócia.

high-lev·el /ˈhaɪlevəl/ adj de alto nível.

high·light /ˈhaɪlaɪt/ s 1 parte ressaltada. 2 evento ou detalhe importante. II v (**highlights, highlighting, highlighted, highlighted**) realçar; enfatizar.

high·ness /ˈhaɪnəs/ s 1 elevação. 2 alteza. ♦ **Your Highness** Vossa Alteza.

high-risk /ˈhaɪrɪsk/ adj de alto risco.

high school s colégio; escola secundária.

high-speed /ˈhaɪspiːd/ adj de alta velocidade.

high style s alto estilo; alta moda.

high tech /ˈhaɪtek/ adj de alta tecnologia. (var **hi-tech**). II s alta tecnologia.

high-ten·sion /ˈhaɪtenʃən/ adj de alta tensão.

high·way /ˈhaɪweɪ/ s auto-estrada; rodovia.

hi·jack /ˈhaɪdʒæk/ v (**hijacks, hijacking, hijacked, hijacked**) seqüestrar (especialmente um avião). (var **highjack**).

hi·jack·er /ˈhaɪdʒækər/ s seqüestrador.

hike /haɪk/ v (**hikes, hiking, hiked, hiked**) 1 caminhar; andar a pé. 2 elevar a quantia de modo abrupto. II s 1 caminhada; passeio a pé; marcha. 2 aumento repentino.

hi·lar·i·ous /hɪˈleriəs/ adj hilariante.

hi·lar·i·ty /hɪˈlerəti/ s hilaridade.

hill /hɪl/ s colina; morro; monte. II v (**hills, hilling, hilled, hilled**) formar montes; amontoar.

hill·bil·ly /ˈhɪlbɪli/ s inform caipira. (pl **hillbillies**)

hill·ock /ˈhɪlək/ s pequena colina; outeiro.

hill·side /ˈhɪlsaɪd, hɪlˈsaɪd/ s encosta; vertente.

hill·y /ˈhɪli/ adj montanhoso; escarpado. (gr comp **hillier**. gr super **hilliest**)

hilt /hɪlt/ s punho; cabo (de punhal, espada). ♦ **to the hilt** plenamente; até o limite.

hi·lum /ˈhaɪləm/ s Bot hilo. (pl **hila** /ˈhaɪlə/).

him /hɪm/ pron 3ª pess sing masc o; lhe. II s macho.

him·self /hɪmˈself/ pron se; si mesmo; ele mesmo; ele próprio.

hind /haɪnd/ adj traseiro; posterior; da retaguarda. (var **hinder**). II s Zool corça.

hind·er /ˈhɪndər/ v (**hinders, hindering, hindered, hindered**) impedir; obstruir; retardar. II /ˈhaɪndər/ adj → **hind**.

hind·er·most /ˈhaɪndərmoʊst/ → **hindmost**.

hind·most /ˈhaɪndmoʊst/ adj que está mais atrás; último. (var **hindermost**).

hin·drance /ˈhɪndrəns/ s obstáculo; impedimento.

Hin·du /ˈhɪnduː/ s e adj hindu.

Hin·du·ism /ˈhɪnduːɪzəm/ s hinduísmo.

hinge /hɪndʒ/ s dobradiça; gonzo; junta; articulação. II v (**hinges, hinging, hinged, hinged**) 1 pôr dobradiça. 2 tornar algo dependente.

hint /hɪnt/ s insinuação; sugestão; dica; pista. II v (**hints, hinting, hinted, hinted**) insinuar; dar uma dica ou pista.

hip /hɪp/ s 1 anca; quadril. 2 Arq ângulo externo; cantoneira de telhado.

hip·po·drome /ˈhɪpədroʊm/ s hipódromo.

hip·po·pot·a·mus /ˌhɪpəˈpɑːtəməs/ s hipopótamo. (pl **hippopotamuses** ou **hippopotami** /ˌhɪpəˈpɑːtəmaɪ/).

hire /haɪr/ v (**hires, hiring, hired, hired**) 1 alugar. 2 contratar; empregar. 3 conseguir trabalho. II s 1 aluguel. 2 salário; pagamento. 3 contratação.

hire·ling /ˈhaɪrlɪŋ/ s mercenário.

hir·er /ˈhaɪrər/ s locador; alugador.

hir·sute /ˈhɜːrsuːt, hɜːrˈsuːt, həˈsuːt/ adj hirsuto; cerdoso.

his /hɪz/ adj e pron seu; sua; seus; suas (dele).

His·pan·ic /hɪsˈpænɪk/ adj e s hispânico.

hiss /hɪs/ s 1 silvo. 2 vaia. II v (**hisses, hissing, hissed, hissed**) 1 silvar. 2 vaiar.

his·tol·o·gy /hɪsˈtɑːlədʒi/ s histologia. (pl **histologies**)

his·to·ri·an /hɪsˈtɔːriən/ s historiador.

his·tor·ic /hɪsˈtɔːrɪk/ adj histórico (que tem importância ou influência na história).

his·tor·i·cal /hɪsˈtɔːrɪkəl/ adj histórico (relativo a qualquer fato da história).

his·to·ry /ˈhɪstəri/ s 1 história. 2 Comp histórico. (pl **histories**).

hit /hɪt/ v (**hits, hitting, hit, hit**) **1** bater. **2** chocar-se com. **3** acertar (no alvo); atingir. II s **1** golpe; pancada. **2** choque; colisão.

hitch /hɪtʃ/ s **1** empecilho; transtorno; obstáculo. **2** nó; laço. **3** carona. II v (**hitches, hitching, hitched, hitched**) **1** prender; agarrar. **2** mover puxando ou sacudindo. **3** pegar carona.

hitch·hike /hɪtʃhaɪk/ v (**hitchhikes, hitchhiking, hitchhiked, hitchhiked**) pedir ou pegar carona.

hi-tech /haɪtek/ → **high tech**.

hith·er /hɪðə/ adv para cá, em direção a este lugar. II adj localizado perto.

hith·er·to /hɪθə'tu:/ adv até agora; até o momento.

HIV /eɪtʃaɪviː/ abrev de **human immunodeficiency virus** (vírus da imunodeficiência humana). ♦ **HIV positive** soro positivo (para AIDS).

hive /haɪv/ s colméia; enxame. II v (**hives, hiving, hived, hived**) enxamear.

hives /haɪvz/ s us v sing ou pl urticária.

ho /hoʊ/ interj olá.

hoard /hɔːrd/ s provisão; reserva; tesouro. II v (**hoards, hoarding, hoarded, hoarded**) **1** armazenar; acumular reserva. **2** esconder tesouro.

hoarse /hɔːrs/ adj rouco.

hoarse·ness /hɔːrsnəs/ s rouquidão.

hoar·y /hɔːri/ adj **1** branco; grisalho; esbranquiçado (especialmente os cabelos, pela idade). **2** ancião; muito velho e respeitável. (gr comp **hoarier**. gr super **hoariest**).

hoax /hoʊks/ s logro; burla; mistificação. II v (**hoaxes, hoaxing, hoaxed, hoaxed**) burlar; lograr; mistificar.

hoax·er /hoʊksə/ s burlador; mistificador.

hob·ble /hɑːbəl/ v (**hobbles, hobbling, hobbled, hobbled**) coxear; mancar. II s coxeadura.

hob·by /hɑːbi/ s passatempo preferido. (pl **hobbies**).

hob·by·horse /hɑːbihɔːrs/ s cavalinho de pau.

hob·gob·lin /hɑːbgɑːblɪn/ s duende; diabrete.

hob·nob /hɑːbnɑːb/ v (**hobnobs, hobnobbing, hobnobbed, hobnobbed**) ter intimidade (com alguém); fazer camaradagem.

hock·ey /hɑːki/ s Esp hóquei.

hoe /hoʊ/ s enxada. II v (**hoes, hoeing, hoed, hoed**) cavar ou capinar com enxada.

hog /hɑːg/ s **1** tb fig porco. **2** glutão. II v (**hogs, hogging, hogged, hogged**) monopolizar; tomar mais do que de direito.

hog·gish /hɑːgɪʃ/ adj porcino; glutão; grosseiro.

hogs·head /hɑːgzhed/ s barril ou casco com capacidade de 238 a 530 l.

hoist /hɔɪst/ s **1** hasteamento; içamento. **2** guindaste; guincho. II v (**hoists, hoisting, hoisted, hoisted**) hastear; içar.

hold /hoʊld/ s **1** posse; controle completo. **2** presa; apresamento. **3** garra. **4** Náut e Aer porão. **5** apoio (para a mão ao segurar algo). II v (**holds, holding, held, held**) **1** segurar; agarrar; prender; sustentar. **2** manter (cargo, posição). **3** resistir. **4** possuir. **5** acontecer (uma festa em determinado local). **6** conter; reter; deter. ♦ **hold off** afastar; repelir. **hold on** esperar; aguardar. **hold over** adiar. **hold up 1** atrasar. **2** assaltar (com arma). **3** reter. **hold the line** não desligue (o telefone).

hold·all /hoʊldɔːl/ s maleta ou mochila de viagem.

hold button s Tel botão de chamada em espera.

hold·er /hoʊldə/ s **1** portador; detentor; possuidor. **2** vasilhame; recipiente.

hold·ing /hoʊldɪŋ/ s **1** posse; arrendamento. **2** geralm pl ações; títulos; propriedades.

hold·up /hoʊldʌp/ s **1** demora. **2** assalto a mão armada.

hole /hoʊl/ s **1** buraco; cavidade. **2** furo; orifício. **3** toca. II v (**holes, holing, holed, holed**) esburacar; fazer buraco.

hol·i·day /hɑːlədeɪ/ s feriado.

ho·li·ness /hoʊlinəs/ s santidade.

ho·lis·tic /hoʊlɪstɪk/ adj holístico.

Hol·land /hɑːlənd/ s Holanda.

hol·low /hɑːloʊ/ v (hollows, hollowing, hollowed, hollowed) cavar; escavar. ‖ adj 1 oco; vazio. 2 fundo. 3 pérfido; falso. 4 surdo; abafado (som). (gr comp hollower. gr super hollowest). ‖ s cavidade; depressão.

hol·low·ness /hɑːloʊnəs/ s 1 cavidade. 2 perfídia; falsidade.

hol·ly /hɑːli/ s Bot azevinho. (pl hollies).

hol·o·caust /hɑːləkɑːst, hoʊləkɑːst/ s holocausto.

hol·o·gram /hɑːləgræm, hoʊləgræm/ s holograma.

hol·ster /hoʊlstə/ s coldre.

ho·ly /hoʊli/ adj sagrado; santo; divino. (gr comp holier. gr super holiest).

hom·age /hɑːmɪdʒ, ɑːmɪdʒ/ s homenagem.
  ♦ pay a homage homenagear; prestar homenagem a.

home /hoʊm/ s 1 lar; casa; residência; habitação. 2 pátria; cidade natal. ‖ adj caseiro; doméstico; familiar. ‖ adv 1 para casa; em casa. 2 até o fundo. ‖ v (homes, homing, homed, homed) ir ou voltar para casa. ♦ at home 1 em casa. 2 à vontade.

home·build·er /hoʊmbɪldə/ s construtor; construtora (de casas).

home·com·ing /hoʊmkʌmɪŋ/ s regresso ao lar.

home computer s Comp computador residencial.

home economics s economia doméstica.

home·land /hoʊmlænd/ s terra natal; pátria.

home·less /hoʊmləs/ adj sem lar; desabrigado. ‖ s us v pl os sem-teto; os desabrigados.

home·li·ness /hoʊmlɪnəs/ s simplicidade; rusticidade.

home·ly /hoʊmli/ adj doméstico; simples; caseiro; humilde. (gr comp homelier. gr super homeliest).

home·made /hoʊmmeɪd/ adj feito em casa; caseiro.

ho·me·op·a·thy /hoʊmiɑːpəθi/ s homeopatia. (pl homeopathies).

home page s Comp página inicial (documento destinado a funcionar como o ponto de partida de um site da Web).

home·sick /hoʊmsɪk/ adj com saudades da pátria ou do lar.

home·spun /hoʊmspʌn/ adj caseiro; feito em casa. ‖ s pano tecido em casa.

home·stead /hoʊmsted/ s propriedade rural.

home·town /hoʊmtaʊn/ s cidade natal.

home video s fita de videocassete para se ver em casa.

home·work /hoʊmwɜːrk/ s lição ou dever de casa.

hom·i·cid·al /hɑːməsaɪdəl, hoʊməsaɪdəl/ adj homicida.

hom·i·cide /hɑːməsaɪd, hoʊməsaɪd/ s 1 homicídio. 2 homicida.

ho·mo·ge·ne·i·ty /hoʊmoʊdʒəniːəti/ s homogeneidade. (pl homogeneities).

ho·mo·ge·ne·ous /hoʊmoʊdʒiːniəs/ adj homogêneo.

hom·o·graph /hɑːməgræf, hoʊməgræf/ s Gram homógrafo.

hom·o·nym /hɑːmənɪm/ s Gram homônimo.

ho·mon·y·mous /hoʊmɑːnəməs/ adj homônimo; que tem o mesmo nome.

hom·o·phone /hɑːməfoʊn, hoʊməfoʊn/ s Gram homófono.

ho·mo·sex·u·al /hoʊmoʊsekʃuəl/ adj e s homossexual.

ho·mo·sex·u·al·i·ty /hoʊmoʊsekʃuæləti/ s homossexualidade.

Hon·du·ran /hɑːndʊrən/ s e adj hondurenho.

Hon·du·ras /hɑːndʊrəs/ s Honduras.

hone /hoʊn/ s pedra de amolar ou afiar. ‖ v (hones, honing, honed, honed) 1 afiar; amolar. 2 lamentar.

hon·est /ɑːnɪst/ adj 1 honesto; honrado. 2 sincero.

hon·est·ly /ɑːnɪstli/ adv e interj honestamente; francamente.

hon·es·ty /ɑːnɪsti/ s 1 honestidade; honradez. 2 sinceridade; franqueza. (pl honesties).

hon·ey /hʌni/ s 1 mel. 2 inform querido; meu bem; doçura. (pl honeys). ‖ v (honeys, honeying, honeyed/honied, honeyed/honied) 1 melar; adoçar. 2 bajular com conversa doce.

hon·ey·bee /hʌnibiː/ s abelha-doméstica.

hon·ey·comb /hʌnikoʊm/ s favo de mel.

hon·eyed /hʌnid/ adj doce; adoçado com mel. (var honied).

hon·ey·moon /hʌnimu:n/ s lua-de-mel.

Hong Kong /ha:ŋka:ŋ/ s Hong Kong.

hon·ied /hʌnid/ → honeyed.

honk /ha:ŋk/ s 1 grasnido. 2 buzinada. ‖ v (honks, honking, honked, honked) 1 grasnar. 2 buzinar.

hon·or /a:nə-/ s honra; honradez; dignidade. ‖ v (honors, honoring, honored, honored) honrar; respeitar; homenagear; glorificar (a Deus); estimar.

hon·or·a·ble /a:nə-əbəl/ adj honrado; honroso; digno; justo; nobre.

hon·or·a·ble·ness /a:nə-əbəlnəs/ s honorabilidade; honestidade; retidão.

hon·o·rar·i·um /a:nəreriəm/ s honorários. (pl honorariums ou honoraria /a:nəreriə/).

hood /hʊd/ s 1 capuz; touca. 2 capô. 3 capota de automóvel. ‖ v (hoods, hooding, hooded, hooded) pôr touca ou capuz.

hood·ed /hʊdɪd/ adj encapuzado.

hood·wink /hʊdwɪŋk/ v (hoodwinks, hoodwinking, hoodwinked, hoodwinked) enganar; ludibriar; iludir.

hoof /hʊf/ s casco (de cavalo, boi, etc.). ‖ v (hoofs, hoofing, hoofed, hoofed) andar devagar; andar a passo. (pl hoofs ou hooves /hʊvz/).

hook /hʊk/ s 1 gancho. 2 anzol. ‖ v (hooks, hooking, hooked, hooked) fisgar; prender com gancho; enganchar.

hooked /hʊkt/ adj gír viciado (em uma atividade ou em drogas). ♦ be hooked on estar fissurado em; estar viciado em.

hook·er /hʊkə-/ s gír prostituta.

hoo·li·gan /hu:lɪgən/ s desordeiro; bagunceiro.

hoop /hu:p, hʊp/ s arco; círculo; argola; aro. ‖ v (hoops, hooping, hooped, hooped) pôr arcos ou aros.

hoot /hu:t/ s 1 pio da coruja. 2 grito; apupo; vaia. 3 buzinada. ‖ v (hoots, hooting, hooted, hooted) 1 gritar; apupar; vaiar. 2 buzinar.

hop /ha:p/ s 1 salto; pulo. 2 Bot lúpulo. ‖ v (hops, hopping, hopped, hopped) pular; saltar; saltitar.

hope /hoʊp/ s esperança; confiança; expectativa. ‖ v (hopes, hoping, hoped, hoped) ter esperança; esperar; confiar.

hope·ful /hoʊpfəl/ adj esperançoso; promissor.

hope·ful·ly /hoʊpfəli/ adv esperançosamente; felizmente.

hope·ful·ness /hoʊpfəlnəs/ s qualidade de ser esperançoso.

hope·less /hoʊpləs/ adj desesperançado; desesperado.

hope·less·ness /hoʊpləsnəs/ s desesperança.

horde /hɔ:rd/ s horda; bando; multidão.

ho·ri·zon /həraɪzən/ s horizonte.

horn /hɔ:rn/ s 1 chifre; corno. 2 trompa; corneta. 3 buzina.

horned /hɔ:rnd/ adj cornudo; cornígero.

hor·net /hɔ:rnɪt/ s vespão; marimbondo.

horn·y /hɔ:rni/ adj córneo; que tem chifre. (gr comp hornier. gr super horniest).

hor·o·loge /hɔ:rəloʊdʒ/ s relógio de sol; relógio, principalmente de torre.

hor·o·scope /hɔ:rəskoʊp/ s horóscopo.

hor·ri·ble /hɔ:rəbəl/ adj horrível.

hor·ri·ble·ness /hɔ:rəbəlnəs/ s horribilidade.

hor·rid /hɔ:rɪd/ adj horrendo.

hor·ri·fy /hɔ:rɪfaɪ/ v (horrifies, horrifying, horrified, horrified) horrorizar.

hor·ror /hɔ:rə-/ s horror.

horse /hɔ:rs/ s 1 cavalo. 2 cavalo-de-pau. 3 cavalaria. ‖ v (horses, horsing, horsed, horsed) montar a cavalo; fornecer cavalos.

horse·hair /hɔ:rsher/ s crina.

horse·man /hɔ:rsmən/ s cavaleiro. (pl horsemen).

horse·man·ship /hɔ:rsmənʃɪp/ s equitação.

horse·pow·er /hɔ:rspaʊə-/ s cavalo-vapor.

horse·shoe /hɔ:rsʃu:/ s ferradura.

horse·wom·an /hɔ:rswʊmən/ s amazona. (pl horsewomen /hɔ:rswɪmɪn/).

hor·ta·tive /hɔ:rtətɪv/ adj exortativo.

hor·ta·to·ry /hɔ:rtətɔ:ri/ adj exortatório.

hor·ti·cul·ture /hɔ:rtəkʌltʃə-/ s horticultura.

hose /hoʊz/ s 1 mangueira. 2 meias. 3 calções. ‖ v (hoses, hosing, hosed, hosed) regar com mangueira.

ho·sier·y /hoʊʒəi/ s artigos de malha; meias e roupas íntimas.

hos·pice /hɑ:spɪs/ s abrigo para viajantes (mantido por religiosos).

hos·pi·ta·ble /hɑ:spɪtəbəl, hɑ:spɪtəbəl/ adj hospitaleiro.

hos·pi·tal /hɑ:spɪtəl/ s hospital.

hos·pi·tal·i·ty /hɑ:spɪtælətɪ/ s hospitalidade. (pl **hospitalities**).

hos·pi·tal·ize /hɑ:spɪtəlaɪz/ v (**hospitalizes, hospitalizing, hospitalized, hospitalized**) hospitalizar.

host /hoʊst/ s 1 tb Comp anfitrião. 2 Biol hospedeiro. 3 hóstia.

hos·tage /hɑ:stɪdʒ/ s refém.

hos·tel /hɑ:stəl/ s hospedaria; estalagem; albergue.

host·ess /hoʊstɪs/ s anfitriã. (pl **hostesses**).

hos·tile /hɑ:stəl, hɑ:staɪl/ adj hostil.

hos·til·i·ty /hɑ:stɪlətɪ/ s hostilidade. (pl **hostilities**).

hos·tler /hɑ:slə, ɑ:slə/ s 1 moço de estrebaria. 2 estalajadeiro. 3 operador de veículos pesados. (var **ostler**).

hot /hɑ:t/ adj quente; ardente; picante; fogoso; intrépido; violento; apaixonado.

hot dog s cachorro-quente. (tb **hotdog**).

ho·tel /hoʊtel/ s hotel; hospedaria.

hot·foot /hɑ:tfʊt/ adv apressadamente. || v (**hotfoots, hotfooting, hotfooted, hotfooted**) apressar-se.

hot·head /hɑ:thed/ s pessoa impetuosa, impulsiva, fogosa.

hot·house /hɑ:thaʊs/ s estufa para plantas.

hot key s Comp tecla de atalho.

hound /haʊnd/ s cão de caça. || v (**hounds, hounding, hounded, hounded**) acossar; caçar com cães.

hour /aʊr/ s hora; tempo; ocasião.

hour·glass /aʊrglæs/ s ampulheta.

hour·ly /aʊrli/ adj de hora em hora. || adv a cada hora.

house /haʊs/ s 1 casa; moradia; residência; habitação; morada; lar; domicílio. 2 casa comercial. 3 casa de espetáculos. 4 assembléia. || v (**houses, housing, housed, housed**) residir; morar; habitar; recolher-se; abrigar-se; agasalhar-se. ♦ **keep house** 1 cuidar de casa. 2 ter sua casa, seu lar.

house·hold /haʊshoʊld/ s lar; casa.

house·hold·er /haʊshoʊldə/ s 1 proprietário de imóvel. 2 chefe de família.

house·keep·er /haʊski:pə/ s 1 empregado que toma conta da casa. 2 dona-de-casa.

house·maid /haʊsmeɪd/ s empregada doméstica.

house·wife /haʊswaɪf/ s 1 dona-de-casa; mãe de família. 2 /hʌzɪf/ estojo de costura. (pl **housewives**).

house·work /haʊswɜːrk/ s serviço doméstico.

hous·ing /haʊzɪŋ/ s 1 habitação; moradia. 2 alojamento. 3 compartimento.

hov·el /hʌvəl/ s choça; casebre.

how /haʊ/ adv 1 como; de que maneira. 2 até que grau ou quantidade; até que extensão. 3 por que razão. || conj como. || s modo ou método de se fazer algo. ♦ **how are you?** como vai? **how about a drink?** o que você acha de um drinque?; que tal um drinque? **how is it that …?** por que é que …? **how lovely!** que lindo! **how much/many** quanto; quantos.

how·ev·er /haʊevə/ conj todavia; contudo; porém. || adv de qualquer modo; como quer que seja.

howl /haʊl/ s 1 uivo; urro. 2 berro; grito. || v (**howls, howling, howled, howled**) 1 uivar; urrar. 2 berrar; gritar.

howl·er /haʊlə/ s gír besteira; disparate.

how·so·ev·er /haʊsoʊevə/ adv de qualquer modo.

hoy /hɔɪ/ interj olá; alto. || s Náut batelão.

HQ /eɪtʃkju:/ abrev de **Headquarters**; QG; Quartel-General.

HTML abrev Comp de **Hypertext Markup Language**; linguagem de marcação de hipertexto (linguagem usada para documentos da Web).

HTTP abrev Comp de **HyperText Transfer Protocol**; protocolo de transferência de hipertexto (protocolo usado para acessar informações na Web).

hub /hʌb/ s 1 cubo (de roda). 2 núcleo; eixo; centro.

hub·bub /hʌbʌb/ s algazarra; tumulto.

hub·cap /hʌbkæp/ s calota (de carro).

huck·ster /hʌkstɚ/ s vendedor ambulante; mascate. || v (**hucksters, huckstering, huckstered, huckstered**) vender ou anunciar um produto com propaganda agressiva.

hud·dle /hʌdl/ s 1 multidão de pessoas e animais. 2 pequena conferência ou encontro. || v (**huddles, huddling, huddled, huddled**) 1 reunir-se ou aconchegar-se para espantar o frio. 2 tumultuar.

hue /hju:/ s 1 matiz; tonalidade. 2 aparência; aspecto.

huff /hʌf/ s ressentimento.

huff·i·ness /hʌfɪnəs/ s vulnerabilidade.

huff·y /hʌfi/ adj vulnerável; irritável. (gr comp **huffier**. gr super **huffiest**).

hug /hʌg/ s abraço apertado. || v (**hugs, hugging, hugged, hugged**) abraçar.

huge /hju:dʒ/ adj enorme; imenso; vasto.

huge·ness /hju:dʒnəs/ s enormidade; imensidade; vastidão.

hulk /hʌlk/ s 1 Náut navio pesado. 2 brutamontes; pessoa grande e desajeitada.

hull /hʌl/ s 1 Náut casco. 2 casca (de fruta, semente). || v (**hulls, hulling, hulled, hulled**) descascar.

hul·lo /həloʊ/ → hello.

hum /hʌm/ s zumbido; zunido. || v (**hums, humming, hummed, hummed**) cantarolar; zumbir.

hu·man /hju:mən/ adj e s humano.

human being s ser humano.

hu·mane /hju:meɪn/ adj humano; humanitário; benevolente.

hu·mane·ness /hju:meɪnnəs/ s humanidade; clemência; compaixão.

hu·man·ism /hju:mənɪzəm/ s humanismo.

hu·man·ist /hju:mənɪst/ s humanista.

hu·man·i·tar·i·an /hju:mænəteriən/ adj e s humanitário; filantropo.

hu·man·i·tar·i·an·ism /hju:mænəterɪənɪzəm/ s humanitarismo.

hu·man·i·ty /hju:mænəti/ s humanidade; a espécie humana. ♦ **humanities** humanidades; estudo de língua e literatura clássicas.

hu·man·ize /hju:mənaɪz/ v (**humanizes, humanizing, humanized, humanized**) humanizar.

hu·man·kind /hju:mənkaɪnd/ s humanidade; espécie humana.

human nature s natureza humana.

human race s raça humana.

human resources s recursos humanos.

human rights s direitos humanos.

hum·ble /hʌmbəl/ adj humilde; simples; modesto. || v (**humbles, humbling, humbled, humbled**) 1 humilhar. 2 rebaixar.

hum·ble·ness /hʌmbəlnəs/ s humildade.

hum·bug /hʌmbʌg/ s 1 fraude; farsa; engano; logro. 2 impostor; embusteiro. || v (**humbugs, humbugging, humbugged, humbugged**) iludir; lograr; tapear.

hum·drum /hʌmdrʌm/ adj monótono; rotineiro. || s conversa ou rotina monótona.

hu·mid /hju:mɪd/ adj úmido.

hu·mid·i·fy /hju:mɪdɪfaɪ/ v (**humidifies, humidifying, humidified, humidified**) umedecer.

hu·mid·i·ty /hju:mɪdəti/ s umidade.

hu·mil·i·ate /hju:mɪlieɪt/ v (**humiliates, humiliating, humiliated, humiliated**) humilhar.

hu·mil·i·a·tion /hju:mɪlieɪʃən/ s humilhação.

hu·mil·i·ty /hju:mɪləti/ s humildade.

hum·ming·bird /hʌmɪŋbɜːrd/ s Zool beija-flor; colibri.

hu·mor /hju:mɚ/ s 1 humor. 2 disposição; estado de espírito. || v (**humors, humoring, humored, humored**) 1 fazer a vontade de; atender aos desejos de. 2 adaptar-se. ♦ **sense of humor** senso de humor. **be in a good humor** estar de bom humor. **be in a bad humor** estar de mau humor.

hu·mor·ist /hju:mərɪst/ s humorista.

hu·mor·ous /hju:mərəs/ adj engraçado; com humor; divertido; cômico.

hump /hʌmp/ v (**humps, humping, humped, humped**) corcovar; curvar; arquear. || s corcunda; corcova.

hump·back /hʌmpbæk/ s corcunda.

hump·backed /hʌmpbækt/ adj corcovado; corcunda.

humpback whale s baleia corcunda.

hump·y /hʌmpi/ adj corcunda; giboso. (gr comp **humpier**. gr super **humpiest**).

hunch /hʌntʃ/ s 1 corcova; corcunda. 2 palpite; pressentimento. 3 naco; pedaço. ‖ v (hunches, hunching, hunched, hunched) curvar; arquear.

hunch·back /hʌntʃbæk/ s corcunda (pessoa).

hun·dred /hʌndrəd/ num cem. ‖ s cem; centena.

hun·dredth /hʌndrədθ/ num centésimo.

hung /hʌŋ/ v pass e part pass de hang.

Hun·gar·i·an /hʌŋɡeriən/ adj e s húngaro.

Hun·ga·ry /hʌŋɡəri/ s Hungria.

hun·ger /hʌŋɡə/ s 1 fome. 2 ânsia; desejo ardente; vontade. ‖ v (hungers, hungering, hungered, hungered) 1 ter fome. 2 ansiar; desejar ardentemente.

hunger strike s greve de fome.

hun·gry /hʌŋɡri/ adj com fome; faminto. (gr comp hungrier. gr super hungriest).

hunk /hʌŋk/ s 1 inform naco; pedaço. 2 gír homem atraente sexualmente.

hunt /hʌnt/ s 1 caça; caçada. 2 busca; perseguição. ‖ v (hunts, hunting, hunted, hunted) 1 caçar. 2 perseguir.

hunt·er /hʌntə/ s caçador.

hunt·ing /hʌntɪŋ/ s 1 caça; caçada. 2 perseguição.

hunt·ress /hʌntrəs/ s caçadora. (pl hunt·resses).

hunts·man /hʌntsmən/ s caçador.

hur·dle /hɜːrdl/ s Esp barreira; obstáculo. ‖ v (hurdles, hurdling, hurdled, hurdled) Esp saltar sobre barreiras.

hur·dy-gur·dy /hɜːrdiɡɜːrdi, hɜːrdiɡɜːrdi/ s Mús realejo.

hurl /hɜːrl/ v (hurls, hurling, hurled, hurled) arremessar; lançar.

hur·ri·cane /hɜːrɪkeɪn/ s furacão.

hur·ried /hɜːrid/ adj apressado; precipitado.

hur·ry /hɜːri/ s pressa; precipitação. (pl hurries). ‖ v (hurries, hurrying, hurried, hurried) apressar; precipitar.

hurt /hɜːrt/ v (hurts, hurting, hurt, hurt) 1 ferir. 2 ofender; magoar. 3 doer. ‖ s 1 dor. 2 ferimento. 3 sofrimento; angústia. 4 prejuízo; dano.

hurt·ful /hɜːrtfəl/ adj prejudicial; nocivo.

hurt·ful·ness /hɜːrtfəlnəs/ s dano; prejuízo; malefício.

hur·tle /hɜːrtl/ v (hurtles, hurtling, hurtled, hurtled) arremessar-se com violência; agitar-se; mover-se com rapidez.

hurt·less /hɜːrtləs/ adj 1 inofensivo. 2 ileso.

hus·band /hʌzbənd/ s marido; esposo. ‖ v (husbands, husbanding, husbanded, husbanded) economizar; usar com parcimônia.

hus·band·ry /hʌzbəndri/ s 1 agricultura; lavoura. 2 economia.

hush /hʌʃ/ v (hushes, hushing, hushed, hushed) 1 silenciar; calar. 2 acalmar. ‖ s silêncio; calma. ♦ Hush! Silêncio!

husk /hʌsk/ s casca; palha (trigo, milho). ‖ v (husks, husking, husked, husked) descascar; debulhar.

hus·kie /hʌski/ s geralm maiús → husky.

husk·y /hʌski/ adj 1 rouco. 2 corpulento. (gr comp huskier. gr super huskiest). ‖ s geralm maiús cão siberiano. (var huskie).

hus·tle /hʌsəl/ v (hustles, hustling, hustled, hustled) 1 empurrar. 2 apressar. 3 trabalhar rapidamente e com vigor. ‖ s 1 empurrão. 2 atividade enérgica.

hus·tler /hʌslə/ s pessoa enérgica, que trabalha com vigor.

hut /hʌt/ s cabana; choupana; barraca. ‖ v (huts, hutting, hutted, hutted) alojar em barraca.

hutch /hʌtʃ/ s 1 recipiente; caixa. 2 gaiola; viveiro. 3 armário para guardar copos e pratos.

hut·ment /hʌtmənt/ s acampamento de tropas; conjunto de barracas.

hy·ae·na /haɪiːnə/ → hyena.

hy·a·line /haɪəlɪn, haɪəlaɪn/ adj hialino; transparente; cristalino.

hy·brid /haɪbrɪd/ s híbrido.

hy·brid·ism /haɪbrɪdɪzəm/ s hibridismo.

hy·brid·i·ty /haɪbrɪdəti/ s hibridez.

hy·dra /haɪdrə/ s hidra. (pl hydras ou hydrae /haɪdri:/).

hy·drant /haɪdrənt/ s hidrante.

hy·drau·lic /haɪdrɔːlɪk/ adj hidráulico.

hy·dro·e·lec·tric /haɪdroʊɪlektrɪk/ adj hidroelétrico.

hy·dro·gen /haɪdrədʒən/ s Quím hidrogênio. (símb H).

hy·drog·ra·phy /haɪdrɑ:grəfi/ s hidrografia. (pl hydrographies).

hy·drol·o·gy /haɪdrɑ:lədʒi/ s hidrologia.

hy·drop·a·thy /haɪdrɑ:pəθi/ s hidropatia. (pl hydropathies).

hy·dro·pho·bi·a /haɪdroʊfoʊbiə/ s hidrofobia.

hy·dro·plane /haɪdroʊpleɪn/ s hidroplano; hidroavião.

hy·dro·sphere /haɪdroʊsfɪr/ s hidrosfera.

hy·dro·ther·a·py /haɪdroʊθerəpi/ s hidroterapia. (pl hydrotherapies).

hy·drous /haɪdrəs/ adj aquoso; que contém água.

hy·e·na /haɪi:nə/ s Zool hiena. (var hyaena).

hy·giene /haɪdʒi:n/ s higiene.

hy·gi·en·ic /haɪdʒienɪk, haɪdʒenɪk, haɪdʒi:nɪk/ adj higiênico.

hy·gien·ist /haɪdʒi:nɪst, haɪdʒi:nɪst, haɪdʒenɪst/ s higienista; sanitarista.

hy·men /haɪmən/ s Anat hímen.

hy·me·ne·al /haɪməni:əl/ adj nupcial.

hymn /hɪm/ s hino. ‖ v (hymns, hymning, hymned, hymned) celebrar com hinos; entoar hinos.

hym·nol·o·gy /hɪmnɑ:lədʒi/ s hinologia.

hy·oid /haɪɔɪd/ adj Anat hióide.

hyper- /haɪpə-/ pref hiper-.

hy·per·a·cid·i·ty /haɪpərəsɪdəti/ s hiperacidez.

hy·per·ac·tive /haɪpəæktɪv/ adj hiperativo.

hy·per·ac·tiv·i·ty /haɪpəæktɪvəti/ s hiperatividade.

hy·per·bo·la /haɪpɜ:rbələ/ s Mat hipérbole. (pl hyperbolas ou hyperbolae /haɪpɜ:rbəli:/).

hy·per·bo·le /haɪpɜ:rbəli/ s Ret hipérbole.

hy·per·link /haɪpəlɪŋk/ s Comp vínculo dinâmico (vínculo entre um elemento de um documento de hipertexto, como uma palavra, expressão, símbolo ou imagem, e outro elemento do documento, outro documento de hipertexto, um arquivo ou um script).

hy·per·sen·si·tive /haɪpəsensətɪv/ adj hipersensível; supersensível.

hy·per·son·ic /haɪpəsɑ:nɪk/ adj hipersônico.

hy·per·ten·sion /haɪpətenʃən/ s hipertensão.

hy·per·text /haɪpətekst/ s Comp hipertexto.

hy·phen /haɪfən/ v (hyphens, hyphening, hyphened, hyphened) hifenizar. (var hyphenate). ‖ s hífen; traço de união.

hy·phen·ate /haɪfəneɪt/ → v hyphen.

hy·phen·a·tion /haɪfəneɪʃən/ s hifenização.

hyp·no·sis /hɪpnoʊsɪs/ s hipnose. (pl hypnoses /hɪpnoʊsi:z/).

hyp·no·tism /hɪpnətɪzəm/ s hipnotismo.

hyp·no·tize /hɪpnətaɪz/ v (hypnotizes, hypnotizing, hypnotized, hypnotized) hipnotizar.

hyp·no·tiz·er /hɪpnətaɪzə-/ s hipnotizador.

hy·po·chon·dri·ac /haɪpoʊkɑ:ndriæk/ s e adj hipocondríaco.

hy·poc·ri·sy /hɪpɑ:krəsi/ s hipocrisia. (pl hypocrisies).

hyp·o·crite /hɪpəkrɪt/ s hipócrita.

hy·pot·e·nuse /haɪpɑ:tənu:s/ s Mat hipotenusa. (var hypothenuse).

hy·poth·e·cate /haɪpɑ:θəkeɪt/ v (hypothecates, hypothecating, hypothecated, hypothecated) hipotecar.

hy·poth·e·nuse /haɪpɑ:θənu:s/ → hypotenuse.

hy·poth·e·sis /haɪpɑ:θəsɪs/ s hipótese. (pl hypotheses /haɪpɑ:θəsi:z/).

hy·po·thet·ic /haɪpoʊθetɪk/ → hypothetical.

hy·po·thet·i·cal /haɪpoʊθetɪkəl/ adj hipotético; imaginário. (var hypothetic).

hys·ter·i·a /hɪsteriə, hɪstɪriə/ s histeria; histerismo.

hys·ter·ic /hɪsterɪk/ s histérico. ♦ hysterics us v sing ou pl ataque de histeria.

hys·ter·i·cal /hɪsterɪkəl/ adj histérico.

I

i ou **I** /aɪ/ *s* nona letra do alfabeto inglês. ‖ *pron 1ª pess sing maiús* eu. ‖ *símb* **1** *Quím* maiús de **iodine**. **2** *num rom* maiús de um.

I·be·ri·an /aɪbɪriən/ *adj* e *s* ibérico; ibero.

i·bi·dem /ɪbɪdem, ɪbaɪdəm/ *adv lat* na mesma obra, capítulo ou página já citados.

ice /aɪs/ *s* **1** gelo. **2** neve. **3** sorvete. ‖ *v* (**ices, icing, iced, iced**) gelar; congelar. ♦ **break the ice** quebrar o gelo; agir amigável e informalmente. **put on ice** deixar de lado ou reservado. **skate on thin ice** estar vulnerável; correr risco.

ice age *s* período glacial.

ice bag *s* bolsa de gelo.

ice·berg /aɪsbɜːrg/ *s iceberg*; massa de gelo flutuante.

ice·box /aɪsbɑːks/ *s* **1** geladeira; refrigerador. **2** caixa para colocar gelo.

ice·break·er /aɪsbreɪkər/ *s Náut* navio quebra-gelo.

ice bucket *s* balde de gelo.

ice·cap /aɪskæp/ *s* calota glacial. (*tb* **ice cap**).

ice-cold /aɪskoʊld/ *adj* muito gelado.

ice cream *s* sorvete.

ice-cream cone *s* **1** casquinha de sorvete. **2** sorvete de casquinha.

ice-cream parlor *s* sorveteria.

iced /aɪst/ *adj* **1** gelado. **2** de gelo. **3** coberto de gelo.

ice field *s* lençol de gelo; extensa área de gelo flutuante.

ice hockey *s Esp* hóquei sobre gelo.

ice·house /aɪshaʊs/ *s* depósito de gelo.

Ice·land /aɪslənd/ *s* Islândia.

Ice·land·er /aɪsləndər/ *s* islandês (nativo ou habitante).

Ice·land·ic /aɪslændɪk/ *adj* islandês. ‖ *s* islandês (idioma).

ice·man /aɪsmən/ *s* **1** vendedor de gelo. **2** *gír* matador de aluguel.

ice point *s* ponto de congelamento.

ice skate *s Esp* patim para gelo.

ice-skate /aɪskeɪt/ *v* (**ice-skates, ice-skating, ice-skated, ice-skated**) *Esp* patinar no gelo.

ice skater *s Esp* patinador no gelo.

ice storm *s* tempestade de gelo.

i·ci·cle /aɪsɪkəl/ *s* **1** pingente de gelo. **2** pessoa reservada, calada.

ic·i·ly /aɪsɪli/ *adv* gelidamente; friamente.

ic·ing /aɪsɪŋ/ *s* glacê; cobertura para bolo.

i·con /aɪkɑːn/ *s tb Comp* ícone. (*var* **ikon**).

i·con·o·clast /aɪkɑːnəklæst/ *s* iconoclasta.

i·co·nog·ra·phy /aɪkənɑːɡrəfi/ *s* iconografia. (*pl* **iconographies**).

ic·y /aɪsi/ *adj* **1** gélido; gelado; glacial. **2** coberto de gelo. (*gr comp* **icier**. *gr super* **iciest**).

I'd /aɪd/ *form contr* de **I had, I would** e **I should**.

ID /aɪdiː/ *s* **1** *inform* identidade (documento). **2** identificador. (*pl* **ID's** ou **IDs**).

ID card /aɪdiːkɑːrd/ → **identification card**.

IDE *abrev Comp* de **Integrated Device Electronics**; eletrônica de dispositivos integrados.

i·de·a /aɪdiːə/ *s* **1** idéia. **2** concepção. **3** noção. **4** opinião; impressão.

i·de·al /aɪdiːəl/ *s* **1** ideal. **2** modelo. **3** utopia. **4** perfeição. ‖ *adj* **1** ideal. **2** imaginário. **3** utópico. **4** perfeito.

i·de·al·ism /aɪdiːəlɪzəm/ *s* idealismo.

i·de·al·ist /aɪdiːəlɪst/ *s* idealista.

i·de·al·i·za·tion /aɪdiːələzeɪʃən/ *s* idealização.

i·de·al·ize /aɪdiːəlaɪz/ *v* (**idealizes, idealizing, idealized, idealized**) idealizar; imaginar.

i·dem /aɪdem, iːdem/ *pron lat* o mesmo.

i·den·ti·cal /aɪdentəkəl/ *adj* **1** idêntico. **2** análogo; semelhante.

i·den·ti·fi·a·ble /aɪdentəfaɪəbəl/ *adj* identificável; reconhecível.

i·den·ti·fi·ca·tion /aɪdentəfɪkeɪʃən/ *s* identificação.

identification card *s* cédula de identificação. (*var* **ID card**).

i·den·ti·fi·er /aɪdentəfaɪər/ *s tb Comp* identificador.

i·den·ti·fy /aɪdentəfaɪ/ v (identifies, identifying, identified, identified) identificar; reconhecer.

i·den·ti·ty /aɪdentəti/ s identidade. (pl identities).

identity crisis s crise de identidade.

i·de·ol·o·gy /aɪdiɑːlədʒi/ s ideologia. (pl ideologies).

id·i·o·cy /ɪdiəsi/ s 1 idiotismo; estupidez. 2 deficiência mental grave. (pl idiocies).

id·i·om /ɪdiəm/ s 1 expressão idiomática. 2 dialeto.

id·i·o·mat·ic /ɪdiəmætɪk/ adj idiomático.

id·i·ot /ɪdiət/ s 1 idiota, imbecil. 2 deficiente mental.

i·dle /aɪdl/ adj 1 desocupado; ocioso. 2 vadio; indolente; preguiçoso. 3 frívolo. 4 Comp inativo. II v (idles, idling, idled, idled) 1 ficar ocioso. 2 vadiar.

i·dle·ness /aɪdlnəs/ s 1 preguiça; indolência. 2 ociosidade.

i·dly /aɪdli/ adv 1 preguiçosamente. 2 indolentemente; preguiçosamente.

i·dol /aɪdl/ s ídolo.

i·dol·a·ter /aɪdɑːlətər/ s 1 idólatra; admirador. 2 devoto. (var idolator).

i·dol·a·tor /aɪdɑːlətər/ → idolater.

i·dol·a·try /aɪdɑːlətri/ s 1 idolatria. 2 devoção excessiva. (pl idolatries).

i·dol·ize /aɪdəlaɪz/ v (idolizes, idolizing, idolized, idolized) idolatrar; adorar.

i·dyl /aɪdəl/ → idyll.

i·dyll /aɪdəl/ s 1 idílio; galanteio. 2 pequeno poema. (var idyl).

i·dyl·lic /aɪdɪlɪk/ adj idílico.

i.e. /aɪiː/ abrev lat de Id est; ou seja; isto é.

if /ɪf/ conj 1 se. 2 ainda que. 3 no caso de.

ig·loo /ɪglu:/ s iglu. (pl igloos).

ig·ne·ous /ɪgniəs/ adj 1 ígneo. 2 Geol vulcânico.

ig·nite /ɪgnaɪt/ v (ignites, igniting, ignited, ignited) 1 acender. 2 inflamar; incitar.

ig·ni·tion /ɪgnɪʃən/ s 1 ignição; inflamação. 2 chave de ignição.

ig·no·ble /ɪgnoubəl/ adj 1 ignóbil; vil. 2 comum.

ig·no·min·i·ous /ɪgnəmɪniəs/ adj 1 ignominioso; infame. 2 degradante.

ig·no·min·y /ɪgnəmɪni/ s 1 ignomínia. 2 grande degradação. (pl ignominies).

ig·no·rance /ɪgnərəns/ s ignorância; falta de instrução, conhecimento ou informação.

ig·no·rant /ɪgnərənt/ adj 1 ignorante. 2 mal instruído.

ig·nore /ɪgnɔːr/ v (ignores, ignoring, ignored, ignored) 1 ignorar; desconhecer. 2 rejeitar (por falta de provas). 3 desconsiderar.

i·gua·na /ɪgwɑːnə/ s Zool iguana.

i·kon /aɪkɑːn/ → icon

i·lex /aɪleks/ s Bot azevinho.

ill /ɪl/ adj 1 doente; indisposto. 2 mau; ruim; malvado; hostil. (gr comp worse gr super worst). II s 1 mal; desgraça; calamidade. 2 doença. II adv 1 mal; insatisfatoriamente; desfavoravelmente. 2 com dificuldade. (gr comp worse. gr super worst).

I'll /aɪl/ form contr de I will e I shall.

il·la·tion /ɪleɪʃən/ s ilação; conclusão; dedução.

il·le·gal /ɪliːgəl/ adj 1 ilegal. 2 Comp não-executável.

il·le·gal·i·ty /ɪliːgæləti/ s ilegalidade. (pl illegalities).

il·leg·i·ble /ɪledʒəbəl/ adj ilegível; indecifrável.

il·le·git·i·ma·cy /ɪlɪdʒɪtəməsi/ s 1 ilegitimidade. 2 bastardia.

il·le·git·i·mate /ɪlɪdʒɪtəmət/ adj 1 ilegal; ilegítimo. 2 bastardo.

ill humor s mau humor.

ill-hu·mored /ɪlhjuːmərd/ adj mal-humorado.

il·lic·it /ɪlɪsɪt/ adj ilícito; ilegal.

il·lim·it·a·ble /ɪlɪmɪtəbəl/ adj ilimitável; infinito.

il·lit·er·a·cy /ɪlɪtərəsi/ s analfabetismo; incultura. (pl illiteracies).

il·lit·er·ate /ɪlɪtərət/ adj analfabeto; ignorante; inculto.

ill-man·nered /ɪlmænərd/ adj rude; grosseiro.

ill·ness /ɪlnəs/ s 1 doença; enfermidade. 2 indisposição.

il·log·ic /ɪlɑːdʒɪk/ s falta de lógica.

il·log·i·cal /ɪlɑːdʒɪkəl/ adj 1 ilógico; sem sentido. 2 que contradiz os princípios da lógica.

il·lume /ɪlu:m/ v (illumes, illuming, illumed, illumed) iluminar; alumiar.

il·lu·mi·nant /ɪlu:mənənt/ s luminária; aparelho de iluminação.

il·lu·mi·nate /ɪlu:məneɪt/ v (illuminates, illuminating, illuminated, illuminated) 1 iluminar; clarear. 2 elucidar.

il·lu·mi·na·tion /ɪlu:mɪneɪʃən/ s 1 iluminação. 2 iluminura. 3 esclarecimento; elucidação.

il·lu·mi·na·tor /ɪlu:məneɪtər/ s iluminador.

il·lu·mine /ɪlu:mɪn/ v (illumines, illumining, illumined, illumined) iluminar.

il·lu·sion /ɪlu:ʒən/ s 1 ilusão. 2 engano; erro.

il·lu·sion·ism /ɪlu:ʒənɪzəm/ s ilusionismo.

il·lu·sion·ist /ɪlu:ʒənɪst/ s ilusionista.

il·lu·sive /ɪlu:sɪv/ adj ilusório.

il·lu·so·ry /ɪlu:səri, ɪlu:zəri/ adj ilusório; irreal.

il·lus·trate /ɪləstreɪt/ v (illustrates, illustrating, illustrated, illustrated) 1 ilustrar. 2 exemplificar; esclarecer.

il·lus·tra·tion /ɪləstreɪʃən/ s 1 ilustração; gravura. 2 explicação; exemplificação.

il·lus·tra·tor /ɪləstreɪtər/ s ilustrador; desenhista.

il·lus·tri·ous /ɪlʌstriəs/ adj ilustre; famoso; célebre.

I'm /aɪm/ form contr de I am.

im·age /ɪmɪdʒ/ s 1 imagem; efígie; retrato. 2 idéia; representação mental. 3 Comp imagem. II v (images, imaging, imaged, imaged) 1 imaginar; formar imagem de. 2 figurar. 3 simbolizar.

im·age·ry /ɪmɪdʒəri/ s 1 imagens criadas pela mente. 2 imagens; estátuas; ícones. (pl imageries).

i·mag·i·na·ble /ɪmædʒɪnəbəl/ adj imaginável.

i·mag·i·nar·y /ɪmædʒəneri/ adj imaginário; irreal; fictício. II s Mat número imaginário. (pl imaginaries).

i·mag·i·na·tion /ɪmædʒɪneɪʃən/ s imaginação; fantasia.

i·mag·i·na·tive /ɪmædʒənətɪv, ɪmædʒəneɪtɪv/ adj imaginativo; criativo.

i·mag·ine /ɪmædʒɪn/ v (imagines, imagining, imagined, imagined) 1 imaginar. 2 conjeturar. 3 conceber. 4 julgar; pensar; supor. 5 fantasiar.

i·ma·go /ɪmeɪgoʊ, ɪmɑ:goʊ/ s 1 Psic imago. 2 inseto adulto (depois da metamorfose). (pl imagoes ou imagines /ɪmeɪdʒɪni:z, ɪmɑ:dʒɪni:z/).

im·bal·ance /ɪmbæləns/ s desequilíbrio.

im·be·cile /ɪmbəsɪl/ adj e s imbecil.

im·be·cil·i·ty /ɪmbəsɪləti/ s imbecilidade. (pl imbecilities).

im·bibe /ɪmbaɪb/ v (imbibes, imbibing, imbibed, imbibed) 1 beber. 2 embeber. 3 absorver. 4 ensopar.

im·bue /ɪmbju:/ v (imbues, imbuing, imbued, imbued) 1 inspirar. 2 impregnar. 3 manchar.

im·i·ta·ble /ɪmɪtəbəl/ adj imitável.

im·i·tate /ɪmɪteɪt/ v (imitates, imitating, imitated, imitated) 1 imitar; parodiar; copiar. 2 reproduzir. 3 simular.

im·i·ta·tion /ɪmɪteɪʃən/ s 1 imitação. 2 cópia.

im·mac·u·late /ɪmækjələt/ adj extremamente limpo; imaculado; puro.

im·ma·te·ri·al /ɪmətɪriəl/ adj 1 sem importância. 2 imaterial; incorpóreo; espiritual.

im·ma·ture /ɪmətur, ɪmətʃur/ adj imaturo; infantil.

im·ma·ture·ness /ɪmətʊrnəs, ɪmətʃʊrnəs/ s imaturidade.

im·meas·ur·a·ble /ɪmeʒərəbəl/ adj imensurável; infinito.

im·me·di·ate /ɪmi:diɪt/ adj 1 imediato; instantâneo. 2 próximo; seguinte. 3 urgente. 4 direto (sem intermediações).

im·me·di·ate·ly /ɪmi:diɪtli/ adv imediatamente.

im·mense /ɪmens/ adj 1 imenso; enorme. 2 ilimitado. 3 inform muito bom; excelente.

im·men·si·ty /ɪmensəti/ s imensidão; vastidão. (pl immensities).

im·merge /ɪmɜ:rdʒ/ v (immerges, immerging, immerged, immerged) imergir; mergulhar; afundar.

im·merse /ɪmɜ:rs/ v (immerses, immersing, immersed, immersed) 1 imergir; submergir. 2 mergulhar. 3 batizar por imersão.

im·mer·sion /ɪmɜ:rʃən, ɪmɜ:rʒən/ s 1 imersão. 2 batismo. 3 Astron eclipse.

im·mi·grant /ɪmɪgrənt/ s imigrante.

im·mi·grate /ˈɪmɪɡreɪt/ v (immigrates, immigrating, immigrated, immigrated) imigrar.

im·mi·gra·tion /ɪmɪˈɡreɪʃən/ s imigração.

im·mi·nence /ˈɪmɪnəns/ s iminência.

im·mi·nent /ˈɪmɪnənt/ adj iminente.

im·mo·bile /ɪˈmoʊbəl, ɪˈmoʊbɪl, ɪˈmoʊbaɪl/ adj 1 imóvel. 2 irremovível; fixo.

im·mo·bi·lize /ɪˈmoʊbəlaɪz/ v (immobilizes, immobilizing, immobilized, immobilized) 1 imobilizar. 2 fixar.

im·mo·bil·i·ty /ˌɪmoʊbɪləti/ s imobilidade.

im·mod·er·ate /ɪˈmɑːdərət/ adj imoderado; demasiado; excessivo.

im·mod·est /ɪˈmɑːdɪst/ adj 1 indecente; impudico; obsceno. 2 imodesto; excessivo; exorbitante. 3 arrogante.

im·mod·es·ty /ɪˈmɑːdəsti/ s imodéstia.

im·mo·late /ˈɪmaleɪt/ v (immolates, immolating, immolated, immolated) 1 imolar; sacrificar. 2 destruir.

im·mo·la·tion /ɪməˈleɪʃən/ s 1 imolação. 2 destruição.

im·mor·al /ɪˈmɔːrəl/ adj imoral.

im·mor·al·i·ty /ˌɪmɔːˈræləti/ s imoralidade; desregramento. (pl immoralities).

im·mor·tal /ɪˈmɔːrtəl/ adj e s imortal.

im·mor·tal·i·ty /ˌɪmɔːrˈtæləti/ s imortalidade.

im·mor·tal·ize /ɪˈmɔːrtəlaɪz/ v (immortalizes, immortalizing, immortalized, immortalized) imortalizar; perpetuar.

im·mov·a·ble /ɪˈmuːvəbəl/ adj 1 imóvel. 2 inabalável. 3 implacável.

im·mune /ɪˈmjuːn/ adj 1 imune; protegido. 2 isento. II s pessoa que tem imunidade.

immune system s Med sistema imunológico.

im·mu·ni·ty /ɪˈmjuːnəti/ s 1 imunidade. 2 isenção. (pl immunities).

im·mu·nol·o·gy /ɪmjəˈnɑːlədʒi/ s Med imunologia.

im·mu·ta·ble /ɪˈmjuːtəbəl/ adj imutável.

imp /ɪmp/ s 1 duende; diabinho. 2 criança endiabrada, travessa. II v (imps, imping, imped, imped) 1 alar. 2 aumentar a capacidade de vôo de uma ave.

im·pact /ˈɪmpækt/ s 1 impacto; choque; colisão. 2 influência. II /ˈɪmpækt, ɪmˈpækt/ v (impacts, impacting, impacted, impacted) 1 unir; apertar. 2 colidir. 3 influenciar.

im·pair /ɪmˈper/ v (impairs, impairing, impaired, impaired) enfraquecer; debilitar.

im·pair·ment /ɪmˈpermənt/ s 1 enfraquecimento. 2 deficiência.

im·par·i·ty /ɪmˈpærəti/ s disparidade; desigualdade. (pl imparities).

im·part /ɪmˈpɑːrt/ v (imparts, imparting, imparted, imparted) 1 revelar; desvendar. 2 dar; conceder; conferir; compartilhar.

im·par·tial /ɪmˈpɑːrʃəl/ adj imparcial; justo.

im·par·ti·al·i·ty /ˌɪmpɑːrʃiˈæləti/ s imparcialidade.

im·part·i·ble /ɪmˈpɑːrtəbəl/ adj indivisível.

im·pass·a·ble /ɪmˈpæsəbəl/ adj 1 impraticável. 2 inacessível. 3 intransponível. 4 intransitável.

im·passe /ˈɪmpæs, ɪmˈpæs/ s 1 impasse. 2 beco, passagem ou caminho sem saída.

im·pas·si·ble /ɪmˈpæsəbəl/ adj impassível.

im·pas·sioned /ɪmˈpæʃənd/ adj 1 apaixonado. 2 fervoroso; ardente.

im·pas·sive /ɪmˈpæsɪv/ adj 1 impassível. 2 insensível.

im·pa·tience /ɪmˈpeɪʃəns/ s 1 impaciência. 2 intolerância.

im·pa·tient /ɪmˈpeɪʃənt/ adj 1 impaciente. 2 intolerante.

im·peach /ɪmˈpiːtʃ/ v (impeaches, impeaching, impeached, impeached) acusar alguém de má conduta publicamente; denunciar.

im·peach·ment /ɪmˈpiːtʃmənt/ s impeachment; acusação pública de má conduta; denúncia.

im·pec·ca·ble /ɪmˈpekəbəl/ adj impecável; perfeito.

im·pede /ɪmˈpiːd/ v (impedes, impeding, impeded, impeded) 1 impedir. 2 retardar.

im·ped·i·ment /ɪmˈpedɪmənt/ s 1 impedimento. 2 obstrução; obstáculo.

im·pel /ɪmˈpel/ v (impels, impelling, impelled, impelled) impelir.

im·pend /ɪmˈpend/ v (impends, impending, impended, impended) estar iminente; estar próximo de acontecer.

im·pen·e·tra·ble /ɪmˈpenɪtrəbəl/ adj 1 impenetrável. 2 incompreensível. 3 empedernido; insensível.

im·pen·i·tent /ɪmˈpenɪtənt/ adj impenitente.

im·per·a·tive /ɪmpɛrətɪv/ *adj* **1** imperativo; autoritário. **2** absolutamente necessário; urgente. ‖ *s* **1** *Gram* o modo imperativo. **2** comando; ordem.

im·per·cep·ti·ble /ɪmpəsɛptəbəl/ *adj* imperceptível.

im·per·fect /ɪmpɜːrfɪkt/ *adj* imperfeito.

im·per·fec·tion /ɪmpəfɛkʃən/ *s* imperfeição.

im·pe·ri·al /ɪmpɪriəl/ *adj* imperial.

im·pe·ri·al·ism /ɪmpɪriəlɪzəm/ *s* imperialismo.

im·per·il /ɪmpɛrəl/ *v* (imperils, imperiling/ imperilling, imperiled/imperilled, imperiled/imperilled) arriscar; pôr em perigo.

im·pe·ri·ous /ɪmpɪriəs/ *adj* **1** dominador; ditatorial. **2** imperioso; urgente; imperativo.

im·per·ish·a·ble /ɪmpɛrɪʃəbəl/ *adj* imperecível.

im·per·me·a·ble /ɪmpɜːrmiəbəl/ *adj* impermeável.

im·per·mis·si·ble /ɪmpəmɪsəbəl/ *adj* **1** proibido. **2** inadmissível.

im·per·son·al /ɪmpɜːrsənəl/ *adj* impessoal.

im·per·son·ate /ɪmpɜːrsəneɪt/ *v* (impersonates, impersonating, impersonated, impersonated) **1** fingir ser outra pessoa. **2** imitar alguém.

im·per·ti·nence /ɪmpɜːrtnəns/ *s* **1** impertinência; insolência. **2** despropósito.

im·per·ti·nen·cy /ɪmpɜːrtnənsi/ *s* impertinência. (*pl* impertinencies).

im·per·ti·nent /ɪmpɜːrtnənt/ *adj* **1** impertinente; insolente. **2** irrelevante.

im·per·turb·a·ble /ɪmpətɜːrbəbəl/ *adj* imperturbável; sereno.

im·per·vi·ous /ɪmpɜːrviəs/ *adj* **1** intransitável. **2** impenetrável.

im·pet·u·ous /ɪmpɛtʃuəs/ *adj* impetuoso; impulsivo.

im·pet·u·ous·ness /ɪmpɛtʃuəsnəs/ *s* impetuosidade.

im·pe·tus /ɪmpɪtəs/ *s* ímpeto; estímulo; impulso. (*pl* impetuses).

im·pi·e·ty /ɪmpaɪəti/ *s* **1** impiedade. **2** irreverência; desrespeito. (*pl* impieties).

im·pinge /ɪmpɪndʒ/ *v* (impinges, impinging, impinged, impinged) **1** invadir. **2** infringir. **3** chocar-se com.

im·pi·ous /ɪmpiəs, ɪmpaɪəs/ *adj* ímpio; descrente.

imp·ish /ɪmpɪʃ/ *adj* travesso; endiabrado.

im·plac·a·ble /ɪmplækəbəl/ *adj* implacável.

im·plant /ɪmplænt/ *v* (implants, implanting, implanted, implanted) implantar; inserir; inculcar. ‖ /ɪmplænt/ *s Med* implante.

im·plan·ta·tion /ɪmplænteɪʃən/ *s* implantação; implante.

im·ple·ment /ɪmpləmənt/ *s* instrumento; ferramenta; acessório. ‖ /ɪmpləmənt/ *v* (implements, implementing, implemented, implemented) implementar.

im·pli·cate /ɪmplɪkeɪt/ *v* (implicates, implicating, implicated, implicated) **1** implicar. **2** envolver(-se). **3** dar a entender; fazer supor.

im·pli·ca·tion /ɪmplɪkeɪʃən/ *s* implicação.

im·plic·it /ɪmplɪsɪt/ *adj* implícito.

im·plode /ɪmploʊd/ *v* (implodes, imploding, imploded, imploded) implodir.

im·plore /ɪmplɔːr/ *v* (implores, imploring, implored, implored) implorar; rogar; suplicar.

im·ply /ɪmplaɪ/ *v* (implies, implying, implied, implied) **1** implicar; envolver. **2** querer dizer; significar; sugerir.

im·po·lite /ɪmpəlaɪt/ *adj* rude; mal-educado.

im·pon·der·a·ble /ɪmpɑːndərəbəl/ *adj* imponderável.

im·port /ɪmpɔːrt, ɪmpɔːrt/ *v* (imports, importing, imported, imported) **1** importar. **2** significar. **3** envolver. **4** ser importante. **5** *Comp* importar. ‖ /ɪmpɔːrt/ *s* **1** mercadoria importada; importação. **2** importância. **3** significado.

im·por·tance /ɪmpɔːrtəns/ *s* importância; significação.

im·por·tant /ɪmpɔːrtənt/ *adj* importante.

im·por·ta·tion /ɪmpɔːrteɪʃən/ *s* importação.

im·por·tu·nate /ɪmpɔːrtʃənɪt/ *adj* importuno; incômodo.

im·por·tune /ɪmpɔːrtuːn, ɪmpɔːrtʃən/ *v* (importunes, importuning, importuned, importuned) importunar. ‖ *adj* importuno.

im·pose /ɪmpoʊz/ *v* (imposes, imposing, imposed, imposed) **1** impor; ordenar; obrigar a. **2** iludir; ludibriar.

im·pos·ing /ɪmpouzɪŋ/ adj impressionante; imponente.

im·po·si·tion /ɪmpəzɪʃən/ s 1 imposição; obrigação. 2 engano; impostura. 3 imposto; tributo.

im·pos·si·bil·i·ty /ɪmpɑ:səbɪləti/ s impossibilidade. (pl impossibilities).

im·pos·si·ble /ɪmpɑ:səbəl/ adj 1 impossível. 2 impraticável. 3 inaceitável.

im·post /ɪmpoust/ s imposto; taxa.

im·pos·tor /ɪmpɑ:stɚ/ s impostor; embusteiro.

im·pos·ture /ɪmpɑ:stʃɚ/ s impostura; fraude.

im·po·tent /ɪmpətənt/ adj 1 impotente. 2 incapaz; ineficaz. 3 estéril.

im·pound /ɪmpaund/ v (impounds, impounding, impounded, impounded) 1 aprisionar. 2 apreender judicialmente os bens de uma pessoa; apossar-se legalmente de. 3 acumular; reservar.

im·pov·er·ish /ɪmpɑ:vəɪʃ/ v (impoverishes, impoverishing, impoverished, impoverished) 1 empobrecer. 2 exaurir; esgotar (os recursos, a terra).

im·prac·ti·ca·ble /ɪmprӕktɪkəbəl/ adj impraticável; impossível.

im·pre·cate /ɪmprɪkeɪt/ v (imprecates, imprecating, imprecated, imprecated) 1 invocar o diabo. 2 rogar pragas; maldizer.

im·pre·ca·tion /ɪmprɪkeɪʃən/ s imprecação; maldição.

im·pre·cise /ɪmprɪsaɪs/ adj impreciso; vago; inexato.

im·preg·na·ble /ɪmpregnəbəl/ adj 1 invencível. 2 incontestável.

im·preg·nate /ɪmpregneɪt/ v (impregnates, impregnating, impregnated, impregnated) 1 fecundar; tornar fértil; emprenhar. 2 impregnar. ll /ɪmpregnɪt/ adj impregnado.

im·preg·na·tion /ɪmpregneɪʃən/ s impregnação.

im·press /ɪmpres/ v (impresses, impressing, impressed, impressed) 1 impressionar; passar uma boa impressão. 2 influenciar. 3 imprimir; gravar. 4 Mil recrutar. 5 confiscar. ll /ɪmpres/ s 1 impressão. 2 influência. 3 estampa; carimbo; marca.

im·press·i·ble /ɪmpresəbəl/ adj impressionável.

im·pres·sion /ɪmpreʃən/ s 1 impressão; idéia vaga. 2 impressão tipográfica. 3 tiragem de uma edição. 4 marca produzida em uma superfície por meio de pressão.

im·pres·sion·a·ble /ɪmpreʃənəbəl/ adj impressionável; influenciável.

im·pres·sion·ism /ɪmpreʃənɪzəm/ s maiús Art impressionismo.

im·prest /ɪmprest, ɪmprest/ s empréstimo; adiantamento de valor.

im·print /ɪmprɪnt/ v (imprints, imprinting, imprinted, imprinted) 1 imprimir; gravar; estampar. 2 gravar na memória. ll /ɪmprɪnt/ s 1 impressão; influência. 2 marca impressa.

im·pris·on /ɪmprɪzən/ v (imprisons, imprisoning, imprisoned, imprisoned) aprisionar; encarcerar; confinar.

im·pris·on·ment /ɪmprɪzənmənt/ s aprisionamento; encarceramento.

im·prob·a·ble /ɪmprɑ:bəbəl/ adj improvável.

im·pro·bi·ty /ɪmproubəti/ s improbidade; desonestidade.

im·prop·er /ɪmprɑ:pɚ/ adj impróprio; inadequado.

im·prove /ɪmpru:v/ v (improves, improving, improved, improved) 1 melhorar. 2 valorizar. 3 aumentar a produtividade.

im·prove·ment /ɪmpru:vmənt/ s melhoramento; melhoria; progresso.

im·prov·i·dence /ɪmprɑ:vədəns/ s improvidência; imprevidência; negligência.

im·prov·i·dent /ɪmprɑ:vədənt/ adj improvidente; negligente; imprevidente.

im·prov·i·sa·tion /ɪmprɑ:vɪzeɪʃən/ s improvisação; improviso.

im·prov·i·sa·tor /ɪmprɑ:vɪzeɪtɚ/ s improvisador.

im·pro·vise /ɪmprəvaɪz/ v (improvises, improvising, improvised, improvised) improvisar.

im·pro·vis·er /ɪmprəvaɪzɚ/ s improvisador.

im·pru·dence /ɪmpru:dəns/ s 1 imprudência. 2 indiscrição.

im·pru·dent /ɪmpru:dənt/ adj 1 imprudente. 2 indiscreto.

im·pugn /ɪmpjuːn/ v (impugns, impugning, impugned, impugned) impugnar; contestar.

im·pugn·er /ɪmpjuːnə/ s impugnador.

im·pulse /ɪmpʌls/ s impulso; ímpeto.

im·pul·sive /ɪmpʌlsɪv/ adj impulsivo; momentâneo; repentino.

im·pu·ni·ty /ɪmpjuːnəti/ s impunidade. [pl impunities].

im·pure /ɪmpjʊr/ adj 1 impuro; imoral. 2 adulterado; contaminado.

im·pu·ta·tion /ɪmpjuteɪʃən/ s 1 imputação; atribuição. 2 acusação.

im·pute /ɪmpjuːt/ v (imputes, imputing, imputed, imputed) 1 imputar; atribuir. 2 acusar.

in /ɪn/ prep 1 em; dentro de. 2 durante; no decurso de. 3 entre. || adv 1 dentro. 2 em casa. 3 na moda. 4 no poder. 5 na estação (frutas, pesca, caça, etc.). || adj 1 interno. 2 que está na moda. || s 1 pessoa que tem poder. 2 *inform* influência; poder. ♦ **in for** estar para conseguir, obter. **in red** de vermelho. **in pencil** a lápis. **in two weeks** em duas semanas; daqui a duas semanas.

in·a·bil·i·ty /ɪnəbɪləti/ s inabilidade; incapacidade.

in·ac·ces·si·bil·i·ty /ɪnæksesəbɪləti/ s inacessibilidade.

in·ac·ces·si·ble /ɪnæksesəbəl/ adj inacessível.

in·ac·cu·ra·cy /ɪnækjəsɪ/ s inexatidão; imprecisão. [pl inaccuracies].

in·ac·cu·rate /ɪnækjəət/ adj inexato; impreciso.

in·ac·tion /ɪnækʃən/ s inação; falta de ação.

in·ac·tive /ɪnæktɪv/ adj 1 inativo. 2 indolente. 3 fora de serviço.

in·ad·e·qua·cy /ɪnædɪkwəsi/ s 1 inadequação. 2 insuficiência. [pl inadequacies].

in·ad·e·quate /ɪnædɪkwət/ adj 1 inadequado. 2 insuficiente.

in·ad·mis·si·ble /ɪnədmɪsəbəl/ adj inadmissível.

in·ad·ver·tent /ɪnədvɜːrtənt/ adj inadvertido; desatento; negligente; distraído.

in·ad·vis·a·ble /ɪnədvaɪzəbəl/ adj desaconselhável.

in·al·ien·a·ble /ɪneɪljənəbəl/ adj inalienável.

in·ane /ɪneɪn/ adj fútil; tolo; insensato.

in·an·i·mate /ɪnænɪmət/ adj inanimado.

in·a·ni·tion /ɪnənɪʃən/ s inanição.

in·an·i·ty /ɪnænəti/ s futilidade; tolice; insensatez. [pl inanities].

in·ap·peas·a·ble /ɪnəpiːzəbəl/ adj implacável; inconciliável.

in·ap·pli·ca·ble /ɪnæplɪkəbəl, ɪnəplɪkəbəl/ adj inaplicável.

in·ap·po·site /ɪnæpəzɪt/ adj inconveniente.

in·ap·pre·cia·ble /ɪnəpriːʃiəbəl/ adj imperceptível; insignificante.

in·ap·pre·cia·tive /ɪnəpriːʃətɪv, ɪnəpriːʃieɪtɪv/ adj desprezível.

in·ap·proach·a·ble /ɪnəprəʊtʃəbəl/ adj 1 inacessível. 2 inabordável.

in·ap·pro·pri·ate /ɪnəprəʊpriət/ adj impróprio; inadequado.

in·apt /ɪnæpt/ adj 1 inadequado. 2 inapto; incapaz.

in·ap·ti·tude /ɪnæptətuːd/ s 1 inadequação. 2 inaptidão; incapacidade.

in·ar·tic·u·late /ɪnɑːrtɪkjələt/ adj 1 inarticulado; ininteligível. 2 mudo; sem fala.

inasmuch as /ɪnəzmʌtʃ əz/ conj 1 desde que; visto que. 2 na medida em que.

in·at·ten·tion /ɪnətenʃən/ s desatenção; distração; negligência.

in·at·ten·tive /ɪnətentɪv/ adj desatento; negligente.

in·at·ten·tive·ness /ɪnətentɪvnəs/ s desatenção; negligência.

in·au·di·bil·i·ty /ɪnɑːdɪbɪləti/ s falta de audição.

in·au·di·ble /ɪnɑːdəbəl/ adj inaudível.

in·au·gu·ral /ɪnɑːgjʊrəl/ adj 1 inaugural. 2 inicial. || s 1 inauguração. 2 discurso de inauguração ou de posse.

in·au·gu·rate /ɪnɑːgjʊreɪt/ v (inaugurates, inaugurating, inaugurated, inaugurated) 1 inaugurar. 2 iniciar; começar.

in·au·gu·ra·tion /ɪnɑːgjʊreɪʃən/ s inauguração.

in·au·spi·cious /ɪnɑːspɪʃəs/ adj não auspicioso; infeliz; funesto; sinistro.

in·au·then·tic /ɪnɑːθentɪk/ adj não autêntico; falso.

in-be·tween /ɪnbɪtwiːn/ adj e s intermediário.

in·board /ˈɪnbɔːrd/ *adj* de bordo. ‖ *adv* a bordo.

in·born /ˈɪnbɔːrn/ *adj* inato; hereditário.

In·box /ˈɪnbɑːks/ *s Comp* caixa de entrada.

in·breathe /ɪnˈbriːð/ *v* (**inbreathes, inbreathing, inbreathed, inbreathed**) inspirar; inalar.

in·bred /ˈɪnbred/ *adj* 1 inato; inerente. 2 produzido por cruzamentos consangüíneos.

in·breed /ɪnˈbriːd/ *v* (**inbreeds, inbreeding, inbred, inbred**) procriar (por cruzamentos consangüíneos repetidos).

in·breed·ing /ˈɪnbriːdɪŋ/ *s* acasalamento consangüíneo.

in·cal·cu·la·ble /ɪnˈkælkjələbəl/ *adj* 1 incalculável. 2 incerto; indeterminado.

in·can·des·cence /ˌɪnkənˈdesəns/ *s* incandescência.

in·can·des·cent /ˌɪnkənˈdesənt/ *adj* incandescente; brilhante.

in·can·ta·tion /ˌɪnkænˈteɪʃən/ *s* encantamento.

in·ca·pa·bil·i·ty /ɪnˌkeɪpəˈbɪləti/ *s* 1 incapacidade. 2 incompetência.

in·ca·pa·ble /ɪnˈkeɪpəbəl/ *adj* 1 incapaz. 2 incompetente.

in·ca·pac·i·tate /ˌɪnkəˈpæsɪteɪt/ *v* (**incapacitates, incapacitating, incapacitated, incapacitated**) incapacitar; inabilitar.

in·ca·pac·i·ty /ˌɪnkəˈpæsəti/ *s* 1 incapacidade 2 deficiência física. 3 *Jur* desqualificação. (*pl* **incapacities**).

in·car·cer·ate /ɪnˈkɑːrsəreɪt/ *v* (**incarcerates, incarcerating, incarcerated, incarcerated**) encarcerar; confinar; aprisionar.

in·car·na·dine /ɪnˈkɑːrnədaɪn, ɪnˈkɑːrnədiːn/ *adj* da cor da carne; vermelho escarlate. ‖ *v* (**incarnadines, incarnadining, incarnadined, incarnadined**) avermelhar.

in·car·nate /ɪnˈkɑːrnət/ *adj* 1 encarnado. 2 personificado. 3 vermelho. ‖ /ɪnˈkɑːrneɪt/ *v* (**incarnates, incarnating, incarnated, incarnated**) 1 encarnar. 2 personificar.

in·car·na·tion /ˌɪnkɑːrˈneɪʃən/ *s* encarnação.

in·cau·tious /ɪnˈkɔːʃəs/ *adj* incauto; descuidado.

in·cen·di·ar·y /ɪnˈsendieri/ *s* 1 incendiário. 2 agitador. (*pl* **incendiaries**). ‖ *adj* incendiário.

in·cense /ˈɪnsens/ *s* 1 incenso. 2 fragrância. 3 adulação; lisonja. ‖ *v* (**incenses, incensing, incensed, incensed**) 1 queimar incenso; perfumar com incenso. 2 /ɪnˈsens/ enraivecer; inflamar; enfurecer.

in·cen·tive /ɪnˈsentɪv/ *s* incentivo. ‖ *adj* estimulante.

in·cept /ɪnˈsept/ *v* (**incepts, incepting, incepted, incepted**) ingerir.

in·cep·tion /ɪnˈsepʃən/ *s* começo; início; origem.

in·cep·tive /ɪnˈseptɪv/ *adj* incipiente; inicial.

in·cer·ti·tude /ɪnˈsɜːrtɪtuːd/ *s* 1 incerteza; dúvida. 2 instabilidade; insegurança.

in·ces·sant /ɪnˈsesənt/ *adj* incessante.

in·cest /ˈɪnsest/ *s* incesto.

in·ces·tu·ous /ɪnˈsestʃuəs/ *adj* 1 incestuoso. 2 imoral.

inch /ɪntʃ/ *s* 1 polegada. 2 pequena quantidade. ‖ *v* (**inches, inching, inched, inched**) mover(-se) gradualmente. ♦ **every inch** totalmente; inteiramente. **inch by inch** gradualmente; lentamente.

in·cho·ate /ɪnˈkoʊeɪt/ *adj* elementar; incipiente.

in·cho·a·tive /ɪnˈkoʊətɪv/ *adj* inicial.

in·ci·dent /ˈɪnsɪdənt/ *s* incidente. ‖ *adj* incidental.

in·cin·er·ate /ɪnˈsɪnəreɪt/ *v* (**incinerates, incinerating, incinerated, incinerated**) incinerar; cremar.

in·cin·er·a·tion /ɪnˌsɪnəˈreɪʃən/ *s* incineração.

in·cip·i·ent /ɪnˈsɪpiənt/ *adj* incipiente.

in·cise /ɪnˈsaɪz/ *v* (**incises, incising, incised, incised**) 1 incisar; cortar. 2 entalhar; gravar.

in·ci·sion /ɪnˈsɪʒən/ *s* incisão; corte.

in·ci·sive /ɪnˈsaɪsɪv/ *adj* 1 incisivo; direto. 2 penetrante; agudo.

in·ci·sor /ɪnˈsaɪzə/ *s* incisivo (dente).

in·ci·ta·tion /ˌɪnsəˈteɪʃən/ *s* incitação.

in·cite /ɪnˈsaɪt/ *v* (**incites, inciting, incited, incited**) incitar; instigar; estimular.

in·ci·vil·i·ty /ˌɪnsɪˈvɪləti/ *s* incivilidade. (*pl* **incivilities**).

in·clem·en·cy /ɪnˈklemənsi/ *s* 1 inclemência; impiedade. 2 severidade.

in·clem·ent /ɪnˈklemənt/ *adj* 1 inclemente; impiedoso. 2 severo.

in·clin·a·ble /ɪnklaɪnəbəl/ adj 1 inclinável. 2 favorável.

in·cli·na·tion /ɪnklɪneɪʃən/ s 1 inclinação; preferência. 2 ladeira; inclinação de ângulo.

in·cline /ɪnklaɪn/ v (inclines, inclining, inclined, inclined) 1 inclinar; curvar; baixar. 2 ter inclinação, propensão. 3 convencer. ‖ s inclinação; declive.

in·close /ɪnklouz/ v (incloses, inclosing, inclosed, inclosed) incluir; conter.

in·clude /ɪnkluːd/ v (includes, including, included, included) incluir; abranger.

in·clu·sion /ɪnkluːʒən/ s inclusão.

in·clu·sive /ɪnkluːsɪv/ adj inclusivo; abrangente.

in·cog·ni·ta /ɪnkɑːgniːtə, ɪnkɑːgnɪtə/ adv e adj incógnito. ‖ s fem incógnita.

in·cog·ni·to /ɪnkɑːgniːtou, ɪnkɑːgnɪtou/ adv, adj e s incógnito. (pl incognitos).

in·co·her·ence /ɪnkouhɪrəns/ s incoerência.

in·co·her·ent /ɪnkouhɪrənt/ adj incoerente.

in·com·bus·ti·ble /ɪnkəmbʌstəbəl/ adj incombustível.

in·come /ɪnkʌm/ s renda; rendimento.

income tax s imposto de renda.

in·com·ing /ɪnkʌmɪŋ/ adj 1 entrante. 2 próximo. 3 sucessor. ‖ s 1 entrada. 2 chegada. ♦ incomings renda; rendimento.

in·com·men·su·ra·ble /ɪnkəmensəəbəl/ adj incomensurável.

in·com·men·su·rate /ɪnkəmensəət/ adj 1 incomensurável. 2 desproporcional.

in·com·mode /ɪnkəmoud/ v (incommodes, incommoding, incommoded, incommoded) incomodar; importunar; perturbar.

in·com·mo·di·ous /ɪnkəmoudiəs/ adj inconveniente; incômodo; importuno.

in·com·mu·ni·ca·ble /ɪnkəmjuːnɪkəbəl/ adj incomunicável.

in·com·mut·a·ble /ɪnkəmjuːtəbəl/ adj 1 incomutável; impermutável. 2 imutável.

in·com·pa·ra·ble /ɪnkɑːmpəəbəl/ adj incomparável.

in·com·pat·i·bil·i·ty /ɪnkəmpætəbɪləti/ s incompatibilidade. (pl incompatibilities).

in·com·pat·i·ble /ɪnkəmpætəbəl/ adj incompatível.

in·com·pe·tence /ɪnkɑːmpətəns/ s incompetência. (var incompetency).

in·com·pe·ten·cy /ɪnkɑːmpətənsi/ → incompetence.

in·com·plete /ɪnkəmpliːt/ adj incompleto; inacabado.

in·com·pre·hen·si·ble /ɪnkɑːmprɪhensəbəl/ adj incompreensível; ininteligível.

in·com·pre·hen·sion /ɪnkɑːmprɪhenʃən/ s incompreensão.

in·com·pre·hen·sive /ɪnkɑːmprɪhensɪv/ adj não abrangente; restrito.

in·com·put·a·ble /ɪnkəmpjuːtəbəl/ adj incomputável; incalculável.

in·con·ceiv·a·ble /ɪnkənsiːvəbəl/ adj inconcebível; incrível.

in·con·clu·sive /ɪnkənkluːsɪv/ adj inconcludente.

in·con·form·i·ty /ɪnkənfɔːrməti/ s inconformidade; desacordo.

in·con·gru·ent /ɪnkɑːŋgruənt, ɪnkɑːngruːənt/ adj incongruente.

in·con·gru·i·ty /ɪnkəngruːəti/ s incongruência; impropriedade. (pl incongruities).

in·con·gru·ous /ɪnkɑːŋgruəs/ adj 1 incongruente. 2 inconsistente. 3 incompatível; desarmônico.

in·con·se·quent /ɪnkɑːnsɪkwənt/ adj inconseqüente.

in·con·sid·er·a·ble /ɪnkənsɪdərəbəl/ adj insignificante; sem importância; trivial.

in·con·sid·er·ate /ɪnkənsɪdərət/ adj 1 inconsiderado. 2 impensado; irrefletido.

in·con·sis·ten·cy /ɪnkənsɪstənsi/ s inconsistência. (pl inconsistencies).

in·con·sis·tent /ɪnkənsɪstənt/ adj 1 inconsistente. 2 irregular; imprevisível. 3 ilógico.

in·con·sol·a·ble /ɪnkənsouləbəl/ adj inconsolável; desconsolado.

in·con·spic·u·ous /ɪnkənspɪkjuəs/ adj insignificante; imperceptível.

in·con·stan·cy /ɪnkɑːnstənsi/ s inconstância; volubilidade. (pl inconstancies).

in·con·stant /ɪnkɑːnstənt/ adj 1 inconstante; mutável; variável. 2 volúvel.

in·con·test·a·ble /ɪnkəntestəbəl/ adj incontestável; irrefutável.

in·con·ti·nence /ɪnkɑːntənəns/ s 1 incontinência. 2 descontrole.

in·con·ti·nent /ɪnkɒ:ntənənt/ adj 1 incontinente. 2 imoderado.

in·con·trol·la·ble /ɪnkəntroʊləbəl/ adj incontrolável.

in·con·tro·vert·i·ble /ɪnkɒ:ntrəvɜ:rtəbəl/ adj incontroverso; indubitável.

in·con·ven·ience /ɪnkənvi:njəns/ s inconveniência. ‖ v (inconveniences, inconveniencing, inconvenienced, inconvenienced) causar inconveniência a; dificultar.

in·con·ven·ient /ɪnkənvi:njənt/ adj inconveniente; inoportuno.

in·con·vert·i·ble /ɪnkənvɜ:rtəbəl/ adj inconvertível.

in·con·vinc·i·ble /ɪnkənvɪnsəbəl/ adj não convencível; não persuadível.

in·cor·po·rate /ɪnkɒ:rpəreɪt/ v (incorporates, incorporating, incorporated, incorporated) 1 criar corporações. 2 incorporar; anexar; unir; juntar. ‖ /ɪnkɒ:rpərət/ adj incorporado.

in·cor·po·ra·tion /ɪnkɔ:rpəreɪʃən/ s incorporação.

in·cor·po·re·al /ɪnkɔ:rpɔ:riəl/ adj 1 incorpóreo; intangível; imaterial. 2 Jur intangível como direito ou patente.

in·cor·rect /ɪnkərekt/ adj 1 incorreto; errado. 2 inadequado.

in·cor·ri·gi·ble /ɪnkɒ:rədʒəbəl/ adj incorrigível.

in·cor·rupt /ɪnkərʌpt/ adj 1 incorrupto. 2 puro.

in·cor·rupt·i·ble /ɪnkərʌptəbəl/ adj incorruptível.

in·crease /ɪnkri:s/ s 1 aumento; incremento. 2 progênie. ‖ /ɪnkri:s/ v (increases, increasing, increased, increased) aumentar; intensificar; estender; propagar.

in·cred·i·ble /ɪnkredɪbəl/ adj incrível; inacreditável.

in·cre·du·li·ty /ɪnkrədju:ləti/ s incredulidade.

in·cred·u·lous /ɪnkredʒuləs/ adj incrédulo; céptico.

in·cre·ment /ɪnkrəmənt/ s 1 incremento; aumento; acréscimo. 2 desenvolvimento.

in·crim·i·nate /ɪnkrɪmɪneɪt/ v (incriminates, incriminating, incriminated, incriminated) acusar; incriminar.

in·crust /ɪnkrʌst/ → encrust.

in·crus·ta·tion /ɪnkrʌsteɪʃən/ s incrustação. (var encrustation).

in·cu·bate /ɪnkjʊbeɪt/ v (incubates, incubating, incubated, incubated) incubar; chocar.

in·cu·ba·tion /ɪnkjʊbeɪʃən/ s incubação.

in·cu·ba·tor /ɪnkjʊbeɪtə/ s incubadora.

in·cu·bus /ɪnkjʊbəs/ s 1 íncubo. 2 pesadelo. (pl incubuses /ɪnkjʊbəsɪz/ ou incubi /ɪnkjʊbaɪ/).

in·cul·cate /ɪnkʌlkeɪt, ɪnkʌlkeɪt/ v (inculcates, inculcating, inculcated, inculcated) inculcar.

in·cul·pate /ɪnkʌlpeɪt, ɪnkʌlpeɪt/ v (inculpates, inculpating, inculpated, inculpated) incriminar; acusar.

in·cum·ben·cy /ɪnkʌmbənsi/ s incumbência. (pl incumbencies).

in·cur /ɪnkɜ:r/ v (incurs, incurring, incurred, incurred) incorrer em; estar sujeito a.

in·cur·a·ble /ɪnkjʊrəbəl/ adj incurável.

in·cu·ri·ous /ɪnkjʊriəs/ adj indiferente; descuidado; negligente.

in·cur·sion /ɪnkɜ:rʃən/ s incursão.

in·cur·vate /ɪnkɜ:rveɪt, ɪnkɜ:rveɪt/ v (incurvates, incurvating, incurvated, incurvated) curvar; arquear. ‖ /ɪnkɜ:rveɪt/ adj curvado; arqueado.

in·curve /ɪnkɜ:rv/ v (incurves, incurving, incurved, incurved) encurvar para dentro. ‖ s curva para dentro.

in·cuse /ɪnkju:z, ɪnkju:s/ adj cunhado; estampado.

in·debt·ed /ɪndetɪd/ adj 1 endividado. 2 obrigado (por favores recebidos).

in·debt·ed·ness /ɪndetɪdnəs/ s estado de dívida; obrigação.

in·de·cen·cy /ɪndi:sənsi/ s indecência. (pl indecencies).

in·de·cent /ɪndi:sənt/ adj indecente; imoral; inadequado.

in·de·ci·sion /ɪndɪsɪʒən/ s indecisão.

in·dec·o·rous /ɪndekərəs/ adj indecoroso.

in·deed /ɪndi:d/ adv realmente; certamente; de fato; muito. ‖ interj verdade; jura (expressando surpresa ou ironia).

in·de·fat·i·ga·ble /ɪndɪfætɪgəbəl/ adj infatigável; incansável.

in·de·fea·si·ble /ɪndɪfiːzəbəl/ adj indestrutível; inalienável.

in·de·fin·a·ble /ɪndɪfaɪnəbəl/ adj indefinível.

in·def·i·nite /ɪndɛfənət/ adj 1 indefinido. 2 vago. 3 impreciso. 4 incerto.

indefinite article s Gram artigo indefinido.

indefinite pronoun s Gram pronome indefinido.

in·del·i·ble /ɪndɛləbəl/ adj indelével; inapagável.

in·del·i·ca·cy /ɪndɛlɪkəsi/ s indelicadeza. (pl indelicacies).

in·del·i·cate /ɪndɛlɪkət/ adj indelicado.

in·dem·ni·fi·ca·tion /ɪndɛmnɪfɪkeɪʃən/ s 1 indenização. 2 compensação; reparação.

in·dem·ni·fy /ɪndɛmnɪfaɪ/ v (indemnifies, indemnifying, indemnified, indemnified) indenizar.

in·dem·ni·ty /ɪndɛmnəti/ s 1 indenização. 2 compensação. (pl indemnities).

in·dent /ɪndɛnt/ v (indents, indenting, indented, indented) 1 recortar. 2 endentar; dentear. 3 serrilhar; picotar. 4 abrir parágrafo; recuar. 5 imprimir; estampar. ll /ɪndɛnt/ s 1 endentação. 2 recuo (parágrafo).

in·den·ta·tion /ɪndɛnteɪʃən/ s endentação.

in·den·ture /ɪndɛntʃə/ s 1 contrato. ll v (indentures, indenturing, indentured, indentured) contratar.

in·de·pend·ence /ɪndɪpɛndəns/ s independência.

Independence Day s dia da independência dos EUA (4 de julho de 1776).

in·de·pend·en·cy /ɪndɪpɛndənsi/ s 1 independência. 2 estado ou território independente. (pl independencies).

in·de·pend·ent /ɪndɪpɛndənt/ adj independente.

in·de·scrib·a·ble /ɪndɪskraɪbəbəl/ adj indescritível.

in·de·struc·ti·ble /ɪndɪstrʌktəbəl/ adj indestrutível.

in·de·ter·mi·nate /ɪndɪtɜːrmɪnət/ adj indeterminado.

in·de·ter·mi·na·tion /ɪndɪtɜːrmɪneɪʃən/ s indeterminação; imprecisão.

in·dex /ɪndɛks/ s 1 índice. 2 indicação. 3 dedo indicador. 4 Mat expoente; índice (de

raiz). (pl indexes /ɪndɛksɪz/ ou indices /ɪndɪsiːz/). ll v (indexes, indexing, indexed, indexed) 1 pôr índice alfabético em. 2 indexar. 3 indicar; sinalizar.

index finger s dedo indicador.

In·di·a /ɪndiə/ s Índia.

In·di·an /ɪndiən/ adj 1 indiano; hindu. 2 índio (nativo das Américas). ll s 1 índio. 2 qualquer língua dos nativos das Américas. 3 indiano.

in·di·cate /ɪndɪkeɪt/ v (indicates, indicating, indicated, indicated) 1 indicar. 2 demonstrar; mostrar. 3 salientar.

in·di·ca·tion /ɪndɪkeɪʃən/ s indicação.

in·dic·a·tive /ɪndɪkətɪv/ adj indicativo. ll s Gram modo indicativo.

in·di·ca·tor /ɪndɪkeɪtə/ s indicador; ponteiro.

in·dict /ɪndaɪt/ v (indicts, indicting, indicted, indicted) Jur acusar formalmente.

in·dict·a·ble /ɪndaɪtəbəl/ adj acusado.

in·dict·ment /ɪndaɪtmənt/ s 1 acusação. 2 Jur denúncia; queixa.

in·dif·fer·ence /ɪndɪfərəns/ s indiferença; desinteresse; apatia.

in·dif·fer·ent /ɪndɪfərənt/ adj 1 indiferente. 2 desinteressado. 3 imparcial.

in·di·gence /ɪndɪdʒəns/ s indigência; pobreza extrema.

in·di·gent /ɪndɪdʒənt/ adj indigente; pobre.

in·di·gest·ed /ɪndɪdʒɛstɪd, ɪndaɪdʒɛstɪd/ adj indigesto.

in·di·gest·i·ble /ɪndɪdʒɛstəbəl, ɪndaɪdʒɛstəbəl/ adj indigerível.

in·dig·nant /ɪndɪgnənt/ adj indignado.

in·dig·na·tion /ɪndɪgneɪʃən/ s indignação.

in·dig·ni·ty /ɪndɪgnəti/ s 1 indignidade; humilhação; injúria. 2 afronta. (pl indignities).

in·di·go /ɪndɪgoʊ/ s 1 índigo; anil (cor). 2 corante azul. 3 Bot índigo. (pl indigo ou indigoes). ll adj da cor do anil.

in·di·rect /ɪndɪrɛkt, ɪndaɪrɛkt/ adj indireto.

indirect object s Gram objeto indireto.

in·dis·cern·i·ble /ɪndɪsɜːrnəbəl, ɪndɪzɜːrnəbəl/ adj indiscernível; imperceptível.

in·dis·ci·pline /ɪndɪsəplɪn/ s indisciplina.

in·dis·creet /ɪndɪskriːt/ adj indiscreto.

in·dis·cre·tion /ɪndɪskrɛʃən/ s indiscrição.

in·dis·crim·i·nate /ɪndɪskrɪmɪnət/ *adj* 1 indiscriminado. 2 confuso. 3 indistinto.

in·dis·crim·i·na·tion /ɪndɪskrɪmɪneɪʃən/ *s* indiscriminação.

in·dis·pen·sa·ble /ɪndɪspensəbəl/ *adj* indispensável; essencial.

in·dis·pose /ɪndɪspouz/ *v* (indisposes, indisposing, indisposed, indisposed) 1 estar indisposto (doente). 2 indispor; criar inimizade.

in·dis·posed /ɪndɪspouzd/ *adj* indisposto.

in·dis·po·si·tion /ɪndɪspəzɪʃən/ *s* 1 indisposição; incômodo. 2 inimizade.

in·dis·put·a·ble /ɪndɪspjuːtəbəl/ *adj* incgável; inquestionável.

in·dis·sol·u·ble /ɪndɪsɑːljəbəl/ *adj* 1 indissolúvel. 2 permanente.

in·dis·tinct /ɪndɪstɪŋkt/ *adj* 1 indistinto. 2 vago.

in·dis·tinc·tive /ɪndɪstɪŋktɪv/ *adj* indistinto; indiscriminado.

in·dis·tin·guish·a·ble /ɪndɪstɪŋgwɪʃəbəl/ *adj* indistinguível; vago.

in·dite /ɪndaɪt/ *v* (indites, inditing, indited, indited) redigir; compor.

in·di·vid·u·al /ɪndɪvɪdʒuəl/ *s* indivíduo; pessoa. ‖ *adj* individual.

in·di·vid·u·al·ism /ɪndɪvɪdʒuəlɪzəm/ *s* individualismo.

in·di·vid·u·al·ist /ɪndɪvɪdʒuəlɪst/ *s* individualista.

in·di·vid·u·al·i·ty /ɪndɪvɪdʒuæləti/ *s* individualidade. (*pl* individualities).

in·di·vis·i·ble /ɪndɪvɪzəbəl/ *adj* indivisível.

in·doc·ile /ɪndɑːsəl/ *adj* indócil; indomável.

in·do·cil·i·ty /ɪndɑːsɪləti, ɪndousɪləti/ *s* indocilidade.

in·do·lence /ɪndələns/ *s* indolência; preguiça.

in·do·lent /ɪndələnt/ *adj* indolente.

in·dom·i·ta·ble /ɪndɑːmətəbəl/ *adj* invencível; inconquistável.

In·do·ne·sia /ɪndəniːʒə/ *s* Indonésia.

In·do·ne·sian /ɪndəniːʒən/ *s* e *adj* indonésio.

in·door /ɪndɔːr/ *adj* interior; interno.

in·doors /ɪndɔːrz/ *adv* portas adentro; dentro de casa.

in·dorse /ɪndɔːrs/ → endorse.

in·du·bi·ta·ble /ɪnduːbɪtəbəl/ *adj* indubitável; evidente.

in·duce /ɪnduːs, ɪndjuːs/ *v* (induces, inducing, induced, induced) 1 induzir; persuadir. 2 causar; produzir.

in·duce·ment /ɪnduːsmənt, ɪndjuːsmənt/ *s* incentivo; estímulo.

in·duc·er /ɪnduːsə, ɪndjuːsə/ *s* indutor.

in·duct /ɪndʌkt/ *v* (inducts, inducting, inducted, inducted) instalar; introduzir.

in·duc·tance /ɪndʌktəns/ *s* Eletr indutância.

in·duc·tion /ɪndʌkʃən/ *s* 1 tb Eletr indução. 2 instalação; introdução. 3 prefácio.

in·duc·tive /ɪndʌktɪv/ *adj* 1 indutivo. 2 introdutório.

in·duc·tor /ɪndʌktə/ *s* indutor.

in·due /ɪnduː/ → endue.

in·dulge /ɪndʌldʒ/ *v* (indulges, indulging, indulged, indulged) 1 satisfazer (desejos, sentimentos, etc.). 2 condescender.

in·dul·gence /ɪndʌldʒəns/ *s* indulgência.

in·dul·gent /ɪndʌldʒənt/ *adj* indulgente.

in·du·rate /ɪndʊreɪt/ *v* (indurates, indurating, indurated, indurated) endurecer. ‖ *adj* endurecido; obstinado.

in·dus·tri·al /ɪndʌstriəl/ *adj* e *s* industrial.

industrial engineering *s* engenharia industrial.

in·dus·tri·al·ism /ɪndʌstriəlɪzəm/ *s* industrialismo.

in·dus·tri·al·ist /ɪndʌstriəlɪst/ *s* industrial; industrialista.

in·dus·tri·al·i·za·tion /ɪndʌstriəlɪzeɪʃən/ *s* industrialização.

in·dus·tri·al·ize /ɪndʌstriəlaɪz/ *v* (industrializes, industrializing, industrialized, industrialized) industrializar.

in·dus·tri·ous /ɪndʌstriəs/ *adj* diligente; aplicado.

in·dus·try /ɪndəstri/ *s* 1 indústria. 2 setor econômico de manufaturas. 3 diligência. (*pl* industries).

in·e·bri·ate /ɪniːbrieɪt/ *v* (inebriates, inebriating, inebriated, inebriated) 1 embriagar; embebedar. 2 intoxicar. ‖ /ɪniːbriət/ *adj* 1 embriagado. 2 intoxicado. ‖ *s* bêbado; embriagado.

in·e·bri·a·tion /ɪniːbrieɪʃən/ *s* embriaguez.

in·e·bri·e·ty /ɪniːbraɪəti/ *s* 1 bebedeira. 2 intoxicação.

in·ef·face·a·ble /ɪnɪfeɪsəbəl/ *adj* indelével.

in·ef·fec·tive /ɪnɪfɛ́ktɪv/ adj 1 ineficaz. 2 inadequado.

in·ef·fec·tu·al /ɪnɪfɛ́ktʃuəl/ adj 1 ineficaz. 2 inútil.

in·ef·fi·ca·cious /ɪnefɪkéɪʃəs/ adj ineficaz.

in·ef·fi·ca·cy /ɪnéfɪkəsi/ s ineficácia.

in·ef·fi·cien·cy /ɪnɪfɪ́ʃənsi/ s ineficiência. (pl inefficiencies)

in·ef·fi·cient /ɪnɪfɪ́ʃənt/ adj ineficiente.

in·e·las·tic /ɪniːlǽstɪk/ adj inelástico; inflexível; rígido.

in·el·e·gance /ɪnéligəns/ s deselegância; falta de refinamento.

in·el·e·gant /ɪnéligənt/ adj deselegante; impolido; sem refinamento.

in·el·i·gi·bil·i·ty /ɪnelɪdʒəbɪ́ləti/ s inelegibilidade.

in·el·i·gi·ble /ɪnélɪdʒəbəl/ adj inelegível.

in·ept /ɪnépt/ adj 1 inepto; incapaz; impróprio. 2 absurdo.

in·e·qual·i·ty /ɪnɪkwɒ́ːləti/ s 1 desigualdade; disparidade. 2 parcialidade. 3 diversidade. (pl inequalities).

in·eq·ui·ta·ble /ɪnékwətəbəl/ adj injusto.

in·eq·ui·ty /ɪnékwəti/ s iniquidade; injustiça. (pl inequities).

in·ert /ɪnɜ́ːrt/ adj 1 inerte. 2 inativo.

in·er·tia /ɪnɜ́ːrʃə/ s 1 preguiça; indolência. 2 Fís inércia.

in·es·ti·ma·ble /ɪnéstɪməbəl/ adj 1 inestimável. 2 incalculável.

in·ev·i·ta·ble /ɪnévɪtəbəl/ adj inevitável.

in·ex·act /ɪnɪgzǽkt/ adj inexato; impreciso.

in·ex·cus·a·ble /ɪnɪkskjuːzəbəl/ adj indesculpável; imperdoável.

in·ex·is·tent /ɪnɪgzɪ́stənt/ adj inexistente.

in·ex·o·ra·ble /ɪnéksərəbəl/ adj inexorável; inalterável; inflexível.

in·ex·pe·di·ent /ɪnɪkspiːdiənt/ adj 1 inoportuno. 2 inadequado. 3 inconveniente.

in·ex·pen·sive /ɪnɪkspénsɪv/ adj não dispendioso; barato.

in·ex·pe·ri·ence /ɪnɪkspɪ́riəns/ s inexperiência.

in·ex·pe·ri·enced /ɪnɪkspɪ́riənst/ adj inexperiente.

in·ex·pert /ɪnékspɜːrt, ɪnɪkspɜ́ːrt/ adj 1 inábil. 2 inexperiente.

in·ex·pi·a·ble /ɪnékspiəbəl/ adj 1 irrepará vel. 2 implacável.

in·ex·plain·a·ble /ɪnɪkspleɪ́nəbəl/ adj inexplicável.

in·ex·pli·ca·ble /ɪnéksplɪkəbəl, ɪnɪksplɪ́kəbəl/ adj inexplicável; inexprimível.

in·ex·plic·it /ɪnɪksplɪ́sɪt/ adj 1 não explícito. 2 indefinido.

in·ex·press·i·ble /ɪnɪksprésəbəl/ adj 1 inex primível. 2 indescritível.

in·ex·pres·sive /ɪnɪksprésɪv/ adj inexpres sivo.

in·ex·pug·na·ble /ɪnɪkspʌ́gnəbəl, ɪnɪkspjuːnəbəl/ adj inexpugnável; invencível.

in·ex·tin·guish·a·ble /ɪnɪkstɪ́ŋgwɪʃəbəl/ ac inextinguível.

in·ex·tri·ca·ble /ɪnɪkstrɪ́kəbəl, ɪnékstrɪkəbəl/ adj 1 inextricável; inacessível. 2 emara nhado. 3 confuso; difícil de resolver.

in·fal·li·ble /ɪnfǽləbəl/ adj infalível.

in·fa·mous /ɪnfəməs/ adj infame; sem hon ra; mal-afamado.

in·fa·my /ɪnfəmi/ s infâmia; desonra. (p infamies).

in·fan·cy /ɪnfənsi/ s infância; meninice. (p infancies).

in·fant /ɪnfənt/ s 1 bebê; criancinha. 2 Ju menor. || adj 1 infantil. 2 nascente; novo

in·fan·ti·cide /ɪnfǽntəsaɪd/ s 1 infanticídio 2 infanticida.

in·fan·tile /ɪnfəntaɪl, ɪnfəntɪl/ adj infantil pueril.

in·fan·til·ism /ɪnfəntəlɪzəm, ɪnfəntaɪlɪzəm ɪnfǽntəlɪzəm/ s infantilismo.

in·fan·try /ɪnfəntri/ s infantaria. (pl infan tries).

in·farct /ɪnfɑːrkt, ɪnfɑ́ːrkt/ s Med infarto.

in·fat·u·ate /ɪnfǽtʃueɪt/ v (infatuates infatuating, infatuated, infatuated) ins pirar ou sentir uma cega paixão. || ac cegamente apaixonado.

in·fat·u·a·tion /ɪnfætʃueɪʃən/ s paixão cega louca.

in·fect /ɪnfékt/ v (infects, infecting, in fected, infected) 1 infectar; infeccionar contaminar. 2 perverter. 3 contagiar.

in·fec·tion /ɪnfékʃən/ s 1 infecção; conta minação. 2 contaminação moral ou cor rupção.

in·fec·tious /ɪnfekʃəs/ *adj* **1** infeccioso. **2** contagioso.

in·fe·lic·i·tous /ɪnfəlɪsətəs/ *adj* **1** impróprio; inadequado. **2** infeliz.

in·fe·lic·i·ty /ɪnfəlɪsəti/ *s* infelicidade. (*pl* **infelicities**).

in·fer /ɪnfɜːr/ *v* (**infers, inferring, inferred, inferred**) inferir; deduzir; conjeturar.

in·fer·ence /ɪnfərəns/ *s* inferência; dedução; conclusão.

in·fer·en·tial /ɪnfərenʃəl/ *adj* conclusivo.

in·fe·ri·or /ɪnfɪriə/ *s* e *adj* **1** inferior. **2** subalterno.

in·fe·ri·or·i·ty /ɪnfɪriɔːrəti/ *s* inferioridade. inferiority complex *s* complexo de inferioridade.

in·fer·nal /ɪnfɜːrnəl/ *adj* infernal; diabólico.

in·fer·no /ɪnfɜːrnoʊ/ *s* inferno. (*pl* **infernos**).

in·fer·tile /ɪnfɜːrtəl/ *adj* infértil; estéril.

in·fest /ɪnfest/ *v* (**infests, infesting, infested, infested**) infestar.

in·fi·del /ɪnfədel/ *s* infiel; descrente.

in·fi·del·i·ty /ɪnfədeləti/ *s* **1** infidelidade; adultério. **2** deslealdade. (*pl* **infidelities**).

in·fight·ing /ɪnfaɪtɪŋ/ *s* **1** *Esp* luta a curta distância no boxe. **2** intriga, rivalidade dentro de um grupo.

in·fil·trate /ɪnfɪltreɪt, ɪnfɪltreɪt/ *v* (**infiltrates, infiltrating, infiltrated, infiltrated**) **1** infiltrar; introduzir-se lentamente. **2** embeber; filtrar.

in·fil·tra·tion /ɪnfɪltreɪʃən/ *s* infiltração.

in·fi·nite /ɪnfənɪt/ *adj* **1** infinito; ilimitado. **2** /ɪnfɪnət, ɪnfaɪnaɪt/ *Mat* infinito. II /ɪnfənɪt/ *s* algo infinito.

in·fin·i·tes·i·mal /ɪnfɪnɪtesɪməl/ *s* infinitésimo. II *adj* infinitesimal; diminuto; excessivamente pequeno.

in·fin·i·tive /ɪnfɪnətɪv/ *s* *Gram* infinitivo (modo verbal).

in·fin·i·ty /ɪnfɪnəti/ *s* infinidade. (*pl* **infinities**).

in·firm /ɪnfɜːrm/ *adj* **1** doente; fraco (especialmente por causa da idade). **2** irresoluto; indeciso.

in·fir·ma·ry /ɪnfɜːrməri/ *s* enfermaria. (*pl* **infirmaries**).

in·fir·mi·ty /ɪnfɜːrməti/ *s* enfermidade. (*pl* **infirmities**).

in·fix /ɪnfɪks/ *s* *Gram* infixo; afixo. II /ɪnfɪks, ɪnfɪks/ *v* (**infixes, infixing, infixed, infixed**) **1** cravar. **2** encaixar. **3** implantar.

in·flame /ɪnfleɪm/ *v* (**inflames, inflaming, inflamed, inflamed**) **1** inflamar; excitar. **2** pegar fogo. **3** *Med* inflamar.

in·flam·ma·ble /ɪnflæməbəl/ *adj* inflamável.

in·flam·ma·tion /ɪnfləmeɪʃən/ *s* **1** inflamação; incêndio. **2** *Med* inflamação.

in·flam·ma·to·ry /ɪnflæmətɔːri/ *adj* **1** inflamado; raivoso. **2** inflamatório; inflamado.

in·flate /ɪnfleɪt/ *v* (**inflates, inflating, inflated, inflated**) **1** inflar; dilatar; expandir. **2** *Econ* inflacionar.

in·fla·tion /ɪnfleɪʃən/ *s* **1** inflação; dilatação; expansão. **2** *Econ* inflação.

in·fla·tion·ar·y /ɪnfleɪʃəneri/ *adj* inflacionário.

in·flect /ɪnflekt/ *v* (**inflects, inflecting, inflected, inflected**) **1** modular (a voz). **2** *Gram* declinar; conjugar.

in·flec·tion /ɪnflekʃən/ *s* **1** inflexão; modulação da voz. **2** *Gram* flexão.

in·flex·i·ble /ɪnfleksəbəl/ *adj* inflexível; imutável; inalterável.

in·flict /ɪnflɪkt/ *v* (**inflicts, inflicting, inflicted, inflicted**) infligir; impor; causar.

in·flic·tion /ɪnflɪkʃən/ *s* imposição.

in·flow /ɪnfloʊ/ *s* afluência; influxo.

in·flu·ence /ɪnfluəns/ *v* (**influences, influencing, influenced, influenced**) influir; influenciar; persuadir. II *s* influência; persuasão; prestígio.

in·flu·ent /ɪnfluənt/ *adj* fluente. II *s* afluente.

in·flu·en·tial /ɪnfluenʃəl/ *adj* influente.

in·flu·en·za /ɪnfluenzə/ *s* *Med* influenza; gripe.

in·flux /ɪnflʌks/ *s* influxo; afluência.

in·fold /ɪnfoʊld/ *v* (**infolds, infolding, infolded, infolded**) envolver; encerrar.

in·form /ɪnfɔːrm/ *v* (**informs, informing, informed, informed**) **1** informar; instruir. **2** delatar.

in·for·mal /ɪnfɔːrməl/ *adj* informal; sem cerimônia; contra as regras de etiqueta.

in·for·mal·i·ty /ɪnfɔːrmæləti/ *s* informalidade. (*pl* **informalities**).

in·form·ant /ɪnfɔːrmənt/ *s* informante.

in·for·ma·tion /ɪnfəˈmeɪʃən/ s 1 informação; conhecimento. 2 instrução; comunicação. 3 tb Comp sinal ou caractere utilizado como entrada para um computador ou sistema de comunicação. (pl information).

in·form·a·tive /ɪnˈfɔːrmətɪv/ adj informativo; instrutivo.

in·formed /ɪnˈfɔːrmd/ adj informado; instruído.

in·form·er /ɪnˈfɔːrmə/ s informante; delator.

in·fract /ɪnˈfrækt/ v (infracts, infracting, infracted, infracted) infringir; violar.

in·frac·tion /ɪnˈfrækʃən/ s infração; violação.

in·frac·tor /ɪnˈfræktə/ s infrator.

in·fran·gi·ble /ɪnˈfrændʒɪbəl/ adj 1 inquebrável; inseparável. 2 inviolável.

in·fra·red /ɪnfrəˈred/ adj e s infravermelho.

in·fre·quent /ɪnˈfriːkwənt/ adj 1 inconstante. 2 irregular.

in·fringe /ɪnˈfrɪndʒ/ v (infringes, infringing, infringed, infringed) infringir; transgredir; violar.

in·fringe·ment /ɪnˈfrɪndʒmənt/ s infração; transgressão; violação.

in·fu·ri·ate /ɪnˈfjʊrieɪt/ v (infuriates, infuriating, infuriated, infuriated) enfurecer; irritar.

in·fuse /ɪnˈfjuːz/ v (infuses, infusing, infused, infused) 1 infundir; introduzir. 2 imbuir.

in·fu·sion /ɪnˈfjuːʒən/ s infusão.

in·gen·ious /ɪnˈdʒiːnjəs/ adj 1 engenhoso; habilidoso. 2 astuto.

in·ge·nu·i·ty /ɪndʒɪnjuːəti/ s 1 esperteza; habilidade. 2 inteligência. 3 engenhosidade. (pl ingenuities).

in·gen·u·ous /ɪnˈdʒenjuəs/ adj 1 ingênuo; inocente. 2 sincero.

in·gen·u·ous·ness /ɪnˈdʒenjuəsnəs/ s 1 ingenuidade; inocência. 2 sinceridade.

in·gest /ɪnˈdʒest/ v (ingests, ingesting, ingested, ingested) engolir; ingerir.

in·ges·tion /ɪnˈdʒestʃən/ s ingestão.

in·glo·ri·ous /ɪnˈɡlɔːriəs/ adj 1 inglório; vergonhoso. 2 modesto.

in·got /ˈɪnɡət/ s lingote; barra de metal.

in·grain /ɪnˈɡreɪn/ v (ingrains, ingraining, ingrained, ingrained) arraigar. ‖ adj 1 arraigado. 2 feito com fibra ou fio tingido. ‖ s fibra ou fio tingido.

in·grate /ˈɪnɡreɪt, ɪnˈɡreɪt/ s ingrato.

in·gra·ti·ate /ɪnˈɡreɪʃieɪt/ v (ingratiates, ingratiating, ingratiated, ingratiated) congraçar.

in·grat·i·tude /ɪnˈɡrætətuːd/ s ingratidão.

in·gre·di·ent /ɪnˈɡriːdiənt/ s ingrediente.

in·gress /ˈɪnɡres/ s ingresso; entrada. (var ingression).

in·gres·sion /ɪnˈɡreʃən/ → ingress.

in·grown /ˈɪnɡroʊn/ adj encravado (unha, pêlo).

in·hab·it /ɪnˈhæbɪt/ v (inhabits, inhabiting, inhabited, inhabited) habitar; morar.

in·hab·i·tant /ɪnˈhæbɪtənt/ s habitante.

in·ha·la·tion /ɪnhəˈleɪʃən/ s inalação.

in·hale /ɪnˈheɪl/ v (inhales, inhaling, inhaled, inhaled) inalar; inspirar.

in·hal·er /ɪnˈheɪlə/ s inalador (pessoa que inala ou aparelho próprio para inalação).

in·har·mo·ni·ous /ɪnhɑːrˈmoʊniəs/ adj desarmônico; discordante.

in·here /ɪnˈhɪr/ v (inheres, inhering, inhered, inhered) inerir.

in·her·ent /ɪnˈhɪrənt, ɪnˈherənt/ adj inerente; natural; inato.

in·her·it /ɪnˈherɪt/ v (inherits, inheriting, inherited, inherited) herdar.

in·her·i·tance /ɪnˈherɪtəns/ s herança.

in·her·i·tor /ɪnˈherɪtə/ s herdeiro.

in·hib·it /ɪnˈhɪbɪt/ v (inhibits, inhibiting, inhibited, inhibited) 1 inibir; impedir (crescimento, ato, desejo). 2 proibir.

in·hi·bi·tion /ɪnhɪˈbɪʃən/ s 1 inibição (crescimento, ato, desejo). 2 proibição.

in·hos·pi·ta·ble /ɪnhɑːˈspɪtəbəl, ɪnhɑːˈspɪtəbəl/ adj 1 inóspito; inospitaleiro. 2 desfavorável; hostil.

in·hos·pi·tal·i·ty /ɪnhɑːspəˈtæləti/ s falta de hospitalidade.

in·hu·man /ɪnˈhjuːmən/ adj desumano; cruel; brutal.

in·hu·man·i·ty /ɪnhjuːˈmænəti/ s desumanidade; crueldade. (pl inhumanities).

in·hume /ɪnˈhjuːm/ v (inhumes, inhuming, inhumed, inhumed) sepultar; enterrar.

in·im·i·cal /ɪnˈɪmɪkəl/ adj 1 hostil. 2 prejudicial.

in·im·i·ta·ble /ɪnˈɪmɪtəbəl/ adj inimitável.

in·iq·ui·tous /ɪnˈɪkwɪtəs/ adj iníquo; injusto.

n·iq·ui·ty /ɪnɪkwəti/ s 1 iniqüidade; injustiça; violação dos direitos. 2 pecado. (*pl* **iniquities**).

n·i·tial /ɪnɪʃəl/ *adj* inicial. II *s* 1 letra inicial. 2 capitular. 3 inicial II *v* (**initials, initialing/initialling, initialed/initialled, initialed/initialled**) assinar com as iniciais.
♦ **initials** iniciais.

n·i·tial·ize /ɪnɪʃəlaɪz/ *v* (**initializes, initializing, initizlized, initizlized**) *Comp* inicializar.

n·i·tial·ly /ɪnɪʃəli/ *adv* inicialmente.

n·i·ti·ate /ɪnɪʃɪeɪt/ *v* (**initiates, initiating, initiated, initiated**) 1 iniciar; originar. 2 introduzir; admitir como membro de um grupo. II /ɪnɪʃɪət/ *adj* e *s* iniciado.

n·i·ti·a·tion /ɪnɪʃɪeɪʃən/ *s* iniciação (cerimônia de admissão).

n·i·tia·tive /ɪnɪʃətɪv/ *s* iniciativa. II *adj* 1 iniciativo. 2 introdutório; preliminar.

n·ject /ɪndʒekt/ *v* (**injects, injecting, injected, injected**) 1 injetar; introduzir. 2 *Med* aplicar injeção.

n·jec·tion /ɪndʒekʃən/ *s* injeção.

n·ju·di·cious /ɪndʒu:dɪʃəs/ *adj* desajuizado; tolo.

n·junc·tion /ɪndʒʌŋkʃən/ *s* 1 ordem. 2 *Jur* mandado.

n·jure /ɪndʒɚ/ *v* (**injures, injuring, injured, injured**) 1 prejudicar; ofender. 2 lesar; danificar; violar. 3 ferir.

n·ju·ri·ous /ɪndʒʊriəs/ *adj* 1 prejudicial; nocivo. 2 ofensivo; injusto.

n·ju·ry /ɪndʒəri/ *s* 1 injúria; ofensa. 2 dano; perda. 3 ferimento. (*pl* **injuries**).

in·jus·tice /ɪndʒʌstɪs/ *s* injustiça.

ink /ɪŋk/ *s* tinta de escrever. II *v* (**inks, inking, inked, inked**) 1 borrar; cobrir ou manchar de tinta. 2 *inform* assinar um documento.

in·kling /ɪŋklɪŋ/ *s* 1 insinuação. 2 sugestão; idéia.

inland /ɪnlənd/ *adj* interior. II *s* o interior de um país. II /ɪnlænd, ɪnlænd/ *adv* para o interior (do país).

in·land·er /ɪnləndɚ/ *s* habitante do interior.

in·law /ɪnlɑ:/ *s* parente por casamento (sogra, cunhado, etc.).

in·let /ɪnlet/ *s* 1 angra; enseada; baía. 2 entrada.

in·ly /ɪnli/ *adv* interiormente; no íntimo.

in·mate /ɪnmeɪt/ *s* interno; prisioneiro (especialmente em prisões e hospitais).

in·most /ɪnmoʊst/ *adj* 1 interior. 2 íntimo.

inn /ɪn/ *s* 1 estalagem; pousada. 2 taverna.

in·nate /ɪneɪt/ *adj* 1 inato. 2 inerente. 3 intuitivo.

in·ner /ɪnɚ/ *adj* 1 interior. 2 íntimo; secreto. 3 profundo; subjacente.

in·ner·most /ɪnɚmoʊst/ *adj* 1 íntimo. 2 interior.

in·ner·vate /ɪnɜːrveɪt, ɪnɚveɪt/ *v* (**innervates, innervating, innervated, innervated**) 1 enervar. 2 estimular um músculo.

inn·keep·er /ɪnki:pɚ/ *s* proprietário ou gerente de uma pousada ou de um hotel.

in·no·cence /ɪnəsəns/ *s* inocência (moral e legal).

in·no·cen·cy /ɪnəsənsi/ *s* 1 inocência; simplicidade. 2 ato inocente. (*pl* **innocencies**).

in·no·cent /ɪnəsənt/ *adj* e *s* 1 inocente (moral e legal). 2 inofensivo.

in·noc·u·ous /ɪnɑ:kjuəs/ *adj* inócuo; inofensivo.

in·nom·i·nate /ɪnɑ:mənət/ *adj* anônimo.

in·no·vate /ɪnəveɪt/ *v* (**innovates, innovating, innovated, innovated**) inovar.

in·no·va·tion /ɪnəveɪʃən/ *s* inovação.

in·no·va·tive /ɪnəveɪtɪv/ *adj* inovador.

in·nu·en·do /ɪnjuendoʊ/ *s* 1 insinuação. 2 *Jur* explicação entre parênteses em um documento legal. (*pl* **innuendoes**).

in·nu·mer·a·ble /ɪnu:mərəbəl/ *adj* inumerável; muito numeroso.

in·nu·tri·tion /ɪnnu:trɪʃən/ *s* desnutrição.

in·ob·ser·vance /ɪnəbzɜːrvəns/ *s* inobservância; desatenção.

in·oc·u·late /ɪnɑ:kjəleɪt/ *v* (**inoculates, inoculating, inoculated, inoculated**) inocular; vacinar.

in·oc·u·la·tion /ɪnɑ:kjəleɪʃən/ *s* inoculação.

in·o·dor·ous /ɪnnoʊdərəs/ *adj* inodoro.

in·of·fen·sive /ɪnəfensɪv/ *adj* inofensivo.

in·op·er·a·ble /ɪnɑ:pərəbəl/ *adj* inoperável.

in·op·er·a·tive /ɪnɑ:pərətɪv/ *adj* 1 inoperante. 2 inválido.

in·op·por·tune /ɪnɑ:pətu:n/ *adj* inoportuno.

in·or·di·nate /ɪnɔːrdənɪt/ adj 1 desordenado. 2 imoderado; excessivo.

in·or·gan·ic /ɪnɔːrgænɪk/ adj inorgânico.

in·pa·tient /ɪnpeɪʃənt/ s paciente internado em hospital.

in·put /ɪnpʊt/ s Comp entrada.

input device s Comp dispositivo de entrada.

in·quest /ɪnkwest/ s Jur inquérito.

in·quire /ɪnkwaɪr/ v (inquires, inquiring, inquired, inquired) inquirir; indagar. (var enquire).

in·quir·y /ɪnkwaɪri, ɪnkwəi/ s 1 interrogatório. 2 inquérito. 3 investigação. 4 Comp consulta. (pl inquiries. var enquiry).

in·qui·si·tion /ɪnkwɪzɪʃən/ s 1 maiús Inquisição; Santo Ofício. 2 inquérito policial.

in·quis·i·tive /ɪnkwɪzətɪv/ adj 1 curioso; indiscreto. 2 investigador; pesquisador.

in·quis·i·tor /ɪnkwɪzɪtə/ s inquiridor.

I.N.R.I. abrev lat de **Iesus Nazarenus Rex Iudaeorum**; Jesus Nazareno, Rei dos Judeus.

in·road /ɪnroʊd/ s invasão; ataque de surpresa.

in·rush /ɪnrʌʃ/ s invasão súbita; influxo repentino.

in·sa·lu·bri·ous /ɪnsəluːbriəs/ adj insalubre.

in·sa·lu·bri·ty /ɪnsəluːbriəti/ s insalubridade.

in·sane /ɪnseɪn/ adj 1 insano; louco. 2 imoderado; excessivo. 3 tolo.

in·san·i·tar·y /ɪnsænɪteri/ adj anti-higiênico.

in·san·i·ty /ɪnsænəti/ s 1 (tb Jur) insanidade; loucura. 2 tolice. (pl insanities)

in·sa·tia·ble /ɪnseɪʃəbəl/ adj insaciável.

in·sa·ti·ate /ɪnseɪʃiət/ adj insaciável.

in·scribe /ɪnskraɪb/ v (inscribes, inscribing, inscribed, inscribed) 1 inscrever; entalhar. 2 fazer dedicatória. 2 alistar; arrolar; registrar.

in·scrip·tion /ɪnskrɪpʃən/ s 1 inscrição. 2 dedicatória. 3 matrícula (inscrição).

in·scru·ta·ble /ɪnskruːtəbəl/ adj inescrutável; misterioso.

in·sect /ɪnsekt/ s inseto.

in·sec·ti·cide /ɪnsektɪsaɪd/ s inseticida.

in·se·cure /ɪnsɪkjʊr/ adj incerto; arriscado; inseguro.

in·se·cu·ri·ty /ɪnsɪkjʊrəti/ s insegurança. (pl insecurities).

in·sem·i·nate /ɪnsemɪneɪt/ v (inseminates, inseminating, inseminated, inseminated) 1 inseminar. 2 semear.

in·sem·i·na·tion /ɪnsemɪneɪʃən/ s inseminação.

in·sen·sate /ɪnsenseɪt, ɪnsensɪt/ adj 1 inanimado; inconsciente. 2 cruel; frio. 3 insensato.

in·sen·si·ble /ɪnsensəbəl/ adj 1 insensível. 2 apático. 3 inconsciente. 4 imperceptível.

in·sep·a·ra·ble /ɪnsepərəbəl/ adj inseparável.

in·sert /ɪnsɜːrt/ v (inserts, inserting, inserted, inserted) inserir; introduzir. | /ɪnsɜːrt/ s inserção.

in·ser·tion /ɪnsɜːrʃən/ s inserção.

insertion point s Comp ponto de inserção.

in·serv·ice /ɪnsɜːrvɪs/ adj referente a um funcionário de período integral.

in·set /ɪnset, ɪnset/ v (insets, insetting, inset, inset) inserir. || /ɪnset/ s 1 inserção. 2 canal; fluxo.

in·shore /ɪnʃɔːr/ adv na costa; perto da costa. || adj costeiro.

in·side /ɪnsaɪd, ɪnsaɪd/ prep dentro de. | adv na parte interna. || s o interior; parte interna. || adj interior; interno. ◆ inside of dentro de (indicando tempo). inside out com a face interna voltada para fora; do lado do avesso.

in·sid·er /ɪnsaɪdə/ s membro (de um grupo, organização, sociedade, etc.).

in·sid·i·ous /ɪnsɪdiəs/ adj insidioso; traiçoeiro.

in·sight /ɪnsaɪt/ s 1 discernimento intelectual. 2 compreensão profunda e intuitiva.

in·sig·ne /ɪnsɪgnə/ → insignia.

in·sig·ni·a /ɪnsɪgniə/ s insígnia; emblema. (pl insignia ou insignias. var insigne).

in·sig·nif·i·cance /ɪnsɪgnɪfɪkəns/ s insignificância.

in·sig·nif·i·can·cy /ɪnsɪgnɪfɪkənsi/ s insignificância; pessoa ou coisa insignificante. (pl insignificancies).

in·sig·nif·i·cant /ɪnsɪgnɪfɪkənt/ adj insignificante.

in·sin·cere /ɪnsɪnsɪr/ adj insincero; hipócrita.

n·sin·cer·i·ty /ɪnsɪnserəti/ s insinceridade; hipocrisia. (pl insincerities).

n·sin·u·ate /ɪnsɪnjueɪt/ v (insinuates, insinuating, insinuated) insinuar.

n·sin·u·at·ing /ɪnsɪnjueɪtɪŋ/ adj insinuante; sugestivo.

n·sin·u·a·tion /ɪnsɪnjueɪʃən/ s insinuação.

n·sip·id /ɪnsɪpɪd/ adj insípido.

n·sist /ɪnsɪst/ v (insists, insisting, insisted, insisted) insistir; perseverar.

n·sis·tence /ɪnsɪstəns/ s insistência; persistência.

n·sis·ten·cy /ɪnsɪstənsi/ s insistência; persistência.

n·sis·tent /ɪnsɪstənt/ adj insistente; persistente.

n·so·la·tion /ɪnsouleɪʃən/ s insolação.

n·so·lence /ɪnsələns/ s insolência.

n·so·lent /ɪnsələnt/ adj 1 insolente; arrogante. 2 impertinente.

n·sol·u·ble /ɪnsɑːljəbəl/ adj insolúvel (que não pode ser dissolvido).

n·solv·a·ble /ɪnsɑːlvəbəl/ adj insolúvel (que não pode ser solucionado).

n·sol·ven·cy /ɪnsɑːlvənsi/ s insolvência. (pl insolvencies).

n·sol·vent /ɪnsɑːlvənt/ adj insolvente; falido. II s falência.

n·som·ni·a /ɪnsɑːmniə/ s insônia.

n·so·much as /ɪnsoumʌtʃ/ adv a tal ponto que; de tal modo que; de maneira que.

n·spect /ɪnspekt/ v (inspects, inspecting, inspected, inspected) inspecionar.

n·spec·tion /ɪnspekʃən/ s inspeção; exame; vistoria; fiscalização.

n·spec·tor /ɪnspektɚ/ s 1 inspetor. 2 investigador.

n·spec·tor·ate /ɪnspektərət/ s inspetoria.

n·spi·ra·tion /ɪnspəreɪʃən/ s inspiração.

n·spire /ɪnspaɪr/ v (inspires, inspiring, inspired, inspired) 1 inspirar; influenciar. 2 inalar.

n·spir·it /ɪnspɪrɪt/ v (inspirits, inspiriting, inspirited, inspirited) animar; incitar; encorajar.

n·sta·bil·i·ty /ɪnstəbɪləti/ s instabilidade. (pl instabilities).

n·stal /ɪnstɔːl/ → install.

in·stall /ɪnstɔːl/ v (installs, installing, installed, installed) instalar; inaugurar. (var instal).

in·stal·la·tion /ɪnstəleɪʃən/ s 1 tb Comp instalação. 2 colocação; arranjo.

installation program s tb Comp programa de instalação.

in·stall·er /ɪnstɔːlɚ/ s tb Comp instalador.

in·stall·ment /ɪnstɔːlmənt/ s 1 prestação; pagamento em prestações. 2 instalação. 3 parte ou capítulo de um trabalho literário apresentado em série. (var instalment).

in·stal·ment /ɪnstɔːlmənt/ → installment.

in·stance /ɪnstəns/ v (instances, instancing, instanced, instanced) exemplificar. II s 1 exemplo. 2 Jur instância. 3 pedido. ♦ for instance por exemplo.

in·stan·cy /ɪnstənsi/ s urgência. (pl instancies).

in·stant /ɪnstənt/ s instante; momento. II adj 1 imediato. 2 instantâneo. 3 urgente.

in·stan·ta·ne·ous /ɪnstənteɪniəs/ adj instantâneo.

in·stan·ter /ɪnstæntɚ/ adv imediatamente; instantaneamente.

in·stead /ɪnsted/ adv em vez de; em lugar de.

in·step /ɪnstep/ s tarso; peito do pé.

in·sti·gate /ɪnstɪgeɪt/ v (instigates, instigating, instigated, instigated) instigar; incitar; fomentar.

in·stil /ɪnstɪl/ → instill.

in·still /ɪnstɪl/ v (instills, instilling, instilled, instilled) 1 instilar; colocar gota a gota. 2 introduzir gradualmente. (var instil).

in·stinct /ɪnstɪŋkt/ s instinto; aptidão natural.

in·stinc·tive /ɪnstɪŋktɪv/ adj instintivo.

in·sti·tute /ɪnstɪtuːt/ v (institutes, instituting, instituted, instituted) 1 instituir. 2 inaugurar; começar. II s 1 instituto; instituição; associação. 2 seminário; curso de curta duração.

in·sti·tu·tion /ɪnstɪtuːʃən/ s 1 instituição social (casamento, família). 2 instituição (educacional, filantrópica, etc.). 3 hospício; manicômio.

in·sti·tu·tion·al /ɪnstɪtuːʃənəl/ adj institucional.

in·struct /ɪnstrʌkt/ v (**instructs, instructing, instructed, instructed**) instruir; informar.

in·struc·tion /ɪnstrʌkʃən/ s **1** instrução; esclarecimento. **2** lição. **3** *Comp* código de máquina que informa ao computador a execução de determinada operação. ♦ **instructions 1** ordem. **2** procedimentos.

in·struc·tive /ɪnstrʌktɪv/ adj instrutivo; esclarecedor.

in·struc·tor /ɪnstrʌktɚ/ s instrutor.

in·stru·ment /ɪnstrəmənt/ s **1** instrumento; ferramenta. **2** *Jur* documento legal. **3** agente; meio. ‖ v (**instruments, instrumenting, instrumented, instrumented**) instrumentalizar.

in·stru·men·tal /ɪnstrəmɛntəl/ adj tb *Mús* instrumental.

in·stru·men·ta·tion /ɪnstrəmɛnteɪʃən/ s **1** instrumentação. **2** estudo e prática de arranjos musicais.

in·sub·or·di·nate /ɪnsəbɔːrdənɪt/ adj e s insubordinado.

in·sub·stan·tial /ɪnsəbstænʃəl/ adj **1** insubstancial. **2** frouxo; fraco.

in·suf·fer·a·ble /ɪnsʌfərəbəl/ adj intolerável; detestável.

in·suf·fi·cien·cy /ɪnsəfɪʃənsi/ s insuficiência. (*pl* **insufficiencies**)

in·suf·fi·cient /ɪnsəfɪʃənt/ adj insuficiente.

in·su·late /ɪnsəleɪt/ v (**insulates, insulating, insulated, insulated**) tb *Eletr* isolar.

in·su·la·tion /ɪnsəleɪʃən/ s **1** isolação. **2** material isolante.

in·su·la·tor /ɪnsəleɪtɚ/ s isolador; isolante.

in·su·lin /ɪnsəlɪn/ s *Med* insulina.

in·sult /ɪnsʌlt/ s insulto; injúria; afronta. ‖ /ɪnsʌlt/ v (**insults, insulting, insulted, insulted**) insultar; afrontar.

in·su·per·a·ble /ɪnsuːpərəbəl/ adj insuperável.

in·sup·port·a·ble /ɪnsəpɔːrtəbəl/ adj **1** insuportável; intolerável. **2** injustificável.

in·sup·press·i·ble /ɪnsəpresəbəl/ adj não suprimível.

in·sur·ance /ɪnʃʊrəns/ s seguro; prêmio de seguro.

in·sure /ɪnʃʊr/ v (**insures, insuring, insured, insured**) segurar; fazer seguros (de vida, carro, etc.).

in·sured /ɪnʃʊrd/ s segurado; pessoa que recebe o prêmio do seguro. (*pl* **insured** ou **insureds**).

in·sur·er /ɪnʃʊrɚ/ s segurador.

in·sur·gent /ɪnsɜːrdʒənt/ adj revoltado; rebelde. ‖ s rebelde; dissidente.

in·sur·mount·a·ble /ɪnsəmaʊntəbəl/ adj insuperável; intransponível.

in·sur·rec·tion /ɪnsərekʃən/ s insurreição; levante; rebelião.

in·sus·cep·ti·ble /ɪnsəseptəbəl/ adj insuscetível.

in·tact /ɪntækt/ adj intacto; inteiro.

in·take /ɪnteɪk/ s **1** entrada; abertura; orifício. **2** influxo.

in·tan·gi·ble /ɪntændʒəbəl/ adj intangível.

in·te·ger /ɪntɪdʒɚ/ s *Mat* e *Comp* totalidade; número inteiro.

in·te·gral /ɪntəɡrəl, ɪntɛɡrəl/ adj integral; integrante. ‖ /ɪntəɡrəl/ s *Mat* integral.

in·te·grate /ɪntəɡreɪt/ v (**integrates, integrating, integrated, integrated**) integrar.

integrated circuit s circuito integrado.

in·te·gra·tion /ɪntəɡreɪʃən/ s integração.

in·teg·ri·ty /ɪnteɡrəti/ s integridade; honestidade.

in·tel·lect /ɪntəlekt/ s intelecto.

in·tel·lec·tion /ɪntəlekʃən/ s intelecção.

in·tel·lec·tu·al /ɪntəlɛktʃuəl/ adj e s intelectual.

in·tel·lec·tu·al·ism /ɪntəlɛktʃuəlɪzəm/ s intelectualismo.

in·tel·lec·tu·al·ize /ɪntəlɛktʃuəlaɪz/ v (**intellectualizes, intellectualizing, intellectualized, intellectualized**) intelectualizar.

in·tel·li·gence /ɪntelɪdʒəns/ s **1** inteligência. **2** informação. **3** organização de espionagem; serviço secreto.

in·tel·li·genc·er /ɪntelɪdʒənsɚ/ s **1** informante. **2** agente secreto; espião.

in·tel·li·gent /ɪntelɪdʒənt/ adj **1** inteligente. **2** racional.

in·tel·li·gi·ble /ɪntelɪdʒəbəl/ adj inteligível.

in·tem·per·ance /ɪntempərəns/ s intemperança.

in·tend /ɪntend/ v (**intends, intending, intended, intended**) pretender; tencionar.

in·ten·dance /ɪntendəns/ s **1** intendência; gerenciamento. **2** escritório administrativo.

in·tend·ed /ɪnˈtɛndɪd/ *adj* **1** intencional; proposital. **2** prometido. || *s inform* noivo(a).

in·tense /ɪnˈtɛns/ *adj* **1** intenso; intensivo; ardente. **2** sério. **3** emotivo. (*gr comp* **intenser** *gr super* **intensest**).

in·ten·si·fy /ɪnˈtɛnsɪfaɪ/ *v* (**intensifies, intensifying, intensified, intensified**) intensificar.

in·ten·sion /ɪnˈtɛnʃən/ *s* **1** intensidade. **2** determinação.

in·ten·sive /ɪnˈtɛnsɪv/ *adj* intensivo.

in·tent /ɪnˈtɛnt/ *s* intento; propósito; intenção. || *adj* decidido; determinado.

in·ten·tion /ɪnˈtɛnʃən/ *s* intenção.

in·ten·tion·al /ɪnˈtɛnʃənəl/ *adj* intencional.

in·ter /ɪnˈtɜːr/ *v* (**inters, interring, interred, interred**) enterrar; sepultar.

in·ter·act /ɪntərˈækt/ *v* (**interacts, interacting, interacted, interacted**) interagir.

in·ter·ac·tion /ɪntərˈækʃən/ *s tb Comp* interação.

in·ter·ac·tive /ɪntərˈæktɪv/ *adj tb Comp* interativo.

interactive television *s Comp* televisão interativa.

in·ter·breed /ɪntərˈbriːd/ *v* (**interbreeds, interbreeding, interbred, interbred**) produzir animais ou plantas híbridos.

in·ter·ca·late /ɪnˈtɜːrkəleɪt/ *v* (**intercalates, intercalating, intercalated, intercalated**) intercalar.

in·ter·ca·la·tion /ɪnˈtɜːrkəleɪʃən/ *s* intercalação.

in·ter·cede /ɪntərˈsiːd/ *v* (**intercedes, interceding, interceded, interceded**) **1** rogar. **2** interceder; mediar.

in·ter·cept /ɪntərˈsɛpt/ *v* (**intercepts, intercepting, intercepted, intercepted**) interceptar. || /ɪntərˈsɛpt/ *s Mat* distância da origem até a interseção do eixo da coordenada.

in·ter·cept·er /ɪntərˈsɛptər/ *s* interceptador. (*var* **interceptor**).

in·ter·cep·tion /ɪntərˈsɛpʃən/ *s* intercepção.

in·ter·cep·tor /ɪntərˈsɛptər/ → **intercepter**.

in·ter·change /ɪntərˈtʃeɪndʒ/ *v* (**interchanges, interchanging, interchanged, interchanged**) **1** intercambiar; trocar; permutar. **2** alternar. || /ɪntərˈtʃeɪndʒ/ *s* intercâmbio; permuta.

in·ter·change·a·ble /ɪntərˈtʃeɪndʒəbəl/ *adj* intercambiável; permutável.

in·ter·com /ɪntərˈkɑːm/ *s* interfone.

in·ter·com·mu·ni·cate /ɪntərkəmˈjuːnɪkeɪt/ *v* (**intercommunicates, intercommunicating, intercommunicated, intercommunicated**) **1** intercomunicar. **2** trocar (informações, mensagens, etc.).

in·ter·com·mu·ni·ca·tion /ɪntərkəmjuːnɪˈkeɪʃən/ *s* intercomunicação.

in·ter·com·mun·ion /ɪntərkəmˈjuːnjən/ *s* comunhão ou associação mútua.

in·ter·con·nect /ɪntərkəˈnɛkt/ *v* (**interconnects, interconnecting, interconnected, interconnected**) fazer interconexão.

in·ter·con·nec·tion /ɪntərkəˈnɛkʃən/ *s* interconexão.

in·ter·course /ɪntərˈkɔːrs/ *s* **1** relações sexuais. **2** intercâmbio, comunicação (entre pessoas, grupos e países).

in·ter·de·part·men·tal /ɪntərdiːpɑːrtˈmɛntəl/ *adj* interdepartamental.

in·ter·dict /ɪntərˈdɪkt/ *s Jur* interdição; proibição. || /ɪntərˈdɪkt/ *v* (**interdicts, interdicting, interdicted, interdicted**) proibir; interditar.

in·ter·dic·tion /ɪntərˈdɪkʃən/ *s* interdição.

in·ter·dis·ci·pli·nar·y /ɪntərˈdɪsəplɪneri/ *adj* interdisciplinar.

in·ter·est /ˈɪntrɪst, ˈɪntrest, ˈɪntərɪst/ *s* interesse. || *v* (**interests, interesting, interested, interested**) interessar.

in·ter·est·ing /ˈɪntrɪstɪŋ, ˈɪntrestɪŋ, ˈɪntərɪstɪŋ/ *adj* interessante.

in·ter·face /ˈɪntərfeɪs/ *s* **1** *Comp* interface. **2** superfície que se limita com outra. || *v* (**interfaces, interfacing, interfaced, interfaced**) unir por meio de interface.

in·ter·fere /ɪntərˈfɪr/ *v* (**interferes, interfering, interfered, interfered**) **1** interferir; intervir; mediar. **2** *Esp* obstruir a passagem. **3** produzir interferência.

in·ter·fer·ence /ɪntərˈfɪrəns/ *s* **1** *tb Eletrôn* interferência. **2** intervenção; intromissão. **3** *Esp* barreira.

in·ter·ga·lac·tic /ɪntərɡəˈlæktɪk/ *adj* intergaláctico.

in·ter·im /ˈɪntərɪm/ *s* interim. || *adj* interino.

in·te·ri·or /ɪnˈtɪriər/ *adj e s* interior.

in·ter·ject /ɪntɚdʒekt/ v (interjects, interjecting, interjected, interjected) interpor.

in·ter·jec·tion /ɪntɚdʒekʃən/ s Gram interjeição.

in·ter·lace /ɪntɚleɪs/ v (interlaces, interlacing, interlaced, interlaced) 1 entrelaçar. 2 alterar; intercalar.

in·ter·lard /ɪntɚlɑːrd/ v (interlards, interlarding, interlarded, interlarded) entremear; mesclar; inserir.

in·ter·line /ɪntɚlaɪn/ v (interlines, interlining, interlined, interlined) 1 escrever entre as linhas. 2 ajustar (roupa).

in·ter·link /ɪntɚlɪŋk/ v (interlinks, interlinking, interlinked, interlinked) interligar; conectar.

in·ter·lock /ɪntɚlɑːk/ v (interlocks, interlocking, interlocked, interlocked) 1 engrenar. 2 entrelaçar.

in·ter·lo·cu·tion /ɪntɚloʊkjuːʃən/ s interlocução; diálogo.

in·ter·loc·u·tor /ɪntɚlɑːkjətɚ/ s interlocutor.

in·ter·lude /ɪntɚluːd/ s interlúdio; episódio.

in·ter·med·dle /ɪntɚmedl/ v (intermeddles, intermeddling, intermeddled, intermeddled) intrometer-se; intervir; interferir.

in·ter·me·di·ar·y /ɪntɚmiːdieri/ adj intermediário. II s 1 intermediário; mediador. 2 fase intermediária. (pl intermediaries).

in·ter·me·di·ate /ɪntɚmiːdiət/ v (intermediates, intermediating, intermediated, intermediated) intermediar; intervir. II adj e s intermediário.

in·ter·ment /ɪntɜːrmənt/ s enterro; funeral.

in·ter·mi·na·ble /ɪntɜːrmɪnəbəl/ adj interminável; incessante.

in·ter·min·gle /ɪntɚmɪŋgəl/ v (intermingles, intermingling, intermingled, intermingled) entremear; misturar.

in·ter·mis·sion /ɪntɚmɪʃən/ s pausa; intervalo; recesso.

in·ter·mit /ɪntɚmɪt/ v (intermits, intermitting, intermitted, intermitted) descontinuar; interromper temporariamente.

in·ter·mit·tent /ɪntɚmɪtənt/ adj intermitente.

in·tern /ɪntɜːrn, ɪntɜːrn/ v (interns, interning, interned, interned) 1 estagiar. 2 confinar; internar(-se). II /ɪntɜːrn/ s 1 estagiário. 2 aluno interno. (var interne).

in·ter·nal /ɪntɜːrnəl/ adj 1 interno; interior. 2 doméstico. 3 intrínseco.

in·ter·na·tion·al /ɪntɚnæʃənəl/ adj internacional.

in·ter·na·tion·al·ize /ɪntɚnæʃənəlaɪz/ v (internationalizes, internationalizing, internationalized, internationalized) internacionalizar.

in·ter·naut /ɪntɚnɑːt/ s Comp internauta.

in·terne /ɪntɜːrn, ɪntɜːrn/ → intern.

in·ter·nec·ine /ɪntɚniːsɪn/ adj mutuamente destrutivo.

in·ter·nee /ɪntɜːrniː/ s interno; prisioneiro.

In·ter·net /ɪntɚrnet/ s Comp Internet. (Conjunto mundial de redes que utilizam o conjunto de protocolos TCP/IP para se comunicar umas com as outras. A Internet surgiu como uma rede descentralizada criada em 1969 pelo Departamento de Defesa norte-americano para facilitar a comunicação no caso de um ataque nuclear. Hoje a Internet oferece uma grande variedade de serviços aos usuários, como FTP, correio eletrônico, www (World Wide Web), IRC, etc.).

Internet access s Comp acesso à Internet.

Internet access provider s Comp provedor de acesso à Internet.

Internet account s Comp conta na Internet.

Internet address s Comp endereço na Internet.

Internet service provider s Comp provedor de serviços da Internet.

in·ter·nist /ɪntɜːrnɪst/ s médico especialista em doenças internas.

in·tern·ment /ɪntɜːrnmənt/ s internação; confinamento.

in·tern·ship /ɪntɜːrnʃɪp, ɪntɜːrnʃɪp/ s Med estágio; residência.

in·ter·per·son·al /ɪntɚpɜːrsənəl/ adj interpessoal.

in·ter·plan·e·tar·y /ɪntɚplænəteri/ adj interplanetário.

in·ter·po·late /ɪntɜːrpəleɪt/ v (interpolates, interpolating, interpolated, interpolated) interpolar; intercalar.

in·ter·pose /ɪntɚpoʊz/ v (interposes, interposing, interposed, interposed) 1 interpor. **2** interferir. **3** argumentar; fazer observação.

in·ter·po·si·tion /ɪntəpəzɪʃən/ s interposição; intervenção.

in·ter·pret /ɪntɜ:rprət/ v (interprets, interpreting, interpreted, interpreted) **1** interpretar. **2** elucidar; esclarecer. **3** traduzir oralmente.

in·ter·pre·ta·tion /ɪntɜ:rprətəʃən/ s **1** interpretação. **2** explicação; esclarecimento.

in·ter·pre·ta·tive /ɪntɜ:rprəteɪtɪv/ → interpretive.

in·ter·pret·er /ɪntɜ:rprətə/ s intérprete.

in·ter·pre·tive /ɪntɜ:rprətɪv/ adj interpretativo; explicativo. (var interpretative).

in·ter·ra·cial /ɪntəreɪʃəl/ adj inter-racial.

in·ter·re·late /ɪntərɪleɪt/ v (interrelates, interrelating, interrelated, interrelated) inter-relacionar.

in·ter·ro·gate /ɪntərəgeɪt/ v (interrogates, interrogating, interrogated, interrogated) interrogar.

in·ter·ro·ga·tion /ɪntərəgeɪʃən/ s interrogação; interrogatório.

in·ter·rog·a·tive /ɪntərɑ:gətɪv/ adj interrogativo.

in·ter·rog·a·to·ry /ɪntərɑ:gətɔ:ri/ adj interrogativo. II s tb Jur interrogatório. (pl interrogatories).

in·ter·rupt /ɪntərʌpt/ v (interrupts, interrupting, interrupted, interrupted) interromper. II /ɪntərʌpt/ s Comp sinal de interrupção de execução.

in·ter·rupt·er /ɪntərʌptə/ s tb Eletr interruptor.

in·ter·rup·tion /ɪntərʌpʃən/ s interrupção.

in·ter·sect /ɪntəsekt/ v (intersects, intersecting, intersected, intersected) cruzar; cortar.

in·ter·sec·tion /ɪntəsekʃən/ s tb Mat interseção.

in·ter·sperse /ɪntəspɜ:rs/ v (intersperses, interspersing, interspersed, interspersed) espalhar; entremear.

in·ter·stel·lar /ɪntəstelə/ adj interstelar.

in·ter·twine /ɪntətwaɪn/ v (intertwines, intertwining, intertwined, intertwined) entrelaçar.

in·ter·ur·ban /ɪntəɜ:rbən/ adj interurbano.

in·ter·val /ɪntəvəl/ s intervalo; interstício.

in·ter·vene /ɪntəvi:n/ v (intervenes, intervening, intervened, intervened) intervir; interpor-se; interferir.

in·ter·ven·tion /ɪntəvenʃən/ s intervenção; mediação.

in·ter·ven·tion·ism /ɪntəvenʃənɪzəm/ s intervencionismo.

in·ter·view /ɪntəvju:/ s entrevista. II v (interviews, interviewing, interviewed, interviewed) entrevistar.

in·ter·view·er /ɪntəvju:ə/ s entrevistador.

in·ter·weave /ɪntəwi:v, ɪntəwi:v/ v (interweaves, interweaving, interwove, interwoven) entrelaçar.

in·tes·ta·cy /ɪntestəsi/ s Jur falta de testamento legal. (pl intestacies).

in·tes·tate /ɪntesteɪt, ɪntestɪt/ adj Jur intestado. II s pessoa que morreu sem testamento legal.

in·tes·tine /ɪntestɪn/ s **1** geralm us pl intestino. **2** interior. II adj interno; doméstico.

in·ti·ma·cy /ɪntəməsi/ s intimidade. (pl intimacies).

in·ti·mate /ɪntəmət/ adj íntimo; familiar; pessoal. II s **1** amigo íntimo. **2** confidente. II /ɪntəmeɪt/ v (intimates, intimating, intimated, intimated) **1** dar a entender; sugerir. **2** proclamar; anunciar.

in·ti·ma·tion /ɪntəmeɪʃən/ s **1** intimação; notificação. **2** sugestão; insinuação.

in·tim·i·date /ɪntɪmɪdeɪt/ v (intimidates, intimidating, intimidated, intimidated) intimidar; amedrontar.

in·to /ɪntə/ prep **1** em; para dentro de. **2** em.

in·tol·er·a·ble /ɪntɑ:lərəbəl/ adj intolerável.

in·tol·er·ance /ɪntɑ:lərəns/ s intolerância.

in·tol·er·ant /ɪntɑ:lərənt/ adj intolerante.

in·to·nate /ɪntouneɪt, ɪntəneɪt/ v (intonates, intonating, intonated, intonated) entoar; modular a voz.

in·to·na·tion /ɪntouneɪʃən, ɪntəneɪʃən/ s entonação; modulação da voz.

in·tox·i·cate /ɪntɑ:ksɪkeɪt/ v (intoxicates, intoxicating, intoxicated, intoxicated) **1** intoxicar; envenenar. **2** embriagar. **3** excitar; estimular.

in·tox·i·ca·tion /ɪntɑ:ksɪkeɪʃən/ s **1** intoxicação. **2** embriaguez. **3** excitação; estímulo.

in·trac·ta·ble /ɪntrӕktəbəl/ adj 1 intratável; teimoso. 2 incurável.

in·tra·net /ɪntrənet/ s Comp rede projetada para o processamento de informações em uma empresa ou organização.

in·tran·si·geant /ɪntrӕnsədʒənt/ → intransigent.

in·tran·si·gence /ɪntrӕnsədʒəns/ s intransigência. (var intransigency).

in·tran·si·gen·cy /ɪntrӕnsədʒənsi/ → intransigence.

in·tran·si·gent /ɪntrӕnsədʒənt/ adj intransigente.(var intransigeant).

in·tran·si·tive /ɪntrӕnsətɪv/ adj Gram intransitivo.

in·trench /ɪntrentʃ/ v (intrenches, intrenching, intrenched, intrenched) entrincheirar; firmar. (var entrench).

in·trep·id /ɪntrepɪd/ adj intrépido; arrojado; corajoso.

in·tri·ca·cy /ɪntrɪkəsi/ s complexidade. (pl intricacies).

in·tri·cate /ɪntrɪkət/ adj intricado; complexo.

in·trigue /ɪntriːg/ v (intrigues, intriguing, intrigued, intrigued) 1 intrigar; conspirar. 2 ter um caso de amor secreto. 3 provocar curiosidade. /ɪntriːg, ɪntriːg/ s 1 intriga; conspiração. 2 amor secreto.

in·trin·sic /ɪntrɪnsɪk, ɪntrɪnzɪk/ adj intrínseco; inerente.

in·tro·duce /ɪntrədjuːs, ɪntrədʒuːs/ v (introduces, introducing, introduced, introduced) 1 introduzir; levar ao conhecimento. 2 apresentar (pessoas, projeto de lei, etc.). 3 inserir; injetar. 4 fazer prefácio, introdução, abertura (livro, show, etc.).

in·tro·duc·tion /ɪntrədʌkʃən/ s 1 introdução. 2 apresentação.

in·tro·duc·to·ry /ɪntrədʌktəri/ adj introdutório; preliminar.

in·tro·it /ɪntrouɪt, ɪntrɔɪt/ s intróito.

in·tro·mis·sion /ɪntroumɪʃən/ s intromissão.

in·tro·mis·sive /ɪntroumɪsɪv/ adj intrometido.

in·tro·mit /ɪntroumɪt/ v (intromits, intromitting, intromitted, intromitted) intrometer.

in·tro·spec·tion /ɪntrouspekʃən, ɪntrəspekʃən/ s introspecção; auto-exame.

in·trude /ɪntruːd/ v (intrudes, intruding, intruded, intruded) introduzir à força; intrometer-se; penetrar.

in·tru·sion /ɪntruːʒən/ s 1 intrusão; intromissão. 2 Jur invasão de propriedade.

in·tru·sive /ɪntruːsɪv/ adj 1 intruso. 2 Geol intrusivo.

in·tu·i·tion /ɪntuɪʃən/ s intuição; pressentimento.

in·tu·i·tive /ɪntuːɪtɪv/ adj intuitivo.

in·tu·mesce /ɪntuːmes/ v (intumesces, intumescing, intumesced, intumesced) intumescer; inchar.

in·tu·mes·cence /ɪntuːmesəns/ s intumescência; inchaço.

in·tu·mes·cent /ɪntuːmesənt/ adj intumescente; inchado.

in·un·date /ɪnəndeɪt/ v (inundates, inundating, inundated, inundated) inundar; alagar.

in·un·da·tion /ɪnəndeɪʃən/ s inundação.

in·ure /ɪnjur/ v (inures, inuring, inured, inured) acostumar; habituar. (var enure).

in·u·tile /ɪnjuːtɪl/ adj inútil.

in·u·til·i·ty /ɪnjuːtɪləti/ s inutilidade.

in·vade /ɪnveɪd/ v (invades, invading, invaded, invaded) invadir; violar.

in·va·lid /ɪnvəlɪd/ s inválido; deficiente físico. II v (invalids, invaliding, invalided, invalided) invalidar fisicamente; incapacitar. II adj 1 inválido; incapacitado. 2 /ɪnvӕlɪd/ nulo; sem validade; falso.

in·val·i·date /ɪnvӕlɪdeɪt/ v (invalidates, invalidating, invalidated, invalidated) invalidar; anular.

in·val·u·a·ble /ɪnvӕljuəbəl/ adj inestimável; incalculável.

in·var·i·a·ble /ɪnveriəbəl/ adj invariável; constante.

in·va·sion /ɪnveɪʒən/ s invasão.

in·vec·tive /ɪnvektɪv/ s invectiva; ataque injurioso. II adj injurioso.

in·veigh /ɪnveɪ/ v (inveighs, inveighing, inveighed, inveighed) 1 injuriar; vituperar. 2 protestar veementemente; criticar.

in·vei·gle /ɪnveɪgəl, ɪnviːgəl/ v (inveigles, inveigling, inveigled, inveigled) seduzir; engodar; persuadir.

in·vent /ɪnvent/ v (invents, inventing, invented, invented) inventar; criar.

in·ven·tion /ɪnvenʃən/ s invenção.

in·ven·tive /ɪnventɪv/ adj inventivo.

in·ven·to·ry /ɪnventɔːri/ s inventário. (pl inventories). || v (inventories, inventorying, inventoried, inventoried) inventariar.

in·verse /ɪnvɜːrs, ɪnvɜːrs/ adj e s inverso; oposto.

in·ver·sion /ɪnvɜːrʒən, ɪnvɜːrʃən/ s inversão.

in·vert /ɪnvɜːrt/ v (inverts, inverting, inverted, inverted) inverter; reverter. || /ɪnvɜːrt/ s 1 algo invertido. 2 Psic homossexual.

in·ver·te·brate /ɪnvɜːrtəbrɪt, ɪnvɜːrtəbreɪt/ adj e s invertebrado.

in·vest /ɪnvest/ v (invests, investing, invested, invested) 1 investir (tempo, dinheiro ou esforço). 2 aplicar; empregar. 3 revestir; cobrir; vestir. 4 dar posse.

in·ves·ti·gate /ɪnvestɪgeɪt/ v (investigates, investigating, investigated, investigated) investigar.

in·ves·ti·ga·tion /ɪnvestɪgeɪʃən/ s investigação; exame.

in·ves·ti·ga·tor /ɪnvestɪgeɪtər/ s investigador.

in·vest·ment /ɪnvestmənt/ s 1 investimento; emprego de capital. 2 quantia investida. 3 compromisso.

in·ves·tor /ɪnvestər/ s investidor.

in·vet·er·ate /ɪnvetərət/ adj inveterado; crônico.

in·vid·i·ous /ɪnvɪdiəs/ adj 1 odioso. 2 invejoso. 3 hostil.

in·vig·or·ate /ɪnvɪgəreɪt/ v (invigorates, invigorating, invigorated, invigorated) revigorar; fortalecer; fortificar.

in·vin·ci·ble /ɪnvɪnsəbəl/ adj invencível.

in·vi·o·la·ble /ɪnvaɪələbəl/ adj inviolável.

in·vi·o·late /ɪnvaɪələt/ adj inviolado; intacto; íntegro.

in·vis·i·bil·i·ty /ɪnvɪzəbɪləti/ s invisibilidade.

in·vis·i·ble /ɪnvɪzəbəl/ adj invisível.

in·vi·ta·tion /ɪnvɪteɪʃən/ s convite.

in·vite /ɪnvaɪt/ v (invites, inviting, invited, invited) 1 convidar. 2 solicitar. 3 encorajar. || /ɪnvaɪt/ s inform convite.

in·vit·ing /ɪnvaɪtɪŋ/ adj convidativo; atraente.

in vi·tro /ɪnviːtoʊ/ adj in vitro; artificial.

in·vo·ca·tion /ɪnvəkeɪʃən/ s invocação; apelo; prece.

in·voice /ɪnvɔɪs/ s fatura; remessa. || v (invoices, invoicing, invoiced, invoiced) faturar.

in·voke /ɪnvoʊk/ v (invokes, invoking, invoked, invoked) 1 invocar. 2 pedir auxílio; solicitar. 3 conjurar.

in·vo·lu·crum /ɪnvoʊluːkrəm/ s invólucro. (pl involucra /ɪnvoʊluːkrə/).

in·vol·un·tar·y /ɪnvɑːləntəri/ adj involuntário.

in·vo·lu·tion /ɪnvəluːʃən/ s 1 envolvimento. 2 complexidade.

in·volve /ɪnvɑːlv/ v (involves, involving, involved, involved) 1 envolver; implicar. 2 complicar. 3 conter; incluir. 4 engajar; participar.

in·ward /ɪnwəd/ adj 1 interno; interior. 2 íntimo. 3 voltado para dentro. || adv interiormente. || s o interior; a essência. ◆ inwards 1 para dentro. 2 entranhas.

in·ward·ness /ɪnwədnəs/ s 1 intimidade; familiaridade. 2 introspecção.

in·weave /ɪnwiːv/ v (inweaves, inweaving, inwove, inwoven) tecer; entretecer.

in·wrought /ɪnrɑːt/ adj ornamentado; decorado.

I/O abrev de input/output; entrada/saída.

i·o·date /aɪədeɪt/ s Quím iodato. || v (iodates, iodating, iodated, iodated) iodar.

i·o·dine /aɪədaɪn, aɪədɪn/ s Quím iodo (símb I).

i·o·dize /aɪədaɪz/ v (iodizes, iodizing, iodized, iodized) tratar com iodo.

i·on /aɪən, aɪɑːn/ s Fís Quím íon.

i·on·o·sphere /aɪɑːnəsfɪr/ s ionosfera.

i·o·ta /aɪoʊtə/ s 1 jota (9ª letra do alfabeto grego). 2 quantidade diminuta.

IP abrev Comp de Internet Protocol; protocolo de Internet.

IQ /aɪkjuː/ abrev de intelligence quotient; Q.I.; quociente de inteligência. (tb I.Q.).

I·ran /ɪræn, iːrɑːn/ s Irã.

I·ra·ni·an /ɪreɪniən, ɪrɑːniən/ s e adj iraniano.

I·raq /ɪræk, ɪrɑːk/ s Iraque.

I·ra·qi /ɪrɑːki/ s iraquiano. (pl Iraqis). || adj iraquiano.

i·ras·ci·ble /ɪræsəbəl/ adj irascível; irritável.

i·rate /aɪreɪt, aɪreɪt/ adj irado.

ire /aɪr/ s ira; cólera.

Ire·land /aɪrlend/ s Irlanda.

ir·i·des·cent /ɪrɪdɛsənt/ adj iridescente; com as cores do arco-íris.

i·ris /aɪrɪs/ s Anat e Bot íris. (pl irises /aɪrɪsɪz/ ou irides/aɪrɪdiːz/).

I·rish /aɪrɪʃ/ s irlandês (povo e idioma). || adj irlandês.

I·rish·man /aɪrɪʃ/ s masc irlandês (nativo ou habitante).

I·rish·wo·man /aɪrɪʃ/ s fem irlandesa (nativa ou habitante).

irk /ɜːrk/ v (irks, irking, irked, irked) aborrecer(-se); incomodar(-se).

irk·some /ɜːrksəm/ adj irritante; exasperante.

i·ron /aɪən/ s 1 Quím ferro (símb FE). 2 ferro de passar roupa. 3 qualquer instrumento, utensílio, arma, etc. feito de ferro. 4 firmeza; dureza; solidez. || v (irons, ironing, ironed, ironed) 1 passar roupa. 2 algemar; agrilhoar. || adj 1 de ferro; férreo. 2 duro; cruel. 3 forte; robusto.

Iron Age s Idade do Ferro.

i·ron·clad /aɪənklæd/ adj 1 couraçado. 2 rígido; inflexível. || s Náut encouraçado.

iron horse s locomotiva.

i·ron·ic /aɪrɒnɪk/ adj irônico. (var ironical).

i·ron·i·cal /aɪrɒnɪkəl/ → ironic.

i·ron·ing /aɪənɪŋ/ s 1 ação de passar roupa a ferro. 2 roupa passada ou para passar.

ironing board s tábua de passar roupa.

iron maiden s instrumento de tortura medieval consistindo de um caixão de ferro no formato de uma pessoa no qual a vítima era colocada e perfurada com estacas internas.

irons /aɪənz/ s algemas; grilhões.

i·ron·work /aɪənwɜːrk/ s objetos de ferro; armação de ferro.

ironworks /aɪənwɜːrks/ s us v sing ou pl fundição; forja.

i·ro·ny /aɪrəni/ sironia; sarcasmo. (pl ironies).

ir·ra·di·ance /ɪreɪdiəns/ s irradiação.

ir·ra·di·ate /ɪreɪdieɪt/ v (irradiates, irradiating, irradiated, irradiated) 1 irradiar; iluminar; aclarar. 2 tratar por meio de radiação.

ir·ra·di·a·tion /ɪreɪdieɪʃən/ s 1 irradiação. 2 terapia que utiliza radiação.

ir·ra·tion·al /ɪræʃənəl/ adj irracional.

ir·re·claim·a·ble /ɪrɪkleɪməbəl/ adj incorrigível; irrecuperável.

ir·rec·on·cil·a·ble /ɪrekənsaɪləbəl/ adjirreconciliável; incompatível.

ir·re·cov·er·a·ble /ɪrɪkʌvərəbəl/ adj irreparável; irremediável.

ir·re·cu·sa·ble /ɪrɪkjuːsəbəl/ adj irrecusável.

ir·re·deem·a·ble /ɪrɪdiːməbəl/ adj irremissível; irremediável.

ir·re·duc·i·ble /ɪrɪduːsəbəl/ adj 1 irredutível. 2 irreduzível.

ir·ref·ra·ga·ble /ɪrefrəgəbəl/ adj incontestável.

ir·ref·u·ta·ble /ɪrefjətəbəl, ɪrɪfjuːtəbəl/ adj irrefutável; incontestável.

ir·reg·u·lar /ɪregjələ/ adj 1 irregular; desigual; assimétrico. 2 atípico; incomum.

ir·reg·u·lar·i·ty /ɪregjələreɪti/ s irregularidade. (pl irregularities).

ir·rel·e·vance /ɪreləvəns/ s irrelevância. (var irrelevancy).

ir·rel·e·van·cy /ɪreləvənsi/ → irrelevance. (pl irrelevancies).

ir·rel·e·vant /ɪreləvənt/ adj irrelevante; insignificante.

ir·re·lig·ion /ɪrɪlɪdʒən/ s irreligião; descrença; ateísmo.

ir·re·lig·ious /ɪrɪlɪdʒəs/ adjirreligioso; ateu; descrente.

ir·re·me·di·a·ble /ɪrɪmiːdiəbəl/ adj irremediável.

ir·re·mov·a·ble /ɪrɪmuːvəbəl/ adj fixo; imóvel; irremovível.

ir·rep·a·ra·ble /ɪrepərəbəl/ adjirreparável; irremediável.

ir·re·press·i·ble /ɪrɪpresəbəl/ adj irreprimível; incontrolável.

ir·re·proach·a·ble /ɪrɪproʊtʃəbəl/ adj irrepreensível; correto; impecável.

ir·re·sis·ti·ble /ɪrɪzɪstəbəl/ adj irresistível.

ir·res·o·lute /ɪrezəluːt/ adj irresoluto; duvidoso; vacilante.

ir·re·solv·a·ble /ɪrɪzɒlvəbəl/ adj insolúvel.

ir·re·spon·si·bil·i·ty /ɪrɪspɑːnsəbɪləti/ s irresponsabilidade.

ir·re·spon·si·ble /ɪrɪspɑːnsəbəl/ adjirresponsável.

ir·re·spon·sive /ɪrɪspɑ:nsɪv/ *adj* insensível; apático.

ir·re·triev·a·ble /ɪrɪtri:vəbəl/ *adj* irreparável; irrecuperável.

ir·rev·er·ence /ɪrevərəns/ *s* irreverência.

ir·rev·er·ent /ɪrevərənt/ *adj* irreverente.

ir·re·vers·i·ble /ɪrɪvɜ:rsəbəl/ *adj* irreversível; imutável.

ir·rev·o·ca·ble /ɪrevəkəbəl/ *adj* irrevogável.

ir·ri·gate /ɪrɪgeɪt/ *v* (**irrigates, irrigating, irrigated, irrigated**) irrigar; molhar.

ir·ri·ga·tion /ɪrɪgeɪʃən/ *s* irrigação.

ir·ri·ta·ble /ɪrɪtəbəl/ *adj* irritável; colérico.

ir·ri·tant /ɪrɪtənt/ *adj* e *s* irritante.

ir·ri·tate /ɪrɪteɪt/ *v* (**irritates, irritating, irritated, irritated**) irritar; exasperar.

ir·ri·ta·tion /ɪrɪteɪʃən/ *s* irritação.

ir·ri·ta·tive /ɪrɪteɪtɪv/ *adj* irritante.

is /ɪz/ *v 3ª pess sing pres* é; está.

ISDN /aɪesdi:en/ *abrev Tel* de **Integrated Services Digital Network**; RDSI; rede digital de sistemas integrados.

Is·lam /ɪzlɑ:m, ɪzlɑ:m/ *s* islamismo.

Is·lam·ic /ɪzlɑ:mɪk/ *adj* islâmico.

Is·lam·ism /ɪzləmɪzəm/ *s ofens* islamismo

is·land /aɪlənd/ *s* ilha. II *v* (**islands, islanding, islanded, islanded**) 1 insular; formar ilha. 2 isolar.

is·land·er /aɪləndə-/ *s* ilhéu.

isle /aɪl/ *s* ilhota; pequena ilha.

is·let /aɪlɪt/ *s* ilha muito pequena.

is·n't /ɪzənt/ *form contr* de **is not**.

ISO /aɪesou/ *abrev* de **International Organization for Standardization**; ISO; Organização Internacional de Padronização.

i·so·late /aɪsəleɪt/ *v* (**isolates, isolating, isolated, isolated**) isolar.

i·sos·ce·les /aɪsɑ:səli:z/ *adj Mat* isóscele.

ISP *abrev Comp* de **Internet Service Provider**; provedor de serviços da Internet.

Is·ra·el /ɪzriəl, ɪzreɪəl/ *s* Israel.

Is·rae·li /ɪzreɪli/ *s* e *adj* israelense.

Is·rael·ite /ɪzriəlaɪt, ɪzreɪəlaɪt/ *s* israelita; judeu. II *adj* israelita; judaico.

is·su·a·ble /ɪʃuəbəl/ *adj* que pode ser emitido; publicável.

is·su·ance /ɪʃu:əns/ *s* emissão; edição.

is·sue /ɪʃu:/ *v* (**issues, issuing, issued, issued**) 1 sair; brotar. 2 expedir; emitir;

publicar. II *s* 1 emissão; tiragem. 2 distribuição. 3 edição ou número (jornal, revista). 4 questão; assunto. 5 ponto crucial. 6 descarga. 7 perda de sangue. 8 herdeiro.

isth·mus /ɪsməs/ *s* istmo. (*pl* **isthmuses** / ɪsməsɪz/ ou **isthmi** /ɪsmaɪ/).

it /ɪt/ *pron pess 3ª pess sing* ele; ela; o; a; isto; isso. ♦ **it rains** chove.

I·tal·ian /ɪtæljən/ *adj* e *s* italiano.

I·tal·ic /ɪtælɪk/ *adj* e *s tb Tip* itálico.

i·tal·i·cize /ɪtælɪsaɪz/ *v* (**italicizes, italicizing, italicized, italicized**) *Tip* imprimir em itálico.

It·a·ly /ɪtəli/ *s* Itália.

itch /ɪtʃ/ *s* 1 comichão; prurido. 2 desejo. II *v* (**itches, itching, itched, itched**) 1 prurir; coçar; irritar. 2 desejar ardentemente.

itch·y /ɪtʃi/ *adj* 1 comichoso; que provoca coceira. 2 irrequieto. (*gr comp* **itchier**. *gr super* **itchiest**).

it'd /ɪtəd/ *form contr* de **it would** e **it had**.

i·tem /aɪtəm/ *s* item; artigo; cláusula.

it·er·ate /ɪtəreɪt/ *v* (**iterates, iterating, iterated, iterated**) repetir; reiterar.

it·er·a·tion /ɪtəreɪʃən/ *s* reiteração; repetição.

i·tin·er·ant /aɪtɪnərənt, ɪtɪnərənt/ *adj* e *s* itinerante.

i·tin·er·ar·y /aɪtɪnəreri, ɪtɪnəreri/ *s* itinerário. (*pl* **itineraries**). II *adj* itinerante.

i·tin·er·ate /aɪtɪnəreɪt, ɪtɪnəreɪt/ *v* (**itinerates, itinerating, itinerated, itinerated**) viajar de um lugar para outro.

it'll /ɪtəl/ *form contr* de **it will** e **it shall**.

its /ɪts/ *pron* seu, sua, seus, suas (dele, dela, referente a objeto ou animal).

it·self /ɪtself/ *pron reflex* (*ref* a **it**) se; si; ele mesmo; ela mesma; mesmo; próprio.

it·sy-bit·sy /ɪtsibɪtsi/ → **itty-bitty**.

it·ty-bit·ty /ɪtibɪti/ *adj inform* muito pequeno; minúsculo. (*var* **itsy-bitsy**).

I·vo·ri·an /aɪvɔ:riən/ *adj* e *s* ebúrneo; marfiniano; marfinense.

i·vo·ry /aɪvəri/ *adj* ebúrneo; de marfim; alvo. II *s* 1 marfim. 2 cor marfim. (*pl* **ivories**).

I·vo·ry Coast /aɪvəri koust/ *s* Costa do Marfim.

i·vy /aɪvi/ *s Bot* hera. (*pl* **ivies**).

I-way /aɪweɪ/ *s Comp* infovia.

J

j ou **J** /dʒeɪ/ *s* 10ª letra do alfabeto inglês. (*pl* **j's** ou **J's**).

jab /dʒæb/ *s* soco; golpe; cutucão; cotovelada; espetadela. ‖ *v* (**jabs, jabbing, jabbed, jabbed**) socar; cutucar; apunhalar; espetar.

jab·ber /dʒæbə/ *s* tagarelice; algaravia. ‖ *v* (**jabbers, jabbering, jabbered, jabbered**) tagarelar; palrar; palavrear.

jab·ber·er /dʒæbərə/ *s* tagarela.

jack /dʒæk/ *s* **1** *Mec* macaco; guindaste; guincho. **2** bandeira de proa. **3** valete (jogo de carta). **4** *inform* homem do povo; sujeito.

jack·al /dʒækəl/ *s Zool* chacal.

jack·ass /dʒækæs/ *s* **1** burro; asno. **2** estúpido; tolo.

jack·daw /dʒækdɑ:/ *s Zool* gralha.

jack·et /dʒækɪt/ *s* **1** jaqueta; jaleco. **2** capa (de disco). **3** sobrecapa (de livro); envoltório. ‖ *v* (**jackets, jacketing, jacketed, jacketed**) vestir jaqueta.

jack·ham·mer /dʒækhæmə/ *s* britadeira.

jack-in-the-box /dʒækɪnðəbɑ:ks/ *s* caixa de surpresa. (*pl* **jack-in-the-boxes** ou **jacks-in-the-box**).

jack·knife /dʒæknaɪf/ *s* **1** canivete. **2** salto ornamental em forma de canivete.

jack-of-all-trades /dʒækəvɔ:ltreɪdz/ *s* pau para toda obra. (*pl* **jacks-of-all-trades**).

jack-o'-lan·tern /dʒækəlæntən/ *s* lanterna feita com uma abóbora recortada em forma de um rosto e com uma vela acesa dentro (na noite do Dia das Bruxas). (*pl* **jack-o'-lanterns**).

jack·pot /dʒækpɑ:t/ *s* prêmio acumulado; total de apostas. ♦ **hit the jackpot** tirar a sorte grande.

jade /dʒeɪd/ *s* **1** jade. **2** cavalo velho e ruim. ‖ *v* (**jades, jading, jaded, jaded**) cansar.

jad·ed /dʒeɪdɪd/ *adj* exausto; esgotado.

jag /dʒæg/ *s* **1** dente-de-serra. **2** recorte. **3** *gír* bebedeira. ‖ *v* (**jags, jagging, jagged, jagged**) recortar; dentear.

jag·ged /dʒægɪd/ *adj* denteado; recortado; irregular.

jag·ged·ness /dʒægɪdnəs/ *s* desigualdade; escabrosidade; mossa.

jag·uar /dʒægwɑ:r, dʒægjuɑ:r/ *s Zool* jaguar; onça-pintada.

jail /dʒeɪl/ *s* cadeia; prisão; cárcere. ‖ *v* (**jails, jailing, jailed, jailed**) pôr na cadeia; encarcerar; prender.

jail·bird /dʒeɪlbɜ:rd/ *s* presidiário.

jail·er /dʒeɪlə/ *s* carcereiro. (*var* **jailor**).

jail·or /dʒeɪlə/ → **jailer**.

ja·lop·y /dʒəlɑ:pi/ *s gír* calhambeque; carro velho. (*pl* **jalopies**).

jam /dʒæm/ *v* (**jams, jamming, jammed, jammed**) apertar; comprimir; espremer. ‖ *s* **1** geléia; compota. **2** aperto. **3** engarrafamento. **4** *fig* enrascada.

Ja·mai·ca /dʒəmeɪkə/ *s* Jamaica.

Ja·mai·can /dʒəmeɪkən/ *s* e *adj* jamaicano.

jamb /dʒæm/ *s* umbral de porta e janela. (*var* **jambe**).

jambe /dʒæm/ → **jamb**.

jam·bo·ree /dʒæmbəri:/ *s* **1** farra; festa alegre. **2** reunião de escoteiros.

jan·gle /dʒæŋgəl/ *v* (**jangles, jangling, jangled, jangled**) causar som alto, metálico e dissonante. ‖ *s* barulho estridente.

jan·gler /dʒæŋglə/ *s* altercador; tagarela.

jan·i·tor /dʒænətə/ *s* zelador.

Jan·u·ar·y /dʒænjueri/ *s* janeiro. (*pl* **Januaries**)

ja·pan /dʒəpæn/ *v* (**japans, japanning, japanned, japanned**) envernizar; acharoar; laquear. ‖ *s* **1** *maiús* Japão. **2** charão; obra laqueada.

Jap·a·nese /dʒæpəni:z/ *s* japonês. (*pl* **Japanese**). ‖ *adj* japonês.

jape /dʒeɪp/ *s* gracejo; peça; zombaria. ‖ *v* (**japes, japing, japed, japed**) gracejar; motejar; troçar.

ar /dʒɑːr/ v (jars, jarring, jarred, jarred) 1 ranger. 2 chocar. 3 vibrar; sacudir. ll s 1 pote; jarro. 2 som áspero. 3 abalo; solavanco.

ar·gon /dʒɑːrgən/ s jargão; gíria.

as·mine /dʒæzmɪn/ s jasmim. (var jessamine).

as·per /jæspə/ s Min jaspe.

aun·dice /dʒɑːndɪs/ v (jaundices, jaundicing, jaundiced, jaundiced) afetar de icterícia. ll s icterícia.

aun·diced /dʒɑːndɪst/ adj ictérico; amarelado.

aunt /dʒɑnt/ s passeio; excursão. ll v (jaunts, jaunting, jaunted, jaunted) passear; excursionar.

aun·ti·ness /dʒɑːntɪnəs/ s garbo; graça; bom modo.

aun·ty /dʒɑːnti/ adj jovial; garboso; elegante; vistoso. (gr comp jauntier. gr super jauntiest).

Jav·a·nese /dʒɑːvəniːz/ adj e s javanês.

aw /dʒɑː/ v (jaws, jawing, jawed, jawed) gritar; tagarelar. ll s maxilar; mandíbula.

aw·bone /dʒɑːboʊn/ s maxilar.

ay /dʒeɪ/ s 1 gaio (ave). 2 tagarela.

ay·walk·er /dʒeɪwɑːkə/ s pedestre imprudente.

eal·ous /dʒeləs/ adj 1 ciumento. 2 zeloso. 3 invejoso.

eal·ous·y /dʒeləsi/ s 1 ciúme. 2 zelo. 3 inveja. (pl jealousies).

ean /dʒiːn/ s brim; calça.

eep /dʒiːp/ s jipe.

eer /dʒɪr/ v (jeers, jeering, jeered, jeered) zombar; escarnecer. ll s zombaria; sarcasmo.

eer·er /dʒɪrə/ s zombador; escarnecedor.

e·june /dʒɪdʒuːn/ adj 1 desinteressante; maçante. 2 imaturo; infantil. 3 jejuno.

e·ju·num /dʒɪdʒuːnəm/ s Anat jejuno (parte do intestino). (pl jejuna /dʒɪdʒuːnə/).

ell /dʒel/ v (jells, jelling, jelled, jelled) gelatinizar-se.

el·lied /dʒelɪd/ adj gelatinoso.

el·li·fy /dʒeləfaɪ/ v (jellifies, jellifying, jellified, jellified) gelatinizar.

el·ly /dʒeli/ s geléia; gelatina. (pl jellies).

jel·ly·fish /dʒelɪfɪʃ/ s 1 água-viva; medusa. 2 indeciso. (pl jellyfish ou jellyfishes).

jeop·ard·ize /dʒepədaɪz/ v (jeopardizes, jeopardizing, jeopardized, jeopardized) arriscar; pôr em perigo.

jeop·ard·y /dʒepədi/ s risco; perigo. (pl jeopardies).

jerk /dʒɜːk/ v (jerks, jerking, jerked, jerked) empurrar; puxar; arrancar; sacudir. ll s 1 empurrão; puxão; tranco; solavanco. 2 gír bobão; tolo.

jerk·y /dʒɜːrki/ adj 1 convulsivo; abrupto. 2 bobo; tolo. (gr comp jerkier. gr super jerkiest). ll s carne seca; charque.

jer·sey /dʒɜːrzi/ s 1 jérsei (tecido). 2 camisa de malha; camisolas. 3 raça de gado.

jess /dʒes/ s 1 correia que se prende aos pés do falcão. 2 peia. ll v (jesses, jessing, jessed, jessed) pear.

jes·sa·mine /dʒesəmɪn/ → jasmine.

jest /dʒest/ v (jests, jesting, jested, jested) gracejar; brincar; zombar. ll s gracejo; brincadeira; zombaria.

jest·er /dʒestə/ s bufão; bobo da corte; comediante.

Jes·u·it /dʒezjuɪt, dʒeʒuɪt/ s jesuíta.

jet /dʒet/ s jato; esguicho; jorro. 2 avião a jato. ll v (jets, jetting, jetted, jetted) jorrar; esguichar; sair a jato.

jet engine s motor a jato.

jet·lin·er /dʒetlaɪnə/ s avião a jato.

jet·sam /dʒetsəm/ s carga de navio lançada ao mar.

jet·ty /dʒeti/ s quebra-mar; píer; cais. (pl jetties).

Jew /dʒu:/ s judeu.

jew·el /dʒuːəl/ s jóia; pedra preciosa. ll v (jewels, jeweling/jewelling, jeweled/jewelled, jeweled/jewelled) adornar com jóias.

jew·el·er /dʒuːələ/ s joalheiro; joalheria. (var jeweller).

jew·el·ler /dʒuːələ/ → jeweler.

jew·el·ry /dʒuːəlri/ s jóias.

Jew·ess /dʒuːɪs/ s judia.

Jew·ish /dʒuːɪʃ/ adj judaico; israelita.

Jew·ry /dʒuːri/ s 1 o povo judeu. 2 bairro judeu.

jib /dʒɪb/ s 1 Náut vela; bujarrona. 2 Mec braço móvel de guindaste. ll v (jibs, jibbing, jibbed, jibbed) mudar o curso de um navio; mover-se de modo irrequieto.

jibe /dʒaɪb/ → gibe.

jif·fy /dʒɪfi/ s inform momento; instante. (pl jiffies).

jig /dʒɪg/ s jiga (dança). ll v (jigs, jigging, jigged, jigged) sacudir; agitar; saracotear.

jig·gle /dʒɪgəl/ v (jiggles, jiggling, jiggled, jiggled) bambolear; gingar. ll s bamboleio; ginga; balanço.

jig·saw /dʒɪgsɑ:/ s 1 serra tico-tico. 2 quebra-cabeça.

jilt /dʒɪlt/ s pessoa que dá o fora em noivo/namorado. ll v (jilts, jilting, jilted, jilted) rejeitar; dar o fora no noivo/namorado.

jim·my /dʒɪmi/ s pé-de-cabra. (pl jimmies).

jin·gle /dʒɪŋgəl/ s 1 tinido; som; consonância. 2 Mús e Poét verso; quadrilha; rima. ll v (jingles, jingling, jingled, jingled) 1 tinir; tilintar. 2 rimar.

jit·ter·y /dʒɪtəri/ adj muito nervoso; agitado. (gr comp jitterier. gr super jitteriest).

jive /dʒaɪv/ s 1 conversa mole; logro. 2 Mús "swing". ll v (jives, jiving, jived, jived) lograr.

job /dʒɑ:b/ s 1 trabalho. 2 obra; tarefa. 3 serviço. 4 emprego; bico. 5 dever; obrigação. ll v (jobs, jobbing, jobbed, jobbed) trabalhar de empreitada; fazer bico; agiotar.

job·ber /dʒɑ:bə/ s corretor; intermediário; agiota.

job·ber·y /dʒɑ:bəri/ s negociata; corrupção entre políticos.

job·less /dʒɑ:bləs/ adj desempregado.

jock·ey /dʒɑ:ki/ s jóquei. ll v (jockeys, jockeying, jockeyed, jockeyed) trapacear; ludibriar.

jo·cose /dʒoʊkoʊs/ adj jocoso; alegre.

jo·cose·ness /dʒoʊkoʊsnəs/ s jocosidade. (var jocosity).

jo·cos·i·ty /dʒoʊkɑ:səti/ → jocoseness.

joc·u·lar /dʒɑ:kjələ/ adj jocoso; divertido.

joc·und /dʒɑ:kənd, dʒoʊkənd/ adj jovial; alegre.

jo·cun·di·ty /dʒoʊkʌndəti/ s alegria; júbilo.

jog /dʒɑ:g/ s 1 sacudidela. 2 solavanco. 3 cotovelada. 4 corrida em ritmo lento trote lento. ll v (jogs, jogging, jogged, jogged) mover-se vagarosamente; dar cotoveladas; sacolejar.

jog·ger /dʒɑ:gə/ s aquele que anda lentamente; pesadamente.

jog·gle /dʒɑ:gəl/ s entalhe; encaixe. ll (joggles, joggling, joggled, joggled) sacudir; agitar.

join /dʒɔɪn/ v (joins, joining, joined, joined) unir; ligar; juntar; anexar; acrescentar; associar-se. ll s junção; ligação; encaixe.

join·er /dʒɔɪnə/ s 1 marceneiro. 2 aquele que adere.

join·er·y /dʒɔɪnəri/ s marcenaria.

joint /dʒɔɪnt/ s 1 junta; articulação. 2 junção; ligação. ll adj junto; unido; ligado associado. ll v (joints, jointing, jointed jointed) ligar; unir; articular.

joint·er /dʒɔɪntə/ s plaina pequena; junteira.

join·ture /dʒɔɪntʃə/ s doação de bens à esposa.

joint venture s associação de empresas.

joist /dʒɔɪst/ s viga; trave; barrote.

joke /dʒoʊk/ v (jokes, joking, joked, joked) gracejar; brincar. ll s piada; gracejo; brincadeira.

jok·er /dʒoʊkə/ s 1 piadista; brincalhão 2 curinga (jogo de cartas). 3 cláusula disfarçada.

jol·li·fi·ca·tion /dʒɑ:ləfɪkeɪʃən/ s inform festança; folia.

jol·li·ness /dʒɑ:lɪnəs/ s jovialidade; alegria júbilo; regozijo.

jol·ly /dʒɑ:li/ adj jovial; alegre; divertido (gr comp jollier. gr super jolliest).

jol·ly·boat /dʒɑ:liboʊt/ s Náut escaler.

jolt /dʒoʊlt/ s solavanco; balanço. ll (jolts, jolting, jolted, jolted) sacudir; ba lançar; dar solavancos.

Jor·dan /dʒɔ:rdən/ s Jordânia.

Jor·dani·an /dʒɔ:rdeɪniən/ s e adj jordaniano.

joss /dʒɑ:s/ s ídolo chinês.

jos·tle /dʒɑ:səl/ v (jostles, jostling, jostled jostled) empurrar; acotovelar; esbarrar ll s colisão; choque; esbarrão.

jot /dʒɑːt/ *s* coisa mínima; um nada. ‖ *v* (**jots, jotting, jotted, jotted**) anotar; apontar.

jot·ting /dʒɑ́:tɪŋ/ *s* memorando; nota; apontamento; observação.

jour·nal /dʒɜ́:rnəl/ *s* 1 jornal; periódico. 2 *Cont* diário.

jour·nal·ism /dʒɜ́:rnəlɪzəm/ *s* jornalismo.

jour·nal·ist /dʒɜ́:rnəlɪst/ *s* jornalista.

jour·nal·is·tic /dʒɜ́:rnəlɪ́stɪk/ *adj* jornalístico.

jour·nal·ize /dʒɜ́:rnəlaɪz/ *v* (**journalizes, journalizing, journalized, journalized**) 1 registrar em forma de diário; colaborar em jornais. 2 *Cont* escriturar um diário.

jour·ney /dʒɜ́:rni/ *v* (**journeys, journeying, journeyed, journeyed**) viajar. ‖ *s* viagem; jornada.

jour·ney·man /dʒɜ́:rnimən/ *s* artífice assalariado; oficial.

joust /dʒaʊst/ *s* justa; torneio. ‖ *v* (**jousts, jousting, jousted, jousted**) mediar-se em torneio.

jo·vi·al /dʒóʊviəl/ *adj* jovial; alegre.

jo·vi·al·i·ty /dʒòʊviǽləti/ *s* jovialidade.

jowl /dʒaʊl/ *s* bochecha; papada.

joy /dʒɔɪ/ *s* alegria; prazer. ‖ *v* (**joys, joying, joyed, joyed**) alegrar-se; regozijar-se.

joy·ful /dʒɔ́ɪfəl/ *adj* alegre; contente.

joy·ous /dʒɔ́ɪəs/ *adj* alegre; jubiloso.

joy ride *s gír* passeio de automóvel em alta velocidade.

joy·stick /dʒɔ́ɪstɪk/ *s Comp* controle, controlador de jogos.

ju·bi·lant /dʒú:bɪlənt/ *adj* jubilante; exaltante; triunfante.

ju·bi·late /dʒú:bɪleɪt/ *v* (**jubilates, jubilating, jubilated, jubilated**) alegrar-se.

ju·bi·la·tion /dʒù:bɪléɪʃən/ *s* júbilo; exultação; alegria intensa.

ju·bi·lee /dʒú:bɪli:, dʒù:bɪlí:/ *s* jubileu.

Ju·da·ic /dʒu:déɪɪk/ *adj* judaico. (*var* **Judaical**).

Ju·da·i·cal /dʒu:déɪɪkəl/ → **Judaic**.

Ju·da·ism /dʒú:deɪɪzəm, dʒú:diɪzəm/ *s* judaísmo.

Ju·de·an /dʒu:dí:ən/ *s* habitante da Judéia. ‖ *adj* da Judéia.

judge /dʒʌdʒ/ *v* (**judges, judging, judged, judged**) 1 julgar; setenciar. 2 arbitrar; de-

cidir; concluir. ‖ *s* 1 juiz. 2 árbitro. 3 perito; conhecedor.

judge·ment /dʒʌ́dʒmənt/ → **judgment**.

judge·ship /dʒʌ́dʒɪp/ *s* magistratura.

judg·ment /dʒʌ́dʒmənt/ *s* 1 juízo; critério; opinião. 2 julgamento; decisão; sentença. 3 bom censo. (*var* **judgement**).

ju·di·ca·ture /dʒú:dɪkətʃər/ *s* judicatura; magistratura.

ju·di·cial /dʒu:dɪ́ʃəl/ *adj* 1 judicial; judicioso. 2 imparcial.

ju·di·ci·ar·y /dʒu:dɪ́ʃieri/ *s* judiciário. (*pl* **judiciaries**).

ju·di·cious /dʒu:dɪ́ʃəs/ *adj* judicioso; sensato, criterioso.

ju·di·cious·ness /dʒu:dɪ́ʃəsnəs/ *s* juízo; critério; prudência; sabedoria.

jug /dʒʌg/ *s* 1 jarro; moringa; bilha. 2 *gír* cadeia; prisão. ‖ *v* (**jugs, jugging, jugged, jugged**) *gír* pôr na cadeia; prender.

jug·gle /dʒʌ́gəl/ *v* (**juggles, juggling, juggled, juggled**) iludir; fazer malabarismos. ‖ *s* truque; trapaça.

jug·gler /dʒʌ́glər/ *s* 1 malabarista. 2 trapaceiro.

jug·gler·y /dʒʌ́gləri/ *s* 1 malabarismo. 2 trapaça. (*pl* **juggleries**).

juice /dʒu:s/ *s* 1 suco; sumo; caldo. 2 *gír* corrente elétrica.

juic·i·ness /dʒú:sɪnəs/ *s* suculência.

juic·y /dʒú:si/ *adj* suculento; sucoso; sumarento. (*gr comp* **juicier**. *gr super* **juiciest**).

juke·box /dʒú:kbɑ:ks/ *s* fonógrafo automático que funciona com moeda.

Ju·ly /dʒʊláɪ/ *s* julho.

jum·ble /dʒʌ́mbəl/ *s* mistura; confusão; desordem. ‖ *v* (**jumbles, jumbling, jumbled, jumbled**) misturar; embaralhar.

jum·bo /dʒʌ́mboʊ/ *s* jumbo (pessoa, animal ou coisa gigante, enorme). (*pl* **jumbos**). ‖ *adj* jumbo; gigante; enorme.

jump /dʒʌmp/ *v* (**jumps, jumping, jumped, jumped**) pular; saltar; passar por cima; subir. ‖ *s* salto; pulo.

jump·er /dʒʌ́mpər/ *s* 1 saltador. 2 colete; malha. 3 vestido sem manga.

jump·y /dʒʌ́mpi/ *adj* nervoso. (*gr comp* **jumpier**. *gr super* **jumpiest**).

junc·tion /dʒʌŋkʃən/ s junção; conexão; ligação; entroncamento.

junc·ture /dʒʌŋktʃɚ/ s junção; conjuntura; momento crítico.

June /dʒu:n/ s junho.

jun·gle /dʒʌŋgəl/ s selva; floresta; mato.

jun·ior /dʒu:njɚ/ s e adj júnior. (abrev **jr.** ou **Jr.**).

junk /dʒʌŋk/ s 1 junco; embarcação pequena. 2 objetos sem valor; refugo.

junker /dʒʌŋkɚ/ s 1 carro velho necessitando reparos. 2 jovem fidalgo alemão.

jun·ket /dʒʌŋkɪt/ s 1 coalhada. 2 piquenique. 3 viagem à custa do governo. ‖ v (**junkets**, **junketing**, **junketed**, **junketed**) 1 fazer honras; receber. 2 viajar à custa de.

junk food s comida ou lanche sem valor nutritivo.

junk·ie /dʒʌŋki/ s viciado em drogas. (var **junky**).

junk·y /dʒʌŋki/ adj passível de ser descartado; sem valor. ‖ s → **junkie**.

jun·to /dʒʌntoʊ/ s reunião secreta; comissão; conspiração; facção.

Ju·pi·ter /dʒu:pɪtɚ/ s Júpiter.

Ju·ras·sic /dʒʊræsɪk/ adj e s jurássico.

ju·rid·ic /dʒʊrɪdɪk/ → **juridical**.

ju·rid·i·cal /dʒʊrɪdɪkəl/ adj jurídico. (var **juridic**).

ju·ris·con·sult /dʒʊrɪskɑ:nsʌlt/ s jurisconsulto; jurista.

ju·ris·dic·tion /dʒʊrɪsdɪkʃən/ s jurisdição; competência; alçada.

ju·ris·pru·dence /dʒʊrɪspru:dəns/ s jurisprudência.

ju·rist /dʒʊrɪst/ s jurista; jurisconsulto.

ju·ror /dʒʊrɚ/ s jurado.

ju·ry /dʒʊri/ s júri. (pl **juries**).

just /dʒʌst/ adj justo; imparcial; razoável; com fundamento; exato; racional; legítimo; virtuoso. ‖ adv justamente; apenas; somente; só; perfeitamente.

jus·tice /dʒʌstɪs/ s 1 justiça; eqüidade; retidão. 2 júri; magistrado.

jus·ti·fi·a·ble /dʒʌstəfaɪəbəl/ adj justificável.

jus·ti·fi·a·ble·ness /dʒʌstəfaɪəbəlnəs/ s justiça; retidão.

jus·ti·fi·ca·tion /dʒʌstəfɪkeɪʃən/ s justificação; razão.

jus·ti·fy /dʒʌstɪfaɪ/ v (**justifies**, **justifying**, **justified**, **justified**) justificar; desculpar; absolver; perdoar.

just·ly /dʒʌstli/ adv justamente.

just·ness /dʒʌstnəs/ s justiça; imparcialidade; exatidão.

jut /dʒʌt/ s ressalto; saliência. ‖ v (**juts**, **jutting**, **jutted**, **jutted**) fazer saliência; projetar-se.

jute /dʒu:t/ s Bot juta.

ju·ve·nes·cence /dʒu:vənesəns/ s rejuvenescimento.

ju·ve·nes·cent /dʒu:vənesənt/ adj rejuvenescente; rejuvenescedor.

ju·ve·nile /dʒu:vənəl, dʒu:vənaɪl/ adj juvenil; jovem; imaturo; menor de idade.

juvenile delinquent s delinqüente juvenil.

ju·ve·nil·i·ty /dʒu:vənɪləti/ s juventude; mocidade; imaturidade. (pl **juvenilities**).

jux·ta·pose /dʒʌkstəpoʊz/ v (**juxtaposes**, **juxtaposing**, **juxtaposed**, **juxtaposed**) justapor.

jux·ta·po·si·tion /dʒʌkstəpəzɪʃən/ s justaposição; sobreposição.

k ou **K** /keɪ/ s 11ª letra do alfabeto inglês. (pl **k's** ou **K's**). II abrev 1 minús de **karat**. 2 maiús de **Kelvin**. 3 maiús Comp de **Kilobyte**. 4 maiús de **Kindergarten** II símb Quím maiús de **potassium**.

kai·ak /ka͟ɪæk/ → **kayak**.

kale /keɪl/ s 1 Bot couve. 2 gír dinheiro.

ka·lei·do·scope /kəla͟ɪdəskoʊp/ s caleidoscópio.

kal·ends /kæləndz, ke͟ɪləndz/ → **calends**.

ka·mi·ka·ze /ka:məka͟:zi/ s kamikaze; piloto suicida. II adj suicida.

kan·ga·roo /kæŋɡəru͟:/ s Zool canguru. (pl **kangaroo** ou **kangaroos**)

kay·ak /ka͟ɪæk/ s caiaque. (var **kaiak**).

kar·at /kerət/ s quilate (teor de ouro de liga metálica). (var **carat**).

ka·ra·te /kæra͟:ti/ s Esp caratê.

ka·ra·te·ist /kæra͟:tɪst/ s Esp carateca.

kart /ka:rt/ s Esp kart; carro de corrida pequeno.

Ka·zakh·stan /kæza͟:ksta:n/ s Cazaquistão.

Ka·zakh·stan·i /kəza:ksta͟:ni/ s e adj cazaque.

Kbyte s form red de **kilobyte**.

kedge /kedʒ/ s Náut pequena âncora. II v (**kedges, kedging, kedged, kedged**) rebocar um navio.

keel /ki:l/ s 1 Náut quilha. 2 barco. 3 Zool carena. II v (**keels, keeling, keeled, keeled**) 1 Náut emborcar. 2 Náut fazer emborcar. ◆ **keel over** entrar em colapso; desmaiar.

keen /ki:n/ adj 1 afiado. 2 aguçado; acurado. 3 perspicaz. 4 intenso; vivo. 5 forte; potente. 6 ardente; veemente. II s lamento; choro.

keep /ki:p/ v (**keeps, keeping, kept, kept**) 1 deter; reter. 2 guardar; conservar (comida). 3 manter. 4 sustentar; prover. 5 estocar. 6 continuar. 7 anotar. 8 atualizar dados. 9 restringir. 10 prevenir; evitar. 11 administrar; dirigir. II s 1 guarda; proteção; custódia. 2 sustento. 3

masmorra. 4 prisão. ◆ **keep up 1** manter em boas condições. 2 continuar; perseverar. **for keeps 1** por um longo período indeterminado. 2 permanentemente; definitivamente. **keep an eye out** estar atento.

keep·er /ki͟:pə/ s guarda; protetor; defensor.

keep·ing /ki͟:pɪŋ/ s 1 guarda; custódia. 2 acordo; harmonia.

keep·sake /ki͟:pseɪk/ s 1 dádiva; presente. 2 lembrança.

keg /keg/ s barril; barrica. II v (**kegs, kegging, kegged, kegged**) estocar em barris.

kelp /kelp/ s alga marinha.

Kelt /kelt/ → **Celt**.

Kelt·ic /ke͟ltɪk/ → **Celtic**.

kel·vin /ke͟lvɪn/ s Fís kelvin. (símb **K**).

ken /ken/ s 1 percepção; compreensão. 2 vista; olhar.

ken·nel /ke͟nəl/ s 1 canil. 2 toca; covil. 3 meio-fio; sarjeta. II v (**kennels, kenneling, kennelling, kenneled/kennelled, kenneled/kennelled**) abrigar em canil, covil ou toca.

Ken·ya /ke͟njə, ki͟:njə/ s Quênia.

Ken·yan /ke͟njən, ki͟:njən/ s e adj queniano.

kept /kept/ v pass e part pass de **keep**.

ker·chief /kɜ͟:rtʃɪf/ s 1 véu; lenço de cabeça. 2 lenço de mão. (pl **kerchiefs** ou **kerchieves**).

ker·a·tin /ke͟rətɪn/ s Quím queratina.

ker·nel /kɜ͟:rnəl/ s 1 grão; semente. 2 cereal. 3 caroço. 4 núcleo; parte central.

ker·o·sene /ke͟rəsi:n, kerəsi͟:n/ s querosene. (var **kerosine**).

ker·o·sine /ke͟rəsi:n, kerəsi͟:n/ → **kerosene**.

ker·sey·mere /kɜ͟:rzimɪr/ s casimira.

ketch·up /ke͟tʃəp/ s ketchup. (var **catchup** e **catsup**).

ket·tle /ke͟tl/ s 1 caldeirão. 2 chaleira.

ket·tle·drum /ke͟tldrʌm/ s Mús timbale; tímpano.

key /ki:/ s **1** chave. **2** meio de acesso, controle ou posse. **3** elemento crucial, vital. **4** respostas das perguntas de um teste; gabarito. **5** *Mús* clave. **6** botão ou alavanca utilizado na operação de maquinário. (*pl* keys). || v (keys, keying, keyed, keyed) **1** fechar à chave. **2** *Mús* afinar. **3** ajustar; adaptar; harmonizar.

key·board /ki:bɔ:rd/ s **1** teclado (de piano, computador, máquina de escrever, linotipo, etc.). **2** *Mús* sintetizador; órgão elétrico. || v (keyboards, keyboarding, keyboarded, keyboarded) *Mús* tocar teclado, órgão elétrico.

keyboard layout s *Comp* leiaute do teclado.

keyboard shortcut s *Comp* atalho pelo teclado.

key·card /ki:ka:rd/ s cartão eletrônico.

key·hole /ki:houl/ s buraco da fechadura.

key·note /ki:nout/ s **1** *Mús* nota tônica. **2** elemento principal. || v (keynotes, keynoting, keynoted, keynoted) *Mús* dar nota tônica; dar o tom.

key·pad /ki:pæd/ s *Comp* teclado numérico do computador.

key·stone /ki:stoun/ s *Arq* pedra angular; fecho de abóbada.

key·stroke /ki:strouk/ s *Comp* pressionamento de tecla.

key·word /ki:wɜ:rd/ s **1** palavra-chave. **2** código; senha. (*tb* key word).

kg *abrev* de **kilogram**; quilograma.

KGB /keɪdʒi:bi:/ *abrev* de **Komitét Gosudárstvennoi Bezopásnosti**; KGB; serviço secreto da União Soviética. (*tb* **K.G.B.**).

khak·i /kæki/ s **1** cor cáqui. **2** roupa dessa cor. ♦ **khakis** uniforme de cor cáqui.

kha·lif /keɪlɪf, kælɪf/ → **caliph**.

khan /ka:n/ s cã (soberano em certas regiões da Ásia).

kHz *abrev* de **Kilohertz**; quilohertz.

kib·butz /kɪbuts, kɪbu:ts/ s *kibutz*; fazenda coletiva em Israel. (*pl* kibbutzim /kɪbu:tsi:m/).

kibe /kaɪb/ s frieira; inflamação cutânea causada pelo frio.

kick /kɪk/ v (kicks, kicking, kicked, kicked) **1** chutar; dar pontapé. **2** *Esp* marcar gol ou ponto por meio de um chute. **3** rico-

chetear. **4** *inform* reclamar vigorosamen te; protestar. || s **1** chute; pontapé. **2** ricochete. **3** *gír* protesto; reclamação. ♦
kick around 1 tratar mal; abusar. **2** pe rambular. **kick back 1** revidar. **2** ricoche tear. **kick in 1** contribuir. **2** *gír* morrer **kick off 1** *Esp* começar o jogo. **2** *gír* mor rer. **kick out** jogar fora; livrar-se de. **kick over** começar a funcionar. **kick up** incre mentar; intensificar.

kick·er /kɪkər/ s **1** chutador. **2** *inform* re viravolta; virada (nos acontecimentos).

kick·off /kɪka:f/ s **1** *Esp* pontapé inicial nc futebol. **2** *inform* início; começo.

kick·shaw /kɪkʃɑ:/ s **1** comida fina. **2** pe queno ornamento; jóia.

kid /kɪd/ s **1** cabrito. **2** pele ou carne de cabrito. **3** produto feito com o couro dc cabrito. **4** criança; garoto. **5** *gír* colega camarada. || *adj* feito com o couro dc cabrito. || v (kids, kidding, kidded, kidded **1** dar cria (a cabra). **2** brincar; divertir se. **3** zombar; escarnecer; ridicularizar.

kid·nap /kɪdnæp/ v (kidnaps, kidnapping/ kidnaping, kidnapped/kidnaped, kidnap ped/kidnaped) raptar; seqüestrar.

kid·nap·er /kɪdnæpər/ → **kidnapper**.

kid·nap·per /kɪdnæpər/ s raptor; seqües trador. (*var* kidnaper).

kid·ney /kɪdni/ s **1** *Anat* rim. **2** tipo; espé cie. (*pl* kidneys).

kil·der·kin /kɪldər·kɪn/ s barril.

kill /kɪl/ v (kills, killing, killed, killed) **1** matar. **2** extinguir; aniquilar; pôr fim a. **3** neutralizar. **4** fazer parar (motor). **5** exaurir; estafar. **6** passar o tempo sem fazer nada. **7** consumir totalmente. **8** causar dor ou sofrimento extremo. **9** *inform* fascinar. || s **1** matança. **2** caça abatida. **3** pessoa assassinada. **4** alvc destruído numa guerra (avião, navio, míssil, etc.).

kill·er /kɪlər/ s **1** assassino; matador. **2** *gír* algo muito difícil de se resolver ou com preender.

killer whale s *Zool* orca.

kill·ing /kɪlɪŋ/ s **1** homicídio; assassinato. **2** lucro rápido. || *adj* **1** fatal. **2** exaustivo. **3** *inform* hilariante.

kiln /kɪln, kɪl/ s forno industrial. ‖ v (**kilns, kilning, kilned, kilned**) secar ou calcinar ao forno.

ki·lo /kiːloʊ/ s 1 quilograma. 2 quilômetro. (pl **kilos**).

kil·o·byte /kɪloʊbaɪt/ s Comp kilobyte; unidade de medida de capacidade de registro em memória ou periférico equivalente a 1.024 bytes.

kil·o·gram /kɪloʊgræm/ s quilograma. (abrev **kg**).

kil·o·hertz /kɪloʊhɜrts/ s quilohertz. (abrev **kHz**).

kil·o·me·ter /kɪlɑːmətɚ, kɪləmiːtɚ/ s quilômetro. (abrev **km**).

kilt /kɪlt/ s saiote escocês. ‖ v (**kilts, kilting, kilted, kilted**) envolver o corpo com algo.

ki·mo·no /kəmoʊnə/ s quimono. (pl **kimonos**).

kin /kɪn/ s us v pl parentes. ‖ adj 1 parente consangüíneo. 2 análogo.

kind /kaɪnd/ s 1 espécie; tipo; gênero. 2 casta; família (de plantas ou animais). ‖ adj 1 bondoso; generoso; caridoso; tolerante. 2 amoroso; amável. ♦ **all kinds of** inform muito(s). **in kind** da mesma maneira. **kind of** um pouco de.

kin·der·gar·ten /kɪndɚgɑːrtən/ s jardim de infância. (abrev **K**).

kind·heart·ed /kaɪndhɑːrtɪd/ adj bom; bondoso.

kin·dle /kɪndl/ v (**kindles, kindling, kindled, kindled**) 1 acender; colocar fogo; iluminar. 2 inflamar; excitar; entusiasmar. 3 dar cria. ‖ s ninhada.

kind·li·ness /kaɪndlɪnəs/ s 1 bondade; generosidade. 2 amabilidade. 3 gentileza.

kin·dling /kɪndlɪŋ/ s material facilmente inflamável; lenha; graveto.

kind·ly /kaɪndli/ adj 1 benevolente; bondoso. 2 simpático; agradável. 3 prestativo. (gr comp **kindlier**. gr super **kindliest**). ‖ adv 1 suavemente; gentilmente. 2 generosamente. 3 prazerosamente.

kind·ness /kaɪndnəs/ s 1 amabilidade. 2 bondade; benevolência. 3 tolerância. 4 gentileza.

kin·dred /kɪndrəd/ s 1 familiar; parente. 2 do mesmo clã ou tribo. ‖ adj 1 aparentado; irmanado. 2 análogo; afim.

kin·e·mat·ics /kɪnəmætɪks/ s us v sing Mec cinemática.

ki·net·ic /kɪnɛtɪk/ adj cinético; dinâmico.

kin·folk /kɪnfoʊk/ s pl parentes; familiares. (var **kinsfolk** e **kinfolks**).

kin·folks /kɪnfoʊks/ → **kinfolk**.

king /kɪŋ/ s 1 rei (tb jogo de cartas e xadrez). 2 Deus. 3 Jesus. ‖ adj principal (em tamanho ou importância).

king·dom /kɪŋdəm/ s 1 reino; monarquia. 2 reino de Deus. 3 reino da natureza (mineral, vegetal, animal). 4 domínio.

king·fish·er /kɪŋfɪʃɚ/ s Zool martim-pescador.

king·ly /kɪŋli/ adj régio; real; majestoso. (gr comp **kinglier**. gr super **kingliest**). ‖ adv majestosamente.

king·ship /kɪŋʃɪp/ s 1 majestade; realeza. 2 reinado. 3 monarquia.

king-size /kɪŋsaɪz/ adj de tamanho maior que o padrão. (var **king-sized**).

king-sized /kɪŋsaɪzd/ → **king-size**.

kink /kɪŋk/ s 1 dobra; torção. 2 cãibra. 3 torcicolo. 4 excentricidade; peculiaridade. 5 gír desvio no comportamento sexual. ‖ v (**kinks, kinking, kinked, kinked**) formar dobra; torcer.

kins·folk /kɪnzfoʊk/ → **kinfolk**.

kin·ship /kɪnʃɪp/ s 1 parentesco. 2 afinidade.

kins·man /kɪnzmən/ s masc 1 parente. 2 homem da mesma raça, cultura ou nacionalidade que outro.

kins·wom·an /kɪnzwʊmən/ s fem 1 parenta. 2 mulher da mesma raça, cultura ou nacionalidade que outra.

ki·osk /kiːɑːsk, kiɑːsk/ s quiosque.

kip /kɪp/ s pele de filhote de animal não curtida.

kip·per /kɪpɚ/ s Zool 1 salmão (durante ou logo após a desova). 2 salmão ou arenque seco, salgado ou defumado. ‖ v (**kippers, kippering, kippered, kippered**) secar, salgar ou defumar peixe.

Kir·ghiz /kɪrgiːz/ s Quirguistão.

Kir·ghiz·stan /kɪrgiːstɑːn/ s e adj quirguiz.

Ki·ri·ba·ti /kɪribɑːtiː, kɪrəbæs/ s Quiribati.

Ki·ri·ba·ti·an /kɪribɑːtiən/ s e adj quiribatiano.

kirsch /kɪrʃ/ s licor de cerejas.

kiss /kɪs/ s 1 beijo. 2 toque leve e gentil. 3 confeito (especialmente chocolate). 4 suspiro (doce). ‖ v (kisses, kissing, kissed, kissed) 1 beijar. 2 tocar levemente. 3 bater de leve; esbarrar. ♦ kiss off gír dispensar; rejeitar. kiss good-bye dar como perdido.

kit /kɪt/ s 1 kit. 2 conjunto de malas para viagem. 3 filhote de gato.

kitch·en /kɪtʃən/ s 1 cozinha. 2 culinária. 3 pessoal da cozinha; cozinheiros.

kitch·en·ette /kɪtʃɪnet/ s pequena cozinha.

kitchen garden s horta.

kitch·en·ware /kɪtʃɪnwer/ s utensílios de cozinha.

kite /kaɪt/ s 1 pipa; papagaio; quadrado. 2 Zool milhano; milhafre. 3 letra de crédito; título de cobrança (papagaio). 4 Náut vela para ventos leves. 5 cheque com valor adulterado. ‖ v (kites, kiting, kited, kited) 1 voar como uma pipa. 2 conseguir dinheiro por meio de um título de cobrança (papagaio). 3 adulterar cheque.

kith and kin s pl parentes e amigos.

kitsch /kɪtʃ/ s Art kitsch; de mau gosto. ‖ adj Art caracterizado pelo kitsch; de mau gosto.

kit·ten /kɪtən/ s gatinho. ‖ v (kittens, kittening, kittened, kittened) parir (a gata).

kit·ty /kɪti/ s gatinho. (pl kitties).

ki·wi /kiwi/ s Bot kiwi.

KKK /keɪkeɪkeɪ/ abrev de Ku Klux Klan. (tb K.K.K.).

klep·to·ma·ni·a /kleptoʊmeɪniə/ s Psiq cleptomania.

km abrev de kilometer.

knack /næk/ s 1 talento. 2 destreza; habilidade.

knap /næp/ v (knaps, knapping, knapped, knapped) britar.

knap·sack /næpsæk/ s mochila.

knar /nɑːr/ s nó de madeira. (var knaur).

knaur /nɑːr/ → knar.

knave /neɪv/ s 1 patife; tratante. 2 serviçal masculino. 3 homem de origem humilde. 4 valete (jogo de cartas).

knav·er·y /neɪvəri/ s patifaria; desonestidade. (pl knaveries).

knead /niːd/ v (kneads, kneading, kneaded, kneaded) 1 amassar; sovar. 2 misturar; unir. 3 massagear; pressionar.

knee /niː/ s 1 Anat joelho. 2 cotovelo (cano, conexão). 3 qualquer coisa semelhante a um joelho. ‖ v (knees, kneeing, kneed, kneed) ajoelhar.

knee·cap /niːkæp/ s 1 Anat rótula (do joelho). 2 joelheira. ‖ v (kneecaps, kneecapping, kneecapped, kneecapped) aleijar lesando a perna ou o joelho.

kneel /niːl/ v (kneels, kneeling, kneeled/knelt, kneeled/knelt) ajoelhar.

knee·pad /niːpæd/ s joelheira.

knell /nel/ v (knells, knelling, knelled, knelled) 1 tocar o sino solenemente (como num funeral). 2 avisar, chamar ou proclamar por meio do toque do sino. ‖ s 1 dobre ou toque do sino. 2 sinal de desastre ou destruição.

knelt /nelt/ v pass e part pass de kneel.

knew /nuː, njuː/ v pass de know.

knick·knack /nɪknæk/ s penduricalho; balangandã. (var nicknack).

knife /naɪf/ s 1 faca; navalha; punhal. 2 lâmina. (pl knives /naɪvz/). ‖ v (knifes, knifing, knifed, knifed) 1 cortar; apunhalar. 2 abrir caminho. ♦ under the knife inform submeter-se a uma cirurgia.

knight /naɪt/ s 1 cavaleiro medieval (dignitário, membro de uma ordem oficial). 2 defensor de uma causa ou princípio. 3 cavalo (no xadrez). ‖ v (knights, knighting, knighted, knighted) tornar alguém cavaleiro; condecorar.

knight·hood /naɪthʊd/ s 1 dignidade de cavaleiro; comportamento ou qualidade cavalheiresca. 2 cavalaria.

knit /nɪt/ v (knits, knitting, knit/knitted, knit/knitted) 1 tricotar. 2 unir; ligar; juntar. ‖ s peça feita de tricô.

knit·ting /nɪtɪŋ/ s tricô.

knitting needle s agulha de tricô.

knob /nɑːb/ s 1 nó; protuberância. 2 maçaneta; puxador arredondado. 3 botão arredondado (de rádio).

knock /nɑːk/ s 1 pancada; golpe. 2 som da pancada. ‖ v (knocks, knocking, knocked, knocked) 1 bater; espancar. 2

bater à porta. **3** chocar-se; colidir. **4** instilar; introduzir. **5** *gír* criticar. ◆ **knock off 1** *inform* parar de fazer algo; dar um tempo; descançar. **2** completar; terminar. **3** eliminar. **4** *gír* superar. **5** *gír* roubar. **6** imitar; plagiar. **knock out** nocautear. **knock up** *gír* engravidar.

knock·er /nɑ:kə/ *s* **1** argola de metal para bater à porta. **2** *gír* seio.

knock·out /nɑ:kaʊt/ *s* **1** *Esp* nocaute. **2** golpe decisivo.

knoll /noʊl/ *s* colina; morro.

knop /nɑ:p/ *s* botão de flor (ornamental).

knot /nɑ:t/ *s* **1** nó; laço. **2** faixa, fita decorativa. **3** dificuldade; problema difícil. **4** protuberância; nódulo; calombo. **5** enlace. **6** *Náut* nó (unidade de velocidade). II *v* (**knots, knotting, knotted, knotted**) atar; amarrar.

knot·ty /nɑ:ti/ *adj* **1** cheio de nós; nodoso. **2** intrincado; complexo. (*gr comp* **knottier**. *gr super* **knottiest**).

knout /naʊt/ *s* chicote de couro. II *v* (**knouts, knouting, knouted, knouted**) chicotear.

know /noʊ/ *v* (**knows, knowing, knew, known**) **1** conhecer; saber; compreender; entender. **2** ter certeza. **3** ter habilidade. **4** ter experiência. **5** reconhecer; distinguir. **6** discernir.

know·a·ble /noʊəbəl/ *adj* **1** que se pode saber ou conhecer. **2** distinguível.

know-how /noʊhaʊ/ *s* perícia; prática; conhecimento e habilidade necessários para se fazer algo corretamente.

know·ing /noʊɪŋ/ *adj* **1** instruído. **2** hábil; sagaz; esperto; astucioso. **3** deliberado; consciente.

know-it-all /noʊɪtɔ:l/ *s* e *adj* *inform* sabetudo.

knowl·edge /nɑ:lɪdʒ/ *s* **1** conhecimento; erudição. **2** sabedoria. **3** entendimento. **4** informação específica.

known /noʊn/ *v part pass* de **know**. II *adj* sabido; reconhecido. II *s* fato conhecido, sabido.

know-noth·ing /noʊnʌθɪŋ/ *s* ignorante; irracional.

knuck·le /nʌkəl/ *s* **1** *Anat* nó, falange dos dedos. **2** articulação; junta. **3** parte da dobradiça em que se encaixa o pino. **4** soco-inglês. II *v* (**knuckles, knuckling, knuckled, knuckled**) pressionar ou bater com os nós dos dedos.

knuck·le-dust·er /nʌkəldʌstə/ *s* *gír* soco-inglês.

knur /nɜ:r/ *s* nó de madeira.

knurl /nɜ:rl/ *s* **1** protuberância; nó. **2** serrilha; rebordo. II *v* (**knurls, knurling, knurled, knurled**) serrilhar.

ko·a·la /koʊɑ:lə/ *s* *Zool* coala.

Ko·re·an /kəri:ən/ *s* e *adj* coreano.

kow·tow /kaʊtaʊ, kaʊtaʊ/ *s* reverência em que se encosta a testa no chão (na China). II *v* (**kowtows, kowtowing, kowtowed, kowtowed**) fazer essa reverência.

ku·dos /ku:doʊz/ *s* aclamação; aplauso para um feito excepcional.

Ku Klux Klan /ku: klʌks klæn/ *s* organização secreta (sul dos EUA) destinada a garantir a supremacia dos brancos por meio de atos terroristas. (*abrev* **KKK** ou **K.K.K.**).

Ku·wait /ku:weɪt, ku:waɪt/ *s* Kuwait.

Ku·wait·i /ku:weɪti, ku:waɪti/ *s* e *adj* kuweitiano.

L

l ou **L** /el/ *s* 12ª letra do alfabeto inglês. (*pl* **l's** ou **L's**). || *abrev minús* de **liter**. || *símb num rom maiús* cinqüenta.

la /lɑ:/ *s Mús* lá.

lab /læb/ *s form red* **laboratory**.

la·bel /ˈleɪbəl/ *s tb Comp* rótulo; etiqueta. || *v* (**labels**, **labeling/labelling**, **labeled, labeled/labelled**) etiquetar; rotular.

la·bi·al /ˈleɪbiəl/ *adj* labial. || *s Ling* consoante labial.

la·bi·al·ize /ˈleɪbiəlaɪz/ *v* (**labializes, labializing, labialized, labialized**) *Ling* labializar.

la·bi·ate /ˈleɪbieɪt/ *adj* labiado.

la·bi·o·den·tal /leɪbioʊˈdentəl/ *s* e *adj Ling* labiodental.

la·bor /ˈleɪbə·/ *s* **1** labor; trabalho; tarefa. **2** trabalho de parto. **3** *maiús* partido dos trabalhadores na Grã-Bretanha. || *v* (**labors, laboring, labored, labored**) **1** trabalhar; lidar. **2** estar em trabalho de parto.

lab·o·ra·to·ry /ˈlæbrətɔ:ri/ *s* laboratório. (*pl* **laboratories**).

Labor Day *s* feriado em que se comemora o Dia do Trabalho nos EUA e Canadá (primeira segunda-feira do mês de setembro).

la·bor·er /ˈleɪbə·ə·/ *s* operário; trabalhador braçal.

la·bo·ri·ous /ləˈbɔ:riəs/ *adj* trabalhoso; laborioso.

labor union *s* sindicato.

lab·y·rinth /ˈlæbə·ɪnθ/ *s tb Anat* labirinto.

lac /læk/ *s* laca; goma-laca.

lace /leɪs/ *s* **1** cordão. **2** renda. **3** galão; debrum. || *v* (**laces, lacing, laced, laced**) **1** apertar com cordões. **2** prender. **3** enlaçar. **4** entrelaçar. **5** adornar com rendas ou debrum.

lac·er·ate /ˈlæsəreɪt/ *v* (**lacerates, lacerating, lacerated, lacerated**) **1** dilacerar; rasgar. **2** magoar profundamente. || *adj* **1** dilacerado; rasgado. **2** ferido; magoado.

lac·er·a·tion /læsəˈreɪʃən/ *s* dilaceração.

lach·ry·mal /ˈlækrɪməl/ *adj* lacrimal. (*var* **lacrimal**).

lac·ing /ˈleɪsɪŋ/ *s* **1** laço; cordão. **2** *inform* surra.

lack /læk/ *s* falta; carência; deficiência. || *v* (**lacks, lacking, lacked, lacked**) necessitar; precisar.

lack·a·dai·si·cal /lækəˈdeɪzɪkəl/ *adj* lânguido; desanimado.

lack·ey /ˈlæki/ *s* lacaio; servidor; pajem.

la·con·ic /ləˈkɑ:nɪk/ *adj* lacônico; conciso; breve.

lac·quer /ˈlækə·/ *s* laca; verniz. || *v* (**lacquers, lacquering, lacquered, lacquered**) cobrir com laca; laquear.

lac·ri·mal /ˈlækrɪməl/ → **lachrymal**.

lac·tate /ˈlækteɪt/ *s Quím* lactato. || *v* (**lactates, lactating, lactated, lactated**) produzir leite.

lac·ta·tion /lækˈteɪʃən/ *s* lactação; período de amamentação.

lac·tic /ˈlæktɪk/ *adj* láctico.

lac·tose /ˈlæktoʊs/ *s* lactose.

la·cu·na /ləˈkju:nə/ *s* lacuna; espaço em branco. (*pl* **lacunae** /ləkju:ni/ ou **lacunas**).

la·cus·trine /ləˈkʌstrɪn/ *adj* lacustre.

lad /læd/ *s* moço; rapaz; jovem.

lad·der /ˈlædə·/ *s* **1** escada de mão. **2** fio corrido em meia. || *v* (**ladders, laddering, laddered, laddered**) desfiar (a meia).

lad·die /ˈlædi/ *s* rapazinho; menino; garoto.

lade /leɪd/ *v* (**lades, lading, laded, laded/laden**) **1** carregar. **2** tirar ou remover (água) com concha. **3** oprimir.

la·dle /ˈleɪdl/ *s* concha. || *v* (**ladles, ladling, ladled, ladled**) servir com concha.

la·dy /ˈleɪdi/ *s* **1** senhora; dama. **2** *inform* esposa. **3** *maiús* título de nobreza britânico. (*pl* **ladies**).

la·dy·bird /ˈleɪdibɜ:rd/ → **ladybug**.

la·dy·bug /ˈleɪdibʌg/ *s Zool* joaninha. (*var* **ladybird**).

la·dy·like /ˈleɪdilaɪk/ *adj* **1** feminina. **2** polida; educada; fina (que tem as maneiras de uma dama).

la·dy·love /ˈleɪdilʌv/ *s* namorada.

la·dy·ship /leɪdiʃɪp/ s senhoria (tratamento usado ao referir-se ou reportar-se a uma dama).

lag /læg/ v (lags, lagging, lagged, lagged) 1 demorar-se; ficar para trás; retardar. 2 revestir barril com madeira. 3 enfraquecer. ‖ s 1 atraso; retardamento. 2 retardatário. 3 revestimento de madeira usado em barril.

lag·gard /lægəd/ adj vagaroso. ‖ s retardatário.

lag·ging /lægɪŋ/ s cobertura; revestimento (para impedir o vazamento de calor).

la·goon /ləguːn/ s lagoa; laguna.

la·ic /leɪɪk/ adj laical; secular. ‖ s leigo. (var laical).

la·i·cal /leɪɪkəl/ → laic.

lair /ler/ s toca; covil; cova.

lake /leɪk/ s 1 lago. 2 pigmento vermelho usado em tintas. 3 vermelho intenso (cor).

lam /læm/ v (lams, lamming, lammed, lammed) gír 1 bater; espancar. 2 fugir; escapar (da prisão). ♦ on the lam em fuga.

la·ma /lɑːmə/ s lama (monge budista do Tibete ou Mongólia).

lamb /læm/ s 1 cordeiro. 2 carne de cordeiro. 3 pessoa delicada.

lam·bent /læmbənt/ adj 1 ligeiro; rápido. 2 luminoso.

lamb·skin /læmskɪn/ s pele de cordeiro.

lame /leɪm/ adj 1 coxo; manco; aleijado. 2 doente; dolorido. 3 insatisfatório. ‖ v (lames, laming, lamed, lamed) aleijar; ficar aleijado.

la·ment /ləment/ s lamento; queixa. ‖ v (laments, lamenting, lamented, lamented) lamentar; queixar-se.

la·men·ta·ble /ləmentəbəl, læməntəbəl/ adj lamentável; lastimável.

lam·en·ta·tion /læmənteɪʃən/ s lamentação; lamento; pranto.

lam·i·na /læmɪnə/ s lâmina; chapa. (pl laminae /læmɪniː/ ou laminas).

lam·i·nate /læmɪneɪt/ v (laminates, laminating, laminated, laminated) laminar. ‖ /læmənɪt/ s e adj laminado.

lam·i·na·tion /læmɪneɪʃən/ s 1 laminação; laminagem. 2 lâmina.

lamp /læmp/ s 1 lâmpada. 2 lampião. 3 corpo celeste que emite ou reflete luz.

lamp·black /læmpblæk/ s fuligem; tisne.

lamp·light /læmplaɪt/ s luz artificial.

lam·poon /læmpuːn/ s 1 caricatura. 2 sátira bem-humorada. ‖ v (lampoons, lampooning, lampooned, lampooned) satirizar.

lamp·post /læmppoʊst/ s poste de luz (nas ruas).

lam·prey /læmpri/ s Zool lampreia (peixe).

lamp·shade /læmpʃeɪd/ s abajur; quebra-luz.

LAN /læn/ abrev Comp de local area network; rede local (grupo local de computadores e dispositivos interligados por uma rede de comunicação).

lance /læns/ v (lances, lancing, lanced, lanced) 1 lancetar. 2 lancear. 3 perfurar. ‖ s 1 lança. 2 arpão. 3 lanceta.

lanc·er /lænsə/ s lanceiro.

lan·cet /lænsɪt/ s Med lanceta; bisturi.

lan·ci·nat·ing /lænsəneɪtɪŋ/ adj lancinante.

land /lænd/ s 1 terra. 2 solo. 3 região; área. 4 nação; país. 5 propriedade. ‖ v (lands, landing, landed, landed) 1 desembarcar. 2 aterrissar; pousar (avião). 3 inform chegar. ♦ by land por terra.

land·ed /lændɪd/ adj que possui terras.

land·fall /lændfɔːl/ s terra avistada ou alcançada depois de uma viagem.

land·hold·er /lændhoʊldə/ s proprietário de terras.

land·ing /lændɪŋ/ s 1 desembarque; descarga. 2 pouso. 3 aterragem. 4 plataforma de embarque ou desembarque de passageiros ou cargas.

landing field s campo de pouso.

land·la·dy /lændleɪdi/ s fem 1 dona de terras; proprietária rural; proprietária de imóvel. 2 estalajadeira.

land·less /lændləs/ adj sem terra; que não possui terras.

land·lord /lændlɔːrd/ s masc 1 dono de terras; proprietário rural; proprietário de imóvel. 2 estalajadeiro.

land·mark /lændmɑːrk/ s 1 limite. 2 marco (divisório). 3 ponto de referência. ‖ adj significante; importante.

land·own·er /lændoʊnə/ s dono de terras.

land reform s reforma agrária.

land·scape /lændskeɪp/ s paisagem; panorama. || v (**landscapes, landscaping, landscaped, landscaped**) projetar jardim; ajardinar.

landscape mode s Comp modo paisagem.

land·slide /lændslaɪd/ s 1 desmoronamento; desabamento. 2 eleição ganha com grande vantagem de votos. (var **landslip**).

land·slip /lændslɪp/ → **landslide**.

lane /leɪn/ s 1 passagem estreita; beco. 2 caminho. 3 alameda. 4 faixa de orientação de veículos em uma rua. 5 rota prescrita para navios ou aviões.

lan·guage /læŋgwɪdʒ/ s 1 língua; idioma. 2 linguagem. 3 estilo de linguagem. 4 vocabulário específico.

lan·guid /læŋgwɪd/ adj 1 lânguido. 2 desanimado. 3 vagaroso. 4 fraco.

lan·guish /læŋgwɪʃ/ v (**languishes, languishing, languished, languished**) enfraquecer; desfalecer; definhar.

lan·guish·ment /læŋgwɪʃmənt/ s desfalecimento; enfraquecimento.

lan·guor /læŋgə/ s languidez; abatimento.

lank /læŋk/ adj 1 alto e magro. 2 fino e escorrido (cabelo).

lank·y /læŋki/ adj alto, magro e desajeitado; magricela. (gr comp **lankier**. gr super **lankiest**).

lan·o·lin /lænəlɪn/ s lanolina.

lan·tern /læntən/ s 1 lanterna; farol. 2 abajur.

lan·yard /lænjəd/ s 1 Náut corda que prende os mastros. 2 cordão usado no pescoço para carregar alguma coisa.

La·os /laʊs/ s Laos.

Lao /laʊ/ s e adj laosiano.

lap /læp/ s 1 regaço; colo. 2 bainha; aba (de vestuário). 3 volta completa em uma pista de corrida. 4 sobreposto. 5 lambida. 6 ato de beber com a língua (como fazem os gatos, cães). || v (**laps, lapping, lapped, lapped**) 1 encobrir; sobrepor. 2 embrulhar. 3 dobrar. 4 enrolar.

la·pel /ləpel/ s lapela.

lap·i·dar·y /læpəderi/ s 1 lapidário. 2 comerciante de pedras preciosas. (pl **lapidaries**). || adj 1 referente às pedras preciosas ou à lapidação. 2 conciso.

Lap·land /læplænd/ s Lapônia.

Lap·land·er /læplændə/ s lapão; lapônio.

lap·pet /læpɪt/ s 1 aba. 2 lóbulo.

lapse /læps/ v (**lapses, lapsing, lapsed, lapsed**) 1 decair. 2 desviar; desencaminhar. 3 passar despercebido. 4 expirar; caducar. 5 cometer um lapso. 6 cair em erro. || s 1 lapso; engano; deslize. 2 queda; declínio. 3 intervalo. 4 deterioração.

lapsed /læpst/ adj inativo.

lap·top /læptɑːp/ s Comp computador pessoal portátil.

lar·board /lɑːrbəd/ adj Náut de bombordo. || s bombordo.

lar·ce·nous /lɑːrsənəs/ adj ladrão.

lar·ce·ny /lɑːrsəni/ s Jur furto; roubo. (p **larcenies**).

lard /lɑːrd/ s toucinho. || v (**lards, larding, larded, larded**) cobrir com gordura; rechear carne com fatias de toucinho.

lar·der /lɑːrdə/ s 1 despensa. 2 provisões de comida.

large /lɑːrdʒ/ adj 1 grande; largo; vasto. 2 importante; considerável. 3 compreensivo; tolerante. 4 intenso. 5 pretensioso. ♦ **at large** 1 em liberdade; solto. 2 em geral; como um todo.

lar·gess /lɑːrdʒes, lɑːrʒes, lɑːrdʒes/ s 1 generosidade; liberalidade. 2 presente; oferenda; dádiva. (var **largesse**).

lar·gesse /lɑːrdʒes, lɑːrʒes, lɑːrdʒes/ → **largess**.

lar·i·at /læriət/ s laço (para laçar animais).

lark /lɑːrk/ s 1 Zool calhandra; cotovia. 2 brincadeira; travessura. || v (**larks, larking, larked, larked**) dizer gracinhas; pregar peça; fazer travessuras.

lark·y /lɑːrki/ adj travesso; brincalhão. (gr comp **larkier**. gr super **larkiest**).

lar·rup /lerəp/ v (**larrups, larruping, larruped, larruped**) gír 1 espancar; surrar. 2 derrotar. || s pancada; golpe.

lar·va /lɑːrvə/ s larva. (pl **larvae** /lɑːrvi/ ou **larvas**).

lar·yn·gol·o·gy /lerɪŋgɑːlədʒi/ s Med laringologia.

lar·ynx /lerɪŋks/ s Anat laringe. (pl **larynges** /lerɪndʒiːz/ ou **larynxes**).

las·civ·i·ous /ləsɪviəs/ adj lascivo; sensual.

las·civ·i·ous·ness /ləsɪviəsnəs/ s lascívia; sensualidade; luxúria.

la·ser /leɪzə/ s raio *laser*.

laser printer s *Comp* impressora a *laser*.

lash /læʃ/ s 1 açoite; mecha de chicote. 2 chicotada. 3 pestana; cílio. 4 sarcasmo. ‖ v (**lashes, lashing, lashed, lashed**) 1 açoitar; chicotear. 2 censurar asperamente. 3 prender com corda ou corrente.

lash·er /læʃə/ s açoitador.

lash·ing /læʃɪŋ/ s atadura.

lass /læs/ s 1 moça; jovem senhora. 2 namorada.

las·si·tude /læsɪtuːd/ s lassidão; fadiga; cansaço; letargia.

las·so /læsou, læsuː/ s laço (para laçar animais). (*pl* **lassoes** ou **lassos**). ‖ v (**lassos, lassoes, lassoing, lassoed, lassoed**) laçar (animais).

last /læst/ adj 1 último. 2 mais recente; mais novo. 3 atual; presente. 4 superior; supremo. 5 o menos desejável ou apropriado. 6 conclusivo. ‖ adv 1 por último. 2 mais recentemente. 3 finalmente. ‖ s 1 o fim; final. 2 o último. ‖ v (**lasts, lasting, lasted, lasted**) 1 durar; conservar-se. 2 permanecer. ♦ **the last of all** o último de todos. **at last** por fim; finalmente.

last·ing /læstɪŋ/ adj durável; duradouro.

latch /lætʃ/ s trinco; fecho; tranca. ‖ v (**latches, latching, latched, latched**) trancar.

late /leɪt/ adj 1 atrasado; tardio. 2 último; final. 3 recente. ‖ adv 1 tarde; fora de hora; até tarde. 2 recentemente. ♦ **be late** estar atrasado. **later on** mais tarde.

la·teen /lætiːn/ s *Náut* vela latina.

late·ly /leɪtli/ adv recentemente; ultimamente.

la·ten·cy /leɪtənsi/ s latência. (*pl* **latencies**).

la·tent /leɪtənt/ adj latente; oculto; potencial.

lat·er·al /lætərəl/ adj e s lateral.

la·tex /leɪteks/ s 1 látex. 2 borracha sintética. (*pl* **latices** /lætɪsiːz, leɪtɪsiːz/ ou **latexes**).

lath /læθ/ s ripa; sarrafo. (*pl* **laths** /læθs, læðz/). ‖ v (**laths, lathing, lathed, lathed**) ripar; cobrir com ripas, sarrafos.

lathe /leɪð/ s torno mecânico.

lath·er /læðə/ s espuma de sabão. ‖ v (**lathers, lathering, lathered, lathered**) 1 ensaboar; cobrir-se de espuma. 2 *inform* surrar; espancar.

Lat·in /lætən/ s 1 língua latina. 2 latino (membro do povo latino, principalmente da América Latina). ‖ adj latino.

Lat·in·ism /lætənɪzəm/ s latinismo.

Lat·in·ist /lætənɪst/ s latinista.

lat·ish /leɪtɪʃ/ adj um pouco tarde.

lat·i·tude /lætətuːd/ s 1 latitude. 2 liberdade de ação.

lat·ter /lætə/ adj 1 o último (de dois). 2 próximo do fim. 3 moderno; recente.

lat·ter·ly /lætəli/ adv ultimamente.

lat·ter·day /lætədeɪ/ adj moderno; de nossos dias.

lat·tice /lætɪs/ s janela de grade.

Lat·vi·a /lætviə/ s Letônia.

Lat·vi·an /lætviən/ s e adj letão.

laud /lɑːd/ s 1 prece; louvor. 2 canto de louvor. ‖ v (**lauds, lauding, lauded, lauded**) louvar; glorificar. ♦ **Lauds** *Relig* hora canônica.

laud·a·ble /lɑːdəbəl/ adj louvável; recomendável.

laud·a·to·ry /lɑːdətɔːri/ adj laudatório.

laugh /læf/ v (**laughs, laughing, laughed, laughed**) 1 rir. 2 zombar. ‖ s 1 riso; gargalhada. 2 *inform* coisa absurda; piada; escárnio.

laugh·a·ble /læfəbəl/ adj digno de riso ou escárnio.

launch /lɑːntʃ/ v (**launches, launching, launched, launched**) 1 lançar; arremessar. 2 lançar em órbita (satélite, foguete). 3 *Náut* colocar um barco na água. 4 *Comp* iniciar; disparar. 5 fazer um lançamento (livro). ‖ s *Náut* lancha.

launch·er /lɑːntʃə/ s lançador.

laun·dry /lɑːndri/ s lavanderia. (*pl* **laundries**).

lau·re·ate /lɔːriːt/ adj e s laureado.

lau·rel /lɔːrəl/ s 1 *Bot* loureiro; louro. 2 triunfo; glória. ‖ v (**laurels, laureling/laurelling, laureled/laurelled, laureled/laurelled**) laurear; honrar; premiar. ♦ **laurels** coroa de louros.

la·va /lɑ:və/ s lava.

lav·a·to·ry /lævətɔ:ri/ s lavatório. (pl **lavatories**).

lave /leɪv/ v (**laves, laving, laved, laved**) 1 lavar; banhar. 2 refrescar-se.

lav·en·der /lævəndə/ s 1 Bot alfazema; lavanda. 2 lilás (cor).

la·ver /leɪvə/ s bacia batismal.

lav·ish /lævɪʃ/ adj 1 pródigo. 2 esbanjador. II v (**lavishes, lavishing, lavished, lavished**) esbanjar; dar em profusão.

law /lɑ:/ s 1 lei; regra; legislação. 2 jurisprudência. 3 princípio. 4 Bíbl os primeiros cinco Livros do Velho Testamento.

law·break·er /lɑ:breɪkə/ s contraventor; infrator.

law·ful /lɑ:fəl/ adj legal; legítimo.

law·giv·er /lɑ:gɪvə/ s legislador; aquele que aplica as leis.

law·less /lɑ:ləs/ adj ilegal; ilegítimo.

law·mak·er /lɑ:meɪkə/ s legislador.

lawn /lɑ:n, lɔ:n/ s 1 relva; grama. 2 tecido fino de linho ou algodão.

lawn mower s cortador de grama. (tb **lawnmower**).

law·yer /lɑ:jə/ s advogado.

lax /læks/ adj 1 negligente. 2 lasso; frouxo. 3 cansado; fatigado.

lax·a·tive /læksətɪv/ adj laxativo. II s laxante.

lax·i·ty /læksəti/ s 1 negligência. 2 relaxamento; lassidão.

lay /leɪ/ v (**lays, laying, laid, laid**) 1 pôr; colocar; assentar. 2 arrumar (a mesa). 3 deitar. 4 botar ovos. 5 fazer sexo (vulgar). II s 1 direção da torcedura de uma corda. 2 ato de pôr ovos. 3 gír (vulgar) relação sexual. 4 gír (vulgar) parceiro sexual. II adj 1 leigo. 2 laico; secular. ♦ **lay the table** pôr a mesa. **lay aside** deixar de lado. **lay eggs** botar ovos.

lay·er /leɪə/ s 1 galinha poedeira. 2 camada; estrato. II v (**layers, layering, layered, layered**) 1 dividir ou separar em camadas. 2 cortar o cabelo em diferentes camadas.

lay·man /leɪmən/ s maiús leigo.

lay·off /leɪɑ:f/ s suspensão temporária de trabalho; demissão.

lay·out /leɪaʊt/ s leiaute; plano; esboço.

lay·o·ver /leɪoʊvə/ s parada curta ou temporária numa jornada.

la·zy /leɪzi/ adj 1 preguiçoso; vadio. 2 vagaroso; lento. (gr comp **lazier**. gr super **laziest**).

LCD /elsi:di:/ abrev de liquid-crystal display; monitor de cristal líquido.

lea /li:/ s prado; campina; pastagem.

lead /led/ v (**leads, leading, leaded, leaded**) 1 chumbar. 2 colocar entrelinha. 3 colocar caixilhos nos vidros das janelas. 4 adicionar chumbo. II s 1 Quím chumbo. (símb Pb). 2 prumo. 3 bala; projétil. 4 grafita. ♦ **leads** caixilho.

lead /li:d/ v (**leads, leading, led, led**) 1 levar. 2 guiar. 3 induzir. 4 dirigir (uma orquestra). 5 agir como um líder; liderar. 6 influenciar (pensamento e ação de outros). 7 encabeçar; estar em primeiro lugar. II s 1 chefia; liderança; líder. 2 iniciativa; frente; vanguarda.

lead·en /ledən/ adj 1 de chumbo. 2 cor de chumbo. 3 vagaroso. 4 sem vida. 5 chato. 6 depressivo. 7 inerte; pesado.

lead·er /li:də/ s líder; comandante; condutor; guia.

lead·er·ship /li:dəʃɪp/ s liderança; direção; chefia.

lead·ing /li:dɪŋ/ adj 1 que está na liderança. 2 principal. II s Comp entrelinhamento.

leaf /li:f/ s 1 folha (de planta, livro, porta). 2 folhagem. 3 aba de mesa. (pl **leaves**).II v (**leafs, leafing, leafed, leafed**) 1 cobrir-se de folhas; enfolhar. 2 folhear livro.

leaf·age /li:fɪdʒ/ s folhagem; folhas.

leaf·let /li:flət/ s 1 pequena folha. 2 panfleto. II v (**leaflets, leafleting/leafletting, leafleted/leafletted, leafleted/leafletted**) distribuir panfletos.

leaf·stalk /li:fstɑ:k/ s Bot pecíolo. (tb **leaf stalk**).

leaf·y /li:fi/ adj frondoso. (gr comp **leafier**. gr super **leafiest**).

league /li:g/ s 1 liga; aliança; associação; confederação. 2 légua. II v (**leagues, leaguing, leagued, leagued**) associar-se; confederar-se.

lea·guer /li:gɚ/ s confederado; associado.

leak /li:k/ v (leaks, leaking, leaked, leaked) deixar vazar (água, gás, etc. por uma fenda). ‖ s 1 fenda; abertura; buraco; rombo. 2 vazamento.

leak·age /li:kɪdʒ/ s vazamento; escoamento.

leak·y /li:ki/ adj que permite o vazamento; mal vedado. (gr comp **leakier**. gr super **leakiest**).

lean /li:n/ s 1 inclinação. 2 carne magra. ‖ adj 1 magro. 2 pobre. 3 enxuto (orçamento). ‖ v (leans, leaning, leaned, leaned) 1 inclinar. 2 apoiar-se; encostar-se. 3 inform fazer pressão. ♦ **lean on/upon** depender. **lean toward** ter a tendência ou preferência.

leap /li:p/ v (leaps, leaping, leaped/ leapt, leaped/leapt) 1 pular; saltar. 2 transpor. 3 mudar bruscamente de opinião. 4 agir impulsivamente. ‖ s 1 salto; pulo. 2 extensão do salto. 3 transição súbita.

leap year s ano bissexto.

learn /lɜːrn/ v (learns, learning, learned/ learnt, learned/learnt) aprender; instruir-se; memorizar; adquirir conhecimento, experiência ou habilidade.

learn·ed /lɜːrnɪd/ adj erudito; versado; culto.

learn·ing /lɜːrnɪŋ/ s conhecimento; estudo; aprendizado.

lease /li:s/ s contrato de arrendamento; propriedade arrendada. ‖ v (leases, leasing, leased, leased) arrendar.

lease·hold /li:should/ s arrendamento; propriedade arrendada.

leash /li:ʃ/ s guia; corrente ou cordão com que se prendem animais pelo pescoço. 2 controle; restrição. ‖ v (leashes, leashing, leashed, leashed) restringir; controlar (usando ou como se usasse uma guia).

least /li:st/ adj super de **little**. o mínimo; o menor. ‖ adv o menos. ‖ s o que é menos importante. ♦ **at least** no mínimo; pelo menos.

least·ways /li:stweɪz/ adv pelo menos; no mínimo.

leath·er /leðɚ/ s 1 pele de animal; couro. 2 artigo de couro. ‖ adj de couro; coberto de couro. ‖ v (leathers, leathering, leathered, leathered) usar couro; cobrir com couro.

leath·er·ette /leðəret/ s couro sintético.

leath·ern /leðɚn/ adj de couro.

leave /li:v/ v (leaves, leaving, left, left) 1 deixar 2 abandonar. 3 despedir-se; partir. 4 renunciar a; desistir de. 5 omitir. 6 permitir. ‖ s 1 licença; autorização; permissão. 2 despedida; partida.

leav·en /levən/ s levedura; fermento; catalisador. ‖ v (leavens, leavening, leavened, leavened) fermentar.

Leb·a·nese /lebəni:z/ s e adj libanês.

Leb·a·non /lebənən/ s Líbano.

lech·er /letʃɚ/ s libertino; devasso.

lech·er·ous /letʃərəs/ adj luxurioso; libidinoso.

lech·er·y /letʃəri/ s luxúria; perversão; libidinagem. (pl **lecheries**).

lec·tion /lekʃən/ s 1 nova leitura ou transcrição de um texto. 2 leitura litúrgica.

lec·tor /lektɚ/ s leitor (de serviço religioso); palestrante.

lec·ture /lektʃɚ/ s 1 palestra; sermão; repreensão. ‖ v (lectures, lecturing, lectured, lectured) 1 palestrar; fazer uma preleção. 2 censurar; repreender.

lec·tur·er /lektʃərɚ/ s 1 palestrante. 2 professor universitário.

led /led/ v pass e part pass de **lead**.

LED /eli:di:/ s abrev de **light-emitting diode**; diodo emissor de luz.

ledge /ledʒ/ s 1 prateleira. 2 beirada (de um precipício).

ledg·er /ledʒɚ/ s 1 Com livro-caixa; razão (livro). 2 lápide sepulcral.

lee /li:/ adj 1 Náut a sotavento. 2 ao abrigo do vento. ‖ s 1 Náut sotavento. 2 abrigo; proteção.

leech /li:tʃ/ s 1 Zool sanguessuga. 2 parasita. 3 Náut beira lateral da vela.

leek /li:k/ s Bot alho-poró.

leer /lɪr/ v (leers, leering, leered, leered) olhar maliciosamente. ‖ s olhar malicioso.

leer·y /lɪri/ adj astuto; desconfiado. (gr comp **leerier**. gr super **leeriest**).

lees /liːz/ *s pl* sedimentos que se formam durante a fermentação, especialmente em vinhos.

lee·ward /luːəd/ *adj e adv Náut* a sotavento. || /liːwəd/ *s* sotavento.

left /left/ *s* 1 *maiús* esquerda (ciência política). 2 o lado esquerdo. || *adj* esquerdo. || *adv* à esquerda.

left-hand·ed /lefthændɪd/ *adj* 1 canhoto. 2 dúbio. || *adv* com a mão esquerda.

left-hand·er /lefthændə/ *s* canhoto.

left·o·ver /leftouvə/ *adj* restante; remanescente. || *s* sobras; resto. ♦ **leftovers** sobras de uma comida, de um prato.

left·ward /leftwəd/ *adv* à esquerda; na esquerda.

leg /leg/ *s* 1 perna. 2 pata. 3 pé. || *v* (**legs, legging, legged, legged**) *inform* bater pernas; andar.

leg·a·cy /legəsi/ *s* herança; legado. (*pl* **legacies**).

le·gal /liːgəl/ *adj* legal; lícito. || *s* aquele que está de acordo com as leis.

le·gal·i·ty /liːgæləti/ *s* legalidade. (*pl* **legalities**).

le·gal·i·za·tion /liːgəlɪzeɪʃən/ *s* legalização.

le·gal·ize /liːgəlaɪz/ *v* (**legalizes, legalizing, legalized, legalized**) legalizar.

le·gal-size /liːgəlsaɪz/ *adj* que mede 216 x 279 mm, referente ao papel carta.

leg·ate /legɪt/ *s* diplomata; emissário oficial do Papa.

le·ga·tion /lɪgeɪʃən/ *s* missão diplomática.

leg·end /ledʒənd/ *s* 1 lenda; mito. 2 legenda (mapas ou fotos). 3 letreiro.

leg·en·dar·y /ledʒənderi/ *adj* lendário; fabuloso; legendário.

leg·ging /legɪŋ/ *s* perneira. ♦ **leggings** calça justa, geralmente usada embaixo da roupa para aquecer.

leg·gy /legi/ *adj* 1 de pernas compridas, desproporcionais. 2 de pernas bonitas. (*gr comp* **leggier**. *gr super* **leggiest**).

leg·i·ble /ledʒəbəl/ *adj* legível.

le·gion /liːdʒən/ *s* 1 legião. 2 multidão.

le·gion·ar·y /liːdʒəneri/ *adj* legionário. || *s* legionário. (*pl* **legionaries**).

leg·is·late /ledʒɪsleɪt/ *v* (**legislates, legislating, legislated, legislated**) legislar.

leg·is·la·tion /ledʒɪsleɪʃən/ *s* legislação.

leg·is·la·tive /ledʒɪsleɪtɪv/ *adj* legislativo. || *s* poder legislativo.

leg·is·la·tor /ledʒɪsleɪtə/ *s* legislador.

leg·is·la·ture /ledʒɪsleɪtʃə/ *s* legislatura.

le·gist /liːdʒɪst/ *s* legista.

le·git·i·ma·cy /lədʒɪtəməsi/ *s* legitimidade.

le·git·i·mate /lədʒɪtəmət/ *adj* legitimado; legítimo. || /lədʒɪtəmeɪt/ *v* (**legitimates, legitimating, legitimated, legitimated**) legitimar.

leg·ume /legjuːm, lɪgjuːm/ *s* legume; vagem.

le·gu·mi·nous /ləgjuːmɪnəs/ *adj* leguminoso.

lei·sure /liːʒə, leʒə/ *s* lazer; tempo livre; descanso; folga.

lei·sured /liːʒəd, leʒəd/ *adj* desocupado; ocioso.

lem·on /lemən/ *s* 1 limão. 2 limoeiro. 3 amarelo limão. || *adj* de limão.

lem·on·ade /leməneɪd/ *s* limonada.

lend /lend/ *v* (**lends, lending, lent, lent**) 1 emprestar. 2 *fig* dar; proporcionar. ♦ **lend a helping hand** dar uma mão; dar assistência.

lend·a·ble /lendəbəl/ *adj* que pode ser emprestado.

length /leŋkθ, leŋθ/ *s* 1 comprimento; extensão. 2 duração. 3 *Ling* duração de uma vogal ou sílaba.

length·en /leŋkθən, leŋθən/ *v* (**lengthens, lengthening, lengthened, lengthened**) alongar(-se).

length·y /leŋkθi, leŋθi/ *adj* 1 longo (principalmente em relação ao tempo). 2 tedioso. (*gr comp* **lengthier**. *gr super* **lengthiest**).

le·ni·ence /liːniəns/ → **leniency**.

le·ni·en·cy /liːniənsi/ *s* gentileza; generosidade; indulgência. (*pl* **leniencies**. *var* **lenience**).

le·ni·ent /liːniənt/ *adj* gentil; generoso; indulgente.

len·i·tive /lenɪtɪv/ *s* lenitivo; calmante. || *adj* lenitivo; que alivia a dor.

len·i·ty /lenəti/ *s* generosidade; clemência.

lens /lenz/ *s* 1 *Ópt* lente. 2 *Anat* cristalino. (*pl* **lenses**).

Lent /lent/ *s* quaresma.

Lent·en /lentən/ *adj* quaresmal.

len·til /lentəl/ *s Bot* lentilha.

le·o·nine /li:ənaɪn/ *adj* leonino.

leop·ard /lipəd/ *s Zool* leopardo.

le·o·tard /li:əta:rd/ *s* collant usado para praticar esportes ou dança.

lep·er /lepə/ *s* 1 leproso. 2 pária; excluído.

lep·ro·sy /leprəsi/ *s* lepra.

lep·rous /leprəs/ *adj* leproso.

les·bi·an /lezbiən/ *s* lésbica; mulher homossexual.

les·bi·an·ism /lezbiənɪzəm/ *s* lesbianismo.

le·sion /li:ʒən/ *s* 1 lesão; dano. 2 ferida.

Le·so·tho /lesoutou/ *s* Lesoto.

less /les/ *adj compar* de little; menor; inferior. || *prep, adv* e *s* menos.

les·see /lesi:/ *s* arrendatário.

less·en /lesən/ *v* (**lessens, lessening, lessened, lessened**) 1 diminuir; reduzir. 2 depreciar.

less·er /lesə/ *adj compar* de little; menor; inferior; menos.

les·son /lesən/ *s* 1 lição; instrução. 2 aula. 3 reprimenda; censura. || *v* (**lessons, lessoning, lessoned, lessoned**) 1 dar uma lição; instruir. 2 repreender.

les·sor /lesɔ:r, lesɔ:r/ *s* senhorio; arrendador; locador.

lest /lest/ *conj* 1 para que não; que. 2 com receio de.

let /let/ *v* (**lets, letting, let, let**) 1 deixar; permitir. 2 alugar. || *s* obstáculo; impedimento. ♦ **let alone** não mencionar. **let go** demitir; mandar embora.

le·thal /li:θəl/ *adj* letal; mortal.

le·thar·gic /lɪθɑ:rdʒɪk/ *adj* letárgico.

leth·ar·gy /leθərdʒi/ *s* letargia; apatia; torpor. (*pl* **lethargies**).

let·ter /letə/ *s* 1 letra. 2 carta. 3 tipo de letra. 4 sentido literal. || *v* (**letters, lettering, lettered, lettered**) estampar letras; escrever usando letras. ♦ **letters** *us v sing* literatura; cultura literária.

letter bomb *s* carta-bomba.

let·ter·box /letəbɑ:ks/ *s* 1 caixa de correspondência. 2 caixa postal. (*pl* **letterboxes**).

let·tered /letəd/ *adj* 1 letrado; erudito. 2 inscrito ou marcado com letras.

let·ter·head /letəhed/ *s* 1 cabeçalho. 2 papel timbrado.

letter of credit *s Fin* carta de crédito. (*pl* **letters of credit**).

let·ter·qual·i·ty /letəkwɑ:ləti/ *adj Comp* que tem qualidade de carta.

let·tuce /letɪs/ *s Bot* alface.

leu·co·cyte /lu:kousaɪt/ → **leukocyte**.

leu·ko·cyte /lu:kousaɪt/ *s Anat* leucócito. (*var* **leucocyte**).

lev·ee /levi/ *s* 1 dique; represa; açude. 2 cais.

lev·el /levəl/ *s* 1 nível. 2 superfície plana. || *v* (**levels, leveling/levelling, leveled/levelled, leveled/levelled**) 1 nivelar; aplainar; igualar. 2 apontar. || *adj* 1 plano; horizontal. 2 nivelado; emparelhado.

lev·el·er /levələ/ *s* 1 nivelador. 2 pessoa que luta contra as diferenças sociais. (*var* **leveller**).

lev·el·ler /levələ/ → **leveler**.

lev·er /levə, li:və/ *s* alavanca; pé-de-cabra. || *v* (**levers, levering, levered, levered**) levantar ou mover algo com alavanca.

lev·er·age /levərɪdʒ, li:vərɪdʒ/ *s* 1 força aplicada a um objeto quando se usa uma alavanca; poder de alavanca. 2 posição vantajosa.

lev·i·a·ble /leviəbəl/ *adj* sujeito a taxas; tributável.

lev·i·tate /levɪteɪt/ *v* (**levitates, levitating, levitated, levitated**) levitar ou fazer levitar; flutuar ou fazer flutuar.

lev·i·ty /levəti/ *s* leviandade; frivolidade; inconstância. (*pl* **levities**).

lev·y /levi/ *v* (**levies, levying, levied, levied**) 1 lançar impostos. 2 *Mil* recrutar. 3 embargar; confiscar. || *s* 1 imposto; taxa. 2 confisco. (*pl* **levies**).

lewd /lu:d/ *adj* lascivo; obsceno; indecente.

lex·i·cog·ra·phy /leksɪkɑ:grəfi/ *s* lexicografia.

lex·i·con /leksɪkɑ:n/ *s* léxico; dicionário. (*pl* **lexicons** ou **lexica** /leksɪkə/).

li·a·bil·i·ty /laɪəbɪləti/ *s* responsabilidade. (*pl* **liabilities**).

li·a·ble /ˈlaɪəbəl/ adj 1 obrigado legalmente; responsável por. 2 suscetível a.

li·ar /ˈlaɪɚ/ s mentiroso.

li·ba·tion /laɪˈbeɪʃən/ s libação.

li·bel /ˈlaɪbəl/ s libelo; panfleto difamatório. ‖ v (libels, libeling/libelling, libeled/libelled, libeled/libelled) difamar por escrito.

li·bel·lous /ˈlaɪbələs/ → libelous.

li·bel·ous /ˈlaɪbələs/ adj difamatório. [var libellous].

lib·er·al /ˈlɪbərəl/ adj 1 liberal. 2 pródigo. ‖ s 1 maiús membro do partido liberal. 2 pessoa com idéias liberais.

lib·er·al·ism /ˈlɪbərəlɪzəm/ s liberalismo.

lib·er·al·i·ty /ˌlɪbərˈæləti/ s 1 liberalidade. 2 generosidade. [pl liberalities].

lib·er·ate /ˈlɪbəreɪt/ v (liberates, liberating, liberated, liberated) libertar; soltar.

lib·er·a·tion /ˌlɪbəˈreɪʃən/ s libertação; liberação; liberdade.

liberation theology s teologia da libertação.

Li·be·ri·a /laɪˈbɪriə/ s Libéria.

Li·be·ri·an /laɪˈbɪriən/ s e adj liberiano.

lib·er·tine /ˈlɪbɚtiːn/ s e adj libertino.

lib·er·ty /ˈlɪbɚti/ s liberdade; licença. [pl liberties].

li·bid·i·nous /lɪˈbɪdənəs/ adj libidinoso.

Li·bra /ˈliːbrə, ˈlaɪbrə/ s Astrol e Astron libra.

Li·bran /ˈliːbrən, ˈlaɪbrən/ s libriano.

li·brar·i·an /laɪˈbreriən/ s bibliotecário.

li·brar·y /ˈlaɪbreri/ s biblioteca. [pl libraries].

li·bret·to /lɪˈbretoʊ/ s Mús libreto. [pl librettos ou libretti /lɪˈbreti/].

Lib·y·a /ˈlɪbiə/ s Líbia.

Lib·y·an /ˈlɪbiən/ s e adj líbio.

lice /laɪs/ s pl de louse.

li·cense /ˈlaɪsəns/ s 1 licença; permissão; autorização. 2 liberdade artística. ‖ v (licenses, licensing, licensed, licensed) licenciar; autorizar.

license agreement s Comp acordo de licenciamento.

lic·it /ˈlɪsɪt/ adj lícito; permitido; legal.

lick /lɪk/ v (licks, licking, licked, licked) 1 lamber. 2 gír surrar. ‖ s 1 lambida. 2 pequena quantidade.

lick·ing /ˈlɪkɪŋ/ s gír espancamento.

lic·o·rice /ˈlɪkɚɪʃ/ s Bot alcaçuz.

lid /lɪd/ s 1 tampa. 2 Anat pálpebra. 3 gír chapéu. ‖ v (lids, lidding, lidded, lidded) tampar.

lid·less /ˈlɪdləs/ adj que não tem tampa; destampado.

lie /laɪ/ v (lies, lying, lay, lain) 1 deitar; jazer. 2 estar situado; ocupar uma posição ou lugar. 3 estender; pôr na horizontal. ‖ s 1 posição. 2 toca; covil.

lie /laɪ/ v (lies, lying, lied, lied) mentir; enganar. ‖ s mentira.

Liech·ten·stein /ˈlɪktənstaɪn/ s Liechtenstein. ‖ adj pertencente ou relativo a Liechtenstein.

Liech·ten·stein·er /ˈlɪktənstaɪnɚ/ s nativo de Liechtenstein.

lief /liːf/ adv prontamente. ‖ adj pronto; disposto; preparado.

lien /liːn, ˈliːən/ s Jur hipoteca.

lieu·ten·ant /luːˈtenənt/ s tenente.

life /laɪf/ s 1 vida. 2 existência; duração. 3 biografia. 4 maneira de viver. 5 fonte de vitalidade e força. 6 natureza. ♦ high life alta sociedade. for life para o resto da vida. low life classe baixa.

life·boat /ˈlaɪfboʊt/ s bote salva-vidas.

life buoy s bóia.

life expectancy s expectativa de vida.

life·guard /ˈlaɪfgɑːrd/ s salva-vidas.

life insurance s seguro de vida.

life jacket s colete salva-vidas.

life·less /ˈlaɪfləs/ adj 1 morto. 2 inanimado. 3 sem vida; sem animação. 4 inabitável.

life·like /ˈlaɪflaɪk/ adj fiel; natural; real.

life·long /ˈlaɪflɑːŋ/ adj vitalício; perpétuo; perene.

lif·er /ˈlaɪfɚ/ s 1 gír prisioneiro (que cumpre prisão perpétua). 2 aquele que segue carreira militar.

life·style /ˈlaɪfstaɪl/ s estilo de vida. [tb life-style ou life style].

life·time /ˈlaɪftaɪm/ s duração da vida; existência.

lift /lɪft/ v (lifts, lifting, lifted, lifted) 1 levantar; erguer; ascender; elevar. 2 transportar por via aérea. 3 rescindir; anular. 4 inform roubar. ‖ s 1 ato de levantar; esforço para levantar. 2 auxílio; ajuda.

lig·a·ment /lɪgəmənt/ s 1 *Anat* ligamento. 2 tira.

lig·a·ture /lɪgətʃə/ s ligadura; ligação.

light /laɪt/ s 1 luz. 2 claridade. 3 brilho. 4 fonte de luz (lâmpada, lanterna, etc.). 5 sinal luminoso. 6 janela; clarabóia. 7 fonte de fogo (fósforo, isqueiro). 8 iluminação espiritual. 9 consciência; compreensão. || v (lights, lighting, lighted, lighted) 1 pegar fogo. 2 pôr fogo. 3 acender. 4 iluminar. || adj 1 claro (cor). 2 brilhante. 3 iluminado. 4 leve.

light bulb s lâmpada (elétrica).

light·en /laɪtən/ v (lightens, lightening, lightened, lightened) 1 iluminar; alumiar. 2 clarear (cor). 3 brilhar. 4 relampejar. 5 diminuir o peso. 6 aliviar (dor, tensão, opressão). 7 tornar-se mais leve.

light·er /laɪtə/ s 1 acendedor; isqueiro. 2 *Náut* fragata. || adj compar de **light**; 1 mais leve. 2 mais claro.

light-fin·gered /laɪtfɪŋgəd/ adj gatuno.

light-foot /laɪtfʊt/ → **light-footed**.

light-foot·ed /laɪtfʊtɪd/ adj ágil; ligeiro. (var **lightfoot**).

light·house /laɪthaʊs/ s *Náut* farol.

light·ing /laɪtɪŋ/ s 1 iluminação; luz. 2 ignição.

light·ly /laɪtli/ adv 1 ligeiramente. 2 levemente. 3 facilmente. 4 despreocupadamente; levianamente.

light-mind·ed /laɪtmaɪndɪd/ adj 1 leviano. 2 bobo; tolo.

light·ness /laɪtnəs/ s 1 iluminação. 2 leveza. 3 agilidade. 4 leviandade.

light·ning /laɪtnɪŋ/ s raio; relâmpago.

light pen s *Comp* caneta óptica.

lights /laɪts/ s pl bofes; pulmões (dos animais).

light·some /laɪtsəm/ adj 1 luminoso; claro. 2 gracioso. 3 leviano. 4 tolo.

light-year /laɪtjɪr/ s ano-luz. (tb **light year**).

lig·ne·ous /lɪgnɪəs/ adj lígneo; lenhoso.

like /laɪk/ v (likes, liking, liked, liked) 1 gostar de; achar bom. 2 querer ter. 3 preferir. || s preferência. || adj igual; semelhante; análogo; parecido. || conj como. || adv como; do mesmo modo.

like·li·hood /laɪklihʊd/ s probabilidade.

like·ly /laɪkli/ adj 1 provável. 2 plausível. 3 aparentemente apropriado. 4 promissor. (gr comp **likelier**. gr super **likeliest**). || adv provavelmente.

like-mind·ed /laɪkmaɪndɪd, laɪkmaɪndɪd/ adj da mesma opinião, gosto ou sentimento.

lik·en /laɪkən/ v (likens, likening, likened, likened) assemelhar; comparar.

like·ness /laɪknəs/ s 1 semelhança; similaridade. 2 retrato; representação de uma imagem.

like·wise /laɪkwaɪz/ adv da mesma forma; de modo similar.

lik·ing /laɪkɪŋ/ s 1 atração; amor. 2 preferência; simpatia; gosto.

li·lac /laɪlək, laɪlɑːk/ s 1 *Bot* lilás. 2 cor lilás.

lilt /lɪlt/ s 1 maneira alegre ou vivaz de falar. 2 canção alegre. 3 maneira leve de andar ou se mover. || v (lilts, lilting, lilted, lilted) falar, cantar, etc. de maneira alegre e ritmada.

lil·y /lɪli/ s *Bot* lírio; flor-de-lis. (pl **lilies**).

limb /lɪm/ s 1 galho de árvore. 2 membro (perna, braço, asa) de um animal ou ave. || v (limbs, limbing, limbed, limbed) desmembrar; arrancar os membros.

lim·ber /lɪmbə/ adj flexível; maleável. || v (limbers, limbering, limbered, limbered) tornar flexível.

lime /laɪm/ s 1 *Bot* limeira. 2 lima (fruta). 3 cal; óxido de cálcio. 4 visco. || v (limes, liming, limed, limed) 1 aplicar cal a. 2 cobrir de visco; agarrar com visco ou como se tivesse visco.

lime·stone /laɪmstoʊn/ s calcário.

lim·it /lɪmɪt/ s 1 limite; fronteira. 2 extremo. || v (limits, limiting, limited, limited) 1 limitar; restringir. 2 confinar.

lim·i·ta·tion /lɪmɪteɪʃən/ s limitação; restrição.

lim·it·a·ble /lɪmɪtəbəl/ adj limitável; restringível.

lim·it·ed /lɪmɪtɪd/ adj 1 limitado; restrito. 2 *Comer* limitada (tipo de empresa. abrev **ltd.**, **Ltd.**, **Ld.**).

lim·it·less /lɪmɪtləs/ adj ilimitado; irrestrito.

limn /lɪm/ v (limns, limning, limned, limned) 1 descrever. 2 pintar; desenhar; representar.

lim·o /lɪmoʊ/ *s inform* limusine. (*pl* **limos**).

lim·ou·sine /lɪməziːn, lɪməziːn/ *s* limusine.

limp /lɪmp/ *v* (**limps, limping, limped, limped**) coxear; mancar. ‖ *adj* **1** mole. **2** hesitante. **3** fraco (de caráter). ‖ *s* coxeadura.

lim·pet /lɪmpɪt/ *s Zool* lapa (tipo de molusco).

lim·pid /lɪmpɪd/ *adj* **1** límpido; translúcido. **2** calmo; sereno.

lin·age /laɪnɪdʒ/ *s* **1** quantidade de linhas impressas. **2** preço por linhas impressas. (*var* **lineage**).

lin·den /lɪndən/ *s Bot* tília.

line /laɪn/ *s* **1** linha; traço. **2** ruga. **3** paralelos e meridianos. **4** linha do Equador. **5** limite; fronteira. **6** contorno. **7** barbante; corda. **8** tubulação. **9** cabo. **10** linha telefônica. **11** rota. **12** empresa de navegação e aérea. **13** linha férrea. **14** formação militar; fila. **15** seqüência; ordem. **16** linha de produtos e serviços. ‖ *v* (**lines, lining, lined, lined**) **1** marcar com linha. **2** representar com linhas. **3** alinhar(-se). ♦ **line of battle** linha de batalha. **line of credit** linha de crédito. **line of fire** linha de fogo. **line of force** linha de força; campo magnético. **line of sight** linha de mira. **line up** alinhar. **out of line** fora da linha. **lines** versos.

lin·e·age /lɪnɪdʒ, lɪnɪɪdʒ/ *s* linhagem; estirpe; descendência.

line·age /laɪnɪdʒ/ → **linage**.

lin·e·al /lɪnɪəl/ *adj* **1** hereditário. **2** linear.

lin·e·a·ment /lɪnɪəmənt/ *s* linha; contorno (principalmente da face).

lin·e·ar /lɪnɪə/ *adj* linear.

lin·e·a·tion /lɪnɪeɪʃən/ *s* **1** delineamento; contorno. **2** ato de delinear.

line·man /laɪnmən/ *s* **1** pessoa responsável pela manutenção e reparos de linhas telegráficas, telefônicas ou elétricas. **2** *Esp* atacante (futebol).

lin·en /lɪnɪn/ *s* **1** linho (tecido). **2** roupa de linho. ‖ *adj* de linho. ♦ **linens** artigos ou roupas feitos de linho ou algodão (lençóis, toalhas de mesa, panos de prato, etc.).

lin·er /laɪnə/ *s* **1** aquele que desenha ou faz linhas. **2** navio.

lines·man /laɪnzmən/ *s Esp* juiz de linha; bandeirinha.

ling /lɪŋ/ *s* **1** *Zool* espécie de bacalhau. (*pl* **lings** ou **ling**). **2** *Bot* urze.

lin·ger /lɪŋgə/ *v* (**lingers, lingering, lingered, lingered**) **1** demorar; tardar. **2** estar doente por muito tempo antes de morrer. **3** persistir. **4** proceder vagarosamente. **5** adiar.

lin·ge·rie /lɑːnʒəreɪ, lænʒəriː/ *s lingerie*; roupa íntima feminina.

lin·go /lɪŋgoʊ/ *s* jargão. (*pl* **lingoes**).

lin·gual /lɪŋgwəl/ *adj* lingual.

lin·guist /lɪŋgwɪst/ *s* **1** poliglota. **2** lingüista.

lin·guis·tics /lɪŋgwɪstɪks/ *s us v sing* lingüística.

lin·i·ment /lɪnɪmənt/ *s* linimento.

lin·ing /laɪnɪŋ/ *s* forro; revestimento (de vestuário, chapéu, etc.).

link /lɪŋk/ *s* **1** argola; elo de corrente. **2** traço de união. **3** conexão. **4** associação; correlação. **5** *Comp* ligação; comunicação; conexão. ‖ *v* (**links, linking, linked, linked**) **1** encadear. **2** ligar; unir. **3** conectar.

link·age /lɪŋkɪdʒ/ *s* união; conexão; associação.

linking verb *s Gram* verbo de ligação.

links /lɪŋks/ *s pl Esp* campo de golfe.

linn /lɪn/ *s* queda de água; catarata; cachoeira.

Li·no·type™ /laɪnətaɪp/ *s Tip* linotipo.

lin·seed /lɪnsiːd/ *s* linhaça.

linseed oil *s* óleo de linhaça.

lint /lɪnt/ *s* fiapos de tecido; fibra de algodão.

lin·tel /lɪntəl/ *s* caixilho; verga de porta ou de janela.

li·on /laɪən/ *s* **1** *Zool* leão. **2** pessoa corajosa. **3** pessoa considerada como selvagem ou cruel. **4** *fig* celebridade momentânea.

li·on·ess /laɪənəs/ *s fem Zool* leoa.

li·on·ize /laɪənaɪz/ *v* (**lionizes, lionizing, lionized, lionized**) tratar (uma pessoa) como uma celebridade.

lip /lɪp/ *s* **1** *Anat* lábio; beiço. **2** borda; extremidade. ‖ *v* (**lips, lipping, lipped, lipped**) **1** beijar. **2** dizer. **3** tocar levemente com os lábios.

lip reading s leitura labial.

lip·stick /lɪpstɪk/ s batom.

liq·ue·fac·tion /lɪkwɪfækʃən/ s liquefação.

liq·ue·fy /lɪkwɪfaɪ/ v (liquefies, liquefying, liquefied, liquefied) liquidificar. (var liquify).

li·queur /lɪkɜːr, lɪkjʊr/ s licor.

liq·uid /lɪkwɪd/ adj 1 líquido. 2 fluido. 3 límpido. 4 fluente. II s 1 líquido. 2 Ling consoante branda (l e r).

liq·ui·date /lɪkwɪdeɪt/ v (liquidates, liquidating, liquidated, liquidated) liquidar.

liq·ui·da·tion /lɪkwɪdeɪʃən/ s Fin liquidação.

li·quid·i·ty /lɪkwɪdəti/ s liquidez.

liq·ui·fy /lɪkwɪfaɪ/ → liquefy.

liq·uor /lɪkə/ s bebida alcoólica destilada. II v (liquors, liquoring, liquored, liquored) 1 submergir; mergulhar. 2 gír embebedar.

lisp /lɪsp/ s pronúncia errada dos sons "s" e "z". II v (lisps, lisping, lisped, lisped) 1 pronunciar mal os sons "s" e "z". 2 pronunciar imperfeitamente (como as crianças).

list /lɪst/ s 1 lista; rol; relação; catálogo. 2 arena. 3 ourela (do tecido). 4 filete; moldura. 5 inclinação (do navio). II v (lists, listing, listed, listed) 1 fazer uma lista. 2 registrar; catalogar; incluir em lista. 3 tirar lascas.

list box s Comp caixa de listagem.

lis·tel /lɪstəl/ s Arq listel; moldura; filete.

lis·ten /lɪsən/ v (listens, listening, listened, listened) 1 escutar; ouvir. 2 prestar atenção.

list·ing /lɪstɪŋ/ s 1 cada item de uma lista ou relação. 2 lista; rol; relação.

list·less /lɪstləs/ adj apático; indiferente.

list price s preço de tabela.

lit·a·ny /lɪtəni/ s Relig ladainha. (pl litanies).

li·ter /liːtə/ s litro (unidade de medida).

lit·er·a·cy /lɪtəəsi/ s capacidade de ler e escrever; alfabetização.

lit·er·al /lɪtəəl/ adj literal; ao pé da letra.

lit·er·al·ly /lɪtəəli/ adv literalmente; exato; ao pé da letra.

lit·er·ar·y /lɪtəreri/ adj literário.

lit·er·ate /lɪtəət/ adj 1 alfabetizado. 2 bem escrito. II s 1 pessoa alfabetizada (capaz de ler e escrever). 2 literato; douto.

lit·er·a·ture /lɪtəətʃə, lɪtəətʃʊr/ s literatura; conjunto de trabalhos literários.

lithe /laɪð/ adj 1 flexível; maleável. 2 leve; suave; gracioso.

lithe·some /laɪðsəm/ adj flexível; maleável.

lith·i·um /lɪθiəm/ s Quím lítio. (símb Li).

lith·o·graph /lɪθəgræf/ s litografia. II v (lithographs, lithographing, lithographed, lithographed) litografar.

lith·o·sphere /lɪθoʊsfɪr/ s litosfera.

Lith·u·a·ni·a /lɪθjueɪniə/ s Lituânia.

Lith·u·a·ni·an /lɪθjueɪniən/ s e adj lituano.

lit·i·gant /lɪtɪgənt/ s Jur litigante.

lit·i·gate /lɪtɪgeɪt/ v (litigates, litigating, litigated, litigated) Jur litigar; pleitear ou questionar em juízo.

li·ti·gious /lɪtɪdʒəs/ adj Jur litigioso; litigante.

lit·ter /lɪtə/ s 1 confusão; desordem. 2 detritos; lixo. 3 ninhada. II v (litters, littering, littered, littered) 1 parir (o animal). 2 sujar; jogar lixo. 3 bagunçar.

lit·tle /lɪtl/ adj 1 pequeno. 2 pouco. 3 insignificante. 4 limitado. 5 humilde. (gr comp littler, less ou lesser. gr super littlest ou least). II s 1 pouco; pequena quantidade. 2 pouco tempo. II adv mal; pouco. (gr comp less . gr super least).
♦ a little um pouco. little by little pouco a pouco.

little finger s Anat dedo mínimo.

lit·tle·ness /lɪtlnəs/ s insignificância.

lit·to·ral /lɪtərəl/ s e adj litoral.

lit·ur·gy /lɪtədʒi/ s 1 liturgia. 2 maiús Relig Eucaristia. (pl liturgies).

liv·a·ble /lɪvəbəl/ adj 1 habitável. 2 tolerável; suportável. (var liveable).

live /lɪv/ v (lives, living, lived, lived) 1 viver; existir. 2 ganhar ou gozar a vida. 3 morar; habitar. 4 experienciar. II /laɪv/ adj 1 vivo. 2 interessante; relevante. 3 combustível. 4 ao vivo. II /laɪv/ adv ao vivo.

live·a·ble /lɪvəbəl/ → livable.

live·li·hood /laɪvlihʊd/ s meio de vida; subsistência; sustento.

live·li·ness /laɪvlinəs/ s vivacidade; disposição; animação; ânimo.

live·long /lɪvlɑːŋ/ adj completo; total.

live·ly /laɪvli/ *adj* 1 vivo. 2 vigoroso; cheio de vida; ativo. 3 animado; espirituoso. 4 revigorante. ‖ *adv* vivamente; vigorosamente. (*gr comp* **livelier**. *gr super* **liveliest**).

li·ven /laɪvən/ *v* (**livens, livening, livened, livened**) alegrar; animar.

liv·er /lɪvər/ *s Anat* fígado.

liv·er·y /lɪvəri/ *s* uniforme; farda. (*pl* **liveries**).

live·stock /laɪvstɑːk/ *s* animais domésticos de uma fazenda; criação.

liv·id /lɪvɪd/ *adj* 1 lívido; pálido. 2 muito bravo; furioso.

liv·ing /lɪvɪŋ/ *adj* 1 vivo. 2 vivificante. 3 real; verdadeiro. ‖ *s* modo de vida; sustento.

living room *s* sala de estar.

living wage *s* salário mínimo.

liz·ard /lɪzərd/ *s Zool* lagarto.

load /loʊd/ *s* 1 carga; peso. 2 capacidade de produção (de uma máquina, um sistema, etc.). ‖ *v* (**loads, loading, loaded, loaded**) 1 carregar (veículos, armas de fogo); receber carga. 2 encher (um recipiente); acumular. 3 abastecer. 4 oprimir. 5 adulterar. 6 *Comp* transferir dados de um disquete, por exemplo, para a memória de um computador.

load·er /loʊdər/ *s Comp* 1 programa que transfere dados de um disquete, por exemplo, para a memória de um computador. 2 carregador.

load·ing /loʊdɪŋ/ *s* carga.

load·star /loʊdstɑːr/ → **lodestar**.

load·stone /loʊdstoʊn/ → **lodestone**.

loaf /loʊf/ *v* (**loafs, loafing, loafed, loafed**) vadiar. ‖ *s* pão. (*pl* **loaves**).

loaf·er /loʊfər/ *s* preguiçoso; vagabundo.

loam /loʊm/ *v* (**loams, loaming, loamed, loamed**) barrear. ‖ *s* argila; barro.

loan /loʊn/ *s* empréstimo; o valor emprestado. ‖ *v* (**loans, loaning, loaned, loaned**) emprestar (dinheiro ou bens).

loath /loʊθ, loʊð/ *adj* de má vontade; relutante. (*var* **loth**).

loathe /loʊð/ *v* (**loathes, loathing, loathed, loathed**) detestar; odiar.

loath·some /loʊθsəm, loʊðsəm/ *adj* repugnante; insuportável.

lob /lɑːb/ *v* (**lobs, lobbing, lobbed, lobbed**) 1 rebater (a bola). 2 mover-se desajeitadamente. ‖ *s* bola rebatida.

lob·by /lɑːbi/ *s* 1 vestíbulo. 2 saguão. 3 sala de espera; antecâmara. 4 grupo de pessoas que tentam influenciar legisladores ou outras autoridades oficiais em favor de uma causa específica. ‖ *v* (**lobbies, lobbying, lobbied, lobbied**) tentar influenciar legisladores ou outras autoridades.

lobe /loʊb/ *s Anat* lóbulo.

lo·be·li·a /loʊbiːljə/ *s Bot* lobélia.

lob·ster /lɑːbstər/ *s Zool* lagosta.

lob·ule /lɑːbjuːl/ *s Anat* lóbulo.

lo·cal /loʊkəl/ *adj* local. ‖ *s* transporte público (trem, ônibus) que faz várias paradas até chegar ao terminal.

local area network *s Comp* rede local.

local bus *s Comp* barramento local.

lo·cal·i·ty /loʊkæləti/ *s* localidade. (*pl* **localities**).

lo·cal·i·za·tion /loʊkəlɪzeɪʃən/ *s* localização.

lo·cal·ize /loʊkəlaɪz/ *v* (**localizes, localizing, localized, localized**) 1 descentralizar; tornar local. 2 localizar.

lo·cate /loʊkeɪt, loʊkeɪt/ *v* (**locates, locating, located, located**) 1 localizar. 2 colocar em determinado lugar; situar. 3 estabelecer.

lo·ca·tion /loʊkeɪʃən/ *s* 1 localização. 2 localidade.

loc·a·tive /lɑːkətɪv/ *adj Gram* locativo. ‖ *s Gram* o caso locativo.

lock /lɑːk/ *s* 1 fechadura. 2 fecho. 3 cadeado; trava. 4 comporta; eclusa; canal. 5 fecho de arma de fogo. 6 cacho; mexa de cabelo. 7 tufo de lã. ‖ *v* (**locks, locking, locked, locked**) 1 fechar à chave; trancar; travar. 2 confinar; encerrar. 3 entrelaçar.

lock·age /lɑːkɪdʒ/ *s* 1 passagem de um navio através de um canal. 2 taxa paga pelo navio para transitar num canal.

lock·er /lɑːkər/ *s* 1 fechadura. 2 armário de metal, com compartimentos fechados à chave, para guardar roupas ou valores em aeroportos ou outros lugares públicos. 3 sala ou compartimento frigorífico.

locker room *s* vestiário (em ginásios, escolas, etc.).

lock·et /lɑːkɪt/ s medalhão.

lock·out /lɑːkaʊt/ s fechamento de uma fábrica, durante uma disputa trabalhista.

lock·smith /lɑːksmɪθ/ s serralheiro; aquele que faz conserta fechaduras.

lock·up /lɑːkʌp/ s inform 1 calabouço; prisão. 2 ato de fechar; fechamento.

lo·co·mo·tion /loʊkəmoʊʃən/ s locomoção.

lo·co·mo·tive /loʊkəmoʊtɪv/ s locomotiva. || adj locomotivo; locomotor.

lo·cust /loʊkəst/ s 1 Zool gafanhoto. 2 Bot alfarroba.

lo·cu·tion /loʊkjuːʃən/ s Gram locução.

lode /loʊd/ s Miner filão; veio.

lode·star /loʊdstɑːr/ s a estrela polar; estrela guia. (var **loadstar**).

lode·stone /loʊdstoʊn/ s ímã. (var **loadstone**).

lodge /lɑːdʒ/ s 1 alojamento; chalé; choupana. 2 local de reunião de certas irmandades ou fraternidades. || v (**lodges**, **lodging**, **lodged**, **lodged**) 1 alojar; hospedar. 2 alugar acomodações (especialmente para dormir). 3 implantar. 4 confiar.

lodge·ment /lɑːdʒmənt/ → **lodgment**.

lodg·er /lɑːdʒər/ s hóspede; inquilino.

lodg·ing /lɑːdʒɪŋ/ s casa; hospedaria.

lodg·ment /lɑːdʒmənt/ s 1 alojamento. 2 depósito; acúmulo. (var **lodgement**).

loft /lɑːft/ s 1 sótão. 2 mezanino. 3 balcão ou galeria (como numa igreja). || v (**lofts**, **lofting**, **lofted**, **lofted**) guardar, armazenar no sótão.

loft·y /lɑːfti/ adj 1 alto; elevado. 2 pomposo; excelso. (gr comp **loftier**. gr super **loftiest**).

log /lɑːg/ s 1 lenha; tora. 2 Náut velocímetro de bordo. 3 Mat logaritmo. || v (**logs**, **logging**, **logged**, **logged**) cortar árvores; cortar lenha. ♦ **log in** ou **log on** Comp entrar no sistema. **log out** ou **log off** Comp sair do sistema.

log·a·rithm /lɑːgərɪðəm/ s Mat logaritmo.

log·ic /lɑːdʒɪk/ s 1 lógica. 2 raciocínio. 3 método.

log·i·cal /lɑːdʒɪkəl/ adj lógico; coerente.

lo·gi·cian /loʊdʒɪʃən/ s estudante ou especialista em lógica.

lo·gis·tic /loʊdʒɪstɪk/ adj 1 logístico. 2 referente à lógica. (var **logistical**).

lo·gis·ti·cal /loʊdʒɪstɪkəl/ → **logistic**.

lo·gis·tics /loʊdʒɪstɪks/ s us v sing ou pl logística.

loin /lɔɪn/ s 1 lombo; quadril. 2 filé de lombo. ♦ **loins** 1 região pélvica. 2 órgãos sexuais.

loi·ter /lɔɪtər/ v (**loiters**, **loitering**, **loitered**, **loitered**) 1 estar à toa; vaguear; perambular. 2 demorar-se; tardar.

loll /lɑːl/ v (**lolls**, **lolling**, **lolled**, **lolled**) 1 recostar-se; refestelar-se. 2 suspender.

lol·li·pop /lɑːlipɑːp/ s pirulito. (var **lollypop**).

lol·ly·pop /lɑːlipɑːp/ → **lollipop**.

lone /loʊn/ adj 1 solitário; só. 2 solteiro.

lone·li·ness /loʊnlinəs/ s solidão.

lone·ly /loʊnli/ adj 1 solitário; só. 2 deserto; ermo. 3 depressivo (por estar sozinho). (gr comp **lonelier**. gr super **loneliest**).

lone·some /loʊnsəm/ adj 1 solitário; só. 2 depressivo (por estar sozinho); triste. 3 deserto; ermo.

long /lɑːŋ/ adj 1 longo; comprido. 2 alto. 3 extenso. 4 que dura muito tempo. 5 chato; entediante. || adv 1 por muito tempo; há muito tempo. 2 longamente. 3 extensamente. 4 por uma grande distância. || s 1 um longo período. 2 Ling longa. || v (**longs**, **longing**, **longed**, **longed**) ansiar; almejar. ♦ **before long** em breve.

lon·gev·i·ty /lɑːndʒevəti/ s longevidade. (pl **longevities**).

long·hand /lɑːŋhænd/ s escrita cursiva.

long·ing /lɑːŋɪŋ/ s anseio; desejo ardente.

lon·gi·tude /lɑːndʒətuːd/ s longitude.

long·stand·ing /lɑːŋstændɪŋ/ adj duradouro; existente há muito tempo.

long·term /lɑːŋtɜːrm/ adj a longo prazo.

look /lʊk/ v (**looks**, **looking**, **looked**, **looked**) 1 olhar. 2 observar; contemplar. 3 procurar. 4 prestar atenção. 5 parecer; ter aspecto de. || s 1 olhar; olhadela. 2 aspecto. 3 aparência; fisionomia. ♦ **look back** olhar para trás; relembrar. **look for** procurar. **look out** tomar cuidado. **looks** aparência física.

look·er /lʊkər/ s espectador; observador.

looking glass s espelho.

look-up /lʊkʌp/ s Comp pesquisa.

loom /lu:m/ v (**looms, looming, loomed, loomed**) **1** assomar; aparecer. **2** estar iminente. II s **1** aparição (distorcida). **2** tear.

loon /lu:n/ s **1** Zool mergulhão. **2** insano; louco.

loop /lu:p/ s **1** laçada; volta. **2** arco. **3** Aer curva; pirueta. **4** Comp conjunto de instruções de um programa executado repetidamente. II v (**loops, looping, looped, looped**) **1** dar laçada. **2** formar um arco. **3** mover-se fazendo curvas; dar piruetas com avião.

loop·hole /lu:phoʊl/ s falha; brecha.

loose /lu:s/ adj **1** solto; livre. **2** frouxo; folgado; pouco apertado. **3** irresponsável; irreverente. II v (**looses, loosing, loosed, loosed**) **1** soltar; desatar; relaxar; libertar. **2** aliviar; desobrigar.

loos·en /lu:sən/ v (**loosens, loosening, loosened, loosened**) **1** desprender; soltar. **2** livrar-se de uma prisão de ventre.

loot /lu:t/ v (**loots, looting, looted, looted**) saquear; pilhar; roubar. II s **1** saque; pilhagem. **2** objetos ou valores adquiridos de forma ilícita.

lop /la:p/ v (**lops, lopping, lopped, lopped**) **1** cortar. **2** podar; tirar os ramos; desgalhar. **3** eliminar o supérfluo. **4** deixar cair; ficar pendurado.

lope /loʊp/ s **1** passo seguro. **2** galope; trote. II v (**lopes, loping, loped, loped**) **1** correr com facilidade. **2** galopar; trotar.

lop·sid·ed /la:psaɪdɪd/ adj mais pesado ou mais alto de um lado que do outro; torto; assimétrico.

lo·qua·cious /loʊkweɪʃəs/ adj loquaz; tagarela; falador.

lord /lɔ:rd/ s **1** lorde; senhor; amo; dono. **2** rei. **3** maiús Deus; Jesus. II v (**lords, lording, lorded, lorded**) **1** agir como um lorde. **2** dominar.

lord·ly /lɔ:rdli/ adj **1** altivo; orgulhoso; arrogante. **2** grandioso; nobre. (gr comp **lordlier**. gr super **lordliest**).

lord·ship /lɔ:rdʃɪp/ s **1** excelência (título ou forma de tratamento). **2** poder, autoridade, estado ou jurisdição de um lorde.

Lord's Prayer s Relig pai-nosso.

lore /lɔ:r/ s **1** saber; conhecimento. **2** sabedoria popular.

lorn /lɔ:rn/ adj **1** privado de alguma coisa. **2** abandonado. **3** que sofre a perda de entes queridos. **4** desolado.

lo·ry /lɔ:ri/ s Zool arara. (pl **lories**).

lose /lu:z/ v (**loses, losing, lost, lost**) **1** perder. **2** ficar ou estar privado de. **3** deixar escapar. **4** desperdiçar. ♦ **lose out on** perder (uma oportunidade).

los·er /lu:zɚ/ s **1** perdedor; derrotado. **2** azarado.

loss /la:s/ s **1** perda; dano; prejuízo. **2** derrota. **3** privação. ♦ **at a loss** abaixo do custo.

lost /la:st/ adj **1** perdido. **2** remoto; perdido no tempo; que não se pratica mais. **3** incapaz (de funcionar, agir ou fazer progressos). **4** absorto. II v pass e part pass de **lose**.

lot /la:t/ s **1** sorteio. **2** parte; lote; porção. **3** monte (de coisas, de amigos, etc.). **4** sorte; fado; fortuna. **5** tipo; espécie. **6** local usado para um fim específico. **7** estúdio de filmagem. II v (**lots, lotting, lotted, lotted**) dividir em lotes. ♦ **a lot** muito.

loth /loʊθ, loʊð/ → **loath**.

lo·tion /loʊʃən/ s loção.

lo·tos /loʊtəs/ → **lotus**.

lot·ter·y /la:təri/ s loteria. (pl **lotteries**).

lo·tus /loʊtəs/ s Zool lótus; loto; lódão. (var **lotos**).

loud /laʊd/ adj **1** alto (a voz, o som, o ruído); ruidoso. **2** insistente. **3** berrante (cor). **4** fétido. II adv alto.

loud·speak·er /laʊdspi:kɚ/ s alto-falante.

lounge /laʊndʒ/ v (**lounges, lounging, lounged, lounged**) vaguear; vadiar; passar o tempo preguiçosamente. II s saguão (de teatro, hotel, etc.); sala de espera; sala de estar.

lour /laʊr/ → v **lower**.

louse /laʊs/ s piolho. (pl **lice**).

lous·y /laʊzi/ adj **1** piolhento. **2** repelente; repulsivo. **3** desagradável. **4** inferior; sem valor. (gr comp **lousier**. gr super **lousiest**).

lout /laʊt/ s indivíduo grosseiro, desajeitado. ‖ v (**louts, louting, louted, louted**) curvar(-se); dobrar(-se).

lout·ish /laʊtɪʃ/ adj grosseiro; rústico; rude.

lou·ver /luːvə/ s 1 janela veneziana. 2 respiradouro. (var **louvre**).

lou·vre /luːvə/ → **louver**.

lov·a·ble /lʌvəbəl/ adj amável; digno de amor, de simpatia. (var **loveable**).

love /lʌv/ s 1 amor. 2 afeição profunda; paixão. 3 desejo sexual. 4 caso de amor. 5 pessoa amada. 6 maiús Mit cupido. 7 Esp placar zero, sem nenhum ponto (tênis). ‖ v (**loves, loving, loved, loved**) 1 amar; gostar muito de; adorar. 2 estar enamorado. 3 desejar (sexualmente). 4 ter relações sexuais. ♦ **be in love** estar apaixonado. **fall in love** apaixonar-se. **love at first sight** amor à primeira vista. **love·a·ble** /lʌvəbəl/ → **lovable**.

love affair s caso amoroso.

love·less /lʌvləs/ adj sem amor; desamado.

love·ly /lʌvli/ adj 1 amoroso. 2 amável; encantador; sedutor; fascinante. 3 bonita (mulher). (gr comp **lovelier**. gr super **loveliest**). ‖ s pessoa bonita (especialmente mulher). (pl **lovelies**).

lov·er /lʌvə/ s 1 amado. 2 amante; parceiro sexual. 3 apreciador.

lov·ing /lʌvɪŋ/ adj afetuoso; amoroso; terno.

low /loʊ/ adj 1 baixo; de pequena elevação. 2 morto e enterrado. 3 próximo da linha do horizonte. 4 pequeno; fraco. 5 raso (rio). 6 rude; sem refinamento. 7 miserável; mesquinho. 8 deprimido. 9 próximo da linha do Equador. 10 mugido. ‖ adv 1 baixo; por baixo. 2 suavemente; quietamente. ‖ s baixada. ‖ v (**lows, lowing, lowed, lowed**) mugir.

low·er /loʊə/ adj comp de **low**; inferior; mais baixo. ‖ v (**lowers, lowering, lowered, lowered**) 1 baixar; abaixar. 2 diminuir; reduzir (valor, qualidade, etc.). 3 enfraquecer. 4 /laʊr/ mostrar-se zangado, sombrio ou ameaçador (var **lour**).

low·er·case /loʊəkeɪs/ adj Tip e Comp em letra minúscula, caixa baixa. (tb **lower-case**). ‖ v (**lowercases, lowercasing, lowercased, lowercased**) pôr em letra minúscula.

lowercase letter s letra minúscula; caixa baixa.

lower class s classe baixa, menos abastada.

low·er·most /loʊəmoʊst/ adj o mais baixo.

low·li·ness /loʊlɪnəs/ s humildade; inferioridade.

low·ly /loʊli/ adj 1 baixo. 2 humilde. (gr comp **lowlier**. gr super **lowliest**). ‖ adv humildemente.

low-neck /loʊnek/ → **low-necked**.

low-necked /loʊnekt/ adj decotado. (var **low-neck**).

low-res /loʊrez/ → **low-resolution**.

low-res·o·lu·tion /loʊrezəluːʃən/ adj Comp de baixa resolução. (tb **low-res**).

low-ten·sion /loʊtenʃən/ adj de baixa tensão.

low water s maré baixa.

loy·al /lɔɪəl/ adj leal; fiel.

loy·al·ist /lɔɪəlɪst/ s leal; fiel.

loy·al·ty /lɔɪəlti/ s lealdade; fidelidade. (pl **loyalties**).

loz·enge /lɑːzəndʒ/ s 1 pastilha medicamentosa. 2 Geom losango.

lub·ber /lʌbə/ s 1 pessoa desajeitada. 2 Náut marinheiro inexperiente.

lu·bri·cant /luːbrɪkənt/ adj e s lubrificante.

lu·bri·cate /luːbrɪkeɪt/ v (**lubricates, lubricating, lubricated, lubricated**) lubrificar.

lu·bri·ca·tor /luːbrɪkeɪtə/ s lubrificante.

lu·bri·cious /luːbrɪʃəs/ adj 1 inconstante. 2 imoral; indecente. 3 lúbrico; libidinoso; lascivo. (var **lubricous**).

lu·bric·i·ty /luːbrɪsəti/ s 1 lubricidade. 2 lascívia; luxúria; sensualidade. 3 inconstância.

lu·bri·cous /luːbrɪkəs/ → **lubricious**.

lu·cent /luːsənt/ adj 1 luzente; brilhante. 2 transparente; claro.

lu·cid /luːsɪd/ adj 1 inteligível. 2 lúcido. 3 límpido.

luck /lʌk/ s 1 sorte. 2 fortuna; prosperidade. 3 sucesso. 4 felicidade. ‖ v (**lucks, lucking, lucked, lucked**) conseguir obter algo desejado; ter sorte. ♦ **out of luck** sem sorte.

L

luck·less /lʌkləs/ *adj* sem sorte; desafortunado.

luck·y /lʌki/ *adj* **1** afortunado. **2** propício; venturoso. **3** de sorte; que dá sorte. **4** feliz. (*gr comp* **luckier**. *gr super* **luckiest**).

lu·cra·tive /lu:krətɪv/ *adj* lucrativo; rendoso.

lu·cre /lu:kə/ *s* lucro; dinheiro.

lu·cu·brate /lu:kjəbreɪt/ *v* (**lucubrates, lucubrating, lucubrated, lucubrated**) lucubrar; estudar à noite.

lu·cu·bra·tion /lu:kjəbreɪʃən/ *s* lucubração; estudo trabalhoso.

lu·di·crous /lu:dɪkrəs/ *adj* burlesco; ridiculamente cômico; absurdo.

luff /lʌf/ *s Náut* navegação a barlavento; barlavento. II *v* (**luffs, luffing, luffed, luffed**) *Náut* pôr (o navio) em direção do vento; navegar a barlavento.

lug /lʌg/ *v* (**lugs, lugging, lugged, lugged**) **1** puxar ou empurrar com dificuldade. **2** carregar com esforço; arrastar. **3** forçar o motor (automóvel). II *s* **1** coisa que se puxa; alça. **2** caixa para transportar frutas e verduras.

lug·gage /lʌgɪdʒ/ *s* bagagem; carga; malas e pastas de viajantes.

lu·gu·bri·ous /ləgu:briəs/ *adj* lúgubre; triste; soturno; fúnebre.

luke·warm /lu:kwɔ:rm/ *adj* **1** morno; tépido. **2** sem entusiasmo; indiferente.

lull /lʌl/ *v* (**lulls, lulling, lulled, lulled**) **1** colocar para dormir; ninar; embalar. **2** acalmar(-se). II *s* **1** calma. **2** calmaria. **3** período de pouca atividade ou inatividade.

lull·a·by /lʌləbaɪ/ *s* canção de ninar. (*pl* **lullabies**).

lum·ba·go /lʌmbeɪgoʊ/ *s* lumbago; dor na região lombar.

lum·bar /lʌmbɑ:r/ *adj* lombar. II *s* nervo, artéria ou vértebra da região lombar.

lum·ber /lʌmbə/ *s* **1** madeira de construção; madeiramento. **2** traste; coisa inútil. II *v* (**lumbers, lumbering, lumbered, lumbered**) **1** cortar ou serrar madeira da floresta; preparar a madeira; aparelhar. **2** mover-se com dificuldade.

lum·ber·jack /lʌmbərdʒæk/ *s* **1** lenhador. **2** casaco curto de lã ou couro.

lu·mi·nar·y /lu:məneri/ *s* **1** luminária. **2** celebridade; pessoa célebre. (*pl* **luminaries**).

lu·mi·nes·cence /lu:mənesəns/ *s* luminescência.

lu·mi·nes·cent /lu:mənesənt/ *adj* luminescente.

lu·mi·nos·i·ty /lu:mənɑ:səti/ *s* luminosidade. (*pl* **luminosities**).

lu·mi·nous /lu:mənəs/ *adj* luminoso; brilhante; resplandecente.

lump /lʌmp/ *s* **1** massa informe. **2** torrão de açúcar. **3** conjunto; coleção. **4** pessoa vista como inapta física e intelectualmente. **5** inchaço. II *adj* **1** em conjunto; em massa. **2** total; não parcelado. II *v* (**lumps, lumping, lumped, lumped**) **1** amontoar; aglomerar. **2** mover-se com dificuldade.

lump·ish /lʌmpɪʃ/ *adj* **1** pesado. **2** desajeitado; trapalhão.

lump·y /lʌmpi/ *adj* encaroçado; granuloso. (*gr comp* **lumpier**. *gr super* **lumpiest**).

lu·na·cy /lu:nəsi/ *s* **1** loucura; demência; insanidade. **2** grande tolice ou estupidez. (*pl* **lunacies**).

lu·nar /lu:nə/ *adj* lunar.

lu·nar·scape /lu:nəskeip/ *s* paisagem lunar.

lunar year *s* ano lunar.

lu·nate /lu:neɪt, lu:nɪt/ *adj* em forma de meia-lua ou crescente. (*var* **lunated**).

lu·nat·ed /lu:neɪtɪd/ → **lunate**.

lu·na·tic /lu:nətɪk/ *adj* e *s* lunático; insano. **2** tolo; estúpido.

lu·na·tion /lu:neɪʃən/ *s* lunação.

lunch /lʌntʃ/ *s* almoço. II *v* (**lunches, lunching, lunched, lunched**) almoçar.

lunch·eon /lʌntʃən/ *s* **1** almoço (especialmente um almoço formal). **2** festa diurna em que se servem refeições leves.

lunch·eon·ette /lʌntʃənet/ *s* lanchonete (restaurante para refeições ligeiras).

lunch·room /lʌntʃru:m/ *s* **1** lanchonete. **2** refeitório.

lunch·time /lʌntʃtaɪm/ *s* hora do almoço.

lung /lʌŋ/ *s Anat* pulmão.

lunge /lʌndʒ/ *s* estocada; investida; bote. II *v* (**lunges, lunging, lunged, lunged**) dar uma estocada; investir; dar um bote.

L

lunk·head /lʌŋkhed/ s gír pessoa imbecil; idiota.

lu·pin /lu:pɪn/ → s lupine.

lu·pine /lu:pɪn/ s Bot tremoço. (var lupin). || /lu:paɪn/ adj 1 do lobo; lupino. 2 voraz.

lurch /lɜ:rtʃ/ s guinada. || v (lurches, lurching, lurched, lurched) 1 mover-se repentina e desajeitadamente. 2 dar uma guinada.

lure /lʊr/ s chamariz; engodo; isca. || v (lures, luring, lured, lured) atrair; seduzir.

lu·rid /lʊrɪd/ adj 1 chocante; repugnante. 2 sensacionalista. 3 pálido.

lurk /lɜ:rk/ v (lurks, lurking, lurked, lurked) ficar de emboscada; espreitar; espiar.

lus·cious /lʌʃəs/ adj 1 adocicado; suculento; saboroso. 2 luxuriante; sedutor.

lush /lʌʃ/ adj 1 viçoso (vegetação). 2 abundante. 3 luxuriante; opulento. || s gír bebida alcoólica; drinque. || v (lushes, lushing, lushed, lushed) beber em excesso.

lust /lʌst/ v (lusts, lusting, lusted, lusted) desejar ardentemente (principalmente desejo sexual); cobiçar. || s 1 desejo ardente; luxúria. 2 cobiça.

lus·ter /lʌstər/ s 1 brilho. 2 glória; esplendor. 3 candelabro; lustre. 4 alpaca (tecido). || v (lusters, lustering, lustered, lustered) 1 brilhar; esplandecer. 2 dar brilho; lustrar; polir.

lust·ful /lʌstfəl/ adj luxurioso.

lus·trate /lʌstreɪt/ v (lustrates, lustrating, lustrated, lustrated) purificar por meio de uma cerimônia.

lus·trous /lʌstrəs/ adj lustroso; brilhante.

lust·y /lʌsti/ adj 1 forte; saudável; vigoroso. 2 luxurioso. 3 alegre. (gr comp lustier. gr super lustiest).

lute /lu:t/ s 1 Mús alaúde. 2 massa para vedar. || v (lutes, luting, luted, luted) vedar.

lut·ist /lu:tɪst/ s Mús fabricante ou tocador de alaúde.

lux·ate /lʌkseɪt/ v (luxates, luxating, luxated, luxated) luxar; desconjuntar; deslocar.

lux·a·tion /lʌkseɪʃən/ s luxação.

luxe /lʌks, lu:ks/ s luxo.

Lux·em·bourg /lʌksəmbɜ:rg/ s Luxemburgo. (var Luxembury).

Lux·em·burg /lʌksəmbɜ:rg/→ Luxembourg.

Lux·em·bourg·er /lʌksəmbɜ:rgər/ s e adj luxemburguês.

lux·u·ri·ant /lʌgʒʊriənt, lʌkʃʊriənt/ adj 1 luxuriante; viçoso; abundante. 2 luxurioso.

lux·u·ri·ate /lʌgʒʊrieɪt, lʌkʃʊrieɪt/ v (luxuriates, luxuriating, luxuriated, luxuriated) 1 ter prazeres sexuais. 2 vicejar; florescer; proliferar.

lux·u·ri·ous /lʌgʒʊriəs, lʌkʃʊriəs/ adj 1 luxurioso; voluptuoso. 2 suntuoso; faustoso; exuberante.

lux·u·ry /lʌkʃəi, lʌgʒəi/ s 1 luxo; suntuosidade. 2 luxúria; volúpia; prazer. (pl luxuries).

ly·ce·um /laɪsi:əm, laɪsi:əm/ s liceu (salão de conferências).

ly·ing /laɪɪŋ/ adj falso; mentiroso; desonesto.

ly·ing-in /laɪɪŋ ɪn/ s parto. (pl lyings-in ou lying-ins).

lynch /lɪntʃ/ v (lynches, lynching, lynched, lynched) linchar.

lynx /lɪŋks/ s Zool lince. (pl lynx ou lynxes).

lyre /laɪr/ s Mús lira.

lyr·ic /lɪrɪk/ adj lírico. || s poema lírico. ♦ lyrics letra de música.

lyr·i·cal /lɪrɪkəl/ adj lírico.

lyr·i·cism /lɪrɪsɪzəm/ s lirismo. (var lyrism).

lyr·ism /lɪrɪzəm/ → lyricism.

lyr·ist /laɪrɪst/ s 1 Mús tocador de lira. 2 /lɪrɪst/ poeta lírico.

M

m ou **M** /em/ s 13ª letra do alfabeto inglês. (pl **m's** ou **M's**). ‖ abrev **1** minús de **meter**. **2** minús Fís de **modulus**. **3** minús Quím de **molarity**.‖ simb num rom maiús 1000.

ma'am /mæm/ s senhora (forma polida de se dirigir a uma mulher).

ma·ca·bre /məkɑ̱ːbrə/ adj macabro.

mac·a·ro·ni /mækərouni/ s macarrão. (pl **macaroni**).

mac·a·ron·ic /mækərɑ̱ːnɪk/ adj macarrônico.

mac·a·roon /mækəruːn/ s biscoito de amêndoas ou de côco.

ma·caw /məkɑ̱ː/ s Zool arara.

mace /meɪs/ s **1** maça; clava. **2** Bot macis.

Mac·e·do·ni·a /mæsədouniə/ s Macedônia.

Mac·e·do·ni·an /mæsədouniən/ s e adj macedônio.

mac·er·ate /mæsəreɪt/ v (**macerates, macerating, macerated, macerated**) **1** macerar. **2** mortificar.

mac·er·a·tion /mæsəreɪʃən/ s maceração.

mach·i·nate /mækəneɪt/ v (**machinates, machinating, machinated, machinated**) maquinar; tramar.

mach·i·na·tion /mækəneɪʃən/ s **1** maquinação; trama. **2** conspiração.

mach·i·na·tor /mækəneɪtɚ/ s maquinador.

ma·chine /məʃiːn/ s **1** máquina. **2** engenho. **3** instrumento; aparelho. ‖ v (**machines, machining, machined, machined**) operar máquina. ‖ adj maquinal.

machine code s Comp código de máquina.

machine gun s metralhadora.

ma·chine-gun /məʃiːngʌn/ v (**machine-guns, machine-gunning, machine-gunned, machine-gunned**) metralhar.

ma·chin·er·y /məʃiːnəri/ s maquinário; maquinaria. (pl **machineries**).

ma·chin·ist /məʃiːnɪst/ s **1** mecânico; técnico em máquinas. **2** Náut mecânico assistente oficial.

ma·chis·mo /mɑːtʃiːzmou/ s machismo.

ma·cho /mɑ̱ːtʃou/ adj e s machão.

Mac·in·tosh™ /mækɪntɑ̱ːʃ/ s Comp série de computadores pessoais lançada em 1984 pela Apple Computer Corporation.

mack·er·el /mækrəl/ s Zool cavala (peixe). (pl **mackerel** ou **mackerels**).

mack·le /mækəl/ s borrão (ao imprimir um documento). ‖ v (**mackles/macules, mackling/maculing, mackled/maculed, mackled/maculed**) borrar (impressora). (var **macule**).

Mac OS abrev Comp de **Macintosh Operating System**; sistema operacional do Macintosh.

mac·ro /mækrou/ s Comp macro; uma única instrução que resulta em uma série de instruções programadas. (pl **macros**).

macro virus s Comp vírus de macro.

mac·ro·bi·ot·ics /mækroubaɪɑ̱ːtɪks/ s us v sing macrobiótica.

mac·u·la /mækjələ/ s mácula. (pl **maculae** /mækjəli/ ou **maculas**). (var **macule**).

mac·u·late /mækjəleɪt/ v (**maculates, maculating, maculated, maculated**) **1** macular; manchar. **2** poluir. ‖ adj **1** maculado; manchado. **2** impuro.

mac·u·la·tion /mækjələeɪʃən/ s **1** ato de sujar, manchar. **2** mancha; pinta.

mac·ule /mækjuːl/ s → **macula**. ‖ v → **mackle**.

mad /mæd/ adj **1** louco; doido; demente. **2** raivoso; furioso. **3** entusiasmado; exasperado. **4** confuso. ‖ v (**mads, madding, madded, madded**) **1** enlouquecer; endoidecer. **2** irritar-se; enfurecer-se. ♦ **like mad 1** impetuosamente; loucamente. **2** intensamente.

Mad·a·gas·can /mædəgæskən/ s e adj malgaxe; madagascarense.

Mad·a·gas·car /mædəgæskɚ/ s Madagascar.

Mad·am /mædən/ s **1** madame (usado como forma polida de se dirigir a uma mulher). **2** dona de bordel. (pl **Mesdames**).

mad·cap /mǽdkæp/ *adj* e *s* maluco; impulsivo.

mad·den /mǽdən/ *v* (**maddens**, **maddening**, **maddened**, **maddened**) **1** enfurecer(-se); exasperar(-se). **2** ficar louco.

mad·den·ing /mǽdənɪŋ/ *adj* **1** irritante. **2** enlouquecedor.

made /meɪd/ *v* pass e part pass de **make**. ‖ *adj* **1** feito; fabricado; manufaturado. **2** produzido artificialmente. ♦ **made for** feito para.

made-to-or·der /meɪdtuːːrdər/ *adj* feito por encomenda.

made-up /meɪdʌp/ *adj* **1** inventado; fabricado. **2** maquiado. **3** concluído. **4** organizado.

mad·house /mǽdhaʊs/ *s* **1** manicômio; hospício. **2** *inform* lugar caótico e confuso.

mad·ly /mǽdli/ *adv* loucamente.

mad·man /mǽdmən/ *s masc* homem louco, demente.

mad·ness /mǽdnəs/ *s* **1** loucura; demência. **2** fúria; entusiasmo.

mad·wom·an /mǽdwʊmən/ *s fem* mulher louca, demente.

mag·a·zine /mǽgəziːn, mægəzíːn/ *s* **1** revista; periódico. **2** armazém; depósito (especialmente para guardar munições). **3** pente (de arma de fogo). **4** compartimento onde se coloca o filme nas máquinas fotográficas e filmadoras.

mag·got /mǽgət/ *s* **1** larva de mosca varejeira. **2** *gír* pessoa vil; desprezível. **3** extravagância; capricho.

mag·ic /mǽdʒɪk/ *adj* **1** mágico; feiticeiro. **2** prodigioso; encantador. ‖ *s* **1** magia; mágica. **2** feitiçaria. **3** encantamento. ‖ *v* (**magics**, **magicking**, **magicked**, **magicked**) praticar magia ou feitiçaria.

mag·i·cal /mǽdʒɪkəl/ *adj* **1** mágico. **2** sedutor; encantador.

ma·gi·cian /mədʒíʃən/ *s* **1** mago; feiticeiro. **2** mágico; ilusionista.

mag·is·te·ri·al /mædʒɪstíəriəl/ *adj* **1** magisterial. **2** referente à magistratura. **3** dogmático; ditatorial.

mag·is·tra·cy /mǽdʒɪstrəsi/ *s* magistratura. (*pl* **magistracies**).

mag·is·trate /mǽdʒɪstreɪt, mǽdʒɪstrɪt/ *s* magistrado.

mag·ma /mǽgmə/ *s* magma. (*pl* **magmas** ou **magmata** /mægmɑ́ːtə/).

mag·na·nim·i·ty /mægnənɪ́məti/ *s* magnanimidade; generosidade. (*pl* **magnanimities**).

mag·nan·i·mous /mægnǽnəməs/ *adj* **1** magnânimo; nobre. **2** generoso.

mag·nate /mǽgneɪt, mǽgnɪt/ *s* magnata.

mag·ne·si·um /mægníːziəm/ *s* *Quím* magnésio. (*símb* **Mg**).

mag·net /mǽgnət/ *s* ímã; magneto.

mag·net·ic /mægnétɪk/ *adj* **1** magnético. **2** atraente; sedutor.

magnetic card *s Comp* cartão magnético.

magnetic field *s tb Comp* campo magnético.

magnetic force *s* força magnética.

mag·net·ism /mǽgnətɪzəm/ *s* **1** magnetismo. **2** atração; sedução; fascinação.

mag·net·i·za·tion /mægnətɪzéɪʃən/ *s* **1** magnetização; imantação. **2** atração.

mag·net·ize /mǽgnətaɪz/ *v* (**magnetizes**, **magnetizing**, **magnetized**, **magnetized**) **1** magnetizar; imantar. **2** encantar; seduzir.

mag·nif·ic /mægnɪ́fɪk/ *adj* **1** magnífico; suntuoso. **2** pomposo. (*var* **magnifical**).

mag·nif·i·cal /mægnɪ́fɪkəl/ → **magnific**.

mag·ni·fi·ca·tion /mægnɪfɪkéɪʃən/ *s* **1** magnificação; engrandecimento. **2** ampliação; aumento.

mag·nif·i·cence /mægnɪ́fɪsəns/ *s* **1** magnificência; esplendor. **2** grande beleza.

mag·nif·i·cent /mægnɪ́fɪsənt/ *adj* **1** magnificente; esplêndido. **2** nobre.

mag·ni·fi·er /mǽgnɪfaɪər/ *s* **1** ampliador. **2** *Ópt* lente de aumento; lupa.

mag·ni·fy /mǽgnɪfaɪ/ *v* (**magnifies**, **magnifying**, **magnified**, **magnified**) **1** aumentar; ampliar. **2** exagerar; engrandecer. **3** glorificar; louvar.

magnifying glass *s* lupa.

mag·nil·o·quence /mægnɪ́ləkwəns/ *s* grandiloquência.

mag·nil·o·quent /mægnɪ́ləkwənt/ *adj* grandiloquente; grandíloquo.

mag·ni·tude /mǽgnɪtuːd/ *s* **1** magnitude; grandeza. **2** extensão, dimensão. **3** brilho.

mag·pie /mǽgpaɪ/ *s* **1** *Zool* pega (ave européia). **2** pessoa tagarela.

ma·gus /meɪɡəs/ s mago. (pl **magi** /meɪdʒaɪ/).

ma·ha·ra·ja /ma:hərɑ:dʒə/ s marajá. (var **maharajah**).

ma·ha·ra·jah /ma:hərɑ:dʒə/ → **maharaja**.

ma·hog·a·ny /məhɑ:ɡəni/ s Bot **1** mogno. **2** cor de mogno.

maid /meɪd/ s **1** moça; mulher solteira. **2** virgem. **3** criada; empregada.

maid·en /meɪdən/ adj **1** virginal. **2** solteira. **3** inexperiente. **4** Esp azarão (cavalo). || s **1** moça; mulher solteira. **2** virgem. **3** Esp azarão (cavalo).

maid·en·hood /meɪdənhʊd/ s **1** virgindade. **2** condição, estado ou tempo de estar solteira.

maiden name s nome de solteira.

maid of honor 1 dama de honra. **2** dama de companhia. (pl **maids of honor**).

mail /meɪl/ s **1** mala postal; correio. **2** carta; correspondência. **3** expedição. **4** cota; armadura. **5** carapaça; casco. || v (**mails, mailing, mailed, mailed**) **1** enviar pelo correio. **2** cobrir ou proteger com cota de malha; encouraçar. ♦ **mails** correios.

mail·bag /meɪlbæɡ/ s mala postal.

mail·box /meɪlbɑ:ks/ s tb Comp caixa de correio.

mail·ing /meɪlɪŋ/ s envio de qualquer objeto pelo correio.

mailing list s Comp lista de correspondência.

mail·man /meɪlmæn/ s carteiro.

mail merge s Comp mala direta.

mail order s venda por correspondência.

maim /meɪm/ v (**maims, maiming, maimed, maimed**) mutilar; aleijar.

main /meɪn/ adj principal; essencial; importante. || s **1** a parte principal. **2** tubo ou condutor principal de gás, água ou esgoto. **3** continente. **4** força física.

main clause s Gram oração principal.

main·land /meɪnlənd/ s terra firme; continente.

main·ly /meɪnli/ adv principalmente; essencialmente.

main·mast /meɪnməst/ s Náut mastro principal.

main memory s Comp memória principal.

main·sail /meɪnsəl/ s Náut vela mestra ou grande.

main·tain /meɪnteɪn/ v (**maintains, maintaining, maintained, maintained**) **1** manter; sustentar. **2** conservar; preservar.

main·tain·a·ble /meɪnteɪnəbəl/ adj defensável; suportável; sustentável.

main·tain·er /meɪnteɪnə/ s mantenedor; protetor.

main·te·nance /meɪntənəns/ s **1** manutenção; sustento. **2** subsistência. **3** proteção; apoio.

maize /meɪz/ s **1** milho. **2** amarelo-claro; laranja-claro (cor).

ma·jes·tic /mədʒestɪk/ adj majestoso; pomposo; real. (var **majestical**).

ma·jes·ti·cal /mədʒestɪkəl/ → **majestic**.

maj·es·ty /mædʒəsti/ s **1** majestade; realeza. **2** autoridade suprema. (pl **majesties**). ♦ **Her/His/Your Majesty** sua, vossa majestade.

ma·jor /meɪdʒə/ adj **1** maior. **2** principal; mais importante. || s **1** Mil major. **2** Jur maior de idade.

ma·jor·i·ty /mədʒɔ:rəti/ s **1** maioria. **2** maioridade. **3** posto de major. (pl **majorities**).

major scale Mús clave maior.

make /meɪk/ v (**makes, making, made, made**) **1** fazer; fabricar. **2** construir; produzir; manufaturar. **3** formar; moldar. **4** transformar. **5** criar; originar; inventar. **6** adquirir; ganhar; obter. **7** constranger; compelir; forçar. **8** alcançar; chegar. **9** causar; iniciar. **10** conduzir; levar. **11** instituir; estabelecer. **12** preparar; arrumar. || s **1** manufatura. **2** marca; modelo. **3** estilo; feitura. ♦ **make after** perseguir. **make believe** fingir. **make for** promover; favorecer. **make off 1** fugir. **2** inform declarar; provar. **3** gír ter relações sexuais. **make out 1** compreender; decifrar. **2** redigir. **make over** refazer; renovar. **make up 1** construir. **2** maquiar.

make-be·lieve /meɪkbɪliːv/ adj falso; fantasioso. || s fingimento; simulação.

mak·er /meɪkə/ s **1** autor; criador. **2** fabricante. **3** maiús Deus.

make·shift /meɪkʃɪft/ s substituto. ‖ adj provisório; temporário.

make·up /meɪkʌp/ s 1 temperamento; caráter; disposição. 2 cosméticos; maquiagem. 3 composição; construção. 4 Tip diagramação. 5 caracterização de personagem (cinema ou TV). 6 prova substitutiva (para alunos que faltaram ou não alcançaram média em uma anterior). (tb **make-up**).

mak·ing /meɪkɪŋ/ s 1 fabricação; manufatura; confecção. 2 criação. 3 produto manufaturado. 4 realização. ♦ **makings** qualidades; aptidoes.

mal·a·droit /mælədrɔɪt/ adj e s desastrado; inepto.

mal·a·dy /mælədi/ s doença; enfermidade; moléstia. (pl **maladies**).

mal·aise /mæleɪz/ s mal-estar; indisposição.

ma·lar·i·a /məleriə/ s malária.

Ma·la·wi /mɑːlɑːwi/ s Malauí.

Ma·la·wi·an /mɑːlɑːwiən/ s e adj malauiano.

Ma·lay /meɪleɪ, məleɪ/ adj e s malaio.

Ma·lay·sia /məleɪʒə/ s Malásia.

Ma·lay·sian /məleɪʒən/ s e adj malásio.

mal·con·tent /mælkəntent/ adj e s descontente.

Mal·dives /mældaɪvz, mældiːvz/ s Maldivas.

Mal·di·van /mældaɪvən, mældiːvən/ → **Maldivian**.

Mal·div·i·an /mældaɪviən, mældiːviən/ s e adj maldivo; maldivano.

male /meɪl/ s 1 macho (de qualquer espécie). 2 homem; menino. 3 Bot planta estaminada. ‖ adj 1 masculino; macho. 2 viril.

male chauvinist pig s gír porco chauvinista; machão.

male connector s Comp conector-macho.

mal·e·dic·tion /mælədɪkʃən/ s maldição; praga; imprecação.

mal·e·fac·tor /mæləfæktər/ s criminoso.

ma·lef·ic /məlefɪk/ adj 1 maléfico. 2 diabólico.

ma·lef·i·cent /məlefəsənt/ adj maléfico; maligno.

ma·lev·o·lence /məlevələns/ s malevolência.

ma·lev·o·lent /məlevələnt/ adj malevolente; malfazejo; maldoso.

mal·for·ma·tion /mælfɔːrmeɪʃən/ s má-formação; deformidade; anomalia.

mal·func·tion /mælfʌŋkʃən/ v (**malfunctions**, **malfunctioning**, **malfunctioned**) funcionar com deficiência. ‖ s mau funcionamento; funcionamento anormal ou deficiente.

Ma·li /mɑːli/ s Mali.

Ma·li·an /mɑːliən/ s e adj malinês.

mal·ice /mælɪs/ s 1 maldade; intenção de prejudicar o outro. 2 Jur premeditação; intenção criminosa.

ma·li·cious /məlɪʃəs/ adj maldoso; malévolo.

ma·lign /məlaɪn/ v (**maligns**, **maligning**, **maligned**, **maligned**) difamar; caluniar. ‖ adj maligno; malévolo.

ma·lig·nance /məlɪgnəns/ → **malignancy**.

ma·lig·nan·cy /məlɪgnənsi/ s malignidade. (pl **malignancies**). (var **malignance**).

ma·lig·nant /məlɪgnənt/ adj 1 maligno; pernicioso. 2 Med virulento; canceroso.

ma·lig·ni·ty /məlɪgnəti/ s malignidade; maldade; perversidade; hostilidade. (pl **malignities**).

ma·lin·ger /məlɪŋgər/ v (**malingers**, **malingering**, **malingered**, **malingered**) fingir-se de doente para fugir do trabalho.

mall /mɔːl/ s 1 → **maul**. 2 centro comercial; shopping center.

mal·lard /mælərd/ s Zool espécie de pato selvagem. (pl **mallard** ou **mallards**).

mal·le·a·ble /mæliəbəl/ adj 1 maleável. 2 adaptável. 3 controlável.

mal·let /mælɪt/ s 1 malho; maço; macete. 2 Esp taco ou bastão de pólo. 3 Mús baqueta.

mal·low /mæloʊ/ s Bot malva.

mal·nu·tri·tion /mælnuːtrɪʃən/ s desnutrição; subnutrição.

mal·o·dor·ous /mæloʊdərəs/ adj malcheiroso; fedorento.

mal·prac·tice /mælpræktɪs/ s 1 exercício inadequado da medicina. 2 conduta inadequada e antiética de profissionais e funcionários públicos.

malt /mɔːlt/ s 1 malte. 2 cerveja ou bebida fermentada de malte. ‖ v (**malts**, **malting**, **malted**, **malted**) 1 extrair o malte. 2 maltar; transformar a cevada em malte.

Mal·ta /mɔːltə/ s Malta.

Mal·tese /mɔːltiːz/ s e adj maltense.

mal·treat /mæltriːt/ v (maltreats, maltreating, maltreated, maltreated) maltratar; abusar.

mal·treat·ment /mæltriːtmənt/ s maus-tratos; abuso.

mal·ver·sa·tion /mælvəˈseɪʃən/ s malversação.

ma·ma /mɑːmə/ s 1 *inform* mamãe. 2 *gír* mulher; esposa. (var **mamma** ou **momma**).

mam·ma /mæmə/ s 1 mama; glândula mamária. 2 /mɑːmə/→ **mama**.

mam·mal /mæməl/ s mamífero.

mammary gland s glândula mamária.

mam·moth /mæməθ/ s 1 *Zool* mamute. 2 gigante. ‖ *adj* enorme; colossal.

man /mæn/ s 1 homem; varão. 2 ser humano. 3 *inform* marido; amante; namorado. 4 *Zool homo sapiens*. 5 representante masculino de uma empresa. ‖ v (mans, manning, manned, manned) 1 tripular. 2 contratar homens para realizar um trabalho. (pl **men** /men/).

man·a·cle /mænəkəl/ s algemas. ‖ v (manacles, manacling, manacled, manacled) algemar; maniatar.

man·age /mænɪdʒ/ v (manages, managing, managed, managed) 1 dirigir; governar; administrar; gerenciar. 2 manejar; manobrar.

man·age·a·ble /mænɪdʒəbəl/ adj manejável; controlável.

man·age·ment /mænɪdʒmənt/ s 1 direção; administração; gerência. 2 manejo. 3 grupo de diretores de uma empresa.

man·ag·er /mænɪdʒə/ s 1 diretor; administrador; gerente. 2 empresário. 3 *Comp* gerenciador.

man·a·ge·ri·al /mænədʒɪriəl/ adj administrativo; gerencial.

man·da·la /mʌndələ/ s mandala.

man·date /mændeɪt/ s 1 *Jur* mandato; ordem. 2 comitê; delegação. ‖ /mændeɪt/ v (mandates, mandating, mandated, mandated) *Jur* 1 expedir um mandato. 2 tornar obrigatório.

man·da·to·ry /mændətɔːri/ adj obrigatório. ‖ s mandatário. (pl **mandatories**).

man·di·ble /mændɪbəl/ s mandíbula; queixada.

man·drag·o·ra /mændrægərə/ → **mandrake**.

man·drake /mændreɪk/ s *Bot* mandrágora. (var **mandragora**).

man·drel /mændrəl/ s *Mec* mandril. (var **mandril**).

man·dril /mændrəl/ → **mandrel**.

mane /meɪn/ s 1 crina. 2 juba.

man·eat·er /mæniːtə/ s 1 animal que se alimenta de carne humana. 2 canibal. 3 *gír* mulher perigosa para os homens.

ma·neu·ver /mənuːvə/ s manobra tática; estratégia. ‖ v (maneuvers, maneuvering, maneuvered, maneuvered) 1 *Mil* manobrar. 2 tramar; planejar. 3 manipular.

man Friday s homem de confiança para todo e qualquer serviço. (pl **men Friday** ou **men Fridays**).

man·ful /mænfəl/ adj 1 viril; másculo. 2 corajoso; valente.

man·ga·nese /mæŋɡəniːz/ s *Quím* manganês. (símb **Mn**).

mange /meɪndʒ/ s *Med* sarna; escabiose.

man·ger /meɪndʒə/ s manjedoura.

man·gle /mæŋɡəl/ v (mangles, mangling, mangled, mangled) 1 desfigurar; mutilar. 2 calandrar; acetinar na calandra. ‖ s calandra.

man·go /mæŋɡoʊ/ s *Bot* 1 manga. 2 mangueira.

man·go·nel /mæŋɡənel/ s catapulta.

man·han·dle /mænhændəl/ v (manhandles, manhandling, manhandled, manhandled) mover algo com emprego da força humana; manipular.

man·hole /mænhoʊl/ s bueiro; boca-de-lobo (de rede de esgoto, telefone, água, etc.).

man·hood /mænhʊd/ s 1 população masculina. 2 virilidade; masculinidade. 3 humanidade.

man-hour /mænaʊr/ s hora-homem (relativo a produção industrial).

ma·ni·a /meɪniə/ s mania; obsessão.

ma·ni·ac /meɪniæk/ adj e s maníaco; louco.

man·i·cure /mænɪkjʊr/ s tratamento das unhas ou mãos com cosméticos, esmalte, etc. ‖ v (**manicures, manicuring, manicured, manicured**) fazer, esmaltar as unhas; cuidar das mãos.

man·i·cur·ist /ˈmænɪkjuːrɪst/ s manicuro; manicura.

man·i·fest /ˈmænɪfest/ s **1** manifesto; conhecimento (inventário da carga de um navio ou avião). **2** lista dos passageiros de um avião ou navio. ‖ adj óbvio; evidente. ‖ v (**manifests, manifesting, manifested, manifested**) **1** evidenciar; revelar. **2** vir à luz; aparecer.

man·i·fes·ta·tion /ˌmænɪfesˈteɪʃən/ s **1** manifestação. **2** sinal; evidência.

man·i·fest·ly /ˈmænɪfestli/ adv claramente; evidentemente.

man·i·fes·to /ˌmænɪˈfestoʊ/ s manifesto; proclamação; declaração pública de princípios, políticas, etc. ‖ v (**manifestoes, manifestoing, manifestoed, manifestoed**) manifestar; declarar. (pl **manifestoes** ou **manifestos**).

man·i·fold /ˈmænɪfoʊld/ adj múltiplo; multiforme; vários; diversos. ‖ s **1** cópia. **2** cano ou tubo com várias ligações. ‖ v (**manifolds, manifolding, manifolded, manifolded**) copiar; multiplicar; tornar múltiplo.

man·i·kin /ˈmænɪkɪn/ s **1** homem baixo. **2** manequim; boneco. (var **mannikin**).

man·i·oc /ˈmæniɑːk/ s Bot mandioca. (var **manioca**).

man·i·o·ca /ˌmæniˈoʊkə/ → **manioc**.

man·i·ple /ˈmænɪpəl/ s Ecles manípulo.

ma·nip·u·late /məˈnɪpjəleɪt/ v (**manipulates, manipulating, manipulated, manipulated**) **1** manipular; manejar. **2** manobrar.

ma·nip·u·la·tion /məˌnɪpjəˈleɪʃən/ s manipulação; manuseio; manejo.

man·kind /mænˈkaɪnd/ s **1** a humanidade; a raça humana. **2** o sexo masculino.

man·like /ˈmænlaɪk/ adj que tem as qualidades do homem.

man·ly /ˈmænli/ adj **1** que tem as qualidades tradicionalmente atribuídas ao homem. **2** pertencente ao homem. (gr comp **manlier**. gr super **manliest**). ‖ adv humanamente; de forma humana.

man·ne·quin /ˈmænɪkɪn/ s manequim.

man·ner /ˈmænər/ s **1** maneira; modo. **2** aparência. **3** educação; delicadeza. **4** método; estilo. **5** espécie; gênero.

Man·ner·ism /ˈmænərɪzəm/ s **1** Art maneirismo. **2** minús afetação.

man·ner·ly /ˈmænərli/ adj polido; cortês. ‖ adv polidamente; com bons modos.

man·ni·kin /ˈmænɪkɪn/ → **manikin**.

man·nish /ˈmænɪʃ/ adj **1** masculinizado. **2** característico do homem.

ma·nom·e·ter /məˈnɑːmətər/ s manômetro.

man·pow·er /ˈmænpaʊər/ s **1** energia correspondente ao trabalho físico do homem. **2** potencial humano.

man·sion /ˈmænʃən/ s mansão.

man·tis /ˈmæntɪs/ s Zool louva-a-deus. (pl **mantises** ou **mantes** /ˈmæntiːz/).

man·tle /ˈmæntl/ s **1** manto; capa. **2** camisa (de lampião). ‖ v (**mantles, mantling, mantled, mantled**) cobrir; tapar.

man·tra /ˈmæntrə/ s mantra.

man·u·al /ˈmænjuəl/ s **1** manual; compêndio. **2** Mús teclado. ‖ adj manual (relativo à mão).

man·u·fac·ture /ˌmænjəˈfæktʃər/ s manufatura; indústria. ‖ v (**manufactures, manufacturing, manufactured, manufactured**) **1** manufaturar; fabricar. **2** criar.

man·u·fac·tur·er /ˌmænjəˈfæktʃərər/ s fabricante.

man·u·mit /ˌmænjəˈmɪt/ v (**manumits, manumitting, manumitted, manumitted**) manumitir; alforriar; liberar.

ma·nure /məˈnʊr/ s esterco; adubo. ‖ v (**manures, manuring, manured, manured**) estercar; adubar; estrumar; fertilizar.

man·u·script /ˈmænjəskrɪpt/ s manuscrito.

man·y /ˈmeni/ adj muitos; muitas; diversos. (gr comp **more**. gr super **most**). ‖ s us v pl multidão; massa. ‖ pron us v pl muitos.

map /mæp/ s **1** mapa. **2** gír rosto humano. ‖ v (**maps, mapping, mapped, mapped**) traçar; delinear; mapear.

ma·ple /ˈmeɪpəl/ s Bot plátano.

map·mak·er /ˈmæpmeɪkər/ s cartógrafo.

ma·quette /mæˈket/ s maquete; maqueta.

ma·quil·lage /mɑːkiˈɑːʒ/ s maquiagem.

mar /mɑːr/ v (**mars, marring, marred, marred**) 1 danificar. 2 estragar; arruinar; espoliar. 3 desfigurar. ‖ s 1 deformidade; cicatriz.

Mar. abrev de March. (tb **Mar**).

mar·a·thon /ˈmerəθɑːn/ s Esp maratona.

ma·raud /məˈrɑːd/ v (**marauds, marauding, marauded, marauded**) pilhar; roubar.

ma·raud·er /məˈrɑːdə/ s saqueador.

mar·ble /ˈmɑːrbəl/ s 1 mármore. 2 bolinha de gude. ‖ adj 1 marmóreo; feito de mármore. 2 duro; insensível. ‖ v (**marbles, marbling, marbled, marbled**) marmorizar. ♦ **marbles** us v sing jogo de bolinha de gude.

mar·ca·site /ˈmɑːrkəsaɪt/ s Min marcassita.

march /mɑːrtʃ/ s 1 maiús março (abrev **Mar.** ou **Mar**). 2 marcha. 3 fronteira. ‖ v (**marches, marching, marched, marched**) 1 marchar; caminhar; avançar. 2 bordejar; fazer fronteira com. 3 pôr em marcha.

march·er /ˈmɑːrtʃə/ s 1 aquele que marcha por uma causa. 2 habitante de fronteira.

mar·chio·ness /ˈmɑːrʃənɪs, mɑːrʃəˈnes/ s fem marquesa.

mare /mer/ s 1 Astron lado escuro da lua. (pl **maria**). 2 égua.

mar·ga·rin /ˈmɑːrdʒərɪn/ → **margarine**.

mar·ga·rine /ˈmɑːrdʒərɪn/ s margarina. (var **margarin**).

mar·gin /ˈmɑːrdʒɪn/ s 1 margem; beira. 2 espaço; margem do papel. 3 extremidade. 4 fronteira. 5 Econ margem de lucros. ‖ v (**margins, margining, margined, margined**) 1 marginar. 2 beirar.

mar·gin·al /ˈmɑːrdʒɪnəl/ s e adj tb Econ e Psicol marginal.

mar·i·gold /ˈmerɪɡoʊld/ s Bot calêndula.

mar·i·hua·na /ˈmærɪwɑːnə/ → **marijuana**.

mar·i·jua·na /ˈmærɪwɑːnə/ s maconha. (var **marihuana**).

mar·i·nade /ˈmerɪneɪd, merɪˈneɪd/ s vinha-d'alhos; marinada.

ma·rine /məˈriːn/ adj 1 marinho; marítimo. 2 náutico; naval. ‖ s 1 tb Art marinha. 2 fuzileiro naval. 3 maiús marinha; membro da marinha.

mar·i·ner /ˈmerɪnə/ s Náut marinheiro; navegante.

mar·i·o·nette /ˈmeriənet/ s marionete.

mar·i·tal /ˈmerɪtəl/ adj marital; conjugal.

marital status s estado civil.

mar·i·time /ˈmerɪtaɪm/ adj marítimo; naval.

mar·jo·ram /ˈmɑːrdʒərəm/ s Bot manjerona.

mark /mɑːrk/ s 1 marca; sinal. 2 signo. 3 carimbo; sinete. 4 nota escolar. 5 indício; sintoma. 6 marca; vestígio; distinção. 7 alvo; mira; objetivo. 8 marca de autenticidade de um produto. 9 marca de propriedade feita em animais. ‖ v (**marks, marking, marked, marked**) 1 marcar; assinalar. 2 observar. 3 evidenciar; distinguir. 4 tomar notas. 5 Esp marcar pontos. ♦ **mark down** baixar preços. **beside the mark** irrelevante.

mark·er /ˈmɑːrkə/ s 1 marcador (pessoa ou instrumento). 2 Esp placar; marcador de pontos. 3 sinalização. 4 gír nota promissória.

mar·ket /ˈmɑːrkɪt/ s 1 mercado; feira. 2 preço de mercado. 3 compra e venda de determinados produtos. ‖ v (**markets, marketing, marketed, marketed**) levar ao mercado; comprar ou vender no mercado; negociar. ♦ **in the market** interessado na compra. **on the market** disponível para compra.

market basket s cesta básica.

mar·ket·eer /ˈmɑːrkətɪr/ → **marketer**.

mar·ket·er /ˈmɑːrkɪtə/ s feirante; negociante; comerciante. (var **marketeer**).

mar·ket·ing /ˈmɑːrkɪtɪŋ/ s 1 compra ou venda no mercado. 2 mercadologia; marketing.

mar·ket·place /ˈmɑːrkɪtpleɪs/ s 1 local para comércio. 2 mundo do comércio. 3 fórum de debates. (tb **market place**).

market price s preço de mercado.

market research s pesquisa de mercado.

mark·ing /ˈmɑːrkɪŋ/ s marcação.

marks·man /ˈmɑːrksmən/ s atirador perito; aquele que tem boa pontaria.

mark·up /ˈmɑːrkʌp/ s alta de preço.

markup language s Comp linguagem de marcação.

M

marl /mɑːrl/ s marga; marna. ǁ v (**marls, marling, marled, marled**) adubar com marga.

mar·ma·lade /mɑːrməleɪd/ s geléia ou compota de laranja ou outras frutas cítricas.

mar·mot /mɑːrmət/ s Zool marmota.

na·roon /məruːn/ v (**maroons, marooning, marooned, marooned**) exilar numa ilha deserta. ǁ s castanho; marrom avermelhado.

mar·quess /mɑːrkwɪs/ → **marquis**.

mar·quis /mɑːrkɪs, mɑːrkiː/ s masc marquês. (pl **marquises** /mɑːrkwɪsɪz/, **marquis** /mɑːrkiːz/ ou **marquesses** /muːrkwɪsɪz/. var **marquess**).

mar·riage /merɪdʒ/ s 1 casamento; matrimônio. 2 união íntima.

mar·riage·a·ble /merɪdʒəbəl/ adj casadouro; núbil.

mar·ried /merid/ adj 1 casado. 2 conjugal. ǁ s pessoa casada. (pl **marrieds** ou **married**).

mar·row /meroʊ/ s 1 tutano. 2 medula. 3 essência; a parte mais profunda.

mar·ry /meri/ v (**marries, marrying, married, married**) 1 casar-se; unir; desposar. 2 combinar.

Mars /mɑːrz/ s Marte.

marsh /mɑːrʃ/ s pântano; brejo.

mar·shal /mɑːrʃəl/ s 1 marechal. 2 mestre-de-cerimônias. 3 comando do corpo de bombeiros. ǁ v (**marshals, marshaling/ marshalling, marshaled/marshalled, marshaled/marshalled**) 1 dirigir; guiar. 2 disciplinar; pôr em ordem.

Marshall Islands s Ilhas Marshall.

Mar·shal·lese /mɑːrʃəliːz/ s nativo das Ilhas Marshall. ǁ adj pertencente ou relativo às Ilhas Marshall.

marsh gas s metano.

marsh·mal·low /mɑːrʃmeloʊ/ s 1 tipo de doce ou cobertura para bolos feito de clara de ovos, açúcar e xarope de milho. 2 Bot malvavisco. 3 gír pessoa covarde.

marsh·y /mɑːrʃi/ adj pantanoso. (gr comp **marshier**. gr super **marshiest**).

mart /mɑːrt/ s mercado.

mar·ten /mɑːrtən/ s 1 Zool marta. 2 pêlo de marta. (pl **marten** ou **martens**).

mar·tial /mɑːrʃəl/ adj marcial; bélico; relativo à guerra.

martial art s arte marcial.

Mar·tian /mɑːrʃən/ adj e s marciano.

mar·tin /mɑːrtən/ s Zool martim-pescador.

mar·tyr /mɑːrtɚ/ s mártir. ǁ v (**martyrs, martyring, martyred, martyred**) 1 martirizar. 2 torturar.

mar·tyr·dom /mɑːrtɚdəm/ s martírio; tormento.

mar·tyr·ize /mɑːrtəraɪz/ v (**martyrizes, martyrizing, martyrized, martyrized**) martirizar.

mar·tyr·ol·o·gy /mɑːrtərɑːlədʒi/ s martirológio. (pl **martyrologies**).

mar·vel /mɑːrvəl/ s 1 maravilha. 2 prodígio. 3 assombro; admiração. ǁ v (**marvels, marveling/marvelling, marveled/ marvelled, marveled/marvelled**) maravilhar-se; pasmar; admirar-se.

mar·vel·lous /mɑːrvələs/ → **marvelous**.

mar·vel·ous /mɑːrvələs/ adj 1 maravilhoso. 2 miraculoso; sobrenatural. (var **marvellous**).

mar·vel·ous·ness /mɑːrvələsnəs/ s maravilha; grandeza; singularidade.

mas·car·a /mæskerə/ s rímel. ǁ v (**mascaras, mascaraing, mascaraed, mascaraed**) aplicar rímel nos cílios.

mas·cot /mæskɑːt/ s mascote.

mas·cu·line /mæskjəlɪn/ adj masculino; másculo; viril. ǁ s 1 Gram gênero masculino. 2 macho.

mas·cu·lin·i·ty /mæskjəlɪnəti/ s masculinidade. (pl **masculinities**).

mash /mæʃ/ v (**mashes, mashing, mashed, mashed**) 1 amassar; triturar. 2 transformar em pasta. 3 gír flertar. ǁ s 1 pasta; mistura; papa. 2 ração para animais. 3 mistura para destilação de bebidas alcoólicas. ♦ **mashed potatoes** purê de batatas.

mask /mæsk/ s 1 máscara (tb teatro). 2 disfarce; pretexto; subterfúgio. 3 Comp máscara de edição. ǁ v (**masks, masking, masked, masked**) 1 mascarar; dissimular; encobrir. 2 mascarar-se.

mask·er /mæskɚ/ s mascarado. (var **masquer**).

M

mas·och·ism /ˈmæsəkɪzəm/ s masoquismo.

ma·son /ˈmeɪsən/ s 1 pedreiro. 2 *maiús* maçom.

Ma·son·ic /məˈsɑːnɪk/ *adj* maçônico.

ma·son·ry /ˈmeɪsənri/ s 1 ofício de pedreiro. 2 *maiús* maçonaria. (*pl* masonries).

mas·quer /ˈmæskə/ → masker.

mas·quer·ade /ˌmæskəˈreɪd/ s 1 baile de máscaras. 2 fantasia. 3 embuste. ll *v* (masquerades, masquerading, masqueraded, masqueraded) 1 mascarar; disfarçar. 2 fantasiar-se.

mass /mæs/ s 1 *Fís* massa. 2 montão; grande quantidade. 3 a maior parte; a maioria. 4 volume. 5 *maiús Ecles* missa; eucaristia. ll *adj* 1 de massa. 2 feito em larga escala. 3 completo; total. ll *v* (masses, massing, massed, massed) reunir em uma massa. ♦ masses classes sociais consideradas inferiores.

mas·sa·cre /ˈmæsəkə/ *v* (massacres, massacring, massacred, massacred) 1 massacrar; chacinar. 2 *inform* derrotar. ll *s* massacre; matança; carnificina.

mas·sage /ˈmæsɑːʒ, məˈsɑːdʒ/ s massagem. ll *v* (massages, massaging, massaged, massaged) 1 massagear. 2 bajular; adular. 3 manipular.

mas·seur /mæˈsɜːr/ s *masc* massagista.

mas·seuse /mæˈsɜːz/ s *fem* massagista.

mas·sive /ˈmæsɪv/ *adj* 1 maciço; sólido. 2 forte. 3 pesado. 4 excessivo.

mass medium s meio de comunicação de massa. (*pl* mass media).

mass noun s substantivo classificado como incontável em inglês (geralmente é precedido por *some, little* ou *much*).

mass production s produção em massa.

mass·y /ˈmæsi/ *adj* 1 maciço; compacto. 2 sólido; volumoso. (*gr comp* massier. *gr super* massiest).

mast /mæst/ s 1 *Náut* mastro. 2 haste. 3 torre de rádio ou televisão. 4 nozes silvestres usadas para alimentar porcos.

mas·ter /ˈmæstə/ s 1 dono; senhor; amo. 2 proprietário; patrão. 3 mestre. 4 professor; grande mestre. 5 artista de grande capacidade. ll *v* (masters, mastering, mastered, mastered) 1 dominar; vencer.

2 ser superior em alguma coisa; ser mestre em. ll *adj* 1 magistral. 2 principal. 3 superior. ♦ **Master** Jesus.

mas·ter·ful /ˈmæstəfəl/ *adj* 1 imperioso. 2 de mestre; hábil.

master key s chave mestra.

mas·ter·li·ness /ˈmæstəlinəs/ s maestria; perfeição.

mas·ter·ly /ˈmæstəli/ *adj* de mestre; magistral. ll *adv* primorosamente; magistralmente.

mas·ter·piece /ˈmæstəpiːs/ s obra-prima.

mas·ter·ship /ˈmæstəʃɪp/ s 1 domínio; controle. 2 mestrado.

mas·ter·work /ˈmæstəwɜːrk/ s obra-prima.

mas·ter·y /ˈmæstəri/ s 1 maestria; domínio. 2 supremacia; superioridade. (*pl* masteries).

mas·ti·cate /ˈmæstɪkeɪt/ *v* (masticates, masticating, masticated, masticated) 1 mastigar. 2 moer; ralar.

mas·ti·ca·tion /ˌmæstɪˈkeɪʃən/ s mastigação; trituração.

mas·tiff /ˈmæstɪf/ s *Zool* mastim.

mas·to·don /ˈmæstədɑːn/ s *Zool* mastodonte.

mas·to·dont /ˈmæstədɑːnt/ *adj* mastodôntico.

mas·tur·bate /ˈmæstəbeɪt/ *v* (masturbates, masturbating, masturbated, masturbated) masturbar.

mas·tur·ba·tion /ˌmæstəˈbeɪʃən/ s masturbação.

mat /mæt/ s 1 esteira; tapete; capacho. 2 emaranhado (cabelo). 3 moldura de telas artísticas. 4 tela de proteção usada em construções de edifícios. ll *ad* opaco; fosco. ll *v* (mats, matting, matted, matted) 1 esteirar; cobrir ou decorar com capachos ou esteiras. 2 entrançar; emaranhar. 3 deslustrar. 4 emoldurar.

match /mætʃ/ s 1 igual; semelhante. 2 competidor; adversário. 3 luta; competição; partida (de jogo). 4 companheiro; par. 5 fósforo; estopim. 6 casamento arranjado. ll *v* (matches, matching, matched, matched) 1 casar-se; acasalar. 2 igualar. 3 fazer parelha; corresponder; adaptar. 4 combinar; harmonizar.

match·a·ble /mǽtʃəbəl/ *adj* **1** igualável. **2** comparável. **3** correspondente.

match·box /mǽtʃbɑ:ks/ *s* caixa de fósforos.

match·less /mǽtʃləs/ *adj* incomparável.

match point *s Esp* o último ponto necessário para ganhar uma partida (tênis).

mate /meɪt/ *s* **1** companheiro; camarada; colega. **2** cônjuge. **3** sócio. **4** macho ou fêmea (na procriação de animais). **5** xeque-mate (xadrez). ‖ *v* (**mates, mating, mated, mated**) **1** acasalar; copular. **2** formar pares. **3** dar xeque-mate (xadrez).

ma·te·ri·al /mətɪ́riəl/ *adj* **1** material; formado de matéria; relativo à matéria; físico. **2** corpóreo (em oposição a espiritual). **3** importante; crucial; relevante. ‖ *s* **1** matéria; substância. **2** ingrediente; componente.

ma·te·ri·al·ism /mətɪ́riəlɪzəm/ *s* materialismo.

ma·te·ri·al·ist /mətɪ́riəlɪst/ *s* materialista.

ma·te·ri·al·i·za·tion /mətɪriəlɪzeɪʃən/ *s* materialização.

ma·te·ri·al·ize /mətɪ́riəlaɪz/ *v* (**materializes, materializing, materialized, materialized**) **1** materializar; tornar material. **2** aparecer repentinamente.

ma·ter·nal /mətɜ́:rnəl/ *adj* maternal; materno.

ma·ter·nal·ly /mətɜ́:rnəli/ *adv* maternalmente.

ma·ter·ni·ty /mətɜ́:rnəti/ *s* maternidade; qualidade ou condição de mãe. (*pl* **maternities**). ‖ *adj* relativo à maternidade.

maternity ward *s* maternidade (hospital).

math /mæθ/ *s* matemática.

math·e·mat·ic /mæθəmǽtɪk/ → **mathematical**.

math·e·mat·i·cal /mæθəmǽtɪkəl/ *adj* **1** matemático. **2** preciso; exato. (*var* **mathematic**).

math·e·ma·ti·cian /mæθəmətɪʃən/ *s* matemático.

math·e·mat·ics /mæθəmǽtɪks/ *s us v sing* matemática.

mat·in /mǽtən/ *adj* matinal; matutino. (*var* **matinal**).

mat·in·al /mǽtənəl/ → **matin**.

mat·i·nee /mætəneɪ/ *s* matinê. (*tb* **matinée**).

ma·tri·arch /meɪtriɑ:rk/ *s* matriarca.

mat·ri·cide /mǽtrɪsaɪd/ *s* matricídio.

ma·tric·u·late /mətrɪkjəleɪt/ *v* (**matriculates, matriculating, matriculated, matriculated**) matricular(-se). ‖ *s* aluno matriculado.

ma·tric·u·la·tion /mətrɪkjəleɪʃən/ *s* matrícula.

mat·ri·mo·ni·al /mætrəmouniəl/ *adj* matrimonial; conjugal.

mat·ri·mo·ny /mǽtrəmouni/ *s* matrimônio. (*pl* **matrimonies**).

ma·trix /meɪtrɪks/ *s* **1** *tb Comp e Tip* matriz. **2** útero. **3** molde. **4** *Geol* massa rochosa que envolve um mineral. (*pl* **matrices** /meɪtrɪksi:z/ ou **matrixes** /meɪtrɪksɪz/).

ma·tron /meɪtrən/ *s* **1** matrona. **2** mãe de família. **3** governanta. **4** supervisora (de instituição pública).

mat·ter /mǽtə/ *s* **1** matéria; substância. **2** assunto. **3** importância. **4** conseqüência. **5** coisa; questão. **7** causa; motivo. **8** problema; dificuldade. **9** excremento; pus; secreção. ‖ *v* (**matters, mattering, mattered, mattered**) **1** importar; interessar; fazer caso. **♦ as a matter of fact** de fato; realmente. **no matter which** não importa qual; qualquer que seja.

mat·ter-of-fact /mǽtəəvfǽkt/ *adj* real; verdadeiro; literal.

mat·ting /mǽtɪŋ/ *s* **1** esteira; tapete. **2** tapeçaria. **3** superfície ou acabamento fosco.

mat·tock /mǽtək/ *s* picareta; enxadão.

mat·tress /mǽtrəs/ *s* colchão.

mat·u·rate /mǽtʃəreɪt/ *v* (**maturates, maturating, maturated, maturated**) **1** amadurecer. **2** *Med* supurar; fazer supurar.

mat·u·ra·tion /mætʃəreɪʃən/ *s* **1** maturação; amadurecimento. **2** *Med* supuração.

ma·ture /mətʊr/ *v* (**matures, maturing, matured, matured**) **1** madurar; amadurecer. **2** *Med* atingir o ponto de supuração. **3** vencer o prazo. ‖ *adj* **1** maduro; sazonado. **2** completo; acabado. **3** adulto. **4** vencido (prazo).

ma·tur·i·ty /mətʊrəti/ *s* **1** maturidade. **2** acabamento. **3** vencimento de uma letra, duplicata, etc. (*pl* **maturities**).

M

ma·tu·ti·nal /mətu̱:tənəl/ adj matutino.

maud·lin /mo̱:dlɪn/ adj sentimental.

maul /mɔ:l/ s malho grande; marreta. || v (mauls, mauling, mauled, mauled) 1 espancar. 2 quebrar (madeira) com marreta. (var mall).

maun·der /mo̱:ndə⁄/ v (maunders, maundering, maundered, maundered) 1 engrolar; resmungar. 2 devanear; divagar. 3 dizer disparates.

Mau·ri·ta·ni·a /mɔːrɪteɪnɪə/ s Mauritânia.

Mau·ri·ta·ni·an /mɔːrɪteɪnɪən/ s e adj mauritano.

Mau·ri·tius /mɔːrɪʃɪəs/ s Maurício.

Mau·ri·tian /mɔːrɪʃɪən/ s e adj mauriciano.

mav·er·ick /mævə⁄ɪk/ s 1 vitela não marcada com ferrete. 2 dissidente. || adj independente.

maw /mɑː/ s bucho (dos animais).

mawk·ish /mo̱:kɪʃ/ adj 1 excessivamente sentimental; lamuriento. 2 insípido.

max·il·la /mæksɪlə/ s Anat maxila. (pl maxillae /mæksɪli:/ ou maxillas).

max·il·lar·y /mæksɪləri/ adj maxilar. || s maxilar. (pl maxillaries).

max·im /mæksɪm/ s máxima; preceito; ditado.

max·i·mize /mæksɪmaɪz/ v (maximizes, maximizing, maximized, maximized) tb Comp maximizar.

max·i·mum /mæksəməm/ s e adj máximo. (pl maximums ou maxima).

may /meɪ/ v aux us para expressar poder, permissão, possibilidade, desejo ou obrigação. (pass might). || s 1 maiús maio (mês). 2 primavera da vida; mocidade.

may·be /meɪbi/ adv talvez. || s inform incerteza.

May Day s 1° de maio; Dia do Trabalho (nos EUA e Canadá o Dia do Trabalho é comemorado na primeira segunda-feira de setembro e é chamado de Labor Day).

may·day /meɪdeɪ/ s sinal de pedido de socorro internacional usado por aviões e navios em perigo.

may·flow·er /meɪflɑʊə⁄/ s Bot flor-de-maio.

may·on·naise /meɪəneɪz, meɪəneɪz/ s maionese.

may·or /meɪə⁄/ s prefeito.

maze /meɪz/ s 1 labirinto. 2 confusão; incerteza.

maz·y /meɪzi/ adj confuso; intrincado; labiríntico; complicado; perplexo. (gr comp mazier. gr super maziest).

M.B.A. /embi:eɪ/ abrev de Master o Business Administration. (tb MBA).

me /mi:/ pron pess me; mim.

mead·ow /medoʊ/ s prado; charneca.

mea·ger /mi̱:gə⁄/ adj 1 magro. 2 insuficiente; pobre; escasso. 3 estéril. (var meagre).

mea·gre /mi̱:gə⁄/ → meager.

meal /mi:l/ s 1 refeição. 2 farinha grossa de cereais.

meal·y /mi̱:li/ adj 1 farináceo; farinhento. 2 pálido. (gr comp mealier. gr super mealiest).

mean /mi:n/ adj 1 baixo; vil; interesseiro; egoísta; desprezível. 2 humilde; pobre. 3 miserável; insignificante; pequeno. 4 intermediário. 5 de má aparência; surrado. 6 debilitado; fraco; doente. || s 1 meio; mediano. 2 meio-termo. 3 expediente; método; modo. 4 média. || v (means, meaning, meant, meant) 1 significar; pretender. 2 ter em vista; tencionar. 3 importar; ter importância. ♦ means 1 meios; bens; riquezas; recursos. 2 método; forma. by no means de nenhum modo; certamente não. by all means certamente; by any means em qualquer caso. by means of por meio de; mediante. mean business inform ser honesto.

me·an·der /mɪændə⁄/ s 1 meandro; labirinto. 2 volta; rodeio. || v (meanders, meandering, meandered, meandered) 1 vaguear. 2 serpear; manobrar.

mean·ing /mi̱:nɪŋ/ adj significativo; sugestivo. || s 1 sentido; significado; acepção. 2 propósito; desígnio; intenção. ♦ double meaning duplo sentido; ambiguidade.

mean·ing·ful /mi̱:nɪŋfəl/ adj 1 significativo. 2 expressivo.

mean·ing·less /mi̱:nɪŋləs/ adj sem sentido; sem significação.

mean·ly /mi̱:nli/ adv 1 miseravelmente. 2 humildemente.

mean·time /ˈmiːntaɪm/ *adv* entretanto; enquanto isso. || *s* ínterim.

mea·sles /ˈmiːzəlz/ *s Med* sarampo.

mea·sly /ˈmiːzli/ *adj* **1** atacado de sarampo. **2** *gír* mísero. (*gr comp* **measlier**. *gr super* **measliest**).

meas·ur·a·ble /ˈmeʒərəbəl/ *adj* **1** mensurável. **2** importante; significativo.

meas·ure /ˈmeʒəʳ/ *s* **1** medida; tamanho; dimensão. **2** extensão. **3** capacidade; quantidade. **4** instrumento para medição. **5** unidade ou sistema de medida. **6** ato de medir. **7** norma; padrão. **8** limite; moderação. **9** procedimento, medida ou ato legislativo; providência. || *v* (**measures, measuring, measured, measured**) **1** medir; dimensionar. **2** julgar; avaliar; calcular. **3** graduar; regular. **4** confrontar; comparar. **5** dividir. ♦ **beyond measure** além da medida; em excesso. **for good measure** além do necessário.

meas·ure·less /ˈmeʒəʳləs/ *adj* incomensurável; ilimitado.

meas·ure·ment /ˈmeʒəʳmənt/ *s* **1** medição; medida; ato de medir. **2** sistema de medida.

meas·ur·er /ˈmeʒəʳəʳ/ *s* medidor.

meat /miːt/ *s* **1** carne (alimento) especialmente de mamíferos. **2** parte comestível de uma fruta ou noz. **3** essência; substância. **4** alimento; comida.

meat·ball /ˈmiːtbɔːl/ *s* **1** almôndega. **2** *gír* pessoa obtusa, estúpida.

meat·y /ˈmiːti/ *adj* **1** carnudo; vigoroso. **2** substancial; significativo. (*gr comp* **meatier**. *gr super* **meatiest**).

me·chan·ic /mɪˈkænɪk/ *s* mecânico (profissão).

me·chan·i·cal /mɪˈkænɪkəl/ *adj* **1** mecânico; da mecânica. **2** automático; executado por máquinas.

me·chan·ics /mɪˈkænɪks/ *s us v sing ou pl* mecânica.

mech·a·nism /ˈmekənɪzəm/ *s* mecanismo.

mech·a·nize /ˈmekənaɪz/ *v* (**mechanizes, mechanizing, mechanized, mechanized**) **1** mecanizar. **2** equipar com maquinário.

med·al /ˈmedəl/ *s* medalha. || *v* (**medals, medaling/medalling, medaled/medalled,**

medaled/medalled) *inform* **1** condecorar; distinguir com medalha. **2** conquistar medalha.

med·al·ist /ˈmedəlɪst/ *s Esp* ganhador de medalha.

me·dal·lion /məˈdæljən/ *s* **1** medalhão. **2** registro de táxi. **3** antiga moeda grega.

med·dle /ˈmedl/ *v* (**meddles, meddling, meddled, meddled**) intrometer-se; interferir.

med·dler /ˈmedləʳ/ *s* intrometido; intruso.

med·dle·some /ˈmedlsəm/ *adj* intrometido; curioso, indiscreto.

me·di·a /ˈmiːdiə/ *s pl* de **medium**.

me·di·ae·val /miːdiˈiːvəl, midiˈvəl/ → **medieval**.

me·di·al /ˈmiːdiəl/ *adj* médio; medial; intermediário. || *s Ling* letra medial.

me·di·an /ˈmiːdiən/ *s* **1** número médio. **2** *Geom* mediana. || *adj* mediano; do meio.

me·di·ate /ˈmiːdieɪt/ *v* (**mediates, mediating, mediated, mediated**) **1** mediar; intervir; ser ou servir de mediador. **2** reconciliar. || /ˈmiːdiət/ *adj* intermediário; mediato; interposto.

me·di·a·tion /miːdiˈeɪʃən/ *s* **1** mediação; negociação. **2** *Jur* reconciliação.

me·di·a·tor /ˈmiːdieɪtəʳ/ *s* mediador; intercessor; arbitrador.

med·ic /ˈmedɪk/ *s* membro do corpo médico militar.

med·i·cal /ˈmedɪkəl/ *adj* médico; medicinal. || *s inform* exame físico.

me·dic·a·ment /məˈdɪkəmənt/ *s* medicamento; remédio; droga.

med·i·cate /ˈmedɪkeɪt/ *v* (**medicates, medicating, medicated, medicated**) **1** medicar. **2** aplicar curativo.

med·i·ca·tion /medɪˈkeɪʃən/ *s* **1** medicação. **2** tratamento com medicação.

me·dic·i·nal /məˈdɪsɪnəl/ *adj* medicinal.

med·i·cine /ˈmedɪsən/ *s* **1** medicina. **2** remédio; medicamento. **3** curandeirismo.

me·di·e·val /miːdiˈiːvəl, midiˈvəl/ *adj* **1** medieval. **2** *inform* fora de moda. (*var* **mediaeval**).

me·di·oc·ri·ty /miːdiˈɑːkrəti/ *s* mediocridade. (*pl* **mediocrities**).

med·i·tate /mɛdɪteɪt/ v (meditates, meditating, meditated, meditated) 1 meditar; refletir; contemplar. 2 planejar; tencionar.

med·i·ta·tion /medɪteɪʃən/ s 1 meditação; contemplação. 2 planejamento.

med·i·ta·tive /mɛdɪteɪtɪv/ adj meditativo; pensativo.

me·di·um /miːdiəm/ adj médio; mediano; moderado. || s 1 meio de comunicação de massa (us pl media). 2 agente; instrumento. 3 ambiente; meio ambiente; meio de cultura. 4 pessoa que se comunica com espíritos. (pl media /miːdiə/ ou mediums).

med·lar /mɛdlə-/ s Bot 1 nêspera. 2 nespereira.

med·ley /mɛdli/ s mistura; miscelânea. (pl medleys).

me·dul·la /mɪdʌlə/ s medula. (pl medullas ou medullae /mɪdʌliː/).

meek /miːk/ adj 1 afável; paciente; meigo; manso. 2 resignado.

meet /miːt/ v (meets, meeting, met, met) 1 encontrar-se com; dar de cara com; ir ao encontro de; reunir-se com. 2 conhecer alguém; ser apresentado a; travar conhecimento. 3 cruzar; fazer junção (rio, estrada). 4 lidar com. 5 satisfazer. 6 experienciar. || s 1 encontro; reunião. 2 competição. || adj próprio; apropriado; adequado. ♦ make both ends meet igualar as entradas e saídas do caixa.

meet·ing /miːtɪŋ/ s 1 encontro; entrevista; reunião. 2 comício. 3 conferência. 4 desafio; competição atlética.

meg·a·byte /mɛgəbaɪt/ s Comp megabyte; um milhão de bytes. (abrev MB).

meg·a·lo·ma·ni·a /mɛgloʊmeɪniə/ s megalomania.

meg·a·lop·o·lis /mɛgələpəlɪs/ s megalópole. (var megapolis).

meg·a·phone /mɛgəfoʊn/ s megafone.

me·gap·o·lis /mɪgæpəlɪs/ → megalopolis.

me·grim /miːgrɪm/ 1 → migraine. ♦ megrims 1 depressão; infelicidade. 2 capricho; fantasia.

mel·an·cho·li·a /mɛlənkoʊliə/ s Psiq melancolia; tristeza; depressão.

mel·an·chol·ic /mɛlənkɑːlɪk/ adj melancólico; triste; deprimido.

mel·an·chol·y /mɛlənkəli/ s melancolia tristeza. || adj melancólico; triste; deprimido.

mel·a·nin /mɛlənɪn/ s melanina.

mel·io·rate /miːljəreɪt/ v (meliorates, meliorating, meliorated, meliorated) melhorar

mel·lif·lu·ous /məlɪfluəs/ adj 1 meliÍluo. 2 suave; doce.

mel·low /mɛloʊ/ adj 1 maduro (tb pessoa) 2 suave; doce (sabor). 3 puro; rico (cores e sons). 4 úmido; rico (solo). 5 alegre; jovial. 6 gír levemente bêbado. 7 suculento. || v (mellows, mellowing, mellowed, mellowed) amadurecer.

me·lo·di·ous /məloʊdiəs/ adj melodioso harmonioso.

mel·o·dize /mɛlədaɪz/ v (melodizes, melodizing, melodized, melodized) Mús compor uma melodia.

mel·o·dra·ma /mɛloʊdrɑːmə/ s melodrama

mel·o·dy /mɛlədi/ s melodia; ária. (p melodies).

mel·on /mɛlən/ s melão.

melt /mɛlt/ v (melts, melting, melted, melted) 1 derreter; liqüefazer. 2 dissolver; fundir. 3 desvanecer-se; dissipar-se; sumir. || s 1 fundição. 2 ação de fundir. 3 massa fundida.

melt·er /mɛltə-/ s fundidor.

melting point s Quím ponto de fusão.

melting pot s 1 caldeirão. 2 cadinho.

mem·ber /mɛmbə-/ s 1 membro; parte de um todo. 2 parte ou órgão do corpo humano; braços; pernas. 3 pênis. 4 sócio; associado de um clube ou organização. 5 membro de uma equação.

mem·ber·ship /mɛmbə-ʃɪp/ s 1 qualidade de membro ou sócio. 2 o total de membros de um grupo ou associação.

mem·brane /mɛmbreɪn/ s Biol membrana.

mem·bra·nous /mɛmbrənəs/ adj membranoso.

mem·o /mɛmoʊ/ s inform memorando.

mem·oir /mɛmwɑːr/ s 1 memória. 2 biografia. 3 ensaio; relatório para uma instituição acadêmica. ♦ memoirs autobiografia.

mem·o·ra·ble /mɛmərəbəl/ *adj* memorável; notável; célebre.

mem·o·ran·dum /mɛmərǽndən/ *s* memorando. (*pl* **memorandums** ou **memoranda** /mɛmərǽndə/).

me·mo·ri·al /məmɔ́:riəl/ *adj* comemorativo. II *s* **1** monumento comemorativo. **2** exposição de fatos; petição.

mem·o·rize /mɛmərɑɪz/ *v* (**memorizes, memorizing, memorized, memorized**) memorizar.

mem·o·ry /mɛməri/ *s* **1** *tb Comp* memória. **2** lembrança; recordação. (*pl* **memories**).

memory cache *s Comp* cache de memória.

memory card *s Comp* placa de memória.

memory cartridge *s Comp* cartucho de memória.

memory chip *s Comp* chip de memória.

memory management *s Comp* gerenciamento da memória.

mem·o·ry-res·i·dent /mɛmərirɛzɪdənt/ *adj Comp* residente na memória.

memory size *s Comp* tamanho da memória.

men /mɛn/ *s pl* de **man**; **1** homens. **2** trabalhadores; operários.

men·ace /mɛnəs/ *v* (**menaces, menacing, menaced, menaced**) ameaçar; intimidar. II *s* ameaça.

mend /mɛnd/ *v* (**mends, mending, mended, mended**) **1** remendar; consertar. **2** emendar; corrigir. **3** restabelecer; melhorar. **4** curar; regenerar. II *s* **1** conserto; emenda. **2** ato de emendar.

mend·a·ble /mɛndəbəl/ *adj* corrigível; reparável.

men·da·cious /mɛndɛɪʃəs/ *adj* falso; mentiroso; traiçoeiro.

men·dac·i·ty /mɛndǽsəti/ *s* mentira; embuste. (*pl* **mendacities**).

men·di·can·cy /mɛndɪkənsi/ *s* mendicância. (*var* **mendicity**).

men·di·cant /mɛndɪkənt/ *s* mendigo. II *adj* mendicante.

men·dic·i·ty /mɛndɪsəti/ → **mendicancy**.

mend·ing /mɛndɪŋ/ *s* roupas ou outros artigos que precisam ser remendados, consertados.

me·ni·al /mi:niəl/ *adj* servil; subalterno. II *s* criado; lacaio.

men·o·pause /mɛnəpɑ:z/ *s* menopausa.

men·ses /mɛnsi:z/ *s us v sing* ou *pl* menstruação.

men·stru·al /mɛnstrəl, mɛnstruəl/ *adj* menstrual. (*var* **menstruous**).

men·stru·ate /mɛnstrueɪt/ *v* (**menstruates, menstruating, menstruated, menstruated**) menstruar.

men·stru·a·tion /mɛnstrueɪʃən/ *s* menstruação; mênstruo.

men·stru·ous /mɛnstruəs/ → **menstrual**.

men·su·ra·ble /mɛnʃərəbəl/ *adj* mensurável.

men·su·ra·tion /mɛnʃəreɪʃən/ *s* mensuração; medição.

men·tal /mɛntəl/ *adj* **1** mental. **2** intelectual; racional. **3** *gír* enlouquecido; perturbado.

mental age *s* idade mental.

mental hospital *s* hospital psiquiátrico; manicômio.

men·tal·i·ty /mɛntǽləti/ *s* mentalidade; caráter; índole. (*pl* **mentalities**).

men·tion /mɛnʃən/ *s* menção; alusão. II *v* (**mentions, mentioning, mentioned, mentioned**) mencionar; referir-se a.

men·tion·a·ble /mɛnʃənəbəl/ *adj* mencionável; digno de menção.

men·tor /mɛntɚ/ *s* mentor; guia. II *v* (**mentors, mentoring, mentored, mentored**) *inform* orientar; instruir.

men·u /mɛnju:/ *s* **1** *tb Comp* menu. **2** cardápio.

menu bar *s Comp* barra de menus.

menu item *s Comp* item do menu; opção do menu.

me·ow /mi:aʊ/ *s* miado. II *v* (**meows, meowing, meowed, meowed**) miar.

mer·can·tile /mɜ:rkənti:l, mɜ:rkəntaɪl/ *adj* mercantil; comercial.

mer·can·til·ism /mɜ:rkənti:lɪzəm, mɜ:rkəntaɪlɪzəm/ *s* mercantilismo.

mer·ce·nar·y /mɜ:rsəneri/ *adj* mercenário; venal. II *s* **1** pessoa mercenária. **2** legionário; soldado profissional que vende seus serviços para exército estrangeiro. (*pl* **mercenaries**).

mer·chan·dise /mɜːrtʃəndaɪz/ v (merchandises, merchandising, merchandised, merchandised) promover; negociar; comerciar. (var merchandize). ‖ s mercadorias.

mer·chan·dis·ing /mɜːrtʃəndaɪzɪŋ/ s venda promocional de mercadorias através do conjunto de produção, marketing e publicidade. (var merchandizing).

mer·chan·dize /mɜːrtʃəndaɪz/ v (merchandizes, merchandizing, merchandized, merchandized) → merchandise.

mer·chan·diz·ing /mɜːrtʃəndaɪzɪŋ/ → merchandising.

mer·chant /mɜːrtʃənt/ s negociante; comerciante; mercador. ‖ adj mercantil; comercial.

mer·chant·man /mɜːrtʃəntmən/ s Náut navio mercante.

mer·ci·ful /mɜːrsɪfəl/ adj misericordioso; clemente; compassivo.

mer·ci·ful·ness /mɜːrsɪfəlnəs/ s misericórdia; clemência; compaixão.

mer·ci·less /mɜːrsɪləs/ adj impiedoso; cruel.

mer·cu·ry /mɜːrkjəri/ s 1 maiús tb Mit Mercúrio. 2 Quím mercúrio (símb Hg). 3 Bot mercurial; urtiga-morta. 4 temperatura.

mer·cy /mɜːrsi/ s 1 misericórdia; clemência; piedade; mercê. 2 bênção. (pl mercies). ♦ at the mercy of à mercê de.

mere /mɪr/ adj 1 mero; simples. 2 puro; inalterado. ‖ s charco; lagoa.

mere·ly /mɪrli/ adv meramente; apenas; simplesmente.

mer·e·tri·cious /merətrɪʃəs/ adj 1 meretrício; de meretriz. 2 vulgar. 3 insincero.

merge /mɜːrdʒ/ v (merges, merging, merged, merged) 1 unir; fundir(-se); derreter(-se); juntar(-se). 2 ser absorvido gradualmente.

me·rid·i·an /mərɪdiən/ adj 1 meridional. 2 do meio-dia. 3 relativo ao ponto mais alto, apogeu ‖ s 1 tb Mat meridiano. 2 ponto culminante; zênite.

me·rid·i·o·nal /mərɪdiənəl/ adj e s meridional; austral; do sul.

me·ringue /məræŋ/ s merengue (doce).

mer·it /merɪt/ s 1 mérito; merecimento; qualidade meritória. 2 valor. 3 virtude. ‖

v (merits, meriting, merited, merited) merecer; fazer jus a.

mer·i·to·ri·ous /merətɔːriəs/ adj meritório.

merl /mɜːrl/ s Zool melro. (var merle).

merle /mɜːrl/ → merl.

mer·lin /mɜːrlɪn/ s Zool esmerilhão; pequeno falcão.

mer·maid /mɜːrmeɪd/ s Mit sereia.

mer·man /mɜːrmæn/ s Mit tritão.

mer·ry /meri/ adj 1 alegre; engraçado. 2 festivo; prazeroso. (gr comp merrier. gr super merriest).

mer·ry-go-round /merigoʊraʊnd/ s carrossel.

mer·ry-mak·ing /merimeɪkɪŋ/ s festejos; comemorações.

mesh /meʃ/ s 1 malha (de rede, peneira, etc.). 2 estrutura entrelaçada. 3 armadilha; cilada. ‖ v (meshes, meshing, meshed, meshed) 1 apanhar com rede; enredar; enlaçar. 2 harmonizar; coordenar.

mes·mer·ism /mezmərɪzəm/ s mesmerismo; hipnotismo.

mes·mer·ize /mezməraɪz/ v (mesmerizes, mesmerizing, mesmerized, mesmerized) hipnotizar.

mes·mer·iz·er /mezməraɪzɚ/ s hipnotizador.

mess /mes/ s 1 mistura. 2 confusão; bagunça. 3 sujeira; desordem; embrulhada. 4 rancho (comida de soldados); comida de má qualidade. ‖ v (messes, messing, messed, messed) 1 sujar; enxovalhar. 2 dar de comer; arranchar. 3 confundir. 4 bagunçar. 5 intrometer-se.

mes·sage /mesɪdʒ/ s 1 mensagem; comunicação. 2 notícia. 3 ensinamento. ‖ v (messages, messaging, messaged, messaged) enviar mensagem. ♦ get the message entender; compreender.

message header s Comp cabeçalho da mensagem.

mes·sen·ger /mesɪndʒɚ/ s 1 mensageiro. 2 correio militar; moço de recados. 3 precursor; profeta. 4 carteiro.

mess·y /mesi/ adj desordenado; desarranjado; sujo. (gr comp messier. gr super messiest).

me·tab·o·lism /mətæbəlɪzəm/ s metabolismo.

met·a·da·ta /metədeɪtə/ s Comp metadados.

met·a·file /metəfaɪl/ s Comp metarquivo.

met·al /metəl/ s 1 metal. 2 liga metálica. 3 cascalho. ‖ v (metals, metaling/metalling, metaled/metalled, metaled/metalled) pavimentar com cascalho (leito de estrada).

met·a·lan·guage /metəlæŋgwɪdʒ/ s Comp metalinguagem.

me·tal·lic /mətælɪk/ adj metálico.

met·al·lur·gy /metəlɜːrdʒi/ s metalurgia.

met·al·work /metəlwɜːrk/ s trabalho em metal.

met·a·mor·pho·sis /metəmɔːrfəsɪs, metəmɔːrfoʊsɪs/ s metamorfose. (pl metamorphoses /metəmɔːrfəsiːz, metəmɔːrfoʊsiːz/).

met·a·phor /metəfɔːr/ s metáfora.

met·a·phys·ic /metəfɪzɪk/ s metafísica.

met·a·phys·i·cal /metəfɪzɪkəl/ adj 1 metafísico. 2 imaterial; incorpóreo.

met·a·plasm /metəplæzəm/ s Gram metaplasmo.

me·tas·ta·sis /mətæstəsɪs/ s Med metástase. (pl metastases /mətæstəsiːz/).

mete /miːt/ v (metes, meting, meted, meted) distribuir; repartir. ‖ s limite; fronteira.

me·te·or /miːtiə, miːtiɔːr/ s meteoro.

me·te·or·ol·o·gy /miːtiərɑːlədʒi/ s meteorologia.

me·ter /miːtə/ s 1 metro (unidade de medida). 2 Mús e Poét métrica. 3 ritmo. 4 medidor. ‖ v (meters, metering, metered, metered) 1 medir. 2 distribuir.

meth·od /meθəd/ s 1 método; regra; ordem. 2 modo; maneira; procedimento.

me·thod·ic /məθɑːdɪk/ → **methodical**.

me·thod·i·cal /məθɑːdɪkəl/ adj metódico; sistemático; ordenado. (var **methodic**).

Meth·od·ism /meθədɪzəm/ s 1 Relig metodismo. 2 minús procedimento metódico.

Meth·od·ist /meθədɪst/ s 1 Relig metodista. 2 minús pessoa metódica.

meth·od·ize /meθədaɪz/ v (methodizes, methodizing, methodized, methodized) metodizar; organizar de acordo com um método; sistematizar.

meth·od·ol·o·gy /meθədɑːlədʒi/ s metodologia. (pl **methodologies**).

me·tic·u·lous /mətɪkjələs/ adj meticuloso.

me·ton·y·my /mətɑːnəmi/ s metonímia. (pl **metonymies**).

met·ric /metrɪk/ adj métrico. ‖ s 1 sistema métrico. 2 Poét métrica.

met·rics /metrɪks/ s us v sing Poét métrica.

metric system s sistema métrico.

met·ro /metroʊ/ s 1 metrô; trem metropolitano. 2 inform área metropolitana. (pl **metros**). ‖ adj inform metropolitano.

me·trop·o·lis /mətrɑːpəlɪs/ s metrópole.

met·tle /metl/ s valor; coragem.

mew /mjuː/ v (mews, mewing, mewed, mewed) 1 miar. 2 engaiolar. ‖ s 1 miado. 2 esconderijo. 3 gaiola. 4 Zool gaivota.

mewl /mjuːl/ v (mewls, mewling, mewled, mewled) choramingar; lamentar-se.

Mex·i·can /meksɪkən/ adj e s mexicano.

Mex·i·co /meksɪkoʊ/ s México.

mi /miː/ s Mús mi (nota musical).

mice /maɪs/ s pl de **mouse**.

mi·crobe /maɪkroʊb/ s micróbio.

mi·cro·bi·ol·o·gy /maɪkroʊbaɪɑːlədʒi/ s microbiologia.

mi·cro·bus /maɪkroʊbʌs/ s microônibus. (pl **microbuses** ou **microbusses**).

mi·cro·ceph·a·lous /maɪkroʊsefələs/ adj microcéfalo; microcefálico.

mi·cro·chip /maɪkroʊtʃɪp/ s Comp microchip.

mi·cro·com·put·er /maɪkroʊkəmpjuːtə/ s Comp microcomputador.

mi·cro·ec·o·nom·ics /maɪkroʊekənɑːmɪks/ s us v sing microeconomia.

mi·cro·film /maɪkroʊfɪlm/ s tb Comp microfilme. ‖ v (microfilms, microfilming, microfilmed, microfilmed) microfilmar.

Mi·cro·ne·si·a /maɪkrouniːʒə/ s Micronésia.

Mi·cro·ne·sian /maɪkrouniːʒən/ s e adj micronésio.

mi·cro·or·gan·ism /maɪkroʊɔːrgənɪzəm/ s microorganismo.

mi·cro·proc·es·sor /maɪkroʊprɑːsesə/ s Comp microprocessador.

mi·cro·scope /maɪkrəskoʊp/ s microscópio.

mi·cro·sur·ger·y /maɪkroʊsɜːrgəri, maɪkroʊsɜːrgəri/ s Med microcirurgia. (pl **microsurgeries**).

M

mi·cro·wave /ˈmaɪkrouweɪv/ s microonda.

microwave oven s forno de microondas.

mid /mɪd/ adj meio; médio; central. ‖ prep em meio a.

mid·day /ˈmɪddeɪ/ s meio-dia.

mid·dle /ˈmɪdl/ adj 1 central; mediano. 2 intermediário. ‖ s meio; parte intermediária; centro. ‖ v (**middles, middling, middled, middled**) colocar no meio.

middle age s meia-idade. (var **midlife**).

Middle Ages s Idade Média.

middle class s classe média.

Middle East s Oriente Médio. (var **Mideast**).

mid·dling /ˈmɪdlɪŋ/ adj 1 médio; mediano. 2 regular. ‖ adv moderadamente; regularmente. ♦ **middlings** produtos de qualidade e preço médio.

Mid·east /ˈmɪdiːst/ → **Middle East**.

midge /mɪdʒ/ s 1 Zool mosquito-pólvora. 2 pessoa pequena.

MIDI abrev Comp de **Musical Instrument Digital Interface**; padrão de interface serial que permite a conexão de sintetizadores, instrumentos musicais e computadores.

mid·land /ˈmɪdlənd/ adj central; interior. ‖ s a parte central ou o interior de um país.

mid·life /ˈmɪdlaɪf/ s → **middle age**. (pl **midlives**). ‖ adj relativo à meia-idade.

midlife crisis s crise de meia-idade.

mid·night /ˈmɪdnaɪt/ s meia-noite.

mid·ship·man /ˈmɪdʃɪpmən, ˈmɪdʃɪpmən/ s aspirante da marinha.

mid·size /ˈmɪdsaɪz/ adj de tamanho médio. (geralm us para tamanho de automóveis). (tb **mid-size**).

midst /mɪdst/ s a parte central; centro; meio.

mid·sum·mer /ˈmɪdsʌmə/ s solstício do verão.

mid·way /ˈmɪdweɪ, mɪdweɪ/ s 1 meio caminho. 2 área de um circo, feira ou exposição onde estão localizadas as diversões ou shows. ‖ adj situado a meio caminho. ‖ adv a meio caminho.

mid·wife /ˈmɪdwaɪf/ s parteira. (pl **midwives**). ‖ v (**midwifes/midwives, midwifing/midwiving, midwifed/midwived, midwifed/midwived**) partejar; servir de parteira.

mid·wife·ry /mɪdˈwɪfəi, mɪdˈwaɪfəi/ s técnicas e prática de uma parteira.

mien /miːn/ s 1 ar; fisionomia; aspecto. 2 modo.

miff /mɪf/ s 1 mau humor. 2 zanga; raiva. ‖ v (**miffs, miffing, miffed, miffed**) ofender(-se); zangar(-se).

might /maɪt/ v aux pass de **may** (us para indicar uma condição ou possibilidade). ‖ s 1 poder. 2 força física.

might·y /ˈmaɪti/ adj forte; poderoso; eficaz. (gr comp **mightier**. gr super **mightiest**).

mi·graine /ˈmaɪgreɪn/ s enxaqueca. (var **megrim**).

mi·grate /ˈmaɪgreɪt/ v (**migrates, migrating, migrated, migrated**) 1 emigrar. 2 migrar.

mi·gra·tion /maɪˈgreɪʃən/ s migração.

mi·gra·to·ry /ˈmaɪgrətɔːri/ adj migratório.

mi·la·dy /mɪˈleɪdi/ s fem nobre inglesa.

mild /maɪld/ adj 1 gentil; suave. 2 doce; brando; meigo. 3 agradável. 4 indulgente; clemente. 5 maleável. 6 moderado (calor, frio).

mil·dew /ˈmɪlduː/ s 1 míldio (doença das videiras causada por um fungo). 2 mofo; bolor.

mile /maɪl/ s milha (medida de comprimento equivalente a 1.609 m).

mile·age /ˈmaɪlɪdʒ/ s milhagem.

mile·stone /ˈmaɪlstoun/ s 1 marco à beira da estrada indicando a distância em milhas. 2 marco importante na vida de uma pessoa ou de uma nação.

mil·i·tan·cy /ˈmɪlɪtənsi/ s militância.

mil·i·tant /ˈmɪlɪtənt/ adj e s militante.

mil·i·ta·rism /ˈmɪlɪtərɪzəm/ s militarismo.

mil·i·ta·rize /ˈmɪlɪtəraɪz/ v (**militarizes, militarizing, militarized, militarized**) militarizar; equipar-se para a guerra.

mil·i·tar·y /ˈmɪlɪteri/ s forças armadas. (pl **military** ou **militaries**). ‖ adj militar; bélico; marcial.

mi·li·tia /mɪˈlɪʃə/ s milícia.

milk /mɪlk/ s 1 leite. 2 suco leitoso (de coco, látex, etc.). ‖ v (**milks, milking, milked, milked**) 1 ordenhar. 2 inform explorar alguém; aproveitar-se de. 3 extrair; tirar à força. 4 dar leite.

milk·er /ˈmɪlkə/ s ordenhador.

milk·maid /mɪlkmeɪd/ s ordenhadora.

milk·man /mɪlkmæn/ s leiteiro.

milk shake s leite batido com sorvete; *milk-shake.*

milk tooth s dente de leite.

milk·y /mɪlki/ *adj* lácteo; leitoso; lactescente. (*gr comp* **milkier**. *gr super* **milkiest**)

Milky Way s Via Láctea.

mill /mɪl/ s 1 moinho; moenda. 2 fábrica; usina. 3 laminadora; fresa; polidor (instrumento ou máquina). 4 milésimo de um dólar. II *v* (**mills, milling, milled, milled**) 1 moer; triturar. 2 laminar. 3 mover-se em redemoinho; rodopiar.

mil·le·nar·i·an /mɪləneriən/ *adj* milenário; milenar.

mil·le·nar·y /mɪləneri/ s milênio; milhar. II *adj* milenário; milenar.

mil·le·pede /mɪləpid/ → **millipede**.

mill·er /mɪlɚ/ s moleiro; moendeiro.

mil·les·i·mal /mɪlesəməl/ s milésimo. II *adj* referente a um milésimo.

mil·li·gram /mɪlɪgræm/ s miligrama. (*abrev* **mg**).

mil·li·li·ter /mɪlɪliːtɚ/ s mililitro. (*abrev* **ml**).

mil·li·me·ter /mɪlɪmiːtɚ/ s milímetro. (*abrev* **mm**).

mil·li·ner /mɪlɪnɚ/ s chapeleiro.

mill·ing /mɪlɪŋ/ s 1 moagem; moedura. 2 trituração; fresagem. 3 laminação; polimento.

mil·lion /mɪljən/ *num* milhão. (*pl* **million** ou **millions**).

mil·lion·aire /mɪljəner, mɪljəner/ s milionário.

mil·lionth /mɪljənθ/ *num* milionésimo.

mil·li·pede /mɪləpid/ s *Zool* centopéia. (*var* **millepede**).

mill·stone /mɪlstoʊn/ s 1 mó de moinho. 2 um grande peso; fardo.

mi·lord /mɪlɔːrd/ s *masc* milorde; nobre inglês.

mime /maɪm/ *v* (**mimes, miming, mimed, mimed**) 1 mimicar; gesticular. 2 atuar com mímica. II s 1 mímica. 2 pantomima.

mim·e·o·graph /mɪmiəgræf/ s mimeógrafo. II *v* (**mimeographs, mimeographing, mimeographed, mimeographed**) mimeografar.

mi·me·sis /mɪmiːsɪs/ s *Lit* mimese.

mim·ic /mɪmɪk/ *v* (**mimics, mimicking, mimicked, mimicked**) 1 arremedar; macaquear. 2 simular. II *adj* burlesco; imitativo. II s 1 mímico; imitador. 2 cópia; imitação.

mim·ic·ry /mɪmɪkri/ s 1 mímica; pantomima; arremedo. 2 *Biol* mimetismo. (*pl* **mimicries**).

mince /mɪns/ s carne picada. II *v* (**minces, mincing, minced, minced**) 1 picar (carne); cortar em pedacinhos. 2 fragmentar. 3 reduzir a grânulos; triturar. 4 andar de modo afetado; pavonear-se.

mince·meat /mɪnsmiːt/ s 1 uma mistura de maçã, uva passa, carne, especiarias e rum, que serve de recheio para tortas. 2 picadinho (carne). ♦ **make mincemeat of** *gír* fazer picadinho de; reduzir a zero.

mind /maɪnd/ s 1 mente; intelecto; cérebro. 2 memória; lembrança. 3 propensão; vontade; inclinação. 4 opinião; propósito. 5 pensamento; consciência. 6 razão; juízo. 7 alma; psique. II *v* (**minds, minding, minded, minded**) 1 lembrar; notar; observar. 2 prestar atenção; estar alerta; estar atento. 3 tomar cuidado; acautelar-se. 4 fazer caso; preocupar-se. 5 comportar-se bem. ♦ **never mind** não tem importância. **do you mind?** você se importa?

mind·ed /maɪndɪd/ *adj* propenso; inclinado.

mind·ful /maɪndfəl/ *adj* atento; cuidadoso.

mind·less /maɪndləs/ *adj* 1 descuidado; desatento. 2 estúpido; tolo.

mine /maɪn/ *pron 1ª pess sing* meu; minha; meus; minhas. II *v* (**mines, mining, mined, mined**) 1 minar. 2 explorar; extrair (minérios). 3 cavar; abrir buracos. II s 1 jazida; mina. 2 bomba; explosivo.

min·er /maɪnɚ/ s 1 mineiro; minerador. 2 sapador.

min·er·al /mɪnərəl/ *adj* e s mineral.

min·er·al·i·za·tion /mɪnərəlɪzeɪʃən/ s mineralização.

M

min·er·al·o·gy /mɪnərɑːlədʒɪ/ s mineralogia. (pl **mineralogies**).

min·gle /mɪŋgəl/ v (**mingles, mingling, mingled, mingled**) misturar; juntar.

min·i·a·ture /mɪnɪətʃə/ s e adj miniatura.

min·i·mal /mɪnɪməl/ adj mínimo; menor.

min·i·mize /mɪnɪmaɪz/ v (**minimizes, minimizing, minimized, minimized**) tb Comp minimizar; reduzir ao mínimo.

min·i·mum /mɪnɪməm/ adj mínimo. II s mínimo. (pl **minimums** ou **minima**).

minimum wage s salário mínimo.

min·ing /maɪnɪŋ/ s mineração.

min·i·se·ries /mɪnɪsɪərɪz, mɪnɪsɪərɪːz/ s minissérie (de TV). (pl **miniseries**).

min·i·skirt /mɪnɪskɜːrt/ s minissaia.

min·is·ter /mɪnɪstə/ s 1 ministro. 2 sacerdote. II v (**ministers, ministering, ministered, ministered**) 1 ministrar; dar. 2 atender; oficiar.

min·is·te·ri·al /mɪnɪstɪrɪəl/ adj ministerial.

min·is·tra·tion /mɪnɪstreɪʃən/ s 1 assistência; ajuda. 2 sacerdócio.

min·is·try /mɪnɪstrɪ/ s 1 ministério. 2 clero; sacerdócio. (pl **ministries**).

mink /mɪŋk/ s 1 Zool marta. 2 pele de marta. (pl **mink** ou **minks**).

mi·nor /maɪnə/ adj 1 menor. 2 minoritário; secundário. 3 inferior. II s 1 Jur menor de idade. 2 menor. 3 Mús tom menor.

mi·nor·i·ty /maɪnɔːrətɪ, mɪnɔːrətɪ/ s 1 minoria. 2 menoridade. (pl **minorities**).

min·strel /mɪnstrəl/ s menestrel; bardo.

mint /mɪnt/ s 1 Bot hortelã. 2 casa da moeda. 3 grande quantidade de dinheiro. II v (**mints, minting, minted, minted**) 1 cunhar; amoedar. 2 inventar (uma palavra, frase, etc.). II adj novo; renovado; fresco.

mi·nus /maɪnəs/ prep 1 Mat menos. 2 inform sem. II s 1 Mat sinal de subtração. 2 deficiência; defeito. II adj Mat negativo (em uma escala).

min·us·cule /mɪnɪskjuːl, mɪnʌskjuːl/ adj pequeno; minúsculo. II s minúscula (letra).

min·ute /mɪnɪt/ s 1 minuto. 2 intervalo; momento. 3 nota; apontamento; memorando. II v (**minutes, minuting, minuted, minuted**) minutar; sumariar; lavrar ata.

II /maɪnuːt/ adj 1 miúdo; diminuto; minúsculo. 2 insignificante. ♦ **minutes** minutas; atas. **just a minute** ou **wait a minute** espere um momento.

minute hand s ponteiro dos minutos (relógio).

mir·a·cle /mɪrəkəl/ s 1 milagre. 2 maravilha. 3 peça medieval.

mi·rac·u·lous /mɪrækjələs/ adj 1 miraculoso; milagroso. 2 maravilhoso; fenomenal.

mi·rage /mɪrɑːʒ/ s 1 miragem. 2 ilusão.

mire /maɪr/ s atoleiro; lama; lodo. II v (**mires, miring, mired, mired**) 1 atolar. 2 enlamear.

mir·ror /mɪrə/ s 1 espelho. 2 exemplo; modelo. II v (**mirrors, mirroring, mirrored, mirrored**) espelhar; refletir.

mirror image s tb Comp imagem espelhada.

mirth /mɜːrθ/ s alegria; regozijo; hilaridade.

mirth·ful /mɜːrθfəl/ adj alegre; jovial.

mirth·less /mɜːrθləs/ adj triste.

mir·y /maɪərɪ/ adj lodoso; lamacento; pantanoso. (gr comp **mirier**. gr super **miriest**).

mis·ad·ven·ture /mɪsədventʃə/ s infortúnio; desgraça.

mis·a·ligned /mɪsəlaɪnd/ adj desalinhado.

mis·a·lign·ment /mɪsəlaɪmənt/ s desalinhamento.

mis·al·li·ance /mɪsəlaɪəns/ s casamento inadequado; união imprópria.

mis·an·thrope /mɪsənθroʊp/ s misantropo. (var **misanthropist**).

mis·an·thro·pist /mɪsænθrəpɪst/ → **misanthrope**.

mis·ap·pli·ca·tion /mɪsæplɪkeɪʃən/ s mau emprego; uso incorreto.

mis·ap·pre·hend /mɪsæprɪhend/ v (**misapprehends, misapprehending, misapprehended, misapprehended**) compreender mal; enganar-se; não perceber.

mis·ap·pre·hen·sion /mɪsæprɪhenʃən/ s má compreensão; engano; erro; equívoco.

mis·ap·pro·pri·a·tion /mɪsəproʊprɪeɪʃən/ s apropriação indébita.

mis·be·come /mɪsbɪkʌm/ v (**misbecomes, misbecoming, misbecame, misbecome**) ser inadequado; ser impróprio.

mis·be·got·ten /mɪsbɪgɑːtən/ *adj* **1** bastardo. **2** ilegítimo; indébito.

mis·be·have /mɪsbɪheɪv/ *v* (**misbehaves, misbehaving, misbehaved, misbehaved**) comportar-se mal.

mis·be·hav·ior /mɪsbɪheɪvjə/ *s* mau comportamento.

mis·be·lief /mɪsbɪliːf/ *s* **1** falsa crença. **2** heresia.

mis·cal·cu·late /mɪskælkjəleɪt/ *v* (**miscalculates, miscalculating, miscalculated, miscalculated**) calcular mal.

mis·cal·cu·la·tion /mɪskælkjəleɪʃən/ *s* cálculo errado; conta errada.

mis·call /mɪskɔːl/ *v* (**miscalls, miscalling, miscalled, miscalled**) chamar por nome errado.

mis·car·riage /mɪskerɪdʒ/ *s* **1** aborto. **2** fracasso; falha. **3** má administração.

mis·car·ry /mɪskeri/ *v* (**miscarries, miscarrying, miscarried, miscarried**) **1** extraviar. **2** abortar. **3** fracassar (não atingir os objetivos propostos).

mis·cel·la·ne·ous /mɪsəleɪniəs/ *adj* misturado; misto; variado.

mis·cel·la·ny /mɪsəleɪni/ *s* miscelânea. (*pl* **miscellanies**). ♦ miscellanies coletânea; publicação que contém vários trabalhos literários.

mis·chance /mɪstʃæns/ *s* infortúnio; desgraça.

mis·chief /mɪstʃɪf/ *s* **1** maldade; travessura; diabrura. **2** dano; destruição. **3** pessoa que causa problemas, confusões.

mis·chie·vous /mɪstʃəvəs/ *adj* **1** maldoso. **2** peralta; desordeiro. **3** prejudicial.

mis·con·cep·tion /mɪskənsepʃən/ *s* opinião falsa; idéia errônea; compreensão incorreta.

mis·con·duct /mɪskəndʌkt/ *v* (**misconducts, misconducting, misconducted, misconducted**) **1** administrar mal. **2** comportar-se mal. II /mɪskɑːndʌkt/ *s* **1** má conduta. **2** má administração. **3** adultério.

mis·con·struc·tion /mɪskənstrʌkʃən/ *s* **1** interpretação ou compreensão errônea. **2** *Gram* erro de construção de frase.

mis·con·strue /mɪskənstruː/ *v* (**misconstrues, misconstruing, misconstrued,**

misconstrued) interpretar mal; não compreender.

mis·count /mɪskaʊnt/ *v* (**miscounts, miscounting, miscounted, miscounted**) contar erradamente; calcular mal. II /mɪskaʊnt/ *s* contagem errada.

mis·deed /mɪsdiːd/ *s* **1** má ação. **2** delito; crime.

mis·de·mean·or /mɪsdɪmiːnə/ *s* **1** má conduta. **2** *Jur* delito; crime.

mis·di·rect /mɪsdərekt, mɪsdaɪrekt/ *v* (**misdirects, misdirecting, misdirected, misdirected**) **1** direcionar, apontar mal. **2** orientar ou instruir erroneamente. **3** enviar para um endereço errado (correspondência).

mis·do /mɪsduː/ *v* (**misdoes, misdoing, misdid, misdone**) fazer algo desajeitadamente; fazer de forma imprópria, errada.

mis·do·ing /mɪsduːɪŋ/ *s* má ação; erro.

mi·ser /maɪzə/ *s* avarento; sovina.

mis·er·a·ble /mɪzərəbəl/ *adj* **1** miserável; infeliz; desditoso. **2** pobre (em qualidade); inferior. II *s* miserável; infeliz; desgraçado.

mis·er·a·ble·ness /mɪzərəbəlnəs/ *s* desgraça; infelicidade; desventura.

mi·ser·ly /maɪzəli/ *adj* avaro; avarento; sovina.

mis·er·y /mɪzəri/ *s* **1** miséria; desdita; penúria. **2** *inform* dor física; sofrimento. **3** infelicidade. (*pl* **miseries**).

mis·fea·sance /mɪsfiːzəns/ *s* *Jur* infração; transgressão.

mis·fit /mɪsfɪt/ *s* **1** objeto ou roupa mal-ajustada. **2** pessoa desajustada.

mis·for·tune /mɪsfɔːrtʃən/ *s* infortúnio; desventura; desgraça; revés.

mis·give /mɪsgɪv/ *v* (**misgives, misgiving, misgave, misgiven**) **1** suscitar receios ou preocupações; levantar suspeitas. **2** recear; ter apreensões.

mis·giv·ing /mɪsgɪvɪŋ/ *s* apreensão; receio; desconfiança.

mis·gov·ern /mɪsgʌvən/ *v* (**misgoverns, misgoverning, misgoverned, misgoverned**) desgovernar; governar mal.

mis·gov·ern·ment /mɪsgʌvənmənt/ *s* mau governo.

mis·guid·ance /mɪsgaɪdəns/ s direção ou orientação falsa.

mis·guide /mɪsgaɪd/ v (misguides, misguiding, misguided, misguided) 1 guiar ou dirigir mal. 2 influir ou orientar alguém negativamente; desencaminhar.

mis·guid·ed /mɪsgaɪdɪd/ adj desencaminhado; mal-orientado.

mis·han·dle /mɪshændl/ v (mishandles, mishandling, mishandled, mishandled) 1 administrar mal. 2 maltratar alguém.

mis·hap /mɪshæp/ s 1 má sorte; azar; desgraça; infortúnio. 2 acidente.

mis·in·form /mɪsɪnfɔːrm/ v (misinforms, misinforming, misinformed, misinformed) dar informação errônea.

mis·in·for·ma·tion /mɪsɪnfəmeɪʃən/ s informação errônea.

mis·in·ter·pret /mɪsɪntɜːrprɪt/ v (misinterprets, misinterpreting, misinterpreted, misinterpreted) 1 interpretar mal. 2 explicar mal.

mis·judge /mɪsdʒʌdʒ/ v (misjudges, misjudging, misjudged, misjudged) julgar mal.

mis·judg·ment /mɪsdʒʌdʒmənt/ s juízo falso; opinião errônea.

mis·know /mɪsnou/ v (misknows, misknowing, misknew, misknown) compreender mal.

mis·lay /mɪsleɪ/ v (mislays, mislaying, mislaid, mislaid) colocar em lugar diferente, errado; largar à toa.

mis·lead /mɪsliːd/ v (misleads, misleading, misled, misled) desencaminhar; desorientar; induzir em erro.

mis·man·age /mɪsmænɪdʒ/ v (mismanages, mismanaging, mismanaged, mismanaged) administrar mal e erroneamente.

mis·place /mɪspleɪs/ v (misplaces, misplacing, misplaced, misplaced) 1 pôr em lugar indevido. 2 acreditar, confiar em uma pessoa indigna.

mis·place·ment /mɪspleɪsmənt/ s má colocação (fora do lugar).

mis·print /mɪsprɪnt/ v (misprints, misprinting, misprinted, misprinted) imprimir mal; errar na impressão. II /mɪsprɪnt/ s erro tipográfico.

mis·pro·nounce /mɪsprənaʊns/ v (mispronounces, mispronouncing, mispronounced, mispronounced) pronunciar erroneamente.

mis·pro·nun·ci·a·tion /mɪsprənʌnsieɪʃən/ s pronúncia má ou incorreta.

mis·quote /mɪskwout/ v (misquotes, misquoting, misquoted, misquoted) fazer citação ou referência errada.

mis·read /mɪsriːd/ v (misreads, misreading, misread, misread) ler ou interpretar mal.

mis·rep·re·sent /mɪsreprɪzent/ v (misrepresents, misrepresenting, misrepresented, misrepresented) representar de forma incorreta ou desonesta os interesses ou idéias de alguém.

mis·rep·re·sen·ta·tion /mɪsreprɪzenteɪʃən/ s representação falsa ou incorreta; deturpação.

mis·rule /mɪsruːl/ v (misrules, misruling, misruled, misruled) 1 aplicar mal as regras. 2 governar mal. II s 1 desgoverno. 2 mau governo.

miss /mɪs/ v (misses, missing, missed, missed) 1 falhar; errar. 2 não acertar o alvo. 3 ser malsucedido; não conseguir. 4 não alcançar; não obter. 5 não compreender; não entender. 6 não notar; não ver. 7 não ouvir. 8 não encontrar. 9 sentir a falta de. 10 malograr. 11 omitir. 12 perder. II s 1 senhorita (forma cortês de se dirigir a uma moça. abrev Ms. ou Ms) 2 moça solteira. 3 falha (de motor). 4 insucesso. ♦ miss fire negar fogo (arma). miss out on perder uma chance.

mis·shape /mɪsʃeɪp/ v (misshapes, misshaping, misshaped/misshapen, misshaped/misshapen) desfigurar; deformar.

mis·sile /mɪsəl/ s 1 projétil; bala (de arma de fogo). 2 míssil teleguiado. 2 míssil balístico.

miss·ing /mɪsɪŋ/ adj 1 desaparecido; perdido. 2 ausente.

mis·sion /mɪʃən/ s 1 missão (militar, religiosa, diplomática). 2 vocação; dever; destino. 3 objetivo; aspiração. 4 tarefa; dever. ♦ missions missões; trabalho dos missionários.

mis·sion·ar·y /mɪʃəneri/ s missionário; evangelista. (pl **missionaries**). || adj **1** missionário. **2** persuasivo; insistente.

mis·sive /mɪsɪv/ s mensagem escrita; carta; missiva.

mis·spend /mɪsspɛnd/ v (**misspends, misspending, misspent, misspent**) esbanjar.

mis·state /mɪsstɛɪt/ v (**misstates, misstating, misstated, misstated**) fazer declaração ou afirmação errônea.

mis·state·ment /mɪsstɛɪtmənt/ s declaração falsa.

miss·y /mɪsi/ s inform menina; moça. (pl **missies**).

mist /mɪst/ s neblina; névoa; nevoeiro; cerração; bruma. || v (**mists, misting, misted, misted**) **1** obscurecer; ofuscar; enevoar. **2** chuviscar.

mis·take /mɪstɛɪk/ v (**mistakes, mistaking, mistook, mistaken**) **1** errar; cometer um erro. **2** compreender mal; equivocar-se; enganar-se. || s engano; erro; equívoco.

mis·tak·en /mɪstɛɪkən/ v part pass de **mistake**. || adj errado; errôneo; enganado.

Mis·ter /mɪstɚ/ s senhor. (abrev **Mr.**).

mis·trans·la·tion /mɪstrænslɛɪʃən/ s tradução incorreta.

mis·treat /mɪstriːt/ v (**mistreats, mistreating, mistreated, mistreated**) maltratar; tratar grosseiramente; abusar.

mis·tress /mɪstrɪs/ s **1** administradora; proprietária; patroa. **2** mestra; professora. **3** amante; concubina. **4** ama; senhora.

mis·trust /mɪstrʌst, mɪstrʌst/ v (**mistrusts, mistrusting, mistrusted, mistrusted**) desconfiar; suspeitar. || s desconfiança; suspeita.

mis·trust·ful /mɪstrʌstfəl/ adj desconfiado; duvidoso; receoso.

mist·y /mɪsti/ adj **1** enevoado; obscuro; nebuloso. **2** vago. (gr comp **mistier**. gr super **mistiest**).

mis·un·der·stand /mɪsʌndɚstænd/ v (**misunderstands, misunderstanding, misunderstood, misunderstood**) compreender mal; equivocar-se.

mis·un·der·stand·ing /mɪsʌndɚstændɪŋ/ s mal-entendido; equívoco.

mis·use /mɪsjuːs/ s uso ou aplicação imprópria ou ilegal. || /mɪsjuːz/ v (**misuses, misusing, misused, misused**) **1** usar incorretamente. **2** abusar de; maltratar.

mite /maɪt/ s **1** moeda de pouco valor (geralmente não mais em circulação). **2** objeto ou criatura pequena. **3** bagatela; ninharia. **4** espécie de ácaro que infesta alimentos armazenados.

mi·ter /maɪtɚ/ s Ecles mitra.

mit·i·gate /mɪtɪgɛɪt/ v (**mitigates, mitigating, mitigated, mitigated**) mitigar; aliviar; abrandar.

mit·i·ga·tion /mɪtɪgɛɪʃən/ s mitigação; abrandamento.

mi·tral /maɪtrəl/ adj **1** Anat mitral (relativo à válvula mitral). **2** mitriforme.

mitral valve s Anat válvula mitral.

mix /mɪks/ s **1** mistura; composição. **2** confusão; embrulhada. || v (**mixes, mixing, mixed, mixed**) **1** misturar; mesclar; combinar. **2** unir; amalgamar. **3** associar; fundir. **4** acasalar. ♦ **mix up** confundir. **mix up with** envolver-se com.

mixed /mɪkst/ adj misturado; misto; variado.

mixed-up /mɪkstʌp/ adj inform confuso.

mix·er /mɪksɚ/ s **1** batedeira. **2** misturador. **3** betoneira. **4** pessoa sociável.

mix·ture /mɪkstʃɚ/ s **1** mistura. **2** mescla (também tecido).

mix-up /mɪksʌp/ s **1** inform confusão. **2** inform briga.

miz·zle /mɪzəl/ v (**mizzles, mizzling, mizzled, mizzled**) chuviscar; garoar. || s chuvisco; garoa.

Mme. abrev de **Madame**.

mne·mon·ic /nɪmɑːnɪk/ adj tb Comp mnemônico.

moan /moʊn/ v (**moans, moaning, moaned, moaned**) **1** gemer. **2** lamentar-se. **3** reclamar. || s **1** lamento. **2** gemido.

moat /moʊt/ s fosso.

mob /mɑːb/ v (**mobs, mobbing, mobbed, mobbed**) amotinar. || s **1** populacho; turba. **2** inform crime organizado.

mo·bile /moʊbəl/ adj **1** móvel. **2** volúvel. **3** fluido; instável; inconstante. || /moʊbiːl/ s Art móbile.

M

mobile phone → mobile telephone.

mobile telephone s telefone móvel. (var mobile phone).

mo·bil·i·ty /moʊbɪləti/ s mobilidade.

mo·bi·li·za·tion /moʊbəlɪzeɪʃən/ s mobilização.

mo·bi·lize /moʊbəlaɪz/ v (mobilizes, mobilizing, mobilized, mobilized) mobilizar.

moc·ca·sin /mɑːkəsən/ s mocassim.

mock /mɑːk/ v (mocks, mocking, mocked, mocked) 1 zombar; ridicularizar; escarnecer. 2 arremedar. II adj 1 burlesco; fingido. 2 simulado; falso. II adv de modo insincero, fingido. II s 1 zombaria. 2 objeto de escárnio. 3 arremedo.

mock·er /mɑːkə/ s zombeteiro; zombador.

mock·er·y /mɑːkəi/ s 1 escárnio; zombaria. 2 objeto de escárnio. (pl mockeries).

mod·al /moʊdəl/ adj tb Gram modal.

mo·dal·i·ty /moʊdælɪti/ s modalidade. (pl modalities).

mode /moʊd/ s 1 modo; maneira; meio. 2 processo; método. 3 costume; hábito; prática; rotina. 4 moda.

mod·el /mɑːdəl/ s 1 modelo; exemplo. 2 amostra. 3 norma; padrão. 4 figurino. 5 manequim; modelo. II v (models, modeling/modelling, modeled/modelled, modeled/modelled) 1 modelar; fazer molde. 2 servir de modelo. II adj modelado.

mo·dem /moʊdəm/ abrev Comp de modulador/demodulador; modem.

mod·er·ate /mɑːdəreɪt/ v (moderates, moderating, moderated, moderated) 1 moderar; acalmar. 2 restringir; conter-se. 3 agir como moderador. II /mɑːdəət/ adj 1 moderado; comedido. 2 calmo. 3 medíocre.

mod·er·a·tion /mɑːdəreɪʃən/ s 1 moderação; temperança. 2 calma.

mod·ern /mɑːdən/ adj e s 1 moderno; atual. 2 experimental.

mod·ern·ism /mɑːdənɪzəm/ s tb Art modernismo.

mo·der·ni·ty /mɑːdɜːrnəti, moʊdɜːrnəti/ s novidade; modernidade. (pl modernities).

mod·est /mɑːdɪst/ adj 1 modesto. 2 recatado. 3 acanhado. 4 despretensioso.

mod·es·ty /mɑːdɪsti/ s 1 modéstia. 2 recato.

mod·i·fi·ca·tion /mɑːdɪfɪkeɪʃən/ s modificação; transformação.

mod·i·fy /mɑːdɪfaɪ/ v (modifies, modifying, modified, modified) modificar; mudar; variar.

mod·u·late /mɑːdʒəleɪt/ v (modulates, modulating, modulated, modulated) 1 Mús e Eletrôn modular. 2 regular; ajustar.

mod·u·la·tion /mɑːdʒəleɪʃən/ s modulação.

mod·ule /mɑːdʒuːl/ s tb Comp módulo.

moi·e·ty /mɔɪəti/ s 1 metade. 2 parte; porção. (pl moieties).

moil /mɔɪl/ v (moils, moiling, moiled, moiled) mourejar; labutar. II s 1 trabalho árduo; labuta; faina. 2 confusão.

moist /mɔɪst/ adj 1 úmido. 2 choroso.

mois·ten /mɔɪsən/ v (moistens, moistening, moistened, moistened) umedecer.

mol /moʊl/ → 3 mole.

mold /moʊld/ s 1 molde; fôrma; matriz. 2 modelo; padrão. 3 mofo; bolor. 4 humo; terra vegetal. II v (molds, molding, molded, molded) 1 moldar; modelar. 2 mofar; criar bolor.

Mol·do·va /mɑːldoʊvə/ s Moldávia.

Mol·do·van /mɑːldoʊvən/ s e adj moldávio.

mole /moʊl/ s 1 molhe; dique. 2 Zool toupeira. 3 Fís e Quím mol. (var mol). 4 verruga.

mo·lec·u·lar /məlekjələ/ adj molecular.

mol·e·cule /mɑːlɪkjuːl/ s molécula.

mo·lest /məlest/ v (molests, molesting, molested, molested) 1 molestar (sexualmente). 2 incomodar.

mo·les·ta·tion /moʊlesteɪʃən/ s 1 molestamento. 2 incômodo; estorvo.

mol·li·fi·ca·tion /mɑːləfɪkeɪʃən/ s 1 mitigação; alívio. 2 pacificação.

mol·li·fi·er /mɑːləfaɪə/ s calmante.

mol·li·fy /mɑːləfaɪ/ v (mollifies, mollifying, mollified, mollified) 1 pacificar; acalmar. 2 abrandar; suavizar.

mol·lusc /mɑːləsk/ → mollusk.

mol·lusk /mɑːləsk/ s molusco. (var mollusc).

mol·ten /moʊltən/ v part pass de melt. II adj fundido; derretido.

mom /mɑːm/ s inform mamãe.

mo·ment /moʊmənt/ s 1 momento; instante. 2 época; período; fase. ♦ at the moment agora.

mo·men·tar·i·ly /moʊmənterəli/ *adv* momentaneamente.

mo·men·tar·y /moʊmənteri/ *adj* momentâneo; transitório; efêmero.

mo·men·tous /moʊmentəs/ *adj* de importância extrema; solene.

mom·ma /mɑːmə/ → **mama**.

Mon. *abrev* de **Monday**.

Mon·a·co /mɑːnəkoʊ/ *s* Mônaco.

Mon·a·can /mɑːnəkən/ *s* nativo de Mônaco. || *adj* pertencente ou relativo a Mônaco. (*tb* **Monésgasque**)

mon·arch /mɑːnə-k, mɑːnɑːrk/ *s* monarca; rei; soberano.

mon·ar·chism /mɑːnə-kɪzəm, mɑːnɑːrkɪzəm/ *s* monarquismo.

mon·ar·chy /mɑːnə-ki, mɑːnɑːrki/ *s* monarquia. (*pl* **monarchies**).

mon·as·ter·y /mɑːnəsteri/ *s* mosteiro. (*pl* **monasteries**).

mo·nas·ti·cism /mənæstɪsɪzəm/ *s* monasticismo; vida monástica.

Mon·day /mʌndeɪ, mʌndi/ *s* segunda-feira. (*abrev* **Mon.**).

Mo·né·gasque /mɑːneɪgæsk/ *s* nativo de Mônaco. || *adj* pertencente ou relativo a Mônaco. (*tb* **Monacan**)

mon·e·tar·y /mɑːnəteri/ *adj* monetário.

mon·ey /mʌni/ *s* **1** dinheiro. **2** riqueza; fortuna; capital. **3** moeda corrente. ♦ **make money** ganhar dinheiro. **marry money** casar com pessoa rica. **on the money** exato; preciso. (*pl* **moneys** ou **monies**).

mon·ey·bag /mʌnibæg/ *s* bolsa de dinheiro. ♦ **moneybags** *us v sing* ricaço; extravagante.

mon·ey·chang·er /mʌnitʃeɪndʒə-/ *s* cambista.

mon·eyed /mʌnid/ *adj* endinheirado; rico. (*var* **monied**).

mon·ger /mʌŋgə-/ *s* negociante.

Mon·go·li·a /mɑːŋgoʊliə/ *s* Mongólia.

Mon·go·li·an /mɑːŋgoʊliən/ *adj* **1** mongol. **2** *tb* minús *ofens* mongolóide. || *s* mongol.

mon·gol·ism /mɑːŋgəlɪzəm/ *s ofens* mongolismo; síndrome de Down. (*tb* **Mongolism**).

mon·goose /mɑːŋguːs/ *s Zool* mangusto. (*pl* **mongooses**).

mon·grel /mɑːŋgrəl/ *s* **1** planta híbrida. **2** animal híbrido; vira-lata. || *adj* mestiço; cruzado.

mon·ied /mʌnid/ → **moneyed**.

mo·ni·tion /moʊnɪʃən, mənɪʃən/ *s* **1** advertência; admoestação; reprimenda; admonição. **2** conselho.

mon·i·tor /mɑːnɪtə-/ *s* **1** *tb Comp* monitor. **2** sistema de controle (rádio, TV). || *v* (**monitors, monitoring, monitored, monitored**) controlar; monitorar.

monk /mʌŋk/ *s* monge; frade.

monk·er·y /mʌŋkəri/ *s* **1** vida monástica. **2** monasteiro. (*pl* **monkeries**).

mon·key /mʌŋki/ *s* **1** *Zool* macaco; símio. **2** adulto ou criança brincalhona, travessa. || *v* (**monkeys, monkeying, monkeyed, monkeyed**) *inform* macaquear; imitar; arremedar.

mon·o·chro·mat·ic /mɑːnəkroʊmætɪk/ *adj* monocromático.

mon·o·cul·ture /mɑːnəkʌltʃə-/ *s* monocultura.

mo·nog·a·my /mənɑːgəmi/ *s* monogamia.

mon·o·gram /mɑːnəgræm/ *s* monograma.

mon·o·log /mɑːnəlɑːg/ *s* monólogo. (*var* **monologue**).

mon·o·logue /mɑːnəlɑːg/ → **monolog**.

mo·nop·o·lize /mənɑːpəlaɪz/ *v* (**monopolizes, monopolizing, monopolized, monopolized**) monopolizar.

mo·nop·o·ly /mənɑːpəli/ *s* monopólio; cartel. (*pl* **monopolies**).

mon·o·syl·lab·ic /mɑːnəsɪlæbɪk/ *adj Ling* monossilábico.

mon·o·syl·la·ble /mɑːnəsɪləbəl/ *s Ling* monossílabo.

mon·o·tone /mɑːnətoʊn/ *s* canto ou música em um só tom.

mo·not·o·nous /mənɑːtənəs/ *adj* monótono; enfadonho; tedioso.

mon·soon /mɑːnsuːn/ *s* monção; estação chuvosa.

mon·ster /mɑːnstə-/ *s* monstro.

mon·stros·i·ty /mɑːnstrɑːsəti/ *s* monstruosidade; absurdo. (*pl* **monstrosities**).

mon·strous /mɑːnstrəs/ *adj* **1** monstruoso; disforme. **2** enorme.

month /mʌnθ/ *s* mês.

month·ly /ˈmʌnθli/ *adj* mensal. ‖ *s* publicação mensal. ‖ *adv* mensalmente. ♦ **monthlies** menstruação.

mon·u·ment /ˈmɑːnjəmənt/ *s* 1 monumento. 2 marco, sinal de divisa. 3 lápide sepulcral.

mon·u·men·tal /mɑːnjəˈmentəl/ *adj* monumental; grandioso; descomunal.

moo /muː/ *v* (**moos, mooing, mooed, mooed**) mugir. ‖ *s* mugido. (*pl* **moos**).

mooch /muːtʃ/ *v* (**mooches, mooching, mooched, mooched**) 1 mendigar. 2 roubar. 3 viver às custas dos outros.

mood /muːd/ *s* 1 ânimo; humor. 2 modo; tom. 3 temperamento; capricho.

mood·y /ˈmuːdi/ *adj* 1 temperamental. 2 triste; taciturno. (*gr comp* **moodier**. *gr super* **moodiest**).

moon /muːn/ *s* lua. ‖ *v* (**moons, mooning, mooned, mooned**) vaguear ou olhar distraidamente; andar no mundo da lua.

moon·light /ˈmuːnlaɪt/ *s* luar; clarão da lua. ‖ *v* (**moonlights, moonlighting, moonlighted, moonlighted**) trabalhar à noite em um emprego extra.

moon·shine /ˈmuːnʃaɪn/ *s* 1 luar. 2 *inform* disparate; desatino. 3 aguardentes destiladas ou comercializadas ilegalmente.

moon·y /ˈmuːni/ *adj* 1 enluarado; lunar. 2 lunático; distraído; sonhador. (*gr comp* **moonier**. *gr super* **mooniest**).

moor /mʊr/ *v* (**moors, mooring, moored, moored**) *Náut* amarrar (embarcação); ancorar; atracar. ‖ *s* charco; charneca; pântano.

moor·ing /ˈmʊrɪŋ/ *s Náut* ancoragem; amarração.

Moor·ish /ˈmʊrɪʃ/ *adj* relativo aos mouros e à sua cultura.

moose /muːs/ *s Zool* alce. (*pl* **moose**).

moot /muːt/ *v* (**moots, mooting, mooted, mooted**) debater; discutir. ‖ *s* debate. ‖ *adj* discutível.

mop /mɑːp/ *v* (**mops, mopping, mopped, mopped**) limpar com esfregão. ‖ *s* 1 esfregão. 2 grenha; cabelos emaranhados.

mope /moʊp/ *v* (**mopes, moping, moped, moped**) estar desanimado ou melancólico. ‖ *s* estado de melancolia, desânimo, depressão.

mor·al /ˈmɔːrəl/ *adj* 1 moral; ético. 2 casto. 3 digno; virtuoso. ‖ *s* 1 moral. 2 moralidade. ♦ **morals** conduta; hábitos morais; princípios morais.

mo·rale /məˈræl/ *s* moral; estado de disciplina e ânimo (no exército, na nação).

mor·al·ism /ˈmɔːrəlɪzəm/ *s* moralismo.

mor·al·ist /ˈmɔːrəlɪst/ *s* moralista.

mo·ral·i·ty /mɔːˈræləti/ *s* 1 moralidade. 2 virtude; ética. (*pl* **moralities**).

mor·al·i·za·tion /mɔːrəlɪˈzeɪʃən/ *s* moralização.

mor·al·ize /ˈmɔːrəlaɪz/ *v* (**moralizes, moralizing, moralized, moralized**) 1 moralizar. 2 expressar julgamentos morais; dar interpretações morais.

mo·rass /məˈræs/ *s* pântano; charneca; brejo.

mor·bid /ˈmɔːrbɪd/ *adj* 1 mórbido; patológico; doentio. 2 pavoroso.

mor·bid·ness /ˈmɔːrbɪdnəs/ *s* morbidez.

more /mɔːr/ *adj comp* de **much** e **many** mais; maior; extra; adicional. ‖ *adv* mais; além do mais. ‖ *s* o maior; o mais (quantidade, qualidade, grau, tamanho, etc.). ♦ **more and more** mais e mais. **more or less** mais ou menos. **never more** nunca mais.

more·o·ver /mɔːˈroʊvɚ, mɔːˈroʊvɚ/ *adv* além disso; além do mais; de mais a mais.

morgue /mɔːrg/ *s* morgue; necrotério.

mor·i·bund /ˈmɔːrɪbʌnd/ *adj* moribundo.

morn·ing /ˈmɔːrnɪŋ/ *s* 1 manhã. 2 amanhecer.

Mo·roc·co /məˈrɑːkoʊ/ *s* Marrocos.

Mo·roc·can /məˈrɑːkən/ *s* e *adj* marroquino.

mo·ron /ˈmɔːrɑːn/ *s* retardado; mentecapto.

mo·rose /məˈroʊs, mɔːˈroʊs/ *adj* mal-humorado; melancólico; taciturno.

mor·phi·a /ˈmɔːrfiə/ → **morphine**.

mor·phine /ˈmɔːrfiːn/ *s* morfina. (*var* **morphia**).

mor·phol·o·gy /mɔːrˈfɑːlədʒi/ *s* morfologia. (*pl* **morphologies**).

mor·row /ˈmɑːroʊ/ *s* o dia seguinte; período que segue logo após um evento.

Morse code *s* código Morse.

mor·sel /ˈmɔːrsəl/ *s* 1 bocado (de comida). 2 petisco; guloseima.

mor·tal /mɔːrtəl/ *adj* **1** mortal; fatal. **2** mortífero. **3** implacável. || *s* mortal; ser humano.

mor·tal·i·ty /mɔːrtæləti/ *s* **1** mortalidade. **2** mortandade. **3** taxa de mortalidade. (*pl* **mortalities**).

mor·tar /mɔːrtər/ *s* **1** pilão. **2** *Mil* morteiro. **3** cimento; argamassa.

mort·gage /mɔːrgɪdʒ/ *s* hipoteca. || *v* (**mortgages, mortgaging, mortgaged, mortgaged**) hipotecar.

mor·tice /mɔːrtɪs/ → **mortise**.

mor·ti·fi·ca·tion /mɔːrtəfɪkeɪʃən/ *s* **1** mortificação. **2** *Med* gangrena. **3** humilhação; vexame.

mor·ti·fy /mɔːrtəfaɪ/ *v* (**mortifies, mortifying, mortified, mortified**) **1** mortificar; humilhar. **2** *Med* necrosar; gangrenar.

mor·tise /mɔːrtɪs/ *v* (**mortises, mortising, mortised, mortised**) encaixar; malhetar. || *s* encaixe; malhete; mortagem. (*var* **mortice**).

mor·tu·ar·y /mɔːrtʃueri/ *s* necrotério. (*pl* **mortuaries**).

mo·sa·ic /mouzeɪɪk/ *s* mosaico.

Mos·lem /mɑːzləm, mɑːsləm/ *adj* e *s* muçulmano. (*var* **Muslim**).

mosque /mɑːsk/ *s* mesquita.

mos·qui·to /məskiːtou/ *s* mosquito. (*pl* **mosquitoes** ou **mosquitos**).

moss /mɑːs/ *s* musgo.

most /moust/ *adj super* de **much** e **many**; o mais; o maior (número, tamanho, extensão ou grau). || *adv* mais; muito; muitíssimo; extremamente. || *s* o principal; o máximo; a maior quantidade; a maioria. ♦ **for the most part** em geral; principalmente.

most·ly /moustli/ *adv* principalmente; geralmente.

mote /mout/ *s* corpúsculo; partícula minúscula.

mo·tel /moutel/ *s* hotel à beira de estrada; motel.

moth /mɑːθ/ *s* **1** traça. **2** mariposa. (*pl* **moths**).

moth·er /mʌðər/ *s* **1** mãe; progenitora. **2** fêmea. **3** madre; abadessa; superiora de convento. **4** matriz; origem; causa. || *adj* materno; maternal. || *v* (**mothers, moth-**

ering, mothered, mothered) **1** ser mãe de. **2** servir de mãe; adotar; perfilhar. ♦ **Mother of God** Mãe de Deus; Virgem Maria.

moth·er·board /mʌðərbɔːrd/ *s Comp* placa-mãe.

moth·er·hood /mʌðərhʊd/ *s* maternidade.

moth·er-in-law /mʌðərɪnlɑː/ *s* sogra. (*pl* **mothers-in-law**).

moth·er·land /mʌðərlænd/ *s* **1** pátria; terra natal. **2** terra de origem.

moth·er·less /mʌðərləs/ *adj* órfão de mãe.

moth·er-of-pearl /mʌðərəvpɜːrl/ *s* madrepérola.

Mother's Day /mʌðərzdeɪ/ *s* Dia das Mães (comemorado no segundo domingo do mês de maio).

mother tongue *s* língua materna.

mo·tif /moutiːf/ *s tb Mús* e *Lit* motivo; tema; figura.

mo·tion /mouʃən/ *s* **1** *tb Mús* movimento. **2** gesto; sinal. **3** *Jur* moção. **4** proposta. || *v* (**motions, motioning, motioned, motioned**) acenar; gesticular.

mo·tion·less /mouʃənləs/ *adj* **1** imóvel; parado. **2** pasmado; estupefato.

motion picture *s* filme cinematográfico. ♦ **motion pictures** indústria cinematográfica.

mo·ti·vate /moutəveɪt/ *v* (**motivates, motivating, motivated, motivated**) motivar.

mo·ti·va·tion /moutəveɪʃən/ *s* motivação.

mo·tive /moutɪv/ *adj* **1** motriz. **2** impulsionador. || *s* **1** *tb Mús* e *Lit* motivo. **2** causa; razão. **3** tema; assunto. || *v* (**motives, motiving, motived, motived**) motivar; causar.

mot·ley /mɑːtli/ *adj* **1** matizado. **2** heterogêneo. || *s* **1** mescla de cores. **2** mistura de elementos diversos; miscelânea.

mo·tor /moutər/ *s* **1** motor. **2** veículo; automóvel. **3** máquina; engenho. || *v* (**motors, motoring, motored, motored**) dirigir; andar de carro ou de outro veículo a motor. || *adj* **1** motor; motriz. **2** motorizado.

mo·tor·boat /moutərbout/ *s Náut* lancha ou barco a motor.

mo·tor·cy·cle /moutərsaɪkəl/ *s* motocicleta.

mo·tor·ist /moutərɪst/ *s* motorista.

mo·tor·ize /moutəraɪz/ *v* (**motorizes, motorizing, motorized, motorized**) motorizar.

M

mot·tle /mɑːtl/ v (mottles, mottling, mottled, mottled) matizar; mosquear; sarapintar. ‖ s mancha ou pinta colorida.

mot·tled /mɑːtld/ adj sarapintado.

mound /maʊnd/ s 1 monte; montículo (de terra). 2 colina. ‖ v (mounds, mounding, mounded, mounded) 1 fortificar; entrincheirar. 2 aterrar.

mount /maʊnt/ s 1 montanha; monte. 2 montaria. 3 suporte; encaixe; caixilho. ‖ v (mounts, mounting, mounted, mounted) 1 cavalgar; montar; assentar sobre. 2 subir; galgar; escalar; elevar. 3 fixar; encaixar; armar. 4 aumentar; avolumar; avultar.

moun·tain /maʊntən/ s 1 montanha; serra. 2 fig imensidade.

moun·tain·eer /maʊntənɪr/ s 1 montanhês. 2 Esp alpinista. ‖ v (mountaineers, mountaineering, mountaineered, mountaineered) Esp escalar montanhas.

moun·tain·eer·ing /maʊntənɪrɪŋ/ s Esp alpinismo.

moun·tain·ous /maʊntənəs/ adj 1 montanhoso. 2 colossal; enorme.

mountain range s cadeia de montanhas; cordilheira.

mount·ing /maʊntɪŋ/ s suporte; armação.

mourn /mɔːrn/ v (mourns, mourning, mourned, mourned) 1 prantear; lamentar ou chorar a morte de alguém. 2 sentir pesar; afligir-se; estar de luto. 3 arrepender-se.

mourn·er /mɔːrnə/ s pranteador.

mourn·ful /mɔːrnfəl/ adj 1 triste; melancólico; choroso. 2 lutuoso.

mourn·ing /mɔːrnɪŋ/ s 1 pesar. 2 luto.

mouse /maʊs/ s 1 Zool rato. 2 pessoa tímida ou covarde. 3 Comp mouse; pequeno dispositivo movido com a mão para controlar o cursor na tela. (pl mice /maɪs/. Comp mouses). ‖ /maʊz/ v (mouses, mousing, moused, moused) 1 caçar ratos. 2 espreitar.

mouse port s Comp porta do mouse.

mous·er /maʊzə/ s animal que caça ratos; gato.

mouse·trap /maʊstræp/ s ratoeira.

mousse /muːs/ s musse.

mous·tache /mʌstæʃ, məstæʃ/ → mustache.

mouth /maʊθ/ s 1 boca. 2 bico. 3 foz (de rio). 4 entrada; abertura. 5 trejeito; careta. ‖ /maʊð/ v (mouths, mouthing, mouthed, mouthed) 1 mastigar. 2 vociferar; declamar. 3 fazer caretas.

mouth·ful /maʊθfʊl/ s 1 bocado; pedaço. 2 observação importante. 3 palavra ou frase de difícil pronúncia.

mouth organ s Mús gaita; harmônica de boca.

mouth·piece /maʊθpiːs/ s 1 bocal; embocadura; boquilha. 2 inform pessoa que fala em nome de outra; porta-voz. 3 Esp protetor para os dentes (boxe).

mouth·y /maʊði, maʊθi/ adj 1 loquaz. 2 tagarela. (gr comp mouthier. gr super mouthiest).

mov·a·ble /muːvəbəl/ adj e s móvel. ♦ movables Jur bens móveis. (var moveable).

move /muːv/ s 1 movimento. 2 mudança. 3 ato; passo; procedimento. 4 Esp lance; jogada. ‖ v (moves, moving, moved, moved) 1 mover-se; movimentar-se. 2 mexer. 3 mudar de lugar; mudar de residência. 4 sair; partir. 5 andar; avançar; progredir. 6 Esp fazer uma jogada. 7 Jur fazer um requerimento ou uma moção. 8 emocionar; comover. 9 instigar; induzir; influenciar; persuadir. ♦ make a move 1 fazer uma jogada. 2 tomar providência. move in entrar de mudança. move out sair de mudança.

move·a·ble /muːvəbəl/ → movable.

move·ment /muːvmənt/ s 1 tb Pol e Mús movimento. 2 impulso; marcha. 3 ação; ato; atividade. 4 campanha; cruzada. 5 manobra; deslocamento. 6 tendência.

mov·er /muːvə/ s 1 motor; movedor. 2 transportador.

mov·ie /muːvi/ s 1 cinema. 2 filme cinematográfico. ♦ movies 1 exibição de um filme (geral us the). 2 indústria cinematográfica. 3 cinema.

mov·ie·go·er /muːviɡoʊə/ s freqüentador assíduo de cinema; cinéfilo.

movie producer s produtor de filmes.

movie star s estrela ou astro de cinema.

mov·ing /muːvɪŋ/ adj 1 móvel. 2 comovente.

moving picture s filme cinematográfico.

mow /moʊ/ v (**mows, mowing, mowed, mowed/mown**) ceifar; segar. ‖ /maʊ/ s 1 meda; monte de feno. 2 celeiro.

mow·er /moʊɚ/ s ceifeiro; segador.

Mo·zam·bique /moʊzæmbiːk/ s Moçambique.

Mo·zam·bi·can /moʊzæmbiːkən/ s e adj moçambicano.

MPEG abrev Comp de **Moving Pictures Experts Group**; conjunto de padrões de compactação de áudio e vídeo estabelecido pelo Joint ISO/IEC Technical Committee on Information Technology.

mph /empiːeɪtʃ/ abrev de **miles per hour**; milhas por hora. (tb **m.p.h.**).

Mr. /mɪstɚ/ s Sr.; senhor. (pl **Messrs.** /mesɚz/).

Mrs. /mɪsɪz/ s Sra.; senhora. (pl **Mmes.** /meɪdɑːm/).

Ms. /mɪz/ s dona (usado antes do sobrenome ou nome completo de uma mulher casada ou solteira). (pl **Mses.** /meɪdɑːm/. tb **Ms**).

MS-DOS /emesdɑːs/ abrev de **Microsoft Disk Operating System**; sistema operacional de disco Microsoft.

much /mʌtʃ/ adj muito (em quantidade, importância). (gr comp **more**. gr super **most**). ‖ s quantidade grande. ‖ adv muito; bastante. ♦ **as much as** tanto ... quanto. **how much** quanto. **so much** tanto. **too much** demais; excessivo.

muck /mʌk/ s 1 esterco. 2 húmus. 3 refugo; lixo.

mu·cous /mjuːkəs/ adj mucoso.

mu·cus /mjuːkəs/ s muco; mucosidade.

mud /mʌd/ s lama; lodo. ‖ v (**muds, mudding, mudded, mudded**) 1 enlamear. 2 difamar alguém.

mud·dle /mʌdl/ v (**muddles, muddling, muddled, muddled**) 1 turvar; enlamear. 2 confundir; atrapalhar-se. ‖ s 1 desordem; confusão. 2 trapalhada.

mud·dy /mʌdi/ adj 1 turvo; lamacento; lodoso. 2 confuso; vago. 3 fosco; sem brilho. (gr comp **muddier**. gr super **muddiest**). ‖ v (**muddies, muddying, muddied, muddied**) 1 enlamear; sujar; desnortear. 2 obscurecer.

mud·guard /mʌdgɑːrd/ s pára-lama.

muff /mʌf/ s 1 regalo (agasalho para as mãos feito de pele). 2 pessoa desajeitada; tolo. ‖ v (**muffs, muffing, muffed, muffed**) 1 proceder desajeitadamente; sair-se mal. 2 gír perder a oportunidade.

muf·fin /mʌfɪn/ s tipo de bolinho doce servido quente.

muf·fle /mʌfəl/ v (**muffles, muffling, muffled, muffled**) 1 cobrir; agasalhar; encapotar. 2 abafar (som). ‖ s focinho.

muf·fler /mʌflɚ/ s 1 Mec silenciador; silencioso. 2 cachecol.

mug /mʌg/ s 1 caneca. 2 inform face. 3 assaltante. ‖ v (**mugs, mugging, mugged, mugged**) 1 assaltar (com violência). 2 fazer caretas.

mug·ger /mʌgɚ/ s 1 assaltante. 2 Zool crocodilo do sul da Ásia.

mug·gy /mʌgi/ adj quente e muito úmido (clima). (gr comp **muggier**. gr super **muggiest**).

mulct /mʌlkt/ v (**mulcts, mulcting, mulcted, mulcted**) 1 multar. 2 confiscar. 3 fraudar; enganar. ‖ s multa.

mule /mjuːl/ s 1 Zool mula. 2 inform pessoa teimosa. 3 máquina de fiar. 4 tipo de tamanco.

mul·ish /mjuːlɪʃ/ adj cabeçudo; teimoso; obstinado.

mull /mʌl/ v (**mulls, mulling, mulled, mulled**) 1 ponderar; meditar. 2 aquecer. ‖ s musselina.

mul·ti·far·i·ous /mʌltəferiəs/ adj versátil; variado.

mul·ti·form /mʌltifɔːrm/ adj multiforme; polimorfo.

mul·ti·lat·er·al /mʌltilætərəl/ adj multilateral.

mul·ti·lin·gual /mʌltilɪŋgwəl/ adj multilíngüe.

mul·ti·me·di·a /mʌltimiːdiə/ s pl us v sing Comp multimídia.

mul·ti·na·tion·al /mʌltinæʃənəl/ adj e s multinacional.

mul·ti·ple /mʌltəpəl/ adj múltiplo. ‖ s Mat múltiplo.

mul·ti·ple-choice /mʌltəpəltʃɔɪs/ adj de múltipla escolha.

M

multiple-user system *s Comp* de sistema multiusuário.

mul·ti·pli·ca·tion /mʌltəplɪkeɪʃən/ *s* 1 *tb Mat* multiplicação. 2 propagação; procriação.

mul·ti·pli·er /mʌltəplaɪə-/ *s tb Mat* multiplicador.

mul·ti·ply /mʌltəplaɪ/ *v* (multiplies, multiplying, multiplied, multiplied) 1 *tb Mat* multiplicar. 2 aumentar. 3 propagar.

mul·ti·ra·cial /mʌltireɪʃəl/ *adj* multirracial.

mul·ti·tude /mʌltətuːd/ *s* multidão; povo; massa; população.

mul·ti·tu·di·nous /mʌltətuːdənəs/ *adj* numeroso; populoso.

mum /mʌm/ *s Bot* crisântemo. ‖ *adj* calado; silencioso. ‖ *interj* silêncio.

mum·ble /mʌmbəl/ *s* murmúrio; resmungo. ‖ *v* (mumbles, mumbling, mumbled, mumbled) 1 murmurar; resmungar. 2 mascar; ruminar.

mum·mer /mʌmə-/ *s* mímico.

mum·mi·fi·ca·tion /mʌmɪfɪkeɪʃən/ *s* mumificação.

mum·mi·fy /mʌməfaɪ/ *v* (mummifies, mummifying, mummified, mummified) mumificar; embalsamar.

mum·my /mʌmi/ *s* 1 múmia. 2 *inform* mamãe. (*pl* mummies).

mumps /mʌmps/ *s pl us v sing* ou *pl* caxumba.

munch /mʌntʃ/ *v* (munches, munching, munched, munched) 1 mastigar ruidosamente. 2 comer com prazer.

mu·nic·i·pal /mjuːnɪsəpəl/ *adj* municipal.

mu·nif·i·cence /mjuːnɪfəsəns/ *s* munificência; generosidade.

mu·nif·i·cent /mjuːnɪfəsənt/ *adj* munificente; generoso; liberal.

mu·ni·ment /mjuːnəmənt/ *s Jur* título de posse; escritura.

mu·ni·tion /mjuːnɪʃən/ *s geral us pl* munição. ‖ *v* (munitions, munitioning, munitioned, munitioned) municionar.

mu·ral /mjʊrəl/ *adj* e *s* mural.

mur·der /mɜːrdə-/ *v* (murders, murdering, murdered, murdered) assassinar. ‖ *s* 1 assassinato; homicídio. 2 *gír* algo sacrificante; grande incômodo.

mur·der·er /mɜːrdə-ə-/ *s* assassino.

mur·der·ous /mɜːrdə-əs/ *adj* 1 mortal; mortífero; homicida. 2 *inform* arrasador; devastador.

murk /mɜːrk/ *s* escuridão; trevas.

murk·y /mɜːrki/ *adj* escuro; tenebroso; obscuro. (*gr comp* murkier. *gr super* murkiest).

mur·mur /mɜːrmə-/ *s* murmúrio; sussurro. ‖ *v* (murmurs, murmuring, murmured, murmured) murmurar; sussurrar.

mus·cle /mʌsəl/ *s* 1 músculo. 2 força muscular. 3 *inform* poder; autoridade. ‖ *v* (muscles, muscling, muscled, muscled) forçar.

mus·cu·lar /mʌskjələ-/ *adj* 1 muscular. 2 musculoso.

muse /mjuːz/ *s* 1 *Mit* musa. 2 inspiração; devaneio. 3 estado de meditação. ‖ *v* (muses, musing, mused, mused) ponderar; meditar; estar absorto.

mu·se·um /mjuːziːəm/ *s* museu.

mush /mʌʃ/ *s* 1 mingau; papa. 2 qualquer coisa mole e espessa.

mush·room /mʌʃruːm/ *s* cogumelo. ‖ *adj* 1 de cogumelo. 2 semelhante a um cogumelo. ‖ *v* (mushrooms, mushrooming, mushroomed, mushroomed) multiplicar-se; crescer rapidamente.

mu·sic /mjuːzɪk/ *s* música; melodia; harmonia.

mu·si·cal /mjuːzɪkəl/ *adj* musical; melodioso. ‖ *s* peça ou filme musical.

music box *s* caixa de música.

mu·si·cian /mjuːzɪʃən/ *s* músico.

musk /mʌsk/ *s* almíscar.

musk deer *s Zool* almiscareiro.

mus·ket /mʌskɪt/ *s* mosquete; espingarda antiga.

mus·ket·eer /mʌskətɪr/ *s* mosqueteiro.

musk·y /mʌski/ *adj* almiscarado. (*gr comp* muskier. *gr super* muskiest).

Mus·lim /mʌzləm, muzləm, mʌsləm, musləm/ → Moslem.

mus·lin /mʌzlɪn/ *s* musselina.

muss /mʌs/ *s* desordem; confusão. ‖ *v* (musses, mussing, mussed, mussed) desordenar; confundir; sujar.

mus·sel /mʌsəl/ *s Zool* mexilhão.

must /mʌst/ *v aux* usado para indicar obrigação, necessidade ou probabilidade. ‖ *s*

1 algo necessário, indispensável. **2** mosto; sumo de uva. **3** almíscar.

mus·tache /mʌstæʃ, məstæʃ/ s **1** bigode. **2** barbas (de animal). (var **moustache**).

mus·tard /mʌstə̆d/ s Bot **1** mostarda. **2** mostardeira.

mus·ter /mʌstə̆/ s **1** Mil recrutamento ou inspeção de tropas. **2** assembléia; conferência. **3** alistamento. **4** reunião. ‖ v (**musters, mustering, mustered, mustered**) **1** agregar; ajuntar. **2** convocar; recrutar. **3** Mil inspecionar tropas. **4** ordenar; organizar. ✦ **muster out** dar baixa no serviço militar. **muster in** alistar-se no serviço militar.

must·n't /mʌsənt/ form contr de **must not**.

must·y /mʌsti/ adj rançoso; mofento; bolorento. (gr comp **mustier**. gr super **mustiest**).

mu·ta·ble /mjuːtəbəl/ adj mutável; variável.

mu·tate /mjuːteɪt/ v (**mutates, mutating, mutated, mutated**) **1** mudar; alterar. **2** sofrer mutações.

mu·ta·tion /mjuːteɪʃən/ s **1** mutação (genética). **2** mudança; alteração.

mute /mjuːt/ adj mudo; silencioso; calado. (gr comp **muter**. gr super **mutest**). ‖ s **1** ofens mudo. **2** Ling letra ou sílaba muda. **3** Mús surdina. ‖ v (**mutes, muting, muted, muted**) **1** abafar o som; tocar em surdina. **2** clarear; suavizar (cor).

mute·ness /mjuːtnəs/ s mudez.

mu·ti·late /mjuːtəleɪt/ v (**mutilates, mutilating, mutilated, mutilated**) mutilar.

mu·ti·la·tion /mjuːtəleɪʃən/ s mutilação.

mu·ti·neer /mjuːtənɪr/ s revoltoso; amotinado.

mu·ti·nous /mjuːtənəs/ adj **1** insubordinado; rebelde. **2** turbulento; incontrolável.

mu·ti·ny /mjuːtɪni/ v (**mutinies, mutinying, mutinied, mutinied**) amotinar-se; revoltar-se. ‖ s rebelião; revolta; insurreição; motim. (pl **mutinies**).

mut·ism /mjuːtɪzəm/ s mutismo; mudez.

mut·ter /mʌtə̆/ v (**mutters, muttering, muttered, muttered**) murmurar; resmungar. ‖ s murmúrio; resmungo.

mut·ter·er /mʌtə̆rə̆/ s murmurador; aquele que murmura, que resmunga.

mut·ton /mʌtən/ s carne de carneiro.

mu·tu·al /mjuːtʃuəl/ adj **1** mútuo; recíproco. **2** comum.

mu·tu·al·i·ty /mjuːtʃuæləti/ s mutualidade; reciprocidade.

muz·zle /mʌzəl/ v (**muzzles, muzzling, muzzled, muzzled**) **1** pôr focinheira em. **2** impedir a livre expressão de opiniões (de pessoas, da mídia, etc.); fazer calar. ‖ s **1** focinho. **2** focinheira.

muz·zy /mʌzi/ adj **1** turvado; indistinto. **2** mentalmente confuso. (gr comp **muzzier**. gr super **muzziest**).

my /maɪ/ adj poss meu; minha; meus; minhas.

Myan·mar /mjɑːnmɑːr/ s Mianmar.

my·o·car·di·um /maɪoʊkɑːrdiəm/ s Anat miocárdio. (pl **myocardia** /maɪoʊkɑːrdiə/).

my·o·ma /maɪoʊmə/ s Med mioma. (pl **myomas** ou **myomata** /maɪoʊmətə/).

my·ope /maɪoʊp/ s míope.

my·o·pi·a /maɪoʊpiə/ s miopia.

my·op·ic /maɪɑːpɪk/ adj míope.

my·o·so·tis /maɪoʊsoʊtɪs/ s Bot miosótis.

myr·i·ad /mɪriəd/ s **1** miríade. **2** milhares. ‖ adj **1** inumerável. **2** multifacetado.

myrrh /mɜːr/ s Bot mirra.

myr·tle /mɜːrtl/ s Bot murta; mirto.

my·self /maɪself/ pron eu próprio; eu mesmo; a mim mesmo.

mys·te·ri·ous /mɪstɪriəs/ adj misterioso.

mys·ter·y /mɪstəri/ s mistério; enigma; segredo. (pl **mysteries**).

mys·tic /mɪstɪk/ adj **1** místico. **2** enigmático; misterioso; oculto. ‖ s místico.

mys·ti·fi·ca·tion /mɪstɪfɪkeɪʃən/ s mistificação.

mys·ti·fy /mɪstɪfaɪ/ v (**mystifies, mystifying, mystified, mystified**) **1** mistificar. **2** confundir; iludir. **3** tornar misterioso.

myth /mɪθ/ s **1** mito. **2** fábula.

myth·ic /mɪθɪk/ → **mythical**.

myth·i·cal /mɪθɪkəl/ adj **1** mítico. **2** fictício. (var **mythic**).

myth·o·log·ic /mɪθəlɑːdʒɪk/ → **mythological**.

myth·o·log·i·cal /mɪθəlɑːdʒɪkəl/ adj **1** mitológico. **2** fabuloso; imaginário. (var **mythologic**).

my·thol·o·gy /mɪθɑːlədʒi/ s mitologia. (pl **mythologies**).

M

N

n ou **N** /en/ s 14ª letra do alfabeto inglês. (pl **n's** ou **N's**). ll abrev **1** Mat minús número indefinido. **2** Quím minús de **neutron**. ll símb Quím maiús de **nitrogen**.

nab /næb/ v (**nabs, nabbing, nabbed, nabbed**) **1** inform apanhar em flagrante; prender ou agarrar (um fugitivo ou transgressor). **2** agarrar bruscamente.

na·bob /neɪbɑːb/ s **1** nababo. **2** ricaço.

na·cre /neɪkə/ s nácar; madrepérola.

na·cre·ous /neɪkriəs/ adj nacarado.

nag /næg/ v (**nags, nagging, nagged, nagged**) importunar; amolar; implicar. ll s cavalo velho e imprestável.

nail /neɪl/ s **1** unha. **2** prego; cravo. ll v (**nails, nailing, nailed, nailed**) **1** pregar; martelar; bater. **2** capturar; deter; prender. ◆ **hit the nail on the head** acertar em cheio.

nail file s lixa de unhas.

nail polish s esmalte de unhas.

nail scissors s tesoura de unha.

na·ive /nɑːiːv/ adj crédulo; inocente; simples; natural; sem afetação.

na·ked /neɪkɪd/ adj **1** nu; despido; descoberto. **2** puro; simples. **3** indefeso; exposto.

naked eye s olho nu.

na·ked·ness /neɪkɪdnəs/ s **1** nudez. **2** evidência; simplicidade. **3** falta de proteção.

name /neɪm/ s **1** nome. **2** apelido. **3** título. **4** reputação; fama; renome. ll v (**names, naming, named, named**) **1** nomear; chamar; apelidar. **2** identificar; classificar; denominar. ◆ **in the name of** em nome de.

name·less /neɪmləs/ adj sem nome; anônimo; desconhecido.

name·ly /neɪmli/ adv isto é; a saber.

name·plate /neɪmpleɪt/ s placa identificadora.

name·sake /neɪmseɪk/ s homônimo; xará.

Na·mib·i·a /nəmɪbiə/ s Namíbia.

Na·mib·i·an /nəmɪbiən/ s e adj namibiano.

nan·nie /næni/ → **nanny**.

nan·ny /næni/ s babá. (pl **nannies**. var **nannie**).

nanny goat s cabra.

nap /næp/ s sono ligeiro; soneca; cochilo. ll v (**naps, napping, napped, napped**) **1** cochilar; dormir a sesta. **2** estar desprevinido.

nape /neɪp/ s nuca.

nap·kin /næpkɪn/ s guardanapo.

nar·cism /nɑːrsɪzəm/ → **narcissism**.

nar·cis·sism /nɑːrsəsɪzəm/ s narcisismo. (var **narcism**).

nar·cis·sus /nɑːrsɪsəs/ s Bot narciso. (pl **narcissuses** ou /nɑːrsɪsaɪ/ **narcissi**).

nar·cot·ic /nɑːrkɑːtɪk/ s **1** narcótico. **2** narcomaníaco. ll adj narcótico; narcotizante.

nar·co·tize /nɑːrkətaɪz/ v (**narcotizes, narcotizing, narcotized, narcotized**) narcotizar.

nar·es /neriːz/ s narinas.

nar·rate /nereɪt, næreɪt/ v (**narrates, narrating, narrated, narrated**) **1** narrar; contar; relatar. **2** expor.

nar·rat·er /nereɪtə, nəreɪtə/ → **narrator**.

nar·ra·tion /næreɪʃən/ s narração; relato.

nar·ra·tive /nerətɪv/ adj narrativo. ll s **1** narrativa; relato. **2** descrição; história.

nar·ra·tor /nereɪtə, nəreɪtə/ s narrador. (var **narrater**).

nar·row /nerou/ adj **1** estreito; exíguo. **2** reduzido; limitado; curto. **3** mesquinho; intolerante. **4** minucioso; escrupuloso. ll v (**narrows, narrowing, narrowed, narrowed**) **1** estreitar. **2** encolher. **3** diminuir; limitar. ◆ **narrows** Geog estreito (us v pl e sing).

nar·row-mind·ed /neroumaɪndɪd/ adj intolerante.

NASA /næsə/ abrev de **National Aeronautics and Space Administration**; NASA; Administração Nacional de Aeronáutica e Espaço dos EUA.

na·sal /neɪzəl/ adj nasal. ll s Ling nasal; som ou letra nasal.

na·sal·i·ty /neɪzæləti/ s nasalidade.

na·sal·i·za·tion /neɪzəlɪzeɪʃən/ s nasaliza-ção.

na·sal·ize /neɪzəlaɪz/ v (**nasalizes, nasal-izing, nasalized, nasalized**) nasalar.

nas·cent /næsənt, neɪsənt/ adj nascente.

nas·ti·ness /næstɪnəs/ s imundície; sordi-dez.

nas·ty /næsti/ adj 1 sujo; imundo. 2 inde-cente; moralmente ofensivo. 3 muito de-sagradável. 4 perigoso; doloroso; grave. (gr comp **nastier**. gr super **nastiest**).

na·tal·i·ty /neɪtæləti/ s natalidade. (pl **natalities**).

na·ta·tion /neɪteɪʃən, nætətʃən/ s natação.

na·tes /neɪtiːz/ s pl nádegas.

na·tion /neɪʃən/ s nação; país; povo.

na·tion·al /næʃənəl/ adj nacional.

na·tion·al·ism /næʃənəlɪzəm, næʃnəlɪzəm/ s nacionalismo.

na·tion·al·i·ty /næʃənæləti, næʃnælti/ s 1 nacionalidade. 2 nação. 3 patriotismo. (pl **nationalities**).

na·tion·al·i·za·tion /næʃənəlɪzeɪʃən/ s na-cionalização.

na·tion·al·ize /næʃənəlaɪz, næʃnəlaɪz/ v (**na-tionalizes, nationalizing, nationalized, nationalized**) nacionalizar.

na·tive /neɪtɪv/ adj 1 nativo; natural. 2 inato; inerente. 3 autóctone; nato. 4 ge-nuíno; puro. II s nativo.

native language s língua nativa.

native forest s floresta nativa.

na·tiv·i·ty /nətɪvəti/ s 1 nascimento; nati-vidade. 2 maiús nascimento de Jesus. (pl **nativities**).

nat·ty /næti/ adj elegante; alinhado. (gr comp **nattier**. gr super **nattiest**).

nat·u·ral /nætʃərəl/ adj 1 natural; próprio; genuíno. 2 nativo. 3 inato. 4 primitivo. 5 normal; comum. II s 1 Mús bequadro. 2 penteado afro.

natural food s comida natural.

natural gas s gás natural.

nat·u·ral·ism /nætʃərəlɪzəm/ s naturalismo.

nat·u·ral·i·za·tion /nætʃərəlɪzeɪʃən/ s 1 na-turalização. 2 aclimatação (animais, plan-tas); adaptação.

nat·u·ral·ize /nætʃərəlaɪz/ v (**naturalizes, naturalizing, naturalized, naturalized**) 1

naturalizar. 2 aclimatar (animais, plantas); adaptar.

nat·u·ral·ly /nætʃəəli/ adv naturalmente; seguramente; sem dúvida.

natural resource s recurso natural.

na·ture /neɪtʃə/ s 1 natureza. 2 cosmos; mundo. 3 caráter; índole. 4 personalida-de; gênio; temperamento. 5 gênero; clas-se; espécie.

naught /nɑːt/ s 1 nada; zero. 2 cifra. II adj sem nenhum valor. (var **nought**).

naugh·ty /nɑːti/ adj mau; desobediente. (gr comp **naughtier**. gr super **naughtiest**).

Na·u·ru /nɑːuːruː/ s Nauru.

Na·u·ru·an /nɑːuːruːən/ s e adj nauruano.

nau·se·a /nɑːziə, nɑːʒə/ s náusea.

nau·seous /nɑːʃəs, nɑːziəs/ adj repugnan-te; nauseabundo.

nau·ti·cal /nɑːtɪkəl/ adj náutico.

na·val /neɪvəl/ adj naval; da marinha.

nave /neɪv/ s 1 nave de igreja. 2 cubo de uma roda.

na·vel /neɪvəl/ s 1 umbigo. 2 centro.

navel orange s laranja-da-baía.

nav·i·ga·ble /nævɪgəbəl/ adj navegável.

nav·i·gate /nævɪgeɪt/ v (**navigates, navi-gating, navigated, navigated**) 1 navegar. 2 pilotar.

nav·i·ga·tion /nævɪgeɪʃən/ s 1 navegação; pilotagem. 2 comércio marítimo.

nav·i·ga·tor /nævɪgeɪtə/ s 1 navegador; navegante. 2 piloto.

na·vy /neɪvi/ s 1 marinha de guerra; for-ça naval. 2 esquadra; frota. 3 azul-mari-nho. (pl **navies**).

navy blue s azul-marinho.

Na·zi /nɑːtsi/ s nazista. (pl **Nazis**). II adj nazista.

Na·zism /nɑːtsɪzəm/ s nazismo.

NBA /enbiːeɪ/ abrev 1 de **National Bas-ketball Association**; Associação Nacional de Basquetebol. 2 de **National Boxing Association**; Associação Nacional de Boxe.

near /nɪr/ adv 1 perto; próximo; aproxi-mado. 2 quase. II prep perto de; próximo de; cerca de. II adj 1 perto; próximo. 2 íntimo; familiar. 3 aproximado. II v (**nears, nearing, neared, neared**) aproximar-se; acercar-se. ♦ **near at hand** à mão.

near·by /nɪrbaɪ/ *adv* e *adj* muito perto; vizinho; contíguo.

near·ly /nɪrli/ *adv* 1 quase; de perto. 2 intimamente.

neat /niːt/ *adj* 1 limpo; asseado; decente. 2 com esmero; alinhado. 3 puro; não diluído (bebida). 4 *gír* maravilhoso.

neat·ly /niːtli/ *adv* 1 asseadamente. 2 puramente.

neb /neb/ *s* 1 bico (de aves). 2 focinho. 3 ponta.

neb·u·la /nɛbjələ/ *s* 1 *Astron* nebulosa. 2 *Med* vista embaçada; névoa. (*pl* **nebulae** /nɛbjəliː/ ou **nebulas**).

neb·u·lize /nɛbjəlaɪz/ *v* (**nebulizes, nebulizing, nebulized, nebulized**) 1 nebulizar. 2 *Med* tratar por meio de nebulizador.

neb·u·los·i·ty /nɛbjɑləsəti/ *s* 1 nebulosidade. 2 nebulosa. (*pl* **nebulosities**).

nec·es·sar·y /nɛsəseri/ *adj* necessário; indispensável. ‖ *s* o necessário. (*pl* **necessaries**).

ne·ces·si·tate /nəsɛsɪteɪt/ *v* (**necessitates, necessitating, necessitated, necessitated**) tornar necessário; obrigar; compelir.

ne·ces·si·tous /nəsɛsətəs/ *adj* necessitado; indigente; pobre.

ne·ces·si·ty /nəsɛsəti/ *s* 1 necessidade; precisão. 2 exigência. 3 pobreza. (*pl* **necessities**). ♦ **of necessity** necessariamente.

neck /nek/ *s* 1 pescoço. 2 colo. 3 gargalo. 4 colarinho. 5 istmo; península. ‖ *v* (**necks, necking, necked, necked**) 1 *inform* abraçar; acariciar. 2 torcer o pescoço de uma ave. ♦ **win by a neck** ganhar por triz. **neck and neck** emparelhados (corrida de cavalos).

neck·lace /nɛkləs/ *s* gargantilha.

neck·tie /nɛktaɪ/ *s* gravata.

ne·crol·o·gy /nɛkrɑːlədʒi/ *s* necrologia; obituário. (*pl* **necrologies**).

nec·rop·sy /nɛkrɑːpsi/ *s* necropsia. (*pl* **necropsies**).

nec·tar /nɛktər/ *s* néctar.

nec·tar·ine /nɛktəriːn/ *s* nectarina.

need /niːd/ *v* (**needs, needing, needed, needed**) 1 necessitar; precisar de; care-

cer. 2 ter de; ser preciso. ‖ *s* 1 necessidade; falta; carência. 2 indigência; pobreza.

need·ful /niːdfəl/ *adj* necessário; indispensável.

nee·dle /niːdl/ *s* 1 agulha (de bússola, costura, injeção, etc.). 2 injeção. 3 ponteiro; haste. ‖ *v* (**needles, needling, needled, needled**) 1 costurar; trabalhar com agulha. 2 provocar.

need·less /niːdləs/ *adj* supérfluo; desnecessário.

nee·dle·work /niːdlwɜːrk/ *s* trabalho de agulha; costura; bordado.

need·n't /niːdənt/ *form contr* de **need not**.

needs /niːdz/ *adv* necessariamente.

need·y /niːdi/ *adj* necessitado; indigente. (*gr comp* **needier**. *gr super* **neediest**).

ne·far·i·ous /nəfɛriəs/ *adj* nefando; abominável; perverso.

ne·gate /nɪgeɪt/ *v* (**negates, negating, negated, negated**) 1 negar; desmentir. 2 invalidar; anular.

ne·ga·tion /nɪgeɪʃən/ *s* 1 negação; negativa. 2 recusa; contradição.

neg·a·tive /nɛgətɪv/ *adj* 1 negativo. 2 contrário. 3 nulo. ‖ *s* 1 negativo (foto). 2 negativa; negação. 3 recusa. 4 veto. ‖ *v* (**negatives, negativing, negatived, negatived**) 1 negar; desmentir. 2 desaprovar; rejeitar. 3 contradizer.

ne·glect /nɪglɛkt/ *v* (**neglects, neglecting, neglected, neglected**) 1 negligenciar; descuidar; deslexar. 2 olvidar; esquecer-se de. 3 desprezar. ‖ *s* 1 negligência; descuido; deslexio. 2 desprezo; indiferença; desdém. 3 abandono.

ne·glect·er /nɪglɛktər/ *s* negligente; descuidado; deslexado.

neg·li·gence /nɛglɪdʒəns/ *s* negligência; descuido; deslexio.

neg·li·gent /nɛglɪdʒənt/ *adj* 1 negligente; descuidado; deslexado. 2 indiferente.

ne·go·tia·ble /nɪgoʊʃiəbəl/ *adj* negociável.

ne·go·ti·ate /nɪgoʊʃieɪt/ *v* (**negotiates, negotiating, negotiated, negotiated**) 1 negociar. 2 parlamentar.

ne·go·ti·a·tion /nɪgoʊʃieɪʃən/ *s* negociação.

ne·go·ti·a·tor /nɪgoʊʃieɪtər/ *s* negociador; negociante.

Ne·gro /ni:grou/ s negro (raça). (pl **Negroes**). ‖ adj negro.

neigh /neɪ/ v (**neighs, neighing, neighed, neighed**) relinchar. ‖ s relincho.

neigh·bor /neɪbə/ adj e s vizinho; próximo. ‖ v (**neighbors, neighboring, neighbored, neighbored**) 1 aproximar-se. 2 morar próximo de.

neigh·bor·hood /neɪbəhʊd/ s 1 vizinhança; arredores. 2 bairro; comunidade; arrabalde.

neigh·bor·ly /neɪbəli/ adj de bom vizinho; amistoso.

nei·ther /ni:ðə, naɪðə/ adj e pron nenhum, nenhum dos dois. ‖ adv também não; tampouco. ‖ conj nem. ♦ **neither we nor they want it** nem nós nem eles querem isso.

ne·o·clas·si·cism /ni:ouklæsɪsɪzəm/ s tb maiús neoclassicismo.

Ne·o·lith·ic /ni:oulɪθɪk/ s neolítico.

ne·ol·o·gism /ni:ɑ:lədʒɪzəm/ s neologismo.

ne·on /ni:ɑ:n/ s Quím néon; neônio.

Ne·pal /nəpɔ:l/ s Nepal.

Nep·al·ese /nepəli:z/ s e adj nepalês.

neph·ew /nefju:/ s sobrinho.

Nep·tune /neptu:n/ s Astron e Mit Netuno.

nerd /nɜ:rd/ s gír pessoa estúpida, incapaz, desinteressante. (var **nurd**).

nerve /nɜ:rv/ s 1 nervo; tendão. 2 coragem; sangue-frio. ‖ v (**nerves, nerving, nerved, nerved**) dar força a; vigorizar; encorajar. ♦ **nerves** nervosismo; histeria. **get on my nerves** irritar; enervar.

nerve·less /nɜ:rvləs/ adj 1 sem coragem; sem fibra; fraco. 2 calmo; controlado.

nerv·ous /nɜ:rvəs/ adj 1 nervoso; exaltado; agitado. 2 receoso; apreensivo.

nervous breakdown s esgotamento nervoso.

nerv·ous·ness /nɜ:rvəsnəs/ s nervosidade; nervosismo; excitação.

nervous system s sistema nervoso.

ner·vure /nɜ:rvjə/ s 1 Zool nervura. 2 Bot veia.

ness /nes/ s 1 promontório; cabo. 2 sufixo que exprime qualidade ou estado.

nest /nest/ s 1 ninho; ninhada. 2 abrigo; covil. ‖ v (**nests, nesting, nested, nested**) 1 aninhar; alojar-se. 2 encaixar.

nes·tle /nesəl/ v (**nestles, nestling, nestled, nestled**) abrigar-se; alojar-se; acomodar-se.

nest·ling /nestlɪŋ, neslɪŋ/ s 1 pintainho; filhote de pássaro. 2 bebê.

net /net/ s 1 rede. 2 malha; laço. 3 armadilha. ‖ v (**nets, netting, netted, netted**) 1 colher; pegar; pescar com rede. 2 proteger ou cercar com rede. 3 fazer; tecer rede. ‖ adj 1 líquido (peso, lucro, preço). 2 último; final.

neth·er /neðə/ adj inferior; mais baixo; abaixo.

Neth·er·lands /neðələndz/ s Holanda.

Neth·er·lands An·til·les /neðələndz æntɪli:z/ s Antilhas Holandesas.

neth·er·most /neðəmoust/ adj o mais baixo; o mais profundo.

net profit s lucro líquido.

net·ting /netɪŋ/ s 1 rede. 2 pesca com rede. 3 o processo de fabricar redes.

net·tle /netl/ s Bot urtiga. ‖ v (**nettles, nettling, nettled, nettled**) irritar.

nettle rash s urticária.

net weight s peso líquido.

net·work /netwɜ:rk/ s 1 tb Comp rede. 2 cadeia de emissoras de rádio, TV, etc. 3 sistema; organização; complexo. ‖ v (**networks, networking, networked, networked**) 1 cobrir com rede. 2 transmitir em rede de televisão ou rádio. 3 Comp conectar-se a uma rede.

neu·ral·gia /nʊrældʒə/ s Med nevralgia.

neu·ral·gic /nʊrældʒɪk/ adj Med nevrálgico.

neu·ras·then·ic /nʊræsθenɪk/ adj neurastênico.

neu·rol·o·gist /nʊrɑ:lədʒɪst/ s neurologista.

neu·ron /nʊrɑ:n/ s neurônio. (var **neurone**).

neu·rone /nʊroun/ → **neuron**.

neu·ro·sis /nʊrousɪs/ s neurose. (pl **neuroses** /nʊrousi:z/).

neu·rot·ic /nʊrɑ:tɪk/ s e adj neurótico.

neu·ter /nu:tə/ s 1 Gram gênero neutro. 2 Biol, Bot e Zool sexo neutro. ‖ adj 1 Gram neutro. 2 assexuado.

neu·tral /nu:trəl/ adj 1 neutro; indefinido. 2 imparcial; mediano. 3 neutra (cor); pardacento. 4 assexuado. ‖ s neutral; neutro (indivíduo, país).

neu·tral·i·ty /nu:trælǝti/ s neutralidade; imparcialidade.

neu·tral·ize /nu:trǝlaiz/ v (neutralizes, neutralizing, neutralized, neutralized) neutralizar.

neu·tron /nu:trɑ:n/ s Fís nêutron.

neutron bomb s bomba nuclear.

nev·er /nevǝ/ adv nunca; jamais; de modo nenhum. ♦ never mind não faz mal.

nev·er·more /nevǝmɔ:r/ adv nunca mais.

nev·er·the·less /nevǝðǝles/ adv todavia; contudo; não obstante.

new /nu:, nju:/ adj 1 novo; sem uso. 2 recente; moderno; original. 3 diferente. 4 adicional. 5 rejuvenescido; renovado.

New Age adj referente ao movimento espiritualista Nova Era. || s Mús new age.

new·born /nu:bɔ:rn, nju:bɔ:rn/ adj recém-nascido.

new·com·er /nu:kʌmǝ, nju:kʌmǝ/ s recém-chegado.

new-fash·ioned /nu:fæʃǝnd, nju:fæʃǝnd/ adj 1 da última moda. 2 recente; atual.

new·ish /nu:ɪʃ, nju:ɪʃ/ adj razoavelmente novo.

new·ly /nu:li, nju:li/ adv recentemente.

new·ly·wed /nu:liwed, nju:liwed/ s pessoa recém-casada.

new moon s Astron lua nova.

new·ness /nu:nǝs, nju:nǝs/ s novidade; inovação.

news /nu:z, nju:z/ s us v sing notícias; novidades.

news agency s agência de notícias.

news·boy /nu:zbɔi, nju:zbɔi/ s jornaleiro.

news·cast /nu:zkæst, nju:zkæst/ s noticiário de rádio ou TV.

news·ma·ga·zine /nu:zmægǝzi:n, nju:zmægǝzi:n/ s revista semanal de notícias e acontecimentos atuais.

news·man /nu:zmǝn, nju:zmǝn/ s jornalista.

news·pa·per /nu:zpeɪpǝ, nju:zpeɪpǝ/ s jornal.

news·print /nu:zprɪnt, nju:zprɪnt/ s papel jornal.

news·stand /nu:zstænd, nju:zstænd/ s banca de jornais e revistas.

New Year's Day s dia de ano-novo; o primeiro dia do ano; 1º de janeiro.

New Year's Eve s véspera do dia de ano-novo; 31 de dezembro.

New Zea·land /nu:zi:lǝnd/ s Nova Zelândia.

New Zea·land·er /nu:zi:lǝndǝ/ s neozelandês.

next /nekst/ s seguinte; próximo. || adj 1 vizinho; contíguo. 2 próximo; seguinte. || adv 1 logo; imediatamente. 2 depois; em seguida. ♦ next to adjacente a; junto a. next door casa ao lado. next door to vizinho a. next time da próxima vez. next of kin parente próximo.

nex·us /neksǝs/ s nexo; conexão. (pl nexus ou nexuses).

nib /nɪb/ s 1 lâmina de metal usada em caneta. 2 bico; ponta. 3 bico de pássaro.

nib·ble /nɪbǝl/ v (nibbles, nibbling, nibbled, nibbled) mordiscar; beliscar. || s 1 dentada. 2 pequena porção de comida.

Nic·a·ra·gua /nɪkǝrɑ:gwǝ/ s Nicarágua.

Nic·a·ra·guan /nɪkǝrɑ:gwǝn/ s e adj nicaraguano; nicaraguense.

nice /naɪs/ adj 1 bonito; belo; lindo. 2 agradável; simpático. 3 delicado; sutil. 4 fino; refinado; elegante. 5 muito bom; ótimo. 6 educado; polido.

nice·ness /naɪsnǝs/ s 1 beleza; finura. 2 gentileza. 3 delicadeza. 4 exatidão.

ni·ce·ty /naɪsǝti/ s 1 prazer; amenidade. 2 exatidão; minúcia. 3 sutileza; delicadeza; fineza. (pl niceties).

niche /nɪtʃ, ni:ʃ/ s Ecol, Econ e Arq nicho. || v (niches, niching, niched, niched) aninhar; anichar.

nick /nɪk/ s talho; corte; lasca. || v (nicks, nicking, nicked, nicked) lascar; entalhar. ♦ in the nick of time na hora H.

nick·el /nɪkǝl/ s níquel. || v (nickels, nickeling/nickelling, nickeled/nickelled, nickeled/nickelled) niquelar.

nick·nack /nɪknæk/ → knickknack.

nick·name /nɪkneɪm/ s apelido. || v (nicknames, nicknaming, nicknamed, nicknamed) apelidar.

nic·o·tine /nɪkǝti:n/ s nicotina.

nic·tate /nɪkteɪt/ → nictitate.

nic·ti·tate /nɪktǝteɪt/ v (nictitates, nictitating, nictitated, nictitated) pestanejar; piscar. (var nictate).

nic·ti·ta·tion /nɪktəteɪʃən/ s pestanejo.

ni·dus /naɪdəs/ s 1 ninho (de ovos de insetos, aranhas). 2 *Biol* cavidade onde os esporos se desenvolvem. (*pl* **niduses** ou **nidi** /naɪdaɪ/).

niece /ni:s/ s sobrinha.

Ni·ger /naɪdʒɚ/ s Níger.

Ni·ge·ri·a /naɪdʒɪriə/ s Nigéria.

Ni·ge·ri·an /naɪdʒɪriən/ s e *adj* nigeriano.

Ni·ge·ri·en /naɪdʒɚiən/ s e *adj* nigerino.

nig·gard /nɪgɚd/ *adj* e s mesquinho; sovina; miserável.

nig·ger /nɪgɚ/ s *gír ofens* negro.

nig·gle /nɪgəl/ v (**niggles, niggling, niggled**) preocupar-se com ninharias; perder tempo com pormenores.

night /naɪt/ s noite. || *adj* noturno.

night blindness s cegueira noturna.

night·cap /naɪtkæp/ s bebida alcoólica ingerida antes de dormir.

night·clothes /naɪtkloʊðz/ s roupas de dormir. (*tb* **nightwear**).

night·club /naɪtklʌb/ s boate; casa noturna.

night·dress /naɪtdres/ s camisola. (*tb* **nightgown**).

night·gown /naɪtgaʊn/ s camisola. (*tb* **nightdress**).

night·in·gale /naɪtəngeɪl/ s rouxinol.

night·life /naɪtlaɪf/ s vida noturna.

night·mare /naɪtmer/ s pesadelo.

night school s escola noturna.

night·time /naɪttaɪm/ s noite; as horas da noite. || *adj* que ocorre durante a noite.

night watch s 1 ronda noturna. 2 guarda-noturno.

night·wear /naɪtwer/ s roupas de dormir. (*tb* **nightclothes**).

nil /nɪl/ s nulo; nada; nenhum.

nim·ble /nɪmbəl/ *adj* 1 ágil; rápido. 2 esperto; vivo.

nim·bly /nɪmbli/ *adv* sagazmente; ativamente.

nine /naɪn/ *num* nove.

nine·teen /naɪnti:n/ *num* dezenove.

nine·teenth /naɪnti:nθ/ *num* décimo nono.

nine·ty /naɪnti/ *num* noventa.

nin·ny /nɪni/ s tolo; simplório. (*pl* **ninnies**).

ninth /naɪnθ/ *num* nono; nona parte.

nip /nɪp/ v (**nips, nipping, nipped, nipped**) 1 beliscar; mordiscar; morder. 2 tolher; deter; cercar. 3 beber; bebericar. || s 1 beliscão; unhada. 2 dentada; mordida. 3 pedaço; bocado. 4 trago; gole. 5 frio intenso; geada.

nip·per /nɪpɚ/ s *pl* 1 pinça. 2 garra. 3 torquês; tenaz.

nip·ping /nɪpɪŋ/ *adj* 1 penetrante. 2 mordaz; sarcástico.

nip·ple /nɪpəl/ s 1 mamilo. 2 bico de mamadeira. 3 chupeta. 4 protuberância semelhante ao mamilo.

nip·py /nɪpi/ *adj inform* 1 picante. 2 cortante (vento, frio). 3 veloz; rápido. (*gr comp* **nippier**. *gr super* **nippiest**).

nit /nɪt/ s lêndea.

ni·trate /naɪtreɪt/ s nitrato; fertilizante de nitrato de potássio e sódio. || v (**nitrates, nitrating, nitrated, nitrated**) fertilizar com nitrato.

ni·tric /naɪtrɪk/ *adj* nítrico.

ni·tro·gen /naɪtrədʒən/ s *Quím* nitrogênio. (*símb* **N**).

ni·tro·glyc·er·in /naɪtrooʊglɪsəri:n/ s nitroglicerina. (*var* **nitroglycerine**).

ni·tro·glyc·er·ine /naɪtrooʊglɪsəri:n/ → **nitroglycerin**.

nitrous acid s ácido nitroso.

nix /nɪks/ s *gír* nada; ninguém. || *adv* nada; não. || v (**nixes, nixing, nixed, nixed**) vetar; proibir.

no /noʊ/ *adv* não; de modo algum. || s não; negativa; recusa; voto contrário. (*pl* **noes**). || *adj* nenhum; nenhuma. ♦ **no admittance** proibida a entrada. **no matter** não importa. **no smoking** proibido fumar. **no doubt** sem dúvida. **no more** tampouco. **no one** ninguém.

nob /nɑːb/ s *gír* cabeça; cuca.

nob·by /nɑːbi/ *adj* vaidoso; elegante. (*gr comp* **nobbier**. *gr super* **nobbiest**).

no·bil·i·ty /noʊbɪləti/ s nobreza. (*pl* **nobilities**).

no·ble /noʊbəl/ *adj* 1 nobre; aristocrata. 2 magnânimo (nobre de espírito). 3 inerte (gás). || s nobre; aristocrata.

no·ble·man /noʊbəlmən/ s *masc* nobre; fidalgo.

no·ble·wom·an /nóubəlwumən/ *s fem* nobre; fidalga.

no·bod·y /nóuba:di, nóubʌdi, nóubədi/ *pron* ninguém. || *s* joão-ninguém. (*pl* **nobodies**).

noc·tam·bu·lism /na:ktǽmbju:lɪzəm/ *s* sonambulismo.

noc·tur·nal /na:ktɜ́:rnəl/ *adj* noturno.

noc·turne /na:ktɜ́rn/ *s Pint* e *Mús* noturno.

nod /na:d/ *v* (**nods, nodding, nodded,
nodded**) **1** anuir; acenar com a cabeça. **2** cabecear; dormitar. **3** inclinar a cabeça em sinal de cumprimento. || *s* sinal de consentimento; aceno.

nod·al /nóudəl/ *adj* nodoso.

nod·dy /na:di/ *s* idiota; imbecil; simplório. (*gr comp* **noddier**. *gr super* **noddiest**).

node /noud/ *s* nódulo; nodo; nó; protuberância.

nod·ule /na:dju:l/ *s* nódulo.

No·ël /nouél/ *s* **1** natal. **2** canção natalina. (*tb* **Noel**).

nog /na:g/ *s* **1** cavilha. **2** bloco de madeira. **3** qualquer bebida alcoólica batida com ovo.

nog·gin /na:gɪn/ *s* **1** caneca pequena. **2** medida de volume (1,2 dl).

no·how /nóuhau/ *adv* de modo algum.

noise /nɔɪz/ *s* **1** barulho; ruído. **2** clamor. **3** *inform* protesto. || *v* (**noises, noising, noised, noised**) **1** espalhar; divulgar. **2** fazer barulho. **3** tornar famoso, público.

noise·less /nɔ́ɪzləs/ *adj* silencioso.

noise pollution *s* poluição sonora.

nois·i·ness /nɔ́ɪznəs/ *s* barulho; ruído.

noi·some /nɔ́ɪsəm/ *adj* **1** desagradável; asqueroso. **2** perigoso.

nois·y /nɔ́ɪzi/ *adj* ruidoso; barulhento. (*gr comp* **noisier**. *gr super* **noisiest**).

nom·i·nal /na:mənəl/ *adj* nominal.

nom·i·nate /na:məneɪt/ *v* (**nominates,
nominating, nominated, nominated**) nomear; designar para o cargo; propor como candidato (para disputar uma eleição).

nom·i·na·tion /na:mənéɪʃən/ *s* nomeação.

nom·i·na·tive /na:mənətɪv/ *adj* indicado ao cargo; nomeado como candidato. || *s Gram* nominativo.

nom·i·nee /na:məní:/ *s* o nomeado; o indicado para o cargo.

non·age /na:nɪdʒ, nóunɪdʒ/ *s* menoridade.

non·ag·gres·sion /na:nəgréʃən/ *s* não-agressão.

non·al·co·hol·ic /na:nælkəha:lɪk/ *s* e *adj* não-alcoólico.

non·a·ligned /na:nəlaɪnd/ *adj* não-alinhado (país partidário do não-alinhamento).

non·ca·lor·ic /na:nkəlɔ́:rɪk/ *adj* não-calórico.

nonce /na:ns/ *s* tempo presente; ocasião.

non·cha·lance /na:nʃəla:ns/ *s* indiferença; apatia.

non·cha·lant /na:nʃəla:nt/ *adj* indiferente; frio.

non·com·bat·ant /na:nkəmbǽtənt,
na:nka:mbətənt/ *s* não-combatente.

non·dur·a·ble /na:nduˈrəbəl/ *adj* e *s* não-durável; perecível.

none /nʌn/ *pron* nenhum; ninguém; nada. || *adv* não; de nenhum modo; de forma alguma.

non·en·ti·ty /na:néntəti/ *s* **1** pessoa insignificante; nulidade. **2** algo que não existe ou que existe apenas na imaginação. (*pl* **nonentities**).

non·es·sen·tial /na:nɪsénʃəl/ *adj* não-essencial.

non·ex·ist·ence /na:nɪgzɪ́stəns/ *s* não-existência.

non·ex·plo·sive /na:nɪksplóusɪv/ *adj* e *s* não-explosivo.

non·fic·tion /na:nfɪ́kʃən/ *s* não-ficção.

non·in·ter·ven·tion /na:nɪntəvénʃən/ *s* não-intervenção.

non·lin·e·ar /na:nlɪ́niə/ *adj tb Mat* não-linear.

non·lit·er·ate /na:nlɪ́tərət/ *adj* e *s* iletrado.

non·met·al /na:nmétəl/ *s Quím* não-metal.

non·nu·cle·ar /na:nnu:klíə/ *adj* não-nuclear.

non·pa·reil /na:npərél/ *adj* incomparável. || *s* **1** pessoa ou coisa de grande mérito. **2** protótipo; modelo.

non·plus /na:nplʌ́s/ *v* (**nonpluses/nonplusses, nonplussing/nonplussing, nonplussed, nonplussed/nonplussed**) tornar perplexo; pasmar; embaraçar. || *s* confusão; perplexidade.

non·sense /na:nsens/ *s* tolice; asneira; disparate.

N

on·skid /nɑ:nskɪd/ adj antiderrapante.

on·smok·er /nɑ:nsmouka/ s não-fumante.

on·stan·dard /nɑ:nstændəd/ adj não-padrão. (tb non-standard).

on·stop /nɑ:nstɑ:p/ adj e adv incessante; contínuo; sem parada; sem escala.

on·us·er /nɑ:nju:zə/ s não-usuário.

on·ver·bal /nɑ:nvɜ:rbəl/ adj não-verbal.

on·vi·o·lence /nɑ:nvaɪələns/ s não-violência.

oo·dle /nu:dl/ s 1 talharim. 2 inform palerma; estúpido.

ook /nʊk/ s recanto; alcova. 2 canto escondido.

oon /nu:n/ s 1 meio-dia. 2 apogeu; auge.

oon·day /nu:ndeɪ/ s meio-dia.

oose /nu:s/ s nó corrediço; armadilha; laço. || v (nooses, noosing, noosed, noosed) apanhar num laço.

or /nɔ:r/ conj nem. ♦ neither ... nor nem ... nem.

Nor·dic /nɔ:rdɪk/ adj e s nórdico.

orm /nɔ:rm/ s norma; regra; modelo; padrão.

or·mal /nɔ:rmal/ adj normal; comum; usual. || s normal.

or·mal·i·ty /nɔ:rmæləti/ s normalidade.

or·mal·i·za·tion /nɔ:rməlɪzeɪʃən/ s normalização.

or·mal·ize /nɔ:rməlaɪz/ v (normalizes, normalizing, normalized, normalized) normalizar; padronizar.

orth /nɔ:rθ/ s norte; a região situada ao norte. (abrev N; N.; No.; no.; n; n.; Nor.). || adj do norte; setentrional. || adv para o norte; ao norte.

North America s América do Norte.

North Korea s Coréia do Norte.

North Korean s e adj norte-coreano.

orth·east /nɔ:rθi:st/ s nordeste. (abrev NE). || adj do nordeste. || adv em direção ao nordeste.

orth·east·ern /nɔ:rθi:stən/ adj do nordeste; relativo ao nordeste.

orth·ern /nɔ:rðən/ adj do norte; setentrional.

orth·ern·er /nɔ:rθənə/ s tb maiús nortista (nos EUA).

Northern Ireland s Irlanda do Norte.

orth·ward /nɔ:rθwəd/ adv para o norte.

|| s direção, ponto ou região norte. || adj do norte.

north·west /nɔ:rθwest/ s noroeste. (abrev NW). || adj do noroeste. || adv em direção ao noroeste.

north·west·ern /nɔ:rθwestən/ adj do noroeste; relativo ao noroeste.

Nor·way /nɔ:rweɪ/ s Noruega.

Nor·we·gian /nɔ:rwi:dʒən/ s e adj norueguês.

nose /nouz/ s 1 nariz. 2 focinho. 3 olfato; faro. 4 ponta; bico; proa (a parte dianteira de um avião, navio, etc.). || v (noses, nosing, nosed, nosed) 1 farejar; cheirar; localizar algo pelo cheiro. 2 embicar (no tráfego). 3 intrometer-se; bisbilhotar. ♦ keep your nose out of my business não se meta nos meus negócios. under your nose debaixo do seu nariz. look down (one's) nose olhar com arrogância, desprezo.

nose·band /nouzbænd/ s focinheira.

nos·tril /nɑ:strəl/ s narina; fossa nasal.

nos·y /nouzi/ adj xereta; curioso; bisbilhoteiro; abelhudo. (gr comp nosier. gr super nosiest).

not /nɑ:t/ adv não; nem; de forma alguma.

no·ta·bil·i·ty /noutəbɪləti/ s 1 notabilidade; importância; valor. 2 pessoa importante ou notável. (pl notabilities).

no·ta·ble /noutəbəl/ s pessoa notável; celebridade. || adj notável; eminente; insigne.

no·ta·ry /noutəi/ s notário; tabelião. (pl notaries).

no·ta·tion /nouteɪʃən/ s 1 notação. 2 anotação; observação.

notch /nɑ:tʃ/ s 1 entalhe; corte em v. 2 desfiladeiro estreito. || v (notches, notching, notched, notched) 1 entalhar; cortar. 2 inform marcar pontos no jogo.

note /nout/ v (notes, noting, noted, noted) 1 notar; observar; reparar. 2 tomar nota de; anotar. || s 1 nota; apontamento. 2 marca; sinal. 3 notícia; bilhete; memorando. 4 missiva; escrito. 5 Comer vale; ordem de pagamento. 6 tom; nota musical. ♦ note of hand nota promissória.

note·book /noutbʊk/ s 1 caderno de apontamentos; agenda. 2 *Comp* computador portátil.

not·ed /noutɪd/ adj notável; insigne; famoso.

noth·ing /nʌθɪŋ/ s nada; coisa nenhuma; zero; nulidade. ll adv de modo algum. ll pron nada. ll adj insignificante.

noth·ing·ness /nʌθɪŋnəs/ s 1 nada. 2 espaço vazio. 3 insignificância.

no·tice /noutɪs/ s 1 nota; notificação. 2 notícia; informação. 3 observação; reconhecimento. 4 advertência; crítica. 5 comentário; resenha crítica. ll v (notices, noticing, noticed, noticed) 1 notar; perceber; reparar. 2 noticiar. 3 fazer menção; mencionar; citar. 4 notificar.

no·tice·a·ble /noutɪsəbəl/ adj digno de atenção; perceptível.

no·ti·fi·ca·tion /noutəfɪkeɪʃən/ s notificação; aviso; advertência.

no·ti·fy /noutəfaɪ/ v (notifies, notifying, notified, notified) 1 notificar; comunicar. 2 advertir; avisar.

no·tion /nouʃən/ s 1 noção; idéia. 2 opinião; parecer. 3 teoria; crença. 4 capricho. ♦ notions atavios; material de costura.

no·tion·al /nouʃənəl/ adj imaginário; mental; teórico.

no·to·ri·e·ty /noutəraɪəti/ s notoriedade.

no·to·ri·ous /noutɔːriəs/ adj notório.

nought /nɑːt/ → naught.

noun /naʊn/ s Gram substantivo.

nour·ish /nɜːrɪʃ/ v (nourishes, nourishing, nourished, nourished) 1 nutrir; alimentar; sustentar. 2 desenvolver; promover.

nour·ish·ment /nɜːrɪʃmənt/ s 1 alimento. 2 alimentação; nutrição; ato de nutrir.

nous /nuːs, naʊs/ s Fil razão; mente; intelecto.

nov·el /nɑːvəl/ s romance. ll adj novíssimo; recente; moderno; original.

nov·el·ist /nɑːvəlɪst/ s romancista.

nov·el·ty /nɑːvəlti/ s novidade. (pl novelties).

No·vem·ber /nouvembər/ s novembro. (abrev Nov. ou Nov).

no·ve·na /nouviːnə/ s novena. (pl novenas ou novenae /nouviːniː/).

nov·ice /nɑːvɪs/ s 1 noviço. 2 novato aprendiz.

no·vi·ci·ate /nouvɪʃɪt, nouvɪʃieɪt/ → novitiate.

no·vi·ti·ate /nouvɪʃɪt, nouvɪʃieɪt/ s noviciado; aprendizagem; iniciação. (var noviciate).

now /naʊ/ s o momento atual. ll adv agora; já; imediatamente. 2 ainda há pouco. 3 então; nessas circunstâncias. ll conj desde que; assim sendo. ll atual. ♦ just now há pouco; agora mesmo. now and again/now and then de vez em quando. now or never agora ou nunca. up to now até agora.

now·a·days /naʊədeɪz/ adv atualmente hoje em dia.

no·way /nouweɪ/ adv de nenhum modo de jeito nenhum. (var noways).

no·ways /nouweɪz/ → noway.

no·where /nouhwer, nouwer/ adv em parte alguma; em lugar nenhum.

no·wise /nouwaɪz/ adv de forma alguma.

nox·ious /nɑːkʃəs/ adj 1 nocivo; prejudicial; pernicioso. 2 insalubre.

noz·zle /nɑːzəl/ s 1 bico; bocal; esguicho. 2 inform nariz.

NSP abrev Comp de Network Service Provider; provedor de serviços de rede.

nub /nʌb/ s 1 protuberância; nó. 2 a essência; o ponto principal.

nu·cle·ar /nuːkliər/ adj nuclear.

nuclear disarmament s desarmamento nuclear.

nuclear energy s energia nuclear.

nuclear medicine s medicina nuclear.

nuclear reactor s reator nuclear.

nuclear weapon s arma nuclear.

nu·cle·us /nuːkliəs/ s Anat, Fís, Biol Quím núcleo; centro. (pl nuclei /nuːkliaɪ, ou nucleuses).

nude /nuːd, njuːd/ adj 1 nu; despido. desguarnecido; destituído. ll s nu; nudez.

nudge /nʌdʒ/ v (nudges, nudging, nudged, nudged) 1 cotovelar levemente; cutucar 2 chegar mais perto de. 3 inform importunar; aborrecer. ll s cotovelada ligeira; cutucão.

nud·ism /nu:dɪzəm, nju:dɪzəm/ s nudismo.

nu·ga·to·ry /nu:gətɔ:ri:/ adj 1 insignificante; sem valor. 2 sem forças; inválido.

nug·get /nʌgɪt/ s 1 pepita. 2 porção; pedaço.

nui·sance /nu:səns/ s 1 dano; incômodo; transtorno. 2 flagelo; praga; peste. 3 Jur ato nocivo aos interesses públicos ou privados.

null /nʌl/ v (nulls, nulling, nulled, nulled) anular. ll adj 1 nulo; inútil. 2 sem força legal; sem efeito; sem valor; insignificante. ll s zero.

null character s caractere nulo.

nul·li·fi·ca·tion /nʌlɪfɪkeɪʃən/ s anulação; supressão; abolição.

nul·li·fy /nʌlɪfaɪ/ v (nullifies, nullifying, nullified, nullified) 1 anular; invalidar. 2 cancelar.

nul·li·ty /nʌləti/ s nulidade. (pl nullities).

numb /nʌm/ v (numbs, numbing, numbed, numbed) tirar a sensibilidade; adormecer; entorpecer. ll adj 1 transido; entorpecido; incapaz de sentir ou se mover. 2 indiferente.

num·ber /nʌmbə-/ s 1 número; algarismo. 2 soma; total. 3 exemplar (de revista, jornal, etc.). 4 peça teatral ou musical; show. 5 tomo; volume. 6 Gram número. ll v (numbers, numbering, numbered, numbered) 1 contar; enumerar. 2 incluir. 3 limitar; restringir. ♦ **numbers** 1 quantidade; abundância; multidão. 2 aritmética. **a number of** vários; muitos. **beyond/without number** sem conta; número infindável.

num·ber·less /nʌmbə-ləs/ adj inumerável; inúmeros.

numb·ly /nʌmli/ adv entorpecidamente.

numb·ness /nʌmnəs/ s torpor; dormência.

numb·skull /nʌmskʌl/ → numskull.

nu·mer·a·ble /nu:mərəbəl/ adj numerável.

nu·mer·al /nu:mərəl/ adj numeral; numérico. ll s numeral.

nu·mer·ate /nu:məreɪt/ v (numerates, numerating, numerated, numerated) numerar; contar.

nu·mer·a·tion /nu:məreɪʃən/ s 1 numeração; enumeração. 2 conta; cálculo.

nu·mer·ic /nu:merɪk/ s número; numeral. ll adj → numerical.

nu·mer·i·cal /nu:merɪkəl/ adj numérico. (var numeric).

nu·mer·ol·o·gy /nu:mera:lədʒi:/ s numerologia.

nu·mer·ous /nu:mərəs/ adj numeroso.

nu·mis·mat·ics /nu:mɪzmætɪks/ s us v sing numismática.

num·skull /nʌmskʌl/ s idiota; estúpido; parvo. (var numbskull).

nun /nʌn/ s monja; freira.

nun·ner·y /nʌnəri/ s convento de freiras. (pl nunneries).

nup·tial /nʌpʃəl/ adj nupcial; conjugal. ♦ **nuptials** casamento; núpcias; boda.

nurd /nɜ:rd/ → nerd.

nurse /nɜ:rs/ s 1 enfermeira. 2 ama-de-leite. 3 pajem; babá. ll v (nurses, nursing, nursed, nursed) 1 aleitar; amamentar. 2 pajear; proteger; cuidar. 3 trabalhar como enfermeira.

nurs·er·y /nɜ:rsəri/ s 1 berçário. 2 quarto de criança. 3 sementeira; viveiro. (pl nurseries).

nursery rhyme s poema ou cantiga para crianças.

nursery school s creche; berçário.

nurs·ing /nɜ:rsɪŋ/ s enfermagem.

nur·ture /nɜ:rtʃə-/ v (nurtures, nurturing, nurtured, nurtured) 1 nutrir. 2 educar. 3 cultivar. ll s 1 educação. 2 criação. 3 nutrição.

nut /nʌt/ s 1 noz; castanha; amêndoa. 2 porca (de parafuso). 3 gír pessoa excêntrica, fanática; entusiasta. ll v (nuts, nutting, nutted, nutted) colher ou procurar nozes. ♦ **a hard nut to crack** osso duro de roer.

nut case s gír excêntrico; maluco.

nut·crack·er /nʌtkrækə-/ s quebra-nozes.

nut·meat /nʌtmi:t/ s parte comestível da noz.

nut·meg /nʌtmeg/ s noz-moscada.

nu·tri·ent /nu:triənt/ adj nutritivo. ll s nutriente.

nu·tri·tion /nu:trɪʃən/ s nutrição.

nuts /nʌts/ adj gír louco; insano.

nut·shell /nˈʌtʃel/ s casca de noz, de avelã. ♦ **in a nutshell** em poucas palavras;
conciso.

nut·ty /nˈʌti/ adj **1** abundante em nozes.
2 que contém ou é feito de nozes. **3** gír
maluco; idiota. (gr comp **nuttier**. gr super
nuttiest).

nuz·zle /nˈʌzəl/ v (**nuzzles, nuzzling, nuzzled,
nuzzled**) pressionar, esfregar ou puxar com
o nariz ou o focinho.

NY /enwˈaɪ/ abrev de **New York**. (tb **N.Y.**).

NYC /enwaɪsˈiː/ abrev de **New York City**;
cidade de New York. (tb **N.Y.C.**).

ny·lon /nˈaɪlɑːn/ s náilon. ♦ **nylons** meias
de náilon.

nymph /nˈɪmf/ s **1** Mit ninfa. **2** menina bonita.

nym·phet /nˈɪmpfət/ s ninfeta.

nym·pho·ma·ni·a /nɪmfoʊmˈeɪniə/ s ninfomania.

nym·pho·ma·ni·ac /nɪmfoʊmˈeɪniæk/ s ninfômana.

O

o ou **O** /oʊ/ s **1** 15ª letra do alfabeto inglês. **2** zero. (pl **o's** ou **O's**). ll interj ó, oh. ll símb Quím de **oxygen**.

oaf /oʊf/ s imbecil; idiota; parvo.

oak /oʊk/ s Bot carvalho.

oar /ɔːr/ s remo; remador. ll v (**oars**, **oaring**, **oared**, **oared**) remar.

o·a·sis /oʊeɪsɪs/ s oásis. (pl **oases** /oʊeɪsiːz/).

oat /oʊt/ s us v pl ou sing aveia. (geralm **oats**).

oat·en /oʊtən/ adj de aveia.

oath /oʊθ/ s **1** juramento. **2** blasfêmia. **3** praga.

oat·meal /oʊtmiːl/ s farinha de aveia.

ob·du·ra·cy /ɑːbdʊrəsi/ s endurecimento; obstinação; determinação; inflexibilidade; teima.

ob·du·rate /ɑːbdʊrɪt/ adj endurecido; obstinado; impenitente; inflexível.

o·be·di·ence /oʊbiːdiəns/ s obediência; sujeição.

o·be·di·ent /oʊbiːdiənt/ adj obediente; dócil.

ob·e·lisk /ɑːbəlɪsk/ s obelisco.

o·bese /oʊbiːs/ adj obeso; gordo.

o·be·si·ty /oʊbiːsəti/ s obesidade.

o·bey /oʊbeɪ/ v (**obeys**, **obeying**, **obeyed**, **obeyed**) obedecer.

ob·fus·cate /ɑːbfəskeɪt, ɑːbfʌskeɪt/ v (**obfuscates**, **obfuscating**, **obfuscated**, **obfuscated**) ofuscar; confundir; obscurecer.

o·bit /oʊbɪt, oʊbɪt/ s inform obituário.

o·bit·u·ar·y /oʊbɪtʃueri/ adj obituário. (pl **obituaries**).

ob·ject /ɑːbdʒɪkt, ɑːbdʒekt/ s **1** objeto; coisa. **2** assunto. **3** objetivo; intento. **4** Gram objeto; complemento direto. ll /əbdʒekt/ v (**objects**, **objecting**, **objected**, **objected**) **1** contrapor-se; opor-se. **2** desaprovar.

ob·jec·tion /əbdʒekʃən/ s objeção; oposição.

ob·jec·tive /əbdʒektɪv/ adj **1** objetivo; claro; justo; impessoal. **2** real. ll s **1** objetivo; propósito; intenção. **2** objetiva (lente). **3** Gram caso objetivo.

ob·late /ɑːbleɪt, ɑːbleɪt/ adj que tem o formato de uma esfera achatada nos pólos. ll /ɑːbleɪt/ s **1** leigo dedicado à vida religiosa. **2** membro de comunidades religiosas da Igreja Católica.

ob·la·tion /əbleɪʃən, oʊbleɪʃən/ s oblação; oferenda a Deus ou aos santos.

ob·li·gate /ɑːblɪgeɪt/ v (**obligates**, **obligating**, **obligated**, **obligated**) **1** obrigar; forçar. **2** estar agradecido ou em débito. ll adj indispensável; essencial.

ob·li·ga·tion /ɑːbləgeɪʃən/ s **1** obrigação. **2** contrato. **3** obséquio; favor.

o·blig·a·to·ry /əblɪgətɔːri, ɑːbləgətɔːri/ adj obrigatório; compulsório.

o·blige /əblaɪdʒ/ v (**obliges**, **obliging**, **obliged**, **obliged**) **1** obrigar; forçar. **2** estar agradecido ou em débito. **3** fazer um favor.

ob·li·gee /ɑːblədʒiː/ s Jur credor.

o·blig·ing /əblaɪdʒɪŋ/ adj prestativo; atencioso; disposto.

o·blique /oʊbliːk, əbliːk/ adj tb Anat, Bot e Mat **1** oblíquo. **2** evasivo; indireto.

o·bliq·ui·ty /əblɪkwəti/ s **1** obliqüidade; inclinação. **2** desonestidade; falta; desvio. (pl **obliquities**).

o·blit·er·ate /əblɪtəreɪt, oʊblɪtəreɪt/ v (**obliterates**, **obliterating**, **obliterated**, **obliterated**) **1** obliterar; suprimir; abolir; anular. **2** apagar.

o·bliv·i·on /əblɪviən/ s esquecimento.

o·bliv·i·ous /əblɪviəs/ adj **1** esquecido. **2** inconsciente; absorto.

ob·long /ɑːblɑːŋ/ adj oblongo; alongado; oval; elíptico.

ob·lo·quy /ɑːbləkwi/ s infâmia; calúnia; aviltamento.

ob·nox·ious /əbnɑːkʃəs/ adj detestável; ofensivo; odioso.

o·boe /oʊboʊ/ s oboé.

ob·scene /əbsiːn/ adj obsceno; indecente.

ob·scen·i·ty /əbsenəti/ s obscenidade; indecência. (pl **obscenities**).

ob·scure /əbskjʊr/ *adj* 1 obscuro; escuro; indistinto. 2 ambiguo; vago. 3 confuso. II *v* (**obscures, obscuring, obscured, obscured**) 1 obscurecer. 2 ofuscar. 3 confundir. 4 ocultar-se. II *s* obscuridade.

ob·scu·ri·ty /əbskjʊrəti/ *s* 1 obscuridade. 2 ofuscamento. 3 confusão. (*pl* **obscurities**).

ob·se·qui·ous /əbsi:kwiəs/ *adj* obsequioso; subserviente.

ob·serv·a·ble /əbzɜːrvəbəl/ *adj* 1 observável. 2 notável.

ob·ser·vance /əbzɜːrvəns/ *s* 1 observância; cumprimento. 2 observação. 3 costume; rito.

ob·ser·vant /əbzɜːrvənt/ *adj* 1 observador. 2 respeitador; cumpridor.

ob·ser·va·tion /ɑːbzərveɪʃən/ *s* 1 observação. 2 comentário. 3 exame.

ob·ser·va·to·ry /əbzɜːrvətɔːri/ *s* observatório. (*pl* **observatories**).

ob·serve /əbzɜːrv/ *v* (**observes, observing, observed, observed**) 1 observar; perceber; notar. 2 comentar. 3 cumprir; obedecer. 4 celebrar.

ob·serv·er /əbzɜːrvɚ/ *s* observador.

ob·sess /əbsɛs/ *v* (**obsesses, obsessing, obsessed, obsessed**) obsedar; ter idéia fixa; estar obcecado por uma idéia ou pensamento.

ob·ses·sion /əbsɛʃən/ *s* obsessão.

ob·so·lete /ɑːbsəliːt/ *adj* obsoleto; que caiu em desuso.

ob·sta·cle /ɑːbstəkəl/ *s* obstáculo.

obstacle race *s Esp* corrida com obstáculos.

ob·ste·tri·cian /ɑːbstətrɪʃən/ *s* obstetra.

ob·stet·rics /əbstɛtrɪks/ *s us v sing ou pl* obstetrícia.

ob·sti·na·cy /ɑːbstənəsi/ *s* obstinação; persistência. (*pl* **obstinacies**).

ob·sti·nate /ɑːbstənət/ *adj* obstinado; persistente.

ob·struct /əbstrʌkt/ *v* (**obstructs, obstructing, obstructed, obstructed**) obstruir.

ob·struc·tion /əbstrʌkʃən/ *s* obstrução; impedimento; obstáculo.

ob·tain /əbteɪn/ *v* (**obtains, obtaining, obtained, obtained**) obter; adquirir.

ob·trude /əbtruːd/ *v* (**obtrudes, obtruding, obtruded, obtruded**) impor; forçar; introduzir à força.

ob·tu·rate /ɑːbtəreɪt/ *v* (**obturates, obturating, obturated, obturated**) obstruir; tapar.

ob·tuse /ɑːbtuːs/ *adj* 1 obtuso; estúpido. 2 embotado; sem corte.

ob·vert /ɑːbvɜːrt/ *v* (**obverts, obverting, obverted, obverted**) 1 girar alguma coisa para mostrar um outro lado. 2 alterar a aparência.

ob·vi·ate /ɑːbvieɪt/ *v* (**obviates, obviating, obviated, obviated**) obviar; antecipar; prevenir.

ob·vi·ous /ɑːbviəs/ *adj* óbvio; evidente.

oc·ca·sion /əkeɪʒən/ *s* 1 acontecimento; ocasião. 2 oportunidade. 3 causa; razão. II *v* (**occasions, occasioning, occasioned, occasioned**) causar; ocasionar.

oc·ca·sion·al /əkeɪʒənəl/ *adj* ocasional; eventual.

oc·ca·sion·al·ly /əkeɪʒənəli/ *adv* ocasionalmente; eventualmente.

oc·ci·dent /ɑːksədənt/ *s* ocidente; oeste.

oc·ci·den·tal /ɑːksədɛntəl/ *adj tb maiús* ocidental.

oc·clude /əkluːd/ *v* (**occludes, occluding, occluded, occluded**) 1 *Quím* absorver. 2 obstruir; impedir a passagem; tapar; fechar.

oc·clu·sion /əkluːʒən/ *s* oclusão; obstrução.

oc·clu·sive /əkluːsɪv/ *adj* oclusivo.

oc·cult /əkʌlt, ɑːkʌlt/ *adj* oculto; sobrenatural; secreto; misterioso. II /əkʌlt/ (**occults, occulting, occulted, occulted**) ocultar.

oc·cul·ta·tion /ɑːkʌltɜːrʃən/ *s tb Astron* ocultação.

oc·cult·ism /əkʌltɪzəm/ *s* ocultismo.

oc·cu·pan·cy /ɑːkjəpənsi/ *s* ocupação. (*pl* **occupancies**).

oc·cu·pant /ɑːkjəpənt/ *s* ocupante; titular.

oc·cu·pa·tion /ɑːkjəpeɪʃən/ *s* 1 ocupação; trabalho; emprego. 2 ocupação de terras; invasão.

occupational therapy *s* terapia ocupacional

c·cu·py /ɑ:kju:paɪ/ v (occupies, occu-pying, occupied, occupied) 1 ocupar ou apoderar-se de um lugar; invadir. 2 consumir o tempo; durar. 3 fazer uso de. 4 empregar.

c·cur /əkɜ:r/ v (occurs, occurring, oc-curred, occurred) 1 ocorrer; acontecer; suceder. 2 vir à mente.

c·cur·rence /əkɜ:rəns/ s ocorrência; acontecimento.

·cean /ouʃən/ s oceano.

·cean·og·ra·phy /ouʃənɑ:grəfi/ s oceanografia. (var oceanology).

·cean·ol·o·gy /ouʃənɑ:lədʒi/ → ocean-ography.

·cher /oukə/ s 1 ocre; ocra. 2 a cor da ocra. (var ochre).

·chre /oukə/ → ocher.

·clock /əklɑ:k/ adv do ou de acordo com o relógio. (form red de of the clock).

c·ta·gon /ɑ:ktəgɑ:n/ s octógono.

c·tag·o·nal /ɑ:ktægənəl/ adj octogonal.

c·tave /ɑ:ktɪv, ɑ:kteɪv/ s Mús e Poét oitava.

Jc·to·ber /ɑ:ktoubə/ s outubro. (abrev Oct. ou Oct).

c·to·pus /ɑ:ktəpəs/ s octópode; polvo. (pl octopuses ou octopi /ɑ:ktəpaɪ/).

·c·u·lar /ɑ:kjələ/ adj ocular; visual. II s lente.

·c·u·list /ɑ:kjəlɪst/ s oculista; oftalmologista.

·da·lisk /oudəlɪsk/ → odalisque.

·da·lisque /oudəlɪsk/ s odalisca. (var odalisk).

·dd /ɑ:d/ adj 1 singular; peculiar; estranho. 2 demasiado; excedente. 3 esporádico; ocasional. 4 avulso; sem par. 5 só; único. 6 ímpar (número). ♦ odds probabilidades; chances; vantagens; condições. odds and ends retalhos; sobras.

·dd·i·ty /ɑ:dəti/ s singularidade. (pl oddities).

·dd·ments /ɑ:dmənts/ s retalhos; sobras.

·de /oud/ s ode.

·di·ous /oudiəs/ adj odioso; infame.

·di·um /oudiəm/ s ódio; ira.

·don·to·log·i·cal /ouda:ntɑ:lədʒikəl/ adj odontológico.

·don·tol·o·gy /ouda:ntɑ:lədʒi/ s odontologia.

o·dor /oudə/ s odor; cheiro.

o·dor·if·er·ous /oudərɪfəəs/ adj odorífero; aromático.

o·dor·ous /oudərəs/ adj cheiroso.

od·ys·sey /ɑ:dɪsi/ s odisséia. (pl odysseys).

oe·de·ma /ɪdi:mə/ → edema.

of /ɑ:v/ prep de. ♦ a table of wood uma mesa de madeira. most of the cases a maioria das vezes. of course naturalmente; claro.

off /ɑ:f/ adv 1 longe; distante. 2 ao longo de; ao lado de. 3 fora; ausente. 4 para fora. II adj 1 distante; remoto. 2 desconectado; desligado. 3 inoperante; fora de operação ou uso. 4 cancelado; anulado. 5 insatisfatório. 6 incorreto. 7 desocupado. 8 fechado. II prep 1 fora de. 2 distante de. II v (offs, offing, offed, offed) ir embora; partir. ♦ hands off! tira as mãos! a day off um dia de folga. turn/switch off desligar. 15% off 15% de abatimento.

of·fal /ɑ:fəl/ s sobras; restos; refugo.

of·fend /əfend/ v (offends, offending, offended, offended) 1 ofender; insultar; afrontar. 2 transgredir; violar. 3 pecar.

of·fend·er /əfendə/ s transgressor; infrator.

of·fense /əfens/ s 1 ofensa; afronta. 2 transgressão; pecado. 3 crime.

of·fen·sive /əfensɪv/ adj 1 ofensivo; afrontoso. 2 repulsivo; repugnante. 3 /ɑ:fensɪv/ Esp ofensivo; que ataca (mais do que defende); que tem a posse da bola.

of·fer /ɑ:fə/ v (offers, offering, offered, offered) 1 oferecer; propor. 2 prover. 3 ofertar. II s oferta; oferecimento; dádiva.

of·fer·ing /ɑ:fəɪŋ/ s oferta; oferenda; contribuição.

of·fer·to·ry /ɑ:fətɔ:ri/ s maiús Ecles ofertório. (pl offertories).

off·hand /ɑ:fhænd/ adj improvisado; espontâneo; despreparado. II adv de improviso; despreparadamente.

of·fice /ɑ:fɪs/ s 1 escritório. 2 pessoal administrativo. 3 cargo; função. 4 posição de autoridade. 5 repartição pública; agência; ministério.

office boy s bói; contínuo.

of·fice·hold·er /ɑːfɪshoʊldə/ s detentor de cargo público.

of·fi·cer /ɑːfɪsə/ s 1 oficial das forças armadas. 2 funcionário público. 3 agente policial. 4 administrador de clubes.

of·fi·cial /əfɪʃəl, oʊfɪʃəl/ adj oficial; público; autorizado. ǁ s 1 funcionário público. 2 Esp árbitro.

of·fi·ci·ate /əfɪʃieɪt/ v (officiates, officiating, officiated, officiated) 1 oficiar. 2 exercer as funções de um executivo ou de uma autoridade.

of·fic·i·nal /əfɪsɪnəl, ɑːfɪsaɪnəl/ adj Med oficinal. ǁ s droga, medicamento à venda em farmácia.

of·fi·cious /əfɪʃəs/ adj 1 oficioso; obsequioso; prestativo. 2 informal; oficioso.

off·ing /ɑːfɪŋ/ s Náut mar alto.

off·ish /ɑːfɪʃ/ adj distante; reservado.

off·key /ɑːfkiː/ adj Mús desafinado; dissonante.

off·lim·its /ɑːflɪmɪts/ adj fora de alcance; não permitido.

off·line /ɑːflaɪn/ adj Comp e Tel desconectado (da rede).

off·load /ɑːfloʊd/ v (offloads, offloading, offloaded, offloaded) 1 descarregar. 2 Comp transferir dados. (tb off-load).

off·price /ɑːfpraɪs/ adj abaixo do preço usual; com desconto.

off·print /ɑːfprɪnt/ v (offprints, offprinting, offprinted, offprinted) publicar em separata. ǁ s separata.

off·road /ɑːfroʊd/ adj relativo a veículo projetado para andar fora de estradas pavimentadas.

off·screen /ɑːfskriːn/ adv e adj 1 fora da tela (televisão e cinema). 2 privado; particular. (tb offscreen).

off·sea·son /ɑːfsiːzən/ s baixa temporada. ǁ adj e adv fora de estação ou temporada.

off·set /ɑːfset, ɑːfset/ s 1 compensação. 2 desvio; deslocamento. 3 início; estágio inicial. 4 ofsete; tipo de impressão gráfica. ǁ adj deslocado; descentrado. ǁ v (offsets, offsetting, offset, offset) 1 imprimir em ofsete. 2 decalcar. 3 /ɑːfset/ compensar; contrabalançar.

off·shore /ɑːfʃɔːr/ adj e adv distante da praia

off·side /ɑːfsaɪd/ adj e adv impedido; fora de jogo. (var offsides).

off·sides /ɑːfsaɪdz/ → offside.

off·spring /ɑːfsprɪŋ/ s 1 descendência; prole. 2 resultado; produto. (pl offspring)

off·stage /ɑːfsteɪdʒ/ adj 1 dos bastidores. 2 privado; particular. ǁ adv nos bastidores; na vida privada. (tb offstage).

of·ten /ɑːfən, ɑːftən/ adv freqüentemente; muitas vezes.

o·give /oʊdʒaɪv/ s Arq ogiva.

o·gre /oʊgə/ s ogro; papão.

oh /oʊ/ interj oh; ó.

oil /ɔɪl/ s 1 óleo; azeite. 2 petróleo; derivados de petróleo. ǁ v (oils, oiling, oiled, oiled) 1 azeitar; untar com óleo. 2 lubrificar; engraxar.

oil·can /ɔɪlkæn/ s almotolia; recipiente em formato cônico para óleos e azeites.

oil field s campo de petróleo.

oil painting s pintura a óleo.

oil well s poço de petróleo.

oil·y /ɔɪli/ adj 1 oleoso. 2 insincero; falso (gr comp oilier. gr super oiliest).

oint·ment /ɔɪntmənt/ s ungüento; pomada.

OK /oʊkeɪ/ s inform aprovação. ǁ v (OK's, OK'ing, OK'd, OK'd) aprovar; autorizar. ǁ interj, adv e adj tudo certo. (tb O.K. var okay).

o·kay /oʊkeɪ/ → OK.

o·kra /oʊkrə/ s quiabo.

old /oʊld/ adj 1 velho; idoso; antigo; maduro. 2 familiar; conhecido. ǁ s 1 pessoa de uma idade específica. 2 idoso. 3 tempo antigo; passado. ♦ a fifteen-year old uma pessoa de quinze anos. how old are you? quantos anos você tem?

old age s velhice.

old·en /oʊldən/ adj velho; antigo.

old-fash·ioned /oʊldfæʃənd/ adj antiquado; fora de moda.

o·le·ag·i·nous /oʊliædʒɪnəs/ adj 1 oleaginoso; oleoso. 2 falso; insincero.

ol·i·gar·chy /ɑːlɪgɑːrki, oʊlɪgɑːrki/ s oligarquia. (pl oligarchies).

ol·ive /ɑːlɪv/ s 1 oliveira. 2 azeitona. 3 oliva (cor). ǁ adj azeitonado.

olive oil s azeite de oliva.

O·lym·pi·ad /oʊlɪmpiæd/ s olimpíada.

O·lym·pi·an /oʊlɪmpiən/ adj 1 olímpico. 2 majestoso.

O·lym·pic /oʊlɪmpɪk/ adj olímpico.

Olympic games s pl Esp Jogos Olímpicos.

O·lym·pics /oʊlɪmpɪks/ s pl Esp Olimpíadas.

O·man /oʊmɑːn/ s Omã.

O·man·i /oʊmɑːni/ s e adj omani; omaniano.

om·buds·man /ɑːmbədzmən, ɑːmbʌdzmən/ s oficial ou pessoa designada para receber e investigar reclamações.

om·e·let /ɑːmlət, ɑːmələt/ s omelete. (var **omelette**).

om·e·lette /ɑːmlət, ɑːmələt/ → **omelet**.

o·men /oʊmən/ s presságio; agouro; sinal. ‖ v (**omens, omening, omened, omened**) pressagiar; profetizar.

om·i·nous /ɑːmənəs/ adj 1 ominoso; agourento. 2 assustador; sinistro; nefasto.

o·mis·si·ble /oʊmɪsɪbəl/ adj que se pode omitir.

o·mis·sion /oʊmɪʃən/ s omissão.

o·mit /oʊmɪt/ v (**omits, omitting, omitted, omitted**) 1 omitir; descuidar; negligenciar; deixar de.

om·nip·o·tent /ɑːmnɪpətənt/ adj e s onipotente.

om·niv·o·rous /ɑːmnɪvərəs/ adj onívoro; que come de tudo.

on /ɑːn, ɔːn/ prep 1 sobre; em cima de. 2 por meio de. 3 em 4 junto a. 5 a; ao. 6 de; além de. ‖ adv 1 sobre; em cima de. 2 na direção de. 3 em diante; para frente. 4 em operação; em funcionamento; em ação. ♦ **on fire** em chamas. **on foot** a pé. **on purpose** de propósito. **on strike** em greve. **on Sundays** aos domingos. **on the wane** em declínio. **on time** pontualmente. **go on** prosseguir; continuar. **later on** mais tarde.

once /wʌns/ adv uma única vez; uma vez; outrora. ‖ s uma única vez. ‖ conj uma vez que; assim que. ‖ adj antigo. ♦ **at once** imediatamente. **all at once** de repente. **once a week** uma vez por semana. **once and for all** uma vez por todas; definitivamente. **once more** mais uma vez. **once upon a time** era uma vez.

on·col·o·gist /ɑːnkɑːlədʒɪst/ s Med oncologista.

on·col·o·gy /ɑːnkɑːlədʒi/ s Med oncologia.

one /wʌn/ adj 1 um; único; individual. 2 igual; mesmo. 3 um tal; um certo. ‖ num um. ‖ s 1 um; uma. 2 o número um. ‖ pron 1 um; algum. 2 alguém. ♦ **one and all** todos. **one by one** um por um.

one·ness /wʌnnəs/ s 1 unidade; singularidade. 2 indivisibilidade; totalidade.

on·er·ous /ɑːnəɹəs, oʊnəɹəs/ adj 1 oneroso. 2 opressivo.

one·self /wʌnself/ pron si mesmo; si próprio. (tb **one's self**).

one·sid·ed /wʌnsaɪdɪd/ adj 1 parcial. 2 maior ou mais desenvolvido de um lado que de outro; que ocorre de um único lado.

one·way /wʌnweɪ/ adj 1 de uma só direção; de um só sentido; de mão única. 2 sem retorno (descartável). ♦ **one-way ticket** passagem/bilhete somente de ida.

on·go·ing /ɑːngoʊɪŋ/ adj 1 que está ocorrendo neste momento. 2 progressivo.

on·ion /ʌnjən/ s cebola.

on-line /ɑːnlaɪn, ɔːnlaɪn/ adj Comp e Tel conectado (à rede).

on·look·er /ɑːnlʊkəɹ/ s espectador.

on·ly /oʊnli/ adj único; só. ‖ adv somente. ‖ conj 1 mas; no entanto. 2 exceto.

on·o·mas·tic /ɑːnoʊmæstɪk/ adj onomástico.

on·o·mat·o·poe·ia /ɑːnoʊmætoʊpiːə/ s onomatopéia.

on·rush /ɑːnrʌʃ, ɔːnrʌʃ/ s 1 investida; arremetida. 2 agressão; ataque.

on·set /ɑːnset, ɔːnset/ s 1 ataque. 2 começo; início.

on·shore /ɑːnʃɔːr, ɔːnʃɔːr/ adv e adj próximo à praia.

on·slaught /ɑːnslɔːt, ɔːnslɔːt/ s ataque violento.

on-stage /ɑːnsteɪdʒ, ɔːnsteɪdʒ/ adv e adj no palco; visível ao público. (tb **onstage**).

on·to /ɑːntuː, ɔːntuː/ prep para cima de; sobre; em cima de.

on·tol·o·gy /ɑːntɑːlədʒi/ s ontologia.

on·ward /ɑːnwəd, ɔːnwəd/ adj avançado; que se move para frente. ‖ adv avante; para frente.

on·wards /ɑːnwədz, ɔːnwədz/ *adv* progressivamente; para frente.

on·yx /ɑːnɪks/ *s* ônix.

ooze /uːz/ *v* (**oozes, oozing, oozed, oozed**) 1 gotejar; fluir vagarosamente. 2 verter líquido; exsudar. 3 desaparecer gradualmente. || *s* 1 exsudação; transpiração. 2 limo; lodo.

ooz·y /uːzi/ *adj* gotejante. (*gr comp* **oozier**. *gr super* **ooziest**).

o·pac·i·ty /oupæsəti/ *s* opacidade. (*pl* **opacities**).

o·pal /oupəl/ *s Geol* opala.

o·paque /oupeɪk/ *adj* 1 opaco. 2 impenetrável. 3 obscuro.

o·pen /oupən/ *adj* 1 aberto; a descoberto; desdobrado. 2 patente; óbvio. 3 sem restrição. 4 suscetível; vulnerável. 5 sincero; franco. 6 disponível; vago. 7 sem preconceito. 8 irrestrito. || *v* (**opens, opening, opened, opened**) 1 abrir. 2 desobstruir; limpar. 3 inaugurar; iniciar; começar. 4 aparecer; mostrar-se. 5 estar disponível. || *s* ar livre; campo raso; clareira. ♦ **open fire** abrir fogo. **open up** 1 tornar acessível. 2 falar francamente. 3 iniciar uma atividade; negócio.

o·pen-air /oupəneə/ *adj* a céu aberto; ao ar livre.

open door *s* livre acesso.

o·pen-end·ed /oupənendɪd/ *adj* 1 irrestrito; ilimitado. 2 indefinido. 3 mutável.

o·pen·er /oupənə/ *s* abridor (de latas, garrafas, etc.).

o·pen-eyed /oupənaɪd/ *adj* 1 de olhos abertos; assombrado. 2 atento; alerta.

o·pen-hand·ed /oupənhændɪd/ *adj* liberal; generoso.

o·pen-heart·ed /oupənhɑːrtɪd/ *adj* 1 franco; sincero. 2 bom.

o·pen·ing /oupənɪŋ/ *s* 1 abertura. 2 fenda; brecha; entrada; buraco; orifício. 3 clareira. 4 inauguração. 5 começo. 6 oportunidade.

open market *s* mercado livre.

o·pen-mind·ed /oupənmaɪndɪd/ *adj* liberal; receptivo a novas idéias e opiniões.

open season *s* temporada aberta (de caça ou pesca).

op·er·a /ɑːpərə, ɑːprə/ *s* ópera.

op·er·a·go·er /ɑːpərəgouə, ɑːprəgouə/ *s* freqüentador de óperas.

opera house *s* teatro lírico.

op·er·ate /ɑːpəreɪt/ *v* (**operates, operating, operated, operated**) 1 operar; executar; pôr em ação. 2 dirigir. 3 exercer influência. 4 entrar em ação.

op·er·a·tion /ɑːpəreɪʃən/ *s* 1 operação; funcionamento; atividade. 2 atividade ilegal. 3 *Med* operação; intervenção cirúrgica. 4 campanha militar.

op·er·a·tion·al /ɑːpəreɪʃənəl/ *adj* operacional.

op·er·a·tive /ɑːpəətɪv, ɑːpəreɪtɪv/ *adj* 1 operante. 2 eficaz; eficiente. 3 ativo (em funcionamento); operatório. || *s* 1 operário. 2 espião. 3 detetive particular.

op·er·a·tor /ɑːpəreɪtə/ *s* 1 operador; maquinista. 2 empresário.

op·e·ret·ta /ɑːpəret/ *s Mús* opereta.

o·phid·i·an /oufɪdiən/ *adj* ofídico. || *s* ofídio; serpente; cobra.

oph·thal·mol·o·gist /ɑːfθælmɑːlədʒɪst/ *s* oftalmologista.

oph·thal·mol·o·gy /ɑːfθælmɑːlədʒi/ *s* oftalmologia.

o·pi·ate /oupiɪt, oupieɪt/ *s* opiato; narcótico. || *adj* opiáceo; opiado.

o·pine /oupaɪn/ *v* (**opines, opining, opined, opined**) opinar.

o·pin·ion /əpɪnjən/ *s* 1 opinião; parecer; ponto de vista. 2 julgamento, análise de um perito.

o·pin·ion·at·ed /əpɪnjəneɪtɪd/ *adj* opiniático; teimoso; obstinado.

o·pi·um /oupiəm/ *s* ópio.

o·pos·sum /əpɑːsəm/ *s Zool* gambá. (*pl* **opossum** ou **opossums**).

op·po·nent /əpounənt/ *s* oponente. || *adj* oposto; de oposição.

op·por·tune /ɑːpətuːn/ *adj* oportuno.

op·por·tun·ist /ɑːpətuːnɪst/ *s* oportunista.

op·por·tu·ni·ty /ɑːpətuːnəti/ *s* oportunidade; ocasião; chance. (*pl* **opportunities**).

op·pos·a·ble /əpouzəbəl/ *adj* objetável; impugnável.

op·pose /əpouz/ *v* (**opposes, opposing, opposed, opposed**) opor-se; objetar; resistir.

op·po·site /ˈɑːpəzɪt/ adj 1 oposto; contrário. 2 fronteiro. 3 diferente. || s 1 oposto. 2 antagonista. 3 antônimo. || adv em frente; do outro lado. || prep em frente.

op·po·si·tion /ɑːpəˈzɪʃən/ s 1 oposição; resistência. 2 obstáculo. 3 maiús partido político da oposição.

op·po·si·tion·ist /ɑːpəˈzɪʃənɪst/ s oposicionista.

op·press /əˈpres/ v (oppresses, oppressing, oppressed, oppressed) oprimir; tiranizar.

op·pres·sion /əˈpreʃən/ s opressão.

op·pres·sive /əˈpresɪv/ adj opressivo; tirânico.

op·pro·bri·ous /əˈproʊbriəs/ adj ignominioso; infamante; vergonhoso.

op·pugn /əˈpjuːn/ v (oppugns, oppugning, oppugned, oppugned) opugnar; contradizer; discutir; refutar.

op·ta·tive /ˈɑːptətɪv/ s e adj optativo.

op·tic /ˈɑːptɪk/ adj óptico. || s 1 olho; vista. 2 lentes, prismas e espelhos de um instrumento óptico.

op·ti·cal /ˈɑːptɪkəl/ adj óptico.

op·ti·cian /ɑːpˈtɪʃən/ s óptico (que faz ou vende óculos, lentes e instrumentos ópticos).

op·ti·mism /ˈɑːptəmɪzəm/ s otimismo.

op·ti·mist /ˈɑːptəmɪst/ s otimista.

op·tion /ˈɑːpʃən/ s opção; alternativa; escolha.

op·tion·al /ˈɑːpʃənəl/ adj facultativo; opcional.

op·u·lence /ˈɑːpjələns/ s opulência; abundância. (var **opulency**).

op·tom·e·trist /ɑːpˈtɑːmətrɪst/ s optometrista.

op·tom·e·try /ɑːpˈtɑːmətri/ s optometria.

op·u·len·cy /ˈɑːpjələnsi/ → **opulence**.

op·u·lent /ˈɑːpjələnt/ adj opulento.

or /ɔːr/ conj ou; ou então.

or·a·cle /ˈɔːrəkəl/ s oráculo.

o·rac·u·lar /ɔːˈrækjʊlər/ adj 1 oracular. 2 profético. 3 enigmático.

o·ral /ˈɔːrəl/ adj oral; bucal.

or·ange /ˈɔːrɪndʒ/ s 1 laranja. 2 laranjeira. 3 cor de laranja. || adj alaranjado.

or·ange·ade /ɔːrɪnˈdʒeɪd/ s laranjada.

or·ange·ry /ˈɔːrɪndʒri/ s laranjal. (pl **orangeries**).

o·rang·ou·tang /ɔːˈræŋətæŋ, oʊˈræŋətæŋ, əˈræŋətæŋ/ → **orangutan**.

o·rang·u·tan /ɔːˈræŋətæn, oʊˈræŋətæn, əˈræŋətæn/ s Zool orangotango. (var **orangoutang**).

o·rate /ˈɔːreɪt, ɔːˈreɪt/ v (orates, orating, orated, orated) discursar; falar em público.

o·ra·tion /ɔːˈreɪʃən/ s discurso.

or·a·tor /ˈɔːrətər/ s orador; discursador.

or·a·to·ry /ˈɔːrətɔːri/ s 1 oratória; eloquência. 2 oratório (pequeno altar). (pl **oratories**).

orb /ɔːrb/ v (orbs, orbing, orbed, orbed) arredondar. || s 1 orbe; esfera; globo. 2 astro; corpo celeste.

or·bic·u·lar /ɔːrˈbɪkjuːlər/ adj orbicular; circular; esférico.

or·bit /ˈɔːrbɪt/ s órbita.

or·chard /ˈɔːrtʃərd/ s pomar.

or·char·dist /ˈɔːrtʃərdɪst/ s pomicultor.

or·ches·tra /ˈɔːrkɪstrə/ s orquestra.

or·ches·trate /ˈɔːrkɪstreɪt/ v (orchestrates, orchestrating, orchestrated, orchestrated) 1 Mús orquestrar; compor; arranjar. 2 controlar.

or·ches·tra·tion /ɔːrkɪsˈtreɪʃən/ s 1 orquestração; instrumentação. 2 controle.

or·chid /ˈɔːrkɪd/ s Bot orquídea.

or·dain /ɔːrˈdeɪn/ v (ordains, ordaining, ordained, ordained) 1 Ecles ordenar; consagrar. 2 predestinar.

or·deal /ɔːrˈdiːl, ˈɔːrdiːl/ s provação.

or·der /ˈɔːrdər/ v (orders, ordering, ordered, ordered) 1 tb Ecles ordenar. 2 arranjar; dispor. 3 instruir; comandar. 4 pedir; encomendar. || s 1 tb Ecles ordem. 2 arranjo; organização; disposição. 3 comando. 4 pedido; encomenda. ♦ **in order to** com a finalidade de; para. **out of order** desarranjado; fora de ordem.

or·der·ly /ˈɔːrdərli/ adj 1 em ordem. 2 ordenado; metódico; sistemático. 3 ordeiro; pacífico. || s atendente; recepcionista (em hospital). (pl **orderlies**). || adv sistematicamente; regularmente.

or·di·nal /ˈɔːrdənəl/ s número ordinal. || adj ordinal.

ordinal number s número ordinal.

or·di·nance /ˈɔːrdənəns/ s 1 ordem; comando. 2 ritual cristão (Eucaristia). 3 estatuto; regulamento; decreto.

or·di·nar·y /ɔ:rdəneri/ adj 1 ordinário; comum; vulgar. 2 inferior.

or·di·nate /ɔ:rdənɪt/ adj ordenado; regular; metódico.

or·di·na·tion /ɔ:rdəneɪʃən/ s tb Ecles ordenação.

or·dure /ɔ:rdʒɚ/ s 1 imundície; excremento. 2 ofensa moral.

ore /ɔ:r/ s minério.

or·gan /ɔ:rgən/ s órgão.

or·gan·ic /ɔ:rgænɪk/ adj 1 orgânico. 2 fundamental. 3 simples.

organic chemistry s química orgânica.

or·gan·ism /ɔ:rgənɪzəm/ s organismo; estrutura orgânica.

or·gan·i·za·tion /ɔ:rgənɪzeɪʃən/ s 1 organização. 2 associação. 3 organismo.

or·gan·ize /ɔ:rgənaɪz/ v (organizes, organizing, organized, organized) 1 organizar; sistematizar. 2 constituir; fundar; criar. 3 organizar-se em grupos, sociedades, sindicatos, etc.

or·gan·ized /ɔ:rgənaɪzd/ adj organizado.

or·gasm /ɔ:rgæzəm/ s orgasmo.

or·gy /ɔ:rdʒi/ s orgia; bacanal. (pl orgies).

o·ri·ent /ɔ:riənt/ s 1 maiús países da Ásia, especialmente do leste asiático. 2 brilho da pérola de alta qualidade; pérola que tem esse brilho. II adj extremamente brilhante. II /ɔ:rient/ v (orients, orienting, oriented, oriented) orientar-se.

o·ri·en·tal /ɔ:rientəl/ adj 1 maiús oriental. 2 brilhante e valiosa (pérola).

o·ri·en·ta·tion /ɔ:rientˈeɪʃən/ s orientação.

or·i·fice /ɔ:rəfɪs/ s orifício.

or·i·gin /ɔ:rədʒɪn/ s 1 origem; fonte. 2 proveniência; procedência. 3 causa; fundamento; motivo. 4 ascendência.

o·rig·i·nal /ərɪdʒɪnəl/ adj 1 original; primitivo. 2 novo. II s 1 protótipo. 2 original (texto ou obra de arte).

o·rig·i·nal·i·ty /ərɪdʒɪnæləti/ s originalidade. (pl originalities).

o·rig·i·nate /ərɪdʒɪneɪt/ v (originates, originating, originated, originated) 1 originar; produzir; inventar. 2 originar-se; ter origem.

or·i·son /ɔ:rɪzən/ s oração; prece; rogo.

or·na·ment /ɔ:rnəmənt/ s 1 ornamento; adorno. 2 insígnia. II v (ornaments, orna-

menting, ornamented, ornamented) ornamentar; embelezar.

or·na·men·tal /ɔ:rnəmentəl/ adj ornamental.

or·na·men·ta·tion /ɔ:rnəmentˈeɪʃən/ s 1 ornamentação. 2 adorno.

or·nate /ɔ:rneɪt/ adj excessivamente ornamentado.

or·ni·thol·o·gy /ɔ:rnəθɑ:lədʒi/ s ornitologia; parte da zoologia que trata das aves.

o·rog·ra·phy /ɔ:rɑ:grəfi/ s orografia; estudo geográfico das montanhas.

or·phan /ɔ:rfən/ adj e s órfão.

or·phan·age /ɔ:rfənɪdʒ/ s 1 orfanato. 2 orfandade.

or·re·ry /ɔ:rəri/ s planetário; modelo mecânico do sistema solar. (pl orreries).

or·tho·don·tics /ɔ:rθoʊdɑ:ntɪks/ s us v sing ortodontia.

or·tho·dox /ɔ:rθədɑ:ks/ s ortodoxo.

or·tho·dox·y /ɔ:rθədɑ:ksi/ s ortodoxia. (p orthodoxies).

or·tho·e·py /ɔ:rθoʊəpi/ s Ling ortoépia.

or·tho·graph·ic /ɔ:rθoʊgræfɪk/ adj 1 ortográfico. 2 soletrado corretamente. (var orthographical).

or·tho·graph·i·cal /ɔ:rθoʊgræfɪkəl/ → orthographic.

or·thog·ra·phy /ɔ:rθɑ:grəfi/ s 1 soletração. 2 ortografia. (pl orthographies).

or·tho·mo·lec·u·lar /ɔ:rθoʊmələkjələ˞/ ad ortomolecular.

or·tho·pae·dics /ɔ:rθoʊpi:dɪks/ → orthopedics.

or·tho·pe·dic /ɔ:rθoʊpi:dɪk/ adj ortopédico.

or·tho·pe·dics /ɔ:rθoʊpi:dɪks/ s Med ortopedia. (var orthopaedics).

os·cil·late /ɑ:səleɪt/ v (oscillates, oscillating, oscillated, oscillated) 1 oscilar; balançar. 2 vacilar.

os·cil·la·tion /ɑ:səleɪʃən/ s oscilação.

os·cu·late /ɑ:skjuleɪt/ v (osculates, osculating, osculated, osculated) oscular; beijar.

os·cu·la·tion /ɑ:skju:leɪʃən/ s beijo.

o·sier /oʊʒɚ/ s Bot salgueiro.

Os·man·li /ɑ:smænli/ s turco otomano. (p Osmanlis). II adj otomano.

os·mo·sis /ɑ:zmoʊsɪs/ s osmose. (pl osmoses).

os·se·ous /ˈɑːsiəs/ adj ósseo.

os·si·fi·ca·tion /ˌɑːsəfɪˈkeɪʃən/ s ossificação.

os·si·fy /ˈɑːsəfaɪ/ v (ossifies, ossifying, ossified, ossified) 1 ossificar; converter-se em osso. 2 ter padrões rígidos.

os·su·ar·y /ˈɑːsjueri/ s ossuário; ossário. (pl ossuaries).

os·ten·si·ble /ɑːˈstensəbəl/ adj ostensível.

os·ten·sive /ɑːˈstensɪv/ adj ostensivo.

os·ten·ta·tion /ˌɑːstənˈteɪʃən/ s ostentação; exibição.

os·ten·ta·tious /ˌɑːstənˈteɪʃəs/ adj ostentoso.

os·te·ol·o·gy /ˌɑːstiˈɑːlədʒi/ s Anat osteologia. (pl osteologies).

os·tra·cism /ˈɑːstrəsɪzəm/ s ostracismo.

os·tra·cize /ˈɑːstrəsaɪz/ v (ostracizes, ostracizing, ostracized, ostracized) excluir (de um grupo).

os·trich /ˈɑːstrɪtʃ/ s avestruz. (pl ostriches ou ostrich).

oth·er /ˈʌðər/ adj 1 outro. 2 diferente. 3 adicional. 4 oposto; contrário. 5 alternado. 6 restante. || pron outro(s); outra(s). || adv diferentemente; de outro modo. || s outro(s); outra(s).

oth·er·wise /ˈʌðəwaɪz/ adv de outro modo; diferentemente; aliás. || adj outro; diferente.

o·ti·ose /ˈoʊʃious/ adj 1 indolente; ocioso. 2 fútil; vão.

ot·ter /ˈɑːtər/ s Zool lontra. (pl otters ou otter).

ot·to /ˈɑːtoʊ/ → attar.

ouch /aʊtʃ/ interj ai.

ought /ɑːt, ɔːt/ v dever.

ounce /aʊns/ s 1 Zool onça. 2 onça (medida de peso).

our /aʊr/ adj nosso(s); nossa(s).

our·selves /aʊəˈselvz/ pron nós mesmos.

oust /aʊst/ v (ousts, ousting, ousted, ousted) tirar à força; desapossar; usurpar; expulsar.

oust·er /ˈaʊstər/ s desapropriação; usurpação; expulsão.

out /aʊt/ adv 1 fora; de fora; para fora; do lado de fora. 2 completamente; extremamente. || adj 1 externo; exterior. 2 que está de saída, de partida. 3 fora de

moda. || prep 1 além. 2 do lado de fora de. || s 1 aquele que está afastado (especialmente do poder). 2 fig válvula de escape. || v (outs, outing, outed, outed) 1 desvendar; revelar. 2 Esp jogar a bola para fora do campo. ♦ out and away muito longe de. out of breath esbaforido. out of date ultrapassado; obsoleto. out of fashion fora de moda.

out·bal·ance /aʊtˈbæləns/ v (outbalances, outbalancing, outbalanced, outbalanced) exceder (em influência e significado).

out·bid /aʊtˈbɪd/ v (outbids, outbidding, outbid, outbidden/outbid) cobrir um lance (leilão).

out·board /ˈaʊtbɔːrd/ s motor de popa; barco que usa motor de popa. || adj situado na parte externa de uma embarcação. || adv fora ou distante do centro de uma embarcação.

out·break /ˈaʊtbreɪk/ s erupção; deflagração; irrupção.

out·build·ing /ˈaʊtbɪldɪŋ/ s edifício anexo.

out·burst /ˈaʊtbɜːrst/ s erupção; explosão (de ira, paixão, etc.).

out·cast /ˈaʊtkæst/ s pária; proscrito; desterrado.

out·class /aʊtˈklæs/ v (outclasses, outclassing, outclassed, outclassed) exceder; sobrepujar.

out·come /ˈaʊtkʌm/ s conseqüência; resultado; efeito.

out·cry /ˈaʊtkraɪ/ s 1 clamor. 2 protesto. (pl outcries).

out·do /aʊtˈduː/ v (outdoes, outdoing, outdid, outdone) exceder; ultrapassar.

out·door /ˈaʊtdɔːr/ adj que é realizado ao ar livre. (var out-of-door).

out·doors /aʊtˈdɔːrz/ adv ao ar livre; fora de casa. || s ar livre. (var out-of-doors).

out·er /ˈaʊtər/ adj exterior; externo.

out·er·most /ˈaʊtərmoʊst/ adj distante do centro; exterior.

out·fall /ˈaʊtfɔːl/ s saída de água; desembocadura.

out·fit /ˈaʊtfɪt/ s 1 equipamento. 2 inform organização; associação. || v (outfits, outfitting, outfitted, outfitted) equipar; prover.

out·flank /aʊtflæŋk/ v (outflanks, out-flanking, outflanked, outflanked) flan-quear; atacar pelos flancos.

out·flow /aʊtfloʊ/ s efusão; fluxo; jorro. ‖ /aʊtfloʊ/ v (outflows, outflowing, out-flowed, outflowed) correr; fluir; verter.

out·go /aʊtgoʊ/ v (outgoes, outgoing, outwent, outgone) exceder; sobrepujar. ‖ /aʊtgoʊ/ s 1 gasto ou despesa exces-siva. 2 ato de exceder.

out·go·ing /aʊtgoʊɪŋ/ adj 1 de saída; de partida. 2 amigável; sociável.

out·grow /aʊtgroʊ/ v (outgrows, out-growing, outgrew, outgrown) 1 crescer em demasia (ao ponto de uma roupa não ser-vir mais). 2 superar. 3 deixar para trás.

out·growth /aʊtgroʊθ/ s 1 crescimento excessivo. 2 resultado ou efeito (do cres-cimento excessivo).

out·house /aʊthaʊs/ s banheiro fora de casa; latrina; casinha.

out·ing /aʊtɪŋ/ s passeio; excursão.

out·land /aʊtlænd/ s 1 terra estrangeira. 2 regiões afastadas; províncias.

out·land·ish /aʊtlændɪʃ/ adj 1 bizarro; es-tranho. 2 remoto; longínquo.

out·last /aʊtlæst/ v (outlasts, outlasting, outlasted, outlasted) exceder em dura-ção; viver mais; sobreviver a.

out·law /aʊtlɑ:/ s proscrito; banido; fora-gido. ‖ v (outlaws, outlawing, outlawed, outlawed) 1 declarar ilegal. 2 proscre-ver; banir.

out·law·ry /aʊtlɑ:ri/ s proscrição. (pl out-lawries).

out·lay /aʊtleɪ/ s despesa; custeio. ‖ /aʊtleɪ/ v (outlays, outlaying, outlaid, outlaid) despender.

out·let /aʊtlet/ s 1 passagem; saída. 2 escape. 3 escoadouro. 4 curso de água. 5 Eletr tomada. 6 loja; loja de fábrica.

out·line /aʊtlaɪn/ s 1 contorno (linha ex-terna). 2 esboço; perfil (desenho). 3 re-sumo. ‖ v (outlines, outlining, outlined, outlined) 1 contornar; delinear. 2 resu-mir.

out·live /aʊtlɪv/ v (outlives, outliving, out-lived, outlived) sobreviver a.

out·look /aʊtlʊk/ s 1 ponto de vista. 2

expectativa. 3 perspectiva. 4 atenção; vi-gilância.

out·ly·ing /aʊtlaɪɪŋ/ adj afastado; exterior; remoto; retirado.

out·mod·ed /aʊtmoʊdɪd/ adj antiquado; obsoleto; fora de moda.

out·most /aʊtmoʊst/ adj distante do cen-tro; exterior.

out·num·ber /aʊtnʌmbər/ v (outnumbers, outnumbering, outnumbered, outnum-bered) superar em número.

out-of-date /aʊtəvdeɪt/ adj desatualizado; fora de moda.

out-of-door /aʊtəvdɔ:r/ → outdoor.

out-of-doors /aʊtəvdɔ:rz/ → outdoors.

out-of-the-way /aʊtəvðəweɪ/ adj 1 longín-quo; remoto. 2 impróprio.

out·pace /aʊtpeɪs/ v (outpaces, outpacing, outpaced, outpaced) ultrapassar (em velocidade, tamanho ou performance).

out·post /aʊtpoʊst/ s Mil 1 posto avança-do. 2 pequena base militar instalada em outro país.

out·pour /aʊtpɔ:r/ v (outpours, outpouring, outpoured, outpoured) jorrar. ‖ /aʊtpɔ:r/ s jorro; jato.

out·put /aʊtpʊt/ s 1 produção (de uma fábrica, literária, criativa, etc.). 2 Mec potência.

out·rage /aʊtreɪdʒ/ v (outrages, outraging, outraged, outraged) ultrajar; injuriar; ofen-der. ‖ s 1 ultraje; violência. 2 indignidade; imoralidade.

out·ra·geous /aʊtreɪdʒəs/ adj 1 ultrajan-te; injurioso. 2 violento. 3 extraordiná-rio; extravagante.

out·reach /aʊtri:tʃ/ v (outreaches, out-reaching, outreached, outreached) 1 ir além de; passar; ultrapassar; tomar a dianteira. 2 exceder. ‖ s alcance.

out·ride /aʊtraɪd/ v (outrides, outriding, outrode, outridden) 1 dirigir mais rápi-do, mais longe ou melhor que. 2 resis-tir; opor-se.

out·rid·er /aʊtraɪdər/ s 1 guia; escolta. 2 predecessor.

out·right /aʊtraɪt/ adj 1 completo; total. 2 sincero; franco. ‖ /aʊtraɪt/ adv 1 aber-tamente; sem rodeios. 2 inteiramente.

out·run /aʊtrʌn/ v (**outruns, outrunning, outran, outrun**) **1** correr mais rápido que. **2** escapar. **3** ir além; exceder.

out·side /aʊtsaɪd/ adj **1** externo; exterior; de fora. **2** extremo. **3** aparente. ‖ s **1** a parte externa; o lado de fora; exterior. **2** aparência. **3** limite máximo. ‖ adv **1** exteriormente; no lado de fora; fora. **2** ao ar livre. ‖ prep **1** fora de; para fora. **2** além. **3** exceto.

out·sid·er /aʊtsaɪdə, aʊtsaɪdə/ s pessoa excluída, banida. isolada.

out·skirt /aʊtskɜːrt/ s região afastada do centro. ♦ **outskirts** periferia; subúrbio.

out·speak /aʊtspiːk/ v (**outspeaks, outspeaking, outspoke, outspoken**) falar claramente.

out·spoke /aʊtspoʊk/ v pass de **outspeak**.

out·spo·ken /aʊtspoʊkən/ v part pass de **outspeak**. ‖ adj franco; que fala abertamente.

out·spread /aʊtspred/ v (**outspreads, outspreading, outspread, outspread**) estender; esticar; distender.

out·stand /aʊtstænd/ v (**outstands, outstanding, outstood, outstood**) **1** projetar. **2** distinguir-se; sobressair-se.

out·stand·ing /aʊtstændɪŋ/ adj **1** distinto; notável. **2** pendente; não resolvido; em aberto (débito, contas, etc.).

out·stretch /aʊtstretʃ/ v (**outstretches, outstretching, outstretched, outstretched**) estender; esticar; distender.

out·strip /aʊtstrɪp/ v (**outstrips, outstripping, outstripped, outstripped**) **1** deixar para trás. **2** exceder.

out·ward /aʊtwəd/ adj **1** exterior; externo. **2** visível; aparente. **3** superficial. ‖ adv para o exterior; para fora do centro. (tb **outwards**). ‖ s mundo exterior, material.

out·wear /aʊtwer/ v (**outwears, outwearing, outwore, outworn**) durar bastante; resistir ao tempo.

out·wit /aʊtwɪt/ v (**outwits, outwitting, outwitted, outwitted**) suplantar pela astúcia e esperteza.

out·wore /aʊtwɔːr/ v pass de **outwear**.

out·worn /aʊtwɔːrn/ v part pass de **outwear**. ‖ adj desgastado; fora de uso.

o·val /oʊvəl/ s e adj oval.

o·va·ry /oʊvəri/ s ovário. (pl **ovaries**).

o·vate /oʊveɪt/ adj oval.

o·va·tion /oʊveɪʃən/ s ovação; aplauso prolongado.

ov·en /ʌvən/ s forno.

ov·en·bird /ʌvənbɜːrd/ s Zool joão-de-barro.

ov·en·ware /ʌvənwer/ s louça refratária.

o·ver /oʊvə/ prep **1** acima de; sobre; por cima de; em. **2** do outro lado. **3** através; por. **4** via; por intermédio de. **5** durante. **6** mais que. ‖ adv **1** acima de. **2** do outro lado; do lado oposto. **3** acima; além do limite. **4** para outro lugar. **5** através; por (toda uma área ou região). **6** completamente. **7** novamente; outra vez. **8** no fim. **9** a mais. ‖ adj **1** externo; exterior. **2** excessivo; extremo. **3** extra; excedente. ‖ v (**overs, overing, overed, overed**) saltar; pular. ♦ **over and again**/ **over and over** outra vez; de novo.

o·ver·act /oʊvəækt/ v (**overacts, overacting, overacted, overacted**) levar a excesso; exagerar.

o·ver·ac·tive /oʊvəæktɪv/ adj hiperativo.

o·ver·age /oʊvəeɪdʒ/ s excesso. ‖ adj **1** que tem idade superior. **2** muito velho; ultrapassado.

o·ver·all /oʊvərɔːl/ adj **1** em toda a extensão. **2** geral; integral. ‖ /oʊvəɔːl/ adv geralmente. ♦ **overalls** macacão.

o·ver·anx·ious /oʊvəæŋkʃəs/ adj extremamente ansioso.

o·ver·bal·ance /oʊvəbæləns/ v (**overbalances, overbalancing, overbalanced, overbalanced**) **1** exceder (em peso, valor, importância). **2** desequilibrar-se. ‖ s excesso de peso, de quantidade.

o·ver·bear /oʊvəber/ v (**overbears, overbearing, overbore, overborne**) **1** sobrepujar; sujeitar; dominar pela força física. **2** ser mais importante. **3** frutificar em demasia.

o·ver·bear·ing /oʊvəberɪŋ/ adj despótico; tirânico; dominador; ditatorial.

o·ver·bur·den /oʊvəbɜːrdn/ v (**overburdens, overburdening, overburdened, overburdened**) **1** sobrecarregar. **2** oprimir. ‖ s sobrecarga.

o·ver·buy /ouvəbaɪ/ v (overbuys, overbuying, overbought, overbought) comprar além do necessário.

o·ver·cast /ouvəkæst, ouvəkæst/ v (overcasts, overcasting, overcast, overcast) 1 escurecer; obscurecer. 2 enevoar-se; cobrir-se de nuvens. ‖ adj 1 enevoado; coberto de nuvens. 2 sombrio; melancólico. ‖ s neblina; cerração.

o·ver·charge /ouvətʃɑːrdʒ/ v (overcharges, overcharging, overcharged, overcharged) 1 cobrar caro. 2 sobrecarregar; exagerar. ‖ s 1 preço abusivo. 2 sobrecarga.

o·ver·cloud /ouvəklaud/ v (overclouds, overclouding, overclouded, overclouded) 1 cobrir de nuvens; anuviar-se. 2 obscurecer; entristecer.

o·ver·coat /ouvəkout/ s sobretudo (casaco).

o·ver·come /ouvəkʌm/ v (overcomes, overcoming, overcame, overcome) 1 vencer; dominar; conquistar. 2 superar. 3 ser vitorioso.

o·ver·crowd /ouvəkraud/ v (overcrowds, overcrowding, overcrowded, overcrowded) abarrotar; lotar.

o·ver·de·vel·op /ouvədɪveləp/ v (overdevelops, overdeveloping, overdeveloped, overdeveloped) 1 desenvolver em excesso. 2 revelar filme fotográfico em solução muito concentrada.

o·ver·do /ouvəduː/ v (overdoes, overdoing, overdid, overdone) 1 exceder; exagerar. 2 cozinhar muito.

o·ver·dose /ouvədous/ s superdose (especialmente de narcótico). ‖ /ouvədous/ v (overdoses, overdosing, overdosed, overdosed) exagerar na dose.

o·ver·draw /ouvədous/ v (overdraws, overdrawing, overdrew, overdrawn) 1 "estourar" a conta bancária; ficar com saldo devedor. 2 exagerar.

o·ver·dress /ouvədres/ v (overdresses, overdressing, overdressed, overdressed) vestir-se com esmero; ser elegante em demasia.

o·ver·due /ouvəduː/ adj 1 vencido e não pago (título comercial). 2 em atraso. 3 esperado. 4 tardio.

o·ver·eat /ouvəiːt/ v (overeats, overeating, overate, overeaten) comer habitualmente em excesso.

o·ver·ex·pose /ouvəɪkspouz/ v (overexposes, overexposing, overexposed, overexposed) expor excessivamente.

o·ver·ex·tend /ouvəɪkstend/ v (overextends, overextending, overextended, overextended) 1 estender ou ampliar excessivamente (além de um limite seguro). 2 obrigar alguém a exceder seus limites (principalmente financeiros).

o·ver·feed /ouvəfiːd/ v (overfeeds, overfeeding, overfed, overfed) alimentar em excesso.

o·ver·flow /ouvəflou/ v (overflows, overflowing, overflowed, overflowed) 1 transbordar; inundar. 2 ser superabundante. ‖ /ouvəflou/ s inundação; transbordamento.

o·ver·fly /ouvəflaɪ/ v (overflies, overflying, overflew, overflown) sobrevoar.

o·ver·grow /ouvəgrou/ v (overgrows, overgrowing, overgrew, overgrown) 1 crescer demasiadamente. 2 cobrir de mato; crescer (vegetação).

o·ver·growth /ouvəgrouθ/ s crescimento excessivo, abundante.

o·ver·hang /ouvəhæŋ/ v (overhangs, overhanging, overhung, overhung) 1 exceder; estender além do necessário; sobressair. 2 ornamentar com pendentes. 3 ameaçar. ‖ /ouvəhæŋ/ s saliência.

o·ver·haul /ouvəhɑːl/ v (overhauls, overhauling, overhauled, overhauled) 1 revisar, examinar cuidadosamente. 2 desmontar (para fazer reparos). 3 renovar. ‖ /ouvəhɑːl/ s 1 revisão. 2 reparo.

o·ver·head /ouvəhed/ adj 1 localizado na parte de cima. 2 dispendioso. ‖ s despesas.

overhead projector s retroprojetor.

o·ver·heat /ouvəhiːt/ v (overheats, overheating, overheated, overheated) 1 aquecer mais que o necessário. 2 causar agitação; excitar.

o·ver·joy /ouvədʒɔɪ/ v (overjoys, overjoying, overjoyed, overjoyed) encher de alegria; deleitar-se.

o·ver·kill /ˈouvəkɪl/ s capacidade de destruir com mais armas nucleares que o necessário. || /ouvəˈkɪl/ v (**overkills, overkilling, overkilled, overkilled**) destruir (um alvo inimigo) usando mais armas nucleares que o necessário.

o·ver·lad·en /ouvəˈleɪdən/ adj sobrecarregado.

o·ver·land /ˈouvəlænd/ adj terrestre. || /ˈouvəlænd/ adv por terra.

o·ver·lap /ouvəˈlæp/ v (**overlaps, overlapping, overlapped, overlapped**) 1 sobrepor; encobrir. 2 ter uma área em comum com. 3 corresponder (em caráter ou função). || /ˈouvəlæp/ s envoltório; parte sobreposta.

o·ver·lay /ouvəˈleɪ/ v (**overlays, overlaying, overlaid, overlaid**) cobrir uma superfície; revestir. || /ˈouvəleɪ/ s camada; cobertura; revestimento.

o·ver·leaf /ˈouvəliːf/ adv no verso da folha.

o·ver·leap /ouvəˈliːp/ v (**overleaps, overleaping, overleaped/overleapt, overleaped/overleapt**) 1 saltar; pular. 2 passar por cima; ultrapassar os limites.

o·ver·load /ouvəˈloud/ v (**overloads, overloading, overloaded, overloaded**) sobrecarregar. || /ˈouvəloud/ s sobrecarga.

o·ver·look /ouvəˈluk/ v (**overlooks, overlooking, overlooked, overlooked**) 1 ver do alto; olhar por cima. 2 ter uma bela vista. 3 não perceber; deixar passar. 4 ignorar; desconsiderar. 5 examinar; observar. 6 supervisionar. || /ˈouvəluk/ s lugar elevado de onde se tem uma bela vista.

o·ver·mas·ter /ouvəˈmæstə/ v (**overmasters, overmastering, overmastered, overmastered**) dominar; subjugar.

o·ver·match /ouvəˈmætʃ/ v (**overmatches, overmatching, overmatched, overmatched**) 1 vencer; sobrepujar. 2 ser muito forte para. 3 lutar com um oponente mais forte. || s competição em que há um participante superior aos demais.

o·ver·much /ouvəˈmʌtʃ/ adj excessivo; demasiado. || adv excessivamente.

o·ver·night /ouvəˈnaɪt/ adv 1 durante a noite. 2 repentinamente; de um dia para outro. || adj 1 noturno. 2 repentino. || v (**overnights, overnighting, overnighted, overnighted**) passar a noite.

o·ver·pass /ˈouvəpæs/ s ponte; passagem elevada; anel viário. || v (**overpasses, overpassing, overpassed/overpast, overpassed/overpast**) 1 atravessar; transpor. 2 transgredir. 3 desprezar.

o·ver·pow·er /ouvəˈpauə/ v (**overpowers, overpowering, overpowered, overpowered**) sujeitar; dominar; subjugar.

o·ver·rule /ouvəˈruːl/ v (**overrules, overruling, overruled, overruled**) 1 rejeitar; anular. 2 dominar; prevalecer.

o·ver·run /ouvəˈrʌn/ v (**overruns, overrunning, overran, overrun**) 1 invadir. 2 assolar; infestar. 3 espalhar-se rapidamente. 4 ir além de. 5 transbordar. 6 *Tip* recorrer.

o·ver·seas /ouvəˈsiːz, ouvəˈsiːz/ adj ultramarino; de além-mar. || adv além-mar; no estrangeiro. (*tb* **oversea**)

o·ver·see /ouvəˈsiː/ v (**oversees, overseeing, oversaw, overseen**) 1 vigiar. 2 inspecionar; supervisionar.

o·ver·se·er /ˈouvəsiːə/ s inspetor; supervisor.

o·ver·set /ouvəˈset/ v (**oversets, oversetting, overset, overset**) 1 perturbar; abalar emocionalmente. 2 *Tip* compor linha com excesso de tipos.

o·ver·shad·ow /ouvəˈʃædou/ v (**overshadows, overshadowing, overshadowed, overshadowed**) 1 sombrear; obscurecer. 2 sobrepujar; dominar.

o·ver·shoot /ouvəˈʃuːt/ v (**overshoots, overshooting, overshot, overshot**) 1 exceder o alvo. 2 ultrapassar os limites. 3 ir muito longe; exceder-se.

o·ver·sight /ˈouvəsaɪt/ s 1 erro (devido à falta de atenção); descuido. 2 controle; supervisão.

o·ver·sleep /ouvəˈsliːp/ v (**oversleeps, oversleeping, overslept, overslept**) dormir além da hora; perder a hora.

o·ver·state /ouvəˈsteɪt/ v (**overstates, overstating, overstated, overstated**) exagerar.

o·ver·step /ouvəˈstep/ v (**oversteps, overstepping, overstepped, overstepped**) exceder; ultrapassar os limites.

O

o·ver·stock /ouvəstɑːk/ v (overstocks, overstocking, overstocked, overstocked) abarrotar; armazenar em excesso. ‖ s estoque excessivo.

o·ver·strain /ouvəstreɪn/ v (overstrains, overstraining, overstrained, overstrained) 1 esticar; estender forçando além dos limites. 2 despender muito esforço físico.

o·ver·sup·ply /ouvəsəplaɪ/ s suprimentos em excesso. (pl oversupplies). ‖ v (oversupplies, oversupplying, oversupplied, oversupplied) suprir em excesso.

o·ver·take /ouvəteɪk/ v (overtakes, overtaking, overtook, overtaken) 1 alcançar. 2 pegar de surpresa; surpreender.

o·ver·tax /ouvətæks/ v (overtaxes, overtaxing, overtaxed, overtaxed) 1 exigir demais de alguém; sujeitar. 2 cobrar imposto excessivo.

o·ver·throw /ouvəθrou/ v (overthrows, overthrowing, overthrew, overthrown) 1 virar; capotar. 2 derrotar; derrubar. 3 depor; destituir. 4 Esp lançar um objeto além da marca.

o·ver·time /ouvətaɪm/ s 1 horas extras; trabalho extraordinário. 2 pagamento pelo trabalho extra. 3 Esp prorrogação. ‖ adv além do tempo determinado (especialmente de um dia normal de trabalho). ‖ v (overtimes, overtiming, overtimed, overtimed) exceder o tempo necessário.

o·ver·top /ouvətɑːp/ v (overtops, overtopping, overtopped, overtopped) 1 elevar-se acima de. 2 ter precedência sobre. 3 sobressair.

o·ver·turn /ouvətɜːrn/ v (overturns, overturning, overturned, overturned) 1 virar; capotar; emborcar. 2 derrubar; destruir. 3 Jur invalidar ou reverter uma decisão por meios legais. ‖ /ouvətɜːrn/ s virada; capotagem.

o·ver·val·ue /ouvəvælju:/ v (overvalues, overvaluing, overvalued, overvalued) encarecer o valor; avaliar acima do preço.

o·ver·weight /ouvəweɪt/ adj muito pesado; que está acima do peso normal. ‖ v (overweights, overweighting, overweighted, overweighted) 1 exceder em peso; sobrecarregar. 2 enfatizar; dar muita im-

portância a. ‖ /ouvəweɪt/ s 1 excesso de peso. 2 superioridade; preponderância.

o·ver·whelm /ouvəhwelm, ouvəwelm/ (overwhelms, overwhelming, overwhelmed, overwhelmed) 1 inundar; submergir. 2 derrotar; esmagar. 3 afetar profundamente; acabrunhar. 4 cobrir de presentes.

o·ver·whelm·ing /ouvəhwelmɪŋ, ouvəwelmɪŋ/ adj esmagador; demasiado.

o·ver·work /ouvəwɜːrk/ v (overworks, overworking, overworked, overworked) trabalhar excessivamente. ‖ /ouvəwɜːrk/ s excesso de trabalho.

o·vi·form /ouvɪfɔːrm/ adj oviforme; oval.

o·vine /ouvaɪn/ adj e s ovino.

o·vip·a·rous /ouvɪpərəs/ adj ovíparo.

o·vu·late /ɑːvjuːleɪt, ouvjuːleɪt/ v (ovulates, ovulating, ovulated, ovulated) ovular.

o·vule /ɑːvjuːl, ouvjuːl/ s óvulo.

owe /ou/ v (owes, owing, owed, owed) estar em débito; dever (dinheiro, favores).

ow·ing /ouɪŋ/ adj devido; que falta pagar.

owl /aul/ s coruja.

own /oun/ adj 1 próprio. 2 sozinho; por si mesmo. ‖ v (owns, owning, owned, owned) 1 possuir; ter. 2 controlar. 3 admitir; reconhecer. ♦ by my own efforts graças aos meus esforços. on my on 1 por mim mesmo; pelo meu próprio esforço. 2 independente.

own·er /ounə/ s dono; proprietário.

own·er·ship /ounəʃɪp/ s propriedade; domínio.

ox /ɑːks/ s boi; bovino. (pl oxen /ɑːksən/)

ox·i·da·tion /ɑːksɪdeɪʃən/ s oxidação.

ox·ide /ɑːksaɪd/ s óxido.

ox·i·dize /ɑːksɪdaɪz/ v (oxidizes, oxidizing, oxidized, oxidized) oxidar.

ox·y·gen /ɑːksɪdʒən/ s Quím oxigênio (símb O).

ox·y·gen·ate /ɑːksɪdʒəneɪt/ v (oxygenates, oxygenating, oxygenated, oxygenated) oxigenar.

ox·y·tone /ɑːksɪtoun/ adj Gram oxítono. ‖ s vocábulo oxítono.

oys·ter /ɔɪstə/ s ostra.

oz /auns/ abrev de ounce (peso). (tb oz.)

o·zone /ouzoun/ s Quím ozônio.

P

p ou **P** /pi:/ s 16ª letra do alfabeto inglês. (pl **p's** ou **P's**). ll abrev Quím minús de **proton**. ll símb Quím maiús de **phosphorus**.

pa /pɑ:/ s inform papai.

pace /peɪs/ s 1 passo; passada. 2 andadura; marcha. ll v (**paces**, **pacing**, **paced**, **paced**) 1 andar compassadamente; andar de um lado para outro; andar com passos largos. 2 andar a passo (cavalo). 3 medir a passos.

pace·mak·er /peɪsmeɪkə/ s Med marca-passo.

pach·y·derm /pækədɜ:m/ s Zool paquiderme.

pa·cif·ic /pəsɪfɪk/ adj 1 pacífico. 2 quieto; tranqüilo; sossegado.

pa·cif·i·cal·ly /pəsɪfɪkəli/ adv pacificamente.

pac·i·fi·ca·tion /pæsɪfɪkeɪʃən/ s pacificação.

pa·cif·i·ca·tor /pəsɪfɪkeɪtə/ s pacificador.

Pacific Ocean s oceano Pacífico.

pac·i·fi·er /pæsəfaɪə/ s chupeta.

pac·i·fism /pæsəfɪzəm/ s pacifismo.

pac·i·fist /pæsəfɪst/ s pacifista.

pac·i·fy /pæsəfaɪ/ v (**pacifies**, **pacifying**, **pacified**, **pacified**) 1 pacificar; apaziguar. 2 tranqüilizar; acalmar.

pack /pæk/ s 1 pacote; embrulho. 2 fardo. 3 matilha; alcatéia. 4 quadrilha; horda; bando. 5 monte. ll v (**packs**, **packing**, **packed**, **packed**) 1 embrulhar; empacotar. 2 encher; entupir; abarrotar; lotar. 3 arrumar as malas. 4 acondicionar; enlatar; conservar. 5 Comp compactar. ♦ **pack of cards** baralho de cartas.

pack·age /pækɪdʒ/ s 1 pacote; fardo; embrulho. 2 embalagem.

packed /pækt/ adj lotado; apinhado.

pack·er /pækə/ s empacotador.

pack·et /pækɪt/ s 1 maço; pacote pequeno. 2 Náut paquete. 3 inform grande quantia em dinheiro; bolada.

packet switching s Comp inform chaveamento.

pack ice s gelo flutuante.

pack·ing /pækɪŋ/ s 1 embalagem; empacotamento. 2 enchimento; recheio. 3 vedação.

pack·sack /pæksæk/ s saco de viagem.

pact /pækt/ s pacto; acordo; tratado.

pad /pæd/ s 1 almofada (tb de carimbo). 2 joelheira. 3 chumaço. 4 bloco de papel. 5 plataforma (de foguete). ll v (**pads**, **padding**, **padded**, **padded**) 1 enchumaçar; acolchoar; almofadar. 2 caminhar sem ruído.

pad·ding /pædɪŋ/ s chumaço; enchimento.

pad·dle /pædl/ s 1 remo. 2 pá (de roda propulsora). ll v (**paddles**, **paddling**, **paddled**, **paddled**) 1 remar. 2 patinhar; chapinhar.

pad·dler /pædlə/ s remador.

pad·dock /pædək/ s 1 cercado (para animais). 2 Esp paddock (em corridas de cavalo e de carros).

pad·dy /pædi/ s 1 arrozal. 2 arroz (com casca). (pl **paddies**).

pad·lock /pædlɑ:k/ s cadeado. ll v (**padlocks**, **padlocking**, **padlocked**, **padlocked**) fechar com cadeado.

pa·dre /pɑ:dreɪ/ s inform capelão; padre.

pae·an /pi:ən/ s canto (de alegria, louvor, etc.). (var **pean**).

pa·el·la /pɑ:jelə/ s paelha (comida típica espanhola).

pa·gan /peɪgən/ adj e s pagão.

pa·gan·ism /peɪgənɪzəm/ s paganismo.

pa·gan·ize /peɪgənaɪz/ v (**paganizes**, **paganizing**, **paganized**, **paganized**) paganizar.

page /peɪdʒ/ s 1 página. 2 pajem. 3 mensageiro. ll v (**pages**, **paging**, **paged**, **paged**) 1 paginar. 2 virar as páginas. 3 servir de pajem ou de ajudante. 4 mandar mensagem em um bipe ou pager.

pag·eant /pædʒənt/ s pageant; cerimônia pomposa; cortejo aparatoso; desfile.

pag·eant·ry /pædʒəntri/ s pompa; fausto; ostentação. (pl **pageantries**).

pag·er /ˈpeɪdʒə/ s bipe; pager. (tb beeper).

pag·i·nate /ˈpædʒəneɪt/ v (paginates, paginating, paginated, paginated) paginar.

pag·i·na·tion /ˌpædʒəˈneɪʃən/ s paginação; numeração de páginas.

pa·go·da /pəˈgoʊdə/ s templo oriental; pagode.

paid /peɪd/ v pass e part pass de pay.

pail /peɪl/ s 1 balde. 2 baldada.

pain /peɪn/ s 1 dor. 2 sofrimento; tormento; aflição. 3 esforço. 4 inform perturbação; motivo de aborrecimento. II v (pains, paining, pained, pained) 1 doer. 2 atormentar; afligir; magoar. ◆ pains dores de parto. on pain of death sob pena de morte. take pains to do dar-se ao trabalho de fazer.

pain·ful /ˈpeɪnfəl/ adj 1 doloroso; penoso. 2 trabalhoso; árduo.

pain·ful·ly /ˈpeɪnfəli/ adv 1 dolorosamente; penosamente. 2 arduamente.

pain·kill·er /ˈpeɪnkɪlə/ s analgésico.

pain·less /ˈpeɪnləs/ adj 1 sem dor; indolor. 2 descomplicado.

pains·tak·ing /ˈpeɪnzteɪkɪŋ/ s esforço; trabalho cuidadoso; diligência. II adj diligente; muito cuidadoso (trabalho).

paint /peɪnt/ v (paints, painting, painted, painted) 1 pintar; tingir. 2 maquiar-se. II s 1 tinta; pintura. 2 cosmético.

paint·brush /ˈpeɪntbrʌʃ/ s broxa; pincel.

paint·ed /ˈpeɪntɪd/ adj pintado.

paint·er /ˈpeɪntə/ s 1 pintor. 2 Náut corda; cabo; amarra.

paint·ing /ˈpeɪntɪŋ/ s 1 pintura. 2 quadro; tela.

pair /peə/ s 1 par; dupla. 2 casal. (pl pair ou pairs). II v (pairs, pairing, paired, paired) 1 emparelhar; formar par; estar aos pares. 2 casar.

pa·ja·ma /pəˈdʒɑːmə/ s geralm us pl pijama.

pal /pæl/ s inform companheiro; camarada; amigo.

pal·ace /ˈpæləs/ s palácio.

pal·at·a·ble /ˈpælətəbəl/ adj 1 palatável; gostoso; saboroso. 2 tolerável; aceitável.

pal·at·a·ble·ness /ˈpælətəbəlnəs/ s gosto bom; sabor agradável.

pal·a·tal /ˈpælətəl/ adj e s Ling palatal.

pal·ate /ˈpælət/ s 1 palato; céu da boca. 2 paladar; gosto.

pa·la·tial /pəˈleɪʃəl/ adj palaciano; palatino.

pa·lav·er /pəˈlævə/ s palavreado. II v (palavers, palavering, palavered, palavered) 1 palavrear. 2 lisonjear.

pale /peɪl/ v (pales, paling, paled, paled) 1 empalidecer. 2 perder a importância. II adj 1 pálido. 2 claro; descorado. 3 fraco. II s 1 estaca; poste. 2 paliçada.

pale·face /ˈpeɪlfeɪs/ s gír cara pálida; branco.

pale·ness /ˈpeɪlnəs/ s palidez.

pa·le·on·tol·o·gist /ˌpeɪliːɒnˈtɒlədʒɪst/ s paleontólogo.

pa·le·on·tol·o·gy /ˌpeɪliːɒnˈtɒlədʒi/ s paleontologia.

Pal·es·tine /ˈpæləstaɪn/ s Palestina.

Pal·es·tin·i·an /ˌpæləˈstɪniən/ s e adj palestino.

pal·ette /ˈpælət/ s paleta (de pintor).

pal·ing /ˈpeɪlɪŋ/ s paliçada; estacada.

pal·i·sade /ˌpæləˈseɪd/ s paliçada.

pal·ish /ˈpeɪlɪʃ/ adj levemente pálido.

pall /pɔːl/ s mortalha; manto. II v (palls, palling, palled, palled) 1 tornar-se insípido, monótono; perder a graça. 2 saciar; enjoar.

pal·let /ˈpælɪt/ s 1 palheta; lingüeta. 2 enxerga (cama pobre); catre.

pal·li·ate /ˈpælieɪt/ v (palliates, palliating, palliated, palliated) paliar; suavizar; abrandar; mitigar; tornar menos severo.

pal·li·a·tion /ˌpælieɪˈʃən/ s paliação; mitigação.

pal·li·a·tive /ˈpæliətɪv/ adj e s paliativo.

pal·lid /ˈpælɪd/ adj muito pálido; descorado.

pal·lid·ness /ˈpælɪdnəs/ s palidez.

pal·lor /ˈpælə/ s palor; palidez.

palm /pɑːm/ v (palms, palming, palmed, palmed) 1 empalmar; esconder na palma da mão. 2 surrupiar. II s 1 palma da mão. 2 palmo (medida). 3 Bot palma; palmeira. ◆ palm off impor; impingir.

pal·mate /ˈpælmeɪt/ adj espalmado. (var palmated).

pal·mat·ed /ˈpælmeɪtɪd/ → palmate.

palm·ist /pɑ:mɪst/ s quiromante. (var **palmister**).

palm·is·ter /pɑ:mɪstə/ → **palmist**.

palm·is·try /pɑ:mɪstri/ s quiromancia.

Palm Sunday s Domingo de Ramos.

palm·top /pɑ:mtɑ:p/ s Comp computador de mão.

pal·pa·bil·i·ty /pælpəbɪləti/ s 1 palpabilidade. 2 evidência.

pal·pa·ble /pælpəbəl/ adj 1 palpável. 2 evidente; claro.

pal·pate /pælpeɪt/ v (palpates, palpating, palpated, palpated) apalpar; examinar pelo tato.

pal·pi·tate /pælpəteɪt/ v (palpitates, palpitating, palpitated, palpitated) palpitar; latejar; pulsar.

pal·pi·ta·tion /pælpəteɪʃən/ s palpitação; pulsação.

pal·sied /pɔ:lzid/ adj paralítico; paralisado.

pal·sy /pɔ:lzi/ s paralisia. (pl **palsies**).

pal·ter /pɔ:ltə/ v (palters, paltering, paltered, paltered) 1 enganar; lograr; simular. 2 regatear; negociar.

pal·try /pɔ:ltri/ adj trivial; vil; desprezível. (gr comp **paltrier**. gr super **paltriest**).

pam·per /pæmpə/ v (pampers, pampering, pampered, pampered) paparicar; mimar.

pam·phlet /pæmflɪt/ s panfleto.

pam·phlet·eer /pæmflɪtɪr/ s panfletário.

pan /pæn/ s 1 panela; frigideira; caçarola; tacho. 2 prato de balança. 3 bateia. II v (pans, panning, panned, panned) 1 batear. 2 cozinhar em panela. 3 inform criticar.

pan·a·ce·a /pænəsi:ə/ s panacéia.

Pan·a·ma /pænəmɑ:/ s Panamá.

Panama Canal s Canal do Panamá.

Pan·a·ma·ni·an /pænəmeɪniən/ s e adj panamenho.

pan·cake /pænkeɪk/ s panqueca.

pan·cre·as /pænkriəs/ s pâncreas.

pan·da /pændə/ s Zool panda.

pan·dem·ic /pændemɪk/ adj epidêmico. II s epidemia.

pan·der /pændə/ v (panders, pandering, pandered, pandered) alcovitar. II s alcoviteiro.

pane /peɪn/ s vidro; vidraça.

pan·el /pænəl/ s 1 painel. 2 tb Jur júri; jurados; banca. 3 lambris.

panel discussion s mesa-redonda.

pang /pæŋ/ s 1 pontada; dor aguda. 2 aflição; angústia. II v (pangs, panging, panged, panged) atormentar; fazer sofrer.

pan·ic /pænɪk/ s pânico. II v (panics, panicking, panicked, panicked) entrar em pânico.

pan·ick·y /pænɪki/ adj aterrorizado; assustado.

pan·nier /pænjə, pænɪə/ s cesto; cesta (carregada no lombo de animais).

pan·o·ram·a /pænəræmə/ s panorama.

pan·o·ram·ic /pænəræmɪk/ adj panorâmico.

pan·sy /pænzi/ s 1 Bot amor-perfeito. 2 ofens afeminado; maricas. (pl **pansies**).

pant /pænt/ s 1 arfada. 2 palpitação; pulsação. 3 geralm pl calcinha; cueca. II v (pants, panting, panted, panted) 1 ofegar; arfar; arquejar. 2 palpitar.

pan·ta·loon /pæntəlu:n/ s 1 maiús pantalão; arlequim; bufão. 2 geralm pl pantalonas.

pan·the·ism /pænθi:ɪzən/ s panteísmo.

pan·the·ist /pænθi:ɪst/ s panteísta.

pan·the·on /pænθiɑ:n/ s panteão.

pan·ther /pænθə/ s pantera; puma.

pant·ies /pæntɪz/ s pl calcinha (de mulher).

pan·to·mime /pæntəmaɪn/ s pantomima; mímica.

pan·try /pæntri/ s despensa; copa. (pl **pantries**).

pant·y·hose /pæntihoʊz/ s pl meia-calça. (tb **panty hose**).

pap /pæp/ s papa; mingau.

pa·pa /pɑ:pə, pəpɑ:/ s inform papai. (var **poppa**).

pa·pa·cy /peɪpəsi/ s papado; pontificado. (pl **papacies**).

pa·pal /peɪpəl/ adj papal; pontifical.

pa·pa·raz·zo /pɑ:pɑ:rɑ:tsoʊ/ s paparazzo (profissional que tira fotos indiscretas de celebridades). (pl **paparazzi**).

pa·pa·ya /pəpaɪə, pəpɑ:jə/ s papaia; mamão.

pa·per /peɪpɚ/ s 1 papel. 2 folha de papel. 3 jornal. 4 relatório; tratado. 5 *geralm pl* documento. 6 papel de parede. ‖ *adj* de papel; como papel. ‖ *v* (**papers, papering, papered, papered**) 1 empapelar. 2 revestir com papel de parede.

pa·per·back /peɪpɚbæk/ s brochura.

pa·per·board /peɪpɚbɔːrd/ s papelão.

pa·per·boy /peɪpɚbɔɪ/ s garoto que entrega ou vende jornais.

paper clip s clipe. (*tb* paperclip /peɪpɚklɪp/).

pa·per·knife /peɪpɚnaɪf/ s abridor de cartas.

paper money s papel-moeda.

pa·per·weight /peɪpɚweɪt/ s peso para papéis.

pa·per·work /peɪpɚwɜːrk/ s trabalho burocrático. (*tb* paper work).

pa·pier-mâ·ché /peɪpɚmɑ̃ʃeɪ/ s papel machê.

pa·pil·la /pəpɪlə/ s 1 *Anat* papila. 2 *Bot* pústula. (*pl* papillae /pəpɪliː/).

pa·pri·ka /pæprɪkə/ s páprica.

Papua New Guinea /pæpjuə nuː gɪni/ s Papua-Nova Guiné.

Papua New Guinean /pæpjuə nuː gɪniən/ s e *adj* papuásio.

pa·py·rus /pəpaɪrəs/ s papiro. (*pl* papyruses /pəpaɪrəsɪz/ ou papyri /pəpaɪraɪ/).

par /pɑːr/ s 1 quantia ou nível padrão. 2 igualdade; paridade. ‖ *adj* igual ao padrão.

par·a·ble /pærəbəl/ s parábola (alegoria religiosa).

pa·rab·o·la /pəræbələ/ s *Mat* parábola.

par·a·bol·ic /pærəbɑːlɪk/ *adj* parabólico. (*var* parabolical).

par·a·bol·i·cal /pærəbɑːlɪkəl/ → parabolic.

par·a·chute /pærəʃuːt/ s pára-quedas. ‖ *v* (**parachutes, parachuting, parachuted, parachuted**) saltar ou lançar de pára-quedas.

par·a·chut·er /pærəʃuːtɚ/ → parachutist.

par·a·chut·ist /pærəʃuːtɪst/ s pára-quedista. (*var* parachuter).

pa·rade /pəreɪd/ s 1 parada; desfile. 2 *Mil* revista de tropas. 3 passeata. 4 passeio público. ‖ *v* (**parades, parading, paraded, paraded**) 1 marchar; participar de parada. 2 *Mil* passar em revista. 3 desfilar; exibir-se.

par·a·digm /pærədaɪm, pærədɪm/ s paradigma; modelo; exemplo.

par·a·dig·mat·ic /pærədɪgmætɪk/ *adj* paradigmático.

par·a·dise /pærədaɪz/ s paraíso.

par·a·di·si·a·cal /pærədɪsaɪəkəl/ *adj* paradisíaco. (*var* paradisiac).

par·a·di·si·ac /pærədɪsiæk/ → paradisiacal.

par·a·dox /pærədɑːks/ s paradoxo.

par·a·dox·i·cal /pærədɑːksɪkəl/ *adj* paradoxal.

par·af·fin /pærəfɪn/ s parafina. ‖ *v* (**paraffins, paraffining, paraffined, paraffined**) parafinar.

par·a·gon /pærəgɑːn/ s paradigma; modelo.

par·a·graph /pærəgræf/ s 1 parágrafo. 2 alínea. ‖ *v* (**paragraphs, paragraphing, paragraphed, paragraphed**) paragrafar.

Par·a·guay /pærəgweɪ, pærəgwaɪ/ s Paraguai.

Par·a·guay·an /pærəgweɪən, pærəgwaɪən/ s e *adj* paraguaio.

par·a·keet /pærəkiːt/ s periquito.

par·al·lel /pærəlel/ *adj* 1 paralelo. 2 comparável. ‖ s 1 *Geog* paralelo. 2 *Geom* paralela. 3 semelhança. 4 comparação. ‖ *v* (**parallels, paralleling/parallelling, paralleled/parallelled, paralleled/parallelled**) 1 pôr em paralelo. 2 confrontar; comparar. 3 igualar.

parallel bars s *pl Esp* barras paralelas.

par·a·lyse /pærəlaɪz/ → paralyze.

pa·ral·y·sis /pərælɪsɪs/ ⌐ ʰaralisia; paralisação. (*pl* paralyses).

par·a·lyt·ic /pærəlɪtɪk/ s e *adj* paralítico.

par·a·lyze /pærəlaɪz/ *v* (**paralyzes, paralyzing, paralyzed, paralyzed**) paralisar. (*var* paralyse).

par·a·med·ic /pærəmedɪk/ s paramédico.

pa·ram·e·ter /pəræmətɚ/ s parâmetro.

par·a·mil·i·tar·y /pærəmɪləteri/ *adj* paramilitar.

par·a·mount /pærəmaʊnt/ *adj* supremo; soberano; principal; superior.

par·a·mount·cy /pærəmaʊntsi/ s superioridade; supremacia.

par·a·noi·a /pærənɔɪə/ s paranóia.

par·a·nor·mal /perənɔ:rməl/ adj paranormal.

par·a·pet /perəpet/ s 1 parapeito. 2 muro fortificado.

par·a·phrase /perəfreɪz/ v (**paraphrases, paraphrasing, paraphrased, paraphrased**) parafrasear. ‖ s paráfrase.

par·a·ple·gic /perəpli:dʒɪk/ adj e s paraplégico.

par·a·psy·chol·o·gy /perəsaɪkɑ:lədʒi/ s parapsicologia.

par·a·site /perəsaɪt/ s Zool e Bot tb fig parasita.

par·a·sit·ic /perəsɪtɪk/ adj parasítico. (var parasitical).

par·a·sit·i·cal /perəsɪtɪkəl/ → parasitic.

par·a·sol /perəsɔ:l/ s guarda-sol.

par·a·troop·er /perətru:pə/ s Mil pára-quedista.

par·a·troops /perətru:ps/ s pl tropa de pára-quedistas.

par·cel /pɑ:rsəl/ v (**parcels, parceling/ parcelling, parceled/parcelled, parceled/ parcelled**) 1 parcelar; repartir; dividir. 2 empacotar; embrulhar. ‖ s 1 parcela. 2 embrulho; pacote; volume. 3 terreno; lote.

parcel post s serviço de encomenda postal.

parch /pɑ:rtʃ/ v (**parches, parching, parched, parched**) 1 secar; ressecar. 2 tostar.

parch·ment /pɑ:rtʃmənt/ s pergaminho.

par·don /pɑ:rdən/ s 1 perdão; desculpa. 2 indulto; absolvição. ‖ v (**pardons, pardoning, pardoned, pardoned**) perdoar; desculpar. ◆ **pardon me?** como disse? como? (quando não se escuta direito o que foi dito por alguém). **I beg your pardon** desculpe-me.

par·don·a·ble /pɑ:rdənəbəl/ adj perdoável.

par·don·er /pɑ:rdənə/ s perdoador.

pare /per/ v (**pares, paring, pared, pared**) 1 cortar; aparar; descascar. 2 reduzir (custos, etc.).

par·ent /perənt/ s 1 pai ou mãe. 2 progenitor. 3 causa; origem.

par·ent·age /perəntɪdʒ/ s ascendência; origem; linhagem.

pa·ren·tal /pərentəl/ adj paterno ou materno.

pa·ren·the·sis /pərenθəsɪs/ s parêntese. (pl **parentheses** /pərenθəsi:z/).

par·ent·hood /perənthʊd/ s paternidade ou maternidade.

pa·ri·e·tal /pəraɪətəl/ adj e s parietal.

parietal bone s osso parietal.

par·ish /perɪʃ/ s paróquia.

pa·rish·ion·er /pərɪʃənə/ s paroquiano.

par·i·ty /perəti/ s paridade; igualdade. (pl **parities**).

park /pɑ:rk/ s 1 parque; jardim público. 2 estacionamento. ‖ v (**parks, parking, parked, parked**) estacionar veículo.

par·ka /pɑ:rkə/ s jaqueta com capuz.

park·ing /pɑ:rkɪŋ/ s estacionamento. ◆ **no parking** estacionamento proibido.

parking lot s 1 estacionamento. 2 gír congestionamento.

parking meter s parquímetro.

par·lance /pɑ:rləns/ s parlatório.

par·ley /pɑ:rleɪ/ v (**parleys, parleying, parleyed, parleyed**) parlamentar; negociar; discutir. ‖ s discussão; negociação.

par·lia·ment /pɑ:rləmənt/ s parlamento.

par·lia·men·ta·ry /pɑ:rləmentəri/ adj parlamentar; do parlamento.

par·lor /pɑ:rlə/ s saleta; salão (comercial, de beleza, etc.).

par·lous /pɑ:rləs/ adj perigoso; arriscado.

pa·ro·chi·al /pəroʊkiəl/ adj 1 paroquial. 2 provinciano.

par·o·dy /perədi/ s paródia. (pl **parodies**). ‖ v (**parodies, parodying, parodied, parodied**) parodiar.

pa·role /pəroʊl/ s Jur liberdade condicional. ‖ v (**paroles, paroling, paroled, paroled**) dar livramento condicional.

par·ox·ysm /perəksɪzəm/ s paroxismo.

par·ox·y·tone /perɑ:ksɪtoʊn/ adj e s Gram paroxítono.

par·quet /pɑ:rkeɪ/ s parquete; parquê.

par·ri·cide /perəsaɪd/ s 1 parricídio. 2 parricida.

par·rot /perət/ s Zool papagaio.

par·ry /peri/ v (**parries, parrying, parried, parried**) desviar; esquivar-se; evadir; evitar (um golpe, uma pergunta). ‖ s 1 desvio; evasão. 2 resposta evasiva. (pl **parries**).

parse /pɑːrs/ v (**parses, parsing, parsed, parsed**) 1 *Gram* analisar (sintaticamente). 2 *tb Comp* analisar detalhadamente.

par·si·mo·ni·ous /pɑːrsəmoʊniəs/ *adj* parcimonioso; econômico; parco.

par·si·mo·ny /pɑːrsəmoʊni/ s parcimônia; economia.

pars·ley /pɑːrsli/ s *Bot* salsa.

par·son /pɑːrsən/ s pastor; clérigo; sacerdote; pároco.

par·son·age /pɑːrsənɪdʒ/ s presbitério; residência paroquial.

part /pɑːrt/ s 1 parte. 2 porção; quota; pedaço; fração. 3 componente; peça (de máquina, etc.). 4 dever; obrigação; função; tarefa. 5 papel; representação (em peça teatral). 6 risca do cabelo. II v (**parts, parting, parted, parted**) 1 dividir; repartir; partir. 2 separar; apartar; desprender-se; desunir-se; separar-se (de pessoas). ♦ **parts** 1 região. 2 talentos; habilidades. 3 partes íntimas; genitália. **part with** dispor; ceder; desfazer-se; abrir mão. **take part in** tomar parte em.

par·take /pɑːrteɪk/ v (**partakes, partaking, partook, partaken**) participar; partilhar; compartilhar.

par·tak·er /pɑːrteɪkər/ s participante.

par·tial /pɑːrʃəl/ *adj* parcial.

par·ti·al·i·ty /pɑːrʃiæləti/ s 1 parcialidade. 2 gosto; predileção. (*pl* **partialities**).

par·tial·ly /pɑːrʃəli/ *adv* parcialmente.

par·ti·ble /pɑːrtəbəl/ *adj* divisível.

par·tic·i·pant /pɑːrtɪsəpənt/ s e *adj* participante.

par·tic·i·pate /pɑːrtɪsəpeɪt/ v (**participates, participating, participated, participated**) participar; tomar parte de.

par·tic·i·pa·tion /pɑːrtɪsəpeɪʃən/ s participação.

par·tic·i·pa·tor /pɑːrtɪsəpeɪtər/ s participador.

par·tic·i·pa·to·ry /pɑːrtɪsəpətɔːri/ *adj* participatório.

par·ti·ci·ple /pɑːrtɪsɪpəl/ s *Gram* particípio.

par·ti·cle /pɑːrtəkəl/ s partícula.

par·tic·u·lar /pətɪkjələr/ *adj* 1 particular; específico; próprio; determinado. 2 meticuloso; detalhado; minucioso. II s particular; pormenor; detalhe. ♦ **particulars** pormenores.

par·tic·u·lar·i·ty /pətɪkjələrɛti/ s particularidade. (*pl* **particularities**).

par·tic·u·lar·ize /pətɪkjələraɪz/ v (**particularizes, particularizing, particularized, particularized**) particularizar; pormenorizar; detalhar.

par·tic·u·lar·ly /pətɪkjələrli/ *adv* particularmente; em particular; especialmente.

part·ing /pɑːrtɪŋ/ s 1 separação. 2 partida; adeus; despedida. II *adj* divisório; de separação.

par·ti·san /pɑːrtɪzən/ *adj* faccioso; partidário. II s 1 partidário; seguidor. 2 guerrilheiro.

par·tite /pɑːrtaɪt/ *adj* partido; dividido.

par·ti·tion /pɑːrtɪʃən/ s 1 *tb Comp* partição. 2 divisão; partilha. 3 tabique; tapume; parede divisória. II v (**partitions, partitioning, partitioned, partitioned**) separar; dividir; repartir.

par·ti·tive /pɑːrtətɪv/ s e *adj tb Gram* partitivo.

part·ly /pɑːrtli/ *adv* em parte; parcialmente.

part·ner /pɑːrtnər/ s 1 parceiro. 2 sócio (de firma, etc.). 3 par (na dança). 4 companheiro; companheira; cônjuge. II v (**partners, partnering, partnered, partnered**) fazer parceria; associar-se.

part·ner·ship /pɑːrtnərʃɪp/ s 1 parceria. 2 sociedade; associação.

part of speech s *Gram* classe gramatical. (*pl* **parts of speech**).

par·tridge /pɑːrtrɪdʒ/ s *Zool* perdiz. (*pl* **partridge** ou **partridges**).

part-time /pɑːrttaɪm, pɑːrttaɪm/ *adj* de meio expediente; de meio período (emprego).

par·tu·ri·ent /pɑːrtuːriənt/ *adj* parturiente; de ou relativo ao parto.

par·tu·ri·tion /pɑːrtuːrɪʃən/ s parto.

par·ty /pɑːrti/ s 1 partido político; grupo; facção. 2 *Jur* parte litigante; parte interessada. 3 festa; sarau. (*pl* **parties**).

pas /pɑː/ s passo; dança. (*pl* **pas** /pɑː/).

pass /pæs/ v (**passes, passing, passed, passed**) 1 passar. 2 ir; mover-se; prosseguir. **3** transpor; ultrapassar; superar. **4** suceder; transcorrer. **5** transferir; circular; dar em mãos. **6** aprovar; adotar; ser aprovado ou adotado. **7** atravessar; cruzar. **8** ignorar. **9** cessar; morrer. **10** *Jur* pronunciar sentença. ‖ *s* **1** passe. **2** passagem; caminho. **3** desfiladeiro. **4** aprovação. **5** permissão. **6** salvo-conduto. **7** situação; condição. **8** entrada grátis. ♦ **pass for** passar por; ser considerado como. **pass on** passar adiante. **pass out** desmaiar. **pass over** passar por cima de; desconsiderar.

pass·a·ble /pˈæsəbəl/ *adj* **1** passável; transitável. **2** tolerável; satisfatório.

pas·sage /pˈæsɪdʒ/ *s* **1** passagem; passo. **2** travessia; viagem; navegação. **3** *Mús* passagem; trecho (de obra). **4** migração.

pas·sage·way /pˈæsɪdʒweɪ/ *s* passagem; corredor; caminho.

pass·book /pˈæsbʊk/ *s* caderneta.

pas·sen·ger /pˈæsəndʒə/ *s* passageiro.

pas·ser·by /pˈæsə-bˈaɪ/ *s* transeunte. (*pl* **passersby**. *tb* **passer-by**).

pas·si·ble /pˈæsɪbəl/ *adj* passível.

pass·ing /pˈæsɪŋ/ *adj* **1** passageiro; fugaz; transitório; momentâneo. **2** casual. **3** precipitado; superficial. ‖ *s* **1** passagem. **2** morte.

pas·sion /pˈæʃən/ *s* **1** paixão. **2** explosão; ira; cólera; furor. **3** *maiús* paixão de Cristo.

pas·sion·al /pˈæʃənəl/ *adj* passional.

pas·sion·ate /pˈæʃənɪt/ *adj* **1** apaixonado. **2** ardente; emotivo.

pas·sion·ate·ness /pˈæʃənɪtnəs/ *s* impetuosidade; arrebatamento.

pas·sion·flow·er /pˈæʃənflaʊə/ *s* *Bot* flor do maracujá.

passion fruit *s* *Bot* maracujá.

pas·sion·less /pˈæʃənləs/ *adj* impassível.

pas·sive /pˈæsɪv/ *adj* passivo; quieto; indiferente. ‖ *s* **1** *Gram* voz passiva. **2** passivo.

passive smoker *s* fumante passivo.

pas·siv·ism /pˈæsəvɪzəm/ *s* passivismo.

pas·siv·i·ty /pæsˈɪvəti/ *s* passividade; submissão.

pass·key /pˈæski:/ *s* chave mestra.

Pass·o·ver /pˈæsoʊvə/ *s* *Relig* Páscoa (dos judeus).

pass·port /pˈæspɔːrt/ *s* passaporte.

pass·word /pˈæswɜːrd/ *s* senha.

past /pæst/ *adj* **1** passado; decorrido. **2** findo; consumado. ‖ *s tb Gram* passado. ‖ *prep* mais de; além de.

pas·ta /pˈɑːstə/ *s* massa.

paste /peɪst/ *s* **1** pasta; massa. **2** cola; goma. **3** *gír* golpe forte. ‖ *v* (**pastes**, **pasting**, **pasted**, **pasted**) **1** colar. **2** afixar. **3** *gír* golpear.

paste·board /pˈeɪstbɔːrd/ *s* papelão; cartão; cartolina. ‖ *adj* de papelão.

pas·tel /pˈæstel/ *s e adj* *Art* pastel.

paste-up /pˈeɪstʌp/ *s* *Art* colagem.

pas·teur·i·za·tion /pæstʃə-ɪzeɪʃən/ *s* pasteurização.

pas·teur·ize /pˈæstʃəraɪz/ *v* (**pasteurizes**, **pasteurizing**, **pasteurized**, **pasteurized**) pasteurizar.

pas·til /pˈæsti:l/ → **pastille**.

pas·tille /pˈæsti:l/ *s* *Med* pastilha. (*var* **pastil**).

pas·time /pˈæstaɪm/ *s* passatempo; entretenimento agradável.

pas·tor /pˈæstə/ *s* pastor.

past participle *s* *Gram* particípio passado.

past perfect *s* *Gram* passado perfeito.

pas·try /pˈeɪstri/ *s* **1** massa (de pastel, de bolo). **2** folhados; tortas. (*pl* **pastries**).

past tense *s* *Gram* tempo passado.

pas·tur·age /pˈæstʃə-ɪdʒ/ *s* pasto; pastagem.

pas·ture /pˈæstʃə/ *s* pasto; pastagem. ‖ *v* (**pastures**, **pasturing**, **pastured**, **pastured**) pastar; pastorear; apascentar.

past·y /pˈeɪsti/ *adj* **1** pastoso. **2** pálido. (*gr comp* **pastier**. *gr super* **pastiest**).

pat /pæt/ *v* (**pats**, **patting**, **patted**, **patted**) bater de leve (como gesto de carinho); afagar. ‖ *s* pancadinha; tapinha (nas costas, etc.). ‖ *adj* oportuno; apropriado. ‖ *adv* *inform* perfeitamente; exatamente.

patch /pætʃ/ *s* **1** retalho; remendo. **2** curativo. **3** venda (para o olho). **4** horta; canteiro. ‖ *v* (**patches**, **patching**, **patched**, **patched**) **1** remendar. **2** consertar.

patch·a·ble /pˈætʃəbəl/ *adj* remendável.

patch·er /pǽtʃɚ/ *s* remendão.

patch·work /pǽtʃwɜːrk/ *s* trabalho feito de retalhos (como uma colcha de retalhos).

patch·y /pǽtʃi/ *adj* **1** feito de retalhos. **2** ímpar; sem igual (em qualidade e desempenho). (*gr comp* **patchier**. *gr super* **patchiest**).

pate /peɪt/ *s* cabeça; cachola.

pâ·té /pɑːteɪ/ *s* patê.

pat·en /pǽtən/ *s Ecles* pátena. (*var* **patin**).

pat·ent /pǽtənt/ *adj* patente; evidente; notório; óbvio. ‖ *s* **1** patente. **2** privilégio; direito.

pat·ent·ed /pǽtəntɪd/ *adj* **1** patenteado. **2** privilegiado. **3** concedido por alvará.

pat·ent·ee /pǽtəntiː/ *s* detentor de patente.

pa·ter·nal /pətɜ́ːrnəl/ *adj* paternal; paterno.

pa·ter·nal·ly /pətɜ́ːrnəlli/ *adv* paternalmente.

pa·ter·nal·ism /pətɜ́ːrnəlɪzəm/ *s* paternalismo.

pa·ter·ni·ty /pətɜ́ːrnəti/ *s* paternidade. (*pl* **paternities**).

paternity test *s* teste de paternidade.

path /pæθ/ *s* **1** caminho; trilha; vereda; senda. **2** trajetória; curso.

pa·thet·ic /pəθétɪk/ *adj* patético; digno de pena. (*var* **pathetical**).

pa·thet·i·cal /pəθétɪkəl/ → **pathetic**.

path·find·er /pǽθfaɪndɚ/ *s* explorador; desbravador; pioneiro.

path·o·log·ic /pæθəlɑ́ːdʒɪk/ → **pathological**.

path·o·log·i·cal /pæθəlɑ́ːdʒɪkəl/ *adj* patológico. (*var* **pathologic**).

pa·thol·o·gist /pəθɑ́ːlədʒɪst/ *s* patologista.

pa·thol·o·gy /pəθɑ́ːlədʒi/ *s* patologia. (*pl* **pathologies**).

path·way /pǽθweɪ/ *s* caminho; trilha.

pa·tience /péɪʃəns/ *s* paciência.

pa·tient /péɪʃənt/ *adj* paciente; tolerante. ‖ *s* paciente; doente; enfermo.

pa·tient·ly /péɪʃəntli/ *adv* pacientemente.

pat·in /pǽtən/ → **paten**.

pat·i·na /pǽtənə/ *s* pátina. (*var* **patine**).

pa·tine /pǽtənə/ → **patina**.

pat·i·o /pǽtioʊ/ *s* pátio.

pa·tri·arch /péɪtriɑːrk/ *s* patriarca.

pa·tri·ar·chal /peɪtriɑ́ːrkəl/ *adj* patriarcal. (*var* **patriarchic**).

pa·tri·ar·chate /peɪtriɑ́ːrkɪt/ *s* patriarcado.

pa·tri·ar·chic /peɪtriɑ́ːrkɪk/ → **patriarchal**.

pa·tri·cian /pətrɪ́ʃən/ *s e adj* patrício; nobre; aristocrático.

pat·ri·mo·ny /pǽtrəmoʊni/ *s* patrimônio. (*pl* **patrimonies**).

pa·tri·ot /péɪtriət/ *s* patriota.

pa·tri·ot·ic /peɪtriɑ́ːtɪk/ *adj* patriótico.

pa·tri·ot·ism /péɪtriətɪzəm/ *s* patriotismo.

pa·trol /pətroʊ́l/ *s* patrulha; ronda. ‖ *v* (**patrols**, **patrolling**, **patrolled**, **patrolled**) patrulhar; rondar.

patrol car /pətroʊ́lkɑːr/ *s* radiopatrulha (carro).

pa·trol·man /pətroʊ́lmən/ *s* guarda de patrulha.

pa·tron /péɪtrən/ *s* **1** patrono; patrocinador; protetor; benfeitor. **2** *Ecles* padroeiro. **3** freguês.

pa·tron·age /péɪtrənɪdʒ/ *s* **1** patrocínio; proteção; amparo. **2** freguesia; clientela.

pa·tron·ess /péɪtrənɪs/ *s* **1** patrocinadora. **2** *Ecles* padroeira.

pa·tron·ize /péɪtrənaɪz/ *v* (**patronizes**, **patronizing**, **patronized**, **patronized**) **1** patrocinar; favorecer; amparar. **2** ser freguês de. **3** tratar de modo condescendente.

patron saint *s* santo padroeiro.

pat·ro·nym·ic /pætrənɪ́mɪk/ *adj e s* patronímico.

pat·ter /pǽtɚ/ *s* **1** tamborilada. **2** ruído de passos leves. **3** tagarelice. ‖ *v* (**patters**, **pattering**, **pattered**, **pattered**) **1** tamborilar. **2** dar passos curtos. **3** tagarelar.

pat·tern /pǽtɚn/ *v* (**patterns**, **patterning**, **patterned**, **patterned**) **1** moldar. **2** seguir o modelo de. ‖ *s* **1** modelo; exemplar; padrão. **2** molde (de costura). **3** forma. **4** padrão (de tecido).

pat·tern·ing /pǽtɚnɪŋ/ *s* padronagem; configuração.

pat·ty /pǽti/ *s* bolinho (salgado). (*pl* **patties**).

pau·ci·ty /pɑ́ːsəti/ *s* exigüidade; escassez; penúria; insuficiência.

paunch /pɑːntʃ/ *s* pança; barriga grande.

paunch·y /pɑ̱ːntʃi/ *adj* barrigudo; pançudo. (*gr comp* **paunchier**. *gr super* **paunchiest**).

pau·per /pɑ̱ːpə/ *s* paupérrimo; mendigo.

pau·per·ism /pɑ̱ːpərɪzəm/ *s* pauperismo; miséria; pobreza.

pau·per·ize /pɑ̱ːpəraɪz/ *v* (**pauperizes, pauperizing, pauperized, pauperized**) empobrecer.

pause /pɑːz/ *v* (**pauses, pausing, paused, paused**) pausar; cessar; parar. || *s* pausa; interrupção; intervalo.

pave /peɪv/ *v* (**paves, paving, paved, paved**) pavimentar; calçar.

pave·ment /peɪvmənt/ *s* **1** calçada; passeio. **2** pavimento; calçamento.

pav·er /peɪvə/ *s* calceteiro.

pa·vil·ion /pəvɪljən/ *s* **1** pavilhão. **2** barraca; tenda (em feira, exposição).

pav·ing /peɪvɪŋ/ *s* pavimento; calçamento.

paw /pɑː/ *s* pata (com garras). || *v* (**paws, pawing, pawed, pawed**) **1** dar patada. **2** raspar a pata no chão. **3** apalpar alguém.

pawn /pɑːn/ *v* (**pawns, pawning, pawned, pawned**) **1** penhorar. **2** arriscar. || *s* **1** penhor; penhora. **2** peão (no xadrez).

pawn·bro·ker /pɑ̱ːnbroʊkə/ *s* agiota; penhorista.

pawn·er /pɑ̱ːnə/ *s* aquele que pede dinheiro sobre penhor. (*var* **pawnor**).

paw·nor /pɑː̱nə/ → **pawner**.

pawn·shop /pɑ̱ːnʃɑːp/ *s* casa de penhores.

pay /peɪ/ *v* (**pays, paying, paid, paid**) **1** pagar; liquidar; saldar. **2** remunerar. **3** valer a pena; compensar. **4** render; prestar (atenção, homenagem, tributo). **5** *Náut* arrear (cabo). || *s* **1** pagamento. **2** remuneração; soldo; ordenado; salário. ♦ **pay attention to** prestar atenção a. **pay back** reembolsar; restituir. **pay in** depositar.

pay·a·ble /peɪəbəl/ *adj* pagável; com pagamento vencido. ♦ **payables** *Cont* contas a pagar.

pay·back /peɪbæk/ *s* pagamento em retorno.

pay cable *s* TV paga (a cabo).

pay·check /peɪtʃek/ *s* contracheque; holerite.

pay·day /peɪdeɪ/ *s* dia de pagamento.

pay·ee /peɪiː/ *s* pessoa a quem se paga; beneficiário.

pay·er /peɪə/ *s* pagador; sacado.

pay·load /peɪloʊd/ *s* **1** carga. **2** peso total de uma carga. **3** total de passageiros transportados em um avião.

pay·mas·ter /peɪmæstə/ *s* pagador.

pay·ment /peɪmənt/ *s* **1** pagamento. **2** recompensa; retribuição; prêmio. ♦ **payment in cash** pagamento em dinheiro.

pay·off /peɪɑːf/ *s* pagamento total de salário.

pay·roll /peɪroʊl/ *s* folha de pagamento. (*tb* **pay roll**).

pay station *s* telefone público.

PBX /piːbiːe̱ks/ *abrev Tel* de **private branch exchange**; rede de ramais privada. (*tb* **P.B.X.**).

PC /piːsi̱ː/ *abrev Comp* de **personal computer**; computador pessoal.

P.D. /piːdi̱ː/ *abrev* de **Police Department**; delegacia de polícia.

PDT *abrev* de **Pacific Daylight Time**; horário de verão do Pacífico. (*tb* **P.D.T.**).

pea /piː/ *s* ervilha.

peace /piːs/ *s* **1** paz. **2** calma; tranqüilidade. ♦ **peace of mind** paz de espírito.

peace·a·ble /piːsəbəl/ *adj* pacífico; pacato; sossegado; tranqüilo.

peace·a·ble·ness /piːsəbəlnəs/ *s* quietação; sossego; calmaria.

peace·ful /piːsfəl/ *adj* **1** pacífico. **2** sossegado; tranqüilo.

peace·keep·er /piːskiːpə/ *s* pessoa que promove a paz.

peace·keep·ing /piːskiːpɪŋ/ *adj* que promove a paz.

peace·mak·er /piːsmeɪkə/ *s* pacificador.

peace offering *s* proposta de paz.

peace officer *s* xerife.

peace pipe *s* cachimbo da paz.

peach /piːtʃ/ *s* pêssego. || *v* (**peaches, peaching, peached, peached**) delatar; dedurar; denunciar.

pea·cock /piːkɑːk/ *s Zool* pavão.

pea·hen /piːhen/ *s Zool* pavoa.

peak /piːk/ *s* **1** pico; cume; ponta (de montanha). **2** apogeu; máximo; auge. **3** viseira; pala (de boné).

peak·ed /pi:kt/ *adj* pontiagudo; pontudo.

peal /pi:l/ *s* **1** repique (de sinos). **2** explosão de barulho. ǁ *v* (**peals**, **pealing**, **pealed**, **pealed**) repicar (sino).

pe·an /pi:ən/ → **paean**.

pea·nut /pi:nʌt/ *s* amendoim.

peanut butter *s* pasta de amendoim.

pear /per/ *s* pêra.

pearl /pɜ:rl/ *s* pérola. ǁ *v* (**pearls**, **pearling**, **pearled**, **pearled**) ornar com pérolas.

peas·ant /pezənt/ *s* camponês; aldeão; campônio.

peas·ant·ry /pezəntri/ *s* campesinato; gente do campo.

peat /pi:t/ *s* turfa.

peb·ble /pebəl/ *v* (**pebbles**, **pebbling**, **pebbled**, **pebbled**) pavimentar com seixos. ǁ *s* seixo; calhau; pedra (de rio ou praia); pedregulho.

pec·ca·bil·i·ty /pekəbɪləti/ *s* pecabilidade.

pec·ca·ble /pekəbəl/ *adj* pecável.

pec·cant /pekənt/ *adj* **1** pecador. **2** culpado; faltoso.

peck /pek/ *v* (**pecks**, **pecking**, **pecked**, **pecked**) **1** bicar; dar bicadas. **2** pegar comida (com o bico). **3** beliscar (comida); debicar. **4** *inform* dar uma beijoca. ǁ *s* **1** bicada. **2** *inform* beijoca.

pecking order *s* hierarquia.

peck·ish /pekɪʃ/ *adj* mal-humorado; irritado.

pec·to·ral /pektərəl/ *adj* peitoral.

pec·u·la·tion /pekjəleɪʃən/ *s* peculato.

pec·u·la·tor /pekjəleɪtə/ *s* peculatário.

pe·cu·liar /pɪkju:ljə/ *adj* **1** peculiar; característico; próprio; específico. **2** esquisito; estranho. ǁ *s* peculiaridade.

pe·cu·li·ar·i·ty /pɪkju:lierəti/ *s* **1** peculiaridade; particularidade; singularidade. **2** excentricidade; esquisitice. (*pl* **peculiarities**).

pe·cu·ni·ar·y /pɪkju:nieri/ *adj* pecuniário.

ped·a·gog·ic /pedəgɑ:dʒɪk/ *adj* pedagógico. (*var* **pedagogical**).

ped·a·gog·i·cal /pedəgɑ:dʒɪkəl/ → **pedagogic**.

ped·a·gogue /pedəgɑ:g/ *s* pedagogo.

ped·a·go·gy /pedəgɑ:dʒi/ *s* pedagogia.

ped·al /pedəl/ *s* pedal. ǁ *v* (**pedals**, **pedaling/pedalling**, **pedaled/pedalled**, **pedaled/pedalled**) pedalar.

ped·ant /pedənt/ *s* pedante.

pe·dan·tic /pedæntɪk/ *adj* pedante; pedantesco.

ped·ant·ry /pedəntri/ *s* pedantismo. (*pl* **pedantries**).

ped·dle /pedəl/ *v* (**peddles**, **peddling**, **peddled**, **peddled**) **1** mascatear; vender pequenos artigos pelas ruas. **2** traficar; fazer tráfico. **3** *inform* espalhar; disseminar.

ped·dler /pedlə/ *s* **1** mascate; vendedor. **2** traficante.

ped·er·ast /pedəræst/ *s* pederasta.

ped·es·tal /pedɪstəl/ *s* pedestal.

pe·des·tri·an /pədestriən/ *s* pedestre; transeunte. ǁ *adj* **1** pedestre. **2** banal; corriqueiro.

pe·di·at·ric /pi:diætrɪk/ *adj* pediátrico.

pe·di·a·tri·cian /pi:diətrɪʃən/ *s* pediatra. (*var* **pediatrist**).

pe·di·at·rics /pi:diætrɪks/ *s* *us v sing* pediatria.

pe·di·at·rist /pi:diætrɪst/ → **pediatrician**.

ped·i·cure /pedɪkjʊr/ *s* pedicuro.

ped·i·gree /pedɪgri:/ *s* **1** *pedigree*; origem; linhagem. **2** ascendência; genealogia.

pee /pi:/ *s* *gír* xixi; urina. ǁ *v* (**pees**, **peeing**, **peed**, **peed**) *gír* fazer xixi; urinar.

peek /pi:k/ *v* (**peeks**, **peeking**, **peeked**, **peeked**) espiar; espreitar. ǁ *s* espiada.

peel /pi:l/ *s* **1** casca (de laranja, banana, etc.). **2** pá (de remo, de forno). ǁ *v* (**peels**, **peeling**, **peeled**, **peeled**) descascar; tirar a casca; pelar(-se).

peel·er /pi:lə/ *s* descascador; pelador.

peel·ing /pi:lɪŋ/ *s* descascamento.

peep /pi:p/ *v* (**peeps**, **peeping**, **peeped**, **peeped**) **1** espreitar; espiar. **2** aparecer; despontar; surgir; mostrar-se. **3** piar (pássaro). ǁ *s* **1** espiada; olhadela. **2** pio.

peep·er /pi:pə/ *s* espreitador.

peep·hole /pi:phoʊl/ *s* buraco por onde se pode espreitar.

peer /pɪr/ *v* (**peers**, **peering**, **peered**, **peered**) **1** fitar; tentar enxergar; fixar a vista em. **2** despontar. ǁ *s* **1** par; semelhante; igual. **2** nobre; pessoa pertencente à nobreza.

peer·age /pɪrɪdʒ/ *s* nobreza.

peer·ess /pɪrɪs/ s fem nobre; mulher pertencente à nobreza.

peer·less /pɪrləs/ adj incomparável; sem igual; sem par.

peeve /pi:v/ v (peeves, peeving, peeved, peeved) ficar irritado.

pee·vish /pi:vɪʃ/ adj rabugento; impertinente; mal-humorado.

pee·vish·ness /pi:vɪʃnəs/ s rabugice; impertinência.

peg /peg/ s cavilha; tacha. ‖ v (pegs, pegging, pegged, pegged) 1 prender ou fixar com cavilhas. 2 marcar com tachas (um mapa, um plano). 3 fixar o preço. 4 inform classificar; categorizar. 5 inform trabalhar duro; persistir.

pe·jor·a·tive /pɪdʒɔ:rətɪv, pedʒəreɪtɪv/ adj pejorativo; depreciativo.

pe·lag·ic /pəlædʒɪk/ adj pelágico.

pelf /pelf/ s riqueza ou patrimônio adquiridos desonestamente.

pel·i·can /pelɪkən/ s Zool pelicano.

pel·let /pelɪt/ s 1 bolinha (de papel, de isopor, etc.). 2 pelota (usada na catapulta).

pel·li·cle /pelɪkəl/ s película.

pell-mell /pelmel/ adv 1 em desordem; em confusão. 2 precipitadamente. (tb pellmell). ‖ s 1 desordem; confusão. 2 precipitação. ‖ adj 1 desordenado; confuso. 2 precipitado.

pel·lu·cid /pəlu:sɪd/ adj transparente; translúcido.

pel·lu·cid·i·ty /pəlu:sɪdəti/ s transparência.

pelt /pelt/ v (pelts, pelting, pelted, pelted) 1 lançar; atirar; arremessar. 2 bater repetidamente. ‖ s 1 pancada forte; golpe. 2 pele de animal (não curtida).

pel·try /peltri/ s pelaria; peles.

pel·vic /pelvɪk/ adj pélvico.

pel·vis /pelvɪs/ s pélvis. (pl pelvises ou pelves /pelvi:z/).

pen /pen/ s 1 pena (de escrever). 2 caneta. 3 curral; cercado; redil. 4 Zool cisne fêmea. 5 inform prisão; cadeia. ‖ v (pens, penning, penned, penned) 1 escrever; redigir. (pens, penning, penned/pent, penned/pent) 2 encurralar; colocar no curral.

pe·nal /pi:nəl/ adj penal.

penal code s código penal.

pe·nal·ize /pi:nəlaɪz/ v (penalizes, penalizing, penalized, penalized) penalizar.

pen·al·ty /penəlti/ s 1 pena; penalidade. 2 multa. 3 Esp pênalti. (pl penalties).

pen·ance /penəns/ s penitência. ‖ v (penances, penancing, penanced, penanced) penitenciar.

pen·chant /pentʃənt/ s queda; predileção; inclinação.

pen·cil /pensəl/ s 1 lápis; lapiseira. 2 pincel fino. ‖ v (pencils, penciling/pencilling, penciled/pencilled, penciled/pencilled) escrever ou desenhar a lápis.

pen·dant /pendənt/ s pendente; pingente (colar, brinco, etc.). (var pendent).

pen·dent /pendənt/ → pendant.

pend·ing /pendɪŋ/ adj 1 pendente; por solucionar; aguardando confirmação. 2 iminente. ‖ prep 1 no processo de; durante. 2 no aguardo; até a.

pen·du·lous /pendʒələs/ adj pendente.

pen·du·lum /pendʒələm/ s pêndulo.

pen·e·tra·ble /penɪtrəbəl/ adj penetrável.

pen·e·trate /penɪtreɪt/ v (penetrates, penetrating, penetrated, penetrated) 1 penetrar. 2 permear; infiltrar. 3 compreender.

pen·e·trat·ing /penɪtreɪtɪŋ/ adj 1 penetrante. 2 perspicaz.

pen·e·tra·tion /penɪtreɪʃən/ s 1 penetração. 2 perspicácia; discernimento.

pen·guin /peŋgwɪn/ s Zool pingüim.

pen·hold·er /penhoʊldə/ s porta-canetas; porta-penas.

pen·i·cil·lin /penɪsɪlɪn/ s penicilina.

pen·in·su·la /penɪnsələ/ s península.

pe·nis /pi:nɪs/ s Anat pênis. (pl penises ou penes /pi:ni:z/).

pen·i·tence /penɪtəns/ s penitência.

pen·i·tent /penɪtənt/ s e adj penitente.

pen·i·ten·tia·ry /penɪtentʃəri/ s penitenciária; presídio. (pl penitentiaries). ‖ adj penitenciário; penal.

pen·knife /pennaɪf/ s canivete.

pen·man /penmən/ s 1 escriba; copista; calígrafo. 2 autor; escritor.

pen·man·ship /penmənʃɪp/ s caligrafia; escrita (arte, estilo ou habilidade).

pen name s pseudônimo (de autor). (tb **penname**).

pen·nant /pɛnənt/ s flâmula; bandeirola; pendão.

pen·ni·less /pɛniləs/ adj completamente sem dinheiro.

pen·ny /pɛni/ s 1 pêni (unidade monetária na Irlanda e no Reino Unido) (abrev **p.** pl **pennies**). 2 a moeda de um centavo nos EUA e Canadá (pl **pennies**). 3 moeda que desde 1971 corresponde à centésima parte da libra (abrev **p.** pl **pence**). 4 moeda que até 1971 representava a duodécima parte do xelim (abrev **d.** pl **pence**).

pe·nol·o·gy /piːnɑːlədʒi/ s penalística. (var **poenology**).

pen pal s colega de correspondência.

pen·sion /pɛnʃən/ s 1 pensão; aposentadoria; renda. 2 pensão; pequeno hotel. ‖ v (**pensions**, **pensioning**, **pensioned**, **pensioned**) dar uma pensão.

pen·sion·a·ble /pɛnʃənəbəl/ adj com direito a pensão.

pen·sion·er /pɛnʃənə/ s pensionista.

pen·sive /pɛnsɪv/ adj pensativo; absorto.

pent /pɛnt/ adj encurralado; confinado.

pen·ta·gon /pɛntəgɑːn/ s 1 pentágono. 2 maiús Pentágono (sede do serviço militar dos EUA).

pent·house /pɛnthaʊs/ s 1 alpendre; telheiro. 2 cobertura (apartamento).

pe·nul·ti·mate /pɪnʌltəmət/ adj e s penúltimo.

pe·nu·ri·ous /pənʊriəs/ adj 1 avaro; pãoduro; mesquinho. 2 penurioso.

pen·u·ry /pɛnjʊri/ s penúria; miséria; extrema pobreza.

pe·on /piːən/ s peão; trabalhador desqualificado.

peo·ple /piːpəl/ s 1 pl pessoas; povo (de uma nação). 2 povo com a mesma identidade cultural (pl **peoples**). ‖ v (**peoples**, **peopling**, **peopled**, **peopled**) povoar; colonizar; habitar.

pep /pɛp/ s vigor; energia; disposição; entusiasmo. ‖ v (**peps**, **pepping**, **pepped**, **pepped**) estimular; revigorar.

pep·per /pɛpə/ s Bot pimenta; pimenteira. ‖ v (**peppers**, **peppering**, **peppered**,

peppered) 1 apimentar. 2 salpicar; borrifar.

pep·per·mint /pɛpəmɪnt/ s 1 hortelã-pimenta. 2 dropes de hortelã.

pep·per·o·ni /pɛpərouni/ s Bot pimentão.

pep·sin /pɛpsɪn/ s Quím pepsina. (var **pepsine**).

pep·sine /pɛpsɪn/ → **pepsin**.

pep talk s inform conversa animadora, de incentivo.

pep·tic /pɛptɪk/ adj péptico; digestivo.

per /pə/ prep 1 por (unidade). 2 mediante; por intermédio de. 3 conforme. ‖ adv 1 por unidade. 2 por hora. ♦ **per day** por dia. **per person** por pessoa. **as per your instructions** conforme suas instruções. **1 km per hour** 1 km por hora.

per·am·bu·late /pəræmbjəleɪt/ v (**perambulates**, **perambulating**, **perambulated**, **perambulated**) 1 perambular; vaguear. 2 inspecionar a pé.

per·am·bu·la·tion /pəræmbjəleɪʃən/ s perambulação.

per an·num /pəænəm/ adv por ano.

per cap·i·ta /pəkæpɪtə/ adv por pessoa.

per·ceiv·a·ble /pəsiːvəbəl/ adj percebível.

per·ceive /pəsiːv/ v (**perceives**, **perceiving**, **perceived**, **perceived**) 1 perceber; sentir. 2 compreender; discernir.

per·cent /pəsɛnt/ adv por cento. (tb **per cent**).

per·cent·age /pəsɛntɪdʒ/ s percentagem; porcentagem.

per·cept /pɜːrsɛpt/ s objeto de percepção.

per·cep·ti·ble /pərsɛptəbəl/ adj perceptível.

per·cep·tion /pərsɛpʃən/ s 1 percepção. 2 noção; idéia.

perch /pɜːrtʃ/ s 1 Zool perca. 2 poleiro. ‖ v (**perches**, **perching**, **perched**, **perched**) empoleirar-se.

per·co·late /pɜːrkəleɪt/ v (**percolates**, **percolating**, **percolated**, **percolated**) percolar; filtrar.

per·cuss /pəkʌs/ v (**percusses**, **percussing**, **percussed**, **percussed**) percutir; bater.

per·cus·sion /pəkʌʃən/ s percussão.

per·cus·sion·ist /pəkʌʃənɪst/ s percussionista.

per·cus·sive /pəˈkʌsɪv/ *adj* percussivo.

per·di·tion /pəˈdɪʃən/ *s* perdição da alma; danação eterna.

per·du·ra·ble /pəˈduːrəbəl/ *adj* perdurável.

per·e·gri·nate /ˈperəɡrɪneɪt/ *v* (**peregrinates, peregrinating, peregrinated, peregrinated**) peregrinar.

per·e·gri·na·tion /perəɡrɪˈneɪʃən/ *s* peregrinação.

per·e·grine /ˈperɪɡrɪn/ *adj* peregrino. II *s* Zool falcão-peregrino.

per·emp·to·ry /pəˈremptəri/ *adj* **1** peremptório; decisivo. **2** imperativo.

per·en·ni·al /pəˈreniəl/ *adj* **1** perene. **2** recorrente. II *s* Bot planta perene.

per·fect /ˈpɜːfɪkt/ *adj* **1** perfeito. **2** completo; consumado. II *s* Gram perfeito (tempo verbal). II /pɜːˈfekt/ *v* (**perfects, perfecting, perfected, perfected**) tornar perfeito.

per·fect·i·ble /pəˈfektəbəl/ *adj* perfectível.

per·fec·tion /pəˈfekʃən/ *s* perfeição.

per·fec·tion·ist /pəˈfekʃənɪst/ *adj e s* perfeccionista.

per·fect·ly /ˈpɜːfɪktli/ *adv* perfeitamente.

per·fect·ness /ˈpɜːfɪktnəs/ *s* perfeição; excelência.

perfect number *s* Mat número perfeito.

per·fid·i·ous /pəˈfɪdiəs/ *adj* pérfido; desleal; infiel; traidor.

per·fi·dy /ˈpɜːfədi/ *s* perfídia; deslealdade. (*pl* **perfidies**).

per·fo·rate /ˈpɜːrfəreɪt/ *v* (**perforates, perforating, perforated, perforated**) perfurar; furar. II /ˈpɜːrfəɪt/ *adj* perfurado.

per·fo·ra·tion /pɜːrfəˈreɪʃən/ *s* perfuração.

per·fo·ra·tor /ˈpɜːrfəreɪtə/ *s* perfurador.

per·form /pəˈfɔːrm/ *v* (**performs, performing, performed, performed**) **1** fazer; realizar; executar; cumprir (dever, tarefa, etc.). **2** interpretar; atuar; representar (teatro, música, etc.). **3** desempenhar.

per·form·a·ble /pəˈfɔːrməbəl/ *adj* executável; realizável.

per·form·ance /pəˈfɔːrməns/ *s* **1** execução; realização. **2** *performance*; desempenho; rendimento. **3** apresentação; representação; espetáculo (teatro, música, etc.).

per·form·er /pəˈfɔːrmə/ *s* **1** executante; realizador. **2** artista; ator; músico; intérprete; *performer*.

per·fume /ˈpɜːrfjuːm, pɜːˈrfjuːm/ *s* perfume; fragrância. II /pəˈfjuːm/ *v* (**perfumes, perfuming, perfumed, perfumed**) perfumar.

per·fum·er /pəˈfjuːmə/ *s* perfumista.

per·fum·er·y /pəˈfjuːməri/ *s* perfumaria. (*pl* **perfumeries**).

per·func·to·ri·ness /pəˈfʌŋktərinəs/ *s* negligência; indolência; desleixo.

per·func·to·ry /pəˈfʌŋktəri/ *adj* negligente; indolente; descuidado.

per·haps /pəˈhæps/ *adv* talvez; porventura.

per·il /ˈperəl/ *s* perigo; risco. II *v* (**perils, periling/perilling, periled/perilled, periled/perilled**) expor-se ao perigo; arriscar-se.

per·il·ous /ˈperələs/ *adj* perigoso; arriscado.

per·il·ous·ness /ˈperələsnəs/ *s* perigo; risco; situação perigosa.

pe·rim·e·ter /pəˈrɪmətə/ *s* perímetro.

pe·ri·od /ˈpɪriəd/ *s* **1** período. **2** era; época. **3** fase. **4** Gram ponto final. **5** menstruação.

pe·ri·od·ic /pɪriˈɒdɪk/ *adj* periódico.

pe·ri·od·i·cal /pɪriˈɒdɪkəl/ *s* periódico; publicação periódica (revista, jornal, etc.).

periodic law *s* Quím lei periódica.

periodic table *s* Quím tabela periódica.

per·i·o·don·tics /perioʊˈdɒntɪks/ *s us v sing* periodontia.

pe·riph·er·al /pəˈrɪfərəl/ *adj* periférico.

pe·riph·er·y /pəˈrɪfəri/ *s* periferia. (*pl* **peripheries**).

pe·riph·ra·sis /pəˈrɪfrəsɪs/ *s* perífrase. (*pl* **periphrases** /pəˈrɪfrəsiːz/).

per·i·phras·tic /perɪˈfræstɪk/ *adj* perifrástico.

per·ish /ˈperɪʃ/ *v* (**perishes, perishing, perished, perished**) perecer; sucumbir; morrer.

per·ish·a·ble /ˈperɪʃəbəl/ *adj* perecível; deteriorável (alimento). II *s geralm us pl* alimento deteriorável.

per·i·wig /ˈperɪwɪɡ/ *s* peruca; cabeleira postiça.

per·jure /ˈpɜːrdʒə/ *v* (**perjures, perjuring, perjured, perjured**) perjurar.

per·jur·er /ˈpɜːrdʒərə/ *s* aquele que jura em falso.

per·ju·ry /pɜːrdʒəri/ s Jur perjúrio. (pl perjuries).

perk /pɜːrk/ v (perks, perking, perked, perked) levantar rapidamente. ♦ perk up animar; dar vida.

perk·i·ness /pɜːrkɪnəs/ s aprumo; galhardia.

perk·y /pɜːrki/ adj vivo; animado; esperto. (gr comp perkier. gr super perkiest).

per·ma·nence /pɜːrmənəns/ s permanência; constância; estabilidade.

per·ma·nent /pɜːrmənənt/ adj permanente. ll s permanente (ondulação artificial do cabelo).

permanent tooth s dente permanente.

per·man·ga·nate /pərmæŋɡəneɪt/ s permanganato.

per·me·a·ble /pɜːrmiəbəl/ adj permeável.

per·me·ate /pɜːrmieɪt/ v (permeates, permeating, permeated, permeated) 1 permear; penetrar por. 2 impregnar.

per·me·a·tion /pɜːrmieɪʃən/ s permeação; infiltração.

per·mis·si·ble /pərmɪsəbəl/ adj permissível; lícito.

per·mis·sion /pərmɪʃən/ s permissão; autorização; licença.

per·mis·sive /pərmɪsɪv/ adj permissivo; tolerante; permitido.

per·mit /pərmɪt/ v (permits, permitting, permitted, permitted) 1 permitir; deixar; consentir. 2 dar oportunidade. ll /pɜːrmɪt/ s permissão; autorização; licença.

per·mu·ta·tion /pɜːrmjuːteɪʃən/ s permutação.

per·mute /pərmjuːt/ v (permutes, permuting, permuted, permuted) permutar; trocar.

per·ni·cious /pərnɪʃəs/ adj pernicioso; ruinoso; perigoso.

per·ni·cious·ness /pərnɪʃəsnəs/ s perniciosidade.

per·ox·ide /pərɑːksaɪd/ s Quím peróxido.

per·pend /pərpend/ v (perpends, perpending, perpended, perpended) ponderar; considerar.

per·pen·dic·u·lar /pɜːrpəndɪkjuːlər/ s e adj tb Mat perpendicular.

per·pen·dic·u·lar·i·ty /pɜːrpəndɪkjuːlerətl/ s perpendicularidade.

per·pe·trate /pɜːrpətreɪt/ v (perpetrates, perpetrating, perpetrated, perpetrated) perpetrar; cometer.

per·pe·tra·tion /pɜːrpətreɪʃən/ s perpetração.

per·pe·tra·tor /pɜːrpətreɪtər/ s perpetrador.

per·pet·u·al /pərpetʃuəl/ adj perpétuo; eterno.

per·pet·u·ate /pərpetʃueɪt/ v (perpetuates, perpetuating, perpetuated, perpetuated) perpetuar; eternizar.

per·pet·u·a·tion /pərpetʃueɪʃən/ s perpetuação.

per·plex /pərpleks/ v (perplexes, perplexing, perplexed, perplexed) confundir; deixar perplexo.

per·plexed /pərplekst/ adj perplexo; desconcertado; confuso.

per·plex·i·ty /pərpleksəti/ s perplexidade. (pl perplexities).

per·qui·site /pɜːrkwɪzɪt/ s 1 gratificação; remuneração. 2 regalia; mordomia.

per·se·cute /pɜːrsɪkjuːt/ v (persecutes, persecuting, persecuted, persecuted) 1 perseguir; oprimir. 2 importunar; molestar; incomodar.

per·se·cu·tion /pɜːrsɪkjuːʃən/ s persecução; perseguição.

per·se·cu·tor /pɜːrsɪkjuːtər/ s perseguidor; opressor.

per·se·ver·ance /pɜːrsəvɪrəns/ s perseverança; persistência.

per·se·vere /pɜːrsəvɪr/ v (perseveres, persevering, persevered, persevered) perseverar; persistir.

Per·sia /pɜːrʒə/ s Pérsia.

Per·sian /pɜːrʒən/ adj persa. ll s persa (habitante e língua).

Persian cat s Zool gato persa.

Persian Gulf s Golfo Pérsico.

per·sim·mon /pərsɪmən/ s Bot caquizeiro; caqui.

per·sist /pərsɪst/ v (persists, persisting, persisted, persisted) persistir; insistir.

per·sist·ence /pərsɪstəns/ s persistência; insistência.

per·sist·ent /pərsɪstənt/ adj persistente; insistente.

per·son /pɜːrsən/ s 1 pessoa; indivíduo. 2 Gram pessoa gramatical.

er·son·a·ble /pɜ:rsənəbəl/ adj bem-apessoado; atraente.

er·son·age /pɜ:rsənɪdʒ/ s 1 personagem. 2 pessoa importante.

er·son·al /pɜ:rsənəl/ adj pessoal; particular.

ersonal computer s Comp computador pessoal.

ersonal identification number s senha; número de identificação pessoal. (abrev PIN).

er·son·al·i·ty /pɜ:rsənæləti/ s personalidade.

er·son·al·ly /pɜ:rsənəli/ adv pessoalmente.

er·son·al·ty /pɜ:rsənəlti/ s Jur bens móveis. (pl personalties).

er·son·ate /pɜ:rsəneɪt/ v (personates, personating, personated, personated) personificar; passar por alguém; assumir a identidade de alguém.

er·son·a·tion /pɜ:rsəneɪʃən/ s personificação; prosopopéia.

er·son·i·fi·ca·tion /pɜsɑ:nɪfɪkeɪʃən/ s personificação.

er·son·i·fy /pɜsɑ:nɪfaɪ/ v (personifies, personifying, personified, personified) personificar.

er·son·nel /pɜ:rsənel/ s pessoal (de uma companhia, empresa, etc.).

er·spec·tive /pɜspektɪv/ s perspectiva.

er·spi·ca·cious /pɜ:rspɪkeɪʃəs/ adj perspicaz; sagaz.

er·spi·ca·cious·ness /pɜ:rspɪkeɪʃəsnəs/ s perspicácia; sagacidade.

er·spi·cu·i·ty /pɜ:rspɪkju:əti/ s perspicuidade; lucidez; clareza.

er·spic·u·ous /pɜspɪkjuəs/ adj perspícuo; claro; lúcido.

er·spi·ra·tion /pɜspəreɪʃən/ s perspiração; transpiração; suor.

er·spire /pɜspaɪə/ v (perspires, perspiring, perspired, perspired) perspirar; transpirar; suar.

er·suade /pɜsweɪd/ v (persuades, persuading, persuaded, persuaded) persuadir; convencer; induzir.

er·sua·sion /pɜsweɪʒən/ s 1 persuasão. 2 convicção. 3 crença; credo. 4 opinião; ideologia.

per·sua·sive /pɜsweɪsɪv/ adj persuasivo.

pert /pɜ:rt/ adj 1 atrevido; petulante. 2 esperto; vivo.

per·tain /pɜrteɪn/ v (pertains, pertaining, pertained, pertained) 1 pertencer; fazer parte. 2 referir-se; condizer.

per·ti·na·cious /pɜ:rtəneɪʃəs/ adj pertinaz; obstinado; teimoso; persistente.

per·ti·na·cious·ness /pɜ:rtəneɪʃəsnəs/ s pertinácia; obstinação.

per·ti·nac·i·ty /pɜ:rtənæsɪtɪʃ/ s pertinácia; persistência.

per·ti·nence /pɜ:rtənəns/ s pertinência. (var pertinency).

per·ti·nen·cy /pɜ:rtənənsi/ → **pertinence**.

per·ti·nent /pɜ:rtənənt/ adj pertinente; oportuno; a propósito.

pert·ly /pɜ:rtli/ adv descaradamente; vivamente; habilmente.

pert·ness /pɜ:rtnəs/ s petulância; insolência; ousadia.

per·turb /pɜtɜ:rb/ v (perturbs, perturbing, perturbed, perturbed) perturbar; irritar.

per·turb·a·ble /pɜtɜ:rbəbəl/ adj perturbável.

per·tur·ba·tion /pɜ:rtɜrbeɪʃən/ s perturbação; inquietação.

Pe·ru /pəru:/ s Peru.

pe·rus·al /pəru:zəl/ s leitura cuidadosa.

pe·ruse /pəru:z/ v (peruses, perusing, perused, perused) ler cuidadosamente.

pe·rus·er /pəru:zə/ s leitor atento, observador.

Pe·ru·vi·an /pəru:viən/ s e adj peruano.

per·vade /pɜveɪd/ v (pervades, pervading, pervaded, pervaded) 1 impregnar; penetrar. 2 espalhar-se; difundir-se.

per·va·sion /pɜveɪʒən/ s penetração; impregnação.

per·va·sive /pɜveɪsɪv/ adj penetrante.

per·verse /pɜvɜ:rs/ adj 1 pervertido. 2 contumaz; teimoso; pertinaz. 3 do contra.

per·verse·ness /pɜvɜ:rsnəs/ s obstinação; teimosia.

per·ver·sion /pɜvɜ:rʒən/ s 1 perversão; corrupção. 2 deturpação.

per·ver·si·ty /pɜvɜ:rsəti/ s perversidade. (pl perversities).

P

per·vert /pəˈvɜːrt/ v (**perverts, perverting, perverted, perverted**) **1** perverter; corromper. **2** desvirtuar; distorcer. ‖ /ˈpɜːrvɜːrt/ s pervertido.

per·vert·ed /pəˈvɜːrtɪd/ adj pervertido; corrompido.

per·vert·er /pəˈvɜːrtə/ s pervertedor; corruptor.

per·vi·ous /ˈpɜːrviəs/ adj **1** permeável; penetrável. **2** aberto (a sentimentos, idéias, etc.).

per·vi·ous·ness /ˈpɜːrviəsnəs/ s permeabilidade.

pes·si·mism /ˈpesəmɪzəm/ s pessimismo.

pes·si·mist /ˈpesəmɪst/ s pessimista.

pes·si·mis·tic /pesəˈmɪstɪk/ adj pessimista.

pest /pest/ s **1** peste; epidemia; praga. **2** pessoa ou coisa detestável.

pes·ter /ˈpestə/ v (**pesters, pestering, pestered, pestered**) atormentar; incomodar; irritar.

pes·tif·er·ous /pesˈtɪfərəs/ adj pestífero; nocivo.

pes·ti·lence /ˈpestələns/ s pestilência; peste.

pes·ti·lent /ˈpestələnt/ adj **1** pestilento. **2** pernicioso.

pes·tle /ˈpesəl/ s pilão. ‖ v (**pestles, pestling, pestled, pestled**) triturar ou moer no pilão.

pet /pet/ s **1** animal de estimação. **2** pessoa favorita. ‖ adj **1** de estimação (animal). **2** querido; favorito; predileto. ‖ v (**pets, petting, petted, petted**) acariciar; afagar; fazer carinho; mimar.

pet·al /ˈpetəl/ s Bot pétala.

pe·ti·tion /pəˈtɪʃən/ s tb Jur petição; requerimento. ‖ v (**petitions, petitioning, petitioned, petitioned**) peticionar; solicitar; requerer.

pe·ti·tion·er /pəˈtɪʃənə/ s peticionário.

pet·ri·fy /ˈpetrɪfaɪ/ v (**petrifies, petrifying, petrified, petrified**) petrificar(-se).

pet·ro·chem·i·cal /petroʊˈkemɪkəl/ s e adj petroquímico.

pet·ro·chem·is·try /petroʊˈkemɪstri/ s petroquímica.

pet·rol /ˈpetrəl/ s IngBrit gasolina.

pe·tro·le·um /pəˈtroʊliəm/ s petróleo.

pe·trol·o·gy /pəˈtrɑːlədʒi/ s petrologia.

pet·ti·coat /ˈpetɪkoʊt/ s **1** anágua; saiote. **2** gír ofens garota; mulher. ‖ adj gír feminino.

pet·ti·fog·ger /ˈpetɪfɑːgə/ s advogado inescrupuloso.

pet·ti·ness /ˈpetɪnəs/ s **1** mesquinharia; mesquinhez. **2** inferioridade. **3** insignificância.

pet·tish /ˈpetɪʃ/ adj impertinente; rabugento.

pet·tish·ness /ˈpetɪʃnəs/ s impertinência; rabugice.

pet·ty /ˈpeti/ adj **1** mesquinho; pequeno. **2** insignificante; banal. **3** inferior; subalterno. (gr comp **pettier**. gr super **pettiest**)

petty cash s fundo de caixa.

petty officer s suboficial da Marinha.

pet·u·lance /ˈpetʃələns/ s **1** rabugice; mau humor. **2** petulância. (var **petulancy**).

pet·u·lan·cy /ˈpetʃələnsi/ → **petulance**.

pet·u·lant /ˈpetʃələnt/ adj **1** rabugento; mal humorado. **2** petulante.

pe·tu·nia /pəˈtuːnjə/ s Bot petúnia.

pew /pju:/ s banco de igreja.

pH /piːˈeɪtʃ/ s Quím pH.

PHA /piːeɪtʃˈeɪ/ abrev de **Public Housing Administration**, administração pública.

pha·lange /feɪˈlændʒ, ˈfæləndʒ/ → **phalanx**

pha·lanx /ˈfeɪlæŋks/ s **1** Mil falange; unidade de infantaria; corpo de tropas (pl **phalanxes** /ˈfeɪlæŋksɪz/ ou **phalanges** /fəˈlændʒiːz/). **2** Anat falange dos dedos (pl **phalanges** /fəˈlændʒiːz/). (var **phalange**).

phal·lic /ˈfælɪk/ adj fálico.

phan·tasm /ˈfæntæzəm/ s fantasma.

phan·tom /ˈfæntəm/ s fantasma; espectro; aparição. (var **fantom**).

Phar·aoh /ˈferoʊ, ˈfeɪroʊ/ s tb minús faraó.

Phar·i·see /ˈferɪsiː/ s fariseu.

phar·ma·ceu·tic /fɑːrməˈsuːtɪk/ → **pharmaceutical**

phar·ma·ceu·ti·cal /fɑːrməˈsuːtɪkəl/ adj farmacêutico. (var **pharmaceutic**).

phar·ma·cist /ˈfɑːrməsɪst/ s farmacêutico.

phar·ma·col·o·gy /fɑːrməˈkɑːlədʒi/ s farmacologia.

phar·ma·cy /fɑ:rməsi/ s farmácia (estudo e estabelecimento). (pl **pharmacies**).

phar·yn·gi·tis /ferɪndʒaɪtɪs/ s faringite.

phar·ynx /færɪŋks/ s Anat faringe. (pl **pharynges** /fərɪndʒi:z/ ou **pharynxes** /færɪŋksɪz/).

phase /feɪz/ s fase; estágio.

pheas·ant /fezənt/ s Zool faisão. (pl **pheasants** ou **pheasant**).

phe·nom·e·nal /fənɑ:mənəl/ adj fenomenal.

phe·nom·e·nol·o·gy /fənɑ:mənɑ:lədʒi/ s fenomenologia.

phe·nom·e·non /fənɑ:mənɑ:m/ s 1 fenômeno (pl **phenomena** /fənɑ:mənə/). 2 fenômeno (sobrenatural); fato inexplicável (pl **phenomenons**).

phew /fju:/ interj ufa (usada para expressar cansaço, surpresa).

phil·an·throp·ic /fɪlænθrɑ:pɪk/ adj filantrópico. (var **philanthropical**).

phil·an·throp·i·cal /fɪlænθrɑ:pɪkəl/ → **philanthropic**.

phi·lan·thro·pist /fəlænθrəpɪst/ s filantropo.

phi·lan·thro·py /fəlænθrəpi/ s filantropia. (pl **philanthropies**).

phil·a·tel·ic /fɪlətelɪk/ adj filatélico. (var **philatelical**).

phil·a·tel·i·cal /fɪlətelɪkəl/ → **philatelic**.

phi·lat·e·list /fɪlætəlɪst/ s filatelista.

phi·lat·e·ly /fɪlætəli/ s filatelia.

phil·har·mon·ic /fɪlhɑ:rmɑ:nɪk/ s Mús filarmônica. ll adj Mús filarmônico.

Phil·ip·pine /fɪləpi:n/ adj filipino.

Phil·ip·pines /fɪləpi:nz/ s Filipinas.

phi·los·o·pher /fɪlɑ:səfə/ s filósofo.

phil·o·soph·ic /fɪləsɑ:fɪk/ → **philosophical**.

phil·o·soph·i·cal /fɪləsɑ:fɪkəl/ adj filosófico. (var **philosophic**).

phi·los·o·phy /fɪlɑ:səfi/ s filosofia. (pl **philosophies**).

phlegm /flem/ s 1 fleuma. 2 catarro; muco.

phleg·mat·ic /flegmætɪk/ adj fleumático; calmo. (var **phlegmatical**).

phleg·mat·i·cal /flegmætɪkəl/ → **phlegmatic**.

pho·bi·a /foubiə/ s fobia.

phone /foun/ s telefone. ll v (**phones**, **phoning**, **phoned**, **phoned**) telefonar. ◆ **phone back** ligar de volta; retornar ligação. **be on the phone** estar no telefone.

pho·neme /founi:m/ s fonema.

pho·ne·mic /founi:mɪk/ adj fonêmico.

pho·ne·mics /founi:mɪks/ s us v sing Ling fonêmica.

pho·net·ic /founetɪk/ adj fonético.

phonetic alphabet s alfabeto fonético.

pho·ne·ti·cian /founetɪʃən/ s Ling foneticista. (var **phoneticist**).

pho·net·i·cist /fənetɪsɪst/ → **phonetician**.

pho·net·ics /founetɪks/ s us v sing Ling fonética.

pho·ney /founi/ → **phony**.

phon·ic /fɑ:nɪk/ adj fônico.

phon·ics /fɑ:nɪks/ s us v sing fônica.

pho·no·gram /founəgræm/ s fonograma.

pho·no·graph /founəgræf/ s fonógrafo.

pho·no·graph·ic /founəgræfɪk/ adj fonográfico.

pho·nog·ra·phy /founɑ:grəfi/ s fonografia.

pho·nol·o·gy /fənɑ:lədʒi/ s Ling fonologia. (pl **phonologies**).

pho·ny /founi/ adj gír falso; falsificado. (gr comp **phonier**. gr super **phoniest**). ll s 1 falsificação. 2 impostor. (pl **phonies**. var **phoney**).

phos·phate /fɑ:sfeɪt/ s fosfato.

phos·pho·res·cence /fɑ:sfəresəns/ s fosforescência.

phos·pho·res·cent /fɑ:sfəresənt/ adj fosforescente.

phos·pho·rus /fɑ:sfərəs/ s Quím fósforo. (símb **P**).

pho·to /foutou/ s foto.

pho·to·cop·i·er /foutoukɑ:piə/ s fotocopiadora.

pho·to·cop·y /foutoukɑ:pi/ s fotocópia. (pl **photocopies**). ll v (**photocopies**, **photocopying**, **photocopied**, **photocopied**) fotocopiar.

pho·to·e·lec·tric /foutouɪlektrɪk/ adj fotoelétrico. (var **photoelectrical**).

pho·to·e·lec·tri·cal /foutouɪlektrɪkəl/ → **photoelectric**.

photoelectric cell s célula fotoelétrica.

pho·to·graph /foutougræf/ s fotografia. ll v (**photographs**, **photographing**, **photographed**, **photographed**) fotografar.

pho·tog·ra·pher /fətɑ:grəfə/ s fotógrafo.

pho·to·graph·ic /foʊtəgræfɪk/ *adj* fotográfico. (*var* **photographical**).

pho·to·graph·i·cal /foʊtəgræfɪkəl/ → **photographic**.

pho·tog·ra·phy /fətɑːgrəfi/ *s Art* fotografia.

pho·ton /foʊtɑːn/ *s Fis* fóton.

pho·to·syn·the·sis /foʊtoʊsɪnθəsɪs/ *s* fotossíntese.

phrase /freɪz/ *s* frase; locução; sentença; expressão. || *v* (**phrases, phrasing, phrased, phrased**) **1** expressar (oralmente ou por escrito). **2** *Mús* frasear.

phra·se·ol·o·gy /freɪziɑːlədʒi/ *s* fraseologia. (*pl* **phraseologies**).

phras·ing /freɪzɪŋ/ *s* fraseado.

phthi·sis /θaɪsɪs/ *s Med* **1** tísica. **2** tuberculose pulmonar. (*var* **phthisic**).

phthis·ic /θaɪsɪk/ → **phthisis**.

phys·ic /fɪzɪk/ *s* remédio; medicamento. || *v* (**physics, physicking, physicked, physicked**) medicar.

phys·i·cal /fɪzɪkəl/ *adj* físico.

physical therapist *s* fisioterapeuta. (*var* **physiotherapist**).

physical therapy *s* fisioterapia. (*var* **physiotherapy**).

phy·si·cian /fɪzɪʃən/ *s* médico; clínico.

phys·i·cist /fɪzɪsɪst/ *s* físico.

phys·ics /fɪzɪks/ *s us v sing* Física.

phys·i·og·no·my /fɪziɑːgnəmi/ *s* fisionomia; aparência; aspecto. (*pl* **physiognomies**).

phys·i·o·log·ic /fɪziəlɑːdʒɪk/ → **physiological**.

phys·i·o·log·i·cal /fɪziəlɑːdʒɪkəl/ *adj* fisiológico. (*var* **physiologic**).

phys·i·ol·o·gist /fɪziɑːlədʒɪst/ *s* fisiologista.

phys·i·ol·o·gy /fɪziɑːlədʒi/ *s* fisiologia.

phys·i·o·ther·a·py /fɪzioʊθerəpi/ → **physical therapy**.

phys·i·o·ther·a·pist /fɪzioʊθerəpɪst/ → **physical therapist**.

phy·sique /fɪziːk/ *s* físico; corpo.

pi /paɪ/ *s* **1** 16ª letra do alfabeto grego (π). **2** *Mat* pi.

pi·an·ist /piːənɪst/ *s* pianista.

pi·an·o /piænoʊ/ *s* piano.

pic·co·lo /pɪkəloʊ/ *s Mùs* flautim. (*pl* **piccolos**).

pick /pɪk/ *s* **1** picareta; picão. **2** escolha; seleção. || *v* (**picks, picking, picked, picked**) **1** selecionar; escolher. **2** colher. **3** picar furar. **4** bicar. **5** abrir com chave falsa ◆ **pick out** escolher. **pick up 1** apanhar catar. **2** aprender. **the pick of** o melhor de. **pick a bone** roer um osso. **pick a quarrel** comprar uma briga. **pick one's nose** colocar o dedo no nariz. **pick one's teeth** palitar os dentes. **pick pocket** bater carteira.

pick·ax /pɪkæks/ *s* picareta; picão; alvião (*var* **pickaxe**).

pick·axe /pɪkæks/ → **pickax**.

picked /pɪkɪt/ *adj* escolhido; selecionado

pick·et /pɪkɪt/ *s* **1** estaca; ripa (de cerca). **2** piquete (greve). || *v* (**pickets, picketing, picketed, picketed**) **1** cercar com estacas. **2** fazer piquete (greve).

pick·le /pɪkəl/ *s* picles. || *v* (**pickles, pickling, pickled, pickled**) conservar em vinagre.

pick-me-up /pɪkmiʌp/ *s inform* estimulante; dose de bebida.

pick·pock·et /pɪkpɑːkɪt/ *s* batedor de carteiras.

pick·y /pɪki/ *adj* exigente. (*gr comp* **pickier** *gr super* **pickiest**).

pic·nic /pɪknɪk/ *s* piquenique. || *v* (**picnics, picnicking, picnicked, picnicked**) fazer piquenique.

pic·to·ri·al /pɪktɔːriəl/ *adj* pictorial; ilustrado.

pic·ture /pɪktʃə/ *s* **1** pintura; tela; quadro. **2** desenho; ilustração. **3** cena. **4** retrato; fotografia. **5** filme. **6** imagem; descrição. || *v* (**pictures, picturing, pictured, pictured**) **1** pintar. **2** ilustrar; desenhar. **3** imaginar. **4** retratar. **5** descrever.

pic·tur·esque /pɪktʃəresk/ *adj* pitoresco.

pie /paɪ/ *s* **1** torta. **2** pastel; pastelão.

piece /piːs/ *s* **1** pedaço. **2** fragmento. **3** peça; pedaço; parte. || *v* (**pieces, piecing, pieced, pieced**) **1** remendar. **2** reunir; juntar; unir (peças).

piece·meal /piːsmiːl/ *adv* **1** em pedaços; gradualmente. **2** pouco a pouco.

piece·work /piːswɜːrk/ *s* trabalho por empreitada.

pied 445 pinch **Pi**

pied /paɪd/ *adj* variegado; de várias cores; mesclado.

pier /pɪr/ *s* píer; cais.

pierce /pɪrs/ *v* (**pierces, piercing, pierced, pierced**) furar; perfurar; traspassar com instrumento pontiagudo.

pierc·ing /pɪrsɪŋ/ *adj* agudo; penetrante.

pi·e·tism /paɪətɪzəm/ *s* 1 devoção afetada; carolice. 2 maiús pietismo.

pi·e·ty /paɪəti/ *s* devoção (à família, a Deus). (*pl* **pieties**).

pif·fle /pɪfəl/ *s* tolice; futilidade. II *v* (**piffles, piffling, piffled, piffled**) 1 dizer tolices. 2 ocupar-se com ninharia.

pig /pɪg/ *s* 1 *Zool* porco; leitão. 2 lingote (metal). 3 *fig* porcalhão. II *v* (**pigs, pigging, pigged, pigged**) parir porcos.

pi·geon /pɪdʒən/ *s* 1 *Zool* pombo. 2 *gír* ingênuo; otário; trouxa.

pi·geon·hole /pɪdʒənhoʊl/ *s* 1 escaninho. 2 compartimento para pombo.

pig·gish /pɪgɪʃ/ *adj* 1 voraz; glutão. 2 teimoso.

pig·gy /pɪgi/ *s* leitão; porquinho. (*pl* **piggies**).

piggy bank /pɪgibæŋk/ *s* cofrinho em forma de porco.

pig·head·ed /pɪghedɪd/ *adj* teimoso; cabeça-dura.

pig·let /pɪglət/ *s* leitão.

pig·ment /pɪgmənt/ *s* pigmento. II /pɪgment/ *v* (**pigments, pigmenting, pigmented, pigmented**) pigmentar.

pig·men·ta·tion /pɪgmənteɪʃən/ *s* pigmentação.

pig·sty /pɪgstaɪ/ *s* chiqueiro; pocilga. (*pl* **pigsties**).

pig·tail /pɪgteɪl/ *s* trança; rabo-de-cavalo.

pike /paɪk/ *s* 1 *Zool* lúcio (peixe). (*pl* **pike** ou **pikes**). 2 lança (arma); pique (lança antiga). 3 pedágio de estrada.

pi·las·ter /pɪlæstər/ *s* *Arq* pilastra.

pil·chard /pɪltʃərd/ *s* *Zool* sardinha.

pile /paɪl/ *s* 1 pilha; monte; montão. 2 estaca. 3 pilha elétrica. 4 penugem. 5 reator nuclear. II *v* (**piles, piling, piled, piled**) 1 empilhar; amontoar. 2 cravar estacas.

pile driver *s* bate-estacas.

piles /paɪlz/ *s pl* *Med* hemorróidas.

pil·fer /pɪlfər/ *v* (**pilfers, pilfering, pilfered, pilfered**) furtar; surrupiar (coisas de pouco ou nenhum valor).

pil·fer·er /pɪlfərər/ *s* gatuno; larápio (que pratica pequenos furtos).

pil·grim /pɪlgrɪm/ *s* peregrino; romeiro.

pil·grim·age /pɪlgrɪmɪdʒ/ *s* peregrinação; romaria.

pil·ing /paɪlɪŋ/ *s* acumulação; empilhamento; montão.

pill /pɪl/ *s* pílula; comprimido.

pil·lage /pɪlɪdʒ/ *s* pilhagem; saque. II *v* (**pillages, pillaging, pillaged, pillaged**) pilhar; saquear.

pil·lar /pɪlər/ *s* 1 *Arq* pilar; coluna. 2 *fig* sustentáculo.

pill·box /pɪlbɑːks/ *s* porta-comprimidos.

pil·lo·ry /pɪləri/ *s* pelourinho. (*pl* **pillories**). II *v* (**pillories, pillorying, pilloried, pilloried**) expor no pelourinho.

pil·low /pɪloʊ/ *s* travesseiro; almofada. II *v* (**pillows, pillowing, pillowed, pillowed**) descansar sobre o travesseiro ou a almofada.

pil·low·case /pɪloʊkeɪs/ *s* fronha.

pi·lot /paɪlət/ *s* piloto. II *v* (**pilots, piloting, piloted, piloted**) pilotar; guiar; dirigir.

pi·lot·age /paɪlətɪdʒ/ *s* pilotagem.

pimp /pɪmp/ *s* cafetão (explorador de mulheres).

pim·ple /pɪmpəl/ *s* espinha (na pele).

PIN /pɪn/ *abrev* de **personal identification number**.

pin /pɪn/ *s* 1 alfinete. 2 broche. 3 pino. 4 grampo (de cabelo). II *v* (**pins, pinning, pinned, pinned**) 1 prender com alfinetes. 2 fixar; segurar; prender.

pin·a·fore /pɪnəfɔːr/ *s* avental sem mangas.

pin·ball /pɪnbɑːl/ *s* fliperama.

pin·cers /pɪnsərz/ *s pl* 1 alicate. 2 pinças (de siri, lagosta, etc.).

pinch /pɪntʃ/ *s* 1 beliscão. 2 aperto; necessidade; dificuldade. 3 pitada (de sal). II *v* (**pinches, pinching, pinched, pinched**) 1 beliscar. 2 apertar. 3 economizar exageradamente; ser pão-duro. 4 *gír* furtar; surrupiar.

pinch·pen·ny /pɪntʃpeni/ *adj* avarento. || *s* mesquinho. (*pl* **pinchpennies**).

pin·cush·ion /pɪnkuʃən/ *s* alfineteira.

pine /paɪn/ *s* **1** pinheiro; pinho. **2** pinha. **3** madeira de pino. || *v* (**pines, pining, pined, pined**) **1** definhar; murchar. **2** desfalecer. **3** suspirar; ansiar.

pine·ap·ple /paɪnæpəl/ *s* abacaxi; ananás.

ping /pɪŋ/ *s* silvo; sibilo. || *v* (**pings, pinging, pinged, pinged**) sibilar.

Ping-Pong™ /pɪŋpɑːŋ/ *s* pingue-pongue.

pin·guid /pɪŋgwɪd/ *adj* gordo; gorduroso; oleoso.

pin·head /pɪnhed/ *s* cabeça de alfinete.

pin·ion /pɪnjən/ *s* **1** asa ou penugem de ave. **2** roda dentada. || *v* (**pinions, pinioning, pinioned, pinioned**) atar as asas.

pink /pɪŋk/ *s* **1** cravo; cravina. **2** cor-de-rosa. || *adj* cor-de-rosa. || *v* (**pinks, pinking, pinked, pinked**) **1** perfurar. **2** picotar; recortar.

pink·ie /pɪŋki/ *s inform* dedo mínimo. (*var* **pinky**).

pinking shears *s pl* tesoura para picotar.

pink·ish /pɪŋkɪʃ/ *adj* rosado.

pink·y /pɪŋki/ → **pinkie**.

pin money *s* dinheiro para eventuais despesas.

pin·na·cle /pɪnəkəl/ *s* **1** *Arq* pináculo. **2** máximo; auge; apogeu. || *v* (**pinnacles, pinnacling, pinnacled, pinnacled**) guarnecer de pináculo.

pin·point /pɪnpɔɪnt/ *s* algo muito pequeno ou insignificante. || *adj* **1** meticuloso; preciso. **2** minúsculo. || *v* (**pinpoints, pinpointing, pinpointed, pinpointed**) localizar com precisão.

pint /paɪnt/ *s* pinta (medida de capacidade para líquidos; 473,12 ml nos EUA e 569,4 ml na Inglaterra).

pin·tle /paɪntəl/ *s* pino; cavilha.

pin·up /pɪnʌp/ *s* fotografia de pessoa atraente.

pi·o·neer /paɪənɪr/ *s* **1** pioneiro; explorador; descobridor de caminhos. **2** *Mil* sapador. || *v* (**pioneers, pioneering, pioneered, pioneered**) abrir caminho; explorar.

pi·ous /paɪəs/ *adj* pio; devoto; religioso.

pi·ous·ness /paɪəsnəs/ *s* piedade; devoção.

pip /pɪp/ *s* **1** caroço; semente. **2** apito sinal sonoro. **3** ponto (em um dado ou pedra de dominó). **4** naipe ou número em carta de baralho. || *v* (**pips, pipping, pipped, pipped**) **1** romper a casca de um ovo. **2** piar.

pipe /paɪp/ *s* **1** cachimbo. **2** tubo; canudo cano. **3** *Mús* flauta; pífaro; gaita de foles. **4** pipa (para armazenar líquidos). || *v* (**pipes, piping, piped, piped**) **1** tocar (flauta, gaita). **2** encanar; canalizar. **3** emitir som estridente.

pipe·ful /paɪpful/ *s* cachimbada.

pipe·line /paɪplaɪn/ *s* **1** oleoduto. **2** encanamento.

pip·er /paɪpə/ *s* *Mús* flautista; gaiteiro.

pi·pette /paɪpet/ *s* pipeta; proveta. (*var* **pipet**).

pi·pet /paɪpet/ → **pipette**.

pip·ing /paɪpɪŋ/ *s* **1** sistema de encanamento. **2** *Mús* ato de tocar instrumento de sopro. **3** som estridente. || *adj* **1** estridente; agudo. **2** tranquilo; pacífico.

pi·quant /piːkənt/ *adj* picante.

pique /piːk/ *s* **1** melindre; ressentimento. || *v* (**piques, piquing, piqued, piqued**) melindrar; deixar ressentido.

pi·ra·cy /paɪrəsi/ *s* *tb fig* pirataria. (*p* **piracies**).

pi·ra·nha /pərɑːnjə/ *s* *Zool* piranha. (*var* **piraña**).

pi·ra·ña /pərɑːnjə/ → **piranha**.

pi·rate /paɪrət/ *s* **1** pirata. **2** plagiário. || *v* (**pirates, pirating, pirated, pirated**) **1** pilhar; furtar. **2** piratear; plagiar.

pi·rogue /pɪroʊg/ *s* piroga (embarcação indígena).

pis·ca·to·ri·al /pɪskətɔːriəl/ *adj* piscatório. (*var* **piscatory**).

pis·ca·to·ry /pɪskətɔːri/ → **piscatorial**.

Pi·sce·an /paɪsiən/ *adj* pisciano.

Pi·sces /paɪsiːz/ *s pl us v sing* **1** *Astro* peixes (12º signo do zodíaco). **2** *Astron* constelação de peixes.

pi·sci·na /pɪsiːnə/ *s* *Ecles* pia de pedra (perto do altar, onde o padre faz suas ablações). (*pl* **piscinae** /pɪsiːniː/).

pi·scine /paɪsiːn/ *adj* písceo (relativo a peixe).

ish /pɪʃ/ *interj* usada para expressar desdém.

iss /pɪs/ *s vulg* urina. ‖ *v* (pisses, pissing, pissed, pissed) urinar.

is·ta·chi·o /pɪstæʃiou/ *s Bot* 1 pistácia. 2 pistache; pistácio.

is·til /pɪstɪl/ *s Bot* pistilo.

is·tol /pɪstəl/ *s* pistola. ‖ *v* (pistols, pistoling, pistoled, pistoled) disparar a pistola.

is·ton /pɪstən/ *s* 1 pistão; êmbolo. 2 *Mús* válvula (nos instrumentos de sopro).

it /pɪt/ *s* 1 buraco; cova; fosso; fossa. 2 abismo; mina; jazida. 4 inferno. 5 túmulo; sepultura. 6 caroço. ‖ *v* (pits, pitting, pitted, pitted) 1 escavar. 2 prender num fosso.

itch /pɪtʃ/ *s* 1 piche; breu; resina. 2 declive; inclinação. 3 *Mús* tom musical; diapasão. 4 arremesso; lance. 5 grau; ponto máximo. ‖ *v* (pitches, pitching, pitched, pitched) 1 cobrir (com piche, breu). 2 jogar; arremessar (bola, pedra, etc.). 3 *Mús* entoar; dar o tom. 4 montar; armar (barraca).

itch-black /pɪtʃblæk/ *adj* escuro como breu.

itch·er /pɪtʃə/ *s* 1 jarro; cântaro. 2 *Esp* arremessador; lançador (beisebol).

itch-fork /pɪtʃfɔːrk/ *s* forcado.

itch·i·ness /pɪtʃɪnəs/ *s* negrura; escuridão.

itch·y /pɪtʃi/ *adj* embreado; extremamente escuro. (*gr comp* pitchier. *gr super* pitchiest).

it·e·ous /pɪtiəs/ *adj* lastimoso.

it·e·ous·ness /pɪtiəsnəs/ *adj* lástima; tristeza; dó.

it·fall /pɪtfɔːl/ *s* 1 armadilha; arapuca. 2 perigo imprevisto.

ith /pɪθ/ *s Bot* 1 medula. 2 casca interna (da laranja, etc.). 3 essência; parte principal. ‖ *v* (piths, pithing, pithed, pithed) matar (tirando a seiva, o núcleo vital, a medula); desmedular.

ith·y /pɪθi/ *adj* substancial; essencial; conciso. (*gr comp* pithier. *gr super* pithiest).

it·i·a·ble /pɪtiəbəl/ *adj* 1 lastimável; lamentável; de dar pena. 2 desprezível.

it·i·ful /pɪtifəl/ *adj* 1 desprezível. 2 lamentável.

pit·i·ful·ly /pɪtifəli/ *adv* lastimavelmente.

pit·i·ful·ness /pɪtifəlnəs/ *s* 1 desprezo. 2 lamento.

pit·i·less /pɪtiləs/ *adj* impiedoso.

pit·i·less·ness /pɪtiləsnəs/ *s* impiedade; desumanidade.

pit·man /pɪtmən/ *s* mineiro; indivíduo que trabalha em uma mina de carvão, ferro, etc.

pit stop *s Esp* posto de parada para abastecimento de combustível ou troca de pneus em uma corrida de automóveis.

pit·tance /pɪtəns/ *s* 1 ninharia. 2 pagamento insignificante.

pit·ted /pɪtɪd/ *adj* 1 esburacado. 2 descaroçado.

pit·y /pɪti/ *s* piedade; compaixão; dó; pena. (*pl* pities) ‖ *v* (pities, pitying, pitied, pitied) compadecer-se de; ter pena de. ♦ what a pity que pena.

piv·ot /pɪvət/ *s* 1 pivô; eixo; pino. 2 centro; elemento central. ‖ *v* (pivots, pivoting, pivoted, pivoted) colocar sobre um eixo; girar sobre um eixo.

piv·ot·al /pɪvətəl/ *adj* 1 relativo a pivô. 2 principal; essencial; crucial.

pix·ie /pɪksi/ → pixy.

pix·y /pɪksi/ *s* duende. (*pl* pixies. *var* pixie).

piz·za /piːtsə/ *s* pizza.

piz·ze·ri·a /piːtsəriː/ *s* pizzaria.

plac·a·ble /plækəbəl/ *adj* placável; manso.

plac·ard /plækɑːrd/ *v* (placards, placarding, placarded, placarded) anunciar; fazer propaganda; afixar cartazes. ‖ *s* placa; letreiro.

pla·cate /pleɪkeɪt/ *v* (placates, placating, placated, placated) aplacar; apaziguar; pacificar; tranqüilizar.

place /pleɪs/ *s* 1 lugar; local. 2 localidade; sítio. 3 espaço. 4 morada; habitação. 5 cargo; emprego; colocação. 6 ordem; posição (social, esportiva, etc.). 7 estabelecimento; área (comercial). ‖ *v* (places, placing, placed, placed) 1 pôr; colocar. 2 arranjar (colocação, emprego). 3 reconhecer; identificar. 4 encomendar; fazer encomenda. 5 classificar. ♦ in place em ordem; no devido lugar.

place·ment /pleɪsmənt/ s 1 ato de colocar. 2 colocação; cargo.

pla·cen·ta /pləsentə/ s Anat placenta. (pl **placentas** /pləsentəz/ ou **placentae** /pləsenti:/).

plac·er /pleɪsə/ s Geol aluvião; depósito de minérios.

plac·id /plæsɪd/ adj plácido; sereno; sossegado; calmo.

pla·cid·i·ty /pləsɪdəti/ s placidez; calma; serenidade.

pla·gia·rism /pleɪdʒəɪzəm/ s plágio; plagiato.

pla·gia·rize /pleɪdʒəraɪz/ v (**plagiarizes, plagiarizing, plagiarized, plagiarized**) plagiar.

pla·gia·ry /pleɪdʒəi/ s plágio. (pl **plagiaries**).

plague /pleɪg/ s 1 praga; calamidade; flagelo; desgraça. 2 peste; epidemia. II v (**plagues, plaguing, plagued, plagued**) 1 atormentar; incomodar; importunar. 2 infestar; infeccionar.

pla·guy /pleɪgi/ adj irritante; desagradável; maçante.

plaid /plæd/ adj de tecido enxadrezado. II s tipo de xale xadrez usado pelos escoceses.

plaid·ed /plædɪd/ adj enxadrezado.

plain /pleɪn/ s planície; campina. II adj 1 plano; liso. 2 franco; sincero; honesto. 3 evidente; claro. 4 simples; comum (pessoa, comida, etc.). 5 puro. ♦ **plains** pradarias; planícies.

plain·ness /pleɪnəs/ s 1 clareza. 2 sinceridade; honestidade. 3 simplicidade.

plain·song /pleɪnsɑːŋ/ s canto gregoriano.

plaint /pleɪnt/ s 1 queixa; reclamação. 2 lamento.

plain·tiff /pleɪntɪf/ s Jur demandante; pleiteante.

plain·tive /pleɪntɪv/ adj triste; choroso; lamentoso.

plait /plæt/ s 1 trança. 2 prega; dobra. II v (**plaits, plaiting, plaited, plaited**) 1 trançar. 2 preguear; dobrar.

plan /plæn/ s 1 plano. 2 projeto; esboço; planta; diagrama. II v (**plans, planning, planned, planned**) 1 traçar um plano. 2 planejar; projetar; esboçar.

plane /pleɪn/ s 1 Mat plano. 2 superfície plana. 3 nível; estágio. 4 avião; aeroplano. 5 plaina (ferramenta). 6 Bot plátano. II adj plano; que tem superfície plana. II (**planes, planing, planed, planed**) 1 aplainar. 2 planar.

plan·er /pleɪnə/ s plaina mecânica.

plan·et /plænɪt/ s planeta.

plan·e·tar·i·um /plænɪteriəm/ s planetário. (pl **planetariums** /plænɪteriəmz/ ou **planetaria** /plænɪteriə/).

plan·e·tar·y /plænɪteri/ adj planetário.

plan·ish /plænɪʃ/ v (**planishes, planishing, planished, planished**) aplainar; alisar (metais).

pla·ni·sphere /plænɪsfɪr/ s planisfério.

plank /plæŋk/ s 1 prancha; tábua. 2 suporte; apoio. II v (**planks, planking, planked, planked**) cobrir com tábuas; assoalhar; entabuar.

plank·ing /plæŋkɪŋ/ s tabuado.

plank·ton /plæŋktən/ s Biol plâncton.

plant /plænt/ s 1 planta; vegetal; erva. 2 fábrica; usina. 3 aparelhagem; instalação. II v (**plants, planting, planted, planted**) 1 plantar; cultivar. 2 fixar; implantar. 3 suprir; prover. 4 estabelecer.

plan·ta·tion /plænteɪʃən/ s 1 plantação; plantio. 2 fazenda agrícola.

plant·er /plæntə/ s 1 plantador; cultivador. 2 administrador ou dono de fazenda agrícola.

plaque /plæk/ s 1 placa; plaqueta. 2 broche. 3 crachá (de identificação).

plash /plæʃ/ s 1 atoleiro; charco. 2 mancha; salpico. II v (**plashes, plashing, plashed, plashed**) 1 enlamear; chafurdar. 2 salpicar; manchar.

plasm /plæzəm/ → **plasma**.

plas·ma /plæzmə/ s plasma. (var **plasm**)

plas·ter /plæstə/ v (**plasters, plastering, plastered, plastered**) 1 emplastar. 2 gessar. 3 pôr reboco. II s 1 gesso. 2 estuque; reboco. 3 emplastro (para curativo)

plas·ter·er /plæstəə/ s gesseiro; rebocador.

plas·tic /plæstɪk/ s 1 matéria plástica. 2 objeto feito de plástico. 3 inform cartão de crédito. II adj plástico.

plastic surgery s cirurgia plástica.

plas·tic·i·ty /plæstɪsəti/ s plasticidade.

plas·ti·cize /plæstɪsaɪz/ v (plasticizes, plasticizing, plasticized, plasticized) plastificar; produzir plástico.

plat /plæt/ s 1 trança. 2 pedaço de terra. 3 mapa de terreno loteado. II v (plats, platting, platted, platted) 1 trançar; tecer. 2 executar uma planta.

plate /pleɪt/ s 1 prato. 2 chapa; lâmina; folha de metal. 3 placa de metal. 4 Tip clichê. 5 troféu. 6 baixela; prataria. 7 armadura. II v (plates, plating, plated, plated) chapear; laminar; revestir de metal.

pla·teau /plætoʊ/ s platô; planalto. (pl plateaus /plætoʊz/ ou plateaux /plætoʊz/).

plat·ed /pleɪtɪd/ adj folheado (a ouro, prata, etc.); galvanizado.

plate·ful /pleɪtfʊl/ s prato cheio; pratada.

plat·form /plætfɔːrm/ s 1 plataforma (de trem, etc.). 2 palanque; tribuna. 3 tablado. 4 plataforma política; programa partidário.

plat·ing /pleɪtɪŋ/ s galvanização.

plat·i·num /plætnən/ s platina. (símb Pt).

plat·i·tude /plætətuːd/ s 1 banalidade. 2 lugar-comum; chavão.

pla·ton·ic /plətɑːnɪk/ adj platônico (que transcende o físico). ♦ platonic love amor platônico.

Pla·ton·i·cal /plətɑːnɪkəl/ adj Fil platônico (relacionado à teoria de Platão).

Pla·to·nism /pleɪtənɪzəm/ s Fil platonismo.

pla·toon /plətuːn/ s pelotão.

plat·ter /plætər/ s travessa; prato grande.

plat·y·pus /plætɪpəs/ s Zool ornitorrinco. (pl platypuses).

plau·dit /plɔːdɪt/ s aclamação; aplauso.

plau·si·ble /plɔːzəbəl/ adj 1 plausível; razoável; aceitável. 2 enganador.

play /pleɪ/ v (plays, playing, played, played) 1 jogar; participar de um jogo. 2 brincar. 3 representar; interpretar (cinema, teatro). 4 desempenhar; exercer função. 5 Mús tocar um instrumento. 6 manejar; manusear. II s 1 jogo. 2 divertimento; brincadeira. 3 peça teatral; drama.

4 ação; conduta. 5 jogada. ♦ play at participar. play down minimizar. play off Esp organizar ou participar de uma partida de desempate.

play·bill /pleɪbɪl/ s cartaz (de teatro).

play·boy /pleɪbɔɪ/ s homem que passa a vida em prazeres e diversões; playboy.

play·er /pleɪər/ s 1 Esp jogador. 2 ator. 3 músico. 4 apostador.

play·ful /pleɪfʊl/ adj brincalhão; alegre; divertido.

play·girl /pleɪgɜːrl/ s mulher que passa a vida em prazeres e diversões.

play·go·er /pleɪgoʊər/ s freqüentador de teatro.

play·ground /pleɪgraʊnd/ s área destinada à recreação infantil; playground.

play·house /pleɪhaʊs/ s 1 teatro. 2 casa de bonecas.

playing card s carta de jogo ou baralho.

play·mate /pleɪmeɪt/ s companheiro (de jogo, brincadeira).

play·off /pleɪɑːf/ s Esp 1 partida de desempate. 2 série de partidas jogadas para determinar um campeonato. (tb play-off).

play·room /pleɪruːm/ s salão de jogos.

play·thing /pleɪθɪŋ/ s joguete; brinquedo.

play·wright /pleɪraɪt/ s dramaturgo.

plea /pliː/ s Jur 1 alegação; declaração. 2 desculpa; pretexto. 3 apelo; súplica.

pleach /pliːtʃ/ v (pleaches, pleaching, pleached, pleached) entretecer; entrelaçar.

plead /pliːd/ v (pleads, pleading, pleaded, pled, pleaded/pled) 1 Jur pleitear; defender; advogar. 2 suplicar; apelar. 3 justificar; desculpar. 4 declarar.

plead·a·ble /pliːdəbəl/ adj alegável; justificável.

plead·er /pliːdər/ s defensor; litigante; suplicante.

plead·ing /pliːdɪŋ/ s 1 súplica; apelo. 2 alegação; defesa. 3 Jur processo. ♦ pleadings Jur autos do processo.

pleas·ant /plezənt/ adj 1 agradável. 2 amável.

pleas·ant·ness /plezəntnəs/ s 1 prazer. 2 amabilidade.

pleas·ant·ry /plɛzəntri/ s 1 graça; gracejo; brincadeira. 2 civilidade. (pl **pleasantries**).

please /pli:z/ v (**pleases, pleasing, pleased, pleased**) 1 agradar; satisfazer; contentar. 2 querer; gostar; ter gosto em. ♦ **If you please** se você quiser; se for de seu agrado. **please** por favor.

pleas·ing /pli:zɪŋ/ adj agradável; amável.

pleas·ur·a·ble /plɛʒərəbəl/ adj agradável.

pleas·ure /plɛʒəʳ/ s prazer; gosto; satisfação.

pleat /pli:t/ s prega. ‖ v (**pleats, pleating, pleated, pleated**) preguear.

ple·be·ian /plɪbi:ən/ s e adj plebeu.

pleb·i·scite /plɛbəsaɪt/ s plebiscito.

plebs /plɛbz/ s plebe. (pl **plebes** /pli:bi:z/).

pledge /plɛdʒ/ s 1 Jur penhor; caução. 2 garantia. 3 compromisso; promessa. 4 brinde (à saúde de). ‖ v (**pledges, pledging, pledged, pledged**) 1 penhorar; hipotecar; caucionar. 2 comprometer-se a. 3 brindar (à saúde de).

pledg·er /plɛdʒəʳ/ s penhorante.

ple·na·ry /pli:nəri/ adj plenário; pleno.

plen·i·tude /plɛnɪtu:d/ s plenitude.

plen·ti·ful /plɛntɪfʊl/ adj abundante; farto; fértil.

plen·ti·ful·ness /plɛntɪfʊlnəs/ s abundância; fertilidade.

plen·ty /plɛnti/ adj abundante; farto. ‖ adv muito; bastante. ‖ s abundância; fartura.

ple·o·nasm /pli:oʊnæzəm/ s pleonasmo.

pleu·ron s /plʊra:n/ s pleura. (pl **pleura** /plʊrə/).

pli·a·ble /plaɪəbəl/ adj 1 maleável; flexível. 2 dócil; brando; controlável.

pli·an·cy /plaɪənsi/ s flexibilidade.

pli·ant /plaɪənt/ adj maleável; flexível.

pli·ers /plaɪəʳz/ s pl alicate.

plight /plaɪt/ v (**plights, plighting, plighted, plighted**) comprometer-se; empenhar-se. ‖ s 1 apuro; situação difícil ou ruim. 2 compromisso.

plinth /plɪnθ/ s Arquit plinto (de coluna ou pedestal).

plod /pla:d/ v (**plods, plodding, plodded, plodded**) 1 caminhar lenta e pesadamente. 2 trabalhar arduamente.

plod·der /pla:dəʳ/ s 1 aquele que trabalha arduamente. 2 pessoa lerda (que caminha lentamente).

plonk /plɒŋk/ → **plunk**.

plo·sive /ploʊsɪv/ s Ling consoante oclusiva. ‖ adj oclusivo; que produz oclusão.

plot /pla:t/ v (**plots, plotting, plotted, plotted**) 1 tramar; conspirar. 2 traçar a planta de. 3 fazer esquema ou gráfico. ‖ s 1 trama; conspiração. 2 enredo teatral. 3 porção (de terra).

plot·ter /pla:təʳ/ s Comp tipo de impressora que imprime gráficos e desenhos com precisão.

plough /plaʊ/ → **plow**.

plow /plaʊ/ s arado; charrua. ‖ v (**plows, plowing, plowed, plowed**) 1 lavrar; arar; cultivar (a terra). 2 abrir caminho; fender. (var **plough**).

plow·man /plaʊmən/ s lavrador.

pluck /plʌk/ v (**plucks, plucking, plucked, plucked**) 1 tirar; puxar; arrancar. 2 depenar (uma ave). 3 Mús dedilhar (um instrumento). 4 dar um puxão, safanão. ‖ s 1 coragem; ânimo. 2 puxão; arrancada.

pluck·y /plʌki/ adj valente; corajoso. (gↄ comp **pluckier**. gr super **pluckiest**).

plug /plʌg/ s 1 rolha; tampão. 2 plugue. 3 hidrante. 4 vela (de carro). 5 tomada. 6 gír bala (de arma de fogo). ‖ v (**plugs, plugging, plugged, plugged**) 1 arrolhar; tampar; tapar; vedar. 2 ligar na tomada. 3 gír balear; atirar.

plum /plʌm/ s 1 ameixa. 2 ameixeira.

plum·age /plu:mɪdʒ/ s plumagem.

plumb /plʌm/ v (**plumbs, plumbing, plumbed, plumbed**) 1 pôr a prumo. 2 sondar; medir profundidade (da água). 3 examinar; verificar. ‖ adj vertical. ‖ s 1 prumo; fio de prumo; nível. 2 sonda. ‖ adv a prumo.

plumb·er /plʌməʳ/ s encanador.

plumb·ing /plʌmɪŋ/ s 1 encanamento. 2 serviço de encanamento.

plume /plu:m/ s 1 pluma; pena. 2 penacho. ‖ v (**plumes, pluming, plumed, plumed**) 1 emplumar. 2 vangloriar-se; orgulhar-se.

plum·met /plʌmɪt/ s chumbo (do prumo da linha de pesca, etc.). ‖ v (**plummets**

plummeting, plummeted, plummeted) cair rapidamente.

plump /plʌmp/ *adj* rechonchudo; gordo; roliço. II *s* baque; queda súbita. II *v* (**plumps, plumping, plumped, plumped**) **1** soltar; deixar cair. **2** engordar; tornar-se roliço.

plump·ness /plʌmpnəs/ *s* corpulência.

plun·der /plʌndər/ *v* (**plunders, plundering, plundered, plundered**) saquear; pilhar. II *s* saque; pilhagem; roubo.

plun·der·ous /plʌndərəs/ *adj* espoliador.

plunge /plʌndʒ/ *v* (**plunges, plunging, plunged, plunged**) **1** mergulhar; afundar; submergir. **2** lançar; arremessar. II *s* mergulho; imersão.

plung·er /plʌndʒər/ *s* mergulhador.

plunk /plʌŋk/ *s* **1** som estridente. **2** baque; golpe violento; pancada. II *v* (**plunks, plonks, plunking/plonking, plunked, plonked/plonked**) **1** *Mús* tanger (instrumento). **2** arremessar ou colocar algo abruptamente. (*var* **plonk**).

plu·per·fect /pluː'pɜːrfɪkt/ *adj* e *s Gram* mais-que-perfeito.

plu·ral /plʊrəl/ *adj* e *s Gram* plural.

plu·ral·i·ty /plʊræləti/ *s* pluralidade. (*pl* **pluralities**).

plus /plʌs/ *conj* mais. II *s* **1** *Mat* o sinal de adição (+). **2** quantidade positiva. **3** fator favorável. (*pl* **pluses** ou **plusses**). II *adj* **1** positivo. **2** adicional; extra.

plush /plʌʃ/ *s* pelúcia; *plush*.

plush·y /plʌʃi/ *adj* felpudo. (*gr comp* **plushier**. *gr super* **plushiest**).

Plu·to /pluːtoʊ/ *s Astron* e *Mit* Plutão.

plu·toc·ra·cy /pluːtɑːkrəsi/ *s* plutocracia. (*pl* **plutocracies**).

plu·to·ni·um /pluːtoʊniəm/ *s Quím* plutônio. (*símb* **Pu**).

plu·vi·al /pluːviəl/ *adj* pluvial; chuvoso.

ply /plaɪ/ *v* (**plies, plying, plied, plied**) **1** unir; juntar. **2** trafegar; ir e vir. **3** fornecer ou oferecer continuamente (comida, etc.). **4** manejar; usar. **5** entrelaçar. **6** dobrar. II *s* **1** prega; dobra; ruga. **2** camada.

pneu·mat·ic /nuːmætɪk/ *adj* pneumático.

pneu·mat·ics /nuːmætɪk/ *s us v sing* pneumática.

pneu·mo·nia /nuːmoʊnjə/ *s* pneumonia.

poach /poʊtʃ/ *v* (**poaches, poaching, poached, poached**) **1** escaldar; ferver; cozinhar. **2** invadir; penetrar (em propriedade alheia). **3** caçar ou pescar ilegalmente.

poach·er /poʊtʃər/ *s* **1** caçador ou pescador furtivo; ladrão de caça ou pesca. **2** vasilha; travessa.

pock /pɑːk/ *s* pústula (de varíola); marca na pele.

pock·et /pɑːkɪt/ *s* **1** bolso. **2** bolsa. **3** cacapa (de sinuca). II *v* (**pockets, pocketing, pocketed, pocketed**) **1** pôr no bolso; embolsar. **2** encaçapar. II *adj* de bolso.

pock·et·book /pɑːkɪtbʊk/ *s* **1** carteira (de notas, documentos). **2** bolsa de mulher. **3** *geralm* **pocket book** livro de bolso.

pocket edition *s* livro de bolso.

pock·et·ful /pɑːkɪtfʊl/ *s* o conteúdo que pode caber em um bolso.

pock·et·knife /pɑːkɪtnaɪf/ *s* canivete.

pocket money *s* dinheiro para pequenos gastos ou incidentais.

pod /pɑːd/ *s* **1** vagem. **2** cardume (de golfinhos, baleia, etc.). II *v* (**pods, podding, podded, podded**) produzir vagens.

po·em /poʊəm/ *s* poema.

po·e·sy /poʊəsi/ *s* poesia. (*pl* **poesies**).

po·et /poʊət/ *s* poeta.

po·et·ess /poʊtɪs/ *s* poetisa.

po·et·ic /poʊetɪk/ *adj* poético. II *s* poética.

po·et·i·cal /poʊetɪkəl/ *adj* poético.

po·et·ics /poʊetɪks/ *s* poética (arte).

po·et·ry /poʊetri/ *s* poesia.

poign·an·cy /pɔɪnjənsi/ *s* pungência; comoção.

poign·ant /pɔɪnjənt/ *adj* **1** pungente; comovente; doloroso. **2** agudo; intenso. **3** picante.

point /pɔɪnt/ *s* **1** ponta. **2** *tb Mat* ponto. **3** sinal; mancha. **4** motivo; razão. **5** objetivo. **6** idéia; sentido. **7** local; lugar. **8** momento; instante. **9** posição. **10** pormenor; circunstância. II *v* (**points, pointing, pointed, pointed**) **1** apontar (dedo, arma, etc.). **2** mostrar; indicar. **3** evidenciar. **4** aprontar. **5** chamar a atenção. ♦ **point of view** ponto de vista.

point-blank /pɔɪntblæŋk/ *adj* **1** direto; categórico; claro; franco. **2** à queima-roupa (tiro). || *adv* categoricamente; diretamente; sem rodeios.

point·ed /pɔɪntɪd/ *adj* **1** pontiagudo; pontudo; aguçado. **2** agudo; penetrante. **3** mordaz; satírico.

point·er /pɔɪntə/ *s* **1** indicador. **2** ponteiro. **3** perdigueiro; cão caçador. **4** conselho; dica.

point·ing /pɔɪntɪŋ/ *s* **1** pontuação. **2** pontaria. **3** indicação; apontamento.

point·less /pɔɪntləs/ *adj* **1** sem razão; sem sentido. **2** sem ponta. **3** inútil.

point·y /pɔɪnti/ *adj* significativo. (*gr comp* **pointier**. *gr super* **pointiest**).

poise /pɔɪz/ *s* **1** equilíbrio; estabilidade. **2** porte; postura. **3** autoconfiança; segurança. || *v* (**poises, poising, poised, poised**) **1** balançar; equilibrar. **2** estabilizar. **3** suspender; pairar.

poi·son /pɔɪzən/ *s* veneno; tóxico. || *v* (**poisons, poisoning, poisoned, poisoned**) envenenar; intoxicar.

poi·son·er /pɔɪzənə/ *s* envenenador; intoxicador.

poi·son·ing /pɔɪzənɪŋ/ *s* envenenamento; intoxicação.

poi·son·ous /pɔɪzənəs/ *adj* venenoso; tóxico.

poke /poʊk/ *s* **1** empurrão. **2** cutucada. **3** soco. **4** malandro. || *v* (**pokes, poking, poked, poked**) **1** empurrar. **2** cutucar. **3** tatear; apalpar. **4** atiçar (o fogo). ♦ **poke fun at** ridicularizar.

pok·er /poʊkə/ *s* **1** atiçador (de fogo). **2** jogo de cartas; pôquer.

poker face *s* fisionomia impassível, indiferente.

poke·y /poʊki/ → **poky**.

pok·y /poʊki/ *adj* **1** lento; vagaroso; moroso. **2** pequeno; acanhado. (*gr comp* **pokier**. *gr super* **pokiest**). (*var* **pokey**).

Po·land /poʊlənd/ *s* Polônia.

po·lar /poʊlə/ *adj* polar.

polar bear *s Zool* urso polar.

Po·lar·is /pəlerɪs/ *s* estrela polar. (*tb* **polestar**).

po·lar·i·ty /poʊlerəti/ *s* **1** polaridade. **2** oposição; extremo. (*pl* **polarities**).

po·lar·i·za·tion /poʊlərɪzeɪʃən/ *s* polarização.

po·lar·ize /poʊləraɪz/ *v* (**polarizes, polarizing, polarized, polarized**) polarizar.

pole /poʊl/ *s* **1** pólo. **2** poste; mastro. **3** vara; pau. **4** *maiús* polaco; polonês. || *v* (**poles, poling, poled, poled**) **1** escorar com varas. **2** *Náut* impelir (um barco) com ajude de uma vara.

pole·ax /poʊlæks/ *s* enxó (tipo de machadinha). (*var* **poleaxe**).

pole·axe /poʊlæks/ → **poleax**.

po·lem·ic /pəlemɪk/ *s* **1** polêmica. **2** polemista. || *adj* polêmico; controverso. (*tb* **polemical**).

po·lem·ics /pəlemɪks/ *s us v sing* ou *pl* polêmica.

pole·star /poʊlstɑ:r/ *s* estrela polar. (*tb* **Polaris**).

pole vault /poʊvɑ:lt/ *s* salto com vara.

po·lice /pəli:s/ *v* (**polices, policing, policed, policed**) policiar; vigiar. || *s* polícia.

police court *s Jur* tribunal de pequenas causas.

police dog *s* cão policial; pastor alemão.

po·lice·man /pəli:smən/ *s* policial.

police reporter *s* repórter policial.

police station *s* delegacia; distrito policial.

po·lice·wom·an /pəli:swʊmən/ *s* policial feminina.

pol·i·cy /pɑ:ləsi/ *s* **1** política administrativa. **2** método; sistema; norma; processo. **3** apólice de seguros. (*pl* **policies**).

pol·i·cy·hol·der *s* segurado.

po·li·o /poʊlioʊ/ *s* pólio; poliomielite.

po·li·o·my·e·li·tis /poʊlioʊmaɪəlaɪtəs/ *s* poliomielite.

pol·ish /pɑ:lɪʃ/ *v* (**polishes, polishing, polished, polished**) **1** polir; lustrar. **2** engraxar. **3** melhorar; aperfeiçoar. || *s* **1** polimento. **2** esmalte; verniz. **3** graxa. **4** cera. **5** *maiús* polonês; polaco. || *adj maiús* polaco; polonês.

po·lite /pəlaɪt/ *adj* polido; educado; cortês.

po·lite·ness /pəlaɪtnəs/ *s* polidez; cortesia; gentileza.

pol·i·tic /pɑ:lətɪk/ *adj* **1** prudente; sensato. **2** político.

po·lit·i·cal /pəlɪtɪkəl/ *adj* político.

pol·i·ti·cian /pɑːlətɪʃən/ s político; estadista.

pol·i·tics /pɑːlətɪks/ s us v sing política (ciência política).

pol·i·ty /pɑːləti/ s forma de governo; constituição política. (pl **polities**).

polka dot s tecido estampado com bolinhas.

poll /poʊl/ v (**polls**, **polling**, **polled**, **polled**) 1 votar. 2 receber; obter (votos). 3 fazer enquete. 4 apurar votos. ‖ s 1 apuração de votos; votação. 2 lista eleitoral. 3 enquete; pesquisa de opinião. ♦ **polls** colégios eleitorais; local de votação.

pol·len /pɑːlən/ s pólen.

pol·li·nate /pɑːləneɪt/ v (**pollinates**, **pollinating**, **pollinated**, **pollinated**) polinizar.

pol·li·na·tion /pɑːləneɪʃən/ s polinização.

pol·lut·ant /pəluːtənt/ s poluente.

pol·lute /pəluːt/ v (**pollutes**, **polluting**, **polluted**, **polluted**) poluir; contaminar.

pol·lu·tion /pəluːʃən/ s poluição.

po·lo /poʊloʊ/ s Esp pólo.

polo shirt s camisa pólo.

pol·y·clin·ic /pɑːlɪklɪnɪk/ s policlínica.

po·lyg·a·mous /pəlɪgəməs/ adj polígamo.

po·lyg·a·my /pəlɪgəmi/ s poligamia.

pol·y·glot /pɑːlɪglɑːt/ adj e s poliglota.

pol·y·gon /pɑːlɪgɑːn/ s polígono.

Pol·y·ne·sia /pɑːləniːʒə/ s Polinésia.

Pol·y·ne·sian /pɑːləniːʒən/ s e adj polinésio.

pol·y·se·mous /pɑːlɪsiːməs/ adj Ling polissêmico.

pol·y·se·my /pɑːlɪsiːmi/ s Ling polissemia.

pol·y·syl·lab·ic /pɑːlɪsɪlæbɪk/ adj Ling polissilábico.

pol·y·syl·la·ble /pɑːlɪsɪləbəl/ s polissílabo.

pome /poʊm/ s Bot pomo.

pome·gran·ate /pɑːmgrænɪt/ s 1 romã. 2 romãzeira.

pomp /pɑːmp/ s pompa; ostentação.

pom·pon /pɑːmpɑːn/ s pompom. (tb **pompon**; pom-pom ou **pompom**).

pom·pos·i·ty /pɑːmpɑːsəti/ s pompa; ostentação.

pom·pous /pɑːmpəs/ adj pomposo.

pond /pɑːnd/ s tanque; pequeno lago artificial.

pon·der /pɑːndɚ/ v (**ponders**, **pondering**, **pondered**, **pondered**) ponderar; meditar; pensar; refletir.

pon·der·a·ble /pɑːndɚəbəl/ adj ponderável.

pon·der·ous /pɑːndɚəs/ adj 1 muito pesado. 2 enfadonho; maçante.

pon·der·ous·ness /pɑːndɚəsnəs/ s peso.

pon·iard /pɑːnjɚd/ s punhal. ‖ v (**poniards**, **poniarding**, **poniarded**, **poniarded**) apunhalar.

pon·tiff /pɑːntɪf/ s pontífice.

pon·tif·i·cate /pɑːntɪfɪkeɪt/ s pontificado. ‖ v (**pontificates**, **pontificating**, **pontificated**, **pontificated**) pontificar.

pon·toon /pɑːntuːn/ s 1 pontão; plataforma flutuante. 2 barcaça.

po·ny /poʊni/ s pônei. (pl **ponies**).

po·ny·tail /poʊniteɪl/ s rabo-de-cavalo.

poo·dle /puːdl/ s poodle (raça de cachorro).

pool /puːl/ s 1 poço de um rio. 2 poça (de água, sangue, etc.). 3 lagoa; pequeno lago. 4 piscina. 5 bolada; total de apostas. 6 consórcio. 7 fundo monetário. 8 sinuca (jogo). 9 pool; grupo de pessoas ou empresas. ‖ v (**pools**, **pooling**, **pooled**, **pooled**) 1 formar lagoa, poço, etc. 2 reunir; contribuir para um fundo comum; coligar.

pool·room /puːlruːm/ s salão de sinuca.

poop /puːp/ s 1 Náut tombadilho da popa. 2 gír pessoa desagradável.

poor /pʊr/ adj 1 pobre. 2 fraco. 3 indigente. 4 escasso. 5 coitado. 6 inferior. 7 insuficiente. 8 infértil; infecundo. 9 humilde. ‖ s us v pl os pobres.

poor·house /pʊrhaʊz/ s asilo para indigentes.

poor·ly /pʊrli/ adj adoentado; que está mal de saúde. ‖ adv mal.

poor·ness /pʊrnəs/ s pobreza; necessidade; miséria.

pop /pɑːp/ s 1 estalo; disparo; estouro. 2 bebida gasosa. 3 inform papai. ‖ adj popular. ‖ v (**pops**, **popping**, **popped**, **popped**) 1 estourar. 2 disparar; atirar. 3 pipocar; saltar. 4 abrir de repente.

pop·corn /pɑːpkɔːrn/ s pipoca.

pope /poʊp/ s papa; pontífice.

pope·dom /pოˈpdəm/ s papado.

pop·gun /pɑːˈpɡʌn/ s espingarda de ar comprimido.

pop·lin /pɑːˈplɪn/ s popelina (tecido).

pop·pa /pɑːˈpə/ → **papa**.

pop·py /pɑːˈpi/ s Bot papoula. (pl **poppies**).

pop·py·cock /pɑːˈpikɑːk/ s gír bobagem; conversa boba.

Pop·si·cle™ /pɑːˈpsɪkəl/ s tb minús picolé.

pop·u·lace /pɑːˈpjəlɪs/ s populaça; plebe; ralé.

pop·u·lar /pɑːˈpjələˈ/ adj popular; do povo.

pop·u·lar·i·ty /pɑːˈpjəlerəti/ s popularidade.

pop·u·lar·ize /pɑːˈpjələraɪz/ v (**popularizes**, **popularizing**, **popularized**, **popularized**) popularizar.

pop·u·late /pɑːˈpjəleɪt/ v (**populates**, **populating**, **populated**, **populated**) povoar; habitar.

pop·u·la·tion /pɑːˈpjəleɪʃən/ s população.

population control s controle populacional.

population explosion s explosão demográfica.

pop·u·lism /pɑːˈpjəlɪzəm/ s população.

pop·u·lous /pɑːˈpjələs/ adj populoso.

pop·u·lous·ness /pɑːˈpjələsnəs/ s povoação.

por·ce·lain /pɔːˈrsəlɪn/ s porcelana.

porch /pɔːrtʃ/ s 1 varanda. 2 pórtico. 3 alpendre.

por·cu·pine /pɔːˈrkjəpaɪn/ s Zool porco-espinho.

pore /pɔːr/ s poro. ‖ v (**pores**, **poring**, **pored**, **pored**) 1 olhar de perto; fixar a vista sobre. 2 pensar muito.

pork /pɔːrk/ s carne de porco.

pork·er /pɔːˈrkəˈ/ s leitão.

por·ky /pɔːˈrki/ adj inform porco-espinho. (pl **porkies**).

por·nog·ra·phy /pɔːˈrnɑːɡrəfi/ s pornografia.

por·no·graph·ic /pɔːˈrnəɡræfɪk/ adj pornográfico.

po·ros·i·ty /pɔːˈrɑːsəti/ s porosidade. (pl **porosities**).

po·rous /pɔːˈrəs/ adj poroso.

por·phy·ry /pɔːˈrfəˈi/ s pórfiro. (pl **porphyries**).

por·ridge /pɔːˈrɪdʒ/ s mingau; papa de aveia.

por·rin·ger /pɔːˈrɪndʒəˈ/ s tigela pequena com cabo.

port /pɔːrt/ s 1 porto; ancoradouro. 2 tb maiús vinho do Porto. 3 bombordo. 4 orifício (num cilindro). 5 porte físico. ‖ v (**ports**, **porting**, **ported**, **ported**) levar, passar a bombordo.

port·a·ble /pɔːˈrtəbəl/ adj portátil; manual; desmontável.

port·age /pɔːˈrtɪdʒ/ s 1 transporte. 2 local; rota.

por·tal /pɔːˈrtəl/ adj relativo a portal. ‖ s portal; porta principal.

port·cul·lis /pɔːˈrtkʌlɪs/ s grade de ferro levadiça.

por·tend /pɔːˈrtend/ v (**portends**, **portending**, **portended**, **portended**) prenunciar; predizer; pressagiar.

por·tent /pɔːˈrtent/ s 1 presságio; prenúncio; mau agouro. 2 portento; prodígio.

por·ten·tous /pɔːˈrtentəs/ adj 1 auspicioso. 2 prodigioso; portento.

por·ter /pɔːˈrtəˈ/ s 1 carregador (de bagagens). 2 atendente de passageiros (em trem). 3 tipo de cerveja preta.

por·ter·age /pɔːˈrtəˈrɪdʒ/ s transporte; frete.

port·fo·li·o /pɔːˈrtfoʊlioʊ/ s 1 portfólio. 2 pasta para documentos.

port·hole /pɔːˈrthoʊl/ s Náut portinhola.

por·ti·co /pɔːˈrtɪkoʊ/ s pórtico. (pl **porticoes** ou **porticos**).

por·tion /pɔːˈrʃən/ v (**portions**, **portioning**, **portioned**, **portioned**) 1 partilhar; dividir; repartir. 2 dotar. ‖ s 1 porção; parte. 2 dote.

port·ly /pɔːˈrtli/ adj corpulento; volumoso. (gr comp **portlier**. gr super **portliest**).

por·trait /pɔːˈrtrɪt/ s 1 retrato (pintura, desenho ou foto); personificação. 2 descrição.

por·tray /pɔːˈrtreɪ/ v (**portrays**, **portraying**, **portrayed**, **portrayed**) 1 retratar. 2 descrever. 3 representar; personificar.

por·tray·al /pɔːˈrtreɪəl/ s 1 representação. 2 retrato. 3 descrição.

por·tray·er /pɔːˈrtreɪəˈ/ s pintor; retratista; criador.

Por·tu·gal /pɔːˈrtʃəɡəl/ s Portugal.

Por·tu·guese /pɔːˈrtʃəɡiːs/ adj e s português.

♦ **Portuguese man-of-war** medusa.

P

ose /pouz/ v (**poses, posing, posed, posed**) **1** colocar em certa posição (para retrato ou modelo); posar. **2** colocar; apresentar (perguntas, problemas). **3** fazer-se passar por. ‖ s **1** postura. **2** pose.

osh /pɑːʃ/ adj fino; elegante.

o·si·tion /pəzɪʃən/ s **1** posição; colocação; lugar. **2** situação. **3** opinião. **4** posição social; posto. ‖ v (**positions, positioning, positioned**) situar; posicionar.

o·si·tion·al /pəzɪʃənəl/ adj relativo à posição de alguém.

os·i·tive /pɑːzətɪv/ adj **1** positivo. **2** certo; indiscutível. **3** verdadeiro.

os·i·tive·ness /pɑːzətɪvnəs/ s **1** positividade. **2** certeza; segurança.

os·i·tiv·ism /pɑːzɪtɪvɪzəm/ s Fil positivismo.

os·i·tiv·ist /pɑːzɪtɪvɪst/ s Fil positivista.

os·sess /pəzes/ v (**possesses, possessing, possessed, possessed**) possuir; ter.

os·sessed /pəzest/ adj **1** possesso; possuído. **2** possuidor.

os·ses·sion /pəzeʃən/ s **1** posse; poder. **2** possessão. ♦ **possessions** bens; riquezas; posses.

os·ses·sive /pəzesɪv/ adj **1** tb Gram possessivo. **2** dominador.

possessive adjective s Gram pronome possessivo adjetivo.

possessive pronoun s Gram pronome possessivo.

os·ses·sor /pəzesə/ s tb Gram possuidor.

pos·si·bil·i·ty /pɑːsəbɪləti/ s possibilidade. (pl **possibilities**).

pos·si·ble /pɑːsəbəl/ adj possível.

pos·si·bly /pɑːsəbli/ adv possivelmente; pode ser; talvez.

post /poust/ s **1** poste. **2** correio. **3** posto. **4** estaca. **5** guarnição; base militar. ‖ v (**posts, posting, posted, posted**) **1** pôr no correio; postar. **2** colocar; afixar (cartazes, avisos, etc.). **3** informar. **4** viajar rapidamente; apressar-se. **5** destacar; mandar soldado para um posto.

post·age /poustɪdʒ/ s porte; franquia postal.

postage stamp s selo postal.

post·al /poustəl/ adj postal.

post card /poustkɑːrd/ s cartão-postal.

post·date /pousdeɪt/ v (**postdates, postdating, postdated, postdated**) pré-datar (cheques).

post·er /poustə/ s cartaz; pôster.

pos·te·ri·or /pɑːstɪriə/ adj posterior. ‖ s nádegas; traseiro.

pos·te·ri·or·i·ty /pɑːstɪriɔːrəti/ s posterioridade.

pos·ter·i·ty /pɑːsterəti/ s posteridade.

pos·tern /poustən/ s postigo; porta pequena.

post·grad·u·ate /poustgrædʒuwɪt/ s e adj pós-graduado.

post·haste /pousheɪst/ adv com toda a pressa.

post·man /poustmən/ s carteiro.

post·mark /poustmɑːrk/ s carimbo postal. ‖ v (**postmarks, postmarking, postmarked, postmarked**) carimbar (no correio).

post·mas·ter /poustmæstə/ s agente do correio.

post meridiem adv depois do meio-dia. (abrev **p.m.**).

post office s agência do correio.

post·pone /pouspoun/ v (**postpones, postponing, postponed, postponed**) adiar; transferir; prorrogar.

post·pone·ment /pouspounmənt/ s adiamento; transferência.

post·script /poustskrɪpt/ s pós-escrito. (abrev **P.S., p.s., PS**).

pos·tu·late /pɑːstʃəlɪt/ s **1** postulado. **2** requisito. **3** pressuposição. ‖ v /pɑːstʃəleɪt/ (**postulates, postulating, postulated, postulated**) **1** postular. **2** pressupor. **3** requerer.

pos·tu·la·tion /pɑːstʃəleɪʃən/ s **1** postulação. **2** requerimento.

pos·ture /pɑːstʃə/ s **1** postura; posição. **2** situação; estado; condição. **3** atitude. ‖ v (**postures, posturing, postured, postured**) **1** pôr(-se) em determinada posição; tomar certa postura. **2** fazer pose.

post·war /poustwɔːr/ adj pertencente ao período pós-guerra.

po·sy /pouzi/ s ramalhete; buquê; ramo. (pl **posies**).

P

pot /pɑ:t/ s 1 panela. 2 pote. 3 jarro; vaso. 4 *gír* maconha. 5 *inform* bolo; aposta (no jogo). ‖ *v* (**pots, potting, potted, potted**) 1 pôr em conserva. 2 plantar em vaso. ♦ **pots** *inform* grande quantidade.

po·ta·ble /poʊtəbəl/ *adj* potável; bebível. ‖ *s* qualquer bebida (especialmente alcoólica).

pot·ash /pɑ:tæʃ/ *s Quím* potassa.

po·tas·si·um /pətæsiəm/ *s Quím* potássio. (*símb* **K**).

po·ta·to /pəteɪtoʊ/ *s* batata. (*pl* **potatoes**).

potato chips *s* batatas fritas.

pot·bel·ly /pɑ:tbeli/ *s* pança; barriga protuberante. (*pl* **potbellies**).

po·ten·cy /poʊtənsi/ *s* potência; força; autoridade. (*pl* **potencies**).

po·tent /poʊtənt/ *adj* 1 potente; poderoso. 2 forte; eficaz.

po·ten·tate /poʊtənteɪt/ *s* potentado; soberano.

po·ten·tial /poʊtenʃəl/ *s* e *adj* potencial.

po·ten·ti·al·i·ty /poʊtenʃiæləti/ *s* potencialidade; força. (*pl* **potentialities**).

poth·er /pɑ:ðə/ *s* 1 tumulto; confusão. 2 nuvem (de poeira, fumaça, etc.). ‖ *v* (**pothers, pothering, pothered, pothered**) alvoroçar; tumultuar.

pot·hole /pɑ:thoʊl/ *s Geol* 1 caldeirão. 2 buraco grande (estrada, rua, etc.).

po·tion /poʊʃən/ *s* poção.

pot·pour·ri /poʊpuri:/ *s* miscelânea; mistura; mescla.

pot·shard /pɑ:tʃɜ:rd/ → **potsherd**.

pot·sherd /pɑ:tʃɜ:rd/ *s* caco; fragmento de louça (especialmente em arqueologia). (*var* **potshard**).

pot·tage /pɑ:tɪdʒ/ *s* sopa; caldo de carne e legumes.

pot·ter /pɑ:tə/ *s* oleiro; ceramista.

pot·ter·y /pɑ:təri/ *s* 1 olaria. 2 cerâmica; louça. (*pl* **potteries**).

pouch /paʊtʃ/ *s* 1 *Zool* bolsa (de marsupiais). 2 cartucheira. ‖ *v* (**pouches, pouching, pouched, pouched**) 1 embolsar; pôr na bolsa. 2 tomar forma de bolsa.

poult /poʊlt/ *s* ave nova (*geralm* frango, peru e faisão).

poul·tice /poʊltɪs/ *s* cataplasma. ‖ *v* (**poultices, poulticing, poulticed, poulticed**) aplicar cataplasma em.

poul·try /poʊltri/ *s* aves domésticas.

pounce /paʊns/ *v* (**pounces, pouncing, pounced, pounced**) lançar-se sobre; atacar. ‖ *s* salto; ataque (sobre uma presa).

pound /paʊnd/ *s* 1 libra (unidade monetária e medida de peso 453,6 g). 2 curral; cercado. 3 local onde são mantidas mercadorias apreendidas. ‖ *v* (**pounds, pounding, pounded, pounded**) 1 encurralar (o gado). 2 golpear; bater; martelar. 3 triturar; moer.

pound·age /paʊndɪdʒ/ *s* 1 comissão ou taxa baseada no valor da libra esterlina. 2 confinamento de animais.

pound sterling *s* libra esterlina.

pour /pɔ:r/ *v* (**pours, pouring, poured, poured**) 1 derramar; despejar; entornar. 2 servir (leite, café, etc.). 3 fluir; escoar. 4 chover torrencialmente. ‖ *s* 1 escoamento. 2 temporal.

pour·boire /pʊrbwɑ:r/ *s* gorjeta.

pour·ing /pɔ:rɪŋ/ *adj* torrencial; de aguaceiro.

pout /paʊt/ *s* beiço; amuo. ‖ *v* (**pouts, pouting, pouted, pouted**) fazer beiço ou bico; amuar.

pov·er·ty /pɑ:vəti/ *s* pobreza; indigência; miséria.

pow·der /paʊdə/ *s* 1 pó. 2 polvilho. 3 talco. 4 pólvora. 5 fermento. ‖ *v* (**powders, powdering, powdered, powdered**) 1 pulverizar; reduzir a pó. 2 salpicar. 3 polvilhar. 4 empoar.

pow·der·y /paʊdəi/ *adj* pulverulento; empoado.

pow·er /paʊə/ *s* 1 poder. 2 força; energia. 3 autoridade. 4 capacidade; competência. 5 comando. 6 potência.

power drill *s* furadeira elétrica.

pow·er·ful /paʊəfʊl/ *adj* poderoso; potente.

pow·er·ful·ness /paʊəfʊlnəs/ *s* força; energia; poder.

pow·er·house /paʊəhaʊs/ *s* 1 → **power-plant**. 2 pessoa cheia de energia.

P

pow·er·less /pau̯ə·ləs/ adj impotente; fraco; incapaz.

power plant s usina elétrica. (var **powerhouse**).

power steering s Mec direção hidráulica.

pox /pɑːks/ s 1 qualquer doença de pele pustulosa ou eruptiva (varíola, varicela, etc.). 2 sífilis.

prac·ti·ca·ble /præktɪkəbəl/ adj praticável; viável.

prac·ti·cal /præktɪkəl/ adj prático.

prac·ti·cal·ly /præktɪkəli/ adv praticamente.

prac·tice /præktɪs/ s 1 prática. 2 experiência. 3 uso; costume; hábito. 4 exercício; treinamento. II v (**practices, practicing, practiced, practiced**) 1 praticar; colocar em prática. 2 exercer uma profissão. 3 exercitar.

prac·tic·ing /præktɪsɪŋ/ adj praticante.

prac·ti·tion·er /præktɪʃənə/ s profissional; liberal (médico; advogado, etc.).

prag·mat·ic /prægmætɪk/ adj pragmático; prático.

prag·mat·i·cal /prægmætɪkəl/ adj 1 pragmático. 2 dogmático.

prag·ma·tism /prægmətɪzəm/ s 1 Fil pragmatismo. 2 dogmatismo.

prai·rie /preri/ s pradaria; campina.

praise /preɪz/ v (**praises, praising, praised, praised**) louvar; exaltar; elogiar. II s louvor; elogio.

prais·er /preɪzə/ s admirador; louvador.

praise·wor·thi·ness /preɪzwɜːðɪnəs/ s valor; merecimento; aprovação; louvor.

praise·wor·thy /preɪzwɜːði/ adj louvável; elogiável; encomiástico. (gr comp **praiseworthier**. gr super **praiseworthiest**).

prance /præns/ v (**prances, prancing, pranced, pranced**) 1 empinar (o cavalo). 2 emproar-se.

prank /præŋk/ v (**pranks, pranking, pranked, pranked**) ornar; decorar; enfeitar. II s logro; peça; trote.

prank·ish /præŋkɪʃ/ adj travesso; brincalhão.

prate /preɪt/ v (**prates, prating, prated, prated**) tagarelar; falar muito. II s tagarelice; loquacidade.

prat·er /preɪtə/ s falador.

prat·tle /prætl/ s murmúrio; tagarelice. II v (**prattles, prattling, prattled, prattled**) balbuciar; tagarelar; murmurar.

prawn /prɑːn/ s crustáceo semelhante ao camarão.

prax·is /præksɪs/ s praxe; rotina; uso. (pl **praxes** /præksiːz/).

pray /preɪ/ v (**prays, praying, prayed, prayed**) 1 orar; rezar. 2 implorar; rogar; suplicar.

prayer /prer/ s 1 oração; prece. 2 rezador.

prayer·ful /prerful/ adj devoto; piedoso.

prayer·ful·ness /prerfulnəs/ s piedade; devoção.

praying mantis s Zool louva-a-deus.

preach /priːtʃ/ v (**preaches, preaching, preached, preached**) 1 pregar (um sermão). 2 recomendar.

preach·er /priːtʃə/ s pregador; orador.

preach·i·fy /priːtʃɪfaɪ/ v (**preachifies, preachifying, preachified, preachified**) inform fazer sermão.

pre·am·ble /priːæmbəl, priːæmbəl/ s preâmbulo.

pre·ar·range /priːəreɪndʒ/ v (**prearranges, prearranging, prearranged, prearranged**) predispor; preparar.

pre·car·i·ous /prɪkeriəs/ adj precário.

pre·car·i·ous·ness /prɪkeriəsnəs/ s precariedade.

prec·a·to·ry /prekətɔːri/ adj precatório; rogatório.

pre·cau·tion /prɪkɑːʃən/ s precaução; prevenção.

pre·cede /prɪsiːd/ v (**precedes, preceding, preceded, preceded**) preceder; anteceder; acontecer em primeiro lugar.

prec·e·dence /presədens, prɪsiːdəns/ s 1 precedência. 2 preferência; primazia. (var **precedency**).

prec·e·den·cy /presədensi, prɪsiːdənsi/ → **precedence**.

prec·e·dent /presədent/ s tb Jur precedente; antecedente.

pre·ced·ing /prɪsiːdɪŋ/ adj anterior.

pre·cen·tor /priːsentə/ s Ecles chantre.

pre·cept /priːsept/ s 1 preceito; norma; regra; doutrina. 2 Jur ordem judicial.

pre·cep·tor /pri:septə/ s preceptor; professor.

pre·ces·sion /prɪsefən/ s 1 precedência. 2 *Astron* e *Fis* precessão.

pre·ci·os·i·ty /preʃiɑːsəti/ s preciosismo. (*pl* preciosities).

pre·cious /preʃəs/ adj 1 precioso. 2 estimado; valioso. 3 querido; amado. II s pessoa amada, estimada.

pre·cious·ness /preʃəsnəs/ s preciosidade; valia.

precious stone s pedra preciosa; gema.

prec·i·pice /presəpɪs/ s precipício.

pre·cip·i·tance /prɪsɪpɪtəns/ → precipitancy.

pre·cip·i·tan·cy /prɪsɪpɪtənsi/ s precipitação. (*var* precipitance).

pre·cip·i·tate /prɪsɪpɪteɪt/ v (precipitates, precipitating, precipitated) 1 precipitar; lançar (de uma grande altura). 2 apressar; acelerar. 3 *Quím* formar precipitado. II /prɪsɪpɪtɪt/ adj e s precipitado.

pre·cip·i·ta·tion /prɪsɪpɪteɪʃən/ s tb *Quím* precipitação.

pre·cip·i·tous /prɪsɪpɪtəs/ adj 1 íngreme; escarpado. 2 com vários precipícios.

pre·cip·i·tous·ness /prɪsɪpɪtəsnəs/ s precipitação.

pre·cise /prɪsaɪs/ adj 1 preciso; exato; definitivo. 2 meticuloso.

pre·cise·ness /prɪsaɪsnəs/ s precisão; exatidão.

pre·ci·sion /prɪsɪʒən/ s precisão; exatidão.

pre·clude /prɪkluːd/ v (precludes, precluding, precluded, precluded) impedir; prevenir.

pre·clu·sion /prɪkluːʒən/ s impedimento; prevenção.

pre·clu·sive /prɪkluːzɪv/ adj preventivo; impeditivo.

pre·co·cious /prɪkouʃəs/ adj precoce; prematuro.

pre·con·ceive /priːkənsiːv/ v (preconceives, preconceiving, preconceived, preconceived) preconceber.

pre·con·cep·tion /priːkənsepʃən/ s preconceito; opinião formada.

pre·con·cert /priːkənsɜːrt/ v (preconcerts, preconcerting, preconcerted, precon-

certed) combinar previamente; ajustar antecipadamente.

pre·cur·sor /prɪkɜːrsə/ s 1 precursor. 2 predecessor.

pre·cur·so·ry /prɪkɜːrsəri/ adj precursor.

pred·a·tor /predətə/ s predador.

pred·a·to·ry /predətɔːri/ adj predatório.

pred·e·ces·sor /predəsesə/ s predecessor; antecessor.

pre·des·ti·nate /priːdestəneɪt/ v (predestinates, predestinating, predestinated, predestinated) *Teol* predestinar. II /priːdestənɪt/ adj predestinado.

pre·des·ti·na·tion /priːdestəneɪʃən/ s predestinação; destino.

pre·des·tine /priːdestɪn/ v (predestines, predestining, predestined, predestined) predestinar.

pre·de·ter·mi·na·tion /priːdɪtɜːrmɪneɪʃən/ s predeterminação.

pre·de·ter·mine /priːdɪtɜːrmən/ v (predetermines, predetermining, predetermined, predetermined) predeterminar.

pred·i·cate /predɪkeɪt/ v (predicates, predicating, predicated, predicated) 1 proclamar. 2 afirmar. II /predɪkɪt/ s 1 *Gram* predicado. 2 atributo; qualidade.

pred·i·ca·tion /predɪkeɪʃən/ s 1 afirmação. 2 predicação.

pred·i·ca·tive /prɪdɪkətɪv/ adj predicativo.

pre·dict /prɪdɪkt/ v (predicts, predicting, predicted, predicted) predizer; profetizar; prever.

pre·dic·tion /prɪdɪkʃən/ s predição; profecia.

pre·dic·tive /prɪdɪktɪv/ adj profético.

pre·dic·tor /prɪdɪktə/ s profetizador; profeta.

pred·i·lec·tion /predəlekʃən/ s predileção; preferência.

pre·dis·pose /priːdɪspouz/ v (predisposes, predisposing, predisposed, predisposed) predispor.

pre·dis·po·si·tion /priːdɪspəzɪʃən/ s predisposição; tendência; inclinação.

pre·dom·i·nance /prɪdɑːmənəns/ s predominância; predomínio. (*var* predominancy).

pre·dom·i·nan·cy /prɪdɑːmənənsi/ → predominance.

pre·dom·i·nant /prɪdɑ:mənənt/ *adj* predominante.

pre·dom·i·nate /prɪdɑ:məneɪt/ *v* (**predominates**, **predominating**, **predominated**, **predominated**) predominar; preponderar; prevalecer.

pre·dom·i·na·tion /prɪdɑ:məneɪʃən/ *s* predomínio; preponderância.

pre·em·i·nence /pri:emɪnəns/ *s* preeminência; superioridade. (*tb* **pre-eminence**).

pre·em·i·nent /pri:emɪnənt/ *adj* preeminente; superior; principal. (*tb* **pre-eminent**).

pre·empt /pri:empt/ *v* (**preempts**, **preempting**, **preempted**, **preempted**) 1 adquirir ou apropriar(-se) de antemão. 2 tomar lugar. (*tb* **pre-empt**).

pre·emp·tion /pri:empʃən/ *s* preempção; precedência (no direito de compra). (*tb* **pre-emption**).

pre·emp·tive /pri:emptɪv/ *adj* preemptivo. (*tb* **pre-emptive**).

pre·emp·tor /pri:emptə/ *s* aquele que possui direitos prévios (de compra, etc.).

pref·ace /prefɪs/ *s* prefácio. || *v* (**prefaces**, **prefacing**, **prefaced**, **prefaced**) prefaciar.

pref·a·to·ry /prefətəri/ *adj* relativo a prefácio; introdutório.

pre·fect /pri:fekt/ *s* prefeito.

pre·fec·ture /pri:fektʃə/ *s* prefeitura.

pre·fer /pri:fɜ:r/ *v* (**prefers**, **preferring**, **preferred**, **preferred**) 1 preferir. 2 dar prioridade. 3 apresentar queixa.

pref·er·a·ble /prefərəbəl/ *adj* preferível.

pref·er·ence /prefərəns/ *s* preferência; predileção.

pref·er·en·tial /prefərenʃəl/ *adj* preferencial.

pre·fer·ment /pri:fɜ:rmənt/ *s* 1 promoção; nomeação. 2 preferência.

pre·fix /pri:fɪks/ *s tb Gram* prefixo. || *v* (**prefixes**, **prefixing**, **prefixed**, **prefixed**) prefixar.

preg·na·ble /pregnəbəl/ *adj* vulnerável.

preg·nan·cy /pregnənsi/ *s* 1 gravidez. 2 criatividade. (*pl* **pregnancies**).

preg·nant /pregnənt/ *adj* 1 grávida; prenhe. 2 criativo. 3 significativo.

pre·his·tor·ic /pri:hɪstɔ:rɪk/ *adj* pré-histórico. (*var* **prehistorical**).

pre·his·tor·i·cal /pri:hɪstɔ:rɪkəl/ → **prehistoric**.

pre·his·to·ry /pri:hɪstəri/ *s* pré-história.

pre·judge /pri:dʒʌdʒ/ *v* (**prejudges**, **prejudging**, **prejudged**, **prejudged**) prejulgar; fazer juízo antecipado de.

pre·judg·ment /pri:dʒʌdʒmənt/ *s* julgamento antecipado. (*tb* **prejudgement**).

prej·u·dice /predʒədɪs/ *v* (**prejudices**, **prejudicing**, **prejudiced**, **prejudiced**) 1 causar preconceito. 2 causar detrimento, prejuízo; prejudicar. || *s* 1 preconceito; prevenção. 2 dano; prejuízo; detrimento.

prel·a·cy /preləsi/ *s Ecles* prelatura; episcopado. (*pl* **prelacies**).

prel·ate /prelɪt/ *s Ecles* prelado.

pre·lect /prɪlekt/ *v* (**prelects**, **prelecting**, **prelected**, **prelected**) prelecionar; conferenciar.

pre·lec·tion /prɪlekʃən/ *s* preleção; conferência.

pre·lim·i·nar·y /prɪlɪməneri/ *adj* preliminar. || *s* preliminar. (*pl* **preliminaries**).

prel·ude /prelu:d/ *v* (**preludes**, **preluding**, **preluded**, **preluded**) preludiar; iniciar. || *s* prelúdio; prólogo; prefácio.

pre·ma·ture /pri:mətʊr/ *adj* prematuro.

pre·med·i·tate /pri:medɪteɪt/ *v* (**premeditates**, **premeditating**, **premeditated**, **premeditated**) premeditar.

pre·med·i·tat·ed /pri:medɪteɪtɪd/ *adj* premeditado.

pre·med·i·ta·tion /pri:medɪteɪʃən/ *s* premeditação.

premenstrual syndrome *s* tensão pré-menstrual (TPM). (*abrev* **PMS**).

pre·mier /prɪmɪr/ *s* primeiro-ministro. || *adj* primeiro; principal.

prem·ise /premɪs/ *v* (**premises**, **premising**, **premised**, **premised**) explicar; expor antecipadamente. || *s* premissa. ♦ **premises** terreno e instalações.

pre·mi·um /pri:miəm/ *s* 1 prêmio. 2 bonificação. 3 brinde.

pre·mo·lar /pri:moʊlə/ *s* pré-molar.

pre·mo·ni·tion /pri:mənɪʃən/ *s* premonição; presságio; pressentimento.

pre·na·tal /pri:neɪtəl/ *adj* pré-natal.

pre·oc·cu·pa·tion /pri:ɑ:kjupeɪʃən/ *s* preocupação; inquietação. 2 pré-ocupação; ocupação anterior (de um lugar).

P

pre·oc·cu·pied /priːˈɑːkjuːpaɪd/ *adj* **1** preocupado; apreensivo; absorto. **2** pré-ocupado; ocupado anteriormente.

pre·oc·cu·py /priːˈɑːkjuːpaɪ/ *v* (**preoccupies, preoccupying, preoccupied, preoccupied**) **1** preocupar. **2** ocupar primeiro (antes de outra pessoa).

prep·a·ra·tion /prepəˈreɪʃən/ *s* preparação. → **preparations** preparativos.

pre·par·a·tive /prɪˈperətɪv/ *adj* e *s* preparativo; preparatório.

pre·par·a·to·ry /prɪˈperətɔːri/ *adj* **1** preparatório. **2** preliminar.

pre·pare /prɪˈper/ *v* (**prepares, preparing, prepared, prepared**) **1** preparar(-se); aprontar(-se). **2** preparar (comida). **3** preparar-se; tornar-se apto (para um exame).

pre·pay /priːˈpeɪ/ *v* (**prepays, prepaying, prepaid, prepaid**) pagar adiantadamente.

pre·pay·ment /priːˈpeɪmənt/ *s* pagamento antecipado.

pre·pense /prɪˈpens/ *adj* premeditado; deliberado; intencional.

pre·pon·der·ance /prɪˈpɑːndərəns/ *s* preponderância; superioridade. (*var* **preponderancy**).

pre·pon·der·an·cy /prɪˈpɑːndərənsi/ → **preponderance**.

pre·pon·der·ant /prɪˈpɑːndərənt/ *adj* preponderante.

pre·pon·der·ate /prɪˈpɑːndəreɪt/ *v* (**preponderates, preponderating, preponderated, preponderated**) preponderar.

pre·pon·der·a·tion /prɪpɑːndəˈreɪʃən/ *s* preponderância.

prep·o·si·tion /prepəˈzɪʃən/ *s* preposição.

pre·pos·i·tive /prɪˈpɑːzətɪv/ *adj* prepositivo; prefixo, que se põe adiante ou em primeiro lugar. ‖ *s* palavra ou partícula prepositiva; prefixo.

pre·pos·sess /priːpəˈzes/ *v* (**prepossesses, prepossessing, prepossessed, prepossessed**) **1** causar boa impressão. **2** predispor; preparar.

pre·pos·sess·ing /priːpəˈzesɪŋ/ *adj* atraente; cativante.

pre·pos·ses·sion /priːpəˈzeʃən/ *s* idéia preconcebida; preconceito.

pre·pos·ter·ous /prɪˈpɑːstərəs/ *adj* absurdo; disparatado; grotesco; irracional.

pre·po·ten·cy /priːˈpoʊtnsi/ *s* prepotência; predominância.

pre·po·tent /priːˈpoʊtnt/ *adj* prepotente; influente; poderoso.

pre·rog·a·tive /prɪˈrɑːgətɪv/ *s* prerrogativa; privilégio. ‖ *adj* privilegiado.

pres·age /ˈpresɪdʒ/ *v* (**presages, presaging, presaged, presaged**) pressagiar; profetizar; predizer. ‖ *s* presságio; pressentimento.

pres·by·ter /ˈprezbɪtə/ *s* presbítero.

pres·by·te·ri·an /prezbɪˈtɪriən/ *adj* **1** presbiteriano. **2** *maiús* presbiteriano (relativo à Igreja Presbiteriana). ‖ *s* **1** presbiteriano. **2** *maiús* presbiteriano (membro da Igreja Presbiteriana).

pres·by·ter·y /ˈprezbɪteri/ *s* presbitério. (*pl* **presbyteries**).

pre·school /priːˈskuːl/ *adj* pré-escolar. ‖ *s* pré-escola.

pre·sci·ence /ˈpreʃəns/ *s* presciência; presságio; previsão.

pre·sci·ent /ˈpreʃənt/ *adj* presciente; previdente; que prevê.

pre·scind /prɪˈsɪnd/ *v* (**prescinds, prescinding, prescinded, prescinded**) abstrair; separar.

pre·scribe /prɪˈskraɪb/ *v* (**prescribes, prescribing, prescribed, prescribed**) **1** *Jur* prescrever. **2** ordenar; determinar; ditar. **3** receitar (remédios).

pre·script /priːˈskrɪpt/ *s* prescrição; regra; preceito; norma.

pre·scrip·tion /prɪˈskrɪpʃən/ *s* **1** prescrição; regra; preceito. **2** receita médica.

pre·scrip·tive /prɪˈskrɪptɪv/ *adj* sancionado; prescrito.

pres·ence /ˈprezəns/ *s* presença.

pres·ent /ˈprezənt/ *adj* **1** *tb Gram* presente. **2** vigente; corrente; atual. **3** existente. ‖ *s* **1** o presente; o tempo atual. **2** *Gram* tempo presente. **3** oferta; dádiva. ‖ /prɪˈzent/ *v* (**presents, presenting, presented, presented**) **1** apresentar. **2** expor; mostrar. **3** presentear; ofertar. **4** trazer a público.

pre·sent·a·ble /prɪˈzentəbəl/ *adj* **1** que pode ser ofertado. **2** apresentável.

pres·en·ta·tion /prezənterʃən/ s 1 apresentação; exibição. 2 presente; oferta.

pres·ent-day /prezəntder/ adj atual; moderno; de hoje.

pre·sen·tient /pri:senʃiənt/ adj que tem pressentimento.

pre·sen·ti·ment /prizentimənt/ s pressentimento; prenúncio; palpite.

pres·ent·ly /prezəntli/ adv 1 agora. 2 daqui a pouco; logo; muito breve.

pre·sent·ment /prizentmənt/ s 1 apresentação. 2 representação.

present participle s Gram particípio presente.

present perfect s Gram pretérito perfeito composto.

present tense s Gram tempo presente.

pres·er·va·tion /prezəverʃən/ s preservação; conservação.

pre·ser·va·tive /prizз:rvətɪv/ adj preservativo. || s conservante.

pre·serve /prizз:rv/ v (preserves, preserving, preserved, preserved) 1 preservar; proteger. 2 conservar (em perfeito estado). 3 fazer compota; pôr em conserva. || s 1 conserva; compota. 2 reserva florestal.

pre·serv·er /prizз:rvə/ s preservador.

pre·side /prizaɪd/ v (presides, presiding, presided, presided) presidir; dirigir.

pres·i·den·cy /prezɪdənsi/ s 1 presidência. 2 maiús Presidência da República. (pl presidencies).

pres·i·dent /prezɪdənt/ s 1 presidente (de uma assembléia, reunião, encontro etc.). 2 maiús presidente (da República, de uma empresa; de uma universidade etc.).

pres·i·den·tial /prezɪdenʃəl/ adj presidencial.

pre·sid·i·um /prisɪdiəm/ s 1 um dos vários comitês executivos permanentes dos países comunistas. (pl presidia /prisɪdiə/ ou presidiums). 2 maiús comitê executivo permanente do Soviete Supreme.

press /pres/ v (presses, pressing, pressed, pressed) 1 apertar; comprimir. 2 pressionar. 3 espremer; prensar. 4 oprimir. 5 passar a ferro (roupas). 6 forçar. 7 insistir. || s 1 prensa; imprensa (máquina). 2 pres-

são; aperto. 3 premência. 4 turba; multidão. 5 imprensa (jornais e congêneres).

press conference s entrevista coletiva.

press·ing /presɪŋ/ adj urgente; importante. || s prensagem.

press·man /presmæn/ s impressor.

press release s comunicado ou matéria liberada para publicação.

pres·sure /preʃə/ s pressão.

pressure cabin s cabine pressurizada.

pressure cooker s panela de pressão.

pressure gauge s manômetro.

pressure group s grupo de pressão.

pres·sur·ize /preʃəraɪz/ v (pressurizes, pressurizing, pressurized, pressurized) pressurizar.

pres·tige /presti:dʒ/ s prestígio; reputação; influência.

pres·ti·gious /prestɪʒəs/ adj prestigioso.

pre·sum·a·ble /prizu:məbəl/ adj presumível; provável.

pre·sume /prizu:m/ v (presumes, presuming, presumed, presumed) 1 presumir; supor. 2 ousar; atrever-se.

pre·sum·ing /prizu:mɪŋ/ adj presunçoso; arrogante.

pre·sump·tion /prizʌmpʃən/ s 1 presunção; arrogância. 2 conjectura; suposição. 3 atrevimento.

pre·sump·tive /prizʌmptɪv/ adj presumível.

pre·sump·tu·ous /prizʌmptʃu:əs/ adj presunçoso; vaidoso; arrogante; insolente.

pre·sump·tu·ous·ness /prizʌmptʃu:əsnəs/ s presunção; vaidade; arrogância; insolência.

pre·sup·pose /prisəpoʊz/ v (presupposes, presupposing, presupposed, presupposed) pressupor; presumir; conjecturar.

pre·sup·po·si·tion /pri:sʌpəzɪʃən/ s pressuposição; conjectura.

pre·teen /pri:ti:n/ s pré-adolescente.

pre·tend /prɪtend/ v (pretends, pretending, pretended, pretended) 1 fingir; fazer de conta. 2 ter a pretensão.

pre·tend·er /prɪtendə/ s 1 fingidor. 2 pretendente (ao trono).

pre·tense /pri:tens/ s 1 fingimento. 2 pretensão; reivindicação. 3 pretexto. 4 ostentação.

pre·ten·sion /prɪtɛnʃən/ s 1 pretensão. 2 presunção.

pre·ten·tious /prɪtɛnʃəs/ adj 1 pretensioso. 2 pomposo; aparatoso.

pre·ter·mit /pri:tə-mɪt/ v (pretermits, pretermitting, pretermitted) 1 ignorar. 2 omitir.

pre·ter·nat·u·ral /pri:tə-nætʃəəl/ adj 1 sobrenatural. 2 extraordinário.

pre·text /pri:tekst/ s pretexto; desculpa.

pret·ti·ness /prɪtinəs/ s beleza; graça; formosura.

pret·ty /prɪti/ adj 1 belo; bonito. 2 gracioso; atraente. 3 terrível. (gr comp prettier. gr super prettiest). II adv muito; bastante; um tanto.

pre·vail /prɪveɪl/ v (prevails, prevailing, prevailed, prevailed) 1 prevalecer; preponderar; predominar. 2 triunfar. 3 persuadir; induzir.

pre·vail·ing /prɪveɪlɪŋ/ adj 1 predominante. 2 corrente.

prev·a·lence /prevələns/ s prevalência.

prev·a·lent /prevələnt/ adj predominante.

pre·var·i·cate /prɪvɛrɪkeɪt/ v (prevaricates, prevaricated, prevaricated) usar de evasivas; mentir.

pre·var·i·ca·tion /prɪvɛrɪkeɪʃən/ s evasiva; mentira.

pre·var·i·ca·tor /prɪvɛrɪkeɪtə-/ s mentiroso; embusteiro.

pre·vent /prɪvɛnt/ v (prevents, preventing, prevented, prevented) impedir; evitar.

pre·ven·ta·tive /prɪvɛntətɪv/ → preventive.

pre·vent·er /prɪvɛntə-/ s o que evita ou impede.

pre·ven·tion /prɪvɛnʃən/ s 1 prevenção; impedimento. 2 obstáculo; empecilho.

pre·ven·tive /prɪvɛntɪv/ adj preventivo; profilático. (var preventative).

pre·view /pri:vju:/ s 1 pré-estréia. 2 trechos de um filme (trailer). 3 prévia.

pre·vi·ous /pri:viəs/ adj prévio; anterior; antecipado.

pre·vi·ous·ly /pri:viəsli/ adv previamente; antecipadamente; anteriormente.

pre·vi·ous·ness /pri:viəsnəs/ s anterioridade.

pre·vise /pri:viəs/ v (previses, prevising, prevised, prevised) 1 prever. 2 prevenir.

pre·vi·sion /pri:vɪʒən/ s previsão; profecia.

prey /preɪ/ s 1 presa. 2 vítima. II v (preys, preying, preyed, preyed) 1 caçar. 2 saquear; pilhar. ♦ bird of prey ave de rapina.

price /praɪs/ s 1 preço. 2 custo. II v (prices, pricing, priced, priced) avaliar; pôr preço.

price·less /praɪsləs/ adj inestimável; sem preço; impagável.

prick /prɪk/ v (pricks, pricking, pricked, pricked) 1 picar; furar; espetar. 2 aguçar os ouvidos. 3 atormentar (mentalmente). II s 1 picada; alfinetada. 2 instrumento pontiagudo. 3 remorso. 4 pop pênis.

prick·er /prɪkə-/ s 1 qualquer instrumento que pique ou fure. 2 espinho; ferrão.

prick·le /prɪkəl/ s ferrão; espinho. II v (prickles, prickling, prickled, prickled) 1 picar. 2 provocar sensação de picada.

prick·ly /prɪkli/ adj 1 espinhoso; espinhento. 2 irritadiço. (gr comp pricklier. gr super prickliest).

pride /praɪd/ s 1 orgulho; dignidade; auto-respeito. 2 vaidade; arrogância. II v (prides, priding, prided, prided) orgulhar-se; vangloriar-se.

pride·ful /praɪdfʊl/ adj orgulhoso; presunçoso; arrogante.

priest /pri:st/ s padre; sacerdote.

priest·ess /pri:stɪs/ s sacerdotisa.

priest·hood /pri:sthʊd/ s sacerdócio; clero.

prig /prɪg/ s pedante; pretensioso; arrogante.

prim /prɪm/ adj afetado. II v (prims, priming, primmed, primmed) assumir uma expressão afetada; empertigar; ataviar.

pri·ma·cy /praɪməsi/ s primazia; superioridade. (pl primacies).

pri·mal /praɪməl/ adj 1 primitivo; primeiro. 2 principal; primordial.

pri·mar·y /praɪmeri/ adj 1 principal; fundamental. 2 primeiro; primário; primitivo.

primary color s cor primária.

primary school s escola primária.

pri·mate /praɪmeɪt/ s 1 primata. 2 /praɪmɪt/ Ecles primaz.

prime /praɪm/ *adj* **1** primeiro (em qualidade, excelência ou valor). **2** primeiro (no tempo, na ordem, na seqüência). **3** *Mat* primo (número). ‖ *s* **1** aurora. **2** primavera. **3** plenitude (do vigor físico e mental). ‖ *v* (**primes, priming, primed, primed**) **1** preparar; aprontar. **2** carregar (arma). **3** dar a primeira demão. **4** instruir; informar.

prime minister *s* primeiro-ministro. *(abrev* **PM**; **P.M**).

prime number *s Mat* número primo.

prim·er /ˈprɪmɚ/ *s* **1** cartilha. **2** escorva; espoleta.

prime time *s* horário nobre (na TV).

pri·me·val /praɪˈmiːvəl/ *adj* primevo; primitivo; muito antigo.

prim·i·tive /ˈprɪmɪtɪv/ *adj* **1** primitivo; primordial; originário. **2** simples; rudimentar; tosco.

prim·i·tive·ness /ˈprɪmɪtɪvnəs/ *s* antigüidade.

pri·mo·gen·i·tor /praɪmoʊˈdʒenɪtɚ/ *s* primogênito; o ancestral mais antigo.

pri·mor·di·al /praɪˈmɔːrdiəl/ *adj* **1** primordial. **2** primitivo; fundamental. ‖ *s* primórdio; origem; princípio básico.

prim·rose /ˈprɪmroʊz/ *s Bot* prímula.

prince /prɪns/ *s* príncipe.

prince·dom /ˈprɪnsdəm/ *s* principado.

prince·ly /ˈprɪnsli/ *adj* principesco. *(gr comp* **princelier**. *gr super* **princeliest**).

prin·cess /ˈprɪnsɪs, prɪnˈses/ *s* princesa.

prin·ci·pal /ˈprɪnsəpəl/ *adj* **1** principal; mais importante. ‖ *s* **1** aquele que ocupa a posição mais importante. **2** líder; chefe; dirigente. **3** diretor de escola. **4** capital (dinheiro).

prin·ci·pal·i·ty /prɪnsəˈpæləti/ *s* principado. *(pl* **principalities**).

prin·ci·ple /ˈprɪnsəpəl/ *s* **1** princípio; base; fundamento. **2** normas de comportamento; conduta. **3** lei; teoria (científica).

prink /prɪŋk/ *v* (**prinks, prinking, prinked, prinked**) enfeitar-se; adornar-se exageradamente.

print /prɪnt/ *v* (**prints, printing, printed, printed**) **1** imprimir. **2** publicar. **3** estampar. ‖ *s* **1** impressão. **2** estampa. **3** material impresso.

print·ed /ˈprɪntɪd/ *adj* **1** impresso. **2** estampado.

printed matter *s* material impresso.

print·er /ˈprɪntɚ/ *s* **1** impressor; tipógrafo. **2** *Comp* impressora.

print·ing /ˈprɪntɪŋ/ *s* **1** impressão; tipografia. **2** tiragem.

printing office *s* gráfica.

printing press *s* máquina impressora; prelo.

pri·or /ˈpraɪɚ/ *adj* **1** anterior; prévio. **2** que precede em importância ou valor. ‖ *s Ecles* prior; superior de convento.

pri·or·ess /ˈpraɪɚɪs/ *s Ecles* prioresa; priora.

pri·or·i·ty /praɪˈɔːrəti/ *s* **1** prioridade. **2** precedência. *(pl* **priorities**).

pri·or·y /ˈpraɪəri/ *s Ecles* priorado. *(pl* **priories**).

prism /ˈprɪzəm/ *s* prisma.

pris·on /ˈprɪzən/ *s* prisão; cárcere; penitenciária. ‖ *v* (**prisons, prisoning, prisoned, prisoned**) prender; aprisionar; encarcerar.

pris·on·er /ˈprɪzənɚ/ *s* prisioneiro; preso.

prisoner of war *s* prisioneiro de guerra. *(pl* **prisioners of war**).

pris·sy /ˈprɪsi/ *adj* afetado; amaneirado. *(gr comp* **prissier**. *gr super* **prissiest**).

pris·tine /ˈprɪstiːn/ *adj* **1** primitivo; original; em estado puro. **2** prístino; relativo a tempos passados.

pri·va·cy /ˈpraɪvəsi/ *s* **1** retiro; isolamento. **2** privacidade; intimidade. **3** segredo.

pri·vate /ˈpraɪvət/ *adj* **1** privado; particular. **2** secreto; reservado.

pri·va·teer /praɪvəˈtɪr/ *s* **1** navio corsário. **2** pirata; corsário.

pri·vate·ly /ˈpraɪvətli/ *adv* em particular.

pri·va·tion /praɪˈveɪʃən/ *s* privação; escassez; necessidade.

priv·a·tive /ˈprɪvətɪv/ *adj* **1** privativo; que causa privação. **2** *Gram* que altera o significado de um termo de positivo para negativo. ‖ *s* partícula (prefixo ou sufixo) negativa (*a-, non-, -less, -un*).

priv·i·lege /ˈprɪvəlɪdʒ/ *s* privilégio; prerrogativa; regalia. ‖ *v* (**privileges, privileging, privileged, privileged**) privilegiar.

priv·i·leged /ˈprɪvəlɪdʒd/ *adj* privilegiado.

priv·i·ty /prɪvəti/ s 1 confidência; segredo. 2 *Jur* relação de direito. (*pl* **privities**).

priv·y /prɪvi/ adj 1 privado. 2 secreto. 3 pessoal; íntimo. ‖ s *Jur* 1 parte interessada. 2 toalete; banheiro.

prize /praɪz/ s 1 prêmio. 2 recompensa. ‖ v (**prizes, prizing, prized, prized**) 1 avaliar; calcular valor. 2 valorizar. 3 merecer um prêmio.

prize·fight /praɪzfaɪt/ s *Esp* luta de boxe.

prize ring s *Esp* ringue de boxe

prize·win·ner s premiado.

pro /proʊ/ s e adv pró; a favor.

prob·a·bil·i·ty /prɑːbəbɪləti/ s probabilidade. (*pl* **probabilities**).

prob·a·ble /prɑːbəbəl/ adj provável; verossímil.

prob·a·bly /prɑːbəbli/ adv provavelmente.

pro·bate /proʊbeɪt/ s *Jur* 1 processo de validação de um testamento. 2 certificado judicial da validade de um testamento. 3 cópia autenticada de um testamento.

pro·ba·tion /proʊbeɪʃən/ s 1 provação. 2 liberdade condicional. 3 período de experiência (no trabalho).

pro·ba·tion·er /proʊbeɪʃənə/ s 1 principiante; em experiência. 2 em liberdade condicional.

pro·ba·tive /proʊbətɪv/ adj probatório; usado como prova.

probe /proʊb/ s 1 investigação (científica, por exemplo). 2 inquérito; sindicância. 3 sonda cirúrgica. ‖ v (**probes, probing, probed, probed**) 1 sondar; explorar. 2 investigar.

pro·bi·ty /proʊbəti/ s probidade; integridade.

prob·lem /prɑːbləm/ s questão; problema.

prob·lem·at·ic /prɑːbləmætɪk/ adj problemático. (*var* **problematical**).

prob·lem·at·i·cal /prɑːbləmætɪkəl/ → **problematic**.

pro·ce·dure /prəsiːdʒə/ s 1 procedimento. 2 processo; método.

pro·ceed /proʊsiːd/ v (**proceeds, proceeding, proceeded, proceeded**) 1 continuar; prosseguir. 2 *Jur* processar. 3 avançar. ◆ **proceeds** proventos; rendimentos.

pro·ceed·ing /proʊsiːdɪŋ/ s procedimento. ◆ **proceedings** medidas legais.

proc·ess /prɑːses/ s 1 processo; andamento. 2 *Jur* progresso. ‖ v (**processes, processing, processed, processed**) 1 processar judicialmente. 2 /prəses/ seguir uma procissão.

pro·ces·sion /prəseʃən/ s 1 progressão. 2 origem. 3 cortejo; desfile. 4 sucessão; seqüência.

proc·es·sor /prɑːsesə/ s 1 processador. 2 *Comp* computador.

pro·claim /proʊkleɪm/ v (**proclaims, proclaiming, proclaimed, proclaimed**) proclamar; anunciar; declarar.

proc·la·ma·tion /prɑːkləmeɪʃən/ s proclamação.

pro·cliv·i·ty /proʊklɪvəti/ s propensão; inclinação; predisposição. (*pl* **proclivities**).

pro·cras·ti·nate /proʊkræstəneɪt/ v (**procrastinates, procrastinating, procrastinated, procrastinated**) 1 delongar; demorar-se. 2 protelar; procrastinar; retardar; adiar.

pro·cre·ate /proʊkrieɪt/ v (**procreates, procreating, procreated, procreated**) procriar; conceber; reproduzir.

pro·cre·a·tion /proʊkrieɪʃən/ s procriação.

pro·cre·a·tor /proʊkrieɪtə/ s procriador.

proc·tol·o·gy /prɑːktɑːlədʒi/ s *Med* proctologia.

proc·tol·o·gist /prɑːktɑːlədʒɪst/ s *Med* proctologista.

proc·tor /prɑːktə/ s inspetor; supervisor; chefe da disciplina (nos colégios e universidades).

proc·u·ra·tor /prɑːkjərətə/ s procurador (aquele que tem procuração para tratar dos negócios de outrem).

pro·cure /proʊkjʊr/ v (**procures, procuring, procured, procured**) 1 obter; conseguir (com esforço). 2 conseguir parceiros sexuais para outras pessoas.

prod /prɑːd/ v (**prods, prodding, prodded, prodded**) 1 picar; agulhar; espetar. 2 incitar; estimular. ‖ s 1 instrumento pontiagudo; espeto. 2 incitação; estímulo.

prod·i·gal /prɑːdɪgəl/ adj e s pródigo; gastador; esbanjador.

prod·i·gal·i·ty /prɑːdɪgælətɪ/ s prodigalida-
de; desperdício. (pl **prodigalities**).

pro·di·gious /prədɪdʒəs/ adj prodigioso;
maravilhoso; espantoso.

prod·i·gy /prɑːdədʒɪ/ s prodígio. (pl **prodi-
gies**).

pro·duce /prəduːs/ v (**produces**, **producing**,
produced, **produced**) **1** produzir; criar. **2**
fabricar; manufaturar. **3** mostrar; apresentar; exibir. **4** fazer a produção de (filme, espetáculo etc.) II /prɑːduːs/ s produto; produção.

pro·duc·er /prəduːsər/ s produtor (espetáculos, filmes etc.).

prod·uct /prɑːdʌkt/ s produto.

pro·duc·tion /prədʌkʃən/ s produção.

pro·duc·tive /prədʌktɪv/ adj **1** produtivo.
2 fértil; fecundo.

pro·duc·tiv·i·ty /proʊdʌktɪvətɪ/ s produtividade.

prof·a·na·tion /prɑːfəneɪʃən/ s profanação.

pro·fane /proʊfeɪn/ v (**profanes**, **profaning**,
profaned, **profaned**) **1** profanar; violar.
2 aviltar. II adj **1** profano. **2** leigo; secular. **3** vulgar; grosseiro.

pro·fan·i·ty /proʊfænətɪ/ s **1** profanidade;
sacrilégio. **2** linguagem vulgar; blasfêmia.
(pl **profanities**).

pro·fess /prəfes/ v (**professes**, **professing**,
professed, **professed**) **1** professar; declarar. **2** pretender; aparentar. **3** afirmar
crença em. **4** fazer votos (numa ordem
religiosa, por exemplo).

pro·fes·sion /prəfeʃən/ s **1** profissão.
2 declaração (de crença, sentimento
etc.).

pro·fes·sion·al /prəfeʃənəl/ s e adj profissional.

pro·fes·sion·al·ize /prəfeʃənəlaɪz/ v (**profes-
sionalizes**, **professionalizing**, **professionalized**, **professionalized**) profissionalizar.

pro·fes·sor /prəfesər/ s **1** professor (especialmente de universidade ou colégio).
2 adepto; partidário.

prof·fer /prɑːfər/ s oferta; oferecimento.
II v (**proffers**, **proffering**, **proffered**, **proffered**) oferecer; ofertar.

pro·fi·cien·cy /prəfɪʃənsɪ/ s proficiência;
competência. (pl **proficiencies**).

pro·fi·cient /prəfɪʃənt/ adj proficiente; hábil; competente.

pro·file /proʊfaɪl/ s perfil; contorno. II v
(**profiles**, **profiling**, **profiled**, **profiled**) traçar o perfil de.

prof·it /prɑːfɪt/ s **1** benefício; proveito;
vantagem. **2** lucro. II v (**profits**, **profiting**,
profited, **profited**) **1** lucrar; render; ganhar. **2** beneficiar-se; levar vantagem.

prof·it·a·ble /prɑːfɪtəbəl/ adj proveitoso;
vantajoso; lucrativo; rendoso.

prof·it·eer /prɑːfɪtɪr/ s aproveitador; explorador; especulador.

profit sharing s participação de lucros de
uma empresa recebida pelos empregados.

prof·li·gate /prɑːflɪgɪt/ adj e s desregrado; libertino; devasso.

pro·found /prəfaʊnd/ adj **1** profundo; fundo. **2** absoluto; excessivo.

pro·found·ness /prəfaʊndnəs/ s tb fig profundidade.

pro·fun·di·ty /proʊfʌndətɪ/ s profundidade.
(pl **profundities**).

pro·fuse /prəfjuːs/ adj profuso; abundante; farto.

pro·fu·sion /prəfjuːʒən/ s profusão; abundância.

pro·gen·i·tor /proʊdʒenətər/ s progenitor;
ascendente.

prog·e·ny /prɑːdʒənɪ/ s progênie; prole;
procedência; ascendência. (pl **progeny** ou
progenies).

pro·ges·ter·one /proʊdʒestəroʊn/ s pro-
gesterona.

prog·nos·tic /prɑːgnɑːstɪk/ adj e s prognóstico.

prog·nos·ti·cate /prɑːgnɑːstɪkeɪt/ v (**prog-
nosticates**, **prognosticating**, **prognosticated**, **prognosticated**) prognosticar;
predizer.

prog·nos·ti·ca·tion /prɑːgnɑːstɪkeɪʃən/ s
prognóstico.

pro·gram /proʊgræm/ s programa. II v
(**programs**, **programming/programing**,
programmed/programed,
programmed/programed) programar.

pro·gram·er /proʊgræmər/ → **programmer**.

pro·gram·mer /proʊgræmər/ s Comp pro-
gramador. (var **programer**).

prog·ress /prəgres/ v (progresses, progressing, progressed, progressed) 1 progredir. 2 prosseguir; avançar. II /prɑ:gres/ s 1 progresso; avanço. 2 desenvolvimento.

pro·gres·sion /prəgreʃən/ s 1 progresso; avanço. 2 seqüência. 3 *Mat* progressão.

pro·gres·sive /prəgresɪv/ adj 1 progressivo. 2 progressista.

pro·gres·siv·i·ty /prəgresɪvɪt/ s progressividade. (pl progressivities).

pro·hib·it /prouhɪbt/ v (prohibits, prohibiting, prohibited, prohibited) 1 proibir. 2 impedir; evitar.

pro·hi·bi·tion /prouhɪbɪʃən/ s proibição.

pro·hib·i·tive /prouhɪbatɪv/ adj proibitivo. (var prohibitory).

pro·hib·i·to·ry /prouhɪbətɔ:ri/ → prohibitive.

proj·ect /prɑdʒekt/ v (projects, projecting, projected, projected) 1 projetar; arremessar. 2 projetar (uma imagem). 3 fazer sobressair. II /prɑ:dʒekt/ s 1 projeto. 2 plano.

pro·jec·tile /prədʒektəl/ s projétil.

pro·jec·tion /prədʒekʃən/ s 1 projeção (cinema etc.). 2 plano; planejamento. 3 ressalto; saliência. 4 estimativa; previsão.

pro·jec·tive /prədʒektɪv/ adj projetivo.

projective geometry s geometria projetiva.

pro·jec·tor /prədʒektɚ/ s projetor.

pro·le·tar·i·an /prouleterian/ adj e s proletário.

pro·le·tar·i·at /prouleteriət/ s proletariado.

pro·lif·er·ate /proulɪfəreɪt/ v (proliferates, proliferating, proliferated, proliferated) proliferar.

pro·lif·ic /proulɪfɪk/ adj prolífico; produtivo; fecundo.

pro·lix /proulɪks/ adj prolixo; excessivo; enfadonho.

pro·log /proula:g/ s prólogo; introdução; prefácio (var prologue).

pro·logue /proula:g/ → prolog.

pro·long /proula:ŋ/ v (prolongs, prolonging, prolonged, prolonged) 1 prolongar; alongar (em tempo). 2 aumentar (em tamanho).

pro·lon·gate /proula:ŋgeɪt/ v (prolongates, prolongating, prolongated, prolongated) prolongar.

prom·e·nade /prɑ:məneɪd/ s 1 passeio a pé. 2 lugar público próprio para se passear a pé. 3 baile. II v (promenades, promenading, promenaded, promenaded) passear; dar um passeio.

prom·i·nence /prɑ:mənəns/ s proeminência; saliência; protuberância.

prom·i·nen·cy /prɑ:mənənsi/ s proeminência.

prom·i·nent /prɑ:mənənt/ adj 1 proeminente; saliente. 2 amplamente conhecido; eminente.

prom·is·cu·i·ty /prɑ:mɪskju:əti/ s promiscuidade. (pl promiscuities).

pro·mis·cu·ous /prəmɪskjuəs/ adj promíscuo.

prom·ise /prɑ:mɪs/ v (promises, promising, promised, promised) prometer. II s promessa; compromisso.

prom·i·sor /prɑ:mɪsɔ:r/ s *Jur* prometedor.

prom·is·ing /prɑ:mɪsɪŋ/ adj prometedor; promissor.

prom·is·so·ry /prɑ:mɪsɔ:ri/ adj promissório; que encerra uma promessa.

promissory note s nota promissória.

prom·on·to·ry /prɑ:məntɔ:ri/ s promontório. (pl promontories).

pro·mote /prəmout/ v (promotes, promoting, promoted, promoted) 1 promover (de cargo, etc.). 2 fomentar; estimular. 3 fazer promoção de.

pro·mot·er /prəmoutɚ/ s promotor; organizador.

pro·mo·tion /prəmouʃən/ s 1 promoção. 2 fomento; estímulo.

pro·mo·tive /prəmoutɪv/ adj promovedor; promotor.

prompt /prɑ:mpt/ adj 1 pontual. 2 pronto; rápido. II s lembrete. II v (prompts, prompting, prompted, prompted) 1 incitar; estimular; induzir. 2 fazer lembrar. 3 servir de ponto a (teatro).

prompt·er /prɑ:mptɚ/ s ponto (no teatro).

prompt·ly /prɑ:mptli/ adv prontamente.

promp·ti·tude /prɑ:mptɪtu:d/ s 1 prontidão. 2 pontualidade.

prom·ul·gate /prɑ:məlgeɪt/ v (promulgates, promulgating, promulgated, promulgated) anunciar oficialmente; promulgar (uma declaração oficial, um decreto etc.).

prone /proʊn/ *adj* **1** deitado de barriga para baixo; debruçado. **2** propenso; disposto.

prong /prɑːŋ/ *s* **1** dente; ponta. **2** ramo; ramificação; braço. II *v* (**prongs, pronging, pronged, pronged**) furar (com um objeto pontiagudo).

pro·nom·i·nal /proʊnɑːmənəl/ *adj Gram* pronominal.

pro·noun /proʊnaʊn/ *s Gram* pronome.

pro·nounce /prənaʊns/ *v* (**pronounces, pronouncing, pronounced, pronounced**) **1** pronunciar. **2** representar com símbolos fonéticos. **3** declarar oficialmente ou formalmente.

pro·nounced /prənaʊnst/ *adj* **1** pronunciado. **2** acentuado; distinto; marcado.

pro·nounce·ment /prənaʊnsmənt/ *s* declaração ou proclamação formal; julgamento.

pro·nun·ci·a·tion /prənʌnsieɪʃən/ *s* pronúncia; pronunciação; articulação.

proof /pruːf/ *s* **1** prova; evidência. **2** prova tipográfica. **3** demonstração; argumentação. II *adj* à prova de; resistente. II *v* (**proofs, proofing, proofed, proofed**) impermeabilizar.

proof·read /pruːfriːd/ *v* (**proofreads, proofreading, proofread, proofread**) fazer revisão de texto tipográfico.

prop /prɑːp/ *s* **1** escora; suporte. **2** apoio; amparo. II *v* (**props, propping, propped, propped**) apoiar; sustentar.

prop·a·gate /prɑːpəgeɪt/ *v* (**propagates, propagating, propagated, propagated**) **1** propagar. **2** espalhar; difundir. **3** transmitir (características genéticas, por exemplo).

prop·a·ga·tion /prɑːpəgeɪʃən/ *s* **1** propagação. **2** disseminação.

pro·pel /prəpel/ *v* (**propels, propelling, propelled, propelled**) propelir; impelir; impulsionar; propulsionar.

pro·pel·lant /prəpelənt/ *adj* propulsor; impulsor. II *s* propelente. (*var* **propellent**).

pro·pel·lent /prəpelənt/ → **propellant**.

pro·pel·ler /prəpelə/ *s* hélice (de avião ou barco). (*var* **propellor**).

pro·pel·lor /prəpelə/ → **propeller**.

pro·pen·si·ty /prəpensəti/ *s* propensão; inclinação; tendência. (*pl* **propensities**).

prop·er /prɑːpə/ *adj* **1** apropriado; adequado. **2** correto; justo; certo. **3** peculiar; característico.

proper noun *s Gram* substantivo próprio.

prop·er·ty /prɑːpəti/ *s* **1** propriedade; possessão; bem; coisa possuída. **2** característica; peculiaridade. (*pl* **properties**).

proph·e·cy /prɑːfəsi/ *s* profecia; presságio; predição. (*pl* **prophecies**).

proph·e·sy /prɑːfəsaɪ/ *v* (**prophesies, prophesying, prophesied, prophesied**) profetizar; prever o futuro.

proph·et /prɑːfɪt/ *s* profeta.

pro·phet·ic /prəfetɪk/ *adj* profético.

pro·pi·ti·ate /proʊpɪʃieɪt/ *v* (**propitiates, propitiating, propitiated, propitiated**) conciliar; apaziguar.

pro·pi·ti·a·tion /proʊpɪʃieɪʃən/ *s* conciliação; apaziguamento.

pro·pi·tious /proʊpɪʃəs/ *adj* favorável; propício; auspicioso.

prop·o·lis /prɑːpəlɪs/ *s* própolis; própole.

pro·por·tion /prəpɔːrʃən/ *s* proporção. II *v* (**proportions, proportioning, proportioned, proportioned**) proporcionar; ajustar; tornar proporcional. ♦ **proportions** dimensões; proporções.

pro·por·tion·al /prəpɔːrʃənəl/ *adj* proporcional.

pro·por·tion·ate /prəpɔːrʃənət/ *v* (**proportionates, proportionating, proportionated, proportionated**) proporcionar. II *adj* proporcionado; proporcional.

pro·pos·al /prəpoʊzəl/ *s* **1** proposta; proposição; oferta. **2** proposta de casamento.

pro·pose /prəpoʊz/ *v* (**proposes, proposing, proposed, proposed**) **1** propor; sugerir. **2** recomendar; sugerir. **3** brindar.

prop·o·si·tion /prɑːpəzɪʃən/ *s* **1** proposição; proposta. **2** proposta (imoral). **3** assunto (para discussão); questão.

pro·pound /prəpaʊnd/ *v* (**propounds, propounding, propounded, propounded**) propor.

pro·pri·e·tar·y /prəpraɪəteri/ *adj* **1** proprietário. **2** privado. || *s* **1** proprietário; grupo de proprietários. **2** posse; direito de propriedade. (*pl* **proprietaries**).

pro·pri·e·tor /proupraɪətɚ/ *s* proprietário; dono.

pro·pri·e·tress /proupraɪətrɪs/ *s* proprietária; dona.

pro·pri·e·ty /prəpraɪəti/ *s* conformidade; adequação; conveniência. (*pl* **proprieties**).

pro·pul·sion /prəpʌlʃən/ *s* propulsão; impulso.

pro·ro·ga·tion /prouroʊgeɪʃən/ *s* prorrogação; adiamento.

pro·rogue /prouroʊg/ *v* (**prorogues, proroguing, prorogued, prorogued**) prorrogar; adiar.

pro·sa·ic /prouzeɪk/ *adj* **1** prosaico; relativo à prosa. **2** comum; trivial.

pro·scribe /prouskraɪb/ *v* (**proscribes, proscribing, proscribed, proscribed**) **1** delatar ou condenar. **2** proscrever; banir.

pro·scrip·tion /prouskrɪpʃən/ *s* proscrição; proibição.

prose /prouz/ *adj* **1** prosaico. **2** comum (linguagem). || *s* prosa. || *v* (**proses, prosing, prosed, prosed**) **1** escrever em prosa. **2** falar ou escrever longa e tediosamente.

pros·e·cute /prɑːsɪkjuːt/ *v* (**prosecutes, prosecuting, prosecuted, prosecuted**) **1** *Jur* processar. **2** agir como um promotor. **3** prosseguir; levar adiante.

prosecuting attorney *s* *Jur* advogado de acusação.

pros·e·cu·tion /prɑːsɪkjuːʃən/ *s* *Jur* acusação; denúncia.

pros·e·cu·tor /prɑːsɪkjuːtɚ/ *s* **1** acusador. **2** promotor público.

pros·e·lyte /prɑːsəlaɪt/ *s* prosélito; neófito.

pros·o·dy /prɑːsədi/ *s* prosódia. (*pl* **prosodies**).

pros·pect /prɑːspekt/ *s* **1** perspectiva; expectativa. **2** probabilidade. **3** panorama; vista. **4** local (ou provável local) de depósito de minérios; depósito de minérios. || *v* (**prospects, prospecting, prospected, prospected**) prospectar; explorar (minérios, petróleo).

pro·spec·tive /prəspektɪv/ *adj* esperado; provável; previsto.

pros·pec·tor /prɑːspektɚ/ *s* prospector; garimpeiro.

pro·spec·tus /prəspektəs/ *s* prospecto.

pros·per /prɑːspɚ/ *v* (**prospers, prospering, prospered, prospered**) prosperar; progredir.

pros·per·i·ty /prɑːsperəti/ *s* prosperidade.

pros·per·ous /prɑːspəəs/ *adj* próspero.

pros·tate /prɑːsteɪt/ *s* próstata.

pros·ti·tute /prɑːstətuːt/ *s* prostituta. || *v* (**prostitutes, prostituting, prostituted, prostituted**) prostituir(-se).

pros·ti·tu·tion /prɑːstətuːʃən/ *s* prostituição; vida desregrada.

pros·trate /prɑːstreɪt/ *v* (**prostrates, prostrating, prostrated, prostrated**) **1** prostrar. **2** abater; arrasar. || *adj* **1** prostrado. **2** abatido; humilhado; sem forças.

pros·tra·tion /prɑːstreɪʃən/ *s* **1** prostração. **2** abatimento.

pros·y /prouzi/ *adj* **1** prosaico. **2** sem graça; insípido. (*gr comp* **prosier**. *gr super* **prosiest**).

pro·tag·o·nist /proutægənɪst/ *s* protagonista.

pro·tect /prətekt/ *v* (**protects, protecting, protected, protected**) proteger; defender; amparar.

pro·tect·er /prətektɚ/ → **protector**.

pro·tec·tion /prətekʃən/ *s* proteção; amparo; apoio.

pro·tec·tion·ism /prətekʃənɪzəm/ *s* protecionismo.

pro·tec·tive /prətektɪv/ *adj* protetor.

pro·tec·tor /prətektɚ/ *s* **1** protetor; defensor; guardião. **2** regente (aquele que governa um reino durante a minoridade do monarca). (*var* **protecter**).

pro·tein /proutiːn/ *s* proteína.

pro·test /proutest/ *s* protesto. || /proutest/ *v* (**protests, protesting, protested, protested**) protestar; fazer objeção.

Prot·es·tant /prɑːtəstənt/ *s* e *adj* *Rel* protestante.

prot·es·ta·tion /prɑːtəsteɪʃən/ *s* **1** protesto. **2** desaprovação.

pro·to·col /proutəkɔːl/ *s* protocolo.

pro·ton /prouta:n/ *s* próton.

pro·to·plasm /proutəplæzəm/ *s* protoplasma.

pro·to·type /proutətaip/ *s* protótipo.

pro·tract /proutrækt/ *v* (protracts, protracting, protracted, protracted) protelar; prolongar; retardar.

pro·trac·tion /proutrækʃən/ *s* prolongamento; demora.

pro·trac·tor /proutræktə/ *s* 1 transferidor (instrumento para medir e construir ângulos). 2 *Anat* músculo extensor.

pro·trude /proutru:d/ *v* (protrudes, protruding, protruded, protruded) puxar para fora; sobressair.

pro·tu·ber·ance /proutu:bərəns/ *s* protuberância; saliência.

pro·tu·ber·an·cy /proutu:bərənsi/ *s* protuberância. (*pl* protuberancies).

pro·tu·ber·ant /proutu:bərənt/ *adj* protuberante.

proud /praud/ *adj* 1 orgulhoso; vaidoso. 2 presunçoso; arrogante. 3 digno; honrado.

prove /pru:v/ *v* (proves, proving, proved, proven, proved/proven) 1 provar; demonstrar. 2 *Jur* comprovar (a autenticidade). 3 verificar; confirmar (o resultado de um cálculo). 4 imprimir (uma prova experimental).

prov·en /pru:vən/ *adj* provado; comprovado. II *v pass* e *part pass* de prove.

prov·e·nance /pra:vənəns/ *s* proveniência; origem.

prov·erb /pra:vɜ:rb/ *s* provérbio.

pro·ver·bi·al /prəvɜ:rbiəl/ *adj* proverbial.

pro·vide /prəvaid/ *v* (provides, providing, provided, provided) 1 prover; fornecer. 2 abastecer; suprir. 3 proporcionar. 4 providenciar. 5 determinar; estabelecer.

pro·vid·ed /prəvaidid/ *adj* provido; munido. II *conj* contanto que; desde que.

prov·i·dence /pra:vədəns/ *s* 1 providência. 2 Divina Providência (Deus).

prov·i·den·tial /pra:vədenʃəl/ *adj* providencial.

prov·ince /pra:vins/ *s* província.

pro·vin·cial /prəvinʃəl/ *adj* 1 provincial. 2 provinciano; do interior.

pro·vi·sion /prəvɪʒən/ *s* 1 provisão. 2 fornecimento; abastecimento. 3 medida; disposição; cláusula. II *v* (provisions, provisioning, provisioned, provisioned) prover; abastecer; suprir. ♦ provisions provisões; mantimentos.

pro·vi·sion·al /prəvɪʒənəl/ *adj* temporário; interino.

pro·vi·so /prəvaizou/ *s* condição; cláusula; ressalva. (*pl* provisos ou provisoes).

pro·vi·so·ry /prəvaizəri/ *adj* provisório; condicional.

prov·o·ca·tion /pra:vəkeiʃən/ *s* 1 provocação; incitação. 2 desafio.

pro·voc·a·tive /prəva:kətiv/ *adj* 1 provocante; provocativo. 2 irritante.

pro·voke /prəvouk/ *v* (provokes, provoking, provoked, provoked) 1 provocar. 2 irritar; exasperar. 3 incitar; instigar.

pro·vok·ing /prəvoukiŋ/ *adj* provocante; irritante.

prow /prau/ *s Náut* proa.

prow·ess /prauis/ *s* 1 coragem; bravura (especialmente em batalhas). 2 grande habilidade ou destreza.

prowl /praul/ *v* (prowls, prowling, prowled, prowled) 1 rondar. 2 perambular; vagar.

prox·i·mate /pra:ksəmət/ *adj* próximo.

prox·im·i·ty /pra:ksiməti/ *s* proximidade.

prox·y /pra:ksi/ *s Jur* 1 procurador. 2 procuração. (*pl* proxies).

prude /pru:d/ *s* pessoa preocupada em ser ou parecer apropriada, modesta e justa.

pru·dence /pru:dəns/ *s* prudência; cautela; ponderação.

pru·dent /pru:dənt/ *adj* prudente; cauteloso; precavido.

prud·er·y /pru:dəri/ *s* recato exagerado. (*pl* pruderies).

prud·ish /pru:dɪʃ/ *adj* recatado; pudico.

prune /pru:n/ *v* (prunes, pruning, pruned, pruned) 1 *gír* fazer expressões faciais de mau humor ou desgosto. 2 podar. II *s* ameixa seca.

pru·ri·ent /pruriənt/ *adj* lascivo; sensual.

pry /prai/ *v* (pries, prying, pried, pried) 1 espreitar; bisbilhotar. 2 levantar; abrir com. 3 obter com esforço ou dificuldade. II *s* bisbilhoteiro. (*pl* pries).

P

psalm /sɑːm/ s salmo.

pseu·do·nym /suːdənɪm/ s pseudônimo.

psy·chi·at·ric /saɪkiætrɪk/ adj psiquiátrico.

psy·chi·a·trist /saɪkaɪətrɪst/ s psiquiatra.

psy·chi·a·try /saɪkaɪətri/ s psiquiatria.

psy·chic /saɪkɪk/ adj psíquico. ‖ s médium. (var psychical).

psy·chi·cal /saɪkɪkəl/ → psychic.

psy·cho /saɪkou/ adj louco; insano. ‖ s gír psicopata.

psy·cho·a·nal·y·sis /saɪkouənæləsɪs/ s psicanálise. (pl psychoanalyses).

psy·cho·dra·ma /saɪkoudræm/ s psicodrama.

psy·cho·lin·guis·tics /saɪkoulɪŋgwɪstɪks/ s us v sing psicolingüística.

psy·cho·log·ic /saɪkələɑːdʒɪk/ → psychological.

psy·cho·log·i·cal /saɪkələɑːdʒɪkəl/ adj psicológico. (var psychologic).

psy·chol·o·gist /saɪkɑːlədʒɪst/ s psicólogo.

psy·chol·o·gy /saɪkɑːlədʒi/ s psicologia. (pl psychologies).

psy·cho·path /saɪkəpæθ/ s psicopata.

psy·cho·sis /saɪkousɪs/ s psicose. (pl psychoses).

psy·cho·so·mat·ic /saɪkousoumætɪk/ adj psicossomático.

psy·cho·ther·a·py /saɪkouθerəpi/ s psicoterapia. (pl psychotherapies).

pty·a·lin /taɪəlɪn/ s ptialina.

pu·ber·ty /pjuːbəti/ s puberdade.

pu·bis /pjuːbɪs/ s púbis. (pl pubes /pjuːbiːz/).

pub·lic /pʌblɪk/ adj público; comunitário; comum. ‖ s o público; o povo.

public affairs s pl negócios públicos.

pub·li·ca·tion /pʌblɪkeɪʃən/ s publicação.

public defender s defensor público.

public figure s pessoa pública.

pub·lic·i·ty /pʌblɪsəti/ s publicidade.

pub·li·cize /pʌblɪsaɪz/ v (publicizes, publicizing, publicized, publicized) divulgar; promover.

public library s biblioteca pública.

public relations s pl relações públicas.

public school s escola pública.

pub·lish /pʌblɪʃ/ v (publishes, publishing, published, published) 1 publicar. 2 editar. 3 divulgar.

pub·lish·er /pʌblɪʃə/ s 1 publicador. 2 editor.

puck /pʌk/ s 1 duende; diabrete. 2 Esp disco com que se joga hóquei.

puck·er /pʌkə/ v (puckers, puckering, puckered, puckered) enrugar; franzir. ‖ s dobra; prega (na roupa).

pud·ding /pudɪŋ/ s 1 pudim. 2 chouriço.

pud·dle /pʌdl/ s poça; lamaçal. ‖ v (puddles, puddling, puddled, puddled) enlamear.

pudg·y /pʌdʒi/ adj inform rechonchudo; atarracado. (gr comp pudgier. gr super pudgiest).

pu·er·ile /pjuːə-ɪl/ adj 1 pueril; infantil. 2 imaturo.

puff /pʌf/ v (puffs, puffing, puffed, puffed) 1 soprar; dar baforadas. 2 ofegar; bufar. 3 inflar. 4 inchar. ‖ s 1 sopro; bafejo. 2 baforada. 3 lufada. 4 inchação.

puff·y /pʌfi/ adj 1 inchado. 2 ofegante.

pu·gi·lism /pjuːdʒɪlɪzəm/ s pugilismo; boxe.

pu·gi·list /pjuːdʒɪlɪst/ s pugilista; boxeador.

pug·na·cious /pʌgneɪʃəs/ adj combativo; briguento; beligerante.

puke /pjuːk/ v (pukes, puking, puked, puked) gír vomitar. ‖ s vômito.

pule /pjuːl/ v (pules, puling, puled, puled) choramingar; lamuriar.

pull /pul/ v (pulls, pulling, pulled, pulled) 1 puxar; dar um puxão. 2 tirar; remover. 3 rasgar. 4 esticar; estender. 5 remar. ‖ s 1 puxão. 2 tração. 3 gole; trago. 4 tragada (de cigarro). 5 gír influência.

pull·back /pulbæk/ s 1 retirada; recuo. 2 entrave; impedimento; obstáculo.

pul·let /pulɪt/ s frango.

pul·ley /puli/ s polia; roldana.

pull·man /pulmən/ s 1 vagão-leito (em trem). 2 mala grande. ‖ adj que tem a forma semelhante a um vagão de trem, num projeto arquitetônico.

pull·o·ver /pulouvə/ s pulôver.

pul·lu·late /pʌljəleɪt/ v (pullulates, pullulating, pullulated, pullulated) pulular; germinar.

pulp /pʌlp/ s 1 polpa. 2 pasta; massa (de papel). ‖ v (pulps, pulping, pulped, pulped) reduzir a pasta ou polpa.

ul·pit /pʌlpɪt/ s púlpito; tribuna.

ul·sate /pʌlseɪt/ v (**pulsates, pulsating, pulsated, pulsated**) pulsar; bater; palpitar.

ul·sa·tion /pʌlseɪʃən/ s 1 pulsação; batimento; palpitação. 2 vibração.

ulse /pʌls/ s pulso; pulsação; palpitação; batimento. ll v (**pulses, pulsing, pulsed, pulsed**) pulsar; bater.

ul·ver·i·za·tion /pʌlvəraɪzeɪʃən/ s pulverização.

ul·ver·ize /pʌlvəraɪz/ v (**pulverizes, pulverizing, pulverized, pulverized**) pulverizar.

u·ma /pjuːmə/ s puma.

um·ice /pʌmɪs/ v (**pumices, pumicing, pumiced, pumiced**) alisar; polir (com pedra-pomes). ll s pedra-pomes.

ump /pʌmp/ s bomba de ar ou de água. ll v (**pumps, pumping, pumped, pumped**) bombear.

ump·kin /pʌmpkɪn/ s abóbora; jerimum.

un /pʌn/ s trocadilho. ll v (**puns, punning, punned, punned**) fazer trocadilho.

unch /pʌntʃ/ v (**punches, punching, punched, punched**) 1 furar; perfurar. 2 socar; esmurrar. 3 cutucar. ll s 1 punção; buril; furador; picotador. 2 murro; soco. 3 força; vigor. 4 ponche (bebida).

un·cheon /pʌntʃən/ s 1 escora. 2 instrumento pontiagudo; punção; buril. 3 tipo de barril; conteúdo líquido desse barril.

unch·er /pʌntʃə/ s vaqueiro; peão.

unch·y /pʌntʃi/ adj 1 vigoroso. 2 grogue; zonzo. (gr comp **punchier**. gr super **punchiest**).

unc·til·i·o /pʌŋktɪliou/ s 1 etiqueta; formalidade. (pl **punctilios**)

unc·til·i·ous /pʌŋktɪliəs/ adj meticuloso; escrupuloso.

unc·tu·al /pʌŋktʃuəl/ adj 1 pontual; pronto. 2 exato; preciso.

unc·tu·ate /pʌŋktʃueɪt/ v (**punctuates, punctuating, punctuated, punctuated**) 1 pontuar (texto). 2 interromper.

unc·tu·a·tion /pʌŋktʃueɪʃən/ s pontuação (texto).

punctuation mark s sinal de pontuação.

unc·ture /pʌŋktʃə/ v (**punctures, puncturing, punctured, punctured**) 1 puncionar. 2 furar; perfurar. 3 depreciar; defla-

cionar. ll s picada; furo (especialmente, de pneu).

pun·gen·cy /pʌndʒensi/ s pungência.

pun·gent /pʌndʒent/ adj 1 pungente; doloroso. 2 pontiagudo. 3 mordaz; irônico; sarcástico.

pun·ish /pʌnɪʃ/ v (**punishes, punishing, punished, punished**) punir; castigar.

pun·ish·ment /pʌnɪʃmənt/ s castigo; punição.

pu·ni·tive /pjuːnətɪv/ adj punitivo.

punk /pʌŋk/ adj e s gír punk.

punt /pʌnt/ s 1 bateira (embarcação de fundo chato). 2 tipo de chute na bola no futebol americano. ll v (**punts, punting, punted, punted**) 1 remar ou mover uma bateira. 2 soltar ou chutar a bola (no futebol americano).

pu·ny /pjuːni/ adj pequeno; miúdo; insignificante; fraco. (gr comp **punier**. gr super **puniest**).

pup /pʌp/ s 1 cachorrinho. 2 filhote.

pu·pa /pjuːpə/ s Zool pupa; ninfa; crisálida. (pl **pupae** /pjuːpiː/ ou **pupas** /pjuːpəz/).

pu·pil /pjuːpəl/ s 1 aluno; pupilo. 2 pupila (dos olhos). 3 Jur menor tutelado.

pu·pil·age /pjuːpəlɪdʒ/ s menoridade; tutela; pupilagem. (var **pupillage**).

pu·pil·lage /pjuːpəlɪdʒ/ → **pupilage**.

pu·pil·lar·y /pjuːpəleri/ adj 1 estudantil; referente ao estudante. 2 referente à pupila.

pup·pet /pʌpɪt/ s fantoche; marionete; títere; boneco.

pup·py /pʌpi/ s cachorrinho. (pl **puppies**).

pur·blind /pɜːrblaɪnd/ adj 1 catacego; vista curta. 2 estúpido; curto de inteligência.

pur·chas·a·ble /pɜːrtʃəsəbəl/ adj 1 comprável; adquirível. 2 subornável; corrupto.

pur·chase /pɜːrtʃəs/ v (**purchases, purchasing, purchased, purchased**) comprar; adquirir. ll s compra; aquisição.

pur·dah /pɜːrdə/ s 1 cortina ou cortinado usado para separar as mulheres indianas dos homens ou de pessoas estranhas. 2. sistema hindu ou muçulmano de segregação, praticado especialmente para manter as mulheres em reclusão.

Pu pure

pure /pjʊr/ *adj* **1** puro; homogêneo; sem mistura. **2** legítimo. **3** completo; pleno. **4** casto; virginal.

pure·blood /pjʊrblʌd/ *adj* puro-sangue.

pu·rée /pjʊreɪ/ *s* purê.

pur·fle /pɜːrfəl/ *v* (**purfles, purfling, purfled, purfled**) debruar; orlar. ‖ *s* debrum; orla.

pur·ga·tion /pɜːrgeɪʃən/ *s* purgação; purificação.

pur·ga·tive /pɜːrgətɪv/ *adj* **1** purgativo. **2** purificador. ‖ *s* purgante.

pur·ga·to·ry /pɜːrgətɔːri/ *s* purgatório. ‖ *adj* purgatório; purificador. (*pl* **purgatories**).

purge /pɜːrdʒ/ *v* (**purges, purging, purged, purged**) **1** purgar; limpar. **2** purificar; depurar. **3** provocar evacuação. ‖ *s* **1** purgação. **2** purgante. **3** depuração; purificação.

pu·ri·fi·ca·tion /pjʊrəfɪkeɪʃən/ *s* **1** purificação. **2** limpeza.

pu·ri·fy /pjʊrəfaɪ/ *v* (**purifies, purifying, purified, purified**) **1** limpar; livrar das impurezas. **2** purificar(-se); livrar(-se) de pecados e culpas.

Pu·ri·tan /pjʊrɪtən/ *s* e *adj* **1** puritano. **2** *minús* rigoroso (moralmente).

Pu·ri·tan·ism /pjʊrɪtənɪzəm/ *s* **1** puritanismo. **2** *minús* rigor moral.

pu·ri·ty /pjʊrɪti/ *s* **1** pureza; inocência; castidade. **2** uniformidade; homogeneidade. **3** linguagem escrita ou falada em estilo correto (sem gírias, por exemplo). **4** cor pura, sem mistura.

pur·loin /pərlɔɪn/ *v* (**purloins, purloining, purloined, purloined**) *formal* furtar; surripiar; roubar.

pur·ple /pɜːrpəl/ *s* **1** púrpura (cor entre o vermelho e o roxo). **2** roupa de cor púrpura, símbolo da realeza ou de alto escalão. **3** poder imperial; nobreza. **4** cardeal; bispo. ‖ *adj* **1** purpúreo; purpurino. **2** real; imperial. **3** elaborado e poético (estilo literário). ‖ *v* (**purples, purpling, purpled, purpled**) purpurar.

pur·port /pɜːrpɔːrt/ *v* (**purports, purporting, purported, purported**) **1** ter ou apresentar uma falsa aparência ou modo de ser; passar por. **2** ter a intenção de; tencionar. ‖ *s* **1** significado; sentido. **2** intenção; propósito.

pur·pose /pɜːrpəs/ *v* (**purposes, purposing, purposed, purposed**) propor-se a; ter como objetivo. ‖ *s* **1** propósito; objetivo; finalidade; intenção. **2** determinação; resolução.
♦ **on purpose** de propósito; intencionalmente; deliberadamente.

pur·pose·ful /pɜːrpəsfʊl/ *adj* **1** decidido; determinado; resoluto. **2** intencional.

pur·pose·less /pɜːrpəsləs/ *adj* sem propósito ou objetivo.

pur·pose·ly /pɜːrpəsli/ *adv* propositalmente; intencionalmente; deliberadamente.

purr /pɜːr/ *s* ronrom (do gato). ‖ *v* (**purrs, purring, purred, purred**) ronronar.

purse /pɜːrs/ *s* **1** bolsa (de mulher); carteira. **2** recursos; riqueza; dinheiro. **3** prêmio em dinheiro. ‖ *v* (**purses, pursing, pursed, pursed**) franzir ou enrugar (lábios e sobrancelhas).

purs·er /pɜːrsə/ *s* comissário de bordo (em navio).

pur·su·ance /pərsuːəns/ *s* execução; prosseguimento; continuação.

pur·su·ant /pərsuːənt/ *adj* conforme. ‖ *adv* de acordo com; em conformidade com.

pur·sue /pərsuː/ *v* (**pursues, pursuing, pursued, pursued**) **1** perseguir; acossar. **2** seguir; continuar; levar adiante. **3** ocupar-se; dedicar-se (profissão, carreira etc.).

pur·suit /pərsuːt/ *s* **1** perseguição. **2** aspiração; busca. **3** ocupação; atividade. ♦ **pursuits** ocupações; trabalhos.

pu·ru·lence /pjʊrələns/ *s* purulência; pus.

pu·ru·lent /pjʊrələnt/ *adj* purulento.

pur·vey /pərveɪ/ *v* (**purveys, purveying, purveyed, purveyed**) prover; abastecer; suprir (de alimentos, por exemplos).

pur·vey·ance /pərveɪəns/ *s* abastecimento; fornecimento; provisão.

pur·vey·or /pərveɪə/ *s* abastecedor; fornecedor.

pur·view /pɜːrvjuː/ *s* **1** âmbito; alcance. **2** ponto de vista. **3** *Jur* alcance, âmbito ou limite de uma disposição legal, um estatuto ou texto de uma lei.

pus /pʌs/ *s* pus.

push /pʊʃ/ v (pushes, pushing, pushed, pushed) 1 empurrar. 2 impulsionar; impelir. 3 avançar; forçar para frente. 4 pressionar; forçar; obrigar; 5 apertar; pressionar. 6 estender; alargar. 7 gír traficar (entorpecentes). 8 gír promover (vendas, negócios etc.). ‖ s 1 empurrão. 2 impulso. 3 estímulo. 4 energia; dinamismo.

push·cart /pʊʃkɑːrt/ s carrinho de mão.

push·er /pʊʃɚ/ s gír traficante de drogas.

push·ing /pʊʃɪŋ/ adj 1 empreendedor; ativo. 2 ambicioso; vigoroso. 3 agressivo; ousado.

push·o·ver /pʊʃoʊvɚ/ s coisa muito fácil.

push·up /pʊʃʌp/ s flexão de braço.

push·y /pʊʃi/ adj agressivo. (gr comp pushier. gr super pushiest).

pu·sil·la·nim·i·ty /pjuːsɪlənɪməti/ s pusilanimidade; covardia.

pu·sil·lan·i·mous /pjuːsɪlænɪməs/ adj pusilânime; covarde.

puss /pʊs/ s 1 inform gatinho. 2 inform menina; garota. 3 gír boca. 4 gír rosto; face.

puss·y /pʊsi/ s 1 inform gato. 2 vulg vulva. (pl pussies).

puss·y·cat /pʊsikæt/ s gatinho.

pus·tu·late /pʌstjuːleɪt/ v (pustulates, pustulating, pustulated, pustulated) formar pústulas. ‖ adj pustulento; pustuloso.

pus·tu·la·tion /pʌstʃəleɪʃən/ s formação ou aparecimento de pústulas.

pus·tule /pʌstʃuːl/ s pústula; ferida purulenta.

put /pʊt/ v (puts, putting, put, put) 1 pôr; colocar. 2 provocar; causar. 3 sujeitar; submeter. 4 atribuir; determinar. 5 estimar; avaliar. 6 impor (ônus). 7 apostar (jogos, cavalos etc.); 8 depositar. 9 apresentar; propor. 10 calcular. ‖ s 1 arremesso de peso. 2 tipo de venda ou operação financeira a prazo. ♦ **put about** mudar de rumo ou direção. **put across** comunicar; esclarecer. **put away** descartar; rejeitar; pôr de lado. **put by** poupar; guardar para mais tarde. **put down 1** anotar. 2 pôr fim; reprimir. **put into English** traduzir para o inglês. **put together** construir; criar.

pu·tre·fac·tion /pjuːtrəfækʃən/ s putrefação; podridão.

pu·tre·fy /pjuːtrəfaɪ/ v (putrefies, putrefying, putrefied, putrefied) putrefazer; apodrecer; decompor-se; cheirar mal.

pu·tres·cence /pjuːtresəns/ s putrescência.

pu·trid /pjuːtrɪd/ adj 1 pútrido; apodrecido; podre. 2 corrupto; corrompido.

put·tee /pʌtiː/ s polaina; perneira.

puz·zle /pʌzəl/ v (puzzles, puzzling, puzzled, puzzled) confundir; embaraçar; complicar. ‖ s enigma; quebra-cabeça. ♦ **puzzle out** resolver; esclarecer.

puz·zle·ment /pʌzəlmənt/ s perplexidade; confusão; embaraço.

puz·zler /pʌzəlɚ/ s pergunta embaraçosa; problema difícil.

puz·zling /pʌzəlɪŋ/ adj 1 enigmático; misterioso. 2 embaraçado; complicado.

Pyg·my /pɪgmi/ adj e s pigmeu; anão. s pigmeu (indivíduo pertencente a certas etnias da África equatorial e do sudeste asiático, cuja estatura não ultrapassa 1,27 m). (pl pygmies)

pyr·a·mid /pɪrəmɪd/ s pirâmide.

py·ret·ic /paɪretik/ adj pirético; febril.

py·ro·tech·nic /paɪrouteknɪk/ adj pirotécnico.

py·ro·tech·nics /paɪrouteknɪks/ s us v sing pirotécnica.

py·thon /paɪθɑːn/ s 1 Zool píton (espécie de serpente não-venenosa); anaconda; sucuri. 2 Mit maiús píton (serpente monstruosa morta por Ápolo).

q

q ou **Q** /kju:/ s 17ª letra do alfabeto inglês. (*pl* **q's** ou **Q's**).

Qa·tar /kɑ:tɑ:r, kətɑ:r/ s Catar.

Qa·tar·i /kɑ:tɑ:ri, kətɑ:ri/ s catariano.

quack /kwæk/ v (**quacks, quacking, quacked, quacked**) **1** grasnar. **2** agir como um curandeiro ou charlatão. ‖ s **1** grasno; grasnido. **2** charlatão. **3** curandeiro. ‖ adj charlatanesco.

quack·er·y /kwækəri/ s charlatanismo.

quad /kwɑ:d/ abrev de **1** Mat quadrângulo. **2** Geom e Náut quadrante.

quad·ran·gle /kwɑ:dræŋgəl/ s **1** Mat quadrângulo. **2** pátio, área quadrangular. (abrev **quad.**).

quad·ran·gu·lar /kwɑ:dræŋgjələr/ adj quadrangular.

quad·rant /kwɑ:drənt/ s tb Geom e Náut quadrante. (abrev **quad.**).

quad·rate /kwɑ:dreɪt, kwɑ:drɪt/ adj e s quadrado; retângulo.

quad·rat·ic /kwɑ:drætɪk/ adj Mat equação quadrática ou do segundo grau.

quad·ra·ture /kwɑ:drətʃər/ s tb Astron quadratura.

quad·ril·lion /kwɑ:drɪljən/ s quatrilhão.

quad·ru·ped /kwɑ:drʊped/ adj e s quadrúpede.

quad·ru·ple /kwɑ:dru:pəl, kwɑ:drʊpəl/ adj e s quádruplo. ‖ v (**quadruples, quadrupling, quadrupled, quadrupled**) quadruplicar.

quad·ru·pli·cate /kwɑ:dru:plɪkeɪt/ v (**quadruplicates, quadruplicating, quadruplicated, quadruplicated**) quadruplicar. ‖ /kwɑ:dru:plɪkɪt/ adj quadruplicado.

quad·ru·pli·ca·tion /kwɑ:dru:plɪkeɪʃən/ s quadruplicação.

quag·gy /kwægi/ adj pantanoso. (gr comp **quaggier**. gr super **quaggiest**).

quag·mire /kwægmaɪər/ s **1** pântano; atoleiro; lamaçal. **2** situação difícil ou precária.

quail /kweɪl/ s Zool codorniz; codorna. (pl **quail** ou **quails**). ‖ v (**quails, quailing,**

quailed, quailed) encolher-se com medo; sentir ou mostrar medo.

quaint /kweɪnt/ adj **1** estranho. **2** antiquado. **3** exótico.

quake /kweɪk/ v (**quakes, quaking, quaked, quaked**) tremer; estremecer. ‖ s **1** terremoto; abalo sísmico. **2** estremecimento.

quake·proof /kweɪkpru:f/ adj à prova de terremoto.

Quak·er /kweɪkər/ s Relig quacre (membro de uma seita protestante).

qual·i·fi·ca·tion /kwɑ:lɪfɪkeɪʃən/ s **1** qualificação. **2** dom; aptidão; habilitação. **3** limitação; restrição.

qual·i·fied /kwɑ:lɪfaɪd/ adj **1** apto; capaz; qualificado; preparado. **2** modificado. **3** incompleto; limitado; restrito.

qual·i·fi·er /kwɑ:lɪfaɪər/ s tb Gram qualificador.

qual·i·fy /kwɑ:lɪfaɪ/ v (**qualifies, qualifying, qualified, qualified**) **1** qualificar; habilitar; tornar-se apto. **2** diplomar; licenciar. **3** restringir; limitar. **4** abrandar; suavizar.

qual·i·ta·tive /kwɑ:lɪteɪtɪv/ adj qualitativo.

qual·i·ty /kwɑ:ləti/ s **1** qualidade. **2** excelência. **3** capacidade; predicado; propriedade. **4** Mús timbre. (pl **qualities**). ‖ adj excelente; de ótima qualidade. ♦ **quality of life** qualidade de vida.

quality assurance s garantia de qualidade.

quality control s controle de qualidade.

qualm /kwɑ:m/ s **1** enjôo; náuseas. **2** desfalecimento; desmaio. **3** escrúpulo; aflição; apreensão.

qualm·ish /kwɑ:mɪʃ/ adj **1** apreensivo; receoso; temeroso. **2** desfalecido. **3** que tem náuseas.

quan·da·ry /kwɑ:ndəri/ s dúvida; incerteza; perplexidade. (pl **quandaries**).

quan·ti·fy /kwɑ:ntəfaɪ/ v (**quantifies, quantifying, quantified, quantified**) quantificar.

quan·ti·ty /kwɑ:ntəti/ s 1 quantidade. 2 soma; montante. 3 número. (pl **quantities**).

quan·tize /kwɑ:ntaiz/ v Fís (**quantizes, quantizing, quantized, quantized**) quantizar.

quan·tum /kwɑ:ntəm/ s 1 Fís quantum. 2 quantidade; quantia. (pl **quanta** /kwɑ:ntə/).

quar·an·tine /kwɔ:rənti:n/ s 1 quarentena. 2 período de 40 dias. || v (**quarantines, quarantining, quarantined, quarantined**) 1 pôr em quarentena. 2 isolar (política ou economicamente).

quar·rel /kwɔ:rəl/ v (**quarrels, quarreling/ quarrelling, quarreled/quarrelled, quarreled/quarrelled**) 1 discutir; altercar; brigar. 2 reclamar. 3 discordar. || s 1 briga; desavença; discussão violenta. 2 motivo ou causa da desavença.

quar·ry /kwɔ:ri/ s 1 presa; caça (animais). 2 pedreira. 3 fonte de pesquisa. 4 quadrado ou losango. (pl **quarries**). || v (**quarries, quarrying, quarried, quarried**) 1 extrair pedras de uma pedreira. 2 colher informações; pesquisar.

quart /kwɔ:rt/ s quarta (medida de capacidade igual a 0,946 ℓ nos EUA e 1,136 ℓ no Reino Unido; medida para sólidos igual a 1,101 ℓ nos EUA).

quar·ter /kwɔ:rtə/ s 1 um quarto; quarta parte. 2 um quarto de dólar (25 cents). 3 um quarto de ano (trimestre). 4 um quarto da Lua (uma das fases). 5 um quarto de hora (15 minutos). 6 um quarto de tonelada (500 libras). 7 maiús bairro específico de uma cidade. 8 clemência; misericórdia (para com o inimigo vencido). || v (**quarters, quartering, quartered, quartered**) 1 dividir em quatro partes. 2 esquartejar. 3 alojar; aquartelar (soldados). ♦ **quarters** 1 Mil aposentos; alojamentos; quartel. 2 grupo de pessoas não-especificado. 3 local específico de residência de militares e seus familiares.

quar·ter·back /kwɔ:rtəbæk/ s Esp zagueiro.

quar·ter·deck /kwɔ:rtədek/ s Náut tombadilho superior.

quar·ter·fi·nal /kwɔ:rtəfainəl/ s Esp quarta-de-final. || adj referente à quarta-de-final.

quar·ter·ly /kwɔ:rtəli/ adj trimestral. || s publicação trimestral. (pl **quarterlies**). || adv trimestralmente.

quar·ter·mas·ter /kwɔ:rtəmæstə/ s 1 Náut contramestre. 2 Mil oficial intendente.

quar·tet /kwɔ:rtet/ s Mús quarteto. (var **quartette**).

quar·tette /kwɔ:rtet/ → **quartet**.

quartz /kwɔ:rts/ s Geol quartzo.

quartz crystal s Geol cristal de quartzo.

quash /kwɑ:ʃ/ v (**quashes, quashing, quashed, quashed**) 1 Jur invalidar; anular. 2 subjugar; reprimir por meio da força.

qua·ter·nar·y /kwɑ:tənəri, kwətɜ:rnəi/ adj quaternário. || s Geol período quaternário.

quat·rain /kwɑ:trein, kwa:trein/ s Poét quarteto; quadra.

qua·ver /kweivə/ v (**quavers, quavering, quavered, quavered**) 1 falar ou cantar com a voz tremida. 2 Mús trilar; gorjear (com instrumento ou voz). || s 1 trilo; gorjeio; trinado. 2 tremido.

quay /ki:, kei/ s cais; desembarcadouro.

quea·si·ness /kwi:zinəs/ s enjôo; náusea.

quea·sy /kwi:zi/ adj 1 enjoativo. 2 enjoado; nauseado. 3 preocupado. (gr comp **queasier**. gr super **queasiest**). (var **queazy**).

quea·zy /kwi:zi/ → **queasy**.

queen /kwi:n/ s 1 rainha; soberana. 2 fig dominadora. 3 dama; rainha (nos jogos de carta e xadrez). 4 gír ofens homossexual masculino. || v (**queens, queening, queened, queened**) tornar-se uma rainha. ♦ **queen it** fazer o papel de rainha; dominar.

queen·ly /kwi:nli/ adj 1 real; régio. 2 próprio de rainha. (gr comp **queenlier**. gr super **queenliest**). || adv majestosamente.

queer /kwir/ v (**queers, queering, queered, queered**) 1 arruinar. 2 impedir. 3 pôr alguém em situação embaraçosa. || adj 1 estranho; excêntrico; anormal. 2 indisposto; adoentado. 3 falso. 4 suspeito. || s gír ofens homossexual.

queer·ish /kwirriʃ/ adj um tanto estranho; bizarro.

quell /kwel/ v (**quells, quelling, quelled, quelled**) 1 sufocar; reprimir. 2 mitigar; abrandar; pacificar.

quench /kwentʃ/ v (**quenches, quenching, quenched, quenched**) **1** extinguir; apagar. **2** temperar, resfriar (metal aquecido). **3** saciar; satisfazer (sede). **4** destruir; acabar.

quench·er /kwentʃɚ/ s **1** extintor; o que apaga; o que esfria. **2** o que sacia ou satisfaz.

que·rist /kwerɪst/ s interrogador; investigador; perguntador.

quer·u·lous /kwerjələs/ adj **1** queixoso; lamuriante. **2** rabugento; impertinente.

que·ry /kwɪri/ s **1** quesito; pergunta. **2** hesitação; dúvida. **3** ponto de interrogação. (pl **queries**). ‖ v (**queries, querying, queried, queried**) **1** indagar; perguntar. **2** duvidar de. **3** marcar com ponto de interrogação.

quest /kwest/ v (**quests, questing, quested, quested**) **1** investigar; questionar. **2** buscar; procurar. ‖ s **1** busca; procura; pesquisa. **2** expedição; aventura.

ques·tion /kwestʃən/ s **1** pergunta; questão. **2** assunto; negócio. **3** problema. **4** controvérsia. **5** debate. **6** dúvida; incerteza. ‖ v (**questions, questioning, questioned, questioned**) **1** perguntar; indagar. **2** tb Jur interrogar. **3** pôr em dúvida; desconfiar de. **4** analisar; examinar. ♦ **out of the question** fora de cogitação; impossível. **beyond question** sem dúvida.

ques·tion·a·ble /kwestʃənəbəl/ adj questionável; discutível; duvidoso.

question mark s ponto de interrogação.

ques·tion·naire /kwestʃəner/ s questionário; formulário.

queue /kju:/ s **1** fila (de pessoas, de carros). **2** trança de cabelo; rabo-de-cavalo. ‖ v (**queues, queuing, queued, queued**) fazer ou entrar em uma fila.

quib·ble /kwɪbəl/ s **1** evasiva; subterfúgio. **2** argúcia; sofisma. ‖ v (**quibbles, quibbling, quibbled, quibbled**) sofismar; usar de evasivas ou subterfúgios.

quick /kwɪk/ adj **1** rápido; veloz; ligeiro. **2** esperto; vivo; sagaz. **3** precipitado; impetuoso; petulante. ‖ s **1** os vivos. **2** carne viva. **3** essência; âmago. ‖ adv rápido; rapidamente; prontamente.

quick·en /kwɪkən/ v (**quickens, quickening, quickened, quickened**) **1** vivificar; animar. **2** apressar; acelerar. **3** estimular; excitar.

quick·ie /kwɪki/ s inform algo feito rapidamente.

quick·lime /kwɪklaɪm/ s cal viva; cal virgem.

quick·ly /kwɪkɪli/ adv rapidamente; prontamente.

quick·ness /kwɪkɪnəs/ s **1** ligeireza; rapidez. **2** esperteza; vivacidade.

quick·sand /kwɪksænd/ s areia movediça.

quick·sil·ver /kwɪksɪlvɚ/ s mercúrio. ‖ adj mercurial.

quid /kwɪd/ s naco de fumo para mascar.

qui·es·cent /kwaɪesənt, kwiesənt/ adj quiescente; tranqüilo; inativo.

qui·et /kwaɪət/ adj **1** quieto; imóvel. **2** calado. **3** sossegado; calmo; tranqüilo; pacífico. **4** sereno; manso. ‖ s **1** quietude. **2** silêncio. **3** sossego; tranqüilidade; calma. ‖ v (**quiets, quieting, quieted, quieted**) acalmar; aquietar; tranqüilizar. ♦ **keep quiet** ficar quieto.

quill /kwɪl/ s **1** pena (grande) de ave. **2** pena para escrever. **3** espinho (de ouriço, porco-espinho).

quilt /kwɪlt/ s colcha; acolchoado; edredom. ‖ v (**quilts, quilting, quilted, quilted**) acolchoar; estofar; forrar.

quince /kwɪns/ s Bot **1** marmelo. **2** marmeleiro.

qui·nine /kwaɪnaɪn/ s quinino.

quinine water s água tônica.

quin·qua·ge·nar·i·an /kwɪnkwədʒənerɪən/ adj e s qüinquagenário.

quin·quen·ni·al /kwɪnkweniəl/ adj qüinqüenal. ‖ s **1** quinto aniversário. **2** período de cinco anos.

quin·quen·ni·um /kwɪnkweniəm/ s qüinqüênio. (pl **quinquennia** /kwɪnkweniə/ ou **quinquenniums**).

quint /kwɪnt/ s **1** seqüência de cinco cartas do mesmo naipe em alguns jogos. **2** quíntuplo.

quin·tes·sence /kwɪntesəns/ s quinta-essência; supra-sumo.

quin·tet /kwɪntet/ s Mús quinteto; conjunto de cinco pessoas ou instrumentos (var **quintette**).

quin·tette /kwɪntɛt/ → quintet.

quin·til·lion /kwɪntɪljən/ s Mat quintilhão.

quin·tu·ple /kwɪntuːpəl, kwɪntəpəl/ adj quintuplicado. ll s quíntuplo. ll v (quintuples, quintupling, quintupled, quintupled) quintuplicar.

quip /kwɪp/ s 1 piada; troça. 2 dito espirituoso. 3 sarcasmo; zombaria; ironia. ll v (quips, quipping, quipped, quipped) proferir ditos sarcásticos ou espirituosos; gracejar.

quirk /kwɜːrk/ s 1 comportamento excêntrico; esquisitice; extravagância. 2 torção; curva. 3 subterfúgio; evasão.

quit /kwɪt/ v (quits, quitting, quitted/quit, quitted/quit) 1 abandonar; largar; ir embora. 2 quitar. 3 desistir de; renunciar. 4 terminar; concluir; encerrar. 5 descontinuar; parar.

quite /kwaɪt/ adv 1 inteiramente; completamente. 2 bem; bastante. 3 realmente.

quits /kwɪts/ adj quite.

quit·tance /kwɪtəns/ s 1 quitação; pagamento. 2 recibo. 3 recompensa; prêmio.

quiv·er /kwɪvɚ/ s 1 tremor; estremecimento. 2 palpitação. 3 aljava (estojo para flechas). ll v (quivers, quivering, quivered, quivered) 1 tremer; estremecer. 2 palpitar; agitar-se.

quiz /kwɪz/ v (quizzes, quizzing, quizzed, quizzed) interrogar; testar o conhecimento por meio de perguntas. ll s 1 teste ou exame rápido; questionário. 2 gracejo; piada. 3 exame oral. (pl quizzes).

quiz show s programa de rádio ou TV em que os participantes respondem às perguntas para ganhar prêmios.

quiz·zi·cal /kwɪzɪkəl/ adj 1 enigmático; intrigante. 2 cômico; engraçado. 3 excêntrico; estranho.

quoin /kɔɪn, kwɔɪn/ s 1 pedra angular. 2 ângulo externo de um edifício. 3 cunha. ll v (quoins, quoining, quoined, quoined) pôr em cunha; acunhar. (var coign).

quo·ta /kwoutə/ s cota; quota.

quot·a·ble /kwoutəbəl/ adj citável.

quo·ta·tion /kwouteɪʃən/ s cotação de preços; orçamento. 2 citação (de texto).

quotation mark s aspas (sinal de pontuação).

quote /kwout/ v (quotes, quoting, quoted, quoted) 1 citar (autor, passagem de um livro). 2 escrever entre aspas; transcrever. 3 Comer cotar. ll s 1 citação (de textos). 2 cotação (de preços). 3 provérbio; dito.

quo·tid·i·an /kwoutɪdiən/ adj cotidiano; diário.

quo·tient /kwouʃənt/ s Mat quociente.

R

r ou R /ɑ:r/ s 18ª letra do alfabeto inglês. (pl r's ou R's). ‖ abrev maiús ou minús 1 Mat de radius. 2 Eletr de resistence.

rab·bet /ræbɪt/ s entalhe; encaixe. ‖ v (rabbets, rabbeting, rabbeted) encaixar; entalhar. (var rebate).

rab·bit /ræbɪt/ s 1 Zool coelho; lebre. 2 pele de coelho ou lebre. ‖ v (rabbits, rabbiting, rabbited, rabbited) caçar coelhos ou lebres.

rab·ble /ræbəl/ s 1 multidão; turba. 2 plebe; gentalha.

rab·id /ræbɪd/ adj 1 raivoso (atacado de hidrofobia); casta. 2 furioso; feroz. 3 fanático.

ra·bies /reɪbi:z/ s Med hidrofobia; raiva.

rac·coon /rækuːn/ s Zool racum. (pl raccoons ou raccoon. var racoon).

race /reɪs/ s 1 raça; linhagem; descendência; casta. 2 Esp corrida; competição de velocidade. 3 disputa (eleitoral). 4 correnteza; torrente. 5 canal (rio). ‖ v (races, racing, raced, raced) 1 correr. 2 competir; disputar. ◆ the human race a raça humana.

race·car /reɪskɑːr/ s Esp carro de corrida.

rac·er /reɪsər/ s Esp corredor que compete em corridas.

race·track /reɪstræk/ s Esp pista de corrida.

ra·chi·tis /rəkaɪtəs/ → rickets.

ra·cial /reɪʃəl/ adj racial.

rac·ing /reɪsɪŋ/ s corrida. ‖ adj de corrida.

ra·cism /reɪsɪzəm/ s racismo.

rac·ist /reɪsɪst/ s e adj racista.

rack /ræk/ s 1 armação de madeira ou metal em que são colocados vários objetos; prateleira. 2 cremalheira. 3 instrumento de tortura em que braços e pernas são puxados em direções opostas; potro. 4 estado de intensa angústia. 5 inform beliche; cama. 6 → wrack. ‖ v (racks, racking, racked, racked) 1 colo-

car na prateleira ou na estante. 2 tortu rar no potro. 3 afligir. ◆ on the rack sob tensão intensa. rack out dormir. rack u acumular.

rack·et /rækɪt/ s 1 grande confusão; al gazarra; barulho. 2 Esp raquete. (va racquet). 3 negócio desonesto ou frau dulento. ‖ v (rackets, racketing, rack eted, racketed) 1 fazer ou movimentar-se com barulho. 2 levar uma vida social agi tada.

rack·et·eer /rækətɪr/ s estelionatário; chan tagista; extorsionário. ‖ v (racketeers racketeering, racketeered, racketeered extorquir.

ra·coon /rækuːn/ → raccoon.

rac·quet /rækɪt/ → racket s 2.

rac·y /reɪsi/ adj 1 aromático; picante. 2 vigoroso; estimulante. 3 fino; de bon gosto. (gr comp racier. gr super raciest)

ra·dar /reɪdɑːr/ s radar.

ra·di·al /reɪdiəl/ adj radial. ‖ s pneu radial

ra·di·ate /reɪdieɪt/ adj radiado. ‖ v (radi ates, radiating, radiated, radiated) ra diar; brilhar; irradiar; cintilar.

ra·di·a·tion /reɪdieɪʃən/ s radiação; irra diação.

ra·di·a·tor /reɪdieɪtər/ s Mec radiador.

rad·i·cal /rædɪkəl/ adj 1 radical; essencial fundamental. 2 original; primitivo. ‖ s th Mat radical.

ra·di·o /reɪdiou/ s rádio. ‖ v (radios radioing, radioed, radioed) transmitir o comunicar-se por rádio.

ra·di·o·ac·tive /reɪdiouæktɪv/ adj radioa tivo.

ra·di·o·ac·tiv·i·ty /reɪdiouæktɪvəti/ s radioa tividade.

ra·di·o·broad·cast /reɪdioubrɑːdkæst/ s transmissão ou emissão radiofônica. ‖ v (radiobroadcasts, radiobroadcasting, ra diobroadcasted/radiobroadcast, radio broadcasted/radiobroadcast) transmitir por rádio; irradiar.

ra·di·o·graph /reɪdiouɡræf/ *s* radiografia; negativo de raios X. ‖ *v* (**radiographs, radiographing, radiographed, radiographed**) radiografar.

ra·di·og·ra·phy /reɪdiɑːɡrəfi/ *s* radiografia.

ra·di·ol·o·gy /reɪdiɑːlədʒi/ *s Med* radiologia.

ra·di·os·co·py /reɪdiɑːskəpi/ *s* radioscopia.

ra·di·o·te·leg·ra·phy /reɪdioutəlegrəfi/ *s* radiotelegrafia.

ra·di·o·te·leph·o·ny /reɪdioutəlefəni/ *s* radiotelefonia.

ra·di·o·ther·a·py /reɪdiouθerəpi/ *s Med* radioterapia. (*pl* **radiotherapies**).

radio wave *s* onda de rádio.

rad·ish /rædɪʃ/ *s Bot* rábano; rabanete.

ra·di·um /reɪdiəm/ *s Quím* rádio. (*símb* **Ra**).

ra·di·us /reɪdiəs/ *s* **1** *Mat* raio. **2** *Anat* rádio. **3** área. (*pl* **radii** /reɪdiaɪ/ ou **radiuses**).

ra·dix /reɪdɪks, rædɪks/ *s Bot* e *Mat* raiz. (*pl* **radices** /reɪdɪksɪz, rædɪksɪz/ ou **radixes** /rædəsiːz, reɪdəsiːz/).

RAF /ɑː rieɪef/ *abrev* de **Royal Air Force**; Força Aérea Real. (*tb* **R.A.F.**).

raf·fle /ræfəl/ *s* **1** rifa; sorteio. **2** escombros; detritos.

raft /ræft/ *s* **1** jangada; balsa. **2** *inform* grande quantidade. **3** bote inflável. ‖ *v* (**rafts, rafting, rafted, rafted**) **1** transportar ou viajar em balsa. **2** construir balsa.

raft·er /ræftər/ *s* **1** *Arq* viga; caibro; esteio. **2** jangadeiro.

rag /ræɡ/ *s* **1** trapo; farrapo. **2** pano de chão. **3** farrapos para fabricar papel. **4** *gír* jornal sensacionalista. ‖ *v* (**rags, ragging, ragged, ragged**) **1** ridicularizar; zombar. **2** *gír* repreender.

rag·a·muf·fin /ræɡəmʌfɪn/ *s* maltrapilho; criança vestida com roupas em trapos.

rage /reɪdʒ/ *s* **1** raiva; fúria; cólera. **2** paixão; desejo ardente. **3** moda; mania coletiva. ‖ *v* (**rages, raging, raged, raged**) **1** enfurecer-se; encolerizar-se. **2** movimentar-se com grande intensidade (vento, mar, etc.). **3** alastrar-se (epidemia).

rag·ged /ræɡɪd/ *adj* **1** esfarrapado; roto; maltrapilho. **2** áspero. **3** desigual; com imperfeições.

rag·man /ræɡmæn/ *s* trapeiro.

rag·tag /ræɡtæɡ/ *adj* desordenado; irregular.

rag·time /ræɡtaɪm/ *s Mús* estilo de *jazz* com ritmo sincopado.

raid /reɪd/ *s* **1** reide; incursão rápida; invasão ou ataque de surpresa. **2** batida policial. ‖ *v* (**raids, raiding, raided, raided**) invadir; fazer ou participar de um reide.

raid·er /reɪdər/ *s* invasor; participante de um reide.

rail /reɪl/ *s* **1** barra ou grade de apoio ou proteção. **2** corrimão; balaustrada. **3** parapeito. **4** *Náut* amurada. **5** trilho (de ferrovia). **6** ferrovia. ‖ *v* (**rails, railing, railed, railed**) **1** cercar; colocar barras ou grades. **2** ralhar; insultar.

rail·ing /reɪlɪŋ/ *s* **1** balaustrada; grade; proteção. **2** crítica; reclamação; insulto.

rail·road /reɪlroud/ *s* via férrea; ferrovia. ‖ *v* (**railroads, railroading, railroaded, railroaded**) **1** transportar por ferrovia. **2** construir ferrovias. **3** trabalhar em uma ferrovia.

rail·way /reɪlweɪ/ *s* estrada de ferro.

rai·ment /reɪmənt/ *s* roupa; vestuário.

rain /reɪn/ *s* chuva. ‖ *v* (**rains, raining, rained, rained**) chover. ♦ **rain cats and dogs** chover a cântaros, torrencialmente. **rain out** cancelar ou adiar um evento por causa do mau tempo.

rain·bow /reɪnbou/ *s* arco-íris.

rain check *s* ingresso que permite ao espectador assistir a um espetáculo em um outro dia, caso chova no dia reservado.

rain·coat /reɪnkout/ *s* capa de chuva; capa impermeável.

rain·drop /reɪndrɑːp/ *s* pingo de chuva.

rain·fall /reɪnfɔːl/ *s* **1** aguaceiro; chuvarada. **2** índice pluviométrico.

rain forest *s* floresta tropical.

rain·storm /reɪnstɔːrm/ *s* tempestade com chuva.

rain·y /reɪni/ *adj* chuvoso. (*gr comp* **rainier**. *gr super* **rainiest**).

R

raise /reɪz/ v (**raises, raising, raised, raised**) **1** geralmente us up levantar; erguer. **2** construir; edificar. **3** suscitar; evocar. **4** instigar; sublevar. **5** criar; cultivar; plantar. **6** aumentar; ampliar. **7** angariar. **8** promover. ‖ s **1** aumento. **2** levantamento; elevação. ♦ **raise a dust** causar desordem. **raise a laugh** causar riso. **raise a question** levantar uma objeção. **raise my voice** levantar minha voz. **raise from the dead** ressuscitar.

rais·er /reɪzɚ/ s cultivador; criador (de animais).

rai·sin /reɪzən/ s passa; uva seca.

rake /reɪk/ s **1** ancinho. **2** pessoa imoral. **3** inclinação perpendicular. ‖ v (**rakes, raking, raked, raked**) **1** raspar; limpar com ancinho. **2** recolher; reunir; juntar com ancinho. **3** remexer; revolver. **4** procurar cuidadosamente. **5** inform ganhar em abundância. **6** inclinar perpendicularmente. ♦ **rake up** trazer à luz.

rak·er /reɪkɚ/ s **1** raspador; raspadeira. **2** o que trabalha com o ancinho. **3** explorador.

ral·ly /ræli/ v (**rallies, rallying, rallied, rallied**) **1** reunir ou agrupar-se (tropas, partidários). **2** voltar à luta (após dispersão). **3** convalescer; recuperar forças; reanimar-se. **4** brincar; zombar; caçoar. ‖ s **1** reunião; assembléia. **2** recuperação; melhora (saúde, vigor). **3** mofa; zombaria. **4** Esp rali. (pl **rallies**).

ram /ræm/ s **1** carneiro; macho de animal ovino. **2** bate-estacas. **3** aríete. **4** Astrol maiús Áries. **5** Comp memória principal de um computador. ‖ v (**rams, ramming, rammed, rammed**) **1** calcar; macetar. **2** meter à força; enfiar. **3** forçar a passagem ou aceitação (projeto de lei).

RAM /ræm/ abrev Comp de **Random-Access Memory**; memória de acesso randômico.

ram·ble /ræmbəl/ v (**rambles, rambling, rambled, rambled**) **1** passear; vaguear (andar a esmo). **2** divagar (ao falar e escrever); desvairar. **3** seguir um movimento ou crescimento irregular; crescer a esmo. ‖ s passeio; caminhada.

ram·bler /ræmblɚ/ s **1** passeante; pessoa que vagueia, anda sem rumo. **2** divagador. **3** Bot rosa trepadeira.

ram·i·fi·ca·tion /ræmɪfɪkeɪʃən/ s ramificação.

ram·i·fy /ræmɪfaɪ/ v (**ramifies, ramifying, ramified, ramified**) ramificar.

ram·mer /ræmɚ/ s maço; martelo de bate-estacas; aríete.

ramp /ræmp/ s **1** rampa; declive. **2** Aer escada móvel para embarque e desembarque de passageiros. ‖ v (**ramps, ramping, ramped, ramped**) **1** esbravejar; enfurecer. **2** ameaçar.

ram·page /ræmpeɪdʒ/ s fúria; extrema agitação e violência. ‖ /ræmpeɪdʒ, ræmpeɪdʒ/ v (**rampages, rampaging, rampaged, rampaged**) **1** mover-se de forma violenta e agressiva. **2** enraivecer-se.

ram·pan·cy /ræmpənsi/ s excesso; exuberância.

ram·pant /ræmpənt/ adj **1** desenfreado; descontrolado. **2** exaltado; agressivo. **3** excessivo; exuberante.

ram·part /ræmpɑːrt, ræmpɑt/ s **1** baluarte; muralha. **2** proteção; fortaleza; forte. ‖ v (**ramparts, ramparting, ramparted, ramparted**) defender ou fortificar-se em um baluarte.

ram·rod /ræmrɑːd/ s vareta de espingarda. ‖ v (**ramrods, ramrodding, ramrodded, ramrodded**) supervisionar.

ran /ræn/ v pass de **run**.

ranch /ræntʃ/ s **1** fazenda (de criação de cavalos, gado, etc.). **2** casa-grande. ‖ v (**ranches, ranching, ranched, ranched**) viver ou trabalhar numa fazenda.

ranch·er /ræntʃɚ/ s **1** rancheiro. **2** casa de fazenda.

ran·cid /rænsɪd/ adj **1** rançoso. **2** desagradável; repugnante.

ran·cor /ræŋkɚ/ s rancor; ódio.

ran·cor·ous /ræŋkərəs/ adj rancoroso.

ran·dom /rændəm/ adj aleatório; impensado; fortuito; feito ao acaso. ♦ **at random** à toa; aleatoriamente.

range /reɪndʒ/ s **1** extensão; área; âmbito. **2** classe; ordem; série; fila; fileira. **3** distância; limite; raio de ação. **4** altura;

amplitude. **5** alcance (de voz, arma). **6** autonomia de um veículo. **7** área de teste de foguetes e mísseis. **8** campo aberto; pastagens naturais. **9** domínio; hábitat de uma determinada espécie. **10** ato de vaguear por uma certa região. ‖ v (**ranges, ranging, ranged, ranged**) **1** vaguear; percorrer; perambular. **2** soltar o gado. **3** dispor em uma ordem; enfileirar; classificar. **4** variar. **5** estender-se.

rang·er /reɪndʒɚ/ s **1** andarilho; peregrino. **2** patrulheiro. **3** guarda-florestal.

rank /ræŋk/ s **1** classe social; posição social; posição proeminente. **2** Mil posto hierárquico; grau. **3** fila; fileira; linha. ‖ adj **1** viçoso; exuberante. **2** de odor ou sabor forte. **3** ofensivo. **4** completo; total. ‖ v (**ranks, ranking, ranked, ranked**) **1** enfileirar; ordenar; dispor. **2** classificar. **3** gír atormentar; reclamar. ♦ **ranks 1** forças armadas. **2** grupo de pessoas. **rank and file** soldados rasos.

ran·kle /ræŋkəl/ v (**rankles, rankling, rankled, rankled**) **1** amargurar-se; irritar-se. **2** causar irritação; infeccionar; inflamar.

ran·sack /rænsæk/ v (**ransacks, ransacking, ransacked, ransacked**) **1** revistar; rebuscar. **2** saquear; pilhar.

ran·som /rænsəm/ s **1** resgate; preço de um resgate. **2** Teol redenção. ‖ v (**ransoms, ransoming, ransomed, ransomed**) resgatar; remir; livrar.

ran·som·er /rænsəmɚ/ s resgatador; redentor.

rant /rænt/ v (**rants, ranting, ranted, ranted**) falar ou declamar de forma alta e veemente. ‖ s discurso ou fala extravagante, alta, bombástica.

rap /ræp/ s **1** pancada ou batida (rápida e seca). **2** o som dessa batida. **3** gír conversa; papo. **4** repreensão; reprovação. **5** Mús rap. **6** inform o mínimo; a menor porção. ‖ v (**raps, rapping, rapped, rapped**) **1** bater; dar golpes; socar. **2** conversar; discutir; confabular. **3** repreender; reprovar. **4** criticar. **5** culpar. ♦ **I don't care a rap what you do** não dou a mínima pelo que você faz.

ra·pa·cious /rəpeɪʃəs/ adj **1** voraz. **2** ganancioso; ávido.

rape /reɪp/ s **1** estupro. **2** abdução. **3** violação. **4** bagaço de uva. **5** Bot colza. ‖ v (**rapes, raping, raped, raped**) **1** estuprar; violentar. **2** violar.

rap·id /ræpɪd/ adj rápido; veloz. ‖ s geralm us pl corredeiras; cachoeiras. ♦ **rapid eye movement** movimento rápido dos olhos. (abrev **REM**).

ra·pid·i·ty /rəpɪdəti/ s rapidez; velocidade. (var **rapidness**).

rap·id·ness /ræpɪdnɛs/ → **rapidity**.

ra·pi·er /reɪpɪɚ/ s florete; espadim de esgrima.

rap·ine /ræpɪn/ s rapina; roubo; pilhagem.

rapt /ræpt/ adj extasiado; enlevado.

rap·ture /ræptʃɚ/ v (**raptures, rapturing, raptured, raptured**) arrebatar; extasiar. ‖ s êxtase; arroubo; enlevo; entusiasmo.

rare /rer/ adj **1** raro; incomum. **2** excelente; extraordinário. **3** rarefeito (atmosfera). **4** malpassado. ♦ **a rare steak** um bife malpassado.

rar·e·fy /rerəfaɪ/ v (**rarefies, rarefying, rarefied, rarefied**) **1** rarefazer. **2** purificar; refinar. (var **rarify**).

rare·ly /rerli/ adv raramente.

rare·ness /rernəs/ s raridade; excelência.

rar·i·fy /rerəfaɪ/ → **rarefy**.

rar·i·ty /rerəti/ s **1** raridade; excelência. **2** rarefação. (pl **rarities**).

ras·cal /ræskəl/ s tratante; velhaco; patife.

ras·cal·ly /ræskəli/ adj ignóbil; baixo; vil.

rase /reɪz/ → **raze**.

rash /ræʃ/ adj **1** arrojado; ousado. **2** irrefletido. ‖ s **1** erupção cutânea. **2** onda (de acontecimentos).

rash·er /ræʃɚ/ s **1** fatia fina de toucinho frito ou tostado. **2** porção ou prato com essas fatias.

rash·ness /ræʃnəs/ s temeridade; precipitação; imprudência.

rasp /ræsp/ s **1** grosa (lima); raspadeira. **2** som estridente e áspero. **3** ato de limar. ‖ v (**rasps, rasping, rasped, rasped**) **1** limar com grosa; raspar. **2** produzir som estridente.

rasp·ber·ry /ræzberi/ s Bot framboesa.

rat /ræt/ s 1 rato; ratazana. 2 traidor; desertor. 3 *inform* pessoa sorrateira, desprezível. ‖ v (**rats, ratting, ratted, ratted**) 1 caçar ratos. 2 *gír* delatar ou trair os companheiros.

rat·a·ble /reɪtəbəl/ adj 1 avaliável. 2 proporcional.

ratch·et /rætʃɪt/ s 1 dente (de engrenagem). 2 taramela; lingüeta.

rate /reɪt/ s 1 taxa; índice. 2 razão; proporção. 3 tarifa; preço; custo. 4 padrão; qualidade; classe; categoria. ‖ v (**rates, rating, rated, rated**) 1 avaliar; calcular. 2 fixar preço; tributar. 3 considerar. 4 classificar. 5 *inform* merecer. ♦ **at any rate** em qualquer caso. **birth rate** taxa de natalidade. **first rate** de primeira ordem. **rate of exchange** taxa de câmbio.

rat·er /reɪtə/ s avaliador; aquele que estabelece as taxas.

rath·er /ræðə/ adv 1 um tanto; bastante. 2 (*us* would ou should) de preferência; preferivelmente. 3 (*us* than) em vez; ao invés de. 4 (*us* or) ou melhor; mais exatamente. 5 ao contrário.

rat·i·fi·ca·tion /rætəfɪkeɪʃən/ s ratificação.

rat·i·fy /rætəfaɪ/ v (**ratifies, ratifying, ratified, ratified**) ratificar; sancionar; validar; confirmar.

rat·ing /reɪtɪŋ/ s 1 classificação segundo especialidade ou capacidade. 2 posto; graduação. 3 avaliação financeira. 4 índice de audiência ou de popularidade (rádio, TV).

ra·tio /reɪʃiou, reɪʃou/ s 1 relação em grau e número entre duas coisas similares. 2 *tb Mat* razão. 3 proporção. (*pl* ratios).

ra·ti·oc·i·nate /ræʃiɑ:səneɪt/ v (**ratiocinates, ratiocinating, ratiocinated, ratiocinated**) raciocinar.

ra·ti·oc·i·na·tion /ræʃiɑ:səneɪʃən/ s raciocínio.

ra·tion /ræʃən, reɪʃən/ s ração. ‖ v (**rations, rationing, rationed, rationed**) 1 suprir com rações. 2 racionar. ♦ **rations** mantimentos; provisões.

ra·tion·al /ræʃənəl/ adj racional; lógico.

ra·tion·al·ism /ræʃənəlɪzəm/ s racionalismo.

ra·tion·al·i·ty /ræʃənæləti/ s racionalidade.

rat·tle /rætl/ v (**rattles, rattling, rattled, rattled**) 1 emitir ou provocar sons rápidos e secos; chocalhar; batucar. 2 tagarelar; matraquear; falar rapidamente. 3 *inform* confundir; perturbar. ‖ s 1 chocalho; som do chocalho. 2 guizo (de cascavel). 3 conversa rápida e alta.

rat·tle·brained /rætlbreɪnd/ adj tolo; tagarela.

rat·tle·snake /rætlsneɪk/ s *Zool* cascavel.

rat·tle·trap /rætltræp/ s calhambeque; carro velho.

rat·tling /rætlɪŋ/ adj *inform* alegre; vivo; animado.

rau·ci·ty /rɑ:səti/ → raucousness.

rau·cous /rɑ:kəs/ adj 1 rouco. 2 turbulento.

rau·cous·ness /rɑ:kəsnəs/ s rouquidão. (*va* raucity).

rav·age /rævɪdʒ/ v (**ravages, ravaging, ravaged, ravaged**) 1 assolar; devastar. 2 roubar; saquear. ‖ s destruição; devastação; ruína.

rave /reɪv/ v (**raves, raving, raved, raved**) 1 delirar. 2 bramar; rugir; encolerizar-se. 3 entusiasmar-se. ‖ s delírio; acesso; fúria.

rav·el /rævəl/ v (**ravels, raveling/ravelling, raveled/ravelled, raveled/ravelled**) 1 desfiar; esfiapar. 2 embaraçar; emaranhar. 3 deslindar; desembaraçar. ‖ s 1 fio solto ou emaranhado (em uma meada). 2 complicação.

ra·ven /reɪvən/ s 1 *Zool* corvo. 2 presa; pilhagem. ‖ adj negro e brilhante. ‖ /rævən/ v (**ravens, ravening, ravened, ravened**) 1 saquear; pilhar; rapinar. 2 comer vorazmente.

rav·en·ing /rævənɪŋ/ s voracidade; sofreguidão. ‖ adj rapace; rapinante.

rav·en·ous /rævənəs/ adj 1 voraz; ávido; esfomeado. 2 rapinante.

ra·vine /rəvi:n/ s ravina; garganta; desfiladeiro.

rav·ing /reɪvɪŋ/ adj alucinado; desvairado. ‖ s delírio; alucinação.

rav·ish /rævɪʃ/ v (**ravishes, ravishing, ravished, ravished**) 1 raptar. 2 violar. 3 estuprar.

rav·ish·ment /ˈrævɪʃmənt/ s 1 rapto. 2 violação. 3 estupro.

raw /rɑː/ adj 1 cru; não-cozido. 2 natural; não submetido a nenhum tratamento; não-manufaturado. 3 inexperiente; sem treinamento. 4 esfolado; em carne viva. 5 frio; úmido (tempo). 6 cruel; injusto. 7 inflamado; infectado. 8 pelado; nu. ♦ **in the raw** em estado natural.

raw·boned /rɑːbound/ adj ossudo.

raw·hide /rɑːhaɪd/ s 1 couro cru. 2 chicote de couro cru.

raw material s matéria-prima.

raw·ness /rɑːnəs/ s 1 crueza. 2 inexperiência.

ray /reɪ/ s 1 tb Mat raio. 2 luz; clarão. 3 pequena porção; traço; vestígio. 4 radiação. 5 Zool arraia. 6 Bot corola. 7 linha. || v (rays, raying, rayed, rayed) irradiar; cintilar.

raze /reɪz/ v (razes, razing, razed, razed) arrasar; demolir. (var rase).

ra·zor /ˈreɪzə/ s 1 navalha. 2 aparelho de barbear. 3 barbeador elétrico.

ra·zor·blade /ˈreɪzəbleɪd/ s lâmina de barbear. (tb razor blade).

RDA /ɑːrdiːeɪ/ abrev Comp de Remote Data Access; acesso de dados remoto.

re /reɪ/ s Mús ré.

reach /riːtʃ/ s 1 ato de estender a mão ou o braço para pegar algo. 2 extensão; área. 3 grau de entendimento ou de compreensão. 4 capacidade; alcance. || v (reaches, reaching, reached, reached) 1 estender (a mão); esticar (o braço). 2 alcançar; atingir; chegar a. 3 influenciar; afetar. 4 conseguir comunicar-se, entrar em contato. ♦ **out of reach** fora de alcance. **within reach** próximo.

reach·a·ble /ˈriːtʃəbəl/ adj atingível; alcançável.

re·act /riˈækt/ v (reacts, reacting, reacted, reacted) reagir; contra-atacar.

re·ac·tion /riˈækʃən/ s 1 tb Fís e Quím reação. 2 Mil contra-ataque. 3 conservadorismo.

re·ac·tor /riˈæktə/ s 1 Eletrôn reator. 2 Fís reação nuclear. 3 aquele que reage a um estímulo.

read /riːd/ v (reads, reading, read, read) 1 ler; interpretar. 2 compreender; descobrir o significado; decifrar. 3 prever; adivinhar. 4 atribuir um certo significado. 5 estudar. 6 registrar; marcar; mostrar. || adj lido; instruído. || s qualquer coisa lida. ♦ **read out** ou **read aloud** ler em voz alta. **read between the lines** ler entrelinhas. **read out off** expulsar (de um partido).

read·a·ble /ˈriːdəbəl/ adj 1 legível. 2 interessante ou prazeroso de ser lido.

read·er /ˈriːdə/ s 1 leitor. 2 declamador. 3 revisor. 4 livro de leitura. 5 antologia.

read·i·ly /ˈredɪli/ adv 1 prontamente, de boa vontade. 2 imediatamente. 3 facilmente.

read·i·ness /ˈredɪnəs/ s 1 presteza; prontidão. 2 desembaraço; facilidade.

read·ing /ˈriːdɪŋ/ s 1 leitura; interpretação. 2 conferência; palestra. 3 marcação; registro. 4 declamação.

re·ad·just /riːədˈʒʌst/ v (readjusts, readjusting, readjusted, readjusted) reajustar.

re·ad·just·ment /riːədˈʒʌstmənt/ s reajustamento.

read-only memory s Comp memória somente para leitura. (abrev ROM).

read·y /ˈredi/ adj 1 pronto; preparado. 2 disposto; apto; propenso. 3 disponível; à mão. (gr comp readier. gr super readiest). ♦ **at the ready** disponível para uso imediato. **make ready** preparar; providenciar.

read·y-made /ˈredimeɪd/ adj 1 já feito; pronto; disponível (roupa, comida). 2 preconcebido. (tb readymade).

re·a·gent /riːˈeɪdʒənt/ s Quím reagente.

re·al /riːl, riːəl/ s 1 tb Mat real. 2 realidade. || adj 1 real; verdadeiro. 2 genuíno; autêntico. 3 sincero. || adv inform muito.

re·al·ism /ˈriːlɪzəm, riːəlɪzəm/ s realismo.

re·al·ist /ˈriːlɪst, riːəlɪst/ s realista.

re·al·i·ty /riˈæləti/ s realidade. (pl realities).

re·al·i·za·tion /riːəlɪzeɪʃən/ s realização.

re·al·ize /ˈriːəlaɪz/ v (realizes, realizing, realized, realized) 1 compreender. 2 realizar; efetuar. 3 converter ou trocar bens. 4 render; obter (lucros, ganhos).

R

re·al·ly /ˈriːəli, ˈriːli/ *adv* realmente; verdadeiramente; na verdade; de fato.

realm /relm/ *s* 1 reino; região. 2 domínio; esfera; campo; setor.

real state *s* bens imobiliários.

re·al-time /ˈriːəltaɪm/ *adj Comp* em tempo real.

ream /riːm/ *s* resma (papel). ‖ *v* (**reams, reaming, reamed, reamed**) 1 dar forma; alargar com um mandril. 2 espremer (frutas). ♦ **reams** grande quantidade.

ream·er /ˈriːmɚ/ *s* 1 mandril. 2 espremedor de frutas.

re·an·i·mate /riːˈænəmeɪt/ *v* (**reanimates, reanimating, reanimated, reanimated**) reanimar.

reap /riːp/ *v* (**reaps, reaping, reaped, reaped**) 1 ceifar. 2 colher; coletar. 3 obter algo como resultado de um esforço.

reap·er /ˈriːpɚ/ *s* ceifeiro; máquina de ceifar.

rear /rɪr/ *s* 1 parte de trás; fundos. 2 retaguarda. 3 *inform* traseiro; nádega. ‖ *adj* traseiro; posterior; último. ‖ *v* (**rears, rearing, reared, reared**) 1 criar; cuidar (de crianças). 2 erguer; levantar. 3 erigir; construir. 4 empinar (cavalo).

rear admiral *s Mil* contra-almirante.

rear guard *s Mil* retaguarda.

rear-view mirror *s* espelho retrovisor. (*tb* **rear view mirror** ou **rearview mirror**).

rea·son /ˈriːzən/ *s* 1 razão; motivo; causa. 2 justificação; explicação. 3 bom senso. 4 sanidade mental; juízo. 5 raciocínio; capacidade mental; lógica; razão. ‖ *v* (**reasons, reasoning, reasoned, reasoned**) 1 raciocinar; pensar de forma lógica. 2 concluir. 3 persuadir. ♦ **by reason of** por causa de; em razão de. **out of reason** fora de propósito. **with reason** razoável; justificável.

rea·son·a·ble /ˈriːzənəbəl/ *adj* 1 razoável. 2 racional; lógico. 3 justo. 4 moderado.

rea·son·ing /ˈriːzənɪŋ/ *s* 1 raciocínio. 2 argumento.

re·as·sem·ble /riːəˈsembəl/ *v* (**reassembles, reassembling, reassembled, reassemble**) reunir novamente; tornar a juntar.

re·bate /ˈriːbeɪt, rɪˈbeɪt/ *v* (**rebates, rebating, rebated, rebated**) 1 abater; descontar.

2 deduzir; diminuir. 3 → **rabbet**. ‖ /ˈriːbeɪt/ *s* 1 desconto; dedução. 2 → **rabbet**.

re·bel /ˈrebəl/ *s* rebelde; revoltoso. ‖ /rɪˈbel/ *v* (**rebels, rebelling, rebelled, rebelled**) rebelar-se; revoltar-se; insurgir-se.

re·bel·lion /rɪˈbeljən/ *s* rebelião; motim.

re·bel·lious /rɪˈbeljəs/ *adj* rebelde; insubordinado.

re·birth /riːˈbɜːrθ/ *s* renascimento.

re·boot /riːˈbuːt/ *v Comp* (**reboots, rebooting, rebooted, rebooted**) reiniciar.

re·bound /riːˈbaʊnd/ *s* 1 repercussão. 2 ricochete. 3 recuperação; melhora. ‖ /ˈriːbaʊnd, riːˈbaʊnd/ *v* (**rebounds, rebounding, rebounded, rebounded**) 1 repercutir. 2 ricochetear; ressoar. 3 recuperar-se (de depressão).

re·buff /rɪˈbʌf/ *v* (**rebuffs, rebuffing, rebuffed, rebuffed**) rejeitar; recusar. ‖ *s* recusa; mau acolhimento; rejeição.

re·build /riːˈbɪld/ *v* (**rebuilds, rebuilding, rebuilt, rebuilt**) reedificar; reconstruir; remodelar.

re·buke /rɪˈbjuːk/ *v* (**rebukes, rebuking, rebuked, rebuked**) 1 repreender; admoestar. 2 censurar; recriminar. ‖ *s* 1 repreensão. 2 recriminação; censura.

re·but /rɪˈbʌt/ *v* (**rebuts, rebutting, rebutted, rebutted**) rebater; contradizer; refutar.

re·but·tal /rɪˈbʌtəl/ *s* refutação.

re·cal·ci·trant /rɪˈkælsɪtrənt/ *adj* recalcitrante; intratável; teimoso; obstinado. ‖ *s* pessoa teimosa, recalcitrante.

re·call /rɪˈkɔːl, riːˈkɔːl/ *v* (**recalls, recalling, recalled, recalled**) 1 chamar novamente. 2 relembrar. 3 anular; revogar; cancelar. 4 pedir ou ordenar retorno. 5 fazer voltar. ‖ /ˈriːkɔːl/ *s* 1 revocação; pedido de retorno. 2 recordação; lembrança. 3 revogação; cancelamento. 4 *Mil* toque de chamada.

re·cant /rɪˈkænt/ *v* (**recants, recanting, recanted, recanted**) 1 retratar; retirar o que disse. 2 renegar (crença).

re·ca·pit·u·late /riːkəˈpɪtʃəleɪt/ *v* (**recapitulates, recapitulating, recapitulated, recapitulated**) recapitular; rever os pontos principais de; resumir.

re·ca·pit·u·la·tion /ri:kəpɪtʃəleɪʃən/ s recapitulação.

re·cap·ture /ri:kæptʃɚ/ v (**recaptures, recapturing, recaptured, recaptured**) **1** recapturar. **2** retomar. **3** recordar. ‖ s **1** recaptura. **2** retomada.

re·cast /ri:kæst/ v (**recasts, recasting, recast, recast**) **1** reformar; remodelar. **2** mudar o elenco; redistribuir os papéis (teatro). ‖ s o ato de reformar; remodelar.

re·cede /rɪsi:d/ v (**recedes, receding, receded, receded**) **1** retroceder; recuar. **2** desaparecer.

re·ceipt /rɪsi:t/ s **1** recibo; quitação. **2** recebimento. ‖ v (**receipts, receipting, receipted, receipted**) passar recibo. ♦ **receipts** Comer entrada de caixa, receita.

re·ceiv·a·ble /rɪsi:vəbəl/ adj aceitável; a receber.

re·ceive /rɪsi:v/ v (**receives, receiving, received, received**) **1** receber; aceitar. **2** admitir; aprovar. **3** hospedar; acolher.

re·ceived /rɪsi:vd/ adj amplamente aceito como correto ou verdadeiro.

re·ceiv·er /rɪsi:vɚ/ s **1** recebedor. **2** receptáculo. **3** Jur depositário de bens em litígio. **4** Eletrôn receptor. **5** receptador (de mercadorias roubadas).

re·cen·sion /rɪsenʃən/ s **1** revisão crítica de um texto. **2** texto revisado.

re·cent /ri:sənt/ adj recente; novo; moderno.

re·cep·ta·cle /rɪseptəkəl/ s receptáculo; recipiente.

re·cep·tion /rɪsepʃən/ s **1** recepção; acolhimento. **2** aceitação.

re·cep·tive /rɪseptɪv/ adj receptivo.

re·cess /ri:ses, rɪses/ s **1** retiro; esconderijo; alcova. **2** recesso; suspensão temporária do trabalho. ‖ v (**recesses, recessing, recessed, recessed**) **1** pôr em esconderijo. **2** entrar em recesso.

re·ces·sion /rɪseʃən/ s **1** recuo; retirada. **2** Econ recessão.

re·charge /ri:tʃɑːrdʒ/ v (**recharges, recharging, recharged, recharged**) recarregar (bateria). ‖ s /ri:tʃɑːrdʒ/ recarga.

rec·i·pe /resɪpi/ s receita (de comida, remédio, sucesso).

re·cip·i·ent /rɪsɪpiənt/ s receptor; recebedor (de órgão, sangue). ‖ adj receptivo.

re·cip·ro·cal /rɪsɪprəkəl/ s Mat recíproco. ‖ adj **1** mútuo; recíproco. **2** permutável.

re·cip·ro·cate /rɪsɪprəkeɪt/ v (**reciprocates, reciprocating, reciprocated, reciprocated**) **1** reciprocar; tornar recíproco. **2** alternar; oscilar. **3** retribuir. **4** ser equivalente.

re·cip·ro·ca·tion /rɪsɪprəkeɪʃən/ s **1** reciprocação; permutação. **2** correspondência mútua. **3** Mec movimento alternado.

re·cit·al /rɪsaɪtəl/ s **1** recital. **2** narração; recitação.

rec·i·ta·tion /resɪteɪʃən/ s **1** recitação; declamação. **2** prova oral (na escola).

re·cite /rɪsaɪt/ v (**recites, reciting, recited, recited**) **1** recitar; declamar. **2** contar em detalhes; descrever. **3** enumerar.

reck·less /rekləs/ adj **1** negligente. **2** inconseqüente; precipitado; temerário.

reck·on /rekən/ v (**reckons, reckoning, reckoned, reckoned**) **1** calcular; fazer contas; computar. **2** considerar. **3** inform pensar; assumir. **4** somar; achar o total.

reck·on·ing /rekənɪŋ/ s **1** contagem; cálculo. **2** conta a ser paga. **3** o ato de pagar a conta. **4** cálculo da posição de um navio ou avião.

re·claim /rɪkleɪm/ v (**reclaims, reclaiming, reclaimed, reclaimed**) **1** reabilitar; regenerar (uma pessoa). **2** tornar útil; cultivar (um terreno). **3** reciclar; reaproveitar; recuperar.

re-claim /ri:kleɪm/ v (**re-claims, re-claiming, re-claimed, re-claimed**) reclamar; reivindicar.

rec·la·ma·tion /rekləmeɪʃən/ s **1** reclamação. **2** reforma; restauração; reformulação.

re·cline /rɪklaɪn/ v (**reclines, reclining, reclined, reclined**) recostar; reclinar.

re·cluse /reklu:s, rɪklu:s/ adj recluso; solitário. ‖ s recluso; eremita.

rec·og·ni·tion /rekəgnɪʃən/ s reconhecimento.

rec·og·nize /rekəgnaɪz/ v (**recognizes, recognizing, recognized, recognized**) reconhecer.

re·coil /riːkɔɪl, rɪkɔɪl/ s 1 recuo. 2 coice (de arma de fogo). || /rɪkɔɪl/ v (recoils, recoiling, recoiled, recoiled) 1 recuar; retroceder (de medo, nojo). 2 dar coice (a arma de fogo).

rec·ol·lect /rekəlekt/ v (recollects, recollecting, recollected, recollected) relembrar; recordar.

rec·ol·lec·tion /rekəlekʃən/ s 1 recordação; memória. 2 lembrança; reminiscência.

rec·om·mend /rekəmend/ v (recommends, recommending, recommended, recommended) 1 recomendar. 2 aconselhar. 3 encomendar.

rec·om·men·da·tion /rekəmendeɪʃən/ s 1 recomendação. 2 conselho.

rec·om·pense /rekəmpens/ s 1 recompensa. 2 remuneração. 3 indenização; compensação. || v (recompenses, recompensing, recompensed, recompensed) 1 recompensar. 2 indenizar. 3 retribuir.

re·com·pose /riːkəmpoʊz/ v (recomposes, recomposing, recomposed, recomposed) 1 recompor; refazer. 2 tranqüilizar.

rec·on·cile /rekənsaɪl/ v (reconciles, reconciling, reconciled, reconciled) 1 reconciliar. 2 harmonizar. 3 conformar; resignar. 4 adaptar; tornar compatível.

rec·on·cil·i·a·tion /rekənsɪlieɪʃən/ s 1 reconciliação. 2 expiação; penitência.

rec·on·dite /rekəndaɪt, rɪkɑːndaɪt/ adj 1 abstruso; confuso; ambíguo. 2 obscuro; escondido.

re·con·sid·er /riːkənsɪdə/ v (reconsiders, reconsidering, reconsidered, reconsidered) reconsiderar.

re·con·sti·tute /riːkɑːnstətuːt/ v (reconstitutes, reconstituting, reconstituted, reconstituted) reconstituir; reorganizar.

re·con·struct /riːkənstrʌkt/ v (reconstructs, reconstructing, reconstructed, reconstructed) reconstruir; reconstituir.

re·con·vey /riːkənveɪ/ v (reconveys, reconveying, reconveyed, reconveyed) reconduzir; tornar a levar.

re·cord /rɪkɔːrd/ v (records, recording, recorded, recorded) 1 registrar; anotar. 2 fixar; conservar. 3 gravar (disco ou fita). 4 indicar; marcar. 5 arquivar. || /rekəd/ s 1 registro. 2 minuta; ata; protocolo. 3 arquivo; cadastro. 4 Jur testemunho. 5 documento. 6 gravação de disco ou fita. 7 recorde. ♦ off the record que não deve ser publicado. on record registrado; falado em público.

re·cord·er /rɪkɔːrdə/ s 1 registrador; apontador. 2 Jur juiz municipal com jurisdição criminal. 3 Mús flauta doce de oito furos. 4 gravador.

re·cord·ing /rɪkɔːrdɪŋ/ s 1 gravação. 2 registro.

re·course /riːkɔːrs, rɪkɔːrs/ s 1 tb Jur recurso. 2 auxílio. 3 apelo. ♦ have recourse recorrer; apelar.

re·cov·er /rɪkʌvə/ v (recovers, recovering, recovered, recovered) 1 recuperar; retomar. 2 recobrar; restabelecer (saúde). 3 reparar; compensar. 4 Jur ganhar indenização.

re·cov·er·y /rɪkʌvəri/ s 1 restabelecimento; recuperação. 2 recompensa. (pl recoveries).

recovery room s sala de recuperação póscirúrgica.

rec·re·ant /rekriənt/ adj covarde; desleal. || s pessoa sem fé; covarde.

rec·re·ate /rekrieɪt/ v (recreates, recreating, recreated, recreated) recrear; divertir.

re·cre·ate /riːkrieɪt/ v (re-creates, re-creating, re-created, re-created) recriar.

rec·re·a·tion /rekrieɪʃən/ s recreação; divertimento.

re·crim·i·nate /rɪkrɪməneɪt/ v (recriminates, recriminating, recriminated, recriminated) recriminar.

re·cru·des·cence /riːkruːdesəns/ s recrudescência.

re·cruit /rɪkruːt/ v (recruits, recruiting, recruited, recruited) 1 Mil recrutar; alistar. 2 restabelecer. 3 renovar (a saúde, o vigor). 4 admitir; acolher. || s 1 Mil recruta. 2 novato em uma organização.

re·cruit·ment /rɪkruːtmənt/ s recrutamento; alistamento.

rec·tan·gle /rektæŋgəl/ s retângulo.

rec·tan·gu·lar /rektæŋgjələ/ adj retangular.

rec·ti·fy /rɛktəfaɪ/ v (rectifies, rectifying, rectified, rectified) 1 retificar; corrigir. 2 Quím purificar, refinar através de destilação.

rec·ti·lin·e·ar /rɛktəlɪniə/ adj retilíneo.

rec·ti·tude /rɛktətuːd/ s 1 retidão. 2 integridade. 3 honestidade.

rec·tor /rɛktə/ s 1 reitor. 2 pároco.

rec·to·ry /rɛktəri/ s residência paroquial. (pl rectories)

re·cum·bent /rɪkʌmbənt/ adj 1 deitado; reclinado; recostado. 2 em repouso; descansado.

re·cu·per·ate /rɪkuːpəreɪt/ v (recuperates, recuperating, recuperated, recuperated) 1 recuperar-se de perdas financeiras; restabelecer-se. 2 restaurar (forças, saúde); convalescer.

re·cur /rɪkɜːr/ v (recurs, recurring, recurred, recurred) 1 voltar; aparecer de novo. 2 evocar; voltar à memória. 3 repetir; tornar a acontecer. 4 recorrer; apelar.

re·cur·rence /rɪkɜːrəns/ s 1 recorrência; repetição. 2 volta; retorno.

re·cur·rent /rɪkɜːrənt/ adj repetido; que se repete periodicamente.

re·cy·cle /riːsaɪkəl/ v (recycles, recycling, recycled, recycled) 1 reciclar. 2 recondicionar.

re·cy·cla·ble /riːsaɪkləbəl/ adj e s reciclável.

red /red/ adj vermelho; rubro; encarnado. II s 1 a cor vermelha. 2 geralm maiús ativista radical; comunista. 3 maiús ofens pele-vermelha (nativos americanos). ♦ in the red no vermelho; endividado.

re·dac·tion /rɪdækʃən/ s 1 redação; edição; revisão. 2 reedição; nova edição.

re·dac·tor /rɪdæktə/ s redator; editor.

red blood cell s Anat glóbulo vermelho do sangue; eritrócito.

Red Cross s Cruz Vermelha.

red·den /redən/ v (reddens, reddening, reddened, reddened) avermelhar.

red·dish /redɪʃ/ adj avermelhado.

re·deem /rɪdiːm/ v (redeems, redeeming, redeemed, redeemed) 1 redimir; salvar; resgatar. 2 reabilitar-se; redimir-se. 3 remir; reaver. 4 converter em dinheiro.

re·deem·er /rɪdiːmə/ s aquele que redime, liberta. ♦ The Redeemer O Redentor; Jesus.

re·de·liv·er /riːdɪlɪvə/ v (redelivers, redelivering, redelivered, redelivered) restituir; devolver.

re·demp·tion /rɪdempʃən/ s 1 redenção; salvação. 2 amortização de uma dívida. 3 pagamento de uma obrigação ou resgate. 4 Relig libertação dos pecados pelo sacrifício de Cristo.

red·head /redhed/ s ruivo.

red·head·ed /redhedɪd/ adj ruivo.

re·dis·trib·ute /riːdɪstrɪbjuːt/ v (redistributes, redistributing, redistributed, redistributed) redistribuir.

re·dis·tri·bu·tion /riːdɪstrɪbjuːʃən/ s redistribuição.

red meat s carne vermelha.

red·ness /rednəs/ s vermelhidão; rubor.

re·do /riːduː/ v (redoes, redoing, redid, redone) 1 refazer. 2 redecorar, reformar casa.

red·o·lent /redələnt/ adj 1 cheiroso; aromático. 2 sugestivo.

re·dou·ble /riːdʌbəl/ v (redoubles, redoubling, redoubled, redoubled) redobrar; repetir; intensificar.

re·doubt /rɪdaʊt/ s 1 reduto; pequeno forte. 2 refúgio; abrigo.

re·doubt·a·ble /rɪdaʊtəbəl/ adj formidável; temível; respeitável.

re·dound /rɪdaʊnd/ v (redounds, redounding, redounded, redounded) 1 redundar. 2 resultar. 3 contribuir.

red pepper s Bot pimenta-malagueta.

re·dress /rɪdres/ v (redresses, redressing, redressed, redressed) 1 retificar; corrigir. 2 ajustar; balancear. II /riːdres/ s 1 reparação de um erro. 2 correção. 3 compensação.

red·skin /redskɪn/ s gír ofens pele-vermelha (nativos americanos).

re·duce /rɪduːs/ v (reduces, reducing, reduced, reduced) 1 reduzir; diminuir. 2 rebaixar; degradar; subjugar. 3 abaixar os preços. 4 emagrecer; fazer dieta. 5 minorar; enfraquecer. 6 pulverizar. 7 ordenar; sistematizar; arranjar.

R

re·duc·i·ble /rɪduːsəbəl/ *adj* redutível.

re·duc·tion /rɪdʌkʃən/ *s* **1** redução; diminuição. **2** emagrecimento. **3** rebaixamento de posto. **4** abatimento; decréscimo.

re·dun·dan·cy /rɪdʌndənsi/ *s* redundância. (*pl* redundancies).

re·dun·dant /rɪdʌndənt/ *adj* redundante; pleonástico.

re·du·pli·cate /rɪduːpləkeɪt/ *v* (reduplicates, reduplicating, reduplicated, reduplicated) **1** reduplicar; multiplicar. **2** repetir; dobrar.

red·wood /redwʊd/ *s Bot* sequóia.

reed /riːd/ *s* **1** *Bot* junco. **2** haste, caniço de junco. **3** *Mús* palheta (de instrumento de sopro); instrumento de sopro com palheta (clarinete, oboé).

reef /riːf/ *s* **1** recife; rochedo. **2** veio (de ouro). **3** *Náut* parte da vela encurtada pelos rizes. || *v* (reefs, reefing, reefed, reefed) **1** *Náut* colher os rizes. **2** encurtar (mastaréu).

reek /riːk/ *s* **1** fumaça; vapor. **2** mau cheiro. || *v* (reeks, reeking, reeked, reeked) emitir vapor, fumaça ou cheiro forte; exalar.

reel /riːl/ *s* **1** carretel; bobina. **2** rolo de filme, fita ou qualquer material flexível. **3** molinete. **4** *Mús* dança folclórica escocesa. **5** rodopio; turbilhão. || *v* (reels, reeling, reeled, reeled) **1** enrolar (em carretel, rolo). **2** cambalear; vacilar. **3** girar. **4** ficar tonto. ♦ **reel off** recitar, contar sem interrupção.

re·e·lect /riːɪlekt/ *v* (reelects, reelecting, reelected, reelected) reeleger. (*tb* reelect).

re·e·lec·tion /riːɪlekʃən/ *s* reeleição.

re·en·act /riːɪnækt, riːenækt/ *v* (reenacts, reenacting, reenacted, reenacted) ordenar de novo; restabelecer. (*tb* re-enact).

re·en·force /riːɪnfɔːrs/ → **reinforce**.

re·en·ter /riːentə/ *v* (reenters, reentering, reentered, reentered) reentrar. (*tb* reenter).

re·fec·tion /rɪfekʃən/ *s* refeição leve.

re·fer /rɪfɜːr/ *v* (refers, referring, referred, referred) **1** referir; aludir. **2** recorrer a; reportar-se; consultar (buscar informa-

ções). **3** submeter (questão, problema) a uma autoridade para julgamento ou exame. **4** atribuir; creditar. **5** mencionar.

ref·er·a·ble /rɪfɜːrəbəl, refəəbəl/ *adj* que se pode referir, reportar, atribuir.

ref·e·ree /refəriː/ *s* **1** *Esp* árbitro. **2** *Jur* juiz. || *v* (referees, refereeing, refereed, refereed) arbitrar; julgar.

ref·er·ence /refərəns, refrəns/ *s* **1** referência. **2** alusão; menção. **3** notas de remissão ou rodapé. **4** relação; conexão. **5** recomendação. || *v* (references, referencing, referenced, referenced) **1** incluir referências. **2** reportar; referir. ♦ **in reference to** em referência a; concernente a.

reference book *s* livro de consulta.

ref·er·en·dum /refərendəm/ *s* plebiscito. (*pl* referendums /refərendəmz/ ou **referenda** /refərendə/).

re·fill /riːfɪl/ *v* (refills, refilling, refilled, refilled) reencher; pôr nova carga. || /riːfɪl/ *s* refil.

re·fine /rɪfaɪn/ *v* (refines, refining, refined, refined) **1** refinar(-se). **2** purificar(-se). **3** aperfeiçoar(-se); esmerar(-se) em excesso; apurar(-se).

re·fine·ment /rɪfaɪnmənt/ *s* **1** refino. **2** refinamento; requinte.

re·fin·er·y /rɪfaɪnəri/ *s* refinaria. (*pl* refineries).

re·fit /riːfɪt/ *v* (refits, refitting, refitted, refitted) **1** consertar; reparar. **2** refazer. **3** reequipar.

re·flect /rɪflekt/ *v* (reflects, reflecting, reflected, reflected) **1** refletir; espelhar. **2** refletir; meditar; pensar; considerar. **3** expressar; revelar. **4** ecoar. ♦ **reflect on 1** evidenciar. **2** expressar-se de forma cuidadosa e refletida.

re·flec·tion /rɪflekʃən/ *s* **1** reflexo; reflexão. **2** meditação. **3** observação; consideração. **4** censura; crítica.

re·flec·tive /rɪflektɪv/ *adj* **1** refletivo; que sofre reflexão. **2** reflexivo; meditativo.

re·flex /riːfleks/ *s* **1** *tb Anat* reflexo. **2** imagem refletida. **3** cópia; reprodução. || *adj* reflexo; refletido. || *v* (reflexes, reflexing, reflexed, reflexed) refletir.

e·flex·ive /rɪflˈɛksɪv/ *adj e s Gram* reflexivo.

e·flux /rˈiːflʌks/ *s* refluxo; vazante.

e·for·est /rɪfˈɔːrɪst/ *v* (**reforests, reforesting, reforested, reforested**) reflorestar.

e·form /rɪfˈɔːrm/ *s* **1** reforma (social, política). **2** melhoria. || *v* (**reforms, reforming, reformed, reformed**) reformar; emendar; corrigir.

ef·or·ma·tion /refəmˈeɪʃən/ *s* **1** reforma. **2** reformação. **3** *maiús Relig* Reforma. || *adj* reformador.

e·for·ma·to·ry /rɪfˈɔːrmətɔːri/ *s* reformatório; casa de correção. (*pl* **reformatories**).

e·fract /rɪfrˈækt/ *v* (**refracts, refracting, refracted, refracted**) refratar; refranger.

e·frac·tion /rɪfrˈækʃən/ *s tb Ópt e Astron* refração.

e·frac·to·ry /rɪfrˈæktəri/ *adj* **1** obstinado; teimoso; indócil. **2** refratário; que resiste à ação do calor. **3** de difícil tratamento médico. || *s* material refratário. (*pl* **refractories**).

e·frain /rɪfrˈeɪn/ *v* (**refrains, refraining, refrained, refrained**) refrear; conter; abster-se. || *s* estribilho; refrão.

e·fresh /rɪfrˈɛʃ/ *v* (**refreshes, refreshing, refreshed, refreshed**) **1** refrescar(-se). **2** vivificar; reviver; animar-se. **3** *Comp* atualizar (os dados na tela). **4** repor; reencher.

a·fresh·ment /rɪfrˈɛʃmənt/ *s* **1** refrescamento. **2** alimento que refresca ou revigora. ◆ **refreshments** comida ou bebida leve.

e·frig·er·ate /rɪfrˈɪdʒəreɪt/ *v* (**refrigerates, refrigerating, refrigerated, refrigerated**) refrigerar.

e·frig·er·a·tor /rɪfrˈɪdʒəreɪtər/ *s* refrigerador; geladeira.

ef·uge /rˈɛfjuːdʒ/ *s* refúgio; abrigo. || *v* (**refuges, refuging, refuged, refuged**) refugiar-se.

ef·u·gee /refjʊdʒˈiː/ *s* refugiado.

e·ful·gent /rɪfˈʌldʒənt/ *adj* refulgente; radiante; brilhante.

e·fund /rɪfˈʌnd/ *v* (**refunds, refunding, refunded, refunded**) reembolsar; restituir (dinheiro). || /rˈiːfʌnd/ *s* reembolso; restituição; devolução (dinheiro).

re·fund·a·ble /riːfˈʌndəbəl/ *adj* reembolsável; restituível.

re·fur·bish /riːfˈɜːrbɪʃ/ *v* (**refurbishes, refurbishing, refurbished, refurbished**) limpar; brunir de novo; renovar.

re·fus·al /rɪfjˈuːzəl/ *s* **1** recusa. **2** opção preferencial (de compra, venda, etc.).

re·fuse /rˈɛfjuːs/ *s* refugo; lixo; resíduo. || /rɪfjˈuːz/ *v* (**refuses, refusing, refused, refused**) **1** recusar; rejeitar. **2** opor-se a; negar-se.

re·fute /rɪfjˈuːt/ *v* (**refutes, refuting, refuted, refuted**) **1** refutar; impugnar. **2** contradizer; contestar.

re·gain /rɪgˈeɪn/ *v* (**regains, regaining, regained, regained**) tornar a ganhar; recobrar; recuperar.

re·gal /rˈiːgəl/ *adj* **1** real; régio. **2** magnífico; esplêndido.

re·gale /rɪgˈeɪl/ *v* (**regales, regaling, regaled, regaled**) **1** divertir(-se). **2** banquetear(-se); deliciar(-se). || *s* **1** festa; banquete. **2** iguaria especial.

re·gard /rɪgˈɑːrd/ *v* (**regards, regarding, regarded, regarded**) **1** considerar; julgar. **2** olhar; observar; examinar. **3** referir-se a; concernir a. || *s* **1** consideração; respeito; estima. **2** olhar. **3** atenção; cuidado. ◆ **regards** cumprimentos; lembranças (votos de felicidade). **in/with regard to** com respeito a; em relação a.

re·gard·less /rɪgˈɑːrdləs/ *adj* **1** desatento; indiferente. **2** descuidado; desleixado. || *adv* apesar de tudo.

re·gat·ta /rɪgˈɑːtə/ *s Náut* regata.

re·gen·cy /rˈiːdʒənsi/ *s* regência. (*pl* **regencies**).

re·gen·er·ate /rɪdʒˈɛnəreɪt/ *v* (**regenerates, regenerating, regenerated, regenerated**) regenerar(-se). || /rɪdʒˈɛnərɪt/ *adj e s* regenerado; revitalizado; espiritualmente renovado.

re·gen·er·a·tion /rɪdʒenərˈeɪʃən/ *s* **1** regeneração; restauração. **2** renascimento espiritual ou moral.

re·gent /rˈiːdʒənt/ *s* **1** regente; reinante. **2** membro de um conselho de uma universidade.

reg·gae /rˈɛgeɪ/ *s Mús* reggae.

reg·i·ment /ˈrɛdʒəmənt/ s 1 *Mil* regimento. 2 multidão; grande número de pessoas. ‖ /ˈrɛdʒəmənt/ v (**regiments, regimenting, regimented, regimented**) 1 arregimentar. 2 organizar. 3 uniformizar; sistematizar.

re·gion /ˈriːdʒən/ s 1 região. 2 território. 3 distrito.

re·gion·al /ˈriːdʒənəl/ adj regional.

re·gion·al·ism /ˈriːdʒənəlɪzəm/ s regionalismo.

reg·is·ter /ˈrɛdʒɪstər/ s 1 registro; lista. 2 *Mús* registro (voz, instrumento). 3 contador; registrador. 4 cadastro; livro de registro. 5 *Tip* registro de impressão. ‖ v (**registers, registering, registered, registered**) 1 registrar(-se); inscrever(-se). 2 indicar; anotar. 3 expressar; mostrar.

reg·is·tra·tion /ˌrɛdʒɪˈstreɪʃən/ s registro; matrícula; inscrição.

reg·is·try /ˈrɛdʒɪstri/ s 1 registro; protocolo; inscrição. 2 cartório de registro civil. 3 livro de registros. (*pl* **registries**).

reg·nant /ˈrɛɡnənt/ adj 1 reinante. 2 dominante; prevalecente.

re·gress /ˈriːɡrɛs/ s regresso; volta. ‖ /rɪˈɡrɛs/ v (**regresses, regressing, regressed, regressed**) 1 regressar; retornar. 2 regredir; retroceder.

re·gres·sion /rɪˈɡrɛʃən/ s tb *Psic* regressão.

re·gret /rɪˈɡrɛt/ s 1 pesar; mágoa. 2 arrependimento; remorso. ‖ v (**regrets, regretting, regretted, regretted**) 1 lamentar; deplorar. 2 arrepender-se de. ♦ **regrets** expressão polida de desculpas.

re·gret·ful /rɪˈɡrɛtfəl/ adj 1 arrependido. 2 pesaroso.

reg·u·lar /ˈrɛɡjələr/ adj 1 regular; normal; usual. 2 ordenado; simétrico. 3 pontual; metódico; periódico. 4 constante; correto. 5 completo; integral. 6 *inform* legal; bom. ‖ s 1 soldado efetivo do exército. 2 *Ecles* membro de uma ordem religiosa. 3 cliente habitual.

reg·u·lar·i·ty /ˌrɛɡjəˈlɛrəti/ s 1 regularidade. 2 lealdade; fidelidade (partidária).

reg·u·lar·i·za·tion /ˌrɛɡjələraɪˈzeɪʃən/ s regularização; uniformização.

reg·u·late /ˈrɛɡjəleɪt/ v (**regulates, regulating, regulated, regulated**) 1 regular; regularizar. 2 ordenar; normalizar. 3 ajustar; acertar (relógio, temperatura, etc.) 4 moderar.

reg·u·la·tion /ˌrɛɡjəˈleɪʃən/ s 1 regulamento. 2 regra; norma.

reg·u·la·tor /ˈrɛɡjəleɪtər/ s regulador.

re·ha·bil·i·tate /ˌriːhəˈbɪləteɪt/ v (**rehabilitates, rehabilitating, rehabilitated, rehabilitated**) reabilitar.

re·hears·al /rɪˈhɜːrsəl/ s ensaio (para uma apresentação pública).

re·hearse /rɪˈhɜːrs/ v (**rehearses, rehearsing, rehearsed, rehearsed**) ensaiar.

reign /reɪn/ s reino; reinado; soberania. ‖ v (**reigns, reigning, reigned, reigned**) 1 reinar. 2 dominar; prevalecer.

re·im·burse /ˌriːɪmˈbɜːrs/ v (**reimburses, reimbursing, reimbursed, reimbursed**) reembolsar; indenizar.

re·im·pres·sion /ˌriːɪmˈprɛʃən/ s *Tip* reimpressão.

rein /reɪn/ s 1 rédea; freios. 2 controle. ‖ v (**reins, reining, reined, reined**) 1 refrear; conter. 2 controlar. ♦ **draw in the reins** parar ou diminuir velocidade puxando pelas rédeas. **give free/full rein to** liberar; libertar. **tight rein** controlar com firmeza.

re·in·car·nate /ˌriːɪnˈkɑːrneɪt/ v (**reincarnates, reincarnating, reincarnated, reincarnated**) reencarnar.

re·in·car·na·tion /ˌriːɪnkɑːrˈneɪʃən/ s reencarnação.

rein·deer /ˈreɪndɪr/ s *Zool* rena. (*pl* **reindeers** ou **reindeer**).

re·in·force /ˌriːɪnˈfɔːrs/ v (**reinforces, reinforcing, reinforced, reinforced**) reforçar (*var* **reenforce**).

reinforced concrete s concreto armado.

reins /reɪnz/ s pl 1 *Anat* rins; região renal. 2 entranhas (o lugar dos afetos e das paixões).

re·in·state /ˌriːɪnˈsteɪt/ v (**reinstates, reinstating, reinstated, reinstated**) 1 reintegrar. 2 repor.

re·it·er·ate /riːˈɪtəreɪt/ v (**reiterates, reiterating, reiterated, reiterated**) reitera

re·ject /rɪdʒekt/ v (rejects, rejecting, rejected, rejected) 1 tb Med rejeitar. 2 recusar; negar. 3 repudiar. 4 descartar. 5 vomitar. II /ˈriːdʒekt/ s 1 coisa ou pessoa rejeitada. 2 refugo.

re·jec·tion /rɪdʒekʃən/ s tb Med rejeição.

re·joice /rɪdʒɔɪs/ v (rejoices, rejoicing, rejoiced, rejoiced) regozijar-se; alegrar-se.

re·join /riːdʒɔɪn/ v (rejoins, rejoining, rejoined, rejoined) 1 reunir; reagrupar. 2 /rɪdʒɔɪn/ retorquir; replicar.

re·ju·ve·nate /rɪdʒuːvəneɪt/ v (rejuvenates, rejuvenating, rejuvenated) rejuvenescer.

re·ju·ve·nes·cence /rɪdʒuːvənesəns/ s rejuvenescimento.

re·lapse /rɪlæps/ v (relapses, relapsing, relapsed, relapsed) reincidir; recair. II /rɪlæps, riːlæps/ s 1 recaída. 2 relapsia. 3 Med recidiva.

re·late /rɪleɪt/ v (relates, relating, related, related) 1 relatar; narrar; descrever. 2 concernir; dizer respeito a. 3 relacionar; ligar; juntar; associar.

re·lat·ed /rɪleɪtɪd/ adj 1 relativo a; aparentado com. 2 aliado; conexo; ligado.

re·la·tion /rɪleɪʃən/ s 1 relação; ligação; conexão. 2 relação; parentesco. 3 relato; narração. 4 cópula; relações sexuais. ♦ in relation to em relação a; com respeito a. relations relações (diplomáticas, internacionais).

re·la·tion·ship /rɪleɪʃənʃɪp/ s relacionamento.

rel·a·tive /relətɪv/ adj 1 tb Gram relativo. 2 referente a; concernente a. II s 1 dependente. 2 parente. 3 Gram pronome relativo.

relative clause s Gram oração subordinada.

rel·a·tiv·i·ty /relətɪvəti/ s relatividade.

re·lax /rɪlæks/ v (relaxes, relaxing, relaxed, relaxed) 1 relaxar. 2 abrandar; afrouxar. 3 pôr-se à vontade; distrair-se.

re·lax·a·tion /riːlækseɪʃən/ s 1 relaxamento; afrouxamento. 2 descanso; repouso. 3 diversão; entretenimento.

re·lay /riːleɪ, rɪleɪ/ v (relays, relaying, relayed, relayed) 1 revezar. 2 passar adiante. 3 retransmitir (por rádio). II /riːleɪ/

s 1 muda (de cavalos). 2 turno; revezamento (de trabalho). 3 Eletrôn relé. 4 Esp corrida de revezamento.

relay race s Esp corrida de revezamento.

re·lease /rɪliːs/ v (releases, releasing, released, released) 1 soltar; largar. 2 liberar; desobrigar (de dívidas). 3 autorizar a exibição, a publicação. 4 lançar no mercado. II s 1 libertação; liberação. 2 soltura; exoneração; desobrigação. 3 lançamento (de livro, disco, etc.).

rel·e·gate /reləgeɪt/ v (relegates, relegating, relegated, relegated) 1 relegar; afastar. 2 banir; exilar; desterrar.

rel·e·ga·tion /reləgeɪʃən/ s desterro; exílio.

re·lent /rɪlent/ v (relents, relenting, relented, relented) apiedar-se; abrandar-se.

rel·e·vance /reləvəns/ s 1 relevância; pertinência. 2 aplicabilidade; propósito. (var relevancy).

rel·e·van·cy /reləvənsi/ → relevance.

rel·e·vant /reləvənt/ adj relevante; pertinente.

re·li·a·ble /rɪlaɪəbəl/ adj confiável; seguro; fidedigno.

re·li·ance /rɪlaɪəns/ s 1 confiança; fé. 2 pessoa em quem se confia.

rel·ic /relɪk/ s relíquia.

rel·ict /relɪkt/ s e adj remanescente.

re·lief /rɪliːf/ s 1 alívio. 2 aliviador. 3 socorro; assistência; ajuda. 4 rendição. 5 substituição (de pessoal); revezamento. 6 tb Geol relevo.

re·lieve /rɪliːv/ v (relieves, relieving, relieved, relieved) 1 aliviar; mitigar. 2 ajudar; socorrer; prestar assistência. 3 render. 4 realçar; pôr em relevo. 5 quebrar a monotonia.

re·lig·ion /rɪlɪdʒən/ s religião.

re·lig·ious /rɪlɪdʒəs/ adj 1 religioso; devoto. 2 consciencioso; escrupuloso. II s membro de uma ordem monástica. (pl religious).

re·lin·quish /rɪlɪŋkwɪʃ/ v (relinquishes, relinquishing, relinquished, relinquished) 1 abandonar. 2 desistir. 3 renunciar; render-se.

re·lin·quish·ment /rɪlɪŋkwɪʃmənt/ s 1 abandono. 2 renúncia. 3 desistência.

rel·ish /relɪʃ/ s 1 gosto ou sabor agradável. 2 aperitivo; antepasto. 3 apetite; prazer; gosto. ‖ v (**relishes, relishing, relished, relished**) 1 saborear; apreciar; comer com prazer. 2 condimentar.

re·luc·tant /rɪlʌktənt/ adj 1 relutante; hesitante. 2 que oferece resistência ou oposição.

re·ly /rɪlaɪ/ v (**relies, relying, relied, relied**) 1 fiar-se; confiar em. 2 depender de.

REM /ɑːriːem, rem/ abrev de **rapid eye movement**; movimento rápido dos olhos.

re·main /rɪmeɪn/ v (**remains, remaining, remained, remained**) 1 ficar ou permanecer (igual); continuar. 2 restar; sobrar. ♦ **remains** s pl 1 sobras; restos. 2 ruínas. 3 restos mortais; fósseis.

re·main·der /rɪmeɪndə/ s 1 tb Mat resto; restante. 2 sobra; encalhe. ‖ v (**remainders, remaindering, remaindered, remaindered**) saldar.

re·make /riːmeɪk/ v (**remakes, remaking, remade, remade**) refazer; reconstituir. ‖ /riːmeɪk/ s 1 o ato de refazer. 2 algo que é refeito, especialmente uma nova versão de um filme antigo.

re·mark /rɪmɑːrk/ s 1 observação (verbal ou por escrito); anotação. 2 comentário. ‖ v (**remarks, remarking, remarked, remarked**) 1 observar; notar; ver; reparar. 2 dizer ou fazer uma observação ou comentário.

re·mark·a·ble /rɪmɑːrkəbəl/ adj notável; extraordinário; invulgar.

re·me·di·a·ble /rɪmiːdiəbəl/ adj remediável.

rem·e·dy /remədi/ s 1 remédio; medicamento. 2 Jur recurso. 3 reparação de um erro. (pl **remedies**). ‖ v (**remedies, remedying, remedied, remedied**) 1 curar. 2 remediar; reparar. 3 corrigir.

re·mem·ber /rɪmembə/ v (**remembers, remembering, remembered, remembered**) 1 lembrar; recordar. 2 dar lembranças a.

re·mind /rɪmaɪnd/ v (**reminds, reminding, reminded, reminded**) fazer lembrar de.

re·mind·er /rɪmaɪndə/ s lembrete; nota.

rem·i·nis·cence /remənɪsəns/ s reminiscência; recordação; memória. ♦ **reminiscences** memórias.

re·mise /rɪmaɪz/ v (**remises, remising, remised, remised**) Jur retirar queixa.

re·miss /rɪmɪs/ adj 1 negligente. 2 desleixado; despreocupado.

re·mis·sion /rɪmɪʃən/ s 1 remissão; perdão. 2 enfraquecimento; abatimento. 3 libertação.

re·mit /rɪmɪt/ v (**remits, remitting, remitted, remitted**) 1 remeter (dinheiro); enviar. 2 cancelar. 3 perdoar. 4 comutar. 5 restaurar; restituir. 6 adiar; postergar; protelar. 7 desistir.

re·mit·tance /rɪmɪtəns/ s remessa (de dinheiro ou valores).

rem·nant /remnənt/ s 1 remanescente; resto. 2 retalho. 3 indício; vestígio. ♦ **remnants** grupo de sobreviventes.

re·mod·el /riːmɑːdəl/ v (**remodels, remodeling/remodelling, remodeled/remodelled, remodeled/remodelled**) remodelar; reconstruir.

re·mon·strance /rɪmɑːnstrəns/ s reclamação; queixa; protesto.

re·morse /rɪmɔːrs/ s remorso.

re·mote /rɪmoʊt/ adj 1 remoto; afastado; distante. 2 retirado; isolado.

remote control s controle remoto.

re·mote·ness /rɪmoʊtnəs/ s afastamento; isolamento.

re·mo·tion /rɪmoʊʃən/ s remoção.

re·mount /riːmaʊnt/ v (**remounts, remounting, remounted, remounted**) 1 remontar; restaurar. 2 voltar a montar. 3 fazer remonta em.

re·mov·al /rɪmuːvəl/ s 1 remoção; retirada. 2 demissão; exoneração.

re·move /rɪmuːv/ v (**removes, removing, removed, removed**) 1 tirar; retirar; remover. 2 eliminar; extirpar. 3 demitir. 4 mudar-se (de residência, emprego). 5 ir embora; partir. ‖ s mudança; remoção.

re·mu·ner·ate /rɪmjuːnəreɪt/ v (**remunerates, remunerating, remunerated remunerated**) 1 remunerar; pagar. 2 recompensar.

re·mu·ner·a·tion /rɪmjuːnəreɪʃən/ s remuneração; pagamento.

ren·ais·sance /renəsɑːns, renəsɑːns/ s 1 renascimento; vida nova. 2 maiús Renascimento; Renascença (período histórico e artístico). II *adj maiús* relacionado às características do Renascimento.

re·nal /ri:nəl/ *adj Anat* renal.

rend /rend/ *v* (rends, rending, rended/rent, rended/rent) 1 rasgar; lacerar. 2 perturbar.

ren·der /rendɚ/ *v* (renders, rendering, rendered, rendered) 1 ceder. 2 prestar um serviço, assistência. 3 pagar o que é devido. 4 retribuir; recompensar. 5 tornar; fazer ficar. 6 apresentar; representar (uma peça teatral); interpretar. 7 traduzir; converter. 8 devolver; restituir.

ren·di·tion /rendɪʃən/ *s* 1 retribuição. 2 interpretação (de peça de teatro, *show*). 3 tradução.

ren·e·gade /renəgeɪd/ *s* 1 renegado; desertor. 2 fora-da-lei; rebelde. II *v* (renegades, renegading, renegaded, renegaded) tornar-se um renegado, desertor.

re·new /rɪnu:, rɪnju:/ *v* (renews, renewing, renewed, renewed) 1 renovar. 2 restaurar; retomar. 3 reafirmar; repetir. 4 restabelecer. 5 recomeçar; reatar.

re·nounce /rɪnaʊns/ *v* (renounces, renouncing, renounced, renounced) 1 renunciar a; rejeitar. 2 renunciar (em jogo de cartas).

ren·o·vate /renəveɪt/ *v* (renovates, renovating, renovated, renovated) 1 renovar. 2 reavivar.

ren·o·va·tion /renəveɪʃən/ *s* renovação.

re·nown /rɪnaʊn/ *s* renome; fama.

re·nowned /rɪnaʊnd/ *adj* famoso; célebre.

rent /rent/ *s* 1 aluguel; arrendamento. 2 fenda; abertura. 3 cisão; rompimento de relações. II *v* (rents, renting, rented, rented) 1 alugar; arrendar. 2 pagar ou cobrar aluguel.

rent-a-car /rentəka:r/ *s* 1 um carro alugado. 2 agência que oferece carros para alugar.

rent·al /rentəl/ *s* 1 aluguel pago ou recebido. 2 renda; ato de alugar ou arrendar. 3 casa ou carro de aluguel. II *adj* de aluguel.

rent-free /rentfri:/ *adj* isento de pagamento de aluguel.

rent·er /rentɚ/ *s* 1 arrendatário; rendeiro. 2 locatário; inquilino.

re·nun·ci·a·tion /rɪnʌnsieɪʃən/ *s* 1 renúncia. 2 carta de renúncia.

re·o·pen /ri:oʊpən/ *v* (reopens, reopening, reopened, reopened) 1 reabrir. 2 reatar.

re·or·gan·i·za·tion /ri:ɔːrgənɪzeɪʃən/ *s* reorganização.

re·or·gan·ize /ri:ɔːrgənaɪz/ *v* (reorganizes, reorganizing, reorganized, reorganized) reorganizar.

re·pair /rɪper/ *v* (repairs, repairing, repaired, repaired) 1 reparar; restaurar; remendar. 2 renovar; revitalizar. 3 ir freqüentemente (a um lugar). II *s* 1 reparo; conserto. 2 restauração; renovação. 3 lugar freqüentado habitualmente. 4 ida; visita.

re·pair·er /rɪperɚ/ *s* reparador; consertador.

rep·a·ra·tion /repəreɪʃən/ *s* 1 reparação; restauração. 2 compensação. ♦ **reparations** reparações de guerra.

rep·ar·tee /repɑːrti:, repɑːrteɪ/ *s* réplica ou resposta rápida e inteligente.

re·pass /ri:pæs/ *v* (repasses, repassing, repassed, repassed) repassar.

re·past /rɪpæst/ *s* refeição. II *v* (repasts, repasting, repasted, repasted) comer; alimentar-se.

re·pa·tri·ate /ri:peɪtrieɪt/ *v* (repatriates, repatriating, repatriated, repatriated) repatriar.

re·pay /ri:peɪ/ *v* (repays, repaying, repaid, repaid) 1 tornar a pagar. 2 /rɪpeɪ/ reembolsar; restituir.

re·pay·ment /rɪpeɪmənt/ *s* 1 reembolso; devolução. 2 novo pagamento.

re·peal /rɪpi:l/ *v* (repeals, repealing, repealed, repealed) revogar; rescindir.

re·peat /rɪpi:t/ *v* (repeats, repeating, repeated, repeated) 1 repetir. 2 recitar. II *s* 1 repetição. 2 *Mús* estribilho.

re·peat·er /rɪpi:tɚ/ *s* 1 repetidor. 2 relógio ou rifle de repetição. 3 repetente (estudante).

re·pel /rɪpel/ *v* (repels, repelling, repelled, repelled) 1 repelir. 2 rechaçar; rejeitar. 3 repugnar; desagradar. 4 causar repulsa, aversão.

R

re·pel·lant /rɪpelənt/ → repellent.

re·pel·lent /rɪpelənt/ adj repelente; repulsivo. ‖ s 1 substância que repele insetos. 2 tratamento ou substância que impermeabiliza tecidos. (var repellant).

re·pent /rɪpent/ v (repents, repenting, repented, repented) 1 arrepender-se. 2 sentir remorso. ‖ adj Biol rastejante; prostrado.

re·pen·tance /rɪpentəns/ s 1 arrependimento; remorso. 2 penitência.

re·per·cus·sion /ri:pəkʌʃən, repəkʌʃən/ s 1 repercussão. 2 reverberação. 3 eco.

rep·er·to·ry /repətɔ:ri/ s repertório. (pl repertories).

repertory company s companhia teatral com repertório fixo.

rep·e·ti·tion /repətɪʃən/ s 1 repetição. 2 trecho a ser decorado, recitado.

re·pine /rɪpaɪn/ v (repines, repining, repined, repined) estar descontente; lamentar-se.

re·place /rɪpleɪs/ v (replaces, replacing, replaced, replaced) 1 repor; restituir. 2 substituir; pôr no lugar de.

re·place·ment /rɪpleɪsmənt/ s 1 reposição. 2 substituto.

re·play /ri:pleɪ/ v (replays, replaying, replayed, replayed) 1 jogar (uma partida) novamente. 2 tocar uma fita novamente. 3 reprisar. ‖ s /ri:pleɪ/ s repetição; replay.

re·plen·ish /rɪplenɪʃ/ v (replenishes, replenishing, replenished, replenished) 1 reencher; completar. 2 prover; reabastecer. 3 inspirar.

re·plete /rɪpli:t/ adj repleto; cheio.

re·ple·tion /rɪpli:ʃən/ s plenitude.

re·ply /rɪplaɪ/ s resposta; réplica. (pl replies). ‖ v (replies, replying, replied, replied) responder; replicar.

re·port /rɪpɔ:rt/ s 1 relatório; relato; descrição. 2 informe; notícia; reportagem. 3 boletim. 4 rumor; boato. 5 estrondo. ‖ v (reports, reporting, reported, reported) 1 relatar; descrever; contar. 2 informar; transmitir. 3 fazer uma reportagem. 4 apresentar-se (para o trabalho). 5 denunciar (pessoa, delito). 6 tb

Comp gerar; emitir relatório.

report card s boletim escolar.

re·port·er /rɪpɔ:rtə/ s repórter.

re·pose /rɪpouz/ s 1 repouso; descanso. 2 sossego; tranqüilidade. ‖ v (reposes, reposing, reposed, reposed) 1 repousar; descansar. 2 depositar (confiança) em alguém.

rep·re·hen·sion /reprɪhenʃən/ s repreensão; censura.

rep·re·sent /reprɪzent/ v (represents, representing, represented, represented) 1 representar; substituir. 2 corresponder; agir no lugar de; simbolizar. 3 mostrar; retratar; pintar. 4 interpretar; representar. 5 descrever em palavras; afirmar; declarar.

rep·re·sen·ta·tion /reprɪzenteɪʃən/ s representação.

rep·re·sen·ta·tive /reprɪzentətɪv/ s 1 representante; delegado. 2 deputado federal ou estadual. ‖ adj representativo. ♦ the House of Representatives Câmara dos Deputados.

re·press /rɪpres/ v (represses, repressing, repressed, repressed) 1 tb Psic reprimir. 2 dominar.

re·press·i·ble /rɪpresəbəl/ adj 1 reprimível. 2 dominável.

re·prieve /rɪpri:v/ s 1 suspensão temporária ou comutação de uma pena. 2 alívio temporário. ‖ v (reprieves, reprieving, reprieved, reprieved) 1 adiar ou cancelar uma pena. 2 aliviar temporariamente.

rep·ri·mand /reprəmænd/ s reprimenda; repreensão. ‖ v /reprəmænd, reprəmænd/ v (reprimands, reprimanding, reprimanded, reprimanded) reprovar; repreender.

re·print /ri:prɪnt/ s reimpressão. ‖ v /ri:prɪnt/ v (reprints, reprinting, reprinted, reprinted) reimprimir.

re·pri·sal /rɪpraɪzəl/ s represália.

re·proach /rɪproutʃ/ s 1 censura; repreensão; reprovação. 2 vergonha; desgraça. ‖ v (reproaches, reproaching, reproached, reproached) 1 exprobrar. 2 reprovar; desacreditar. ♦ beyond reproach irrepreensível; perfeito.

rep·ro·bate /ˈreprəbeɪt, reprəbɪt/ *adj* e *s* depravado; réprobo. II /ˈreprəbeɪt/ *v* (**reprobates, reprobating, reprobated, reprobated**) **1** reprovar; rejeitar. **2** *Teol* condenar às penas eternas.

re·pro·duce /riːprəˈdjuːs/ *v* (**reproduces, reproducing, reproduced, reproduced**) **1** reproduzir; gerar. **2** copiar; imitar.

re·pro·duc·er /riːprəˈdjuːsə/ *s* reprodutor.

re·pro·duc·tion /riːprəˈdʌkʃən/ *s* **1** reprodução. **2** cópia; imitação.

re·proof /rɪˈpruːf/ *s* reprovação; censura.

re·prove /rɪˈpruːv/ *v* (**reproves, reproving, reproved, reproved**) reprovar; censurar.

rep·tile /ˈreptaɪl, reptəl/ *s* **1** réptil. **2** *fig* pessoa vil, abjeta.

re·pub·lic /rɪˈpʌblɪk/ *s* **1** república. **2** *maiús* governo republicano.

re·pub·li·can /rɪˈpʌblɪkən/ *adj* e *s tb maiús* republicano.

re·pub·li·ca·tion /riːpʌblɪkeɪʃən/ *s* reimpressão; reedição.

Re·pub·lic of the Congo /rɪpʌblɪk əv ðə kɑːngoʊ/ *s* República do Congo.

re·pub·lish /riːˈpʌblɪʃ/ *v* (**republishes, republishing, republished, republished**) reeditar; reimprimir.

re·pu·di·ate /rɪˈpjuːdieɪt/ *v* (**repudiates, repudiating, repudiated, repudiated**) **1** repudiar; rejeitar; repelir. **2** renegar.

re·pu·di·a·tion /rɪpjuːdieɪʃən/ *s* **1** repúdio; rejeição. **2** não reconhecimento (de dívidas).

re·pug·nance /rɪˈpʌgnəns/ *s* repugnância; aversão.

re·pug·nant /rɪˈpʌgnənt/ *adj* repugnante.

re·pulse /rɪˈpʌls/ *s* **1** repulsa. **2** rejeição; recusa. II *v* (**repulses, repulsing, repulsed, repulsed**) **1** repelir; rechaçar. **2** recusar; rejeitar.

re·pul·sion /rɪˈpʌlʃən/ *s* repulsão; repugnância; extrema aversão.

rep·u·ta·tion /repjəteɪʃən/ *s* reputação; fama; notoriedade.

re·pute /rɪˈpjuːt/ *s* reputação; fama. II *v* (**reputes, reputing, reputed, reputed**) **1** reputar. **2** considerar.

re·quest /rɪˈkwest/ *s* pedido; requisição; solicitação. II *v* (**requests, requesting,** requested, requested) pedir; solicitar. ♦ **by request** a pedidos. **in request** muito solicitado. **on/upon request** quando solicitado.

re·quire /rɪˈkwaɪə/ *v* (**requires, requiring, required, required**) **1** precisar de; compelir. **2** requerer; exigir. **3** obrigar; mandar.

re·quired /rɪˈkwaɪəd/ *adj* necessário; obrigatório.

re·quire·ment /rɪˈkwaɪəmənt/ *s* requisito; exigência; necessidade.

req·ui·site /ˈrekwɪzɪt/ *s* requisito; algo indispensável, necessário. II *adj* necessário; essencial.

req·ui·si·tion /rekwɪzɪʃən/ *s* requisição por escrito; requerimento.

re·quit·al /rɪˈkwaɪtəl/ *s* revide; retorno; paga.

re·quite /rɪˈkwaɪt/ *v* (**requites, requiting, requited, requited**) **1** retribuir. **2** revidar; vingar.

re·scind /rɪˈsɪnd/ *v* (**rescinds, rescinding, rescinded, rescinded**) rescindir; anular.

re·scis·sion /rɪˈsɪʒən/ *s* rescisão.

re·script /ˈriːskrɪpt/ *s* **1** rescrito. **2** decreto.

res·cue /ˈreskjuː/ *s* salvamento; resgate. II *v* (**rescues, rescuing, rescued, rescued**) livrar; salvar; resgatar.

re·search /riːˈsɜːtʃ, rɪsɜːtʃ/ *s* **1** pesquisa científica; investigação. **2** estudo minucioso. II /rɪsɜːtʃ, riːsɜːtʃ/ *v* (**researches, researching, researched, researched**) pesquisar; investigar.

re·sem·blance /rɪˈzembləns/ *s* semelhança; parecença.

re·sem·ble /rɪˈzembəl/ *v* (**resembles, resembling, resembled, resembled**) parecer-se; assemelhar-se.

re·sent /rɪˈzent/ *v* (**resents, resenting, resented, resented**) ressentir; ofender-se.

re·sent·ment /rɪˈzentmənt/ *s* ressentimento; melindre; indignação.

res·er·va·tion /rezəˈveɪʃən/ *s* **1** reserva (de passagem, hotel). **2** restrição; limitação. **3** reserva indígena. **4** lugar reservado.

R

re·serve /rɪzɜ:rv/ *s* 1 *tb Mil* e *Comer* reserva. 2 algo reservado ou estocado para uso futuro. 3 lugar reservado para fins especiais (reserva florestal, mineral, indígena). 4 sigilo; moderação; restrição. ‖ *v* (**reserves, reserving, reserved, reserved**) 1 reservar. 2 conservar; armazenar. 3 restringir. ♦ **without reserve** sem reservas. **in reserve** de reserva.

res·er·voir /rezə·vwɑ:r, rezə·vɔ:r/ *s* reservatório; açude.

re·set /ri:set/ *v* (**resets, resetting, reset, reset**) recolocar; reajustar. ‖ *s* recolocação; reajuste.

re·side /rɪzaɪd/ *v* (**resides, residing, resided, resided**) 1 residir; morar. 2 estar presente em.

res·i·dence /rezɪdəns/ *s tb Med* residência.

res·i·dent /rezɪdənt/ *s tb Med* residente.

res·i·due /rezədu:/ *s* resíduo; resto.

re·sign /rɪzaɪn/ *v* (**resigns, resigning, resigned, resigned**) 1 resignar-se. 2 renunciar a; demitir-se.

re·sign /ri:saɪn/ *v* (**re-signs, re-signing, re-signed, re-signed**) tornar a assinar.

res·ig·na·tion /rezɪgneɪʃən/ *s* 1 resignação. 2 demissão; renúncia.

re·sil·ience /rɪzɪljəns/ *s* 1 capacidade de recuperar-se rapidamente de uma doença. 2 elasticidade. (*var* **resiliency**).

re·sil·ien·cy /rɪzɪljənsi/ → **resilience**.

res·in /rezɪn/ *s* resina. ‖ *v* (**resines, resining, resined, resined**) resinar.

re·sist /rɪzɪst/ *v* (**resists, resisting, resisted, resisted**) resistir; opor resistência. ‖ *s* substância que protege uma superfície (contra corrosão).

re·sis·tance /rɪzɪstəns/ *s tb Psic* e *Biol* resistência.

re·sist·i·ble /rɪzɪstəbəl/ *adj* resistível.

re·sol·u·ble /rɪzɑ:ljəbəl/ *adj* resolúvel; resolvível.

res·o·lute /rezəlu:t/ *adj* resoluto.

res·o·lu·tion /rezəlu:ʃən/ *s* 1 resolução. 2 solução. 3 intrepidez; firmeza; determinação. 4 *Comp* resolução; definição. 5 *Jur* decisão judicial.

re·solve /rɪzɑ:lv/ *v* (**resolves, resolving, resolved, resolved**) 1 resolver; decidir.

2 decompor; analisar. 3 mudar; transformar; converter. 4 solucionar. ‖ *s* 1 resolução. 2 decisão.

res·o·nance /rezənəns/ *s Ling, Fís* e *Med* ressonância.

re·sort /rɪzɔ:rt/ *s* 1 recurso. 2 lugar muito freqüentado. 3 estação de veraneio. 4 local de recreação. ‖ *v* (**resorts, resorting, resorted, resorted**) 1 freqüentar; afluir. 2 recorrer; fazer uso de.

re·sound /rɪzaʊnd/ *v* (**resounds, resounding, resounded, resounded**) 1 ressoar. 2 repercutir; ficar famoso. 3 ecoar.

re·source /ri:sɔ:rs, ri:zɔ:rs, rɪsɔ:rs, rɪzɔ:rs/ *s* 1 recurso. 2 meio. 3 habilidade. ♦ **resources** 1 recursos. 2 reservas. 3 faculdades; meios.

re·spect /rɪspekt/ *s* respeito; estima; alta consideração. ‖ *v* (**respects, respecting, respected, respected**) 1 respeitar; apreciar; ter em alta estima. 2 concernir; dizer respeito a. ♦ **respects** 1 respeitos; cumprimentos. 2 respeito; relação; referência. 3 detalhe; pormenor; aspecto.

re·spec·tive /rɪspektɪv/ *adj* respectivo; particular.

res·pi·ra·tion /respəreɪʃən/ *s* respiração.

re·spire /rɪspaɪə·/ *v* (**respires, respiring, respired, respired**) respirar.

res·pite /respɪt/ *s* 1 descanso; pausa. 2 *Jur* suspensão temporária de pena. 3 prorrogação; adiamento. ‖ *v* (**respites, respiting, respited, respited**) 1 dar descanso a; dar uma trégua. 2 *Jur* prorrogar; suspender (a execução de uma pena).

re·splen·dence /rɪsplendəns/ *s* resplendor; brilho; fulgor. (*var* **resplendency**).

re·splen·den·cy /rɪsplendənsi/ → **resplendence**.

re·spond /rɪspɑ:nd/ *s* 1 resposta; réplica. 2 reação. ‖ *v* (**responds, responding, responded, responded**) 1 responder. 2 reagir positivamente.

re·spon·si·bil·i·ty /rɪspɑ:nsəbɪləti/ *s* responsabilidade. (*pl* **responsibilities**).

re·spon·si·ble /rɪspɑ:nsəbəl/ *adj* responsável.

re·spon·sive /rɪspɑ:nsɪv/ *adj* receptivo; responsivo.

rest /rest/ s 1 descanso; repouso. 2 pausa; intervalo. 3 sossego; tranqüilidade. 4 suporte; apoio. 5 *Mús* pausa. 6 resto; restante. || v (**rests, resting, rested, rested**) 1 descansar; repousar. 2 ficar imóvel, parado. 3 deitar-se; tranqüilizar-se. 4 permanecer; ficar. 5 restar; sobrar. ♦ **at rest** 1 adormecido; em repouso. 2 morto. **eternal rest** repouso eterno (morte). **take a rest** descansar.

res·tau·rant /restɑ:nt, restə-ənt/ s restaurante.

rest·ing /restɪŋ/ adj 1 em repouso. 2 morto.

res·ti·tu·tion /restɪtu:ʃən/ s 1 restituição; devolução; recuperação. 2 indenização; compensação.

res·tive /restɪv/ adj 1 irrequieto; impaciente. 2 teimoso.

rest·less /reslɪs/ adj irrequieto; impaciente.

re·stock /ri:stɑ:k/ v (**restocks, restocking, restocked, restocked**) reabastecer.

res·to·ra·tion /restəreɪʃən/ s 1 restauração. 2 reintegração.

re·store /rɪstɔ:r/ v (**restores, restoring, restored, restored**) 1 restaurar. 2 restituir; repor.

re·strain /rɪstreɪn/ v (**restrains, restraining, restrained, restrained**) 1 reter; refrear; impedir. 2 limitar; restringir. 3 dominar; controlar.

re·straint /rɪstreɪnt/ s 1 constrangimento; sujeição. 2 coerção; limitação; restrição. 3 controle.

re·stric·tion /rɪstrɪkʃən/ s 1 restrição; limitação. 2 tudo o que restringe (barreira, regulamentação).

re·sult /rɪzʌlt/ v (**results, resulting, resulted, resulted**) 1 resultar. 2 seguir-se; inferir-se. || s 1 resultado; efeito; conseqüência. 2 conclusão; solução.

re·sume /rɪzu:m/ v (**resumes, resuming, resumed, resumed**) 1 recomeçar; retomar. 2 reassumir; recuperar.

re·su·me /rezumeɪ, rezʊmeɪ/ → **résumé**.

re·su·mé /rezumeɪ, rezʊmeɪ/ → **résumé**.

ré·su·mé /rezumeɪ, rezʊmeɪ/ s 1 currículo profissional. 2 resumo; sumário. (var **resumé** e **resume**).

re·sump·tion /rɪzʌmpʃən/ s 1 recomeço; retomada. 2 ato de reassumir.

re·sur·face /ri:sɜ:rfɪs/ v (**resurfaces, resurfacing, resurfaced, resurfaced**) 1 revestir; pavimentar ou cobrir de novo. 2 reaparecer.

re·surge /rɪsɜ:rdʒ/ v (**resurges, resurging, resurged, resurged**) ressurgir; ressuscitar.

res·ur·rec·tion /rezərekʃən/ s 1 *maiús Teol* Ressurreição. 2 restauração; renovação.

re·sus·ci·tate /rɪsʌsəteɪt/ v (**resuscitates, resuscitating, resuscitated, resuscitated**) ressuscitar; reviver.

re·tail /ri:teɪl/ s varejo; venda a varejo. || adj de varejo. || adv 1 no varejo. 2 a preço de varejo. || /ri:teɪl, rɪteɪl/ v (**retails, retailing, retailed, retailed**) 1 vender a varejo. 2 contar, narrar um fato minuciosamente.

re·tain /rɪteɪn/ v (**retains, retaining, retained, retained**) 1 reter; guardar; conservar. 2 relembrar. 3 contratar ou pagar os serviços de um advogado.

re·take /ri:teɪk/ v (**retakes, retaking, retook, retaken**) 1 retomar. 2 fotografar, filmar ou gravar novamente. || /ri:teɪk/ s retomada (*tb* nas filmagens).

re·tal·i·a·tion /rɪtælieɪʃən/ s 1 retaliação; revide; represália. 2 desforra; vingança; desagravo.

re·tard /rɪtɑ:rd/ v (**retards, retarding, retarded, retarded**) retardar; atrasar-se; protelar. || /ri:tɑ:rd/ s 1 demora; atraso. 2 *ofens* retardado.

retch /retʃ/ v (**retches, retching, retched, retched**) ter ânsias de vômito; vomitar.

re·ten·tion /rɪtenʃən/ s 1 retenção; conservação. 2 memória.

ret·i·cence /retəsəns/ s reticência; relutância; reserva.

ret·i·cle /retɪkəl/ s retícula.

re·tic·u·late /rɪtɪkjəleɪt/ v (**reticulates, reticulating, reticulated, reticulated**) fazer em forma de rede. || /rɪtɪkjəlɪt, rɪtɪkjəleɪt/ adj reticulado.

ret·i·na /retənə/ s *Anat* retina. (*pl* **retinas** ou **retinae** /retəni:/).

ret·i·nue /retənu:/ s comitiva; cortejo.

re·tire /rɪtaɪəˈ/ v (retires, retiring, retired, retired) 1 tirar de circulação. 2 retroceder (tropas). 3 aposentar-se. 4 recuar; esconder-se. 5 recolher-se; ir deitar-se.

re·tired /rɪtaɪəˈd/ adj aposentado.

re·tire·ment /rɪtaɪəˈmənt/ s 1 retiro. 2 retirada; retraimento. 3 aposentadoria.

re·tort /rɪtɔːrt/ s 1 réplica; resposta rápida e inteligente. 2 retorta; destilador. || v (retorts, retorting, retorted, retorted) 1 retorquir; replicar. 2 destilar; purificar (em retorta).

re·touch /riːtʌtʃ/ v (retouches, retouching, retouched, retouched) retocar. || s retoque.

re·trace /rɪtreɪs/ v (retraces, retracing, retraced, retraced) retraçar.

re·tract /rɪtrækt/ v (retracts, retracting, retracted, retracted) 1 retratar-se. 2 recolher-se; retrair-se. 3 retirar (uma acusação); revogar.

re·trans·late /riːtrænsleɪt, riːtrænsleɪt/ v (retranslates, retranslating, retranslated, retranslated) traduzir algo já traduzido em outra língua.

re·tread /riːtrɑːd/ v (retreads, retreading, retreaded, retreaded) recauchutar (pneu). || /riːtred/ s pneu recauchutado.

re·treat /rɪtriːt/ v (retreats, retreating, retreated, retreated) 1 retirar-se; bater em retirada. 2 retroceder; recuar. || s 1 retirada; toque de retirada. 2 retiro; refúgio; abrigo. 3 período de reclusão, de isolamento.

re·trench /rɪtrentʃ/ v (retrenches, retrenching, retrenched, retrenched) 1 reduzir; diminuir. 2 suprimir; omitir. 3 poupar; economizar.

ret·ri·bu·tion /retrəbjuːʃən/ s 1 castigo merecido. 2 Teol justiça divina (recompensa pelo mal ou bem feito na vida).

re·trieve /rɪtriːv/ v (retrieves, retrieving, retrieved, retrieved) 1 recuperar; reaver. 2 restabelecer; restaurar. 3 remediar; retificar; consertar.

re·triev·er /rɪtriːvəˈ/ s cães de caça; perdigueiros.

ret·ro·act /retrouækt/ v (retroacts, retroacting, retroacted, retroacted) retroagir.

ret·ro·grade /retrəgreɪd/ adj retrógrado. || v (retrogrades, retrograding, retrograded, retrograded) 1 retrogradar. 2 retroceder. 3 degenerar.

ret·ro·spect /retrəspekt/ v (retrospects, retrospecting, retrospected, retrospected) lançar os olhos para o passado; contemplar o passado. || s retrospecto.

re·turn /rɪtɜːrn/ s 1 retorno; regresso; volta. 2 devolução; restituição; reembolso. 3 réplica; resposta; revide. || v (returns, returning, returned, returned) 1 restituir; retribuir. 2 fazer voltar. 3 retornar; regressar; voltar. 4 responder; replicar. 5 render; dar ou produzir (lucros). 6 declarar (oficialmente). 7 devolver; restituir. 8 Esp rebater. || adj de regresso; de volta; de retorno. ♦ returns 1 resultados eleitorais. 2 lista; rol; dados oficiais. 3 lucros; ganhos (de um investimento, de uma transação). in return em reciprocidade.

re·un·ion /riːjuːnjən/ s 1 reunião; encontro. 2 reencontro (de velhos amigos).

re·us·a·ble /riːjuːzəbəl/ adj reutilizável.

re·val·u·a·tion /riːvæljueɪʃən/ s 1 reavaliação. 2 valorização (da moeda).

re·veal /rɪviːl/ v (reveals, revealing, revealed, revealed) revelar; mostrar.

rev·el /revəl/ v (revels, reveling/revelling reveled/revelled, reveled/revelled) 1 divertir-se em uma festa. 2 ter grande prazer. || s geralm us pl grande festa ou comemoração.

re·venge /rɪvendʒ/ v (revenges, revenging revenged, revenged) vingar-se. || s vingança; desforra; represália.

re·venge·ful /rɪvendʒfəl/ adj vingativo.

rev·e·nue /revənuː/ s 1 renda; rendimento. 2 receita pública. 3 órgão governamental responsável pela receita; fisco.

re·ver·ber·a·tion /rɪvɜːrbəreɪʃən/ s 1 reverberação. 2 repercussão; eco.

rev·er·ence /revərəns/ s reverência; respeito; veneração. 2 gesto respeitoso mesura. || v (reverences, reverencing reverenced, reverenced) 1 reverenciar respeitar; honrar. 2 saudar respeitosamente.

rev·er·end /ˈrevərənd/ *adj* reverendo; venerável; respeitoso. || *s* reverendo; padre.

rev·er·ie /ˈrevəri/ *s* devaneio; sonho; fantasia.

re·verse /rɪˈvɜːrs/ *adj* reverso; inverso; oposto. || *s* 1 inverso; contrário. 2 lado contrário; verso; reverso (de uma moeda, folha de papel). 3 a parte de trás; dorso; costas. 4 infortúnio; vicissitude; mudança de sorte. 5 derrota; revés. || *v* (**reverses, reversing, reversed, reversed**) 1 inverter. 2 virar do avesso ou de cabeça para baixo. 3 *Jur* anular; revogar. 4 reverter (a uma situação anterior). 5 adotar uma posição oposta. 6 dar contramarcha (engrenagem).

re·vers·i·ble /rɪˈvɜːrsəbəl/ *adj* reversível. || *s* traje ou tecido que pode ser usado de ambos os lados.

re·vert /rɪˈvɜːrt/ *v* (**reverts, reverting, reverted, reverted**) 1 voltar a (uma condição anterior). 2 *Jur* voltar à posse (do antigo dono ou herdeiro).

re·vet /rɪˈvet/ *v* (**revets, revetting, revetted, revetted**) escorar; arrimar (com pedras, concreto, etc.).

re·view /rɪˈvjuː/ *v* (**reviews, reviewing, reviewed, reviewed**) 1 rever; estudar ou analisar de novo; recapitular. 2 analisar; criticar. 3 *Mil* passar em revista. 4 *Jur* rever, revisar (um processo). 5 escrever resenha crítica. || *s* 1 artigo; ensaio crítico de literatura, arte ou acontecimentos. 2 exame; análise; revisão. 3 recordação; retrospecto. 4 *Mil* inspeção.

re·view·er /rɪˈvjuːə/ *s* ensaísta; crítico de arte ou literatura.

re·vile /rɪˈvaɪl/ *v* (**reviles, reviling, reviled, reviled**) insultar; destratar; xingar.

re·vise /rɪˈvaɪz/ *v* (**revises, revising, revised, revised**) 1 rever; revisar; reler. 2 corrigir (provas tipográficas). 3 reconsiderar; modificar. || *s* 1 revisão. 2 *Tip* segunda prova.

re·vi·sion /rɪˈvɪʒən/ *s* 1 revisão. 2 edição revista.

re·viv·al /rɪˈvaɪvəl/ *s* 1 revivificação; revitalização. 2 restauração; renovação; res-

surgimento. 3 reapresentação de uma peça teatral, filme, etc. antigo.

re·vive /rɪˈvaɪv/ *v* (**revives, reviving, revived, revived**) 1 reviver; ressuscitar. 2 restaurar a eficiência; revigorar. 3 relembrar. 4 reapresentar uma peça antiga. 5 voltar de um desmaio. 6 despertar.

re·voke /rɪˈvoʊk/ *v* (**revokes, revoking, revoked, revoked**) revogar; anular; cancelar.

re·volt /rɪˈvoʊlt/ *v* (**revolts, revolting, revolted, revolted**) 1 revoltar(-se); amotinar-se. 2 sentir repugnância; horrorizar-se. || *s* rebelião; revolta.

rev·o·lu·tion /revəˈluːʃən/ *s* 1 revolução; revolta política; rebelião. 2 *Astron* revolução; rotação; volta em torno do eixo. 3 o ciclo correspondente a este movimento.

re·volve /rɪˈvɑːlv/ *v* (**revolves, revolving, revolved, revolved**) 1 revolver; orbitar; girar. 2 recorrer periodicamente; voltar a acontecer. 3 relembrar. 4 refletir; meditar.

re·volv·er /rɪˈvɑːlvə/ *s* 1 revólver (arma). 2 o que imprime movimento rotativo.

revolving door *s* porta giratória.

re·vue /rɪˈvjuː/ *s* teatro de revista; *show* musical.

re·vul·sion /rɪˈvʌlʃən/ *s* 1 reação; mudança súbita de humor. 2 *Med* revulsão.

re·ward /rɪˈwɔːrd/ *v* (**rewards, rewarding, rewarded, rewarded**) recompensar; gratificar. || *s* recompensa; prêmio.

re·wind /riːˈwaɪnd/ *v* (**rewinds, rewinding, rewound, rewound**) rebobinar. || *s* ato de rebobinar.

re·wire /riːˈwaɪə/ *v* (**rewires, rewiring, rewired, rewired**) substituir a fiação elétrica.

re·word /riːˈwɜːrd/ *v* (**rewords, rewording, reworded, reworded**) reformular; repetir; dizer em outras palavras.

re·write /riːˈraɪt/ *v* (**rewrites, rewriting, rewrote, rewritten**) reescrever. || /ˈriːraɪt/ *s* 1 ato de reescrever. 2 algo reescrito.

RGB /ˌɑːrdʒiːˈbiː/ *abrev Comp* de **Red Green Blue**; vermelho verde azul (RGB).

Rh /ˌɑːreɪtʃ/ *adj* do ou referente ao fator Rh.

rhap·so·dy /ræpsədi/ s rapsódia. (pl **rhap-sodies**).

rhe·a /ri:ə/ s Zool ema; nhandu.

rhe·o·stat /ri:oustæt, ri:əstæt/ s Eletr reostato.

rhet·o·ric /retərık/ s retórica.

rheu·mat·ic /ru:mætık/ adj e s reumático.

rhi·nal /raınəl/ adj nasal.

rhi·no /raınou/ s inform Zool rinoceronte. (pl **rhinos**).

rhi·noc·er·os /raına:sə-əs/ s Zool rinoceronte. (pl **rhinoceros** ou **rhinoceroses**).

rhom·bus /ra:mbəs/ s Geom losango; rombo. (pl **rhombuses** ou **rhombi** /ra:mbaı/).

rhu·barb /ru:ba:rb/ s 1 Bot ruibarbo. 2 inform disputa ou discussão acalorada.

rhumb /rʌm, rʌmb/ s Náut rumo.

rhyme /raım/ s rima. (var **rime**). ‖ v (**rhymes, rhyming, rhymed, rhymed**) 1 rimar. 2 compor uma rima.

rhythm /rıðəm/ s tb Mús ritmo; cadência.

rib /rıb/ s 1 Anat e Zool costela. 2 nervura; estria. 3 vareta de guarda-chuva. 4 inform brincadeira. ‖ v (**ribs, ribbing, ribbed, ribbed**) 1 reforçar com suportes em forma de costela; fortificar com vigas. 2 inform zombar de.

rib·ald /rıbəld, raıbɔ:ld/ adj e s devasso; obsceno; indecente.

rib·bon /rıbən/ v (**ribbons, ribboning, ribboned, ribboned**) ornar ou guarnecer de fitas. ‖ s 1 fita. 2 cinta; faixa. ♦ **ribbons** inform rédeas.

rice /raıs/ s arroz.

rich /rıtʃ/ adj 1 rico; abastado. 2 precioso; valioso. 3 fértil; fecundo (solo). 4 sonoro (voz). 5 forte; saturada (cor). 6 gorduroso; substancioso (comida). 7 inform muito divertido (espetáculo). ‖ s us v pl a classe alta; os ricos. ♦ **riches** riquezas; bens; posses.

rick /rık/ s monte de feno, palha. ‖ v (**ricks, ricking, ricked, ricked**) amontoar.

rick·ets /rıkıts/ s us v sing ou pl raquitismo. (var **rachitis**).

ric·o·chet /rıkəʃeı, rıkəʃeı/ v (**ricochets, ricocheting, ricocheted, ricocheted**) ricochetear.

rid /rıd/ v (**rids, ridding, ridded/rid, ridded/rid**) livrar-se; libertar-se.

ridden /rıdən/ v part pass de **ride**.

rid·dle /rıdl/ s 1 enigma; adivinha. 2 peneira grossa; crivo. ‖ v (**riddles, riddling, riddled, riddled**) 1 decifrar enigmas. 2 falar de maneira enigmática. 3 peneirar; crivar. 4 perfurar.

ride /raıd/ v (**rides, riding, rode, ridden**) 1 cavalgar. 2 andar (de carro, bicicleta, cavalo, etc.). 3 vogar; flutuar. 4 carregar; levar. 5 inform irritar ou molestar (alguém). 6 Náut ancorar. ‖ s 1 passeio (de carro, bicicleta, etc.). 2 percurso; trajeto; viagem. ♦ **ride out** 1 sobreviver; resistir (a um temporal). 2 inform sair com sucesso de uma situação difícil. **take for a ride** gír 1 enganar ou ludibriar alguém. 2 levar alguém a um lugar e matá-lo.

ridge /rıdʒ/ v (**ridges, ridging, ridged, ridged**) 1 abrir sulcos; fazer regos com arado. 2 enrugar; eriçar. ‖ s 1 crista de onda. 2 cordilheira; cadeia de montanhas. 3 área estreita de alta pressão atmosférica. 4 aresta; saliência. 5 cumeeira.

rid·i·cule /rıdıkju:l/ s ridículo; troça; mofa. ‖ v (**ridicules, ridiculing, ridiculed, ridiculed**) ridicularizar; escarnecer de.

ri·dic·u·lous /rıdıkjələs/ adj ridículo.

rid·ing /raıdıŋ/ s 1 cavalgada. 2 equitação.

riding habit s traje de equitação.

riding school s escola de equitação.

rife /raıf/ adj 1 de uso comum; disseminado. 2 numeroso; abundante.

rif·fle /rıfəl/ v (**riffles, riffling, riffled, riffled**) 1 embaralhar (cartas). 2 virar rapidamente (páginas de livro). ‖ s 1 rápido; cascata; corredeira. 2 lavadouro (de areia auríferas).

ri·fle /raıfəl/ s espingarda; carabina; fuzil. ‖ v (**rifles, rifling, rifled, rifled**) saquear; pilhar. ♦ **rifles** tropas armadas com fuzis.

rift /rıft/ s 1 fenda; racha; fissura. 2 desavença; discórdia. ‖ v (**rifts, rifting, rifted, rifted**) fender; rachar; gretar.

rig /rɪg/ v (**rigs, rigging, rigged, rigged**)
1 montar; armar. 2 aparelhar; equipar.
3 manipular, agir de modo fraudulento.
4 arranjar às pressas; improvisar. 5 *inform*
vestir; adornar. 6 *Náut* mastrear. ‖ *s*
1 *inform* vestuário vistoso; roupagem; fantasia. 2 aparelhagem; equipamento. 3 trapaça; fraude. 4 *Náut* mastreação.

right /raɪt/ *adj* 1 certo; correto; exato;
preciso. 2 direito; do lado direito. 3 justo; direito; honesto. 4 reto (linha, ângulo). 5 adequado; apropriado. 6 bom;
satisfatório; em bom estado; em ordem.
7 sensato; razoável. ‖ *adv* 1 certo; satisfatoriamente; corretamente. 2 exatamente. 3 mesmo. 4 diretamente; em
linha reta. 5 para o lado direito; à direita. 6 adequadamente. 7 justamente;
com razão. 8 *inform* muito. 9 legalmente. ‖ *s* 1 direito. 2 justiça. 3 direita;
lado direito. 4 *Esp* soco com a mão direita (boxe). 5 *maiús* direita. ‖ *v* (**rights,
righting, righted, righted**) 1 endireitar;
corrigir. 2 fazer justiça. 3 recolocar na
posição correta; arrumar; pôr em ordem. ♦ **all right** certo; tudo certo. **be
all right** sentir-se bem. **by rights** legalmente. **right away** em seguida; imediatamente.

right·ful /raɪtfəl/ *adj* 1 justo. 2 legítimo.

right-hand /raɪthænd/ *adj* à direita; da direita.

right-hand·ed /raɪthændɪd/ *adj* destro. ‖
adv com a mão direita.

right-hand·er /raɪthændə-/ *s* destro.

right wing *s* ala direita; grupo conservador.

rig·id /rɪdʒɪd/ *adj* 1 rígido; hirto. 2 rigoroso; severo; escrupuloso. 3 preciso;
exato.

rig·or /rɪgə-/ *s* 1 rigor; severidade; rigidez. 2 *Med* calafrio; tremor.

rig·or·ous /rɪgə-əs/ *adj* rigoroso; severo.

rill /rɪl/ *s* ribeiro; regato. (*var* **rille**).

rille /rɪl/ → **rill**.

rim /rɪm/ *s* 1 borda; extremidade. 2 aro;
rebordo. 3 margem. ‖ *v* (**rims, rimming,
rimmed, rimmed**) orlar; margear.

rime /raɪm/ *s* 1 camada (de gelo, barro).
2 geada. 3 → **rhyme**. ‖ *v* (**rimes, riming,
rimed, rimed**) gear.

rind /raɪnd/ *s* 1 casca (de fruta). 2 crosta (de queijo).

ring /rɪŋ/ *s* 1 anel; aliança. 2 aro; argola. 3 círculo; qualquer área circular.
4 grupelho; grupos que agem ilegalmente. 5 *Esp* ringue de boxe. 6 picadeiro. ‖
v (**rings, ringing, ringed, ringed**) 1 movimentar-se em círculos ou espirais. 2 pôr
anel ou aro. 3 rodear; cercar; circundar.

ring /rɪŋ/ *s* 1 telefonema. 2 tinido. 3 toque; badalada. ‖ *v* (**rings, ringing, rang,
rung**) 1 tocar; fazer tocar; soar. 2 tilintar;
encher de sons. 3 telefonar. ♦ **ring a bell**
vir à lembrança algo familiar. **ring back**
retornar um telefonema. **ring off** desligar o telefone. **ring up** 1 registrar (venda). 2 ganhar; conseguir vencer. **ring up
the curtain** começar uma apresentação,
um evento ou uma ação.

ring finger *s Anat* dedo anelar.

ring·worm /rɪŋwɜːrm/ *s Med* tinha.

rink /rɪŋk/ *s* 1 rinque (para patinação,
hóquei). 2 time de jogadores (jogo de
malha, boliche).

rinse /rɪns/ *v* (**rinses, rinsing, rinsed,
rinsed**) enxaguar. ‖ *s* solução para tingir
ou condicionar os cabelos.

ri·ot /raɪət/ *s* 1 tumulto; desordem; arruaça; rixa. 2 exuberância; profusão (de
cores). 3 acesso de riso; gargalhadas.
4 deboche. 5 *inform* pessoa muito divertida. 6 intemperança. ‖ *v* (**riots, rioting,
rioted, rioted**) 1 participar de desordens
e tumultos. 2 praticar excessos.

ri·ot·er /raɪətə-/ *s* 1 desordeiro. 2 libertino.

rip /rɪp/ *v* (**rips, ripping, ripped, ripped**)
1 rasgar; romper. 2 descoser; descosturar. 3 despedaçar. 4 serrar (madeira).
5 *inform* movimentar-se com rapidez. ‖
s 1 rasgo; rasgão. 2 corredeira; riacho;
córrego. ♦ **rip into** atacar ou criticar com
violência. **rip off** roubar.

R.I.P. /ɑːraɪpiː/ *abrev lat* de *requiescat in
pace*; **rest in peace**; descanse em paz.

ri·par·i·an /rɪpeəriən/ *adj* ribeirinho.

ripe /raɪp/ *adj* **1** maduro (fruta). **2** sazonado; feito; pronto. **3** oportuno (negócio). **4** experiente.

rip·en /raɪpən/ *v* (ripens, ripening, ripened, ripened) amadurecer.

rip·per /raɪpɚ/ *s* serrador; cortador.

rip·ple /rɪpəl/ *v* (ripples, rippling, rippled, rippled) **1** ondular levemente. **2** sussurrar ou murmurar (como um riacho ou uma onda). || *s* **1** leve ondulação. **2** sussurro; murmúrio.

rise /raɪz/ *v* (rises, rising, rose, risen) **1** subir; elevar-se. **2** levantar-se; erguer-se. **3** ascender socialmente. **4** aumentar; crescer em tamanho, volume, intensidade, força. **5** nascer; despontar no horizonte (estrelas, sol). **6** emergir. **7** subir; aparecer. **8** originar-se. **9** ressuscitar. **10** rebelar-se; sublevar-se. || *s* **1** subida; ascensão. **2** grau de elevação ou ascensão. **3** o nascer do sol ou de outro corpo celeste. **4** elevação (pequena colina); aclive; ladeira. **5** origem; início; fonte. **6** ocasião; oportunidade. **7** aumento de preço, de quantidade, de valor. **8** elevação de *status*; prosperidade; importância social.

ris·i·ble /rɪzəbəl/ *adj* risível; irrisório.

ris·ing /raɪzɪŋ/ *adj* **1** que se eleva ou sobe; emergente. **2** ascendente; crescente. || *s* **1** ato de levantar-se. **2** nascer (do sol). **3** ascensão. **4** insurreição.

risk /rɪsk/ *s* **1** risco. **2** perigo. **3** acaso. || *v* (risks, risking, risked, risked) arriscar(-se). ♦ **at risk** que corre perigo. **at your own risk** por sua conta e risco.

risk·y /rɪski/ *adj* arriscado. (*gr comp* riskier. *gr super* riskiest).

rite /raɪt/ *s* rito; ritual; sacramento.

rit·u·al /rɪtʃuəl/ *s* ritual. ♦ **rituals** cerimonial.

ri·val /raɪvəl/ *s* rival. || *v* (rivals, rivaling/rivalling, rivaled/rivalled, rivaled/rivalled) rivalizar ou competir com.

ri·val·ry /raɪvəlri/ *s* rivalidade. (*pl* rivalries).

rive /raɪv/ *v* (rives, riving, rived, rived/riven) **1** fender; rachar. **2** despedaçar.

riv·er /rɪvɚ/ *s* rio. ♦ **up the river** *gír* na prisão.

riv·er·bank /rɪvɚbæŋk/ *s* banco de rio.

river basin *s* bacia fluvial.

riv·er·bed /rɪvɚbed/ *s* leito de rio.

river horse *s* *Zool* hipopótamo.

riv·er·side /rɪvɚsaɪd/ *s* margem de rio.

riv·et /rɪvɪt/ *s* rebite; cravo; grampo. || *v* (rivets, riveting, riveted, riveted) rebitar; cravar; pregar.

riv·u·let /rɪvjəlɪt/ *s* regato.

roach /routʃ/ *s* **1** *inform* barata (inseto). **2** *gír* cigarro de maconha.

road /roud/ *s* **1** estrada. **2** rua; caminho. ♦ **on the road** em viagem; a caminho.

road·bed /roudbed/ *s* leito de rodovia.

road·side /roudsaɪd/ *s* beira da estrada.

road·stead /roudsted/ *s* *Náut* pequeno porto; ancoradouro.

road test *s* teste de estrada.

road·way /roudweɪ/ *s* estrada; pista de rolamento.

roam /roum/ *v* (roams, roaming, roamed, roamed) vaguear; andar a esmo; perambular. || *s* ato de vaguear.

roar /rɔːr/ *v* (roars, roaring, roared, roared) **1** rugir; urrar. **2** bramir. **3** gargalhar. **4** vociferar; divulgar. || *s* **1** rugido. **2** bramido. **3** gargalhada.

roast /roust/ *adj* e *s* assado; tostado. || *v* (roasts, roasting, roasted, roasted) **1** assar; torrar; tostar. **2** ridicularizar.

rob /rɑːb/ *v* (robs, robbing, robbed, robbed) *Jur* roubar (uma pessoa, um banco, uma loja, etc.).

robe /roub/ *s* **1** manto. **2** roupão. **3** toga; beca. || *v* (robes, robing, robed, robed) vestir (manto, roupa). ♦ **robes** roupas.

ro·bot /roubɑːt/ *s* robô.

ro·bust /roubʌst, roubʌst/ *adj* robusto; forte; duro.

rock /rɑːk/ *s* **1** rocha. **2** rochedo. **3** pedra. **4** balanço; embalo. **5** *Mús* rock-and-roll. **6** *gír* crack. || *v* (rocks, rocking, rocked, rocked) **1** balançar. **2** tremer; sacudir. **3** embalar; acalentar. **4** abalar; agitar. ♦ **rocks 1** *gír* diamante. **2** dinheiro. **3** crack. ♦ **between a rock and a hard place** entre a cruz e a espada. **on the rocks 1** situação difícil; ruína; bancarrota. **2** servido com cubos de gelo (bebida).

rock·et /rɑ:kɪt/ s foguete. ‖ v (**rockets, rocketing, rocketed, rocketed**) subir como um foguete.

rock·y /rɑ:ki/ adj **1** rochoso. **2** pedregoso. **3** empedernido; semelhante a uma rocha. (gr comp **rockier**. gr super **rockiest**).

rod /rɑ:d/ s **1** vara; verga; barra; vareta. **2** vara para castigar. **3** unidade de medida (igual a 5,03 m). **4** gír pistola; revólver.

rode /roʊd/ v pass de ride.

ro·dent /roʊdənt/ adj e s Zool roedor.

roe /roʊ/ s **1** ovas de peixe. **2** Zool corço; corça. (pl **roe** ou **roes**).

roe deer s Zool corço; corça.

ro·ga·tion /roʊgeɪʃən/ s geralm us pl Ecles rogação; prece.

rog·er /rɑ:dʒə/ interj OK; recebido (usado em radiocomunicação, indicando recebimento de mensagem).

rogue /roʊg/ s **1** tratante; patife; velhaco. **2** maroto; brincalhão. **3** vagabundo; andarilho. **4** animal desgarrado. ‖ v (**rogues, roguing, rogued, rogued**) fraudar; usar de má-fé.

rogu·er·y /roʊgəri/ s **1** velhacaria; patifaria. **2** vadiagem. **3** malícia; traquinagem. (pl **rogueries**).

rois·ter /rɔɪstə/ v (**roisters, roistering, roistered, roistered**) fanfarrear; alardear; bravatear.

role /roʊl/ s **1** papel; parte (teatro, cinema). **2** função; posição. **3** comportamento individual; papel (na sociedade). (var **rôle**).

rôle /roʊl/ → role.

roll /roʊl/ v (**rolls, rolling, rolled, rolled**) **1** rolar; rodar. **2** revolver; orbitar. **3** fazer rolar; mover-se sobre rodas. **4** revirar (olhos). **5** enrolar (cigarro). **6** balançar de um lado para outro; gingar. **7** laminar (metal); calandrar (papel). **8** ondular (mar). **9** embrulhar. **10** ser levado (pela correnteza). **11** abrir com rolo; cilindrar (massa de pizza, pão). **12** produzir sons cadenciados. ‖ s **1** rolo (tecido, papel, filme, etc.); cilindro. **2** enrolamento; ato de enrolar. **3** rol; lista; registro. **4** rocambole. **5** o rufar do tambor;

sons cadenciados. **6** movimento de balançar, rebolar. **7** balanço (do navio). **8** ondulação (de uma superfície). **9** gír dinheiro. ♦ **roll back** reduzir os preços. **roll out** levantar da cama. **roll over** renegociar uma dívida. **roll up 1** acumular; juntar. **2** chegar em um veículo.

roll·er /roʊlə/ s **1** rolo; cilindro. **2** roldana; calandra. **3** rodinha (do pé da cadeira). **4** atadura; faixa. **5** onda grande que rebenta na praia.

roller coaster s montanha-russa.

roller skate s patim de rodas.

roll·er-skate /roʊləskeɪt/ v (**roller-skates, roller-skating, roller-skated, roller-skated**) andar de patins de rodas; patinar.

ROM /rɑ:m/ abrev Comp de **Read-Only Memory**; memória somente para leitura.

Ro·man /roʊmən/ s romano; romana. ‖ adj **1** relativo a Roma. **2** Arq românico.

ro·mance /roʊmæns, roʊmæns/ s **1** romance; aventura amorosa. **2** ambiente amoroso. **3** narrativa; conto; filme que idealiza o amor. **4** maiús as línguas românicas. ‖ v (**romances, romancing, romanced, romanced**) fantasiar; romancear. ‖ adj românico; neolatino.

Ro·ma·ni·a /roʊmeɪniə, ru:meɪniə/ s Romênia.

Ro·ma·ni·an /roʊmeɪniən, ru:meɪniən/ s e adj romeno.

ro·man·tic /roʊmæntɪk/ adj **1** romântico; sentimental. **2** visionário; imaginativo. **3** fantasioso; fictício. **4** geralm maiús pertencente ou com características do romantismo. ‖ s **1** pessoa romântica. **2** geralm maiús seguidor ou adepto do romantismo.

Rom·a·ny /rɑ:məni, roʊməni/ adj cigano. ‖ s cigano. (pl **Romanies**).

romp /rɑ:mp/ s **1** brincadeira; travessura. **2** pessoa (especialmente garota) brincalhona. **3** inform vitória fácil. ‖ v (**romps, romping, romped, romped**) **1** brincar livre e ruidosamente. **2** correr livremente. **3** inform ganhar uma corrida ou um jogo facilmente.

rood /ru:d/ s cruz; crucifixo.

roof /ruːf/ s **1** telhado; abóbada; teto. **2** lar; teto; abrigo. **3** capota. **4** cobertura. **5** o ponto mais alto; cume. ll v (**roofs, roofing, roofed, roofed**) **1** cobrir com um teto; abrigar. **2** tornar-se extremamente irritado. **3** reclamar de forma veemente. ♦ **raise the roof** subir pelas paredes; liberar geral. **the roof of the mouth** o céu da boca.

rook /rʊk/ s **1** Zool gralha. **2** trapaça (especialmente em jogos). **3** torre (no xadrez). ll v (**rooks, rooking, rooked, rooked**) enganar (especialmente em jogos); trapacear.

rook·er·y /rʊkəri/ s **1** viveiro ou ninho de gralhas. **2** espelunca; pardieiro. (pl **rookeries**).

room /ruːm/ s **1** quarto; aposento; sala. **2** oportunidade; ocasião. **3** causa; motivo; razão. ll v (**rooms, rooming, roomed, roomed**) **1** alojar(-se). **2** morar. **3** ocupar um aposento. ♦ **double room** quarto de casal. **make a room for someone** dar lugar a alguém. **room and board** casa e comida. **single room** quarto individual. **rooms** alojamento; abrigo.

roost /ruːst/ s **1** poleiro. **2** lugar de descanso. ll v (**roosts, roosting, roosted, roosted**) **1** empoleirar. **2** descansar. **3** alojar; dar guarida. ♦ **rule the roost** inform dominar; mandar.

roost·er /ruːstə/ s Zool galo.

root /ruːt/ s **1** tb Gram e Mat raiz. **2** origem; base. **3** antepassado; origem. **4** essência; fundo. **5** âmago. ll v (**roots, rooting, rooted, rooted**) **1** arraigar; criar raízes; fixar-se. **2** originar. **3** arrancar pela raiz. **4** torcer; aplaudir. ♦ **root and branch** complemente. **root for** torcer por uma equipe. **root through** fossar; buscar revolvendo a terra. **roots** raízes; origem.

root beer s cerveja sem álcool.

rope /roʊp/ s **1** corda; fieira; réstia. **2** laço; corda de enforcamento. **3** enforcamento. ll v (**ropes, roping, roped, roped**) **1** atar; amarrar com corda. **2** laçar; laçar um animal. **3** isolar uma àrea com cordas. **4** inform enganar. ♦ **on the ropes** Esp apartado nas cordas (boxe). **know the ropes** conhecer bem um assunto **rope in** aliciar; atrair. **2** enganar; lograr. **rope off** separar ou cercar com corda. **ropes 1** Esp cordas do ringue de boxe. **2** procedimentos.

ro·sa·ry /roʊzəri/ s rosário; terço. (pl **rosaries**).

rose /roʊz/ s **1** Bot rosa. **2** Bot roseira. **3** cor-de-rosa choque. **4** roseta. **5** Arq rosácea. ll adj cor-de-rosa; róseo; rosado. ll v pass de **rise**.

rose·mar·y /roʊzmeri/ s Bot rosmaninho; alecrim. (pl **rosemaries**).

ros·in /rɑːzən/ s resina de terebintina; breu; pez. ll v (**rosins, rosining, rosined, rosined**) cobrir, esfregar com resina.

ros·ter /rɑːstə/ s lista; rol.

rot /rɑːt/ v (**rots, rotting, rotted, rotted**) **1** apodrecer; estragar. **2** corromper; degenerar. ll s **1** podridão; putrefação. **2** tolice; disparate; asneira.

ro·ta·ry /roʊtəri/ s rotativa; máquina rotativa. (pl **rotaries**). ll adj rotativo.

ro·tate /roʊteɪt/ v (**rotates, rotating, rotated, rotated**) **1** girar; rodar. **2** fazer girar. **3** revezar; alternar. ll adj que tem partes giratórias.

ro·ta·tion /roʊteɪʃən/ s **1** rotação. **2** alternância; revezamento.

ro·ta·tive /roʊtɜtɪv/ adj rotativo.

rote /roʊt/ s rotina; traquejo. **2** memorização pela repetição.

rot·ten /rɑːtən/ adj **1** podre; apodrecido. **2** fétido. **3** corrupto. **4** mau; perverso.

ro·tund /roʊtʌnd/ adj **1** redondo; circular. **2** gordo; esférico. **3** sonoro.

rough /rʌf/ adj **1** áspero; rugoso; caloso. **2** acidentado; irregular. **3** rústico; simples. **4** tempestuoso; turbulento. **5** rude; grosseiro; indelicado. **6** duro; difícil. **7** ríspido; insolente. **8** bravo; agitado. ll s **1** aspereza; rudeza; grosseria. **2** adversidade; dificuldade. **3** esboço; rascunho. **4** estado bruto; sem refinamento. **5** pessoa bronca, grosseira; valentão. ll adv de modo rude; rudemente. ll v (**roughs, roughing, roughed, roughed**) **1** tornar áspero. **2** preparar, projetar de qualquer jeito. **3** tratar com rudeza; ofender. ♦ **rough it** viver sem conforto.

rou·lade /ruːlɑːd/ s **1** Mús trinado; trino. **2** bife rolê; bife enrolado.

ou·lette /ruːlét/ s roleta (jogo de apostas).
ound /raʊnd/ adj 1 redondo; circular; cilíndrico. 2 arredondado; cheio. 3 aproximado (cálculo). 4 roliço; gordinho. 5 que se move em círculo. 6 completo; cheio. 7 Mat inteiro (número). 8 bastante; considerável. 9 Ling labial. ‖ adv 1 circularmente. 2 completamente. 3 de porta em porta. 4 aproximadamente. ‖ prep em torno de; em volta de; ao redor de. ‖ v (**rounds, rounding, rounded, rounded**) 1 arredondar (tb números). 2 cercar; circundar. 3 movimentar-se em círculos; dar voltas; rodear. 4 terminar; completar. 5 reunir; recolher; juntar (o gado). 6 tornar-se roliço; engordar. 7 fazer um circuito; dar uma volta. 8 Ling labializar. ‖ s 1 roda; rodela; disco. 2 globo; bola. 3 giro; rotação; volta; ronda. 4 dança de roda. 5 rodada (de bebida). 6 série; sucessão; ciclo. 7 Esp assalto (em boxe). 8 tiro; descarga; disparo. ♦ **make/go the rounds 1** ir de porta em porta. 2 passar de boca em boca (notícia). **round off** completar satisfatoriamente. **round up** reunir; recolher (tb o gado).
ound·ed /raʊndɪd/ adj 1 redondo. 2 Ling labial. 3 cheio; completo.
ound·er /raʊndə/ s 1 instrumento para arredondar. 2 guarda que faz a ronda. 3 pessoa devassa.
ound hand s letra, caligrafia redonda.
ound·ta·ble /raʊndteɪbəl/ s mesa-redonda (conferência envolvendo vários participantes). ♦ **Round Table** s Távola Redonda (do rei Artur).
ound-trip /raʊndtrɪp/ s viagem de ida e volta. (tb **round-trip** e **round trip**).
ound-up /raʊndʌp/ s 1 rodeio. 2 inform grupo de pessoas suspeitas pela polícia. 3 resumo.
ouse /raʊz/ v (**rouses, rousing, roused, roused**) 1 despertar; acordar. 2 provocar; estimular; incitar. ‖ s o despertar.
ous·ing /raʊzɪŋ/ adj 1 excitante; inflamado. 2 vigoroso. 3 grande. ♦ **rousing lie** mentira deslavada.
out /raʊt/ s 1 debandada; fuga desordenada. 2 turba; malta. 3 ralé; gentalha.

4 distúrbios públicos; tumultos; desordem. ‖ v (**routs, routing, routed, routed**) 1 dispersar; debandar. 2 escavar; desencravar. 3 expor; descobrir. 4 derrotar.
route /ruːt, raʊt/ s 1 itinerário; trajetória. 3 rodovia. ‖ v (**routes, routing, routed, routed**) 1 mostrar o caminho; traçar a rota ou o itinerário. 2 esquematizar. 3 enviar; despachar por uma rota específica.
rou·tine /ruːtiːn/ s 1 rotina. 2 hábito. ‖ adj rotineiro; regular; habitual; de praxe.
rove /roʊv/ v (**roves, roving, roved, roved**) 1 passar fio por um orifício; cardar (lã). 2 perambular; vaguear. 3 esticar ou torcer fios, fibras. ‖ s 1 vagabundo; errante; andarilho. 2 perambulação. 3 fios (de algodão, lã) torcidos.
rov·er /roʊvə/ s 1 vagabundo; andarilho. 2 veículo usado para explorar o solo de planetas e seus satélites; sonda espacial. 3 pirata. 4 navio pirata.
row /roʊ/ v (**rows, rowing, rowed, rowed**) 1 Náut remar. 2 Náut transportar em barco a remo. 3 enfileirar. 4 /raʊ/ participar de um tumulto, discussão. ‖ s 1 Náut ato de remar. 2 passeio de barco a remo. 3 fila; fileira. 4 /raʊ/ discussão violenta; briga; contenda.
row·boat /roʊboʊt/ s Náut barco a remo.
row·dy /raʊdi/ s desordeiro; brigão; barulhento; grosseiro. (pl **rowdies**). ‖ adj desordeiro; brigão; rude. (gr comp **rowdier**. gr super **rowdiest**).
row house s casa geminada.
roy·al /rɔɪəl/ adj 1 real; régio; nobre. 2 majestoso; magnífico; superior.
roy·al·ist /rɔɪəlɪst/ s monarquista; monárquico.
royal jelly s geléia real.
roy·al·ty /rɔɪəlti/ s 1 realeza; nobre. 2 membro da família real. ♦ **royalties** direitos autorais.
rpm /ɑːrpiːem/ abrev de **revolutions per minute**; rpm; rotações por minuto. (tb **r.p.m.**).
RTF /ɑːrtiːef/ abrev Comp de **Rich Text Format**; formato de rich text (texto com formatação).

R

RTS /ɑːrtiˈes/ *abrev Comp* de **Reliable Transfer Service**; serviço de transferência confiável.

rub /rʌb/ *v* (**rubs, rubbing, rubbed, rubbed**) 1 esfregar; roçar; friccionar. 2 raspar; polir; limpar. 3 apagar; desgastar por fricção. II *s* 1 esfrega; atrito. 2 fricção; polimento. 3 dificuldade; embaraço. ♦ **rub down** massagear. **rub in** fazer penetrar nos poros. **rub elbows/shoulders** ficar íntimo de; socializar-se. **rub out** 1 raspar; fazer desaparecer esfregando. 2 *gír* assassinar. **rub up** polir; fazer reluzir.

rub·ber /rʌbə/ *s* 1 borracha. 2 qualquer coisa feita de borracha (pneu, borracha para apagar, etc.). 3 esfregador; polidor. 4 massagista. 5 melhor de três ou de cinco (jogo). 6 partida para desempatar; negra. 7 *gír* preservativo.

rubber band *s* elástico.

rubber check *s gír* cheque sem fundo.

rub·ber·neck /rʌbənek/ *s gír* abelhudo; xereta. II *v* (**rubbernecks, rubbernecking, rubbernecked, rubbernecked**) *gír* bisbilhotar; xeretar.

rubber plant *s Bot* seringueira.

rub·ber·stamp /rʌbəstæmp/ *s* carimbo de borracha. (*tb* rubber stamp).

rub·bish /rʌbɪʃ/ *s* 1 lixo; refugo; rebotalho. 2 bagatela; coisa sem valor. 3 fala desconexa; absurdo; besteira.

rub·ble /rʌbəl/ *s* cascalho; pedregulho.

ru·be·o·la /ruːbiələ/ *s Med* rubéola.

ru·bi·cund /ruːbəkʌnd/ *adj* rubicundo.

ru·bric /ruːbrɪk/ *adj* rubro; vermelho. II *s* 1 rubrica. 2 título.

ru·by /ruːbi/ *s* rubi (pedra e cor). (*pl* **rubies**). II *adj* da cor do rubi.

ruck /rʌk/ *s* 1 multidão; populacho. 2 prega; vinco. II *v* (**rucks, rucking, rucked, rucked**) vincar.

rud·der /rʌdə/ *s* 1 *Náut* leme; timão. 2 *Mec* comando; governo; direção. 3 *fig* mentor; guia.

rud·dy /rʌdi/ *adj* 1 rosado; corado. 2 vermelho; rubro. (*gr comp* **ruddier**. *gr super* **ruddiest**).

rude /ruːd/ *adj* 1 rude; grosseiro. 2 primitivo. 3 vigoroso; robusto. 4 bruto.

rude·ness /ruːdnəs/ *s* 1 rudeza; grosseria; crueza. 2 insolência. 3 severidade; rigor.

ru·di·ment /ruːdəmənt/ *s Biol* órgão que teve desenvolvimento incompleto. ♦ **rudiments** rudimento.

rue /ruː/ *v* (**rues, ruing, rued, rued**) 1 lastimar; sentir remorsos por. 2 arrepender-se. II *s* 1 arrependimento; pesar; remorso. 2 *Bot* arruda.

ruff /rʌf/ *s* 1 rufo. 2 gola de tufos engomados. 3 coleira natural de penas em torno do pescoço. 4 trunfo (no jogo de cartas).

ruf·fi·an /rʌfiən/ *s* 1 rufião. 2 alcoviteiro; 3 gângster.

ruf·fle /rʌfəl/ *v* (**ruffles, ruffling, ruffled, ruffled**) 1 franzir; pôr babados. 2 encrespar; encapelar. 3 arrepiar; eriçar (penas). 4 irritar. 5 rufar (tambor). 6 agitar; perturbar. 7 embaralhar (cartas). 8 folhear (livro). 9 comportar-se de forma arrogante. II *s* 1 gola ou colarinho pregueado. 2 confusão; tumulto. 3 rufo (do tambor).

rug /rʌg/ *s* 1 tapete. 2 pele de animal usada como tapete. 3 *gír* toupeira.

Rug·by /rʌgbi/ *s Esp* rúgbi.

rug·ged /rʌgɪd/ *adj* 1 escarpado; acidentado. 2 duro; austero. 3 tempestuoso. 4 que exige grande esforço; vigoroso. 5 rústico; grosseiro. 6 áspero; irregular.

ru·in /ruːɪn/ *s* 1 ruína; perdição. 2 decadência; queda. II *v* (**ruins, ruining, ruined, ruined**) 1 arruinar. 2 demolir; destruir. 3 perder; decair. 4 desintegrar. 5 falir. **ruins** ruínas.

rule /ruːl/ *s* 1 regra; norma. 2 lei; código. 3 costume; uso; prática. 4 o habitual; normal. 5 governo; domínio; autoridade; controle. 6 régua; régua graduada. II *v* (**rules, ruling, ruled, ruled**) 1 governar; dominar. 2 exercer controle sobre; reinar; comandar. 3 *Júr* decretar; decidir; resolver em julgamento. 4 traçar linhas com régua. 5 prevalecer; dominar. ♦ **as a rule** geralmente; por via de regra. **by rule** de acordo com os regulamentos. **rule out** 1 excluir; pôr de lado. 2 impedir.

rul·er /ruːlə/ *s* 1 soberano; regente; ditador. 2 régua.

rul·ing /rúːlɪŋ/ *adj* **1** dominante. **2** predominante. ‖ *s* **1** ato de governar. **2** poder; domínio.

rum /rʌm/ *s* rum; aguardente.

rum·ble /rʌ́mbəl/ *v* (**rumbles, rumbling, rumbled, rumbled**) **1** ribombar. **2** ressoar; avançar com estrondo. **3** participar de um tumulto ou de luta entre gangues. **4** rosnar; resmungar. **5** falar com voz grossa. ‖ *s* **1** estrondo; ribombo. **2** assento traseiro. **3** porta-malas traseiro. **4** *gír* luta de gangues rivais.

ru·mi·nant /rúːmənənt/ *s* ruminante. ‖ *adj* ruminante; pensativo.

rum·mage /rʌ́mɪdʒ/ *v* (**rummages, rummaging, rummaged, rummaged**) **1** procurar; buscar. **2** remexer; esquadrinhar. ‖ *s* **1** busca minuciosa. **2** confusão; miscelânea.

rummage sale *s* venda de mercadorias usadas.

rum·mer /rʌ́mɚ/ *s* copázio; taça ou xícara grande.

ru·mor /rúːmɚ/ *v* (**rumors, rumoring, rumored, rumored**) divulgar ou espalhar (boato). ‖ *s* rumor; boato.

rump /rʌmp/ *s* **1** anca; traseiro. **2** alcatra. **3** parte traseira. **4** nádegas.

rum·ple /rʌ́mpəl/ *v* (**rumples, rumpling, rumpled, rumpled**) **1** amarrotar. **2** enrugar. ‖ *s* **1** ruga. **2** prega; dobra; vinco. **3** amassadura; amassado.

rum·pus /rʌ́mpəs/ *s* desordem; tumulto; rixa.

run /rʌn/ *v* (**runs, running, ran, run**) **1** correr. **2** competir; disputar uma corrida. **3** andar; mover-se; correr fugindo; escapar. **4** candidatar-se ou lançar alguém como candidato. **5** fazer (uma máquina ou um motor) trabalhar, funcionar. **6** conduzir; guiar; transportar. **7** escorrer ou pingar (muco do nariz). **8** dirigir ou organizar (um negócio). **9** descobrir, pesquisar as origens. **10** estar em cartaz (filme, peça de teatro, etc.). **11** prevalecer; estar em voga. **12** *Comp* executar. **13** estender. **14** fluir; escorrer; escoar. **15** fundir metal. **16** publicar. **17** migrar para desova (peixe). ‖ *s* **1** *tb Esp* corrida. **2** galope. **3** distância percorrida; percurso; rota. **4** migração para desova (peixe). **5** jornada de trabalho. **6** produção; produtividade. **7** caminho ou trilha dos animais. **8** seqüência; série. **9** livre acesso. **10** tendência; direção. **11** volta; viagem. **12** funcionamento; operação (de uma máquina). ‖ *adj* derretido (metal, ouro). ♦ **run about** correr para cá e para lá. **run across** encontrar por acaso. **run after** perseguir; correr atrás. **run ahead** correr na frente de; adiantar-se. **run around** correr em volta de. **run away** escapar; fugir. **run back** voltar correndo. **run down 1** parar de funcionar. **2** atropelar. **run for** candidatar-se a. **run in** inserir; incluir. **run in the family** ser da família; estar no sangue **run into 1** encontrar alguém por acaso. **2** colidir. **run off** tirar cópias; imprimir. **run out 1** expelir; expulsar. **2** acabar; esgotar. **run up** levantar; içar; fazer subir. **runs** *inform* diarréia.

run·a·way /rʌ́nəweɪ/ *adj* **1** fugitivo; desertor. **2** fora de controle. ‖ *s* **1** fugitivo. **2** *inform* vitória fácil.

run·down /rʌ́ndaʊn/ *adj* em condições precárias; sujo. (*tb* **run-down**).

rung /rʌŋ/ *s* **1** degrau de escada. **2** raio (de roda). **3** *v part pass* de **ring** (tocar, soar, tilintar).

run·nel /rʌ́nəl/ *s* riacho; córrego.

run·ner /rʌ́nɚ/ *s* **1** *Esp* corredor; competidor de corridas. **2** mensageiro. **3** fugitivo. **4** contrabandista. **5** agente; corretor. **6** passadeira. **7** caminho de mesa.

run·ning /rʌ́nɪŋ/ *s* **1** *Esp* corrida. **2** ato de correr. **3** direção; condução; gerência. **4** funcionamento; operação; manutenção. **5** corrimento; escoamento. ‖ *adj* atual; em vigor; em andamento. ‖ *adv* de forma consecutiva.

run·way /rʌ́nweɪ/ *s* **1** pista (de pouso e decolagem). **2** leito de rio. **3** trilha de animais.

rup·ture /rʌ́ptʃɚ/ *s* **1** ruptura; rompimento. **2** discórdia; desinteligência. **3** *Med* ruptura; hérnia. ‖ *v* (**ruptures, rupturing, ruptured, ruptured**) **1** romper. **2** fraturar.

ru·ral /rʊrəl/ *adj* rural; campestre.

ruse /ru:z/ *s* 1 estratagema; subterfúgio; artifício. 2 ardil; astúcia; manha.

rush /rʌʃ/ *v* (**rushes, rushing, rushed, rushed**) 1 apressar-se; acelerar. 2 correr; mover-se. 3 investir; arremeter; agir impulsivamente. 4 atacar; impelir; tomar de assalto. 5 afluir a; invadir. 6 lançar; precipitar. 7 entreter. ‖ *s* 1 pressa; precipitação; correria. 2 arrancada; arremetida; investida. 3 afluxo; afluência. 4 assalto; ataque repentino. 5 sensação agradável depois do uso de estimulantes. ♦ **gold rush** corrida do ouro. **rush hour** hora do *rush*. **rush into** atirar-se. **rush out** sair correndo.

rusk /rʌsk/ *s* 1 pão doce torrado. 2 biscoito doce de textura macia.

rus·set /rʌsɪt/ *adj* castanho-avermelhado. ‖ *s* 1 cor castanho-avermelhado. 2 tecido grosseiro de lã usado pelos camponeses.

Rus·sia /rʌʃə/ *s* Rússia.

Rus·sian /rʌʃən/ *s* e *adj* russo.

rust /rʌst/ *s* 1 *tb Bot* ferrugem. 2 inatividade; ócio. 3 cor de ferrugem. ‖ *v* (**rusts, rusting, rusted, rusted**) 1 enferrujar. 2 deteriorar em conseqüência da inatividade.

rus·tic /rʌstɪk/ *adj* 1 rústico; campestre. 2 rude; grosseiro; simples. ‖ *s* camponês; pessoa simples, rude.

rust·i·ness /rʌstɪnəs/ *s* enferrujamento.

rus·tle /rʌsəl/ *v* (**rustles, rustling, rustled, rustled**) 1 mover sorrateiramente. 2 roçar; farfalhar. 3 roubar gado.

rust·proof /rʌstpru:f/ *adj* à prova de ferrugem; inoxidável.

rust·y /rʌsti/ *adj* enferrujado. (*gr comp* **rustier**. *gr super* **rustiest**).

rut /rʌt/ *s* 1 carril; sulco; rego. 2 rotina entediante. 3 período de cio dos veados ou bodes. ‖ *v* (**ruts, rutting, rutted, rutted**) 1 fazer sulcos. 2 estar no cio.

ruth /ru:θ/ *s* piedade; compaixão; dó.

ruth·less·ness /ru:θləsnəs/ *s* crueldade; desumanidade; falta de compaixão.

rut·tish /rʌtɪʃ/ *adj* libidinoso.

R/W *abrev Comp* de **Read/Write**; Leitura/Gravação.

Rwan·da /ruɑːndə/ *s* Ruanda.

Rwan·dan /ruɑːndən/ *s* e *adj* ruandês.

rye /raɪ/ *s* 1 centeio. 2 uísque de centeio. 3 *masc* cigano.

R

S

ou **S** /es/ s 19ª letra do alfabeto inglês. (*pl* s's ou S's). ll *abrev* **1** *minús de* **second**. **2** *minús ou maiús de* **south**; **southern**. ll *símb Quím maiús de* **sulfur**.

ab·bath /sæbəθ/ s *Relig* sabá (dia de culto religioso e descanso para os judeus e alguns grupos cristãos).

a·ber /serbə/ s sabre; espada curta.

a·ble /serbəl/ s **1** *Zool* zibelina; marta zibelina. **2** a pele desse animal. **3** marrom com nuanças de amarelo e cinza. ll *adj* **1** da cor marrom com nuanças de amarelo e cinza. **2** negro; sombrio. ◆ **sables** roupas pretas usadas quando se está de luto.

ab·o·tage /sæbəta:ʒ, sæbəta:ʒ/ s sabotagem. ll *v* (**sabotages, sabotaging, sabotaged, sabotaged**) sabotar.

ab·o·teur /sæbetɜ:r/ s sabotador.

ab·u·lose /sæbjəlous/ → **sabulous**.

ab·u·lous /sæbjələs/ *adj* arenoso. (*var* **sabulose**).

ac /sæk/ s *Biol* e *Zool* saco; bolsa membranosa.

ac·cha·rin /sækərɪn/ s sacarina.

ac·cha·rine /sækə·ɪn, sækəraɪn/ *adj* **1** sacarino; muito doce. **2** meigo. **3** extremamente sentimental.

ac·cha·rose /sækərous/ → **sucrose**.

ac·er·do·tal /sæsə·doutəl, sækə·doutəl/ *adj* sacerdotal.

ack /sæk/ s **1** saco; saca. **2** saque; roubo; pilhagem. **3** *gír* demissão do emprego. **4** *inform* saco de dormir; cama. ll *v* (**sacks, sacking, sacked, sacked**) **1** ensacar. **2** saquear; roubar; pilhar. **3** *gír* demitir do emprego. ◆ **sack out** dormir.

a·cral /serkrəl/ *adj* sacro; sagrado.

ac·ra·ment /sækrəmənt/ s **1** sacramento. **2** *maiús Relig* eucaristia.

a·cred /serkrɪd/ *adj* sagrado; venerado.

ac·ri·fice /sækrəfaɪs/ s **1** sacrifício. **2** vítima oferecida em sacrifício; oferenda.

3 prejuízo. ll *v* (**sacrifices, sacrificing, sacrificed, sacrificed**) sacrificar.

sac·ri·lege /sækrəlɪdʒ/ s sacrilégio.

sac·ri·le·gious /sækrəlɪdʒəs/ *adj* sacrílego.

sac·ris·tan /sækrɪstən/ s sacristão.

sac·ris·ty /sækrɪsti/ s sacristia. (*pl* **sacristies**).

sad /sæd/ *adj* **1** triste; melancólico. **2** pesaroso. **3** sombrio. **4** deplorável.

sad·den /sædən/ *v* (**saddens, saddening, saddened, saddened**) entristecer.

sad·ness /sædnəs/ s tristeza; melancolia.

sa·fa·ri /səfɑ:ri/ s safári. (*pl* **safaris**).

safe /serf/ *adj* **1** seguro. **2** salvo; incólume; ileso; são e salvo. **3** digno de confiança; idôneo; leal. **4** cauteloso. ll s **1** cofre; caixa-forte. **2** recipiente para guardar alimentos. **3** *gír* preservativo.

safe-con·duct /serfka:ndʌkt/ s salvo-conduto.

safe-de·pos·it box /serfdɪpa:zɪt ba:ks/ s caixa-forte.

safe·guard /serfga:rd/ s salvaguarda; proteção. ll *v* (**safeguards, safeguarding, safeguarded, safeguarded**) salvaguardar; proteger.

safe·keep·ing /serfki:pɪŋ/ s custódia; proteção.

safe mode s *Comp* modo seguro.

safe sex s sexo seguro.

safe·ty /serfti/ s segurança. (*pl* **safeties**).

safety belt s cinto de segurança.

safety pin s alfinete de segurança.

safety valve s válvula de segurança.

saf·fron /sæfrən/ s *Bot* açafrão (*tb* cor).

sag /sæg/ s **1** depressão. **2** *Fin* baixa; queda temporária. **3** ato de abaixar; cair. ll *v* (**sags, sagging, sagged, sagged**) **1** vergar; ceder; curvar-se. **2** pender. **3** enfraquecer. **4** baixar; cair.

sa·ga·cious /səgerʃəs/ *adj* sagaz; perspicaz.

sa·gac·i·ty /səgæsəti/ s sagacidade.

sage /serdʒ/ *adj* sábio; prudente. ll s **1** sábio. **2** *Bot* salva.

Sag·it·tar·i·an /sædʒəteriən/ s e adj Astrol sagitariano.

Sag·it·tar·i·us /sædʒəteriəs/ s Astrol e Astron Sagitário.

sa·go /seɪɡoʊ/ s sagu. (pl sagos).

Sa·har·a /səheɪrə, səhɑːrə/ s Saara.

sail /seɪl/ s 1 vela (de embarcação). 2 veleiro. 3 viagem ou passeio de barco. ‖ v (sails, sailing, sailed, sailed) 1 navegar. 2 velejar. 3 viajar por mar; atravessar o mar, o oceano. 4 deslizar. ♦ sail into criticar; atacar.

sail·boat /seɪlboʊt/ s barco a vela.

sail·ing /seɪlɪŋ/ s navegação.

sail·or /seɪlə/ s marinheiro.

saint /seɪnt/ s santo. ‖ v (saints, sainting, sainted, sainted) santificar.

saint·ed /seɪntɪd/ adj 1 sagrado; santo. 2 santificado.

saint·hood /seɪnthʊd/ s santidade.

Saint Kitts and Nevis s São Cristóvão e Névis.

saint·ly /seɪntli/ adj sagrado; santo. (gr comp saintlier, gr super saintliest).

Saint Lucia s Santa Lúcia.

Saint Val·en·tine's Day /seɪnt væləntaɪnz deɪ/ → Valentine's Day.

Saint Vincent and the Grenadines s São Vicente e Granadinas.

sake /seɪk/ s 1 causa; fim; motivo; finalidade. 2 benefício; vantagem.

sa·ke /sɑːki/ s saquê. (var saki).

sa·ki /sɑːki/ → sake.

sal·a·ble /seɪləbəl/ adj 1 vendável. 2 vendível. (var saleable).

sa·la·cious /səleɪʃəs/ adj lascivo.

sal·ad /sæləd/ s salada.

salad days s pl época de juventude; inocência; inexperiência.

salad dressing s tempero ou molho para salada.

salad oil s azeite de mesa.

sal·a·man·der /sæləmændə/ s Zool salamandra.

sa·la·mi /səlɑːmi/ s salame. (pl salamis).

sal·a·ry /sæləri, sælri/ s salário; ordenado. (pl salaries).

sal·a·ried /sælərid, sælrid/ adj assalariado.

sale /seɪl/ s 1 venda. 2 saldo de venda 3 liquidação. 4 demanda. 5 leilão. ♦ b for sale estar à venda. be on sale esta em liquidação.

sale·a·ble /seɪləbəl/ → salable.

sales·clerk /seɪlzklɜːrk/ s vendedor qu trabalha em lojas.

sales·man /seɪlzmən/ s masc vendedo (pl salesmen /seɪlzmen/).

sales·wom·an /seɪlzwʊmən/ s fem vende dora. (pl saleswomen /seɪlzwɪmɪn/).

sa·li·ence /seɪliəns/ s saliência. (var sal ency).

sa·li·en·cy /seɪliənsi/ → salience.

sa·li·ent /seɪljənt/ adj saliente. ‖ s ângul saliente (em fortificação).

sa·line /seɪliːn, seɪlaɪn/ s salina. ‖ adj salinc

sa·li·va /səlaɪvə/ s saliva.

sal·i·vate /sæləveɪt/ v (salivates, salivatinç salivated, salivated) salivar.

sal·low /sæloʊ/ adj amarelado; pálido. ‖ Bot espécie de salgueiro. ‖ v (sallows sallowing, sallowed, sallowed) amarelar empalidecer.

sal·ly /sæli/ s 1 saída; partida repentina 2 investida; ataque. 3 atitude rápida. (/ sallies). ‖ v (sallies, sallying, sallied sallied) 1 partir em viagem. 2 sair d defensiva para posição de ataque. 3 sa de repente.

salm·on /sæmən/ s Zool salmão (tb cor (pl salmon ou salmons).

sa·loon /səluːn/ s 1 salão. 2 bar.

sal·si·fy /sælsəfi, sælsəfaɪ/ s Bot barba-d bode. (pl salsifies).

salt /sɔːlt, sɑːlt/ s 1 sal. 2 gosto; sabo 3 inform lobo-do-mar; marujo. ‖ adj 1 sa gado. 2 conservado em sal. ‖ v (salts salting, salted, salted) 1 salgar. 2 cu rar; conservar em sal. 3 dar sabor, go to. 4 incrementar.

sal·ta·tion /sælteɪʃən/ s 1 salto; puld 2 mutação; transformação.

salt·ern /sɔːltən/ s salina.

salt·i·ness /sɔːltɪnəs/ s salinidade.

salt·pe·ter /sɔːltpiːtə/ s salitre.

salt·shak·er /sɔːltʃeɪkə/ s saleiro.

salt·wa·ter /sɔːltwɑːtə/ adj marinho; d água salgada. (tb salt-water).

salt·works /sɔ:ltwɜ:rks/ *s pl us v sing ou pl* salina.

salt·y /sɔ:lti/ *adj* 1 salgado. 2 marinho. 3 pungente. (*gr comp* **saltier**. *gr super* **saltiest**).

sa·lu·bri·ous /səlu:briəs/ *adj* salubre.

sal·u·tar·y /sæljəteri/ *adj* salutar; saudável.

sal·u·ta·tion /sæljəteɪʃən/ *s* saudação.

sa·lute /səlu:t/ *v* (**salutes, saluting, saluted, saluted**) 1 saudar; cumprimentar. 2 receber alguém. 3 *Mil* fazer continência. 4 *Mil* salvar; dar salva. || *s* 1 saudação. 2 *Mil* continência. 3 *Mil* salva (de artilharia).

sal·vage /sælvɪdʒ/ *s* salvamento (de navio, tripulação, etc.). || *v* (**salvages, salvaging, salvaged, salvaged**) salvar.

sal·va·tion /sælveɪʃən/ *s* 1 salvação. 2 redenção. 3 bem-aventurança.

salve /sæv, sɑ:v/ *s* ungüento; pomada. || *v* (**salves, salving, salved, salved**) curar; aliviar dor (com pomada, etc.).

sal·vi·a /sælviə/ *s Bot* salva.

sal·vo /sælvou/ *s* salva (de palmas, de artilharia, etc.). (*pl* **salvos** ou **salvoes**).

same /seim/ *adj* mesmo; mesma; idêntico; igual. || *pron* o mesmo; a mesma. || *adv* do mesmo modo; da mesma maneira.

same·ness /seimnəs/ *s* 1 igualdade. 2 monotonia.

Sa·mo·a /səmouə/ *s* Samoa.

Sa·mo·an /səmouən/ *s* e *adj* samoano.

sam·ple /sæmpəl/ *s* amostra; modelo; prova. || *v* (**samples, sampling, sampled, sampled**) 1 dar amostra; ter amostra de. 2 provar; experimentar.

sam·pling /sæmplɪŋ/ *s tb Comp* amostragem; leitura.

sampling rate *s Comp* taxa de amostragem; taxa de leitura.

san·a·tar·i·um /sænəteriəm/ → **sanatorium**. (*pl* **sanatariums** ou **sanataria** /sænəteriə/).

san·a·to·ri·um /sænətɔ:riəm/ *s* sanatório. (*pl* **sanatoriums** ou **sanatoria** /sænətɔ:riə/. *var* **sanatarium**).

sanc·ti·fi·er /sæŋktɪfaɪə/ *s* santificador.

sanc·ti·fy /sæŋktɪfaɪ/ *v* (**sanctifies, sanctifying, sanctified, sanctified**) santificar.

sanc·tion /sæŋkʃən/ *s* 1 sanção; aprovação. 2 confirmação. 3 lei; decreto. || *v* (**sanctions, sanctioning, sanctioned, sanctioned**) 1 sancionar; aprovar; autorizar. 2 ratificar; confirmar.

sanc·tu·ar·y /sæŋktʃueri/ *s* 1 santuário; templo. 2 abrigo; refúgio. (*pl* **sanctuaries**).

sand /sænd/ *s* areia. || *v* (**sands, sanding, sanded, sanded**) 1 jogar areia em. 2 arear.
♦ **sands** areal.

san·dal /sændəl/ *s* 1 sandália. 2 *Bot* sândalo.

sand·bag /sændbæg/ *s* saco de areia. || *v* (**sandbags, sandbagging, sandbagged, sandbagged**) 1 pôr sacos de areia em. 2 *gir* tratar severamente ou injustamente.

sand·bank /sændbæŋk/ *s* banco de areia.

sand·bar /sændbɑ:r/ *s* banco de areia.

sand·box /sændbɑ:ks/ *s* caixa de areia (para crianças, animais).

sand·cas·tle /sændkæsəl/ *s* castelo de areia.

sand·pa·per /sændpeɪpə/ *s* lixa. || *v* (**sandpapers, sandpapering, sandpapered, sandpapered**) lixar.

sand·stone /sændstoun/ *s* arenito.

sand·storm /sændstɔ:rm/ *s* tempestade de areia.

sand·wich /sændwɪtʃ, sænwɪtʃ/ *s* sanduíche. || *v* (**sandwiches, sandwiching, sandwiched, sandwiched**) 1 fazer sanduíche. 2 colocar entre; imprensar.

sand·y /sændi/ *adj* 1 arenoso; areento. 2 marrom-amarelado; da cor da areia. (*gr comp* **sandier**. *gr super* **sandiest**).

sane /sein/ *adj* 1 são; sadio. 2 sensato.

san·guine /sæŋgwɪn/ *adj* 1 otimista. 2 animado. 3 sanguíneo. 4 corado; que tem cor de sangue.

san·guin·e·ous /sæŋgwɪniəs/ *adj* 1 sanguíneo. 2 da cor do sangue.

san·i·tar·y /sænɪteri/ *adj* 1 sanitário. 2 higiênico.

sanitary napkin *s* absorvente higiênico.

san·i·ta·tion /sænɪteɪʃən/ *s* 1 serviço de saúde pública. 2 saneamento básico; instalações sanitárias.

san·i·ty /sænəti/ *s* 1 sanidade mental. 2 juízo; sensatez.

S

San ma·ri·nese /sænməriːniːz/ *s* e *adj* samarinês; são-marinense.

San Ma·ri·no /sænməriːnou/ *s* San Marino.

sans serif *s Tip* sem serifa.

São Tomé and Príncipe *s* São Tomé e Príncipe.

sap /sæp/ *s* 1 seiva. 2 sapa; trincheira; galeria. 3 vitalidade; saúde. II *v* (**saps, sapping, sapped, sapped**) 1 solapar; escavar. 2 debilitar; esgotar.

SAP *abrev Comp* de **Service Advertising Protocol**; protocolo de aviso de serviço.

sap·id /sæpɪd/ *adj* sápido; saboroso.

sa·pi·ence /seɪpɪəns/ *s* 1 sapiência. 2 sagacidade.

sa·pi·ent /seɪpɪənt/ *adj* sapiente; sábio.

sap·less /sæpləs/ *adj* 1 seco. 2 desvitalizado.

sap·ling /sæplɪŋ/ *s* árvore ou pessoa jovem.

sa·pon·i·fi·ca·tion /səpɑːnəfɪkeɪʃən/ *s* saponificação.

sap·phire /sæfaɪə/ *s Min* safira (*tb* cor). II *adj* 1 feito de ou semelhante à safira. 2 da cor da safira.

sap·py /sæpi/ *adj* 1 seivoso. 2 suculento. 3 *gír* imaturo; tolo. 4 excessivamente sentimental. (*gr comp* **sappier**. *gr super* **sappiest**).

sar·casm /sɑːrkæzəm/ *s* sarcasmo; ironia.

sar·cas·tic /sɑːrkæstɪk/ *adj* sarcástico; irônico.

sar·co·ma /sɑːrkoumə/ *s Med* sarcoma. (*pl* **sarcomas** ou **sarcomata** /sɑːrkoumətə/).

sar·coph·a·gus /sɑːrkɑːfəɡəs/ *s* sarcófago. (*pl* **sarcophaguses** ou **sarcophagi** /sɑːrkɑːfəɡaɪ/).

sar·dine /sɑːrdiːn/ *s Zool* sardinha.

sar·don·ic /sɑːrdɑːnɪk/ *adj* zombeteiro; sarcástico.

sar·don·yx /sɑːrdɑːnɪks, sɑːrdənɪks/ *s Min* sardônica.

sarge /sɑːrdʒ/ *s inform* sargento.

sash /sæʃ/ *s* 1 caixilho de janela. 2 banda; faixa; fita (usada na cintura ou no ombro). II (**sashes, sashing, sashed, sashed**) 1 guarnecer com caixilho. 2 pôr fita, faixa (na cintura).

Sat. *abrev* de **Saturday**.

Sa·tan /seɪtən/ *s* satã; satanás.

sa·tan·ic /sətænɪk, seɪtænɪk/ *adj* satânico diabólico. (*var* **satanical**).

sa·tan·i·cal /sətænɪkəl, seɪtænɪkəl/ → **satanic**

satch·el /sætʃəl/ *s* bolsa pequena de uma única alça para carregar livros ou roupas

sate /seɪt/ *v* (**sates, sating, sated, sated** 1 saciar; satisfazer. 2 fartar.

sat·el·lite /sætəlaɪt/ *s Astron* satélite.

sa·tia·ble /seɪʃəbəl/ *adj* saciável.

sa·ti·ate /seɪʃieɪt/ *v* (**satiates, satiating satiated, satiated**) 1 saciar. 2 fartar II /seɪʃiɪt/ *adj* saciado.

sa·ti·a·tion /seɪʃieɪʃən/ *s* saciedade.

sat·in /sætən/ *s* cetim. II *adj* de cetim.

sat·ire /sætaɪə/ *s* sátira.

sa·tir·ic /sətɪrɪk/ → **satirical**.

sa·tir·i·cal /sətɪrɪkəl/ *adj* satírico. (*va* **satiric**).

sat·i·rize /sætəraɪz/ *v* (**satirizes, satirizing satirized, satirized**) satirizar.

sat·is·fac·tion /sætɪsfækʃən/ *s* 1 satisfação contentamento. 2 compensação. 3 pagamento.

sat·is·fac·to·ry /sætɪsfæktəri/ *adj* 1 satisfatório. 2 agradável.

sat·is·fied /sætəsfaɪd/ *adj* satisfeito.

sat·is·fy /sætəsfaɪ/ *v* (**satisfies, satisfying satisfied, satisfied**) 1 satisfazer. 2 convencer; persuadir. 3 pagar; saldar. 4 indenizar. 5 retificar; emendar.

sat·u·rate /sætʃəreɪt/ *v* (**saturates, saturating, saturated, saturated**) saturar II /sætʃərɪt/ *adj* saturado.

sat·u·ra·tion /sætʃəreɪʃən/ *s tb Comp* saturação.

Sat·ur·day /sætədeɪ, sætədi/ *s* sábado (*abrev* **S.** ou **Sat.**).

Sat·urn /sætən/ *s Astrol* e *Mit* Saturno.

sat·ur·nine /sætənaɪn/ *adj* saturnino.

sa·tyr /seɪtə, sætə/ *s Mit maiús* sátiro.

sauce /sɑːs, sɔːs/ *s* 1 molho; tempero 2 compota. 3 *inform* atrevimento. 4 *gír* bebida alcoólica. II *v* (**sauces, saucing sauced, sauced**) 1 temperar; pôr molho. 2 *inform* ser atrevido.

sauce·boat /sɑːsbout/ *s* molheira.

sauce·pan /sɑːspən/ *s* panela com cabo; caçarola.

sau·cer /sɑːsɚ, sɔːsɚ/ s pires.

sauc·y /sɑːsi, sɔːsi/ adj 1 insolente; atrevido. 2 provocante. (gr comp **saucier**. gr super **sauciest**).

Sa·u·di /saʊdi, sɔːdi/ s e adj saudita.

Saudi Arabia s Arábia Saudita.

Saudi Arabian s e adj árabe-saudita; saudiarábico.

sau·na /saʊnə, sɔːnə/ s sauna.

saun·ter /sɑːntɚ, sɔːntɚ/ v (**saunters, sauntering, sauntered**) passear; andar. ll s passeio (a pé).

sau·sage /sɑːsɪdʒ, sɔːsɪdʒ/ s salsicha; chouriço; lingüiça.

sav·age /sævɪdʒ/ adj e s 1 selvagem. 2 primitivo.

sav·age·ry /sævɪdʒəri/ s 1 selvageria. 2 barbaridade. 3 ferocidade. (pl **savageries**).

sa·van·na /səvænə/ s savana. (var **savannah**).

sa·van·nah /səvænə/ → **savanna**.

save /seɪv/ v (**saves, saving, saved, saved**) 1 salvar. 2 preservar; conservar. 3 poupar; guardar; economizar. 4 evitar. ll prep exceto; salvo. ll conj a não ser que; a menos que.

sav·ing /seɪvɪŋ/ s 1 poupança; economia. 2 redução de gastos. 3 salvamento. 4 Jur ressalva. ll prep exceto. ll conj a não ser que. ◆ **savings** poupança.

savings account s conta de poupança.

sav·ior /seɪvjɚ/ s 1 salvador. 2 Bíbl maiús o Salvador (Jesus Cristo).

sa·vor /seɪvɚ/ v (**savors, savoring, savored, savored**) saborear; provar. ll s sabor; gosto.

sa·vor·y /seɪvəri/ adj 1 saboroso; apetitoso. 2 picante. 3 respeitável. ll s 1 petisco. 2 Bot segurelha. (pl **savories**).

saw /sɔː/ s 1 serra; serrote. 2 provérbio; ditado. ll v 1 (**saws, sawing, sawed, sawed/sawn**) serrar. 2 pass de **see**.

saw·dust /sɑːdʌst/ s serragem.

saw·mill /sɑːmɪl/ s serraria.

sax·horn /sækshɔːrn/ s Mús bombardino.

Sax·on /sæksən/ adj e s saxão.

sax·o·phone /sæksəfoʊn/ s Mús saxofone.

say /seɪ/ v (**says, saying, said, said**) 1 dizer; falar; afirmar. 2 anunciar; declarar;

exprimir. 3 indicar; mostrar. 4 alegar; reportar. 5 supor. 6 recitar; repetir. ll s 1 fala; palavra; discurso. 2 influência. ◆ **say nothing of** não ter necessidade de mencionar. **that is to say** em outras palavras.

say·ing /seɪɪŋ/ s ditado; dito; provérbio.

say-so /seɪsoʊ/ s inform 1 expressão de permissão ou aprovação. 2 autoridade para decidir algo. (pl **say-sos**).

scab /skæb/ s 1 crosta; casca (de ferida). 2 sarna. 3 gír fura-greve. 4 gír pessoa contratada para trabalhar no lugar de um grevista. ll v (**scabs, scabbing, scabbed, scabbed**) 1 formar casca; ficar coberto de crosta. 2 trabalhar no lugar de um grevista.

scab·bard /skæbɚd/ s bainha (de espada).

sca·bies /skeɪbiːz/ s Med escabiose; sarna. (pl **scabies**).

scab·rous /skæbrəs, skeɪbrəs/ adj 1 escabroso. 2 difícil de se lidar. 3 escandaloso.

scaf·fold /skæfəld, skæfoʊld/ s 1 andaime. 2 tablado; palanque; plataforma. 3 cadafalso. ll v (**scaffolds, scaffolding, scaffolded, scaffolded**) 1 colocar andaimes. 2 montar palanque, plataforma.

scal·a·ble /skeɪləbəl/ adj escalável.

scald /skɑːld/ s escaldadura; queimadura. ll v (**scalds, scalding, scalded, scalded**) queimar; escaldar.

scale /skeɪl/ v (**scales, scaling, scaled, scaled**) 1 escalar; subir; trepar. 2 pesar. 3 tirar tártaro. 4 representar com escala. 5 escamar-se; descascar-se. 6 tirar escamas. 7 calcular a medida de. ll s 1 Zool escama. 2 película; camada. 3 caspa. 4 crosta. 5 tártaro dos dentes. 6 prato de balança. 7 escala. 8 instrumento de medida. 9 proporção; tamanho. ◆ **scales** 1 balança. 2 maiús Astrol libra.

scal·lop /skɑːləp/ v (**scallops, scalloping, scalloped, scalloped**) 1 recortar de forma ondulada. 2 cozinhar algo com leite ou molho. 3 cortar em pedaços. ll s 1 Zool vieira. 2 recorte ondulado.

scalp /skælp/ v (scalps, scalping, scalped, scalped) 1 escalpar; escalpelar. 2 gír revender ingressos a preço mais alto que o de bilheteria. ll s couro cabeludo; escalpe.

scal·pel /skælpəl/ s Med escalpelo; bisturi.

scalp·er /skælpə/ s cambista.

scal·y /skeɪli/ adj escamoso. (gr comp scalier. gr super scaliest).

scam·per /skæmpə/ v (scampers, scampering, scampered, scampered) sair correndo; correr em disparada. ll s movimento rápido; corrida.

scan /skæn/ v (scans, scanning, scanned, scanned) 1 examinar; esquadrinhar. 2 escandir elementos métricos. 3 Comp varrer; ler; digitalizar. 4 olhar, ler rapidamente; folhear. 5 explorar (radar, etc.).

scan·dal /skændəl/ s escândalo; vergonha; desgraça.

scan·dal·ize /skændəlaɪz/ v (scandalizes, scandalizing, scandalized, scandalized) escandalizar.

scan·dal·ous /skændələs/ adj escandaloso; vergonhoso.

Scan·di·na·vi·a /skændɪneɪviə/ s Escandinávia.

Scan·di·na·vi·an /skændɪneɪviən/ adj e s escandinavo.

scant /skænt/ v (scants, scanting, scanted, scanted) 1 restringir; limitar o suprimento de; racionar. 2 diminuir. 3 tratar inadequadamente; negligenciar. ll adj 1 escasso; raro; parco. 2 insuficiente.

scant·y /skænti/ adj 1 escasso; minguado. 2 exíguo; diminuto. 3 inadequado; insuficiente. (gr comp scantier. gr super scantiest).

scape·goat /skeɪpgoʊt/ s bode expiatório.

scap·u·la /skæpjələ/ s Anat escápula; omoplata. (pl scapulas ou scapulae /skæpjəliː/).

scar /skɑːr/ v (scars, scarring, scarred, scarred) 1 cicatrizar-se; marcar com cicatriz. 2 deixar seqüelas. ll s 1 cicatriz; sinal. 2 marca; mancha.

scar·ab /skerəb/ s escaravelho.

scarce /skers/ adj escasso; raro.

scarce·ly /skersli/ adv mal; quase não.

scar·ci·ty /skersəti/ s escassez; falta. (pl scarcities).

scare /sker/ s susto; sobressalto; pânico. ll adj assustador. ll v (scares, scaring, scared, scared) 1 assustar-se; atemorizar-se. 2 amedrontar; alarmar.

scare·crow /skerkroʊ/ s espantalho.

scare·mon·ger /skermɑːŋgə/ s alarmista.

scarf /skɑːrf/ s 1 cachecol. 2 Mil faixa banda. 3 lenço (de cabeça). 4 pano caminho de mesa. 5 chanfradura. (pl scarfs ou scarves). ll v (scarfs, scarfing scarfed, scarfed) 1 pôr uma faixa ou banda. 2 chanfrar; emendar. 3 gír comer vorazmente; devorar.

scar·i·fy /skerəfaɪ/ v (scarifies, scarifying scarified, scarified) 1 escarificar. 2 criticar severamente; censurar.

scar·let /skɑːrlət/ adj e s escarlate.

scarlet fever s Med escarlatina.

scarp /skɑːrp/ s escarpa. ll v (scarps scarping, scarped, scarped) escarpar.

scar·y /skeri/ adj 1 assustador; alarmante. 2 assustado; que se assusta facilmente. 3 extremamente tímido. (gr comp scarier. gr super scariest).

scathe /skeɪð/ s prejuízo; dano. ll v (scathes scathing, scathed, scathed) 1 danificar (principalmente por incêndio). 2 criticar severamente.

scath·ing /skeɪðɪŋ/ adj 1 mordaz. 2 doloroso.

scat·ter /skætə/ v (scatters, scattering scattered, scattered) 1 espalhar. 2 dispersar. 3 separar. ll s 1 espalhamento dispersão. 2 o que foi espalhado.

scat·ter·brain /skætəbreɪn/ s pessoa desorganizada.

scav·en·ger /skævɪndʒə/ s 1 catador de lixo; pessoa que procura restos de comida no lixo. 2 animal que se nutre de carniça.

scene /siːn/ s 1 cena; cenário. 2 espetáculo; exibição. 3 gír aspecto; situação.

scen·er·y /siːnəri/ s 1 cenário natural; vista. 2 painel ou cortina de fundo de palco. (pl sceneries).

ce·nic /sí:nɪk/ adj 1 pitoresco. 2 cênico; teatral.

ce·nog·ra·phy /si:ná:grəfi/ s cenografia.

cent /sent/ s 1 faro; olfato. 2 odor; aroma. 3 perfume. 4 indício; pista; rastro. ‖ v (scents, scenting, scented, scented) 1 perfumar. 2 cheirar. 3 farejar.

cent·less /séntləs/ adj inodoro.

cep·ter /séptə/ s 1 cetro. 2 insignia real ou de comando. ‖ v (scepters, sceptering, sceptered, sceptered) dar cetro a; empunhar o cetro.

cep·tic /sképtɪk/ → skeptic.

cep·ti·cal /sképtɪkəl/ → skeptical.

cep·ti·cism /sképtɪsɪzəm/ → skepticism.

ched·ule /skédʒu:l/ s 1 lista; tabela; relação. 2 itinerário. 3 programação. 4 horário. 5 calendário escolar. ‖ v (schedules, scheduling, scheduled, scheduled) 1 programar; agendar. 2 tabelar. 3 fixar.

cheme /ski:m/ s 1 esquema; plano; projeto. 2 sistema; método. 3 diagrama. 4 trama; intriga. ‖ v (schemes, scheming, schemed, schemed) 1 projetar; planejar. 2 tramar; maquinar; intrigar.

chism /sízəm, skízəm/ s cisma; divisão.

chist /ʃɪst/ s Geol xisto.

chol·ar /ská:lə/ s 1 erudito; sábio; letrado. 2 bolsista. 3 aluno; estudante.

chol·ar·ly /ská:ləli/ adj erudito.

chol·ar·ship /ská:ləʃɪp/ s 1 bolsa de estudos. 2 erudição. 3 conhecimento.

cho·las·tic /skəlǽstɪk/ adj 1 escolástico. 2 acadêmico.

cho·li·ast /skóuliæst/ s escoliasta.

chool /sku:l/ s 1 escola; instituição educacional. 2 curso; aulas. 3 universidade. ‖ adj escolar; educacional. ‖ v (schools, schooling, schooled, schooled) 1 educar; ensinar; instruir. 2 disciplinar; treinar.

chool age s idade escolar.

chool bag s pasta, bolsa, mochila escolar. (tb **schoolbag** /sku:lbæg/).

chool·book /sku:lbʊk/ s livro escolar; livro didático.

chool·boy /sku:lbɔɪ/ s masc colegial; estudante; aluno.

chool bus s ônibus escolar.

chool day s dia de aula; dia de ir à escola.

school·fel·low /sku:lfeloʊ/ s colega de escola.

school·girl /sku:lgɜ:rl/ s fem colegial; estudante; aluna.

school·ing /sku:lɪŋ/ s educação; ensino.

school·mas·ter /sku:lmæstə/ s masc 1 professor. 2 diretor de escola. 3 instrutor.

school·mate /sku:lmeɪt/ s colega de escola.

school·mis·tress /sku:lmɪstrɪs/ s 1 professora. 2 diretora de escola.

school·room /sku:lru:m/ s sala de aula.

school·teach·er /sku:lti:tʃə/ s professor; professora.

school year s ano letivo.

schoo·ner /sku:nə/ s Náut escuna.

sci·ence /sáɪəns/ s ciência; erudição.

science fiction s ficção científica.

sci·en·tif·ic /saɪəntífɪk/ adj científico.

sci·en·tist /sáɪəntɪst/ s cientista.

sci-fi /sáɪfaɪ/ s inform ficção científica. (pl **sci-fis**). ‖ adj de ficção científica.

scin·til·late /síntəleɪt/ v (scintillates, scintillating, scintillated, scintillated) cintilar; faiscar.

sci·on /sáɪən/ s herdeiro; descendente.

scis·sion /sízʒən, síʃən/ s cisão; divisão.

scis·sor /sízə/ v (scissors, scissoring, scissored, scissored) cortar com tesoura.

scis·sors /sízəz/ s 1 us v sing ou pl tesoura. 2 Esp us v sing tesoura (movimento das pernas).

scle·ro·sis /sklɪróusɪs/ s esclerose. (pl **scleroses** /sklɪróusi:z/).

scle·rous /sklírəs/ adj esclerosado; endurecido.

scoff /ská:f/ v (scoffs, scoffing, scoffed, scoffed) 1 escarnecer; zombar. 2 gír comer vorazmente; devorar. ‖ s escárnio; zombaria.

scoff·er /ská:fə/ s escarnecedor; zombador.

scold /skoʊld/ v (scolds, scolding, scolded, scolded) ralhar; repreender. ‖ s repreendedor.

scold·ing /skóuldɪŋ/ s repreensão.

sconce /ská:ns/ s 1 Mil fortificação. 2 castiçal. 3 gír crânio humano; cabeça.

scoop /sku:p/ *s* **1** pá. **2** colherão. **3** concha. **4** caçamba (de escavadeira). **5** colher para servir sorvete. **6** bola de sorvete. **7** furo jornalístico. **8** cavidade. **9** espátula cirúrgica; cureta. || *v* (**scoops, scooping, scooped, scooped**) **1** cavar; escavar. **2** pegar; recolher (com pá). **3** dar um furo de reportagem. **4** agarrar.

scoot /sku:t/ *v* (**scoots, scooting, scooted, scooted**) disparar; correr em disparada. || *s* fuga; corrida; carreira.

scoot·er /sku:tə/ *s* **1** lambreta. **2** patinete. **3** *Náut* barco a vela (para velejar sobre gelo ou água).

scope /skoup/ *s* **1** alcance; campo; extensão. **2** finalidade. **3** oportunidade.

scorch /skɔːtʃ/ *v* (**scorches, scorching, scorched, scorched**) **1** crestar; queimar; chamuscar. **2** *inform* dirigir (automóvel, etc.) em alta velocidade. **3** criticar; censurar. || *s* **1** queimadura leve. **2** *Bot* ferrugem.

score /skɔːr/ *s* **1** incisão; corte; entalhe. **2** divida; débito. **3** escore; placar; contagem. **4** motivo; razão. **5** *Mús* partitura. || *v* (**scores, scoring, scored, scored**) **1** marcar; riscar; gravar. **2** entalhar; cortar. **3** registrar escore; fazer pontos. **4** orquestrar.

score·board /skɔːrbɔːrd/ *s Esp* placar; marcador.

scorn /skɔːrn/ *s* desdém; desprezo; escárnio. || *v* (**scorns, scorning, scorned, scorned**) desprezar; desdenhar; escarnecer.

Scor·pi·o /skɔːrpiou/ *s* **1** → Scorpius. **2** *Astrol* Escorpião; escorpiano.

scor·pi·on /skɔːrpiən/ *s Zool* escorpião.

Scor·pi·us /skɔːrpiəs/ *s Astron* Escorpião. (*var* **Scorpio**).

Scotch /skɑːtʃ/ *s* **1** escocês. **2** uísque escocês. || *adj* escocês.

scot-free /skɑːtfriː/ *adj* **1** isento de imposto ou cobrança. **2** são e salvo; ileso. || *adv* gratuitamente; sem ter de pagar.

Scot·land /skɑːtlənd/ *s* Escócia.

Scot·tish /skɑːtɪʃ/ *s* **1** escocês. **2** língua escocesa. || *adj* escocês.

scoun·drel /skaundrəl/ *s* patife; tratante; canalha.

scour /skauə/ *v* (**scours, scouring, scoured, scoured**) **1** arear; polir; esfregar. **2** explorar. **3** percorrer.

scourge /skɜːrdʒ/ *v* (**scourges, scourging, scourged, scourged**) **1** flagelar. **2** açoitar; castigar severamente. || *s* **1** flagelo. **2** açoite; castigo.

scout /skaut/ *s* **1** escoteiro. **2** bandeirante. **3** *Mil* batedor; explorador. **4** observador; sentinela. **5** *inform* pessoa; indivíduo. || *v* (**scouts, scouting, scouted, scouted**) **1** vigiar; espiar; espionar; patrulhar. **2** desdenhar; rejeitar.

scow /skau/ *s Náut* chata; barcaça.

scowl /skaul/ *s* carranca; cara feia. || *v* (**scowls, scowling, scowled, scowled**) fazer carranca; olhar feio para.

scrab·ble /skræbəl/ *s* **1** garatuja. **2** arranhão. || *v* (**scrabbles, scrabbling, scrabbled, scrabbled**) **1** rabiscar. **2** arranhar; raspar.

scrag·gy /skrægi/ *adj* **1** muito magro; fino; esquelético; magricela. **2** áspero. (*gr comp* **scraggier**. *gr super* **scraggiest**).

scram·ble /skræmbəl/ *v* (**scrambles, scrambling, scrambled, scrambled**) **1** briga; lutar. **2** misturar; mexer. **3** bater (ovos). **4** escalar. **5** engatinhar. **6** arrastar. || *s* **1** escalada; subida. **2** disputa; luta. **3** *Esp* motocross.

scrambled eggs *s pl* ovos mexidos.

scrap /skræp/ *s* **1** pedaço; fragmento. **2** sucata. **3** luta; briga. || *v* (**scraps, scrapping, scrapped, scrapped**) **1** jogar no lixo. **2** lutar; brigar. **3** reduzir a sucata. ♦ **scraps 1** sobras, restos de comida; migalhas. **2** torresmo.

scrap·book /skræpbuk/ *s* álbum de recortes.

scrape /skreip/ *s* **1** raspão; arranhão. **2** rangido. **3** aperto; dificuldade. **4** luta; briga. || *v* (**scrapes, scraping, scraped, scraped**) **1** raspar; lixar. **2** arranhar; esfolar. **3** ranger. **4** roçar.

scrap·er /skreipə/ *s* raspador.

scrap·py /skræpi/ *adj* **1** incoerente; desconexo. **2** brigão. (*gr comp* **scrappier**. *gr super* **scrappiest**).

scratch /skrætʃ/ s 1 arranhão. 2 unhada. 3 risca. 4 rangido. ‖ v (**scratches, scratching, scratched, scratched**) 1 coçar. 2 riscar. 3 arranhar. 4 rabiscar. 5 Esp cancelar (luta, competição, etc.). 6 ranger.

craw·ny /skrɔːni/ adj muito magro. (gr comp **scrawnier**. gr super **scrawniest**).

cream /skriːm/ v (**screams, screaming, screamed, screamed**) 1 berrar; gritar. 2 guinchar; emitir som estridente. ‖ s 1 berro; grito. 2 ruído; som estridente.

creech /skriːtʃ/ v (**screeches, screeching, screeched, screeched**) guinchar; chiar. ‖ s ruído agudo; guincho.

creen /skriːn/ s 1 tela (de cinema, TV, computador, etc.). 2 grade; barreira. 3 biombo; anteparo; tapume. ‖ v (**screens, screening, screened, screened**) 1 exibir filme; filmar. 2 proteger; esconder. 3 separar com biombo.

screen saver s Comp protetor de tela.

crew /skruː/ s 1 parafuso. 2 torcedura. 3 inform avarento; pão-duro. ‖ v (**screws, screwing, screwed, screwed**) 1 atarraxar; parafusar; apertar. 2 torcer; enroscar; rosquear. 3 gír ter relações sexuais.

crew·ball /skruːbɔːl/ s e adj inform excêntrico; irracional; impulsivo.

crew·driv·er /skruːdraɪvə/ s 1 chave de fenda. 2 coquetel de vodca e suco de laranja.

crew propeller s hélice (de navio, avião, etc.).

crew thread s rosca de parafuso.

crib·ble /skrɪbəl/ s rabisco; garatuja. ‖ v (**scribbles, scribbling, scribbled, scribbled**) rabiscar; garatujar.

cribe /skraɪb/ s 1 escriba. 2 escritor. 3 copista. ‖ v (**scribes, scribing, scribed, scribed**) riscar; escrever.

crim·mage /skrɪmɪdʒ/ s 1 escaramuça; briga; conflito. 2 Esp disputa da bola (futebol). ‖ v (**scrimmages, scrimmaging, scrimmaged, scrimmaged**) Esp disputar a bola (futebol).

crimp /skrɪmp/ v (**scrimps, scrimping, scrimped, scrimped**) 1 economizar. 2 restringir.

script /skrɪpt/ s 1 escrita. 2 letra ou escrita cursiva. 3 manuscrito. 4 Jur documen-to original. 5 texto (teatral, de filme, etc.). ‖ v (**scripts, scripting, scripted, scripted**) preparar texto (teatral, de filme, etc.).

scrip·ture /skrɪptʃə/ s escritura. ♦ **Scriptures** Bibl Escrituras Sagradas.

scroll /skroʊl/ s 1 rolo de pergaminho. 2 Arq voluta. 3 lista de nomes. ‖ v (**scrolls, scrolling, scrolled, scrolled**) Comp rolar.

scroll bar s Comp barra de rolagem.

Scrooge /skruːdʒ/ s tb minús miserável; sovina (da personagem do Conto de Natal, de Charles Dickens).

scro·tum /skroʊtəm/ s Anat escroto. [pl **scrota** /skroʊtə/ ou **scrotums**).

scrounge /skraʊndʒ/ v (**scrounges, scrounging, scrounged, scrounged**) gír surrupiar; filar.

scrub /skrʌb/ s 1 moita; matagal. 2 limpeza; esfregação. 3 pessoa ou animal insignificante. ‖ v (**scrubs, scrubbing, scrubbed, scrubbed**) 1 lavar; esfregar; limpar. 2 gír cancelar; abandonar. 3 Quím remover impurezas.

scrub·ber /skrʌbə/ s esfregão; esfregador.

scrub·by /skrʌbi/ adj 1 mirrado; pequeno. 2 coberto com vegetação de cerrado. 3 inferior. (gr comp **scrubbier**. gr super **scrubbiest**).

scruff /skrʌf/ s nuca.

scru·ple /skruːpəl/ v (**scruples, scrupling, scrupled, scrupled**) 1 ter escrúpulos. 2 duvidar. ‖ s 1 escrúpulo. 2 hesitação.

scru·pu·lous /skruːpələs/ adj escrupuloso; cuidadoso.

scru·ti·nize /skruːtənaɪz/ v (**scrutinizes, scrutinizing, scrutinized, scrutinized**) examinar cuidadosamente; escrutinar.

scru·ti·ny /skruːtəni/ s escrutínio; exame minucioso. (pl **scrutinies**).

scu·ba /skuːbə/ s equipamento de mergulho.

scuba diver s mergulhador que utiliza equipamento de mergulho.

scud /skʌd/ v (**scuds, scudding, scudded, scudded**) 1 correr apressadamente. 2 Náut navegar de vento em popa. ‖ s 1 carreira; corrida. 2 rajada de vento. 3 navegação.

scuf·fle / skʌfəl/ s **1** briga; rixa; tumulto. **2** enxada. ‖ v (**scuffles, scuffling, scuffled, scuffled**) brigar; lutar.

scull / skʌl/ s Náut **1** ginga (remo pequeno). **2** barco de regata. **3** regata. ‖ v (**sculls, sculling, sculled, sculled**) remar.

scul·ler·y / skʌləri/ s copa (cômodo da casa). (pl **sculleries**).

scul·lion / skʌljən/ s ajudante de cozinha; lavador de pratos.

sculp·tor / skʌlptə/ s escultor.

sculp·ture / skʌlptʃə/ s escultura. ‖ v (**sculptures, sculpturing, sculptured, sculptured**) esculpir; entalhar.

scum / skʌm/ v (**scums, scumming, scummed, scummed**) formar espuma. ‖ s **1** gír escória; ralé; gentinha. **2** espuma; escuma.

scum·ble / skʌmbəl/ v (**scumbles, scumbling, scumbled, scumbled**) esbater; graduar tintas (pintura); atenuar. ‖ s esbatimento (de pintura).

scum·mer / skʌmə/ s escumadeira.

scurf / skɜːf/ s descamação; caspa.

scur·ril·i·ty / skərɪləti/ s vulgaridade; obscenidade. (pl **scurrilities**).

scur·ri·lous / skʌrələs/ adj obsceno; indecente; vulgar.

scur·ry / skɜːri/ v (**scurries, scurrying, scurried, scurried**) correr; apressar-se. ‖ s correria; pressa. (pl **scurries**).

scur·vy / skɜːrvi/ adj vil; miserável; desprezível. (gr comp **scurvier**. gr super **scurviest**). ‖ s Med escorbuto.

scut / skʌt/ s cauda curta (de coelho, veado, etc.).

scut·tle / skʌtl/ s **1** escotilha. **2** alçapão; portinhola. **3** fuga; corrida acelerada. **4** balde (para carvão). ‖ v (**scuttles, scuttling, scuttled, scuttled**) **1** pôr a pique; afundar (navio). **2** fugir; correr (precipitadamente). **3** inform descartar; desconsiderar.

scythe / saɪð/ s foice. ‖ v (**scythes, scything, scythed, scythed**) ceifar.

sea / siː/ s **1** mar. **2** oceano. ♦ **at sea 1** em alto-mar. **2** em estado de perplexidade.

sea biscuit s biscoito duro do tipo água e sal (antigamente usado pela tripulação durante longas viagens em embarcações).

sea breeze s brisa marinha.

sea·coast / siːkoʊst/ s costa marítima.

sea·far·er / siːfeərə/ s Náut navegante.

sea·food / siːfuːd/ s frutos do mar.

sea gull s Zool gaivota. (tb **seagull** / siːgʌl/).

sea horse s Zool cavalo-marinho.

seal / siːl/ s **1** Zool foca. **2** selo (de autenticidade). **3** sinete. **4** lacre. **5** sigilo. **6** vedação. ‖ v (**seals, sealing, sealed, sealed**) **1** lacrar; selar. **2** vedar; fechar. **3** ratificar; confirmar. **4** selar; decidir. **5** caçar focas.

seal·ant / siːlənt/ s vedante.

sea level s nível do mar.

sea lion s Zool leão-marinho.

seam / siːm/ s **1** costura. **2** sutura. **3** junção; junta. **4** ruga. **5** cicatriz. ‖ v (**seams, seaming, seamed, seamed**) **1** costurar. **2** enrugar.

sea·man / siːmən/ s masc marinheiro.

seam·less / siːmləs/ adj sem costura.

seam·stress / siːmstrɪs/ s costureira.

seam·y / siːmi/ adj **1** sórdido. **2** que tem costura. (gr comp **seamier**. gr super **seamiest**).

sea·plane / siːpleɪn/ s hidroavião.

sea·port / siːpɔːrt/ s porto de mar.

sear / sɪr/ adj → sere. ‖ v (**sears, searing, seared, seared**) **1** murchar; ressecar. **2** chamuscar; tostar; crestar. ‖ s marca, cicatriz de queimadura.

search / sɜːrtʃ/ s **1** busca; procura. **2** exame; pesquisa. ‖ v (**searches, searching, searched, searched**) **1** procurar; buscar. **2** explorar; investigar. **3** revistar.

search criteria s Comp critérios de pesquisa.

search engine s Comp ferramenta de pesquisa.

search·er / sɜːrtʃə/ s pesquisador.

search·light / sɜːrtʃlaɪt/ s holofote; refletor.

sea·shell / siːʃel/ s concha do mar.

sea·shore / siːʃɔːr/ s litoral; praia; costa.

sea·sick / siːsɪk/ adj mareado; enjoado.

sea·sick·ness / siːsɪknəs/ s enjôo.

sea·side / siːsaɪd/ s praia; litoral.

ea·son /ˈsiːzən/ s 1 estação do ano. 2 temporada; época. || v (seasons, seasoning, seasoned, seasoned) 1 amadurecer. 2 acostumar-se; aclimatar. 3 temperar; condimentar.

ea·son·al /ˈsiːzənəl/ adj sazonal; periódico.

ea·son·ing /ˈsiːzənɪŋ/ s tempero; condimento.

eat /siːt/ s 1 assento; cadeira. 2 lugar; local. 3 sede (de governo); centro; capital. 4 traseiro; fundilhos (de calça). 5 nádegas. || v (seats, seating, seated, seated) 1 assentar; providenciar lugar para sentar. 2 colocar assentos. 3 fixar; instalar.

eat belt s cinto de segurança (em automóvel ou avião).

ea turtle s Zool tartaruga marinha.

ea·wa·ter /ˈsiːwɔːtə/ s água do mar.

ea·way /ˈsiːweɪ/ s Náut 1 rota marítima. 2 via fluvial.

ea·weed /ˈsiːwiːd/ s alga marinha.

ea·wor·thy /ˈsiːwɜːðɪ/ adj Náut em condições de navegar. (gr comp seaworthier. gr super seaworthiest).

e·ba·ceous /səˈbeɪʃəs/ adj sebáceo; seboso; gorduroso.

ebaceous gland s Anat glândula sebácea.

e·cant /ˈsiːkənt/ s Mat secante.

e·ces·sion /sɪˈseʃən/ s secessão.

e·clude /sɪˈkluːd/ v (secludes, secluding, secluded, secluded) separar; segregar; afastar.

e·clud·ed /sɪˈkluːdɪd/ adj isolado; afastado; remoto (lugar).

e·clu·sion /sɪˈkluːʒən/ s 1 afastamento; isolamento; retiro. 2 solidão.

ec·ond /ˈsekənd/ adj 1 segundo. 2 secundário; inferior. || num segundo. || s 1 segundo (fração de tempo). 2 instante; momento. 3 assistente (no boxe). 4 Mús segunda. || v (seconds, seconding, seconded, seconded) 1 secundar; ajudar; apoiar. 2 vir em segundo lugar. ♦ seconds artigos de segunda mão.

ec·ond·ar·y /ˈsekənderɪ/ adj secundário. || s subordinado; subalterno. (pl secondaries).

econdary school s escola secundária.

ec·ond-class /ˌsekəndˈklæs/ adj de segunda classe.

sec·ond·hand /ˌsekəndˈhænd/ adj de segunda mão.

Second World War s Segunda Guerra Mundial.

se·cre·cy /ˈsiːkrəsɪ/ s 1 sigilo; segredo. 2 descrição; reserva. (pl secrecies).

se·cret /ˈsiːkrət/ adj 1 secreto; confidencial. 2 discreto. || s segredo; mistério.

secret agent s agente secreto.

sec·re·tar·y /ˈsekrəterɪ/ s 1 secretário; secretária. 2 escrivaninha. (pl secretaries).

se·crete /sɪˈkriːt/ v (secretes, secreting, secreted, secreted) 1 secretar; segregar. 2 esconder; entocar.

se·cre·tion /sɪˈkriːʃən/ s 1 segregação. 2 Med secreção.

se·cre·tive /sɪˈkriːtɪv/ adj discreto; reservado.

secret police s polícia secreta.

secret service s serviço secreto.

sect /sekt/ s seita; doutrina.

sec·tar·i·an /sekˈterɪən/ s e adj sectário; partidário.

sec·tion /ˈsekʃən/ s 1 seção; divisão. 2 parte; setor; região (de uma cidade). 3 gomo (de laranja, etc.). 4 parágrafo. 5 Med incisão; corte. || v (sections, sectioning, sectioned, sectioned) 1 cortar; fazer incisão. 2 separar; dividir. 3 secionar.

sec·tor /ˈsektə/ s Geom e Mil setor. || v (sectors, sectoring, sectored, sectored) setorizar.

sec·u·lar /ˈsekjələ/ adj 1 secular; antigo. 2 profano. || s leigo; laico.

se·cure /sɪˈkjuːr/ adj 1 seguro; salvo; protegido. 2 confiante. 3 certo; garantido. || v (secures, securing, secured, secured) 1 segurar; proteger; defender. 2 apertar; segurar firme. 3 assegurar; garantir. 4 adquirir.

secure channel s Comp canal seguro.

secure site s Comp site seguro.

se·cu·ri·ty /sɪˈkjuːrətɪ/ s 1 segurança. 2 certeza; garantia. 3 proteção. (pl securities).

security guard s guarda; vigia; segurança.

se·date /sɪˈdeɪt/ adj calmo; tranqüilo; comedido. || v (sedates, sedating, sedated, sedated) sedar; tomar sedativos.

sed·a·tive /ˈsedətɪv/ adj e s sedativo.

sed·en·tar·y /sedənteri/ adj sedentário.

sed·i·ment /sedəmənt/ s sedimento.

se·di·tion /sɪdɪʃən/ s sedição; revolta; insurreição.

se·duce /sɪdu:s/ v (seduces, seducing, seduced, seduced) seduzir.

se·duc·er /sɪdu:sə/ s sedutor.

se·duc·tion /sɪdʌkʃən/ s sedução.

se·duc·tive /sɪdʌktɪv/ adj sedutor; atraente.

sed·u·lous /sedʒələs/ adj assíduo; perseverante.

see /si:/ v (sees, seeing, saw, seen) 1 ver; enxergar. 2 compreender; perceber. 3 observar; notar. 4 consultar. 5 considerar. 6 prever. 7 verificar. 8 visitar. II s sé; catedral. ♦ see after tomar conta; cuidar. see out conduzir alguém até a porta ou saída. see red ficar zangado.

seed /si:d/ s 1 semente; grão. 2 sêmen; esperma. 3 bulbo. 4 embrião; germe. (pl seeds ou seed). II v (seeds, seeding, seeded, seeded) semear.

seed·bed /si:dbed/ s sementeira.

seed·ling /si:dlɪŋ/ s broto, muda de planta que acabou de germinar.

seed·time /si:dtaɪm/ s época do plantio.

seed·y /si:di/ adj 1 malvestido; desmazelado. 2 abatido; desanimado. 3 que tem muitas sementes. (gr comp seedier. gr super seediest).

see·ing /si:ɪŋ/ conj visto que.

seek /si:k/ v (seeks, seeking, sought, sought) 1 procurar; buscar. 2 tentar; esforçar-se por; empenhar-se. 3 pedir.

seel /si:l/ v (seels, seeling, seeled, seeled) tapar os olhos.

seem /si:m/ v (seems, seeming, seemed, seemed) parecer; dar a impressão de.

seem·ing /si:mɪŋ/ adj aparente. II s aparência; semblante.

seem·ing·ly /si:mɪŋli/ adv aparentemente.

seem·ly /si:mli/ adj 1 apropriado; adequado; próprio. 2 agradável; bonito; de boa aparência. (gr comp seemlier. gr super seemliest).

seen /si:n/ v part pass de see.

seep /si:p/ v (seeps, seeping, seeped, seeped) 1 filtrar. 2 infiltrar-se; penetrar; minar (líquidos).

seep·age /si:pɪdʒ/ s infiltração.

seer /sɪr/ s vidente; profeta.

see·saw /si:sɔ:/ v (seesaws, seesawing, seesawed, seesawed) brincar em um gangorra. II s gangorra.

seethe /si:ð/ v (seethes, seething, seethed, seethed) fazer ferver; efervescer.

seg·ment /segmənt/ s segmento; seção; parte. II /segment, segment/ v (segments, segmenting, segmented, segmented) segmentar.

seg·re·gate /segrəgeɪt/ v (segregates, segregating, segregated, segregated) segregar; isolar. II /segrəgɪt/ adj separado; isolado. II s aquele que foi isolado.

seg·re·ga·tion /segrəgeɪʃən/ s segregação.

seis·mic /saɪzmɪk/ adj sísmico.

seize /si:z/ v (seizes, seizing, seized, seized) 1 pegar; agarrar. 2 confisca 3 apoderar-se. 4 aproveitar; não deixa escapar (oportunidade). 5 capturar.

seiz·ing /si:zɪŋ/ s Náut amarração; trinca

sei·zure /si:ʒə/ s 1 tomada; captura 2 confisco; seqüestro; apreensão. 3 ata que (de doença).

sel·dom /seldəm/ adv raramente.

se·lect /səlekt/ v (selects, selecting, s● lected, selected) selecionar; escolhe II adj seleto; escolhido; selecionado. II us v sing ou pl algo de valor ou qualidad● superior.

se·lec·tion /sələkʃən/ s seleção; escolha

self /self/ adj idêntico; do mesmo mate● rial; igual. II pron si; mesmo; próprio. s 1 o eu; a própria pessoa. 2 individua● dade. 3 ego. 4 interesse próprio. (● selves).

self-cen·tered /selfsentəd/ adj egocêntrico

self-clean·ing /selfkli:nɪŋ/ adj autolimpante

self-con·fi·dence /selfkɑ:nfədəns/ s autoco● fiança.

self-con·fi·dent /selfkɑ:nfədənt/ adj a● toconfiante.

self-con·scious /selfkɑ:nʃəs/ adj 1 que ter autoconsciência. 2 constrangido; enve● gonhado.

self-con·trol /selfkəntroʊl/ s autocontrole

self-extracting file s Comp arquivo com pactado de auto-extração.

self·gov·ern·ment /selfgʌvənmənt/ s autonomia.

self-im·por·tant /selfɪmpɔːrtənt/ adj convencido.

self·ish /selfɪʃ/ adj egoísta.

self-knowl·edge /selfnɑːlɪdʒ/ s autoconhecimento.

self·less /selfləs/ adj desprendido.

self-med·i·ca·tion /selfmedɪkeɪʃən/ s automedicação.

self-pit·y /selfpɪti/ s pena de si próprio; vítima.

self-re·proach /selfrɪprovtʃ/ s remorso.

self-sat·is·fac·tion /selfsætɪsfækʃən/ s convencimento; presunção.

self-serv·ice /selfsɜːrvɪs/ adj de auto-serviço.

self-suf·fi·cient /selfsəfɪʃənt/ adj auto-suficiente.

self-test s Comp autoteste.

sell /sel/ v (sells, selling, sold, sold) 1 vender. 2 persuadir. 3 estar à venda. 4 ser aprovado; ganhar aceitação. 5 ser vendido. II s venda. ♦ sell off liquidar mercadorias encalhadas. sell out vender todas as posses, propriedades.

sell·er /selə/ s vendedor.

sell-out /selaʊt/ s 1 liquidação (de mercadorias). 2 gír traidor.

sel·vage /selvɪdʒ/ s ourela; franja; beira (de tecido). (var selvedge).

sel·vedge /selvɪdʒ/ → selvage.

se·man·tics /səmæntɪks/ s us v sing ou pl Ling semântica.

sem·a·phore /seməfɔːr/ s semáforo; sinal.

sem·blance /sembləns/ s semelhança; aparência.

se·mei·ot·ics /siːmɪɑːtɪk/ → semiotics.

se·men /siːmən/ s sêmen; esperma.

se·mes·ter /səmestə/ s semestre.

sem·i·cir·cle /semɪsɜːrkəl/ s semicírculo.

sem·i·co·lon /semɪkoʊlən/ s ponto-e-vírgula.

sem·i·nar /semɪnɑːr/ s 1 seminário (grupo de pesquisa). 2 reunião; conferência.

sem·i·nar·y /semɪneri/ s Ecles 1 seminário. 2 instituição escolar. (pl seminaries).

se·mi·ot·ics /siːmɪɑːtɪk/ s us v sing semiótica. (var semeiotics).

sem·i·vow·el /semɪvaʊəl/ s semivogal.

sen·ate /senɪt/ s senado.

sen·a·tor /senətə/ s senador.

send /send/ v (sends, sending, sent, sent) 1 mandar; enviar; remeter. 2 despachar. 3 lançar; jogar; impelir; arremessar. 4 direcionar; conduzir. 5 emitir. ♦ send up inform ir para a prisão.

send·er /sendə/ s remetente.

Sen·e·gal /senɪgɔːl/ s Senegal.

Sen·e·ga·lese /senɪgəliːz/ s e adj senegalês.

se·nile /siːnaɪl, senaɪl/ adj senil; muito velho; caduco.

se·nil·i·ty /sənɪləti/ s senilidade; velhice.

sen·ior /siːnjə/ s pessoa mais graduada ou mais velha. II adj sênior.

sen·sa·tion /senseɪʃən/ s 1 sensação. 2 impressão forte. 3 excitação.

sen·sa·tion·al /senseɪʃənəl/ adj sensacional.

sense /sens/ s 1 senso. 2 sensação. 3 sentido. 4 sentimento. 5 razão. 6 juízo.

sense·less /sensləs/ adj 1 inconsciente. 2 insensato; tolo.

sense·less·ness /sensləsnəs/ s insensatez; tolice; absurdo.

sen·si·bil·i·ty /sensəbɪləti/ s 1 sensibilidade. 2 sensatez. (pl sensibilities).

sen·si·ble /sensəbəl/ adj sensato; ajuizado; razoável; de bom senso.

sen·si·tive /sensətɪv/ adj 1 sensível; sensitivo. 2 melindroso; cuidadoso. 3 suscetível. II s pessoa sensitiva.

sen·si·tive·ness /sensətɪvnəs/ s sensibilidade.

sen·si·tiv·i·ty /sensətɪvəti/ s 1 susceptibilidade. 2 sensitividade. (pl sensitivities).

sen·so·ry /sensəri/ adj sensório.

sen·su·al /senʃuəl/ adj sensual.

sen·su·al·i·ty /senʃuæləti/ s sensualidade.

sen·su·ous /senʃuəs/ adj 1 sensual. 2 sensório.

sent /sent/ v pass e part pass de send.

sen·tence /sentəns/ s 1 Jur sentença; decisão judicial. 2 Gram sentença; período. II v (sentences, sentencing, sentenced, sentenced) Jur sentenciar; condenar.

sen·ten·tious /sentenʃəs/ adj sentencioso.

S

sen·ti·ment /sɛntəmənt/ s 1 sentimento. 2 sentimentalismo; emoção. 3 opinião; parecer.

sen·ti·men·tal /sentəmentəl/ adj sentimental.

sen·ti·men·tal·i·ty /sentəmentælətɪ/ s sentimentalismo. (pl **sentimentalities**).

sen·try /sɛntrɪ/ s sentinela; guarda. (pl **sentries**).

sep·a·ra·ble /sepərəbəl/ adj separável.

sep·a·rate /sepəɪt/ adj separado. || /sepəreɪt/ v (**separates, separating, separated, separated**) separar; afastar.

sep·a·ra·tion /sepəreɪʃən/ s 1 tb Jur separação. 2 Mil baixa. 3 demissão; afastamento.

Sept. abrev de **September**. (tb **Sept**).

Sep·tem·ber /septembə/ s setembro. (abrev **Sept**. ou **Sept**).

sep·tic /septɪk/ adj séptico.

sep·tu·a·ge·nar·i·an /septuədʒəneriən/ adj e s setuagenário.

sep·ul·cher /sepəlkə/ s sepulcro; túmulo.

se·qua·cious /sɪkweɪʃəs/ adj sequaz.

se·quel /siːkwəl/ s 1 continuação; seqüência. 2 seqüela.

se·quence /siːkwəns/ s 1 tb Mat seqüência. 2 arranjo. 3 série. 4 conseqüência.

se·ques·ter /sɪkwestə/ v (**sequesters, sequestering, sequestered, sequestered**) 1 seqüestrar. 2 Jur confiscar.

Ser·bo·Cro·a·tian /sɜːrboʊkroʊeɪʃən/ s e adj servo-croata.

sere /sɪr/ adj murcho; árido. (var **sear**).

ser·e·nade /serəneɪd/ s Mús serenata. || v (**serenades, serenading, serenaded, serenaded**) Mús fazer uma serenata.

se·rene /sərɪːn/ adj sereno; calmo.

se·ren·i·ty /sərenətɪ/ s serenidade; calma.

serf /sɜːrf/ s servo; escravo.

serf·dom /sɜːrfdəm/ s servidão.

serge /sɜːrdʒ/ s sarja (tecido).

ser·geant /sɑːrdʒənt/ s sargento.

se·ri·al /sɪriəl/ adj seriado; em série. || s publicação periódica; publicação em série.

serial communication s Comp comunicação serial.

serial killer s assassino em série.

serial number s número de série.

serial port s Comp porta serial.

serial printer s Comp impressora serial.

se·ries /sɪriːz/ s série. (pl **series**).

ser·if /serɪf/ s Tip serifa.

se·ri·ous /sɪriəs/ adj 1 sério; grave. 2 solene. 3 crítico; perigoso. 4 complexo; difícil.

se·ri·ous·ly /sɪriəsli/ adv com seriedade; seriamente.

se·ri·ous·ness /sɪriəsnəs/ s seriedade; gravidade.

ser·mon /sɜːrmən/ s sermão; pregação.

se·rous /sɪrəs/ adj seroso; aquoso.

ser·pent /sɜːrpənt/ s Zool e tb fig serpente.

ser·rate /sereɪt/ adj serrado; dentado, como uma serra.

se·rum /sɪrəm/ s soro. (pl **serums** ou **sera** /sɪrə/).

ser·vant /sɜːrvənt/ s 1 empregado; criado. 2 servo.

serve /sɜːrv/ v (**serves, serving, served, served**) 1 servir; estar a serviço de. 2 servir à mesa. 3 fornecer; suprir. 4 gastar, passar (o tempo). 5 Esp sacar (tênis, etc.). 6 acasalar. || s Esp saque (tênis, etc.).

serv·er /sɜːrvə/ s tb Comp servidor.

server error s Comp erro de servidor.

serv·ice /sɜːrvɪs/ s 1 tb Mil serviço. 2 emprego. 3 cerimônia religiosa; culto; missa. 4 assistência; manutenção. 5 louça. 6 acasalamento. 7 préstimo; obséquio. 8 serventia. || v (**services, servicing, serviced, serviced**) prestar serviço. || adj de serviço.

serv·ice·a·ble /sɜːrvɪsəbəl/ adj 1 pronto para ser usado; prático. 2 útil. 3 durável.

service bureau s Comp bureau de serviços.

service provider s Comp provedor de serviços.

ser·vile /sɜːrvəl, sɜːrvaɪl/ adj servil.

ser·vile·ness /sɜːrvəlnəs, sɜːrvaɪlnəs/ s servilismo. (var **servility**).

ser·vil·i·ty /sɜːrvɪlətɪ/ → **servileness**.

serv·ing /sɜːrvɪŋ/ s 1 ato de servir. 2 porção individual servida em uma refeição.

ser·vi·tude /sɜːrvətuːd/ s servidão; escravidão.

ses·a·me /sesəmi/ s Bot sésamo; gergelim.

ses·sion /sɛʃən/ s 1 sessão; reunião. 2 assembléia. 3 período de aulas.

set /sɛt/ v (**sets, setting, set, set**) 1 pôr; colocar; dispor. 2 plantar. 3 endireitar; pôr no lugar. 4 estabelecer; fixar. 5 marcar hora (encontro, reunião, etc.). 6 designar; dar. 7 acertar (um relógio). 8 propor; apresentar (questão, etc.). 9 preparar; armar (armadilha). 10 *Mús* compor. 11 coagular. II *adj* 1 rígido; inflexível. 2 imóvel; fixo. 3 construído. 4 teimoso. 5 preparado; pronto. 6 estabelecido; fixado. II s 1 jogo; série; conjunto. 2 aparelho (de TV, rádio, etc.). 3 cenário teatral. 4 estúdio. 5 tendência. 6 grupo; círculo social. 7 curso; rumo; direção do vento. ♦ **set aside** 1 separar; pôr de lado. 2 rejeitar. **set up** 1 iniciar; fundar. 2 *Comp* configurar.

set·back /sɛtbæk/ s 1 revés. 2 contratempo; piora; recaída. 3 *Arq* recuo.

set·tee /sɛtiː/ s 1 banco de madeira com encosto. 2 sofá pequeno.

set·ter /sɛtə-/ s 1 tipógrafo. 2 cão perdigueiro.

set·ting /sɛtɪŋ/ s 1 armação; montagem. 2 ocaso; pôr-do-sol. 3 engaste. 4 ambiente; lugar. 5 cenário; ambientação (de uma narrativa, filme, teatro, etc.).

set·tle /sɛtl/ v (**settles, settling, settled, settled**) 1 fixar; decidir; determinar. 2 assentar; depositar. 3 instalar; estabelecer. 4 acalmar. 5 saldar; pagar. 6 colonizar. 7 descer; pousar. II s banco comprido de costas altas. ♦ **settle down** 1 estabelecer-se; fixar residência; constituir família. 2 acalmar-se.

set·tle·ment /sɛtlmənt/ s 1 colônia; povoado; pequena comunidade. 2 pagamento; liquidação. 3 acerto; ajuste. 4 colonização. 5 *Jur* transferência de propriedade. 6 assentamento.

set·tler /sɛtlə-/ s colono; colonizador.

set·up /sɛtʌp/ s *tb Comp* configuração.

setup program s *Comp* programa de configuração.

setup wizard s *Comp* assistente de configuração.

sev·en /sɛvən/ *num* sete.

sev·en·teen /sɛvəntiːn/ *num* dezessete.

sev·en·teenth /sɛvəntiːnθ/ *num* décimo sétimo.

sev·enth /sɛvənθ/ *num* sétimo.

sev·er /sɛvə-/ v (**severs, severing, severed, severed**) 1 separar; romper. 2 cortar; dividir.

sev·er·al /sɛvərəl/ *adj* 1 vários; diversos. 2 respectivo; individual; distinto. II *pron us v pl* alguns; poucos.

se·vere /səvɪr/ *adj* 1 rigoroso; severo. 2 austero. 3 sério. 4 violento.

se·ver·i·ty /səvɛrəti/ s 1 severidade. 2 austeridade. 3 seriedade. 4 violência. (*pl* **severities**).

sew /soʊ/ v (**sews, sewing, sewed, sewn/ sewed**) coser; costurar; cerzir. ♦ **sew up** 1 *inform* completar; finalizar; vencer. 2 monopolizar. 3 ter certeza de.

sew·age /suːɪdʒ/ s água de esgoto; esgoto.

sew·er /suːə-/ s 1 tubo, cano de esgoto. 2 costureira; alfaiate. 3 servo; empregado (medieval).

sew·er·age /suː-ɪdʒ/ s rede de esgoto.

sew·ing /soʊɪŋ/ s costura.

sewing machine s máquina de costura.

sex /sɛks/ s sexo.

sex·less /sɛksləs/ *adj* assexuado; sem sexo.

sex·ol·o·gy /sɛksɑːlədʒi/ s sexologia.

sex·ol·o·gist /sɛksɑːlədʒɪst/ s sexólogo.

sex symbol s símbolo sexual.

Sex·tans /sɛkstænz/ s *Astron* sextante. (*var* **sextant**).

sex·tant /sɛkstənt/ s 1 → **Sextans**. 2 *Mat* e *Náut* sextante.

sex·tet /sɛkstet/ s *Mús* sexteto.

sex·ton /sɛkstən/ s sacristão.

sex·u·al /sɛkʃuəl/ *adj* sexual.

sexual assault s assédio sexual.

sexual harassment s assédio sexual.

sex·u·al·i·ty /sɛkʃuæləti/ s sexualidade.

sexual orientation s orientação sexual.

sexual relations s *pl* relação sexual.

sex·y /sɛksi/ *adj* sensual; erótico. (*gr comp* **sexier**. *gr super* **sexiest**).

Sey·chelles /seɪʃelz/ s Seicheles.

shab·bi·ness /ʃæbɪnəs/ s 1 esfarrapado; desalinho. 2 mesquinhez; baixeza. 3 pobreza.

S

shab·by /ˈʃæbi/ adj **1** malvestido; esfarrapado. **2** mesquinho; desprezível. **3** velho; muito usado; gasto; surrado. (gr comp **shabbier**. gr super **shabbiest**).

shack /ʃæk/ s choupana; barracão.

shack·le /ˈʃækəl/ v (**shackles, shackling, shackled, shackled**) **1** algemar; acorrentar. **2** estorvar. **3** confinar. ll s **1** algema; corrente; grilhão. **2** estorvo.

shade /ʃeɪd/ s **1** sombra. **2** penumbra. **3** sombreado. **4** tonalidade; gradação de cor. **5** veneziana. **6** toldo; guarda-sol. **7** espírito. ll v (**shades, shading, shaded, shaded**) **1** sombrear. **2** dar sombra. **3** proteger-se da luz. **4** mudar de tonalidade. ♦ **shades** gír óculos de sol.

shad·ow /ˈʃædoʊ/ s **1** sombra; área sombreada. **2** vulto. **3** vestígio. **4** fantasma. **5** proteção. **6** imitação; cópia. **7** reflexão (no espelho). ll v (**shadows, shadowing, shadowed, shadowed**) **1** escurecer. **2** sombrear. **3** seguir; vigiar (sem ser visto). ♦ **shadows** noite; escuridão.

shad·ow·y /ˈʃædoʊi/ adj **1** ilusório; irreal; indistinto; vago. **2** sombreado; escuro. (gr comp **shadowier**. gr super **shadowiest**).

shad·y /ˈʃeɪdi/ adj **1** suspeito; duvidoso. **2** sombreado. (gr comp **shadier**. gr super **shadiest**).

shaft /ʃæft/ s **1** eixo (de máquina). **2** haste (lança, seta, etc.). **3** cabo (de machado, martelo, etc.). **4** Arq coluna. **5** abertura; passagem. **6** raio; feixe de luz. **7** caule; tronco. **8** poço (do elevador).

shag·gy /ˈʃægi/ adj **1** peludo; felpudo. **2** desgrenhado; despenteado. **3** desorganizado; desarrumado. (gr comp **shaggier**. gr super **shaggiest**).

shah /ʃɑː/ s xá (soberano iraniano).

shake /ʃeɪk/ v (**shakes, shaking, shook, shaken**) **1** sacudir; agitar; acenar. **2** tremer; sacudir; agitar. **3** balançar. **4** trepidar; estremecer. **5** apertar a mão. ll s **1** abalo; sacudida; vibração. **2** gesto negativo com a cabeça. **3** aperto de mão. **4** bebida batida. **5** inform terremoto. **6** fissura; fenda. ♦ **shakes** tremedeira; calafrio.

shale /ʃeɪl/ s Geol xisto.

shall /ʃæl/ v aux **1** us na formação do futuro. **2** dever (pass **should**).

shal·low /ˈʃæloʊ/ adj **1** raso; pouco profundo. **2** superficial.

sham /ʃæm/ v (**shams, shamming, shammed, shammed**) simular; fingir. ll adj falso; simulado. ll s **1** fraude. **2** fingimento. **3** impostor. **4** imitação.

sham·ble /ˈʃæmbəl/ v (**shambles, shambling, shambled, shambled**) caminhar desajeitadamente. ll s passo vacilante ou desajeitado; bamboleio.

sham·bles /ˈʃæmbəlz/ s pl us v sing **1** matadouro. **2** bagunça; desordem; confusão. **3** devastação. ♦ **in a shambles** em ruínas.

shame /ʃeɪm/ s **1** vergonha; humilhação. **2** desonra; desgraça. ll v (**shames, shaming, shamed, shamed**) **1** desonrar. **2** envergonhar.

shame·faced /ˈʃeɪmfeɪst/ adj envergonhado.

shame·ful /ˈʃeɪmfəl/ adj vergonhoso.

shame·less /ˈʃeɪmləs/ adj descarado; sem-vergonha.

sham·poo /ʃæmˈpuː/ s xampu. (pl **shampoos**).

shank /ʃæŋk/ s **1** perna; tarso (de animal). **2** canela; tíbia. **3** talo principal de uma planta; pé. **4** haste.

shan't /ʃænt/ form contr de **shall not**.

shan·ty /ˈʃænti/ s cabana; choupana; barracão. (pl **shanties**).

shan·ty·town /ˈʃæntitaʊn/ s favela.

shape /ʃeɪp/ v (**shapes, shaping, shaped, shaped**) **1** dar forma a; formar. **2** moldar. **3** ajustar; adaptar. ll s **1** forma; figura. **2** molde. **3** modelo; aspecto. **4** estado; condição; aspecto.

shape·less /ˈʃeɪpləs/ adj **1** disforme. **2** informe; sem forma definida.

shape·less·ness /ˈʃeɪpləsnəs/ s deformidade; desproporção; irregularidade.

shape·li·ness /ˈʃeɪplɪnəs/ s simetria.

shape·ly /ˈʃeɪpli/ adj bem-feito; escultural. (gr comp **shapelier**. gr super **shapeliest**).

shard /ʃɑːrd/ s caco; fragmento (de vidro, metal, etc.). (var **sherd**).

share /ʃer/ s **1** parte; porção; quota. **2** ação; fração. ll v (**shares, sharing, shared, shared**) **1** dividir; repartir. **2** compartilhar.

shared network directory s *Comp* diretório de rede compartilhado.

shared printer s *Comp* impressora compartilhada.

share·crop·per /ˈʃɛrkrɑːpə/ s meeiro.

share·hold·er /ˈʃɛrhoʊldə/ s acionista.

shareware /ˈʃɛrwɛr/ s *Comp* programa protegido por direitos autorais, distribuído em caráter experimental gratuitamente.

shark /ʃɑːrk/ s 1 *Zool* tubarão. 2 velhaco; vigarista.

sharp /ʃɑːrp/ v (sharps, sharping, sharped, sharped) 1 afiar; aguçar. 2 *Mús* elevar meio-tom. || *adj* 1 afiado; aguçado. 2 pontudo. 3 penetrante. 4 perspicaz. 5 esperto. 6 *Mús* sustenido. 7 alerta. 8 exato; preciso. 9 nítido. 10 intenso; severo. || *adv* 1 pontualmente; exatamente. 2 *Mús* acima do tom. 3 rapidamente. || s 1 *Mús* díese; meio-tom. 2 *inform* perito.

sharp·en /ˈʃɑːrpən/ v (sharpens, sharpening, sharpened, sharpened) afiar; aguçar.

sharp·en·er /ˈʃɑːrpənə/ s afiador; apontador (de lápis).

sharp·er /ˈʃɑːrpə/ s trapaceiro.

sharp-eyed /ʃɑːrpaɪd/ *adj* 1 perspicaz; observador. 2 de olhar penetrante.

sharp·ness /ˈʃɑːrpənəs/ s *tb Comp* nitidez.

sharp·shoot·er /ˈʃɑːrpʃuːtə/ s atirador de elite.

sharp-sight·ed /ʃɑːrpsaɪtɪd/ *adj* 1 de boa visão. 2 perspicaz; alerta.

sharp-tongued /ʃɑːrptʌŋd/ *adj* sarcástico; mordaz.

shat·ter /ˈʃætə/ v (shatters, shattering, shattered, shattered) 1 quebrar; despedaçar. 2 destruir; danificar; abalar.

shave /ʃeɪv/ v (shaves, shaving, shaved, shaved/shaven) 1 barbear-se. 2 raspar; ralar; fatiar bem fino. 3 roçar. 4 aplainar. || s 1 ato de barbear ou aparar; barbeação. 2 raspa; fatia muito fina.

shav·er /ˈʃeɪvə/ s barbeador.

shav·ing /ˈʃeɪvɪŋ/ s barbeação.

shawl /ʃɑːl/ s xale; manta.

shawm /ʃɑːm/ s *Mús* oboé.

she /ʃiː/ *pron* 2ª *pess sing fem* ela. || s fêmea. ♦ **is it a she or a he?** é fêmea ou macho?

sheaf /ʃiːf/ v (sheafs, sheafing, sheafed, sheafed) fazer feixes. || s 1 feixe. 2 maço (de papel, etc.). (*pl* sheaves).

shear /ʃɪr/ v (shears, shearing, sheared, sheared/shorn) 1 tosquiar; tosar. 2 ceifar. 3 cortar; aparar (cabelo). 4 despojar. || s 1 tosquia; tosa. 2 lâmina. ♦ **shears** tesoura de poda.

sheath /ʃiːθ/ s 1 bainha. 2 estojo. 3 invólucro; revestimento.

sheathe /ʃiːð/ v (sheathes, sheathing, sheathed, sheathed) 1 revestir; cobrir. 2 embainhar.

shed /ʃed/ v (sheds, shedding, shed, shed) 1 derramar; espalhar; entornar; jorrar (sangue, bebida, etc.). 2 irradiar; emitir. 3 soltar; deixar cair (a pele, as penas, as folhas). || s 1 barracão; telheiro; alpendre. 2 vertente. ♦ **shed blood** matar. **shed tears** derramar lágrimas; chorar.

she'd /ʃiːd/ *form contr* de **she had** e **she would**.

sheen /ʃiːn/ s brilho; lustre; resplendor.

shee·ny /ˈʃiːni/ *adj* lustroso; brilhante.

sheep /ʃiːp/ s 1 *Zool* carneiro; ovelha. 2 pele de carneiro. 3 pessoa submissa. (*pl* sheep).

sheep·dog /ˈʃiːpdɑːg/ s cão pastor. (*tb* sheep dog).

sheep·fold /ˈʃiːpfoʊld/ s redil; curral.

sheep·herd·er /ˈʃiːphɜːrdə/ s pastor de ovelhas.

sheep·ish /ˈʃiːpɪʃ/ *adj* 1 tímido; envergonhado; acanhado. 2 estúpido.

sheep's eyes s *pl* olhares tímidos de amor.

sheep·skin /ˈʃiːpskɪn/ s 1 pele de carneiro. 2 *inform* diploma.

sheer /ʃɪr/ *adj* 1 puro; sem mistura. 2 íngreme. 3 fino; transparente (tecido). 4 completo. || *adv* 1 completamente; totalmente. 2 perpendicularmente. || v (sheers, sheering, sheered, sheered) *tb Náut* mudar de rumo; desviar. || s desvio do curso.

sheet /ʃiːt/ s 1 lençol. 2 lauda; folha (de papel). 3 chapa; lâmina (de metal). 4 camada (de gelo). 5 *Náut* escota. || v (sheets, sheeting, sheeted, sheeted) cobrir com lençol ou folha de papel.

sheet feeder *s Comp* alimentador de papel.

sheik /ʃiːk, ʃeɪk/ *s* xeque (chefe árabe). (*var* **sheikh**).

sheikh /ʃiːk, ʃeɪk/ → **sheik**.

shelf /ʃelf/ *s* **1** prateleira. **2** estante. **3** baixio. **4** saliência (de rocha). (*pl* **shelves**).

shell /ʃel/ *v* (**shells, shelling, shelled, shelled**) **1** descascar. **2** bombardear. **3** derrotar. **4** tirar a concha (moluscos). || *s* **1** casca (de noz). **2** *tb Náut* casco. **3** carapaça. **4** concha. **5** *Mil* projétil; obus.

she'll /siːl/ *form contr* de **she will** e **she shall**.

shell·fire /ʃelfaɪə/ *s* bombardeio.

shell·fish /ʃelfɪʃ/ *s* marisco; molusco; crustáceo. (*pl* **shellfish** ou **shellfishes**).

shell·proof /ʃelpruːf/ *adj* à prova de arma de fogo.

shel·ter /ʃeltə/ *s* abrigo; refúgio; proteção. || *v* (**shelters, sheltering, sheltered, sheltered**) abrigar; proteger; refugiar.

shelve /ʃelv/ *v* (**shelves, shelving, shelved, shelved**) **1** colocar em prateleira. **2** pôr de lado; protelar; encostar. **3** engavetar; arquivar (planos, documentos, etc.).

shelv·ing /ʃelvɪŋ/ *s* material para estante; prateleiras.

shep·herd /ʃepəd/ *s* pastor (de ovelhas). || *v* (**shepherds, shepherding, shepherded, shepherded**) pastorear; guiar.

sherd /ʃɜːrd/ → **shard**.

sher·iff /ʃerɪf/ *s* xerife.

sher·ry /ʃeri/ *s* xerez (vinho espanhol). (*pl* **sherries**).

she's /ʃiːz/ *form contr* de **she is** e **she has**.

shield /ʃiːld/ *s* escudo; proteção; amparo. || *v* (**shields, shielding, shielded, shielded**) **1** proteger. **2** servir de escudo.

shift /ʃɪft/ *s* **1** troca; mudança; transferência. **2** turno. **3** artifício. || *v* (**shifts, shifting, shifted, shifted**) mudar; trocar; transferir.

shift key *s Comp* tecla que quando pressionada muda a tipologia de minúscula para maiúscula.

shift·less /ʃɪftləs/ *adj* indolente; preguiçoso.

shift·y /ʃɪfti/ *adj* esperto; maroto; ardiloso. (*gr comp* **shiftier**. *gr super* **shiftiest**).

shil·ling /ʃɪlɪŋ/ *s* xelim.

shim /ʃɪm/ *s* calço; cunha.

shim·mer /ʃɪmə/ *v* (**shimmers, shimmering, shimmered, shimmered**) **1** vislumbrar. **2** tremeluzir; brilhar. || *s* **1** vislumbre. **2** luz ou brilho fraco.

shin /ʃɪn/ *s Anat* canela.

shin·dy /ʃɪndi/ *s* tumulto; barulho. (*pl* **shindies**).

shine /ʃaɪn/ *v* (**shines, shining, shone, shined, shone/shined**) **1** brilhar; reluzir. **2** sobressair. **3** polir; lustrar. || *s* **1** brilho. **2** polimento.

shin·gle /ʃɪŋgəl/ *s* **1** seixo; calhau; cascalho. **2** telha. **3** tabuleta; placa. **4** corte de cabelo bem curto (de mulher). || *v* (**shingles, shingling, shingled, shingled**) **1** cobrir de telhas. **2** cortar o cabelo bem curto.

shin·y /ʃaɪni/ *adj* brilhante; lustroso. (*gr comp* **shinier**. *gr super* **shiniest**).

ship /ʃɪp/ *s* **1** *Náut* navio; barco; embarcação. **2** aeronave; nave espacial. || *v* (**ships, shipping, shipped, shipped**) **1** embarcar. **2** despachar. **3** enviar.

ship biscuit *s* biscoito duro do tipo água e sal (antigamente consumido pela tripulação durante longas viagens em embarcações).

ship·build·er /ʃɪpbɪldə/ *s* construtor naval.

ship·build·ing /ʃɪpbɪldɪŋ/ *s* construção naval.

ship·ment /ʃɪpmənt/ *s* **1** carga. **2** embarque; carregamento.

ship·ping /ʃɪpɪŋ/ *s* **1** frota mercante. **2** embarque; expedição. **3** navegação.

ship·shape /ʃɪpʃeɪd/ *adj* em ordem; arrumado; organizado.

ship·wreck /ʃɪprek/ *s* **1** naufrágio. **2** ruína; perda. **3** destroços de navio. || *v* (**shipwrecks, shipwrecking, shipwrecked, shipwrecked**) **1** naufragar. **2** arruinar.

ship·wright /ʃɪpraɪt/ *s* carpinteiro naval.

ship·yard /ʃɪpjɑːrd/ *s* estaleiro.

shirk /ʃɜːrk/ *v* (**shirks, shirking, shirked, shirked**) esquivar-se; fugir do trabalho; faltar ao dever.

shirt /ʃɜːrt/ *s* camisa. ♦ **keep one's shirt on** *gír* manter a calma. **lose one's shirt** *gír* perder todas as posses, tudo o que se tem.

S

shirt·waist /ʃɜːrtweɪst/ s blusa de mulher.

shit /ʃɪt/ s vulgar 1 excremento; matérias fecais. 2 narcótico. 3 pessoa covarde, incompetente. ♦ **give a shit** vulgar não dar a mínima.

shiv·er /ʃɪvər/ v (**shivers, shivering, shivered, shivered**) 1 tremer (de frio ou medo). 2 quebrar em pedaços. ll s 1 tremedeira; calafrio. 2 caco; fragmento.

shiv·er·y /ʃɪvəri/ adj 1 quebrável. 2 arrepiado.

shoal /ʃoʊl/ s 1 baixio; banco de areia. 2 cardume. 3 multidão; aglomeração. ll adj raso; de pouca profundidade.

shock /ʃɑːk/ s 1 choque; descarga elétrica. 2 abalo emocional. 3 colisão; impacto. 4 tufo de cabelo. 5 meda ou monte de trigo. ll v (**shocks, shocking, shocked, shocked**) 1 chocar; colidir. 2 escandalizar. 3 abalar. 4 dar choque elétrico. 5 ofender.

shock·ing /ʃɑːkɪŋ/ adj 1 chocante; lamentável. 2 escandaloso. 3 terrível; muito ruim.

shock·proof /ʃɑːkpruːf/ adj antichoque; à prova de choque.

shock therapy s terapia de choque.

shock troops s pl tropa de choque.

Shockwave /ʃɑːkweiv/ s Comp formato para serviços de áudio e vídeo multimídia em documentos HTML, criado pela Macromedia.

shod·dy /ʃɑːdi/ adj de má qualidade; inferior; ordinário. (gr comp **shoddier**. gr super **shoddiest**). ll s tecido de má qualidade; artigo de qualidade inferior. (pl **shoddies**).

shoe /ʃuː/ s 1 sapato; calçado. 2 ferradura. 3 base; suporte. ll v (**shoes, shoeing, shod, shod/shodden**) 1 calçar. 2 ferrar (cavalo).

shoe·box /ʃuːbɑːks/ s caixa de sapato.

shoe·horn /ʃuːhɔːrn/ s calçadeira.

shoe·lace /ʃuːleɪs/ s cadarço.

shoe·mak·er /ʃuːmeɪkər/ s sapateiro.

shoe·shine /ʃuːʃaɪn/ s graxa de sapato.

sho·gun /ʃoʊɡʌn/ s xogum.

shoo /ʃuː/ interj xô; fora. ll v (**shoos, shooing, shooed, shooed**) enxotar; afugentar.

shoot /ʃuːt/ v (**shoots, shooting, shot, shot**) 1 atirar; dar tiros; disparar arma de fogo. 2 filmar; rodar. 3 caçar. 4 matar ou destruir a tiros. 5 Esp lançar; arremessar (no futebol). 6 fotografar. ll s 1 tiro; disparo (arma de fogo). 2 caça; caçada. 3 chute. 4 Bot broto. 5 inform lançamento de foguete. 6 sessão fotográfica.

shop /ʃɑːp/ s loja. ll v (**shops, shopping, shopped, shopped**) fazer compras.

shop·keep·er /ʃɑːpkiːpər/ s lojista.

shop·lift /ʃɑːplɪft/ v (**shoplifts, shoplifting, shoplifted, shoplifted**) furtar (em loja).

shop·lift·er /ʃɑːplɪftər/ s ladrão (de loja).

shop·per /ʃɑːpər/ s comprador.

shopping center s centro comercial.

shopping mall s shopping center; centro de compras.

shore /ʃɔːr/ s 1 costa; litoral; praia. 2 escora; esteio. ll v (**shores, shoring, shored, shored**) escorar; suster. ♦ **shores** terra firme.

shore·line /ʃɔːrlaɪn/ s linha litorânea.

short /ʃɔːrt/ adj 1 curto. 2 breve. 3 baixo; pequeno. 4 brusco; rude. 5 escasso; insuficiente. 6 deficiente. ll adv bruscamente; de repente. ll s 1 Gram vogal breve; som curto. 2 calça curta. 3 curto-circuito. 4 curta-metragem.

short·age /ʃɔːrtɪdʒ/ s falta; escassez; deficiência.

short·bread /ʃɔːrtbred/ s biscoito amanteigado.

short·change /ʃɔːrtʃeɪndʒ/ v (**shortchanges, shortchanging, shortchanged, shortchanged**) enganar no troco (o freguês).

short circuit s curto-circuito.

short-cir·cuit /ʃɔːrtsɜːrkɪt/ v (**short-circuits, short-circuiting, short-circuited, short-circuited**) causar curto-circuito.

short·com·ing /ʃɔːrtkʌmɪŋ/ s defeito; falha; deficiência; imperfeição.

short·cut /ʃɔːrtkʌt/ s tb Comp atalho.

shortcut key s Comp tecla de atalho.

short·en /ʃɔːrtən/ v (**shortens, shortening, shortened, shortened**) encurtar.

short·en·ing /ʃɔːrtənɪŋ/ s 1 encurtamento. 2 gordura; banha (usada em culinária).

S

short·hand /ʃɔːrthænd/ s taquigrafia; estenografia.

short·ly /ʃɔːrtli/ adv **1** em breve; dentro de pouco tempo. **2** concisamente. **3** abruptamente.

short sale s venda por consignação.

short-tem·pered /ʃɔːrttempəd/ adj irritadiço.

short-term /ʃɔːrttɜːrm/ adj a curto prazo.

short wave s onda curta.

short-wind·ed /ʃɔːrtwɪndɪd/ adj **1** ofegante. **2** breve; sucinto.

shot /ʃɑːt/ s **1** tiro; descarga (de arma de fogo). **2** projétil. **3** tentativa. **4** carga (de explosivo). **5** atirador. **6** chumbo (de caça). **7** detonação de explosivos. **8** conta; dívida. **9** bebida alcoólica. ‖ adj inform **1** batido; gasto; envelhecido. **2** matizado. ‖ v (**shots, shotting, shotted, shotted**) carregar (uma arma).

should /ʃʊd/ v aux pass de **shall** us para exprimir obrigação, possibilidade, condição e conselhos.

shoul·der /ʃoʊldə/ s **1** Anat ombro. **2** quarto dianteiro (de animal). ‖ v (**shoulders, shouldering, shouldered, shouldered**) **1** levar ao ombro. **2** sustentar. **3** assumir (responsabilidade). ♦ **shoulders** ombros; espáduas.

shoulder bag s bolsa a tiracolo.

shoulder blade s Anat omoplata.

should·n't /ʃʊdənt/ form contr de **should not**.

shout /ʃaʊt/ v (**shouts, shouting, shouted, shouted**) gritar; berrar. ‖ s grito; berro.

shove /ʃʌv/ v (**shoves, shoving, shoved, shoved**) empurrar. ‖ s empurrão; impulso.

shov·el /ʃʌvəl/ s **1** pá. **2** escavadeira. ‖ v (**shovels, shoveling/shovelling, shoveled/shovelled**) remover, escavar com pá.

show /ʃoʊ/ v (**shows, showing, showed, shown/showed**) **1** mostrar; exibir; expor. **2** aparecer. **3** demonstrar; revelar. ‖ s **1** espetáculo. **2** exposição. **3** mostra; exibição. **4** demonstração.

show biz s gír o mundo dos espetáculos; indústria do entretenimento.

show business s o mundo dos espetáculos; indústria do entretenimento.

show·case /ʃoʊkeɪs/ s **1** balcão de vidro (em loja, museu, etc.); mostruário. **2** vitrina.

show·er /ʃaʊə/ v (**showers, showering, showered, showered**) **1** chover. **2** encher; cumular. **3** tomar banho. ‖ s **1** aguaceiro; temporal. **2** chuveiro. **3** banho de chuveiro. **4** festa em homenagem a alguém. **5** /ʃoʊə/ mostrador; expositor.

shower bath s banho de chuveiro.

show·er·y /ʃaʊəi/ adj chuvoso.

show·ing /ʃoʊɪŋ/ s exposição; apresentação.

show·man /ʃoʊmən/ s produtor de espetáculos.

shown /ʃoʊn/ v part pass de **show**.

show room s sala de exposição (de vendas).

show·y /ʃoʊi/ adj vistoso; ostentoso. (gr comp **showier**. gr super **showiest**).

shred /ʃred/ v (**shreds, shredding, shredded/shred, shredded/shred**) cortar em tiras; retalhar; picar. ‖ s **1** pedaço; tira (de pano). **2** fragmento; partícula.

shrew /ʃruː/ s **1** megera; mulher má. **2** Zool musaranho.

shrewd /ʃruːd/ adj astuto; perspicaz; sagaz.

shrewd·ness /ʃruːdnəs/ s astúcia.

shriek /ʃriːk/ s grito agudo; guincho. ‖ v (**shrieks, shrieking, shrieked, shrieked**) gritar; guinchar.

shrill /ʃrɪl/ v (**shrills, shrilling, shrilled, shrilled**) produzir som agudo. ‖ adj agudo; estridente (som).

shrimp /ʃrɪmp/ s **1** Zool camarão. **2** gír pessoa insignificante. **3** gír pessoa de baixa estatura. (pl **shrimps** ou **shrimp**).

shrine /ʃraɪn/ s **1** relicário. **2** santuário. **3** túmulo, sepultura de um santo. ‖ v (**shrines, shrining, shrined, shrined**) guardar em lugar sagrado.

shrink /ʃrɪŋk/ v (**shrinks, shrinking, shrank/shrunk, shrunk/shrunken**) **1** encolher. **2** retrair. **3** recuar. **4** diminuir. ‖ s **1** encolhimento. **2** gír psiquiatra.

shrink·age /ʃrɪŋkɪdʒ/ s encolhimento.

shrive /ʃraɪv/ v (shrives, shriving, shrove/ shrived, shriven/shrived) 1 ouvir em confissão. 2 ser absolvido dos pecados após confissão.

shriv·el /ʃrɪvəl/ v (shrivels, shriveling/ shrivelling, shriveled/shrivelled, shriveled/ shrivelled) enrugar; encarquilhar; murchar.

shroud /ʃraʊd/ s 1 mortalha. 2 manto; véu. 3 *Náut* enxárcia. ǁ v (shrouds, shrouding, shrouded, shrouded) 1 amortalhar. 2 encobrir.

shrub /ʃrʌb/ s 1 arbusto. 2 bebida feita com suco de frutas, açúcar e rum.

shrub·ber·y /ʃrʌbəri/ s grupo de arbustos. (*pl* shrubberies).

shrug /ʃrʌg/ v (shrugs, shrugging, shrugged, shrugged) dar de ombros como sinal de desdém. ǁ s 1 gesto de desdém encolhendo os ombros. 2 jaqueta feminina.

shud·der /ʃʌdə/ s tremor; estremecimento. ǁ v (shudders, shuddering, shuddered, shuddered) tremer; estremecer.

shuf·fle /ʃʌfəl/ v (shuffles, shuffling, shuffled, shuffled) 1 arrastar os pés; mover-se lentamente. 2 baralhar (cartas de baralho). 3 misturar; embaralhar; colocar em desordem. ǁ s 1 ação de arrastar os pés. 2 mistura; desordem. 3 baralhamento (de cartas, etc.).

shun /ʃʌn/ v (shuns, shunning, shunned, shunned) evitar; afastar-se de; fugir.

shunt /ʃʌnt/ v (shunts, shunting, shunted, shunted) 1 manobrar; desviar. 2 *Eletrôn* desviar corrente; fazer circuito secundário. ǁ s 1 desvio. 2 derivação. 3 *Eletrôn* circuito secundário.

shut /ʃʌt/ v (shuts, shutting, shut, shut) 1 fechar; tapar; tampar; vedar. 2 trancar. 3 cerrar. 4 confinar; prender. ǁ s ato de fechar. ♦ shut up cale-se.

shut·down /ʃʌtdaʊn/ s paralisação; interrupção (em uma operação, produção ou fábrica).

shut·ter /ʃʌtə/ s 1 persiana; veneziana. 2 obturador (de máquina fotográfica).

shut·tle /ʃʌtəl/ s 1 lançadeira. 2 viagens curtas; ida e volta (ponte aérea, ônibus, trem).

shut·tle·cock /ʃʌtlkɑːk/ s *Esp* peteca.

shy /ʃaɪ/ adj tímido; acanhado. ǁ s 1 arremesso; lançamento. 2 *inform* tentativa. (*pl* shies). ǁ v (shies, shying, shied, shied) 1 encolher-se; recuar de medo. 2 lançar; arremessar. 3 mover-se de repente.

shy·ness /ʃaɪnəs/ s timidez; acanhamento.

Si·be·ri·a /saɪbɪriə/ s Sibéria.

Si·be·ri·an /saɪbɪriən/ s e adj siberiano.

sib·i·lant /sɪbələnt/ adj *Ling* sibilante. ǁ s *Ling* som sibilante.

sib·i·la·tion /sɪbəleɪʃən/ s sibilação; silvo.

sick /sɪk/ adj 1 doente; enfermo. 2 enjoado; com náuseas. 3 farto. 4 aborrecido.

sick·en /sɪkən/ v (sickens, sickening, sickened, sickened) 1 ficar doente. 2 enojar.

sick·en·ing /sɪkənɪŋ/ adj 1 enjoativo. 2 desagradável.

sick·le /sɪkəl/ s foice; foicinho.

sick·ly /sɪkli/ adj 1 doentio. 2 pálido; fraco. (*gr comp* sicklier. *gr super* sickliest).

sick·ness /sɪknəs/ s 1 doença. 2 indisposição. 3 náusea; mal-estar.

side /saɪd/ s 1 lado. 2 flanco; lateral. 3 margem; superfície; beira. 4 aspecto. 5 fase. ǁ adj lateral. ǁ v (sides, siding, sided, sided) favorecer; tomar partido; apoiar.

side·board /saɪdbɔːrd/ s aparador; bufê.

side·burns /saɪdbɜːrnz/ s pl costeletas; suíças.

side dish s guarnição.

side effect s efeito colateral.

side·man /saɪdmæn/ s *Mús* acompanhante.

si·de·re·al /saɪdɪriəl/ adj sideral.

side·walk /saɪdwɑːk/ s calçada.

side·ways /saɪdweɪz/ adj lateral. ǁ adv de lado; lateralmente. (*tb* sideway).

sid·ing /saɪdɪŋ/ s 1 tapume; prancha. 2 desvio (de estrada de ferro).

si·dle /saɪdl/ v (sidles, sidling, sidled, sidled) 1 aproximar-se furtivamente. 2 andar de lado.

siege /siːdʒ/ s sítio; cerco. ǁ v (sieges, sieging, sieged, sieged) sitiar.

Sierra Le·one /sieralioʊn/ s Serra Leoa.

Sierra Le·one·an /sieralioʊniən/ s e adj serra-leonês.

S

sieve /sɪv/ s peneira. II v (**sieves, sieving, sieved, sieved**) peneirar.

sift /sɪft/ v (**sifts, sifting, sifted, sifted**) 1 peneirar. 2 examinar; analisar. 3 polvilhar.

sigh /saɪ/ s suspiro. II v (**sighs, sighing, sighed, sighed**) suspirar.

sight /saɪt/ s 1 vista; visão. 2 visibilidade. 3 mira; pontaria. 4 opinião. II v (**sights, sighting, sighted, sighted**) 1 ver; avistar. 2 observar; olhar. 3 mirar; apontar.

sight·ed /saɪtɪd/ adj que enxerga.

sight·ing /saɪtɪŋ/ s pontaria.

sight·less /saɪtləs/ adj 1 invisível. 2 cego.

sight·see·ing /saɪtsi:ɪŋ/ s visita a lugares interessantes; excursão. II adj de excursão.

sign /saɪn/ v (**signs, signing, signed, signed**) 1 assinar. 2 fazer sinal. 3 sinalizar. 4 rubricar. II s 1 sinal; marca. 2 tabuleta; placa; letreiro. 3 indício. 4 vestígio; traço. 5 manifestação. 6 Astrol signo. ◆ **sign of the cross** Ecles sinal da cruz.

sig·nal /sɪgnəl/ s 1 aviso; sinal. 2 indício. 3 senha. 4 Tel impulso. 5 sinal de transmissão (rádio, televisão, etc.). 6 gesto. II adj notável; marcante; destacado. II v (**signals, signaling/signalling, signaled/signalled, signaled/signalled**) 1 sinalizar. 2 fazer sinal.

signal converter s Comp conversor de sinais.

sig·na·ture /sɪgnətʃɚ/ s assinatura.

sig·net /sɪgnɪt/ s sinete; carimbo; selo.

sig·nif·i·cance /sɪgnɪfɪkəns/ s significado; importância; sentido. (var **significancy**).

sig·nif·i·can·cy /sɪgnɪfɪkənsi/ → **significance**.

sig·nif·i·cant /sɪgnɪfəkənt/ adj significante; significativo.

sig·ni·fi·ca·tion /sɪgnəfɪkeɪʃən/ s significação; sentido.

sig·ni·fy /sɪgnəfaɪ/ v (**signifies, signifying, signified, signified**) significar.

sign language s linguagem dos sinais.

si·lence /saɪləns/ s silêncio. II v (**silences, silencing, silenced, silenced**) silenciar.

si·lenc·er /saɪlənsɚ/ s silenciador (arma, motor, etc.); silencioso.

si·lent /saɪlənt/ adj silencioso; quieto; calado.

si·lex /saɪleks/ s Quím sílica.

sil·hou·ette /sɪluet/ s silhueta.

sil·i·con /sɪlɪkən/ s Quím silício. (símb **Si**).

sil·i·cone /sɪlɪkoʊn/ s silicone.

silk /sɪlk/ s seda. II adj de seda.

silk·en /sɪlkən/ adj 1 feito de seda. 2 sedoso; macio.

silk·worm /sɪlkwɜːrm/ s bicho-da-seda.

silk·y /sɪlki/ adj sedoso; lustroso. (gr comp **silkier**. gr super **silkiest**).

sill /sɪl/ s 1 soleira (porta). 2 peitoril (janela).

sil·ly /sɪli/ adj bobo; tolo; idiota. (gr comp **sillier**. gr super **silliest**).

silt /sɪlt/ s sedimento; vasa. II v (**silts, silting, silted, silted**) encher ou entupir com sedimento.

sil·ver /sɪlvɚ/ s 1 Quím prata. (símb **Ag**). 2 prata (a cor). II adj 1 prateado. 2 de prata. II v (**silvers, silvering, silvered, silvered**) pratear.

silver anniversary s bodas de prata.

silver plate s banho, revestimento de prata.

sil·ver-plate /sɪlvɚ pleɪt/ v (**silver-plates, silver-plating, silver-plated, silver-plated**) revestir, folhear de prata.

sil·ver·smith /sɪlvɚsmɪθ/ s prateiro.

sil·ver·ware /sɪlvɚwer/ s artigos de prata; prataria.

sil·ver·y /sɪlvəri/ adj prateado.

sim·i·lar /sɪmələ/ adj similar.

sim·i·lar·i·ty /sɪmələærəti/ s semelhança; similaridade. (pl **similarities**).

sim·mer /sɪmɚ/ v (**simmers, simmering, simmered, simmered**) cozer em fogo lento; ferver lentamente.

sim·per /sɪmpɚ/ s sorriso tolo. II v (**simpers, simpering, simpered, simpered**) sorrir afetadamente.

sim·ple /sɪmpəl/ adj 1 simples. 2 ingênuo; inocente. 3 puro. 4 comum; trivial. 5 fácil. II s pessoa simples, humilde.

sim·ple-mind·ed /sɪmpəlmaɪndɪd/ adj 1 simples. 2 ingênuo. 3 tolo. (tb **simpleminded**).

sim·ple·ton /sɪmpəltən/ s simplório; bobo.

sim·plic·i·ty /sɪmplɪsəti/ s 1 simplicidade. 2 ingenuidade. 3 estupidez. (pl **simplicities**).

S

sim·ply /sɪmpli/ adv simplesmente.

sim·u·late /sɪmjəleɪt/ v (simulates, simulating, simulated) simular.

sim·u·la·tion /sɪmjəleɪʃən/ s simulação.

sim·u·la·tor /sɪmjəleɪtə/ s simulador.

si·mul·ta·ne·i·ty /saɪməltənɪːəti, sɪməltənɪːəti/ → simultaneousness.

si·mul·ta·ne·ous /saɪməltɜːnjəs, sɪməltɜːnjəs/ adj simultâneo.

si·mul·ta·ne·ous·ness /saɪməltɜːnjəsnəs, sɪməltɜːnjəsnəs/ s simultaneidade. (var simultaneity).

sin /sɪn/ s pecado; culpa. || abrev Mat de sine; seno || v (sins, sinning, sinned) pecar.

since /sɪns/ prep desde. || adv 1 desde então; desde. 2 há; atrás; há muito tempo. || conj desde que; uma vez que; visto que; já que.

sin·cere /sɪnsɪr/ adj sincero.

sin·cer·i·ty /sɪnserəti/ s sinceridade.

sine /saɪn/ s Mat seno.

sin·ew /sɪnjuː/ s 1 tendão. 2 força muscular; vigor; energia.

sin·ew·y /sɪnjuːi/ adj 1 vigoroso. 2 musculoso.

sin·fo·ni·a /sɪnfənɪːə/ s Mús sinfonia.

sin·ful /sɪnfəl/ adj pecador; pecaminoso.

sing /sɪŋ/ v (sings, singing, sang/sung, sung) 1 cantar. 2 louvar. 3 entoar. 4 zumbir. 5 gorjear.

Sin·ga·pore /sɪŋəpɔːr/ s Cingapura.

Sin·ga·por·e·an /sɪŋəpɔːriːən, sɪŋəpɔːriən/ s e adj cingapuriano.

singe /sɪndʒ/ v (singes, singeing, singed, singed) chamuscar; queimar levemente. || s chamusco; queimadura leve.

sing·er /sɪŋə/ s 1 cantor. 2 poeta. 3 pássaro canoro.

sin·gle /sɪŋgəl/ adj 1 único. 2 simples. 3 solteiro. 4 só; solitário. 5 singular. || s 1 individual. 2 solteiro. || v (singles, singling, singled, singled) escolher; separar.

sin·gly /sɪŋgli/ adv sozinho; separadamente; individualmente.

sin·gu·lar /sɪŋgjələ/ adj e s tb Gram singular.

sin·gu·lar·i·ty /sɪŋgjələrəti/ s singularidade. (pl singularities).

sin·is·ter /sɪnɪstə/ adj 1 sinistro; ameaçador. 2 esquerdo.

sink /sɪŋk/ s 1 pia. 2 fossa; esgoto. 3 lugar de corrupção. || v (sinks, sinking, sank/sunk, sunk) 1 afundar; submergir. 2 descer; cair; depositar. 3 reduzir; diminuir. 4 enfraquecer. 5 perfurar; cavar (buraco). 6 inform derrotar. 7 quitar (dívida).

sink·er /sɪŋkə/ s chumbada (pesca).

sin·ner /sɪnə/ s pecador.

sin·u·os·i·ty /sɪnjuɑːsəti/ s sinuosidade. (pl sinuosities).

sin·u·ous /sɪnjuəs/ adj sinuoso.

sip /sɪp/ s sorvo; gole. || v (sips, sipping, sipped, sipped) sorver; beber aos poucos.

si·phon /saɪfən/ s sifão. (var syphon).

sir /sɜːr/ s 1 senhor. 2 maiús título honorífico.

si·ren /saɪrən/ s 1 maiús Mit sereia; ninfa. 2 sirena (de ambulância, etc.).

sir·loin /sɜːrlɔɪn/ s filé de lombo bovino.

sir·up /sɪrəp, sɜːrəp/ → syrup.

sis·sy /sɪsi/ s homem efeminado; maricas. (pl sissies).

sis·ter /sɪstə/ s 1 irmã. 2 Ecles freira.

sis·ter·hood /sɪstəhʊd/ s irmandade.

sis·ter-in-law /sɪstərɪnlɔː/ s cunhada. (pl sisters-in-law).

sit /sɪt/ v (sits, sitting, sat, sat) 1 sentar(-se). 2 situar; localizar. 3 pôr; colocar. 4 posar (fotografia). 5 permanecer. 6 ocupar cargo, posição.

site /saɪt/ s local; lugar; localidade.

sit·ting /sɪtɪŋ/ s 1 sessão; reunião. 2 assentada. || adj 1 assentado. 2 para sentar.

sit·u·at·ed /sɪtʃueɪtɪd/ adj situado; localizado.

sit·u·a·tion /sɪtʃueɪʃən/ s 1 situação; condição. 2 localização. 3 colocação; emprego; posto.

six /sɪks/ num seis.

six·teen /sɪkstiːn/ num dezesseis.

six·ti·eth /sɪkstiəθ/ num décimo sexto.

six·ty /sɪksti/ num sessenta. ♦ Sixties tb minús os anos 60; a década de 60.

siz·a·ble /saɪzəbəl/ adj de tamanho considerável. (var sizeable).

size /saɪz/ s 1 tamanho; área. 2 medida. 3 número (de roupa, sapato, etc.). 4 volume. || v (sizes, sizing, sized, sized) arranjar, classificar de acordo com o tamanho.

size·a·ble /ˈsaɪzəbəl/ → sizable.

siz·zle /ˈsɪzəl/ s chiado (de gordura fritando). || v (sizzles, sizzling, sizzled, sizzled) 1 chiar; frigir. 2 ficar muito quente.

skate /skeɪt/ s 1 Esp patim (de gelo ou de rodas). 2 Zool arraia branca. 3 pessoa; indivíduo. || v (skates, skating, skated, skated) patinar.

skate·board /ˈskeɪtbɔːrd/ s Esp skate.

skat·er /ˈskeɪtɚ/ s patinador.

skein /skeɪn/ s meada; madeixa.

skel·e·ton /ˈskelətən/ s esqueleto; carcaça.

skep·tic /ˈskeptɪk/ s céptico. (var sceptic).

skep·ti·cal /ˈskeptɪkəl/ adj céptico. (var sceptical).

skep·ti·cism /ˈskeptpˈsɪzəm/ s cepticismo; ceticismo. (var scepticism).

sketch /sketʃ/ s 1 croqui; esboço. 2 rascunho. 3 pequena composição literária (teatro, TV). 4 Mús composição breve para piano. || v (sketches, sketching, sketched, sketched) fazer esboço; rascunhar.

sketch·y /ˈsketʃi/ adj 1 esboçado. 2 incompleto. (gr comp sketchier. gr super sketchiest).

skew /skju:/ s 1 obliqüidade. 2 inclinação; desvio. || adj torto; assimétrico. || v (skews, skewing, skewed, skewed) 1 distorcer. 2 inclinar.

ski /ski:/ s Esp esqui. || v (skis, skiing, skied, skied) esquiar.

skid /skɪd/ s 1 calço (de roda). 2 derrapagem; escorregão. 3 palete. || v (skids, skidding, skidded, skidded) 1 derrapar; escorregar; deslizar. 2 pôr calço ou cunha.

skid·dy /ˈskɪdi/ adj deslizante; escorregadio. (gr comp skiddier. gr super skiddiest).

skiff /skɪf/ s Náut esquife.

skil·ful /ˈskɪlfəl/ → skillful.

skill /skɪl/ s 1 perícia. 2 habilidade; proficiência; destreza. 3 talento.

skilled /skɪld/ adj perito; hábil.

skill·ful /ˈskɪlfəl/ adj hábil; habilidoso. (va. skilful).

skim /skɪm/ s escuma. || v (skims, skimming, skimmed, skimmed) 1 desnatar. 2 folhear; cobrir. 3 escamar. 4 passar os olhos so bre; ler superficialmente. 5 planar.

skim·mer /ˈskɪmɚ/ s escumadeira.

skim milk s leite desnatado.

skimp /skɪmp/ v (skimps, skimping, skimped skimped) 1 economizar. 2 restringir.

skimp·i·ness /ˈskɪmpɪnəs/ s mesquinhez.

skimp·y /ˈskɪmpi/ adj 1 escasso. 2 pão-duro avaro; sovina. (gr comp skimpier. gr supe. skimpiest).

skin /skɪn/ s 1 pele; derme. 2 couro 3 casca. || v (skins, skinning, skinned skinned) 1 tirar a pele (de um animal) 2 ralar; machucar a pele.

skin-deep /ˈskɪndiːp/ adj superficial. || ad superficialmente.

skin-flint /ˈskɪnflɪnt/ s avarento; mesquinho pão-duro.

skin·head /ˈskɪnhed/ s gír cabeça raspada (grupo de jovens britânico ou american de etnia branca que raspam a cabeça são antiimigrantistas).

skin·ny /ˈskɪni/ adj magricela; descarnado (gr comp skinnier. gr super skinniest).

skin·tight /ˈskɪntaɪt/ adj justo; colado; gru dado (no corpo).

skip /skɪp/ s 1 salto; pulo. 2 omissão 3 ricochete. || v (skips, skipping, skipped skipped) 1 saltar; pular. 2 omitir. 3 rico chetear. ♦ skip rope pular corda.

skip·per /ˈskɪpɚ/ s 1 Náut capitão de na vio. 2 Esp treinador. 3 Esp capitão de equipe de futebol, etc.

skir·mish /ˈskɜːrmɪʃ/ s escaramuça.

skirt /skɜːrt/ s 1 saia. 2 gír ofens mulher 3 margem; borda. || v (skirts, skirting skirted, skirted) circundar; orlar. ♦ skirt. arredores; orla.

skit /skɪt/ s paródia; sátira.

skive /skaɪv/ v (skives, skiving, skived skived) cortar; aparar; raspar (couro borracha, etc.).

skulk /skʌlk/ v (skulks, skulking, skulked skulked) esquivar-se; esconder-se. || s co varde.

skull /skʌl/ s 1 crânio. 2 caveira.

skunk /skʌŋk/ s 1 *Zool* gambá. 2 *gír* pessoa desprezível, vil.

sky /skaɪ/ s céu; firmamento. (*pl* skies).

sky blue s a cor azul-celeste.

sky·dive /skaɪdaɪv/ v (skydives, skydiving, skydived, skydived) *Esp* saltar de pára-quedas.

sky·div·er /skaɪdaɪvə/ s *Esp* pára-quedista.

sky·div·ing /skaɪdaɪvɪŋ/ s *Esp* pára-quedismo.

sky-high /skaɪhaɪ/ *adv* lá no alto; nas nuvens. || *adj* altíssimo.

sky·lark /skaɪlɑːrk/ s *Zool* cotovia.

sky·light /skaɪlaɪt/ s clarabóia.

sky·line /skaɪlaɪn/ s linha do horizonte.

sky·rock·et /skaɪrɑːkɪt/ s foguete; rojão.

sky·scrap·er /skaɪskreɪpə/ s arranha-céu (edifício).

sky·ward /skaɪwəd/ *adv* em direção ao céu; no céu.

slab /slæb/ s 1 laje; lajota. 2 tora. 3 pedaço grosso (de queijo, pão, etc.). || v (slabs, slabbing, slabbed, slabbed) 1 cortar em fatias grossas. 2 pavimentar com laje, lajota.

slack /slæk/ v (slacks, slacking, slacked, slacked) 1 afrouxar; soltar. 2 negligenciar. 3 ficar lento. 4 relaxar. || *adj* 1 frouxo; solto (corda, etc.). 2 vagaroso; lento. 3 descuidado; negligente. 4 sem energia 5 flácido. || s 1 parte bamba de uma corda. 2 flacidez. 3 pausa. 4 período de pouca atividade. ♦ **slacks** calças.

slack·en /slækən/ v (slackens, slackening, slackened, slackened) 1 afrouxar. 2 relaxar. 3 reduzir (velocidade, intensidade, etc.).

slag /slæg/ s escumalha; escória.

slake /sleɪk/ v (slakes, slaking, slaked, slaked) 1 saciar; satisfazer (sede, etc.). 2 molhar; umedecer.

slam /slæm/ s ato de bater com força; pancada. || v (slams, slamming, slammed, slammed) 1 bater; fechar (com violência). 2 *gír* criticar severamente.

slan·der /slændə/ s *Jur* calúnia; difamação. || v (slanders, slandering, slandered, slandered) caluniar; difamar.

slan·der·ous /slændərəs/ *adj* calunioso; difamatório.

slang /slæŋ/ s gíria. || v (slangs, slanging, slanged, slanged) falar na gíria.

slant /slænt/ s 1 ladeira; declive. 2 inclinação. 3 ponto de vista. || v (slants, slanting, slanted, slanted) inclinar.

slap /slæp/ s 1 bofetada; palmada; tapa. 2 insulto. || v (slaps, slapping, slapped, slapped) 1 esbofetear. 2 insultar. 3 jogar algo com força.

slash /slæʃ/ s 1 corte; talho. 2 redução. 3 clareira. || v (slashes, slashing, slashed, slashed) 1 cortar; talhar 2 reduzir 3 criticar severamente.

slat /slæt/ s 1 ripa. 2 lâmina (de persiana, etc.).

slate /sleɪt/ s 1 *tb cor* ardósia. 2 lousa. || *adj* de ardósia. || v (slates, slating, slated, slated) cobrir com ardósia.

slaugh·ter /slɔːtə/ s 1 matança; carnificina; massacre. 2 abate (de animais). || v (slaughters, slaughtering, slaughtered, slaughtered) 1 abater animais. 2 massacrar; matar pessoas de forma violenta.

slaugh·ter·house /slɔːtəhaʊs/ s matadouro.

slave /sleɪv/ s 1 escravo. 2 pessoa que trabalha demasiadamente. || v (slaves, slaving, slaved, slaved) 1 trabalhar como escravo. 2 comercializar ou transportar escravos.

slav·er /slævə/ v (slavers, slavering, slavered, slavered) 1 babar-se. 2 bajular. || s 1 baba. 2 /sleɪvə/ traficante de escravos. 3 bajulação.

slav·er·y /sleɪvəri/ s escravidão; escravatura. (*pl* slaveries).

slav·ish /sleɪvɪʃ/ *adj* servil.

slay /sleɪ/ v (slays, slaying, slew, slain) matar; chacinar; assassinar.

slay·er /sleɪə/ s matador; assassino.

sled /sled/ s trenó. || v (sleds, sledding, sledded, sledded) andar de trenó.

sledge /sledʒ/ s trenó. || v (sledges, sledging, sledged, sledged) andar de trenó.

sledge·ham·mer /sledʒhæmə/ s marreta; malho. || v (sledgehammers, sledgehammering, sledgehammered, sledgehammered) dar marretadas.

sleek /sli:k/ adj **1** macio. **2** brilhante; lustroso. **3** saudável. ‖ v (**sleeks**, **sleeking**, **sleeked**, **sleeked**) **1** alisar; amaciar. **2** lustrar.

sleep /sli:p/ s **1** sono. **2** morte. ‖ v (**sleeps**, **sleeping**, **slept**, **slept**) dormir. ♦ **sleep in** **1** dormir no emprego (empregada doméstica, mordomo, etc.). **2** dormir demasiadamente; perder a hora.

sleep·i·ness /sli:pɪnəs/ s sonolência.

sleeping bag s saco de dormir.

sleeping car s vagão-dormitório; vagão-leito.

sleeping pill s sedativo; calmante.

sleep·less /sli:pləs/ adj insone.

sleep·walk·er /sli:pwɑ:kə/ s sonâmbulo.

sleep·y /sli:pi/ adj sonolento. (gr comp **sleepier**. gr super **sleepiest**).

sleet /sli:t/ s **1** chuva (com granizo ou neve). **2** geada. ‖ v (**sleets**, **sleeting**, **sleeted**, **sleeted**) chover granizo.

sleeve /sli:v/ s **1** manga (de camisa). **2** capa (de disco). ‖ v (**sleeves**, **sleeving**, **sleeved**, **sleeved**) pôr mangas ou capa.

sleigh /slaɪ/ s trenó de um ou mais lugares. ‖ v (**sleighs**, **sleighing**, **sleighed**, **sleighed**) andar de trenó.

sleight /slaɪt/ s **1** astúcia; destreza. **2** estratagema.

slen·der /slendə/ adj **1** esbelto; delgado; fino. **2** insuficiente; pouco.

slen·der·ness /slendənəs/ s delgadeza.

slept /slept/ v pass e part pass de **sleep**.

slew /slu:/ s **1** → **slough**. **2** inform uma grande quantidade; uma porção. (var **slue**).

slice /slaɪs/ s fatia; pedaço. ‖ v (**slices**, **slicing**, **sliced**, **sliced**) cortar em fatias.

slick /slɪk/ s **1** superfície lisa ou escorregadia. **2** mancha de óleo. ‖ adj **1** liso; lustroso. **2** astuto; esperto. **3** escorregadio. ‖ v (**slicks**, **slicking**, **slicked**, **slicked**) **1** alisar; lustrar. **2** inform pôr em ordem; organizar.

slick·er /slɪkə/ s **1** capa de chuva impermeável. **2** inform vigarista; trapaceiro.

slide /slaɪd/ s **1** desmoronamento; avalanche. **2** deslizamento. **3** escorregador. **4** lâmina (de microscópio). **5** diapositivo; cromo (foto, cinema, etc.). ‖ v (**slides**,

sliding, **slid**, **slid**) **1** escorregar. **2** deslizar. **3** resvalar.

slight /slaɪt/ s desprezo; desfeita. ‖ v (**slights**, **slighting**, **slighted**, **slighted**) **1** desprezar. **2** negligenciar. ‖ adj **1** leve; superficial; não importante. **2** escasso; pequeno. **3** delicado; delgado.

slight·ing /slaɪtɪŋ/ adj desdenhoso; indelicado; descortês.

slim /slɪm/ adj **1** esbelto; delgado; fino. **2** escasso; fraco. ‖ v (**slims**, **slimming**, **slimmed**, **slimmed**) **1** emagrecer. **2** afinar.

slime /slaɪm/ s **1** lodo; limo; lama. **2** muco (de peixes, moluscos, etc.). ‖ v (**slimes**, **sliming**, **slimed**, **slimed**) **1** enlodar. **2** retirar o muco (de peixes, moluscos, etc.).

sling /slɪŋ/ s **1** funda; atiradeira. **2** tipóia. **3** Náut linga. ‖ v (**slings**, **slinging**, **slung**, **slung**) **1** atirar. **2** pôr em tipóia.

sling·shot /slɪŋʃɑ:t/ s estilingue; bodoque.

slink /slɪŋk/ v (**slinks**, **slinking**, **slunk/slinked**, **slunk/slinked**) **1** esquivar-se; esgueirar-se. **2** dar à luz prematuramente (animais). ‖ s bezerro prematuro.

slip /slɪp/ v (**slips**, **slipping**, **slipped**, **slipped**) **1** escorregar. **2** escapar. **3** resvalar. **4** deslizar. **5** deslocar (osso). **6** errar; falhar. **7** vestir-se ou despir-se rapidamente, facilmente. ‖ s **1** escorregão. **2** falha; erro. **3** combinação (lingerie). **4** fronha. **5** muda de planta. **6** pedaço, tira de papel; boleto bancário.

slip·per /slɪpə/ s chinelo.

slip·per·y /slɪpəri/ adj escorregadio. (gr comp **slipperier**. gr super **slipperiest**).

slip·shod /slɪpʃɑ:d/ adj **1** relaxado; desleixado. **2** malfeito.

slip·way /slɪpweɪ/ s Náut rampa (para reparo ou construção de barco).

slit /slɪt/ s **1** fenda; racha. **2** corte; incisão. ‖ v (**slits**, **slitting**, **slit**, **slit**) **1** fender; rachar. **2** fazer corte.

slith·er /slɪðə/ v (**slithers**, **slithering**, **slithered**, **slithered**) escorregar. ‖ s escorregadela.

sliv·er /slɪvə/ s lasca; fatia (de metal, madeira, etc.). ‖ v (**slivers**, **slivering**, **slivered**, **slivered**) lascar.

slob /slɑ:b/ s inform sujeito relaxado, detestável.

slob·ber /slɑ:bɚ/ s baba. ‖ v (**slobbers, slobbering, slobbered, slobbered**) babar.

slo·gan /slougən/ s slogan; frase ou palavra criada para fins de propaganda.

sloop /slu:p/ s Náut chalupa.

slop /slɑ:p/ s 1 líquido derramado. 2 papa; mingau (sem gosto). ♦ **slops** 1 lavagem (resto de comida para porcos). 2 excremento.

slope /sloup/ s 1 declive; inclinação. 2 ladeira; rampa. ‖ v (**slopes, sloping, sloped, sloped**) inclinar; estar inclinado.

slop·py /slɑ:pi/ adj 1 lamacento; sujo. 2 descuidado; relaxado; desorganizado. 3 aguado e insípido. 4 inform sentimental. (gr comp **sloppier**. gr super **sloppiest**).

slosh /slɑ:ʃ/ s lama; neve derretida. ‖ v (**sloshes, sloshing, sloshed, sloshed**) esparrinhar; patinhar (na água, no gelo, etc.).

slot /slɑ:t/ s 1 fenda; abertura estreita. 2 ranhura. 3 rastro de animal. ‖ v (**slots, slotting, slotted, slotted**) rachar; fazer fenda.

sloth /slɑ:θ, slɔ:θ, slouθ/ s 1 desleixo. 2 preguiça; indolência. 3 Zool preguiça.

slouch /slautʃ/ s 1 má postura. 2 pessoa indolente. ‖ v (**slouches, slouching, slouched, slouched**) ter má postura; andar encurvado ou de ombros caídos.

slough /slu:, slau/ s 1 lamaçal; atoleiro; charco; brejo. (var **slew** ou **slue**). 2 Med casca (de ferida). 3 pele velha (de serpentes, anfíbios). ‖ /slʌf/ v (**sloughs, sloughing, sloughed, sloughed**) 1 desprender; cair (casca de ferida). 2 mudar a pele.

Slo·vak /slouvɑ:k/ s e adj eslovaco.

Slo·vak·i·a /slouvɑ:kiə/ s Eslováquia.

slov·en /slʌvən/ s pessoa relaxada, desleixada.

Slo·ve·ne /slouvi:n/ s esloveno.

Slo·ve·ni·a /slouvi:niə/ s Eslovênia.

Slo·ve·ni·an /slouvi:niən/ adj esloveno.

slov·en·ly /slʌvənli/ adj relaxado; desleixado; desmazelado.

slow /slou/ v (**slows, slowing, slowed, slowed**) 1 reduzir; diminuir (velocidade). 2 fazer ou ir mais devagar; atrasar. ‖ adj 1 lento; vagaroso; devagar. 2 atrasado; tardio. 3 desinteressante; chato. ‖ adv vagarosamente.

slow·down /sloudaun/ s redução; diminuição.

slow·ly /slouli/ adv devagar; lentamente.

slow·ness /slounəs/ s lentidão.

slow motion s câmera lenta.

slue /slu:/ 1 → **slew**. 2 → **slough**.

slug /slʌg/ s 1 lesma. 2 inform preguiçoso; molengão. 3 soco; pancada; murro. 4 bala; projétil. ‖ v (**slugs, slugging, slugged, slugged**) esmurrar.

slug·gard /slʌgɚd/ s e adj indolente; preguiçoso.

slug·gish /slʌgɪʃ/ adj 1 mole; devagar; moroso. 2 indolente; preguiçoso.

sluice /slu:s/ s eclusa; represa; comporta. ‖ v (**sluices, sluicing, sluiced, sluiced**) abrir comporta.

slum /slʌm/ s favela.

slum·ber /slʌmbɚ/ s soneca; cochilo. ‖ v (**slumbers, slumbering, slumbered, slumbered**) tirar uma soneca.

slump /slʌmp/ s baixa; queda; depressão (de preço). ‖ v (**slumps, slumping, slumped, slumped**) 1 cair; desmoronar. 2 afundar.

slur /slɜːr/ s 1 pronúncia indistinta. 2 mancha; nódoa. 3 insulto; crítica. ‖ v (**slurs, slurring, slurred, slurred**) 1 manchar; sujar. 2 insultar.

slush /slʌʃ/ s 1 neve meio derretida. 2 lama; lamaçal. 3 graxa; lubrificante. ‖ v (**slushes, slushing, slushed, slushed**) 1 lubrificar; engraxar. 2 enlamaçar.

slut /slʌt/ s prostituta.

sly /slaɪ/ adj 1 astuto; ardiloso. 2 malicioso. (gr comp **slier** ou **slyer**. gr super **sliest** ou **slyest**). ♦ **on the sly** por debaixo dos panos; secretamente.

sly·ness /slaɪnəs/ s manha; astúcia.

smack /smæk/ s 1 sabor; aroma. 2 beijoca. 3 palmada. 4 Náut pequeno barco a vela. 5 gír heroína. ‖ v (**smacks, smacking, smacked, smacked**) 1 ter sabor de. 2 beijocar. 3 dar palmadas.

small /smɔ:l/ adj pequeno; diminuto; exíguo. ‖ adv em pedaços pequenos. ‖ s algo pequeno.

S

small·pox /smɔ:lpɑ:ks/ s Med varíola.

small talk s conversa fiada.

smart /smɑ:rt/ s 1 dor aguda; aflição. 2 remorso. ‖ v (**smarts, smarting, smarted, smarted**) 1 sentir dor. 2 pungir; sofrer muito. ‖ adj 1 vivo; esperto; astuto. 2 elegante; alinhado; na moda. 3 atrevido. 4 espirituoso.

smart card s Comp placa inteligente; cartão inteligente.

smash /smæʃ/ s 1 choque; colisão. 2 estrondo. 3 destruição; ruína. 4 Esp cortada violenta (tênis). ‖ v (**smashes, smashing, smashed, smashed**) 1 despedaçar; quebrar; estraçalhar. 2 destruir; arruinar. 3 cortar bola com violência (tênis).

smash·ing /smæʃɪŋ/ adj 1 violento; arrasador. 2 inform maravilhoso; extraordinário.

smash·up /smæʃʌp/ s 1 choque; colisão (de veículos). 2 ruína total; derrota.

smat·ter /smætɚ/ s leve noção; conhecimento superficial. ‖ v (**smatters, smattering, smattered, smattered**) 1 falar um idioma sem ter fluência ou conhecimento básico. 2 estudar superficialmente.

smat·ter·er /smætɚɚ/ s presunçoso.

smear /smɪr/ s 1 nódoa; mancha. 2 insulto; defamação. 3 loção; creme. 4 lubrificante. ‖ v (**smears, smearing, smeared, smeared**) 1 esfregar; passar (creme, loção na pele). 2 lubrificar; engraxar. 3 gír derrotar. 4 insultar; difamar; detrair.

smell /smel/ s 1 cheiro. 2 mau cheiro. 3 olfato. ‖ v (**smells, smelling, smelled/ smelt, smelled/smelt**) 1 cheirar. 2 ter cheiro. 3 farejar.

smell·y /smeli/ adj malcheiroso. (gr comp **smellier**. gr super **smelliest**).

smelt /smelt/ v (**smelts, smelting, smelted, smelted**) 1 fundir; derreter. 2 pass e part pass de **smell**.

smelt·er /smeltɚ/ s 1 fundidor. 2 fundição (oficina). (var **smeltery**).

smelt·er·y /smeltɚi/ → **smelter**. (pl **smelteries**).

smile /smaɪl/ s sorriso. ‖ v (**smiles, smiling, smiled, smiled**) sorrir.

smirk /smɜ:rk/ v (**smirks, smirking, smirked, smirked**) sorrir com arrogância. ‖ s sorriso afetado, forçado.

smite /smaɪt/ v (**smites, smiting, smote, smitten/smote**) 1 golpear; bater. 2 castigar; torturar; afligir.

smith /smɪθ/ s ferreiro.

smith·y /smɪθi, smɪði/ s ferraria; forja. (pl **smithies**).

smock /smɑ:k/ s guarda-pó; avental.

smog /smɑ:g/ s nevoeiro com fumaça; neblina misturada com poluição.

smoke /smoʊk/ s 1 fumo. 2 fumaça. ‖ v (**smokes, smoking, smoked, smoked**) 1 fumar. 2 fumegar. 3 enfumaçar.

smok·er /smoʊkɚ/ s 1 fumante. 2 vagão para fumantes. 3 reunião de homens.

smoke·stack /smoʊkstæk/ s chaminé (de fábrica, navio, etc.).

smok·ing /smoʊkɪŋ/ adj de ou para fumante.

smok·y /smoʊki/ adj 1 enfumaçado. 2 fumegante. (gr comp **smokier**. gr super **smokiest**).

smol·der /smoʊldɚ/ v (**smolders, smoldering, smoldered, smoldered**) arder; queimar sem chama e com pouca fumaça. ‖ s fumaça densa (de algo que queima vagarosamente). (var **smoulder**).

smooth /smu:ð/ v (**smoothes, smoothing, smoothed, smoothed**) 1 polir. 2 alisar. 3 acalmar. 4 suavizar. 5 aplainar. ‖ adj 1 liso. 2 macio. 3 calmo; sereno. 4 suave. ‖ s 1 superfície lisa. 2 ato de aplainar, alisar.

smoth·er /smʌðɚ/ v (**smothers, smothering, smothered, smothered**) 1 abafar; sufocar. 2 reprimir; conter. ‖ s nuvem densa de fumaça ou poeira.

smoul·der /smoʊldɚ/ → **smolder**.

SMTP abrev Comp de **Simple Mail Transfer Protocol**; protocolo de transferência de correio simples.

smudge /smʌdʒ/ s 1 borrão; mancha. 2 fumaceira. ‖ v (**smudges, smudging, smudged, smudged**) 1 sujar; borrar; manchar. 2 fumigar.

smug /smʌg/ adj convencido; presunçoso.

smug·gle /smʌgəl/ v (**smuggles, smuggling, smuggled, smuggled**) contrabandear.

smug·gler /smʌglə/ s contrabandista.

smut /smʌt/ s 1 fuligem. 2 obscenidade. || v (**smuts, smutting, smutted, smutted**) sujar; manchar.

snack /snæk/ s refeição ligeira; lanche.

snack bar s lanchonete.

snag /snæg/ s 1 fio puxado (em tecido). 2 empecilho; imprevisto; obstáculo. 3 protuberância. 4 tronco ou árvore submersa (em rio).

snail /sneɪl/ s 1 Zool caracol; lesma. 2 pessoa lerda.

snake /sneɪk/ s 1 Zool cobra; serpente. 2 pessoa traiçoeira. 3 cabo flexível usado para desentupir tubulações.

snap /snæp/ s 1 estalo; estalido. 2 vigor; energia. 3 resposta áspera. 4 dentada; mordida. 5 foto instantânea. || adj 1 que fecha ou abre com estalido. 2 imprevisto; inesperado (decisão, ato, etc.). 3 simples; fácil. 4 improvisado; feito sem preparação. || v (**snaps, snapping, snapped, snapped**) 1 rachar; estalar; trincar. 2 abocanhar; pegar com dentes. 3 falar asperamente. 4 tirar foto. 5 mover-se rapidamente. ♦ **snap up** adquirir rapidamente.

snap·shot /snæpʃɑt/ s tb Comp instantâneo.

snare /sner/ s laço; cilada; armadilha. || v (**snares, snaring, snared, snared**) pegar com laço.

snarl /snɑrl/ s 1 rosnado; grunhido. 2 fala áspera. || v (**snarls, snarling, snarled, snarled**) rosnar.

snatch /snætʃ/ s 1 trecho; fragmento; pedaço (de texto, música, etc.). 2 tentativa de agarrar. 3 gír sequestro. || v (**snatches, snatching, snatched, snatched**) 1 pegar; agarrar. 2 apossar-se ilegalmente.

sneak /sniːk/ s pessoa covarde. || v (**sneaks, sneaking, sneaked/snuck, sneaked/ snuck**) entrar ou sair sorrateiramente. || adj transportado clandestinamente.

sneak·er /sniːkə/ s tênis (calçado).

sneak·ing /sniːkɪŋ/ adj 1 secreto; oculto. 2 sorrateiro.

sneak·y /sniːki/ adj furtivo. (gr comp **sneakier**. gr super **sneakiest**).

sneer /snɪr/ s olhar de escárnio; ironia; desdém. || v (**sneers, sneering, sneered, sneered**) zombar; desdenhar; escarnecer.

sneeze /sniːz/ s espirro. || v (**sneezes, sneezing, sneezed, sneezed**) espirrar.

snick /snɪk/ s corte; entalhe. || v (**snicks, snicking, snicked, snicked**) cortar.

sniff /snɪf/ s 1 fungada. 2 inalação; cheirada. || v (**sniffs, sniffing, sniffed, sniffed**) 1 fungar. 2 cheirar. 3 farejar. 4 inform desprezar; desdenhar.

sniff dog s cão farejador.

snig·ger /snɪgə/ s riso dissimulado. || v (**sniggers, sniggering, sniggered, sniggered**) caçoar.

snip /snɪp/ s 1 pequeno corte (com tesoura). 2 pedaço; retalho. 3 corte; incisão. 4 inform pessoa de baixa estatura. || v (**snips, snipping, snipped, snipped**) recortar; cortar. ♦ **snips** (us v sing ou pl) tesoura para cortar folhas metálicas.

snipe /snaɪp/ s Zool narceja. (pl **snipe** ou **snipes**).

snip·er /snaɪpə/ s franco-atirador.

sniv·el /snɪvəl/ s 1 muco; ranho. 2 choradeira; choramingo. || v (**snivels, sniveling, snivelling, sniveled/snivelled, sniveled/ snivelled**) 1 choramingar. 2 escorrer (nariz). 3 lamentar; reclamar.

snob /snɑb/ s esnobe; pretensioso. || v

snob·ber·y /snɑbəi/ s esnobismo. (pl **snobberies**).

snob·bish /snɑbɪʃ/ adj esnobe.

snook·er /snʊkə/ s sinuca.

snoop /snuːp/ v (**snoops, snooping, snooped, snooped**) bisbilhotar. || s bisbilhoteiro.

snoop·y /snuːpi/ adj xereta; bisbilhoteiro. (gr comp **snoopier**. gr super **snoopiest**).

snooze /snuːz/ s soneca. || v (**snoozes, snoozing, snoozed, snoozed**) tirar uma soneca.

snore /snɔːr/ s ronco. || v (**snores, snoring, snored, snored**) roncar.

snort /snɔːrt/ s 1 bufo. 2 pequena dose de bebida ou narcótico ingerida de uma só vez. || v (**snorts, snorting, snorted, snorted**) 1 bufar. 2 ridicularizar.

snout /snaʊt/ s **1** focinho. **2** tromba.

snow /snoʊ/ s **1** neve. **2** qualquer coisa semelhante à neve. II v (**snows, snowing, snowed, snowed**) nevar.

snow·ball /snoʊbɔːl/ s bola de neve.

snow·fall /snoʊfɔːl/ s nevada.

snow·flake /snoʊfleɪk/ s floco de neve.

snow·man /snoʊmæn/ s boneco de neve.

snow·plow /snoʊplaʊ/ s veículo para limpar neve.

snow·storm /snoʊstɔːrm/ s nevasca.

snow-white /snoʊhwaɪt, snoʊwaɪt/ adj branco como a neve.

snow·y /snoʊi/ adj **1** nevado; nevoso. **2** níveo; alvo como a neve. **3** coberto de neve. (gr comp **snowier**. gr super **snowiest**).

snub /snʌb/ s **1** desfeita; menosprezo. **2** afronta. II v (**snubs, snubbing, snubbed, snubbed**) **1** desprezar; tratar mal. **2** repelir. **3** frustrar. II adj arrebitado; muito pequeno.

snub-nosed /snʌbnoʊzd/ adj de nariz arrebitado.

snuff /snʌf/ s **1** rapé; tabaco. **2** fungada; cheirada. II v (**snuffs, snuffing, snuffed, snuffed**) **1** cheirar. **2** fungar. **3** aspirar rapé.

snuf·fle /snʌfəl/ v (**snuffles, snuffling, snuffled, snuffled**) **1** fungar. **2** falar pelo nariz. II s fungação; fungada.

snuf·fler /snʌflə/ s indivíduo fanhoso.

snug /snʌg/ adj **1** abrigado; protegido. **2** aconchegante; confortável. II v (**snugs, snugging, snugged, snugged**) abrigar; aconchegar.

snug·gle /snʌgəl/ v (**snuggles, snuggling, snuggled, snuggled**) aninhar-se; aconchegar-se.

snug·ness /snʌgnəs/ s comodidade; conforto.

so /soʊ/ adv **1** assim; deste modo. **2** tão; tanto. **3** portanto; então; por essa razão; bem; por conseguinte. **4** também. II conj portanto; conseqüentemente; de modo que; para que; a fim de que. II interj então. II pron o mesmo; os mesmos; a mesma; as mesmas. ◆ **and so on** ou **and so forth** e assim por diante.

soak /soʊk/ v (**soaks, soaking, soaked, soaked**) **1** embeber; encharcar; molhar. **2** deixar de molho. **3** inform embebedar-se; beber muito. II s **1** embebição. **2** bebedeira. **3** gír bêbado. **4** líquido, solução para embebição.

soap /soʊp/ s sabão; sabonete. II v (**soaps, soaping, soaped, soaped**) ensaboar.

soap bubble s bolha de sabão.

soap opera s novela; melodrama (de TV ou rádio).

soap·stone /soʊpstoʊn/ s Min pedra-sabão.

soap·suds /soʊpsʌdz/ s pl espuma de sabão.

soap·y /soʊpi/ adj ensaboado. (gr comp **soapier**. gr super **soapiest**).

soar /sɔːr/ s vôo. II v (**soars, soaring, soared, soared**) voar muito alto; elevar-se em vôo; planar.

sob /sɑːb/ s soluço. II v (**sobs, sobbing, sobbed, sobbed**) soluçar.

so·ber /soʊbə/ adj **1** sóbrio; não-embriagado. **2** calmo; sereno. **3** racional; realista. **4** equilibrado; sério. II v (**sobers, sobering, sobered, sobered**) ficar sóbrio.

so·bri·e·ty /səbraɪəti/ s sobriedade.

sob story s fábula, lenda melodramática.

soc·cer /sɑːkə/ s Esp futebol.

so·cia·bil·i·ty /soʊʃəbɪləti/ s sociabilidade. (pl **sociabilities**).

so·cia·ble /soʊʃəbəl/ adj sociável. II s reunião social.

so·cial /soʊʃəl/ adj social. II s reunião social.

so·cial·ism /soʊʃəlɪzəm/ s socialismo.

so·cial·ist /soʊʃəlɪst/ adj e s socialista.

so·cial·ize /soʊʃəlaɪz/ v (**socializes, socializing, socialized, socialized**) socializar.

social science s ciências sociais.

social security s seguro social.

social service s serviço social.

social studies s us v sing ou pl estudos sociais.

social work s trabalho social.

so·ci·e·ty /səsaɪəti/ s sociedade. (pl **societies**).

so·ci·o·cul·tur·al /soʊsioʊkʌltʃərəl/ adj sociocultural.

so·ci·o·ec·o·nom·ic /soʊsioʊekənɑːmɪk/ adj socioeconômico.

so·ci·ol·o·gist /sousiɑ:lədʒɪst/ s sociólogo.

so·ci·ol·o·gy /sousi:ɑ:lədʒi/ s sociologia.

sock /sɑ:k/ s 1 meia curta; soquete. 2 murro; soco. 3 comédia. (*pl* socks ou sox). II *v* (socks, socking, socked, socked) 1 esmurrar; socar. 2 pôr meia.

sock·et /sɑ:kɪt/ s 1 encaixe. 2 bocal (de lâmpada). 3 *Eletrôn* tomada. 4 cavidade.

sod /sɑ:d/ s 1 torrão; placa (de grama). 2 gramado. II *v* (sods, sodding, sodded, sodded) cobrir com grama.

so·da /souda/ s 1 carbonato de sódio. 2 soda limonada.

soda pop s refrigerante.

soda water s água com gás.

sod·den /sɑ:dən/ *adj* encharcado; molhado. II *v* (soddens, soddening, soddened, soddened) encharcar.

so·di·um /soudiəm/ s *Quím* sódio. (*símb* Na).

sod·om·y /sɑ:dəmi/ s sodomia.

so·ev·er /souevə-/ *adv* 1 por mais que. 2 de qualquer modo; em todo caso.

so·fa /soufa/ s sofá.

soft /sɑ:ft/ *adj* 1 mole; macio. 2 suave. 3 tolerante; indulgente. 4 brando. 5 meigo. 6 *inform* simples. II *adv* suavemente; gentilmente.

soft drink s refrigerante.

soft·en /sɑ:fən/ *v* (softens, softening, softened, softened) suavizar; amaciar.

soft·ness /sɑ:ftnəs/ s 1 brandura; ternura. 2 suavidade; maciez. 3 fraqueza.

soft-spo·ken /sɑ:ftspoukən/ *adj* de voz suave.

soft·ware /sɑ:ftwer/ s *Comp* software; programas de computador; instruções que o computador é capaz de entender e executar.

software piracy s *Comp* pirataria de *software*.

sog·gy /sɑ:gi/ *adj* encharcado; ensopado (terreno). (*gr comp* soggier. *gr super* soggiest).

soil /sɔɪl/ s 1 terreno; solo. 2 terra. 3 esgoto. 4 refugo; escória. II *v* (soils, soiling, soiled, soiled) 1 manchar; sujar. 2 desgraçar.

so·journ /soudʒɜːrn, soudʒɜːrn/ s residência temporária; estada. II *v* (sojourns, sojourning, sojourned, sojourned) residir temporariamente.

sol·ace /sɑ:lɪs/ s conforto; alívio; consolo. II *v* (solaces, solacing, solaced, solaced) consolar.

so·lar /soulə-/ *adj* solar.

solar system s sistema solar.

sol·der /sɑ:də-/ s solda. II *v* (solders, soldering, soldered, soldered) soldar.

sol·dier /souldʒə-/ s soldado.

sole /soul/ s 1 *Zool* linguado. (*pl* sole ou soles). 2 sola (do pé ou de sapato). II *adj* só; sozinho; único. II *v* (soles, soling, soled, soled) pôr sola.

sole·ly /souli/ *adv* unicamente; somente.

sol·emn /sɑ:ləm/ *adj* 1 solene; majestoso. 2 formal. 3 sério; sisudo. 4 sagrado.

so·lem·ni·ty /səlemnəti/ s 1 solenidade. 2 seriedade. (*pl* solemnities).

so·lic·it /səlɪsɪt/ *v* (solicits, soliciting, solicited, solicited) 1 solicitar; requerer. 2 empenhar; insistir. 3 angariar. 4 incomodar; perturbar.

so·lic·i·tor /səlɪsɪtə-/ s requerente.

so·lic·i·tous /səlɪsɪtəs/ *adj* 1 inquieto; preocupado. 2 solícito. 3 ansioso.

so·lic·i·tude /səlɪsɪtuːd/ s 1 solicitude. 2 inquietação; preocupação.

sol·id /sɑ:lɪd/ *adj* 1 sólido; maciço. 2 firme; estável. II s sólido.

sol·i·dar·i·ty /sɑ:ləderəti/ s solidariedade.

so·lid·i·fy /səlɪdəfaɪ/ *v* (solidifies, solidifying, solidified, solidified) solidificar.

so·lid·i·ty /səlɪdəti/ s solidez.

so·lil·o·quy /səlɪləkwi/ s solilóquio; monólogo. (*pl* soliloquies).

sol·i·taire /sɑ:lter/ s 1 solitário (brilhante). 2 passatempo que é jogado por uma só pessoa; jogo de paciência (baralho).

sol·i·tar·y /sɑ:ləteri/ *adj* 1 solitário; isolado. 2 segregado; recluso. II s eremita. (*pl* solitaries).

sol·i·tude /sɑ:lətuːd/ s 1 solidão. 2 lugar ermo; retiro.

so·lo /soulou/ s *Mús* solo. (*pl* solos). II *adj* solitário; sozinho.

so·lo·ist /soulouɪst/ s solista.

Solomon Islands s Ilhas Salomão.

S

sol·u·bil·i·ty /sɑ:ljəbɪ̱ləti/ *s* solubilidade. (*pl* **solubilities**).

sol·u·ble /sɑ̱:ljəbəl/ *adj* solúvel.

so·lu·tion /səluː̱ʃən/ *s* **1** solução; mistura homogênea. **2** solução (de um problema).

solve /sɑːlv/ *v* (**solves**, **solving**, **solved**, **solved**) resolver; solver.

sol·ven·cy /sɑ̱:lvənsi/ *s* solvência.

sol·vent /sɑ̱:lvənt/ *adj* e *s* solvente; dissolvente.

So·ma·li·a /soʊmɑ̱:liə/ *s* Somália.

So·ma·li·an /soʊmɑ̱:liən/ *s* e *adj* somali; somaliano.

som·ber /sɑ̱:mbɚ/ *adj* sombrio; lúgubre; escuro.

some /sʌm/ *adj* e *pron* algum; alguma; alguns; algumas; uns; umas.

some·bod·y /sʌ̱mbɑːdi/ *pron* alguém.

some·day /sʌ̱mdeɪ/ *adv* algum dia.

some·how /sʌ̱mhaʊ/ *adv* **1** de algum modo. **2** por alguma razão.

some·one /sʌ̱mwʌn/ *pron* alguém.

som·er·sault /sʌ̱mɚsɑːlt, sʌ̱mɚsɔːlt/ *s* cambalhota. (*var* **summersault**).

some·thing /sʌ̱mθɪŋ/ *pron* alguma coisa; algo.

some·time /sʌ̱mtaɪm/ *adv* algum dia; em outra oportunidade.

some·times /sʌ̱mtaɪmz/ *adv* às vezes; algumas vezes.

some·way /sʌ̱mweɪ/ *adv* de algum modo. (*tb* **someways**).

some·what /sʌ̱mwɑːt/ *adv* um tanto quanto; até certo grau. II *pron* algo; alguma coisa.

some·where /sʌ̱mwer/ *adv* em algum lugar. II *s* algum lugar.

som·no·lence /sɑ̱:mnələns/ *s* sonolência.

som·no·lent /sɑ̱:mnələnt/ *adj* sonolento.

son /sʌn/ *s* filho.

so·nar /soʊ̱nɑːr/ *s* sonar.

song /sɑːŋ, sɔːŋ/ *s* **1** canto. **2** canção.

son·ic /sɑ̱:nɪk/ *adj* sônico.

son-in-law /sʌ̱nɪnlɑː/ *s* genro. (*pl* **sons-in-law**).

son·net /sɑ̱:nɪt/ *s* soneto.

so·nor·i·ty /sənɔ̱:rəti/ *s* sonoridade. (*pl* **sonorities**).

soon /suːn/ *adv* logo; cedo; em breve; dentro de pouco tempo.

soon·er /suː̱nɚ/ *adv gr comp* de **soon** mais cedo; antes. ♦ **no sooner than** tão logo que. **sooner or later** mais cedo ou mais tarde.

soot /sʊt/ *s* fuligem.

soothe /suːð/ *v* (**soothes**, **soothing**, **soothed**, **soothed**) **1** acalmar. **2** suavizar; aliviar.

sooth·ing /suː̱ðɪŋ/ *adj* calmante; suavizante.

sooth·say·er /suː̱θseɪɚ/ *s* adivinhador.

soot·y /sʊ̱ti/ *adj* fuliginoso. (*gr comp* **sootier**. *gr super* **sootiest**).

sop /sɑːp/ *v* (**sops**, **sopping**, **sopped**, **sopped**) embeber; molhar; ensopar. II *s* pedaço de pão, etc. embebido.

soph·ism /sɑ̱:fɪzm/ *s* sofisma.

so·phis·ti·cat·ed /səfɪ̱stɪkeɪtɪd/ *adj* **1** sofisticado. **2** refinado.

so·pran·o /səprɑ̱:noʊ/ *s Mús* soprano.

sor·cer·er /sɔ̱:rsərɚ/ *s* feiticeiro; bruxo.

sor·cer·ess /sɔ̱:rsərɪs/ *s fem* feiticeira; bruxa.

sor·cer·y /sɔ̱:rsəri/ *s* feitiçaria; bruxaria.

sor·did /sɔ̱:rdɪd/ *adj* sórdido; vil.

sore /sɔːr/ *s* **1** chaga; ferida. **2** dor. II *adj* **1** doloroso; penoso. **2** machucado; dolorido. **3** amargurado; aborrecido.

sore·ly /sɔ̱:rli/ *adv* **1** dolorosamente. **2** gravemente. **3** estremamente.

sore throat *s* dor de garganta.

sor·row /sɑ̱:roʊ/ *s* **1** pesar; dor; tristeza; desespero. II *v* (**sorrows**, **sorrowing**, **sorrowed**, **sorrowed**) **1** entristecer. **2** sentir dó.

sor·row·ful /sɑ̱:rəfəl/ *adj* pesaroso; triste; magoado.

sor·row·ful·ness /sɑ̱:rəfəlnəs/ *s* pesar; tristeza.

sor·ry /sɑ̱:ri/ *adj* **1** triste; desolado. **2** arrependido. (*gr comp* **sorrier**. *gr super* **sorriest**). ♦ **I am sorry**. sinto muito.

sort /sɔːrt/ *s* **1** espécie; tipo; classe. **2** caráter; qualidade. **3** comportamento. **4** *Comp* classificação. II *v* (**sorts**, **sorting**, **sorted**, **sorted**) **1** *tb Comp* classificar. **2** pôr em ordem; arrumar; arranjar. ♦ **after a sort** de qualquer jeito; de modo imperfeito. **out of sorts 1** irritável. **2** um pouco, levemente doente.

sor·tie /sɔːrtiː/ s surtida; investida militar; ataque armado.

so-so /souˈsou, souˈsou/ adj mais ou menos; regular. II adv nem bem nem mal; assim, assim.

sot /sɑːt/ s beberrão; ébrio.

sough /saʊ, sʌf/ s murmúrio; sopro (do vento). II v (**soughs**, **soughing**, **soughed**, **soughed**) murmurar; soprar (o vento).

sought /sɔːt/ v pass e part pass de **seek**.

soul /soʊl/ s alma.

soul·ful /soʊlfəl/ adj comovente; emocional.

soul·less /soʊlləs/ adj cruel; insensível; desalmado.

sound /saʊnd/ s **1** som; tom; vibração. **2** ruído; barulho. **3** Med sonda. **4** braço de mar; estreito; canal. II adv profundamente. II adj **1** são; sadio; saudável. **2** sólido; consistente. **3** forte. **4** seguro; firme. **5** idôneo. **6** confiável. **7** Jur válido; legal. II v (**sounds**, **sounding**, **sounded**, **sounded**) **1** soar. **2** fazer soar; tocar, tanger ou retinir (o sino, etc.). **3** parecer; dar a impressão de. **4** Ling pronunciar; articular. **5** Med auscultar.

sound card s Comp placa de som.

sound clip s Comp clipe de som.

sound effects s pl efeitos sonoros.

sound·ing /saʊndɪŋ/ s sondagem. II adj ressonante.

sound·ness /saʊndnəs/ s **1** solidez. **2** sanidade; saúde.

sound·proof /saʊndpruːf/ adj à prova de som.

sound·track /saʊndtræk/ s trilha sonora. (tb **sound track**).

sound wave s onda sonora.

soup /suːp/ s sopa.

sour /saʊər/ v (**sours**, **souring**, **soured**, **soured**) azedar. II adj **1** azedo; ácido. **2** mal-humorado. II s qualquer coisa ácida ou azeda.

source /sɔːrs/ s **1** fonte; nascente (de rio). **2** origem. **3** criador.

source book s documento histórico; original; fonte de referência; base.

sour·ness /saʊərnəs/ s acidez; azedume.

south /saʊθ/ s tb maiús sul. II adj do sul; meridional; austral. II adv para o sul; vindo do sul.

South Africa s África do Sul.

South African s e adj sul-africano.

South America s América do Sul.

South American s e adj sul-americano.

south·east /saʊθiːst/ s tb maiús sudeste. II adj do sudeste. II adv para o sudeste; vindo do sudeste.

south·east·ern /saʊθiːstən/ adj do sudeste.

south·ern /sʌðən/ adj meridional; do sul.

south·ern·er /sʌðənə/ s sulista (especialmente dos EUA). (tb **Southerner**).

Southern Hemisphere s Hemisfério Sul.

South Korea s Coréia do Sul.

South Korean s e adj sul-coreano.

South Pole s Pólo Sul.

south·west /saʊθwest/ s e adj sudoeste. II adv em direção ao sudoeste; vindo do sudoeste.

south·west·ern /saʊθwestən/ adj do sudoeste.

sou·ve·nir /suːvənɪr, suːvənɪr/ s lembrança; recordação.

sov·er·eign /sɑːvrən/ adj soberano. II s **1** autoridade suprema; rei. **2** moeda de ouro usada antigamente na Grã-Bretanha.

sov·er·eign·ty /sɑːvrənti/ s soberania. (pl **sovereignties**).

sow /saʊ/ s porca. II /soʊ/ v (**sows**, **sowing**, **sowed**, **sown**/**sowed**) **1** semear; espalhar sementes. **2** disseminar; propagar. **3** espalhar; cobrir.

sow·er /soʊə/ s **1** semeador. **2** propagador.

soy /sɔɪ/ s Bot soja.

soy·bean /sɔɪbiːn/ s feijão-soja.

soy·milk /sɔɪmɪlk/ s leite de soja.

spa /spɑː/ s **1** estância hidromineral. **2** hotel ou estância da moda.

space /speɪs/ s **1** tb Mat e Tip espaço. **2** área; lugar. **3** espaço em branco. **4** espaço; universo. **5** prazo; intervalo de tempo. **6** Mús intervalo entre duas linhas. **7** espaço publicitário. II v (**spaces**, **spacing**, **spaced**, **spaced**) espaçar; separar.

space age s tb maiús era espacial.

space bar s Comp barra de espaço.

space·craft /speɪskræft/ s nave espacial. (pl **spacecraft**).

space·ship /speɪʃɪp/ s nave espacial. (*tb* space ship).

space shuttle s ônibus espacial.

space suit s traje espacial.

spade /speɪd/ s pá. II v (spades, spading, spaded, spaded) cavar com uma pá.
♦ spades naipe de espadas (baralho).

spa·ghet·ti /spəgeti/ s espaguete.

Spain /speɪn/ s Espanha.

span /spæn/ s 1 palmo (unidade de medida igual a 23 cm). 2 vão; extensão. 3 período de tempo. 4 envergadura. 5 parelha (de cavalos, bois, etc.). II v (spans, spanning, spanned, spanned) 1 medir em palmos. 2 estender por meio de.

span·gle /spæŋgəl/ s lantejoula. II v (spangles, spangling, spangled, spangled) adornar com lantejoulas.

Span·iard /spænjəd/ s espanhol.

Span·ish /spænɪʃ/ adj espanhol.

spank /spæŋk/ s palmada. II v (spanks, spanking, spanked, spanked) dar palmadas.

span·ner /spænə/ s chave inglesa.

spar /spɑːr/ s 1 *Náut* mastro. 2 viga (da asa do avião). 3 pugilato. 4 *Min* espato. II v (spars, sparring, sparred, sparred) 1 exercitar (no boxe). 2 discutir; brigar.

spare /sper/ v (spares, sparing, spared, spared) 1 economizar. 2 poupar (não matar). 3 dispor; emprestar. 4 dispensar; isentar. 5 evitar (gastos). II adj 1 disponível; de sobra; extra (dinheiro, tempo, etc.). 2 magro (pessoa). 3 sobressalente (peça ou acessório). II s peça sobressalente; reserva.

spar·ing /sperɪŋ/ adj 1 poupado; reservado. 2 limitado; deficiente.

spark /spɑːrk/ s faísca; chispa. II v (sparks, sparking, sparked, sparked) lançar faísca.

spar·kle /spɑːrkəl/ v (sparkles, sparkling, sparkled, sparkled) cintilar; faiscar; reluzir. II s brilho; cintilação.

spark plug s *Mec* vela de ignição.

spar·row /speroʊ/ s *Zool* pardal.

sparse /spɑːrs/ adj 1 escasso; esparso (vegetação, etc.). 2 ralo (barba, cabelo, etc.).

spasm /spæzəm/ s 1 espasmo; contração. 2 convulsão.

spas·mod·ic /spæzmɑːdɪk/ adj 1 espasmódico. 2 convulsivo.

spat /spæt/ v (spats, spatting, spatted, spatted) 1 desovar. 2 brigar; discutir. II s 1 ova (de ostra ou molusco). (*pl* spat ou spats). 2 polaina curta. 3 briga; discussão.

spat·ter /spætə/ s salpico; respingo. II v (spatters, spattering, spattered, spattered) salpicar; respingar.

spawn /spɔːn/ s 1 ovas de moluscos, peixes e anfíbios. 2 desova. 3 *Bot* micélio. 4 fonte; semente. II v (spawns, spawning, spawned, spawned) 1 gerar. 2 desovar.

speak /spiːk/ v (speaks, speaking, spoke, spoken) 1 falar; conversar. 2 discursar. 3 expressar.

speak·er /spiːkə/ s 1 locutor. 2 orador. 3 conferencista. 4 *maiús* presidente (de reunião ou assembléia).

speak·er·phone /spiːkəfoʊn/ s *Tel* viva-voz.

speak·ing /spiːkɪŋ/ adj que fala; falante; eloqüente.

spear /spɪr/ s 1 lança. 2 arpão. II v (spears, spearing, speared, speared) espetar (com lança, arpão, etc.).

spear·head /spɪrhed/ s *tb fig* ponta de lança.

spear·man /spɪrmən/ s lanceiro.

spe·cial /speʃəl/ adj especial; distinto; excepcional. II s algo especial (trem, programa de TV, publicação, etc.).

special character s *Comp* caractere especial; caracteres que não são alfabéticos nem numéricos, à exceção do caractere de espaço.

special effect s efeito especial.

spe·cial·ist /speʃəlɪst/ s especialista.

spe·cial·ize /speʃəlaɪz/ v (specializes, specializing, specialized, specialized) especializar-se.

spe·cial·ly /speʃəli/ adv 1 especialmente. 2 particularmente.

spe·cial·ty /speʃəlti/ s 1 especialidade. 2 particularidade. (*pl* specialties).

spe·cie /spiːʃiː, spiːsiː/ s dinheiro em moeda.

spe·cies /spiːʃiːz, spiːsiːz/ s *Biol* espécie. (*pl* species).

spe·cif·ic /spəsɪfɪk/ adj específico.

spec·i·fi·ca·tion /spesəfɪkeɪʃən/ s especificação.

spec·i·fy /spesəfaɪ/ v (specifies, specifying, specified, specified) especificar.

spec·i·men /spesəmən/ s 1 espécime. 2 exemplar; amostra.

spe·cious /spiːʃəs/ adj especioso.

speck /spek/ s 1 mancha. 2 pinta. 3 um pouquinho. ‖ v (specks, specking, specked, specked) manchar.

spec·ta·cle /spektəkəl/ s espetáculo. ◆ spectacles óculos.

spec·tac·u·lar /spektækjələ-/ adj espetacular.

spec·ta·tor /spekteɪtə-/ s espectador.

spec·ter /spektə-/ s espectro; fantasma.

spec·tral /spektrəl/ adj espectral; fantasmagórico.

spec·u·late /spekjəleɪt/ v (speculates, speculating, speculated, speculated) 1 especular. 2 refletir; meditar.

spec·u·la·tion /spekjəleɪʃən/ s 1 especulação. 2 reflexão; meditação.

spec·u·la·tor /spekjəleɪtə-/ s especulador.

speech /spiːtʃ/ s 1 conversa. 2 discurso. 3 fala.

speech recognition s Comp reconhecimento da fala.

speech·less /spiːtʃləs/ adj 1 calado. 2 mudo. 3 estupefato.

speed /spiːd/ s 1 Fís velocidade. 2 rapidez; pressa. 3 gír anfetamina (droga). 4 Mec transmissão (engrenagem). ‖ v (speeds, speeding, speeded, speeded) 1 correr; apressar-se. 2 acelerar; dirigir com excesso de velocidade. 3 mandar despachar. 4 agilizar.

speed·boat /spiːdboʊt/ s Náut lancha (de corrida).

speed·ing /spiːdɪŋ/ s excesso de velocidade.

speed limit s limite de velocidade permitido em rodovias.

speed·om·e·ter /spiːdɑːmətə-/ s velocímetro.

speed·way /spiːdweɪ/ s 1 autopista; autoestrada. 2 Esp pista de corrida.

speed·y /spiːdi/ adj veloz; rápido. (gr comp speedier. gr super speediest).

spell /spel/ s 1 turno. 2 temporada; período. 3 encanto; fascinação. 4 feitiço; magia. 5 palavra ou poção mágica. ‖ v (spells, spelling, spelled/spelt, spelled/spelt) 1 soletrar. 2 grafar. 3 enfeitiçar. 4 descansar do trabalho. 5 trocar de turno (no trabalho). ◆ spell out 1 falar com clareza e objetividade. 2 ler vagarosamente.

spell·bound /spelbaʊnd/ adj enfeitiçado; fascinado.

spell·er /spelə-/ s 1 soletrador. 2 cartilha para alfabetização.

spell·ing /spelɪŋ/ s grafia; ortografia.

spelling checker s Comp verificador ortográfico.

spend /spend/ v (spends, spending, spent, spent) 1 gastar; despender. 2 esbanjar; desperdiçar. 3 passar (o tempo).

spend·thrift /spendθrɪft/ s e adj esbanjador.

spent /spent/ v pass e part pass de spend. ‖ adj 1 esgotado. 2 consumido; usado. 3 exausto.

sperm /spɜrm/ s esperma. (pl sperm ou sperms).

sperm bank s banco de esperma.

spew /spjuː/ s 1 vômito. 2 qualquer coisa expelida. ‖ v (spews, spewing, spewed, spewed) 1 vomitar. 2 expelir; jorrar.

sphere /sfɪr/ s tb Mat esfera.

spher·ic /sfɪrɪk, sferɪk/ → spherical.

spher·i·cal /sfɪrɪkəl, sferɪkəl/ adj esférico. (var spheric).

sphinx /sfɪŋks/ s Mit esfinge. (pl sphinxes ou sphinges /sfɪŋjiz/).

spic-and-span /spɪkənspæn/ → spick-and-span.

spice /spaɪs/ s 1 especiaria. 2 tempero; condimento. 3 perfume; aroma. ‖ v (spices, spicing, spiced, spiced) temperar; condimentar.

spick-and-span /spɪkənspæn/ adj 1 novo em folha. 2 limpíssimo. (var spic-and-span).

spic·y /spaɪsi/ adj 1 temperado; condimentado. 2 picante. (gr comp spicier. gr super spiciest).

spi·der /spaɪdə-/ s Zool aranha.

spike /spaɪk/ s **1** espiga. **2** ponta; bico. **3** cravo (prego). **4** trava (de chuteira). **5** chuteira. **6** estaca. ‖ v (**spikes, spiking, spiked, spiked**) **1** pregar. **2** ferrar. **3** perfurar. **4** espetar.

spill /spɪl/ s **1** tombo; queda. **2** vazamento; derramamento (de óleo, etc.). ‖ v (**spills, spilling, spilled/spilt, spilled/spilt**) **1** derramar; transbordar; entornar. **2** fazer cair.

spin /spɪn/ s **1** giro; rotação. **2** volta (de bicicleta, de carro, etc.). **3** parafuso (manobra de avião). **4** efeito dado em uma bola (de tênis, etc.). **5** estilo. ‖ v (**spins, spinning, spun, spun**) **1** rodar; girar; rodopiar. **2** fiar; tecer. **3** mergulhar em parafuso (avião).

spin·ach /spɪnɪtʃ/ s Bot espinafre.

spi·nal /spaɪnəl/ adj Anat espinal.

spinal column s coluna vertebral.

spin·dle /spɪndl/ s **1** fuso; bilro; carretel. **2** haste.

spin·dly /spɪndli/ adj alto e magro. (gr comp **spindlier**. gr super **spindliest**).

spine /spaɪn/ s **1** Zool espinha. **2** coluna vertebral. **3** lombada (de livro). **4** Bot espinho.

spine·less /spaɪnləs/ adj **1** fraco; mole; covarde. **2** invertebrado.

spin·ning /spɪnɪŋ/ s fiação.

spin·ster /spɪnstɚ/ s **1** solteirona. **2** mulher solteira.

spi·ral /spaɪrəl/ s e adj espiral.

spire /spaɪɚ/ s **1** espiral. **2** Arq flecha; agulha.

spir·it /spɪrɪt/ s **1** espírito; alma. **2** fantasma. **3** coragem; ânimo. **4** maiús Deus. ♦ **spirits 1** humor; astral. **2** bebida alcoólica forte.

spir·it·ed /spɪrɪtɪd/ adj **1** vivo; esperto; animado. **2** vigoroso; enérgico.

spir·it·ism /spɪrɪtɪzəm/ s espiritismo.

spir·i·tu·al /spɪrɪtʃuəl/ adj espiritual; religioso. ‖ s Mús canções folclóricas de fundo religioso natural dos negros americanos.

spit /spɪt/ s **1** cuspo; saliva. **2** espeto (para grelhar). ‖ v **1** (**spits, spitting, spat/spit, spat/spit**) cuspir; expectorar; escarrar.

2 (**spits, spitting, spitted, spitted**) pôr no espeto; espetar.

spite /spaɪt/ s despeito; rancor; ódio. ‖ v (**spites, spiting, spited, spited**) **1** irritar; contrariar. **2** ofender; magoar.

spite·ful /spaɪtfəl/ adj malévolo; malvado; mau.

spit·toon /spɪtuːn/ s escarradeira.

splash /splæʃ/ s salpico; respingo. ‖ v (**splashes, splashing, splashed, splashed**) **1** salpicar; respingar. **2** espirrar; esguichar. **3** patinhar. **4** demonstrar; publicar.

spleen /spliːn/ s Anat baço.

splen·did /splendɪd/ adj esplêndido.

splen·dor /splendɚ/ s esplendor.

splice /splaɪs/ s emenda; junção. ‖ v (**splices, splicing, spliced, spliced**) emendar; unir; juntar (corda, fio, etc.).

splint /splɪnt/ s Med tala (para fratura de osso).

splin·ter /splɪntɚ/ s lasca; farpa; estilhaço.

split /splɪt/ s **1** fenda; racha. **2** rasgão. **3** lasca. ‖ adj dividido; rachado.

split screen s Comp tela dividida.

splotch /splɑːtʃ/ s mancha; nódoa. ‖ v (**splotches, splotching, splotched, splotched**) manchar.

splurge /splɜːrdʒ/ s extravagância; ostentação. ‖ v (**splurges, splurging, splurged, splurged**) ostentar.

spoil /spɔɪl/ v (**spoils, spoiling, spoiled/spoilt, spoiled/spoilt**) **1** estragar. **2** danificar; inutilizar. **3** mimar (uma criança). ‖ s **1** Jur espólio. **2** saque; pilhagem.

spoil·sport /spɔɪlspɔːrt/ s desmancha-prazeres.

spoke /spoʊk/ v pass de **speak**. ‖ s **1** raio (de roda, leme, etc.). **2** degrau (de escada de mão). **3** travão de uma roda.

spokes·man /spoʊksmən/ s masc porta-voz.

spokes·wom·an /spoʊkswʊmən/ s fem porta-voz.

spo·li·a·tion /spoʊlieɪʃən/ s espoliação.

sponge /spʌndʒ/ s Zool esponja. ‖ v (**sponges, sponging, sponged, sponged**) **1** lavar com esponja. **2** viver à custa de alguém. ♦ **sponge cake** pão-de-ló.

spong·y /spʌndʒi/ adj esponjoso. (gr comp **spongier**. gr super **spongiest**).

pon·sor /spɑ:nsɚ/ s **1** fiador. **2** padrinho. **3** patrocinador. ‖ v (**sponsors, sponsoring, sponsored, sponsored**) **1** apadrinhar. **2** patrocinar.

pon·ta·ne·i·ty /spɑ:ntənerəti/ s espontaneidade. (pl **spontaneities**).

pon·ta·ne·ous /spɑ:nternɪəs/ adj espontâneo; voluntário.

poof /spu:f/ s **1** paródia; escárnio. **2** trapaça. ‖ v (**spoofs, spoofing, spoofed, spoofed**) trapacear.

pook /spu:k/ s **1** inform fantasma; assombração. **2** agente secreto; espião.

pook·y /spu:ki/ adj **1** arrepiante. **2** fantasmagórico. (gr comp **spookier**. gr super **spookiest**).

pool /spu:l/ s bobina; carretel. ‖ v (**spools, spooling, spooled, spooled**) enrolar em bobina.

poon /spu:n/ s colher.

poon-feed /spu:nfi:d/ v (**spoon-feeds, spoon-feeding, spoon-fed, spoon-fed**) **1** dar de comer com colher. **2** dar tudo mastigado.

poon·ful /spu:nfəl/ s colherada. (pl **spoon-fuls**).

poor /spʊr/ s rasto ou pegada de animais.

po·rad·ic /spərædɪk/ adj esporádico. (var **sporadical**).

po·rad·i·cal /spərædɪkəl/ → **sporadic**.

pore /spɔ:r/ s Biol esporo.

port /spɔ:rt/ s **1** esporte; desporto. **2** brincadeira; diversão. **3** zombaria; troça. ‖ v (**sports, sporting, sported, sported**) **1** brincar; divertir-se. **2** fazer piada, troça.

port·ing /spɔ:rtɪŋ/ adj **1** esportivo. **2** esportista.

ports·man /spɔ:rtsmən/ s masc esportista.

ports·man·ship /spɔ:rtsmənʃɪp/ s **1** desportismo. **2** espírito esportivo.

ports·wear /spɔ:rtswer/ s roupa esporte ou para praticar esporte.

ports·wom·an /spɔ:rtswʊmən/ s fem esportista.

pot /spɑ:t/ s **1** mancha; marca; pinta. **2** local; ponto. **3** naipe (baralho). **4** local;

localização. **5** inform spot (de iluminação). ‖ v (**spots, spotting, spotted, spotted**) **1** ficar com o corpo cheio de manchas, pintas. **2** situar; pôr em local determinado. **3** espiar; detectar. ‖ adj imediato; instantâneo.

spot·less /spɑ:tləs/ adj sem mancha; imaculado.

spot·light /spɑ:tlaɪt/ s **1** holofote. **2** ponto de luz.

spot·ty /spɑ:ti/ adj **1** manchado. **2** desigual. (gr comp **spottier**. gr super **spottiest**).

spouse /spaʊs/ s cônjuge.

spout /spaʊt/ s **1** bica; calha. **2** bico (de bule, chaleira, etc.). **3** esguicho. ‖ v (**spouts, spouting, spouted, spouted**) jorrar; esguichar.

sprain /spreɪn/ s torcedura; mau jeito; rompimento de ligamentos, tendões. ‖ v (**sprains, spraining, sprained, sprained**) romper (tendão, etc.).

sprawl /sprɑ:l/ v (**sprawls, sprawling, sprawled, sprawled**) espreguiçar-se; esparramar-se. ‖ s **1** espreguiçamento. **2** crescimento urbano desorganizado.

spray /spreɪ/ s **1** spray; jato gasoso de aerossol ou de líquido. **2** aerossol; vaporizador. **3** borrifo (de água ou espuma do mar). **4** ramos de flores. ‖ v (**sprays, spraying, sprayed, sprayed**) **1** vaporizar. **2** borrifar.

spread /spred/ s **1** extensão. **2** expansão. **3** propagação; difusão. ‖ v (**spreads, spreading, spread, spread**) **1** estender. **2** espalhar. **3** difundir. **4** cobrir. **5** expandir.

spread·sheet /spredʃi:t/ s Comp planilha.

spree /spri:/ s **1** farra; pândega. **2** bebedeira.

sprig /sprɪg/ s Bot broto; rebento; renovo.

spright /spraɪt/ → **sprite**.

spring /sprɪŋ/ s **1** nascente; fonte natural. **2** primavera (estação). **3** causa; origem. **4** mola; espiral. **5** salto; pulo. ‖ v (**springs, springing, sprang/sprung, sprung**) **1** pular; saltar. **2** brotar; nascer. **3** originar-se de; resultar. **4** surgir. **5** produzir. **6** curvar; inclinar. **7** desenvolver. ‖ adj **1** de mola. **2** primaveral.

spring·board /sprɪŋbɔ:rd/ *s* trampolim.

spring·time /sprɪŋtaɪm/ *s* primavera.

spring·y /sprɪŋi/ *adj* flexível; elástico. (*gr comp* **springier**. *gr super* **springiest**).

sprin·kle /sprɪŋkəl/ *s* **1** borrifo. **2** chuvisco. **3** salpico. II *v* (**sprinkles**, **sprinkling**, **sprinkled**, **sprinkled**) **1** borrifar. **2** chuviscar. **3** regar. **4** salpicar.

sprin·kler /sprɪŋklə/ *s* **1** irrigador; borrifador. **2** extintor automático de incêndio (em prédio).

sprint /sprɪnt/ *s Esp* corrida (de curta distância). II *v* (**sprints**, **sprinting**, **sprinted**) correr a toda velocidade.

sprite /spraɪt/ *s* duende; gnomo. (*var* **spright**).

sprock·et /sprɑːkɪt/ *s Mec* dente (de roda).

sprout /spraʊt/ *s* broto; rebento. II *v* (**sprouts**, **sprouting**, **sprouted**, **sprouted**) brotar; germinar.

spruce /spru:s/ *s Bot* abeto. II *adj* **1** enfeitado. **2** alinhado; elegante. II *v* (**spruces**, **sprucing**, **spruced**, **spruced**) **1** arrumar-se. **2** enfeitar-se.

spry /spraɪ/ *adj* **1** ligeiro; ágil. **2** esperto; ativo. (*gr comp* **sprier/spryer**. *gr super* **spriest/spryest**).

spud /spʌd/ *s gír* batata.

spunk /spʌŋk/ *s inform* fibra; coragem.

spunk·y /spʌŋki/ *adj inform* corajoso; impetuoso. (*gr comp* **spunkier**. *gr super* **spunkiest**).

spur /spɜ:r/ *s* **1** espora. **2** esporão. **3** incentivo; estímulo. II *v* (**spurs**, **spurring**, **spurred**, **spurred**) **1** esporear. **2** estimular; incentivar.

spu·ri·ous /spjʊriəs/ *adj* espúrio.

spurn /spɜ:rn/ *s* rejeição; recusa. II *v* (**spurns**, **spurning**, **spurned**, **spurned**) rejeitar com desdém.

spurt /spɜ:rt/ *s* jorro; esguicho. II *v* (**spurts**, **spurting**, **spurted**, **spurted**) jorrar; esguichar.

spy /spaɪ/ *s* espião. (*pl* **spies**). II *v* (**spies**, **spying**, **spied**, **spied**) **1** espionar. **2** espiar.

SQL *abrev Comp* de **Structured Query Language**; linguagem de consulta estruturada.

squab·ble /skwɑːbəl/ *s* discussão; briga; altercação. II *v* (**squabbles**, **squabbling**, **squabbled**, **squabbled**) brigar; discutir.

squad /skwɑːd/ *s* **1** pelotão. **2** *Esp* equipe. **3** turma; grupo de pessoas. **4** unidade de policial.

squad car *s* carro de polícia.

squad·ron /skwɑːdrən/ *s* **1** esquadrão. **2** esquadrilha. **3** esquadra.

squal·id /skwɑːlɪd/ *adj* esquálido; sórdido; sujo.

squall /skwɔːl/ *s* **1** grito; berro (de criança, etc.). **2** rajada de vento.

squal·or /skwɑːlə/ *s* esqualidez; sujidade; sordidez.

squa·ma /skweɪmə, skwɑːmə/ *s* escama. (*pl* **squamae** /skweɪmi:, skwɑːmi:/).

squan·der /skwɑːndə/ *v* (**squanders**, **squandering**, **squandered**, **squandered**) esbanjar; desperdiçar.

square /skwer/ *s* **1** *tb Mat* quadrado; segunda potência. **2** quadra; bloco; quarteirão. **3** praça. **4** esquadro. **5** *gír* indivíduo conservador, quadradão. **6** casa (no tabuleiro de xadrez). II *adj* **1** quadrado. **2** quadrangular. **3** antiquado. **4** que forma um ângulo reto. **5** honesto; justo. **6** *Esp* empatado. II *v* (**squares**, **squaring**, **squared**, **squared**) **1** quadrar. **2** ajustar; saldar (contas, etc.). **3** *Mat* elevar (a quadrado). II *adv* **1** diretamente. **2** honestamente. **3** em ângulos retos. **4** em quadrados.

square bracket *s Tip* colchete.

square dance *s* quadrilha (dança).

square root *s Mat* raiz quadrada.

squash /skwɑːʃ/ *s* **1** abóbora. **2** polpa. II *v* (**squashes**, **squashing**, **squashed**, **squashed**) espremer; esmagar.

squat /skwɑːt/ *s* acocoramento; agachamento. II *v* (**squats**, **squatting**, **squatted**, **squatted**) acocorar-se; abaixar-se. II *adj* agachado.

squawk /skwɑːk/ *s* grasnido. II *v* (**squawks**, **squawking**, **squawked**, **squawked**) grasnar.

squeak /skwi:k/ *s* guincho; rangido; chiado. II *v* (**squeaks**, **squeaking**, **squeaked**, **squeaked**) guinchar; ranger; chiar.

squeal /skwi:l/ s guincho; grito agudo.

squea·mish /skwi:mɪʃ/ adj **1** delicado; melindroso. **2** nauseado.

squeeze /skwi:z/ s **1** aperto; pressão. **2** abraço. **3** compressão. II v (**squeezes, squeezing, squeezed, squeezed**) **1** comprimir; apertar. **2** espremer. **3** exercer pressão sobre. **4** abraçar.

squib /skwɪb/ s **1** busca-pé. **2** sátira.

squid /skwɪd/ s Zool lula. (pl **squids** ou **squid**).

squint /skwɪnt/ s **1** ato de olhar de soslaio. **2** estrabismo. **3** tendência; inclinação. II v (**squints, squinting, squinted, squinted**) **1** olhar com os olhos meio fechados. **2** olhar de soslaio.

squire /skwaɪə/ s **1** escudeiro. **2** cavalheiro. **3** galanteador. **4** juiz ou autoridade local.

squirm /skw3:rm/ s torção. II v (**squirms, squirming, squirmed, squirmed**) retorcer-se.

squir·rel /skw3:rəl/ s Zool esquilo.

squirt /skw3:rt/ s **1** seringa; bisnaga. **2** esguicho. II v (**squirts, squirting, squirted, squirted**) esguichar.

Sri Lan·ka /sri:lɑːŋkə/ s Sri Lanka.

Sri Lan·kan /sri:lɑːŋkən/ s e adj cingalês.

stab /stæb/ s facada; punhalada. II v (**stabs, stabbing, stabbed, stabbed**) esfaquear; apunhalar.

sta·bil·i·ty /stəbɪləti/ s estabilidade. (pl **stabilities**).

sta·bi·lize /steɪbəlaɪz/ v (**stabilizes, stabilizing, stabilized, stabilized**) estabilizar.

sta·ble /steɪbəl/ adj **1** estável; firme. **2** imutável. **3** permanente; duradouro. II s estábulo.

stack /stæk/ s **1** meda; monte (de trigo, feno, etc.). **2** chaminé.

sta·di·um /steɪdiəm/ s **1** estádio. **2** Med fase; estágio (de uma doença). (pl **stadiums** /steɪdiəmz/ ou **stadia** /steɪdiə/).

staff /stæf/ s **1** equipe; grupo de assistentes; quadro de pessoal. **2** estado-maior. **3** Mús pauta. **4** bastão; cajado. **5** mastro (de bandeira). (pl **staffs** ou **staves**).

stage /steɪdʒ/ s **1** tb Geol estágio; etapa; período. **2** palco; cena. **3** plataforma; estrado. **4** profissão de ator. **5** teatro.

II v (**stages, staging, staged, staged**) encenar; apresentar em um palco.

stage·coach /steɪdʒkoutʃ/ s carruagem; diligência.

stag·ger /stægə/ s vertigem; tortura. II v (**staggers, staggering, staggered, staggered**) **1** cambalear. **2** vacilar.

stag·ger·ing /stægərɪŋ/ adj **1** cambaleante. **2** vacilante.

stag·ing /steɪdʒɪŋ/ s andaime.

stag·nan·cy /stægnənsi/ s estagnação.

stag·nant /stægnənt/ adj estagnado.

stag·nate /stægneɪt/ v (**stagnates, stagnating, stagnated, stagnated**) estagnar.

stag·na·tion /stægneɪʃən/ s estagnação.

staid /steɪd/ adj **1** firme; determinado. **2** sério; equilibrado; sensato. **3** permanente.

stain /steɪn/ s **1** mácula. **2** nódoa; mancha. **3** tinta usada em tingimento. II v (**stains, staining, stained, stained**) **1** manchar. **2** macular. **3** tingir; colorir.

stain·less /steɪnləs/ adj **1** sem máculas. **2** inoxidável.

stainless steel s aço inoxidável.

stair /ster/ s degrau. ♦ **stairs** escada.

stair·case /sterkeɪs/ s escada; escadaria.

stair·way /sterweɪ/ s escadaria.

stake /steɪk/ s **1** estaca; poste. **2** aposta. **3** Esp prêmio. II v (**stakes, staking, staked, staked**) **1** demarcar terra com estacas. **2** apostar; arriscar.

stale /steɪl/ adj **1** envelhecido; amanhecido (pão, queijo, etc.). **2** passado; estragado (alimento).

stale·mate /steɪlmeɪt/ s **1** empate (no jogo de xadrez). **2** impasse.

stalk /stɔːk/ s **1** talo; haste. **2** Bot pedúnculo. **3** base; apoio; suporte. II v (**stalks, stalking, stalked, stalked**) **1** caçar de tocaia. **2** andar com arrogância. **3** perseguir.

stall /stɔːl/ s **1** baia (em estábulo). **2** banca; tenda; barraca (de vendedor).

stal·lion /stæljən/ s garanhão.

stal·wart /stɔːlwət/ adj **1** robusto; forte. **2** valente; corajoso; decidido.

stam·i·na /stæmənə/ s resistência (física, moral).

S

stam·mer /stæmə/ s gaguez; gagueira. ‖ v [stammers, stammering, stammered, stammered] gaguejar.

stam·mer·er /stæmərə/ s gago.

stamp /stæmp/ s 1 selo. 2 impressão; marca. 3 carimbo. 4 cunho. 5 timbre; sinete. ‖ v [stamps, stamping, stamped, stamped] 1 selar. 2 estampar; imprimir. 3 carimbar.

stam·pede /stæmpi:d/ s 1 estouro (de boiada). 2 debandada; fuga precipitada.

stance /stæns/ s postura; atitude.

stan·chion /stæntʃən, stænʃən/ s 1 escora; pilar; suporte. 2 cerca; cercado. ‖ v [stanchions, stanchioning, stanchioned, stanchioned] cercar; confinar (gado).

stand /stænd/ v [stands, standing, stood, stood] 1 ficar de pé; levantar-se. 2 estar em pé. 3 ficar ou estar em determinada posição. 4 suportar; agüentar. 5 submeter-se. ‖ s 1 pausa; parada. 2 banca; barraca. 3 plataforma; tribuna. 4 ponto; posição. 5 arquibancada. 6 andaime; suporte. ♦ **stand by** estar disponível. **stand for** simbolizar; representar. **stand up** levantar-se.

stand-a·lone /stændəloʊn/ adj Comp independente.

stan·dard /stændəd/ s 1 modelo; padrão. 2 norma; critério; medida. 3 estandarte; bandeira. ‖ adj 1 padrão; típico. 2 comum; normal.

stan·dard·i·za·tion /stændədɪzeɪʃən/ s estandardização; padronização.

stan·dard·ize /stændədaɪz/ v [standardizes, standardizing, standardized, standardized] padronizar.

standard of living s padrão de vida. (pl **standards of living**).

stand·by /stændbaɪ/ adj de reserva; de prontidão. ‖ s 1 apoio; arrimo; suporte. 2 reserva; substituto. ♦ **standby passenger** passageiro de lista de espera.

stand·ing /stændɪŋ/ adj 1 ereto; em pé. 2 fixo; permanente. 3 de pé; com validade. ‖ s 1 lugar; posição; reputação; prestígio (social, moral). 2 tempo; duração.

stand·point /stændpɔɪnt/ s ponto de vista.

stand·still /stændstɪl/ s pausa; parada.

sta·ple /steɪpəl/ s 1 grampo (para papéis). 2 produto básico (de primeira necessidade).

sta·pler /steɪplə/ s grampeador.

star /sta:r/ s 1 estrela. 2 astro; corpo celeste. 3 artista (de cinema, rádio, etc.). 4 asterisco. ♦ **stars** (us the) futuro; destino.

star·board /sta:rbəd/ s Náut estibordo. ‖ adj de estibordo.

star·dom /sta:rdəm/ s estrelato.

star·dust /sta:rdʌst/ s 1 enlevo; encanto. 2 poeira (de estrelas).

stare /ster/ s olhar fixo. ‖ v [stares, staring, stared, stared] fitar; pregar os olhos em.

star·fish /sta:rfɪʃ/ s Zool estrela-do-mar. (pl **starfish** ou **starfishes**).

star·gaze /sta:rgeɪz/ v [stargazes, stargazing, stargazed, stargazed] sonhar acordado.

stark /sta:rk/ adj 1 áspero; rígido; severo. 2 total; completo. ‖ adv totalmente.

star·light /sta:rlaɪt/ s luz das estrelas.

star·ling /sta:rlɪŋ/ s 1 Zool estorninho. 2 Arq esporão (de ponte).

star·ry /sta:ri/ adj 1 estrelado. 2 brilhante. (gr comp **starrier**. gr super **starriest**).

start /sta:rt/ v [starts, starting, started, started] 1 pôr em marcha ou movimento; dar partida (motor). 2 iniciar; começar. 3 partir; sair. ‖ s 1 começo; início. 2 saída; partida. 3 impulso. 4 largada. 5 dianteira; vantagem (em corrida). 6 Esp linha de partida.

start·er /sta:rtə/ s 1 motor de arranque. 2 pessoa que inicia ou dá partida em algo. 3 pessoa ou cavalo que participa de corrida.

star·tle /sta:rtl/ v [startles, startling, startled, startled] assustar; amedrontar; espantar. ‖ s susto; sobressalto.

start-up /sta:rtʌp/ s tb Comp inicialização. (tb **start up**).

startup disk s Comp disco de inicialização.

startup screen s Comp tela de abertura.

star·va·tion /sta:rveɪʃən/ s fome; inanição; completa desnutrição.

tarve /stɑːrv/ v (**starves**, **starving**, **starved**, **starved**) passar fome. ♦ **be starving** ter fome.

tate /steɪt/ s 1 estado; condição; situação. 2 estado; país; nação. 3 pompa; fausto; gala. ♦ **state of the art** a última palavra (em tecnologia).

tate attorney s Jur promotor público.

tate·ly /steɪtli/ adj majestoso; imponente. (gr comp **statelier**. gr super **stateliest**).

tate·ment /steɪtmənt/ s 1 declaração. 2 relato; informe. 3 Jur depoimento (de testemunha). 4 extrato bancário.

tate·room /steɪtruːm/ s camarote (em trem ou navio).

tates·man /steɪtsmən/ s estadista.

tat·ic /stætɪk/ s estática (rádio). ll adj estático; parado; imóvel. ♦ **statics** us v sing ou pl estática (ciência).

ta·tion /steɪʃən/ s 1 posto (policial, de bombeiros). 2 posição; lugar. 3 classe social. 4 estação.

ta·tion·ar·y /steɪʃəneri/ adj estacionário. **stationary bicycle** s bicicleta ergométrica.

ta·tion·er /steɪʃənə/ s dono ou vendedor de artigos de papelaria.

ta·tion·er·y /steɪʃəneri/ s artigos de papelaria e de escritório.

ta·tis·ti·cal /stətɪstɪkəl/ adj estatístico.

tat·is·ti·cian /stætɪstɪʃən/ s estatístico.

ta·tis·tics /stətɪstɪks/ s us v sing estatística.

tat·u·ar·y /stætʃueri/ s estatuário. (pl **statuaries**).

tat·ue /stætʃu:/ s estátua.

tat·ure /stætʃə/ s estatura; altura; tamanho.

ta·tus /steɪtəs/ s 1 posição social. 2 condição; situação; estado.

tatus bar s Comp barra de status.

tat·ute /stætʃu:t/ s estatuto; lei.

tat·u·to·ry /stætʃətɔːri/ adj estatuído.

tave /steɪv/ s 1 aduela. 2 Mús pauta. 3 Poét estrofe. 4 bastão; pau; vara. ll v (**staves**, **staving**, **staved**/**stove**, **staved**/**stove**) colocar aduelas.

tay /steɪ/ s 1 estada; estadia; permanência. 2 esteio; escora. 3 adiamento; suspensão (de processo). 4 pausa; parada. ll v (**stays**, **staying**, **stayed**, **stayed**) 1 deter; parar. 2 permanecer; ficar. 3 hospedar-se. 4 adiar; postergar. 5 satisfazer. 6 fixar. ♦ **stays** espartilho.

stead·fast /stedfæst/ adj 1 fixo; firme. 2 fiel. (var **stedfast**).

stead·y /stedi/ adj 1 firme; seguro. 2 estável; constante; regular. 3 sério; sóbrio. (gr comp **steadier**. gr super **steadiest**). ll v (**steadies**, **steadying**, **steadied**, **steadied**) 1 firmar; fixar. 2 acalmar. ll s namorado fixo. (pl **steadies**).

steak /steɪk/ s bife; filé.

steal /stiːl/ v (**steals**, **stealing**, **stole**, **stolen**) 1 furtar; roubar. 2 mover-se sorrateiramente. ll s ato de roubar.

stealth·y /stelθi/ adj clandestino; secreto; furtivo. (gr comp **stealthier**. gr super **stealthiest**).

steam /stiːm/ s 1 vapor. 2 energia; força. ll v (**steams**, **steaming**, **steamed**, **steamed**) produzir vapor.

steam·boat /stiːmbout/ s Náut barco a vapor.

steam·er /stiːmə/ s navio a vapor.

steam·y /stiːmi/ adj vaporoso; cheio de vapor. (gr comp **steamier**. gr super **steamiest**).

sted·fast /stedfæst/ → **steadfast**.

steed /stiːd/ s corcel (cavalo de batalha).

steel /stiːl/ s aço.

steel·work /stiːlwɜːrk/ s algo feito de aço. ♦ **steelworks** us v sing usina siderúrgica; fundição.

steel·y /stiːli/ adj de aço; feito de aço. (gr comp **steelier**. gr super **steeliest**).

steep /stiːp/ adj 1 íngreme. 2 exorbitante; excessivo (preço). ll v (**steeps**, **steeping**, **steeped**, **steeped**) 1 pôr de molho; embeber. 2 saturar. ll s 1 precipício. 2 infusão.

stee·ple /stiːpəl/ s campanário; torre (de igreja).

stee·ple·chase /stiːpəltʃeɪs/ s Esp corrida de obstáculo.

steer /stɪr/ s 1 novilho. 2 palpite; conselho. ll v (**steers**, **steering**, **steered**, **steered**) dirigir; pilotar; guiar.

steer·age /stɪrɪdʒ/ s Náut direção; leme.

steering wheel s 1 volante (de carro). 2 Náut timão; leme.

steers·man /stɪrzmən/ s Náut timoneiro.

stel·lar /stelə/ adj estelar.

stem /stem/ s 1 caule; tronco; talo. 2 pecíolo; haste; suporte. 3 proa. 4 Ling raiz. ll v (stems, stemming, stemmed, stemmed) originar; descender.

stench /stentʃ/ s mau cheiro.

sten·cil /stensəl/ s estêncil. ll v (stencils, stenciling/stencilling, stenciled/stencilled, stenciled/stencilled) gravar ou reproduzir por meio de estêncil.

ste·nog·ra·pher /stənɑːgrəfə/ s estenógrafo.

ste·nog·ra·phy /stənɑːgrəfi/ s estenografia.

step /step/ s 1 passo. 2 degrau. 3 passo de dança. ll v (steps, stepping, stepped, stepped) pisar. ♦ steps degrau. step by step passo a passo.

step·child /steptʃaɪld/ s enteado.

step·daugh·ter /stepdɑːtə/ s enteada.

step·fa·ther /stepfɑːðə/ s padrasto.

step·lad·der /steplædə/ s escada portátil (de abrir e fechar).

step·moth·er /stepmʌðə/ s madrasta.

steppe /step/ s Geol estepe.

ster·e·o·scope /steriəskoup/ s estereoscópio.

ster·e·o·type /steriətaɪp, stɪriəskoup/ s 1 estereotipia. 2 estereótipo. ll v (stereotypes, stereotyping, stereotyped, stereotyped) estereotipar.

ster·ile /sterəl/ adj estéril; infecundo.

ster·ile·ness /sterəlnəs/ s esterilidade. (var sterility).

ste·ril·i·ty /stərɪləti/ → sterileness.

ster·il·i·za·tion /sterəlɪzeɪʃən/ s esterilização.

ster·il·ize /sterəlaɪz/ v (sterilizes, sterilizing, sterilized, sterilized) esterilizar.

ster·ling /stɜːrlɪŋ/ adj 1 puro; genuíno; de alto valor. 2 esterlino. ll s libra esterlina.

stern /stɜːrn/ adj severo; austero. ll s Náut popa; ré.

steth·o·scope /steθəskoup/ s estetoscópio.

ste·ve·dore /stiːvədɔːr/ s estivador.

stew /stuː, stjuː/ s 1 guisado; ensopado. 2 inform comissário de bordo. ll v (stews, stewing, stewed, stewed) ensopar; guisar.

stew·ard /stuːəd, stjuːəd/ s 1 comissário de bordo (em navio, avião). 2 mordomo. 3 ecônomo.

stew·ard·ess /stuːədɪs, stjuːədɪs/ s fem comissária de bordo.

stick /stɪk/ s 1 pau. 2 bengala. 3 galho; graveto. 4 bastão. 5 haste. 6 vara; vareta. ll v (sticks, sticking, stuck, stuck) 1 furar. 2 cravar. 3 grudar; colar. 4 salientar. 5 paralisar.

stick·er /stɪkə/ s adesivo; autocolante.

stick·pin /stɪkpɪn/ s alfinete (de gravata).

stick·y /stɪki/ adj pegajoso; viscoso. (comp stickier. gr super stickiest).

stiff /stɪf/ adj 1 rígido; duro. 2 firme. 3 inflexível; forte. 4 denso; espesso. 5 laborioso. ll s 1 gír corpo; defunto. 2 pessoa; indivíduo. 3 mendigo; vagabundo. ll (stiffs, stiffing, stiffed, stiffed) enganar; trapacear.

stiff·en /stɪfən/ v (stiffens, stiffening, stiffened, stiffened) endurecer; enrijecer.

sti·fle /staɪfəl/ v (stifles, stifling, stifled, stifled) 1 sufocar; abafar. 2 reprimir; conter.

sti·fling /staɪflɪŋ/ adj sufocante; asfixiante.

stig·ma /stɪgmə/ s estigma. (pl stigmata /stɪgmɑːtə/ ou stigmas).

stig·ma·tism /stɪgmətɪzəm/ s astigmatismo.

sti·let·to /stɪletou/ s estilete. (pl stilettos ou stilettoes).

still /stɪl/ s 1 silêncio. 2 destilaria. ll adv 1 calmamente. 2 ainda; até agora. 3 ainda assim; todavia. ll v (stills, stilling, stilled, stilled) acalmar; tranqüilizar. ll adj calmo; tranqüilo; quieto; silencioso.

still·born /stɪlbɔːrn/ adj natimorto; nascido morto.

still life s Art natureza morta. (pl still lifes).

still·ness /stɪlnəs/ s 1 silêncio. 2 tranqüilidade; quietude; sossego.

stilt /stɪlt/ s andas; pernas de pau.

S

stim·u·lant /ˈstɪmjələnt/ s e *adj* estimulante.

stim·u·late /ˈstɪmjəleɪt/ *v* (**stimulates, stimulating, stimulated, stimulated**) estimular.

stim·u·la·tion /ˌstɪmjəˈleɪʃən/ s estimulação.

stim·u·lus /ˈstɪmjələs/ s estímulo. (*pl* **stimuli** /ˈstɪmjəlaɪ/).

sting /stɪŋ/ s 1 ferrão; espinho. 2 ferroada; picada. 3 dor aguda. 4 *gír* tapeação. II *v* (**stings, stinging, stung, stung**) 1 picar; ferroar. 2 atormentar. 3 doer. 4 *gír* explorar.

stin·gi·ness /ˈstɪndʒɪnəs/ s avareza.

stin·gy /ˈstɪndʒi/ *adj* avarento; pão-duro; miserável. (*gr comp* **stingier**. *gr super* **stingiest**).

stink /stɪŋk/ s fedor; mau cheiro. II *v* (**stinks, stinking, stank/stunk, stunk**) cheirar mal.

stink·ing /ˈstɪŋkɪŋ/ *adj* 1 malcheiroso. 2 *gír* muito bêbado; embriagado.

stint /stɪnt/ s 1 restrição; limitação. 2 tarefa; parte; quota. II *v* (**stints, stinting, stinted, stinted**) 1 restringir; limitar. 2 poupar.

sti·pend /ˈstaɪpend/ s paga; remuneração; salário.

stip·u·late /ˈstɪpjəleɪt/ *v* (**stipulates, stipulating, stipulated, stipulated**) estipular; combinar.

stip·u·la·tion /ˌstɪpjəˈleɪʃən/ s estipulação.

stir /stɜːr/ s 1 tumulto; rebuliço. 2 movimento. 3 agitação. II *v* (**stirs, stirring, stirred, stirred**) 1 mover; mexer. 2 misturar; agitar. 3 emocionar.

stirps /stɜːrps/ s estirpe; linhagem. (*pl* **stirpes**).

stir·ring /ˈstɜːrɪŋ/ *adj* 1 comovente. 2 ativo. 3 movimentado.

stir·rup /ˈstɜːrəp, ˈstɪrəp/ s estribo.

stitch /stɪtʃ/ s 1 ponto (de sutura ou costura). 2 pontada; dor aguda. II *v* (**stitches, stitching, stitched, stitched**) costurar; coser; saturar.

stock /stɑːk/ s 1 tronco; cepo. 2 linhagem. 3 estoque. 4 provisão. 5 ações (em Bolsa de Valor). II *v* (**stocks, stocking, stocked, stocked**) 1 estocar; armazenar.

2 abastecer. 3 cultivar; plantar. II *adj* estocado.

stock·ade /stɑːˈkeɪd/ s paliçada; estacada. II *v* (**stockades, stockading, stockaded, stockaded**) fortificar; proteger.

stock·bro·ker /ˈstɑːkbroʊkər/ s corretor (da Bolsa de Valores).

stock exchange s bolsa de valores.

stock·hold·er /ˈstɑːkhoʊldər/ s acionista.

stock·ing /ˈstɑːkɪŋ/ s meia (de mulher).

stock market s mercado de ações; bolsa.

stock·room /ˈstɑːkruːm/ s almoxarifado. (*tb* **stock room**).

stock·y /ˈstɑːki/ *adj* atarracado; robusto. (*gr comp* **stockier**. *gr super* **stockiest**).

stock·yard /ˈstɑːkjɑːrd/ s curral.

sto·i·cism /ˈstoʊɪsɪzəm/ s estoicismo.

stoke /stoʊk/ *v* (**stokes, stoking, stoked, stoked**) atiçar; alimentar (fogo).

stok·er /ˈstoʊkər/ s foguista; fornalheiro.

stole /stoʊl/ s *tb Ecles* estola. II *v pass* de **steal**.

stol·id /ˈstɑːlɪd/ *adj* apático; impassível.

stom·ach /ˈstʌmək/ s 1 *Anat* estômago. 2 *Anat* abdome; barriga. 3 vontade; disposição. II *v* (**stomachs, stomaching, stomached, stomached**) tolerar; suportar.

stone /stoʊn/ s 1 pedra. 2 jóia; pedra preciosa. 3 *Bot* caroço. 4 *Med* cálculo (renal). 5 unidade de medida inglesa (igual a 6,4 kg.). II *v* (**stones, stoning, stoned, stoned**) 1 apedrejar. 2 descaroçar. 3 pavimentar com pedras. II *adj* de pedra; feito de pedra.

Stone Age s Idade da Pedra.

stone·wall /ˈstoʊnwɔːl/ *v* (**stonewalls, stonewalling, stonewalled, stonewalled**) recusar-se a cooperar com ou responder algo.

ston·ey /ˈstoʊni/ → **stony**.

ston·y /ˈstoʊni/ *adj* 1 rígido; inflexível. 2 pedregoso. 3 duro; impassível; empedernido. (*gr comp* **stonier**. *gr super* **stoniest**). (*var* **stoney**).

stool /stuːl/ s 1 banqueta; banco (de bar, piano, etc.). 2 evacuação (de fezes). II *v* (**stools, stooling, stooled, stooled**) defecar.

S

stoop /stu:p/ s 1 inclinação; posição. 2 ataque de ave de rapina. ‖ v (**stoops, stooping, stooped, stooped**) 1 curvar (cabeça e ombro). 2 andar curvado. 3 atacar uma presa (ave de rapina).

stop /stɑ:p/ s 1 ato de parar. 2 suspensão; pausa. 3 parada, ponto de ônibus. 4 tranca. 5 bloqueio; obstrução. 6 *Gram* ponto. 7 término; conclusão. ‖ v (**stops, stopping, stopped, stopped**) 1 fazer parar; deter. 2 parar; interromper. 3 tapar. 4 bloquear; obstruir.

stop·cock /stɑ:pka:k/ s registro; válvula reguladora (de torneira).

stop·light /stɑ:plaɪt/ s 1 luz de freio (de carro). 2 sinal (de trânsito).

stop·o·ver /stɑ:pouvɚ/ s escala; parada (em viagem).

stop·page /stɑ:pɪdʒ/ s 1 suspensão. 2 parada.

stop·watch /stɑ:pwa:tʃ/ s cronômetro.

stor·age /stɔ:rɪdʒ/ s armazenagem.

storage device s *Comp* dispositivo de armazenamento.

store /stɔ:r/ s 1 armazém; depósito. 2 estoque; reserva. 3 loja. ‖ v (**stores, storing, stored, stored**) 1 fornecer; abastecer. 2 fazer provisão. 3 armazenar; depositar. ♦ **stores** provisões.

store·house /stɔ:rhaʊs/ s armazém.

store·keep·er /stɔ:rki:pɚ/ s 1 lojista. 2 almoxarife.

store·room /stɔ:rru:m/ s despensa.

stork /stɔ:rk/ s *Zool* cegonha.

storm /stɔ:rm/ s 1 tempestade; temporal. 2 investida; assalto. 3 tumulto. ‖ v (**storms, storming, stormed, stormed**) 1 ventar muito forte. 2 formar tempestade. 3 agir de forma violenta e rápida.

storm·y /stɔ:rmi/ adj 1 tempestuoso. 2 violento; turbulento. (*gr comp* **stormier**. *gr super* **stormiest**).

sto·ry /stɔ:ri/ s 1 história; fábula; lenda. 2 relato. 3 conto; narrativa; crônica. 4 enredo de uma narrativa ou drama. 5 andar; pavimento. (*pl* **stories**).

sto·ry·book /stɔ:rɪbʊk/ s livro de contos.

sto·ry·tell·er /stɔ:ritelɚ/ s contador de histórias.

sto·ry·writ·er /stɔ:riraɪtɚ/ s escritor de histórias.

stout /staʊt/ s 1 cerveja preta. 2 pessoa corpulenta, robusta. ‖ adj 1 forte; robusto. 2 corpulento. 3 resoluto; firme; forte. 4 poderoso.

stove /stoʊv/ s 1 fogão. 2 estufa; aquecedor.

stow /stoʊ/ v (**stows, stowing, stowed, stowed**) arrumar; guardar; acondicionar. ♦ **stow away** transportar alguém clandestinamente.

stow·age /stoʊɪdʒ/ s 1 armazenamento (carga, mercadoria). 2 lugar ou espaço para armazenagem. 3 tarifa de armazenamento.

stow·a·way /stoʊəweɪ/ s passageiro clandestino (em avião, navio, etc.).

strad·dle /strædl/ v (**straddles, straddling, straddled, straddled**) escarranchar. ‖ s escarranchadura.

strag·gle /strægəl/ v (**straggles, straggling, straggled, straggled**) 1 desgarrar. 2 espalhar.

straight /streɪt/ adj 1 direito. 2 direto. 3 plano; reto. 4 exato. 5 sério; honesto; franco. 6 contínuo. ‖ adv 1 em linha reta. 2 diretamente. 3 honestamente. 4 continuamente. 5 imediatamente. ‖ s reta. ♦ **straight up** puro; sem gelo (bebida).

straight·en /streɪtən/ v (**straightens, straightening, straightened, straightened**) 1 endireitar. 2 pôr em ordem.

straight·for·ward /streɪtfɔ:rwɚd/ adj 1 direto; sincero. 2 claro; fácil de compreender. ‖ adv 1 diretamente. 2 honestamente; francamente.

straight·jack·et /streɪtdʒækɪt/ → **straitjacket**.

straight-laced /streɪtleɪst/ → **strait-laced**.

straight·way /streɪtweɪ/ adv 1 imediatamente. 2 diretamente.

strain /streɪn/ v (**strains, straining, strained, strained**) 1 exagerar; forçar (a voz, a vista, etc.). 2 esticar. 3 distender (músculo). ‖ s 1 esforço. 2 luxação; deslocação; torção. 3 tensão; pressão. 4 linhagem; raça. 5 tendência; traço. ♦ **strains** *Mús* melodia; canção.

strained /streɪnd/ adj 1 peneirado; coado. 2 tenso; carregado. 3 forçado.

strain·er /streɪnə/ s peneira; coador; filtro.

strait /streɪt/ s Geol estreito. ‖ adj estreito; apertado. ♦ **straits** dificuldades; apuro; aperto.

strait·jack·et /streɪtdʒækɪt/ s camisa-de-força. (var **straightjacket**).

strait-laced /streɪtleɪst/ adj austero; rigoroso. (var **straight-laced**).

strand /strænd/ s 1 fio; fibra. 2 corda; cordão; meada. 3 praia; costa. ‖ v (**strands, stranding, stranded, stranded**) 1 torcer; entrelaçar fios para fazer meada, cordão, etc. 2 ir em direção à praia, costa. 3 ser levado em direção à praia, costa. 4 fracassar.

strange /streɪndʒ/ adj 1 estranho; desconhecido. 2 esquisito. ‖ adv estranhamente.

strang·er /streɪndʒə/ s 1 forasteiro. 2 estrangeiro. 3 novato.

stran·gle /stræŋgəl/ v (**strangles, strangling, strangled, strangled**) 1 estrangular. 2 sufocar.

stran·gle·hold /stræŋgəlhoʊld/ s Esp estrangulamento.

stran·gu·late /stræŋgjəleɪt/ v (**strangulates, strangulating, strangulated, strangulated**) estrangular.

stran·gu·la·tion /stræŋgjəleɪʃən/ s estrangulação; estrangulamento.

strap /stræp/ s 1 correia. 2 alça. ‖ v (**straps, strapping, strapped, strapped**) prender com correia.

strat·a·gem /strætədʒəm/ s estratagema.

stra·te·gic /strətiːdʒɪk/ adj estratégico. (var **strategical**).

stra·te·gi·cal /strətiːdʒɪkəl/ → **strategic**.

strat·e·gist /strætədʒɪst/ s estrategista.

strat·e·gy /strætədʒi/ s estratégia. (pl **strategies**).

strat·i·fy /strætəfaɪ/ v (**stratifies, stratifying, stratified, stratified**) estratificar.

strat·o·sphere /strætəsfɪr/ s estratosfera.

stra·tum /streɪtəm, strætəm/ s Geol 1 camada; estrato. 2 classe social. (pl **strata** /streɪtə/ ou **stratums**).

straw /strɑː/ s 1 palha. 2 objeto feito de palha. 3 canudo (para beber). ‖ adj 1 feito de palha. 2 da cor da palha.

straw·ber·ry /strɑːberi/ s morango.

stray /streɪ/ s animal perdido. ‖ adj extraviado; desviado; perdido. ‖ v (**strays, straying, strayed, strayed**) 1 perder; extraviar. 2 vaguear. 3 desviar-se do caminho.

streak /striːk/ s 1 risca; faixa; listra; traço. 2 Min veio. ‖ v (**streaks, streaking, streaked, streaked**) 1 listrar; riscar. 2 fazer reflexo nos cabelos.

stream /striːm/ s 1 fluxo; corrente. 2 córrego; riacho. 3 jorro. ‖ v (**streams, streaming, streamed, streamed**) 1 jorrar. 2 correr; fluir. ♦ **stream of consciousness** Lit e Psic fluxo de consciência. (pl **streams of consciousness**).

stream·er /striːmə/ s 1 flâmula. 2 fita; faixa; serpentina. 3 manchete de jornal que ocupa uma página inteira.

stream·ing /striːmɪŋ/ s Comp transmissão contínua.

stream·line /striːmlaɪn/ v (**streamlines, streamlining, streamlined, streamlined**) 1 construir algo em forma aerodinâmica. 2 melhorar a aparência; modernizar; reformar. 3 organizar. ‖ s aerodinâmica.

stream·lined /striːmlaɪnd/ adj aerodinâmico.

street /striːt/ s rua.

street·car /striːtkɑːr/ s bonde.

street·light /striːtlaɪt/ s iluminação pública.

strength /streŋkθ, streŋθ/ s 1 força; energia; vigor. 2 poder; potência.

strength·en /streŋkθən, streŋθən/ v (**strengthens, strengthening, strengthened, strengthened**) fortalecer.

stren·u·ous /strenjuəs/ adj 1 árduo; rigoroso. 2 esforçado; ativo.

stress /stres/ s 1 pressão. 2 tensão; estresse. 3 esforço. 4 Ling acento tônico; sílaba ou vogal tônica. ‖ v (**stresses, stressing, stressed, stressed**) 1 exercer ou sofrer pressão. 2 enfatizar. 3 acentuar.

stretch /stretʃ/ s 1 extensão; estiramento. 2 trecho. 3 período. 4 expansão. 5 elasticidade. ‖ adj feito de material elástico. ‖ v (stretches, stretching, stretched, stretched) 1 estender. 2 espichar; esticar. ♦ stretch one's legs andar um pouco; esticar as pernas.

stretch·er /stretʃɚ/ s 1 estirador; esticador. 2 padiola; maca.

strew /stru:/ v (strews, strewing, strewed, strewn/strewed) 1 espalhar; derramar. 2 salpicar; polvilhar.

strick·en /strɪkən/ v part pass de strike. ‖ adj 1 acometido; atacado. 2 ferido (por uma bala).

strict /strɪkt/ adj 1 absoluto. 2 exato; preciso. 3 rigoroso; severo. 4 meticuloso.

stride /straɪd/ v (strides, striding, strode, stridden) 1 transpor; galgar. 2 andar a passos largos. ‖ s passo largo.

stri·dent /straɪdənt/ adj estridente.

strife /straɪf/ s luta; conflito; briga.

strike /straɪk/ s 1 greve. 2 pancada; golpe. 3 descoberta. 4 Esp uma única jogada que derruba todos os pinos no boliche. ‖ v (strikes, striking, struck, struck/stricken) 1 bater; golpear. 2 desferir. 3 fazer greve. 4 riscar (fósforo). 5 perfurar. 6 colidir. 7 picar (cobra). ♦ strike down derrubar alguém com um soco.

strik·er /straɪkɚ/ s grevista.

strik·ing /straɪkɪŋ/ adj notável; surpreendente.

string /strɪŋ/ s 1 barbante; cordão; fio. 2 corda (de instrumento musical). 3 colar. ‖ v (strings, stringing, strung, strung) 1 pôr cordas (em um instrumento musical). 2 amarrar ou pendurar com corda, fio. 3 estender; esticar. ♦ strings cordas (em uma orquestra).

string bean s Bot vagem.

stringed instrument s Mús instrumento de corda.

strip /strɪp/ s 1 faixa (de terra). 2 tira (de papel, toucinho, etc.). 3 pista (de avião). 4 tira (história em quadrinhos). ‖ v (strips, stripping, stripped, stripped) 1 despir; desnudar. 2 despojar; saquear. 3 descascar; tirar a casca. 4 fazer strip-tease. 5 cortar em tiras.

stripe /straɪp/ s 1 lista; risca; faixa. 2 chicotada. ‖ v (stripes, striping, striped, striped) listrar.

striped /straɪpt/ adj listrado.

strip·per /strɪpɚ/ s 1 gír pessoa que faz strip-tease. 2 removedor (produto químico).

strip·tease /strɪpti:z, strɪpti:z/ s dança erótica na qual a dançarina ou o dançarino se despe. (tb strip tease).

strive /straɪv/ v (strives, striving, strove, striven/strived) esforçar-se; empenhar-se em.

strobe light s estroboscópio.

stroke /stroʊk/ s 1 pancada; golpe. 2 afago; carícia. 3 batida (de horas, etc.). 4 Med derrame. ‖ v (strokes, stroking, stroked, stroked) acariciar; afagar.

stroll /stroʊl/ s passeio; giro; volta. ‖ v (strolls, strolling, strolled, strolled) passear; andar.

stroll·er /stroʊlɚ/ s 1 andarilho. 2 carrinho de bebê. 3 vagabundo.

strong /strɑːŋ, strɔːŋ/ adj 1 forte; robusto. 2 poderoso. 3 enérgico; firme. 4 efetivo. ‖ adv fortemente.

strong·hold /strɑːŋhoʊld, strɔːŋhoʊld/ s fortaleza; forte.

strong-mind·ed /strɑːŋmaɪndɪd, strɔːŋmaɪndɪd/ adj resoluto; determinado.

strong·ly /strɑːŋli, strɔːŋli/ adv fortemente.

stron·ti·um /strɑːntʃiəm/ s Quím estrôncio. (símb Sr).

stro·phe /stroʊfi/ s estrofe.

struc·tur·al /strʌktʃərəl/ adj estrutural.

struc·ture /strʌktʃɚ/ s 1 estrutura. 2 construção.

strug·gle /strʌgəl/ s 1 luta; combate. 2 esforço. ‖ v (struggles, struggling, struggled, struggled) 1 lutar. 2 esforçar-se.

strum /strʌm/ v (strums, strumming, strummed, strummed) dedilhar (guitarra, violão, etc.).

strut /strʌt/ s 1 esteio; escora; suporte. 2 andar pomposo. ‖ v (struts, strutting, strutted, strutted) 1 escorar. 2 andar de modo afetado, pomposo.

S

stub /stʌb/ s 1 toco; ponta (de cigarro, de lápis, etc.). 2 canhoto (de talão de cheque). ‖ v (**stubs, stubbing, stubbed, stubbed**) 1 arrancar mato, ervas daninhas pela raiz. 2 tropeçar. 3 pisar em ponta de cigarro.

stub·born /stʌbən/ adj 1 obstinado; teimoso. 2 persistente.

stub·born·ness /stʌbə·nnəs/ s teimosia.

stub·by /stʌbi/ adj atarracado. (gr comp **stubbier**. gr super **stubbiest**).

stuc·co /stʌkou/ s estuque; reboco. (pl **stuccoes** ou **stuccos**). ‖ v (**stuccoes, stuccoing, stuccoed, stuccoed**) rebocar.

stud /stʌd/ s 1 tacha; cravo; prego. 2 botão (de colarinho). 3 haras. 4 poste; suporte. 5 garanhão reprodutor. ‖ v (**studs, studding, studded, studded**) ornamentar, guarnecer com pregos, tachas.

stu·dent /stu:dənt, stju:dənt/ s estudante; aluno.

stu·di·o /stu:diou/ s estúdio. (pl **studios**).

stu·di·ous /stu:diəs/ adj 1 estudioso. 2 cuidadoso.

stud·y /stʌdi/ v (**studies, studying, studied, studied**) 1 estudar. 2 analisar; examinar. 3 ler cuidadosamente. 4 investigar. ‖ s 1 estudo. 2 meditação. 3 pesquisa. (pl **studies**).

stuff /stʌf/ s 1 matéria-prima; material. 2 tecido. 3 substância; essência. 4 bugiganga; objeto sem valor. 5 habilidade específica. ‖ v (**stuffs, stuffing, stuffed, stuffed**) 1 encher; rechear. 2 entupir; tapar. 3 estofar. 4 empacotar bem apertado. ◆ **stuff one's face** comer vorazmente.

stuff·ing /stʌfɪŋ/ s 1 enchimento. 2 recheio.

stuff·y /stʌfi/ adj 1 mal ventilado; abafado. 2 entupido; tapado (nariz). 3 chato; desinteressante. (gr comp **stuffier**. gr super **stuffiest**).

stum /stʌm/ s mosto; engaço de uva.

stum·ble /stʌmbəl/ s 1 tropeção. 2 erro grave; rata. ‖ v (**stumbles, stumbling, stumbled, stumbled**) 1 tropeçar. 2 errar.

stump /stʌmp/ s 1 ponta; resto (de cigarro, etc.). 2 toco (de árvore, braço, dente, etc.). ‖ v (**stumps, stumping, stumped, stumped**) reduzir a toco.

stun /stʌn/ v (**stuns, stunning, stunned, stunned**) atordoar; estontear. ‖ s aturdimento; choque.

stun·ning /stʌnɪŋ/ adj atordoante; estonteante.

stunt /stʌnt/ s proeza; façanha; truque. ‖ v (**stunts, stunting, stunted, stunted**) 1 tolher; atrofiar. 2 impedir o crescimento, desenvolvimento.

stunt·man /stʌntmæn/ s masc dublê.

stunt·wom·an /stʌntwumən/ s fem dublê.

stu·pe·fac·tion /stu:pəfækʃən/ s estupefação.

stu·pe·fy /stu:pəfaɪ/ v (**stupefies, stupefying, stupefied, stupefied**) estupefazer; assustar.

stu·pen·dous /stu:pendəs/ adj estupendo; assombroso.

stu·pid /stu:pɪd, stju:pɪd/ adj e s estúpido; néscio; idiota; obtuso.

stu·pid·i·ty /stu:pɪdəti/ s estupidez. (pl **stupidities**).

stur·dy /stɜ:rdi/ adj 1 forte; vigoroso. 2 resoluto. (gr comp **sturdier**. gr super **sturdiest**).

stur·geon /stɜ:rdʒən/ s Zool esturjão.

stut·ter /stʌtə·/ s gagueira. ‖ v (**stutters, stuttering, stuttered, stuttered**) gaguejar.

sty /staɪ/ s 1 terçol. (var **stye**). 2 chiqueiro; pocilga. (pl **sties**).

stye /staɪ/ → **sty** 1

style /staɪl/ s 1 estilo. 2 modo; maneira; método. 3 moda. 4 tb Bot estilete.

style sheet s Comp folha de estilo.

sty·let /staɪlɪt/ s estilete.

styl·ish /staɪlɪʃ/ adj elegante; na moda.

styl·ist /staɪlɪst/ s estilista.

sty·lis·tics /staɪlɪstɪks/ s us v sing estilística.

sty·lus /staɪləs/ s 1 estilete. 2 agulha (de vitrola). (pl **styluses** ou **styli** /staɪlaɪ/).

suave /swɑ:v/ adj suave; delicado.

suave·ness /swɑ:vnəs/ s suavidade. (var **suavity**).

suav·i·ty /swɑ:vəti/ → **suaveness**.

sub·class /sʌbklæs/ s subclasse.

sub·con·scious /sʌbkɑ:nʃəs/ s subconsciente.

sub·di·rec·to·ry /sʌbdɪrektə-i/ s Comp subdiretório. (pl **subdirectories**).

sub·di·vide /sʌbdɪvaɪd, sʌbdɪvaɪd/ v (**subdivides, subdividing, subdivided, subdivided**) subdividir.

sub·di·vi·sion /sʌbdɪvɪʒən, sʌbdɪvɪʒən/ s subdivisão.

sub·due /səbduː, səbdjuː/ v (**subdues, subduing, subdued, subdued**) subjugar; dominar; conquistar.

sub·du·er /səbduːə, səbdjuːə/ s subjugador; dominador.

sub·head /sʌbhed/ s subtítulo.

sub·hu·man /sʌbhjuːmən/ adj subumano.

sub·ject /sʌbdʒɪkt, sʌbdʒekt/ adj 1 sujeito. 2 exposto. 3 dependente de; sob domínio de. ‖ s 1 assunto; tema; tópico. 2 matéria (escolar). 3 súdito; vassalo. 4 Gram sujeito. 5 subalterno. 6 Mús tema de uma composição. ‖ /səbdʒekt/ v (**subjects, subjecting, subjected, subjected**) 1 sujeitar; submeter a consideração de. 2 expor-se.

sub·jec·tive /səbdʒektɪv/ adj tb Gram subjetivo.

sub·ju·gate /sʌbdʒəgeɪt/ v (**subjugates, subjugating, subjugated, subjugated**) subjugar; conquistar.

sub·junc·tive /səbdʒʌŋktɪv/ adj e s Gram subjuntivo.

sub·lease /sʌbliːs/ s sublocação. ‖ /sʌbliːs/ v (**subleases, subleasing, subleased, subleased**) sublocar.

sub·li·mate /sʌblɪmeɪt/ v (**sublimates, sublimating, sublimated, sublimated**) sublimar; elevar.

sub·lime /səblaɪm/ v (**sublimes, subliming, sublimed, sublimed**) 1 sublimar; exaltar; dignificar. 2 purificar. ‖ adj 1 sublime; nobre. 2 majestoso; esplêndido.

sub·ma·rine /sʌbməriːn, sʌbməriːn/ adj e s submarino.

sub·merge /səbmɜːrdʒ/ v (**submerges, submerging, submerged, submerged**) submergir.

sub·mer·sion /səbmɜːrʒən, səbmɜːrʃən/ s submersão.

sub·mis·sion /səbmɪʃən/ s submissão.

sub·mit /səbmɪt/ v (**submits, submitting, submitted, submitted**) submeter-se; sujeitar-se.

sub·or·di·nate /səbɔːrdənɪt/ adj e s subordinado. ‖ /səbɔːrdəneɪt/ v (**subordinates, subordinating, subordinated, subordinated**) 1 subordinar. 2 dominar.

sub·orn /səbɔːrn/ v (**suborns, suborning, suborned, suborned**) subornar.

sub·scribe /səbskraɪb/ v (**subscribes, subscribing, subscribed, subscribed**) 1 subscrever. 2 endossar. 3 fazer assinatura (de revista, linha telefônica, etc.).

sub·scrib·er /səbskraɪbə/ s 1 assinante de revista, etc. 2 usuário de serviços públicos.

sub·scrip·tion /səbskrɪpʃən/ s 1 subscrição. 2 contribuição. 3 assinatura (de revista, etc.).

sub·se·quent /sʌbsɪkwənt/ adj subseqüente; seguinte.

sub·serve /səbsɜːrv/ v (**subserves, subserving, subserved, subserved**) servir; ser útil.

sub·ser·vi·ent /səbsɜːrviənt/ adj subserviente.

sub·side /səbsaɪd/ v (**subsides, subsiding, subsided, subsided**) 1 acalmar-se. 2 baixar; ceder (de nível). 3 decantar.

sub·sid·i·ar·y /səbsɪdieri/ adj 1 subsidiário. 2 subordinado. 3 suplementar. ‖ s 1 subsidiário. 2 subordinado. (pl **subsidiaries**).

sub·si·dize /sʌbsədaɪz/ v (**subsidizes, subsidizing, subsidized, subsidized**) subsidiar.

sub·si·dy /sʌbsədi/ s subsídio. (pl **subsidies**).

sub·sist /səbsɪst/ v (**subsists, subsisting, subsisted, subsisted**) subsistir; sobreviver; durar.

sub·sis·tence /səbsɪstəns/ s subsistência.

sub·soil /sʌbsɔɪl/ s subsolo.

sub·stance /sʌbstəns/ s 1 substância; matéria. 2 essência.

sub·stan·tial /səbstænʃəl/ adj 1 substancial; essencial. 2 real. 3 forte; firme.

sub·stan·tive /sʌbstəntɪv/ s Gram substantivo. ‖ adj 1 substancial; considerável. 2 independente. 3 real.

sub·sti·tute /sʌbstətuːt, sʌbstətjuːt/ s substituto. ‖ v (**substitutes, substituting, substituted, substituted**) substituir.

sub·sti·tu·tion /sʌbstətu:ʃən/ s substituição; troca.

sub·struc·ture /sʌbstrʌktʃə/ s subestrutura; base; alicerce.

sub·ten·an·cy /sʌbtenənsi/ s sublocação.

sub·ter·fuge /sʌbtəfju:dʒ/ s subterfúgio.

sub·ter·ra·ne·an /sʌbtəreɪniən/ adj subterrâneo.

sub·ti·tle /sʌbtaɪtl/ s subtítulo (de livro, etc.).

sub·tle /sʌtl/ adj 1 sutil. 2 perspicaz; astuto.

sub·tract /səbtrækt/ v (subtracts, subtracting, subtracted, subtracted) Mat subtrair.

sub·trac·tion /səbtrækʃən/ s tb Mat subtração.

sub·trop·i·cal /sʌbtrɑ:pɪkəl/ adj subtropical.

sub·urb /sʌbɜ:rb/ s subúrbio.

sub·ur·ban /səbɜ:rbən/ adj suburbano.

sub·ven·tion /səbvenʃən/ s subvenção.

sub·ver·sion /səbvɜ:rʒən, səbvɜ:rʃən/ s subversão.

sub·ver·sive /səbvɜ:rsɪv/ s e adj subversivo.

sub·vert /sʌbvɜ:rt/ v (subverts, subverting, subverted, subverted) subverter.

sub·way /sʌbweɪ/ s metrô.

suc·ceed /səksi:d/ v (succeeds, succeeding, succeeded, succeeded) ter êxito; ter sucesso.

suc·cess /səkses/ s sucesso; êxito.

suc·cess·ful /səksesfəl/ adj bem-sucedido.

suc·ces·sion /səkseʃən/ s sucessão.

suc·ces·sive /səksesɪv/ adj sucessivo.

suc·ces·sor /səksesə/ s sucessor.

suc·cinct /səksɪŋkt/ adj sucinto; resumido; breve.

suc·cor /sʌkə/ s ajuda; alívio. ‖ v (succors, succoring, succored, succored) socorrer; ajudar.

suc·cu·lent /sʌkjələnt/ adj suculento.

suc·cumb /səkʌm/ v (succumbs, succumbing, succumbed, succumbed) 1 sucumbir; ceder. 2 morrer.

such /sʌtʃ/ adj tal; de modo que; assim. ‖ pron tal; tais como. ‖ adv tão.

suck /sʌk/ v (sucks, sucking, sucked, sucked) 1 sugar; chupar. 2 absorver. 3 aspirar. ‖ s sucção.

suck·er /sʌkə/ s 1 sugador. 2 gír otário; bobo. 3 Bot broto. 4 tubo de sucção.

suck·le /sʌkəl/ v (suckles, suckling, suckled, suckled) 1 mamar. 2 amamentar.

suck·ling /sʌklɪŋ/ s criança ou animal em fase de amamentação.

su·crose /su:krous/ s sacarose. (var saccharose)

suc·tion /sʌkʃən/ s sucção. ‖ v (suctions, suctioning, suctioned, suctioned) remover por meio de sucção. ‖ adj de sucção.

sud·den /sʌdən/ adj repentino; súbito.

sud·den·ly /sʌdənli/ adv de repente; repentinamente.

suds /sʌdz/ s pl 1 água de sabão. 2 espuma. 3 gír cerveja.

sue /su:/ v (sues, suing, sued, sued) Jur 1 processar. 2 apelar; rogar.

suede /sweɪd/ s camurça.

su·et /su:t/ s sebo.

suf·fer /sʌfə/ v (suffers, suffering, suffered, suffered) 1 padecer; sofrer. 2 tolerar; permitir.

suf·fer·er /sʌfərə/ s sofredor.

suf·fer·ing /sʌfərɪŋ/ s sofrimento.

suf·fice /səfaɪs/ v (suffices, sufficing, sufficed, sufficed) 1 ser suficiente; bastar. 2 ser capaz.

suf·fi·cien·cy /səfɪʃənsi/ s suficiência. (pl sufficiencies).

suf·fi·cient /səfɪʃənt/ adj suficiente.

suf·fix /sʌfɪks/ s Gram sufixo.

suf·fo·cate /sʌfəkeɪt/ v (suffocates, suffocating, suffocated, suffocated) sufocar; abafar.

suf·fo·ca·tion /sʌfəkeɪʃən/ s sufocação.

suf·frage /sʌfrɪdʒ/ s sufrágio; voto.

sug·ar /ʃugə/ s açúcar. ‖ v (sugars, sugaring, sugared, sugared) adoçar; açucarar.

sugar beet s Bot beterraba.

sugar cane s Bot cana-de-açúcar.

sug·ar·y /ʃugəri/ adj açucarado; doce. (gr comp sugarier. gr super sugariest).

sug·gest /səgdʒest, sədʒest/ v (suggests, suggesting, suggested, suggested) 1 sugerir. 2 propor. 3 indicar.

sug·ges·tion /səgdʒestʃən/ s 1 sugestão. 2 indicação. 3 proposição.

S

su·i·cid·al /su:əsaɪdəl/ *adj* suicida.

su·i·cide /su:əsaɪd/ *s* **1** suicídio. **2** suicida. ♦ **commit suicide** suicidar-se.

suit /su:t/ *s* **1** terno. **2** *Jur* processo; ação judicial; petição. **3** naipe (de baralho). **4** conjunto; coleção. ‖ *v* (**suits**, **suiting**, **suited**, **suited**) **1** ajustar; adaptar. **2** servir; agradar. **3** ser apropriado.

suit·a·ble /su:təbəl/ *adj* **1** adequado; conveniente. **2** apropriado.

suit·case /su:tkeɪs/ *s* mala de viagem.

suite /swi:t/ *s* **1** suíte; apartamento. **2** comitiva. **3** mobília. **4** *tb Comp* conjunto; grupo de coisas destinadas para uso em conjunto.

sul·fate /sʌlfeɪt/ *s Quím* sulfato.

sul·fur /sʌlfɚ/ *s Quím* súlfur; enxofre. (*símb* S. *var* **sulphur**).

sul·fur·ous /sʌlfɚəs, sʌlfjʊrəs/ *adj* sulfuroso.

sulk /sʌlk/ *s* amuo; mau humor. ‖ *v* (**sulks**, **sulking**, **sulked**, **sulked**) amuar; ficar de mau humor.

sulk·y /sʌlki/ *adj* amuado; mal-humorado. (*gr comp* **sulkier**. *gr super* **sulkiest**).

sul·len /sʌlən/ *adj* emburrado; taciturno.

sul·ly /sʌli/ *v* (**sullies**, **sullying**, **sullied**, **sullied**) manchar; sujar.

sul·phur /sʌlfɚ/ → **sulfur**.

sul·tan /sʌltən/ *s* sultão.

sul·try /sʌltri/ *adj* **1** muito abafado ou quente (tempo). **2** sensual. (*gr comp* **sultrier**. *gr super* **sultriest**).

sum /sʌm/ *s* **1** soma total. **2** quantia. **3** conta; cálculo. ‖ *v* (**sums**, **summing**, **summed**, **summed**) somar; adicionar.

sum·ma·rize /sʌməraɪz/ *v* (**summarizes**, **summarizing**, **summarized**, **summarized**) resumir; sumariar.

sum·ma·ry /sʌməri/ *s* sumário; resumo. (*pl* **summaries**). ‖ *adj* sumariado; resumido; conciso.

sum·mer /sʌmɚ/ *s* verão. ‖ *v* (**summers**, **summering**, **summered**, **summered**) veranear. ‖ *adj* de verão.

sum·mer·sault /sʌmɚsɑ:lt, sʌmɚsɔ:lt/ → **somersault**.

sum·mer·time /sʌmɚtaɪm/ *s* verão.

sum·mit /sʌmɪt/ *s* **1** topo; cume. **2** ápice; auge.

sum·mon /sʌmən/ *v* (**summons**, **summoning**, **summoned**, **summoned**) **1** convocar; chamar. **2** notificar; intimar.

sum·mons /sʌmənz/ *s pl* **1** convocação; chamada. **2** *Jur* notificação; intimação. (*pl* **summonses**).

sump·tu·ous /sʌmptʃuəs/ *adj* suntuoso.

sun /sʌn/ *s* sol. ‖ *v* (**suns**, **sunning**, **sunned**, **sunned**) expor ao sol.

Sun. *abrev* de **Sunday**.

sun·bath /sʌnbæθ/ *s* banho de sol.

sun·bathe /sʌnbeɪð/ *v* (**sunbathes**, **sunbathing**, **sunbathed**, **sunbathed**) tomar banho de sol.

sun·beam /sʌnbi:m/ *s* raio de sol.

sun block *s* filtro solar (loção ou creme).

sun·burn /sʌnbɜ:rn/ *s* queimadura de sol.

sun·dae /sʌndi, sʌndeɪ/ *s sundae*; sorvete com calda, frutas e *chantilly*.

Sun·day /sʌndeɪ, sʌndi/ *s* domingo. (*abrev* **Sun.**).

sun·der /sʌndɚ/ *v* (**sunders**, **sundering**, **sundered**, **sundered**) separar; quebrar.

sun·down /sʌndaʊn/ *s* pôr-do-sol.

sun·dry /sʌndri/ *adj* variados; diversos.

sun·flow·er /sʌnflaʊɚ/ *s Bot* girassol.

sun·glass·es /sʌnglæsɪs/ *s* óculos de sol.

sunk·en /sʌŋkən/ *adj* **1** submerso; afundado. **2** fundo; baixo.

sun·light /sʌnlaɪt/ *s* luz solar.

sun·lit /sʌnlɪt/ *adj* iluminado pelo sol.

sun·ny /sʌni/ *adj* **1** ensolarado. **2** alegre. (*gr comp* **sunnier**. *gr super* **sunniest**).

sun·rise /sʌnraɪz/ *s* nascer do sol.

sun·shine /sʌnʃaɪn/ *s* brilho do sol.

sun·spot /sʌnspɑ:t/ *s* mancha solar.

sun·stroke /sʌnstroʊk/ *s* insolação.

sup /sʌp/ *s* gole; trago. ‖ *v* (**sups**, **supping**, **supped**, **supped**) **1** cear. **2** beber; sorver.

su·per·a·ble /su:pərəbəl/ *adj* superável.

su·per·a·bun·dant /su:pərəbʌndənt/ *adj* superabundante.

su·perb /səpɜ:rb/ *adj* soberbo; magnífico.

su·per·cil·i·ous /su:pɚsɪliəs/ *adj* soberbo; arrogante; orgulhoso.

su·per·fi·cial /su:pɚfɪʃəl/ *adj* superficial.

su·per·flu·ous /su:pɜ:rfluəs/ *adj* supérfluo.

su·per·he·ro /su:pɚhɪroʊ/ *s* super-herói. (*pl* **superheroes**).

su·per·hu·man /suːpəhjuːmən/ *adj* sobre-humano; sobrenatural.

su·per·im·pose /suːpərɪmpouz/ *v* (superimposes, superimposing, superimposed, superimposed) sobrepor.

su·per·im·po·si·tion /suːpərɪmpəzɪʃən/ *s* sobreposição.

su·per·in·tend /suːpərɪntend/ *v* (superintends, superintending, superintended, superintended) superinter; supervisionar.

su·per·in·ten·dent /suːpərɪntendənt/ *s* superintendente.

su·pe·ri·or /səpɪriə/ *adj* 1 superior. 2 arrogante. || *s tb Relig* 1 superior. 2 pessoa de qualidade superior.

su·per·la·tive /səpɜːrlətɪv/ *adj e s* 1 *Gram* superlativo. 2 extraordinário.

su·per·man /suːpəmæn/ *s* super-homem.

su·per·mar·ket /suːpəmɑːrkɪt/ *s* supermercado.

su·per·nat·u·ral /suːpənætʃərəl/ *adj e s* sobrenatural.

su·per·pow·er /suːpəpauə/ *s* superpotência.

su·per·script /suːpəskrɪpt/ *s* sobrescrito.

su·per·sede /suːpəsiːd/ *v* (supersedes, superseding, superseded, superseded) substituir.

su·per·sen·si·ble /suːpəsensəbəl/ *adj* supersensível; supra-sensível.

su·per·son·ic /suːpəsɑːnɪk/ *adj* supersônico.

su·per·sti·tion /suːpəstɪʃən/ *s* superstição.

su·per·sti·tious /suːpəstɪʃəs/ *adj* supersticioso.

su·per·struc·ture /suːpəstrʌktʃə/ *s* superestrutura.

su·per·vise /suːpəvaɪz/ *v* (supervises, supervising, supervised, supervised) supervisionar.

su·per·vi·sion /suːpəvɪʒən/ *s* supervisão.

su·per·vi·sor /suːpəvaɪzə/ *s* supervisor.

sup·per /sʌpə/ *s* ceia.

sup·plant /səplænt/ *v* (supplants, supplanting, supplanted, supplanted) suplantar.

sup·ple /sʌpəl/ *adj* 1 flexível. 2 adaptável. || *v* (supples, suppling, suppled, suppled) tornar-se flexível.

sup·ple·ment /sʌpləmənt/ *s* suplemento. || /sʌpləment/ *v* (supplements, supplementing, supplemented, supplemented) suplementar.

sup·ple·men·tal /sʌpləmentəl/ → **supplementary**.

sup·ple·men·ta·ry /sʌpləmentəri/ *adj* suplementar. (*var* supplemental).

sup·ple·ness /sʌpəlnəs/ *s* flexibilidade.

sup·pli·cant /sʌpləkənt/ *s e adj* suplicante.

sup·pli·cate /sʌpləkleɪt/ *v* (supplicates, supplicating, supplicated, supplicated) suplicar.

sup·pli·ca·tion /sʌpləkeɪʃən/ *s* súplica.

sup·pli·er /səplaɪə/ *s* fornecedor.

sup·ply /səplaɪ/ *s* 1 fornecimento. 2 provisão; abastecimento. (*pl* supplies). || *v* (supplies, supplying, supplied, supplied) 1 fornecer. 2 prover; abastecer. ♦ supplies mantimentos; víveres; suprimentos.

sup·port /səpɔːrt/ *s* 1 suporte. 2 sustento; manutenção. 3 apoio; assistência; ajuda. || *v* (supports, supporting, supported, supported) 1 sustentar. 2 suster. 3 dar suporte; apoiar.

sup·pose /səpouz/ *v* (supposes, supposing, supposed, supposed) supor; imaginar.

sup·posed /səpouzd/ *adj* suposto.

sup·po·si·tion /sʌpəzɪʃən/ *s* suposição.

sup·pos·i·to·ry /səpɑːzətɔːri/ *s Med* supositório. (*pl* suppositories).

sup·press /səpres/ *v* (suppresses, suppressing, suppressed, suppressed) 1 suprimir; cortar. 2 sufocar; reprimir. 3 conter.

sup·pres·sion /səpreʃən/ *s* 1 supressão. 2 repressão. 3 contenção.

sup·pu·rate /sʌpjəreɪt/ *v* (suppurates, suppurating, suppurated, suppurated) supurar.

sup·pu·ra·tion /sʌpjəreɪʃən/ *s* supuração.

su·prem·a·cy /səpreməsi/ *s* supremacia. (*pl* supremacies).

su·preme /səpriːm/ *adj* supremo.

sur·charge /sɜːrtʃɑːrdʒ/ *s* 1 sobrecarga. 2 sobretaxa. || *v* (surcharges, surcharging, surcharged, surcharged) 1 sobrecarregar. 2 cobrar a mais.

sur·coat /sɜːrkout/ *s* sobretudo.

S

sure /ʃʊr/ *adj* 1 certo; com certeza; seguro. 2 inevitável. 3 confiável. II *adv* certamente; sem dúvida. ◆ **for sure** certamente.

sure·ly /ʃʊrli/ *adv* sem dúvida; certamente.

sur·e·ty /ʃʊrəti/ *s* 1 caução; garantia. 2 confiança; certeza. 3 fiador. (*pl* **sureties**)

surf /sɜ:rf/ *s* 1 *Esp* surfe. 2 rebentação (de ondas). II *v* (**surfs, surfing, surfed**) *Esp* surfar.

sur·face /sɜ:rfɪs/ *s* superfície. II *v* (**surfaces, surfacing, surfaced, surfaced**) 1 vir à tona. 2 aplicar uma superfície em. II *adj* 1 superficial. 2 da ou na superfície.

surf·board /sɜ:rfbɔ:rd/ *s* *Esp* prancha de surfe.

sur·feit /sɜ:rfɪt/ *s* excesso (de bebida, comida, etc.). II *v* (**surfeits, surfeiting, surfeited, surfeited**) saciar-se; fartar-se.

sur·geon /sɜ:rdʒən/ *s* cirurgião.

sur·ger·y /sɜ:rdʒəri/ *s* 1 cirurgia. 2 sala de cirurgia. (*pl* **surgeries**).

sur·gi·cal /sɜ:rdʒɪkəl/ *adj* cirúrgico.

Su·ri·na·me /sʊrɪnɑ:m/ *s* Suriname.

Su·ri·na·mese /sʊərɪnæmi:z/ *s e adj* surinamês.

sur·li·ness /sɜ:rlɪnəs/ *s* mau humor.

sur·ly /sɜ:rli/ *adj* mal-humorado; áspero; grosseiro. (*gr comp* **surlier**. *gr super* **surliest**).

sur·mise /səˈmaɪz/ *s* conjetura; desconfiança; suposição. II *v* (**surmises, surmising, surmised, surmised**) conjeturar; supor.

sur·mount /səˈmaʊnt/ *v* (**surmounts, surmounting, surmounted, surmounted**) 1 superar; vencer; conquistar. 2 escalar.

sur·name /sɜ:rneɪm/ *s* sobrenome.

sur·pass /səˈpæs/ *v* (**surpasses, surpassing, surpassed, surpassed**) 1 exceder. 2 superar.

sur·plus /sɜ:rpləs/ *s* excesso; sobra. II *adj* excedente.

sur·prise /səˈpraɪz/ *s* surpresa. II *v* (**surprises, surprising, surprised, surprised**) surpreender. (*var* **surprize**).

sur·prize /səˈpraɪz/ → **surprise**.

sur·re·al·ism /səriːəlɪzəm/ *s* *Art* e *Lit* surrealismo.

sur·ren·der /səˈrendər/ *s* 1 rendição. 2 renúncia. II *v* (**surrenders, surrendering, surrendered, surrendered**) 1 render-se. 2 renunciar.

sur·rep·ti·tious /sɜ:rəptɪʃəs/ *adj* sub-reptício; fraudulento.

sur·round /səˈraʊnd/ *v* (**surrounds, surrounding, surrounded, surrounded**) 1 rodear. 2 envolver; cercar. II *s* redor.

sur·round·ings /səˈraʊndɪŋz/ *s pl* arredores.

sur·veil·lance /səˈveɪljəns/ *s* observação; vigilância.

sur·vey /səˈveɪ, sɜ:rveɪ/ *v* (**surveys, surveying, surveyed, surveyed**) 1 investigar; inspecionar; examinar; vistoriar. 2 fazer levantamento topográfico. II /sɜ:rveɪ/ *s* 1 investigação; inspeção; exame; vistoria. 2 levantamento de dados. 3 visão geral.

sur·vey·or /səˈveɪər/ *s* inspetor.

sur·viv·al /səˈvaɪvəl/ *s* sobrevivência.

sur·vive /səˈvaɪv/ *v* (**survives, surviving, survived, survived**) sobreviver.

sur·vi·vor /səˈvaɪvər/ *s* sobrevivente.

sus·cep·ti·bil·i·ty /səseptəbɪləti/ *s* suscetibilidade. (*pl* **susceptibilities**).

sus·cep·ti·ble /səseptəbəl/ *adj* 1 suscetível. 2 vulnerável. 3 sensível.

sus·pect /sʌspekt/ *s e adj* suspeito. II /səspekt/ *v* (**suspects, suspecting, suspected, suspected**) suspeitar; desconfiar.

sus·pend /səspend/ *v* (**suspends, suspending, suspended, suspended**) suspender.

sus·pend·ers /səspendərz/ *s pl* suspensórios.

sus·pense /səspens/ *s* 1 suspense; expectativa. 2 dúvida; indecisão.

sus·pen·sion /səspenʃən/ *s* suspensão.

suspension bridge *s* ponte levadiça.

sus·pi·cion /səspɪʃən/ *s* suspeita; desconfiança.

sus·pi·cious /səspɪʃəs/ *adj* suspeito; duvidoso.

sus·tain /səsteɪn/ *v* (**sustains, sustaining, sustained, sustained**) 1 sustentar; manter. 2 amparar. 3 escorar.

swab /swɑ:b/ *v* (**swabs, swabbing, swabbed, swabbed**) limpar com esfregão. II *s* esfregão; estropalho. (*var* **swob**).

S

swag /swæg/ s 1 drapeado; cortina drapeada. 2 arco florido usado para decoração; festão.

swag·ger /swǽgə/ s atitude ou fala insolente. ‖ v (swaggers, swaggering, swaggered, swaggered) andar com ar arrogante.

swal·low /swɑ́:loʊ/ s 1 Zool andorinha. 2 trago; gole. ‖ v (swallows, swallowing, swallowed, swallowed) 1 engolir; tragar; devorar. 2 acreditar sem questionar; engolir.

swamp /swɑ:mp/ s brejo; pântano. ‖ v (swamps, swamping, swamped, swamped) alular; afundar.

swamp·y /swɑ́:mpi/ adj pantanoso.

swan /swɑ:n/ s Zool cisne.

swap /swɑ:p/ s troca; permuta; barganha. ‖ v (swaps, swapping, swapped, swapped) trocar; permutar. (var swop)

sward /swɔːrd/ s gramado; campina.

swarm /swɔːrm/ s 1 multidão. 2 enxame (de abelha, etc.). 3 bando.

swarth·y /swɔ́ːrði, swɔ́ːrθi/ adj moreno; trigueiro. (gr comp swarthier. gr super swarthiest.

swash /swɑ:ʃ/ v (swashes, swashing, swashed, swashed) chapinhar; esguichar. ‖ s esguicho.

swat /swɑ:t/ v (swats, swatting, swatted, swatted) bater; dar tapas. ‖ s tapa; soco.

swathe /sweɪð/ s atadura; faixa. ‖ v (swathes, swathing, swathed, swathed) enfaixar.

sway /sweɪ/ s 1 oscilação; balanço. 2 poder; influência. ‖ v (sways, swaying, swayed, swayed) 1 oscilar; balançar. 2 pender para um lado. 3 influenciar.

swear /swer/ v (swears, swearing, swore, sworn) 1 jurar. 2 prometer. 3 xingar; falar palavrões.

sweat /swet/ s suor; transpiração. ‖ v (sweats, sweating, sweated/sweat, sweated/sweat) suar; transpirar.

sweat·er /swétə/ s suéter.

swede /swi:d/ s sueco.

Swe·den /swíːdən/ s Suécia.

Swed·ish /swíːdɪʃ/ adj sueco. ‖ s sueco (idioma).

sweep /swi:p/ v (sweeps, sweeping, swept, swept) 1 varrer. 2 remover; arrastar (vento, temporal, etc.). 3 deslizar. ‖ s 1 varredura. 2 limpeza.

sweep·er /swíːpə/ s gari; varredor de rua.

sweep·ing /swíːpɪŋ/ adj 1 impetuoso. 2 amplo.

sweep·stakes /swíːpsteɪks/ s us v sing ou pl jogo de apostas em corrida de cavalos.

sweet /swi:t/ adj 1 doce; adoçado. 2 suave; meigo; gentil. 3 perfumado; cheiroso. ‖ s doce; sobremesa.

sweet·en /swíːtən/ v (sweetens, sweetening, sweetened, sweetened) 1 adoçar. 2 suavizar.

sweet·en·er /swíːtənə/ s adoçante.

sweet·en·ing /swíːtənɪŋ/ s 1 adoçamento. 2 adoçante.

sweet·heart /swíːthɑːrt/ s 1 namorado; namorada. 2 querido; querida.

sweet·ness /swíːtnəs/ s doçura.

sweet potato s Bot batata-doce.

sweet·sop /swíːtsɑːp/ s Bot pinha; fruta-do-conde.

swell /swel/ s 1 aumento. 2 inchação; intumescência. 3 protuberância. 4 ondulação. ‖ v (swells, swelling, swelled, swelled/ swollen) 1 inchar; dilatar. 2 aumentar; crescer. 3 ficar orgulhoso, arrogante ou raivoso. ‖ adj elegante; na moda; fino.

swell·ing /swélɪŋ/ s 1 inchaço. 2 dilatação. 3 expansão.

swel·ter /swéltə/ v (swelters, sweltering, sweltered, sweltered) sentir-se sufocado; sofrer com o calor.

swerve /swɜːrv/ s desvio; mudança (de direção). ‖ v (swerves, swerving, swerved, swerved) desviar; mudar (de direção).

swift /swɪft/ adj 1 rápido; veloz; ligeiro. 2 pronto; imediato.

swift·ness /swɪ́ftnəs/ s 1 ligeireza; rapidez. 2 presteza.

swig /swɪg/ s inform trago; gole. ‖ v (swigs, swigging, swigged, swigged) beber em goles grandes.

swim /swɪm/ s natação. ‖ v (swims, swimming, swam, swum) 1 nadar. 2 boiar.

swim·mer /swɪ́mə/ s nadador.

swim·ming /swɪmɪŋ/ s natação.

swimming pool s piscina.

swim·suit /swɪmsuːt/ s traje de banho.

swin·dle /swɪndl/ s fraude; burla; trapaça; logro. ‖ v (**swindles, swindling, swindled, swindled**) burlar; trapacear; lograr.

swin·dler /swɪndlɚ/ s vigarista; trapaceiro.

swine /swaɪn/ s porco; suíno. (pl **swine**).

swing /swɪŋ/ v (**swings, swinging, swung, swung**) 1 balançar; oscilar. 2 girar. 3 gingar. 4 gír enforcar. ‖ s 1 balanço. 2 inclinação; tendência.

swin·ish /swaɪnɪʃ/ adj 1 grosseiro; bruto. 2 suíno.

swipe /swaɪp/ s 1 golpe; pancada forte. 2 crítica severa. ‖ v (**swipes, swiping, swiped, swiped**) 1 golpear; socar. 2 roubar.

swirl /swɜːrl/ s 1 redemoinho. 2 rodopio. ‖ v (**swirls, swirling, swirled, swirled**) 1 redemoinhar. 2 rodopiar.

swish /swɪʃ/ v (**swishes, swishing, swished, swished**) sibilar; zunir. ‖ s zunido.

Swiss /swɪs/ adj e s suíço.

switch /swɪtʃ/ s 1 interruptor; chave. 2 troca; permuta. 3 vara; chicote. ‖ v (**switches, switching, switched, switched**) 1 ligar ou desligar o interruptor. 2 trocar; permutar. 3 chicotear. ♦ **switch off** 1 apagar; desligar. 2 parar de prestar atenção; desinteressar-se.

switch·board /swɪtʃbɔːrd/ s 1 mesa telefônica. 2 quadro ou painel de controle.

switch·man /swɪtʃmən/ s manobreiro (de estrada de ferro).

Swit·zer·land /swɪtsɚlənd/ s Suíça.

swiv·el /swɪvəl/ s 1 tornel; eixo. 2 pivô; suporte giratório. ‖ v (**swivels, swiveling/ swivelling, swiveled/swivelled, swiveled/ swivelled**) girar; rodar.

swob /swɑːb/ → **swab**.

swoon /swuːn/ s desmaio. ‖ v (**swoons, swooning, swooned, swooned**) desmaiar.

swoop /swuːp/ s 1 queda; descida; ataque (de ave de rapina). 2 investida; arremetida. ‖ v (**swoops, swooping, swooped, swooped**) 1 descer; cair. 2 mergulhar (para pegar uma presa).

swop /swɑːp/ → **swap**.

sword /sɔːrd/ s espada.

sword·fish /sɔːrdfɪʃ/ s Zool peixe-espada (pl **swordfish** ou **swordfishes**).

swords·man /sɔːrdzmən/ s esgrimista.

syc·a·more /sɪkəmɔːr/ s Bot sicômoro falso plátano.

syc·o·phant /sɪkəfənt, saɪkəfənt/ s puxa-saco

syl·lab·ic /sɪlæbɪk/ adj Ling silábico.

syl·la·ble /sɪləbəl/ s Ling sílaba.

syl·la·bus /sɪləbəs/ s 1 resumo; roteiro 2 programa (de curso, estudo, etc.). (p **syllabuses** ou **syllabi** /sɪləbaɪ/).

sym·bol /sɪmbəl/ s símbolo. ‖ v (**symbols symboling, symboled, symboled**) simbolizar.

symbol font s Comp fonte de símbolos.

sym·bol·ic /sɪmbɑːlɪk/ adj simbólico. (va **symbolical**).

sym·bol·i·cal /sɪmbɑːlɪkəl/ → **symbolic**.

sym·bol·ism /sɪmbəlɪzəm/ s simbolismo.

sym·bol·ize /sɪmbəlaɪz/ v (**symbolizes symbolizing, symbolized, symbolized**) sim bolizar.

sym·met·ric /sɪmɛtrɪk/ → **symmetrical**.

sym·met·ri·cal /sɪmɛtrɪkəl/ adj simétrico (var **symmetric**).

sym·me·try /sɪmətri/ s simetria. (pl **sym metries**).

sym·pa·thet·ic /sɪmpəθɛtɪk/ adj 1 solidá rio. 2 compreensivo. 3 bondoso; huma no. ♦ **sympathetic nervous system** Ana sistema nervoso simpático.

sym·pa·thize /sɪmpəθaɪz/ v (**sympathizes sympathizing, sympathized, sympathized** 1 compadecer; ter pena. 2 solidarizar 3 dar pêsames.

sym·pa·thy /sɪmpəθi/ s 1 compaixão pena. 2 solidariedade. 3 simpatia. (p **sympathies**). ♦ **sympathies** pêsames condolências.

sym·phon·ic /sɪmfɑːnɪk/ adj Mús sinfôni co.

sym·pho·ny /sɪmfəni/ s Mús sinfonia. (p **symphonies**).

sym·po·si·um /sɪmpoʊziən/ s simpósio. (p **symposiums** ou **symposia** /sɪmpoʊziə/)

symp·tom /sɪmtəm, sɪmptəm/ s sintoma sinal.

symp·to·mat·ic /sɪmtəmætɪk, sɪmptəmætɪk/ *adj* sintomático.

syn·a·gog /sɪnəgɑːg/ → synagogue.

syn·a·gogue /sɪnəgɑːg/ *s* sinagoga. (*var* synagog).

syn·chro·nism /sɪŋkrənɪzəm/ *s* sincronismo.

syn·chro·ni·za·tion /sɪŋkrənɪzeɪʃən/ *s* sincronização.

syn·chro·nize /sɪŋkrənaɪz/ *v* (synchronizes, synchronizing, synchronized, synchronized) sincronizar.

syn·chro·ny /sɪŋkrəni/ *s* sincronia. (*pl* synchronies).

syn·co·pa·tion /sɪŋkəpeɪʃən/ *s Gram* e *Mús* síncope.

syn·co·pe /sɪŋkəpi/ *s Gram, Med* e *Mús* síncope.

syn·cre·tism /sɪŋkrətɪzəm/ *s* sincretismo.

syn·det·ic /sɪndetɪk/ *adj Gram* sindético.

syn·dic /sɪndɪk/ *s* síndico.

syn·di·cal·ism /sɪndɪkəlɪzəm/ *s* sindicalismo.

syn·di·cate /sɪndɪkɪt/ *s* sindicato.

syn·drome /sɪndroʊm/ *s* síndrome.

syn·o·nym /sɪnənɪm/ *s* sinônimo.

syn·on·y·mous /sɪnɑːnəməs/ *adj* sinônimo.

syn·op·sis /sɪnɑːpsɪs/ *s* sinopse. (*pl* synopses /sɪnɑːpsiːz/).

syn·op·tic /sɪnɑːptɪk/ *adj* sinóptico. (*var* synoptical).

syn·op·ti·cal /sɪnɑːptɪkəl/ → synoptic.

syn·tax /sɪntæks/ *s Gram* sintaxe.

syn·the·sis /sɪnθəsɪs/ *s* síntese. (*pl* syntheses /sɪnθəsiːz/).

syn·the·size /sɪnθəsaɪz/ *v* (synthesizes, synthesizing, synthesized, synthesized) sintetizar.

syn·thet·ic /sɪnθetɪk/ *adj* 1 sintético. 2 artificial.

syph·i·lis /sɪfəlɪs/ *s Med* sífilis.

sy·phon /saɪfən/ → siphon.

Sy·ri·a /sɪriə/ *s* Síria.

Syr·i·an /sɪriən/ *adj* e *s* sírio.

sy·ringe /sərɪndʒ, sɪrɪndʒ/ *s* seringa.

syr·up /sɪrəp, sɜːrəp/ *s* 1 xarope. 2 calda. (*var* sirup).

sys·tem /sɪstəm/ *s* 1 *tb Anat* e *Comp* sistema. 2 método; ordem. 3 regime (político).

system administrator *s Comp* administrador de sistema.

sys·tem·at·ic /sɪstəmætɪk/ *adj* sistemático. (*var* systematical).

sys·tem·at·i·cal /sɪstəmætɪkəl/ → systematic.

sys·tem·at·ics /sɪstəmætɪks/ *s us v sing tb Biol* sistemática.

sys·tem·a·tize /sɪstəmətaɪz/ *v* (systematizes, systematizing, systematized, systematized) sistematizar.

system error *s Comp* erro do sistema.

system failure *s Comp* queda do sistema.

system operator *s Comp* operador de sistema.

system prompt *s Comp* aviso do sistema.

systems analysis *s* análise de sistemas.

systems analyst *s* analista de sistemas.

sys·to·le /sɪstəli/ *s Anat* e *Gram* sístole.

T

t ou **T** /ti:/ s 20ª letra do alfabeto inglês. (pl **t's** ou **T's**). II abrev maiús de **temperature**.

tab /tæb/ s **1** lingüeta; presilha. **2** aba. **3** etiqueta (em roupa). **4** argola. **5** inform conta; nota (para pagar). ♦ **keep tabs on** inform observar cuidadosamente.

tab·by /tæbi/ s **1** tabi (tipo de tafetá). **2** gato malhado (especialmente fêmea). **3** solteirona. **4** fofoqueira. (pl **tabbies**). II adj malhado (gato).

tab character s Comp caractere de tabulação.

tab·er·na·cle /tæbənækəl/ s tabernáculo.

ta·ble /teɪbəl/ s **1** mesa. **2** alimento servido à mesa. **3** pessoas reunidas à mesa. **4** tábua. **5** lista; tabela; quadro. II v (**tables, tabling, tabled, tabled**) **1** pôr na mesa. **2** fazer uma tabela ou lista. **3** adiar uma discussão ou a votação (de um projeto de lei). ♦ **at table** à mesa. **lay/set the table** pôr a mesa. **bus table** horário de ônibus. **table of contents** índice das matérias. **tables of Moses** Tábuas da Lei. **on the table** em discussão. **under the table 1** às escondidas. **2** em estado de total embriaguez. **turn the tables** inverter as posições; virar o feitiço contra o feiticeiro. **tables** código; coleção de leis.

ta·ble·cloth /teɪbəlklɑ:θ/ s toalha de mesa.

ta·ble·land /teɪbəllænd/ s planalto; platô.

table lookup s Comp pesquisa em tabela.

ta·ble·spoon /teɪbəlspu:n/ s **1** colher de sopa. **2** unidade de medida usada em culinária (15 ml).

tab·let /tæblɪt/ s **1** placa de pedra ou metal (comemorativa). **2** comprimido; pastilha. **3** bloco ou folha de papel. II v (**tablets, tableting, tableted, tableted**) inscrever em uma placa.

tab·loid /tæblɔɪd/ s tablóide.

ta·boo /təbu:/ s e adj tabu. (pl **taboos**). (var **tabu**).

ta·bor /teɪbə/ s Mús tamborim; pequeno tambor. (var **tabour**).

ta·bour /teɪbə/ → **tabor**.

ta·bu /təbu:/ → **taboo**.

tab·u·late /tæbjəleɪt/ v (**tabulates, tabulating, tabulated, tabulated**) **1** dispor em quadros sinópticos ou em tabela. **2** tabelar. **3** aplanar; alisar. II adj aplainado; plano.

ta·chom·e·ter /tækɑ:mətə/ s tacômetro.

tach·y·car·di·a /tækɪkɑ:rdiə/ s Med taquicardia.

ta·chyg·ra·phy /tækɪgrəfi/ s taquigrafia.

tac·it /tæsɪt/ adj tácito; implícito.

tack /tæk/ s **1** tacha; prego de cabeça larga. **2** alinhavo. **3** Náut curso de um navio em relação à posição das velas. **4** cabo; corda. **5** comida de qualidade inferior. **6** ação de se mover de um lado para outro. II v (**tacks, tacking, tacked, tacked**) **1** pregar; prender com tachas. **2** Náut mudar de rumo. **3** alinhavar. **4** juntar; adicionar.

tack·le /tækəl/ s **1** equipamento ou aparelhagem usado na prática de um esporte. **2** Náut talha; cordame. II v (**tackles, tackling, tackled, tackled**) **1** Esp cometer falta (futebol americano). **2** agarrar; derrubar. **3** atacar; enfrentar (um problema). **4** arrear (cavalo).

tact /tækt/ s tato; jeito; tino; discernimento.

tact·ful /tæktfəl/ adj discreto; diplomático.

tac·tic /tæktɪk/ s tática; método. ♦ **tactics** us v sing operações táticas; manobra militar.

tac·ti·cal /tæktɪkəl/ adj tático; habilidoso.

tact·less /tæktləs/ adj sem tato; inábil.

tad·pole /tædpoʊl/ s Zool girino.

tae·ni·a /ti:niə/ s tênia. (pl **taeniae** /ti:nii:/ ou **taenias**). (var **tenia**).

taf·fy /tæfi/ s bala puxa-puxa. (pl **taffies**).

tag /tæg/ s **1** etiqueta (de identificação, preço, etc.). **2** qualquer ponta solta; farrapo; mecha de cabelo emaranhado.

3 citação famosa; chavão; clichê. **4** pega-pega; pique (brincadeira infantil). **5** ponta metálica ou plástica em cordão de sapato. **6** *Comp* tag; identificador; marca. ‖ *v* (**tags, tagging, tagged, tagged**) **1** pôr etiquetas; rotular; classificar; identificar. **2** seguir; acompanhar alguém de perto. **3** juntar; acrescentar. **4** pegar alguém no pega-pega (brincadeira infantil).

Ta·hi·ti /təhi̱:ti/ *s* Taiti.

Ta·hi·tian /təhi:tiʃən/ *s* e *adj* taitiano.

tail /teɪl/ *s* **1** cauda; rabo (parte posterior de um animal). **2** cauda (de cometa, veículo, avião, vagão, etc.). **3** rabiola de pipa, papagaio. **4** ponta; extremidade; fim. **5** *gír* nádegas; traseiro. **6** *inform* pessoa ou detetive que segue ou observa outra pessoa. **7** rabo-de-cavalo; trança. ‖ *v* (**tails, tailing, tailed, tailed**) **1** seguir; vigiar. **2** formar fila. ♦ **tails** *us v sing* **1** coroa; reverso da moeda. **2** fraque. **tail away/tail off** diminuir (em tamanho, volume); minguar.

tail·light /teɪlaɪt/ *s* lanterna traseira de veículo.

tai·lor /teɪlɚ/ *s* alfaiate. ‖ *v* (**tailors, tailoring, tailored, tailored**) **1** fazer roupa sob medida. **2** trabalhar como alfaiate. **3** adaptar; adequar.

tai·lor-made /teɪlɚmeɪd/ *adj* **1** feito por um alfaiate. **2** feito sob medida. ‖ *s* roupa feita por um alfaiate.

taint /teɪnt/ *s* **1** mancha; mácula. **2** epidemia; infecção. **3** decadência; corrupção. ‖ *v* (**taints, tainting, tainted, tainted**) **1** estragar; apodrecer. **2** contaminar. **3** corromper.

Tai·wan /taɪwɑ̱:n/ *s* Taiwan.

Tai·wan·ese /taɪwəni̱:z/ *s* e *adj* taiuanês.

Ta·jik /tɑ:dʒɪk/ *s* e *adj* tadjique.

Ta·jik·i·stan /tɑ:dʒɪkɪstæn/ *s* Tadjiquistão.

take /teɪk/ *v* (**takes, taking, took, taken**) **1** pegar; agarrar; tomar. **2** usar; tomar (ônibus, trem, etc.). **3** levar; conduzir. **4** ser preciso; requerer. **5** tirar; subtrair. **6** assumir; aproveitar. **7** supor; concluir. **8** *Esp* ganhar (jogo, competição). **9** tomar; beber; engolir. ‖ *s* **1** tomada; captura. **2** tomada (cena de filme). **3** receita; lucro.

4 ato de tomar, pegar. **5** *Esp* renda arrecadada em um jogo. **6** caça; presa. ♦ **take a bath** tomar banho. **take a drink** tomar um drinque. **take a photo** fotografar. **take a seat** sentar. **take a train** pegar um trem. **take a walk** dar um passeio; passear. **take it easy** ir com calma. **take into account** levar em conta. **take after 1** parecer-se com. **2** seguir um exemplo. **take away** afastar; remover. **take back** retratar-se. **take down** desmanchar; desmontar. **take from** tirar; subtrair. **take for** considerar como; tomar por. **take in** receber, levar ou conduzir para dentro. **take off** tirar; despir; remover. **take on** empregar; empreender; assumir. **take out** extrair; arrancar; tirar. **take over** assumir o comando; tomar conta. **take to** afeiçoar-se; gostar de. **take up** erguer; levantar.

take it easy! calma!

taken /teɪkən/ *part pass* de **take**.

take·off /teɪkɑ:f/ *s* **1** decolagem. **2** partida; embarque.

take·out /teɪkaʊt/ *adj* para viagem; para levar (diz-se da refeição para ser levada e consumida em casa). (*tb* **take-out**).

take·o·ver /teɪkoʊvɚ/ *s* aquisição de controle; tomada de poder. (*tb* **take-over**).

talc /tælk/ *s* talco.

tale /teɪl/ *s* **1** conto; história. **2** maledicência; mexerico; mentira.

tale·bear·er /teɪlberɚ/ *s* mexeriqueiro; fofoqueiro.

tal·ent /tælənt/ *s* talento; aptidão.

tal·is·man /tælɪzmən/ *s* talismã.

talk /tɔ:k/ *v* (**talks, talking, talked, talked**) **1** falar; dizer; exprimir-se. **2** conversar; espalhar boatos. **3** discutir; debater. ‖ *s* **1** fala; conversa; leitura. **2** boato; mexerico. ♦ **talks** conferência; palestra. **small talk** conversa fiada. **talk around** persuadir. **talk back** retrucar. **talk big** gabar-se; falar grosso. **talk out** discutir exaustivamente. **talk up** promover; falar em favor de alguém ou de alguma coisa.

tall /tɔ:l/ *adj* **1** alto (principalmente pessoas). **2** que tem uma determinada altura. **3** *inform* exorbitante; exagerado. ♦ **how tall are you?** qual é sua altura?

tal·low /tǽloʊ/ s sebo; banha. ‖ v (**tallows, tallowing, tallowed, tallowed**) ensebar.

tal·ly /tǽli/ s 1 contagem; registro do escore. 2 correspondência; concordância. 3 rótulo; etiqueta. (pl **tallies**). ‖ v (**tallies, tallying, tallied, tallied**) 1 calcular; fazer a conta. 2 etiquetar; rotular. 3 corresponder; ser igual.

tal·on /tǽlən/ s garra; unha.

tam·a·ble /téɪməbəl/ adj domável. (var **tameable**).

tam·a·rind /tǽmərɪnd/ s Bot tamarindo.

tam·bour /tǽmbʊr/ s Mús tambor.

tam·bou·rine /tæmbəríːn/ s Mús pandeiro.

tame /teɪm/ adj 1 manso. 2 domesticado. 3 dócil; submisso. 4 insípido; sem graça. ‖ v (**tames, taming, tamed, tamed**) 1 domar; domesticar. 2 abrandar; amansar.

tame·a·ble /téɪməbəl/ → **tamable**.

tam·er /téɪmə/ s domesticador; domador.

tam·per /tǽmpə/ v (**tampers, tampering, tampered, tampered**) intrometer-se; influir; interferir.

tam·pon /tǽmpɑːm/ s absorvente interno.

tan /tæn/ v (**tans, tanning, tanned, tanned**) 1 curtir (couro) com tanino. 2 bronzear-se. 3 inform surrar; espancar. ‖ s 1 cor morena; castanho-amarelado; bronzeado. 2 tanino. ‖ adj bronzeado; moreno.

tan·dem /tǽndəm/ s 1 carruagem puxada por dois cavalos (um atrás do outro). 2 tandem (bicicleta de dois assentos, um atrás do outro).

tang /tæŋ/ s 1 sabor ou odor muito forte, como o do suco de laranja. 2 sabor picante. 3 vestígio; traço. 4 ruído estridente.

tan·gence /tǽndʒəns/ → **tangency**.

tan·gen·cy /tǽndʒənsi/ s tangência. (pl **tangencies**. var **tangence**).

tan·gent /tǽndʒənt/ s tb Mat tangente.

tan·ger·ine /tǽndʒəriːn/ s Bot tangerina.

tan·gi·ble /tǽndʒəbəl/ adj tangível.

tan·gle /tǽŋgəl/ s 1 complicação; confusão. 2 inform altercação. ‖ v (**tangles, tangling, tangled, tangled**) 1 emaranhar-se; enredar-se. 2 brigar; discutir.

tan·go /tǽŋgoʊ/ s tango.

tank /tæŋk/ s 1 tanque (de água, gasolina, etc.). 2 Mil tanque de combate. 3 gí prisão; cela. ‖ v (**tanks, tanking, tanked, tanked**) armazenar em um tanque. ♦ **tank up** inform beber até cair. 2 encher o tanque do veículo.

tan·ta·mount /tǽntəmaʊnt/ adj equivalente (em valor e efeito).

tan·tiv·y /tæntɪ́vi/ adv a todo galope; a toda velocidade. ‖ s galope rápido. (pl **tantivies**).

Tan·za·ni·a /tænzəníːə/ s Tanzânia.

Tan·za·ni·an /tænzəníːən/ s e adj tanzaniano.

tap /tæp/ s 1 torneira. 2 pancada leve; ligeira; batidinha. 3 bebida tinida de barril. 4 batoque; rolha; cânula. 5 solado ou salto de sapato. ‖ v (**taps, tapping, tapped, tapped**) 1 bater de leve com a mão. 2 pôr sola ou salto em sapato. 3 produzir batidas (acompanhando uma música). 4 abrir; deixar cair; tirar líquido. 5 Med fazer uma punção. 6 sangrar (uma árvore). 7 grampear (telefone). ♦ **on tap** inform estar disponível. **tap out** batucar. **taps** us v sing ou pl Mil toque de silêncio ou de recolher.

tap dance s sapateado.

tape /teɪp/ s 1 fita (para cabelo, roupa). 2 fita cassete. 3 trena. 4 fita adesiva. ‖ v (**tapes, taping, taped, taped**) 1 amarrar; atar; prender. 2 medir com a trena. 3 gravar música ou imagem em fita.

tape cartridge s Comp cartucho de fita.

tape drive s Comp unidade de fita.

tape measure s fita métrica; trena.

tape player s toca-fitas.

ta·per /téɪpə/ s 1 círio; vela delgada. 2 afilamento; adelgaçamento. ‖ v (**tapers, tapering, tapered, tapered**) 1 afilar-se; ficar mais delgado. 2 diminuir gradualmente até terminar.

tape recorder s gravador.

tape recording s gravação de música ou imagem em fita.

tap·es·try /tǽpəstri/ s tapeçaria. (pl **tapestries**).

tape·worm /téɪpwɜːrm/ s tênia; solitária.

ta·pir /téɪpə/ s Zool anta; tapir.

tar /tɑːr/ v (**tars**, **tarring**, **tarred**, **tarred**) alcatroar; brear; cobrir com alcatrão. ǁ s **1** alcatrão; breu. **2** *inform* marinheiro.

ta·ran·tu·la /təræntʃələ/ s tarântula. (*pl* **tarantulas** ou /təræntʃəli/ **tarantulae**).

tar·di·ness /tɑːrdɪnəs/ s **1** lentidão; vagar. **2** atraso.

tar·dy /tɑːrdi/ *adj* **1** tardio; atrasado. **2** vagaroso; lento. (*gr comp* **tardier**. *gr super* **tardiest**).

tar·get /tɑːrgɪt/ s **1** alvo; mira. **2** meta; objetivo. **3** pequeno escudo. **4** objeto de uma crítica ou ataque. ǁ v (**targets**, **targeting**, **targeted**, **targeted**) estabelecer metas ou objetivos. ♦ **on target** preciso; perfeito.

target language s *Comp* linguagem de destino.

tar·iff /terɪf/ s tarifa; taxa (sobre os produtos importados ou exportados). ǁ v (**tariffs**, **tariffing**, **tariffed**, **tariffed**) tarifar; taxar.

tarn /tɑːrn/ s pequeno lago entre as montanhas.

tar·nish /tɑːrnɪʃ/ s **1** mancha; desdouro. **2** perda de brilho devido à corrosão ou oxidação (metal). ǁ v (**tarnishes**, **tarnishing**, **tarnished**, **tarnished**) *tb fig* manchar.

tar·ry /teri/ v (**tarries**, **tarrying**, **tarried**, **tarried**) **1** demorar-se; retardar-se. **2** esperar. ǁ /tɑːri/ *adj* coberto de alcatrão; alcatroado. (*gr comp* **tarrier**. *gr super* **tarriest**).

tart /tɑːrt/ *adj* ácido; acre; azedo. ǁ s **1** torta doce. **2** prostituta.

tar·tan /tɑːrtən/ s tecido axadrezado.

tar·tar /tɑːrtə/ s **1** tártaro (depósito calcário que se forma nos dentes). **2** *maiús* tártaro (referente a um povo da Ásia Central).

tartar sauce s molho tártaro.

tart·ness /tɑːrtnəs/ s azedume; acidez.

task /tæsk/ s tarefa; incumbência; empreitada. ǁ v (**tasks**, **tasking**, **tasked**, **tasked**) **1** impor uma tarefa. **2** sobrecarregar. ♦ **take/call/bring to task** repreender; censurar.

task bar s *Comp* barra de tarefas.

task force s força-tarefa.

tas·sel /tæsəl/ s borla (de cortina, almofada, etc.). ǁ v (**tassels**, **tasseling/tasselling**, **tasseled/tasselled**, **tasseled/tasselled**) enfeitar com borlas.

taste /teɪst/ s **1** gosto; paladar; sabor. **2** preferência; predileção. **3** gosto; distinção; elegância. ǁ v (**tastes**, **tasting**, **tasted**, **tasted**) **1** provar; experimentar. **2** degustar; saborear. ♦ **bad taste** mau gosto. **good taste** bom gosto.

taste·ful /teɪstfʊl/ *adj* **1** saboroso; gostoso. **2** bom gosto.

taste·less /teɪstləs/ *adj* **1** insípido; sem gosto. **2** mau gosto.

tast·er /teɪstə/ s provador; degustador (de vinho, chá, café, etc.).

tast·y /teɪsti/ *adj* **1** saboroso. **2** fino; de bom gosto. (*gr comp* **tastier**. *gr super* **tastiest**).

tat·ter /tætə/ s farrapo; trapo. ǁ v (**tatters**, **tattering**, **tattered**, **tattered**) esfarrapar; tornar-se esfarrapado.

tat·tle /tætl/ s tagarelice; mexerico. ǁ v (**tattles**, **tattling**, **tattled**, **tattled**) tagarelar; jogar conversa fora; mexericar.

tat·too /tætuː/ s **1** tatuagem. **2** *Mil* toque (dos tambores) de recolher. (*pl* **tattoos**). ǁ v (**tattoos**, **tattooing**, **tattooed**, **tattooed**) **1** tamborilar; bater com os dedos. **2** tatuar.

taught /tɑːt, tɔːt/ *pass* e *part pass* de **teach**.

taunt /tɑːnt/ s mofa; insulto; zombaria; sarcasmo. ǁ v (**taunts**, **taunting**, **taunted**, **taunted**) censurar; escarnecer; insultar; zombar.

Tau·rus /tɔːrəs/ s *Astrol* e *Astron* touro.

tav·ern /tævən/ s taberna; botequim.

taw·ny /tɑːni/ s cor castanho-amarelado.

tax /tæks/ s **1** taxa; imposto; tributo. **2** cargo; fardo; imposição. ǁ v (**taxes**, **taxing**, **taxed**, **taxed**) taxar; cobrar impostos.

tax·a·ble /tæksəbəl/ *adj* tributável; sujeito a taxação.

tax·a·tion /tækseɪʃən/ s taxação; tributação.

tax evasion s sonegação de impostos.

tax-ex·empt /tæksɪgzempt/ *adj* isento de tributação.

tax-free /tæksfriː/ *adj* isento de impostos.

tax·i /ˈtæksi/ s táxi. (pl **taxis** ou **taxies**). ‖ v (**taxies/taxis**, **taxiing/taxying**, **taxied**, **taxied**) 1 transportar de táxi. 2 Aer taxiar.

tax·i·cab /ˈtæksikæb/ s táxi.

tax·i·der·mist /ˈtæksidɜːrmist/ s taxidermista.

tax·i·der·my /ˈtæksidɜːrmi/ s taxidermia; arte de empalhar animais.

taxi driver s motorista de táxi.

tax·i·me·ter /ˈtæksimiːtə/ s taxímetro.

taxi stand s ponto de táxi.

T-bone /tiːboʊn/ s bisteca; bife bovino com osso em forma de T.

TCP /tiːsiːpiː/ abrev Comp de **Transmission Control Protocol**; protocolo de controle de transmissão.

TCP/IP /tiːsiːpiː aɪpiː/ abrev Comp de **Transmission Control Protocol/Internet Protocol**; protocolo de controle de transmissão/protocolo Internet.

tea /tiː/ s 1 chá. 2 recepção vespertina na qual se serve chá. 3 gír maconha.

tea bag s saquinho de chá.

teach /tiːtʃ/ v (**teaches**, **teaching**, **taught**, **taught**) ensinar; instruir.

teach·er /ˈtiːtʃə/ s professor; mestre; instrutor.

tea·cup /ˈtiːkʌp/ s xícara de chá.

team /tiːm/ s 1 equipe; time. 2 turma; bando. 3 junta; parelha (de bois, cavalos, etc.). ‖ v (**teams**, **teaming**, **teamed**, **teamed**) 1 emparelhar; jungir. 2 associar-se; agrupar-se.

team·work /ˈtiːmwɜːrk/ s trabalho de equipe.

tea·pot /ˈtiːpɑːt/ s bule para servir chá.

tear /ter/ s 1 rasgão; rasgo. 2 correria; fúria. 3 gír grande farra; bebedeira. 4 lágrima. 5 gota. ‖ v (**tears**, **tearing**, **tore**, **torn**) 1 rasgar em pedacinhos. 2 correr. 3 dilacerar. 4 arrancar com violência. 5 dividir; partir. ♦ **tear at** atacar violentamente. **tear away** afastar-se com relutância. **tear down** demolir; derrubar. **tear into** atacar com violência. **tears** choro; pranto.

tear gas s gás lacrimogêneo.

tease /tiːz/ v (**teases**, **teasing**, **teased**, **teased**) 1 aborrecer; incomodar; irritar.

2 brincar; caçoar. 3 conseguir algo com agrados persistentes. ‖ s 1 provocador; brincalhão. 2 importunação.

tea·spoon /ˈtiːspuːn/ s 1 colher de chá. 2 medida usada em culinária (5 ml).

teat /tiːt/ s 1 teta; úbere; mama. 2 bico de mamadeira.

tech·nic /ˈteknɪk/ s geralm pl **technics** 1 us v sing ou pl técnica; processo; método; teoria. 2 us v pl detalhes; métodos técnicos; regras. ‖ adj técnico.

tech·ni·cal /ˈteknɪkəl/ adj 1 relativo a técnica. 2 com habilidade ou conhecimento especial.

tech·ni·cian /tekˈnɪkʃən/ s técnico; perito (em eletrônica, computação, etc.).

tech·nol·o·gy /tekˈnɑːlədʒi/ s tecnologia. (pl **technologies**).

teddy bear s urso de pelúcia. (tb **Teddy bear**).

te·di·ous /ˈtiːdiəs/ adj tedioso; maçante.

tee /tiː/ s 1 a letra T. 2 qualquer coisa em forma de T. 3 Esp marcos; alvos (jogos de bola e malha).

teem /tiːm/ v (**teems**, **teeming**, **teemed**, **teemed**) 1 abundar em; estar cheio de. 2 derramar; esvaziar.

teen /tiːn/ s geralm pl 1 os numerais ou os anos entre 13 e 19. 2 adolescente.

teen·age /ˈtiːneɪdʒ/ adj adolescente. (tb **teen-age**, **teen-aged** e **teenaged**).

teen·ag·er /ˈtiːneɪdʒə/ s adolescente. (tb **teen-ager**).

teeth /tiːθ/ s dentes. (pl de **tooth**).

tee·to·tal·er /tiːˈtoʊtələ/ s abstêmio. (var **teetotaller** e **teetotalist**).

tee·to·tal·ist /tiːˈtoʊtəlɪst/ → **teetotaler**.

tee·to·tal·ler /tiːˈtoʊtələ/ → **teetotaler**.

TEFL /ˈtefəl/ abrev de **Teaching English as a foreign language**; ensino de inglês como língua estrangeira.

teg·u·ment /ˈtegjʊmənt/ s tegumento.

tel·e·com·mu·ni·ca·tion /telɪkəmjuːnɪkeɪʃən/ s telecomunicação.

tel·e·course /ˈtelɪkɔːrs/ s telecurso.

tel·e·graph /ˈtelɪgræf/ s telégrafo. ‖ v (**telegraphs**, **telegraphing**, **telegraphed**, **telegraphed**) telegrafar.

te·leg·ra·phy /telɪgrəfi/ s telegrafia.

tel·e·mar·ket·ing /teləmɑ:rkətɪŋ/ s telemarketing; vendas por telefone.

te·lem·e·try /təlemətri/ s telemetria.

te·lep·a·thy /təlepəθi/ s telepatia.

tel·e·phone /teləfoun/ s telefone.

telephone book s agenda de telefone.

telephone booth s cabina de telefone público.

telephone exchange s central telefônica.

telephone receiver s fone; fono.

tel·e·phon·ic /teləfɑ:nɪk/ adj telefônico.

te·leph·o·nist /təlefənɪst/ s telefonista.

te·leph·o·ny /təlefəni/ s telefonia.

tel·e·scope /teləskoup/ s telescópio.

Tel·e·type® /telətaɪp/ s teletipo.

tel·e·vise /teləvaɪz/ v (**televises, televising, televised, televised**) televisionar.

tel·e·vi·sion /teləvɪʒən/ s televisão.

tell /tel/ v (**tells, telling, told, told**) 1 dizer; contar. 2 revelar; informar; notificar. 3 dar instruções. 4 distinguir; diferenciar. 5 narrar; relatar. 6 causar impacto; ter efeito. ♦ **tell off** inform reprimir.

tell·er /telə/ s 1 narrador; contador de histórias. 2 caixa de banco. 3 caixa eletrônico.

te·mer·i·ty /təmerəti/ s temeridade.

tem·per /tempə/ s 1 têmpera (do aço). 2 temperamento; gênio. 3 humor; disposição. II v (**tempers, tempering, tempered, tempered**) 1 temperar (aço, vidro, cerâmica). 2 misturar. 3 abrandar; mitigar. 4 Mús temperar; afinar.

tem·per·a·ment /tempərəmənt/ s temperamento.

tem·per·a·men·tal /tempərəmentəl/ adj temperamental.

tem·per·ance /tempərəns/ s 1 temperança; moderação. 2 total abstinência alcoólica.

tem·per·ate /tempərət/ adj 1 temperado; moderado. 2 temperado; ameno (clima, tempo).

tem·per·a·ture /tempərətʃə/ s 1 temperatura. 2 febre. ♦ **have a temperature** estar com febre.

tem·pest /tempɪst/ s 1 tempestade. 2 inform agitação violenta; tumulto. ♦

tempest in a teacup/teapot tempestade num copo d'água.

tem·plate /templɪt/ s Comp modelo; gabarito.

tem·ple /tempəl/ s 1 templo. 2 Anat têmpora.

tem·po /tempou/ s 1 Mús cadência; ritmo. 2 movimento; andamento. (pl **tempos** ou **tempi** /tempi:/).

tem·po·rar·y /tempəreri/ adj temporário. II s temporário (empregado, trabalhador). (pl **temporaries**).

temporary file s Comp arquivo temporário.

tempt /tempt/ v (**tempts, tempting, tempted, tempted**) 1 tentar; provocar. 2 seduzir.

tempt·ta·tion /tempteɪʃən/ s tentação.

ten /ten/ num dez.

te·na·cious /təneɪʃəs/ adj 1 tenaz; duro; forte. 2 aderente.

ten·ant /tenənt/ s 1 inquilino; locatário. 2 arrendatário. 3 morador; residente. II v (**tenants, tenanting, tenanted, tenanted**) alugar; arrendar.

tend /tend/ v (**tends, tending, tended, tended**) 1 cuidar de; zelar por. 2 atender; trabalhar (na loja). 3 cultivar. 4 ter tendência, inclinação ou disposição para.

ten·den·cy /tendənsi/ s tendência. (pl **tendencies**).

ten·der /tendə/ s 1 vigia; zelador. 2 Náut navio-tênder; lancha auxiliar; vagão-tênder. 3 oferecimento formal de pagamento em dinheiro ou em serviços. 4 proposta; oferta. II adj 1 macio; tenro. 2 suave; terno. 3 delicado; sensível. 4 jovem; vulnerável. 5 solícito; protetor. 6 dolorido. II v (**tenders, tendering, tendered, tendered**) 1 oferecer; ofertar. 2 suavizar. 3 amaciar.

ten·der·foot /tendəfut/ s novato; inexperiente. (pl **tenderfoots** ou **tenderfeet** /tendəfi:t/).

ten·der·heart·ed /tendəhɑ:rtɪd/ adj compassivo.

ten·der·ness /tendənəs/ s ternura.

ten·di·ni·tis /tendənaɪtəs/ s tendinite. (var **tendonitis**).

ten·don /tendən/ s Anat tendão.

ten·do·ni·tis /tendənaɪtəs/ → **tendinitis**.

te·neb·ri·ous /tənebriəs/ → **tenebrous**.

ten·e·brous /tenəbrəs/ adj tenebroso. (var **tenebrious**).

ten·e·ment /tenəmənt/ s 1 habitação ou moradia para alugar. 2 cortiço; habitações coletivas; casa de cômodos. 3 Jur imóvel.

te·ni·a /tiːniə/ → **taenia**.

ten·nis /tenɪs/ s Esp tênis.

tennis shoe s tênis (calçado).

ten·or /tenə/ s 1 Mús tenor. 2 curso; tendência. 3 teor; conteúdo. 4 caráter.

tense /tens/ adj tenso; rijo; esticado. ‖ s Gram tempo verbal. ‖ v (**tenses, tensing, tensed, tensed**) retesar; esticar.

ten·sion /tenʃən/ s 1 tb Eletrôn, Fís e Mec tensão. 2 nervosismo; ansiedade. 3 força elástica. ‖ v (**tensions, tensioning, tensioned, tensioned**) ficar tenso.

tent /tent/ s 1 tenda; barraca. 2 dreno. ‖ v (**tents, tenting, tented, tented**) 1 acampar. 2 introduzir um dreno (em ferida).

ten·ta·cle /tentəkəl/ s Zool e Bot tentáculo.

tenth /tenθ/ num décimo.

te·nu·i·ty /tenuːəti/ s tenuidade; leveza.

tep·id /tepɪd/ adj 1 tépido; morno. 2 apático; desanimado.

te·qui·la /təkiːlə/ s tequila.

ter·giv·er·sate /tɜːrdʒɪvəseɪt/ v (**tergiversates, tergiversating, tergiversated, tergiversated**) tergiversar; usar de subterfúgios.

term /tɜːrm/ s 1 Mat e Jur termo. 2 prazo; período (duração de uma pena, de um período escolar). 3 limitação; conclusão; fim. 4 expressão; palavra. ‖ v (**terms, terming, termed, termed**) chamar; denominar. ♦ **come to terms with** 1 chegar a um acordo com. 2 adaptar-se. **in terms of** em função; relativamente a. **term of imprisonment** pena de prisão. **in the long term** a longo prazo. **in the short term** a curto prazo. **terms** 1 termos; linguagem. 2 condições; cláusulas. 3 acordo.

ter·mi·nal /tɜːrmɪnəl/ adj 1 terminal; final. 2 relativo ao período. 3 Med terminal; incurável; próximo à morte. ‖ s 1 estação ou ponto final (ônibus, trem). 2 Eletr terminal.

ter·mi·nate /tɜːrmɪneɪt/ v (**terminates, terminating, terminated, terminated**) terminar; acabar; pôr um fim.

ter·mi·na·tion /tɜːrmɪneɪʃən/ s 1 término; conclusão; fim. 2 limite; fronteira. 3 resultado. 4 tb Ling terminação.

ter·mi·nol·o·gy /tɜːrmɪnɑːlədʒi/ s terminologia. (pl **terminologies**).

ter·mite /tɜːrmaɪt/ s cupim.

tern /tɜːrn/ s 1 Zool andorinha do mar. 2 jogo de três; terno (loteria).

ter·na·ry /tɜːrnəri/ adj ternário. ‖ s terno (grupo de três). (pl **ternaries**).

ter·race /terɪs/ s 1 tb Geol terraço. 2 área; pátio. 3 varanda; sacada.

ter·res·tri·al /tərestriəl/ adj terrestre. ‖ s habitante da terra.

ter·ri·ble /terəbəl/ adj 1 terrível; medonho. 2 tremendo. 3 desagradável.

ter·ri·er /teriə/ s terrier; cão de caça.

ter·ri·fic /terɪfɪk/ adj 1 assustador; terrível. 2 muito bom; esplêndido.

ter·ri·fy /terəfaɪ/ v (**terrifies, terrifying, terrified, terrified**) aterrorizar; apavorar; intimidar.

ter·ri·to·ry /terətɔːri/ s território. (pl **territories**).

ter·ror /terə/ s terror.

ter·ror·ism /terərɪzəm/ s terrorismo.

ter·ror·ist /terərɪst/ s terrorista.

terse /tɜːrs/ adj conciso.

ter·tian /tɜːrʃən/ adj Med terça (febre). ‖ s Med febre terçã.

ter·ti·ar·y /tɜːrʃieri/ adj terciário.

TESL /tesəl/ abrev de **Teaching English as a second language**; ensino de inglês como segunda língua.

TESOL /tiːsɑːl/ abrev de **Teachers of English to speakers of other languages**; professores de inglês para falantes de outras línguas.

tes·sel·la·tion /tesəleɪʃən/ s mosaico.

test /test/ s 1 teste; exame; prova. 2 avaliação. 3 Quím reagente. 4 ensaio; experiência. 5 Zool concha. ‖ v (**tests, testing, tested, tested**) 1 testar; examinar; pôr à prova. **2** submeter-se a um teste. **3** aplicar um teste.

tes·ta·ment /tέstəmənt/ s tb Jur e Bíbl testamento.

test-drive /tέstdraɪv/ v (**test-drives, test-driving, test-drove, test-driven**) testar veículo.

tes·ter /tέstɚ/ s examinador; analista; verificador.

tes·ti·cle /tέstɪkəl/ s Anat testículo.

tes·ti·fy /tέstɪfaɪ/ v (**testifies, testifying, testified, testified**) **1** Jur testemunhar; depor. **2** atestar; comprovar. **3** evidenciar.

tes·ti·mo·ni·al /tɛstɪmoʊniəl/ s **1** certidão; atestado; certificado. **2** carta de recomendação. ‖ adj de testemunho.

tes·ti·mo·ny /tέstɪmoʊni/ s **1** testemunho; depoimento. **2** prova; evidência. **3** decálogo de Moisés. (pl **testimonies**).

tes·tis /tέstɪs/ s Anat testículo. (pl **testes** /tέstiz/).

test tube s tubo de ensaio; proveta.

test-tube baby s bebê de proveta.

tes·ty /tέsti/ adj irritado; impaciente; rabugento. (gr comp **testier**. gr super **testiest**).

tet·a·nus /tέtənəs/ s tétano.

teth·er /tέðɚ/ s **1** corda ou corrente (para amarrar um animal). **2** limite (de uma pessoa, de recursos). ‖ v (**tethers, tethering, tethered, tethered**) amarrar (com uma corda).

tet·ra·he·dron /tɛtrəhíːdrən/ s tetraedro. (pl **tetrahedrons** ou **tetrahedra** /tɛtrəhíːdrə/).

text /tɛkst/ s **1** texto. **2** original. **3** passagem da Bíblia. **4** tópico; matéria.

text·book /tέkstbʊk/ s livro didático; compêndio. ‖ adj clássico; característico (exemplo).

text box s Comp caixa de texto.

text editor s Comp editor de textos.

tex·tile /tέkstaɪl, tέkstɪl/ s **1** tecido. **2** fibra; material têxtil.

text mode s Comp modo de texto.

tex·ture /tέkstʃɚ/ s **1** textura; composição. **2** substância; caráter. ‖ v (**textures, texturing, textured, textured**) texturizar.

Thai /taɪ/ s e adj tailandês.

Thai·land /táɪlænd/ s Tailândia.

than /ðæn/ conj do que; que (em comparações).

thank /θæŋk/ v (**thanks, thanking, thanked, thanked**) **1** agradecer; dar graças. **2** responsabilizar; creditar. ‖ **thanks 1** agradecimento; graças. **2** obrigado. **thanks to** graças a. **thank you** obrigado.

thank·ful /θǽŋkfəl/ adj grato; agradecido.

thank·less /θǽŋkləs/ adj ingrato; mal-agradecido.

thanks·giv·ing /θǽŋksgɪvɪŋ/ s ação de graças.

Thanksgiving Day s Dia de Ação de Graças.

that /ðæt/ pron **1** esse; essa; isso; aquele; aquela; aquilo. (pl **those**). **2** que; quem; o qual; os quais; a qual; as quais. ‖ conj que; para que; a fim de que. ‖ adv tão; de tal modo. ‖ **at that** por sinal. **like that** assim; desse modo. **that is** ou seja; em outras palavras.

thatch /θætʃ/ s **1** colmo. **2** espécie de palha ou sapé. ‖ v (**thatches, thatching, thatched, thatched**) cobrir com sapé.

thaw /θɑː/ v (**thaws, thawing, thawed, thawed**) degelar; derreter. ‖ s degelo.

the /ði:/ art def o; a; os; as. ‖ adv tanto; tanto ... quanto. ‖ **the more, the better** quanto mais, melhor.

the·a·ter /θíːətɚ/ s **1** teatro. **2** anfiteatro; salão de eventos. **3** drama; arte dramática. (var **theatre**).

the·a·tre /θíːətɚ/ → **theater**.

theft /θεft/ s furto; roubo.

their /ðεr/ adj seu; seus; sua; suas; deles; delas.

theirs /ðεrz/ pron o seu; os seus; a sua; as suas; os deles; as delas.

the·ism /θíːɪzəm/ s teísmo.

them /ðεm/ pron 3ª pess pl os; as; lhes; a eles; a elas.

the·mat·ic /θiːmǽtɪk/ adj temático.

theme /θiːm/ s **1** tb Mús e Gram tema. **2** assunto; matéria.

theme park s parque temático.

theme song s música-tema.

them·selves /ðəmsέlvz/ pron refl se; a si mesmos (mesmas); eles mesmos; elas mesmas.

then /ðen/ *adv* **1** então. **2** nesse tempo; naquele tempo. **3** depois; em seguida. **4** além disso. **5** nesse caso. **6** portanto. ‖ *s* esse tempo; essa ocasião. ♦ **by then** naquela altura. **now and then** de vez em quando. **since then** desde então. **then and there** imediatamente; sem mais demora.

thence /ðens/ *adv* **1** daí; dali. **2** portanto; por essa razão. ♦ **thence-forward** ou **thence-forth** a partir daí; desde então.

the·oc·ra·cy /θiɑːkrəsi/ *s* teocracia. (*pl* **theocracies**).

the·o·crat /θiəkræt/ *s* teocrata.

the·ol·o·gy /θiɑːlədʒi/ *s* teologia. (*pl* **theologies**).

the·o·rem /θiːərəm/ *s* teorema.

the·o·ry /θiːəri, θiri/ *s* teoria. (*pl* **theories**).

the·os·o·phist /θiɑːsəfɪst/ *s* teosofista.

the·os·o·phy /θiɑːsəfi/ *s Fil* teosofia. (*pl* **theosophies**).

ther·a·peu·tic /θerəpjuːtɪk/ *adj* terapêutico. (*var* **therapeutical**).

ther·a·peu·ti·cal /θerəpjuːtɪkəl/ → **therapeutic**.

ther·a·peu·tics /θerəpjuːtɪks/ *s us v sing* terapêutica.

ther·a·pist /θerəpɪst/ *s* terapeuta.

ther·a·py /θerəpi/ *s* terapia. (*pl* **therapies**).

there /ðer/ *s* esse lugar; esse ponto. ‖ *adv* **1** aí; ali. **2** nesse lugar. **3** nisso; nisto. **4** (*us* **be**) haver; existir. ‖ *interj* ei; aí; pronto.

there·a·bouts /ðerəbauts, ðerəbauts/ *adv* por aí; mais ou menos. (*tb* **thereabout**).

there·af·ter /ðeræftə/ *adv* depois disso; depois; dali para frente.

there·by /ðerbai/ *adv* por meio disso; desse modo.

there·fore /ðerfɔːr/ *adv* portanto; por conseguinte; por isso.

there·from /ðerfrʌm/ *adv* disto; disso; daquilo.

there·in /ðerɪn/ *adv* **1** ali; nesse lugar; nesse tempo. **2** nessas circunstâncias.

ther·mal /θɜːrməl/ *adj* térmico.

ther·mo·graph /θɜːrmougræf/ *s Fís* termógrafo.

ther·mom·e·ter /θɜːrmɑːmətə/ *s* termômetro.

Ther·mos™ /θɜːrməs/ *s* garrafa térmica.

the·sau·rus /θɪsɔːrəs/ *s tb Comp* dicionário de sinônimos. (*pl* **thesauruses** ou **thesauri** /θɪsɔːri/).

these /ðiːz/ *adj* e *pron* estes; estas. (*pl* de **this**).

the·sis /θiːsɪs/ *s* **1** tese; dissertação acadêmica. **2** proposição. (*pl* **theses**).

thew /θjuː/ *s* músculo; tendão. ♦ **thews** força muscular; vigor.

they /ðei/ *pron* 3ª *pess pl* eles; elas.

they'd /ðeid/ *form contr* de **they had**; **they would**.

they'll /ðeil/ *form contr* de **they will**; **they shall**.

they're /ðer/ *form contr* de **they are**.

they've /ðeiv/ *form contr* de **they have**.

thick /θɪk/ *s* **1** a parte mais grossa. **2** a parte mais ativa. ‖ *adj* **1** grosso. **2** denso; espesso; pesado. **3** *inform* estúpido. **4** gutural; abafado (voz); indistinto (som). **5** abundante; numeroso. **6** *inform* íntimo; muito amigo; familiar. ‖ *adv* **1** densamente. **2** intensamente.

thick·en /θɪkən/ *v* (**thickens**, **thickening**, **thickened**, **thickened**) **1** tornar espesso; engrossar; adensar. **2** intensificar.

thick·et /θɪkɪt/ *s* bosque; conjunto denso de árvores.

thick·ness /θɪknɪs/ *s* **1** grossura. **2** espessura. **3** camada.

thief /θiːf/ *s* ladrão; gatuno. (*pl* **thieves** /θiːvz/).

thim·ble /θɪmbəl/ *s* dedal.

thin /θɪn/ *adj* **1** fino; delgado; esguio. **2** ralo; esparso; rarefeito. **3** diluído; aguado. **4** fraco; insuficiente. **5** pálido esmaecido.

thing /θɪŋ/ *s* **1** coisa. **2** objeto; algo que não é nomeado. **3** *inform* criatura; pessoa. **4** ato; ação. **5** resultado de um trabalho. **6** frase; dito; observação. ♦ **things** pertences; bens; objetos de uso pessoal; roupas; apetrechos. **first thing** *inform* antes de qualquer coisa. **see/hear things** ter alucinações. **sure thing** *inform* naturalmente; certamente.

think /θɪŋk/ *v* (**thinks**, **thinking**, **thought**, **thought**) **1** pensar; refletir. **2** achar; ser da opinião; ponderar. **3** lembrar; relembrar. **4** crer; acreditar; supor. **5** visualizar; imaginar. ♦ **think about** examinar; considerar. **think twice** pensar duas vezes. **think nothing of** dar pouca atenção; considerar algo como insignificante.

hink·er /θɪŋkə/ *s* **1** pensador. **2** ponderador.

hink·ing /θɪŋkɪŋ/ *s* pensamento; opinião; julgamento. || *adj* pensante; racional.

hird /θɜːrd/ *s* **1** terceiro. **2** terço; terça parte. **3** terceira marcha (automóvel). || *adj* terceiro; terceira.

hird dimension *s* terceira dimensão.

hird person *s Gram* terceira pessoa.

hird World *s* Terceiro Mundo. (*tb* third world).

hirst /θɜːrst/ *s* **1** sede. **2** desejo; vontade. || *v* (**thirsts, thirsting, thirsted**) **1** sentir sede. **2** desejar.

hirst·y /θɜːrsti/ *adj* **1** sedento; com sede. **2** desejoso; ansioso. (*gr comp* **thirstier**. *gr super* **thirstiest**).

hir·teen /θɜːrtiːn/ *num* treze.

hir·teenth /θɜːrtiːnθ/ *num* décimo terceiro.

hir·ti·eth /θɜːrtiəθ/ *num* trigésimo.

hir·ty /θɜːrti/ *num* trinta. ♦ **Thirties** ou **30's** os anos 30.

his /ðɪs/ *adj* e *pron* este; esta; isto. (*pl* **these**). || *adv* deste modo; a este grau.

his·tle /θɪsəl/ *s Bot* cardo.

hith·er /θɪðə, ðɪðə/ *adj* mais longe; mais afastado. || *adv* para lá; nesta direção; ali. ♦ **running hither and thither** correndo para cá e para lá.

hong /θɑːŋ/ *s* correia; tira de couro.

ho·rax /θɔːræks/ *s Anat* tórax; peito. (*pl* **thoraxes** ou **thoraces** /θɔːrəsiːz/).

ho·ri·um /θɔːriəm/ *s Quím* tório. (*símb* **Th**).

horn /θɔːrn/ *s Bot* **1** espinho; acúleo; abrolho. **2** desconforto; incômodo.

hor·ough /θɜːrou/ *adj* **1** inteiro; completo. **2** apurado; cuidadoso; meticuloso.

hor·ough·bred /θɜːroubred/ *s* animal de puro sangue (especialmente cavalo).

hor·ough·fare /θɜːroufer/ *s* **1** rua; estrada; passagem. **2** direito de passagem.

hose /ðouz/ *adj* e *pron* aqueles; aquelas; esses; essas. (*pl de* **that**).

though /ðou/ *conj* embora; apesar de que; ainda que. || *adv* no entanto; apesar disso.

thought /θɑːt/ *s* **1** pensamento. **2** meditação; reflexão; raciocínio. **3** opinião; idéia. **4** atenção; consideração; cuidado. **5** mentalidade; espírito. **6** um pouquinho.

thought·ful /θɑːtfəl/ *adj* **1** pensativo. **2** cuidadoso. **3** solícito.

thought·less /θɑːtləs/ *adj* irrefletido; descuidado; desatencioso.

thou·sand /θauzənd/ *adj* mil. || *s* um milhar; um milheiro. ♦ **a thousand time** mil vezes.

thrall /θrɔːl/ *s* **1** escravo. **2** escravidão.

thrash /θræʃ/ *v* (**thrashes, thrashing, thrashed, thrashed**) **1** bater; espancar. **2** derrotar totalmente. **3** malhar; debulhar. **4** sacudir violentamente. || *s* surra; espancamento.

thread /θred/ *s* **1** linha de costurar; fio. **2** filamento. **3** rosca (de parafuso). **4** *Comp* encadeamento. || *v* (**threads, threading, threaded, threaded**) **1** enfiar (linha na agulha). **2** roscar. **3** abrir caminho com dificuldade. **4** enfiar contas ou pérolas em um fio. ♦ **threads** *inform* roupas.

threat /θret/ *s* **1** ameaça. **2** presságio.

threat·en /θretən/ *v* (**threatens, threatening, threatened, threatened**) ameaçar.

threat·ened /θretənd/ *adj* ameaçado de extinção (ecologia).

three /θriː/ *num* três.

thresh·old /θreʃould, θreʃhould/ *s* **1** limiar. **2** soleira da porta. **3** entrada; passagem. **4** *fig* princípio; começo.

thrift /θrɪft/ *s* economia; frugalidade.

thrill /θrɪl/ *v* (**thrills, thrilling, thrilled, thrilled**) **1** emocionar; excitar. **2** vibrar; tremer; estremecer. || *s* **1** emoção; excitação; frêmito. **2** vibração; tremor; estremecimento.

thrill·er /θrɪlə/ *s* livro, peça ou filme de suspense, que faz vibrar.

thrive /θraɪv/ *v* (**thrives, thriving, throve/ thrived, thriven/thrived**) **1** florescer; crescer vigorosamente. **2** prosperar; progredir.

throat /θroʊt/ s **1** *Anat* garganta. **2** passagem estreita.

throat·y /ˈθroʊti/ adj gutural; rouco. (gr comp **throatier**. gr super **throatiest**).

throb /θrɑ:b/ s **1** pulsação; palpitação. **2** batimento; vibração. **3** latejo. ‖ v (**throbs, throbbing, throbbed, throbbed**) **1** palpitar; latejar. **2** pulsar.

throne /θroʊn/ s trono.

throng /θrɑ:ŋ/ s multidão; grande aglomeração. ‖ v (**throngs, thronging, thronged, thronged**) amontoar-se; aglomerar-se; apinhar-se.

throt·tle /ˈθrɑ:tl/ v (**throttles, throttling, throttled, throttled**) estrangular; esganar; sufocar. ‖ s **1** válvula reguladora; válvula borboleta. **2** *Mec* afogador. ♦ **throttle down** diminuir o fluxo de combustível ou a rotação do motor.

through /θru:/ prep **1** através de; entre. **2** por; por meio de. **3** por; por causa de. **4** durante; do começo ao fim de. **5** por; pelo meio de. ‖ adv **1** de lado a lado; de ponta a ponta; do começo ao fim. **2** completamente; totalmente. ‖ adj **1** direto; sem interrupções ou paradas. **2** desobstruído; livre (rua, passagem). **3** acabado; terminado. **4** que vai de lado a lado, de ponta a ponta. ♦ **all through the night** durante a noite inteira. **be through 1** *Tel* estar na linha. **2** estar derrotado, acabado. **be through with** ter acabado com. **go through** atravessar. **through and through 1** por toda parte. **2** completamente.

through·out /θruˈaʊt/ prep através de; de um extremo a outro. ‖ adv **1** por toda parte; em todas as partes. **2** durante todo o tempo. **3** inteiramente; totalmente.

throw /θroʊ/ v (**throws, throwing, threw, thrown**) **1** *tb fig* atirar; jogar. **2** arremessar; lançar; projetar. **3** *inform* causar confusão ou perplexidade. **4** projetar; refletir (a luz). **5** jogar (dados). **6** descartar (baralho). **7** organizar, dar uma festa. ‖ s **1** arremesso; lançamento. **2** lance; lanço. **3** *inform* uma única chance. **4** aventura; risco. ♦ **throw away 1** jogar fora. **2** desperdiçar. **throw down** jo-

gar ao chão; derrubar. **throw open** abri[r] subitamente. **throw out** jogar fora; re[jeitar. **throw up 1** abandonar; renuncia[r] **2** vomitar.

thrum /θrʌm/ v (**thrums, thrumming, thrummed, thrummed**) *Mús* **1** dedilha[r] monotonamente; arranhar um instrumen[to de corda. **2** falar, recitar em tom m[o]nótono de voz.

thrust /θrʌst/ s **1** empurrão; impuls[o] **2** facada; estocada. **3** *Mil* arremetida sú[bita; assalto; ataque. **4** força ou pressã[o] dirigida; empuxo. ‖ v (**thrusts, thrusting, thrust, thrust**) **1** empurrar com forç[a] **2** impelir; impulsionar. **3** furar; espeta[r] **4** atirar; arremeter. **5** intercalar. ♦ **thrus[t] aside** empurrar (para o lado); rejeitar; re[pelir. **thrust up** impor. **thrust out** expu[l]sar. **thrust the way** abrir o caminho à forç[a]

Thu abrev de **Thursday**. (*tb* **Thu.**).

thud /θʌd/ s golpe ou som surdo. ‖ [v] (**thuds, thudding, thudded, thudded**) ba[ter com som surdo; baquear.

thug /θʌg/ s assassino; matador.

thumb /θʌm/ s polegar. ‖ v (**thumbs[,] thumbing, thumbed, thumbed**) **1** manu[sear; manejar desajeitadamente. **2** infor[mar] pedir carona. ♦ **be all thumbs** ser desa[jeitado; não ter coordenação motora [ou] habilidade. **thumb one's nose** gesto d[e] troça com o polegar encostado no nari[z]

thumb index s dedeira; índice de dedo.

thumb·nail /ˈθʌmneɪl/ s **1** unha do pole[gar. **2** *Comp* miniatura; rafe. ‖ adj **1** bre[ve; conciso; resumido. **2** pequeno (d[o] tamanho da unha do polegar).

thump /θʌmp/ s pancada; baque. ‖ [v] (**thumps, thumping, thumped, thumped**) **1** bater; dar pancadas. **2** martela[r] **3** andar pesadamente.

thun·der /ˈθʌndər/ s trovão; trovoada. ‖ [v] (**thunders, thundering, thundered, thun[dered**) **1** trovejar; ribombar. **2** proferi[r] ameaças.

thun·der·bolt /ˈθʌndərboʊlt/ s raio.

thun·der·cloud /ˈθʌndərklaʊd/ s nuvem d[e] tempestade.

thun·der·ous /ˈθʌndərəs/ adj **1** trovejante[;] **2** ensurdecedor.

Thur *abrev* de **Thursday**. (*tb* **Thur.**, **Thurs.**, **Thu** ou **Thu.**).

Thurs·day /θɜ:rzdeɪ, θɜ:rzdi/ *s* quinta-feira. (*abrev* **Thur**, **Thur.**, **Thurs.**, **Thu** ou **Thu.**).

thus /ðʌs/ *adv* assim; desta forma; deste modo. ◆ **thus far** até aqui.

thwart /θwɔ:rt/ *v* (**thwarts**, **thwarting**, **thwarted**, **thwarted**) frustrar; impedir; evitar. ‖ *s* assento de remador (em barco a remo). ‖ *adj* **1** transversal. **2** perverso.

thy·roid /θaɪrɔɪd/ *s Anat* tireóide (glândula).

Ti·bet /tɪbet/ *s* Tibete.

Ti·bet·an /tɪbetan/ *s* e *adj* tibetano.

tick /tɪk/ *s* **1** carrapato (inseto). **2** tique-taque. **3** sinal; marca para checar uma listagem. **4** capa para colchão; forro. ‖ *v* (**ticks**, **ticking**, **ticked**, **ticked**) **1** tiquetaquear. **2** ticar; assinalar; marcar; checar. ◆ **tick off** *inform* dar uma bronca. **tick over** funcionar em marcha lenta.

tick·et /tɪkɪt/ *s* **1** bilhete (de trem, ônibus). **2** entrada; ingresso (cinema, teatro). **3** etiqueta; rótulo. **4** atestado; certificado; licença para pilotar. ‖ *v* (**tickets**, **ticketing**, **ticketed**, **ticketed**) pôr etiqueta; rotular; marcar.

tick·le /tɪkəl/ *s* cócegas. ‖ *v* (**tickles**, **tickling**, **tickled**, **tickled**) **1** fazer cócegas (em). **2** sentir cócegas. **3** divertir; agradar muito. **4** estimular; excitar.

tick·tack /tɪktæk/ *s* tique-taque. (*var* **tic-tac**).

tic-tac /tɪktæk/ → **ticktack**.

tick·tack·toe *s* jogo-da-velha. (*tb* **tick-tack-toe**).

tide /taɪd/ *s* **1** maré. **2** tempo; estação. **3** ocasião favorável. ‖ *v* (**tides**, **tiding**, **tided**, **tided**) abaixar ou subir como a maré. ◆ **tide over** agüentar; sustentar. **high tide** maré alta. **low tide** maré baixa.

ti·dy /taɪdi/ *adj* **1** arrumado; alinhado. **2** asseado. **3** *inform* adequado; satisfatório. **4** substancial; considerável. (*gr comp* **tidier**. *gr super* **tidiest**). ‖ *v* (**tidies**, **tidying**, **tidied**, **tidied**) pôr em ordem.

tie /taɪ/ *s* **1** gravata. **2** corda; cordão. **3** nó de gravata. **4** dormente (ferrovia). **5** empate (jogo, eleição). **6** laço; ligação.

‖ *v* (**ties**, **tying**, **tied**, **tied**) **1** ajuntar; atar; ligar; prender; fazer um nó. **2** igualar; empatar (o resultado do jogo). **3** restringir; tolher. ◆ **tie in with** estar ligado com; relacionar-se. **tie one on** *gír* embriagar-se. **tie the knot** *gír* casar. **tie up** amarrar; atar; prender.

tie·break·er /taɪbreɪkə/ *s Esp* decisão de empate; prorrogação para desempatar uma partida.

tier /tɪr/ *s* **1** fila; fiada; fileira. **2** camada; prateleira (colocada uma em cima da outra). ‖ *v* (**tiers**, **tiering**, **tiered**, **tiered**) arranjar em fileira ou fila; enfileirar.

tiff /tɪf/ *s* ressentimento passageiro; arrufo.

ti·ger /taɪgə/ *s Zool* tigre.

ti·ger·ish /taɪgərɪʃ/ *adj* **1** tigrino; próprio do tigre. **2** *fig* feroz; sangüinário.

tight /taɪt/ *adj* **1** esticado firme. **2** apertado (*tb* tempo e dinheiro). ‖ *adv* **1** firmemente; seguramente. **2** apertadamente.

tight·en /taɪtən/ *v* (**tightens**, **tightening**, **tightened**, **tightened**) apertar; estreitar; ajustar.

tight·fist·ed /taɪtfɪstɪd, taɪtfɪstɪd/ *adj* pãoduro; mesquinho.

tights /taɪts/ *s pl* **1** meia-calça. **2** malha (colante) de dançarinos e acrobatas.

ti·gress /taɪgrɪs/ *s Zool* tigresa.

til·de /tɪldə/ *s* til (sinal diacrítico).

tile /taɪl/ *s* **1** telha. **2** ladrilho; azulejo. ‖ *v* (**tiles**, **tiling**, **tiled**, **tiled**) **1** ladrilhar; azulejar. **2** telhar.

till /tɪl/ *conj* até; até que; antes que. ‖ *v* (**tills**, **tilling**, **tilled**, **tilled**) lavrar (a terra); cultivar. ‖ *s* caixa registradora.

till·age /tɪlɪdʒ/ *s* lavoura; cultivo da terra.

tilt /tɪlt/ *v* (**tilts**, **tilting**, **tilted**, **tilted**) **1** inclinar; pender. **2** atacar; investir. **3** atacar de lança em riste. ‖ *s* **1** inclinação; ladeira; declive. **2** justa; combate; debate.

tim·bal /tɪmbəl/ *s* timbale. (*var* **tymbal**).

tim·ber /tɪmbə/ *s* **1** árvores usadas como matéria-prima da madeira. **2** madeira para construção. **3** viga; madeiramento. ‖ *v* (**timbers**, **timbering**, **timbered**, **timbered**) colocar vigas; guarnecer com madeira.

T

Ti time

time /taɪm/ *s* **1** tempo; duração; período do tempo. **2** hora. **3** prazo. **4** momento; ocasião; oportunidade. **5** *Mús* duração de uma nota musical; andamento. ‖ *v* **(times, timing, timed, timed)** **1** escolher o momento certo. **2** acertar o relógio. **3** calcular a duração do tempo. **4** marcar o compasso. **5** cronometrar. ♦ **against time** contra o tempo. **at one time 1** simultaneamente. **2** antigamente. **at the same time** ao mesmo tempo. **at the time** na ocasião; naquela altura. **at times** às vezes; de vez em quando. **behind the times** antiquado; fora de época. **for the time being** por algum tempo; por enquanto. **from time to time** de vez em quando. **have a good time** divertir-se. **in no time** num instante. **in time** a tempo. **on time** na hora. **take your time!** não se apresse! **time limit** a prazo. **times** *Mat* vezes (multiplicação).

time and date *s Comp* hora e data.

time·keep·er /taɪmki:pə/ *s* **1** cronometrista. **2** cronômetro.

time·less /taɪmləs/ *adj* eterno.

time·ly /taɪmli/ *adj* oportuno; conveniente. (*gr comp* **timelier**. *gr super* **timeliest**).

time-out /taɪmaʊt/ *s tb Comp* interrupção; suspensão; tempo-limite de conexão.(*tb* **timeout**).

time·ta·ble /taɪmteɪbəl/ *s* quadro de horários (como em estações de trem e aeroportos).

time zone *s* fuso horário.

tim·id /tɪmɪd/ *adj* tímido; medroso.

tim·ing /taɪmɪŋ/ *s* **1** a escolha do melhor momento. **2** cronometragem.

tim·or·ous /tɪmərəs/ *adj* medroso; temeroso; tímido.

tin /tɪn/ *s* **1** estanho. **2** folha-de-flandres. **3** lata. ‖ *v* **(tins, tinning, tinned, tinned)** enlatar. ‖ *adj* de lata.

tin can *s* lata de conserva.

tin·der /tɪndə/ *s* pavio; mecha.

tin·foil /tɪnfɔɪl/ *s* papel alumínio. (*tb* **tin foil**).

ting /tɪŋ/ *s* tinido. ‖ *v* **(tings, tinging, tinged, tinged)** tinir.

tinge /tɪndʒ/ *s* **1** tom; matiz. **2** traço; aparência. ‖ *v* **(tinges, tingeing/tinging, tinged,** **tinged) 1** matizar; colorir. **2** dar um toque especial; mudar a cor ou o sabor.

tin·gle /tɪŋgəl/ *s* **1** ardor. **2** picada leve. **3** tremor. ‖ *v* **(tingles, tingling, tingled, tingled) 1** arder. **2** picar.

tin·ker /tɪŋkə/ *s* **1** funileiro; latoeiro (ambulante). **2** remendão; trabalhador pouco habilidoso.

tin·kle /tɪŋkəl/ *s* tinido; zunido. ‖ *v* **(tinkles, tinkling, tinkled, tinkled)** tilintar.

tin·sel /tɪnsəl/ *s* tiras estreitas de material brilhante usado como ornamentação.

tint /tɪnt/ *s* **1** tom; matiz. **2** tingimento. **3** tonalidade; tintura para cabelo. ‖ *v* **(tints, tinting, tinted, tinted) 1** matizar; colorir de leve. **2** tingir o cabelo.

ti·ny /taɪni/ *adj* minúsculo. (*gr comp* **tinier**. *gr super* **tiniest**).

tip /tɪp/ *s* **1** ponta; extremidade; ponteira. **2** gorjeta; gratificação. **3** dica; informação confidencial. **4** lixeira; depósito de lixo. **5** inclinação; caimento. ‖ *v* **(tips, tipping, tipped, tipped) 1** colocar a ponta ou a ponteira. **2** inclinar-se. **3** dar gorjeta. **4** cumprimentar alguém (com o chapéu). **5** dar uma dica. **6** bater de leve em. ♦ **tip over** derrubar; tombar. **have on the tip of the tongue** ter na ponta da língua. **from tip to toe** dos pés à cabeça.

tip·ple /tɪpəl/ *s* bebida alcoólica. ‖ *v* **(tipples, tippling, tippled, tippled)** beber habitualmente.

tip·ster /tɪpstə/ *s inform* alguém que vende dicas e palpites (na bolsa, nas corridas de cavalos).

tip·sy /tɪpsi/ *adj* alegre; levemente embriagado. (*gr comp* **tipsier**. *gr super* **tipsiest**).

tip·toe /tɪptoʊ/ *s* ponta dos pés. ‖ *v* **(tiptoes, tiptoeing, tiptoed, tiptoed)** andar na ponta dos pés.

tip-top /tɪptɑ:p/ *s* cume; auge. ‖ *adj* **1** no ponto mais alto. **2** ótimo; de primeira classe. **3** excelente.

tire /taɪə/ *s* pneu. ‖ *v* **(tires, tiring, tired, tired) 1** cansar-se. **2** ficar impaciente; aborrecer-se.

tired /taɪəd/ *adj* **1** cansado; fatigado. **2** impaciente; aborrecido. ♦ **tired of** farto de. **tired out** morto de cansaço.

tire·some /ˈtaɪəsəm/ *adj* fatigante; aborrecido; enfadonho.

ti·ro /ˈtaɪroʊ/ → **tyro**.

tis·sue /ˈtɪʃuː/ *s* **1** *tb Biol* tecido. **2** gaze. **3** série; cadeia; nexo. **4** lenço de papel. **5** papel higiênico.

tissue paper *s* papel de seda.

tit /tɪt/ *s* **1** nome comum a várias espécies de pássaros pequenos como chapim. **2** *gír* teta; peito de mulher. ♦ **tit for tat** pagar na mesma moeda.

ti·tan·ic /taɪˈtænɪk/ *adj* titânico; gigantesco.

tit·il·late /ˈtɪtəleɪt/ *v* (**titillates, titillating, titillated, titillated**) **1** titilar. **2** estimular com toques leves; excitar eroticamente.

ti·tle /ˈtaɪtl/ *s* **1** título (de uma obra, publicação, nobreza, etc.). **2** *Jur* título de propriedade. **3** livro publicado ou em fase de edição. II *v* (**titles, titling, titled, titled**) intitular.

title page *s* frontispício de um livro; página de créditos.

title role *s* papel principal (teatro, cinema, etc.).

tit·ter /ˈtɪtər/ *s* riso abafado, nervoso.

tit·tle /ˈtɪtl/ *s Ling* pingo; pequeno traço ou marca (acento, ponto).

TM /ˌtiːˈem/ *abrev* de **trademark**.

to /tuː/ *prep* **1** a; para; em; ao. **2** até. **3** para com. **4** conforme. **5** ao som de. **6** sobre; a respeito. **7** *Gram* designativo do infinitivo. II *adv* em direção a. ♦ **from ... to** de ... para. **face to face** cara a cara.

toad /toʊd/ *s* **1** *Zool* sapo. **2** *fig* pessoa feia.

toad·y /ˈtoʊdi/ *s* adulador; bajulador. (*pl* **toadies**).II *v* (**toadies, toadying, toadied, toadied**) adular.

to and fro *adv* para frente e para trás.

toast /toʊst/ *s* **1** brinde à saúde. **2** pessoa a quem se brinda. **3** torrada. II *v* (**toasts, toasting, toasted, toasted**) **1** torrar. **2** brindar a felicidade de alguém.

toast·er /ˈtoʊstər/ *s* **1** torradeira. **2** pessoa que propõe um brinde.

to·bac·co /təˈbækoʊ/ *s* tabaco; fumo. (*pl* **tobaccoes** ou **tobaccos**).

To·ba·go·ni·an /ˌtoʊbəˈɡoʊniən/ *s e adj* tobaguiano.

to·bog·gan /təˈbɑːɡən/ *s* tobogã.

to·day /təˈdeɪ/ *s* hoje. II *adv* atualmente.

tod·dle /ˈtɑːdl/ *v* (**toddles, toddling, toddled, toddled**) andar de maneira vacilante (como fazem as crianças).

tod·dler /ˈtɑːdlər/ *s* criança que está na fase de aprender a andar.

to·do /təˈduː/ *s inform* agitação; reboliço; azáfama.

toe /toʊ/ *s* dedo do pé. ♦ **from top to toe** da cabeça aos pés.

toe·hold /ˈtoʊhoʊld/ *s* **1** apoio para os pés. **2** apoio precário.

toe·nail /ˈtoʊneɪl/ *s* unha do pé.

tof·fee /ˈtɑːfi/ *s* caramelo; bala puxa-puxa.

to·geth·er /təˈɡeðər/ *adv* juntamente; juntos; ao mesmo tempo; simultaneamente. ♦ **get together** reunir(-se). **together with** junto com.

tog·gle /ˈtɑːɡəl/ *s* pino de madeira. II *v* (**toggles, toggling, toggled, toggled**) *tb Comp* alternar.

To·go /ˈtoʊɡoʊ/ *s* Togo.

To·go·lese /ˌtoʊɡoʊˈliːz/ *s e adj* togolês.

toil /tɔɪl/ *s* trabalho fatigante; labuta. II *v* (**toils, toiling, toiled, toiled**) **1** trabalhar com esforço ou afã; labutar. **2** andar com dificuldade (subindo montanha).

toi·let /ˈtɔɪlɪt/ *s* **1** vaso sanitário. **2** banheiro. **3** assepsia.

toilet paper *s* papel higiênico.

to·ken /ˈtoʊkən/ *s* **1** sinal; símbolo; indício. **2** lembrança; *souvenir*. **3** prova; testemunho. **4** ficha; moeda (do tipo usada em máquinas de fliperama). **5** *Comp* indicação; sinal; ficha. ♦ **by the same token** na mesma maneira. **subway token** bilhete de metrô.

tol·er·a·ble /ˈtɑːlərəbəl/ *adj* **1** tolerável. **2** passável; regular.

tol·er·ance /ˈtɑːlərəns/ *s* tolerância.

tol·er·ate /ˈtɑːləreɪt/ *v* (**tolerates, tolerating, tolerated, tolerated**) tolerar.

toll /toʊl/ *s* **1** pedágio. **2** tributo; taxa. **3** *tb fig* alto custo ou preço. **4** dobre de sinos. II *v* (**tolls, tolling, tolled, tolled**) **1** tocar ou dobrar sinos (especialmente em funerais). **2** cobrar pedágio. ♦ **take a toll** causar sofrimentos.

T

toll call s *Tel* chamada telefônica interurbana.

tom /ta:m/ s macho de alguns animais (especialmente gato e peru).

to·ma·to /təmeɪtou/ s *Bot* tomate. (*pl* **tomatoes**).

tomb /tu:m/ s tumba; túmulo; sepultura.

tom·boy /ta:mbɔɪ/ s garota cujo comportamento é considerado masculino.

tomb·stone /tu:mstoun/ s lápide.

tom·cat /ta:mkæt/ s gato (macho).

tome /toum/ s tomo; volume; livro (um dos livros de uma coleção de vários volumes).

tom·fool /ta:mfu:l/ s tolo.

to·mor·row /təma:rou/ adv e s amanhã.

ton /tʌn/ s tonelada.

to·nal·i·ty /tounæləti/ s tonalidade. (*pl* **tonalities**).

tone /toun/ s 1 *Mús* tom. 2 tonalidade; timbre (de voz, instrumento musical). 3 matiz (de voz). II v (**tones**, **toning**, **toned**, **toned**) 1 dar o tom. 2 modificar o tom. 3 afinar. 4 combinar (as cores).

toner cartridge s *Comp* cartucho do toner.

Ton·ga /ta:ŋə/ s Tonga.

Ton·gan /ta:ŋən/ s e adj tonganês.

tongue /tʌŋ/ s 1 *Anat* língua. 2 idioma; fala. 3 lingüeta (de calçado). ♦ **hold the tongue** segure a língua. **lost the tongue** perder a língua (não saber responder).

tongue-lash·ing /tʌŋlæʃɪŋ/ s inform reprimenda; descompostura.

tongue·less /tʌŋləs/ adj sem fala; mudo.

tongue-tied /tʌŋtaɪd/ adj 1 sem fala; mudo. 2 *Anat* com língua presa; que tem língua presa.

tongue twister s trava-língua.

ton·ic /ta:nɪk/ adj tônico.

to·night /tənaɪt/ s esta noite; hoje à noite. II adv durante esta noite; nesta noite.

ton·nage /tʌnɪdʒ/ s tonelagem.

ton·sil /ta:nsəl/ s *Anat* amígdala.

too /tu:/ adv 1 também. 2 demais. 3 também; além disso. 4 muito; extremamente.

took /tʊk/ pass de take.

tool /tu:l/ s ferramenta; instrumento. II v (**tools**, **tooling**, **tooled**, **tooled**) 1 trabalhar com ferramentas. 2 inform dirigir (veículo).

tool·bar /tu:lba:r/ s *Comp* barra de ferramentas.

tool·box /tu:lba:ks/ s *Comp* caixa de ferramentas.

tool·kit /tu:lkɪt/ s *Comp* kit de ferramentas.

tool·mak·er /tu:lmeɪkər/ s ferramenteiro fabricante de ferramentas.

tooth /tu:θ/ s 1 *tb Mec* dente. (*pl* **teeth**) 2 qualquer saliência semelhante a um dente. 3 apetite.

tooth·ache /tu:θeɪk/ s dor de dente.

tooth·brush /tu:θbrʌʃ/ s escova de dente

tooth·less /tu:θləs/ adj desdentado; banguela.

tooth·paste /tu:θpeɪst/ s pasta de dente

tooth·pick /tu:θpɪk/ s palito de dente.

tooth·some /tu:θsəm/ adj 1 saboroso delicioso. 2 prazeroso.

too·tle /tu:tl/ s flauteio. II v (**tootles** **tootling**, **tootled**, **tootled**) 1 tocar flauta; produzir sons curtos (em flauta). 2 passear sem rumo.

top /ta:p/ s 1 topo; alto; cume. 2 parte de cima; parte superior; a melhor parte. 3 ápice; o primeiro; o melhor; eminente. 4 qualquer parte superior; copa (de uma árvore); tampo (de mesa); cabeceira (cama). II adj 1 de cima; do alto. 2 superior. 3 principal. 4 alta (classe social). 5 último (andar). 6 eminente (posição). II v (**tops**, **topping**, **topped**, **topped**) 1 atingir o topo. 2 ultrapassar; exceder; superar. ♦ **from top to toe/to buttom** de alto a baixo; da cabeça aos pés. **on top** no ponto mais alto; na posição dominante. **on top of** em cima de; além de. **on top of the world** posição de grande sucesso. **over the top** além dos objetivos.

to·paz /toupæz/ s topázio.

top·coat /ta:pkout/ s sobretudo.

tope /toup/ s *Zool* cação. II v (**topes** **toping**, **toped**, **toped**) beber excessivamente; embriagar-se.

top hat s cartola.

to·pi·ar·y /toupieri/ s topiaria. (*pl* **topiaries**).

top·ic /ta:pɪk/ s tópico; assunto; tema.

top·less /ta:pləs/ adj topless; nua da cintura para cima.

op·mast /tɑːpmǝst/ s Náut mastaréu da gávea.

op·most /tɑːpmoʊst/ adj o mais alto.

op·notch /tɑːpnɑːtʃ/ adj inform excelente; de primeira classe.

o·pog·ra·phy /tǝpɑːgrǝfi/ s topografia. (pl topographies).

op·per /tɑːpǝ/ s 1 pessoa excelente. 2 gír cartola.

op·ping /tɑːpɪŋ/ s molho ou guarnição colocado em cima do prato antes de ser servido. II adj 1 o mais alto posto. 2 excelente.

op·ple /tɑːpǝl/ v (topples, toppling, toppled, toppled) derrubar; tombar.

op·sail /tɑːpsǝl/ s Náut gávea.

op·se·cret /tɑːpsiːkrǝt/ adj ultra-secreto.

op·sy·tur·vy /tɑːpsitɜːrvi/ s confusão; caos. (pl topsy-turvies). II adv em confusão; às avessas. II adj de pernas para o ar. (gr comp topsy-turvier. gr super topsy-turviest).

or /tɔːr/ s pico rochoso.

orch /tɔːrtʃ/ s 1 tocha; archote. 2 lanterna. 3 maçarico.

or·ment /tɔːrment/ s tormento; suplício. II /tɔːrment, tɔːrment/ v (torments, tormenting, tormented, tormented) atormentar.

or·pe·do /tɔːrpiːdou/ s torpedo. (pl torpedoes).

or·pid /tɔːrpɪd/ adj 1 adormecido. 2 apático; letárgico.

or·rent /tɔːrǝnt/ s torrente; correnteza.

or·rid /tɔːrɪd/ adj tórrido.

or·sion /tɔːrʃǝn/ s torção.

ort /tɔːrt/ s Jur dano; agravo.

or·toise /tɔːrtǝs/ s Zool cágado; tartaruga terrestre.

or·tu·ous /tɔːrtʃuǝs/ adj tortuoso; sinuoso.

or·ture /tɔːrtʃǝ/ s 1 tortura. 2 aflição; agonia. II v (tortures, torturing, tortured, tortured) 1 torturar; afligir. 2 desvirtuar; deturpar.

oss /tɑːs/ v (tosses, tossing, tossed, tossed) 1 atirar (para o ar). 2 jogar(-se) de um lado para o outro; debater-se. 3 agitar-se; levantar a cabeça de repente. II s 1 arremesso. 2 sacudidela. 3 lançamento (de uma moeda para decidir a sorte). ♦ toss a coin jogar cara ou coroa. toss pancakes fritar panquecas jogando-as para o alto. toss off 1 fazer algo apressadamente. 2 beber de uma vez; engolir rapidamente.

tot /tɑːt/ s 1 inform criança pequena. 2 pequena quantidade; um tico. II v (tots, totting, totted, totted) somar; totalizar.

to·tal /toʊtǝl/ s total; soma. II adj total; completo; absoluto. II v (totals, totaling, totalling, totaled/totalled, totaled/totalled) totalizar; somar.

to·tal·i·tar·i·an·ism /toʊtælǝtɛriǝnɪzǝm/ s totalitarismo.

to·tal·i·ty /toʊtælǝti/ s totalidade. (pl totalities).

to·tal·ly /toʊtǝli/ adv totalmente; completamente.

tot·ter /tɑːtǝ/ s cambaleio. II v (totters, tottering, tottered, tottered) cambalear; vacilar; titubear.

tou·can /tuːkæn, tuːkæn/ s Zool tucano.

touch /tʌtʃ/ v (touches, touching, touched, touched) 1 tocar; pôr a mão ou os dedos em. 2 tocar de leve; roçar. 3 alcançar com a mão. 4 comover; sensibilizar. 5 delinear; temperar; retocar. 6 enfraquecer; debilitar. 7 entrar em contato com; referir-se a. II s 1 toque. 2 tato. 3 contato; comunicação. 4 retoque; pincelada. 5 modo de agir; maneira de fazer algo. 6 vislumbre; traço. ♦ get in touch with entrar em contato com. keep in touch manter contato. touch down tocar o solo; aterrissar. touch and go arriscado; incerto. touch off descarregar; explodir; dar origem.

touch·ing /tʌtʃɪŋ/ adj tocante; comovente; emocionante. II prep concernente; sobre.

touch·y /tʌtʃi/ adj melindroso; irritável; delicado. (gr comp touchier. gr super touchiest).

tough /tʌf/ adj 1 duro; rijo. 2 severo; inflexível. 3 agressivo; desordeiro. 4 resoluto; firme. 5 elástico (fibra, tecido). II s pessoa violenta e rude.

tour /tʊr/ s **1** excursão; viagem. **2** *tournée*; giro. ‖ v (**tours, touring, toured, toured**) excursionar.

tour·ism /ˈtʊrɪzəm/ s turismo.

tour·ist /ˈtʊrɪst/ s turista.

tour·ma·line /ˈtʊrməlɪn/ s turmalina. (*var* **turmaline**).

tour·na·ment /ˈtɜːrnmənt/ s torneio; competição.

tour·ney /ˈtɜːrni/ s torneio; competição. ‖ v (**tourneys, tourneying, tourneyed, tourneyed**) competir em torneio.

tou·sle /ˈtaʊzəl/ v (**tousles, tousling, tousled, tousled**) desgrenhar; despentear.

tout /taʊt/ v (**touts, touting, touted, touted**) **1** angariar; aliciar (votos). **2** espionar. **3** obter e vender palpites em corridas de cavalos.

tow /toʊ/ s **1** reboque; guincho. **2** estopa. ‖ v (**tows, towing, towed, towed**) rebocar; guinchar.

to·ward /ˈtɔːrd, təˈwɔːrd/ prep **1** em direção a; para. **2** em relação a. **3** perto de (tempo). (*var* **towards**).

to·wards /ˈtɔːrdz, təˈwɔːrdz/ → **toward**.

tow·el /ˈtaʊəl/ s toalha. ‖ v (**towels, toweling/towelling, toweled/towelled, toweled/towelled**) enxugar com toalha.

tow·er /ˈtaʊər/ s **1** torre. **2** fortaleza. ‖ v (**towers, towering, towered, towered**) **1** elevar-se; subir a grande altura. **2** estar em posição superior; destacar-se.

tow·er·ing /ˈtaʊərɪŋ/ adj **1** muito elevado; eminente. **2** destacado; proeminente.

town /taʊn/ s **1** cidade; povoado. **2** área comercial; centro da cidade.

town hall s prefeitura.

tox·ic /ˈtɑːksɪk/ adj e s tóxico.

toy /tɔɪ/ s **1** brinquedo. **2** algo sem importância; ninharia. **3** passatempo. ‖ v (**toys, toying, toyed, toyed**) **1** brincar; divertir-se. **2** entreter-se.

trace /treɪs/ s **1** traço; vestígio. **2** pegada; rastro. **3** evidência; indício. **4** sinal. ‖ v (**traces, tracing, traced, traced**) **1** traçar; marcar; registrar. **2** seguir o rastro ou o traço. **3** investigar; remontar às origens; reconstituir os vestígios. **4** encontrar; localizar. **5** *Comp* rastrear.

tra·che·a /ˈtreɪkiə/ s *Anat* traquéia. (*pl* **tracheae** /ˈtreɪkiː/ ou **tracheas**).

track /træk/ s **1** rastro. **2** traço; marca. **3** caminho; trilha; pegada. **4** pista (de corrida). **5** seqüência ou sucessão (de pensamento). **6** trilho; via férrea. ‖ v (**tracks, tracking, tracked, tracked**) **1** seguir o rastro. **2** trilhar. ♦ **off the track** descarrilado; fora do assunto. **on the track of** na pista de; na busca de.

tract /trækt/ s **1** trato de terra; região. **2** *Anat* aparelho, sistema, conjunto de órgãos que desempenha uma função especializada. **3** folheto publicitário de grupo religioso ou político.

trac·ta·ble /ˈtræktəbəl/ adj tratável; dócil.

trac·tate /ˈtrækteɪt/ s tratado literário; ensaio.

trac·tion /ˈtrækʃən/ s tração; tensão.

trac·tor /ˈtræktə/ s trator.

trade /treɪd/ s **1** comércio; negócio. **2** clientela. **3** permuta; troca. **4** comércio exterior. **5** ofício. ‖ v (**trades, trading, traded, traded**) **1** comerciar; negociar. **2** trocar; permutar. ♦ **trade in** negociar algo como parte de pagamento.

trade·mark /ˈtreɪdmɑːrk/ s marca registrada. (*abrev* **TM**).

trade name s nome fantasia.

trade union s sindicato. (*abrev* **T.U.**).

tra·di·tion /trəˈdɪʃən/ s tradição.

tra·di·tion·al /trəˈdɪʃənəl/ adj tradicional.

tra·duce /trəˈduːs/ v (**traduces, traducing, traduced, traduced**) difamar; caluniar.

traf·fic /ˈtræfɪk/ s **1** tráfico; comércio. **2** tráfego. ‖ v (**traffics, trafficking, trafficked, trafficked**) traficar; comerciar; trafegar.

trag·e·dy /ˈtrædʒədi/ s tragédia. (*pl* **tragedies**).

trail /treɪl/ s **1** pista; trilha; caminho. **2** rastro; pegada. **3** esteira; marca. ‖ v (**trails, trailing, trailed, trailed**) **1** arrastar; puxar. **2** seguir o rastro; perseguir. **3** rastejar. **4** trepar (planta); subir. **5** pender; cair molemente.

trail·er /ˈtreɪlə/ s **1** *trailer*. **2** reboque. **3** *trailer*; apresentação de um filme.

train /treɪn/ s **1** trem; comboio. **2** fila; leira. **3** procissão; cortejo; séquito. **4** linha seqüência; encadeamento. ‖ *v* (**trains, training, trained, trained**) **1** treinar; exercitar. **2** ensinar; instruir. **3** visar; apontar.

rain·ee /treɪˈniː/ *s* estagiário.

rain·er /ˈtreɪnɚ/ *s* treinador.

rain·ing /ˈtreɪnɪŋ/ *s* treinamento.

ait /treɪt/ *s* **1** característica; traço. **2** marca genética.

ai·tor /ˈtreɪtɚ/ *s* traidor.

ra·jec·to·ry /trədʒˈektɚi/ *s* trajetória. (*pl* **trajectories**).

am /træm/ *s* **1** bonde elétrico. **2** trilho. **3** vagonete (de mina).

am·mel /ˈtræməl/ *s* **1** tresmalho (rede de três panos). **2** trava para adestrar animais. **3** empecilho; estorvo (qualquer coisa que restringe a ação, a expressão).

amp /træmp/ *s* **1** marcha pesada. **2** longa caminhada. **3** som, ruído de passos pesados. **4** andarilho; vagabundo. **5** prostituta. ‖ *v* (**tramps, tramping, tramped, tramped**) **1** caminhar a passos firmes e pesados. **2** vagar; perambular. **3** atravessar uma região a pé.

am·ple /ˈtræmpəl/ *v* (**tramples, trampling, trampled, trampled**) **1** pisar; pisotear. **2** calcar.

am·way /ˈtræmweɪ/ *s* via férrea; tranvia; linha de bonde.

ance /træns/ *s* transe; êxtase.

an·quil /ˈtræŋkwɪl/ *adj* tranqüilo; calmo.

an·quil·i·ty /træŋˈkwɪləti/ → **tranquillity**.

an·quil·iz·er /ˈtræŋkwɪlaɪzɚ/ *s* tranqüilizante; calmante.

an·quil·li·ty /træŋˈkwɪləti/ *s* tranqüilidade; serenidade. (*var* **tranquility**).

ans·ac·tion /trænˈzækʃən/ *s* transação; negociação. ♦ **transactions** relatório; ata.

ans·at·lan·tic /trænsætˈlæntɪk/ *adj* transatlântico.

an·scend /trænˈsend/ *v* (**transcends, transcending, transcended, transcended**) transcender; sobrepujar.

ans·ceiv·er /trænˈsiːvɚ/ *s* transreceptor.

an·script /ˈtrænskrɪpt/ *s* transcrição.

ans·fer /ˈtrænsfɜːr/ *s* transferência. ‖ /trænsˈfɜːr/ *v* (**transfers, transferring, transferred, transferred**) **1** transferir; transmitir. **2** *Jur* ceder direitos.

transfer rate *s Comp* taxa de transferência.

transfer time *s Comp* tempo de transferência.

trans·fig·u·ra·tion /trænsfɪɡjərˈeɪʃən/ *s* transfiguração.

trans·fix /trænsˈfɪks/ *v* (**transfixes, transfixing, transfixed, transfixed**) **1** transfixar; trespassar; perfurar. **2** empalar. **3** petrificar.

trans·form /trænsˈfɔːrm/ *v* (**transforms, transforming, transformed, transformed**) **1** transformar. **2** metamorfosear. **3** converter.

trans·form·er /trænsˈfɔːrmɚ/ *s* transformador.

trans·fuse /trænsˈfjuːz/ *v* (**transfuses, transfusing, transfused, transfused**) **1** transfundir; difundir. **2** *Med* fazer uma transfusão de sangue.

trans·fu·sion /trænsˈfjuːʒən/ *s* **1** transfusão. **2** *Med* transfusão de sangue.

trans·gress /trænsˈɡres/ *v* (**transgresses, transgressing, transgressed, transgressed**) **1** transgredir; violar; infringir. **2** delinqüir.

trans·gres·sion /trænsˈɡreʃən/ *s* **1** transgressão; violação da lei. **2** delito; ofensa.

tran·sient /ˈtrænʃənt, ˈtrænsiənt/ *adj* transitório. ‖ *s* pessoa em trânsito.

tran·sit /ˈtrænsɪt/ *s* **1** *tb Astron* trânsito; passagem. **2** transição.

tran·si·tion /trænˈzɪʃən/ *s* **1** transição; passagem. **2** *Gram* conjunção.

tran·si·tive /ˈtrænsətɪv/ *adj Gram* transitivo. ‖ *s Gram* verbo transitivo.

tran·si·to·ry /ˈtrænsətɔːri/ *adj* transitório.

trans·late /trænsˈleɪt/ *v* (**translates, translating, translated, translated**) **1** traduzir. **2** interpretar. **3** transmitir (telegrama).

trans·la·tion /trænsˈleɪʃən/ *s* tradução; versão; interpretação.

trans·lu·cence /trænsˈluːsəns/ *s* transparência. (*var* **translucency**).

trans·lu·cen·cy /trænsˈluːsənsi/ → **translucence**.

trans·lu·cent /trænsˈluːsənt/ *adj* translúcido.

trans·ma·rine /trænsməˈriːn/ *adj* transmarino; ultramarino.

trans·mi·gra·tion /trænsmaɪɡreɪʃən/ s transmigração; reencarnação.

trans·mis·si·ble /trænsmɪsəbəl/ adj transmissível.

trans·mit /trænsmɪt/ v (**transmits, transmitting, transmitted, transmitted**) transmitir; propagar; conduzir.

trans·mit·ter /trænsmɪtə/ s tb Eletrôn transmissor.

trans·mu·ta·tion /trænsmju:teɪʃən/ s transmutação; transformação.

tran·som /trænsəm/ s 1 trave; viga. 2 Náut pranchão.

trans·par·en·cy /trænspɛrənsi/ s 1 transparência. 2 diapositivo. (pl **transparencies**)

trans·par·ent /trænspɛrənt/ adj transparente.

tran·spi·ra·tion /trænspɪreɪʃən/ s transpiração.

tran·spire /trænspaɪə/ v (**transpires, transpiring, transpired, transpired**) 1 transpirar; vir a saber; ser divulgado. 2 transpirar; suar.

trans·plant /trænsplænt/ s transplante. II /trænsplænt, trænsplænt/ v (**transplants, transplanting, transplanted, transplanted**) transplantar.

trans·port /trænspɔːrt/ s 1 transporte. 2 êxtase; grande emoção. 3 indivíduo deportado, degredado. II /trænspɔːrt, trænspɔːrt/ v (**transports, transporting, transported, transported**) 1 transportar. 2 emocionar muito. 3 deportar; degredar.

trans·por·ta·tion /trænspəteɪʃən/ s transporte.

trans·pose /trænspouz/ v (**transposes, transposing, transposed, transposed**) 1 transpor. 2 inverter a ordem.

trans·sex·u·al /trænsekʃuəl/ s e adjtransexual.

trans·verse /trænsvɜːrs/ adj e s transversal.

trans·ves·tite /trænsvestaɪt/ s travesti.

trap /træp/ s 1 laço; armadilha. 2 cilada; arapuca. 3 sifão. 4 gír boca. 5 Comp armadilha (dispositivo que capta alguma coisa como uma variável). II v (**traps**,

trapping, trapped, trapped) 1 armar laç 2 colocar armadilhas. 3 prender; con nar. ♦ **be trapped** ficar preso. **fall/g into the trap** cair na armadilha. **set trap** armar uma armadilha. **shut you trap** cale a boca. **traps** pertences.

trap door s alçapão.

tra·peze /træpiːz/ s trapézio.

trap·e·zoid /træpɪzɔɪd/ s Mat e Anat tr pezóide.

trap·pings /træpɪŋz/ s 1 arreios. 2 orn mentos. 3 adornos (de cavalo).

trash /træʃ/ s 1 entulho; lixo. 2 refug materiais descartáveis. 3 produção lit rária sem valor. 4 pessoa tola. II v (**trashe trashing, trashed, trashed**) 1 podar; ap rar. 2 gír jogar fora; rejeitar. 3 atacar ve balmente. 4 destruir; arruinar.

trau·ma /trɔːmə/ s Med trauma. (pl **trau mas** ou **traumata** /trɔːmətə/).

trav·el /trævəl/ v (**travels, traveling travelling, traveled/travelled, traveled travelled**) 1 viajar. 2 percorrer. 3 m ver-se; deslocar-se. II s 1 viagem; jo nada. 2 percurso. ♦ **travels** relato d viagem.

travel agency s agência de viagens.

travel agent s agente de viagens.

trav·el·er /trævələ/ s viajante. (var tra eller)

traveler's check s cheque de viagem.

trav·el·ler /trævələ/ → traveler.

tra·verse /trævəs, trævɜːrs/ s 1 travess 2 travessão. 3 viga. 4 através. 5 barre ra. 6 linha transversal. II adj transve sal. II /trævɜːrs, trævəs/ v (**traverses traversing, traversed, traversed**) 1 atr vessar; cruzar. 2 percorrer. 3 girar; r dar (sobre o eixo). 4 caminhar de lad 5 examinar.

trav·es·ty /trævɪsti/ s paródia; caricat ra; imitação grotesca. (pl **travesties**).

trawl /trɔːl/ s rede de arrasto. II v (**trawls trawling, trawled, trawled**) pescar cor rede de arrasto.

tray /treɪ/ s tabuleiro; bandeja.

treach·er·y /tretʃəri/ s traição; insídia. (**treacheries**)

trea·cly /triːkli/ adj meloso; sentimenta

tread /trɑːd/ v (**treads, treading, trod, trodden/trod**) 1 pisar; pôr o pé. 2 esmagar; calcar; pisotear. 3 caminhar; trilhar. 4 copular (aves). ‖ s 1 passo; maneira de andar. 2 piso (degrau de escada). 3 gala (fecundação da ave fêmea). ♦ **tread down** calcar; espezinhar. **tread on eggs** pisar em ovos.

tread·le /trɛdl/ s pedal. ‖ v (**treadles, treadling, treadled, treadled**) pedalar.

trea·son /triːzən/ s traição; deslealdade.

trea·son·a·bly /triːzənəbli/ adv traiçoeiramente.

treas·ure /treʒər/ s tesouro; riqueza. ‖ v (**treasures, treasuring, treasured, treasured**) 1 entesourar. 2 prezar muito; dar grande valor.

treas·ur·y /treʒəri/ s 1 tesouraria. 2 maiús Ministério da Fazenda. (pl **treasuries**).

treat /triːt/ v (**treats, treating, treated, treated**) 1 tratar; lidar com; considerar. 2 obsequiar; pagar (bebidas, comidas, etc.); pagar as despesas. 3 tratar de alguém; cuidar; prestar serviços médicos. 4 tratar de; versar sobre; debater. 5 discutir; negociar. ‖ s 1 grande satisfação. 2 prazer; deleite. 3 comidas, bebidas ou entretenimento oferecidos por alguém. ♦ **trick or treat** travessura ou gostosura (dito das crianças no dia das bruxas).

trea·tise /triːtɪs/ s tratado.

treat·ment /triːtmənt/ s tratamento.

trea·ty /triːti/ s 1 tratado (diplomático); acordo entre nações. 2 negociação; acordo; contrato. (pl **treaties**).

treb·le /trebəl/ adj 1 triplo; triplicado. 2 agudo. ‖ s 1 Mús voz de soprano ou tiple; a voz mais aguda. 2 triplo. ‖ v (**trebles, trebling, trebled, trebled**) triplicar.

tree /triː/ s 1 árvore. 2 poste, coluna, estaca de madeira.

tre·foil /triːfɔɪl, trefɔɪl/ s Bot trevo.

trem·ble /trembəl/ s tremor; tremedeira. ‖ v (**trembles, trembling, trembled, trembled**) 1 tremer; estremecer. 2 recear; temer. ♦ **trembles** calafrios.

tre·men·dous /trɪmendəs/ adj 1 tremendo. 2 enorme; imenso. 3 inform maravilhoso.

trem·or /tremər/ s 1 tremor; estremecimento. 2 agitação.

trem·u·lant /tremjələnt/ adj trêmulo.

trench /trentʃ/ s 1 trincheira. 2 fosso; vala; valeta. ‖ v (**trenches, trenching, trenched, trenched**) entrincheirar.

trend /trend/ s 1 inclinação; tendência. 2 rumo; direção. 3 moda. ‖ v (**trends, trending, trended, trended**) tender; ter inclinação.

trep·i·da·tion /trepɪdeɪʃən/ s 1 trepidação; tremedeira. 2 apreensão; temor; receio.

tres·pass /trespæs/ v (**trespasses, trespassing, trespassed, trespassed**) 1 cometer uma ofensa, transgressão. 2 Jur violar a propriedade de alguém (entrar sem permissão). ‖ s 1 Jur violação de propriedade. 2 transgressão de lei ou código.

tress /tres/ s trança ou cacho longo de cabelo.

tres·tle /tresəl/ s cavalete.

tri·ad /traɪæd/ s tb Mús tríade; trio.

tri·al /traɪəl/ s 1 Jur julgamento; processo. 2 tentativa; ensaio. 3 experiência; prova. 4 provação; sofrimento. 5 Comp teste (para novos equipamentos). ‖ adj 1 Jur relativo a julgamento, processo judicial. 2 provisório. ♦ **on trial** em experiência. **trial by fire** prova de fogo.

trial balance s Comer balancete.

tri·an·gle /traɪæŋgəl/ s tb Mús triângulo.

tri·an·gu·lar /traɪæŋgjələr/ adj triangular.

tri·ar·chy /traɪɑːrki/ s triunvirato (governo de três pessoas). (pl **triarchies**).

tribe /traɪb/ s 1 tribo. 2 grupo de pessoas que tem o mesmo interesse.

trib·u·la·tion /trɪbjəleɪʃən/ s tribulação; aflição; infortúnio.

tri·bu·nal /traɪbjuːnəl/ s tribunal.

trib·u·tar·y /trɪbjəteri/ s afluente de um rio. (pl **tributaries**). ‖ adj tributário.

trib·ute /trɪbjuːt/ s 1 tributo; imposto; taxa. 2 homenagem; tributo. ♦ **pay tribute to** prestar homenagem a.

trice /traɪs/ v (**trices, tricing, triced, triced**) Náut içar; guindar. ‖ s instante; momento.

trick /trɪk/ s 1 truque; artifício; ardil. 2 burla; artimanha; trapaça. 3 travessura; arte; brincadeira. 4 jeito; habilidade especial. 5 ilusão. ‖ v (tricks, tricking, tricked, tricked) enganar; burlar; trapacear; ludibriar. ◆ trick out/up adornar; enfeitar. do/turn the trick resolver um problema.

trick·le /trɪkəl/ v(trickles, trickling, trickled, trickled) 1 fluir ou gotejar; escorrer; pingar. 2 mover-se lenta e constantemente. ‖ s filete; gotejamento.

trick·y /trɪki/ adj 1 enganador. 2 delicado; complicado; que requer habilidade e precaução. (gr comp trickier. gr super trickiest).

tri·col·or /traɪkʌlər/ adj tricolor. ‖ s bandeira tricolor.

tri·corn /traɪkɔːrn/ s tricórnio (chapéu de três bicos). (var tricorne).

tri·corne /traɪkɔːrn/ → tricorn.

tri·cot /triːkou/ s tricô; malha.

tri·cy·cle /traɪsɪkəl/ s triciclo.

tri·di·men·sion·al /traɪdɪmenʃənəl/ adj tridimensional.

tried /traɪd/ pass e part pass de try. ‖ adj comprovado; testado; a toda prova.

tri·fle /traɪfəl/ s 1 ninharia; algo de pouca importância. 2 bagatela; quantia muito pequena. ‖ v (trifles, trifling, trifled, trifled) 1 brincar com. 2 desperdiçar; esbanjar.

trig /trɪg/ s travão; calço; breque. ‖ adj bem vestido; elegante. ‖ v(trigs, trigging, trigged, trigged) 1 vestir-se bem. 2 calçar; apoiar.

trig·ger /trɪgər/ s gatilho; disparador. ‖ v (triggers, triggering, triggered, triggered) 1 desencadear. 2 disparar; explodir.

trig·o·nom·e·try /trɪgənɑːmətri/ s Mat trigonometria.

trill /trɪl/ s trinado; gorjeio. ‖ v (trills, trilling, trilled, trilled) trinar; gorjear.

tril·lion /trɪljən/ s trilhão.

tril·o·gy /trɪlədʒi/ s trilogia.

trim /trɪm/ v (trims, trimming, trimmed, trimmed) 1 aparar; cortar os excessos; podar. 2 enfeitar; ornamentar; adornar. 3 pôr em ordem; arrumar. 4 Náut ma-

nobrar uma embarcação a vela. 5 Ae equilibrar (avião). 6 inform bater; espan car. ‖ s 1 ordem; boa forma; boa apa rência. 2 apara; aparadela; corte; aca bamento. 3 ornamento; adorno; enfeite 4 roupa; vestuário. ‖ adj 1 bem cuidado bem-arranjado. 2 asseado; limpo. 3 ele gante; esbelto.

tri·mes·ter /traɪmestər, traɪmestər/ s trimes tre.

trim·ming /trɪmɪŋ/ s ornamento; enfeite adorno. ◆ trimmings 1 aparas; sobra 2 acessórios.

trine /traɪn/ adj tríplice; trino. ‖ s 1 trio tríade. 2 maiús Relig trindade. 3 Astro trígono.

Trin·i·dad and To·ba·go /trɪnɪdæd ən toubeɪgou/ s Trinidad e Tobago.

Trin·i·dad·i·an /trɪnɪdædiən/ s e adj trini tário.

trin·ket /trɪŋkɪt/ s 1 ninharia. 2 berloque.

tri·o /triːou/ s tb Mús trio.

trip /trɪp/ s 1 viagem; excursão; passeio. 2 rasteira; cambapé. 3 passo em falso; tropeção. 4 engano; erro. ‖ v (trips tripping, tripped, tripped) 1 tropeçar; dar um passo em falso. 2 passar uma ras teira ou sofrer uma rasteira. 3 andar ou dançar com passos leves; saltitar. 4 en ganar-se; equivocar-se; confundir-se. 5 viajar. ◆ trip up errar.

tripe /traɪp/ s 1 tripa; bucho; dobradinha. 2 inform coisas; valor; porcaria.

triph·thong /trɪfθɑːŋ/ s Ling tritongo.

tri·plane /traɪpleɪn/ s triplano (avião).

tri·ple /trɪpəl/ adj triplicado. ‖ s triplo. ‖ v (triples, tripling, tripled, tripled) triplicar.

trip·let /trɪplət/ s terno; trinca; conjunto de três. ◆ triplets trigêmeos.

trip·li·ca·tion /trɪplɪkeɪʃən/ s triplicação; ato de tirar três vias ou cópias.

tri·pod /traɪpɑːd/ s trípode; tripé.

tri·syl·la·ble /traɪsɪləbəl/ s Ling trissílabo.

trite /traɪt/ adj trivial; banal; sem originalidade.

trit·u·ra·tion /trɪtʃəreɪʃən/ s trituração.

tri·umph /traɪəmf/ s triunfo; vitória.

triv·i·al /trɪviəl/ adj trivial; banal; insignificante.

rog·lo·dyte /trɑ:glədaɪt/ s troglodita.

rol·ley /trɑ:li/ s 1 bonde. 2 carrinho (usa-do em hospital, restaurante, aeroporto, etc.) empurrado à mão. 3 vagonete (usa-do em minas). (pl **trolleys** ou **trollies**. var **trolly**).

rolley bus s ônibus elétrico.

rolley car s bonde.

rol·ly /trɑ:li/ → **trolley**.

rom·bone /trɑ:mboun, trɑ:mboun/ s Mús trombone.

roop /tru:p/ s 1 grupo; bando. 2 tropa (soldados, cavalos, gado). 3 unidade de escoteiros. || v (**troops, trooping, trooped, trooped**) 1 mover-se em bando. 2 desfi-lar; marchar.

roop·er /tru:pə⁄ s soldado de cavalaria; soldado da polícia montada.

ro·phy /troufi/ s troféu. (pl **trophies**).

rop·ic /trɑ:pɪk/ s e adj trópico.

rop·i·cal /trɑ:pɪkəl/ adj tropical.

rot /trɑ:t/ s trote. || v (**trots, trotting, trotted, trotted**) trotar; correr ou andar com passos rápidos. ♦ **on the trot** inform ocupado. **trot out** inform exibir; mostrar.

roth /trɑ:θ, trouθ/ s fidelidade; promessa.

rou·ble /trʌbəl/ s 1 problema; dificulda-de; apuro. 2 desgosto; aborrecimento. 3 inquietação; preocupação. 4 transtor-no; incômodo. 5 risco; perigo. 6 agita-ção; conflito; desordem. 7 doença; mal; enfermidade. || v (**troubles, troubling, troubled, troubled**) 1 aborrecer(-se); preocupar(-se). 2 incomodar(-se); pertur-bar(-se). 3 agitar; transtornar. ♦ **be in trouble** estar em apuros. **get into trouble** meter-se em encrencas. **it's not worth the trouble** não vale a pena.

rou·ble-mak·er /trʌbəlmeɪkə⁄ s desordei-ro; encrenqueiro.

rou·ble-shoot·er /trʌbəlʃu:tə⁄ s tb Comp solucionador de problemas. (tb **trouble-shooter**).

rou·ble·some /trʌbəlsəm/ adj 1 perturba-dor; aborrecedor; preocupante. 2 difícil.

rou·blous /trʌbləs/ adj 1 perturbado; agi-tado; cheio de problemas. 2 perturbador.

:rough /trɑ:f/ s 1 cocho; gamela. 2 calha (de telhado).

trounce /trauns/ v (**trounces, trouncing, trounced, trounced**) 1 surrar; espancar. 2 vencer; derrotar. 3 censurar.

troupe /tru:p/ s trupe (companhia teatral).

trou·sers /trauzə⁄z/ s pl calças. (var **trow-sers**).

trous·seau /tru:sou, tru:sou/ s enxoval de noiva. (pl **trousseaux** /tru:souz, tru:souz/ ou **trousseaus**).

trout /traut/ s Zool truta. (pl **trout** ou **trouts**).

trow·el /trauəl/ s colher de pedreiro.

tru·ant /tru:ənt/ s aluno ou trabalhador que se ausenta sem permissão (da es-cola, trabalho). || adj preguiçoso; indo-lente. ♦ **play truant** matar aula; cabular.

truce /tru:s/ s armistício; trégua.

truck /trʌk/ s 1 caminhão para transpor-te. 2 carrinho de mão para transporte. 3 plataforma sobre rodas. 4 inform pe-quenos artigos de pouco valor. 5 bens de troca. 6 hortaliças para serem vendidas. 7 permuta; troca. 8 inform negócios. || v (**trucks, trucking, trucked, trucked**) 1 transportar em caminhão. 2 dirigir ca-minhão. 3 trocar; comercializar.

truck driver s motorista de caminhão.

truck farm s chácara que produz hortali-ças para o mercado.

truc·u·lent /trʌkjələnt/ adj truculento.

trudge /trʌdʒ/ v (**trudges, trudging, trudged, trudged**) caminhar penosamente; arrastar-se. || s caminhada penosa, tediosa.

true /tru:/ adj 1 verdadeiro; real. 2 certo; exato. 3 fiel; leal. 4 fundamental; essen-cial. 5 genuíno; legítimo; autêntico. 6 sin-cero. || s (us **the**) verdade; realidade.

true·love /tru:lʌv/ s bem-amado; namo-rado.

truf·fle /trʌfəl/ s 1 trufa; túbera (cogume-lo subterrâneo). 2 trufa de chocolate.

tru·ism /tru:ɪzəm/ s truísmo.

trull /trʌl/ s prostituta; meretriz.

tru·ly /tru:li/ adv sinceramente; verdadei-ramente.

trump /trʌmp/ s 1 trunfo. 2 inform pes-soa admirável, boa praça. || v (**trumps, trumping, trumped, trumped**) trunfar. ♦ **trump up** forjar; fraudar.

trum·pet /trʌmpɪt/ s Mús **1** trombeta. **2** clarim; trompete. ǁ v (**trumpets, trumpeting, trumpeted, trumpeted**) tocar trombeta; trombetear; apregoar.

trun·cheon /trʌntʃən/ s cassetete de policial.

trunk /trʌŋk/ s **1** tronco (de árvore, animal ou homem). **2** baú; mala grande; porta-malas. **3** linha telefônica principal; tronco. ♦ **trunks** calção de banho; sunga.

truss /trʌs/ s **1** Med funda (de hérnia). **2** treliça (para sustentar pontes). **3** qualquer coisa amarrada junto; feixe; molho. ǁ v (**trusses, trussing, trussed, trussed**) **1** amarrar. **2** reforçar; sustentar. **3** amarrar as pernas e asas de uma ave antes de cozinhá-la.

trust /trʌst/ s **1** confiança; crédito. **2** responsabilidade; encargo. **3** Econ truste; consórcio; monopólio. **4** guarda; custódia; cuidado. **5** Jur fideicomisso; curador depositário. ǁ v (**trusts, trusting, trusted, trusted**) **1** confiar; ter confiança em. **2** ter fé em; crer; acreditar. **3** deixar aos cuidados de; encarregar. **4** dar crédito a; encarregar; fiar.

trus·tee /trʌstiː/ s Jur curador; administrador; fideicomissário; depositário de bens em penhora.

trust·ful /trʌstfəl/ adj confiante; esperançoso.

trust·y /trʌsti/ adj fidedigno; confiável. (gr comp **trustier**. gr super **trustiest**). ǁ s **1** preso que goza de privilégios por seu bom comportamento. **2** pessoa de confiança. (pl **trusties**).

truth /truːθ/ s **1** verdade; veracidade. **2** sinceridade; integridade. **3** fidelidade em relação a um original ou padrão. (pl **truths**) ♦ **in truth** realmente; com toda honestidade. **to tell you the truth** para falar a verdade; para ser honesto; na realidade.

truth·ful /truːθfəl/ adj **1** verídico; verdadeiro. **2** que fala verdade.

try /traɪ/ v (**tries, trying, tried, tried**) **1** tentar. **2** experimentar; provar. **3** pôr à prova; ensaiar. **4** Jur ouvir um acusado durante um processo judicial. ǁ s **1** tentativa. **2** experiência. **3** ensaio; prova. (p tries). ♦ **try on** experimentar ou provar uma roupa, um calçado. **try one's best** tentar o melhor possível. **try out** experimentar; testar.

tryst /trɪst/ s **1** encontro. **2** lugar do encontro. ǁ v (**trysts, trysting, trysted, trysted**) marcar encontro, afirmando a hora e o lugar.

T-shirt /tiːʃɜːrt/ s camiseta. (tb **tee shirt**).

Tu. abrev de **Tuesday**.

tub /tʌb/ s **1** tina; cuba. **2** banheira. ǁ v (**tubs, tubbing, tubbed, tubbed**) lavar-se na tina ou banheira.

tu·ba /tuːbə, tjuːbə/ s Mús tuba.

tube /tuːb, tjuːb/ s **1** tubo. **2** bisnaga. **3** Eletrôn válvula.

tu·ber /tuːbə, tjuːbə/ s Bot tubérculo.

tu·ber·cu·lo·sis /tuːbɜːrkjəloʊsɪs/ s Med tuberculose.

tuck /tʌk/ s **1** dobra; prega; bainha. **2** batida (em tambor). **3** vigor; energia. ǁ v (**tucks, tucking, tucked, tucked**) **1** meter para dentro; enfiar. **2** esconder; guardar. **3** preguear; dobrar. **4** cobrir bem; aconchegar. **5** empanturrar-se; encher-se de comida.

Tue. abrev de **Tuesday**. (tb **T., Tu.** e **Tues.**).

Tues·day /tuːzdeɪ, tuːzdi/ s terça-feira. (abrev **Tue., T., Tu., Tues.**).

tuft /tʌft/ s **1** tufo (de penas, cabelos, gramas, etc.). **2** topete; penacho. **3** cavanhaque. **4** moitas densas.

tug /tʌg/ s **1** ato de puxar com esforço. **2** puxão. **3** rebocador. **4** grande esforço. ǁ v (**tugs, tugging, tugged, tugged**) **1** puxar com força. **2** rebocar. **3** esforçar-se muito. ♦ **tug of war** cabo de guerra (brincadeira infantil).

tu·i·tion /tuɪʃən/ s instrução; ensino.

tu·lip /tuːlɪp/ s Bot tulipa.

tum·ble /tʌmbəl/ v (**tumbles, tumbling, tumbled, tumbled**) **1** derrubar; fazer cair. **2** tombar; desabar. **3** levar um trambolhão; cair de repente. **4** andar aos tropeções; tropeçar. **5** dar saltos acrobáticos, cambalhotas. ǁ s **1** tombo; desabamento. **2** cambalhota. **3** desordem; confusão.

tum·bler /tʌmblə/ s 1 saltador; acrobata; ginasta. 2 copo de vidro com base redonda.

tum·brel /tʌmbrəl/ s 1 carroça de duas rodas usada em fazendas. 2 carrinho que levava os prisioneiros à guilhotina na Revolução Francesa. (var **tumbril**).

tum·bril /tʌmbrəl/ → **tumbrel**.

tu·me·fy /tuːməfaɪ/ v (**tumefies, tumefying, tumefied, tumefied**) tumeficar; inchar; intumescer.

tu·mid /tuːmɪd/ adj 1 túmido; inchado. 2 protuberante. 3 bombástico; inflado.

tu·mor /tuːmə/ s Med tumor.

tu·mult /tuːmʌlt/ s tumulto; motim.

tu·mu·lus /tuːmjələs/ s túmulo. (pl **tumuli** /tuːmjəlaɪ/).

tun /tʌn/ s tonel grande; pipa de cerveja ou vinho.

tu·na /tuːnə/ s 1 Zool atum. (pl **tuna** ou **tunas**). 2 Bot tuna (espécie de cactácea).

tune /tuːn, tjuːn/ s 1 melodia; música. 2 entonação. ◆ **tune up** afinar (piano). **tune in** sintonizar (rádio). **be in tune** estar afinado; estar de acordo. **be out of tune** estar desafinado; estar em desacordo.

tune·ful /tuːnfəl, tjuːnfəl/ adj melodioso.

tu·nic /tuːnɪk/ s túnica.

Tu·ni·sia /tuːniːʒə/ s Tunísia.

Tu·ni·sian /tuːniːʒə/ s e adj tunisiano.

tun·nel /tʌnəl/ s túnel. II v (**tunnels, tunneling/tunnelling, tunneled/tunnelled, tunneled/tunnelled**) abrir ou perfurar um túnel.

tur·ban /tɜːrbən/ s turbante.

tur·bid /tɜːrbɪd/ adj 1 túrbido. 2 confuso.

tur·bine /tɜːrbɪn, tɜːrbaɪn/ s turbina.

tur·bu·lent /tɜːrbjələnt/ adj turbulento.

tu·reen /tʊriːn/ s terrina; sopeira.

turf /tɜːrf/ s 1 relva; gramado. 2 torrões de grama para plantio. 3 turfa. 4 Esp turfe; hipismo. (pl **turfs** ou **turves**). II v (**turfs, turfing, turfed, turfed**) gramar; cobrir de relva.

tur·ges·cent /tɜːrdʒesənt/ adj 1 túrgido; inchado. 2 pomposo.

Turk /tɜːrk/ s turco.

tur·key /tɜːrki/ s 1 maiús Turquia. 2 minús Zool peru. 3 minús inform pessoa inep-

ta, estúpida. ◆ **talk turkey** inform falar francamente, seriamente.

Turk·ish /tɜːrkɪʃ/ adj turco.

Turk·men·i·stan /tɜːrkmenɪstən/ s Turcomenistão.

Turk·men /tɜːrkmen/ s e adj turcomano; turcomeno.

tur·ma·line /tʊrməlɪn/ → **tourmaline**.

tur·moil /tɜːrmɔɪl/ s tumulto; desordem; confusão.

turn /tɜːrn/ v (**turns, turning, turned, turned**) 1 virar; voltar. 2 girar; dar voltas; rodar. 3 transformar; tornar. 4 volver; desviar. 5 atingir; chegar. 6 torcer; tornear. 7 dobrar; virar do avesso. II s 1 volta; rotação; giro. 2 virada; desvio. 3 vez; turno. 4 inclinação; pendor. ◆ **at every turn** em qualquer lugar; em qualquer momento. **by turns** um após outro; alternadamente. **in turn** por sua vez. **on the turn** no ponto; na hora. **turn away** afastar-se; recusar-se a ver. **turn back** repelir; fazer voltar. **turn down** 1 recusar. 2 abaixar. 3 dobrar para baixo. **turn left** virar à esquerda. **turn in** 1 dobrar para dentro. 2 entregar; apresentar. **turn into** transformar; converter. **turn off** desligar (rádio, motor); apagar (luz). **turn on** ligar; acender. **turn one's back on** negar; rejeitar; virar as costas. **turn one's coat** virar a casaca; mudar de opinião. **turn one's hands** dedicar-se; aplicar-se. **turn one's nose up** torcer o nariz; desdenhar. **turn out** 1 expulsar. 2 virar do avesso. 3 despejar; esvaziar. **turn over** revolver; mudar de posição. **turn right** virar à direita. **turn round** girar; virar-se. **turn up** aparecer; apresentar-se.

turn·coat /tɜːrnkoʊt/ s vira-casaca.

turn·er /tɜːrnə/ s torneiro (que trabalha no torno).

turn·ing /tɜːrnɪŋ/ s 1 curva; volta. 2 rotação. 3 ato de tornear.

turning point s ponto crítico; ponto decisivo.

tur·nip /tɜːrnɪp/ s Bot nabo.

turn·key /tɜːrnki/ s carcereiro.

turnkey system s Comp sistema fechado.

turn·o·ver /tɜːrnoʊvɚ/ s 1 reviravolta; mudança. 2 quantidade de dinheiro movimentado em um negócio. 3 rotatividade dos trabalhadores numa determinada empresa. 4 renovação de estoque. 5 torta ou pastel de massa folhada.

turn·pike /tɜːrnpaɪk/ s pedágio.

turn·stile /tɜːrnstaɪl/ s catraca; roleta.

tur·pi·tude /tɜːrpɪtuːd/ s torpeza; vileza.

tur·quoise /tɜːrkwɔɪz/ s Min turquesa.

tur·tle /tɜːrtl/ s Zool tartaruga.

tur·tle·neck /tɜːrtlnæk/ s 1 gola olímpica. 2 blusa com essa gola.

tusk /tʌsk/ s presa de elefante; dente de javali; colmilho.

tus·sle /tʌsəl/ s contenda; disputa; luta. ‖ v (**tussles, tussling, tussled, tussled**) lutar; brigar.

tus·sock /tʌsək/ s tufo (grama, cabelos, etc.).

tu·te·lage /tuːtəlɪdʒ/ s 1 tutela; tutoria. 2 educação; ensino.

tu·tor /tuːtɚ/ s 1 professor particular. 2 Jur tutor. 3 professor ou assistente em algumas universidades americanas. ‖ v (**tutors, tutoring, tutored, tutored**) 1 ensinar; dar aulas particulares. 2 Jur tutelar. 3 estudar sob a orientação de um professor particular.

Tu·va·lu /tuːvəluː, tuːvɑːluː/ s Tuvalu.

Tu·va·lu·an /tuːvəluːən, tuːvɑːluːən/ s e adj tuvaluano.

tux·e·do /tʌksiːdoʊ/ s 1 paletó de smoking. (tb dinner jacket). 2 smoking. (pl **tuxedos** ou **tuxedoes**).

twad·dle /twɑːdl/ s 1 bisbilhotice. 2 tagarelice; tolice. ‖ v (**twaddles, twaddling, twaddled, twaddled**) tagarelar; dizer tolices.

twang /twæŋ/ s 1 estridor; zunido; silvo. 2 som nasal. 3 voz fanhosa. ‖ v (**twangs, twanging, twanged, twanged**) 1 produzir som agudo. 2 falar pelo nariz.

tweed /twiːd/ s 1 tweed (tecido de lã de duas cores). 2 traje feito de tweed.

tweet·er /twiːtɚ/ s tweeter; alto-falante de agudos.

tweez·ers /twiːzɚz/ s pl us v sing e pl pinça; tenaz.

twelfth /twelfθ/ num décimo segundo.

twelve /twelv/ num doze.

twen·ti·eth /twentiɪθ/ num vigésimo.

twen·ty /twenti/ num vinte.

twice /twaɪs/ adv duas vezes; em dobro.

twid·dle /twɪdl/ s giro; volta. ‖ v (**twiddles, twiddling, twiddled, twiddled**) 1 torcer. 2 brincar. 3 dar volta. ♦ **twiddle one's thumbs** não fazer nada; vadiar.

twig /twɪg/ s rebento; raminho.

twi·light /twaɪlaɪt/ s 1 crepúsculo. 2 obscuridade. 3 iluminação difusa. 4 decadência.

twill /twɪl/ s sarja (tecido).

twin /twɪn/ s e adj gêmeo. ‖ v (**twins, twinning, twinned, twinned**) 1 dar à luz gêmeos. 2 igualar-se.

twine /twaɪn/ s 1 barbante (forte). 2 Náut fio de vela. ‖ v (**twines, twining, twined, twined**) 1 torcer em espiral. 2 enroscar; entrelaçar. 3 trançar (cordão, fio).

twin·kle /twɪŋkəl/ s 1 cintilação; brilho. 2 relance; vislumbre. 3 momento; instante. ‖ v (**twinkles, twinkling, twinkled, twinkled**) 1 cintilar; brilhar. 2 piscar; pestanejar.

twirl /twɜːrl/ s volta; rodopio; giro. ‖ v (**twirls, twirling, twirled, twirled**) 1 rodopiar; girar. 2 torcer; enrolar.

twist /twɪst/ v (**twists, twisting, twisted, twisted**) 1 torcer. 2 enrolar; enroscar. 3 retorcer; entrelaçar. 4 voltear; girar. 5 distorcer; deturpar. 6 serpentear; colear. 7 desviar-se; mudar de direção. 8 dançar tuíste. ‖ s 1 torção; torcedura. 2 volta; curva. 3 distorção; deformação. 4 fio torcido; cordão; cordel. 5 Mús tuíste.

twit /twɪt/ v (**twits, twitting, twitted, twitted**) troçar; zombar; ridicularizar. ‖ s zombaria; troça.

twitch /twɪtʃ/ s 1 puxão; safanão. 2 contração; crispação. ‖ v (**twitches, twitching, twitched, twitched**) 1 contrair; crispar; contorcer. 2 puxar de repente.

twit·ter /twɪtɚ/ s 1 chilreio; trinado. 2 alvoroço; agitação. ‖ v (**twitters, twittering, twittered, twittered**) 1 chilrear; gorjear. 2 alvoroçar-se. 3 falar rapidamente com voz trêmula. 4 rir nervosamente.

two /tu:/ *num* dois.

tym·bal /tɪmbəl/ → timbal.

tym·pan /tɪmpən/ *s Arq* tímpano.

type /taɪp/ *s* 1 tipo; classe; categoria. 2 estilo; forma. 3 protótipo; modelo. 4 *Tip* tipo. ‖ *v* (types, typing, typed, typed) 1 representar; simbolizar. 2 datilografar.

type·write /taɪpraɪt/ *v* (typewrites, type-writing, typewrote, typewritten) datilografar.

type·writ·er /taɪpraɪtər/ *s* máquina de datilografar.

ty·phoon /taɪfu:n/ *s* tufão.

ty·phus /taɪfəs/ *s Med* tifo.

typ·i·cal /tɪpɪkəl/ *adj* típico; característico.

typ·ist /taɪpɪst/ *s* datilógrafo.

ty·pog·ra·phy /taɪpɑ:grəfi/ *s* tipografia. (*pl* typographies).

ty·pol·o·gy /taɪpɑ:lədʒi/ *s* tipologia. (*pl* typologies).

tyr·an·ny /tɪrəni/ *s* tirania; despotismo. (*pl* tyrannies).

ty·ro /taɪroʊ/ *s* principiante; novato; amador. (*var* tiro).

tzar /tsa:r/ → czar.

U

u ou U /ju:/ s 21ª letra do alfabeto inglês. (pl u's ou U's). II abrev maiús de University. II símb Quím maiús de uranium.

u·biq·ui·ty /ju:bɪkwəti/ s ubiqüidade; onipresença.

ud·der /ʌdə/ s úbere.

u·dom·e·ter /ju:dɑ:mətə/ s udômetro; pluviômetro.

UFO /ju:efoʊ/ abrev de unidentified flying object; OVNI; objeto voador não-identificado. (pl UFOs ou UFO's).

u·fol·o·gy /ju:fɑ:lədʒi/ s ufologia; ovniologia.

U·gan·da /ju:gændə/ s Uganda.

U·gan·dan /ju:gændən/ s e adj ugandense.

ugh /ʌg/ interj usada para expressar repulsa ou horror.

ug·ly /ʌgli/ adj 1 feio; horrendo. 2 repulsivo; desagradável. 3 ameaçador. 4 problemático. 5 nervoso; raivoso. (gr comp uglier. gr super ugliest). II s inform feio. (pl uglies).

ug·li·ness /ʌglɪnəs/ s feiúra; fealdade.

U.K. /ju:keɪ/ abrev de United Kingdom; Reino Unido. (tb UK).

U·kraine /ju:kreɪn, ju:kreɪn/ s Ucrânia.

U·krain·i·an /ju:kreɪnɪən/ s e adj ucraniano.

ul·cer /ʌlsə/ s úlcera; ferida.

ul·ster /ʌlstə/ s espécie de casacão de lã grossa com cinto.

ul·te·ri·or /ʌltɪrɪə/ adj 1 ulterior; posterior. 2 oculto; inconfesso.

ul·ti·mate /ʌltəmɪt/ adj 1 fundamental; essencial. 2 máximo; supremo; maior; extremo. 3 original; primitivo. 4 último; final. 5 longínquo; remoto. II s 1 conclusão; ponto final. 2 o extremo; o máximo. 3 fundamento; princípio.

ul·ti·mate·ly /ʌltəmɪtli/ adv finalmente.

ul·ti·ma·tum /ʌltəmeɪtəm/ s ultimato. (pl ultimatums ou ultimata /ʌltəmeɪtə/).

ul·tra·son·ic /ʌltrəsɑ:nɪk/ adj ultra-sônico.
   ♦ ultrasonics us v sing 1 ciência que trata dos ultra-sons. 3 acústica ultrasônica.

ul·tra·so·nog·ra·phy /ʌltrəsənɑ:grəfi/ s ultra-sonografia.

ul·tra·sound /ʌltrəsaʊnd/ s tb Med ultra-som.

ul·tra·vi·o·let /ʌltrəvaɪələt/ adj e s ultravioleta. (abrev U.V.; UV).

ul·u·late /ju:lju:leɪt/ v (ululates, ululating, ululated, ululated) uivar; ulular; ganir.

um·bil·i·cal /ʌmbɪlɪkəl/ adj umbilical.

umbilical cord s cordão umbilical.

um·brage /ʌmbrɪdʒ/ s 1 ofensa; ressentimento. 2 algo que produz sombra. 3 sombra.

um·brel·la /ʌmbrelə/ s guarda-chuva.

um·pire /ʌmpaɪə/ s Esp árbitro; juiz (especialmente no beisebol). II v (umpires, umpiring, umpired, umpired) Esp arbitrar.

ump·teen /ʌmpti:n/ adj inform inumerável; inúmero. ♦ umpteen times inúmeras vezes.

UN /ju:en/ abrev de United Nations; Nações Unidas.

un·a·bashed /ʌnəbæʃt/ adj 1 imperturbável; impassível. 2 óbvio.

un·a·ble /ʌneɪbəl/ adj 1 incapaz; ineficiente. 2 incompetente.

un·a·bridged /ʌnəbrɪdʒd/ adj não abreviado; integral; original (obra literária, texto).

un·ac·cent·ed /ʌnæksentɪd/ adj Gram átono; não acentuado.

un·ac·cept·a·ble /ʌnəkseptəbəl/ adj inaceitável; inadmissível; insatisfatório.

un·ac·com·plished /ʌnəkɑ:mplɪʃt/ adj incompleto; inacabado.

un·ac·count·a·ble /ʌnəkaʊntəbəl/ adj 1 inexplicável; injustificável. 2 irresponsável.

un·ac·cred·it·ed /ʌnəkredɪtɪd/ adj não-credenciado; não-autorizado.

un·ac·cus·tomed /ʌnəkʌstəmd/ adj 1 incomum. 2 desacostumado.

un·a·chiev·a·ble /ʌnətʃi:vəbəl/ adj inalcançável.

un·ac·quaint·ed /ʌnəkweɪntɪd/ adj 1 desconhecido; estranho. 2 pouco versado em. 3 que não foi apresentado.

un·ad·vised /ʌnədvaɪzd/ adj 1 irrefletido; imprudente. 2 desinformado.

un·af·fect·ed /ʌnəfektɪd/ adj 1 natural; sincero. 2 genuíno.

un·af·ford·a·ble /ʌnəfɔːrdəbəl/ adj muito caro; inacessível.

un·a·fraid /ʌnəfreɪd/ adj destemido.

un·al·ien·a·ble /ʌneɪliənəbəl/ adj inalienável; inseparável; intransferível.

un·al·ter·a·ble /ʌnɔːltəəbəl/ adj inalterável; imutável.

un·am·big·u·ous /ʌnæmbɪgjuəs/ adj claro; sem ambiguidade.

u·na·nim·i·ty /juːnənɪmɪti/ s unanimidade.

u·nan·i·mous /juːnænəməs/ adj unânime.

un·an·swer·a·ble /ʌnænsərəbəl/ adj irrespondível; irrefutável; incontestável.

un·ap·peas·a·ble /ʌnəpiːzəbəl/ adj implacável; insaciável.

un·ap·proach·a·ble /ʌnəproʊtʃəbəl/ adj 1 inacessível; distante. 2 intratável; reservado; antipático.

un·ap·pro·pri·at·ed /ʌnəproʊprieɪtɪd/ adj inadequado.

un·ap·proved /ʌnəpruːvd/ adj desaprovado.

un·apt /ʌnæpt/ adj 1 inadequado. 2 improvável.

un·ar·gu·a·ble /ʌnɑːrgjuəbəl/ adj incontestável.

un·armed /ʌnɑːrmd/ adj desarmado; indefeso.

un·ar·tic·u·lat·ed /ʌnɑːrtɪkjəleɪtɪd/ adj tb Biol inarticulado.

un·a·shamed /ʌnəʃeɪmd/ adj desavergonhado; sem-vergonha.

un·as·sum·ing /ʌnəsuːmɪŋ/ adj modesto; despretensioso.

un·at·tached /ʌnətætʃt/ adj 1 desligado; desprendido. 2 descomprometido.

un·at·tain·a·ble /ʌnəteɪnəbəl/ adj inconquistável; inalcançável.

un·at·tend·ed /ʌnətendɪd/ adj 1 não cuidado; abandonado; negligenciado. 2 sem atendentes (auto-atendimento). 3 não ouvido ou respondido.

un·a·vail·a·ble /ʌnəveɪləbəl/ adj inacessível; indisponível.

un·a·ware /ʌnəwer/ adj desatento; inconsciente. ‖ adv → unawares.

un·a·wares /ʌnəwerz/ adv de surpresa; inesperadamente. [var unaware].

un·bal·ance /ʌnbæləns/ v (unbalances, unbalancing, unbalanced, unbalanced) desequilibrar; desestabilizar.

un·bear·a·ble /ʌnberəbəl/ adj insuportável; intolerável.

un·beat·en /ʌnbiːtən/ adj 1 Esp invicto. 2 caminho não-trilhado. 3 não-batido; não-triturado.

un·be·com·ing /ʌnbɪkʌmɪŋ/ adj 1 impróprio. 2 em desacordo com as normas; que não condiz.

un·be·known /ʌnbɪnoʊn/ adj desconhecido; ignorado.

un·be·lief /ʌnbɪliːf/ s descrença; falta de fé.

un·be·liev·a·ble /ʌnbɪliːvəbəl/ adj incrível; inacreditável.

un·be·liev·er /ʌnbɪliːvə/ s 1 descrente. 2 Relig infiel.

un·bend /ʌnbend/ v (unbends, unbending, unbent, unbent) 1 tb Náut afrouxar; soltar; desamarrar. 2 descontrair; relaxar.

un·bend·ing /ʌnbendɪŋ/ adj 1 intransigente; rígido. 2 anti-social; reservado.

un·bid·den /ʌnbɪdən/ adj 1 não-convidado. 2 não-requisitado.

un·bind /ʌnbaɪnd/ v (unbinds, unbinding, unbound, unbound) 1 desamarrar; desatar. 2 soltar; libertar.

un·block /ʌnblɑːk/ v (unblocks, unblocking, unblocked, unblocked) desbloquear; desobstruir.

un·blush·ing /ʌnblʌʃɪŋ/ adj sem-vergonha; sem pudor.

un·born /ʌnbɔːrn/ adj 1 ainda não nascido; por nascer. 2 futuro; vindouro.

un·bos·om /ʌnbʊzəm/ v (unbosoms, unbosoming, unbosomed, unbosomed) revelar; confessar (segredos, sentimentos).

un·bound /ʌnbaʊnd/ v pass e part pass de unbind.

un·bound·ed /ʌnbaʊndɪd/ adj ilimitado; irrestrito.

un·break·a·ble /ʌnbreɪkəbəl/ adj e s inquebrável.

un·bro·ken /ʌnbroʊkən/ adj 1 intacto; inteiro. 2 sem interrupção; contínuo. 3 indomado (cavalo). 4 não violado.

U

un·but·ton /ʌnbʌtən/ v (unbuttons, unbuttoning, unbuttoned, unbuttoned) desabotoar.

un·called-for /ʌnkɔːldfɔːr/ adj indesejado; indigno.

un·can·ny /ʌnkæni/ adj 1 misterioso; sobrenatural. 2 estranho; esquisito. (gr comp uncannier. gr super uncanniest).

un·cared-for /ʌnkerdfɔːr/ adj desamparado; negligenciado.

un·ceas·ing /ʌnsiːsɪŋ/ adj incessante; contínuo.

un·cer·tain /ʌnsɜːrtən/ adj incerto; duvidoso; indefinido; instável.

un·cer·tain·ty /ʌnsɜːrtənti/ s incerteza. (pl uncertainties).

un·chain /ʌntʃeɪn/ v (unchains, unchaining, unchained, unchained) desacorrentar; soltar; libertar.

un·change·a·ble /ʌntʃeɪndʒəbəl/ adj imutável; inalterável.

un·charged /ʌntʃɑːrdʒd/ adj 1 descarregado (arma). 2 sem carga elétrica.

un·chaste /ʌntʃeɪst/ adj impudico; lascivo. (gr comp unchaster. gr super unchastest).

un·checked /ʌntʃekt/ adj 1 irreprimido; incontrolado; desenfreado. 2 não-verificado ou inspecionado.

un·chris·tian /ʌnkrɪstʃən/ adj não-cristão.

un·civ·il /ʌnsɪvəl/ adj incivil; mal-educado; grosseiro.

un·civ·i·lized /ʌnsɪvəlaɪzd/ adj incivilizado; bárbaro; inculto.

un·clasp /ʌnklæsp/ v (unclasps, unclasping, unclasped, unclasped) desabotoar; desenganchar; desafivelar; desprender; soltar.

un·cle /ʌŋkəl/ s 1 tio; titio. 2 gír penhorista; agiota. ♦ Uncle Sam Tio Sam.

un·clean /ʌnkliːn/ adj 1 sujo. 2 depravado; moralmente decaído. 3 impuro.

un·clear /ʌnklɪr/ adj indefinido; obscuro.

un·close /ʌnklouz/ v (uncloses, unclosing, unclosed, unclosed) 1 abrir(-se). 2 revelar.

un·coil /ʌnkɔɪl/ v (uncoils, uncoiling, uncoiled, uncoiled) desenrolar(-se); desenroscar(-se).

un·clothe /ʌnklouð/ v (unclothes, unclothing, unclothed, unclothed) despir.

un·com·fort·a·ble /ʌnkʌmfərtəbəl/ adj incômodo; penoso; desagradável.

un·com·mon /ʌnkɑːmən/ adj incomum; excepcional.

un·com·mu·ni·ca·tive /ʌnkəmjuːnɪkətɪv/ adj reservado; calado.

un·com·plain·ing /ʌnkəmpleɪnɪŋ/ adj que não se queixa; paciente.

un·com·plet·ed /ʌnkəmpliːtɪd/ adj incompleto; inacabado.

un·com·pro·mis·ing /ʌnkɑːmprəmaɪzɪŋ/ adj incondicional; intransigente; inflexível.

un·con·cern /ʌnkənsɜːrn/ s indiferença; despreocupação.

un·con·di·tion·al /ʌnkəndɪʃənəl/ adj incondicional; absoluto.

un·con·quer·a·ble /ʌnkɑːŋkərəbəl/ adj inconquistável.

un·con·scion·a·ble /ʌnkɑːnʃənəbəl/ adj 1 irracional. 2 inescrupuloso.

un·con·scious /ʌnkɑːnʃəs/ adj inconsciente; involuntário. II s Psic inconsciente.

un·con·scious·ness /ʌnkɑːnʃəsnəs/ s inconsciência.

un·con·sid·ered /ʌnkənsɪdərd/ adj 1 irrefletido. 2 desconsiderado.

un·con·sti·tu·tion·al /ʌnkɑːnstətuːʃənəl/ adj inconstitucional.

un·con·trol·la·ble /ʌnkəntrouləbəl/ adj incontrolável; indomável.

un·con·ven·tion·al /ʌnkənvenʃənəl/ adj 1 inconvencional; informal. 2 incomum.

un·cooked /ʌnkʊkt/ adj não-cozido; cru.

un·co·or·di·nat·ed /ʌnkouɔːrdəneɪtɪd/ adj 1 descoordenado (física e mentalmente). 2 sem planejamento; sem método.

un·cor·rect·ed /ʌnkərektɪd/ adj incorreto.

un·count·a·ble /ʌnkaʊntəbəl/ adj incontável; inumerável.

un·couth /ʌnkuːθ/ adj 1 em estado natural; cru. 2 desajeitado; inculto.

un·cov·er /ʌnkʌvər/ v (uncovers, uncovering, uncovered, uncovered) 1 destapar; descobrir. 2 revelar; evidenciar. 3 tirar o chapéu (como forma de reverência ou respeito).

un·cov·ered /ʌnkʌvərd/ adj 1 descoberto; desprotegido. 2 sem chapéu.

un·cross /ʌnkrɑːs/ v (uncrosses, uncrossing, uncrossed, uncrossed) descruzar (as pernas, os braços).

U

unc·tion /ˈʌŋkʃən/ s 1 unção. 2 ungüento; bálsamo.

unc·tu·ous /ˈʌŋktʃuəs/ adj 1 untuoso; gorduroso. 2 rico em material orgânico (solo).

un·cul·tured /ʌnˈkʌltʃəd/ adj inculto.

un·cut /ʌnˈkʌt/ adj 1 não-cortado; inteiriço; integral. 2 sem cortes; original (filme, texto).

un·dam·aged /ʌnˈdæmɪdʒd/ adj indene; ileso; incólume.

un·dat·ed /ʌnˈdeɪtɪd/ adj sem data.

un·daunt·ed /ʌnˈdɔːntɪd/ adj ousado; indômito; destemido.

un·de·ceive /ʌndɪˈsiːv/ v (undeceives, undeceiving, undeceived, undeceived) libertar-se de ilusões.

un·de·cid·ed /ʌndɪˈsaɪdɪd/ adj indeciso; não determinado; em aberto. ‖ s indeciso (eleitor).

un·decked /ʌnˈdekt/ adj 1 sem ornamentos. 2 Náut sem convés.

un·de·clared /ʌndɪˈklerd/ adj sem declaração formal.

un·de·ni·a·ble /ʌndɪˈnaɪəbəl/ adj inegável; irrefutável.

un·der /ˈʌndə/ prep 1 sob; debaixo de; embaixo de. 2 em posição ou grau inferior; menor. 3 de acordo com; conforme. ‖ adv 1 embaixo; debaixo. 2 inferiormente. ‖ adj inferior.

un·der·age /ˈʌndəˈeɪdʒ/ adj de menor idade. (var underaged). ‖ s falta; deficiência.

un·der·aged /ˈʌndəˈeɪdʒd/ → underage.

un·der·bred /ˈʌndəˈbred/ adj 1 malcriado; mal-educado. 2 mestiço; vira-lata (animal).

un·der·clothes /ˈʌndəˌkloʊðz, ˈʌndəˌkloʊz/ s roupas íntimas.

un·der·coat /ˈʌndəˈkoʊt/ s agasalho que se usa sob o paletó ou casaco.

un·der·cov·er /ˈʌndəˈkʌvə/ adj secreto.

un·der·croft /ˈʌndəˈkrɑːft/ s câmara subterrânea; cripta (de igreja).

un·der·cut /ˈʌndəˈkʌt/ s 1 corte na parte inferior. 2 Esp cortada (tênis). ‖ /ʌndəˈkʌt/ v (undercuts, undercutting, undercut, undercut) 1 diminuir; enfraquecer. 2 Esp cortar por baixo (tênis). 3 vender por preço baixo.

un·der·de·vel·oped /ʌndədɪˈveləpt/ adj 1 atrofiado. 2 subdesenvolvido (país, região).

un·der·de·vel·op·ment /ʌndədɪˈveləpmənt/ s subdesenvolvimento.

un·der·done /ʌndəˈdʌn/ adj malcozido; malpassado.

un·der·ex·pose /ʌndəˌɪksˈpoʊz/ v (underexposes, underexposing, underexposed, underexposed) 1 Ópt expor (filme) por tempo insuficiente. 2 fazer pouca publicidade.

un·der·feed /ʌndəˈfiːd/ v (underfeeds, underfeeding, underfed, underfed) alimentar mal.

un·der·foot /ʌndəˈfʊt/ adv 1 sob os pés. 2 obstruindo o caminho.

un·der·gar·ment /ˈʌndəˈɡɑːrmənt/ s roupa de baixo; roupas íntimas.

un·der·go /ʌndəˈɡoʊ/ v (undergoes, undergoing, underwent, undergone) 1 passar por; sofrer. 2 experienciar; ser submetido a.

un·der·ground /ˈʌndəˈɡraʊnd/ s 1 subsolo; subterrâneo. 2 organização clandestina. ‖ adj 1 subterrâneo. 2 clandestino; secreto. 3 do ou referente ao movimento vanguardista. ‖ /ʌndəˈɡraʊnd/ adv 1 embaixo da terra. 2 secretamente; clandestinamente.

un·der·hand /ʌndəˈhænd/ adj secreto; sorrateiro; ardiloso; ilícito; fraudulento. ‖ adv secretamente; deslealmente; furtivamente.

un·der·lie /ʌndəˈlaɪ/ v (underlies, underlying, underlay, underlain) 1 estar debaixo de. 2 sustentar; fundamentar. 3 submeter-se a.

un·der·line /ʌndəˈlaɪn, ˈʌndəˈlaɪn/ v (underlines, underlining, underlined, underlined) 1 sublinhar. 2 salientar; realçar; enfatizar. ‖ /ˈʌndəˈlaɪn/ s sublinha.

un·der·ly·ing /ʌndəˈlaɪɪŋ/ adj 1 subjacente. 2 básico; fundamental. 3 implícito.

un·der·mine /ʌndəˈmaɪn, ˈʌndəˈmaɪn/ v (undermines, undermining, undermined, undermined) 1 minar; solapar. 2 abalar; fracassar. 3 debilitar.

un·der·most /ˈʌndəˈmoʊst/ adj ínfimo; último; mais baixo. ‖ adv na posição mais baixa.

U

un·der·neath /ˌʌndəˈniːθ/ *adv* e *prep* debaixo; por baixo; embaixo. ‖ *s* parte ou lado de baixo. ‖ *adj* inferior.

un·der·nour·ish /ˌʌndəˈnɜːrɪʃ/ *v* (undernourishes, undernourishing, undernourished, undernourished) subnutrir.

un·der·nu·tri·tion /ˌʌndənuːˈtrɪʃən/ *s* desnutrição.

un·der·price /ˌʌndəˈpraɪs/ *v* (underprices, underpricing, underpriced, underpriced) 1 baixar o preço. 2 vender a preço mais baixo que os concorrentes.

un·der·pro·duce /ˌʌndəprəˈduːs/ *v* (underproduces, underproducing, underproduced, underproduced) produzir abaixo da capacidade plena; produzir abaixo da demanda.

un·der·rate /ˌʌndəˈreɪt/ *v* (underrates, underrating, underrated, underrated) subestimar; menosprezar.

un·der·score /ˌʌndəˈskɔːr, ˌʌndəˈskɔːr/ *v* (underscores, underscoring, underscored, underscored) 1 sublinhar; grifar. 2 enfatizar; ressaltar. ‖ /ˌʌndəˈskɔːr/ *s* sublinha.

un·der·sea /ˌʌndəˈsiː/ *adv* dentro do mar. (*var* underseas). ‖ *adj* submarino.

un·der·seas /ˌʌndəˈsiːz/ → **undersea**.

un·der·sec·re·tar·y /ˌʌndəˈsekrəteri/ *s* subsecretário; cargo diretamente subordinado ao gabinete ministerial. (*pl* undersecretaries).

un·der·set /ˌʌndəˈset/ *s* contracorrente marinha.

un·der·shirt /ˌʌndəˈʃɜːrt/ *s* camiseta.

un·der·side /ˌʌndəˈsaɪd/ *s* 1 lado de baixo; inferior. 2 lado menos nobre, menos desejável.

un·der·sign /ˌʌndəˈsaɪn/ *v* (undersigns, undersigning, undersigned, undersigned) subscrever.

un·der·skirt /ˌʌndəˈskɜːrt/ *s* anágua.

un·der·stand /ˌʌndəˈstænd/ *v* (understands, understanding, understood, understood) 1 entender; compreender. 2 concluir; depreender. 3 ouvir dizer; ter informação de que. 4 supor; inferir.

un·der·stand·ing /ˌʌndəˈstændɪŋ/ *s* 1 entendimento; compreensão. 2 conhecimento. 3 inteligência. 4 acordo; trato. ‖ *adj* compreensivo.

un·der·stood /ˌʌndəˈstud/ *pass* e *part pass* de **understand**. ‖ *adj* 1 entendido; compreendido. 2 implícito.

un·der·take /ˌʌndəˈteɪk/ *v* (undertakes, undertaking, undertook, undertaken) empreender; incumbir-se de.

un·der·tak·en /ˌʌndəˈteɪkən/ *part pass* de **undertake**.

un·der·tak·ing /ˌʌndəˈteɪkɪŋ/ *s* 1 tarefa; incumbência. 2 promessa; garantia. 3 serviço funerário.

un·der·tone /ˌʌndəˈtoʊn/ *s* 1 meia voz; tom baixo de voz. 2 cor pálida, suave.

un·der·took /ˌʌndəˈtʊk/ *pass* de **undertake**.

un·der·tow /ˌʌndəˈtoʊ/ *s* contracorrente; recuo das ondas; ressaca.

un·der·val·ue /ˌʌndəˈvæljuː/ *v* (undervalues, undervaluing, undervalued, undervalued) depreciar; subestimar.

un·der·wear /ˌʌndəˈwer/ *s* roupas íntimas.

un·der·weight /ˌʌndəˈweɪt/ *adj* abaixo do peso normal.

un·der·wood /ˌʌndəˈwʊd/ *s* vegetação rasteira.

un·der·world /ˌʌndəˈwɜːrld/ *s* 1 submundo; mundo do crime. 2 antípodas; o outro lado da terra. 3 *Mit* Hades; o inferno.

un·der·write /ˌʌndəˈraɪt/ *v* (underwrites, underwriting, underwrote, underwritten) 1 subscrever; assinar embaixo. 2 garantir; responsabilizar-se financeiramente por um empreendimento. 3 responsabilizar-se pelas perdas. 4 segurar; assinar apólice de seguro. 5 endossar um documento. 6 firmar contrato de seguro.

un·der·writ·er /ˌʌndəˈraɪtə/ *s* agente de seguros.

un·de·served /ˌʌndɪˈzɜːrvd/ *adj* imerecido; desmerecido.

un·de·sir·a·ble /ˌʌndɪˈzaɪrəbəl/ *adj* indesejável; inconveniente. ‖ *s* pessoa indesejável.

un·dies /ˈʌndiz/ *s inform* roupa íntima (especialmente de mulher ou menina).

un·dis·crim·i·nat·ing /ˌʌndɪsˈkrɪmɪneɪtɪŋ/ *adj* indiscriminado.

un·dis·tin·guished /ˌʌndɪsˈtɪŋgwɪʃt/ *adj* indistinto; medíocre.

un·dis·turbed /ˌʌndɪsˈtɜːrbd/ *adj* impassível; calmo; sereno.

ın·do /ʌndu:/ v (undoes, undoing, undid, undone) 1 desfazer; anular. 2 desamarrar; desmontar. 3 arruinar; destruir. 4 desembrulhar.

ın·doubt·ed /ʌndautɪd/ adj indubitável; autêntico.

ın·dreamed /ʌndri:md/ adj inimaginável. (var undreamt).

ın·dreamt /ʌndremt/ → undreamed.

ın·dress /ʌndres/ v (undresses, undressing, undressed, undressed) 1 despir(-se). 2 desenfaixar. ll s 1 traje caseiro; uniforme. 2 nudez total ou parcial. 3 traje incompleto.

ın·dressed /ʌndrest/ adj 1 despido; nu. 2 parcialmente vestido. 3 sem tempero (salada). 4 não tratado; sem curativo (machucado, ferida).

ın·due /ʌndu:/ adj 1 indevido. 2 sucessivo. 3 por pagar; atrasado (dívida). 4 excessivo.

ın·du·late /ʌndʒəleɪt/ v (undulates, undulating, undulated, undulated) ondular.

ın·du·ly /ʌndu:li/ adv excessivamente; indevidamente.

ın·du·ti·ful /ʌndu:tɪfəl/ adj desobediente; irreverente.

ın·dy·ing /ʌndaɪɪŋ/ adj imortal; eterno.

ın·earth /ʌnɜ:rθ/ v (unearths, unearthing, unearthed, unearthed) 1 desenterrar. 2 trazer à luz (segredo, notícia).

ın·eas·y /ʌni:zi/ adj 1 ansioso; apreensivo. 2 constrangido; pouco à vontade. 3 inquieto; intranqüilo. (gr comp uneasier. gr super uneasiest).

ın·ed·u·cat·ed /ʌnedʒʊkeɪtɪd/ adj inculto; ignorante.

ın·e·mo·tion·al /ʌnɪmouʃənəl/ adj sem emoção; racional.

ın·em·ployed /ʌnɪmplɔɪd/ adj 1 desempregado. 2 sem uso; ocioso. ll s pessoa desempregada.

ın·e·qual /ʌni:kwəl/ adj 1 desigual; irregular. 2 assimétrico; variável. 3 inadequado.

ın·e·quiv·o·cal /ʌnɪkwɪvəkəl/ adj claro; inequívoco.

ın·err·ing /ʌnɜ:rɪŋ/ adj infalível.

** JNESCO** /ju:neskou/ abrev de United Nations Educational, Scientific, and Cultural Organization; Organização Cultural, Científica e Educacional das Nações Unidas.

un·es·sen·tial /ʌnɪsenʃəl/ adj dispensável; sem importância.

un·e·ven /ʌni:vən/ adj 1 desigual; desnivelado. 2 sem uniformidade. 3 áspero. 4 desalinhado.

un·e·vent·ful /ʌnɪventfəl/ adj sem nenhum acontecimento significativo; rotineiro.

un·ex·am·pled /ʌnɪgzæmpəld/ adj sem precedente; sem paralelo.

un·ex·cep·tion·al /ʌnɪksepʃənəl/ adj 1 usual; corrente; banal. 2 não sujeito a exceções; absoluto.

un·ex·pect·ed /ʌnɪkspektɪd/ adj inesperado; imprevisto.

un·ex·ploit·ed /ʌnɪksplɔɪtɪd/ adj não explorado ou desenvolvido.

un·fail·ing /ʌnfeɪlɪŋ/ adj 1 inesgotável; permanente. 2 constante. 3 infalível.

un·fair /ʌnfer/ adj 1 injusto. 2 contrário às leis; desonesto; antiético.

un·faith /ʌnfeɪθ/ s descrença; falta de fé.

un·faith·ful /ʌnfeɪθfəl/ adj infiel; desleal.

un·fash·ion·a·ble /ʌnfæʃənəbəl/ adj 1 fora de moda. 2 desaprovado socialmente.

un·fas·ten /ʌnfæsən/ v (unfastens, unfastening, unfastened, unfastened) afrouxar; soltar; desatar.

un·fa·vor·a·ble /ʌnfeɪvərəbəl/ adj 1 desvantajoso. 2 desfavorável; adverso.

un·feel·ing /ʌnfi:lɪŋ/ adj insensível; cruel.

un·feigned /ʌnfeɪnd/ adj verdadeiro; genuíno; sincero.

un·fet·ter /ʌnfetɚ/ v (unfetters, unfettering, unfettered, unfettered) pôr em liberdade; desacorrentar.

un·fin·ished /ʌnfɪnɪʃt/ adj inacabado; incompleto.

un·fit /ʌnfɪt/ v (unfits, unfitting, unfitted, unfitted) 1 incapacitar. 2 tornar impróprio. ll adj 1 impróprio; inadequado. 2 incapaz; desqualificado.

un·fix /ʌnfɪks/ v (unfixes, unfixing, unfixed, unfixed) 1 afrouxar; soltar. 2 perturbar.

un·flag·ging /ʌnflægɪŋ/ adj incansável; persistente; perseverante.

un·fledged /ʌnfledʒd/ adj 1 implume. 2 inexperiente; imaturo.

U

un·flinch·ing /ʌnflɪntʃɪŋ/ *adj* firme; destemido; resoluto.

un·fold /ʌnfoʊld/ *v* (unfolds, unfolding, unfolded, unfolded) **1** desdobrar; estender. **2** revelar; abrir-se. **3** desabrochar; desenvolver.

un·fore·seen /ʌnfɔːrsiːn/ *adj* imprevisto; inesperado.

un·for·get·ta·ble /ʌnfəgetəbəl/ *adj* inesquecível; memorável.

un·for·giv·ing /ʌnfəgɪvɪŋ/ *adj* implacável.

un·for·mat·ted /ʌnfɔːrmætɪd/ *adj Comp* não-formatado (disquete).

un·formed /ʌnfɔːrmd/ *adj* **1** informe; amorfo. **2** imaturo; não desenvolvido totalmente.

un·for·tu·nate /ʌnfɔːrtʃənət/ *adj* **1** infortunado; infeliz. **2** desastroso. **3** deplorável. || *s* pessoa infortunada, azarada.

un·found·ed /ʌnfaʊndɪd/ *adj* infundado; sem fundamento.

un·friend·ly /ʌnfrendli/ *adj* **1** inamistoso. **2** desfavorável. (*gr comp* unfriendlier. *gr super* unfriendliest).

un·fruit·ful /ʌnfruːtfəl/ *adj* **1** infrutífero. **2** estéril.

un·gain·ly /ʌngeɪnli/ *adj* desajeitado; desgracioso. (*gr comp* ungainlier. *gr super* ungainliest).

un·gen·er·ous /ʌndʒenərəs/ *adj* **1** egoísta. **2** avarento.

un·glue /ʌngluː/ *v* (unglues, ungluing, unglued, unglued) descolar; desgrudar.

un·god·ly /ʌngɑːdli/ *adj* **1** ímpio. **2** pecaminoso. (*gr comp* ungodlier. *gr super* ungodliest).

un·gov·ern·a·ble /ʌnɡʌvənəbəl/ *adj* ingovernável; incontrolável.

un·gra·cious /ʌngreɪʃəs/ *adj* **1** desagradável; desgracioso; descortês. **2** não-atraente.

un·grate·ful /ʌngreɪtfəl/ *adj* **1** ingrato. **2** desagradável; repulsivo.

un·guard·ed /ʌngɑːrdɪd/ *adj* desguarnecido; desprotegido; vulnerável.

un·guent /ʌngwənt/ *s* ungüento; bálsamo.

un·gu·late /ʌngjələt, ʌngjəleɪt/ *adj* ungulado. || *s Zool* ungulado; mamíferos providos de casco.

un·hand /ʌnhænd/ *v* (unhands, unhanding unhanded, unhanded) largar; soltar; t rar as mãos.

un·hand·y /ʌnhændi/ *adj* **1** difícil de mane jar. **2** desajeitado; pesadão. (*gr com* unhandier. *gr super* unhandiest).

un·hap·py /ʌnhæpi/ *adj* **1** infeliz; triste **2** insatisfeito; descontente. **3** infortunado azarado. (*gr comp* unhappier. *gr supe* unhappiest).

un·health·y /ʌnhelθi/ *adj* **1** doente; doer tio. **2** insalubre. **3** nocivo; prejudicial **4** impróprio. (*gr comp* unhealthier. *g super* unhealthiest).

un·heard /ʌnhɜːrd/ *adj* não ouvido; des percebido.

un·heard-of /ʌnhɜːrdɑːv/ *adj* **1** desconhec do. **2** sem precedente. **3** muito ofensivo

un·hes·i·tat·ing /ʌnhezɪteɪtɪŋ/ *adj* resolu to; decidido; sem hesitação.

un·hitch /ʌnhɪtʃ/ *v* (unhitches, unhitching unhitched, unhitched) desenganchar soltar.

un·ho·ly /ʌnhoʊli/ *adj* **1** imoral. **2** indigno **3** profano. (*gr comp* unholier. *gr supe* unholiest).

un·hook /ʌnhʊk/ *v* (unhooks, unhooking unhooked, unhooked) **1** tirar do gancho do anzol. **2** desenganchar.

un·horse /ʌnhɔːrs/ *v* (unhorses, unhorsing unhorsed, unhorsed) desmontar; cair d cavalo.

UNICEF /juːnɪsef/ *abrev* de **United Nation Children's Fund**; Fundo das Nações Un das para a Infância.

u·ni·cel·lu·lar /juːnɪseljələ/ *adj* unicelular

u·ni·col·or /juːnɪkʌlə/ *adj* monocromático

u·ni·corn /juːnɪkɔːrn/ *s* **1** unicórnio. **2** *Astro* constelação de Unicórnio.

u·ni·di·rec·tion·al /juːnɪdɪrekʃənəl, juːnɪdaɪrekʃənəl/ *adj* unidirecional.

u·ni·fi·ca·tion /juːnɪfɪkeɪʃən/ *s* unificação

u·ni·form /juːnəfɔːrm/ *s* uniforme; farda || *adj* **1** igual; uniforme. **2** consistente. ‖ *v* (uniforms, uniforming, uniformed, uni formed) **1** uniformizar; igualar. **2** coloca uniforme; fardar.

u·ni·fy /juːnəfaɪ/ *v* (unifies, unifying, unified unified) unificar; unir; consolidar.

u·ni·lat·er·al /ju:nəlǽtərəl/ adj unilateral.

un·im·peach·a·ble /ʌnɪmpíːtʃəbəl/ adj 1 irrepreensível. 2 incontestável.

un·im·por·tant /ʌnɪmpɔ́:rtənt/ adj sem importância; insignificante.

un·im·proved /ʌnɪmprúːvd/ adj 1 não-melhorado. 2 inaproveitado. 3 não cultivado (solo).

un·in·formed /ʌnɪnfɔ́:rmd/ adj desinformado; não informado.

un·in·hab·it·a·ble /ʌnɪnhǽbɪtəbəl/ adj inabitável.

un·in·spired /ʌnɪnspáɪəd/ adj não-inspirado; insípido; monótono.

un·in·sured /ʌnɪnʃúrd/ adj não-assegurado. ‖ s algo não-assegurado.

un·in·tel·li·gent /ʌnɪntélɪdʒənt/ adj estúpido; ignorante; ininteligente.

un·in·ter·est·ed /ʌnɪntrɪstɪd, ʌnɪntə·əstɪd/ adj desinteressado; indiferente.

un·in·vit·ed /ʌnɪnváɪtɪd/ adj não desejado.

un·in·vit·ing /ʌnɪnváɪtɪŋ/ adj desagradável; pouco convidativo.

un·ion /júːnjən/ s 1 tb Mat união. 2 casamento; enlace. 3 fusão; junção.

u·ni·po·lar /juːnɪpóʊlə/ adj unipolar.

u·nique /juːníːk/ adj único; absoluto; excepcional.

u·ni·sex /júːnəseks/ adj unissex.

u·ni·sex·u·al /juːnəsékʃuəl/ adj tb Bot unissexual; unissexuado.

u·ni·son /júːnəsən/ s 1 Mús unissonância. 2 concordância; acordo. ♦ **in unison 1** em perfeita harmonia. **2** ao mesmo tempo; de uma única vez.

u·nit /júːnɪt/ s tb Mat unidade.

unit cost s custo unitário.

u·nite /juːnáɪt/ v (**unites, uniting, united, united**) **1** unir(-se); unificar(-se); aderir. **2** agir em conjunto.

u·nit·ed /juːnáɪtɪd/ adj unido.

United Arab Emirates s Emirados Árabes Unidos.

United Kingdom s Reino Unido.

United Nations s Nações Unidas.

United States of America s Estados Unidos da América. (tb **United States**. abrev **U.S.A.**, **USA**, **U.S.**, **US**).

unit pricing s preço unitário.

u·ni·ty /júːnəti/ s 1 unidade; união. 2 harmonia. 3 continuidade. 4 homogeneidade. (pl **unities**).

u·ni·ver·sal /juːnəvɜ́:rsəl/ adj 1 universal. 2 geral. 3 cósmico.

u·ni·verse /júːnəvɜːrs/ s universo; mundo.

u·ni·ver·si·ty /juːnəvɜ́:rsəti/ s universidade. (pl **universities**).

un·joint /ʌndʒɔ́ɪnt/ v (**unjoints, unjointing, unjointed, unjointed**) desarticular; disjuntar.

un·just /ʌndʒʌ́st/ adj injusto; iníquo.

un·jus·ti·fi·a·ble /ʌndʒʌstɪfáɪəbəl/ adj injustificável.

un·kempt /ʌnkémpt/ adj 1 despenteado. 2 descuidado. 3 inculto; rude.

un·kind /ʌnkáɪnd/ adj indelicado; grosseiro.

un·knit /ʌnnɪ́t/ v (**unknits, unknitting, unknit/unknitted, unknit/unknitted**) desfiar(-se); desatar; desmanchar (tricô).

un·known /ʌnnóʊn/ s 1 desconhecido. 2 Mat incógnita. ‖ adj 1 desconhecido. 2 não-identificado.

un·lace /ʌnléɪs/ v (**unlaces, unlacing, unlaced, unlaced**) **1** desapertar; desatar o laço. **2** desvestir; despir.

un·lade /ʌnléɪd/ v (**unlades, unlading, unladed, unladed**) Náut descarregar (navio).

un·law·ful /ʌnlɔ́:fəl/ adj 1 ilícito; ilegal; contrário à moralidade e às convenções. 2 ilegítimo (filho de pais não-casados).

un·learn /ʌnlɜ́:rn/ v (**unlearns, unlearning, unlearned/unlearnt, unlearned/unlearnt**) **1** desaprender; esquecer. **2** deixar de lado.

un·learn·ed /ʌnlɜ́:rnɪd/ adj 1 iletrado; ignorante. 2 inculto; sem instrução.

un·leav·ened /ʌnlévənd/ adj ázimo; não-fermentado.

un·less /ʌnlés/ conj a menos que; a não ser que. ‖ prep salvo; exceto; com exceção.

un·let·tered /ʌnlétə·d/ adj ignorante; iletrado.

un·like /ʌnláɪk/ adj diferente; desigual. ‖ prep ao contrário de.

un·like·ly /ʌnláɪkli/ adj 1 improvável. 2 inviável; sem chance de sucesso. (gr comp **unlikelier**. gr super **unlikeliest**).

U

un·lim·ber /ʌnlɪmbə-/ v (unlimbers, unlimbering, unlimbered, unlimbered) 1 preparar para agir. 2 desengatar (revólver, rifle).

un·lim·it·ed /ʌnlɪmɪtɪd/ adj 1 ilimitado; infinito. 2 absoluto.

un·link /ʌnlɪŋk/ v (unlinks, unlinking, unlinked, unlinked) 1 desfazer (os elos de uma corrente); desencadear. 2 soltar; desatar.

un·load /ʌnloʊd/ v (unloads, unloading, unloaded, unloaded) 1 descarregar (navio, automóvel). 2 remover as balas de uma arma. 3 desabafar; aliviar.

un·lock /ʌnlɑːk/ v (unlocks, unlocking, unlocked, unlocked) 1 destrancar. 2 revelar; desvendar. 3 libertar.

un·loose /ʌnluːs/ v (unlooses, unloosing, unloosed, unloosed) 1 desatar(-se); desfazer-se. 2 soltar; libertar.

un·love·ly /ʌnlʌvli/ adj 1 feio. 2 antipático; desagradável. (gr comp unlovelier. gr super unloveliest).

un·luck·y /ʌnlʌki/ adj 1 infeliz; sem sorte; infortunado. 2 decepcionante. (gr comp unluckier. gr super unluckiest).

un·man /ʌnmæn/ v (unmans, unmanning, unmanned, unmanned) 1 desanimar. 2 acovardar. 3 castrar; emascular.

un·mar·ried /ʌnmɛrɪd/ adj solteiro.

un·matched /ʌnmætʃt/ adj 1 único; sem par. 2 inigualável; sem rival.

un·mean·ing /ʌnmiːnɪŋ/ adj 1 sem significado; sem sentido. 2 inexpressivo; vazio (rosto).

un·men·tion·a·ble /ʌnmɛnʃənəbəl/ adj que não pode ser mencionado. ‖ s objeto que não pode ser mencionado. ◆unmentionables roupa íntima.

un·mer·ci·ful /ʌnmɜːrsɪfəl/ adj 1 implacável; impiedoso; cruel. 2 excessivo.

un·mind·ful /ʌnmaɪndfəl/ adj descuidado; desatento.

un·mis·tak·a·ble /ʌnmɪsteɪkəbəl/ adj inconfundível; inequívoco; óbvio.

un·mixed /ʌnmɪkst/ adj sem mistura; puro.

un·mor·al /ʌnmɔːrəl/ adj amoral.

un·mo·ti·vat·ed /ʌnmoʊtəveɪtɪd/ adj desmotivado.

un·moved /ʌnmuːvd/ adj 1 calmo; indife rente. 2 impassível.

un·mov·ing /ʌnmuːvɪŋ/ adj 1 fixo; imóve 2 inabalável.

un·nat·u·ral /ʌnnætʃərəl/ adj 1 contrári às leis naturais. 2 artificial. 3 desnatu rado.

un·nec·es·sar·y /ʌnnɛsəseri/ adj desneces sário; dispensável.

un·nerve /ʌnnɜːrv/ v (unnerves, unnerving unnerved, unnerved) 1 enervar; aborre cer. 2 debilitar; desalentar.

un·num·bered /ʌnnʌmbə-d/ adj 1 inume rável. 2 que não está numerado.

un·ob·tru·sive /ʌnəbtruːsɪv/ adj discreto reservado; modesto.

un·oc·cu·pied /ʌnɑːkjəpaɪd/ adj 1 desocu pado. 2 vazio; vago. 3 que não está en uso. 4 ocioso.

un·of·fi·cial /ʌnəfɪʃəl/ adj 1 extra-oficia 2 que não age oficialmente.

un·or·gan·ized /ʌnɔːrgənaɪzd/ adj 1 desor ganizado. 2 inorgânico.

un·o·rig·i·nal /ʌnərɪdʒɪnəl/ adj sem orig nalidade; comum.

un·or·tho·dox /ʌnɔːrθədɑːks/ adj não-orto doxo; contrário às convenções.

un·os·ten·ta·tious /ʌnɑːstəntɛɪʃəs/ adj sim ples; modesto; despretensioso.

un·pack /ʌnpæk/ v (unpacks, unpacking unpacked, unpacked) 1 desempacotar desembrulhar. 2 desfazer a mala. 3 des carregar.

un·paid /ʌnpeɪd/ adj não-pago; por paga (contas, dividas, salário).

un·peo·ple /ʌnpiːpəl/ v (unpeoples, un peopling, unpeopled, unpeopled) despo voar.

un·per·turbed /ʌnpə-tɜːrbd/ adj impassível calmo.

un·pick /ʌnpɪk/ v (unpicks, unpicking, un picked, unpicked) descoser; descostura

un·pile /ʌnpaɪl/ v (unpiles, unpiling, un piled, unpiled) desempilhar.

un·pin /ʌnpɪn/ v (unpins, unpinning, un pinned, unpinned) 1 tirar alfinetes; des prender. 2 libertar; soltar.

un·pleas·ant /ʌnplɛzənt/ adj desagradável antipático.

un·plug /ʌnplʌg/ v (**unplugs, unplugging, unplugged, unplugged**) desplugar; desconectar um plugue.

un·pol·ished /ʌnpɑːlɪʃt/ adj 1 não-polido; não-lustrado. 2 inculto; com falta de boas maneiras; sem refinamento. 3 incompleto; imperfeito. 4 natural; sem sofisticação.

un·pop·u·lar /ʌnpɑːpjələ/ adj impopular.

un·prac·ticed /ʌnpræktɪst/ adj 1 não-praticado; não-testado. 2 não-experimentado. 3 desqualificado.

un·pre·dict·a·ble /ʌnprɪdɪktəbəl/ adj imprevisível. ‖ s algo imprevisível; imprevisto.

un·prej·u·diced /ʌnpredʒədɪst/ adj imparcial; sem preconceito.

un·pre·med·i·tat·ed /ʌnpriːmedɪterɪtɪd/ adj não-premeditado; não-planejado.

un·pre·pared /ʌnprɪperd/ adj sem preparação; improvisado; desprevenido.

un·pre·tend·ing /ʌnprɪtendɪŋ/ adj despretensioso.

un·priced /ʌnpraɪst/ adj sem preço marcado.

un·print·a·ble /ʌnprɪntəbəl/ adj que não se pode imprimir; impublicável.

un·pro·duc·tive /ʌnprədʌktɪv/ adj 1 improdutivo; ocioso. 2 *Econ* não-rendoso.

un·pro·fes·sion·al /ʌnprəfeʃənəl/ adj 1 amador (trabalho). 2 inadequado em relação às normas profissionais.

un·prof·it·a·ble /ʌnprɑːfɪtəbəl/ adj 1 não-lucrativo. 2 inútil.

un·pro·nounce·a·ble /ʌnprənaʊnsəbəl/ adj 1 impronunciável. 2 não-mencionável.

un·pro·pi·tious /ʌnprəpɪʃəs/ adj desfavorável.

un·qual·i·fied /ʌnkwɑːləfaɪd/ adj 1 desqualificado. 2 impróprio; inadequado. 3 total; absoluto.

un·ques·tion·a·ble /ʌnkwestʃənəbəl/ adj inquestionável; indiscutível; incontestável.

un·qui·et /ʌnkwaɪət/ adj 1 inquieto. 2 turbulento.

un·rav·el /ʌnrævəl/ v (**unravels, unraveling/unravelling, unraveled/unravelled, unraveled/unravelled**) 1 desenredar; desembaraçar; desemaranhar. 2 resolver; esclarecer.

un·read /ʌnred/ adj 1 não-lido. 2 ignaro.

un·re·al /ʌnriːl, ʌnriːəl/ adj irreal; fantasioso.

un·rea·son /ʌnriːzən/ s 1 tolice; absurdo. 2 irracionalidade.

un·re·flect·ing /ʌnrɪflektɪŋ/ adj irrefletido; impensado.

un·re·lent·ing /ʌnrɪlentɪŋ/ adj inflexível; inexorável.

un·re·li·a·ble /ʌnrɪlaɪəbəl/ adj incerto; que não é de confiança.

un·re·mark·a·ble /ʌnrɪmɑːrkəbəl/ adj sem distinção; ordinário.

un·re·mit·ting /ʌnrɪmɪtɪŋ/ adj incessante; infatigável; persistente.

un·re·pent·ant /ʌnrɪpentənt/ adj impenitente; não-arrependido.

un·re·serve /ʌnrɪzɜːrv/ s franqueza; sinceridade.

un·rest /ʌnrest, ʌnrest/ s 1 inquietação; mal-estar. 2 perturbação; agitação; distúrbio.

un·re·strained /ʌnrɪstreɪnd/ adj 1 imoderado; desenfreado. 2 espontâneo; natural.

un·right·eous /ʌnraɪtʃəs/ adj perverso; injusto.

un·rip /ʌnrɪp/ v (**unrips, unripping, unripped, unripped**) descoser; rasgar.

un·ripe /ʌnraɪp/ adj 1 verde; não maduro. 2 despreparado.

un·ri·valed /ʌnraɪvəld/ adj sem igual; incomparável. (*var* **unrivalled**).

un·ri·valled /ʌnraɪvəld/ → **unrivaled**.

un·roll /ʌnroʊl/ v (**unrolls, unrolling, unrolled, unrolled**) 1 desenrolar; desdobrar. 2 revelar; expor.

un·ru·ly /ʌnruːli/ adj indômito; indisciplinado. (*gr comp* **unrulier**. *gr super* **unruliest**).

un·safe /ʌnseɪf/ adj perigoso; inseguro.

un·sat·u·rat·ed /ʌnsætʃəreɪtɪd/ adj *Quím* insaturado.

un·sa·vor·y /ʌnseɪvəri/ adj 1 insípido; sem sabor; insosso. 2 ofensivo.

un·say /ʌnseɪ/ v (**unsays, unsaying, unsaid, unsaid**) desdizer; retratar.

un·screw /ʌnskruː/ v (**unscrews, unscrewing, unscrewed, unscrewed**) desenroscar; desparafusar.

un·scru·pu·lous /ʌnskruːpjələs/ adj inescrupuloso; sem escrúpulos; sem consciência.

un·search·a·ble /ʌnsɜːrtʃəbəl/ *adj* insondável; inescrutável.

un·sea·son·a·ble /ʌnsiːzənəbəl/ *adj* **1** extemporâneo; temporão. **2** inoportuno.

un·seat /ʌnsiːt/ *v* (**unseats, unseating, unseated, unseated**) **1** derrubar (da sela). **2** depor; destituir (do cargo).

un·seem·ly /ʌnsiːmli/ *adj* inconveniente; impróprio. ll *adv* impropriamente; inconvenientemente.

un·seen /ʌnsiːn/ *adj* invisível; oculto.

un·sel·fish /ʌnselfɪʃ/ *adj* generoso; altruísta.

un·set /ʌnset/ *adj* ainda não solidificado (gelatina, cimento).

un·set·tle /ʌnsetl/ *v* (**unsettles, unsettling, unsettled, unsettled**) **1** desarranjar. **2** perturbar; tornar incerto.

un·set·tled /ʌnsetld/ *adj* **1** variável; incerto; instável. **2** não-pago (conta). **3** inabitado. **4** não-fixo; não determinado. ♦ **unsettled weather** tempo instável.

un·sex /ʌnseks/ *v* (**unsexes, unsexing, unsexed, unsexed**) castrar.

un·shaped /ʌnʃeɪpt/ *adj* disforme; informe.

un·ship /ʌnʃɪp/ *v* (**unships, unshipping, unshipped, unshipped**) **1** *Náut* descarregar (navio). **2** desengatar.

un·shod /ʌnʃɑːd/ *adj* **1** descalço. **2** sem ferradura.

un·sight·ly /ʌnsaɪtli/ *adj* feio; de má aparência. (*gr comp* **unsightlier**. *gr super* **unsightliest**).

un·skill·ful /ʌnskɪlfəl/ *adj* inábil; inexperiente.

un·so·cia·ble /ʌnsoʊʃəbəl/ *adj* **1** insociável. **2** incompatível.

un·so·lic·it·ed /ʌnsəlɪsɪtɪd/ *adj* não-solicitado.

un·sought /ʌnsɑːt/ *adj* não-buscado; não-solicitado.

un·sound /ʌnsaʊnd/ *adj* **1** em más condições; sem solidez. **2** insano; doentio. **3** falacioso; falso; infundado.

un·spar·ing /ʌnsperɪŋ/ *adj* impiedoso; severo.

un·spe·cial·ized /ʌnspeʃəlaɪzd/ *adj* sem especialização.

un·sta·ble /ʌnsteɪbəl/ *adj* instável.

un·stead·y /ʌnstedi/ *adj* **1** inconstante; instável. **2** volúvel. **3** irregular. (*gr comp* **unsteadier**. *gr super* **unsteadiest**). ll *v* (**unsteadies, unsteadying, unsteadied, unsteadied**) desestabilizar.

un·stressed /ʌnstrest/ *adj Ling* não acentuado; átono.

un·stud·ied /ʌnstʌdɪd/ *adj* **1** natural; espontâneo; improvisado. **2** não-estudado.

un·sub·stan·tial /ʌnsəbstænʃəl/ *adj* **1** insubstancial; irreal. **2** pouco sólido.

un·suc·cess /ʌnsəkses/ *s* insucesso.

un·suc·cess·ful /ʌnsəksesfəl/ *adj* **1** malsucedido. **2** malogrado; fracassado.

un·suit·a·ble /ʌnsuːtəbəl/ *adj* impróprio; inadequado.

un·sus·pect·ed /ʌnsəspektɪd/ *adj* insuspeito; ignorado.

un·sym·met·ri·cal /ʌnsɪmetrɪkəl/ *adj* assimétrico.

un·tan·gle /ʌntæŋgəl/ *v* (**untangles, untangling, untangled, untangled**) desembaraçar; desemaranhar; desenredar.

un·taught /ʌntɑːt/ *adj* **1** ignorante; não-instruído. **2** inato; natural.

un·teach /ʌntiːtʃ/ *v* (**unteaches, unteaching, untaught, untaught**) **1** desaprender. **2** ensinar o oposto ao que foi aprendido.

un·ten·a·ble /ʌntenəbəl/ *adj* **1** que não se pode proteger. **2** indefensável.

un·thank·ful /ʌnθæŋkfəl/ *adj* ingrato; malagradecido.

un·think·a·ble /ʌnθɪŋkɪŋkəbəl/ *adj* inimaginável.

un·think·ing /ʌnθɪŋkɪŋ/ *adj* impensado; irrefletido; descuidado.

un·ti·dy /ʌntaɪdi/ *adj* **1** desarrumado; desalinhado. **2** desleixado. (*gr comp* **untidier**. *gr super* **untidiest**).

un·tie /ʌntaɪ/ *v* (**unties, untying, untied, untied**) **1** desatar; soltar (nó); desamarrar. **2** solucionar; resolver.

un·til /ʌntɪl/ *prep* até. ll *conj* **1** até que. **2** antes de. ♦ **not until** não antes de.

un·ti·tled /ʌntaɪtld/ *adj* **1** sem título. **2** sem direito a reclamação.

un·to /ʌntu/ *prep* a; em; para.

un·told /ʌntoʊld/ *adj* **1** inarrável; não-revelado. **2** incalculável; imenso.

un·touch·a·ble /ʌntʌtʃəbəl/ adj 1 intocável. 2 inatingível. ‖ s tb maiús intocável (membro do sistema de casta hindu).

un·to·ward /ʌntɔːrd, ʌntəwɔːrd/ adj 1 desfavorável; inconveniente. 2 refratário; rebelde. 3 inconveniente; impróprio.

un·trou·bled /ʌntrʌbəld/ adj 1 quieto; calmo; sossegado. 2 não-turvo; límpido.

un·true /ʌntruː/ adj 1 falso. 2 infiel; desleal. 3 impreciso; inexato.

un·truth /ʌntruːθ/ s mentira; inverdade.

un·twist /ʌntwɪst/ v (untwists, untwisting, untwisted, untwisted) destorcer; desenredar.

un·used /ʌnjuːzd/ adj 1 não-usado. 2 novo. 3 /ʌnjuːst/ não acostumado.

un·u·su·al /ʌnjuːʒuəl/ adj raro; incomum; insólito.

un·ut·ter·a·ble /ʌnʌtərəbəl/ adj 1 inexprimível. 2 indizível. 3 impronunciável.

un·val·ued /ʌnvæljud/ adj 1 desprezado; menosprezado. 2 não-avaliado.

un·veil /ʌnveɪl/ v (unveils, unveiling, unveiled, unveiled) 1 tirar o véu. 2 descobrir(-se). 3 revelar(-se).

un·voiced /ʌnvɔɪst/ adj 1 não-expresso ou dito. 2 Ling mudo.

un·war·rant·ed /ʌnwɔːrəntɪd/ adj injustificado; sem fundamento.

un·war·y /ʌnweri/ adj incauto; imprudente. (gr comp unwarier. gr super unwariest).

un·washed /ʌnwɑːʃt/ adj não-lavado; sujo. ♦ the unwashed masses plebeus.

un·well /ʌnwel/ adj 1 indisposto; doente. 2 menstruada.

un·whole·some /ʌnhoʊlsəm/ adj 1 insalubre. 2 doentio; enfermo.

un·will·ing /ʌnwɪlɪŋ/ adj relutante; pouco disposto; sem vontade.

un·wind /ʌnwaɪnd/ v (unwinds, unwinding, unwound, unwound) 1 desenrolar. 2 descontrair; relaxar.

un·wise /ʌnwaɪz/ adj imprudente; insensato.

un·wit·ting /ʌnwɪtɪŋ/ adj inconsciente; involuntário.

un·wont·ed /ʌnwɔːntɪd/ adj 1 invulgar; fora do comum. 2 desacostumado; desusado.

un·wor·thy /ʌnwɜːrθi/ adj 1 indigno. 2 sem valor; torpe. 3 desprezível; vil. (gr comp unworthier. gr super unworthiest).

un·wrap /ʌnræp/ v (unwraps, unwrapping, unwrapped, unwrapped) desembrulhar; desenrolar.

un·writ·ten /ʌnrɪtən/ adj 1 não-escrito; em branco. 2 tradicional; costumeiro. ♦ unwritten law direito consuetudinário.

un·yield·ing /ʌnjiːldɪŋ/ adj inflexível; decidido.

un·zip /ʌnzɪp/ v (unzips, unzipping, unzipped, unzipped) 1 abrir zíper. 2 Comp descompactar.

up /ʌp/ prep 1 para cima; acima. 2 sobre; em. 3 ao longo. ‖ adv 1 no alto; para o alto. 2 em pé. 3 completamente; totalmente. 4 em pedaços. 5 com mais firmeza, intensidade ou volume. ‖ adj 1 ascendente; alto. 2 ereto. 3 adiantado; avançado. 4 virado para cima. 5 levantado; posto em pé. 6 gír excitado; eufórico. 7 acabado; terminado. ‖ s 1 subida; ascensão; elevação; aumento. 2 gír euforia. ‖ v (ups, upping, upped, upped) 1 aumentar; subir. 2 elevar; promover a uma posição superior. 3 inform agir de repente. ♦ up against defrontar-se; estar face a face. ups and downs altos e baixos. up to 1 estar a fim de fazer algo; ser capaz de fazer algo. 2 depender de. 3 até. up there lá em cima. up the river na prisão. what's up? o que se passa? o que é que houve? what's he up to? o que ele está querendo? o que ele está tramando?

up-and-com·ing /ʌpəndkʌmɪŋ/ adj inform empreendedor; ativo.

up-and-down /ʌpəndaʊn/ adj 1 para cima e para baixo; para cá e para lá. 2 vertical.

up·braid /ʌpbreɪd/ v (upbraids, upbraiding, upbraided, upbraided) censurar; repreender.

up·cast /ʌpkæst/ adj lançado para o alto (terra, cinza vulcânica). ‖ s algo lançado para cima.

up·date /ʌpdeɪt/ v (updates, updating, updated, updated) tb Comp atualizar. ‖ /ʌpdeɪt/ s tb Comp atualização.

up·grade /ʌpgreɪd/ s 1 aclive; subida; elevação. 2 *Comp* atualização de versão de *software* ou *hardware*. || /ʌpgreɪd/ v (**upgrades, upgrading, upgraded, upgraded**) 1 elevar de nível; promover. 2 *Comp* atualizar versão de *software* ou *hardware*. || *adv* para cima progressivamente.

up·heave /ʌphiːv/ v (**upheaves, upheaving, upheaved, upheaved**) sublevar(-se); erguer(-se); insurgir(-se).

up·hold /ʌphoʊld/ v (**upholds, upholding, upheld, upheld**) 1 segurar; sustentar. 2 apoiar; manter.

up·hol·ster /ʌphoʊlstər/ v (**upholsters, upholstering, upholstered, upholstered**) 1 estofar; almofadar. 2 revestir com tecido.

up·hol·ster·y /ʌphoʊlstəri/ s 1 estofados. 2 tapeçaria; estofamento. (*pl* **upholsteries**)

up·land /ʌplənd/ adj elevado; de ou relativo a planalto. || s 1 região montanhosa; planalto. 2 interior (de um país).

up·lift /ʌplɪft/ s elevação; levantamento. || /ʌplɪft/ v (**uplifts, uplifting, uplifted, uplifted**) 1 erguer. 2 ascender social, intelectualmente. 2 enaltecer; exaltar. || adj levantado; elevado.

up·on /əpɑːn/ prep 1 sobre; em cima de. 2 próximo a; cerca de. 3 na ocasião; imediatamente depois (**upon** e **on** de modo geral podem ser usados indiferentemente). ♦ **once upon a time** era uma vez. **live upon** viver de. **upon my word** sob minha palavra.

up·per /ʌpər/ adj 1 superior; mais alto. 2 situado no interior de um país ou continente. || s 1 parte superior de um calçado. 2 *gír* droga (especialmente anfetamina). ♦ **uppers** *inform* dentes superiores.

up·per·case /ʌpərkeɪs/ adj *Tip* escrito com letra maiúscula. || v (**uppercases, uppercasing, uppercased, uppercased**) imprimir com letras maiúsculas.

upper class s classe alta; nobreza.

up·per·most /ʌpərmoʊst/ adj superior; mais alto. || adv na frente; em primeiro lugar; no lugar mais alto.

up·pish /ʌpɪʃ/ adj *inform* presunçoso; soberbo.

up·raise /ʌpreɪz/ v (**upraises, upraising, upraised, upraised**) erguer; elevar.

up·right /ʌpraɪt/ adj 1 vertical; ereto. 2 honesto; íntegro. || adv verticalmente; em pé. || s 1 posição vertical; verticalidade. 2 poste; pilar; trave.

up·rise /ʌpraɪz/ v (**uprises, uprising, uprose, uprisen**) 1 levantar(-se); ascender. 2 surgir; nascer (sol). || s ascensão; subida.

up·ris·ing /ʌpraɪzɪŋ/ s 1 insurreição; sublevação; revolta. 2 subida; ascensão.

up·roar /ʌprɔːr/ s 1 tumulto; barulho. 2 alvoroço; gritaria.

up·root /ʌpruːt/ v (**uproots, uprooting, uprooted, uprooted**) 1 arrancar pela raiz. 2 extirpar; erradicar.

up·set /ʌpset/ v (**upsets, upsetting, upset, upset**) 1 perturbar; afligir; transtornar. 2 tombar; capotar. 3 deixar cair; derrubar. || adj 1 preocupado; transtornado; aflito. 2 indisposto. 3 perturbado física ou mentalmente. 4 virado; tombado. || /ʌpset/ s 1 transtorno; aflição. 2 indisposição.

up·side /ʌpsaɪd/ s 1 a parte superior. 2 vantagem. || prep *gír* sobre.

upside down adv 1 de pernas para o ar; de cabeça para baixo. 2 em total desordem.

up·stairs /ʌpsterz/ s andar de cima. || adv 1 lá em cima; para o andar de cima. 2 em nível acima. || adj localizado no andar de cima.

up·start /ʌpstɑːrt/ v (**upstarts, upstarting, upstarted, upstarted**) elevar-se subitamente. || adj presunçoso. || s 1 ascensão rápida. 2 pessoa de origem humilde que adquire poder e riqueza de forma inescrupulosa; novo-rico.

up·take /ʌpteɪk/ s compreensão; entendimento.

up-to-date /ʌptədeɪt/ adj atualizado; em dia (com as idéias, estilos, moda, etc.).

up·town /ʌptaʊn, ʌptaʊn/ adv em direção à parte alta da cidade. || adj da ou referente à parte alta da cidade. || s parte alta da cidade.

U

up·turn /ʌptɜːrn/ v (**upturns, upturning, upturned, upturned**) **1** virar para cima; erguer. **2** revolver (a terra). ‖ /ʌptɜːrn/ s melhora; ascensão (negócios).

up·ward /ʌpwəd/ adv **1** para cima; rumo a um lugar mais elevado. **2** em direção às origens, ao passado. **3** para o alto; em direção ao topo, à cabeça. ‖ adj ascendente. ♦ **upwards/upward of** mais de; acima de.

u·ra·ni·um /jʊreɪniən/ s Quím urânio. (símb **U**).

U·ra·nus /jʊrənəs, juːreɪnəs/ s Astron Urano.

ur·ban /ɜːrbən/ adj urbano; da cidade.

ur·bane /ɜːrbeɪn/ adj cortês; polido; refinado; de boas maneiras.

ur·ban·ize /ɜːrbənaɪz/ v (**urbanizes, urbanizing, urbanized, urbanized**) urbanizar.

ur·chin /ɜːrtʃɪn/ s **1** moleque; pivete. **2** Zool ouriço. **3** Zool ouriço-do-mar.

urge /ɜːrdʒ/ v (**urges, urging, urged, urged**) **1** impelir; forçar; apressar. **2** incitar; enfatizar. **3** pedir ou recomendar com insistência; insistir. **4** estimular; excitar. ‖ s ímpeto; impulso irresistível; estímulo.

ur·gen·cy /ɜːrdʒənsi/ s urgência. (pl **urgencies**).

ur·gent /ɜːrdʒənt/ adj **1** urgente. **2** persistente; insistente.

u·ri·nal /jʊrənəl/ s **1** mictório. **2** urinol.

u·ri·nate /jʊrəneɪt/ v (**urinates, urinating, urinated, urinated**) urinar.

u·rine /jʊrɪn/ s urina.

urn /ɜːrn/ s **1** urna. **2** espécie de samovar para servir chá ou café.

u·rol·o·gy /jʊrɑːlədʒi/ s Med urologia.

ur·sine /ɜːrsaɪn/ adj ursino; de urso.

U·ru·guay /jʊrəgweɪ/ s Uruguai.

U·ru·guay·an /jʊrəgweɪən/ s e adj uruguaio.

USA /juːeseɪ/ **1** abrev de **United States of America**; EUA (Estados Unidos da América). **2** abrev de **United States Army**; Exército dos Estados Unidos.

us·a·ble /juːzəbəl/ adj utilizável; adequado para uso. (var **useable**).

USAF /juːeseɪef/ abrev de **United States Air Force**; Força Aérea dos EUA.

us·age /juːsɪdʒ/ s **1** uso. **2** costume; hábito. **3** manuseio.

use /juːs/ s **1** uso; emprego; utilização; aplicação. **2** utilidade. **3** modo de usar; manejo. **4** costume; hábito; prática. **5** Jur usufruto. ‖ /juːz/ v (**uses, using, used, used**) **1** usar; empregar; utilizar. **2** servir(-se). **3** gastar; usar; consumir. **4** tratar; proceder; lidar. ♦ **I am used to** estou acostumado; estou habituado. **in use** em uso. **it's no use** não adianta. **make use of** servir-se de; empregar. **of use** útil. **out of use** fora de uso. **used to** (hábito no passado que já não existe mais) costumava; tinha o hábito de. **use up** consumir totalmente; gastar. **what's the use?** de que adianta? para que serve?

use·a·ble /juːzəbəl/ → **usable**.

used /juːzd/ adj **1** usado; de segunda mão. **2** /juːst, juːzd/ acostumado; habituado.

use·ful /juːsfəl/ adj **1** útil. **2** benéfico.

use·less /juːsləs/ adj inútil; sem utilidade.

us·er /juːzər/ s **1** usuário. **2** consumidor de drogas.

us·er-friend·ly /juːzəfrendli/ adj de fácil compreensão e utilização (por parte do usuário). (gr comp **user-friendlier**. gr super **user-friendliest**).

ush·er /ʌʃər/ s **1** indicador de lugar (no cinema, teatro, igreja etc.); lanterninha; vaga-lume. **2** porteiro. **3** oficial de justiça; meirinho. ‖ v (**ushers, ushering, ushered, ushered**) **1** introduzir; anunciar. **2** guiar; conduzir; acompanhar.

u·su·al /juːʒuəl/ adj usual; habitual; costumeiro. ♦ **as usual** como de costume.

u·su·fruct /juːzʊfrʌkt/ s Jur usufruto.

u·su·rer /juːʒərər/ s usurário; agiota.

u·surp /juːsɜːrp/ v (**usurps, usurping, usurped, usurped**) usurpar; apropriar-se.

u·su·ry /juːʒəri/ s usura; agiotagem. (pl **usuries**).

u·ten·sil /juːtensəl/ s utensílio.

u·ter·us /juːtərəs/ s Anat útero. (pl **uteri** /juːtəraɪ/ ou **uteruses**).

u·til·i·ty /juːtɪləti/ s **1** utilidade. **2** proveito. ♦ **public utility** empresa de serviço público (eletricidade, água, gás etc.). **utility room** área de serviço. (pl **utilities**).

u·til·ize /juːtəlaɪz/ v (utilizes, utilizing, utilized, utilized) utilizar.

ut·most /ʌtmoʊst/ adj extremo; máximo; mais distante. ‖ s o máximo; o extremo. ♦ **do one's utmost** fazer todo o possível. **the utmost** o maior.

u·to·pi·a /juːtoʊpiə/ s geralm maiús utopia.

u·to·pi·an /juːtoʊpiən/ adj geralm maiús utópico; visionário.

u·tri·cle /juːtrɪkəl/ s Anat e Bot utrículo; pequeno saco.

ut·ter /ʌtə/ adj 1 completo; total. 2 absoluto; ilimitado. ‖ v (utters, uttering, uttered, uttered) 1 pronunciar; articular; proferir. 2 emitir; soltar (voz). 3 publicar.

ut·ter·ance /ʌtərəns/ s 1 pronúncia; expressão vocal. 2 dom da palavra; elocução. 3 o fim extremo ou amargo.

ut·ter·ly /ʌtəli/ adv completamente; absolutamente.

u·vu·la /juːvjələ/ s Anat úvula.

ux·o·ri·al /ʌksɔːriəl/ adj uxório; conjugal.

Uz·bek /ʊzbek/ s e adj uzbeque.

Uz·bek·i·stan /ʊzbekɪstæn/ s Uzbequistão.

V

v ou **V** /viː/ *s* 22ª letra do alfabeto inglês. (*pl* **v's** ou **V's**). ǁ *símb* **1** *Quím* de **vanadium**. **2** *num rom* 5.

va·can·cy /ˈveɪkənsi/ *s* **1** vaga; posição vaga. **2** lugar vago; espaço vazio. **3** lacuna. **4** inanidade; vacuidade. (*pl* **vacancies**).

va·cant /ˈveɪkənt/ *adj* **1** vago; vacante; vazio. **2** desocupado; desabitado; livre. **3** ocioso. **4** ininteligente.

va·cate /ˈveɪkeɪt, veɪˈkeɪt/ *v* (**vacates**, **vacating**, **vacated**, **vacated**) **1** vagar; desocupar. **2** *Jur* anular. **3** ir-se embora; partir.

va·ca·tion /veɪˈkeɪʃən, vəˈkeɪʃən/ *s* **1** férias; recesso. **2** feriado. ǁ *v* (**vacations**, **vacationing**, **vacationed**, **vacationed**) tirar ou passar férias.

va·ca·tion·ist /veɪˈkeɪʃənɪst, vəˈkeɪʃənɪst/ *s* pessoa que está em férias.

vac·ci·nate /ˈvæksəneɪt/ *v* (**vaccinates**, **vaccinating**, **vaccinated**, **vaccinated**) vacinar.

vac·ci·na·tion /ˌvæksəˈneɪʃən/ *s* vacinação.

vac·cine /ˈvæksiːn ˈvæksiːn/ *s tb Comp* vacina.

vac·il·lant /ˈvæksələnt/ *adj* vacilante; instável.

vac·il·late /ˈvæsəleɪt/ *v* (**vacillates**, **vacillating**, **vacillated**, **vacillated**) vacilar; hesitar.

va·cu·i·ty /væˈkjuːəti/ *s* **1** vacuidade; vazio; vácuo. **2** lacuna. **3** falta de idéias; vazio mental. **4** tolice; insensatez. **5** ócio. (*pl* **vacuities**).

vac·u·ous /ˈvækjuəs/ *adj* **1** vazio. **2** ininteligente; estúpido. **3** sem sentido; inane. **4** inativo; desocupado.

vac·u·um /ˈvækjuːm/ *s* **1** vácuo. **2** vazio. (*pl* **vacuums** ou **vacua** /ˈvækjuə/). ◆ **vacuums** aspirador de pó. ǁ *v* (**vacuumes**, **vacuuming**, **vacuumed**, **vacuumed**) limpar com aspirador de pó.

vacuum bottle *s* garrafa térmica.

vacuum cleaner *s* aspirador de pó.

vag·a·bond /ˈvægəbɑːnd/ *adj* e *s* **1** vagabundo; vadio. **2** nômade. ǁ *v* (**vagabonds**, **vagabonding**, **vagabonded**, **vagabonded**) **1** vagabundear; vadiar. **2** errar; vaguear.

va·ga·ry /ˈveɪɡəˌi, ˈvæɡəˌi/ *s* **1** extravagância; excentricidade. **2** capricho; mania. (*pl* **vagaries**).

va·gi·na /vədˈʒaɪnə/ *s Anat* vagina. (*pl* **vaginas** ou **vaginae** /vədˈʒaɪniː/).

vag·i·nal /ˈvædʒənəl/ *adj* vaginal.

va·gran·cy /ˈveɪɡrənsi/ *s* **1** vadiagem; vagabundagem. **2** vida errante; nomadismo. (*pl* **vagrancies**).

va·grant /ˈveɪɡrənt/ *s* **1** vagabundo. **2** andarilho; nômade. ǁ *adj* **1** vadio; errante. **2** descontrolado; inconstante. **3** móvel.

vague /veɪɡ/ *adj* **1** vago; indefinido. **2** impreciso. **3** ambíguo.

vain /veɪn/ *adj* **1** vão; sem valor. **2** vaidoso; presunçoso. ◆ **in vain** em vão; inutilmente.

vain·glo·ri·ous /veɪnˈɡlɔːriəs/ *adj* vanglorioso; jactancioso; vaidoso; convencido.

vain·glo·ry /ˈveɪnɡlɔːri, veɪnˈɡlɔːri/ *s* vanglória; jactância. (*pl* **vainglories**).

vale /veɪl/ *s Geol* vale. ǁ *interj* até logo; adeus.

val·e·dic·tion /ˌvæləˈdɪkʃən/ *s* **1** despedida. **2** palavras ou discurso de despedida.

va·lence /ˈveɪləns/ *s Quím* valência. (*var* **valency**).

va·len·cy /ˈveɪlənsi/ → **valence**. (*pl* **valencies**).

val·en·tine /ˈvæləntaɪn/ *s* cartão ou presente do Dia dos Namorados.

Valentine's Day *s* Dia de São Valentim (14 de fevereiro, data em que se comemora o Dia dos Namorados). (*tb* **Valentines Day** ou **Saint Valentine's Day**).

val·et /ˈvælɪt, væˈleɪ, ˈvæleɪ/ *s* **1** valete; pajem. **2** camareiro de hotel ou navio. ǁ *v* (**valets**, **valeting**, **valeted**, **valeted**) trabalhar como camareiro ou criado.

valet parking *s* estacionamento com manobrista.

val·iant /ˈvæljənt/ *adj* **1** valoroso. **2** corajoso; valente. ǁ *s* pessoa corajosa.

val·id /vælɪd/ *adj* **1** válido. **2** eficaz. **3** justo.

val·i·date /vælədeɪt/ *v* (**validates, validating, validated, validated**) validar; confirmar.

val·i·da·tion /vælədeɪʃən/ *s* validação; confirmação; homologação.

va·lid·i·ty /vælɪdəti/ *s* validade; validez; valor legal.

va·lise /vəliːs/ *s* valise; maleta.

val·ley /væli/ *s Geog* vale; depressão. (*pl* **valleys**).

val·or /vælə-/ *s* valentia; bravura; heroísmo.

val·or·ous /vælərəs/ *adj* valente; bravo; corajoso.

val·u·a·ble /væljuəbəl/ *adj* valioso; de valor. II *s* objeto de valor.

val·ue /vælju:/ *v* (**values, valuing, valued, valued**) **1** avaliar; estimar o valor de. **2** valorizar; dar valor a; prezar. II *s* **1** *tb Mat* e *Mús* valor. **2** utilidade. **3** mérito. **4** apreço; estima.

value-added tax *s* imposto sobre circulação de mercadorias. (*abrev* **VAT**).

val·ue·less /vælju:ləs/ *adj* sem valor; inútil.

valve /vælv/ *s* **1** *Anat* e *Mús* válvula. **2** *Bot* valva.

val·vu·la /vælvjələ/ → **valvule**.

val·vule /vælvju:l/ *s Anat* **1** pequena válvula. **2** estrutura valvular. (*pl* **valvules** ou **valvulae** /vælvjəli:/. *var* **valvula**).

vamp /væmp/ *s* **1** gáspea ou pala do sapato ou botina. **2** remendo. **3** *Mús* acompanhamento improvisado. **4** *inform* mulher fatal. II *v* (**vamps, vamping, vamped, vamped**) **1** gaspear. **2** fabricar; improvisar. **3** remendar; reformar. **4** *Mús* improvisar. **5** seduzir; explorar sexualmente.

vam·pire /væmpaɪə-/ *s* vampiro.

van /væn/ *s* **1** veículo tipo furgão, especialmente para transporte de passageiros. **2** vanguarda; linha de frente. II *v* (**vans, vanning, vanned, vanned**) transportar em furgão.

va·na·di·um /vəneɪdiən/ *s Quím* vanádio. (*símb* **V**).

Van·dal /vændəl/ *s tb minús* vândalo.

van·dal·ism /vændəlɪzəm/ *s* vandalismo.

vane /veɪn/ *s* **1** cata-vento. **2** ventoinha. **3** biruta. **4** pá de hélice, de turbina ou de moinho de vento.

van·guard /vænga:rd/ *s* vanguarda.

va·nil·la /vənɪlə/ *s* **1** *Bot* baunilha. **2** essência de baunilha. II *adj* **1** aromatizado com baunilha. **2** comum; sem originalidade.

van·ish /vænɪʃ/ *v* (**vanishes, vanishing, vanished, vanished**) **1** desaparecer; sumir. **2** desvanecer. **3** *Mat* tender a zero.

van·i·ty /vænəti/ *s* **1** vaidade; presunção. **2** futilidade; inutilidade. (*pl* **vanities**).

vanity case *s* **1** *nécessaire*; estojo de maquilagem. **2** pó compacto facial; pó-de-arroz.

van·quish /væŋkwɪʃ/ *v* (**vanquishes, vanquishing, vanquished, vanquished**) **1** dominar; conquistar; subjugar. **2** reprimir; sufocar (sentimentos, emoções).

van·tage /væntɪdʒ/ *s tb Esp* vantagem; superioridade.

Va·nu·a·tu /vænwɑ:tu:/ *s* Vanuatu.

Va·nu·a·tu·an /vænwɑ:tu:ən/ *s* e *adj* vanuatense.

vap·id /væpɪd/ *adj* **1** insosso; insípido. **2** enfadonho; monótono.

va·por /veɪpə-/ *s* **1** vapor. **2** fumaça. **3** gás. **4** névoa; neblina. II *v* (**vapors, vaporing, vapored, vapored**) **1** vaporizar; evaporar. **2** conversar coisas tolas, sem sentido.

va·por·ize /veɪpəraɪz/ *v* (**vaporizes, vaporizing, vaporized, vaporized**) converter ou ser convertido em vapor; vaporizar.

var·i·a·bil·i·ty /veriəbɪləti/ *s* variabilidade. (*pl* **variabilities**).

var·i·a·ble /veriəbəl/ *s tb Mat* variável. II *adj* variável; mutável; inconstante.

variable cost *s* custo variável.

var·i·ance /veriəns/ *s* **1** variação; divergência. **2** desacordo. **3** disparidade; discrepância. ♦ **at variance** em desacordo com; divergente de.

var·i·ant /veriənt/ *s* e *adj* variante.

var·i·a·tion /verieɪʃən/ *s* variação.

var·ied /verid/ *adj* variado; diferente; diverso.

va·ri·e·ty /vəraɪəti/ *s* variedade; diversidade. (*pl* **varieties**).

variety show *s show* de variedades (teatro).

var·i·ous /veriəs/ *adj* vário; diverso; diferente.

var·ix /vɛrɪks/ s varix. (pl **varices** /vɛrəsiːz/).

var·nish /vɑːrnɪʃ/ s 1 verniz. 2 brilho. 3 aparência enganosa. ‖ v (**varnishes, varnishing, varnished, varnished**) 1 envernizar. 2 dar aparência enganosa.

var·y /vɛri/ v (**varies, varying, varied, varied**) 1 variar; mudar; alterar. 2 diversificar; modificar.

as·cu·lar /væskjələ·/ adj Med vascular.

vase /veɪs, veɪz, vɑːz/ s vaso.

va·sec·to·mize /væsɛktəmaɪz/ v (**vasectomizes, vasectomizing, vasectomized, vasectomized**) realizar vasectomia.

va·sec·to·my /væsɛktəmi/ s vasectomia. (pl **vasectomies**).

Vas·e·line™ /væsəliːn, væsəliːn/ s Quím vaselina.

va·so·con·stric·tion /væsoʊkənstrɪkʃən/ s Med vasoconstrição.

va·so·dil·a·ta·tion /væsoʊdɪləteɪʃən/ → **vasodilation**.

va·so·dil·a·tion /væsoʊdaɪleɪʃən/ s Med vasodilatação. (var **vasodilatation**).

vas·sal /væsəl/ s 1 vassalo; súdito. 2 servo; escravo.

vast /væst/ adj 1 vasto; imenso. 2 numeroso.

vat /væt/ s tanque; tina; tonel. ‖ v (**vats, vatting, vatted, vatted**) colocar em um tanque, tonel.

VAT /viːeɪtiː, væt/ abrev de value-added tax; ICMs (imposto sobre circulação de mercadorias). (tb **V.A.T.**).

Vat·i·can /vætɪkən/ s Vaticano. (abrev **Vat.**).

Vatican City s Cidade do Vaticano.

va·tic·i·nate /vətɪsəneɪt/ v (**vaticinates, vaticinating, vaticinated, vaticinated**) vaticinar; profetizar.

vault /vɑːlt/ s 1 Arq abóbada. 2 galeria arqueada. 3 cripta; catacumba. 4 salto (sobre um obstáculo com auxílio das mãos ou de vara). ‖ v (**vaults, vaulting, vaulted, vaulted**) 1 abobadar. 2 saltar (com auxílio das mãos ou vara).

vaunt /vɑːnt/ s vaidade; jactância. ‖ v (**vaunts, vaunting, vaunted, vaunted**) jactar-se; gabar-se; vangloriar-se.

VCR /viːsiːɑːr/ abrev de video cassette recorder; videocassete. (pl **VCR's**).

veal /viːl/ s 1 carne de vitela. 2 vitela para abate.

vec·tor /vɛktə·/ s Mat e Biol 1 vetor; direção. 2 força; influência.

veer /vɪr/ s 1 guinada; virada. 2 mudança de direção; desvio. ‖ v (**veers, veering, veered, veered**) 1 desviar; mudar de direção; virar. 2 Naút fazer o navio guinar.

veg·e·ta·ble /vɛdʒtəbəl/ s 1 vegetal; planta. 2 hortaliça; legume. ‖ adj vegetal.

veg·e·tal /vɛdʒətəl/ adj 1 vegetal. 2 vegetativo.

veg·e·tar·i·an /vɛdʒəteriən/ s e adj vegetariano.

veg·e·ta·tion /vɛdʒəteɪʃən/ s vegetação.

veg·e·ta·tive /vɛdʒəteɪtɪv/ adj vegetativo.

ve·he·mence /viːəməns/ s veemência; impetuosidade. (var **vehemency**).

ve·he·men·cy /viːəmənsi/ → **vehemence**.

ve·he·ment /viːəmənt/ adj veemente; impetuoso.

ve·hi·cle /viːəkəl, viːhɪkəl/ s 1 veículo; viatura. 2 meio; instrumento.

veil /veɪl/ s 1 véu. 2 mantilha de freira. 3 cortina. ‖ v (**veils, veiling, veiled, veiled**) 1 velar; cobrir. 2 ocultar; dissimular.

vein /veɪn/ s 1 Anat veia. 2 Bot e Zool nervura. 3 Geol veio; filão. 4 índole; tendência; caráter; humor. ‖ v (**veins, veining, veined, veined**) 1 cobrir de veias. 2 marmorear.

vel·lum /vɛləm/ s pergaminho; velino.

ve·loc·i·ty /vəlɑːsəti/ s tb Fis velocidade. (pl **velocities**).

vel·vet /vɛlvɪt/ s 1 veludo. 2 suavidade.

vel·vet·y /vɛlvəti/ adj aveludado; veludoso. (gr comp **velvetier**. gr super **velvetiest**).

ve·nal /viːnəl/ adj venal; mercenário; corrupto.

vend /vɛnd/ v (**vends, vending, vended, vended**) 1 vender (pequenos artigos pelas ruas); mascatear. 2 vender por meio de uma máquina automática.

vend·er /vɛndə·/ s 1 vendedor (geralmente ambulante); mascate. 2 máquina automática para a venda de selos, refrigerantes, etc. (var **vendor**).

vending machine s máquina automática para a venda de chocolates, refrigerantes, etc.).

V

ven·dor /vendɚ/ → vender.

ve·neer /vənɪr/ s 1 folha de madeira, fórmica. 2 camada exterior; revestimento. 3 fachada; aparência. 4 compensado de madeira. || v (veneers, veneering, veneered, veneered) 1 cobrir com uma fina camada decorativa; folhear. 2 ocultar; esconder. 3 fabricar compensado de madeira.

ven·er·a·ble /venərəbəl/ adj venerável.

ven·er·ate /venəreɪt/ v (venerates, venerating, venerated, venerated) venerar; adorar.

ven·er·a·tion /venəreɪʃən/ s veneração.

ve·ne·re·al /vənɪriəl/ adj venéreo.

venereal disease s doença venérea.

venetian blind s veneziana. (tb Venetian blind).

Ven·e·zue·la /venɪzweɪlə, venɪzwiːlə/ s Venezuela.

Ven·e·zue·lan /venɪzweɪlən, venɪzwiːlən/ s e adj venezuelano.

ven·geance /vendʒəns/ s vingança; desforra. ◆ with a vengeance 1 com grande violência ou força. 2 ao extremo.

ve·ni·al /viːniəl/ adj venial; perdoável.

ven·i·son /venɪsən/ s carne de veado.

ven·om /venəm/ s 1 veneno. 2 secreção venenosa de cobra, aranha ou escorpião; peçonha. 3 malícia; maldade.

ven·om·ous /venəməs/ adj 1 venenoso; peçonhento. 2 maldoso; malicioso.

ve·nous /viːnəs/ adj Med venoso.

vent /vent/ s 1 abertura; orifício. 2 saída; passagem. 3 respiradouro; escape. 4 Geol chaminé (de vulcão). 5 Zool ânus. || v (vents, venting, vented, vented) 1 dar saída; prover de abertura. 2 desabafar. 3 abrir uma saída.

ven·ti·late /ventəleɪt/ v (ventilates, ventilating, ventilated, ventilated) 1 ventilar; arejar. 2 expor à discussão pública; debater. 3 oxigenar (o sangue).

ven·ti·la·tor /ventəleɪtɚ/ s 1 ventilador. 2 Med inalador.

ven·tri·cle /ventrɪkəl/ s Med ventrículo.

ven·tril·o·quism /ventrɪləkwɪzəm/ s ventriloquia. (var ventriloquy).

ven·tril·o·quist /ventrɪləkwɪst/ s ventríloquo.

ven·tril·o·quy /ventrɪləkwi/ → ventriloquism.

ven·ture /ventʃɚ/ v (ventures, venturing, ventured, ventured) 1 arriscar-se; aventurar. 2 arriscar (uma opinião). 3 ousar; atrever. || s 1 risco (financeiro). 2 empreendimento arriscado; aventura comercial ◆ business venture empreendimento arriscado. joint venture associação de empresas não definitiva submetida a um contrato de risco. at a venture ao acaso.

venture capital s capital de risco.

ven·tur·ous /ventʃərəs/ adj 1 arriscado; perigoso. 2 arrojado; destemido.

ve·ra·cious /vəreɪʃəs/ adj 1 honesto; verdadeiro. 2 preciso; exato.

ve·rac·i·ty /vəræsəti/ s 1 veracidade. 2 exatidão; precisão. (pl veracities).

ve·ran·da /vərændə/ s varanda. (var verandah).

ve·ran·dah /vərændə/ → veranda.

verb /vɜːrb/ s Gram verbo.

ver·bal /vɜːrbəl/ adj tb Gram verbal.

ver·bal·ism /vɜːrbəlɪzəm/ s verbalismo.

ver·ba·tim /vɚbeɪtɪm/ adj literal; usando palavra por palavra. || adv literalmente palavra por palavra.

ver·bose·ness /vɚbousnəs/ s verbosidade; loquacidade. (var verbosity).

ver·bos·i·ty /vɚbɑːsəti/ → verboseness.

ver·dant /vɜːrdənt/ adj 1 verde; verdejante 2 inexperiente; ingênuo.

ver·dict /vɜːrdɪkt/ s Jur veredicto; decisão; julgamento.

ver·dure /vɜːrdʒɚ/ s 1 verdura; verdor 2 frescor; jovialidade.

verge /vɜːrdʒ/ s borda; margem. || v (verges, verging, verged, verged) 1 aproximar-se de; estar à beira de; beirar 2 bordar; limitar com. 3 pender; inclinar-se. ◆ verge on estar à beira de.

ver·i·fi·ca·tion /verəfɪkeɪʃən/ s 1 verificação; comprovação. 2 prova; confirmação

ver·i·fy /verəfaɪ/ v (verifies, verifying, verified, verified) 1 verificar; constar; averiguar. 2 comprovar; confirmar. 3 certificar; autenticar. 4 Jur afirmar sob juramento.

ver·i·si·mil·i·tude /verəsəmɪlətuːd/ s verossimilhança.

er·i·ta·ble /vɛrətəbəl/ *adj* verdadeiro; legítimo; genuíno.

er·i·ty /vɛrəti/ *s* **1** verdade. **2** exatidão. **3** veracidade. (*pl* **verities**).

er·juice /vɜːrdʒuːs/ *s* **1** suco ácido de algumas frutas (especialmente uva verde). **2** azedume.

er·mi·cide /vɜːrməsaɪd/ *s* vermicida.

er·min /vɜːrmɪn/ *s* **1** pequenos animais e insetos nocivos ao homem. **2** parasita. **3** pessoa desprezível. (*pl* **vermin**).

er·min·ous /vɜːrmɪnəs/ *adj* **1** infestado de piolhos, pulgas, etc. **2** repulsivo.

▼er·nac·u·lar /vənækjələ/ *s e adj* vernáculo.

er·sant /vɜːrsənt/ *s* **1** vertente (de montanha). **2** declive; inclinação.

er·sa·tile /vɜːrsətəl/ *adj* versátil.

▼erse /vɜːrs/ *s* **1** verso. **2** poesia. **3** estrofe. ‖ *v* (**verses, versing, versed, versed**) **1** versejar; pôr em verso. **2** familiarizar-se.

▼ersed /vɜːrst/ *adj* versado; douto; estudado.

er·si·cle /vɜːrsɪkəl/ *s tb Bíbl* versículo.

er·si·fy /vɜːrsəfaɪ/ *v* (**versifies, versifying, versified, versified**) versificar; versejar.

▼er·sion /vɜːrʒən, vɜːrʃən/ *s* **1** versão; tradução. **2** versão; interpretação própria. **3** *maiús* tradução da Bíblia. **4** adaptação (de texto, filme, etc.).

▼er·so /vɜːrsoʊ/ *s* **1** verso; página oposta à da frente. **2** reverso de uma medalha ou moeda. (*pl* **versos**).

er·sus /vɜːrsəs/ *prep* contra. (*abrev* **v.** ou **vs.**).

er·te·bra /vɜːrtəbrə/ *s* vértebra. (*pl* **vertebrae** /vɜːrtəbriː, vɜːrtəbraɪ, vɜːrtəbreɪ/ ou **vertebras**).

er·te·bral /vɜːrtəbrəl/ *adj* vertebral.

ertebral column *s* coluna vertebral.

er·te·brate /vɜːrtəbrɪt, vɜːrtəbreɪt/ *s e adj* vertebrado.

▼er·tex /vɜːrteks/ *s* **1** *tb Mat* vértice. **2** *Astron* zênite. **3** ápice; cume. **4** *Anat* vértex do crânio. (*pl* **vertexes** ou **vertices** /vɜːrtɪsiːz/).

er·ti·cal /vɜːrtəkəl/ *adj e s* vertical.

er·ti·cal·ly /vɜːrtəkəli/ *adv* verticalmente.

ver·ti·go /vɜːrtəgoʊ/ *s* vertigem. (*pl* **vertigoes** ou **vertigos**).

ver·vain /vɜːrveɪn/ *s Bot* verbena.

verve /vɜːrv/ *s* **1** verve; energia. **2** vitalidade; vivacidade.

ver·y /vɛri/ *adv* **1** muito; bastante. **2** verdadeiramente. ‖ *adj* **1** verdadeiro; verídico. **2** perfeito; completo. **3** mesmo; próprio. (*gr comp* **verier**. *gr super* **veriest**). ◆ **at the very end** bem no final. **very much** muitíssimo.

ves·i·cle /vɛsɪkəl/ *s* **1** *Anat* vesícula. **2** cavidade.

ves·per /vɛspə/ *s* vésper; estrela vespertina.

ves·per·ti·nal /vɛspətaɪnəl/ → **vespertine**.

ves·per·tine /vɛspətɪn, vɛspətaɪn/ *adj* vespertino. (*var* **vespertinal**).

ves·sel /vɛsəl/ *s* **1** qualquer recipiente para líquido, como vaso, xícara, copo, etc. **2** navio; embarcação. **3** *Anat* duto; canal; vaso; artéria; veia. ◆ **sailing vessel** barco a vela. **blood vessel** vaso sangüíneo.

vest /vɛst/ *v* (**vests, vesting, vested, vested**) investir (alguém) de autoridade ou poder. ‖ *s* colete.

vest·ed /vɛstɪd/ *adj Jur* adquirido.

ves·ti·bule /vɛstəbjuːl/ *s tb Anat* vestíbulo.

ves·tige /vɛstɪdʒ/ *s* vestígio.

vest·ment /vɛstmənt/ *s* **1** veste; vestuário que indica a condição social. **2** *Ecles* paramentos.

vest-pock·et /vɛstpɑːkɪt/ *adj* **1** de, para ou relativo ao bolso de colete. **2** pequeno; miniatura.

ves·try /vɛstri/ *s* **1** sacristia. **2** sala, salão paroquial. (*pl* **vestries**).

ves·ture /vɛstʃə/ *s* **1** veste; vestuário. **2** roupa; traje. **3** qualquer coisa que recobre; cobertura. ‖ *v* (**vestures, vesturing, vestured, vestured**) cobrir; vestir.

vet /vet/ *s inform* **1** veterinário. **2** veterano. ‖ *v* (**vets, vetting, vetted, vetted**) **1** tratar de animais. **2** examinar ou avaliar (um manuscrito).

vet·er·an /vɛtərən, vɛtrən/ *adj e s* veterano.

vet·er·i·nar·i·an /vɛtərɪnɛriən/ *s* veterinário.

vet·er·i·nar·y /vɛtərɪneri/ *adj* veterinário. ‖ *s* veterinário. (*pl* **veterinaries**).

vex /veks/ v (**vexes, vexing, vexed, vexed**)
1 irritar; exasperar; atormentar. 2 causar dor ou sofrimento físico. 3 causar perplexidade. 4 debater; discutir até exaustão.

vex·a·tion /vekseɪʃən/ s 1 irritação; exasperação. 2 grande aborrecimento. 3 tormento.

vhf /viːeɪtʃef/ abrev de **very high frequency**. (tb **VHF**).

vi·a /vaɪə, viːə/ prep via; por; pelo caminho de.

vi·a·ble /vaɪəbəl/ adj viável; possível.

vi·a·duct /vaɪədʌkt/ s viaduto.

vi·al /vaɪəl/ s frasco pequeno (geralmente para líquidos).

vi·and /vaɪənd/ s 1 vianda; qualquer carne ou alimento. 2 iguaria. ♦ **viands** provisões; víveres.

vi·brant /vaɪbrənt/ adj vibrante; sonoro; palpitante.

vi·brate /vaɪbreɪt/ v (**vibrates, vibrating, vibrated, vibrated**) 1 vibrar. 2 oscilar. 3 ressoar.

vi·bra·tion /vaɪbreɪʃən/ s 1 vibração. 2 oscilação. 3 trepidação.

vic·ar /vɪkə/ s vigário; pároco.

vic·ar·age /vɪkərɪdʒ/ s vicariato; presbitério.

vice /vaɪs/ s 1 vício. 2 depravação; imoralidade; promiscuidade. 3 perversidade. 4 defeito; imperfeição. 5 vice. 6 → **vise**.
II /vaɪsə/ prep em vez de.

vice president s vice-presidente.

vice squad s equipe de policiais da delegacia de costumes.

vice versa adv vice-versa. (abrev **v.v.**).

vi·cin·i·ty /vəsɪnəti/ s 1 vizinhança; cercanias. 2 proximidade. (pl **vicinities**).

vi·cious /vɪʃəs/ adj 1 imoral; depravado; mau. 2 perigoso; violento; destrutivo; cruel. 3 defeituoso; imperfeito.

vicious circle s círculo vicioso.

vic·tim /vɪktɪm/ s vítima.

vic·tim·ize /vɪktəmaɪz/ v (**victimizes, victimizing, victimized, victimized**) vitimar.

vic·tor /vɪktə/ s vencedor; conquistador.

vic·to·ry /vɪktəri/ s vitória; triunfo. (pl **victories**).

vict·ual /vɪtəl/ v (**victuals, victualing/victualling, victualed/victualled, victualed/victualled**) 1 abastecer; prover. 2 comer; alimentar(-se). II s alimento para consumo humano. ♦ **victuals** provisões; víveres; mantimentos.

vid·e·o /vɪdioʊ/ s 1 vídeo. 2 gravação em videoteipe. 3 videocassete. II adj de ou referente a vídeo, imagens de televisão, etc.

vid·e·o·cas·sette /vɪdioʊkəset/ s fita de vídeo.

videocassette recorder s videocassete (aparelho). (abrev **VCR**).

vid·e·o·con·fer·ence /vɪdioʊkɑːnfəəns/ s videoconferência.

video game s video game; videojogo.

vid·e·o·phone /vɪdioʊfoʊn/ s videofone.

vid·e·o·tape /vɪdioʊteɪp/ s videoteipe. II (**videotapes, videotaping, videotaped, videotaped**) gravar em videoteipe.

vid·e·o·tex /vɪdioʊteks/ s videotexto. (va...

vid·e·o·text /vɪdioʊtekst/ → **videotex**.

vie /vaɪ/ v (**vies, vying, vied, vied**) rivalizar; disputar.

Viet·nam /viːetnɑːm/ s Vietnã.

Viet·nam·ese /vietnəmiːz/ s e adj vietnamita.

view /vju/ s 1 vista; visão; campo de visão. 2 opinião; idéia. 3 observação; exame. 4 pesquisa sistemática; percepção; compreensão. 5 paisagem; panorama. II v (**views, viewing, viewed, viewed**) 1 considerar; ver; pensar sobre. 2 olhar bem; examinar. 3 pensar de uma certa maneira. 4 Comp visualizar; exibir. ♦ **have in view** ter em vista. **in my view** na minha opinião. **in view of** tendo em vista, em consideração; na expectativa de. **on view** à mostra; em exposição. **with a view to** com a intenção ou o propósito de.

view·er /vjuːə/ s 1 observador. 2 espectador; telespectador. 3 visor.

view·find·er /vjuːfaɪndə/ s visor (câmera fotográfica, filmadora).

view·point /vjuːpɔɪnt/ s ponto de vista.

vi·ges·i·mal /vɪdʒesəməl/ adj vigésimo.

vig·il /vɪdʒəl/ s tb Relig vigília. ♦ **vigil** devoções ou orações noturnas.

V

ig·or /vɪgɚ/ s 1 vigor; energia; força. 2 vigência.

ig·or·ous /vɪgərəs/ adj vigoroso; forte; vivaz.

ile /vaɪl/ adj 1 desprezível; baixo. 2 vil; infame. 3 imundo; sórdido. 4 horrível; péssimo.

il·i·fy /vɪləfaɪ/ v (vilifies, vilifying, vilified, vilified) aviltar; difamar; falar mal de.

il·la /vɪlə/ s mansão rural; casa de campo (grande e luxuosa).

il·lage /vɪlɪdʒ/ s vila; aldeia; povoado.

il·lag·er /vɪlədʒɚ/ s aldeão; aldeã.

il·lain /vɪlən/ s vilão.

il·lain·y /vɪləni/ s vilania. (pl villainies).

im /vɪm/ s energia; força; vigor.

in·ci·ble /vɪnsəbəl/ adj vencível; conquistável.

in·di·ca·ble /vɪndɪkəbəl/ adj justificável.

in·di·cate /vɪndəkeɪt/ v (vindicates, vindicating, vindicated, vindicated) 1 vindicar; reclamar em juízo. 2 justificar, defender ou sustentar com provas e argumentos.

in·dic·tive /vɪndɪktɪv/ adj vingativo.

ine /vaɪn/ s 1 Bot videira; vinha. 2 Bot trepadeira.

ine·gar /vɪnəgɚ/ s 1 vinagre. 2 aspereza; mau humor. 3 força; vigor.

ine·yard /vɪnjɚd/ s vinha; plantação de videiras.

in·tage /vɪntɪdʒ/ s 1 vindima; colheita de uvas. 2 vinho identificado pela safra ou origem. 3 safra; época. ‖ adj 1 relativo à colheita da uva. 2 de boa qualidade; excelente. 3 o melhor.

i·nyl /vaɪnəl/ s 1 Quím vinil. 2 plástico de vinil.

i·o·la /vioʊlə/ s 1 Mús viola; tipo de violino. 2 Bot viola.

i·o·late /vaɪəleɪt/ v (violates, violating, violated, violated) 1 violar; infringir; transgredir. 2 quebrar (promessa, juramento). 3 desonrar; violentar; estuprar. 4 profanar; corromper. 5 invadir; devassar.

i·o·lence /vaɪələns/ s 1 violência; fúria. 2 abuso; injúria. 3 fervor; arrebatamento.

i·o·lent /vaɪələnt/ adj 1 violento; furioso. 2 intenso; extremo. 3 impetuoso; arrebatado.

vi·o·let /vaɪəlɪt/ s Bot violeta (tb a cor).

vi·o·lin /vaɪəlɪn/ s Mús violino.

vi·o·lin·ist /vaɪəlɪnɪst/ s Mús violinista.

vi·o·lon·cel·lo /viːələntʃɛloʊ, vaɪələntʃɛloʊ/ s Mús violoncelo. (pl violoncellos).

vi·o·lon·cel·list /viːələntʃɛlɪst, vaɪələntʃɛlɪst/ s violoncelista.

VIP /viːaɪpiː/ s abrev de very important person; pessoa muito importante (pessoa de considerável importância ou prestígio). (pl VIPs).

vi·per /vaɪpɚ/ s 1 Zool víbora. 2 pessoa traiçoeira e maligna.

vir·gin /vɜːrdʒɪn/ s 1 virgem; donzela. 2 maiús Virgem Maria. ‖ adj virgem; casto; puro; imaculado.

vir·gin·i·ty /vɚdʒɪnəti/ s virgindade. (pl virginities).

vir·gule /vɜːrgjuːl/ s Tip barra; traço de separação (/) que indica que qualquer das duas alternativas pode ser usada.

vi·ril·i·ty /vərɪləti/ s virilidade; masculinidade.

vi·rol·o·gy /vaɪrɑːlədʒi/ s virologia.

vi·ro·sis /vaɪroʊsɪs/ s virose. (pl viroses /vaɪroʊsiːz/).

vir·tu·al /vɜːrtʃuəl/ adj virtual.

vir·tue /vɜːrtʃuː/ s 1 virtude; retidão. 2 mérito; valor. 3 castidade. ♦ in/by virtue of em virtude de; devido a.

vir·tu·ous /vɜːrtʃuəs/ adj 1 virtuoso. 2 puro; casto.

vir·u·lent /vɪrjələnt/ adj 1 virulento; maligno. 2 detestável.

vi·rus /vaɪrəs/ s vírus. (pl viruses).

vi·sa /viːzə/ s visto (de entrada/saída no passaporte). ‖ v (visas, visaing, visaed, visaed) dar visto de entrada (passaporte).

vis·age /vɪzɪdʒ/ s 1 rosto; cara. 2 semblante; aspecto.

vis·cer·a /vɪsərə/ s pl vísceras.

vis·cid /vɪsɪd/ adj viscoso.

vis·count /vaɪkaʊnt/ s masc visconde.

vis·count·ess /vaɪkaʊntɪs/ s fem viscondessa.

vis·cous /vɪskəs/ adj viscoso; pegajoso.

vise /vaɪs/ s morsa (ou torno mecânico). ‖ v (vises, vising, vised, vised) apertar ou segurar com a morsa. (var vice).

vis·i·bil·i·ty /vɪzəbɪləti/ s visibilidade. (pl visibilities).

vis·i·ble /vɪzəbəl/ adj 1 visível. 2 manifesto; aparente. 3 à mão; disponível.

vi·sion /vɪʒən/ s 1 visão. 2 aparição; fantasma. 3 percepção visual; faculdade de ver. 4 miragem; sonho. ‖ v (visions, visioning, visioned, visioned) visionar.

vis·it /vɪzɪt/ s visita. ‖ v (visits, visiting, visited, visited) 1 visitar. 2 inform conversar.

vis·i·tant /vɪzɪtənt/ adj visitante. ‖ s 1 visitador; visitante. 2 fantasma; espectro.

visiting card s cartão de visita.

visiting professor s professor visitante.

vis·i·tor /vɪzɪtə/ s visita; visitante.

vi·sor /vaɪzə/ s 1 viseira; pala de boné. 2 proteção contra o sol. 3 disfarce; máscara. (var vizor).

vi·su·al /vɪʒuəl/ s visual. ‖ adj 1 visível. 2 óptico.

visual acuity s acuidade visual.

visual aid s material instrucional visual.

visual field s campo de visão.

vi·su·al·ize /vɪʒuəlaɪz/ v (visualizes, visualizing, visualized, visualized) visualizar; figurar; imaginar.

vi·tal /vaɪtəl/ adj 1 vital; essencial. 2 vivo; vivaz. 3 importante; fundamental. 4 mortal; fatal.

vi·tal·i·ty /vaɪtæləti/ s 1 vitalidade; vigor; energia. 2 força vital. (pl vitalities).

vital signs s pl Med sinais vitais.

vi·ta·min /vaɪtəmɪn/ s vitamina.

vi·ti·ate /vɪʃieɪt/ v (vitiates, vitiating, vitiated, vitiated) 1 degradar; desvalorizar. 2 depravar; corromper. 3 invalidar; cancelar.

vit·i·cul·ture /vɪtɪkʌltʃə/ s viticultura.

vit·re·ous /vɪtriəs/ adj vítreo.

vit·ri·fy /vɪtrəfaɪ/ v (vitrifies, vitrifying, vitrified, vitrified) vitrificar.

vi·tu·per·ate /vaɪtu:pəreɪt, vɪtu:pəreɪt/ v (vituperates, vituperating, vituperated, vituperated) vituperar.

vi·va·cious /vɪveɪʃəs/ adj animado; vivo.

vi·vac·i·ty /vɪvæsəti, vaɪvæsəti/ s vivacidade.

viv·id /vɪvɪd/ adj 1 vívido; animado. 2 vigoroso; ativo. 3 brilhante; intenso.

viv·i·fy /vɪvəfaɪ/ v (vivifies, vivifying, vivified, vivified) vivificar; animar.

vi·vip·a·rous /vaɪvɪpərəs/ adj Zool vivíparo

vix·en /vɪksən/ s fem 1 raposa. 2 megera mulher irascível, de mau gênio.

vi·zier /vɪzɪr, vɪzjə/ s vizir.

vi·zor /vaɪzə/ → visor.

vo·ca·ble /voʊkəbəl/ s Ling vocábulo.

vo·cab·u·lar·y /voʊkæbjəleri/ s vocabulário (pl vocabularies).

vo·cal /voʊkəl/ adj 1 tb Mús vocal. 2 oral 3 eloqüente. 4 sonoro. 5 franco; dito ser hesitação.

vocal cords s Anat cordas vocais.

vo·cal·ic /voʊkælɪk/ adj Ling vocálico.

vo·cal·ist /voʊkəlɪst/ s vocalista; cantor.

vo·ca·tion /voʊkeɪʃən/ s vocação; inclina ção.

voc·a·tive /vɑkətɪv/ adj e s vocativo.

vo·cif·er·ate /voʊsɪfəreɪt/ v (vociferates vociferating, vociferated, vociferated) v ciferar.

vo·cif·er·ous /voʊsɪfərəs/ adj vociferante

vod·ka /vɑːdkə/ s vodca.

vogue /voʊg/ s 1 voga. 2 moda; estilo.

voice /vɔɪs/ s 1 tb Gram e Mús voz. 2 op nião; expressão. 3 direito de expressão voz ativa. ‖ v (voices, voicing, voiced voiced) 1 exprimir; dizer; enunciar; op nar. 2 Ling pronunciar sonoramente ♦ with one voice em unanimidade; de co mum acordo.

voice box s Anat laringe.

voiced /vɔɪst/ adj 1 vocal; vocálico. 2 Lin sonoro. ♦ voiced consonants consoar tes sonoras.

voice·less /vɔɪsləs/ adj 1 sem voz; mudo 2 Ling mudo. ♦ voiceless consonants cor soantes mudas.

void /vɔɪd/ s 1 vácuo. 2 vazio. 3 sent mento de solidão ou perda. ‖ adj 1 des tituído. 2 nulo; sem validade; sem força legal. 3 ineficaz; inútil. 4 desocupado vazio. ‖ v (voids, voiding, voided, voided 1 Jur invalidar; tornar sem efeito; anu lar. 2 esvaziar; evacuar.

vol·a·tile /vɑːlətəl/ adj 1 tb Quím volátil 2 volúvel; inconstante. 3 explosivo; vic lento.

ol·a·til·ize /vɑ:lətəlaɪz/ v (**volatilizes, volatilizing, volatilized, volatilized**) volatilizar; evaporar.

ol·can·ic /vɑ:lkænɪk/ adj vulcânico.

ol·ca·no /vɑ:lkeɪnoʊ/ s vulcão. (pl **volcanoes** ou **volcanos**).

o·li·tion /voʊlɪʃən/ s volição; vontade; determinação.

ol·ley /vɑ:li/ s 1 descarga (de artilharia). 2 rajada; saraivada (de projéteis). 3 míssil lançado. II v (**volleys, volleying, volleyed, volleyed**) 1 Esp rebater (a bola antes de cair no chão). 2 lançar (rajadas de projéteis).

ol·ley·ball /vɑ:libɔ:l/ s Esp voleibol.

olt·age /voʊltɪdʒ/ s Eletr voltagem.

ol·ta·ic /vɑ:lteɪɪk, voʊlteɪɪk/ adj voltaico.

ol·u·ble /vɑ:ljəbəl/ adj 1 fluente; verboso; tagarela. 2 rotativo; giratório.

ol·ume /vɑ:lju:m/ s 1 volume. 2 livro; tomo.

ol·un·tar·y /vɑ:lənteri/ s 1 voluntário. 2 Mús prelúdio. (pl **voluntaries**). II adj 1 voluntário. 2 intencional; deliberado.

ol·un·teer /vɑ:ləntɪr/ adj e s tb Mil voluntário. II v (**volunteers, volunteering, volunteered, volunteered**) 1 apresentar-se voluntariamente; oferecer(-se) espontaneamente. 2 fazer caridade ou trabalhar sem remuneração.

o·lup·tu·ous /vəlʌptʃuəs/ adj 1 voluptuoso. 2 sensual.

o·lu·tion /vəlu:ʃən/ s giro em espiral; espiral.

om·it /vɑ:mɪt/ v (**vomits, vomiting, vomited, vomited**) vomitar. II s vômito.

o·ra·cious /vɔːreɪʃəs/ adj voraz.

or·tex /vɔːrteks/ s vórtice; turbilhão. (pl **vortexes** /vɔːrteksɪz/ ou **vortices** /vɔːrtɪsi:z/).

o·ta·ry /voʊtəri/ s 1 devoto; religioso. 2 discípulo. (pl **votaries**).

vote /voʊt/ s 1 voto; sufrágio. 2 votação. 3 eleitor. II v (**votes, voting, voted, voted**) eleger; votar.

vot·er /voʊtər/ s eleitor.

voting machine s máquina para votação eletrônica.

vo·tive /voʊtɪv/ adj votivo.

vouch /vaʊtʃ/ v (**vouches, vouching, vouched, vouched**) 1 garantir; assegurar; responsabilizar-se por. 2 atestar; provar.

vouch·er /vaʊtʃər/ s 1 fiador. 2 comprovante (de despesa). 3 recibo; fatura; vale. 4 testemunho; prova. II v (**vouchers, vouchering, vouchered, vouchered**) 1 autenticar. 2 emitir fatura, recibo.

vouch·safe /vaʊtʃseɪf, vaʊtʃseɪf/ v (**vouchsafes, vouchsafing, vouchsafed, vouchsafed**) 1 conceder. 2 permitir; outorgar.

vow /vaʊ/ s 1 Ecles voto. 2 declaração; promessa. II v (**vows, vowing, vowed, vowed**) 1 jurar; prometer solenemente. 2 declarar.

vow·el /vaʊəl/ s vogal.

voy·age /vɔɪɪdʒ/ s longa viagem; jornada. II v (**voyages, voyaging, voyaged, voyaged**) 1 viajar. 2 cruzar; atravessar (o oceano).

voy·ag·er /vɔɪɪdʒər/ s viajante.

vul·ca·ni·za·tion /vʌlkənɪzeɪʃən/ s vulcanização.

vul·ca·nize /vʌlkənaɪz/ v (**vulcanizes, vulcanizing, vulcanized, vulcanized**) vulcanizar.

vul·gar /vʌlgər/ adj vulgar; comum.

vul·gar·i·ty /vʌlgerəti/ s vulgaridade. (pl **vulgarities**).

vul·ner·a·ble /vʌlnərəbəl/ adj vulnerável.

vul·ner·ar·y /vʌlnəreri/ adj Med vulnerário; próprio para a cura de feridas.

vul·pine /vʌlpaɪn/ adj vulpino; de raposa.

vul·ture /vʌltʃər/ s Zool abutre; urubu.

vul·va /vʌlvə/ s Anat vulva. (pl **vulvae** /vʌlvi:/).

V

W

w ou W /dʌbəlju:/ s 23ª letra do alfabeto inglês. (pl w's ou W's). || abrev 1 maiús ou minús de west; western. (tb W. ou w.). 2 Eletr maiús de watt. || símb Quím maiús de tungsten.

wab·ble /wɑ:bəl/ → wobble.

wack·y /wæki/ adj gír excêntrico; louco; maluco; desequilibrado. (gr comp wackier. gr super wackiest. var whacky).

wad /wɑ:d/ s 1 chumaço; tampão. 2 rolo compacto (de fumo, etc.). 3 bucha de arma de fogo. 4 inform uma grande quantidade; uma porção. || v (wads, wadding, wadded, wadded) 1 enchumaçar. 2 embuchar; colocar bucha em arma de fogo. 3 enrolar bem apertado (fumo).

wad·ding /wɑ:dɪŋ/ s 1 chumaço. 2 bucha de arma de fogo. 3 rolo compacto (de fumo, etc.).

wad·dle /wɑ:dl/ v (waddles, waddling, waddled, waddled) 1 andar com ginga. 2 andar desajeitadamente ou com dificuldade. || s bamboleio; ginga.

wade /weɪd/ v (wades, wading, waded, waded) 1 andar na água, lama ou neve (que impedem o movimento normal); patinhar. 2 fazer alguma coisa com dificuldade. || s ato de andar em água rasa.

wa·fer /weɪfə/ s 1 bolo, bolacha ou biscoito fino e crocante. 2 hóstia.

waf·fle /wɑ:fəl/ s massa leve, como de uma panqueca, que é assada numa grelha elétrica e pode ser coberta com manteiga ou geléia.

waft /wɑ:ft, wæft/ v (wafts, wafting, wafted, wafted) boiar; flutuar. || s 1 alguma coisa que é carregada pelo ar (como um odor). 2 brisa leve. 3 ato de flutuar.

wag /wæg/ v (wags, wagging, wagged, wagged) 1 mover-se rápida e repetidamente de um lado para outro ou de cima para baixo. 2 mexer rapidamente a língua ao falar. 3 andar desajeitadamente.

|| s 1 sacudidura; balanço. 2 pessoa engraçada, bem-humorada.

wage /weɪdʒ/ s salário; ordenado. || (wages, waging, waged, waged) engajar-se; envolver-se. ♦ wages (us v sing ou pl) recompensa; retorno.

wage earner s assalariado.

wa·ger /weɪdʒə/ s 1 aposta. 2 algo apostado. || v (wagers, wagering, wagered, wagered) apostar; arriscar.

wag·ger·y /wægəri/ s 1 comportamento brincalhão. 2 esperteza. (pl waggeries).

wag·gle /wægəl/ v (waggles, waggling, waggled, waggled) sacudir-se; mover o corpo (ou partes do corpo) rapidamente.

wag·on /wægən/ s 1 vagão; vagão de carga. 2 carrinho (de chá, de bebidas, etc.). 3 carro de polícia. || v (wagons, wagoning, wagoned, wagoned) transportar em vagão ou carrinho.

wag·on·er /wægənə/ s maquinista; motorista.

wa·gon-lit /vɑ:gɔ:nli:/ s vagão-dormitório em trens europeus. (pl wagons-lits ou wagon-lits).

waif /weɪf/ s 1 pessoa sem lar. 2 criança abandonada. 3 filhote de animal abandonado. 4 objeto perdido ou jogado fora.

wail /weɪl/ v (wails, wailing, wailed, wailed) queixar-se; lamentar-se; chorar alto. || s 1 lamúria; queixa. 2 gemido ou grito de dor. 3 protesto; reclamação.

wain /weɪn/ s carroça; carroção.

waist /weɪst/ s 1 cintura. 2 corpo do vestido; blusa. 3 parte mais estreita de um objeto.

waist·band /weɪstbænd/ s cós; cintura de calça ou saia.

waist·coat /weskət, weɪstkout/ s colete masculino.

waist·line /weɪstlaɪn/ s cintura.

wait /weɪt/ v (waits, waiting, waited, waited) 1 esperar; estar à espera; aguardar. 2 trabalhar como garçom; servir mesa. **3** ter esperança. **4** adiar (uma refeição, um evento). ‖ *s* espera; demora. ◆ **wait for** esperar por. **wait on/upon 1** atender; servir. **2** visitar. **3** depender. **wait out** adiar (esperando o fim ou desfecho de algum acontecimento). **wait up** esperar acordado por alguém ou algum acontecimento.

wait·er /wˈeɪtə/ *s* **1** garçom; copeiro. **2** bandeja.

wait·ing /wˈeɪtɪŋ/ *s* espera; demora.

waiting list *s* lista de espera.

waiting room *s* sala de espera.

wait·ress /wˈeɪtrɪs/ *s* garçonete.

waive /weɪv/ *v* (**waives, waiving, waived, waived**) **1** desistir (de um direito); renunciar; abrir mão de. **2** colocar de lado temporariamente; adiar.

wake /weɪk/ *v* (**wakes, waking, waked/woke, waked/woken**) **1** despertar; acordar; estar desperto. **2** estar alerta. **3** estimular; reviver; avivar; ressuscitar. **4** conscientizar. **5** velar; vigiar. ‖ *s* **1** vigília. **2** velório. **3** *Náut* esteira; rasto. **4** sulco; trilha; rastro. **5** curso; caminho.

wale /weɪl/ *s* **1** vergão. **2** vinco; sulco; listra saliente em tecido.

walk /wɑːk, wɔːk/ *v* (**walks, walking, walked, walked**) **1** andar; caminhar. **2** perambular. **3** forçar ou ajudar alguém a andar. **4** conduzir a vida; viver. **5** medir com passos. ‖ *s* **1** passo; marcha; andar; caminhada. **2** modo de andar. **3** distância percorrida a pé. **4** caminho habitual de uma pessoa que anda a pé. **5** circuito próprio para caminhadas. **6** competição de marcha. **7** alameda; passeio. ◆ **walk away from 1** superar; conquistar com certa facilidade. **2** sair de um acidente apenas com lesões leves. **walk in** entrar. **walk off with** *gír* **1** furtar. **2** ganhar (prêmio) com grande facilidade. **walk of life** posição social; ramo de atividade profissional. **walk out 1** sair repentinamente em sinal de protesto ou desaprovação. **2** entrar em greve. **walk out on** deixar; abandonar; ir embora. **walk over 1** tratar alguém com desdém. **2** vencer com facilidade. **go for a walk** ou **take a walk** sair para dar um passeio.

walk·a·way /wˈɑːkəweɪ/ *s* vitória fácil.

walk·er /wˈɑːkə/ *s* **1** caminhante; pedestre; andarilho. **2** andador. **3** sapatos específicos para caminhar.

walk·ie-talk·ie /wɑːkitˈɑːki/ *s walkie-talkie*; aparelho transmissor e receptor portátil. (*var* **walky-talky**).

walk-in /wˈɑːkɪn/ *adj* **1** grande o suficiente em que se pode entrar. **2** que se localiza à beira da via pública. ‖ *s* **1** sala grande. **2** vitória fácil (principalmente em eleições). **3** *gír* penetra.

walk·ing /wˈɑːkɪŋ/ *adj* ambulante; que pode se locomover; andante.

walking papers *s pl gír* notificação de dispensa de emprego.

walking stick *s* **1** bengala. **2** *Zool* bicho-pau.

Walk·man /wˈɑːkmən/ *s* pequeno aparelho de toca-fitas com rádio e fone de ouvido.

walk-on /wˈɑːkɑːn/ *s* papel secundário sem falas; figuração em teatro ou cinema.

walk·out /wˈɑːkaʊt/ *s* **1** greve. **2** ato de ausentar-se ou faltar a um compromisso em sinal de protesto.

walk·o·ver /wˈɑːkoʊvə/ *s Esp* vitória fácil.

walk-through /wˈɑːkθru:/ *s* ensaio de uma peça de teatro ou de programas de TV sem o uso de câmeras.

walk-up /wˈɑːkʌp/ *s* **1** prédio sem elevador. **2** apartamento ou escritório em um prédio sem elevador. (*tb* **walk-up**).

walk·way /wˈɑːkweɪ/ *s* passadiço; caminho; passagem.

walk·y-talk·y /wɑːkitˈɑːki/ → **walkie-talkie**. (*pl* **walky-talkies**).

wall /wɔːl/ *s* **1** muro; parede; muralha; barragem. **2** qualquer coisa que tenha aparência ou função de parede. ‖ *v* (**walls, walling, walled, walled**) **1** murar; emparedar. **2** enclausurar. **3** separar ou dividir ambientes com paredes. ◆ **drive/push to the wall** levar a uma situação desesperadora. **go to the wall** ser derrotado; fracassar; falir. **off the wall 1** estranho; bizarro; excêntrico. **2** sem fundamento; tolo; ridículo. **up the wall** extremamente irritado ou frustrado; "subindo pelas paredes".

wal·let /wˈɑːlɪt/ *s* carteira de bolso.

W

wallet PC s Comp PC de bolso.

wal·lop /wɑ:ləp/ v (wallops, walloping, walloped, walloped) 1 bater; espancar; socar. 2 derrotar fragorosamente. 3 ferver ruidosamente (líquido). 4 mover-se desajeitadamente. ‖ s pancada; golpe.

wal·lop·ing /wɑ:ləpɪŋ/ s 1 som de uma pancada ou batida. 2 derrota fragorosa. ‖ adj inform imenso; impressionante.

wal·low /wɑ:loʊ/ v (wallows, wallowing, wallowed, wallowed) 1 chafurdar; revolver-se na lama, água ou neve. 2 atolar-se em vícios; perverter-se. 3 nadar em dinheiro; viver em abundância. ‖ s lamaçal; lugar onde os animais chafurdam.

wall·pa·per /wɔ:lpeɪpə/ s tb Comp papel de parede. ‖ v (wallpapers, wallpapering, wallpapered, wallpapered) cobrir ou decorar com papel de parede.

wal·nut /wɔ:lnʌt/ s Bot 1 noz. 2 nogueira.

wal·rus /wɔ:lrəs/ s Zool morsa. (pl walrus ou walruses).

waltz /wɔ:lts/ s 1 valsa. 2 inform qualquer coisa que pode ser feita sem dificuldade e com pouco esforço. ‖ v (waltzes, waltzing, waltzed, waltzed) 1 valsar. 2 gír mover-se sem hesitação, com segurança.

wam·ble /wɑ:mbəl/ v (wambles, wambling, wambled, wambled) 1 mover-se cambaleando ou vacilando. 2 virar (o estômago). ‖ s 1 movimento inseguro, hesitante. 2 enjôo; náusea.

wan /wɑ:n/ adj 1 lívido; pálido. 2 triste; melancólico.

wand /wɑ:nd/ s 1 vara; bastão. 2 varinha (de mágico, de condão). 3 batuta.

wan·der /wɑ:ndə/ v (wanders, wandering, wandered, wandered) 1 andar ao acaso sem rumo; vagar; vagabundear. 2 meandrar; serpentear (rio). 3 desviar-se do caminho; perder o rumo. 4 desviar-se (de conduta, fé, ideologia, etc.).

wan·der·er /wɑ:ndəə/ s andarilho; caminhante; viajante.

wane /weɪn/ v (wanes, waning, waned, waned) 1 diminuir; decair; declinar. 2 minguar (Lua). ‖ s decadência; declínio; míngua. ◆ be on the wane 1 estar em decadência. 2 estar no quarto minguante (Lua).

want /wɑ:nt, wɔ:nt/ v (wants, wanting, wanted, wanted) 1 desejar; querer. 2 carecer de; ser desprovido de. 3 necessitar; requerer; exigir. 4 precisar da presença ou da ajuda de alguém. 5 procurar (bandido). ‖ s 1 falta; carência; necessidade. 2 desejo; vontades. 3 defeito ou falha de caráter. ◆ in want of com necessidade de. for/from want of por falta de. live in want viver na miséria. want in gír desejar ardentemente entrar. want out gír desejar ardentemente sair. wanted procurado (criminoso).

want ad s anúncio classificado.

want·ing /wɑ:ntɪŋ, wɔ:ntɪŋ/ adj 1 ausente; inexistente; que está faltando. 2 que não tem a qualificação necessária. ‖ prep 1 sem. 2 menos.

wan·ton /wɑ:ntən/ adj 1 imoral; libertino; devasso; obsceno; indecente. 2 cruel; impiedoso.

war /wɔ:r/ s 1 guerra; luta; conflito armado. 2 antagonismo; oposição de idéias. 3 combate (ao crime, às drogas, etc.). ‖ v (wars, warring, warred, warred) engajar-se numa guerra; estar num estado de rivalidade ou contenda. ◆ at war em conflito. war of nerves guerra de nervos.

war baby s criança nascida durante a guerra.

war·ble /wɔ:rbəl/ v (warbles, warbling, warbled, warbled) trinar; gorjear. ‖ s 1 gorjeio; trinado. 2 berne; abscesso provocado pelo berne. 3 calo no lombo do cavalo provocado pelo atrito da sela.

warble fly s Zool mosca-berneira.

war correspondent s correspondente de guerra.

war crime s crime de guerra.

war cry s grito de guerra.

ward /wɔ:rd/ s 1 bairro; distrito. 2 enfermaria. 3 ala (hospital, prisão). 4 área aberta rodeada de muros em um castelo. 5 Jur menor de idade ou pessoa incapaz sob guarda legal. 6 indivíduo protegido, tutelado. 7 tutela; guarda; defesa; proteção. ‖ v (wards, warding, warded, warded) proteger; guardar.

war·den /wɔːrdən/ *s* **1** diretor administrativo de presídio. **2** administrador de uma instituição. **3** porteiro. **4** supervisor; encarregado. **5** vigia; guarda.

vard·er /wɔːrdər/ *s* **1** guarda; porteiro; vigia. **2** cetro; bastão usado como símbolo de autoridade e poder.

ward·robe /wɔːrdroub/ *s* guarda-roupa (armário e conjunto de roupas).

ware /wer/ *s* **1** conjunto de artigos do mesmo tipo e que têm a mesma utilidade. **2** mercadoria.

ware·house /werhaʊs/ *s* armazém; depósito de mercadorias. || *v* (**warehouses**, **warehousing**, **warehoused**, **warehoused**) armazenar; estocar; guardar.

war·fare /wɔːrfer/ *s* **1** guerra; conflito armado. **2** operação militar com características específicas. **3** desarmonia; conflito.

war game *s* operação militar simulada.

war·head /wɔːrhed/ *s Mil* ogiva.

war·horse /wɔːrhɔːrs/ *s* **1** cavalo treinado para batalha. **2** *gír* veterano de guerra. **3** *inform* música ou peça de teatro que foi tocada ou exibida exaustivamente. (*tb* **war-horse**).

war·like /wɔːrlaɪk/ *adj* **1** beligerante; hostil. **2** marcial; bélico.

var·lock /wɔːrlɑːk/ *s* feiticeiro; bruxo; mago.

war·lord /wɔːrlɔːrd/ *s* comandante militar que exerce poder civil numa região.

warm /wɔːrm/ *adj* **1** morno; tépido. **2** que tem a temperatura do corpo humano. **3** que preserva o calor. **4** entusiasmado; animado. **5** ardente; caloroso. **6** cordial; amigável. **7** quente (relativo às cores vermelho e amarelo). **8** quente (no jogo de quente ou frio). **9** fresco; recente; que acabou de ser feito. || *v* (**warms**, **warming**, **warmed**, **warmed**) **1** esquentar ou aquecer levemente; amornar. **2** animar-se; entusiasmar-se. **3** emocionar-se; encher-se de emoções. **4** tornar-se cordial, amigável. ♦ **warm up** fazer aquecimento antes de uma atividade física. **2** preparar; ficar preparado.

warmth /wɔːrmθ/ *s* **1** calor moderado, agradável. **2** cordialidade; amizade. **3** ardor; entusiasmo; fervor; veemência.

warm-up /wɔːrmʌp/ *s Esp* aquecimento. (*tb* **warmup**).

warn /wɔːrn/ *v* (**warns**, **warning**, **warned**, **warned**) **1** prevenir; alertar. **2** advertir; avisar. **3** avisar com antecedência. **4** admoestar; censurar; advertir.

warn·ing /wɔːrnɪŋ/ *s* **1** aviso; advertência; alarme. **2** sinal de alerta; sinalizador. **3** admoestação; censura. || *adj* que avisa; que adverte.

warp /wɔːrp/ *v* (**warps**, **warping**, **warped**, **warped**) **1** empenar (madeira). **2** arquear; torcer. **3** desviar do rumo certo. **4** tecer; urdir. **5** distorcer (os fatos, a verdade, etc.). || *s* **1** empenamento; torção. **2** desvio mental ou moral; aberração. **3** urdidura.

war·plane /wɔːrpleɪn/ *s* aeronave de guerra.

war·rant /wɔːrənt/ *s* **1** autorização; sanção (dada por um superior). **2** justificativa; desculpa. **3** garantia; fiança. **4** *Jur* ordem judicial; mandado. || *v* (**warrants**, **warranting**, **warranted**, **warranted**) **1** garantir; afiançar; atestar (qualidade, procedência, idoneidade, etc.). **2** dar garantia a um produto. **3** justificar; dar razões para. **4** autorizar; sancionar.

war·ran·ty /wɔːrənti/ *s* garantia (de funcionamento de um aparelho, da qualidade das peças de um produto, etc.). (*pl* **warranties**). ♦ **under warranty** na garantia.

war·ren /wɔːrən/ *s* **1** viveiro de coelhos. **2** grupo, bando de animais. **3** área superpovoada. **4** lugar labiríntico.

war·ri·or /wɔːrjər/ *s* guerreiro; soldado.

war·ship /wɔːrʃɪp/ *s* navio de guerra.

wart /wɔːrt/ *s* **1** verruga. **2** protuberância similar a uma verruga que ocorre em plantas. **3** verruga genital. **4** qualquer coisa que se pareça com uma verruga. **5** imperfeição; defeito.

war·y /weri/ *adj* atento; prudente; previdente. (*gr comp* **warier**. *gr super* **wariest**).

was /wɑːz, wʌz/ *v pass* 1ª e 2ª *pess sing* de **be**.

W

wash /wɑːʃ, wɔːʃ/ v (**washes, washing, washed, washed**) **1** lavar; banhar; limpar. **2** molhar; ensopar. **3** erodir; destruir (pela ação da água). **4** ser carregado (pela água). **5** redimir; purificar. **6** dar uma demão de tinta. ‖ s **1** lavagem; limpeza; banho. **2** quantidade de coisas que serão lavadas. **3** líquido fermentado, do qual se destila bebidas. **4** produto usado para lavagem. **5** desinfetante bucal. **6** porção de água revolvida que uma embarcação deixa ao passar. ‖ adj **1** que é usado para lavar. **2** lavável. ♦ **come out in the wash** gír **1** vir à tona; ser revelado. **2** dar tudo certo no final. **wash down 1** lavar totalmente, de cima a baixo. **2** ingerir líquidos nas refeições. **wash one's hands of 1** lavar as mãos; recusar-se a aceitar a responsabilidade por. **2** renunciar; abandonar. **wash out 1** remover com água. **2** perder a cor ao lavar; desbotar. **3** ser carregado pela força da água; desmoronar. **4** ser eliminado; ser cortado. **wash up** lavar as mãos.

wash·a·ble /ˈwɑːʃəbəl, ˈwɔːʃəbəl/ adj lavável.

wash·er /ˈwɑːʃə, ˈwɔːʃə/ s **1** máquina de lavar (roupas, louças, etc.). **2** lavador; lavadeira. **3** arruela.

wash·ing /ˈwɑːʃɪŋ, ˈwɔːʃɪŋ/ s **1** lavagem; banho. **2** artigos que serão lavados.

washing machine s máquina de lavar roupas.

washing soda s água sanitária.

wash·room /ˈwɑːʃrʊm/ s banheiro.

wash·y /ˈwɑːʃi, ˈwɔːʃi/ adj **1** diluído; aguado. **2** sem força; debilitado; débil. **3** frouxo; lasso. (gr comp **washier**. gr super **washiest**).

was·n't /ˈwɑːzənt, ˈwʌzənt/ form contr de **was not**.

wasp /wɑːsp/ s Zool vespa.

wasp·ish /ˈwɑːspɪʃ/ adj **1** impertinente; irritável; irascível. **2** irritante.

was·sail /ˈwɑːsəl, wɑːˈseɪl/ s **1** brinde; saudação (à saúde, à felicidade, etc.). **2** bebida usada para fazer o brinde. **3** festa com muita bebida. ‖ v (**wassails, wassailing, wassailed, wassailed**) brindar (à saúde, à felicidade, etc.).

wast·age /ˈweɪstɪdʒ/ s **1** estrago; perda. **2** desgaste. **3** perda anual.

waste /weɪst/ v (**wastes, wasting, wasted, wasted**) **1** desperdiçar; gastar. **2** consumir; debilitar; enfraquecer. **3** perder (uma oportunidade); não aproveitar. **4** destruir. **5** gír matar; assassinar. ‖ s **1** desperdício; perda. **2** lugar ou região desabitada. **3** lugar destruído; ruína. **4** resto; refugo; sobra; sucata; resíduo. **5** lixo. **6** excremento. ‖ adj **1** descartado; de refugo. **2** árida; inculta (terra). **3** baldio (terreno). **4** usado; velho. **5** excrementoso. ♦ **don't waste your time** não perca seu tempo.

waste·bas·ket /ˈweɪstbæskət/ s cesto de lixo.

waste·ful /ˈweɪstfəl/ adj **1** esbanjador; extravagante. **2** devastador; destrutivo.

waste·land /ˈweɪstlænd/ s **1** terra desolada, inculta. **2** terreno baldio.

waste·pa·per /ˈweɪstpeɪpə/ s papel usado, descartado.

waste pipe s tubo de escoamento; cano de esgoto.

wast·er /ˈweɪstə/ s **1** gastador; esbanjador. **2** destruidor.

watch /wɑːtʃ/ v (**watches, watching, watched, watched**) **1** prestar atenção; observar atentamente; ficar de olho. **2** esperar o momento certo (para agir, falar, etc.). **3** olhar; assistir; agir como um espectador. **4** vigiar; montar guarda; velar. **5** estar de vigília (religiosa). ‖ s **1** sentinela; vigília. **2** observação atenta. **3** pessoa que vigia, que fica de sentinela. **4** relógio de bolso ou de pulso. ♦ **watch out** estar alerta; tomar cuidado. **watch one's step 1** agir com cautela; proceder com prudência. **2** agir adequadamente (de acordo com o que se espera).

watch·band /ˈwɑːtʃbænd/ s pulseira de relógio.

watch·dog /ˈwɑːtʃdɑːg/ s **1** cão de guarda. **2** guarda; guardião; protetor.

watch·ful /ˈwɑːtʃfəl/ adj atento; vigilante.

watch·mak·er /ˈwɑːtʃmeɪkə/ s relojoeiro.

watch·man /ˈwɑːtʃmən/ s guarda; vigia; sentinela.

watch·word /ˈwɑːtʃwɜːrd/ s senha.

wa·ter /ˈwɑːtə, ˈwɔːtə/ s **1** água. **2** qualquer massa de água, como um mar, um

W

rio, um lago, etc. **3** suprimento de água. **4** sistema de abastecimento de água. **5** líquidos do corpo (urina, lágrimas, suor, saliva). **6** líquido amniótico. **7** solução aquosa. ‖ *v* (**waters, watering, watered, watered**) **1** aguar; molhar; regar; pôr água em. **2** dar de beber. **3** diluir; misturar água; "batizar" (bebida alcoólica). **4** irrigar. **5** lacrimar; salivar. **6** beber água. ♦ **above water** sem dificuldade. **water under the bridge** águas passadas; problemas não resolvidos.

water bag *s Anat* bolsa.

water ballet *s Esp* nado sincronizado.

wa·ter·bed /wɑ̱tɚbed/ *s* cama com colchão d'água.

water biscuit *s* biscoito de água.

water blister *s* bolha de água.

water closet *s* banheiro. (*abrev* **W.C.**).

wa·ter·col·or /wɑ̱tɚkʌlɚ/ *s* aquarela.

wa·ter·course /wɑ̱tɚkɔːrs/ *s* **1** curso de água (natural ou artificial). **2** riacho.

wa·ter·cress /wɑ̱tɚkres/ *s Bot* agrião.

water cure *s* hidroterapia.

wa·ter·fall /wɑ̱tɚfɔːl/ *s* cachoeira; cascata.

wa·ter·front /wɑ̱tɚfrʌnt/ *s* **1** orla marítima. **2** zona portuária.

water gauge *s* indicador do nível de água.

water glass *s* **1** relógio de água; clepsidra. **2** copo para água.

water hole *s* poço de água; cavidade nas rochas onde se acumula água.

water ice *s* sobremesa feita de gelo picado e essência de frutas; raspadinha.

watering can *s* regador.

watering place *s* **1** poço; bebedouro. **2** estância balneária.

watering pot *s* regador.

wa·ter·less /wɑ̱tɚləs/ *adj* **1** seco. **2** que não requer água.

water lily *s Bot* nenúfar; lótus.

water line *s Náut* linha de flutuação.

wa·ter·logged /wɑ̱tɚlɑːgd/ *adj Náut* encharcado; saturado de água.

water main *s* cano principal de uma rede de água.

wa·ter·man /wɑ̱tɚmən/ *s* barqueiro.

wa·ter·mark /wɑ̱tɚmɑːrk/ *s* **1** marca-d'água; filigrana. **2** marca de nível de água. ‖ *v* (**watermarks, watermarking, watermarked, watermarked**) filigranar.

wa·ter·mel·on /wɑ̱tɚmelən/ *s* **1** melancia. **2** melancieira.

water mill *s* moinho de água.

water pipe *s* cano de água.

water polo *s Esp* pólo aquático.

wa·ter·pow·er /wɑ̱tɚpaʊɚ/ *s* força hidráulica.

wa·ter·proof /wɑ̱tɚpruːf/ *adj* à prova d'água; impermeável. ‖ *v* (**waterproofs, waterproofing, waterproofed, waterproofed**) impermeabilizar.

wa·ter·shed /wɑ̱tɚʃed/ *s* **1** divisor de águas; bacia hidrográfica. **2** momento decisivo; ponto crítico.

water ski *s Esp* esqui aquático.

wa·ter·spout /wɑ̱tɚspaʊt/ *s* **1** tromba-d'água; chuva muito forte. **2** bica; calha; gárgula.

water supply *s* **1** abastecimento de água. **2** sistema de suprimento de água.

water system *s* **1** bacia hidrográfica. **2** sistema de suprimento de água.

wa·ter·tight /wɑ̱tɚtaɪt/ *adj* **1** impermeável; hermético; vedado. **2** inequívoco; irrefutável; categórico.

wa·ter·way /wɑ̱tɚweɪ/ *s* hidrovia; via navegável; canal.

water wheel *s* roda-d'água; roda hidráulica.

water wings *s pl* par de bóias infláveis que se prende aos braços (*geralm us* em crianças).

wa·ter·works /wɑ̱tɚwɜːrks/ *s pl* sistema de abastecimento de água (reservatórios, tanques, tubulação, encanamento, etc.).

wa·ter·y /wɑ̱tɚi/ *adj* **1** aquoso. **2** aguado; diluído. **3** fraco. **4** pálido (cor). (*gr comp* **waterier**. *gr super* **wateriest**).

watt /wɑt/ *s Eletr* watt (unidade de medida de potência elétrica).

wave /weɪv/ *v* (**waves, waving, waved, waved**) **1** acenar; abanar. **2** ondular. ‖ *s* **1** onda (mar, rádio, etc.). **2** aceno. **3** ondulação. **4** oscilação. **5** intensidade; explosão (onda de pânico, de terror, etc.). **6** tendência; onda (de conservadorismo, etc.). **7** condição meteorológica (onda de calor).

wave·band /weɪvbænd/ s faixa de onda de freqüência (rádio).

wave·form /weɪvfɔːrm/ s Comp forma de onda.

wave·length /weɪvleŋkθ/ s comprimento de onda (rádio).

wa·ver /weɪvɚ/ v (wavers, wavering, wavered, wavered) 1 movimentar-se instavelmente; oscilar. 2 vacilar; hesitar. 3 gaguejar; tremer a voz. 4 piscar; tremeluzir.

wav·y /weɪvi/ adj 1 ondulante. 2 ondulado. 3 instável; vacilante. (gr comp wavier. gr super waviest).

wax /wæks/ s 1 cera. 2 cerume. 3 parafina. ǁ adj 1 de cera. 2 encerado; coberto de cera. ǁ v (waxes, waxing, waxed, waxed) 1 encerar; polir com cera. 2 desenvolver; aumentar (em tamanho, peso, número, etc.). 3 crescer; ficar cheia (Lua).

wax·work /wækswɜːrk/ s 1 a arte de modelar em cera. 2 figura ou objeto de cera.
♦ **waxworks** us v sing ou pl exposição de figuras de cera em um museu.

way /weɪ/ s 1 via; caminho; estrada; passagem. 2 oportunidade. 3 direção. 4 modo; maneira; jeito. 5 aspecto. 6 natureza; categoria. 7 aptidão; facilidade. 8 estado; condição. ǁ adv distante; longínquo.
♦ **be in the way** estar no meio do caminho. **by the way** a propósito. **by way of** através; via. **in a way** de certo modo; até certo ponto. **no way** de jeito nenhum. **on one's way** ou **on the way** a caminho.

way·bill /weɪbɪl/ s documento de embarque; guia de mercadorias; conhecimento (transportes).

way·far·er /weɪferɚ/ s caminhante; viandante.

way·laid /weɪleɪd/ v pass e part pass de **waylay**.

way·lay /weɪleɪ, weɪleɪ/ v (waylays, waylaying, waylaid, waylaid) emboscar; armar ciladas.

way-out /weɪaʊt/ adj gír muito estranho ou esquisito; não-convencional.

way·side /weɪsaɪd/ s beira da estrada. ǁ adj que está à beira da estrada. ♦ **fall by wayside** desistir; não prosseguir.

way station s estação ferroviária intermediária.

way·ward /weɪwɚd/ adj 1 mau; perverso. 2 instável; imprevisível; caprichoso.

W.C. /dʌblju:si:/ abrev 1 de **water closet**; banheiro. 2 de **without charge**; sem carga.

we /wi/ pron 1ª pess pl nós.

weak /wiːk/ adj 1 fraco; franzino; débil; frágil. 2 pusilânime; fraco de caráter. 3 fraco; sem resistência; sem firmeza. 4 fraco; inábil; inapto; incapaz. 5 pouco inteligente. 6 que não tem força de persuasão; que não consegue convencer.

weak·en /wiːkən/ v (weakens, weakening, weakened, weakened) enfraquecer; tornar fraco.

weak-kneed /wiːkniːd/ adj covarde; fraco.

weak·ling /wiːklɪŋ/ s pessoa fraca (física ou moralmente).

weak·ness /wiːknəs/ s 1 fraqueza; debilidade. 2 falha ou defeito pessoal. 3 preferência; inclinação; tendência.

weak·ly /wiːkli/ adj frágil; fraco; debilitado. ǁ adv debilmente; fracamente. (gr comp weaklier. gr super weakliest).

weak-mind·ed /wiːkmaɪndɪd/ adj 1 fraco de espírito. 2 tolo.

weal /wiːl/ s 1 prosperidade; felicidade; ventura. 2 bem-estar social; bem comum. 3 inchaço causado por uma pancada; galo.

wealth /welθ/ s 1 riqueza; abundância. 2 bens; recursos. 3 grande quantia; profusão.

wealth·y /welθi/ adj rico; abastado. (gr comp wealthier. gr super wealthiest).

wean /wiːn/ v (weans, weaning, weaned, weaned) 1 desmamar. 2 desapegar; desacostumar; perder o vício.

wean·ling /wiːnlɪŋ/ s criança ou filhote de animal recém-desmamado.

weap·on /wepən/ s 1 arma; instrumento de combate e defesa. 2 Zool parte ou órgão do corpo dos animais (como as garras ou o ferrão) usado para ataque ou defesa. 3 arma; meio de defender ou derrotar alguém. ǁ v (weapons, weaponing, weaponed, weaponed) armar; munir de armas.

W

wear /wer/ v (**wears**, **wearing**, **wore**, **worn**) **1** carregar ou usar qualquer coisa que cubra, adorne ou proteja o corpo. **2** exibir, apresentar na aparência (um sorriso). **3** ter, usar de uma maneira específica (cabelos curtos). **4** estragar por uso prolongado. **5** erodir. **6** fatigar; enfraquecer; exaurir. **7** passar vagarosamente; arrastar-se (tempo). **8** durar; resistir. ‖ s **1** uso; aplicação. **2** vestimenta; roupa. **3** desgaste. ♦ **wear and tear** desgaste, depreciação por uso ou exposição constante. **wear down** esgotar; exaurir. **wear off** perder o efeito (remédio). **wear thin 1** enfraquecer. **2** diminuir.

wear·a·ble /werəbəl/ adj bom, adequado para ser usado; que se pode usar.

wear·ing /werɪŋ/ adj **1** que pode ser usado. **2** fatigante; cansativo.

wea·ri·some /wɪrɪsəm/ adj cansativo; fatigante; monótono; entediante.

wea·ry /wɪri/ adj **1** cansado; fatigado. **2** fatigante; cansativo. (gr comp **wearier**. gr super **weariest**). ‖ v (**wearies**, **wearying**, **wearied**, **wearied**) cansar.

wea·sel /wiːzəl/ s **1** Zool doninha. **2** pessoa considerada sorrateira e traidora. ‖ v (**weasels**, **weaseling/weaselling**, **weaseled/weaselled**, **weaseled/weaselled**) ser evasivo ou ambíguo.

weath·er /weðər/ s **1** tempo; condição atmosférica. **2** condição atmosférica adversa. ‖ v (**weathers**, **weathering**, **weathered**, **weathered**) **1** expor à ação do tempo. **2** descolorir, desintegrar; destruir devido à ação do tempo. **3** resistir; sobreviver. **4** Náut navegar a favor do vento. ‖ adj Náut referente ao lado da embarcação em que sopra o vento (barlavento). ♦ **make heavy weather of** exagerar a dificuldade de fazer alguma coisa; fazer tempestade em copo d'água. **under the weather 1** levemente indisposto. **2** bêbado. **3** de ressaca. **weathers** mudança de sorte.

weather balloon s balão meteorológico.

weath·er·beat·en /weðərbiːtən/ adj castigado pelo tempo.

weath·er·bound /weðərbaʊnd/ adj retido pelo mau tempo.

weather bureau s serviço meteorológico.

weath·er·cock /weðərkɑːk/ s cata-vento com formato de galo.

weather forecast s previsão do tempo.

weath·er·glass /weðərglæs/ s barômetro.

weath·er·man /weðərmæn/ s meteorologista; homem do tempo.

weath·er·proof /weðərpruːf/ adj à prova de intempérie. ‖ v (**weatherproofs**, **weatherproofing**, **weatherproofed**, **weatherproofed**) tornar resistente à intempérie.

weather station s estação meteorológica.

weath·er·vane /weðərveɪn/ s cata-vento.

weave /wiːv/ v (**weaves**, **weaving**, **wove**, **woven**) **1** tecer; trançar; entrelaçar. **2** combinar. **3** inventar. **4** introduzir elementos novos em um conjunto. ‖ s tecedura; tecelagem.

weav·er /wiːvər/ s tecelão.

web /web/ s **1** trama; estrutura entrelaçada. **2** tecido. **3** teia. **4** rede (de rádio, TV, telecomunicações, computador, etc.). **5** membrana que interliga os dedos de certos anfíbios, mamíferos e aves. **6** rolo de papel de impressora. ‖ v (**webs**, **webbing**, **webbed**, **webbed**) **1** aprisionar; envolver em uma teia. **2** tecer (uma teia).

Web address s Comp endereço da Web.

webbed /webd/ adj conectado a uma rede.

web·bing /webɪŋ/ s tira de tecido forte, usada em cintos de segurança, arreios, etc.

Web browser s Comp navegador da Web.

Web development s Comp desenvolvimento na Web.

Web directory s Comp guia da Web.

web-foot·ed /webfʊtɪd/ adj palmípede (que tem os dedos dos pés interligados por uma membrana).

Web page s Comp página da Web.

Web phone s Comp telefone da Web.

Web server s Comp servidor da Web.

Web site s Comp site da Web.

Web terminal s Comp terminal da Web.

wed /wed/ v (**weds**, **wedding**, **wedded**, **wed/wedded**) **1** casar; desposar. **2** unir; ligar.

Wed. abrev de **Wednesday**.

we'd /wiːd/ form contr de **we had**, **we would** e **we should**.

W

wed·ding /wɛdɪŋ/ s **1** casamento; núpcias; matrimônio. **2** aniversário de casamento. **3** união; ligação.

wedding cake s bolo de casamento.

wedding dress s vestido de noiva.

wedding march s marcha nupcial.

wedding night s noite de núpcias.

wedding ring s aliança de casamento.

wedge /wɛdʒ/ s **1** calçadeira. **2** cunha. ‖ v (**wedges**, **wedging**, **wedged**, **wedged**) **1** rachar, dividir com uma cunha. **2** fixar ou apertar com uma cunha.

wed·lock /wɛdlɑːk/ s casamento; matrimônio.

Wednes·day /wɛnzdeɪ, wɛnzdi/ s quarta-feira. (abrev **W.** e **Wed.**).

wee /wiː/ adj **1** muito pequeno; diminuto. **2** muito cedo; cedinho.

weed /wiːd/ s **1** erva daninha; joio; mato. **2** erva marinha; alga. **3** coisa sem utilidade (especialmente um animal estéril). **4** gír fumo; cigarro; maconha. ‖ v (**weeds**, **weeding**, **weeded**, **weeded**) **1** (geralm us **out**) capinar; remover o mato. **2** (geralm us **out**) eliminar; extirpar. ♦ **weeds** **1** roupas de luto de uma viúva. **2** vestimenta.

week /wiːk/ s semana. ♦ **every other week** semana sim, semana não. **in four weeks** daqui a quatro semanas. **once a week** uma vez por semana.

week·day /wiːkdeɪ/ s dia da semana; dia útil.

week·end /wiːkend/ s fim de semana.

week·ly /wiːkli/ adv semanalmente; toda semana. ‖ adj semanal. ‖ s publicação semanal. (pl **weeklies**).

weep /wiːp/ v (**weeps**, **weeping**, **wept**, **wept**) **1** chorar; lamentar. **2** escoar; escorrer; gotejar. **3** enlutar-se; sentir pesar. ‖ s choro; lamento.

weep·ing /wiːpɪŋ/ adj **1** choroso; lastimoso. **2** gotejante.

weeping willow s Bot chorão.

weft /weft/ s tecido; trançado; urdidura.

weigh /weɪ/ v (**weighs**, **weighing**, **weighed**, **weighed**) **1** pesar; determinar o peso. **2** ponderar; considerar. **3** escolher cuidadosamente. **4** ser importante; significar; importar. **5** (us **on** ou **upon**) pressionar; exercer pressão. **6** Náut levantar âncora. ♦ **weight down 1** sobrecarregar. **2** oprimir.

weight /weɪt/ s **1** tb Esp peso. **2** fadiga. **3** opressão. **4** unidade de sistema de pesos. ‖ v (**weights**, **weighting**, **weighted**, **weighted**) **1** pesar; determinar o peso. **2** oprimir. **3** tornar mais pesado; aumentar o peso.

weight·less /weɪtləs/ adj que é leve ou sem peso; que não sofre a força da gravidade.

weight·lift·er /weɪtlɪftə/ s Esp levantador de peso. (tb **weight lifter**).

weight·lift·ing /weɪtlɪftɪŋ/ s Esp levantamento de peso.

weight·y /weɪti/ adj pesado. (gr comp **weightier**. gr super **weightiest**).

weir /wɪr/ s barragem; açude; represa; dique.

weird /wɪrd/ adj estranho; mágico; misterioso; sobrenatural. ‖ s destino; fado; sorte.

welch /welʃ/ → v welsh.

wel·come /wɛlkəm/ adj **1** bem-vindo. **2** grato. ‖ s boas-vindas; recepção; saudação. ‖ v (**welcomes**, **welcoming**, **welcomed**, **welcomed**) dar as boas-vindas; saudar; acolher bem; receber com prazer. ♦ **you're welcome** de nada (resposta a um agradecimento). **you're welcome to try** você pode tentar se quiser.

wel·fare /welfer/ s **1** bem-estar; ventura; felicidade. **2** prosperidade. **3** ajuda financeira; pensão (especialmente do governo); assistência social. ♦ **on welfare** que está recebendo pensão.

welfare state s **1** sistema social em que o Estado assume a responsabilidade pelo bem-estar de seus cidadãos. **2** país que pratica esse sistema social.

welfare work s trabalho social.

well /wel/ s **1** poço; fonte; nascente; manancial. **2** contêiner ou reservatório para líquidos, especialmente tintas. ‖ v (**wells**, **welling**, **welled**, **welled**) emanar; brotar (água); verter. ‖ adv **1** bem. **2** perfeitamente. **3** cuidadosamente. **4** corretamente. **5** suficientemente. **6** satisfatoriamente. **7** realmente. (gr comp **better**. gr super best). ‖ adj 1 bom. 2 saudável; curado. 3 prudente; oportuno; conveniente. (gr comp **better**. gr super **best**). ♦ **wells** estância balneária. **as well** também; igualmente. **as well as** tão bem como; assim como. **well done** muito bem.

we'll /wi:l/ form contr de **we will** e **we shall**.

well-ad·just·ed /welədʒʌstɪd/ adj bem-adaptado; bem-enturmado.

well-ap·point·ed /weləpɔɪntɪd/ adj bem-equipado; bem-montado.

well-bal·anced /welbælənst/ adj 1 proporcional; bem-equilibrado. 2 mentalmente estável; equilibrado.

well-be·ing /welbi:ɪŋ, welbi:ɪŋ/ s bem-estar; saúde; felicidade.

well·born /welbɔ:rn/ adj bem-nascido; de boa família.

well-bred /welbred/ adj refinado; com bom pedigree (animal).

well-de·fined /weldəfaɪnd/ adj bem-definido; bem-delineado.

well-dis·posed /weldɪspouzd/ adj favorável; com boa vontade.

well-done /weldʌn/ adj bem passado (carne).

well-fa·vored /welfeɪvəd/ adj bonito; atraente; bem-apessoado.

well-fed /welfed/ adj 1 bem-nutrido; bem-alimentado. 2 supernutrido; gordo.

well-fixed /welfɪkst/ adj em boa posição financeira; abastado.

well-found /welfaund/ adj bem-mobiliado; bem-equipado.

well-found·ed /welfaundɪd/ adj bem-fundamentado.

well-groomed /welgru:md/ adj 1 bem-vestido; vestido com esmero e cuidado. 2 bem-tratado; bem-conservado.

well-han·dled /welhændəld/ adj 1 bem-administrado. 2 bastante usado.

well·head /welhed/ s bica; fonte.

well-heeled /welhi:ld/ adj próspero; rico; abastado.

well-in·ten·tioned /welɪntenʃənd/ adj bem-intencionado.

well-known /welnoun/ adj 1 conhecido; sabido. 2 famoso; notório.

well-man·nered /welmænəd/ adj polido; bem-educado.

well-mean·ing /welmi:nɪŋ/ adj bem-intencionado.

well-nigh /welnaɪ/ adv quase.

well-off /welɑ:f/ adj em boas condições financeiras; próspero.

well-read /welred/ adj que foi lido várias vezes.

well-spo·ken /welspoukən/ adj que fala bem; com fluência; desembaraçado; cortês ao falar.

well·spring /welsprɪŋ/ s 1 fonte; bica; nascente. 2 fonte; origem.

well-thought-of /welθɑ:tɑ:v/ adj de boa reputação; estimado; apreciado.

well-timed /weltaɪmd/ adj oportuno; que ocorre em tempo apropriado.

well-to-do /weltədu:/ adj próspero; abastado. ‖ s us v pl a classe alta; os ricos.

well-wish·er /welwɪʃə/ s aquele que deseja boa sorte a alguém.

well-worn /welwɔ:rn/ adj 1 muito usado; batido. 2 banal; vulgar.

welsh /welʃ/ v (**welshes, welshing, welshed, welshed**) 1 gír dar o calote; não pagar uma dívida ou aposta. 2 não cumprir uma obrigação. (var **welch**). ‖ s e adj maiús galês.

welt /welt/ s 1 faixa ou tira que reforça ou enfeita a roupa ou o sapato. 2 vergão; marca de soco ou golpe. 3 o golpe que deixa tal marca. ‖ v (**welts, welting, welted, welted**) 1 reforçar ou enfeitar com uma faixa ou tira. 2 bater; espancar; açoitar.

wen /wen/ s quisto sebáceo.

wend /wend/ v (**wends, wending, wended, wended**) prosseguir; seguir.

went /went/ v pass de **go**.

wept /wept/ v pass e part pass de **weep**.

were /wɜ:r/ v pass 2ª pess sing e 1ª, 2ª e 3ª pess pl de **be**.

we're /wɪr/ form contr de **we are**.

were·n't /wɜ:rnt/ form contr de **were not**.

were·wolf /werwʊlf, wɪrwʊlf, wɜ:rwʊlf/ s lobisomem. (var **werwolf**).

wer·wolf /werwʊlf, wɪrwʊlf, wɜ:rwʊlf/ → **werewolf**.

west /west/ s 1 oeste; ocidente; poente. 2 *maiús* o ocidente. II *adj* oeste; ocidental. II *adv* para o ocidente; para o oeste. (*abrev* W, W., w, w.).

west·ern /wɛstən/ *adj* ocidental; do oeste; situado a oeste; nativo do oeste. II s faroeste (filme, novela, romance, etc.). (*abrev* W, W., w, w.).

West·ern Sa·ha·ra s Saara Ocidental.

wet /wet/ *adj* 1 ensopado; encharcado. 2 úmido; molhado. 3 armazenado ou preservado em líquido. 4 preparado com água ou outro líquido. 5 chuvoso. 6 nublado; enevoado. 7 *inform* que permite a venda de bebidas alcoólicas. II s 1 umidade. 2 tempo úmido; chuva; nevasca. 3 *inform* aquele que apóia a legalidade da produção de bebidas alcoólicas. II v (wets, wetting, wet/wetted, wet/wetted) 1 umedecer; molhar. 2 molhar as calças ou a cama (com urina). ◆ all wet *gír* totalmente errado. wet behind the ears inexperiente; imaturo. wet paint tinta fresca.

wet·back /wɛtbæk/ s *gír ofens* trabalhador mexicano que cruza a fronteira dos EUA ilegalmente.

wet blanket s *fig* desmancha-prazeres.

wet fly s isca artificial em forma de mosca usada em pescaria.

wet·land /wɛtlænd/ s pântano; terras baixas e alagadiças.

wet·ness /wɛtnəs/ s umidade.

wet nurse s ama-de-leite.

wet-nurse /wɛtnɜːrs/ v (wet-nurses, wet-nursing, wet-nursed, wet-nursed) 1 servir de ama-de-leite. 2 tratar com cuidado excessivo.

wet suit s roupa de mergulho.

we've /wiːv/ *form contr* de we have.

whack /hwæk, wæk/ v (whacks, whacking, whacked, whacked) bater; golpear; esbofetear. II s 1 golpe; bofetada. 2 som da bofetada.

whack·y /wæki/ → wacky.

whale /hweɪl, weɪl/ s *Zool* baleia. II v (whales, whaling, whaled, whaled) 1 pescar baleias. 2 espancar.

whale·boat /hweɪlbout, weɪlbout/ s *Náut* navio baleeiro.

whale oil s óleo de baleia.

whal·er /hweɪlə, weɪlə/ s 1 baleeiro. 2 navio baleeiro.

whang /hwæŋ, wæŋ/ s 1 chicote feito de couro ou pele de animal. 2 chicotada. 3 o som da chicotada. II v (whangs, whanging, whanged, whanged) chicotear.

wharf /hwɔːrf, wɔːrf/ s cais; embarcadouro. II v (wharfs, wharfing, wharfed, wharfed) 1 atracar no cais. 2 armazenar mercadorias no cais.

what /hwɑːt, wɑːt/ *pron* que; o que; que tipo de. II *adj* que; qual; em qual; qualquer. II *adv* em que; de que maneira; como; quanto. II s objeto; coisa. II *conj* que. II *interj* que; como. ◆ what do you say? o que você diria de? que tal? what else? que mais? what for? para quê? por que razão? what good? para que serve? what if e se; suponha que. what matter? que importa? what is more e ainda; além de.

what·ev·er /hwɑːtevə, wɑːtevə/ *pron* 1 qualquer coisa; todas as coisas; tudo aquilo que. 2 não importa o que for; seja o que for. II *adj* em qualquer quantidade; de qualquer tipo.

what·not /hwɑːtnɑːt, wɑːtnɑːt/ s 1 qualquer objeto ou artigo inespecífico. 2 estante; prateleira.

what·so·ev·er /hwɑːtsoʊevə, wɑːtsoʊevə/ *pron* 1 qualquer coisa; todas as coisas; tudo aquilo que. 2 não importa o que for; seja o que for. II *adj* em qualquer quantidade; de qualquer tipo.

wheal /hwiːl, wiːl/ s inchaço na pele, geralmente causado por picada de inseto, que coça ou queima.

wheat /hwiːt, wiːt/ s *Bot* trigo.

wheat·en /hwiːtən, wiːtən/ *adj* de trigo; relativo ao trigo; derivado do trigo.

wheat germ s *Bot* germe de trigo.

whee·dle /hwiːdl, wiːdl/ v (wheedles, wheedling, wheedled, wheedled) lisonjear; bajular; seduzir.

wheel /hwiːl, wiːl/ s 1 roda; círculo. 2 qualquer coisa semelhante a um disco ou aro, como uma roda de moinho, roleta (de jogo), bicicleta, etc. 3 rotação; revolução. 4 volante. 5 *gír* pessoa influente. II

v (wheels, wheeling, wheeled, wheeled)
1 rodar; girar; revolver. **2** mover-se ou fazer mover usando rodas. **3** mudar de opinião.

wheel·bar·row /hwiːlberoʊ, wiːlberoʊ/ s carrinho de mão.

wheel·base /hwiːlbeɪs, wiːlbeɪs/ s distância entre eixos (nos veículos).

wheel·chair /hwiːltʃer, wiːltʃer/ s cadeira de rodas. (*tb* wheel chair).

wheeled /hwiːld, wiːld/ adj provido de rodas.

wheel·er-deal·er /hwiːlə-diːlə, wiːlə-diːlə/ s espertalhão; pessoa que consegue as coisas de modo inescrupuloso.

wheel·wright /hwiːlraɪt, wiːlraɪt/ s pessoa que faz ou conserta rodas.

wheeze /hwiːz, wiːz/ v (wheezes, wheezing, wheezed, wheezed) respirar com dificuldade, ruidosamente; ofegar; chiar. ll s **1** respiração difícil, ofegante. **2** inform piada antiga.

whelm /hwelm, welm/ v (whelms, whelming, whelmed, whelmed) **1** submergir; cobrir de água; inundar. **2** oprimir; subjugar.

whelp /hwelp, welp/ s **1** filhote de mamífero. **2** garoto. **3** rapaz atrevido. **4** um dos dentes de uma roda dentada.

when /hwen, wen/ pron e adv quando. ll conj quando; enquanto; assim que; embora; ainda que; se. ll s quando (a data, o dia, a hora).

whence /hwens, wens/ adv de onde; de que lugar. ll conj por isso.

when·ev·er /hwenevə, wenevə/ adv e conj quando; quando quer que; toda hora que; sempre que; toda vez que; a qualquer momento que.

where /hwer, wer/ adv onde; aonde; em que lugar. ll conj onde. ll s lugar; ocasião.

where·a·bouts /hwerəbaʊts, werəbaʊts/ adv onde; onde aproximadamente; próximo de que local. ll s us v sing ou pl localização aproximada; paradeiro.

where·as /hwerӕz, werӕz/ conj contanto que; ao passo que; enquanto que.

where·by /hwerbaɪ, werbaɪ/ conj **1** segundo o qual; de acordo com o qual. **2** através do qual; por meio do qual.

where·fore /hwerfɔːr, werfɔːr/ adv **1** por que razão; por quê. **2** então. ll s razão; motivo.

where·from /hwerfrʌm, werfrʌm/ conj de onde; de que lugar.

where·in /hwerɪn, werɪn/ adv de que maneira; como. ll conj **1** onde; em que. **2** durante o qual. **3** como; de que maneira.

where·of /hwerɑːv, werɑːv/ conj de que; do que.

wher·ev·er /hwerevə, werevə/ adv e conj onde quer que; seja onde for que.

where·with·al /hwerwɪðɔːl, werwɪðɔːl, hwerwɪðɑːl, werwɪðɑːl/ s meios; recursos (especialmente financeiros).

whet /hwet, wet/ v (whets, whetting, whetted, whetted) **1** afiar; amolar. **2** estimular; aguçar. ll s **1** estimulante. **2** inform aperitivo.

wheth·er /hweðə, weðə/ conj se; no caso de; caso; quer ... quer.

whet·stone /hwetstoʊn, wetstoʊn/ s pedra de amolar.

whew /fjuː/ interj ufa.

whey /hweɪ, weɪ/ s soro do leite.

whey-face /hweɪfeɪs, weɪfeɪs/ s pessoa com a face pálida.

which /hwɪtʃ, wɪtʃ/ pron que; o que; o qual; a qual; os quais; as quais; cujo(s); cuja(s). ll adj qual; qualquer.

which·ev·er /hwɪtʃevə, wɪtʃevə/ adj e pron qualquer um; seja qual for.

whiff /hwɪf, wɪf/ s **1** sopro; baforada. **2** cheiro no ar; ligeiro perfume. **3** inalação. **4** sinal; traço; vestígio. ll v (whiffs, whiffing, whiffed, whiffed) **1** ser carregado pelo sopro do vento. **2** inalar; cheirar. **3** baforar.

whif·fle /hwɪfəl, wɪfəl/ v (whiffles, whiffling, whiffled, whiffled) **1** mover-se de um lado para outro; vacilar. **2** soprar (vento).

while /hwaɪl, waɪl/ s **1** período de tempo; instante; momento. **2** tempo ou esforço empregado ao se fazer alguma coisa. ll conj **1** enquanto; ao mesmo tempo que. **2** ainda que; embora. ll v (whiles, whiling, whiled, whiled) passar o tempo agradavelmente; entreter-se. ♦ **once in a while** de vez em quando.

whim /hwɪm, wɪm/ *s* **1** capricho; excentricidade. **2** impulso repentino; veneta.

whim·per /hwɪmpɚ, wɪmpə/ *s* lamúria; lamento; choradeira. ‖ *v* (**whimpers, whimpering, whimpered, whimpered**) **1** choramingar; lamuriar-se. **2** lamentar-se; queixar-se.

whim·si·cal /hwɪmzɪkəl, wɪmzɪkə/ *adj* **1** caprichoso; arbitrário; excêntrico. **2** imprevisível.

whine /hwaɪn, waɪn/ *v* (**whines, whining, whined, whined**) **1** lamentar-se; choramingar; queixar-se. **2** reclamar ou protestar de maneira infantil. **3** ganir. ‖ *s* **1** lamento; lamúria; choro. **2** ganido.

whin·ny /hwaɪni, waɪni/ *v* (**whinnies, whinnying, whinnied, whinnied**) relinchar. ‖ *s* relincho. (*pl* **whinnies**).

whip /hwɪp, wɪp/ *v* (**whips, whipping, whipped/whipt, whipped/whipt**) **1** chicotear; açoitar; bater. **2** castigar ou reprovar severamente. **3** afetar ou golpear com uma chicotada. **4** forçar; compelir. **5** bater (creme, ovos). **6** *inform* arrancar ou remover repentinamente. **7** mover-se repentina e rapidamente. **8** mover-se como um chicote. ‖ *s* **1** chicote; açoite. **2** ferimento ou corte provocado por uma chicotada. **3** sobremesa feita de clara de ovos batida. **4** pá de moinho de vento.

whip·cord /hwɪpkɔːrd, wɪpkɔːrd/ *s* **1** cordel de chicote. **2** tecido de lã com saliências diagonais.

whip hand *s* **1** posição de domínio; superioridade. **2** mão que segura o chicote.

whip·lash /hwɪplæʃ, wɪplæʃ/ *s* **1** chicotada. **2** lesão na coluna cervical.

whip·per·snap·per /hwɪpɚsnæpɚ, wɪpɚsnæpɚ/ *s* pessoa considerada insignificante ou pretensiosa.

whip·ping /hwɪpɪŋ, wɪpɪŋ/ *s* surra; chicotada; açoitamento.

whipping boy *s* bode expiatório.

whir /hwɜːr, wɜːr/ *v* (**whirs, whirring, whirred, whirred**) zunir; zumbir. ‖ *s* **1** zunido; zumbido; silvo. **2** agitação.

whirl /hwɜːrl, wɜːrl/ *v* (**whirls, whirling, whirled, whirled**) **1** girar; rodar; rodopiar. **2** fazer rodar. **3** dirigir em alta velocidade. ‖ *s* **1** giro; volta; rotação. **2** rodopio; turbilhão. **3** tumulto; confusão. **4** sucessão de eventos. **5** estado de confusão mental; vertigem.

whirl·pool /hwɜːrlpuːl, wɜːrlpuːl/ *s* **1** redemoinho (na água); sorvedouro. **2** banheira de hidromassagem.

whirl·wind /hwɜːrlwɪnd, wɜːrlwɪnd/ *s* **1** redemoinho (de vento); turbilhão; tornado. **2** tumulto; confusão. **3** força ou coisa destrutiva. ‖ *adj* tumultuado; rápido.

whirl·y·bird /hwɜːrlɪbɜːrd, wɜːrlɪbɜːrd/ *s inform* helicóptero.

whisk /hwɪsk, wɪsk/ *v* (**whisks, whisking, whisked, whisked**) **1** mover rapidamente. **2** abanar; sacudir. **3** bater (ovos ou creme). ‖ *s* **1** movimento rápido. **2** espanador; escova de roupa. **3** batedeira; batedor de ovos.

whisk·er /hwɪskɚ, wɪskɚ/ *s* **1** bigode de animais. **2** *inform* pequena distância; pequena margem; triz. ◆ **whiskers** pêlos de barba ou bigode.

whis·key /hwɪski, wɪski/ *s* uísque. (*var* **whisky**).

whis·ky /hwɪski, wɪski/ → **whiskey**. (*pl* **whiskies**).

whis·per /hwɪspɚ, wɪspə/ *s* **1** murmúrio; sussurro; cochicho. **2** rumor; boato. **3** som murmurante. ‖ *v* (**whispers, whispering, whispered, whispered**) **1** cochichar; sussurrar; murmurar. **2** confidenciar. **3** mexericar; fofocar (em tom baixo, privadamente).

whist /hwɪst, wɪst/ *s* espécie de jogo de cartas.

whis·tle /hwɪsəl, wɪsəl/ *v* (**whistles, whistling, whistled, whistled**) assobiar; apitar; chamar com assobio. ‖ *s* **1** assobio; silvo; zunido. **2** apito (instrumento que produz som). ◆ **blow the whistle** trazer um fato indecoroso ou ilegal a público na esperança de detê-lo.

whit /hwɪt, wɪt/ *s* porção mínima; um pouquinho; um bocadinho.

white /hwaɪt, waɪt/ *s* **1** branca (cor e pessoa). **2** a parte branca de alguma coisa, como a clara do ovo, o branco dos olhos, etc. ‖ *adj* **1** branco; desprovido de cor.

2 pálido; lívido. **3** de pele branca. **4** em branco; sem nada escrito. **5** incandescente. **6** enfurecido. **7** conservador; reacionário. **8** com leite (usado para café e chá). II v (**whites, whiting, whited, whited**) **1** Tip criar ou deixar espaços em branco. **2** branquear; empalidecer. ♦ **white blood cell** glóbulo branco.

white bear s urso-branco.

white·cap /hwaɪtkæp, waɪtkæp/ s onda de arrebentação com espuma na crista.

white-col·lar /hwaɪtkɑːlə, waɪtkɑːlə/ adj relativo ao trabalhador que não faz esforço físico e se veste formalmente (colarinho-branco).

white elephant s elefante branco; coisa sem utilidade.

white feather s símbolo de covardia. ♦ **show the white feather** agir como um covarde.

white flag s bandeira branca (sinal de rendição).

white heat s **1** incandescência. **2** estado de excitação.

White House s Casa Branca (sede do governo americano).

white knight s salvador; redentor.

white lie s mentira inofensiva.

white magic s magia branca.

white meat s carne branca (especialmente de aves).

whit·en /hwaɪtən, waɪtən/ v (**whitens, whitening, whitened, whitened**) branquear; alvejar.

white pages s Comp lista de assinantes.

white sauce s molho branco.

white·smith /hwaɪtsmɪθ, waɪtsmɪθ/ s funileiro; latoeiro.

white·wash /hwaɪtwɑːʃ, waɪtwɑːʃ/ s cal para caiar. II v (**whitewashes, whitewashing, whitewashed, whitewashed**) caiar; pintar ou cobrir com cal.

Whit·sun /hwɪtsən, wɪtsən/ adj relativo ao Pentecostes (festa cristã).

Whit·sun·day /hwɪtsʌndeɪ, wɪtsʌndeɪ/ s domingo de Pentecostes.

whit·tle /hwɪtl, wɪtl/ v (**whittles, whittling, whittled, whittled**) **1** cortar; aparar; desbastar (madeira). **2** entalhar; esculpir. **3** reduzir ou eliminar gradualmente.

who /hu:/ pron que; quem; o(s) qual(is); a(s) qual(is).

WHO /dʌbelju:eɪtʃoʊ/ abrev de **World Health Organization**; OMS; Organização Mundial da Saúde.

who'd /hu:d/ form contr de **who had** e **who would**.

who·dun·it /hu:dʌnɪt/ s inform romance ou história policial.

who·ev·er /hu:evə/ pron quem; quem quer que; seja quem for; todo aquele que.

whole /hoʊl/ adj **1** todo; inteiro; completo. **2** intacto; são; ileso. **3** restaurado; recomposto; curado; inteiro. II s **1** inteiro; todo. **2** unidade; totalidade. II adv inform totalmente. ♦ **as a whole** no geral; no conjunto.

whole·heart·ed /hoʊlhɑːrtɪd/ adj sincero; dedicado; fervoroso; entusiástico.

whole milk s leite integral.

whole number s Mat número inteiro.

whole·sale /hoʊlseɪl/ s venda no atacado. II adj **1** por atacado; atacadista. **2** feito de maneira extensiva, indiscriminada. II adv **1** em larga escala. **2** indiscriminadamente; extensivamente. II v (**wholesales, wholesaling, wholesaled, wholesaled**) comprar no atacado para revender.

whole·some /hoʊlsəm/ adj **1** sadio; saudável. **2** salutar; proveitoso.

who'll /hu:l/ form contr de **who will** e **who shall**.

whol·ly /hoʊlli, hoʊli/ adv **1** inteiramente; completamente. **2** exclusivamente; somente.

whom /hu:m/ pron (com função de objeto) **1** quem; a quem. **2** que; o(s) qual(is); a(s) qual(is).

whom·ev·er /hu:mevə/ pron (com função de objeto) quem quer que; seja quem for; todo aquele que.

whoop /hwu:p, wu:p, hu:p/ s **1** grito; brado. **2** grito de guerra. **3** respiração ofegante (típica da coqueluche). II v (**whoops, whooping, whooped, whooped**) **1** gritar; bradar. **2** respirar ofegantemente (característica da coqueluche).

whooping cough s Med coqueluche.

W

whore /hɔːr/ s 1 prostituta. 2 pessoa sexualmente promíscua. 3 pessoa que abdica de seus princípios em favor de ganhos pessoais. ǁ v (whores, whoring, whored, whored) 1 ter relações sexuais com prostitutas. 2 aceitar pagamento em troca de relações sexuais.

whore·dom /hɔːrdəm/ s 1 prostituição. 2 relação sexual ilegal. 3 promiscuidade sexual. 4 deslealdade a Deus; idolatria.

whore·house /hɔːrhaʊs/ s casa de prostituição; bordel; prostíbulo.

whore·son /hɔːrsən/ s filho ilegítimo. ǁ adj abominável; vergonhoso.

who's /huːz/ form contr de who is e who has.

whose /huːz/ pron 1 de quem. 2 cujo(s); cuja(s).

why /hwaɪ, waɪ/ adv por quê; por que razão ou motivo; com qual intenção, motivo ou justificativa. ǁ conj porque. ǁ s porquê; motivo; razão. ǁ interj ora; ora essa. ♦ **why not** por que não?

wick /wɪk/ s mecha; pavio; fio.

wick·ed /wɪkɪd/ adj 1 perverso; mau; ruim; maligno. 2 grave; severo; difícil. 3 ofensivo; insolente. 4 gír muito bom; notável; efetivo.

wick·er /wɪkə/ s 1 Bot vime. 2 trabalho feito de vime.

wick·et /wɪkɪt/ s 1 postigo; portinhola. 2 pequena janela ou abertura com vidro ou grade. 3 comporta de represa.

wide /waɪd/ adj 1 largo; amplo; extenso. 2 de largura. 3 bem aberto (olhos, boca). ǁ adv 1 longe; distante (da verdade, de um alvo, etc.). 2 extensamente; largamente. ♦ **far and wide** por toda parte.

wide-a·wake /waɪdəweɪk/ adj 1 desperto; bem acordado. 2 alerta.

wide-eyed /waɪdaɪd/ adj 1 de olhos bem abertos. 2 inocente; crédulo.

wid·en /waɪdən/ v (widens, widening, widened, widened) ampliar; alargar; aumentar; expandir.

wide-o·pen /waɪdoʊpən/ adj 1 escancarado; bem aberto. 2 tolerante; sem leis ou restrições.

wide·spread /waɪdspred/ adj muito espa lhado ou difundido.

wid·ow /wɪdoʊ/ s fem viúva. ǁ v (widows widowing, widowed, widowed) enviuvar.

wid·ow·er /wɪdoʊə/ s masc viúvo.

wid·ow·er·hood /wɪdoʊəhʊd/ s viuvez (de homem).

wid·ow·hood /wɪdoʊhʊd/ s viuvez (da mulher).

width /wɪtθ, wɪdθ/ s largura.

wield /wiːld/ v (wields, wielding, wielded wielded) 1 empunhar; manejar com des treza (armas ou ferramentas). 2 exerce efetivamente (autoridade ou influência).

wife /waɪf/ s mulher; esposa. (pl wives /waɪvz/).

wig /wɪg/ s peruca; cabeleira postiça. ǁ (wigs, wigging, wigged, wigged) repreen der; censurar; admoestar. ♦ **wig out** fica extremamente excitado ou entusiasmado

wig·gle /wɪgəl/ v (wiggles, wiggling, wiggled wiggled) balançar; sacudir; menear. ǁ balanço; meneio. ♦ **get a wiggle on** gír apressar(-se).

wild /waɪld/ adj 1 silvestre; selvagem; em estado natural; não-domesticado. 2 de sabitado. 3 incivilizado; bárbaro; primiti vo. 4 que não tem moderação, limites ou regras. 5 devasso; dissoluto; imoral 6 desordenado; desarranjado. 7 descon trolado (emocionalmente). 8 extravagan te; fantástico. 9 turbulento; tempestuo so (tempo). 10 imprudente; irresponsá vel. 11 infundado. 12 ávido; impaciente ǁ s 1 selva; floresta; mata. 2 estado natural. 3 região inabitada. ǁ adv louca mente; descontroladamente. ♦ **be wild about** estar louco por. **run wild** 1 cres cer ao acaso; espalhar-se. 2 comportar se de modo desregrado. **talk wild** falar sem pensar. **the wild** natureza; vida ao ar livre.

wild boar s Zool javali.

wild card s curinga (jogo de cartas).

wild·cat /waɪldkæt/ s 1 Zool gato montês lince. 2 pessoa destemperada, coléri ca, violenta. 3 greve não autorizada pelo sindicato. ǁ adj 1 arriscado (negócio). 2 emitido por uma instituição financeira não-confiável. **3** executado fora dos procedimentos normais ou éticos.

vil·der·ness /wɪldə·nəs/ *s* **1** floresta; selva; mata. **2** região afastada, erma em condições naturais. **3** grande região inabitada ou vazia (deserto ou oceano). **4** selvageria.

wild·fire /waɪldfaɪə·/ *s* **1** fogo que se espalha rapidamente. **2** algo que age rápida e intensivamente. **3** relâmpago sem trovão. **4** fogo fátuo.

wild·life /waɪldlaɪf/ *s* vida selvagem; plantas e animais que vivem em estado natural.

vild·ness /waɪldnəs/ *s* selvajaria.

wile /waɪl/ *s* **1** artimanha; truque; manobra; artifício; estratagema. **2** trapaça; fraude.

vil·ful /wɪlfəl/ → **willful**.

will /wɪl/ *s* **1** vontade; desejo; arbítrio. **2** determinação; propósito; força de vontade. **3** autocontrole; autodisciplina. **4** intenção deliberada; desejo. **5** boa vontade; disposição. **6** testamento. ‖ *v* (**wills, willing, willed, willed**) **1** querer; desejar. **2** escolher. **3** decretar; ditar; ordenar. **4** resolver; determinar. **5** legar; deixar em testamento. ‖ *v aux* (*pass* **would**) usado na formação do futuro. ◆ **against my will** contra a minha vontade. **of one's own free will** de livre e espontânea vontade. **where there's a will, there's a way** querer é poder.

will·ful /wɪlfəl/ *adj* **1** voluntarioso; deliberado; intencional. **2** incontrolável. (*var* **wilful**).

will·ing /wɪlɪŋ/ *adj* **1** disposto a; inclinado a; preparado para. **2** que age ou está pronto para agir com satisfação. **3** voluntário; desejoso.

vil·low /wɪloʊ/ *s* **1** *Bot* salgueiro. **2** qualquer objeto feito da madeira do salgueiro.

will·pow·er /wɪlpaʊə·/ *s* força de vontade. (*tb* **will power**).

vilt /wɪlt/ *v* (**wilts, wilting, wilted, wilted**) **1** definhar; esmorecer; desfalecer. **2** sentir ou exibir sinais de exaustão. **3** murchar. **4** fazer murchar. **5** exaurir; fatigar.

vi·ly /waɪli/ *adj* astuto; manhoso; ardiloso. (*gr comp* **wilier**. *gr super* **wiliest**).

wim·ble /wɪmbəl/ *s* broca; pua; furador.

wim·ple /wɪmpəl/ *s* **1** touca ou véu de freiras. **2** dobra ou prega em roupa. **3** onda na superfície da água. **4** curva. ‖ *v* (**wimples, wimpling, wimpled, wimpled**) **1** cobrir ou vestir com véu. **2** ondear; mover em ondas.

win /wɪn/ *v* (**wins, winning, won, won**) **1** vencer; ser o primeiro numa competição. **2** ganhar (por esforço ou habilidade). **3** conseguir alguma coisa com dificuldade. **4** capturar (numa batalha). **5** ganhar a afeição ou lealdade de alguém. ‖ *s* **1** vitória. **2** ganho ◆ **win out** suceder; superar; prevalecer. **win over** conquistar. **win the day** ter sucesso. **win through** superar dificuldades.

wince /wɪns/ *v* (**winces, wincing, winced, winced**) estremecer; retrair-se; sobressaltar-se. ‖ *s* estremecimento; sobressalto.

winch /wɪntʃ/ *s* guincho; pequeno guindaste. ‖ *v* (**winches, winching, winched, winched**) suspender (com um guincho); guinchar.

wind /wɪnd/ *s* **1** vento; ar em movimento. **2** direção em que o vento sopra. **3** sopro. **4** hálito. **5** respiração; fôlego. **6** gases intestinais. **7** verborragia. ‖ *v* (**winds, winding, winded, winded**) **1** expor ao vento. **2** ventilar. **3** sentir o cheiro. **4** causar falta de ar; tirar o fôlego. **5** permitir tomar fôlego. ◆ **winds 1** *Mús* instrumento de sopro. **2** qualquer coisa que destrói. **3** tendência; direção. **against the wind** contra o vento. **before the wind** *Náut* na direção do vento. **in the wind** próximo a acontecer. **near the wind** perto do perigo. **under the wind** *Náut* a sotavento; em algum lugar protegido do vento. **up the wind** *Náut* na direção oposta ao vento.

wind /waɪnd/ *v* (**winds, winding, wound, wound**) **1** enrolar. **2** encapar; envolver. **3** entrelaçar; enlaçar. **4** andar em curvas. **5** dar corda (relógio). ‖ *s* curva; giro; volta. ◆ **wind down** *inform* **1** diminuir gradualmente (intensidade, intenção). **2** relaxar. **wind up 1** finalizar. **2** organizar; pôr em ordem.

wind /waɪnd, wɪnd/ v (winds, winding, winded/wound, winded/wound) tocar um instrumento de sopro.

wind·bag /wɪndbæg/ s 1 Mús fole. 2 gír pessoa muito falante, tagarela.

wind·break /wɪndbreɪk/ s cerca viva que serve de proteção contra o vento.

wind·fall /wɪndfɔːl/ s 1 golpe de sorte; alguma coisa boa, repentina e inesperada. 2 fruta madura que cai do pé por causa do vento.

wind·ing /waɪndɪŋ/ s 1 volta; giro. 2 desvio; curva; sinuosidade. ‖ adj sinuoso; espiralado.

wind instrument s Mús instrumento de sopro.

wind·lass /wɪndləs/ s molinete. ‖ v (windlasses, windlassing, windlassed, windlassed) levantar alguma coisa usando o molinete; içar.

wind·mill /wɪndmɪl/ s moinho de vento. ‖ v (windmills, windmilling, windmilled, windmilled) mover como as rodas de um moinho; girar. ◆ tilt at windmills entrar em confronto com inimigos imaginários.

win·dow /wɪndoʊ/ s 1 tb Comp janela. 2 vidraça. 3 vitrina. 4 meio de acesso ou observação. 5 intervalo de tempo, no qual alguma coisa pode acontecer.

window box s jardineira no peitoril da janela.

win·dow-dress·ing /wɪndoʊdresɪŋ/ s decoração de vitrinas. (tb window dressing)

window envelope s envelope que possui uma abertura de papel transparente, a partir da qual se visualiza o endereço.

win·dow-pane /wɪndoʊpeɪn/ s vidraça.

Windows™ /wɪndoʊz/ s Comp marca registrada do ambiente operacional da Microsoft.

Windows application s Comp aplicação para Windows.

window shade s cortina.

win·dow-shop /wɪndoʊʃɑːp/ v (window-shops, window-shopping, window-shopped, window-shopped) olhar vitrinas sem comprar nada.

win·dow-sill /wɪndoʊsɪl/ s peitoril; parapeito.

wind·pipe /wɪndpaɪp/ s Anat traquéia.

wind·shield /wɪndʃiːld/ s pára-brisa.

windshield wiper s limpador de pára-brisa

wind·sock /wɪndsɑːk/ s Aer biruta.

wind·storm /wɪndstɔːrm/ s ventania; tempestade de vento.

wind·surf /wɪndsɜːrf/ v (windsurfs, windsurfing, windsurfed, windsurfed) Esp praticar windsurfe.

wind·surf·ing /wɪndsɜːrfɪŋ/ s Esp windsurfe

wind·ward /wɪndwəd/ s barlavento. ‖ adj de barlavento; na direção do vento. ‖ adv a barlavento.

wind·y /wɪndi/ adj 1 ventoso. 2 exposto ao vento; desprotegido. 3 oco; vazio 4 verborrágico. 5 flatulento. (gr com windier. gr super windiest)

wine /waɪn/ s 1 vinho; bebida. 2 qualquer coisa que intoxica ou alegra. 3 cor do vinho. ‖ v (wines, wining, wined, wined) 1 prover de vinho ou recepcionar com vinho. 2 beber vinho.

wine·glass /waɪnglæs/ s taça para vinho

wing /wɪŋ/ s 1 asa; qualquer coisa que se pareça ou tenha função de asa. 2 vôo 3 inform braço. 4 vela de barco. 5 seção; ala (hospital). 6 facção. 7 Mil flancos 8 Esp ponta. ‖ v (wings, winging, winged, winged) 1 voar; alçar vôo. 2 munir de asas; alar. 3 tornar apto para voar 4 emplumar; cobrir de penas. 5 saltar como se tivesse asas. 6 carregar ou transportar voando. 7 disparar; arremessar. ◆ wings bastidores de teatro. get the winds receber o brevê de piloto. in the wings nos bastidores. on the wing em pleno vôo. take wing levantar vôo under my wing sob a minha proteção wing it inform improvisar; falar ou fazer alguma coisa sem estar preparado para

winged /wɪŋd/ adj alado.

wing·span /wɪŋspæn/ s envergadura (da asa)

wink /wɪŋk/ v (winks, winking, winked winked) 1 piscar um olho (para alguém) 2 piscar; pestanejar; mover as pestanas 3 tremeluzir; cintilar. ‖ s 1 piscada; pestanejada; piscadela. 2 instante; momento. 3 brilho; lampejo. 4 inform soneca cochilo. ◆ wink at fingir que não vê. wink out terminar; concluir.

win·ner /wɪnɚ/ s vencedor; vitorioso.

win·ning /wɪnɪŋ/ adj 1 vencedor; vitorioso. 2 atraente; sedutor; cativante. ‖ s vitória; conquista. ♦ winnings ganhos; lucros.

win·now /wɪnoʊ/ v (winnows, winnowing, winnowed, winnowed) 1 joeirar; separar o joio do trigo. 2 separar o bom do ruim. 3 livrar-se de coisas indesejáveis. 4 espalhar; dispersar. 5 eliminar (a parte ruim). ‖ s 1 joeira; máquina de limpar o cereal. 2 ato de separar o bom do ruim.

WINS abrev Comp de Windows Internet Name Service; serviço de cadastramento na Internet do Windows.

win·some /wɪnsəm/ adj encantador; cativante.

win·ter /wɪntɚ/ s 1 inverno. 2 período de tempo caracterizado pela frieza, miséria ou morte. ‖ adj hibernal. ‖ v (winters, wintering, wintered, wintered) 1 passar o inverno. 2 tomar conta, proteger algo durante o inverno.

winter break s recesso escolar durante o inverno.

win·ter·y /wɪntəri/ → wintry. (gr comp winterier. gr super winteriest).

win·try /wɪntri/ adj 1 relativo ao inverno. 2 frio; gelado. 3 indiferente; triste; reservado. (gr comp wintrier. gr super wintriest. var wintery).

wipe /waɪp/ v (wipes, wiping, wiped, wiped) 1 esfregar com pano ou papel para limpar ou secar. 2 passar (algum produto numa superfície). 3 apagar da memória. ‖ s 1 ato de limpar, esfregar, passar. 2 pano para limpar; esfregão. 3 bofetada; golpe; pancada. 4 inform zombaria; desprezo. ♦ wipe off the map eliminar do mapa; destruir completamente. wipe out destruir ou ser destruído completamente; exterminar.

wiped-out /waɪptaʊt/ adj gír completamente exausto.

wip·er /waɪpɚ/ s 1 esfregão; pano de limpeza. 2 limpador de pára-brisa.

wire /waɪɚ/ s 1 arame; fio metálico. 2 fio elétrico. 3 cabo; conjunto de fios. 4 qualquer coisa semelhante a um arame. 5 gír microfone escondido. 6 telegrama. ‖ v (wires, wiring, wired, wired) 1 amarrar ou conectar com arame. 2 passar no arame. 3 instalar fiação elétrica. 4 telegrafar. ♦ high wire corda bamba. pull wires gír exercer influência ou controle secretamente; mexer os pauzinhos.

wired /waɪɚd/ adj 1 equipado com fios elétricos ou cabos telefônicos. 2 cercado ou reforçado com arame.

wire·less /waɪɚləs/ adj sem fio. ‖ s 1 sistema telegráfico ou telefônico sem fio (por meio de rádio). 2 mensagem transmitida por sistema telegráfico ou telefônico sem fio.

wire·tap /waɪɚtæp/ s grampo telefônico; escuta. ‖ v (wiretaps, wiretapping, wiretapped, wiretapped) instalar grampo telefônico.

wire·walk·er /waɪɚwɑːkɚ/ s acrobata que anda na corda bamba.

wir·y /waɪɚi/ adj 1 de arame. 2 duro como arame. 3 magro e forte. (gr comp wirier. gr super wiriest).

wis·dom /wɪzdəm/ s 1 sabedoria; discernimento. 2 senso comum; prudência. 3 conhecimento; erudição. 4 ensinamentos passados por sábios antigos.

wisdom tooth s dente de siso.

wise /waɪz/ adj 1 sábio. 2 prudente; que tem bom senso. 3 erudito; douto. 4 perspicaz; sagaz; astuto. 5 gír rude; desrespeitoso. ‖ s modo, maneira de agir. ♦ wise up gír tomar consciência; ficar informado.

wise·crack /waɪzkræk/ s gír piada; gracejo; brincadeira (irreverente ou sarcástica).

wise man s 1 um dos três reis magos que prestaram homenagem a Jesus. 2 mago. 3 sábio.

wish /wɪʃ/ s 1 desejo; vontade. 2 súplica; pedido; rogo. 3 voto (de felicidade). ‖ v (wishes, wishing, wished, wished) 1 desejar; querer. 2 expressar um desejo. 3 desejar alguma coisa a alguém. 4 ordenar. 5 solicitar. 6 impor; forçar; impingir. ♦ with best wishes cordialmente.

wish·ful /wɪʃfəl/ adj desejoso; ansioso. ♦ wishful thinking identificação de um desejo com a realidade; doce ilusão.

W

wisp /wɪsp/ s 1 punhado; tufo. 2 cacho (de bananas). 3 feixe. 4 fios; fiapos. 5 pessoa magra. 6 linha fina de fumaça ou de nuvem. 7 dica. 8 bando de pássaros.

wist·ful /ˈwɪstfəl/ adj 1 saudoso. 2 tristonho; melancólico; pensativo.

wit /wɪt/ s 1 inteligência. 2 pessoa muito inteligente. 3 humor; sarcasmo; sátira; ironia. 4 pessoa espirituosa. 5 sanidade; equilíbrio; juízo. ♦ **wits** esperteza; perspicácia.

witch /wɪtʃ/ s 1 bruxa; feiticeira. 2 alguém que tem habilidade especial para alguma coisa. ‖ v (**witches, witching, witched, witched**) 1 enfeitiçar; lançar um encanto. 2 fazer bruxarias.

witch·craft /ˈwɪtʃkræft/ s 1 bruxaria; feitiçaria. 2 atração ou charme irresistível.

witch doctor s curandeiro; bruxo; feiticeiro; profeta (especialmente entre os povos africanos).

witch-hunt /ˈwɪtʃhʌnt/ s caça às bruxas.

with /wɪð, wɪθ/ prep com.

with·draw /wɪðˈdrɑː/ v (**withdraws, withdrawing, withdrew, withdrawn**) 1 pegar de volta; retirar. 2 sacar (dinheiro). 3 retratar(-se); cancelar; retirar (uma acusação). 4 bater em retirada de um campo de batalha; recuar.

with·draw·al /wɪðˈdrɑːəl/ s retirada; retrocesso.

withe /wɪθ, wɪð, waɪð/ s vime; verga.

with·er /ˈwɪðər/ v (**withers, withering, withered, withered**) murchar; secar.

with·ered /ˈwɪðərd/ adj murcho; seco.

with·er·ing /ˈwɪðərɪŋ/ adj devastador; fulminante.

with·hold /wɪðˈhoʊld, wɪðˈhoʊld/ v (**withholds, withholding, withheld, withheld**) 1 reter; refrear; reprimir. 2 privar(-se); abster. 3 deduzir do salário; reter na fonte (imposto).

withholding tax s imposto retido na fonte.

with·in /wɪðˈɪn, wɪθˈɪn/ adv dentro; por dentro; de dentro; internamente; interiormente. ‖ prep 1 em; dentro; dentro de; no interior de. 2 à distância de; no espaço de. 3 daqui a; no prazo de. ‖ s interior; a parte de dentro. ♦ **whitin a day** dentro de um dia; daqui a um dia. **within reach** ao alcance.

with·out /wɪðˈaʊt, wɪθˈaʊt/ adv fora; do lado de fora; externamente. ‖ prep sem (abrev w/o). ♦ **without fail** sem erro; sem chance de dar errado.

with·stand /wɪðˈstænd, wɪðˈstænd/ v (**withstands, withstanding, withstood, withstood**) opor-se a; resistir a.

wit·less /ˈwɪtləs/ adj estúpido; tolo.

wit·ness /ˈwɪtnəs/ s 1 testemunha. 2 Jur declarante; depoente. 3 testemunho; declaração. 4 prova; evidência; sinal. 5 membro dos Testemunhas de Jeová. 6 abonação. ‖ v (**witnesses, witnessing, witnessed, witnessed**) 1 ver; presenciar; testemunhar. 2 prestar testemunho; declarar; depor. 3 dar provas de. 4 atestar a legalidade ou autenticidade de. 5 dar lugar a. ♦ **eye-witness** testemunha ocular.

wit·ted /ˈwɪtɪd/ adj inteligente; sagaz.

wit·ti·cism /ˈwɪtəsɪzəm/ s piada; observação espirituosa; troça.

wit·ty /ˈwɪti/ adj 1 inteligente; esperto. 2 espirituoso; engraçado. 3 jocoso; chistoso. (gr comp **wittier**. gr super **wittiest**).

wives /waɪvz/ v (**wives, wiving, wived, wived**) 1 casar-se (mulher). 2 providenciar uma esposa para alguém.

wives /waɪvz/ pl de **wife**.

wiz·ard /ˈwɪzərd/ s 1 feiticeiro; mago. 2 gênio; pessoa muito inteligente. 3 Comp assistente.

wiz·ard·ry /ˈwɪzərdri/ s 1 feitiçaria; bruxaria; magia. 2 grande habilidade ou destreza. (pl **wizardries**).

wiz·en /ˈwɪzən/ v (**wizens, wizening, wizened, wizened**) secar; murchar; enrugar. ‖ adj seco; murcho; enrugado.

wiz·ened /ˈwɪzənd/ adj seco; murcho; enrugado.

w/o abrev de **without**.

wob·ble /ˈwɑːbəl/ v (**wobbles, wobbling, wobbled, wobbled**) 1 balançar; oscilar. 2 tremer (voz); estremecer. 3 vacilar; hesitar. ‖ s 1 movimento instável. 2 som trêmulo, incerto. (var **wabble**).

woe /woʊ/ s 1 dor; desgosto; aflição; sofrimento profundo; infelicidade. 2 infortúnio; desastre; desgraça.

woe·be·gone /woʊbɪgɑ:n/ *adj* 1 profundamente triste, pesaroso ou infeliz. 2 em condição inferior ou deplorável.

woe·ful /woʊfəl/ *adj* 1 triste; desolado. 2 que causa dor, pesar ou desolação. 3 deplorável; lamentável. (*var* woful).

wo·ful /woʊfəl/ → woeful.

woke /woʊk/ *v pass* de wake.

wok·en /woʊkən/ *v part pass* de wake.

wolf /wʊlf/ *s* 1 lobo. 2 pele de lobo. 3 vários mamíferos similares ao lobo, como a hiena. 4 larva destrutiva de alguns insetos (traça, berne). 5 pessoa que é predatória, cruel ou feroz. (*pl* wolves /wʊlvz/). ‖ *v* (wolfs, wolfing, wolfed, wolfed) devorar; comer com voracidade. ♦ cry wolf dar falso alarme. keep the wolf from the door *gír* prevenir-se contra a falta de dinheiro. wolf at the door credor. wolf in sheep's clothing lobo em pele de cordeiro.

wolf·ish /wʊlfɪʃ/ *adj* 1 relativo a lobo. 2 feroz; violento; predador.

wolves /wʊlvz/ *pl* de wolf.

wom·an /wʊmən/ *s* 1 mulher. 2 o sexo feminino; o conjunto de pessoas que compõem o sexo feminino. 3 feminilidade. 4 criada; servente. 5 *inform* esposa; amante; namorada. (*pl* women /wɪmɪn/). ♦ women's rights direitos das mulheres.

wom·an·hood /wʊmənhʊd/ *s* sexo feminino; feminilidade.

wom·an·ish /wʊmənɪʃ/ *adj* feminino.

wom·an·kind /wʊmənkaɪnd/ *s* o sexo feminino; o conjunto de pessoas que compõem o sexo feminino.

wom·an·ly /wʊmənli/ *adj* feminino. (*gr comp* womanlier. *gr super* womanliest).

woman suffrage *s* 1 o direito do voto para as mulheres. 2 movimento para defender esse direito.

womb /wu:m/ *s* 1 *Anat* útero. 2 lugar onde algo é gerado.

wom·en /wɪmɪm/ *s pl* de woman.

won·der /wʌndə/ *s* 1 espanto; assombro; temor. 2 admiração; surpresa; estupefação. 3 maravilha; milagre. 4 perplexidade; dúvida. 4 *maiús* uma das sete maravilhas do mundo antigo. ‖ *v* (wonders,

wondering, wondered, wondered) 1 admirar-se; maravilhar-se. 2 surpreender-se; estar surpreso. 3 estar intrigado; querer saber; perguntar-se. ‖ *adj* 1 espantoso; maravilhoso. 2 superior a qualquer coisa vista ou prevista. ♦ for a wonder surpreendentemente.

wonder drug *s* medicamento novo que prova grande eficácia.

won·der·ful /wʌndəfəl/ *adj* 1 maravilhoso; admirável. 2 espantoso; surpreendente; assombroso.

won·der·ing /wʌndərɪŋ/ *adj* 1 maravilhoso; admirável. 2 espantoso; surpreendente; assombroso.

won·der·land /wʌndəlænd/ *s* terra da fantasia; país das maravilhas. ♦ Alice in Wonderland Alice no País das Maravilhas.

won·der·ment /wʌndəmənt/ *s* 1 assombro; surpresa; espanto; temor. 2 maravilha; milagre. 3 perplexidade; dúvida.

won·drous /wʌndrəs/ *adj* excelente; extraordinário; maravilhoso.

wonk /wɑ:ŋk/ *s gír* estudante muito aplicado, que estuda demais; caxias.

wont /wɔ:nt, woʊnt, wʌnt/ *adj* 1 acostumado; habituado. 2 bem parecido; como deve ser (conotação negativa). ‖ *s* uso; hábito; costume.

won't /woʊnt/ *form contr* de will not.

woo /wu:/ *v* (woos, wooing, wooed, wooed) 1 cortejar; namorar. 2 procurar alcançar; tentar ganhar; almejar. 3 convidar; influenciar; aliciar. 4 solicitar; implorar; importunar.

wood /wʊd/ *s* 1 madeira; pau; lenha. 2 qualquer objeto feito de madeira. 3 *Mús* instrumento musical de sopro feito de madeira. 4 *Esp* tipo de taco de golfe. ‖ *v* (woods, wooding, wooded, wooded) 1 abastecer com madeira ou lenha. 2 reflorestar; cobrir de árvores. ‖ *adj* 1 de madeira; feito de madeira. 2 feito ou adequado para cortar, armazenar ou trabalhar com madeira. ♦ woods 1 selva; mata; floresta. 2 que vive ou está presente nas matas. out of the woods numa situação segura, fora de perigo ou livre de dificuldades.

W

wood alcohol s metanol; álcool metílico.
wood·block /wʊdblɑ:k/ s xilogravura.
wood coal s carvão vegetal.
wood·cut /wʊdkʌt/ s xilogravura.
wood·cut·ter /wʊdkʌtə/ s lenhador; entalhador.
wood·en /wʊdən/ adj 1 de madeira. 2 não-natural; rígido; sem espontaneidade. 3 rude; tosco; desajeitado.
wood nymph s dríade; ninfa dos bosques.
wood·peck·er /wʊdpekə/ s Zool pica-pau.
wood pulp s polpa de madeira para fazer papel.
wood·wind /wʊdwind/ s Mús instrumento de sopro feito de madeira.
wood·work /wʊdwɜ:rk/ s madeiramento de uma casa.
wood·y /wʊdi/ adj 1 de madeira; lenhoso. 2 característico da madeira; semelhante à madeira. 3 arborizado. (gr comp woodier. gr super woodiest).
woof /wʊf/ s 1 trama, textura de tecido. 2 latido; uivo. ‖ v (woofs, woofing, woofed, woofed) uivar.
woof·er /wʊfə/ s alto-falante que reproduz freqüências baixas.
wool /wʊl/ s 1 lã. 2 roupas de lã. 3 lanugem; pêlo. ‖ adj de lã.
wool fat → **wool grease**.
wool grease s lanolina. (var **wool fat**).
wooz·y /wu:zi/ adj 1 confuso. 2 embriagado; tonto. (gr comp woozier. gr super wooziest).
word /wɜ:rd/ s 1 palavra; termo; vocábulo. 2 alguma coisa dita; observação; expressão. 3 letra de música. 4 promessa; intenção; juramento. 5 comando; ordem. 6 notícia; novidade. 7 rumor; boato. 8 maiús Bíbl as Escrituras. ‖ v (words, wording, worded, worded) exprimir por meio de palavras; redigir; escrever. ♦ **words** discurso; fala; palestra; conferência. **at a word** reação/resposta imediata. **good word** 1 comentário favorável. 2 notícias favoráveis. **have no words for** sem palavras para descrever. **have words with somebody** discutir com alguém. **in a word** resumindo. **in other words** em outras palavras. **in so many**

words 1 minuciosamente. 2 falar franca e diretamente. **keep the word** manter a palavra. **of few words** de poucas palavras; lacônico. **word for word** palavra por palavra.
word·ing /wɜ:rdɪŋ/ s fraseado; estilo; redação.
word·less /wɜ:rdləs/ adj 1 não-expresso em palavras; não-dito. 2 silencioso.
word·play /wɜ:rdpleɪ/ s jogo de palavras; trocadilho. (tb **word play**).
word processor s Comp processador de textos; editor de textos.
word·wrap /wɜ:rdræp/ s Comp mudança automática de linha. (tb **word wrap**).
word·y /wɜ:rdi/ adj 1 verbal. 2 prolixo. (gr comp wordier. gr super wordiest).
wore /wɔ:r/ v pass de **wear**.
work /wɜ:rk/ s 1 trabalho; esforço ou atividade mental ou física. 2 emprego; ocupação; meio de sobrevivência. 3 profissão. 4 tarefa; serviço; obrigação. 5 parte do dia devotada ao trabalho. 6 lugar de trabalho. 7 produto do trabalho. 8 feito; façanha; obra. 9 obra artística. 10 fortificação; forte; trincheira. 11 fábrica; oficina. ‖ adj relativo, designado ao trabalho. ‖ v (works, working, worked, worked) 1 trabalhar. 2 agir; ocupar-se de; executar. 3 ter um emprego; estar empregado. 4 funcionar; estar em operação. 5 (us on ou upon) exercer influência. 6 progredir lentamente. 7 mover-se agitadamente. 8 fermentar. 9 explorar; aproveitar-se de. 10 friccionar. 11 causar; ocasionar; produzir. 12 fomentar. 13 manejar; colocar para funcionar. 14 fabricar; forjar. 15 solver; solucionar. 16 bordar. 17 manipular. 18 cultivar. 19 provocar; excitar. 20 inform bajular. 21 explorar; aproveitar-se de. ♦ **at work** trabalhando; em operação. **in the works** em desenvolvimento. **men at work** em obras. **out of work** desempregado. **work like a charm** funcionar muito bem. **work of art** obra de arte. **works** 1 coletânea do trabalho de um artista. 2 edificações (pontes, represas). 3 mecanismo interno (relógio).
work·a·ble /wɜ:rkəbəl/ adj viável; possível.

W

work·a·day /wɜ:rkədeɪ/ *adj* **1** rotineiro; do dia-a-dia. **2** comum; prosaico; mundano.

work·a·hol·ic /wɜ:rkəhɑ:lɪk/ *s* pessoa viciada em trabalho.

work·bench /wɜ:rkəbentʃ/ *s* bancada (marcenaria, mecânica, etc.).

work·book /wɜ:rkbʊk/ *s* **1** livro de exercícios. **2** agenda de trabalho. **3** livro ou manual de instruções.

work camp *s* **1** campo de trabalhos forçados para prisioneiros. **2** acampamento onde voluntários trabalham em projetos comunitários.

work·day /wɜ:rkdeɪ/ *s* dia útil; dia de trabalho.

work·er /wɜ:rkə/ *s* trabalhador; operário.

work force *s* força de trabalho. (*tb* **workforce** /wɜ:rkfɔ:rs/).

work·group /wɜ:rkgru:p/ *s Comp* grupo de trabalho.

work·horse /wɜ:rkhɔ:rs/ *s* **1** algo, como uma máquina, que trabalha pesado sem falhar. **2** cavalo usado para o trabalho. **3** *gír* pessoa que trabalha demais; burro de carga.

work·house /wɜ:rkhaʊs/ *s* reformatório; casa de correção.

work·ing /wɜ:rkɪŋ/ *adj* **1** que trabalha; que funciona. **2** que está empregado. ‖ *s* partes escavadas de uma mina ou pedreira. ♦ **workings** a maneira como alguma coisa funciona ou trabalha.

working capital *s Fin* capital de giro.

working class *s* classe operária; operariado.

working day *s* dia útil; dia de trabalho.

work·ing·man /wɜ:rkɪŋmæn/ *s* **1** trabalhador assalariado. **2** operário; trabalhador braçal.

work·out /wɜ:rkaʊt/ *s* **1** treinamento físico. **2** teste de habilidade ou resistência.

work·place /wɜ:rkpleɪs/ *s* local de trabalho, como uma fábrica ou oficina. (*tb* **work place**).

work·room /wɜ:rkru:m/ *s* sala de trabalho; oficina.

work·sheet /wɜ:rkʃi:t/ *s Comp* planilha. (*tb* **work sheet**).

work·shop /wɜ:rkʃɑ:p/ *s* **1** oficina; fábrica. **2** seminário; congresso científico ou cultural; curso intensivo.

work·sta·tion /wɜ:rksteɪʃən/ *s tb Comp* estação de trabalho.

work stoppage *s* suspensão do trabalho como um meio de protesto.

world /wɜ:rld/ *s* **1** mundo; universo. **2** a Terra e seus habitantes. **3** humanidade. **4** povo; público. **5** uma parte específica da Terra. **6** período histórico. **7** reino animal. **8** tudo que se relaciona ou afeta a vida de uma pessoa. **9** vida secular; mundana. **10** vida; existência humana. ‖ *adj* mundial. ♦ **worlds** grande quantidade. **all over the world** no mundo todo. **out of this world** *inform* de outro mundo; extraordinário. **world without end** para sempre.

world·ly /wɜ:rldli/ *adj* **1** mundano; terreno; profano. **2** sofisticado; cosmopolita. (*gr comp* **worldlier**. *gr super* **worldliest**).

World War I *s* Primeira Guerra Mundial.

World War II *s* Segunda Guerra Mundial.

world·wide /wɜ:rldwaɪd/ *adj* mundial; geral; universal. ‖ *adv* mundialmente.

worm /wɜ:rm/ *s* **1** verme; parasita; lombriga. **2** larva de inseto rastejante. **3** vários animais que se parecem com vermes. **4** qualquer coisa semelhante a um verme. **5** rosca de parafuso. **6** força destruidora. **7** pessoa vil, desprezível. **8** *Comp* vírus. ‖ *v* (**worms**, **worming**, **wormed**, **wormed**) **1** insinuar-se; introduzir-se. **2** mover-se como um verme. **3** (*us out of*) obter um segredo por meios ilícitos. **4** curar-se de verminose. ♦ **worms** infestação por vermes ou parasitas. **silk worm** bicho-da-seda. **tape worm** tênia.

worm-eat·en /wɜ:rmi:tən/ *adj* **1** comido por vermes. **2** podre; estragado. **3** decrépito.

worm·y /wɜ:rmi/ *adj* infestado de vermes; verminoso. (*gr comp* **wormier**. *gr super* **wormiest**).

worn /wɔ:rn/ *v part pass* de **wear**. ‖ *adj* gasto; usado; deteriorado.

worn-out /wɔ:rnaʊt/ *adj* **1** gasto; usado; deteriorado. **2** cansado; exausto.

W

wor·ri·some /wɜːrɪsəm/ *adj* **1** preocupante. **2** preocupado; ansioso.

wor·ry /wɜːri/ *v* (**worries, worrying, worried**) **1** preocupar-se; incomodar-se; afligir-se. **2** dilacerar. **3** esforçar-se. **4** perturbar; importunar. || *s* **1** preocupação; inquietação; desconforto. **2** ansiedade; aflição. (*pl* **worries**).

worse /wɜːrs/ *adj gr comp* de **bad 1** pior (em qualidade, condição de saúde, etc.). **2** insatisfatório; pouco desejável. || *s* o pior. || *adv gr comp* de **badly** e **ill** pior. ♦ **for better or (for) worse** no melhor e no pior. **go from bad to worse** ir de mal a pior. **so much the worse** tanto pior.

wors·en /wɜːrsən/ *v* (**worsens, worsening, worsened, worsened**) piorar.

wor·ship /wɜːrʃɪp/ *s* adoração; veneração; devoção; culto. || *v* (**worships, worshiping/ worshipping, worshiped/worshipped, worshiped/worshipped**) adorar; venerar; idolatrar; cultuar.

worst /wɜːrst/ *adj gr super* de **bad** péssimo; o pior de todos. || *adv gr super* de **badly** o pior. || *v* (**worsts, worsting, worsted, worsted**) vencer; derrotar. ♦ **at (the) worst** na pior das hipóteses. **get/have the worst of it** sofrer um prejuízo.

wor·sted /wʊstɪd, wɜːrstɪd/ *s* **1** lã penteada. **2** tecido feito com esse tipo de lã.

worth /wɜːrθ/ *s* **1** valor; valia. **2** valor material ou de mercado. **3** preço; custo. **4** bens; riqueza. **5** mérito. || *adj* **1** no valor de; equivalente a. **2** ser digno de; ser merecedor de. **3** que vale. ♦ **it's worth it** vale a pena.

worth·less /wɜːrθləs/ *adj* **1** sem valor; imprestável; inútil. **2** desprezível; indigno.

worth·while /wɜːrθhwaɪl, wɜːrθwaɪl/ *adj* que vale a pena; proveitoso.

wor·thy /wɜːrði/ *adj* **1** que tem valor, mérito ou utilidade. **2** honorável; admirável. **3** valioso. **4** merecedor; meritório; digno. (*gr comp* **worthier**. *gr super* **worthiest**).

would /wʊd/ *v aux pass* de **will 1** usado na formação do condicional. **2** usado para fazer um pedido polidamente.

would-be /wʊdbi/ *adj* aspirante; que pretende ser.

would·n't /wʊdənt/ *form contr* de **would not**.

wound /wuːnd/ *s* **1** ferida; ferimento; machucado. **2** sofrimento; mágoa. || *v* (**wounds, wounding, wounded, wounded**) ferir; machucar; magoar.

wound /waʊnd/ *v pass* e *part pass* de **wind**.

wove /woʊv/ *v pass* de **weave**.

wo·ven /woʊvən/ *v part pass* de **weave**. || *adj* feito em tear; trançado.

wow /waʊ/ *interj* uau; que beleza; que maravilha. || *s* um grande sucesso. || *v* (**wows, wowing, wowed, wowed**) ter um grande prazer.

wrack /ræk/ *s* **1** destruição; ruína; restos. **2** restos de navio naufragado. **3** alga marinha; alga marinha seca. || *v* (**wracks, wracking, wracked, wracked**) **1** arruinar; causar a ruína; estar arruinado. **2** naufragar. (*var* **rack**).

wraith /reɪθ/ *s* aparição; espectro; fantasma.

wran·gle /ræŋgəl/ *v* (**wrangles, wrangling, wrangled, wrangled**) **1** discutir em voz alta; altercar. **2** vencer uma discussão. **3** andar em rebanhos. || *s* altercação; discussão.

wran·gler /ræŋglə/ *s* **1** pessoa que discute. **2** vaqueiro; caubói.

wrap /ræp/ *v* (**wraps, wrapping, wrapped/ wrapt, wrapped/wrapt**) **1** agasalhar(-se); envolver(-se). **2** embrulhar; empacotar; embalar. **3** enlaçar; enrolar. **4** cobrir; ocultar; encobrir. **5** cercar; envolver. **6** concluir uma filmagem. || *s* **1** agasalho; casaco. **2** xale. **3** manta; cobertor. ♦ **wrap up** chegar a uma conclusão. **wrapped up** in envolvido; absorto.

wrap·per /ræpə/ *s* **1** envoltório; invólucro; capa. **2** papel de embrulho. **3** cinta que envolve jornais e revistas. **4** capa de livro. **5** folha de tabaco que envolve o charuto. **6** empacotador.

wrapping paper *s* papel de embrulho.

wrath /ræθ, rɑːθ/ *s* **1** ira; cólera; fúria; raiva. **2** castigo; vingança. **3** castigo divino para o pecado.

W

wrath·ful /ræθfəl, rɑːθfəl/ adj irado; colérico; raivoso.

wreak /riːk/ v (wreaks, wreaking, wreaked, wreaked) 1 impor castigo ou vingança. 2 descarregar raiva, ira ou cólera. 3 causar destruição.

wreath /riːθ/ s 1 coroa de flores; grinalda; guirlanda. 2 espiral (de fumaça).

wreathe /riːð/ v (wreathes, wreathing, wreathed, wreathed) 1 trançar formando uma grinalda; entrelaçar. 2 coroar ou decorar com uma grinalda. 3 enrolar; ondular. 4 retorcer; espiralar.

wreck /rek/ s 1 destruição; ruína; desastre. 2 naufrágio. 3 destroços de navio naufragado. 4 restos; destroços. 5 pessoa com esgotamento físico ou mental. ll v (wrecks, wrecking, wrecked, wrecked) 1 destruir (por meio de uma colisão). 2 desmantelar; arrasar; demolir. 3 arruinar. 4 estar na ruína.

wreck·age /rekɪdʒ/ s 1 naufrágio. 2 destroços; escombros.

wreck·er /rekə/ s 1 destruidor. 2 demolidor. 3 reboque; equipamento de resgate de destroços. 4 aquele que provoca o naufrágio de navios perto da costa a fim de pilhá-los. 5 assaltante.

wren /ren/ s Zool garriça.

wrench /rentʃ/ s 1 torção; torcedura. 2 compaixão; tristeza; angústia. 3 separação que causa sofrimento. 4 distorção; deturpação; desvirtuamento. 5 chave inglesa. ll v (wrenches, wrenching, wrenched, wrenched) 1 torcer; virar com força. 2 puxar ou arrancar violentamente. 3 alterar; deturpar; distorcer.

wrest /rest/ v (wrests, wresting, wrested, wrested) 1 arrancar violentamente. 2 usurpar; adquirir por meio da força. 3 distorcer; desvirtuar; deturpar. 4 fazer mau uso; aplicar incorretamente. ll s 1 puxão. 2 torção.

wres·tle /resəl/ v (wrestles, wrestling, wrestled, wrestled) 1 participar de luta corporal. 2 brigar; lutar. 3 esforçar-se. 4 mover ou arrastar algo com grande esforço. 5 marcar a ferro quente. ll s 1 competição de luta. 2 luta corporal.

wres·tling /reslɪŋ/ s Esp luta livre.

wretch /retʃ/ s 1 desafortunado; infeliz. 2 pessoa vil ou desprezível; patife.

wretch·ed /retʃɪd/ adj 1 desafortunado; miserável; em estado deplorável. 2 de qualidade inferior; de segunda categoria. 3 desprezível; vil; insignificante.

wrig·gle /rɪgəl/ v (wriggles, wriggling, wriggled, wriggled) 1 retorcer-se; contorcer-se. 2 entrar ou sair sorrateiramente. 3 insinuar-se. ll s 1 movimento em ziguezague; ondulante. 2 caminho ou linha sinuosa.

wright /raɪt/ s artífice; operário.

wring /rɪŋ/ v (wrings, wringing, wrung, wrung) 1 (us out) espremer; apertar; extrair líquido. 2 torcer; deslocar. 3 comprimir; apertar (as mãos em sinal de aflição). 4 apertar e sacudir as mãos ao cumprimentar. 5 causar aflição, agonia. 6 arrancar (uma informação). 7 contorcer-se de dor.

wrin·kle /rɪŋkəl/ s 1 ruga; marca de expressão. 2 vinco; sulco; dobra; prega. ll v (wrinkles, wrinkling, wrinkled, wrinkled) enrugar; dobrar; franzir.

wrist /rɪst/ s 1 pulso; munheca. 2 punho.

wrist·band /rɪstbænd/ s punho de camisa.

wrist·let /rɪstlɪt/ s 1 punho (de camisa). 2 pulseira; bracelete.

wrist·watch /rɪstwɑːtʃ/ s relógio de pulso.

writ /rɪt/ s 1 Jur ordem judicial; mandado. 2 escrituras.

write /raɪt/ v (writes, writing, wrote, written) 1 escrever. 2 redigir; compor. 3 preencher (cheque, formulário, etc.). 4 anotar; tomar nota. 5 subscrever. 6 predizer; profetizar. 7 Comp armazenar informações. ◆ write down tomar nota. write off anular; cancelar (uma dívida). write protect Comp proteger contra gravação.

write access s Comp acesso para gravação.

write error s Comp erro de gravação.

write-protect /raɪtprətekt/ adj Comp protegido contra gravação.

writ·er /raɪtə/ s escritor.

writhe /raɪð/ v (writhes, writhing, writhed, writhed) contorcer-se de dor. ‖ s contorção.

writ·ing /ˈraɪtɪŋ/ s 1 escrita; caligrafia. 2 composição literária. ♦ **Writings** us v pl ou sing Bíbl Escrituras. **in writing** por escrito. **in my own writing** de meu próprio punho.

writ·ten /ˈrɪtən/ v part pass de **write**.

wrong /rɑːŋ, rɔːŋ/ adj 1 errado; incorreto. 2 imoral; ilegal; mau. 3 injusto. 4 impróprio; inoportuno. 5 inaceitável ou indesejável. 6 avesso (roupa). ‖ adv 1 erradamente; erroneamente. 2 na direção errada. 3 imoralmente; injustamente. 4 mal. ‖ s 1 injustiça; injúria; iniqüidade. 2 falta de ética ou de moral. 3 Jur violação dos direitos legais. ‖ v (wrongs, wronging, wronged, wronged) 1 tratar com injustiça. 2 maldizer; difamar; desacreditar. 3 tratar com desonra; violar. ♦ **do (someone) wrong** ser desleal ou injusto com alguém. **go wrong 1** dar errado. 2 pegar o caminho errado. 3 desencaminhar-se.

wrong·do·er /ˈrɑːnduːɚ, ˈrɔːnduːɚ/ s 1 malfeitor. 2 que faz coisas moral ou eticamente erradas.

wrong·ful /ˈrɑːnfəl, ˈrɔːnfəl/ adj 1 errado; injusto. 2 ilegal; criminoso.

wrote /roʊt/ v pass de **write**.

wroth /rɔːθ, rɑːθ/ adj indignado; irado; furioso.

wrought /rɑːt, rɔːt/ adj 1 trabalhado; lavrado. 2 forjado; fundido.

wry /raɪ/ adj 1 irônico; amargo. 2 torto; torcido. 3 pervertido. (gr comp **wrier**/ **wryer**. gr super **wriest/wryest**).

WWW /ˈdʌblju:dʌblju:dʌblju:/ abrev Comp de **World Wide Web**; rede mundial.

WYSIWYG /ˈwɪziwɪg/ abrev Comp de **What You See Is What You Get**; o documento sairá na impressora exatamente como aparece na tela.

X

x ou **X** /eks/ *s* **1** 24ª letra do alfabeto inglês. **2** filme proibido para menores. (*pl* **x's** ou **X's**). **3** fator; pessoa ou algo desconhecido. ‖ *v* (**x's, x'ing, x'd, x'd**) **1** marcar com X. **2** cancelar. ‖ *símb Mat* de **abscissa**.

x-ax·is /ˈeksæksɪs/ *s Mat* eixo X. (*pl* **x-axes** /ˈeksæksiːz/).

X-chro·mo·some /ˈekskroʊməsoʊm/ *s* cromossomo X.

xen·o·pho·bi·a /ˌzenəˈfoʊbiə/ *s* xenofobia; aversão a estrangeiros.

Xer·ox™ /ˈzɪrɑːks/ *s* xerox; xérox.

XL *abrev* de **extra large** ou **extra long**; extra grande.

X·mas /ˈkrɪsməs/ *s* Natal.

X-rat·ed /ˈeksreɪtɪd/ *adj* **1** proibido para menores (filme). **2** vulgar; obsceno; de sexo explícito.

x-ray /ˈeksreɪ/ *s* raio X. ‖ *v* (**x-rays, x-raying, x-rayed, x-rayed**) tirar radiografia. (*tb* **X-ray, x ray** e **X ray**).

xy·lo·graph /ˈzaɪloʊɡræf/ *s* xilogravura.

xy·log·ra·phy /zaɪˈlɑːɡrəfi/ *s* xilografia.

xy·loid /ˈzaɪlɔɪd/ *adj* xilóide; relativo ou semelhante à madeira.

xy·lo·phone /ˈzaɪləfoʊn/ *s* xilofone.

Y

y ou **Y** /waɪ/ *s* 25ª letra do alfabeto inglês. (*pl* **y's** ou **Y's**). ‖ *abrev* de **yen**. ‖ *símb* **1** *Mat* de **ordinate**; ordenada. **2** *Quím* de **yttrium**.

yacht /jɑːt/ *s Náut* iate. ‖ *v* (**yachts, yachting, yachted, yachted**) navegar num iate.

yacht club *s Náut* iate clube.

yacht·ing /ˈjɑːtɪŋ/ *s Náut* iatismo.

yachts·man /ˈjɑːtsmən/ *s masc* iatista.

yachts·wom·an /ˈjɑːtswʊmən/ *s fem* iatista.

yack·e·ty-yak /ˈjækɪtiːjæk/ *s gír* conversa sem sentido; tagarelice.

ya·hoo /ˈjɑːhuː, jeɪhuː/ *s* pessoa rude, bruta, grosseira. (*pl* **yahoos**).

yak /jæk/ *s* **1** iaque; espécie de boi da Ásia central. **2** *gír* tagarelice. ‖ *v* (**yaks, yakking, yakked, yakked**) *gír* tagarelar.

yam /jæm/ *s Bot* inhame.

yam·mer /ˈjæmɚ/ *v* (**yammers, yammering, yammered, yammered**) *inform* lamuriar-se; queixar-se; reclamar. ‖ *s* lamúria; reclamação; queixa.

yang /jæŋ, jɑːŋ/ *s* yang (princípio cósmico masculino na filosofia chinesa).

Yan·kee /ˈjæŋki/ *s* **1** ianque; nativo ou habitante do norte dos EUA (especialmente o soldado da União durante a Guerra Civil em oposição aos confederados, do Sul). **2** cidadão norte-americano.

yap /jæp/ *v* (**yaps, yapping, yapped, yapped**) **1** ladrar; ganir. **2** *gír* falar besteira; dizer coisas sem sentido. ‖ *s* **1** latido estridente. **2** *gír* conversa barulhenta, sem sentido. **3** *gír* boca. **4** *gír* pessoa estúpida, rude ou vulgar.

yard /jɑːrd/ *s* **1** pátio; terreno; quintal. **2** área reservada para um fim específico. **3** pátio de manobras de uma ferrovia. **4** pastagem de inverno para animais herbívoros. **5** curral; cercado para animais; viveiro. **6** jarda (unidade de medida equivalente a 914 mm). ‖ *v* (**yards, yarding, yarded, yarded**) confinar; prender.

yarn /jɑːrn/ *s* **1** fio (de lã, algodão etc.). **2** *inform* narrativa real ou fictícia; conto de aventura. ‖ *v* (**yarns, yarning, yarned, yarned**) contar uma história.

yawn /jɑːn, jɔːn/ *v* (**yawns, yawning, yawned, yawned**) **1** bocejar; abrir a boca. **2** estar/ficar boquiaberto. **3** abrir(-se); escancarar(-se). **4** demonstrar tédio ou cansaço. ‖ *s* **1** bocejo (também como demonstração de tédio). **2** *inform* algo entediante que provoca um bocejo.

yea /jeɪ/ *adv* **1** sim. **2** sem dúvida; realmente. (*var* **yeah**). ‖ *s* **1** resposta afirmativa; voto a favor. **2** aquele que vota a favor.

yeah /jeə, jæə/ → *adv* **yea**.

yean /jiːn/ *v* (**yeans, yeaning, yeaned, yeaned**) parir; dar cria (ovelha ou cabra).

yean·ling /ˈjiːnlɪŋ/ *s* **1** cordeirinho; cabritinho; ovelhinha. **2** bebê. ‖ *adj* recém-nascido; infantil.

year /jɪr/ *s* ano. ♦ **years** anos; idade; velhice. **year in, year out** entra ano, sai ano. **a ten-year-old girl** uma garota de dez anos.

year·book /ˈjɪrbʊk/ *s* **1** anuário. **2** álbum escolar.

year·ling /ˈjɪrlɪŋ/ *s* animal com um ano de idade.

yearn /jɜːrn/ *v* (**yearns, yearning, yearned, yearned**) **1** sentir saudade ou melancolia. **2** ansiar; desejar (com melancolia). **3** ter piedade ou carinho.

yearn·ing /ˈjɜːrnɪŋ/ *s* anseio; desejo.

yeast /jiːst/ *s* lêvedo; levedura; fermento. ‖ *v* (**yeasts, yeasting, yeasted, yeasted**) fermentar.

yell /jel/ *v* (**yells, yelling, yelled, yelled**) berrar; gritar (de dor, pavor, surpresa ou entusiasmo). ‖ *s* **1** grito; berro. **2** grito de torcida.

yel·low /ˈjeloʊ/ *s* **1** amarelo. **2** gema de ovo (sul dos EUA). **3** ouro (oeste dos EUA). ‖ *adj* **1** amarelo. **2** *ofens* asiático. **3** *gír*

covarde; medroso. || v (**yellows**, **yellowing**, **yellowed**, **yellowed**) amarelecer; amarelar.

yellow fever s febre amarela.

yel·low·ish /jɛloʊɪʃ/ adj amarelado.

yellow journalism s imprensa marrom; imprensa sensacionalista.

yellow pages s pl páginas amarelas; lista telefônica de serviços e produtos. (tb **Yellow Pages**).

yelp /jɛlp/ v (**yelps**, **yelping**, **yelped**, **yelped**) uivar; latir; ganir. || s uivo; ganido.

Yem·en /jɛmən/ s lêmen.

Yem·e·ni /jɛməni/ s e adj iemenita.

yen /jɛn/ s 1 desejo ardente. 2 iene (unidade monetária do Japão). || v (**yens**, **yenning**, **yenned**, **yenned**) desejar ardentemente.

yeo·man /joʊmən/ s 1 criado, serviçal ou oficial de baixa patente em casa real ou nobre. 2 suboficial escrevente na marinha americana. 3 assistente ou outro subordinado (de um xerife, etc.). 4 trabalhador aplicado e confiável. 5 pequeno proprietário rural.

yes /jɛs/ adv sim; certamente. || s 1 sim; resposta afirmativa. 2 voto a favor. (pl **yeses**). || v (**yeses**, **yessing**, **yessed**, **yessed**) dizer sim.

yes man s pessoa servil; bajulador; puxa-saco.

yes·ter·day /jɛstədeɪ, jɛstədeɪ/ s e adv ontem.

yet /jɛt/ adv 1 ainda; até agora. 2 já. || conj todavia; contudo. ♦ **not yet** ainda não.

ye·ti /jɛti/ s abominável homem das neves. (pl **yetis**).

yield /jiːld/ v (**yields**, **yielding**, **yielded**, **yielded**) 1 produzir; render; ser produtivo. 2 render-se; sujeitar-se; submeter(-se). 3 desistir; abrir mão. 4 ceder; não resistir. || s 1 produção. 2 renda; rendimento; lucro.

yield·ing /jiːldɪŋ/ adj 1 inclinado a ceder (a argumentos, pressão ou influência). 2 indulgente; dócil.

yin /jɪn/ s yin (princípio cósmico feminino na filosofia chinesa).

YMCA /waɪɛmsiːeɪ/ abrev de **Young Men's Christian Association**; ACM; Associação Cristã de Moços. (tb **Y.M.C.A.**).

yo·ga /joʊgə/ s ioga.

yo·ghourt /joʊgət/ → **yogurt**.

yo·ghurt /joʊgət/ → **yogurt**.

yo·gurt /joʊgət/ s iogurte. (var **yoghourt** ou **yoghurt**).

yoke /joʊk/ s 1 canga. 2 parelha; junta; dupla de animais presos pela canga. 3 pala (de roupa). 4 jugo; domínio. || v (**yokes**, **yoking**, **yoked**, **yoked**) 1 colocar canga no animal; jungir. 2 unir; atar. 3 subjugar; forçar.

yo·kel /joʊkəl/ s caipira; rústico; jeca.

yolk /joʊk/ s 1 gema de ovo. 2 gordura de lã.

yon·der /jɑːndə/ adv naquele lugar; para aquele lugar. || adj distante; longe. || pron aquele; aquela (referindo-se a algo que está distante).

yore /jɔːr/ s tempo passado; passado longínquo.

you /juː/ pron 2ª pess sing e pl você(s); tu; vós. 2 te; ti; lhe(s); vos; o(s); a(s).

you'd /juːd/ form contr de **you had** e **you would**.

you'll /juːl/ form contr de **you will** e **you shall**.

young /jʌŋ/ adj 1 jovem; moço; novo. 2 iniciado há pouco; não avançado. 3 vigoroso; cheio de vida; fresco. 4 imaturo; inexperiente. || s 1 juventude. 2 prole; ninhada. ♦ **with young** grávida.

young·ster /jʌŋstə/ s 1 criança. 2 jovem. 3 animal jovem.

your /jʊr, jɔːr/ adj teu(s); tua(s); seu(s); sua(s); vosso(s); vossa(s).

you're /jʊr, jɔːr/ form contr de **you are**.

yours /jʊrz, jɔːrz/ pron 2ª pess sing e pl teu(s); tua(s); seu(s); sua(s); vosso(s); vossa(s).

your·self /jʊrsɛlf, jɔːrsɛlf/ pron se; você mesmo; você próprio.

your·selves /jʊrsɛlvz, jɔːrsɛlvz/ pron se; vocês mesmos; vocês próprios.

youth /juːθ/ s 1 juventude; mocidade. 2 us v sing ou pl os jovens. 3 jovem; moço; rapaz.

youth·ful /juːθfəl/ adj 1 jovem. 2 juvenil. 3 vigoroso; cheio de vida. 4 novo; nos primeiros estágios de desenvolvimento.

youth hostel s albergue da juventude.

yowl /jaʊl/ v (**yowls**, **yowling**, **yowled**, **yowled**) berrar; uivar; queixar-se. ‖ s grito; berro; lamento; uivo.

yo-yo /joʊjoʊ/ s ioiô. (pl **yo-yos**).

yt·tri·um /ɪtriəm/ s Quím ítrio. (símb **Y**).

Yu·go·sla·vi·a /ju:goʊslɑ:viə/ s Iugoslávia.

Yu·go·sla·vi·an /ju:goʊslɑ:viən/ s e adj iugoslavo.

Yule /ju:l/ s Natal.

Yule·tide /ju:ltaɪd/ s época do Natal.

yum·my /jʌmi/ adj gír gostoso; delicioso (sabor ou cheiro). (gr comp **yummier**. g super **yummiest**).

yup·pie /jʌpi/ s inform jovem da cidade bem-sucedido. (tb **Yuppie**).

YWCA /waɪdʌblju:si:eɪ/ abrev de **Young Women's Christian Association**; ACM; Associação Cristã de Moças. (tb **Y.W.C.A.**)

Z

z ou **Z** /ziː/ s 26ª letra do alfabeto inglês. (pl **z's** ou **Z's**). ‖ símb **1** de **atomic number**. **2** de **impedance**.

Zaire /zaɪr̩/ s Zaire.

Za·ir·e·an /zaɪˈriːən/ s e adj zairense. (var **Zairian**).

Za·ir·i·an /zaɪˈriːən/ → **Zairean**.

Zam·bi·a /ˈzæmbiə/ s Zâmbia.

Zam·bi·an /ˈzæmbiən/ s e adj zambiano.

za·ny /ˈzeɪni/ s **1** bufão; palhaço. **2** pessoa engraçada, de comportamento extravagante ou não convencional. (pl **zanies**). ‖ adj **1** ridiculamente cômico. **2** engraçado; bizarro. (gr comp **zanier**. gr super **zaniest**).

zeal /ziːl/ s devoção; fervor; ardor; entusiasmo.

zeal·ot /ˈzelət/ s fanático; excessivamente devoto ou entusiasta.

zeal·ot·ry /ˈzelətri/ s fanatismo.

zeal·ous /ˈzeləs/ adj fervoroso; ardente; entusiástico.

ze·bra /ˈziːbrə/ s Zool zebra.

ze·nith /ˈziːnɪθ/ s **1** Astron zênite. **2** ponto culminante; apogeu; auge.

zeph·yr /ˈzefɚ/ s **1** zéfiro; vento suave e fresco. **2** espécie de tecido leve.

zep·pe·lin /ˈzepəlɪn/ s zepelim. (tb **Zeppelin**).

ze·ro /ˈzɪroʊ/ s **1** zero. **2** nada. **3** inform pessoa sem influência ou importância. (pl **zeros** ou **zeroes**). ‖ adj **1** relativo ao zero. **2** que não tem valor mensurável. **3** inform ausente; inoperante; irrelevante. ‖ v (**zeroes**, **zeroing**, **zeroed**, **zeroed**) zerar. ♦ **zero in** fazer mira.

zero hour s hora zero.

zest /zest/ s **1** gosto; interesse. **2** entusiasmo; animação. **3** zesto.

zeug·ma /ˈzuːgmə/ s Ling zeugma.

Zeus /zuːs/ s Mit Zeus.

zig·zag /ˈzɪgzæg/ s ziguezague. ‖ v (**zigzags**, **zigzagging**, **zigzagged**, **zigzagged**) ziguezaguear.

Zim·bab·we /zɪmˈbɑːbweɪ/ s Zimbábue.

Zim·bab·we·an /zɪmˈbɑːbwiən/ s e adj zimbabuense.

zinc /zɪŋk/ s Quím zinco. (símb **Zn**). ‖ v (**zincs/zincks**, **zincing/zincking**, **zinced/zincked**, **zinced/zincked**) revestir de zinco; galvanizar.

Zi·on·ism /ˈzaɪənɪzəm/ s sionismo.

zip /zɪp/ s **1** zunido; assobio. **2** energia; força; disposição. **3** zíper; fecho ecler. **4** gír nada; zero. ‖ v (**zips**, **zipping**, **zipped**, **zipped**) **1** passar velozmente como um zunido. **2** agir ou proceder com rapidez e vigor. **3** abrir ou fechar o zíper. **4** transmitir entusiasmo, vivacidade. **5** Comp compactar; comprimir (arquivos).

ZIP code s CEP; código de endereçamento postal.

zip·per /ˈzɪpɚ/ s zíper; fecho ecler.

zip·py /ˈzɪpi/ adj ativo; vigoroso; animado. (gr comp **zippier**. gr super **zippiest**).

zir·co·ni·um /zɚˈkoʊniəm/ s Quím zircônio. (símb **Zr**).

zith·er /ˈzɪθɚ, ˈzɪðɚ/ s Mús cítara. (var **zithern**).

zith·ern /ˈzɪθɚn, ˈzɪðɚn/ → **zither**.

zo·di·ac /ˈzoʊdiæk/ s zodíaco.

zone /zoʊn/ s zona; região. ‖ v (**zones**, **zoning**, **zoned**, **zoned**) dividir ou demarcar em zonas.

zoo /zuː/ s zoológico. (pl **zoos**).

zoo·keep·er /ˈzuːkiːpɚ/ s pessoa responsável pelos cuidados dos animais no zoológico.

zo·o·log·ic /zoʊəˈlɑːdʒɪk/ → **zoological**.

zo·o·log·i·cal /zoʊəˈlɑːdʒɪkəl/ adj zoológico. (var **zoologic**).

zoological garden s jardim zoológico.

zo·ol·o·gist /zoʊˈɑːlədʒɪst/ s zoólogo.

zo·ol·o·gy /zoʊˈɑːlədʒi/ s zoologia. (pl **zoologies**).

zoom /zuːm/ v (**zooms**, **zooming**, **zoomed**, **zoomed**) **1** zunir; mover-se zunindo. **2** Aer fazer uma manobra vertical repentina. **3** Ópt e Comp dar zum; produzir o efeito de aproximação ou afastamento de um objeto.

Zu·lu /ˈzuːluː/ s e adj zulu. (pl **Zulu** ou **Zulus**).

Z

a, A s the first letter of the alphabet. ǁ *pron pess* 3ª *pess sing* her; it. ǁ *prep* on; to; unto. ǁ *art def* the.

aba s 1 brim (de chapéu). 2 flap (de envelope). 3 tab; lap; lappet; (de vestuário).

abacate s avocado; alligator pear.

abacateiro s avocado.

abacaxi s pineapple.

ábaco s abacus.

abade s abbot.

abadessa s abbess; mother.

abadia s abbey.

abafado *adj* 1 airless; breathless. 2 stuffy. 3 dead; dull; hollow (som). 4 thick (voz).

abafador s damper (de piano).

abafamento s 1 choke. 2 closeness.

abafar *v* 1 smother. 2 drown (voz, som). 3 muffle (som). 4 stifle; suffocate. 5 damp (fogo).

abaixa-língua s *Med* depressor.

abaixamento s lowering.

abaixar *v* 1 lower. 2 turn down. 3 abate.

abaixo *adv* e *prep* below; beneath. ǁ *adj* nether. ǁ *interj* down.

abajur s lamp-shade; lantern.

abalar *v* 1 agitate. 2 shock. 3 jolt; rock. 4 undermine.

abalo s 1 shake. 2 convulsion.

abalone s *Zool* abalone (molusco da família dos Haliotídeos; de sua concha se extrai a madrepérola).

abanar *v* 1 fan. 2 wave. 3 whisk.

abandonado *adj* 1 abandoned; derelict. 2 forlorn; friendless.

abandonar *v* 1 abandon; relinquish. 2 forsake. 3 give up; quit. 4 desert. 5 *gír* ditch. 6 *gír* scrub.

abandono s 1 abandon; abandonment; dereliction. 2 desertion.

abarcar *v* 1 enclose. 2 embrace; enclasp.

abarrotar *v* 1 overcrowd. 2 overstock. 3 cram; glut.

abarrotamento s cram.

abastado *adj* rich; wealthy; well-fixed; well-heeled; well-to-do.

abastecedor s supplier; provider.

abastecer *v* 1 supply. 2 fuel (de combustível). 3 cater. 4 stock; store. 5 load.

abastecido *adj* fraught.

abastecimento s supply.

abate s 1 discount. 2 slaughter (de animais).

abater *v* 1 abate; discount. 2 drop. 3 deject. 4 despond.

abatido *adj* 1 depressed; dejected; depressive; down. 2 faint; haggard; seedy.

abatimento s 1 abatement; discount; deduction; reduction. 2 depression; gloom; remission; languor.

abaular *v* camber; bulge.

abdicação s abdication.

abdicador *adj* e s abdicator.

abdicar *v* abdicate.

abdome, abdômen s abdomen; belly; stomach.

abdominal *adj* abdominal.

abdução s abduction.

abdutor s abductor.

abduzir *v* abduct.

abecedário s alphabet; ABC.

abelha s bee.

abelha-doméstica s honeybee.

abelhudo *adj* nosy; snoopy. ǁ s 1 eavesdropper. 2 *gír* rubberneck.

abemolar *v* *Mús* flat.

abençoado *adj* blessed.

abençoar *v* bless.

aberração s aberration; warp.

aberto *adj* 1 open. 2 abroach. 3 frank; sincere.

abertura s 1 opening; aperture. 2 crevice; fissure. 3 eye (máquina fotográfica). 4 vent; leak.

abeto s *Bot* spruce.

abismado *adj* shocked.

abismal *adj* abysmal.

abismar *v* shock; astound.

abismo s abyss; chasm.

abissal adj abyssal.

abisso s abyss.

abjeção s abjection.

abjeto adj abject.

abjuração s abjuration.

abjurar v abjure; abnegate; forswear.

ablação s ablation.

ablativo adj tb Gram ablative. II s Gram ablative.

ablução s ablution.

abnegação s abnegation.

abnegar v abnegate.

abóbada s arch; dome; vault.

abobadar v dome; vault.

abobado adj fool; foolish; stupid; silly; doltish.

abobalhado adj fool; foolish; stupid; silly; doltish.

abóbora s pumpkin; squash.

abocanhar v bite; snap.

aboletar v billet.

abolição s abolition.

abolicionismo s abolitionism.

abolicionista s abolitionist.

abolir v 1 abolish; abrogate. 2 annihilate; extinguish.

abominação s abomination; detestation.

abominar v abominate; detest.

abominável adj abominable; accursed; beastly; execrable.

abominavelmente adv abominably.

abonar v 1 accredit. 2 authorize.

abono s 1 bonus. 2 approval.

abordagem s approach.

abordar v 1 accost. 2 approach.

aborígine adj aboriginal. II s aboriginal; aborigine; autochthon.

aborrecer v 1 bother; trouble; annoy; bore; tire. 2 inform gripe; irritate.

aborrecido adj annoyed; bored.

aborrecimento s annoyance; boredom; trouble.

abortar v 1 miscarry. 2 tb Comp abort.

abortivo adj abortive.

aborto s miscarriage; abortion.

abotoadeira s buttonhook.

abotoadura s button.

abotoar v button.

abraçadeira s brace; cramp; clamp.

abraçar v 1 embrace; hug. 2 clasp; enclasp. 3 gír clinch.

abraço s 1 hug; embrace; accolade. 2 clasp.

abrandamento s assuagement; mitigation.

abrandar v assuage; alleviate; gentle; mitigate.

abrangência s comprehension; coverage.

abrangente adj broad; comprehensive.

abranger v 1 comprehend; contain; include. 2 cover; carry; circle.

abrasador adj 1 glowing. 2 fervid; fiery.

abrasão s abrasion.

abrasar v fire; flame.

abrasivo adj e s abrasive.

abreviação s abbreviation; contraction.

abreviar v shorten; abbreviate; abridge; condense; contract.

abreviatura s abbreviation.

abridor s opener (de latas, garrafas, etc.).

abrigado adj covert; snug.

abrigar v shelter; snug; nestle; harbor; house; roof.

abrigo s shelter; roof; covert; harborage; cover.

abril s April.

abrir v 1 open; unclose. 2 cut (caminho). 3 unfold; extend.

ab-rogar v abrogate.

abrolho s Bot thorn.

abrupto adj abrupt; curt; jerky.

abscesso s Med abscess.

abscisão s abscission.

abscissa s Mat abscissa (símb x).

absenteísmo s absenteeism.

absenteísta s absentee.

absinto s Bot absinthe.

absolutamente adv absolutely; utterly.

absolutismo s absolutism.

absolutista s absolutist.

absoluto adj 1 absolute; complete; strict. 2 arbitrary; autocratic. II s absolute.

absolver v 1 absolve; forgive. 2 Jur acquit (um réu).

absolvição s 1 absolution; forgiveness. 2 Jur acquittal.

absorção s absorption.

absorto adj absent-minded; absorbed; ecstatic; oblivious.

bsorvente adj absorbent; bibulous. ‖ s absorbent.

bsorver v 1 absorb; suck. 2 assimilate; digest (mentalmente). 3 Quím occlude.

bsorvido adj absorbed.

bstêmio adj abstemious. ‖ s teetotaler; teetotaller.

bstenção s abstention; forbearance.

bster v abstain; forbear; refrain; withhold.

bstinência s abstention; abstinence; fast.

bstinente adj abstinent.

bstração s abstraction.

bstracionismo s abstractionism (a arte abstrata).

bstrair v abstract.

bstrato adj abstract; faraway.

bstruso adj recondite.

bsurdidade s absurdity.

bsurdo adj 1 absurd; foolish; ludicrous. 2 inform cockeyed. ‖ s 1 absurd; rubbish; unreason. 2 monstrosity.

bundância s abundance; affluence; copiousness; wealth.

bundante adj abundant; affluent; generous; copious.

bundantemente adv abundantly.

bundar v abound.

busar v abuse; maltreat; mistreat; misuse.

busivo adj abusive.

buso s abuse; maltreatment; misuse.

butre s Zool vulture.

cabado adj finished; complete; done; through.

cabamento s 1 completeness. 2 facing (costura). 3 finish (móveis).

cabar v 1 end; finish; be over; complete; conclude. 2 run out; consummate. 3 expire (prazo).

cabrunhar v overwhelm.

cácia s Bot acacia.

cademia s academy.

cadêmico adj academic; scholastic. ‖ s academic.

caçafrão s Bot saffron.

calentar v 1 dandle (uma criança). 2 foster (idéia, esperança).

calmar v 1 calm; pacify; appease; becalm; cool; ease. 2 soothe; smooth. 3 hush; quiet; still.

acamado adj bedrid.

acamar v couch.

acampamento s camp; encampment.

acampar v camp; encamp; tent.

acanhado adj shy; timid; modest; bashful; coy.

acanhamento s shyness; bashfulness.

acanhar v 1 intimidate; shame. 2 restrict; choke.

acanto s Bot e Arq acanthus.

acantonamento s cantonment.

ação s 1 action. 2 deed; act; doing. 3 movement.

acarear v confront.

acariciar v 1 caress; fondle. 2 cherish. 3 inform neck.

ácaro s acarus.

acarretar v draw on.

acasalado adj copulate.

acasalamento s coupling; service.

acasalar v copulate; couple; mate; serve.

acaso s accident; casualness; chance; fortune; hazard.

acastanhado adj brownish.

acastelado adj castellated; castled.

acatamento s deference.

acatar v defer.

acautelar v mind.

aceder v accede; consent.

acéfalo adj Biol acephalous.

aceitação s 1 acceptance; acceptation; admittance. 2 embracement (de uma causa, doutrina, etc.).

aceitar v accept; admit; adopt.

aceitável adj 1 acceptable; receivable. 2 Jur admissible (como prova).

aceito adj accepted.

aceleração s acceleration.

acelerador s accelerator.

acelerar v speed; rush; accelerate; hasten; quicken.

acenar v 1 wave; beckon. 2 shake; motion.

acendedor s lighter.

acender v turn on; light; ignite.

aceno s 1 wave; beck; beckon. 2 gesture. 3 nod.

acento s accent.

acentuação s accentuation.

acentuado adj accentuated; stressed.

acentuar v accent; accentuate; emphasize; stress.

acepção s meaning; acceptation.

acerbar v acerbate.

acerbidade s acerbity.

acerbo adj acerbic.

acerca adv near; about.

acercar v enclose; surround; approach; beset.

acertado adj agreed; conformable.

acertar v 1 right. 2 hit (no alvo). 3 adjust; regulate. 4 set (relógio, temperatura, etc.).

acerto s 1 settlement (financeiro). 2 felicity.

acervo s accumulation; heap; lot.

aceso adj alight; lighted.

acessão s accedence; accretion.

acessar v Comp access (informações, dados).

acessional adj accessional.

acessível adj accessible; approachable; attainable.

acesso s 1 access (tb de raiva, de doença). 2 accession; admittance; admission. 3 entrance; entry. 4 attack; blaze; outburst (de raiva).

acessório adj 1 accessory; adjunct. 2 fitting (de máquina ou aparelho). ll s accessory; adjunct; appendage; attachment.

acetato s acetate.

acético adj acetic.

acetinar v gloss.

acetona s acetone.

acha s block.

achado s find; finding.

achar v 1 find; come across; meet. 2 think; believe.

achatar v flat; flatten.

acidentado adj rough; rugged.

acidental adj accidental; casual.

acidentalmente adv accidentally.

acidente s accident; mishap.

acidez s acidity; tartness; sourness.

ácido adj acid; acrid; tart; sour. ll s acid.

acidulado adj fig acidulous.

acidular v acidulate.

acídulo adj acidulous.

acima adj above (citado, mencionado). ll adv above; over. ll prep up.

acinzentado adj grayish.

acionar v actuate; animate; drive.

acionista s shareholder; stockholder.

aclamação s acclaim; acclamation; ap plause; hail.

aclamar v acclaim; applaud; cheer; hail.

aclarar v clear; irradiate.

aclimação s acclimation.

aclimatação s acclimation; naturalization (animais, plantas).

aclimatar v acclimate; naturalize (animais plantas); season.

aclive s acclivity; ascent; rise; upgrade.

acme s acme.

acne s acne.

aço s steel.

acobreado adj coppery.

acocoramento s squat.

acocorar-se v squat.

açoitador s lasher.

açoitamento s whipping.

açoitar v whip; lash; birch; cowhide; scourge

açoite s whip; lash; scourge.

acolá adv beyond.

acolchetar v clasp.

acolchoado s bedspread; quilt.

acolchoar v quilt; pad.

acolher v welcome; receive; shelter; harbor

acolhimento s reception; welcome.

acometer v assail; charge.

acomodação s accommodation; adaptation berth.

acomodado adj 1 calm. 2 settled; accom modated.

acomodar v 1 accommodate; adapt. 2 ad just; fit. 3 bed; nestle.

acompanhamento s tb Mús accompani ment.

acompanhante s 1 escort; companion 2 Mús accompanist sideman.

acompanhar v 1 follow; accompany; escort 2 attend (resultado).

aconchegante adj snug; cozy.

aconchegar v snug; snuggle; tuck.

aconchego s comfort.

acondicionamento s packing.

acondicionar v case; stow; pack.

aconselhar v advise; recommend; counsel

aconselhável adj advisable.

acontecer v 1 happen; occur; be; come about. 2 gír come down; cook. 3 hold (uma festa em determinado local).

acontecimento s 1 happening; occurrence; occasion; hap; fact. 2 tb Fís event.

acoplador s coupler (rádio e TV).

acoplamento s clutch.

acordado adj awake.

acordar v 1 wake up; awake; awaken. 2 arouse; rouse.

acorde s Mús chord.

acordeão s Mús accordion.

acordo s 1 agreement; arrangement. 2 accession; accord; accordance; assent. 3 Jur composition. 4 treaty; pact.

acorrentar v chain; enchain; shackle.

acossar v dragoon; hound.

acostamento s berm; berme.

acostumado adj accustomed; used; wont.

acostumar v accustom; familiarize; inure; season.

acotovelar v elbow; jostle.

açougue s butcher's.

açougueiro s butcher.

acovardar v unman.

acre adj acid; acrid; bitter; tart. ‖ s acre (medida agrária igual a 4.046,84m²).

acreditar v 1 believe; count; credit; trust. 2 inform figure.

acreditável adj believable.

acrescão s Geol accretion.

acrescentar v add; accompany; tag.

acrescente adj Bot accrescent.

acréscimo s accession; addition; extension; increment.

acridez s acridity.

acrimônia s acridity; acrimony; asperity.

acrimonioso adj acrimonious.

acrobacia s acrobatics.

acrobata, acróbata s acrobat; tumbler.

acrobático adj acrobatic.

acrofobia s Med acrophobia.

acromático adj tb Ópt, Biol e Mús achromatic.

acromatizar v achromatize.

acrômico adj achromic.

acromo adj achromic.

acrônimo s acronym.

acrópole s acropolis.

acróstico s acrostic.

açúcar s sugar.

açúcar-cande s candy.

açucarado adj sugary.

açucarar v candy; sugar.

açude s dam; reservoir; levee; weir.

acuidade s acuity.

acúleo s Bot thorn.

aculturação s acculturation.

acuminado adj acuminate.

acuminar v acuminate.

acumpliciado adj Jur accessory.

acumulação s accumulation; agglomeration.

acumulado adj cumulate.

acumulador s accumulator.

acumular v 1 accumulate; amass; cumulate; accrue. 2 collect; gather; get together. 3 drift (neve, areia, etc.).

acumulativo adj accumulative.

acúmulo s accumulation; aggregation; collection; accrual.

acunhar v quoin.

acupuntura s acupuncture.

acupuncturar v acupuncture.

acurado adj keen.

acusação s accusation; charge; denunciation; imputation.

acusado adj indictable. ‖ s Jur accused; culprit; defendant.

acusar v accuse; incriminate; criminate.

acusativo adj accusative. ‖ s Gram accusative.

acusável adj chargeable.

acústica s Fís acoustics.

acústico adj acoustic.

adaga s dagger; dirk.

adágio adj Mús adagio. ‖ s 1 adage. 2 Mús adagio.

adamascado adj damask.

adamascar v damask.

Adão s Bíbl Adam.

adaptabilidade s adaptability.

adaptação s 1 adaptation; version (de texto, filme, etc.). 2 accommodation; fit; naturalization.

adaptador s adapter; adaptor.

adaptar v 1 adapt; adjust; suit; accommodate; fit. 2 acclimate; naturalize. 3 come to terms with.

adaptável *adj* adaptable; adjustable; malleable.

adega *s* buttery; cellar.

adejar *v* flap; flicker.

ademais *adv* furthermore.

adenda, adendo *s* addendum.

adenóide *s Med* adenoid.

adensar *v* thicken.

adepto *s* disciple; follower.

adequação *s* adequacy; aptitude; aptness.

adequadamente *adv* adequately; aright; duly; right.

adequado *adj* 1 adequate; suitable; appropriate; proper; fit. 2 apt; accordant; competent. 3 *inform* tidy.

adequar *v* adjust; adapt; fit; tailor.

adereçar *v* adorn; ornament; bedizen.

aderência *s* adherence; adhesion; attachment.

aderente *adj* adherent; adhesive; clingy. II *s* adherent.

aderir *v* 1 adhere; cling; glue. 2 align; cohere; accede; unite.

adernar *v* careen.

adesão *s* abidance; adherence; adhesion.

adesivo *adj* adhesive; clingy. II *s* sticker.

adestrado *adj* trained.

adestrador *s* trainer.

adestrar *v* 1 train; drill. 2 teach; instruct.

adeus *interj* bye-bye; farewell; good-bye. II *s* farewell; good-bye.

adiamento *s* 1 postponement; adjournment. 2 *Jur* continuance; stay (de processo).

adiantado *adj* 1 advanced; early. 2 fast (relógio). II *adv* ahead; in advance.

adiantamento *s* accommodation; advance.

adiantar *v* 1 advance; anticipate. 2 accelerate; run ahead. 3 gain (relógio).

adiante *adv* ahead; before; forth.

adiar *v* 1 postpone; put off; defer; delay. 2 wait (uma refeição, um evento). 3 wait out (esperando o fim ou desfecho de algum acontecimento).

adiável *adj* delayable.

adição *s* addition.

adicionado *adj* added.

adicional *adj* additional; else; further; other; new. II *adv* further. II *s* extra.

adicionar *v* add; attach; tack; sum.

adiposidade *s* adiposity.

adiposo *adj* adipose.

aditamento *s* addition.

aditivo *adj* e *s* additive.

adivinha *s* riddle.

adivinhar *v* 1 guess; divine. 2 foretell; predict. 3 *inform* dope.

adivinho *s* fortuneteller; augur; diviner.

adjacência *s* adjacency; contiguousness.

adjacente *adj* adjacent; conterminous; contiguous.

adjetivar *v* qualify.

adjetivo *adj Gram* adjective; adjectival. II *s Gram* adjective.

adjudicação *s Jur* adjudication; assignation.

adjudicador *adj Jur* adjudged.

adjudicar *v Jur* adjudge; adjudicate; assign; award.

adjunção *s* adjunction.

adjunto *adj* e *s* adjunct.

adjurar *v* adjure.

administração *s* administration; management; government.

administrador *s* 1 administrator; manager; director; executive. 2 *Jur* trustee.

administrar *v* 1 administer; manage; govern. 2 dispense (lei, justiça). 3 give (remédio a doente).

administrativo *adj* administrative; managerial.

administrável *adj* administrable.

admiração *s* admiration; amazement; wonder; marvel.

admirador *s* admirer; devotee; fan; idolater.

admirar *v* admire; wonder; marvel.

admirável *adj* admirable; adorable; wonderful; wondering.

admiravelmente *adv* admirably.

admissão *s* 1 admission; admittance. 2 access; entrance.

admissível *adj* admissible.

admitido *adj* accepted.

admitir *v* 1 admit; acknowledge. 2 adopt. 3 confess. 4 accept.

admoestação *s* warning; monition; caveat.

admoestar *v* admonish; warn; rebuke; wig.

admonição *s* monition.

admonitório *adj* cautionary.

ADN *símb* DNA (ácido desoxirribonucléico).

adobe *s* adobe.

adoçamento *s* sweetening.

adoçante *s* sweetener; sweetening.

adoção *s* 1 adoption. 2 embracement (de uma causa, doutrina, etc.). 3 espousal (de uma causa).

adoçar *v* sweeten; sugar; dulcify.

adorável *adj* adorable.

adocicado *adj* sweet; luscious.

adocicar *v* sweeten; sugar; dulcify.

adoecer *v* fall sick; sicken.

adoentado *adj* sick.

adoidado *adj* mad; crazy.

adolescência *s* adolescence.

adolescente *adj* adolescent; teenage. || *s* teenager; teen; adolescent.

adoração *s* adoration; cult; worship.

adorado *adj* adored; beloved.

adorar *v* 1 adore; love. 2 glorify; venerate; worship.

adormecer *v* fall asleep; drowse; numb.

adormecido *adj* asleep; dormant; dozy; at rest; drowsy.

adornar *v* 1 adorn; array; attire; embellish. 2 dress (vitrine, árvore de natal, etc.). 3 *inform* rig. 4 trim.

adorno *s* adornment; ornament; embellishment.

adotado *adj* 1 adoptive. 2 assumed.

adotar *v* 1 adopt; assume. 2 embrace (uma causa, uma doutrina, etc.). 3 foster.

adotivo *adj* adoptive; foster.

adquirido *adj* *Jur* vested.

adquirir *v* get; gain; obtain; acquire.

adrenalina *s* adrenaline.

adstringência *s* astringency.

adstringente *adj* e *s* astringent.

aduana *s* customhouse.

adubagem *s* fertilization.

adubar *v* fertilize; manure; compost; enrich.

adubo *s* fertilizer; manure; compost.

aduela *s* clapboard; stave.

adulação *s* flattery; blarney; cajolery; cringe.

adulador *adj* backslapper. || *s* cajoler; toady.

adular *v* adulate; flatter; blandish; cajole; toady.

adúltera *s* adulteress.

adulteração *s* 1 adulteration; counterfeit; falsification. 2 corruption.

adulterado *adj* adulterate; bogus; impure.

adulterante *adj* adulterant.

adulterar *v* 1 adulterate; falsify. 2 *gír* cook. 3 counterfeit. 4 garble (livros, fatos, etc.).

adultério *s* adultery; misconduct.

adúltero *s* adulterer. || *adj* adulterous.

adulteroso *adj* adulterous.

adulto *adj* adult; grown; grown-up; mature. || *s* adult; grown-up.

adunco *adj* aquiline.

aduzir *v* adduce.

adventismo *s* Adventism.

adventista *adj* e *s* Adventist.

advento *s* advent; coming.

adverbial *adj* *Gram* adverbial.

advérbio *s* *Gram* adverb.

adversário *s* adversary; enemy; foe.

adversativo *adj* adversative.

adversidade *s* adversity; rough.

adverso *adj* adverse; conflictive; contrary; unfavorable.

advertência *s* warning; notification; monition; exhortation.

advertir *v* warn; advert; admonish; notify.

advir *v* accrue; come; ensue.

advocacia *s* advocacy.

advogado *s* *Jur* lawyer; advocate; attorney.

advogar *v* advocate.

aeração *s* aeration.

aéreo *adj* aerial; airy.

aerodinâmica *s* aerodynamics; streamline.

aerodinâmico *adj* aerodynamic; streamlined.

aeródromo *s* airdrome.

aerofólio *s* airfoil.

aerógrafo *s* airbrush.

aerograma *s* aerogram; aerogramme.

aerologia *s* aerology.

aerômetro *s* aerometer.

aeromoça *s* flight attendant.

aeronauta *s* aeronaut.

aeronáutica *s* aeronautics.

aeronáutico *adj* aeronautic.

aeronave *s* aircraft (qualquer tipo de máquina aérea); ship.

aeroplano *s* airplane.

aeroporto *s* airport.

aerossol s aerosol; spray.

aerostática s aerostatics.

aerostato s aerostat.

aeróstato s aerostat; airship; balloon.

afã s ado.

afabilidade s affability; condescension.

afagar v 1 caress; cuddle; fondle. 2 dandle (uma criança);

afago s caress; dalliance; cuddle.

afamado adj famed; famous; noted.

afamar v fame.

afanar v steal; pilfer.

afastado adj 1 distant; remote. 2 secluded.

afastamento s 1 remoteness. 2 seclusion. 3 removal.

afastar v 1 separate; deviate; depart. 2 seclude; alienate; take away; relegate. 3 clear away.

afável adj 1 affable; approachable. 2 benign; complaisant.

afazeres s work; occupation; business; affairs.

afegã, afegane adj e s Afghan.

Afeganistão s Afghanistan.

afeição s affection; attachment; fondness; heart.

afeiçoar v captivate; attach; take to.

afeminado, efeminado s 1 ofens pansy. 2 effeminate.

aférese s Gram aphaeresis; apheresis.

aferição s gauging.

aferidor s gauge.

aferir v gauge.

aferrar v 1 cling (a uma idéia, costume). 2 grasp.

aferrolhar v bolt.

aferventar v boil.

afetação s affectation; foppery; frippery.

afetadamente adv affectedly.

afetado adj 1 affected; foppish. 2 far-fetched.

afetar v 1 affect. 2 attack.

afetivo adj 1 affective. 2 Psic affectional.

afeto s 1 affection; fondness. 2 Psic affect.

afetuosamente adv affectionately.

afetuoso adj affectionate; loving; endearing; fond.

afiado adj 1 sharp; acute; edgy. 2 keen.

afiador s grinder; sharpener.

afiançado adj bonded.

afiançar v 1 bail; bond; indorse. 2 warrant (qualidade, procedência, idoneidade etc.).

afiançável adj bailable.

afiar v sharpen; edge; grind; whet.

aficionado s fancier.

afilamento s taper.

afilar v taper.

afilhada s goddaughter; godchild.

afilhado s godson; godchild.

afiliação s affiliation.

afiliado s affiliate.

afiliar v affiliate.

afim adj kindred.

afinação s 1 refinement. 2 chord. 3 tone

afinal adv finally; after all.

afinar v tb Mús attune; key; slim; tone tune up (piano).

afinco s assiduity.

afinidade s affinity; kinship.

afirmação s affirmation; assertion; asseveration.

afirmar v 1 say; affirm; assure; allege assert. 2 declare; announce. 3 firm.

afirmativa s affirmative.

afirmativo adj affirmative; assertive.

afivelar v buckle; clasp.

afixar v affix; annex; paste.

afixo s Ling affix; infix.

aflição s affliction; anguish; grief; worry.

afligir v afflict; worry; grieve; distress.

aflitivo adj afflictive; distressful; grievous.

aflito adj anxious; distressed; aggrieved anguished.

afloração s emergence.

aflorar v emerge.

afluência s affluence; inflow; influx; rush.

afluente adj affluent. ll s affluent; feeder influent.

afluir v flow; resort.

afluxo s affluence; afflux; rush.

afobação s hurry; bustle.

afogado adj 1 drowned. 2 suffocated.

afogador s Mec throttle.

afogar v 1 drown. 2 suffocate.

afoito adj 1 courageous. 2 anxious.

afora adv 1 except. 2 besides.

aforismo s aphorism; gnome.

afortunado *adj* fortunate; lucky; blessed; fortuitous.

afortunar *v* bless.

afrancesar *v* Gallicize.

afresco *s* fresco (pintura).

África *s* Africa.

África do Sul *s* South Africa.

africânder *s* Afrikaner (branco natural ou habitante da África do Sul).

africâner *s* Afrikaans (língua falada na África do Sul).

africano *adj e s* African.

afro *adj* Afro.

afro-americano *adj e s* Afro-American.

afrodisíaco *adj e s* aphrodisiac.

afronta *s* affront; insult; offense; gage.

afrontar *v* affront; insult; offend.

afrontoso *adj* offensive.

afrouxamento *s* relaxation.

afrouxar *v* slacken; loosen; relax; slack; unbend; unfasten.

afta *s* aphtha; thrush.

afugentar *v* chase; frighten.

afundado *adj* sunken.

afundar *v* **1** sink; submerge; founder. **2** scuttle (navio).

afunilar *v* narrow.

agachado *adj* squat.

agachamento *s* crouch; squat.

agachar *v* crouch; squat.

agarração *s* clutch.

agarrado *adj* binding.

agarrador *s* catcher.

agarramento *s* clinch; grab.

agarrar *v* **1** catch; take. **2** hold. **3** grasp; seize; clasp. **4** clamp; grip.

agasalhar *v* **1** house; shelter. **2** wrap; muffle; warm.

agasalho *s* **1** wrap. **2** shelter.

ágata *s Min* agate.

agência *s* agency (de casa comercial, banco, etc.); branch; bureau; office.

agenciar *v* negotiate.

agenda *s* diary; notebook.

agendar *v* schedule.

agente *s* agent; broker.

ágil *adj* agile; quick; light-footed; nimble.

agilidade *s* agility; dexterity; lightness.

agilizar *v* speed.

ágio *s* usury.

agiota *s* **1** usurer. **2** *gír* uncle.

agiotagem *s* usury.

agiotar *v* job.

agir *v* **1** act; proceed. **2** behave. **3** work; operate.

agitação *s* **1** agitation. **2** excitement; boil. **3** disturbance. **4** *inform* to-do; flap; flurry.

agitado *adj* **1** busy; jittery. **2** excited. **3** billowy; choppy (mar). **4** feverish; hectic.

agitador *s* agitator; disturber; beater.

agitar *v* **1** agitate; disturb. **2** shake; stir; rock; quiver.

aglomeração *s* agglomeration; congeries; crush.

aglomerado *adj e s* agglomerate.

aglomerar *v* agglomerate; throng; lump.

aglutinação *s tb Ling* agglutination.

aglutinante *adj* agglutinant; coalescent. ‖ *s* agglutinant.

aglutinar *v tb Ling e Gram* agglutinate; bind.

agnado *adj e s* agnate.

agnato *adj e s* agnate.

agnóstico *adj e s* agnostic.

agonia *s* agony; anguish; torture.

agoniar *v* agonize.

agonizante *adj* agonizing; dying.

agonizar *v* agonize.

agora *adv* now; at the moment.

agosto *s* August.

agourento *adj* fatal; ominous.

agouro *s* omen.

agraciar *v* grace.

agradar *v* please; gratify; suit.

agradável *adj* **1** pleasant; agreeable; nice. **2** mild. **3** *gír* groovy.

agradecer *v* thank; acknowledge; appreciate.

agradecido *adj* thankful; grateful.

agradecimento *s* thanks; grace.

agrado *s* **1** pleasure; satisfaction. **2** kindness; courtesy.

agrarianismo *s* agrarianism.

agrário *adj e s* agrarian.

agravação *s* aggravation; exacerbation; exasperation.

agravar *v* aggravate; exacerbate; exasperate.

agravo *s* **1** grievance. **2** *Jur* tort.

agredir v aggress; assail; assault (sexualmente); attack.

agregação s aggregation; congeries.

agregado adj aggregate; collective. II s aggregate.

agregar v 1 aggregate; affiliate. 2 muster.

agressão s 1 aggression; assault; attack. 2 Jur battery.

agressividade s aggressiveness.

agressivo adj aggressive; tough; assertive.

agressor s aggressor.

agreste adj countrified.

agrião s Bot watercress; cress.

agrícola adj agricultural.

agricultor s farmer; agriculturist; cropper; cultivator.

agricultura s agriculture; husbandry.

agrilhoar v chain; iron; fetter; shackle.

agronomia s agronomy.

agrônomo s agronomist.

agrupamento s cluster; flock; grouping.

agrupar v 1 group; team. 2 bunch; clump; cluster. 3 gang (em bando, turma, etc.).

água s water.

aguaceiro s rainfall; shower; downfall; cloudburst.

água-de-colônia s cologne.

aguado adj watery; washy; thin.

aguar v water.

aguardar v wait; expect; hold on.

aguardente s gír firewater; rum.

água-viva s jellyfish.

aguçado adj 1 sharp. 2 fine; keen.

aguçar v 1 sharp; sharpen; edge. 2 stimulate; excite.

agudeza s 1 sharpness; edge. 2 acuity; keenness.

agudo adj 1 acute. 2 incisive. 3 shrill; treble (som).

agüentar v stand; bear; abide; tide over.

águia s eagle.

aguilhão s gad; goad.

aguilhoada s goad.

aguilhoar v goad.

agulha s 1 needle (de bússola, costura, injeção, etc.). 2 Arq spire. 3 stylus (de vitrola).

agulheta s aglet.

ah interj ha; aha.

ai interj ouch.

aí adv there. II interj there.

AIDS abrev AIDS (Síndrome de Deficiência Imunológica Adquirida).

ainda adv as yet; even; still; yet.

aipo s Bot celery.

ajanotar v dandify.

ajardinar v garden; landscape.

ajeitar v 1 arrange; adjust; frame. 2 manage.

ajoelhado adj kneeled.

ajoelhar v kneel; knee.

ajuda s help; assistance; aid; support; relief.

ajudante s 1 assistant; adjutant; helper. 2 aid (militar).

ajudar v help; aid; assist; relieve; support.

ajuizado adj sensible.

ajuizar v 1 judge. 2 evaluate.

ajuntado adj collected; united; added.

ajuntamento s 1 gathering. 2 assembly.

ajuntar v 1 gather; accumulate. 2 collect; unite. 3 compile.

ajuramentar v attest.

ajustamento s adjustment; fit.

ajustar v 1 adjust; adapt. 2 fix; arrange. 3 align (partes de um mecanismo). 4 compound (contas). 5 fit; interline (roupa). 6 regulate (relógio, temperatura, etc.).

ajustável adj adjustable; adaptable.

ajuste s 1 adjustment; adaptation. 2 fix. 3 settlement. 4 fit.

ala s 1 row; line. 2 cordon. 3 ward (hospital, prisão). 4 wing (hospital).

alabastro s Min alabaster.

alado adj winged; alar.

alagamento s flood; flowage; inundation.

alagar v flood; inundate; deluge.

alambique s alembic.

alameda s lane; alley; walk.

alar adj alar. II v wing; imp.

alaranjado adj orange.

alarde s pomp; ostentation.

alardear v brag; flaunt; roister.

alargamento s flare.

alargar v widen; broaden; extend.

alarido s clamor.

alarmante adj alarming; scary.

alarmar v alarm; alert; scare.

alarme s 1 alarm (aviso, som e aparelho). 2 buzzer. 3 warning. 4 confusion.

alarmista s alarmist.

alastrar v 1 spread out. 2 bestrew. 3 rage (epidemia).

alaúde s Mús lute.

alavanca s jack; lever; crank.

alavancar v crank.

Albânia s Albania.

albatroz s albatross.

albergue s hostel.

albinismo s albinism.

albino s Biol, Bot e Zool albino.

álbum s album (de fotos, selos; um disco ou CD).

albume, albúmen s albumen; egg white.

albumina s Quím albumin.

alça s 1 strap; loop; hanger. 2 handle. 3 grip; gripe.

alcachofra s artichoke.

alcaçuz s Bot licorice.

alçada s jurisdiction; cognizance.

alcagüetar v inform finger.

álcali s Quím alkali.

alcalino adj Quím alkaline.

alcalóide s Quím alkaloid.

alcançar v 1 reach; attain. 2 achieve. 3 overtake. 4 catch up. 5 extend.

alcançável adj reachable.

alcance s 1 reach. 2 range (de voz, arma). 3 coverage. 4 extension; extent. 5 carry (de arma ou projetil).

alçapão s 1 trap door; hatch; scuttle. 2 snare.

alcaparra s Bot caper.

alcatéia s pack.

alcatra s buttock; rump.

alcatrão s tar.

alcatroado adj tarry.

alcatroar v tar.

alce s Zool elk; moose.

álcool s alcohol.

alcoólatra s alcoholic; drunkard.

alcoólico adj e s alcoholic.

alcoolismo s alcoholism.

alcova s alcove; nook; recess.

alcovitar v pander.

alcoviteira s bawd.

alcoviteiro s 1 ruffian; pander. 2 gír cadet.

alcovitice s bawdiness.

alcunha s byword.

aldeã s villager.

aldeão s villager.

aldeia s village; hamlet.

aldrava s click.

aleatoriamente adv at random.

aleatório adj aleatory; random.

alecrim s Bot rosemary.

alegação s allegation; claim; statement.

alegar v claim; say; state; allege; adduce.

alegoria s allegory.

alegórico adj allegoric.

alegrar v joy; jolly; cheer; rejoice; exhilarate; liven.

alegre adj glad; gay; merry; jolly; cheerful; joyous.

alegremente adv gladly; cheerfully; gaily.

alegria s gladness; joy; enjoyment; cheer.

aléia s alley.

aleijado adj lame; disabled.

aleijão s freak.

aleijar v cripple; lame; maim.

aleitar v nurse.

aleluia s e interj hallelujah.

além adv 1 beyond. 2 above. 3 farther. 4 besides. 5 over there.

Alemanha s Germany.

alemão adj e s German.

além-mar adv overseas.

alento s blast.

alergia s allergy.

alérgico adj allergic.

alerta adj alert; watchful; attentive. II interj attention; watchfully. II s alert; alarm.

alertar v alert; warn.

alfa s alpha.

alfabético adj alphabetical.

alfabetização s literacy.

alfabetizado adj literate.

alfabeto s alphabet; ABC.

alface s Bot lettuce.

alfaiataria s tailor's.

alfaiate s tailor; sewer.

alfândega s customs; customhouse.

alfarroba s Bot locust.

alfazema s Bot lavender.

alferes s ensign.

alfinete s 1 pin. 2 stickpin (de gravata).

alforriar v emancipate; enfranchise; manumit.

alga s alga; weed.

algália s Med bougie.

algaravia s gibber.

algarismo s figure; digit; numeral.

algazarra s ado; clatter; din; hubbub; racket.

álgebra s algebra.

algébrico adj algebraic.

algema s shackle; manacle; us no pl handcuff.

algemar v shackle; manacle; cuff; handcuff.

algidez s bleakness.

álgido adj algid.

algo pron anything; something; somewhat.

algodão s cotton.

algodão-doce s cotton candy.

algodoeiro s cotton.

alguém pron anyone; anybody; one; somebody; someone.

algum pron some; any.

alguma pron some; any.

alho s garlic.

alho-poró s Bot leek.

alhures adv elsewhere.

ali adv there; therein; thither.

aliado adj allied; associate; confederate; related. || s ally; confederate.

aliança s 1 alliance; confederation; league. 2 wedding ring.

aliar v ally; confederate.

aliás adv 1 otherwise. 2 besides.

álibi s alibi.

alicate s pliers.

alicerçar v bottom.

alicerce s base; basis; foundation; bottom.

aliciar v 1 allure; attract. 2 draw in; rope in. 3 tout (votos).

alienação s Psic e Jur alienation.

alienado s Psic bedlamite; lunatic.

alienar v 1 Jur alien; alienate (propriedade). 2 estrange.

alienável adj Jur alienable.

alienígena adj e s alien.

aliforme adj Biol aliform.

aligátor s alligator.

alimentação s 1 nourishment. 2 firing (de caldeira, etc).

alimentador s feeder.

alimentar v 1 feed (tb máquinas). 2 nourish; aliment. 3 cherish (um desejo, etc.). || adj alimentary.

alimento s food; nourishment; aliment.

alínea s paragraph.

alinhadamente adv flush.

alinhado adj 1 neat; tidy; smart. 2 lined; lined up.

alinhamento s alignment; collimation.

alinhar v 1 line; line up; align; collimate. 2 dress (soldados).

alinhavar v baste; tack.

alinhavo s tack.

alíquota s aliquot.

alisado adj 1 sleek (tb cabelo). 2 plain; level.

alisar v 1 smooth. 2 sleek.

alistado adj conscript.

alistamento s 1 enlistment; recruitment. 2 enrollment.

alistar v 1 Mil conscript; recruit. 2 enroll; enter; inscribe.

aliteração s alliteration.

aliviado adj relieved.

aliviar v 1 relieve; ease; soothe; alleviate. 2 fig discharge. 3 lighten (dor, tensão, opressão).

alívio s relief; ease; alleviation; assuagement.

aljava s quiver (estojo para flexas).

alma s soul; spirit; ghost; mind; anima.

almanaque s almanac; calendar.

almeirão s Bot chicory.

almejar v aim; long; aspire; woo.

almirantado s admiralty.

almirante s admiral.

almíscar s musk; must.

almiscarado adj musky.

almiscareiro s Zool musk deer.

almoçar v have lunch; lunch.

almoço s lunch.

almofada s 1 cushion; bolster. 2 pad (tb de carimbo).

almofadar v upholster; cushion; pad.

almofadinha s 1 dandy; fop. 2 inform dude.

almôndega s meatball.

almotolia s oilcan.

almoxarifado s stockroom.

almoxarife s storekeeper.

alô interj hello.

alocução s allocution.

alojamento s 1 billet (para tropas). 2 harbor; housing; lodge.

alojar v 1 room; lodge; nestle. 2 quarter (soldados).

alongado adj elongate; extended; oblong.

alongamento s elongation; extension.

alongar v lengthen; elongate; extend.

alopata s allopath.

alopatia s allopathy.

aloucado adj daffy.

alpaca s 1 Zool alpaca. 2 luster (tecido). 3 alloy (metal).

alpendre s porch; shed; cot.

alpinismo s Esp mountaineering.

alpinista s Esp climber; mountaineer.

alqueirar v fallow.

alquimia s alchemy.

alquimista s alchemist.

alta s 1 increase; raise; boost (de preços). 2 top (classe social).

alta-fidelidade s hi-fi.

altar s altar.

alteração s 1 alteration. 2 endorsement (em contrato).

alterar v 1 change; alter; commute. 2 garble (livros, fatos, etc.).

alterativo adj e s tb Med alterative.

alterável adj changeable.

altercação s 1 altercation; dispute; wrangle. 2 inform tangle.

altercar v altercate; quarrel; wrangle.

alternação s alternation.

alternado adj alternate; other.

alternador s Mec alternator.

alternância s rotation.

alternante adj alternating.

alternar v 1 alternate; interchange; rotate. 2 tb Comp toggle.

alternativa s alternative; choice; option.

alternativo adj alternate; alternative.

alteza s highness.

altímetro s altimeter.

altíssimo adj sky-high.

altitude s altitude.

altitudinal adj altitudinal.

altivez s 1 nobility. 2 arrogance; pride.

altivo adj 1 elated; lordly; dignified. 2 arrogant; proud.

alto adj 1 high; tall (principalmente pessoas); elevated. 2 loud (a voz, o som, o ruído). ǁ adv 1 high. 2 loud; aloud. ǁ s high; top. ǁ interj hoy.

alto-falante s loudspeaker.

alto-mar s deep-sea.

altruísmo s altruism.

altruísta s altruist. ǁ adj unselfish.

altura s 1 height. 2 range. 3 stature.

alucinação s hallucination; raving.

alucinado adj desperate; raving.

alucinar v hallucinate.

aludir v allude; refer.

alugador s hirer.

alugar v engage; farm (terras); hire; rent; tenant; let.

aluguel s hire; rent.

alumiar v illume; lighten.

alumínio s aluminum.

aluna s student; pupil; schoolgirl.

aluno s student; pupil; schoolboy.

alusão s allusion; reference; mention.

alusivo adj allusive.

aluvião s alluvium.

alvará s charter.

alvejante s bleacher.

alvejar v blanch; bleach; whiten.

alvenaria s masonry.

alveolar adj alveolar.

alvéolo s Anat alveolus.

alvo adj ivory. ǁ s 1 target. 2 aim (de arma). 3 bull's-eye.

alvorada s dawn; cockcrow.

alvorecer s dawn.

alvoroçado adj excited.

alvoroçar v fuss; brawl; bustle; twitter.

alvoroço s fuss; ado; excitement; brawl; bustle; twitter.

AM abrev Eletrôn AM (Amplitude Modulation).

ama s mistress.

amabilidade s affability; amiability; kindness.

amaciar v soften; tender; sleek.

ama-de-leite s wet nurse; nurse.

amado adj beloved; darling; dear. ǁ s darling; beloved; lover.

amador adj amateur; curbstone; unprofessional. ǁ s amateur.

amadorismo s 1 fondness. 2 amateurism.

amadurecer v ripen; age; season; maturate; mature; mellow.

amadurecido adj 1 ripe. 2 aged.

amadurecimento s 1 ripeness. 2 maturation.

âmago s core; bosom; bottom; essence.

amaldiçoado adj 1 cursed; accursed; damned. 2 inform cussed.

amaldiçoar v 1 curse; damn. 2 inform cuss.

amálgama s amalgam.

amalgamar v amalgamate; mix.

amamentação s breast-feeding.

amamentar v breast-feed; nurse; suckle.

amanhã adv e s tomorrow.

amanhecer s dawn; daybreak; morning.

amanhecido adj stale (pão, queijo, etc.).

amanho s cultivation.

amansar v gentle; tame.

amante s 1 lover. 2 gír flame.

amanteigado adj buttery.

amar v love.

amarelado adj yellowish; jaundiced; sallow.

amarelar v yellow; sallow.

amarelecer v yellow.

amarelo adj e s yellow.

amarfanhar v dishevel.

amargar v bitter; embitter.

amargo adj bitter; acrid; acerbic; wry.

amargor s bitter; bitterness.

amargura s 1 bitterness; gall. 2 grief; sorrow.

amargurado adj sore.

amargurar v 1 embitter. 2 rankle; distress.

amarra s Náut clinch; painter.

amarração s 1 bracing. 2 Náut seizing; mooring.

amarrar v 1 tie up; bind. 2 Náut chock; moor (embarcação). 3 tape; tether (com uma corda, fita).

amarronzado adj brownish.

amarrotar v wrinkle; crinkle; rumple; crush.

ama-seca s dry nurse.

amassado s rumple.

amassadura s rumple.

amassar v wrinkle; crinkle; rumple; crush.

amável adj kind; lovable; lovely; affable.

amavelmente adv friendly.

amazona s Mit amazon; horsewoman.

amazonense adj Amazonian.

amazônico adj Amazonian.

âmbar s Min amber (tb cor).

ambárico adj amber.

ambição s ambition; aspiration.

ambicionar v crave.

ambicioso adj ambitious.

ambidestro adj ambidextrous.

ambiental adj environmental.

ambientalismo s environmentalism.

ambientalista s environmentalist.

ambientar v acclimatize.

ambiente adj ambient. || s environment; atmosphere; ambience.

ambigüidade s ambiguity; equivocation; double meaning.

ambíguo adj ambiguous; dubious; double-edged; equivocal.

âmbito s ambit; area; range.

ambivalência s ambivalence.

ambivalente adj ambivalent.

ambos adj e pron both.

ambulância s ambulance.

ambulante adj ambulant; ambulatory; walking.

ambulatório adj ambulatory.

ameaça s threat; menace.

ameaçador adj threatening; menacing; fierce.

ameaçar v threaten; menace!; ramp; overhang.

ameba s Zool amoeba.

amedrontado adj frightened; afraid.

amedrontador adj frightening; creepy.

amedrontar v frighten; scare; intimidate; startle.

ameia s battlement.

ameixa s plum.

amém interj amen.

amêndoa s almond; nut.

amendoeira s almond.

amendoim s peanut.

amenidade s amenity; nicety.

amenizar v soothe; soften; cool; extenuate.

ameno adj mild (tb clima, tempo).

América do Sul s South America.

americanismo s Americanism.

americanizar v Americanize.

americano adj e s American (diz-se especialmente do cidadão dos EUA).

meríndio s American Indian.

mestrado adj trained.

mestrar v train.

metista s Min amethyst.

mianto s asbestos.

mido s starch.

migável adj friendly; outgoing; warm.

migavelmente adv friendly.

mígdala, amídala s Anat tonsil; amygdala.

migdalite, amidalite s tonsillitis.

migo adj friendly; fond. ‖ s 1 friend.
2 inform pal.

mimar v cosset.

mistosamente adv friendly.

mistoso adj friendly; neighborly.

mizade s friendship; fellowship; friendliness; warmth.

minoácido s amino.

mnésia s amnesia.

mo s master; lord.

moedar v coin; mint.

molação s worry; nuisance; vexation.

molador s grinder.

molar v 1 edge; grind; hone; sharpen;
whet. 2 annoy; bother; vex.

moldar v 1 shape; frame. 2 fashion.

molecer v 1 soften; mollify. 2 weaken.

mônia s Quím ammonia.

moníaco s ammoniac.

mônio s Quím ammonium.

montoado s accumulation.

montoar v 1 pile. 2 accumulate; cumulate; amass; gather. 3 cock (feno, etc.).
4 crowd. 5 drift (neve, areia, etc.).

mor s love; heart.

mora s berry; mulberry.

moral adj amoral; unmoral.

mordaçar v gag.

morfismo s amorphism.

morfo adj amorphous; unformed.

mornar v warm.

moroso adj loving; amorous; fond; kind.

mor-perfeito s Bot pansy.

mortalhar v shroud.

mortecedor s 1 shock absorber (carro,
moto). 2 dampen.

mortecer v 1 cushion. 2 dampen.
3 deaden.

mortecido adj 1 dead (som). 2 dampened.

amortização s amortization.

amortizar v amortize.

amostra s sample; example; specimen.

amostragem s tb Comp sampling.

amotinação s mutiny.

amotinado s mutineer.

amotinar v mutiny; revolt; mob.

amparar v support; bless; sustain; patronize.

amparo s support; aid; assistance; aegis;
patronage.

amperagem s Eletr amperage.

ampère s Eletr ampere.

amplamente adv broadly.

ampliação s enlargement; amplification.

ampliado adj enlarged; amplified; extended.

ampliador s amplifier; enlarger.

ampliar v amplify; widen; broaden; enlarge;
expand.

amplidão s amplitude.

amplificação s amplification.

amplificador s amplifier.

amplificar v amplify; enlarge.

amplitude s amplitude; breadth; expanse;
range.

amplo adj ample; broad; wide; extensive.

ampola s ampoule.

ampulheta s hourglass.

amputação s ablation; abscission; amputation; excision.

amputado adj amputee.

amputar v amputate.

amuado adj sulky.

amuar v sulk.

amuleto s amulet; charm; fetish.

amuo s sulk.

amurada s Náut rail.

anabolismo s anabolism.

anacoluto s Gram anacoluthon.

anaconda s Zool anaconda.

anacrônico adj anachronistic; anachronous.

anacronismo s anachronism.

anafilático adj anaphylactic.

anáfora s Ret Gram anaphora.

anagrama s anagram.

anágua s underskirt.

anais s pl annals.

anal adj anal.

analfabetismo s illiteracy.

analfabeto *adj* illiterate.

analgésico *adj* e *s* analgesic; anodyne; painkiller.

analisador *s* analyst.

analisar *v* 1 analyze. 2 examine; study. 3 assay (metais). 4 *Gram* parse (sintaticamente).

análise *s* 1 analysis. 2 assay (de metais).

analista *s* 1 analyst. 2 annalist (pessoa que escreve anais). 3 tester.

analítica *s* analytics.

analítico *adj* analytic.

analogia *s* analogy.

analógico *adj* analogical.

análogo *adj* analogue; alike; cognate. ‖ *s* analogue.

ananás *s* pineapple.

anão *s* dwarf.

anarquia *s* anarchy.

anárquico *adj* anarchic.

anarquismo *s* anarchism (doutrina política).

anarquista *s* 1 anarch (quem pratica anarquia). 2 anarchist (partidário do anarquismo).

anátema *s Ecles* anathema; excommunication; ban.

anatomia *s* anatomy.

anatômico *adj* anatomical.

anatomista *s* anatomist.

anatomizar *v* anatomize.

anca *s* 1 buttock. 2 hip; haunch; rump.

ancestral *adj* ancestral. ‖ *s* forebear.

ancestre *s* ancestor.

ancião *s* e *adj* ancient.

ancilar *adj* ancillary.

ancinho *s* rake.

âncora *s* anchor; bower.

ancoradouro *s* anchorage; berth; roadstead.

ancoragem *s* anchorage; mooring.

ancorar *v* anchor; berth; ride; moor.

andador *s* walker.

andadura *s* 1 gait (cavalo). 2 pace.

andaime *s* scaffold; staging; stand.

andamento *s* 1 process; course. 2 *Mús* tempo; time.

andante *adj* walking.

andar *v* 1 walk; stroll; hike. 2 ride (de carro, bicicleta, cavalo, etc.). ‖ *s* floor; story (de prédio).

andarilho *s* wanderer; walker; vagrant.

andino *adj* e *s* Andean.

andorinha *s Zool* swallow.

Andorra *s* Andorra.

andrófago *s* anthropophagus.

andrógino *adj* androgynous; epicene. ‖ epicene.

andróide *s* android.

anedota *s* anecdote.

anel *s* ring.

anelar *adj* annular.

anemia *s* anemia.

anêmico *adj* anemic.

anêmona *s Bot* anemone.

anestesia *s* anesthesia.

anestesiar *v* anesthetize; etherize.

anestésico *adj* anesthetic.

anestesista *s* anesthetist.

anestético *s* anesthetic.

aneurisma *s Med* aneurysm.

anexação *s* annexation.

anexar *v* affix; annex; attach; enclose; join

anexo *s* 1 affix. 2 annex (prédio). 3 apper dix.

anfetamina *s* 1 amphetamine. 2 *gír* spee (droga).

anfíbio *s Biol* amphibian. ‖ *adj Biol* amphib ous.

anfiteatro *s* amphitheater; bowl; theater

anfitriã *s* hostess.

anfitrião *s* 1 entertainer. 2 *tb Comp* host

ânfora *s* ewer.

angariador *s* canvasser (de votos, pedidos etc.).

angariar *v* collect; raise; solicit; tout.

angelical *adj* angelic.

angélico *adj* angelic; celestial.

ângelus *s* angelus.

angina *s* angina.

angiologia *s* angiology.

angioma *s* angioma.

anglicanismo *s* Anglicanism.

anglicano *adj* e *s* Anglican.

anglicismo *s* Anglicism; Briticism.

anglicizar(-se) *v* anglicize; English.

anglizar(-se) *v* anglicize.

Angola *s* Angola.

angolano *s* Angolan.

angra *s* bay; bight; cove; inlet.

angular *adj* angular; gaunt. || *v* angle; corner.

angularidade *s* angularity.

ângulo *s Mat* angle; cant; corner.

anguloso *adj* angular; angulate.

angústia *s* anguish; distress; affliction; agony.

angustiado *adj* anguished; distressed.

angustiante *adj* agonizing; distressful.

angustiar *v* anguish; distress; afflict.

aniagem *s* bagging; burlap.

anichar *v* niche.

anil *s tb Bot* anil; indigo.

anilina *s Quím* aniline.

animação *s* 1 animation (*tb* produção de desenhos animados). 2 liveliness; cheerfulness. 3 exhilaration; zest.

animadamente *adv* cheerily.

animado *adj* cheerful; lively; animate.

animador *adj* encouraging; exhilarating; exhortative. || *s* animator.

animal *adj* animal. || *s* animal; beast.

animalesco *adj* beastly; brutish.

animalidade *s* beastliness.

animalismo *s* animalism.

animar *v* cheer; cheer up; animate; arouse; encourage; elate.

ânimo *s* 1 animus; disposition. 2 mood; spirit; liveliness.

animosidade *s* animosity; aversion; hatred.

aninhar *v* nest; niche; snuggle.

aniquilação *s* annihilation.

aniquilamento *s* abolition; extinction.

aniquilar *v* annihilate; collapse; destroy; extinguish; kill.

anis *s Bot* anise.

anistia *s* amnesty.

anistiar *v* amnesty.

aniversário *s* anniversary.

anjo *s tb fig* angel; cherub.

ano *s* year.

anódino *adj* anodyne.

anoitecer *v* dusk; darken. || *s* evening.

ano-luz *s* light-year.

anomalia *s Med* anomaly; abnormality; aberration.

anômalo *adj* anomalous.

anonimato *s* anonymity.

anonímia *s* anonymity.

anônimo *adj* anonymous; nameless. || *s* anonym.

anoraque *s* anorak.

anorexia *s* anorexia.

anormal *adj* abnormal; anomalous; freakish; queer.

anormalidade *s* abnormality; aberration.

anormalmente *adv* abnormally.

anotação *s* 1 remark; comment. 2 annotation; notation.

anotar *v* 1 write down; take down; annotate. 2 remark; comment.

anquinhas *s* farthingale.

anseio *s* aspiration; longing; desideratum; yearning.

ânsia *s* desire; hunger; desirability.

ansiar *v* 1 crave; desire; long; hunger. 2 yearn (com melancolia)

ansiedade *s* anxiety; affliction; tension; worry.

ansiosamente *adv* anxiously.

ansioso *adj* 1 anxious; uneasy; worrisome. 2 eager; wishful.

anta *s Zool* tapir.

antagônico *adj* adverse; antagonistic; conflictive; contrary.

antagonismo *s* antagonism; conflict.

antagonista *s* antagonist; opposite.

antagonizar(-se) *v* antagonize.

Antártica *s* Antarctica.

antártico *adj* Antarctic.

ante *prep* e *adv* before.

antebraço *s* forearm.

antecâmara *s* antechamber; anteroom; lobby.

antecedência *s* antecedence.

antecedente *adj* antecedent; anterior; foregoing; foregone; fore. || *s tb Gram* e *Mat* antecedent.

anteceder *v* antecede; forego.

antecessor *s* foregoer.

antecipação *s* anticipation.

antecipadamente *adv* beforehand.

antecipar *v* anticipate; bring forward; foresee; forestall.

antedata *s* antedate.

antedatar *v* antedate.

antegostar *v* foretaste.

antegosto *s* foretaste.

antemeridiano *adj* antemeridian.

antena s 1 aerial (de rádio). 2 tb Zool antenna.

anteontem adv the day before yesterday.

anteparo s blind; guard; screen.

antepassado s ancestor; forefather; forebear.

antepasto s appetizer; relish.

antepenúltimo adj antepenultimate.

antepor v put before; place ahead.

anterior adj 1 previous; former; foregone; antecedent; anterior. 2 fore; forward.

antes adv 1 before. 2 ahead. 3 sooner.

ante-sala s anteroom.

antever v foreknow.

antiaéreo adj antiaircraft.

antibiótico adj e s antibiotic.

antichoque adj shockproof.

anticlímax s bathos.

anticoagulante adj anticoagulant.

anticongelante s antifreeze.

anticoncepcional adj e s contraceptive.

anticorpo s antibody.

anticristo s antichrist.

antidepressivo s Med antidepressant.

antiderrapante adj nonskid.

antídoto s antidote.

antiescravista adj antislavery.

antiético adj unfair.

antífona s anthem.

antigamente adv formerly; at one time.

antigo adj ancient; former; old; olden; antique.

Antígua e Barbuda s Antigua and Barbuda.

antigüidade s 1 antique. 2 ancientness; antiquity.

anti-higiênico adj insanitary.

anti-horário adj anticlockwise.

antiinflamatório adj e s anti-inflammatory.

antílope s antelope; chamois.

antimônio s Quím antimony (símb Sb).

antinomia s antinomy.

antipapa s antipope.

antipatia s antipathy; aversion; dislike; distaste.

antipático adj displeasing; unapproachable; unlovely; unpleasant.

antípoda s antipode.

antiquado adj 1 ancient; antiquated. 2 old-fashioned; outmoded; quaint.

antiquar v antiquate.

antiquário s antiquarian.

anti-semita s anti-Semit.

anti-semitismo s anti-Semitism.

anti-séptico adj antiseptic.

anti-social adj antisocial; asocial; unbending.

antiterrorista adj antiterrorist.

antítese s antithesis; contraposition.

antitoxina s antitoxin.

antitruste adj antitrust.

antolho s blinker.

antologia s anthology; reader.

antologista s anthologist.

antônimo s antonym; opposite.

antraz s Med anthrax.

antro s 1 Anat antrum. 2 cave. 3 den (de criminosos).

antropocêntrico adj anthropocentric.

antropofagia s anthropophagy; cannibalism.

antropofágico adj anthropophagic.

antropófago s anthropophagus; cannibal.

antropologia s anthropologist; anthropology.

antropólogo s anthropologist.

anual adj annual.

anualidade s annuity.

anualmente adv annually.

anuário s annual; directory; yearbook.

anuência s assent.

anuidade s annuity.

anuir v accede; acquiesce; comply; consent; nod.

anulação s 1 annulment; nullification. 2 Jur abatement.

anulado adj null; off.

anular v 1 annul; null; nullify; cancel. 2 Jur abate (mandato); dissolve; extinguish; invalidate; void; undo. 3 write off (uma dívida). 4 abolish; dissolve.

anulável adj abolishable; voidable.

anunciação s 1 annunciation. 2 Annunciation (festa religiosa).

anunciador s announcer.

anunciante s advertiser.

anunciar v 1 annunciate; announce; proclaim. 2 advertise (produto).

anúncio s 1 ad (form red de advertisement); advertisement. 2 announcement.

ânus s 1 Anat anus. 2 gír ass. 3 Zool vent.

anuviar v becloud; cloud; overcloud.

nzol s fishhook; hook.

o *prep* on; unto; to.

onde *adv* where.

orta s *Anat* aorta.

padrinhar v father; sponsor.

pagado *adj* 1 extinguished; extinct. 2 dark; dim. 3 dead. 4 erased. 5 faint; colorless.

pagador s eraser.

pagar v 1 erase. 2 delete. 3 turn off; switch off (luz). 4 blow out (vela, fogo, etc.). 5 douse (luz ou fogo).

paixonado *adj* impassioned; passionate; amorous; ardent; flaming.

paixonar v fall in love.

palhaçado *adj* clownish.

palpação s palpation.

palpar v touch; palpate; grabble.

panhador s picker; catcher; gatherer.

panhar v 1 pick; gather (frutas, flores, etc.). 2 bag (caça). 3 catch; capture.

para s chip; clipping; trim.

paradela s trim.

parador s buffet; sideboard.

parar v 1 clip; trim; cut. 2 shear (cabelo). 3 skive (couro, borracha, etc.). 4 whittle (madeira).

paras s trimmings.

parato s 1 pomp; ostentation. 2 apparatus.

parecer v 1 appear; show up; turn up. 2 arise. 3 begin. 4 bloom.

parecimento s appearance.

parelhagem s rig.

parelhamento s apparatus; equipment.

parelhar v 1 equip; furnish. 2 fit. 3 lumber.

parelho s 1 set (de TV, rádio, etc.). 2 apparatus; device. 3 gadget.

parência s 1 appearance; aspect. 2 air; look (de uma pessoa). 3 outside; exterior.

parentado *adj* collateral; kindred.

parente *adj* apparent; visible; seeming.

parentemente *adv* seemingly.

parição s 1 apparition (fantasma). 2 vision. 3 loom (distorcida).

partamento s apartment; flat; suite.

partar v cull; part.

parte s aside.

partheid s apartheid (sistema de segregação racial praticado na África do Sul).

apascentar v pasture.

apatia s apathy; indifference; nonchalance; lethargy.

apático *adj* apathetic; torpid.

apavorador *adj* terrifying.

apavorar(-se) v frighten; terrify; dread.

apaziguamento s appeasement.

apaziguar v pacify; allay; appease.

apear v 1 alight. 2 dismount (de um cavalo, etc.).

apedrejar v stone.

apegado *adj* affected.

apegar v attach; bind; catch; cling.

apego s addiction; adherence.

apelação s *Jur* appeal.

apelante *adj* appealing; appellant. II s *Jur* appellant.

apelar v 1 *tb Jur* appeal; sue. 2 have recourse; recur.

apelatório *adj* appellate.

apelidar v 1 nickname. 2 name.

apelido s 1 nickname. 2 by-name; surname.

apelo s appeal; bid; call; hail; invocation; recourse.

apenas *adv* alone; just; but; merely.

apêndice s 1 affix; annex; appendage. 2 *tb Anat* appendix.

apendicite s appendicitis.

aperfeiçoado *adj* improved.

aperfeiçoar v crown; finish; refine.

aperitivo s 1 apéritif. 2 appetizer; relish. 3 *inform* whet.

apertadamente *adv* tight.

apertado *adj* 1 tight (tb tempo e dinheiro). 2 binding. 3 strait.

apertão s chuck.

apertar v 1 fasten; tighten; screw. 2 squeeze; constrict. 3 crush. 4 wring (as mãos em sinal de aflição).

aperto s 1 squeeze. 2 tightness. 3 constriction.

apetite s appetite.

apetitoso *adj* appetizing; savory.

apetrechos s things.

apiário *adj* apiarian. II s apiary.

ápice s apex; climax; height; summit; vertex; top.

apícola *adj* apicultural.

A

apicultor *s* apiarist; apiculturist; beekeeper.

apicultura *s* apiculture; beekeeping.

apiedar *v* commiserate; relent.

apimentado *adj* spicy; piquant; zesty.

apinhado *adj* packed.

apinhar *v* cluster; throng.

apitar *v* whistle.

apito *s* whistle (instrumento que produz som).

aplacar(-se) *v* appease.

aplainado *adj* tabulate.

aplainar *v* shave; smooth; level.

aplanar *v* flat; flatten; tabulate.

aplaudidor *s* clapper.

aplaudir *v* acclaim; applaud; cheer; clap.

aplauso *s* acclaim; applause; clap.

aplicabilidade *s* applicability; relevance.

aplicação *s* **1** administration; application. **2** use. **3** wear.

aplicado *adj* **1** applied. **2** assiduous; diligent; industrious.

aplicar *v* **1** apply. **2** dispense (lei, justiça). **3** invest. **4** turn one's hands.

aplicável *adj* adaptable; applicable.

apnéia *s* apnea.

apocalipse *s* apocalypse.

apocalíptico *adj* apocalyptic.

apócope *s Gram* apocope.

apócrifo *adj* apocryphal.

apoderar-se *v* appropriate; seize.

apodrecer *v* **1** rot; decay. **2** curdle. **3** decompose.

apodrecido *adj* rotten.

apodrecimento *s* decay.

apogeu *s* **1** zenith; acme; apogee. **2** noon.

apoiar *v* abet; buoy; buttress; endorse; second; side; support; uphold; lean; trig.

apoio *s* **1** support; maintenance; aid. **2** endorsement. **3** hold (para a mão ao segurar algo). **4** rest. **5** stalk.

apólice *s* policy.

apologético *adj* apologetic.

apologia *s* apology.

apologista *s* apologist.

apólogo *s* apologue.

apontador *s* **1** sharpener (de lápis). **2** recorder.

apontamento *s* note; minute; jotting; memorandum.

apontar *v* **1** sharpen. **2** aim; co-opt. **3** rise; emerge. **4** point; indicate; show. **5** affirm. **6** point out.

apoquentar *v* annoy; vex; badger.

apor *v* **1** affix (assinatura). **2** appose.

após *prep* e *adv* after; behind.

aposentado *adj* retired.

aposentadoria *s* retirement.

aposentar *v* retire.

aposento *s* room; bedchamber; chamber.

aposição *s Gram* apposition.

apositivo *adj* appositive.

apossar *v* seize; take over.

aposta *s* bet; betting; stake; wager.

apostador *s* better; backer.

apostar *v* bet; stake; wager.

apostasia *s* apostasy; backsliding.

apóstata *adj* apostate. || *s* apostate; backslider.

apostatar *v* backslide.

apostema *s Med* abscess.

apostila *s* booklet.

aposto *adj* appositive. || *s Gram* appositive.

apostolado *s* apostolate.

apostolar *v* evangelize.

apostólico *adj* apostolic.

apóstolo *s* apostle; disciple.

apostrofar *v* apostrophize.

apóstrofe *s Ret* apostrophe.

apóstrofo *s Gram* apostrophe.

apótema *s Mat* apothem.

apoteose *s* apotheosis.

apreciação *s* appreciation; appraisal; appraisement.

apreciado *adj* well-thought-of.

apreciador *s* appreciator; lover.

apreciar *v* appreciate; appraise; admire.

apreciativo *adj* appreciative.

apreciável *adj* appreciable.

apreço *s* esteem; estimation; value.

apreender *v* **1** apprehend. **2** *Jur* attach. **3** capture; confiscate.

apreensão *s* **1** apprehension; seizure; capture; arrest. **2** anxiety.

apreensibilidade *s* apprehensiveness.

apreensível *adj* apprehensible.

apreensivo *adj* apprehensive; nervous; uneasy.

apreensor *s* captor.

apregoador s barker (à porta dos circos, feiras, bailes de carnaval, etc.).

apregoar v trumpet.

aprender v learn.

aprendiz s apprentice; novice.

aprendizado s apprenticeship; learning.

aprendizagem s apprenticeship; novitiate.

apresamento s hold.

apresentação s 1 presentation; showing. 2 exposure; announcement (na mídia). 3 getup (de livro, revista, etc.).

apresentar v 1 presentation. 2 announce (um orador, um hóspede). 3 *Jur* appear. 4 introduce (pessoas, projeto de lei, etc.). 5 render (uma peça teatral). 6 report (para o trabalho). 7 set (questão, etc.).

apressadamente adv hastily; hotfoot.

apressado adj hurried; hasty; cursory.

apressar v 1 hurry; accelerate; hasten; quicken; rush; speed. 2 *gír* get a wiggle on.

aprimorado adj refined.

aprimorar v improve; refine.

aprisco s cote.

aprisionado adj captive.

aprisionamento s 1 capture; imprisonment. 2 *gír* collar.

aprisionar v 1 imprison; cage; capture. 2 *gír* collar.

aprofundar v deepen; bottom; fathom.

aprontar v 1 prepare; get ready. 2 finish.

apropriação s appropriation; arrogation.

apropriado adj appropriate; adequate; suitable; fit.

apropriar v appropriate; usurp.

aprovação s approval; assent; acceptance; approbation; sanction.

aprovado adj approved.

aprovar v approve; sanction; agree.

aprovável adj approvable.

aproveitador s profiteer.

aproveitar v 1 avail. 2 take advantage of. 3 capitalize. 4 take; seize.

aproveitável adj usable; available.

aprovisionador s caterer.

aprovisionar v supply; provide; accommodate; assort.

aproximação s 1 approach. 2 *tb Mat* approximation.

aproximadamente adv about; almost; approximately; by; round.

aproximado adj 1 near. 2 approximate. 3 round (cálculo).

aproximar v approach; approximate; come close; close in.

aprumar v upright; erect.

aprumo s uprightness.

aptidão s aptitude; capability; ability; capacity; dower.

apto adj able; capable; fit; qualified; ready.

apunhalar v jab; dirk; knife; stab.

apupar v hoot.

apupo s catcall; hoot.

apurar v 1 perfect; improve. 2 clean; purify; refine. 3 ascertain.

apuração s 1 examination; verification. 2 purifying; refinement.

apurado adj choice; thorough.

apuro s 1 precision; accuracy. 2 distress; trouble.

aquarela s watercolor; aquarelle.

aquário s 1 *Astrol e Astron* Aquarius. 2 fish bowl.

aquartelamento s billet; cantonment.

aquartelar v barrack; quarter (soldados).

aquático adj aquatic. || s aquatic (organismo).

aquecedor s heater; stove.

aquecer v heat; warm; bask; mull.

aquecimento s 1 firing (de caldeira, etc). 2 *Esp* warm-up.

aqueduto s aqueduct.

aquela pron that; yonder (referindo-se a algo que está distante).

aquele pron that; yonder (referindo-se a algo que está distante).

aquém adv below; beneath.

áqueo adj aqueous.

aqui adv here.

aquiescência s compliance.

aquiescer v acquiesce; assent; comply.

aquietar v quiet.

aquilino adj aquiline.

aquilo pron demons that.

aquinhoar v admeasure.

aquisição s acquisition; attainment; accession; buy; gain.

aquisitivo adj acquisitive.

aquoso adj aqueous; hydrous; serous; watery.

ar s 1 air. 2 mien.

árabe s 1 Arab; Arabian. 2 Arabic (língua). II adj Arab; Arabian.

árabe-saudita adj e s Saudi Arabian.

arabesco s arabesque; fret.

Arábia Saudita s Saudi Arabia.

arábico adj Arabian; Arabic.

aracnídeo s arachnid.

aramaico adj Aramaic. II s Aramaic (língua).

arame s wire.

aranha s Zool spider.

araponga s Zool bellbird.

arapuca s 1 trap. 2 pitfall.

áraque s arrack.

arar v cultivate; furrow.

arara s Zool macaw; lory.

araruta s arrowroot.

arauto s herald.

arável adj arable.

arbitrador s arbitrator; mediator.

arbitragem s 1 arbitrage. 2 Jur arbitration.

arbitral adj arbitrary.

arbitramento s 1 arbitrament. 2 Jur arbitration.

arbitrar v judge; referee; umpire.

arbitrariedade s absoluteness; arbitrate.

arbitrário adj arbitrary; whimsical.

arbítrio s will; judgement.

árbitro s 1 Jur adjudicator. 2 arbitrator; judge. 3 Esp referee; umpire.

arbóreo adj arboreal.

arborescência s arborescence.

arborescente adj arborescent.

arboricultura s arboriculture.

arborização s arborization.

arborizado adj arboreous; bosky; woody.

arborizar v forest.

arbusto s bush; shrub.

arca s Bibl ark; box; chest; coffer.

arcabouço s 1 framework. 2 skeleton. 3 carcass.

arcabuz s harquebus.

arcada s arcade; archway.

arcaico adj archaic.

arcaísmo s archaism.

arcanjo s archangel.

arcebispo s archbishop.

archote s torch.

arco s 1 tb Astron, Mat e Eletr arc. 2 Arq arch. 3 bow (tb de instrumento de corda). 4 hoop.

ar-condicionado s air conditioner.

arco-íris s rainbow.

ardência s ardency; fervency.

ardente adj 1 burning; on fire; alight; flaming; fiery. 2 zealous; fervent. 3 impassioned; ardent.

arder v 1 burn; fire; glow. 2 bite. 3 smolder.

ardil s 1 fallacy; trick. 2 inform flimflam.

ardiloso adj 1 artful; designing. 2 tricky; catchy.

ardor s 1 heat; warmth. 2 ardor; fervor; passion; zeal.

ardoroso adj ardent; fervid; fierce.

ardósia s slate (tb cor).

arduidade s arduousness.

arduamente adv hard; painfully.

árduo adj 1 hard; arduous; difficult. 2 painful.

are s are (medida agrária equivalente a 100m²).

área s 1 area; ground; land. 2 range; reach. 3 size.

areal s sands.

arear v sand; scour.

areento adj sandy; gritty.

areia s sand.

arejado adj airy; breezy.

arejar v aerate; air; fan; ventilate.

arena s arena; circus; list.

arengar v harangue.

arenito s sandstone.

arenoso adj sandy; gritty.

arenque s Zool herring.

aréola s Biol e Anat areola.

aresta s Arq gable; ridge.

arfada s gasp.

arfar v gasp; pant.

argamassa s daub; cement; grout; mortar.

Argélia s Algeria.

argelino adj e s Algerian.

Argentina s Argentina.

argentino adj e s Argentine (natural da Argentina).

argila s clay; argil; bole; loam.

argiloso *adj* clayey.

argola *s* hoop; ring; tab; link.

argonauta *s* argonaut.

argônio *s Quím* argon (*símb* **Ar**).

argúcia *s* quibble.

argüir *v* argue.

argumentação *s* argumentation.

argumentador *s* debater.

argumentar *v* argue; contend; dispute; interpose.

argumentativo *adj* argumentative; forensic.

argumento *s* argument; reasoning.

ária *s Mus* aria; air; melody.

aridez *s* aridity; barrenness; drought.

árido *adj* arid; dry; barren.

Áries *s Astrol* e *Astron* Aries.

aríete *s* ram; rammer.

arisco *adj* distrustful.

aristocracia *s* aristocracy.

aristocrata *adj* noble. ll *s* aristocrat; noble.

aristocrático *adj* aristocratic; patrician. ll *s* patrician.

aritmética *s Mat* arithmetic; numbers.

aritmético *adj Mat* arithmetic; arithmetical.

arlequim *s maiús* pantaloon.

arma *s* weapon; arm.

armação *s* **1** frame; framework. **2** casement; setting. **3** body.

armada *s* armada.

armadilha *s* **1** *tb Comp* trap. **2** catch; net; noose; snare.

armadura *s* **1** armor. **2** *Eletr* armature.

armamento *s* arm; armament.

armar *v* **1** arm; weapon. **2** frame; rig; mount. **3** set (armadilha).

armarinho *s* haberdashery.

armário *s* cabinet; cupboard.

armazém *s* **1** warehouse; storehouse. **2** grocery. **3** magazine (especialmente para guardar munições).

armazenagem *s* storage.

armazenamento *s* stowage (carga, mercadoria).

armazenar *v* stock; store; warehouse.

armeiro *s* gunsmith.

Armênia *s* Armenia.

armênio *adj* e *s* Armenian.

arminho *s Zool* ermine.

armistício *s* armistice; truce.

aro *s* ring; hoop; rim.

aroma *s* smell; aroma; fragrance.

aromático *adj* aromatic; fragrant; balmy; balsamic.

aromatizar *v* aromatize.

arpão *s* harpoon; gaff; gig; spear; lance.

arpéu *s* grapple.

arpoador *s* harpooner.

arpoar *v* gaff; gig; harpoon.

arqueado *adj* arched; bandy; incurvate.

arqueamento *s* camber; curvature; flex.

arquear *v* arch; bend; hump; hunch; incurvate.

arqueiro *s* **1** archer; bow; dartor. **2** *Esp* goalkeeper.

arquejar *v* pant.

arqueologia *s* archaeology.

arqueológico *adj* archaeological.

arqueólogo *s* archaeologist.

arquétipo *s* archetype.

arquibancada *s* stand.

arquidiocese *s* archdiocese.

arquiducado *s* archduchy.

arquiduque *s* archduke.

arquiinimigo *s* archenemy.

arquipélago *s* archipelago.

arquitetar *v* construct.

arquiteto *s* architect.

arquitetônico *adj* architectonic.

arquitetura *s* architecture.

arquivamento *s* filing.

arquivar *v* **1** *tb Comp* file. **2** record. **3** shelve (planos, documentos, etc.).

arquivista *s* archivist.

arquivo *s* **1** *tb Comp* file. **2** record.

arrabalde *s* neighborhood.

arraia *s Zool* ray.

arraial *s* hamlet; village.

arraigado *adj* fixed; ingrain.

arraigar *v* root; ingrain.

arrancada *s* **1** jolt; jarring; jerking. **2** rush.

arrancamento *s* evulsion.

arrancar *v* **1** pull; jerk. **2** extirpate. **3** extract; draw; pull out. **4** wring (uma informação). **5** fetch (sangue; lágrimas).

arranchar *v* mess.

arranha-céu *s* skyscraper (edifício).

arranhão *s* scrape; scratch; scrabble.

arranhar *v* scratch; scrape; graze; scrabble.

arranjar v 1 arrange; dispose. 2 configure; set up. 3 *Mús* orchestrate. 4 order.

arranjo s 1 tb Mus arrangement. 2 *Ling* collocation. 3 disposition. 4 order; sequence.

arranque s 1 thrust. 2 starter (de motor).

arrasado adj 1 levelled; flat. 2 destroyed.

arrasador adj smashing; murderous.

arrasar v demolish; raze; wreck.

arrastamento s creep; drag.

arrastão s draft (pesca).

arrastar v 1 drag; haul; draw. 2 creep; crawl. 3 sweep (vento, temporal, etc.). 4 wear (tempo).

arrasto s haul (o peixe).

arrear v 1 harness. 2 tackle (cavalo).

arrebanhar v herd.

arrebatado adj violent.

arrebatamento s 1 clutch. 2 ecstasy; excitement. 3 violence.

arrebatar v carry; grab; grasp; rapture.

arrebentar v 1 burst; explode. 2 break.

arrebitado adj snub.

arrecadação s 1 deposit. 2 gathering.

arredar v remove; withdrawn.

arredio adj apart.

arredondado adj round.

arredondar v 1 globe; orb. 2 round (tb números).

arredor adv around; about. ‖ adj near.

arredores s 1 environs; environment. 2 outskirts; surroundings.

arrefecer v chill.

arregaçar v roll up.

arreganhar v 1 grin. 2 split; open.

arregimentar v regiment.

arreios s trappings; saddlery.

arrematar v finish; accomplish.

arremate s end; conclusion.

arremedar v 1 mimic; mock. 2 *inform* monkey.

arremedo s mimicry; mock.

arremessador s Esp batsman; batter.

arremessar v 1 throw. 2 fling; launch; hurl. 3 cast. 4 Esp shoot (no futebol).

arremesso s 1 throw; thrust; dart; toss. 2 cast. 3 fling. 4 delivery; discharge.

arremeter v 1 assail; attack. 2 thrust; rush.

arremetida s attack; onrush.

arrendador s lessor.

arrendamento s holding; rent; leasehold.

arrendar v 1 farm (terras). 2 rent; tenant lease; hire.

arrendatário s 1 renter; tenant; lessee 2 farmer.

arrepender-se v regret; repent; rue; mourn

arrependido adj regretful; sorry; compunc tious; contrite.

arrependimento s regret; contriteness repentance; rue.

arrepiante adj spooky.

arrepiado adj shivery; bristly.

arrepiar v shiver; bristle; creep; ruffle.

arrepio s chill; shiver.

arrestar v Jur distrain; distress.

arresto s distraint.

arrimo s standby.

arriscado adj 1 risky; dangerous. 2 *inform* dicey. 3 wildcat (negócio). 4 hazardous

arriscar v 1 risk. 2 gamble; adventure 3 hazard; endanger. 4 venture (uma opi nião).

arroba s arroba.

arrogância s arrogance; assumption; ef frontery.

arrogante adj arrogant; superior; lordly insolent.

arrogar v arrogate.

arroio s bourn; brook; creek.

arrojado adj 1 enterprising; venturous 2 audacious; dashing.

arrojo s enterprise.

arrolar v inscribe.

arrolhar v cork; bung; close.

arrombador s burglar.

arrombar v break into; crack.

arrombamento s burglary.

arrotar v belch; burp; eruct.

arrotear v fallow.

arroto s belch; burp; eructation.

arroubo s flight; rapture.

arroz s rice; paddy (com casca).

arrozal s paddy.

arruaça s riot; tumult.

arruda s Bot rue.

arruela s washer.

arrufo s tiff.

arruinado adj bankrupt; broken; blasted; dilapidated.

arruinar v 1 bankrupt; ruin; blight. 2 wreck; damage. 3 inform crab.

arruinável adj collapsible.

arrulhar v coo.

arrumação s arrangement.

arrumadeira s chambermaid; charwoman.

arrumado adj tidy; neat; shipshape.

arrumar v 1 arrange; dispose. 2 compose; concert. 3 fix. 4 dress (cabelo). 5 lay; set (a mesa).

arsenal s armory; arsenal.

arsênico s Quím arsenic.

arsênio s Quím arsenic (simb **As**).

arte s art; artistry; craft.

artefato s artifact.

artéria s Anat artery; vessel.

arterial adj Anat arterial.

artesanal s handiwork.

artesanato s handicraft.

artesão s craftsman; artisan.

ártico adj Arctic.

articulação s 1 Anat, Bot e Zool articulation. 2 Anat joint; hinge; knuckle.

articulado adj tb Anat articulate.

articulador s articulator.

articular adj Anat articular. ll v 1 tb Anat articulate. 2 pronounce; articulate; enunciate; utter (palavras). 3 Ling sound.

artífice s artificer; artisan; craftsman.

artificial adj artificial; factitious; false; far-fetched.

artificialidade s artificiality.

artificialismo s artificiality.

artifício s 1 artifice. 2 device. shift; wile.

artigo s 1 tb Gram article. 2 commodity (mercadoria). 3 criticism (de jornal ou revista). 4 item. 5 review.

artilharia s artillery; cannon; gunnery.

artilheiro s bombardier; cannoneer; gun.

artimanha s trick; artifice; dodge; wile.

artista s 1 artist. 2 character; star.

artístico adj artistic.

artrite s Med arthritis; gout.

árvore s tree.

arvoredo s clump; grove.

as art the.

ás s ace (carta de baralho).

asa s handle; wing.

asa-delta s hang glider.

ascendência s ancestry; ascendancy; origin; parentage.

ascendente adj ascendant; rising; upward; up. ll s 1 ancestor. 2 Astrol ascendant.

ascender v ascend; uprise; lift.

ascensão s 1 accession (promoção a um cargo). 2 ascendancy. 3 tb Astrol ascension. 4 ascent; climb; rise; up; uprising. 5 upturn (negócios). 6 the Ascension (festa religiosa).

asceta s ascetic.

ascético adj ascetic; austere.

ascetismo s asceticism.

asco s aversion; repugnance.

asfaltar v asphalt.

asfalto s asphalt.

asfixia s asphyxia; asphyxiation; apnea.

asfixiante adj stifling; choking.

asfixiar v asphyxiate; choke.

asiático adj 1 Asian. 2 onfens yellow. ll s Asian.

asilo s asylum; harbor; shelter.

asma s asthma.

asmático adj asthmatic.

asneira s 1 nonsense; foolery; fudge; rot. 2 inform bosh.

asno s ass; donkey; jackass.

aspas s quotation mark (sinal de pontuação).

aspargo s asparagus.

aspecto s 1 aspect; appearance; look; shape. 2 face; feature. 3 gír scene.

asperamente adv coarsely.

aspereza s 1 asperity; austerity; rough. 2 acerbity (de trato).

aspergir v asperse.

áspero adj 1 rough; uneven. 2 coarse; brusque; gruff; abrasive. 3 fig acrid.

aspersão s aspersion.

aspiração s 1 aim; ambition. 2 tb Ling aspiration. 3 breathing (fonética).

aspirado adj aspirate.

aspirador s vacuum cleaner (de pó).

aspirante adj aspirant; would-be. ll s aspirant; expectant.

aspirar v 1 tb Ling aspirate. 2 aspire; suck; draw in.

aspirina s aspirin.

asqueroso adj noisome.

assado adj e s roast.

assadura s gall; blister.

assalariado adj salaried; wage earner.

assalariar v **1** employ; take in pay. **2** bribe.

assaltante s burglar; wrecker; mug; mugger; robber.

assaltar v **1** assault; attack; rob; assail. **2** hold up (com arma). **3** mug (com violência).

assalto s **1** assault; attack. **2** gír caper. **3** Esp round (boxe). **4** Mil thrust.

assanhado adj **1** furious. **2** erotic.

assanhar v **1** get angry. **2** provoke.

assar v bake; grill; roast.

assassinar v **1** murder; assassinate; slay; butcher. **2** gír rub out; waste.

assassinato s murder; assassination; blood; killing.

assassino adj cutthroat. ll s murderer; assassin; slayer; cutthroat; killer; thug.

asseadamente adv neatly.

asseado adj cleanly; neat; tidy; trim.

assear v clean.

assediar v besiege; blockade.

assédio s blockade.

assegurado adj assured.

assegurar v affirm; assert; assure; ensure; certify; secure.

asseio s cleanness.

assembléia s **1** assembly; chamber; council; conference; convention. **2** diet (política ou religiosa).

assemelhar v approach; resemble; liken.

assentada s sitting.

assentado adj sitting.

assentamento s fit; settlement.

assentar v seat; settle; lay.

assentir v agree; assent; concur; condescend.

assento s **1** backside; bench. **2** seat.

assepsia s asepsis.

asserção s assertion.

assertivo adj assertive.

assessor s assessor.

assessoria s assistance.

asseveração s assertion.

asseverar v asseverate.

assexuado adj asexual; epicene; neuter sexless. ll s epicene.

assexual adj asexual.

assiduidade s assidulty.

assíduo adj assiduous; sedulous.

assim adv like that; so; thus; in this way. l conj therefore.

assimetria s asymmetry.

assimétrico adj asymmetrical; irregular skew; unequal.

assimilação s assimilation; absorption.

assimilar v absorb; assimilate; digest.

assinado adj signed.

assinalado adj marked.

assinalar v **1** mark; tick. **2** badge; characterize.

assinante s subscriber.

assinar v sign; countersign.

assinatura s **1** signature. **2** subscription (de revista, etc.).

assíndeto s Gram asyndeton.

assintomático adj asymptomatic.

assíntota s Mat asymptote.

assírio adj e s Assyrian.

assistência s **1** attendance. **2** assistance; relief; service; support.

assistente adj assistant. ll s **1** assistant; auxiliary; coadjutor. **2** second (no boxe). **3** Comp wizard.

assistir v **1** watch. **2** assist; help; aid. **3** attend.

assoalhar v board; floor.

assoalho s **1** deck (de ônibus, avião, etc.). **2** floorboard.

assoante adj e s assonant.

assobiar v whistle.

assobio s whistle; zip.

associação s association; organization; league; circle; fellowship.

associado adj associate; conjoint; joint. ll s **1** ally; leaguer. **2** inform joiner.

associar v **1** affiliate; associate; assort. **2** inform clique. **3** relate.

associativo adj associative; cliquish.

associável adj associable.

assolação s devastation.

assolador adj devastating.

assolar v ravage; devastate; overrun; deflower.

assomar v loom.

assombração s inform spook.

assombrado adj open-eyed.

assombrar v 1 amaze; astonish. 2 haunt (espírito errante).

assombro s amazement; astonishment; wonder; wonderment.

assombroso adj stupendous; wonderful; wondering.

assonância s assonance.

assonante adj e s assonant.

assoprador s blower.

assopro s blow; blast.

assumido adj assumed.

assumir v 1 assume; bear; take on. 2 inform reckon; take. 3 shoulder (responsabilidade).

assunção s 1 assumption. 2 Assumption (festa religiosa).

assunto s 1 subject; topic; theme; issue. 2 business; affair; matter. 3 contents (de livro, revista).

assustado adj afraid; scary; panicky.

assustador adj scary; eerie; appalling.

assustar v 1 frighten; scare. 2 alarm; startle.

astático adj Fís astatic.

asteca adj e s Aztec.

astenia s Med asthenia.

asterisco s asterisk; star.

asteróide s asteroid.

astigmatismo s astigmatism; stigmatism.

astrágalo s Anat anklebone.

astral adj astral; spirits.

astro s orb; star.

astrofísica s astrophysics.

astrologia s astrology.

astrológico adj astrological.

astrólogo s astrologer.

astronauta s astronaut; cosmonaut.

astronáutica s astronautics.

astronomia s astronomy.

astronômico adj astronomical.

astrônomo s astronomer.

astúcia s cunning; artfulness; slyness; guile.

astuciosamente adv cunningly.

astucioso adj guileful; knowing.

astuto adj smart; artful; astute; cunning; sly.

ata s record; transactions.

atacadista adj wholesale.

atacado adj affected; stricken. ll s wholesale (vendas).

atacante s Esp forward; lineman (futebol). ll adj attacking; offensive.

atacar v 1 Med affect. 2 attack; aggress; assail. 3 tackle (um problema).

atado adj bound.

atadura s band; bandage; bind.

atalho s 1 by-path. 2 tb Comp shortcut.

atamancado adj botchy.

atamancar v botch.

atapetar v carpet.

ataque s 1 accession; seizure (de doença). 2 attack; aggression; attempt; assault. 3 Mil thrust. 4 swoop (de ave de rapina).

ataque-relâmpago s blitz.

atar v 1 tie; bind; fasten; attach; knot. 2 fillet (o cabelo).

atarantado adj fussy.

atarefado adj busy.

atarracado adj chunky; dumpy; stocky; stubby.

atarraxar v screw.

ataúde s coffin; bier.

atavismo s atavism.

até prep 1 by; until; till; to; up to; down to. 2 as far as (lugar). ll adv even.

ateísmo s atheism.

ateísta s atheist.

atemorizado adj awestruck.

atemorizar v scare; consternate.

Atenas s Athens.

atenção s 1 attention; attentiveness. 2 care; carefulness. 3 regard; heedfulness.

atencioso adj 1 attentive. 2 considerate; delicate; obliging.

atendente s attendant; clerk; orderly.

atender v 1 answer (telefone; porta). 2 tend (na loja). 3 wait on/upon.

ateneu s academy.

ateniense adj e s Athenian.

atentado s attempt.

atentamente adv carefully; closely.

atentar v attempt.

atento adj alert; attentive; awake; heedful; open-eyed; wary; watchful; mindful.

A

atenuação s attenuation; diminution; extenuation.

atenuado s attenuate.

atenuar v attenuate; extenuate; allay; ease.

aterrador adj fierce.

aterragem s landing.

aterrar v 1 frighten. 2 embank; mound. 3 land; touch down.

aterrissar, aterrizar v land; touch down.

aterro s dike; bank; earthwork; embankment; fill.

aterrorizar v frighten; terrify.

atestação s certification.

atestado s certificate; testimonial.

atestar v 1 attest; certify; testify. 2 warrant (qualidade, procedência, idoneidade, etc.).

ateu adj irreligious. || s atheist; godless.

atiçar v 1 bait (cães). 2 fan (brasa). 3 stoke (fogo). 4 instigate.

atingir v 1 achieve; attain. 2 reach. 3 amount (soma). 4 arrive at.

atingível adj attainable; reachable.

atípico adj irregular.

atiradeira s catapult; sling.

atirador s 1 shot; gun. 2 darter.

atirar v 1 shoot; fire. 2 toss (para o ar). 3 tb fig throw. 4 chuck.

atitude s attitude; stance.

ativa s Gram active (voz).

ativação s activation.

ativamente adv actively; nimbly.

ativar v activate; bestir; energize; forward.

atividade s 1 tb Quím activity. 2 operation; movement. 3 function.

ativismo s activism.

ativista adj e s activist.

ativo adj 1 tb Gram e Comer active. 2 operative (em funcionamento). 3 dynamic; efficient. 4 alive; vivid; energetic; brisk. 5 inform up-and-coming. || s 1 full of beans. 2 Cont assets (de uma firma).

atlas s atlas.

atleta s athlete.

atlética s athletics.

atlético adj athletic.

atletismo s athletics.

atmosfera s air; atmosphere.

atmosférico adj aerial; atmospheric.

ato s 1 act; deed. 2 move; movement.

atol s atoll.

atolar v swamp; bog; mire.

atoleiro s quagmire; slough; mire.

atomicidade s atomicity.

atômico adj atomic.

atomismo s atomism.

atomizador s atomizer.

atomizar v atomize.

átomo s atom.

atonalidade s Mus atonality.

atônito adj 1 astonished. 2 perplexed.

átono adj 1 Gram atonic; unaccented 2 Ling unstressed.

ator s masc actor.

atordoado adj dizzy.

atordoamento s daze.

atordoante adj stunning.

atordoar v 1 stun; din. 2 daze; dazzle dizzy.

atormentação s torment.

atormentado adj anguished; distraught.

atormentar v 1 worry; afflict; trouble distress; vex; torment. 2 gír rank.

atracação s Esp clinch (boxe).

atração s 1 attraction; appeal. 2 magnet zation.

atracar v 1 Náut moor. 2 Esp clinch (boxe)

atraente adj attractive; alluring; appealing seductive; fetching.

atraiçoar v betray.

atrair v 1 attract; allure; appeal; fetch; lure 2 draw (atenção). 3 fix (o olhar, a aten ção).

atrapalhar v disrupt; embarrass; flounder foozle; muddle.

atrás adv 1 behind; back; after; backward fro. 2 ago.

atrasado adj 1 late; tardy. 2 back (aluguel pagamento). 3 undue (dívida).

atrasar v delay; hold up; retard; slow.

atraso s delay; retard; tardiness.

atrativo adj attractive; eye-catching; catchy || s attraction; charm.

através adv through; across; over.

atravessado adj cross; crosswise.

atravessar v cross; overpass; go through traverse; pass.

atrever-se v dare; venture.

atrevido adj audacious; bold; daring.

atrevimento s 1 audacity; boldness. 2 *inform* crust; sauce. 3 *gír* guts.

atribuição s 1 attribution; imputation. 2 assignment; task. 3 ascription (de uma causa).

atribuir v 1 attribute; impute; credit. 2 assign. 3 ascribe (a uma causa ou origem). 4 father (injusta e erroneamente). 5 fix (culpa).

atribuível adj creditable.

atributivo adj tb Gram attributive.

atributo s tb Gram attribute.

atrito s attrition; friction; rub.

atriz s fem actress.

atrocidade s atrocity; enormity.

atrofia s atrophy.

atrofiado adj underdeveloped.

atrofiar v atrophy; stunt.

atropelar v 1 trample; tread. 2 run down. 3 overrun.

atropelo s trample.

atroz adj cruel; fierce; flagitious; grievous.

atuação s acting.

atual adj 1 current; now; running. 2 new-fashioned; modern. II s modern.

atualidade s currentness.

atualização s tb Comp update.

atualizado adj up-to-date.

atualizar v 1 Comp refresh (os dados na tela). 2 tb Comp update.

atualmente adv nowadays; today.

atuar v act; enact.

atuário s actuary.

atulhar v glut; satiate.

atum s Zool tuna.

aturar v abide; bear; endure.

aturdimento s stun.

aturdir v stun; addle; bewilder; din; fuddle.

audácia s audacity; boldness; bravery; daring; face.

audacioso adj audacious; bold; cool; daring.

audaz adj adventurous.

audição s audition; ear; hearing.

audiência s 1 audience. 2 Jur hearing.

audiovisual adj e s audio-visual.

auditivo adj auditive; auditory.

auditor s 1 Cont auditor. 2 controller; hearer.

auditoria s Cont audit.

auditório s audience; auditorium.

audível adj audible.

auferir v profit; gain.

auge s climax; summit; zenith; acme; height; tiptop.

augurar v augur.

áugure s augur.

augúrio s augury; auspice.

augusto adj august.

aula s class; lesson.

aumentar v 1 increase; raise; rise; enlarge; accrue; amplify; elevate. 2 jack (preços). 3 wax (em tamanho, peso, número, etc.).

aumentativo adj tb Gram augmentative. II s Gram augmentative.

aumentável adj augmentable.

aumento s increase; raise; enlargement; growth; accrual; amplification.

aura s 1 aura. 2 breeze; zephyr.

áureo adj aureate.

auréola s aureole; circle; halo.

aureolar v halo.

aurícula s Anat e Biol auricle.

auricular adj auricular.

aurífero adj auriferous.

aurora s dawn; daybreak.

auscultar v Med sound.

ausência s absence; default.

ausentar-se v absent.

ausente adj absent; absentee; away; missing.

auspício s auspice.

auspicioso adj auspicious.

austeridade s austerity; severity; astringency.

austero adj austere; severe; strict; strait-laced.

austral adj south; meridional. II s meridional.

Austrália s Australia.

australiano adj e s Australian.

Áustria s Austria.

austríaco adj e s Austrian.

autarquia s autarchy.

autenticação s authentication.

autenticar v authenticate; certify; endorse; verify; voucher.

autenticidade s authenticity.

autêntico adj authentic; genuine; real; undoubted; true.

auto s act.

auto-afirmado adj cocky.

autobiografia s autobiography; memoirs.

autobiográfico adj autobiographic.

autocolante s sticker.

autoconfiança s self-confidence.

autoconfiante adj self-confident.

autoconhecimento s self-knowledge.

autocontrole s self-control; will.

autocracia s autocracy.

autocrata s autocrat.

autocrático adj autocratic.

autóctone adj native. || s autochthon.

autodidata s autodidact.

autodisciplina s will.

auto-estima s self esteem.

auto-estrada s freeway; highway; expressway; speedway.

auto-exame s introspection.

autografar v autograph.

autógrafo s autograph.

autolimpante adj self-cleaning.

automação s automation.

automático adj automatic; mechanical.

automatismo s automatism.

automatização s automatization.

automatizar v automatize.

autômato s automaton.

automedicação s self-medication.

automobilista s automobilist.

automóvel adj automobile. || s automobile; car; motor.

autonomia s autonomy; self-government.

autônomo adj autonomous; independent.

autopista s speedway.

autópsia s autopsy.

autor s 1 author; composer. 2 Jur actor. 3 creator.

autoria s authorship.

autoridade s 1 authority; rule; command. 2 fig arm. 3 inform muscle.

autoritário adj authoritarian; authoritative; imperative.

autorização s authorization; sanction; permission; allowance; license; warrant.

autorizado adj authoritative; official.

autorizar v 1 authorize; sanction; license; accredit. 2 Jur appoint.

auto-suficiente adj self-sufficient.

auto-sugestão s autosuggestion.

autoteste s Comp self-test.

auxiliar adj assistant; auxiliary; adjunct. I s 1 assistant; adjunct; adjutant. 2 aid (militar). 3 tb Gram auxiliary. 4 help helper. II v aid; assist; help.

auxílio s help; aid; assistance; accommodation; recourse; lift.

avacalhar v depress; lower.

aval s surety.

avalanche s slide; avalanche.

avaliação s 1 evaluation; test. 2 estimation. 3 appraisal; valuation.

avaliador s appraiser; assessor; rater.

avaliar v 1 evaluate. 2 rate; appraise; value. 3 assess (propriedades, rendas, etc). 4 balance; calculate. 5 vet (um manuscrito).

avaliável adj ratable.

avançado adj 1 advanced. 2 forward; onward.

avançar v 1 advance. 2 exceed. 3 march/ move forward.

avanço s 1 advance; advancement. 2 improvement. 3 drive (militar).

avantajado adj advantageous.

avante adv forward; ahead; forth; onward.

avarento adj stingy; miserly; avaricious; close-fisted; ungenerous. || s 1 miser. 2 inform screw.

avareza s greed; stinginess; avarice; cupidity.

avaria s damage; failure.

avaro adj greedy; miserly; avaricious. || s grasping.

ave s bird; fowl.

aveia s oat (geralm oats).

avelã s hazelnut; filbert.

aveleira s filbert; hazel.

aveludado adj velvety.

avenida s avenue.

avental s apron; jumper; smock.

aventura s adventure; quest; throw.

aventurar(-se) v adventure; venture; hazard; dare; embark.

aventureira s fem adventuress.

aventureiro adj adventurous; risky. || s adventurer.

averiguação s Jur hearing.

averiguar v ascertain; verify.

vermelhado *adj* reddish.

vermelhar *v* 1 redden. 2 blear (os olhos).

versão *s* aversion; repugnance; repulse; hate.

vesso *adj* reverse; back; contrary; opposite.

vestruz *s Zool* ostrich.

viação *s* aviation; flying.

viador *s* 1 aviator; airman; flier. 2 *gír* birdman.

viamento *s* execution.

vião *s* airplane; aircraft; flying machine.

viar *v* dispense (receita).

viário *s* aviary.

vícola *s* poultry.

vicultura *s* aviculture.

videz *s* avidity.

vido *adj* avid; eager; rapacious; ravenous; wild.

viltamento *s* abasement; debasement; obloquy.

viltante *adj* disparaging.

viltar *v* abase; debase; demean; disparage; vilify.

visado *adj* 1 warned; advised. 2 discreet; circumspect.

visar *v* 1 warn; acquaint; admonish. 2 notify; inform.

viso *s* 1 warning. 2 notification. 3 signal.

vistar *v* sight; descry; behold; espy.

vivar *v* animate; vivify; brighten; wake.

vô *s* grandfather; grandparent.

vó *s* 1 grandmother; grandparent. 2 *inform* granny.

volumar *v* mount.

vorecido *adj* favored.

avulso *adj* 1 odd. 2 single.

avultar *v* bulk; mount.

axadrezado *adj* checkered.

axial *adj* axial.

axila *s Anat* axilla; armpit.

axioma *s* axiom.

az *s* squadron.

azáfama *s* 1 fuss; hurry. 2 *inform* to-do.

azaléia *s Bot* azalea.

azar *s* misfortune; bad luck; mishap.

azarado *adj* unlucky. II *s* unfortunate; loser.

azarão *adj* e *s Esp* maiden (cavalo).

azedar *v* sour; acerbate.

azedo *adj* sour; acid; foxy; tart.

azedume *s* tartness; sourness; verjuice.

azeitar *v* oil.

azeite *s* oil.

azeitona *s* olive.

azeitonado *adj* olive.

Azerbaijão *s* Azerbaijan.

azeviche *s* jet.

azevinho *s Bot* holly; ilex.

azia *s* heartburn.

ázigo *adj Anat* azygous.

ázimo *adj* unleavened.

azimute *s Astron* azimuth.

azóico *adj* azoic.

azoto *s* azote.

azul *adj* e *s* blue; cyanic.

azulado *adj* bluish.

azular *v* blue.

azul-celeste *adj* e *s* azure.

azulejar *v* tile.

azulejo *s* tile.

azul-marinho *adj* e *s* navy blue.

B

b ou **B** s the second letter of the alphabet. ‖ *simb Quím maiús* de **boron**.

baba s slaver; slobber; drivel; drool.

babá s baby sitter; nanny.

babado s flounce; frill.

babador s bib (de criança).

babar v dribble; drivel; *tb inform* drool; slaver; slobber.

babel s babel (torre).

baboseira s *inform* drool; footle; bullshit.

bacalhau s cod; codfish.

bacamarte s blunderbuss.

bacanal s e *adj* bacchanal.

bacante s bacchant.

bacharel s bachelor.

bacharelado s bachelorship; baccalaureate.

bacharelar v take one's degree.

bacia s 1 basin (utensílio e geográfica). 2 *Anat* pelvis.

bacilar *adj* bacillary.

bacilo s bacillus; *gír* bug.

baço s *Anat* spleen.

bacorinho s piglet; farrow.

bactéria s bacterium.

bacteriano *adj* bacterial.

bacteriologia s bacteriology.

bacteriologista s bacteriologist.

badalada s ring; toll.

badalar v ring; toll.

badalo s clapper.

bafejar v 1 blow; breathe. 2 warm (com o bafo). 3 caress.

bafo s breath.

baforada s whiff; puff.

baforar v whiff; puff.

baga s berry.

bagaço s 1 bagasse (de cana). 2 rape (de uva). ‖ *adj* rundown (condições físicas).

bagageiro s rack.

bagagem s baggage; luggage.

bagatela s bagatelle; bauble; rubbish; mite; trifle.

bago s 1 berry. 2 *gír* testicle.

bagulho s 1 grain. 2 trash. 3 *gír* drug.

bagunça s mess; hash; shambles.

bagunçar v mess; *inform* hash; litter.

bagunceiro s hooligan; rowdy.

Bahamas s Bahamas.

baia s stall (em estábulo).

baía s bay; bight; embayment; inlet.

bailado s 1 choreografhy, ballet. 2 ball.

bailar v dance.

bailarina s ballet dancer; dancer; ballerina

bailarino s dancer.

baile s ball; dance.

bainha s 1 edging; hem. 2 scabbard (de espada); sheath.

baio *adj* reddish-brown; bay.

baioneta s bayonet.

bairro s district; neighborhood; ward.

baixa s 1 slump (de preço); decrease. 2 *M* discharge. 3 decay.

baixada s 1 depression; flatlands. 2 slope

baixar v 1 lower; depress. 2 descend 3 incline. 4 drop (temperatura, vento) 5 ebb (a maré). 6 subside (de nível).

baixela s tableware.

baixeza s baseness; wickedness; indignity

baixio s bank; cay; shelf; shoal.

baixista s *Mús* bassist.

baixo *adj* 1 low; short. 2 cheap. 3 ordinary ‖ s *Mús* bass.

baixo-relevo s bas-relief.

bajulação s blarney; flattery; slaver.

bajulador s backslapper; flatterer; yes man toady.

bajular v flatter; adulate; blarney; fawn.

bala s 1 bullet (de arma de fogo). 2 candy

balada s ballad.

balança s 1 balance; scales. 2 Libra (as trologia).

balançar v swing; bob; oscillate; rock; shake

balanceamento s counterbalancing.

balancear v redress; balance.

balancete s *Comer* balance sheet.

balanço s balance; oscillate; sway; swing

balangandã s knickknack.

balão s balloon.

balaustrada s balustrade; rail; railing.

balaústre s baluster; banister.

albuciar v stutter; stammer; babble; falter.

albucio s stutter; stammer; babble; falter.

albúrdia s disorder; confusion; bedlam; clutter.

alcão s 1 counter. 2 gallery.

aldada s pail.

aldado adj 1 unsuccessful. 2 useless.

alde s bucket; pail.

aldeação s connection (de trens, aviões); transfer.

aldear v transfer; change.

aldio adj waste (terreno).

alé s ballet.

alear v shoot.

aleeiro s whaler.

aleia s Zool whale.

alela s lie.

alido s bleat.

alir v baa; blat; bleat.

alística s ballistics.

aliza s 1 landmark; mark. 2 drum major; drum majorette (em desfiles).

alneário s bathhouse.

alonista s balloonist.

alsa s 1 ferry; ferryboat. 2 raft.

alsâmico adj balmy; balsamic.

álsamo s balm; balsam; unguent.

aluarte s bastion; rampart.

ambo adj floppy; flabby.

ambolear(-se) v jiggle.

amboleio s jiggle; shamble; waddle.

ambu s bamboo.

anal adj banal; common; trivial.

analidade s banality.

analizar v vulgarize.

anana s banana.

ananeira s banana.

anca s 1 bank (em jogos de azar). 2 stall (de vendedor); stand. 3 panel.

ancada s 1 bench (de carpinteiro). 2 buck; workbench (marcenaria, mecânica, etc.).

ancar v 1 pay. 2 pretend to be; play.

ancário s bank clerk.

ancarrota s bankruptcy; failure; on the rocks.

anco s 1 bank (estabelecimento). 2 bench (para sentar). 3 stool (de bar, piano, etc.).

banda s 1 band (de música). 2 side; flank. 3 sash (usada na cintura ou no ombro); Mil scarf.

bandagem s bandage; bind; dressing.

bandana s bandanna.

bandeira s 1 flag. 2 standard. 3 banner.

bandeirante s brownie; Girl Scout.

bandeirinha s Esp linesman; lineman.

bandeirola s banderole.

bandeja s tray; waiter.

bandido s criminal; bandit; gangster.

bando s 1 band; batch; gang; mob. 2 flock (de aves ou animais); pack. 3 bunch.

bandoleiro s bandit; outlaw; brigand.

bandolim s Mús mandolin.

bangalô s bungalow.

Bangladesh s Bangladesh.

banguela adj toothless.

banha s fat; grease; tallow; shortening (usada em culinária).

banhar v bathe; dip; lave; wash.

banheira s bath; bathtub; tub.

banheiro s bathroom; restroom; water closet.

banhista s bather.

banho s bath; dip (para desinfecção, tingimento, etc.); wash; washing.

banido s outlaw; outsider.

banimento s ban; banishment.

banir v banish; outlaw; relegate.

banjo s Mús banjo.

banqueiro s banker.

banqueta s stool.

banquete s banquet; dinner; junket; feast.

banquetear v banquet; feast; junket.

banquisa s floe.

baque s flop; bump; thump; thud.

baquear v thud.

baqueta s Mús mallet.

báquico adj bacchanal; bacchic.

bar s bar; café; saloon.

baralhamento s shuffle (de cartas, etc.).

baralhar v shuffle (cartas do baralho).

baralho s cards.

barão s baron.

barata s cockroach; inform roach (inseto).

baratear v cheapen.

barateza s cheapness.

baratinado adj gír confused.

barato *adj* cheap; *inform* cheesy; inexpensive. ‖ *adv* cheaply.

barba *s* beard.

barba-de-bode *s Bot* salsify.

barbado *adj* bearded.

Barbados *s* Barbados.

barbante *s* string; line; twine (forte).

barbaridade *s* atrocity; barbarity; cruelty; savagery.

barbárie *s* barbarism.

barbarismo *s tb Gram* barbarism; barbarousness.

barbarizar *v* barbarize.

bárbaro *adj* barbarian; cruel; uncivilized; wild. ‖ *s* barbarian.

barbatana *s* **1** whalebone; baleen (de baleia). **2** fin (de peixe); flipper.

barbeação *s* shave; shaving.

barbeador *s* shaver.

barbear *v* shave.

barbearia *s* barbershop.

barbeiro *s* barber.

barca *s* barque.

barcaça *s* barge; *Náut* scow.

barco *s* boat; craft; keel; *Náut* ship.

bardana *s* burdock.

bardo *s* balladist; minstrel.

Barein *s* Bahrain.

barganha *s* bargain; covenant; dicker; swap.

barganhar *v* bargain (mercadorias); convert; dicker.

bário *s Quím* barium (*símb* Ba).

barítono *adj e s* baritone.

barlavento *s Náut* luff; windward.

barógrafo *s* barograph.

barométrico *adj* barometric.

barômetro *s* barometer; weatherglass.

baronato *s* baronage.

baronesa *s* baroness.

baronia *s* barony.

barqueiro *s* bargeman; boatman; waterman.

barra *s* **1** bar. **2** edging; hem. **3** rod. **4** *Tip* virgule.

barraca *s* **1** barrack (de soldados). **2** tent. **3** stall (de vendedor); stand.

barracão *s* barrack; shack; shanty; shed.

barraco *s* slums.

barragem *s* barrage; dam; wall.

barranco *s* groove; depression; hollow.

barrar *v* hinder; foreclose; block.

barreira *s* barrier; *Esp* hurdle; interference

barrento *adj* muddy; clayish; loamy.

barrete *s* bonnet; cap.

barrica *s* barrel; keg.

barricada *s* barricade; roadblock.

barriga *s* belly; *Anat* stomach.

barril *s* barrel; cask; keg.

barro *s* mud; clay; loam.

barroco *adj e s* baroque.

barrote *s* joist.

barulhento *adj* loud; noisy. ‖ *s* rowdy.

barulho *s* noise; uproar.

basal *adj* basal.

basalto *s* basalt.

basco *adj e s* Basque.

basculante *adj* tilting.

base *s* base; basis; foundation.

baseado *adj* based; set. ‖ *s gír* marijuana hemp.

basear *v* base; found; ground.

básico *adj* basic; essencial; fundamental.

basilar *adj Biol* basilar.

basílica *s* basilica.

basquetebol *s Esp* basketball.

bassê *s* basset.

basta *interj* enough.

bastante *adj* enough; sufficient; round. *adv* enough; sufficiently; quite; rather plenty; much.

bastão *s Esp* **1** bat (de vários jogos) **2** staff; stave; stick.

bastar *v* suffice; satisfy.

bastardia *s* bastardy; illegitimacy.

bastardo *adj* baseborn; bastard; illegit mate. ‖ *s* bastard.

bastião *s* bastion.

bastidor *s* **1** coulisse (de teatro); wings **2** embroidery frame.

batalha *s* battle; combat.

batalhador *s* fighter.

batalhão *s* battalion.

batalhar *v* battle.

batata *s* potato; *gír* spud.

batedeira *s* mixer; whisk.

batedor *s* **1** *Esp* batsman; batter (no be sebol e no críquete). **2** beater. **3** *M* scout.

bateia *s* pan.

batelão s barge; *Náut* hoy.

patente s 1 casing. 2 hard work.

bate-papo s chat.

bater v 1 beat; hit. 2 churn (manteiga, leite, nata). 3 flap (as asas). 4 knock (a porta). 5 whip, whisk (creme, ovos); *inform* trim.

bateria s 1 battery (militar ou elétrica). 2 drum.

baterista s drummer.

batida s 1 crash. 2 beat. 3 stroke (de horas, etc.). 4 tuck (em tambor).

batido adj 1 beaten. 2 *inform* shot. 3 well-worn.

batimento s *Fís* beat; beating; throb.

batina s cassock.

batismal s baptismal.

batismo s baptism; christening; immersion.

batista s baptist.

batistério s baptistery.

batizado s baptism.

batizar v baptize; christen.

batom s lipstick.

batoque s bung; hole; cork.

batráquio s amphibian; batrachian.

batucar v rattle; hammer; drum.

batuque s hammering; drumming.

batuta s wand.

baú s chest; trunk.

baunilha s *Bot* vanilla.

bazar s bazaar; fair.

bazuca s bazooka.

beatificação s beatification.

beatificar v beatify.

beatífico adj beatific.

beatismo s bigotry.

beatitude s beatitude.

beato s bigot; devotee.

bêbado adj drunk; drunken; *gír* blasted; blind. II s drunk; *gír* soak.

bebê s babe; baby.

bebedeira s *gír* booze; soak; spree.

bebedouro s drinking fountain; fountain; watering place.

beber v drink; take.

beberagem s infusion.

bebericar v nip.

beberrão adj bibulous; sot. II s drunkard; boozer.

bebedor s drinker.

bebida s beverage; drink.

bebível adj drinkable.

beca s gown; robe.

beco s 1 alley; lane. 2 impasse; dead-end street; cul-de-sac (beco sem saída).

bedel s school attendant.

beduíno s Bedouin.

bege adj beige.

begônia s *Bot* begonia.

beiço s *Anat* lip.

beija-flor s *Zool* hummingbird.

beijar v buss; kiss; osculate; lip.

beijo s kiss; buss; smack.

beijoca s smack.

beijocar v smack.

beira s 1 edge; border. 2 brink (de precipício). 3 shore (de mar).

beirada s ledge (de um precipício).

beiral s pl eaves.

beira-mar s coast; seashore.

beirar v verge; margin.

beisebol s *Esp* baseball.

bela s beautiful; pretty.

belas-artes s fine arts.

Belarus s Belarus.

beldade s beauty.

beleguim s catchpole.

beleza s beauty; prettiness; handsomeness.

belga adj e s Belgian.

Bélgica s Belgium.

beliche s berth (em navio); bunk; bunk bed; *inform* rack.

bélico adj warlike; martial; military.

belicoso adj aggressive; fiery.

beligerância s belligerence.

beligerante adj belligerent; contentious; warlike. II s belligerent.

beliscão s nip; pinch.

beliscar v 1 graze; nibble (comida). 2 nip.

Belize s Belize.

belo adj handsome; nice.

belvedere s belvedere; gazebo.

bem adv fine; good; quite; so; well. II s asset; good.

bem-amado s e adj beloved; dear.

bem-apessoado adj good-looking well-favored.

bem-aventurado adj blessed; blissful.

bem-aventurança s beatitude; bliss; salvation.

bem-dotado *adj* favored.
bem-educado *adj* polite; well-mannered.
bem-estar *s* welfare; well-being.
bem-feito *adj* shapely.
bem-intencionado *adj* well-intentioned; well-meaning.
bem-nascido *adj* highborn; wellborn.
bemol *s Mús* flat.
bem-sucedido *adj* successful.
bem-vindo *adj* welcome.
bênção *s* blessing; grace.
bendito *adj* blessed.
bendizer *v* bless; praise.
beneficência *s* beneficence; charity.
beneficente *adj* beneficent.
beneficiado *s* beneficiary.
beneficiar *v* benefit.
beneficiário *s* **1** beneficiary (de seguro, testamento, etc.). **2** gainer.
benefício *s* advantage; benefit; sake.
benéfico *adj* benefic; beneficial; useful.
benemérito *adj* celebrated; noted; illustrious.
benevolência *s* benevolence; charity; goodwill.
benevolente *adj* benevolent; generous; charitable.
benévolo *adj* generous; gracious.
benfeitor *s* benefactor; patron.
benfeitora *s* benefactress.
benfeitoria *s* improvement; benefit.
bengala *s* cane; stick; walking stick.
benignidade *s* benignity.
benigno *adj* benign; harmless.
Benin *s* Benin.
benquisto *adj* beloved; esteemed.
bens *s* estate; goods; wealth.
bento *adj* sacred; holy.
benzedura *s* benediction; blessing.
benzer *v* bless.
benzina *s* benzine.
benzoato *s* benzoate.
benzóico *adj* benzoic.
bequadro *s Mús* natural.
béquer *s Quím* beaker.
berbigão *s Zool* cockle.
berçário *s* nursery; nursery school.
berço *s* cradle; crib.
bergamota *s* bergamot.
berilo *s Min* beryl.

berinjela *s* aubergine; eggplant.
berloque *s* trinket.
bermuda *s* Bermuda shorts.
berne *s* warble.
berrante *adj* flashy; garish; loud (cor). II *s* horn.
berrar *v* cry; scream; shout; yell.
berreiro *s* scream; yell.
berro *s* scream; shout; yell.
besouro *s* beetle; bug.
besta *s* beast. II *adj* stupid; silly.
besteira *s gír* howler; bullshit; rubbish.
bestial *adj* beastly; bestial; brutish.
bestialidade *s* beastliness; bestiality.
bestificar *v* bestialize; brutalize.
besuntar *v* bedaub; daub; smear; grease.
beta *s* beta.
beterraba *s Bot* beet; sugar beet.
betoneira *s* concrete mixer.
bétula *s Bot* birch.
betume *s* bitumen.
betuminoso *adj* bituminous.
bexiga *s Anat e Zool* bladder; bleb.
bezerro *s* boss; calf.
biangular *adj* biangular; two-angled.
biatômico *adj* diatomic.
bibásico *adj* dibasic.
bibelô *s* trinket; bibelot.
Bíblia *s* Bible.
bíblico *adj* biblical.
bibliografia *s* bibliography.
bibliográfico *adj* bibliographic.
bibliógrafo *s* bibliographer.
biblioteca *s* library.
bibliotecário *s* librarian.
bica *s* spout; waterspout; springlet; well-spring.
bicada *s* peck; pecking.
bicão *s gír* gatecrasher.
bicar *v* peck.
bicarbonato *s* bicarbonate.
bicentenário *adj e s* bicentennial.
bíceps *s Anat* biceps.
bicha *s* **1** worms; leech. **2** gay; queer; fag.
bichado *adj* grubby.
bicho *s* animal; bug.
bicho-da-seda *s* silkworm.
bicho-de-pau *s Zool* walking stick.
bicho-papão *s* bogeyman; bugaboo.

icicleta s bicycle; bike; cycle.

ico s 1 beak; neb (de aves). 2 nose (a parte dianteira de um avião, navio, etc.). 3 spout (de bule, chaleira, etc.). 4 nipple (do peito). 5 mouth.

icolor adj bicolor.

icromato s Quim bichromate.

idê s bidet.

ienal adj e s biennial.

ife s beefsteak; steak.

ífido adj bifid.

ifocal adj bifocal.

ifronte adj double-faced.

ifurcação s bifurcation; branch; fork.

ifurcado adj bifurcate; forked; branched.

ifurcar v bifurcate; fork; branch.

igamia s bigamy.

ígamo adj bigamous. ll s bigamist.

igle s beagle.

igode s mustache.

igorna s 1 anvil. 2 Anat incus.

ijuteria s trinket; trifle; bijou.

ilabial adj e s bilabial.

ilateral adj bilateral.

ilha s jug; pitcher.

ilhão num billion.

ilhar s pl billiards.

ilhete s 1 note; chit. 2 ticket (de trem, ônibus).

ilheteria s ticket-office; booking-office; box-office.

iliário adj biliary.

ilíngüe adj e s bilingual.

ilionário s billionaire.

ilionésimo num billionth.

ilioso adj bilious; ill-tempered.

ilis s bile; gall.

ilro s spindle.

imestral adj bimonthly.

imestralmente adv bimonthly.

imestre adj bimester.

inário adj binary.

inocular adj binocular.

inóculo s binocular.

inomial adj binomial.

inômio adj binomial.

iografar v write a biography.

iografia s biography.

iográfico adj biographic.

biógrafo s biographer.

biologia s biology.

biológico adj biologic.

biologista s biologist.

biólogo s biologist.

biomassa s biomass.

biombo s screen.

biônico adj bionic.

biopse s biopsy.

biópsia s biopsy.

bioquímica s biochemistry.

biosfera s biosphere.

biotecnologia s biotechnology.

biótipo s biotype.

bipar v beep.

bíparo adj Zool biparous.

bipartição s bipartition.

bipartido adj bipartite; furcate.

bipartir v furcate.

bipe s 1 beep (som ou sinal emitido). 2 beeper (aparelho sonoro); pager.

bípede adj e s biped.

bipétalo adj bipetalous.

biplano s biplane.

bipolaridade s bipolarity.

birote s bun.

biruta s 1 nuts; daft; crazy. 2 Aer windsock.

bis interj bis; encore.

bisão s Zool bison.

bisar v encore.

bisavô s great-grandfather.

bisavó s great-grandmother.

bisavós s great-grandparents.

bisbilhotar v eavesdrop; gossip; nose; snoop.

bisbilhoteiro adj nosy; snoopy. ll s eavesdropper; snoop.

bisbilhotice s gossip.

biscoito s biscuit; cracker; cookie.

bisel s bevel.

bismuto s bismuth.

bisnaga s squirt; tube.

bisneta s great-granddaughter.

bisneto s great-grandson.

bispado s bishopric; episcopate.

bispo s bishop (Ecles e peça do jogo de xadrez).

bisseção s bipartition; bisection.

bissetriz s bisector.

bissexto adj bissextile.

bissexual *adj* e *s* bisexual.
bisteca *s* T-bone.
bisturi *s Med* bistoury; scalpel; lancet.
bit *s Comp* bit.
bitola *s* gauge.
bivalente *adj Quím* divalent.
bizantino *adj* e *s* Byzantine.
bizarro *adj* bizarre; odd; queer; strange.
blasfemador *s* blasphemer.
blasfemar *v* blaspheme; curse; damn.
blasfêmia *s* blasphemy; oath.
blasfemo *adj* blasphemous.
blasonar *v* boast; show off.
blazer *s* blazer.
blecaute *s* blackout.
blefar *v* bluff; cheat (em jogo).
blefe *s* bluff.
blindado *adj* armored; mailed.
blindagem *s* armor; shield.
blindar *v* armor; mail.
bloco *s* 1 bloc (de nações). 2 block (de madeira, metal, concreto, conjunto habitacional, etc.). 3 book. 4 crowd. 5 square.
bloquear *v* bar; block; stop.
bloqueio *s* 1 block; stop. 2 blockade (de países, cidades, áreas, etc.).
blues *s Mús* blues.
blusa *s* blouse; waist (do vestido).
boa-praça *s* good fellow.
boas-vindas *s* welcome.
boate *s* nightclub.
boateiro *s* alarmist.
boato *s* gossip; hearsay; report; rumor.
bobagem *s* nonsense; rubbish; bullshit.
bobalhão *s* goof.
bobão *s gír* jerk.
bobina *s* bobbin; coil; reel; spool.
bobo *adj inform* daffy; *gír* dumb; jerky; silly.
ll *s* bozo; fool; *inform* goose; *gír* sucker.
boca *s* mouth; *gír* yap; trap.
boca-de-lobo *s* manhole (de rede de esgoto).
bocado *s* bit; bite; nip; morsel (de comida); mouthful.
bocal *s* 1 *Mús* embouchure (de instrumento). 2 socket (de lâmpada). 3 mouthpiece (de telefone ou instrumento musical).
bocejar *v* gape; yawn.
bocejo *s* gape; yawn (também como demonstração de tédio).

bochecha *s* cheek; jowl.
bochechudo *adj* cheeky.
bócio *s* goiter.
boda *s* marriage; wedding; nuptials.
bode *s inform* billy; goat.
bodoque *s* slingshot.
boêmia *s* bohemia.
boêmio *adj* bohemian.
bofetada *s* cuff; slap; whack; wipe.
boi *s* ox.
bói *s* office boy.
bóia *s* 1 buoy; life buoy; float. 2 *gír* grub.
boiadeira *s fem* cowgirl.
boiadeiro *s masc* cowboy; herdsman.
boiar *v* buoy; float; drift.
boicotar *v* blackball; boycott.
boicote *s* boycott.
boina *s* cap; beret.
bojo *s* bulge; cup; bowl.
bola *s* ball.
bola-ao-cesto *s Esp* basketball.
bolacha *s* 1 biscuit; cracker; cookie. 2 slap.
bolada *s inform* packet (de dinheiro).
bolar *v inform* dope.
bolchevique *s* Bolshevik.
bolchevismo *s* Bolshevism (*tb* bolshevism).
bolchevista *adj* Bolshevik; Bolshevist.
boldrié *s* baldric.
boléia *s* box.
bolero *s* bolero.
boletim *s* bulletin; dispatch; report.
boleto *s* billet.
bolha *s* 1 blister. 2 bubble.
boliche *s* bowl; bowling.
bólide *s* fireball.
bolinar *v* fondle.
Bolívia *s* Bolivia.
boliviano *adj* e *s* Bolivian.
bolo *s* cake.
bolor *s* fustiness; mildew; mold.
bolorento *adj* fusty; musty.
bolota *s Bot* acorn.
bolsa *s* 1 bag; purse. 2 stock market. 3 *Anat* water bag.
bolsista *s* scholar.
bolso *s* pocket.
bom *adj* good; right; fine.
bomba *s* 1 bomb. 2 pump (de gasolina). 3 éclair (doce).

bombarda s bombard.

bombardear v bomb; bombard; shell.

bombardeio s bombing; shellfire.

bombardeira s embrasure.

bombardeiro s bombardier; bomber.

bombardino s Mús saxhorn.

bombástico adj bombastic; fustian.

bombeiro s fireman.

bombinha s cracker; firecracker (artefato pirotécnico).

bombo s Mús bass drum.

bombom s bonbon; candy.

bombordo s Náut larboard.

bonançoso adj calm.

bondade s benevolence; goodness; graciousness; kindness.

bonde s cable car; streetcar; trolley; trolley car.

bondoso adj benevolent; kind; kindhearted; generous.

boné s cap.

boneca s doll; inform dolly (termo infantil).

boneco s dummy; manikin.

bonificação s bônus; reward.

bonina s daisy.

bonito adj beautiful; pretty; lovely; handsome; nice; comely; cute.

bônus s bonus.

boquilha s mouthpiece.

bórax s borax.

borboleta s butterfly.

borbotão s gurgle.

borbotar v gurgle.

borbulha s blob; bubble; burble.

borbulhante adj bubbly; effervescent.

borbulhar v bubble; burble; gurgle.

borbulho s bubble.

borda s border; edge; margin; limit.

bordadeira s embroiderer.

bordado s embroidery.

bordador s embroiderer.

bordão s cudgel.

bordar v embroider.

bordejar v Náut board; march.

bordel s brothel; call house; whorehouse.

bordo s board.

bordoada s drub; punch; stroke.

boreal adj boreal; northern.

bórico adj boric; boracic.

borla s tassel (de cortina, almofada, etc.).

bornal s haversack.

boro s Quím boron (B).

borracha s 1 rubber; caoutchouc. 2 eraser.

borrado adj blurry; fuzzy.

borrão s 1 blot (de tinta de escrever). 2 blur. 3 dot. 4 mackle (ao imprimir um documento).

borrar v blot; blur; blotch; smudge.

borrasca s tempest; storm.

borrifador s sprinkler.

borrifar v sprinkle; dabble; spray.

borrifo s sprinkle; spray (de água ou espuma do mar).

borzeguim s buskin.

Bósnia-Herzegóvina s Bosnia and Herzegovina

bosque s bush; thicket.

bossa s boss.

bosta s shit; crap.

bota s boot.

botânica s botany.

botânico adj botanical. ll s botanist.

botão s 1 Bot eye; bud; burgeon. 2 button. 3 stud (de colarinho).

botar v 1 put. 2 lay (ovos).

bote s Náut boat; dinghy; skiff.

botequim s tavern; bar.

botequineiro s barkeeper.

boticário s apothecary; pharmacist; druggist.

botina s boot.

botoeira s buttonhole.

Botsuana s Botswana.

bovino adj bovine. ll s bovine; ox.

boxe s ll Esp boxing.

boxear v ll Esp box.

braça s fathom (medida náutica equivalente a 1,83 m).

braçada s armful.

braçadeira s brace; bracer; clamp; clincher.

braçal adj manual.

bracelete s bracelet; bangle; wristlet.

braço s arm (tb de mar, rio, instrumento, cadeira, âncora); inform wing.

bradar v cry; shout; scream; whoop.

brado s clamor; cry; ejaculation; exclamation; whoop.

braguilha s fly.

bramido s bellow; roar.

bramir v **1** roar; yell. **2** bellow.

branco s white (cor e pessoa); gír paleface (pessoa). || adj **1** hoary (especialmente os cabelos, pela idade). **2** white; pale.

brancura s whiteness.

brandir v flourish; brandish.

brando adj mild; tender; soft.

brandura s mildness; tenderness; softness.

branqueador s bleacher.

branqueamento s bleach.

branquear v bleach; white; whiten.

brânquias s pl Zool gills.

brasa s ember.

brasão s blazon; coat of arms; escutcheon (heráldica).

braseiro s brazier.

Brasil s Brazil.

brasileiro adj e s Brazilian.

brasonar v emblazon.

bravatear v roister.

braveza s **1** rage. **2** courage.

bravio adj **1** wild. **2** fierce. **3** rough.

bravo adj **1** brave; courageous. **2** fierce; furious. || s brave. || interj bravo.

bravura s bravery; courage; courageousness.

brear v tar.

brecar v brake.

brecha s breach; gap; opening; loophole.

brejo s swamp; marsh; bog.

breque s brake; break.

bretão s Briton.

breu s tar.

breve adj brief; short; quick.

breviário s breviary.

brevidade s shortness; haste; concision.

bridão s checkrein.

briga s dispute; fight; quarrel; inform mix-up.

brigada s brigade.

brigadeiro s Mil brigadier.

brigão adj rowdy; scrappy; quarrelsome. || s brawler; rowdy.

brigar v fight; quarrel; brawl; scrap.

briguento adj quarrelsome; rowdy.

brilhante adj bright; brilliant; shiny; glossy. || s Min brilliant.

brilhantina s brilliantine.

brilhar v shine; flash; glitter; sparkle.

brilho s brightness; flash; shine; sparkle.

brim s jean; denim; canvas; dungaree (te cido grosso de algodão).

brincadeira s play; fun; joke; game; gír wisecrack (irreverente ou sarcástica) trick.

brincalhão adj frolicsome; larky. || s joker frolicsome.

brincar v play; frolic; fun; joke; kid.

brinco s earring.

brindar v cheer; toast; wassail (à saúde felicidade, etc.).

brinde s toast; wassail (à saúde, felicida de, etc.).

brinquedo s toy.

brioche s bun.

brisa s breeze; air.

britadeira s breaker; jackhammer.

britânico adj Britannic; British. || s British

britar v knap; grind; crush.

broca s **1** drill. **2** woodborer (inseto).

brocado s brocade.

brocar v bore; drill.

brocha s tack.

broche s brooch; pin.

brochura s booklet; brochure; paperback

brócolos s broccoli.

bromato s Quím bromate.

bromo s Quím bromine (símb **Br**).

bronca s earful; scolding.

bronco adj stupid; rude. || s gír dumbbell fathead.

brônquio s bronchus.

bronquite s Med bronchitis.

bronze s bronze.

bronzeado adj **1** bronze. **2** tanned. || s tan

bronzear v **1** tan. **2** bronze.

broquel s buckler.

brotar v **1** bud; spring; sprout. **2** wel (água).

broto s bud; Bot eye; shoot; sprig; sprout

broxa s brush; paintbrush.

bruma s fog; haze; mist.

brumoso adj foggy; misty; hazy.

Brunei s Brunei.

brunir v burnish; polish.

bruscamente adv abruptly; suddenly.

brusco adj **1** abrupt. **2** harsh.

brutal adj brutal; cruel.

brutalidade s brutality; barbarity; bestiality.

brutalizar v brutalize; coarsen.

brutamontes s hulk.

bruto adj 1 rude; rough; swinish. 2 gross (peso, lucro, etc.). ‖ s 1 inform caveman. 2 gross (sem deduções). 3 rude.

bruxa s witch; sorceress; inform hellcat.

bruxaria s sorcery; witchcraft.

bruxismo s bruxism.

bruxo s sorcerer; warlock; witch doctor (especialmente entre os povos africanos).

bruxuleante adj flickering.

bruxulear v flicker; glimmer.

bruxuleio s flicker; glimmer.

bubônico adj bubonic.

bucal adj buccal; oral.

bucaneiro s buccaneer.

bucha s 1 wad. 2 bush. 3 sleeve.

bucho s maw (dos animais); tripe.

buço s fluff.

bucólico adj bucolic.

budismo s Buddhism.

budista adj e s Buddhist.

bueiro s manhole.

búfalo s Zool buffalo.

bufão s buffoon; jester; zany.

bufar v blow; snort; puff.

bufê s buffet; sideboard.

bufo s snort. ‖ adj comical.

bugiganga s bauble; gewgaw; stuff.

bugre s Indian; aborigine.

bujarrona s Náut jib.

bula s 1 instructions. 2 Ecles bull.

bulbo s bulb; clove; seed.

bulboso adj bulbous.

buldogue s bulldog.

buldôzer s bulldozer.

bule s coffeepot; teapot.

bulevar s boulevard.

Bulgária s Bulgaria.

búlgaro adj e s Bulgarian.

bulha s ado.

bulimia s bulimia.

bulir v 1 agitate; stir. 2 touch.

bumerangue s boomerang.

buquê s bouquet.

buraco s hole; gap; hollow.

burburejar s bubble; gurgle.

burburinho s murmur; disorder; confusion.

burgo s borough; burg.

burguês adj bourgeois. ‖ s 1 bourgeois. 2 burgher.

burguesia s bourgeoisie.

buril s burin; chisel; graver.

Burkina Fasso s Burkina Faso.

burla s circumvention; hoax; swindle; trick.

burlador s hoaxer.

burlar v gír diddle; dodge; fiddle; hoax; swindle; trick.

burlesco adj burlesque; comical.

burocracia s bureaucracy; gír city.

burocrata s bureaucrat.

burocrático adj bureaucratic.

burrice s stupidity; foolishness.

burro adj dull; stupid; gír dumb. ‖ s 1 donkey. 2 dunce.

Burundi s Burundi.

busca s quest; search; inquiry.

busca-pé s cracker; squib.

buscar v 1 search; seek; loock for. 2 hunt.

bússola s compass; compass card.

busto s 1 bust (escultura). 2 bosom.

Butão s Bhutan.

butique s boutique.

buzina s horn.

buzinada s honk.

buzinar v honk; horn.

búzio s conch.

byte s Comp byte.

C

c ou **C** s the third letter of the alphabet.
ca abrev ac (alternating current).
cã s khan (soberano em certas regiões da Ásia).
cabaça s 1 calabash. 2 gourd.
cabala s cabala.
cabalar v canvass.
cabalístico adj cabalistic.
cabana s cabin; hut; shanty.
cabaré s cabaret.
cabeça s 1 head. 2 gír block; dome; conk; nob; sconce.
cabeça-de-vento s featherbrain.
cabeça-dura s 1 blockhead. 2 inform chucklehead; hardheaded.
cabeçalho s 1 Comp header. 2 heading; letterhead.
cabecear v head; nod.
cabeceira s 1 fountainhead; head (de cama, de mesa, de rio); headboard (de cama, de sepultura, etc.). 2 top (cama).
cabeçote s head.
cabeçudo adj mulish.
cabedal s capital.
cabeleira s 1 head of hair (natural). 2 wig (artificial).
cabeleireiro s hairdresser; hairstylist; coiffeur.
cabelo s hair.
cabeludo adj hairy.
cabide s hanger.
cabido s Ecles chapter.
cabina s booth (telefônica, para a urna nas eleições, etc.); box.
cabo s 1 cable; cape. 2 Mil corporal. 3 handle; shaft; haft; hilt (de machado, martelo, etc.). 4 Náut painter.
cabograma s cable; cablegram.
cabotagem s cabotage.
cabra s goat; nanny goat.
cabrestante s Náut capstan.
cabresto s halter.
cabriola s capriole.
cabriolar v capriole; caper.

cabriolé s gig.
cabritinho s yeanling.
cabrito s kid.
cabular v play truant.
caça s 1 hunt; hunting; quarry; chase (animais). 2 take. 3 shoot. 4 Aer fighter; game (animais).
caçada s 1 hunt; hunting; chase. 2 shoot.
caçador s hunter; huntsman; chaser; courser.
caçamba s scoop (de escavadeira).
cação s Zool tope.
caçar v hunt; chase; shoot.
cacarejar v cackle; chuck; clack; cluck.
cacarejo s cackle; chuck; chuckle; cluck.
caçarola s casserole; saucepan; pan.
cacau s cacao.
cacaueiro s cacao.
ca/cc abrev ac/dc (alternating current/direct current).
cacete s cudgel; bludgeon.
cache s Comp cache.
cachecol s scarf; muffler; comforter.
cachepô s cachepot.
cachinada s cachinnation.
cachinar v cachinnate.
cacho s 1 bunch; cluster (de bananas). 2 lock; wisp (de cabelo).
cachoeira s 1 waterfall. 2 linn.
cachola s pate.
cachorrinho s doggy.
cachorro s dog.
cachorro-quente s hot dog.
cachumba s mumps.
cacique s 1 cacique. 2 elder.
caco s 1 shard (de vidro, metal, etc.). 2 shiver.
caçoada s banter.
caçoar v tease; rally; snigger; banter.
cacófato s cacophony.
cacofonia s cacophony.
cacografia s cacography.
cacto s cactus.
caçula s baby.

cada *adj* any; each; every. ‖ *adv* apiece; each. ‖ *pron* each.

cadafalso *s* scaffold; gallows.

cadarço *s* shoelace.

cadastro *s* cadastre; register; record.

cadáver *s* cadaver; corpse; body.

cadavérico *adj* cadaveric; cadaverous; deathly; ghastly.

cadeado *s* padlock; lock.

cadeia *s* 1 cage. 2 *gír* can; cooler; coop; jug.

cadeira *s* chair; seat.

cadela *s* bitch.

cadência *s* 1 *tb Mús* beat; cadence; cadency. 2 rhythm. 3 *Mús* tempo.

cadenciado *adj* cadenced; cadent.

cadente *adj* cadent.

caderneta *s* passbook.

caderno *s* book; copybook.

cadete *s* cadet.

cadinho *s* melting pot.

cádmio *s Quím* cadmium.

caducar *v* lapse.

caducidade *s* decrepitude.

caduco *adj* deciduous; decrepit; senile.

cafajeste *s* e *adj* boor; churl.

café *s* 1 coffee (bebida e fruto). 2 coffee-house (estabelecimento).

cafeeiro *s* e *adj* coffee.

cafeína *s* caffeine.

cafeteira *s* coffeepot.

cafeteria *s* café.

cafetina *s* bawd.

cáften *s gír* cadet.

cágado *s Zool* tortoise.

caiaque *s* kayak.

caiar *v* whitewash.

cãibra *s* cramp; crick; kink.

caibro *s* rafter.

caimento *s* 1 drape (roupa, tecido). 2 tip.

caipira *s* e *adj* 1 bumpkin; clodhopper. 2 *inform* hillbilly; yokel.

cair *v* down; fall; go down; sag; sink; slough (casca de ferida); slump; swoop.

cais *s* quay; jetty; wharf; levee.

caixa *s* 1 box. 2 case; chest.

caixa-forte *s* safe-deposit box.

caixão *s* coffin.

caixa-preta *s* black box.

caixeiro *s* salesclerk.

caixilho *s* chassis; frame (de teatro, etc.).

caixote *s* 1 box; crate. 2 chest.

cajado *s* staff.

caju *s* cashew.

cajueiro *s* cashew.

cal *s* lime.

calabouço *s* 1 dungeon. 2 *inform* lockup.

calado *adj* dumb; mum; silent; speechless; mute; quiet; uncommunicative. ‖ *s Náut* draft (de um navio).

calafate *s* caulker.

calafetador *s* caulker.

calafetar *v* caulk.

calafrio *s* 1 chill; creep. 2 *Med* rigor; shakes; shiver.

calamidade *s* calamity; disaster; bale; balefulness; curse; ill.

calamitoso *adj* calamitous; disastrous; baleful.

calandra *s* calender (máquina); roller; mangle.

calandrar *v* calender; roll (papel); mangle.

calar *v* clam; hush.

calçada *s* sidewalk.

calçadeira *s* shoehorn; wedge.

calçado *s* footgear; footwear; shoe.

calcanhar *s* heel.

calcanhar-de-aquiles *s fig* Achilles' heel.

calção *s* 1 trousers. 2 shorts; trunks.

calcar *v* tread; trample; ram; tread down.

calçar *v* boot; shoe; trig.

calcário *adj* calcareous. ‖ *s* limestone.

calças *s pl* trousers; slacks.

calcificação *s* calcification.

calcificar *v* calcify.

calcinação *s* calcination.

calcinar *v* calcine; burn.

calcinha *s geralm pl* pant; *pl* panties (de mulher).

cálcio *s* calcium (símb Ca).

calço *s* chock; chuck; cleat; shim; skid (de roda); trig.

calculador *adj* calculating. ‖ *s* counter.

calculadora *s* computer.

calcular *v* 1 calculate; compute; reckon. 2 count. 3 estimate. 4 figure.

calculável *adj* calculable; computable.

calculista *s* e *adj* arithmetician.

cálculo s 1 account; calculation. 2 Mat calculus; cast; computation; estimate; numeration; sum. 3 Med concretion (em algum órgão); stone (renal).

calda s syrup.

caldeira s boiler; caldron.

caldeirão s caldron; kettle; melting pot.

caldo s broth; juice.

caleça s calash.

caleche s calash.

caleidoscópio s kaleidoscope.

calejado adj callous.

calendário s calendar.

calendas s calends (o primeiro dia da lua nova e o primeiro dia do mês no antigo calendário romano).

calêndula s Bot marigold.

calha s gutter; spout; waterspout; trough (de telhado).

calhambeque s gir jalopy; rattletrap.

calhandra s Zool lark.

calhau s shingle.

calibrador s calibrator; gauge.

calibragem s calibration.

calibrar v calibrate; gauge.

calibre s caliber; bore (de arma); gauge.

cálice s calix; goblet.

califa s caliph.

caliginoso adj caliginous.

caligrafia s calligraphy; hand; handwriting; writing.

calígrafo s calligrapher.

calma s calm; calmness; composure; coolness; hush; quiet; serenity; lull; moderation.

calmamente adv collectedly; coolly; dispassionately; still.

calmante adj 1 assuasive. 2 Med calmative; soothing. II s Med calmative; sleeping pill; lenitive; mollifier; tranquilizer.

calmaria s lull.

calmo adj 1 calm; quiet; still. 2 serene; undisturbed. 3 even; even-tempered. 4 unmoved. 5 cool. 6 dispassionate. 7 unperturbed.

calo s corn; callus.

calombo s knot.

calor s fever; fire; heat.

caloria s calorie.

calórico adj caloric (relativo a calor ou a caloria). II s Fís caloric.

calorífico adj calorific.

calorimetria s calorimetry.

calorímetro s calorimeter.

caloroso adj warm; effusive.

calosidade s callosity; corn.

caloso adj callous; rough.

calota s 1 hubcap. 2 spherical calotte. 3 cap; skullcap.

calote s trick; cheat.

calouro s freshman (de escola ou faculdade).

calúnia s 1 calumny; aspersion; detraction; obloquy. 2 Jur slander.

caluniador s calumniator.

caluniar v calumniate; slander; backbite; blacken; blaspheme; malign; traduce.

calunioso adj calumnious; slanderous.

calvário s Calvary.

calvície s baldness.

calvinismo s Calvinism.

calvinista adj e s Calvinist.

calvo adj bald; baldpate; glabrous; hairless. II s baldhead.

cama s 1 bed. 2 inform rack; sack.

camada s 1 layer. 2 blanket; coat; coating (de tinta, de proteção); flake; overlay; rime (de gelo, barro); thickness; tier (colocada uma em cima da outra); scale; sheet (de gelo). 3 Geol stratum; bed.

camafeu s cameo.

camaleão s Zool chameleon.

câmara s 1 camera. 2 chamber.

camarada s 1 companion; chap; compeer; comrade; crony; dude; fellow. 2 buddy. 3 inform guy. 4 gír kid; mate.

camaradagem s companionship; comradeship.

camarão s Zool shrimp.

camarão-d'água-doce s crayfish.

camareira s chambermaid; housekeeper.

camareiro s chamberlain; dresser; housekeeper.

camarim s dressing room.

camarote s box; stateroom (em trem ou navio).

cambaio adj e s bowlegged.

cambaleante adj groggy; staggering.

cambalear v reel; falter; stagger; totter.
cambaleio s totter.
cambalhota s caper; somersault; frisk; tumble.
cambapé s trip.
cambiar v change; exchange.
câmbio s change; exchange.
cambista s moneychanger; scalper.
cambraia s cambric.
camélia s Bot camellia.
camelo s Zool camel.
caminhada s 1 walk. 2 hike; constitutional; ramble.
caminhante s walker; wanderer; wayfarer.
caminhão s truck; dray.
caminhar v 1 walk. 2 hike; march; tread.
caminho s road; route; lane; wake; walkway; way; track; trail; pass; passageway; path; pathway.
camisa s 1 shirt. 2 mantle (de lampião).
camisa-de-força s straitjacket.
camisa-de-vênus s condom.
camiseta s undershirt.
camisinha s gír rubber; condom.
camisola s nightgown.
camomila s Bot camomile.
campainha s bell; doorbell; buzzer.
campanário s campanile; belfry; steeple.
campanha s campaign (militar, eleitoral); drive; movement.
campanólogo s campanologist.
campeão s 1 champion; champ. 2 ace.
campeonato s championship.
campestre adj rural; rustic; bucolic; country.
campina s champaign; green; sward; lea.
campista s camper.
campo s 1 camp; country; field; ground. 2 scope; domain.
camponês s peasant; countryman; cottager; yokel. II adj rustic; bucolic.
camponesa s peasant; countrywoman.
campônio s chuff.
camuflado adj cryptic.
camuflagem s camouflage.
camuflar v 1 camouflage. 2 belie.
camurça s chamois; buckskin; suede.
cana s cane.
Canadá s Canada.
cana-de-açúcar s Bot sugar cane.

canadense adj e s Canadian.
canal s 1 canal. 2 channel; creek; cut; deferent; dike; duct; gullet; gully; inset; race (rio); sound; vessel; lock; waterway.
canalete s groove.
canalha adj e s scoundrel.
canalização s canalization.
canalizar v canalize; channel; dike.
canário s Zool canary.
canção s song; ballad; chanson.
cancela s gate; barrier.
cancelado adj off.
cancelamento s cancel; cancelation; cassation; recall; effacement.
cancelar v 1 cancel; call off; expunge; nullify; recall; remit; revoke. 2 Esp scratch (luta, competição, etc.). 3 gír scrub; vitiate; withdraw; write off (uma dívida).
cancelável adj abolishable.
câncer s 1 Med cancer. 2 Astrol e Astron cancer; crab; growth.
cancerar v canker.
canceroso adj cancerous; cankerous; malignant.
cancro s Med cancer; canker.
candeia s candle.
candelabro s girandole; luster.
candente adj candent.
candidatar(-se) v apply (emprego).
candidato s candidate; applicant (emprego, cargo); expectant.
candidatura s candidacy.
cândido adj candid; credulous.
candura s candidness; chasteness; frankness.
caneca s mug; can.
canela s 1 Zool cannon (de cavalo ou boi); shank. 2 Anat shin. 3 cinnamon (casca da caneleira).
canelado adj grooved; fluted.
caneleira s 1 Bot cinnamon. 2 shin guard.
caneta s pen.
caneta-tinteiro s fountain pen.
cânfora s camphor.
canforar v camphorate.
canga s yoke.
canguru s Zool kangaroo.
cânhamo s hemp.
canhão s cannon.

canhonear v cannon.

canhoneira s 1 embrasure. 2 *Náut* gunboat.

canhoto adj left-handed. ll s 1 left-hander. 2 counterfoil (de talão, recibo, etc.); stub (de talão de cheque).

canibal s cannibal; man-eater.

canibalismo s cannibalism.

canicular adj canicular.

canil s kennel.

canino adj e s canine.

canivete s jackknife.

canjica s grits.

cano s 1 barrel (de arma de fogo). 2 conduit. 3 drain.

canoa s canoe; dugout.

canoeiro s canoeist.

cânon s 1 canon. 2 *Mús* glee.

cânone s canon.

canonicato s canonry.

canônico adj canonical.

canonista s canonist; canoness.

canonização s canonization; consecration.

canonizar v canonize.

cansaço s fatigue; lassitude; effeteness.

cansado adj 1 *inform* beat; fed up (de uma situação, etc.). 2 tired; lax; weary; worn-out.

cansar v tire; fatigue; jade; get down; harass; weary.

cansativo adj wearing; wearisome; weary; hard.

cantão s canton.

cantar v sing; chant.

cantarolar v hum.

canteiro s garden bed; patch.

cântico s canticle; chant.

cantiga s *Mús* ditty; descant; aria.

cantil s canteen; flask.

cantina s canteen; commissary.

canto s corner; song; paean (de alegria, louvor, etc.).

cantochão s chant.

cantor s singer; vocalist; crooner.

cantora s *gír* canary.

canudo s straw (para beber).

cânula s tap.

cão s 1 dog. 2 hammer (de espingarda).

cãozinho s doggy.

caos s chaos; topsy-turvy.

caótico adj chaotic; confused; anarchic.

capa s 1 coat; cloak; mantle. 2 wrapper; covering; envelope. 3 jacket; sleeve (de disco).

capacete s helmet; casque.

capacho s doormat; mat.

capacidade s 1 capacity; capableness; capability; ability; aptitude; aptness. 2 capaciousness (espaço ou volume); measure.

capacitar v capacitate; enable.

capanga s henchman; bully.

capão s capon.

capar v castrate.

capataz s foreman; captain.

capaz adj capable; able; clever; competent; fit; qualified.

capcioso adj captious; catchy; fair.

capela s chapel; bethel.

capela-mor s chancel.

capelania s chaplaincy.

capelão s 1 chaplain. 2 *inform* padre.

capilar adj capillary.

capilaridade s capillarity.

capim s grass.

capinar v weed.

capitação s capitation.

capital adj capital. ll s capital; seat; money.

capitalismo s capitalism.

capitalista adj e s capitalist.

capitalização s capitalization.

capitalizar v capitalize; fund.

capitania s captaincy.

capitão s captain.

capitel s *Arq* cap.

capitólio s Capitol.

capitulação s capitulation.

capitular v capitulate. ll s initial.

capítulo s chapter.

capô s hood.

capoeira s coop.

capota s roof.

capotagem s overturn.

capotar v overturn; upset; overthrow.

capote s cloak.

capricho s 1 caprice; capriciousness; whim; maggot; mood. 2 fancy.

caprichoso adj 1 capricious; wayward; whimsical. 2 freakish.

capricórnio s Astrol e Astron Goat.
cápsula s capsule; boll.
capsulado adj capsulate; capsular.
capsular adj capsular.
captação s catchment.
captor s captor.
captura s capture; seizure; arrest; arrestment; catch; catchment.
capturar v capture; arrest; win (numa batalha).
capuz s hood.
caqui s kaki.
cara s 1 face. 2 inform guy; visage.
carabina s carbine; rifle.
caracol s 1 Zool snail. 2 Anat e Med cochlea; coil; curl.
carácter s character.
caractere s character.
característica s attribute; feature; trait.
característico adj characteristic; discriminating; distinctive; typical.
caracterização s characterization.
caracterizar v character; characterize.
caramanchão s bower.
caramba interj gosh.
carambola s carambola; carom (no bilhar).
carambolar v carom (no bilhar).
caramelizar v caramelize.
caramelo s caramel; toffee.
caramujo s snail.
caranguejo s 1 Zool crab. 2 Astrol e Astron Cancer.
carapaça s 1 carapace. 2 Zool cuirass; shell; mail.
caratê s Esp karate.
carateca s Esp karateist.
caráter s 1 character; nature; make-up. 2 mark. 3 texture.
caravana s caravan.
caravela s caravel.
carboidrato s carbohydrate.
carbonado adj carbonaceous.
carbonatar v carbonate.
carbonato s carbonate.
carbonífero adj Geol carbonaceous; carboniferous.
carbonização s carbonization.
carbonizar v carbonize; carbonate; char.
carbono s carbon.

carburador s carburetor.
carburar v carburize.
carcaça s carcass; body; frame; skeleton.
cárcere s jail.
carcereiro s jailer; turnkey.
carda s card; comb.
cardador s comber.
cardápio s menu; card.
cardar v comb; rove (lã).
cardeal s e adj cardinal.
cardíaco adj e s cardiac.
cardigã s cardigan.
cardinal s cardinal (número).
cardiografia s cardiography.
cardiógrafo s cardiograph.
cardiograma s cardiogram.
cardiologia s cardiology.
cardiologista s cardiologist.
cardo s Bot thistle.
cardume s shoal.
careca adj bald. ll s baldhead; baldpate.
carecer v need.
carena s Zool keel.
carência s lack; want; need; absence; bareness; exiguity.
carente adj deprived.
carestia s dearness; dearth.
careta s grimace; face; mouth.
carga s 1 burden; load; loading. 2 cargo; freight; luggage. 3 shipment. 4 charge; shot (de explosivo).
cargo s 1 charge. 2 employment; office; commission; tax.
cargueiro s freighter.
cariado adj carious.
cariar v decay.
caricatura s caricature; burlesque; cartoon; lampoon; travesty.
caricaturar v caricature; burlesque.
caricaturista s caricaturist; cartoonist.
carícia s endearment; chuck; dalliance; stroke.
caridade s charity; benefaction; benevolence; charitableness.
caridosamente adv charitably.
caridoso adj charitable; benevolent; kind.
cárie s caries; decay; cavity.
caril s curry.
carimbar v stamp.

carimbo *s* stamp; impress; signet; mark.

carinho *s* caress; dearness; blandishment; cuddle.

carinhosamente *adv* affectionately.

carinhoso *adj* affectionate; endearing.

carisma *s* charisma.

caritativo *adj* charitable; beneficent.

carmesim *s* crimson.

carmim *s* carmine (cor).

carminar *v* crimson.

carnal *adj* carnal; fleshly.

carnalidade *s* carnality.

carnaval *s* carnival.

carne *s* flesh; meat.

carneiro *s Zool* ram; sheep.

carne-seca *s* jerky.

carniça *s* carrion.

carniceiro *s* **1** butcher. **2** *adj fig* sanguinary.

carnificina *s* **1** carnage; bloodshed. **2** butchery. **3** slaughter; massacre.

carnívoro *adj* e *s* carnivorous.

carnudo *adj* meaty; beefy; fleshly.

caro *adj* e *adv* **1** expensive; costly; dear. **2** beloved; dear.

caroço *s* **1** kernel. **2** *Bot* stone.

carona *s* hitch.

carótida *s Anat* carotid.

carpa *s Zool* carp.

carpintaria *s* carpentry.

carpinteiro *s* carpenter.

carpo *s Anat* carpus.

carranca *s Náut* frown; scowl; figurehead.

carranquear *v* frown.

carrapato *s* tick (inseto).

carrapicho *s Bot* cocklebur.

carrasco *s* hangman; executioner.

carregado *adj* **1** fraught (com). **2** strained.

carregador *s* **1** loader; carrier. **2** bearer.

carregamento *s* **1** carry. **2** charge. **3** shipment.

carregar *v* **1** carry. **2** load (veículos, armas de fogo). **3** charge (bateria, etc.). **4** blow (pelo vento). **5** burden. **6** convey. **7** ride.

carreira *s* **1** career. **2** scoot. **3** scud. **4** artistry (artística).

carreta *s* dray.

carretagem *s* cartage.

carreteiro *s* carrier; drayman.

carretel *s* spool; bobbin; reel; spindle.

carreto *s* **1** cartage; haulage. **2** carriage. **3** fare.

carril *s* rut.

carrilhador *s* chimer.

carrilhão *s* carillon; chime.

carrinho *s* **1** cart (de compras, golfe). **2** wagon (de chá, de bebidas, etc.).

carro *s* **1** car. **2** carriage. **3** coach.

carroça *s* cart; wain.

carroção *s* wain.

carroçaria *s* body of motorcar.

carroceiro *s* drayman.

carrossel *s* **1** carousel. **2** merry-go-round.

carruagem *s* carriage; coach; chariot; diligence; equipage; stagecoach.

carta *s* missive; letter; epistle; mail.

carta-bomba *s* letter bomb.

cartão *s* **1** card. **2** pasteboard; cardboard.

cartão de crédito *s* credit card.

cartão-postal *s* post card.

cartaz *s* bill; poster.

cartear *v* card.

carteira *s* wallet; purse.

carteiro *s* mailman; messenger.

cartel *s Comer* e *Mil* cartel; monopoly.

cartilagem *s Anat* cartilage; gristle.

cartilaginoso *adj* cartilaginous; gristly.

cartilha *s* primer.

cartografia *s* cartography.

cartógrafo *s* mapmaker.

cartola *s* **1** top hat. **2** *gír* topper.

cartolina *s* pasteboard; card.

cartomancia *s* fortunetelling.

cartomante *s* fortuneteller.

cartucho *s* cartridge (de arma de fogo, de impressora, etc.).

cartunista *s* cartoonist.

caruncho *s* blackleg.

carvalho *s Bot* oak.

carvão *s* **1** coal; charcoal (lápis e desenho). **2** firing.

carvoeiro *s* collier.

casa *s* **1** house; home. **2** household. **3** square (no tabuleiro de xadrez). **4** lodging.

casaco *s* **1** coat. **2** wrap.

casado *adj* married.

casadouro *adj* marriageable.

casa-grande s ranch.

casal s **1** couple. **2** pair.

casamata s casement; shelter.

casamento s marriage; wedding; nuptials; union; wedlock.

casar v **1** marry; match; wed. **2** couple. **3** gír tie the knot. **4** pair.

casca s **1** hull (de fruta, semente). **2** husk (de trigo, milho). **3** rind (de fruta). **4** scab (de ferida). **5** shell (de noz). **6** skin. **7** Med slough (de ferida).

cascalho s **1** gravel. **2** rubble; dirt. **3** grit. **4** shingle. **5** metal.

cascata s waterfall; falls; cascade.

cascavel s Zool rattlesnake.

casco s **1** Náut bottom; cask; hull; shell; mail. **2** Zool casque; hoof (de cavalo, boi, etc.).

casebre s hovel.

caseiro adj homemade; homespun; homely; home. ‖ s tenant; caretaker; farm manager.

caserna s **1** barrack. **2** Mil casern.

casimira s cassimere; kerseymere.

casinha s cot; outhouse.

caso s **1** case. **2** business; event. ‖ conj whether.

caspa s dandruff; scale; scurf.

cassação s cassation.

cassetete s billy; club; blackjack.

cassino s casino.

casta s caste; race; feather; kind.

castanha s chestnut; nut.

castanha-do-pará s Brazil nut.

castanheira-do-pará s Brazil nut.

castanheiro s chestnut.

castanho adj brown; chestnut. ‖ s brown (cor).

castanho-amarelado s tan.

castanhola s Mús castanet; clappers.

castelão s castellan.

castelhano s e adj Castilian.

castelo s castle.

castiçal s candlestick; sconce.

castidade s **1** chastity; chasteness; continence. **2** virtue.

castigador s castigator; chastener; chastiser.

castigar v **1** castigate; chasten; chastise; discipline; correct. **2** avenge.

castigo s **1** castigation; chastisement; discipline; correction. **2** scourge. **3** wrath.

casto adj **1** chaste; virtuous; continent. **2** virgin. **3** moral.

castor s **1** beaver. **2** Astron castor.

castração s **1** castration. **2** emasculation.

castrado adj emasculate.

castrar v **1** castrate; geld (cavalo, etc.). **2** emasculate. **3** alter (animais).

casual adj **1** casual. **2** accidental. **3** fortuitous. **4** haphazard. **5** chance.

casualidade s **1** casualty; casualness. **2** fortuity. **3** haphazard. **4** chance.

casualmente adv **1** casually. **2** accidentally. **3** haphazard. **4** anyhow.

casuísta s e adj casuist.

casuística s casuistry.

casulo s **1** boll. **2** cocoon.

catabolismo s Biol catabolism.

cataclismo s cataclysm.

catacumba s **1** catacomb. **2** vault.

catalão adj e s Catalan.

catalepsia s Med catalepsy.

catalisação s Quím catalyze; activation.

catalisador s Quím **1** catalyst. **2** leaven.

catalisar v Quím catalyze; activate.

catálise s Quím catalysis.

catalogar v **1** catalog. **2** list.

catálogo s **1** catalog. **2** list.

cataplasma s Med cataplasm.

catapora s chickenpox.

catapulta s catapult.

catar v glean.

catarata s tb Med cataract; falls; linn.

catarro s Med catarrh.

catarse s catharsis.

catástrofe s catastrophe; disaster.

catastrófico adj catastrophic.

cata-vento s weathervane; vane.

catecismo s catechism.

cátedra s cathedra; chair.

catedral s cathedral.

categoria s **1** category. **2** degree; rate. **3** type. **4** way.

categórico adj categorical; explicit.

categorizar v categorize.

catequese s catechesis.

catequista s catechizer.

catequização s catechization.

catequizar v catechize.

cateter s Med catheter.

cativante adj 1 captivating. 2 catching. 3 arresting. 4 winning. 5 winsome.

cativar v 1 captivate. 2 charm. 3 enthrall.

cativeiro s 1 captivity. 2 bonds; bondage.

cativo adj e s captive.

catódio s Eletr cathode.

catodo, cátodo s Eletr cathode.

catolicidade s catholicity.

catolicismo s Catholicism.

católico adj e s maiús catholic.

catorze num fourteen.

catraca s turnstile.

caubói s wrangler.

caução s 1 guaranty; guarantee. 2 bond; bail.

caucionar v bail; bond.

cauda s tail.

caudado adj caudate.

caudal adj caudal (relat a cauda).

caudilho s duce; chief; general.

caule s stem; shaft.

causa s 1 cause; reason; motive. 2 origin. 3 factor. 4 force. 5 occasion. 6 fount.

causador s causer.

causal adj causal; causative.

causalidade s causality.

causar v 1 cause. 2 motive. 3 occasion. 4 bring. 5 do. 6 generate. 7 induce.

causativo adj e s causative; causal.

causticidade s causticity.

cáustico adj 1 caustic. 2 acrimonious. 3 acrid. II s caustic.

cautela s 1 caution; cautiousness. 2 discretion. 3 advisement. 4 gage. 5 heed; heedfulness.

cautelosamente adv cautiously; gingerly.

cauteloso adj 1 cautious; chary; gingerly. 2 careful. 3 discreet. 4 safe. 5 conservative. 6 canny. 7 deliberate.

cauterização s cauterization.

cauterizar v 1 cauterize. 2 burn.

cavaco s chip.

cavadeira s dibble.

cavador s digger.

cavala s Zool mackerel (peixe).

cavalaria s 1 cavalry. 2 chivalry (Idade Média); knighthood.

cavalariça s stable.

cavalariço s equerry; groom.

cavaleiro s 1 horseman; equestrian. 2 cavalier.

cavalete s 1 easel (de pintor). 2 trestle. 3 bridge.

cavalgada s cavalcade; riding.

cavalgar v 1 ride. 2 jockey. 3 mount.

cavalheiresco adj chivalric.

cavalheirismo s chivalrousness; chivalry.

cavalheiro s e adj 1 gentleman. 2 cavalier. 3 don (título espanhol).

cavalo s 1 horse. 2 knight (no xadrez).

cavalo-marinho s Zool sea horse.

cavalo-vapor s horsepower.

cavanhaque s 1 goatee. 2 tuft.

cavar v 1 dig; delve. 2 excavate. 3 ditch (fosso, rego). 4 grub. 5 gully. 6 hollow. 7 sink (buraco). 8 mine.

caveira s skull.

caverna s cave.

cavernoso adj cavernous.

caviar s caviar.

cavidade s 1 cavity. 2 hole. 3 excavation. 4 bowl. 5 chase. 6 hollow; hollowness. 7 scoop. 8 vesicle.

cavilação s cavil.

cavilar v cavil.

cavilha s cotter; nog.

cavoucar v dig.

cavouqueiro s digger.

caxias s gír wonk.

cear v sup.

cebola s onion bulb.

cebolinha s Bot chive.

ceco s Anat caecum.

ceder v 1 cede. 2 yield. 3 agree. 4 allow. 5 deed. 6 defer. 7 give. 8 render. 9 subside (de nível).

cedilha s cedilla.

cedinho adj wee.

cedo adv early; soon; betimes.

cedro s Bot cedar.

cédula s bill.

cefalalgia s Med cephalalgia.

cefaléia s Med cephalalgia.

cefálico adj cephalic.

cefalite s cephalitis.

cegar v blind.

cego adj e s 1 blind. 2 blunt. 3 dull (instrumento cortante). 4 sightless.

cegonha s Zool stork.

cegueira s blindness.

ceia s supper.

ceifa s 1 harvest. 2 crop.

ceifar v 1 harvest. 2 reap. 3 mow. 4 crop. 5 shear.

ceifeiro s harvester; reaper; mower.

cela s 1 cell. 2 gír clink; tank.

celebração s celebration.

celebrador s celebrator.

celebrante s celebrant.

celebrar v 1 celebrate. 2 commemorate.

célebre adj 1 celebrated. 2 famous. 3 renowned. 4 illustrious. 5 memorable.

celebridade s 1 celebrity. 2 fame. 3 eminence. 4 glory. 5 notable.

celeiro s barn; granary.

celeridade s celerity.

celeste adj 1 heavenly. 2 empyreal. 3 Elysian.

celestial adj celestial; ethereal.

celibatário s celibate; bachelor. II adj celibate.

celibato s celibacy; bachelorhood; bachelorship.

celta s Celt; Celtic. II adj Celtic.

célula s Biol cell; corpuscle.

celular adj cellular.

celulite s cellulite.

celulóide s celluloid.

celulose s cellulose.

cem num hundred.

cemitério s cemetery; graveyard.

cena s 1 scene. 2 stage.

cenário s 1 scene. 2 setting. 3 backdrop. 4 context.

cenho s frown.

cênico adj scenic.

cenografia s scenography.

cenoura s carrot.

censo s census.

censor s censor; critic.

censório adj censorial.

censura s 1 censure; reproof. 2 censorship. 3 reproach. 4 disapprobation. 5 reprehension. 6 disapproval. 7 deprecation. 8 dispraise. 9 blame. 10 rebuke.

censurador adj carping. II s censurer.

censurar v 1 blame. 2 accuse. 3 censor. 4 dispraise. 5 deprecate. 6 carp. 7 comment. 8 discourage. 9 excoriate. 10 reprove.

censurável adj 1 censurable. 2 blamable. 3 blameful.

centão s cento.

centáurea s Bot cornflower.

centauro s 1 Mit centaur. 2 Astrol Centaurus.

centavo s cent.

centeio s rye.

centelha s spark; scintilla.

centena s hundred.

centenário s centenarian. II adj centennial; centenary.

centesimal adj centesimal.

centésimo s e num hundredth.

centígrado s centigrade.

centigrama s centigram.

centilitro s centiliter.

centímetro s centimeter.

cêntimo s cent.

centopéia s Zool centipede.

central adj 1 central. 2 centric. 3 midland. 4 middle.

centralidade s centrality; centricity.

centralização s centralization.

centralizador s centralizer.

centralizar v 1 centralize. 2 center.

centrar v center.

centrifugador s centrifuge.

centrifugar v centrifuge.

centrífugo adj centrifugal.

centrípeto adj centripetal.

centro s 1 center. 2 focal. 3 middle. 4 core. 5 hub. 6 heart. 7 bull's-eye. 8 navel. 9 Anat, Fis, Biol e Quím nucleus.

centúria s century.

centurião s centurion.

CEP s ZIP code; postcode.

cepo s 1 stock. 2 block.

cepticismo, ceticismo s skepticism.

céptico adj skeptical; cynical; incredulous. II s skeptic.

cera s wax.

cerâmica s 1 ceramic. 2 earthenware.

cerâmico adj ceramic.

cerca s 1 fence. 2 stanchion. 3 closure.
cercado s 1 enclosure. 2 stanchion. 3 paddock (para animais).
cercadura s binding.
cercanias s environs; vicinity.
cercar v 1 enclose; fence. 2 encircle. 3 surround. 4 beleaguer. 5 cincture. 6 circle. 7 circumvent. 8 encompass. 9 stanchion (gado).
cerco s 1 enclosure. 2 siege.
cerda s bristle.
cereal adj cereal. ‖ s 1 cereal. 2 grain; kernel.
cerebelo s Anat cerebellum.
cerebração s cerebration.
cerebral adj cerebral.
cérebro s 1 brain. 2 Anat cerebrum; head; mind.
cereja s cherry.
cerejeira s cherry.
cerimônia s 1 ceremony; ceremoniousness. 2 formality. 3 function.
cerimonial adj ceremonial. ‖ s ceremonial; rituals.
cerimonioso adj 1 ceremonious. 2 formal.
cerne s core.
ceroulas s drawers.
cerração s 1 fog; mist. 2 overcast.
cerrado adj 1 bushy. 2 shut.
cerrar v shut.
certamente adv 1 certainly; of course; indeed. 2 inform sure; for sure; surely; sure thing; by all means.
certeza s 1 certainty; assurance. 2 conviction. 3 security. 4 surety.
certidão s 1 certificate. 2 testimonial.
certificação s certification.
certificado s 1 certification; certificate. 2 testimonial. 3 certified.
certificar v 1 certify. 2 attest. 3 authenticate. 4 affirm. 5 certificate. 6 verify.
certificável adj certifiable.
certo adj 1 sure; secure. 2 right. 3 true. 4 certain. 5 confident. ‖ adv right; all right.
cerume s cerumen; earwax; wax.
cerúmen s cerumen.
cerveja s 1 beer. 2 gír suds.
cervejaria s brewery.
cervejeiro s brewer.

cervical adj cervical.
cervino adj cervine.
serviz s cervix.
cervo s deer; hart.
cerzidura s darn; darning.
cerzir v darn; sew.
cesariana s cesarean (parto).
cessação s cessation.
cessão s Jur 1 cession. 2 alienation.
cessar v 1 break. 2 gír cease. 3 desist. 4 discontinue. 5 pass. 6 give over.
cessionário s Jur assign.
cesta s 1 basket. 2 pannier (carregado no lombo de animais).
cestada s basketful.
cesto s 1 basket. 2 pannier (carregado no lombo de animais).
cetáceo adj e s cetacean.
cetim s satin.
cetro s scepter.
céu s 1 sky; heaven. 2 air.
cevada s barley.
chá s tea.
chacal s Zool jackal.
chácara s farm.
chacina s butchery.
chacinar v slay; massacre.
chacota s fleer.
Chade s Chad.
chafariz s fountain.
chafurdar v wallow.
chaga s fester; sore.
chalé s chalet; cottage; lodge.
chaleira s kettle.
chalupa s Náut sloop.
chama s 1 flame. 2 blaze; fire.
chamada s 1 call; calling. 2 Tip catchword. 3 convocation. 4 pl summons.
chamado s 1 cry. 2 call.
chamador s caller.
chamar v 1 call. 2 arrest (atenção). 3 convoke. 4 summon. 5 beckon. 6 name. 7 term.
chamariz s lure; decoy.
chambre s gown.
chamejante adj ablaze; aflame; ardent.
chaminé s 1 chimney. 2 funnel. 3 smokestack (de fábrica, navio, etc.). 4 stack. 5 Geol vent (de vulcão).

champanha s champagne.

chamuscar v 1 singe. 2 scorch; sear.

chamusco s singe.

chance s chance; opportunity.

chancelaria s chancellery; chancery.

chanceler s chancellor.

chanfrado adj bevel.

chanfrador s chaser.

chanfradura s 1 chamfer. 2 bevel. 3 scarf.

chanfrar v 1 chamfer. 2 groove. 3 cant; bevel.

chanfro s chamfer.

chantagem s blackmail.

chantagista s 1 blackmailer. 2 bloodsucker. 3 racketeer.

chão s floor; ground.

chapa s 1 plate; sheet (de metal); lamina. 2 gír dude.

chapar v plate.

chapeleiro s milliner.

chapéu s 1 hat. 2 gír lid.

chapéu-coco s bowler.

chapinhar v paddle.

charada s charade.

charco s bog; slough; fen; mere; moor.

charge s cartoon.

chargista s cartoonist.

charlatanismo s 1 charlatanism. 2 quackery.

charlatão s 1 charlatan. 2 quack.

charme s charm; glamour.

charneca s Bot morass; moor; heath; meadow.

charque s 1 junk. 2 jerky.

charuto s cigar.

chassi s chassis; frame; body.

chata s 1 barge. 2 Náut scow.

chatear v get down.

chatice s gír drag.

chato adj 1 flat. 2 frumpish. 3 slow. 4 leaden. 5 long.

chauvinismo s chauvinism.

chavão s tag.

chave s 1 key. 2 Mús e Tip brace. 3 clew (de mistério).

chaveamento s Comp inform packet switching.

chávena s cup.

chaveta s cotter.

checar v check; tick.

chefe s 1 boss. 2 captain. 3 chief. 4 commander. 5 conductor. 6 duce. 7 head.

chefia s 1 leadership. 2 chieftaincy. 3 command. 4 lead.

chefiar v 1 boss. 2 captain.

chega interj enough.

chegada s advent; arrival; coming; incoming.

chegar v 1 arrive. 2 attain. 3 come. 4 get; get in. 5 inform land.

cheia s 1 flood. 2 flow. 3 fresh. 4 freshet.

cheio adj 1 full; replete. 2 flush. 3 fraught. 4 round.

cheirar v 1 smell; sniff. 2 snuff. 3 nose. 4 scent.

cheiro s 1 smell. 2 odor. 3 scent.

cheiroso adj 1 odorous. 2 redolent. 3 sweet.

cheque s check.

chiado s 1 creak; squeak. 2 fizz. 3 sizzle (de gordura fritando).

chiar v 1 creak; squeak. 2 fizz. 3 fizzle. 4 sizzle. 5 screech. 6 wheeze.

chicana s chicane; chicanery.

chicanar v chicane.

chiclete s chewing gum.

chicória s endive.

chicotada s whipping; stripe; lash.

chicote s whip; switch.

chicotear v whip; lash; flog; flay; switch; whang.

chifrada s butt.

chifrar v butt.

chifre s horn.

Chile s Chile.

chilrada s chatter.

chilrar v chatter.

chilre s chirp.

chilrear v twitter.

chilreio s twitter.

chilro s chirrup.

chimpanzé s Zool chimpanzee.

China s China.

chinelo s slipper.

chinês adj e s Chinese.

Chipre s Cyprus.

chique adj chic; dressy. ll s chic.

chiqueiro s sty.

chispa s spark.

chiste s 1 crack. 2 fun.

chistoso adj witty.

chita s chintz.
chitão s chintz.
choca s broody (galinha).
choça s 1 hovel. 2 crib.
chocalhar v 1 rattle. 2 clatter.
chocalho s rattle.
chocante adj 1 shocking. 2 dread. 3 lurid.
chocar v 1 hatch; brood. 2 incubate.
3 breed. 4 bump. 5 clutch (ovos). 6 shock.
7 collide. 8 conflict. 9 jar.
chocolate s chocolate.
chofer s chauffeur; driver.
chope s draft.
choque s 1 shock. 2 collision; crash.
3 bump. 4 impact. 5 concussion. 6 dash.
7 encounter. 8 jolt. 9 jostle. 10 smash.
choradeira s whimper; blubber; snivel.
choramingar v whimper; whine; snivel;
mewl.
choramingo s snivel.
chorão s Bot weeping willow.
chorar v cry; weep.
choro s 1 cry; weep; whine; blubber. 2 keen.
3 tears.
choroso adj 1 weeping. 2 moist. 3 mournful.
choupana s cabin; shack; cot; hut; shanty;
lodge.
chouriço s sausage.
chover v 1 rain. 2 shower.
chumaço s 1 padding. 2 wad; pad.
chumbada s sinker (pesca).
chumbar v lead.
chumbo s 1 shot (de caça). 2 Quím lead
(símb Pb).
chupão s assassin bug (inseto transmissor da doença de Chagas).
chupar v suck.
chupeta s 1 nipple. 2 pacifier.
churrasco s barbecue.
chutar v kick.
chute s 1 shoot. 2 boot. 3 kick.
chuteira s spike.
chuva s rain; sleet (com granizo ou neve);
wet.
chuvarada s downpour; downfall; rainfall.
chuveiro s shower.
chuviscar v 1 drizzle; mizzle; sprinkle. 2 mist.
chuvisco s drizzle; mizzle; sprinkle.

chuvoso adj 1 rainy; drizzly. 2 showery.
3 wet.
cianeto s cyanide.
ciânico adj Quím cyanic.
cianureto s cyanide.
cibernética s cybernetics.
cicatriz s 1 scar; cicatrix. 2 seam.
cicatrização s cicatrization.
cicatrizar v cicatrize; scar; heal.
cicerone s cicerone.
cíclico adj cyclic.
ciclismo s cyclism.
ciclista s cyclist; biker.
ciclo s 1 cycle. 2 circle. 3 round.
cicloidal adj cycloidal.
ciclóide s cycloid.
ciclone s cyclone.
ciclônico adj cyclonic.
ciclope s Mit Cyclops.
ciclópico adj cyclopean.
ciclovia s bikeway.
cicuta s hemlock (planta e veneno).
cidadania s citizenship.
cidadão s 1 citizen. 2 burgher.
cidade s city; town.
Cidade do Vaticano s Vatican City.
cidadela s citadel.
ciência s 1 science. 2 consciousness.
ciente adj 1 aware; cognizant. 2 conscious.
científico adj scientific.
cientista s scientist.
cifra s 1 cipher. 2 code. 3 figure. 4 naught.
cifrado adj cryptic.
cifrão s dollar sign ($).
cifrar v code.
cigano adj Romany. II s 1 Gypsy; Romany.
2 masc rye.
cigarra s Zool cicada.
cigarro s 1 cigarette. 2 inform butt. 3 gír
fag; weed.
cilada s 1 ambush. 2 snare; trap.
ciliado adj ciliated.
ciliar adj ciliary.
cilindrar v roll (massa de pizza, pão).
cilíndrico adj 1 cylindric. 2 round.
cilindro s 1 beam. 2 tb Mat cylinder.
3 roller; roll.
cílio s 1 eyelash; lash. 2 cilium.
cimentar v cement.

cimento s 1 cement. 2 mortar.

cimo s 1 crown. 2 cap. 3 cope.

cinco num five.

cineasta s cineaste; filmmaker.

cinegrafista s cameraman; cinematographer.

cinéfilo s e adj moviegoer.

cinema s cinema; movie; movies; cinematography.

cinemateca s cinematheque.

cinemática s Mec kinematics.

cinematografia s cinematography.

cinematográfico adj cinematographic.

cinético adj kinetic.

Cingapura s Singapore.

cingapuriano adj e s Singaporean.

cingir v 1 enclasp. 2 embrace. 3 belt. 4 cincture. 5 encircle. 6 encompass. 7 girth.

cinicamente adv cynically.

cínico adj cynic; cynical. || s cynic.

cinismo s cynicism.

cinqüenta num fifty.

cinta s 1 bind. 2 brace. 3 cincture. 4 ribbon.

cintilação s 1 sparkle. 2 glisten. 3 glitter. 4 twinkle.

cintilante adj flashy.

cintilar v 1 scintillate. 2 sparkle. 3 glare. 4 flare. 5 glance. 6 radiate. 7 gleam. 8 wink. 9 twinkle.

cinto s 1 belt. 2 cincture. 3 girdle.

cintura s waist; waistline.

cinturão s 1 cincture. 2 baldric. 3 belt. 4 girdle.

cinza s ash; gray.

cinzas s cinders.

cinzeiro s ashtray.

cinzel s 1 chisel. 2 graver; burin.

cinzelado adj chiseled.

cinzelador s chiseler; chaser.

cinzelar v 1 chisel. 2 carve.

cinzento adj e s gray; ashy; ashen; grizzly.

cio s Zool estrus.

cipreste s Bot cypress.

cipriota adj e s Cyprian.

circo s 1 circus. 2 big. 3 canvas.

circuito s 1 circle. 2 tb Eletr circuit.

circulação s 1 circulation. 2 currency. 3 flow.

circulante adj current.

circular adj 1 circular. 2 compass. 3 cyclic. 4 orbicular. 5 rotund. 6 round. || s 1 bill. 2 circular (carta, aviso, etc.). || v 1 circulate. 2 compass. 3 flow (sangue, dinheiro, etc.). 4 go. 5 pass.

circularmente adv around; round.

circulatório adj circulatory.

círculo s 1 circle. 2 ring; circumference. 3 wheel. 4 hoop.

circum-ambiente adj circumambient.

circunavegação s circumnavigation.

circuncidar v circumcise.

circuncisão s circumcision.

circundante adj 1 circumambient. 2 ambient.

circundar v 1 circle; encompass. 2 round. 3 compass. 4 close. 5 ring. 6 environ. 7 gird. 8 girdle.

circunferência s 1 circumference. 2 circle. 3 circuit; compass. 4 girth.

circunflexo adj circumflex.

circunlóquio s circumlocution.

circunscrever v circumscribe.

circunscrição s circumscription.

circunspeção s circumspection.

circunspecto adj 1 circumspect. 2 considerate. 3 close-mouthed.

circunstância s circumstance.

circunstancial adj circumstantial.

circunstanciar v circumstantiate.

circunvalação s circumvallation.

círio s 1 taper. 2 candle.

cirurgia s surgery.

cirurgião s surgeon.

cirúrgico adj surgical.

cisão s 1 scission. 2 rent.

cisma s 1 schism. 2 fancy.

cismar v ponder.

cisne s Zool swan.

cisterna s cistern.

cístico adj cystic.

cistite s Med cystitis.

cisto s Med cyst.

cistóide s cystoid.

citação s 1 citation; quotation (de texto); quote (de textos). 2 excerpt.

citar v 1 cite; quote (autor, passagem de um livro). 2 notice. 3 adduce.

cítara *s Mús* cithara; zither.
citável *adj* quotable.
citologia *s* cytology.
citoplasma *s* cytoplasm.
citrato *s Quím* citrate.
cítrico *adj* citric.
citricultura *s* citriculture.
ciúme *s* 1 jealousy. 2 envy.
ciumento *adj* 1 jealous. 2 green-eyed.
cívico *adj* civic; civil.
civil *adj* 1 civic; civilian. 2 civil (não-militar ou eclesiástico). 3 *Jur* civil (não-criminoso ou militar). II *s* civilian; citizen.
civilidade *s* 1 civility. 2 comity.
civilização *s* civilization.
civilizado *adj* cultured.
civilizador *s* civilizer.
civilizar *v* civilize.
civismo *s* civism.
clã *s* clan.
clamador *adj e s* clamant.
clamante *adj* clamant.
clamar *v* 1 cry. 2 clamor. 3 blare.
clamor *s* 1 clamor; clamorousness. 2 cry. 3 outcry. 4 noise.
clamoroso *adj* clamorous.
clandestinamente *adv* underground.
clandestinidade *s* clandestineness.
clandestino *adj e s* 1 clandestine. 2 stealthy. 3 backdoor. 4 underground. 5 backstairs.
clangor *s* clangor; blare; clang.
clangorar *v* clangor.
claque *s* claque.
clarabóia *s* 1 *Arq* skylight. 2 fanlight. 3 light bull's-eye.
claramente *adv* 1 clear. 2 clean. 3 fairly. 4 manifestly.
clarão *s* 1 glare. 2 flare. 3 glance. 4 glint. 5 ray.
clarear *v* clear; illuminate; lighten (cor); mute.
clareira *s* 1 clearing; glade. 2 clear. 3 open; opening. 4 slash.
clareza *s* 1 distinctness. 2 definition (da tela de TV, computador, etc.).
claridade *s* 1 clarity. 2 brightness. 3 day. 4 light.
clarificação *s* clarification.
clarificador *s* clarifier.

clarificar *v* 1 clarify. 2 defecate.
clarim *s* 1 *Mús* clarion; trumpet. 2 bugle.
clarineta *s Mús* clarinet.
clarinete *s Mús* clarinet.
claro *adj* 1 clear. 2 bright. 3 light (cor). 4 blond. 5 clean. 6 explicit. 7 apparent. 8 articulate. 9 certain. 10 definite. 11 broad. 12 decided. 13 distinct. 14 objective. 15 evident. 16 unequivocal. 17 lightsome. 18 lucent. II *adv* of course.
classe *s* 1 class. 2 category. 3 classroom. 4 description. 5 degree. 6 grade. 7 type. 8 nature. 9 range. 10 rate.
classicismo *s* classicism.
classicista *adj e s* classicist.
clássico *adj* 1 classic. 2 antique. 3 standard. 4 *tb Mús* classical.
classificação *s* 1 classification. 2 arrangement; assortment. 3 *Comp* sort.
classificar *v* 1 classify; class. 2 assort. 3 categorize. 4 graduate; grade. 5 gradate. 6 divide. 7 range. 8 rank. 9 rate. 10 *tb Comp* sort.
classificatório *adj* classificatory.
classificável *adj* classifiable.
claustral *adj e s* cloistral.
claustro *s* cloister; convent.
claustrofobia *s* claustrophobia.
cláusula *s* 1 clause. 2 article.
clausular *adj* clausal.
clausura *s* confinement.
clava *s* club; bludgeon; mace.
clave *s Mús* clef; key.
clavicórdio *s Mús* clavichord.
clavícula *s Anat* clavicle.
clemência *s* 1 clemency. 2 lenity; mercifulness; forgiveness. 3 compassionateness. 4 grace. 5 humaneness. 6 mercy. 7 quarter (para com o inimigo vencido).
clemente *adj* 1 clement. 2 merciful. 3 compassionate. 4 forgiving. 5 mild.
clepsidra *s* water glass.
cleptomania *s Psic* kleptomania.
clerical *adj* clerical.
clérigo *s* 1 cleric; clerical. 2 clerk. 3 divine. 4 ecclesiastic. 5 parson.
clero *s* 1 clergy. 2 ministry. 3 cloth.
clichê *s* 1 tag. 2 commonplace.

cliente s client.

clientela s 1 clientage. 2 patronage. 3 constituency. 4 custom. 5 trade.

clima s climate; clime.

climatérico adj climacteric.

climatério s climacteric.

climático adj climatic.

climatologia s climatology.

climatologista s climatologist.

climax s 1 climax. 2 crunch. 3 height.

clínica s clinic.

clínico adj clinical. II s clinician.

clinômetro s clinometer.

clipe s paper clip.

clique s click.

clister s Med clyster.

cloaca s 1 cloaca. 2 cesspit.

cloacal adj cloacal.

clone s clone.

cloral s Quím chloral.

clorato s Quím chlorate.

cloreto s Quím chloride.

cloro s Quím chlorine (símb Cl).

clorofila s chlorophyl.

clorofórmio s chloroform.

clube s club.

coabitação s cohabitation.

coabitante s cohabitant.

coabitar v cohabit.

coação s 1 compulsion. 2 constraint. 3 Jur duress.

coadjutor s coadjutor.

coadjutoria s Ecles cure.

coadjuvante adj coactive.

coado adj strained.

coador s 1 strainer. 2 colander.

coagir v 1 coerce. 2 compel. 3 extort.

coagulação s coagulation.

coagulado adj curdy.

coagulador s coagulator.

coagulante s e adj coagulant.

coagular v 1 coagulate. 2 clot. 3 congeal. 4 curd; curdle (leite). 5 set.

coágulo s 1 clot. 2 curd.

coala s Zool koala.

coalescência s coalescence.

coalescente adj coalescent.

coalhada s clabber.

coalhado adj curdy.

coalhar v 1 curd; curdle (leite). 2 clabber. 3 coagulate.

coalho s curd; coagulant.

coalizão s coalition.

co-autor s coauthor.

coaxial adj coaxial.

cobaia s Zool cavy; guinea pig.

cobalto s Quím cobalt (símb Co).

coberta s 1 blanket. 2 casing.

coberto adj 1 coated. 2 covert.

cobertor s 1 blanket. 2 wrap.

cobertura s 1 cover; covering; coverture. 2 overlay. 3 coat. 4 blanket. 5 canopy. 6 coverage. 7 roof.

cobiça s 1 avarice; avidity. 2 envy. 3 covetousness. 4 cupidity. 5 greed. 6 lust.

cobiçar v 1 covet; lust. 2 envy.

cobiçável adj covetable.

cobiçosamente adv covetously.

cobiçoso adj covetous.

cobra s Zool ophidian; snake.

cobrador s collector.

cobrança s collection; exaction.

cobrar v charge.

cobrável adj chargeable.

cobre s Quím copper (símb Cu).

cobrir v 1 cover. 2 sheathe. 3 cap; wrap. 4 vesture. 5 mantle. 6 muffle. 7 case. 8 crape. 9 drape (com cortinas, bandeiras, tecidos, etc.). 10 hat. 11 veil.

coca s coca.

cocaína s gír cocaine; coke; blow; flake.

cocar s 1 cockade. 2 feather.

coçar v itch; scratch.

cóccix s Anat coccyx.

cócegas s tickle.

coceira s itch.

coche s coach.

cocheiro s coachman.

cochichar v 1 whisper. 2 buzz.

cochicho s 1 whisper. 2 buzz.

cochilar v nap; doze; drowse.

cochilo s nap; doze.

cocho s trough.

cóclea s Anat e Med cochlea.

coco s coconut.

cocó s bun.

côdea s crust.

codicilar adj codicillary.

codicilo *s Jur* codicil.

codificação *s* codification.

codificar *v* **1** codify; code. **2** *tb Comp* encode; encrypt.

código *s* **1** code. **2** character. **3** keyword. **4** rule.

codinome *s* code name.

codorna *s Zool* quail.

codorniz *s Zool* quail; corncrake; crake.

co-editor *s* coeditor.

co-educação *s* coeducation.

co-educacional *adj* coeducational.

coeficiente *s Mat* coefficient.

coelho *s Zool* rabbit.

coerção *s* coercion; duress; restraint.

coercivo *adj* coercive; compulsory.

coerência *s* **1** coherence. **2** connection. **3** consistency.

coerente *adj* **1** coherent. **2** consistent. **3** connected. **4** logical.

coesão *s* cohesion.

coesivo *adj* cohesive.

coeso *adj* cohesive.

coessencial *adj* coessential.

coetâneo *adj* contemporaneous.

coeternidade *s* coeternity.

coeterno *adj* coeternal.

coevo *adj* coeval; contemporaneous. || *s* **1** coeval; contemporary. **2** concomitant.

coexistência *s* **1** coexistence. **2** concomitance.

coexistente *adj* coexistent.

coexistir *v* coexist.

cofre *s* **1** safe; chest; coffer. **2** box.

cogitação *s* cogitation.

cogitar *v* cogitate.

cogitável *adj* cogitable.

cognação *s* cognation.

cognato *adj* cognate (que tem os mesmos ancestrais). || *s* cognate.

cognição *s* cognition.

cognitivo *adj* cognitive.

cognome *s* cognomen.

cognoscível *adj* cognizable.

cogumelo *s* mushroom; champignon.

co-herdeiro *s* **1** coheir. **2** *Jur* coparcener.

coibição *s* deterrence.

coibir *v* cohibit.

coice *s* **1** recoil (de arma de fogo). **2** butt.

coifa *s* coif.

coincidência *s* coincidence.

coincidente *adj* **1** coincident; coincidental. **2** congruent.

coincidir *v* **1** coincide. **2** agree. **3** concur.

coiote *s Zool* coyote.

coisa *s* **1** thing; object. **2** matter.

coisas *s inform* tripe.

cola *s* **1** glue. **2** paste; adhesive. **3** gum.

colaboração *s* **1** collaboration; cooperation. **2** contribution. **3** coaction.

colaborador *adj* collateral. || *s* **1** collaborator; cooperator. **2** coworker.

colaborar *v* **1** collaborate; cooperate. **2** contribute.

colada *s* col.

colado *adj* skintight (no corpo).

colagem *s Art* paste-up.

colágeno *s* collagen.

colapso *s* **1** collapse. **2** breakdown. **3** failure.

colar *v* **1** glue; gum; paste. **2** agglutinate. **3** adhere. **4** bind. **5** cheat (em prova, teste). **6** cling. **7** stick. || *s* collar; string.

colarinho *s* **1** collar. **2** neck.

colateral *adj* collateral.

colcha *s* **1** blanket; bedspread. **2** quilt. **3** counterpane.

colchão *s* mattress.

colchete *s* **1** safety pin. **2** bracket (sinal gráfico); clasp. **3** hook; fastening; clasp.

coldre *s* **1** holster. **2** case.

coleção *s* **1** collection. **2** compilation. **3** aggregation; aggregate. **4** body. **5** gallery. **6** suit.

colecionador *s* **1** collector. **2** compiler.

colecionar *v* **1** collect. **2** glean.

colega *s* **1** colleague. **2** *inform* bud; buddy. **3** *gír* kid; mate.

colegial *adj* collegiate. || *s* **1** collegian. **2** *masc* schoolboy. **3** *fem* schoolgirl.

colégio *s* high school.

coleguismo *s* **1** colleagueship. **2** fellowship.

coleira *s* collar.

cólera *s* **1** passion. **2** cholera (doença). **3** anger; ire. **4** *inform* dander. **5** wrath.

colérico *adj e s* **1** choleric. **2** angry. **3** irritable. **4** fiery. **5** wrathful.

colesterol *s* cholesterol.

:oleta s 1 *Ecles* collect. 2 collection.
3 gathering.

:oletânea s miscellanies; digest.

:oletar v reap.

:olete s 1 vest. 2 jumper.

:oletivamente adv collectedly.

:oletividade s collectivity.

:oletivismo s collectivism; collective.

:oletivo adj 1 collective. 2 corporate.
3 blanket.

:oletor s 1 tb *Eletrôn* collector. 2 gatherer.

:olheita s 1 harvest. 2 crop. 3 bearing.
4 gathering.

:olher v harvest; crop; gather (frutas, flores, etc.); reap. II s spoon.

:olherada s spoonful.

:olherão s 1 scoop. 2 dipper.

:olibri s *Zool* hummingbird.

:ólica s colic.

:olidir v 1 collide. 2 bump. 3 shock. 4 clash.
5 knock. 6 conflict. 7 jolt. 8 impact.
9 strike.

:oligação s 1 colligation. 2 coalition.

:oligar v colligate.

:olimação s collimation.

:olimar v collimate.

:olina s 1 hill; knoll. 2 down (perto do mar).
3 eminence. 4 mound.

:olírio s collyrium.

:olisão s 1 collision. 2 crash; shock.
3 impact. 4 bounce. 5 conflict. 6 dash.
7 smashup (de veículos). 8 jolt. 9 foul.

:oliseu s coliseum.

:olméia, colmeia s beehive; hive.

:olmilho s tusk.

:olmo s culm; thatch.

:olo s 1 neck. 2 lap.

:olocação s 1 collocation. 2 situation.
3 installation. 4 *Mil* emplacement.

:olocar v 1 put; set. 2 collocate. 3 lay.

Colômbia s Colombia.

:olombiano adj e s Colombian.

:ólon s *Anat* colon.

:olônia s colony; settlement.

:olonial adj geralm maiús colonial.

:olonialismo s colonialism.

:olonização s colonization; settlement.

:olonizador s colonizer; settler.

:olonizar v colonize; settle.

colono s colonial; settler.

coloquial adj colloquial.

colóquio s colloquy; conversation.

coloração s coloration; coloring.

colorido adj colored; colorful. II s color;
coloration.

colorir v 1 color. 2 tinge; stain.

colossal adj 1 gigantic; giant. 2 mammoth.
3 mountainous.

colosso s colossus.

coluna s 1 *Arq* column; shaft. 2 file.

colunar adj, s e v columnar.

colunista s columnist.

com prep 1 with. 2 in.

coma s *Med* coma.

comandante adj commanding; leader. II s
1 commander. 2 chief. 3 captain.

comandar v 1 command. 2 order. 3 captain. 4 bid. 5 rule.

comando s 1 bidding. 2 tb *Comp* command.
3 direction. 4 order. 5 *Mec* rudder.

comarca s district; county.

comatoso adj *Med* comatose.

combate s 1 combat; fight; battle. 2 action.
3 conflict. 4 encounter. 5 engagement.
6 war (ao crime, às drogas, etc.).

combatente adj e s combatant.

combater v combat; fight.

combatividade s combativeness.

combativo adj combative.

combinação s 1 combination. 2 conjugation. 3 blend. 4 compound. 5 compromise. 6 slip (*lingerie*).

combinado adj 1 agreed (hora, local).
2 concerted. 3 conventional. 4 done.

combinar v 1 combine. 2 arrange. 3 blend.
4 alloy (metais). 5 coincide. 6 compound.
7 concert. 8 coordinate. 9 go with.
10 tone (as cores).

comboiar v convoy.

comboio s 1 convoy. 2 train.

combustão s 1 combustion. 2 fire.

combustível adj live. II s 1 combustible;
fuel. 2 fire. 3 firing. 4 *gír* juice.

começar v 1 begin. 2 start. 3 get off.
4 inaugurate.

começo s 1 beginning; commencement.
2 birth. 3 start; onset. 4 inception.
5 *inform* kickoff. 6 opening. 7 *fig* threshold.

comédia s comedy.

comediante s comedian; comedienne; comic.

comedido adj moderate; sedate.

comedor adj e s eater.

comemoração s 1 commemoration. 2 celebration.

comemorar v 1 commemorate. 2 celebrate.

comemorativo adj 1 commemorative. 2 memorial. ‖ s commemorative.

comendador s commendator.

comensal s Zool commensal.

comensurabilidade s commensurability.

comensurado adj commensurate.

comensurável adj commensurable.

comentar v comment; discuss.

comentário s 1 comment; commentary. 2 annotation. 3 observation. 4 notice. 5 remark.

comentarista s commentator.

comer v 1 eat; consume. 2 chow. 3 fare. 4 repast. 5 victual.

comercial adj commercial; mercantile; merchant.

comercialização s commercialization.

comercializar v commercialize.

comerciante s 1 merchant. 2 marketer.

comerciar v 1 trade. 2 merchandise. 3 traffic.

comércio s 1 commerce. 2 trade. 3 traffic.

comestibilidade s edibility.

comestível adj comestible; eatable; edible. ‖ s edible.

cometa s comet.

cometer v commit.

cometimento s commitment.

comichão s itch.

comichoso adj itchy.

comício s meeting.

cômico adj e s 1 comic; comical. 2 droll. 3 humorous. 4 quizzical.

comida s 1 food; aliment; board. 2 gír chow; meat; grub. 3 comestible. 4 dish. 5 fare.

comigo pron by me.

comilança s inform feed.

comilão s e adj glutton; gormandizer.

cominho s Bot cumin.

comiseração s 1 commiseration. 2 compassion.

comiserar v commiserate.

comiserativo adj commiserative.

comissão s 1 commission (grupo de pessoas). 2 committee. 3 factorage.

comissariado s commissariat.

comissário s commissary; commissioner

comitê s committee.

comitiva s 1 retinue. 2 suite. 3 entourage 4 equipage. 5 following.

como adv 1 how. 2 what. 3 as. 4 wherein ‖ conj as; when; while. ‖ prep as. ‖ inter what; why.

comoção s 1 commotion; convulsion 2 ferment. 3 flutter.

cômoda s commode; bureau; dresser.

comodidade s ease; easiness; snugness

cômodo adj comfortable; easy.

Comores s Comoros.

comovente adj 1 affecting; emotional 2 feeling. 3 soulful. 4 moving. 5 touching

comover v 1 affect; move. 2 convulse 3 touch.

comovidamente adv affectingly.

compacidade s compactness.

compactação s compression.

compactar v 1 compact; compress. 2 Comp zip. 3 pack.

compacto adj e s 1 compact. 2 dense 3 massy.

compadecer v 1 commiserate. 2 sympathize.

compaixão s 1 compassion; compassion ateness. 2 commiseration. 3 humane ness. 4 sympathy. 5 wrench.

companheira s helpmate (marido e espo sa); partner.

companheirismo s comradeship; fellowship

companheiro s 1 fellow; friend; companion 2 inform bud; buddy. 3 companionable 4 compeer. 5 comrade. 6 helpmate (ma rido e esposa). 7 match. 8 partner 9 brother.

companhia s company.

comparação s 1 comparison; confronta tion. 2 parallel.

comparar v 1 compare. 2 measure. 3 par allel. 4 liken.

comparativo adj comparative.

comparável adj 1 comparable. 2 parallel.

comparecente *adj* e *s* attendant.

comparecer *v* assist; appear.

comparecimento *s* attendance; appearance.

compartir *v* compart; compartment.

compartilhar *v* 1 partake. 2 impart. 3 share.

compartimento *s* 1 compartment. 2 *tb Comp* bay. 3 chamber. 4 housing.

compassar *v* cadence, pace.

compassivo *adj* 1 compassionate. 2 commiserative. 3 merciful.

compasso *s* 1 *Mús* beat; cadence. 2 compass.

compatibilidade *s* compatibility; consistency.

compatível *adj* compatible; consistent.

compatriota *adj* compatriotic. II *s* compatriot; countryman; countrywoman.

compelir *v* 1 compel. 2 coerce. 3 cause. 4 necessitate. 5 require. 6 whip. 7 make.

compêndio *s* 1 compendium. 2 manual. 3 digest. 4 textbook.

compendioso *adj* compendious.

compenetrar *v* compenetrate.

compensação *s* 1 compensation. 2 recompense. 3 indemnity; reparation. 4 balance; counterpoise. 5 *pl* amends. 6 restitution. 7 atonement. 8 counterpart. 9 satisfaction. 10 equalization. 11 redress.

compensador *adj* compensative. II *s* equalizer.

compensar *v* 1 compensate. 2 atone. 3 correct. 4 countervail. 5 offset. 6 recover.

compensativo *adj* compensative.

compensável *adj* compensable.

competência *s* 1 competence. 2 ability. 3 adeptness. 4 aptness. 5 jurisdiction.

competente *adj* 1 competent. 2 able; capable; adept.

competentemente *adv* ably.

competição *s* 1 competition. 2 bout. 3 contention. 4 contest. 5 emulation. 6 match (de jogo). 7 tourney.

competidor *s* 1 competitor. 2 contender. 3 contestant. 4 match.

competir *v* 1 compete. 2 contend; contest. 3 emulate. 4 race. 5 run.

competitivo *adj* competitive.

compilação *s* compilation.

compilador *s* (*tb Comp*) compiler.

compilar *v* (*tb Comp*) compile; digest; glean.

complacência *s* complacence; complaisance.

complacente *adj* 1 complaisant; complacent. 2 accommodating. 3 easygoing.

compleição *s* 1 complexion. 2 constitution. 3 frame.

complementar *adj* complemental; complementary. II *v* complement.

complemento *s* 1 completion. 2 accompaniment. 3 adjunct. 4 *tb Gram* complement.

completamente *adv* 1 completely. 2 absolutely. 3 all. 4 over. 5 entirely. 6 totally. 7 fairly. 8 full. 9 out. 10 quite. 11 through. 12 root and branch. 13 sheer. 14 utterly. 15 wholly.

completar *v* 1 complete. 2 fulfill. 3 conclude. 4 finalize. 5 carry out; carry through. 6 consummate. 7 crown. 8 fill out (formulário, etc.). 9 knock off. 10 replenish. 11 round. 12 *inform* sew up.

completo *adj* 1 complete. 2 entire. 3 whole. 4 absolute. 5 consummate. 6 exclusive. 7 full. 8 outright. 9 round. 10 thorough. 11 sheer. 12 utter. 13 livelong. 14 *gír* cool.

complexidade *s* complexity; intricacy.

complexo *adj* 1 complex. 2 complicated. 3 abstract. 4 intricate. 5 knotty. 6 serious. II *s* 1 network. 2 *Psic* complex.

complicação *s* 1 *tb Med* complication. 2 complicacy. 3 entanglement. 4 tangle.

complicado *adj* 1 complicate; complicated. 2 complex. 3 mazy. 4 tricky.

complicar *v* 1 complicate. 2 embarrass. 3 entangle. 4 involve.

componente *adj* component; constituent. II *s* 1 *tb Quím* e *Mat* element. 2 *Eletrôn* component; material; part (de máquina).

compor *v* 1 compose. 2 compound. 3 constitute. 4 frame. 5 indite. 6 *Mús* orchestrate.

comporta *s* sluice; lock; gate.

comportamento *s* 1 conduct. 2 attitude. 3 behavior. 4 carriage. 5 comportment. 6 deportment. 7 sort.

comportar *v* 1 comport. 2 behave. 3 carry. 4 conduct. 5 deport.

composição s 1 composition. 2 essay. 3 getup (de livro, revista, etc.). 4 texture. 5 make-up. 6 mix.

compositor s composer.

composto adj e s 1 composite. 2 compound. 3 compost.

compostura s composure.

compota s 1 compote. 2 jam. 3 sauce.

compoteira s compote.

compra s buy.

comprador s buyer; shopper.

comprar v buy; consume; get.

comprável adj buyable.

comprazedor adj complacent.

compreender v 1 comprehend; comprise. 2 appreciate. 3 behold. 4 compass. 5 cover. 6 fathom. 7 get; grasp. 8 read. 9 see. 10 understand. 11 make out. 12 get the message.

compreendido adj understood.

compreensão s 1 comprehension. 2 apprehension; understanding. 3 breadth. 4 ken. 5 view. 6 uptake. 7 light.

compreensível adj comprehensible.

compreensivo adj understanding; comprisable.

compressa s Med compress.

compressão s compression.

compressivo adj compressive.

compressor s compressor.

comprido adj 1 long. 2 elongate.

comprimento s length.

comprimido adj compressed. ‖ s tablet.

comprimir v 1 compress. 2 compact. 3 condense. 4 depress. 5 Comp zip (arquivos). 6 squeeze. 7 wring.

comprobatório adj confirmatory.

comprometer v 1 compromise. 2 engage. 3 endanger. 4 go about.

comprometido adj engaged (com uma causa).

compromisso s 1 compromise. 2 engagement. 3 appointment (com hora marcada). 4 commitment. 5 investment.

comprovação s verification.

comprovante s voucher (de despesa).

comprovar v 1 confirm. 2 testify. 3 verify.

compulsão s compulsion.

compulsivamente adv compulsively.

compulsivo adj tb Psic compulsive.

compulsório adj compulsive; compulsor obligatory.

compunção s compunction.

compungido adj compunctious.

computação s computation; compute.

computador s computer.

computar v 1 compute. 2 cast. 3 count 4 reckon.

computável adj computable; countable.

cômputo s count; calculation.

comum adj e s 1 common. 2 ordinar 3 natural. 4 normal. 5 simple. 6 vulga 7 average. 8 cheap. 9 everyday. 10 f miliar. 11 general. 12 ignoble. 13 star dard. 14 workaday. 15 mutual.

comunal adj e s communal.

comungar v commune; communicate.

comunhão s communion.

comunicação s 1 communication. 2 mes sage. 3 contact. 4 information. 5 Com link. 6 intercourse (entre pessoas, gr pos e países).

comunicado s 1 bulletin. 2 dispatch.

comunicador adj e s communicator.

comunicar v 1 communicate. 2 notif 3 acquaint.

comunicativo adj 1 communicative. 2 ex pansive.

comunicável adj communicable.

comunidade s 1 community. 2 neighbor hood.

comunismo s 1 communism (teoria) 2 Communism (sistema de governo).

comunista adj geralm maiús red.

comutabilidade s commutability.

comutação s tb Eletr commutation.

comutador s commutator.

comutar v 1 tb Eletr commutate. 2 com mute.

comutativo adj commutative.

comutável adj commutable.

conato adj connate.

concatenação s concatenation.

concatenado adj concatenate.

concatenar v 1 catenate. 2 (tb Comp concatenate.

concavar v dish.

concavidade s concavity; concave.

côncavo *adj* concave.

conceber *v* 1 conceive. 2 *inform* dope. 3 gestate. 4 figure out. 5 imagine.

concebível *adj* apprehensible.

conceder *v* 1 concede; grant. 2 confer; impart. 3 accord. 4 cede. 5 afford. 6 award (prêmio, recompensa, etc.). 7 deign. 8 extend.

concedível *adj* grantable.

conceito *s* conceit; concept.

conceituar *v* conceptualize.

concentração *s* concentration.

concentrado *adj* concentrated.

concentrador *s* concentrator.

concentrar *v* concentrate; centralize.

concentricidade *s* concentricity.

concêntrico *adj* concentric.

concepção *s* conception; concept; idea.

conceptibilidade *s* conceivability.

conceptível *adj* conceivable.

conceptivo *adj* conceptive.

conceptualismo *s Fil* conceptualism.

concernente *adj* touching.

concernir *v* 1 concern. 2 respect. 3 relate.

concessão *s* 1 concession; grant. 2 conferment; bestowal. 3 compromise. 4 allowance. 5 disposal. 6 favor.

concessionário *adj* concessionary. ‖ *s Jur* grantee; assignee; dealer.

concessivo *adj tb Gram* concessive.

concha *s* 1 shell; conch. 2 ladle.

conchavo *s* combine.

conciliábulo *s* conventicle.

conciliação *s* 1 conciliation. 2 appeasement. 3 compromise.

conciliador *adj e s* conciliator.

conciliar *adj* conciliar. ‖ *v* conciliate.

conciliatório *adj* conciliatory.

conciliável *adj* 1 conciliable. 2 compatible.

concílio *s* council.

concisamente *adv* briefly; shortly.

concisão *s* 1 briefness; brevity. 2 concision. 3 closeness. 4 curtness.

conciso *adj* 1 concise. 2 terse; curt; brief. 3 laconic. 4 close. 5 compact. 6 crisp. 7 thumbnail. 8 lapidary.

conclave *s* conclave.

concludente *adj* conclusive.

concluído *adj* finished; complete; done.

concluir *v* 1 conclude; finish. 2 complete. 3 close. 4 educe. 5 finalize. 6 judge. 7 understand. 8 wink out. 9 *inform* figure.

conclusão *s* 1 conclusion. 2 closing. 3 close. 4 end. 5 inference. 6 consequence. 7 completion. 8 deduction. 9 consummation. 10 epilogue. 11 finish. 12 illation. 13 result. 14 termination. 15 ultimate.

conclusivo *adj* 1 conclusive. 2 final. 3 crucial. 4 determinate. 5 inferential.

concomitância *s* concomitance.

concomitante *adj* concomitant.

concordância *s* 1 concordance. 2 *Gram* concord; agreement (em número, caso, pessoa, gênero). 3 concurrence. 4 congruence. 5 tally. 6 unison.

concordante *adj* 1 concordant. 2 coincident. 3 conformable. 4 consonant.

concordar *v* 1 *tb Gram* agree (em número, caso, pessoa, gênero). 2 coincide. 3 concur. 4 conform. 5 consort.

concorde *adj* accordant.

concórdia *s* concord.

concorrência *s* concurrence.

concorrente *adj e s* 1 contestant. 2 candidate.

concorrer *v* compete.

concreção *s* concretion.

concrescência *s Bot* concrescence.

concretismo *s* concretism.

concretização *s* concretion.

concretizar *v* concretize.

concreto *adj* 1 concrete; factual. 2 *Mat* denominate (número). ‖ *s* 1 concrete. 2 cement.

concubina *s* concubine; mistress.

concubinagem *s* concubinage.

concubinato *s Jur* concubinage.

concupiscência *s* concupiscence.

concupiscente *adj* concupiscent.

concurso *s* 1 contest. 2 competition.

concussão *s* 1 concussion. 2 graft.

condado *s* county.

conde *s* count.

condecoração *s* 1 decoration. 2 citation. 3 award.

condecorar *v* 1 decorate. 2 cite. 3 *inform* medal.

condenação s 1 condemnation. 2 conviction. 3 doom.

condenado adj damned; fated. ‖ s Jur convict.

condenador s condemner.

condenar v 1 condemn. 2 Jur sentence. 3 adjudge. 4 convict. 5 disapprove. 6 doom.

condenatório adj condemnatory.

condenável adj condemnable.

condensação s 1 condensation. 2 concentration.

condensador s 1 Eletr capacitor. 2 tb Ópt e Eletr condenser.

condensar v 1 condense. 2 concentrate. 3 boil.

condensável adj condensable.

condescendência s condescendence; compliance; condescension.

condescendente adj condescending; compliant.

condescender v 1 condescend. 2 indulge. 3 accede.

condessa s countess.

condição s 1 condition. 2 circumstance. 3 situation. 4 clause. 5 estate; state; status.

condicionado adj conditioned; dependent.

condicional adj 1 conditional. 2 contingent.

condicionalmente adv conditionally.

condicionar v condition.

condignamente adv condignly.

condigno adj condign.

côndilo s Anat condyle.

condimentado adj condimental.

condimentar v 1 season; spice. 2 flavor. 3 relish.

condimento s 1 seasoning; condiment. 2 flavoring. 3 spice.

condiscípulo s classmate.

condizer v correspond.

condoer v condole.

condolência s condolence; commiseration.

condolente adj condolent; condolatory; commiserative.

condor s Zool condor.

condução s 1 conveyance. 2 haulage. 3 running.

conducente adj conducive.

conduíte s conduit.

conduta s 1 behavior. 2 morals. 3 demeanor. 4 action. 5 comportment. 6 dealing. 7 deportment.

condutibilidade s conductivity; conductibility.

condutível adj conductible.

condutividade s conductivity.

condutivo adj conductive.

conduto s channel.

condutor s Fis conductor; leader.

conduzir v 1 conduct; guide. 2 control. 3 direct. 4 drive (veículo). 5 go. 6 hand. 7 run. 8 make. 9 transmit.

cone s tb Mat e Bot cone.

conectado adj 1 connected. 2 Comp e Te on-line (à rede).

conectar v 1 connect. 2 couple. 3 link.

conectivo adj 1 connective. 2 Gram copulative. ‖ s 1 Gram connective. 2 conjunctive.

conector s connector.

conector-macho s Comp male connector.

cônega s canoness.

cônego s canon.

conexão s 1 connection. 2 junction. 3 tb Comp link; linkage. 4 attachment. 5 contact. 6 reference. 7 relation.

conexo adj related.

confabulação s confabulation.

confabular v confabulate.

confecção s confection; making.

confeccionar v confection.

confederação s 1 confederation; confederacy. 2 alliance; league.

confederado adj confederate; allied; associate. ‖ s ally; leaguer.

confederar v 1 confederate. 2 ally; league.

confederativo adj confederative.

confeitaria s confectionery.

confeiteiro s confectioner.

confeito s 1 confiture; confect. 2 candy. 3 kiss (especialmente chocolate).

conferência s 1 conference. 2 council. 3 collation. 4 consultation. 5 reading. 6 seminar. 7 muster.

conferenciar v confer.

conferencista s speaker.

conferente s 1 conferee. 2 checker. 3 collator.

conferir v 1 confer. 2 check. 3 grant. 4 award (prêmio, recompensa, etc.). 5 impart.

confessar v 1 confess. 2 admit. 3 acknowledge. 4 unbosom (segredos, sentimentos).

confessional adj confessional.

confessionário s confessional.

confessor s confessor.

confete s confetti.

confiado adj familiar.

confiança s 1 confidence. 2 trust. 3 assurance. 4 reliance. 5 courage. 6 hope. 7 dependability. 8 surety.

confiante adj 1 confident. 2 secure. 3 trustful. 4 cocksure. 5 happy-go-lucky.

confiar v 1 trust. 2 believe. 3 entrust. 4 commend. 5 count. 6 credit. 7 lodge.

confiável adj 1 trusty. 2 dependable. 3 faithful. 4 sure.

confidência s confidence.

confidencial adj confidential; secret.

confidencialmente adv confidentially.

confidenciar v whisper.

confidente s confidant.

configuração s 1 configuration. 2 figuration. 3 tb Comp setup.

configurado adj figured.

configurar v 1 configure. 2 Comp setup.

confinamento s 1 confinement. 2 constraint. 3 internment.

confinante adj adjacent.

confinar v 1 circumscribe. 2 limit. 3 confine. 4 border. 5 constrain. 6 imprison. 7 incarcerate. 8 intern. 9 shut. 10 stanchion (gado). 11 yard.

confirmação s 1 confirmation; affirmation. 2 corroboration. 3 endorsement. 4 sanction. 5 validation. 6 verification.

confirmado adj confirmed.

confirmar v 1 confirm; affirm. 2 validate; corroborate. 3 fortify. 4 ratify. 5 sanction. 6 verify.

confirmatório adj confirmatory; affirmative.

confiscado adj confiscate.

confiscar v 1 confiscate. 2 seize. 3 Jur sequester.

confiscável adj confiscable; confiscatory.

confisco s confiscation; forfeiture.

confissão s 1 confession. 2 admission. 3 declaration. 4 acknowledgment.

conflagração s 1 conflagration (fogo). 2 fire.

conflitar v conflict.

conflito s 1 conflict. 2 battle. 3 crisis. 4 scrimmage. 5 warfare. 6 trouble.

confluência s confluence.

confluente adj 1 confluent. 2 concurrent. II s confluent.

conformação s 1 conformation. 2 form.

conformar v 1 conform. 2 reconcile. 3 abide.

conforme adj 1 conformable. 2 corresponding. 3 accordant. II adv as. II prep by; from; under; to; in accordance with.

conformemente adv accordingly.

conformidade s 1 conformity; conformability; conformation. 2 accordance. 3 abidance. 4 affinity (usado com with) 5 congruence. 6 correspondence.

conformista adj e s conformist.

confortador adj comfortable. II s comforter.

confortar v comfort.

confortável adj 1 comfortable; cozy; snug. 2 inform cushy.

conforto s 1 comfort. 2 solace. 3 convenience. 4 snugness.

confrade s 1 colleague. 2 brother.

confraria s brotherhood; fraternity.

confraternidade s confraternity; fellowship.

confrontação s confrontation.

confrontar v 1 confront. 2 compare. 3 collate. 4 parallel. 5 affront.

confronto s 1 confrontation. 2 affront. 3 encounter.

confundir v 1 confuse; confound. 2 disconcert. 3 entangle. 4 obscure. 5 mess. 6 obfuscate. 7 inform rattle. 8 mix up. 9 trip.

confusão s 1 confusion; disorder. 2 topsy-turvy. 3 anarchy. 4 fig tangle. 5 chaos. 6 fuss. 7 obscurity. 8 tangle. 9 shambles. 10 maze. 11 mess. 12 mix. 13 tumble. 14 turmoil.

confuso adj 1 confused. 2 disorderly. 3 obscure. 4 abrupt. 5 chaotic. 6 fuzzy. 7 inform mixed-up. 8 inextricable. 9 woozy. 10 turbid.

confutação s confutation.

confutar v confute.
congelação s congelation.
congelado adj frozen.
congelador s freezer. || adj frosty.
congelamento s congealment.
congelar v freeze; ice; congeal; frost.
congênere adj congeneric.
congenial adj congenial.
congênito adj congenital; connate.
congestão s Med congestion.
congestionamento s 1 congestion. 2 gír parking.
congestionar v congest.
congestivo adj congestive.
conglobação s conglobation.
conglobar v conglobate.
conglomeração s conglomeration.
conglomerado s conglomerate.
conglomerar v conglomerate.
conglutinação s conglutination.
conglutinado adj conglutinate.
conglutinar v conglutinate.
Congo s Congo.
congolês adj e s Congolese.
congraçar v ingratiate.
congratulação s congratulation.
congratulador s congratulator.
congratular v congratulate.
congratulatório adj congratulatory.
congregação s 1 congregation. 2 college. 3 flock.
congregado adj congregate.
congregante s congregant.
congregar v 1 congregate. 2 gather. 3 flock.
congressional adj congressional.
congressista s 1 masc congressman; assemblyman. 2 fem congresswoman; assemblywoman.
congresso s 1 maiús congress. 2 assembly (nos EUA).
congruência s 1 tb Mat congruence. 2 congruity.
congruente adj tb Mat congruent; congruous.
congruidade s congruousness.
conhaque s brandy.
conhecedor adj expert. || s 1 adept. 2 judge. 3 inform buff.
conhecer v 1 know. 2 inform do.

conhecido adj acquainted; well-known. || s acquaintance.
conhecimento s 1 knowledge. 2 cognizance. 3 acquaintance. 4 information. 5 understanding. 6 consciousness. 7 cognition. 8 erudition. 9 scholarship. 10 learning. 11 wisdom.
cônico adj conic.
conífera s Bot conifer.
conífero adj coniferous.
conforme adj conic; conoid.
conivência s connivance.
conivente adj calculating. || s conniver.
conjectura s conjecture.
conjectural adj conjectural.
conjecturável adj conjecturable.
conjetura s conjecture.
conjeturador s conjecturer.
conjeturar v 1 conjecture. 2 surmise. 3 imagine.
conjugação s 1 conjugation. 2 Gram conjugation; conjunction.
conjugado adj conjugate.
conjugal adj conjugal; matrimonial; connubial; nuptial; married; marital.
conjugar v 1 tb Gram conjugate. 2 inflect.
cônjuge s 1 consort; spouse. 2 mate. 3 partner.
conjunção s 1 Gram e Astron conjunction. 2 copulation. 3 transition.
conjuntamente adv altogether.
conjuntiva s Anat conjunctiva.
conjuntivite s Med conjunctivitis.
conjuntivo adj conjunctive.
conjunto adj conjunct. || s 1 entirety. 2 set. 3 tb Mús ensemble. 4 aggregate. 5 block. 6 tb Comp suite.
conjuntura s conjuncture.
conjuração s conjuration.
conjurador s conjurer.
conjurar v conjure.
conluiar v collude.
conluio s 1 collusion. 2 combine.
conoidal adj conoid.
conotação s connotation.
conotar v connote.
conotativo adj connotative.
conquista s 1 conquest. 2 acquisition.
conquistador s 1 conqueror. 2 victor.

conquistar v 1 conquer. 2 win over. 3 overcome. 4 subjugate.

conquistável adj conquerable.

consagração s 1 consecration. 2 dedication.

consagrado adj consecrate.

consagrar v 1 consecrate. 2 dedicate. 3 Ecles ordain.

consangüíneo adj consanguineous.

consangüinidade s consanguinity.

consciência s 1 conscience. 2 conscientiousness. 3 mind.

consciencioso adj 1 conscientious. 2 conscionable. 3 dutiful. 4 religious.

consciente adj 1 conscious. 2 aware.

conscientemente adv consciously.

conscientizar v wake.

cônscio adj 1 conscious. 2 aware.

conscrição s conscription.

conscrito adj conscript. || s conscript.

consecução s fruition.

consecutivamente adv consecutively.

consecutivo adj consecutive.

conseguinte adj consequent.

conseguir v get; obtain.

conselheiro s counselor; adviser.

conselho s 1 counsel. 2 council. 3 advice. 4 board. 5 recommendation.

consenso s consensus.

consensual adj consensual.

consentimento s 1 consent. 2 accedence. 3 assent. 4 accession. 5 admission. 6 approbation.

consentir v 1 consent. 2 admit. 3 assent. 4 authorize. 5 comply.

conseqüência s 1 consequence; consequent. 2 result. 3 effect. 4 sequence. 5 matter.

conseqüente adj 1 consequent; consequential. 2 consecutive. 3 eventual.

conseqüentemente adv consequently; in consequence. || conj so. || s hence; accordingly.

consertador s repairer.

consertar v 1 mend; fix; patch. 2 cobble (sapato). 3 do. 4 inform doctor.

conserto s mend; repair.

conserva s conserve; preserve.

conservação s conservation.

conservacionista s conservationist.

conservador adj conservative. || s 1 conservator. 2 conservative.

conservadorismo s conservatism.

conservante s curer.

conservar v 1 keep (comida). 2 maintain. 3 retain. 4 desiccate. 5 reserve. 6 save.

conservatório s conservatory.

consideração s 1 consideration. 2 reflection. 3 account. 4 attention. 5 deference. 6 regard. 7 thought.

considerado adj adjudged.

considerar v 1 consider. 2 think about. 3 account. 4 canvass 5 consult. 6 entertain (idéia, sentimento). 7 envisage. 8 reflect. 9 repute. 10 treat.

considerável adj 1 considerable. 2 good. 3 round. 4 large.

consignação s consignation; consignment.

consignar v 1 consign. 2 bail (mercadorias sob caução ou fiança).

consignatário s consignee.

consignável adj consignable.

consistência s 1 consistency. 2 concreteness. 3 body.

consistente adj 1 consistent. 2 uniform.

consistir v consist.

consistório s consistory.

consoante s Gram consonant.

consolação s consolation.

consolador adj consolatory. || s consoler; comforter.

consolar v 1 console. 2 solace.

consolatório adj consolatory.

consolável adj consolable.

console s Comp console.

consolidação s consolidation.

consolidador s consolidator.

consolidar v consolidate.

consolo s 1 consolation; comfort. 2 bracket (de madeira, pedra, etc.). 3 tb Mús console.

consonância s tb Mús consonance.

consonantal adj consonantal; consonant.

consonante adj consonant.

consórcio s Econ trust.

consorte s consort.

conspicuidade s conspicuousness.

conspícuo adj conspicuous.

conspiração s 1 conspiracy. 2 intrigue. 3 collusion. 4 machination. 5 frame.

conspirador s conspirator.

conspirar v 1 conspire. 2 collude. 3 intrigue. 4 contrive.

conspirativo adj collusive.

conspurcar v dirty.

constância s 1 constancy. 2 firmness.

constante adj 1 constant. 2 invariable. 3 regular. 4 steady. 5 unfailing. || s tb Mat constant.

constantemente adv always; ever.

constar v verify.

constelação s Astron constellation.

consternação s consternation; dismay.

consternado adj aghast; chapfallen.

consternar v consternate; dismay.

constipação s costiveness.

constipado adj constipated; costive; bound (intestino).

constipar v constipate.

constitucional adj constitutional.

constitucionalidade s constitutionality.

constitucionalismo s constitutionalism.

constitucionalista s constitutionalist.

constituição s 1 constitution. 2 frame.

constituído adj corporate.

constituinte adj constituent; component.

constituir v 1 constitute. 2 compose. 3 organize.

constitutivo adj constitutive.

constranger v 1 constrain. 2 force. 3 make.

constrangido adj 1 uneasy. 2 bashful. 3 self-conscious.

constrangimento s constraint; embarrassment; restraint.

constrição s constriction; constringency.

constringente adj constringent.

constringir v constrict; constringe.

constritivo adj constrictive.

constritor s constrictor.

construção s building; construct; construction; erection; fabric; frame; structure; make-up.

construído adj set.

construir v 1 build; construct. 2 fabricate. 3 frame. 4 make.

construtivismo s constructivism.

construtivo adj constructive.

construtor s constructor; builder; fabricator; homebuilder (de casas).

construtora s homebuilder (de casas).

consubstanciação s consubstantiation.

consubstancial adj consubstantial.

consubstanciar v consubstantiate.

consuetudinário adj consuetudinary.

cônsul s consul.

consulado s consulate.

consular adj consular.

consulente s consultant.

consulta s 1 consultation; consult. 2 Comp inquiry.

consultante s consultant.

consultar v 1 consult. 2 advise. 3 refer (buscar informações).

consultivo adj advisory.

consultor s 1 consultant. 2 adviser.

consumação s 1 consummation. 2 accomplishment.

consumado adj consummate.

consumar v 1 finish. 2 consummate. 3 fulfill.

consumição s consumption.

consumido adj spent.

consumidor s consumer.

consumir v 1 consume. 2 eat. 3 use. 4 exhaust. 5 expend. 6 waste.

consumível adj consumable.

consumo s consumption.

consumptivo adj consumptive.

conta s 1 account. 2 count. 3 bead (de rosário, colar, etc.). 4 bill. 5 check (de restaurante. 6 inform tab (para pagar). 7 shot.

contabilidade s accounting.

contabilista s accountant.

contador s accountant.

contagem s 1 enumeration. 2 reckoning. 3 score.

contagiante adj contaminative.

contagiar v contaminate; infect.

contágio s contagion; contamination.

contagiosidade s contagiousness.

contagioso adj contagious; infectious.

conta-gotas s dropper.

contaminação s contamination; infection.

contaminado adj impure.

contaminador s contaminator; contamination.

contaminante *adj* contaminative.

contaminar *v* 1 contaminate; infect. 2 corrupt. 3 *Med* affect. 4 taint.

contaminável *adj* corruptible.

contar *v* 1 count. 2 number; numerate. 3 beat (tempo). 4 enumerate. 5 narrate; tell.

contato *s* 1 contact. 2 touch.

contável *adj* countable.

contêiner *s* container.

contemplação *s* contemplation; meditation.

contemplador *s* contemplative; contemplator.

contemplar *v* contemplate; meditate.

contemplativamente *adv* contemplatively.

contemplativo *adj* contemplative.

contemporaneidade *s* contemporaneousness.

contemporâneo *adj* 1 contemporaneous; contemporary. 2 concomitant. II *s* 1 contemporary. 2 concomitant.

contemporizar *v* temporize.

contenção *s* suppression.

contenda *s* 1 contention; contest. 2 disputation. 3 row.

contender *v* contend; contest.

contendor *adj* contentious. II *s* contender; contestant.

contentamento *s* 1 contentment. 2 satisfaction.

contentar *v* content.

contente *adj* 1 content; contented. 2 glad. 3 joyful.

conter *v* 1 contain. 2 enclose. 3 comprise. 4 refrain. 5 involve. 6 stifle. 7 moderate.

contérmino *adj* conterminous.

contestação *s* 1 contestation. 2 *Jur* answer.

contestar *v* 1 refute. 2 contradict. 3 controvert. 4 impugn.

contestável *adj* 1 contestable. 2 disputable. 3 exceptionable.

conteúdo *s* content.

contexto *s* context.

contextual *adj* contextual.

contextualizar *v* contextualize.

contigüidade *s* contiguity; contiguousness.

contíguo *adj* 1 contiguous. 2 close; nearby. 3 next. II *adv* nearby.

continência *s* 1 continence. 2 *Mil* salute.

continental *adj* continental.

continente *s* continent; mainland.

contingência *s* 1 contingence; contingency; contingent. 2 accident. 3 eventuality.

contingente *adj* contingent.

continuação *s* continuation; continuance.

continuador *s* continuator (de um trabalho).

continuamente *adv* straight.

continuar *v* 1 continue. 2 go on. 3 add. 4 carry on. 5 keep up. 6 remain.

continuidade *s* continuity; continuousness.

contínuo *adj* 1 continual; continuous. 2 constant. 3 office boy. 4 unbroken. II *adv* nonstop.

conto *s* tale.

contorção *s* 1 contortion. 2 *Med* distortion.

contorcer *v* contort; wriggle; twitch.

contorcionista *s* contortionist.

contornar *v* contour; outline.

contorno *s* 1 contour. 2 outline (linha externa). 3 circumscription. 4 lineament (principalmente da face).

contra *prep* against; athwart; versus (*abrev* v. ou vs.). II *adv* con.

contra-almirante *s Mil* rear admiral.

contra-atacar *v* 1 counterattack. 2 counter. 3 react.

contra-ataque *s* 1 counterattack. 2 *Mil* reaction.

contrabaixo *s* 1 *Mús* contrabass. 2 bass.

contrabalançar *v* 1 counterbalance; counterpoise. 2 compensate. 3 counter-weight. 4 offset.

contrabandeado *adj* contraband.

contrabandear *v* smuggle.

contrabandista *s* contrabandist; smuggler.

contrabando *s* contraband.

contração *s* 1 contraction. 2 constriction. 3 spasm.

contracepção *s* contraception.

contraceptivo *adj* e *s* contraceptive.

contracorrente *s* undertow.

contradição *s* 1 contradiction. 2 contrary. 3 cross.

contraditor *s* contradicter.

contraditório *adj* contradictory.

contradizer *v* 1 contradict. 2 cross. 3 oppugn. 4 refute.

contraente *adj* constringent.

contraforte s buttress.
contragolpe s 1 backstroke. 2 *Esp* counter.
contraído adj compressed.
contra-indicação s contraindication.
contrair v 1 *tb Gram* contract. 2 catch. 3 develop; constringe; get (doença).
contraível adj contractible.
contralto s *Mús* contralto.
contramandar v countermand.
contramarcha s countermarch.
contramarchar v countermarch.
contramestre s *Náut* quartermaster.
contramina s countermine.
contraminar v countermine.
contra-ofensiva s counteroffensive.
contra-oferta s counteroffer.
contra-ordem s countermand.
contra-ordenar v countermand.
contrapartida s counterpart.
contrapeso s 1 counterpoise; equipoise. 2 counterbalance.
contraponto s *Mús* counterpoint; descant.
contrapor v countervail.
contraposição s contraposition.
contraproposta s counterproposal.
contrariamente adv contrary; contrariwise.
contrariar v counter.
contrariedade s contrariety.
contrário adj 1 contrary; opposite; other. 2 discrepant. 3 negative. 4 averse. ‖ s contrary; converse; counter; reverse.
contra-senha s countersign.
contrastar v contrast.
contraste s contrast; counterpoint.
contratação s hire.
contratante s covenanter.
contratar v 1 contract. 2 engage (serviços). 3 hire.
contratempo s check; setback.
contrátil adj contractile.
contrato s 1 contract. 2 agreement. 3 obligation. 4 treaty.
contratorpedeiro s destroyer.
contratual adj contractual.
contravenção s contravention.
contraventor s contravener; lawbreaker.
contravir v contravene.
contribuição s 1 contribution. 2 donation. 3 subscription.

contribuinte s contributor. ‖ adj contributory.
contribuir v 1 contribute. 2 donate.
contributário adj e s contributory.
contributivo adj contributive; contributory.
contrição s contrition; contriteness.
contrito adj contrite.
controlado adj dispassionate; nerveless.
controlador s controller.
controlar v 1 control. 2 dominate. 3 command. 4 conduct. 5 *Mús* orchestrate.
controlável adj controllable.
controle s 1 control. 2 command. 3 rule. 4 controls (de máquina ou veículo). 5 *Comp* joystick.
controvérsia s 1 controversy. 2 contest; contestation. 3 disputation. 4 question.
controverso adj controversial.
controverter v controvert.
controvertido adj disputable; contentious.
controvertível adj controvertible.
contudo conj however; nevertheless; yet.
contumácia s contumacy.
contumaz adj contumacious.
contumélia s contumely.
contumelioso adj contumelious.
contundir v contuse; bruise.
contusão s contusion; bruise.
conubial adj connubial.
conúbio s connubiality.
convalescença s convalescence.
convalescente adj e s convalescent.
convalescer v convalesce.
convecção s *Fís* convection.
convenção s 1 convention. 2 agreement; covenant.
convencer v 1 convince. 2 argue. 3 incline.
convencido adj 1 conceited. 2 self-important. 3 vainglorious.
convencimento s self-satisfaction.
convencional adj conventional.
convencionalismo s conventionalism.
convencionalista s conventionalist.
convencionar v conventionalize.
convencível adj convincible.
conveniência s convenience.
conveniente adj 1 convenient. 2 suitable. 3 becoming.
conventículo s conventicle.

convento s convent; cloister.
conventual adj e s conventual.
convergência s convergence.
convergente adj convergent.
convergentemente adv concurrently.
convergir v converge.
conversa s 1 talk; chat. 2 speech. 3 confabulation. 4 gír rap.
conversação s 1 conversation. 2 converse. 3 discourse.
conversão s conversion.
conversar v 1 converse; chat; talk; speak. 2 rap. 3 inform visit.
conversível adj convertible.
conversor s converter.
converter v 1 convert. 2 transform. 3 change.
convertibilidade s convertibility.
convertido s convert.
convés s deck.
convexidade s convexity.
convexo adj convex.
convicção s conviction.
convicto adj convict.
convidado s guest.
convidar v 1 invite. 2 ask; bid.
convidativo adj inviting.
convincente adj convincing.
convir v fit; become.
convite s 1 invitation. 2 call. 3 inform invite.
conviva s diner.
convivência s company.
convocação s 1 convocation; call. 2 pl summons.
convocador s convener.
convocar v convoke; call; summon.
convolução s convolution.
convoluto adj convolute.
convulsão s convulsion; spasm.
convulsionar v convulse.
convulsivo adj convulsive; spasmodic.
cooper s jog.
cooperação s cooperation; coaction; collaboration.
cooperador adj coactive. ll s 1 cooperator. 2 collaborator.
cooperar v 1 cooperate. 2 collaborate.
cooptação s co-optation.
cooptar v co-opt.

coordenação s coordination.
coordenada s Mat coordinate.
coordenado adj coordinate.
coordenar v coordinate.
coordenativo adj coordinative.
copa s 1 pantry; scullery (cômodo da casa). 2 top (de uma árvore). 3 Bot frond. 4 chalice.
co-participação s communion.
copázio s rummer.
copeiro s waiter.
copelação s cupellation (em metalurgia).
cópia s 1 copy. 2 reproduction. 3 duplicate; imitation.
copiador s copier.
copiar v copy; reproduce. 2 back up.
co-piloto s copilot.
copiosamente adv abundantly.
copioso adj 1 copious. 2 abundant.
copista s copyist; copywriter; scribe.
copo s glass.
co-propriedade s coparcenary.
cópula s copulation; relation.
copulado adj copulate.
copular v copulate.
copulativo adj copulative.
coque s 1 coke (carvão). 2 bun.
coqueluche s Med whooping cough.
coquete s coquette.
coquetel s cocktail.
cor s color.
coração s 1 heart. 2 core. 3 bosom; breast.
corado adj 1 ruddy. 2 blushful.
coragem s 1 courage; daring. 2 boldness; bravery; nerve. 3 fortitude; spirit. 4 heart. 5 inform spunk.
corajoso adj 1 courageous. 2 valiant. 3 bold; brave. 4 inform spunky. 5 valorous.
coral adj choral. ll s coral.
coralina s coralline.
coralino adj coralline.
corante s coloring; dye.
corar v blush.
corbelha s Arq corbeil.
corça s 1 doe (tb fêmea de animais, como coelho, veado, etc.). 2 Zool hind; roe; roe deer.
corcel s 1 courser. 2 steed (cavalo de batalha).

corço s Zool roe; roe deer.

corcova s hump; hunch.

corcovado adj humpbacked.

corcovar v hump.

corcunda adj humpbacked; humpy. ‖ s 1 humpback; hunchback (pessoa). 2 hump; hunch.

corda s 1 cord; rope; line. 2 cable. 3 string (de instrumento musical). 4 chord (geometria e vocal). 5 Náut painter.

cordame s 1 cordage. 2 Náut tackle.

cordão s 1 cord; cordon. 2 string. 3 lace. 4 twist.

cordeiro s lamb.

cordel s 1 cord. 2 twine.

cor-de-rosa adj pink.

cordial adj cordial; hearty.

cordialidade s cordiality; heartiness.

cordilheira s mountain range.

cordoalha s cordage.

coreano adj e s Korean.

Coréia s Korea.

Coréia do Sul s South Korea.

coreografia s choreography.

coreógrafo s choreographer.

coriáceo adj coriaceous.

corista s chorister.

córnea s Anat cornea.

córneo adj corneous; horny.

corneta s 1 Mús cornet; horn. 2 bugle.

cornetim s Mús cornet.

cornífero adj cornute.

cornígero adj horned.

cornija s Arq cornice; corona.

corno s horn.

cornudo adj cornute; horned.

coro s Mús chorus (de vozes).

coroa s 1 crown. 2 tb Astron corona.

coroar v crown.

coróide s Anat choroid.

corola s Bot ray.

corolário s corollary.

coronal adj coronal.

coronário adj coronary.

coronel s colonel.

coronelato s colonelcy.

coronha s butt.

corpete s 1 corset. 2 camisole. 3 corsage.

corpo s 1 body. 2 cadaver; corps. 3 gír stiff.

corporação s corporation.

corporal adj corporal.

corporalidade s corporality.

corporativo adj corporative; corporate.

corpóreo adj 1 corporal; corporeal. 2 bodily. 3 external. 4 fleshly. 5 material (em oposição a espiritual).

corporificar v body.

corpulência s corpulence.

corpulento adj 1 corpulent. 2 fat; stout. 3 fleshy. 4 burly.

corpus s corpus.

corpuscular adj corpuscular.

corpúsculo s 1 corpuscle. 2 mote.

correção s 1 correction. 2 correctness. 3 emendation (de textos). 4 amendment.

corredeira s riffle; rip.

corrediça s coulisse.

corredor s 1 Esp runner. 2 corridor. 3 aisle (entre os assentos de uma igreja, de um auditório, de um avião, etc.).

córrego s stream; brook.

correia s 1 strap. 2 belt.

correio s mail; post.

correlação s correlation.

correlacionar v correlate.

correlativo adj e s correlative.

correlato adj e s correlate.

correligionário s coreligionist.

corrente adj current; everyday. ‖ s 1 current; flow. 2 stream. 3 chain. 4 Eletr draft (de ar).

correnteza s drift; flow.

correr v 1 run; race. 2 flow; stream. 3 career.

correria s scurry; rush.

correspondência s 1 correspondence. 2 conformation. 3 mail.

correspondente adj correspondent; corresponding. ‖ s correspondent.

corresponder v 1 correspond. 2 answer. 3 overlap (em caráter ou função). 4 match.

corretagem s brokerage; factorage.

corretamente adv right; aright; well.

corretivo adj corrective. ‖ s corrector.

correto adj 1 correct. 2 accurate; right.

corretor s corrector; broker; stockbroker (da bolsa de valores).

corrida s *Esp* race; racing; run; running; sprint (de curta distância).

corrigibilidade s corrigibility.

corrigir v **1** correct; amend; emend; revise (provas tipográficas). **2** castigate; expurgate.

corrigível adj corrigible; correctable; mendable.

corrimão s **1** handrail; guardrail. **2** banister.

corrimento s running.

corriqueiro adj everyday; hackneyed.

corroboração s corroboration.

corroborar v corroborate.

corroborativo adj corroborative.

corroer v corrode; erode.

corromper v corrupt; taint; deprave; adulterate; violate.

corrosão s corrosion; corrosiveness; erosion.

corrosível adj corrodible; erodible.

corrosivo adj corrosive; caustic. ‖ s corrosive.

corrupção s corruption.

corruptibilidade s corruptibility.

corruptível adj corruptible; corruptive.

corruptivo adj corruptive.

corrupto adj corrupt; venal.

corruptor s corrupter; corruptionist.

corsário s corsair.

cortada s *Esp* undercut (tênis).

cortadeira s cutter (em confecção de roupas).

cortador s cutter (em confecção de roupas); clippers (de unhas).

cortadura s cut.

cortante adj **1** cutting. **2** biting. **3** *inform* nippy (vento, frio).

cortar v cut; dismember; dock (salário, a cauda de um animal); gash (com instrumento de corte); incise; intersect; shear (cabelo); skive (couro, borracha, etc.); whittle (madeira).

corte s **1** cut; cutting; incision; chop; excision; fitting (em costura). **2** section. **3** court; courtship.

cortejador s courtier.

cortejar v court; gallant; woo.

cortejo s cortege.

cortês adj courteous; civil; affable; complaisant; courtly.

cortesã s courtesan.

cortesão s courtier; courtly.

cortesia s courtesy; courteousness; courtliness; gallantry.

cortesmente adv courteously.

córtex s **1** *Anat* cortex. **2** bark.

cortiça s cork.

cortical adj cortical.

córtice s *Anat* cortex.

corticeiro adj corky.

corticento adj corky.

cortiço s tenement; flophouse.

cortina s curtain.

cortinado s curtain.

cortisona s cotisone.

coruja s owl.

coruscação s coruscation.

coruscante adj coruscant.

coruscar v coruscate.

corvo s *Zool* crow; raven.

cós s waistband.

co-secante s *Mat* cosecant.

co-segurar v coinsure.

co-seguro s coinsurance.

co-seno s **1** *Mat* cosine. **2** cos.

coser v sew; stitch.

co-signatário s cosignatory.

cosmético adj cosmetic. ‖ s cosmetic.

cósmico adj cosmic; universal.

cosmogonia s cosmogony.

cosmogônico adj cosmogonic.

cosmografia s cosmography.

cosmógrafo s cosmographer.

cosmologia s cosmology.

cosmologista s cosmologist.

cosmólogo s cosmologist.

cosmonauta s cosmonaut.

cosmopolita adj cosmopolitan. ‖ s cosmopolitan; cosmopolite.

cosmopolitismo s cosmopolitanism.

cosmos s cosmos.

cossaco s Cossack.

costa s coast; seashore; shore.

costado s flank.

costal adj costal.

Costa Rica s Costa Rican.

costas s **1** back (de animais e parte do vestuário). **2** reverse.

costear v coast.

costeiro adj coastal; coastward; coastwise; inshore.

costela s Anat e Zool rib.

costeleta s chop; cutlet.

costume s custom; habit; use; consuetude.

costumeiro adj consuetudinary; usual; habitual.

costura s sewing; needlework; seam.

costurar v sew; stitch.

costureira s dressmaker; seamstress.

costureiro s fashioner.

cota s quota; mail.

cotação s quote (de preços).

cotangente s Mat cotangent.

cotão s fuzz.

cotar v Com quote.

cotidiano adj quotidian; daily.

cotilédone s Anat e Bot cotyledon.

cotiledôneo adj cotyledonous.

cotizar v club.

cotó s dock (da cauda dos animais).

cotovelada s dig; jab; jog.

cotovelo s 1 Anat elbow. 2 elbow; knee (cano, conexão).

cotovia s Zool skylark; lark.

couraça s 1 cuirass. 2 armor.

couraçado adj battleship (navio); ironclad.

couraçar v armor.

couro s 1 leather. 2 hide. 3 skin.

couve s Bot kale; cabbage.

couve-de-bruxelas s Brussels sprouts.

couve-flor s cauliflower.

cova s 1 grave. 2 fosse. 3 burrow (de pequenos animais).

côvado s cubit.

covarde adj 1 coward; cowardly. 2 gír yellow. ‖ s coward.

covardemente adv cowardly.

covardia s cowardice.

coveiro s gravedigger; burier.

covil s den; kennel; lair.

covinha s dimple.

coxa s drumstick (de galinha, peru).

coxeadura s limp; hobble.

coxear v limp; halt; hobble.

coxim s cushion.

coxo adj lame. ‖ s cripple.

cozedura s bake; baking.

cozer v decoct; do.

cozimento s decoction.

cozinha s kitchen.

cozinhar v cook; boil.

cozinheiro s cook.

craca s barnacle.

crachá s badge.

crack s rocks.

crânio s cranium; skull.

craniologia s craniology.

craniologista s craniologist.

craniólogo s craniologist.

craque s e adj ace.

crassamente adv crassly.

crasso adj crass.

cratera s crater.

cravar v rivet; encrust; stick.

cravo s 1 Bot carnation. 2 blackhead (afecção cutânea). 3 Mús harpsichord. 4 spike (prego).

cravo-da-índia s clove.

cré s chalk.

creche s nursery school.

credencial s credential; credence.

credenciar v credential.

credibilidade s credibility.

creditar v accredit; refer; thank.

crédito s 1 credit; credence. 2 trust.

credo s credo; creed.

credor s 1 creditor. 2 Jur obligee.

credulidade s credulity; credulousness.

crédulo adj credulous; naive; wide-eyed. ‖ s gull.

creiom s crayon.

cremação s cremation.

cremador s cremator.

cremalheira s rack.

cremar v cremate; incinerate.

crematório adj crematory. ‖ s crematorium; crematory.

creme s cream.

cremoso adj creamy.

crença s belief; creed.

crente s believer.

creosotar v creosote.

creosoto s creosote.

crepe s crepe.

crepitação s crepitation.

crepitante adj crepitant.

crepitar v crepitate; crackle.

crepuscular *adj* crepuscular.
crepúsculo *s* crepuscule; dusk; twilight.
crer *v* believe; conceive; think; trust.
crescendo *s Mús* crescendo.
crescente *adj* crescent.
crescer *v* grow; augment; enlarge; swell; wax; overgrow (vegetação).
crescido *adj* grown.
crescimento *s* growth; development; evolution.
crespidão *s* crispness.
crespo *adj* curly; crisp; crispy.
crestar *v* scorch; blast; blight (plantas); sear.
cretáceo *adj e s* Cretaceous.
cretinismo *s Med* cretinism.
cretino *adj* cretinous. || *s* cretin.
cretone *s* cretonne.
cria *s* hatch; breed; foal; kid; young.
criação *s* **1** creation; foundation; genesis. **2** breeding.
criada *s* maid.
criado *s* servant; domestic.
criado-mudo *s* bedside table.
criador *s* **1** creator; author. **2** raiser; breeder (de animais). **3** father.
criança *s* child; kid.
criancice *s* childishness.
criancinha *s* baby.
criar *v* **1** create; generate; invent. **2** rear (de crianças). **3** breed; raise (animais). **4** grow. **5** foster (idéia, esperança).
criatividade *s* creativeness.
criativo *adj* creative; imaginative.
criatura *s* **1** creature. **2** *inform* thing.
cricri *s* chirp.
crime *s* **1** crime; delinquency. **2** *Jur* misdemeanor.
criminal *adj* criminal.
criminalidade *s* criminality.
criminologia *s* criminology.
criminologista *s* criminologist.
criminoso *adj* criminal; delinquent; felonious; wrongful. || *s* criminal; delinquent; felon; gangster; malefactor.
crina *s* horsehair; mane.
crinolina *s* crinoline (tecido).
criogenia *s Fís* cryogenics.
cripta *s* crypt; vault; undercroft (de igreja).
criptografia *s* cryptography.

criptograma *s* cryptogram; cipher.
críquete *s Esp* cricket.
crisântemo *s Bot* chrysanthemum; mum.
crise *s* crisis; conjuncture.
crisma *s* **1** *Ecles* chrism. **2** confirmation.
crismado *adj* confirmed.
crismar *v* confirm.
crispar *v* twitch.
crista *s* chine.
cristal *s* crystal.
cristalino *adj* **1** crystalline; crystal. **2** *Anat* crystalline lens. || *s Anat* lens.
cristalização *s* crystallization.
cristalizado *adj* candied.
cristalizar *v* crystallize.
cristalografia *s* crystallography.
cristalógrafo *s* crystallographer.
cristandade *s* Christendom.
cristão *adj* Christian; Christlike. || *s* **1** Christian. **2** *maiús* gentile.
cristianismo *s* Christianity.
cristianização *s* Christianization.
cristianizar *v* Christianize.
Cristo *s* Christ.
cristologia *s* Christology.
critério *s* **1** criterion. **2** judgment.
criterioso *adj* judicious.
crítica *s* critique; criticism; censure.
criticar *v* **1** criticize; review. **2** censure; censor. **3** *inform* crab. **4** *gír* knock.
criticável *adj* criticizable; censurable.
crítico *adj* critical; serious. || *s* critic; censor.
crivar *v* riddle.
crível *adj* credible; creditable.
crivo *s* riddle; bolter.
Croácia *s* Croatian.
crocante *adj* crisp; crispy.
crochê *s* crochet.
crocitar *v* croak.
crocito *s* caw.
crocodilo *s Zool* crocodile.
cromar *v* chrome.
cromática *s* chromatics (ciência das cores).
cromático *adj* chromatic.
cromato *s Quím* chromate.
cromo *s* chromium.
cromossomo *s* chromosome.
crônica *s* chronicle.

crônico *adj* chronic; inveterate.

cronista *s* chronicler; columnist.

cronógrafo *s* chronograph.

cronologia *s* chronology.

cronológico *adj* chronological.

cronometragem *s* timing.

cronometrar *v* time.

cronometria *s* chronometry.

cronométrico *adj* chronometrical.

cronometrista *s* clocker; timekeeper.

cronômetro *s* chronometer; timekeeper.

croqui *s* sketch.

crosta *s* crust; rind (de queijo); scab (de ferida).

cru *adj* **1** raw; uncooked. **2** crude.

cruamente *adv* crudely.

crucial *adj* **1** crucial. **2** critical.

cruciante *adj* excruciating.

cruciferário *s* crucifer.

crucificação *s* crucifixion.

crucificar *v* crucify.

crucifixo *s* crucifix.

cruel *adj* cruel; fierce; barbarous; inhuman; insensate; grievous; merciless; bloodthirsty; brutal; brute; cold-blooded; coldhearted; cutthroat. II *s* cutthroat.

crueldade *s* cruelty; inhumanity; atrocity; barbarity; brutality.

cruelmente *adv* bloodily.

crueza *s* crudeness; crudity; rudeness.

crupe *s Med* croup.

crupiê *s* croupier.

crustáceo *adj* crustacean; crustaceous. II *s* crustacean.

cruz *s* cross.

cruzada *s* crusade.

cruzado *adj* crisscross; across.

cruzador *s* cruiser (navio).

cruzamento *s* cross; crossover; frog (de ferrovia).

cruzar *v* cross; crossbreed; intersect; voyage (oceano); meet (rio, estrada).

cruzeiro *s* cruise.

cuba *s* tub.

Cuba *s* Cuba.

cubano *adj* e *s* Cuban.

cubar *v Mat* cube.

cúbico *adj* cubic; cubical.

cubículo *s* cell.

cubiforme *adj* cubical.

cubismo *s* Cubism.

cubo *s tb Mat* cube; hub (de roda).

cuca *s gír* nob.

cuco *s Zool* cuckoo.

cueca *s geralm pl* pant.

cuia *s* gourd.

cuidado *s* **1** care. **2** attention; diligence.

cuidadosamente *adv* carefully.

cuidadoso *adj* careful; heedful; thorough; thoughtful; scrupulous; studious; mindful.

cuidar *v* dress (ferimentos); nurse; rear (de crianças); see after.

cujo *pron* which; whose.

culinária *s* cookery.

culinário *adj* culinary.

culminação *s Astron* culmination.

culminância *s* acme.

culminante *adj* culminant.

culminar *v* culminate.

culpa *s* guilt; fault; blame; sin.

culpabilidade *s* culpability; blamableness.

culpado *s* culprit; guilty; hangdog.

culpar *v* blame; charge; criminate; convict; fault.

culpável *adj* blamable; blameful; chargeable; culpable.

cultivado *adj* cultivated; cultured.

cultivador *s* cultivator; grower; cropper; raiser (de animais).

cultivar *v* cultivate; till; culture (terra); farm; grow; nurture; raise; reclaim (um terreno); stock; work.

cultivável *adj* cultivable; arable.

cultivo *s* cultivation; culture.

culto *adj* cultivated; cultured; learned; educated. II *s* cult; worship; adoration.

cultuar *v* enshrine; worship.

cultura *s* civilization; culture; erudition.

cultural *adj* cultural.

cume *s* summit; top; brow (de penhasco); crown; roof; vertex; tiptop.

cumeeira *s* **1** ridge. **2** *Arq* gable.

cúmplice *s* **1** accomplice. **2** *Jur* accessory; corespondent (em crime ou adultério).

cumplicidade *s* complicity; connivance.

cumpridor *adj* e *s* observant.

cumprimentar *v* **1** salute; greet; bow. **2** compliment.

umprimento *s* **1** greeting. **2** accomplishment; execution; fulfillment.

umprir *v* **1** execute; fulfill; abide by (tarefa, lei). **2** *gír* do (pena).

umular *v* shower.

umulativo *adj* additive. ‖ *s* cumulative.

úmulo *s* cumulus.

uneiforme *adj* cuneiform.

unha *s* wedge; cotter; quoin; shim.

unhada *s* sister-in-law.

unhado *adj* incuse. ‖ *s* brother-in-law.

unhagem *s* coinage.

unhar *v* coin; mint.

unho *s* stamp; cachet.

upão *s* coupon.

upê *s* brougham.

upido *s Mit* cupid; Love.

upim *s* termite.

upinzeiro *s* anthill.

upom *s* coupon.

úprico *adj* cupric; cupreous.

uprífero *adj* cupriferous.

úpula *s Arq* cupola; dome.

ura *s* cure; curate.

urabilidade *s* curability.

urado *adj* well; whole.

urador *s* **1** curator; guardian; administrator. **2** *Jur* conservator; trustee.

uradoria *s* **1** curatorship. **2** *Jur* administration.

urandeirismo *s* faith healing; medicine.

urandeiro *s* curer; faith healer; healer; quack; witch doctor (especialmente entre os povos africanos).

urar *v* cure (doença e ao sol); heal; remedy; salt; salve; mend; correct.

urativo *adj* curative. ‖ *s* curative; dressing.

urável *adj* curable.

ureta *s* scoop.

uretagem *s Med* curettage.

úria *s* curia.

uringa *s* joker (jogo de cartas).

uriosamente *adv* curiously.

uriosidade *s* curiosity.

urioso *adj* curious; inquisitive; nosy; meddlesome.

curral *s* barn; cote; crib; sheepfold; stockyard.

currículo *s* curriculum; curriculum vitae.

cursivo *adj* cursive.

curso *s* **1** course. **2** direction. **3** path.

cursor *s Comp* cursor.

curta *adj* brief.

curta-metragem *s* short.

curto *adj* brief; short.

curto-circuito *s* short circuit.

curva *s* **1** curve. **2** bend. **3** knee (cano, conexão). **4** *Aer* loop.

curvado *adj* bent; bandy; incurvate.

curvar *v* curve; incurvate; bend; arch; flex; hump; hunch; incline; sag; spring; stoop (cabeça e ombro).

curvatura *s* curvature; bend; bow; camber; flexure.

curvilíneo *adj* curvilineal.

curvo *adj* circumflex; crooked.

cuscuta *s Bot* dodder.

cúspide *s* cusp.

cuspir *v* spit.

cuspo *s* spit.

custar *v* cost.

custear *v* defray.

custeio *s* defrayal; outlay.

custo *s* **1** cost. **2** worth.

custódia *s* custody; safekeeping; detention.

custódio *adj* custodial.

custosamente *adv* dearly.

custoso *adj* expensive.

cutâneo *adj* cutaneous; dermal.

cutelaria *s* cutlery.

cuteleiro *s* cutler.

cutelo *s* cutlas.

cúter *s Náut* cutter.

cutia *s* agouti.

cutícula *s* cuticle.

cútis *s* **1** *Anat* cutis. **2** complexion.

cutucada *s* dig.

cutucão *s* nudge.

cutucar *v* nudge.

czar *s* czar.

czarina *s* czarina.

D

d s 1 the fourth letter of the alphabet. 2 *maiús* 500 (em numeração romana).

d.C. *abrev* Anno Domini (latim).

dáctilo *adj* e s dactyl.

dactilograma s dactylogram.

dactilologia s dactylology.

dádiva s gift.

dadivoso *adj* bountiful.

dado *adj* given. ǁ s 1 die. 2 *Arq* dado.

daí *adv* thence; hence.

dali *adv* thence.

dália s *Bot* dahlia.

dálmata s dalmatian.

dama de honra s maid of honor.

damasco s 1 apricot. 2 damask (tecido).

danação s damnation.

danado *adj* damned.

danar v damn.

dança s dance.

dançar v dance.

dançarino s dancer.

dândi s 1 dandy. 2 *inform* dude.

danificar v damage; injure.

dano s 1 damage; harm; injury. 2 loss. 3 *Jur* tort.

danoso *adj* damageable; harmful.

daqui *prep* in.

daquilo *adv* therefrom.

dar v 1 give; bestow; award (prêmio, recompensa, etc.); fetch (grito, suspiro). 2 *inform* fetch (golpe). 3 *fig* lend.

dardo s dart.

data s date.

datado *adj* dated.

datar v date.

datilografar v type; typewrite.

datilografia s typing; typewriting.

datilógrafo s typist; typewriter.

dativo *adj Jur* dative. ǁ s *Gram* dative.

de *prep* of; in; on.

deão s dean.

debaixo *adv* under; underneath. ǁ *prep* underneath.

debandada s 1 rout; stampede. 2 disbandment.

debandar v 1 rout. 2 disband.

debate s 1 debate; discussion. 2 contest; argument.

debater v 1 debate; discuss; dispute. 2 contest.

debênture s debenture.

débil *adj* 1 weak; anemic. 2 *Med* atonic.

debilidade s debility; weakness.

debilitação s debilitation; attenuation; enervation.

debilitado *adj* attenuate; enervate; washy; weakly.

debilitar v debilitate; enfeeble; waste; attenuate; enervate.

debilmente *adv* weakly.

debitar v debit.

débito s debt; debit.

debochar v debauch; gibe; fleer.

deboche s debauch; debauchery; gibe; fleer.

debruar v hem; border.

debrum s hem; border; binding; braiding; fringe.

debulhar v 1 thrash. 2 husk.

debulho s chaff.

debutante s 1 debutante. 2 *inform* deb.

década s decade.

decadência s decadence; decay; decline; declension; ruin.

decadente *adj* e s decadent.

decaído *adj* e s decayed.

decair v decay; decline.

decalcar v trace; copy; imitate.

decalque s tracing; copying.

decampar v decamp.

decano s dean.

decantação s decantation.

decantar v decant.

decapitação s decapitation.

decapitar v decapitate; behead; decollate.

decassílabo *adj* decasyllabic. ǁ s decasyllable.

decenal *adj* decennial.

decência s decency; decorum.

decente *adj* decent; decorous.

decepar v amputate; dock (a cauda de um animal).

ecepção s 1 delusion; disappointment; frustration. 2 gír curve.

ecepcionado adj disappointed.

ecepcionante adj disappointing.

ecepcionar v disappoint; frustrate.

ecibel s decibel (abrev dB).

ecididamente adv conclusively.

ecidido adj decided; decisive; determined. ll s unyielding.

ecidir v 1 decide. 2 determine. 3 resolve. 4 Jur rule.

ecíduo adj deciduous.

ecifração s decipherment.

ecifrador s decipherer.

ecifrar v decipher; make out; decode; decrypt.

ecimal adj decimal.

ecímetro s abrev dm.

écimo num tenth.

écimo quarto num fourteenth.

ecisão s 1 decision. 2 determination. 3 verdict. 4 Jur finding.

ecisivamente adv fatally.

ecisivo adj decisive; conclusive; crucial.

eclamação s declamation; recitation.

eclamador s declaimer; elocutionist.

eclamar v declaim; recite.

eclamatório adj declamatory.

eclaração s 1 declaration; assertion. 2 statement. 3 Jur affidavit.

eclarante s Jur witness.

eclarar v 1 declare; assert. 2 enounce. 3 Jur find. 4 come out. 5 inform make off.

eclarativo adj declarative.

eclaratório adj declaratory.

eclarável adj declarable.

eclinação s 1 Gram declension. 2 Astron declination.

eclinante adj descendent.

eclinar v 1 decline. 2 decay. 3 Gram inflect.

eclinável adj declinable.

eclínio s 1 decline; declension. 2 decay. 3 downhill.

eclive s declivity; decline; descent.

ecodificador s decoder.

ecodificar v decode.

ecolagem s takeoff.

decolar v takeoff.

decompor v 1 decompose; decompound. 2 Quím analyze.

decomposição s 1 decomposition; dissolution. 2 Quím analysis.

decoração s 1 decoration. 2 adornment. 3 décor.

decorador s decorator.

decorar v 1 decorate. 2 adorn; drape (com cortinas, bandeiras, tecidos, etc.).

decorativo adj decorative.

decoro s 1 decorum. 2 decency.

decoroso adj decorous.

decorrer v elapse.

decorrido adj past.

decotado adj low-necked.

decote s low-neck.

decrépito adj decrepit.

decrepitude s decrepitude.

decrescente adj decrescent; descendent.

decrescer v decrease.

decréscimo s decrease; decrement; reduction.

decretação s enactment.

decretar v 1 decree; adjudge; enact; establish. 2 Jur rule.

decreto s decree; edict; act; appointment; sanction; ordinance.

decriptar v decrypt.

dedal s thimble.

dedeira s thumb index.

dedetizar v debug.

dedicação s dedication; devotion.

dedicado adj devoted; faithful.

dedicar v dedicate; devote.

dedicatória s dedication; inscription.

dedicatório adj dedicatory.

dedilhado s Mús fingering.

dedilhar v strum (guitarra, violão, etc.).

dedo s finger; digit (da mão ou do pé).

dedução s deduction.

dedurar v 1 fink. 2 inform finger.

dedutível adj deducible.

dedutivo adj deductive.

deduzir v 1 deduce; infer. 2 deduct; abate; discount. 3 Cont carry over.

deduzível adj deducible.

defecação s defecation.

defecar v defecate.

defecção s defection.

defectivo adj tb Gram defective.

defeito s 1 defect. 2 fault (físico). 3 flaw. 4 vice.

defeituosamente adv amiss.

defeituoso adj defective; faulty. || s cripple.

defender v defend.

defensável adj maintainable.

defensiva s defensive.

defensivo adj e s defensive.

defensor s defender; protector.

deferência s deference.

deferente adj deferent; deferential.

deferimento s concession; grant.

deferir v concede; grant.

defesa s 1 defense. 2 guard. 3 custody. 4 assertion.

deficiência s deficiency; failure; shortage.

deficiente adj deficient; disabled; failing; short.

déficit s deficit.

definhamento s emaciation; atrophy.

definhar v emaciate; languish.

definição s 1 definition. 2 Comp resolution.

definido adj 1 definite; decided. 2 determinate.

definir v 1 define. 2 determine.

definitivamente adv once for all; once and for all.

definitivo adj 1 definitive. 2 conclusive; final.

definível adj definable.

deflação s Econ deflation; disinflation.

deflacionar v Econ deflate.

deflacionário adj deflationary.

deflagração s deflagration.

deflagrar v deflagrate; fire.

defletor s deflector; baffle.

deflexão s deflection.

defloração s defloration.

defloramento s defloration.

deflorar v deflower.

deformação s deformation; disfiguration; defacement.

deformado adj deformed.

deformar v deform; disfigure; deface; disproportion.

deformidade s 1 deformity; malformation. 2 Med aberration.

defraudador adj e s defrauder; defaulter.

defraudar v defraud.

defrontar v confront; up against.

defronte prep against.

defumador s curer.

defumar v 1 fume. 2 cure. 3 bloat (peixe)

defunto s 1 dead. 2 gír stiff.

degelar v thaw.

degelo s thaw.

degeneração s degeneration; degeneracy

degenerado adj e s degenerate.

degenerar v 1 degenerate. 2 deteriorate 3 corrupt.

degenerativo adj degenerative.

deglutição s deglutition.

degola s decapitation.

degolador s cutthroat.

degolar v decollate; decapitate.

degradação s degradation; degeneracy.

degradante adj degrading.

degradar v degrade.

degrau s stair; step; steps; spoke (de escada de mão).

degredar v transport.

degredo s deportation.

degringolar v go haywire (plano).

degustador s taster (de vinho, chá, café etc.).

degustar v taste.

deidade s deity.

deificação s deification.

deificar v deify.

deísmo s deism.

deísta s deist.

deístico adj deistic.

deitar v lie; lie down; lay.

deixa s cue (no teatro).

deixar v leave; let; walk out on.

delação s denunciation; denouncement.

delatar v inform; denounce; betray.

delator s 1 informer; betrayer. 2 gír fink.

delegação s delegation.

delegacia s police station.

delegado s 1 delegate; representative 2 Jur assignee.

delegar v delegate; depute.

deleitar v 1 delight; enchant. 2 feast.

deleitável adj delectable.

deleite s delight; delectation.

deletério adj deleterious.

delével *adj* erasable.
delfim *s* dolphin.
delgadeza *s* slenderness.
delgado *adj* slender; thin; slim; fine.
deliberação *s* deliberation; advisement.
deliberadamente *adv* advisedly.
deliberado *adj* deliberate.
deliberar *v* deliberate.
deliberativo *adj* deliberative.
delicadeza *s* 1 delicacy. 2 courteousness. 3 finesse.
delicado *adj* 1 delicate. 2 fragile; frail. 3 slight. 4 elegant. 5 fine. 6 awkward (assunto). 7 ethereal. 8 squeamish. ll *s* fastidious.
delícia *s* delight.
deliciar *v* delight; regale.
delicioso *adj* 1 dainty; delicious. 2 *gír* yummy (sabor ou cheiro).
delimitação *s* delimitation; demarcation.
delimitar *v* delimit.
delineação *s* delineation.
delineador *s* delineator.
delineamento *s* lineation.
delinear *v* 1 delineate; outline. 2 describe.
delinqüência *s* delinquency.
delinqüente *adj e s* delinquent.
delinqüir *v* transgress.
delirante *adj* delirious.
delirar *v* rave; frenzy.
delírio *s* delirium; rave.
delito *s* 1 delict; crime; transgression. 2 *Jur* misdemeanor.
delonga *s* cunctation.
delta *s* delta.
deltóide *adj e s* deltoid.
demagogia *s* demagogy; demagoguery.
demagógico *adj* demagogic.
demagogo *adj e s* demagogue.
demais *adv* too much; too.
demanda *s* demand.
demandar *v* demand; request.
demarcação *s* demarcation.
demarcar *v* demarcate; delimit.
demasia *s* excess.
demasiadamente *adv* far.
demasiado *adj* excessive; overmuch.
demência *s* 1 dementia; dementedness. 2 madness. 3 *Psic* alienation.

demente *adj* 1 demented. 2 crazy; mad. ll *s* bedlamite.
demérito *s* demerit.
demissão *s* 1 demission; dismissal. 2 resignation. 3 *gír* boot.
demitir *v* 1 dismiss; discharge. 2 resign. 3 boot. 4 *inform* fire.
democracia *s* democracy.
democrata *s* democrat.
democrático *adj* democratic.
democratização *s* democratization.
democratizar *v* democratize.
demografia *s* demography.
demolição *s* demolition; destruction.
demolidor *adj* disruptive. ll *s* wrecker.
demolir *v* 1 demolish. 2 raze. 3 ruin.
demoníaco *adj* demoniac.
demônio *s* demon; devil.
demonologia *s* demonology.
demonstração *s* demonstration; show.
demonstrador *s* demonstrator.
demonstrar *v* 1 demonstrate. 2 evidence; show.
demonstrativo *adj* demonstrative.
demonstrável *adj* demonstrable.
demora *s* cunctation; delay; detainment; holdup; retard; wait; waiting.
demorar *v* 1 delay. 2 linger.
demótico *adj e s* demotic.
denário *s* denarius.
dendrologia *s* *Bot* dendrology (estudo científico de árvores).
denegrir *v* denigrate; backslide; darken.
dengue *s* dengue; breakbone fever.
denominação *s* 1 denomination. 2 designation.
denominador *s* *tb Mat* denominator.
denominar *v* denominate; name; designate.
denotação *s* denotation.
denotar *v* denote; mean.
denotativo *adj* denotative.
densamente *adv* thick.
densidade *s* density; denseness; compactness.
denso *adj* dense; compact; heavy; gross.
dentada *s* bite; snap; nibble; nip.
dentado *adj* 1 dentate. 2 serrate.
dentadura *s* denture.
dental *adj* dental.

D

dentar v dent.

dentário adj dental.

dente s 1 tb Mec tooth. 2 dent (de engrenagem, faca, serra, etc.). 3 ratchet (de engrenagem). 4 sprocket (de roda).

denteado adj dentate; jagged.

dentear v indent; jag; dent.

dente-de-leão s dandelion (flor).

dentição s dentition.

dentículo s 1 denticle. 2 Arq dentil.

dentifrício s dentifrice.

dentina s dentin.

dentista s dentist.

dentro adv within; in. ‖ prep within.

denudar v denude.

denúncia s 1 denunciation; denouncement; accusation. 2 Jur indictment.

denunciador adj comminatory. ‖ s denouncer.

denunciar v 1 denounce; accuse. 2 report (pessoa, delito).

departamental adj departmental.

departamento s department.

depenado adj bare; deplumed; plucked.

dependência s 1 dependence. 2 dependency.

dependente adj dependent; conditional; conditioned. ‖ s Zool inform bloodsucker.

depender v wait on/upon; lean on/upon.

dependurado adj hanging.

depilação s depilation.

depilar v depilate.

depilatório adj e s depilatory.

depleção s Med depletion.

deplorar v 1 deplore. 2 regret.

deplorável adj deplorable; lamentable; unfortunate.

depoente s Jur witness.

depoimento s 1 deposition; testimony. 2 declaration. 3 Jur statement (de testemunha).

depois adv after; afterward; then; next.

depor v 1 Jur depose. 2 testify. 3 unseat (do cargo). 4 witness.

deportação s deportation; banishment.

deportado s deportee.

deportar v deport; banish.

deposição s 1 deposition. 2 deposal.

depositante s depositor.

depositar v 1 deposit. 2 trust.

depositário s depositary; depository.

depósito s 1 deposit (bancário). 2 Geo deposit; deposition; drift. 3 magazine (es pecialmente para guardar muniçies).

depravação s depravation; depravity.

depravado adj depraved; reprobate; vicious unclean. ‖ s reprobate.

depravar v deprave; debauch.

deprecatório adj deprecatory.

depreciação s depreciation; derogation; detraction; disparagement.

depreciar v depreciate; belittle; cheapen; derogate; decry; detract; depreciatory.

depreciativo adj derogative; derogatory; detractive.

depredação s depredation.

depredador s depredator.

depredar v depredate.

depredatório adj depredatory.

depreender v understand.

depressa adv fast; quickly.

depressão s 1 depression. 2 hollow. 3 dejection. 4 gír crash (devido ao uso de drogas). 5 slump (de preço). 6 valley (Geografia). 7 Psiq melancholia.

depressivo adj 1 depressive. 2 lonely; lonesome (por estar sozinho).

depressor adj e s depressor.

deprimente adj depressing.

deprimido adj depressed; downcast; downhearted; melancholic; melancholy.

deprimir v depress.

depuração s depuration; expurgation.

depurador s depurator.

depurar v 1 depurate. 2 Comp debug.

depurativo adj expurgatory.

deputação s deputation.

deputado s deputy; delegate; commissary.

deputar v depute.

deriva s drift (de rota).

derivação s 1 tb Gram derivation. 2 shunt.

derivada s Mat derivative.

derivado s Gram e Quím derivative. ‖ adj derivative.

derivante adj derivative.

derivar v 1 derive. 2 Mat differentiate.

derivativo adj derivative. ‖ s Med derivative.

derma s Anat cutis.

dermatite s dermatitis.

dermatologia s dermatology.

dermatologista s dermatologist.

derme s dermis.

dérmico adj dermal.

derramamento s spill (de óleo, etc.).

derramar v spill; shed (sangue, bebida, etc.).

derrame s Med stroke.

derrapagem s skid.

derrapar v skid.

derreter v 1 melt; fuse. 2 smelt.

derretido adj molten; run (metal, ouro).

derretimento s fusion.

derrota s 1 defeat. 2 Náut route.

derrotado adj defeated.

derrotar v 1 defeat; rout. 2 overthrow. 3 beat. 4 inform massacre. 5 gír smear.

derrotista adj e s defeatist.

derrubada s clearance.

derrubar v 1 throw down; pull down; knock down. 2 fell. 3 overthrow. 4 unseat (da sela).

desabafar v unload; vent.

desabamento s tumble; landslide.

desabar v tumble; collapse.

desabilitar v Comp disable.

desabitado adj uninhabited; unoccupied.

desabituar v dishabituate.

desabonador adj discreditable.

desabonar v discredit; disbelieve.

desabotoar v unbutton; unclasp.

desabrigado adj e s homeless.

desabrigar v 1 uncover. 2 abandon.

desabrochar v unfold.

desacatar v defy.

desacato s 1 contempt. 2 Jur contemptibility.

desaceleração s deceleration.

desacelerar v decelerate.

desacompanhado adj alone.

desaconselhar v discourage.

desaconselhável adj inadvisable.

desacordo adj inconformity. ll s 1 disagreement; disaccord; discordance; disharmony. 2 disunion. 3 difference. 4 divarication.

desacorrentar v unchain; unfetter.

desacostumado adj unaccustomed; unwonted.

desacostumar v wean.

desacreditado adj disreputable.

desacreditar v discredit; disbelieve; discountenance.

desafeiçoar v disaffect; dislike.

desafiador adj e s challenger; defier.

desafiante adj e s defiant.

desafiar v challenge; defy; beard; brave; dare.

desafiável adj challengeable.

desafinação s discord.

desafinado adj Mús false; off-key.

desafinar v discord.

desafio s challenge; defiance.

desafirmar v disaffirm.

desafivelar v unclasp.

desaforo s insolence.

desafortunado adj luckless; unlucky; wretched. ll s wretch.

desagradar v displease; dissatisfy; disfavor.

desagradável adj 1 disagreeable; unpleasant; displeasing; abominable; disgusting; distasteful. 2 inform fierce.

desagrado s displeasure; disfavor; discountenance.

desagravo s retaliation.

desagregação s dissociation; disintegration.

desagregar v desegregate; dissociate; disintegrate.

desagrupar v disassemble.

desaguadouro s discharge.

desaguar v 1 drain. 2 disembogue.

desajeitadamente adv clumsily.

desajeitado adj awkward; clumsy; ungainly; unhandy. ll s gauche; lout.

desajeitamento s fumble.

desajuizado adj unwise; injudicious.

desajustar v disagree.

desajuste s disagreement.

desalentado adj depressed; desolate; despondent; chapfallen.

desalentador adj depressing.

desalentar v despond; dishearten.

desalento s discouragement; despondency.

desalinhado adj dowdy; untidy; disheveled; misaligned; uneven.

desalinhamento s misalignment.

desalinhar v disarray.

desalinho s disarray; dishevelment.

desalmado adj soulless.

desalojamento s dislodgement; dispossession.

desalojar v dislodge; displace.

desamarrar v untie; unbind; undo.

desamparado adj abandoned; deserted; desolate.

desamparar v abandon; desert.

desamparo s abandonment.

desanimado adj downhearted; down; dejected; tepid; languid; despondent.

desanimador adj disconsolate; depressing; dismal.

desanimar v discourage; dishearten; deject; despond; dispirit; daunt.

desânimo s discouragement; dismay; depression; despondency.

desanuviado adj cloudless; clear.

desaparecer v disappear; vanish; evaporate; flee.

desaparecido adj missing.

desaparecimento s disappearance.

desapegar v wean.

desapertar v unlace.

desapiedado adj cold-blooded.

desapontado adj disappointed.

desapontamento s disappointment; discomfiture.

desapontar v disappoint; disgruntle; dissatisfy.

desapossar v 1 dispossess. 2 Jur divest; evict.

desaprender v unlearn.

desapropriação s 1 expropriation; confiscation. 2 Jur ejectment.

desapropriar v dispossess; expropriate; confiscate.

desaprovação s disapprobation; disapproval; censure; deprecation; disallowance; disfavor.

desaprovar v disapprove; disallow; disfavor; deprecate; discountenance; discourage.

desarmado adj unarmed.

desarmamento s disarmament.

desarmar v disarm.

desarmonia s disharmony.

desarmônico adj inharmonious; dissonant.

desarmonioso adj out of joint.

desarraigar v eradicate.

desarranjado adj disarranged; out of order.

desarranjar v 1 disarrange. 2 disorder (saúde mental ou física); derange; unsettle.

desarranjo s disarrangement; derangement; distemper; disarray.

desarrumado adj untidy; sloppy.

desarrumar v disarrange.

desarticulação s disarticulation; dislocation.

desarticulado adj disjointed.

desarticular v disarticulate; disjoint; dislocate; unjoint.

desassemelhar v dissimilate.

desassociar v disassociate; disaffiliate.

desassossegar v disquiet.

desassossego s disquietude.

desastrado adj 1 disastrous; calamitous. 2 maladroit; clumsy.

desastre s disaster; accident.

desastroso adj disastrous; unfortunate.

desatado adj free.

desatar v unfasten; untie (nó); unloose; loose.

desatenção s inattention; inattentiveness; inobservance.

desatencioso adj thoughtless.

desatento adj inattentive; disregardful; unmindful; inadvertent; absent; heedless; mindless.

desatinado adj desperate.

desatino s moonshine.

desativar v 1 deactivate. 2 Comp disable.

desatualizado adj out-of-date.

desautorizar v disallow; disauthorize.

desavença s dissension; disagreement; discordance; disunion; estrangement.

desavergonhado adj unashamed; barefaced; characterless.

desbaratar v discomfit.

desbarrancar v gully.

desbastar v whittle (madeira).

desbloquear v unblock.

desbotado adj faded; discolored.

desbotamento s fading.

desbotar v discolor; fade; discharge (tecido); wash out.

desbravador s pathfinder.

desbravar v clear.

descabeçado adj fig acephalous.

escafeinado *adj* decaffeinated.

escalçadeira *s* bootjack.

escalço *adj* barefoot.

escamação *s* exfoliation; scurf.

escamar *v* flake.

escampado *adj* bleak.

escansado *adj* quiet; easy; undisturbed; restful.

escansar *v* 1 rest; repose; take a rest. 2 *inform* knock off.

escanso *s* rest; repose; relaxation.

escaracterizado *adj* featureless.

escarado *adj* shameless; brazenfaced; cheeky.

escaramento *s* brazenness; cheekiness.

escarga *s* 1 discharge (carregamento, elétrica, etc.). 2 exhaust; issue; emission. 3 shot (de arma de fogo); volley (de artilharia).

escarnado *adj* gaunt; skinny.

escaroçar *v* stone; seed; pit.

escarregado *adj* uncharged (arma).

escarregamento *s* disembarkation.

escarregar *v* 1 discharge (navio, arma de fogo). 2 unload (carga). 3 download. 4 *Náut* unlade; unship (navio).

escarrilamento *s* derailment.

escarrilar *v* derail; ditch (trem).

escartar *v* 1 discard; reject; dismiss. 2 throw (baralho). 3 *gír* ditch. 4 *inform* scuttle.

escarte *s* discard (no jogo).

escascar *v* shell; bark; hull; husk; scale; exfoliate; strip.

escaso *s* disregard.

escendência *s* descent; offspring; branch; lineage.

escendente *adj* descendent. || *s* descendant.

escender *v* descend.

escentralização *s* decentralization.

escentralizar *v* decentralize.

escer *v* descend; come down; go down; alight (aeroplano, pássaro); dismount (de um cavalo, etc.); get down.

escida *s* descent; drop; fall.

esclassificar *v* disqualify.

escoberta *s* 1 discovery; finding. 2 detection.

descoberto *adj* uncovered; bare; naked.

descobridor *s* discoverer.

descobrimento *s* discovery.

descobrir *v* discover; uncover; disclose.

descolar *v* unglue.

descoloração *s* discoloration.

descolorar *v* discolor.

descolorido *adj* dingy; colorless.

descompactar *v Comp* unzip.

descomplicado *adj* painless.

descompor *v* flay.

descompostura *s* discomposure.

descompressão *s* decompression.

descomprimir *v* decompress.

descomprometido *adj* unattached.

descomunal *adj* monumental.

desconcertar *v* disconcert; discomfit; embarrass.

desconectado *adj* 1 off. 2 *Comp* e *Telec* off-line (da rede).

desconexão *s* disconnection.

desconexo *adj* disconnected; disjointed; abrupt; disjunct.

desconfiado *adj* 1 distrustful; mistrustful. 2 diffident.

desconfiança *s* suspicion; mistrust; distrust; discredit; surmise; misgiving.

desconfiar *v* distrust; mistrust; suspect; doubt.

desconformidade *s* disconformity.

desconfortar *v* discomfort.

desconforto *s* discomfort.

descongelador *s* defroster.

descongelar *v* defrost.

desconhecer *v* ignore.

desconhecido *adj* 1 unknown; anonymous; nameless. 2 strange. || *s* unknown.

desconjuntado *adj* disjointed.

desconjuntar *v* disjoint; dislocate; disarticulate; dismember; luxate.

desconsertante *adj* bewildering.

desconsertar *v* abash.

desconsideração *s* disrespect; disesteem; disrespectfulness.

desconsiderado *adj* unconsidered.

desconsiderar *v* 1 disrespect; disregard; ignore; condone (uma falta); disoblige. 2 *inform* scuttle.

desconsolado *adj* inconsolable.

desconsolador *adj* disconsolate.

descontaminação *s* decontamination.

descontaminar *v* decontaminate.

descontar *v* **1** discount. **2** abate; rebate.

descontentamento *s* discontentment; disaffection; discontent; displeasure.

descontentar *v* discontent; displease; disaffect; dissatisfy.

descontente *adj* discontent; disaffected; discontented; unhappy; malcontent. ‖ *s* malcontent.

descontinuar *v* discontinue; break off; cut off; intermit.

descontinuidade *s* discontinuity; discontinuance.

descontínuo *adj* discontinuous.

desconto *s* discount; rebate; deduction.

descontração *s* easiness.

descontraído *adj* easy.

descontrair *v* unbend; unwind.

descontroladamente *adv* wild.

descontrolado *adj* rampant; vagrant; wild (emocionalmente).

descontrole *s* incontinence.

descoordenado *adj* uncoordinated (física e mentalmente).

descorado *adj* pale; pallid.

descoramento *s* bleach; discharge (de tecido).

descorar *v* bleach; bleed; discharge (tecido); discolor.

descortês *adj* discourteous; slighting; ungracious.

descortesia *s* discourtesy.

descorticador *s* barker.

descorticar *v* bark.

descoser *v* rip; unpick; unrip.

descosturar *v* rip; unpick.

descrédito *s* discredit; disfavor; dispraise; disrepute.

descrença *s* disbelief; unbelief; unfaith.

descrente *adj* impious; irreligious. ‖ *s* infidel; unbeliever; atheist.

descrer *v* disbelieve.

descrever *v* describe; relate; draw (oralmente ou por escrito); recite; report.

descrição *s* description; report; depiction; narrative; secrecy.

descritível *adj* describable.

descritivo *adj* descriptive.

descritor *s* describer.

descruzar *v* uncross (as pernas, os braços).

descuidadamente *adv* anyhow.

descuidado *adj* **1** incautious; regardless; careless; heedless. **2** mindless; thoughtless. **3** negligent; disregardful. ‖ *s* neglecter.

descuidar *v* neglect.

descuido *s* **1** carelessness; disregard; negligence. **2** oversight.

desculpa *s* **1** excuse; pardon; apology. **2** exculpation; exoneration; extenuation.

desculpar *v* **1** excuse; pardon; forgive; exculpate; apologize. **2** acquit.

desculpável *adj* excusable.

desde *adv* since; ago. ‖ *prep* since.

desdém *s* **1** disdain. **2** haughtiness.

desdenhar *v* **1** disdain; despise; contemn. **2** *inform* sniff.

desdenhoso *adj* disdainful; contemptuous; disregardful.

desdentado *adj* toothless.

desdita *s* misery.

desditoso *adj* miserable.

desdizer *v* unsay.

desdobrado *adj* open.

desdobrar *v* unfold; unroll.

desdouro *s* disparagement; tarnish.

desejar *v* wish; want; will; desire; covet; yearn (com melancolia); love.

desejável *adj* desirable; covetable.

desejo *s* **1** want; will; wish; desire (*tb* sexual). **2** *Psic* conation.

desejoso *adj* desirous; wishful; willing.

deselegância *s* inelegance.

deselegante *adj* awkward; graceless. ‖ inelegant.

desemaranhar *v* unravel; untangle.

desembaraçado *adj* free; clear.

desembaraçar *v* disembarrass; disencumber; disentangle.

desembaraçável *adj* extricable.

desembaraço *s* **1** disengagement; disentanglement. **2** ease; easiness. **3** readness.

desembarcadouro *s* quay.

desembarcar *v* disembark; debark; land.

desembarque s disembarkation; landing.
desembocadura s discharge; embouchure (de rio).
desembocar v disembogue.
desembolsar v disburse.
desembolso s disbursement.
desembrulhar v unpack; unwrap.
desempacotar v unpack.
desempenhar v acquit; fulfill.
desempenho s 1 fulfillment. 2 execution.
desempilhar v unpile.
desempregado adj e s unemployed; jobless; out of work.
desencadear v unlink.
desencaminhado adj misguided.
desencaminhar v misguide; mislead.
desencantar v disenchant.
desencanto s disenchantment.
desencargo s disengagement.
desencarnado adj discarnate.
desencarnar v disembody.
desencorajamento s discouragement.
desencorajar v discourage; dispirit.
desencovar v dig.
desencravar v rout.
desenfaixar v undress.
desenformar v disinform.
desenfreado adj unchecked; unrestrained.
desenganado adj disillusioned.
desenganar v disillusion.
desenganchar v unclasp; unhitch; unhook.
desengano s disillusion.
desengatar v unlimber (revólver, rifle); unship.
desenhar v draw; design.
desenhista s designer; draftsman; illustrator.
desenho s 1 design; designing; draft; drawing. 2 figure.
desenredar v disentangle; extricate.
desenredo s disentanglement; extrication.
desenrolar v uncoil; unroll; unwind; unwrap.
desenroscar v 1 untwine. 2 unscrew.
desenterramento s disinterment.
desenterrar v tb fig disinter; excavate; exhume; dig.
desentranhar v disembowel; embowel; gut.
desentupir v unstop.
desenvoltura s ease.

desenvolver v develop; evolve; unfold; expand wax (em tamanho, peso, número, etc.).
desenvolvido adj grow; advanced; adult (planta ou animal).
desenvolvimento s development; evolution; boom (de negócios, de atividade).
desequilibrado adj 1 unbalanced. 2 wacky.
desequilibrar v unbalance; disequilibrate (economia, governo, etc.).
desequilíbrio s disequilibrium; imbalance.
deserção s desertion; defection; abandonment.
deserdação s disinheritance.
deserdar v disinherit.
desertado adj abandoned.
desertar v desert; forsake.
desertificação s desertification.
deserto adj desert; uninhabited. ‖ s desert.
desertor adj runaway. ‖ s deserter; renegade.
desesperadamente adv desperately.
desesperado adj hopeless; desperate.
desesperador adj despairing.
desesperança s despair; desperation; hopelessness.
desesperançado adj hopeless.
desesperar v despair.
desespero s despair; desperation; affliction.
desestabilizar v destabilize; unbalance; unsteady.
desestima s disesteem.
desestimar v disesteem.
desfaçatez s front.
desfalcar v defalcate; embezzle.
desfalecer v faint; droop; languish; wilt.
desfalecido adj qualmish.
desfalecimento s droop; languishment; qualm.
desfalque s defalcation; embezzlement.
desfavorável adj 1 unfavorable; unpropitious. 2 contrary.
desfavoravelmente adv ill.
desfavorecer v discountenance.
desfazer v 1 undo. 2 dissolve. 3 unlink (os elos de uma corrente).
desfechar v inform fetch (golpe).
desfeita s slight; snub.
desferir v strike; deliver (um golpe).
desfiar v unknit; ladder (a meia).

desfiguração s disfiguration; deformation; defacement.

desfigurado adj deformed. ǁ s mar.

desfigurar v disfigure; deface; deform; mar.

desfiladeiro s defile; ravine; col; gorge; pass.

desfilar v defile; parade.

desfile s 1 defile; parade. 2 display; pageant.

desflorestamento s deforestation.

desflorestar v deforest.

desfolhado adj bald; bare.

desforra s revenge; retaliation; vengeance.

desforrar v avenge.

desfrutar v enjoy.

desfrute s enjoyment.

desgalhar v lop.

desgarrado adj errant.

desgarrar v straggle.

desgastado adj outworn.

desgastar v abrade; chafe; erode; fray; frazzle.

desgaste s wastage; abrasion; erosion; attrition; detrition.

desgostar v displease; disaffect; discontent; dissatisfy.

desgosto s displeasure; annoyance; discontent; heartache; heartbreak.

desgostoso adj discontent; discontented; dissatisfied.

desgovernado adj adrift; afloat.

desgovernar v misgovern.

desgoverno s misrule.

desgraça s 1 misfortune; misadventure. 2 disaster. 3 disgrace.

desgraçado adj gir darn. ǁ s miserable.

desgraçar v disgrace; soil.

desgracioso adj ungracious; ungainly.

desgrenhado adj disheveled.

desgrenhamento s dishevelment.

desgrenhar v dishevel.

desgrudar v unglue.

desguarnecido adj unguarded.

desiderativo adj Gram desiderative.

desiderato s desideratum.

desidratação s dehydration.

desidratar v dehydrate.

designação s 1 designation; denotation; appellation. 2 assignment.

designado adj designate.

designador s designator.

designar v designate; appoint; denominate. 2 assign.

designio s design; aim.

desigual adj unequal; unlike; different; in regular; disparate; disproportional.

desigualdade s inequality.

desiludir v disillusion; disenchant.

desilusão s disillusion; disenchantment.

desimpedido adj fancy-free.

desimpedimento s disengagement.

desimpedir v disencumber; disembarrass disengage.

desincorporar v disincorporate; disembod

desinência s Gram ending.

desinfecção s disinfection.

desinfetante adj e s disinfectant.

desinfetar v 1 disinfect. 2 cleanse.

desinformação s disinformation.

desinformado adj uninformed; unadvised

desinibição s disinhibition.

desinibir v disinhibit.

desintegração s disintegration; decompo sition.

desintegrar v disintegrate; decompose dissolve.

desinteligência s rupture.

desinteressado adj disinterested; indiffer ent; uninterested.

desinteressante adj 1 arid; boringfeatureless 2 gir nerd.

desinteressar v disinterest.

desinteresse s disinterest; indifference aloofness.

desintoxicação s detoxification.

desintoxicar v disintoxicate; detoxicate.

desistência s relinquishment.

desistir v 1 desist; give up. 2 Jur abat (ação). 3 inform chuck; fold (negócio).

desjejum s breakfast.

desleal adj disloyal; false-hearted; faithless recreant; untrue.

deslealdade s disloyalty; infidelity.

deslealmente adv underhand.

desleixado adj negligent; untidy; regardless remiss. ǁ s neglecter.

desleixar v neglect.

desleixo s negligence; neglect; disarray dowdiness.

esligado adj 1 off. 2 disconnected; disjunct; unattached.

esligamento s disconnection.

esligar v 1 disconnect; disjoin; disjoint. 2 disincorporate (de uma corporação). 3 turn/switch off; switch off. 4 turn off (rádio, motor).

eslindar v ravel.

eslindável adj extricable.

eslizamento s glide; slide.

eslizante adj skiddy.

eslizar v 1 glide; slide; skid. 2 slip.

eslize s glide; failing; lapse.

eslocação s 1 dislocation. 2 displacement.

eslocado adj out of joint.

eslocamento s displacement; detachment.

eslocar v dislocate; displace; slip (osso).

eslumbramento s daze; dazzle.

eslumbrante adj dazzling; glaring; gorgeous.

eslumbrar v dazzle.

eslustrar v mat.

esmagnetização s demagnetization.

esmagnetizar v demagnetize.

esmaiar v swoon; faint.

esmaio s swoon; faint; fit.

esmamar v wean.

esmancha-prazeres s 1 spoilsport. 2 fig wet blanket.

esmanchar v take down; unknit (tricô).

esmantelar v dismantle.

esmascaramento s exposure.

esmascarar v debunk.

esmatamento s deforestation.

esmatar v deforest.

esmaterializar v dematerialize.

esmazelado adj dowdy; seedy; slovenly.

esmazelo s dowdiness.

esmembramento s dismemberment.

esmembrar v dismember; disjoint.

esmentido adj e s disavowal; denial.

esmentir v 1 belie; contradict. 2 deny; negate. 3 disclaim; disavow.

esmerecer v discredit; derogate; detract; disparage.

esmerecido adj undeserved.

esmilitarização s demilitarization.

esmilitarizar v demilitarize.

esmiolado adj brainless.

desmistificar v demystify.

desmobiliar v dismantle.

desmobilização s demobilization.

desmobilizar v demobilize.

desmontar v 1 unhorse. 2 dismantle; disassemble. 3 dismount (de um cavalo, etc.). 4 overhaul (para fazer reparos).

desmoralização s demoralization.

desmoralizar v demoralize.

desmoronamento s collapse; landslide.

desmoronar v cave; slump; fall; wash out.

desmotivado adj unmotivated.

desnacionalização s denationalization.

desnacionalizar v denationalize.

desnatadeira s churn; creamer.

desnatar v churn; cream.

desnaturado adj unnatural.

desnaturalizar v denaturalize.

desnaturar v denature.

desnecessário adj unnecessary; needless.

desnível s unevenness.

desnivelado adj uneven.

desnorteado adj errant.

desnorteamento s disorientation.

desnortear v bewilder; befuddle.

desnudação s denudation.

desnudar v strip; denude; divest.

desnutrição s innutrition; undernutrition; malnutrition.

desobedecer v disobey.

desobediência s disobedience.

desobediente adj disobedient.

desobrigação s dispensation; discharge; release.

desobrigar v release (de dívidas); discharge; disembarrass.

desobstrução s clearance.

desobstruído adj through (rua, passagem); clear.

desobstruir v free; open; unblock.

desocupado adj 1 unoccupied. 2 idle; leisured. 3 free; vacant. 4 empty; void.

desocupar v 1 vacate. 2 empty. 3 evacuate.

desodorante adj e s deodorant.

desodorização s deodorization.

desodorizante adj deodorant. II s deodorant; deodorizer.

desodorizar v deodorize.

desolação s desolation.

desolado *adj* desolate; bereaved (pela morte de parente, etc.).

desolador *adj* desolating.

desolar *v* desolate.

desonerar *v* discharge.

desonestidade *s* dishonesty; crookedness; knavery.

desonesto *adj* 1 dishonest; corrupt. 2 *inform* crooked.

desonra *s* 1 dishonor; disgrace; discredit; disrepute. 2 shame.

desonrado *adj* dishonored.

desonrar *v* 1 dishonor; disgrace; shame. 2 violate.

desonroso *adj* dishonorable; discreditable; disgraceful; disreputable.

desordeiro *adj* rowdy; mischievous; tough. || *s* disturber; hooligan; rioter; rowdy.

desordem *s* 1 disorder; confusion; disturbance; disarrangement. 2 litter; muddle. 3 riot; turmoil; affray. 4 discomposure. 5 *fig* babel. 6 *inform* circus.

desordenado *adj* disorderly; anarchic; chaotic; confused; deranged; disheveled; inordinate; messy.

desordenar *v* 1 disorder; disarrange; disarray; confuse; derange. 2 discompose. 3 disturb.

desorganização *s* disorganization.

desorganizado *adj* unorganized.

desorganizar *v* disorganize.

desorientação *s* disorientation.

desorientar *v* bewilder.

desossar *v* bone.

desova *s* spawn.

desovar *v* spawn.

desoxidação *s* deoxidization.

desoxidar *v* deoxidize.

desoxigenar *v* deoxidize.

despachante *s* dispatcher; forwarder.

despachar *v* dispatch; expedite; express.

despacho *s* dispatch.

desparafusar *v* unscrew.

despedaçado *adj* doddered.

despedaçar *v* 1 break; break down; shatter; dismember. 2 rip.

despedida *s* farewell; valediction; vale.

despedir *v* 1 discharge; dismiss. 2 *gír* can. 3 *inform* fire.

despeito *s* despite; spite.

despejar *v* 1 empty; decant. 2 evict.

despejo *s* eviction.

despender *v* 1 spend; expend; disburse. 2 outlay.

despenhadeiro *s* crag; cliff.

despensa *s* pantry; larder; storeroom.

despenseiro *s* bursar; butler.

despenteado *adj* disheveled; shaggy.

despentear *v* dishevel; tousle.

despercebido *adj* unheard.

desperdiçar *v* waste; squander; dissipate; fritter.

desperdício *s* waste; dissipation.

despertador *s* alarm-clock.

despertar *v* 1 awake; awaken; wake. 2 revive.

desperto *adj* awake.

despesa *s* 1 expense; outlay. 2 charge; cost.

despido *adj* undressed; bare; naked; nude.

despimento *s* denudation.

despir *v* 1 undress; disrobe; strip. 2 divest. 3 disarray; dismantle.

despistar *v* foil; mislead; misguide.

desplugar *v* unplug.

despojamento *s* despoilment; despoliation.

despojar *v* 1 deprive; strip. 2 disestablish.

despolarizar *v* depolarize.

despolitizar *v* depoliticize.

despoluir *v* depollute.

despontar *v* dawn.

desportismo *s* sportsmanship.

desporto *s* sport.

desposar *v* marry; wed.

déspota *s* despot; dictator; autocrat.

despótico *adj* despotic; autocratic.

despotismo *s* despotism; absolutism.

despovoação *s* depopulation.

despovoamento *s* depopulation.

despovoar *v* depopulate; dispeople.

desprazer *s* displeasure; distaste.

desprender *v* loosen; detach; disengage; emanate; slough (casca de ferida).

desprendido *adj* unattached; selfless.

desprendimento *s* disengagement.

despreocupação *s* unconcern.

despreocupadamente *adv* blithely; lightly.

despreocupado *adj* easy; easygoing; carefree; careless.

despreparadamente *adv* offhand.

despreparado *adj* **1** *inform* flat-footed. **2** unripe.

despressurizar *v* depressurize.

despretensioso *adj* unpretending; unostentatious; modest.

desprevenido *adj* unprepared.

desprezado *adj* unvalued.

desprezador *s* contemner.

desprezar *v* **1** despise; scorn; contemn; slight; disdain. **2** disesteem. **3** *inform* sniff; snub.

desprezível *adj* **1** despicable; contemptible; scurvy; beggarly. **2** vile; mean; worthless; abject; paltry. ‖ *s* **1** *gír* maggot. **2** *inform* rat.

desprezo *s* **1** contempt; contemptuousness; disdain; scorn. **2** disregard. **3** *inform* wipe.

desproporção *s* disproportion.

desproporcionado *adj* disproportionate.

desproporcional *adj* disproportional.

desproporcionar *v* disproportion.

despropósito *s* impertinence.

desproteger *v* expose.

desprotegido *adj* defenseless.

desprovido *adj* destitute; devoid; distressed. ‖ *s* have-not (de bens materiais).

desqualificação *s* **1** disqualification. **2** *Jur* incapacity.

desqualificado *adj* unqualified; unpracticed.

desqualificar *v* **1** disqualify. **2** *Jur* disable.

desquitar *v* divorce.

desquite *s* divorce; separation.

desregramento *s* immorality.

desrespeitar *v* disrespect.

desrespeito *s* disrespect; disrespectfulness; contempt.

desrespeitoso *adj* **1** disrespectful. **2** *gír* wise.

dessalinização *s* desalination.

desse *contr prep/pron* of that; from that.

dessecação *s* desiccation; exsiccation.

dessecar *v* desiccate; exsiccate.

dessecativo *adj* desiccative.

dessemelhança *s* dissimilarity; dissimilitude.

dessemelhante *adj* dissimilar.

desserviço *s* disservice.

desservir *v* disserve.

destacado *adj* detached.

destacamento *s Mil* detachment.

destacar *v* detach; excel.

destacável *adj* detachable.

destampado *adj* lidless.

destampar *v* disclose.

destapar *v* uncover.

deste *contr prep/pron* of this; from this.

destemido *adj* fearless; dauntless; courageous; daredevil. ‖ *s* daredevil.

destemperar *v* distemper.

desterrado *adj* expatriate. ‖ *s* deportee; expatriate.

desterrar *v* exile; expatriate; banish; deport; relegate.

desterro *s* expatriation; banishment; relegation.

destilação *s* distillation.

destilador *s* distiller.

destilar *v* distill; retort (em retorta).

destilaria *s* distillery; still.

destilável *adj* distillable.

destinação *s* destination.

destinar *v* **1** destine. **2** appropriate. **3** consign.

destinatário *s* addressee.

destino *s* **1** destiny; fate; fortune. **2** destination.

destituição *s* destitution; dismissal.

destituído *adj* destitute.

destituir *v* depose; unseat (do cargo).

destorcer *v* untwist.

destrancar *v* unlock.

destratar *v* revile.

destreza *s* **1** dexterity; skill; handiness; deftness; knack. **2** cleverness; cunning. **3** facility.

destro *adj* **1** dexterous; handy; deft. **2** adroit. ‖ *s* right-hander.

destróier *s Náut* destroyer.

destronamento *s* dethronement.

destronar *v* dethrone.

destroncado *adj* out of joint.

destronização *s* dethronement.

destronizar *v* dethrone.

destruição *s* **1** destruction; devastation; ravage; havoc; wrack. **2** annihilation; extermination.

destruído *adj* broken; blasted.

destruidor *s* destructor; destroyer; destructive; disruptive; exterminator.

destruir *v* 1 destroy; demolish. 2 extinguish; extirpate; end; efface. 3 undo. 4 dilapidate.

destrutível *adj* destructible.

destrutivo *adj* destructive.

destrutor *s* destructor.

desumanidade *s* inhumanity; heartlessness; ruthlessness.

desumanizar *v* dehumanize.

desumano *adj* inhuman; fierce; heartless.

desunião *s* disunion; disjunction; disunity.

desunido *adj* disjunct.

desunir *v* disunite; disjoint.

desusado *adj* unwonted.

desuso *s* disuse; desuetude.

desvairado *adj* delirious; frantic; raving.

desvairar *v* ramble.

desvalido *adj* helpless.

desvalorização *s* depreciation; devaluation.

desvalorizar *v* devaluate; depreciate; devalue.

desvanecer *v* vanish; fade; fade away; melt.

desvanecimento *s* fading.

desvantagem *s* disadvantage; drawback.

desvantajoso *adj* disadvantageous; unfavorable.

desvario *s* delirium.

desvendar *v* disclose.

desventura *s* misfortune; miserableness.

desventurado *adj* distressful.

desvestir *v* disrobe; unlace.

desviado *adj* astray; afield; devious; stray; awry.

desviar *v* 1 deviate; shunt; sheer. 2 deflect; diverge. 3 embezzle (fundos). 4 distract (a mente, a atenção). 5 fend (um golpe). 6 wander (de conduta, fé, ideologia, etc.).

desvio *s* 1 deviation; diversion. 2 bypass. 3 detour (em estrada). 4 drift (de rota). 5 digression (de um assunto). 6 *Astron* aberration.

desvirginar *v* deflower.

desvirtuamento *s* wrench.

desvirtuar *v* wrest; torture.

desvitalização *s* devitalization.

desvitalizado *adj* sapless.

desvitalizar *v* devitalize; eviscerate.

detalhado *adj* full; particular.

detalhar *v* detail; expand; expound; particularize.

detalhe *s* detail; respects; particular.

detecção *s* detection.

detectar *v* detect.

detectável *adj* detectable.

detector *s* detector (aparelho elétrico).

detenção *s* detention; apprehension; arrest; arrestment.

detentor *s* holder.

deter *v* 1 detain; apprehend; arrest; keep. 2 *gír* collar.

detergente *adj* detergent. ll *s* detergent; cleanser.

deterioração *s* 1 deterioration; decay. 2 derogation.

deteriorado *adj* creaky; worn; worn-out.

deteriorante *adj* deteriorative.

deteriorar *v* deteriorate; decay.

determinação *s* determination; resolution; intension.

determinado *adj* determinate; decided; decisive; determined.

determinante *adj* determinant. ll *s* determinant; determinative.

determinar *v* 1 determine. 2 fix.

determinativo *adj* determinative.

determinável *adj* determinable.

determinismo *s* determinism.

determinista *s* e *adj* determinist.

detestação *s* detestation.

detestar *v* detest; abhor; abominate; execrate; hate; loathe.

detestável *adj* detestable; execrable; damnable.

detestavelmente *adv* cursedly.

detetive *s* 1 detective. 2 *gír* dick; bull. 3 *inform* eye.

detonação *s* detonation; explosion.

detonador *s* detonator.

detonar *v* 1 detonate. 2 *tb fig* explode. 3 fire.

detração *s* detraction; derogation.

detrair *v* smear.

detrás *adv* after; behind.

detrativo *adj* derogatory.

detrator *s* detractor.

etrição *s* detrition.

etrimento *s* detriment.

etrito *s* detritus.

eturpação *s* distortion; garble.

eturpar *v* distort; belie; garble (livros, fatos, etc.).

Deus *s* God; Father; King; Spirit; Lord; The Eternal.

eusa *s* goddess.

evagar *adj* slow. II *adv* slowly.

evanear *v* daydream; maunder.

evaneio *s* daydream; dream; reverie.

evassar *v* debauch; violate.

cvassidão *s* dissoluteness; debauchery; dissipation.

evasso *adj* dissolute; bacchanal; wanton; bawdy; dissipated. II *s* ribald; lecher.

evastação *s* devastation; desolation; destruction; consumption.

evastador *adj* 1 devastating; wasteful. 2 *inform* murderous. II *s* devastator.

evastar *v* devastate; desolate; harass; havoc; ravage.

evedor *s* debtor. II *adj* beholden.

ever *s* duty; part; burden; debt; function; job; mission. II *v* owe (dinheiro, favores). II *v aux* shall.

everas *adv* forsooth.

evidamente *adv* duly.

evido *adj e s* due; owing.

evitrificar *v* devitrify.

evoção *s* 1 devotion. 2 adherence.

evocionista *adj e s* devotional.

evolução *s* devolution; restitution; return; refund (dinheiro).

evolver *v* return; render; give back.

evorador *s* devourer.

evorar *v* 1 devour; engorge; wolf. 2 *gír* scarf; scoff.

evotado *adj* devoted.

evotar *v* 1 devote. 2 consecrate.

evoto *adj* devotional; religious; devout. II *s* devotee; idolater; votary.

dextrina *s Quím* dextrin.

dextrose *s Quím* dextrose (glicose).

dez *num* ten.

dezembro *s* December.

dezenove *num* nineteen.

dezesseis *num* sixteen.

dezessete *num* seventeen.

dezoito *num* eighteen.

dia *s* day; daytime.

diábase *s Geol* diabase.

diabetes *s* diabetes.

diabético *adj e s* diabetic.

diabo *s* 1 devil; demon; Satan. 2 *inform* deuce. II *interj* devil.

diabólico *adj* devilish; demoniac; satanic; diabolical.

diabolismo *s* diabolism.

diabrete *s* hobgoblin.

diabrura *s* deviltry; devilment; diablerie.

diaconato *s* deaconry; diaconate.

diaconisa *s* deaconess.

diácono *s* deacon.

diacrítico *adj Gram* diacritic; diacritical. II *s Gram* diacritic.

diadema *s* diadem; coronal; coronet.

diáfano *adj* diaphanous.

diafragma *s Anat* diaphragm.

diafragmático *adj* diaphragmatic.

diagnose *s* diagnosis.

diagnosticar *v* diagnose.

diagnóstico *adj* diagnostic. II *s* diagnostic; diagnosis.

diagonal *adj e s* diagonal.

diagrama *s* 1 diagram; scheme; figure. 2 *Mat* graph.

diagramação *s Tip* make-up.

dial *s* dial (de rádio).

dialetal *adj* dialectal.

dialética *s* dialectic; dialectics.

dialético *adj* dialectic.

dialeto *s* dialect; idiom.

diálise *s Quím* dialysis.

dialogar *v* dialogue.

diálogo *s* dialogue; interlocution.

diamagnetismo *s* diamagnetism.

diamante *s* 1 diamond; brilliant. 2 *gír* rocks.

diâmetro *s* diameter; caliber; gauge.

diante *adv* before; in front.

dianteira *s* front.

dianteiro *adj* fore; foremost; forward; front; frontal.

diapasão *s* diapason.

diapositivo *s* slide (foto, cinema, etc.); transparency.

diariamente *adv* daily.

diário adj daily; diurnal; everyday; quotidian.
ll s diary; daily; journal.

diarréia s 1 diarrhea. 2 inform runs.

diáspora s diaspora.

diatermia s diathermy.

diatérmico adj diathermic.

diatônico adj Mús diatonic.

diatribe s diatribe.

dica s cue; wisp; hint; tip.

dicção s diction.

dicionário s dictionary; lexicon.

dicionarista s lexicographer.

dicotiledônea s Bot dicotyledon.

dicotomia s dichotomy.

didata s didact.

didática s didactics (usado com v sing ou pl).

didático adj didactic.

diedro adj e s Mat dihedral.

diérese s Gram diaeresis.

diese s Mús diesis; sharp.

diesel s diesel.

dieta s diet.

dietética s dietetics (usado com v sing).

dietético adj dietetic; dietary.

dietista s dietitian.

difamação s 1 defamation; calumny; denigration; detraction. 2 Jur slander.

difamador s defamer; calumniator.

difamar v 1 defame; vilify; calumniate; slander. 2 fig assassinate.

difamatório adj defamatory; calumnious; detractive; libelous.

diferença s 1 difference; dissimilarity. 2 distinction.

diferençar v 1 differentiate. 2 discriminate; distinguish.

diferenciação s differentiation.

diferencial adj 1 differential. 2 discriminating.

diferenciar v 1 differentiate. 2 dissimilate.

diferente adj 1 different; dissimilar. 2 distinct. 3 another; other; else. 4 differential (cálculo).

diferentemente adv other; otherwise.

diferir v 1 differ; adjourn. 2 conflict.

difícil adj 1 difficult; hard; arduous. 2 inform fierce.

dificuldade s 1 difficulty; arduousness. 2 complication; trouble.

dificultar v hamper; handicap.

dificultoso adj hard.

difração s diffraction.

difratar v diffract.

difteria s Med diphtheria.

difundido adj broadcast.

difundir v 1 diffuse. 2 broadcast. 3 disseminate.

difusão s 1 diffusion. 2 spread.

difuso adj diffuse.

digerir v digest; consume.

digerível adj digestible.

digestão s digestion.

digestível adj digestible.

digestivo adj digestive.

digesto s digest.

digital adj digital.

digitalizar v Comp digitize; scan.

dígito s digit.

dignar-se v deign.

dignidade s 1 dignity. 2 honor.

dignificar v 1 dignify. 2 ennoble.

dignitário s dignitary.

digno adj 1 worthy. 2 honorable.

dígrafo s Gram digraph.

digrama s Gram digraph.

digressão s 1 digression (de um assunto). 2 excursion; excursus.

digressionar v digress.

digressivo adj digressive.

dilaceração s laceration.

dilacerado adj lacerate.

dilacerador adj disruptive.

dilacerar v lacerate; tear.

dilapidação s dilapidation.

dilapidado adj dilapidated.

dilapidar v dilapidate.

dilatação s dilatation.

dilatado adj dilated.

dilatar v dilate; distend.

dilatável adj distensible.

dilatório adj dilatory.

dilema s dilemma.

diletante adj e s dilettante.

diligência s 1 diligence. 2 expedition. 3 stage-coach.

diligente adj 1 diligent; assiduous; industrious. 2 expeditious.

diligentemente adv busily; hastily.

luente *adj e s* diluent.
luição *s* dilution.
luído *adj* dilute; thin; washy; watery.
luir *v* cut; dilute; dissolve.
luviano *adj* diluvial.
lúvio *s* deluge; flood.
mensão *s* **1** dimension. **2** magnitude; measure.
mensionar *v* measure.
minuendo *s Mús* diminuendo.
minuição *s* diminution; reduction; abridgment; abatement.
minuir *v* diminish; reduce; abate; decrease; deduct; discount.
minutivo *s Gram* diminutive.
minuto *adj* diminutive; minute; small.
namarca *s* Denmark.
namarquês *adj* Danish. ‖ *s* Dane; Danish.
nâmica *s Fis e Mús* dynamics.
nâmico *adj* dynamic.
namismo *s* dynamism.
namitar *v* dynamite.
namite *s* dynamite.
namo *s* dynamo; generator.
nasta *s* dynast.
nastia *s* dynasty.
nheiro *s* **1** money; cash. **2** *gír* bread; cabbage; ducat; jack.
nossauro *s* dinosaur.
ocesano *adj* diocesan.
ocese *s* diocese.
óxido *s Quím* dioxide.
ploma *s* **1** diploma. **2** degree. **3** *inform* sheepskin.
plomacia *s* diplomacy.
plomado *s* diplomate.
plomar *v* graduate; qualify.
plomata *s* diplomat; diplomatist.
plomática *s* diplomatics (ramo da paleografia que estuda documentos antigos, determinando sua idade e autenticidade).
plomático *adj* **1** diplomatic. **2** tactful.
psomania *s Med* dipsomania.
psomaníaco *s* dipsomaniac.
ptero *adj e s Zool* dipteran (inseto).
que *s* dike; bank; dam.
ireção *s* **1** direction; course; run. **2** administration; management. **3** guidance.

4 destination. **5** *Mec* rudder. **6** *Náut* steerage. **7** *Mat e Biol* vector.
direcionado *adj* bound.
direcionar *v* send.
direita *s tb maiús Pol* right.
direito *adj* **1** right. **2** straight. ‖ *s* **1** right. **2** patent.
diretamente *adv* direct; directly; right; straight.
diretiva *s* directive.
diretivo *adj* directive.
direto *adj* **1** direct; straight. **2** immediate (sem intermediações). **3** straightforward.
diretor *adj* directory; directive. ‖ *s* director; head; manager; executive.
diretoria *s* directorate; direction.
diretório *adj* directory. ‖ *s Comp* directory.
diretriz *s* **1** directive. **2** *Mat* directrix.
dirigente *s* director; leader; controller.
dirigir *v* **1** direct; manage; run (um negócio); administer. **2** drive (veículo); conduct. **3** lead (uma orquestra).
dirigível *adj* dirigible; controllable. ‖ *s* dirigible; airship.
discar *v* dial (telefone).
discernimento *s* discernment.
discernir *v* discern.
discernível *adj* discernible.
disciplina *s* discipline.
disciplinador *adj e s* disciplinarian.
disciplinar *adj* disciplinary. ‖ *v* discipline.
discípulo *s* disciple; follower.
disc-jóquei *s* disc jockey (*abrev* **DJ**).
disco *s* **1** disk. **2** record. **3** dial (de telefone). **4** *Esp* discus (arremesso de disco).
discografia *s* discography.
discordância *s* discordance; divergence; disaccord.
discordante *adj* discordant; divergent; dissentient.
discordar *v* disaccord; disagree; differ.
discórdia *s* discord; disagreement; disharmony.
discorrer *v* discourse.
discoteca *s form red* disco; discotheque.
discrepância *s* discrepancy.
discrepante *adj* discrepant.
discreto *adj* discreet; tactful; circumspect; unobtrusive.

discrição s 1 discretion. 2 circumspection; discreetness.

discricionário adj discretional; discretionary.

discriminação s discrimination.

discriminador adj discriminating.

discriminar v 1 discriminate; distinguish; differentiate (entre). 2 discern.

discriminativo adj discriminative.

discursador s orator.

discursar v discourse; orate.

discursivo adj discursive.

discurso s discourse; speech; address; oration.

discussão s 1 discussion; debate; dispute. 2 contestation; altercation. 3 argument; argumentation.

discutidor adj argumentative. || s brawler.

discutir v 1 discuss; argue; agitate (uma questão); dispute; debate. 2 quarrel.

discutível adj disputable; controvertible; arguable; questionable.

disenteria s dysentery.

disfarçado adj disguised.

disfarçar v disguise; dissemble.

disfarce s disguise; mask.

disforme adj monstrous; clumsy; shapeless.

disfunção s Med dysfunction.

disjunção s disjunction.

disjuntiva adj Gram disjunctive (conjunção).

disjuntivo adj disjunctive.

disjuntor s Eletr breaker.

dislexia s dyslexia.

dismenorréia s dysmenorrhea.

díspar adj disparate.

disparador s trigger.

disparar v 1 fire. 2 inform scoot. 3 Comp launch.

disparate s absurdity; absurd; nonsense; blunder. 2 gír howler. 3 inform flimflam; moonshine.

disparidade s disparity; disproportion; discrepancy.

disparo s discharge; shoot (arma de fogo).

dispêndio s expense; expenditure.

dispendioso adj expensive; costly; dear.

dispensa s dispensation; exemption; discharge (militar, médica).

dispensador s dispenser.

dispensar v 1 dispense; exempt. 2 gír kis off.

dispensatório s dispensatory.

dispensável adj dispensable.

dispersão s 1 dispersion. 2 disbandmer

dispersar v disperse; dissipate; disband

dispersivo adj dispersive.

disperso adj dissipated.

disponibilidade s availability.

disponível adj disposable; available; read ready-make (roupa, comida); spare (nheiro, tempo, etc.).

dispor v 1 dispose; order. 2 rank. 3 a range. 4 Mil deploy; draw up (tropas).

disposição s disposition; disposal; arrang ment; order.

dispositivo s gadget; device; contrivance

disposto adj disposed; ready.

disputa s 1 dispute; altercation. 2 conte tion. 3 contest. 4 race (eleitoral).

disputante adj e s disputant.

disputar v dispute; compete.

disputativo adj disputatious.

disputável adj disputable.

disquete s diskette; floppy disk.

dissecação s dissection.

dissecado adj dissected.

dissecar v tb fig dissect; anatomize.

dissector s dissector (pessoa ou instr mento).

disseminação s dissemination.

disseminado adj rife.

disseminador s disseminator.

disseminar v disseminate; sow.

dissensão s dissension; dissent; faction

dissertação s dissertation; discours excursus.

dissertar v dissertate; expatiate.

dissidência s dissidence; faction.

dissidente adj dissident. || s dissiden dissenter; dissentient.

dissilábico adj Gram disyllabic.

dissílabo s Gram disyllable.

dissimilação s Gram dissimilation.

dissimilar v dissimilate.

dissimulação s dissimulation; disguise feint.

dissimulado adj disingenuous; feignec furtive.

dissimulador s dissimulator; dissembler.

dissimular v dissimulate; dissemble; disguise.

dissipação s dissipation.

dissipado adj dissipated.

dissipar v dissipate; dispel; disperse.

disso contr prep/pron therefrom.

dissociação s dissociation.

dissociar v tb Quím dissociate; disassociate.

dissociável adj dissociable.

dissolubilidade s dissolubility.

dissolução s tb Quím e Jur dissolution.

dissoluto adj dissolute; dissipated.

dissolúvel adj dissoluble; dissolvable.

dissolvente adj e s dissolvent; solvent.

dissolver v dissolve; melt; dilute.

dissonância s tb Mús dissonance; discord; disharmony.

dissonante adj tb Mús dissonant; discordant.

dissonar v Mús discord.

dissuadir v 1 dissuade; deter. 2 discourage.

dissuasão s dissuasion.

dissuasivo adj dissuasive.

distância s distance.

distanciar v distance.

distante adj distant; far; faraway; far-off; remote. ‖ adv 1 off; way. 2 wide (da verdade, de um alvo, etc.).

distender v distend; strain (músculo).

distensão s distention.

dístico s 1 distich. 2 Bot distichous.

distinção s 1 distinction. 2 distinctness; elegance.

distinguir v 1 distinguish; differentiate; discern; discriminate. 2 descry; mark.

distinguível adj distinguishable.

distintivo adj distinctive; discriminating. ‖ s badge; ensign.

distinto adj distinct; distinguished; differential; eminent; genteel; outstanding; several; special.

disto contr prep/pron hereof; therefrom.

distorção s distortion; wrench; twist.

distorcer v distort; wrench; twist; warp (os fatos, a verdade, etc.).

distração s 1 distraction; absence; abstraction. 2 amusement; diversion; entertainment.

distraído adj distracted; absent-minded; abstracted; distraught.

distrair v 1 distract (a mente, a atenção). 2 amuse; entertain.

distribuição s 1 distribution; division. 2 delivery; issue. 3 allocation; allotment. 4 dole (de donativo, esmola).

distribuidor s distributor.

distribuir v distribute; deal; allot; allocate; dole (aos pobres).

distributivo adj distributive.

distrital adj departmental.

distrito s 1 district. 2 region.

distrofia s Pat dystrophy.

distúrbio s 1 disturbance. 2 inform flap.

ditado s 1 dictation. 2 adage; saying.

ditador s dictator.

ditadura s dictatorship.

ditafone s Dictaphone (marca registrada).

ditar v dictate.

ditatorial adj dictatorial; authoritarian.

ditirambo s dithyramb.

dito s dictum.

ditongo s Gram diphthong.

ditoso adj fortunate.

diurético adj e s diuretic.

diurno adj diurnal.

diva s diva.

divã s divan; couch.

divagação s divagation; digression (de um assunto); descant.

divagador s rambler.

divagar v divagate; digress; ramble (ao falar e escrever).

divergência s 1 divergence; deviation; divarication. 2 variance. 3 difference; dissension; disagreement.

divergente adj 1 divergent; devious. 2 discrepant.

divergir v 1 diverge; deviate; divaricate. 2 differ. 3 disagree; dissent.

diversão s diversion; distraction; entertainment; amusement.

diversidade s diversity; dissimilarity; variety.

diversificação s diversification.

diversificar v diversify; vary.

diverso adj diverse; different; varied; various.

divertido adj **1** amusing; entertaining. **2** comical; funny. **3** gay; exhilarant; jolly. **4** festive.

divertimento s **1** diversion; entertainment. **2** enjoyment. **3** fun; bat; recreation.

divertir v **1** divert; amuse; jolly; recreate. **2** gír groove.

dívida s **1** debt; debit. **2** due.

dividendo s dividend.

dividido adj divided; partite.

dividir v divide; share; part; parcel; partition. **2** gír divvy.

divinatório adj divinatory.

divindade s **1** divinity; deity; god. **2** Mit genius.

divinização s deification.

divinizar v deify.

divino adj divine; holy; celestial; godlike; heavenly.

divisa s **1** device. **2** emblem. **3** boundary.

divisão s division; section; partition; bureau.

divisibilidade s divisibility.

divisional adj divisional.

divisível adj divisible; partible.

divisor s **1** Mat divisor. **2** divider.

divisório adj divisional; parting.

divorciada s divorcée.

divorciado s divorcé.

divorciar v divorce.

divórcio s divorce.

divulgação s disclosure; circulation; dissemination.

divulgador s divulger; disseminator.

divulgar v **1** divulge. **2** disclose.

dizer v say; talk; tell.

dizimação s decimation.

dizimar v decimate.

dízimo s tithe.

Djbuti s Djibouti.

DNA símb DNA (ácido desoxirribonucléico).

do contr prep/art of the; from the.

dó s Mús do; C.

doação s donation; benefaction; dole; endowment.

doador s donor; donator; benefactor; giver.

doar v donate; give; gift.

dobra s fold; bend; crease; gather; rumple; wrinkle.

dobradeira s folder.

dobradiça s hinge.

dobradinha s tripe.

dobrado adj **1** double. **2** duplicate.

dobrador s folder.

dobrar v **1** double. **2** fold.

dobro s double.

doca s dock.

doce s candy; confect; confiture; sweet. adj **1** sweet; honeyed; sugary. **2** mild **3** fresh (água). **4** mellow (sabor).

doceiro s confectioner.

docente s docent.

dócil adj **1** docile; tractable. **2** fig ductile; tame.

docilidade s docility; gentleness.

documentação s documentation.

documental adj documental; documentary

documentar v document.

documentário adj documentary; document al. ll s documentary.

documento s **1** document; act; deed record. **2** geralm pl paper.

doçura s **1** sweetness. **2** inform honey.

dodecaedro s Mat dodecahedron.

dodecágono s Mat dodecagon.

doença s disease; illness; sickness; malady distemper; complaint.

doente adj diseased; ill; sick. ll s patient.

doentio adj sickly; unhealthy; unwholesome

doer v ache; hurt.

dogma s dogma; doctrine.

dogmática s dogmatics.

dogmático adj dogmatic; doctrinaire.

dogmatismo s dogmatism.

dogmatista s dogmatist.

dogmatizar v dogmatize.

doido adj mad; crazy; insane.

dois s deuce (nas cartas ou dados). ll num two.

dólar s **1** dollar. **2** inform buck.

dólmã s dolman.

dólmen s dolmen.

dolorido adj dolorous; painful; sore.

dolorosamente adv painfully.

doloroso adj **1** dolorous; painful; sore. **2** cruel. **3** grievous.

dom s **1** gift. **2** qualification.

domador s tamer.

domar v tame; domesticate; break.

omável *adj* tamable.

omesticação *s* domestication.

omesticado *adj* domestic; tame.

omesticador *s* tamer.

omesticar *v* domesticate; tame.

omesticidade *s* domesticity.

oméstico *adj* domestic; homely. ‖ *s* domestic.

omiciliar *v* domicile. ‖ *adj* domiciliary.

omiciliário *adj* domiciliary.

omicílio *s* domicile; abode; dwelling; house.

ominação *s* domination; command.

ominador *adj* dominative; domineering. ‖ *s* dominator.

ominadora *s fig* queen.

ominância *s* dominance.

ominante *adj* dominant; ascendant. ‖ *s Mús* dominant.

ominar *v* 1 dominate; rule; command; reign; overcome; vanquish. 2 *inform* rule the roost.

ominável *adj* repressible.

omingo *s* Sunday.

Dominica *s* Dominica.

ominical *adj* dominical.

ominicano *adj e s* Dominican (da República Dominicana ou da Ordem dos Dominicanos).

omínio *s* 1 domination; rule. 2 dominion; domain.

ominó *s* domino (peça do jogo).

omo *s Arq* dome.

ona *s* dame; Ms (usado antes do sobrenome ou nome completo de uma mulher casada ou solteira).

ona-de-casa *s* housekeeper; housewife.

onativo *s* donation; donative; dole; contribution.

oninha *s Zool* weasel; fitch.

ono *s* 1 owner. 2 master. 3 lord.

onzela *s* damsel; maid; maiden; virgin.

opar *v inform* dope.

or *s* 1 ache; pain. 2 sorrow; dolor; grief.

ormência *s* dormancy.

ormente *adj* dormant. ‖ *s* tie (ferrovia).

orminhoco *s* dozer.

ormir *v* 1 sleep. 2 *gír* flop.

ormitar *v* nod.

ormitório *s* bedroom; dormitory.

dorsal *adj* back.

dorso *s* 1 back (de animais). 2 reverse.

dosagem *s* dosage.

dosar *v* dose.

dose *s* dose; dosage.

dossel *s* canopy.

dotação *s* endowment; appropriation (de fundos, verba).

dotado *adj* gifted.

dotar *v* dower; endow.

dote *s* 1 dot; dowry (de noiva). 2 dower.

douração *s* gilding.

dourado *adj* golden; gilt; gold.

douradura *s* gilt.

dourar *v* gild.

doutor *s* doctor.

doutorado *s* doctorate.

doutoral *adj* doctoral.

doutrina *s* doctrine.

doutrinar *v* teach; instruct; edify.

doutrinário *adj* doctrinaire.

doze *num* twelve.

dracma *s* dram (peso).

draga *s* drag; dredge; dredger.

dragão *s* 1 dragon. 2 dragoon (soldado de cavalaria).

dragar *v* drag; dredge.

drama *s* drama.

dramaticamente *adv* dramatically.

dramático *adj* dramatic.

dramatização *s* dramatization.

dramatizar *v* dramatize.

dramaturgia *s* dramaturgy; dramatics.

dramatúrgico *adj* dramaturge.

dramaturgo *s* dramaturge; dramatist.

drapeado *adj e s* drapery.

drasticamente *adv* drastically.

drástico *adj* drastic.

drenagem *s* drainage.

drenar *v* drain.

dreno *s* 1 drain. 2 tent.

driblar *v* dribble.

drible *s* dribble.

drinque *s gír* lush.

droga *s* 1 drug. 2 *inform* dope. 3 *gír* upper (especialmente anfetamina).

drogado *adj gír* blasted; high.

drogar *v* dope.

drogaria *s* drugstore.

dromedário s dromedary.

druida s druid.

dual adj dual.

dualidade s duality.

dualismo s dualism.

duas num two.

dubiedade s dubiety.

dúbio adj dubious; ambiguous.

dublagem s dubbing.

dublar v dub.

dublê s masc stuntman; fem stuntwoman.

ducado s 1 dukedom; duchy (domínio do duque). 2 ducat (moeda).

ducha s douche.

dúctil adj ductile.

ductilidade s ductility.

ducto s duct.

duelar v duel.

duelista s dueler.

duelo s duel.

duende s elf; gnome; goblin; hobgoblin.

dueto s Mús duet; duo.

dulcificar v dulcify.

duna s dune; down (perto do mar).

duo s Mús duo; duet.

dupla s pair.

dupla-face adj double-faced.

dúplex s duplex (apartamento).

duplicação s duplication.

duplicado adj duplicate.

duplicador s duplicator (aparelho).

duplicar v double; duplicate.

duplicata s duplicate; double.

dúplice adj duplex.

duplicidade s tb fig duplicity.

duplo adj double; dual; duple; duplicate. s double.

duque s 1 duke. 2 deuce (nas cartas o dados).

duquesa s duchess.

durabilidade s durability; endurance.

duração s duration; endurance; length continuance.

duradouro adj durable; enduring; lasting

duramente adv hard; hardly.

durante prep during; for; over; in; by.

durar v last; continue; endure.

durável adj durable; lasting; enduring.

dureza s crudity; hardening.

duro adj 1 hard; tough; robust; iron; 2 ada mant (geralm relat a pessoas). II s stal (pão, queijo, etc.).

duto s 1 Anat vessel. 2 conduit.

dúvida s doubt; incertitude; quandary; quer

duvidar v doubt.

duvidoso adj 1 dubious; doubtful; uncertair questionable. 2 inform fishy. 3 suspicious

dúzia s dozen.

E

ou **E** s the fifth letter of the alphabet. || *conj* and.

v *3ª pess sing pres* is.

bano s ebony; ebon.

bóreo *adj* ivory.

brio *adj* drunk; crapulent; sot. || s drunk; drunkard; boozer.

bulição s ebullition; boiling; boil.

búrneo *adj* **1** ivory. **2** Ivorian (da Costa do Marfim). || s Ivorian (da Costa do Marfim).

clesiástico s ecclesiastic. || *adj* ecclesiastical; clerical.

clético *adj* e s eclectic.

clipsar v eclipse.

clipse s **1** eclipse. **2** *Astron* immersion.

clíptica s ecliptic.

clíptico *adj* ecliptic.

cloga s eclogue.

closão s **1** appearance. **2** development.

clusa s floodgate; sluice; lock.

co s **1** echo. **2** repercussion; reverberation.

coar v echo; resound; reflect.

cocardiograma s echocardiogram.

cologia s ecology.

cológico *adj* ecological.

cologista s ecologist.

conomia s **1** *Econ* economics. **2** economy; husbandry; thrift; saving; parsimony.

conômico *adj* **1** economic. **2** forehanded; parsimonious.

conomista s economist.

conomizador s saver.

conomizar v economize; save; retrench.

cônomo s steward.

cosfera s ecosphere.

cossistema s ecosystem.

ctoderma s ectoderm.

ctoplasma s ectoplasm.

cumênico *adj* ecumenic.

czema s *Med* eczema.

dacidade s edacity.

dema s *Med* edema.

dição s edition; redaction.

edificação s **1** building; erection. **2** edification; enlightenment.

edificador s builder.

edificante *adj* edifying.

edificar v **1** build; edify; erect; construct. **2** instruct; enlighten.

edifício s building.

editar v edit.

édito s **1** edict. **2** ordinance; decree.

editor s editor; publisher.

editora s publishing company.

editorial *adj* e s editorial.

edredom s quilt.

educação s **1** education. **2** courtesy; manner.

educacional *adj* educational; educative.

educada *adj fem* ladylike (que tem as maneiras de uma dama).

educado *adj* polite; well-mannered; nice.

educador s adviser; educationist; educator.

educandário s school; educational establishment.

educar v **1** civilize; educate; bring up. **2** teach; instruct; school.

educativo *adj* educational; educative.

efeito s effect.

efêmero *adj* ephemeral; deciduous; fleeting; fugacious; momentary.

efeminado *adj* effeminate.

efeminar v effeminate; feminize.

efervescência s effervescence.

efervescente *adj* effervescent.

efervescer v effervesce; fizz; seethe.

efetivação s fulfillment.

efetivamente *adv* effectively; actually.

efetivar v **1** bring into effect. **2** take on permanently.

efetuação s fulfillment.

efetuar v effectuate; effect; accomplish.

eficácia s efficacy.

eficaz *adj* efficacious.

eficiência s efficiency.

eficiente *adj* efficient.

efígie s effigy; image.

eflorescência s Quím efflorescence.
eflorescente adj tb Quím efflorescent.
eflorescer v Quím effloresce.
efluência s effluence.
efluente adj effluent.
eflúvio s effluvium.
efusão s effusion.
efusivo adj 1 effusive; outflowing. 2 expressive. 3 ardent; fervent.
égide s aegis.
egípcio adj e s Egyptian.
egiptologia s Egyptology.
Egito s Egypt.
ego s ego; self.
egocêntrico adj egocentric; self-centered.
egoísmo s egoism; selfishness.
egoísta s egoist. II adj selfish.
egoístico adj egoistic.
egressão s egression.
egresso s egress; exit.
égua s mare.
eh interj hey.
ei interj hey; there.
eis adv here is; here are.
eivado adj 1 stained. 2 contaminated; infected.
eivar v 1 stain. 2 contaminate; infect.
eixo s 1 axis (geométrico; óptico; etc.). 2 axle; hub (de roda). 3 shaft (de máquina).
ejaculação s ejaculation.
ejaculador adj e s ejaculator.
ejacular v ejaculate.
ejaculatório adj ejaculatory.
ejeção s ejection; discharge.
ejetar v eject.
ejetor s ejector; jet pump.
ela pron pess she; it.
elaboração s 1 elaboration. 2 improvement.
elaborado adj elaborate.
elaborar v 1 elaborate. 2 prepare.
elasticidade s elasticity; resilience; stretch.
elástico adj elastic; springy. II s elastic; rubber band.
ele pron pess he; it.
electroímã s electromagnet.
electromagnético adj electromagnetic.
elefante s elephant.
elefante-marinho s Zool elephant seal.
elegância s elegance; gracefulness.

elegante adj 1 elegant; fine; graceful; handsome; natty; nice. 2 well-dressed; spruce; trim.
eleger v elect; vote.
elegia s elegy.
elegibilidade s eligibility; electiveness.
elegível adj eligible; electable.
eleição s election.
eleito adj elect; chosen. II s elect.
eleitor s elector; voter.
eleitorado s electorate; constituency.
eleitoral adj electoral.
elementar adj elementary; elemental.
elemento s element.
elenco s cast (em teatro, rádio, TV).
elevado adj 1 elevated; high. 2 upland; uplift. 3 eminent; lofty; exalted.
eletividade s electiveness.
eletivo adj elective.
eletricidade s electricity.
eletricista s electrician.
elétrico adj electric.
eletrificação s electrification.
eletrificar v electrify.
eletrização s electrification.
eletrizante adj electric.
eletrizar v electrify.
eletrocardiograma s electrocardiogram.
eletrocução s electrocution.
eletrocutar v electrocute.
eletroímã s electromagnet.
eletrolisar v electrolyze.
eletrólise s electrolysis.
eletrolítico adj electrolytic.
eletrólito s electrolyte.
eletromagnético adj electromagnetic.
eletromagnetismo s electromagnetism.
eletromagneto s electromagnet.
elétron s electron.
eletrônica s electronics (ciência).
eletrônico adj electronic.
eletrostática s electrostatics.
eletrostático adj electrostatic.
elevação s 1 elevation; uplift. 2 raise; rise. 3 promotion; advance. 4 upgrade.
elevado adj 1 elevated; uplifted. 2 raised; high. 3 promoted.
elevador s 1 elevator. 2 lift (máquina elevatória).

levar v 1 elevate; lift up. 2 increase; heighten; raise; up. 5 arise.

lfo s goblin.

liminação s 1 elimination. 2 extermination.

liminar v 1 eliminate; exclude. 2 eradicate; exterminate; extinguish. 3 disqualify.

liminatório adj eliminatory.

lipse s 1 Mat ellipse. 2 Gram ellipsis.

lipsóide adj e s ellipsoid.

líptico adj elliptic; oblong.

lisão s tb Ling elision.

lísio adj Elysian.

lite s elite.

litismo s elitism.

lixir s elixir.

lmo s helmet; casque.

lo s 1 link. 2 bond.

logiar v eulogize; commend; compliment; flatter.

logio s eulogy; commendation; compliment.

logioso adj eulogistic.

loqüência s eloquence.

loqüente adj eloquent.

lucidação s elucidation; explanation.

lucidar v 1 elucidate. 2 illuminate; clarify.

lucidativo adj elucidative.

ludir v elude.

m prep 1 at. 2 in; into. 3 on; over. 4 unto; to. 5 up; within.

ma s Zool rhea.

magrecer v 1 grow thin. 2 lose weight; slim (por regime). 3 emaciate (de fome).

magrecimento s slimming (por regime).

manação s 1 emanation; exhalation. 2 effluence; efflux.

manante adj emanative.

manar v emanate.

mancipação s tb Jur emancipation.

mancipador s emancipator.

mancipar v tb Jur emancipate.

maranhado adj tangled; inextricable.

maranhamento s entanglement.

maranhar v entangle; tangle; ravel; complicate.

mbaçado adj 1 dim. 2 steamed up (vidro com vapor).

mbaçar v 1 dim; blur. 2 steam up (vidro com vapor)

embainhar v 1 sheathe (espada). 2 hem (fazer bainha em calça).

embaixada s embassy.

embaixador s ambassador.

embaixatriz s ambassadress.

embaixo adv 1 below, beneath; under; underneath. 2 downstairs.

embalagem s package; packing.

embalar v 1 rock (balançar). 2 pack (empacotar).

embalo s 1 rocking (balanço). 2 rush (impulso).

embalsamador s embalmer.

embalsamar v embalm.

embalsamento s embalmment.

embandeirar v flag.

embaraçado adj 1 embarrassed. 2 perplexed, puzzled.

embaraçar v 1 embarrass; abash. 2 bewilder; confuse. 3 hinder.

embaraço s 1 embarrassment. 2 confusion; complication. 3 hindrance.

embaraçoso adj 1 embarrassing; awkward. 2 bewildering.

embaralhar v 1 shuffle; riffle; ruffle (cartas). 2 jumble.

embarcação s craft; vessel.

embarcado adj on board.

embarcadouro s wharf.

embarcar v 1 embark (em navio ou avião). 2 board. 3 boat; ship.

embargador s Jur distrainor.

embargar v 1 embargo. 2 Jur distrain; distress.

embargo s 1 embargo. 2 Jur distraint; distress. 3 Jur impediment.

embarque s 1 embarkation. 2 boarding. 3 shipment.

embarricar v barrel.

embasbacar v gape.

embebedar v fuddle; inebriate.

embeber v 1 absorb; soak up. 2 infiltrate.

embelezamento s embellishment.

embelezar v 1 beautify; embellish; grace. 2 ornament; adorn.

embicar v nose (no tráfego).

emblema s 1 emblem; ensign; insignia. 2 badge.

emblemar v emblematize.

E

emblemático *adj* emblematic.

embocadura *s* 1 mouth (rio). 2 *Mús* mouthpiece.

embolia *s* bends.

embolsar *v* bag.

embonecar *v* *gír* doll up.

embora *conj* although; though.

emborcar *v* 1 turn upside down. 2 *Náut* keel.

emborrachar *v* rubber.

emboscada *s* ambush.

emboscar *v* ambush; waylay.

embotado *adj* edgeless.

embranquecer *v* whiten; bleach.

embravecimento *s* anger; rage; fury.

embreagem *s* clutch.

embriagado *adj* drunk; drunken; crapulent; inebriate; *gír* high. ‖ *s* drunk; inebriate.

embriagar *v* intoxicate; inebriate; besot; booze; drink.

embriaguez *s* inebriation; intoxication; fuddle.

embrião *s* 1 embryo. 2 germ; seed.

embridar *v* bridle.

embriologia *s* embryology.

embrionário *adj* embryonic.

embrulhada *s* embroilment; mess; mix.

embrulhar *v* 1 wrap; pack. 2 fold; roll up. 3 envelop; enwrap. 4 muddle (confundir); cheat (enganar).

embrulho *s* package; parcel; pack; bundle.

embrutecer *v* brutalize; coarsen.

embrutecimento *s* brutalization.

embuchar *v* wad.

embuste *s* 1 deception. 2 trick; guile; mendacity.

embusteiro *adj* guileful. ‖ *s* impostor; humbug.

embutido *adj* built-in; embedded.

embutir *v* embed.

emenda *s* 1 *Jur* amendment. 2 correction. 3 emendation (de textos). 4 mend. 5 splice (corda, fio, etc.).

emendar *v* 1 *Jur* amend. 2 correct. 3 emend (texto). 4 mend. 5 splice (corda, fio, etc.).

emergência *s* 1 emergency. 2 exigency. 3 emergence (ato de emergir).

emergente *adj* emergent; emerging; rising.

emergir *v* emerge; rise; egress.

emérito *adj* e *s* emeritus.

emersão *s* emersion.

emigração *s* emigration.

emigrante *adj* e *s* emigrant.

emigrar *v* emigrate.

eminência *s* 1 eminence. 2 *Ecles* Eminence. 3 height.

eminente *adj* 1 eminent; distinguished; notable. 2 high; great.

emissão *s* emission; issuance; issue.

emissário *s* emissary; envoy.

emissivo *adj* emissive.

emissor *adj* emissive. ‖ *s* transmitter.

emissora *s* broadcasting station.

emitente *s* drawer (de cheque, etc.).

emitir *v* 1 emit; issue. 2 beam (luz, ond de rádio, sinais). 3 utter (som).

emoção *s* emotion.

emocional *adj* emotional.

emocionante *adj* 1 moving; touching. 2 ex citing.

emocionar *v* 1 move. 2 excite; thrill.

emolduração *s* framing.

emoldurar *v* frame.

emoliente *adj* e *s* emollient.

emolir *v* soften; soothe.

emolumento *s* emolument; fee.

emotividade *s* emotionality.

emotivo *adj* 1 emotional; emotive. 2 intense passionate.

empacar *v* balk; get stuck.

empacotador *s* wrapper; packer.

empacotamento *s* packing.

empacotar *v* pack; wrap; bale.

empada *s* patty.

empalar *v* impale.

empalidecer *v* 1 pale. 2 blanch; sallow.

empalmar *v* palm.

empanturrar *v* engorge; gorge.

empapelar *v* paper.

emparedar *v* wall.

emparelhado *adj* conjugate; level.

emparelhar *v* 1 pair; couple. 2 match.

empastar *v* plaster.

empatar *v* 1 *Esp* draw; tie. 2 tie up (d nheiro); take up (tempo).

empate *s* 1 *Esp* draw; tie. 2 tie (eleição 3 stalemate (no jogo de xadrez).

empatia *s* empathy.

empecilho s obstacle; embarrassment.

empedrar v 1 pave. 2 petrify.

empenado adj 1 feathered (com penas). 2 warped (distorcido)

empenar v 1 feather (colocar penas). 2 warp (distorcer.)

empenhar v pawn; pledge; exert.

empenho s effort; endeavor; commitment; engagement; exertion.

emperrado adj jammed.

emperrar v 1 jam (máquina). 2 balk (negar-se a progredir).

empestar v Bot blight.

empilhar v pile up; heap; stock.

empinar v 1 uplift. 2 rear (cavalo). 3 fly (papagaio, pipa).

empíreo adj empyreal; empyrean. ll s empyrean.

empiricamente adv empirically.

empírico adj empirical. ll s empiric.

empirismo s empiricism.

emplastar v plaster.

emplastro s plaster.

emplumado adj feathered.

emplumar v feather.

empobrecer v impoverish; become poor; beggar.

empobrecimento s impoverishment.

empoeirado adj dusty.

empoeirar v dust.

empolado adj bombastic; pompous.

empolar v blister.

empoleirar v roost.

empolgado adj excited; fig ablaze.

empolgante adj exciting; breathtaking.

empolgar v excite; stimulate; fill with enthusiasm.

emporcalhar v dirty; besmear; foul.

empório s emporium.

empreendedor adj enterprising. ll s entrepreneur.

empreender v undertake.

empreendimento s enterprise; undertaking; achievement; attempt.

empregada s maid.

empregado adj 1 employed. 2 applied. ll s employee.

empregador s employer.

empregar v 1 employ. 2 use. 3 invest.

empregável adj employable.

emprego s 1 employment; job. 2 use; application.

empreitada s 1 Comer contract job. 2 enterprise; task.

empreiteiro s contractor.

emprenhar v impregnate.

empresa s company; enterprise; firm.

empresária s businesswoman.

empresário s businessman; manager.

emprestar v 1 lend. 2 loan (dinheiro ou bens).

empréstimo s loan.

empunhar v wield (armas ou ferramentas).

empurrão s push; shove; hustle; jerk; thrust.

empurrar v 1 push; shove; jostle. 2 thrust aside (para o lado).

empuxo s thrust.

êmulo adj emulous.

emulsão s emulsion.

emulsificar v emulsify.

emulsionar v emulsify.

enaltecer v exalt; dignify.

enamorado adj 1 in love (apaixonado). 2 enchanted (encantado).

enamorar v enamor.

encabeçar v lead.

encabrestar v halter.

encabular v embarrass; disconcert.

encadeamento s 1 chain. 2 link . 3 Comp thread.

encadear v 1 chain. 2 link.

encadernação s bookbinding; binding.

encadernado adj 1 bound. 2 hardback (de capa dura).

encadernador s bookbinder; binder.

encadernar v bind.

encaixar v fit in; encase; case; rabbet.

encaixe s 1 fitting (ato). 2 groove (ranhura). 3 socket (buraco).

encaixotamento s boxing.

encaixotar v box; case.

encalhado adj aground (embarcação).

encalhar v run aground.

encaminhar v direct; conduct; lead; guide.

encanamento s plumbing.

encanar v channel.

encanecer v grow white.

encantado *adj* delighted.
encantador *adj* enchanting; delightful.
encantadoramente *adv* charmingly.
encantamento *s* **1** spell (magia). **2** charm.
encantar *v* **1** enchant. **2** delight. **3** bewitch (enfeitiçar).
encanto *s* **1** charm. **2** delight.
encapar *v* cover; wrap.
encapotar *v* cloak; muffle.
encapuzar *v* cowl.
encapuzado *adj* hooded.
encaracolado *adj* curly; curled.
encaracolar *v* curl; crisp.
encarar *v* **1** face. **2** front.
encarcerado *adj* **1** imprisoned. **2** behind bars.
encarceramento *s* imprisonment.
encarcerar *v* **1** imprison; jail; confine; incarcerate. **2** encage.
encardido *adj* dingy; grimy; grubby. || *s gír* grunge.
encardir *v* grime.
encargo *s* **1** responsibility. **2** burden; charge.
encarnação *s* incarnation; embodiment.
encarnado *adj* incarnate.
encarnar *v* incarnate; embody.
encaroçado *adj* lumpy.
encarquilhar *v* shrivel.
encarregado *s* **1** person in charge. **2** commissioner; manager. **3** warden.
encarregar *v* **1** charge. **2** intrust.
encarrilhar *v* put back on the rails.
encarvoar *v* coal.
encasacar *v* coat.
encastelado *adj* castled; fortified.
encavernar *v* cavern.
encefálico *adj* encephalic.
encefalite *s* encephalitis.
encéfalo *s Anat* encephalon.
encenação *s* staging.
encenar *v* act; stage.
encenável *adj* acting.
encerado *adj* cerated; waxed.
encerar *v* wax; polish.
encerrado *adj* close.
encerramento *s* closing; closure.
encerrar *v* **1** contain. **2** close. **3** lock.
encetamento *s* beginning; start.

encetar *v* begin; start.
encharcado *adj* **1** wet; sodden; soggy. **2** flooded. **3** swampy. || *s Náut* waterlogged.
encharcar *v* **1** soak; drench. **2** flood; inundate.
enchente *s* flood; inundation.
encher *v* **1** fill; make full. **2** stuff. **3** load; charge. **4** blow up (balão). **5** flow (a maré). **6** be annoying (aborrecer).
enchimento *s* **1** filling. **2** stuffing; padding.
enchova *s Zool* anchovy.
enchumaçar *v* pad; stuff; wad.
encíclica *s* encyclical.
encíclico *adj* encyclical.
enciclopédia *s* encyclopedia; cyclopedia.
enciclopédico *adj* encyclopedic; cyclopedic.
enciclopedismo *s* encyclopedism.
enciclopedista *s* encyclopedist; cyclopedist.
encilhar *v* saddle (animals).
encimar *v* **1** top. **2** raise up; elevate.
enciumado *adj* jealous.
enclausurar *v* **1** cloister. **2** wall.
enclítica *s Ling* enclitic.
enclítico *adj* enclitic.
encoberta *s* **1** shelter. **2** pretext; excuse.
encobertar *v* **1** cover. **2** conceal; hide.
encoberto *adj* **1** covered. **2** hidden; occult; concealed. **3** cloudy (sky).
encobridor *adj* concealing.
encobrimento *s* concealment.
encobrir *v* **1** cover. **2** hide; conceal. **3** disguise. **4** enshroud. **5** overlap.
encolerizar *v* rage; rave; get angry.
encolher *v* **1** shrink. **2** narrow. **3** cower (de medo); cringe (de medo); crouch (por timidez ou humilhação).
encolhido *adj* **1** shrunken. **2** timid; shy.
encolhimento *s* shrink; contraction.
encomenda *s* order.
encomendar *v* order; ask for.
encompridar *v* lengthen; prolong.
encontrar *v* **1** meet; come across; encounter (casualmente). **2** find (achar).
encontro *s* **1** meeting; encounter (inesperado). **2** appointment (com hora marcada). **3** collision. **4** date (com namorado).
encorajador *adj* encouraging.
encorajamento *s* encouragement.

encorajar v encourage; animate; cheer up; hearten; comfort.

encordoado adj corded.

encordoar v cord.

encorpado adj 1 corpulent; full-bodied. 2 thick; dense. 3 resistent; solid; firm.

encorpar v expand.

encosta s hillside.

encostar v lean.

encosto s 1 back (of a chair). 2 backboard.

encouraçado adj armored. ‖ s Náut dreadnought; ironclad.

encouraçar v cuirass.

encravado adj ingrown (unha, pêlo).

encravar v stick.

encrenca s 1 difficulty; trouble. 2 intrigue; disorder. 3 fight.

encrencar v 1 embarrass. 2 complicate.

encrenqueiro s troublemaker; brawler.

encrespado adj crimpy.

encrespamento s crimp.

encrespar v 1 crimp; crisp; frizz. 2 ruffle.

encruar v harden; toughen.

encruzamento s crossing; intersection.

encruzar v cross.

encruzilhada s crossing; crossroads.

encurralar v 1 confine. 2 herd (gado).

encurtamento s shortening.

encurtar v 1 shorten; cut short. 2 abbreviate; curtail.

encurvação s curvature.

encurvar v curve; bend; arch.

endêmico adj endemic.

endemoninhado adj demoniac.

endemoninhar v demonize.

endereçar v address.

endereço s address.

endeusamento s divinization.

endeusar v divinize; deify.

endiabrado adj 1 devilish. 2 impish.

endiabrar v bedevil.

endinheirado adj rich; wealthy; flush.

endireitar v 1 straighten. 2 put right.

endividado adj indebted; in the red.

endívia s Bot endive.

endividar v indebt.

endocrinologia s endocrinology.

endocrinologista s endocrinologist.

endoidecer v mad.

endossado adj endorsed.

endossante s endorser.

endossar v endorse; accredit; certify.

endosso s endorsement.

endro s Bot dill.

endurecer v 1 harden; stiffen. 2 anneal (glass).

endurecido adj 1 indurate; sclerous. 2 obdurate.

endurecimento s hardening.

enduro s Esp enduro.

enegrecer v blacken; black.

enegrecido adj blackish.

enegrecimento s blackning.

energética s Fis energetics.

energético adj energetic.

energia s 1 tb Fis energy. 2 strength; force; vigor.

energizar v energize.

enérgico adj 1 strong. 2 dynamic. 3 emphatic.

enervação s enervation.

enervado adj 1 enervate. 2 acidulous.

enervante adj enervating; weakening.

enervar v 1 enervate. 2 annoy; irritate.

enevoado adj 1 foggy; overcast; misty. 2 hazy.

enevoar v fog; overcast; mist.

enfadar v 1 get tired of. 2 bore; annoy.

enfado s 1 boredom. 2 annoyance.

enfadonho adj 1 tiresome. 2 annoying; troublesome.

enfaixamento s bandage.

enfaixar v swathe; band; bandage.

enfardamento s bagging.

enfarinhado adj floured.

enfarinhar v flour.

enfarte s Med infarct.

ênfase s emphasis.

enfastiar v 1 get tired; tire; weary. 2 bore; annoy.

enfático adj emphatic.

enfatizar v emphasize.

enfeitado adj decorated.

enfeitar v 1 adorn; trim; embellish; decorate. 2 dress up.

enfeite s decoration; trimming; adornment; garnishment.

enfeitiçado adj spellbound.

enfeitiçar v 1 bewitch. 2 charm.

enfeixar v fagot; tie together.

enfermagem s nursing.

enfermaria s infirmary; ward.

enfermeira s nurse.

enfermeiro s male nurse.

enfermidade s disease; illness; infirmity.

enfermo adj diseased; sick.

enferrujado adj rusty.

enferrujamento s rustiness.

enferrujar v rust.

enfezado adj fig 1 annoyed. 2 bored.

enfezar v fig 1 annoy; irritate. 2 tire; bore.

enfiar v 1 put. 2 thread (agulha).

enfileiramento s alignment.

enfileirar v line up; align.

enfim adv at last; finally.

enfisema s Med emphysema.

enfocar v focus; focalize.

enforcador s hangman.

enforcamento s hanging.

enforcar v 1 hang. 2 skip (trabalho, aulas).

enfraquecer v weaken; debilitate.

enfraquecimento s abatement; debilitation; enfeeblement.

enfrentar v 1 face; affront; brave. 2 encounter (inimigo).

enfumaçado adj smoky.

enfumaçar v smoke.

enfurecer v 1 infuriate; enrage; rage. 2 mad; madden.

enfurecido adj 1 furious. 2 rough (sea).

engabelar v decoy.

engaiolar v cage; encage.

engajamento s 1 commitment. 2 enlistment.

engajar v get involved.

engalfinhar v grapple.

enganado adj 1 mistaken (errado). 2 deceived (traído).

enganador adj deceiving; fake; tricky.

enganar v 1 deceive; cheat; trick. 2 mistake.

enganchar v hook.

engano s 1 mistake; error; fault. 2 delusion; deception. 3 fraud. 4 lapse.

enganoso adj 1 deceptive. 2 catchy.

engarrafador s bottler.

engarrafamento s 1 bottling (garrafa). 2 traffic jam (de tráfego).

engarrafar v 1 bottle (pôr em garrafa). 2 block (trânsito).

engasgar v 1 choke. 2 backfire (motor).

engaste s setting.

engatar v gear.

engate s coupler.

engatilhar v cock (arma).

engatinhar v crawl.

engavetar v shelve (planos, documentos).

engendrar v engender.

engenharia s engineering.

engenheiro s engineer.

engenho s 1 artifice; talent. 2 machine; motor. 3 skill; ability. 4 mill (moenda). 5 sugar plantation (fazenda de cultivo de açúcar).

engenhoca s gadget; gimmick.

engenhosidade s ingenuity.

engenhoso adj ingenious; artful.

engessar v plaster.

englobar v include.

engodar v 1 entice. 2 bait (atrair com isca).

engodo s 1 lure; enticement. 2 bait (isca).

engolfar v engulf.

engolir v swallow

engomar v starch.

ergonomia s ergonomics.

ergonômico adj ergonomic.

engordar v fatten; put on weight.

engordurar v 1 grease. 2 besmear.

engraçado adj 1 funny; amusing. 2 comic; humorous.

engradado s crate.

engradamento s railing; grate.

engradar v crate.

engrandecer v 1 enlarge. 2 exaggerate; magnify.

engrandecimento s 1 enlargement; increase. 2 magnification.

engravidar v get pregnant.

engraxar v 1 shine (sapato). 2 smear (pôr graxa).

engraxate s shoeshiner; bootblack.

engrenado adj Mec engaged.

engrenagem s gear.

engrenar v gear.

engrossar v thicken.

enguia s Zool eel.

enguiçado *adj* stalled.
enguiçar *v* stall; break down.
enguiço *s* breakdown.
engulho *s* nausea.
enigma *s* 1 enigma; mystery. 2 riddle.
enigmático *adj* enigmatic.
enjaular *v* enjail.
enjeitado *adj* abandoned.
enjeitar *v* abandon.
enjoado *adj* sick.
enjoar *v* sicken.
enjoativo *adj* 1 sickening. 2 nasty. 3 boring.
enjôo *s* 1 seasickness (do mar). 2 queasiness.
enlaçar *v* enlace; entwine.
enlace *s* 1 union; marriage. 2 link.
enlamear *v* conver in mud; bespatter.
enlatado *adj* canned.
enlatador *s* canner.
enlatar *v* can; tin.
enlevação *s* enrapture; delight.
enlevo *s* rapture; delight; stardust.
enlodar *v* slime.
enlouquecedor *adj* maddening.
enlouquecer *v* drive mad; go mad.
enlouquecido *adj* mad.
enlouquecimento *s* madness.
enluarado *adj* moony.
enlutado *adj* in mourning.
enlutar *v* go into mourning.
enluvar *v* glove.
enobrecer *v* ennoble.
enobrecimento *s* ennoblement.
enojar *v* disgust; sicken.
enorme *adj* enourmous; huge.
enormidade *s* enormity; enormousness; hugeness.
enquadramento *s* framing.
enquadrar *v* frame.
enquanto *conj* while; as.
enraivecer *v* enrage.
enraizar *v* enroot.
enrascada *s inform* spot.
enrascar *v* embroil.
enredar *v* complicate; entangle.
enredo *s* plot.
enregelado *adj* frozen.
enregelar *v* freeze.
enrijecer *v* stiffen.

enriquecer *v* enrich.
enriquecimento *s* enrichment.
enrolar *v* 1 roll up. 2 wrap up.
enroscado *v* twisted.
enroscar *v* twist; wind.
enrouquecer *v* go hoarse.
enrubescer *v* 1 redden. 2 blush; go red (de vergonha).
enrugado *adj* crinkly.
enrugar *v* 1 wrinkle. 2 crease (tecido).
ensaboado *adj* soapy.
ensaboar *v* soap.
ensacado *adj* bagged.
ensacamento *s* bagging.
ensacar *v* bag; sack.
ensaiar *v* 1 practice. 2 try. 3 rehearse (teatro).
ensaio *s* 1 practice. 2 rehearsal.
ensaísta *s* essayist.
ensangüentado *adj* bloody.
ensangüentar *v* ensanguine.
enseada *s* bay; cove; inlet.
ensebar *v* tallow.
ensejar *v* provide.
ensejo *s* chance; opportunity.
ensinamento *s* teaching.
ensinar *v* 1 teach. 2 educate.
ensino *s* 1 teaching. 2 education.
ensolarado *adj* sunny.
ensopado *adj* soaked.
ensopar *v* soak; drench.
ensurdecedor *adj* deafening.
ensurdecer *v* deafen.
entalar *v* wedge; jam.
entalhador *s* woodcarver.
entalhar *v* carve.
entalhe *s* groove; notch.
entanto *conj* however.
então *adv* now; then. || *interj* so.
entardecer *v* get late. || *s* sunset.
ente *s* being; creature.
enteada *s* stepdaughter.
enteado *s* stepson.
entediante *adj* boring; tedious.
entediar *v* bore.
entendedor *adj* knowledgeable.
entender *v* understand.
entendido *adj* good at; expert. || *s gír* gay; homosexual.

entendimento s 1 understanding. 2 agreement.

enternecer v move; touch.

enterrar v bury.

enterro s burial; funeral.

entidade s being; body.

entoação s singing.

entoar v chant.

entomologia s entomology.

entomológico adj entomologic.

entomologista s entomologist.

entonação s intonation.

entontecer v make dizzy.

entornar v spill.

entorpecente s narcotic.

entorpecer v numb.

entorpecidamente adv numbly.

entorpecido adj numb.

entorpecimento s numbness.

entortar v bend.

entrada s 1 entry. 2 entrance. 3 doorway.

entranhado adj deep-rooted.

entranhas s bowels; entrails.

entrar v enter; come in; get in.

entravar v obstruct; impede.

entrave s impediment.

entre prep among (vários); between (dois).

entreaberto adj 1 half open. 2 ajar (portão, porta).

entreabrir v half open.

entrecasca s Bot bast.

entrechocar-se v collide; crash.

entrecosto s entrecôte.

entrega s delivery; deliverance.

entregador s deliverer.

entregar v 1 deliver. 2 hand over.

entregue adj delivered.

entrelaçar v entwine.

entrelinha s line spacing.

entrelinhamento s Comp leading.

entremear v intermingle.

entremeio s interval.

entrementes adv meantime; meanwhile.

entrepor v insert.

entreposto s entrepôt.

entretanto conj however.

entretela s interlining.

entretenimento s entertainment.

entreter v entertain; amuse.

entrevado adj crippled; paralytic.

entrevar v cripple; paralyse.

entrever v glimpse.

entrevista s interview.

entrevistador s interviewer.

entrevistar v interview.

entristecer v sadden; grieve.

entronar v enthrone.

entroncamento s junction.

entronizar v enthrone.

entropia s Fis entropy.

entulhar v cram full.

entulho s trash.

entupido adj 1 blocked. 2 stuffy (nariz).

entupimento s blockage.

entupir v block; clog.

entusiasmadamente adv excitedly.

entusiasmado adj 1 excited. 2 fig ablaze.

entusiasmar v excite.

entusiasmo s enthusiasm; excitement.

entusiasta s enthusiast.

entusiástico adj enthusiastic.

enumeração s enumeration.

enumerar v enumerate.

enunciar v enunciate; state.

envaidecer v glory.

envelhecer v grow old; age.

envelhecido adj 1 aged. 2 stale (pão, queijo, etc.).

envelhecimento s aging.

envelopar v envelop; enwrap.

envelope s envelope; cover.

envenenamento s poisoning.

envenenar v poison.

envergadura s 1 spread (asas, velas). 2 wingspan (avião).

envergar v bend.

envergonhado adj 1 ashamed. 2 shy (tímido).

envergonhar v shame.

envernizar v varnish.

enviado adj envoy; messenger.

enviar v 1 send. 2 Mil detach (em missão).

envidraçado adj glazed.

envidraçamento s glazing.

envidraçar v glass; glaze.

enviesado adj slanting.

envio s sending; dispatch.

enviuvar *v* widow.

envolto *adj* wrapped.

envoltório *s* cover; wrapper.

envolver *v* 1 involve. 2 cover. 3 wrap.

envolvido *s* wrapped.

envolvimento *s* involvement.

enxada *s* hoe.

enxadão *s* mattock.

enxadrezar *v* checker.

enxaguar *v* rinse.

enxame *s* swarm (de abelha, etc.).

enxaqueca *s* migraine.

enxergar *v* see.

enxertar *v* graft.

enxerto *s* graft.

enxofre *s* sulfur.

enxotar *v* shoo.

enxoval *s* 1 trousseau (de noiva). 2 layette (de recém-nascido).

enxovalhar *v* mess; soil.

enxugar *v* dry.

enxurrada *s* torrent.

enxuto *adj* 1 dry (seco). 2 lean (orçamento).

enzima *s* enzyme.

epiceno *adj Gram* epicene.

epicentro *s Geol* epicenter.

épico *adj* epic; heroic.

epicurismo *s* epicurism.

epicurista *adj* epicurean. II *s* epicurean; epicure.

epidemia *s* epidemic.

epidêmico *adj* epidemic.

epiderme *s* epidermis.

epifania *s* epiphany.

epiglote *s Anat* epiglottis.

epígrafe *s* epigraph.

epigrafia *s* epigraphy.

epilepsia *s Med* epilepsy.

epiléptico *adj e s* epileptic.

epílogo *s* epilogue.

episcopado *s* episcopate.

episódio *s* episode.

epistemologia *s* epistemology.

epístola *s* epistle.

epistolar *adj* epistolary.

epitáfio *s* epitaph.

epitélio *s Biol* epithelium.

epíteto *s* epithet.

época *s* epoch; period; time; age.

epopéia *s* epopee; epic; epos.

equação *s Mat, Astron e Quím* equation.

equacionar *v* 1 *Mat* equate. 2 set out.

equador *s* equator.

Equador *s* Ecuador.

equalização *s Eletrôn* equalization.

equalizador *s Eletrôn* equalizer.

equalizar *v* equalize.

equânime *adj* fair.

equanimidade *s* equanimity.

equatorial *adj* equatorial.

eqüestre *adj* equestrian.

eqüidade *s* equity.

eqüidistante *adj* equidistant.

eqüilateral *adj* equilateral.

equilibrado *adj* well-balanced.

equilibrar *v* balance.

equilíbrio *s* balance.

equilibrista *s* equilibrist.

eqüino *adj* equine.

equinocial *adj* equinoctial.

equinócio *s Astron* equinox.

equipamento *s* equipment; kit.

equipar *v* 1 equip. 2 fit (máquinas).

equiparar *v* equate.

equipe *s* 1 team; staff. 2 squad.

equitação *s* riding.

equitativo *adj* equitable.

equivalência *s* equivalence.

equivalente *adj* equivalent.

equivaler *v* 1 equal. 2 be the same as.

equivocar *v* mistake.

equívoco *s* error; mistake.

era *s* age; era.

erário *s* fisc.

ereção *s* erection; erectness.

eremita *s* eremite; hermit.

eremitério *s* hermitage.

ereto *adj* erect; upright.

erguer *v* 1 raise; lift. 2 build; erect.

erguido *adj* erect.

eriçado *adj* bristling.

eriçar *v* bristle.

erigir *v* erect; rear.

erisipela *s* erysipelas.

ermitão *s* hermit.

ermo *adj* 1 uninhabited. 2 lonely.

erógeno *adj* erogenous.

erosão s erosion.

erosivo adj erosive.

erótico adj erotic; sexy.

erotismo s eroticism.

erradicação s eradication.

erradicar v eradicate.

erradicável adj eradicable.

errado adj wrong; mistaken.

errante adj errant; wandering.

errar v 1 miss. 2 be wrong; make a mistake. 3 wander (vaguear).

errata s erratum.

erro s mistake; error; fault.

errôneo adj wrong; mistaken.

erudição s erudition; learning.

erudito adj erudite; scholarly.

erupção s eruption; rash (tb cutânea).

erva s herb.

erva-doce s Bot anise.

ervilha s pea.

esbaforido adj breathless; out of breath.

esbanjador adj extravagant; spendthrift. ll s spendthrift; waster.

esbanjamento s dissipation; extravagance.

esbanjar v squander; waste.

esbarrão s jostle.

esbarrar v 1 jostle. 2 brush.

esbeltez s slenderness.

esbelto adj slender; slim.

esboçado adj sketchy.

esboçar v sketch; delineate; outline.

esboço s sketch; draft; outline.

esbofetear v slap.

esborrachar v 1 squash. 2 hit.

esbranquiçado adj 1 whitish. 2 pale.

esbravejar v shout.

esbugalhado adj staring; bulging.

esbugalhar v goggle.

esburacar v hole.

escabroso adj tough; craggy; scabrous.

escada s 1 stairs; staircase. 2 ladder (de mão).

escadaria s staircase; stairway.

escafandrista s diver.

escafandro s diving suit.

escala s 1 scale. 2 stopover (em viagem). 3 Mús gamut.

escalada s escalade; climb.

escalão s Mil echelon.

escalação s 1 climbing. 2 casting.

escalar v 1 climb. 2 scale. 3 select.

escalável adj 1 climbable. 2 scalable.

escaldante adj boiling.

escaldar v scald.

escaler s Náut jollyboat; gig (tipo de embarcação).

escalpar v scalp.

escalpelar v scalp.

escalpelo s Med scalpel.

escalpo s scalp.

escama s scale; flake.

escamar v 1 scale. 2 exfoliate; skin.

escamoso adj scaly.

escamotear v pilfer; pinch.

escancarado adj wide-open.

escancarar v yawn.

escandalizar v scandalize; shock.

escândalo s 1 scandal. 2 outrage.

escandaloso adj scandalous; shocking.

Escandinávia s Scandinavia.

escandinavo adj e s Scandinavian.

escapamento s Mec exhaust.

escapar v 1 escape. 2 run away; flee. 3 gír lam (da prisão).

escapatória s 1 way out. 2 excuse.

escape s 1 escape; leak. 2 Mec exhaust.

escapismo s escapism.

escapo s escapement (mecanismo de relógio).

escápula s Anat scapula.

escapulir v 1 get away. 2 creep. 3 slip.

escara s Med crust.

escaramuça s scrimmage; skirmish.

escaravelho s beetle; chafer; scarab.

escarlate adj e s scarlet.

escarlatina s Med scarlet ferver.

escarnecedor s scoffer.

escarnecer v mock; make fun; scoff.

escárnio s mockery; derision.

escarola s Bot escarole.

escarpa s scarp.

escarpado adj rugged.

escarpar v scarp.

escarrar v expectorate; spit.

escarro s phlegm.

escassamente adv barely.

escassear v 1 become scarce. 2 skimp on.

escassez s shortage.

escasso adj 1 scarce; scanty; rare. 2 sparse (vegetação, etc.).
escavação s dig; excavation.
escavadeira s shovel; digger.
escavador s digger.
escavar v excavate; cave; dig; hollow.
esclarecedor adj 1 explanatory. 2 informative. || s elucidator.
esclarecer v 1 explain; clear. 2 illustrate.
esclarecido adj clear-headed.
esclarecimento s 1 clarification; explanation. 2 information.
esclerosado adj sclerous.
esclerose s Med sclerosis.
escoadouro s drain; drainpipe.
escoamento s drainage; flow; leakage.
escoar v drain; flow; seep out.
escocês adj e s Scotch; Scottish.
Escócia s Scotland.
escola s school.
escolar adj school.
escolaridade s schooling.
escolástico adj e s scholastic.
escolha s choice.
escolher v choose.
escolhido adj chosen; elect; select. || s elect.
escoliasta s scholiast.
escolta s escort; convoy.
escoltar v escort; convoy; accompany.
escombros s ruins; debris.
esconde-esconde s hide-and-seek; hide-and-go-seek.
esconder v hide; conceal.
esconderijo s 1 hiding place. 2 hideout (de criminosos).
esconjurar v 1 exorcise. 2 curse (amaldiçoar).
escopo s aim; purpose.
escora s 1 support. 2 brace (de plantas). 3 buttress (de construção).
escorar v 1 support; sustain. 2 buttress.
escorbuto s Med scurvy.
escore s score.
escória s 1 dross (metal). 2 gír scum.
escoriação s Med abrasion; chafe.
escoriar v excoriate; gall; bark.
escorpiano s Astrol Scorpio.
escorpião s 1 Astrol Scorpio. 2 Astron Scorpius. 3 Zool scorpion.

escorraçar v 1 throw out (expulsar). 2 maltreat; ill-treat.
escorregadela s slip.
escorregadio adj slippery.
escorregador s slide.
escorregão s slip.
escorregar v slip; slither.
escorrer v 1 drain. 2 flow. 3 snivel (nariz). 4 trickle.
escorrido adj lank (cabelo).
escoteira s fem Girl Scout.
escoteiro s masc Boy Scout; scout.
escotilha s Náut hatch; hatchway; scuttle.
escova s brush.
escovar v brush.
escrava s bondmaid; bondwoman.
escravatura s slavery.
escravidão s slavery; bondage.
escravização s enslavement.
escravizar v enslave.
escravo adj captive. || s slave; bondman.
escrevente s clerk.
escrever v write.
escrínio s casket.
escrita s writing.
escrito s note. || adj written.
escritor s 1 writer. 2 author.
escritório s office.
escritura s 1 scripture. 2 Jur deed; muniment.
escriturário s clerk.
escrivaninha s desk; secretary.
escroque s swindler.
escrúpulo s scruple.
escrupuloso adj scrupulous.
escroto s Anat scrotum.
escrutinar v scrutinize.
escrutínio s scrutiny.
escudar v shield.
escudeiro s squire.
escudo s shield. buckler.
esculachar v 1 mess up (bagunçar). 2 ridicule. 3 tick off (repreender).
esculhambação s mess.
esculpir v 1 sculpt. 2 carve; engrave.
escultor s 1 sculptor. 2 carver; graver.
escultura s 1 sculpture. 2 carving.
escultural adj shapely.
escuma s 1 skim (espuma). 2 scum (ralé).

escumadeira s skimmer.

escuna s Náut schooner.

escurecer v 1 darken; blacken. 2 fog (uma fotografia). 3 gloom; shadow.

escuridão s 1 darkness; dark; blackness. 2 gloom; shadows.

escuro adj 1 dark; black. 2 shadowy.

escusa s excuse.

escusado adj unnecessary; useless; neddless.

escusar v excuse; forgive.

escuta s 1 listening. 2 wiretap (telefônica).

escutar v listen to; hear.

esdrúxulo adj weird; eccentric.

esfacelar v destroy.

esfaimar v famish.

esfalfar v fatigue; exhaust.

esfaquear v stab.

esfarelar v crumble.

esfarrapado adj ragged; shabby.

esfarrapar v tear to pieces; tatter.

esfera s tb Mat sphere.

esférico adj spherical.

esfiapar v ravel; fray.

esfinge s Mit sphinx.

esfolado adj raw.

esfoladura s Med abrasion; excoriation; graze.

esfolar v flay; skin.

esfoliação s exfoliation.

esfoliar v exfoliate.

esfoliativo adj exfoliative.

esfomeado adj ravenous; starving.

esforçado adj 1 committed; dedicated. 2 strenuous.

esforçar v strive.

esforço s 1 effort; endeavor. 2 struggle; attempt.

esfrega s rub.

esfregação s rubbing; scrub.

esfregador s scrubber.

esfregão s scrubber; mop.

esfregar v rub; scrub.

esfriamento s cooling.

esfriar v cool; chill.

esganar v strangle; choke; throttle.

esganiçado adj shrill.

esgarçar v tear.

esgotado adj 1 exhausted. 2 gone; used up. 3 out of print (livro).

esgotamento s exhaustion.

esgotar v 1 drain; empty. 2 exhaust (assunto). 3 run out (recursos).

esgoto s sewer.

esgrima s fencing.

esgrimir v fence.

esgueirar v slip away.

esguichar v squirt; jet; spurt.

esguicho s squirt; jet; spout.

esguio adj thin; slender.

esmaecer v fade.

esmagado adj crushed.

esmagador adj 1 crushing. 2 overwhelming.

esmagamento s crush.

esmagar v crush.

esmaltar v enamel.

esmalte s 1 enamel. 2 nail polish (de unhas).

esmerado adj careful; neat.

esmeralda s Min emerald.

esmerar v refine.

esmeril s emery.

esmerilhar v rub; polish; abrade.

esmero s care; elaboration.

esmigalhar v 1 crumble. 2 crush.

esmiuçar v 1 crumble. 2 examine in details.

esmo s random.

esmola s alms; handout.

esmolar v beg.

esmorecer v discourage; flag; wilt.

esmorecimento s discouragement; dismay.

esmurrar v punch; beat; sock.

esnobe adj snobbish. II s snob.

esnobismo s snobbery.

esôfago s Anat esophagus; gullet.

esotérico adj esoteric.

esoterismo s esotericism.

espaçado adj spaced out.

espaçar v space.

espacial adj spatial; space.

espaço s 1 space. 2 room.

espaçoso adj 1 spacious. 2 roomy.

espada s sword.

espadachim s swordsman.

espadas s spades (naipe de baralho).

espádua s scapula; shoulder blade.

espaguete s spaghetti.
espaldar s back (cadeira).
espalhado adj spread.
espalhafato s commotion.
espalhafatoso adj flashy; garish; gaudy.
espalhar v scatter; spread; bestrew; disperse.
espanador s duster; feather duster (de penas).
espanar v dust.
espancamento s beating.
espancar v beat.
Espanha s Spain.
espanhol adj Spanish. II s 1 Spaniard (nacionalidade). 2 Spanish (idioma).
espantado adj 1 astonished. 2 aghast; awestruck.
espantalho s scarecrow.
espantar v astonish; flabbergast; amaze.
espanto s fright; fear; amazement.
espantoso adj 1 astonishing; amazing; wonderful. 2 frightful; fearfull.
esparadrapo s adhesive bandage; sticking plaster.
espargir v sprinkle.
esparramar v 1 splash. 2 bestrew; sprawl.
esparso adj scattered; sparse.
espartilho s corset; bodice.
espasmo s spasm; convulsion.
espasmódico adj spasmodic.
espatifar v smash; crash.
espátula s spatula.
especial adj especial; special.
especialidade s specialty.
especialista s expert; specialist.
especializar v specialize.
especialmente adv especially; specially; particularly.
especiaria s spice.
espécie s 1 tb Biol species. 2 sort; kind.
especificação s specification.
especificado adj specified; given.
especificar v specify.
específico adj specific; particular.
espécime s specimen.
espectador s 1 viewer; spectator. 2 onlooker.
espectro s specter; apparition; ghost.
especulação s 1 speculation. 2 Fin adventure.

especulador s 1 speculator. 2 Fin adventurer.
especular v speculate.
espelhar v reflect; mirror.
espelho s mirror; looking glass.
espelunca s gír dump; dive (bar).
espera s wait; waiting.
esperado adj expected.
esperança s 1 hope. 2 expectation.
esperançosamente adv hopefully.
esperançoso adj 1 hopeful. 2 expectant.
esperanto s Esperanto.
esperar v 1 wait. 2 expect (um bebê). 3 hope. 4 hold on.
esperma s sperm.
espernear v kick out.
espertalhão adj shrewd.
esperteza s cleverness.
esperto adj 1 clever; smart. 2 crafty.
espesso adj thick.
espessura s thickness.
espetacular adj spectacular.
espetáculo s 1 spectacle; show. 2 spectacular.
espetar v broach; jab; spear; spike; spit.
espeto s spit; broach.
espiada s look.
espião s spy.
espiar v 1 spy; watch; observe. 2 look at.
espichar v stretch.
espiga s ear.
espigado adj upright (ereto).
espinafre s Bot spinach.
espingarda s rifle.
espinha s 1 pimple (pele). 2 Zool spine.
espinheiro s Bot haw; hawthorn.
espinho s 1 Bot thorn. 2 Zool spine (peixe); sting (abelha); quill (de ouriço, porco-espinho).
espinhoso adj 1 thorny; prickly. 2 spiny; spinous.
espionagem s espionage.
espionar v spy.
espiral adj e s spiral.
espiralado adj spiraled.
espiralar v spiral.
espirar v 1 breathe. 2 exhale.
espiritismo s spiritism.
espírito s spirit.

espiritual *adj* spiritual.
espirituoso *adj* **1** smart; lively; witty. **2** spirituous (alcoólico).
espirrar *v* **1** sneeze. **2** splash (borrifar).
espirro *s* sneeze.
esplanada *s* esplanade.
esplandecer *v* luster.
esplêndido *adj* **1** splendid; brilliant. **2** magnificent; excellent; glorious. **3** gorgeous; terrific.
esplendor *s* **1** splendor. **2** magnificence; glory.
esplendoroso *adj* splendorous.
espoleta *s* fuse.
espoliação *s* spoliation.
espoliador *s* despoiler.
espoliar *v* spoliate.
espólio *s Jur* spoil.
esponja *s Zool* sponge.
esponjoso *adj* spongy.
espontaneidade *s* spontaneity.
espontâneo *adj* spontaneous.
esporadicamente *adv* betimes.
esporádico *adj* sporadic.
esporão *s* spur.
esporear *v* spur.
esporo *s Biol* spore.
esposa *s* **1** spouse; wife. **2** *inform* better half; woman; mama.
esposar *v* spouse; marry; get married.
esposo *s* spouse; espouser; husband.
esporte *s* sport.
esportista *adj* sporting. ‖ *s masc* sportsman; *fem* sportswoman.
esportivo *adj* sporting.
espreguiçadeira *s* easy chair; deck chair.
espreguiçar *v* sprawl.
espreita *s* espial.
espreitar *v* peep; pry.
espremer *v* **1** squeeze; squash. **2** express (frutas); ream (com espremedor de frutas).
espuma *s* **1** foam. **2** froth.
espumadeira *s* skimmer.
espumante *adj* bubbly; frothy.
espumar *v* foam; froth.
espumoso *adj* foamy; frothy.
esquadra *s* squadron; navy.
esquadrão *s* squadron.

esquadrar *v* square.
esquadria *s* square.
esquadrilha *s Mil* squadron; echelon.
esquadro *s* square.
esquálido *adj* squalid; nasty; dirty.
esquartejamento *s* quartering.
esquartejar *v* quarter.
esquecer *v* **1** forget. **2** unlearn.
esquecido *adj* **1** forgetful. **2** oblivious.
esquecimento *s* **1** forgetfulness. **2** oblivion.
esquelético *adj* **1** skeletal. **2** bony; scraggy.
esqueleto *s* **1** skeleton; bones; carcass. **2** frame; framework.
esquema *s* **1** scheme; project; plan. **2** diagram; device.
esquematizar *v* schematize.
esquentado *adj* **1** heated; warmed. **2** ill-tempered (humor).
esquentar *v* **1** heat; warm. **2** inflame. **3** lose one's temper.
esquerda *s* left.
esquerdista *adj* leftist.
esquerdo *adj* **1** left. **2** left-handed.
esqui *s Esp* ski.
esquiador *adj* skier.
esquiar *v* ski.
esquife *s* **1** bier. **2** *Náut* skiff.
esquilo *s Zool* squirrel.
esquimó *s* Eskimo.
esquina *s* corner.
esquisitice *s* eccentricity; oddity.
esquisito *adj* **1** strange; odd. **2** funny.
esquiva *s* dodge.
esquivar *v* **1** dodge; avoid. **2** parry (de um golpe, uma pergunta).
esquivo *adj* scornful; disdainful.
essa *pron* that.
esse *pron* that.
essência *s* **1** essence. **2** being.
essencial *adj* **1** essential; substantial; vital. **2** basic; fundamental; indispensable; main.
esta *pron* this.
estabanado *adj* clumsy; awkward.
estabelecer *v* determine; establish; set.
estabelecido *adj* determinate; fixed; set.
estabelecimento *s* establishment.
estabilidade *s* stability.
estabilizar *v* stabilize.

estábulo s stable.

estaca s stake.

estação s 1 station. 2 season (do ano).

estacionamento s parking lot; park; parking.

estacionar v park.

estacionário adj stationary.

estada s 1 stay. 2 sojourn.

estadia s 1 stay. 2 sojourn.

estádio s stadium; bowl.

estadista s statesman.

estado s 1 state. 2 condition. 3 status.

Estados Unidos s United States.

estado-maior s general staff.

estafa s fatigue.

estafar v fatigue.

estagiar v intern (fazer estágio).

estagiário s trainee; intern.

estágio s 1 stage. 2 apprenticeship; Med internship (período de treinamento). 3 Med stadium (de uma doença).

estagnação s stagnation; stagnancy.

estagnado adj stagnant.

estagnar v stagnate.

estalajadeiro s hostler; masc landlord.

estalar v crack (louça, espelho, etc.); crackle (o fogo); snap (os dedos).

estaleiro s dock; shipyard; dockyard.

estalo s 1 crack; snap; clap. 2 click (entender).

estampa s 1 print; impress. 2 gravure.

estampado adj 1 printed; impressed. 2 incuse (em moedas, etc.).

estampar v engrave; imprint; stamp.

estampido s crack.

estância s ranch; farm.

estandarte s standard; banner; flag.

estanho s tin.

estante s bookshelf; shelf.

estapafúrdio adj odd; outlandish.

estar v be.

estardalhaço s fuss; blatancy.

estarrecer v petrify; astound; dumbfound.

estatelado adj flat.

estatelar v knock down.

estática s 1 static (rádio). 2 statics (ciência).

estático adj static.

estatística s statistics.

estatístico adj statistical. II s statistician.

estátua s statue.

estatura s stature.

estatuto s statute.

estável adj stable.

este s east. II pron this.

esteio s support; prop.

estelionatário s racketeer.

estender v 1 extend. 2 stretch (pernas). 3 lie down (no chão). 4 reach (a mão).

estendido adj extended.

estepe s Geol steppe.

esterco s dung; manure.

estereótipo s stereotype.

estéril adj 1 sterile; barren; unfruitful. 2 infertile. 3 sterilized.

esterilidade s sterileness; barrenness.

esterilização s sterilization.

esterilizar v sterilize.

esterno s Anat breastbone.

esteta s aesthete.

estética s aesthetics.

esteticista s beautician.

estético adj aesthetic.

estetoscópio s stethoscope.

estiagem s drought.

estibordo s Náut starboard.

esticado adj extended; tense.

esticador s stretcher.

esticar v 1 stretch; extend. 2 lengthen. 3 reach (o braço).

estigma s stigma.

estigmatizar v brand.

estilete s 1 stiletto. 2 tb Bot style.

estilhaçar v splinter; shatter.

estilhaço s splinter.

estilingue s slingshot; catapult.

estilista s stylist; designer.

estilística s stylistics.

estilo s 1 style; fashion. 2 manner. 3 getup (de livro, de revista, etc.); delivery (de discursar, de falar).

estima s 1 esteem; respect. 2 account; value.

estimado adj considered.

estimar v 1 appreciate; appraise. 2 estimate; calculate. 3 assess (propriedades, rendas, etc.).

estimativa s 1 estimation; appraisal. 2 calculation; count.

estimulante *adj* exciting; stimulant. || *s* excitant; stimulant.

estimular *v* **1** stimulate; incite; excite. **2** animate; encourage.

estímulo *s* **1** stimulus; impetus; encouragement; impulse. **2** incentive.

estipulado *adj* conventional.

estipular *v* stipulate; bid (preço).

estirado *adj* flat.

estiramento *s* stretch.

estirar *v* extend.

estirpe *s* **1** stirps; lineage. **2** ancestry.

estivador *s* stevedore; docker.

estocada *s* thrust; lunge.

estocado *adj* stock; stored.

estocar *v* stock; store.

estofamento *s* upholstery.

estofar *v* **1** upholster; stuff. **2** quilt.

estoicismo *s* stoicism.

estojo *s* case; box.

estola *s tb Ecles* stole.

estômago *s Anat* stomach.

estonteante *adj* dizzy.

estontear *v* stun; puzzle.

estopa *s* tow.

estopim *s* fuse.

estoque *s* **1** stock. **2** fund. **3** store.

estorvar *v* **1** embarrass. **2** disturb.

estorvo *s* embarrassment; restraint; trammel.

estourar *v* burst; blow up; explode.

estouro *s* **1** burst; *tb fig* explosion. **2** stampede (de boiada).

estrábico *adj* cross-eyed.

estrabismo *s* cross-eye; squint.

estraçalhar *v* smash.

estrada *s* **1** road; drive. **2** way.

estrado *s* stage.

estragado *adj* **1** rotted; decayed. **2** damnified; bad.

estragar *v* **1** deteriorate; rot. **2** damage. **3** corrupt.

estrago *s* **1** destruction. **2** waste. **3** damage.

estrangeiro *adj* foreign. || *s* **1** foreigner. **2** abroad (terras ou países estrangeiros).

estrangulação *s* strangulation.

estrangulador *s* strangler.

estrangulamento *s* **1** strangulation. **2** *Esp* stranglehold.

estrangular *v* **1** strangle; strangulate. **2** throttle.

estranhar *v* **1** be surprised. **2** find strange.

estranho *adj* strange; odd; weird.

estratagema *s* stratagem.

estratégia *s* strategy.

estratégico *adj* strategic.

estrategista *s* strategist.

estratificação *s* stratification.

estratificar *v* stratify.

estrato *s Geol* stratum; layer.

estratosfera *s* stratosphere.

estreante *s* debutante.

estrear *v* **1** handsel. **2** wear for the first time (roupa). **3** perform for the first time (teatro, filme).

estrebaria *s* horse stable.

estréia *s* **1** debut (artista). **2** first night (peça). **3** premiere (filme).

estreitamente *adv* close.

estreitar *v* **1** narrow. **2** strengthen (amizade).

estreiteza *s* closeness.

estreito *adj* **1** narrow. **2** close. || *s Geog* strait.

estrelado *adj* starry.

estrela *s* star.

estrela-d'alva *s* daystar.

estrela-do-mar *s Zool* starfish.

estrelar *v* **1** star (teatro, cinema). **2** fry (ovos). **3** shine; scintillate.

estrelato *s* stardom.

estremado *adj* delimited; demarcated.

estremar *v* **1** bound; demarcate; border. **2** separate.

estremecer *v* **1** tremble; shake; quake; quiver. **2** thrill; shudder.

estremecimento *s* shudder; dither; quake; thrill. tremor.

estrépito *s* clap; clack; clank.

estrepitoso *adj* noisy.

estresse *s* stress.

estria *s* **1** groove. **2** stretch mark (pele).

estribar *v* base; support.

estribeira *s* footboard.

estribilho *s Mús* refrain.

estribo *s* stirrup; footboard.

estridente *adj* strident; shrill; acute.

estrilar *v* **1** protest. **2** shout.

estripar *v* disembowel; eviscerate; gut.

estrito *adj* strict.

estroboscópio *s* strobe light.

estrofe *s Poét* strophe.

estrógeno *s* estrogen.

estrôncio *s Quím* strontium (*símb* **Sr**).

estrondear *v* roar; thunder.

estrondo *s* roaring; thundering; bang; boom.

estrondoso *adj* **1** noisy; tumultuous. **2** resounding (sucesso). **3** sensational (notícia).

estropiado *s* cripple.

estropiar *v* cripple.

estrumar *v* manure.

estrume *s* manure; dung.

estrutura *s* structure; frame.

estrutural *adj* structural.

estuário *s* estuary.

estudado *adj* **1** studied. **2** versed; instructed.

estudante *s* student; collegian; scholar.

estudar *v* **1** study. **2** examine; explore. **3** read.

estúdio *s* studio.

estudioso *adj* **1** studious; bookish. **2** diligent.

estudo *s* study; learning.

estufa *s* **1** stove. **2** greenhouse (de plantas).

estufar *v* **1** stew (cozinhar). **2** puff up (o peito).

estupefação *s* stupefaction.

estupefato *adj* speechless; motionless.

estupendo *adj* stupendous.

estupidamente *adv* dully.

estupidez *s* **1** stupidity; dullness. **2** idiocy; simplicity.

estúpido *adj* **1** stupid; dull. **2** rude; coarse; brute. II *s* idiot.

estupor *s* stupor.

estuprador *s* raper.

estuprar *v* rape.

estupro *s* rape.

estuque *s* stucco.

esturjão *s Zool* sturgeon.

esvaecer *v* evanesce.

esvaecimento *s* evanescence.

esvaziamento *s* **1** emptying. **2** deflation (bola, pneu, etc.).

esvaziar *v* **1** empty. **2** deflate (bola, pneu, etc.). **3** depletion.

esverdeado *adj* greenish.

esvoaçar *v* flutter.

etapa *s* stage.

éter *s Quím* ether.

etéreo *adj* ethereal.

eternamente *adv* forever; evermore.

eternidade *s* eternity.

eternizar *v* eternize.

eterno *adj* **1** eternal; everlasting. **2** ageless; timeless. **3** deathless.

ética *s* ethic; ethics.

ético *adj* ethical.

etileno *s Quím* ethylene.

etilo *s Quím* ethyl.

etimologia *s* etymology.

etimológico *adj* etymologic.

etimologista *s* etymologist.

etiqueta *s* **1** label; tab (em roupa); tag (de identificação, preço, etc.). **2** ceremony; formality.

etiquetar *v* label; tab; tag.

étnico *adj* ethnic.

etnografia *s* ethnography.

etnologia *s* ethnology.

etologia *s* ethology.

eu *pron pess* I.

eucalipto *s Bot* eucalyptus.

eucaristia *s Relig* Eucharist; Liturgy.

eucarístico *adj* Eucharistic.

eufemismo *s* euphemism.

eufonia *s* euphony.

eufônico *adj* euphonic.

euforia *s* euphoria.

eufórico *adj* euphoric.

eugenia *s* eugenics.

eugênico *adj* eugenic.

eunuco *s* eunuch.

Europa *s* Europe.

européia *adj e s* European.

europeizar *v* Europeanize.

europeu *adj e s* European.

eutanásia *s* euthanasia.

evacuação *s* evacuation.

evacuar *v* evacuate.

evadir *v* **1** evade. **2** *inform* dodge.

evanescente *adj* evanescent.
evangelho *s* Evangel.
evangélico *adj* evangelical.
evangelismo *s* Evangelism.
evangelista *s* evangelist.
evangelização *s* evangelization.
evangelizar *v* evangelize.
evaporação *s* evaporation.
evaporar *v* evaporate; vaporize.
evasão *s* 1 evasion. 2 escape; escapement.
evasiva *s* 1 evasion; dodge; quibble. 2 equivocation.
evasivo *adj* evasive.
evento *s* event.
eventual *adj* occasional; fortuitous.
eventualidade *s* eventuality.
eventualmente *adv* occasionally.
evidência *s* evidence; proof.
evidenciar *v* 1 evidence; prove. 2 manifest; testify.
evidente *adj* evident; clear; manifest; obvious.
evidentemente *adv* evidently; obviously.
evitar *v* avoid; shun.
evitável *adj* avoidable; evitable.
evocação *s* evocation.
evocar *v* 1 evoke. 2 invoke.
evocativo *adj* evocative.
evolução *s* evolution; evolvement.
evolucionismo *s* evolutionism.
evolucionista *s* evolutionist.
evoluir *v* develop; evolve.
ex *pref* ex; former.
exacerbação *s* exacerbation.
exacerbar *v* exacerbate; exasperate; irritate.
exagerado *adj* exaggerated.
exagerar *v* exaggerate.
exagero *s* exaggeration.
exalação *s* exhalation; expiration.
exalar *v* exhale; expire.
exaltação *s* 1 exaltation. 2 excitement.
exaltado *adj* 1 exalted. 2 excited.
exaltar *v* 1 exalt; extol. 2 dignify; enthrone. 3 excite. 4 annoy.
exame *s* 1 exam. 2 examination. 3 investigation. 4 check. 5 test.
examinador *s* examiner; tester.
examinando *s* examinant; examinee.
examinar *v* 1 *Med* examine. 2 check over. 3 test. 4 analyze; overlook; think about.

exasperação *s* exasperation.
exasperante *adj* exasperating.
exasperar *v* exasperate.
exatamente 1 exactly [*tb us* para indica concordância]. 2 just; right.
exatidão *s* 1 exactitude; accuracy. 2 correctness.
exato *adj* 1 exact; accurate. 2 right.
exaurir *v* 1 exhaust; drain. 2 *Med* deplete 3 impoverish (os recursos, a terra).
exaustão *s* exhaustion.
exaustivo *adj* 1 exhaustive. 2 exhausting (trabalho).
exausto *adj* exhausted.
exaustor *s* exhaust.
exceção *s* exception.
excedente *adj* excess; surplus. II *s* surplus
exceder *v* 1 exceed. 2 surpass; overstep 3 outdo. 4 go to far.
excelência *s* 1 excellence. 2 Excellency.
excelente *adj* excellent; *gír* cool.
excelso *adj* lofty.
excentricidade *s* eccentricity.
excêntrico *adj e s* eccentric.
excepcional *adj* 1 exceptional. 2 uncommon; special. 3 *Med* handicapped.
excerto *s* excerpt.
excessivo *adj* excessive.
excesso *s* 1 excess. 2 surplus.
exceto *prep* except; besides; apart from excepting; outside; save; unless.
excetuar *v* except; exclude.
excitação *s* excitement; excitation.
excitado *adj* 1 excited. 2 aroused.
excitante *adj* 1 exciting. 2 rousing. 3 excitant II *s* excitant.
excitar *v* 1 excite. 2 arouse.
exclamação *s* exclamation.
exclamar *v* exclaim.
excluído *s* outsider; leper.
excluir *v* 1 exclude. 2 leave out. 3 rule out
exclusão *s* exclusion.
exclusivamente *adv* exclusively.
exclusividade *s* exclusiveness.
exclusivismo *s* exclusivism; cliquishness.
exclusivista *s* exclusionist.
exclusivo *adj* exclusive; unique.
ex-companheiro *s gír* ex.
excomungado *adj e s* excommunicate.

excomungar v excommunicate.
excomunhão s *Ecles* excommunication.
excreção s excretion.
excremento s excrement.
excrescência s excrescence.
excretar v excrete.
excursão s excursion.
excursionar v tour.
excursionista s excursionist.
execração s execration.
execrar v execrate.
execrável adj execrable.
executante s 1 executant. 2 *Jur* doer (de uma ação).
executar v 1 execute. 2 perform. 3 carry out (plano). 4 *Comp* run (programa). 5 play (papel no teatro).
executivo adj executive. ǁ s executive; *inform* exec.
executor s executor; executioner.
exegese s exegesis.
exemplar adj exemplary. ǁ s 1 exemplar. 2 copy; number (de revista, jornal, etc.). 3 specimen.
exemplificação s exemplification.
exemplificar v exemplify; illustrate; instance.
exemplo s example; instance.
exeqüível adj feasible.
exercer v 1 exercise. 2 exert (influência). 3 perform (função). 4 practice (profissão).
exercício s exercise.
exercitar v 1 exercise. 2 practice.
exército s army.
exibição s 1 exhibition. 2 display; show.
exibicionismo s exhibitionism.
exibicionista s exhibitionist.
exibir v exhibit; show.
exigência s exigency; demand; requirement.
exigente adj exigent; demanding.
exigir v require; demand.
exigüidade s exiguity.
exíguo adj exiguous.
exilar v exile.
exílio s exile.
exímio adj eminent; extraordinary.
eximir v exempt.
existência s existence; being.
existencial adj existential.

existencialismo s existentialism.
existencialista s existentialist.
existente adj existent.
existir v 1 exist; be. 2 there is; there are (haver).
êxito s success.
ex-marido s *gír* ex.
ex-mulher s *gír* ex.
êxodo s 1 exodus. 2 *Bíbl* Exodus.
exoneração s exoneration.
exonerar v exonerate.
exorbitância s exorbitance.
exorbitante adj 1 exorbitant. 2 extravagant.
exorbitar v exorbitate.
exorcismo s exorcism.
exorcista s exorcist.
exorcizar v exorcise.
exortação s exhortation.
exortar v exhort.
exotérico adj esoteric.
exótico adj exotic.
exotismo s exoticism.
expandido adj extended.
expandir v 1 expand; spread. 2 extend; enlarge. 3 amplify; dilate.
expansão s expansion; spread.
expansionismo s expansionism.
expansível adj expansible.
expansivo adj expansive.
expatriação s expatriation.
expatriado adj expatriate. ǁ s deportee; expatriate.
expatriar v expatriate.
expectante adj expectant.
expectativa s expectation; expectancy; hope.
expectoração s expectoration.
expectorante adj e s expectorant.
expectorar v expectorate.
expedição s 1 expedition (viagem). 2 despatch; shipping; mail. 3 issue (de documento).
expedicionário adj expeditionary.
expedidor s dispatcher.
expediente s expedient.
expedir v issue; dispatch.
expedito adj expeditious.
expelir v expel.
expender v expend.

experiência s 1 experience; background. 2 experiment; test (prova).

experiente adj experienced.

experimentação s experimentation.

experimental adj experimental.

experimentar v 1 experiment; try. 2 attempt. 3 taste. 4 try on (roupa). 5 undergo (passar por).

experimento s experiment.

expiração s 1 expiration. 2 expiry (contrato).

expirar v expire.

explanação s explanation; exposition.

explanar v explain.

explanatório adj explanatory.

explicação s 1 explanation; illustration. 2 reason.

explicar v 1 explain. 2 account for.

explicativo adj explanatory.

explicável adj 1 explicable. 2 accountable.

explícito adj explicit.

explodir v explode; blow up; burst.

exploração s exploration; search.

explorador s 1 explorer. 2 exploiter (dos outros). 3 pathfinder.

explorar v explore.

exploratório adj exploratory.

explosão s 1 explosion. 2 outburst (de ira, paixão, etc.).

explosivo adj e s explosive.

expoente s 1 tb Mat exponent. 2 Mat index (de raiz).

exponencial adj tb Mat exponential.

expor v expose; exhibit; show; display.

exportação s export; exportation.

exportador s exporter.

exportar v export.

exportável adj exportable.

exposição s 1 exposition. 2 exposure. 3 exhibition; show.

expositivo adj expositive.

expositor s exhibitor; shower.

exposto adj 1 exposed. 2 on show; on display (quadro, mercadoria).

expressão s expression.

expressar v express.

expressionismo s Art expressionism.

expressivo adj expressive; meaningful.

expresso adj e s express.

exprimir v express.

expulsão s expulsion.

expulsar v 1 expel. 2 throw out.

expurgar v expurgate.

êxtase s ecstasy; rapture.

extasiado adj entranced.

extasiar v enrapture.

extático adj ecstatic.

extensão s 1 extension; stretching. 2 expansion. 3 extent. 4 duration; length.

extensível adj extensible.

extensivo adj extensive.

extenso adj 1 extensive; wide. 2 long. 3 comprehensive.

extenuar v 1 exhaust. 2 debilitate; weaken.

exterior adj exterior; external; outside; outer.

exteriorizar v 1 utter; express. 2 manifest.

exteriormente adv externally.

exterminação s extinction; extirpation.

exterminador s exterminator.

exterminar v 1 exterminate; destroy; annihilate; extirpate. 2 kill.

exterminatório adj exterminatory.

extermínio s 1 extermination; annihilation. 2 eradication.

externar v externalize.

externato s day school.

externo adj external; exterior; outside; outer.

extinção s extinction.

extinguir v extinguish.

extinto adj extinct.

extintor s extinguisher.

extirpação s extirpation.

extirpar v extirpate.

extorquir v extort.

extorsão s extortion.

extra adj extra.

extração s 1 extraction. 2 draw (loteria).

extraconjugal adj extramarital.

extracurricular adj extracurricular.

extradição s extradition.

extraditar v extradite.

extraditável adj extraditable.

extrair v 1 extract; take out. 2 mine (minérios).

extraível adj extractable; extractive.

extrajudicial adj Jur extrajudicial.

xtra-oficial *adj* unofficial.

xtraordinário *adj* **1** extraordinary. **2** extra. **3** special.

xtrapolação *s tb Mat* extrapolation.

xtrapolar *v tb Mat* extrapolate.

xtra-sensorial *adj* extrasensory.

xtraterrestre *adj e s* extraterrestrial.

xtrativo *adj* extractive.

xtrato *s* **1** extract. **2** summary.

xtrator *s* extractor.

xtravagância *s* extravagance.

xtravagante *adj* **1** extravagant. **2** wild (conduta).

xtravasamento *s* extravasation.

xtravasar *v* extravasate.

xtraviado *adj* **1** amiss; lost. **2** missing.

xtraviar *v* miscarry.

xtremamente *adv* deadly; most; too.

extrema-unção *s* extreme unction.

extremidade *s* **1** extremity. **2** end. **3** edge. **4** tip.

extremismo *s* extremism.

extremista *s* extremist.

extremo *adj e s* extreme.

extrínseco *adj* extrinsic.

extroversão *s* extroversion.

extrovertido *adj* extroverted. ‖ *s* extrovert.

extrusão *s* extrusion.

exuberância *s* exuberance.

exuberante *adj* exuberant.

exultação *s* exultation.

exultante *adj* exultant.

exultar *v* exult.

exumação *s* exhumation.

exumar *v* exhume.

exúvia *s* exuviae.

F

f ou F s the sixth letter of the alphabet.
fá s *Mús* fa.
fã s devotee; fan.
fábrica s factory; works; workshop; mill.
fabricação s fabrication; making; *inform* fab.
fabricado *adj* made; made-up.
fabricante s fabricant; fabricator; maker; manufacturer.
fabricar v manufacture; produce; make.
fabricável *adj* producible.
fabril *adj* industrial.
fábula s fable; story; myth.
fabulário s fable book.
fabulista s fabulist.
fabuloso *adj* 1 fabulous; *gír* fab; wonderful. 2 legendary; mythological.
faca s knife.
facada s thrust; stab.
façanha s achievement; adventure; deed; exploit; feat; stunt.
facão s machete.
facção s faction; wing; party.
faccionário *adj* factional.
facciosidade s cliquishness.
faccioso *adj* factious; partisan.
face s cheek; face; front; *inform* mug.
facear v square.
facécias s buffoonery.
facecioso *adj* humorous; funny; comic.
faceiro *adj* facetious.
faceta s facet (*tb Biol* e *Anat*).
facetado *adj* faceted.
facetar v facet.
faceto *adj* facetious.
fachada s 1 *Arq* façade; front. 2 *fig* façade; veneer. 3 frontispiece.
facho s torch; torchlight.
facial *adj* facial.
fácil *adj* easy; simple; *inform* snap.
facilidade s ease; easiness; facility; readiness; convenience.
facilitação s facilitation.
facilitar v ease; expedite; facilitate; favor.
facilmente *adv* easily; readily; lightly.

facínora s scoundrel; villain.
fac-similar *adj* facsimile.
fac-símile s facsimile; fax.
factício *adj* factitious.
factível *adj* doable.
factótum s factotum.
factual *adj* factual.
fácula s *Astron* facula.
faculdade s 1 ability. 2 college. 3 facult (mental e estabelecimento de ensino).
facultar v authorize; permit.
facultativo *adj* elective; facultative; optiona
facúndia s eloquence.
fada s fairy; fay.
fadado *adj* fated; predestined.
fadar v doom; foredoom; foreordain.
fadiga s breakdown; exhaustion; fatigue.
fadista s vagrant; rowdy.
fado s destiny; fate; lot; weird.
fagócito s phagocyte.
fagote s bassoon.
fagueiro *adj* tender; lovely; sweet.
fagulha s spark.
faia s *Bot* aspen; beech.
faiança s faience.
faina s moil; toil; drudgery; work.
faisão s pheasant.
faísca s spark.
faiscar v coruscate; glint; scintillate; sparkle
faixa s 1 band; ribbon; stripe. 2 bandage swathe. 3 belt; sash (usada na cintura o no ombro); girdle. 4 *Mil* scarf. 5 streamer 6 strip (de terra).
fala s talk; say; speech; words; conversation
falação s verbiage.
falácia s fallacy.
falacioso *adj* unsound.
falado *adj* famous; known.
falador s babbler; chatty; gabbler; *gí* gasbag. || *adj* loquacious.
falange s phalanx.
falangeta s terminal phalanx.
falanginha s middle phalanx.
falante *adj* speaking.

alar *v* speak; say; talk; tell; converse.

alatório *s* chitchat; babbling; talk.

alaz *adj* fallacious.

alcão *s* 1 hawk. 2 falcon (*tb artilharia*).

alcatrua *s* fraud; deceit; trick.

alciforme *adj* falcate.

alcoaria *s* falconry.

alcoeiro *s* falconer.

alecer *v* decease; die.

alecido *adj* dead; deceased; departed; gone. || *s* departed.

alecimento *s* death; decease; demise.

alência *s* bankruptcy; collapse; crash; insolvent; *fig* break.

alha *s* 1 mistake; defect; deficiency; failure. 2 *tb Geol* e *gír* break. 3 *Comp* bug. 4 fault (de caráter). 5 miss (de motor). 6 crack; fissure.

alhar *v Jur* fail.

alho *adj* faulty.

alibilidade *s* fallibility.

alido *adj* bankrupt; broke; broken; insolvent. || *s* bankrupt.

alir *v* break; bust; collapse; crash; fail; ruin.

alível *adj* collapsible; fallible.

alsário *s* counterfeiter; forger.

alsear *v* forge; deceive; cheat.

alsete *s* falsetto.

alsidade *s* disloyalty; falsehood; falsity.

alsificação *s* adulteration; counterfeit; fake; falsification; forgery.

alsificado *adj* adulterate; counterfeit.

alsificador *s* counterfeiter; falsifier.

alsificar *v* adulterate; counterfeit; fake; falsify; forge; *inform* doctor; *gír* cook.

also *adj* false; fake; disloyal; untrue; wrong; unsound. || *s* double-dealer.

alta *s* absence; failure; privation; need; lack.

altar *v* fail; lack.

alto *adj* needy.

alua *s* barge.

alueiro *s* bargee.

ama *s* celebrity; fame; glory; name; renown; reputation; repute.

amélico *adj* hungry; starving.

amigerado *adj* famous.

amília *s* 1 family; folks. 2 kind (de plantas ou animais).

familiar *adj* close; confidential; familiar; intimate. || *s* kindred.

familiaridade *s* conversance; familiarity; inwardness.

familiarizado *adj* acquainted; conversant; familiar.

familiarizar *v* accustom; acquaint; familiarize; verse.

faminto *adj* esurient; hungry; starving.

famoso *adj* famous; celebrated; illustrious; renowned; well-known.

fanático *adj* fanatic; fanatical; rabid. || *s* bigot; fanatic; *inform* fiend; zealot.

fanatismo *s* bigotry; fanaticism; zealotry.

fanatizar *v* fanaticize.

fanerogâmico *adj* phanerogamic; phanerogamous.

fanfarra *s* fanfare.

fanfarrão *s* boaster; braggart.

fanfarrear *v* roister.

fanfarrice *s* fanfaronade.

fanfarronice *s* fanfaronade.

fanhoso *adj* snuffling; nasal.

fantasia *s* 1 dream; imagination; fancy. 2 fancy dress; masquerade; costume. 3 *Mús* fantasia; fantasy.

fantasiar *v* 1 fancy; fantasy; imagine; romance. 2 masquerade.

fantasioso *adj* fanciful; fancy; romantic; unreal; make-believe.

fantasma *s* ghost; phantom; *inform* spook; vision.

fantasmagórico *adj* ghostly; spectral; spooky.

fantástico *adj* fantastic; fanciful; *adj gír* awesome.

fantoche *s* puppet; marionette.

fanzine *s* fanzine.

faqueiro *s* cutlery.

faquir *s* fakir.

farad *s* farad.

farândola *s* rags; tatters.

faraó *s* 1 pharaoh. 2 faro (jogo de cartas).

faraônico *s* pharaonic.

farda *s* uniform; livery.

fardamento *s* uniform; livery.

fardar *v* uniform.

fardo *s* 1 bale; bundle; package. 2 burden; draft; millstone.

F

farejar v nose; scent; smell; sniff.

farelo s bran; chaff; grist.

farfalhante adj rustling.

farfalhar v rustle.

farináceo adj farinaceous; mealy.

faringe s pharynx.

faringite s pharyngitis.

farinha s flour.

farinhento adj mealy.

farisaico s pharisaic.

fariseu s pharisee.

farmacêutico s apothecary; chemist; druggist.

farmácia s drugstore.

farmacologia s pharmacology.

farmacopéia s dispensatory.

farnel s provisions.

faro s 1 nose; scent. 2 flair.

faroeste s western (filme, novela, romance, etc.).

farol s 1 beacon; Náut lighthouse. 2 lantern.

faroleiro s lighthouse keeper.

farolete s bull's-eye; flashlight.

farpa s barb; splinter.

farpado adj barbed.

farpão s harpoon.

farpar v barb.

farra s jamboree; carouse; spree; gír bat.

farrapo s 1 rag; tag; tatter. 2 frazzle.

farrear s carouse.

farrista s bacchanal; carouser.

farroupilha s ragamuffin; tatterdemalion.

farrusco adj dirty; smutty; sooty.

farsa s 1 burlesque; farce (teatro). 2 humbug.

farsante s impostor; humbugger.

farsesco adj farcical.

farsista s impostor; humbugger.

fartamente adv cloyingly; fully; richly.

fartar v cloy; flesh; glut; sate; surfeit; satiate.

farto adj 1 bountiful; exuberant. 2 fed up (de uma situação, etc.); sick.

fartura s abundance; cloyingness.

fasciculado adj Bot fasciate; fascicular.

fascículo s fascicle.

fascinação s allure; enchantment; fascination; glamour; magnetism.

fascinado adj fascinated; spellbound.

fascinador s charmer; fascinator.

fascinante adj alluring; captivating; fascinating; glamorous; lovely. || s enchanter

fascinar v captivate; attract; charm; fascinate; inform kill.

fascínio s fascination; charm; enthrallment

fascismo s fascism.

fascista adj e s fascist.

fase s 1 chapter; phase; period; grade moment. 2 Med stadium (de uma doença).

fasquia s lath.

fasquiar v lath.

fastidioso adj barren; fastidious.

fastígio s summit; eminence.

fastio s disgust; disrelish.

fasto s display; pomp.

fatal adj deadly; fatal; mortal; lethal.

fatalidade s fatality.

fatalismo s fatalism.

fatalista adj e s fatalist.

fatalmente adv fatally.

fatia s chop; slice; chip; piece.

fatiador s chipper.

fatídico adj fatal; fateful; fatidic.

fatigado adj careworn; weary; tired.

fatigante adj wearing; wearisome; weary; tiresome.

fatigar v exhaust; fatigue; wear; wilt.

fato s 1 actuality; datum; doing; case; fact. 2 entrails.

fator s tb Mat factor.

fatoração s factorization.

fatorar v Mat factorize.

fatorial adj factorial. || s Mat factorial.

fatuidade s fatuity.

fátuo adj fatuous.

fatura s bill; invoice; voucher.

faturamento s invoice.

faturar v bill; invoice.

fauna s fauna.

fauno s Mitol faun.

fausto s state; pageantry.

faustoso adj luxurious.

fautor s countenancer.

fava s broad bean; horse bean.

favela s shantytown; slum.

favo s honeycomb.

favor s accommodation; bestowal; boon; favor; obligation.

favorável adj advantageous; conducive; favorable; propicious; inclinable; well-disposed.

favorecer v accept; advantage; promote; favor; patronize.

favorecido adj favored.

favorecimento s furtherance.

favorito adj fair-haired (pessoa); favorite. ll s Comp bookmark; favorite.

favoritismo s favor; favoritism.

fax s fax.

faxina s cleaning; Mil fatigue.

faxineira s charwoman.

faxineiro s cleaner.

fazenda s farm; ranch (de criação de cavalos, gado, etc.); estate.

fazendeiro s farmer; bucolic.

fazer v act; confect (doce, confeito, conserva); do; make.

faz-tudo s handyman.

fé s faith; belief; confession; creed; reliance.

fealdade s ugliness; homeliness.

febre s 1 fever; fire. 2 temperature.

febricitante adj feverish.

febrífugo adj e s antipyretic.

febril adj febrific; febrile; feverish.

fecal adj fecal.

fechado adj closed; shut;off; bushy.

fechadura s lock; locker.

fechamento s closing; inform lockup.

fechar v 1 close. 2 enclose; encompass. 3 occlude. 4 seal. 5 shut; bang; slam (com violência).

fecho s 1 clasp. 2 fastening. 3 latch. 4 lock.

fécula s farina.

feculência s feculence.

feculento adj feculent.

fecundação s conception; fecundation; fertilization.

fecundante adj fecundative; fecundatory.

fecundar v fecundate; impregnate.

fecundidade s fecundity; fertility.

fecundo adj conceptive; fertile; rich (solo).

feder v stink.

federação s federation.

federado adj e s federate.

federal adj federal.

federalismo s federalism.

federalista adj e s federalist.

federalizar v federalize.

federar v federalize; federate.

federativo adj federative.

fedor s stink.

fedorento adj stinking; malodorous.

feição s feature; shape; figure; form.

feijão s bean.

feijão-soja s soybean.

feijoeiro s bean.

feio adj ugly; homely; unlovely; unsightly.

feira s fair; market.

feirante s marketer.

feita s occasion; opportunity.

fciticaria s diablerie; diabolism; magic; sorcery; witchcraft.

feiticeira s witch; sorceress; enchantress; hag.

feiticeiro s sorcerer; charmer; enchanter; warlock; witch doctor (especialmente entre os povos africanos).

feitiço s bewitchment; charm; enchantment; spell.

feitio s shape; pattern; form; style; nature.

feito adj done; made; ripe. ll s achievement; act; action; attainment; deed; doing; exploit; feat; work.

feitor s captain; foreman.

feitorar v administrate; manage.

feitoria s 1 administration; management. 2 factory.

feitura s make.

feiúra s ugliness; homeliness.

feixe s bunch; bundle; butt; sheaf; wisp; truss.

fel s gall.

felação s fellatio.

feldspato s feldspar.

felga s clod.

felicidade s happiness; felicity; bliss; luck.

felicitação s felicitation; greeting.

felicitar v congratulate; felicitate.

felino adj catlike; felid; feline. ll s feline.

feliz adj happy; lucky; blissful; blithesome; felicitous.

felizardo s lucky fellow.

felizmente adv hopefully.

felonia s treachery; cruelty.

felpa s fuzz.

felpado adj downy; fluffy; fuzzy; shaggy.

felpudo *adj* downy; fluffy; fuzzy; shaggy.
feltrar *v* felt.
feltro *s* felt.
fêmea *s* female; her; she; mother.
fementido *adj* perjured; treacherous; false.
feminilidade *s* femininity; womanhood; woman.
feminina *adj* ladylike.
feminino *adj* feminine; womanish; womanly.
feminismo *adj* e *s* feminism.
feminista *adj* e *s* feminist.
feminizar *v* feminize.
femoral *adj Anat* femoral.
fêmur *s Anat* femur.
fenda *s* aperture; cleft; crack; hole; fissure; fracture; gap; opening; rift; slit; slot; split.
fender *v* crack; cleave; fissure; gap; rift; split.
fendido *adj* cleft.
fendidura *s* cleavage; fission.
fendível *adj* fissile.
fenecer *v* end; die; decease.
fenestrado *adj* fenestrated.
fênico *adj* carbolated.
feno *s* hay.
fenol *s* phenol.
fenomenal *adj* extraordinary; wonderful.
fenômeno *s* phenomenon.
fera *s* beast.
feracidade *s* fruitfulness; fertility.
feral *adj* 1 feral. 2 mournful.
feraz *adj* fertile.
féretro *s* grave; tomb; coffin.
féria *s* salary; wages.
feriado *s* holiday.
férias *s* vacation.
ferida *s* wound; sore; lesion; cut.
ferido *adj* wounded; hurt; injured; stricken (por uma bala).
ferimento *s* hurt; injury; wound.
ferino *adj* ferine.
ferir *v* 1 hurt; injure; wound. 2 concuss (devido a uma colisão ou pancada). 3 cut; gash (com instrumento de corte). 4 gore (com presas ou chifradas).
fermentação *s* fermentation.
fermentado *adj* barmy.
fermentar *v* ferment; yeast; leaven; work.
fermentativo *adj* fermentative.

fermento *s* ferment; yeast; leaven.
fero *adj* wild; fierce; harsh.
ferocidade *s* ferity; ferocity; savagery.
feroz *adj* feral; ferocious; fierce; brutal; *fig* tigerish; wolfish.
ferrador *s* blacksmith; farrier.
ferradura *s* horseshoe; shoe.
ferragem *s* hardware.
ferramenta *s* implement; instrument; tool.
ferramenteiro *s* toolmaker.
ferrão *s* sting.
ferrar *v* shoe (cavalo); spike.
ferraria *s* smithy.
ferreiro *s* blacksmith; smith.
ferrenho *adj* uncompromising; tyrannical; tenacious.
férreo *adj* ferric; iron.
ferrete *s* brand.
ferretear *v* brand.
férrico *adj Quím* ferric.
ferrífero *adj* ferriferous.
ferro *s Quím* iron (*símb* **Fe**).
ferroada *s* bite; sting.
ferroar *v* bite; sting.
ferrolhar *v* bolt; latch.
ferrolho *s* bolt; latch; fastening.
ferroso *adj* ferrous; ferruginous; ferriferous.
ferrovia *s* rail; railroad.
ferroviário *s* railroad man; railroader.
ferrugem *s* 1 rust. 2 *Bot* blast; blight; scorch.
ferruginoso *adj* ferruginous.
fértil *adj* fecund; fertile; fructuous; fruitful; rich (solo).
fertilidade *s* fertility; fruitfulness; bearing.
fertilização *s* fecundation; fertilization.
fertilizante *s* fertilizer; compost; manure.
fertilizar *v* fertilize; compost; manure; fatten (terra); fructify.
férula *s* ferule.
fervedouro *s* excitement.
fervente *adj* boiling; ebullient; fervid.
ferver *v* boil.
férvido *adj* fervid.
fervilhar *v* crawl; swarm.
fervor *s* ardor; zeal; fervor; fire; violence; warmth.
fervoroso *adj* devout; fervent; fervid; zealous; wholehearted.

fervura s boil; boiling; ebullition.

festa s party; feast; junket; regale; *gír* bash;

festança s *gír* blowout; *inform* jollification.

festão s festoon; swag.

festeiro s reveller.

festejar v celebrate; feast.

festejo s celebration.

festim s 1 banquet; feast. 2 blank cartridge.

festival s fest; festival.

festividade s conviviality; festivity.

festivo adj cheerful; convivial; festive; gay; merry.

fetal adj fetal.

fetiche s fetish.

fetichismo s fetishism.

fetichista s fetishist.

fétido adj fetid; stinking; foul; rotten.

feto s 1 fetus. 2 *Bot* fern.

feudal adj feudal.

feudalismo s feudalism.

feudalista adj feudalist. || s feudalistic.

feudatário adj e s feudatory.

feudo s feud; fief.

fevereiro s February.

fez s fez.

fezes s excrement; *pl* feces; droppings (de animal).

fiação s filature (de seda); spinning.

fiada s tier.

fiadeiro s spinner.

fiado adj spun. || adv on credit; trust; tick.

fiador s bailer; *Jur* bailsman; bondsman; guarantor; sponsor.

fiança s bail; bond; gage; guarantee; warrant.

fiar v 1 rely; trust. 2 spin.

fiasco s cropper; failure; fiasco; fizzle; flop.

fibra s 1 fiber; filament; strand; textile. 2 gumption; *inform* spunk.

fibrila s fibril.

fibrina s fibrin.

fibrocelular adj fibrocellular.

fibróide adj fibroid.

fibroma s fibroma.

fibroso adj fibrous.

ficar v 1 stay; remain (igual); stand; bide. 2 become.

ficção s fiction.

ficcionista s fictionist.

ficha s 1 card. 2 chip (em alguns jogos); token (do tipo usada em máquinas de fliperama). 3 *Comp* token.

fichado adj on file.

fichar v card; file; catalogue.

fichário s card index; filing cabinet.

fictício adj fictitious; imaginary.

fidalga s noblewoman.

fidalgo s nobleman.

fidalguia s nobility.

fidedigno adj reliable; trusty.

fideicomissário s *Jur* trustee.

fideicomisso s *Jur* trust.

fidelidade s fealty; fidelity; allegiance; faithfulness; loyalty; regularity (partidária); troth.

fiduciário adj e s fiduciary.

fieira s rope.

fiel adj devoted; faithful; loyal; steadfast. || s 1 believer; faithful; loyalist. 2 churchgoer. 3 pointer; hand (da balança).

fígado s *Anat* liver.

figo s *Bot* fig.

figueira s *Bot* fig.

figura s *gír* 1 figure; form; shape; configuration. 2 motif. 3 duck.

figuração s figuration.

figurado adj figurative.

figurante s figurant.

figurão s panjandrum; bigwig.

figurar v figure; image; visualize.

figurativo adj allusive; figurative.

figurino s 1 fashion plate. 2 model.

figurinha s cards.

Fiji s Fiji.

fila s line; queue (de pessoas, de carros); row.

filamentar adj filamentary.

filamento s filament; hair; thread; *Zool* e *Bot* barb.

filamentoso adj filamentous.

filantropia s philanthropy.

filantrópico adj philanthropic.

filantropo adj e s humanitarian.

filão s 1 *Geol* vein. 2 *Miner* lode.

filar v scrounge.

filarmônica s philharmonic.

filatelia s philately.

filé s filet; fillet; steak.

fileira s tier; range; rank; row; train.

filete s dribble.

filha s daughter; child.

filho s son; boy; child.

filhote s nestling; cub.

filiação s filiation.

filial adj filial. || s agency (de casa comercial, banco, etc.); branch.

filiar v affiliate.

filicídio s filicide.

filiforme adj filiform.

filigrana s 1 filigree. 2 watermark.

filigranar v 1 filigree. 2 watermark.

Filipinas s Phillipines.

filisteu adj e s Philistine.

filmar v film; screen; shoot.

filme s 1 film; cinema; movie; gír flick (de cinema). 2 film; celluloid.

filmografia s filmography.

filó s tulle.

filófago adj phyllophagous.

filologia s philology.

filosofia s philosophy.

filosófico adj philosophic.

filósofo s philosopher.

filtração s filtration.

filtragem s filtration.

filtrar v filter; percolate; seep.

filtro s filter; strainer.

fim s 1 end; conclusion; finish; gír curtains. 2 close. 3 aim; destination.

fimbriado adj fimbriate.

fímbria s frill.

fina adj ladylike (que tem as maneiras de uma dama).

finado adj dead; deceased.

final adj last; late; final. || s end; final; last.

finalidade s aim; purpose; end; sake.

finalista s finalist (de competição).

finalizar v accomplish; finalize; inform sew up; wind up.

finalmente adv last; at last; finally; eventually; ultimately.

finança s finance, capital; fund.

finanças s finance; capital; fund.

financeiro adj financial.

financiador s backer.

financiamento s flotation (de empresa).

financiar v finance.

financista s financier.

fincar v drive.

findar v finish; conclude; die; perish.

findável adj finishable.

findo adj past.

fineza s attentiveness; finesse; exquisiteness; nicety; favor.

fingido adj affected; false; feigned; mock.

fingimento s acting; affectation; disguise; dissimulation; sham; make-believe.

fingir v pretend; disguise; make believe; counterfeit; dissimulate; fake; feign; sham.

finitamente adj finitely.

finito adj finite.

Finlândia s Finland.

fino adj 1 delicate; exquisite; fine. 2 elegant; well-bred. 3 thin; slim. 4 sheer (tecido). 5 lank (cabelo).

finório adj sly; cunning.

finta s dribble.

fintar v dribble.

finura s delicacy; diplomacy; niceness.

fio s 1 thread; strand; string; yarn (de lã, algodão etc.). 2 wire. 3 clew (de mistério).

firma s 1 business; firm. 2 signature.

firmamento s heaven; sky; air; firmament.

firmar v bottom; consolidate; establish; fasten; firm; fix; fixate; steady.

firme adj constant; determined; firm; hard; stable; steady.

firmemente adv tight.

firmeza s determination; resolution; firmness; fixedness; hardness.

fiscal adj fiscal.

fiscalização s control; inspection.

fiscalizar v control.

fisco s fisc; revenue.

fisga s gaff; gig.

fisgada s 1 stabbing. 2 pang.

fisgar v gaff; gig; hook.

física s physics.

físico adj physical; corporal; corporeal; material. || s physicist.

fisiocracia s physiocracy.

fisiologia s physiology.

fisionomia s brow; countenance; face; look; mien.

fisionômico adj physiognomic.

fisioterapia s physiotherapy.

fissão s Fis fission.

físsil adj Fis fissile.

fissiparidade s Biol fission.

fissíparo adj fissiparous.

fissura s crack; fissure; fracture; rift; cleft.

fístula s fistula.

fistular adj fistular; fistulous.

fistuloso adj fistular; fistulous.

fita s 1 band; chiffon; fillet (de cabelo). 2 film; tape. 3 ribbon (de máquina de escrever). 4 streamer.

fitar v gaze; glare; stare; peer.

fito s aim; target; purpose.

fitófago adj phytophagous.

fitogênese s phytogenesis.

fitogeografia s phytogeography.

fitologia s phytology.

fitozoário s phytozoon.

fivela s buckle (de cinto, sapato, etc.); clasp.

fixação s 1 allocation. 2 fetish; fixation.

fixado adj set.

fixador s fixative.

fixar v 1 allocate. 2 establish; settle. 3 fix; fixate. 4 fasten; attach. 5 immobilize.

fixativo adj fixative.

fixidez s fixedness; fixity.

fixo adj firm; fixed; glaring (olhar).

flabelação s flabellation.

flabelo s flabellum.

flacidez s flaccidity; slack.

flácido adj baggy; flaccid; flagging; slack.

flagelação s flagellation.

flagelar v flagellate; scourge.

flagelo s 1 nuisance. 2 scourge.

flagrante adj flagrant; gross. || s snapshot.

flagrar v 1 burn; inflame. 2 see.

flajolé s Mús flageolet.

flama s flame.

flamejante adj ablaze; fiery; flaming; flamy.

flamejar v flare; flash.

flamengo adj e s Flemish.

flamingo s Zool flamingo.

flâmula s streamer.

flanco s flank; side.

flanela s flannel.

flange s flange.

flanquear v flank; outflank.

flato s flatus.

flatulência s flatulence.

flatulento adj flatulent; windy.

flauta s Mús flute.

flautar v flute.

flauteio s tootle.

flautim s Mús piccolo.

flautista s flautist; flutist.

flavo adj flavid.

flébil adj weeping; mournful.

flebite s phlebitis.

flecha s arrow; bolt.

flechada s arrow shot.

flecheiro s bowman; archer.

flertar v dally; coquet; flirt; gír mash.

flerte s coquetry; dalliance; flirtation.

fleuma s phlegm.

fleumático adj phlegmatic.

flexão s 1 bend; curve; flex; flexion; flexure. 2 Gram inflection; accidence.

flexibilidade s compliance; flex; flexibility; suppleness.

flexionar v inflect; bend.

flexível adj flexible; floppy; springy; supple; elastic.

flexor s Anat flexor.

flexuoso adj flexuous.

flexura s flexure.

flibusteiro s filibuster; freebooter.

floco s flake; fleck; floccule; flock.

flocoso adj fuzzy.

flóculo s floccule; flock.

flor s flower; bloom; blossom.

flora s Bot flora.

floração s blossom.

floral adj floral.

flor-de-lis s Bot lily.

flor-de-maio s Bot mayflower.

floreado adj flowery; figurative.

florear v embellish; ornate.

floreio s Mús figuration; flourish.

floreira s flowerpot.

florescência s bloom; blossom; Bot florescence.

florescente adj abloom; blooming; florescent.

florescer v bloom; blossom; flourish; flower; thrive.

florescimento s flourish.

floresta s forest; jungle; woods.

florestal adj forestal.

florestamento s afforestation.

florestar v afforest.

florete s rapier.

floricultor s floriculturist.

floricultura s floriculture.

florido adj abloom; bloomy; blossomy.

flórido adj florid.

florífero adj floriferous.

florilégio s 1 florilege. 2 anthology.

florim s 1 florin (moeda). 2 guilder (unidade monetária da Holanda).

florir v bloom; burgeon; flourish; flower.

florista s florist.

flotilha s flotilla.

fluência s fluency.

fluente adj facile; fluent; glib; influent; voluble.

fluidez s fluidity.

fluido adj fluid; liquid; mobile. II s fluid.

fluir v flow; flux; outflow; run; stream.

flúor s fluorine.

fluorescência s fluorescence.

fluorescente adj fluorescent.

fluoreto s fluoride.

fluorita s fluorite.

flutuação s flotation; fluctuation.

flutuador s floater.

flutuante adj afloat; buoyant; floating.

flutuar v float; fluctuate; fly; ride; sail; waft.

fluvial adj fluvial.

fluviômetro s fluviometer.

fluxão s fluxion.

fluxo s flow; stream; flood; current.

fobia s phobia.

foca s 1 Zool seal. 2 greenhorn.

focal adj focal.

focalizar v focus; focalize;.

focar v focus; concentrate; focalize.

focinheira s noseband; muzzle.

focinho s neb; nose; snout; muffle; muzzle.

foco s focus.

fofo adj downy; fluffy.

fofoca s gossip; chitchat; earful; comment.

fofocar v gossip; blab; chitchat; whisper (em tom baixo, privadamente).

fofoqueira s tabby.

fofoqueiro s gossip; blabber; talebearer.

fogagem s 1 pimple. 2 anger.

fogão s stove.

fogareiro s cooker; burner.

fogaréu s bonfire.

fogo s fire; blaze.

fogo-fátuo s ignis fatuus; jack-o'-lantern.

fogosidade s warmth; fieriness.

fogoso adj fervent; fiery; flaming; hot.

fogueira s bonfire; fire.

foguete s 1 rocket. 2 skyrocket.

foguista s stoker; fireman.

foice s bill; billhook; scythe; sickle.

folclore s folklore.

folclórico adj folkloric.

folclorista s folklorist.

fole s 1 pl bellows; blower. 2 Mús windbag.

fôlego s blast; breath; breathing; wind.

folga s ease; leisure; rest.

folgado adj 1 fresh; loose. 2 lazy; idle.

folgar v 1 rest. 2 frolic.

folgazão adj coltish; frisky; frolicsome.

folguedo s disport.

folha s 1 sheet (de papel). 2 leaf (de planta, livro, porta).

folha-de-flandres s tin.

folhado adj leafy.

folhagem s foliage; greens; leaf; leafage greenery.

folhar v leaf.

folheado adj foliate.

folhear v 1 browse; ruffle (livro); scan; skim. 2 foliate; veneer.

folhetim s feuilleton; serial.

folhetista s pamphleteer.

folheto s booklet; brochure; flier; flysheet.

folhinha s calendar.

folhudo adj leafy.

folia s revelry; inform jollification.

foliáceo adj foliaceous.

folião s reveler; carouser.

foliar v revel; frolic; carouse.

folicular adj follicular.

foliculário s pamphleteer.

folículo s follicle.

fólio s folio.

foliolado adj foliolate.

fome s hunger; starvation; esurience; famine.

fomentação s fomentation.

mentador *s* agitator; fomenter.

mentar *v* abet; foment; harbor; instigate; incite.

mento *s* abetment; furtherance.

nação *s* phonation.

ne *s* telephone receiver.

nética *s* phonetics.

nético *adj* phonetic.

nico *adj* phonic.

nografia *s* phonography.

nógrafo *s* phonograph; gramophone.

nologia *s* phonology.

nte *s* **1** authorship (da idéia de uma obra literária). **2** breeder. **3** *tb Tip* font; fount. **4** *tb fig* fountain. **5** origin; radix; rise. **6** source (de rio); well; wellhead; wellspring.

ra *adv* afield (do caminho); away; off; out; outside; without. || *prep* bar; except. || *interj* shoo. || *v us somente no imper* begone.

ra-da-lei *s* renegade.

ragido *s* fugitive; outlaw.

rasteiro *s* foreigner; stranger.

rca *s* gallows; gibbet.

rça *s* **1** *fig* force; strength; energy; power. **2** fortitude (de espírito, de ânimo). **3** *Mat* e *Biol* vector.

rcado *s* fork; hayfork.

rçado *adj* far-fetched; forced; strained.

rçar *v* coerce; compel; constrain; force; obligate; oblige; obtrude; strain (a voz, a vista, etc.).

rça-tarefa *s* task force.

rcejar *v* strive; endeavor.

rceps *s* forceps.

rçoso *adj* forcible; forceful.

rense *adj* forensic.

rja *s* ironworks; smithy.

rjado *adj* **1** eaten (metal); wrought. **2** counterfeit.

rjador *s* forger.

rjadura *s* **1** forgery. **2** falsify.

rjar *v* **1** concoct; fabricate (mentira ou história); falsify; trump up. **2** hammer; work.

rma *s* **1** form; shape; figure; configuration; conformation. **2** type. **3** style. **4** means; way; manner. **5** delivery (de falar, de discursar).

rma *s* **1** mold. **2** *tip* form. **3** block.

formação *s* **1** origin; rise. **2** array. **3** *tb Geol* e *Mil* formation.

formal *adj* bookish; elevated; conventional; formal; solemn.

formalidade *s* formality; frigidity.

formalismo *s* formalism.

formalista *s* formalist.

formalizar *v* formalize.

formão *s* chisel.

formador *s* fashioner; former.

formar *v* **1** compose. **2** construct. **3** form; frame; shape. **4** instruct. **5** organize; arrange. **6** draw up (tropas).

formatação *s Comp* format.

formatar *v Comp* format.

formativo *adj* e *s Gram* formative.

formato *s* **1** format (de livro). **2** shape; size.

formatura *s* graduation.

fórmico *adj* formic.

formidável *adj* formidable; redoubtable: *gír* corking.

formiga *s Zool* ant.

formigamento *s* itching.

formigante *adj* itching.

formigão *s* concrete.

formigar *v* creep; tingle.

formigueiro *s* anthill; formicary.

formoso *adj* beauteous; beautiful; bonny; goodly.

formosura *s* beauty.

fórmula *s* formula.

formulação *s* formulation.

formular *v* formulate; formulize; frame.

formulário *s* **1** questionnaire. **2** *Comp* form.

fornada *s* baking; batch.

fornalha *s* **1** furnace. **2** firebox (de locomotiva a vapor). **3** forge (de ferreiro).

fornalheiro *s* stoker.

fornecedor *s* caterer; supplier.

fornecer *v* furnish; provide; supply; serve.

fornecimento *s* supply.

fornicação *s* fornication.

fornicador *s* fornicator.

fornicar *v* fornicate.

forno *s* furnace; oven.

foro *s* forum.

forquilha *s* crotch; crutch; fork.

forragem *s* fodder; silage; hay.

forrar v clothe; face; hang; quilt.

forro s **1** ceiling. **2** tick. **3** lining.

fortalecer v anneal; brace; invigorate; strengthen.

fortaleza s fortress; fort; rampart; stronghold fastness.

forte adj **1** strong; stout; vigorous. **2** acute (dor). **3** rich (cor). || s fastness; fort; rampart; stronghold.

fortemente adv hard; strong; strongly.

fortificação s castle; citadel; fort; fortification; fortress.

fortificado adj castellated; fortified.

fortificador s fortifier.

fortificante adj bracing. || s cordial; tonic.

fortificar v **1** embattle; fence; fortify; stockade. Mil garrison. **2** invigorate; strengthen.

fortim s fortlet.

fortuito adj casual; chance; fortuitous; accidental; random.

fortuna s **1** chance; fortune; lot; luck. **2** money.

fórum s forum.

foscar v tarnish; dim.

fosco adj clumsy; dim; mat; muddy.

fosfato s phosphate.

fosfito s phosphite.

fosforar v phosphorate.

fosfóreo adj phosphoric.

fosforescente adj phosphorescent.

fosforecer v phosphoresce; gleam.

fosfórico adj phosphoric.

fósforo s **1** Quím phosphorus. **2** match.

fossa s **1** cloaca; sink. **2** Anat fossa. **3** ditch; moat.

fossar v root through.

fóssil s fossil.

fossilização s fossilization.

fossilizar v fossilize.

fosso s ditch; excavation; fosse; moat; trench.

foto s photo.

fotocópia s photocopy.

fotocopiar v photocopy.

fotodinâmico adj photodynamic.

fotoelétrico adj photoelectric.

fotografar v take a photo; photograph; retake; shoot.

fotografia s photography.

fotográfico adj photographic.

fotogravura s photogravure.

fotolitografia s photolithography.

fotometria s photometry.

fotômetro s exposure meter; photomete

fotoquímica s photochemistry.

fotosfera s photosphere.

fototipia s phototypy.

fototipografia s phototypography.

fotozincografia s photozincography; phot zincograph.

foz s mouth (de rio).

fracamente adv weakly.

fracassado adj unsuccessful.

fracassar v fail; miscarry (não atingir o objetivos propostos); strand; undermine inform fizzle.

fracasso s failing; failure; fiasco; miscarriage flop.

fração s tb Mat fraction; share; part.

fracionamento s fragmentation.

fracionar v crumb; crumble.

fracionário adj fractional.

fraco adj weak; feeble; fragile; anemic delicate; Med atonic.

frade s friar; monk.

fraga s cliff.

fragata s Náut frigate; lighter.

frágil adj fragile; delicate; feeble; weak.

fragilidade s delicacy; brittleness; fragilit frailty.

fragmentação s comminution; fragmentatio

fragmentar v calve (geleira); comminut disintegrate; fragment; fragmentize; minc

fragmentário adj fragmentary.

fragmento s extract; fraction; fragment.

fragor s clank.

fragoroso adj noisy; clamorous.

fragrância s aroma; bouquet; fragrance incense; scent.

fragrante adj fragrant.

fralda s diaper.

framboesa s Bot raspberry.

França s France.

francamente adv broadly; honestly; straigh forward. || interj honestly.

francês adj French; Gallic. || s French Frenchman.

ancesa s Frenchwoman.

ancesismo s Gallicism.

anciscano adj e s Franciscan.

anco adj 1 fig direct; frank; honest; openhearted; straight. 2 free. ll s franc (moeda).

anco-atirador s sniper.

anga s pullet.

angalho s rag; tatter; frazzle.

ango s 1 chicken. 2 blunder goal.

anja s 1 frill; fringe; selvage (de tecido). 2 bang.

anjar v fringe.

anquear v enfranchise; franchise.

anqueza s candor; frankness; honesty; unreserve.

anquia s franchise.

anzido adj corrugate. ll s gather; gathering.

anzidor s gatherer (peça de máquina de costura).

anzimento s plaiting.

anzino adj weak.

anzir v 1 cockle; contract; wrinkle. 2 crape; ruffle.

aque s cutaway; tails.

aquejar v weaken; flag; sag.

aqueza s debility; weakness; fragility; failing; foible.

ascaria s dissoluteness.

asco s bottle; flagon; flask.

ase s phrase; sentence.

aseado s wording.

asear v phrase.

aseologia s phraseology.

asqueira s cellaret.

aternal adj brotherly; fraternal.

aternalmente adv brotherly.

aternidade s brotherhood; brotherliness; fraternity.

aternização s fraternization.

aternizar v fraternize.

aterno adj brotherly; fraternal.

atricida adj fratricidal. ll s fratricide.

atricídio s fratricide.

atura s break; breakage; crack; fracture.

aturado adj broken.

aturar v break; fracture; rupture.

audação s fraud; deceit.

fraudador s cheater; faker.

fraudar v cheat; fiddle; defraud; flimflam; gír gaff.

fraude s cheat; deceit; fiddle; fraud; gír gaff; humbug; imposture; swindle.

fraudulência s fraudulence.

fraudulento adj collusive; deceitful; dishonest; fraudulent; underhand; inform crooked.

frear v brake.

freguês s client; customer; patron.

freguesia s custom; patronage.

frei s friar; monk.

freima s impatience; haste.

freio s 1 brake; break. 2 bit; checkrein.

freira s nun; Ecles sister.

freire s monk; friar.

freixo s Bot ash.

fremente adj excited; thrilled.

fremir v tremble; shudder.

frêmito s thrill.

frenesi s frenzy.

frenético adj frantic; frenetic; frenzied.

frenologia s phrenology.

frente s 1 face. 2 fore; forefront; front. 3 front Mil (de batalha). 4 frontage. 5 lead.

freqüência s 1 channel (em rádio e TV). 2 frequency. 3 attendance (em aulas).

freqüentação s frequentation.

freqüentador s denizen; familiar; frequenter.

freqüentar v attend; frequent; resort.

freqüentativo adj frequentative.

freqüente adj frequent.

freqüentemente adv often; frequently.

fresa s mill.

fresagem s milling.

fresca s breeze; coolness.

fresco adj 1 breezy; cool. 2 crisp; crispy. 3 fresh; warm. 4 green. 5 young.

frescor s bloom; cool; coolness; crispness; freshness; verdure.

frescura s cool; coolness; freshness.

fresta s aperture; gap; slit.

fretador s charterer; freighter.

fretagem s freightage.

fretamento s charter.

fretar v charter (ônibus, avião); freight.

frete s drayage; cargo; carriage; fare; freight.

friabilidade s friability.

friagem s dankness.

frialdade s bleakness; chilliness; coldness.

friamente adv cold; coldly; coolly; icily.

friável adj friable.

fricandó s fricandeau.

fricassê s fricassee.

fricativo adj fricative.

fricção s 1 attrition; friction. 2 chafe. 3 rub.

friccionar v rub; work.

frieira s chilblain; kibe.

frieza s coldness; frigidity; frost.

frigideira s frying pan; fryer.

frigidez s frigidity.

frígido adj cold; frigid.

frigir v fry.

fritar v fry.

frigorífico adj frigorific.ll s freezer.

frincha s fissure; rift; crack; cleft.

frio adj 1 cold; icy; frost; chilly; frigid; frosty. 2 hardhearted; insensate. ll s chill; cold.

friorento adj chilly.

frisa s frieze.

frisado adj curled; curly.

frisador s crimper.

frisagem s curling; frizzling.

frisar v 1 accent. 2 crimp; curl; frizz.

friso s Arq fillet; frieze.

frita s frit (mistura de areia e soda, com que se faz o vidro).

fritada s fry.

frito adj fried.

fritura s fry.

frivolidade s fribble; frivolity; futility; giddiness; levity.

frívolo adj frivolous; futile; flighty; flimsy; fluffy; giddy; idle.

froco s 1 snowflake. 2 flock.

fronde s Bot frond.

frondejar v leaf.

frondescer v leaf.

frondoso adj leafy.

fronha s pillowcase; slip.

frontal adj frontal. ll s 1 frontal. 2 frontlet.

frontão s frontal; Arq frontispiece.

frontaria s Arq front.

fronte s brow; forehead.

fronteira s border; bound; boundary; frontier.

fronteiriço adj frontier; bordering.

fronteiro adj front; opposite.

frontispício s Arq façade; face; front; tip frontispiece.

frota s fleet; navy.

frouxidão s slackness; sluggishness.

frouxo adj faint; flabby; floppy; slack (co da, etc.); lax; loose; washy.

frufru s froufrou.

frugal adj frugal; sparing.

frugalidade s frugality; thrift.

frugívoro adj frugivorous.

fruição s enjoyment; fruition.

fruir v enjoy.

frustração s frustration; disappointmer defeat; discomfiture.

frustrado adj frustrate; disappointed.

frustrar v frustrate; disappoint; baffl countermine; defeat; discomfit; foil.

fruta s fruit.

fruta-do-conde s Bot sweetsop.

fruteira s fruit bowl; fruit plate.

fruteiro s fruit dealer.

fruticultura s horticulture.

frutífero adj fertile; fructiferous; fructuou fruitful.

frutificação s bearing; fructification.

frutificar v bear; fructify; fruit.

fruta s fruit.

fruto s 1 fruit. 2 offspring. 3 result.

fuá adj plot.

fubá s maize flour; corn meal.

fuça s 1 nostril; nose; snout. 2 face.

fuçar v snoop.

fueiro s cart pole.

fuga s 1 escape; getaway; runaway. 2 M fugue. 3 scuttle.

fugacidade s fugacity; swiftness.

fugaz adj fugacious; fugitive; passing.

fugida s escape.

fugidio adj fugitive.

fugir v 1 escape; run away; flee; fly. 2 fudg (de um assunto). 3 scuttle (precipitad mente). 4 shun. 5 gír lam (da prisão).

fugitivo adj fugitive; runaway. ll s fugitiv runaway; runner.

fuinha s Zool weasel.

fulo adj irritated.

fulano s so-and-so.

ulcro s fulcrum.

ulgência s brilliancy; brightness.

ulgente adj fulgent.

ulgir v glow.

ulgor s bright; brightness; glitter; glow; resplendence.

ulgurante adj agleam; brilliant; fulgurant; fulgurous.

ulgurar v fulgurate; glow.

ulguroso adj fulgurous.

uligem s grime; smut; soot; lampblack.

uliginoso adj fuliginous; sooty.

ulminação s fulmination.

ulminante adj fulminant; withering.

ulminar v fulminate.

ulminato s fulminate.

ulminatório adj fulminatory.

ulmíneo adj fulminous.

ulvo adj fulvous; tawny.

umaça s smoke; vapor; reek.

umaceira s smudge.

umante s smoker.

umar v smoke.

umarento adj smoky.

umegante adj smoking.

umegar v smoke.

umeiro s chimney; smoke flue.

umicultor s tobbaco planter.

umigação s fumigation.

umigar v fumigate; smudge.

umo s smoke; tobacco; gír weed.

unambulesco adj funambulatory.

unambulismo s us v sing acrobatics.

unâmbulo s acrobat; funambulist.

unção s function; office; role; part.

uncho s Bot fennel.

uncional adj functional.

uncionalismo s functionalism.

uncionamento s operation; run (de uma máquina); running.

uncionar v function; go (máquinas); work.

uncionário s employee; functionary; official; servant.

unda s 1 sling. 2 Med truss (de hérnia).

undação s 1 bed; bottom; cutting. 2 foundation; groundwork. 3 fund.

undador s establisher; founder.

undamental adj basic; elemental; fundamental; organic; vital; underlying.

fundamentalismo s fundamentalism (religioso).

fundamentalmente adv fundamentally.

fundamentar v base; bottom; ground; underlie.

fundamento s base; basement; basis; bottom; fundamental; ground;.

fundar v base; build; father; found; ground; organize.

fundeadouro s anchorage.

fundear v anchor.

fundição s 1 foundry; smelter (oficina); us v sing steelworks; s us v sing ou pl ironworks. 2 melt, cast, casting; fusion.

fundido adj wrought; molten.

fundidor s melter; smelter.

fundilho s breech.

fundir v cast; melt; merge; liquefy.

fundível adj fusible.

fundo adj deep; hollow; sunken. II s 1 back; background; bottom; foundation; root. 2 fund. 3 bed (de mar; rio).

fundos s rear.

fundura s depths.

fúnebre adj funeral; funerary; funereal; gaunt; lugubrious.

funeral s funeral; interment.

funerário adj funeral; funerary.

funéreo adj funereal.

funesto adj baneful; dismal; inauspicious.

fungação s snuffle.

fungada s sniff; snuff; snuffle.

fungar v sniff; snuff; snuffle.

fungível adj usable; consumable.

fungo s Bot fungus.

funicular adj e s funicular.

funículo s funicle.

funil s funnel.

funileiro s whitesmith; tinker.

furacão s hurricane.

furadeira s drill.

furado adj hole; bore.

furador s awl; bodkin; bradawl; broach; wimble.

fura-greves s strikebreaker; gír fink.

furão s Zool ferret.

furar v 1 bore; drill. 2 thrust; stick. 3 fink.

furgão s van.

fúria s fury; rage; anger; rave; rampage; wrath.

furibundo adj raging; choleric; frenzied.

furiosamente adv furiously; amuck.

furioso adj angry; desperate; furious; rabid; livid; wroth.

furna s cave; cavern; grotto.

furo s 1 hole. 2 scoop (reportagem).

furor s anger; fire; fury; passion.

furta-cor adj iridescent.

furtado adj stolen.

furta-fogo s lantern; bull's-eye.

furtar v steal; filch; shoplift (em loja).

furtivamente adv underhand.

furtivo adj furtive; sneaky; stealthy.

furto s theft; Jur larceny.

furúnculo s boil; Med furuncle.

furunculose s furunculosis.

fusa s demisemiquaver.

fusão s fusion; coalition; blend; union.

fusco adj tawny.

fuselagem s fuselage.

fusibilidade s fusibility.

fusiforme adj fusiform.

fúsil adj fusible.

fusionar v fuse.

fusionista s fusionist.

fusível s fuse.

fuso s 1 distaff; spindle. 2 time zone.

fusta s 1 pinnace; barge. 2 shawl.

fustão s dimity (tecido); fustian.

fustigação s fustigation.

fustigar v fustigate.

futebol s Esp soccer.

futebolista s footballer.

fútil adj 1 frothy; futile; frivolous. 2 bootless; no-good.

futilidade s futility; inanity; vanity.

futurismo s futurism.

futurista adj futuristic. II s futurist.

futurístico adj futuristic.

futuro adj future; coming; forthcoming; unborn. II s 1 future; futurity; stars (u. the). 2 Gram future tense.

fuzil s fusil; rifle.

fuzilamento s shooting.

fuzilante adj sparkling.

fuzilar v shoot.

fuzilaria s fire; fusillade.

fuzileiro s fusilier; fusileer.

G

g ou G s the seventh letter of the alphabet.
gabador s praiser.
Gabão s Gabon.
gabar v 1 praise. 2 vaunt.
gabarito s 1 key. 2 Comp template.
gabinete s chamber; closet.
gabonense adj e s Gabonese.
gado s cattle.
gafanhoto s grasshopper.
gafe s 1 blunder. 2 gír break.
gago s stammerer.
gagueira s stammer; stutter; falter.
gaguejar v stammer; stutter; falter.
gaguez s stammer.
gaio s Zool jay.
gaiola s cage; mew; coop; hutch.
gaita s Mús mouth organ.
gaivota s Zool sea gull; mew.
gala s 1 state; gala. 2 tread (fecundação da ave fêmea).
galã s gallant.
galáctico adj galactic.
galante adj chivalrous.
galanteador s e adj gallant; cavalier.
galantear v 1 gallant; court. 2 coquet.
galanteio s gallantry.
galanteria s gallantry.
galão s 1 galloon (fita bordada ou trança para debruar ou enfeitar); lace. 2 gallon (3,785 l nos EUA e 4,546 l na Inglaterra).
galardão s crown.
galáxia s galaxy.
galé s Náut galley.
galego adj e s Galician (Espanha).
galeria s 1 gallery. 2 family circle (teatro). 3 ambulatory; balcony.
galês adj e s Welsh.
galgar v climb.
galhada s antler.
galheta s cruet.
galho s branch; bough; stick.
galhudo adj branchy.
galiciano adj e s Galician (Polônia).

gálico adj e s 1 Gallic. 2 Quím Gallic (ácido).
galileu adj e s Galilean.
galináceo adj gallinaceous.
galinha s hen; chicken.
galinheiro s coop; hencoop; hennery.
galispo s cockerel.
galo s cock; rooster.
galocha s galosh.
galopante s galloping.
galopar v gallop.
galope s 1 gallop. 2 galop (dança).
galpão s hangar.
galvanizar v 1 galvanize. 2 zinc.
galvanômetro s galvanometer.
gama s 1 gamma (terceira letra do alfabeto grego). 2 Mús gamut.
gambá s Zool opossum.
Gâmbia s Gambia.
Gambiano adj e s Gambian.
gambito s gambit (jogo de xadrez).
gamela s trough.
gameta s Biol gamete.
Gana s Ghana.
ganância s greed; covetousness.
gananciosamente adv covetously.
ganancioso adj greedy; acquisitive.
gancho s hook; crook; cramp.
gandula s ball boy.
ganense adj e s Ghanaian; Ghanian.
gânglio s Anat ganglion.
gangorra s seesaw.
gangrena s Med gangrene.
gangrenar v gangrene; canker.
gangrenoso adj cankerous.
gângster s gangster; ruffian.
gangue s gang; crew.
ganhador s winner; gainer.
ganha-pão s inform bread and butter.
ganhar v 1 acquire; earn. 2 get. 3 gain. 4 win (por esforço ou habilidade); carry. 5 Esp take (jogo, competição).
ganho s acquisition.
ganido s yelp; whine.

ganir v yelp; yap; whine.

ganso s goose.

garagem s garage.

garanhão s stallion.

garantia s 1 guaranty; guarantee. 2 undertaking. 3 security; surety; gage; earnest. 4 warrant. 5 warranty (de funcionamento de um aparelho, da qualidade das peças de um produto, etc.).

garantido adj secure.

garantir v 1 guarantee; warrant (qualidade, procedência, idoneidade, etc.). 2 vouch. 3 secure. 4 certify. 5 affirm; assure. 6 ensure.

garatuja s scribble.

garatujar v scribble.

garbo s chic.

garboso adj jaunty.

garça s Zool heron.

garça-real s Zool egret.

garçom s waiter; barman.

garçonete s waitress; barmaid.

gardênia s Bot gardenia.

garfo s fork.

gargalhada s laugh; cackle; guffaw; cachinnation.

gargalhar v cachinnate; chortle; guffaw; roar.

gargalo s neck.

garganta s 1 Anat throat. 2 gullet; gorge. 3 defile; ravine.

gargantilha s collar; necklace.

gargarejar v gargle.

gargarejo s gargle.

gárgula s waterspout; gargoyle.

gari s sweeper.

garoa s drizzle; mizzle.

garoar v drizzle; mizzle.

garoento adj drizzly.

garota s 1 girl. 2 gír babe; broad.

garoto s 1 kid. 2 boy.

garra s 1 claw (de mamíferos, aves e crustáceos). 2 dog (de ferro). 3 clutch (qualquer coisa que agarra).

garrafa s bottle.

garrafeira s cellaret.

garriça s Zool wren.

garrote s garrote.

garrotear v garrote.

gárrulo adj garrulous.

garupa s croup; crupper.

gás s gas; vapor.

gaseificar v aerate.

gasoduto s gas main.

gasolina s gas; gasoline.

gasômetro s gasometer.

gasoso adj gaseous; gassy.

gaspear v vamp.

gastador s e adj waster.

gastar v 1 use up. 2 spend; disburse; expend. 3 batter; eat. 4 use. 5 waste; dissipate. 6 exhaust.

gasto adj 1 worn-out; shabby. 2 inform shot. ‖ s 1 expense; expenditure. 2 disbursement; cost.

gástrico adj gastric.

gastrite s Med gastritis.

gastronomia s gastronomy.

gastronômico adj gastronomic.

gastrônomo s gastronome; epicure.

gata s cat; pussycat.

gatilho s trigger.

gatinho s kitty; kitten.

gato s cat; pussycat; tomcat (macho).

gatuno s thief.

gaulês adj e s Gallic.

gávea s Náut topsail.

gaveta s drawer.

gaze s gauze; tissue.

gazela s gazelle.

gazeta s gazette.

geada s frost; rime.

gear v rime.

gêiser s geyser.

gel s gel.

geladeira s refrigerator; icebox; inform fridge.

gelado adj 1 frozen; icy; gelid. 2 wintry.

gelar v 1 freeze. 2 ice.

gelatina s gelatin; jelly.

gelatinizar v jell; jellify.

gelatinoso adj gelatinous.

geléia s jam.

geleira s glacier.

gelidamente adv icily.

gélido adj gelid; icy.

gelo s 1 ice. 2 fig frost.

gema s 1 yolk. 2 Bot button. 3 Min gem.

gêmeo *adj* e *s* twin.

Gêmeos *s Astron* e *Astrol* Gemini.

gemer *v* groan; moan.

gemido *s* groan; moan.

geminado *adj* geminate.

geminar *v* geminate.

genciana *s Bot* gentian.

gene *s Biol* gene.

genealogia *s* genealogy; filiation.

genealógico *adj* genealogical.

general *s Mil* general.

generalidade *s* 1 generality. 2 commonness.

generalização *s* generalization.

generalizar *v* generalize.

genérico *adj* generic.

gênero *s* 1 kind. 2 *Gram* gender. 3 manner.

generosamente *adv* generously; charitably; kindly.

generosidade *s* 1 generosity. 2 liberality.

generoso *adj* 1 generous; magnanimous. 2 openhanded; freehanded; bounteous. 3 unselfish.

gênese *s* genesis.

genética *s* genetics.

geneticista *s* geneticist.

genético *adj* genetic.

gengibre *s* ginger.

gengiva *s* gum.

gênio *s* 1 genius. 2 nature; character; temper. 3 *Mit* genie.

genital *adj* genital.

genitália *s* genital; parts.

genitivo *s Gram* genitive; possessive.

genitor *s* begetter.

genocídio *s* genocide.

genro *s* son-in-law.

gentalha *s* rabble; ragtag; rout.

gente *s* people; *inform* folk.

gentil *adj* gentle.

gentileza *s* 1 niceness. 2 kindness.

gentílico *adj tb Gram* gentile.

gentilmente *adv* kindly; softly.

gentinha *s gír* scum.

gentio *adj* heathen. II *s* 1 heathen. 2 gentile.

genuflectir *v* genuflect.

genuíno *adj* genuine; authentic.

geocêntrico *adj* geocentric.

geofísica *s* geophysics.

geografia *s* geography.

geográfico *adj* geographic.

geógrafo *s* geographer.

geologia *s* geology.

geológico *adj* geological.

geólogo *s* geologist.

geometria *s* geometry.

geométrico *adj* geometric.

geopolítica *s* geopolitics.

Geórgia *s* Georgia.

georgiano *adj* e *s* Georgian

geração *s* generation; age.

gerado *adj* born.

gerador *s* generator.

geral *adj* general; universal.

geralmente *adv* generally; commonly.

gerânio *s Bot* geranium.

gerar *v* 1 beget; engender. 2 generate. 3 be born. 4 spawn.

gerência *s* 1 management; administration. 2 direction.

gerenciador *s* 1 control. 2 *Comp* manager.

gerencial *adj* managerial.

gerenciamento *s* intendance.

gerenciar *v* manage.

gerente *s* manager.

gergelim *s Bot* sesame.

geriatria *s* geriatrics.

geriátrico *adj* geriatric.

germânico *adj* German; Germanic. II *s* German.

germe *s* 1 germ. 2 seed.

germicida *s* germicide.

germinação *s* germination.

germinal *adj* germinal.

germinar *v* germinate; bud; sprout.

gerúndio *s Gram* gerund.

gesso *s* plaster.

gestação *s* gestation.

gestante *s* pregnant woman.

gesticulação *s* gesticulation.

gesticular *v* gesticulate; motion.

gesto *s* 1 gesture. 2 beckon.

gibão *s Zool* gibbon.

giboso *adj* humpy.

gigante *s* giant.

gigantesco *adj* gigantic.

gigolô *s* 1 gigolo. 2 *gír* cadet.

gim *s* gin (bebida).

ginásio *s* gymnasium.

ginasta s gymnast.

ginástica s gymnastics.

ginástico adj gymnastic.

ginecologia s gynecology.

ginecologista s gynecologist.

ginete s equestrian.

ginga s 1 jiggle. 2 Náut scull (remo pequeno).

gingar v 1 roll. 2 swing. 3 jiggle.

girafa s giraffe.

girândola s girandole.

girar v 1 swing. 2 spin. 3 revolve; rotate;
wheel. 4 whirl; twirl.

girassol s Bot sunflower.

giratório adj gyratory.

gíria s 1 jargon. 2 slang.

girino s 1 fry. 2 Zool tadpole.

giro s 1 turn. 2 circuit; circulation. 3 stroll.

giz s chalk.

gizar v chalk.

glacê s icing.

glaciação s glaciation.

glacial adj glacial; icy.

glaciar s glacier.

glaciário adj glacial.

gladiador s gladiator.

glamouroso adj glamorous; glamourous.

glande s Bot acorn (fruto do carvalho).

glândula s gland; follicle.

glandular adj Med glandular.

glaucoma s glaucoma.

glicerina s glycerin.

glicose s glucose.

global adj global.

globalização s globalization.

globalizar v globalize.

globo s ball; globe.

globular adj globular.

glóbulo s globule.

glória s glory.

gloriar v glory.

glorificação s glorification.

glorificar v 1 glorify. 2 honor; exalt. 3 bless;
canonize.

glorioso adj glorious.

glosa s gloss.

glossário s glossary.

glote s Anat glottis.

gluglu s gobble (voz do peru).

glutão adj gluttonous; edacious. ll s glutton;
gormandizer; hog.

glúten s gluten.

glutinoso adj glutinous.

glutonaria s gluttony; edacity.

gnaisse s Geol gneiss.

gnomo s gnome; sprite; elf.

gnóstico adj e s gnostic.

goela s gorge.

goiaba s guava.

goiabeira s guava.

goiva s gouge.

gol s Esp goal.

gola s collar.

gole s 1 gulp; swallow. 2 sip; nip. 3 inform
swig.

goleiro s Esp goalkeeper.

golfe s golf.

golfinho s dolphin.

golfo s gulf.

golpe s 1 blow; stroke. 2 whack; beat;
knock; hit. 3 inform deal.

golpear v 1 strike; whack. 2 gír paste.

goma s 1 gum. 2 paste.

goma-laca s lac.

gomo s 1 button. 2 section (de laranja,
etc.).

gôndola s gondola.

gondoleiro s gondolier.

gongo s gong.

gonzo s hinge.

gorar v baffle.

gordinho adj fattish; round. ll s fatty.

gordo adj 1 obese; fat. 2 well-fed.

gorducho adj chubby.

gordura s 1 adiposity. 2 fat; shortening
(usada em culinária).

gorduroso adj greasy; fatty; sebaceous;
adipose.

gorgolejo s gobble (voz do peru).

gorgolhão s gurgle.

gorgolhar v gurgle.

gorgorão s grogram.

gorila s gorilla.

gorjear v 1 Mús warble; quaver (com instrumento ou voz); trill. 2 sing. 3 chirp;
twitter.

gorjeio s 1 warble; trill; quaver. 2 chirp.

gorjeta s tip; gratuity.

gorro s cap; bonnet.

gosma s pip.

gostar v like; adore.

gosto s 1 taste. 2 flavor. 3 fondness. 4 liking.

gostoso adj 1 tasteful. 2 palatable. 3 gír yummy (sabor ou cheiro).

gota s 1 drop. 2 tear. 3 Med gout.

goteira s drip.

gotejamento s dripping; dropping; trickle.

gotejante adj oozy; weeping.

gotejar v 1 drip; drop. 2 ooze. 3 distill.

gótico adj e s gothic.

gotícula s driblet; droplet.

gourmet s epicure.

governador s governor.

governamental adj governmental.

governanta s housekeeper; governess.

governante s governor; dynast.

governar v 1 govern; rule; command. 2 dominate. 3 control. 4 manage.

governo s 1 government. 2 Mec rudder.

gozado adj funny; pleasant; queer.

gozar v enjoy.

gozo s enjoyment.

graal s grail.

Grã-Bretanha s Great Britain.

graça s 1 gracefulness. 2 drollery. 3 grace.

graças s thanks.

gracejar v joke; jest; fun.

gracejo s 1 joke; jest. 2 gír wisecrack (irreverente ou sarcástica).

gracioso adj 1 gracious; graceful; elegant. 2 cute; adorable.

gradação s gradation.

gradar v Agric harrow (o terreno).

grade s 1 grate. 2 grid; screen. 3 harrow (para aplainar terra). 4 Mec creel.

gradeado adj barred.

gradiente s gradient.

graduação s graduation.

graduado s graduate (grau universitário).

gradual adj gradual.

gradualmente adv inch by inch.

graduar v graduate.

grafar v spell.

grafia s spelling.

gráfico adj graphic. II s 1 chart. 2 Mat graph.

grafita s lead.

grafologia s graphology.

gralha s Zool jackdaw; rook.

grama s 1 gram (peso). 2 grass.

gramado s lawn; sward; turf; sod.

gramar v 1 cover with grass. 2 suffer; stand.

gramática s grammar.

gramatical adj grammatical.

gramático s grammarian.

gramíneo s gramineous.

gramofone s gramophone.

grampeador s stapler.

grampear v tap (telefone).

grampo s 1 clamp; cramp. 2 dog (de ferro). 3 staple (para papéis).

grana s gír dough; ducat.

granada s 1 grenade. 2 garnet (pedra preciosa).

Granada s Grenada.

granadino adj e s Grenadian.

grande adj 1 great; large. 2 big. 3 grand.

grandeza s 1 bigness. 2 bulk. 3 grandeur.

grandiloqüência s grandiloquence; magniloquence.

grandiloqüente adj grandiloquent; magniloquent.

grandíloquo adj magniloquent.

grandiosidade s grandiosity.

grandioso adj grand.

granito s granite.

granizar v hail.

granizo s hail; hailstone.

granja s farm.

granjear v conciliate (simpatia, adeptos, etc.).

granulação s granulation.

granulado adj granulated.

granular v granulate; corn. II adj granular.

granuloso adj granular; lumpy.

grão s grain; seed.

grão-de-bico s chickpea.

grasnador s croaker.

grasnar v 1 caw; croak. 2 squawk; quack.

grasnido s quack.

grasno s quack.

gratidão s gratitude; gratefulness; thankfulness; appreciation.

gratificação s 1 gratification. 2 gratuity; tip. 3 fee.

gratificar v 1 reward. 2 fee.

grátis adj free; gratis; courtesy. ‖ adv gratis.

grato adj grateful. ‖ s thankful.

gratuitamente adv free; scot-free.

gratuito adj gratuitous; gratis; free.‖ adv gratis.

grau s 1 degree; grade. 2 extent. 3 rank.

graúna s blackbird.

gravação s 1 engraving. 2 recording.

gravador s 1 carver; chaser; graver. 2 tape recorder; recorder.

gravar v 1 engrave; carve. 2 imprint; impress. 3 record (disco ou fita).

gravata s necktie; tie.

grave adj 1 grave; serious. 2 heavy. 3 austere. 4 bass; deep (sound).

gravemente adv badly; sorely.

graveto s kindling; stick.

grávida adj 1 pregnant. 2 expectant. ‖ s pregnant; expectant.

gravidade s 1 gravity. 2 seriousness; graveness.

gravidez s pregnancy; gestation.

gravitação s gravitation.

gravitacional adj gravitational.

gravitar v gravitate.

gravura s 1 engraving; carving. 2 gravure.

graxa s grease; fat; slush.

Grécia s Greece.

gregário adj gregarious.

grego adj Greek; Grecian. ‖ s Greek; Grecian.

gregoriano adj Gregorian.

grelha s 1 grate; grill. 2 broiler.

grelhado s grill.

grelhar v broil; grill; barbecue.

grêmio s 1 fraternity. 2 guild club.

grená s garnet.

grenha s mop.

greta s chap; break; crack; fissure.

gretar v chap; rift.

greve s strike; walkout.

grevista s striker.

grifar v underscore.

grilhão s fetter.

grilheta s chain.

grilo s cricket.

grinalda s 1 garland; wreath. 2 festoon.

gripe s 1 Med grippe; influenza. 2 inform flu.

grisalho adj gray; grizzly; hoary (especialmente os cabelos, pela idade).

gritante adj gross.

gritar v 1 cry; shout. 2 bawl. 3 call. 4 scream; shriek. 5 howl. 6 yell (de dor, pavor, surpresa ou entusiasmo).

gritaria s uproar; clamorousness.

grito s 1 shout; cry. 2 call. 3 yell; scream. 4 clamor. 5 squall (de criança, etc.).

grogue adj groggy.

grosa s rasp (lima).

groselha s Zool currant; gooseberry.

grosseiramente adv coarsely; crassly.

grosseiro adj 1 coarse. 2 rough; rustic. 3 loutish. 4 gruff. 5 ill-mannered; uncivil; boorish. ‖ s barbarian; gauche; rowdy; rude.

grosseria s coarseness; rough; rudeness.

grosso adj thick.

grossura s 1 thickness. 2 bigness.

grotesco adj grotesque; freakish.

grou s Zool crane.

grua s Zool crane.

grudado adj skintight (no corpo).

grudar v 1 glue. 2 stick; bind.

grude s glue.

grudento adj gluey.

grumo s clot.

grunhido s grunt.

grunhir v 1 grunt. 2 grumble.

grupelho s ring.

grupo s 1 group. 2 class. 3 party. 4 set; cluster; bunch; batch. 5 division. 6 tb Mús ensemble. 7 inform caboodle.

guache s gouache.

guarda s 1 guard; care; custody; warden; sentry. 2 inform cop. 3 gír flatfoot.

guarda-chuva s umbrella.

guarda-costas s bodyguard.

guarda-florestal s ranger; forester.

guarda-fogo s fender.

guarda-freios s brakeman.

guarda-livros s bookkeeper.

guarda-louça s cupboard; buffet.

guarda-marinha s ensign.

guardanapo s napkin.

guarda-noturno s night watch.

guarda-pó s smock; duster.

guardar v 1 guard. 2 keep; retain. 3 stow.

guarda-roupa s wardrobe; clothes closet; cloak room.

guarda-sol s shade; parasol.

guarda-volumes s cloakroom (em teatro ou escola).

guardião s guardian.

guarida s protection; shelter.

guarita s box.

guarnecedor s provider.

guarnecer v 1 provide; furnish. 2 Mil garrison. 3 garnish.

guarnição s 1 garrison. 2 garnishment.

Guatemala s Guatemala.

guatemalteco adj e s Guatemalan.

guelra s branchia; fish gill.

guerra s war; warfare.

guerra-relâmpago s blitzkrieg.

guerrear v battle; wage war; war; persecute.

guerreiro s warrior.

guerrilha s guerrilla.

guerrilheiro s guerrilla; partisan.

gueto s ghetto.

guia s 1 guidance. 2 guide (pessoa que guia ou livro com informações sobre um lugar); leader; cicerone. 3 handbook. 4 fig rudder.

Guiana s Guyana.

guianense adj e s Guyanean.

guiar v 1 guide; lead. 2 conduct. 3 govern. 4 steer.

guichê s counter.

guilhotina s guillotine.

guilhotinar v guillotine.

guinada s veer; lurch.

guinchar v scream; screech; shriek; squeak; winch; tow.

guincho s 1 shriek; screech. 2 squeal; squeak. 3 hoist; tow.

guindar v 1 heave. 2 Náut trice.

guindaste s crane; hoist; derrick (de navio); jack.

Guiné s Guinea.

guineano adj e s Guinean.

Guiné-Bissau s Guinea-Bissau.

guineense adj e s Guinea-Bissauan.

guirlanda s chaplet; garland; wreath.

guisado s stew.

guisar v stew; braise.

guizo s bell; rattle (de cascavel).

gula s gluttony.

guloseima s dainty.

guloso adj gluttonous; greedy.

gume s edge; knife-edge.

gustação s gustation.

gustativo adj gustatory.

gutural adj guttural; throaty.

H

h ou H s the eighth letter of the alphabet. || abrev minús de **hour**. || símb Quím maiús de **hydrogen**.

habeas corpus s Jur habeas corpus.

hábil adj 1 skillful; dexterous. 2 able. 3 clever; adroit.

habilidade s 1 aptitude; ability. 2 cleverness; skill. 3 dexterity; handiness. 4 cunning; artfulness.

habilidoso adj skillful; ingenious.

habilitação s habilitation; qualification.

habilitado adj fit.

habilitar v 1 habilitate; qualify. 2 entitle. 3 enable; fit; capacitate.

habilmente adv ably.

habitação s house; dwelling; habitation.

habitante s 1 inhabitant; habitant. 2 dweller.

habitar v 1 live. 2 inhabit.

habitável adj habitable.

hábito s 1 custom; usage. 2 habit. 3 use.

habituado adj accustomed; used.

habitual adj habitual; customary; usual.

habituar v 1 habituate. 2 accustom. 3 inure.

Hades s Mit netherworld; underworld.

hadoque s haddock (peixe).

Haiti s Haiti.

haitiano adj e s Haitian.

hálito s breath.

halo s halo.

haltere s dumbbell.

hambúrguer s burger; hamburger.

hamster s Zool hamster.

handebol s handball.

hangar s hangar.

haras s stud.

harém s harem.

harmonia s harmony; accord; consonance.

harmônica s harmonica; accordion.

harmônico adj 1 harmonic. 2 consonant.

harmonioso adj 1 harmonious. 2 melodious. 3 concordant.

harmonizar v 1 harmonize. 2 attune. 3 conciliate; reconcile. 4 accord. 5 blend. 6 coordinate. 7 inform cotton.

harpa s harp.

harpista s harpist.

haste s 1 stem; stalk. 2 spindle; shank; shaft (lança, seta, etc.). 3 pike; pole.

hasteamento s hoist.

hastear v hoist.

Havaí s Hawaii.

havaiano adj Hawaiian.

haver v exist; there + be; aux have.

hebraico adj Hebraic. || s Hebrew.

hebreu s Hebrew.

hecatombe s hecatomb.

hectare s hectare (abrev **ha**).

héctico adj hectic.

hectograma s hectogram (abrev **hg**).

hectolitro s hectoliter (abrev **hl**).

hectômetro s hectometer (abrev **hm**).

hediondez s hideousness.

hediondo adj hideous.

hedonismo s hedonism.

hedonista s e adj hedonist.

hegemonia s hegemony.

helênico adj e s Hellenic.

helenizar v hellenize.

hélice s 1 helix. 2 screw propeller (de navio, avião, etc.).

helicóptero s helicopter.

hélio s Quím helium (símb **He**).

heliocêntrico adj heliocentric.

heliporto s heliport.

hemático adj hematic.

hematologia s hematology.

hematoma s hematoma.

hemisférico adj hemispheric.

hemisfério s hemisphere.

hemistíquio s Poét hemistich.

hemodiálise s hemodyalisis; dialysis.

hemofilia s hemophilia.

hemofílico s hemophilic; hemophiliac; bleeder.

hemoglobina s hemoglobin.

hemorragia s Med hemorrhage; bleeding; extravasation.

hemorróidas s hemorrhoids.

hendecassílabo adj e s hendecasyllabic.

hepático adj hepatic.
hepatite s hepatitis.
heptaedro s heptahedron.
heptágono s heptagon.
hera s Bot ivy.
heráldica s heraldry.
herança s 1 inheritance; heritage. 2 legacy.
herbáceo adj herbaceous.
herbário s herbarium.
herbático adj herbal.
herbívoro adj herbivorous; herbivore.
herbolário s herbalist.
herbóreo adj herbal.
herculano adj Herculean.
hercúleo adj Herculean.
herdar v inherit.
herdeira s heiress.
herdeiro s 1 heir. 2 inheritor.
hereditariedade s 1 heredity. 2 heritability.
hereditário adj hereditary.
herege adj e s heretic.
heresia s heresy.
herético adj heretic; heretical. II s heretic.
hermafrodita adj androgynous; bisexual; epicene. II s hermaphrodite.
hermenêutica s hermeneutics.
hermético adj hermetic.
hérnia s Med hernia; rupture.
hernial adj hernial.
herói s 1 hero. 2 champion.
heróico adj heroic.
heroína s 1 heroine. 2 Quím heroin (droga). 3 gír junk (droga); smack.
heroísmo s 1 heroism. 2 valor.
hesitação s hesitation.
hesitante adj hesitant.
hesitar v 1 hesitate. 2 vacillate; waver. 3 halt. 4 falter.
heterodoxia s heterodoxy.
heterodoxo adj heterodox.
heterogamia s heterogamy.
heterogeneidade s heterogeneity.
heterogêneo adj 1 heterogeneous. 2 motley.
heterossexual adj e s heterosexual.
heterossexualidade s heterosexuality.
heurístico adj heuristic.
hexaedro s hexahedron.

hexágono s hexagon.
hexâmetro s hexameter.
hialino adj hyaline.
hiato s tb Gram hiatus.
hibernação s hibernation.
hibernal adj hibernal.
hibernar v hibernate.
hibridez s hybridity.
hibridismo s hybridism.
híbrido adj crossbred; hybrid; crossbred.
hidra s hydra.
hidrante s hydrant.
hidráulico adj hydraulic.
hidroavião s hydroplane; seaplane; flying boat.
hidroelétrico adj hydroelectric.
hidrofobia s hydrophobia; rabies.
hidrogênio s Quím hydrogen (símb H).
hidrografia s hydrography.
hidrologia s hydrology.
hidropatia s hydropathy.
hidroplano s hydroplane; flying boat.
hidrosfera s hydrosphere.
hidroterapia s hydrotherapy; water cure.
hidrovia s waterway.
hiena s Zool hyena.
hierarquia s hierarchy.
hierárquico adj hierarchical.
hierático adj hieratic.
hieroglifo, hieróglifo s hieroglyph.
hífen s hyphen.
hifenização s hyphenation.
hifenizar v hyphen.
higiene s hygienics; hygiene.
higiênico adj hygienic; sanitary.
higienista s hygienist.
hilariante adj 1 hilarious; exhilarating. 2 inform killing.
hilaridade s 1 hilarity. 2 mirth.
hilo s Bot hilum.
hímen s Anat hymen.
hindu adj Hindu; Indian.
hinduísmo s Hinduism.
hino s hymn; anthem.
hinologia s hymnology.
hióide s Anat hyoid.
hiperacidez s hyperacidity.
hiperatividade s hyperactivity.
hiperativo adj hyperactive. II s overactive.

hipérbole s 1 *Geom* hyperbola. 2 *Ret* hyperbole.

hipermétrope *adj* farsighted.

hipermetropia s farsightedness.

hipersensível *adj* hypersensitive.

hipersônico *adj* hypersonic.

hipertensão s hypertension.

hipertexto s *Comp* hypertext.

hipismo s turf.

hipnose s hypnosis.

hipnotismo s hypnotism.

hipnotizador s hypnotizer.

hipnotizar v 1 hypnotize. 2 mesmerize.

hipocondríaco *adj* e s hypochondriac.

hipocrisia s hypocrisy.

hipócrita *adj* double-faced; hypocrite; double-dealer.

hipódromo s hippodrome.

hipopótamo s *Zool* hippopotamus; river.

hipoteca s mortgage.

hipotecado *adj* bonded.

hipotecar v 1 mortgage; hypothecate. 2 bond.

hipotenusa s *Mat* hypotenuse; hypothenuse.

hipótese s 1 hypothesis. 2 conjecture.

hipotético *adj* hypothetical; assumed.

hirsuto *adj* hirsute.

hirto *adj* rigid.

hispânico *adj* e s Hispanic.

histeria s hysteria.

histérico *adj* hysterical; hysteric.

histerismo s hysteria.

histologia s histology.

história s 1 history. 2 story; tale.

historiador s historian; chronicler.

historiar v chronicle.

histórico *adj* historic (que tem importância ou influência na história); historical (relativo a qualquer fato da história).

hoje *adv* today.

Holanda s Netherlands; Holland.

holandês *adj* e s Dutchman; Dutch.

holandesa s Dutchwoman.

holístico *adj* holistic.

holocausto s holocaust.

holofote s 1 spotlight. 2 searchlight. 3 flood.

holograma s hologram.

hombridade s dignity; nobility.

homem s 1 man. 2 male. 3 fellow. 4 *gír* dick. 5 *inform* feller.

homem-hora s man-hour (relativo a produção industrial).

homem-rã s frogman.

homenageado s conferee.

homenagear v pay a homage.

homenagem s 1 homage. 2 tribute.

homeopatia s homeopathy.

homicida *adj* murderous; homicidal. ‖ s homicide.

homicídio s homicide; murder.

homófono s *Gram* homophone.

homogeneidade s homogeneity.

homogêneo *adj* homogeneous.

homógrafo s *Gram* homograph.

homologação s validation.

homônimo s *Gram* homonym; namesake.

homossexual *adj* homosexual; gay. ‖ s 1 homosexual. 2 *Psic* invert. 3 *gír* fag; fairy. 4 *gír ofens* queer.

homossexualidade s homosexuality.

Honduras s Honduras.

hondurenho *adj* e s Honduran.

honestamente *adv* honestly.

honestidade s 1 honesty. 2 integrity.

honesto *adj* 1 honest. 2 straight. 3 *fig* aboveboard.

honorabilidade s honorableness.

honorário s honorarium.

honorável *adj* worthy.

honra s 1 honor. 2 distinction.

honradez s honor.

honrado *adj* 1 honorable. 2 honest.

honrar v honor.

honroso *adj* honorable.

hóquei s *Esp* hockey.

hora s 1 hour. 2 time.

horário s schedule; timetable; time.

horda s horde.

horizontal *adj* level.

horizonte s horizon.

horóscopo s horoscope.

horrendo *adj* 1 horrid. 2 ugly.

horribilidade s horribleness.

horripilante *adj* hair-raising.

horripilar v frighten.

horrível *adj* 1 horrible. 2 grisly.

horror s horror.

horrorizado *adj* aghast.

horrorizar *v* horrify.

horroroso *adj* 1 appalling. 2 hideous.

horta *s* kitchen garden.

hortaliça *s* vegetable.

hortelã *s Bot* mint.

horticultura *s* horticulture.

horto *s* garden.

hospedar *v* 1 lodge; accommodate. 2 entertain.

hospedaria *s* 1 lodging. 2 hotel.

hóspede *s* 1 guest. 2 lodger.

hospedeiro *s Biol* host.

hospício *s* madhouse.

hospital *s* hospital.

hospitaleiro *adj* hospitable.

hospitalidade *s* hospitality.

hospitalizar *v* hospitalize.

hóstia *s* host; wafer.

hostil *adj* 1 hostile; inimical. 2 antagonistic.

hostilidade *s* hostility; enmity.

hostilizar *v* antagonize.

hotel *s* hotel.

hulha *s* coal.

humanamente *adv* manly.

humanidade *s* 1 humankind; humanity. 2 humaneness.

humanismo *s* humanism.

humanista *s* humanist.

humanitário *adj* humanitarian; humane. ll *s* humanitarian.

humanitarismo *s* humanitarianism.

humanizar *v* humanize.

humano *adj* 1 human. 2 humane. 3 earthborn. ll *s* human.

humildade *s* 1 humbleness; humility. 2 lowliness.

humilde *adj* 1 humble. 2 lowly.

humildemente *adv* lowly.

humilhação *s* 1 humiliation. 2 mortification. 3 shame. 4 abasement.

humilhado *adj* depressed.

humilhar *v* 1 humiliate; humble. 2 mortify. 3 abase.

humo *s* mold.

humor *s* 1 humor. 2 mood. 3 temper. 4 wit.

humorista *s* humorist.

húmus *s* muck.

húngaro *adj* e *s* Hungarian.

Hungria *s* Hungary.

I

i ou **I** *s* the ninth letter of the alphabet. ‖ *símb* **1** *Quím maiús* de **iodine**. **2** *num rom maiús* do numeral 1.

ianque *s* Yankee.

iaque *s Zool* yak.

iate *s Náut* yacht.

iatismo *s Náut* yachting.

iatista *s masc* yachtsman; *fem* yachtswoman.

ibérico *adj* e *s* Iberian.

ibero *adj* e *s* Iberian.

ibidem *adv* ibidem; at the same place.

içamento *s* hoist.

içar *v* **1** hoist. **2** windlass. **3** jack. **4** crane. **5** *Náut* trice.

iceberg *s* iceberg.

ícone *s tb Comp* icon.

iconoclasta *s* iconoclast.

iconografia *s* iconography.

icterícia, iterícia *s* jaundice.

ictérico *adj* jaundiced.

ida *s* departure.

idade *s* age.

ideal *adj* e *s* ideal.

idealismo *s* idealism.

idealista *s* idealist.

idealização *s* idealization.

idealizador *s* deviser; contriver.

idealizar *v* idealize.

idear *v* contrive.

idéia *s* **1** idea; thought; notion. **2** concept. **3** image. **4** fancy.

idem *pron* idem; the same.

idêntico *adj* **1** identical. **2** equal. **3** same.

identidade *s* identity.

identificação *s* identification.

identificador *s* **1** identifier; ID. **2** *Comp* tag.

identificar *v* identify.

identificável *adj* identifiable.

ideologia *s* ideology.

ideólogo *s* doctrinaire.

idílico *adj* idyllic.

idílio *s* idyll.

idioma *s* **1** idiom. **2** tongue; language.

idiomático *adj* idiomatic.

idiota *adj* **1** stupid; silly. **2** *gír* nutty. ‖ **1** idiot; cretin. **2** *fig* donkey. **3** *gír* dumb bell; lunkhead.

idiotismo *s* idiocy.

ido *adj* gone.

idólatra *adj* heathen. ‖ *s* **1** idolater. **2** heathen.

idolatrar *v* idolize; worship.

idolatria *s* idolatry.

ídolo *s* idol.

idôneo *adj* fit.

idoso *adj* old; aged. ‖ *s* elderly; old.

iemenita *adj* e *s* Yemenite.

iene *s* yen (unidade monetária do Japão)

iglu *s* igloo.

ígneo *adj* igneous; fiery.

ignição *s* **1** ignition. **2** combustion.

ignóbil *adj* ignoble.

ignomínia *s* ignominy.

ignominioso *adj* **1** ignominious. **2** opprobrious.

ignorado *adj* unbeknown; unsuspected.

ignorância *s* **1** ignorance. **2** *fig* darkness

ignorante *adj* **1** ignorant. **2** unlearned unlettered. ‖ *s* know-nothing.

ignorar *v* ignore; blink; connive (por conveniência); overlook; pass.

igreja *s* church.

igual *adj* **1** equal; equable. **2** even; uniform **3** like; alike; same. ‖ *s* equal; fellow.

igualação *s* equalization; equation.

igualador *s* equalizer.

igualar *v* **1** equalize; equal. **2** even; level uniform.

igualável *adj* matchable.

igualdade *s* **1** *tb Mat* equality. **2** equation **3** sameness. **4** parity.

igualitário *adj* egalitarian.

igualitarismo *s* egalitarianism.

igualmente *adv* equally.

iguana *s Zool* iguana.

iguaria *s* dish.

ilação *s* illation.

ilegal *adj* **1** illegal; unlawful; lawless. **2** illicit **3** wrong. **4** illegitimate.

egalidade s illegality.

egitimidade s illegitimacy.

egítimo adj 1 illegitimate. 2 unlawful (filho de pais não casados).

egível adj illegible.

eso adj entire; whole; safe; undamaged; hurtless.

etrado adj illiterate; unlettered. II s illiterate; nonliterate.

ha s island.

harga s flank.

has Marshall s Marshall Islands.

has Salomão s Solomon Islands.

héu s islander.

hó s eyelet.

hota s isle; cay.

cito adj 1 illicit. 2 unlawful.

mitado adj 1 unlimited; limitless. 2 boundless. 3 infinite; absolute.

mitável adj illimitable.

ógico adj illogical.

udir v deceive; cheat; bluff; mystify; delude.

uminação s illumination.

uminado adj light.

uminador s 1 illuminator. 2 gaffer (em uma filmagem).

uminar v 1 illuminate; illumine; light. 2 enlighten (espírito).

uminismo s maiús enlightenment.

uminura s illumination.

usão s 1 illusion. 2 mirage. 3 delusion.

usionismo s illusionism.

usionista s illusionist.

usório adj 1 illusive; illusory. 2 delusive; delusory.

ustração s illustration.

ustrador s illustrator.

ustrar v illustrate.

ustre adj 1 illustrious. 2 distinguished; eminent. 3 brilliant.

nã s magnet; lodestone.

naculado adj immaculate; spotless.

nagem s tb Comp image.

naginação s imagination.

naginar v 1 imagine. 2 conceive. 3 suppose. 4 devise. 5 fancy. 6 think. 7 visualize.

naginário adj 1 imaginary. 2 fantastic. 3 fictional. 4 fanciful.

naginativo adj 1 imaginative. 2 creative.

imaginável adj imaginable.

imago s Psic imago.

imantação s magnetization.

imantar v magnetize.

imaterial adj immaterial; incorporeal.

imaturidade s immatureness.

imaturo adj 1 immature. 2 gír sappy.

imbecil adj imbecile. II s 1 idiot; imbecile. 2 fool; oaf.

imbecilidade s imbecility.

imbuir v infuse.

imediatamente adv 1 immediately. 2 at once. 3 now; readily.

imediato adj 1 immediate. 2 instant.

imemorial adj dateless.

imensidade s 1 immensity. 2 hugeness.

imensidão s 1 immensity. 2 boundlessness.

imenso adj 1 immense. 2 huge; vast; enormous. 3 inform walloping.

imensurável adj immeasurable.

imerecido adj undeserved.

imergir v immerge; immerse.

imersão s immersion.

imerso adj deep.

imigração s immigration.

imigrante s immigrant.

imigrar v immigrate.

iminência s imminence.

iminente adj imminent.

imitação s 1 imitation; copy. 2 reproduction. 3 sham. 4 dummy.

imitador s 1 inmitator; follower. 2 mimic. 3 echo.

imitar v 1 imitate. 2 copy; reproduce. 3 inform monkey.

imitativo adj mimic.

imitável adj imitable.

imobilidade s immobility.

imobilizadamente adv aground.

imobilizado adj aground.

imobilizar v immobilize.

imoderado adj 1 immoderate. 2 inordinate.

imodéstia s immodesty.

imodesto adj immodest.

imolação s immolation.

imolar v immolate.

imoral adj immoral.

imoralidade s immorality.

imoralmente *adv* immorally.

imortal *adj* 1 immortal. 2 deathless. 3 eternal. II *s* immortal.

imortalidade *s* immortality; eternity.

imortalizar *v* immortalize.

imóvel *adj* 1 immovable; immobile. 2 motionless; unmoving. 3 static. 4 quiet. 5 *Jur* tenement; estate.

impaciência *s* impatience.

impaciente *adj* 1 impatient. 2 eager. 3 restless; restive. 4 fretful.

impacientemente *adv* anxiously; agog.

impacto *s* 1 impact. 2 shock.

impalpável *adj* elusive.

ímpar *adj* odd (número).

imparcial *adj* impartial.

imparcialidade *s* impartiality.

imparcialmente *adv* dispassionately; fair.

impasse *s* deadlock; cul-de-sac; impasse.

impassibilidade *s* dispassion.

impassível *adj* impassible; impassive.

impecável *adj* 1 impeccable. 2 faultless.

impedido *adj* e *adv* offside.

impedimento *s* 1 impediment; hindrance. 2 obstruction. 3 *Jur* estoppel.

impedir *v* 1 impede. 2 check; bar. 3 deter. 4 *Jur* estop.

impelir *v* 1 impel. 2 thrust.

impenetrável *adj* 1 impenetrable. 2 impervious.

impenitente *adj* impenitent.

impensado *adj* unthinking; glib; inconsiderate; random; unreflecting.

imperador *s* emperor.

imperativo *adj* e *s* imperative.

imperatriz *s* empress.

imperceptível *adj* 1 imperceptible. 2 indiscernible. 3 insensible.

imperdoável *adj* inexcusable.

imperecível *adj* imperishable.

imperfeição *s* 1 imperfection. 2 fault.

imperfeito *adj* imperfect.

imperial *adj* imperial.

imperialismo *s* imperialism.

império *s* empire.

imperioso *adj* imperious.

impermeabilizar *v* waterproof.

impermeável *adj* 1 impermeable. 2 waterproof.

impermutável *adj* incommutable.

impertinência *s* impertinence.

impertinente *adj* 1 impertinent. 2 insolen fastidious.

imperturbável *adj* imperturbable.

impessoal *adj* impersonal.

ímpeto *s* 1 impetus. 2 impulse.

impetuosidade *s* 1 impetuousness. 2 v hemence.

impetuoso *adj* 1 impetuous. 2 vehemen

impiedade *s* impiety.

impiedoso *adj* 1 merciless; unmercifu 2 unsparing.

impingir *v* 1 palm off. 2 foist (por meic fraudulentos).

ímpio *adj* impious; ungodly. II *s* godless.

implacável *adj* 1 implacable; unappeasabl 2 inexpiable.

implantação *s* implantation.

implantar *v* 1 implant. 2 enroot.

implante *s Med* implant; implantation.

implementar *v* implement.

implicação *s* implication.

implicar *v* 1 implicate. 2 involve. 3 imply

implícito *adj* 1 implicit. 2 tacit. 3 *J* constructive.

implodir *v* implode.

implorante *adj* deprecatory.

implorar *v* 1 implore. 2 entreat. 3 beseec

implume *adj* bare; unfledged.

impolido *adj* inelegant.

impoluto *adj* clear.

imponderável *adj* imponderable.

imponente *adj* 1 imposing. 2 stately. 3 gran

impopular *adj* unpopular.

impor *v* 1 impose. 2 enforce. 3 inflic 4 palm off.

importação *s* importation; import.

importância *s* 1 importance. 2 concer ment. 3 significance. 4 amount.

importante *adj* important.

importar *v* 1 *tb Comp* import. 2 amoun 3 matter.

importunação *s* annoyance; harassmen tease.

importunador *adj* clamorous; annoyin person.

importunar *v* 1 importune. 2 annoy. 3 infor devil; nudge.

nportuno *adj* importunate; importune; annoying.

nposição *s* 1 imposition. 2 tax. 3 infliction.

npossibilidade *s* impossibility.

npossibilitado *adj* helpless.

npossibilitar *v* forbid.

npossível *adj* 1 impossible. 2 impracticable.

nposto *s* 1 imposition. 2 tax; tribute. 3 excise; impost.

npostor *s* impostor.

npostura *s* imposture.

npotência *s* disablement.

npotente *adj* impotent.

npraticável *adj* impracticable.

nprecação *s* imprecation.

nprecisão *s* inaccuracy.

npreciso *adj* 1 inaccurate; inexact. 2 vague.

npregnação *s* impregnation.

npregnado *adj* impregnate.

npregnar *v* 1 impregnate. 2 imbue.

nprensar *v* sandwich.

npressão *s* 1 impression. 2 imprint. 3 stamp. 4 feeling.

npressionante *adj* 1 effective. 2 *inform* walloping.

npressionar *v* 1 impress. 2 affect.

npressionável *adj* impressionable; impressible.

npressionismo *s* *Art* impressionism.

npresso *s* handbill; printed matter.

nprestável *adj* worthless.

nprevidência *s* improvidence.

nprevidente *adj* improvident.

nprevisível *adj* unpredictable; inconsistent; wayward; whimsical.

nprevisto *adj* 1 unforeseen; fortuitous; unexpected. 2 snap (decisão, ato, etc.). II *s* snag; unpredictable.

nprimir *v* 1 imprint. 2 impress. 3 stamp. 4 engrave.

nprobidade *s* improbity.

nprobo *adj* dishonest.

nprocedente *adj* baseless.

nprodutivo *adj* unproductive.

nprofícuo *adj* barren.

npronunciável *adj* unpronounceable; unutterable.

npropriamente *adv* badly; unseemly.

impropriedade *s* incongruity.

impróprio *adj* 1 improper; inappropriate. 2 wrong. 3 unsuitable. 4 unseemly; unbecoming.

improvável *adj* improbable; unlikely.

improvidência *s* improvidence.

improvidente *adj* improvident.

improvisação *s* improvisation; extemporization.

improvisado *adj* 1 unprepared. 2 offhand.

improvisador *s* improvisator; improviser.

improvisar *v* 1 improvise. 2 extemporize. 3 *Mús* fake; vamp. 4 *inform* wing it.

improviso *s* improvisation; extemporization.

imprudência *s* 1 imprudence. 2 rashness; heedlessness.

imprudente *adj* 1 imprudent. 2 heedless; unwary. 3 unwise.

impudência *s* brazenness.

impudente *adj* brazen.

impudico *adj* 1 unchaste. 2 immodest.

impugnação *s* *Jur* exception.

impugnador *s* impugner.

impugnar *v* impugn; refute.

impugnável *adj* opposable.

impulsionador *adj* motive.

impulsionar *v* 1 animate. 2 actuate.

impulsivo *adj* 1 impulsive. 2 impetuous. II *s* madcap.

impulso *s* 1 impulse. 2 thrust. 3 impetus. 4 *Telec* signal.

impunidade *s* impunity.

impuro *adj* 1 impure. 2 feculent. 3 unclean. 4 barbarous (estilo).

imputação *s* imputation.

imputar *v* 1 impute. 2 attribute.

imundície *s* 1 filth. 2 dirt.

imundo *adj* 1 dirty; filthy. 2 foul.

imune *adj* immune.

imunidade *s* 1 immunity. 2 franchise.

imunologia *s* *Med* immunology.

imutável *adj* incommutable; unchangeable; unalterable.

inabalável *adj* immovable; unmoving.

inábil *adj* 1 unskillful. 2 artless.

inabilidade *s* inability.

inabilitação *s* disablement.

inabilitar *v* 1 incapacitate; disable. 2 disqualify.

inabitado *adj* unsettled.

inabitável *adj* uninhabitable.

inabordável *adj* inapproachable.

inacabado *adj* unfinished; uncompleted.

inação *s* inaction.

inaceitável *adj* unacceptable.

inacessibilidade *s* inaccessibility.

inacessível *adj* **1** inaccessible. **2** unapproachable.

inacreditável *adj* incredible; unbelievable.

inadequação *s* inadequacy; inaptitude.

inadequado *adj* **1** inadequate. **2** improper; inappropriate. **3** unfit; unsuitable.

inadmissível *adj* inadmissible.

inadvertido *adj* inadvertent.

inalação *s* inhalation.

inalador *s* **1** inhaler (pessoa que inala ou aparelho próprio para inalação). **2** *Med* ventilator.

inalar *v* inhale; aspirate; inbreathe; draw in.

inalcançável *adj* unachievable; unattainable.

inalienável *adj* inalienable.

inalterado *adj* undisturbed; serene.

inalterável *adj* **1** unalterable. **2** unchangeable.

inamistoso *adj* unfriendly.

inane *adj* vacuous.

inanição *s* inanition.

inanidade *s* vacancy.

inanimado *adj* **1** inanimate. **2** lifeless; dead.

inapagável *adj* indelible.

inaplicável *adj* inapplicable.

inaproveitado *adj* unimproved.

inaptidão *s* inaptitude.

inapto *adj* inapt.

inarrável *adj* untold.

inarticulado *adj* **1** inarticulate. **2** *tb Biol* unarticulated.

inatingível *adj* untouchable.

inatividade *s* rust.

inativo *adj* **1** inactive; inert. **2** *Comp* idle.

inato *adj* **1** innate; native. **2** inborn.

inaudível *adj* inaudible.

inauguração *s* **1** inauguration. **2** opening.

inaugural *adj* inaugural.

inaugurar *v* inaugurate.

inautêntico *adj* facile.

incalculável *adj* incalculable.

incandescência *s* incandescence.

incandescente *adj* **1** incandescent. **2** aglow. **3** fervent.

incansável *adj* indefatigable.

incapacidade *s* incapacity.

incapacitado *adj* disabled; invalid.

incapacitar *v* incapacitate.

incapaz *adj* incapable; inapt; unfit; unable.

incauto *adj* incautious; unwary; dupe.

incendiado *adj e adv* afire.

incendiar *v* emblaze.

incendiário *adj* incendiary. ll *s* incendiary; arsonist.

incêndio *s* fire.

incensar *v* cense.

incenso *s* incense.

incensório *s* censer.

incentivar *v* spur.

incentivo *s* incentive.

incerteza *s* **1** uncertainty; incertitude. **2** *inform* maybe.

incerto *adj* **1** uncertain. **2** doubtful. **3** unreliable. **4** insecure. **5** ambiguous.

incessante *adj* incessant; nonstop.

incessantemente *adv* forever.

incesto *s* incest.

incestuoso *adj* incestuous.

inchação *s* swell.

inchaço *s* swelling; lump.

inchado *adj* **1** turgescent. **2** bloated.

inchar *v* **1** swell; intumesce. **2** bulge. **3** belly.

incidental *adj* incidental; accidental; circumstantial.

incidente *s* incident.

incineração *s* incineration.

incinerador *s* destructor; cremator.

incinerar *v* incinerate; cremate.

incipiente *adj* incipient.

incisão *s* **1** incision; cut. **2** *Med* section.

incisar *v* incise.

incisivo *adj* incisive; cutting.

incitação *s* incitation.

incitador *adj* hortatory. ll *s* fomenter.

incitamento *s* encouragement.

incitar *v* **1** incite. **2** excite. **3** instigate.

incivil *adj* uncivil.

incivilidade *s* incivility.

incivilizado *adj* uncivilized; barbarous.

inclemência *s* inclemency.

inclemente *adj* inclement.

nclinação s 1 incline; inclination. 2 vocation.

nclinado adj apt.

nclinar v 1 incline. 2 bow (a cabeça ou o corpo); bend. 3 slant; slope. 4 tip; tilt.

nclinável adj inclinable.

ncluir v 1 include; enclose. 2 comprise; comprehend. 3 fall under. 4 involve. 5 embrace; encompass. 6 cover.

nclusão s inclusion; comprehension.

nclusivo adj 1 inclusive. 2 comprisable.

ncluso adv herein.

ncoerência s incoherence.

ncoerente adj incoherent.

ncógnita s 1 incognito; incognita. 2 Mat unknown.

ncógnito adj e s incognito.

ncolor adj colorless.

ncólume adj 1 safe. 2 undamaged.

ncombustível adj incombustible.

ncomensurável adj incommensurable.

ncomodar v 1 incommode. 2 trouble; disturb. 3 annoy. 4 bother.

ncômodo adj 1 cumbersome. 2 uncomfortable. II s 1 indisposition. 2 discomfort; trouble. 3 nuisance; bother.

ncomparável adj 1 incomparable. 2 matchless.

ncompatibilidade s incompatibility.

ncompatível adj incompatible.

ncompetência s 1 incompetence. 2 Jur disability.

ncompetente adj incapable; unable.

ncompleto adj 1 incomplete; uncompleted. 2 unaccomplished. 3 unfinished.

ncompreensão s incomprehension.

ncompreensível adj 1 incomprehensible. 2 impenetrable.

ncomputável adj incomputable.

ncomum adj 1 uncommon; unusual. 2 rare. 3 unaccustomed.

ncomunicável adj incommunicable.

ncomutável adj incommutable.

nconcebível adj inconceivable.

nconciliável adj inappeasable.

nconcludente adj inconclusive.

ncondicional adj unconditional.

nconfesso adj ulterior.

nconformidade s inconformity.

nconfundível adj unmistakable.

incongruência s incongruity.

incongruente adj incongruent; incongruous.

inconquistável adj unconquerable; unattainable.

inconsciência s unconsciousness.

inconsciente adj 1 unconscious. 2 senseless. 3 unwitting. 4 unaware. II s Psic unconscious.

inconseqüente adj inconsequent.

inconsiderado adj inconsiderate.

inconsistência s inconsistency.

inconsistente adj 1 inconsistent. 2 incongruous.

inconsolável adj inconsolable; disconsolate.

inconstância s inconstancy.

inconstante adj 1 inconstant. 2 fickle. 3 variable; changeable.

inconstitucional adj unconstitutional.

incontável adj uncountable; countless.

incontestável adj 1 incontestable. 2 unquestionable.

incontinência s incontinence.

incontinente adj incontinent.

incontrolado adj unchecked.

incontrolável adj 1 uncontrollable. 2 ungovernable.

incontroverso adj incontrovertible.

inconveniência s inconvenience.

inconveniente adj unseemly. II s drawback.

inconvenientemente adv unseemly.

inconvertível adj inconvertible.

incorporação s incorporation.

incorporado adj incorporate.

incorporar v 1 incorporate. 2 embody. 3 consolidate (empresa).

incorpóreo adj 1 incorporeal. 2 immaterial.

incorreção s error.

incorreto adj 1 incorrect. 2 wrong. 3 erroneous. 4 false.

incorrigível adj incorrigible.

incorruptível adj incorruptible.

incorrupto adj incorrupt.

incredulidade s incredulity.

incrédulo adj 1 incredulous. 2 faithless. II s heathen.

incrementar v develop.

incremento s 1 increment. 2 increase.

incréu adj faithless.

incriminação s crimination.

incriminar v 1 incriminate. 2 criminate. 3 charge; inculpate.

incrível adj 1 incredible. 2 unbelievable. 3 gír awesome.

incrustação s incrustation.

incrustar v encrust.

incubação s incubation.

incubadora s incubator.

incubar v incubate.

íncubo s incubus.

inculcar v 1 inculcate. 2 implant.

inculpabilidade s blamelessness.

inculto adj uncultured. II s barbarian.

incultura s illiteracy.

incumbência s 1 incumbency. 2 task; charge.

incumbir v entrust.

incurável adj 1 incurable. 2 Med terminal.

incúria s carelessness.

incursão s 1 incursion. 2 foray.

indagar v 1 ask; inquire. 2 query; question.

indébito adj misbegotten.

indecência s 1 indecency. 2 obscenity.

indecente adj 1 indecent. 2 obscene. II s ribald.

indecifrável adj illegible.

indecisão s indecision.

indeciso adj 1 undecided. 2 dubious.

indecoroso adj indecorous.

indefensável adj untenable.

indefeso adj 1 defenseless. 2 unarmed.

indefinição s elusiveness.

indefinidamente adv aye.

indefinido adj 1 indefinite. 2 vague; uncertain. 3 inexplicit.

indefinível adj indefinable.

indelével adj indelible; ineffaceable.

indelicadeza s indelicacy.

indelicado adj 1 indelicate. 2 unkind; rough.

indene adj undamaged.

indenização s 1 reimbursement; indemnity. 2 compensation.

indenizar v 1 indemnify; reimburse. 2 compensate.

indenizável adj compensable.

independência s 1 independence; independency. 2 freedom. 3 autonomy.

independente adj 1 independent. 2 free. 3 autonomous. 4 Comp stand-alone.

indescritível adj indescribable.

indesculpável adj inexcusable.

indesejado adj uncalled-for.

indesejável adj undesirable.

indestrutível adj indestructible; indefeasible

indeterminação s indetermination.

indeterminado adj indeterminate.

indevidamente adv unduly.

indevido adj undue.

indexar v index.

Índia s India.

indiano adj e s Indian.

indicação s 1 indication. 2 suggestion 3 Comp token.

indicado adj designate.

indicador s gauge.

indicar v 1 indicate. 2 denote.

indicativo adj indicative.

índice s 1 index. 2 Mat index (de raiz).

indício s 1 clue; trace. 2 sign.

indiferença s 1 indifference. 2 unconcern

indiferente adj 1 indifferent. 2 negligent 3 cold; apathetic.

indiferentemente adv coldly.

indígena adj aboriginal.

indigência s indigence.

indigente adj needy. II s beggar.

indigerível adj indigestible.

indigesto adj indigested.

indignação s 1 indignation. 2 resentment

indignado adj 1 indignant. 2 angry.

indignar v anger; revolt; incite.

indignidade s indignity.

indigno adj unworthy; worthless.

índigo s indigo (cor).

índio adj Indian. II s aborigine; Indian.

indireto adj 1 indirect. 2 circuitous. 3 t Anat, Bot e Mat oblique.

indiscernível adj indiscernible.

indisciplina s indiscipline.

indisciplinado adj unruly.

indiscreto adj 1 indiscreet. 2 imprudent.

indiscrição s 1 indiscretion. 2 imprudence

indiscriminação s indiscrimination.

indiscriminadamente adv wholesale.

indiscriminado adj indiscriminate.

indiscutível adj unquestionable.

indispensável adj 1 indispensable. 2 essential; necessary. 3 needful. II s must.

ndisponível adj unavailable.

ndispor v indispose.

ndisposição s indisposition.

ndisposto adj indisposed; unwell.

ndissolúvel adj indissoluble.

ndistinguível adj indistinguishable.

ndistintamente adv dimly.

ndistinto adj indistinct; umbrage.

ndividual adj individual; single.

ndividualidade s individuality.

ndividualismo s individualism.

ndividualista adj e s individualist.

ndividualmente adv singly.

ndivíduo s 1 individual. 2 inform scout.

ndivisibilidade s oneness.

ndivisível adj indivisible.

ndizível adj unutterable.

ndócil adj indocile.

ndocilidade s indocility.

ndole s nature.

ndolência s indolence.

ndolente adj 1 indolent. 2 idle. ll s do-nothing; sluggard.

ndolentemente adv idly.

ndolor adj painless.

ndomado adj unbroken (cavalo).

ndomável adj uncontrollable.

ndômito adj undaunted; unruly.

Indonésia s Indonesia.

ndonésio adj e s Indonesian.

ndubitável adj undoubted.

ndubitavelmente adv doubtlessly.

ndução s tb Eletr induction.

ndulgência s indulgence.

ndulgente adj 1 indulgent. 2 lenient.

ndulto s pardon.

ndumentária s costume.

ndústria s industry.

ndustrial adj industrial. ll s industrial; industrialist.

industrialismo s industrialism.

industrialista s industrialist.

industrialização s industrialization.

industrializar v industrialize.

indutância s Eletr inductance.

indutivo adj inductive.

indutor s inductor.

induzir v induce.

ineficácia s inefficacy.

ineficaz adj 1 inefficacious. 2 ineffective.

ineficiência s inefficiency.

ineficiente adj inefficient.

inegável adj undeniable.

inelástico adj inelastic.

inelegibilidade s ineligibility.

inelegível adj ineligible.

inépcia s bungle; ineptitude.

inepto adj 1 inept. 2 inform footless. ll s maladroit.

inequívoco adj unequivocal; unmistakable.

inércia s 1 Fís inertia. 2 sluggishness.

inerente adj 1 inherent. 2 intrinsic. 3 native. 4 connate.

inerir v inhere.

inerte adj inert.

inescrupuloso adj unscrupulous.

inescrutável adj inscrutable.

inesgotável adj unfailing.

inesperadamente adv unawares.

inesperado adj unexpected; unforeseen.

inesquecível adj unforgettable.

inestimável adj inestimable; invaluable.

inevitável adj 1 inevitable. 2 fatal.

inexatidão s inaccuracy.

inexato adj 1 inexact. 2 inaccurate.

inexistente adj inexistent; wanting.

inexorável adj inexorable.

inexperiência s 1 inexperience. 2 rawness.

inexperiente adj inexperienced. ll s tenderfoot.

inexplicável adj 1 inexplicable. 2 unaccountable.

inexpressivo adj 1 inexpressive. 2 unmeaning (rosto).

inexprimível adj inexpressible.

inexpugnável adj inexpugnable.

inextinguível adj inextinguishable.

inextricável adj inextricable.

infalível adj 1 infallible. 2 unerring. 3 unfailing.

infamante adj opprobrious.

infamar v dishonor.

infame adj 1 infamous. 2 odious. 3 ignominious.

infâmia s infamy.

infância s infancy; childhood.

infantaria s infantry.

infanticida s infanticide.

infanticídio s infanticide.
infantil adj 1 infantile. 2 childish.
infantilidade s childishness; boyishness.
infantilismo s infantilism.
infatigável adj indefatigable.
infecção s 1 infection. 2 taint.
infeccionar v infect.
infeccioso adj infectious.
infectado adj infected.
infectar v infect.
infecundidade s effeteness.
infecundo adj 1 sterile. 2 barren.
infelicidade s unhappiness; misfortune; infelicity.
infeliz adj 1 unhappy; unfortunate; unlucky. 2 miserable; distressful. ‖ s wretch.
inferência s 1 inference. 2 consequence. 3 corollary.
inferior adj 1 inferior. 2 lower. 3 lesser. 4 cheap.
inferioridade s inferiority.
inferiorizar v abase.
inferiormente adv under.
inferir v 1 infer. 2 deduce.
infernal adj 1 infernal. 2 hellish.
inferno s hell; inferno.
infértil adj infertile.
infestar v infest.
infidelidade s infidelity.
infiel adj 1 unfaithful. 2 disloyal. ‖ s 1 infidel. 2 Relig unbeliever.
infiltração s infiltration.
infiltrar v 1 infiltrate. 2 seep (líquidos).
ínfimo adj undermost.
infinidade s infinity.
infinitesimal adj infinitesimal.
infinitésimo adj e s infinitesimal.
infinitivo s Gram infinitive.
infinito adj e s 1 infinite. 2 endless. 3 immeasurable. 4 Mat infinite.
infixo s Gram infix.
inflação s tb Econ inflation.
inflacionar v Econ inflate.
inflacionário adj inflationary.
inflado adj bloated; flatulent; tumid.
inflamação s 1 inflammation. 2 ignition. 3 Med inflammation.
inflamadamente adv ablaze.
inflamado adj inflammatory.

inflamar v 1 tb Med inflame. 2 ignite; kindle. 3 excite. 4 fester; rankle. 5 incense.
inflamatório adj inflammatory.
inflamável adj inflammable.
inflar v 1 inflate. 2 bloat.
inflexão s tb Gram inflection.
inflexibilidade s hardness; obduracy.
inflexível adj 1 inflexible. 2 stiff. 3 unrelenting. 4 fig deaf.
infligir v inflict.
influência s 1 influence. 2 inform clout. 3 Mat e Biol vector.
influenciar v 1 influence. 2 sway. 3 impress. 4 lead (pensamento e ação de outros).
influenciável adj accessible; flexible; impressionable.
influente adj influential.
influenza s 1 Med influenza. 2 inform flu.
influir v influence.
influxo s 1 influx. 2 inflow.
informação s 1 information. 2 intelligence. 3 notice. 4 advice; advices.
informado adj 1 informed. 2 aware.
informal adj informal.
informalidade s informality.
informalmente adv blithely.
informante s informer; informant.
informar v 1 inform. 2 instruct. 3 tell. 4 report. 5 advise. 6 advertise.
informativo adj informative.
informe adj unformed. ‖ s report; statement.
infortunado adj 1 unfortunate. 2 unhappy.
infortúnio s 1 misfortune. 2 distress. 3 casualty. 4 mischance. 5 adversity; woe.
infração s 1 infraction; infringement. 2 Jur misfeasance.
infrator s 1 infractor. 2 defaulter.
infravermelho adj e s infrared.
infreqüente adj far between.
infringir v 1 infringe. 2 infract. 3 transgress; violate.
infrutífero adj 1 unfruitful; fruitless. 2 barren.
infundado adj 1 unfounded; baseless. 2 causeless.
infundir v infuse.
infusão s infusion.
ingenuamente adv ingenuously.
ingenuidade s 1 ingenuousness. 2 simplicity.

ngênuo adj 1 ingenuous. 2 simple. 3 frank. ‖ s dupe; gull.

ngerir v ingest.

ngestão s ingestion.

nglaterra s England.

nglês adj e s 1 English. 2 s masc Englishman.

nglesa s fem Englishwoman.

nglório adj inglorious.

ngovernável adj ungovernable.

ngratidão s ingratitude.

ngrato adj 1 ungrateful. 2 unthankful; thankless. ‖ s ingrate.

ngrediente s ingredient.

ngreme adj 1 steep; sheer. 2 abrupt. 3 arduous.

ngressar v enter.

ngresso s 1 ticket (cinema, teatro). 2 ingress. 3 entry; entrance. 4 admission.

nhame s Bot yam.

nibição s inhibition (crescimento, ato, desejo).

nibir v inhibit (crescimento, ato, desejo).

niciação s initiation (cerimônia de admissão).

niciado adj e s initiate.

nicial adj 1 initial. 2 inaugural. ‖ s initial.

nicialização s tb Comp start-up.

nicializar v Comp initialize.

nicialmente adv initially.

niciante adj e s beginner.

niciar v 1 initiate. 2 begin; start. 3 inaugurate. 4 tb Comp launch. 5 open. 6 fig baptize.

niciativa s initiative.

nício s 1 beginning; start. 2 rise. 3 inform kickoff.

nigualável adj unmatched.

nimaginável adj unthinkable.

nimigo adj enemy. ‖ s 1 enemy. 2 foe.

nimitável adj inimitable.

nimizade s enmity.

ninteligente adj unintelligent.

ninteligível adj inarticulate; incomprehensible.

ninterrupto adj ceaseless.

niqüidade s iniquity.

niníquo adj 1 iniquitous. 2 unjust.

njeção s injection.

injetar v 1 inject. 2 introduce.

injúria s 1 injury. 2 wrong. 3 insult.

injuriar v outrage.

injurioso adj abusive; contumelious; invective; outrageous.

injustamente adv unfairly.

injustiça s 1 injustice. 2 wrong.

injustificado adj unwarranted.

injustificável adj unjustifiable.

injusto adj 1 unjust; unfair. 2 unrighteous. 3 inequitable.

inobservância s inobservance.

inocência s innocence (moral e legal); innocency.

inocentar v Jur acquit (um réu).

inocente adj 1 innocent (moral e legal). 2 guiltless. ‖ s innocent (moral e legal).

inoculação s inoculation.

inocular v inoculate.

inócuo adj innocuous.

inodoro adj inodorous; scentless.

inofensivo adj 1 inoffensive. 2 harmless. 3 innocuous.

inoperante adj 1 inoperative. 2 inform zero.

inoperável adj inoperable.

inoportuno adj 1 inopportune. 2 unseasonable. 3 inconvenient.

inorgânico adj inorganic.

inospitaleiro adj inhospitable.

inóspito adj inhospitable.

inovação s 1 innovation. 2 newness.

inovador adj innovative.

inovar v innovate.

inoxidável adj rustproof; stainless.

inquebrável adj unbreakable; infrangible.

inquérito s 1 inquiry. 2 examination. 3 Jur inquest.

inquestionável adj 1 unquestionable. 2 indisputable.

inquietação s unrest.

inquietante adj alarming.

inquietar v 1 disquiet. 2 disturb. 3 alarm.

inquieto adj 1 unquiet. 2 uneasy. 3 anxious.

inquietude s anxiety.

inquilino s tenant.

inquiridor s inquisitor.

inquirir v 1 inquire. 2 examine.

inquisição s maiús inquisition.

insaciável adj 1 insatiable; insatiate. 2 unappeasable.

insalubre adj insalubrious; unhealthy.

insalubridade s insalubrity.

insanidade s tb Jur insanity.

insano adj 1 insane. 2 gír nuts. ‖ s crazy; loon; lunatic.

insatisfação s dissatisfaction.

insatisfatório adj dissatisfactory.

insatisfeito adj dissatisfied.

insaturado adj Quím unsaturated.

inscrever v 1 inscribe. 2 register. 3 enroll; enlist.

inscrição s 1 inscription. 2 enrollment. 3 registration; registry.

insegurança s insecurity.

inseguro adj insecure; unsafe.

inseminação s insemination.

inseminar v inseminate.

insensatez s 1 foolishness. 2 absurdity.

insensato adj 1 insensate. 2 foolish; unwise.

insensibilidade s 1 apathy. 2 cold-heartedness.

insensibilizar v dull.

insensível adj 1 insensible. 2 dull. 3 unfeeling.

insensivelmente adv coldly; dully.

inseparável adj inseparable.

inserção s 1 insertion. 2 inset.

inserir v 1 insert. 2 introduce. 3 implant.

inseticida s insecticide.

inseto s insect.

insídia s treachery.

insidioso adj insidious.

insigne adj 1 notable. 2 eminent.

insígnia s 1 emblem; badge. 2 cognizance.

insignificância s insignificance.

insignificante adj 1 insignificant. 2 unimportant. 3 trivial.

insinceridade s insincerity.

insincero adj insincere.

insinuação s 1 insinuation. 2 hint. 3 allusion. 4 intimation.

insinuante adj insinuating.

insinuar v 1 insinuate. 2 hint.

insipidez s aridity.

insípido adj 1 insipid; tasteless. 2 drab; flat. 3 flavorless.

insistência s insistence.

insistente adj 1 insistent. 2 urgent.

insistir v insist.

insociável adj unsociable.

insolação s sunstroke; heat stroke insolation

insolência s insolence; impertinence.

insolente adj 1 insolent. 2 haughty.

insólito adj unusual.

insolúvel adj 1 insoluble. 2 insolvable.

insolvência s insolvency.

insolvente adj insolvent.

insondável adj 1 fathomless. 2 unsearchable

insone adj sleepless.

insônia s insomnia.

insosso adj vapid; unsavory.

inspeção s 1 inspection. 2 survey. 3 M review.

inspecionar v inspect; examine.

inspetor s 1 inspector. 2 surveyor. 3 overseer.

inspetoria s inspectorate.

inspiração s 1 inspiration. 2 afflatus (poética ou divina).

inspirar v 1 inspire. 2 inhale. 3 imbue.

instabilidade s instability.

instalação s tb Comp installation; installment.

instalador s tb Comp installer.

instalar v 1 install. 2 settle.

instância s instance.

instantaneamente adv instantly; urgently instanter.

instantâneo adj instantaneous. ‖ s tb Comp snapshot.

instante s 1 instant; moment. 2 second. 3 flash. 4 inform jiffy.

instável adj unstable; unsettled.

instigação s enticement.

instigador s enticer; exciter.

instigar v 1 instigate. 2 entice.

instilar v instill.

instintivo adj instinctive.

instinto s 1 instinct. 2 flair.

institucional adj institutional.

instituição s 1 institution (educacional, filantrópica, etc.). 2 establishment.

instituidor s establisher.

instituir v 1 institute; establish. 2 found.

instituto s institute.

instrução s 1 instruction. 2 education. 3 tuition.

nstruído adj 1 educated. 2 informed.
nstruir v 1 instruct. 2 educate; school.
3 train; coach (alunos, jogadores).
4 inform; enlighten. 5 inform mentor.
nstrumentação s instrumentation.
nstrumental adj tb Mús instrumental.
nstrumento s 1 instrument. 2 tool; implement. 3 apparatus.
nstrutivo adj 1 instructive. 2 informative.
nstrutor s 1 instructor; teacher. 2 fugleman
(nos exercícios militares). 3 masc schoolmaster.
nsubordinação s contumacy.
nsubordinado adj insubordinate. II s incub-
ordinate.
nsubstancial adj insubstantial; unsubstan-
tial.
nsucesso s unsuccess; failure.
nsuficiência s 1 insufficiency. 2 Jur disability.
nsuficiente adj 1 insufficient. 2 inadequate.
3 scanty.
nsulina s Med insulin.
nsultante adj abusive.
nsultar v 1 insult. 2 abuse. 3 offend.
4 revile.
nsulto s 1 insult. 2 abuse; affront.
nsuperável adj 1 insuperable. 2 insurmountable.
nsuportável adj 1 insupportable. 2 unbearable.
nsurgir v rebel.
nsurreição s 1 insurrection. 2 rising.
nsuscetível adj insusceptible.
nsuspeito adj unsuspected.
ntacto adj 1 intact. 2 entire.
ntangível adj intangible.
ntegração s integration.
ntegral adj 1 integral. 2 unabridged (obra
literária, texto). II s Mat integral.
ntegrante adj e s integral.
ntegrar v integrate.
ntegridade s 1 integrity. 2 completeness.
3 rectitude.
ntegro adj inviolate.
nteiramente adv 1 entirely; all; altogether.
2 inform clear.
nteirar v inform fill in.
nteireza s entirety.

inteiriço adj entire.
inteiro adj 1 entire. 2 whole. 3 intact. 4 full.
5 gír cool. 6 Mat round (número). II s
whole.
intelecção s intellection.
intelecto s 1 intellect. 2 brains; mind. 3 Fil
nous; reason.
intelectual adj intellectual. II s 1 intellectual.
2 inform egghead.
intelectualismo s intellectualism.
intelectualizar v intellectualize.
inteligência s 1 intelligence. 2 understanding.
inteligente adj 1 intelligent. 2 bright.
inteligível adj 1 intelligible; comprehensible.
2 clear.
intemperança s intemperance.
intenção s 1 intention. 2 intent.
intencionado adj disposed.
intencional adj 1 intentional. 2 intended.
3 deliberate.
intencionalmente adv consciously.
intendência s intendance.
intendente s bailiff.
intensidade s intensity; degree; depth (de
cor); intension; wave (onda de pânico, de
terror, etc.).
intensificação s intensification.
intensificar v 1 intensify; increase. 2 enhance. 3 heighten.
intensivo adj intensive.
intenso adj 1 intense. 2 vivid. 3 violent.
intento s intent; design; purpose.
interação s tb Comp interaction.
interagir v 1 interact. 2 Comp converse.
interativo adj tb Comp interactive.
intercalação s intercalation.
intercalar v 1 intercalate. 2 interpolate.
intercambiar v interchange.
intercambiável adj interchangeable.
intercâmbio s 1 interchange. 2 communication. 3 intercourse (entre pessoas,
grupos e países).
interceder v intercede; plead.
intercepção s interception.
interceptador s intercepter.
interceptar v intercept.
intercessor s mediator.
intercolúnio s Arq bay.

intercomunicação s intercommunication.
intercomunicar v intercommunicate.
interconexão s interconnection.
interdepartamental adj interdepartmental.
interdição s 1 interdiction. 2 Jur interdict; estoppel.
interdisciplinar adj interdisciplinary.
interditar v 1 interdict. 2 forbid.
interdizer v ban.
interessado adj interested.
interessante adj interesting.
interessar v 1 interest. 2 concern.
interesse s 1 interest. 2 concern.
interesseiro adj mean.
interface s Comp interface.
interferência s tb Eletrôn interference.
interferir v 1 interfere. 2 intervene. 3 interpose.
interfone s intercom.
intergaláctico adj intergalactic.
ínterim s interim; meantime.
interino adj interim; temporary; provisory.
interior adj 1 interior. 2 inner; inward. 3 internal. II s 1 interior. 2 inland; upland (de um país).
interjeição s Gram interjection.
interligar v interlink.
interlocução s interlocution.
interlocutor s interlocutor.
interlúdio s interlude.
intermediar v intermediate.
intermediário adj intermediate. II s 1 intermediate; intermediary. 2 broker.
interminável adj 1 interminable. 2 endless.
intermitente adj intermittent.
internação s internment.
internacional adj international.
internacionalizar v internationalize.
internamente adv within.
internar v intern.
internato s boarding school.
internauta s Comp internaut.
interno adj 1 internal. 2 inside; inward. II s 1 internee. 2 inmate (especialmente em prisões e hospitais).
interpelação s compellation.
interpessoal adj interpersonal.
interplanetário adj interplanetary.
interpolar v interpolate.

interpor v 1 interpose. 2 intervene.
interposição s interposition.
interposto adj mediate.
interpretação s 1 interpretation. 2 translation. 3 rendition (de peça de teatro, show).
interpretar v interpret.
interpretativo adj interpretive.
intérprete s 1 interpreter. 2 tb Mús exponent.
inter-racial adj interracial.
inter-relacionar v interrelate.
interrogação s interrogation.
interrogador s examiner; querist.
interrogar v 1 interrogate. 2 examine. 3 ask. 4 tb Jur question.
interrogativo adj interrogative; interrogatory.
interrogatório s 1 tb Jur interrogatory. 2 interrogation. 3 inquiry.
interromper v 1 interrupt. 2 discontinue; break. 3 stop.
interrompido adj discontinuous.
interrupção s 1 interruption. 2 cessation. 3 discontinuance. 4 tb Comp timeout. 5 shutdown (em uma operação, produção, ou fábrica).
interruptor s tb Eletr switch.
interseção s tb Mat intersection.
interstelar adj interstellar.
interstício s interval.
interurbano adj interurban.
intervalo s 1 interval. 2 intermission.
intervenção s 1 intervention. 2 interference.
intervencionismo s interventionism.
intervir v 1 intervene. 2 interfere. 3 intermediate.
intestado adj Jur intestate.
intestinal adj Anat enteric.
intestino s geralm us pl intestine; bowels.
intimação s 1 Jur citation. 2 summons. 3 Jur caveat; garnishment.
intimamente adv closely; nearly.
intimar v 1 summon; cite. 2 Jur garnish.
intimidade s 1 intimacy. 2 closeness.
intimidado adj hangdog.
intimidar v 1 intimidate. 2 browbeat; bully.
íntimo adj 1 intimate. 2 inner. 3 innermost; inmost. 4 near; close. 5 familiar. 6 confidential. 7 inform thick. II s chummy.

ntitular v entitle; title.

ntocável adj untouchable. II s tb maiús untouchable (membro do sistema de casta hindu).

ntolerância s 1 intolerance. 2 impatience. 3 bigotry.

ntolerante adj intolerant; impatient. II s bigot.

ntolerável adj 1 intolerable. 2 unbearable. 3 insupportable.

ntoxicação s intoxication.

ntoxicado adj 1 gír blasted. 2 inebriate.

ntoxicar v intoxicate.

ntragável adj brackish.

ntranqüilo adj uneasy.

ntransferível adj unalienable.

ntransigência s intransigence.

ntransigente adj intransigent.

ntransitável adj impassable.

ntransitivo adj Gram intransitive.

ntransponível adj insurmountable.

ntratável adj 1 intractable. 2 unapproachable.

ntrepidez s courageousness; resolution.

ntrépido adj 1 intrepid. 2 bold. II s daredevil.

ntricado adj intricate.

ntriga s intrigue; scheme.

ntrigante adj quizzical; intriguing.

ntrigar v 1 intrigue. 2 scheme.

ntrincado adj complicated; complex.

ntrínseco adj 1 intrinsic. 2 internal.

ntrodução s 1 introduction. 2 foreword.

ntrodutório adj introductory.

ntroduzir v 1 introduce. 2 usher. 3 initiate. 4 insert. 5 inject.

ntróito s introit.

ntrometer v 1 intromit. 2 meddle; intermeddle. 3 intrude.

ntrometido adj meddlesome. II s meddler.

ntromissão s 1 intromission. 2 interference.

ntrospecção s introspection.

ntrusão s intrusion.

ntrusivo adj Geol intrusive.

ntruso adj intrusive. II s meddler.

ntuição s 1 intuition. 2 anticipation.

ntuitivo adj intuitive.

ntumescência s intumescence.

ntumescente adj intumescent.

intumescer v intumesce; tumefy.

inumerável adj 1 countless; numberless; innumerable; unnumbered. 2 inform umpteen.

inúmero adj inform umpteen.

inundação s 1 inundation; flood. 2 overflow.

inundado adj awash.

inundar v 1 inundate; flood. 2 overflow. 3 deluge.

inútil adj 1 inutile. 2 useless. 3 worthless. 4 unprofitable.

inutilidade s inutility.

inutilização s frustration.

inutilizado adj disabled.

inutilizar v frustrate.

inutilmente adv in vain.

invadir v invade.

invalidação s 1 cancelation. 2 Jur avoidance.

invalidar v 1 invalidate. 2 nullify; annul. 3 Jur abate (mandato).

invalidez s disability; disablement.

inválido adj 1 disabled. 2 invalid. II s invalid.

invariável adj 1 invariable. 2 changeless.

invariavelmente adv always.

invasão s invasion; inroad.

invasor s raider.

invectiva s invective; diatribe.

invectivar v fulminate.

inveja s 1 envy. 2 jealousy.

invejar v 1 envy. 2 begrudge. 3 covet.

invejável adj enviable.

invejoso adj envious; jealous.

invenção s invention.

invencível adj 1 invincible. 2 indomitable.

inventado adj made-up.

inventar v 1 invent. 2 create.

inventariar v inventory.

inventário s inventory.

inventivo adj inventive.

invento s device; gadget.

inventor s author.

inverdade s untruth.

invernal adj brumal.

inverno s winter.

inversamente adv contrariwise; conversely; counter.

inversão s inversion.

inverso adj inverse. II s 1 reverse. 2 inverse.

invertebrado adj e s invertebrate.

inverter v 1 invert. 2 reverse.
invertido adj backward; adv backwards.
investida s 1 charge; sally; attack. 2 rush; onrush.
investidor s investor.
investigação s 1 investigation. 2 inquiry.
investigador adj inquisitive. II s investigator; detective.
investigar v 1 investigate. 2 search. 3 examine; explore; study; survey.
investimento s investment.
investir v 1 invest (tempo, dinheiro ou esforço). 2 rush; assail; attack..
inveterado adj inveterate; confirmed.
inviável adj unlikely.
invicto adj Esp unbeaten.
inviolado adj inviolate.
inviolável adj inviolable.
invisibilidade s invisibility.
invisível adj invisible; unseen.
invocação s 1 invocation. 2 Ret apostrophe.
invocar v invoke.
invólucro s 1 involucrum. 2 wrapper; covering. 3 envelope. 4 case; cover.
involuntário adj involuntary.
invulgar adj remarkable; unwonted; unusual.
iodar v iodate.
iodato s Quím iodate.
iodo s Quím iodine (símb I).
ioga s yoga.
iogurte s yogurt.
ioiô s yo-yo.
íon s Fís Quím ion.
ionosfera s ionosphere.
ir v 1 go. 2 pass.
ira s 1 anger. 2 wrath; ire; rage. 3 passion.
Irã s Iran.
irado adj 1 irate. 2 angry.
iraniano adj e s Iranian.
Iraque s Iraq.
iraquiano adj e s Iraqi.
irascível adj irascible; irritable.
iridescente adj iridescent.
íris s 1 eye. 2 Anat e Bot iris.
Irlanda s Ireland.
irlandês adj e s Irish.
irmã s sister.
irmanado adj kindred.

irmanar v fraternize.
irmandade s 1 brotherhood; sisterhood. 2 fraternity.
irmão s brother.
ironia s 1 irony. 2 sarcasm.
irônico adj 1 ironic. 2 sarcastic.
irracional adj irrational.
irracionalidade s unreason.
irradiação s 1 irradiation. 2 irradiance. 3 radiation.
irradiante adj beamy.
irradiar v 1 irradiate. 2 radiate.
irreal adj 1 unreal; illusory. 2 unsubstan tial.
irreconciliável adj irreconcilable.
irrecuperável adj irretrievable.
irrecusável adj irrecusable.
irredutível adj irreducible.
irreduzível adj irreducible.
irrefletido adj 1 thoughtless. 2 inconsider ate. 3 unconsidered.
irrefutável adj irrefutable.
irregular adj irregular.
irregularidade s irregularity.
irrelevância s irrelevance.
irrelevante adj 1 irrelevant. 2 inform zero
irreligião s irreligion.
irreligioso adj irreligious.
irremediável adj irremediable.
irremissível adj irredeemable.
irremovível adj irremovable.
irreparável adj irreparable.
irrepreensível adj faultless.
irreprimido adj unchecked.
irreprimível adj irrepressible.
irrequieto adj 1 restless. 2 inform corky.
irresistível adj irresistible.
irresoluto adj irresolute.
irrespondível adj unanswerable.
irresponsabilidade s irresponsibility.
irresponsável adj irresponsible.
irrestrito adj unbounded.
irreverência s irreverence.
irreverente adj irreverent.
irreversível adj irreversible.
irrevogável adj irrevocable.
irrigação s irrigation.
irrigador s sprinkler.
irrigar v irrigate; water.

risório *adj* derisory; risible.

ritação *s* 1 irritation; exasperation. 2 itching; burning.

ritadiço *adj* brittle; edgy; short-tempered; cranky.

ritado *adj fig* acidulous; testy.

ritante *adj* 1 irritant; irritative. 2 *fig* acrid. II *s* irritant.

ritar *v* 1 irritate. 2 anger. 3 exasperate. 4 *inform* gravel.

ritável *adj* 1 irritable. 2 *inform* ride (alguém).

rupção *s* outbreak.

sca *s* bait; lure.

scar *v* bait.

senção *s* 1 exemption. 2 immunity.

sentar *v* 1 exempt; acquit. 2 dispense. 3 except. 4 excuse.

sentável *adj* exemptible.

sento *adj* 1 exempt. 2 immune. II *s* exempt.

slâmico *adj* Islamic.

slamismo *s* 1 Islam. 2 *ofens* Islamism.

slandês *adj* e *s* Icelandic.

slândia *s* Iceland.

solação *s* detachment; insulation.

isolado *adj* 1 alone; secluded. 2 segregate. II *s* outsider.

isolador *s* insulator.

isolamento *s* remoteness; seclusion.

isolante *s* insulator.

isolar *v* 1 isolate. 2 segregate. 3 *tb Eletr* insulate. 4 quarantine (política ou economicamente).

isopor *s* foam.

isóscele *adj Mat* isosceles.

isqueiro *s* lighter.

israelense *adj* e *s* Israeli.

israelita *adj* Israelite. II *s* Jewish; Israelite.

isso. *pron demons* that.

istmo *s* isthmus.

isto *pron demons* this.

Itália *s* Italy.

italiano *adj* e *s* Italian.

itálico *adj* 1 Italian. 2 *Tip* italic; italics.

item *s* item; article.

itinerante *adj* e *s* itinerant.

itinerário *s* itinerary; route; schedule.

ítrio *s Quím* yttrium.

Iugoslávia *s* Yugoslavia.

iugoslavo *adj* e *s* Yugoslavian.

J

j ou **J** s the tenth letter of the alphabet.

já adv now; already; ever; yet.

jabuti s **1** land turtle. **2** cotton-gin.

jacaré s alligator.

jacente s Jur in abeyance.

jactância s **1** brag. **2** vainglory; vaunt.

jactancioso adj vainglorious.

jactar-se v **1** brag. **2** vaunt.

jade s jade.

jaguar s Zool jaguar.

jaleco s jacket.

Jamaica s maiús Jamaica.

jamaicano adj Jamaican.

jamais adv never.

janeiro s January.

janela s tb Comp window.

jangada s raft; float.

jangadeiro s rafter.

janota s dandy; fop. inform dude; exquisite.

janotismo s foppery.

jantar s dinner. || v dine; have dinner.

Japão s Japan.

japonês s Japanese (gentílico e idioma). || adj Japanese.

jaqueta s jacket.

jarda s yard (unidade de medida equivalente a 914 mm).

jardim s garden.

jardinar v garden.

jardineiro s gardener.

jargão s jargon; cant; gibberish; lingo.

jarra s flagon.

jarreteira s garter.

jarro s cruse; jar; jug; ewer.

jasmim s jasmine.

jaspe s Min jasper.

jato s **1** jet. **2** flush.

jaula s cage.

javali s Zool wild pig; boar.

javanês adj e s Javanese.

jazer v lie.

jazida s mine.

jazigo s **1** tomb; grave; sepulcher. **2** mine; bed.

jazz s Mús jazz; jive.

jeito s flair; tact; way.

jeitoso adj **1** handy. **2** versatile.

jejuar v **1** fast. **2** ignore.

jejum s fast(ing).

jérsei s jersey (tecido).

jesuíta s Jesuit.

jibóia s Zool boa constrictor.

jiga s jig (dança).

jingle s jingle.

jipe s jeep.

joalheiro s jeweler.

joalheria s jeweler.

joanete s bunion.

joaninha s Zool ladybug.

joão-de-barro s Zool ovenbird.

joão-ninguém s nobody.

jocosidade s jocoseness.

jocoso adj jocose; jocular; droll; witty.

joeira s winnow.

joeirar v winnow.

joelheira s kneecap; kneepad; pad.

joelho s Anat knee.

jogada s **1** Esp play; game; move. **2** throw hit; stroke; shot.

jogar v **1** play; **2** heave; throw; **3** throw (dados). **4** gamble; stake.

jogatina s gaming; gambling.

jogging s jogging.

jogo s **1** game (atividade física ou mental) match; play. **2** bet; gamble **3** set; equipment. **4** Mec backlash; looseness.

jogo-da-velha s ticktacktoe.

jóia s jewel; gem; kickshaw; stone.

joio s **1** Bot darnel. **2** cockle; weed.

jóquei s jockey.

Jordânia s Jordan.

jordaniano adj e s Jordanian.

jornada s journey; expedition; voyage; travel.

jornal s newspaper; paper; daily; journal; gazette

jornaleiro s newsboy.

ornalismo s journalism.

ornalista s journalist; newsman.

ornalístico adj journalistic.

orrar v jet; flash (água); flood; flow; gush; outpour; shed (sangue, bebida, etc.); spew; spout; spurt; stream.

orro s jet; flush; gush; outflow; outpour; spurt; stream.

ota s iota (the tenth letter of the alphabet).

ovem adj young; juvenile; tender; youthful; fresh. ll s youth; youngster; lad; girl.

ovial adj jovial; gay; jolly; jocund; cheerful; cheery; mellow.

ovialidade s joviality; jollity; cheerfulness.

uba s mane.

ubilado adj emeritus.

ubilante adj jubilant; joyful.

ubilar v jubilate.

ubileu s jubilee.

úbilo s jubilation; jocundity; jolliness; elation; exultance; festivity; gladness; glee.

ubiloso adj joyous; exultant; gleeful.

udaico adj 1 Jewish. 2 Judaic.

udaísmo s Judaism.

Judéia s Judea.

udeu s Jew. ll Adj Jewish.

udia s pej Jewess.

udiar v 1 hurt. 2 mock.

udicatura s judicature.

udicial adj judicial; juridical.

udicioso adj judicious.

udô s judo.

udoca s judoist.

ugo s yoke.

ugular adj jugular.

uiz s Jur 1 judge; referee; adjudicator; arbiter; justice. 2 Esp referee; umpire (especialmente no beisebol).

uizado s bench.

uízo s 1 judgment; judiciousness; trial. 2 wit; brain. 3 sanity; sense; reason. 4 estimate; estimation.

ulgado adj adjudged.

ulgamento s Jur 1 adjudication; judgment; verdict; 2 comment; criticism; thinking. 3 trial.

julgar v 1 Jur adjudge; judge; adjudicate. 2 deem; estimate; conceive; imagine. 3 find; guess; referee; regard; measure.

julho s July.

jumento s donkey; jack.

junção s 1 junction; brace; close; coalescence. 2 connection; coupling; join; joint; juncture; seam; splice; union. 3 Anat commissure.

juncar v cover; spread

junco s 1 bulrush; junk; cane. 2 Bot reed.

jungir v yoke.

junho s June.

júnior adj e s junior (abrev **jr.** ou **Jr.**).

junta s 1 pair; yoke; team. Anat 2 articulation; joint; hinge. 3 committee; knuckle. 4 seam.

juntado adj conglomerate.

juntamente adv along; both; herewith; together.

juntar v 1 add. 2 adjoin; join; connect. 3 annex; append. 4 gather; get together. 5 splice (corda, fio, etc.).

junto adj joint. ll adv close.

Júpiter s Jupiter.

jura s oath; vow. ll interj indeed (expressando surpresa ou ironia).

jurado s juror; juryman.

juramento s oath; word; curse.

jurar v swear; vow; pledge.

jurássico adj e s Jurassic.

júri s Jur country; jury; tb Jur panel.

jurídico adj juridical.

jurisconsulto s jurisconsult; jurist; counsel.

jurisdição s cognizance; command; jurisdiction; power; authority.

jurisprudência s jurisprudence; law.

jurista s jurisconsult; jurist.

juro s interest; profit; reward; compensation.

jus s right.

justa s joust; tilt.

justamente adv just; precisely; fairly; right.

justapor v appose; juxtapose.

justaposição s apposition.

justar v joust.

justeza s accuracy; exactitude.

justiça s 1 justice; justness. 2 equitableness; equity; right.

justiçar v execute.

justificação s 1 justification. 2 excuse; clearing; exculpation; extenuation; reason.

justificado *adj* just.

justificar *v* **1** justify. **2** warrant. **3** *Jur* authorize; aver; bear; excuse.

justificativa *s* apology; warrant.

justificável *adj* justifiable; with reason; vindicable.

justo *adj* **1** fair; just; equitable; right; honorable. **2** binding; candid; condign; conscionable; due; equal; even; fair-minded fit; impartial; objective. **3** reasonable **4** rightful; exact; skintight (no corpo) square; valid.

juta *s Bot* jute.

juvenil *adj* juvenile; girlish; youthful.

juventude *s* youth; young; juvenility.

K

k ou K s the eleventh letter of the alphabet. This letter is used in Portugal and Brazil only in internationally known symbols and abbreviations and in foreign words adopted by the Portuguese language. ‖ abrev maiús de Kelvin; maiús Comp de Kilobyte. ‖ símb Quím maiús de potassium.

kaiser s kaiser; emperor.

kamikaze s kamikaze.

kantiano adj Kantian.

karaokê s karaoke

kart s Esp kart.

kelvin s Fis kelvin (símb K).

ketchup s ketchup; catchup; catsup.

kibutz s kibbutz

kilowatt s quilowatt (símb kw).

Kiribati s maiús Kiribati.

kirsch s kirsch.

kit s kit.

kiwi s Bot kiwi.

know-how s know-how; technique; expertise; art.

kung fu s kung fu.

Kuweit s maiús Kuwait.

kweitiano s e adj Kwaitian.

L

l ou **L** s the twelfth letter of the alphabet.
lá s Mús la; A.
lã s wool.
labareda s blaze; flare.
lábaro s flag.
labiado adj labiate.
labial adj Ling labial.
labializar v Ling labialize.
lábio s Anat lip.
labiodental adj e s Ling labiodental.
labiríntico adj mazy.
labirinto s tb Anat labyrinth.
labor s labor.
laborar v work; labor.
laboratório s laboratory.
laborioso adj laborious.
labuta s drudgery.
labutar v moil; toil.
laca s lac.
laçada s 1 loop. 2 bight (de corda).
lacaio s 1 lackey; flunky. 2 menial.
laçar v 1 lasso (animais). 2 rope.
laceração s laceration.
lacerar v rend; tear.
laço s 1 noose. 2 tie; knot. 3 trap. 4 bond. 5 lasso (para laçar animais).
lacônico adj laconic; concise.
lacraia s Zool centipede.
lacrar v seal.
lacrau s scorpion.
lacre s seal.
lacrimal adj lachrymal.
lacrimejante adj bleary.
lacrimejar v blear.
lactação s lactation.
lactato s Quím lactate.
lácteo; láteo adj milky.
lacticínio; laticínio s dairy.
láctico; lático adj lactic.
lactose s lactose.
lacuna s gap; lacuna.
lacustre adj lacustrine.
ladainha s Relig litany.
ladear v 1 surround. 2 flank.

ladeira s 1 slope. 2 acclivity.
ladino adj astute.
lado s side; face; flank.
ladra s thief.
ladrão adj larcenous. ll s 1 thief; robber; burglar. 2 shoplifter (de loja).
ladrar v bark; bay.
ladrilhado adj tiled.
ladrilhar v tile.
ladrilho s tile.
ladroagem s thievery; robbery.
ladroeira s 1 robbery. 2 extortion.
lagarta s Zool caterpillar; grub.
lagartixa s Zool lizard.
lagarto s Zool lizard.
lago s lake.
lagoa s lagoon; mere.
laguna s lagoon.
lagosta s Zool lobster.
lagostim s Zool crawfish.
lágrima s tear.
lagrimejar v blear.
laia s nature; kind.
laico adj laic; lay.
laivo s spot; blot.
laje s 1 flag; flagstone. 2 slab.
lajeado s flagging.
lajear v flag.
lajota s slab.
lama s mud; dirt; mire; slime; slush.
lamaçal s 1 slough. 2 bog.
lamacento adj muddy; miry.
lambada s 1 blow. 2 stroke.
lambão adj slobbery. ll s slobberer.
lamber v lick.
lambida s lick; lap.
lambiscar v nibble.
lambreta s scooter.
lambris s panel.
lambuzar v dirty; bedaub; daub.
lameira s slough; bog.
lamentação s lamentation.
lamentar v 1 regret; lament; grieve; bemoan; wail. 2 deplore.

amentável *adj* 1 lamentable. 2 deplorable.
amento *s* 1 lament. 2 moan.
âmina *s* 1 blade. 2 lamina; flake. 3 slat (de persiana, etc.). 4 slide (de microscópio).
aminação *s* lamination; milling.
aminado *adj e s* laminate.
aminadora *s* mill.
aminagem *s* lamination.
aminar *v* 1 laminate; mil; roll (metal). 2 foliate (vidro).
âmpada *s* 1 lamp. 2 light bulb (elétrica).
ampadário *s* chandelier.
amparina *s* cresset.
ampejar *v* 1 sparkle; glitter. 2 flash; flare. 3 scintillate.
ampejo *s* 1 flash. 2 glitter.
ampião *s* lamp.
ampreia *s Zool* 1 catfish. 2 lamprey (peixe).
amúria *s* 1 lamentation; complaint. 2 wailing; whimpering.
amuriante *adj* 1 lamenting. 2 querulous.
amuriar *v* 1 lament. 2 *inform* yammer.
amuriento *adj* mawkish.
ança *s* spear; lance.
ançadeira *s* shuttle.
ançador *s* launcher.
ançamento *s* 1 throw. 2 release (de livro, disco, etc.).
ançar *v* 1 cast; throw; hurl; fling. 2 launch. 3 *Esp* shoot (no futebol).
ance *s* 1 cast; throw. 2 bidding. 3 *Esp* move.
ancear *v* lance.
anceiro *s* lancer.
anceta *s* 1 lance. 2 *Med* lancet.
ancetar *v* lance.
ancha *s Náut* 1 launch; barge. 2 speedboat (de corrida).
anche *s* snack.
anchonete *s* snack bar.
ancinante *adj* lancinating.
angor *s* languor.
anguidez *s* languidness; languor.
ânguido *adj* languid.
anhar *v* wound; hurt.
anho *s* slash; cut.
anífero *adj* lanigerous.

lanígero *adj* lanigerous.
lanolina *s* lanolin; wool grease.
lanoso *adj* wooly.
lantejoula *s* spangle.
lanterna *s* lantern; lamp.
lanterninha *s* usher.
lanugem *s* wool.
lapa *s* 1 cave; grotto. 2 *Zool* limpet (tipo de molusco).
lapão *s* Laplander.
lapela *s* lapel.
lapidar *v* cut.
lápide *s* gravestone; headstone; tombstone.
lápis *s* pencil.
Lapônia *s* Lapland.
lapônio *s* Laplander.
lapso *s* 1 lapse. 2 elapse (de tempo).
laquear *v* lacquer; japan.
lar *s* 1 *fig* home; house; household. 2 hearth.
laranja *s* orange.
laranjada *s* orangeade.
laranja-da-baía *s* navel orange.
laranjal *s* orangery.
laranjeira *s* orange.
larápio *s* filcher.
lardear *v* lard.
lareira *s* fireplace.
largada *s* 1 start. 2 getaway (de corrida).
largamente *adv* abroad; wide.
largar *v* 1 release; unhand. 2 leave; quit.
largo *adj* 1 broad; large; wide. 2 capacious.
largueza *s* breadth; width.
largura *s* breadth; width.
laringe *s Anat* larynx; voice box.
laringite *s Med* laryngitis.
laringologia *s Med* laryngology.
larva *s Zool* larva.
lasca *s* 1 splinter; split. 2 chip. 3 flake; sliver.
lascar *v* splinter; chip.
lascívia *s* 1 lasciviousness. 2 lubricity; carnality.
lascivo *adj* 1 lascivious. 2 lubricious; salacious.
lassidão *s* lassitude; languor.
lasso *adj* flabby; lax; washy.
lástima *s* 1 compassion; pity. 2 pain.
lastimar *v* deplore.
lastimável *adj* lamentable.

lastimoso adj weeping.
lastrar v ballast.
lastro s 1 ballast. 2 fund.
lata s tin; can.
latão s brass.
látego s whip; scourge.
latejante adj throbbing; palpitant.
latejar v throb; palpitate.
latejo s beat; throb.
latência s latency.
latente adj latent.
lateral adj side; sideways; lateral. ll s side; lateral.
lateralmente adv sideways.
látex s latex.
laticínio s dairy.
latido s bark; woof.
latifúndio s latifundium.
latim s Latin.
latinismo s Latinism.
latinista s Latinist.
latinizar v Latinize.
latino adj e s Latin.
latir v bark; bay; yelp.
latitude s latitude.
lato adj wide; broad; large.
latoeiro s 1 tinker (ambulante). 2 whitesmith.
latrina s toilet.
lauda s sheet (de papel).
laudatório adj laudatory.
laudo s 1 certificate. 2 Jur finding.
láurea s laurel.
laureado adj e s laureate.
laurear v laurel.
lauto adj 1 plentiful; abundant. 2 sumptuous.
lava s lava.
lavador s washer.
lavagem s 1 washing; wash; ablution. 2 slops.
lavanda s 1 finger bowl. 2 Bot lavender.
lavanderia s laundry.
lavar v wash; scrub; lave.
lava-rápido s car wash.
lavatório s 1 lavatory. 2 commode.
lavável adj washable.
lavoura s 1 husbandry. 2 tillage.
lavra s 1 husbandry. 2 fabrication. 3 mine.
lavrado adj wrought.
lavrador s farmer; cultivator.

lavrar v cultivate; till (a terra).
laxante s laxative.
laxativo adj laxative.
laxo adj lax.
lazarento adj leprous. ll s leper.
lazer s leisure.
leal adj loyal; true; devoted; faithful. ll s loyalist.
lealdade s loyalty; allegiance; faith.
leão s 1 Zool lion. 2 Astrol e Astron Leo.
leão-marinho s Zool sea lion.
lebre s Zool rabbit; hare; bunny.
lecionar v teach.
ledo adj joyful; happy.
legação s 1 legation. 2 legacy.
legado s heritage; legacy.
legal adj Jur 1 legal; licit; lawful. 2 inform right; nice.
legalidade s legality; lawfulness.
legalmente adv right; by rights.
legalização s legalization.
legalizar v 1 legalize. 2 authenticate.
legar v Jur bequeath; devise.
legatário s Jur devisee.
legenda s 1 legend (mapas ou fotos). 2 caption (filme).
legendar v caption.
legendário adj legendary; fabulous.
legião s legion.
legionário adj e s legionary.
legislação s legislation; law.
legislador s legislator; lawgiver.
legislar v legislate; constitute.
legislativo adj legislative.
legislatura s legislature.
legista s legist.
legitimação s legitimation.
legitimado adj legitimate.
legitimar v legitimate.
legitimidade s legitimacy.
legítimo adj 1 legitimate; lawful; rightful. 2 genuine; true.
legível adj legible; readable.
légua s league (medida de comprimento 4,828 km).
legume s vegetable; legume.
leguminoso adj leguminous.
lei s 1 law; rule; legislation. 2 jurisprudence. 3 statute; bylaw.

eiaute s layout.

eigo adj laic; lay. II s secular; laic; layman.

eilão s auction; sale.

eiloar v auction.

eiloeiro s auctioneer.

eitão s shoat.

eite s milk.

eiteiro s milkman; dairyman.

eiteria s dairy.

eito s 1 bed. 2 bottom (de rio).

eitor s 1 reader. 2 Relig lector.

eitoso adj milky.

eitura s reading.

lema s 1 lemma; catchword. 2 motto.

embrança s 1 recollection; recall. 2 souvenir. 3 keepsake; gift. 4 memory; mind.

embranças s regards (votos de felicidade).

lembrar v 1 remember; recollect; recall. 2 remind; admonish.

lembrete s reminder.

leme s Náut 1 helm; rudder. 2 steerage; steering wheel.

lenço s 1 handkerchief. 2 scarf (de cabeça).

lençol s sheet.

lenda s legend; story; tale.

lendário adj legendary.

lêndea s nit.

lenha s firewood; wood.

lenhador s woodcutter; lumberjack.

lenhar v cut wood.

lenhoso adj woody; ligneous.

lenitivo adj e s lenitive.

lentamente adv slowly; inch by inch.

lente s Ópt lens.

lentejoula s spangle.

lentidão s slowness.

lentilha s lentil.

lento adj 1 slow. 2 lazy.

leoa s fem Zool lioness.

leonino adj leonine. II s Astrol Leo.

leopardo s Zool leopard.

lépido adj 1 gay; cheerful. 2 jolly.

lepidóptero s Zool lepidopteran. II adj lepidopterous.

leporino adj leporine.

lepra s leprosy.

leproso s leper. II adj leprous.

leque s fan; fly.

ler v 1 read; peruse. 2 scan.

lerdo adj 1 slow. 2 doltish.

lesado adj 1 injured; wounded; hurt. 2 aggrieved. 3 damaged.

lesão s lesion.

lesar v 1 injure; wound; hurt. 2 aggrieve. 3 damage; harm.

lesbianismo s lesbianism.

lésbica adj lesbian.

lesivo adj injurious; prejudicial.

lesma s Zool snail; slug. II adj sluggish.

leste s east.

letal adj lethal; deadly; fatal.

letargia s 1 lethargy. 2 lassitude.

letárgico adj 1 lethargic. 2 torpid.

letra s letter; character.

letrado adj educated; lettered; literate. II s scholar.

letreiro s sign; placard.

leucemia s Med leukemia.

leucócito s Anat leukocyte.

leva s batch.

levado adj naughty; mischievous.

levantamento s raise; uplift.

levantado adj erect; up; uplift.

levantar v 1 lift; raise; elevate. 2 stand; stand up. 3 rise; come up. 4 arise; get up; arouse. 5 erect.

levante s 1 insurrection. 2 east.

levar v 1 carry; take; bear; bring. 2 drive; ride. 3 lead; guide; conduct.

leve adj 1 light. 2 slight. 3 aerial; airy.

levedar v leaven.

lêvedo s yeast.

levedura s leaven; ferment; yeast.

levemente adv lightly.

leveza s lightness; tenuity.

levianamente adv lightly.

leviandade s lightness; dalliance; levity.

leviano adj flighty; light; lightsome.

levitação s levitation.

léxico s lexicon.

lexicografia s lexicography.

lhama s Zool llama.

lhe pron her; him; you.

libação s libation.

libanês adj e s Lebanese.

Líbano s Lebanon.

L

libelo s libel.

libélula s *Zool* dragonfly.

líber s bast.

liberação s 1 liberation. 2 release.

liberal adj 1 liberal. 2 openhanded; free-handed. 3 broad; open-minded.

liberalidade s 1 liberality. 2 bounty. 3 broad-mindedness.

liberalismo s liberalism.

liberalizar v liberalize.

liberar v 1 set free. 2 give free rein to. 3 release (dívidas).

liberdade s 1 liberty; freedom. 2 liberation. 3 disengagement.

Libéria s Liberia.

liberiano adj e s Liberian.

libertação s 1 liberation; release. 2 deliverance; delivery. 3 discharge (de preso). 4 emancipation. 5 remission.

libertar v 1 free; liberate. 2 *fig* discharge. 3 emancipate. 4 give free rein to. 5 un-chain; unlock.

libertinagem s debauchery; dissipation; dissoluteness; dissolution.

libertino adj libertine; wanton. ‖ s rioter; lecher; libertine.

liberto adj free.

Líbia s Libya.

libidinagem s lechery.

libido s libido.

libidinoso adj libidinous; lecherous; lubricious.

líbio adj e s Libyan.

libra s 1 pound (unidade monetária e medida de peso). 2 *maiús Astrol* Scales; *Astrol* e *Astron* Libra.

libré s livery.

libreto s 1 *Mús* libretto. 2 book.

libriano s *Astrol* Libran.

liça s 1 lists. 2 *fig* fight; combat.

lição s lesson; instruction.

licença s 1 license; permission; permit. 2 liberty. 3 *tb Mil* leave; furlough; discharge. 4 concession.

licenciar v 1 license; authorize; permit. 2 *tb Mil* discharge; furlough.

lincencioso adj licentious; dissolute; libertine.

liceu s lyceum.

licitação s bid; bidding.

licitante s bidder (em leilão).

licitar v 1 bid. 2 auction.

lícito adj 1 *Jur* licit; legal. 2 just. 3 admissible.

licor s liqueur; cordial.

lidar v 1 deal. 2 handle; use.

líder s 1 leader; chief; head. 2 commander. 3 guide.

liderança s 1 leadership; lead; command. 2 guidance.

liderar v 1 lead. 2 guide. 3 head.

lido adj read.

liga s 1 league. 2 confederacy; confederation; federation. 3 fusion. 4 garter.

ligação s 1 ligation; ligature; joint. 2 junction; connection; relation; coupling. 3 bond; tie. 4 *tb Comp* link. 5 *Tel* call.

ligado adj 1 joint; connected. 2 related.

ligadura s 1 ligature. 2 band; binder. 3 bond.

ligamento s *Anat* ligament.

ligar v 1 tie; bind; fasten; bond; join; joint. 2 attach; fix. 3 *tb Comp* link; connect. 4 alloy (metais). 5 associate; relate; couple. 6 *Tel* call. 7 turn on (rádio, TV, etc.).

ligeiramente adv lightly.

ligeireza s quickness; swiftness.

ligeiro adj 1 quick; swift; fleet; agile. 2 fast; speedy. 3 active; spry. 4 light-footed.

lígneo adj ligneous.

lignite s lignite.

lilás s lilac; lavender (*Bot* e cor).

lima s 1 file. 2 lime (fruta).

limadura s filing.

limagem s filing.

limalha s filings.

limão s lemon.

limar v file.

limbo s limb.

limeira s *Bot* lime.

limiar s threshold.

limitação s 1 limitation. 2 restriction.

limitada adj *Comer* limited (tipo de empresa. *abrev* **Ltda.**).

limitado adj limited.

limitar v 1 limit; bound; circumscribe. 2 restrain. 3 confine.

imite s 1 limit; line; border; confine. 2 frontier. 3 circumscription. 4 barrier; boundary. 5 landmark. 6 termination; tether (de uma pessoa, de recursos).

imitrofe adj limitrophe.

imo s slime; ooze.

imoeiro s lemon.

imonada s lemonade.

impador s 1 cleaner. 2 cleanser.

impar v 1 clean; cleanse. 2 wash. 3 depurate. 4 expurgate.

impa-trilhos s fender.

impeza s 1 cleanliness; cleanness. 2 wash. 3 depuration 4 expurgation.

ímpido adj 1 limpid; lucid. 2 fair.

impo adj 1 clean; neat. 2 trim. 3 clear. 4 fair.

imusine s limousine; inform limo.

ince s Zool lynx; wildcat.

inchamento s lynching.

inchar v lynch.

indeza s beauty.

indo adj beautiful; fair; nice.

inear adj lineal; linear.

infático adj lymphatic.

inga s Náut sling.

ingote s ingot.

íngua s 1 Anat tongue. 2 language.

inguado s 1 Zool sole (peixe). 2 fluke.

inguagem s 1 language. 2 terms.

inguajar s talk; speech.

ingual adj lingual.

inguarudo adj slanderous. II s chatterbox.

íngüeta s 1 pallet; tab; ratchet. 2 tongue (de calçado).

lingüiça s sausage.

lingüista s linguist.

lingüística s us v sing linguistics.

linha s 1 tb Geom e Tel line. 2 thread (de costura). 3 rank. 4 lineament (da face).

linhaça s linseed; flaxseed.

linhagem s 1 lineage; ancestry. 2 descent. 3 race.

linhita s Min lignite.

linho s 1 Bot flax. 2 linen (tecido).

linimento s liniment.

linóleo s linoleum.

linotipo s Tip Linotype.

liquefação s liquefaction.

liquefazer v liquefy; dissolve; melt.

liquidação s 1 Fin liquidation; settlement. 2 sale; sellout; closeout (de mercadorias).

liquidar v 1 liquidate; pay off; settle (débitos). 2 dispatch; do; end; finish. 3 eliminate.

liquidez s liquidity.

liquidificação s liquefaction.

liquidificador s blender.

liquidificar v liquefy.

líquido adj 1 liquid. 2 net (peso, lucro, preço). II s liquid; soak.

lira s Mús lyre.

lírico adj lyric; lyrical.

lírio s Bot lily.

lirismo s lyricism.

liso adj 1 smooth. 2 flat. 3 clean. 4 glabrous. 5 slick.

lisonja s flattery; cajolery; blandishment.

lisonjeador s cajoler.

lisonjear v flatter; cajole; wheedle; adulate; blandish.

lisonjeiro s courtly.

lista s 1 list; roll; roster. 2 schedule. 3 stripe; band.

listel s Arq listel.

listra s band; stripe; strip.

listrado adj 1 striped. 2 Zool fasciate.

listrar v stripe.

lisura s 1 smoothness. 2 fig sincerity; honesty.

liteira s litter.

literal adj literal; verbatim; matter-of-fact.

literalmente adv literally; verbatim.

literário adj literary.

literato s literate.

literatura s us v sing literature.

litigante adj Jur litigious. II s litigant.

litigar v Jur litigate.

litígio s litigation.

litigioso adj Jur litigious.

lítio s Quím lithium (símb Li).

litografar v lithograph.

litografia s lithography.

litoral s seaside; seashore; coast; coastline; littoral. II adj littoral.

litorâneo adj coastal.

litosfera s lithosphere.

litro s liter (unidade de medida de líquidos. abrev I.).

L

liturgia s liturgy.

lívido adj livid; ghastly; wan; white.

livramento s delivery; deliverance.

livrar v 1 free. 2 get rid of; disembarrass. 3 discard. 4 fig discharge.

livraria s bookshop; bookstore.

livre adj 1 free. 2 exempt. 3 loose. 4 vacant. II s exempt.

livre-arbítrio s free will.

livreiro s bookseller.

livre-pensador adj freethinking. II s freethinker.

livre-pensamento s freethinking.

livro s 1 book. 2 volume; tome.

lixa s sandpaper.

lixar v sandpaper; scrape.

lixeira s garbage can; waste basket.

lixeiro s garbage collector.

lixo s 1 garbage; trash. 2 refuse; waste. 3 dirt.

lobélia s Bot lobelia.

lobisomem s werewolf.

lobo s wolf.

lobo-do-mar s 1 sailor. 2 inform salt.

lóbulo s 1 Anat lobe; lobule. 2 lappet.

locação s rental; hire.

locador s lessor.

local adj local. II s place; site; premises.

localidade s locality; site.

localização s localization.

localizar v 1 localize; locate; sit. 2 trace.

loção s lotion.

locar v rent; hire; lease.

locatário s renter; tenant.

locativo adj Gram locative.

locomoção s locomotion.

locomotiva s engine; locomotive.

locução s Gram locution.

locutor s 1 speaker. 2 announcer (de rádio ou televisão).

lódão s Bot lotus.

lodo s 1 mud; mire; dirt. 2 slime.

lodoso adj muddy; miry.

logaritmo s Mat logarithm; log.

lógica s 1 logic. 2 coherence. 3 Mat derivation.

lógico adj 1 logical. 2 rational. 3 connected.

logística s us v sing ou pl logistics.

logístico adj logistic.

logo adv soon; next; immediately. II cor thefore; so.

lograr v 1 deceive; cheat; swindle; delude 2 get; obtain. 3 achieve; accomplish.

logro s 1 swindle; fraud. 2 bluff. 3 achieve ment; accomplishment.

loja s shop; store; outlet.

lojista s shopkeeper; storekeeper.

lombada s back; spine (de livro).

lombar adj lumbar.

lombo s 1 back (de animais). 2 loin.

lombriga s worm.

lona s canvas.

longa s Ling long.

longamente adv long.

longe adv 1 far; far away. 2 afield (de casa do lar). 3 wide (da verdade, de um alvo etc.). II adj far; away; distant; remote.

longevidade s longevity.

longevo adj longevous.

longínquo adj far; distant; remote; out-of the-way.

longitude s longitude.

longitudinal adj longitudinal.

longitudinalmente adv longitudinally.

longo adj long; lengthy (principalmente em relação ao tempo).

lontra s Zool otter.

loquaz adj 1 loquacious; chatty. 2 garrulous mouthy.

loquacidade s chattiness; gab; verboseness

lorde s lord.

lorota s fib.

losango s Geom lozenge; rhombus.

losna s Bot wormwood.

lotado adj 1 crowded. 2 full.

lotar v 1 overcrowd. 2 allot. 3 calculate.

lote s 1 lot; parcel. 2 inform caboodle. 3 tb Comp batch.

loteria s lottery.

loto, lótus s Bot lotus.

loucamente adv madly; wild.

louça s dish; china.

louco adj 1 mad; crazy; maniac. 2 tb Jur insane. 3 gír nuts; fruity; wacky. 4 inform far gone. II s 1 crazy; maniac. 2 inform loon.

loucura s 1 madness; craziness; derangement. 2 tb Jur insanity. 3 foolishness.

oureiro s *Bot* laurel.

ouro adj **1** blond; fair; fair-haired. **2** *Bot* laurel.

ousa s board; chalkboard; blackboard; slate.

ouva-a-deus s *Zool* mantis.

ouvar v **1** praise; laud; eulogize. **2** commend. **3** bless.

ouvável adj **1** laudable; commendable. **2** creditable.

ouvor s **1** praise; laud; eulogy. **2** commendation. **3** blessing.

ua s moon.

ua-de-mel s honeymoon.

uar s moonlight; moonshine.

lubricidade s lubricity.

úbrico adj lubricious.

lubrificação s lubrification.

lubrificante adj lubricant. II s **1** lubricant; lubricator. **2** oil; grease. **3** *Quím* dope.

ubrificar v oil; lubricate.

ucidez s clarity; lucidity.

úcido adj lucid.

ucrar v profit; gain; bring in.

lucrativo adj **1** profitable; lucrative; gainful. **2** advantageous.

lucro s **1** profit; gain; lucre. **2** advantage. **3** dividend.

lucubração s lucubration.

lucubrar v lucubrate.

ludibriar v **1** deceive; cheat; hoodwink; dupe. **2** jockey; trick.

lufada s flurry; gust.

lugar s **1** place; space; room. **2** site. **3** seat. **4** station; standing; post (social, moral).

lugar-comum s commonplace.

lugarejo s hamlet.

lúgubre adj **1** lugubrious; dismal; dreary. **2** dire; direful; eerie. **3** dingy; somber.

lula s *Zool* squid.

lumbago s *Med* lumbago.

lume s **1** fire. **2** light.

luminária s **1** lamp. **2** luminary. **3** illuminant.

luminescência s luminescence.

luminescente adj luminescent.

luminosidade s luminosity.

luminoso adj luminous; bright; lambent; lightsome.

lunação s lunation.

lunar adj lunar; moony.

lunático adj lunatic; moony. II s lunatic.

luneta s **1** spyglass. **2** *Arq* lunette.

luniforme adj crescent.

lupa s *Ópt* magnifier; magnifying glass.

lupino adj lupine.

lúpulo s *Bot* hop.

lusco-fusco s twilight.

lusitano, lusitânico, luso adj e s Lusitanian; Portuguese.

lustrador s polisher; burnisher.

lustrar v **1** polish; shine; luster; gloss; burnish. **2** glaze; sleek; slick.

lustre s **1** chandelier. **2** luster; sheen.

lustro s polish; gloss; luster; sheen.

lustroso adj shiny; lustrous; glossy; silky.

luta s **1** fight; contest; combat. **2** conflict; war; battle. **3** struggle; scramble. **4** duel.

lutador s fighter.

lutar v **1** fight; contend. **2** wrestle. **3** struggle.

luterano adj e s Lutheran.

luto s mourning.

lutuoso adj mournful.

luva s glove.

luxação s strain; luxation.

luxar v luxate.

luxo s luxe; luxury.

luxuoso adj **1** luxurious. **2** gala.

luxúria s **1** luxury. **2** concupiscence; lasciviousness; lubricity. **3** lechery; lust.

luxuriante adj **1** luxuriant. **2** luscious. **3** lush.

luxurioso adj **1** luxuriant. **2** lecherous; lustful. **3** lusty.

luz s **1** light. **2** lighting. **3** gaslight. **4** ray.

luzente adj lucent.

luzidio adj bright; shining.

luzir v **1** shine. **2** fire. **3** fulgurate; gleam.

M

m *s* the thirteenth letter of the alphabet.
má *adj* bad.
maçã *s* apple.
maça *s* bludgeon; mace.
maca *s* stretcher.
macabro *adj* macabre.
macaco *s* ape; monkey.
macambúzio *adj* sad; sullen.
maçaneta *s* knob; doorknob; handle.
maçante *adj* boring; dull; tedious.
macaquear *v* ape; monkey; mimic; mock.
maçarico *s* 1 torch. 2 *Zool* curlew (tipo de ave).
macarrão *s* macaroni; pasta.
macarrônico *adj* macaronic.
Macedônia *s* Macedonia.
macedônio *adj* e *s* Macedonian.
maceração *s* maceration.
macerar *v* macerate.
maceta *s* drumstick.
macetar *v* ram.
macete *s* mallet; beetle.
machadada *s* chop.
machadinha *s* small ax; hatchet.
machado *s* ax.
machão *s* e *adj* macho.
machismo *s* machismo.
macho *adj* male; masculine. II *s* male.
machucado *s* wound; bruise.
machucar *v* wound; bruise.
maciço *adj* blocky; compact; solid; massive.
macieira *s* apple tree.
maciez *s* softness.
macilento *adj* cadaverous; lean.
macio *adj* soft; smooth; fluffy.
maço *s* bunch; sheaf (de papel, etc.).
maçom *s* 1 freemason. 2 mason.
maçonaria *s* 1 freemasonry. 2 masonry.
maconha *s* marijuana; hemp; *gír* grass; weed.
maçônico *adj* Masonic.
má-criação *s* rudeness; discourtesy.
macrobiótica *s* macrobiotics.
macrocosmo *s* macrocosm; the universe.

mácula *s* macula; stain; taint.
maculado *adj* maculate.
macular *v* maculate; stain.
Madagáscar *s* Madagascar.
madagascarense *s* Madagascan.
madame *s* Madam.
madeira *s* wood; timber.
madeiramento *s* framework.
madeixa *s* 1 forelock. 2 skein.
madrasta *s* stepmother.
madre *s* mother.
madrepérola *s* mother-of-pearl; nacre.
madressilva *s* *Bot* honeysuckle; woodbine.
madrinha *s* godmother.
madrugada *s* early morning.
madrugador *s* early riser; *inform* early.
madrugar *v* get up early in the morning.
madurar *v* 1 mature. 2 ripen (fruta).
maduro *adj* 1 mature. 2 ripe; mellow (fruta).
mãe *s* mother.
maestria *s* mastery; artistry.
maestro *s* maestro; conductor.
má-fé *s* duplicity.
magazine *s* 1 department store. 2 magazine.
magia *s* magic; enchantment; sorcery; spell; wizardry.
mágica *s* magic.
mágico *adj* 1 magical; magic. 2 weird. II *s* magician; enchanter; wizard.
magisterial *adj* magisterial.
magistério *s* mastership.
magistrado *s* magistrate; judge.
magistral *adj* master; masterly.
magistralmente *adv* masterly.
magistratura *s* magistracy; judgeship.
magma *s* *Geol* magma.
magnanimidade *s* magnanimity.
magnânimo *adj* magnanimous; noble (nobre de espírito).
magnata *s* magnate.
magnésio *s* *Quím* magnesium (*símb* Mg).
magnético *adj* magnetic.

magnetismo s magnetism.

magnetita s Min magnetite.

magnetização s magnetization.

magnetizador s magnetizer.

magnetizar v magnetize.

magneto s magnet.

magnificação s magnification.

magnificar v exaggerate.

magnificência s magnificence; brilliance; grandeur.

magnificente adj magnificent; grand.

magnífico adj magnific; great; brilliant; superb.

magnitude s amplitude; magnitude; greatness.

magnólia s Bot magnolia.

mago s 1 magician; sorcerer; wizard. 2 magus (cada um dos três Reis Magos que visitaram Jesus ao nascer).

mágoa s affliction; heartache; wound; bruise; hurt; sore.

magoado adj aggrieved; sorrowful; lacerate.

magoar v hurt; bruise; wound; pain.

magreza s slimness; leanness; meagerness.

magricela adj scraggy; skinny; lanky.

magro adj slim; lean; thin; jejune; gaunt; spare; meager.

maio s May.

maiô s bathing suit; swimsuit.

maionese s mayonnaise.

maior adj 1 gr comp larger; higher; bigger; greater. 2 gr super largest; highest; biggest; greatest. 3 ultimate; major. II s major.

maioral s chief; boss; the head.

maioria s majority.

maioridade s adulthood; majority.

mais adj more; else. II adv more; most.

maisena s cornstarch.

maiúscula (letra) adj capital letter.

maiúsculo adj capital.

majestade s majesty.

majestoso adj 1 majestical; august; kingly; royal. 2 solemn; stately; sublime.

major s Mil major.

mal adj 1 bad; evil. 2 ill. II adv 1 badly. 2 wrongly. 3 hardly; scarcely; little. II s 1 bad; evil. 2 ill. 3 harm. 4 trouble.

mala s suitcase; bag; grip.

malabarismo s jugglery.

malabarista s 1 juggler. 2 fig acrobat.

mal-afamado adj infamous; disreputable.

mal-agradecido adj ungrateful; unthankful.

malaio adj e s Malay.

malandragem s roguery; trickery.

malandro s 1 rogue; scoundrel; drone; rascal. 2 vagrant.

malária s malaria; paludism.

Malásia s Malaysia.

mal-assombrado adj spooky. II s ghost; specter.

Malauí s Malawi.

malauiano adj e s Malawian.

mal-aventurado adj unfortunate; unlucky; unhappy.

malcheiroso adj stinking; malodorous; smelly.

malcriado adj rude, underbred; ill-bred; ill-mannered. II s cad.

maldade s badness; wickedness; evil; malice; malignity.

maldição s curse; execration; imprecation; inform cuss.

maldito adj damned; accursed; cursed.

maldizente s backbiter; slanderer.

maldizer v curse; backbite; damn; slander; defame.

maldosamente adv badly.

maldoso adj bad; wicked; evil-minded; spiteful; malevolent.

maleabilidade s ductility; malleability.

maleável adj 1 limber; lithe; lithesome. 2 ductile; flexible; malleable. 3 mild; soft.

maledicência s slander; calumny; tale.

maledicente s backbiter; slanderer.

mal-educado adj rude; slob; caddish; impolite; underbred.

malefício s hurtfulness; harmfulness.

maléfico adj maleficent; malefic; evil.

maleita s malaria; paludism.

mal-entendido s misunderstanding. II adj misunderstood

mal-estar s 1 malaise; discomfort; sickness. 2 unrest.

maleta s handbag; valise.

malevolência s malevolence.

malevolente adj malevolent; malicious; spiteful; malign.

malévolo adj spiteful; malicious; malign.

M

malfadado *adj e s* unfortunate.

malfazejo *adj* malevolent; malign.

malfeito *adj* **1** slipshod. **2** deformed. **3** bad; evil.

malfeitor *s* evildoer; wrongdoer.

malgrado *prep* in spite of.

malha *s* **1** jumper; tricot. **2** net; mesh (de rede, peneira, etc.).

malhado *adj* brindled; dapple; tabby (gato).

malhar *v* thrash; thresch.

malho *s* **1** sledgehammer; mallet; hammer.

mal-humorado *adj* bad-tempered; ill-humored; bilious; cantankerous; disagreeable; churlish; sour.

Mali *s* Mali.

malícia *s* malice; spite.

maliciar *v* misconstrue; misinterpret.

malicioso *adj* **1** malicious. **2** wanton; catty. **3** guileful; sly.

maligna *s* **1** malignant fever. **2** malaria.

malignidade *s* malignancy; malignity.

maligno *adj* baleful; evil-minded; maleficent; malign; wicked. **2** virulent; malignant.

malinês *adj e s* Malian.

mal-intencionado *adj* evil- minded.

malogrado *adj* unsuccessful; frustrated.

malograr *v* frutrate; fail; balk; disconcert.

malogro *s* frustration; failure; balk; failing; *inform* flop.

malpassado *adj* underdone; rare (carne).

malquerença *s* animus; animosity; ill will.

malquerer *v* hate. || *s* dislike.

malquisto *adj* disliked; hated.

malsão *adj* **1** unhealthy; insalubrious. **2** malignant. **3** malign.

malsucedido *adj* unsuccessful; frustrated.

malta *s* **1** rabble; mob; rout. **2** gang; pack.

Malta *s* Malta.

maltar *v* malt.

malte *s* malt.

maltês *adj e s* Maltese.

maltose *s* maltose.

maltrapilho *s* ragamuffin; tatterdemalion. || *adj* ragged; tattered.

maltratar *v* maltreat; mistreat; misuse; bully.

maltrato *s* maltreatment; misuse.

maluco *adj* **1** crazy; mad; insane. **2** *inform* haywire. **3** *gír* bananas; batty; nutty; wacky. || *s* **1** crazy. **2** *gír* cuckoo; nut case madcap.

maluquice *s* madness; craziness.

malva *s Bot* mallow.

malvadez(a) *s* perversity; wickedness.

malvado *s* devil. || *adj* evil; ill; spiteful; mean.

malvaísco / malvavisco *s Bot* marshmallow (*tb* marsh mallow).

malversação *s* malversation.

malvisto *adj* **1** disliked. **2** infamous; disreputable. **3** suspected.

mama *s* **1** mamma; breast. **2** udder.

mamadeira *s* bottle.

mamãe *s* mammy; mamma; mom; mummy.

mamangaba *s* humblebee; bumblebee.

mamão *s* **1** papaya. **2** *Bot* sucker. || *adj* unweaned; sucking.

mamar *v* **1** suck; suckle. **2** *gír* get drunk.

mamário *adj* mamary.

mamata *s* **1** shady business; swindle. **2** *gír* a piece of cake.

mamífero *s* mammal. || *adj* mammiferous.

mamilar *adj* mammilary.

mamilo *s* nipple; teat; mammila.

mamona *s Bot* castor-oil plant; castor bean.

mamute *s Zool* mammoth.

maná *s* manna.

mana *s* sister.

manada *s* drove; flock; herd.

manancial *s* **1** well; fount; fountainhead; spring. **2** source; origin.

manar *v* **1** emanate. **2** flow continously. **3** proceed.

mancada *s* goof; blunder.

mancal *s* bearing; pillow.

mancar *v* **1** hobble; halt; limp. **2** fail; err. **3** commit a blunder.

manceba *s* **1** young woman. **2** concubine.

mancebo *s* **1** lad; youth; young man. **2** servant. **3** clothes tree.

mancha *s* **1** spot; stain; smudge; blot; blur; smear; speck; splotch. **2** stain; taint; tarnish; blot; stigma. **3** dishonor; disrepute. **4** dapple (em animal).

manchado *adj* **1** stained; blurry; spotty. **2** maculate. **3** dapple (animal).

manchar *v* **1** spot; stain; blot. **2** dirty; defile. **3** imbue; dye. **4** stain; taint; maculate. **5** dishonor; discredit.

nancheia, mão cheia s handful.

nanchete s headline; catchword.

nanchu adj e s Manchurian

Manchúria s Manchuria (região do nordeste da China).

nanco adj 1 lame; game; halting. 2 imperfect; defective; faulty. 3 mutilated; crippled. ‖ s lame person; cripple.

nancomunar v 1 contract. 2 agree. 3 collude; conspire.

nanda s 1 note of reference; reference mark. 2 testamentary disposition.

nandachuva s gír bigwig; bigshot.

nandado s 1 behest; charge; decree. 2 Jur injunction; warrant; writ.

nandala s mandala.

nandamento s 1 commandment (tb Relig the Ten Commandments). 2 prescription; rule. 3 order; command.

nandante s 1 boss. 2 instigator. ‖ adj commanding.

nandão adj 1 bossy; domineering; imperious. 2 despotic; tiranic. ‖ s despot; opressor.

nandar v 1 order; comand; inform rule the roost. 2 rule; govern. 3 boss. 4 decree; dictate. 5 send; emit.

nandarim s mandarin (tb **Mandarin**).

nandatário s mandatory.

nandato s 1 command. 2 Jur mandate.

nandíbula s jaw; mandible.

nandinga s sorcery; witchcraft.

nandioca s Bot manioc; cassava.

nando s 1 command. 2 power, authority.

nandolim s mandolin.

nandrágora s Bot mandragora; mandrake.

nandrião adj lazy; indolente; idle. ‖ s lazybones; idler.

nandril s 1 Mec broach; reamer; mandrel. 2 mandrill; large baboon.

nandrilar v broach; ream.

nanear v 1 handle; manipulate. 2 manage; govern. 3 work.

naneira s 1 way; manner; mode. 2 method. 3 fashion. 4 style.

naneirismo s 1 mannerism. 2 Art Mannerism.

naneiroso adj well-mannered; polite; mannerly.

manejar v 1 handle; manipulate. 2 manage; govern. 3 work.

manejável adj manageable.

manejo s 1 management. 2 handling; manipulation. 3 use.

manequim s 1 manikin; mannequin. 2 model; dummy.

maneta adj one-handed.

manga s 1 Bot mango. 2 sleeve (de camisa).

manganato s Quím manganate.

manganês s Quím manganese. (símb **Mn**).

mangânico adj manganic.

mangar v 1 joke; banter josh. 2 cheat. 3 delay; retard; slow.

mangra s mildew.

mangrar v 1 mildew. 2 stunt.

mangue s 1 mangrove. 2 marsh.

mangueira s 1 hose. 2 Bot mango.

mangusto s Zool mongoose.

manha s 1 craft; ability. 2 ruse. 3 slyness; malice. 4 whining, crying of child.

manhã s morning; forenoon.

manhoso adj 1 sly; foxy; crafty. 2 smart; clever. 3 furtive. 4 wily. 5 whining.

mania s mania (tb Psiq); cacoethes. 2 vagary. 3 eccentricity; quirk. 4 obsession. 5 fad.

maníaco adj e s 1 Psiq maniac. 2 eccentric.

maniatar, manietar v 1 manacle; fetter. 2 restrict.

manicômio s asylum; madhouse; mental hospital; psychiatric hospital.

manicure s manicurist.

manifestação s 1 manifestation. 2 demonstration. 3 expression. 4 sign.

manifestante s demonstrator.

manifestar v 1 manifest; demonstrate; evince. 2 express. 3 declare.

manifesto adj visible; manifest; evident; obvious. ‖ s manifest; manifesto; enunciation.

manilha s 1 bracelet. 2 fetter.

maninho adj 1 barren; sterile. 2 wild. ‖ s waste.

manipulação s manipulation; handling.

manipulador s handler.

manipular v 1 handle; manipulate. 2 maneuver. 3 work. 4 control; dominate.

manípulo s Ecles maniple.

manirroto *adj* waster.

manivela *s* crank.

manjar *s* **1** dainty; delicacy. **2** custard; pudding. ‖ *v* **1** eat. **2** observe; spy. **3** understand; comprehend.

manjedoura *s* manger.

manjericão *s Bot* basil.

manjerona *s Bot* marjoram.

mano *s* brother.

manobra *s* **1** movement. **2** wile. **3** *Mil* maneuver.

manobrar *v* **1** manipulate. **2** *Náut* fetch; shunt (trens). **3** manage; scheme. **4** *Mil* maneuver. **5** conduct.

manobreiro *s* switchman (de estrada de ferro).

manobrista *s* maneuverer.

manômetro *s* manometer.

manopla *s* handle.

manquejar *v* limp; hobble, lame.

mansão *s* mansion.

mansarda *s* garret.

mansidão *s* **1** serenity; tranquillity. **2** docility.

manso *adj* **1** docile. **2** quiet. **3** tame. **4** meek.

manta *s* blanket; shawl; wrap.

manteiga *s* butter.

mantel *s* table-cloth; altar-cloth.

mantença *s* food; nourishment.

mantenedor *s* maintainer.

manter *v* **1** maintain; keep; sustain. **2** bear. **3** conserve, continue. **4** feed. **5** hold (cargo, posição). **6** uphold. **7** support.

manteúda *s* concubine.

mantimento *s* **1** food; provisions; supply. **2** maintenance.

manto *s* mantle; cloak; robe.

mantra *s* mantra.

manual *adj* **1** manual. **2** easily handled. ‖ *s* manual; handbook.

manualmente *adv* manually; by hand.

manufatura *s* **1** manufacture; make; making. **2** manufactory; fabric. **3** manual labour.

manufaturado *adj* **1** manufactured. **2** handmade.

manufaturar *v* manufacture; fabricate; make.

manuscrever *v* autograph.

manuscrito *adj* autograph. ‖ *s* **1** manuscript. **2** script.

manusear *v* handle; manipulate; finger.

manuseio *s* manipulation; handling.

manutenção *s* **1** maintenance; sustenance; support. **2** service; upkeep.

mão *s* **1** *Anat* hand. **2** *Zool* forefoot of a quadruped. **3** domination. **4** coat of paint. **5** lateral direction. **6** each of the directions of the trafic. **7** side, part. **8** help; assistance. **9** style; touch.

mão-aberta *s* **1** prodigal; spendthrift. **2** generous person.

maometano *s* Muslim; Moslem.

mapa *s* map; chart.

mapear *v* map.

maqueiro *s* stretcher-bearer.

maquete *s* maquette.

maquiado, maquilado *adj* made-up.

maquiagem, maquilagem *s* make-up; maquillage.

maquiar, maquilar *v* make up; paint.

maquiavélico *adj* **1** Machiavellian. **2** *fig* astute; cunning; sly.

máquina *s* **1** machine. **2** engine; motor. **3** car; automobile. **4** locomotive. **5** automaton.

maquinação *s* conspiracy; machination.

maquinador *s* contriver.

maquinal *adj* machine.

maquinar *v* **1** machinate; conspire; contrive; scheme. **2** excogitate.

maquinaria, maquinário *s* machinery; hardware.

maquinista *s* **1** engineer; operator. **2** wagoner; locomotive driver.

mar *s* **1** sea; ocean. **2** *fig* large quantity. **3** depth, profundity. **4** immensity.

marabu *s* **1** *Zool* marabou (tipo de cegonha). **2** *Relig* marabout (guia espiritual muçulmano).

maracujá *s* passion fruit.

marajá *s* maharaja; maharajah.

marasmo *s* **1** *Med* marasmus. **2** downbeat; apathy; indifference.

maratona *s Esp* marathon.

maravilha *s* wonder; marvel; wonderment; miracle.

maravilhar v 1 wonder; marvel. 2 enrapture; entrance. 3 amaze; astonish.

maravilhoso adj 1 wonder; wonderful; wondrous; marvelous. 2 miraculous. 3 amazing; wondering; admirable. 4 gír fab; fabulous; fantastic; tremendous.

marca s 1 mark. 2 character; sign. 3 seal; stamp. 4 scar. 5 Comp tag. 6 boundary; limit. 7 clothes mark. 8 track; trail.

marcação s 1 marking. 2 reading.

marcado adj 1 marked. 2 deceitful.

marcador s 1 marker (pessoa ou instrumento). 2 scoreboard.

marcante adj oustanding.

marca-passo s Med pacemaker.

marcar v 1 mark. 2 beat (tempo). 3 dial (em mostrador). 4 read. 5 trace. 6 score.

marcassita s Min marcasite.

marcenaria s joinery.

marceneiro s joiner; cabinetmaker.

marcha s 1 march; movement; walk; gait; hike; pace. 2 gear (engrenagem).

marchar v march; troop.

marchetar v 1 inlay; incrust; enchase. 2 veneer.

marcial adj martial; military.

marciano adj e s Martian.

marco s 1 mark. 2 bound; boundary. 3 monument; landmark.

março s maiús March.

maré s 1 tide. 2 fig opportunity; occasion; disposition.

mareado adj seasick.

mareante s sailor; mariner; navigator.

marear v 1 steer a ship. 2 make seasick.

marechal s marshal.

marejar v 1 trickle; ooze. 2 exude. 3 cover with tears.

maremoto s seaquake.

maresia s 1 corrosive sea air. 2 gír smell of the marijuana.

marfim s ivory.

marfinense, marfiniano adj e s Ivorian.

marga, marna s marl.

margarida s Bot daisy.

margarina s margarine.

margear v 1 marginate; edge; rim. 2 follow along a margin. 3 border.

margem s 1 edge; rim; brink; margin (tb margem de lucro); skirt; verge; border. 2 side. 3 shore; bank. 4 limit; borderline.

marginal adj e s tb Econ e Psic marginal.

marginalidade s 1 marginality. 2 criminality.

marginar v 1 border; margin. 2 make marginal notes (livro).

maricas s 1 sissy; ofens pansy. 2 coward; gír chicken.

marido s husband; inform man.

marimba s Mús marimba.

marimbondo s hornet.

marinada s marinade.

marinha s 1 marine; navy. 2 beach; shore; coast.

marinheiro s sailor; seaman; jack; inform tar; Náut mariner.

marinho, marino adj marine.

marionete s marionette; puppet.

mariposa s 1 moth. 2 prostitute.

mariscar v clam.

marisco s shellfish.

marital adj marital.

marítimo adj 1 marine. 2 maritime; nautical.

marmelada s 1 quince jam. 2 advantage; bargain.

marmeleiro s quince.

marmelo s quince.

marmita s pot.

mármore s marble.

marmóreo adj marble.

marmorização s marbling.

marmorizar v marble.

marmota s Zool marmot.

marola s ripple.

marotagem s shiftiness

maroto adj 1 shifty. 2 waggish. 3 malicious; artful.

marquês s masc marquis.

marquesa s fem marchioness.

marrada s butt; thrust.

marrar v butt; horn.

marreco s drake; duck; teal.

marreta s maul; sledgehammer; beetle.

marretar v 1 beat; strike. 2 flub.

marreteiro s hawker; huckster.

Marrocos s Morocco.

marrom adj brown.

M

marroquino adj e s Moroccan.

marsupial adj marsupial.

marta s Zool marten; Zool mink.

Marte s Astron e Mit Mars.

martelada s blow; stroke.

martelar v 1 hammer. 2 batter; thump. 3 drum. 4 inform ding. 5 fig insist.

martelo s hammer; beetle.

martim-pescador s Zool kingfisher; martin.

mártir s 1 martyr. 2 sufferer.

martírio s martyrdom; agony; excruciation.

martirizar v martyr; martyrize; excruciate.

martirológio s martyrology.

marujo s sailor; salt.

marulhada, marulho s 1 tide; ripple. 2 fig noise; confusion.

marulhar v surge; toss; ripple.

marxismo s Marxism.

mas conj but; only. ‖ adv indeed; yes.

mascar v chew; chomp; chump; mumble.

máscara s mask (tb teatro); visor.

mascarado s masker.

mascarar v 1 mask; masquerade. 2 dissemble.

mascate s huckster; hawker; peddler.

mascatear v hawk; peddle.

mascavado, mascavo adj 1 unrefined. 2 fig adulterad; impure.

mascote s mascot.

masculinidade s virility; masculinity; manhood.

masculinizado adj mannish.

masculino adj male; masculine (tb gram).

másculo adj manful; virile; masculine.

masmorra s dungeon.

masoquismo s masochism.

má-sorte s bad luck.

massa s 1 pasta; pastry; dough (de pastel, bolo, etc.). 2 crowd; multitude. 3 Fís mass. 4 paste. 5 bulk.

massacrar v massacre; slaughter.

massacre s massacre; carnage; slaughter.

massagear v massage; knead; rub down.

massagem s massage.

massagista s masc masseur; fem masseuse.

mastaréu s Náut handmast; topmast.

mastigação s chew; mastication.

mastigar v chew; masticate; champ.

mastim s Zool mastiff.

mastodonte s Zool mastodon.

mastodôntico adj mastodont.

mastreação s Náut rig.

mastrear v Náut rig.

mastro s 1 Náut mast; spar. 2 staff (de bandeira); flagpole.

masturbação s masturbation.

masturbar v masturbate.

mata s 1 wood; forest. 2 wilderness.

mata-borrão s blotter.

mata-burro s cattle guard.

matador s killer; cutthroat; slayer.

matadouro s slaughterhouse; abattoir shambles.

matagal s brushwood; bush; scrub.

mata-moscas s swatter.

matança s 1 killing. 2 massacre; carnage 3 bloodshed. 4 slaughter; butchery.

matar v 1 kill; slay; gir croak; gír grease fell; shed blood; dispose of. 2 bag (caça) 3 dispatch. 4 gír do; end; execute. 5 finish.

mate s 1 checkmate. 2 maté; Paraguay tea.

mateiro s 1 forest keeper. 2 woodman.

matemática s mathematics; math.

matemático adj mathematical. ‖ s mathematician.

matéria s 1 matter. 2 substance; material. 3 contents (de livro, revista); theme. 4 subject (escolar). 5 body.

material adj 1 material. 2 bodily. 3 concrete. ‖ s stuff; matter.

materialidade s materiality.

materialismo s materialism.

materialista s materialist.

materialização s 1 materialization. 2 embodiment.

materializar v materialize.

matéria-prima s raw material; stuff.

maternal adj maternal; mother; motherly.

maternidade s 1 maternity; motherhood. 2 maternity ward (hospital).

materno adj maternal; mother.

matilha s pack.

matinal adj early; matin.

matinar v awaken early.

matinê s matinee.

matiz s 1 tint; tinge; tone; hue. 2 dye.

natizado *adj* checkered; *inform* shot; motley.
natizar *v* checker; tinge; mottle; tint.
nato *s* wood; brushwood; jungle; weed.
natraca *s* **1** rattle. **2** flibbertigibbet.
natraquear *v* rattle.
natreiro *adj* foxy; smart.
natriarcal *adj* matriarch.
natricídio *s* matricide.
natrícula *s* **1** matriculation. **2** registration; enrollment.
natricular *v* matriculate. **2** enroll; register.
natrimonial *adj* connubial; matrimonial.
natrimônio *s* matrimony; wedding; marriage; wedlock.
natriz *s* **1** matrix; mold. **2** mother.
natrona *s* matron.
natungo *s* dobbin.
naturação *s* maturation.
naturar *s* **1** age; mature. **2** rippen.
naturidade *s* growth; maturity.
natutar *v* think; reflect; medidate; ponder.
natutino *adj* matin; mututinal.
natuto *s* **1** fieldworker. **2** boor; peasant. II *adj* **1** rustic; peasant. **2** shy; timid.
nau *adj* **1** bad. ill; *inform* cussed; wicked; wrong. **2** flagitious; vicious; naughty; spiteful; wayward. II *s* bad; evil.
nau-humor *s* bile; ill humor.
nau-olhado *s* evil eye.
nauriciano *adj e s* Mauritian.
Maurício *s* Mauritius.
Mauritânia *s* Mauritania.
nauritano *adj e s* Mauritanian.
nausoléu *s* mausoleum.
navioso *adj* tender; gentle.
naxila *s* *Anat* maxilla.
naxilar *s* jaw; maxilla. II *adj* maxillary.
náxima *s* **1** maxim; aphorism; axiom; byword; gnome. **2** dictum.
naximizar *v tb Comp* maximize.
náximo *adj* maximum; all; extreme; ultimate; utmost. II *s* maximum; ceiling; full.
nazela *s* **1** wound; sore; bruise. **2** sorrow; unhappiness. **3** infamy; blemish.
1CE *abrev* ECM (European Common Market, Mercado Comum Europeu).
ne *pron pess* me.
neada *s* hank; skein.
neado *s e adj* middle; median.

meandrar *v* meander.
meandro *s* meander.
mear *v* halve.
mecânica *s* mechanics.
mecânico *adj* mechanical. II *s* mechanic (profissão).
mecanismo *s* mechanism; device; engine.
mecanizar *v* mechanize.
mecha *s* wick.
meda *s* stack.
medalha *s* medal.
medalhão *s* medallion.
média *s* average; mean.
mediação *s* mediation; intervention.
mediador *s* **1** mediator; intermediary. **2** agent.
medial *adj* medial.
mediana *s* *Geom* median.
medianeiro *v* mediator; intermediary.
mediano *adj* median; medium; middle. II *s* mean.
mediante *prep* by means of.
mediar *v* **1** halve. **2** mediate; intercede; interfere.
mediato *adj* mediate.
medicação *s* medication.
medicamentar *v* medicate.
medicamento *s* **1** medicine; medicament. **2** cure; drug; remedy.
medicar *v* **1** medicate. **2** dress (ferimentos).
medição *s* mensuration; measurement.
medicina *s* medicine.
medicinal *adj* medicinal.
médico *adj* doctoral; medical. II *s* doctor; curer.
medida *s* **1** measure; measurement; admeasurement. **2** dimension; size. **3** gauge; standard.
medidor *s* **1** measurer. **2** gauge.
medieval *adj* medieval.
médio *adj* **1** average. **2** medial; middle; medium; mid; middling.
medíocre *adj* mediocre.
mediocridade *s* mediocrity.
medir *v* measure.
meditabundo *adj* meditating; contemplative; reflective.
meditação *s* **1** meditation; contemplation. **2** thought; reflection; excogitation.

M

meditador s contemplative.

meditar v meditate; reflect; revolve.

meditativo adj meditative; contemplative; reflective.

mediterrâneo adj mediterranean. ‖ s Mediterranean.

médium s medium.

medo s 1 fright; fear; awe; funk; dread. 2 apprehension; apprehensiveness. 3 cowardice.

medonho adj awful; dreadful; hideous; awesome; dreadful.

medrar v grow.

medroso adj 1 fearful; frightful; gír yellow. 2 coward; cowardly; craven. 3 timorous timid. ‖ s coward; funk.

medula s medulla; marrow.

medusa s Medusa.

meeiro s sharecropper.

mefistofélico adj Mephistophelean.

megabyte s Comp megabyte.

megafone s megaphone.

megalítico adj megalithic.

megalomania s megalomania.

megalópole s megalopolis.

megera s shrew; vixen; harridan.

meia s sock; stocking (de mulher).

meia-calça s pl pantyhose.

meia-idade s middle age.

meia-irmã s half sister.

meia-lua s half-moon.

meia-noite s midnight.

meigo adj sweet; gentle; soft; meek; mild.

meiguice s tenderness; gentleness; endearment.

meio adj half; mean; middle; mid. ‖ s 1 middle; center; midst. 2 mean; vehicle; expedient; mode. 3 instrument. 4 resource.

meio-de-campo s Esp halfback.

meio-dia s noon; noonday; midday.

meio-fio s curb.

meio-irmão s half brother.

meios s resources; means; wherewithal (especialmente financeiros).

meio-tempo s Esp halftime.

meio-tom s Mús half note; half-tone.

meirinho s 1 usher. 2 catchpole.

mel s honey.

melaço s molasses, sugar-cane syrup.

melado adj sugar-cane syrup.

melancia s watermelon.

melancolia s 1 Psiq melancholia; melar choly. 2 blues.

melancólico adj melancholic.

melanina s melanin.

melanita s melanite.

melão s melon.

melar v honey; sweeter.

melena s long hair.

melhor adj e adv better. ‖ s the best.

melhora s 1 recovery; rally (saúde, vigor). 2 improvement; betterment. 4 rebound 5 upturn (negócios).

melhoramento s 1 improvement; betterment. 2 advance; progress. 3 enrich ment.

melhorar v 1 make better; improve; melio rate. 2 enrich; prosper. 3 mend, reform 4 convalesce; recover.

melhoria s 1 advancement; betterment improvement. 2 recovery; recuperation

melifluo adj mellifluous.

melindrar v hurt; ofend.

melindre s 1 politeness. 2 susceptibility resentment. 3 affectation.

melindroso adj sensitive; squeamish; touchy

melodia s melody; music; song; tune.

melodioso adj melodious; musical; tuneful

melodrama s melodrama; gír corn.

melodramático adj melodramatic; corny.

meloso adj syrupy.

melro s blackbird; merl.

membrana s Biol membrane; film.

membranoso adj filmy; membranous; chor oid.

membro s 1 member. 2 limb (perna, bra ço, asa). 3 insider (de um grupo, organi zação, sociedade, etc.).

memorando s memorandum; inform memo

memorar v 1 memorize. 2 remind. 3 com memorate; celebrate.

memorável adj 1 memorable; notable remarkable. 2 unforgettable.

memória s 1 tb Comp memory. 2 recollec tion; reminiscence; mind; retention 3 memoir.

memórias s reminiscences.

M

memorizar *v* memorize.

menção *s* mention; reference; citation.

mencionar *v* mention; refer; bring up; cite.

mencionável *adj* mentionable.

mendaz *adj* 1 mendacious. 2 traitorous; disloyal; perfidious.

mendicância *s* mendicancy; beggary.

mendicante *adj* mendicant.

mendigar *v* beg; cadge; mooch.

mendigo *s* beggar; cadger; mendicant; almsman.

menear *v* wiggle; waggle; flounder.

meneio *s* wiggle.

menestrel *s* minstrel; gleeman.

menina *s* girl; child; miss; *inform* missy; *gír* chick.

meninge *s* meninges.

meningite *s* meningits.

meninice *s* childhood; infancy.

menino *s* boy; child; lad.

menisco *s Anat* meniscus.

menopausa *s* menopause.

menor *adj* minor; less; lesser. ‖ *s Jur* minor; *Jur* infant; underage. ‖ *prep* under.

menoridade *s* minority; nonage.

menos *prep* except; *Mat* minus; wanting; less. ‖ *adj* lesser. ‖ *adv* less. ‖ *s Mat* minus; less.

menosprezar *v* 1 disdain; scorn. 2 underestimate.

menosprezo *s* contempt; disdain.

mensageiro *s* messenger; envoy; emissary; courier; go-between; herald; carrier.

mensagem *s* message.

mensal *adj* monthly.

mensalidade *s* monthly fee.

mensalmente *adv* monthly.

menstruação *s* menstruation; menses; *gír* curse.

menstruada *adj* unwell.

menstrual *adj* menstrual.

menstruar *v* menstruate.

mensuração *s* mensuration.

mensurar *v* measure.

mensurável *adj* measurable; mensurable.

menta *s* mint.

mental *adj* mental.

mentalidade *s* mentality.

mente *s* mind; *Filos* nous.

mentecapto *s* moron.

mentir *v* lie.

mentira *s* lie.

mentiroso *adj* lying; mendacious. ‖ *s* liar; fibber.

mentor *s* mentor; adviser; *fig* rudder.

menu *s tb Comp* menu.

meramente *adv* merely.

mercado *s* 1 market; market-place. 2 trade.

mercadologia *s* marketing.

mercador *s* merchant.

mercadoria *s* goods; commodity; ware.

mercante *adj* merchant.

mercantil *adj* commercial; mercantile; merchant.

mercantilismo *s* mercantilism.

mercê *s* 1 boon. 2 mercy.

mercearia *s* grocery.

merceeiro *s* grocer.

mercenário *adj* e *s* mercenary.

mercurial *adj* quicksilver. ‖ *s Bot* mercury.

mercúrio *s* quicksilver; *Astron* e *Mit* Mercury; *Quím* mercury.

merda *s* shit; crap.

merecedor *adj* deserving; worthy.

merecer *v* deserve; earn; *inform* rate; merit.

merecidamente *adj* deservedly.

merecido *adj* just; deserved; condign.

merecimento *s* desert; merit.

merengue *s* meringue (doce).

meretrício *adj* meretricious.

meretriz *s* prostitute; harlot; whore; hooker.

mergulhador *s* diver.

mergulhar *v* dive.

mergulho *s* dive.

meridiano *adj* e *s* meridian.

meridional *adj* meridional; south; southern; meridian. ‖ *s* meridional.

mérito *s* 1 merit; worth; value. 2 distinction; commendableness.

meritório *adj* meritorious; worthy; commendable; creditable.

mero *adj* mere; bare.

mês *s* month.

mesa *s* table.

mesada *s* monthly allowance.

mesa-redonda *s* roundtable.

mescla s mixture.

mesclar v mix.

mesmo adv even; right. ll pron self. ll adj same; one; very; equal. ll s the same thing.

mesquinharia, mesquinhez s avarice; shabbiness; stinginess; skimpiness.

mesquinho adj niggard; close-fisted; costive; tightfisted. ll s niggard; skinflint.

mesquita s mosque.

messias s Messias; Messiah.

mestiço adj crossbred. ll s crossbred; pej half-breed; mongrel.

mestra s schoolmistress; female teacher.

mestrado s mastership.

mestre s master; teacher; instructor.

mestre-cuca s cook.

mestre-de-cerimônias s master of ceremonies.

mestria s mastership; mastery.

mesura s curtsy; reverence.

mesurar v 1 curtsy. 2 court.

meta s target; goal; aim; end.

metabolismo s metabolism.

metacarpo s metacarpus.

metade s half; moiety.

metafísica s metaphysics.

metafísico adj metaphysical.

metáfora s metaphor.

metafórico adj metaphoric.

metal s metal.

metálico adj metallic.

metalinguagem s Comp metalanguage.

metalizar v metallize.

metalurgia s metallurgy.

metalúrgico s metallurgist. ll adj metallurgic.

metamorfose s metamorphosis.

metamorfosear v metamorphose.

metano s metane; marsh gas.

metanol s methanol.

metaplasmo s Gram e Biol metaplasm.

metástase s Med metastasis.

metatarso s metatarsus.

meteorito s meteorite.

meteoro s meteor; falling star.

meteorologia s meteorology.

meteorologista s meteorologist.

meter v 1 put. 2 introduce. 3 include. 4 penetrate. 5 cause; inspire. 6 ofens have sexual intercourse with; fuck.

meticulosidade s meticulosity; meticulou. ness.

meticuloso adj meticulous; overcarefu. careful.

metido adj 1 meddling. 2 familiar with.

metódico adj 1 methodical. 2 sistematica. orderly.

metodismo s Relig Methodism.

metodista s Relig Methodist.

método s 1 method. 2 mode; manne. system.

metodologia s methodology.

metonímia s metonymy.

metragem s length in meters.

metralhadora s machine gun.

metralhar v machine-gun.

métrica s Mús e Poét meter; Poét metric

métrico adj metric.

metro s meter (unidade de medida).

metrô s subway; metro.

metrópole s metropolis.

metropolitano adj e s metropolitan.

meu pron my; mine.

mexer v 1 move; budge; stir. 2 scramble 3 mix.

mexerica s bergamot; tangerine.

mexericar v gossip; tattle; intrigue; whispe (em tom baixo, privadamente).

mexerico s gossip; intrigue; tattle.

mexeriqueiro s talebearer; gossiper.

mexicano adj e s Mexican.

México s Mexico.

mexilhão s Zool mussel.

mezanino s loft; mezzanine.

mi s Mús mi (nota musical).

miado s mew; caterwaul; meow.

Mianmar s Myanmar.

miar v mew; meow.

micagem s grimace.

micélio s Bot spawn.

mico s name for several species of monkeys

micro s micron.

micróbio s microbe.

microbiologia s microbiology.

microcefálico adj microcephalous.

microcéfalo adj e s 1 microcephalous 2 idiot.

microcirurgia s Med microsurgery.

microcomputador s Comp microcomputer

microcosmo s microcosm.

microfilmar v microfilm.

microfilme s tb Comp microfilm.

microfone s microphone.

micrografia s micrography.

micrômetro s micrometer.

Micronésia s Micronesia.

micronésio adj, s Micronesian.

microonda s microwave.

microônibus s microbus.

microorganismo s microorganism.

microprocessador s Comp microprocessor.

microscópio s microscope.

mictório s urinal.

migalha s crumb.

migalhas s scraps; leftovers.

migração s migration.

migrante adj migrant.

migrar v migrate.

migratório adj migratory.

mijar v pee; ofens piss.

mil adj thousand.

milagre s miracle; wonder; marvel.

milagroso adj miraculous; wonderful; marvelous.

míldio s mildew (doença das videiras causada por um fungo).

milenar adj millenarian; millenary.

milenário adj millenarian; millenary.

milênio s millennium.

milésimo s millesimal.

milha s mile (medida de comprimento equivalente a 1,609 m).

milhagem s mileage.

milhão num million.

milhar s thousand.

milharal s maize field.

milho s corn; maize.

milícia s militia.

miligrama s milligram (abrev mg).

mililitro s milliliter (abrev ml).

milímetro s millimeter (abrev mm).

milionário s millionaire.

milionésimo num millionth.

militância s militancy.

militante adj militant; activist. || s militant; activist; inform joiner.

militar adj military. || s member, especially officer; of an armed force.

militarismo s militarism.

militarizar v militarize.

milorde s milord.

mim pron pess me.

mimar v pet; coddle; spoil (criança); pamper; cocker.

mimeografar v mimeograph.

mimeógrafo s mimeograph.

mimetismo s Biol mimicry.

mímica s mimic; mime; pantomime.

mimicar v mimic, mime.

mímico s mimic; mummer.

mimo s 1 gift; present; offering. 2 caress; petting.

mina s 1 mine. 2 gír girl.

minar v 1 gush; seep (líquidos). 2 tb fig undermine. 3 mine; excavate. 4 subvert. 5 torment; hurt secretly.

mindinho s the little finger.

mineiro s 1 miner; collier (de mina de carvão). || adj mining.

mineração s mining.

minerador s miner.

mineral adj, s mineral.

mineralização s mineralization.

mineralogia s mineralogy.

minério s ore.

mingau s pap; mush.

míngua s 1 lack; need. 2 wane; diminution. 3 scarcity; shortage.

minguado adj exiguous; scanty.

minguante adj 1 decreasing. 2 last quarter (Lua).

minguar v 1 wane (Lua). 2 decrease; abate; diminish. 3 dwindle; fail; tail away/tail off.

minha pron my; mine.

minhoca s earthworm.

miniatura s e adj miniature.

minimizar v 1 tb Comp minimize. 2 downplay (a importância).

mínimo s 1 minimum; the least. 2 the little finger. || adj 1 minimal; least. 2 minimum.

minissaia s miniskirt.

minissérie s miniseries (de TV).

ministerial adj ministerial.

ministério s 1 ministry; Cabinet; state department. 2 office; profession; function.

ministrar v minister; administer.

M

ministro s 1 minister; minister of state. 2 minister; priest; clergyman.

minoração s attenuation; reduction.

minorar v attenuate; reduce.

minoria s minority.

minoritário adj minor.

minúcia s nicety; detail; minute.

minuciosamente adv in detail.

minucioso adj minute; detailed; particular.

minúscula s minuscule (letra).

minúsculo adj minuscule; tiny; diminutive; inform itty-bitty.

minuta s draft; minute.

minuto s 1 minute. 2 moment; instant.

miocárdio s Anat myocardium.

miolo s 1 brain. 2 core. 3 sense.

mioma s Med myoma.

míope adj nearsighted; myopic. ll s myope.

miopia s myopia; nearsightedness.

miosótis s Bot myosotis; forget-me-not.

mira s 1 sight; aim. 2 target; mark. 3 desire; wish.

miraculoso adj marvelous; miraculous.

miragem s mirage.

mirada s look, glance.

miragem s 1 mirage. 2 fig decepcion.

mirante s belvedere.

mirar v aim; sight.

miríade s myriad.

mirim adj small.

mirra s myrrh.

mirrado adj skinny; lean; scrubby.

mirtilo s Bot blueberry.

misantropia s misanthropy.

misantropo s misanthrope.

miscelânea s miscellany; conglomeration. 2 motley; medley; mixture. 3 confusion.

miserável adj 1 miserable; beggarly; wretched. 2 niggard; miser; mean; stingy. 3 unhappy. ll s niggard; skinflint; tb minús Scrooge. 4 villain.

miseravelmente adv meanly.

miséria s 1 misery; beggary; poverty. 2 avarice; niggardliness. 3 unhappiness.

misericórdia s 1 mercy. 2 clemency; forgiveness. 3 compassion. 4 charity.

misericordioso adj charitable; merciful; clement.

mísero adj disgraced; miserable. gír measl.

missa s mass.

missal s missal.

missão s 1 mission (militar, religiosa, diplomática). 2 delegation. 3 commission; incumbence. 4 calling; vocation. 5 duty; obligation.

missionário adj, s missionary.

missiva s missive; letter; epistle; note.

mister s 1 occupation; employment; profession. 2 incumbence; work. 3 urgency; necessity.

mistério s mystery; enigma; secret.

misterioso adj mysterious; enigmatic; secret.

misticismo s mystic.

místico adj mystic.

mistificação s mystification.

mistificar v mystify.

misto adj mixed; compound; miscellaneous. ll s commixture; mixture.

mistura s blend; mix; mixture; commixture. 2 composite; composition; compound. 3 confusion; jumble; shuffle; mash; medley; mess.

misturada s 1 mix-up; confusion. 2 miscellany.

misturado adj mixed; miscellaneous.

misturar v 1 mix; blend; mingle; commingle; intermingle. 2 compound; 3 jumble; shuffle; confuse.

mítico adj mythical.

mitigação s mitigation; alleviation; assuagement; mollification; palliation.

mitigar v mitigate; alleviate; abate; assuage; bate; relieve; palliate.

mito s myth; fable; legend.

mitologia s mythology.

mitológico adj mythological; fabulous.

mitra s Ecles miter.

mitral adj Anat mitral (relativo à válvula mitral).

miudeza s 1 minuteness; smalness. 2 rigorousness; exactingness.

miúdo adj minute; small.

mixo adj 1 heap. 2 uninteresting.

mixórdia s confusion; mix-up; medley.

mnemônica s mnemonics.

mnemonizar v mnemonize.

nemônico *adj tb Comp* mnemonic.
ó *s* millstone.
oagem *s* milling; grind.
óbil *adj* mobile, movable.
óbile *s Art* mobile.
obília *s* furniture; furnishings.
obiliar *v* furnish.
obilidade *s* mobility.
obilização *s* mobilization.
obilizar *v* 1 mobilize. 2 put in motion.
oça *s* girl; maid; maiden; lass; *gír* babe; *inform* missy.
oçambicano *adj, s* Mozambican.
oçambique *s* Mozambique.
oção *s Jur* motion.
ocassim *s* moccasin.
ochila *s* backpack; haversack; knapsack.
ocidade *s* youth; youthfulness; juvenility.
oço *adj* young. II *s* boy; lad; youth.
oda *s* 1 fashion; style; vogue. 2 mode; usage. 3 way; method.
odal *adj tb Gram* modal.
odalidade *s* modality.
odelado *adj* model.
odelar *v* 1 model; mould; fashion. 2 frame. II *adj* model; exemplary.
odelo *s* 1 model. 2 example; sample; exemplar. 3 paradigm; standard. 4 *Comp* template.
oderação *s* moderation; reserve.
oderado *adj* 1 moderate; temperate. 2 economical (alguém que gasta dinheiro com moderação). 3 mild (calor, frio).
oderador *s* chastener.
oderar *v* moderate; temper.
odernidade *s* modernity.
odernismo *s tb Art* modernism.
odernização *s* modernization.
odernizar *v* modernize; streamline.
oderno *adj* modern; up-to-date. II *s* modern.
odéstia *s* modesty; humbleness; simplicity; unpretentiousness. 2 bashfulness; coyness; diffidence.
odesto *adj* 1 modest; unpretentious; humble; unostentatious. 2 coy; diffident.
ódico *adj* small; slight; low.
odificação *s* alteration; modification; change.

modificado *adj* changed; modified.
modificar *v* 1 modify; change; alter; vary. 2 revise.
modinha *s* ditty.
modista *s* fashioner; dressmaker.
modo *s* 1 mode; fashion; manner; method; style; way. 2 mood; humour; temper.
modorra *s* 1 morbid prostration. 2 sleepiness; drowsiness; somnolence.
modulação *s* modulation.
modular *v Mús e Eletrôn* modulate. II *adj* modular.
módulo *s tb Comp* module.
moeda *s* coin; change; token (do tipo usada em máquinas de fliperama).
moedor *s* grinder.
moedura *s* milling; grind.
moela *s* gizzard.
moenda *s* mill.
moendeiro *s* miller.
moer *v* grind; mill; crush; bray.
mofa *s* taunt; rally; ridicule; scorn; mockery.
mofado *adj* moldy.
mofar *v* 1 mold. 2 scorn; mock.
mofento *adj* fusty; musty.
mofo *s* mold; fustiness; mildew.
mogno *s Bot* mahogany.
moído *adj* ground; crushed.
moinho *s* mill.
moita *s* bush; clump; scrub.
mol *s Fís e Quím* mole.
mola *s* 1 spring; coil. 2 *fig* motive; incentive.
molar *adj* e *s* molar.
moldado *adj* molded.
moldagem *s* molding.
moldar *v* 1 mold. 2 cast. 3 frame; shape; model. 4 adapt; acommodate.
Moldávia *s* Moldova.
moldávio *adj, s* Moldovan.
molde *s* 1 mold; cast. 2 pattern. 3 model; example.
moldura *s* 1 frame; casing; 2 *Arq* listel; list; cornice.
mole *adj* 1 flabby; floppy; limp. 2 sluggish; spineless.
molecagem *s* boyish trick.
molécula *s* molecule.

M

molecular adj molecular.

moleiro s miller.

molenga adj lazy; sluggish; indolent.

molengão s inform slug.

moleque s 1 young boy; urchin. 2 dude. ‖ adj 1 funny. 2 mocking.

molestar v 1 molest; annoy. 2 hurt; ill-treat. 3 offend. 4 attack (doença); afecct. 5 offend; bait.

moléstia s disease; malady.

moleza s 1 indolence; languidness. 2 softness. 3 weakness. 4 gír piece of cake

molhado adj wet; moist; sodden.

molhar v 1 wet; moisten; damp. 2 irrigate; water; soak; sop.

molhe s mole; pier.

molheira s sauceboat.

molho s 1 sauce; dressing. 2 bunch (de chaves). 3 soak.

molificação s 1 mollification; softening. 2 enervation.

molificar v 1 mollify; soften. 2 enervate. 3 calm.

molinete s reel; windlass.

molusco s mollusk; shellfish.

momentâneo adj 1 momentary; ephemeral. 2 passing. 3 impulsive.

momento s 1 moment; instant; while. 2 twinkle; wink.

momentoso adj serious; rave; important.

momices s grimaces; mummery.

momo s Momo.

monacal adj monastic; monkish.

Mônaco s Monaco.

monarca s monarch.

monarquia s 1 monarchy; kingdom; kingship. 2 sovereignty.

monárquico s monarchical.

monarquismo s monarchism.

monarquista s monarchist.

monastério s monastery; monkery.

monástico adj monastic.

monazita s Min monazite.

monção s monsoon.

mondar v weed.

monetário adj monetary.

monge s monk.

mongol adj, s 1 Mongolian. 2 ofens mongolian (relativo à Síndrome de Down).

Mongólia s Mongolia.

mongolismo s Med mongolism.

mongolóide adj, s mongolian.

monitor s tb Comp monitor.

monitorar v monitor.

monja s nun.

mono s ape.

monocelular adj monocellular.

monocórdio s monochord.

monocromático adj monochromatic.

monóculo s single eyeglass.

monocultura s monoculture.

monodia s monody.

monogamia s monogamy.

monógamo s monogamist.

monografia s monograph.

monograma s monogram.

monolítico adj monolithic.

monologar v monolog.

monólogo s monolog; soliloquy.

mononuclear adj mononuclear.

monopólio s monopoly; trust; corner.

monopolização s monopolization.

monopolizar v monopolize; engross (tempo, atenção, etc.); consume.

monossilábico adj Ling monosyllabic.

monossílabo s Ling monosyllable.

monoteísmo s monotheism.

monotonia s 1 monotony. 2 sameness.

monótono adj monotone; wearisome; tiresome; dull; humdrum.

monovalente adj monovalent.

monsenhor s Monsignor.

monstro s 1 monster. 2 cruel person 3 prodigy.

monstruosidade s 1 monstrosity. 2 enormity. 3 cruelty.

monstruoso adj 1 monstrous; abnormal 2 enormous; immense. 3 cruel; inhuman.

monta s amount; sum; importance.

montagem s mounting; assembly (de maquinas).

montanha s mountain; mount.

montanha-russa s roller coaster.

montanhês s mountaineer.

montanhoso adj mountainous; hilly.

montante s amount; sum; importance.

montão s heap; mass.

M

montar v 1 mount. 2 ride (cavalo). 3 set up; assemble (máquinas, etc.); fit (máquinas); rig.

montaria s mount; riding (cavalo).

monte s 1 mount; height; hill; 2 heap; stack (de trigo, feno, etc.); pac; mound (de terra). 3 lot (de coisas, de amigos, etc.). 4 inform caboodle.

monteiro s hunter in the mountains.

montepio s widow's fund; pension fund.

montículo s monticule; mound (de terra).

monturo s scrap heap; dunghill.

monumental adj monumental; magnificent; enormous.

monumento s 1 monument; memorial; mausoleum. 2 beautiful; majestic.

mora s 1 delay; respite. 2 prolongation of a term.

morada s house; residence; habitation; home.

moradia s house; housing; residence; habitation.

morador s resident; inhabitant; dweller.

moral adj moral; ethical. || s morals; ethics.

moralidade s moral; morality.

moralismo s moralism.

moralista s moralist.

moralização s moralization.

moralizar v moralize.

morango s strawberry.

morar v live; inhabit; dwell; reside; house.

moratória s moratorium.

morbidez s 1 morbidness; morbidity. 2 sickness. 3 languidness.

mórbido adj 1 morbid; diseased; sickly. 2 languid.

morcego s bat.

mordaça s gag; muzzle.

mordaz adj biting; sarcastic; sharp-tongued; scathing; acrid.

mordedura s bite.

morder v 1 bite; nip. 2 hurt; torment; afflict. 3 waste; corrode.

mordida s bite; nip; chomp.

mordiscar v nibble; nip.

mordomo s butler; chamberlain; steward.

morena s brunette.

moreno s brunet. || adj brunet; brown; dark; tanned; swarthy.

morféia s leprosy.

morfético s leper. || adj leprous.

morfina s morphine.

morfologia s morphology.

morgue s morgue; mortuary.

moribundo adj dying; moribund. || s moribund; dying person.

moringa s jug.

mormaço s sweltry; sultry weather.

morno adj warm; tepid; lukewarm.

morosidade s moroseness; slowness; sluggishness.

moroso adj morose; tardiness; sluggish; glum; slow.

morrer v 1 die; decease; expire; end; pass away; gír kick in; conk; gír croak. 2 depart; go; pass. 3 to be forgotten. 4 suffer.

morro s hill; knoll.

morsa s Zool walrus.

morso s nip; bite.

mortal adj 1 mortal; deadly; deathly; fatal; lethal. 2 earthborn; human; mortal. || s mortal; human being.

mortagem s mortise.

mortalha s cerecloth; cerement; pall.

mortalidade s mortality.

mortalmente adv deadly; deathly; fatally.

mortandade s mortality; massacre; slaughter.

morte s death; deadness; decease; demise; fatality (resultante de acidente, catástrofe etc); passing away. 2 extinction; destruction; end.

morteiro s Mil mortar.

morticínio s slaughter.

mortiço adj 1 dying (luz, fogo). 2 spiritless; lifeless.

mortífero adj deadly; mortal; murderous.

mortificação s mortification.

mortificar v mortify; crucify; macerate.

morto adj 1 dead; deceased; breathless. 2 defunct; departed. 3 extinct; gone. 4 inanimate; inert; lifeless. 5 forgotten. || s dead; departed; defunct.

mosaico s mosaic.

mosca s fly.

moscado adj musky; aromatic.

moscatel adj, s muscatel.

mosqueado adj sppoted; dotted; speckled.

mosquear v speckle; spot; dapple; mottle.
mosquete s musket.
mosqueteiro s musketeer.
mosquiteiro s fly net.
mosquito s mosquito.
mosquito-pólvora s midge.
mostarda s mustard.
mosteiro s monastery; cloister; friary.
mosto s stum; must.
mostra s 1 exposition; show. 2 display.
mostrador s display (de relógio, rádio, etc.).
mostrar v show; display; brandish; *inform* trot out. 2 exhibit; expose. 3 reveal. 4 prove; demonstrate.
mostruário s showcase, collection.
motim s mutiny. 2 rebellion; tumult; commotion.
motivação s motivation.
motivador s causer.
motivar v 1 motivate. 2 cause. 3 impel; induce.
motivo s 1 tb *Mús* e *Lit* motive; cause; ground; reason; force. 2 origin. 3 purpose; intent. 3 sake; aim; object. 4 tb *Mús* e *Lit* motif. 5 wherefore; why.
moto s 1 motion; moviment. 2 motorcycle.
motocicleta s motorcycle; motorbike.
motociclista s motorcyclist; motorbiker.
motor adj motor; moving; motive. ‖ s motor; engine.
motorista s driver; motorist; chauffeur.
motorizar v motorize.
motriz adj moving; motive; motor.
mourejar v moil.
mouro s Moor; Sarracen.
movediço adj movable; instable.
móvel adj mobile; movable; moving; variable. ‖ s movable; piece of furniture.
mover v 1 move; go. 2 run; travel. 3 budge; stir. 4 advance, progress. 5 influence; incite; stimulate. 6 provoke; excite.
movido adj 1 moved. 2 impelled. 3 caused.
movimentação s moving; movement.
movimentado adj lively; busy; active. 2 stirring. 3 eventful.
movimentar v move; stir.
movimento s tb *Pol* e *Mús* movement; tb *Mús* motion; move. 2 stir. 3 tempo. 4 traffic.

movível adj movable.
muamba s 1 contraband; smuggling. 2 the
muambeiro s smuggler.
mucilagem s mucilage.
muco s mucus; slime (de peixes, molusco etc.); snivel (do nariz).
mucosa s mucosa; mucous membrane.
mucosidade s mucus.
mucoso adj mucous; slimy.
muçulmano adj Moslem; Mohammedan. s Moslem; Muslim; Mussulman.
muda s 1 change; shift. 2 relay (de cavalos
mudança s 1 change; shift. 2 alteration modification; transformation. 3 swerv (de direção). 4 mutation. 5 turnover.
mudar v change; shift. 2 alter; modify vary. 3 remove (de residência, empre go). 4 swerve (de direção).
mudez s muteness; mutism.
mudo adj 1 dumb; mute; speechless; voice less. 2 silent. 3 *fig* taciturn. ‖ s *ofens* mute
mugido s moo; low.
mugir v low; moo.
muitíssimo adv far; very much; most.
muito adj much (em quantidade, importân cia); very; plenty. ‖ adv very; most; much too; too much; very much.
mula s *Zool* mule.
mulato s mulatto.
muleta s crutch.
mulher s 1 woman. 2 wife.
multa s fine; forfeiture; mulct.
multar v fine; mulct.
multicor / multicolor adj multicoloured.
multidão s crowd.
multifacetado adj myriad.
multiforme adj multiform; diversiform.
multilateral adj multilateral.
multilíngue adj multilingual.
multimídia s *Comp* multimedia.
multimilionário s multimillionaire.
multinacional adj e s multinational.
multiplicação s 1 tb *Mat* multiplication 2 reproduction.
multiplicador s tb *Mat* multiplier.
multiplicar v 1 tb *Mat* multiply. 2 propagate procreate.
múltiplo adj multiple; manifold. ‖ s *Ma* multiple.

M

ultirracial *adj* multiracial.

úmia *s* mummy.

umificação *s* mummification.

umificar *v* mummify; mummy.

undanidade *s* earthliness.

undano *adj* earthly; temporal; workaday; worldly.

undial *adj* worldwide; global; world.

undialmente *adv* worldwide.

undícia / mundície *s* cleanness.

undificar *v* **1** clean. **2** purify.

undo *s* world; earth.

ungir *v* **1** milk. **2** *fig* exploit.

unheca *s* wrist.

unição *s* ammunition; munition.

unicipal *adj* municipal; civic.

unicipalidade *s* **1** municipality. **2** city council.

unícipe *s* citizen.

unicípio *s* municipality.

unificente *adj* munificent; generous.

unificência *s* munificence.

unir *v* **1** arm; munition. **2** provide; supply; furnish; equip.

uque *s* muscles.

ural *adj*, *s* mural.

uralha *s* wall; battlement; bulwark; rampart.

urar *v* wall; fence in.

urchar *v* wilt; wither; sear; wizen; shrivel; fade.

urcho *adj* **1** wilted; withered; seared; wizened. **2** *fig* sad; pensive.

uriático *adj* muriatic.

urmurante *adj* whispering; sough (o vento); rustling.

murmurar *v* **1** murmur; whisper; coo; sough (*tb* o vento). **2** babble; mumble; mutter. **3** buzz. **4** ripple (como um riacho ou uma onda).

murmúrio *s* **1** murmur; whisper. **2** ripple; sough. **3** babble; mumble; mutter.

muro *s* wall; fence.

murro *s* punch; blow; clout; sock; bop; bust.

murta *s* *Bot* myrtle.

musa *s* *Mit* muse.

muscular *adj* muscular; sinewy.

musculatura *s* musculature.

músculo *s* muscle; brawn; thew; sinew.

musculoso *adj* sinewy; beefy; brawny.

museu *s* museum.

musgo *s* moss.

música *s* **1** music; tune; melody. **2** song.

musical *adj* **1** musical. **2** melodious.

músico *s* musician; player; performer.

musselina *s* muslin.

musse *s* mousse.

mutabilidade *s* mutability; changeability.

mutação *s* **1** mutation (genética). **2** change; alteration.

mutável *adj* mutable; changeable; inconstant; variable.

mutilação *s* mutilation.

mutilado *s* mutilated; amputee; maimed.

mutilar *v* mutilate; maim; mangle.

mutirão *s* bee.

mutismo *s* mutism; muteness.

mutualidade *s* mutuality.

mutuário *s* borrower.

mútuo *adj* mutual; reciprocal; common.

M

N

n ou **N** s the fourteenth letter of the alphabet. ‖ *abrev Quím minús* de **neutron**. ‖ *símb Quím maiús* de **nitrogen**.
nabo s *Bot* turnip.
nação s nation; country; land; state.
nácar s nacre.
nacional *adj* national.
nacionalidade s nationality.
nacionalismo s nationalism.
nacionalização s nationalization.
nacionalizar v nationalize.
naco s **1** chop; hunch. **2** *inform* hunk.
nada *adv* nothing. ‖ *pron* nothing; anything (sentido *neg*); none. ‖ s **1** zero. **2** *gír* zip.
nadadeira s fin; flipper.
nadador s swimmer.
nadar v swim.
nádega s buttock; backside.
nádegas s **1** buttocks; bottoms. **2** *inform* behind. **3** seat. **4** *gír* can.
nafta s naphtha.
náilon s nylon.
naipe s suit (de baralho).
namorada s **1** girlfriend; sweetheart; girl; ladylove. **2** *inform* woman.
namoradeira s coquette; flirt.
namorado s **1** boyfriend; beau; sweetheart. **2** *inform* fellow.
namorador s flirt.
namorar v court; woo.
namorico s flirtation; dalliance.
namoro s courtship.
nanico *adj* dwarfish.
não *adv* no; not; none. ‖ s no.
não-agressão s nonaggression.
não-alinhado *adj* nonaligned (país partidário do não-alinhamento).
não-combatente s noncombatant.
não-essencial *adj* nonessential.
não-ficção s nonfiction.
não-fumante s nonsmoker.
não-intervenção s nonintervention.
não-linear *adj tb Mat* nonlinear.
não-metal s *Quím* nonmetal.

não-verbal *adj* nonverbal.
não-violência s nonviolence.
napolitano *adj* e s Neapolitan.
narceja s *Zool* snipe.
narcisismo s narcissism.
narciso s *Bot* narcissus; daffodil.
narcótico *adj* narcotic. ‖ s **1** narcotic; drug. **2** *inform* dope. **3** *vulgar* shit.
narcotizante *adj* narcotizing.
narcotizar v narcotize.
narina s nostril; nares.
nariz s **1** nose. **2** *inform* nozzle.
narração s narration.
narrador s narrator.
narrar v narrate.
narrativa s narrative; romance.
narrativo *adj* narrative.
nasal *adj* nasal; rhinal. ‖ s *Ling* nasal.
nasalar v nasalize.
nasalidade s nasality.
nasalização s nasalization.
nascença s nascency.
nascente s fountain; source (de rio); spring; well; fountainhead; wellspring. ‖ *adj* nascent.
nascer v **1** be born. **2** rise (estrelas, sol). **3** spring. **4** erupt (dente).
nascido *adj* born.
nascimento s birth; nativity.
nata s cream.
natação s swimming; natation.
Natal s Christmas.
natalidade s natality.
natimorto *adj* stillborn.
natividade s nativity; birth.
nativo *adj* **1** native. **2** aboriginal. ‖ s native.
nato *adj* **1** born. **2** native.
natural *adj* **1** natural. **2** native; inherent. **3** unaffected.
naturalidade s naturalness.
naturalismo s naturalism.
naturalização s naturalization.
naturalizar v naturalize.

aturalmente *adv* **1** naturally. **2** *inform* sure thing.

atureza *s* **1** nature. **2** character.

au *s* vessel; ship.

aufragado *adj* castaway.

aufragar *v* shipwreck; wrack.

aufrágio *s* shipwreck; wreck; wreckage.

áufrago *s* castaway.

áusea *s* nausea; sickness; queasiness.

auseabundo *adj* nauseous.

auseado *adj* nauseated; queasy; squeamish.

ausear *v* nauseate.

áutica *s* navigation; seamanship.

áutico *adj* nautical; marine.

aval *adj* naval; marine; maritime.

avalha *s* razor; knife.

ave *s* **1** *Náut* ship. **2** space ship (espacial). **3** aisle (de igreja).

avegação *s* navigation; sailing; shipping.

avegador *s* navigator.

avegante *s* *Náut* seafarer; mariner.

avegar *v* navigate; sail.

avegável *adj* navigable.

avio *s* *Náut* ship; vessel; boat.

avio-tênder *s* *Náut* tender.

azismo *s* Nazism.

azista *adj* e *s* Nazi.

eblina *s* mist; fog; haze; vapor.

ebulizar *v* nebulize.

ebulosa *s* *Astron* nebula; nebulosity.

ebulosidade *s* nebulosity.

ebuloso *adj* hazy; misty; cloudy.

ecessariamente *adv* necessarily.

ecessário *adj* necessary; needful; required.

ecessidade *s* **1** necessity; need. **2** hardship; want.

ecessitado *adj* necessitous; needy.

ecessitar *v* **1** need. **2** demand.

ecrologia *s* necrology.

ecropsia *s* necropsy; autopsy.

ecrosar *v* *Med* mortify.

ecrotério *s* mortuary; morgue.

éctar *s* nectar.

ectarina *s* nectarine.

efando *adj* nefarious.

efasto *adj* disastrous; tragic.

egação *s* **1** negation; negative. **2** denial. **3** disavowal.

egador *s* denier.

negar *v* **1** deny; gainsay. **2** negate. **3** disavow. **4** refuse; reject.

negativa *s* negative; negation; no.

negativo *adj* **1** negative. **2** *gír* downbeat. **3** *Mat* minus (em uma escala). ll *s* negative (foto).

negligência *s* negligence; neglect; carelessness; casualness; disregard.

negligenciar *v* neglect; disregard.

negligente *adj* negligent; careless; casual; disregardful. ll *s* neglecter.

negociação *s* **1** negotiation; transaction; mediation. **2** treaty.

negociador *s* negotiator.

negociante *s* **1** negotiator. **2** dealer; merchant.

negociar *v* **1** negotiate. **2** deal; trade. **3** bargain.

negociata *s* *inform* deal.

negociável *adj* negotiable.

negócio *s* **1** business. **2** deal; trade.

negrito *adj* e *s* *Tip* bold; boldface.

negro *adj* black; Negro. ll *s* **1** black (cor e raça); Negro (raça). **2** *gír ofens* nigger.

negror *s* blackness.

negrume *s* darkness.

negrura *s* blackness.

nem *conj* neither; nor.

nenê *s* baby.

nenhum *pron* neither; none; no; any (em orações *neg*).

nenúfar *s* *Bot* water lily.

neoclassicismo *s* *tb maiús* neoclassicism.

neófito *s* neophyte.

neolítico *s* Neolithic.

neologismo *s* neologism.

néon *s* *Quím* neon.

neônio *s* *Quím* neon.

Nepal *s* Nepal.

nepalês *adj* e *s* Nepali.

nepotismo *s* nepotism.

nervo *s* nerve.

nervosidade *s* nervousness.

nervosismo *s* nervousness; tension.

nervoso *adj* **1** nervous. **2** jumpy; fussy.

nervura *s* **1** *Bot* nervure. **2** *Zool* vein.

néscio *adj* stupid; blunt. ll *s* stupid; fool.

nesga *s* gore.

nêspera *s* *Bot* medlar.

nespereira s Bot medlar.

neta s granddaughter; grandchild.

neto s grandson; grandchild.

Netuno s Astron e Mit Neptune.

neurastênico adj neurasthenic.

neurologia s neurology.

neurologista s neurologist.

neurótico adj e s neurotic.

neurônio s neuron.

neurose s neurosis.

neutralidade s neutrality.

neutralizar v 1 neutralize. 2 counteract (através de ações contrárias).

neutralização s 1 neutralization. 2 counteraction (através de ações contrárias).

neutro adj 1 Gram neuter. 2 neutral.

nêutron s Fis neutron.

neutral adj neutral (indivíduo, país).

nevada s snowfall.

nevado adj snowy.

nevar v snow.

nevasca s snowstorm; blizzard.

neve s snow.

névoa s mist; fog; cloud; haze; vapor.

nevoeiro s fog; haze; mist.

nevoento adj brumous.

nevoso adj snowy.

nevralgia s Med neuralgia.

nevrálgico adj Med neuralgic.

nexo s nexus; connection.

nhandu s Zool rhea.

nhoque s pl gnocchi.

Nicarágua s Nicaragua.

nicho s Ecol, Econ e Arq niche.

nicotina s nicotine.

Níger s Niger.

Nigéria s Nigeria.

niilismo s nihilism.

nimbo s nimbus.

ninar v lull.

ninfa s Mit nymph; siren.

ninfeta s nymphet.

ninfômana s nymphomaniac.

ninfomania s nymphomania.

ninguém pron nobody; anybody; no one; none.

ninhada s clutch (de galinhas); farrow (de porcos).

ninharia s 1 bagatelle; trifle. 2 inform fiddle.

ninho s 1 nest. 2 nidus (de ovos, insetos aranhas).

níquel s nickel.

niquelar v nickel.

nitidez s 1 clearness; distinctness. 2 Com sharpness.

nítido adj 1 clear. 2 distinct.

nitrato s nitrate.

nítrico adj nitric.

nitrogênio s Quím nitrogen (símb **N**).

nitroglicerina s nitroglycerin.

nível s level.

nivelado adj level.

nivelador s leveler.

nivelamento s levelling.

nivelar v level.

nó s knot.

nobre adj 1 noble. 2 sublime; elevated 3 magnanimous. II s masc nobleman; fer noblewoman.

nobreza s nobility; gentility.

noção s notion; conception; idea.

nocaute s Esp knockout.

nocautear v knock out.

nocividade s badness.

nocivo adj noxious; harmful; baneful; hur ful.

nodo s node.

nódoa s blot.

nodoso adj nodal; knotty.

nódulo s nodule; node; knot.

noite s night.

noiva s 1 fiancée. 2 inform intended.

noivado s 1 engagement. 2 betrothal.

noivar v get engaged.

noivo s 1 fiancé. 2 inform intended.

nojento adj nauseating; disgusting.

nojo s nausea; disgust.

nômade adj nomadic; errant. II s 1 nomac 2 vagrant; vagabond. 3 Bedouin.

nomadismo s vagrancy.

nome s name.

nomeação s nomination; appointment.

nomeado adj designate.

nomear v 1 name; nominate. 2 appoint.

nomenclatura s nomenclature.

nominal adj nominal.

nominativo s Gram nominative.

nonagenário adj e s nonagenarian.

N

onagésimo *num* ninetieth.

ono *num* ninth.

ora *s* daughter-in-law.

ordeste *s* northeast.

órdico *adj* e *s* Nordic.

orma *s* 1 norm; standard. 2 rule; criterion.

ormal *adj* normal; regular; standard. || *s* normal.

ormalidade *s* normality.

ormalização *s* normalization.

ormalizar *v* normalize.

oroeste *s* northwest.

orte *s* north.

orte-americano *s* e *adj* North-American.

ortista *s* northerner (nos EUA).

Ioruega *s* Norway.

oruguês *adj* e *s* Norwegian.

ós *pron pes 1ª pess pl* we.

osso *adj* our. || *pron* ours.

ostalgia *s* nostalgia; homesickness.

ota *s* 1 note. 2 notice. 3 bill. 4 grade (de prova ou trabalho escolar). 5 *inform* tab (para pagar).

otabilidade *s* notability.

otação *s* notation.

otar *v* note; notice; observe; remark.

otário *s* notary; conveyancer.

otável 1 *adj* notable; remarkable; eminent; memorable. 2 *gír* wicked.

otícia *s* 1 news. 2 notice; report.

oticiar *v* 1 notice. 2 announce.

otificação *s* 1 notification; intimation; communication. 2 *Jur* garnishment.

otificar *v* 1 notify. 2 summon. 3 *Jur* garnish.

otificador *s* communicator.

otoriedade *s* notoriety; reputation.

otório *adj* notorious; well-known.

oturno *adj* nocturnal; nightly. || *s Mús* e *Pint* nocturne.

ovamente *adv* again.

ovato *s* 1 tyro. 2 novice. 3 beginner.

Iova Zelândia *s* New Zeland.

ove *num* nine.

ovecentos *num* nine hundred.

novela *s* soap opera (de TV ou rádio).

novembro *s* November.

novena *s* novena.

noviciado *s* novitiate.

noviço *s* novice.

novidade *s* 1 novelty. 2 innovation. 3 news.

novilho *s* bullock.

novíssimo *adj* novel.

novo *adj* 1 new; recent. 2 young; youthful.

nóxio *adj* noxious.

noz *s Bot* walnut; nut.

noz-moscada *s* nutmeg.

nu *adj* naked; nude; undressed. || *s* nude.

nuança *s* nuance; gradation.

núbil *adj* marriageable.

nublado *adj* cloudy; overcast.

nublar *v* 1 cloud. 2 darken.

nuca *s* nape; scruff.

nuclear *adj* nuclear.

núcleo *s* 1 *Anat*, *Fís*, *Biol* e *Quím* nucleus. 2 center; middle. 3 *tb Eletr* core.

nudez *s* nudeness; nakedness.

nudismo *s* nudism.

nulidade *s* 1 nullity. 2 *inform* dud.

nulificar *v* nullify.

nulo *adj* null; invalid; void. || *s* nil.

numeração *s* numeration.

numeral *adj* e *s* numeral.

numerar *v* enumerate; numerate.

numerável *adj* numerable.

numérico *adj* numerical; numeral.

número *s* number.

numerologia *s* numerology.

numeroso *adj* numerous; abundant; plentiful.

numismática *s* numismatics.

nunca *adv* never.

nupcial *adj* nuptial; bridal.

núpcias *s* nuptials; wedding.

nutrição *s* 1 nutrition. 2 nourishment.

nutricionista *s* nutritionist; dietitian.

nutriente *adj* nutrient.

nutritivo *adj* nutrient.

nutrir *v* 1 nourish; feed. 2 entertain (idéia, sentimento).

nuvem *s* cloud.

O

o ou **O** the fifteenth letter of the alphabet. Il *pron pess 3ª pes sing masc* him; *pess 3ª pes sing* it; *2ª pess sing* you. Il *símb Quím* de **oxygen**. Il *art def* the.

ó *interj* oh.

oásis *s* oasis.

obcecação *s* blindness.

obcecante *adj* haunting (música, visão).

obcecar *v* obsess; blind.

obedecer *v* **1** obey. **2** observe. **3** fulfill.

obediência *s* obedience.

obediente *adj* obedient; compliant.

obelisco *s* obelisk.

obesidade *s* obesity; fatness; chubbiness.

obeso *adj* fat; obese; chubby.

óbice *s* obstacle; hindrance.

óbito *s* death.

obituário *adj* obituary. Il *s* necrology; *inform* obit.

objeção *s* demur; con; objection.

objetar *v* demur; oppose; object.

objetável *adj* opposable.

objetiva *s* objective (lente).

objetivar *v* aim.

objetivo *adj* objective. Il *s* aim; purpose; target; *Gram* object; objective.

objeto *s* **1** object; thing. **2** matter; topic.

objurgação *s* reproach; blame.

objurgar *v* reproach; blame.

oblação *s* oblation.

obliqua *s* oblique.

obliquamente *adv* across; awry.

obliquângulo *adj* oblique-angled.

obliquar *v* **1** slant; skew. **2** disguise.

obliqüidade *s* obliquity; skew.

oblíquo *adj* askew; awry; *tb Anat, Bot* e *Mat* oblique.

obliteração *s* destruction; extinction.

obliterar *v* blot out; extinguish; destroy.

oblívio *s* oblivion.

oblongo *adj* oblong.

obnubilação *s* obnubilation.

obnubilar *v* obnubilate; obscure.

oboé *s Mús* hautboy; oboe; shawm.

óbolo *s* alms; donation.

obra *s* work.

obra-prima *s* masterpiece; masterwork.

obrar *v* make; do; execute; work.

obreira *s* workwoman.

obreiro *s* workman; worker.

obrigação *s* duty; obligation; responsibilit

obrigacionista *s* bondholder.

obrigado *adj* **1** indebted (por favores rece bidos). **2** obliged; obligated. Il *inte* thanks; thank you.

obrigar *v* compel; constrain; force; oblige

obrigatoriamente *adv* compulsively.

obrigatório *adj* compulsory; obligatory mandatory.

obscenidade *s* dirt; filth; obscenity; smu

obsceno *adj* dirty; filthy; obscenelewd. Il ribald.

obscuramente *adv* dimly.

obscurantismo *s* obscurantism.

obscurecer *v* darken; dim; gloom; obscure

obscuridade *s* dark; dimness.

obscuro *adj* dark; dim; hazy; obscure.

obsecração *s* supplication.

obsedar *v* obsess.

obseqüente *adj* **1** easy; docile. **2** obedient

obsequiar *v* **1** accommodate. **2** treat (be bidas, comidas, etc.).

obséquio *s* favor; obligation; service.

obsequioso *adj* accommodating; courteous officious.

observação *s* observation; notice; obser vance; remark (verbal ou por escrito).

observador *adj* discerning; sharp-eyed. *s* beholder; observer; viewer; looker.

observância *s* observance.

observar *v* observe; regard; look; see.

observatório *s* observatory.

observável *adj* observable.

obsessão *s* fetish; obsession; mania.

obsesso *adj* obsessed; haunted; harassed

obsessor *adj, s* obsessor.

obsidiar *v* **1** besiege. **2** spy. **3** annoy.

obsoletar *v* outdate; obsolesce.

bsoleto *adj* obsolete; out-of-date.

bstáculo *s* barrier; block; hindrance; obstacle.

bstante *adj* hindering; obstructive.

bstar *v* oppose; withstand; hinder.

bstetra *s* obstetrician. || *adj* obstetric.

bstetrícia *s* obstetrics.

bstinação *s* contumacy; obstinacy; stubborness.

bstinado *adj* bullheaded; obstinate; stubborn.

bstinar *v* persevere; persist.

bstringir *v* constrain; *Méd* tie; press

bstrito *adj* constrained.

bstrução *s* 1 obstruction; clog. 2 bottleneck; blockage.

bstruído *s* foul.

bstruir *v* bar; block; clog; hinder; obstruct.

bstrutor *adj* obstructing; hindering. || *s* obstructor; hinderer.

btenção *s* acquirement; attainment.

btentor *s* obtainer; acquirer.

bter *v* 1 acquire; get; obtain. 2 derive (benefício; prazer, etc.). 3 realize (lucros, ganhos).

obtundente *adj* obtunding.

obtundir *v* 1 obtund. 2 beat.

obturação *s* filling.

obturador *s* 1 filler. 2 shutter (de máquina fotográfica).

obturar *v* fill (dente).

obtusângulo *adj* obtuse-angled.

obtusão *s* dullness; stupidity.

obtusidade *s* dullness.

obtuso *adj* dull; obtuse; stupid. || *s* stupid.

obumbrar *v* shade; darken; cloud.

obus *s Mil* shell.

obviamente *adv* evidently.

obviar *v* obviate.

óbvio *adj* obvious; clear; glaring; plain.

ocar *v* dig; hollow.

ocasião *s* occasion; opportunity; time.

ocasional *adj* occasional; casual.

ocasionalmente *adv* ever and again; every now and then; occasionally.

ocasionar *v* cause; occasion; work.

ocaso *s* setting.

occipício *s* occiput.

occipital *adj* occiput. || *s* occipital.

oceano *s* ocean; sea.

oceanografia *s* oceanography.

ocelado *adj* ocellate.

ocelo *s* ocellus.

ocidental *adj tb maiús* Occidental; west; western.

ocidente *s* occident; west.

ócio *s* leisure; rest; laziness.

ociosidade *s* idleness.

ocioso *adj* 1 idle; lazy. 2 vacant.

oclusão *s* occlusion.

oclusivo *adj* occlusive.

oco *adj* hollow; empty; windy.

ocorrência *s* event; fact; happening.

ocorrer *v* happen; occur; befall.

ocre *s* ocher; ochre.

octaedro *s* octahedron.

octogenário *adj e s* octogenarian.

octogésimo *num* eightieth.

octógino *adj* octogynous.

octogonal *adj* octagonal.

octógono *s* octagon.

octópode *s* octopus.

octossílabo *adj e s* octosyllable.

oculação *s* graft.

oculado *adj* oculate.

ocular *adj* ocular.

oculista *s* oculist; optician.

oculística *s* ophthalmology.

óculos *s* eyeglasses; glasses; spectacles.

ocultação *s tb Astron* occultation.

ocultar *v* hide; conceal; cover.

ocultável *adj* concealable.

ocultismo *s* occultism.

oculto *adj* 1 hidden; concealed. 2 secret.

ocupação *s* occupation; business; job; work.

ocupado *adj* 1 busy; engaged. 2 busy (telefone); *inform* on the trot.

ocupante *s* occupant.

ocupar *v* busy; engage; engross (tempo, atenção, etc.).

ode *s* ode.

odiar *v* hate; detest; loathe; abominate.

odiento *adj* hateful; odious.

ódio *s* hate; hatred.

odioso *adj* hateful; loathsome.

odisséia *s* odyssey.

odontalgia *s* odontalgia; toothache.

odontologia s dentistry; odontology.

odontológico adj odontological.

odor s odor; smell.

odorante adj odorous.

odorífero adj odoriferous.

odorífico adj odoriferous.

oeste s occident; west. || adj west.

ofegante adj breathless; short-winded.

ofegar v blow; choke; gasp; pant.

ofender v offend; insult.

ofendido adj aggrieved; offended; insulted.

ofensa s offense; insult.

ofensiva s attack; drive (militar).

ofensivo adj aggressive; offensive.

ofensor s aggressor.

oferecer v offer; give; bid; advance (argumentos);.

oferecimento s offer.

oferenda s gift; offering; sacrifice.

oferta s bid; offer; offering.

ofertar v offer; tender.

ofertório s maiús Ecles Offertory.

oficial adj official; standard. || s officer.

oficialato s officership.

oficialidade s officiality.

oficializar v officialize.

oficiar v officiate.

oficina s 1 workshop. 2 garage (mecânica).

oficinal adj Med officinal.

ofício s profession; job; work; occupation.

oficioso adj officious.

ofídico adj ophidian.

ofídio s ophidian.

ofsete s offset.

oftalgia, oftalmalgia s ophthalmalgia.

oftalmia s ophthalmia.

oftalmologia s ophthalmology.

oftalmológico adj ophtalmologic.

oftalmologista s oculist; ophthalmologist.

ofuscação s obfuscation; obscuration; dazzlement.

ofuscamento s obscurity.

ofuscante adj dazzling.

ofuscar v obfuscate; obscure; dazzle.

ogiva s 1 Arq ogive. 2 Mil warhead.

ogra s ogress.

ogro s ogre.

oh interj o; oh.

oitava s Mús e Poét octave.

oitavado adj octagonal.

oitavo num eighth.

oitenta num eighty. || adj fourscore.

oito num eight.

oitocentos num eight hundred.

ojeriza s ill will; animus; grudge.

olá interj hello; hi; ho; hoy.

olaria s pottery; brickyard.

oleáceas s Bot oleaceae.

oleado adj oily; greasy. || s oilcloth.

oleaginoso adj oleaginous.

olear v oil.

oleífero adj oleiferous.

olente adj odorous.

óleo s grease; oil.

oleografia s oleograph.

oleômetro s oleometer.

oleosidade s oilness.

oleoso adj fatty; greasy; oily.

olfativo adj olfactory.

olfato s nose; scent; smell.

olhada s eye; look; glimpse; glance.

olhadela s glance; glimpse; look.

olhar v look; watch; see; regard. || s look, eye; regard.

olho s eye.

oligarca s oligarch.

oligarquia s oligarchy.

olimpíada s Olympiad; Olympic games; Olympics.

olímpico adj Olympian; Olympic.

Olimpo s Olympus.

oliva s olive (cor).

oliveira s olive.

olmo s Bot elm.

olor s perfume; scent; odor.

olvidar v forget.

olvido s forgetfulness.

Omã s Oman.

ombrear v shoulder.

ombreira s shoulder piece.

ombro s Anat shoulder.

omelete s omelet; omelette.

ominar v omen; foretell; predict.

ominoso adj ominous.

omissão s default; failure; omission.

omitir v omit; overlook.

omoplata s Anat scapula; shoulder blade.

nagro s onager.

nça s Zool jaguar; ounce (medida de peso).

ncologia s Med oncology.

ncologista s Med oncologist.

nda s 1 wave (mar, rádio, etc.). 2 rash (de acontecimentos). 3 wave (de conservadorismo, etc.).

nde adv where. II conj where; wherein.

ndeado adj crisp; wavy.

ndear v crinkle; crisp; wimple; wave.

ndulação s crinkle; curl; wave.

ndulado adj crinkly; curly; wavy.

ndulante adj wavy.

ndular v wave; curl; dimple (água).

nerar v burdon; tax; encumber.

neroso adj burdensome; onerous.

nibus s bus; coach.

nipotente adj almighty; all-powerful; omnipotent. II s omnipotent.

nipresença s ubiquity.

nisciência s omniscience.

nívoro adj omnivorous.

nix s onyx.

nomástica s onomastics.

nomástico adj onomastic.

nomatopaico, onomatopéico adj onomatopoeic.

nomatopéia s onomatopoeia.

ntem adv e s yesterday.

ntogênese s ontogenesis.

ntologia s ontology.

ntologismo s ontologism.

nus s onus; burden; responsibility.

nze num eleven.

nzenário s usurer.

nzeneiro s gossiper.

osfera s oosphere.

pacidade s opacity.

paco adj darksome; dim; opaque; mat.

pala s Geol opal.

palescência s opalescence.

palino adj opalescent.

pção s option; choice.

pcional adj optional.

pera s opera.

peração s 1 action; operation. 2 Med surgery. 3 run (de uma máquina); running.

peracional adj operational.

perador s handler; operator.

operante adj operative.

operar v operate.

operariado s working class.

operário s hand; worker; workingman.

operatório adj operative.

opereta s Mús operetta.

operoso adj active; productive.

opiáceo adj opiate.

opiado adj opiate.

opiar v opiate.

opiato s opiate.

opilação s oppilation.

opilar v oppillate.

opimo adj 1 excellent. 2 rich.

opinar v estimate; judge; opine.

opinião s opinion; judgement; thought; point of view.

opiniático adj opinionated.

ópio s opium.

opíparo adj magnificent; sumptuous.

oponente s antagonist; corrival; opponent.

opor v oppose; object; contest.

oportunamente adv apropos.

oportunidade s opportunity; chance; occasion.

oportunismo s expediency.

oportunista adj expedient. II s opportunist.

oportuno adj convenient; expedient; opportune; ripe (negócio).

oposição s opposition; antagonism; objection.

oposicionista s oppositionist.

opositor adj e s opponent.

opressão s oppression; pressure.

opressivo adj oppressive; burdensome; tyrannical.

opressor s despot; tyrant; oppressor.

oprimido adj downtrodden; crushed.

oprimir v oppress; burden; crush.

optativo adj e s optative.

óptica s optics.

óptico adj optic; optical; visual. II s optician (que faz ou vende óculos, lentes e instrumentos ópticos).

optometria s optometry.

optometrista s optometrist.

optômetro s optometer.

opugnação s attack; combat.

opugnar v attack; combat.

O

opulência s exuberance; opulence.
opulento adj affluent; opulent; lush.
opúsculo s opuscule.
ora interj why; pooh; bah.
oração s 1 prayer; blessing. 2 Gram clause; sentence.
oracular adj oracular.
oráculo s oracle.
orador s 1 orator; speaker. 2 preacher.
oral adj buccal; oral; vocal.
orangotango s Zool orangutan.
orar v pray.
oratória s oratory.
oratório s oratory (pequeno altar).
orbe s orb; globe; earth.
orbicular adj orbicular.
órbita s orbit.
orbitar v orbit; revolve; roll.
orca s Zool killer whale.
orçamento s budget; estimate; calculation.
orçar v estimate; compute.
ordeiro adj orderly.
ordem s 1 order; disposition. 2 category. 3 dismissal (para retirar-se). 4 tb Ecles order. 5 Jur mandate.
ordenação s tb Ecles ordination.
ordenada s ordinate (símb Mat).
ordenado adj orderly; ordinate; regular. ll s pl earnings; salary; wage.
ordenança s ordinance.
ordenar v Jur 1 order; command. 2 dispose; organize. 3 tb Ecles order.
ordenha s milking.
ordenhador s milker.
ordenhadora s milkmaid.
ordenhar v milk.
ordinal adj ordinal.
ordinária s expenses.
ordinário adj common; ordinary; usual.
orelha s ear.
orelheira s earflap.
orelhudo adj 1 big-eared. 2 stupid. ll s stupid; stubborn.
órfã s orphan.
orfanar v orphan.
orfanato s orphanage.
orfandade s orphanage.
órfão adj e s orphan.
orfeão s glee club.

organdi s organdy; organdie.
orgânico adj organic.
organismo s organism.
organização s organization; institution; inform outfit.
organizado adj organized; structured; shi, shape.
organizador s organizer; entrepreneur.
organizar v organize; arrange; structure; inform slick.
organografia s organography.
órgão s 1 Biol organ. 2 Mús organ; pip organ. 3 agency.
orgasmo s climax; orgasm.
orgia s orgy; debauch.
orgíaco adj orgiastic; bacchic.
orgulhar v pride.
orgulho s pride.
orgulhoso adj proud; boastful; elated.
orientação s orientation; direction; guide line.
orientador s guide.
oriental adj east; eastern; maiús Oriental
orientar v direct; guide; orient; inform mentor.
oriente s orient; east.
orifício s aperture; hole; opening.
origem s 1 origin; beginning; birth. 2 ar cestry. 3 cause; reason.
original adj 1 original; new; novel. 2 uncut (filme; texto). ll s original (texto ou obr de arte); source book.
originalidade s originality.
originar v originate; generate; initiate; cau se.
oriundo adj native; originating.
orizicultura s rice-growing; rice-planting.
orla s edge; border; margin.
orlar v edge; border; rim.
ornado adj ornate; decorated; florid.
ornamentação s decoration; ornamentation
ornamentado adj inwrought; decorated ornamented.
ornamental adj decorative; fancy; ornamen tal.
ornamentar v decorate; ornament; garnish
ornamento s adornment; garnishment ornament.
ornamentos s trappings.

ornar v apparel; drape (com cortinas, bandeiras, tecidos, etc.); garnish.

ornear v bray; heehaw.

orneio s heehaw.

ornejar v heehaw.

ornitologia s ornithology.

ornitólogo s ornithologist; birdman.

ornitorrinco s duckbill; platypus.

orogenia s orogeny.

orografia s orography.

orquestra s orchestra.

orquestração s orchestration.

orquestrar v Mús orchestrate; score.

orquídea s Bot orchid.

ortodontia s orthodontics.

ortodoxia s orthodoxy.

ortodoxo s orthodox.

ortoépia, ortoepia s Ling orthoepy.

ortofonia s orthophony.

ortogonal adj orthogonal.

ortografia s orthography; spelling.

ortográfico adj orthographic.

ortomolecular adj orthomolecular.

ortopedia s Med orthopedics.

ortopédico adj orthopedic.

ortóptero adj orthopterous. ll s orthopteran.

orvalhada s dewfall.

orvalhar v bedew; dew.

orvalho s dew.

oscilação s balance; fluctuation; oscillation; vibration.

oscilante adj floating.

oscilar v fluctuate; oscillate; sway; swing.

osculação s kiss; buss.

oscular v osculate; kiss.

osmose s osmosis.

ossada s bones.

ossário s ossuary.

ossatura s framework.

osseína s ossein.

ósseo adj osseous.

ossificação s ossification.

ossificar v ossify.

osso s bone.

ossudo adj angular; bony; rawboned.

ostensivo adj ostensive.

ostensório s monstrance; ostensorium.

ostentação s ostentation; flamboyance; blazon; display.

ostentador adj flamboyant.

ostentar v blazon; display; show off.

ostentoso adj ostentatious; showy.

osteogênese s osteogenesis.

osteografia s osteography.

osteologia s Anat osteology.

osteomielite s osteomyelitis.

osteotomia s osteotomy.

ostiário s ostiary.

ostíolo s ostiole.

ostra s oyster.

ostracismo s ostracism.

ostricultura s oyster culture; oyster farming.

otalgia s otalgia; earache.

otário s gír fall guy; sucker.

ótico adj otic.

otimismo s optimism.

otimista adj confident; hopeful. ll s optimist.

ótimo adj divine; excellent; great; nice.

otite s otitis.

otologia s otology.

otomana s ottoman (tipo de tecido e sofá sem braços e espaldar).

otomano adj Osmanli; Ottoman.

ou conj or; either.

ourela s selvage; list (de tecido).

ouriço s Zool hedgehog; urchin.

ouriço-do-mar s sea urchin.

ourives s goldsmith.

ourivesaria s goldsmithery.

ouro s 1 tb Quím gold (símb Au). 2 yellow (oeste dos EUA). 3 tb pl diamonds (naipe de cartas).

ouropel s tinsel; pinchbeck.

ousadia s boldness; daring; audacity.

ousado adj bold; daring; courageous.

ousar v dare; risk; venture.

outdoor s billboard.

outeiro s hillock.

outonal adj autumnal.

outono s autumn; fall.

outorga s grant; confer; warrant.

outorgante s conferrer; grantor.

outorgar v bestow; confer; grant.

outrem pron somebody else.

outro adj another; other; different. ll pron other; another. ll s other.

outrora adv formerly; once.

outrossim adv besides; also.

outubro s October.
ouvido s ear.
ouvinte s hearer; listener.
ouvir v hear; listen.
ova s spat (de ostra ou molusco).
ovação s applause; ovation.
ovacionar v applaud; acclaim.
oval adj oblong; oval. ‖ s oval.
ovalar v ovalize.
ovante adj triumphant.
ovariano adj ovarian.
ovário s ovary.
ovelha s Zool ewe; sheep.
oviforme adj oviform.
ovil s sheepfold.
ovino adj e s ovine.
oviparidade s oviparity.
ovíparo adj oviparous.

ovniologia s ufology.
ovo s egg.
ovóide adj ovoid.
ovologia s oology.
ovovivíparo adj ovoviviparous.
ovular v ovulate.
óvulo s Biol egg; ovule.
oxalato s oxalate.
oxidação s oxidation.
oxidar v oxidize.
óxido s oxide.
oxigenação s oxygenation.
oxigenar v aerate; oxygenate; ventilate.
oxigênio s Quím oxygen (símb **O**).
oxítono adj Gram oxytone.
ozônio s Quím ozone.
ozonização s ozonizing.
ozonizar v ozonize.

O

P

ɔ ou P s the sixteenth letter of the alphabet. ‖ *abrev Quím minús* de **proton**. ‖ *símb Quím maiús* de **phosphorus**.

ɔá s 1 spade; shovel; scoop. 2 paddle (de roda propulsora).

ɔaca s 1 *Zool* paca. 2 bale; package. ‖ *adj* inexperienced, ingenuous.

ɔacato *adj* 1 peaceful; pacific. 2 tranquil; placid.

ɔachorra s 1 apathy; impassivity. 2 slowness.

ɔaciência s patience; forbearance.

ɔaciente *adj* patient; enduring; uncomplaining; meek. ‖ s patient.

ɔacientemente *adv* patiently.

ɔacificação s pacification; mollification.

ɔacificador s pacifier; pacificator. ‖ *adj* pacifying.

ɔacificamente *adv* pacifically.

ɔacificar v pacify; appease; conciliate; mollify.

pacífico *adj* pacific.

pacifismo s pacifism.

pacifista s pacifist. ‖ *adj* pacifistic.

paço s court.

pacote s package; packet; pack; parcel; bundle.

pacto s 1 pact; compact; contract. 2 accord; agreement.

pactuar v covenant.

padaria s bakery.

padecer v suffer.

padecimento s suffering.

padeiro s baker.

padiola s handbarrow; stretcher.

padrão s 1 standard; measure; gauge. 2 model; pattern.

padrasto s stepfather.

padre s 1 priest; father. 2 reverend; confessor.

padrinho s 1 godfather. 2 sponsor.

padroeiro s *Ecles* patron.

padronização s standardization.

padronizar v standardize.

paga s 1 remuneration; salary; stipend. 2 requital.

pagador s payer. ‖ *adj* paying.

pagamento s payment; wage; remuneration.

paganismo s paganism.

pagão s e *adj* pagan; heathen; gentile.

pagar v pay; remunerate.

pager s beeper.

página s page; folio.

paginação s pagination.

paginar v paginate; page.

pago *adj* 1 paid. 2 rewarded.

pagode s pagoda.

pai s 1 father. 2 *inform* dad; daddy.

painel s panel.

pai-nosso s *Relig* Lord's Prayer.

paiol s garner.

pairar v hover.

país s country; nation; land.

paisagem s landscape; view.

paixão s passion; love; flame; heat.

pajear v nurse.

pajem s 1 page. 2 nurse.

pala s yoke (de roupa).

palacete s palace.

palaciano s courtier. ‖ *adj* palatial.

palácio s palace.

paladar s palate; taste; gustation.

palanque s stand; scaffold.

palatal *adj* e s *Ling* palatal.

palatino *adj* e s palatine.

palato s palate.

Palau s Palau.

palauense s e *adj* Palauan.

palavra s word; term.

palavra-chave s headword (em um dicionário, glossário, enciclopédia); keyword.

palavrão s swearword; curse.

palavreado s 1 chatter; gibber. 2 talkativeness.

palco s stage.

paleolítico *adj* e s Paleolithic.

paleontologia s paleontology.

paleontólogo s paleontologist.

paleozóico s Geol Paleozoic era. || adj Paleozoic.

palerma s idiot; fool; imbecile. || adj 1 foolish; idiotic; stupid. 2 inform noodle.

Palestina s Palestine.

palestino s e adj Palestinian.

palestra s 1 conversation; talk. 2 lecture; discourse.

palestrante s lecturer.

palestrar v 1 converse; talk. 2 chatter; lecture; discourse.

paleta s palette (de pintor).

palete s skid.

paletó s coat.

palha s 1 straw. 2 husk (trigo, milho).

palhaçada s clownish.

palhaço s clown; buffoon.

palheta s 1 Mús reed (de instrumento de sopro). 2 pallet.

paliação s extenuation; palliation.

paliar v palliate.

paliativo adj extenuatory; palliative. || s palliative.

paliçada s 1 palisade; pale; paling. 2 stockade.

palidez s paleness; pallor.

pálido adj 1 pale; shallow; colorless; bloodless; sickly; livid. 2 watery (cor).

pálio s canopy.

palitar v pick (os dentes).

palito s 1 toothpick (de dente). 2 match (de fósforo).

palma s Bot palm.

palmada s clap; flap; slap; smack; spank.

palmatória s ferule.

palmeira s palm tree.

palmilha s insole; inside sole.

palmípede adj web-footed.

palmito s hearts of palm; palm cabbage.

palmo s palm (tb medida).

palpabilidade s palpability.

palpável adj 1 concrete; corporeal. 2 palpable; touchable.

pálpebra s Anat eyelid; lid.

palpitação s palpitation; gasp; quiver; throb; pant.

palpitante adj vibrant.

palpitar v palpitate; gasp; quiver; throb; pant.

palpite s guess; hunch; steer.

panacéia s elixir; panacea.

Panamá s Panama.

panamenho s e adj Panamanian.

panarício s agnail.

pancada s 1 blow; knock; bang; hit. 2 drub 3 flurry; gust (de chuva).

pancadaria s 1 scuffle; fray. 2 beating. 3 Mús percussion instruments.

pâncreas s pancreas.

panda s Zool panda.

pandarecos s chips; splinters; silvers; fragments.

pândega s 1 spree; folly; revelry. 2 carousal.

pândego adj funny.

pandeiro s Mús tambourine.

pandemônio s pandemonium.

pane s bug; failure.

panegírico s panegyric. || adj panegyrical.

panela s pan.

panfletário s pamphleteer.

panfleto s pamphlet; brochure; lampoon.

pânico s panic; scare. || adj panic.

panificadora s bakery.

pano s cloth; fabric.

panorama s panorama; view; landscape.

panorâmico adj panoramic.

panqueca s pancake; flannel; flapjack; cake.

pantalão s tb maiús pantaloon.

pantalonas s geralm pl pantaloon.

pantanal s swampland.

pântano s swamp; marsh; bog; morass.

pantanoso adj swampy; marshy; boggy.

panteão s pantheon.

panteísmo s pantheism.

panteísta s pantheist.

pantera s panther.

pantógrafo s pantograph.

pantomima s pantomime.

panturrilha s calf.

pão s 1 bread. 2 loaf.

pão-de-ló s sponge cake.

pão-duro adj tightfisted; stingy. || s inform screw.

Papa s Pope.

papa s pap; mush; gruel.

papada s jowl; double chin.

papado s papacy.

papa-formigas s anteater.
papagaio s 1 Zool parrot. 2 kite.
papai s inform dad; daddy; pa; papa; pappy.
papaia s papaya.
Papai Noel s Santa Claus.
papal adj papal.
papão s bugbear; ogre.
papar v eat.
paparicar v nibble; pamper.
papear v 1 rap. 2 talk.
papeira s parotitis.
papel s 1 paper. 2 role (teatro, cinema, na sociedade). 3 part (em peça teatral).
papelão s cardboard; paperboard; pasteboard.
papelaria s stationer's shop.
papel-moeda s paper money; greenback.
papelote s curl paper (de encaracolar cabelo).
papila s Anat papilla.
papiro s papyrus.
papo s 1 crop; craw. 2 goiter. 3 gír rap.
papoula s Bot poppy.
páprica s paprika.
Papua-Nova Guiné s Papua New Guinea.
papuásio s e adj Papua.
paquete s Náut packet.
paquiderme s Zool pachyderm.
paquistanês s e adj Pakistani.
Paquistão s Pakistan.
par adj even (número). II s pair; couple.
para prep 1 for; to; toward. 2 in order to.
parabenizar v congratulate.
parabéns s congratulations; felicitations.
parábola s 1 parable (alegoria religiosa). 2 Geom parabola.
parabólico adj parabolic.
pára-brisa s windshield.
pára-choque s buffer; bumper; cushion.
parada s 1 parade. 2 stop. 3 halt; standstill; stoppage.
paradeiro s whereabouts.
paradigma s paradigm; paragon.
paradigmático adj paradigmatic.
paradisíaco adj paradisiacal.
parado adj 1 static; motionless. 2 quiet.
paradoxal adj paradoxical.
paradoxo s paradox.
parafernália s gear.

parafina s paraffin; wax.
parafinar v paraffin.
paráfrase s paraphrase.
parafrasear v paraphrase.
parafusar v screw.
parafuso s 1 screw. 2 spin (manobra de avião).
paragrafar v paragraph.
parágrafo s 1 paragraph. 2 article; section.
Paraguai s Paraguay.
paraguaio s e adj Paraguayan.
paraíso s 1 paradise. 2 heaven.
pára-lama s mudguard; fender.
paralela s Geom parallel.
paralelepípedo s parallelepiped.
paralelo adj 1 parallel. 2 collateral. II s Geogr parallel.
paralisação s 1 paralyzation. 2 weakness. 3 shutdown (em uma operação, produção, ou fábrica).
paralisado adj paralyzed; palsied.
paralisar v paralyze; benumb.
paralisia s paralysis; palsy.
paralítico adj palsied; paralytic. II s paralytic.
paramédico s paramedic.
paramentar v adorn; ornament.
paramento s 1 adornment; ornament. 2 Ecles vestment.
parâmetro s parameter.
paramilitar adj paramilitary.
paraninfo s 1 paranymph; groomsman. 2 sponsor.
paranóia s paranoia.
paranormal adj paranormal.
parapeito s parapet; windowsill.
paraplégico adj e s paraplegic.
parapsicologia s parapsychology.
pára-quedas s parachute.
pára-quedismo s Esp skydiving.
pára-quedista s Esp skydiver; parachutist.
parar v stop; cease; halt; discontinue; break.
pára-raios s lightning arrester.
parasita s Zool e Bot tb fig parasite.
parasítico adj parasitic.
parceiro s partner; associate.
parcela s 1 parcel. 2 fragment. 3 quota.
parcelar v parcel.

parceria s partnership.
parcial adj 1 partial. 2 discriminative.
parcialidade s 1 partiality. 2 discrimination. 3 favor; favoritism. 4 inequality.
parcialmente adv 1 partly; partially. 2 half.
parcimónia s 1 parsimony. 2 economy.
parcimonioso adj parsimonious.
parco adj 1 economic. 2 scant.
pardacento adj neutral.
pardal s Zool sparrow.
pardieiro s rookery.
pardo adj drab; dun (cor).
parecença s resemblance.
parecer v appear; look; seem. II s counsel; notion; opinion; sentiment.
parecido adj similar; like.
parede s wall.
parelha s team.
parenta s kinswoman.
parente s relative; kinsman. II adj consanguineous.
parentesco s kinship; relation.
parêntese s parenthesis; bracket (sinal gráfico).
páreo s horse race.
pária s outcast; leper.
paridade s parity.
parietal adj e s parietal.
parir v 1 bear; give birth. 2 calve.
parlamentar v parley; negotiate. II adj parliamentary.
parlamento s parliament.
parlatório s parlance.
parnasiano s e adj Parnassian.
pároco s priest; vicar; curate; rector.
paródia s 1 parody. 2 travesty; burlesque.
parodiar v 1 parody. 2 mimic; imitate.
paroníquia s agnail.
paróquia s parish; church.
paroquial adj parochial.
paroquiano s parishioner.
paroxismo s paroxysm.
paroxítono adj e s Gram paroxytone.
parque s park.
parquê s parquet.
parquete s parquetry.
parreira s grapevine.
parricida s parricide.
parricídio s parricide.

parte s 1 part; segment; share. 2 role (teatro, cinema). 3 section (de uma cidade).
parteira s midwife.
parteiro s obstetrician.
partição s Comp partition.
participação s 1 participation. 2 communication.
participador s participator.
participante adj participant. II s partaker; participant.
participar v participate; partake.
particípio s Gram participle.
partícula s 1 particle. 2 shred. 3 fleck.
particular adj particular; private. II s particular.
particularidade s 1 particularity. 2 circumstance; detail. 3 specialty.
particularizar v particularize.
particularmente adv particularly; especially.
partida s 1 departure; leave. 2 takeoff going parting. 3 Esp game; match. 4 exit.
partidário adj 1 adherent; sectarian; partisan. 2 denominational (de seita religiosa). II s sectarian; partisan.
partido s party; faction.
partilha s 1 partition. 2 division. 3 admeasurement.
partilhar v 1 partition. 2 divide. 3 admeasure. 4 allot.
partir v 1 break. 2 part; divide. 3 depart.
partitivo adj e s tb Gram partitive.
partitura s Mús score.
parto s parturition; childbirth; delivery.
parturiente adj parturient.
parvo adj gawky. II s chump; gawk; numskull; oaf.
Páscoa s 1 Easter. 2 Passover (dos judeus).
pasmado adj amazed; awestruck; ecstatic; motionless.
pasmar v amaze; astonish.
pasmo s amazement; astonishment.
paspalhão adj gawky. II s gawk.
pasquim s lampoon.
passa s raisin.
passada s pace.
passadeira s runner (tapete).
passadiço s Náut gangway.

passado adj 1 past; gone. 2 old-fashioned. || s Gram past.

passageiro adj fleeting; passing. || s passenger.

passagem s passage; passing; passageway.

passaporte s passport.

passar v pass; go by; elapse; spend (o tempo).

passarada s gangway; ramp.

passarela s catwalk; footbridge.

passarinho s bird; birdie.

pássaro s bird.

passatempo s pastime; entertainment; recreation.

passável adj passable; tolerable.

passe s pass.

passeante s rambler.

passear v take a walk.

passeata s parade.

passeio s 1 walk; stroll. 2 trip; excursion.

passional adj passional.

passível adj passible.

passividade s passivity.

passivo adj passive. || s passive.

passo s 1 pace; step; footstep. 2 walk; gait. 3 passage.

pasta s 1 paste. 2 folder.

pastagem s pasture; pasturage; herbage.

pastar v pasture; graze; browse.

pastel adj e s Art pastel.

pasteurização s pasteurization.

pasteurizar v pasteurize.

pastilha s pastille; tablet.

pasto s pasturage; pasture.

pastor s 1 shepherd (de ovelhas). 2 pastor.

pastorear v pasture; shepherd; graze.

pastoril adj bucolic.

pastoso adj pasty; viscous; gummy.

patada s 1 kick. 2 foolishness.

patavina pron indef nothing.

patê s pâté.

pátena s Ecles paten.

patente s patent; charter; commission. || adj patent; flagrant.

patenteado adj patented.

patentear v patent; charter.

paternal adj paternal; fatherly.

paternalismo s paternalism.

paternalmente adv paternally.

paternidade s paternity; fatherhood; parenthood.

paterno adj paternal; fatherly; parental.

pateta adj goofy. || s 1 fool; chump. 2 gír dumb.

patético adj pathetic.

patíbulo s gallows; gibbet.

patifaria s knavery; roguery.

patife s rascal; rogue; scoundrel.

patim s 1 roller skate (de rodas). 2 ice skate (de gelo).

pátina s patina.

patinador s skater.

patinar v 1 roller-skate. 2 ice-skate.

patinete s scooter.

patinhar v splash; paddle.

patinho s duckling.

pátio s courtyard; terrace; yard; patio.

pato s duck; drake (macho).

patologia s pathology.

patológico adj pathological.

patologista s pathologist.

patrão s boss; employer; master.

pátria s country; fatherland; homeland; motherland.

patriarca s father; patriarch.

patriarcal adj patriarchal.

patrício adj e s patrician.

patrimônio s estate; patrimony.

pátrio adj 1 gentile. 2 paternal.

patriota s e adj patriot.

patriótico adj patriotic.

patriotismo s patriotism.

patroa s mistress.

patrocinador s sponsor; backer; patron.

patrocinar v sponsor; patronize.

patrocínio s patronage; sponsorship; auspice.

patronato s patronage.

patronímico adj e s patronymic.

patrono s patron; espouser.

patrulha s patrol.

patrulhar v patrol; scout.

patrulheiro s ranger.

pau s 1 stick. 2 wood.

pau-brasil s brazilwood.

pau-canela s cinnamon.

paupérrimo adj inform dirt-poor.

pausa s 1 pause; break; stop; cease; cessation; intermission; rest. 2 Mús rest.

pausar v pause.

pauta s Mús staff; stave.

pautado adj 1 ruled. 2 regular.

pautar v rule.

pavão s peacock.

pavilhão s pavilion.

pavimentação s paving.

pavimentar v pave; floor.

pavimento s 1 pavement. 2 floor; story.

pavio s tinder; wick.

pavonear v peacock; mince.

pavor s fear; fright; dread.

pavoroso adj 1 dreadful. 2 fearful; frightful; appalling.

paz s 1 peace. 2 concord.

pé s 1 foot 2 base; bottom.

peão s 1 rancher. 2 chessman (no xadrez).

pear v jess.

peça s 1 piece; article; fitting; part. 2 play (de teatro).

pecado s 1 sin. 2 offense.

pecador adj sinful. ll s sinner; offender.

pecaminoso adj sinful; ungodly.

pecar v sin; offend.

pecha s defect.

pechincha s bargain; dicker; haggle.

pechinchar v bargain; chaffer; dicker; haggle.

pecíolo s Bot leafstalk; stem.

peçonha s venom.

peçonhento adj poisonous; venomous.

pecuária s cattle.

pecuarista s cattleman

peculato s peculation.

peculiar adj peculiar; unusual; odd.

peculiaridade s peculiarity.

pecúlio s savings.

pecúnia s money.

pedaço s 1 piece; bit; part. 2 chip (de madeira, vidro). 3 inform chunk. 4 shred (de pano). 5 snatch (de texto, música, etc.).

pedágio s 1 toll. 2 tollgate.

pedagogia s pedagogy.

pedagógico adj pedagogic; educational.

pedagogo s pedagogue.

pedal s pedal; treadle.

pedalar v pedal; treadle.

pedante adj bookish; pretentious; arrogant; big-headed.

pé-de-cabra s jimmy; lever.

pé-de-meia s savings.

pé-de-pato s flipper (artefato de borracha).

pederasta s pederast.

pederneira s flint.

pedestal s 1 pedestal. 2 base; basis.

pedestre s pedestrian; walker.

pé-de-vento s blast; gust.

pediatria s pediatrics.

pedido s 1 request. 2 order. 3 cry; entreaty; instance; wish.

pedinte s beggar; cadger; almsman.

pedir v 1 ask for; request. 2 beg.

pedra s stone; rock; flint; boulder.

pedra-sabão s Min soapstone.

pedregoso adj stony; rocky.

pedregulho s gravel; grit; rubble; shingle.

pedreira s quarry.

pedreiro s mason; bricklayer.

pedúnculo s Bot stalk.

pegada s footstep; footprint; footmark.

pegado adj adherent.

pegajoso adj clingy; gluey; sticky; viscous.

pega-pega s tag (brincadeira infantil).

pegar v 1 catch; get; take. 2 develop (doença). 3 scoop (com pá). 4 seize; snatch.

peia s jess.

peitilho s 1 bib (de avental). 2 bosom; breast.

peito s 1 chest; bosom; breast; thorax. 2 brisket (de animal).

peitoral s pectoral.

peitoril s sill; windowsill (janela).

peixe s fish.

peixe-boi s Zool cowfish.

peixe-elétrico s Zool electric eel

peixe-espada s Zool swordfish.

peixe-gato s Zool catfish.

peixe-voador s Zool flying fish.

peixinho s fry.

pejorativo adj derogatory.

pelado adj 1 naked; nude. 2 bald.

pelagem s pelage.

pelar v 1 peel. 2 bark.

pele s 1 skin; dermis. 2 fur (de animal).

peleiro s furrier.

peleja s fight; battle; combat.

pelejar v fight; combat

pele-vermelha adj ofens Red (nativos americanos). II s gír ofens redskin (nativos americanos).

pelica s capeskin.

pelicano s Zool pelican.

película s 1 cuticle. 2 film. 3 scale.

pelo prep by; in.

pêlo s 1 hair. 2 fur.

pelota s ball.

pelotão s squad.

pelúcia s plush.

peludo adj 1 furry. 2 hairy. 3 shaggy.

pelve s Anat basin.

pena s 1 pity; compassion; sympathy. 2 feather (de ave). 3 forfeit; punish.

penacho s feather; tuft.

penado adj feathered.

penal s penal.

penalizar v pain; afflict.

pênalti s Esp penalty.

penar v pain; punish.

penca s bunch.

pendão s flag; banner; standard.

pendência s 1 fight. 2 abeyance.

pendente adj 1 in abeyance. 2 hanging. 3 pending. II s pendant.

pender v 1 hang. 2 incline; tilt. 3 tend.

pêndulo s pendulum.

pendurar v hang.

penduricalho s knickknack; trinket.

peneira s strainer; sieve.

peneirado adj strained.

peneirar v strain; sieve; sift.

penetra s 1 inform deadhead (em cinema, teatro, etc.). 2 gír gatecrasher; walk-in.

penetração s penetration.

penetrante adj 1 penetrant; piercing. 2 acute; sharp. 3 incisive; biting. 4 clear-sighted. 5 glaring (olhar).

penetrar v 1 penetrate; pierce. 2 crash (festa). 3 seep (líquidos).

penhasco s cliff.

penhoar s robe; nightgown.

penhor s pawn; pledge; guaranty.

penhora s 1 distress. 2 Jur execution.

penhorado adj pledged.

penhorar v 1 pawn; pledge; bond. 2 distrain. 3 Jur distress; extend.

penhorista s 1 pawnbroker. 2 gír uncle.

península s peninsula.

pênis s 1 penis; member. 2 gír cock; dick (vulgar).

penitência s penitence; compunction.

penitenciar v penance.

penitenciária s 1 penitentiary. 2 gír big house.

penitenciário adj penitentiary. II s prisoner.

penitente adj penitent.

penosamente adv painfully.

penoso adj 1 painful; grievous; distressful. 2 difficult; hard.

pensado adj studied; deliberate.

pensador s 1 thinker. 2 philosopher

pensamento s 1 thought. 2 mind.

pensão s 1 allowance. 2 boarding house. 3 alimony.

pensar v 1 think; consider. 2 guess; imagine. 3 reckon; reflect; consider.

pensativo adj thoughtful; meditative; abstracted; wistful.

pênsil adj hanging; suspended.

pensionato s 1 boarding house. 2 boarding school.

pensionista s boarder.

pentágono s pentagon.

pente s 1 comb. 2 magazine (de arma de fogo).

penteadeira s dressing-table.

penteado s hairstyle; hairdo; coiffure.

penteador s comber.

pentear v comb.

Pentecostes s Pentecost.

penugem s down.

penumbra s shade; dusk; gloom.

penúria s beggary; destitution; famine; misery.

pepino s Bot cucumber.

pepita s nugget.

pequenez s smallness; littleness.

pequenino adj 1 teeny. 2 dwarfish.

pequeno adj 1 small; little. 2 short. 3 thumbnail (do tamanho da unha do polegar). II s child; boy.

pêra s pear.

peralta s dandy. II adj mischievous; naughty.

P

perambular v roam; wander; walk; rove; tramp; divagate.

perante prep before.

perca s Zool perch.

percalço s 1 gain; profit. 2 trouble.

perceber v 1 notice; realize; discern; observe. 2 apprehend; conceive.

percentagem s percentage.

percepção s Psic perception; apprehension.

perceptível adj perceptible; apprehensible.

perceptivo adj perceptive; conscious.

percevejo s bedbug.

percorrer v 1 do (distância); traverse. 2 compass; cover; range.

percurso s 1 drive; ride; run; travel. 2 way; route; circuit.

percussão s percussion.

perda s 1 loss. 2. waste; wastage.

perdão s 1 pardon; forgiveness; excuse. 2 exoneration.

perdedor s loser.

perder v 1 lose. 2 disappear. 3 forfeit (por confisco). 4 stray. 5 miss. 6 lose out on (uma oportunidade). 7 waste (uma oportunidade).

perdição s 1 doom. 2 ruin.

perdido adj 1 lost. 2 gone. 3 missing. II s stray (especialmente animal).

perdigueiro s pointer.

perdiz s Zool partridge.

perdoador s pardoner.

perdoar v 1 pardon; forgive; excuse. 2 remit. 3 absolve.

perdoável adj pardonable.

perdurar v endure; perdure; persist; remain.

perdurável adj everlasting; permanent.

pereba s abscess; boil.

perecer v die; decay; fall.

perecível adj e s perishable.

peregrinação s pilgrimage.

peregrinar v pilgrimage.

peregrino s pilgrim.

perene adj perennial; evergreen.

perenidade s eternity.

perfeição s 1 perfection. 2 excellence.

perfeitamente adv perfectly.

perfeito adj 1 perfect. 2 correct.

perfídia s perfidy; treachery.

pérfido adj perfidious; treacherous; hollow.

perfil s 1 profile. 2 outline (desenho).

perfilar v profile.

perfilhação s adoption.

perfilhar v adopt.

perfumado adj perfumed; fragrant.

perfumar v perfume; scent.

perfume s perfume; fragrance; scent.

perfuração s bore.

perfurado adj abroach.

perfurador s borer; perforation.

perfurar v 1 bore; drill; broach. 2 enter; penetrate. 3 sink (buraco).

pergaminho s parchment; vellum.

pérgula s pergola.

pergunta s question; query; inquiry.

perguntar v ask; question; query; inquire.

perícia s skill; expertise.

peridural adj epidural.

periferia s 1 periphery. 2 outskirts. 3 Geom circumference.

periférico adj peripherical.

perífrase s periphrasis; circumlocution.

perigo s danger; hazard; risk; jeopardy.

perigosamente adv dangerously.

perigoso adj 1 dangerous; hazardous. 2 breakneck; dicey. 3 nasty; noisome.

perímetro s 1 perimeter. 2 circuit.

periódico adj periodical; cyclic; regular; seasonal. II s magazine.

período s 1 period. 2 epoch. 3 term (duração de uma pena, de um período escolar). 4 Gram sentence.

periquito s parakeet.

perito adj expert adept; skilled. II s 1 expert; adept; judge. 2 technician (em eletrônica, computação, etc.). 3 inform sharp.

perito-contador s Cont auditor.

perjurar v perjure.

perjúrio s perjury.

permanecer v 1 continue; stay; stand. 2 abide; bide. 3 remain.

permanência s 1 stay. 2 abidance; abode.

permanente adj 1 permanent; abiding. 2 staid; standing. 3 indissoluble; stable; unfailing.

permear v permeate.

permissão s 1 permission; allowance. 2 consent; leave; license. 3 authorization.

permissível adj permissible; admissible.

permissivo adj permissive.

permitido adj licit.

permitir v permit; allow; authorize; let.

permuta s exchange; interchange; trade; commutation.

permutação s change; reciprocation.

permutar v exchange; interchange; trade; commute.

permutável adj interchangeable; commutable.

perna s 1 leg. 2 gír gam. 3 shank (de animal). 4 gigot (de carneiro, porco, etc.).

pernada s kick.

pernear v jump; skip.

perneira s legging.

pernicioso adj 1 pernicious; noxious. 2 malignant.

pernil s 1 ham. 2 gigot (de carneiro, porco, etc.).

pernilongo s mosquito; daddy longlegs; gnat.

pernoitar v sleep; overnight.

pernóstico adj arrogant.

pérola s 1 pearl. 2 bead (de vidro, metal, etc.). 3 gem.

perôneo s Anat fibula.

perpendicular adj perpendicular.

perpetração s commitment.

perpetrar v commit.

perpetuar v perpetuate; immortalize.

perpétuo adj endless; everlasting; lifelong.

perplexidade s 1 perplexity. 2 bewilderment; confusion. 3 wonder; wonderment.

perplexo adj 1 bewildering; confused. 2 mazy.

persa adj e s Persian.

perscrutar v search; examine.

perseguição s 1 persecution. 2 pursuit; chase. 3 follow. 4 hunt; hunting.

perseguidor s chaser.

perseguir v 1 chase; pursuit. 2 course (caça). 3 hunt. 4 run after.

perseverança s 1 perseverance. 2 constancy.

perseverante adj 1 persevering. 2 constant.

perseverar v 1 persevere. 2 persist.

Pérsia s Persia.

persiana s blind; shutter.

persistência s 1 persistence. 2 perseverance. 3 constancy.

persistente adj persistent; persisting.

persistir v 1 persist; linger; persevere. 2 carry out; carry through. 3 continue. 4 inform hang in; hang on.

personagem s character.

personalidade s 1 personality. 2 character.

personalizar v personalize.

personificação s 1 personification. 2 embodiment.

personificar v 1 personify. 2 embody; incarnate.

perspectiva, perspetiva s 1 perspective. 2 outlook. 3 aspect.

perspicácia s acumen; keenness; discernment.

perspicaz adj acute; wise; discerning; keen; sharp.

persuadir v persuade; convince.

persuasão s 1 persuasion. 2 conviction.

persuasivo adj persuasive.

pertencer v belong; pertain.

pertences s 1 belongings; things. 2 traps.

pertinaz adj obstinate.

pertinência s pertinence; relevance.

pertinente adj pertinent; relevant.

perto adv near; close.

perturbação s perturbation; disturbance; inform pain.

perturbado adj 1 upset; troublous. 2 gír mental.

perturbador adj annoying; disturbing; troublesome. II s agitator; disturber.

perturbar v 1 disturb; disquiet; agitate. 2 upset; trouble.

peru s 1 Zool turkey; gobbler. 2 maiús Peru.

perua s station wagon.

peruano s e adj Peruvian.

peruca s wig.

perversão s perverssion; depravation; lechery.

perversidade s perversity; deviltry; evil; malignity.

perverso adj 1 perverse; evil. 2 inform cussed. II s pervert.

perverter v corrupt; infect; wallow.

pervertido *adj* pervert; corrupt; wry.
pesadão *adj* heavyset; unhandy.
pesadelo *s* nightmare.
pesado *adj* 1 heavy; weighty. 2 burden-some; cumbersome; lumpish. 3 dead (silêncio, sono). 4 thick; massive.
pesagem *s* weighing.
pêsames *s* condolences.
pesar *s* 1 sorrow; regret; grief. 2 mourn-ing. II *v* 1 grieve; mourn. 2 weigh; weight; scale.
pesaroso *adj* sorrowful; grievous; regretful.
pesca *s* 1 fishing. 2 angling (com linha e anzol).
pescado *s* fish.
pescador *s* 1 fisher; fisherman. 2 angler (com linha e anzol).
pescar *v* 1 fish. 2 angle (com linha e an-zol).
pescaria *s* fishing.
pescoço *s* neck.
peso *s* 1 *tb Esp* weight. 2 burden; load.
peso-pena *s Esp* featherweight (no boxe).
pespontar *v* backstitch.
pesponto *s* backstitch.
pesqueiro *s* fishery; fishing.
pesquisa *s* 1 research; search; quest; study. 2 *Comp* look-up.
pesquisador *adj* inquisitive. II *s* researcher; explorer; searcher.
pesquisar *v* research; search; quarry.
pêssego *s* peach.
pessimismo *s* pessimism.
pessimista *adj* 1 pessimistic; bearish. 2 *gír* downbeat.
péssimo *adj* 1 *gr super* de **bad** worst. 2 very bad; vile; wretched.
pessoa *s* 1 person; fellow; individual. 2 *gír* egg.
pessoal *adj* personal; private. II *s* personnel (grupo de empregados; equipe).
pestana *s* eyelash; lash.
pestanejada *s* wink.
pestanejar, pestanear *v* twinkle; blink; wink.
peste *s* 1 plague. 2 nuisance.
pétala *s* petal.
petardo *s* 1 petard. 2 bomb.
peteca *s Esp* shuttlecock.
petição *s Jur* 1 petition. 2 suit.

petisco *s* savory; morsel.
petrechos *s* 1 ammunition. 2 supplies.
pétreo *adj* flinty.
petrificação *s* petrifaction; petrification.
petrificar *v* 1 petrify. 2 fossilize.
petroleiro *adj* tanker.
petróleo *s* oil; petroleum.
petulância *s* petulance; peevish.
petulante *adj* petulant; peevish.
pexote *s* 1 bungle. 2 beginner.
pez *s* rosin.
pia *s* sink.
piada *s* 1 joke; gag; crack; witticism. 2 *gír* wisecrack.
piadista *s* joker.
piado *s* cheep; peep; shrill.
piano *s Mús* piano.
pião *s* top (brinquedo).
piar *v* cheep; peep (pássaro).
picada *s* 1 sting; bite (de inseto). 2 path; track (caminho).
picadeiro *s* circus ring.
picadinho *s* mincemeat (carne).
picado *s* mincemeat. II *adj* 1 pricket. 2 punc-tuated.
picante *adj* 1 hot; savory; spicy. 2 *inform* nippy.
pica-pau *s Zool* woodpecker.
picar *v* 1 sting; bite. 2 mince (carne). 3 pierce; prick; puncture.
picaresco *adj* 1 burlesque; caricature. 2 comic.
picareta *s* mattock.
picaretagem *s inform* chiseling.
pichar *v* pitch (cobrir de piche).
piche *s* pitch.
picles *s* pickles.
pico *s* peak; summit.
picolé *s* popsicle.
picotar *v* 1 indent. 2 punch.
picuinha *s* 1 chaff. 2 *inform* fiddle.
piedade *s* pity; compassion; mercy.
piedoso *adj* pitiful; compassionate; merciful.
piegas *adj* fussy; ridiculous.
píer *s* jetty; dock.
pífano *s Mús* fife.
pigarrear *v* hawk (para limpar a gargan-ta).
pigarro *s* hem (para chamar atenção).

pigmentação *s* pigmentation.
pigmentar *v* pigment.
pigmento *s* pigment; dye; coloring.
pigmeu *s* Pigmy.
pijama *s* pajama.
pilão *s* mortar.
pilar *s Arq* pillar; column.
pilastra *s* pilaster.
pilha *s* 1 pile; heap; cumulation. 2 battery.
pilhagem *s* pillage; plunder; depredation.
pilhar *v* pillage; plunder; depredate; foray.
pilhéria *s* 1 drollery; gag. 2 joke; prank.
pilotagem *s* navigation.
pilotar *v* navigate; steer.
piloto *s* 1 pilot. 2 navigator.
pílula *s inform* pill.
pimenta *s* pepper.
pimenta-do-reino *s* black pepper.
pimenta-malagueta *s Bot* red pepper; chili.
pimentão *s* green pepper.
pimpolho *s* chick.
pináculo *s* pinnacle.
pinça *s pl* tweezers.
pincel *s* brush; paintbrush.
pincelada *s* dab; touch.
pinga *s* rum.
pingar *v* 1 drip; drop; distill; trickle. 2 run (muco do nariz).
pingente *s* bangle.
pingo *s* 1 dot. 2 drip; drop. 3 *Ling* tittle.
pingue-pongue *s* Ping-Pong.
pingüim *s Zool* penguin.
pinha *s Bot* sweetsop.
pinheiro *s* pine tree.
pinho *s* pinewood.
pinicar *v* peck.
pino *s* 1 pin, peg. 2 pivot.
pinote *s* jump; leap.
pinotear *v* buck; jump; leap.
pinta *s* 1 spot. 2 dapple (no pêlo de um animal). 3 dot; fleck; speck. 4 maculation.
pintado *adj* painted.
pintar *v* paint; draw.
pinto *s* 1 chick. 2 penis.
pintor *s* painter.
pintura *s* painting; paint.
pio *adj* 1 peep; cheep. 2 pious; devout.
piolhento *s* lousy.
piolho *s* louse.

pioneiro *s* 1 pioneer; explorer. 2 pathfinder. 3 foremost.
pior *adj gr comp* de **bad** worse (em qualidade, condição de saúde, etc.). ‖ *adv gr comp* de **badly** e **ill** worse.
piora *s* exasperation; setback.
piorar *v* worsen; exacerbate; exasperate.
pipa *s* 1 cask. 2 kite.
piparote *s* fillip; flick.
pipilar *v* cheep.
pipilo *s* cheep.
pipoca *s* popcorn.
pipocar *v* pop; crack.
pique *s* tag (brincadeira infantil).
piquenique *s* picnic.
piquetar *v* picket.
piquete *s* picket.
pira *s* pyre.
pirâmide *s* pyramid.
piranha *s Zool* piranha; piraña.
pirar *v* 1 escape. 2 get crazy.
pirata *s* pirate; buccaneer; corsair; freebooter; rover.
piratear *v* pirate.
pires *s* saucer.
pirilampo *s* firefly.
piroga *s* dugout.
piromaníaco *s* firebug.
pirotécnico *adj* pyrotechnic.
pirraça *s* spite; impertinence.
pirralho *s* brat; chit.
pirueta *s* 1 *Aer* loop. 2 pirouette.
pirulito *s* lollipop.
pisar *v* tread; foot; step; trample.
piscada *s* wink.
piscadela *s* eyewink; wink.
pisca-pisca *s* 1 blinker (de carro). 2 flasher.
piscar *v* wink; blink; twinkle.
piscina *s* swimming pool.
piscoso *adj* finny; fishy.
piso *s* 1 floor; ground. 2 deck (de ônibus, avião, etc.). 3 tread (degrau de escada).
pisotear *v* trample; tread.
pista *s* 1 clue; hint. 2 runway (de pouso e decolagem). 3 track (de corrida). 4 trail.
pistão *s Mús* cornet.
pistola *s* 1 pistol. 2 *gír* rod.
pistolão *s* 1 bigwig; big shot. 2 *gír* fat cat.

P

piteira s cigar-holder; cigarette-holder.
pitoresco adj 1 pictorial. 2 scenic.
pivete s urchin.
pivô s 1 swivel. 2 pin; pin tooth.
placa s 1 plate. 2 sign. 3 Comp card. 4 brooch. 5 placard.
placa-mãe s Comp motherboard.
placar s Esp score; scoreboard; marker.
placenta s Anat placenta; afterbirth.
plácido adj 1 placid; quiet; calm. 2 even.
plagiar v crib; knock off.
plágio s crib.
plaino s plane.
planador s Aer glider.
planalto s highland; tableland; upland.
planar v glide; skim; soar.
planejador s planner; contriver.
planejamento s planning; scheming.
planejar v 1 plan; project; design; scheme. 2 calculate. 3 fig brew.
planeta s planet.
planetário s planetarium.
plangente adj plangent.
planície s plain; champaign.
planificar v design, delineate.
planilha s 1 Comp spreadsheet. 2 worksheet.
plano adj plane; even; flat; smooth. || s plan; scheme; design.
planta s 1 plan; blueprint. 2 vegetable.
plantação s plantation.
plantão s duty.
plantar v plant; crop; grow.
plasma s plasma; plasm.
plasmar v mold; model.
plástica s 1 plastic surgery. 2 plastic art.
plástico s e adj plastic.
plataforma s 1 platform. 2 scaffold. 3 stage; stand. 4 pad (de foguete).
plátano s Bot maple.
platéia s audience.
platina s platinum.
platô s tableland.
platônico adj Platonic.
plausível adj colorable; convincing; credible; likely.
plebe s commonalty; rabble; ragtag.
plebeu adj e s plebeian.
plebiscito s plebiscite.
pleitear v 1 plead. 2 contest. 3 litigate.

pleito s lawsuit; process.
plenamente adv plenarily; fully.
plenário s court; jury.
plenitude s plenitude; complement; repletion.
pleno adj full.
pleonasmo s pleonasm.
pleonástico adj redundant.
pleura s pleura.
plugar v connect.
pluma s plume; feather.
plumagem s feather; feathering.
plural s e adj plural.
plutocracia s plutocracy.
pluvial adj pluvial; rainy.
pluviômetro s pluviometer; udometer.
pneu s tire.
pneumático adj pneumatic. || s tire.
pneumonia s pneumonia.
pó s dust.
pobre adj 1 poor; needy. 2 unproductive. 3 miserable; inferior. 4 bare. || s beggar; pauper; indigent.
pobreza s 1 poverty; poorness; beggary. 2 bareness. 3 destitution.
poça s puddle; pool.
poção s potion.
pocilga s sty; pigpen.
poço s 1 well. 2 shaft (do elevador).
podadeira s bill; billhook.
podão s billhook.
podar v clip; crop; trim; lop. || s clip.
pó-de-arroz s vanity case.
poder v 1 can; be able to. 2 may. 3 might. || s power; strength.
poderio s 1 power; might. 2 authority.
poderoso adj powerful; mighty.
podre adj 1 rotten; worm-eaten. 2 foul; putrid.
podridão s rottenness.
poeira s 1 dust. 2 stardust (de estrelas). 3 powder.
poema s poem.
poente s west.
poesia s poesy; poetry.
poeta s poet.
poético adj poetic; poetical.
pois conj for; as; since.
polainas s gaiters.
polar adj polar.

olegada s inch (unidade de medida de comprimento 2,54 cm).

olegar s thumb.

oleiro s roost.

olêmica s polemic; controversy.

olêmico adj polemical; controversial.

olemista s polemicist; polemist.

ólen s pollen.

olenta s polenta.

oliandro adj polyandrous.

olichinelo s Punchinello; buffoon; clown.

olícia s 1 police. 2 gír fuzz.

olicial s 1 policeman; police officer. 2 policewoman (fem). 3 inform cop. 4 gír copper; bull; flatfoot.

oliciar v 1 police. 2 civilize.

oliclínica s polyclinic.

olicromo adj polychromatic.

olidamente adv courtly; mannerly.

olidez s politeness; civility; courtesy; courtliness.

olido adj 1 polished; glossy. 2 well-mannered; courteous.

olidor s 1 rubber. 2 mill (instrumento ou máquina). 3 buffer.

oliedro s Geom polyhedron.

olifonia s Mús polyphony.

oligamia s polygamy.

olígamo s polygamist.

oliglota s polyglot.

olígono s Geom polygon.

olimento s 1 polish; burnish; shine; gloss. 2 finish. 3 milling.

olimorfo adj 1 polymorphic. 2 multiform.

olinizar v pollinate.

oliomielite s Med poliomyelitis.

ólipo s Zool polyp.

olir v 1 polish; burnish; shine; gloss; luster. 2 civilize.

olonês s Pole. II adj Polish.

Polônia s Poland.

olissílabo s polysyllable.

olitécnico adj polytechnic.

olítica s politics.

oliticar v politicize.

olítico s politician. II adj politic; political.

ólo s 1 pole. 2 rod; bar; shaft. 3 mast; paling. 4 extreme; limit.

olpa s pulp; flesh (de fruto).

polpudo adj pulpy.

poltrão s e adj coward.

poltrona s armchair; easy chair.

poluição s pollution.

poluído adj 1 polluted. 2 corrupt.

poluidor s 1 polluter. 2 defiler.

poluir v 1 pollute. 2 maculate.

polvilhar v 1 powder. 2 sprinkle. 3 dredge (com farinha, açúcar, etc.).

polvilho s 1 powder. 2 flour.

polvo s Zool octopus.

pólvora s gunpowder.

polvorosa s 1 flurry. 2 disorder; confusion.

pomada s 1 ointment. 2 pomade. 3 cream.

pomar s orchard.

pomba s Zool dove; pigeon.

pombal s dovecote.

pomicultor s orchardist.

pomo s 1 fruit. 2 pome. 3 apple.

pomo-de-adão s Adam's apple.

pompa s pomp; gala; grandiosity.

pomposo adj 1 pompous; fustian. 2 gala. 3 turgescent; lofty.

ponche s cobbler (bebida).

ponderação s consideration; advisement.

ponderado adj 1 weighed. 2 deliberate.

ponderar v 1 ponder. 2 weigh; cogitate. 3 deliberate; think. 4 mull; muse.

ponta s 1 point; cusp; neb; tip. 2 peak; top. 3 bit (em teatro). 4 nose (a parte dianteira de um avião, navio, etc.). 5 stub; stump (de cigarro, de lápis, etc.). 6 Esp wing.

pontada s stitch; pang.

pontão s punt; flatboat.

pontapé s kick; boot.

pontaria s aim; sight.

ponte s 1 bridge; overpass. 2 denture (odontológica).

pontear v baste; stitch.

ponteira s tip.

ponteiro s hand; indicator; needle.

pontiagudo adj 1 pointed. 2 acuminate; acute.

pontificado s papacy.

pontificar v pontificate.

pontífice s pontiff.

pontifical adj pontifical; papal.

pontilhar v dot.

ponto s 1 point; dot. 2 spot. 3 stand. 4 stitch (de sutura ou costura). 5 *Gram* full stop; stop; period. 6 *Ling* tittle. 7 stop (de ônibus).

ponto-e-vírgula s semicolon.

pontuação s punctuation.

pontual adj punctual.

pontualmente adv punctually; sharp; on time.

pontuar v punctuate.

pontudo adj pointed.

popa s *Náut* stern.

populaça s populace; multitude; crowd.

população s population.

populacho s populace; multitude; crowd.

popular adj popular; common.

popularizar v popularize.

populoso adj populous.

pôquer s poker.

por prep at; by; for; in; over; through; via; per.

pôr v 1 put; place. 2 fix. 3 get on. 4 set; lay.

porão s 1 basement; cellar. 2 *Náut e Aer* hold.

porca s 1 nut (de parafuso). 2 sow.

porcalhão adj dirty; filthy; nasty.

porção s 1 portion; part. 2 batch. 3 bit. 4 dosage. 5 fraction. 6 nugget.

porcaria s 1 dirt. 2 tripe; rubbish.

porcelana s 1 porcelain. 2 chinaware.

porcentagem s percentage.

porco adj dirty. ll s pig; swine; hog.

pôr-do-sol s sunset; setting; sundown.

porém conj but; however; yet.

porfia s discussion.

porfiar v discuss.

pormenor s respects; particular.

pormenorizar v circumstantiate; detail; particularize.

pornografia s pornography.

poroso adj porous.

porquanto conj as; when; while.

porque conj because; for.

porquê s why.

por quê adv why.

porquinho-da-índia s *Zool* guinea pig; cavy.

porre s swallow.

porrete s blackjack; club; cudgel.

porta s 1 door. 2 entrance; entry. 3 gate way.

porta-aviões s aircraft carrier.

porta-bandeira s standard-bearer.

portador s 1 bearer (de cheque ou título). 2 *Med* carrier. 3 holder.

portal s portal.

porta-lápis s pencil case.

porta-luvas s glove compartment.

porta-níqueis s purse.

portanto conj therefore; so; hence; then thence; thus.

portão s 1 gate. 2 portal.

portar-se v conduct; behave; acquit; de mean.

portátil adj hand-held; handy.

porta-voz s 1 *masc* spokesman. 2 *fer* spokeswoman. 3 *inform* mouthpiece.

porte s 1 transport; carry. 2 load. 3 fee charge.

porteira s gate.

porteiro s doorman; gatekeeper.

portento s 1 marvel. 2 prodigy.

pórtico s *Astron* gantry; gateway.

portinhola s hatch; scuttle; wicket.

porto s harbor; harborage; haven.

Portugal s Portugal

português s e adj Portuguese.

porventura adv perhaps.

posar v 1 pose. 2 sit (fotografia).

pós prep post.

pós-datar v postdate.

pose s pose; position; posture.

pós-escrito s postscript.

posição s 1 position. 2 standing; status 3 attitude.

posicionamento s emplacement.

posicionar v emplace.

positivismo s positivism.

positivo adj 1 positive. 2 certain.

pós-meridiano adj postmeridian.

posologia s posology.

pospor v postpone.

possante adj powerful; mighty.

posse s asset; hold; ownership.

posses s possessions; riches.

possessão s 1 possession. 2 dependency (território, país, etc.).

possessivo adj *Gram* possessive.

ossesso adj demoniac; possessed; mad. ‖ s demoniac.

ossibilidade s possibility.

ossibilitar v enable.

ossível adj possible; feasible. ‖ s effort.

ossuidor s holder.

ossuir v 1 possess; own. 2 have; hold.

osta s 1 collop; chop; slice. 2 cutlet (carne).

ostar v post.

osta-restante s poste restante.

oste s 1 post. 2 stake.

ostergar v postpone.

osteridade s posterity.

osterior adj e s posterior.

óstero adj coming; future; hereafter.

ostiço adj 1 false. 2 artificial. 3 dummy.

ostigo s wicket.

osto s 1 rating; standing. 2 station (policial, de bombeiros).

ostular v postulate.

ostura s posture; attitude; carriage; stance.

otável adj drinkable.

ote s jar.

otência s 1 potency. 2 energy; strength. 3 Mec output

otencial adj 1 powerful; potent. 2 latent. ‖ s potential.

otenciar v involve.

otentado s potentate.

otente adj potent; powerful.

otestade s power; authority.

otranca s filly.

otro s colt; rack.

ouco adj 1 little. 2 few. ‖ s little. ‖ adv little.

ouco-caso s disregard.

oupado adj sparing.

oupança s economy; saving; savings.

oupar v 1 economize; retrench; save. 2 spare (não matar).

ouquinho s bit; dribble; driblet.

ousada s inn.

ousar v 1 alight (aeroplano; pássaro). 2 settle. 3 land (avião).

ouso s landing.

ovo s people; folk; nation.

ovoação s population.

povoado s settlement; village; town.

povoar v populate; settle.

praça s square.

prado s meadow.

praga s 1 curse; malediction; damnation. 2 execration. 3 nuisance.

pragmática s pragmatics.

pragmático adj pragmatic.

pragana s beard.

praguejar v curse; imprecate.

praia s beach; seashore; seaside; strand.

prancha s board.

pranchão s Náut transom.

pranteador s mourner.

prantear v mourn.

pranto s blubber; tears; lamentation.

prata s silver (tb cor).

pratada s plateful.

prataria s silverware.

prateado adj silvered; silver.

pratear v silver.

prateiro s silversmith.

prateleira s 1 shelf; rack. 2 tier (colocada uma em cima da outra).

prática s 1 practice. 2 background; experience.

praticabilidade s feasibility.

praticante adj practicing. ‖ s apprentice.

praticar v practice; do; drill; exercise.

praticável adj practicable; feasible.

prático s adept; expert. ‖ adj 1 practical. 2 skilled.

prato s 1 dish; plate. 2 Mús cymbal.

praxe s praxis; custom; convention; habit; tradition.

prazenteiro adj cheerful.

prazer s 1 pleasure; delight. 2 satisfaction.

prazeroso adj pleasant; merry; toothsome.

prazo s term (duração de uma pena, de um período escolar); time.

preamar s flood; flow.

preambular v preamble; preface.

preâmbulo s preamble; introduction; prologue.

prear v prey; catch.

precariedade s precariousness; instability; insecurity; unstableness.

precário adj precarious; shaky.

precatório s petition. ‖ adj precatory.

P

precaução s caution; precaution; foresight.

precaver v prevent; avert; forestall.

precavido adj cautious; forehanded; guarded.

prece s prayer; invocation.

precedência s precedence; priority.

precedente adj precedent; preceding; anterior; former. II s precedent; antecedent.

preceder v precede; antecede; forego.

preceito s principle; maxim.

preceptor s coach.

preceptora s governess.

preciosidade s preciosity.

precioso adj precious.

precipício s abyss; chasm; gulf; steep.

precipitação s precipitation; hurry; rashness; rush.

precipitado adj precipitate; hasty; hurried; quick. II s precipitator.

precipitar v tb Quím precipitate.

precisão s 1 precision; accuracy. 2 necessity.

precisar v 1 need. 2 lack. 3 require.

preciso adj accurate; definite; exact; correct.

preço s price; charge; cost; fare (de passagem ou ingresso).

precoce adj 1 precocious. 2 early; forward.

precocidade s precocity.

preconceber v preconceive.

preconcebido adj preconceived.

preconceito s prejudice; preconceptions; bias; discrimination.

precursor s precursor; foregoer; forerunner.

predador adj predatory. II s predator.

pré-datar v antedate.

predatório adj predatory.

predecessor s predecessor; precursor; foregoer.

predestinação s predestination.

predestinado adj predestined; fated; fateful.

predestinar v predestine; foredoom; foreordain.

predeterminar v predetermine.

predicado s 1 asset; quality. 2 Gram predicate.

predição s prediction; auspice.

predileção s 1 predilection; bias; partiality. 2 fondness.

predileto s favorite.

prédio s building.

predispor v predispose.

predisposição s predisposition.

predizer v predict; foretell; forecast.

predominância s predominance.

predominante adj predominant; ruling.

predominar v predominate.

preencher v 1 fulfill. 2 fill (formulário, cha, vaga, cargo, etc.). 3 fill out (form lário etc.). 4 write (cheque, formulári etc.).

preenchido adj full.

preenchimento s fulfillment.

preestabelecer v pre-establish.

prefácio s 1 preamble; preface. 2 for word; introduction.

prefeito s mayor.

prefeitura s city hall; town hall.

preferência s 1 preference; taste; likin choice. 2 inclination.

preferir v prefer; choose; like.

preferível adj preferable; better.

prefixo s prefix; affix.

prega s fold; crease; wrinkle.

pregação s preaching, preachment.

pregador s 1 preacher. 2 clasp; clothespi

pregar v 1 preach. 2 nail. 3 fix.

prego s nail; stud.

pregoeiro s crier.

preguear v fold; tuck; pleat.

preguiça s 1 indolence; idleness; lazines 2 Zool sloth.

preguiçar v lounge; laze; idle.

preguiçoso adj 1 lazy; idle; sluggish. 2 lag gard. II s do-nothing; drone; sluggar loafer.

pré-história s prehistory.

prehistórico adj prehistoric.

prejudicado adj injured; aggrieved.

prejudicar v harm; abuse; aggrieve; bea down on; damage; injure.

prejudicial adj harmful; injurious; damagin detrimental; hurtful.

prejuízo s 1 damage; detriment; loss harm. 2 prejudice.

prejulgar v forejudge; forjudge.

prelado s prelate.

prelibação s foretaste.

prelibar v foretaste.

preliminar adj e s preliminary.

elo s press

elúdio s 1 prelude. 2 *Mús* overture.

ematuro adj premature

emeditação s 1 premeditation; fore-thought. 2 *Jur* malice.

emeditado adj premeditated.

emeditar v premeditate.

emência s urgency; exigency.

emente adj urgent; exigent.

emiar v award; reward.

êmio s 1 prize; premium; award; reward. 2 *Esp* stakes.

emissa s premise; supposition.

emonição s premonition; foretoken.

emonitório adj premonitory.

é-natal adj prenatal; antenatal.

enda s gift; present.

endado adj gifted.

endar v endow.

endedor s 1 clincher; fastening; clasp; clip. 2 arrestor; arrester.

ender v 1 fasten; attach. 2 arrest; apprehend. 3 *gír* jug; cop; coop. 4 catch (o fôlego). 5 fillet (o cabelo). 6 fix (o olhar; a atenção).

enhe adj pregnant; gravid.

enome s forename; first name; given name.

ensa s 1 clamp. 2 press.

ensar v press; compress.

enunciar v predict; foretell.

enúncio s prediction.

eocupação s worry; trouble.

eocupado adj worried; troubled; upset.

eocupante adj worrisome.

eocupar v worry; trouble.

eparação s preparation.

eparado adj 1 ready. 2 qualified. ‖ s preparation (remédio).

eparar v 1 prepare; fit; make ready. 2 confect (doce, confeito, conserva). 3 cook. 4 set (armadilha).

eparatório adj preparatory.

eponderância s preponderancy.

eponderante adj preponderant.

eponderar v preponderate.

eposição s tb *Gram* preposition.

epotência s prepotency.

epotente adj domineering.

prepúcio s *Anat* foreskin.

prerrogativa s prerogative.

presa s 1 prey; quarry; game (animais). 2 canine (dente). 3 claw.

presbitério s presbytery.

presbítero s priest.

presciência s prescience; foresight.

prescindir v dispense.

prescrever v prescribe.

prescrição s prescription.

presença s 1 presence. 2 appearance.

presenciar v present; witness.

presente adj 1 present; attendant. 2 current. ‖ s 1 *th Gram* present. 2 gift.

presentear v gift; offer.

preservação s preservation.

preservador s preserver.

preservar v 1 preserve; conserve save. 2 maintain.

preservativo s 1 condom. 2 *gír* rubber.

presidência s presidency; chairmanship.

presidente s president; chairman.

presidiário s 1 prisoner. 2 *inform* jailbird.

presídio s prison; jail; detention; penitentiary.

presidir v preside; chair.

presilha s 1 hanger. 2 pin. 3 strap; strip.

preso adj captive; imprisoned. ‖ s prisoner.

pressa s hurry; haste; speed; scurry.

pressagiar v presage; omen; augur; foreshadow.

presságio s presage; augury; divination; foreboding; omen.

pressão s 1 pressure. 2 strain; stress.

pressentimento s presentiment; intuition; divination; foreboding.

pressentir v forebode; feel.

pressionar v press; bear down on.

pressupor v presuppose; presume.

pressuposto adj presupposed. ‖ s presupposition.

prestação s installment; instalment.

prestar v lend; loan.

prestativo adj helpful; useful.

presteza s agility; swiftness.

prestigiar v esteem.

prestígio s 1 prestige. 2 standing (social, moral). 3 influence.

préstimo s service.

presumir v presume; suppose.

presunção s presumption; arrogance; conceitedness.

presunçosamente adv affectedly; conceitedly.

presunçoso adj presumptuous; arrogant. || s smatter.

presunto s ham.

pretendente s 1 admirer. 2 applicant (emprego, cargo). 3 aspirant.

pretender v intend; aim; contemplate.

pretensão s pretension; ambition.

pretensioso adj pretentious; flatulent; snobbish. || s snob.

pretérito adj past. || s Gram past.

pretexto s pretext; excuse.

preto adj black. || s Negro.

prevalecente adj regnant.

prevalecer v prevail; overrule; reign; rule.

prevalência s prevalence.

prevenção s caution.

prevenido adj 1 advised. 2 guarded.

prevenir v 1 prevent; impede. 2 admonish; warn; avert; caution.

preventivo adj e s preventive.

prever v forecast; foresee; see.

previamente adv beforehand.

previdência s forethought.

previdente adj prudent; farseeing; wary.

prévio adj previous; anterior; former; foregone.

previsão s prevision; foresight; forecast; anticipation.

previsível adj foreseeable.

prezado adj dear.

prezar v esteem; admire; value.

prima s cousin.

primar v excel.

primário adj primary. || s elementary school.

primavera s spring; springtime (estação do ano).

primazia s primacy; superiority.

primeiro num first. || adj 1 first; foremost. 2 chief. || adv first.

primitivo adj 1 primitive. 2 original; early. 3 savage; wild. || s primitive; aborigine; autochthon.

primo s cousin.

primogênito adj e s first-born.

primor s excellence; exquisiteness.

primordial adj primordial; capital; cardina

primoroso adj 1 beautiful; nice. 2 exceller perfect.

princesa s princess.

principal s 1 main; principal; chief; majo 2 arterial (rodovia, canal). 3 king (e tamanho ou importância). || adj princip main; leading; essential.

principalmente adv chiefly; mainly; most

príncipe s prince.

principiante s beginner; cub; tyro.

principiar v begin; start.

princípio s beginning; start.

prior s prior; rector.

prioridade s priority.

prisão s 1 prison; detention; jail. 2 arres arrestment. 3 gír clink. 4 inform locku

prisioneiro adj captive. || s 1 captiv inmate; internee. 2 gír lifer (que cump prisão perpétua).

privação s 1 privation; bareness; depri tion. 2 disfranchisement (de privilégi direitos civis).

privada s toilet.

privado adj private; closet; off-stage. || intimate; secret.

privar v deprive; foreclose.

privilegiado adj e s privileged.

privilegiar v privilege.

privilégio s 1 privilege; advantage. 2 gran patent.

proa s Náut stem; fore; nose (a parte anteira de um avião, navio, etc.).

probabilidade s probability; chance; like hood.

problema s 1 problem; question; troubl 2 crux. 3 matter.

problemático adj problematic.

probo adj honest; good.

procedência s origin; antecedence.

procedente adj proceeding; descended.

proceder v proceed; originate.

procedimento s 1 proceeding; procedur 2 act; action. 3 behavior; carriag 4 method.

processar v Jur sue; take action.

processo s Jur action; process; suit; tria

procissão s 1 Relig procession. 2 cortej

roclamação s proclamation; acclamation; annunciation.

roclamar v proclaim; acclaim; blare; blazon.

roclamas s pl banns.

rocriação s procreation; breeding; generation; multiplication.

rocriar v 1 procreate; breed; engender. 2 inbreed (por cruzamentos consangüíneos repetidos).

rocura s search; quest; demand; look for.

rocuração s mandate.

rocurado adj wanted (criminoso).

rocurador s Jur attorney; procurator; proxy.

rocurar v 1 look for; seek; search; look. 2 want (criminoso). 3 comb. 4 go for.

rodígio s 1 prodigy; marvel. 2 wonder.

rodigioso adj 1 prodigious; marvelous. 2 wonderful.

ródigo adj 1 prodigal. 2 extravagant; lavish.

rodução s 1 production. 2 bearing. 3 output (de uma fábrica; literária; criativa; etc.). 4 yield.

rodutividade s productivity.

rodutivo adj 1 productive. 2 active. 3 creative; fecund.

roduto s product.

rodutor s producer.

roduzido adj produced.

roduzir v 1 produce. 2 bear; yield; bring in. 3 breed; beget; engender.

roeminência s prominence.

roeminente adj prominent; towering.

roeza s feat; stunt; deed; adventure.

rofanação s profanation; desecration.

rofanador s profaner; desecrator; defiler.

rofanar v profane; desecrate; violate.

rofano adj profane; secular; unholy; worldly.

rofecia s prophecy; prediction.

roferir v pronounce; utter; pronounce; enunciate.

rofessar v profess; avow.

rofessor s 1 teacher; schoolteacher. 2 masc schoolmaster. 3 professor (universitário).

rofessora s schoolmistress; schoolteacher.

rofeta s prophet; seer; augur.

profético adj prophetic; predictive.

profetizar v prophesy; predict.

proficiência s proficiency; skill.

proficiente adj proficient; skilled.

profícuo adj useful; profitable.

profissão s profession; occupation.

profundamente adv deeply; soundly.

profundeza s deep.

profundidade s deep; deepness; depth.

profundo adj 1 deep; dense. 2 inner.

profusão s 1 profusion. 2 riot (de cores). 3 wealth.

profuso adj 1 profuse. 2 prodigal.

progênie s increase.

progenitor s progenitor; ancestor.

prognosticar v foretell; forecast; foretoken.

prognóstico s forecast; forerunner; foretoken.

programa s 1 program. 2 syllabus (de curso, estudo, etc.).

programação s 1 programming. 2 schedule.

programar v 1 program. 2 schedule.

progredir v 1 progress; advance; proceed. 2 improve; develop.

progressão s progression.

progressivo adj progressive; ongoing.

progresso s progress; advance; development.

proibição s 1 prohibition; ban; disallowance. 2 Jur interdict.

proibido adj forbidden.

proibir v 1 prohibit; forbid; ban. 2 Jur interdict.

proibitivo adj forbidding.

projeção s projection.

projetar v 1 project. 2 plan; design; scheme. 3 engineer (obras de engenharia).

projétil, projetil s projectile; missile; bullet.

projetista s designer; draftsman.

projeto s project; design; scheme.

projetor s projector.

prole s offspring; brood.

proletário s proletarian.

proliferar v proliferate.

prolificar v proliferate; breed.

prolixidade s prolixity.

prolixo adj prolix; diffuse; copious; wordy.

prólogo s prologue; preamble.

P′

prolongação s prolongation; continuation.
prolongado adj elongated; extended.
prolongar v prolong; elongate; continue.
promessa s promise; vow; pledge; word.
prometer v promise; vow; pledge.
prometido adj promised.
promiscuidade s promiscuity.
promíscuo adj promiscuous.
promissor adj hopeful. II s promisor.
promissório adj promissory.
promoção s promotion.
promontório s promontory; cape.
promotor s promoter.
promover v promote; advance; further.
promulgação s promulgation; enactment.
promulgar v promulgate; acclaim; enact.
pronome s Gram pronoun.
prontamente adv promptly.
prontidão s promptness; readiness.
pronto adj 1 ready; prompt. 2 ready-made.
pronto-socorro s emergency room.
pronúncia s pronunciation; enunciation; utterance.
pronunciado adj 1 pronounced. 2 bold.
pronunciamento s deliverance.
pronunciar v 1 pronounce; enunciate; utter. 2 Ling sound.
propagação s propagation; diffusion; reproduction; expansion.
propagador s propagator; disseminator. II adj contagious.
propaganda s advertising; advertisement.
propagar v propagate; diffuse; multiply.
propensão s disposition; inclination.
propenso adj inclined.
propiciar v propitiate.
propício adj propitious; friendly; favorable.
propina s tip.
proponente adj proponent.
propor v 1 propose; suggest; advance. 2 set (questão, etc.).
proporção s proportion; ratio; rate.
proporcional adj proportional; ratable; well-balanced.
proporcionar v 1 proportion. 2 fig lend.
proposição s proposition.
propositado adj deliberate; intended.
proposital adj deliberate; intended.
propósito s purpose; intention; aim.

proposta s 1 proposal; offer. 2 bid.
propriedade s 1 propriety; asset. 2 Ju demesne (de terra). 3 quality.
proprietário s owner; master; proprietc II adj proprietary.
próprio adj 1 own. 2 self. 3 peculiar; pa ticular. II s peculiarity.
propulsor s propeller; propellor.
prorrogação s 1 prorogation; adjournmen 2 Esp overtime.
prorrogar v 1 prorogue; adjourn. 2 Ju respite (a execução de uma pena).
prosaico adj prosaic.
proscrever v outlaw.
proscrição s outlawry.
proscrito s outcast; outlaw.
prospecto s flysheet; pamphlet.
prosperar v prosper; flourish; flower; thrive
prosperidade s prosperity; welfare.
próspero adj prosperous; well-off; well-to do.
prosseguimento s continuance.
prosseguir v 1 continue; go on; pursue. 2 go ahead.
prosternar v prostrate.
prostíbulo s brothel; call house; whore house.
prostituição s prostitution; harlotry; whore dom.
prostituir v prostitute.
prostituta s 1 prostitute; bawd; drab harlot; whore. 2 ofens bitch. 3 gír hooke
prostração s prostration; breakdown.
prostrado adj 1 prostrate. 2 Biol repent
prostrar v prostrate; grabble.
protagonista s protagonist.
proteção s 1 protection; aegis. 2 patron age.
proteger v 1 protect. 2 shelter; harbor 3 shield; guard.
protegido adj protected; favored; guarded II s favorite.
protelar v delay; postpone.
protestar v 1 protest; object. 2 inform kick
protesto s protest; remonstrance; com plaint.
protetor s protector; guardian. II adj pro tective.
protocolo s protocol; record; register.

rotótipo s prototype; archetype; model; pattern.

rotuberância s protuberance; bulge; knob; swelling.

rotuberante adj protuberant.

rova s 1 proof; demonstration. 2 test. 3 fitting (em costura).

rovação s probation; trial.

rovador s 1 taster (de vinho, chá, café, etc.). 2 fitting booth (de roupas).

rovar v 1 prove. 2 sample. 3 taste; savor.

rovável adj probable; likely.

rovavelmente adv probably; likely.

roveito s profit; gain; benefit.

roveitoso adj profitable; lucrative.

roveniência s origin.

rover v provide; supply; furnish.

rovérbio s proverb; saying; adage.

roveta s test tube.

rovidência s 1 Providence (Deus). 2 providence; foresight.

rovidencial adj providential.

rovidenciar v provide.

rovido adj fraught.

rovíncia s province.

rovir v proceed; arise.

rovisão s provision; supply; stock.

rovisório adj provisory.

rovocação s provocation.

rovocador s 1 provoking. 2 challenger. 3 tease.

rovocante adj provocative.

rovocar v 1 provoke; challenge; rouse. 2 dare; defy.

roximidade s proximity; closeness; adjacency.

róximo adj 1 near; close. 2 following; next; forthcoming. ll adv near; close; at hand. ll s fellow man; neighbor; immediate.

rudência s prudence; advisement; cautiousness.

rudente adj 1 prudent; advisable. 2 circumspect; forehanded. 3 wary; watchful.

rudentemente adv advisedly; cautiously.

rumo s plummet; plumb.

rurido s itch.

rurir v itch.

seudo pref false; deceptive.

pseudônimo s pseudonym. ll adj pseudonymous.

psicanálise s psychoanalysis.

psicanalista s psychoanalyst.

psicologia s psychology.

psicopatia s psychopathy.

psicose s psychosis.

psique s 1 psyche. 2 mind.

psiquiatra s 1 psychiatrist. 2 gír shrink.

psiquiatria s psychiatry.

psíquico adj psychic.

pua s 1 point. 2 drill; gimlet.

publicação s publication; announcement; edition.

publicar v 1 publish. 2 advertise; announce.

publicidade s 1 publicity. 2 advertising.

público adj 1 public. 2 common; general. ll s public.

pudico adj coy; demure.

pudor s modesty; chastity.

pueril adj puerile; childish; foolish.

puerilidade s puerility.

pugilato s spar.

pugilismo s boxing; pugilism.

pugilista s boxer; pugilist.

puir v frazzle; fray.

pular v leap; jump; skip; hop; overleap; spring.

pulga s flea.

pulgão s greenfly.

pulmão s Anat lung.

pulmonária s pulmonary.

pulo s jump; leap; skip; hop; spring.

pulsação s beat; beating; throb; palpitation.

pulsar v throb; palpitate.

pulseira s bracelet; bangle.

pulso s fist; wrist.

pulverização s pulverization.

pulverizador s atomizer.

pulverizar v pulverize; atomize.

puma s Zool cougar; panther.

punção s 1 bradawl. 2 puncture; perforation.

pungência s bitterness.

pungente adj acute (dor); cruel; salty.

pungir v 1 puncture; perforate. 2 stimulate; motivate.

punhado s fistful; handful; wisp.

punhal s dagger; dirk; knife.

P

punhalada *s* stab.

punho *s* fist; wrist.

punição *s* punishment; castigation.

punir *v* punish; castigate.

pureza *s* 1 purity. 2 cleanness.

purgante *adj* e *s* purgative.

purgar *v* purge; cleanse.

purgativo *adj* purgative.

purificação *s* purification.

purificador *s* purifier.

purificar *v* 1 purify; cleanse. 2 *Quím* rectify (por meio de destilação).

puritano *adj* e *s* Puritan.

puro *adj* 1 pure. 2 clean. 3 mellow (cores e sons). 4 virgin. 5 virtuous.

puro-sangue *adj* highbred.

púrpura *s* purple.

purpurar *v* purple.

purpurina *s* glitter.

pus *s* pus.

pusilânime *adj* e *s* coward; weak.

pústula *s* 1 pustule; fester; bleb. 2 *Bo* papilla.

putrefação *s* putrefaction.

putrefato *adj* putrefied.

pútrido *adj* putrid; rotten; carrion.

puxão *s* pull; jerk; haul.

puxar *v* pull; drag; jerk; draw; hale; haul

puxa-saco *s* bootlicker; apple polisher sycophant; yes man.

P

q ou **Q** s the seventeenth letter of the alphabet.

uacre s Relig Quaker (membro de uma seita protestante).

uadra s **1** square. **2** block. **3** Poét quatrain.

uadradão s gír square.

uadrado adj quadrate; square. ll s kite; quadrate; tb Mat square.

uadragésimo num fortieth.

uadrangular adj quadrangular; square.

uadrângulo s Geom quadrangle.

uadrante s Geom e Náut quadrant.

uadrar v square.

uadratura s Geom e Astron quadrature.

uadriculado adj checkered.

uadrienal adj quadrennial.

uadriforme adj quadriform.

uadril s hip; haunch; loin.

uadrilha s **1** gang. **2** square dance (dança). **3** pack.

uadro s **1** canvas; painting. **2** frame. **3** picture frame (cinema, TV). **4** table.

uadro-negro s blackboard; board.

uadrúpede adj Zool quadruped; four-footed. ll s quadruped.

uadruplicação s quadruplication.

uadruplicado adj quadruplicate.

uadruplicar v quadruple; quadruplicate.

uádruplo s quadruple.

ual pron as; what; which.

ualidade s **1** quality; asset. **2** attribute; character. **3** chop; rate; sort.

ualificação s qualification; competence; eligibility.

ualificado adj able; qualified.

ualificador s Gram qualifier.

ualificar v fit; qualify.

ualificativo adj qualificative; qualifying.

ualitativo adj qualitative.

ualquer pron any; what; which.

uando adv as; when; whenever. ll pron when.

uantia s **1** amount; sum; quantum. **2** inform chunk.

uantidade s quantity; quantum; amount.

quantificar v quantify.

quantizar v Fís quantize.

quanto pron how much. ll adv as.

quantos pron how many.

quantum s Fís quantum.

quarenta num forty.

quarentena s quarantine.

quaresma s Lent.

quaresmal adj Lenten.

quarta s quart (medida de capacidade para líquidos igual a 0,946 ℓ nos EUA e 1,136 ℓ no Reino Unido; medida para sólidos igual a 1,101 ℓ nos EUA).

quarta-de-final s Esp quarterfinal.

quarta-feira s Wednesday.

quarteirão s block; square.

quartel s **1** quarter; barrack. **2** Mil caserne; casern.

quartel-general s pl us v sing ou pl headquarters.

quarteto s **1** Mús quartet. **2** Poét quatrain.

quarto s bed (de hospital); room. ll num fourth.

quartzo s Geol quartz.

quase adv **1** almost; near; nearly. **2** about. **3** just.

quaternário adj quaternary.

quatorze num fourteen.

quatrilhão num quadrillion.

quatro num four.

quatrocentos num four hundred.

que pron as; what; which; who. ll pron relat that. ll conj that; than (em comparações). ll interj what. ll pron (com função de objeto) whom.

quê s anything; something. ll interj what.

quebra s breach; break; comedown; crack; fracture.

quebra-cabeça s jigsaw puzzle.

quebradiço adj **1** fragile; frail; brittle. **2** brash; breakable; frangible.

quebrado adj **1** broken. **2** bankrupt; broke. **3** inform haywire.

quebrador s breaker.

Q

quebra-luz s lampshade.

quebra-mar s breakwater; jetty; bulwark.

quebra-nozes s nutcracker.

quebrantar v break.

quebranto s 1 prostration; weakness; exhaustion. 2 relaxation.

quebrar v break; break down; crack; fracture; shatter; violate (uma promessa, juramento).

quebrável adj shivery.

queda s 1 descent. 2 fall; downfall. 3 slump (de preço). 4 swoop (de ave de rapina). 5 lapse.

queda-de-braço s Esp arm wrestling.

quedar(-se) v 1 be quiet. 2 stay. 3 stop.

queijaria s dairy.

queijeira s dairymaid.

queijeiro s dairyman.

queijo s cheese.

queijoso adj cheesy.

queima s fire; firing (de caldeira).

queimação s burn.

queimada s burn.

queimado adj adust.

queimadura s burn; scald.

queimar v burn; fire; blaze; scorch; cinder; flare.

queixa s 1 complaint; grievance. 2 Jur indictment. 3 remonstrance. 4 lament.

queixada s mandible.

queixar-se v 1 clamor; complain. 2 make a fuss about. 3 inform lament; wail.

queixo s chin.

queixoso s complainant. II adj querulous.

queixume s 1 complaining; complaint. 2 lamentation.

quem pron who; as; whoever. II pron (com função de objeto) whom.

Quênia s Kenya.

queniano adj e s Kenyan.

quente adj hot; warm.

quer conj 1 or. 2 whether.

querela s 1 Jur complaint; formal accusation. 2 discussion; debating. 3 dispute, altercation.

querelar v complain.

querenar v Náut careen.

querença s 1 will; wish; desire. 2 affection; liking; love; fondness. 3 aerie.

querer v will; wish; care; want.

querida s 1 darling; dear; sweetheart. 2 inform cabbage.

querido adj darling; dear; beloved. II 1 darling; dear; honey; sweetheart. 2 inform cabbage.

quermesse s fair.

querosene s kerosene.

querubim s cherub.

quesito s query.

questão s 1 question. 2 matter. 3 affair; case.

questionar v dispute; quest.

questionário s questionnaire; quiz.

questionável adj debatable; questionable.

quiabo s okra.

quiçá adv 1 perhaps; maybe. 2 who knows.

quiescente adj quiescent.

quietamente adv low.

quieto adj quiet; silent; still; pacific; patient. II s rest; tranquility.

quietude s 1 quietude; stillness; peacefulness. 2 serenity.

quilate s carat (medida de peso de pedras preciosas equivalente a 200 mg); karat (teor de ouro de liga metálica).

quilha s Náut keel; bottom; back (de navio).

quilo s kilo.

quilograma s kilo; kilogram (símb kg).

quilohertz s kilohertz (símb kHz).

quilometragem s 1 a distance in kilometers. 2 a measuring in kilometers.

quilômetro s kilo; kilometer (símb km).

quimera s bubble.

quimérico adj chimerical.

química s chemistry.

químico adj chemical. II s chemist.

quimono s kimono.

quina s edge.

quinhão s portion; partition; parcel; quota.

quinhentos num five hundred.

quinino s quinine.

qüinquagenário adj e s quinquagenarian.

qüinquagésimo num fiftieth.

qüinqüenal adj quinquennial.

qüinqüênio s quinquennium.

quinquilharias s bauble; gewgaw; gimcrack.

uinta s farm.

uinta-essência s quintessence.

uinta-feira s Thursday.

uintal s back yard; garden; yard.

uinteto s Mús quintet.

uintilhão s Mat quintillion.

uinto num fifth.

uintuplicado adj quintuple.

uintuplicar v quintuple.

uíntuplo s quint; quintuple.

uinze num fifteen.

uinzena s fortnight.

uinzenal adj biweekly; fortnightly.

uinzenalmente adv biweekly; fortnightly.

uinzenário s pl biweeklies; fortnightlies (revista; publicação, etc.).

uiosque s kiosk.

Juirguistão s maiús Kyrgyzstan.

quirologia s dactylology.

quiromancia s chiromancy; fortunetelling; palmistry.

quiromante s chiromancer; fortuneteller; palmist.

quisto s Med cyst; wen.

quitação s acquittance; discharge; quittance; receipt.

quitado adj quit; quits.

quitanda s 1 greengrocery. 2 small shop.

quitar v quit; sink (dívida).

quite adj quit; free.

quixotesco adj quixotic.

quociente s Mat quotient.

quota s 1 quota; share. 2 allowance; assessment; contingent; contribution. 3 stint; part.

quotidiano adj daily.

Q

R

r s the eighteenth letter of the alphabet.
rã s frog.
rabanada s French toast.
rabanete s Bot radish.
rábano s Bot radish; horseradish.
rabão adj short-tailed; bobtailed.
rabear v wag; whisk (a cauda).
rabeca s fiddle.
rabecão s bass fiddle.
rabeira s trace; track.
rabequista s fiddler.
rabiça s plough handle.
rabicho s 1 breeching. 2 dock.
rábido adj furious; violent.
rabino adj 1 frolicsome. 2 mischievous. ‖ s rabbi.
rabiscar v scrabble; scribble.
rabisco s scrawl; scribble.
rabisseco adj unproductive; sterile.
rabo s tail.
rabo-de-cavalo s ponytail; queue.
rabugem s 1 mange. 2 fretfulness.
rabugento adj 1 ill-tempered; fretfull; peevish. 2 mangy.
rabugice s fretfulness; peevishness; fastidiousness.
rábula s 1 pettifogger; shyster. 2 prattler.
rabular v 1 pettifogger; shyster. 2 brag.
raça s blood; breed; race; pedigree.
ração s food; feed (animal); ration.
racemífero adj racemiferous.
racha s cleft; crack; split.
rachado adj cleft; cracked; split.
rachador s 1 cleaver. 2 woodcutter.
rachadura s crack; splitting; cleaving; fissure.
rachar v crack; cleave; split.
racial adj racial.
racimo s bunch.
raciocinar v ratiocinate; reason; think.
raciocínio s ratiocination; reason.
racional adj 1 intelligent. 2 rational. 3 reasonable.
racionalidade s rationality.

racionalismo s rationalism.
racionalização s rationalization.
racionalizar v rationalizate.
racionar v allowance; ration.
racismo s racism.
racista adj e s racist.
racum s Zool raccoon.
radar s radar.
radiação s radiation; ray.
radiado adj radiate.
radiador s Mec radiator.
radial adj radial.
radialista s broadcaster.
radiante adj brilliant; beaming; refulgent.
radiar v effuse; gleam; radiate.
radicação s rootedness.
radical adj extreme; radical. ‖ s tb Mat e Pol radical.
radicando s Mat radicand.
radicar v radicate; root.
radicifloro adj radiciflorous.
radícula s radicle; rootlet.
radicular adj radicular.
rádio s 1 radio. 2 Quím radium (símb Ra). 3 Anat radius.
radioamador s ham.
radioatividade s radioactivity.
radioativo adj radioactive.
radiocomunicação s radiocommunication.
radiodiagnóstico s Méd radiodiagnosis.
radioeletricidade s radioelectricity.
radiofone s radiophone.
radiofonia s radiophony.
radiofoto s radiophoto.
radiofreqüência s radio frequency.
radiografar v radiograph.
radiografia s radiograph; radiography; x-ray.
radiograma s radiogram.
radiologia s Med radiology.
radiometria s radiometry.
radiopatrulha s patrol car; squad car (carro).
radioscopia s radioscopy.

radioso *adj* brilliant; radiant.

radiotécnica *s* radiotechnology.

radiotelefonia *s* radiotelephony.

radiotelegrafia *s* radiotelegraphy.

radioterapia *s Med* radiotherapy.

radiouvinte *s* radio listener.

rafar *v* fray.

rafe *s Comp* rough.

ráfia *s* raffia.

raia *s* bound; line.

raiado *adj* striped; streaked.

raiar *v* **1** break (o dia); dawn. **2** stripe; streak.

rainha *s* queen (*tb* nos jogos de carta e xadrez).

raio *s* **1** ray; beam. **2** *Mat* radius; ray. **3** rung (de roda). **4** spoke (de roda, leme, etc.). **5** lightning; thunderbolt.

raiva *s* **1** anger; rage; hatred. **2** *Med* rabies.

raivoso *adj* **1** furious; angry. **2** rabid (atacado de hidrofobia).

raiz *s* **1** root; base. **2** *Ling* base. **3** *Bot* e *Mat* radix. **4** *Gram* e *Mat* root. **5** *Ling* stem.

rajá *s* raja; rajah.

rajada *s* **1** blast; gust; flurry (de vento). **2** volley (de projéteis).

rajado *adj* **1** striped; streaked. **2** mottled.

rajar *v* stripe; streak.

ralação *s* grating.

ralador *s* grater.

ralar *v* grate; rasp.

ralé *s* **1** *pl* mob; rout; rabble. **2** *gír* scum.

ralhação *s* railing; scolding.

ralhar *v* rail; scold.

ralho *s* railing; scolding; reprimand.

ralo *adj* thin; sparse (barba, cabelo, etc.). ‖ *s* drain.

rama *s* branches; boughs.

ramado *adj* branchy.

ramagem *s* branches; boughs.

ramal *s* extension line (telefone).

ramalhete *s* bunch; cluster.

ramaria *s* branches; boughs.

rameira *s* bitch; whore; hooker.

ramela *s* blear-eyedness.

ramerrão *s* routine; rut.

ramificação *s* arm; branch; embranchment.

ramificado *adj* branchy.

ramificar *v* branch; ramify.

ramo *s* arm; branch; embranchment.

ramoso *adj* branchy.

rampa *s* **1** slope; ramp. **2** *Náut* slipway (para reparo ou construção de barco).

rampante *adj* rampant.

rançado *adj* rancid; rank; stale; musty.

rançar *v* rank; stale.

rancheiro *s* rancher.

rancho *s* **1** farm. **2** mess (comida de soldados).

rancor *s* hate; hatred; rage; anger.

rancoroso *adj* angry; furious; hateful; enraged.

rancoso *adj* frowzy; fusty; rancid; musty.

rangedor *adj* creaky.

rangente *adj* creaky.

ranger *v* creak; screak; squeak.

rangido *s* creak; squeak.

rangífero *s* reindeer; caribou.

ranhento *adj* snivelling; snotty.

ranheta *adj* curmudgeonly. ‖ *s* curmudgeon.

ranho *s* snivel; snot.

ranhura *s* groove; slot; notch.

ranilha *s* frog (do cavalo).

rânula *s* ranula.

ranúnculo *s* ranunculus; buttercup; crowfoot.

ranzinza *adj* **1** sullen. **2** ill-humored. **3** sulky.

rapace *adj* ravening.

rapadeira *s* scraper.

rapador *adj* scraping; rasping. ‖ *s* scraper.

rapapé *s* **1** curtsy. **2** flattery.

rapar *v* **1** scrape; scratch. **2** cut.

rapariga *s* girl; maiden.

rapaz *s* **1** boy. **2** *inform* feller; fellow; lad.

rapazinho *s* laddie.

rapé *s* snuff.

rapidamente *adv* quick; quickly; sharp.

rapidez *s* fastness; quickness; swiftness; speed.

rápido *adj* fast; quick; rapid. ‖ *adv* quick.

rapina *s* rapine.

rapinador *adj* ravening; plundering. ‖ *s* raven; plunderer.

rapinante *adj* ravening; ravenous.

rapinar *v* raven.

raposa *s Zool* **1** fox. **2** *fem* vixen.

raposo s Zool male fox; dog-fox.
rapsódia s rhapsody.
raptado adj abducted; knidnapped; ravished.
raptar v abduct; kidnap; ravish.
rapto s Jur abduction (com violência); kidnapping; ravishment.
raptor s Jur abductor; kidnapper; ravisher.
raque s rachis.
raquete s Esp bat (de vários jogos); racket.
raquialgia s rachialgia.
raquidiano adj rachidian.
raquitismo s rickets.
raramente adv seldom; raramente.
rarear v rarefy.
rarefação s attenuation; rarity.
rarefato adj rarefied.
rarefazer v attenuate; rarefy.
rarefeito adj 1 rare (atmosfera). 2 thin.
rareza s rareness; rarity.
raridade s rareness; rarity.
raro adj rare; unusual; singular.
rás s 1 arras. 2 ras.
rasante adj leveling.
rasar v level.
rasca s dragnet; traw net.
rascada s 1 trammel. 2 difficulty.
rascão s vagabond; vagrant.
rascar v rasp; grate; scratch.
rascunhado adj drafted; sketched; outlined.
rascunhar v draft; sketch; outline.
rascunho s draft; rough; sketch; outline.
rasgadela s ripping; splitting; tearing.
rasgado adj lacerate.
rasgão s rip; split; tear.
rasgar v rip; split; tear.
rasgo s rip; split; tear.
raso adj shallow; low (rio).
rasoura s strickle; strike.
rasourar v level; equalize.
raspa s shave.
raspadeira s raker; rasp.
raspador s raker; scraper; scratcher.
raspagem s scraping; rasping.
raspão s scrape; scratch.
raspar v rake; rasp; scrape; shave.
rastear v track; trace.
rasteira s trip.
rasteiro adj creeping; crawling.

rastejador s creeper.
rastejamento s crawl.
rastejante adj Biol repent.
rastejar v crawl; creep; trail.
rastejo s crawl.
rastelar v ripple.
rastelo s harrow; ripple.
rastilho s fuse.
rasto s 1 trace; track. 2 Náut wake.
rastrear v Comp trace.
rastro s trace; track; trail.
rasura s blot; erasure.
rasurado adj erasured; blotted.
rata s 1 female rat. 2 gír break; stumble.
ratão adj odd; queer.
ratazana s rat.
rateação s apportionment.
ratear v apportion; average.
rateio s apportionment.
ratice s oddity; eccentricity.
ratificação s confirmation; ratification.
ratificar v confirm; ratify; seal.
ratinhar v bargain; haggle.
rato s Zool rat; mouse.
ratoeira s mousetrap.
ratonice s pilferage; filching.
ravina s gulch; ravine.
razão s 1 cause; ground. 2 Fil nous. 3 Mat ratio. 4 reason. 5 rate. 6 ledger (livro).
razoamento s reasoning.
razoar v reason.
razoável adj reasonable; fair.
ré s 1 Mús d; re. 2 reverse. 3 female defendant. 4 Náut stern.
reabastecer v replenish; restock.
reabastecimento s replenishing; restocking.
reabertura s reopening.
reabilitação s rehabilitation.
reabilitar v rehabilitate.
reabrir v reopen.
reação s 1 tb Fís e Quím reaction. 2 Med revulsion.
reacender v 1 relight. 2 reactivate.
reacionário adj reactionary; white.
reacusar v recriminate.
readaptação s readaptation.
readmissão s readmission.
readquirir v reacquire.
reafirmar v renew.

reagente s *Quím* agent; reagent; test.

reagir v react.

reagrupar v rejoin.

reajustamento s readjustment.

reajustar v readjust; reset.

reajuste s **1** adjustment (de preços). **2** reset.

real adj **1** real; actual; concrete. **2** tb *Mat* real. **3** royal. ‖ s real (moeda brasileira).

realçar v emphasize; enhance; underline.

realce s distinction; enhancement.

realejo s *Mús* barrel organ; hurdy-gurdy.

realengo adj royal; regal.

realeza s kingship; royalty; majesty.

realidade s reality; truth; fact.

realismo s realism.

realista adj down-to-earth; realistic. ‖ s realist.

realização s realization; accomplishment; achievement.

realizar v accomplish; achieve; execute; realize.

realizável adj achievable; accomplishable; possible.

realmente adv actually; really; as a matter of fact.

reanimação s reanimation.

reanimar v rally; reanimate.

reaparecer v resurface.

reaparecimento s reappearance.

reaparição s reappearance.

reaproveitar v reclaim.

reaproximar v reapproach.

reaquisição s repurchase.

reascender v reascend.

reassumir v resume.

reassunção s reassumption.

reatamento s rebinding; reattachment; reopening.

reatar v rebind; reattach; renew; reopen.

reator s *Eletrôn* reactor.

reavaliação s revaluation.

reaver v redeem; retrieve; recover.

reavivar v renovate.

rebaixamento s abasement; downgrade.

rebaixar v abase; abate; downgrade (salário ou posição); humble.

rebanho s cattle; drove; flock; herd.

rebarba s burr.

rebarbar v burr.

rebarbativo adj **1** double-chinned. **2** sullen; disagreable.

rebate s refute; kick back.

rebater v **1** counter. **2** refuse; rebut. **3** *Esp* bat (a bola com raquete ou taco); lob (a bola); volley (a bola antes de cair no chão).

rebelar v rebel; revolt; rise.

rebelde adj defiant; rebellious. ‖ s rebel; renegade.

rebeldia s defiance; contumacy.

rebelião s rebellion; revolt; revolution.

rebentação s surf (de ondas).

rebentar v burst; explode.

rebento s **1** bud; burgeon. **2** *Bot* sprig; sprout; twig.

rebitador s riveter.

rebitar v rivet; clench; clinch.

rebite s rivet; clench; clinch.

rebo s gravel; grit.

reboante adj resounding; reechoing; reverberating.

reboar v resound; reecho; reverberate.

rebobinar v rewind.

rebocador s hauler; tug; towboat.

rebocar v **1** daub; grout; plaster. **2** haul; tow; tug.

reboco s daub; grout; stucco.

rebolado s hipswinging.

rebolar v roll; hipswing; waddle.

reboliço adj inform to-do.

rebolo s **1** grindstone. **2** cylinder.

rebôo s resonance.

reboque s **1** haulage; wrecker; tow. **2** trailer. **3** plaster.

rebordar v bevel.

rebordo s knurl; rim.

rebotalho s castoff; discard; rubbish.

rebote s second rebound.

rebramir v resound; roar; shout.

rebrilhar v shine; glitter; sparkle.

rebrotar v regenerate; sprout.

rebuçado adj **1** disguised. **2** concealed.

rebuçar v **1** disguise. **2** conceal.

rebuço s **1** insincerity. **2** disguise.

rebuliço s dust; excitement; fuss; stir.

rebulir v **1** stir. **2** retouch. **3** improve.

rebuscado adj refined.

rebuscar v **1** ransack. **2** refine.

recado s message.
recaída s 1 backset; setback. 2 relapse.
recair v devolve (obrigação, responsabilidade); relapse.
recalcado adj depressed; restrained.
recalcar v depress.
recalcitrante adj recalcitrant.
recalcitrar v recalcitrate; resist.
recalcular v recalculate.
recalque s repression.
recamar v 1 embroider. 2 decorate.
recâmara s 1 wardrobe; closet. 2 breech (de armas).
recambiar v rechange; devolve.
recamo s ornament.
recantação s 1 retract; recant. 2 recall.
recantar v 1 retract. 2 recall.
recanto s corner; den; nook.
recapitalizar v recapitalize.
recapitulação s recapitulation.
recapitular v recapitulate; review.
recapturar v recapture.
recarga s recharge.
recarregar v recharge (bateria).
recatado adj coy; demure; modest.
recato s modesty.
recauchutagem s recap; retread.
recauchutar v retread (pneu); recap.
recavar v 1 insist. 2 excavate.
recear v fear.
recebedor s receiver; recipient (de órgão, sangue).
recebedoria s treasury; collectorship.
receber v get; receive; take.
recebimento s receipt.
receio s fear; apprehension.
receita s 1 budget; income. 2 Med formula. 3 recipe (de comida, remédio, sucesso). 4 take.
receitar v 1 prescribe. 2 advise.
receituário s pharmacopoeia; dispensatory.
recém adv newly; recently; lately.
recém-chegado adj fresh. II s comer; newcomer; new arrival.
recém-nascido adj newborn; yeanling.
recendência s fragrance; perfume; scent.
recender v smell; exhale.
recenseamento s census.
recensear v survey.

recente adj new; recent; late.
recentemente adv newly; late; lately.
receoso adj afraid; apprehensive; fearful.
recepção s 1 admittance; reception. 2 welcome.
recepcionista s clerk; orderly (em hospital).
receptáculo s container; receiver; receptacle.
receptador s Jur accessory; receiver (de mercadorias roubadas).
receptível adj receptible; receptive.
receptivo adj receptive; responsive.
receptor s Eletrôn receiver; recipient (de órgão, sangue).
recessão s Econ recession.
recesso s Jur adjournment; intermission; recess; vacation.
rechaçar v fend (um golpe); repel; repulse.
recheado adj stuffed; filled.
rechear v farce (alimento); stuff.
recheio s farce (de alimento); filling (comida); stuffing.
rechiar v sizzle.
rechinar v creak; hiss; whiz; frizzle.
rechonchudo adj chubby.
recibo s 1 quittance; receipt. 2 voucher.
reciclar v reclaim; recycle.
reciclável adj e s recyclable.
recidiva s Med relapse.
recidivar v relapse.
recife s reef.
recinto s enclosure.
récipe s recipe; prescription.
recipiendário s recipiendary.
recipiente s case; container; holder; receptacle.
reciprocação s reciprocation.
reciprocar v reciprocate.
reciprocidade s mutuality; reciprocity.
recíproco adj alternate; tb Mat reciprocal; mutual.
recitação s recital; recitation.
recital s recital.
recitar v 1 declaim; recite. 2 repeat; say.
reclamação s 1 complaint; claim. 2 gír beefs; kick.
reclamante s claimant.
reclamar v 1 complain; 2 grive; moan.
reclame s advertisement.

eclinação s leaning; reclining.

eclinado adj recumbent.

eclinar v couch; recline.

ecluir v confine; secluse.

eclusão s 1 seclusion; confinement. 2 prison.

ecluso adj recluse; solitary. || s 1 recluse. 2 prisoner.

ecobramento s recovery.

ecobrar v recover (saúde); regain.

ecobrir v recover.

ecognição s recognition.

ecolher v 1 collect; get. 2 round; round up (o gado). 3 scoop (com pá). 4 rake.

ecolhimento s disposal (de material velho, lixo, etc.).

ecolocação s reset.

ecolocar v reset.

ecolonizar s resettlement.

ecomeçar v renew; resume.

ecomeço s resumption.

ecomendação s advice; recommendation.

ecomendar v advise; commend; recommend.

ecomendável adj advisable; commendable; laudable.

ecompensa s recompense; recovery; reward; wages.

ecompensar v compensate; recompense; reward.

ecompor v recompose.

ecomposição s recomposition; rearrangement.

ecomposto adj whole.

ecôncavo s 1 fold. 2 den; lair.

econcentração s reconcentration.

econcentrar v reconcentrate.

econciliação s 1 composition; reconciliation. 2 Jur mediation.

econciliar v compose; reconcile; mediate.

econdicionamento s recycling.

econdicionar v recycle.

econdito adj 1 hidden. 2 unknown. 3 abstruse.

econdução s reconduction.

econduzir v reconvey.

econfortante adj comforting; restorative.

econfortar v recomfort.

econhecedor adj appreciative; recognizing.

reconhecer v 1 recognize; identify. 2 acknowledge; know. 3 admit (a verdade).

reconhecidamente adv admittedly.

reconhecido adj known.

reconhecimento s acknowledgment; recognition; arrive (alcançar sucesso).

reconhecível adj identifiable.

reconquista s reconquering; reconquest.

reconquistar v reconquer; retake.

reconsideração s reconsideration.

reconsiderar v reconsider; revise.

reconstituinte adj e s restoring; restorative.

reconstituir v reconstitute; reconstruct; remake.

reconstrução s reconstructing; rebuilding.

reconstruir v rebuild; reconstruct; remodel.

recontar v recount.

recontro s battle; combat.

reconvenção s 1 reconvention. 2 counteraction. 3 recrimination.

recopilação s compile; abridgment.

recopilar v compile; abridge.

recordação s 1 recall; recollection; reminiscence; memory. 2 souvenir.

recordar v remember; recall.

recorde s record.

recorrência s recurrence.

recorrente s appellant.

recorrer v 1 recur; resort; have recourse; tb Jur appeal. 2 Tip overrun.

recortado adj jagged.

recortar v clip; cut; indent; snip.

recorte s bevel; clipping (de jornal ou revista); jag.

recoser v resew.

recostar v couch; recline; loll.

recovar v transport; convey.

recozer v overcook.

recozimento s overcooking.

recreação s recreation.

recrear v 1 disport; recreate; amuse. 2 rest. 3 play.

recreativo adj entertaining.

recreio s 1 recreation; entertainment. 2 interval.

recremento s recrement.

recrescência s growth; excrescence.

recrescer v grow; increase; sprout.

recriação s recreation.

recriar v re-create.

recriminação s rebuke; recrimination.

recriminar v rebuke; recriminate.

recrudescência s recrudescence.

recrudescer v recrudesce.

recruta s Mil draftee; conscript; recruit.

recrutado adj conscript.

recrutamento s draft; enlistment; recruitment.

recrutar v Mil commandeer; conscript; recruit.

recruzar v recross.

récua s 1 herd. 2 mob; gang.

recuar v retire; retreat; withdraw; flinch; recoil (de medo, nojo).

recuo s 1 retreat; retirement; recoil. 2 indent (parágrafo). 3 Arq setback.

recuperação s rally; rebound; recovery; restitution.

recuperar v recover; regain; resume; retrieve; reclaim.

recurso s 1 expedient; help. 2 Jur remedy; resort; resource; recourse.

recurvar v recurve; bend.

recurvo adj recurve; aquiline.

recusa s denial; refusal; repulse; rebuff.

recusar v deny; refuse; reject; repulse; rebuff.

recusável adj deniable; exceptionable.

redação s 1 redaction. 2 wording. 3 editorial staff.

redar v net.

redargüição s 1 retort; retorsion. 2 refutation. 3 recrimination.

redargüir v 1 retort. 2 refute. 3 recriminate.

redator s editor.

rede s 1 net; netting. 2 tb Comp network. 3 web (de rádio, TV, telecomunicações, computador, etc.). 4 hammock.

rédea s bridle; checkrein; rein.

redecorar v redo.

redemoinhar v swirl.

redemoinho s swirl; whirlpool (na água); whirlwind (de vento).

redenção s 1 atonement. 2 Teol ransom; redemption; salvation.

redentor s ransomer; redeemer; white knight.

redibição s redhibition.

redigir v couch; indite; word; write.

redil s sheepfold.

redimir v redeem; ransom; wash.

redintegrar v restore.

redistribuição s redistribution.

redistribuir v redistribute.

redivivo adj reborn.

redobrar v redouble; increase; intensify.

redolente adj fragant; aromatic.

redoma s bell jar; vial.

redondear v round.

redondeza s surroundings; neiborhood environs.

redondilha s rondel.

redondo adj round; circular; spherical cylindrical; globular; even (número).

redor s surround; environ.

redução s abatement; decrease; diminution; discount.

redundância s redundancy.

redundante adj redundant.

redundar v redound.

reduplicar v reduplicate.

redutibilidade s reducibility.

redutível adj reducible.

reduto s fastness; redoubt; stronghold.

reduzido adj reduced; diminished.

reduzir v 1 reduce; diminish. 2 dock (salário). 3 downsize. 4 slacken (velocidade, intensidade, etc.). 5 slow (velocidade). 6 lower (valor, qualidade, etc.). 7 pare (custos, etc.).

reedição s republishing; reprint; reimpression.

reedificar v rebuild.

reeditar v republish.

reeducar v reeducate.

reeleger v reelect.

reeleição s reelection.

reembarcar v reembark; reship.

reembolsar v compensate; refund (dinheiro); reimburse; repay.

reembolsável adj refundable.

reembolso s compensation; refund (dinheiro); repayment; return.

reempossar v reinstall.

reempregar v reemploy.

reencarnação s reincarnation; transmigration.

eencarnar *v* reincarnate; transmigrate.

eencher *v* refill; refresh; replenish.

eencontrar *v* reunite.

eencontro *s* reunion (de velhos amigos).

eentrância *s* 1 reentrance. 2 bay.

eentrar *v* reenter.

eenviar *v* return; send back.

eequipar *v* refit.

eescrever *v* rewrite.

eestruturar *v* restructure.

eexportação *s* reexportation.

efalsamento *s* falsehood; deceit.

efalsear *v* betray; mislead; deceive.

efazer *v* redo; remake.

efeição *s* meal; repast.

efeito *adj* 1 restored. 2 repaired.

efeitório *s* lunchroom; refectory; commons.

efém *s* hostage.

efender *v* splinter; cleave.

eferência *s* allusion; concernment; respects; reference.

eferendar *v* countersign.

eferendo *s* referendum.

eferente *adj* referring.

eferido *adj* aforesaid; reported; quoted.

eferir *v* refer; report; concern.

eferver *v* reboil.

efestelar-se *v* loll.

efil *s* refill.

efilar *v* retort; attack; react.

efinação *s* refinement; refining.

efinado *adj* 1 pure. 2 elegant; sophisticated; courtly.

efinamento *s* finesse; gentility; refinement.

efinar *v* refine; purify.

efinaria *s* refinery.

efino *s* refinement.

efletido *adj* 1 deliberate. 2 reflex.

efletir *v* 1 consider; think. 2 reproduce. 3 reflect; reflex. 4 glass (num espelho). 5 throw (a luz).

efletivo *adj* reflective.

efletor *s* searchlight.

eflexão *s* 1 deliberation; reflection. 2 shadow (no espelho).

eflexionar *v* reflect; consider; think.

eflexivo *adj* 1 reflective. 2 *Gram* reflexive. II *s Gram* reflexive.

reflexo *adj* reflex. II *s* 1 reflection. 2 *tb Anat* reflex.

reflorescer *v* reflourish; reflower.

reflorestar *v* reforest.

reflorir *v* reflourish; reflower.

refluência *s* refluence; reflux.

refluir *v* reflow; recede.

refluxo *s* 1 refluence; reflux. 2 ebb.

refogado *s* stew.

refogar *v* stew; braise.

refolgar *v* repose; rest.

refolgo *s* repose; rest.

refolhar *v* 1 conceal; hide. 2 disguise.

refolho *s* 1 ruffle. 2 disguise.

reforçar *v* reinforce; fortify.

reforço *s* 1 reinforcement; backing. 2 brace.

reforma *s* 1 reclamation; reform (*tb* social, política). 2 Reformation.

reformação *s* reformation.

reformador *adj* reformatory; reformative.

reformar *v* reform; repair; restore.

reformatório *s* reformatory; workhouse.

reformulação *s* reclamation.

reformular *v* reclaim; reword.

refração *s* 1 *Ópt* aberration. 2 *tb Ópt* e *Astron* refraction.

refrangente *adj* refracting; refractive.

refranger *v* refract.

refrangibilidade *s* refrangibility; refrangibleness.

refrão *s Mús* chorus; refrain.

refratar *v* refract.

refratário *adj* 1 fractious; untoward. 2 refractory.

refrator *adj* refractive.

refreado *adj* moderate.

refrear *v* control; check; refrain; restrain.

refrega *s* fight; combat; quarrel.

refreio *s* 1 restraint. 2 bridle; reins.

refrém *s Mus* chorus; refrain.

refrescamento *s* refreshment.

refrescante *adj* refreshing.

refrescar *v* refresh; freshen; cool.

refrigeração *s* refrigeration.

refrigerador *s* refrigerator; fridge; icebox.

refrigerante *s* soda; soft drink.

refrigerar *v* refrigerate; chill; cool; freeze.

refrigério *s* 1 refreshment. 2 relief; comfort.

R

refringência s refringence.
refringente adj refringent; refractive.
refugar v reject; refuse.
refugiado s refugee.
refugiar-se v harbor; refuge; shelter.
refúgio s shelter; harbor; haven; hideaway.
refugo s garbage; refuse; reject; rubbish; waste; trash.
refulgência s refulgent; radiance.
refulgente adj refulgent.
refulgir v shine; sparkle; glitter.
refundição s recast.
refundir v recast.
refutação s disproof; confutation; rebuttal.
refutar v refute; confute; rebut; oppose; object.
refutável adj answerable.
rega s water.
regaço s 1 lap. 2 bosom. 3 shelter.
regadio s watering.
regador s watering can; watering pot.
regalar v gloat.
regalia s prerogative; privilege.
regalismo s regalism.
regalo s 1 pleasure; delight. 2 feast. 3 muff (agasalho para as mãos feito de pele).
reganhar v regain; reacquire; recuperate.
regar v water; sprinkle.
regata s Náut regatta; scull.
regatar v scull.
regateador s cheapener; haggler; higgler.
regatear v bargain; chaffer; dicker; higgle.
regateio s chaffer; haggle.
regato s bourn; creek; rivulet.
regedor adj governing; administrating.
regelado adj frozen.
regelar v freeze; chill.
regelo s refreezing.
regência s 1 regency. 2 Gram government.
regeneração s regeneration.
regenerado adj e s regenerate.
regenerar(-se) v regenerate; reclaim (uma pessoa); mend.
regente s conductor; regent; ruler.
reger v 1 dominate. 2 Gram govern.
régia s manor house; castle.
região s area; country; district; zone; region; section (de uma cidade); land; parts (tb do corpo humano).

regicídio s regicide.
regime s 1 diet. 2 system (político).
regimento s Mil regiment.
régio adj regal; royal.
regional adj regional.
regionalismo s regionalism.
regirar v rotate; spin; twirl.
regiro s rotation; spin; twirl.
registrado adj registered.
registrador s register.
registrar v book; enroll; inscribe; record; register; ring up (venda); list.
registro s 1 register. 2 roll. 3 record; recording. 4 Comp buffer. 5 damper (de chaminé, de fogão). 6 stopcock (de torneira). 7 Mús register (voz, instrumento).
rego s channel; rut.
regorjear v warble; trill.
regorjeio s warble; trill.
regozijar v joy; rejoice; gloat (com o mal alheio).
regozijo s joy; cheer; glee; mirth.
regra s norm; regulation; rule; law.
regrado adj moderate; reasonable.
regrar v rule; control; moderate.
regras s technic.
regredir v regress; recede.
regressão s tb Psic regression.
regressar v get back; regress; return.
regresso s regress; return.
regreta s reglet.
régua s rule; ruler.
regueiro s bourn; creek; rivulet.
regulação s regulation.
regulador s regulator.
regulagem s regulation; adjustment.
regulamento s ordinance; regulation; law.
regular adj 1 regular; steady. 2 clean; 3 fair; so-so. ‖ v 1 govern; regulate; guide. 2 modulate; calibrate.
regularidade s regularity.
regularmente adv regularly; orderly.
regularização s adjustment; regularization.
regularizar v adjust; regulate.
regulável adj adjustable.
régulo s 1 kinglet. 2 Regulus.
regurgitação s regurgitation.
regurgitar v 1 regurgitate; vomit. 2 gír barf.

ei s king (tb jogo de cartas e xadrez); sovereign; lord; monarch.

eide s raid.

eimpressão s Tip reimpression; reprint; republication.

eimprimir v reprint; republish.

einação s prank; trick.

einado s kingship; reign.

einante adj regnant. ‖ s regent.

einar v reign; rule.

eincidência s backsliding; relapse.

eincidir v backslide; relapse.

einicializar v Comp boot.

einiciar v restart; reboot.

eino s kingdom; realm; reign.

Reino Unido s United Kingdom.

einstalação s reinstallation.

einstalar v reinstall.

eintegração s restoration.

eintegrar v restore; reinstate.

eiteração s iteration; reiteration.

eiterar v iterate; reiterate.

eiterativo adj reiterative.

reitor s chairman; dean; rector; principal.

reitoria s rectory

reivindicação s claim; demand.

reivindicar v claim; demand; challenge.

reivindicável adj claimable.

rejeição s denial; refusal; repulse; dismissal (de uma idéia, etc.); exclusion; rebuff; tb Med rejection.

rejeitado adj castaway.

rejeitar v refuse; disapprove; repel; tb Mat reject; exclude; ignore (por falta de provas); throw out.

rejeitável adj rejectable.

rejubilação s rejoicing.

rejubilar v rejoice; jubilate.

rejuvenescedor adj juvenescent.

rejuvenescente adj juvenescent.

rejuvenescer v rejuvenate.

rejuvenescimento s juvenescence; rejuvenescence.

relação s 1 concern; connection; relation. 2 reference; respects. 3 schedule; list; listing.

relacionado adj connected; related.

relacionamento s relationship.

relacionar v connect; relate; report.

relâmpago s bolt; lightning.

relampaguear v lighten.

relampear v lighten.

relampejante adj fulgurant.

relampejar v lighten.

relance s blink; twinkle; glance; glimpse; glimmer.

relancear v glance; glince.

relapsia s relapse.

relapso adj relapsing; backsliding. ‖ s relapser; backslider.

relatar v narrate; relate; report; tell.

relatividade s relativity.

relativo adj 1 non absolute. 2 comparative; tb Gram relative.

relato s account; narration; report; story.

relator s relator; narrator.

relatório s report; account; transactions; paper.

relaxação s relaxation.

relaxado adj relaxed; frowzy; slipshod; sloppy; slovenly.

relaxamento s relaxation; laxity.

relaxar v relax; slacken; loosen.

relé s Eletrôn relay.

relegar v relegate.

relembrar v remember; recall; recollect.

relentar v dew.

relento s dew.

reler v revise.

reles adj despicable; worthless; ordinary.

relevação s 1 excuse; apology. 2 release; relief.

relevado adj 1 superior. 2 absolved.

relevância s importance; significance.

relevante adj relevant; live; material.

relevar v excuse; forgive.

relevo s embossment; tb Geol relief.

relho s cowhide.

relicário s shrine.

religar v retie; rebind.

religião s religion.

religiosa s nun.

religiosidade s religiosity.

religioso adj religious; spiritual. ‖ s votary; devotee.

relinchar v neigh; whinny.

relincho s neigh; whinny.

relíquia s relic.

R

relógio s 1 clock (de torre, parede ou mesa). 2 watch (de pulso).

relojoeiro s watchmaker.

relutância s backwardness; disinclination; reticence.

relutante adj backward; reluctant; loath; unwilling.

relutar v grudge.

reluzente adj shining; sparkling; glittering.

reluzir v flash; glitter; shine; sparkle.

relva s grass; green; lawn.

relvado s lawn.

relvar v grass.

relvejar v grass.

remada s rowing.

remadura s rowing.

remador s rower; oar; paddler.

remanchar v 1 clinch; bead; flange. 2 delay.

remanescente adj leftover. II s relict; remnant.

remanso s 1 backwater. 2 rest.

remar v Náut oar; row; scull; paddle.

remarcar v relabel.

remascar v ruminate; meditate.

rematação s outbidding.

rematar v 1 fell (em costura). 2 finish.

remate s 1 consummation; finish. 2 fell (em costura). 3 outbidding.

remedar v 1 imitate. 2 mock.

remediado adj well-off.

remediar v remedy; cure; help; retrieve.

remediável adj remediable.

remédio s 1 remedy; medicament; medicine; drug. 2 cure. 3 help.

remedo s mockery.

remela s blear-eyedness.

remelento adj blear-eyed; bleary.

rememoração s remembering; recall; recollection.

rememorar v remember; recall; recollect.

remendado adj botchy.

remendão s botcher; bungler; tinker; patcher.

remendar v 1 botch; repair; mend; patch. 2 inform doctor.

remendo s darn; patch.

remessa s dispatch; delivery; remittance (de dinheiro ou valores).

remetente s addresser; sender.

remeter v send; mail; post.

remexer v stir; mix.

remexido adj disorderly.

remidor s redeemer.

remígio s remex.

remigrar v remigrate.

reminiscência s recollection; reminiscence

remir v ransom; redeem.

remissão s absolution; forgiveness; remission.

remissível adj absolvable.

remissivo adj allusive.

remitência s remission.

remitir v forgive (uma dívida, etc.).

remo s 1 oar. 2 Esp e Náut row; scull; paddle.

remoção s removal; transfer.

remoçar v rejuvenate.

remodelação s recast; face-lift (de prédio, lugar, etc.).

remodelar v rebuild; recast; remodel.

remoer v 1 chew. 2 annoy.

remoinhar v eddy.

remoinho s eddy.

remolhar v soak; steep.

remontar v remount.

remonte s remounting.

remoqueador s taunter.

remoquear v taunt; scoff.

remorder v torture; grieve.

remordimento s remorse.

remorso s contrition; regret; remorse; repentance.

remoto adj remote; distant; faraway; out-of-the-way.

removedor s stripper (produto químico).

remover v displace; carry; remove; transfer; discharge.

remuneração s salary; wage.

remunerar v remunerate.

remunerável adj remunerable; rewardable.

rena s Zool reindeer.

renal adj Anat renal.

renascença s maiús Renaissance (período histórico e artístico).

renascimento s rebirth; renaissance; maiús Renaissance (período histórico e artístico).

renda s 1 income; incomings; revenue. 2 lace.

endado *adj* lace-trimmed.

endeiro *s* renter.

ender *v* 1 produce. 2 earn; realize; relieve; return; yield. 3 surrender.

endição *s* delivery; capitulation; relief; surrender.

endido *adj* compliant.

endimento *s pl* earnings (de investimento); income; incomings; revenue; yield.

endoso *adj* fat; lucrative; profitable.

enegado *s* renegade.

enegar *v* deny; repudiate; repel; refuse.

enhido *adj* fierce; cruel.

enhir *v* dispute; argue.

eniforme *adj* reniform.

enitência *s* renitence; stubborness.

enitir *v* resist; oppose.

enome *s* celebrity; name; renown; reputation.

renovação *s* renovation; repair; resurrection; revival.

renovado *adj* new; mint.

renovar *v* freshen; furbish; recruit (a saúde, o vigor); renew; renovate.

renovo *s Bot* sprig.

renque *s* rank; row.

rente *adj* close.

renúncia *s* 1 abnegation; self-denial. 2 relinquishment; renunciation; resignation; surrender.

renunciar *v* renounce; relinquish; desist; forsake; surrender; *Jur* disclaim (a um direito).

reocupação *s* reoccupation.

reocupar *v* reoccupy; reconquer.

reordenar *v* rearrange.

reorganização *s* reorganization.

reorganizar *v* reconstitute; reorganize.

reostato *s Eletr* rheostat.

repagar *v* repay.

reparação *s* 1 amends; atonement; expiation. 2 repair; *inform* fix.

reparador *adj* repairer.

reparar *v* 1 repair; mend; fix. 2 observe; notice. 3 expiate.

reparável *adj* mendable.

reparo *s* fix; overhaul; repair.

repartição *s* department.

repartimento *s* division; partition.

repartir *v* 1 allot; deal; distribute; dole (aos pobres). 2 share. 3 slice; split.

repassar *v* repass.

repastar *v* feed; nourish.

repasto *s* repast; feast.

repatriação *s* repatriation.

repatriar *v* repatriate.

repelão *s* thrust; shock.

repelência *s* repellence; repugnance; disgust.

repelente *adj* repellent. II *s* lousy.

repelir *v* repel; repudiate; repulse.

repenicar *v* chime; peal.

repentinamente *adv* suddenly; unexpectedly; abruptly.

repentino *adj* sudden; abrupt; unexpected.

repentista *s* improvisator.

repercussão *s* rebound; repercussion; reverberation.

repercutir *v* rebound; resound.

repertório *s* repertory.

repetente *s* repeater (estudante).

repetição *s* repetition.

repetido *adj* repeated; recurrent.

repetidor *s* repeater.

repetir *v* repeat.

repicar *v* chime; ding.

repintar *v* repaint.

repique *s* chime.

repisar *v* retread; trample.

replantação *s* replantation.

replantar *v* replant.

repleto *adj* fraught; full; replete.

réplica *s* answer; reply; response; return.

replicar *v* answer; rejoin; reply; retort; return.

repolho *s* cabbage.

repontar *v* reappear.

repor *v* refresh; reinstate; replace; restore.

reportagem *s* report.

reportar *v* refer; reference; say.

repórter *s* correspondent; reporter.

reposição *s* replacement.

repositório *s* repository.

reposteiro *s* 1 drapery; drape. 2 chamberlain.

repousante *adj* relaxing.

repousar *v* repose; rest.

repouso *s* relaxation; repose; rest.

repovoar *v* repopulate.

repreendedor *adj* carping. II *s* scold.

repreender *v* reprehend; reproach; admonish; reprimand; scold.

repreensão *s* reprehension; reprimand; reproach; scolding.

repreensível *adj* censurable; damnable.

repreensivo *adj* censorious.

represa *s* dam; dike.

represália *s* reprisal; retaliation; revenge.

represamento *s* barrage.

represar *v* embank; dam; dike.

representação *s* 1 representation. 2 part (em peça teatral); acting. 3 depiction.

representante *s* 1 agent; representative. 2 attorney. 3 delegate; deputy; *Jur* assignee.

representar *v* 1 represent. 2 play; act. 3 depict; render.

representativo *adj* representative.

representável *adj* representable.

repressão *s* repression.

repressor *s* repressor; represser.

reprimenda *s* reprimand; reprehension; *inform* tongue-lasking.

reprimir *v* 1 repress; control; constrain. 2 *Jur* abate (abuso). 3 vanquish (sentimentos, emoções).

reprimível *adj* repressible.

reprisar *v* replay.

reprise *s* replay.

réprobo *adj* reprobate. ‖ *s* castaway; reprobate.

reprodução *s* copy; reflex; reproduction; generation.

reprodutor *s* reproducer.

reproduzir *v* duplicate; imitate; reproduce.

reprovação *s* 1 condemnation; disapproval; reproach; censure. 2 failure; *inform* flunk (em exame).

reprovado *adj* reproved; rejected. ‖ *s* flunk.

reprovador *adj* censorious.

reprovável *adj* blamable; blameful; condemnable.

reprovar *v* reprove; reproach; censure; *inform* flunk (em exame).

reptação *s* challenge; defiance.

reptante *adj* challenger.

reptar *v* challenge; defy.

réptil *s* reptile; crawler; creeper.

república *s* republic; commonwealth.

República Centro-Africana *s* Central African Republic.

República Democrática do Congo *s* Democratic Republic of Congo.

República do Malauí *s* Malawi.

República do Mali *s* Mali.

República Dominicana *s* Dominican Republic.

República Tcheca *s* Czech Republic.

republicanizar *v* republicanize.

republicano *adj* e *s tb maiús* republican.

repudiado *adj*

repudiar *v* abjure; repudiate; forswear; disclaim.

repúdio *s* disavowal; disclaimer; repudiation.

repugnância *s* repugnance; repulsion; disgust; disrelish; *inform* creeps.

repugnante *adj* disgusting; nauseous; offensive; repugnant.

repugnar *v* abhor; disgust; disrelish; repel.

repulsa *s* aversion; repulse.

repulsão *s* abomination; repulsion.

repulsar *v* repel; repulse; reject.

repulsivo *adj* creepy; fulsome (por excesso de lisonja, servilismo ou insinceridade); offensive; repellent. ‖ *s* lousy.

reputação *s* name; reputation; fame; standing (social, moral).

reputar *v* repute.

repuxado *adj* drawn.

repuxar *v* stretch; draw.

repuxo *s* drawing.

requebrar *v* waddle.

requebro *s* waddle.

requeijão *s* cottage cheese; Dutch cheese; pot cheese.

requerente *s* applicant; petitioner; solicitor.

requerer *v* 1 ask; request; require; solicit. 2 apply (emprego).

requerimento *s* application form (formulário); requisition.

requestar *v* request; dispute.

réquiem *s* requiem.

requintado *adj* dainty.

requintar *v* refine.

requinte *s* elaboration; exquisiteness; refinement.

requisição *s* request.

requisitar *v* require; request.

requisito s requirement; requisite.

rés adj level; even.

rescaldar v overheat.

rescindir v break; cancel; rescind; Jur dissolve.

rescisão s annulment; defeasance; rescission.

rescisório adj rescissory.

rescrever v rewrite.

rescrito s rescript.

rés-do-chão s ground floor.

resenha s review.

reserva s 1 booking, reservation (de passagens, hotel). 2 coyness. 3 tb Mil e Comer reserve. 4 reticence; secrecy. 5 spare; standby. 6 store.

reservado adj reserved; coy; secretive; unapproachable.

reservar v reserve; earmark; store; book (passagem, entrada para um espetáculo, hotel, etc.).

reservatório s catchment; reservoir.

reservista s reservist.

resfolegar v breath; puff.

resfriado adj e s cold.

resfriamento s chill.

resfriar v 1 cool. 2 quench (metal aquecido).

resgatar v ransom; redeem; rescue.

resgate s deliverance; ransom; rescue.

resguardar v guard; defende; shield.

resguardo s 1 protection. 2 diet.

residência s 1 abode; domicile; dwelling; home; house. 2 Med internship; tb Med residence.

residente s 1 denizen; tenant. 2 tb Med resident.

residir v live; dwell; house; reside; abide.

residual adj residual; residuary.

resíduo s detritus; pl dregs; refuse; residue; waste.

resignação s resignation.

resignado adj resigned; meek.

resignar v reconcile; resign.

resina s gum; resin.

resinoso adj resinous; rosiny.

resistência s 1 endurance; stamina (física, moral). 2 opposition. 3 tb Psic e Biol resistance. 4 drag (do ar).

resistente adj hard; strong; durable; enduring; firm.

resistir v oppose; resist; bear.

resistível adj resistible.

resma s ream (papel).

resmungão adj grumpy. || s croaker; crosspatch.

resmungar v croak; grouse; growl; grumble; mumble.

resmungo s growl; grumble; mutter; mumble.

resolubilidade s resolubility.

resolução s determination; disposition; resolution; Comp resolution.

resoluto adj determined; resolute.

resolúvel adj resoluble.

resolver v determine; do (problema); resolve; solve.

resolvido adj bound.

resolvível adj resoluble.

respaldar s back rest.

respectivo adj respective; relative.

respeitabilidade s respectability.

respeitador adj observant.

respeitar v respect; fear; honor; reverence.

respeitável adj respectable; redoubtable; savory; decent.

respeito s respect; regard; estimation; reverence.

respeitoso adj respectful; deferent; duteous; dutiful.

respigar v glean.

respingar v asperse; spatter; splash.

respingo s aspersion; spatter; splash.

respiração s breath; breathing; respiration; wind.

respiradouro s louver; vent.

respirar v breathe; respire.

respirável adj breathable.

respiro s 1 rest. 2 louver; vent.

resplandecente adj blazing; resplendent; bright; shining.

resplandecer v blaze; shine.

resplendor s flush; fire; resplendence; sheen.

respondão s backbiter; bully.

responder v answer; reply; respond; return.

responsabilidade s responsibility; blame; burden; liability.

responsabilizar v blame; charge; thank.

responsável *adj* responsible; accountable; amenable; answerable.

responsivo *adj* responsive.

resposta *s* answer; reply; return.

resquício *s* remnant; trace; mark.

ressabiado *adj* suspicious.

ressaca *s* 1 crapulence; hangover. 2 surf; undertow.

ressaibo *s* 1 rancidity. 2 vestige. 3 resentment.

ressair *v* protrude; project.

ressaltar *v* beetle; underscore; emphasize.

ressalto *s* bound; jut.

ressalva *s* *Jur* saving.

ressalvar *v* 1 except; exclude. 2 caution.

ressarcimento *s* compensation.

ressarcir *v* compensate.

ressecado *adj* dry; parched.

ressecar *v* sear; parch.

ressegurar *v* reinsure.

ressentimento *s* resentment; dudgeon; grudge; umbrage.

ressentir *v* resent.

ressequir *v* exsiccate.

ressoar *v* rebound; resound; vibrate.

ressonância *s* *Ling*, *Fís* e *Med* resonance.

ressonante *adj* sounding.

ressonar *v* boom.

ressorção *s* resorption.

ressorver *v* resorb.

ressudação *s* perspiration.

ressudar *v* perspire; transpire.

ressumar *v* perspire; transpire.

ressurgimento *s* revival.

ressurgir *v* resurge.

ressurreição *s* *maiúsc Teol* Resurrection.

ressuscitação *s* resurrection.

ressuscitador *adj* resuscitating. || *s* resuscitator.

ressuscitar *v* resurge; resuscitate; revive.

restabelecer *v* 1 reestablish; restore. 2 recover (saúde).

restabelecimento *s* recovery.

restante *adj* other; leftover. || *s tb Mat* remainder; rest.

restar *v* remain; rest.

restauração *s* reclamation; repair; reparation; restoration.

restaurado *adj* whole; restored, repaired.

restaurador *s* conservator (de obras de arte).

restaurante *s* restaurant; café; chophouse (especialista em costeletas e grelhados).

restaurar *v* furbish; recuperate (forças saúde); renew; repair; restore; retrieve.

restaurável *adj* retrievable.

réstia *s* rope.

restinga *s* sandbank; shoal.

restituição *s* refund (dinheiro); restitution; return.

restituir *v* refund (dinheiro); repay; replace; restore; return.

restituível *adj* refundable.

resto *s* leftover; waste; remnant; residue; *tb Mat* remainder.

restrição *s* *fig* constraint; restraint; restriction; limitation.

restringente *adj* binding. || *s* astringent.

restringir *v* bind; restrict; confine; restrain; limit.

restringível *adj* limitable; restrainable.

restritivo *adj* restrictive.

restrito *adj* 1 limited; restricted. 2 exclusive; private.

resultado *s* result; effect; consequence.

resultante *adj* resultant; consequential.

resultar *v* result.

resumidamente *adv* briefly; shortly.

resumido *adj* brief; concise; short.

resumir *v* summarize; condense; shorten.

resumo *s* summary; abridgment; docket (de um documento).

resvalar *v* glide; slide; slip.

reta *s* straight.

retábulo *s* retable.

retaguarda *s* rear; *Mil* rear guard.

retal *adj* rectal.

retalhado *adj* dissected.

retalhador *s* retailer; chopper; shredder.

retalhar *v* chop; dissect; shred.

retalho *s* remnant; snip; patch.

retaliação *s* retaliation.

retaliar *v* retaliate.

retama *s* woadwaxen; dyer's greenweed.

retangular *adj* rectangular.

retângulo *adj* rectangular. || *s* rectangle.

retardado *adj* belated. || *s ofens* retard; moron.

etardamento s 1 belatedness; delay; postponement. 2 lag.

etardar v delay; retard.

etardatário s lag; laggard.

etém s 1 retention. 2 rest. 3 reserve.

etemperar v 1 strenghten. 2 improve.

etenção s detention; retention.

etentiva s retentiveness.

etentor s retainer.

eter v hold; keep; retain.

etesar v tense.

eticência s 1 reticence. 2 ellipsis.

eticente adj reticent; reserved.

etícula s rcticle.

eticulação s reticulation.

eticulado adj reticulate.

etidão s rectitude; virtue; honesty; Jur equity.

etificação s correction.

retificar v correct; rectify.

retificável adj corrigible; rectifiable.

retiforme adj retiform.

retilíneo adj rectilinear.

retina s Anat retina.

retinido s jingle; tinkle.

retinir v sound (o sino, etc.).

retinite s retinitis.

retirada s recession; removal; retirement; retreat; withdrawal.

retirado adj outlying; remote.

retirar v remove; retreat; retract; withdraw (uma acusação).

retiro s recess; retirement; retreat; seclusion; solitude.

reto adj direct; straight; right (linha, ângulo). ll s rectum.

retocador s retoucher.

retocar v finish; retouch.

retomada s recapture; resumption; retake.

retomar v recapture; recover; renew; resume; retake (tb nas filmagens).

retoque s retouch; touch.

retorcer v entwist; squirm; wreathe; wriggle; twist.

retorcido adj twisted.

retórica s rhetoric.

retórico adj rhetorical; declamatory; forensic.

retornar v bring back; give back; regress; return.

retorno s return; regress.

retorquir v rejoin; retort.

retorta s retort.

retração s retraction; recoil.

retraçar v retrace.

retraído adj bashful.

retraimento s retirement.

retrair v flinch; retract; shrink; wince.

retranca s breeching.

retransmissão s rebroadcast.

retransmitir v rebroadcast; relay (por rádio).

retratação s retraction; withdrawal; revocation.

retratado adj painted; figured.

retratar v 1 portray; figure; represent; retract. 2 unsay; withdraw (uma acusação); take back.

retrátil adj retractile.

retratista s photographer.

retrato s picture; portrait; photograph.

retribuição s rendition.

retribuir v reciprocate; recompense; render; requite; return.

retro adv behind; backward.

retroação s retroaction.

retroagir v retroact.

retroalimentação s feedback.

retroar v resound; reecho; rebound.

retroatividade s retroactivity.

retroceder v go back; recede; recoil (de medo, nojo); regress; retire (tropas); retreat.

retrocedimento s recession.

retrocessão s retrocession.

retrocesso s backstroke; withdrawal.

retroflexão s retroflection; retroflexion.

retrogradação s retrogression.

retrogradar v retrograde.

retrógrado adj fossil; retrograde; backward.

retroprojetor s overhead.

retrós s spun silk.

retrospecção s retrospection.

retrospectivamente adv backward.

retrospectivo adj retrospective.

retrospecto s flashback; retrospect; review.

retrotrair v recede; retrocede; retreat.
retroversão s retroversion.
retrovisor s rear-view mirror.
retrucar v answer; talk back; reply.
retumbância s reverberation; resonance.
retumbante adj resounding; resonant.
retumbar v blare; boom.
réu s Jur accused; defendant; gír con; culprit.
reuma s rheum.
reumático adj e s rheumatic.
reumatismo s rheumatism.
reunião s reunion; meeting; gathering.
reunido adj collected; collective; congregate.
reunificar v reunify.
reunir v reunite; gather; meet; gang (em bando, turma, etc.); round; round up (tb o gado).
revacinar v revaccinate.
revalidação s revalidation.
revalidar v revalidate.
revalorização s revaluation.
revalorizar v revaluate.
revanche s revenge; retaliation.
revelação s 1 admission; apocalypse; betrayal; disclosure. 2 development (de filme fotográfico); exposure.
revelador s 1 developer (em fotografia). 2 divulger.
revelar v 1 disclose; divulge; expose; reveal; unveil. 2 develop (fotografia).
revelia s default; nonsuit.
revendedor adj reselling. ll s middleman; go-between.
revender v resell.
rever v tb Jur review; revise.
reverberação s repercussion; reverberation.
reverberar v reverberate.
reverência s adoration; awe; reverence; veneration.
reverenciar v admire; adore; reverence.
reverendo adj e s reverend.
reversão s reversion; reversal.
reversível adj reversible.
reverso s backset; converse; flip side; reverse (de uma moeda, folha de papel).
reverter v invert; reverse (a uma situação anterior).
revertido adj converse.

revés s grief; misfortune.
revestido adj coated.
revestimento s 1 revetment. 2 casing; clothing; coating. 3 lagging (para impedir o vazamento de calor). 4 lining (de vestuário, chapéu, etc.).
revestir v 1 cover. 2 daub. 3 overlay. 4 resurface.
revezado adj alternate.
revezamento s relief; rotation.
revezar v relay; rotate.
revidar v kick back; requite.
revide s requital; retaliation; return.
revigoramento s crispness.
revigorante adj crisp; fresh; lively. ll s crisp.
revigorar v freshen; invigorate; revive.
revinda s return; regress.
revir v return; regress.
reviramento s eversion.
revirar v roll (olhos).
reviravolta s 1 turnover. 2 inform kicker (nos acontecimentos). 3 about-face (súbita mudança de atitude ou ação).
revisão s 1 emendation (de textos); revision. 2 review. 3 overhaul.
revisar v 1 emend; revise. 2 Jur review (um processo). 3 overhaul.
revisor s proofreader.
revista s magazine.
revistar v frisk (alguém); ransack; search.
revitalização s revival.
revitalizado adj regenerate.
revitalizar v repair; revitalize.
reviver v refresh; resuscitate; revive; wake.
revivescência s revival.
revivificação s revival.
revivificar v revive; freshen.
revoada s flight.
revoar v soar; flutter.
revocação s recall.
revocar v recall.
revogação s defeasance; cassation; recall; Jur avoidance
revogar v recall; retract; cancel; revoke; Jur avoid; disaffirm.
revogável adj 1 abolishable; defeasible. 2 Jur avoidable.
revolta s revolt; rebellion; mutiny.

revoltado *adj* insurgent.

revoltar *v* rebel; revolt; mutiny.

revolto *adj* billowy (mar).

revoltoso *s* rebel; mutineer.

revolução *s tb Astron* revolution.

revolucionar *v* revolutionize.

revolucionário *adj e s* revolutionary.

revoluteante *adj* revolving.

revolutear *v* revolve.

revolver *v* 1 revolve. 2 rake; upturn (a terra). 3 wheel. 4 roll.

revólver *s* 1 revolver (arma). 2 *gír* rod.

revulsão *s Med* revulsion.

revulsório *adj* revulsive.

reza *s* prayer; praying.

rezar *v* pray.

rezingar *v* grumble; gripe.

ria *s* 1 estuary. 2 branch.

riacho *s* brook; rip; creek; stream; watercourse.

ribalta *s* limelight; footlights.

ribamar *s* seashore.

ribanceira *s* chine.

ribeira *s* bank; shore.

ribeirinho *adj* riparian.

ribeiro *s* rill.

ribombar *v* rumble; thunder.

ribombo *s* rumble.

ricaço *s* nabob; moneybags.

rícino *s* ricin.

rico *adj* 1 rich; wealthy; flush. 2 mellow (solo, cores e sons).

ricochete *s* bound; rebound; skip.

ricochetear *v* rebound; ricochet; skip.

ricto *s* rictus; grimace.

ridicularizar *v* mock; jeer; jest.

ridículo *adj* 1 ridiculous; absurd. 2 *inform* cockeyed. ‖ *s* ridicule.

rifa *s* raffle.

rifão *s* proverb; saying.

rifar *v* raffle.

rigidez *s* 1 stiffness. 2 *Med* rigor.

rígido *adj* 1 rigid; stiff; unbending. 2 strict.

rigor *s* rigor; rudeness.

rigoroso *adj* severe; strict.

rijo *adj* tense; tough.

rilhar *v* gnash.

rim *s Anat* kidney.

rima *s* 1 rhyme. 2 jingle. 3 consonance.

rimado *adj* rhymed; versified.

rimar *v* rhyme.

rímel *s* mascara.

rinalgia *s* rhinalgia.

rincão *s* nook.

rinchar *v* neigh; whinny.

rincho *s* neigh; whinny.

rinha *s* cockpit.

rinite *s* rhinitis.

rinoceronte *s Zool* 1 rhinoceros. 2 *inform* rhino.

rinorragia *s* rhinorrhagia.

rinorréia *s* rhinorrhea.

rinoscopia *s* rhinoscopy.

rinque *s* rink (para patinação, hóquei).

rins *s pl Anat* reins.

rio *s* river.

ripa *s* slat; lath.

ripar *v* lath.

ripostar *v Esp* 1 riposte. 2 retort; rebut.

riqueza *s* wealth; riches; affluence.

rir *v* laugh; chortle.

risada *s* laughter; chortle.

risca *s* 1 band. 2 scratch. 3 streak. 4 stripe.

riscado *adj e s* striped.

riscar *v* 1 cancel. 2 delete. 3 score. 4 scratch. 5 scribe. 6 streak. 7 strike (fósforo).

risco *s* chance; hazard; risk; venture (financeiro).

risível *adj* risible.

riso *s* laugh.

risonho *adj* cheerful.

rispidez *s* harshness; roughness.

ríspido *adj* harsh; rough.

ritmado *adj* rhythmical; rhythmic.

ritmar *v* beat.

ritmo *s Mús* beat; cadence; rhythm; tempo; meter.

rito *s* rite; observance; ceremony.

ritual *adj* ceremonial. ‖ *s* ceremonial; cult; rite; ritual.

rival *adj* emulous. ‖ *s* enemy; rival; competitor.

rivalidade *s* antagonism; competition; contention; rivalry.

rivalizar *v* emulate; compete; rival; vie.

rixa *s* affray; fray; feud; riot; rumpus; scuffle.

rizicultor *s* rice-grower; rice-planter.

rizicultura s rice-growing; rice-planting.

rizoma s *Bot* rhizome; rootstalk; rootstock.

rizópode s *Zool* rhizopod.

roaz *adj* gnawing; destructive; ravenous.

robalo s robalo; snook.

roble s oak.

robô s robot.

robustecer v consolidate; strengthen.

robustez s force.

robusto *adj* strong; stout; tough.

roca s spinning wheel.

rocambolesco *adj* entangled.

rocambole s roll.

roçar v brush; graze; shave; touch.

roceiro s chuff; clodhopper.

rocha s rock; boulder.

rochedo s rock; reef.

rochoso *adj* rocky.

rociar v dew.

rocim s nag; jade.

rocio s dew.

rococó *adj* rococo; flowery. II s rococo.

roda s 1 round. 2 wheel.

rodada s round (de bebida).

roda-d'água s water wheel.

rodapé s 1 baseboard. 2 footer (de documento).

rodar v roll; rotate; spin; wheel; whirl; turn.

rodear v encircle; environ; ring; round; surround.

rodeio s 1 circumlocution. 2 roundup; rodeo.

rodela s coin; ring.

rodinha s roller (do pé da cadeira).

rodízio s shift; turn.

rodo s squeegee.

rodopiar v birl; swirl; whirl; twirl.

rodopio s reel; swirl; whirl; twirl.

rodovalho s *Zool* turbot.

rodovia s highway; route.

roedor *adj* e s *Zool* rodent.

roer v fret; gnaw.

rogação s *Ecles* rogation.

rogar v 1 beg; beseech; implore; pray. 2 *Jur* sue.

rogatória s 1 supplication. 2 request.

rogo s orison; wish.

roído *adj* gnawed.

rojão s skyrocket.

rojar v crawl; creep.

rol s roll; roster; returns; list; listing.

rolamento s bearing.

rolar v 1 roll. 2 *Comp* scroll.

roldana s pulley.

roldão s confusion; disorder.

roleta s 1 roulette (jogo de apostas). 2 turnstile.

rolha s cork; bung; stopper.

rolhar v cork; stopper.

roliço *adj* chubby; fleshy; round.

rolo s 1 cylinder. 2 hank. 3 roll (tecido, papel, filme, etc.). 4 roller.

romã s pomegranate.

romaico *adj* e s Romaic.

romana s steelyard.

romança s ballad.

romance s 1 novel. 2 romance.

romancear v romance.

romancista s fictionist; novelist.

romanesco *adj* 1 Romanesque. 2 imaginary; dreamy.

românico *adj* Romanic.

romanizar v Romanize.

romano *adj* e s Roman.

romântico *adj* romantic.

romantismo s Romanticism.

romaria s pilgrimage; peregrination.

rômbico *adj* rhombic.

rombo s 1 *Geom* rhombus. 2 leak.

romboedro s rhombohedron.

Romênia s Romania.

romeno *adj* e s Romanian.

rompante *adj* haughty. II s rage; impetuosity.

romper v 1 burst. 2 destroy. 3 tear; split. 4 erupt (dente). 5 sprain (tendão, etc.).

rompido *adj* broken.

rompimento s break; rupture.

roncada s snore.

roncador s snorer.

roncar v snore; boom.

ronco s grunt; snore.

ronda s round; patrol.

rondar v patrol.

rondó s rondeau.

ronha s 1 mange. 2 cunning.

ronhento *adj* 1 mangy. 2 cunning; sly.

ronquidão s hoarseness.

onquido s hoarseness.

onquenho adj raucous; hoarse.

onrom s purr.

onronar v purr.

oquete s 1 surplice. 2 ratchet. 3 chevron.

or s heaps; piles; multitude.

orejante adj dewy.

orejar v dew.

osa s Bot rose.

osácea s Arq rosette.

osáceo adj rosaceous.

osado adj 1 flush. 2 florid. 3 rose. 4 ruddy.

osar v rose.

osário s beads; rosary.

osbife s roast beef.

osca s thread (de parafuso).

oscar v thread.

oseira s Bot rose.

róseo adj damask; rose.

osicler adj pink.

osmaninho s Bot rosemary.

osnado s growl; snarl.

osnador s croaker.

osnar v growl; grunt; rumble; snarl.

osquear v screw.

osto s face.

rostro s rostrum.

rota s course; route; run; line.

rotação s revolution; rotation; round; spin; wheel; whirl; turn.

rotativa s rotary press.

rotativo adj rotary; rotative; voluble.

roteiro s 1 route. 2 schedule. 3 syllabus.

rotiforme adj rotiform.

rotina s rote; routine; mode; gír groove.

rotineiro adj routine; humdrum; uneventful; workaday.

roto adj ragged.

rótula s Anat kneecap (do joelho); patella.

rotular v docket; label; tag; tally; ticket.

rótulo s docket (de mercadoria); tb Comp label; tally; ticket.

rotundidade s rotundity.

rotundo adj 1 round. 2 chubby; plump.

rotura s breakage.

roubar v Jur rob (uma pessoa, um banco, uma loja, etc.); steal; inform lift.

roubo s burglary; theft; steal; gír caper; Jur larceny.

rouco adj hoarse; husky; raucous; throaty.

roupa s cloth; pl clothes; clothing; dress; garment; wear.

roupagem s garments; vesture; inform rig.

roupão s dressing gown; gown; robe.

rouquejar v hoarse

rouquenho adj raucous.

rouquice s hoarseness; raucousness.

rouquidão s hoarseness; raucousness.

rouxinol s nightingale.

roxear v purple.

roxo adj e s purple; violet.

rua s street; road; gír drag.

Ruanda s Rwanda.

ruandês adj e s Rwandan.

rubefaciente adj e s rubefacient.

rubente adj red; reddish.

rubéola s Med rubeola.

rubi s ruby (pedra e cor).

rubicundo adj rubicund; ruddy.

rubidez s flush.

rúbido adj reddish.

rubificar v redden.

rubiginoso adj rubiginous; rusty.

rublo s ruble; rouble.

rubor s 1 blush; color; flush; glow; redness. 2 shame.

ruborescer v redden; flush; blush.

ruborizado adj blushful.

ruborizar v blush; flush; glow.

rubrica s rubric; Jur caption.

rubricador adj rubricating. ‖ s rubricator.

rubricar v check; countersign; endorse; sign.

rubro adj red; rubric; ruddy.

ruço adj gray; faded.

rude adj rude; harsh; ill-mannered; impolite; rowdy; gír wise. ‖ s barbarian; rude; rough.

rudemente adv churlishly; roughly; rudely.

rudez s acrimony.

rudeza s coarseness; harshness; rough; rudeness.

rudimentar adj barbaric.

rudimento s rudiments.

ruela s alley.

rufar v ruffle (tambor).

rufião s ruffian; rowdy; hooligan.

ruflar v rustle; flutter.

rufo s ruffle (do tambor.

R

ruga s wrinkle; cockle; crease; crinkle; crumple; line.

rúgbi s Esp Rugby.

ruge s blusher.

rugido s bellow; roar.

rugir v bellow; rave; roar.

rugoso adj creasy; rough.

ruibarbo s Bot rhubarb.

ruído s noise; sound.

ruidoso adj noisy; loud.

ruim adj bad; evil; ill; wicked.

ruína s ruin; wreck; collapse.

ruindade s badness;wickedness.

ruir v cave; collapse; fall.

ruivo adj carroty (cabelo); redheaded. II s redhead.

rum s rum.

ruma s gee.

rumar v steer; ply.

ruminação s 1 rumination. 2 reflection; pondering.

ruminante adj e s ruminant.

ruminar v 1 chew. 2 meditate; ponder.

rumo s bearing; course; direction.

rumor s hearsay; report; rumor; word.

rumorejar v rustle.

rumorejo s rustle; buzz; murmur.

runa s rune.

rupestre adj rupestrian; rupestra.

rupia s rupee.

rúptil adj breakable; brittle.

ruptura s break; fracture; rupture; Mec rupture.

rural adj country; rural.

ruralizar v ruralize.

rusga s brawl; disagreement.

Rússia s Russia.

russo adj e s Russian.

rusticidade s clownishness; rougness.

rústico adj clownish; coarse; countrified; country; rough. II s bumpkin; chuff; yokel.

rutênio s ruthenium.

rutilação s brilliance; brightness.

rutilante adj bright; shining; blazing.

rútilo adj brilliant.

rutilar v shine; glitter; sparkle.

rutina s rutin.

ruvinhoso adj 1 rusty. 2 ill-humored.

S

ou **S** s the nineteenth letter of the alphabet. ‖ *abrev* **1** *minús* de **segundo**. **2** *minús* ou *maiús* de **sul**. **3** *maiús* de **são**; **santo**; **santa**. ‖ *símb Quím maiús* de **enxofre**.

Saara s Sahara.
sabá s *Relig* Sabbath.
sábado s Saturday.
sabão s soap.
sabedor *adj* cognizant.
sabedoria s wisdom; knowledge.
saber v know. ‖ s know; lore.
sabe-tudo s *inform* know-it-all.
sabido *adj* known.
sábio *adj* wise; erudite. ‖ s scholar.
sabonete s soap.
sabor s taste; flavor; savor.
saborear v taste; relish; savor.
saboroso *adj* delicious; tasty; savory.
sabotador s saboteur.
sabotagem s sabotage.
sabotar v sabotage.
sabre s saber.
sabujo s **1** bloodhound. **2** beagle.
saca s sack.
sacada s *Arq* balcony; terrace.
sacado s drawee (de cheque, nota promissória, etc.).
sacador s drawer (de cheque, nota promissória, etc.).
sacana s rascal.
sacanagem s unfairness.
sacar v **1** draw. **2** *Esp* serve (tênis, voleibol, etc.). **3** withdraw (dinheiro). **4** *gír* dig (entender algo).
sacarina s saccharin.
sacarino *adj* saccharine.
saca-rolhas s corkscrew.
sacarose s sucrose.
sacerdócio s priesthood; ministration; ministry.
sacerdotal *adj* sacerdotal.
sacerdote s ecclesiastic.
sacerdotisa s priestess.

sachola s dibble (pequena enxada).
saciado *adj* satiate.
saciar v **1** satiate; sate. **2** cloy; glut (fome). **3** assuage.
saciável *adj* satiable.
saciedade s satiation.
saco s sack; bag; sac.
sacola s bag.
sacolejar v jog.
sacramento s sacrament.
sacrário s **1** sacrarium. **2** tabernacle.
sacrificante *adj* costly.
sacrificar v **1** sacrifice. **2** immolate.
sacrifício s sacrifice.
sacrilégio s sacrilege.
sacrílego *adj* sacrilegious.
sacristão s sacristan; sexton.
sacristia s sacristy; vestry.
sacro *adj* sacral.
sacrossanto *adj* sacrosanct.
sacudida s shake.
sacudidela s jog; flip; toss.
sacudir v **1** shake; jolt; agitate. **2** rock.
sádico s sadist. ‖ *adj* sadistic.
sadio *adj* **1** healthy; sound. **2** wholesome.
sadismo s sadism.
safadeza s knavishness.
safado *adj* knavish.
safanão s flirt; twitch.
safári s safari.
safena s saphena.
safira s *Min* sapphire (*tb* cor).
safra s crop; harvest.
saga s saga.
sagacidade s sagacity.
sagaz *adj* sagacious; astute; shrewd.
sagazmente *adv* nimbly.
sagitariano *adj* e s *Astrol* Sagittarian.
Sagitário s **1** *Astron* Sagittarius. **2** *Astrol* Sagittarius; Archer.
sagração s consecration.
sagrado *adj* sacred; holy.
sagrar v consecrate.
sagu s sago.

saguão s 1 hall; lobby. 2 lounge (de teatro, hotel, etc.).

saia s skirt.

saia-balão s farthingale.

saibro s grit.

saída s 1 exit. 2 start (em corrida). 3 outlet.

sair v 1 go out; exit. 2 emerge. 3 issue.

sal s salt.

sala s room.

salada s salad.

saladeira s salad dish.

salafrário s scoundrel.

salamandra s Zool salamander.

salame s salami.

salão s 1 hall. 2 saloon.

salário s 1 salary. 2 wage.

saldar v 1 settle. 2 square; balance (contas, etc.).

saldo s balance.

saleiro s saltshaker.

saleta s parlor (comercial, de beleza, etc.).

salgado adj salt; salty.

salgar v salt.

salgueiro s Bot willow.

saliência s 1 salience; overhang. 2 burl (em tronco de árvore).

salientar v emphasize.

saliente adj salient; bulgy.

salina s saltworks; saltern.

salineiro s salter.

salinidade s saltiness.

salino adj saline.

salitre s saltpeter.

saliva s saliva.

salivação s salivation.

salivar v salivate.

salmão s Zool salmon (tb cor); kipper (durante ou logo após a desova).

salmo s psalm; chant.

salmoura s brine.

salobro adj brackish.

salpicar v splash; spatter; fleck.

salpico s sprinkle; splash.

salsa s Bot parsley.

salsão s Bot celery.

salsaparrilha s sarsaparilla.

salseiro s downpour.

salsicha s sausage.

salso adj salt.

saltada s jump.

saltador s jumper.

saltar v 1 leap; jump; bound; spring; dance; skip. 2 Esp dive (de trampolim); vault (com auxílio das mãos ou vara).

salteador s gangster.

saltear v assault.

saltimbanco s mountebank.

saltitante adj saltatory.

saltitar v trip.

salto s 1 jump; hop. 2 bounce; tb Comp bound. 3 Esp vault.

salubre adj salubrious; healthful.

salubridade s salubrity.

salutar adj salutary; wholesome; beneficial.

salva s 1 Bot sage; salvia. 2 Mil salute (de artilharia).

salvação s salvation; redemption.

salvador s savior.

salvaguarda s safeguard.

salvaguardar v safeguard.

salvamento s 1 rescue. 2 salvage (de navio, tripulação, etc.).

salvar v 1 tb Comp save. 2 rescue. 3 redeem. 4 Mil salute.

salva-vidas s lifeguard; buoy.

salve interj hail.

salvo prep save; except; unless; but. ‖ adj safe; secure.

salvo-conduto s safe-conduct.

samambaia s Bot fern.

samaritano adj e s Samaritan.

samba s samba.

sambar v samba.

Samoa s. Samoa.

sanador adj sanative.

sanatório s sanatorium.

sanável adj curable; healable.

sanção s sanction; approbation.

sancionador s countenancer.

sancionar v sanction; approbate; approve; ratify.

sandália s sandal.

sândalo s Bot sandal.

sanduíche s sandwich.

saneamento s sanitation.

sanear v sanitate.

sanfona s accordion.

sangrador s bleeder.

sangrar v bleed.

sangrento adj bloody.

sangria s bleeding.

sangue s blood.

sangue-frio s nerve.

sanguessuga s Zool bloodsucker; leech.

sanguinário adj 1 bloody; bloodthirsty. 2 fig tigerish.

sanguíneo adj sanguine; sanguineous.

sanguinidade s consanguinity.

sanguinolência s bloodiness.

sanha s wrath.

sanidade s sanity; soundness; wit.

sanitário adj sanitary.

sanitarista s hygienist.

San Marino s San Marino.

sanscrítico adj Sanskritic.

sânscrito s e adj Sanskritic.

Santa Lúcia s Saint Lucia.

santidade s holiness; sainthood.

santificação s sanctification.

santificado adj sainted; hallowed; consecrate.

santificador s sanctifier.

santificar v sanctify; hallow.

santimônia s sanctimony.

santo s saint. II adj saintly; holy.

santuário s sanctuary; shrine.

são adj 1 healthy; sane. 2 sound.

São Cristovão e Névis s Saint Kitts and Nevis.

São Tomé e Príncipe s São Tomé and Príncipe.

São Vicente e Granadinas s Saint Vincent and the Grenadines.

sapa s sap.

sapador s miner.

sapar v sap.

sapataria s shoe shop.

sapateado s tap dance.

sapatear v tap-dance.

sapateiro s shoemaker; cobbler.

sapato s shoe.

sápido adj sapid.

sapiência s sapience.

sapiente adj sapient.

sapinhos s Med aphthae.

sapo s Zool toad.

saponáceo adj saponaceous.

saponificação s saponification.

saponificar v saponify.

saque s 1 withdrawal (de dinheiro). 2 Comer draft. 3 Esp serve (tênis, etc.).

saquê s sake.

saqueador s marauder; despoiler.

saquear v sack.

saracotear v jig.

saraiva s hail.

saraivada s volley (de projéteis).

sarampo s Med measles.

sarapintado adj mottled.

sarapintar v mottle.

sarar v heal.

sarau s soiree.

sarcasmo s sarcasm; irony; taunt.

sarcástico adj sarcastic.

sarcófago s sarcophagus.

sarcoma s Med sarcoma.

sarda s freckle.

sardento adj freckly.

sardinha s Zool sardine.

sardo adj e s Sardinian.

sardônica s Min sardonyx.

sardônico adj sardonic.

sargaço s Bot sargasso.

sargento s sergeant; inform sarge.

sarilho s reel.

sarja s serge; twill (tecido).

sarjeta s gutter.

sarna s Med scabies; mange (em animais).

sarrafo s lath.

sarro s fur; coating.

satã s Satan.

satanás s Satan.

satânico adj satanic.

satanizar v diabolize.

satélite s Astron satellite.

sátira s satire.

satírico adj satirical.

satirizar v satirize; lampoon.

sátiro s Mit Satyr.

satisfação s satisfaction; contentment.

satisfatoriamente adv right; well.

satisfatório adj satisfactory.

satisfazer v 1 satisfy; fulfill. 2 gratify; content.

satisfeito adj 1 satisfied. 2 content; contented.

S

saturação s tb Comp saturation.
saturado adj saturate.
saturar v saturate.
saturnino adj saturnine.
Saturno s Astrol e Mit Saturn.
saudação s 1 salutation. 2 greeting; welcome. 3 wassail (brinde à saúde, à felicidade, etc.).
saudade s longing.
saudar v 1 salute. 2 greet. 3 hail.
saudável adj healthy; wholesome; salutary; sound.
saúde s 1 health (do corpo e mental). 2 cheers (na hora de brindar). 3 soundness. || interj 1 cheers (em um brinde). 2 bless you (quando alguém espirra).
saudi-arábico adj e s Saudi Arabian.
saudita adj e s Saudi.
saudoso adj wistful.
sauna s sauna.
savana s savanna.
saxão adj e s Saxon.
saxofone s Mús saxophone.
sazonado adj ripe.
sazonal adj seasonal.
sazonar v age.
se pron 1 oneself; himself; herself; itself; yourself; yourselves; themselves. 2 each other. || conj 1 if. 2 whether.
sé s see.
sebáceo adj sebaceous.
sebe s hedge.
sebento adj 1 tallowy; greasy. 2 dirty.
sebo s tallow; suet; fat.
seboso adj sebaceous.
seca s drought; dryness.
secador s drier.
secante s 1 drier (para verniz, tinta, etc.). 2 Mat secant.
seção s 1 section; division. 2 department; branch.
secar v 1 dry. 2 desiccate. 3 wither. 4 parch.
secativo adj siccative; exsiccative.
secessão s secession.
secionar v section.
seco adj 1 dry; arid. 2 withered.
secreção s secretion.
secretamente adv secretly.

secretar v secrete.
secretaria s 1 general office. 2 ministr* (órgão do governo).
secretária s fem secretary.
secretário s masc secretary.
secreto adj 1 secret. 2 occult.
sectário adj e s sectarian.
secular adj 1 secular; lay. 2 age-old.
secularizar v secularize.
século s century.
secundar v second.
secundário adj secondary; minor.
secura s dryness; aridity.
seda s silk.
sedação s sedation.
sedar v sedate.
sedativo adj sedative. || s Med sedative calmative.
sede s 1 seat (de governo). 2 thirst (desejo de ingerir líquido).
sedeiro s comb.
sedentário adj sedentary.
sedento adj thirsty.
sedição s sedition.
sedimentação s tb Geol sedimentation.
sedimentar adj sedimentary.
sedimentar v silt up.
sedimentário adj sedimentary.
sedimento s 1 sediment. 2 dregs. 3 Geo* deposit; deposition; drift.
sedoso adj silken; silky.
sedução s seduction; charm.
sédulo adj sedulous.
sedutor adj seductive; alluring; attractive. || s seducer.
seduzir v 1 seduce; allure; charm. 2 lure; tempt; beguile.
sega s harvest.
segar v mow; crop; harvest.
segmentação s segmentation.
segmentado adj segmented.
segmentar v segment.
segmento s segment.
segnícia s indolence.
segredar v confide.
segredo s 1 secret. 2 mystery. 3 secrecy. 4 combination (de fechadura).
segregação s segregation.
segregado adj segregate.

S

segregar v 1 segregate; seclude. 2 secrete.

seguido adj followed; continued.

seguidor s follower; partisan.

seguimento s continuation.

seguinte adj next; following; subsequent. II s next.

seguir v 1 follow. 2 shadow (sem ser visto). 3 adhere.

segunda s Mús second.

segunda-feira s Monday.

segundo adj second. II num second. II s second (fração de tempo).

segurado s insured.

segurador s insurer.

seguramente adv safely.

segurança s 1 security; assurance. 2 safety. 3 confidence.

segurar v 1 hold; grasp. 2 insure (de vida, carro, etc.).

segurelha s Bot savory.

seguro adj 1 secure; safe. 2 steady. 3 reliable. 4 sure; certain. II s insurance.

Seicheles s Seychelles.

seio s 1 breast; bosom. 2 gír knocker.

seis num six.

seiscentos num six hundred.

seita s sect.

seiva s sap.

seivoso adj sappy.

seixo s pebble.

sela s saddle.

selado adj 1 saddled (com sela). 2 stamped (com selo). 3 sealed (vedado).

selar v 1 saddle (pôr sela). 2 stamp (pôr selo). 3 seal (vedar).

seleção s selection.

selecionado adj select; chosen.

selecionador s selector; chooser.

selecionar v select.

seleiro s saddler.

selênio s Quím selenium.

seletivo adj selective; choosy.

seleto adj select; exclusive.

selo s 1 seal (de autenticidade e de vedação). 2 stamp; signet.

selva s jungle.

selvagem adj 1 savage (povo). 2 wild (silvestre). 2 barbaric; barbarous; cruel; ferocious. II s savage.

selvageria s 1 savagery. 2 wildness.

sem prep 1 without; wanting. 2 inform minus.

semáforo s traffic light; semaphore.

semana s week.

semanal adj weekly.

semanalmente adv weekly.

semântica s Ling semantics.

semblante s semblance; face; appearance; aspect; countenance; visage.

sem-cerimônia s unceremoniousness; informality.

semeador s sower.

semear v sow; seed.

semelhança s similarity; likeness; resemblance; analogy.

semelhante adj like; alike; similar. II s fellow man; fellow creature.

semelhar v resemble; look like.

sêmen s 1 semen; sperm. 2 seed.

semente s seed.

sementeira s seedbed.

semestral adj biannual.

semestre s semester.

semi pref semi; half.

semianual adj semiannual.

semicircular adj semicircular.

semicírculo s semicircle.

semideus s demigod.

semideusa s demigoddess.

semifinal s Esp semifinal.

seminário s 1 Ecles seminary. 2 seminar (grupo de pesquisa).

semínima s Mús crotchet.

seminu adj half naked.

semioficial adj semi-official.

semiologia s semiology.

semiótica s semiotics.

semita s Semite.

semitom s Mús semitone.

semivogal s semivowel.

sem-lar s homeless.

sem-modos adj ill-mannered; impolite.

sem-nome adj nameless; anonymous.

sem-par adj unequalled; matchless.

sempre adv always; ever.

sempre-viva s Bot evergreen; everlasting.

sem-razão s unreason.

S

sem-sal *adj* insipid.

sem-vergonha *adj* shameless.

senado *s* senate.

senador *s* senator.

senão *conj* otherwise; but. || *prep* except.

senda *s* path.

sendeiro *s* hackney.

Senegal *s* Senegal.

senegalês *adj* e *s* Senegalese.

senha *s* 1 *tb Comp* password. 2 PIN (de cartão de banco, caixa automático).

senhor *s* 1 sir; mister. 2 lord.

senhora *s* mistress; lady.

senhoria *s* 1 landlady (proprietária de imóvel alugado). 2 ladyship; lordship.

senhoril *adj* lordly.

senhorio *s* 1 landlord; lessor (proprietário de imóvel alugado). 2 seigniory.

senhorita *s* miss; lady.

senil *adj* senile; doddering.

senilidade *s* senility; dotage.

sênior *adj* senior.

seno *s Mat* sine; sin.

sensação *s* sensation.

sensacional *adj* sensational.

sensacionalista *adj* sensationalist.

sensatez *s* sensibility; sanity.

sensato *adj* sensible; judicious.

sensibilidade *s* 1 sensibility. 2 sensitiveness; sensitivity; feeling.

sensibilizar *v* 1 sensitize. 2 touch; move. 3 influence (opinião pública).

sensitividade *s* sensitivity.

sensitivo *adj* sensitive.

sensível *adj* 1 sensible. 2 sensitive.

senso *s* sense.

sensorial *adj* sensorial; sensory.

sensório *adj* sensory; sensuous.

sensual *adj* sensual.

sensualidade *s* sensuality.

sensualismo *s* sensualism.

sentar *v* 1 seat; sit. 2 take a seat; sit down.

sentença *s* 1 *Jur* e *Gram* sentence. 2 *Jur* judgment; adjudication.

sentenciado *adj Jur* adjudged. || *s Jur* convict.

sentenciar *v Jur* sentence; judge; adjudge; adjudicate.

sentencioso *adj* sententious.

sentido *s* 1 sense; meaning. 2 direction. || *adj* hurt (magoado). || *interj Mil* attention.

sentimental *adj* 1 sentimental; emotional; romantic. 2 *inform* sloppy.

sentimentalidade *s* emotionality.

sentimentalismo *s* 1 sentimentalism; sentimentality; emotionalism. 2 *gír* corn.

sentimentalista *s* sentimentalist; emotionalist.

sentimento *s* sentiment; feeling.

sentinela *s* sentinel; sentry; watchman.

sentir *v* 1 feel. 2 sense. 3 experience.

separação *s* 1 *tb Jur* separation. 2 division. 3 divorce.

separadamente *adv* separately.

separado *adj* separate.

separar *v* 1 separate; divide; disunite; disconnect; sever. 2 scatter. 3 divorce.

separata *s* offprint.

separável *adj* 1 separable. 2 detachable.

sépia *s* sepia.

séptico *adj* septic.

sepulcral *adj* charnel.

sepulcro *s* sepulcher.

sepultamento *s* burial; entombment.

sepultar *v* bury; entomb; inhume; inter.

sepultura *s* grave; tomb.

sequaz *adj* sequacious.

seqüela *s* sequel.

seqüência *s tb Mat* sequence.

sequer *adv* even; at least.

seqüestrador *s* 1 kidnapper. 2 hijacker (de avião).

seqüestrar *v* 1 kidnap; abduct. 2 *Jur* sequester. 3 hijack (um avião).

seqüestro *s* 1 kidnapping; abduction; seizure. 2 hijacking (de avião). 3 *Jur* execution. 4 *gír* snatch.

sequioso *adj* 1 dry; arid. 2 thirsty.

séqüito *s* retinue.

sequóia *s Bot* redwood.

ser *v* be. || *s* 1 being. 2 existence.

serão *s* overtime.

sereia *s* 1 mermaid. 2 *Mit* Siren.

serenamente *adv* collectedly.

serenar *v* calm.

serenata *s Mús* serenade.

serenidade s 1 serenity; tranquillity. 2 equanimity; composedness. 3 composure; cool; coolness.

sereno adj 1 serene; quiet; smooth. 2 cool; dispassionate. 3 imperturbable; undisturbed; sober. 4 limpid. ll s dew (orvalho).

seriado adj serial.

seriamente adv seriously.

seriar v grade.

série s 1 series. 2 chain; course. 3 grade; grouping. 4 range; sequence.

seriedade s 1 seriousness; solemnity; earnestness. 2 severity; graveness; gravity.

serifa s Tip serif.

seringa s syringe; squirt.

seringar v syringe; inject.

seringueira s Bot rubber tree.

sério adj 1 serious; earnest. 2 austere; grave; severe. 3 sober; solemn. 4 staid; demure. 5 steady; straight.

sermão s 1 sermon. 2 lecture.

seroso adj serous.

serpear v twine; wriggle; coil; meander.

serpente s 1 Zool e tb fig serpent; snake. 2 Zool ophidian.

serpentear v twist; wander; meander.

serpentina s streamer.

Serra Leoa s Sierra Leone.

serra s 1 saw (instrumento). 2 mountain (monte).

serrado adj serrate.

serrador s ripper.

serragem s sawdust.

serralheiro s locksmith.

serrano s mountaineer.

serrar v 1 saw. 2 rip (madeira).

serraria s sawmill.

serrilha s knurl.

serrilhar v indent; knurl.

serrote s saw.

sertanejo adj e s inlander.

sertão s pl backwoods.

serum s serum.

serva s bondmaid; bondwoman.

servente s servant; attendant.

serventia s service.

serviçal s servant.

serviço s 1 tb Mil service. 2 work; employ.

servidão s serfdom; servitude; bondage.

servidor s 1 attendant; lackey. 2 tb Comp server.

servil adj servile; slavish; menial.

servilismo s servileness; cringe.

sérvio adj e s Serb.

servir v 1 serve; attend; wait on/upon; do; subserve. 2 suit; use.

servitude s servitude.

servível adj serviceable.

servo s 1 bondman; bondsman; serf; servant. 2 sewer (medieval); vassal.

servo-croata adj e s Serbo-Croatian.

sésamo s Bot sesame.

sessão s session; sitting.

sessenta num sixty.

sesta s siesta; nap.

seta s 1 arrow. 2 dart.

sete num seven.

setecentos num seven hundred.

setembro s September.

setenta num seventy.

setentrional adj northern.

sétimo num seventh.

setor s 1 Geom e Mil sector. 2 field; realm (de atividade). 3 section (de uma cidade).

setorizar v sector.

setuagenário adj e s septuagenarian.

seu adj her (dela); his (dele); your (teu, seu); their (deles, delas). ll pron hers (dela); his (dele); its (dele, dela); yours; theirs (deles, delas).

seus adj her (dela); his (dele); your (teu, seu); their (deles, delas). ll pron hers (dela); his (dele); its (dele, dela); yours; theirs (deles, delas).

severamente adv severely; critically.

severidade s 1 severity; austerity; criticalness. 2 asperity; acerbity; hardness; harshness; inclemency; rigor; rudeness.

severo adj 1 severe; strict; austere; rigid; rigorous; hard; harsh; stern; dour. 2 acute; astringent; bitter. 3 censorious; critical.

sexagésimo num sixtieth.

sexo s 1 sex. 2 gender.

sexologia s sexology.

sexólogo s sexologist.

sexta-feira s Friday.

sextante s 1 Mat e Náut sextant. 2 Astron Sextans.

sexteto s *Mús* sextet.
sexto num sixth.
sexual adj sexual.
sexualidade s sexuality.
si s *Mús* b. || pron himself; herself; itself; yourself; yourselves; themselves; oneself.
siamês adj e s Siamese.
Sibéria s Siberia.
siberiano adj e s Siberian.
sibilação s sibilation.
sibilante adj *Ling* sibilant.
sibilar v fizz; swish.
sibilo s fizz.
sicômoro s *Bot* sycamore.
sideral adj sidereal; astral.
siderurgia s steelworks.
sidra s cider.
sifão s 1 siphon. 2 trap.
sífilis s *Med* syphilis.
sigilo s secrecy; seal; reserve.
sigla s acronym, abbreviation.
signatário s signatory.
significação s 1 signification. 2 expressiveness. 3 importance.
significado s meaning; significance.
significante adj significant.
significar v mean; signify; denote; imply.
significativo adj meaning; meaningful.
signo s *Astrol* sign.
sílaba s *Ling* syllable.
silábico adj *Ling* syllabic.
silenciador s 1 silencer. 2 *Mec* muffler.
silenciar v silence; hush.
silêncio s silence; still; stillness; hush; quiet. || interj mum.
silencioso adj silent; noiseless; still; wordless; mum; mute; dumb. || s 1 silencer. 2 *Mec* muffler.
silepse s syllepsis.
sílex s flint.
sílfide s sylph.
silfo s sylph.
silhueta s silhouette; figure.
sílica s *Quím* silex.
silicato s *Quím* silicate.
silício s *Quím* silicio. (*símb* Si).
silicone s silicone.
silo s silo.
silogismo s syllogism.

silogizar v syllogize.
siluriano adj Silurian.
silvar v fizz; fizzle; hiss.
silvestre adj wild.
silvicultura s forestry.
silvo s fizz; hiss; sibilation; whir; whistle; twang.
sim s yes. || interj aye. || adv yea; inform yeah; yes.
simbiose s symbiosis.
simbiótico adj symbiotic.
simbólico adj symbolic.
simbolismo s symbolism.
simbolização s symbolization.
simbolizar v symbolize; symbol; represent; stand for.
símbolo s symbol; token; emblem.
simetria s symmetry; shapeliness.
simétrico adj symmetrical.
simetrizar v symmetrize.
simiesco adj simian; apelike.
similar adj similar; approximate; comparable.
similaridade s similarity; likeness.
símile s simile.
similitude s similitude.
símio s *Zool* monkey.
simpatia s sympathy; liking.
simpático adj appealing; nice; kindly.
simpatizar v sympathize.
simples adj 1 simple; single; mere. 2 homely; humble. 3 rough; rustic. 4 simple-minded; naive.
simplesmente adv simply; just; merely.
simplicidade s 1 simplicity. 2 chasteness; chastity; innocency.
simplificação s simplification; facilitation.
simplificar v simplify.
simplório s simpleton; ninny; noddy. || adj simple.
simpósio s symposium.
simulação s simulation; make-believe.
simulacro s simulacrum.
simulado adj 1 simulated. 2 affected; sham; mock. 3 dummy; fictitious.
simulador s simulator.
simular v 1 simulate; imitate. 2 sham.
simultaneamente adv concurrently; at one time; together.

S

imultaneidade s simultaneousness; concurrence.

imultâneo adj simultaneous; concurrent.

ina s doom.

inagoga s synagogue.

inal s 1 sign; trace; mark. 2 signal; gesture. 3 character; denotation. 4 down payment (de algum pagamento). 5 semaphore; stoplight; traffic light (de trânsito). 6 symptom; manifestation. 7 tb Comp token. 8 scar.

inalar v signalize.

inaleiro s signaller.

inalização s signalization; marker.

inalizar v 1 sign. 2 signal; cue.

inceramente adv truly.

inceridade s sincerity; honesty; ingenuousness; earnestness; frankness; unreserve; truth.

incero adj sincere; frank; guileless; genuine; heartfelt; hearty; honest; openhearted; real; straightforward.

incope s 1 Gram e Mús syncopation. 2 Gram, Med e Mús syncope.

incretismo s syncretism.

incronia s synchrony.

incrônico adj synchronous; simultaneous; contemporaneous.

incronismo s synchronism.

incronização s synchronization.

incronizar v synchronize; contemporize.

indético adj Gram syndetic.

indical adj syndical.

indicalismo s syndicalism.

indicalizar v syndicalize; syndicate.

indicância s syndication.

indicar v syndicate.

indicato s syndicate; labor union; trade union.

indico s syndic.

indrome s syndrome.

ineiro s chimer.

inergia s synergy.

ineta s bell.

inete s signet; cachet; seal; stamp; mark.

infonia s Mús symphony.

infônico adj Mús symphonic.

ingelo adj 1 plain, simple. 2 ingenuous; innocent.

singular adj 1 tb Gram singular. 2 single; odd. ‖ s tb Gram singular.

singularidade s singularity; oddity.

singularizar v singularize.

sinistro adj sinister. ‖ s 1 disaster; accident. 2 damage.

sino s bell.

sinônimo adj Ling synonymous. ‖ s Ling synonym.

sinopse s synopsis.

sinóptico adj synoptic.

sintático adj Gram syntactic.

sintaxe s Gram syntax.

sintáxico adj syntactic.

síntese s synthesis.

sintético adj synthetic.

sintetizador s Mús keyboard.

sintetizar v synthesize.

sintoma s symptom.

sintomático adj symptomatic.

sintonia s tune.

sintonizador s tuner.

sintonizar v 1 attune. 2 tune in (rádio).

sinuca s snooker.

sinuosidade s sinuosity.

sinuoso adj sinuous; winding; tortuous.

sinusite s Med sinusitis.

sionismo s Zionism.

sire s sire; sir.

sirena s siren (de ambulância, etc.).

Síria s Syria.

sírio adj e s Syrian.

Sírio s Astron Dog Star.

sísmico adj seismic.

sismografia s seismography.

sismologia s seismology.

sismômetro s seismometer.

siso s 1 wisdom; judgment; prudence. 2 wisdom tooth.

sistema s tb Anat e Comp system.

sistemática s Biol systematics.

sistematicamente adv systematically.

sistemático adj systematic; methodical.

sistematização s systematization.

sistematizar v systematize.

sístole s Anat e Gram systole.

sisudo adj grave; solemn.

sitiar v besiege; siege; beleaguer; beset.

sítio s 1 siege. 2 small farm.

situação s situation; state; status.

situado adj situated.

situar v situate; locate.

só adj 1 alone; sole; lone; lonely; lonesome. 2 odd.

soalho s floor.

soar v 1 sound. 2 ring; blow; chime.

sob prep below; beneath; under.

soberania s sovereignty.

soberano adj e s sovereign.

soberbo adj superb; arrogant; cavalier; supercilious; inform uppish.

sobra s surplus; excess; waste; remainder; trimmings.

sobrancelha s brow; eyebrow.

sobrar v remain; rest.

sobras s 1 leftover; scraps. 2 leftovers (de comida).

sobre prep 1 about; on. 2 above; on; onto; over; up; upon. II adv on.

sobrecapa s jacket (de livro).

sobrecarga s overcharge; overload; overburden; surcharge.

sobrecarregar v overcharge; overload; overburden; surcharge.

sobre-humano adj superhuman.

sobreloja s mezzanine (andar).

sobremesa s dessert.

sobrenatural adj e s supernatural.

sobrenome s surname; family name.

sobrepor v superimpose; overlap.

sobreposição s superimposition; juxtaposition.

sobrepujar v 1 surpass; excel. 2 rise above; outclass. 3 overcome; overmatch.

sobrescrito s superscript.

sobressair v outstand; excel.

sobressalente adj spare (peça ou acessório).

sobressaltar v startle.

sobressalto s start; startle.

sobretaxa s surcharge.

sobretudo s overcoat; surcoat; topcoat (casaco). II adv especially; above all.

sobrevivência s survival.

sobrevivente s survivor.

sobreviver v survive; subsist.

sobrevoar v overfly.

sobriedade s sobriety.

sobrinha s niece.

sobrinha-neta s grandniece.

sobrinho s nephew.

sobrinho-neto s grandnephew.

sóbrio adj sober; abstemious; abstinent.

socar v 1 sock; hit; swipe; wallop. 2 crush; pound. 3 knead (massa).

sociabilidade s sociability.

social adj social.

socialismo s socialism.

socialista adj e s socialist.

socializar v socialize.

sociável adj sociable; companionable.

sociedade s 1 society; community. 2 association; partnership. 3 company; firm. 4 fraternity; fellowship.

sócio s 1 associate; partner. 2 member (de clube).

sociocultural adj sociocultural.

socioeconômico adj socioeconomic.

sociologia s sociology.

sociólogo s sociologist.

soco s blow; punch; sock.

soco-inglês s brass knuckles; gír knuckle-duster.

socorrer v help; aid; assist; relieve; succor.

socorro s help; aid; assistance; relief.

soda s 1 Quím sodium hydroxide. 2 soda water. 3 lemon squash.

sódio s Quím sódio. (símb **Na**).

sodomia s sodomy.

sofá s sofa; couch.

sofá-cama s davenport; day bed.

sofisma s sophism; fallacy.

sofismar v twist; cheat.

sofisticação s sophistication.

sofisticado adj sophisticated.

sofisticar v sophisticate.

sofredor s sufferer.

sofreguidão s ravening.

sofrer v 1 suffer; grieve. 2 undergo.

sofrimento s suffering; distress; misery; pain.

sofrível adj endurable; bearable; reasonable; fairish.

sogra s mother-in-law.

sogro s father-in-law.

soja s Bot soy.

sol s 1 sun; daystar. 2 Mús G.

sola s sole (do pé ou de sapato).
solapar v sap; undermine.
solar adj solar.
solavanco s bump; jolt.
solda s solder.
soldado s soldier.
soldar v solder; braze.
soleira s doorstep.
solene adj solemn; formal.
solenidade s solemnity; formality.
soletração s orthography.
soletrador s speller.
soletrar v spell.
solicitação s request.
solicitar v 1 request; solicit; ask; wish. 2 apply (emprego).
solícito adj solicitous; tender.
solicitude s solicitude.
solidão s solitude; loneliness; isolation.
solidariedade s solidarity.
solidarizar v bring together; join forces.
solidez s solidity; compactness; fastness; firmness; soundness.
solidificação s concretion; consolidation.
solidificar v solidify; harden; concrete; consolidate; crystallize.
sólido adj solid; concrete; consistent; hard; firm; massive; massy. II s solid.
solilóquio s soliloquy.
solista s soloist.
solitária s 1 tapeworm (verme). 2 solitary confinement (prisão).
solitário adj solitary; alone; lone; lonely; lonesome; solo. II s solitaire (brilhante).
solo s 1 soil; earth; ground; land. 2 Mús solo.
solstício s solstice.
soltar v 1 liberate; set free. 2 fly (balão, papagaio, etc.). 3 let out (grito, risada); utter (voz). 4 shed (a pele, as penas, as folhas). 5 release. 6 loose; loosen. 7 untie (nó).
solteira s single woman; maiden.
solteiro adj single; unmarried. II s bachelor; single.
solteirona s spinster.
solto adj 1 loose. 2 free. 3 fluffy (arroz).
soltura s release.
solubilidade s solubility.

solução s solution; resolution; answer (de um problema).
soluçar v 1 hiccup. 2 sob (de chorar).
solucionar v solve; resolve.
soluço s 1 hiccup. 2 sob (pranto).
solúvel adj soluble.
solvência s solvency.
solvente adj e s solvent.
solver v solve; work.
som s sound.
soma s 1 Mat addition. 2 sum; total amount.
Somália s Somalia.
somar v add; sum; tot; total.
sombra s 1 shadow; shade. 2 eye shadow (maquiagem).
sombreado adj shadowy; shady. II s shade.
sombreamento s hatching (artes gráficas).
sombrear v shadow; shade; overshadow.
sombrio adj 1 shady; dark. 2 gloomy.
somente adv just; but; only; solely.
sonambulismo s noctambulism.
sonâmbulo s sleepwalker.
sonar s sonar.
sonda s 1 Med probe. 2 Náut sounding lead. 3 drill (petróleo).
sondagem s 1 Náut sounding. 2 survey (terreno, opinião).
sondar v fathom.
sondável adj fathomable.
soneca s nap; snooze.
sonegar v 1 withhold (dinheiro, informações). 2 dodge (impostos).
soneto s sonnet.
sonhador adj dreamy; faraway; moony. II s fancier.
sonhar v tb fig dream.
sonho s 1 tb fig dream. 2 doughnut (doce).
sônico adj sonic.
sono s sleep.
sonolência s somnolence; sleepiness; drowsiness.
sonolento adj sleepy; somnolent; drowsy.
sonoridade s sonority.
sonoro adj 1 resonant. 2 Ling voiced.
sopa s soup.
sopapo s cuff.
sopé s foot.
sopeira s tureen.
soprano s Mús soprano.

soprar v 1 blow. 2 whisper (dizer em voz baixa).

sopro s 1 blow; blast. 2 *Med* murmur (coração).

soquete s sock.

sordidez s squalor; nastiness.

sórdido adj sordid; squalid; vile; filthy.

soro s serum.

sorrateiro adj sneaking; underhand.

sorridente adj smiling.

sorrir v smile; grin.

sorriso s smile; grin.

sorte s 1 luck; fortune. 2 chance. 3 destiny; fate; lot. 4 sort; kind.

sortear v raffle.

sorteio s 1 draw. 2 raffle.

sortimento s assortment.

sortudo adj lucky; fortuitous.

sorvedouro s whirlpool.

sorver v 1 sip; sup. 2 absorb.

sorvete s ice cream.

sorveteria s ice-cream parlor.

sorvo s sip.

sósia s double; counterpart.

sossegado adj peaceful; calm; even-tempered; quiet.

sossegar v calm; quieten.

sossego s peace; calm; calmness; ease; quiet; repose; rest; stillness.

sótão s attic; loft.

sotaque s accent.

sotavento s leeward.

soterrar v bury.

soturno adj lugubrious.

sova s drubbing.

sovaco s armpit.

sovar v 1 beat; thrash. 2 knead (massa).

sovela s awl; bradawl.

soviético adj soviet.

sovina adj miserly; skimpy; stingy. || s miser; *tb minús* Scrooge.

sovinice s meanness.

sozinho adj 1 alone; sole; solo. 2 by oneself.

Sr s Mr.

Sra s Mrs.

Sri Lanka s Sri Lanka.

sua adj her (dele); his (dele); your (teu, seu); their (deles, delas). || *pron* hers (dela);

his (dele); its (dele, dela); yours; their (deles, delas).

suar v sweat; transpire.

suas adj her (dela); his (dele); your (teu, seu); their (deles, delas). || *pron* her (dela); his (dele); its (dele, dela); yours; theirs (deles, delas).

suástica s swastica.

suave adj 1 smooth; soft; suave; bland. 2 delicate; gentle; mellifluous; lithe. 3 sweet; tender. 4 mellow (sabor); milc 5 light.

suavidade s suaveness; softness.

suavizar v 1 soften. 2 alleviate; palliate 3 mute (cor e som).

Suazilândia s Swaziland.

subalterno adj inferior; secondary; menial subordinate. || s inferior; subordinate.

subaquático adj subaquatic.

subáqueo adj submarine.

subclasse s subclass.

subcomandante s *Mil* executive officer.

subconsciência s subconscious; subconsciousness.

subconsciente adj subconscious.

subdelegado s deputy (de polícia).

subdesenvolvido adj underdeveloped (país região).

subdesenvolvimento s underdevelopment

subdiretório s *Comp* subdirectory.

subdividir v subdivide.

subdivisão s subdivision; branch.

subentender v perceive; understand.

subestimar v underestimate; undervalue.

subida s 1 ascension. 2 rise (preços) 3 upgrade.

subir v 1 go up; ascend; climb. 2 advance (em dignidade, posto, posição). 3 rise (preços). 4 raise (levantar).

súbito adj sudden.

subjacente adj underlying.

subjetividade s subjectiveness.

subjetivo adj *tb Gram* subjective.

subjugação s subjugation.

subjugador s subduer.

subjugar v subdue; subjugate.

subjugável adj subduable.

subjuntivo adj e s *Gram* subjunctive.

sublevação s uprising.

sublevar v 1 raise; rise. 2 incite (revolta).

sublimação s sublimation.

sublimar v sublimate; sublime.

sublime adj sublime.

sublinha s underline; underscore.

sublinhar v underline; underscore.

sublocação s sublease; subtenancy.

sublocar v sublease.

submarino adj submarine; undersea. II s submarine.

submergir v submerge; immerse.

submersão s submersion.

submerso adj submerged; sunken.

submeter v submit.

submissão s submission.

submisso adj submissive; docile.

submundo s underworld.

subnutrição s malnutrition.

subnutrir v undernourish.

subordinação s subordination.

subordinado adj e s subordinate.

subordinar v subordinate.

subornador s briber.

subornar v bribe; corrupt.

suborno s bribery; bribe.

sub-reptício adj surreptitious.

subscrever v subscribe; undersign; underwrite.

subscrição s subscription.

subscritor s addresser.

subsecretário s undersecretary.

subseqüência s subsequence.

subseqüente adj subsequent.

subserviência s subservience.

subserviente adj subservient.

subsidiar v subsidize.

subsidiário adj e s subsidiary.

subsídio s subsidy; grant.

subsistência s subsistence; livelihood; maintenance.

subsistente adj extant.

subsistir v subsist.

subsolo s subsoil; underground.

substância s substance.

substancial adj substantial; substantive.

substancioso adj rich (comida).

substantivo s Gram noun. II adj Gram substantive.

substituição s substitution; replacement.

substituir v substitute; replace.

substituto s substitute.

substrutura s substructure.

subterfúgio s subterfuge.

subterrâneo adj subterranean; underground. II s underground.

subtítulo s subtitle.

subtração s tb Mat subtraction.

subtrair v 1 tb Mat subtract. 2 steal (furtar).

subtropical adj subtropical.

subumano adj subhuman.

suburbano adj suburban.

subúrbio s suburb; outskirts.

subvenção s subvention.

subversão s subversion.

subversivo adj e s subversive.

subverter v subvert.

sucata s scrap; waste.

sucção s suction; suck.

suceder v 1 succeed; follow. 2 happen; occur.

sucessão s succession.

sucessivo adj successive.

sucesso s success.

sucessor s successor. II adj following; subsequent.

súcia s gang; mob.

sucintamente adv concisely.

sucinto adj concise; short; succinct.

súcio s mobster.

suco s juice.

suculência s juiciness.

suculento adj succulent; juicy.

sucumbir v succumb.

sucuri s Zool anaconda.

Sudão s Sudan.

sudeste s southeast.

súdito s vassal; subject.

sudoeste adj e s southwest.

Suécia s Sweden.

sueco adj Swedish. II s swede; Swedish (idioma).

suéter s sweater.

suficiência s sufficiency.

suficiente adj sufficient; enough.

suficientemente adv enough; well.

sufixo s Gram suffix.

sufocação s suffocation.

S

sufocador s choker.

sufocante adj suffocating; choking; choky; stifling.

sufocar v suffocate; asphyxiate; choke.

sufrágio s suffrage; vote.

sugador s sucker.

sugar v suck.

sugerir v suggest.

sugestão s 1 suggestion. 2 cue; hint.

sugestivo adj suggestive.

Suíça s Switzerland.

suíças s sideburns.

suicida adj suicidal; kamikaze. II s suicide.

suicidar-se v commit suicide.

suicídio s suicide.

suíço adj e s Swiss; Helvetian.

suingue s 1 Mús jive. 2 swing (sexo entre casais).

suíno adj swinish. II s boar; swine.

suíte s suite.

sujar v dirty; mess.

sujeição s subjection.

sujeira s 1 dirt; dirtness. 2 gír dirty trick.

sujeitar v subject; submit.

sujeito adj subject. II s Gram subject.

sujidade s dirt; dirtness.

sujo adj 1 dirty; unclean; messy; rundown. 2 nasty; dishonest.

sul s south.

sul-africano adj e s South African.

sul-americano adj e s South American.

sulcar v 1 plow (terra). 2 furrow (pele).

sulco s furrow.

sulfato s Quím sulfate.

súlfur s Quím sulfur.

sulfuroso adj sulfurous.

sulista s southerner.

sultão s sultan.

sumarento adj juicy.

sumariar v summarize.

sumário s summary; résumé.

sumir v disappear; vanish.

sumo s juice.

sunga s trunks.

suntuosidade s sumptuousness; luxury.

suntuoso adj sumptuous; luxurious; gorgeous.

suor s sweat.

superabundância s superabundance; glut.

superabundante adj superabundant.

superalimentar v overfeed.

superaquecer v overheat.

superar v 1 exceed; excel. 2 surpass; overcome; surmount.

superável adj superable.

superavit s superavit; surplus.

supercílio s brow.

superdose s overdose (especialmente de narcótico).

superestrutura s superstructure.

superficial adj superficial; shallow.

superficialidade s superficiality.

superficialmente adv superficially.

superfície s surface.

supérfluo adj superfluous.

super-herói s superhero.

super-homem s superman.

superintendente s superintendent.

superintender v superintend.

superior adj 1 superior; higher. 2 greater. 3 upper; uppermost; top. II s superior.

superiora s e adj fem superior.

superioridade s superiority.

superlativo adj e s Gram superlative.

supermercado s supermarket.

superpotência s superpower.

supersensível adj hypersensitive; supersensible.

supersônico adj supersonic.

superstição s superstition.

supersticioso adj superstitious.

supervisão s supervision.

supervisionar v supervise.

supervisor s supervisor.

suplantar v supplant.

suplementar adj supplementary; accessory; additional; complemental; further. II v supplement.

suplemento s supplement.

súplica s supplication; appeal.

suplicante adj supplicant; appealing; appellant. II s 1 supplicant. 2 Jur plaintiff.

suplicar v supplicate; plead; beg; implore.

suplício s torment; torture.

supor v suppose; assume; surmise; think.

suportar v 1 support (apoiar). 2 bear; tolerate.

suportável adj bearable; tolerable.

suporte s 1 support. 2 brace; bracer. 3 rest. 4 mount; mounting.

suposição s 1 supposition; surmise; assumption; conjecture. 2 guess; guesswork.

supositório s Med suppository.

suposto adj supposed; assumed.

supra adv above (citado). || adj above (citado, mencionado).

supracitado adj aforesaid.

supradito adj forenamed.

supra-sensível adj supersensible.

supra-sumo s pinnacle.

supremacia s supremacy.

supremo adj supreme; ultimate.

supressão s suppression.

suprimir v 1 suppress; cancel. 2 delete. 3 abolish.

suprir v provide; supply; serve.

supuração s suppuration; Med maturation.

supurar v suppurate; Med maturate.

suputar v calculate; compute.

surdez s deafness.

surdina s Mús mute.

surdir v emerge.

surdo adj 1 deaf. 2 muffled (som). || s deaf.

surdo-mudo s ofens deaf-mute.

surfar v Esp surf.

surfe s Esp surf.

surfista s Esp surfer.

surgimento s emergence.

surgir v appear; arise; emerge; come; crop up.

Síria s Syria.

Suriname s Suriname.

surinamês adj e s Surinamese.

surpreendente adj surprising; amazing; astonishing.

surpreender v surprise; astonish; astound; flabbergast.

surpresa s surprise; astonishment.

surra s beating; whipping; thrashing.

surrado adj 1 beaten (espancado). 2 worn out (roupa).

surrar v 1 beat; thrash. 2 wear out (roupa).

surrealismo s Art e Lit surrealism.

surrupiar v steal; filch.

surtida s sortie.

surtir v produce; bring about; occasion.

surto adj Náut anchored. || s 1 outbreak (doença). 2 surge (progresso).

suscetibilidade s susceptibility.

suscetível adj susceptible; susceptive. || s touchy person.

suscitar v raise.

suspeita s suspicion.

suspeitar v suspect.

suspeito adj suspect; suspicious. || s suspect.

suspender v 1 lift (erguer). 2 hang (pendurar). 3 suspend; stop (interromper). 4 Jur abate (ação); adjourn (transações); respite (a execução de uma pena).

suspensão s 1 suspension; stoppage. 2 Jur abatement; abeyance; adjournment; cessation; hanging; stay (de processo). 3 tb Comp timeout.

suspense s suspense.

suspenso adj hanging.

suspensório adj suspensory. || s Med suspensory

suspensórios s suspenders.

suspirar v sigh.

suspiro s 1 sigh. 2 meringue (doce).

sussurrar v whisper; murmur.

sussurro s whisper; murmur.

sustenido s Mús sharp.

sustentação s sustentation; maintenance.

sustentáculo s support; base.

sustentar v 1 sustain; support. 2 maintain. 3 abide (palavra).

sustentável adj sustainable; maintainable.

sustento s 1 sustenance. 2 support. 3 livelihood; living; maintenance.

suster v support.

susto s fright; scare.

sutiã s bra; brassiere.

sutil adj subtle.

sutileza s subtlety; subtleness; delicacy.

sutura s Med suture.

suturar v Med suture.

suxar v loosen; slacken.

T

t ou **T** s the twentieth letter of the alphabet. || abrev maiús de **temperature**.

tá interj **1** O.K. **2** it's a deal.

taba s Indian village.

tabacaria s tobacco shop.

tabaco s tobacco.

tabefe s slap; blow; buffet.

tabela s Mat e Comp schedule; table.

tabelar v schedule; tabulate.

tabelião s conveyancer; notary.

tabelionado, tabelionato s Jur conveyancing.

taberna s tavern; bar.

tabernáculo s tabernacle.

tabique s partition.

tablado s **1** stage. **2** scaffold. **3** dais.

tablete s **1** tablet. **2** Farm pastille.

tablóide s tabloid.

tabu adj e s taboo.

tábua s **1** board. **2** Mat table. **3** Náut batten.

tabuada s multiplication table.

tabular v tabulate. || adj flat.

tabuleiro s tray; board.

tabuleta s **1** sign; bill; board. **2** inform shingle.

taça s glass; cup; bowl; chalice; goblet.

tacanho adj **1** short. **2** narrow-minded.

tacão s heel.

tacha s tack.

tacho s pan.

tácito adj tacit.

taciturno adj taciturn; moody; morose; reserved.

taco s cue (de bilhar); club (de golfe).

tacômetro s tachometer.

tafetá s taffeta.

tagarela adj e s **1** chatty; talkative. **2** gír gabby; garrulous; mouthy. || s **1** chatterbox; jabberer; babbler. **2** gír gasbag; windbag.

tagarelar v **1** chatter; babble; jabber; gossip. **2** gír jaw; gab; gabble; rattle; yak.

tagarelice s **1** chatter; chattiness; babble; jabber. **2** gír yackety-yak; yak; tattle; twaddle.

tailandês adj e s Thai.

Tailândia s Thailand.

tainha s Zool mullet.

taipa s mud wall.

Taiti s Tahiti.

taitiano adj e s Tahitian.

taiuanês adj e s Taiwanese.

Taiwan s Taiwan.

tal adj e pron such.

tala s Med splint.

tálamo s Anat e Bot thalamus.

talão s stub; checkbook (de cheques).

talco s talc.

talento s talent; aptitude; brilliance; gift; artistry.

talentoso adj accomplished; brilliant; gifted.

talha s **1** cut. **2** carving. **3** Náut tackle.

talhadeira s gad.

talhado adj **1** cut. **2** carved.

talhador s cutter; chopper.

talha-mar s Náut forefoot.

talhar v **1** cut; hew; slash. **2** carve.

talharim s noodle.

talhe s fit; hack.

talher s cover.

talho s chop; nick; slash.

talião s talion.

talismã s amulet; charm; fetish; talisman.

talmude s Talmud.

talo s stalk; stem.

talude s escarpment.

taludo adj **1** Bot stalky; caulescent. **2** well-developed; vigorous.

talvez adv maybe.

tamanco s clog.

tamanduá s Zool anteater.

tamanho s size; bulk; scale; dimension; extent.

tâmara s Bot date.

tamareira s Bot date palm.

tamarindeiro, tamarindo s Bot tamarind.

ambém *adv* also; besides; so; as well; too.

ambor *s* **1** barrel; drum. **2** *Mús* tambour.

amborete *s* tabouret.

amborilar *v* drum; tattoo.

amborim *s* *Mús* tabor.

ampa *s* cover; lid.

ampão *s* bung; wad.

ampar *v* **1** cover; shut; lid. **2** bung.

ampo *s* **1** lid. **2** top (de mesa).

ampouco *adv* either; neither; no more.

andem *s* tandem.

anga *s* loincloth; breechcloth.

angência *s* tangency.

angente *s* *tb* *Mat* tangent.

anger *v* **1** sound (o sino, etc.). **2** drive (o gado). **3** *fig* concern; refer.

angerina *s* *Bot* tangerine.

angível *adj* **1** tangible. **2** corporeal.

ango *s* tango.

anino *s* *Quím* tannin.

anoar *v* cooper.

anoaria *s* cooperage.

anoeiro *s* cooper.

anque *s* **1** tank; vat. **2** *Mil* tank.

antã *s* *Mús* tom-tom; tam-tam.

anto *adv* so much; both; so.

anzânia *s* Tanzania.

anzaniano *adj* e *s* Tanzanian.

tão *adv* as; so; such; that.

apa *s* slap; buffet; flap; swat.

apado *adj* **1** covered. **2** stuffy (nariz).

apar *v* **1** close; stuff; **2** stop; bung. **3** cover. **4** shut.

apeação *s* **1** dupery. **2** *gír* sting.

apear *v* dupe; humbug.

apeçaria *s* **1** tapestry. **2** upholstery.

apete *s* carpet; matting; rug; mat.

apioca *s* tapioca.

apir *s* tapir.

apume *s* closure; fence; screen; siding; partition.

taquara *s* *Bot* bamboo.

taquear *v* parquet.

taquicardia *s* *Med* tachycardia.

taquigrafia *s* tachygraphy; shorthand.

taramela *s* clapper; ratchet.

tarântula *s* tarantula.

tarar *v* tare.

tardamento, tardança *s* **1** slowness. **2** delay; retardation.

tardar *v* **1** delay. **2** loiter; linger.

tarde *s* afternoon. || *adv* late.

tardinha *s* late afternoon.

tardio *adj* **1** late; tardy; overdue. **2** slow; belated.

tarefa *s* task; work; duty; assignment; *tb* *Comp* job; undertaking; labor.

tarifa *s* **1** duty; tariff (sobre os produtos importados ou exportados). **2** rate.

tarifar *v* tariff.

tarimba *s* *Mil* bunk.

tarja *s* border.

tarrafa *s* fishing net.

tarraxa *s* **1** screw. **2** thread.

tarraxar *v* screw.

tarso *s* **1** *Anat* instep. **2** *tb* *Zool* shank.

tártaro *s* **1** tartar (de dentes). **2** Tartar.

tartaruga *s* *Zool* turtle.

tartufo *s* tartuffe; hypocrite.

tatear *v* grope; grabble.

tática *s* tactic.

tático *adj* tactical.

tato *s* **1** touch; feeling; feel. **2** tact; finesse; diplomacy.

tatu *s* *Zool* armadillo.

tatuagem *s* tattoo.

tatuar *v* tattoo.

taumaturgia *s* thaumaturgy; magic.

taurino *adj* taurine; bullish.

tauro *s* maiús *Astrol* e *Astron* Taurus.

tauromaquia *s* tauromachy.

tautologia *s* tautology.

taverna *s* inn.

taxa *s* **1** tax; impost; tribute; duty; toll; assessment; fee; rate; excise. **2** tariff (sobre os produtos importados ou exportados).

taxação *s* taxation.

taxar *v* tax; assess; excise; tariff.

táxi *s* cab; taxi; taxicab; hack.

taxidermia *s* taxidermy.

taxidermista *s* taxidermist.

taxímetro *s* taximeter.

tchau *interj* bye-bye.

tcheco *adj* e *s* Czech.

te *pron* 2ª *pess sing* you.

tear *s* loom.

teatral adj scenic.
teatro s theater; stage.
tebano adj e s Theban.
tecelagem s weave.
tecelão s weaver.
tecer v 1 weave; web; spin. 2 web (uma teia).
tecido s 1 cloth; textile; web; fabric; weft. 2 tb Biol tissue.
tecla s key.
teclado s 1 keyboard. 2 Mús manual; clavier.
técnica s us v sing ou pl technic.
técnico adj technic. II s technician.
tecnologia s technology.
tectônica s tectonics.
tédio s 1 boredom; tedium; ennui. 2 gír downbeat.
tediosamente adv dully.
tedioso adj 1 tedious; flat. 2 lengthy; monotonous.
tegumento s coat; tegument.
teia s web.
teima s obduracy.
teimar v buck.
teimosia s stubbornness.
teimoso adj stubborn; mulish; bullheaded; dogged; adamant; hardheaded.
teísmo s theism.
tela s 1 screen (de cinema, TV, computador, etc.). 2 painting.
telecomunicação s telecommunication.
telecurso s telecourse.
teleférico s cable car.
telefonar v buzz; call; ring.
telefone s telephone.
telefonema s call; ring.
telefonia s telephony.
telefônico adj telephonic.
telefonista s telephonist.
telegrafar v telegraph; wire.
telegrafia s telegraphy.
telégrafo s telegraph.
telegrama s telegram; wire.
teleguiado adj remote-controlled.
telemetria s telemetry.
teleobjetiva s telephoto lens.
telepatia s telepathy.
telescópio s telescope; glass.

telespectador s viewer.
teletipo s Teletype.
televisão s 1 television. 2 television receiver; inform box.
televisionar v televise.
televisor s television receiver; inform box.
telha s shingle; tile.
telhado s roof.
telhar v tile.
telheiro s shed.
telúrico adj telluric; earthborn.
telúrio s Quím tellurium.
tema s 1 subject; tb Mús e Gram theme; topic. 2 tb Mús e Lit motif; motive.
temático adj thematic.
temer v 1 fear. 2 dread.
temerário adj 1 reckless. 2 adventurous.
temeridade s temerity; rashness.
temeroso adj timorous; fearful; dreadful.
temido adj feared; dreaded.
temível adj fearful; fearsome.
temor s 1 dread; fear. 2 apprehension. 3 awe; reverence. 4 fig fright; frightfulness.
têmpera s 1 temper; hardening. 2 Art tempera.
temperado adj 1 spicy (comida). 2 temperate (clima, tempo).
temperamental adj temperamental; moody.
temperamento s temperament; temper; nature; disposition; character; mood.
temperança s temperance; moderation.
temperar v 1 temper. 2 harden (metal); anneal (vidro ou metal). 3 flavor; sauce; season; spice.
temperatura s temperature; mercury.
tempero s seasoning; spice; condiment; flavor; sauce.
tempestade s tempest; storm; blow.
tempestuoso adj 1 tempestuous; stormy; blowy. 2 boisterous; rough; wild.
templário s Templar.
templo s temple; church; sanctuary.
tempo s 1 time; day; epoch; hour. 2 standing; period. 3 weather. 4 Mús tempo; tempi. 5 Gram tense.
temporada s season; spell.
temporal adj e s downpour; storm; shower.
temporão adj e s early; unseasonable.

emporário *adj* temporary; makeshift. ‖ *s* temporary (empregado, trabalhador).

êmporas *s Anat* temple.

enacidade *s* tenacity.

enaz *adj* tenacious. ‖ *s* clench; nipper; tweezers.

enção *s* intention; purpose.

encionar *v* intend; mean; contemplate.

enda *s* **1** awning; tent; canvas. **2** stall (de vendedor).

endão *s Anat* tendon; sinew.

endência *s* **1** tendency; bent; bias. **2** trend; set; drift. **3** current. **4** run.

endente *adj* **1** tending; inclined. **2** apt.

ender *v* tend; trend.

endinite *s* tendinitis.

enebroso *adj* tenebrous; dark; murky.

enente *s* lieutenant.

ênia *s* taenia; tapeworm.

ênis *s* **1** sneaker; tennis shoe. **2** *Esp* tennis.

enor *s Mús* tenor.

enro *adj* tender.

ensão *s* **1** strain; stress. **2** *tb Eletrôn, Fís* e *Mec* tension; traction.

enso *adj* tense; strained.

ensor *s Anat* tensor.

entação *s* temptation.

entáculo *s Zool* e *Bot* tentacle.

entador *adj* e *s* enticer.

entar *v* **1** try; essay. **2** attempt; endeavor; seek. **3** tempt.

entativa *s* **1** experiment; essay; trial; try. **2** attempt; endeavor; effort. **3** temptation.

entilhão *s Zool* siskin.

ento *s* **1** care; attention. **2** score; point. **3** goal.

tênue *adj* airy; feeble.

tenuidade *s* tenuity.

teocracia *s* theocracy.

teocrata *s* theocrat.

teodolito *s* theodolite.

teologia *s* theology; divinity.

teólogo *s* theologian; divine.

teor *s* **1** text. **2** tenor. **3** *Quím* contents.

teorema *s* theorem.

teoria *s* **1** theory. **2** notion; hypothesis; assumption.

teórico *adj* **1** theoretical. **2** doctrinaire; bookish; notional.

teosofia *s Fil* theosophy.

teosofista *s* theosophist.

tepidez *s* tepidity; lukewarmness.

tépido *adj* tepid; lukewarm; warm.

tequila *s* tequila.

ter *v* **1** have; own. **2** carry. **3** bear.

terapeuta *s* therapist.

terapêutica *s us v sing* therapeutics.

terapêutico *adj* therapeutic.

terapia *s* therapy.

terça *s* tierce.

terça *adj Med* tertian (febre).

terça-feira *s* Tuesday.

terceiro *num* third.

terceto *s* **1** *Mús* trio. **2** *Lit* tercet; triplet.

terciário *adj* tertiary.

terço *s* **1** third. **2** beads.

terçol *s* sty; stye.

terebentina *s* turpentine.

tergiversação *s* tergiversation.

tergiversar *v* tergiversate.

termas *s* thermal baths.

térmico *adj* thermal.

terminação *s Gram* ending; *tb Ling* termination.

terminal *adj* e *s tb Med* e *Eletr* terminal.

terminante *adj* flat; categorical.

terminar *v* **1** end; finish; conclude; complete; close. **2** expire (prazo).

término *s* **1** end; ending. **2** expiration; expiry (contrato).

terminologia *s* terminology.

termo *s* **1** *Mat* e *Jur* term. **2** word. **3** conclusion; finish.

termógrafo *s Fís* thermograph.

termômetro *s* thermometer.

termoquímica *s Fís* e *Quím* thermochemistry.

termoscópio *s Fís* thermoscope.

termostato *s* thermostate.

ternamente *adv* affectingly; dearly.

ternário *adj* ternary.

terno *adj* tender; affecting; affective; bland; loving. ‖ *s* **1** ternary; triplet; tern. **2** suit.

ternura *s* tenderness; fondness; feeling; softness.

terra *s* **1** earth; Earth (planeta). **2** land. **3** soil; dirt. **4** *tb Eletr* ground.

terraço *s tb Geol* terrace.

terracota *s* terra cotta.

T

terraplanagem, terraplenagem *s* earthwork.
terraplenar *v* embank.
terráqueo *s* earthling.
terreiro *s* yard; backyard.
terremoto *s* earthquake; quake; *inform* shake.
terreno *adj* earthly; earthy; worldly; earthborn. ‖ *s* ground; soil; land; yard; parcel.
térreo *s* downstairs.
terrestre *adj* **1** terrestrial; earthborn; earthly. **2** overland.
terrier *s* terrier.
terrificante *adj* terrifying; frightful.
terrificar *v* terrify; frighten.
terrina *s* tureen.
território *s* territory; domain; region.
terrível *adj* **1** terrific; terrible; awful; frightful; dreadful; dire; awesome. **2** formidable.
terror *s* terror; consternation.
terrorismo *s* terrorism.
terrorista *s* terrorist.
terroso *adj* earthy.
tese *s* thesis; dissertation.
tesoura *s us v sing ou pl* scissors.
tesourar *v* **1** scissor. **2** slander.
tesouraria *s* treasury.
tesouro *s* **1** treasure; hoard. **2** fisc.
testa *s* **1** forehead; brow. **2** front.
testa-de-ferro *s* dummy; figurehead.
testado *adj* tried.
testador *s Jur* devisor.
testamenteiro *s Jur* executor.
testamento *s tb Jur* e *Bíbl* testament; will.
testar *v* test; try out.
teste *s* **1** test; exam; assay; examination. **2** *Comp* trial.
testeira *s* frontlet.
testemunha *s* witness.
testemunhar *v* **1** witness. **2** *Jur* testify.
testemunho *s* **1** testimony; witness; deposition. **2** *Jur* evidence; record; voucher.
testículo *s Anat* testicle; testis.
testificar *v* **1** testify. **2** attest.
teta *s* **1** teat. **2** *gír* tit.
tétano *s* tetanus.
teto *s* ceiling; roof.
tetraedro *s* tetrahedron.

tetragonal *adj* tetragonal.
tetragrama *s* tetragram.
tetralogia *s* tetralogy.
tétrico *adj* **1** macabre; funereal; awful. **2** sad. **3** gloomy.
teu(s) *pron poss* yours.
teuto, teutônico *adj* Teutonic; German.
têxtil *adj* textile.
texto *s* **1** text. **2** script (teatral, de filme etc.).
textura *s* texture; fabric.
texturizar *v* texture.
texugo *s* badger.
tez *s* complexion.
ti *pron 2ª pess sing* you.
tia *s* aunt.
tia-avó *s* great-aunt.
tibetano *adj* e *s* Tibetan.
Tibete *s* Tibet.
tíbia *s Anat* tibia; shinbone.
tibieza *s* lukewarmness; slackness.
tição *s* ember.
ticar *v* tick.
tico-tico *s Zool* crown sparrow.
tifo *s Med* typhus.
tifóide *adj Med* typhoid.
tigela *s* bowl.
tigre *s Zool* tiger.
tigresa *s Zool* tigress.
tijolo *s* brick.
til *s* tilde (sinal diacrítico).
tília *s Bot* linden.
tilintar *v* tinkle; chink; clink; ding; jingle; ring.
timão *s Náut* rudder; steering wheel.
timbale *s Mús* kettledrum; timbal.
timbrado *adj* crested.
timbrar *v* crest.
timbre *s* **1** emblem; insignia; crest. **2** stamp. **3** *Mús* tone; timbre.
time *s* team.
timidamente *adv* diffidently.
timidez *s* timidity; diffidence; shyness.
tímido *adj* timid; diffident; shy.
timoneiro *s Náut* steersman; helmsman.
tímpano *s Anat* **1** tympanum; eardrum; drum. **2** *Mús* kettledrum.
tina *s* tub; bucket; vat.
tingimento *s* tint.
tingir *v* dye; tint; color; stain; paint.

inha s *Med* ringworm.

:inido s chink; clang; clap; clatter; click; clink; jingle; ring; ting; tinkle.

:inir v chink; click; clink; jingle; ting.

:ino s 1 discernment; good sense. 2 prudence. 3 tact.

:inta s dye; paint; ink.

:inteiro s inkpot.

:into adj dyed; tinged.

:intura s dye.

:inturaria s dyer's; dry cleaner.

:intureiro s dyer; cleaner.

:io s uncle.

:io-avô s great-uncle.

:ípico adj typical; standard.

:iple s *Mús* treble; soprano.

:ipo s 1 *tb Tip* type. 2 kind; sort; character; nature. 3 *inform* person. 4 *gír* duck.

:ipógrafo s setter.

:ipografia s typography.

:ipóia s sling.

:ipologia s typology.

:ique s *tb Med* tic.

:ique-taque s tick; ticktack.

:iquetaquear v tick.

:ira s 1 band; ribbon. 2 strip; shred. 3 strip (história em quadrinhos). 4 *inform* cop.

:iragem s issue.

:ira-gosto s appetizer; savor.

:irania s tyranny; despotism; heel.

:irânico adj despotic; oppressive; overbearing.

:iranizado adj downtrodden.

:iranizar v domineer; oppress.

:irano s bully; despot.

:irar v 1 draw; pull out; extract. 2 remove; take off; take out; take away. 3 derive (benefício, prazer, etc.).

:ireóide, tiróide s *Anat* thyroid.

:iritar v shiver; shake; tremble.

:iro s 1 shot; shoot; fire. 2 round.

:irolês adj e s Tyrolese; Tyrollean.

:iroteio s fire.

:itã s Titan.

:itânico adj titanic.

:itânio s *Quím* titanium.

:ítere s puppet; marionette.

:itilar v titillate.

:itio s uncle.

titubear v 1 dodder; totter. 2 hesitate; vacilate.

titular s occupant.

título s 1 title. 2 heading; caption. 3 name; appellation; rubric. 4 charter.

toada s 1 *Mús* tune; song. 2 sound. 3 rumor.

toalete s 1 restroom. 2 bathroom.

toalha s towel.

tobogã s toboggan.

toca s burrow (de pequenos animais); den; lair; hole.

toca-discos s recorder player.

toca-fitas s cassette; tape player.

tocaia s ambush.

tocaiar v ambush.

tocante adj touching; feeling.

tocar v 1 touch; feel; contact. 2 play; sound. 3 blow (instrumento de sopro). 4 ring; ding. 5 affect; move.

tocata s *Mús* toccata.

tocha s torch.

toco s 1 stub; butt. 2 stump.

todavia conj although; however; nevertheless; but; still; yet.

todo pron adj e s all; any; entire; every; whole. || s entire; entirety; whole.

todo-poderoso s almighty.

todos pron all; everybody; everyone; one and all.

toga s 1 toga; gown; robe. 2 *fig* magistracy.

toldo s awning; shade.

tolerância s 1 tolerance; broad-mindedness; breadth. 2 forbearance; patience; kindness.

tolerante adj 1 tolerant; broad; broadminded. 2 forbearing; patient; kind. || s patient.

tolerar v tolerate; endure; suffer; bear.

tolerável adj 1 tolerable; bearable; endurable. 2 passable.

tolher v nip; stunt; check; tie.

tolice s 1 foolishness; folly. 2 nonsense; balderdash. 3 *inform* bosh. 4 *gír* crock. 5 vacuity.

tolo adj 1 foolish; silly. 2 *gír* goofy; jerky. 3 insane; lunatic. 4 simple-minded. || s 1 fool. 2 *inform* daft. 3 *gír* jerk; cuckoo. 4 lunatic. 5 stupid; obtuse.

T

tom s 1 tone. 2 *Mús* sound; note. 3 tinge; tint. 4 mood.

tomada s 1 taking; seizure. 2 *Eletr* jack; outlet. 3 take (cena de filme).

tomar v 1 take. 2 seize. 3 assume. 4 eat; drink.

tomate s *Bot* tomato.

tombadilho s *Náut* poop deck; quarterdeck.

tombado adj upset.

tombar v 1 tumble; topple. 2 upset; tip over. 3 fall.

tombo s tumble; fall.

tomo s 1 tome; volume. 2 book.

tonalidade s 1 tonality. 2 *Mús* tone. 3 shade; tint; hue.

tonel s vat; barrel.

tonelada s ton.

tonelagem s burden; tonnage.

tônico adj tonic; bracing; cordial.

tonto adj 1 giddy; dizzy. 2 woozy.

tontear v 1 giddy; dizzy. 2 daze.

tontura s dizziness; giddiness.

topada s stumbling; tripping.

topar v 1 meet; encounter. 2 agree. 3 collide. 4 stumble; trip.

topázio s topaz.

topete s forelock; tuft.

topiaria s topiary.

tópico s subject; text; topic.

topo s 1 summit; top; peak. 2 end; extremity.

topografia s topography.

toque s 1 touch; handling. 2 ring.

tora s 1 log. 2 slab.

tórax s *Anat* thorax; chest.

torção s 1 tortion; twist; distortion. 2 *Med* sprain.

torcedor s fan.

torcer v 1 twist; turn; wring; wrench. 2 distort. 3 root. 4 *Med* sprain.

torcicolo s kink.

torcida s 1 wick. 2 *Esp* cheering.

torcido adj crooked; wry.

tordo s *Zool* thrush.

tório s *Quím* thorium (símb **Th**).

tormenta s storm; tempest.

tormento s 1 torment; anguish. 2 martyrdom; pain.

tornado s whirlwind.

tornar v 1 return. 2 turn; become.

tornear v 1 turn. 2 shape.

torneio s joust; tourney.

torneira s cock; faucet; tap.

torneiro s turner.

torno s 1 *Mec* lathe. 2 wheel.

tornozeleira s anklet.

tornozelo s *Anat* ankle.

toronja s grapefruit.

torpe adj filthy; unworthy.

torpedear v torpedo.

torpedeiro s torpedo boat.

torpedo s torpedo.

torpeza s turpitude.

torpor s drowsiness; numbness; lethargy.

torquês s pl nipper.

torrada s toast.

torradeira s toaster.

torrão s 1 clod (de terra). 2 sod (de grama).

torrar v toast; roast.

torre s 1 tower; steeple. 2 castle; rook (no xadrez).

torrefação s torrefaction; roasting.

torrencial adj torrential.

torrente s torrent; flush; flow.

torresmo s scraps.

tórrido adj torrid.

torso s torso.

torta s cake.

torto adj 1 crooked; bent. 2 awry.

tortuoso adj tortuous; sinuous.

tortura s 1 torture. 2 anguish.

torturar v torture; agonize; excruciate.

torvelinho s 1 whirl. 2 tumult. 3 dizziness.

tosa s shear.

tosar v shear.

tosco adj 1 rough; unpolished. 2 clumsy; awkward.

tosquia s clip; shear.

tosquiador s clipper.

tosquiar v clip; force; shear.

tosse s cough.

tossir v cough.

tostado adj adust; roast. ‖ s roast.

tostão s cash.

total adj total; complete; full. ‖ s total; aggregate; gross.

totalidade s totality; entirety; all; wholeness.

totalitarismo s totalitarianism.

otalizar v tot; total.

otalmente adv 1 totally; entirely; every inch. 2 inform whole.

:otem s totem.

:ouca s bonnet; coif; hood.

:oucado adj e s headdress.

:oucador s 1 hairdresser. 2 dressing room.

:oucinho s bacon; lard.

:oupeira s 1 Zool mole. 2 gír rug.

:ourada s bullfight.

:oureiro s bullfighter.

:ourear v fight bulls.

:ouro s 1 bull. 2 Astrol e Astron Taurus.

:outinegra s Zool blackcap.

:oxico adj toxic. II s 1 toxic; poison. 2 drug.

trabalhado adj wrought; worked.

trabalhador s worker.

trabalhar v 1 labor; work. 2 function.

trabalho s 1 labor; work. 2 job; occupation. 3 business.

trabalhoso adj 1 arduous; hard; laborious. 2 painful.

traça s clothes moth; moth.

traçado adj drawn; traced. II s trace; drawing; design.

tração s 1 traction. 2 draft (animal). 3 drive (mecânica).

traçar v 1 trace; draw. 2 map.

tracejar v trace; sketch; draw.

trácio adj e s Thracian.

traço s 1 dash; line; streak. 2 trace; track; sign. 3 feature; trait.

tracoma s Med trachoma.

tradição s tradition.

tradicional adj traditional.

tradução s translation.

traduzir v translate.

trafegar v move; transit.

tráfego s traffic.

traficar v traffic.

tráfico s commerce; traffic.

tragada s gír drag.

tragar v 1 devour; swallow. 2 gulp.

tragédia s tragedy.

trágico adj tragic.

trago s 1 draft; gulp; swallow. 2 inform swig.

traição s treachery; treason; betrayal.

traiçoeiro adj treacherous; catty; false-hearted.

traidor s 1 betrayer; traitor. 2 gír sellout.

trair v 1 betray. 2 inform cheat (o cônjuge).

trajar v 1 dress; attire; clothe. 2 habit.

traje s 1 dress; attire; pl clothes. 2 habit.

trajeto s drive; ride.

trajetória s route; trajectory; path.

trama s 1 woof; web. 2 scheme; plot; conspiracy.

tramar v 1 weave. 2 scheme; plot; conspire.

trambolho s 1 clog. 2 hindrance. 3 fig burden.

trâmite s 1 path; course; way. 2 procedure.

tramóia s gír frame-up.

trampolim s diving; springboard.

trança s braid; tail.

tranca s bar; stop; latch.

trançado adj e s weft; woven.

trancar v bar; shut; latch; lock.

trançar v braid; weave; twine.

tranco s jerk; jolt.

tranqueira s inform junk.

tranqüilidade s 1 tranquillity; quiet; stillness; calm. 2 repose; rest.

tranqüilizante s tranquilizer.

tranqüilizar v becalm; quiet; still; tranquilize.

tranqüilo adj calm; tranquil; quiet; still; cool.

transação s bargain; transaction.

transacionar v transact; deal.

transalpino adj e s transalpine.

transatlântico adj e s transatlantic.

transbordamento s flowage; overflow.

transbordante adj flush.

transbordar v extravasate; overflow; spill.

transcendência s transcendence.

transcendental, transcendente adj transcendental; transcendent.

transcender v transcend.

transcorrer v elapse; pass.

transcrever v 1 transcribe; copy. 2 quote.

transcrição s excerpt; transcript.

transe s ecstasy; trance.

transeunte s passerby.

transexual adj e s transsexual.

transferência s transference; transfer.

transferir v 1 transfer. 2 postpone; defer; adjourn. 3 Jur assign (bens imóveis). 4 deliver.

transfiguração s transfiguration.
transfigurar v transfigure; transform.
transfixar v transfix.
transformação s transformation; modification.
transformador s transformer.
transformar v transform; modify; convert.
transfundir v transfuse.
transfusão s transfusion.
transgredir v 1 transgress; infringe; violate; break. 2 overpass.
transgressão s 1 transgression; infringement; violation. 2 Jur misfeasance.
transgressor s contravener; offender.
transição s transit; transition.
transigência s compromise.
transigente adj condescending.
transigir v compromise; condescend.
transitar v transit.
transitável adj passable.
transitivo adj Gram transitive.
trânsito s tb Astron transit.
transitório adj ephemeral; transitory; momentary; passing.
translação s translation.
translúcido adj 1 translucent. 2 diaphanous; limpid.
transmarino adj transmarine.
transmigração s transmigration.
transmigrar v transmigrate.
transmissão s 1 transmission; transfer. 2 Jur assignment. 3 tb Fís conduction.
transmissível adj transmissible.
transmissor s tb Eletrôn transmitter.
transmitir v 1 transmit; transfer. 2 bequeath; convey; communicate. 4 tb Fís conduct.
transmutação s transmutation.
transoceânico adj transoceanic.
transparência s translucence; transparency.
transparente adj 1 transparent. 2 clear; diaphanous; crystalline. 3 sheer (tecido).
transpiração s perspiration; transpiration.
transpirar v 1 perspire; transpire. 2 inform leak.
transplantação s transplantation.
transplantar v transplant; graft.

transplante s transplant; graft.
transpor v 1 transpose. 2 pass; overpass. 3 leap.
transportador s bearer; carrier; transporter.
transportar v 1 transport; carry; convey. 2 blow (pelo vento).
transporte s transport; transportation; conveyance.
transreceptor s transceiver.
transtornado adj 1 deranged. 2 upset.
transtornar v 1 derange; discompose. 2 upset; trouble.
transtorno s 1 derangement. 2 upset; trouble.
transubstanciar v transubstantiation.
transversal adj cross; thwart; transverse. ‖ s transverse.
transversalmente adv across; athwart; transversely; crosswise.
transviar v 1 wander. 2 deviate. 3 corrupt; pervert.
tranvia s tramway.
trapaça s 1 fraud; trick; cheat; swindle. 2 gír gyp. 3 jugglery; deception.
trapacear v 1 defraud; trick; cheat; swindle. 2 gír gyp.
trapaceiro adj captious. ‖ s 1 swindler; cheater; juggler. 2 inform crook. 3 gír gyp.
trapalhada s muddle.
trapalhão adj lumpish. ‖ s blunderer; bungler; dub.
trapeiro s ragman.
trapézio s tb Geom e Anat trapeze.
trapezista s trapeze acrobat.
trapezóide s tb Geom e Anat trapezoid.
trapo s rag; tatter.
traquéia s Anat windpipe; trachea.
traquejo s experience; skill.
traqueotomia s Med tracheotomy.
traquinagem s roguery.
traquinas adj playful; mischievous. ‖ s mischief-maker.
trás prep e adv behind; after; back.
traseira s rear; hinder part.
traseiro adj back; rear; hind. ‖ s 1 rear; backside. 2 inform behind; bottoms.
trasladação s 1 translation. 2 removal; transfer.

rasladar v 1 translate. 2 remove; transfer. 3 *Jur* exemplify.

raslado s 1 translation. 2 removal; transfer. 3 *Jur* exemplification.

raspassar v 1 cross. 2 pierce. 3 exceed.

raste s lumber.

ratado s 1 treaty; pact; accord; 2 treatise; discourse.

ratamento s treatment.

ratante s rascal; rogue; scoundrel.

ratar v 1 treat. 2 *Med* attend; cure. 3 *inform* doctor. 4 discourse.

ratável adj approachable; tractable.

rato s 1 treatment. 2 agreement; deal. 3 culture.

rator s tractor.

rauma, traumatismo s *Med* e *Psiq* trauma; traumatism.

raumatizar v *Med* e *Psiq* traumatize.

rava s 1 lock. 2 spike (de chuteira).

rava-língua s tongue; twister.

ravar v 1 hamper; impede. 2 lock. 3 brake.

rave s 1 bar; beam. 2 *Esp* goalkeeper.

ravés s traverse.

ravessa s bystreet; dish; traverse.

ravessão s *Gram* dash.

ravesseiro s bolster; cushion.

ravessia s crossing; passage.

ravesso adj elfish; frisky; impish; larky.

ravessura s 1 frisk; lark; gambol. 2 trick; mischief.

ravesti s transvestite.

razer v 1 bring. 2 fetch; get.

recho s 1 stretch. 2 *Lit* extract; excerpt. 3 *Lit* e *Mús* passage; snatch.

refilar v wiredraw.

régua s armistice; truce.

reinador s trainer; coach; handler.

reinamento s 1 training; *tb Mil* drill. 2 exercise; exercitation.

reinar v 1 train; coach drill. 2 exercise. 3 school.

reino s training; coaching; *tb Mil* drill; exercise.

rejeito s grimace; mouth.

rela s lead; leash.

reliça s 1 trellis. 2 truss (para sustentar pontes).

rem s train.

trema s *Gram* diaeresis.

tremedeira s tremble; shakes; shiver.

tremelicar v tremble; shake; shiver.

tremeluzir v glimmer; shimmer; flash.

tremendo adj 1 tremendous. 2 terrible; awful.

tremer v 1 tremble; quake; shake. 2 shiver; shudder.

tremido s trembling; quaver.

tremoço s *Bot* lupine.

tremor s 1 tremor; shake; quiver. 2 dither; shudder; shiver. 3 *Med* rigor.

tremulante adj 1 waving; fluttering; shaking. 2 *fig* aspen.

tremular v 1 tremble; quaver. 2 wave; flutter. 3 flicker.

trêmulo adj tremulant; doddering.

trena s tape; tape measure.

trenó s coaster; sled; sledge.

trepadeira s *Bot* climber; vine.

trepar v 1 *tb Bot* climb; creep. 2 scale.

trepidação s vibration; trepidation.

trepidar v tremble; shake; vibrate.

três num three.

tresdobrar v triple; triplicate.

tresloucado adj 1 crazy; mad. 2 distraught.

tresmalho s trammel (rede de três panos).

trespassar v 1 cross. 2 pierce; transfix.

tresvariar v 1 rave. 2 be mad.

trevas s dark; darkness; murk.

trevo s *Bot* clover; trefoil.

treze num thirteen.

trezentos num three hundred.

tríade s trine; *tb Mús* triad.

triangular adj triangular.

triângulo s *tb Geom* e *Mús* triangle.

tribo s tribe; clan; folk.

tribulação s tribulation.

tribuna s 1 tribune; platform. 2 *Jur* bench. 3 floor (no parlamento). 4 *Rel* pulpit.

tribunal s 1 tribunal; council. 2 *Rel* consistory.

tributação s assessment; taxation.

tributar v assess; tax; rate.

tributário adj tributary. II s confluent; feeder.

tributável adj dutiable; leviable; taxable.

tributo s 1 tribute; toll. 2 tax; impost.

triciclo s tricycle.

tricô s 1 knitting. 2 tricot.

tricolor adj tricolor.

tricórnio *s* tricorn.

tricotar *v* knit.

tridente *s* trident.

tridimensional *adj* tridimensional.

triedro *s* trihedron; trihedral.

triênio *s* triennial.

trifásico *adj Eletr* three-phase.

trifurcação *s* trifurcation.

trifurcar *v* trifurcate.

trigêmeo *adj Anat* trifacial; trigeminal. ‖ *s* triplet.

trigésimo *num* thirtieth.

trigo *s Bot* wheat.

trígono *s Astrol* trine.

trigonometria *s Mat* trigonometry.

trigueiro *adj* swarthy.

trilar *v Mús* quaver.

trilateral *adj* trilateral.

trilha *s* 1 track; trail. 2 path; way.

trilhar *v* track; tread.

trilhão *num* trillion.

trilho *s* 1 rail (de ferrovia). 2 track.

trilo *s Mús* quaver.

trilogia *s* trilogy.

trimestral *adj* quarterly.

trimestralmente *adv* quarterly.

trimestre *s* trimester.

trinado *s* 1 trill; chirp. 2 *Mús* roulade; quaver.

trinar *v* 1 trill; chirp. 2 *Mús* quaver.

trinca *s* 1 trine; triplet. 2 crack; craze.

trincar *v* crack; craze.

trinchador *s* carver.

trinchar *v* carve.

trincheira *s* 1 trench. 2 ditch.

trinco *s* latch; fastening.

trindade *s* 1 trinity; trine. 2 *Rel* Trinity.

Trinidad e Tobago *s* Trinidad and Tobago.

trino *adj Mús* roulade; trine.

trinômio *adj e s tb Mat* trinomial.

trinta *num* thirty.

trio *s tb Mús* triad; trine; trio.

tripa *s geralm us pl* gut; tripe.

tripartir *v* trisect.

tripé *s* tripod.

triplano *s* triplane (avião).

triplicação *s* triplication.

triplicado *adj* treble; triple.

triplicar *v* treble; triple.

tríplice *adj* trine.

triplo *adj* treble. ‖ *s* treble; triple.

tripulação *s* crew.

tripular *v* crew; man.

trissílabo *s Ling* trisyllable.

triste *adj* 1 sad; dreary; sorrowful; mournfu 2 unhappy; joyless. 3 melancholic; cloud dark.

tristeza *s* 1 sadness; sorrow. 2 melanchol dejection.

tristonho *adj* dreary; wistful.

tritão *s* 1 *Zool* triton. 2 *Mit* Tritor merman.

tritongo *s Ling* triphthong.

trituração *s* 1 trituration. 2 grind.

triturar *v* triturate; grind; mill.

triunfante *adj* exultant; jubilant.

triunfar *v* 1 triumph; win. 2 exult.

triunfo *s* triumph; victory; laurel.

triunvirato *s* triarchy.

trivial *adj* 1 trivial. 2 trite; commonplace

trivialidade *s* triviality; triteness; commo place.

triz *s inform* whisker.

troar *v* roar; thunder.

troca *s* 1 change; conversion. 2 exchange trade; swap. 3 barter.

troça *s* twit; ridicule; quip; witticism.

trocadilho *s* pun; equivoque; wordplay.

trocar *v* 1 change; convert. 2 exchange interchange; trade; swap. 3 barter; truck

troçar *v* twit; ridicule; quip.

troco *s* change.

troféu *s* trophy.

troglodita *s* troglodyte.

troiano *adj e s* Trojan.

tromba *s* 1 trunk (do elefante). 2 snout.

trombada *s* collision; crash; impact.

trombar *v* collide; crash.

trombeta *s Mús* trumpet.

trombetear *v* trumpet.

trombone *s Mús* trombone.

trombose *s Med* thrombosis.

trompa *s* 1 *Mús* horn. 2 *Anat* tube.

trompete *s Mús* trumpet.

tronco *s* 1 *Anat e Bot* trunk. 2 *tb Bo* stem. 3 *Arq* shaft.

trono *s* throne.

tropa *s* 1 *tb Mil* troop. 2 band.

tropeção *s* stumble; trip.

opeçar v **1** stumble; trip; flounder. **2** falter; hesitate.

opeço s **1** stumble. **2** obstacle.

ôpego adj shaky; unsteady.

opeiro s drover; muleteer.

opical adj tropical.

rópico adj e s tropic.

otar v lope; trot.

ote s **1** trot. **2** lope. **3** fun.

ouxa s **1** bundle. **2** booby; dupe.

ovador s gleeman.

ovão s thunder.

ovejante adj thunderous.

ovejar v thunder.

ovoada s thunder.

uão s clown; buffoon.

ucidar v **1** murder. **2** slaughter.

uculência s truculence.

uculento adj truculent.

ufa s Bot truffle.

uísmo s truism.

unfo s trump.

rupe s troupe.

uque s trick; artifice; wile.

ruste s Econ trust.

ruta s Zool trout.

u pron 2ª pess sing you.

ua(s) pron poss yours.

uba s Mús tuba.

ubarão s Zool shark.

úbera s Bot truffle.

ubérculo s **1** Bot e Med tubercle. **2** Bot tuber.

uberculose s Med tuberculosis; consumption.

uberculoso adj e s consumptive.

ubo s **1** tube; pipe. **2** Anat duct.

ubulação s tubing; piping; line.

ubular adj tubular.

ucano s Zool toucan.

udo pron all; everything. ‖ s all.

ufão s typhoon.

ufo s **1** tuft; flock. **2** Geol tuff; tufa.

uíste s Mús twist.

ule s tulle.

ulipa s Bot tulip.

umba s tomb.

umescência s tumescence.

úmido adj tumid; swollen.

umor s Med tumor; growth.

túmulo s tomb; sepulcher; tumulus.

tumulto s **1** tumult; whirl; uproar; hubbub. **2** bustle. **3** riot.

tumultuado adj **1** tumultuous; whirlwind. **2** riotous.

tumultuar v disturb; tumultuate.

tumultuoso adj disorderly.

tuna s **1** Bot tuna. **2** Zool tuna; tunny.

tundra s tundra.

túnel s tunnel.

tungstênio s Quím tungsten.

túnica s tunic.

Tunísia s Tunisia.

tunisiano adj e s Tunisian.

tupi adj Tupian. ‖ s Tupi.

turba s mob; crowd; rout; rabble.

turbante s turban.

túrbido adj turbid.

turbilhão s **1** vortex; drift. **2** whirlwind. **3** fig whirl.

turbina s turbine.

turbulência s boisterousness; turbulence.

turbulento adj boisterous; turbulent; raucous; wild (tempo).

turco adj Turkish. ‖ s Turk.

turfa s turf.

turfe s Esp turf.

turgescência s turgescence.

túrgido adj turgid; swollen.

turíbulo s censer.

turismo s tourism.

turista s tourist.

turma s **1** class. **2** group; gang; crew; team. **3** band.

turmalina s tourmaline.

turno s **1** turn. **2** shift; spell. **3** relay (trabalho).

turquesa s Min turquoise.

Turquia s maiús Turkey.

turvar v **1** bedim; dim. **2** muddle. **3** blear (os olhos).

turvo adj dim; muddy; bleary.

tutano s marrow.

tutela s **1** tutelage; ward. **2** Jur guardianship.

tutelar v Jur tutor.

tutor s Jur tutor; guardian; conservator.

tutoria s guardianship; tutelage.

tzar s czar; tzar.

U

u ou **U** s the twenty-first letter of the alphabet. ‖ *abrev maiús* de **University** ‖ *símb Quím maiús* de **uranium**.

uau *interj* wow.

uberdade s abundance; fertility.

úbere s udder; teat; bag (de vaca).

ubiqüidade s ubiquity.

ubíquo *adj* ubiquitous.

ucha s pantry; larder.

ucraniano *adj* e s Ukrainian.

udômetro s udometer.

ufa *interj* whew.

ufanar v glory; flatter.

ufano *adj* conceited; proud.

ufologia s ufology.

ui *interj* ugh.

uísque s whiskey; whisky; *gír* firewater.

uivar v howl; woof; yelp; yowl.

uivo s howl; woof; yelp; yowl.

úlcera s ulcer; fester.

ulcerar v ulcerate.

uliginoso *adj* marshy; muddy.

ulmária s goatsbeard; meadowsweet.

ulmeiro s elm.

ulterior *adj* further; ulterior. ‖ *adv* further.

ultimação s finishing; conclusion.

ultimado *adj* concluded; complete; closed.

ultimamente *adv* lately; recently.

ultimar v finish; conclude.

ultimato s ultimatum.

último *adj* **1** last; late; final. **2** top (andar).

ultrajante *adj* outrageous.

ultrajar v outrage.

ultraje s outrage; insult.

ultramar *adj* overseas.

ultramarino *adj* overseas; transmarine.

ultramoderno *adj* ultramodern.

ultrapassado *adj* out-of-date;old-fashioned; overage.

ultrapassar v exceed; surpass; outpace (em velocidade, tamanho ou performance); outreach.

ultra-secreto *adj* top-secret.

ultra-som s *Med* ultrasound.

ultra-sônico *adj* ultrasonic.

ultra-sonografia s ultrasonography.

ultravioleta *adj* e s ultraviolet (*abrev* **U.V** **UV**).

ululação s ululation; howling.

ulular v ululate; howl.

um *art indef* a; an. ‖ *adj* one. ‖ *num* one. s one. ‖ *pron* one.

uma *art indef* a; an. ‖ s one.

umbela s canopy.

umbelífera s umbellifer.

umbigo s navel; *inform* bellybutton.

umbilical *adj* umbilical.

umbral s doorjamb; doorpost; threshold

umbrático *adj* umbrageous.

umectação s moistness.

umectar v moisten.

umedecer v humidify; moisten; damp.

úmero s humerus.

umidade s humidity; dampness; moistness

úmido *adj* damp; humid; wet; moist; mellov (solo).

unânime *adj* unanimous; consentaneous.

unanimidade s unanimity.

unção s anointment; unction.

unciforme *adj* unciform.

uncinado *adj* uncinate.

undecágono s hendecagon.

undécimo *num* eleventh.

undécuplo *num* elevenfold.

undívago *adj* floating; drifting.

ungido *adj* anointed.

ungir v anoint.

ungueal *adj* ungual.

ungüento s ointment; salve; unction; ur guent; balm.

ungüiforme *adj* clawlike.

ungulado *adj* ungulate. ‖ s *Zool* ungulate

unha s **1** nail. **2** claw. **3** talon.

unhada s scratch; nip.

unhar v scratch; claw.

unheiro s agnail; *Med* felon.

união *adj tb Mat* union. ‖ s **1** union. **2** alli ance; association; coalition. **3** marriage

nicamente adv alone; only; entirely; exclusively; solely.

nicelular adj unicellular.

nico adj alone; one; only; single; sole; unique.

nicórnio s unicorn.

nidade s unity; oneness; whole; tb Mat unit.

nidirecional adj unidirectional.

nido adj united; joint; connected.

nificação s unification.

nificar v unify; unite.

niforme adj equable; even; uniform. ‖ s livery; undress; uniform.

niformidade s tb Mat equality.

niformização s regularization.

niformizar v equalize; regiment; uniform.

nigênito adj only-begotten.

nijugado adj unijugate.

nilateral adj unilateral.

nilíngüe adj unilingual.

nionismo s unionism.

niparo adj Zool e Bot uniparous.

nipessoal adj unipersonal.

nipolar adj unipolar.

nir v **1** unite; joint. **2** associate; incorporate. **3** attach. **4** link. **5** splice (corda, fio, etc.). **6** marry.

nissex adj unisex.

nissexuado adj Bot unisexual.

nissexual adj tb Bot unisexual.

nissonância s Mús unison.

níssono adj unisonous. ‖ s unison.

nitário adj unitary.

nivalência s univalence.

nivalve adj univalve.

niversal adj universal; worldwide.

niversalidade s universality.

niversalismo s universalism.

niversalizar v universalize.

niversidade s university; college; school.

niverso s universe; cosmos; space; world.

nívoco adj univocal.

no adj one; sole; single.

ntar v grease; anoint; daub.

nto s grease; unguent.

ntuoso adj unctuous.

rânio s Quím uranium (símb **U**).

rano s Astron Uranus.

uranografia s uranography.

uranologia s uranology.

uranoscopia s uranoscopy.

urato s urate.

urbanidade s urbanity; civility.

urbanista s urbanist.

urbanizar v urbanize.

urbano adj urban.

urbe s city.

urdideira s weaver.

urdidura s warp; fabric; weft.

urdimento s warp.

urdir v warp.

uréia s urea.

uremia s uremia; uraemia.

ureter s ureter.

urgência s urgency; exigency; haste; instancy.

urgente adj urgent; emergent; exigent; pressing; imperative.

urgir v urge.

úrico adj uric.

urina s urine; stale (de cavalo, camelo, etc.).

urinar v urinate.

urinífero adj uriniferous.

urinol s urinal.

urna s **1** urn. **2** ballot-box.

urologia s Med urology.

uropígio s uropygium.

urrar v roar; howl.

urro s howl.

ursada s treason.

ursino adj ursine.

urso s **1** Zool bear. **2** teddy bear (de pelúcia).

urticária s hives; nettle rash.

urtiga s Bot nettle.

urtiga-morta s Bot mercury.

urtigar v urticate.

urubu s Zool vulture.

Uruguai s Uruguay.

uruguaio adj e s Uruguayan.

urze s Bot heath; ling.

usado adj used; secondhand; waste; worn; worn-out.

usar v **1** use; employ; apply; bestow. **2** wear; dress. **3** take (ônibus, trem, etc.).

usina s mill.

U

uso *s* **1** use. **2** custom; usage. **3** employment.
usual *adj* usual; common; customary; habitual.
usualmente *adv* usually.
usuário *s* user.
usufruir *v* usufruct.
usufruto *s* Jur usufruct; use.
usura *s* usury.
usurário *s* usurer.
usurpação *s* arrogation; disseizin; ouster.
usurpar *v* arrogate; disseize; encroach; oust; usurp; wrest.
utensílio *s* appliance; utensil; tool.
uterino *adj* uterine.
útero *s* Anat uterus; womb; matrix.
útil *adj* useful; helpful; handy.
utilidade *s* utility; usefulness; value.

utilitário *adj* utilitarian.
utilitarismo *s* utilitarianism; expediency.
utilização *s* application; exploitation; use.
utilizado *adj* applied.
utilizar *v* use; employ; utilize; bestow.
utilizável *adj* available; usable.
utopia *s* ideal; geralm maiús utopia.
utópico *adj* ideal; geralm maiús utopian.
utricular *adj* utricular.
utrículo *s* Anat e Bot utricle.
uva *s* grape.
úvea *s* uvea.
úvula *s* Anat uvula.
uvulite *s* uvulitis.
uxoricídio *s* uxoricide.
uxório *adj* uxorial.
uzífuro *s* cinnabar; vermillion.

s ou **V** s the twenty-second letter of the alphabet.

aca s cow; boss.

acante adj vacant; abeyance.

acilação s 1 vacillation; hesitation. 2 irresolution. 3 oscillation.

acilante adj 1 vacillating; hesitating. 2 irresolute. 3 oscillating.

acilar v 1 vacillate; hesitate. 2 oscillate.

acina s tb Comp vaccine.

acinação s vaccination.

acinar v vaccinate; inoculate.

acuidade s vacuity; vacancy.

ácuo s 1 vacuum; hollow. 2 gap; void; vacuity.

adiação s vagrancy; idleness; vagabond.

adiagem s vagrancy; roguery.

adiar v idle; loaf; lounge; vagabond.

adio adj vagrant; idle. II s idler; vagrant; lounger; vagabond; tramp.

aga s 1 vacancy. 2 leisure.

agabundagem s vagabondage; vagrancy.

agabundear v vagabond; idle.

agabundo adj vagabond; vagrant; idle. II s vagabond; idler.

agalhão s billow; comber.

aga-lume s 1 firefly. 2 usher.

agamente adv dimly.

agão s wagon; car.

agão-dormitório s sleeping car.

agão-leito s sleeping car.

agão-restaurante s diner; dining car.

agar v 1 vacate. 2 wander. II s tardiness.

agareza s slowness; tardiness.

agarosamente adv slowly; dully.

agaroso adj 1 slow. 2 dull.

agem s Bot string bean; green bean.

agina s Anat vagina.

aginal adj Anat vaginal.

ago adj 1 vacant. 2 ambiguous; vague. II s 1 vagueness. 2 indecision.

agonete s tram (de mina); trolley (usado em minas).

aguear v 1 rove; ramble (andar a esmo). 2 loiter; lounge.

vaia s boo; hoot.

vaiar v catcall; hoot; hiss; boo.

vaidade s vanity; conceitedness; flatulence.

vaidosamente adv conceitedly.

vaidoso adj vain; conceited.

vala s trench; ditch; dike.

vale s 1 valley. 2 Comer note.

valência s Quím valence.

valentão s rough.

valente adj valiant; courageous; brave.

valentia s valor; courageousness.

valer v 1 value. 2 cost. 3 avail.

valeta s gutter; trench.

valete s jack; knave (jogo de cartas).

valia s 1 worth; value. 2 price.

validação s validation; acknowledgment.

validade s validity; legality.

validar v validate; authenticate; acknowledge.

validez s validity.

válido adj 1 valid. 2 sound.

valioso adj 1 valuable; worthy; precious; rich. 2 important.

valise s valise; grip.

valor s 1 value; worth. 2 courage. 3 force. 4 virtue.

valorização s 1 valorization. 2 revaluation (da moeda). 3 appreciation.

valorizar v 1 value. 2 appreciate.

valoroso adj 1 valorous; worthy. 2 valiant.

valsa s waltz.

valsar v waltz.

valva s Bot valve.

válvula s 1 Anat e Mús valve. 2 Eletrôn tube.

vampiro s vampire.

vanádio s Quím vanadium (símb **V**).

vandalismo s vandalism.

vândalo s tb minús Vandal.

vanglória s boast; vainglory.

vangloriar v boast; vaunt.

vanglorioso adj vainglorious.

vanguarda s vanguard; van; forefront; front.

vantagem s 1 advantage; avail; benefit; vantage. 2 *Esp* vantage; bisque (em jogos); start (em corrida). 3 commodity.

vantajoso adj advantageous; gainful.

vão adj vain; futile. || s 1 *Geol* break. 2 span.

vapor s 1 vapor; steam; fume. 2 reek.

vaporização s vaporization.

vaporizador s spray.

vaporizar v spray; vapor; vaporize.

vaporoso adj vaporous; steamy.

vaqueiro s 1 herdsman; wrangler. 2 cowboy.

vara s stick; rod; switch; stave.

varal s clothesline.

varanda s 1 veranda; balcony. 2 terrace.

varão s man.

varapau s 1 stick; staff. 2 tall person.

varar v 1 run aground. 2 pierce. 3 go beyond. 4 cross (rio).

vareja s meat fly.

varejar v 1 spank. 2 attack; fustigate. 3 trouble. 4 search.

varejeira s blowfly.

varejista s chandler.

varejo s retail.

vareta s rod; stick.

variabilidade s variability.

variação s 1 change; variance; variation. 2 fluctuation.

variado adj varied.

variante adj e s variant.

variar v 1 vary. 2 alter. 3 diversify.

variável adj 1 variable; changeable. 2 inconstant; changeful. || s *Mat* variable.

variavelmente adv changeably.

varicela s chickenpox.

variedade s 1 variety; diversity. 2 *inform* cross section.

varinha s wand (de mágico, de condão).

vário adj various.

varíola s *Med* smallpox.

variz s varix.

varonil adj manly; manlike; manful.

varredura s sweep.

varrer v 1 sweep; broom. 2 *Comp* scan.

várzea s dale.

vasa s silt.

vascolejar v shake.

vascular adj *Med* vascular.

vasculhar v 1 sweep. 2 comb.

vasectomia s vasectomy.

vaselina s *Quím* Vaseline™.

vasilha s vessel.

vasilhame s holder.

vaso s 1 vase. 2 *Anat* vessel.

vasoconstrição s *Med* vasoconstriction.

vasodilatação s *Med* vasodilation.

vassalagem s allegiance.

vassalo s vassal; feudatory; subject.

vassoura s broom.

vastidão s enormousness; expanse.

vasto adj vast; great; huge; ample; extensive.

vaticano s Vatican.

vaticinador s diviner.

vaticinar v vaticinate; foretell.

vaticínio s augury; vaticination.

vazamento s leak; leakage; spill (de óleo etc.).

vazante s reflux.

vazão s flow.

vazar v 1 empty. 2 spill. 3 pour out. 4 drain. 5 run (rio). 6 ebb (maré).

vazio adj 1 empty. 2 unoccupied; vacant; vacuous. 3 void. 4 flat (pneu). 5 unmeaning (rosto). || s emptiness; vacuum; vacuity.

veado s hart; deer.

vedação s packing; seal.

vedado adj 1 watertight. 2 forbidden; prohibited.

vedante adj sealant.

vedar v 1 forbid. 2 seal; lute; caulk.

veemência s 1 vehemence. 2 ardency; fervency; fervor.

veemente adj 1 vehement. 2 ardent; fervent.

vegetação s vegetation.

vegetal adj e s vegetable.

vegetar v vegetate.

vegetariano s e adj vegetarian.

vegetativo adj vegetative.

veia s 1 *Anat* vein; vessel. 2 *Bot* nervure.

veicular v 1 transport in a vehicle. 2 transmit; propagate.

veículo s vehicle.

veio s 1 *Min* reef. 2 *Geol* vein.

veja interj look; see.

vela s 1 candle. 2 *Náut* sail (de navio).

elar v wake; watch.
eleiro s Náut sail.
elejar v sail.
elhacaria s roguery.
elhaco s rogue; rascal.
elhice s old age.
elho adj 1 old; aged. 2 ancient. 3 archaic. 4 antiquated. II s old man.
elocidade s 1 tb Fis velocity. 2 speed; fastness.
elocímetro s speedometer.
elocípede s 1 velocipede. 2 bicycle.
elório s deathwatch; funeral home; wake.
eloz adj quick; swift; speedy; fast; flying; rapid.
eludo s velvet.
eludoso adj velvety.
enal adj venal; mercenary.
encedor adj winning. II s winner; champion; victor.
encer v 1 win. 2 get. 3 overcome. 4 master; surmount. 5 expire (prazo). 6 inform sew up.
encido adj 1 back (aluguel, pagamento). 2 mature (prazo).
encimento s 1 conquest; overcoming. 2 expiration.
encível adj conquerable; vincible.
enda s 1 sale; sell. 2 blindfold; patch (para o olho).
endaval s windstorm; gale; bluster.
endável adj salable.
endedor s 1 salesman; seller; vender (geralmente ambulante). 2 butcher (em ônibus, teatro, etc.).
endeiro s grocer.
ender v sell; vend (pequenos artigos pelas ruas); dispose of.
endido adj sold.
eneno s poison; venom; bane.
enenoso adj poisonous; venomous.
eneração s veneration.
enerado adj venerated; sacred.
enerar v venerate; adore.
enerável adj venerable.
enéreo adj venereal.
eneta s whim; fancy.
eneziana s venetian blind; shutter; shade.
Venezuela s Venezuela.

venezuelano adj e s Venezuelan.
venial adj venial.
venoso adj Med venous.
ventania s windstorm; blow; gale.
ventar v blow; wind.
ventilação s ventilation.
ventilador s ventilator; fan.
ventilar v ventilate; aerate; air.
vento s wind.
ventoinha s vane; blower.
ventosa s Zool sucker.
ventosidade s flatus.
ventoso adj windy; blowy.
ventre s abdomen; belly.
ventrículo s Med ventricle.
ventriloquia s ventriloquism.
ventríloquo s ventriloquist.
ventura s fortune.
venturoso adj lucky; fortunate; happy; felicitous.
Vênus s Mit e Astron Venus.
ver v 1 see; behold. 2 watch. 3 observe.
veracidade s veracity; truth.
veranear v summer.
veraneio s summer resort.
verão s summer; summertime.
verba s budget.
verbal adj tb Gram verbal.
verbalismo s verbalism.
verbalização s verbalization.
verbalizar v verbalize.
verbena s Bot vervain.
verbete s note; entry; card.
verbo s Gram verb.
verborragia s wind.
verborrágico adj windy.
verbosidade s verboseness; verity.
verboso adj voluble.
verdade s truth; the true; verity. II interj indeed (expressando surpresa ou ironia).
verdadeiramente adv very; truly.
verdadeiro adj 1 true; truthful; veracious. 2 actual. 3 certain. 4 genuine.
verde adj 1 green; verdant. 2 unripe. II s green.
verde-esmeralda adj emerald.
verdejante adj verdant; green.
verdor s verdure.
verdugo s executioner.

V

verdura s 1 vegetable. 2 verdure.
vereação s aldermancy.
vereador s councilman; councilor; alderman.
vereda s by-path; path.
veredicto s Jur verdict.
verga s rod; withe.
vergado adj bent.
vergalhão s square bar.
vergão s wale; welt.
vergar v sag.
vergastar v cane.
vergel s garden.
vergonha s 1 shame. 2 bashfulness.
vergonhoso adj 1 shameful. 2 disgraceful.
verídico adj truthful; faithful.
verificação s verification.
verificador s collator; tester.
verificar v verify.
verificável adj verifiable.
verme s worm.
vermelhidão s 1 redness. 2 flush; blush.
vermelho adj e s red.
vermicida s vermicide.
verminose s verminosis.
verminoso adj verminous; wormy.
vermute s vermouth.
vernáculo adj e s vernacular.
verniz s varnish.
vero adj true.
verossímil adj likely; verisimilar.
verossimilhança s verisimilitude.
verruga s wart; mole.
verruma s bit; gimlet.
versado adj 1 versed. 2 learned.
versão s version; translation.
versar v 1 versify. 2 turn. 3 examine. 4 study.
versátil adj versatile.
versatilidade s versatility.
versejar v versify; verse.
versículo s tb Bíbl versicle.
versificação s versification.
versificar v versify.
verso s 1 verse. 2 reverse (de uma moeda, folha de papel).
vértebra s vertebra.
vertebrado adj e s vertebrate.
vertebral adj vertebral.
vertente s versant (de montanha).

verter v outflow.
vertical adj vertical; upright. ‖ s vertica
verticalidade s upright.
verticalmente adv upright; vertically.
vértice s tb Mat vertex.
verticilo s Bot cycle.
vertigem s vertigo; giddiness; dizziness.
vertiginoso adj vertiginous.
verve s verve.
vesícula s 1 Anat e Zool bladder. 2 An
vesicle.
vespa s Zool wasp.
vespão s hornet.
Vésper s Vesper.
véspera s brink; eve.
vespertino adj vespertine.
veste s vestment; vesture.
vestiário s 1 dressing room. 2 Esp clu
house. 3 locker room (em ginásios, e
colas, etc.).
vestibular adj e s vestibular.
vestíbulo s 1 tb Anat vestibule. 2 entr
hall; lobby.
vestido s dress.
vestígio s 1 vestige. 2 trace; sign. 3 rer
nant.
vestimenta s attire.
vestir v 1 dress; clothe. 2 attire; appare
3 inform rig.
vestuário s clothes; clothing; apparel.
vetar v disallow.
veterano adj veteran. ‖ s 1 veteran. 2 infor
vet.
veterinária s veterinary medicin.
veterinário adj veterinary. ‖ s veterinary
veterinarian.
veto s negative.
vetor s Mat e Biol vector.
vetusto adj ancient.
véu s veil; cover.
vexação s vexation.
vexado adj ashamed.
vexame s abashment; mortification.
vexar v vexate; chagrin.
vexatório adj vexatious.
vez s turn.
Via Láctea s Milky Way.
via s way; channel. ‖ prep via; by; by way of
viabilidade s viability.

...ção s 1 traffic. 2 means of transport.
...duto s viaduct.
...gem s 1 travel; journey. 2 tour; trip.
...jante s traveler; voyager.
...jar v travel; voyage; journey.
...nda s viand.
...ndante s wayfarer.
...tura s vehicle.
...vel adj doable; viable; available.
...ora s Zool viper; adder.
...ração s vibration.
...rante adj vibrant.
...rar v 1 vibrate. 2 flutter. 3 thrill.
...ariato s vicarage.
...ce s vice.
...ejar v flourish; luxuriate.
...e-presidente s vice president.
...e-versa adv vice-versa.
...ciado s 1 addict (em drogas). 2 gír hooked
...em uma atividade ou em drogas).
...ciar v 1 addict. 2 inform dope.
...io s vice; addiction; dependence.
...cioso adj vicious.
...cissitude s vicissitude; reverse.
...ço s flush; flourish.
...çoso adj 1 rank; luxuriant; bloomy. 2 lush
...vegetação).
...da s life.
...deira s Bot vine; grapevine.
...dente s seer.
...deo s video.
...deocassete s videocassette recorder
...aparelho).
...deoconferência s videoconference.
...deofone s videophone.
...deojogo s video game.
...deoteipe s videotape.
...deotexto s videotex; videotext.
...doeiro s Bot birch.
...draça s windowpane; window.
...draceiro s glazier.
...drar v graze.
...draria s 1 glasshouse. 2 glassware.
...dro s 1 glass. 2 bottle. 3 pane.
...eira s Zool scallop.
...ela s lane; alley.
...és s bias (em costura).
...ietnã s Vietnam.
...etnamita adj e s Vietnamese.

viga s transom; traverse; joist; rafter.
vigamento s framework; framing.
vigarice s gír gyp.
vigário s vicar.
vigarista s bilk.
vigência s legality; vigor.
vigente adj valid.
vigésimo num twentieth.
vigia s watchman; security guard.
vigiar v watch; guard; keep an eye on.
vigilância s vigilance; outlook.
vigilante adj vigilant; alert; watchful. ll s
   vigilant; guard.
vigília s vigil; wake; watch.
vigor s vigor; force; strength; energy.
vigorar v invigorate.
vigorizar v nerve.
vigorosamente adv lively.
vigoroso adj vigorous; active; forceful; firm.
vil adj vile. ll s 1 dastard. 2 gír skunk.
vila s village.
vilania s villainy.
vilão s villain.
vileza s vileness; turpitude.
vime s Bot wicker; withe.
vinagre s vinegar.
vincar v 1 furrow. 2 ruck.
vinco s 1 ruck; rumple; wrinkle. 2 wale.
vincular v 1 entail. 2 bond. 3 link.
vínculo s bond.
vinda s coming; arrival.
vindicação s vindication.
vindicar v vindicate.
vindima s vintage.
vindimar v gather grapes.
vindouro adj coming; forthcoming.
vingador s avenger.
vingança s 1 revenge; vengeance. 2 retaliation.
vingar v avenge; revenge.
vingativo adj vindictive; revengeful.
vinha s 1 Bot vine. 2 vineyard.
vinha-d'alhos s marinade.
vinhedo s vineyard.
vinho s wine.
vinícola adj wine-growing.
vinicultor s viniculturist.
vinicultura s viniculture.
vinil s Quím vinyl.

V

vinte *num* twenty.

viola *s Mús* e *Bot* viola.

violação *s* violation; infringement; infraction.

violado *adj* violated.

violador *s* e *adj* violator; defiler.

violão *s* guitar.

violar *v* violate; infract; infringe; transgress.

violável *adj* violable.

violência *s* violence.

violentamente *adv* violently; hard.

violentar *v* 1 violate. 2 rape.

violento *adj* violent.

violeta *s Bot* violet (*tb* a cor).

violinista *s Mús* violinist; fiddler.

violino *s Mús* violin; fiddle.

violoncelista *s Mús* violoncellist.

violoncelo *s Mús* violoncello.

violonista *s Mús* guitarist.

vir *v* 1 come. 2 arrive.

viração *s* breeze.

vira-casaca *s* turncoat.

virada *s* 1 *inform* kicker (nos acontecimentos). 2 overturn.

virado *adj* upset.

vira-lata *s* underbred; mongrel (*us* para animais).

virar *v* 1 turn. 2 wamble (o estômago).

viravolta *s* 1 turn. 2 somersault.

virgem *adj* virgin. II *s* 1 virgin; maid; maiden. 2 *Astrol* e *Astron* Virgo.

virginal *adj* virginal; chaste; maiden.

virgindade *s* virginity; chastity; maidenhood.

virginiano *s* e *adj* Virginian.

vírgula *s Gram* comma.

viril *adj* male; masculine; virile.

virilha *s Anat* groin.

virilidade *s* virility.

virologia *s* virology.

virose *s* virosis.

virtual *adj* virtual.

virtualidade *s* virtuality.

virtude *s* virtue; morality; goodness.

virtuosidade *s* virtuosity.

virtuoso *adj* virtuous; chaste.

virulência *s* virulence.

virulento *adj* 1 virulent. 2 *Med* malignant.

vírus *s* 1 virus. 2 *Comp* worm.

visagem *s* visage.

visão *s* 1 vision; eyesight (faculdade de ve 2 view. 3 illusion.

visar *v* 1 aim at. 2 sight. 3 look at.

vísceras *s* viscera; entrails; gut.

visco *s* glue; lime.

visconde *s masc* viscount.

viscondessa *s fem* viscountess.

viscosidade *s* viscosity; clamminess.

viscoso *adj* viscous; sticky; viscid; clamr

viseira *s* visor; eyeshade.

visibilidade *s* visibility; sight.

visionar *v* vision.

visionário *adj* visionary. II *s* visionary; dc trinaire.

visita *s* 1 visit. 2 visitor; caller. 3 gam (e tre tripulações de baleeiros).

visitador *s* visitant.

visitante *adj* visitant. II *s* visitant; visitc caller.

visitar *v* visit; call in; see.

visível *adj* visible; discernible; outward.

vislumbrar *v* descry; glimpse; shimmer.

vislumbre *s* 1 shimmer. 2 glimpse.

visor *s* 1 viewer. 2 finder (em fotografi viewfinder (câmera fotográfica, filmadora

vista *s* sight; eyesight (faculdade de ve seeing; view.

visto *s* visa (de entrada/saída no pass porte).

vistoria *s* inspection; survey.

vistoriar *v* inspect; survey.

vistoso *adj* 1 showy. 2 flashy. 3 gallant.

visual *adj* visual; ocular. II *s* visual.

visualidade *s* visuality.

visualização *s* visualization; contact.

visualizar *v* visualize; think.

vital *adj* vital.

vitalício *adj* lifelong.

vitalidade *s* vitality.

vitalizar *v* vitalize; animate.

vitamina *s* vitamin.

vitela *s* 1 heifer. 2 calf.

vitelo *s* calf.

vitícola *s* viticulturist.

viticultura *s* viticulture.

vítima *s* victim.

vitimar *v* victimize.

vitória *s* victory; triumph; conquest.

vitória-régia *s Bot* victoria regia.

torioso adj victorious; champion; winning.
ll s winner.

cral s stained glass window.

creo adj glassy; vitreous.

crificação s vitrification; glazing.

crificar v vitrify.

crina s showcase; window.

crola s phonograph.

tuperar v vituperate; assail; fulminate;
inveigh.

úva s widow; relict.

úva-negra s Zool black widow.

uvez s 1 widowerhood (da homem). 2 wid-
owhood (da mulher).

úvo s widower.

va interj cheers (na hora de brindar).

vacidade s 1 vivacity. 2 liveliness.

vamente adv lively.

va-voz s Tel speakerphone.

vaz adj 1 vigorous. 2 clever.

veiro s 1 nursery. 2 hutch.

vência s 1 existence. 2 experience.

vente adj alive; breathing. ll s liver;
breather.

ver v live; breathe; exist.

veres s victuals.

vido adj vivid.

vificação s vivification.

vificante adj living.

vificar v vivify.

víparo adj e s Zool viviparous.

vo adj 1 alive. 2 lively; vivacious. 3 spir-
ited; smart. 4 quick. 5 bright. ll s living
creature.

zinhança s 1 neighborhood. 2 vicinity.

zinhar v neighbour.

zinho adj neighbor; adjacent; contiguous.
ll s neighbor.

zir s vizier.

oador adj flying. ll s flier.

oar v fly; wing.

ocabulário s vocabulary.

ocábulo s vocable; word.

ocação s vocation.

ocal adj tb Mús vocal.

ocálico adj Líng vocalic.

ocalista s vocalist.

ocalização s vocalization.

ocalizar v vocalize.

vocativo adj e s vocative.

você pron you.

vociferação s vociferation.

vociferante adj vociferous.

vociferar v vociferate; clamor; bawl.

vodca s vodka.

voga s vogue.

vogal s vowel.

vogar v ride; row.

volante s steering wheel (de carro).

volátil adj 1 tb Quím volatile. 2 fugitive.

volatilizar v volatilize.

volatização s volatilization.

voleibol s Esp volleyball.

volição s 1 volition. 2 Psic conation.

volt s volt.

volta s 1 return; regress. 2 recurrence.
3 turn; turning; revolution. 4 circuit.
5 detour.

voltagem s Eletr voltage.

voltaico adj voltaic.

voltâmetro s voltameter.

voltar v 1 return; come back; get back.
2 turn.

voltear v twist.

volubilidade s inconstancy.

volume s 1 volume. 2 extent. 3 size.
4 mass; bulk. 5 tome (um dos livros de
uma coleção de vários volumes).

volumoso adj bulky; big.

voluntário adj 1 voluntary. 2 tb Mil volunteer. 3 spontaneous. 4 free. ll s 1 voluntary. 2 tb Mil volunteer.

voluntarioso adj willful.

volúpia s luxury.

voluptuoso adj voluptuous; luxurious.

voluta s 1 Arq scroll. 2 helix.

volúvel adj 1 voluble. 2 fickle. 3 inconstant;
changeable. 4 flighty. 5 volatile.

volver v turn.

vomitar v 1 vomit; spew. 2 throw up.
3 disgorge.

vômito s vomit; spew.

vontade s 1 will. 2 volition. 3 wish; desire.
4 mind.

vôo s 1 flight. 2 flying. 3 soar.

voracidade s voracity; edacity; esurience.

voraz adj voracious; rapacious; gluttonous;
edacious.

V

vórtice s vortex.
vos pron 2ª pess pl you.
vós pron 2ª pess pl you.
vosso pron 2ª pess sing your; yours.
votação s vote; election.
votante s elector.
votar v vote.
votivo adj votive.
voto s 1 vote; suffrage. 2 wish (de felicidade). 3 Ecles vow.
vovó s inform grandma; granny.
vovô s inform grandpa.
voz s tb Gram e Mús voice.
vozeirão s strong voice.
vozerio s clamorousness.

vulcânico adj Geol volcanic.
vulcanização s vulcanization.
vulcanizar v vulcanize.
vulcão s volcano.
vulgar adj vulgar; common; banal; coars
vulgaridade s 1 vulgarity. 2 commonnes
vulgarizar v vulgarize; coarsen.
vulgarmente adv commonly.
vulnerabilidade s huffiness.
vulnerável adj vulnerable.
vulpino adj vulpine.
vulto s shadow.
vultoso adj voluminous; great.
vulva s Anat vulva.

W

w ou **W** s the twenty-third letter of the alphabet. ǁ abrev **watt**.
wagnerianismo s Wagnerianism.
wagneriano adj Wagnerian.

watt s Eletr maiús w; Eletr watt.
wattímetro s wattmeter.
windsurfe s Esp windsurfing.

V
W

X

ou **X** *s* the twenty-fourth letter of the alphabet.

á *s* shah.

adrez *s* **1** chess. **2** chessboard. **3** check. **4** mosaic. **5** prison; jail; guardroom.

adrezar *v* checker.

airel *s* saddlecloth.

ale *s* shawl.

ampu *c* champoo.

antelasma *s Med* xanthoma.

antina *s Quím* xanthine.

ará *s* namesake.

arope *s* syrup.

elim *s* shilling.

enofobia *s* xenophobia.

enônio *s Quím* xenon (*símb* **Xe**).

epa *s* meal; food.

eque *s* **1** check (no xadrez). **2** sheik (chefe árabe).

eque-mate *s* checkmate; mate (xadrez).

ereta *adj* nosy. ‖ *s* **1** snoopy. **2** *gír* rubberneck.

xeretear *v gír* rubberneck.

xerez *s* sherry (vinho espanhol).

xerife *s* sheriff.

xerox, xérox *s* Xerox.

xi *interj* pish.

xícara *s* cup.

xilindró *s* jail; prison.

xilofone *s* xylophone.

xilografia *s* xylography.

xilogravura *s* xylograph; woodblock; woodcut.

xingação *s* chiding; revilement.

xingamento *s* chiding.

xingar *v* swear; revile; scold.

xisto *s Geol* schist; shale.

xistoso *adj* schistose.

xixi *s* urine.

xô *interj* shoo.

xogum *s* shogun.

xucro *adj* **1** rude. **2** bronco.

Y

ou **Y** *s* the twenty-fifth letter of the alphabet. ‖ *símb Mat* de ordenada; *Quím* de ítrio.

yd *símb* de jarda.

Z

z ou **Z** s the twenty-sixth letter of the alphabet.
zabumba s bass drum.
zagal s shepherd; herdsman.
zagalote s buckshot.
zagueiro s *Esp* quarterback; back (futebol).
zagunchada s mockery.
Zaire s Zaire.
zairense adj e s Zairean.
Zâmbia s Zambia.
zambiano adj e s Zambian.
zanga s miff.
zangado adj angry.
zangão s *Zool* drone.
zangar(-se) v get angry; miff.
zanzar v wander; roam.
zarabatana s blowpipe.
zarolho adj squint-eyed; cross-eyed.
zarpar v weigh anchor; sail; set sail.
zebra s *Zool* zebra.
zebu s *Zool* zebu.
zéfiro s zephyr.
zelador s janitor; caretaker; custodian; tender.
zelar v **1** watch over; manage; oversee. **2** care.
zelo s care; diligence; earnestness; jealousy.
zeloso adj jealous.
zênite s **1** *Astron* zenith. **2** *Astron* vertex; meridian.
zepelim s zeppelin.
zerar v zero.
zero s **1** zero; cipher; naught; nothing; null; o. **2** *gír* zip.
zesto s zest.
zeugma s *Ling* zeugma.
Zeus s *Mit* Zeus.
zibelina s *Zool* sable.
ziguezague s zigzag.
ziguezaguear v crank; zigzag.

Zimbábue s Zimbabwe.
zimbabuense adj e s Zimbabwean.
zimbro s dew.
zincagem s zincification.
zincar v zincify.
zinco s *Quím* zinc.
zincografia s zincography.
zincogravura s zincograph.
zínia s zinnia.
zíper s fly; zip; zipper.
zircão s zircon.
zircônio s *Quím* zirconium.
zoada s buzz.
zoar v whiz; hum; buzz.
zodíaco s zodiac.
zombador s mocker; jeerer; derider; scoffe
zombar v mock; kid; jeer; jest; rag; deride
zombaria s **1** mockery; mock; jeer; jest chaff; derision. **2** *inform* wipe.
zombetear v mock.
zombeteiro adj derisive; sardonic. ‖ mocker.
zona s zone; area; belt; district.
zonzo adj dizzy.
zoófito s zoophyte.
zoologia s zoology.
zoológico adj zoological. ‖ s zoo.
zoólogo s zoologist.
zootecnia s zootechny.
zorra s **1** lorry; truck. **2** sled. **3** trawl-net
zorro s **1** zorro; fox. **2** bastard. **3** lazybones
zulu adj e s Zulu.
zumbido s buzz; drone; hum; whir.
zumbir v buzz; burr; drone; hum; sing; whir
zunido s buzz; birr; bumble; drone; zip swish; whir; whistle; tinkle.
zunir v birr; bluster; buzz; drone; zoom swish; whir.
zurrar v bray; heehaw.
zurro s bray; heehaw.

Apêndices

Table of weights and measures/Tabela de
pesos e medidas
Numbers/Numerais
Irregular verbs/Verbos irregulares
Countries and nationalities/Países
e nacionalidades
International symbols and conventions/
Símbolos e convenções internacionais

Table of weights and measures/Tabela de pesos e medidas

Linear measures/Medidas de comprimento		
1 inch (polegada)		2,54 cm
1 foot (pé)	12 inches	30,48 cm
1 yard (jarda)	3 feet	91,44 cm
1 pole, rod (vara), perch	5 ½ yards	5,03 m
1 chain (cadeia)	4 poles	20,12 m
1 furlong (oitavo de milha) (200 yards)	10 chains (40 rods.)	201,17 m
1 statute mile (1760 yards)	8 furlongs (5280 feet)	1,609 km
1 nautical mile (milha marítima)	6080.2 feet	1,853 km
1 league (légua)	3 statute miles	4,828 km

Mariner's measures/Medidas náuticas		
1 fathom (braça)	6 feet	1,83 m
1 nautical mile (milha marítima)	1000 fathoms	1,853 km
1 league (légua)	3 nautical mile	5,559 km

Surveyor's measures/Medidas de agrimensor		
1 link (elo)	7.92 inches	20,12 cm
1 chain (cadeia)	100 links	20,12 m
1 mile (milha)	80 chains	1609,34 m
1 acre (acre)	10 square chains	0,4047 ha

Square measures/Medidas de superfície		
1 square inch (polegada quadrada)		6,45 cm²
1 square foot (pé quadrado)		9,29 dm²
1 square yard (jarda quadrada)		0,84 m²
1 square pole (vara quadra)		25,29 m²
1 acre (acre)	160 square rods	0,4047 ha
1 square mile (milha quadrada)	640 acres	259,00 ha (ou 2,59 km²)

Cubic measures/Medidas de volume		
1 cubic inch (polegada cúbica)		16,39 cm³
1 cubic foot (pé cúbico)	1728 cubic inches	28,32 dm³
1 cubic yard (centímetro cúbico)	27 cubic feet	764,53 dm³

Liquid measures/Medidas de capacidade para líquidos		
1 minim		0,0000616 l
1 fluid dram (dracma fluido)	60 minims	3,697 ml
1 fluid ounce (onça fluida)	8 fluid drams	29,57 ml
1 pint (pinta)	16 fluid ounces	473,12 ml
1 gallon (galão)	4 quarts	3,785 l
1 barrel (barril)	31 ½ gallons	1,43198 hl
1 hogshead (pipa)	2 barrels	2,86396 hl
Para o Reino Unido		
1 minim	0.592 milliliter	0,0000592 l
1 fluid dram (dracma fluido)	60 minims	3,552 ml
1 fluid ounce (onça fluida)	8 fluid drams	28,47 ml
1 pint (pinta)	20 fluid ounces/4 gills	569,4 ml
1 quart (quarto)	2 pints	1,1364 l
1 gallon (galão)	4 quarts	4,5459 l
1 peck (celamin)	2 gallons	9,092 l
1 bushel (alqueire)	4 pecks	36,368 l
1 quarter (Quarto)	8 bushels	2,909 hl

Dry measures/Medidas de capacidade para secos		
1 pint (pinta)	4 gills	473,2 ml
1 quart (quarto) (*abrev* qt.)	2 pints	0,9464 l
1 gallon (galão)	4 quarts	4,41 l
1 peck (celamin)	2 gallons	8,810 l
1 bushel (alqueire)	4 pecks	35,24 l
1 barrel (barril)	36 gallons	1,192 hl
1 quarter (Quarto)	8 bushels	2,421 hl
Para o Reino Unido		
1 pint (pinta) (*abrev* pt.)	4 gills	568,3 ml
1 gallon (galão) (*abrev* gal.)	4 quarts	4,546 l
1 peck (celamin) (*abrev* pk.)	2 gallons	9,092 l
1 bushel (alqueire) (*abrev* bu.)	4 pecks	36,37 l
1 barrel (barril)	36 gallons	1,637 hl
1 quarter (quarto)	8 bushels	2,909 hl

Apothecaries' weights/Pesos de farmácia		
1 scrupel (escrópulo)	20 gr	1,296 g
1 dram (dracma)	3 scrupels	3,888 g
1 ounce (onça) (*abrev* oz)	8 drams	31,10 g
1 avoirdupois pound (libra inglesa) (lb.)	12 oz	372,4 g
Para o Reino Unido		
1 grain (grão) (*abrev* gr.)	20 mites	64,80 mg
1 dram (dracma) (*abrev* dm.)	1/256 lb	1,772 g
1 ounce (onça)	16 dm	28,35 g

Avoirdupois weights/Pesos comerciais		
1 ounce (onça) (*abrev* oz.)		31,10 g
1 pound (libra) (*abrev* lb. av.)	16 ounces	453,6 g
1 quarter (quarto)	25 pounds	11,34 kg
Hundredweight cental (*abrev* cwt.sh.)	100 pounds	45,36 kg
1 short ton (tonelada curta)	2000 pounds	907,2 kg
1 long ton (tonelada longa)	2240 pounds	1016,064 kg
Para o Reino Unido		
1 ounce (onça) (*abrev* oz.)	16 drams	28,35 g 437 ½ grains troy
1 stone	14 pounds	6,350 kg
1 quarter (quarto)	28 pounds	12,70 kg
1 hundredweight long	4 quarters / 112 pounds	50,80 kg

Troy weights/Pesos Troy (para metais preciosos e gemas)		
1 carat (quilate)		200 mg
1 pennyweight	20 grains	1,555 g
1 ounce (onça)	20 pennyweights	31,1035 g
1 pound (libra)	12 ounces troy / 5,760 grains	373,24 g

Clothing and shoe sizes/Tamanhos de roupas e calçados

Women's clothing/Roupas femininas							
EUA	10	12	14	16	18	20	22
Reino Unido	32	34	36	38	40	42	44
Brasil	38	40	42	44	46	48	50

Suits, overcoats and sweaters/Ternos, casacos e suéteres							
EUA	34	36	38	40	42	44	46
Reino Unido	34	36	38	40	42	44	46
Brasil	44	46	48	50	52	54	56

Collar sizes/Tamanhos de colarinhos							
EUA	14	14.5	15	15.5	16	16.5	17
Reino Unido	14	14.5	15	15.5	16	16.6	17
Brasil	36	37	38	39	40	41	42

Women's shoes/Sapatos femininos							
EUA	6	6.5	7	7.5	8	8.5	9
Reino Unido	4.5	5	5.5	6	6.5	7	7.5
Brasil	36	37	38	38	38	39	40

Men's shoes/Sapatos masculinos							
EUA	5.5	6.5	7.5	8.5	9.5	10.5	11.5
Reino Unido	5	6	7	8	9	10	11
Brasil	39	40	41	42	43	44	45

General/Geral				
EUA	S (small)	M (medium)	L (large)	XL (extra large)
Reino Unido	S (small)	M (medium)	L (large)	XL (extra large)
Brasil	P (pequeno)	M (médio)	G (grande)	GG (extra grande)

Observações importantes:
- Em inglês, usa-se o ponto para separar os decimais das unidades; enquanto em português, usa-se a vírgula. Exemplos:
  1.2 (one point two) / 1,2 (um vírgula dois)
  .2 (point two) / 0,2 (zero vírgula dois)
- Em inglês, usa-se a vírgula para separar os milhares das centenas; enquanto em português, usa-se o ponto. Exemplos:
  2,200 (two thousand and two hundred)/2.200 (dois mil e duzentos).
  83,762.45 (eight-three thousand seven hundred and sixty-two point forty-five)/
  83.762,45 (oitenta e três mil, setecentos e sessenta e dois vírgula quarenta e cinco)

Numbers/Numerais

Cardinal numbers/Números cardinais

0	zero (zero)	20	twenty (vinte)
1	one (um)	30	thirty (trinta)
2	two (dois)	40	forty (quarenta)
3	three (três)	50	fifty (cinqüenta)
4	four (quatro)	60	sixty (sessenta)
5	five (cinco)	70	seventy (setenta)
6	six (seis)	80	eighty (oitenta)
7	seven (sete)	90	ninety (noventa)
8	eight (oito)	100	one hundred (cem)
9	nine (nove)	200	two hundred (duzentos)
10	ten (dez)	300	three hundred (trezentos)
11	eleven (onze)	400	four hundred (quatrocentos)
12	twelve (doze)	500	five hundred (quinhentos)
13	thirteen (treze)	600	six hundred (seiscentos)
14	fourteen (quatorze)	700	seven hundred (setecentos)
15	fifteen (quinze)	800	eight hundred (oitocentos)
16	sixteen (dezesseis)	900	nine hundred (novecentos)
17	seventeen (dezessete)	1000	one thousand (mil)
18	eighteen (dezoito)	1000000	one million (um milhão)
19	nineteen (dezenove)		

Ordinal numbers/Números ordinais

1st	first (primeiro)	50th	fiftieth (qüinquagésimo)
2nd	second (segundo)	60th	sixtieth (sexagésimo)
3rd	third (terceiro)	70th	seventieth (septuagésimo)
4th	fourth (quarto)		
5th	fifth (quinto)	80th	eightieth (octogésimo)
6th	sixth (sexto)	90th	ninetieth (nonagésimo)
7th	seventh (sétimo)	100th	one hundredth (centésimo)
8th	eighth (oitavo)		
9th	ninth (nono)	200th	two hundredth (ducentésimo)
10th	tenth (décimo)		
11th	eleventh (décimo primeiro/undécimo)	300th	three hundredth (trecentésimo/tricentésimo)
12th	twelfth (décimo segundo/duodécimo)		
		400th	four hundredth (quadringentésimo)
13th	thirteenth (décimo terceiro)	500th	five hundredth (qüingentésimo)
14th	fourteenth (décimo quarto)	600th	six hundredth (sexcentésimo/seiscentésimo)
15th	fifteenth (décimo quinto)		
16th	sixteenth (décimo sexto)	700th	seven hundredth (septingentésimo/setingentésimo)
17th	seventeenth (décimo sétimo)		
18th	eighteenth (décimo oitavo)	800th	eight hundredth (octingentésimo)
19th	nineteenth (décimo nono)	900th	nine hundredth (nongentésimo/noningentésimo)
20th	twentieth (vigésimo)		
30th	thirtieth (trigésimo)	1000th	one thousandth (milésimo)
40th	fortieth (quadragésimo)	1000000	one millionth (milionésimo)

Irregular verbs/Verbos irregulares

Infinitive	Past tense	Past participle	Translation
abide	abode/abided	abode/abided	continuar
arise	arose	arisen	surgir
awake	awoke/awaked	awaked/awoken	despertar
be	was/were	been	ser/estar
bear	bore	borne/born	suportar
beat	beat	beaten/beat	bater
become	became	become	tornar
befall	befell	befallen	acontecer
begin	began	begun	começar
behold	beheld	beheld	contemplar
bend	bent	bent	curvar
beseech	besought	besought	suplicar
beset	beset	beset	assediar
bet	bet/betted	bet/betted	apostar
bid	bade/bid	bidden/bid	comandar
bind	bound	bound	amarrar
bite	bit	bitten/bit	morder
bleed	bled	bled	sangrar
blow	blew	blown	soprar
break	broke	broken	quebrar
breed	bred	bred	procriar
bring	brought	brought	trazer
build	built	built	construir
burn	burned/burnt	burned/burnt	queimar
burst	burst	burst	estourar
buy	bought	bought	comprar
cast	cast	cast	arremessar
catch	caught	caught	pegar
choose	chose	chosen	escolher
cling	clung	clung	aderir
clothe	clothed/clad	clothed/clad	vestir
come	came	come	vir

Infinitive	Past tense	Past participle	Translation
cost	cost	cost	custar
creep	crept	crept	rastejar
cut	cut	cut	cortar
deal	dealt	dealt	lidar com
dig	dug	dug	cavar
do	did	done	fazer
draw	drew	drawn	desenhar
dream	dreamed/dreamt	dreamed/dreamt	sonhar
drink	drank	drunk	beber
drive	drove	driven	dirigir
dwell	dwelt/dwelled	dwelt/dwelled	residir
eat	ate	eaten	comer
fall	fell	fallen	cair
feed	fed	fed	alimentar
feel	felt	felt	sentir
fight	fought	fought	lutar
find	found	found	encontrar
flee	fled	fled	fugir
fling	flung	flung	arremessar
fly	flew	flown	voar
forbear	forbore	forborne	abster-se
forbid	forbade/forbad	forbidden	proibir
forecast	forecast	forecast	prever
forego	forewent	foregone	preceder
foresee	foresaw	foreseen	prever
foretell	foretold	foretold	predizer
forget	forgot	forgotten/forgot	esquecer
forgive	forgave	forgiven	perdoar
forsake	forsook	forsaken	desertar
forswear	forswore	forsworn	perjurar
freeze	froze	frozen	congelar
get	got	gotten/got	obter
give	gave	given	dar

Infinitive	Past tense	Past participle	Translation
go	went	gone	ir
grind	ground	ground	moer
grow	grew	grown	crescer
hang	hung/hanged	hung/hanged	pendurar
have	had	had	ter
hear	heard	heard	escutar
hew	hewed	hewn/hewed	rachar
hide	hid	hidden/hid	esconder
hit	hit	hit	bater
hold	held	held	segurar
hurt	hurt	hurt	machucar
keep	kept	kept	manter
kneel	knelt/kneeled	knelt/kneeled	ajoelhar
knit	knit/knitted	knit/knitted	tricotar
know	knew	known	saber
lay	laid	laid	pôr, botar
lead	led	led	guiar
leap	leaped/leapt	leaped/leapt	saltar
learn	learned/learnt	learned/learnt	aprender
leave	left	left	partir
lend	lent	lent	emprestar
let	let	let	deixar
lie	lay	lain	deitar
light	lighted/lit	lighted/lit	iluminar
lose	lost	lost	perder
make	made	made	fazer
mean	meant	meant	significar
meet	met	met	encontrar
mistake	mistook	mistaken	errar
mow	mowed	mown/mowed	ceifar
pay	paid	paid	pagar
put	put	put	pôr
quit	quit/quitted	quit/quitted	abandonar

Infinitive	Past tense	Past participle	Translation
read	read	read	ler
rend	rent/rended	rent/rended	rasgar
rid	rid/ridded	rid/ridded	livrar-se
ride	rode	ridden	cavalgar
ring	rang	rung	tocar, soar
rise	rose	risen	levantar
run	ran	run	correr
saw	sawed	sawed/sawn	serrar
say	said	said	dizer
see	saw	seen	ver
seek	sought	sought	procurar
sell	sold	sold	vender
send	sent	sent	enviar
set	set	set	estabelecer
sew	sewed	sewn/sewed	costurar
shake	shook	shaken	agitar
shear	sheared	shorn/sheared	tosar
shed	shed	shed	derramar
shine	shone/shined	shone/shined	brilhar
shoe	shod	shod/shodden	calçar
shoot	shot	shot	atirar
show	showed	shown	mostrar
shred	shredded/shred	shredded/shred	retalhar
shrink	shrank/shrunk	shrunk/shrunken	encolher
shut	shut	shut	fechar
sing	sang	sung	cantar
sink	sank	sunk	afundar
sit	sat	sat	sentar
slay	slew	slain	assassinar
sleep	slept	slept	dormir
slide	slid	slid	deslizar
sling	slung	slung	arremessar
slink	slunk	slunk	escapulir

Infinitive	Past tense	Past participle	Translation
slit	slit	slit	rachar
smell	smelled/smelt	smelled/smelt	cheirar
smite	smote	smitten	bater
sow	sowed	sown/sowed	semear
speak	spoke	spoken	falar
speed	sped/speeded	sped/speeded	acelerar
spell	spelled/spelt	spelled/spelt	soletrar
spend	spent	spent	gastar
spill	spilled/spilt	spilled/spilt	deixar cair
spin	spun	spun	rodopiar
spit	spat/spit	spat/spit	cuspir
split	split	split	separar
spoil	spoiled/spoilt	spoiled/spoilt	estragar
spread	spread	spread	espalhar
spring	sprang/sprung	sprung	saltar
stand	stood	stood	ficar em pé
steal	stole	stolen	roubar
stick	stuck	stuck	grudar
sting	stung	stung	picar
stink	stank/stunk	stunk	feder
strew	strewed	strewn/strewed	alastrar
stride	strode	stridden	andar depressa
strike	struck	struck/stricken	bater
string	strung	strung	esticar
strive	strove	striven	esforçar-se
swear	swore	sworn	jurar
sweat	sweated/sweat	sweated/sweat	suar
sweep	swept	swept	varrear
swell	swelled	swelled/swollen	inchar
swim	swam	swum	nadar
swing	swung	swung	balançar
take	took	taken	pegar
teach	taught	taught	ensinar

Infinitive	Past tense	Past participle	Translation
tear	tore	torn	rasgar
tell	told	told	contar
think	thought	thought	pensar
thrive	thrived/throve	thrived/thriven	prosperar
throw	threw	thrown	arremessar
thrust	thrust	thrust	empurrar
tread	trod	trodden	pisar
understand	understood	understood	entender
wake	woke/waked	waked/woken	acordar
waylay	waylaid	waylaid	armar ciladas
wear	wore	worn	usar, vestir
weave	wove/weaved	woven/weaved	tecer
wed	wedded	wed/wedded	casar
weep	wept	wept	chorar
wet	wet/wetted	wet/wetted	molhar
win	won	won	ganhar
wind	wound	wound	enrolar
withdraw	withdrew	withdrawn	retirar
withhold	withheld	withheld	reter
withstand	withstood	withstood	resistir
wring	wrung	wrung	torcer
write	wrote	written	escrever

Countries and nationalities/Países e nacionalidades

Country País	Nacionality Nacionalidade	Adjective Adjetivo	Translation Tradução
Afghanistan	Afghan (pl Afghans)	Afghan	Afeganistão
Albania	Albanian (pl Albanians)	Albanian	Albânia
Algeria	Algerian (pl Algerians)	Algerian	Argélia
Andorra	Andorran (pl Andorrans)	Andorran	Andorra
Angola	Angolan (pl Angolans)	Angolan	Angola
Antigua and Barbuda	Antiguan (pl Antiguans)	Antiguan	Antígua e Barbuda
Argentina	Argentine (pl Argentines)/ Argentinean (pl Argentineans)	Argentine/ Argentinean	Argentina
Armenia	Armenian (pl Armenians)	Armenian	Armênia
Australia	Australian (pl Australians)	Australian	Austrália
Austria	Austrian (pl Austrians)	Austrian	Áustria
Azerbaijan	Azerbaijani (pl Azerbaijanis)/Azeri (pl Azeris)	Azerbaijani	Azerbaijão
Bahamas	Bahamian (pl Bahamians)	Bahamian	Bahamas
Bahrain	Bahraini (pl Bahrainis)	Bahraini	Barein
Bangladesh	Bangladeshi (pl Bangladeshis)	Bangladeshi	Bangladesh
Barbados	Barbadian (pl Barbadians)	Barbadian	Barbados
Belarus	Belarusian (pl Belarusians)	Belarusian	Belarus
Belgium	Belgian (pl Belgians)	Belgian	Bélgica
Belize	Belizean (pl Belizeans)	Belizean	Belize
Benin	Beninese (pl Beninese)	Beninese	Benin
Bhutan	Bhutanese (pl Bhutanese)	Bhutanese	Butão
Bolivia	Bolivian (pl Bolivians)	Bolivian	Bolívia
Bosnia and Herzegovina	Bosnian (pl Bosnians)/ Herzegovine (pl Herzegovines)/ Herzegovinian (pl Herzegovinians)	Bosnian/ Herzegovine/ Herzegovinian	Bósnia-Herzegóvina
Botswana	Motswana (pl Batswana)	Motswana	Botsuana
Brazil	Brazilian (pl Brazilians)	Brazilian	Brasil

Country País	Nacionality Nacionalidade	Adjective Adjetivo	Translation Tradução
Brunei	Bruneian (pl Bruneians)	Bruneian	Brunei
Bulgaria	Bulgarian (pl Bulgarians)	Bulgarian	Bulgária
Burkina Faso	Burkinabe (pl Burkinabe)	Burkinabe	Burkina Fasso
Burundi	Burundian (pl Burundians)	Burundian	Burundi
Cambodia	Cambodian (pl Cambodians)	Cambodian	Camboja
Cameroon	Cameroonian (pl Cameroonians)	Cameroonian	Camarões
Canada	Canadian (pl Canadians)	Canadian	Canadá
Cape Verde	Cape Verdean (pl Cape Verdeans)	Cape Verdean	Cabo Verde
Central African Republic	Central African (pl Central Africans)	Central African	República Centro-Africana
Chad	Chadian (pl Chadians)	Chadian	Chade
Chile	Chilean (pl Chileans)	Chilean	Chile
China	Chinese (pl Chinese)	Chinese	China
Colombia	Colombian (pl Colombians)	Colombian	Colômbia
Comoros	Comoran (pl Comorans)	Comoran	Comores
Costa Rica	Costa Rican (pl Costa Ricans)	Costa Rican	Costa Rica
Croatia	Croat (pl Croats)	Croatian	Croácia
Cuba	Cuban (pl Cubans)	Cuban	Cuba
Cyprus	Cypriot (pl Cypriots)	Cypriot	Chipre
Czech Republic	Czech (pl N/A)	Czech	República Tcheca
Democratic Republic of Congo	Zairian (pl Zairians)	Zairian	República Democrática do Congo
Denmark	Dane (pl Danes)	Danish	Dinamarca
Djibouti	Djiboutian (pl Djiboutians)	Djiboutian	Djibuti
Dominica	Dominican (pl Dominicans)	Dominican	Dominica
Dominican Republic	Dominican (pl Dominicans)	Dominican	República Dominicana
East Timor	Timorean (pl Timoreans)	Timorean	Timor Leste
Ecuador	Ecuadorian (pl Ecuadorians)	Ecuadorian	Equador
Egypt	Egyptian (pl Egyptians)	Egyptian	Egito
El Salvador	El Salvadorian	El Salvadorian	El Salvador

Country País	Nacionality Nacionalidade	Adjective Adjetivo	Translation Tradução
Equatorial Guinea	Equatorial Guinean (*pl* Equatorial Guineans)	Equatorial Guinean	Guiné Equatorial
Eritrea	Eritrean (*pl* Eritreans)	Eritrean	Eritréia
Estonia	Estonian (*pl* Estonians)	Estonian	Estônia
Ethiopia	Ethiopian (*pl* Ethiopians)	Ethiopian	Etiópia
Fiji	Fijian (*pl* Fijians)	Fijian	Fiji
Finland	Finlander (*pl* Finlanders)/ Finn (*pl* Finns)	Finnish	Finlândia
France	Frenchman (*pl* Frenchmen)/Frenchwoman (*pl* Frenchwomen)	French	França
Gabon	Gabonese (*pl* Gabonese)	Gabonese	Gabão
Gambia	Gambian (*pl* Gambians)	Gambian	Gâmbia
Georgia	Georgian (*pl* Georgians)	Georgian	Geórgia
Germany	German (*pl* Germans)	German	Alemanha
Ghana	Ghanaian/Ghanian (*pl* Ghanaians/Ghanians)	Ghanaian/ Ghanian	Gana
Greece	Greek (*pl* Greeks)	Greek	Grécia
Grenada	Grenadian (*pl* Grenadians)	Grenadian	Granada
Guatemala	Guatemalan (*pl* Guatemalans)	Guatemalan	Guatemala
Guinea	Guinean (*pl* Guineans)	Guinean	Guiné
Guinea-Bissau	Guinea-Bissauan (*pl* Guinea-Bissauans)	Guinea-Bissauan	Guiné-Bissau
Guyana	Guyanese (*pl* Guyanese)	Guyanese	Guiana
Haiti	Haitian (*pl* Haitians)	Haitian	Haiti
Honduras	Honduran (*pl* Hondurans)	Honduran	Honduras
Hungary	Hungarian (*pl* Hungarians)	Hungarian	Hungria
Iceland	Icelander (*pl* Icelanders)	Icelandic	Islândia
India	Indian (*pl* Indians)	Indian	Índia
Indonesia	Indonesian (*pl* Indonesians)	Indonesian	Indonésia
Iran	Iranian (*pl* Iranians)	Iranian	Irã
Iraq	Iraqi (*pl* Iraqis)	Iraqi	Iraque
Ireland	Irishman (*pl* Irishmen)/ Irishwoman (*pl* Irishwomen)/(*pl colet* Irish)	Irish	Irlanda

Country País	Nacionality Nacionalidade	Adjective Adjetivo	Translation Tradução
Israel	Israeli (pl Israelis)	Israeli	Israel
Italy	Italian (pl Italians)	Italian	Itália
Ivory Coast	Ivorian (pl Ivorians)	Ivorian	Costa do Marfim
Jamaica	Jamaican (pl Jamaicans)	Jamaican	Jamaica
Japan	Japanese (pl Japanese)	Japanese	Japão
Jordan	Jordanian (pl Jordanians)	Jordanian	Jordânia
Kazakhstan	Kazakstani (pl Kazakstanis)	Kazakstani	Cazaquistão
Kenya	Kenyan (pl Kenyans)	Kenyan	Quênia
Kiribati	Kiribatian (pl Kiribatians)	Kiribatian	Kiribati
Kuwait	Kuwaiti (pl Kuwaitis)	Kuwaiti	Kuweit
Kyrgyzstan	Kirghiz/Kyrgyz	Kirghiz/Kyrgyz	Quirguistão
Laos	Lao (pl Lao)	Lao/Laotian	Laos
Latvia	Latvian (pl Latvians)	Latvian	Letônia
Lebanon	Lebanese (pl Lebanese)	Lebanese	Líbano
Lesotho	Mosotho/Basotho	Basotho	Lesoto
Liberia	Liberian (pl Liberians)	Liberian	Libéria
Libya	Libyan (pl Libyans)	Libyan	Líbia
Liechtenstein	Liechtensteiner (pl Liechtensteiners)	Liechtenstein	Liechtenstein
Lithuania	Lithuanian (pl Lithuanians)	Lithuanian	Lituânia
Luxembourg	Luxembourger (pl Luxembourgers)	Luxembourg	Luxemburgo
Macedonia	Macedonian (pl Macedonians)	Macedonian	Macedônia
Madagascar	Madagascan	Madagascan	Madagascar
Malawi	Malawian (pl Malawians)	Malawian	Malauí
Malaysia	Malaysian (pl Malaysians)	Malaysian	Malásia
Maldives	Maldivian (pl Maldivians)/ Maldivan (pl Maldivans)	Maldivian/ Maldivan	Maldivas
Mali	Malian (pl Malians)	Malian	Mali
Malta	Maltese (pl Maltese)	Maltese	Malta
Marshall Islands	Marshallese	Marshallese	Ilhas Marshall
Mauritania	Mauritanian (pl Mauritanians)	Mauritanian	Mauritânia

Country País	Nacionality Nacionalidade	Adjective Adjetivo	Translation Tradução
Mauritius	Mauritian (pl Mauritians)	Mauritian	Maurício
Mexico	Mexican (pl Mexicans)	Mexican	México
Micronesia	Micronesian (pl Micronesians)	Micronesian	Micronésia
Moldova	Moldovan (pl Moldovans)	Moldovan	Moldávia
Monaco	Monacan (pl Monacans)/ Monegasque (pl Monegasques)	Monacan/ Monegasque	Mônaco
Mongolia	Mongolian (pl Mongolians)	Mongolian	Mongólia
Morocco	Moroccan (pl Moroccans)	Moroccan	Marrocos
Mozambique	Mozambican (pl Mozambicans)	Mozambican	Moçambique
Myanmar	Burmese (pl Burmese)	Burmese	Mianmar
Namibia	Namibian (pl Namibians)	Namibian	Namíbia
Nauru	Nauruan (pl Nauruans)	Nauruan	Nauru
Nepal	Nepalese (pl Nepalese)	Nepalese	Nepal
Netherlands	Dutchman (pl Dutchmen)/ Dutchwoman/(pl Dutchwomen)	Dutch	Holanda
New Zealand	New Zealander (pl New Zealanders)	New Zealand	Nova Zelândia
Nicaragua	Nicaraguan (pl Nicaraguans)	Nicaraguan	Nicarágua
Niger	Nigerien (pl Nigeriens)	Nigerien	Níger
Nigeria	Nigerian (pl Nigerians)	Nigerian	Nigéria
North Korea	Korean (pl Koreans)	Korean	Coréia do Norte
Norway	Norwegian (pl Norwegians)	Norwegian	Noruega
Oman	Omani (pl Omanis)	Omani	Omã
Pakistan	Pakistani (pl Pakistanis)	Pakistani	Paquistão
Palau	Palauan (pl Palauans)	Palauan	Palau
Panama	Panamanian (pl Panamanians)	Panamanian	Panamá
Papua New Guinea	Papua New Guinean (pl Papua New Guineans)	Papua New Guinean	Papua-Nova Guiné
Paraguay	Paraguayan (pl Paraguayans)	Paraguayan	Paraguai

Country País	Nacionality Nacionalidade	Adjective Adjetivo	Translation Tradução
Peru	Peruvian (pl Peruvians)	Peruvian	Peru
Philippines	Filipino (pl Filipinos)	Philippine	Filipinas
Poland	Pole (pl Poles)	Polish	Polônia
Portugal	Portuguese (pl Portuguese)	Portuguese	Portugal
Qatar	Qatari (pl Qataris)	Qatari	Catar
Republic of the Congo	Congolese (pl Congolese)	Congolese/ Congo	Congo
Romania	Romanian (pl Romanians)	Romanian	Romênia
Russia	Russian (pl Russians)	Russian	Rússia
Rwanda	Rwandan (pl Rwandans)	Rwandan	Ruanda
Saint Kitts and Nevis	Kittsian (pl Kittsians)/ Nevisian (pl Kittsians)/ Nevisians)	Kittsian/ Nevisian	São Cristovão e Névis
Saint Lucia	Saint Lucian (pl Saint Lucians)	Saint Lucian	Santa Lúcia
Saint Vincent and The Grenadines	Saint Vincentian (pl Saint Vincentians)/Vincentian (pl Vincentians)	Vincentian/ Vincentian	São Vicente e Granadinas
Samoa	Samoan (pl Samoans)	Samoan	Samoa
San Marino	Sanmarinese (pl Sanmarinese)	Sanmarinese	San Marino
São Tomé and Príncipe	São Toméan (pl São Toméans)	São Toméan	São Tomé e Príncipe
Saudi Arabia	Saudi (pl Saudis)/Saudi Arabian (pl Saudi Arabians)	Saudi/Saudi Arabian	Arábia Saudita
Senegal	Senegalese (pl Senegalese)	Senegalese	Senegal
Seychelles	Seychellois (pl Seychellois)	Seychelles	Seicheles
Sierra Leone	Sierra Leonean (pl Sierra Leoneans)	Sierra Leonean	Serra Leoa
Singapore	Singaporean (pl Singaporeans)	Singaporean	Cingapura
Slovakia	Slovak (pl Slovaks)	Slovak	Eslováquia
Slovenia	Slovene (pl Slovenes)	Slovenian	Eslovênia
Solomon Islands	Solomon Islander (pl Solomon Islanders)	Solomon Islander	Ilhas Salomão
Somalia	Somalian	Somalian	Somália

Country País	Nacionality Nacionalidade	Adjective Adjetivo	Translation Tradução
South Africa	South African (*pl* South Africans)	South African	África do Sul
South Korea	Korean (*pl* Koreans)	Korean	Coréia do Sul
Spain	Spaniard (*pl* Spaniards)	Spanish	Espanha
Sri Lanka	Sri Lankan (*pl* Sri Lankans)	Sri Lankan	Sri Lanka
Sudan	Sudanese (*pl* Sudanese)	Sudanese	Sudão
Suriname	Surinamese	Surinamese	Suriname
Swaziland	Swazi (*pl* Swazis)	Swazi	Suazilândia
Sweden	Swede (*pl* Swedes)	Swedish	Suécia
Switzerland	Swiss (*pl* Swiss)	Swiss	Suíça
Syria	Syrian (*pl* Syrians)	Syrian	Síria
Taiwan	Chinese (*pl* Chinese)	Chinese	Taiwan
Tajikistan	Tajik (*pl* Tajiks)	Tajik	Tadjiquistão
Tanzania	Tanzanian (*pl* Tanzanians)	Tanzanian	Tanzânia
Thailand	Thai (*pl* Thai)	Thai	Tailândia
Togo	Togolese (*pl* Togolese)	Togolese	Togo
Tonga	Tongan (*pl* Tongans)	Tongan	Tonga
Trinidad and Tobago	Trinidadian (*pl* Trinidadians)/Tobagonian (*pl* Tobagonians)	Trinidadian/ Tobagonian	Trinidad e Tobago
Tunisia	Tunisian (*pl* Tunisians)	Tunisian	Tunísia
Turkey	Turk (*pl* Turks)	Turkish	Turquia
Turkmenistan	Turkmen	Turkmen	Turcomenistão
Tuvalu	Tuvaluan (*pl* Tuvaluans)	Tuvaluan	Tuvalu
Uganda	Ugandan (*pl* Ugandans)	Ugandan	Uganda
Ukraine	Ukrainian (*pl* Ukrainians)	Ukrainian	Ucrânia
United Arab Emirates	Emirian (*pl* Emirians)	Emirian	Emirados Árabes Unidos
United Kingdom	Briton (*pl* Britons. *pl colet* British)	British	Reino Unido
United States of America	American (*pl* Americans)	American	Estados Unidos da América
Uruguay	Uruguayan (*pl* Uruguayans)	Uruguayan	Uruguai
Uzbekistan	Uzbek (*pl* Uzbeks)	Uzbek	Uzbequistão
Vanuatu	Vanuatuan (*pl* Vanuatuans)	Vanuatuan	Vanuatu

Country País	Nacionality Nacionalidade	Adjective Adjetivo	Translation Tradução
Vatican City	Não Aplicável	Não Aplicável	Cidade do Vaticano
Venezuela	Venezuelan [*pl* Venezuelans]	Venezuelan	Venezuela
Vietnam	Vietnamese [*pl* Vietnamese]	Vietnamese	Vietnã
Yemen	Yemeni [*pl* Yemenis]	Yemeni	Iêmen
Yugoslavia	Yugoslavian/Serb/ Montenegrin [*pl* Yugoslavians/Serbs/ Montenegrins]	Yugoslavian/ Serbian/ Montenegrin	Iugoslávia
Zambia	Zambian [*pl* Zambians]	Zambian	Zâmbia
Zimbabwe	Zimbabwean [*pl* Zimbabweans]	Zimbabwean	Zimbábue

Internacional symbols and conventions/
Símbolos e convenções internacionais

Diacritics and punctuation marks/Diacríticos e sinais de pontuação

á	õ	à	ô	ü	ç
acute accent acento agudo	tilde til	grave accent acento grave	circumflex accent acento circunflexo	umlaut trema	cedilla cedilha
.	,	:	;	...	—
full stop ponto final	comma vírgula	colon dois pontos	semicolon ponto-e-vírgula	ellipsis reticências	dash travessão
!	?	" "	()	[]	/
exclamation mark ponto de exclamação	question mark ponto de interrogação	quotation marks aspas	parentheses parênteses	square brackets colchetes	slash barra

Mathematics and geometry/Matemática e geometria

+	−	×	÷	=	≠
addition adição	subtraction subtração	multiplication multiplicação	division divisão	is equal to igual a	is not equal to diferente de
≈	±	≡	>	<	∅
is approximately equal to aproximadamente igual a	plus or minus mais ou menos	is identical with idêntico a	is greater than maior que	is less than menor que	empty set conjunto vazio
∪	∩	∈	∉	%	Σ
union união	intersection intersecção	belongs to pertence a	does not belong to não pertence a	percent percentagem	sum soma
∞	$\sqrt[2]{}$	°	′	″	π
infinity infinito	square root of raiz quadrada de	degree grau	minute minuto	second segundo	pi pi

Biology/Biologia

♂	♀	∗	†
male masculino	female feminino	birth nascido em	death falecido em

959

Zodiac/Zodíaco

♈ Aries / Áries	♉ Taurus / Touro	♊ Gemini / Gêmeos	♋ Câncer / Cancer	♌ Leo / Leão	♍ Virgo / Virgem
♎ Libra / Libra	♏ Scorpio / Escorpião	♐ Sagittarius / Sagitário	♑ Capricorn / Capricórnio	♒ Aquarius / Aquário	♓ Pisces / Peixes
☀ sun / sol	☾ moon / lua	○ new moon / lua nova	◑ first quarter / lua crescente	● full moon / lua cheia	◐ last quarter / lua minguante

Miscellaneous/Diversos

& ampersand / e comercial	© copyright / direito autoral	® registered trademark / marca registrada	TM trademark / marca comercial

♣ clubs / paus	♦ diamonds / ouros	♥ hearts / copas	♠ spades / espadas

■ stop / parar	❚❚ pause/still / pausa/congelamento	◀◀ rewind / rebobinar	▶ play / reproduzir/tocar	▶▶ fast/forward / rápido/avanço

@ at (Internet) / arroba	ⓘ information / informações	# number / número	$ dollar / dólar	£ pound / libra

Impresso nas oficinas da
EDITORA FTD SA
Avenida Antonio Bardella, 300
Fones: 6412-1905 e 6412-8099
07220-020 GUARULHOS (SP)